U1058526

༄། །ཤེས་རབ་ཀྱི་ཕ་རོལ་ཏུ་ཕྱིན་པ་
སྟོང་ཕྲག་བརྒྱ་པ་བཞུགས་སོ། །

ད

ཀྲུང་གོའི་བོད་རིག་པ་ཞིབ་འཇུག་ལྟེ་གནས་ཀྱི་བཀའ་
བསྟན་དཔེ་སྡུར་ཁང་གིས་དཔེ་སྒྲིག་ཞུས།

ཀྲུང་གོའི་བོད་རིག་པ་དཔེ་སྐྲུན་ཁང་།

༄། །སྙིང་ཕྱོགས་མདངས་དགའི་འཇིག་རྟེན་མགོན། །དགའ་བའི་དཔལ་ཞེས་བྱ་བའི་ཞབས། །

ཨོཾ

ཨཱཿ

ཧཱུྃ།

༄། །མདངས་དགའི་ཞིང་གི་སེམས་དཔའ་ཆེ། །དགའ་བས་བྱིན་པ་ཞེས་བྱའི་མཚན། །

ཨོཾ

ཨཱཿ

ཧཱུྃ།

དེབ་བཅུ་གཅིག་པའི་དཀར་ཆག

འབུམ། ད (༡༡)

༄། །སྙིང་རྗེ་ཕྱོགས་མདངས་དགའི་འཛིག་རྟེན་མགོན། །
དགའ་བའི་དཔལ་ཞེས་བྱ་བའི་ཞབས། །

༄། །མདངས་དགའི་ཞིང་གི་སེམས་དཔའ་ཆེ། །
དགའ་བས་བྱིན་པ་ཞེས་བྱའི་མཚན། །

འབུམ།

ང

༄། །ཤེས་རབ་ཀྱི་ཕ་རོལ་ཏུ་ཕྱིན་པ་སྟོང་ཕྲག་བརྒྱ་པ།[1]

༄༅། །ཤེས་རབ་ཀྱི་ཕ་རོལད་ཏུ་ཕྱིནད་པ་སྟོང་ཕྲག་བརྒྱ་པ། ཿགླེགས་བམ་བཅུ་གཅིག་པ[2]། བམ་པོཿདང་པོ[3]། གསོལ་པ། བཅོམ་ལྡན་འདས་ཇི་ལྟར་ན་བྱང་ཆུབ་སེམས་དཔའ་སེམས་དཔའ་ཆེན་པོ་བསམ་གཏན་གྱི་ཕ་རོལ་ཏུ……ཕྱིནད་པ་ལ་གནས་ཤེང༌། སྦྱིན་པའི་ཕ་རོལད་ཏུ་ཕྱིནད་པ་ཡོངས་སུ་འཛིན་པ་ལགས༔ བཅོམ་ལྡན་འདས་ཀྱིས་བཀའ་སྩལ་པ། རབ་འབྱོར་འདི་ལ་བྱང་ཆུབ་སེམས་དཔའ་སེམས་དཔའ་ཆེན་པོ་འདོད་པས་དབེན་སྡིག་ཏོ་མི[4]དགེ་བའི་ཆོས……ཀྱིས་དབེན་པ། རྟོག་པ་དང[5]བཅས་པ་དཔྱོད་པ་དང་བཅས་པ། དབེན་པ་ལས་སྐྱེས་པའི་དགའ་བ་དང་བདེ་བ་ཅན་བསམ་གཏན་དང་པོ་ལ་ཉེ་བར་བསྒྲུབས……ཏེ་གནས་སོ། །དེ་རྣམ་པར་རྟོག་པ་དང་རྣམ་པར་དཔྱོད་པ་ཉེ་བར་ཞི་ནས་ནང་ཡོངས་སུ་དང་སྟེ། སེམས་ཀྱི་རྒྱུད་གཅིག་ཏུ་གྱུར་པས[6]། རྟོག་པ་མེད་པ་དཔྱོད་པ་མེད་པ་ཏིང་ངེ་འཛིན་ལས་སྐྱེས་པའི་དགའ་བ་དང༌། བདེ་བ་ཅན་བསམ……

གཏན་གཉིས་པ་ལ་ཉེ་བར་བསྒྲུབས་ཏེ་གནས་སོ། །དེ་དགའ་བ་ལས་འདོད་ཆགས་དང་བྲལ་བས་དྲན་པ་དང་ལྡན་ཞིང་ཤེས་བཞིན་དུ་བཏང་སྙོམས་ལ་གནས་ཏེ། བདེ་བ་ལུས་ཀྱིས[༡]མྱོང་ལ་འཕགས་པ་རྣམས་ཀྱིས་དེ་ལ་དྲན་པ་དང་ལྡན་པ་བདེ་བ་ལ་རྣམ་པར་དཔྱོད[༢]པ་བཏང་སྙོམས་པའོ་ཞེས་བརྗོད་པ་སྟེ། དགའ་བ་མེད་པའི་བསམ་གཏན་གསུམ་པ་ལ་ཉེ་བར་བསྒྲུབས་ཏེ་གནས་སོ། །དེ[༣]བདེ་བ་ཡང[༤]སྤངས། སྡུག་བསྔལ་ཡང་སྤངས་ཤིང་ཡིད་བདེ་བ་དང་ཡིད་མི་བདེ་བ་སྔ་ནས་ཀྱང་ནུབ་པས་བདེ་བ་ཡང[༥]མེད། སྡུག་བསྔལ[༦]ཡང་མེད་པ་བཏང་སྙོམས་དང་དྲན་པས་ཡོངས་སུ་དག་པ་བསམ་གཏན་བཞི་པ་ལ་ཉེ་བར་བསྒྲུབས་ཏེ་གནས་སོ། །དེ་རྣམ་པ་ཐམས་ཅད་དུ་གཟུགས་ཀྱི་འདུ་ཤེས་ལས་ཡང་དག་པར་འདས་ཏེ། ཐོགས་པའི་འདུ་ཤེས་རྣམས་ནུབ་པར་གྱུར་ཅིང[༧]། སྣ་ཚོགས་ཀྱི་འདུ་ཤེས་ཡིད་ལ་མི་བྱེད་པས། ནམ་མཁའ་མཐའ་ཡས་སོ་ཞེས། ནམ་མཁའ་མཐའ་ཡས[༨]སྐྱེ་མཆེད་ལ་ཉེ་བར་བསྒྲུབས་ཏེ་གནས་སོ། །དེ་རྣམ་པ་ཐམས་ཅད་དུ་ནམ་མཁའ་མཐའ་ཡས་སྐྱེ་མཆེད་ལས་ཡང་དག་པར་འདས་ཏེ། རྣམ་པར་ཤེས་པ་མཐའ་ཡས་སོ་ཞེས་རྣམ་ཤེས་མཐའ་ཡས་སྐྱེ་མཆེད་ལ་ཉེ་བར་བསྒྲུབས་ཏེ་གནས་སོ། །དེ་རྣམ་པ་ཐམས་ཅད་དུ་རྣམ་ཤེས་མཐའ་ཡས་སྐྱེ་མཆེད་ལས་ཡང་དག་པར་འདས་ཏེ། ཅུང[༩]ཟད་མ་ཡོད་དོ་ཞེས་ཅུང་ཟད་མེད་པའི་སྐྱེ་མཆེད་ལ་ཉེ་བར་བསྒྲུབས་ཏེ་གནས་སོ། །དེ་རྣམ་པ་ཐམས་ཅད་དུ[༡༠]ཅུང་ཟད་མེད་པའི་སྐྱེ་མཆེད་ལས་ཡང་དག་པར་འདས་ཏེ། འདུ་ཤེས་མེད་འདུ་ཤེས་མེད་མིན་སྐྱེ་མཆེད་ལ་ཉེ་བར་བསྒྲུབས་ཏེ་གནས་སོ། །དེ་བསམ་གཏན་གྱི་ཕ་རོལ་ཏུ་ཕྱིན་པ་དེ་ལ་གནས་ནས། མི་གཡེང[༡༡]བའི་ཡིད་ཀྱིས་སེམས་ཅན་དེ་དག་ལ་ཟང་ཟིང་གི་སྦྱིན་པ་དང་། ཆོས་ཀྱི་སྦྱིན་པ་ཡོངས་སུ་གཏོང་ཞིང་། གཞན་ཡང་ཟང་ཟིང་གི་སྦྱིན་པ་དང་། ཆོས་

ཀྱི་སྦྱིན་པ་ལ་ཡང་དག་པར་སྐྱུལ[༡]ལོ། །ཟང་ཟིང་གི་སྦྱིན་པ་དང་། ཆོས་ཀྱི་སྦྱིན་པའི་ལེགས་པ་ཡང་རྫོད[༢]དོ། །གཞན་ཡང[༣]ཟང་ཟིང་གི་སྦྱིན་པ་དང་། ཆོས་ཀྱི་སྦྱིན་པ་ཡོངས་སུ་གཏོང་བ་དེ་དག་གི་ལེགས་པ་ཡང་བརྗོད[༤]ཅིང་མཐུན[༥]པས··· དགའ་བར་བྱེད་པ་ཡིན་ཏེ། དགེ་བའི་རྩ་བ་དེ་དག་ཀྱང་ཉན་ཐོས་ཀྱི་སའམ། རང་སངས་རྒྱས་ཀྱི་སར་ཡོངས་སུ་མི་སྤོའི[༦]། གཞན་དུ་ན་སེམས་ཅན་ཐམས་ཅད་དང་ཐུན་མོང་དུ་བྱས་ཤིང་བླ་ན་མེད་པ་ཡང་དག་པར་རྫོགས་པའི་བྱང་ཆུབ་ཏུ··· ཡོངས་སུ་སྤོ[༧]སྟེ། རབ་འབྱོར་དེ་ལྟར་ན་བྱང་ཆུབ་སེམས་དཔའ་སེམས་དཔའ་ཆེན་པོ། བསམ་གཏན་གྱི་ཕ་རོལ་ཏུ་ཕྱིན་པ་ལ་གནས་ཤིང་། སྦྱིན་པའི་ཕ་རོལ་ཏུ་ཕྱིན་པ་ཡོངས་སུ་འཛིན་ཏོ། །གསོལ་པ། བཅོམ་ལྡན་འདས་ཇི་ལྟར་ན། བྱང་ཆུབ་སེམས་དཔའ་སེམས་དཔའ་ཆེན་པོ། བསམ་གཏན་གྱི་ཕ་རོལ་ཏུ་ཕྱིན་པ་ལ་གནས་ཤིང་། ཚུལ་ཁྲིམས་ཀྱི་ཕ་རོལ་ཏུ[༨]ཕྱིན་པ་ཡོངས་སུ་འཛིན་པ་ལགས། བཅོམ་ལྡན་འདས་ཀྱིས་བཀའ་སྩལ་པ། རབ་འབྱོར་འདི་ལ་བྱང་ཆུབ་སེམས་དཔའ་སེམས་དཔའ་ཆེན་པོ། བསམ་གཏན་གྱི་ཕ་རོལ་ཏུ་ཕྱིན་པ་ལ་གནས་པའི[༩]སེམས་འདོད་ཆགས་དང་ལྡན་པ་མི་སྐྱེད། སེམས་ཞེ་སྡང་དང་ལྡན་པ་མི་སྐྱེད། སེམས་གཏི་མུག་དང་ལྡན་པ་མི་སྐྱེད། སེམས་འཚེ[༡༠]བ་དང་ལྡན་པ[༡༡]མི་སྐྱེད་དེ[༡༢]གཞན་དུ་ན་རྣམ་པ་ཐམས་ཅད་མཁྱེན་པ་ཉིད་དང་ལྡན་པའི[༡༣]ཡིད་ལ་བྱེད་པས། རྣམ་པར་སྤྱོད་དེ། དགེ་བའི་རྩ་བ་དེ་དག་ཀྱང་ཉན་ཐོས་ཀྱི་སའམ། རང་སངས་རྒྱས་ཀྱི་སར་ཡོངས་སུ་མི་སྤོའི[༡༤]། གཞན་དུ་ན་སེམས་ཅན་ཐམས་ཅད་དང་ཐུན་མོང་དུ་བྱས་ཤིང་། བླ་ན་མེད་པ་ཡང་དག་པར་རྫོགས་པའི་བྱང་ཆུབ་ཏུ་ཡོངས་སུ་སྤོ[༡༥]སྟེ། རབ་འབྱོར་དེ་ལྟར་ན་བྱང་ཆུབ་སེམས་དཔའ་སེམས་དཔའ་ཆེན་པོ། བསམ་གཏན་གྱི་ཕ་རོལ་ཏུ་ཕྱིན་པ་ལ་གནས་ཤིང་ཚུལ་ཁྲིམས་ཀྱི་ཕ་རོལ་ཏུ་ཕྱིན་པ···

ཡོངས་སུ་འཛིན་ཏོ། །གསོལ་པ། བཅོམ་ལྡན་འདས་ཇི་ལྟར་ན། བྱང་ཆུབ་སེམས་དཔའ་སེམས་དཔའ་ཆེན་པོ། བསམ་གཏན་གྱི་ཕ་རོལ་ཏུ་ཕྱིན་པ་ལ་གནས་ཤིང་། བཟོད་པའི་ཕ་རོལ་ཏུ་ཕྱིན་པ་ཡོངས་སུ་འཛིན་པ་ལགས། བཅོམ་ལྡན་འདས་ཀྱིས་བཀའ་སྩལ་པ། རབ་འབྱོར་འདི་ལ་བྱང་ཆུབ་སེམས་དཔའ་སེམས་དཔའ་ཆེན་པོ། བསམ་གཏན་གྱི་ཕ་རོལ་ཏུ་ཕྱིན་པ་ལ་གནས་ཤིང་། གཟུགས་ལ་དབུ་[༡]བ་ལྟ་བུར་རབ་ཏུ་རྟོག །ཚོར་བ་ལ་ཆུ་བུར་ལྟ་བུར་རབ་ཏུ་རྟོག །འདུ་ཤེས་ལ་སྨིག་རྒྱུ་ལྟ་བུར་རབ་ཏུ་རྟོག །འདུ་བྱེད་ལ་ཆུ་ཤིང་ལྟ་བུར་རབ་ཏུ་རྟོག །རྣམ་པར་ཤེས་པ་ལ་སྒྱུ་མ་ལྟ་བུར་རབ་ཏུ་རྟོག་[༢]སྟེ། དེ་དེ་ལྟརཿ ཉེ་བར་[༣]ལེན་པའི་ཕུང་པོ་ལྔ་ལ་སོ་སོར་རྟོག་ཅིང་སྙིང་པོ་མྱེད་པར་འདུ་ཤེས་[༤]ཉེ་བར་གནས་པ་ཡིན་ཏེ། དེ་དེ་ལྟར་སོ་སོར་རྟོག་པས་དེ་འདི་སྙམ་སྟེ། ཡན་ལག་དང་ཉིང་ལག་བཅད་[༥]གཏུབས་[༦]ཀྱང་ སུ་ ལ་ གཅོད། སུ་ ལ་ གཅད་[༧]། ལུས་ ནི་ སུའི་ ལུས། ཚོར་བ་ནི་སུའི་ཚོར་བ། འདུ་ཤེས་ནི་སུའི་འདུ་ཤེས། འདུ་བྱེད་ནི་སུའི་འདུ་བྱེད། རྣམ་པར་ཤེས་པ་ནི་སུའི་རྣམ་པར་ཤེས་པཿ སྙམ་སྟེ[༨]། དེ་དེ་ལྟར་སོ་སོར་རྟོག་པའི་ཚེ། འདི་སྙམ་སྟེ། གང་ལ་སྦྱོ་བ་དང་། བཀྱལ་[༩]བ་བྱས་ན། གནོད་སེམས་སྐྱེ་བ་དེ་ལྟ་བུའི་གཞི་བ་ཡངཿ གང་ཞིག་ཡོད། འཁྲུལ་པ་ཡང་[༡༠]གང་ཞིག་ཡོད་སྙམ་སྟེ། རབ་འབྱོར་དེ་ལྟར་ན་བྱང་ཆུབ་སེམས་དཔའ་སེམས་དཔའ་ཆེན་པོ་བསམ་གཏན་གྱི་ཕ་རོལ་ཏུ་ཕྱིན་པ་ལ་གནས་ཤིང་། བཟོད་པའི་ཕ་རོལ་ཏུ་ཕྱིན་པ་ཡོངས་སུ་འཛིན་ཏོ། །གསོལ་པ། བཅོམ་ལྡན་འདས་ཇི་ལྟར་ན། བྱང་ཆུབ་སེམས་དཔའ་སེམས་དཔའ་ཆེན་པོ། བསམ་གཏན་གྱི་ཕ་རོལ་ཏུ་ཕྱིན་པ་ལ་གནས་ཤིང་། བརྩོན་འགྲུས་ཀྱི་ཕ་རོལ་ཏུ་[༡༡]ཕྱིན་པ་ཡོངས་སུ་འཛིན་པ་ལགས། བཅོམ་ལྡན་འདས་ཀྱིས་བཀའ་སྩལ་པ། རབ་འབྱོར་འདི་ལ་བྱང་ཆུབ་སེམས་དཔའ་སེམས་

དཔའ་ཆེན་པོ། བསམ་གཏན་གྱི་ཕ་རོལ་ཏུ་ཕྱིན་པ་ལ་གནས་ཤིང་། འདོད་པས་དབེན་སྡིག་ཏོ་མི་དགེ་བའི་ཆོས་ཀྱིས་དབེན་པ[༡]། རྟོག་པ་དང་བཅས[༢]། དཔྱོད་པ་དང་བཅས་པ། དབེན་པ་ལས་སྐྱེས་པའི་དགའ་བ་དང་བདེ་བ་ཅན་བསམ་གཏན་དང་པོ་ལ་ཉེ་བར་བསྒྲུབས་ཏེ་གནས་སོ། །དེ་རྣམ་པར་རྟོག་པ་དང་རྣམ་པར་དཔྱོད[༣]པ་ཉེ་བར་ཞི་ནས། ནང་ཡོངས་སུ་དང་སྟེ། སེམས་ཀྱི་རྒྱུད་གཅིག་ཏུ་གྱུར་པས། རྟོག་པ་མེད་པ་དཔྱོད་པ་མེད་པ་ཏིང་ངེ་འཛིན་ལས་སྐྱེས་པའི་དགའ་བ་དང་བདེ་བ་ཅན། བསམ་གཏན་གཉིས་པ་ལ་ཉེ་བར་བསྒྲུབས་ཏེ་གནས་སོ། །དེ་དགའ་བ་ལས་འདོད་ཆགས་དང་བྲལ་བས་[༤]དྲན་པ་དང་ལྡན་ཞིང་ཤེས་བཞིན་དུ་བཏང་སྙོམས་ལ་གནས་ཏེ། བདེ་བ་ལུས་ཀྱིས་མྱོང་ལ་འཕགས་པ་རྣམས་ཀྱིསཿདེ་ལ་[༥]དྲན་པ་དང་ལྡན་པ། བདེ་བ་ལ་རྣམ་པར་དཔྱོད་[༦]པ་བཏང་སྙོམས་པའོ་ཞེས་བརྗོདཿཔ་སྟེ[༧]། དགའ་བ་མེད་པའི་བསམ་གཏན་གསུམ་པ་ལ་ཉེ་བར་བསྒྲུབས་ཏེ་གནས་སོ། །དེ་བདེ་བ་ཡང་སྤངས། སྡུག་བསྔལ་ཡང་སྤངས་ཤིང་། ཡིད་བདེ་བ་དང་ཡིད་མི་བདེ་བ་སྔ་ནས་ཀྱང་ནུབ་པས། བདེ་བ་ཡང་མེད། སྡུག་བསྔལ་[༨]ཡང་མེད་པ་བཏང་སྙོམས་དང་དྲན་པས་ཡོངས་སུ་དག་པའི་བསམ་གཏན་བཞི་པ་ལ་ཉེ་བར་བསྒྲུབས་ཤིང་གནས་ཏེ། དེ་བསམ་གཏན་དང་བསམ་གཏན་གྱི་ཡན་ལག་དེ་དག་ལ་ཡང་མཚན་མར་མི་འཛིན་ཏོ། །དེ་དེ་ལྟར་མཉམ་པར་གཞག་[༩]པའི་སེམས་དང་ལྡན་པས། རྫུ་འཕྲུལ་རྣམ་པ་དུ་མ་ཉམས་སུ་མྱོང་བར་བྱེདཿདོ། །[༡༠]ས་ཆེན་པོ་འདི་ཡང་རབ་ཏུ་གཡོ་བར་བྱེད་དོ། །གཅིག་ཏུ་གྱུར་ཅིང་[༡༡]མང་པོར་འགྱུར་རོ། །ཿམང་པོར་གྱུར་ཅིང་གཅིག་ཏུ་འགྱུར་རོ། །[༡༢]སྣང་བ་དང་[༡༣]མི་སྣང་བ་ཡང་ཉམས་སུ་མྱོང་བར་བྱེད་དོ། །རྩིག་པ་ལས་ཐལ་བ་དང་། ར་བ་ལས་ཐལ་བ་དང་། རི་ལས་ཐལ་བར་ཐོགས་པ་མེད་པར་

འགྲོ་སྟེ། དཔེར་ན་ནམ་མཁའ་ལ་བྱ་བ་བཞིན་ནོ། །ནམ་མཁའ་ལ་ཡང་འགྲོ་སྟེ།
དཔེར་ན་འདབ་[༡]ཆགས་བྱ་བཞིན་ནོ། །ས་ལ་ཡང་གྱེན་དུ་འབྱུང་བ་དང་།
འོག་ཏུ་འཛུལ་བ་བྱེད་དེ། དཔེར་ན་ཆུ་ལ་བྱ་བ་བཞིན་ནོ། །ཆུ་ལ་ཡང་འབྱིང་[༢]
བ་མེད་པར་འགྲོ་སྟེ། དཔེར་ན་ས་ལ་བྱ་བ་བཞིན་ནོ། །ཏུ་བར་འཁྲུལ་ཞིང་མྱེར་[༣]
འབར་ཏེ། དཔེར་ན་མྱེའི་ཕུང་པོ་ཆེན་པོ་བཞིན་ནོ། །ཉི་མ་དང་ཟླ་བ་འདི་དག་
འདི་ལྟར་རྫུ་འཕྲུལ་ཆེ་ལ། འདི་ལྟར་མཐུ་ཆེ་ཞིང་དབང་ཆེ་བ་དག་ཀྱང་ལག་པས་
བྱུགས་ཤིང་། ཚངས་པའི་འཇིག་རྟེན་གྱི་བར་དུ་ལུས་ཀྱིས་དབང་སྒྱུར་རོ། །དེ་
ལྟའི་རྣ་བ་རྣམ་པར་དག་པ་མི་ལས་འདས་པས་ལྷ་དང་མིའི་སྒྲ་ཉེ་བའམ[༤]། རིང་
ཡང་ཉུང་སྟེ[༥]། ཐོས་སོ། །དེས་སེམས་ཅན་ཕ་རོལ་དང་། གང་ཟག་ཕ་རོལ་གྱི་
སེམས་སེམས་ཀྱིས་ཡང་དག་པ་[༦]ཇི་ལྟ་བ་བཞིན་དུ་རབ་ཏུ་ཤེས་ཏེ། འདོད
ཆགས་དང་ལྡན་པའི་སེམས་ལ། འདོད་ཆགས་དང་ལྡན་པའི་སེམས་ཞེས་[༧]བྱ
བར་ཡང་དག་པ་[༨]ཇི་ལྟ་བ་བཞིན་དུ་རབ་ཏུ་ཤེས་སོ། །འདོད་ཆགས་དང་བྲལ་
བའི་སེམས་ལ། འདོད་ཆགས་དང་བྲལ་བའི་སེམས་ཞེས་བྱ་བར་ཡང་དག་པ་[༩]ཇི་
ལྟ་བ་བཞིན་དུ་རབ་ཏུ་ཤེས་སོ། །ཞེ་སྡང་དང་ལྡན་པའི་སེམས་ལ། ཞེ་སྡང་དང་[༡༠]
ལྡན་པའི་སེམས་ཞེས་བྱ་བར་ཡང་དག་པ་ཇི་[༡༡]ལྟ་བ་བཞིན་དུ་རབ་ཏུ་ཤེས་སོ། །
ཞེ་སྡང་དང་བྲལ་བའི་སེམས་ལ། ཞེ་སྡང་དང་བྲལ་བའི་སེམས་ཞེས་བྱ་བར་ཡང་
དག་པ་ཇི་ལྟ་བ་བཞིན་དུ་རབ་ཏུ་ཤེས་སོ། །གཏི་མུག་དང་ལྡན་པའི་སེམས་ལ།
གཏི་མུག་དང་ལྡན་པའི་སེམས་ཞེས་བྱ་བར་ཡང་དག་པ་ཇི་ལྟ་བ་བཞིན་དུ་རབ་ཏུ
ཤེས་སོ། །གཏི་མུག་དང་བྲལ་བའི་སེམས་ལ། གཏི་མུག་དང་བྲལ་བའི་སེམས་
ཞེས་བྱ་བར་ཡང་དག་པ་[༡༢]ཇི་ལྟ་བ་བཞིན་དུ་རབ་ཏུ་ཤེས་སོ། །སྲིད་པ་དང་ལྡན་
པའི་སེམས་ལ། སྲིད་པ་དང་ལྡན་པའི་སེམས་ཞེས་བྱ་བར་ཡང་དག་པ་[༡༣]ཇི་ལྟ་བ་

བཞིན་དུ་རབ་ཏུ་ཤེས་སོ། །སྲིད་པ་དང་བྲལ་བའི་སེམས་ལ། སྲིད་པ་དང་བྲལ་བའི་སེམས་ཞེས་བྱ་བར་ཡང་དག་པ་ཇི་ལྟ་བ་བཞིན་དུ་རབ་ཏུ་ཤེས་སོ། །ཉེ་བར་ལེན་པ་དང་བཅས་པའི་སེམས་ལ། ཉེ་བར་ལེན་པ་དང་བཅས་པའི་སེམས་ཞེས་བྱ་བར་ཡང་དག་པ་ཇི་ལྟ་བ་བཞིན་དུ་རབ་ཏུ་ཤེས་སོ། །ཉེ་བར་ལེན་པ་མེད་པའི་སེམས་ལ། ཉེ་བར་ལེན་པ་①མེད་པའི་སེམས་ཞེས་བྱ་བར་ཡང་དག་པ་ཇི་ལྟ་བ་བཞིན་དུ་རབ་ཏུ་ཤེས་སོ། །ཀུན་ནས་འདུས་པའི་སེམས་ལ་ཀུན་ནས་འདུས་པའི་སེམས་ཞེས་བྱ་བར་ཡང་དག་པ་ཇི་ལྟ་བ་བཞིན་དུ་རབ་ཏུ་ཤེས་སོ། །རྣམ་པར་འཕྲོས་པའི་སེམས་ལ་རྣམ་པར་འཕྲོས་པའི་སེམས་ཞེས་བྱ་བར་ཡང་དག་པ་②ཇི་ལྟ་བ་བཞིན་དུ་རབ་ཏུ་ཤེས་སོ། །རྒྱ་ཆུང་བའི་སེམས་ལ། རྒྱ་ཆུང་བའི་སེམས་ཞེས་བྱ་བར་ཡང་དག་པ་ཇི་ལྟ་བ་བཞིན་དུ་རབ་ཏུ་ཤེས་སོ། །རྒྱ་ཆེ་བའི་སེམས་ལ། རྒྱ་ཆེ་བའི་སེམས་ཞེས་བྱ་བར་ཡང་དག་པ་③ཇི་ལྟ་བ་བཞིན་དུ་རབ་ཏུ་ཤེས་སོ། །༔卐ཡངས་པའི་སེམས་ལ་ཡངས་པའི་སེམས་ཞེས་བྱ་བར་ཡང་དག་པ་④ཇི་ལྟ་བ་བཞིན་དུ་རབ་ཏུ་ཤེས་སོ། །ཚད་མེད་པའི་སེམས་ལ་ཚད་མེད་པའི་སེམས་ཞེས་བྱ་བར་ཡང་དག་པ་⑤ཇི་ལྟ་བ་བཞིན་དུ་རབ་ཏུ་ཤེས་སོ། །卐⑥མཉམ་པར་བཞག་པའི་སེམས་ལ་མཉམ་པར་བཞག་པའི་སེམས་ཞེས་བྱ་བར་ཡང་དག་པ་⑦ཇི་ལྟ་བ་བཞིན་དུ་རབ་ཏུ་ཤེས་སོ། །མཉམ་པར་མ་བཞག་པའི་སེམས་ལ། མཉམ་པར་མ་བཞག་པའི་སེམས་ཞེས་བྱ་བར་ཡང་དག་པ་⑧ཇི་ལྟ་བ་བཞིན་དུ་རབ་ཏུ་ཤེས་སོ། །རྣམ་པར་གྲོལ་བའི་སེམས་ལ། རྣམ་པར་གྲོལ་བའི་སེམས་ཞེས་བྱ་བར་ཡང་དག་པ་⑨ཇི་ལྟ་བ་བཞིན་དུ་རབ་ཏུ་ཤེས་སོ། །རྣམ་པར་མ་གྲོལ་བའི་སེམས་ལ⑩། རྣམ་པར་མ་གྲོལ་བའི་སེམས་ཞེས་བྱ་བར་ཡང་དག་པ་⑪ཇི་ལྟ་བ་བཞིན་དུ་རབ་ཏུ་ཤེས་སོ། །ཟག་པ་དང་བཅས་པའི་སེམས་ལ། ཟག་པ་དང་བཅས་པའི་སེམས་

ཞེས་བྱ་བར་ཡང་དག་པ་[༡]ཇི་ལྟ་བ་བཞིན་དུ་རབ་ཏུ་ཤེས་སོ། །ཟག་པ་མེད་པའི་སེམས་ལ། ༔ཟག་པ་[༢]མེད་པའི་སེམས་ཞེས་བྱ་བར་ཡང་དག་པ་[༣]ཇི་ལྟ་བ་བཞིན་དུ་རབ་ཏུ་ཤེས་སོ། །ཉོན་མོངས་པ་དང་བཅས་པའི་སེམས་ལ། ཉོན་མོངས་པ་དང་བཅས་པའི་སེམས་ཞེས་བྱ་བར་ཡང་དག་པ་[༤]ཇི་ལྟ་བ་བཞིན་དུ་རབ་ཏུ་ཤེས……སོ༑ །ཉོན་མོངས་པ་མེད་པའི་སེམས་ལ། ཉོན་མོངས་པ་མེད་པའི་སེམས་ཞེས་བྱ་བར་ཡང་དག་པ་[༥]ཇི་ལྟ་བ་བཞིན་དུ་རབ་ཏུ་ཤེས་སོ། །བླ་ན་ཡོད་པའི་སེམས་ལ༑ བླ་ན་ཡོད་པའི་སེམས་ཞེས་བྱ་བར་ཡང་དག་པ་[༦]ཇི་ལྟ་བ་བཞིན་དུ་རབ་ཏུ་ཤེས་སོ། །བླ་ན་མེད་པའི་སེམས་ལ། བླ་ན་མེད་པའི་སེམས་ཞེས་བྱ་བར་ཡང་དག་པ་[༧]ཇི་ལྟ་བ་བཞིན་དུ་རབ་ཏུ་ཤེས་སོ། །དེ་ནི་སྔོན་གྱི་གནས་རྣམ་པ་དུ་མ་རྗེས་སུ་དྲན་ཏེ། སེམས་གཅིག་ཀྱང༔རྗེས་སུ་[༨]དྲན་པ་ནས། སེམས་བརྒྱའི་བར་དུ་ཡང་རྗེས་སུ་དྲན་ནོ། །ཉི་མ་གཅིག་ཀྱང་རྗེས་སུ་དྲན་པ་ནས། ཉི་མ་བརྒྱའི་བར་དུ་ཡང་རྗེས་སུ་དྲན་ནོ། །ཟླ་བ་གཅིག་རྗེས་སུ་དྲན་པ་ནས། ཟླ་བ་བརྒྱའི་བར་དུ་ཡང་རྗེས་སུ་དྲན་ནོ། །ལོ་གཅིག༔རྗེས་སུ་[༩]དྲན་པ་ནས། ལོ་བརྒྱའི་བར་དུ་ཡང་རྗེས་སུ་དྲན་ནོ[༡༠]། །བསྐལ་པ་གཅིག་རྗེས་སུ་དྲན་པ་ནས། བསྐལ་པ་བརྒྱའི་བར་དུ་ཡང་རྗེས་སུ་དྲན་ནོ[༡༡]། །བསྐལ་པ་བརྒྱ་ཕྲག་དུ་མ་ཡང་རྗེས་སུ་དྲན་ནོ༑ །བསྐལ་པ་སྟོང་ཕྲག་དུ་མ་ཡང་རྗེས་སུ་དྲན་ནོ། །བསྐལ་པ་བརྒྱ་སྟོང་ཕྲག་[༡༢]དུ་མ་ཡང་རྗེས་སུ་དྲན་ནོ། །བསྐལ་པ་བྱེ་བ་ཁྲག་ཁྲིག་བརྒྱ་སྟོང་དུ་མ་ཡང་རྗེས་སུ་དྲན༔ཏོ༑ །[༡༣]བདག་ནི་དེ་ལྟ་བུ་ཞིག་ན་འདུག་[༡༤]འདུག་སྟེ། མིང་ནི་འདི་ཞེས་བྱ། རུས་ནི་འདི་ཞེས་བྱ། རིགས་ནི་འདི་ཞེས་བྱ། ཁ་ཟས་ནི་འདི་ལྟ་བུ་ཞིག་ཟ་ཟ། ཡུན་ནི་འདི་སྲིད་ཅིག་[༡༥]ཏུ་འདུག་འདུག །ཚེའི་མཐའ་ནི་འདི་ཙམ་ཅིག་[༡༦]ཏུ་གྱུར་ཏེ༑ དེ་ལྟར་བདག་དེ་ནས་ཤི་འཕོས་ནས། ཆེ་གེ་མོ་ཞིག་ཏུ་སྐྱེས་སོ་ཞེས་བྱ་བ་[༡༧]

ནས༏ དེ་ནས་ཤི་འཕོས་ནས་ནི་འདིར་སྐྱེས་སོ་ཞེས་བྱ་བའི་བར་དུ་རྣམ་པ་དང་བཅས༏ གཏན་ཚིགས་དང་བཅས། ༔དེ་ན་རྟགས་[༡]དང་བཅས་པར་བདག་དང་གཞན་གྱི་སྔོན་གྱི་གནས་རྣམ་པ་དུ་མར་རྗེས་སུ་དྲན་ནོ། །དེ་ནི་ལྷའི་མྱིག་རྣམ་པར་དག་པ། མྱི་ལས་འདས་པས་སེམས་ཅན་འཆི་འཕོ་བ་དང་། སྐྱེ་བ་དང་ཁ་དོག་[༢]སྡུག་པ་དང་། [༣]མྱི་སྡུག་པ་དང་། བཟང་བ་དང་། ངན་པ་དང་། ངན་སོང་ན་གནས་པ་[༤]དང་། བདེ་འགྲོ་ན་གནས་པ་དག་ཀྱང་རབ་ཏུ་ཤེས་ཏེ། སེམས་ཅན་འདི་དག་ནི་ལུས་ཀྱིས་ངན་དུ་སྤྱོད་པ་དང་ལྡན་པ་[༥]། ངག་གིས་[༦]ངན་དུ་སྤྱོད་པ་དང༔ ལྡན་པ་[༧]། ཡིད་ཀྱིས་ངན་དུ་སྤྱོད་པ་དང་ལྡན་པ་[༨]འཕགས་པ་རྣམས་ལ་སྐུར་[༩]པ་འདེབས་པ། ལོག་པར་ལྟ་བ་རྣམས་ཏེ། དེའི་རྒྱུ་དེའི་རྐྱེན་ཀྱིས་ལུས་ཞིག་ནས་ངན་སོང་དང་ངན་འགྲོ་ལོག་པར་ལྟུང་བ་སེམས་ཅན་དམྱལ་བ་དག་དུ་སྐྱེའོ། །སེམས་ཅན་འདི་དག་ནི་ལུས་ཀྱིས་[༡༠]ལེགས་པར་སྤྱོད་པ་དང་ལྡན་པ་[༡༡]༏ ངག་གིས་[༡༢]ལེགས་པར་སྤྱོད་པ་དང༔ ལྡན་པ་[༡༣]། ཡིད་ཀྱིས་ལེགས་པར་སྤྱོད་པ་དང་ལྡན་པ། འཕགས་པ་ལ་སྐུར་པ་མྱི་འདེབས་པ། ཡང་དག་པར་ལྟ་བ་རྣམས་ཏེ། དེའི་རྒྱུ་དེའི་རྐྱེན་ཀྱིས་ལུས་ཞིག་ནས། བདེ་འགྲོ་མཐོ་རིས་ཀྱི་འཇིག་རྟེན་དུ་[༡༤]ལྷའི་ནང་དུ་སྐྱེ་བར་འགྱུར་རོ་ཞེས་བྱ་བར་རབ་ཏུ་ཤེས་ཏེ། དེ་ལྟར་ཕྱོགས་བཅུ་ཀུན་གྱི་[༡༥]འཇིག་རྟེན་གྱི་ཁམས་ཆོས་ཀྱི་དབྱིངས་ཀྱིས་ཀླས་པ། ནམ་མཁའི་མཐས་གཏུགས་པ་དག་གི་འགྲོ་བ་དྲུག་ཏུ་གཏོགས་པ་རྣམས་ཀྱི་སྐྱེ་བ་དང་། འཆི་འཕོ་བ་[༡༦]ཡང་དག་པ་ཇི་ལྟ་བ་བཞིན་དུ་རབ་ཏུ་ཤེས་ཏེ། དེ་མངོན་པར་ཤེས་པ་ལྔ་པོ་དེ་དག་ལ་རབ་ཏུ་གནས་ནས། སངས་རྒྱས་བཅོམ་ལྡན་འདས་རྣམས་ལ་བསྙེན་བཀུར་བྱ་བ་དང་། ཡོངས་སུ་དྲི་བ་དང་། ཡོངས་སུ་ཞུ་བ་དང་། དགེ་བའི་རྩ་བ་བསྔགས་[༡༧]པ་དང་། སེམས་ཅན་ཡོངས་སུ་སྨིན་པར་བྱ་བ་དང་།

སངས་རྒྱས་ཀྱི་ཞིང་ཡོངས་སུ་དག་པར་བྱ་བའི་ཕྱིར། སངས་རྒྱས་ཀྱི་ཞིང་ནས…… སངས་རྒྱས་ཀྱི་ཞིང་དུ་འགྲོ་སྟེ། དགེ་བའི་རྩ་བ་དེ་དག་ཀྱང་ཉན་ཐོས་ཀྱི་སའམ། རང་སངས་རྒྱས་ཀྱི་སར་ཡོངས་སུ་མི་སྔོའི། གཞན་དུ་ན་སེམས་ཅན་ཐམས་ཅད་དང་[1]ཐུན་མོང་དུ་བྱས་ཤིང་། བླ་ན་མེད་པ་ཡང་དག་པར་རྫོགས་པའི་བྱང་ཆུབ་ཏུ་ཡོངས་སུ་སྔོ་ཞིང་། ཅི་ནས་ཀྱང་གང་ཡོངས་སུ་སྔོ་བ་དང་། ཅི་ཡོངས་སུ་སྔོ་[2]བ་དང་། གང་ལ་ཡོངས་སུ་བསྔོ་[3]བའི་བློ་རྣམ་པ་གསུམ་དུ་མི་འགྱུར་བ་དེ་ལྟར་ཡོངས་སུ་སྔོ་སྟེ། རབ་འབྱོར་དེ་ལྟར་ན་བྱང་ཆུབ་སེམས་དཔའ་སེམས་དཔའ་ཆེན་པོ་བསམ་གཏན་གྱི་ཕ་རོལ་ཏུ་ཕྱིནད་པ་ལ་གནས་ཤིང་། བརྩོན་འགྲུས་ཀྱི་ཕ་རོལ་ཏུ་ཕྱིན་པ་ཡོངས་སུ་འཛིན་ཏོ། །གསོལ་པ། བཅོམ་ལྡན་འདས་ཇི་ལྟར་ན་བྱང་ཆུབ་སེམས་དཔའ་སེམས་དཔའ་ཆེན་པོ། བསམ་གཏན་གྱི་ཕ་རོལད་ཏུ་ཕྱིན་པ……ལ་གནས་ཤིང་། ཤེས་རབ་ཀྱི་ཕ་རོལ་ཏུ་ཕྱིན་པ་ཡོངས་སུ་འཛིན་པ་ལགས། བཅོམ་ལྡན་འདས་ཀྱིས་བཀའ་སྩལ་པ། རབ་འབྱོར་འདི་ལ་བྱང་ཆུབ་སེམས……དཔའ་སེམས་དཔའ་ཆེན་པོ། བསམ་གཏན་གྱི་ཕ་རོལ་ཏུ་ཕྱིན་པ་ལ་གནས་པས། གཟུགས་མི་དམིགས་སོ། །ཚོར་བ་མི་དམིགས་སོ། །འདུ་ཤེས་མི་དམིགས་སོ། །འདུ་བྱེད་མི་དམིགས་སོ། །རྣམ་པར་ཤེས་པ་མི་དམིགས་སོ། །མིག་མི་དམིགས་སོ། །རྣ་བ་མི་དམིགས་སོ། །སྣ་མི་དམིགས་སོ། །ལྕེ་མི་དམིགས་སོ། །ལུས་མི་དམིགས་སོ། །ཡིད་མི་དམིགས་སོ། །གཟུགས་མི་དམིགས་སོ། །སྒྲ་མི་དམིགས་སོ། །དྲི་མི་དམིགས་སོ། །རོ་མི་དམིགས་སོ། །རེག་མི་དམིགས་སོ། །ཆོས་མི་དམིགས་སོ། །མིག་གི་རྣམ་པར་ཤེས་པ་མི་དམིགས་སོ། །རྣ་བའི་རྣམ་པར་ཤེས་པ་མི་དམིགས་སོ། །སྣའི་རྣམ་པར་ཤེས་པ་མི་དམིགས་སོ། །ལྕེའི་རྣམ་པར་ཤེས་པ་མི་དམིགས་སོ། །ལུས་ཀྱི་རྣམ་པར་ཤེས་པ་མི་དམིགས་སོ། །ཡིད་ཀྱི་རྣམ་པར་

ཤེས་པ་མི་དམིགས་སོ། །མིག་གི་འདུས་ཏེ་རེག་པ་མི་དམིགས་སོ། །རྣ་བའི་འདུས་ཏེ་རེག་པ་མི་དམིགས་སོ། །སྣའི་འདུས་ཏེ་རེག་པ་མི་དམིགས་སོ། །ལྕེའི་འདུས་ཏེ་རེག་པ་མི་དམིགས་སོ། །ལུས་ཀྱི་འདུས་ཏེ་རེག་པ་མི་དམིགས་སོ། །ཡིད་ཀྱི་འདུས་ཏེ་རེག་པ་མི་དམིགས་སོ། །མིག་གི་འདུས་ཏེ་རེག་པ་ལས་བྱུང་བའི་ཚོར་བ་མི་དམིགས་སོ། །རྣ་བའི་འདུས་ཏེ་རེག་པ་ལས་བྱུང་བའི་ཚོར་བ་མི······དམིགས་སོ། །སྣའི་འདུས་ཏེ་རེག་པ་ལས་བྱུང་བའི་ཚོར་བ་མི་དམིགས་སོ། །ལྕེའི་འདུས་ཏེ་རེག་པ་ལས་བྱུང་བའི་[༡]ཚོར་བ་མི་དམིགས་སོ། །ལུས་ཀྱི་འདུས་ཏེ་རེག་པ་ལས་བྱུང་བའི་ཚོར་བ་མི་དམིགས་སོ། །ཡིད་ཀྱི་འདུས་ཏེ་རེག་པ་ལས་བྱུང་བའི་ཚོར་བ་མི་དམིགས་སོ། །སའི་ཁམས་མི་དམིགས་སོ། །ཆུའི་ཁམས་མི་དམིགས་སོ། །མེའི་ཁམས་མི་དམིགས་སོ། །རླུང་གི་ཁམས་མི་དམིགས་སོ། །ནམ་མཁའི་ཁམས་མི་དམིགས་སོ། །རྣམ་པར་ཤེས་པའི་ཁམས་མི་དམིགས་སོ། །མ་རིག་པ་མི་དམིགས་སོ། །འདུ་བྱེད་མི་དམིགས་སོ། །རྣམ་པར་ཤེས་པ་མི་དམིགས་སོ། །མིང་དང་གཟུགས་མི་དམིགས་སོ། །སྐྱེ་མཆེད་དྲུག་མི་དམིགས་སོ༏ །རེག་[༢]པ་མི་དམིགས་སོ། །ཚོར་བ་མི་དམིགས་སོ། །སྲིད་པ་མི་དམིགས་སོ༏ །ལེན་པ་མི་དམིགས་སོ། །སྲིད་པ་མི་དམིགས་སོ། །སྐྱེ་བ་མི་དམིགས་སོ། །རྒ་ཤི་མི་དམིགས་སོ། །སྦྱིན་པའི་ཕ་རོལ་ཏུ་ཕྱིན་པ་མི་དམིགས་སོ། །ཚུལ་ཁྲིམས་ཀྱི་ཕ་རོལ་ཏུ་ཕྱིན་པ་མི་དམིགས་སོ། །བཟོད་པའི་ཕ་རོལ་ཏུ་ཕྱིན་པ་མི་དམིགས་སོ༏ །བརྩོན་འགྲུས་ཀྱི་ཕ་རོལ་ཏུ་ཕྱིན་པ་མི་དམིགས་སོ། །བསམ་གཏན་གྱི་ཕ་རོལ་ཏུ་ཕྱིན་པ་མི་དམིགས་སོ། །ཤེས་རབ་ཀྱི་ཕ་རོལ་ཏུ་ཕྱིན་པ་མི་དམིགས་སོ། །ནང་སྟོང་པ་ཉིད་མི་དམིགས་སོ། །ཕྱི་སྟོང་པ་ཉིད་མི་དམིགས་སོ། །ཕྱི་ནང་སྟོང་པ་[༣]ཉིད་མི་དམིགས་སོ། །སྟོང་པ་ཉིད་སྟོང་པ་ཉིད་མི་དམིགས་སོ། །ཆེན་[༤]པོ་

སྟོང་པ་ཉིད་ཀྱི་དཀྱིལ་ཁོར་སོ། །དོན་དམ་པ་སྟོང་པ་ཉིད་ཀྱི་དཀྱིལ་ཁོར་སོ། །འདུས་[༧]
བྱས་སྟོང་པ་ཉིད་ཀྱི་དཀྱིལ་ཁོར་སོ། །འདུས་མ་བྱས་སྟོང་པ་ཉིད་ཀྱི་དཀྱིལ་ཁོར་སོ། །
མཐའ་ལས་འདས་པ་སྟོང་པ་ཉིད་ཀྱི་དཀྱིལ་ཁོར་སོ། །ཐོག་མ་དང་ཐ་མ་མེད་པ་སྟོང་
པ་ཉིད་ཀྱི་དཀྱིལ་ཁོར་སོ། །དོར་བ་མེད་པ་སྟོང་པ་ཉིད་ཀྱི་དཀྱིལ་ཁོར་སོ། །རང་
བཞིན་སྟོང་པ་ཉིད་ཀྱི་དཀྱིལ་ཁོར་སོ། །ཆོས་ཐམས་ཅད་སྟོང་པ་ཉིད་ཀྱི་དཀྱིལ་ཁོར་སོ། །
རང་གི་མཚན་ཉིད་སྟོང་པ་ཉིད་ཀྱི་དཀྱིལ་ཁོར་སོ། །མི་དམིགས་པ་སྟོང་པ་ཉིད་ཀྱི་
དཀྱིལ་ཁོར་སོ། །དངོས་པོ་མེད་པ་སྟོང་པ་ཉིད་ཀྱི་དཀྱིལ་ཁོར་སོ། །ངོ་བོ་ཉིད་སྟོང་པ་
ཉིད་ཀྱི་དཀྱིལ་ཁོར་སོ། །དངོས་པོ་མེད་པའི་ངོ་བོ་ཉིད་སྟོང་པ་ཉིད་ཀྱི་དཀྱིལ་ཁོར་སོ། །
དྲན་པ་ཉེ་བར་གཞག་པ་བཞི་ཀྱི་དཀྱིལ་ཁོར་སོ། །ཡང་དག་པར་སྤོང་བ་བཞི་ཀྱི་
དཀྱིལ་ཁོར་སོ། །རྫུ་འཕྲུལ་གྱི་རྐང་པ་བཞི་ཀྱི་དཀྱིལ་ཁོར་སོ། །དབང་པོ་ལྔ་ཀྱི་
དཀྱིལ་ཁོར་སོ། །སྟོབས་ལྔ་ཀྱི་དཀྱིལ་ཁོར་སོ། །བྱང་ཆུབ་ཀྱི་ཡན་ལག་བདུན་ཀྱི་
དཀྱིལ་ཁོར་སོ། །འཕགས་པའི་ལམ་ཡན་ལག་བརྒྱད་པ་ཀྱི་དཀྱིལ་ཁོར་སོ། །འཕགས་
པའི་བདེན་པ་བཞི་ཀྱི་དཀྱིལ་ཁོར་སོ། །བསམ་གཏན་བཞི་ཀྱི་དཀྱིལ་ཁོར་སོ། །ཚད་
མེད་པ་བཞི་ཀྱི་དཀྱིལ་ཁོར་སོ། །གཟུགས་མེད་པའི་སྙོམས་པར་འཇུག་པ་བཞི་ཀྱི་
དཀྱིལ་ཁོར་སོ། །རྣམ་པར་ཐར་པ་བརྒྱད་ཀྱི་དཀྱིལ་ཁོར་སོ། །མཐར་གྱིས་གནས་པའི་
སྙོམས་པར་འཇུག་པ་དགུ་ཀྱི་དཀྱིལ་ཁོར་སོ། །རྣམ་པར་ཐར་པའི་སྒོ་སྟོང་པ་ཉིད་
དང་། མཚན་མ་མེད་པ་དང་། སྨོན་པ་མེད་པ་ཀྱི་དཀྱིལ་ཁོར་སོ། །མངོན་པར་
ཤེས་པ་རྣམས་ཀྱི་དཀྱིལ་ཁོར་སོ། །ཏིང་ངེ་འཛིན་རྣམས་ཀྱི་དཀྱིལ་ཁོར་སོ། །གཟུངས་
ཀྱི་སྒོ་རྣམས་ཀྱི་དཀྱིལ་ཁོར་སོ། །དེ་བཞིན་གཤེགས་པའི་སྟོབས་བཅུ་ཀྱི་དཀྱིལ་ཁོར་སོ། །
མི་འཇིགས་[༣]པ་བཞི་ཀྱི་དཀྱིལ་ཁོར་སོ། །སོ་སོ་ཡང་དག་པར་རིག་པ་བཞི་ཀྱི་····
དཀྱིལ་ཁོར་སོ། །[༡]སྙིང་རྗེ་ཆེན་པོ་ཀྱི་དཀྱིལ་ཁོར་སོ། །སངས་རྒྱས་ཀྱི་ཆོས་མ་འདྲེས་

པ་བཅོ་(༡)བརྒྱད་མི་དམིགས་སོ། །རྒྱུན་དུ་ཞུགས་པའི་འབྲས་བུ་མི་དམིགས་སོ། །ལན་ཅིག་(༢)ཕྱིར་འོང་བའི་འབྲས་བུ་མི་དམིགས་སོ། །ཕྱིར་མི་འོང་བའི་འབྲས་བུ་མི་དམིགས་སོ། །དགྲ་བཅོམ་པ་ཉིད་མི་དམིགས་སོ། །རང་བྱང་ཆུབ་མི་···དམིགས་སོ། །ལམ་གྱི་རྣམ་པ་(༣)ཤེས་པ་ཉིད་མི་དམིགས་སོ། །རྣམ་པ་ཐམས་ཅད་མཁྱེན་པ་ཉིད་མི་དམིགས་སོ། །འདུས་(༤)བྱས་ཀྱི་ཁམས་མི་དམིགས་སོ། །འདུས་མ་བྱས་ཀྱི་ཁམས་མི་དམིགས་སོ། །དེ་ལྟར་མི་དམིགས་པས་ན། མངོན་པར་འདུ་མི་བྱེད་དོ། །མངོན་པར་འདུ་མི་བྱེད་པས་ན། སྐྱེ་བར་མི་བྱེད། འགག་པར་མི་བྱེད་དོ། །དེ་ཅིའི་ཕྱིར་ཞེ་ན། རབ་འབྱོར་དེ་ནི་འདི་ལྟར་དེ་བཞིན་གཤེགས་པ་རྣམས་བྱུང་ཡང་རུང་མ་བྱུང་ཡང་རུང་སྟེ། ཆོས་རྣམས་ཀྱི་ཆོས་ཀྱི་གནས་ཉིད་དེ་ནི་གནས་པ་སྟེ། ཆོས་ཀྱི་དབྱིངས་དེ་བཞིན་གནས་པའི་ཕྱིར། དེ་མི་སྐྱེ་མི་འགག་པས། དེ་གཡེང་བ་མེད་པའི་སེམས་དང་ལྡན་པར་རྣམ་པ···ཐམས་ཅད་མཁྱེན་པ་ཉིད་དང་ལྡན་པའི་ཡིད་ལ་བྱ་བ་དང་མ་བྲལ་བ་ཡིན་ཏེ། རབ་འབྱོར་དེ་ལྟར་ན། བྱང་ཆུབ་སེམས་དཔའ་སེམས་དཔའ་ཆེན་པོ་(༥)བསམ···གཏན་གྱི་ཕ་རོལ་ཏུ་ཕྱིན་པ་ལ་གནས་ཤིང་། ཤེས་རབ་ཀྱི་ཕ་རོལ་ཏུ་ཕྱིན་པ···ཡོངས་སུ་འཛིན་ཏོ། །གསོལ་པ། བཅོམ་ལྡན་འདས་ཇི་ལྟར་ན་བྱང་ཆུབ་སེམས་དཔའ་སེམས་དཔའ་ཆེན་པོ། ཤེས་རབ་ཀྱི་ཕ་རོལ་ཏུ་ཕྱིན་པ་ལ་གནས་ཤིང་། སྦྱིན་པའི་ཕ་རོལ་ཏུ་ཕྱིན་པ་ཡོངས་སུ་འཛིན་པ་ལགས། བཅོམ་ལྡན་འདས་ཀྱིས་བཀའ་སྩལ་པ། རབ་འབྱོར་འདི་ལ་བྱང་ཆུབ་སེམས་དཔའ་སེམས་དཔའ་ཆེན་པོ། ཤེས་རབ་ཀྱི་ཕ་རོལ་ཏུ་ཕྱིན་པ་ལ་སྤྱོད་པའི་ཚེ། ཆོས་ཐམས་ཅད་སྟོང་པའོ་ཞེས་བྱ་བར་ཡང་དག་པར་རྗེས་སུ་མཐོང་ངོ་། །གསོལ་པ། བཅོམ་ལྡན་འདས་ཇི་ལྟར་ན་བྱང་ཆུབ་སེམས་དཔའ་སེམས་དཔའ་ཆེན་པོ། ཤེས་རབ་ཀྱི་ཕ་རོལ་ཏུ་ཕྱིན་པ་

ལ་སྤྱོད་པའི་ཚེ། ཆོས་ཐམས་ཅད་སྟོང་པའོ་ཞེས་བགྱི་བར་ཡང་དག་པར་[༡]རྗེས་སུ་མཐོང་བ་ལགས། བཅོམ་ལྡན་འདས་ཀྱིས་བཀའ་སྩལ་པ། རབ་འབྱོར་འདི་ལ་བྱང་ཆུབ་སེམས་དཔའ་སེམས་དཔའ་ཆེན་པོ། ཤེས་རབ་ཀྱི་ཕ་རོལ་ཏུ་ཕྱིན་པ་ལ་སྤྱོད་པའི་ཚེ། ནང་སྟོང་པ་ཉིད་ལ་ནང་སྟོང་པ་ཉིད་ཅེས་བྱ་བར་མི་དམིགས་སོ། །ཕྱི་སྟོང་པ་ཉིད་ལ་ཕྱི་སྟོང་པ་ཉིད་ཅེས་བྱ་བར་མི་དམིགས་སོ། །ཕྱི་ནང་སྟོང་པ་ཉིད་ལ་ཕྱི་ནང་སྟོང་པ་ཉིད་ཅེས་བྱ་བར་མི་དམིགས་སོ། །སྟོང་པ་ཉིད་སྟོང་པ་ཉིད་ལ་སྟོང་པ་ཉིད་སྟོང་པ་ཉིད་ཅེས་བྱ་བར་མི་དམིགས་སོ། །ཆེན་པོ་སྟོང་པ་ཉིད་ལ་ཆེན་པོ་སྟོང་པ་ཉིད་ཅེས་བྱ་བར་མི་དམིགས་སོ། །དོན་དམ་པ་སྟོང་པ་ཉིད་ལ་དོན་དམ་པ་སྟོང་པ་ཉིད་ཅེས་བྱ་བར་མི་དམིགས་སོ། །འདུས་བྱས་སྟོང་པ་ཉིད་ལ་འདུས་བྱས་སྟོང་པ་ཉིད་ཅེས་བྱ་བར་མི་དམིགས་སོ། །འདུས་མ་བྱས་སྟོང་པ་ཉིད་ལ་འདུས་མ་བྱས་སྟོང་པ་ཉིད་ཅེས་བྱ་བར་མི་དམིགས་སོ། །མཐའ་ལས་འདས་པ་སྟོང་པ་ཉིད་ལ་མཐའ་ལས་[༢]འདས་པ་སྟོང་པ་ཉིད་ཅེས་བྱ་བར་མི་དམིགས་སོ། །ཐོག་མ་དང་ཐ་མ་མེད་པ་སྟོང་པ་ཉིད་ལ་ཐོག་མ་དང་ཐ་མ་མེད་པ་སྟོང་པ་ཉིད་ཅེས་བྱ་བར་མི་དམིགས་སོ། །དོར་བ་མེད་པ་སྟོང་པ་ཉིད་ལ་དོར་བ་མེད་པ་སྟོང་པ་ཉིད་ཅེས་བྱ་བར་མི་དམིགས་སོ། །རང་བཞིན་སྟོང་པ་ཉིད་ལ་རང་བཞིན་སྟོང་པ་ཉིད་ཅེས་བྱ་བར་མི་དམིགས་སོ། །ཆོས་ཐམས་ཅད་སྟོང་པ་ཉིད་ལ་ཆོས་ཐམས་ཅད་སྟོང་པ་ཉིད་ཅེས་བྱ་བར་མི་དམིགས་སོ། །རང་གི་མཚན་ཉིད་སྟོང་པ་ཉིད་ལ་རང་གི་མཚན་ཉིད་སྟོང་པ་ཉིད་ཅེས་བྱ་བར་མི་དམིགས་སོ[༣]། །བྱང་ཆུབ་སེམས་དཔའ་སེམས་དཔའ་ཆེན་པོ་དེ་[༤]སྟོང་པ་ཉིད་བཅུ་བཞི་པོ་དེ་དག་ལ་གནས་ཤིང་། གཟུགས་སྟོང་ཞེས་བྱ་བའམ། མི་སྟོང་ཞེས་བྱ་བར་མི་དམིགས་སོ། །ཚོར་བ་སྟོང་ཞེས་བྱ་བའམ། མི་སྟོང་ཞེས་བྱ་བར་མི་དམིགས་སོ། །འདུ་

ཤེས་སྟོང་ཞེས་བྱ་བའམ། མི་སྟོང་ཞེས་བྱ་བར་མི་དམིགས་སོ། །འདུ་བྱེད་སྟོང་ཞེས་བྱ་བའམ། མི་སྟོང་ཞེས་བྱ་བར་མི་དམིགས་སོ། །རྣམ་པར་ཤེས་པ་སྟོང་ཞེས་བྱ་བའམ། མི་སྟོང་ཞེས་བྱ་བར་མི་དམིགས་སོ། །མིག་སྟོང་ཞེས་བྱ་བའམ། མི་སྟོང་ཞེས་བྱ་བར་མི་དམིགས་སོ། །རྣ་བ་སྟོང་ཞེས་བྱ་བའམ། མི་སྟོང་ཞེས་བྱ་བར་མི་དམིགས་སོ། །སྣ་སྟོང་ཞེས་བྱ་བའམ། མི་སྟོང་ཞེས་བྱ་བར་མི་དམིགས་སོ། །ལྕེ་སྟོང་ཞེས་བྱ་བའམ། མི་སྟོང་ཞེས་བྱ་བར་མི་དམིགས་སོ། །ལུས་སྟོང་ཞེས་བྱ་བའམ། མི་སྟོང་ཞེས་བྱ་བར་མི་དམིགས་སོ། །ཡིད་སྟོང་ཞེས་བྱ་བའམ། མི་སྟོང་ཞེས་བྱ་བར་མི་དམིགས་སོ། །གཟུགས་སྟོང་ཞེས་བྱ་བའམ། མི་སྟོང་ཞེས་བྱ་བར་མི་དམིགས་སོ། །སྒྲ་སྟོང་ཞེས་བྱ་བའམ། མི་སྟོང་ཞེས་བྱ་བར་མི་དམིགས་སོ། །དྲི་སྟོང་ཞེས་བྱ་བའམ། མི་སྟོང་ཞེས་བྱ་བར་མི་དམིགས་སོ། །རོ་སྟོང་ཞེས་བྱ་བའམ། མི་སྟོང་ཞེས་བྱ་བར་མི་དམིགས་སོ། །རེག་སྟོང་ཞེས་བྱ་བའམ། མི་སྟོང་ཞེས་བྱ་བར་མི་དམིགས་སོ། །ཆོས་སྟོང་ཞེས་བྱ་བའམ། མི་སྟོང་ཞེས་བྱ་བར་མི་དམིགས་སོ། །མིག་གིཿ རྣམ་པར་ཤེས་[1]པ་སྟོང་ཞེས་བྱ་བའམ། མི་སྟོང་ཞེས་བྱ་བར་མི་དམིགས་སོ། །རྣ་བའི་རྣམ་པར་ཤེས་པ་སྟོང་ཞེས་བྱ་བའམ། མི་སྟོང་ཞེས་བྱ་བར་མི་དམིགས་སོ། །སྣའི་རྣམ་པར་ཤེས་པ་སྟོང་ཞེས་བྱ་བའམ། མི་སྟོང་ཞེས་བྱ་བར་མི་དམིགས་སོ། །ལྕེའི་རྣམ་པར་ཤེས་པ་སྟོང་ཞེས་བྱ་བའམ། མི་སྟོང་ཞེས་བྱ་བར་མི་དམིགས་སོ། །ལུས་ཀྱི་རྣམ་པར་ཤེས་པ་སྟོང་ཞེས་བྱ་བའམ། མི་སྟོང་ཞེས་བྱ་བར་མི་དམིགས་སོ། །ཡིད་ཀྱི་རྣམ་པར་ཤེས་པ་སྟོང་ཞེས་བྱ་བའམ། མི་སྟོང་ཞེས་བྱ་བར་མི་དམིགས་སོ། །མིག་གི་འདུས་ཏེ་རེག་པ་སྟོང་ཞེས་བྱ་བའམ། མི་སྟོང་ཞེས་བྱ་བར་མི་དམིགས་སོ། །རྣ་བའི་འདུས་ཏེ་རེག་པ་སྟོང་ཞེས་བྱ་བའམ། མི་སྟོང་ཞེས་བྱ་བར་མི་དམིགས་སོ། །སྣའི་འདུས་ཏེ་རེག་པ་སྟོང་ཞེས་བྱ་བའམ།

མྱི་སྟོང་ཞེས་བྱ་བར་མྱི་དམྱིགས་སོ། །ལྕེའི་འདུས་ཏེ་རེག་པ་སྟོང་ཞེས་བྱ་བའམ། མྱི་སྟོང་ཞེས་བྱ་བར་མྱི་དམྱིགས་སོ། །ལུས་ཀྱི་འདུས་ཏེ་རེག་པ་སྟོང་ཞེས་བྱ་བའམ། མྱི་སྟོང་ཞེས་བྱ་བར་མྱི་དམྱིགས་སོ། །ཡིད་ཀྱི་འདུས་ཏེ་རེག་པ་སྟོང་ཞེས་བྱ་བའམ། མྱི་སྟོང་ཞེས་བྱ་བར་མྱི་དམྱིགས་སོ། །མྱིག་གི་འདུས་ཏེ་རེག་པ་ལས་བྱུང་བའི་ཚོར་བ་སྟོང་ཞེས་བྱ་བའམ། མྱི་སྟོང་ཞེས་བྱ་བར་མྱི་དམྱིགས་སོ། །རྣ་བའི་འདུས་ཏེ་རེག་པ་ལས་བྱུང་བའི་ཚོར་བ་སྟོང་ཞེས་བྱ་བའམ། མྱི་སྟོང་ཞེས་བྱ་བར་མྱི་……དམྱིགས་སོ། །སྣའི་འདུས་ཏེ་རེག་པ་ལས་བྱུང་བའི་ཚོར་བ་སྟོང་ཞེས་བྱ་བའམ། མྱི་སྟོང་ཞེས་བྱ་བར་མྱི་དམྱིགས་སོ། །ལྕེའི་འདུས་ཏེ་རེག་པ་ལས་བྱུང་བའི་ཚོར་བ་སྟོང་ཞེས་བྱ་བའམ། མྱི་སྟོང་ཞེས་བྱ་བར་མྱི་དམྱིགས་སོ། །ལུས་ཀྱི་འདུས་ཏེ་རེག་པ་ལས་བྱུང་བའི་ཚོར་བ་སྟོང་ཞེས་བྱ་བའམ། མྱི་སྟོང་ཞེས་བྱ་བར་མྱི་……དམྱིགས་སོ། །ཡིད་ཀྱི་འདུས་ཏེ་རེག་པ་ལས་བྱུང་བའི་ཚོར་བ་སྟོང་ཞེས་བྱ་བའམ། མྱི་སྟོང་ཞེས་བྱ་བར་མྱི་དམྱིགས་སོ། །སའི་ཁམས་སྟོང་ཞེས་བྱ་བའམ། མྱི་སྟོང་ཞེས་བྱ་བར་མྱི་དམྱིགས་སོ། །ཆུའི་ཁམས་སྟོང་ཞེས་བྱ་བའམ། མྱི་སྟོང་ཞེས་བྱ་བར་མྱི་དམྱིགས་སོ། །མེའི་ཁམས་སྟོང་ཞེས་བྱ་བའམ། མྱི་སྟོང་ཞེས་བྱ་བར་མྱི་དམྱིགས་སོ། །རླུང་གི་ཁམས་སྟོང་ཞེས་བྱ་བའམ། མྱི་སྟོང་ཞེས་བྱ་བར་མྱི་དམྱིགས་སོ། །ནམ་མཁའི་ཁམས་སྟོང་ཞེས་བྱ་བའམ། མྱི་སྟོང་ཞེས་བྱ་བར་མྱི་དམྱིགས་སོ། །རྣམ་པར་ཤེས་པའི་ཁམས་སྟོང་ཞེས་བྱ་བའམ། མྱི་སྟོང་ཞེས་བྱ་བར་མྱི་དམྱིགས་སོ། །མ་རིག་པ་སྟོང་ཞེས་བྱ་བའམ། མྱི་སྟོང་ཞེས་བྱ་བར་མྱི་དམྱིགས་སོ། །འདུ་བྱེད་སྟོང་ཞེས་བྱ་བའམ། མི་སྟོང་ཞེས་བྱ་བར་མྱི་དམྱིགས་སོ། །རྣམ་པར་ཤེས་པ་སྟོང་ཞེས་བྱ་བའམ། མྱི་སྟོང་ཞེས་བྱ་བར་མྱི་དམྱིགས་སོ། །མྱིང་དང་གཟུགས་སྟོང་ཞེས་བྱ་བའམ། མྱི་སྟོང་ཞེས་བྱ་བར་མྱི་དམྱིགས་སོ། །

སྐྱེ་མཆེད་དྲུག་སྟོང་ཞེས་བྱ་བའམ། མྱི་སྟོང་ཞེས་བྱ་བར་མྱི་དམྱིགས་སོ། །རེག་པ་སྟོང་ཞེས་བྱ་བའམ། མྱི་སྟོང་ཞེས་བྱ་བར་མྱི་དམྱིགས་སོ། །ཚོར་བ་སྟོང་ཞེས་བྱ་བའམ། མྱི་སྟོང་ཞེས་བྱ་བར་མྱི་དམྱིགས་སོ། །སྲིད་པ་སྟོང་ཞེས་བྱ་བའམ། མྱི་སྟོང་ཞེས་བྱ་བར་མྱི་དམྱིགས་སོ། །ལེན་པ་སྟོང་ཞེས་བྱ་བའམ། མྱི་སྟོང་ཞེས་བྱ་བར་མྱི་དམྱིགས་སོ། །སྲིད་པ་སྟོང་ཞེས་བྱ་བའམ། མི་སྟོང་ཞེས་བྱ་བར་མྱི་དམྱིགས་སོ། །སྐྱེ་བ་སྟོང་ཞེས་བྱ་བའམ། མི་སྟོང་ཞེས་བྱ་བར་མྱི་དམྱིགས་སོ། །ཀ་ཤི་སྟོང་ཞེས་བྱ་བའམ། མྱི་སྟོང་ཞེས་བྱ་བར་མྱི་དམྱིགས་སོ། །སྦྱིན་པའི་ཕ་རོལད་ཏུ་ཕྱིན་པ་སྟོང་ཞེས་བྱ་བའམ། མྱི་སྟོང་ཞེས་བྱ་བར་མྱི་དམྱིགས་སོ། །ཚུལ་ཁྲིམས་ཀྱི་ཕ་རོལ་ཏུ་ཕྱིན་པ་སྟོང་ཞེས་བྱ་བའམ། མྱི་སྟོང་ཞེས་བྱ་བར་མྱི····དམྱིགས་སོ། །བཟོད་པའི་ཕ་རོལ་ཏུ་ཕྱིན་པ་སྟོང་ཞེས་བྱ་བའམ། མྱི་སྟོང་ཞེས་བྱ་བར་མྱི་དམྱིགས་སོ། །བརྩོན་འགྲུས་ཀྱི་ཕ་རོལ་ཏུ་ཕྱིན་པ་སྟོང་ཞེས་བྱ་བའམ། མྱི་སྟོང་ཞེས་བྱ་བར་མྱི་དམྱིགས་སོ། །བསམ་གཏན་གྱི་ཕ་རོལ་ཏུ་ཕྱིན་པ་སྟོང་ཞེས་བྱ་བའམ། མྱི་སྟོང་ཞེས་བྱ་བར་མྱི་དམྱིགས་སོ། །ཤེས་རབ་ཀྱི་ཕ་རོལ་ཏུ་ཕྱིན་པ་སྟོང་ཞེས་བྱ་བའམ། མི་སྟོང་ཞེས་བྱ་བར་མྱི་དམྱིགས་སོ། །ནང་སྟོང་པ་ཉིད་སྟོང་ཞེས་བྱ་བའམ། མི་སྟོང་ཞེས་བྱ་བར་མྱི་དམྱིགས་སོ། །ཕྱི་སྟོང་པ་ཉིད་སྟོང་ཞེས་བྱ་བའམ། མྱི་སྟོང་ཞེས་བྱ་བར་མྱི་དམྱིགས་སོ། །ཕྱི་ནང་སྟོང་པ་ཉིད་སྟོང་ཞེས་བྱ་བའམ། མྱི་སྟོང་ཞེས་བྱ་བར་མྱི་དམྱིགས་སོ། །སྟོང་པ་ཉིད་སྟོང་པ་ཉིད་སྟོང་ཞེས་བྱ་བའམ། མི་སྟོང་ཞེས་བྱ་བར་མྱི་དམྱིགས་སོ། །ཆེན་པོ་སྟོང་པ་ཉིད་སྟོང་ཞེས་བྱ་བའམ། མྱི་སྟོང་ཞེས་བྱ་བར་མྱི་དམྱིགས་སོ། །དོན་དམ་པ་སྟོང་པ་ཉིད་སྟོང་ཞེས་བྱ་བའམ། མྱི་སྟོང་ཞེས་བྱ་བར་མྱི་དམྱིགས་སོ། །འདུས་བྱས་སྟོང་པ་ཉིད་སྟོང་ཞེས་བྱ་བའམ། མྱི་སྟོང་ཞེས་བྱ་བར་མྱི་དམྱིགས་སོ། །འདུས་

མ་བྱས་སྟོང་པ་ཉིད་སྟོང་ཞེས་བྱ་བའམ། མྱི་སྟོང་ཞེས་བྱ་བར་མྱི་དམྱིགས་སོ། །མཐའ་ལས་འདས་པ་སྟོང་པ་ཉིད་སྟོང་ཞེས་བྱ་བའམ། མྱི་སྟོང་ཞེས་བྱ་བར་མྱི་དམྱིགས་སོ། །ཐོག་མ་དང་ཐ་མ་མྱེད་པ་སྟོང་པ་ཉིད་སྟོང་ཞེས་བྱ་བའམ། མྱི་སྟོང་ཞེས་བྱ་བར་མྱི་དམིགས་སོ། །དོར་བ་མེད་པ་སྟོང་པ་ཉིད་སྟོང་ཞེས་བྱ་བའམ། མྱི་སྟོང་ཞེས་བྱ་བར་མྱི་དམྱིགས་སོ། །རང་བཞིན་སྟོང་པ་ཉིད་སྟོང་ཞེས་བྱ་བའམ། མྱི་སྟོང་ཞེས་བྱ་བར་མྱི་དམྱིགས་སོ། །ཆོས་ཐམས་ཅད་སྟོང་པ་ཉིད་སྟོང་ཞེས་བྱ་བའམ༑ མྱི་སྟོང་ཞེས་བྱ་བར་མྱི་དམྱིགས་སོ། །རང་གི་མཚན་ཉིད་སྟོང་པ་ཉིད་སྟོང་ཞེས་བྱ་བའམ། མྱི་སྟོང་ཞེས་བྱ་བར་མྱི་དམྱིགས་སོ། །མྱི་དམྱིགས་པ་སྟོང་པ་ཉིད་སྟོང་ཞེས་བྱ་བའམ། མྱི་སྟོང་ཞེས་བྱ་བར་མྱི་དམྱིགས་སོ། །དངོས་པོ་མྱེད་པ་སྟོང་པ་ཉིད་སྟོང་ཞེས་བྱ་བའམ། མྱི་སྟོང་ཞེས་བྱ་བར་མྱི་དམྱིགས་སོ། །ངོ་བོ་ཉིད་སྟོང་པ་ཉིད་སྟོང་ཞེས་བྱ་བའམ། མྱི་སྟོང་ཞེས་བྱ་བར་མྱི་དམྱིགས་སོ། །དངོས་པོ་མྱེད་པའི་ངོ་བོ་ཉིད་སྟོང་པ་ཉིད་སྟོང་ཞེས་བྱ་བའམ། མྱི་སྟོང་ཞེས་བྱ་བར་མྱི་དམྱིགས་སོ། །དྲན་པ་ཉེ་བར་གཞག་པ་བཞི་སྟོང་ཞེས་བྱ་བའམ། མྱི་སྟོང་ཞེས་བྱ་བར་མྱི་དམྱིགས་སོ། །ཡང་དག་པར་སྤོང་བ་བཞི་སྟོང་ཞེས་བྱ་བའམ། མྱི་སྟོང་ཞེས་བྱ་བར་མྱི་དམྱིགས་སོ། །རྫུ་འཕྲུལ་གྱི་རྐང་པ་བཞི་སྟོང་ཞེས་བྱ་བའམ། མྱི་སྟོང་ཞེས་བྱ་བར་མྱི་དམྱིགས་སོ། །དབང་པོ་ལྔ་སྟོང་ཞེས་བྱ་བའམ། མྱི་སྟོང་ཞེས་བྱ་བར་མྱི་དམྱིགས་སོ། །སྟོབས་ལྔ་སྟོང་ཞེས་བྱ་བའམ། མྱི་སྟོང་ཞེས་བྱ་བར་མྱི་དམྱིགས་སོ། །བྱང་ཆུབ་ཀྱི་ཡན་ལག་བདུན་སྟོང་ཞེས་བྱ་བའམ། མྱི་སྟོང་ཞེས་བྱ་བར་མྱི་དམྱིགས་སོ། །འཕགས་པའི་ལམ་ཡན་ལག་བརྒྱད་པ་སྟོང་····ཞེས་བྱ་བའམ། མྱི་སྟོང་ཞེས་བྱ་བར་མྱི་དམྱིགས་སོ། །འཕགས་པའི་བདེན་པ་བཞི་སྟོང་ཞེས་བྱ་བའམ། མི་སྟོང་ཞེས་བྱ་བར་མྱི་དམྱིགས་སོ། །བསམ་གཏན་

བཞི་སྟོང་ཞེས་བྱ་བའམ། མྱི་སྟོང་ཞེས་བྱ་བར་མྱི་དམིགས་སོ། །ཚད་མྱེད་པ་བཞི་སྟོང་ཞེས་བྱ་བའམ། མྱི་སྟོང་ཞེས་བྱ་བར་མྱི་དམིགས་སོ། །གཟུགས་མྱེད་པའི་སྙོམས་པར་འཇུག་པ་བཞི་སྟོང་ཞེས་བྱ་བའམ། མྱི་སྟོང་ཞེས་བྱ་བར་མྱི་དམིགས་སོ། །རྣམ་པར་ཐར་པ་བརྒྱད་སྟོང་ཞེས་བྱ་བའམ། མྱི་སྟོང་ཞེས་བྱ་བར་མྱི་དམིགས་སོ། །མཐར་གྱིས་གནས་པའི་སྙོམས་པར་འཇུག་པ་དགུ་སྟོང་ཞེས་བྱ་བའམ། མྱི་སྟོང་ཞེས་བྱ་བར་མྱི་དམིགས་སོ། །རྣམ་པར་ཐར་པའི་སྒོ་སྟོང་པ་ཉིད་དང་། མཚན་མ་མེད་པ་དང་། སྨོན་པ་མྱེད་པ་སྟོང་ཞེས་བྱ་བའམ། མྱི་སྟོང་ཞེས་བྱ་བར་མྱི་དམིགས་སོ། །མངོན་པར་ཤེས་པ་རྣམས་སྟོང་ཞེས་བྱ་བའམ། མྱི་སྟོང་ཞེས་བྱ་བར་མྱི་དམིགས་སོ། །ཏིང་ངེ་འཛིན་རྣམས་སྟོང་ཞེས་བྱ་བའམ། མྱི་སྟོང་ཞེས་བྱ་བར་མྱི་དམིགས་སོ། །གཟུངས་ཀྱི་སྒོ་རྣམས་སྟོང་ཞེས་བྱ་བའམ། མྱི་སྟོང་ཞེས་བྱ་བར་མྱི་དམིགས་སོ། །དེ་བཞིན་གཤེགས་པའི་སྟོབས་བཅུ་སྟོང་ཞེས་བྱ་བའམ། མྱི་སྟོང་ཞེས་བྱ་བར་མྱི་དམིགས་སོ། །མྱི་འཇིགས་པ་བཞི་སྟོང་ཞེས་བྱ་བའམ། མྱི་སྟོང་ཞེས་བྱ་བར་མྱི་དམིགས་སོ། །སོ་སོ་ཡང་དག་པར་རིག་པ་བཞི་སྟོང་ཞེས་བྱ་བའམ། མི་སྟོང་ཞེས་བྱ་བར་མྱི་དམིགས་སོ། །[7]སྙིང་རྗེ་ཆེན་པོ་སྟོང་ཞེས་བྱ་བའམ། མྱི་སྟོང་ཞེས་བྱ་བར་མི་དམིགས་སོ། །སངས་རྒྱས་ཀྱི་ཆོས་མ་འདྲེས་པ་བཅོ་བརྒྱད་སྟོང་ཞེས་བྱ་བའམ། མྱི་སྟོང་ཞེས་བྱ་བར་མྱི་དམིགས་སོ། །རྒྱུན་ཏུ་ཞུགས་པའི་འབྲས་བུ་སྟོང་ཞེས་བྱ་བའམ། མྱི་སྟོང་ཞེས་བྱ་བར་མྱི་དམིགས་སོ། །ལན་ཅིག་ཕྱིར་འོང་བའི་འབྲས་བུ་སྟོང་ཞེས་བྱ་བའམ། མྱི་སྟོང་ཞེས་བྱ་བར་མྱི་དམིགས་སོ། །ཕྱིར་མྱི་འོང་བའི་འབྲས་བུ་སྟོང་ཞེས་བྱ་བའམ། མྱི་སྟོང་ཞེས་བྱ་བར་མྱི་དམིགས་སོ། །དགྲ་བཅོམ་པ་ཉིད་སྟོང་ཞེས་བྱ་བའམ། མྱི་སྟོང་ཞེས་བྱ་བར་མྱི་དམིགས་སོ། །རང་བྱང་ཆུབ་སྟོང་ཞེས་བྱ་

བའམ། མི་སྟོང་ཞེས་བྱ་བར་མི་དམིགས་སོ། །བླ་ན་མེད་པ་ཡང་དག་པར་རྫོགས་པའི་བྱང་ཆུབ་སྟོང་ཞེས་བྱ་བའམ། མི་སྟོང་ཞེས་བྱ་བར་མི་དམིགས་སོ། །འདུས་བྱས་ཀྱི་ཁམས་སྟོང་ཞེས་བྱ་བའམ། མི་སྟོང་ཞེས་བྱ་བར་མི་དམིགས་སོ། །འདུས་མ་བྱས་ཀྱི་ཁམས་སྟོང་ཞེས་བྱ་བའམ། མི་སྟོང་ཞེས་བྱ་བར་མི་དམིགས་ཏེ[1]། དེ་བྱང་ཆུབ་སེམས་དཔའ་སེམས་དཔའ་ཆེན་པོ་ཤེས་རབ་ཀྱི་ཕ་རོལ་ཏུ······ཕྱིན་པ་འདི་ལ་སྤྱོད་ཅིང་ཟས་སམ། སྐོམ་མམ[2]། བཞོན[3]་པའམ། གོས་སམ། མེ་ཏོག་གམ། ཕྲེང་བའམ། སྤོས་སམ། བྱུག་པའམ། མལ་ཆའམ། གནས་སམ། འཚོ་བའམ། ཡོ་བྱད་དམ། མིའི་ཡོ་བྱད་གཞན་གང་ཡང་རུང་བ་སྦྱིན་པ་གང་དང་གང་གཏོང་ཡང་དེས་སྦྱིན་པ་དེ་སྟོང[4]་པ་ཞེས་བྱ་བར་ཡང་དག་པར······རྗེས་སུ[5]་མཐོང་ངོ་། །གང་ཡོངས་སུ་གཏོང་བ་དང་། གང་ལ་ཡོངས་སུ་གཏོང་བ་དེ་ཡང་སྟོང་པ་ཞེས་བྱ་བར་ཡང་དག་པར་རྗེས་སུ[6]་མཐོང་སྟེ། དེ་ལ་འཇུངས་པའི་སེམས་སམ། ཡོངས་སུ་འཛིན་པའི་སེམས་ཀྱི[7]་སྐབས་མེད་དོ། །དེ་ཅིའི་ཕྱིར་ཞེ་ན། ཤེས་རབ་ཀྱི་ཕ་རོལ་ཏུ་ཕྱིན་པ་ལ་སྤྱོད་པའི་བྱང་ཆུབ་སེམས་དཔའ[8]་སེམས་དཔའ་ཆེན་པོ་ལ། སེམས་དང་པོ་བསྐྱེད[9]་པ་ནས་ཉེ་བར་བཟུང་སྟེ། སྙིང་པོ་བྱང་ཆུབ་ལ་འདུག་གི་བར་དུ་རྣམ་པར་རྟོག་པ་དེ་དག་ཐམས་ཅད་མེད་དེ[10]། དེ་བཞིན་གཤེགས་པ་དགྲ་བཅོམ་པ་ཡང་དག་པར་རྫོགས་པའི་སངས་རྒྱས་བླ་ན······མེད་པ་ཡང་དག་པར་རྫོགས་པའི་བྱང་ཆུབ་ཏུ་མངོན་པར་རྫོགས་པར[11]་སངས་རྒྱས་པ་ལ་ཇི་ལྟར་འཇུངས་པའི་ཐུགས་སམ། ཡོངས་སུ་འཛིན་པའི་ཐུགས་མི་མངའ་བ་དེ་བཞིན་དུ། བྱང་ཆུབ་སེམས་དཔའ་སེམས་དཔའ་ཆེན་པོ་ཤེས་རབ་ཀྱི་ཕ་རོལ་ཏུ་ཕྱིན་པ[12]་ལ་སྤྱོད་པ་ལ་ཡང་འཇུངས་པའི་སེམས་སམ། ཡོངས་སུ་འཛིན་པའི་སེམས་སྐྱེ་བ་མེད་དོ། །འདི་ལྟར་ཤེས་རབ་ཀྱི་ཕ་རོལ་ཏུ་ཕྱིན་པ་འདི་ཉིད། བྱང་

བྱང་ཆུབ་སེམས་དཔའ་སེམས་དཔའ་ཆེན་པོའི་སྟོན་པའོ། །རབ་འབྱོར་དེ་ལྟར་ན་བྱང་
ཆུབ་སེམས་དཔའ་སེམས་དཔའ་ཆེན་པོ་ཤེས་རབ་ཀྱི་ཕ་རོལ་ཏུ་ཕྱིན་པ་ལ་གནས·····
ཤིང་། སྦྱིན་པའི་ཕ་རོལ་ཏུ་ཕྱིན་པ་ཡོངས་སུ་འཛིན་ཏོ། །གསོལ་པ། བཅོམ་
ལྡན་འདས་ཇི་ལྟར་ན། བྱང་ཆུབ་སེམས་དཔའ་སེམས་དཔའ་ཆེན་པོ་ཤེས་རབ་ཀྱི་
ཕ་རོལ་ཏུ་ཕྱིན་པ་ལ་གནས་ཤིང་། ཚུལ་ཁྲིམས་ཀྱི་ཕ་རོལ་ཏུ་ཕྱིན་པ་ཡོངས་སུ····
འཛིན་པ་ལགས། བཅོམ་ལྡན་འདས་ཀྱིས་བཀའ་སྩལ་པ། རབ་འབྱོར་འདི་ལ་
བྱང་ཆུབ་སེམས་དཔའ་སེམས་དཔའ་ཆེན་པོ་ཤེས་རབ་ཀྱི་ཕ་རོལ་ཏུ་ཕྱིན་པ་ལ·····
གནས་ཤིང་། ཉན་ཐོས་དང་། རང་སངས་རྒྱས་ཀྱི་སེམས་ཀྱི་གོ་སྐབས་མི····
འབྱེད[1]དོ། །དེ་ཅིའི་ཕྱིར་ཞེ་ན། དེ་ནི་འདི་ལྟར་དེས་ཉན[2]ཐོས་ཀྱི་སའམ།
རང་སངས་རྒྱས་ཀྱི་ས་གང་དུ་ཡོངས་སུ་སྨོ་བ་དེ་ལྟ་བུའི་ཉན་ཐོས་ཀྱི་སའམ། རང་
སངས་རྒྱས་ཀྱི་ས་ཡང་མི་དམིགས[3]། སེམས་དེ་ཡང་མི་དམིགས་ཏེ། དེ་སེམས་
དང་པོ་བསྐྱེད་པ་ནས་ཉེ་བར་བཟུང་སྟེ། སྙིང་པོ་བྱང་ཆུབ་ལ་འདུག་གི་བར་དུ་
བདག་གིས་ཀྱང་སྲོག་གཅོད་པ་སྤངས་པ་ཡིན། གཞན་ཡང་སྲོག་གཅོད་པ་སྤོང་བ་
ལ་ཡང་དག་པར་སྐུལ[4]བ་ཡིན། སྲོག་གཅོད་པ་སྤོང་བའི་ལེགས་པ་རྗོད[5]པ་ཡིན།
གཞན་གང་གིས་སྲོག་གཅོད་པ་སྤངས་པ་དེ་དག་གི་ལེགས་པ་རྗོད་ཅིང་མཐུན[6]
པས་དགའ་བར་བྱེད་པ་ཡིན། བདག་གིས་ཀྱང་མ་བྱིན་པར་ལེན་པ་སྤངས་པ
ཡིན། གཞན་ཡང་མ་བྱིན་པར་ལེན་པ་སྤོང[7]བ་ལ་ཡང་དག་པར་སྐུལ[8]བ་ཡིན།
མ་བྱིན་པར[9]ལེན་པ་སྤོང་བའི་ལེགས་པ་རྗོད་པ་ཡིན། གཞན་གང་གིས་མ་བྱིན་
པར་ལེན་པ་སྤངས་པ་དེ་དག་གི་ལེགས་པ་རྗོད་ཅིང་མཐུན་པས་དགའ་བར་བྱེད་པ་
ཡིན། བདག་གིས་ཀྱང་འདོད་པས་ལོག་པར་གཡེམ་པ་སྤངས་པ་ཡིན། གཞན་
ཡང་འདོད་པས་ལོག་པར་གཡེམ་པ་སྤོང་བ་ལ་ཡང་དག་པར་སྐུལ་བ་ཡིན།

འདོད་པས་ལོག་པར་གཡེམ་པ་སྤོང་བའི་ལེགས་པ་རྗོད་པ་ཡིན། གཞན་གང་གིས་འདོད་པས་ལོག་པར་གཡེམ་པ་སྤངས་པ་དེ་དག་གི་ལེགས་པ་རྗོད་ཅིང་མཐུན་པས་[༧] དགའ་བར་བྱེད་པ་ཡིན། བདག་གིས་ཀྱང་བརྫུན་དུ་སྨྲ་བ་སྤངས་པ་ཡིན། གཞན་ཡང་བརྫུན་[༣] དུ་སྨྲ་བ་སྤོང་བ་ལ་ཡང་དག་པར་སྐུལ་བ་ཡིན། བརྫུན་དུ་སྨྲ་བ་སྤོང་བའི་ལེགས་པ་རྗོད་པ་ཡིན། གཞན་གང་གིས་བརྫུན་དུ་སྨྲ་བ་སྤངས་པ་དེ་དག་གི་ལེགས་པ་རྗོད་ཅིང་མཐུན་པས་དགའ་བར་བྱེད་པ་ཡིན། བདག་གིས་ཀྱང་ཕྲ་མ་སྤངས་པ་ཡིན། གཞན་ཡང་ཕྲ་མ་སྤོང་བ་ལ་ཡང་དག་པར་སྐུལ་བ་ཡིན། ཕྲ་མ་སྤོང་བའི་ལེགས་པ་རྗོད་པ་ཡིན། གཞན་གང་གིས་ཕྲ་མ་སྤངས་པ་དེ་དག་གི་ལེགས་པ་རྗོད་ཅིང་མཐུན་པས་དགའ་བར་བྱེད་པ་ཡིན། བདག་གིས་ཀྱང་ཞེ་གཅོད་པའི་ཚིག་སྤངས་པ་ཡིན། གཞན་ཡང་ཞེ་གཅོད་པའི་ཚིག་སྤོང་བ་ལ་ཡང་དག་པར་སྐུལ་བ་ཡིན། ཞེ་གཅོད་པའི་ཚིག་སྤོང་བའི་ལེགས་པ་རྗོད་པ་ཡིན། གཞན་གང་གིས་ཞེ་གཅོད་པའི་ཚིག་སྤངས་པ་དེ་དག་གི་ལེགས་པ་རྗོད་ཅིང་མཐུན་པས་དགའ་བར་བྱེད་པ་ཡིན། བདག་གིས་ཀྱང་ཚིག་ཀྱལ་[༡] པ་སྤངས་པ་ཡིན། གཞན་ཡང་ཚིག་ཀྱལ་[༢] པ་སྤོང་བ་ལ་ཡང་དག་པར་སྐུལ་བ་ཡིན། ཚིག་ཀྱལ་[༥] པ་སྤོང་བའི་ལེགས་པ་རྗོད་པ་ཡིན། གཞན་གང་གིས་ཚིག་ཀྱལ་[༦] པ་སྤངས་པ་དེ་དག་གི་ལེགས་པ་རྗོད་ཅིང་མཐུན་པས་དགའ་བར་བྱེད་པ་ཡིན། བདག་གིས་ཀྱང་ཆགས་སེམས་སྤངས་པ་ཡིན། གཞན་ཡང་ཆགས་སེམས་སྤོང་བ་ལ་ཡང་དག་པར་སྐུལ་བ་ཡིན། ཆགས་སེམས་སྤོང་བའི་ལེགས་པ་རྗོད་པ་ཡིན། གཞན་གང་གིས་ཆགས་སེམས་སྤངས་པ་དེ་དག་གི་ལེགས་པ་རྗོད་ཅིང་མཐུན་པས་དགའ་བར་བྱེད་པ་ཡིན། བདག་གིས་ཀྱང་གནོད་སེམས་སྤངས་པ་ཡིན། གཞན་ཡང་གནོད་སེམས་སྤོང་བ་ལ་ཡང་དག་པར་སྐུལ་བ་ཡིན། གནོད་སེམས་སྤོང་བའི་ལེགས་པ་

རྗོད་པ་ཡིན། གཞན༔ གང་གིས[1] གནོད་སེམས་སྤངས་པ་དེ་དག་གི་ལེགས་པ་རྗོད་ཅིང་མཐུན་པས་དགའ་བར་བྱེད་པ་ཡིན། བདག་གིས་ཀྱང་ལོག་པར་ལྟ་བ་སྤངས་པ་ཡིན། གཞན་ཡང་ལོག་པར་ལྟ་བ་སྤོང་བ་ལ་ཡང་དག་པར་སྐུལ་བ་ཡིན། ལོག་པར་ལྟ་བ་སྤོང་བའི་ལེགས་པ་རྗོད་པ་ཡིན། གཞན་གང་གིས[2] ལོག་པར་ལྟ་བ་སྤངས་པ་དེ་དག་གི་ལེགས་པ་རྗོད་ཅིང་མཐུན་པས་དགའ་བར་བྱེད་པ་ཡིན་ཏེ། ཚུལ་ཁྲིམས་དེས[3] ཉན་ཐོས་སམ། རང་སངས་རྒྱས་ཀྱི་ཆོས་གང་ལ་ཡང་ཆགས····པར་མི་འགྱུར་ན། གཞན་མན༔ ཆད་ལྟ[4] ཅི་སྨོས་ཏེ། རབ་འབྱོར་དེ་ལྟར་ན་བྱང་ཆུབ་སེམས་དཔའ་སེམས་དཔའ་ཆེན་པོ། ཤེས་རབ་ཀྱི་ཕ་རོལ་ཏུ་ཕྱིན་པ་ལ་གནས་ཤིང་། ཚུལ་ཁྲིམས་ཀྱི་ཕ་རོལ་ཏུ་ཕྱིན་པ་ཡོངས་སུ་འཛིན་ཏོ། །གསོལ་པ། བཅོམ་ལྡན[5] འདས་ཇི་ལྟར་ན་བྱང་ཆུབ་སེམས་དཔའ་སེམས་དཔའ་ཆེན་པོ། ཤེས་རབ་ཀྱི་ཕ་རོལ་ཏུ་ཕྱིན་པ་ལ་གནས་ཤིང་། བཟོད་པའི་ཕ་རོལ་ཏུ་ཕྱིན་པ····ཡོངས་སུ་འཛིན་པ་ལགས། བཅོམ་ལྡན་འདས་ཀྱིས་བཀའ་སྩལ་པ། རབ་འབྱོར་འདི་ལ་བྱང་ཆུབ་སེམས་དཔའ་སེམས་དཔའ་ཆེན་པོ། ཤེས་རབ་ཀྱི་ཕ་རོལ་ཏུ····ཕྱིན་པ་ལ་གནས་ཤིང་། རྗེས་སུ་མཐུན་པའི་བཟོད་པ༔ སྐྱེས་ཏེ[6]། དེ་འདི་སྙམ་དུ་འདི་ལ་ཆོས་གང་ཡང་སྐྱེ་བའམ། འགག་པའམ། འབྱུང་བའམ། འཇིག[7] པའམ༑ འཆི་བའམ། གཞི་བའམ། འཕྲུལ་བའམ། གཅད[8] པའམ། གཏུབ་པའམ། བརྡེག་པ་མྱེད་དོ་སྙམ་པས་དེ་ལ་སེམས་དང་པོ་བསྐྱེད་པ་ནས་ཉེ་བར་བཟུང་སྟེ། སྙིང་པོ་བྱང་ཆུབ་ལ་འདུག་གི་བར་དུ་གལ་ཏེ་སེམས་ཅན་ཐམས་ཅད་ཏྲུང་དུ༔ ལྷགས་ནས་སྤྱོས་ཏེ[9]། བཀྱལ་ཏམ། རྡོ་དབྱུག[10] གིས་བརྡེགས····སམ༑ མཚོན་གྱིས་བཏབ་སྟེ་བཅད་གཏུབས[11] ཀྱང་དེ་ལ་འདི་སྙམ་སྟེ། ཀྱེ་མ་ཆོས་རྣམས་ཀྱི་ཆོས་ཉིད་འདི་ནི་ངོ་མཚར་ཆེ་སྟེ། འདི་ལ་ཆོས་གང་ལ་ཡང་སྤྱོ་བའམ།

བཀྲལ་[༡]བའམ། བཅད་[༢]པའམ། གཏུབ་[༣]པའམ། བརྡེག་པའམ། བཙིར་བ་མྱེད་དོ་སྙམ་སྟེ། རབ་འབྱོར་དེ་ལྟར་ན་བྱང་ཆུབ་སེམས་དཔའ་སེམས་དཔའ་ཆེན་པོ། ཤེས་རབ་ཀྱི་ཕ་རོལ་ཏུ་ཕྱིན་པ་ལ་གནས་ཤིང་། བཟོད་པའི་ཕ་རོལ་ཏུ་ཕྱིན་པ་ཡོངས་སུ་འཛིན་ཏོ། །གསོལ་པ། བཅོམ་ལྡན་འདས་ཇི་ལྟར་ན། བྱང་ཆུབ་སེམས་དཔའ་སེམས་དཔའ་ཆེན་པོ། ཤེས་རབ་ཀྱི་ཕ་རོལ་ཏུ་ཕྱིན་པ་ལ་··· གནས་ཤིང་། བརྩོན་འགྲུས་ཀྱི་ཕ་རོལ་ཏུ་ཕྱིན་པ་ཡོངས་སུ་འཛིན་པ་ལགས། བཅོམ་ལྡན་འདས་ཀྱིས་བཀའ་སྩལ་པ། རབ་འབྱོར་འདི་ལ་བྱང་ཆུབ་སེམས··· དཔའ་སེམས་དཔའ་ཆེན་པོ། ཤེས་རབ་ཀྱི་ཕ་རོལ་ཏུ་ཕྱིན་པ་ལ་གནས་ཤིང་། རྫུ་འཕྲུལ་གྱི་རྐང་པ་བཞི་ལ་གནས་ཏེ། ཐབས་མཁས་པ་དང་ལྡན་པས། ལུས་དང་སེམས་ཀྱི་བརྩོན་འགྲུས་བསྐྱེད་དེ། འཇིག་རྟེན་གྱི་ཁམས་གཅིག་གམ། འཇིག་རྟེན་གྱི་ཁམས་བརྒྱའམ། འཇིག་རྟེན་གྱི་ཁམས་སྟོང་ངམ། འཇིག་རྟེན་གྱི་ཁམས་བརྒྱ་ཕྲག་སྟོང་ངམ། འཇིག་རྟེན་གྱི་ཁམས་བྱེ་བའམ། འཇིག་རྟེན་གྱི་ཁམས་བྱེ་བ་བརྒྱའམ། འཇིག་རྟེན་གྱི་ཁམས་བྱེ་བ་སྟོང་ངམ། འཇིག་རྟེན་གྱི་ཁམས་བྱེ་བ་བརྒྱ་ཕྲག་[༤]སྟོང་ངམ། འཇིག་རྟེན་གྱི་ཁམས་བྱེ་བ་ཁྲག་ཁྲིག་བརྒྱ་ཕྲག་སྟོང་དག་ཏུ་སོང་སྟེ། སེམས་ཅན་རྣམས་ལ་ཆོས་སྟོན་ཅིང་། སྦྱིན་པའི་ཕ་རོལ་ཏུ་ཕྱིན་པ་ལ་རབ་ཏུ་འགོད་དོ། །ཚུལ་ཁྲིམས་ཀྱི་ཕ་རོལ་ཏུ་ཕྱིན་པ་ལ་རབ་ཏུ་འགོད་དོ། །བཟོད་པའི་ཕ་རོལ་ཏུ་ཕྱིན་པ་ལ་རབ་ཏུ་འགོད་དོ། །བརྩོན་འགྲུས་ཀྱི་ཕ་རོལ་ཏུ་ཕྱིན་པ་ལ་རབ་ཏུའགོད་དོ། །བསམ་གཏན་གྱི་ཕ་རོལ་ཏུ་ཕྱིན་པ་ལ་རབ་ཏུ་འགོད་དོ། །ཤེས་རབ་ཀྱི་ཕ་རོལ་ཏུ་ཕྱིན་པ་ལ་རབ་ཏུ་འགོད་དོ། །བྱང་ཆུབ་ཀྱི་ཕྱོགས་ཀྱི་ཆོས་ཐམས་ཅད་ལ་རབ་ཏུ་འགོད་[༥]དོ། །རྒྱུན་ཏུ་ཞུགས་པའི་འབྲས་བུ་ལ་[༦]རབ་ཏུ་འགོད་དོ། །ལན་ཅིག་ཕྱིར་འོང་བའི་འབྲས་བུ་ལ་རབ་ཏུ་འགོད་དོ། །

ཕྱིར་མི་འོང་བའི་འབྲས་བུ་ལ་རབ་ཏུ་འགོད་དོ། །དགྲ་བཅོམ་པ་ཉིད་ལ་རབ་ཏུ་འགོད་དོ། །རང་བྱང་ཆུབ་ལ་རབ་ཏུ་འགོད་དོ། །བླ་ན་མེད་པ་ཡང་དག་པར་རྫོགས་པའི་བྱང་ཆུབ་ལ་རབ་ཏུ་འགོད་དོ། །དེ་ཡང་ཅི་ནས་ཀྱང་འདུས་བྱས་ཀྱི་ཁམས་ལ་རབ་ཏུ་བཀོད་①པ་ཡང་མ་ཡིན། འདུས་མ་བྱས་ཀྱི་ཁམས་ལ་རབ་ཏུ་བཀོད་པ་ཡང་མ་ཡིན་པ་དེ་ལྟར་རབ་ཏུ་འགོད་དོ། །②རབ་འབྱོར་དེ་ལྟར་ན་བྱང་ཆུབ་སེམས་དཔའ་③སེམས་དཔའ་ཆེན་པོ། ཤེས་རབ་ཀྱི་ཕ་རོལ་ཏུ་ཕྱིན་པ་ལ་གནས་ཤིང་། བརྩོན་འགྲུས་ཀྱི་ཕ་རོལ་ཏུ་ཕྱིན་པ་ཡོངས་སུ་འཛིན་ཏོ། །གསོལ་པ། བཅོམ་ལྡན་འདས་ཇི་ལྟར་ན། བྱང་ཆུབ་སེམས་དཔའ་སེམས་དཔའ་ཆེན་པོ། ཤེས་རབ་ཀྱི་ཕ་རོལ་ཏུ་ཕྱིན་པ་ལ་གནས་ཤིང་། བསམ་གཏན་གྱི་ཕ་རོལ་ཏུ་ཕྱིན་པ་ཡོངས་སུ་འཛིན་པ་ལགས། བཅོམ་ལྡན་འདས་ཀྱིས་བཀའ་སྩལ་པ། རབ་འབྱོར་འདི་ལ་བྱང་ཆུབ་སེམས་དཔའ་སེམས་དཔའ་ཆེན་པོ། ཤེས་རབ་ཀྱི་ཕ་རོལ་ཏུ་ཕྱིན་པ་ལ་གནས་ཤིང་། དེ་བཞིན་གཤེགས་པའི་ཏིང་ངེ་འཛིན་མ་གཏོགས་པར་ཉན་ཐོས་ཀྱི་ཏིང་ངེ་འཛིན་ཏམ། ༑རང་སངས་རྒྱས་ཀྱི་ཏིང་ངེ་འཛིན་ཏམ།④ བྱང་ཆུབ་སེམས་དཔའི་ཏིང་ངེ་འཛིན་ཀྱང་རུང་སྟེ། ཏིང་ངེ་འཛིན་གང་ཇི་སྙེད་པ་དེ་དག་ཐམས་ཅད་ལ་སྙོམས་པར་འཇུག་སྟེ། ཏིང་ངེ་འཛིན་དེ་⑤དག་ལ་གནས་ཤིང་། རྣམ་པར་ཐར་པ་བརྒྱད་ལ་ལུགས་དང་མཐུན་པ་དང་། ལུགས་དང་མི་མཐུན་པར་སྙོམས་པར་འཇུག་ཅིང་རྣམ་པར་ལྡང་ངོ་། །བརྒྱད་གང་ཞེ་ན། རབ་འབྱོར་འདི་ལ་བྱང་ཆུབ་སེམས་དཔའ་སེམས་དཔའ་ཆེན་པོ་གཟུགས་ཅན་གྱིས་གཟུགས་རྣམས་མཐོང་བ་འདི་ནི་རྣམ་པར་ཐར་པ་དང་པོའོ། །ནང་གཟུགས་མེད་པའི་⑥འདུ་ཤེས་དང་ལྡན་པས་ཕྱི་རོལ་གྱི་གཟུགས་རྣམས་མཐོང་བ་འདི་ནི་རྣམ་པར་ཐར་པ་གཉིས་པའོ། །བཟང་བར་⑦མོས་པ་འདི་ནི་རྣམ་པར་

ཐར་པ་གསུམ་པའོ། །དེ་རྣམ་པ་ཐམས་ཅད་དུ་གཟུགས་ཀྱི་འདུ་ཤེས་ལས་ཡང་དག་པར་འདས་ཏེ། ཐོགས་པའི་འདུ་ཤེས་རྣམས་ནུབ་པར་གྱུར་ཅིང་། སྣ་ཚོགས་ཀྱི་འདུ་ཤེས་རྣམས[༡]ཡིད་ལ་མི་བྱེད་པས། ནམ་མཁའ་མཐའ་ཡས་སོ་ཞེས་ཏེ༑ ནམ་མཁའ་མཐའ་ཡས་སྐྱེ་མཆེད་ལ་ཉེ་བར་བསྒྲུབས་ཏེ་གནས་པ་འདི་ནི···· རྣམ་པར་ཐར་པ་བཞི་པའོ། །དེ་རྣམ་པ་ཐམས་ཅད་དུ་ནམ་མཁའ་མཐའ་ཡས་སྐྱེ་མཆེད་ལས་ཡང་དག་པར་འདས་ཏེ། རྣམ་པར་ཤེས་པ་མཐའ་ཡས་སོ་ཞེས་ཏེ། རྣམ་ཤེས་མཐའ་ཡས་སྐྱེ་མཆེད་ལ་ཉེ་བར་བསྒྲུབས་ཏེ་གནས་པ་འདི་ནི་རྣམ་པར[༢]ཐར་པ་ལྔ་པའོ། །དེ་རྣམ་པ་ཐམས་ཅད་དུ་རྣམ་ཤེས་མཐའ་ཡས་སྐྱེ་མཆེད་ལས་ཡང་དག་པར་འདས་ཏེ། ཅུང་ཟད་མ་ཡོད་དོ་ཞེས་ཅུང་ཟད་མེད་པའི་སྐྱེ་མཆེད་ལ་ཉེ་བར་བསྒྲུབས[༣]ཏེ་གནས་པ་འདི[༤]ནི་རྣམ་པར་ཐར་པ་དྲུག་པའོ། །དེ་རྣམ་པ་ཐམས་ཅད་དུ་ཅུང་ཟད་མེད་པའི་སྐྱེ་མཆེད་ལས་ཡང་དག་པར་འདས་ཏེ། འདུ་ཤེས་མེད་འདུ་ཤེས་མེད་མིན་སྐྱེ་མཆེད་ལ་ཉེ་བར་བསྒྲུབས་ཏེ་གནས་པ་འདི་ནི་རྣམ་པར་ཐར་པ་བདུན་པའོ། །དེ་རྣམ་པ་ཐམས་ཅད་དུ་འདུ་ཤེས་མེད་འདུ་ཤེས་མེད་མིན་སྐྱེ་མཆེད་ལས་ཡང་དག་པར་འདས་ཏེ། འདུ་ཤེས་དང་། ཚོར་བ་འགོག་པ་ལ་ཉེ་བར་བསྒྲུབས་ཏེ་གནས་པ་འདི་ནི་རྣམ་པར་ཐར་པ་བརྒྱད་པ་སྟེ། དེ་ལྟར་ན་རྣམ་པར་ཐར་པ་བརྒྱད་པོ་འདི་དག་ལ་ལུགས་དང་མཐུན་པ་དང་། ལུགས་དང་མི་མཐུན་པར་སྙོམས་པར་འཇུག་ཅིང་རྣམ་པར་ལྡང་ངོ་། །མཐར་གྱིས་གནས་པའི་སྙོམས་པར་འཇུག་པ་དགུ་ལ་ལུགས་དང་མཐུན་པ་དང་། ལུགས་དང་མི་མཐུན་པར་སྙོམས་པར་འཇུག་ཅིང་རྣམ་པར་ལྡང་སྟེ། དགུ་གང་ཞེ་ན། རབ་འབྱོར་འདི་ལ་བྱང་ཆུབ་སེམས་དཔའ་སེམས་དཔའ་ཆེན་པོ། འདོད་པས···· དབེན[༥]སྡིག་ཏོ་མི་དགེ་བའི་ཆོས་ཀྱིས་དབེན་པ་རྟོག[༦]པ་དང་བཅས་པ། དཔྱོད་

པ་དང་བཅས་པ་དབེན་པ་ལས་སྐྱེས་པའི་དགའ་བ་དང་བདེ་བ་ཅན་བསམ་གཏན་དང་པོ་ལ་ཉེ་བར་བསྒྲུབས་ཏེ་གནས་སོ། །དེ་རྣམ་པར་རྟོག་པ་དང་། རྣམ་པར་[1]དཔྱོད་པ་ཉེ་བར་ཞི་ནས་ནང་ཡོངས་སུ་དང་སྟེ། སེམས་ཀྱི་རྒྱུད་གཅིག་ཏུ་གྱུར་པས། རྟོག་པ་མེད་པ། དཔྱོད་པ་མེད་པའི་ཏིང་ངེ་འཛིན་ལས་སྐྱེས་པའི་དགའ་བ་དང་། བདེ་བ་ཅན་བསམ་གཏན་གཉིས་པ་ལ་ཉེ་བར་བསྒྲུབས་ཏེ་གནས་སོ། །དེ་དགའ་བ་ལས་འདོད་ཆགས་དང་བྲལ་བས་དྲན་[2]པ་དང་ལྡན་ཞིང་ཤེས་བཞིན་དུ་བཏང་སྙོམས་སུ་གནས་ཏེ། བདེ་བ་ལུས་ཀྱིས་མྱོང་[3]ལ་འཕགས་པ་རྣམས་ཀྱིས་དེ་ལ་དྲན་པ་དང་ལྡན་པ་བདེ་བ་ལ་རྣམ་པར་སྤྱོད་པ་བཏང་སྙོམས་པའོ་ཞེས་བརྗོད་པ་སྟེ། དགའ་བ་མེད་པའི་བསམ་གཏན་གསུམ་པ་ལ་ཉེ་བར་བསྒྲུབས་ཏེ་གནས་སོ། །དེ་[4]བདེ་བ་ཡང་སྤངས། སྡུག་བསྔལ་ཡང་སྤངས་ཤིང་ཡིད་བདེ་བ་དང་། ཡིད་མི་བདེ་བ་སྔ་ནས་ཀྱང་ནུབ་པས་བདེ་བ་ཡང་མེད་སྡུག་བསྔལ་བ་[5]ཡང་མེད་པ་བཏང་སྙོམས་དང་དྲན་པས་ཡོངས་སུ་དག་པ་བསམ་གཏན་བཞི་པ་ལ་ཉེ་བར་བསྒྲུབས་ཏེ་གནས་སོ། །དེ་རྣམ་པ་ཐམས་ཅད་དུ་གཟུགས་ཀྱི་འདུ་ཤེས་ལས་ཡང་དག་པར་འདས་ཏེ། ཐོགས་པའི་འདུ་ཤེས་རྣམས་ནུབ་པར་གྱུར་ཅིང་། སྣ་ཚོགས་ཀྱི་འདུ་ཤེས་ཡིད་ལ་མི་བྱེད་པས། ནམ་མཁའ་མཐའ་ཡས་སོ་ཞེས་ཏེ། ནམ་མཁའ་མཐའ་ཡས་སྐྱེ་མཆེད་ལ་ཉེ་བར་བསྒྲུབས་ཏེ་གནས་སོ། །དེ་རྣམ་པ་ཐམས་ཅད་དུ་ནམ་མཁའ་མཐའ་ཡས་སྐྱེ་མཆེད་ལས་ཡང་དག་པར་འདས་ཏེ། རྣམ་པར་ཤེས་པ་མཐའ་ཡས་སོ་ཞེས་རྣམ་ཤེས་མཐའ་ཡས་སྐྱེ་མཆེད་ལ་ཉེ་བར་བསྒྲུབས་ཏེ་གནས་སོ། །དེ་རྣམ་པ་ཐམས་ཅད་དུ་རྣམ་ཤེས་མཐའ་ཡས་སྐྱེ་མཆེད་ལས་ཡང་དག་པར་འདས་ཏེ། ཅུང་ཟད་མ་ཡོད་དོ་ཞེས་ཅུང་ཟད་མེད་པའི་སྐྱེ་མཆེད་ལ་[6]ཉེ་བར་བསྒྲུབས་ཏེ་གནས་སོ། །དེ་རྣམ་པ་ཐམས་ཅད་དུ་ཅུང་ཟད་

མྱེད་པའི་སྐྱེ་མཆེད་ལས་ཡང་དག་པར་འདས་ཏེ། འདུ་ཤེས་མྱེད་འདུ་ཤེས་མྱེད་མྱིན་སྐྱེ་མཆེད་ལ་ཉེ་བར་བསྒྲུབས་ཏེ་གནས་སོ། །དེ་རྣམ་པ་ཐམས་ཅད་དུ་འདུ་ཤེས་མེད་འདུ་ཤེས་མྱེད་མྱིན་སྐྱེ་མཆེད་ལས་ཡང་དག་པར་འདས་ཏེ། འདུ་ཤེས་དང་ཚོར་བ་འགོག་པ་ལ་ཉེ་བར་བསྒྲུབས་①ཏེ་གནས་སོ། །དེ་ལྟར་མཐར་གྱིས་གནས་པའི་སྙོམས་པར་འཇུག་པ་དགུ་པོ་དེ་དག་ལ་ལུགས་དང་མཐུན་པ་དང་། ལུགས་དང་མི་མཐུན་པར་སྙོམས་པར་འཇུག་ཅིང་རྣམ་པར་ལྷུང་ངོ་། །དེ་རྣམ་པར་ཐར་པ་བརྒྱད་པོ་དེ་②དག་དང་། མཐར་གྱིས་གནས་པའི་སྙོམས་པར་འཇུག་པ་དགུ་པོ་དེ་དག་རྣམ་པར་ཕྱེ་ཞིང་སེང་གེ་རྣམ་པར་བསྒྱིངས་པའི་ཏིང་ངེ་འཛིན་འདི་③ལ་སྙོམས་པར་འཇུག་གོ། །༔ཏིང་ངེ་འཛིན་དེ་ལ་གནས་ནས། རྟེན་ཅིང་འབྲེལ་བར་འབྱུང་བའི་ཡན་ལག་བཅུ་གཉིས་ལུགས་དང་མཐུན་པ་དང་། ལུགས་དང་མྱི་མཐུན་པ་ལ་སོ་སོར་རྟོག་གོ། །དེ་ལ་ཡན་ལག་བཅུ་གཉིས་གང་དག་ཅེ་ན། རབ་འབྱོར་འདི་ལ་བྱང་ཆུབ་སེམས་དཔའ་སེམས་དཔའ་ཆེན་པོ་མ་རིག་པའི་རྐྱེན་གྱིས་འདུ་བྱེད་ཅེས་སོ་སོར་རྟོག་གོ། །འདུ་བྱེད་ཀྱི་རྐྱེན་གྱིས་རྣམ་པར་ཤེས་པ་ཞེས་སོ་སོར་རྟོག་གོ། །རྣམ་པར་ཤེས་པའི་རྐྱེན་གྱིས་མྱིང་དང་གཟུགས་ཞེས་སོ་སོར་རྟོག་གོ། །མྱིང་དང་གཟུགས་ཀྱི་རྐྱེན་གྱིས་སྐྱེ་མཆེད་དྲུག་ཅེས་སོ་སོར་རྟོག་གོ། །སྐྱེ་མཆེད་དྲུག་གི་རྐྱེན་གྱིས་རེག་པ་ཞེས་སོ་སོར་རྟོག་གོ། །རེག་པའི་རྐྱེན་གྱིས་ཚོར་བ་ཞེས་སོ་སོར་རྟོག་གོ། །ཚོར་བའི་རྐྱེན་གྱིས་སྲེད་པ་ཞེས་སོ་སོར་རྟོག་གོ། །སྲེད་པའི་རྐྱེན་གྱིས་ལེན་པ་ཞེས་སོ་སོར་རྟོག་གོ། །ལེན་པའི་རྐྱེན་གྱིས་སྲིད་པ་ཞེས་སོ་སོར་རྟོག་གོ། །སྲིད་པའི་རྐྱེན་གྱིས་སྐྱེ་བ་ཞེས་སོ་སོར་རྟོག་གོ། །སྐྱེ་བའི་རྐྱེན་གྱིས་རྒ་ཤི་ཞེས་སོ་སོར་རྟོག་གོ། །རྒ་ཤིའི་རྐྱེན་གྱིས་མྱ་ངན་དང་། སྨྲེ་སྔགས་འདོན་པ་དང་། སྡུག་བསྔལ་བ་དང་། ཡིད་མྱི་བདེ་བ་དང་། འཁྲུག་པ་ལ་སོ་

སོར་རྟོག་པར་བྱེད་ཅིང་། འདི་ལྟར་སྡུག་བསྔལ་གྱི་ཕུང་པོ་ཆེན་པོ་འབའ་ཞིག[༧] པོ་འདི་འཇིག་རྟེན་དུ་འབྱུང་བར་འགྱུར་རོ་ཞེས་སོ་སོར་རྟོག་གོ། །རྒ་ཤི་མྱེད་ན་༔མྱ་ངན[༣]དང་། སྨྲེ་སྔགས་འདོན་པ་དང་། སྡུག་བསྔལ་བ་དང་། ཡིད་མྱི་བདེ་བ་དང་། འཁྲུག་པ་དང་། སྡུག་བསྔལ་གྱི་ཕུང་པོ་ཆེན་པོ་འབའ་ཞིག[༣]པོ་རྣམས་འབྱུང་བར་མྱི་འགྱུར་རོ་ཞེས་སོ་སོར་རྟོག་ཅིང་། སྐྱེ་བ་མེད་ན་རྒ་ཤི་འབྱུང་བར་མྱི་འགྱུར་རོ། །ཞེས་སོ་སོར་རྟོག་གོ། །སྲིད་པ་མྱེད་ན་སྐྱེ་བ་འབྱུང་བར་མྱི་འགྱུར་རོ་ཞེས་སོ་སོར་རྟོག་གོ། །ལེན་པ་མྱེད་ན་སྲིད་པ་འབྱུང་བར་མྱི་འགྱུར་རོ་ཞེས་སོ་སོར་རྟོག་གོ། །སྲེད་པ་མེད་ན་ལེན་པ་འབྱུང་བར་མྱི་འགྱུར་རོ་ཞེས་སོ······སོར་རྟོག་གོ། །ཚོར་བ་མྱེད་ན་སྲེད་པ་འབྱུང་བར་མྱི་འགྱུར་རོ་ཞེས་སོ་སོར་རྟོག་གོ༑ །རེག་པ་མྱེད་ན་ཚོར་བ་འབྱུང་བར་མྱི་འགྱུར་རོ་ཞེས་སོ་སོར་རྟོག་གོ། །སྐྱེ་མཆེད་དྲུག་མྱེད་ན་རེག་པ་འབྱུང་བར་མྱི་འགྱུར་རོ་ཞེས་སོ་སོར་རྟོག་གོ། །མྱིང་དང་གཟུགས་མེད་ན་སྐྱེ་མཆེད་དྲུག་འབྱུང་བར་མྱི་འགྱུར་རོ་ཞེས་སོ་སོར་རྟོག་གོ། །རྣམ་པར་ཤེས་པ་མྱེད་ན་མྱིང་དང་གཟུགས་འབྱུང་བར་མྱི་འགྱུར་རོ་ཞེས་སོ་སོར······རྟོག་གོ། །འདུ་བྱེད་མེད་ན་རྣམ་པར་ཤེས་པ་འབྱུང་བར་མྱི་འགྱུར་རོ་ཞེས་སོ་སོར་རྟོག་གོ། །མ་རིག་པ་མེད་ན་འདུ་བྱེད་འབྱུང་བར་མི་འགྱུར་རོ་ཞེས་སོ་སོར་རྟོག་ཅིང་༑ དེ་ལྟར་ན་སྡུག་བསྔལ་གྱི་ཕུང་པོ་ཆེན་པོ་འབའ་ཞིག[༦]པོ་འདི་འགག་པར་འགྱུར་རོ་ཞེས་སོ་སོར་རྟོག་གོ། །དེ་ལྟར་ན་རྟེན་ཅིང་འབྲེལ་པར་འབྱུང་བའི་ཡན་ལག་བཅུ་གཉིས་པོ་ལུགས་དང་མཐུན་པ་དང་། ལུགས་དང་མྱི་མཐུན་པ་ལ་སོ་སོར་རྟོག་ཅིང་། དགེ་བའི་རྩ་བ་དེ་ཡང་སེམས་ཅན་ཐམས་ཅད་དང་ཐུན་མོང་དུ་བྱས་ནས། བླ་ན་མེད་པ་ཡང་དག་པར་རྫོགས་པའི་བྱང་ཆུབ་ཏུ་སྔོ་བར་བྱེད་དོ། །དེ་ཡང་ཅི་ལྟ་བུ་ཞིག་སྔོ་བར་བྱེད་པ་དང་། ཅི་ལྟར་བསྔོ་བར་བྱ་བ་དང་། གང་

ཏུ་བསྒོ་བར་བྱ་བ་གསུམ་གྱི་བློ་སྨྲི་འབྱུང་བ་དེ་ལྟར་སྒོ་བར་བྱེད་དོ། །རབ་འབྱོར་དེ་ལྟར་ན་བྱང་ཆུབ་སེམས་དཔའ་སེམས་དཔའ་ཆེན་པོ་ཤེས་རབ་ཀྱི་ཕ་རོལ་ཏུ་ཕྱིན་པ་ལ་གནས་ནས། བསམ་གཏན་གྱི་ཕ་རོལ་ཏུ་ཕྱིན་པ་ཡོངས་སུ་འཛིན་ཏོ། །卍(༧)རབ་འབྱོར་བྱང་ཆུབ་སེམས་དཔའ་སེམས་དཔའ་ཆེན་པོའི་ཏིང་ངེ་འཛིན་སེང་གེ····རྣམ་པར་བསྒྲིངས་པ་དེ་གང་ཞེ་ན། རབ་འབྱོར་འདི་ལ་བྱང་ཆུབ་སེམས་དཔའ་སེམས་དཔའ་ཆེན་པོ། འདོད་པས་དབེན་(༣)སྡིག་ཏོ་མྱི་དགེ་བའི་ཆོས་ཀྱིས་དབེན་པ༑ རྟོག་པ་དང་བཅས་པ༔དཔྱོད་པ་དང་བཅས་པ་(༤)དབེན་པ་ལས་སྐྱེས་པའི····དགའ་བ་དང་བདེ་བ་ཅན་བསམ་གཏན་དང་པོ་ལ་ཉེ་བར་བསྒྲུབས་ཏེ་གནས་སོ། །བསམ་གཏན་དང་པོ་ལས་ལངས་ནས། བསམ་གཏན་གཉིས་པ་ལ་སྙོམས་པར་འཇུག་གོ། །བསམ་གཏན་གཉིས་པ་ལས་ལངས་ནས། བསམ་གཏན་གསུམ་པ་ལ་སྙོམས་པར་འཇུག་གོ། །བསམ་གཏན་གསུམ་པ་ལས་(༦)ལངས་ནས་བསམ····གཏན་བཞི་པ་ལ་སྙོམས་པར་འཇུག་གོ། །བསམ་གཏན་བཞི་པ་ལས་ལངས་ནས། ནམ་མཁའ་མཐའ་ཡས་སྐྱེ་མཆེད་ལ་སྙོམས་པར་འཇུག་གོ། །ནམ་མཁའ་མཐའ་ཡས་སྐྱེ་མཆེད་ལས་ལངས་ནས། རྣམ་ཤེས་མཐའ་ཡས་སྐྱེ་མཆེད་ལ་སྙོམས་པར་འཇུག་གོ། །རྣམ་ཤེས་མཐའ་ཡས་སྐྱེ་མཆེད་ལས་ལངས་ནས་ཆུང་ཟད་མྱེད་པའི་སྐྱེ་མཆེད་ལ་སྙོམས་པར་འཇུག་གོ། །ཆུང་ཟད་མེད་པའི་སྐྱེ་མཆེད་ལས་ལངས་ནས་འདུ་ཤེས་མྱེད་འདུ་ཤེས་མྱེད་མིན་སྐྱེ་མཆེད་ལ་སྙོམས་པར་འཇུག་གོ། །འདུ་ཤེས་མྱེད་འདུ་ཤེས་མེད་མྱིན་སྐྱེ་མཆེད་ལས་ལངས་ནས་འགོག་པ་ལ་སྙོམས་པར····འཇུག་གོ། །འགོག་པའི་(༥)སྙོམས་པར་འཇུག་པ་ལས་ལངས་ནས། འདུ་ཤེས་མེད་འདུ་ཤེས་མེད་མྱིན་སྐྱེ་མཆེད་ལ་སྙོམས་པར་འཇུག་གོ། །འདུ་ཤེས་མྱེད་འདུ་ཤེས་མྱེད་མྱིན་སྐྱེ་མཆེད་ལས་ལངས་ནས། ཆུང་ཟད་མེད་པའི་སྐྱེ་མཆེད་ལ་སྙོམས་

པར་འཇུག་གོ། །ཆུང་ཟད་མྱེད་པའི་སྐྱེ་མཆེད་ལས་ལངས་ནས། རྣམ་ཤེས་མཐའ་ཡས་སྐྱེ་མཆེད་ལ་སྙོམས་པར་འཇུག་གོ། །རྣམ་ཤེས་མཐའ་ཡས་སྐྱེ་མཆེད་ལས་ལངས་ནས། ནམ་མཁའ་མཐའ་ཡས་སྐྱེ་མཆེད་ལ་སྙོམས་པར་འཇུག་གོ། །ནམ་མཁའ་མཐའ་ཡས་སྐྱེ་མཆེད་ལས་ལངས་ནས། བསམ་གཏན་བཞི་པ་ལ····སྙོམས་པར་འཇུག་གོ། །བསམ་གཏན་བཞི་པ་ལས་ལངས་ནས། བསམ་གཏན་གསུམ་པ་ལ་སྙོམས་པར་འཇུག་གོ། །བསམ་གཏན་གསུམ་པ་ལས་ལངས་ནས[༢]། བསམ་གཏན་གཉིས་པ་ལ་སྙོམས་པར་འཇུག་གོ། །བསམ་གཏན་གཉིས་པ་ལས་ལངས་ནས[༣]། བསམ་གཏན་དང་པོ་ལ་སྙོམས་པར་འཇུག་སྟེ། དེ་སེང་གེ་རྣམ་པར་བསྒྲིངས་པའི་ཏིང་ངེ་འཛིན་འདི་རྣམ་པར་སྤྱིན་པར་བྱས་ནས། ཐོད་རྒལ་གྱི་ཏིང་ངེ་འཛིན་ལ་སྙོམས་པར་འཇུག་གོ། །རབ་འབྱོར་བྱང་ཆུབ་སེམས་དཔའ་སེམས་དཔའ་ཆེན་པོའི་ཏིང་ངེ་འཛིན་ཐོད་རྒལ[༤]གང་ཞེ་ན། རབ་འབྱོར་འདི་ལ[༥]བྱང་ཆུབ་སེམས་དཔའ་སེམས་དཔའ་ཆེན་པོ། འདོད་པས་དབེན་སྡིག་ཏོ་མྱི་དགེ་བའི་ཆོས་ཀྱིས་དབེན་པ། རྟོག་པ་དང་བཅས་པ། དཔྱོད[༦]པ་དང་བཅས་པ། དབེན་པ་ལས་སྐྱེས་པའི་དགའ་བ་དང་། བདེ་བ་ཅན་བསམ་གཏན་དང་པོ་ལ་ཉེ་བར་བསྒྲུབས་ཏེ་གནས་སོ། །བསམ་གཏན་དང་པོ་ལས་ལངས་ནས། བསམ་གཏན་གཉིས་པ་ལ་ཉེ་བར་བསྒྲུབས་ཏེ་གནས་སོ། །བསམ་གཏན་གཉིས་པ་ལས་ལངས་ནས། བསམ་གཏན་གསུམ་པ་ལ་ཉེ་བར་བསྒྲུབས་ཏེ་གནས་སོ། །བསམ་གཏན་གསུམ་པ་ལས་ལངས་ནས། བསམ་གཏན་བཞི་པ་ལ་ཉེ་བར་བསྒྲུབས་ཏེ་གནས་སོ། །བསམ་གཏན་བཞི་པ་ལས་ལངས་ནས། ནམ་མཁའ་མཐའ་ཡས་སྐྱེ་མཆེད་ཀྱི[༧]སྙོམས་པར་འཇུག་པ་ལ་ཉེ་བར་བསྒྲུབས་ཏེ་གནས་སོ། །ནམ་མཁའ་མཐའ་ཡས་སྐྱེ་མཆེད་ཀྱི་སྙོམས་པར་འཇུག་པ་ལས་ལངས་ནས། རྣམ་ཤེས་མཐའ་

ཡས་སྐྱེ་མཆེད་ཀྱི་སྙོམས་པར་འཇུག་པ་ལ་ཉེ་བར་བསྒྲུབས་ཏེ་གནས་སོ། །རྣམ་ཤེས་མཐའ་ཡས་སྐྱེ་མཆེད་ཀྱི་སྙོམས་པར་འཇུག་པ་ལས་ལངས་ནས། ཅུང་ཟད་མེད་པའི་སྐྱེ་མཆེད་ཀྱི་སྙོམས་པར་འཇུག་པ་ལ་ཉེ་བར་བསྒྲུབས་ཏེ་གནས་སོ། །ཅུང་ཟད་མེད་པའི་སྐྱེ་མཆེད་ཀྱི་སྙོམས་པར་འཇུག་པ་ལས་ལངས་ནས། འདུ་ཤེས་མེད་འདུ་ཤེས་མེད་མིན་སྐྱེ་མཆེད་ཀྱི་སྙོམས་པར་འཇུག་པ་ལ་ཉེ་བར་བསྒྲུབས་ཏེ······གནས་སོ། །འདུ་ཤེས་མེད་འདུ་ཤེས་མེད་མིན་སྐྱེ་མཆེད་ཀྱི་སྙོམས་པར་འཇུག་པ་ལས་ལངས་ནས། འདུ་ཤེས་དང་ཚོར་བ་འགོག་པ་ལ་ཉེ་བར་བསྒྲུབས་ཏེ་གནས་སོ། །འགོག་པའི་སྙོམས་པར་འཇུག་པ་ལས་ལངས་ནས། བསམ་གཏན་དང་པོ་ལ་སྙོམས་པར་འཇུག་གོ། །བསམ་གཏན་དང་པོ་ལས་ལངས་ནས། འགོག་པའི་སྙོམས་པར་འཇུག་པ་ལ་སྙོམས་པར་འཇུག་གོ། །འགོག་པའི་སྙོམས་པར་འཇུག་པ་ལས་ལངས་ནས། བསམ་གཏན་གཉིས་པ་ལ་སྙོམས་པར་འཇུག་གོ། །བསམ་གཏན་གཉིས་པ་ལས་ལངས་ནས། འགོག་པའི་སྙོམས་པར་འཇུག་པ་ལ་སྙོམས་པར་འཇུག་གོ། །འགོག་པའི་སྙོམས་པར་འཇུག་པ་ལས་ལངས་ནས། བསམ་གཏན་གསུམ་པ་ལ་སྙོམས་པར་འཇུག་གོ། །བསམ་གཏན་གསུམ་པ་ལས་ལངས་ནས། འགོག་པའི་སྙོམས་པར་འཇུག་པ་ལ་སྙོམས་པར་འཇུག་གོ། །འགོག་པའི་སྙོམས་པར་འཇུག་པ་ལས་ལངས་ནས། བསམ་གཏན་བཞི་པ་ལ་སྙོམས་པར་····འཇུག་གོ། །བསམ་གཏན་བཞི[1]པ་ལས་ལངས་ནས། འགོག་པའི་སྙོམས་པར་འཇུག་པ་ལ་སྙོམས་པར་འཇུག་གོ། །འགོག་པའི་སྙོམས་པར་འཇུག་པ་ལས་ལངས་ནས། ནམ་མཁའ་མཐའ་ཡས་སྐྱེ་མཆེད་ཀྱི་སྙོམས་པར་འཇུག་པ་ལ་སྙོམས་པར་འཇུག་གོ། །ནམ་མཁའ་མཐའ་ཡས་སྐྱེ་མཆེད་ཀྱི་སྙོམས་པར་འཇུག་པ་ལས་ལངས་ནས། འགོག་པའི་སྙོམས་པར་འཇུག་པ་ལ་སྙོམས་པར་འཇུག་གོ། །འགོག་པའི་

སྙོམས་པར་འཇུག་པ་ལས་ལངས་ནས། རྣམ་ཤེས་མཐའ་ཡས་སྐྱེ་མཆེད་ཀྱི་སྙོམས་
པར་འཇུག་པ་ལ་སྙོམས་པར་འཇུག་གོ། །རྣམ་ཤེས་མཐའ་ཡས་སྐྱེ་མཆེད་ཀྱི་སྙོམས་
པར་འཇུག་པ་ལས་ལངས་ནས། འགོག་པའི་སྙོམས་པར་འཇུག་པ་ལ་སྙོམས་པར་
འཇུག་གོ། །འགོག་པའི་སྙོམས་པར་འཇུག་པ་ལས་ལངས་ནས། ཆུང་ཟད་མེད་
པའི་སྐྱེ་མཆེད་ཀྱི་སྙོམས་པར་འཇུག་པ་ལ་སྙོམས་པར་འཇུག་གོ། །ཆུང་ཟད་མེད་
པའི་སྐྱེ་མཆེད་ཀྱི་སྙོམས་པར་འཇུག་པ་ལས་ལངས་ནས། འགོག་པའི་སྙོམས་པར་
འཇུག་པ་ལ་སྙོམས་པར་འཇུག་གོ། །འགོག་པའི་སྙོམས་པར་འཇུག་པ་ལས་ལངས་
ནས། འདུ་ཤེས་མེད་འདུ་ཤེས་མེད་མིན་སྐྱེ་མཆེད་ཀྱི་སྙོམས་པར་འཇུག་པ་ལ་
སྙོམས་པར་འཇུག་གོ། །འདུ་ཤེས་མེད་འདུ་ཤེས་མེད་མིན་སྐྱེ་མཆེད་ཀྱི་སྙོམས་
པར་འཇུག་པ་ལས་ལངས་ནས། འགོག་པའི་སྙོམས་པར༔འཇུག་པ་ལ་སྙོམས་པར་①
འཇུག་གོ། །འགོག་པའི་སྙོམས་པར་འཇུག་པ་ལས་ལངས་ནས། མཉམ་པར་མ་
བཞག་པའི་སེམས་སུ་བྱེད་དོ། །མཉམ་པར་མ་བཞག་པའི་སེམས་ལས②། འགོག་
པའི་སྙོམས་པར་འཇུག་པ་ལ་སྙོམས་པར་འཇུག་གོ། །འགོག་པའི་སྙོམས་པར་
འཇུག་པ་ལས་ལངས་ནས། མཉམ་པར་མ་བཞག་པའི་སེམས་ལ་གནས་སོ། །
མཉམ་པར་མ་བཞག་པའི་སེམས་ལས③། འདུ་ཤེས་མེད་འདུ་ཤེས་མེད་མིན་སྐྱེ་
མཆེད་ཀྱི༔སྙོམས་པར་འཇུག་པ་ལ་④སྙོམས་པར་འཇུག་གོ། །འདུ་ཤེས་མེད་འདུ་
ཤེས་མེད་མིན་སྐྱེ་མཆེད་ཀྱི་སྙོམས་པར་འཇུག་པ་ལས་ལངས་ནས། མཉམ་པར་མ་
བཞག་པའི་སེམས་ལ་གནས་སོ། །མཉམ་པར་མ་བཞག་པའི་སེམས་ལས། ཆུང་
ཟད་མེད་པའི་སྐྱེ་མཆེད་⑤ལ་⑥སྙོམས་པར་འཇུག་གོ། །ཆུང་ཟད་མེད་པའི་སྐྱེ་
མཆེད་ལས་ལངས་ནས། མཉམ་པར་མ་བཞག་པའི་སེམས་ལ་གནས་སོ། །མཉམ་
པར་མ་བཞག་པའི་སེམས་ལས་རྣམ་ཤེས་མཐའ་ཡས་སྐྱེ་མཆེད་ལ་སྙོམས་པར་

འཇུག་གོ། །རྣམ་ཤེས་མཐའ་ཡས་སྐྱེ་མཆེད་ལས་ལངས་ནས། མཉམ་པར་མ་བཞག་པའི་སེམས་ལ་གནས་སོ། །མཉམ་པར་མ་བཞག་པའི་སེམས་ལས། ༔ནམ་མཁའ་[༢]མཐའ་ཡས་[༣]སྐྱེ་མཆེད་ལ་སྙོམས་པར་འཇུག་གོ། །ནམ་མཁའ་མཐའ་ཡས་སྐྱེ་མཆེད་ལས་ལངས་ནས། མཉམ་པར་མ་བཞག་པའི་སེམས་ལ་གནས་སོ། །མཉམ་པར་མ་བཞག་པའི་སེམས་ལས། བསམ་གཏན་བཞི་པ་ལ་སྙོམས་པར་འཇུག་གོ། །བསམ་གཏན་བཞི་པ་ལས་ལངས་ནས། མཉམ་པར་མ་བཞག་པའི་སེམས་སུ་བྱེད་དོ། །མཉམ་པར་མ་བཞག་པའི་སེམས་ལས། བསམ་གཏན་གསུམ་པ་ལ་སྙོམས་པར་འཇུག་གོ། །བསམ་གཏན་གསུམ་པ་ལས་ལངས་ནས། མཉམ་པར་མ་བཞག་པའི་སེམས་སུ་བྱེད་དོ། །མཉམ་པར་མ་བཞག་པའི་སེམས་ལས༔ བསམ་གཏན་གཉིས་པ་ལ་སྙོམས་པར་འཇུག་གོ། །བསམ་གཏན་གཉིས་པ་ལས་ལངས་ནས། མཉམ་པར་མ་བཞག་པའི་སེམས་སུ་བྱེད་དོ། །མཉམ་པར་མ་བཞག་པའི་སེམས་ལས། བསམ་གཏན་དང་པོ་ལ་སྙོམས་པར་འཇུག་གོ། །བསམ་གཏན་དང་པོ་ལས་ལངས་ནས། མཉམ་པར་མ་བཞག་པའི་སེམས་སུ་བྱེད་དོ༔ །དེ་ཐོད་རྒྱལ་གྱི་ཏིང་ངེ་འཛིན་དེ་[༡]ལ་གནས་ཤིང་། ཆོས་ཐམས་ཅད་མཉམ་པ་ཉིད་རྗེས་སུ་ཐོབ་[༢]པར་བྱེད་དེ། རབ་འབྱོར་དེ་ལྟར་ན་བྱང་ཆུབ་སེམས་དཔའ་སེམས་དཔའ་ཆེན་པོ། ཤེས་རབ་ཀྱི་ཕ་རོལ་ཏུ་ཕྱིན་པ་ལ་གནས་ཤིང་༔ བསམ་གཏན་གྱི་ཕ་རོལ་ཏུ་ཕྱིན་པ་ཡོངས་སུ་འཛིན་ཏོ། །ཤེས་རབ་ཀྱི་ཕ་རོལ་ཏུ་ཕྱིན་པ་སྟོང་ཕྲག་བརྒྱ་པ་ལས། ལེའུ་ལྔ་[༤]བཅུ༔གཉིས་སོ[༥]།། །།

ཤེས་རབ་ཀྱི་ཕ་རོལ་ཏུ་ཕྱིན་པ་སྟོང་ཕྲག་བརྒྱ་པ། བམ་པོ་གཉིས་[༣]པ། [༡]ཚེ་དང་ལྡན་པ་རབ་འབྱོར་གྱིས། བཅོམ་ལྡན་འདས་ལ་འདི་སྐད་ཅེས་གསོལ་ཏོ། །

བཅོམ་ལྡན་འདས་བྱང་ཆུབ་སེམས་དཔའ་སེམས་དཔའ་ཆེན་པོ། གང་ཐབས་
མཁས་པ་(༡)དེ་ལྟ་བུ་དང་ལྡན་པ་དེ། ཡུན་རིང་པོ་ཇི་སྲིད་ཅིག་ནས་ཡང་དག་པར་
ཞུགས་པ་ལགས། བཅོམ་ལྡན་འདས་ཀྱིས་བཀའ་སྩལ་པ། རབ་འབྱོར་ཐབས་
མཁས་པ་དེ་ལྟ་བུ་དང་ལྡན་པའི་བྱང་ཆུབ་སེམས་དཔའ་སེམས་དཔའ་ཆེན་པོ།
དེ་ནི་བསྐལ་པ་བྱེ་བ་ཁྲག་ཁྲིག་གྲངས་མེད་པ་ནས་ཡང་དག་པར་ཞུགས་པ་ཡིན་ནོ། །
གསོལ་པ། བཅོམ་ལྡན་འདས་བྱང་ཆུབ་སེམས་དཔའ་སེམས་དཔའ་ཆེན་པོ།
གང་ཐབས་མཁས་པ་དེ་ལྟ་བུ་དང་ལྡན་པ་དེས། སངས་རྒྱས་ཇི་སྙེད་ཅིག་བསྙེན་
བཀུར་བ་ལགས། བཅོམ་ལྡན་འདས་ཀྱིས་བཀའ་སྩལ་(༢)པ། རབ་འབྱོར་ཐབས་
མཁས་པ་དེ་ལྟ་བུ་དང་ལྡན་པའི་བྱང་ཆུབ་སེམས་དཔའ་སེམས་དཔའ་ཆེན་པོ་དེས་
ནི་སངས་རྒྱས་གང་གཱའི་(༣)ཀླུང་གི་བྱེ་མ་སྙེད་བསྙེན་བཀུར་བར་རིག་པར་བྱའོ། །
གསོལ་པ། ༔བཅོམ་ལྡན་འདས་(༤)བྱང་ཆུབ་སེམས་དཔའ་སེམས་དཔའ་ཆེན་པོ་
གང་ཐབས་མཁས་པ་དེ་ལྟ་བུ་དང་ལྡན་པ་དེས། དགེ་བའི་རྩ་བ༔ཅི་ཞིག་(༥)བསྐྱེད་
པ་ལགས། བཅོམ་ལྡན་འདས་ཀྱིས་བཀའ་སྩལ་པ། སེམས་དང་པོ་བསྐྱེད་པ་
ནས་ཉེ་བར་བཟུང་སྟེ། བྱང་ཆུབ་སེམས་དཔའ་སེམས་དཔའ་ཆེན་པོ་ཐབས་
མཁས་པ་དང་ལྡན་པ་དེས། ཡོངས་སུ་རྫོགས་པར་མ་བྱས་པའི། སྦྱིན་པའི་ཕ་
རོལ་ཏུ་ཕྱིན་པའི་བྱ་བ་དེ་ལྟ་བུ་གང་ཡང་མེད་དོ། །བྱང་ཆུབ་སེམས་དཔའ་སེམས་
དཔའ་ཆེན་པོ་དེས་ཡོངས་སུ་རྫོགས་པར་མ་བྱས་པའི་ཚུལ་ཁྲིམས་ཀྱི་ཕ་རོལ་ཏུ་ཕྱིན་
པའི་བྱ་བ་དེ་ལྟ་བུ་གང་ཡང་མྱེད་དོ། །བྱང་ཆུབ་སེམས་དཔའ་སེམས་དཔའ་ཆེན་
པོ་དེས་ཡོངས་སུ་རྫོགས་པར་མ་བྱས་པའི་བཟོད་པའི་ཕ་རོལ་ཏུ་ཕྱིན་པའི་བྱ་བ་དེ་
ལྟ་བུ་གང་ཡང་མྱེད་དོ། །བྱང་ཆུབ་སེམས་དཔའ་སེམས་དཔའ་ཆེན་པོ་དེས་
ཡོངས་སུ་རྫོགས་པར་མ་བྱས་པའི་བརྩོན་འགྲུས་ཀྱི་ཕ་རོལ་ཏུ་ཕྱིན་པའི་བྱ་བ་དེ་ལྟ་

བུ་གང་ཡང་མེད་དོ། །བྱང་ཆུབ་སེམས་དཔའ་སེམས་དཔའ་ཆེན་པོ་དེས་ཡོངས་སུ་རྫོགས་པར་[༡]མ་བྱས་པའི་བསམ་གཏན་གྱི་ཕ་རོལ་ཏུ་ཕྱིན་པའི་བྱ་བ་དེ་ལྟ་བུ་གང་ཡང་མེད་དོ། །བྱང་ཆུབ་སེམས་དཔའ་སེམས་དཔའ་ཆེན་པོ་དེས་ཡོངས་སུ་རྫོགས་པར་མ་བྱས་པའི་ཤེས་རབ་ཀྱི་ཕ་རོལ་ཏུ་ཕྱིན་པའི་བྱ་བ་དེ་ལྟ་བུ་གང་ཡང་མེད་དོ། །གསོལ་པ། བཅོམ་ལྡན་འདས་བྱང་ཆུབ་སེམས་དཔའ་སེམས་དཔའ་ཆེན་པོ་ཐབས་མཁས་པ་དེ་ལྟ་བུ་[༢]དང་ལྡན་པ་དེ་དག་ནི་ངོ་མཚར་ཆེའོ། །བཅོམ་ལྡན་འདས་ཀྱིས་བཀའ་སྩལ་པ། རབ་འབྱོར་དེ་དེ་བཞིན་ནོ། །དེ་དེ་བཞིན་ཏེ། བྱང་ཆུབ་སེམས་དཔའ་སེམས་དཔའ་ཆེན་པོ་ཐབས་མཁས་པ་དེ་ལྟ་བུ་དང་ལྡན་པ་དེ་དག་ནི་ངོ་མཚར་ཆེའོ། །རབ་འབྱོར་འདི་ལྟ་སྟེ་དཔེར་ན། ཉི་མའི་དཀྱིལ་འཁོར་དང་ཟླ་བའི་དཀྱིལ་འཁོར་ནི་གླིང་བཞིར། ལས་བྱེད་ཅིང་གླིང་བཞིའི་རྗེས་སུ་འགྲོའོ[༣]། །གླིང་བཞིའི་རྗེས་སུ་འབྲང་ངོ་། །རབ་འབྱོར་དེ་བཞིན་དུ་ཤེས་རབ་ཀྱི་ཕ་རོལ་ཏུ་ཕྱིན་པ་ཡང་ཕ་རོལ་ཏུ་ཕྱིན་པ་ལྔར་[༤]ལས་བྱེད་ཅིང་། ཕ་རོལ་ཏུ་ཕྱིན་པ་ལྔའི་རྗེས་སུ་འགྲོའོ། །ཕ་རོལ་ཏུ་ཕྱིན་པ་ལྔའི་རྗེས་སུ་འབྲང་སྟེ། ཤེས་རབ་ཀྱི་ཕ་རོལ་ཏུ་ཕྱིན་པ་དང་མ་བྲལ་ན། ཕ་རོལ་ཏུ་ཕྱིན་པ་ལྔ་ཕ་རོལ་ཏུ་ཕྱིན་པའི་མིང་འཐོབ་[༥]བོ། །ཤེས་རབ་ཀྱི་ཕ་རོལ་ཏུ་ཕྱིན་པ་དང་བྲལ་ན། ཕ་རོལ་ཏུ་ཕྱིན་པ་ལྔ་ཕ་རོལ་ཏུ་ཕྱིན་པའི་མིང་མི་འཐོབ་བོ། །རབ་འབྱོར་འདི་ལྟ་སྟེ་དཔེར་ན། འཁོར་ལོས་སྒྱུར་བའི་རྒྱལ་པོ་དང་བྲལ་ན། རིན་པོ་ཆེཿ སྣ་བདུན་གྱིས་འཁོར་ལོས་སྒྱུར་བའི་[༦]མིང་མི་འཐོབ་བོ། །རབ་འབྱོར་དེ་བཞིན་དུ་ཕ་རོལ་ཏུ་ཕྱིན་པ་ལྔ་ཡང་ཤེས་རབ་ཀྱི་ཕ་རོལ་ཏུ་ཕྱིན་པ་དང་བྲལ་ན། ཕ་རོལ་ཏུ་ཕྱིན་པའི་མིང་མི་འཐོབ་བོ། །རབ་འབྱོར་འདི་ལྟ་སྟེ་དཔེར་ན། ཁྱིམ་ཐབ་[༧]མེད་པའི་བུད་མེད་རྣམས་ནི། འཕྱོན་མ་[༨]རྣམས་ཀྱིས་ཚུགས་པར་སླ་བ་ཡིན་ནོ། །རབ་འབྱོར་

དེ་བཞིན་དུ་ཕ་རོལ་ཏུ་ཕྱིན་པ་ལྔ་ཡང་། ཤེས་རབ་ཀྱི་ཕ་རོལ་ཏུ་ཕྱིན་པ་དང་བྲལ་ན༑ བདུད་དམ་བདུད་ཀྱི་རིས[1]ཀྱི་ལྷ་རྣམས་ཀྱིས་ཚུགས་པར་སླ་བ་ཡིན་ནོ། །རབ་འབྱོར་འདི་ལྟ་སྟེ་དཔེར་ན་ཁྱིམ་ཐབ[2]དཔའ་བོས་ཤིན་ཏུ་བསྲུངས་པའི་བུད་མེད་ཤིན་ཏུ་ཕུན་སུམ་ཚོགས་པའི་ཁྱིམ་ན་འདུག་པ་ནི། འཕྱོན་མ[3]རྣམས་ཀྱིས་མི་ཚུགས་པ་ཡིན་ནོ། །རབ་འབྱོར་དེ་བཞིན་དུ་ཕ་རོལ་ཏུ་ཕྱིན་པ་ལྔ་ཡང་། ཤེས་རབ་ཀྱི་ཕ་རོལ་ཏུ་ཕྱིན་པ་དང་མ[4]བྲལ་ན། ༑བདུད་དམ[5]བདུད་ཀྱི་རིས་ཀྱི་ལྷ་རྣམས་ཀྱིས་མི་ཚུགས་པ་ཡིན་ནོ། །རབ་འབྱོར་འདི་ལྟ་སྟེ་དཔེར་ན། གཡུལ་དུ་འགྲོ་བའི་སྐྱེས་བུ་གོ་ཆ་ཚང་བར་གྱོན་པ་མཚོན་ཆ་ཐམས་ཅད་ཐོགས་པ་ནི་གཡུལ་ངོར་ན་འདུག་པའི་ཚེ། རྒྱལ་པོ་ཟླའམ[6]། ཕྱིར་རྒོལ༔བ་དང[7]། དགྲ་རྣམས་ཀྱིས་ཐུབ་པར་དཀའོ། །རབ་འབྱོར་དེ་བཞིན་དུ[8]ཕ་རོལ་ཏུ་ཕྱིན་པ་ལྔ་ཡང༌༑ ཤེས་རབ་ཀྱི་ཕ་རོལ་ཏུ་ཕྱིན་པ་དང་མ་བྲལ་ན། བདུད་དམ་བདུད་ཀྱི་རིས[9]ཀྱི་ལྷ་རྣམས་དང་། གང་ཟག་ལྷག་པའི་ང་རྒྱལ་ཅན་ནམ། བྱང་ཆུབ་སེམས་དཔའ་གདོལ་པ་རྣམས་ཀྱིས་ཀྱང་ཐུབ་པར་དཀའོ། །རབ་འབྱོར་འདི་ལྟ་སྟེ་དཔེར་ན། འཁོར་ལོས་སྒྱུར་བའི་རྒྱལ་པོ་ལ་ཁམས་ཀྱི་རྒྱལ་པོ་ཡོད་པ་རྣམས་ནི[10]ནང་ནུབ་ནང་ནུབ་ཅིང་རིམ་གྲོ[11]བྱ་བའི་དོན་དུ་དྲུང་དུ་འོང་ངོ་། །རབ་འབྱོར་དེ་བཞིན་དུ་ཕ་རོལ་ཏུ་ཕྱིན་པ་ལྔ[12]ཡང་། ཤེས་རབ་ཀྱི་ཕ་རོལ་ཏུ་ཕྱིན་པས་ཡོངས་སུ་ཟིན་ན། རྣམ་པ་ཐམས་ཅད་མཁྱེན་པ་ཉིད་གང་ན་བ་དེར་འདོང་ངོ་། །རབ་འབྱོར་འདི་ལྟ་སྟེ་དཔེར་ན། ཆུ་ཀླུང་གང་ཇི་སྙེད་ཅིག་ཡོད་པ་དེ་དག[13]ཐམས་ཅད་ནི་ཆུ་ཀླུང་ཆེན་པོ༔གང་གཱ[14]གང་ན་བ་དེར་འདོང་ངོ་། །དེ་དག་ཆུ་ཀླུང་གང་གཱ[15]དང་འགྲོགས་ཤིང་རྒྱ་མཚོ་ཆེན་པོའི་ནང་དུ་འདོང་ངོ་། །རབ་འབྱོར་དེ་བཞིན་དུ་ཕ་རོལ་ཏུ་ཕྱིན་པ་ལྔ་ཡང་ཤེས་རབ་ཀྱི་ཕ་རོལ་ཏུ་ཕྱིན་པས·····

ཡོངས་སུ་ཟིན་ན། རྣམ་པ་ཐམས་ཅད་མཁྱེན་པ་ཉིད་གང་ན་བ་དེར་འདོང་ངོ་། །
རབ་འབྱོར་འདི་ལྟ་སྟེ་དཔེར་ན། སྐྱེས་བུའི་ལག་པ་གཡས་པ་ནི་དགོས་པ་ཐམས་
ཅད་བྱེད་དོ། །རབ་འབྱོར་ཤེས་རབ་ཀྱི་ཕ་རོལ་ཏུ་ཕྱིན་པ་ཡང་དེ་བཞིན་དུ་བལྟ་
སྟེ། ཕ་རོལ་ཏུ་ཕྱིན་པ་ལྔ་ནི་ལག་པ་གཡོན་པ་ཇི་ལྟ་བ་བཞིན་དུ་བལྟའོ། །རབ་
འབྱོར་འདི་ལྟ་སྟེ་དཔེར་ན། ཆུ་ཀླུང་ཕྲ་མོ་རྣམས་ཀྱི་ཆུ་དང་ཆུ་ཀླུང་ཆེན་པོ་རྣམས་
ཀྱི་ཆུ་གང་ཇི་སྙེད་ཅིག་ཡོད་པ་དེ་དག་ཐམས་ཅད་ཀྱང་། རྒྱ་མཚོ་ཆེན་པོར་ཕྱིན་
ན་འདི་ལྟ་སྟེ། ལན་ཚའི་[1]རོར་རོ་གཅིག་པར་འགྱུར་རོ། །རབ་འབྱོར་དེ་བཞིན་
དུ་ཕ་རོལ་ཏུ་ཕྱིན་པ་ལྔ་ཡང་། ཤེས་རབ་ཀྱི་ཕ་རོལ་ཏུ་ཕྱིན་པས་ཡོངས་སུ་ཟིན་ན།
རྣམ་པ་ཐམས་ཅད་མཁྱེན་པ་ཉིད་དུ་ཕྱིན་པའི་ཚེ། འདི་ལྟ་སྟེ། རྣམ་པ་ཐམས་
ཅད་མཁྱེན་པ་ཉིད་ཀྱི་རོར་རོ་གཅིག་པར་འགྱུར་རོ[2]། །རབ་འབྱོར་འདི་ལྟ་སྟེ····
དཔེར་ན། འཁོར་ལོས་སྒྱུར་བའི་རྒྱལ་པོའི་དཔུང་གི་ཚོགས་ཡན་ལག་བཞི་དང་
ལྡན་པའི་མདུན་དུ་ནི། འཁོར་ལོ་རིན་པོ་ཆེ་འགྲོ་ཞིང་འདུག་སྟེ། གང་དུ····
འཁོར་ལོས་སྒྱུར་བའི་རྒྱལ་པོ་ཟས་ཀྱི་དོན་དུ་འདུག་པར་གྱུར་པ་དེར་འཁོར་ལོས·····
སྒྱུར་བའི་རྒྱལ་པོའི་དཔུང་གི་ཚོགས་ཐམས་ཅད་ཡོངས་སུ་ཚིམ་པར་བྱེད་ཅིང·····
འཁོར་ལོ་རིན་པོ་ཆེ་དེ་དག་[3]གནས་ནས་གཡོ་བ་མྱེད་དོ། །རབ་འབྱོར་དེ་བཞིན་
དུ་ཕ་རོལ་ཏུ་ཕྱིན་པ་ལྔ་པོ་འདི་དག་ཀྱང་ཤེས་རབ་ཀྱི་ཕ་རོལ་ཏུ་ཕྱིན་པས་[4]ཡོངས···
སུ་བཀྲི་བ་ཡིན་ཏེ། རྣམ་པ་ཐམས་ཅད་མཁྱེན་པ་ཉིད་གང་ན་བ་དེར་འདོང་སྟེ[5]།
དེར་གནས་སོ། །དེར་གནས་པར་གྱུར་ནས་ཀྱང་གནས་[6]དེ་ལས་མྱི་འདའ་འོ། །
རབ་འབྱོར་འདི་ལྟ་སྟེ་དཔེར་ན། འཁོར་ལོས་སྒྱུར་བའི་རྒྱལ་པོའི་འཁོར་ལོ་རིན་
པོ་ཆེ་དེ་དང་། ནོར་བུ་རིན་པོ་ཆེ་དེ་དང་། ཁྱིམ་བདག་རིན་པོ་ཆེ་དེ་དང་།
བུད་མྱེད་རིན་པོ་ཆེ་དེ་དང་། ནོར་བུ་རིན་པོ་ཆེ་དེ་དང་། གླང་པོ་རིན་པོ་ཆེ་དེ་

དང་། རྟ་རིན་པོ་ཆེ་དེ་དག་ནི་དཔུང་གི་ཚོགས་ཡན་ལག་བཞི་དང་ལྡན་པའི་མདུན་དུ་འདོང་ངོ་། །རབ་འབྱོར་དེ་བཞིན་དུ་ཤེས་རབ་ཀྱི་ཕ་རོལ་ཏུ་ཕྱིན་པ་ཡང་ཕ་རོལ་ཏུ་ཕྱིན་པ་ལྔ་པོ་འདི་དག་གི་མདུན་དུ་འགྲོ་སྟེ། མདུན་དུ་སོང་ནས་ཀྱང་རྣམ་པ་ཐམས་ཅད་མཁྱེན་པ་ཉིད་གང་ན་བ་དེར་གནས་པར་འགྱུར་ཏེ། ཤེས་རབ་ཀྱི་ཕ་རོལ་ཏུ་ཕྱིན་པ་ནི་འདི་སྙམ་དུ་བདག་གི་ཕྱི་བཞིན་དུ་①སྦྱིན་པའི་ཕ་རོལ་ཏུ་ཕྱིན་པ་འབྲང་ངོ་སྙམ་དུ་མྱི་སེམས་སོ། །ཤེས་རབ་ཀྱི་ཕ་རོལ་ཏུ་ཕྱིན་པ་ནི་འདི་སྙམ་དུ་བདག་གི་ཕྱི་བཞིན་དུ་②ཚུལ་ཁྲིམས་ཀྱི་ཕ་རོལ་ཏུ་ཕྱིན་པ་འབྲང་ངོ་སྙམ་དུ་མྱི་སེམས་སོ། །ཤེས་རབ་ཀྱི་ཕ་རོལ་ཏུ་ཕྱིན་པ་ནི་འདི་སྙམ་དུ་བདག་གི་ཕྱི་བཞིན་དུ་③བཟོད་པའི་ཕ་རོལ་ཏུ་ཕྱིན་པ་འབྲང་ངོ་སྙམ་དུ་མྱི་སེམས་སོ། །ཤེས་རབ་ཀྱི་ཕ་རོལ་ཏུ་ཕྱིན་པ་ནི་འདི་སྙམ་དུ་བདག་གི་ཕྱི་བཞིན་དུ་④བརྩོན་འགྲུས་ཀྱི་ཕ་རོལ་ཏུ་ཕྱིན་པ་འབྲང་ངོ་སྙམ་དུ་མྱི་སེམས་སོ། །ཤེས་རབ་ཀྱི་ཕ་རོལ་ཏུ་ཕྱིན་པ་ནི་འདི་⑤སྙམ་དུ་⑥བདག་གི་ཕྱི་བཞིན་དུ་⑦བསམ་གཏན་གྱི་ཕ་རོལ་ཏུ་ཕྱིན་པ་འབྲང་ངོ་སྙམ་དུ་མྱི་སེམས་སོ། །སྦྱིན་པའི་ཕ་རོལ་ཏུ་ཕྱིན་པ་ཡང་འདི་སྙམ་དུ་བདག་ནི། ཤེས་རབ་ཀྱི་ཕ་རོལ་ཏུ་ཕྱིན་པའི་རྗེས་སུ་འབྲང་ངོ་སྙམ་དུ་མི་སེམས་སོ༑ །ཚུལ་ཁྲིམས་ཀྱི་ཕ་རོལ་ཏུ་ཕྱིན་པ་ཡང་འདི་སྙམ་དུ་བདག་ནི། ཤེས་རབ་ཀྱི་ཕ་རོལ་ཏུ་ཕྱིན་པའི་རྗེས་སུ་འབྲང་ངོ་སྙམ་དུ་མི་སེམས་སོ། །བཟོད་པའི་ཕ་རོལ་ཏུ་ཕྱིན་པ་ཡང་འདི་སྙམ་དུ་བདག་ནི། ཤེས་རབ་ཀྱི་ཕ་རོལ་ཏུ་ཕྱིན་པའི་རྗེས་སུ་འབྲང་ངོ་སྙམ་དུ་མི་སེམས་སོ། །བརྩོན་འགྲུས་ཀྱི་ཕ་རོལ་ཏུ་ཕྱིན་པ་ཡང་འདི་སྙམ་དུ་བདག་ནི། ཤེས་རབ་ཀྱི་ཕ་རོལ་ཏུ་ཕྱིན་པའི་རྗེས་སུ་འབྲང་ངོ་སྙམ་དུ་མི་སེམས་སོ༑ །བསམ་གཏན་གྱི་ཕ་རོལ་ཏུ་ཕྱིན་པ་ཡང་འདི་སྙམ་དུ་བདག་ནི། ཤེས་རབ་ཀྱི་ཕ་རོལ་ཏུ་ཕྱིན་པའི་རྗེས་སུ་འབྲང་ངོ་སྙམ་དུ་མི་སེམས་སོ། །དེ་ཅིའི་ཕྱིར་ཞེ་ན།

དེ་དག་གི་རང་བཞིན་ནི་དེ་ཡིན་ཏེ། ཅིའང་ནུས་པ་མེད་པ་ངོ་བོ་ཉིད་ཀྱིས་སྟོང་ཞིང༔ གསོ་བ་སྟེ[༡]། སྨྲིག་རྒྱ་ལྷ་བུའོ། །དེ་ནས་ཚེ་དང་ལྡན་པ་རབ་འབྱོར་གྱིས། བཅོམ་ལྡན་འདས་ལ་འདི་སྐད་ཅེས་གསོལ་ཏོ། །བཅོམ་ལྡན་འདས་གལ་ཏེ་ཆོས་ཐམས་ཅད་རང་བཞིན་གྱིས་སྟོང་པ་ལགས་ན། བཅོམ་ལྡན་འདས་ཇི་ལྟར[༢] བྱང་ཆུབ་སེམས་དཔའ༔ སེམས་དཔའ[༣] ཆེན་པོ། སྦྱིན་པའི་ཕ་རོལ་ཏུ་ཕྱིན་པ་ལ་སྤྱོད་པ་དང་། ཚུལ་ཁྲིམས་ཀྱི་ཕ་རོལ་ཏུ་ཕྱིན་པ་ལ་སྤྱོད་པ་དང་། བཟོད་པའི་ཕ་རོལ་ཏུ་ཕྱིན་པ་ལ་སྤྱོད[༤] པ་དང་། བརྩོན་འགྲུས་ཀྱི་ཕ་རོལ་ཏུ་ཕྱིན་པ་ལ་སྤྱོད་པ་དང་། བསམ་གཏན་གྱི་ཕ་རོལ་ཏུ་ཕྱིན་པ་ལ་སྤྱོད་པ་དང་། ཤེས་རབ་ཀྱི་ཕ་རོལ་ཏུ་ཕྱིན་པ་ལ་སྤྱོད་པ[༥]། བླ་ན་མེད་པ་ཡང་དག་པར་རྫོགས་པའི་བྱང་ཆུབ་ཏུ་མངོན་པར་རྫོགས་པར་འཚང་རྒྱ་བར་འགྱུར། བཅོམ་ལྡན་འདས་ཀྱིས་བཀའ་སྩལ[༦] པ། རབ་འབྱོར་འདི་ལ་བྱང་ཆུབ་སེམས་དཔའ་སེམས་དཔའ་ཆེན་པོ། ཕ་རོལ་ཏུ་ཕྱིན་པ་དྲུག་ལ་སྤྱོད་པའི་ཚེ། འདི་སྙམ་དུ་ཀྱེ་མ་འཇིག་རྟེན་གནས་པ་འདི་ནི། སེམས[༧] ཕྱིན་ཅི་ལོག་ཏུ་གྱུར་པ་སྟེ[༨]། དེ་དག་ནི་ཐབས༔ ལ་མི[༩] མཁས་པས། འཁོར་བ་ནས་ཡོངས་སུ་གདོན་པར་མི་ནུས་ཀྱིས[༡༠]། མ་ལ་བདག་གིས་སེམས་ཅན་དེ་དག་གི་དོན་དུ་སྦྱིན་པའི་ཕ་རོལ་ཏུ་ཕྱིན་པ་ལ་སྤྱད་པར་བྱའོ། །ཚུལ་ཁྲིམས་ཀྱི་ཕ་རོལ་ཏུ་ཕྱིན་པ་ལ་སྤྱད་པར་བྱའོ། །བཟོད་པའི་ཕ་རོལ་ཏུ་ཕྱིན་པ་ལ་སྤྱད་པར་བྱའོ། །བརྩོན་འགྲུས་ཀྱི་ཕ་རོལ་ཏུ་ཕྱིན་པ་ལ་སྤྱད་པར་བྱའོ། །བསམ་གཏན་གྱི་ཕ་རོལ་ཏུ་ཕྱིན་པ་ལ་སྤྱད་པར་བྱའོ། །ཤེས་རབ་ཀྱི་ཕ་རོལ་ཏུ་ཕྱིན་པ་ལ་སྤྱད་པར་བྱའོ་སྙམ་ནས། དེ་སེམས་ཅན་དེ་དག་གི་དོན་དུ་ཕྱི་ནང་གི་དངོས་པོ་རྣམས་ཡོངས་སུ་གཏོང་སྟེ། དེ་ཡོངས་སུ་གཏོང་བའི་ཚེ་འདི་སྙམ་སྟེ། བདག་གིས་གང་ཡང་ཡོངས་སུ༔ མ་གཏང[༡༡] བ་མེད་དོ། །དེ་ཅིའི་ཕྱིར་ཞེ་ན།

འདི་ལྟར་དངོས་པོ་འདི་དག་ནི་བདག་ཉིད་འཇིག་པའོ་སྙམ་སྟེ། རབ་འབྱོར་དེ་ལྟར་ཡོངས་སུ་རྟོག་པའི་བྱང་ཆུབ་སེམས་དཔའ་སེམས་དཔའ་ཆེན་པོ་ནི། སྦྱིན་པའི་ཕ་རོལ་ཏུ་ཕྱིན་པ་ཡོངས་སུ་རྫོགས་པར་བྱེད་དོ། །དེ་སེམས་ཅན་དེ་དག་ཉིད་ཀྱི་དོན་དུ་ཚུལ་ཁྲིམས་ངན་པའི་སྐབས་མི་འབྱེད་དེ[༡]། དེ་ཅིའི་ཕྱིར་ཞེ་ན། དེ་ནི་འདི་ལྟར་དེ་འདི་སྙམ་དུ་སེམས་ཏེ། བདག་བླ་ན་མེད་པ་ཡང་དག་པར···རྫོགས་པའི་བྱང་ཆུབ་ཏུ་ཡང་དག་པར་ཞུགས་ལ་སྲོག་གཅོད་པ་[༢]བྱེད་པ་དང་། མ་བྱིན་པར་[༣]ལེན་པ་དང་། འདོད་པས་ལོག་པར་གཡེམ་པ་དང་། བརྫུན་[༤]གྱི་ཚིགཿསྨྲ་བ་[༥]དང་། ཕྲ་མ་ཅན་དུ་འགྱུར་བ་དང་། ཞེ་གཅོད་པའི་ཚིགཿསྨྲ་བ་[༦]དང་༑ ཚིག་ཀྱལ་[༧]པ་ཅན་དུ་འགྱུར་བ་དང་། ཆགས་སེམས་ཅན་དུ་འགྱུར་བ་དང་༑ གནོད་སེམས་སུ་བྱེད་པ་དང་། ལོག་པར་ལྟ་བ་ཅན་དུ་འགྱུར་བ་དང་། ཡུལ་ལ་སྨོན་པ་དང་། ལྷར་སྨོན་པ་དང་། ཚངས་པར་སྨོན་པ་དང་། ཉན་ཐོས་ཀྱི་སར་སྨོན་པ་དང་། རང་སངས་རྒྱས་ཀྱི་སར་སྨོན་པ་འདི་ནི་བདག་[༨]ཚུལ་དང་མི་འདྲའོ་སྙམ་སྟེ། རབ་འབྱོར་དེ་ལྟར་ཡོངས་སུ་རྟོག་པའི་བྱང་ཆུབ་སེམས་དཔའ་སེམས་དཔའ་ཆེན་པོ་ནི། ཚུལ་ཁྲིམས་ཀྱི་ཕ་རོལ་ཏུ་ཕྱིན་པ་ལ་[༩]སྤྱོད་པ···ཡིན་ནོ། །དེ་སེམས་ཅན་དེ་དག་ཉིད་ཀྱི་དོན་དུ་ཚིག་རྩུབ་པ་དང་། བསླང་བས་རྟག་ཏུ་སྤྱོས་ཤིང་། བརྒྱད་ཀྱང་འཁྲུག་[༡༠]པའི་སེམས་མི་སྐྱེད། རྗེ་དབྱུག་དང་། ཐོང་བ་དང་། མཚོན་གྱིས་བཏབ་ཅིང་བསྣུན་པ་དང་། ལུས་ཀྱི་ཡན་ལག་གཤགས་[༡༡]སམ། ཡན་ལག་དང་ཉིང་ལག་བཅད་ཀྱང་ཞེ་སྡང་གི་སེམས་མི་སྐྱེད་དོ༑ །དེ་ཅིའི་ཕྱིར་ཞེ་ན། འདི་ལྟར་དེ་ནི་སྒྲ་ཐམས་ཅད་སྒྲ་བརྙན་ལྟ་བུརཿཡོངས་སུ་རྟོག་གོ[༡༢]། །གཟུགས་ཐམས་ཅད་དབྱུ་[༡༣]བ་ལྟ་བུར་ཡོངས་སུ་[༡༤]རྟོག་གོ། །རབ་འབྱོར་དེ་ལྟར་ཡོངས་སུ་རྟོག་པའི་བྱང་ཆུབ་སེམས་དཔའ་སེམས་དཔའ་ཆེན་པོ་ནི།

བཟོད་པའི་ཕ་རོལ་ཏུ་ཕྱིན་པ་ལ་སྤྱོད་པ་ཡིན་ནོ། །དེ་སེམས་ཅན་དེ་དག་ཉིད་ཀྱི་དོན་དུ་དགེ་བའི་རྩ་བ་ཐམས་ཅད་ཡོངས་སུ་བཙལ[1]བའི་ཕྱིར། ལེ་ལོའི་སེམས་མི་སྐྱེད་དེ། དེ་ཅིའི་ཕྱིར་ཞེ་ན། འདི་ལྟར་དེ་ནི་འདི་སྙམ་དུ་སེམས་ཏེ། མཐོ་རིས་སུ་སྐྱེ་བ་འདང་ལེ་ལོ་ཅན་གྱིས་རྙེད་པར་དཀའ་ན། བླ་ན་མེད་པ་ཡང་དག་པར་རྫོགས་པའི་བྱང་ཆུབ་ལྟ་ཅི་སྨོས་ཀྱིས[2]། དེ་བས་ན་བདག་གིས་ནམ[3]བླ་ན་མེད་པ་ཡང་དག་པར་རྫོགས་པའི་བྱང་ཆུབ་ཏུ་མངོན་པར་རྫོགས་པར་སངས་རྒྱས་ཀྱི་བར་དུ་བརྩོན་འགྲུས་བརྩམ་པར་བྱའོ། །རྟག་ཏུ་བརྩོན་པ[4]མི་འདོར[5]བར་བྱའོ་སྙམ་སྟེ། རབ་འབྱོར་དེ་ལྟར་ཡོངས་སུ་རྟོག་པའི་བྱང་ཆུབ་སེམས་དཔའ་སེམས་དཔའ་ཆེན་པོ་ནི་བརྩོན་འགྲུས་ཀྱི་ཕ་རོལ་ཏུ་ཕྱིན་པ་ལ་སྤྱོད་པ་ཡིན་ནོ། །དེ་སེམས་ཅན་དེ་དག་ཉིད་ཀྱི[6]དོན་དུ་སེམས་མི་འཁྲུགས[7]པ་ཡིན་ཏེ། དེ་ཅིའི་ཕྱིར་ཞེ་ན། འདི་ལྟར་དེ་ནི་འདི་སྙམ་དུ་སེམས་ཏེ། འཇིག་རྟེན་པའི་བསམ་གཏན་དུ་སྐྱེ་བའང[8]སེམས་འཁྲུགས[9]པས་རྙེད་པར་དཀའ་ན། བླ་ན་མེད་པ་ཡང་དག་པར་རྫོགས་པའི་བྱང་ཆུབ་ལྟ་ཅི་སྨོས་ཀྱིས[10]། དེ་བས་ན་བདག་གིས་ནམ་བླ་ན་མེད་པ་ཡང་དག་པར་རྫོགས་པའི་བྱང་ཆུབ་ཏུ་མངོན་པར་རྫོགས་པར་སངས་རྒྱས་ཀྱི[11]བར་དུ་བདག་གིས་སེམས[12]མ་འཁྲུགས་པར་བྱའོ་སྙམ་སྟེ། རབ་འབྱོར་དེ་ལྟར[13]ཡོངས་སུ་རྟོག་པའི་བྱང་ཆུབ་སེམས་དཔའ་སེམས་དཔའ་ཆེན་པོ་ནི་བསམ་གཏན་གྱི་ཕ་རོལ་ཏུ་ཕྱིན་པ་ལ་སྤྱོད་པ་ཡིན་ནོ། །དེ་སེམས་ཅན་དེ་དག་ཉིད་ཀྱི་དོན་དུ་ནམ་བླ་ན་མེད་པ་ཡང་དག་པར་རྫོགས་པའི་བྱང་ཆུབ་ཏུ་མངོན་པར་རྫོགས་པར་སངས་རྒྱས་ཀྱི་བར་དུ། ནམ་ཡང་ཤེས་རབ་དང་བྲལ[14]བར་མི་འགྱུར་ཏེ། དེ་ཅིའི་ཕྱིར་ཞེ་ན། འདི་ལྟར་དེ་ནི་འདི་སྙམ་དུ་སེམས་ཏེ། ཤེས་རབ་ཀྱི་ཕ་རོལ་ཏུ་ཕྱིན་པ་ལ་མ་ཞུགས་པར་རྣམ་པ་གཞན་གྱིས་སེམས་ཅན་ཡོངས

སུ་སྨིན་པར་བྱ་བར་མི་ནུས་ཀྱིས[༡]། དེ་བས་ན་བདག་གིསཿ ཤེས་རབ་འཆལ་པ་དང་ལྡན་པའི་སེམས་འགའ་ཙམ་ཡང་བསྐྱེད་པར་མི་བྱའོ་སྙམ་སྟེ། རབ་འབྱོར་དེ་ལྟར་ཡོངས་སུ་རྟོག་པའི་བྱང་ཆུབ་སེམས་དཔའ་སེམས་དཔའ་ཆེན་པོ་ནི་སེམས་···ཅན་རྣམས་ཀྱི་དོན་དུ[༢]ཤེས་རབ་ཀྱི་ཕ་རོལ་ཏུ་ཕྱིན་པ་ལ་སྤྱོད་པ་ཡིན་ནོ། །གསོལ་པ། བཅོམ་ལྡན་འདས་གལ་ཏེ་ཕ་རོལ་ཏུ་ཕྱིན་པ་རྣམས་ལ་ཐ་དད་པ་མ་མཆིས་ན། ཤེས་རབ་ཀྱི་ཕ་རོལ་ཏུ་ཕྱིན་པ་འདི་ཇི་སྐད་དུ་ཕ་རོལ་ཏུ་ཕྱིན་པ་ལྔའི་རབ་ཅེས་བགྱི། གཙོ་བོ་ཞེས་བགྱི། མཆོག་ཅེས་བགྱི། དམ་པ་ཞེས་བགྱི། ཕུལ་ཞེས་བགྱི། ཀྱ་ནོམ་པ་ཞེས་བགྱི། བླ་ན་མེད་པ་ཞེས་བགྱི[༣]། གོང་ན་མེད་པ་ཞེས་བགྱི། མཉམ་པ་མེད་པ་ཞེས་བགྱི། མི་མཉམ་པ་དང་མཉམ་པ་ཞེས་བགྱི༔ བཅོམ་ལྡན་འདས་ཀྱིས་བཀའ་སྩལ[༤]པ། རབ་འབྱོར་དེ་དེ་བཞིན་ནོ། །དེ་དེ་བཞིན་ཏེ། རབ་འབྱོར་ཕ་རོལ་ཏུ་ཕྱིན་པ་རྣམས་ལ་ནི། རྣམ་པ་ཐ་དད་པ་གང་ཡང་མེད་དེ། གལ་ཏེ་ཤེས་རབ་ཀྱི་ཕ་རོལ་ཏུ་ཕྱིན་པ་མེད་ན་ནི། ཕ་རོལ་ཏུ་ཕྱིན་པ་ལྔ་པོ་འདི་དག་གིས་ཀྱང་ཕ་རོལ་ཏུ་ཕྱིན་པའི་མིང་འཐོབ[༥]པར་མི་འགྱུར་ཏེ༔ ཤེས་རབ་ཀྱི་ཕ་རོལ་ཏུ་ཕྱིན་པ་ལ་བརྟེན་ན། ཕ་རོལ་ཏུ་ཕྱིན་པ་ལྔ་པོ་འདི་དག་གིས་ཀྱང་ཕ་རོལ་ཏུ་ཕྱིན་པའི་མིང་འཐོབ[༦]པར་འགྱུར་རོ། །རབ་འབྱོར་འདི་ལྟ་སྟེ་དཔེར་ན། ལུས་རྣམ་པ་ཐ་དད་པ་རྣམས་ནི་རིའི་རྒྱལ་པོ་རི་རབ་ཀྱི་དྲུང་དུ་ཕྱིན་ན[༧]། ཁ་དོག་གཅིག་ཏུ་འགྱུར་རོ། །རབ་འབྱོར་དེ་བཞིན་དུ་ཤེས་རབ་ཀྱི་ཕ་རོལ་ཏུ་ཕྱིན་པ་ལ་བརྟེནཿ ན་ཡང[༨]། ཕ་རོལ་ཏུ་ཕྱིན་པ་ལྔ་པོ་འདི་དག་གིས[༩]ཕ་རོལ་ཏུ་ཕྱིན་པའི་མིང་འཐོབ[༡༠]པར་འགྱུར་ཏེ། དེ་དག་ཀྱང་རྣམ་པ···ཐམས་ཅད་མཁྱེན་པ་ཉིད་དུ་ཕྱིན་ན་འདི་ལྟ་སྟེ། རྣམ་པ་ཐམས་ཅད་མཁྱེན་པ་ཉིད་ཀྱི་ཁ་དོགཿ ཏུ་ཁ་དོག[༡༡]གཅིག་པར་འགྱུར་ཏེ[༡༢]། འདི་ནི་སྦྱིན་པའི་ཕ་རོལ་ཏུ

ཕྱིན་པའོ། །འདི་ནི་ཚུལ་ཁྲིམས་ཀྱི་ཕ་རོལ་ཏུ་ཕྱིན་པའོ། །འདི་ནི་བཟོད་པའི་ཕ་རོལ་ཏུ་ཕྱིན་པའོ། །འདི་ནི་བརྩོན་འགྲུས་ཀྱི་ཕ་རོལ་ཏུ་ཕྱིན་པའོ། །འདི་ནི་བསམ་གཏན་གྱི་ཕ་རོལ་ཏུ་ཕྱིན་པའོ། །འདི་ནི་ཤེས་རབ་ཀྱི་ཕ་རོལ་ཏུ་ཕྱིན་པའོ། །ཞེས་བྱ་བའི་ཁྱད་པར་གང་ཡང་མྱེད་དོ། །དེ་ཅིའི་ཕྱིར་ཞེ་ན། འདི་ལྟར་དེ་དག་ལ་ངོ་བོ་ཉིད་མྱེད་པས། དེའི་ཕྱིར་ཁྱད་པར་མྱེད་དོ། །གསོལ་པ། བཅོམ་ལྡན་འདས་དེ་ལྟར་ཆོས་གང་ལ་ཡང་ཁྱད་པར་མ་མཆིས་ལ་བྱེ་བྲག་མ་མཆིས་ན། རྗེས་སུ་ཐོབ་པར་འགྱུར་བ་ནི་གང་ཞིག་མཆིས། ཤེས་རབ་ཀྱི་ཕ་རོལ་ཏུ་ཕྱིན་པ་ནི་ཅིའི་སླད་དུ་ཕ་རོལ་ཏུ་ཕྱིན་པ་ལྔ་པོ་དེ་དག་གི[1]རབ་ཅེས་བགྱི། གཙོ་བོ་ཞེས་བགྱི། མཆོག་ཅེས་བགྱི། དམ་པ་ཞེས་བགྱི། ཕུལ་ཞེས་བགྱི། གྱ་ནོམ་པ་ཞེས་བགྱི། བླ་ན་མེད་པ་ཞེས་བགྱི། གོང་ན་མེད་པ་ཞེས་བགྱི། མཉམ་པ་མྱེད་པ་ཞེས་བགྱི། མི་མཉམ་པ་དང་མཉམ་པ་ཞེས་བགྱི། བཅོམ་ལྡན་འདས་ཀྱིས་བཀའ་སྩལ་པ། རབ་འབྱོར་དེ་དེ་བཞིན་ནོ། །དེ་དེ་བཞིན་ཏེ། དོན་རྗེས་སུ་ཐོབ་པར་བྱ་བ་ལ། ཆོས་གང་ལ་ཡང་བྱེ་བྲག་དང་ཁྱད་པར་མྱེད་དེ། འོན་ཀྱང་འཇིག་རྟེན་གྱི་ཐ་སྙད་དང་བརྗར[2]བྱ་ན། སེམས་ཅན་རྣམས་འཁོར་བ་ལས་ཡོངས་སུ་གདོན་པའི་དོན་དུ་སྦྱིན་པའི་ཕ་རོལ་ཏུ་ཕྱིན་པ་ཡང་ཡོད་དོ། །ཚུལ་ཁྲིམས་ཀྱི་ཕ་རོལ་ཏུ་ཕྱིན་པ་ཡང་ཡོད་དོ། །བཟོད་པའི་ཕ་རོལ་ཏུ་ཕྱིན་པ་ཡང་ཡོད་དོ། །བརྩོན་འགྲུས་ཀྱི་ཕ་རོལ་ཏུ་ཕྱིན་པ་ཡང་ཡོད་དོ། །བསམ་གཏན་གྱི་ཕ་རོལ་ཏུ་ཕྱིན་པ་ཡང་ཡོད་དོ། །ཤེས་རབ་ཀྱི་ཕ་རོལ་ཏུ་ཕྱིན་པ་ཡང་ཡོད་དོ། །སེམས་ཅན་དེ་དག་ལ་ཡང་སྐྱེ་བ་མྱེད[3]། འཆི་བ་མྱེད[4]འཕོ་བ་མེད[5]འབྱུང་བ་མྱེད་དེ[6]། སེམས་ཅན་མེད་པས། ཆོས་ཐམས་ཅད་མྱེད་པར་རིག་པར་བྱའོ། །རབ་འབྱོར་རྣམ་གྲངས་དེས་ན། ཤེས་རབ་ཀྱི་ཕ་རོལ་ཏུ་ཕྱིན་པ་ནི། ཕ་རོལ་ཏུ་ཕྱིན་པ་ལྔ་པོ་འདི་དག་གི་རབ་ཅེས་

བྱ། གཙོ་བོ་ཞེས་བྱ། མཆོག་ཅེས་བྱ། དམ་པ་ཞེས་བྱ། ཕུལ་ཞེས་བྱ། ཀྱུ་ནོམ་པ་ཞེས་བྱ། བླ་ན་མེད་པ་ཞེས་བྱ། གོང་ན་མྱེད་པ་ཞེས་བྱ། མཉམ་པ་མྱེད་པ་ཞེས་བྱ། མྱི་མཉམ་པ་དང་མཉམ་པ་ཞེས་བྱ་སྟེ། རབ་འབྱོར་འདི་ལྟ་སྟེ་དཔེར་ན། ཿའཛམ་བུའི་[༧]གླིང་གི་བུད་མེད་གང་ཇི་སྙེད་པ་དེ་དག་གི་ནང་ན་བུད་མེད་རིན་པོ་ཆེ་ནི་རབ་ཅེས་བྱ། གཙོ་བོ་ཞེས་བྱ། མཆོག་ཅེས་བྱ། དམ་པ་ཞེས་བྱ། ཕུལ་ཞེས་བྱ། ཀྱུ་ནོམ་པ་ཞེས་བྱ། བླ་ན་མེད་པ་ཞེས་བྱ། གོང་ན་མེད་པ་ཞེས་བྱ། མཉམ་པ་མྱེད་པ་ཞེས་བྱ། མི་མཉམ་པ་དང་མཉམ་པ་ཞེས་བྱ་བ་བཞིན་ནོ། །གསོལ་པ། བཅོམ་ལྡན་འདས་དེ་ལྟར་ཤེས་རབ་ཀྱི་ཕ་རོལ་ཏུ་ཕྱིན་པ་རབ་ཅེས་བགྱི་བ་དང་། གཙོ་བོ་ཞེས་བགྱི་བ་དང་། མཆོག་ཅེས་བགྱི་བ་དང་། དམ་པ་ཞེས་བགྱི་བ་དང་། ཕུལ་ཞེས་བགྱི་བ་དང་། ཀྱུ་ནོམ་པ་ཞེས་བགྱི་བ་དང་། བླ་ན་མེད་པ་ཞེས་བགྱི་བ་དང་། གོང་ན་མྱེད་པ་ཞེས་བགྱི་བ་དང་། མཉམ་པ་མྱེད་པ་ཞེས་བགྱི་བ་དང་། མྱི་མཉམ་པ་དང་མཉམ་པ་ཞེས་བགྱི་བ་དེ་ཅི་ལས་དགོངས། བཅོམ་ལྡན་འདས་ཀྱིས་བཀའ་སྩལ་པ། རབ་འབྱོར་དེ་ནི་འདི་ལྟར་ཤེས་རབ་ཀྱི་ཕ་རོལ་ཏུ་ཕྱིན་པ་འདི་ནི། དགེ་བའི་ཆོས་ཐམས་ཅད་ཡོངས་སུ་བཟུང་ཞིང་མྱི་གནས་པའི་ཚུལ་གྱིས། རྣམ་པ་ཐམས་ཅད་མཁྱེན་པ་ཉིད་གང་ན་བ་དེར་གནས་པར་འགྱུར་བའི་ཕྱིར་རོ། །གསོལ་པ། བཅོམ་ལྡན་འདས་ཤེས་རབ་ཀྱི་ཕ་རོལ་ཏུ་ཕྱིན་པ་[༣]ཆོས་གང་ཡང་ཡོངས་སུ་འཛིན་…པའམ། གཏོང་བ་མཆིས་སམ། བཅོམ་ལྡན་འདས་ཀྱིས་[༡]བཀའ་སྩལ་པ། རབ་འབྱོར་དེ་ནི་མ་ཡིན་ཏེ། ཤེས་རབ་ཀྱི་ཕ་རོལ་ཏུ་ཕྱིན་པ་ནི་ཆོས་གང་ཡང་…ཡོངས་སུ་འཛིན་པའམ། གཏོང་བ་མྱེད་དོ། །དེ་ཅིའི་ཕྱིར་ཞེ་ན། རབ་འབྱོར་དེ་ནི་འདི་ལྟར་ཆོས་ཐམས་ཅད་ཡོངས་སུ་བཟུང་བ་མྱེད་པ་དང་། བཏང་[༨]བ…

མྱེད་པའི་ཕྱིར་རོ། །གསོལ་པ། བཅོམ་ལྡན་འདས་ཇི་ལྟར་ན། ཤེས་རབ་ཀྱི་ཕ་རོལ་ཏུ་ཕྱིན་པ་ཆོས་ཐམས་ཅད་མྱི་འཛིན་མྱི་གཏོང་བ་ལགས། བཅོམ་ལྡན་འདས་ཀྱིས་བཀའ་སྩལ་པ། རབ་འབྱོར་ཤེས་རབ་ཀྱི་ཕ་རོལ་ཏུ་ཕྱིན་པ་ནི་གཟུགས···ཡོངས་སུ་མྱི་འཛིན་མྱི་གཏོང་ངོ་། །རབ་འབྱོར་ཤེས་རབ་ཀྱི་ཕ་རོལ་ཏུ་ཕྱིན་པ་ནི་ཚོར་བ་ཡོངས་སུ་མྱི་འཛིན་མྱི་གཏོང་ངོ་། །རབ་འབྱོར་ཤེས་རབ་ཀྱི་ཕ་རོལ་ཏུ་ཕྱིན་པ་ནི་འདུ་ཤེས་ཡོངས་སུ་མྱི་འཛིན་མྱི་གཏོང་ངོ་། །རབ་འབྱོར་ཤེས་རབ་ཀྱི་ཕ་རོལ་ཏུ་ཕྱིན་པ་ནི་འདུ་བྱེད་ཡོངས་སུ་མྱི་འཛིན་མྱི་གཏོང་ངོ་། །རབ་འབྱོར···ཤེས་རབ་ཀྱི་ཕ་རོལ་ཏུ་ཕྱིན་པ་ནི་རྣམ་པར་ཤེས་པ་ཡོངས་སུ་མི་འཛིན་མི་གཏོང···ངོ་། །རབ་འབྱོར་ཤེས་རབ་ཀྱི་ཕ་རོལ་ཏུ་ཕྱིན་པ་ནི་མྱིག་ཡོངས་སུ་མྱི་འཛིན་མི་གཏོང་ངོ་། །རབ་འབྱོར་ཤེས་རབ་ཀྱི་ཕ་རོལ་ཏུ་ཕྱིན་པ་ནི་རྣ་བ་ཡོངས་སུ་མི···འཛིན་མི་གཏོང་ངོ་། །རབ་འབྱོར་ཤེས་རབ་ཀྱི་ཕ་རོལ་ཏུ་ཕྱིན་པ་ནི་སྣ་ཡོངས་སུ་མྱི་འཛིན་མི་གཏོང་ངོ་། །རབ་འབྱོར་ཤེས་རབ་ཀྱི་ཕ་རོལ་ཏུ་ཕྱིན་པ་ནི་ལྕེ་ཡོངས་སུ་མྱི་འཛིན་མྱི་གཏོང་ངོ་། །རབ་འབྱོར་ཤེས་རབ་ཀྱི་ཕ་རོལ་ཏུ་ཕྱིན་པ་ནི་ལུས་ཡོངས་སུ་མི་འཛིན་མི་གཏོང་ངོ་། །རབ་འབྱོར་ཤེས་རབ་ཀྱི་ཕ་རོལ་ཏུ་ཕྱིན་པ་ནི་ཡིད་ཡོངས་སུ་མྱི་འཛིན་མྱི་གཏོང་ངོ་། །རབ་འབྱོར་ཤེས་རབ་ཀྱི་ཕ་རོལ་ཏུ་ཕྱིན་པ་ནི་གཟུགས་ཡོངས་སུ་མི་འཛིན་མི་གཏོང་ངོ་། །རབ་འབྱོར་ཤེས་རབ་ཀྱི་ཕ་རོལ་ཏུ་ཕྱིན་པ་ནི་སྒྲ་ཡོངས་སུ་མི་འཛིན་མི་གཏོང་ངོ་། །རབ་འབྱོར་ཤེས་རབ་ཀྱི་ཕ་རོལ་ཏུ་ཕྱིན་པ་ནི་དྲི་ཡོངས་སུ་མི་འཛིན་མི་གཏོང་ངོ་། །རབ་འབྱོར་ཤེས་རབ་ཀྱི་ཕ་རོལ་ཏུ་ཕྱིན་པ་ནི་རོ་ཡོངས་སུ་མི་འཛིན་མི་གཏོང་ངོ་། །རབ་འབྱོར་ཤེས་རབ་ཀྱི་ཕ་རོལ་ཏུ་ཕྱིན་པ་ནི་རེག་ཡོངས་སུ་མྱི་འཛིན་མྱི་གཏོང་ངོ་། །རབ་འབྱོར་ཤེས་རབ་ཀྱི་ཕ་རོལ་ཏུ་ཕྱིན་པ་ནི་ཆོས་ཡོངས་སུ་མི་འཛིན་མྱི་གཏོང་ངོ་། །རབ་འབྱོར་

ཤེས་རབ་ཀྱི་ཕ་རོལ་ཏུ་ཕྱིན་པ་ནི་མིག་གི་རྣམ་པར་ཤེས་པ་ཡོངས་སུ་མི་འཛིན་མི་
གཏོང་ངོ་། །རབ་འབྱོར༔ ཤེས་རབ་ཀྱི་ཕ་རོལ་ཏུ་ཕྱིན་པ་ནི་[༡]རྣ་བའི་རྣམ་པར་
ཤེས་པ་ཡོངས་སུ་མི་འཛིན་མི་གཏོང་ངོ་། །རབ་འབྱོར་ཤེས་རབ་ཀྱི་ཕ་རོལ་ཏུ་
ཕྱིན་པ་ནི་སྣའི་རྣམ་པར་ཤེས་པ་ཡོངས་སུ་མི་འཛིན་མི་གཏོང་ངོ་། །རབ་འབྱོར་
ཤེས་རབ་ཀྱི་ཕ་རོལ་ཏུ་ཕྱིན་པ་ནི་ལྕེའི་རྣམ་པར་ཤེས་པ་ཡོངས་སུ་མི་འཛིན་མི་
གཏོང་ངོ་། །རབ་འབྱོར་ཤེས་རབ་ཀྱི་ཕ་རོལ་ཏུ་ཕྱིན་པ་ནི་ལུས་ཀྱི་རྣམ་པར་ཤེས་
པ་ཡོངས་སུ་མི་འཛིན་མི་གཏོང་ངོ་། །རབ་འབྱོར་ཤེས་རབ་ཀྱི་ཕ་རོལ་ཏུ་ཕྱིན་པ་
ནི་ཡིད་ཀྱི་རྣམ་པར་ཤེས་པ་ཡོངས་སུ་མི་འཛིན་མི་གཏོང་ངོ་། །རབ་འབྱོར་ཤེས་
རབ་ཀྱི་ཕ་རོལ་ཏུ་ཕྱིན་པ་ནི་མིག་གི་འདུས་ཏེ་རེག་པ་ཡོངས་སུ་མི་འཛིན་མི་གཏོང་
ངོ་། །རབ་འབྱོར་ཤེས་རབ་ཀྱི་ཕ་རོལ་ཏུ་ཕྱིན་པ་ནི་རྣ་བའི་འདུས་ཏེ་རེག་པ་
ཡོངས་སུ་མི་འཛིན་མི་གཏོང་ངོ་། །རབ་འབྱོར་ཤེས་རབ་ཀྱི་ཕ་རོལ་ཏུ་ཕྱིན་པ་ནི་
སྣའི་འདུས་ཏེ་རེག་པ་ཡོངས་སུ་མི་འཛིན་མི་གཏོང་ངོ་། །རབ་འབྱོར་ཤེས་རབ་ཀྱི་
ཕ་རོལ་ཏུ་ཕྱིན་པ་ནི་ལྕེའི་འདུས་ཏེ་རེག་པ་ཡོངས་སུ་མི་འཛིན་མི་གཏོང་ངོ་། །
རབ་འབྱོར་ཤེས་རབ་ཀྱི་ཕ་རོལ་ཏུ་ཕྱིན་པ་ནི་ལུས་ཀྱི་འདུས་ཏེ་རེག་པ་ཡོངས་སུ་མི་
འཛིན་མི་གཏོང་ངོ་། །རབ་འབྱོར་ཤེས་རབ་ཀྱི་ཕ་རོལ་ཏུ་ཕྱིན་པ་ནི་ཡིད་ཀྱི་
འདུས་ཏེ་རེག་པ་ཡོངས་སུ་མི་འཛིན་མི་གཏོང་ངོ་། །[༢]ཤེས་རབ་ཀྱི་ཕ་རོལ་ཏུ་
ཕྱིན་པ་ནི་མིག་གི་འདུས་ཏེ་རེག་པ་ལས་བྱུང་བའི་ཚོར་བ་ཡོངས་སུ་མི་འཛིན་མི་
གཏོང་ངོ་། །[༣]ཤེས་རབ་ཀྱི་ཕ་རོལ་ཏུ་ཕྱིན་པ་ནི་རྣ་བའི་འདུས་ཏེ་རེག་པ་ལས་
བྱུང་བའི་ཚོར་བ་ཡོངས་སུ་མི་འཛིན་མི་གཏོང་ངོ་། །[༤]ཤེས་རབ་ཀྱི་ཕ་རོལ་ཏུ་
ཕྱིན་པ་ནི་སྣའི་འདུས་ཏེ་རེག་པ་ལས་བྱུང་བའི་ཚོར་བ་ཡོངས་སུ་མི་འཛིན་མི་
གཏོང་ངོ་། །[༥]ཤེས་རབ་ཀྱི་ཕ་རོལ་ཏུ་ཕྱིན་པ་ནི་ལྕེའི་འདུས་ཏེ་རེག་པ་ལས་བྱུང་

བའི་ཚོར་བ་ཡོངས་སུ་མི་འཛིན་མི་གཏོང་ངོ་། །[༡]ཤེས་རབ་ཀྱི་ཕ་རོལ་ཏུ་ཕྱིན་པ་ནི་
ལུས་ཀྱི་འདུས་ཏེ་རེག་པ་ལས་བྱུང་བའི་ཚོར་བ་ཡོངས་སུ་མི་འཛིན་མི་གཏོང་ངོ་། །[༢]
ཤེས་རབ་ཀྱི་ཕ་རོལ་ཏུ་ཕྱིན་པ་ནི་ཡིད་ཀྱི་འདུས་ཏེ་རེག་པ་ལས་བྱུང་བའི་ཚོར་བ·····
ཡོངས་སུ་མི་འཛིན་མི་གཏོང་ངོ་། །[༣]ཤེས་རབ་ཀྱི་ཕ་རོལ་ཏུ་ཕྱིན་པ་ནི་སའི····
ཁམས་ཡོངས་སུ་མི་འཛིན་མི་གཏོང་ངོ་། །[༤]ཤེས་རབ་ཀྱི་ཕ་རོལ་ཏུ་ཕྱིན་པ་ནི····
ཆུའི་ཁམས་ཡོངས་སུ་མི་འཛིན་མི་གཏོང་ངོ་། །[༥]ཤེས་རབ་ཀྱི་ཕ་རོལ་ཏུ་ཕྱིན་པ་
ནི་མེའི་ཁམས་ཡོངས་སུ་མི་འཛིན་མི་གཏོང་ངོ་། །[༦]ཤེས་རབ་ཀྱི་ཕ་རོལ་ཏུ་ཕྱིན་
པ་ནི་རླུང་གི་ཁམས་ཡོངས་སུ་མི་འཛིན་མི་གཏོང་ངོ་། །[༧]ཤེས་རབ་ཀྱི་ཕ་རོལ་ཏུ་
ཕྱིན་པ་ནི་ནམ་མཁའི་ཁམས་ཡོངས་སུ་མི་འཛིན་མི་གཏོང་ངོ་། །[༨]ཤེས་རབ་ཀྱི་ཕ་
རོལ་ཏུ་ཕྱིན་པ་ནི་རྣམ་པར་ཤེས་པའི་ཁམས་ཡོངས་སུ་མི་འཛིན་མི་གཏོང་ངོ་། །[༩]
ཤེས་རབ་ཀྱི་ཕ་རོལ་ཏུ་ཕྱིན་པ་ནི་མ་རིག་པ་ཡོངས་སུ་མི་འཛིན་མི་གཏོང་ངོ་། །[༡༠]
ཤེས་རབ་ཀྱི་ཕ་རོལ་ཏུ་ཕྱིན་པ་ནི་འདུ་བྱེད་ཡོངས་སུ་མི་འཛིན་མི་གཏོང་ངོ་། །[༡༡]
ཿཤེས་རབ་ཀྱི་ཕ་རོལ་ཏུ་ཕྱིན་པ་ནི་རྣམ་པར་ཤེས་པ་ཡོངས་སུ་མི་འཛིན་མི་གཏོང····
ངོ་། །[༡༢][༡༣]ཤེས་རབ་ཀྱི་ཕ་རོལ་ཏུ་ཕྱིན་པ་ནི་མིང་དང་གཟུགས་ཡོངས་སུ་མི་འཛིན་
མི་གཏོང་ངོ་། །[༡༤]ཤེས་རབ་ཀྱི་ཕ་རོལ་ཏུ་ཕྱིན་པ་ནི་སྐྱེ་མཆེད་དྲུག་ཡོངས་སུ་མི····
འཛིན་མི་གཏོང་ངོ་། །[༡༥]ཤེས་རབ་ཀྱི་ཕ་རོལ་ཏུ་ཕྱིན་པ་ནི་རེག་པ་ཡོངས་སུ་མི····
འཛིན་མི་གཏོང་ངོ་། །[༡༦]ཤེས་རབ་ཀྱི་ཕ་རོལ་ཏུ་ཕྱིན་པ་ནི་ཚོར་བ་ཡོངས་སུ་མི····
འཛིན་མི་གཏོང་ངོ་། །[༡༧]ཤེས་རབ་ཀྱི་ཕ་རོལ་ཏུ་ཕྱིན་པ་ནི་སྲེད་པ་ཡོངས་སུ་མི····
འཛིན་མི་གཏོང་ངོ་། །[༡༨]ཤེས་རབ་ཀྱི་ཕ་རོལ་ཏུ་ཕྱིན་པ་ནི་ལེན་པ་ཡོངས་སུ་མི····
འཛིན་མི་གཏོང་ངོ་། །[༡༩]ཤེས་རབ་ཀྱི་ཕ་རོལ་ཏུ་ཕྱིན་པ་ནི་སྲིད་པ་ཡོངས་སུ་མི····
འཛིན་མི་གཏོང་ངོ་། །[༢༠]ཤེས་རབ་ཀྱི་ཕ་རོལ་ཏུ་ཕྱིན་པ་ནི་སྐྱེ་བ་ཡོངས་སུ་མི····

འཛིན་མི་གཏོང་ངོ་། །[༡]ཤེས་རབ་ཀྱི་ཕ་རོལ་ཏུ་ཕྱིན་པ་ནི་ཀ་ཤི་ཡོངས་སུ་མི་འཛིན་མི་གཏོང་ངོ་། །[༢]ཤེས་རབ་ཀྱི་ཕ་རོལ་ཏུ་ཕྱིན་པ་ནི་སྦྱིན་པའི་ཕ་རོལ་ཏུ་ཕྱིན་པ་[༣]ཡོངས་སུ་མི་འཛིན་མི་གཏོང་ངོ་། །[༤]ཤེས་རབ་ཀྱི་ཕ་རོལ་ཏུ་ཕྱིན་པ་ནི་ཚུལ་ཁྲིམས་ཀྱི་ཕ་རོལ་ཏུ་ཕྱིན་པ་ཡོངས་སུ་མི་འཛིན་མི་གཏོང་ངོ་། །[༥]ཤེས་རབ་ཀྱི་ཕ་རོལ་ཏུ་ཕྱིན་པ་ནི་བཟོད་པའི་ཕ་རོལ་ཏུ་ཕྱིན་པ་ཡོངས་སུ་མི་འཛིན་མི་གཏོང་ངོ་། །[༦]ཤེས་རབ་ཀྱི་ཕ་རོལ་ཏུ་ཕྱིན་པ་ནི་བརྩོན་འགྲུས་ཀྱི་ཕ་རོལ་ཏུ་ཕྱིན་པ་ཡོངས་སུ་མི་འཛིན་མི་གཏོང་ངོ་། །[༧]ཤེས་རབ་ཀྱི་ཕ་རོལ་ཏུ་ཕྱིན་པ་ནི་བསམ་གཏན་གྱི་ཕ་རོལ་ཏུ་ཕྱིན་པ་ཡོངས་སུ་མི་འཛིན་མི་གཏོང་ངོ་། །[༨]ཤེས་རབ་ཀྱི་ཕ་རོལ་ཏུ་ཕྱིན་པ་ནི་ཤེས་རབ་ཀྱི་ཕ་རོལ་ཏུ་ཕྱིན་པ་ཡོངས་སུ་མི་འཛིན་མི་གཏོང་ངོ་། །[༩]ཤེས་རབ་ཀྱི་ཕ་རོལ་ཏུ་ཕྱིན་པ་ནི་ནང་སྟོང་པ་ཉིད་ཡོངས་སུ་མི་འཛིན་མི་གཏོང་ངོ་། །[༡༠]ཤེས་རབ་ཀྱི་ཕ་རོལ་ཏུ་ཕྱིན་པ་ནི་ཕྱི་སྟོང་པ་ཉིད་ཡོངས་སུ་མི་འཛིན་མི་གཏོང་[༡༡]ངོ་། །[༡༢]ཤེས་རབ་ཀྱི་ཕ་རོལ་ཏུ་ཕྱིན་པ་ནི་ཕྱི་ནང་སྟོང་པ་ཉིད་ཡོངས་སུ་མི་འཛིན་མི་གཏོང་ངོ་། །[༡༣]ཤེས་རབ་ཀྱི་ཕ་རོལ་ཏུ་ཕྱིན་པ་ནི་སྟོང་པ་ཉིད་སྟོང་པ་ཉིད་ཡོངས་སུ་མི་འཛིན་མི་གཏོང་ངོ་། །[༡༤]ཤེས་རབ་ཀྱི་ཕ་རོལ་ཏུ་ཕྱིན་པ་ནི་ཆེན་པོ་སྟོང་པ་ཉིད་ཡོངས་སུ་མི་འཛིན་མི་གཏོང་ངོ་། །[༡༥]ཤེས་རབ་ཀྱི་ཕ་རོལ་ཏུ་ཕྱིན་པ་ནི་[༡༦]དོན་དམ་པ་སྟོང་པ་ཉིད་ཡོངས་སུ་མི་འཛིན་མི་གཏོང་ངོ་། །[༡༧]ཤེས་རབ་ཀྱི་ཕ་རོལ་ཏུ་ཕྱིན་པ་ནི་འདུས་[༡༨]བྱས་སྟོང་པ་ཉིད་ཡོངས་སུ་མི་འཛིན་མི་གཏོང་ངོ་། །[༡༩]ཤེས་རབ་ཀྱི་ཕ་རོལ་ཏུ་ཕྱིན་པ་ནི་འདུས་མ་བྱས་སྟོང་པ་ཉིད་ཡོངས་སུ་མི་འཛིན་མི་གཏོང་ངོ་། །[༢༠]ཤེས་རབ་ཀྱི་ཕ་རོལ་ཏུ་ཕྱིན་པ་ནི་མཐའ་ལས་འདས་པ་སྟོང་པ་ཉིད་ཡོངས་སུ་མི་འཛིན་མི་གཏོང་ངོ་། །[༢༡]ཤེས་རབ་ཀྱི་ཕ་རོལ་ཏུ་ཕྱིན་པ་ནི་ཐོག་མ་དང་ཐ་མ་མེད་པ་སྟོང་པ་ཉིད་ཡོངས་སུ་མི་འཛིན་མི་གཏོང་ངོ་། །[༢༢]ཤེས་རབ་

ཀྱི་ཕ་རོལ་ཏུ་ཕྱིན་པ་ནི་དོར་བ་མེད་པ་སྟོང་པ་ཉིད་ཡོངས་སུ་མྱི་འཛིན་མྱི་གཏོང······
ངོ་༑ །(༡)ཤེས་རབ་ཀྱི་ཕ་རོལ་ཏུ་ཕྱིན་པ་ནི་རང་བཞིན་སྟོང་པ་ཉིད་ཡོངས་སུ་མྱི་
འཛིན་མྱི་གཏོང་ངོ་། །(༢)ཤེས་རབ་ཀྱི་ཕ་རོལ་ཏུ་ཕྱིན་པ་ནི་ཆོས་ཐམས་ཅད་སྟོང་
པ་ཉིད་ཡོངས་སུ་མྱི་འཛིན་མྱི་གཏོང་ངོ་། །(༣)ཤེས་རབ་ཀྱི་ཕ་རོལ་ཏུ་ཕྱིན་པ་ནི་
རང་གི་མཚན་ཉིད་སྟོང་པ་ཉིད་ཡོངས་སུ་མྱི་འཛིན་མྱི་གཏོང་ངོ་། །(༤)ཤེས་རབ་ཀྱི་
ཕ་རོལ་ཏུ་ཕྱིན་པ་ནི་མྱི་དམྱིགས་པ་སྟོང་པ་ཉིད་ཡོངས་སུ་མྱི་འཛིན་མྱི་གཏོང་ངོ་། །(༥)
ཤེས་རབ་ཀྱི་ཕ་རོལ་ཏུ་ཕྱིན་པ་ནི་དངོས་པོ་མེད་པ་སྟོང་པ་ཉིད་ཡོངས་སུ་མྱི······
འཛིན་མྱི་གཏོང་ངོ་། །(༦)ཤེས་རབ་ཀྱི་ཕ་རོལ་ཏུ་ཕྱིན་པ་ནི་ངོ་བོ་ཉིད་སྟོང་པ་ཉིད་
ཡོངས་སུ་མྱི་འཛིན་མྱི་གཏོང་ངོ་། །(༧)ཤེས་རབ་ཀྱི་ཕ་རོལ་ཏུ་ཕྱིན་པ་ནི་དངོས་པོ་
མེད་པའི་ངོ་བོ་ཉིད་སྟོང་པ་ཉིད་ཡོངས་སུ་མི་འཛིན་མྱི་གཏོང་ངོ་། །(༨)ཤེས་རབ་
ཀྱི་ཕ་རོལ་ཏུ་ཕྱིན་པ་ནི་དྲན་པ་ཉེ་བར་གཞག་པ་བཞི་ཡོངས་སུ་མྱི་འཛིན་མྱི་གཏོང··
ངོ་༑ །(༩)ཤེས་རབ་ཀྱི་ཕ་རོལ་ཏུ་ཕྱིན་པ་ནི་ཡང་དག་པར་སྤོང་བ་བཞི་ཡོངས་སུ་མི་
འཛིན་མྱི་གཏོང་ངོ་། །(༡༠)ཤེས་རབ་ཀྱི་ཕ་རོལ་ཏུ་ཕྱིན་པ་ནི་རྫུ་འཕྲུལ་གྱི་རྐང་པ་
བཞི་ཡོངས་སུ་མི་འཛིན་མྱི་གཏོང་ངོ་། །(༡༡)ཤེས་རབ་ཀྱི་ཕ་རོལ་ཏུ་ཕྱིན་པ་ནི····
དབང་པོ་ལྔ་ཡོངས་སུ་མྱི་འཛིན་མྱི་གཏོང་ངོ་། །(༡༢)ཤེས་རབ་ཀྱི་ཕ་རོལ་ཏུ་ཕྱིན་པ་
ནི་སྟོབས་ལྔ་ཡོངས་སུ་མྱི་འཛིན་མྱི་གཏོང་ངོ་། །(༡༣)ཤེས་རབ་ཀྱི་ཕ་རོལ་ཏུ་ཕྱིན་པ་
ནི་བྱང་ཆུབ་ཀྱི་ཡན་ལག་བདུན་ཡོངས་སུ་མི་འཛིན་མྱི་གཏོང་ངོ་། །(༡༤)ཤེས་རབ་ཀྱི་
ཕ་རོལ་ཏུ་ཕྱིན་པ་ནི་འཕགས་པའི་ལམ་ཡན་ལག་བརྒྱད་པ་ཡོངས་སུ་མི་འཛིན་མི····
གཏོང་ངོ་། །(༡༥)ཤེས་རབ་ཀྱི་ཕ་རོལ་ཏུ་ཕྱིན་པ་ནི་འཕགས་པའི་བདེན་པ་བཞི····
ཡོངས་སུ་མི་འཛིན་མི་གཏོང་ངོ་། །(༡༦)ཤེས་རབ་ཀྱི་ཕ་རོལ་ཏུ་ཕྱིན་པ་ནི་བསམ····
གཏན་བཞི་ཡོངས་སུ་མི་འཛིན་མྱི་གཏོང་ངོ་། །(༡༧)ཤེས་རབ་ཀྱི་ཕ་རོལ་ཏུ་ཕྱིན་པ་

ནི་ཚད་མེད་པ་བཞི་ཡོངས་སུ་མི་འཛིན་མི་གཏོང་ངོ་། །(༡)ཤེས་རབ་ཀྱི་ཕ་རོལ་ཏུ་ཕྱིན་པ་ནི་གཟུགས་མེད་པའི་སྙོམས་པར་འཇུག་པ་བཞི་ཡོངས་སུ་མི་འཛིན་མི་གཏོང་ངོ་། །(༢)ཤེས་རབ་ཀྱི་ཕ་རོལ་ཏུ་ཕྱིན་པ་ནི་རྣམ་པར་ཐར་པ་བརྒྱད་ཡོངས་སུ་མི་འཛིན་མི་གཏོང་ངོ་། །(༣)ཤེས་རབ་ཀྱི་ཕ་རོལ་ཏུ་ཕྱིན་པ་ནི་མཐར་གྱིས་གནས་པའི་སྙོམས་པར་འཇུག་པ་དགུ་ཡོངས་སུ་མི་འཛིན་མི་གཏོང་ངོ་། །(༤)ཤེས་རབ་ཀྱི་ཕ་རོལ་ཏུ་ཕྱིན་པ་ནི་རྣམ་པར་ཐར་པའི་སྒོ་སྟོང་པ་ཉིད་དང་། མཚན་མ་མེད་པ་དང་། སྨོན་པ་མེད་པ་ཡོངས་སུ་མི་འཛིན་མི་གཏོང་ངོ་། །(༥)ཤེས་རབ་ཀྱི་ཕ་རོལ་ཏུ་ཕྱིན་པ་ནི་མངོན་པར་ཤེས་པ་རྣམས་ཡོངས་སུ་མི་འཛིན་མི་གཏོང་ངོ་། །(༦)ཤེས་རབ་ཀྱི་ཕ་རོལ་ཏུ་ཕྱིན་པ་ནི་ཏིང་ངེ་འཛིན་རྣམས་ཡོངས་སུ་མི་འཛིན་མི་གཏོང་ངོ་། །(༧)ཤེས་རབ་ཀྱི་ཕ་རོལ་ཏུ་ཕྱིན་པ་ནི་གཟུངས་ཀྱི་སྒོ་རྣམས་ཡོངས་སུ་མི་འཛིན་མི་གཏོང་ངོ་། །(༨)ཤེས་རབ་ཀྱི་ཕ་རོལ་ཏུ་ཕྱིན་པ་ནི་དེ་བཞིན་གཤེགས་པའི་སྟོབས་བཅུ་ཡོངས་སུ་མི་འཛིན་མི་གཏོང་ངོ་། །(༩)ཤེས་རབ་ཀྱི་ཕ་རོལ་ཏུ་ཕྱིན་པ་ནི་མི་འཇིགས་པ་བཞི་ཡོངས་སུ་མི་འཛིན་མི་གཏོང་ངོ་། །(༡༠)ཤེས་རབ་ཀྱི་ཕ་རོལ་ཏུ་ཕྱིན་པ་ནི་སོ་སོ་ཡང་དག་པར་རིག་པ་བཞི་ཡོངས་སུ་མི་འཛིན་མི་གཏོང་ངོ་། །(༡༡)ཤེས་རབ་ཀྱི་ཕ་རོལ་ཏུ་ཕྱིན་པ་ནི་སྙིང་རྗེ་ཆེན་པོ་ཡོངས་སུ་མི་འཛིན་མི་གཏོང་ངོ་། །(༡༢)ཤེས་རབ་ཀྱི་ཕ་རོལ་ཏུ་ཕྱིན་པ་ནི་སངས་རྒྱས་ཀྱི་ཆོས་མ་འདྲེས་པ་བཅོ་བརྒྱད་ཡོངས་སུ་མི་འཛིན་མི་གཏོང་ངོ་། །(༡༣)ཤེས་རབ་ཀྱི་ཕ་རོལ་ཏུ་ཕྱིན་པ་ནི་རྒྱུན་ཏུ་ཞུགས་པའི་འབྲས་བུ་ཡོངས་སུ་མི་འཛིན་མི་གཏོང་ངོ་། །(༡༤)ཤེས་རབ་ཀྱི་ཕ་རོལ་ཏུ་ཕྱིན་པ་ནི་ལན་ཅིག་ཕྱིར་འོང་བའི་འབྲས་བུ་ཡོངས་སུ་མི་འཛིན་མི་གཏོང་ངོ་། །(༡༥)ཤེས་རབ་ཀྱི་ཕ་རོལ་ཏུ་ཕྱིན་པ་ནི་ཕྱིར་མི་འོང་བའི་འབྲས་བུ་ཡོངས་སུ་མི་འཛིན་མི་གཏོང་ངོ་། །(༡༦)ཤེས་རབ་ཀྱི་ཕ་རོལ་ཏུ་ཕྱིན་པ་ནི་དགྲ

བཅོམ་པ་ཉིད་ཡོངས་སུ་མྱི་འཛིན་མྱི་གཏོང་ངོ་། །[1]ཤེས་རབ་ཀྱི་ཕ་རོལ་ཏུ་ཕྱིན་པ་ནི་རང་བྱུང་ཆུབ་ཡོངས་སུ་མི་འཛིན་མྱི་གཏོང་ངོ་། །རབ་འབྱོར་ཤེས་རབ་ཀྱི་ཕ་རོལ་ཏུ་ཕྱིན་པ་ནི་བླ་ན་མེད་པ་ཡང་དག་པར་རྫོགས་པའི་བྱང་ཆུབ་ཡོངས་སུ་མྱི་འཛིན་མྱི་གཏོང་ངོ་། །གསོལ་པ། བཅོམ་ལྡན་འདས་ཇི་ལྟར་ན་གཟུགས་ཡོངས་སུ་མ་བཟུང་མ་བཏང་བ་ལགས། ཇི་ལྟར་ན་ཚོར་བ་ཡོངས་སུ་མ་བཟུང་མ་བཏང་བ་ལགས། ཇི་ལྟར་ན་འདུ་ཤེས་ཡོངས་སུ་མ་བཟུང་མ་བཏང་བ་ལགས། ཇི་ལྟར་ན་འདུ་བྱེད་ཡོངས་སུ་མ་བཟུང་མ་བཏང་བ་ལགས། ཇི་ལྟར་ན་རྣམ་པར་ཤེས་པ་ཡོངས་སུ་མ་བཟུང་མ་བཏང་བ་ལགས། ཇི་ལྟར་ན་མྱིག་ཡོངས་སུ་མ་བཟུང་མ་བཏང་བ་ལགས། ཇི་ལྟར་ན་རྣ་བ་ཡོངས་སུ་མ་བཟུང་མ་བཏང་བ་ལགས༏ ཇི་ལྟར་ན་སྣ་ཡོངས་སུ་མ་བཟུང་མ་བཏང་བ་ལགས། ཇི་ལྟར་ན་ལྕེ་ཡོངས་སུ་མ་བཟུང་མ་བཏང་བ་ལགས། ཇི་ལྟར་ན་ལུས་ཡོངས་སུ་མ་བཟུང་མ་བཏང་བ་ལགས། ཇི་ལྟར་ན་ཡིད་ཡོངས་སུ་མ་བཟུང་མ་བཏང་བ་ལགས། ཇི་ལྟར་ན་གཟུགས་ཡོངས་སུ་མ་བཟུང་མ་བཏང་བ་ལགས། ཇི་ལྟར་ན་སྒྲ་ཡོངས་སུ་མ་བཟུང་མ་བཏང་བ་ལགས། ཇི་ལྟར་ན་དྲི་ཡོངས་སུ་མ་བཟུང་མ་བཏང་བ་ལགས༏ ཇི་ལྟར་ན་རོ་ཡོངས་སུ་མ་བཟུང་མ་བཏང་བ་ལགས། ཇི་ལྟར་ན་རེག་ཡོངས་སུ་མ་བཟུང་མ་བཏང་བ་ལགས། ཇི་ལྟར་ན་ཆོས་ཡོངས་སུ་མ་བཟུང་མ་བཏང་བ་ལགས། ཇི་ལྟར་ན་མྱིག་གི་རྣམ་པར་ཤེས་པ་ཡོངས་སུ་མ་བཟུང་མ་བཏང་བ་ལགས། ཇི་ལྟར་ན་རྣ་བའི་རྣམ་པར་ཤེས་པ་ཡོངས་སུ་མ་བཟུང་མ་བཏང་བ་ལགས། ཇི་ལྟར་ན་སྣའི་རྣམ་པར་ཤེས་པ་ཡོངས་སུ་མ་བཟུང་མ་བཏང་བ་ལགས། ཇི་ལྟར་ན་ལྕེའི་རྣམ་པར་ཤེས་པ་ཡོངས་སུ་མ་བཟུང་མ་བཏང་བ་ལགས། ཇི་ལྟར་ན་ལུས་ཀྱི་རྣམ་པར་ཤེས་པ་ཡོངས་སུ་མ་བཟུང་མ་བཏང་བ་

ལགས། དེ་ལྟར་ན་ཡིད་ཀྱི་རྣམ་པར་ཤེས་པ་ཡོངས་སུ་མ་བཟུང་མ་བཏང་བ······ལགས། དེ་ལྟར་ན་མིག་གི་འདུས་ཏེ་རེག་པ་ཡོངས་སུ་མ་བཟུང་མ་བཏང་བ····ལགས། དེ་ལྟར་ན་རྣ་བའི་འདུས་ཏེ་རེག་པ་ཡོངས་སུ་མ་བཟུང་མ་བཏང་བ····ལགས། དེ་ལྟར་ན་སྣའི་འདུས་ཏེ་རེག་པ་ཡོངས་སུ་མ་བཟུང་མ་བཏང་བ་ལགས། དེ་ལྟར་ན་ལྕེའི་འདུས་ཏེ་རེག་པ་ཡོངས་སུ་མ་བཟུང་མ་བཏང་བ་ལགས། དེ་ལྟར་ན་ལུས་ཀྱི་འདུས་ཏེ་རེག་པ་ཡོངས་སུ་མ་བཟུང་མ་བཏང་བ་ལགས། དེ་ལྟར་ན་ཡིད་ཀྱི་འདུས་ཏེ་རེག་པ་ཡོངས་སུ་མ་བཟུང་མ་བཏང་བ་ལགས། དེ་ལྟར་ན་མིག་གི་འདུས་ཏེ་རེག་པའི་རྐྱེན་གྱིས་ཚོར་བ་ཡོངས་སུ་མ་བཟུང་མ་བཏང་བ་ལགས། དེ་ལྟར་ན་རྣ་བའི་འདུས་ཏེ་རེག་པའི་རྐྱེན་གྱིས་ཚོར་བ་ཡོངས་སུ་མ་བཟུང་མ······བཏང་བ་ལགས། དེ་ལྟར་ན་སྣའི་འདུས་ཏེ་རེག་པའི་རྐྱེན་གྱིས་ཚོར་བ་ཡོངས་སུ་མ་བཟུང་མ་བཏང་བ་ལགས། དེ་ལྟར་ན་ལྕེའི་འདུས་ཏེ་རེག་པའི་རྐྱེན་གྱིས་ཚོར་བ་ཡོངས་སུ་མ་བཟུང་མ་བཏང་བ་ལགས། དེ་ལྟར་ན་ལུས་ཀྱི་འདུས་ཏེ་རེག་པའི་རྐྱེན་གྱིས་[7]ཚོར་བ་ཡོངས་སུ་མ་བཟུང་མ་བཏང་བ་ལགས། དེ་ལྟར་ན་ཡིད་ཀྱི····འདུས་ཏེ་རེག་པའི་རྐྱེན་གྱིས་ཚོར་བ་ཡོངས་སུ་མ་བཟུང་མ་བཏང་བ་ལགས། དེ་ལྟར་ན་སའི་ཁམས་ཡོངས་སུ་མ་བཟུང་མ་བཏང་བ་ལགས། དེ་ལྟར་ན་ཆུའི····ཁམས་ཡོངས་སུ་མ་བཟུང་མ་བཏང་བ་ལགས། དེ་ལྟར་ན་མེའི་ཁམས་ཡོངས་སུ་མ་བཟུང་མ་བཏང་བ་ལགས། དེ་ལྟར་ན་རླུང་གི་ཁམས་ཡོངས་སུ་མ་བཟུང་མ་བཏང་བ་ལགས། དེ་ལྟར་ན་ནམ་མཁའི་ཁམས་ཡོངས་སུ་མ་བཟུང་མ་བཏང་བ་ལགས། དེ་ལྟར་ན་རྣམ་པར་ཤེས་པའི་ཁམས་ཡོངས་སུ་མ་བཟུང་མ་བཏང་བ་ལགས། དེ་ལྟར་ན་མ་རིག་པ་ཡོངས་སུ་མ་བཟུང་མ་བཏང་བ་ལགས། དེ་ལྟར་ན་འདུ་བྱེད་ཡོངས་སུ་མ་བཟུང་མ་བཏང་བ་ལགས། དེ་ལྟར་ན་རྣམ་པར་ཤེས་པ་

ཡོངས་སུ་མ་བཟུང་མ་བཏང་བ་ལགས། ཇི་ལྟར་ན་མིང་དང་གཟུགས་ཡོངས་སུ་
མ་བཟུང་མ་བཏང་བ་ལགས། ཇི་ལྟར་ན་སྐྱེ་མཆེད་དྲུག་ཡོངས་སུ་མ་བཟུང་མ····
བཏང་བ་ལགས། ཇི་ལྟར་ན་རེག་པ་ཡོངས་སུ་མ་བཟུང་མ་བཏང་བ་ལགས།
ཇི་ལྟར་ན་ཚོར་བ་ཡོངས་སུ་མ་བཟུང་[༧]མ་བཏང་བ་ལགས། ཇི་ལྟར་ན་སྲེད་པ་
ཡོངས་སུ་མ་བཟུང་མ་བཏང་བ་ལགས། ཇི་ལྟར་ན་ལེན་པ་ཡོངས་སུ་མ་བཟུང···
མ་བཏང་བ་ལགས། ཇི་ལྟར་ན་སྲིད་པ་ཡོངས་སུ་མ་བཟུང་མ་བཏང་བ་ལགས།
ཇི་ལྟར་ན་སྐྱེ་བ་ཡོངས་སུ་མ་བཟུང་མ་བཏང་བ་ལགས། ཇི་ལྟར་ན་རྒ་ཤི་ཡོངས་
སུ་མ་བཟུང་མ་བཏང་བ་ལགས། ཇི་ལྟར་ན་སྦྱིན་པའི་ཕ་རོལ་ཏུ་ཕྱིན་པ་ཡོངས་སུ་
མ་བཟུང་མ་བཏང་བ་ལགས། ཇི་ལྟར་ན་ཚུལ་ཁྲིམས་ཀྱི་ཕ་རོལ་ཏུ་ཕྱིན་པ་ཡོངས་
སུ་མ་བཟུང་མ་བཏང་བ་ལགས། ཇི་ལྟར་ན་བཟོད་པའི་ཕ་རོལ་ཏུ་ཕྱིན་པ་ཡོངས་
སུ་མ་བཟུང་མ་བཏང་བ་ལགས། ཇི་ལྟར་ན་བརྩོན་འགྲུས་ཀྱི་ཕ་རོལ་ཏུ་ཕྱིན་པ་
ཡོངས་སུ་མ་བཟུང་མ་བཏང་བ་ལགས། ཇི་ལྟར་ན་བསམ་གཏན་གྱི་ཕ་རོལ་ཏུ་
ཕྱིན་པ་ཡོངས་སུ་མ་བཟུང་མ་བཏང་བ་ལགས། ཇི་ལྟར[༣]ན་ཤེས་རབ་ཀྱི་ཕ་རོལ་
ཏུ་ཕྱིན་པ་ཡོངས་སུ་མ་བཟུང་མ་བཏང་བ་ལགས། ཇི་ལྟར་ན་ནང་སྟོང་པ་ཉིད···
ཡོངས་སུ་མ་བཟུང་མ་བཏང་བ་ལགས། ཇི་ལྟར་ན་ཕྱི་སྟོང་པ་ཉིད་ཡོངས་སུ་མ་
བཟུང་མ་བཏང་བ་ལགས། ཇི་ལྟར་ན་ཕྱི་ནང་སྟོང་པ་ཉིད་ཡོངས་སུ་མ་བཟུང་མ་
བཏང་བ་ལགས། ཇི་ལྟར་ན་སྟོང་པ་ཉིད་སྟོང་པ་ཉིད་ཡོངས་སུ་མ་བཟུང་མ····
བཏང་བ་ལགས། ཇི་ལྟར་ན་ཆེན་པོ་སྟོང་པ་ཉིད་ཡོངས་སུ་མ་བཟུང་མ་བཏང་བ་
ལགས། ཇི་ལྟར་ན་དོན་དམ་པ་སྟོང་པ་ཉིད་ཡོངས་སུ་མ་བཟུང་མ་བཏང་བ·····
ལགས། ཇི་ལྟར་ན་འདུས[༤]བྱས་སྟོང་པ་ཉིད་ཡོངས་སུ་མ་བཟུང་མ་བཏང་བ····
ལགས། ཇི་ལྟར་ན་འདུས་མ་བྱས་སྟོང་པ་ཉིད་ཡོངས་སུ་མ་བཟུང་མ་བཏང་བ[༥]

ལགས། ཇི་ལྟར་ན་མཐའ་ལས་འདས་པ་སྟོང་པ་ཉིད་ཡོངས་སུ་མ་བཟུང་མ་བཏང་བ་ལགས། ཇི་ལྟར་ན་ཐོག་མ་དང་ཐ་མ་མེད་པ་སྟོང་པ་ཉིད་ཡོངས་སུ་མ་བཟུང་མ་བཏང་བ་ལགས། ཇི་ལྟར་ན་དོར་བ་མེད་པ་སྟོང་པ་ཉིད་ཡོངས་སུ་མ་བཟུང་མ་བཏང་བ་ལགས། ཇི་ལྟར་ན་རང་བཞིན་སྟོང་པ་ཉིད་ཡོངས་སུ་མ་བཟུང་མ་བཏང་བ་ལགས། ཇི་ལྟར་ན་ཆོས་ཐམས་ཅད་སྟོང་པ་ཉིད་ཡོངས་སུ་མ་བཟུང་མ་བཏང་བ་ལགས། ཇི་ལྟར་ན་རང་གི་མཚན་ཉིད་སྟོང་པ་ཉིད་ཡོངས་སུ་མ་བཟུང་མ་བཏང་བ་ལགས། ཇི་ལྟར་ན་མི་དམིགས་པ་སྟོང་པ་ཉིད་ཡོངས་སུ་མ་བཟུང་མ་བཏང་བ་ལགས། ཇི་ལྟར་ན་དངོས་པོ་མེད་པ་སྟོང་པ་ཉིད་ཡོངས་སུ་མ་བཟུང་མ་བཏང་བ་ལགས། ཇི་ལྟར་ན་ངོ་བོ་ཉིད་སྟོང་པ་ཉིད་ཡོངས་སུ་མ་བཟུང་མ་བཏང་བ་ལགས། ཇི་ལྟར་ན་དངོས་པོ་མེད་པའི་ངོ་བོ་ཉིད་སྟོང་པ་ཉིད་ཡོངས་སུ་མ་བཟུང་མ་བཏང་བ་ལགས། ཇི་ལྟར་ན་དྲན་པ་ཉེ་བར་གཞག་པ་བཞི་ཡོངས་སུ་མ་བཟུང་མ་བཏང་བ་[༡]ལགས། ཇི་ལྟར་ན་ཡང་དག་པར་སྤོང་བ་བཞི་ཡོངས་སུ་མ་བཟུང་མ་བཏང་བ་ལགས། ཇི་ལྟར་ན་རྫུ་འཕྲུལ་གྱི་རྐང་པ་བཞི་ཡོངས་སུ་མ་བཟུང་མ་བཏང་བ་ལགས། ཇི་ལྟར་ན་དབང་པོ་ལྔ་ཡོངས་སུ་མ་བཟུང་མ་བཏང་བ་ལགས། ཇི་ལྟར་ན་སྟོབས་ལྔ་ཡོངས་སུ་མ་བཟུང་མ་བཏང་བ་ལགས། ཇི་ལྟར་ན་བྱང་ཆུབ་ཀྱི་ཡན་ལག་བདུན་ཡོངས་སུ་མ་བཟུང་མ་བཏང་བ་ལགས། ཇི་ལྟར་ན་འཕགས་པའི་ལམ་ཡན་ལག་བརྒྱད་པ་ཡོངས་སུ་མ་བཟུང་མ་བཏང་བ་ལགས། ཇི་ལྟར་ན་འཕགས་པའི་བདེན་པ་བཞི་ཡོངས་སུ་མ་བཟུང་མ་བཏང་བ་ལགས། ཇི་ལྟར་ན་བསམ་གཏན་བཞི་ཡོངས་སུ་མ་བཟུང་མ་བཏང་བ་ལགས། ཇི་ལྟར་ན་ཚད་མེད་པ་བཞི་ཡོངས་སུ་མ་བཟུང་མ་བཏང་བ་ལགས། ཇི་ལྟར་ན་གཟུགས་མེད་པའི་སྙོམས་པར་འཇུག་པ་[༢]བཞི་ཡོངས་སུ་མ་བཟུང་མ་བཏང་བ····

ལགས། ཇི་ལྟར་ན་རྣམ་པར་ཐར་པ་བརྒྱད་ཡོངས་སུ་མ་བཟུང་མ་བཏང་བ་ལགས། ཇི་ལྟར་ན་མཐར་གྱིས་གནས་པའི་སྙོམས་པར་འཇུག་པ་དགུ་ཡོངས་སུ་མ་བཟུང་མ་བཏང་བ་ལགས། ཇི་ལྟར་ན་རྣམ་པར་ཐར་པའི་སྒོ་སྟོང་པ་ཉིད་དང་། མཚན་མ་མེད་པ་དང་། སྨོན་པ་མེད་པ་ཡོངས་སུ་མ་བཟུང་མ་བཏང་བ་ལགས། ཇི་ལྟར་ན་མངོན་པར་ཤེས་པ་རྣམས་ཡོངས་སུ་མ་བཟུང་མ་བཏང་བ་ལགས། ཇི་ལྟར་ན་ཏིང་ངེ་འཛིན་རྣམས་ཡོངས་སུ་མ་བཟུང་མ་བཏང་བ་ལགས། ཇི་ལྟར་ན་གཟུངས་ཀྱི་སྒོ་རྣམས་ཡོངས་སུ་མ་བཟུང་མ་བཏང་བ་ལགས། ཇི་ལྟར་ན་དེ་བཞིན་གཤེགས་པའི་སྟོབས་བཅུ་ཡོངས་སུ་མ་བཟུང་མ་བཏང་བ་ལགས། ཇི་ལྟར་ན་མི་འཇིགས་པ་བཞི་ཡོངས་སུ་མ་བཟུང་མ་བཏང་བ་ལགས། ཇི་ལྟར་ན་སོ་སོ་ཡང་དག་པར་རིག་པ་བཞི་ཡོངས་སུ་མ་བཟུང་མ་བཏང་བ་ལགས། [༧]ཇི་ལྟར་ན་སྙིང་རྗེ་ཆེན་པོ་ཡོངས་སུ་མ་བཟུང་མ་བཏང་བ་ལགས། ཇི་ལྟར་ན་སངས་རྒྱས་ཀྱི་ཆོས་མ་འདྲེས་པ་བཅོ་བརྒྱད་ཡོངས་སུ་མ་བཟུང་མ་བཏང་བ་ལགས། ཇི་ལྟར་ན་རྒྱུན་དུ་ཞུགས་པའི་འབྲས་བུ་ཡོངས་སུ་མ་བཟུང་མ་བཏང་བ་ལགས། ཇི་ལྟར་ན་ལན་ཅིག་ཕྱིར་འོང་བའི་འབྲས་བུ་ཡོངས་སུ་མ་བཟུང་མ་བཏང་བ་ལགས། ཇི་ལྟར་ན་ཕྱིར་མི་འོང་བའི་འབྲས་བུ་ཡོངས་སུ་མ་བཟུང་མ་བཏང་བ་ལགས། ཇི་ལྟར་ན་དགྲ་བཅོམ་པ་ཉིད་ཡོངས་སུ་མ་བཟུང་མ་བཏང་བ་ལགས། ཇི་ལྟར་ན་རང་བྱང་ཆུབ་ཡོངས་སུ་མ་བཟུང་མ་བཏང་བ་ལགས། ཇི་ལྟར་ན་ལམ་གྱི་རྣམ་པ་[༨]ཤེས་པ་ཉིད་ཡོངས་སུ་མཿབཟུང་མ་[༩]བཏང་བ་ལགས། ཇི་ལྟར་ན་རྣམ་པ་ཐམས་ཅད་མཁྱེན་པ་ཉིད་ཡོངས་སུ་མ་བཟུང་མ་བཏང་བ་ལགས། བཅོམ་ལྡན་འདས་ཀྱིས་བཀའ་སྩལ་པ། རབ་འབྱོར་གཟུགས་ཡིད་ལ་མི་བྱེད་པས། གཟུགས་ཡོངས་སུ་མ་བཟུང་མ་བཏང་བ་ཡིན་ནོ། །ཚོར་བ་ཡིད་ལ་མི་བྱེད་པས། ཚོར་བ་ཡོངས་

སུ་མ་བཟུང་མ་བཏང་བ་[༧]ཡིན་ནོ། །འདུ་ཤེས་ཡིད་ལ་མྱི་བྱེད་པས། འདུ་ཤེས་ཡོངས་སུ་མ་བཟུང་མ་བཏང་བ་ཡིན་ནོ། །འདུ་བྱེད་འདི་[༣]ལ་མི་བྱེད་པས། འདུ་བྱེད་ཡོངས་སུ་མ་བཟུང་མ་བཏང་བ་ཡིན་ནོ། །རྣམ་པར་ཤེས་པ་ཡིད་ལ་མི་བྱེད་པས། རྣམ་པར་ཤེས་པ་ཡོངས་སུ་མ་བཟུང་མ་བཏང་བ་ཡིན་ནོ། །མྱིག་ཡིད་ལ་མྱི་བྱེད་པས། མྱིག་ཡོངས་སུ་མ་བཟུང་མ་བཏང་བ་ཡིན་ནོ། །རྣ་བ་ཡིད་ལ་མྱི་བྱེད་པས། རྣ་བ་ཡོངས་སུ་མ་བཟུང་མ་བཏང་བ་ཡིན་ནོ། །སྣ་ཡིད་ལ་མྱི་བྱེད་པས། སྣ་ཡོངས་སུ་མ་བཟུང་མ་བཏང་བ་ཡིན་ནོ། །ལྕེ་ཡིད་ལ་མྱི་བྱེད་པས། ལྕེ་ཡོངས་སུ་མ་བཟུང་མ་བཏང་བ་ཡིན་ནོ། །ལུས་ཡིད་ལ་མི་བྱེད་པས། ལུས་ཡོངས་སུ་མ་བཟུང་མ་བཏང་བ་ཡིན་ནོ། །ཡིད་ཡིད་ལ་མྱི་བྱེད་པས། ཡིད་ཡོངས་སུ་མ་བཟུང་མ་བཏང་བ་ཡིན་ནོ། །གཟུགས་ཡིད་ལ་མྱི་བྱེད་པས། གཟུགས་ཡོངས་སུ་མ་བཟུང་མ་བཏང་བ་ཡིན་ནོ། །སྒྲ་ཡིད་ལ་མྱི་བྱེད་པས། སྒྲ་ཡོངས་སུ་མ་བཟུང་མ་བཏང་བ་ཡིན་ནོ། །དྲི་ཡིད་ལ་མྱི་བྱེད་པས། དྲི་ཡོངས་སུ་མ་བཟུང་མ་བཏང་བ་ཡིན་ནོ། །རོ་ཡིད་ལ་མྱི་བྱེད་པས། རོ་ཡོངས་སུ་མ་བཟུང་མ་བཏང་བ་ཡིན་ནོ། །རེག་ཡིད་ལ་མྱི་བྱེད་པས། རེག་ཡོངས་སུ་མ་བཟུང་མ་བཏང་བ་ཡིན་ནོ། །ཆོས་ཡིད་ལ་མི་བྱེད་པས། ཆོས་ཡོངས་སུ་མ་བཟུང་མ་བཏང་བ་ཡིན་ནོ། །མྱིག་གི་རྣམ་པར་ཤེས་པ་ཡིད་ལ་མི་བྱེད་པས། མྱིག་གི་རྣམ་པར་ཤེས་པ་ཡོངས་སུ་མ་བཟུང་མ་བཏང་བ་ཡིན་ནོ། །རྣ་བའི་རྣམ་པར་ཤེས་པ་ཡིད་ལ་མྱི་བྱེད་པས། རྣ་བའི་རྣམ་པར་ཤེས་པ་ཡོངས་སུ་མ་བཟུང་མ་བཏང་བ་ཡིན་ནོ། །སྣའི་རྣམ་པར་ཤེས་པ་ཡིད་ལ་མི་བྱེད་པས། སྣའི་རྣམ་པར་ཤེས་པ་ཡོངས་སུ་མ་བཟུང་མ་བཏང་བ་ཡིན་ནོ། །ལྕེའི་རྣམ་པར་ཤེས་པ་ཡིད་ལ་མི་བྱེད་པས། ལྕེའི་རྣམ་པར་ཤེས་པ་ཡོངས་སུ་མ་བཟུང་མ་བཏང་བ་ཡིན་ནོ། །ལུས་ཀྱི་

རྣམ་པར་ཤེས་པ་ཡིད་ལ་མི་བྱེད་པས། ལུས་ཀྱི་རྣམ་པར་ཤེས་པ་ཡོངས་སུ་མ····
བཟུང་མ་བཏང་བ་ཡིན་ནོ། །ཡིད་ཀྱི་རྣམ་པར་ཤེས་པ་ཡིད་ལ་མི་བྱེད་པས།
ཡིད་ཀྱི་རྣམ་པར་ཤེས་པ་ཡོངས་སུ་མ་[1]བཟུང་མ་བཏང་བ་ཡིན་ནོ། །མིག་གི····
འདུས་ཏེ་རེག་པ་ཡིད་ལ་མྱི་བྱེད་པས། མྱིག་གི་འདུས་ཏེ་རེག་པ་ཡོངས་སུ་མ·····
བཟུང་མ་བཏང་བ་ཡིན་ནོ། །རྣ་བའི་འདུས་ཏེ་རེག་པ་ཡིད་ལ་མི་བྱེད་པས། རྣ་
བའི་འདུས་ཏེ་རེག་པ་ཡོངས་སུ་མ་བཟུང་མ་བཏང་བ་ཡིན་ནོ། །སྣའི་འདུས་ཏེ་
རེག་པ་ཡིད་ལ་མི་བྱེད་པས། སྣའི་འདུས་ཏེ་རེག་པ་ཡོངས་སུ་མ་བཟུང་མ་བཏང་
བ་ཡིན་ནོ། །ལྗེའི་འདུས་ཏེ་རེག་པ་ཡིད་ལ་མི་བྱེད་པས། ལྗེའི་འདུས་ཏེ་རེག་པ་
ཡོངས་སུ་མ་བཟུང་མ་བཏང་བ་ཡིན་ནོ། །ལུས་ཀྱི་འདུས་ཏེ་རེག་པ་ཡིད་ལ་མྱི་
བྱེད་པས། ལུས་ཀྱི་འདུས་ཏེ་རེག་པ་ཡོངས་སུ་མ་བཟུང་མ་བཏང་བ་ཡིན་ནོ། །
ཡིད་ཀྱི་འདུས་ཏེ་རེག་པ་ཡིད་ལ་མི་བྱེད་པས། ཡིད་ཀྱི་འདུས་ཏེ་རེག་པ་ཡོངས་སུ་
མ་བཟུང་མ་བཏང་བ་ཡིན་ནོ། །མྱིག་གི་འདུས་ཏེ་རེག་པ་ལས་བྱུང་བའི་ཚོར་བ་
ཡིད་ལ་མི་བྱེད་པས། མྱིག་གི་འདུས་ཏེ་རེག་པ་ལས་བྱུང་བའི་ཚོར་བ་ཡོངས་སུ་མ་
བཟུང་མ་བཏང་བ་ཡིན་ནོ། །རྣ་བའི་འདུས་ཏེ་རེག་པ་ལས་བྱུང་བའི་ཚོར་བ་ཡིད་
ལ་མྱི་བྱེད་པས། རྣ་བའི་འདུས་ཏེ་རེག་པ་ལས་བྱུང་བའི་ཚོར་བ་ཡོངས་སུ་མ····
བཟུང་མ་བཏང་བ་ཡིན་ནོ། །སྣའི་འདུས་ཏེ་རེག་པ་ལས་བྱུང་བའི་ཚོར་བ་ཡིད་ལ་
མྱི་བྱེད་པས། སྣའི་འདུས་ཏེ་རེག་པ་ལས་བྱུང་བའི་ཚོར་བ་ཡོངས་སུ་མ་བཟུང་མ་
བཏང་བ་ཡིན་ནོ། །ལྗེའི་འདུས་ཏེ་རེག་པ་ལས་བྱུང་བའི་ཚོར་བ་ཡིད་ལ་མི་བྱེད་
པས། ལྗེའི་འདུས་ཏེ་རེག་པ་ལས་བྱུང་བའི་ཚོར་བ་ཡོངས་སུ་མ་བཟུང་མ་བཏང་
བ་ཡིན་ནོ། །ལུས་ཀྱི་འདུས་ཏེ་རེག་པ་ལས་བྱུང་བའི་ཚོར་བ་ཡིད་ལ་མྱི་བྱེད་པས།
ལུས་ཀྱི་འདུས་ཏེ་རེག་པ་ལས་བྱུང་བའི་ཚོར་བ་ཡོངས་སུ་མ་བཟུང་[2]མ་བཏང་བ·····

ཡིན་ནོ། །ཡིད་ཀྱི་འདུས་ཏེ་རེག་པ་ལས་བྱུང་བའི་ཚོར་བ་ཡིད་ལ་མྱི་བྱེད་པས། ཡིད་ཀྱི་འདུས་ཏེ་རེག་པ་ལས་བྱུང་བའི་ཚོར་བ་ཡོངས་སུ་མ་བཟུང་མ་བཏང་བ····· ཡིན་ནོ། །སའི་ཁམས་ཡིད་ལ་མི་བྱེད་པས། སའི་ཁམས་ཡོངས་སུ་མ་བཟུང་མ་བཏང་བ་ཡིན་ནོ། །ཆུའི་ཁམས་ཡིད་ལ་མྱི་བྱེད་པས། ཆུའི་ཁམས་ཡོངས་སུ་མ་བཟུང་མ་བཏང་བ་ཡིན་ནོ། །མྱེའི་ཁམས་ཡིད་ལ་མི་བྱེད་པས། མྱེའི་ཁམས་ཡོངས་སུ་མ་བཟུང་མ་བཏང་བ་ཡིན་ནོ། །རླུང་གི་ཁམས་ཡིད་ལ་མི་བྱེད་པས། རླུང་གི་ཁམས་ཡོངས་སུ་མ་བཟུང་མ་བཏང་བ་ཡིན་ནོ། །ནམ་མཁའི་ཁམས་ཡིད་ལ་མི་བྱེད་པས། ནམ་མཁའི་ཁམས་ཡོངས་སུ་མ་བཟུང་མ་བཏང་བ་ཡིན་ནོ། །རྣམ་པར་ཤེས་པའི་ཁམས་ཡིད་ལ་མྱི་བྱེད་པས། རྣམ་པར་ཤེས་པའི་ཁམས་ཡོངས་སུ་མ་བཟུང་མ་བཏང་བ་ཡིན་ནོ། །མ་རིག་པ་ཡིད་ལ་མྱི་བྱེད་པས། མ་རིག་པ་ཡོངས་སུ་མ་བཟུང་མ་བཏང་བ་ཡིན་ནོ། །འདུ་བྱེད་ཡིད་ལ་མི་བྱེད་པས། འདུ་བྱེད་ཡོངས་སུ་མ་བཟུང་མ་བཏང་བ་ཡིན་ནོ། །རྣམ་པར་ཤེས་པ་ཡིད་ལ་མྱི་བྱེད་པས། རྣམ་པར་ཤེས་པ་ཡོངས་སུ་མ་བཟུང་མ་བཏང་བ་ཡིན་ནོ། །མྱིང་དང་གཟུགས་ཡིད་ལ་མི་བྱེད་པས། མྱིང་དང་གཟུགས་ཡོངས་སུ་མ་བཟུང་མ་བཏང་བ་ཡིན་ནོ། །སྐྱེ་མཆེད་དྲུག་ཡིད་ལ་མྱི་བྱེད་པས། སྐྱེ་མཆེད་དྲུག་ཡོངས་སུ་མ་བཟུང་མ་བཏང་བ་ཡིན་ནོ། །རེག་པ་ཡིད་ལ་མི་བྱེད་པས། རེག་པ་ཡོངས་སུ་མ་བཟུང་མ་བཏང་བ་ཡིན་ནོ། །ཚོར་བ་ཡིད་ལ་མི་བྱེད་པས། ཚོར་བ་ཡོངས་སུ་མ་བཟུང་མ་བཏང་བ་ཡིན་ནོ། །སྲེད་པ་ཡིད་ལ་མྱི་བྱེད་པས། སྲེད་པ་ཡོངས་སུ་མ་བཟུང་མ་བཏང་བ་ཡིན་ནོ། །ལེན་པ་ཡིད་ལ་མྱི་བྱེད་པས། ལེན་པ་ཡོངས་སུ་མ་བཟུང་མ་བཏང་བ་ཡིན་ནོ། །སྲིད་པ་ཡིད་ལ་མྱི་བྱེད་པས། སྲིད་པ་ཡོངས་སུ་མ་བཟུང་མ་བཏང་བ་ཡིན་ནོ། །སྐྱེ་བ་ཡིད་ལ་མྱི་བྱེད་པས། སྐྱེ་བ་ཡོངས་སུ་མ་

བཟུང་མ་བཏང་བ་ཡིན་ནོ། །ཀ་ཤི་ཡིད་ལ་མྱི་བྱེད་པས། ཀ་ཤི་ཡོངས་སུ་མ་བཟུང་མ་བཏང་བ་ཡིན་ནོ། །སྦྱིན་པའི་ཕ་རོལ་ཏུ་ཕྱིན་པ་ཡིད་ལ་མྱི་བྱེད་པས། སྦྱིན་པའི་ཕ་རོལ་ཏུ་ཕྱིན་པ་ཡོངས་སུ་མ་བཟུང་མ་བཏང་བ་ཡིན་ནོ། །ཚུལ་ཁྲིམས་ཀྱི་ཕ་རོལ་ཏུ་ཕྱིན་པ་ཡིད་ལ་མྱི་བྱེད་པས། ཚུལ་ཁྲིམས་ཀྱི་ཕ་རོལ་ཏུ་ཕྱིན་པ་ཡོངས་སུ་མ་བཟུང་མ་བཏང་བ་ཡིན་ནོ། །བཟོད་པའི་ཕ་རོལ་ཏུ་ཕྱིན་པ་ཡིད་ལ་མི་བྱེད་པས། བཟོད་པའི་ཕ་རོལ་ཏུ་ཕྱིན་པ་ཡོངས་སུ་མ་བཟུང་མ་བཏང་བ་ཡིན་ནོ༏ །བརྩོན་འགྲུས་ཀྱི་ཕ་རོལ་ཏུ་ཕྱིན་པ་ཡིད་ལ་མྱི་བྱེད་པས། བརྩོན་འགྲུས་ཀྱི་ཕ་རོལ་ཏུ་ཕྱིན་པ་ཡོངས་སུ་མ་བཟུང་མ་བཏང་བ་ཡིན་ནོ། །བསམ་གཏན་གྱི་ཕ་རོལ་ཏུ་ཕྱིན་པ་ཡིད་ལ་མི་བྱེད་པས། བསམ་གཏན་གྱི་ཕ་རོལ་ཏུ་ཕྱིན་པ་ཡོངས་སུ་མ་བཟུང་མ་བཏང་བ་ཡིན་ནོ། །ཤེས་རབ་ཀྱི་ཕ་རོལ་ཏུ་ཕྱིན་པ་ཡིད་ལ་མི་བྱེད་པས༏ ཤེས་རབ་ཀྱི་ཕ་རོལ་ཏུ་ཕྱིན་པ་ཡོངས་སུ་མ་བཟུང་མ་བཏང་བ་ཡིན་ནོ། །ནང་སྟོང་པ་ཉིད་ཡིད་ལ་མི་བྱེད་པས། ནང་སྟོང་པ་ཉིད་ཡོངས་སུ་མ་བཟུང་མ་བཏང་བ་ཡིན་ནོ། །ཕྱི་སྟོང་པ་ཉིད་ཡིད་ལ་མྱི་བྱེད་པས། ཕྱི་སྟོང་པ་ཉིད་ཡོངས་སུ་མ་བཟུང་མ་བཏང་བ་ཡིན་ནོ། །ཕྱི་ནང་སྟོང་པ་ཉིད་ཡིད་ལ་མི་བྱེད་པས། ཕྱི་ནང་སྟོང་པ་ཉིད་ཡོངས་སུ་མ་བཟུང་མ་བཏང་བ་ཡིན་ནོ། །སྟོང་པ་ཉིད་སྟོང་པ་ཉིད་ཡིད་ལ་མྱི་བྱེད་པས། སྟོང་པ་ཉིད་སྟོང་པ་ཉིད་ཡོངས་སུ་མ་བཟུང་མ་བཏང་བ་ཡིན་ནོ། །ཆེན་པོ་སྟོང་པ་ཉིད་ཡིད་ལ་མི་བྱེད་པས། ཆེན་པོ་སྟོང་པ་ཉིད་ཡོངས་སུ་མ་བཟུང་མ་བཏང་བ་ཡིན་ནོ། །དོན་དམ་པ་སྟོང་པ་ཉིད་ཡིད་ལ་[1]མི་བྱེད་པས། དོན་དམ་པ་སྟོང་པ་ཉིད་ཡོངས་སུ་མ་བཟུང་མ་བཏང་བ་ཡིན་ནོ། །འདུས་བྱས་སྟོང་པ་ཉིད་ཡིད་ལ་མྱི་བྱེད་པས། འདུས་བྱས་སྟོང་པ་ཉིད་ཡོངས་སུ་མ་བཟུང་མ་བཏང་བ་ཡིན་ནོ། །འདུས་མ་བྱས་སྟོང་པ་ཉིད་ཡིད་ལ་མི་བྱེད་པས།

འདུས་མ་བྱས་སྟོང་པ་ཉིད་ཡོངས་སུ་མ་བཟུང་མ་བཏང་བ་ཡིན་ནོ། །མཐའ་ལས་འདས་པ་སྟོང་པ་ཉིད་ཡིད་ལ་མི་བྱེད་པས། མཐའ་ལས་འདས་པ་སྟོང་པ་ཉིད་ཡོངས་སུ་མ་བཟུང་མ་བཏང་བ་ཡིན་ནོ། །ཐོག་མ་དང་ཐ་མ་མེད་པ་སྟོང་པ་ཉིད་ཡིད་ལ་མི་བྱེད་པས། ཐོག་མ་དང་ཐ་མ་མེད་པ་སྟོང་པ་ཉིད་ཡོངས་སུ་མ་བཟུང་མ་བཏང་བ་ཡིན་ནོ། །དོར་བ་མེད་པ་སྟོང་པ་ཉིད་ཡིད་ལ་མི་བྱེད་པས། དོར་བ་མེད་པ་སྟོང་པ་ཉིད་ཡོངས་སུ་མ་བཟུང་མ་བཏང་བ་ཡིན་ནོ། །རང་བཞིན་སྟོང་པ་ཉིད་ཡིད་ལ་མི་བྱེད་པས། རང་བཞིན་སྟོང་པ་ཉིད་ཡོངས་སུ་མ་བཟུང་མ་···བཏང་བ་ཡིན་ནོ། །ཆོས་ཐམས་ཅད་སྟོང་པ་ཉིད་ཡིད་ལ་མི་བྱེད་པས། ཆོས་ཐམས་ཅད་སྟོང་པ་ཉིད་ཡོངས་སུ་མ་བཟུང་མ་བཏང་བ་ཡིན་ནོ། །རང་གི་མཚན་ཉིད་སྟོང་པ་ཉིད་ཡིད་ལ་མི་བྱེད་པས། རང་གི་མཚན་ཉིད་སྟོང་པ་ཉིད་ཡོངས་སུ་མ་བཟུང་མ་བཏང་བ་ཡིན་ནོ། །མི་དམིགས་པ་སྟོང་པ་ཉིད་ཡིད་ལ་མི་བྱེད་པས། མི་དམིགས་པ་སྟོང་པ་ཉིད་ཡོངས་སུ་མ་བཟུང་མ་བཏང་བ་ཡིན་ནོ། །དངོས་པོ་མེད་པ་སྟོང་པ་ཉིད་ཡིད་ལ་མི་བྱེད་པས། དངོས་པོ་མེད་པ་སྟོང་པ་ཉིད་ཡོངས་སུ་མ་བཟུང་མ་བཏང་བ་ཡིན་ནོ། །ངོ་བོ་ཉིད་སྟོང་པ་ཉིད་ཡིད་[7]ལ་མི་བྱེད་པས། ངོ་བོ་ཉིད་སྟོང་པ་ཉིད་ཡོངས་སུ་མ་བཟུང་མ་བཏང་བ་ཡིན་ནོ། །དངོས་པོ་མེད་པའི་ངོ་བོ་ཉིད་སྟོང་པ་ཉིད་ཡིད་ལ་མི་བྱེད་པས། དངོས་པོ་མེད་པའི་ངོ་བོ་ཉིད་སྟོང་པ་ཉིད་ཡོངས་སུ་མ་བཟུང་མ་བཏང་བ་ཡིན་ནོ། །དྲན་པ་ཉེ་བར་གཞག་པ་བཞི་ཡིད་ལ་མི་བྱེད་པས། དྲན་པ་ཉེ་བར་གཞག་པ་རྣམས་ཡོངས་སུ་མ་བཟུང་མ་བཏང་བ་ཡིན་ནོ། །ཡང་དག་པར་སྤོང་བ་བཞི་ཡིད་ལ་མི་བྱེད་པས། ཡང་དག་པར་སྤོང་བ་རྣམས་ཡོངས་སུ་མ་བཟུང་མ་བཏང་བ་ཡིན་ནོ། །རྫུ་འཕྲུལ་གྱི་རྐང་པ་བཞི་ཡིད་ལ་མི་བྱེད་པས། རྫུ་འཕྲུལ་གྱི་རྐང་པ་རྣམས་ཡོངས་སུ་མ་བཟུང་མ་···

བཏང་བ་(༧)ཡིན་ནོ། །དབང་པོ་ལྔ་ཡིད་ལ་མྱི་བྱེད་པས། དབང་པོ་རྣམས་ཡོངས་སུ་མ་བཟུང་མ་བཏང་བ་ཡིན་ནོ། །སྟོབས་ལྔ་ཡིད་ལ་མྱི་བྱེད་པས། སྟོབས་རྣམས་ཡོངས་སུ་མ་བཟུང་མ་བཏང་བ་ཡིན་ནོ། །བྱང་ཆུབ་ཀྱི་ཡན་ལག་བདུན་ཡིད་ལ་མྱི་བྱེད་པས། བྱང་ཆུབ་ཀྱི་ཡན་ལག་རྣམས་ཡོངས་སུ་མ་བཟུང་མ་བཏང་བ་ཡིན་ནོ། །འཕགས་པའི་ལམ་ཡན་ལག་བརྒྱད་པ་ཡིད་ལ་མི་བྱེད་པས། འཕགས་པའི་ལམ༔ཡན་ལག་བརྒྱད་པ་(༣)ཡོངས་སུ་མ་བཟུང་མ་བཏང་བ་ཡིན་ནོ། །འཕགས་པའི་བདེན་པ་བཞི་ཡིད་ལ་མྱི་བྱེད་པས། འཕགས་པའི་བདེན་པ་རྣམས་ཡོངས་སུ་མ་བཟུང་མ་བཏང་བ་ཡིན་ནོ། །བསམ་གཏན་བཞི་ཡིད་ལ་མི་བྱེད་པས། བསམ་གཏན་རྣམས་ཡོངས་སུ་མ་བཟུང་མ་བཏང་བ་ཡིན་ནོ། །ཚད་མེད་པ་བཞི་ཡིད་ལ་མྱི་བྱེད་པས། ཚད་མེད་པ་རྣམས་ཡོངས་སུ་མ་བཟུང་མ་བཏང་བ་ཡིན་ནོ།། གཟུགས་མེད་པའི་སྙོམས་པར་འཇུག་པ་བཞི་ཡིད་ལ་མྱི་བྱེད་པས། གཟུགས་མྱེད་པའི་སྙོམས་པར་འཇུག་པ་རྣམས་ཡོངས་སུ་མ་བཟུང་མ་བཏང་བ་ཡིན་ནོ། །རྣམ་པར་ཐར་པ་བརྒྱད་ཡིད་ལ་མྱི་བྱེད་པས། རྣམ་པར་ཐར་པ་རྣམས་ཡོངས་སུ་མ་བཟུང་མ་བཏང་བ་ཡིན་ནོ། །མཐར་ཀྱིས་གནས་པའི་སྙོམས་པར་འཇུག་པ་དགུ་ཡིད་ལ་མི་བྱེད་པས། མཐར་ཀྱིས་གནས་པའི་སྙོམས་པར་འཇུག་པ་(༤)རྣམས་…ཡོངས་སུ་མ་བཟུང་མ་བཏང་བ་ཡིན་ནོ། །རྣམ་པར་ཐར་པའི་སྒོ་སྟོང་པ་ཉིད་…དང་། མཚན་མ་མྱེད་པ་དང་། སྨོན་པ་མེད་པ་ཡིད་ལ་མྱི་བྱེད་པས། རྣམ་པར་ཐར་པའི་སྒོ༔སྟོང་པ་ཉིད་དང་། མཚན་མ་མེད་པ་དང་། སྨོན་པ་མེད་པ་(༨)(༥)ཡོངས་སུ་མ་བཟུང་མ་བཏང་བ་ཡིན་ནོ། །མངོན་པར་ཤེས་པ་རྣམས་ཡིད་ལ་མི་བྱེད་པས། མངོན་པར་ཤེས་པ་རྣམས་ཡོངས་སུ་མ་བཟུང་མ་བཏང་བ་ཡིན་ནོ། །ཏིང་ངེ་འཛིན་རྣམས་ཡིད་ལ་མྱི་བྱེད་པས། ཏིང་ངེ་འཛིན་རྣམས་ཡོངས་སུ་མ་

བཟུང་[༡]མ་བཏང་བ་ཡིན་ནོ། །གཟུངས་ཀྱི་སྒོ་རྣམས་ཡིད་ལ་མི་བྱེད་པས། གཟུངས་ཀྱི་སྒོ་རྣམས་ཡོངས་སུ་མ་བཟུང་མ་བཏང་བ་ཡིན་ནོ། །དེ་བཞིན་གཤེགས་པའི་སྟོབས་བཅུ[༢]ཡིད་ལ་མི་བྱེད་པས། དེ་བཞིན་གཤེགས་པའི་སྟོབས་རྣམས་ཡོངས་སུ་མ་བཟུང་མ་བཏང་བ་ཡིན་ནོ། །མི་འཇིགས་པ་བཞི་ཡིད་ལ་མི་བྱེད་པས། མི་འཇིགས་པ་[༣]རྣམས་ཡོངས་སུ་མ་བཟུང་མ་བཏང་བ་ཡིན་ནོ། །སོ་སོ་ཡང་དག་པར་རིག་པ་བཞི་ཡིད་ལ་མི་བྱེད་པས། སོ་སོ་ཡང་དག་པར་རིག་པ་རྣམས་ཡོངས་སུ་མ་བཟུང་མ་བཏང་བ་ཡིན་ནོ། །[༤]སྙིང་རྗེ་ཆེན་པོ་ཡིད་ལ་མི་བྱེད་པས། སྙིང་རྗེ་ཆེན་པོ་ཡོངས་སུ་མ་བཟུང་མ་བཏང་བ་ཡིན་ནོ། །སངས་རྒྱས་ཀྱི་ཆོས་མ་འདྲེས་པ་བཅོ་བརྒྱད་ཡིད་ལ་མི་བྱེད་པས། སངས་རྒྱས་ཀྱི་ཆོས་མ་འདྲེས་པ་རྣམས་ཡོངས་སུ་མ་བཟུང་མ་བཏང་བ་ཡིན་ནོ། །རྒྱུན་དུ་ཞུགས་པའི་འབྲས་བུ་ཡིད་ལ་མི་བྱེད་པས། རྒྱུན་དུ་ཞུགས་པའི་འབྲས་བུ་ཡོངས་སུ་མ་བཟུང་མ་བཏང་བ་ཡིན་ནོ། །ལན་ཅིག་ཕྱིར་འོང་བའི་འབྲས་བུ་ཡིད་ལ་མི་བྱེད་པས། ལན་ཅིག་ཕྱིར་འོང་བའི་འབྲས་བུ་ཡོངས་སུ་མ་བཟུང་མ་བཏང་བ་ཡིན་ནོ། །ཕྱིར་མི་འོང་བའི་འབྲས་བུ་ཡིད་ལ་མི་བྱེད་པས། ཕྱིར་མི་འོང་བའི་འབྲས་བུ་ཡོངས་སུ་མ་བཟུང་མ་བཏང་བ་ཡིན་ནོ། །དགྲ་བཅོམ་པ་ཉིད་ཡིད་ལ་མི་བྱེད་པས། དགྲ་བཅོམ་པ་ཉིད་ཡོངས་སུ་མ་བཟུང་མ་བཏང་བ་ཡིན་ནོ། །རང་བྱང་ཆུབ་ཡིད་ལ་མི་བྱེད་པས། རང་བྱང་ཆུབ༔ཡོངས་སུ[༥]མ་བཟུང་མ་བཏང་བ་ཡིན་ནོ། །ལམ་གྱི་རྣམ་པ[༦]ཤེས་པ་ཉིད་ཡིད་ལ་མི་བྱེད་པས། ལམ་གྱི་རྣམ་པ[༧]ཤེས་པ་ཉིད་ཡོངས་སུ་མ་བཟུང་མ་བཏང་བ་ཡིན་ནོ། །རྣམ་པ་ཐམས་ཅད་མཁྱེན་པ་ཉིད་ཡིད་ལ་མི་བྱེད་པས། རྣམ་པ་ཐམས་ཅད་མཁྱེན་པ་ཉིད་ཡོངས་སུ་མ་བཟུང་མ་བཏང་བ་ཡིན་ནོ། །རབ་འབྱོར་དེ་ལྟར་ན། གཟུགས་ཡོངས་སུ་མ་བཟུང་མ་བཏང་བ

ཡིན་ནོ། །ཚོར་བ་ཡོངས་སུ་མ་བཟུང་མ་བཏང་བ་ཡིན་ནོ། །འདུ་ཤེས་ཡོངས་སུ་མ་བཟུང་མ་བཏང་བ་ཡིན་ནོ། །འདུ་བྱེད་ཡོངས་སུ་མ་བཟུང་མ་བཏང་བ་ཡིན་ནོ། །རྣམ་པར་ཤེས་པ་ཡོངས་སུ་མ་བཟུང་མ་བཏང་བ་ཡིན་ནོ། །མིག་ཡོངས་སུ་མ་བཟུང་མ་བཏང་བ་ཡིན་ནོ། །རྣ་བ་ཡོངས་སུ་མ་བཟུང་མ་བཏང་བ་ཡིན་ནོ། །སྣ་ཡོངས་སུ་མ་བཟུང་མ་བཏང་བ་ཡིན་ནོ། །ལྕེ་ཡོངས་སུ་མ་བཟུང་མ་བཏང་བ་ཡིན་ནོ། །ལུས་ཡོངས་སུ་མ་བཟུང་མ་བཏང་བ་ཡིན་ནོ། །ཡིད་ཡོངས་སུ་མ་བཟུང་མ་བཏང་བ་ཡིན་ནོ། །གཟུགས་ཡོངས་སུ་མ་བཟུང་མ་བཏང་བ་ཡིན་ནོ། །སྒྲ་ཡོངས་སུ་མ་བཟུང་མ་བཏང་བ་ཡིན་ནོ། །དྲི་ཡོངས་སུ་མ་བཟུང་མ་བཏང་བ་ཡིན་ནོ། །རོ་ཡོངས་སུ་མ་བཟུང་མ་བཏང་བ་ཡིན་ནོ། །རེག་ཡོངས་སུ་མ་བཟུང་མ་བཏང་བ་ཡིན་ནོ། །ཆོས་ཡོངས་སུ་མ་བཟུང་མ་བཏང་བ་ཡིན་ནོ། །མིག་གི་རྣམ་པར་ཤེས་པ་ཡོངས་སུ་མ་བཟུང་མ་བཏང་བ་ཡིན་ནོ། །རྣ་བའི་རྣམ་པར་ཤེས་པ་ཡོངས་སུ་མ་བཟུང་མ་བཏང་བ་ཡིན་ནོ། །སྣའི་རྣམ་པར་ཤེས་པ་ཡོངས་སུ་མ་བཟུང་མ་བཏང་བ་ཡིན་ནོ། །ལྕེའི་རྣམ་པར་ཤེས་པ་ཡོངས་སུ་མ་བཟུང་མ་བཏང་བ་ཡིན་ནོ། །ལུས་ཀྱི་རྣམ་པར་ཤེས་པ་ཡོངས་སུ་མ་བཟུང་མ་བཏང་བ་ཡིན་ནོ། །ཡིད་ཀྱི་རྣམ་པར་ཤེས་པ་ཡོངས་སུ་མ་བཟུང་མ་བཏང་བ་ཡིན་ནོ། །མིག་གི་འདུས་ཏེ་རེག་པ་ཡོངས་སུ་མ་བཟུང་མ་བཏང་བ་ཡིན་ནོ། །རྣ་བའི་འདུས་ཏེ་རེག་པ་ཡོངས་སུ་མ་བཟུང་མ་བཏང་བ་ཡིན་ནོ། །སྣའི་འདུས་ཏེ་རེག་པ་ཡོངས་སུ་མ་བཟུང་མ་བཏང་བ་ཡིན་ནོ། །ལྕེའི་འདུས་ཏེ་རེག་པ་ཡོངས་སུ་མ་བཟུང་མ་བཏང་བ་ཡིན་ནོ། །ལུས་ཀྱི་འདུས་ཏེ་རེག་པ་ཡོངས་སུ་མ་བཟུང་མ་བཏང་བ་ཡིན་ནོ། །ཡིད་ཀྱི་འདུས་ཏེ་རེག་པ་ཡོངས་སུ་མ་བཟུང་མ་བཏང་བ་ཡིན་ནོ། །མིག་གི་འདུས་ཏེ་རེག་པའི་རྐྱེན་གྱིས་ཚོར་བ་ཡོངས་སུ་མ་བཟུང་མ་བཏང་བ་ཡིན་ནོ། །རྣ་བའི་

འདུས་ཏེ་རེག་པའི་རྐྱེན་གྱིས་ཚོར་བ་ཡོངས་སུ་མ་བཟུང་མ་བཏང་བ་ཡིན་ནོ། །སྣའི་འདུས་ཏེ་རེག་པའི་རྐྱེན་གྱིས་ཚོར་བ་ཡོངས་སུ་མ་བཟུང་མ་བཏང་བ་ཡིན་ནོ། །ལྕེའི་འདུས་ཏེ་རེག་པའི་རྐྱེན་གྱིས་ཚོར་བ་ཡོངས་སུ་མ་བཟུང་མ་བཏང་བ་ཡིན་ནོ། །ལུས་ཀྱི་འདུས་ཏེ་རེག་པའི་རྐྱེན་གྱིས་ཚོར་བ་ཡོངས་སུ་མ་བཟུང་མ་བཏང་[༡]བ་ཡིན་ནོ། །ཡིད་ཀྱི་འདུས་ཏེ་རེག་པའི་རྐྱེན་གྱིས་ཚོར་བ་ཡོངས་སུ་མ་བཟུང་མ་བཏང་བ་ཡིན་ནོ། །སའི་ཁམས་ཡོངས་སུ་མ་བཟུང་མ་བཏང་བ་ཡིན་ནོ། །ཆུའི་ཁམས་ཡོངས་སུ་མ་བཟུང་མ་བཏང་བ་ཡིན་ནོ། །མེའི་ཁམས་ཡོངས་སུ་མ་བཟུང་མ་བཏང་བ་ཡིན་ནོ། །རླུང་གི་ཁམས་ཡོངས་སུ་མ་བཟུང་མ་བཏང་བ་ཡིན་ནོ། །ནམ་མཁའི་ཁམས་ཡོངས་སུ་མ་བཟུང་མ་བཏང་བ་ཡིན་ནོ། །རྣམ་པར་ཤེས་པའི་ཁམས་ཡོངས་སུ་མ་བཟུང་མ་བཏང་བ་ཡིན་ནོ། །མ་རིག་པ་ཡོངས་སུ་མ་བཟུང་མ་བཏང་བ་ཡིན་ནོ། །འདུ་བྱེད་ཡོངས་སུ་མ་བཟུང་མ་བཏང་བ་ཡིན་ནོ། །རྣམ་པར་ཤེས་པ་ཡོངས་སུ་མ་བཟུང་མ་བཏང་བ་ཡིན་ནོ། །མིང་དང་གཟུགས་ཡོངས་སུ་མ་བཟུང་མ་བཏང་བ་ཡིན་ནོ། །སྐྱེ་མཆེད་དྲུག་ཡོངས་སུ་མ་བཟུང་མ་བཏང་བ་ཡིན་ནོ། །རེག་པ་ཡོངས་སུ་མ་བཟུང་མ་བཏང་བ་ཡིན་ནོ། །ཚོར་བ་ཡོངས་སུ་མ་བཟུང་མ་བཏང་བ་ཡིན་ནོ། །སྲེད་པ་ཡོངས་སུ་མ་བཟུང་མ་བཏང་བ་ཡིན་ནོ། །ལེན་པ་ཡོངས་སུ་མ་བཟུང་མ་བཏང་བ་ཡིན་ནོ། །སྲིད་པ་ཡོངས་སུ་མ་ཟུང་[༣]མ་བཏང་བ་ཡིན་ནོ། །སྐྱེ་བ་ཡོངས་སུ་མ་བཟུང་མ་བཏང་བ་ཡིན་ནོ། །རྒ་ཤི་ཡོངས་སུ་མ་བཟུང་མ་བཏང་བ་ཡིན་ནོ། །སྦྱིན་པའི་ཕ་རོལ་ཏུ་ཕྱིན་པ་ཡོངས་སུ་མ་བཟུང་མ་བཏང་བ་ཡིན་ནོ། །ཚུལ་ཁྲིམས་ཀྱི་ཕ་རོལ་ཏུ་ཕྱིན་པ་ཡོངས་སུ་མ་བཟུང་མ་བཏང་བ་ཡིན་ནོ། །བཟོད་པའི་ཕ་རོལ་ཏུ་ཕྱིན་པ་ཡོངས་སུ་མ་བཟུང་མ་བཏང་བ་ཡིན་ནོ། །བརྩོན་འགྲུས་ཀྱི་ཕ་རོལ་ཏུ་ཕྱིན་པ་ཡོངས་སུ་མ་བཟུང་མ་

བཏང་བ་ཡིན་ནོ། །བསམ་གཏན་གྱི་ཕ་རོལ་ཏུ་ཕྱིན་པ་ཡོངས་སུ་མ་བཟུང་མ····
བཏང་བ་ཡིན་ནོ། །ཤེས་རབ་ཀྱི་ཕ་རོལ་ཏུ་ཕྱིན་པ་ཡོངས་སུ་མ་བཟུང་མ་བཏང་
བ་ཡིན་ནོ། །ནང་སྟོང་པ་ཉིད་ཡོངས་སུ་མ་བཟུང་མ་བཏང་བ་ཡིན་ནོ། །ཕྱི་
སྟོང་པ་ཉིད་ཡོངས་སུ་མ་བཟུང་མ་བཏང་བ་ཡིན་ནོ། །ཕྱི་ནང་སྟོང་པ་ཉིད་ཡོངས་
སུ་མ་བཟུང་མ་བཏང་བ་ཡིན་ནོ། །སྟོང་པ་ཉིད་སྟོང་པ་ཉིད་ཡོངས་སུ་མ་བཟུང་
མ་བཏང་བ་ཡིན་ནོ། །ཆེན་པོ་སྟོང་པ་ཉིད་ཡོངས་སུ་མ་བཟུང་མ་བཏང་བ་ཡིན་
ནོ། །དོན་དམ་པ་སྟོང་པ་ཉིད་ཡོངས་སུ་མ་བཟུང་མ་བཏང་བ་ཡིན་ནོ། །འདུས་
བྱས་སྟོང་པ་ཉིད་ཡོངས་སུ་མ་བཟུང་མ་བཏང་བ་ཡིན་ནོ། །འདུས་མ་བྱས་སྟོང་པ་
ཉིད་ཡོངས་སུ་མ་བཟུང་མ་བཏང་བ་ཡིན་ནོ། །མཐའ་ལས་འདས་པ་སྟོང་པ་ཉིད་
ཡོངས་སུ་མ་བཟུང་མ་བཏང་བ་ཡིན་ནོ། །ཐོག་མ་དང་ཐ་མ་མེད་པ་སྟོང་པ་ཉིད་
ཡོངས་སུ་མ་བཟུང་མ་བཏང་བ་ཡིན་ནོ། །དོར་བ་མེད་པ་སྟོང་པ་ཉིད་ཡོངས་སུ་
མ་བཟུང་མ་བཏང་བ་ཡིན་ནོ། །རང་བཞིན་སྟོང་པ་ཉིད་ཡོངས་སུ་མ་བཟུང་མ་
བཏང་བ་ཡིན་ནོ། །ཆོས་ཐམས་ཅད་སྟོང་པ་ཉིད་ཡོངས་སུ་མ་བཟུང་མ་བཏང་བ་
ཡིན་ནོ། །རང་གི་མཚན་ཉིད་སྟོང་པ་ཉིད་ཡོངས་སུ་མ་བཟུང་མ་བཏང་བ་ཡིན་
ནོ། །མི་དམིགས་པ་སྟོང་པ་ཉིད་ཡོངས་སུ་མ་བཟུང་མ་བཏང་བ་ཡིན་ནོ། །
དངོས་པོ་མེད་པ་སྟོང་པ་ཉིད་ཡོངས་སུ་མ་བཟུང་མ་བཏང་བ་ཡིན་ནོ། །ངོ་བོ་
ཉིད་སྟོང་པ་ཉིད་ཡོངས་སུ་མ་བཟུང་མ་བཏང་བ་ཡིན་ནོ། །དངོས་པོ་མེད་པའི་ངོ་
བོ་ཉིད་སྟོང་པ་ཉིད་ཡོངས་སུ་མ་བཟུང་མ་བཏང་བ་ཡིན་ནོ། །དྲན་པ་ཉེ་བར····
གཞག་པ་བཞི་ཡོངས་སུ་མ་བཟུང་མ་བཏང་བ་ཡིན་ནོ། །ཡང་དག་པར་སྤོང་བ་
བཞི་ཡོངས་སུ་མ་བཟུང་མ་བཏང་བ་ཡིན་ནོ། །རྫུ་འཕྲུལ་གྱི་རྐང་པ་བཞི་ཡོངས་སུ་
མ་བཟུང་མ་བཏང་བ་ཡིན་ནོ། །དབང་པོ་ལྔ་ཡོངས་སུ་མ་བཟུང་མ་བཏང་བ་ཡིན་

ནོ། །སྟོབས་ལྔ་ཡོངས་སུ་མ་བཟུང་མ་བཏང་བ་ཡིན་ནོ། །བྱང་ཆུབ་ཀྱི་ཡན་ལག་བདུན་ཡོངས་སུ་མ་བཟུང་མ་བཏང་བ་ཡིན་ནོ། །འཕགས་པའི་ལམ་ཡན་ལག་···བརྒྱད་པ་ཡོངས་སུ་མ་བཟུང་མ་བཏང་བ་ཡིན་ནོ། །འཕགས་པའི་བདེན་པ་བཞི་ཡོངས་སུ་མ་བཟུང་མ་བཏང་བ་ཡིན་ནོ། །བསམ་གཏན་བཞི་ཡོངས་སུ་མ་བཟུང་མ་བཏང་བ་ཡིན་ནོ། །ཚད་མེད་པ་བཞི་ཡོངས་སུ་མ་བཟུང་མ་བཏང་བ་ཡིན་ནོ། །གཟུགས་མེད་པའི་སྙོམས་པར་འཇུག་པ་བཞི་ཡོངས་སུ་མ་བཟུང་མ་བཏང་བ་ཡིན···ནོ། །རྣམ་པར་ཐར་པ་བརྒྱད་ཡོངས་སུ་མ་བཟུང་མ་བཏང་བ་ཡིན་ནོ། །མཐར་གྱིས་གནས་པའི་སྙོམས་པར་འཇུག་པ་དགུ་ཡོངས་སུ་མ་བཟུང་མ་བཏང་བ་ཡིན་ནོ།།རྣམ་པར་ཐར་པའི་སྒོ་སྟོང་པ་ཉིད་དང་། མཚན་མ་མེད་པ་དང་། སྨོན་པ་མེད་པ་ཡོངས་སུ་མ་བཟུང་མ་བཏང་བ་ཡིན་ནོ། །མངོན་པར་ཤེས་པ་རྣམས་ཡོངས་སུ་མ་བཟུང་མ་བཏང་བ་ཡིན་ནོ། །ཏིང་ངེ་འཛིན་རྣམས་ཡོངས་སུ་མ་བཟུང་མ་···བཏང་བ་ཡིན་ནོ། །གཟུངས་ཀྱི་སྒོ་རྣམས་ཡོངས་སུ་མ་བཟུང་མ་བཏང་བ་ཡིན་ནོ།།དེ་བཞིན་གཤེགས་པའི་སྟོབས་བཅུ་ཡོངས་སུ་མ་བཟུང་མ་བཏང་བ་ཡིན་ནོ། །མི་འཇིགས་པ་བཞི་ཡོངས་སུ་མ་བཟུང་མ་བཏང་བ་ཡིན་ནོ། །སོ་སོ་ཡང་དག་པར་རིག་པ་བཞི་ཡོངས་སུ་མ་བཟུང་མ་བཏང་བ་ཡིན་ནོ། །[༧]སྙིང་རྗེ་ཆེན་པོ་ཡོངས་སུ་མ་བཟུང་མ་བཏང་བ་ཡིན་ནོ། །སངས་རྒྱས་ཀྱི་ཆོས་མ་འདྲེས་པ་བཅོ་བརྒྱད་···ཡོངས་སུ་མ་བཟུང་མ་བཏང་བ་ཡིན་ནོ། །རྒྱུན་དུ་ཞུགས་པའི་འབྲས་བུ་ཡོངས་སུ་མ་བཟུང་མ་བཏང་བ་ཡིན་ནོ། །ལན་ཅིག་ཕྱིར་འོང་བའི་འབྲས་བུ་ཡོངས་སུ་མ་བཟུང་མ་བཏང་བ་ཡིན་ནོ། །ཕྱིར་མི་འོང་བའི་འབྲས་བུ་ཡོངས་སུ་མ་བཟུང་མ་བཏང་བ་ཡིན་ནོ། །དགྲ་བཅོམ་པ་ཉིད་ཡོངས་སུ་མ་བཟུང་མ་བཏང་བ་ཡིན་ནོ། །རང་བྱང་ཆུབ་ཡོངས་སུ་མ་བཟུང་མ་བཏང་བ་ཡིན་ནོ། །བླ་ན་མེད་པ་ཡང་དག་

པར་རྫོགས་པའི་བྱང་ཆུབ་ཡོངས་སུ་མ་བཟུང་མ་བཏང་བ་ཡིན་ནོ།། ||[༧]

ཞེས་རབ་ཀྱི་ཕ་རོལ་ཏུ་ཕྱིན་པ་སྟོང་ཕྲག་བརྒྱ་པ། བམ་པོ་གསུམ་[༡]པ། གསོལ་པ། བཅོམ་ལྡན་འདས་གལ་ཏེ་གཟུགས་ཡིད་ལ་མྱི་བགྱི། ཚོར་བ་ཡིད་ལ་མྱི་བགྱི། འདུ་ཤེས་ཡིད་ལ་མི་བགྱི། འདུ་བྱེད་ཡིད་ལ་མི་བགྱི། རྣམ་པར་ཤེས་པ་ཡིད་ལ་མྱི་བགྱི། མྱིག་ཡིད་ལ་མྱི་བགྱི། རྣ་བ་ཡིད་ལ་མྱི་བགྱི། སྣ་ཡིད་ལ་མྱི་བགྱི༑ ལྗེ་ཡིད་ལ་མྱི་བགྱི། ལུས་ཡིད་ལ་མྱི་བགྱི། ཡིད་ཡིད་ལ་མྱི་བགྱི། གཟུགས་ཡིད་ལ་མྱི་བགྱི། སྒྲ་ཡིད་ལ་མྱི་བགྱི། དྲི་ཡིད་ལ་མྱི་བགྱི། རོ་ཡིད་ལ་མྱི་བགྱི། རེག་ཡིད་ལ་མྱི་བགྱི། ཆོས་ཡིད་ལ་མྱི་བགྱི། མྱིག་གི་རྣམ་པར་ཤེས་པ་ཡིད་ལ་མྱི་བགྱི། རྣ་བའི་རྣམ་པར་ཤེས་པ་ཡིད་ལ་མྱི་བགྱི། སྣའི་རྣམ་པར་ཤེས་པ་ཡིད་ལ་མྱི་བགྱི། ལྗེའི་རྣམ་པར་ཤེས་པ་ཡིད་ལ་མྱི་བགྱི། ལུས་ཀྱི་རྣམ་པར་ཤེས་པ་ཡིད་ལ་མྱི་བགྱི། ཡིད་ཀྱི་རྣམ་པར་ཤེས་པ་ཡིད་ལ་མྱི་བགྱི། མྱིག་གི་འདུས་ཏེ་རེག་པ་ཡིད་ལ་མྱི་བགྱི། རྣ་བའི་འདུས་ཏེ་རེག་པ་ཡིད་ལ་མྱི་བགྱི། སྣའི་འདུས་ཏེ་རེག་པ་ཡིད་ལ་མྱི་བགྱི། ལྗེའི་འདུས་ཏེ་རེག་པ་ཡིད་ལ་མྱི་བགྱི། ལུས་ཀྱི་འདུས་ཏེ་རེག་པ་ཡིད་ལ་མྱི་བགྱི། ཡིད་ཀྱི་འདུས་ཏེ་རེག་པ་ཡིད་ལ་མི····བགྱི༑ མྱིག་གི་འདུས་ཏེ་རེག་པའི་རྐྱེན་གྱིས་ཚོར་བ་ཡིད་ལ་མི་བགྱི། རྣ་བའི་འདུས་ཏེ་རེག་པའི་རྐྱེན་གྱིས་ཚོར་བ་ཡིད་ལ་མྱི་བགྱི། སྣའི་འདུས་ཏེ་རེག་པའི་རྐྱེན་གྱིས་ཚོར་བ་ཡིད་ལ་མྱི་བགྱི། ལྗེའི་འདུས་ཏེ་རེག་པའི་རྐྱེན་གྱིས་ཚོར་བ་ཡིད་ལ་མི་བགྱི། ལུས་ཀྱི་འདུས་ཏེ་རེག་པའི་རྐྱེན་གྱིས་ཚོར་བ་ཡིད་ལ་མྱི་བགྱི། ཡིད་ཀྱི་འདུས་ཏེ་རེག་པའི་རྐྱེན་གྱིས་ཚོར་བ་ཡིད་ལ་མྱི་བགྱི། སའི་ཁམས་ཡིད་ལ་མྱི····བགྱི༑ ཆུའི་ཁམས་ཡིད་ལ་མྱི་བགྱི། མྱེའི་ཁམས་ཡིད་ལ་མྱི་བགྱི། རླུང་གི་ཁམས་ཡིད་ལ་མྱི་བགྱི། ནམ་མཁའི་ཁམས་ཡིད་ལ་མྱི་བགྱི། རྣམ་པར་ཤེས་པའི་

ཁམས་ཡོད་ལ་མྱི་བགྱི། མ་རིག་པ་ཡོད་ལ་མྱི་བགྱི། འདུ་བྱེད་ཡོད་ལ་མྱི་བགྱི། རྣམ་པར་ཤེས་པ་[7]ཡོད་ལ་མྱི་བགྱི། མྱིང་དང་གཟུགས་ཡོད་ལ་མི་བགྱི། སྐྱེ་མཆེད་དྲུག་ཡོད་ལ་མྱི་བགྱི། རེག་པ་ཡོད་ལ་མྱི་བགྱི། ཚོར་བ་ཡོད་ལ་མི་བགྱི། སྲིད་པ་ཡོད་ལ་མྱི་བགྱི། ལེན་པ་ཡོད་ལ་མྱི་བགྱི། སྲིད་པ་[3]ཡོད་ལ་མི་[3]བགྱི། སྐྱེ་བ་ཡོད་ལ་མྱི་བགྱི། རྒ་ཤི་ཡོད་ལ་མྱི་བགྱི། སྦྱིན་པའི་ཕ་རོལ་ཏུ་ཕྱིན་པ་ཡོད་ལ་མྱི་བགྱི། ཚུལ་ཁྲིམས་ཀྱི་ཕ་རོལ་ཏུ་ཕྱིན་པ་ཡོད་ལ་མྱི་བགྱི། བཟོད་པའི་ཕ་རོལ་ཏུ་ཕྱིན་པ་ཡོད་ལ་མྱི་བགྱི། བརྩོན་འགྲུས་ཀྱི་ཕ་རོལ་ཏུ་ཕྱིན་པ་ཡོད་ལ་མྱི་····བགྱི༏ བསམ་གཏན་གྱི་ཕ་རོལ་ཏུ་ཕྱིན་པ་ཡོད་ལ་མྱི་བགྱི། ཤེས་རབ་ཀྱི་ཕ་རོལ་ཏུ་ཕྱིན་པ་ཡོད་ལ་མི་བགྱི། ནང་སྟོང་པ་ཉིད་ཡོད་ལ་མི་བགྱི། ཕྱི་སྟོང་པ་ཉིད་ཡོད་ལ་མྱི་བགྱི། ཕྱི་ནང་སྟོང་པ་ཉིད་ཡོད་ལ་མྱི་བགྱི། སྟོང་པ་ཉིད་སྟོང་པ་ཉིད་ཡོད་ལ་མྱི་བགྱི། ཆེན་པོ་སྟོང་པ་ཉིད་ཡོད་ལ་མྱི་བགྱི། དོན་དམ་པ་སྟོང་པ་ཉིད་ཡོད་ལ་མྱི་བགྱི། འདུས་བྱས་སྟོང་པ་ཉིད་ཡོད་ལ་མྱི་བགྱི། འདུས་མ་བྱས་སྟོང་པ་ཉིད་ཡོད་ལ་མི་བགྱི། མཐའ་ལས་འདས་པ་སྟོང་པ་ཉིད་ཡོད་ལ་མྱི་བགྱི། ཐོག་མ་དང་ཐ་མ་མྱེད་པ་སྟོང་པ་ཉིད་ཡོད་ལ་མྱི་བགྱི། དོར་བ་མྱེད་པ་སྟོང་པ་ཉིད་ཡོད་ལ་མྱི་བགྱི། རང་བཞིན་སྟོང་པ་ཉིད་ཡོད་ལ་མྱི་བགྱི། ཆོས་ཐམས་ཅད་སྟོང་པ་ཉིད་ཡོད་ལ་མྱི་བགྱི། རང་གི་མཚན་ཉིད་སྟོང་པ་ཉིད་ཡོད་ལ་མྱི་བགྱི། མྱི་དམྱིགས་པ་སྟོང་པ་ཉིད་ཡོད་ལ་མི་བགྱི། དངོས་པོ་མྱེད་པ་སྟོང་པ་ཉིད་ཡོད་ལ་མྱི་བགྱི། ངོ་བོ་ཉིད་སྟོང་པ་ཉིད་ཡོད་ལ་མྱི་བགྱི། དངོས་པོ་མྱེད་པའི་ངོ་བོ་ཉིད་སྟོང་པ་ཉིད་ཡོད་ལ་མྱི་བགྱི། དྲན་པ་ཉེ་བར་གཞག་པ་བཞི་ཡོད་ལ་མྱི་བགྱི། ཡང་དག་པར་སྤོང་བ་བཞི་ཡོད་ལ་མྱི་བགྱི། རྫུ་འཕྲུལ་གྱི་རྐང་པ་བཞི་ཡོད་ལ་མྱི་བགྱི༏ དབང་པོ་ལྔ་ཡོད་ལ་མྱི་བགྱི། སྟོབས་ལྔ་ཡོད་ལ་མྱི་བགྱི། བྱང་ཆུབ་ཀྱི་

ཡན་ལག་བདུན་ཡིད་ལ་མྱི་བགྱི། འཕགས་པའི་ལམ་ཡན་ལག་བརྒྱད་པ་ཡིད་ལ་མྱི་བགྱི། འཕགས་པའི་བདེན་པ་བཞི་ཡིད་ལ་མི་བགྱི། བསམ་གཏན་བཞི་ཡིད་ལ་མི་བགྱི། ཚད་མྱེད་པ་བཞི་ཡིད་ལ་མི་བགྱི། གཟུགས་མྱེད་པའི་སྙོམས་པར་འཇུག་པ་བཞི་ཡིད་ལ་མི་བགྱི། རྣམ་པར་ཐར་པ་བརྒྱད་ཡིད་ལ་མི་བགྱི། མཐར་གྱིས་གནས་པའི་སྙོམས་པར་འཇུག་པ་དགུ་ཡིད་ལ་མི་བགྱི། རྣམ་པར་ཐར་པའི་སྒོ་སྟོང་པ་ཉིད་དང་། མཚན་མ་མྱེད་པ་དང་། སྨོན་པ་མྱེད་པ་ཡིད་ལ་མི་བགྱི། མངོན་པར་ཤེས་པ་རྣམས་ཡིད་ལ་མི་བགྱི། ཏིང་ངེ་འཛིན་རྣམས་ཡིད་ལ་མི་བགྱི། གཟུངས་ཀྱི་སྒོ་རྣམས་ཡིད་ལ་མྱི་བགྱི། དེ་བཞིན་གཤེགས་པའི་སྟོབས་བཅུ་ཡིད་ལ་མི་བགྱི། མྱི་འཇིགས་པ་བཞི་ཡིད་ལ་མི་བགྱི། སོ་སོ་ཡང་དག་པར་རིག་པ་བཞི་ཡིད་ལ་མྱི་བགྱི། [༡]སྙིང་རྗེ་ཆེན་པོ་ཡིད་ལ་མྱི་བགྱི། སངས་རྒྱས་ཀྱི་ཆོས་མ་འདྲེས་པ་བཅོ་བརྒྱད་ཡིད་ལ་མྱི་བགྱི། རྒྱུན་དུ་ཞུགས་པའི་འབྲས་བུ་ཡིད་ལ་མི་བགྱི། ལན་ཅིག་ཕྱིར་འོང་བའི་འབྲས་བུ་ཡིད་ལ་མྱི་བགྱི། ཕྱིར་མི་འོང་བའི་འབྲས་བུ་ཡིད་ལ་མྱི་བགྱི། དགྲ་བཅོམ་པ་ཉིད་ཡིད་ལ་མྱི་བགྱི། རང་བྱང་ཆུབ་ཡིད་ལ་མྱི་བགྱི། ལམ་གྱི་རྣམ་པ་[༢]ཤེས་པ་ཉིད་ཡིད་ལ་མྱི་བགྱི། རྣམ་པ་ཐམས་ཅད་མཁྱེན་པ་ཉིད་ཡིད་ལ་མྱི་བགྱི་ན། འོ་ན་བཅོམ་ལྡན་འདས་གཟུགས་ཡིད་ལ་མ་[༣]བགྱིས། ཚོར་བ་ཡིད་ལ་མ་བགྱིས། འདུ་ཤེས་ཡིད་ལ་མ་བགྱིས། འདུ་བྱེད་ཡིད་ལ་མ་བགྱིས། རྣམ་པར་ཤེས་པ་ཡིད་ལ་མ་བགྱིས། མྱིག་ཡིད་ལ་མ་བགྱིས། རྣ་བ་ཡིད་ལ་མ་བགྱིས། སྣ་ཡིད་ལ་མ་བགྱིས། ལྕེ་ཡིད་ལ་མ་བགྱིས། ལུས་ཡིད་ལ་མ་བགྱིས། ཡིད་ཡིད་ལ་མ་བགྱིས། གཟུགས་ཡིད་ལ་མ་བགྱིས། སྒྲ་ཡིད་ལ་མ་བགྱིས། དྲི་ཡིད་ལ་མ་བགྱིས། རོ་ཡིད་ལ་མ་བགྱིས། རེག་ཡིད་ལ་མ་བགྱིས། ཆོས་ཡིད་ལ་མ་བགྱིས། མྱིག་གི་རྣམ་པར་ཤེས་པ་ཡིད་

ལ་མ་བགྱིས། རྣ་བའི་རྣམ་པར་ཤེས་པ་ཡིད་ལ་མ་བགྱིས། སྣའི་རྣམ་པར་ཤེས་པ་ཡིད་ལ་མ་བགྱིས། ལྕེའི་རྣམ་པར་ཤེས་པ་ཡིད་ལ་མ་བགྱིས། ལུས་ཀྱི་རྣམ་པར་ཤེས་པ་ཡིད་ལ་མ་(༡)བགྱིས། ཡིད་ཀྱི་རྣམ་པར་ཤེས་པ་ཡིད་ལ་མ་(༢)བགྱིས། མིག་གི་འདུས་ཏེ་རེག་པ་ཡིད་ལ་མ་བགྱིས། རྣ་(༣)བའི་འདུས་ཏེ་རེག་པ་ཡིད་ལ་མ་བགྱིས༏ སྣའི་འདུས་ཏེ་རེག་པ་ཡིད་ལ་མ་བགྱིས། ལྕེའི་འདུས་ཏེ་རེག་པ་ཡིད་ལ་མ་བགྱིས། ལུས་ཀྱི་འདུས་ཏེ་རེག་པ་ཡིད་ལ་མ་བགྱིས། ཡིད་ཀྱི་འདུས་ཏེ་རེག་པ་ཡིད་ལ་མ་(༤)བགྱིས། མིག་གི་འདུས་ཏེ་རེག་པའི་རྐྱེན་གྱིས་ཚོར་བ་ཡིད་ལ་མ་བགྱིས། རྣ་བའི་འདུས་ཏེ་རེག་པའི་རྐྱེན་གྱིས་ཚོར་བ་ཡིད་ལ་མ་བགྱིས། སྣའི་འདུས་ཏེ་རེག་པའི་རྐྱེན་གྱིས་ཚོར་བ་ཡིད་ལ་མ་བགྱིས། ལྕེའི་འདུས་ཏེ་རེག་པའི་རྐྱེན་གྱིས་ཚོར་བ་ཡིད་ལ་མ་བགྱིས། ལུས་ཀྱི་འདུས་ཏེ་རེག་པའི་རྐྱེན་གྱིས་ཚོར་བ་ཡིད་ལ་མ་བགྱིས། ཡིད་ཀྱི་འདུས་ཏེ་རེག་པའི་རྐྱེན་གྱིས་ཚོར་བ་ཡིད་ལ་མ་བགྱིས༏ སའི་ཁམས་ཡིད་ལ་མ་བགྱིས། ཆུའི་ཁམས་ཡིད་ལ་མ་བགྱིས། མེའི་ཁམས་ཡིད་ལ་མ་བགྱིས། རླུང་གི་ཁམས་ཡིད་ལ་མ་བགྱིས། ནམ་མཁའི་ཁམས་ཡིད་ལ་མ་བགྱིས། རྣམ་པར་ཤེས་པའི་ཁམས་ཡིད་ལ་མ་བགྱིས། མ་རིག་པ་ཡིད་ལ་མ་བགྱིས། འདུ་བྱེད་ཡིད་ལ་མ་བགྱིས། རྣམ་པར་ཤེས་པ་ཡིད་ལ་མ་བགྱིས༏ མིང་དང་གཟུགས་ཡིད་ལ་མ་བགྱིས། སྐྱེ་མཆེད་དྲུག་ཡིད་ལ་མ་བགྱིས། རེག་པ་ཡིད་ལ་མ་བགྱིས། ཚོར་བ་ཡིད་ལ་མ་བགྱིས། སྲེད་པ་ཡིད་ལ་མ་བགྱིས། ལེན་པ་ཡིད་ལ་མ་བགྱིས། སྲིད་པ་ཡིད་ལ་མ་བགྱིས། སྐྱེ་བ་ཡིད་ལ་མ་བགྱིས། ཀ་ཤི་ཡིད་ལ་མ་བགྱིས། སྦྱིན་པའི་ཕ་རོལ་ཏུ་ཕྱིན་པ་ཡིད་ལ་མ་བགྱིས། ཚུལ་ཁྲིམས་ཀྱི་ཕ་རོལ་ཏུ་ཕྱིན་པ་ཡིད་ལ་མ་བགྱིས། བཟོད་པའི་ཕ་རོལ་ཏུ་ཕྱིན་པ་ཡིད་ལ་མ་བགྱིས། བརྩོན་འགྲུས་ཀྱི་ཕ་རོལ་ཏུ་ཕྱིན་པ་ཡིད་ལ་མ་བགྱིས། བསམ་

གཏན་གྱི་ཕ་རོལ་ཏུ་ཕྱིན་པ་ཡོད་ལ་མ་བགྱིས། ཤེས་རབ་ཀྱི་ཕ་རོལ་ཏུ་ཕྱིན་པ་···· ཡོད་ལ་མ་བགྱིས། ནང་སྟོང་པ་ཉིད་ཡོད་ལ་མ་བགྱིས། ཕྱི་སྟོང་པ་ཉིད་ཡོད་ལ་མ་བགྱིས། ཕྱི་ནང་སྟོང་པ་ཉིད་ཡོད་ལ་མ་བགྱིས། སྟོང་པ་ཉིད་སྟོང་པ་ཉིད་ཡོད་ལ་མ་བགྱིས། ཆེན་པོ་སྟོང་པ་ཉིད་ཡོད་ལ་མ་བགྱིས། དོན་དམ་པ་སྟོང་པ་ཉིད་ཡོད་ལ་མ་བགྱིས། འདུས་བྱས་སྟོང་པ་[1]ཉིད་ཡོད་ལ་མ་བགྱིས། འདུས་མ་བྱས་སྟོང་པ་ཉིད་ཡོད་ལ་མ་བགྱིས། མཐའ་ལས་འདས་པ་སྟོང་པ་ཉིད་ཡོད་ལ་མ་བགྱིས༑ ཐོག་མ་དང་ཐ་མ་མེད་པ་སྟོང་པ་ཉིད་ཡོད་ལ་མ་བགྱིས། དོར་བ་མེད་པ་སྟོང་པ་ཉིད་ཡོད་ལ་མ་བགྱིས། རང་བཞིན་སྟོང་པ་ཉིད་ཡོད་ལ་མ་བགྱིས། ཆོས་ཐམས་ཅད་སྟོང་པ་ཉིད་ཡོད་ལ་མ་བགྱིས། རང་གི་མཚན་ཉིད་སྟོང་པ་ཉིད་ཡོད་ལ་མ་བགྱིས། མི་དམིགས་པ་སྟོང་པ་ཉིད་ཡོད་ལ་མ་བགྱིས། དངོས་པོ་མེད་པ་སྟོང་པ་ཉིད་ཡོད་ལ་མ་བགྱིས། ངོ་བོ་ཉིད་སྟོང་པ་ཉིད་ཡོད་ལ་མ་བགྱིས། དངོས་པོ་མེད་པའི་ངོ་བོ་ཉིད་སྟོང་པ་ཉིད་ཡོད་ལ་མ་བགྱིས། དྲན་པ་ཉེ་བར···· གཞག་པ་བཞི་ཡོད་ལ་མ་བགྱིས། ཡང་དག་པར་སྤོང་བ་བཞི་ཡོད་ལ་མ་བགྱིས། རྫུ་འཕྲུལ་གྱི་རྐང་པ་བཞི་ཡོད་ལ་མ་བགྱིས། དབང་པོ་ལྔ་ཡོད་ལ་མ་བགྱིས། སྟོབས་ལྔ་ཡོད་ལ་མ་བགྱིས། བྱང་ཆུབ་ཀྱི་ཡན་ལག་བདུན་ཡོད་ལ་མ་བགྱིས། འཕགས་པའི་ལམ་ཡན་ལག་བརྒྱད་པ་ཡོད་ལ་མ་བགྱིས། འཕགས་པའི་བདེན་པ་བཞི་ཡོད་ལ་མ་བགྱིས། བསམ་གཏན་བཞི་ཡོད་ལ་མ་བགྱིས། ཚད་མེད་པ་བཞི་ཡོད་ལ་མ་བགྱིས། གཟུགས་མེད་པའི་སྙོམས་པར་འཇུག་པ་བཞི་ཡོད་ལ་མ་བགྱིས། རྣམ་པར་ཐར་པ་བརྒྱད་ཡོད་ལ་མ་བགྱིས། མཐར་གྱིས་གནས་པའི་སྙོམས་པར་འཇུག་པ་དགུ་ཡོད་ལ་མ་བགྱིས། རྣམ་པར་ཐར་པའི་སྒོ་སྟོང་པ་ཉིད་དང་། མཚན་མ་མེད་པ་དང་། སྨོན་པ་མེད་པ་ཡོད་ལ་མ་བགྱིས། མངོན་པར་ཤེས་པ་

རྣམས་ཡིད་ལ་མ་བགྱིས། ཏིང་ངེ་འཛིན་རྣམས་ཡིད་ལ་མ་བགྱིས། གཟུངས་ཀྱི་སྒོ་རྣམས་ཡིད་ལ་མ་བགྱིས། དེ་བཞིན་གཤེགས་པའི་སྟོབས་བཅུ་ཡིད་ལ་མ་བགྱིས། མི་འཇིགས་པ་བཞི་ཡིད་ལ་མ་བགྱིས། སོ་སོ་ཡང་དག་པར་རིག་པ་བཞི་ཡིད་ལ་མ་བགྱིས། ①སྙིང་རྗེ་ཆེན་པོ་ཡིད་ལ་མ་བགྱིས། སངས་རྒྱས་ཀྱི་ཆོས་མ་འདྲེས་པ་བཅོ་བརྒྱད་ཡིད་ལ་མ་བགྱིས། རྒྱུན་ཏུ་ཞུགས་པའི་འབྲས་བུ་ཡིད་ལ་མ་བགྱིས། ལན་ཅིག་ཕྱིར་འོང་བའི་འབྲས་བུ་ཡིད་ལ་མ་བགྱིས། ཕྱིར་མི་འོང་བའི་འབྲས་བུ་ཡིད་ལ་མ་བགྱིས། དགྲ་བཅོམ་པ་ཉིད་ཡིད་ལ་མ་བགྱིས། རང་བྱང་ཆུབ་ཡིད་ལ་མ་བགྱིས། ལམ་གྱི་རྣམ་པ་ཤེས་པ་ཉིད་ཡིད་ལ་མ་བགྱིས། རྣམ་པ་ཐམས་ཅད་མཁྱེན་པ་ཉིད་ཡིད་ལ་མ་བགྱིས་པར། དགེ་བའི་རྩ་བ་རྣམས②ཇི་ལྟར་རྣམ③པར་འཕེལ་བར་འགྱུར། དགེ་བའི་རྩ་བ་རྣམས་རྣམ་པར་མ④འཕེལ་ན་ཡང་། ཇི་ལྟར⑤ཕ་རོལ་ཏུ་ཕྱིན་པ་དྲུག་ཡོངས་སུ་རྫོགས་པར་འགྱུར⑥། ཕ་རོལ་ཏུ་ཕྱིན་པ་དྲུག་ཡོངས་སུ་མ་རྫོགས་ན་ཡང་། ཇི་ལྟར་རྣམ་པ་ཐམས་ཅད་མཁྱེན་པ་ཉིད་འཐོབ⑦པར་འགྱུར། བཅོམ་ལྡན་འདས་ཀྱིས་བཀའ་སྩལ་པ། རབ་འབྱོར་ནམ་གཟུགས་ཡིད་ལ་མི་བྱེད། ཚོར་བ་ཡིད་ལ་མི་བྱེད། འདུ་ཤེས་ཡིད་ལ་མི་བྱེད། འདུ་བྱེད་ཡིད་ལ་མི་བྱེད། རྣམ་པར་ཤེས་པ་ཡིད་ལ་མི་བྱེད། མིག་ཡིད་ལ་མི་བྱེད། རྣ་བ་ཡིད་ལ་མི་བྱེད། སྣ་ཡིད་ལ་མི་བྱེད། ལྕེ་ཡིད་ལ་མི་བྱེད། ལུས་ཡིད་ལ་མི་བྱེད། ཡིད་ཡིད་ལ་མི་བྱེད། གཟུགས་ཡིད་ལ་མི་བྱེད། སྒྲ་ཡིད་ལ་མི་བྱེད། དྲི་ཡིད་ལ་མི་བྱེད། རོ་ཡིད་ལ་མི་བྱེད། རེག་ཡིད་ལ་མི་བྱེད། ཆོས་ཡིད་ལ་མི་བྱེད། མིག་གི་རྣམ་པར་ཤེས་པ་ཡིད་ལ་མི་བྱེད། རྣ་བའི་རྣམ་པར་ཤེས་པ་ཡིད་ལ་མི་བྱེད། སྣའི་རྣམ་པར་ཤེས་པ་ཡིད་ལ་མི་བྱེད། ལྕེའི་རྣམ་པར་ཤེས་པ་ཡིད་ལ་མི་བྱེད། ལུས་ཀྱི་རྣམ་པར་ཤེས་པ་ཡིད་ལ་མི་བྱེད། ཡིད་ཀྱི་རྣམ་

པར་ཤེས་པ་ཡིད་ལ་མྱི་བྱེད། མྱིག་གི་འདུས་ཏེ་རེག་པ་ཡིད་ལ་མྱི་བྱེད། རྣ་བའི་འདུས་ཏེ་རེག་པ་ཡིད་ལ་མྱི་བྱེད། སྣའི་འདུས་ཏེ་རེག་པ་ཡིད་ལ་མི་བྱེད། ལྕེའི་འདུས་ཏེ་རེག་པ་ཡིད་ལ་མི་བྱེད། ལུས་ཀྱི་འདུས་ཏེ་རེག་པ་ཡིད་ལ་མི་བྱེད། ཡིད་ཀྱི་འདུས་ཏེ་རེག་པ་ཡིད་ལ་མྱི་བྱེད། མྱིག་གི་འདུས་ཏེ་རེག་པ་ལས་བྱུང་བའི་ཚོར་བ་ཡིད་ལ་མྱི་བྱེད། རྣ་བའི་འདུས་ཏེ་རེག་པ་ལས་བྱུང་བའི་ཚོར་བ་ཡིད་ལ་མྱི་བྱེད། སྣའི་འདུས་ཏེ་རེག་པ་ལས་བྱུང་བའི་ཚོར་བ་ཡིད་ལ་མི་བྱེད། ལྕེའི་འདུས་ཏེ་རེག་པ་ལས་བྱུང་བའི་ཚོར་བ་ཡིད་ལ་མྱི་བྱེད། ལུས་ཀྱི་འདུས་ཏེ་རེག་པ་ལས་བྱུང་བའི་ཚོར་བ་ཡིད་ལ་མྱི་བྱེད། ཡིད་ཀྱི་འདུས་ཏེ་རེག་པ་ལས་བྱུང་བའི་ཚོར་བ་ཡིད་ལ་མྱི་བྱེད། སའི་ཁམས་ཡིད་ལ་མྱི་བྱེད། ཆུའི་ཁམས་ཡིད་ལ་མྱི་བྱེད། མྱིའི་ཁམས[1]ཡིད་ལ་མྱི་བྱེད། རླུང་གི་ཁམས་ཡིད་ལ་མྱི་བྱེད། ནམ་མཁའི་ཁམས་ཡིད་ལ་མྱི་བྱེད། རྣམ་པར་ཤེས་པའི་ཁམས་ཡིད་ལ་མྱི་བྱེད། མ་རིག་པ་ཡིད་ལ་མྱི་བྱེད། འདུ་བྱེད་ཡིད་ལ་མྱི་བྱེད། རྣམ་པར་ཤེས་པ་ཡིད་ལ་མྱི་བྱེད། མྱིང་དང་གཟུགས་ཡིད་ལ་མྱི་བྱེད། སྐྱེ་མཆེད་དྲུག་ཡིད་ལ་མྱི་བྱེད། རེག་པ་ཡིད་ལ་མྱི་བྱེད། ཚོར་བ་ཡིད་ལ་མྱི་བྱེད། སྲིད་པ་ཡིད་ལ་མྱི་བྱེད། ལེན་པ་ཡིད་ལ་མྱི་བྱེད། སྲིད་པ་ཡིད་ལ་མི་བྱེད། སྐྱེ་བ་ཡིད་ལ་མྱི་བྱེད། རྒ་ཤི་ཡིད་ལ་མྱི་བྱེད། སྦྱིན་པའི་ཕ་རོལ་ཏུ་ཕྱིནད་པ་ཡིད་ལ་མྱི་བྱེད། ཚུལ་ཁྲིམས་ཀྱི་ཕ་རོལད་ཏུ་ཕྱིན་པ་ཡིད་ལ་མྱི་བྱེད། བཟོད་པའི་ཕ་རོལད་ཏུ་ཕྱིན་པ་ཡིད་ལ་མི་བྱེད། བརྩོན་འགྲུས་ཀྱི་ཕ་རོལ་ཏུ་ཕྱིན་པ་ཡིད་ལ་མྱི་བྱེད། བསམ་གཏན་གྱི་ཕ་རོལ་ཏུ་ཕྱིན་པ་ཡིད་ལ་མྱི་བྱེད། ཤེས་རབ་ཀྱི་ཕ་རོལད་ཏུ་ཕྱིནད་པ་ཡིད་ལ་མྱི་བྱེད། ནང་སྟོང་པ་ཉིད་ཡིད་ལ་མྱི་བྱེད། ཕྱི་སྟོང་པ་ཉིད་ཡིད་ལ་མྱི་བྱེད། ཕྱི་ནང་སྟོང་པ་ཉིད་ཡིད་ལ་མྱི་བྱེད། སྟོང་པ་ཉིད་སྟོང་པ་ཉིད་ཡིད་ལ་མི་བྱེད།

ཆེན་པོ་སྟོང་པ་ཉིད་ཡོད་ལ་མྱི་བྱེད། དོན་དམ་པ་སྟོང་པ་ཉིད་ཡོད་ལ་མི་བྱེད། འདུས་བྱས་སྟོང་པ་ཉིད་ཡོད་ལ་མྱི་བྱེད། འདུས་མ་བྱས་སྟོང་པ་ཉིད་ཡོད་[7]ལ་མྱི་བྱེད༏ མཐའ་ལས་འདས་པ་སྟོང་པ་ཉིད་ཡོད་ལ་མྱི་བྱེད། ཐོག་མ་དང་ཐ་མ་མྱེད་པ་སྟོང་པ་ཉིད་ཡོད་ལ་མྱི་བྱེད། དོར་བ་མྱེད་པ་སྟོང་པ་ཉིད་ཡོད་ལ་མྱི་བྱེད། རང་བཞིན་སྟོང་པ་ཉིད་ཡོད་ལ་མྱི་བྱེད། ཆོས་ཐམས་ཅད་སྟོང་པ་ཉིད་ཡོད་ལ་མྱི་བྱེད༏ རང་གི་མཚན་ཉིད་སྟོང་པ་ཉིད་ཡོད་ལ་མྱི་བྱེད། མྱི་དམྱིགས་པ་སྟོང་པ་ཉིད་ཡོད་ལ་མྱི་བྱེད། དངོས་པོ་མྱེད་པ་སྟོང་པ་ཉིད་ཡོད་ལ་མྱི་བྱེད། ངོ་བོ་ཉིད་སྟོང་པ་ཉིད་ཡོད་ལ་མྱི་བྱེད། དངོས་པོ་མྱེད་པའི་ངོ་བོ་ཉིད་སྟོང་པ་ཉིད་ཡོད་ལ་མྱི་བྱེད། དྲན་པ་ཉེ་བར་གཞག་པ་བཞི་ཡོད་ལ་མྱི་བྱེད། ཡང་དག་པར་སྤོང་བ་བཞི་ཡོད་ལ་མྱི་བྱེད། རྫུ་འཕྲུལ་གྱི་རྐང་པ་བཞི་ཡོད་ལ་མྱི་བྱེད། དབང་པོ་ལྔ་ཡོད་ལ་མྱི་བྱེད། སྟོབས་ལྔ་ཡོད་ལ་མྱི་བྱེད། བྱང་ཆུབ་ཀྱི་ཡན་ལག་བདུན་ཡོད་ལ་མི་བྱེད། འཕགས་པའི་ལམ་ཡན་ལག་བརྒྱད་པ་ཡོད་ལ་མྱི་བྱེད། འཕགས་པའི་བདེན་པ་བཞི་ཡོད་ལ་མྱི་བྱེད། བསམ་གཏན་བཞི་ཡོད་ལ་མྱི་བྱེད། ཚད་མྱེད་པ་བཞི་ཡོད་ལ་མྱི་བྱེད། གཟུགས་མེད་པའི་སྙོམས་པར་འཇུག་པ་བཞི་ཡོད་ལ་མྱི་བྱེད། རྣམ་པར་ཐར་པ་བརྒྱད་ཡོད་ལ་མྱི་[8]བྱེད། མཐར་གྱིས་གནས་པའི་སྙོམས་པར་འཇུག་པ་དགུ་ཡོད་ལ་མྱི་བྱེད། རྣམ་པར་ཐར་པའི་སྒོ་སྟོང་པ་ཉིད་དང༏ མཚན་མ་མྱེད་པ་དང་། སྨོན་པ་མྱེད་པ་ཡོད་ལ་མི་བྱེད། མངོན་པར་ཤེས་པ་རྣམས་ཡོད་ལ་མྱི་བྱེད། ཏིང་ངེ་འཛིན་རྣམས་ཡོད་ལ་མྱི་བྱེད། གཟུངས་ཀྱི་སྒོ་རྣམས་ཡོད་ལ་མྱི་བྱེད། དེ་བཞིན་གཤེགས་པའི་སྟོབས་བཅུ་ཡོད་ལ་མི་བྱེད། མྱི་འཇིགས་པ་བཞི་ཡོད་ལ་མྱི་བྱེད། སོ་སོ་ཡང་དག་པར་རིག་པ་བཞི་ཡོད་ལ་མྱི་བྱེད༏ [9]སྙིང་རྗེ་ཆེན་པོ་ཡོད་ལ་མྱི་བྱེད། སངས་རྒྱས་ཀྱི་ཆོས་མ་འདྲེས་པ་བཅོ་

བརྒྱད་ཡིད་ལ་མི་བྱེད། རྒྱུན་དུ་ཞུགས་པའི་འབྲས་བུ་ཡིད་ལ་མི་བྱེད། ལན་ཅིག་ཕྱིར་འོང་བའི་འབྲས་བུ་ཡིད་ལ་མི་བྱེད། ཕྱིར་མི་འོང་བའི་འབྲས་བུ་ཡིད་ལ་མི་བྱེད། དགྲ་བཅོམ་པ་ཉིད་ཡིད་ལ་མི་བྱེད། རང་བྱང་ཆུབ་ཡིད་ལ་མི་བྱེད། བླ་ན་མེད་པ་ཡང་དག་པར་རྫོགས་པའི་བྱང་ཆུབ་ཡིད་ལ་མི་བྱེད་པ་དེའི་ཚེ། བྱང་ཆུབ་སེམས་དཔའ་སེམས་དཔའ་ཆེན་པོའི་དགེ་བའི་རྩ་བ་རྣམས་རྣམ་པར་འཕེལ····བར་འགྱུར་ཏེ། དགེ་བའི་རྩ་བ་རྣམ་པར་འཕེལ་བས། ཕ་རོལ་ཏུ་ཕྱིན་པ་དྲུག་ཡོངས་སུ་རྫོགས་པར་འགྱུར་རོ། །ཕ་རོལ་ཏུ་ཕྱིན་པ་དྲུག་ཡོངས་སུ་རྫོགས་པས། རྣམ་པ་ཐམས་ཅད་མཁྱེན་པ་ཉིད་ཐོབ་པར་འགྱུར་རོ། །དེ་ཅིའི་ཕྱིར་ཞེ་ན། གཟུགས་ཡིད་ལ་མ་བྱས། ཚོར་བ་ཡིད་ལ་མ་བྱས། འདུ་ཤེས་ཡིད་ལ་མ་བྱས། འདུ་བྱེད་ཡིད་ལ་མ་བྱས། རྣམ་པར་ཤེས་པ་ཡིད་ལ་མ་བྱས། མིག་ཡིད་ལ་མ་བྱས། རྣ་བ་ཡིད་ལ་མ་བྱས། སྣ་ཡིད་ལ་མ་བྱས། ལྗེ་ཡིད་ལ་མ་བྱས། ལུས་ཡིད་ལ་མ་བྱས། ཡིད་ཡིད་ལ་མ་བྱས། གཟུགས་ཡིད་ལ་མ་བྱས། སྒྲ་ཡིད་ལ་མ་བྱས། དྲི་ཡིད་ལ་མ་བྱས། རོ་ཡིད་ལ་མ་བྱས། རེག་ཡིད་ལ་མ་བྱས། ཆོས་ཡིད་ལ་མ་བྱས། མིག་གི་རྣམ་པར་ཤེས་པ་ཡིད་ལ་མ་བྱས། རྣ་བའི་རྣམ་པར་ཤེས་པ་ཡིད་ལ་མ་བྱས། སྣའི་རྣམ་པར་ཤེས་པ་ཡིད་ལ་མ་བྱས། ལྗེའི་རྣམ་པར་ཤེས་པ་ཡིད་ལ་མ་བྱས། ལུས་ཀྱི་རྣམ་པར་ཤེས་པ་ཡིད་ལ་མ་བྱས། ཡིད་ཀྱི་རྣམ་པར་ཤེས་པ་ཡིད་ལ་མ་བྱས། མིག་གི་འདུས་ཏེ་རེག་པ་ཡིད་ལ་མ་བྱས། རྣ་བའི་འདུས་ཏེ་རེག་པ་ཡིད་ལ་མ་བྱས། སྣའི་འདུས་ཏེ་རེག་པ་ཡིད་ལ་མ་བྱས། ལྗེའི་འདུས་ཏེ་རེག་པ་[7]ཡིད་ལ་མ་བྱས། ལུས་ཀྱི་འདུས་ཏེ་རེག་པ་ཡིད་ལ་མ་བྱས། ཡིད་ཀྱི་འདུས་ཏེ་རེག་པ་ཡིད་ལ་མ་བྱས། མིག་གི་འདུས་ཏེ་རེག་པའི་རྐྱེན་གྱིས་ཚོར་བ་ཡིད་ལ་མ་བྱས། རྣ་བའི་འདུས་ཏེ་རེག་པའི་རྐྱེན་གྱིས་ཚོར་བ་ཡིད་ལ་མ་

བྱས། སྣའི་འདུས་ཏེ་རེག་པའི་རྐྱེན་གྱིས་ཚོར་བ་ཡོད་ལ་མ་བྱས། ལྕེའི་འདུས་ཏེ་རེག་པའི་རྐྱེན་གྱིས་ཚོར་བ་ཡོད་ལ་མ་བྱས། ལུས་ཀྱི་འདུས་ཏེ་རེག་པའི་རྐྱེན་གྱིས་ཚོར་བ་ཡོད་ལ་མ་བྱས། ཡིད་ཀྱི་འདུས་ཏེ་རེག་པའི་རྐྱེན་གྱིས་ཚོར་བ་ཡོད་ལ་མ་བྱས། སའི་ཁམས་ཡོད་ལ་མ་བྱས། ཆུའི་ཁམས་ཡོད་ལ་མ་བྱས། མེའི་ཁམས་ཡོད་ལ་མ་བྱས། རླུང་གི་ཁམས་ཡོད་ལ་མ་བྱས། ནམ་མཁའི་ཁམས་ཡོད་ལ་མ་བྱས། རྣམ་པར་ཤེས་པའི་ཁམས་ཡོད་ལ་མ་བྱས། མ་རིག་པ་ཡོད་ལ་མ་བྱས། འདུ་བྱེད་ཡོད་ལ་མ་བྱས། རྣམ་པར་ཤེས་པ་ཡོད་ལ་མ་བྱས། མིང་དང་གཟུགས་ཡོད་ལ་མ་བྱས། སྐྱེ་མཆེད་དྲུག་ཡོད་ལ་མ་བྱས། རེག་པ་ཡོད་ལ་མ་བྱས། ཚོར་བ་ཡོད་ལ་མ་བྱས། སྲེད་པ་ཡོད་ལ་མ་བྱས། ལེན་པ་ཡོད་ལ་མ་བྱས། སྲིད་པ་ཡོད་ལ་མ་བྱས། སྐྱེ་བ་ཡོད་ལ་མ་བྱས། རྒ་ཤི་ཡོད་ལ་མ་བྱས། སྦྱིན་པའི་ཕ་རོལ་ཏུ་ཕྱིན་པ་ཡོད་ལ་མ་བྱས། ཚུལ་ཁྲིམས་ཀྱི་ཕ་རོལ་ཏུ་ཕྱིན་པ་ཡོད་ལ་མ་བྱས། བཟོད་པའི་ཕ་རོལ་ཏུ་ཕྱིན་པ་ཡོད་ལ་མ་བྱས། བརྩོན་འགྲུས་ཀྱི་ཕ་རོལ་ཏུ་ཕྱིན་པ་ཡོད་ལ་མ་བྱས། བསམ་གཏན་གྱི་ཕ་རོལ་ཏུ་ཕྱིན་པ་ཡོད་ལ་མ་བྱས། ཤེས་རབ་ཀྱི་ཕ་རོལ་ཏུ་ཕྱིན་པ་ཡོད་ལ་མ་བྱས། ནང་སྟོང་པ་ཉིད་ཡོད་ལ་མ་བྱས། ཕྱི་སྟོང་པ་ཉིད་ཡོད་ལ་མ་[༧]བྱས། ཕྱི་ནང་སྟོང་པ་ཉིད་ཡོད་ལ་མ་བྱས། སྟོང་པ་ཉིད་སྟོང་པ་ཉིད་ཡོད་ལ་མ་བྱས། ཆེན་པོ་སྟོང་པ་ཉིད་ཡོད་ལ་མ་བྱས། དོན་དམ་པ་སྟོང་པ་ཉིད་ཡོད་ལ་མ་བྱས། འདུས་བྱས་སྟོང་པ་ཉིད་ཡོད་ལ་མ་བྱས། འདུས་མ་བྱས་སྟོང་པ་ཉིད་ཡོད་ལ་མ་བྱས། མཐའ་ལས་····འདས་པ་སྟོང་པ་ཉིད་ཡོད་ལ་མ་བྱས། ཐོག་མ་དང་ཐ་མ་མེད་པ་སྟོང་པ་ཉིད་·····ཡོད་ལ་མ་བྱས། དོར་བ་མེད་པ་སྟོང་པ་ཉིད་ཡོད་ལ་མ་བྱས། རང་བཞིན་སྟོང་པ་ཉིད་ཡོད་ལ་མ་བྱས། ཆོས་ཐམས་ཅད་སྟོང་པ་ཉིད་ཡོད་ལ་མ་བྱས། རང་གི་

མཚན་ཉིད་སྟོང་པ་ཉིད་ཡིད་ལ་མ་བྱས། མྱི་དམྱིགས་པ་སྟོང་པ་ཉིད་ཡིད་ལ་མ་བྱས༑ དངོས་པོ་མེད་པ་སྟོང་པ་ཉིད་ཡིད་ལ་མ་བྱས། ངོ་བོ་ཉིད་སྟོང་པ་ཉིད་ཡིད་ལ་མ་བྱས། དངོས་པོ་མྱེད་པའི་ངོ་བོ་ཉིད་སྟོང་པ་ཉིད་ཡིད་ལ་མ་བྱས། དྲན་པ་ཉེ་བར་གཞག་པ་བཞི་ཡིད་ལ་མ་བྱས། ཡང་དག་པར་སྤྱོང་བ་བཞི་ཡིད་ལ་མ་བྱས། རྫུ་འཕྲུལ་གྱི་རྐང་པ་བཞི་ཡིད་ལ་མ་བྱས། དབང་པོ་ལྔ་ཡིད་ལ་མ་བྱས། སྟོབས་ལྔ་ཡིད་ལ་མ་བྱས། བྱང་ཆུབ་ཀྱི་ཡན་ལག་བདུན་ཡིད་ལ་མ་བྱས། འཕགས་པའི་ལམ་ཡན་ལག་བརྒྱད་པ་ཡིད་ལ་མ་བྱས། འཕགས་པའི་བདེན་པ་བཞི་ཡིད་ལ་མ་བྱས། བསམ་གཏན་བཞི་ཡིད་ལ་མ་བྱས། ཚད་མྱེད་པ་བཞི་ཡིད་ལ་མ་བྱས། གཟུགས་མྱེད་པའི་སྙོམས་པར་འཇུག་པ་བཞི་ཡིད་ལ་མ་བྱས། རྣམ་པར་ཐར་པ་བརྒྱད་ཡིད་ལ་མ་བྱས། མཐར་གྱིས་གནས་པའི་སྙོམས་པར་····འཇུག་པ་དགུ་ཡིད་ལ་མ་བྱས། རྣམ་པར་ཐར་པའི་སྒོ་སྟོང་པ་ཉིད་དང་། མཚན་མ་མྱེད་པ་དང་། སྨོན་པ་མེད་པ་ཡིད་ལ་མ་བྱས། མངོན་པར་ཤེས་པ་རྣམས་ཡིད་ལ་མ་བྱས། ཏིང་ངེ་འཛིན་རྣམས་ཡིད་ལ་མ་བྱས། གཟུངས་ཀྱི་སྒོ་རྣམས་ཡིད་ལ་མ་བྱས། དེ་བཞིན་གཤེགས་པའི་སྟོབས་བཅུ་ཡིད་ལ་མ་བྱས། མྱི་འཇིགས་པ་བཞི་ཡིད་ལ་མ་བྱས། སོ་སོ་ཡང་དག་པར་རིག་པ་བཞི་ཡིད་ལ་མ····བྱས༑ [1]སྙིང་རྗེ་ཆེན་པོ་ཡིད་ལ་མ་བྱས། སངས་རྒྱས་ཀྱི་ཆོས་མ་འདྲེས་པ་བཅོ་བརྒྱད་ཡིད་ལ་མ་བྱས། རྒྱུན་དུ་ཞུགས་པའི་འབྲས་བུ་ཡིད་ལ་མ་བྱས། ལན་ཅིག་ཕྱིར་འོང་བའི་འབྲས་བུ་ཡིད་ལ་མ་བྱས། ཕྱིར་མྱི་འོང་བའི་འབྲས་བུ་ཡིད་ལ་མ་བྱས། དགྲ་བཅོམ་པ་ཉིད་ཡིད་ལ་མ་བྱས། རང་བྱང་ཆུབ་ཡིད་ལ་མ་བྱས[2]། བླ་ན་མེད་པ་ཡང་དག་པར་རྫོགས་པའི་བྱང་ཆུབ་ཏུ་མངོན་པར༔ རྫོགས་པར་[3]འཚང་རྒྱའོ། །གསོལ་པ། [4]དེ་[5]ཅིའི་སླད་དུ[6]། དེ་ལྟར་གཟུགས་ཡིད་ལ་མ་

བགྱིས། དེ་ལྟར་ཚོར་བ་ཡིད་ལ་མ་བགྱིས། དེ་ལྟར་འདུ་ཤེས་ཡིད་ལ་མ་བགྱིས། དེ་ལྟར་འདུ་བྱེད་ཡིད་ལ་མ་བགྱིས། དེ་ལྟར་རྣམ་པར་ཤེས་པ་ཡིད་ལ་མ་བགྱིས། དེ་ལྟར་མིག་ཡིད་ལ་མ་བགྱིས། དེ་ལྟར་རྣ་བ་ཡིད་ལ་མ་བགྱིས། དེ་ལྟར་སྣ་ཡིད་ལ་མ་བགྱིས། དེ་ལྟར་ལྕེ་ཡིད་ལ་མ་བགྱིས། དེ་ལྟར་ལུས་ཡིད་ལ་མ་བགྱིས། དེ་ལྟར་ཡིད་ཡིད་ལ་མ་བགྱིས། དེ་ལྟར་གཟུགས་ཡིད་ལ་མ་བགྱིས། དེ་ལྟར་སྒྲ་ཡིད་ལ་མ་བགྱིས། དེ་ལྟར་དྲི་ཡིད་ལ་མ་བགྱིས། དེ་ལྟར་རོ་ཡིད་ལ་མ་བགྱིས། དེ་ལྟར་རེག་ཡིད་ལ་མ་བགྱིས། དེ་ལྟར་ཆོས་ཡིད་ལ་མ་བགྱིས། དེ་ལྟར་མིག་གི་རྣམ་པར་ཤེས་པ་ཡིད་ལ་མ་བགྱིས། དེ་ལྟར་རྣ་བའི་རྣམ་པར་ཤེས་པ་ཡིད་ལ་མ་བགྱིས། དེ་ལྟར་སྣའི་རྣམ་པར་ཤེས་པ་ཡིད་ལ་མ་བགྱིས། དེ་ལྟར་ལྕེའི་རྣམ་པར་ཤེས་པ་ཡིད་ལ་མ་བགྱིས། དེ་ལྟར་ལུས་ཀྱི་(༢)རྣམ་པར་ཤེས་པ་ཡིད་ལ་མ····བགྱིས། དེ་ལྟར་ཡིད་ཀྱི་རྣམ་པར་ཤེས་པ་ཡིད་ལ་མ་བགྱིས། དེ་ལྟར་མིག་གི་འདུས་ཏེ་རེག་པ་ཡིད་ལ་མ་བགྱིས། དེ་ལྟར་རྣ་བའི་འདུས་ཏེ་རེག་པ་ཡིད་ལ་མ་བགྱིས། དེ་ལྟར་(༣)སྣའི་འདུས་ཏེ་རེག་པ་ཡིད་ལ་མ་བགྱིས། དེ་ལྟར་ལྕེའི་འདུས་ཏེ་རེག་པ་ཡིད་ལ་མ་བགྱིས། དེ་ལྟར་ལུས་ཀྱི་(༤)འདུས་ཏེ་རེག་པ་ཡིད་ལ་མ་བགྱིས། དེ་ལྟར་ཡིད་ཀྱི་འདུས་ཏེ་རེག་པ་ཡིད་ལ་མ་བགྱིས། དེ་ལྟར་མིག་གི་འདུས་ཏེ་རེག་པའི་རྐྱེན་གྱིས་ཚོར་བ་ཡིད་ལ་མ་བགྱིས། དེ་ལྟར་རྣ་བའི་འདུས་ཏེ་རེག་པའི་རྐྱེན་གྱིས་ཚོར་བ་ཡིད་ལ་མ་བགྱིས། དེ་ལྟར་སྣའི་འདུས་ཏེ་རེག་པའི་རྐྱེན་གྱིས་ཚོར་བ་ཡིད་ལ་མ་བགྱིས། དེ་ལྟར་ལྕེའི་འདུས་ཏེ་རེག་པའི་རྐྱེན་གྱིས་ཚོར་བ་ཡིད་ལ་མ་བགྱིས། དེ་ལྟར་ལུས་ཀྱི་འདུས་ཏེ་རེག་པའི་རྐྱེན་གྱིས་ཚོར་བ་ཡིད་ལ་མ་བགྱིས། དེ་ལྟར་ཡིད་ཀྱི་འདུས་ཏེ་རེག་པའི་རྐྱེན་གྱིས་ཚོར་བ་ཡིད་ལ་མ་བགྱིས། དེ་ལྟར་སའི་ཁམས་ཡིད་ལ་མ་བགྱིས། དེ་ལྟར་ཆུའི་ཁམས་ཡིད་ལ་མ་བགྱིས། དེ་ལྟར་

མེའི་ཁམས་ཡོད་ལ་མ་བགྱིས། དེ་ལྟར་རླུང་གི་ཁམས་ཡོད་ལ་མ་བགྱིས། དེ་ལྟར་ནམ་མཁའི་ཁམས་ཡོད་ལ་མ་བགྱིས། དེ་ལྟར་རྣམ་པར་ཤེས་པའི་ཁམས་ཡོད་ལ་མ་བགྱིས། དེ་ལྟར་མ་རིག་པ་ཡོད་ལ་མ་བགྱིས། དེ་ལྟར་འདུ་བྱེད་ཡོད་ལ་མ་བགྱིས། དེ་ལྟར་རྣམ་པར་ཤེས་པ་ཡོད་ལ་མ་བགྱིས། དེ་ལྟར་མིང་དང་གཟུགས་ཡོད་ལ་མ་བགྱིས། དེ་ལྟར་སྐྱེ་མཆེད་དྲུག་ཡོད་ལ་མ་བགྱིས། དེ་ལྟར་རེག་པ་ཡོད་ལ་མ་བགྱིས། དེ་ལྟར་ཚོར་བ་ཡོད་ལ་མ་བགྱིས། དེ་ལྟར་སྲེད་པ་ཡོད་ལ་མ་བགྱིས། དེ་ལྟར་ལེན་པ་ཡོད་ལ་མ་བགྱིས། དེ་ལྟར་སྲིད་པ་ཡོད་ལ་མ་བགྱིས། དེ་ལྟར་སྐྱེ་བ་ཡོད་ལ་མ་བགྱིས། དེ་ལྟར་རྒ་ཤི་ཡོད་ལ་མ་བགྱིས། དེ་ལྟར་སྦྱིན་པའི་ཕ་རོལ་ཏུ་ཕྱིན་པ་ཡོད་ལ་མ་བགྱིས། དེ་ལྟར་ཚུལ་ཁྲིམས་ཀྱི་ཕ་རོལ་ཏུ་ཕྱིན་པ་ཡོད་ལ་མ་བགྱིས། དེ་ལྟར་བཟོད་པའི་ཕ་རོལ་ཏུ་ཕྱིན་པ་ཡོད་ལ་མ་བགྱིས། དེ་ལྟར་བརྩོན་འགྲུས་ཀྱི་ཕ་རོལ་ཏུ་ཕྱིན་པ་ཡོད་ལ་མ་བགྱིས། དེ་ལྟར་བསམ་གཏན་གྱི་ཕ་རོལ་ཏུ་ཕྱིན་པ་ཡོད་ལ་མ་བགྱིས། དེ་ལྟར་ཤེས་རབ་ཀྱི་ཕ་རོལ་ཏུ་ཕྱིན་པ་ཡོད་ལ་མ་བགྱིས། དེ་ལྟར་ནང་སྟོང་པ་ཉིད་ཡོད་ལ་མ་བགྱིས། དེ་ལྟར་ཕྱི་སྟོང་པ་ཉིད་ཡོད་ལ་མ་བགྱིས། དེ་ལྟར་ཕྱི་ནང་སྟོང་པ་ཉིད་ཡོད་ལ་མ་བགྱིས། དེ་ལྟར་སྟོང་པ་ཉིད་སྟོང་པ་ཉིད་ཡོད་ལ་མ་བགྱིས། དེ་ལྟར་ཆེན་པོ་སྟོང་པ་ཉིད་ཡོད་ལ་མ་བགྱིས། དེ་ལྟར་དོན་དམ་པ་སྟོང་པ་ཉིད་ཡོད་ལ་མ་བགྱིས། དེ་ལྟར་འདུས་བྱས་སྟོང་པ་ཉིད་ཡོད་ལ་མ་བགྱིས། དེ་ལྟར་འདུས་མ་བྱས་སྟོང་པ་ཉིད་ཡོད་ལ་མ་བགྱིས། དེ་ལྟར་མཐའ་ལས་འདས་པ་སྟོང་པ་ཉིད་ཡོད་ལ་མ་བགྱིས། དེ་ལྟར་ཐོག་མ་དང་ཐ་མ་མེད་པ་སྟོང་པ་ཉིད་ཡོད་ལ་མ་བགྱིས། དེ་ལྟར་དོར་བ་མེད་པ་སྟོང་པ་ཉིད་ཡོད་ལ་མ་བགྱིས། དེ་ལྟར་རང་བཞིན་སྟོང་པ་ཉིད་ཡོད་ལ་མ་བགྱིས། དེ་ལྟར་ཆོས་ཐམས་ཅད་སྟོང་པ་ཉིད་ཡོད་ལ་མ་བགྱིས། དེ་ལྟར་རང་

གི་མཚན་ཉིད་སྟོང་པ་ཉིད་ཡིད་ལ་མ་བགྱིས། དེ་ལྟར་མྱི་དམྱིགས་པ་སྟོང་པ་ཉིད་ཡིད་ལ་མ་བགྱིས། དེ་ལྟར་དངོས་པོ་མྱེད་པ་སྟོང་པ་ཉིད་ཡིད་ལ་མ་བགྱིས། དེ་ལྟར་ངོ་བོ་ཉིད་སྟོང་པ་ཉིད་ཡིད་ལ་མ་བགྱིས། དེ་ལྟར་དངོས་པོ་མེད་པའི་ངོ་བོ་ཉིད་སྟོང་པ་ཉིད་ཡིད་ལ་མ་བགྱིས། དེ་ལྟར་དྲན་པ་ཉེ་བར་གཞག་པ་བཞི་ཡིད་ལ་མ་བགྱིས། དེ་ལྟར་ཡང་དག་པར་སྤོང་བ་བཞི་ཡིད་ལ་མ་བགྱིས། དེ་ལྟར་རྫུ་འཕྲུལ་གྱི་རྐང་པ་བཞི་ཡིད་ལ་མ་བགྱིས། དེ་ལྟར་དབང་པོ་ལྔ་ཡིད་ལ་མ་བགྱིས། དེ་ལྟར་སྟོབས་ལྔ་ཡིད་ལ་མ་བགྱིས། དེ་ལྟར་བྱང་ཆུབ་ཀྱི་ཡན་[༧]ལག་བདུན་ཡིད་ལ་མ་བགྱིས། དེ་ལྟར་འཕགས་པའི་ལམ་ཡན་ལག་བརྒྱད་པ་ཡིད་ལ་མ་བགྱིས། དེ་ལྟར་འཕགས་པའི་བདེན་པ་བཞི་ཡིད་ལ་མ་བགྱིས། དེ་ལྟར་བསམ་གཏན་བཞི་ཡིད་ལ་མ་བགྱིས། དེ་ལྟར་ཚད་མེད་པ་བཞི་ཡིད་ལ་མ་བགྱིས། དེ་ལྟར་གཟུགས་མྱེད་པའི་སྙོམས་པར་འཇུག་པ་བཞི་ཡིད་ལ་མ་བགྱིས། དེ་ལྟར་རྣམ་པར་ཐར་པ་བརྒྱད་ཡིད་ལ་མ་བགྱིས། དེ་ལྟར་མཐར་གྱིས་གནས་པའི་སྙོམས་པར་འཇུག་པ་དགུ་ཡིད་ལ་མ་བགྱིས། དེ་ལྟར་རྣམ་པར་ཐར་པའི་སྒོ་སྟོང་པ་ཉིད་དང་། མཚན་མ་མེད་པ་དང་། སྨོན་པ་མྱེད་པ་ཡིད་ལ་མ་བགྱིས། དེ་ལྟར་མངོན་པར་ཤེས་པ་རྣམས་ཡིད་ལ་མ་བགྱིས། དེ་ལྟར་ཏིང་ངེ་འཛིན་རྣམས་ཡིད་ལ་མ་བགྱིས། དེ་ལྟར་གཟུངས་ཀྱི་སྒོ་རྣམས་ཡིད་ལ་མ་བགྱིས། དེ་ལྟར་དེ་བཞིན་གཤེགས་པའི་སྟོབས་བཅུ་ཡིད་ལ་མ་བགྱིས། དེ་ལྟར་མྱི་འཇིགས་པ་བཞི་ཡིད་ལ་མ་བགྱིས། དེ་ལྟར་སོ་སོ་ཡང་དག་པར་རིག་པ་བཞི་ཡིད་ལ་མ་བགྱིས། [༣]དེ་ལྟར་སྙིང་རྗེ་ཆེན་པོ་ཡིད་ལ་མ་བགྱིས། དེ་ལྟར་སངས་རྒྱས་ཀྱི་ཆོས་མ་འདྲེས་པ་བཅོ་བརྒྱད་ཡིད་ལ་མ་བགྱིས། དེ་ལྟར་རྒྱུན་ཏུ་ཞུགས་པའི་འབྲས་བུ་ཡིད་ལ་མ་བགྱིས། དེ་ལྟར་ལན་ཅིག་ཕྱིར་འོང་བའི་འབྲས་བུ་ཡིད་ལ་མ་བགྱིས། དེ་ལྟར་ཕྱིར་མྱི་འོང་བའི་

འབྲས་བུ་ཡིད་ལ་མ་བགྱིས། དེ་ལྟར་དགྲ་བཅོམ་པ་ཉིད་ཡིད་ལ་མ་བགྱིས། དེ་ལྟར་རང་[༡]བྱང་ཆུབ་ཡིད་ལ་མ་བགྱིས། དེ་ལྟར་བླ་ན་མེད་པ་ཡང་དག་པར་རྫོགས་པའི་བྱང་ཆུབ་ཡིད་ལ་མ་བགྱིས་པར་རྣམ་པ་ཐམས་ཅད་མཁྱེན་པ་ཉིད་ཐོབ་པར་འགྱུར[༢]། བཅོམ་ལྡན་འདས་ཀྱིས་བཀའ་སྩལ་པ། ཡིད་ལ་བྱེད་པས[༣]ནི་གལ་ཏེ་འདོད་པའི་ཁམས་སམ། གལ་ཏེ་གཟུགས་ཀྱི་ཁམས་སམ། གལ་ཏེ་གཟུགས་མེད་པའི་ཁམས་སུ་འདྲེ་བར་འགྱུར་ཏེ། ཡིད་ལ་མི་བྱེད་པས་ནི་གང་དུ་ཡང་འདྲེ་བར་མི་འགྱུར་རོ། །རབ་འབྱོར་བྱང་ཆུབ་སེམས་དཔའ་སེམས་དཔའ་ཆེན་པོས། ཤེས་རབ་ཀྱི་ཕ་རོལ་ཏུ་ཕྱིན་པ་ལ་སྤྱོད་པའི་ཚེ། ཆོས་གང་དང་ཡང[༤]འདྲེ་བར་མི་བྱའོ། །གསོལ་པ། བཅོམ་ལྡན་འདས་བྱང་ཆུབ་སེམས་དཔའ་སེམས་དཔའ་ཆེན་པོ[༥]ཤེས་རབ་ཀྱི་ཕ་རོལ་ཏུ་ཕྱིན་པ་ལ[༦]དེ་ལྟར་སྤྱོད་པ་དེ་གང་ལ་གནས་པར་འགྱུར། བཅོམ་ལྡན་འདས་ཀྱིས་བཀའ་སྩལ་པ། རབ་འབྱོར་དེ་ལྟར་སྤྱོད་པའི་བྱང་ཆུབ་སེམས་དཔའ་སེམས་དཔའ་ཆེན་པོ་ནི། གཟུགས་ལ་གནས་པར་མི་འགྱུར་རོ། །ཚོར་བ་ལ་གནས་པར་མི་འགྱུར་རོ། །འདུ་ཤེས་ལ་གནས་པར་མི་འགྱུར་རོ། །འདུ་བྱེད་ལ་གནས་པར་མི་འགྱུར་རོ། །རྣམ་པར་ཤེས་པ་ལ་གནས་པར་མི་འགྱུར་རོ། །མིག་ལ་གནས་པར་མི་འགྱུར་རོ། །རྣ་བ་ལ་གནས་པར་མི་འགྱུར་རོ། །སྣ་ལ་གནས་པར་མི་འགྱུར་རོ། །ལྕེ་ལ་གནས་པར་མི་འགྱུར་རོ། །ལུས་ལ་གནས་པར་མི་འགྱུར་རོ། །ཡིད་ལ་གནས་པར་མི་འགྱུར་རོ༑ །གཟུགས་ལ་གནས་པར་མི་འགྱུར་རོ། །སྒྲ་ལ་གནས་པར་མི་འགྱུར་རོ། །དྲི་ལ་གནས་པར་མི་འགྱུར་རོ། །རོ་ལ་གནས་པར་མི་འགྱུར་རོ། །རེག་ལ་གནས་པར་མི་འགྱུར་རོ། །ཆོས་ལ་གནས་པར་མི་འགྱུར་རོ། །མིག་གི་རྣམ་པར་ཤེས་པ་ལ་གནས་པར་མི་འགྱུར་རོ། །རྣ་བའི་རྣམ་པར་ཤེས་པ་ལ་གནས་པར་མི་འགྱུར་

རོ། །སྣའི་རྣམ་པར་ཤེས་པ་ལ་གནས་པར་མི་འགྱུར་རོ། །ལྕེའི་རྣམ་པར་ཤེས་པ་ལ་གནས་པར་མི་འགྱུར་རོ། །ལུས་ཀྱི་རྣམ་པར་ཤེས་པ་ལ་གནས་པར་མི་འགྱུར་རོ། །ཡིད་ཀྱི་རྣམ་པར་ཤེས་པ་ལ་གནས་པར་མི་འགྱུར་རོ། །མིག་གི་འདུས་ཏེ་རེག་པ་ལ་གནས་པར་མི་འགྱུར་རོ། །རྣ་བའི་འདུས་ཏེ་རེག་པ་ལ་གནས་པར་མི་འགྱུར་རོ། །སྣའི་འདུས་ཏེ་རེག་པ་ལ་གནས་པར་མི་འགྱུར་རོ། །ལྕེའི་འདུས་ཏེ་རེག་པ་ལ་གནས་པར་མི་འགྱུར་རོ། །ལུས་ཀྱི་འདུས་ཏེ་རེག་པ་ལ་གནས་པར་མི་འགྱུར་རོ། །ཡིད་ཀྱི་འདུས་ཏེ་རེག་པ་ལ་གནས་པར་མི་འགྱུར་རོ། །མིག་གི་འདུས་①ཏེ་རེག་པའི་རྐྱེན་གྱིས་ཚོར་བ་ལ་གནས་པར་མི་འགྱུར་རོ། །རྣ་བའི་……འདུས་ཏེ་རེག་པའི་རྐྱེན་གྱིས་ཚོར་བ་ལ་གནས་པར་མི་འགྱུར་རོ། །སྣའི་འདུས་ཏེ་རེག་པའི་རྐྱེན་གྱིས་ཚོར་བ་ལ་གནས་པར་མི་འགྱུར་རོ། །ལྕེའི་འདུས་ཏེ་རེག་པའི་རྐྱེན་གྱིས་ཚོར་བ་ལ་གནས་པར་མི་འགྱུར་རོ། །ལུས་ཀྱི་འདུས་ཏེ་རེག་པའི་རྐྱེན་གྱིས་ཚོར་བ་ལ་གནས་པར་མི་འགྱུར་རོ། །ཡིད་ཀྱི་འདུས་ཏེ་རེག་པའི་རྐྱེན་གྱིས་ཚོར་བ་ལ་གནས་པར་མི་འགྱུར་རོ། །སའི་ཁམས་ལ་གནས་པར་མི་འགྱུར་རོ། །ཆུའི་ཁམས་ལ་གནས་པར་མི་འགྱུར་རོ། །མེའི་ཁམས་ལ་གནས་པར་མི་འགྱུར་རོ། །རླུང་གི་ཁམས་ལ་གནས་པར་མི་འགྱུར་རོ། །ནམ་མཁའི་ཁམས་ལ་གནས་པར་མི་འགྱུར་རོ། །རྣམ་པར་ཤེས་པའི་ཁམས་ལ་གནས་པར་མི་འགྱུར་རོ། །མ་རིག་པ་ལ་གནས་པར་མི་འགྱུར་རོ། །འདུ་བྱེད་ལ་གནས་པར་མི་འགྱུར་རོ། །རྣམ་པར་ཤེས་པ་ལ་གནས་པར་མི་འགྱུར་རོ། །མིང་དང་གཟུགས་ལ་གནས་པར་མི་འགྱུར་རོ། །སྐྱེ་མཆེད་དྲུག་ལ་གནས་པར་མི་འགྱུར་རོ། །རེག་པ་ལ་གནས་པར་མི་འགྱུར་རོ། །ཚོར་བ་ལ་གནས་པར་མི་འགྱུར་རོ། །སྲེད་པ་ལ་གནས་པར་མི་འགྱུར་རོ། །ལེན་པ་ལ་གནས་པར་མི་འགྱུར་རོ། །སྲིད་པ་ལ་གནས་པར་མི་

འགྱུར་རོ། །སྐྱེ་བ་ལ་གནས་པར་མྱི་འགྱུར་རོ། །རྒ་ཤི་ལ་གནས་པར་མྱི་འགྱུར་
རོ༑ །སྦྱིན་པའི་ཕ་རོལ་ཏུ་ཕྱིན་པ་ལ་གནས་པར་མྱི་འགྱུར་རོ། །ཚུལ་ཁྲིམས་ཀྱི་
ཕ་རོལ་ཏུ་ཕྱིན་པ་ལ་གནས་པར་མྱི་འགྱུར་རོ། །བཟོད་པའི་ཕ་རོལ་ཏུ་ཕྱིན་པ་ལ་
གནས་པར་མྱི་འགྱུར་རོ། །བརྩོན་འགྲུས་ཀྱི་ཕ་རོལ་ཏུ་ཕྱིན་པ་ལ་གནས་པར་མྱི་
འགྱུར་རོ། །བསམ་གཏན་གྱི་ཕ་རོལ་ཏུ་ཕྱིན་པ་ལ་གནས་པར་མྱི་འགྱུར་རོ། །
ཤེས་རབ་ཀྱི་ཕ་རོལ་ཏུ་ཕྱིན་པ་ལ་གནས་པར་མྱི་འགྱུར་རོ། །ནང་སྟོང་པ་ཉིད་ལ་
གནས་པར་མྱི་འགྱུར་རོ། །ཕྱི་སྟོང་པ་ཉིད་ལ་གནས་པར་མྱི་འགྱུར་རོ། །ཕྱི་ནང་
སྟོང་པ་ཉིད་ལ་གནས་པར་མྱི་འགྱུར་རོ། །སྟོང་པ་ཉིད་སྟོང་པ་ཉིད་ལ་གནས་པར་
མྱི་འགྱུར་རོ། །ཆེན་པོ་སྟོང་པ་ཉིད་ལ་གནས་པར་མི་འགྱུར་རོ། །དོན་དམ་པ་
སྟོང་པ་ཉིད་ལ་གནས་པར་མྱི་འགྱུར་རོ། །འདུས་བྱས་སྟོང་པ་ཉིད་ལ་གནས་པར་
མྱི་འགྱུར་རོ། །འདུས་མ་བྱས་སྟོང་པ་ཉིད་ལ་གནས་པར་མྱི་འགྱུར་རོ། །མཐའ་
ལས་འདས་པ་སྟོང་པ་ཉིད་ལ་གནས་པར་མྱི་འགྱུར་རོ། །ཐོག་མ་དང་ཐ་མ་མྱེད་
པ་སྟོང་པ་ཉིད་ལ་གནས་པར་མྱི་འགྱུར་རོ། །དོར་བ་མྱེད་པ་སྟོང་པ་ཉིད་ལ་····
གནས་པར་མྱི་འགྱུར་རོ། །རང་བཞིན་སྟོང་པ་ཉིད་ལ་གནས་པར་མྱི་འགྱུར་རོ། །
ཆོས་ཐམས་ཅད་སྟོང་པ་ཉིད་ལ་གནས་པར་མྱི་འགྱུར་རོ། །རང་གི་མཚན་ཉིད་
སྟོང་པ་ཉིད་ལ་གནས་པར་མྱི་འགྱུར་རོ། །མྱི་དམྱིགས་པ་སྟོང་པ་ཉིད་ལ་གནས་
པར་མྱི་འགྱུར་རོ། །དངོས་པོ་མྱེད་པ་སྟོང་པ་ཉིད་ལ་གནས་པར་མྱི་འགྱུར་རོ། །
ངོ་བོ་ཉིད་སྟོང་པ་ཉིད་ལ་གནས་པར་མྱི་འགྱུར་རོ། །དངོས་པོ་མྱེད་པའི་ངོ་བོ····
ཉིད་སྟོང་པ་ཉིད་ལ་གནས་པར་མྱི་འགྱུར་རོ། །དྲན་པ་ཉེ་བར་གཞག་པ་བཞི་ལ་
གནས་པར་མྱི་འགྱུར་རོ། །ཡང་དག་པར་སྤོང་བ་བཞི་ལ་གནས་པར་མྱི་འགྱུར་རོ།།
རྫུ་འཕྲུལ་གྱི་རྐང་པ་བཞི་ལ་གནས་པར་མྱི་འགྱུར་རོ། །དབང་པོ་ལྔ་ལ་གནས་པར་

མི་འགྱུར་རོ། །སྟོབས་ལྔ་ལ་གནས་པར་མི་འགྱུར་རོ། །བྱང་ཆུབ་ཀྱི་ཡན་ལག་བདུན་ལ་གནས་པར་མི་འགྱུར་རོ། །འཕགས་པའི་ལམ་ཡན་ལག་བརྒྱད་པ་ལ་……གནས་པར་མི་འགྱུར་རོ། །འཕགས་པའི་བདེན་པ་བཞི་ལ་གནས་པར་མི་འགྱུར་རོ༔ །བསམ་གཏན་བཞི་ལ་གནས་པར་མི་འགྱུར་རོ། །ཚད་མེད་པ་བཞི་ལ་གནས་པར་མི་འགྱུར་རོ། །གཟུགས་མེད་པའི་སྙོམས་པར་འཇུག་པ་བཞི་ལ་གནས་པར་མི་འགྱུར་རོ[༧]། །རྣམ་པར་ཐར་པ་བརྒྱད་ལ་གནས་པར་མི་འགྱུར་རོ། །མཐར་གྱིས་གནས་པའི་སྙོམས་པར་འཇུག་པ་དགུ་ལ་གནས་པར་མི་འགྱུར་རོ། །རྣམ་པར་ཐར་པའི་སྒོ་སྟོང་པ་ཉིད་དང་། མཚན་མ་མེད་པ་དང་། སྨོན་པ་མེད་པ་ལ་གནས་པར་མི་འགྱུར་རོ། །མངོན་པར་ཤེས་པ་རྣམས་ལ་གནས་པར་མི་……འགྱུར་རོ། །ཏིང་ངེ་འཛིན་རྣམས་ལ་གནས་པར་མི་འགྱུར་རོ། །གཟུངས་ཀྱི་སྒོ་རྣམས་ལ་གནས་པར་མི་འགྱུར་རོ། །དེ་བཞིན་གཤེགས་པའི་སྟོབས་བཅུ་ལ་གནས་པར་མི་འགྱུར་རོ། །མི་འཇིགས་པ་བཞི་ལ་གནས་པར་མི་འགྱུར་རོ། །སོ་སོ་ཡང་དག་པར་རིག་པ་བཞི་ལ་གནས་པར་མི་འགྱུར་རོ། །[༨]སྙིང་རྗེ་ཆེན་པོ་ལ་གནས་པར་མི་འགྱུར་རོ། །སངས་རྒྱས་ཀྱི་ཆོས་མ་འདྲེས་པ་བཅོ་བརྒྱད་ལ་གནས་པར་མི་འགྱུར་རོ། །རྒྱུན་དུ་ཞུགས་པའི་འབྲས་བུ་ལ་གནས་པར་མི་འགྱུར་རོ། །ལན་ཅིག་ཕྱིར་འོང་བའི་འབྲས་བུ་ལ་གནས་པར་མི་འགྱུར་རོ། །ཕྱིར་མི་འོང་བའི……འབྲས་བུ་ལ་གནས་པར་མི་འགྱུར་རོ། །དགྲ་བཅོམ་པ་ཉིད་ལ་གནས་པར་མི……འགྱུར་རོ། །རང་བྱང་ཆུབ་ལ་གནས་པར་མི་འགྱུར་རོ། །ལམ་གྱི་རྣམ་པ་ཤེས་པ་ཉིད་ལ་གནས་པར་མི་འགྱུར་རོ། །རྣམ་པ་ཐམས་ཅད་མཁྱེན་པ་ཉིད་ལ་གནས་པར་མི་འགྱུར་རོ། །གསོལ་པ། བཅོམ་ལྡན་འདས་ཅིའི[༩]སླད་དུ། རྣམ་པ་ཐམས་ཅད་མཁྱེན་པ[༡༠]ཉིད་ལ་ཡང་གནས་པར་མི་འགྱུར་བ་ལགས། བཅོམ་ལྡན་

འདས་ཀྱིས་བཀའ་སྩལ་པ། མངོན་པར་ཆགས་པ་མ་སྨྲེད་པའི་ཕྱིར། གང་ལ་ཡང་[༡]གནས་པར་མི་འགྱུར་རོ། །དེ་ཅིའི་ཕྱིར་ཞེ་ན། འདི་ལྟར་དེས་གང་ལ་མངོན་པར་ཆགས་པར་བྱ་བའམ། གནས་པར་བྱ་བའི་ཆོས་དེ་ལྟ་བུ་གང་ཡང་ཡང་དག་པར་རྗེས་སུ་མི་མཐོང་སྟེ། རབ་འབྱོར་དེ་ལྟར་ན་[༢]བྱང་ཆུབ་སེམས་དཔའ་སེམས་དཔའ་ཆེན་པོ་མངོན་པར་ཆགས་པ་མ་སྨྲེད་པ་དང་གནས་པ་མ་སྨྲེད་པའི་ཚུལ་གྱིས། ཤེས་རབ་ཀྱི་ཕ་རོལ་ཏུ་ཕྱིན་པ་ལ་སྤྱོད་དོ། །གལ་ཏེ་ཡང་བྱང་ཆུབ་སེམས་དཔའ་སེམས་དཔའ་ཆེན་པོ་འདི་སྙམ་དུ་སེམས་ཤིང་། གང་དེ་ལྟར་སྤྱོད་པ་དང་། དེ་ལྟར་སྙམ་[༣]པ་དེ་ནི༔ ཤེས་རབ་ཀྱི་ཕ་རོལ་ཏུ་ཕྱིན་པ་ལ་སྤྱོད་པ། དེ་ནི་[༤]ཤེས་རབ་ཀྱི་ཕ་རོལ་ཏུ་ཕྱིན་པ་ལ༔ སྙམ་པ་[༥]སྟེ། བདག་ནི་ཤེས་རབ་ཀྱི་ཕ་རོལ་ཏུ་ཕྱིན་པ་ལ་སྤྱོད་དོ། །བདག་ནི་ཤེས་རབ་ཀྱི་ཕ་རོལ་ཏུ་ཕྱིན་པ་ལ་སྙམ་[༦]མོ་སྙམ་སྟེ། གལ་ཏེ་དེ་ལྟར་འདུ་ཤེས་ན། ཤེས་རབ་ཀྱི་ཕ་རོལ་ཏུ་ཕྱིན་པ་ལས་རིང་དུ་བྱེད་[༧]པ་ཡིན་ནོ༵། །གང་[༨]ཤེས་རབ་ཀྱི་ཕ་རོལ་ཏུ་ཕྱིན་པ་ལས་རིང་དུ་གྱུར་པ་དེ་ནི། བསམ་གཏན་གྱི་ཕ་རོལ་ཏུ་ཕྱིན་པ་ལས་རིང་དུ་གྱུར་པ་ཡིན། བརྩོན་འགྲུས་ཀྱི་ཕ་རོལ་ཏུ་ཕྱིན་པ་ལས་རིང་དུ་གྱུར་པ་ཡིན། བཟོད་པའི་ཕ་རོལ་ཏུ་ཕྱིན་པ་ལས་རིང་དུ་གྱུར་པ་ཡིན། ཚུལ་ཁྲིམས་ཀྱི་ཕ་རོལ་ཏུ་ཕྱིན་པ་ལས་རིང་དུ་གྱུར་པ་ཡིན། སྦྱིན་པའི་ཕ་རོལ་ཏུ་ཕྱིན་པ་ལས་རིང་དུ་གྱུར་པ་ཡིན། ནང་སྟོང་པ་ཉིད་ལས་རིང་དུ་གྱུར་པ་ཡིན། ཕྱི་སྟོང་པ་ཉིད་ལས་[༩]རིང་དུ་གྱུར་པ་ཡིན། ཕྱི་ནང་སྟོང་པ་ཉིད་ལས་རིང་དུ་གྱུར་པ་ཡིན། སྟོང་པ་ཉིད་སྟོང་པ་ཉིད་ལས་རིང་དུ་གྱུར་པ་ཡིན། ཆེན་པོ་སྟོང་པ་ཉིད་ལས་རིང་དུ་གྱུར་པ་ཡིན། དོན་དམ་པ་སྟོང་པ་ཉིད་ལས་རིང་དུ་གྱུར་པ་ཡིན། འདུས་བྱས་སྟོང་པ་ཉིད་ལས་རིང་དུ་གྱུར་པ་ཡིན། འདུས་མ་བྱས་སྟོང་པ་ཉིད་ལས་རིང་དུ་གྱུར་པ་ཡིན། མཐའ་ལས་འདས་པ་སྟོང་པ་ཉིད་····

ལས་རིང་དུ་གྱུར་པ་ཡིན། ཐོག་མ་དང་ཐ་མ་མེད་པ་སྟོང་པ་ཉིད་ལས་རིང་དུ་གྱུར་པ་ཡིན། དོར་བ་མེད་པ་སྟོང་པ་ཉིད་ལས་རིང་དུ་གྱུར་པ་ཡིན། རང་བཞིན་སྟོང་པ་ཉིད་ལས་རིང་དུ་གྱུར་པ་ཡིན། ཆོས་ཐམས་ཅད་སྟོང་པ་ཉིད་ལས་རིང་དུ་གྱུར་པ་ཡིན[༧]། རང་གི་མཚན་ཉིད་སྟོང་པ་ཉིད་ལས་རིང་དུ་གྱུར་པ་ཡིན། མི་དམིགས་པ་སྟོང་པ་ཉིད་ལས་རིང་དུ་གྱུར་པ་ཡིན[༣]། དངོས་པོ་མེད་པ་སྟོང་པ་ཉིད་ལས་རིང་དུ་གྱུར་པ་ཡིན། ངོ་བོ་ཉིད་སྟོང་པ་ཉིད་ལས་རིང་དུ་གྱུར་པ་ཡིན། དངོས་པོ་མེད་པའི་ངོ་བོ་ཉིད་སྟོང་པ་ཉིད་ལས་རིང་དུ་གྱུར་པ་ཡིན། དྲན་པ་ཉེ་བར་གཞག་པ་བཞི་ལས་རིང་དུ་གྱུར་པ་ཡིན། ཡང་དག་པར་སྤོང་བ་བཞི་ལས་རིང་དུ་གྱུར་པ་ཡིན། རྫུ་འཕྲུལ་གྱི་རྐང་པ་བཞི་ལས་རིང་དུ་གྱུར་པ་ཡིན། དབང་པོ་ལྔ་ལས་རིང་དུ་གྱུར་པ་ཡིན། སྟོབས་ལྔ་ལས་རིང་དུ་གྱུར་[༣]པ་ཡིན། བྱང་ཆུབ་ཀྱི་ཡན་ལག་བདུན་ལས་རིང་དུ་གྱུར་པ་ཡིན། འཕགས་པའི་ལམ་ཡན་ལག་བརྒྱད་པ་ལས་རིང་དུ་གྱུར་པ་ཡིན། འཕགས་པའི་བདེན་པ་བཞི་ལས་རིང་དུ་གྱུར་པ་ཡིན། བསམ་གཏན་བཞི་ལས་རིང་དུ་གྱུར་པ་ཡིན། ཚད་མེད་པ་བཞི་ལས་རིང་དུ་གྱུར་པ་ཡིན། གཟུགས་མེད་པའི་སྙོམས་པར་འཇུག་པ་བཞི་ལས་རིང་དུ་གྱུར་པ་ཡིན། རྣམ་པར་ཐར་པ་བརྒྱད་ལས་རིང་དུ་གྱུར་པ་ཡིན། མཐར་གྱིས་གནས་པའི་སྙོམས་པར་འཇུག་པ་དགུ་ལས་རིང་དུ་གྱུར་པ་ཡིན། རྣམ་པར་ཐར་པའི་སྒོ་སྟོང་པ་ཉིད་དང་[༡]། མཚན་མ་མེད་པ་དང་། སྨོན་པ་མེད་པ་ལས་རིང་དུ་གྱུར་པ་ཡིན། མངོན་པར་ཤེས་པ་རྣམས་ལས་རིང་དུ་གྱུར་པ་ཡིན། ཏིང་ངེ་འཛིན་རྣམས་ལས་རིང་དུ་གྱུར་པ་ཡིན། གཟུངས་ཀྱི་སྒོ་རྣམས་ལས་རིང་དུ་གྱུར་པ་ཡིན། དེ་བཞིན་གཤེགས་པའི་སྟོབས་བཅུ་ལས་རིང་དུ་གྱུར་པ་ཡིན། མི་འཇིགས་པ་བཞི་ལས་རིང་དུ་གྱུར་པ་ཡིན། སོ་སོ་ཡང་དག་པར་རིག་པ་བཞི་

ལས་རིང་དུ་གྱུར་པ་ཡིན། ①སྙིང་རྗེ་ཆེན་པོ་ལས་རིང་དུ་གྱུར་པ་ཡིན། སངས་རྒྱས་ཀྱི་ཆོས་མ་འདྲེས་པ་བཅོ་བརྒྱད་ལས་རིང་དུ་གྱུར་པ་ཡིན། རྒྱུན་དུ་ཞུགས་པའི་འབྲས་བུ་ལས་རིང་དུ་གྱུར་པ་ཡིན། ལན་ཅིག་ཕྱིར་འོང་བའི་འབྲས་བུ་ལས་རིང་དུ་གྱུར་པ་ཡིན། ཕྱིར་མི་འོང་བའི་འབྲས་བུ་ལས་རིང་དུ་གྱུར་པ་ཡིན། དགྲ་བཅོམ་པ་ཉིད་ལས་རིང་དུ་གྱུར་པ་ཡིན། རང་བྱང་ཆུབ་ལས་རིང་དུ་གྱུར་པ་ཡིན༑ ལམ་གྱི་རྣམ་པ་②ཤེས་པ་ཉིད་ལས་རིང་དུ་གྱུར་པ་ཡིན། རྣམ་པ་ཐམས་ཅད་མཁྱེན་པ་ཉིད་ལས་རིང་དུ་གྱུར་པ་ཡིན། དེ་ཅིའི་ཕྱིར་ཞེ་ན། ཤེས་རབ་ཀྱི་ཕ་རོལ་ཏུ་ཕྱིན་པ་ནི། གང་ལ་ཡང་མངོན་པར་ཆགས་པར་མི་བྱེད་དེ། ཤེས་རབ་ཀྱི་ཕ་རོལ་ཏུ་ཕྱིན་པ་ལ་མངོན་པར་ཆགས་པ་གང་ཡང་མེད་དོ། །དེ་ཅིའི་ཕྱིར་ཞེ་ན། དེ་ནི་འདི་ལྟར༔ གང་ལ་③མངོན་པར་ཆགས་པར་འགྱུར་བ་དེ་ལྟ་བུའི་རང་བཞིན་དེ་ལ་མེད་དེ④། རབ་འབྱོར་གལ་ཏེ་བྱང་ཆུབ་སེམས་དཔའ་སེམས་དཔའ་ཆེན་པོ་ཤེས་རབ་ཀྱི་ཕ་རོལ་ཏུ་ཕྱིན་པར་འདུ་ཤེས་ན་ཡང་། བྱང་ཆུབ་སེམས་དཔའ་སེམས་དཔའ་ཆེན་པོ་དེ་ཤེས་རབ་ཀྱི་ཕ་རོལ་ཏུ་ཕྱིན་པ་ལས་ཉམས་པར་འགྱུར་ཏེ། གང་ཤེས་རབ་ཀྱི་ཕ་རོལ་ཏུ་ཕྱིན་པ་ལས་ཉམས་པ་དེ་⑤ནི་ཆོས་ཐམས་ཅད་ལས་ཉམས་པར་འགྱུར་རོ། །གལ་ཏེ་ཡང་དེ་འདི་སྙམ་དུ་ཤེས་རབ་ཀྱི་ཕ་རོལ་ཏུ་ཕྱིན་པ་ནི་ཕ་རོལ་ཏུ་ཕྱིན་པ་ལྟ་ཡོངས་སུ་འཛིན་ཏོ་སྙམ་ན་ཡང་བྱང་ཆུབ་སེམས་དཔའ་སེམས་དཔའ་ཆེན་པོ་དེ། ཤེས་རབ་ཀྱི་ཕ་རོལ་ཏུ་ཕྱིན་པ་ལས་ཉམས་པ་ཡིན་නོ། །གལ་ཏེ་ཡང་དེ་⑥འདི་སྙམ་དུ་ཤེས་རབ་ཀྱི་ཕ་རོལ་ཏུ་ཕྱིན་པ་ནི༑ ནང་སྟོང་པ་ཉིད་ཡོངས་སུ་འཛིན་ཏོ། །ཕྱི་སྟོང་པ་ཉིད་ཡོངས་སུ་འཛིན་ཏོ།། ཕྱི་ནང་སྟོང་པ་ཉིད་ཡོངས་སུ་འཛིན་ཏོ། །སྟོང་པ་ཉིད་སྟོང་པ་ཉིད་ཡོངས་སུ་འཛིན་ཏོ། །ཆེན་པོ་སྟོང་པ་ཉིད་ཡོངས་སུ་འཛིན་ཏོ། །དོན་དམ་པ་སྟོང་པ་ཉིད་

ཡོངས་སུ་འཛིན་ཏོ། །འདུས་(༡)བྱས་སྟོང་པ་ཉིད་ཡོངས་སུ་འཛིན་ཏོ། །འདུས་མ་བྱས་སྟོང་པ་ཉིད་ཡོངས་སུ་འཛིན་ཏོ། །མཐའ་ལས་འདས་པ་སྟོང་པ་ཉིད་ཡོངས་སུ་འཛིན་ཏོ། །ཐོག་མ་དང་ཐ་མ་མེད་པ་སྟོང་པ་ཉིད་ཡོངས་སུ་འཛིན་ཏོ། །དོར་བ་མེད་པ་སྟོང་པ་ཉིད་ཡོངས་སུ་འཛིན་ཏོ། །རང་བཞིན་སྟོང་པ་ཉིད་ཡོངས་སུ་འཛིན་ཏོ། །ཆོས་ཐམས་ཅད་སྟོང་པ་ཉིད་ཡོངས་སུ་འཛིན་ཏོ། །རང་གི་མཚན་ཉིད་སྟོང་པ་ཉིད་ཡོངས་སུ་འཛིན་ཏོ། །མི་དམིགས་པ་སྟོང་པ་ཉིད་ཡོངས་སུ་འཛིན་ཏོ། །དངོས་པོ་མེད་པ་སྟོང་པ་ཉིད་ཡོངས་སུ་འཛིན་ཏོ། །ངོ་བོ་ཉིད་སྟོང་པ་ཉིད་ཡོངས་སུ་འཛིན་ཏོ། །དངོས་པོ་མེད་པའི་ངོ་བོ་ཉིད་སྟོང་པ་ཉིད་……ཡོངས་སུ་འཛིན་ཏོ་སྙམ་ན་ཡང་། བྱང་ཆུབ་སེམས་དཔའ་སེམས་དཔའ་ཆེན་པོ་དེ་ཤེས་རབ་ཀྱི་ཕ་རོལ་ཏུ་ཕྱིན་པ་ལས་ཉམས་པ་ཡིན་ནོ། །གལ་ཏེ་ཡང་དེ་འདི་སྙམ་དུ་ཤེས་རབ་ཀྱི་ཕ་རོལ་ཏུ་ཕྱིན་པ་ནི། དྲན་པ་ཉེ་བར་གཞག་པ་བཞི་ཡོངས་སུ་འཛིན་ཏོ་སྙམ་ནའང་། བྱང་ཆུབ་སེམས་དཔའ་སེམས་དཔའ་ཆེན་པོ་དེ་ཤེས་རབ་ཀྱི་ཕ་རོལ་ཏུ་(༢)ཕྱིན་པ་ལས་ཉམས་པ་ཡིན་ནོ། །གལ་ཏེ་ཡང་དེ་འདི་སྙམ་དུ་ཤེས་རབ་ཀྱི་ཕ་རོལ་ཏུ་ཕྱིན་པ་ནི་ཡང་དག་པར་སྤོང་བ་བཞི་ཡོངས་སུ་འཛིན་ཏོ……སྙམ་ན་ཡང་། བྱང་ཆུབ་སེམས་དཔའ་སེམས་དཔའ་ཆེན་པོ་དེ་ཤེས་རབ་ཀྱི་ཕ་རོལ་ཏུ་ཕྱིན་པ་ལས་ཉམས་པ་ཡིན་ནོ། །གལ་ཏེ་ཡང་དེ་འདི་སྙམ་དུ་ཤེས་རབ་ཀྱི་ཕ་རོལ་ཏུ་ཕྱིན་པ་ནི་རྫུ་འཕྲུལ་གྱི་རྐང་པ་བཞི་ཡོངས་སུ་འཛིན་ཏོ་སྙམ་ན་ཡང་བྱང་ཆུབ་སེམས་དཔའ་སེམས་དཔའ་ཆེན་པོ་དེ་ཤེས་རབ་ཀྱི་ཕ་རོལ་ཏུ་ཕྱིན་པ་ལས……ཉམས་པ་ཡིན་ནོ། །ཿགལ་ཏེ་(༣)ཡང་དེ་འདི་སྙམ་དུ་ཤེས་རབ་ཀྱི་ཕ་རོལ་ཏུ་ཕྱིན་པ་ནི་དབང་པོ་ལྔ་ཡོངས་སུ་འཛིན་ཏོཿསྙམ་ན་ཡང་།(༤) བྱང་ཆུབ་སེམས་དཔའ……སེམས་དཔའ་ཆེན་པོ་དེ་ཤེས་རབ་ཀྱི་ཕ་རོལ་ཏུ་ཕྱིན་པ་ལས་(༥)ཉམས་པ་ཡིན་ནོ། །

གལ་ཏེ་ཡང་དེ་འདི་སྙམ་དུ་ཤེས་རབ་ཀྱི་ཕ་རོལ་ཏུ་ཕྱིན་པ་ནི་སྟོབས་ལྔ་ཡོངས་སུ་འཛིན་ཏོ་སྙམ་ན་ཡང་། བྱང་ཆུབ་སེམས་དཔའ་སེམས་དཔའ་ཆེན་པོ་དེ་ཤེས་རབ་ཀྱི་ཕ་རོལ་ཏུ་ཕྱིན་པ་ལས་ཉམས་པ་ཡིན་ནོ། །གལ་ཏེ་ཡང་དེ་འདི་སྙམ་དུ་ཤེས་རབ་ཀྱི་ཕ་རོལ་ཏུ་ཕྱིན་པ་ནི། བྱང་ཆུབ་ཀྱི་ཡན་ལག་བདུན་ཡོངས་སུ་འཛིན་ཏོ་སྙམ་ན་ཡང་། བྱང་ཆུབ་སེམས་དཔའ་སེམས་དཔའ་ཆེན་པོ་དེ་ཤེས་རབ་ཀྱི་ཕ་རོལ་ཏུ་ཕྱིན་པ་ལས་ཉམས་པ་ཡིན་ནོ། །གལ་ཏེ་ཡང་དེ་འདི་སྙམ་དུ་ཤེས་རབ་ཀྱི་ཕ་རོལ་ཏུ་ཕྱིན་པ་ནི། འཕགས་པའི་ལམ་ཡན་ལག་བརྒྱད་པ་ཡོངས་སུ་འཛིན་ཏོ་སྙམ་ན་ཡང་། བྱང་ཆུབ་སེམས་དཔའ་སེམས་དཔའ༔ སེམས་དཔའ་①ཆེན་པོ་དེ་ཤེས་རབ་ཀྱི་ཕ་རོལ་ཏུ་ཕྱིན་པ་ལས་ཉམས་པ་ཡིན་ནོ། །གལ་ཏེ་ཡང་དེ་འདི་སྙམ་དུ་ཤེས་རབ་ཀྱི་ཕ་རོལ་ཏུ་ཕྱིན་པ་ནི། འཕགས་པའི་བདེན་པ་བཞི་ཡོངས་སུ་འཛིན་ཏོ་སྙམ་ན་ཡང་། བྱང་ཆུབ་སེམས་དཔའ་སེམས་དཔའ་ཆེན་པོ་དེ་ཤེས་རབ་ཀྱི་ཕ་རོལ་ཏུ་ཕྱིན་པ་ལས་ཉམས་པ་ཡིན་ནོ། །གལ་ཏེ་ཡང་དེ་འདི་སྙམ་དུ་ཤེས་རབ་ཀྱི་ཕ་རོལ་ཏུ་ཕྱིན་པ་ནི། བསམ་གཏན་བཞི་ཡོངས་སུ་འཛིན་ཏོ་སྙམ་ན་ཡང་། བྱང་ཆུབ་སེམས་དཔའ་སེམས་དཔའ་ཆེན་པོ་དེ་ཤེས་རབ་ཀྱི་ཕ་རོལ་ཏུ་ཕྱིན་པ་ལས་ཉམས་པ་ཡིན་ནོ། །གལ་ཏེ་ཡང་དེ་འདི་སྙམ་②དུ་ཤེས་རབ་ཀྱི་ཕ་རོལ་ཏུ་ཕྱིན་པ་ནི། ཚད་མེད་པ་བཞི་ཡོངས་སུ་འཛིན་ཏོ་སྙམ་ན་ཡང་། བྱང་ཆུབ་སེམས་དཔའ་སེམས་དཔའ་ཆེན་པོ་དེ་③ཤེས་རབ་ཀྱི་ཕ་རོལ་ཏུ་ཕྱིན་པ་ལས་ཉམས་པ་ཡིན་ནོ། །གལ་ཏེ་ཡང་དེ་འདི་སྙམ་དུ་ཤེས་རབ་ཀྱི་ཕ་རོལ་ཏུ་ཕྱིན་པ་ནི། གཟུགས་མེད་པའི་སྙོམས་པར་འཇུག་པ་བཞི་ཡོངས་སུ་འཛིན་ཏོ་སྙམ་ན་ཡང་། བྱང་ཆུབ་སེམས་དཔའ་སེམས་དཔའ་ཆེན་པོ་དེ་ཤེས་རབ་ཀྱི་ཕ་རོལ་ཏུ་ཕྱིན་པ་ལས་ཉམས་པ་ཡིན་ནོ། །གལ་ཏེ་ཡང་དེ་འདི་སྙམ་དུ་ཤེས་རབ་ཀྱི་ཕ་རོལ་ཏུ་ཕྱིན་④པ་

ནི། རྣམ་པར་ཐར་པ་བརྒྱད་ཡོངས་སུ་འཛིན་ཏོ་སྙམ་ན་ཡང་། བྱང་ཆུབ་····སེམས་དཔའ་སེམས་དཔའ་ཆེན་པོ་དེ་ཤེས་རབ་ཀྱི་ཕ་རོལ་ཏུ་ཕྱིན་པ་ལས་ཉམས·····པ་ཡིན་ནོ། །གལ་ཏེ་ཡང་དེ་འདི་སྙམ་དུ་ཤེས་རབ་ཀྱི་ཕ་རོལ་ཏུ་ཕྱིན་པ་ནི། མཐར་གྱིས་གནས་པའི་སྙོམས་པར་འཇུག་པ་དགུ་ཡོངས་སུ་འཛིན་ཏོ་སྙམ་ན་ཡང་། བྱང་ཆུབ་སེམས་དཔའ་སེམས་དཔའ་ཆེན་པོ་དེ་ཤེས་རབ་ཀྱི་ཕ་རོལ་ཏུ་ཕྱིན་པ་ལས་ཉམས་པ་ཡིན་ནོ། །གལ་ཏེ་ཡང་དེ་འདི་སྙམ་དུ་ཤེས་རབ་ཀྱི་ཕ་རོལ་ཏུ་ཕྱིན་པ་ནི། རྣམ་པར་ཐར་པའི་སྒོ་སྟོང་པ་ཉིད་དང་། མཚན་མ་མེད་པ་དང་། སྨོན་པ་མེད་པ་ཡོངས་སུ་འཛིན་ཏོ་སྙམ་ན་ཡང་། བྱང་ཆུབ་སེམས་དཔའ་སེམས་དཔའ་ཆེན་པོ་དེ་ཤེས་རབ་ཀྱི་ཕ་རོལ་ཏུ་ཕྱིན་པ་ལས་ཉམས་པ་ཡིན་ནོ། །གལ་ཏེ་ཡང་དེ་འདི་སྙམ་དུ་ཤེས་རབ་ཀྱི་ཕ་རོལ་ཏུ་ཕྱིན་པ་ནི། མངོན་པར་ཤེས་པ་རྣམས་ཡོངས་སུ་འཛིན་ཏོ་སྙམ་ན་ཡང་། བྱང་ཆུབ་སེམས་དཔའ་སེམས་དཔའ་ཆེན་པོ་དེ་ཤེས·····རབ་ཀྱི་ཕ་རོལ་ཏུ་ཕྱིན་པ་ལས་ཉམས་པ་ཡིན་ནོ། །གལ་ཏེ་ཡང་དེ་འདི་སྙམ་དུ་ཤེས་རབ་ཀྱི་ཕ་རོལ་ཏུ་ཕྱིན་པ་ནི། ཏིང་ངེ་འཛིན་རྣམས་ཡོངས་སུ་འཛིན་ཏོ་སྙམ་ན་ཡང་། བྱང་ཆུབ་སེམས་དཔའ་སེམས་དཔའ་ཆེན་པོ་དེ་ཤེས་རབ་ཀྱི་ཕ་རོལ་ཏུ་ཕྱིན་པ་ལས་ཉམས་པ་ཡིན་ནོ། །གལ་ཏེ་ཡང་དེ་འདི་སྙམ་དུ་ཤེས་རབ་ཀྱི་ཕ་རོལ་ཏུ་ཕྱིན་པ་ནི། གཟུངས་ཀྱི་སྒོ་རྣམས་ཡོངས་སུ་འཛིན་ཏོ་སྙམ་ན་ཡང་། བྱང་ཆུབ་སེམས་དཔའ་སེམས་དཔའ་ཆེན་པོ་དེ་ཤེས་རབ་ཀྱི་ཕ་རོལ་ཏུ་ཕྱིན་པ་ལས·····ཉམས་པ་ཡིན་ནོ། །གལ་ཏེ་ཡང་དེ་འདི་སྙམ་དུ་ཤེས་རབ་ཀྱི་ཕ་རོལ་ཏུ་ཕྱིན་པ་ནི། དེ་བཞིན་གཤེགས་པའི་སྟོབས་བཅུ་ཡོངས་སུ་འཛིན་ཏོ་སྙམ་ན་ཡང་། བྱང་ཆུབ་སེམས་དཔའ་སེམས་དཔའ་ཆེན་པོ་དེ་ཤེས་རབ་ཀྱི་ཕ་རོལ་ཏུ་ཕྱིན་པ་ལས་ཉམས་པ་ཡིན་ནོ། །གལ་ཏེ་ཡང་དེ་འདི་སྙམ་དུ་ཤེས་རབ་ཀྱི་ཕ་རོལ་ཏུ་ཕྱིན་པ་ནི། མི་

འཇིགས་པ་བཞི་ཡོངས་སུ་འཛིན་ཏོ་སྙམ་ན་ཡང་། བྱང་ཆུབ་སེམས་དཔའ་སེམས་དཔའ་ཆེན་པོ་དེ་ཤེས་རབ་ཀྱི་ཕ་རོལ་ཏུ་ཕྱིན་པ་ལས་ཉམས་པ་ཡིན་ནོ། །གལ་ཏེ་ཡང་དེ་འདི་སྙམ་དུ་ཤེས་རབ་ཀྱི་ཕ་རོལ་ཏུ་ཕྱིན་པ་ནི། སོ་སོ་ཡང་དག་པར་རིག་པ་བཞི་ཡོངས་སུ[༡]འཛིན་ཏོ་སྙམ་ན་ཡང་། བྱང་ཆུབ་སེམས་དཔའ་སེམས་དཔའ་ཆེན་པོ་དེ་ཤེས་རབ་ཀྱི་ཕ་རོལ་ཏུ་ཕྱིན་པ་ལས་ཉམས་པ་ཡིན་ནོ། །གལ་ཏེ་ཡང་དེ་འདི་སྙམ་དུ་ཤེས་རབ་ཀྱི་ཕ་རོལ་ཏུ་ཕྱིན་པ་ནི། [༣]སྙིང་རྗེ་ཆེན་པོ་ཡོངས་སུ་འཛིན་ཏོ་སྙམ་ན་ཡང་། བྱང་ཆུབ་སེམས་དཔའ་སེམས་དཔའ་ཆེན་པོ་དེ་ཤེས་རབ་ཀྱི་ཕ་རོལ་ཏུ་ཕྱིན་པ་ལས་ཉམས་པ་ཡིན་ནོ། །གལ་ཏེ་ཡང་དེ་འདི་སྙམ་དུ་ཤེས་རབ་ཀྱི་ཕ་རོལ་ཏུ་ཕྱིན་པ་ནི། སངས་རྒྱས་ཀྱི་ཆོས་མ་འདྲེས་པ་བཅོ་བརྒྱད་ཡོངས་སུ་⋯⋯འཛིན་ཏོ་སྙམ་ན་ཡང་། བྱང་ཆུབ་སེམས་དཔའ་སེམས་དཔའ་ཆེན་པོ་དེ་ཤེས་⋯⋯རབ་ཀྱི་ཕ་རོལ་ཏུ་ཕྱིན་པ་ལས་ཉམས་པ་ཡིན་ནོ། །གལ་ཏེ་ཡང་དེ་འདི་སྙམ་དུ་⋯⋯ཤེས་རབ་ཀྱི་ཕ་རོལ་ཏུ་ཕྱིན་པ་ནི། རྒྱུན་དུ་ཞུགས་པའི་འབྲས་བུ་ཡོངས་སུ་འཛིན་ཏོ་སྙམ་ན་ཡང་། བྱང་ཆུབ་སེམས་དཔའ་སེམས་དཔའ་ཆེན་པོ་དེ་ཤེས་རབ་ཀྱི་ཕ་རོལ་ཏུ་ཕྱིན་པ་ལས་ཉམས་པ་ཡིན་ནོ། །གལ་ཏེ་ཡང་དེ་འདི་སྙམ་དུ་ཤེས་རབ་ཀྱི་ཕ་རོལ་ཏུ་ཕྱིན་པ་ནི། ལན་ཅིག་ཕྱིར་འོང་བའི་འབྲས་བུ་ཡོངས་སུ་འཛིན་ཏོ་སྙམ་ན་ཡང་། བྱང་ཆུབ་སེམས་དཔའ་སེམས་དཔའ་ཆེན་པོ་དེ་ཤེས་རབ་ཀྱི་ཕ་རོལ་ཏུ་ཕྱིན་པ་ལས་ཉམས་པ་ཡིན་ནོ། །གལ་ཏེ་ཡང་དེ་འདི་སྙམ་དུ་ཤེས་རབ་ཀྱི་ཕ་རོལ་ཏུ་ཕྱིན་པ་ནི། ཕྱིར་མི་འོང་བའི་འབྲས་བུ་ཡོངས་སུ་འཛིན་ཏོ་སྙམ་ན་ཡང་། བྱང་ཆུབ་སེམས་དཔའ་སེམས་དཔའ་ཆེན་པོ་དེ་ཤེས་རབ་ཀྱི་ཕ་རོལ་ཏུ་ཕྱིན་པ་ལས་ཉམས་པ་ཡིན་ནོ། །གལ་ཏེ་ཡང་དེ་འདི་སྙམ་དུ་ཤེས་རབ་ཀྱི་ཕ་རོལ་ཏུ་ཕྱིན་པ་ནི། དགྲ་བཅོམ་པ་ཉིད་ཡོངས་སུ་འཛིན་ཏོ་སྙམ་ན་ཡང་། བྱང་ཆུབ་སེམས་དཔའ⋯⋯

སེམས་དཔའ་ཆེན་པོ་དེ་ཤེས་རབ་ཀྱི་ཕ་རོལ་ཏུ་ཕྱིན་པ་ལས་ཉམས་པ་ཡིན་ནོ། །གལ་ཏེ་ཡང་དེ་འདི་སྙམ་དུ་ཤེས་རབ་ཀྱི་ཕ་རོལ་ཏུ་ཕྱིན་པ་ནི། རང་བྱང་ཆུབ····ཡོངས་སུ་འཛིན་ཏོ་སྙམ་ན་ཡང་། བྱང་ཆུབ་སེམས་དཔའ་སེམས་དཔའ་ཆེན་པོ་དེ་ཤེས་རབ་ཀྱི་ཕ་རོལ་ཏུ་ཕྱིན་པ་ལས་ཉམས་པ་ཡིན་ནོ། །གལ་ཏེ་ཡང་དེ་འདི་སྙམ་དུ་ཤེས་རབ་ཀྱི་ཕ་རོལ་ཏུ་ཕྱིན་པ་ནི། ལམ་གྱི་རྣམ་པ་①ཤེས་པ་ཉིད་ཡོངས་སུ་འཛིན་ཏོ་སྙམ་ན་ཡང་། བྱང་ཆུབ་སེམས་དཔའ་སེམས་དཔའ་ཆེན་པོ་དེ་ཤེས་རབ་ཀྱི་ཕ་རོལ་ཏུ་ཕྱིན་པ་ལས་ཉམས་པ་ཡིན་ནོ། །གལ་ཏེ་ཡང་དེ་འདི་སྙམ་དུ་ཤེས་རབ་ཀྱི་ཕ་རོལ་ཏུ་ཕྱིན་པ་ནི། རྣམ་པ་ཐམས་ཅད་མཁྱེན་པ་ཉིད་ཡོངས་སུ་འཛིན་ཏོ་སྙམ་ན་ཡང་། བྱང་ཆུབ་སེམས་དཔའ་སེམས་དཔའ་ཆེན་པོ་དེ་ཤེས····རབ་ཀྱི་ཕ་རོལ་ཏུ་ཕྱིན་པ་ལས་ཉམས་པ་ཡིནཿནོ། །②ཤེས་རབ་ཀྱི་ཕ་རོལ་ཏུ་ཕྱིན་པ་དང་བྲལ་བས་ནི། བླ་ན་མེད་པ་ཡང་དག་པར་རྫོགས་པའི་བྱང་ཆུབ་ཏུ་མངོན་པར་རྫོགས་པར་འཚང་རྒྱ་བར་མི་ནུས་སོ། །གལ་ཏེ་ཡང་དེ་③འདི་སྙམ་དུ་ཤེས་རབ་ཀྱི་ཕ་རོལ་ཏུ་ཕྱིན་པ་འདི་ལ་གནས་པ་ནི། བླ་ན་མེད་པ་④ཡང་དག་པར····རྫོགས་པའི་བྱང་ཆུབ་ཏུ་ལུང་བསྟན་ཏོ་སྙམ་ན་ཡང་། བྱང་ཆུབ་སེམས་དཔའ་སེམས་དཔའ་ཆེན་པོ་དེ་ཤེས་རབ་ཀྱི་ཕ་རོལ་ཏུ་ཕྱིན་པ་ལས་ཉམས་པ་ཡིན་ཏེ། ཤེས་རབ་ཀྱི་ཕ་རོལ་ཏུ་ཕྱིན་པ་ལས་ཉམས་པ་ནི། བླ་ན་མྱེད་པ་⑤ཡང་དག་པར་རྫོགས་པའི་བྱང་ཆུབ་ཏུ་ལུང་མིཿབསྟན་ཏོ⑥། །གལ་ཏེ་ཡང་དེ་འདི་སྙམ་དུ་ཤེས་རབ་ཀྱི་ཕ་རོལ་ཏུ་ཕྱིན་པ་འདི་ལ་གནས་ཏེ། བྱང་ཆུབ་སེམས་དཔའ་སེམས····དཔའ་ཆེན་པོ་སྦྱིན་པའི་ཕ་རོལ་ཏུ་ཕྱིན་པ་མངོན་པར་སྒྲུབ་⑦བོ། །ཚུལ་ཁྲིམས་ཀྱི་ཕ་རོལ་ཏུ་ཕྱིན་པ་མངོན་པར་སྒྲུབ་བོ། །བཟོད་པའི་ཕ་རོལ་ཏུ་ཕྱིན་པ་མངོན་པར་སྒྲུབ་བོ། །བརྩོན་འགྲུས་ཀྱི་ཕ་རོལ་ཏུ་ཕྱིན་པ་མངོན་པར་སྒྲུབ་བོ། །བསམ་

གདན་གྱི་ཕ་རོལ་ཏུ་ཕྱིན་པ་མངོན་པར་སྒྲུབ་པོ། །ཤེས་རབ་ཀྱི་ཕ་རོལ་ཏུ་ཕྱིན་པ་མངོན་པར་སྒྲུབ་པོ། །ནང་སྟོང་པ་ཉིད་མངོན་པར་སྒྲུབ་པོ། །ཕྱི་སྟོང་པ་ཉིད་མངོན་པར་སྒྲུབ་པོ། །ཕྱི་ནང་སྟོང་པ་ཉིད་མངོན་པར་སྒྲུབ་པོ། །སྟོང་པ་ཉིད་སྟོང་པ་ཉིད་མངོན་པར་སྒྲུབ་པོ། །ཆེན་པོ་སྟོང་པ་ཉིད་མངོན་པར་སྒྲུབ་པོ། །དོན་དམ་པ་སྟོང་པ་ཉིད་མངོན་པར་སྒྲུབ་པོ། །འདུས་བྱས་སྟོང་པ་ཉིད་མངོན་པར་སྒྲུབ་པོ། །འདུས་[༡]མ་བྱས་སྟོང་པ་ཉིད་མངོན་པར་སྒྲུབ་པོ། །མཐའ་ལས་འདས་པ་སྟོང་པ་ཉིད་མངོན་པར་སྒྲུབ་པོ། །ཐོག་མ་དང་ཐ་མ་མེད་པ་སྟོང་པ་ཉིད་མངོན་པར་སྒྲུབ་པོ། །དོར་བ་མེད་པ་སྟོང་པ་ཉིད་མངོན་པར་སྒྲུབ་པོ། །རང་བཞིན་སྟོང་པ་ཉིད་མངོན་པར་སྒྲུབ་པོ། །ཆོས་ཐམས་ཅད་སྟོང་པ་ཉིད་མངོན་པར་སྒྲུབ་པོ། །རང་གི་མཚན་ཉིད་སྟོང་པ་ཉིད་མངོན་པར་སྒྲུབ་པོ། །མི་དམིགས་པ་སྟོང་པ་ཉིད་མངོན་པར་སྒྲུབ་པོ། །དངོས་པོ་མེད་པ་སྟོང་པ་ཉིད་མངོན་པར་སྒྲུབ་པོ། །ངོ་བོ་ཉིད་སྟོང་པ་ཉིད་མངོན་པར་སྒྲུབ་པོ། །དངོས་པོ་མེད་པའི་ངོ་བོ་ཉིད་སྟོང་པ་ཉིད་མངོན་པར་སྒྲུབ་པོ། །དྲན་པ་ཉེ་བར་གཞག་པ་བཞི་མངོན་པར་སྒྲུབ་པོ། །ཡང་དག་པར་སྤོང་བ་བཞི་མངོན་པར་སྒྲུབ་པོ། །རྫུ་འཕྲུལ་གྱི་རྐང་པ་བཞི་མངོན་པར་[༢]སྒྲུབ་པོ། །དབང་པོ་ལྔ་མངོན་པར་སྒྲུབ་པོ། །སྟོབས་ལྔ་མངོན་པར་སྒྲུབ་པོ། །བྱང་ཆུབ་ཀྱི་ཡན་ལག་བདུན་མངོན་པར་སྒྲུབ་པོ། །འཕགས་པའི་ལམ་ཡན་ལག་བརྒྱད་པ་མངོན་པར་སྒྲུབ་པོ། །འཕགས་པའི་བདེན་པ་བཞི་མངོན་པར་སྒྲུབ་པོ། །བསམ་[༣]གཏན་བཞི་མངོན་པར་སྒྲུབ་པོ། །ཚད་མེད་པ་བཞི་མངོན་པར་སྒྲུབ་པོ། །གཟུགས་མེད་པའི་སྙོམས་པར་འཇུག་པ་བཞི་མངོན་པར་སྒྲུབ་པོ། །རྣམ་པར་ཐར་པ་བརྒྱད་མངོན་པར་སྒྲུབ་པོ། །མཐར་གྱིས་[༤]གནས་པའི་སྙོམས་པར་འཇུག་པ་དགུ་མངོན་པར་སྒྲུབ་པོ། །རྣམ་པར་ཐར་

པའི་སྒོ་སྟོང་པ་ཉིད་དང་། མཚན་མ་མེད་པ་དང་། སྨོན་པ་མེད་པ་མངོན་པར་སྒྲུབ་པོ། །མངོན་པར་ཤེས་པ་རྣམས་མངོན་པར་སྒྲུབ་པོ། །ཏིང་ངེ་འཛིན་རྣམས་མངོན་པར་སྒྲུབ་པོ། །གཟུངས་ཀྱི་སྒོ་རྣམས་མངོན་པར་སྒྲུབ་པོ། །དེ་བཞིན་གཤེགས་པའི་སྟོབས་བཅུ་མངོན་པར་སྒྲུབ་པོ། །མི་འཇིགས་པ་བཞི་མངོན་པར་སྒྲུབ་པོ། །སོ་སོ་ཡང་དག་པར་རིག་པ་བཞི་མངོན་པར་སྒྲུབ་པོ། །⑦སྙིང་རྗེ་ཆེན་པོ་མངོན་པར་སྒྲུབ་པོ། །སངས་རྒྱས་ཀྱི་ཆོས་མ་འདྲེས་པ་བཅོ་བརྒྱད་མངོན་པར་སྒྲུབ་པོ་སྙམ་ན་ཡང་། བྱང་ཆུབ་སེམས་དཔའ་སེམས་དཔའ་ཆེན་པོ་དེ། ཤེས་རབ་ཀྱི་ཕ་རོལ་ཏུ་ཕྱིན་པ་ལས་ཉམས་པ་ཡིན་នོ། །དེ་ཅིའི་ཕྱིར་ཞེ་ན། ཤེས་རབ་ཀྱི་ཕ་རོལ་ཏུ་ཕྱིན་པ་ལས་ཉམས་པས་ནི། སྦྱིན་པའི་ཕ་རོལ་ཏུ་ཕྱིན་པ་མངོན་པར་བསྒྲུབ་པར་མི་ནུས་སོ། །ཚུལ་ཁྲིམས་ཀྱི་ཕ་རོལ་ཏུ་ཕྱིན་པ་མངོན་པར་བསྒྲུབ་པར་མི་ནུས་སོ། །བཟོད་པའི་ཕ་རོལ་ཏུ་ཕྱིན་པ་མངོན་པར་བསྒྲུབ་པར་མི་ནུས་སོ། །བརྩོན་འགྲུས་ཀྱི་ཕ་རོལ་ཏུ་ཕྱིན་པ་མངོན་པར་བསྒྲུབ་པར་མི་ནུས་སོ། །བསམ་གཏན་གྱི་ཕ་རོལ་ཏུ་ཕྱིན་པ་མངོན་པར་བསྒྲུབ་པར་མི་ནུས་སོ། །ཤེས་རབ་ཀྱི་ཕ་རོལ་ཏུ་ཕྱིན་པ་མངོན་པར་བསྒྲུབ་པར་མི་ནུས་སོ། །ནང་སྟོང་པ་ཉིད་མངོན་པར་བསྒྲུབ་པར་མི་ནུས་སོ། །ཕྱི་སྟོང་པ་ཉིད་མངོན་པར་བསྒྲུབ་པར་མི་ནུས་སོ། །ཕྱི་ནང་སྟོང་པ་ཉིད་མངོན་པར་བསྒྲུབ་པར་མི་ནུས་སོ། །སྟོང་པ་ཉིད་སྟོང་པ་ཉིད་མངོན་པར་བསྒྲུབ་པར་མི་ནུས་སོ། །ཆེན་པོ་སྟོང་པ་ཉིད་མངོན་པར་བསྒྲུབ་པར་མི་ནུས་སོ། །དོན་དམ་པ་སྟོང་པ་ཉིད་མངོན་པར་བསྒྲུབ་པར་མི་ནུས་སོ། །འདུས་བྱས་སྟོང་པ་ཉིད་མངོན་པར་བསྒྲུབ་པར་མི་ནུས་སོ། །འདུས་མ་བྱས་སྟོང་པ་ཉིད་མངོན་པར་བསྒྲུབ་པར་མི་ནུས་སོ། །མཐའ་ལས་འདས་པ་སྟོང་པ་ཉིད་མངོན་པར་བསྒྲུབ་པར་མི་ནུས་སོ། །ཐོག་མ་དང་ཐ་མ་མེད་པ་སྟོང་པ་ཉིད་མངོན་

པར་བསྒྲུབ་པར་མྱི་ནུས་སོ། །ངོར་བ་མྱེད་པ་སྟོང་པ་ཉིད་མངོན་པར་བསྒྲུབ་པར་
མྱི་ནུས་སོ། །རང་བཞིན་སྟོང་པ་ཉིད་མངོན་པར་བསྒྲུབ་པར་མྱི་ནུས་སོ། །ཆོས་
ཐམས་ཅད་སྟོང་པ་ཉིད་མངོན་པར་བསྒྲུབ་པར་མྱི་ནུས་སོ། །རང་གི་མཚན་ཉིད་
སྟོང་པ་ཉིད་མངོན་པར་བསྒྲུབ་པར་མྱི་ནུས་སོ། །མྱི་དམྱིགས་པ་སྟོང་པ་ཉིད་····
མངོན་པར་བསྒྲུབ་པར་མྱི་ནུས་སོ། །དངོས་པོ་མྱེད་པ་སྟོང་པ་ཉིད་མངོན་པར་
བསྒྲུབ་པར་མྱི་ནུས་སོ། །ངོ་བོ་ཉིད་སྟོང་པ་ཉིད་མངོན་པར་བསྒྲུབ་པར་མྱི་ནུས་
སོ༑ །དངོས་པོ་མྱེད་པའི་ངོ་བོ་ཉིད་སྟོང་པ་ཉིད་མངོན་པར་བསྒྲུབ་པར་མྱི་ནུས་
སོ༑ །དྲན་པ་ཉེ་བར་གཞག་པ་བཞི་མངོན་པར་བསྒྲུབ་པར་མྱི་ནུས་སོ། །ཡང་
དག་པར་སྤོང་བ་བཞི་མངོན་པར་བསྒྲུབ[1]པར་མྱི་ནུས་སོ། །རྫུ་འཕྲུལ་གྱི་རྐང་པ་
བཞི་མངོན་པར་བསྒྲུབ་པར་མྱི་ནུས་སོ། །དབང་པོ་ལྔ་མངོན་པར་བསྒྲུབ་པར་མྱི་
ནུས་སོ། །སྟོབས་ལྔ་མངོན་པར་བསྒྲུབ་པར་མྱི་ནུས་སོ། །བྱང་ཆུབ་ཀྱི་ཡན་ལག་
བདུན་མངོན་པར་བསྒྲུབ་པར་མྱི་ནུས་སོ། །འཕགས་པའི་ལམ་ཡན་ལག་བརྒྱད་པ་
མངོན་པར་བསྒྲུབ་པར་མྱི་ནུས་སོ། །འཕགས་པའི་བདེན་པ་བཞི་མངོན་པར་····
བསྒྲུབ་པར་མྱི་ནུས་སོ། །བསམ་གཏན་བཞི[2]མངོན་པར་བསྒྲུབ་པར་མྱི་ནུས་སོ། །
ཚད་མྱེད་པ་བཞི་མངོན་པར་བསྒྲུབ་པར་མྱི་ནུས་སོ། །གཟུགས་མེད་པའི་སྙོམས་
པར་འཇུག་པ་བཞི་མངོན་པར་བསྒྲུབ་པར་མྱི་ནུས་སོ། །རྣམ་པར་ཐར་པ་བརྒྱད་
མངོན་པར་བསྒྲུབ་པར་མྱི་ནུས་སོ། །མཐར་གྱིས་གནས་པའི་སྙོམས་པར་འཇུག་པ་
དགུ་མངོན་པར་བསྒྲུབ་པར་མི་ནུས་སོ། །རྣམ་པར་ཐར་པའི་སྒོ་སྟོང་པ་ཉིད་དང་།
མཚན་མ་མྱེད་པ་དང་། སྨོན་པ་མེད་པ[3]མངོན་པར་བསྒྲུབ་པར་མྱི་ནུས་སོ། །
མངོན་པར་ཤེས་པ་རྣམས་མངོན་པར་བསྒྲུབ་པར་མྱི་ནུས་སོ། །ཏིང་ངེ་འཛིན་
རྣམས་མངོན་པར་བསྒྲུབ་པར་མྱི་ནུས་སོ། །གཟུངས་ཀྱི་སྒོ་རྣམས་མངོན་པར་

བསྒྲུབ་པར་མི་ནུས་སོ། །དེ་བཞིན་གཤེགས་པའི་སྟོབས་བཅུ་མངོན་པར་བསྒྲུབ་པར་མི་ནུས་སོ། །མི་འཇིགས་པ་བཞི་མངོན་པར་བསྒྲུབ་པར་མི་ནུས་སོ། །སོ་སོ་ཡང་དག་པར་རིག་པ་བཞི་མངོན་པར་བསྒྲུབ་པར་མི་ནུས་སོ། །[༡]སྙིང་རྗེ་ཆེན་པོ་མངོན་པར་བསྒྲུབ་པར་མི་ནུས་སོ། །སངས་རྒྱས་ཀྱི་ཆོས་མ་འདྲེས་པ་བཅོ་བརྒྱད་མངོན་པར་བསྒྲུབ་པར་མི་ནུས་སོ། །གལ་ཏེ་ཡང་དེ་འདི་སྙམ་དུ་དེ་བཞིན····གཤེགས་པས་ནི། ཆོས་ཐམས་ཅད་ཡོངས་སུ་བཟུང་སྟེ[༢]། རང་གིས་མངོན་པར་རྫོགས་པར་སངས་རྒྱས་ནས། བཤད་དོ། །བསྟན་ཏོ[༣]། །རབ་ཏུ་ཕྱེའོ་སྙམ་ན་ཡང་། བྱང་ཆུབ་སེམས་དཔའ་སེམས་དཔའ[༤]ཆེན་པོ་དེ་ཤེས་རབ་ཀྱི་ཕ་རོལ་ཏུ་ཕྱིན་པ་ལས་ཉམས་པ་ཡིན་ནོ། །དེ་ཅིའི་ཕྱིར་ཞེ་ན། དེ་བཞིན་གཤེགས་པ[༥]ནི་ཆོས་གང་ཡང་མངོན་པར་རྫོགས་པར་སངས་རྒྱས་པ་མེད་དེ[༦]། ༑དེ་ཅིའི་ཕྱིར་ཞེ་ན།[༧] རབ་འབྱོར་དེ་ཡང་འདི་ལྟར་དེ་བཞིན་གཤེགས་པ་ནི༑མཐོང་བའི[༨]ཆོས····གང་ཡང་འདོགས་པ་མེད་ན། ཆོས་ལ་ལ་ཞིག་མངོན་པར་རྫོགས་པར་འཚང་རྒྱ་བར་འགྱུར་བ་ལྟ་ག་ལ་ཡོད་དེ། དེ་ནི་གནས་མ་ཡིན་ནོ། །དེ་ནས་ཚེ་དང་ལྡན་པ་རབ་འབྱོར་གྱིས་བཅོམ་ལྡན་འདས་ལ་འདི་སྐད་ཅེས་གསོལ་ཏོ། །བཅོམ་ལྡན་འདས་ཇི་ལྟར་ན། བྱང་ཆུབ་སེམས་དཔའ་སེམས་དཔའ་ཆེན་པོ[༩]ཤེས་རབ་ཀྱི་ཕ་རོལ་ཏུ་ཕྱིན་པ་ལ་སྤྱོད་པའི་སྤྱིན་འདི་དག་མ་མཆིས་པར་འགྱུར་བ་ལགས། བཅོམ་ལྡན་འདས་ཀྱིས་བཀའ་སྩལ་པ། རབ་འབྱོར་ནམ་བྱང་ཆུབ་སེམས་དཔའ་སེམས་དཔའ་ཆེན་པོ་ཤེས་རབ་ཀྱི་ཕ་རོལ་ཏུ་ཕྱིན་པ་ལ་སྤྱོད་པའི་ཚེ། འདི་སྙམ་དུ་ཆོས་ཐམས་ཅད་ནི༑ཆགས་པ[༡༠]མེད་པ་སྟེ། ཡོངས་སུ་མ་བཟུང་བའོ། །དེ་ལྟར་ཆོས་ཐམས་ཅད༑ཆགས་པ[༡༡]མེད་ཅིང་ཡོངས་སུ་མ་བཟུང་བ་ནི། མངོན་པར་རྫོགས་པར་འཚང་རྒྱ་བར་མི་ནུས་སོ་ཞེས་བྱ་བར་ཡང་དག་པར་ཤེས་ཏེ། གལ་ཏེ་

དེ་ལྟར་སྤྱོད་ན། ཤེས་རབ་ཀྱི་ཕ་རོལ་ཏུ་ཕྱིན་པ་ལ་སྤྱོད་པ་ཡིན་ནོ། །གལ་ཏེ་དེ་ལྟར་ཡོངས་སུ་མ་བཟུང་བའི་ཆོས་ཐམས་ཅད་ལ་མངོན་པར་ཆགས་ན། བྱང་ཆུབ་སེམས་དཔའ་སེམས་དཔའ་ཆེན་པོ་དེ་[1]ཤེས་རབ་ཀྱི་ཕ་རོལ་ཏུ་ཕྱིན་པ་དང་བྲལ་བ་ཡིན་ཏེ། དེ་ཅིའི་ཕྱིར་ཞེ་ན། ཤེས་རབ་ཀྱི་ཕ་རོལ་ཏུ་ཕྱིན་པ་ནི་མངོན་པར་ཆགས་པས་བརྗོད་པ་མ་ཡིན་ནོ།།

ཤེས་རབ་ཀྱི་ཕ་རོལ་ཏུ་ཕྱིན་པ་སྟོང་ཕྲག་བརྒྱ་པ། བམ་པོ་བཞི་[3]པ། གསོལ་པ། བཅོམ་ལྡན་འདས་ཅི་ལགས། ཤེས་རབ་ཀྱི་ཕ་རོལ་ཏུ་ཕྱིན་པ་ཤེས་རབ་ཀྱི་ཕ་རོལ་ཏུ་ཕྱིན་པ་དང་མ་བྲལ་བ་ལགས་སམ། བསམ་གཏན་གྱི་ཕ་རོལ་ཏུ་ཕྱིན་པ་བསམ་གཏན་གྱི་ཕ་རོལ་ཏུ་ཕྱིན་པ་དང་མ་བྲལ་བ་ལགས་སམ། བརྩོན་འགྲུས་ཀྱི་ཕ་རོལ་ཏུ་ཕྱིན་པ་བརྩོན་འགྲུས་ཀྱི་ཕ་རོལ་ཏུ་ཕྱིན་པ་དང་མ་བྲལ་བ་ལགས་སམ། བཟོད་པའི་ཕ་རོལ་ཏུ་ཕྱིན་པ་བཟོད་པའི་ཕ་རོལ་ཏུ་ཕྱིན་པ་དང་མ་བྲལ་བ་ལགས་སམ། ཚུལ་ཁྲིམས་ཀྱི་ཕ་རོལ་ཏུ་ཕྱིན་པ་ཚུལ་ཁྲིམས་ཀྱི་ཕ་རོལ་ཏུ་ཕྱིན་པ་དང་མ་བྲལ་བ་ལགས་སམ། སྦྱིན་པའི་ཕ་རོལ་ཏུ་ཕྱིན་པ་སྦྱིན་པའི་ཕ་རོལ་ཏུ་ཕྱིན་པ་དང་མ་བྲལ་བ་ལགས་སམ། ནང་སྟོང་པ་ཉིད་ནང་སྟོང་པ་ཉིད་དང་མ་བྲལ་བ་ལགས་སམ། ཕྱི་སྟོང་པ་ཉིད་ཕྱི་སྟོང་པ་ཉིད་དང་མ་བྲལ་བ་ལགས་སམ། ཕྱི་ནང་སྟོང་པ་ཉིད་ཕྱི་ནང་སྟོང་པ་ཉིད་དང་མ་བྲལ་བ་ལགས་སམ། སྟོང་པ་ཉིད་སྟོང་པ་ཉིད་སྟོང་པ་ཉིད་སྟོང་པ་ཉིད་དང་མ་བྲལ་བ་ལགས་སམ། ཆེན་པོ་སྟོང་པ་ཉིད་ཆེན་པོ་སྟོང་པ་ཉིད་དང་མ་བྲལ་བ་ལགས་སམ། དོན་དམ་པ་སྟོང་པ་ཉིད་དོན་དམ་པ་སྟོང་པ་ཉིད་དང་མ་བྲལ་བ་ལགས་སམ། འདུས་བྱས་སྟོང་པ་ཉིད་འདུས་བྱས་སྟོང་པ་ཉིད་དང་མ་བྲལ་བ་[1]ལགས་སམ། འདུས་མ་བྱས་སྟོང་པ་ཉིད་འདུས་མ་བྱས་སྟོང་པ་ཉིད་དང་མ་བྲལ་བ་ལགས་སམ། མཐའ་ལས་འདས་པ་སྟོང་པ་ཉིད་

མཐའ་ལས་འདས་པ་སྟོང་པ་ཉིད་དང་མ་བྲལ་བ་ལགས་སམ། ཐོག་མ་དང་ཐ་མ་མེད་པ་སྟོང་པ་ཉིད་ཐོག་མ་དང་ཐ་མ་མེད་པ་སྟོང་པ་ཉིད་དང་མ་བྲལ་བ་ལགས་སམ། དོར་བ་མེད་པ་སྟོང་པ་ཉིད་དོར་བ་མེད་པ་སྟོང་པ་ཉིད་དང་མ་བྲལ་བ་ལགས་སམ། རང་བཞིན་སྟོང་པ་ཉིད་རང་བཞིན་སྟོང་པ་ཉིད་དང་མ་བྲལ་བ་ལགས་སམ། ཆོས་ཐམས་ཅད་སྟོང་པ་ཉིད་ཆོས་ཐམས་ཅད་སྟོང་པ་ཉིད་དང་མ་བྲལ་བ་ལགས་སམ། རང་གི་མཚན་ཉིད་སྟོང་པ་ཉིད་རང་གི་མཚན་ཉིད་སྟོང་པ་ཉིད་དང་མ་བྲལ་བ་ལགས་སམ། མི་དམིགས་པ་སྟོང་པ་ཉིད་མི་དམིགས་པ་སྟོང་པ་ཉིད་དང་མ་བྲལ་བ་ལགས་སམ། དངོས་པོ་མེད་པ་སྟོང་པ་ཉིད་དངོས་པོ་མེད་པ་སྟོང་པ་ཉིད་དང་མ་བྲལ་བ་ལགས་སམ། ངོ་བོ་ཉིད་སྟོང་པ་ཉིད་ངོ་བོ་ཉིད་སྟོང་པ་ཉིད་དང་མ་བྲལ་བ་ལགས་སམ། དངོས་པོ་མེད་པའི་ངོ་བོ་ཉིད་སྟོང་པ་ཉིད་དངོས་པོ་མེད་པའི་ངོ་བོ་ཉིད་སྟོང་པ་ཉིད་དང་མ་བྲལ་བ་ལགས་སམ། དྲན་པ་ཉེ་བར་གཞག་པ་བཞི་དྲན་པ་ཉེ་བར་གཞག་པ་རྣམས་དང་མ་བྲལ་བ་ལགས་སམ། ཡང་དག་པར་སྤོང་བ་བཞི་ཡང་དག་པར་སྤོང་བ་རྣམས་དང་མ་བྲལ་བ་ལགས་སམ། རྫུ་འཕྲུལ་གྱི་རྐང་པ་བཞི་རྫུ་འཕྲུལ་གྱི་རྐང་པ་རྣམས་དང་མ་བྲལ་བ་ལགས་སམ། དབང་པོ་ལྔ་དབང་པོ་རྣམས་དང་མ་བྲལ་བ་ལགས་སམ། སྟོབས་ལྔ་སྟོབས་རྣམས་དང་མ་བྲལ་བ་ལགས་སམ། བྱང་ཆུབ་ཀྱི་ཡན་ལག་བདུན་བྱང་ཆུབ་ཀྱི་ཡན་ལག་རྣམས་དང་མ་བྲལ་བ་ལགས་སམ། འཕགས་པའི་ལམ་ཡན་ལག་བརྒྱད༔པ་ལམ[7]དང་མ་བྲལ་བ་ལགས་སམ། འཕགས་པའི་བདེན་པ་བཞི་འཕགས་པའི་བདེན་པ་རྣམས་དང་མ་བྲལ་བ་ལགས་སམ། བསམ་གཏན་བཞི་བསམ་གཏན་རྣམས་དང་མ་བྲལ་བ་ལགས་སམ[3]། ཚད་མེད་པ་བཞི་ཚད་མེད་པ་རྣམས་དང་མ་བྲལ་བ་ལགས་སམ། གཟུགས་མེད་པའི་སྙོམས་པར་འཇུག་པ་བཞི་

གཟུགས་མེད་པའི་སྙོམས་པར་འཇུག་པ་[1]རྣམས་དང་མ་བྲལ་བ་ལགས་སམ། རྣམ་པར་ཐར་པ་བརྒྱད་རྣམ་པར་ཐར་པ་རྣམས་དང་མ་བྲལ་བ་ལགས་སམ། མཐར་གྱིས་གནས་པའི་སྙོམས་པར་འཇུག་པ་དགུ་མཐར་གྱིས་གནས་པའི་སྙོམས་……པར་འཇུག་པ་རྣམས་དང་མ་བྲལ་བ་ལགས་སམ། རྣམ་པར་ཐར་པའི་སྒོ་སྟོང་པ་ཉིད་དང་། མཚན་མ་མེད་པ་དང་། སྨོན་པ་མེད་པ་[2]རྣམ་པར་ཐར་པའི་སྒོ་[3]རྣམས་[4]དང་མ་བྲལ་བ་ལགས་སམ། མངོན་པར་ཤེས་པ་རྣམས་མངོན་པར་ཤེས་པ་རྣམས་དང་མ་བྲལ་བ་ལགས་སམ། ཏིང་ངེ་འཛིན་རྣམས་ཏིང་ངེ་འཛིན་རྣམས་དང་མ་བྲལ་བ་ལགས་སམ། གཟུངས་ཀྱི་སྒོ་རྣམས་གཟུངས་ཀྱི་སྒོ་རྣམས་དང་མ་བྲལ་བ་ལགས་སམ། དེ་བཞིན་གཤེགས་པའི་སྟོབས་བཅུ་དེ་བཞིན་གཤེགས་པའི་སྟོབས་རྣམས་དང་མ་བྲལ་བ་ལགས་སམ། མི་འཇིགས་པ་བཞི་མི་འཇིགས་པ་……རྣམས་དང་མ་བྲལ་བ་ལགས་སམ། སོ་སོ་ཡང་དག་པར་རིག་པ་བཞི་སོ་སོ་ཡང་དག་པར་རིག་པ་རྣམས་དང་མ་བྲལ་བ་ལགས་སམ། བྱམས་པ་ཆེན་པོ་བྱམས་པ་ཆེན་པོ་དང་མ་བྲལ་བ་ལགས་སམ། སྙིང་རྗེ་ཆེན་པོ་སྙིང་རྗེ་ཆེན་པོ་དང་མ་བྲལ་བ་ལགས་སམ། སངས་རྒྱས་ཀྱི་ཆོས་མ་འདྲེས་པ་བཅོ་བརྒྱད་སངས་རྒྱས་ཀྱི་ཆོས་མ་འདྲེས་པ་རྣམས་དང་མ་བྲལ་བ་ལགས་སམ། རྒྱུན་དུ་ཞུགས་པའི་འབྲས་བུ……རྒྱུན་དུ་ཞུགས་པའི་འབྲས་བུ་དང་མ་བྲལ་བ་ལགས་སམ། ལན་ཅིག་ཕྱིར་འོང་……བའི་འབྲས་བུ་ལན་ཅིག་ཕྱིར་འོང་བའི་འབྲས་བུ་དང་མ་བྲལ་བ་ལགས་སམ། ཕྱིར་མི་འོང་བའི་འབྲས་བུ། ཕྱིར་མི་འོང་བའི་འབྲས་བུ་དང་མ་བྲལ་བ་ལགས……སམ། དགྲ་བཅོམ་པ་ཉིད་དགྲ་བཅོམ་པ་ཉིད་དང་མ་བྲལ་བ་ལགས་སམ། རང་བྱང་ཆུབ་རང་བྱང་ཆུབ་དང་མ་བྲལ་བ་ལགས་སམ། ལམ་གྱི་རྣམ་པ་ཤེས་པ་ཉིད་ལམ་གྱི་རྣམ་པ་ཤེས་པ་ཉིད་དང་མ་བྲལ་བ་ལགས་སམ། རྣམ་པ་ཐམས་ཅད་

མཁྱེན་པ་ཉིད་རྣམ་པ་ཐམས་ཅད་མཁྱེན་པ་ཉིད་དང་མ་བྲལ་བ་ལགས་སམ། དེ་ལ་གལ་ཏེ་ཤེས་རབ་ཀྱི་ཕ་རོལ་ཏུ་ཕྱིན་པ་ཡང་ཤེས་རབ་ཀྱི་ཕ་རོལ་ཏུ་ཕྱིན་པ་དང་····མ་བྲལ། བསམ་གཏན་གྱི་ཕ་རོལ་ཏུ་ཕྱིན་པ་ཡང་བསམ་གཏན་གྱི་ཕ་རོལ་ཏུ་ཕྱིན་པ་དང་མ་བྲལ། བརྩོན་འགྲུས་ཀྱི་ཕ་རོལ་ཏུ་ཕྱིན་པ་ཡང་བརྩོན་འགྲུས་ཀྱི་ཕ་རོལ་ཏུ་ཕྱིན་པ་དང་མ་བྲལ། བཟོད་པའི་ཕ་རོལ་ཏུ་ཕྱིན་པ་ཡང་བཟོད་པའི་ཕ་རོལ་ཏུ་ཕྱིན་པ་དང་མ་བྲལ། ཚུལ་ཁྲིམས་ཀྱི་ཕ་རོལ་ཏུ་ཕྱིན་པ་ཡང་ཚུལ་ཁྲིམས་ཀྱི་ཕ་རོལ་ཏུ་ཕྱིན་པ་དང་མ་བྲལ། སྦྱིན་པའི་ཕ་རོལ་ཏུ་ཕྱིན་པ་ཡང་སྦྱིན་པའི་ཕ་རོལ་ཏུ་····ཕྱིན་པ་དང་མ་བྲལ། ནང་སྟོང་པ་ཉིད་ཀྱང་ནང་སྟོང་པ་ཉིད་དང་མ་བྲལ། ཕྱི་སྟོང་པ་ཉིད་ཀྱང་ཕྱི་སྟོང་པ་ཉིད་དང་མ་བྲལ། ཕྱི་ནང་སྟོང་པ་ཉིད་ཀྱང་ཕྱི་ནང་སྟོང་པ་ཉིད་དང་མ་བྲལ། སྟོང་པ་ཉིད་སྟོང་པ་ཉིད་ཀྱང་སྟོང་པ་ཉིད་སྟོང་པ་ཉིད་དང་མ་བྲལ། ཆེན་པོ་སྟོང་པ་ཉིད་ཀྱང་ཆེན་པོ་སྟོང་པ་ཉིད་དང་མ་བྲལ། དོན་དམ་པ་སྟོང་པ་ཉིད་ཀྱང་དོན་དམ་པ་སྟོང་པ་ཉིད་དང་མ་བྲལ། འདུས་བྱས་སྟོང་པ་ཉིད་ཀྱང་འདུས་བྱས་སྟོང་པ་ཉིད་དང་མ་བྲལ། འདུས་མ་བྱས་སྟོང་པ་ཉིད་····ཀྱང་འདུས་མ་བྱས་སྟོང་པ་ཉིད་དང་མ་བྲལ། མཐའ་ལས་འདས་པ་སྟོང་པ་ཉིད་ཀྱང་མཐའ་ལས་འདས་པ་སྟོང་པ་ཉིད་དང་མ་བྲལ། ཐོག་མ་དང་ཐ་མ་མེད་པ་སྟོང་པ་ཉིད་ཀྱང་ཐོག་མ་དང་ཐ་མ་མེད་པ་སྟོང་པ་ཉིད་དང་མ་བྲལ། དོར་བ····མེད་པ་སྟོང་པ་ཉིད་ཀྱང་དོར་བ་མེད་པ་སྟོང་པ་ཉིད་དང་མ་བྲལ། རང་བཞིན་སྟོང་པ་ཉིད་ཀྱང་རང་བཞིན་སྟོང་པ་ཉིད་དང་མ་བྲལ། ཆོས་ཐམས་ཅད་སྟོང་པ་ཉིད་ཀྱང་ཆོས་ཐམས་ཅད་སྟོང་པ་ཉིད་དང་མ་བྲལ། རང་གི་མཚན་ཉིད་སྟོང་པ་ཉིད་ཀྱང་རང་གི་མཚན་ཉིད་སྟོང་པ་ཉིད་དང་མ་བྲལ། མི་དམིགས་པ་སྟོང་པ་ཉིད་ཀྱང་མི་དམིགས་པ་སྟོང་པ་ཉིད་དང་མ་བྲལ། དངོས་པོ་མེད་པ་སྟོང་པ་ཉིད་

ཀྱང་དངོས་པོ་མེད་པ་སྟོང་པ་ཉིད་དང་མ་བྲལ། ངོ་བོ་ཉིད་སྟོང་པ་ཉིད་ཀྱང་ངོ་བོ་ཉིད་སྟོང་པ་ཉིད་དང་མ་བྲལ། དངོས་པོ་མེད་པའི་ངོ་བོ་ཉིད་སྟོང་པ་ཉིད་ཀྱང་དངོས་པོ་མེད་པའི་ངོ་བོ་ཉིད༔སྟོང་པ་ཉིད་[༡]དང་མ་བྲལ། དྲན་པ་ཉེ་བར་གཞག་པ་བཞི་ཡང་དྲན་པ་ཉེ་བར་གཞག་པ་རྣམས་དང་མ་བྲལ། ཡང་དག་པར་སྤོང་བ་བཞི་ཡང་[༢]ཡང་དག་པར་སྤོང་བ་རྣམས་དང་མ་བྲལ། རྫུ་འཕྲུལ་གྱི་རྐང་པ་བཞི་ཡང་རྫུ་འཕྲུལ་གྱི་རྐང་པ་རྣམས་དང་མ་བྲལ། དབང་པོ་ལྔ་ཡང་དབང་པོ་རྣམས་དང་མ་བྲལ། སྟོབས་ལྔ་ཡང་སྟོབས་རྣམས་དང་མ་བྲལ། བྱང་ཆུབ་ཀྱི་ཡན་ལག་བདུན་ཡང་བྱང་ཆུབ་ཀྱི་ཡན་ལག་རྣམས་དང་མ་བྲལ། འཕགས་པའི་ལམ་ཡན་ལག་བརྒྱད་པ་ཡང་[༣]ལམ་[༤]དང་མ་བྲལ། འཕགས་པའི་བདེན་པ་བཞི་ཡང་འཕགས་པའི་བདེན་པ་རྣམས་དང་མ་བྲལ། བསམ་གཏན་བཞི་ཡང་བསམ་གཏན་རྣམས་དང་མ་བྲལ། ཚད་མེད་པ་བཞི་ཡང་ཚད་མེད་པ་རྣམས་དང་མ་བྲལ། གཟུགས་མེད་པའི་སྙོམས་པར་འཇུག་པ་བཞི་ཡང་གཟུགས་མེད་པའི་སྙོམས་པར་འཇུག་པ་རྣམས་དང་མ་བྲལ། རྣམ་པར་ཐར་པ་བརྒྱད་ཀྱང་རྣམ་པར་ཐར་པ་རྣམས་དང་མ་བྲལ། མཐར་གྱིས་གནས་པའི་སྙོམས་པར་འཇུག་པ་དགུ་ཡང་མཐར་གྱིས་གནས་པའི་སྙོམས་པར་འཇུག་པ་རྣམས་དང་མ་བྲལ། རྣམ་པར་ཐར་པའི་སྒོ་སྟོང་པ་ཉིད་དང་། མཚན་མ་མེད་པ་དང་། སྨོན་པ་མེད་པ་ཡང་[༥]རྣམ་པར་ཐར་པའི་སྒོ་རྣམས་[༦]དང་མ་བྲལ། མངོན་པར་ཤེས་པ་རྣམས་ཀྱང་མངོན་པར་ཤེས་པ་རྣམས་དང་མ་བྲལ། ཏིང་ངེ་འཛིན་རྣམས་ཀྱང་ཏིང་ངེ་འཛིན་རྣམས་དང་མ་བྲལ། གཟུངས་ཀྱི་སྒོ་རྣམས་ཀྱང་གཟུངས་ཀྱི་སྒོ་རྣམས་དང་མ་བྲལ། དེ་བཞིན་གཤེགས་པའི་སྟོབས་བཅུ་ཡང་དེ་བཞིན་གཤེགས་པའི་སྟོབས་རྣམས་དང་མ་བྲལ། མི་འཇིགས་པ་བཞི་ཡང་མི་འཇིགས་པ་རྣམས་དང་མ་བྲལ། སོ་སོ་

ཡང་དག་པར་རིག་པ་བཞི་ཡང་སོ་སོ་ཡང་དག་པར་རིག་པ་རྣམས་དང་མ་བྲལ། ①
སྙིང་རྗེ་ཆེན་པོ་ཡང་སྙིང་རྗེ་ཆེན་པོ་དང་མ་བྲལ། སངས་རྒྱས་ཀྱི་ཆོས་མ་འདྲེས་②
པ་བཅོ་བརྒྱད་ཀྱང་སངས་རྒྱས་ཀྱི་ཆོས་མ་འདྲེས་པ་རྣམས་དང་མ་བྲལ། རྒྱུན་དུ་
ཞུགས་པའི་འབྲས་བུ་ཡང་རྒྱུན་དུ་ཞུགས་པའི་འབྲས་བུ་དང་མ་བྲལ། ལན་ཅིག་
ཕྱིར་འོང་བའི་འབྲས་བུ་ཡང་ལན་ཅིག་ཕྱིར་འོང་བའི་འབྲས་བུ་དང་མ་བྲལ།
ཕྱིར་མི་འོང་བའི་འབྲས་བུ་ཡང་ཕྱིར་མི་འོང་བའི་འབྲས་བུ་དང་མ་བྲལ། དགྲ་····
བཅོམ་པ་ཉིད་ཀྱང་དགྲ་བཅོམ་པ་ཉིད་དང་མ་བྲལ། རང་བྱང་ཆུབ་ཀྱང་རང་····
བྱང་ཆུབ་དང་མ་བྲལ། ལམ་གྱི་རྣམ་པ་ཤེས་པ་ཉིད་ཀྱང་ལམ་གྱི་རྣམ་པ་ཤེས་པ་
ཉིད་དང་མ་བྲལ། རྣམ་པ་ཐམས་ཅད་མཁྱེན་པ་ཉིད་ཀྱང་རྣམ་པ་ཐམས་ཅད་····
མཁྱེན་པ་ཉིད་དང་མ་བྲལ་བ་ཞིག་ལགས་ན་ནི། འོ་ན་ཤེས་རབ་ཀྱི་ཕ་རོལ་ཏུ་····
ཕྱིན་པ་ཡང་ཇི་ལྟར་མངོན་པར་བསྒྲུབ་པར་བགྱི། བསམ་གཏན་གྱི་ཕ་རོལ་ཏུ་····
ཕྱིན་པ་ཡང་ཇི་ལྟར་མངོན་པར་བསྒྲུབ་པར་བགྱི། བརྩོན་འགྲུས་ཀྱི་ཕ་རོལ་ཏུ་····
ཕྱིན་པ་ཡང་ཇི་ལྟར་མངོན་པར་བསྒྲུབ་③པར་བགྱི། བཟོད་པའི་ཕ་རོལ་ཏུ་ཕྱིན་····
པ་ཡང་ཇི་ལྟར་མངོན་པར་བསྒྲུབ་པར་བགྱི། ཚུལ་ཁྲིམས་ཀྱི་ཕ་རོལ་ཏུ་ཕྱིན་པ་····
ཡང་ཇི་ལྟར་མངོན་པར་བསྒྲུབ་པར་བགྱི། སྦྱིན་པའི་ཕ་རོལ་ཏུ་ཕྱིན་པ་ཡང་ཇི་
ལྟར་མངོན་པར་བསྒྲུབ་པར་བགྱི། ནང་སྟོང་④པ་ཉིད་ཀྱང་ཇི་ལྟར་མངོན་པར་
བསྒྲུབ་པར་བགྱི། ཕྱི་སྟོང་པ་ཉིད་ཀྱང་ཇི་ལྟར་མངོན་པར་བསྒྲུབ་པར་བགྱི། ཕྱི་
ནང་སྟོང་པ་ཉིད་ཀྱང་ཇི་ལྟར་མངོན་པར་བསྒྲུབ་པར་བགྱི། སྟོང་པ་ཉིད་སྟོང་པ་
ཉིད་ཀྱང་ཇི་ལྟར་མངོན་པར་བསྒྲུབ་པར་བགྱི། ཆེན་པོ་སྟོང་པ་ཉིད་ཀྱང་ཇི་ལྟར་
མངོན་པར་བསྒྲུབ་པར་བགྱི། དོན་དམ་པ་སྟོང་པ་ཉིད་ཀྱང་ཇི་ལྟར་མངོན་པར་
བསྒྲུབ་པར་བགྱི། འདུས་བྱས་སྟོང་པ་ཉིད་ཀྱང་ཇི་ལྟར་མངོན་པར་བསྒྲུབ་པར་····

བགྱི༑ འདུས་མ་བྱས་སྟོང་པ་ཉིད་ཀྱང་ཇི་ལྟར་མངོན་པར་བསྒྲུབ་པར་བགྱི། མཐའ་ལས་འདས་པ་སྟོང་པ་ཉིད་ཀྱང་ཇི་ལྟར་མངོན་པར་བསྒྲུབ་པར་བགྱི། ཐོག་མ་དང་ཐ་མ་མེད་པ་སྟོང་པ་ཉིད་ཀྱང་ཇི་ལྟར་མངོན་པར་བསྒྲུབ་པར་བགྱི། དོར་བ་མེད་པ་སྟོང་པ་ཉིད་ཀྱང་ཇི་ལྟར་མངོན་པར་བསྒྲུབ་པར་བགྱི། རང་བཞིན་སྟོང་པ་ཉིད་ཀྱང་ཇི་ལྟར་མངོན་པར་བསྒྲུབ་པར་བགྱི། ཆོས་ཐམས་ཅད་སྟོང་པ་ཉིད་ཀྱང་ཇི་ལྟར་མངོན་པར་བསྒྲུབ་པར་བགྱི། རང་གི་མཚན་ཉིད་སྟོང་པ་ཉིད་ཀྱང་ཇི་ལྟར་མངོན་པར་བསྒྲུབ་པར་བགྱི། མི་དམིགས་པ་སྟོང་པ་ཉིད་ཀྱང་ཇི་ལྟར་མངོན་པར་བསྒྲུབ་པར་བགྱི། དངོས་པོ་མེད་པ་སྟོང་པ་[༡]ཉིད་ཀྱང་ཇི་ལྟར་མངོན་པར་བསྒྲུབ་པར་བགྱི། ངོ་བོ་ཉིད་སྟོང་པ་ཉིད་ཀྱང་ཇི་ལྟར་མངོན་པར་བསྒྲུབ་པར་བགྱི། དངོས་པོ་མེད་པའི་ངོ་བོ་ཉིད་སྟོང་པ་ཉིད་ཀྱང་ཇི་ལྟར་མངོན་པར་བསྒྲུབ་པར་བགྱི། དྲན་པ་ཉེ་བར་གཞག་པ་བཞི་ཡང་ཇི་ལྟར་མངོན་པར་བསྒྲུབ་པར་བགྱི། ཡང་དག་པར་སྤོང་བ་བཞི་ཡང་ཇི་ལྟར་མངོན་པར་བསྒྲུབ་པར་བགྱི༑ རྫུ་འཕྲུལ་གྱི་རྐང་པ་བཞི་ཡང་ཇི་ལྟར་མངོན་པར་བསྒྲུབ་པར་བགྱི། དབང་པོ་ལྔ་ཡང་ཇི་ལྟར་མངོན་པར་བསྒྲུབ་པར་བགྱི། སྟོབས་ལྔ་ཡང་ཇི་ལྟར་མངོན་པར་བསྒྲུབ་པར་བགྱི། བྱང་ཆུབ་ཀྱི་ཡན་ལག་བདུན་ཡང་ཇི་ལྟར་མངོན་པར་བསྒྲུབ་པར་བགྱི། འཕགས་པའི་ལམ་ཡན་ལག་བརྒྱད་པ་ཡང་ཇི་ལྟར་མངོན་པར་བསྒྲུབ་པར་བགྱི། འཕགས་པའི་བདེན་པ་བཞི་ཡང་ཇི་ལྟར་མངོན་པར་བསྒྲུབ་པར་བགྱི། བསམ་གཏན་བཞི་ཡང་ཇི་ལྟར་མངོན་པར་བསྒྲུབ་པར་བགྱི། ཚད་མེད་པ་བཞི་ཡང་ཇི་ལྟར་མངོན་པར་བསྒྲུབ་པར་བགྱི། གཟུགས་མེད་པའི་སྙོམས་པར་འཇུག་[༣]པ་བཞི་ཡང་ཇི་ལྟར་མངོན་པར་བསྒྲུབ་པར་བགྱི། རྣམ་པར་ཐར་པ་བརྒྱད་ཀྱང་ཇི་ལྟར་མངོན་པར་བསྒྲུབ་པར་བགྱི། མཐར་གྱིས་གནས་པའི་

སྙོམས་པར་འཇུག་པ་དགུ་ཡང་ཇི་ལྟར་མངོན་པར་བསྒྲུབ་པར་བགྱི། རྣམ་པར་ཐར་པའི་སྒོ་སྟོང་པ་ཉིད་དང་། མཚན་མ་མེད་པ་དང་། སྨོན་པ་མེད་པ་ཡང་ཇི་ལྟར་མངོན་པར་བསྒྲུབ་པར་བགྱི། མངོན་པར་ཤེས་པ་རྣམས་ཀྱང་ཇི་ལྟར་་་་མངོན་པར་བསྒྲུབ་པར་བགྱི། ཏིང་ངེ་འཛིན་རྣམས་ཀྱང་ཇི་ལྟར་མངོན་པར་་་་་བསྒྲུབ་པར་བགྱི། གཟུངས་ཀྱི་སྒོ་རྣམས་ཀྱང་ཇི་ལྟར་མངོན་པར་བསྒྲུབ་པར་བགྱི། དེ་བཞིན་གཤེགས་པའི་སྟོབས་བཅུ་ཡང་ཇི་ལྟར་མངོན་པར་བསྒྲུབ་པར་བགྱི། མི་འཇིགས་པ་བཞི་ཡང་ཇི་ལྟར་མངོན་པར་བསྒྲུབ་པར་བགྱི། སོ་སོ་ཡང་དག་པར་རིག་པ་བཞི་ཡང་ཇི་ལྟར་མངོན་པར་བསྒྲུབ་པར་བགྱི། [7]སྙིང་རྗེ་ཆེན་པོ་ཡང་ཇི་ལྟར་མངོན་པར་བསྒྲུབ་པར་བགྱི། སངས་རྒྱས་ཀྱི་ཆོས་མ་འདྲེས་པ་བཅོ་བརྒྱད་ཀྱང་ཇི་ལྟར་མངོན་པར་བསྒྲུབ་པར་བགྱི། རྒྱུན་དུ་ཞུགས་པའི་འབྲས་བུ་ཡང་ཇི་ལྟར་མངོན་པར་བསྒྲུབ་པར་བགྱི། ལན་ཅིག་ཕྱིར་འོང་བའི་འབྲས་བུ་ཡང་ཇི་ལྟར་མངོན་པར་བསྒྲུབ་པར་བགྱི། ཕྱིར་མི་འོང་བའི་འབྲས་བུ་ཡང་ཇི་ལྟར་མངོན་པར་བསྒྲུབ་པར་བགྱི། དགྲ་བཅོམ་པ་ཉིད་ཀྱང་ཇི་ལྟར་མངོན་པར་བསྒྲུབ་པར་བགྱི། རང་བྱང་ཆུབ་ཀྱང་ཇི་ལྟར་མངོན་པར་བསྒྲུབ་པར་བགྱི། ལམ་གྱི་རྣམ་པ་ཤེས་པ་ཉིད་ཀྱང་ཇི་ལྟར་མངོན་པར་བསྒྲུབ་པར་བགྱི། རྣམ་པ་ཐམས་ཅད་མཁྱེན་པ་ཉིད་ཀྱང་ཇི་ལྟར་མངོན་པར་བསྒྲུབ་པར་བགྱི། བཅོམ་ལྡན་འདས་ཀྱིས་བཀའ་སྩལ་པ། རབ་འབྱོར་འདི་ལ་བྱང་ཆུབ་སེམས་དཔའ་སེམས་དཔའ་ཆེན་པོ་ཤེས་རབ་ཀྱི་ཕ་་་་རོལ་ཏུ་ཕྱིན་པ་ལ་སྤྱོད་པའི་ཚེ། གཟུགས་ཞེའམ། འདི་ནི་གཟུགས་སོ། །འདིའི་གཟུགས་སོ་ཞེས་བྱ་བར་མངོན་པར་ཆགས་པ་མྱེད་དོ། །ཚོར་བ་ཞེའམ་འདི་ནི་ཚོར་བའོ། །འདིའི་ཚོར་བའོ་ཞེས་བྱ་བར་མངོན་པར་ཆགས་པ་མྱེད་དོ། །འདུ་ཤེས་ཞེའམ། འདི་ནི་འདུ་ཤེས་སོ། །འདིའི་འདུ་ཤེས་སོ་ཞེས་བྱ་བར་་

མངོན་པར་ཆགས་པ་མྱེད་དོ། །འདུ་བྱེད་ཅེའམ། འདི་ནི་འདུ་བྱེད་དོ། །འདིའི་འདུ་བྱེད་[1]ཅེས་བྱ་བར་མངོན་པར་ཆགས་པ་མེད་དོ། །རྣམ་པར་ཤེས་པ་ཞེའམ[2]། འདི་ནི་རྣམ་པར་ཤེས་པའོ། །འདིའི་[3]རྣམ་པར་ཤེས་པའོ་ཞེས་བྱ་བར་མངོན་པར་ཆགས་པ་མྱེད་དོ། །མྱིག་ཅེའམ། འདི་ནི་མྱིག་གོ། །འདིའི་མྱིག་གོ་ཞེས་བྱ་བར་[4]མངོན་པར་ཆགས་པ་མྱེད་དོ། །རྣ་བ་ཞེའམ་འདི་ནི་རྣ……བའོ། །འདིའི་[5]རྣ་བའོ་ཞེས་བྱ་བར་མངོན་པར་ཆགས་པ་མྱེད་དོ། །སྣ་ཞེའམ། འདི་ནི་སྣའོ། །འདིའི་སྣའོ་ཞེས་བྱ་བར་མངོན་པར་ཆགས་པ་མྱེད་དོ། །ལྗེ་ཞེའམ། འདི་ནི་ལྗེའོ། །འདིའི་ལྗེའོ་ཞེས་བྱ་བར་མངོན་པར་ཆགས་པ་མྱེད་དོ། །ལུས་ཤེའམ[6]། འདི་ནི་ལུས་སོ། །འདིའི་ལུས་སོ་ཞེས་བྱ་བར་མངོན་པར་ཆགས་པ་མྱེད་དོ། །ཡིད་ཅེའམ[7]། འདི་ནི་ཡིད་དོ། །འདིའི་ཡིད་དོ་ཞེས་བྱ་བར་མངོན་པར་ཆགས་པ་མྱེད་དོ། །གཟུགས་ཤེའམ། འདི་ནི་གཟུགས་སོ། །འདིའི་གཟུགས་སོ་ཞེས་བྱ་བར་མངོན་པར་ཆགས་པ་མྱེད་དོ། །སྒྲ་ཞེའམ་འདི་ནི་སྒྲའོ། །འདིའི་སྒྲའོ་ཞེས་བྱ་བར་མངོན་པར་ཆགས་པ་མེད་དོ། །དྲི་ཞེའམ་འདི་ནི་དྲིའོ། །འདིའི་དྲིའོ་ཞེས་བྱ་བར་མངོན་པར་ཆགས་པ་མྱེད་དོ། །རོ་ཞེའམ་འདི་ནི་རོའོ། །འདིའི་རོའོ་ཞེས་བྱ་བར་མངོན་པར་ཆགས་པ་མྱེད་དོ། །[8]རེག་ཅེའམ་འདི་ནི་རེག་གོ། །འདིའི་རེག་གོ་ཞེས་བྱ་བར་མངོན་པར་ཆགས་པ་མྱེད་དོ།། ཆོས་ཤེའམ་འདི་ནི་ཆོས་སོ། །འདིའི་ཆོས་སོ་ཤེས་བྱ་བར་མངོན་པར་ཆགས་པ་མྱེད་དོ། །མྱིག་གི་རྣམ་པར་ཤེས་པ་ཞེའམ། འདི་ནི་མྱིག་གི་རྣམ་པར་ཤེས་པའོ། །འདིའི་མྱིག་གི་རྣམ་པར་ཤེས་པའོ་ཞེས་བྱ་བར་མངོན་པར་ཆགས་པ་མྱེད་དོ། །རྣ་བའི་རྣམ་པར་ཤེས་པ་ཞེའམ། འདི་ནི་རྣ་བའི་རྣམ་པར་ཤེས་པའོ། །འདིའི་རྣ་བའི་རྣམ་པར་ཤེས་པའོ་ཞེས་བྱ་བར་མངོན་པར་ཆགས་པ་མྱེད་དོ། །སྣའི་རྣམ་

པར་ཤེས་པ་ཞེའམ། འདི་ནི་སྣའི་རྣམ་པར་ཤེས་པའོ། །འདིའི་སྣའི་རྣམ་པར་ཤེས་པའོ་ཞེས་བྱ་བར་མངོན་པར་ཆགས་པ་མེད་དོ། །ལྗེའི་རྣམ་པར་ཤེས་པ····ཞེའམ༑ འདི་ནི་ལྗེའི་རྣམ་པར་ཤེས་པའོ། །འདིའི་ལྗེའི་རྣམ་པར་ཤེས་པའོ་ཞེས་བྱ་བར་མངོན་པར་ཆགས་པ་མྱེད་དོ། །ལུས་ཀྱི་རྣམ་པར་ཤེས་པ་ཞེའམ། འདི་ནི་ལུས་ཀྱི་རྣམ་པར་ཤེས་པའོ། །འདིའི་ལུས་ཀྱི་རྣམ་པར་ཤེས་པའོ་ཞེས་བྱ་བར་མངོན་པར་ཆགས་པ་མྱེད་དོ། །ཡིད་ཀྱི་རྣམ་པར་ཤེས་པ་ཞེའམ། འདི་ནི་ཡིད་ཀྱི་རྣམ་པར་ཤེས་པའོ། །འདིའི་ཡིད་ཀྱི་རྣམ་པར་ཤེས་པའོ་ཞེས་བྱ་བར་མངོན་པར་ཆགས་པ་མེད་དོ། །མྱིག་གི་འདུས་ཏེ་རེག་པ་ཞེའམ། འདི་ནི་མྱིག་གི····འདུས་ཏེ་རེག་པའོ། །འདིའི་མྱིག་གི་འདུས་ཏེ་རེག་པའོ་ཞེས་བྱ་བར་མངོན་པར་ཆགས་པ་མྱེད་དོ། །རྣ་བའི་འདུས་ཏེ་རེག་པ་ཞེའམ། འདི་ནི་རྣ་བའི་འདུས་ཏེ་རེག་པའོ། །འདིའི་རྣ་བའི་འདུས་ཏེ་རེག་པའོ་ཞེས་བྱ་བར་མངོན་པར་ཆགས་པ་མྱེད་དོ། །སྣའི་འདུས་ཏེ་རེག་པ་ཞེའམ། འདི་ནི་སྣའི་འདུས་ཏེ་རེག་པའོ། །འདིའི་སྣའི་འདུས་ཏེ་རེག་པའོ་ཞེས་བྱ་བར་མངོན་པར་ཆགས་པ་མེད་དོ། །ལྗེའི་འདུས་ཏེ་རེག་པ་ཞེའམ། འདི་ནི་ལྗེའི་འདུས་ཏེ་རེག་པའོ། །འདིའི་ལྗེའི་འདུས་ཏེ་རེག་པའོ། །ཞེས་བྱ་བར་མངོན་པར་ཆགས་པ་མྱེད་དོ། །ལུས་ཀྱི་འདུས་ཏེ་རེག་པ་ཞེའམ། འདི་ནི་ལུས་ཀྱི་འདུས་ཏེ་རེག་པའོ། །འདིའི་ལུས་ཀྱི་འདུས་ཏེ་རེག་པའོ་ཞེས་བྱ་བར་མངོན་པར་ཆགས་པ་མྱེད་དོ། །ཡིད་ཀྱི་འདུས་ཏེ་རེག་པ་ཞེའམ༑ འདི་ནི་ཡིད་ཀྱི་འདུས་ཏེ་རེག་པའོ། །འདིའི་ཡིད་ཀྱི་འདུས་ཏེ་རེག་པའོ་ཞེས་བྱ་བར་མངོན་པར་ཆགས་པ་མྱེད་དོ། །མྱིག་གི་འདུས་ཏེ་རེག་པ་ལས་བྱུང་བའི་ཚོར་བ་ཞེའམ། འདི་ནི་མྱིག་གི་འདུས་ཏེ་རེག་པ་ལས་བྱུང་བའི་ཚོར····བའོ༑ །འདིའི་མྱིག་གི་འདུས་ཏེ་རེག་པ་ལས་བྱུང་བའི་ཚོར་བའོ་ཞེས་བྱ་བར····

མངོན་པར་ཆགས་པ་སྐྱེད་དོ། །རྣ་བའི་འདུས་ཏེ་རེག་པ་ལས་བྱུང་བའི་ཚོར་བ་ཞེའམ། འདི་ནི་རྣ་བའི་འདུས་ཏེ་རེག་པ་ལས་བྱུང་བའི་ཚོར་བའོ། །འདིའི་རྣ་བའི་འདུས་ཏེ་རེག་པ་ལས་བྱུང་བའི་ཚོར་བའོ་ཞེས་བྱ་བར་མངོན་པར་ཆགས་པ་·····སྐྱེད་དོ། །སྣའི་འདུས་ཏེ་རེག་པ་ལས་བྱུང་བའི་ཚོར་བ་ཞེའམ། འདི་ནི་སྣའི་འདུས་ཏེ་རེག་པ་ལས་བྱུང་བའི་ཚོར་བའོ། །འདིའི་སྣའི་འདུས་ཏེ་རེག་པ་ལས་བྱུང་བའི་ཚོར་བའོ་ཞེས་བྱ་བར་མངོན་པར་ཆགས་པ་སྐྱེད་དོ། །ལྗེའི་འདུས་ཏེ་རེག་པ་ལས་བྱུང་བའི་ཚོར་བ་ཞེའམ། འདི་ནི་ལྗེའི་འདུས་ཏེ་རེག་པ་ལས་བྱུང་བའི་ཚོར་བའོ[1]། །འདིའི་ལྗེའི་འདུས་ཏེ་རེག་པ་ལས་བྱུང་བའི་ཚོར་བའོ་ཞེས་བྱ་བར་མངོན་པར་ཆགས་པ་སྐྱེད་དོ། །ལུས་ཀྱི་འདུས་ཏེ་རེག་པ་ལས་བྱུང་བའི་ཚོར་བ་ཞེའམ། འདི་ནི་ལུས་ཀྱི་འདུས་ཏེ་རེག་པ་ལས་བྱུང་བའི་ཚོར་བའོ། །འདིའི་ལུས་ཀྱི་འདུས་ཏེ་རེག་པ་ལས་བྱུང་བའི་ཚོར་བའོ་ཞེས་བྱ་བར་མངོན་པར་ཆགས་པ་སྐྱེད་དོ། །ཡིད་ཀྱི་འདུས་ཏེ་རེག་པ་ལས་བྱུང་བའི་ཚོར་བ་ཞེའམ། འདི་ནི་ཡིད་ཀྱི་འདུས་ཏེ་རེག་པ་ལས་བྱུང་བའི་ཚོར་བའོ། །འདིའི་ཡིད་ཀྱི་འདུས་ཏེ་རེག་པ་ལས་བྱུང་བའི་ཚོར་བའོ་ཞེས་བྱ་བར་མངོན་པར་ཆགས་པ་སྐྱེད་དོ། །སའི་ཁམས་ཤེའམ[2]། འདི་ནི་སའི་ཁམས་སོ། །འདིའི་སའི་ཁམས་སོ་ཞེས་བྱ་བར་མངོན་པར་ཆགས་པ་[3]སྐྱེད་དོ། །ཆུའི་ཁམས་ཞེའམ[4]། འདི་ནི་ཆུའི་ཁམས་སོ། །འདིའི་ཆུའི་ཁམས་སོ་ཞེས་བྱ་བར་མངོན་པར་ཆགས་པ་སྐྱེད་དོ། །མེའི་ཁམས་ཤེའམ[5]། འདི་ནི་མེའི་ཁམས་སོ། །འདིའི་མེའི་ཁམས་སོ་ཞེས་བྱ་བར་མངོན་པར་ཆགས་པ་སྐྱེད་དོ། །རླུང་གི་ཁམས་ཤེའམ[6]། འདི་ནི་རླུང་གི་ཁམས་སོ། །འདིའི་རླུང་གི་ཁམས་སོ་ཞེས་བྱ་བར་མངོན་པར་ཆགས་པ་སྐྱེད་དོ། །ནམ་མཁའི་ཁམས་ཤེའམ[7]། འདི་ནི་ནམ་མཁའི་ཁམས་སོ། །འདིའི་ནམ་མཁའི་ཁམས་སོ་

ཤེས་བྱ་བར་མངོན་པར་ཆགས་པ་མྱེད་དོ། །རྣམ་པར་ཤེས་པའི་ཁམས་ཤེའམ[༡]། འདི་ནི་རྣམ་པར་ཤེས་པའི་ཁམས་སོ། །འདིའི་རྣམ་པར་ཤེས་པའི་ཁམས་སོ་ཞེས་བྱ་བར་མངོན་པར་ཆགས་པ་མྱེད་དོ། །མ་རིག་པ་ཞེའམ། འདི་ནི་མ་རིག་པའོ། །འདིའི་མ་རིག་པའོ་ཞེས་བྱ་བར་མངོན་པར་ཆགས་པ་མྱེད་དོ། །འདུ་བྱེད་·····ཅེའམ[༣]། འདི་ནི་འདུ་བྱེད་དོ། །འདིའི་འདུ་བྱེད་དོ་ཞེས་བྱ་བར་མངོན་པར་ཆགས་པ་མྱེད་དོ། །རྣམ་པར་ཤེས་པ་ཞེའམ། འདི་ནི་རྣམ་པར་ཤེས་པའོ། །འདིའི་རྣམ་པར་ཤེས་པའོ་ཞེས་བྱ་བར་མངོན་པར་ཆགས་པ་མྱེད་དོ། །མྱིང་དང་གཟུགས་ཤེའམ། འདི་ནི་མྱིང་དང་གཟུགས་སོ། །འདིའི་མྱིང་དང་གཟུགས་སོ་ཞེས་བྱ་བར་མངོན་པར་ཆགས་པ་མྱེད་དོ། །སྐྱེ་མཆེད་དྲུག་ཅེའམ[༣]། འདི་ནི་སྐྱེ་མཆེད་དྲུག་གོ། །འདིའི་སྐྱེ་མཆེད་དྲུག་གོ་ཞེས་བྱ་བར་མངོན་པར་ཆགས་པ་མྱེད་དོ། །རེག་པ་ཞེའམ། འདི་ནི་རེག་པའོ། །འདིའི་རེག་པའོ་ཞེས་བྱ་བར་མངོན་པར་ཆགས་པ་མྱེད་དོ། །ཚོར་བ་ཞེའམ། འདི་ནི་ཚོར་བའོ། །འདིའི་ཚོར་བའོ་ཞེས་བྱ་བར་མངོན་པར་ཆགས་པ་མྱེད་དོ། །སྲེད་པ་ཞེའམ། འདི་ནི་སྲེད་པའོ། །འདིའི་སྲེད་པའོ་ཞེས་བྱ་བར་མངོན་པར་ཆགས་པ་མྱེད་དོ། །ལེན་པ་ཞེའམ། འདི་ནི་ལེན་པའོ། །འདིའི་ལེན་པའོ་ཞེས་བྱ་བར་མངོན་པར་ཆགས་པ་མྱེད་དོ། །སྲིད་པ་ཞེའམ། འདི་ནི་སྲིད་པའོ། །འདིའི་སྲིད་པའོ་ཞེས་བྱ་བར་མངོན་པར་ཆགས་པ་མྱེད་དོ། །སྐྱེ་བ་ཞེའམ། འདི་ནི་སྐྱེ་བའོ། །འདིའི་སྐྱེ་བའོ་ཞེས་བྱ་བར་མངོན་པར་ཆགས་པ་མྱེད་དོ། །ཀ་ཤི་ཞེའམ། འདི་ནི་ཀ་ཤིའོ། །འདིའི་ཀ་ཤིའོ་ཞེས་བྱ་བར་མངོན་པར་ཆགས་པ་མེད་དོ། །སྦྱིན་པའི་ཕ་རོལ་ཏུ་ཕྱིན་པ་ཞེའམ། འདི་ནི་སྦྱིན་པའི་ཕ་རོལ་ཏུ་ཕྱིན་པའོ། །འདིའི་སྦྱིན་པའི་ཕ་རོལ་ཏུ་ཕྱིན་པའོ་ཞེས་བྱ་བར་མངོན་པར་ཆགས་པ་མྱེད་དོ། །ཚུལ་ཁྲིམས་ཀྱི་ཕ་རོལ་ཏུ་

ཕྱིན་པ་ཞེའམ། འདི་ནི་ཚུལ་ཁྲིམས་ཀྱི་ཕ་རོལ་ཏུ་ཕྱིན་པའོ། །འདིའི་ཚུལ་ཁྲིམས་ཀྱི་ཕ་རོལ་ཏུ་ཕྱིན་པའོ་ཞེས་བྱ་བར་མངོན་པར་ཆགས་པ་མེད་དོ། །བཟོད་པའི་ཕ་རོལ་ཏུ་ཕྱིན་པ་ཞེའམ། འདི་ནི་བཟོད་པའི་ཕ་རོལ་ཏུ་ཕྱིན་པའོ། །འདིའི་བཟོད་པའི་ཕ་རོལ་ཏུ་ཕྱིན་པའོ་ཞེས་བྱ་བར་མངོན་པར་ཆགས་པ་མྱེད་དོ། །བརྩོན་འགྲུས་ཀྱི་ཕ་རོལ་ཏུ་ཕྱིན་པ་ཞེའམ། འདི་ནི་བརྩོན་འགྲུས་ཀྱི་ཕ་རོལ་ཏུ་ཕྱིན་པའོ། །འདིའི་བརྩོན་འགྲུས་ཀྱི་ཕ་རོལ་ཏུ་ཕྱིན་པའོ་ཞེས་བྱ་བར་མངོན་པར་ཆགས་པ་མྱེད་དོ། །བསམ་གཏན་གྱི་ཕ་རོལ་ཏུ་ཕྱིན་པ་ཞེའམ། འདི་ནི་བསམ་གཏན་གྱི་ཕ་རོལ་ཏུ་ཕྱིན་པའོ། །འདིའི་བསམ་གཏན་གྱི་ཕ་རོལ་ཏུ་ཕྱིན་པའོ་ཞེས་བྱ་བར་མངོན་པར་ཆགས༔པ་མྱེད་དོ①། །ཤེས་རབ་ཀྱི་ཕ་རོལ་ཏུ་ཕྱིན་པ་ཞེའམ། འདི་ནི་ཤེས་རབ་ཀྱི་ཕ་རོལ་ཏུ་ཕྱིན་པའོ། །འདིའི་ཤེས་རབ་ཀྱི་ཕ་རོལ་ཏུ་ཕྱིན་པའོ་ཞེས་བྱ་བར་མངོན་པར་ཆགས་པ་མྱེད་དོ། །ནང་སྟོང་པ་ཉིད་ཅེའམ། འདི་ནི་ནང་སྟོང་པ་ཉིད་དོ། །འདིའི་ནང་སྟོང་པ་ཉིད་དོ་ཞེས་བྱ་བར་མངོན་པར་ཆགས་པ་མྱེད་དོ། །ཕྱི་སྟོང་པ་ཉིད་ཅེའམ། འདི་ནི་ཕྱི་སྟོང་པ་ཉིད་དོ། །འདིའི་ཕྱི་སྟོང་པ་ཉིད་དོ་ཞེས་བྱ་བར་མངོན་པར་ཆགས་པ་མེད་དོ། །ཕྱི་ནང་སྟོང་པ་ཉིད་ཅེའམ། འདི་ནི་ཕྱི་ནང་སྟོང་པ་ཉིད་དོ། །འདིའི་ཕྱི་ནང་སྟོང་པ་ཉིད་དོ་ཞེས་བྱ་བར་མངོན་པར་ཆགས་པ་མྱེད་དོ། །སྟོང་པ་ཉིད་སྟོང་པ་ཉིད་ཅེའམ②། འདི་ནི་སྟོང་པ་ཉིད་སྟོང་པ་ཉིད་དོ། །འདིའི་སྟོང་པ་ཉིད་སྟོང་པ་ཉིད་དོ་ཞེས་བྱ་བར་མངོན་པར་ཆགས་པ་མྱེད་དོ། །ཆེན་པོ་སྟོང་པ་ཉིད་ཅེའམ། འདི་ནི་ཆེན་པོ་སྟོང་པ་ཉིད་དོ། །འདིའི་ཆེན་པོ་སྟོང་པ་ཉིད་དོ་ཞེས་བྱ་བར་མངོན་པར་ཆགས་པ་མྱེད་དོ། །དོན་དམ་པ་སྟོང་པ་ཉིད་ཅེའམ། འདི་ནི་དོན་དམ་པ་སྟོང་པ་ཉིད་དོ། །འདིའི་དོན་དམ་པ་སྟོང་པ་ཉིད་དོ་ཞེས་བྱ་བར་མངོན་པར་ཆགས་པ་མྱེད་

ངོ༔ །འདུས་བྱས་སྟོང་པ་ཉིད་ཅེའམ[1]། འདི་ནི་འདུས་བྱས་སྟོང་པ་ཉིད་དོ། །འདིའི་འདུས་བྱས་སྟོང་པ་ཉིད་དོ་ཞེས་བྱ་བར་མངོན་པར་ཆགས་པ་མེད་དོ། །འདུས་མ་བྱས་སྟོང་པ་ཉིད་ཅེའམ། འདི་ནི་འདུས་མ་བྱས་སྟོང་པ་ཉིད་དོ། །འདིའི་འདུས་མ་བྱས་སྟོང་པ་ཉིད་དོ་ཞེས་བྱ་བར་མངོན་པར་ཆགས་པ་མྱེད་དོ། །མཐའ་ལས་འདས་པ་སྟོང་པ་ཉིད་ཅེའམ[2]། འདི་ནི་མཐའ་ལས་འདས་པ་སྟོང་པ་ཉིད་དོ། །འདིའི་མཐའ་ལས་འདས་པ་སྟོང་པ་ཉིད་དོ་ཞེས༔ བྱ་བར་[3]མངོན་པར་ཆགས་པ་མྱེད་དོ། །ཐོག་མ་དང་ཐ་མ་མྱེད་པ་སྟོང་པ་ཉིད་ཅེའམ[4]། འདི་ནི་ཐོག་མ་དང་ཐ་མ་མྱེད་པ་སྟོང་པ་ཉིད་དོ། །འདིའི་ཐོག་མ་དང་ཐ་མ་མེད་པ་སྟོང་པ་ཉིད་དོ་ཞེས་བྱ་བར་མངོན་པར་ཆགས་པ་མྱེད་དོ། །དོར་བ་མྱེད་པ་སྟོང་པ་ཉིད་ཅེའམ། འདི་ནི་དོར་བ་མྱེད་པ་སྟོང་པ་ཉིད་དོ། །༔འདིའི་དོར་བ་མྱེད་པ་སྟོང་པ་ཉིད་དོ་[5]ཞེས་བྱ་བར་མངོན་པར་ཆགས་པ་མྱེད་དོ། །རང་བཞིན་སྟོང་པ་ཉིད་ཅེའམ། འདི་ནི་རང་བཞིན་སྟོང་པ་ཉིད་དོ། །འདིའི་རང་བཞིན་སྟོང་པ་ཉིད་དོ་ཞེས་བྱ་བར་མངོན་པར་ཆགས་པ་མྱེད་དོ། །ཆོས་ཐམས་ཅད་སྟོང་པ་ཉིད་ཅེའམ༔ འདི་ནི་ཆོས་ཐམས་ཅད་སྟོང་པ་ཉིད་དོ། །འདིའི་ཆོས་ཐམས་ཅད་སྟོང་པ་ཉིད་དོ་ཞེས་བྱ་བར་མངོན་པར་ཆགས་པ་མྱེད་དོ། །རང་གི་མཚན་ཉིད་སྟོང་པ་ཉིད་ཅེའམ། འདི་ནི་རང་གི་མཚན་ཉིད་སྟོང་པ་ཉིད་དོ། །འདིའི་རང་གི་མཚན་ཉིད་སྟོང་པ་ཉིད་དོ་ཞེས་བྱ་བར་མངོན་པར་ཆགས་པ་མྱེད་དོ། །མྱི······དམྱིགས་པ་སྟོང་པ་ཉིད་ཅེའམ[6]། འདི་ནི་མྱི་དམྱིགས་པ་སྟོང་པ་ཉིད་དོ། །འདིའི་མྱི་དམྱིགས་པ་སྟོང་པ་ཉིད་དོ་ཞེས་བྱ་བར་མངོན་པར་ཆགས་པ་མྱེད་དོ། །དངོས་པོ་མེད་པ་སྟོང་པ་ཉིད་ཅེའམ[7]། འདི་ནི་དངོས་པོ་མྱེད་པ་སྟོང་པ་ཉིད་དོ།། འདིའི་དངོས་པོ་མྱེད་པ་སྟོང་པ་ཉིད་དོ་ཞེས་བྱ་བར་མངོན་པར་ཆགས་པ་མྱེད་དོ། །

ངོ་བོ་ཉིད་སྟོང་པ་ཉིད་ཅེའམ། འདི་ནི་ངོ་བོ་ཉིད་སྟོང་པ་ཉིད་དོ། །འདིའི་ངོ་བོ་ཉིད་སྟོང་པ་ཉིད་དོ་ཞེས་བྱ་བར་མངོན་པར་ཆགས་པ་མྱེད་དོ། །དངོས་པོ་མྱེད་པའི་ངོ་བོ་ཉིད་སྟོང་པ་ཉིད་ཅེའམ། འདི་ནི་དངོས་པོ་མྱེད་པའི་ངོ་བོ་ཉིད་སྟོང་པ་ཉིད་དོ། །འདིའི་དངོས་པོ་མྱེད་པའི་ངོ་བོ་ཉིད་སྟོང་པ་ཉིད་དོ་①ཞེས་བྱ་བར་····མངོན་པར་ཆགས་པ་མྱེད་དོ། །དྲན་པ་ཉེ་བར་གཞག་པ་བཞི་ཞེའམ། འདི་དག་ནི་དྲན་པ་ཉེ་བར་གཞག་པ་རྣམས་སོ། །འདིའི་དྲན་པ་ཉེ་བར་གཞག་པ····རྣམས་སོ་ཞེས་བྱ་བར་མངོན་པར་ཆགས་པ་མྱེད་དོ། །ཡང་དག་པར་སྤོང་བ་བཞི་ཞེའམ༑ འདི་དག་ནི་ཡང་དག་པར་སྤོང་བ་རྣམས་སོ། །འདིའི་ཡང་དག་པར་སྤོང་བ་རྣམས་སོ་ཞེས་བྱ་བར་མངོན་པར་ཆགས་པ་མྱེད་དོ། །རྫུ་འཕྲུལ་གྱི་རྐང་པ་བཞི་ཞེའམ། འདི་དག་ནི་རྫུ་འཕྲུལ་གྱི་རྐང་པ་རྣམས་སོ། །འདིའི་རྫུ་འཕྲུལ་གྱི་རྐང་པ་རྣམས་སོ་ཞེས་བྱ་བར་མངོན་པར་ཆགས་པ་མྱེད་དོ། །དབང་པོ་ལྔ་ཞེའམ། འདི་དག་ནི་དབང་པོ་རྣམས་སོ། །འདིའི་དབང་པོ་རྣམས་སོ་ཞེས་བྱ་བར་མངོན་པར་ཆགས་པ་མྱེད་དོ། །སྟོབས་ལྔ་ཞེའམ། འདི་དག་ནི་སྟོབས་རྣམས་སོ། །འདིའི་སྟོབས་རྣམས་སོ་ཞེས་བྱ་བར་མངོན་པར་ཆགས་པ་མྱེད་དོ། །བྱང་ཆུབ་ཀྱི་ཡན་ལག་བདུན་ཞེའམ། འདི་དག་ནི་བྱང་ཆུབ་ཀྱི་ཡན་ལག་རྣམས་སོ། །འདིའི་བྱང་ཆུབ་ཀྱི་ཡན་ལག་རྣམས་སོ་ཞེས་བྱ་བར་མངོན་པར་ཆགས་པ་མྱེད་དོ། །འཕགས་པའི་ལམ་ཡན་ལག་བརྒྱད་པ་ཞེའམ། འདི་③ནི་ལམ་མོ། །འདིའི་ལམ་མོ་ཞེས་བྱ་བར་མངོན་པར་ཆགས་པ་མྱེད་དོ། །འཕགས་པའི་བདེན་པ་བཞི····ཞེའམ༑ འདི་དག་ནི་འཕགས་པའི་བདེན་པ་རྣམས་སོ། །འདིའི་འཕགས་པའི་བདེན་པ་རྣམས་སོ་ཞེས་བྱ་བར་མངོན་པར་ཆགས་པ་མྱེད་དོ། །བསམ་གཏན་བཞི་ཞེའམ། འདི་དག་ནི་བསམ་གཏན་རྣམས་སོ། །འདིའི་བསམ་གཏན་རྣམས་

སོ་ཞེས་བྱ་བར་མངོན་པར་ཆགས་པ་མྱེད་དོ། །ཚད་མེད་པ་བཞི་ཞེའམ། འདི་དག་ནི་ཚད་མྱེད་པ་རྣམས་སོ། །འདིའི་ཚད་མྱེད་པ་རྣམས་སོ་ཞེས་བྱ་བར་མངོན་པར་ཆགས་པ་མེད་དོ། །གཟུགས་མྱེད་པའི་སྙོམས་པར་འཇུག་པ་བཞི་ཞེའམ། འདི་དག་ནི་གཟུགས་མེད་པའི་སྙོམས་པར་འཇུག་པ་རྣམས་སོ། །འདིའི་གཟུགས་མྱེད་པའི་སྙོམས་པར་འཇུག་པ་རྣམས་སོ་ཞེས་བྱ་བར་མངོན་པར་ཆགས་པ་མྱེད་དོ།། རྣམ་པར་ཐར་པ་བརྒྱད་ཅེའམ། འདི་དག་ནི་རྣམ་པར་ཐར་པ་རྣམས་སོ། །འདིའི་རྣམ་པར་ཐར་པ་རྣམས་སོ་ཞེས་བྱ་བར་མངོན་པར་ཆགས་པ་མྱེད་དོ། །མཐར་གྱིས་གནས་པའི་སྙོམས་པར་འཇུག་པ་དགུ་ཞེའམ། འདི་དག་ནི་མཐར་གྱིས་གནས་པའི་སྙོམས་པར་འཇུག་པ་རྣམས་སོ། །འདིའི་མཐར་གྱིས་གནས་པའི་སྙོམས་པར་འཇུག་པ་རྣམས་སོ་ཞེས་བྱ་བར་མངོན་པར་ཆགས་པ་མྱེད་དོ། །རྣམ་པར་ཐར་པའི་སྒོ་སྟོང་པ་ཉིད་དང་། མཚན་མ་མྱེད་པ་དང་། སྨོན་པ་མྱེད་པ་ཞེའམ༑ འདི་དག་ནི་རྣམ་པར་ཐར་པའི་སྒོ་སྟོང་པ་ཉིད་དང་། མཚན་མ་མྱེད་པ་དང་། སྨོན་པ་མེད་པའོ། །འདིའི་རྣམ་པར་ཐར་པའི་སྒོ་སྟོང་པ་ཉིད་དང་། མཚན་མ་མྱེད་པ་དང་། སྨོན་པ་མྱེད་པའོ་ཞེས་བྱ་བར་མངོན་པར་ཆགས་པ་མྱེད་དོ༑ །མངོན་པར་ཤེས་པ་རྣམས་ཤེའམ། འདི་དག་ནི་མངོན་པར་ཤེས་པ་རྣམས་སོ༑ །འདིའི་མངོན་པར་ཤེས་པ་རྣམས་སོ་ཞེས་བྱ་བར་མངོན་པར་ཆགས་པ་མྱེད་དོ༑ །ཏིང་ངེ་འཛིན་རྣམས་ཤེའམ། འདི་དག་ནི་ཏིང་ངེ་འཛིན་རྣམས་སོ། །འདིའི་ཏིང་ངེ་འཛིན་རྣམས་སོ་ཤེས་བྱ་བར་མངོན་པར་ཆགས་པ་མྱེད་དོ། །གཟུངས་ཀྱི་སྒོ་རྣམས་ཤེའམ། འདི་དག་ནི་གཟུངས་ཀྱི་སྒོ་རྣམས་སོ། །འདིའི་གཟུངས་ཀྱི་སྒོ་རྣམས་སོ་ཤེས་བྱ་བར་མངོན་པར་ཆགས་པ་མྱེད་དོ། །དེ་བཞིན་གཤེགས་པའི་སྟོབས་བཅུ་ཞེའམ། འདི་དག་ནི་དེ་བཞིན་གཤེགས་པའི་སྟོབས······

རྣམས་སོ། །འདིའི་དེ་བཞིན་གཤེགས་པའི་སྟོབས་རྣམས་[1]སོ་ཞེས་བྱ་བར་མངོན་པར་ཆགས་པ་མྱེད་དོ། །མྱི་འཇིགས་པ་བཞི་ཞེའམ། འདི་དག་ནི་མྱི་འཇིགས་པ་རྣམས་སོ། །འདིའི་མྱི་འཇིགས་པ་རྣམས་སོ་ཞེས་བྱ་བར་མངོན་པར་ཆགས་པ་མྱེད་དོ། །སོ་སོ་ཡང་དག་པར་རིག་པ་བཞི་ཞེའམ། འདི་དག་ནི་སོ་སོ་ཡང་དག་པར་རིག་པ་རྣམས་སོ། །འདིའི་སོ་སོ་ཡང་དག་པར་རིག་པ་རྣམས་སོ་ཞེས་བྱ་བར་མངོན་པར་ཆགས་པ་མྱེད་དོ། །[2]སྙིང་རྗེ་ཆེན་པོ་ཞེའམ། འདི་[3]ནི་སྙིང་རྗེ་ཆེན་པོའོ། །འདིའི་སྙིང་རྗེ་ཆེན་པོའོ་ཞེས་བྱ་བར་མངོན་པར་ཆགས་པ་མྱེད་དོ། །སངས་རྒྱས་ཀྱི་ཆོས་མ་འདྲེས་པ་བཅོ་བརྒྱད་ཅེའམ། འདི་དག་[4]ནི་སངས་རྒྱས་ཀྱི་ཆོས་མ་འདྲེས་པ་རྣམས་སོ། །འདིའི་སངས་རྒྱས་ཀྱི་ཆོས་མ་འདྲེས་པ་རྣམས་སོ་ཞེས་བྱ་བར་མངོན་པར་ཆགས་པ་མྱེད་དོ། །རྒྱུན་དུ་ཞུགས་པའི་འབྲས་བུ་ཞེའམ། འདི་ནི་རྒྱུན་དུ་ཞུགས་པའི་འབྲས་བུའོ། །འདིའི་རྒྱུན་དུ་ཞུགས་པའི་འབྲས་བུའོ་ཞེས་བྱ་བར་མངོན་པར་ཆགས་པ་མྱེད་དོ། །ལན་ཅིག་ཕྱིར་འོང་བའི་འབྲས་བུ་ཞེའམ། འདི་ནི་ལན་ཅིག་ཕྱིར་འོང་བའི་འབྲས་བུའོ། །འདིའི་ལན་ཅིག་ཕྱིར་འོང་བའི་འབྲས་བུའོ་ཞེས་བྱ་བར་མངོན་པར་ཆགས་པ་མྱེད་དོ། །ཕྱིར་མི་འོང་བའི་འབྲས་བུ་[5]ཞེའམ། འདི་ནི་ཕྱིར་མྱི་འོང་བའི་འབྲས་བུའོ། །འདིའི་ཕྱིར་མྱི་འོང་བའི་འབྲས་བུའོ་ཞེས་བྱ་བར་མངོན་པར་ཆགས་པ་མྱེད་དོ། །དགྲ་བཅོམ་པ་ཉིད་ཅེའམ། འདི་ནི་དགྲ་བཅོམ་པ་ཉིད་དོ། །འདིའི་དགྲ་བཅོམ་པ་ཉིད་དོ་ཞེས་བྱ་བར་མངོན་པར་ཆགས་པ་མྱེད་དོ། །རང་བྱང་ཆུབ་ཅེའམ། འདི་ནི་རང་བྱང་ཆུབ་བོ། །འདིའི་རང་བྱང་ཆུབ་བོ་ཞེས་བྱ་བར་མངོན་པར་ཆགས་པ་མྱེད་དོ། །ལམ་གྱི་རྣམ་པ་ཤེས་པ་ཉིད་ཅེའམ། འདི་ནི་ལམ་གྱི་རྣམ་པ་ཤེས་པ་ཉིད་དོ། །འདིའི་ལམ་གྱི་རྣམ་པཿཤེས་པ་[6]ཉིད་དོ་ཞེས་བྱ་བར་མངོན་པར་ཆགས་

པ་མྱེད་དོ། །རྣམ་པ་ཐམས་ཅད་མཁྱེན་པ་ཉིད་ཅེའམ། འདི་ནི་རྣམ་པ་ཐམས་ཅད་མཁྱེན་པ་ཉིད་དོ། །འདིའི་རྣམ་པ་ཐམས་ཅད་མཁྱེན་པ་ཉིད་དོ་ཞེས་བྱ་བར་མངོན་པར་ཆགས་པ་མྱེད་དོ། །གཟུགས་རྟག་པའམ་མྱི་རྟག་པར་མངོན་པར་···ཆགས་པ་མྱེད་དོ། །ཚོར་བ་རྟག་པའམ་མྱི་རྟག་པར་①མངོན་པར་ཆགས་པ་མྱེད་དོ། །འདུ་ཤེས་རྟག་པའམ་མི་རྟག་པར་མངོན་པར་ཆགས་པ་མྱེད་དོ། །འདུ་བྱེད་རྟག་པའམ་མྱི་རྟག་པར་མངོན་པར་ཆགས་པ་མེད་དོ། །རྣམ་པར་ཤེས་པ་རྟག་པའམ་མི་རྟག་པར་མངོན་པར་ཆགས་པ་མྱེད་དོ། །མྱིག་རྟག་པའམ་མྱི་རྟག་པར་མངོན་པར་ཆགས་པ་མྱེད་དོ། །རྣ་བ་རྟག་པའམ་མྱི་རྟག་པར་མངོན་པར་ཆགས་པ་མྱེད་དོ། །སྣ་རྟག་པའམ་མྱི་རྟག་པར་མངོན་པར་ཆགས་པ་མྱེད་དོ། །ལྕེ་རྟག་པའམ་མྱི་རྟག་པར་མངོན་པར་ཆགས་པ་མྱེད་དོ། །ལུས་རྟག་པའམ་མྱི་རྟག་པར་མངོན་པར་ཆགས་པ་མྱེད་དོ། །ཡིད་རྟག་པའམ་མྱི་རྟག་པར་མངོན་···པར་ཆགས་པ་མྱེད་དོ། །གཟུགས་རྟག་པའམ་མྱི་རྟག་པར་མངོན་པར་ཆགས་པ་མྱེད་དོ། །སྒྲ་②རྟག་པའམ་མྱི་རྟག་པར་མངོན་པར་ཆགས་པ་མྱེད་དོ། །དྲི་རྟག་པའམ་མྱི་རྟག་པར་མངོན་པར་ཆགས་པ་མྱེད་དོ། །རོ་རྟག་པའམ་མྱི་རྟག་པར་མངོན་པར་ཆགས་པ་མྱེད་དོ། །རེག་རྟག་པའམ་མྱི་རྟག་པར་མངོན་པར་ཆགས་པ་མྱེད་དོ། །ཆོས་རྟག་པའམ་མྱི་རྟག་པར་མངོན་པར་ཆགས་པ་མྱེད་དོ། །མྱིག་གི་རྣམ་པར་ཤེས་པ་རྟག་པའམ་མྱི་རྟག་པར་མངོན་པར་ཆགས་པ་མྱེད་དོ། །རྣ་བའི་རྣམ་པར་ཤེས་པ་རྟག་པའམ་མྱི་རྟག་པར་མངོན་པར་ཆགས་པ་མྱེད་དོ། །སྣའི་རྣམ་པར་ཤེས་པ་རྟག་པའམ་མྱི་རྟག་པར་མངོན་པར་ཆགས་པ་མྱེད་དོ། །ལྕེའི་རྣམ་པར་ཤེས་པ་རྟག་པའམ་མྱི་རྟག་པར་མངོན་པར་ཆགས་པ་མྱེད་དོ། །ལུས་ཀྱི་རྣམ་པར་ཤེས་པ་རྟག་པའམ་མྱི་རྟག་པར་མངོན་པར་ཆགས་པ་མྱེད་དོ། །

ཡིད་ཀྱི་རྣམ་པར་ཤེས་པ་རྟག་པའམ་མྱི་རྟག་པར་མངོན་པར་ཆགས་པ་མྱེད་དོ། །མྱིག་གི་འདུས་ཏེ་རེག་པ་རྟག་པའམ་མྱི་རྟག་པར་མངོན་པར་ཆགས་པ་མྱེད་དོ། །རྣ་བའི་འདུས་ཏེ་རེག་པ་རྟག་པའམ་མྱི་རྟག་པར་མངོན་པར་ཆགས་པ་མྱེད་དོ། །སྣའི་འདུས་ཏེ་རེག་པ་རྟག་པའམ་མྱི་རྟག་པར་མངོན་པར་ཆགས་པ་མྱེད་དོ། །ལྗེའི་འདུས་ཏེ་རེག་པ་རྟག་པའམ་མྱི་རྟག་པར་མངོན་པར་ཆགས་པ་མྱེད་དོ། །ལུས་ཀྱི་འདུས་ཏེ་རེག་པ་རྟག་པའམ་མྱི་རྟག་པར་མངོན་པར་ཆགས་པ་མྱེད་དོ། །ཡིད་ཀྱི་འདུས་ཏེ་རེག་པ་རྟག་པའམ་མྱི་རྟག་པར་མངོན་པར་ཆགས་པ་མྱེད་དོ། །མྱིག་གི་འདུས་ཏེ་རེག་པའི་རྐྱེན་གྱིས་ཚོར་བ་རྟག་པའམ་མྱི་རྟག་པར་མངོན་པར་ཆགས་པ་མྱེད་དོ། །རྣ་བའི་འདུས་ཏེ་རེག་པའི་རྐྱེན་གྱིས་ཚོར་བ་རྟག་པའམ་མྱི་རྟག་པར་མངོན་པར་ཆགས་པ་མྱེད་དོ། །སྣའི་འདུས་ཏེ་རེག་པའི་རྐྱེན་གྱིས་ཚོར་བ་རྟག་པའམ་མྱི་རྟག་པར་མངོན་པར་ཆགས་པ་མྱེད་དོ། །ལྗེའི་འདུས་ཏེ་རེག་པའི་རྐྱེན་གྱིས་ཚོར་བ་རྟག་པའམ་མྱི་རྟག་པར་མངོན་པར་ཆགས་པ་མྱེད་དོ། །ལུས་ཀྱི་འདུས་ཏེ་རེག་པའི་རྐྱེན་གྱིས་ཚོར་བ་རྟག་པའམ་མྱི་རྟག་པར་མངོན་པར་ཆགས་པ་མྱེད་དོ། །ཡིད་ཀྱི་འདུས་ཏེ་རེག་པའི་རྐྱེན་གྱིས་ཚོར་བ་རྟག་པའམ་མྱི་རྟག་པར་མངོན་པར་ཆགས་པ་མྱེད་དོ། །སའི་ཁམས་རྟག་པའམ་མྱི་རྟག་པར་མངོན་པར་ཆགས་པ་མྱེད་དོ། །ཆུའི་ཁམས་རྟག་པའམ་མྱི་རྟག་པར་མངོན་པར་ཆགས་པ་མྱེད་དོ། །མྱེའི་ཁམས་རྟག་པའམ་མྱི་རྟག་པར་མངོན་པར་ཆགས་པ་མྱེད་དོ། །རླུང་གི་ཁམས་རྟག་པའམ་མྱི་རྟག་པར་མངོན་པར་ཆགས་པ་མྱེད་དོ། །ནམ་མཁའི་ཁམས་རྟག་པའམ་མྱི་རྟག་པར་མངོན་པར་ཆགས་པ་མྱེད་དོ། །རྣམ་པར་ཤེས་པའི་ཁམས་རྟག་པའམ་མྱི་རྟག་པར་མངོན་པར་ཆགས་པ་མེད་དོ། །མ་རིག་པ་རྟག་པའམ་མྱི་རྟག་པར་མངོན་པར་ཆགས་པ་མྱེད་དོ། །འདུ་བྱེད་རྟག་

པའམ་མྱི་རྟག་པར་མངོན་པར་ཆགས་པ་མྱེད་དོ། །རྣམ་པར་ཤེས་པ་རྟག་པའམ་
མྱི་རྟག་པར་མངོན་པར་ཆགས་པ་མྱེད་དོ། །མིང་དང་གཟུགས་རྟག་པའམ་མྱི····
རྟག་པར་མངོན་པར་ཆགས་པ་མྱེད་དོ། །སྐྱེ་མཆེད་དྲུག་རྟག་པའམ་མྱི་རྟག་པར་
མངོན་པར་ཆགས་པ་མྱེད་དོ། །རེག་པ་རྟག་པའམ་མྱི་རྟག་པར་མངོན་པར····
ཆགས་པ་མྱེད་དོ། །ཚོར་བ་རྟག་པའམ་མྱི་རྟག་པར་མངོན་པར་ཆགས་པ་མྱེད་དོ།།
སྲེད་པ་རྟག་པའམཿམྱི་རྟག་[1]པར་མངོན་པར་ཆགས་པ་མྱེད་དོ། །ལེན་པ་རྟག····
པའམ་མྱི་རྟག་པར་མངོན་པར་ཆགས་པ་མྱེད་དོ། །སྲིད་པ་རྟག་པའམ་མྱི་རྟག····
པར་མངོན་པར་ཆགས་པ་མྱེད་དོ། །སྐྱེ་བ་རྟག་པའམ་མྱི་རྟག་པར་མངོན་པར····
ཆགས་པ་མྱེད་དོ། །རྒ་ཤི་རྟག་པའམ་མྱི་རྟག་པར་མངོན་པར་ཆགས་པ་མྱེད་དོ། །
སྦྱིན་པའི་ཕ་རོལ་ཏུ་ཕྱིན་པ་རྟག་པའམ་མྱི་རྟག་པར་མངོན་པར་ཆགས་པ་མྱེད་དོ། །
ཚུལ་ཁྲིམས་ཀྱི་ཕ་རོལ་ཏུ་ཕྱིན་པ་རྟག་པའམ་མྱི་རྟག་པར་མངོན་པར་ཆགས་པ་མྱེད་
དོ། །བཟོད་པའི་ཕ་རོལ་ཏུ་ཕྱིན་པ་རྟག་པའམ་མྱི་རྟག་པར་མངོན་པར་ཆགས་པ་
མྱེད་དོ། །བརྩོན་འགྲུས་ཀྱི་ཕ་རོལ་ཏུ་ཕྱིན་པ་རྟག་པའམ་མྱི་རྟག་པར་མངོན་པར་
ཆགས་པ་མྱེད་དོ། །བསམ་གཏན་གྱི་ཕ་རོལ་ཏུ་ཕྱིན་པ་རྟག་པའམ་མྱི་རྟག་པར་
མངོན་པར་ཆགས་པ་མྱེད་དོ། །ཤེས་རབ་ཀྱི་ཕ་རོལ་ཏུ་ཕྱིན་པ་རྟག་པའམ་མྱི་རྟག་
པར་མངོན་པར་ཆགས་པ་མྱེད་དོ། །ནང་སྟོང་པ་ཉིད་རྟག་པའམ་མྱི་རྟག་པར་
མངོན་པར་[2]ཆགས་པ་མྱེད་དོ། །ཕྱི་སྟོང་པ་ཉིད་རྟག་པའམ་མྱི་རྟག་པར་མངོན་
པར་ཆགས་པ་མྱེད་དོ། །ཕྱི་ནང་སྟོང་པ་ཉིད་རྟག་པའམ་མྱི་རྟག་པར་མངོན་པར་
ཆགས་པ་མྱེད་དོ། །སྟོང་པ་ཉིད་སྟོང་པ་ཉིད་རྟག་པའམ་མྱི་རྟག་པར་མངོན་པར་
ཆགས་པ་མྱེད་དོ། །ཆེན་པོ་སྟོང་པ་ཉིད་རྟག་པའམ་མྱི་རྟག་པར་མངོན་པར····
ཆགས་པ་མྱེད་དོ། །དོན་དམ་པ་སྟོང་པ་ཉིད་རྟག་པའམ་མྱི་རྟག་པར་མངོན་པར་

ཆགས་པ་མེད་དོ། །འདུས་བྱས་སྟོང་པ་ཉིད་རྟག་པའམ་མི་རྟག་པར་མངོན་པར་ཆགས་པ་མེད་དོ། །འདུས་མ་བྱས་སྟོང་པ་ཉིད་རྟག་པའམ་མི་རྟག་པར་མངོན་པར་ཆགས་པ་མེད་དོ། །མཐའ་ལས་འདས་པ་སྟོང་པ་ཉིད་རྟག་པའམ་མི་རྟག་པར་མངོན་པར་ཆགས་པ་མེད་དོ། །ཐོག་མ་དང་ཐ་མ་མེད་པ་སྟོང་པ་ཉིད་རྟག་པའམ་མི་རྟག་པར་མངོན་པར་ཆགས་པ་མེད་དོ། །དོར་བ་མེད་པ་སྟོང་པ་ཉིད་རྟག་པའམ་མི་རྟག་པར་མངོན་པར་ཆགས་པ་མེད་དོ། །རང་བཞིན་སྟོང་པ་ཉིད་རྟག་པའམ་མི་རྟག་པར་མངོན་པར་ཆགས་པ་མེད་དོ། །ཆོས་ཐམས་ཅད་སྟོང་པ་ཉིད་རྟག་པའམ་མི་རྟག་པར་མངོན་པར་ཆགས་པ་མེད་དོ། །རང་གི་མཚན་ཉིད་སྟོང་པ་ཉིད་རྟག་[1]པའམ་མི་རྟག་པར་མངོན་པར་ཆགས་པ་མེད་དོ། །མི་དམིགས་པ་སྟོང་པ་ཉིད་རྟག་པའམ་མི་རྟག་པར་མངོན་པར་ཆགས་པ་མེད་དོ། །དངོས་པོ་མེད་པ་སྟོང་པ་[3]ཉིད་རྟག་པའམ་མི་རྟག་པར་མངོན་པར་ཆགས་པ་མེད་དོ༔ །ངོ་བོ་ཉིད་སྟོང་པ་ཉིད་རྟག་པའམ་མི་རྟག་པར་མངོན་པར་ཆགས་པ་མེད་དོ༔ །དངོས་པོ་མེད་པའི་ངོ་བོ་ཉིད་སྟོང་པ་ཉིད་རྟག་པའམ་མི་རྟག་པར་མངོན་པར་ཆགས་པ་མེད་དོ། །དྲན་པ་ཉེ་བར་གཞག་པ་བཞི་རྟག་པའམ་མི་རྟག་པར་མངོན་པར་ཆགས་པ་མེད་དོ། །ཡང་དག་པར་སྤོང་བ་བཞི་རྟག་པའམ་མི་རྟག་པར་མངོན་པར་ཆགས་པ་མེད་དོ། །རྫུ་འཕྲུལ་གྱི་རྐང་པ་བཞི་རྟག་པའམ་མི་རྟག་པར་མངོན་པར་ཆགས་པ་མེད་དོ། །དབང་པོ་ལྔ་རྟག་པའམ་མི་རྟག་པར་མངོན་པར་ཆགས་པ་མེད་དོ། །སྟོབས་ལྔ་རྟག་པའམ་མི་རྟག་པར་མངོན་པར་ཆགས་པ་མེད་དོ། །བྱང་ཆུབ་ཀྱི་ཡན་ལག་བདུན་རྟག་པའམ་མི་རྟག་པར་མངོན་པར་ཆགས་པ་མེད་དོ། །འཕགས་པའི་ལམ་ཡན་ལག་བརྒྱད་པ་རྟག་པའམ་མི་རྟག་པར་མངོན་པར་ཆགས་པ་མེད་དོ། །འཕགས་པའི་བདེན་པ་བཞི་རྟག་པའམ་མི་

རྟག་པར་མངོན་པར་ཆགས་པ་མྱེད་དོ། །བསམ་གཏན་བཞི་རྟག་པའམ་མྱི་རྟག་པར་མངོན་པར་ཆགས་པ་མྱེད་དོ། །ཚད་མྱེད་པ་བཞི་རྟག་པའམ་མྱི་རྟག་པར་····མངོན་པར་ཆགས་པ་མྱེད་དོ། །གཟུགས་མྱེད་པའི་སྙོམས་པར་འཇུག་པ་བཞི་རྟག་པའམ་མྱི་རྟག་པར་མངོན་པར་ཆགས་པ་མྱེད་དོ། །རྣམ་པར་ཐར་པ་བརྒྱད་རྟག་པའམ་མྱི་རྟག་པར་མངོན་པར་ཆགས་པ་མྱེད་དོ། །མཐར་གྱིས་གནས་པའི་སྙོམས་པར་འཇུག་པ་དགུ་རྟག་པའམ་མྱི་རྟག་པར་མངོན་པར་ཆགས་པ་མྱེད་དོ། །རྣམ་པར་ཐར་པའི་སྒོ་སྟོང་པ་ཉིད་དང་། མཚན་མ་མྱེད་པ་དང་། སྨོན་པ་མེད་པ་[༡]རྟག་པའམ་མྱི་རྟག་པར་མངོན་པར་ཆགས་པ་མྱེད་དོ། །མངོན་པར་ཤེས་པ་····རྣམས་རྟག་པའམ་མྱི་རྟག་པར་མངོན་པར་ཆགས་པ་མྱེད་དོ། །ཏིང་ངེ་འཛིན་····རྣམས་རྟག་པའམ་མྱི་རྟག་པར་མངོན་པར་ཆགས་པ་མྱེད་དོ། །གཟུངས་ཀྱི་སྒོ་····རྣམས་རྟག་པའམ་མྱི་རྟག་པར་མངོན་པར་ཆགས་པ་མྱེད་དོ། །དེ་བཞིན་གཤེགས་པའི་སྟོབས་བཅུ་རྟག་པའམ་མྱི་རྟག་པར་མངོན་པར་ཆགས་པ་མྱེད་དོ། །མྱི་····འཇིགས་པ་བཞི་རྟག་པའམ་མྱི་རྟག་པར་མངོན་པར་ཆགས་པ་མེད་དོ། །སོ་སོ་ཡང་དག་པར་རིག་པ་བཞི་རྟག་པའམ་མྱི་རྟག་པར་མངོན་པར་ཆགས་པ་མྱེད་དོ། །[༢]སྙིང་རྗེ་ཆེན་པོ་རྟག་པའམ་མྱི་རྟག་པར་མངོན་པར་ཆགས་པ་མྱེད་དོ། །སངས་····རྒྱས་ཀྱི་[༣]ཆོས་མ་འདྲེས་པ་བཅོ་བརྒྱད་རྟག་པའམ་མྱི་རྟག་པར་མངོན་པར་ཆགས་····པ་མྱེད་དོ། །རྒྱུན་དུ་ཞུགས་པའི་འབྲས་བུ་རྟག་པའམ་མྱི་རྟག་པར་མངོན་པར་ཆགས་པ་མྱེད་དོ། །ལན་ཅིག་ཕྱིར་འོང་བའི་འབྲས་བུ་རྟག་པའམ་མྱི་རྟག་པར་མངོན་པར་ཆགས་པ་མྱེད་དོ། །ཕྱིར་མྱི་འོང་བའི་འབྲས་བུ་རྟག་པའམ་མྱི་རྟག་པར་མངོན་པར་ཆགས་པ་མྱེད་དོ། །དགྲ་བཅོམ་པ་ཉིད་རྟག་པའམ་མྱི་རྟག་པར་མངོན་པར་ཆགས་པ་མྱེད་དོ། །རང་བྱང་ཆུབ་རྟག་པའམ་མྱི་རྟག་པར་མངོན་

པར་ཆགས་པ་མྱེད་དོ། །ལམ་གྱི་རྣམ་པ་ཤེས་པ་ཉིད་རྟག་པའམ་མྱི་རྟག་པར་མངོན་པར་ཆགས་པ་མྱེད་དོ། །རྣམ་པ་ཐམས་ཅད་མཁྱེན་པ་ཉིད་རྟག་པའམ་མྱི་རྟག་པར་མངོན་པར་ཆགས་པ་མྱེད་དོ། །གཟུགས་བདེ་བའམ་སྡུག་བསྔལ་བར་མངོན་པར་ཆགས་པ་མྱེད་དོ། །ཚོར་བ་བདེ་བའམ་སྡུག་བསྔལ་བར་མངོན་པར་ཆགས་པ་མྱེད་དོ། །འདུ་ཤེས་བདེ་བའམ་སྡུག་བསྔལ་བར་མངོན་པར་ཆགས་པ་མྱེད་དོ། །འདུ་བྱེད་བདེ་བའམ་སྡུག་བསྔལ་བར་མངོན་པར་ཆགས་པ་མྱེད་དོ། །རྣམ་པར་ཤེས་པ་བདེ་བའམ་སྡུག་བསྔལ་བར་མངོན་པར་ཆགས་པ་མྱེད་དོ། །མྱིག་བདེ་བའམ་སྡུག་བསྔལ་བར་མངོན་པར་ཆགས་པ་མྱེད་དོ། །རྣ་བ་བདེ་བའམ་སྡུག་བསྔལ་བར་མངོན་པར་ཆགས་པ་མྱེད་དོ། །སྣ་བདེ་བའམ་སྡུག་བསྔལ་བར་མངོན་པར་ཆགས་པ་མྱེད་དོ། །ལྕེ་བདེ་བའམ་སྡུག་བསྔལ་བར་མངོན་པར་ཆགས་པ་མྱེད་དོ། །ལུས་བདེ་བའམ་སྡུག་བསྔལ་བར་མངོན་པར་ཆགས་པ་མྱེད་དོ། །ཡིད་བདེ་བའམ་སྡུག་བསྔལ་བར་མངོན་པར་ཆགས་པ་མྱེད་དོ། །གཟུགས་བདེ་བའམ་སྡུག་བསྔལ་བར་མངོན་པར་ཆགས་པ་མྱེད་དོ། །སྒྲ་བདེ་བའམ་སྡུག་བསྔལ་བར་མངོན་པར་ཆགས་པ་མྱེད་དོ། །དྲི་བདེ་བའམ་སྡུག་བསྔལ་བར་མངོན་པར་ཆགས་པ་[༡]མྱེད་དོ། །རོ་བདེ་བའམ་སྡུག་བསྔལ་བར་མངོན་པར་ཆགས་པ་མྱེད་དོ། །རེག་བདེ་བའམ་སྡུག་བསྔལ་བར་མངོན་པར་ཆགས་པ་མྱེད་དོ། །ཆོས་བདེ་བའམ་སྡུག་བསྔལ་བར་མངོན་པར་ཆགས་པ་མྱེད་དོ། །མྱིག་གི་རྣམ་པར་ཤེས་པ་བདེ་བའམ་སྡུག་བསྔལ་བར་མངོན་པར་ཆགས་པ་མྱེད་དོ། །རྣ་བའི་རྣམ་པར་ཤེས་པ་བདེ་བའམ་སྡུག་བསྔལ་བར་མངོན་པར་ཆགས་པ་མྱེད་དོ། །སྣའི་རྣམ་པར་ཤེས་པ་བདེ་བའམ་སྡུག་བསྔལ་བར་མངོན་པར་ཆགས་པ་མྱེད་དོ། །ལྕེའི་རྣམ་པར་ཤེས་པ་བདེ་བའམ་སྡུག་བསྔལ་བར་མངོན་པར་ཆགས་པ་མེད་དོ། །

ལུས་ཀྱི་རྣམ་པར་ཤེས་པ་བདེ་བའམ་སྡུག་བསྔལ་བར་མངོན་པར་ཆགས་པ་མེད་དོ། །ཡིད་ཀྱི་རྣམ་པར་ཤེས་པ་བདེ་བའམ་སྡུག་བསྔལ་བར་མངོན་པར་ཆགས་པ་མེད་དོ། །མིག་གི་འདུས་ཏེ་རེག་པ་བདེ་བའམ་སྡུག་བསྔལ་བར་མངོན་པར་ཆགས་པ་མེད་དོ། །རྣ་བའི་འདུས་ཏེ་རེག་པ་བདེ་བའམ་སྡུག་བསྔལ་བར་མངོན་པར་ཆགས་པ་མེད་དོ། །སྣའི་འདུས་ཏེ་རེག་པ་བདེ་བའམ་སྡུག་བསྔལ་བར་མངོན་པར་ཆགས་པ་མེད་དོ། །ལྕེའི་འདུས་ཏེ་རེག་པ་བདེ་བའམ་སྡུག་བསྔལ་བར་མངོན་པར་ཆགས་པ་མེད་དོ། །ལུས་ཀྱི་འདུས་ཏེ་རེག་པ་བདེ་བའམ་སྡུག་བསྔལ་བར་མངོན་པར་ཆགས་པ་མེད་དོ། །ཡིད་ཀྱི་འདུས་ཏེ་རེག་པ་བདེ་བའམ་སྡུག་བསྔལ་བར་མངོན་པར་ཆགས་པ་མེད་དོ། །མིག་གི་འདུས་ཏེ་རེག་པའི་རྐྱེན་གྱིས་ཚོར་བ་བདེ་བའམ་སྡུག་བསྔལ་བར་མངོན་པར་ཆགས་པ་མེད་དོ། །རྣ་བའི་འདུས་ཏེ་རེག་པའི་རྐྱེན་གྱིས་ཚོར་བ་བདེ་བའམ་སྡུག་བསྔལ་བར་མངོན་པར་ཆགས་པ་མེད་དོ། །སྣའི་འདུས་ཏེ་རེག་པའི་རྐྱེན་གྱིས་ཚོར་བ་བདེ་བའམ་སྡུག་བསྔལ་བར་མངོན་པར་ཆགས་པ་མེད་དོ། །ལྕེའི་འདུས་ཏེ་རེག་པའི་རྐྱེན་གྱིས་ཚོར་བ་བདེ་བའམ་སྡུག་བསྔལ་བར་མངོན་པར་ཆགས་པ་མེད་དོ། །ལུས་ཀྱི་འདུས་ཏེ་རེག་པའི་རྐྱེན་གྱིས་ཚོར་བ་བདེ་བའམ་སྡུག་བསྔལ་བར་མངོན་པར་ཆགས་པ་མེད་དོ། །ཡིད་ཀྱི་འདུས་ཏེ་རེག་པའི་རྐྱེན་གྱིས་ཚོར་བ་བདེ་བའམ་སྡུག་བསྔལ་བར་མངོན་པར་ཆགས་པ་མེད་དོ། །སའི་ཁམས་བདེ་བའམ་སྡུག་བསྔལ་བར་མངོན་པར་ཆགས་པ་མེད་དོ། །ཆུའི་ཁམས་བདེ་བའམ་སྡུག་བསྔལ་བར་མངོན་པར་ཆགས་པ་མེད་དོ། །མེའི་ཁམས་བདེ་བའམ་སྡུག་བསྔལ་བར་མངོན་པར་ཆགས་པ་མེད་དོ། །རླུང་གི་ཁམས་བདེ་བའམ་སྡུག་བསྔལ་བར་མངོན་པར་ཆགས་པ་མེད་དོ། །ནམ་མཁའི་ཁམས་བདེ་བའམ་སྡུག་བསྔལ་བར་མངོན་པར་ཆགས་པ་མེད་དོ། །རྣམ་པར་ཤེས་པའི་ཁམས་བདེ་བའམ་

སྡུག་བསྔལ་བར་མངོན་པར་ཆགས་པ་མྱེད་དོ། །མ་རིག་པ་བདེ་བའམ་སྡུག····
བསྔལ་བར་མངོན་པར་ཆགས་པ་མྱེད་དོ། །འདུ་བྱེད་བདེ་བའམ་སྡུག་བསྔལ་བར་
མངོན་པར་ཆགས་པ་མྱེད་དོ། །རྣམ་པར་ཤེས་པ་བདེ་བའམ་སྡུག་བསྔལ་བར····
མངོན་པར་ཆགས་པ་མྱེད་དོ། །མྱིང་དང་གཟུགས་བདེ་བའམ་སྡུག་བསྔལ་བར་
མངོན་པར་ཆགས་པ་མྱེད་དོ། །སྐྱེ་①མཆེད་དྲུག་བདེ་བའམ་སྡུག་བསྔལ་བར····
མངོན་པར་ཆགས་པ་མྱེད་དོ། །རེག་པ་བདེ་བའམ་སྡུག་བསྔལ་བར་མངོན་པར་
ཆགས་པ་མྱེད་དོ། །ཚོར་བ་བདེ་བའམ་སྡུག་བསྔལ་བར་མངོན་པར་ཆགས་པ····
མྱེད་དོ། །སྲེད་པ་བདེ་བའམ་སྡུག་བསྔལ་བར་མངོན་པར་ཆགས་པ་མྱེད་དོ། །
ལེན་པ་བདེ་བའམ་སྡུག་བསྔལ་བར་མངོན་པར་ཆགས་པ་མྱེད་དོ། །སྲིད་པ་བདེ་
བའམ་སྡུག་བསྔལ་བར་མངོན་པར་ཆགས་པ་མྱེད་དོ། །སྐྱེ་བ་བདེ་བའམ་སྡུག····
བསྔལ་བར་མངོན་པར་ཆགས་པ་མྱེད་དོ། །རྒ་ཤི་②བདེ་བའམ་སྡུག་བསྔལ་བར་
མངོན་པར་ཆགས་པ་མྱེད་དོ། །སྦྱིན་པའི་ཕ་རོལ་ཏུ་ཕྱིན་པ་བདེ་བའམ་སྡུག····
བསྔལ་བར་མངོན་པར་ཆགས་པ་མྱེད་དོ། །ཚུལ་ཁྲིམས་ཀྱི་ཕ་རོལ་ཏུ་ཕྱིན་པ་བདེ་
བའམ་སྡུག་བསྔལ་བར་མངོན་པར་ཆགས་པ་མྱེད་དོ། །བཟོད་པའི་ཕ་རོལ་ཏུ····
ཕྱིན་པ་བདེ་བའམ་སྡུག་བསྔལ་བར་མངོན་པར་ཆགས་པ་མྱེད་དོ། །བརྩོན་འགྲུས་
ཀྱི་ཕ་རོལ་ཏུ་ཕྱིན་པ་བདེ་བའམ་③སྡུག་བསྔལ་བར་མངོན་པར་ཆགས་པ་མྱེད་དོ། །
བསམ་གཏན་གྱི་ཕ་རོལ་ཏུ་ཕྱིན་པ་བདེ་བའམ་སྡུག་བསྔལ་བར་མངོན་པར་ཆགས···
པ་མྱེད་དོ། །ཤེས་རབ་ཀྱི་ཕ་རོལ་ཏུ་ཕྱིན་པ་བདེ་བའམ་སྡུག་བསྔལ་བར་མངོན་
པར་ཆགས་པ་མྱེད་དོ། །ནང་སྟོང་པ་ཉིད་བདེ་བའམ་སྡུག་བསྔལ་བར་མངོན····
པར་ཆགས་པ་མྱེད་དོ། །ཕྱི་སྟོང་པ་ཉིད་བདེ་བའམ་སྡུག་བསྔལ་བར་མངོན་པར་
ཆགས་པ་མྱེད་དོ། །ཕྱི་ནང་སྟོང་པ་ཉིད་བདེ་བའམ་སྡུག་བསྔལ་བར་མངོན་པར་

ཆགས་པ་མེད་དོ། །སྟོང་པ་ཉིད་སྟོང་པ་ཉིད་བདེ་བའམ་སྡུག་བསྔལ་བར་མངོན་པར་ཆགས་པ་མེད་དོ། །ཆེན་པོ་སྟོང་པ་ཉིད་བདེ་བའམ་སྡུག་བསྔལ་བར་མངོན་པར་ཆགས་པ་མེད་དོ། །དོན་དམ་པ་སྟོང་པ་ཉིད་བདེ་བའམ་སྡུག་བསྔལ་བར་མངོན་པར་ཆགས་པ་མེད་དོ། །འདུས་བྱས་སྟོང་པ་ཉིད་བདེ་བའམ་སྡུག་བསྔལ་བར་མངོན་པར་ཆགས་པ་མེད་དོ། །འདུས་མ་བྱས་སྟོང་པ་ཉིད་བདེ་བའམ་སྡུག་བསྔལ་བར་མངོན་པར་ཆགས་པ་མེད་དོ། །མཐའ་ལས་འདས་པ་སྟོང་པ་ཉིད་བདེ་བའམ་སྡུག་བསྔལ་བར་མངོན་པར་ཆགས་པ་མེད་དོ། །ཐོག་མ་དང་ཐ་མ་མེད་པ་①སྟོང་པ་ཉིད་བདེ་བའམ་སྡུག་བསྔལ་བར་མངོན་པར་ཆགས་པ་མེད་དོ། །དོར་བ་མེད་པ་སྟོང་པ་ཉིད་བདེ་བའམ་སྡུག་བསྔལ་བར་མངོན་པར་ཆགས་པ་མེད་དོ། །རང་བཞིན་སྟོང་པ་ཉིད་བདེ་བའམ་སྡུག་བསྔལ་བར་མངོན་པར་ཆགས་པ་མེད་དོ། །ཆོས་ཐམས་ཅད་སྟོང་པ་ཉིད་བདེ་བའམ་སྡུག་བསྔལ་བར་མངོན་པར་ཆགས་པ་མེད་དོ། །རང་གི་མཚན་ཉིད༔སྟོང་པ་ཉིད་②བདེ་བའམ་སྡུག་བསྔལ་བར་མངོན་པར་ཆགས་པ་མེད་དོ། །མི་དམིགས་པ་སྟོང་པ་ཉིད་བདེ་བའམ་སྡུག་བསྔལ་བར་མངོན་པར་ཆགས་པ་མེད་དོ། །དངོས་པོ་མེད་པ་སྟོང་པ་ཉིད་བདེ་བའམ་སྡུག་བསྔལ་བར་མངོན་པར་ཆགས་པ་མེད་དོ། །ངོ་བོ་ཉིད་སྟོང་པ་ཉིད་བདེ་བའམ་སྡུག་བསྔལ་བར་མངོན་པར་ཆགས་པ་མེད་དོ། །དངོས་པོ་མེད་པའི་ངོ་བོ་ཉིད་སྟོང་པ་ཉིད་བདེ་བའམ་སྡུག་བསྔལ་བར་མངོན་པར་ཆགས་པ་མེད་དོ། །དྲན་པ་ཉེ་བར་གཞག་པ་བཞི་བདེ་བའམ་སྡུག་བསྔལ་བར་མངོན་པར་ཆགས་པ་མེད་དོ། །ཡང་དག་པར་སྤོང་བ་བཞི་བདེ་བའམ་སྡུག་བསྔལ་བར་མངོན་པར་ཆགས་པ་མེད་དོ། །རྫུ་འཕྲུལ་གྱི་རྐང་པ་བཞི་བདེ་བའམ་སྡུག་བསྔལ་བར་མངོན་པར་ཆགས་པ་མེད་དོ། །དབང་པོ་ལྔ་བདེ་བའམ་སྡུག་བསྔལ་བར་མངོན་པར་

ཆགས་པ་མྱེད་དོ། །སྟོབས་ལྔ་བདེ་བའམ་སྡུག་བསྔལ་བར་མངོན་པར་ཆགས་པ་མྱེད་དོ། །བྱང་ཆུབ་ཀྱི་ཡན་ལག་བདུན་བདེ་བའམ་སྡུག་བསྔལ་བར་མངོན་པར་ཆགས་པ་མྱེད་དོ། །འཕགས་པའི་ལམ་ཡན་ལག་བརྒྱད་པ་བདེ་བའམ་སྡུག་བསྔལ་བར་མངོན་པར་ཆགས་པ་མྱེད་དོ། །འཕགས་པའི་བདེན་པ་བཞི་བདེ་བའམ་སྡུག་བསྔལ་བར་མངོན་པར་ཆགས་པ་མྱེད་དོ། །བསམ་གཏན་བཞི་བདེ་བའམ་སྡུག་བསྔལ་བར་མངོན་པར་ཆགས་པ་མྱེད་དོ། །ཚད་མེད་པ་བཞི་བདེ་བའམ་སྡུག་བསྔལ་བར་མངོན་པར་ཆགས་པ་མྱེད་དོ། །གཟུགས་མྱེད་པའི་སྙོམས་པར་འཇུག་པ་བཞི་བདེ་བའམ་སྡུག་བསྔལ་བར་མངོན་པར་[༡]ཆགས་པ་མྱེད་དོ། །རྣམ་པར་ཐར་པ་བརྒྱད་བདེ་བའམ་སྡུག་བསྔལ་བར་མངོན་པར་ཆགས་པ་མྱེད་དོ། །མཐར་གྱིས་གནས་པའི་སྙོམས་པར་འཇུག་པ་དགུ་བདེ་བའམ་སྡུག་བསྔལ་བར་མངོན་པར་ཆགས་པ་མྱེད་དོ། །རྣམ་པར་ཐར་པའི་སྒོ་སྟོང་པ་ཉིད་དང་། མཚན་མ་མྱེད་པ་དང་། སྨོན་པ་མྱེད་པ་བདེ་བའམ་སྡུག་བསྔལ་བར་མངོན་པར་ཆགས་པ་མྱེད་དོ། །མངོན་པར་ཤེས་པ་རྣམས་བདེ་བའམ་སྡུག་བསྔལ་བར་མངོན་པར་ཆགས་པ་མྱེད་དོ། །ཏིང་ངེ་འཛིན་རྣམས་བདེ་བའམ་སྡུག་བསྔལ་བར་མངོན་པར་ཆགས་པ་མྱེད་དོ། །གཟུངས་ཀྱི་སྒོ་རྣམས་བདེ་བའམ་སྡུག་བསྔལ་བར་མངོན་པར་ཆགས་པ་མྱེད་དོ། །དེ་བཞིན་གཤེགས་པའི་སྟོབས་བཅུ་བདེ་བའམ་སྡུག་བསྔལ་བར་མངོན་པར་ཆགས་པ་མྱེད་དོ། །མི་འཇིགས་པ་བཞི་བདེ་བའམ་སྡུག་བསྔལ་བར་མངོན་པར་ཆགས་པ་མེད་དོ། །སོ་སོ་ཡང་དག་པར་རིག་པ་བཞི་བདེ་བའམ་སྡུག་བསྔལ་བར་མངོན་པར་ཆགས་པ་མྱེད་དོ། །[༣]སྙིང་རྗེ་ཆེན་པོ་བདེ་བའམ་སྡུག་བསྔལ་བར་མངོན་པར་ཆགས་པ་མྱེད་དོ། །སངས་རྒྱས་ཀྱི་ཆོས་མ་འདྲེས་པ་བཅོ་བརྒྱད་བདེ་བའམ་སྡུག་བསྔལ་བར་མངོན་པར་ཆགས་པ་མྱེད་དོ། །རྒྱུན་དུ་ཞུགས་པའི་འབྲས་

བུ་བདེ་བའམ་སྡུག་བསྔལ་བར་མངོན་པར་ཆགས་པ་མྱེད་དོ། །ལན་ཅིག་ཕྱིར་···འོང་བའི་འབྲས་བུ་བདེ་བའམ་སྡུག་བསྔལ་བར་མངོན་པར་ཆགས་པ་མྱེད་དོ། །ཕྱིར་མྱི་འོང་བའི་འབྲས་བུ་བདེ་བའམ་སྡུག་བསྔལ་བར་མངོན་པར་ཆགས་པ་མྱེད་···དོ༑ །དགྲ་བཅོམ་པ་ཉིད་བདེ་བའམ་སྡུག་བསྔལ་བར་མངོན་པར་ཆགས་པ་མྱེད་དོ༑ །རང་བྱང་ཆུབ་བདེ་བའམ་སྡུག་བསྔལ་བར་མངོན་པར་ཆགས་པ་མྱེད་དོ། །ལམ་གྱི་རྣམ་པ་[1] ཤེས་པ་ཉིད་བདེ་བའམ་སྡུག་བསྔལ་བར་མངོན་པར་ཆགས་པ···མྱེད་དོ། །རྣམ་པ་ཐམས་ཅད་མཁྱེན་པ་ཉིད་བདེ་བའམ་སྡུག་བསྔལ་བར་མངོན་པར་ཆགས་པ་མྱེད་དོ། །གཟུགས་བདག་གམ་བདག་མྱེད་པར་མངོན་པར་ཆགས་པ་མྱེད་དོ། །ཚོར་བ་བདག་གམ་བདག་མྱེད་པར་མངོན་པར་ཆགས་པ་མྱེད་དོ། །འདུ་ཤེས་བདག་གམ་བདག་མྱེད་པར་མངོན་པར་ཆགས་པ་མྱེད་དོ། །འདུ་བྱེད་བདག་གམ་བདག་མྱེད་པར་མངོན་པར་ཆགས་པ་མྱེད་དོ། །རྣམ་པར་ཤེས་པ···བདག་གམ་བདག་མྱེད་པར་མངོན་པར་ཆགས་པ་མྱེད་དོ། །མྱིག་བདག་གམ···བདག་མྱེད་པར་མངོན་པར་ཆགས་པ་མྱེད་དོ། །རྣ་བ་བདག་གམ་བདག་མྱེད་པར་མངོན་པར་ཆགས་པ་མྱེད་དོ། །སྣ་བདག་གམ་བདག་མྱེད་པར་མངོན་པར་ཆགས་པ་མྱེད་དོ། །ལྗེ་བདག་གམ་བདག་མྱེད་པར་མངོན་པར་ཆགས་པ་མྱེད་དོ། །ལུས་བདག་གམ་བདག་མྱེད་པར་མངོན་པར་ཆགས་པ་མྱེད་དོ། །ཡིད་བདག་གམ་བདག་མྱེད་པར་མངོན་པར་ཆགས་པ་མྱེད་དོ། །གཟུགས་བདག་གམ་བདག་མྱེད་པར་མངོན་པར་ཆགས་པ་མྱེད་དོ། །སྒྲ་བདག་གམ་བདག་མྱེད་པར་མངོན་པར་ཆགས་པ་མྱེད་དོ། །དྲི་བདག་གམ་བདག་མྱེད་པར་མངོན་པར་ཆགས་པ་མྱེད་དོ། །རོ་བདག་གམ་བདག་མྱེད་པར་མངོན་པར་ཆགས་པ་མྱེད་དོ། །རེག་བདག་གམ་བདག་མྱེད་པར་མངོན་པར་ཆགས་པ་མྱེད་དོ། །ཆོས་བདག་གམ་བདག་མྱེད་པར་

མངོན་པར་ཆགས་པ་མྱེད་དོ། །མྱིག་གི་རྣམ་པར་ཤེས་པ་བདག་གམ་བདག་མྱེད་པར་མངོན་པར་ཆགས་པ་མྱེད་དོ། །རྣ་བའི་རྣམ་པར་ཤེས་པ་བདག་གམ་བདག་མྱེད་པར་མངོན་པར་ཆགས་པ་མྱེད་དོ། །སྣའི་རྣམ་པར་ཤེས་པ་བདག་གམ···བདག་མྱེད་པར་མངོན་པར་ཆགས་པ་མྱེད་དོ། །ལྗེའི་རྣམ་པར་ཤེས་པ་བདག་གམ་བདག་མྱེད་པར་མངོན་པར་ཆགས་པ་མྱེད་དོ། །ལུས་ཀྱི་རྣམ་པར་ཤེས་པ་བདག་གམ་བདག་མྱེད་པར་མངོན་པར་ཆགས་པ་མྱེད་དོ། །ཡིད་ཀྱི་རྣམ་པར་ཤེས་པ་བདག་གམ་བདག་མྱེད་པར་མངོན་པར་ཆགས་པ་མྱེད་དོ། །མྱིག་གི···འདུས་ཏེ་རེག་པ་བདག་གམ་བདག་[༡]མྱེད་པར་མངོན་པར་ཆགས་པ་མྱེད་དོ། །རྣ་བའི་འདུས་ཏེ་རེག་པ་བདག་གམ་བདག་མྱེད་པར་མངོན་པར་ཆགས་པ་མྱེད་དོ། །སྣའི་འདུས་ཏེ་རེག་པ་བདག་གམ་བདག་མྱེད་པར་མངོན་པར་ཆགས་པ་མྱེད་དོ། །ལྗེའི་འདུས་ཏེ་རེག་པ་བདག་གམ་བདག་མྱེད་པར་མངོན་པར་ཆགས་པ་མྱེད་དོ། །ལུས་ཀྱི་འདུས་ཏེ་རེག་པ་བདག་གམ་བདག་མྱེད་པར་མངོན་པར་ཆགས་པ་མྱེད་དོ། །ཡིད་ཀྱི་འདུས་ཏེ་རེག་པ་བདག་གམ་བདག་མྱེད་པར་མངོན་པར་ཆགས་པ་མྱེད་དོ། །མྱིག་གི་[༢]འདུས་ཏེ་རེག་པའི་རྐྱེན་གྱིས་ཚོར་བ་བདག་གམ་བདག་མྱེད་པར་མངོན···པར་ཆགས་པ་མྱེད་དོ། །རྣ་བའི་འདུས་ཏེ་རེག་པའི་རྐྱེན་གྱིས་ཚོར་བ་བདག་གམ་བདག་མྱེད་པར་མངོན་པར་ཆགས་པ་མྱེད་དོ། །སྣའི་འདུས་ཏེ་རེག་པའི་རྐྱེན་གྱིས་ཚོར་བ་བདག་གམ་བདག་མྱེད་པར་མངོན་པར་ཆགས་པ་མྱེད་དོ། །ལྗེའི···འདུས་ཏེ་རེག་པའི་རྐྱེན་གྱིས་ཚོར་བ་བདག་གམ་བདག་མྱེད་པར་མངོན་པར···ཆགས་པ་མྱེད་དོ། །ལུས་ཀྱི་འདུས་ཏེ་རེག་པའི་རྐྱེན་གྱིས་ཚོར་བ་བདག་གམ···བདག་མྱེད་པར་མངོན་པར་ཆགས་པ་མྱེད་དོ། །ཡིད་ཀྱི་འདུས་ཏེ་རེག་པའི་རྐྱེན་གྱིས་ཚོར་བ་བདག་གམ་བདག་མྱེད་པར་མངོན་པར་ཆགས་པ་མྱེད་དོ། །སའི་

ཁམས་བདག་གམ་བདག་མྱེད་པར་མངོན་པར་ཆགས་པ་མྱེད་དོ། །ཆུའི་ཁམས་བདག་གམ་བདག་མྱེད་པར་མངོན་པར་ཆགས་པ་མྱེད་དོ། །མྱེའི་ཁམས་བདག་གམ་བདག་མྱེད་པར་མངོན་པར་ཆགས་པ་མྱེད་དོ། །རླུང་གི་ཁམས་བདག་གམ་བདག་མྱེད་པར་མངོན་པར་ཆགས་པ་མྱེད་དོ། །ནམ་མཁའི་ཁམས་བདག་གམ་བདག་མྱེད་པར་མངོན་པར་ཆགས་པ་མྱེད་དོ། །རྣམ་པར་ཤེས་པའི་ཁམས་བདག་གམ་བདག་མྱེད་པར་མངོན་པར་ཆགས་པ་མྱེད་དོ། །མ་རིག་པ་བདག་གམ་བདག་མྱེད་པར་མངོན་པར་ཆགས་པ་མྱེད་དོ། །འདུ་བྱེད་བདག་གམ་བདག་མྱེད་པར་མངོན་པར་ཆགས་པ་མྱེད་དོ། །རྣམ་པར་ཤེས་པ་བདག་གམ་བདག་མྱེད་པར་མངོན་པར་ཆགས་པ་མྱེད་དོ། །མྱིང་དང་གཟུགས་བདག་གམ་བདག་མྱེད་པར་མངོན་པར་ཆགས་པ་མྱེད་དོ། །སྐྱེ་མཆེད་དྲུག་བདག་གམ་བདག་མེད་པར་མངོན་པར་ཆགས་པ་མྱེད་དོ། །རེག་པ་བདག་གམ་བདག་མེད་པར་མངོན་པར་ཆགས་པ་(༡)མྱེད་དོ། །ཚོར་བ་བདག་གམ་བདག་མྱེད་པར་མངོན་པར་ཆགས་པ་མྱེད་དོ། །སྲིད་(༢)པ་བདག་གམ་བདག་མྱེད་པར་མངོན་པར་ཆགས་པ་མྱེད་དོ། །ལེན་པ་བདག་གམ་བདག་མྱེད་པར་མངོན་པར་ཆགས་པ་མྱེད་དོ། །སྲིད་པ་བདག་གམ་བདག་མྱེད་པར་མངོན་པར་ཆགས་པ་མྱེད་དོ། །སྐྱེ་བ་བདག་གམ་བདག་མྱེད་པར་མངོན་པར་ཆགས་པ་མེད་དོ། །རྒ་ཤི་བདག་གམ་བདག་མྱེད་པར་མངོན་པར་ཆགས་པ་མྱེད་དོ། །སྦྱིན་པའི་ཕ་རོལ་ཏུ་ཕྱིན་པ་བདག་གམ་བདག་མྱེད་པར་མངོན་པར་ཆགས་པ་མྱེད་དོ། །ཚུལ་ཁྲིམས་ཀྱི་ཕ་རོལ་ཏུ་ཕྱིན་པ་བདག་གམ་བདག་མེད་པར་མངོན་པར་ཆགས་པ་མྱེད་དོ། །བཟོད་པའི་ཕ་རོལ་ཏུ་ཕྱིན་པ་བདག་གམ་བདག་མྱེད་པར་མངོན་པར་ཆགས་པ་མྱེད་དོ། །བརྩོན་འགྲུས་ཀྱི་ཕ་རོལ་ཏུ་ཕྱིན་པ་བདག་གམ་བདག་མྱེད་པར་མངོན་པར་ཆགས་པ་མྱེད་

ངོ། །བསམ་གཏན་གྱི་ཕ་རོལ་ཏུ་ཕྱིན་པ་བདག་གམ་བདག་མྱེད་པར་མངོན་པར་
ཆགས་པ་མྱེད་དོ། །ཤེས་རབ་ཀྱི་ཕ་རོལ་ཏུ་ཕྱིན་པ་བདག་གམ་བདག་མྱེད་པར་
མངོན་པར་ཆགས་པ་མྱེད་དོ། །ནང་སྟོང་པ་ཉིད་བདག་གམ་བདག་མྱེད་པར་····
མངོན་པར་ཆགས་པ་མྱེད་དོ། །ཕྱི་སྟོང་པ་ཉིད་བདག་གམ་བདག་མྱེད་པར་·····
མངོན་པར་ཆགས་པ་མྱེད་དོ། །ཕྱི་ནང་སྟོང་པ་ཉིད་བདག་གམ་བདག་མྱེད་པར་
མངོན་པར་ཆགས་པ་མྱེད་དོ། །སྟོང་པ་ཉིད་སྟོང་པ་ཉིད་བདག་གམ་བདག་མྱེད་
པར་མངོན་པར་ཆགས་པ་མྱེད་དོ། །ཆེན་པོ་སྟོང་པ་ཉིད་བདག་གམ་བདག་མྱེད་
པར་མངོན་པར་ཆགས་པ་མྱེད་དོ། །དོན་དམ་པ་སྟོང་པ་ཉིད་བདག་གམ་བདག་
མྱེད་པར་མངོན་པར་ཆགས་པ་མྱེད་དོ། །འདུས་བྱས་སྟོང་པ་ཉིད་བདག་གམ་
བདག་མྱེད་པར་མངོན་པར་ཆགས་པ་མྱེད་དོ། །འདུས་མ་བྱས་སྟོང་པ་ཉིད་····
བདག་གམ་བདག་མྱེད་པར་མངོན་པར་ཆགས་པ་མྱེད་དོ། །མཐའ་ལས་འདས་པ་
སྟོང་པ་ཉིད་བདག་གམ་བདག་མྱེད་པར་མངོན་པར་ཆགས་པ་མྱེད་དོ། །ཐོག་མ་
དང་ཐ་མ་མྱེད་པ་སྟོང་པ་ཉིད་བདག་གམ་བདག་མྱེད་པར་མངོན་པར་ཆགས་པ་·····
མྱེད་དོ། །དོར་བ་མེད་པ་སྟོང་པ་ཉིད་བདག་གམ་བདག་མྱེད་པར་མངོན་པར་
ཆགས་པ་མྱེད་དོ། །རང་བཞིན་སྟོང་པ་ཉིད་བདག་གམ་བདག་མེད་པར་མངོན་
པར་ཆགས་པ་མྱེད་དོ། །ཆོས་ཐམས་ཅད་སྟོང་པ་ཉིད་བདག་གམ་བདག་མྱེད་
པར་མངོན་པར་ཆགས་པ་མྱེད་དོ། །རང་གི་མཚན་ཉིད་སྟོང་པ་ཉིད་བདག་གམ་
བདག་མྱེད་པར་མངོན་པར་ཆགས་པ་མྱེད་དོ། །མྱི་དམྱིགས་པ་སྟོང་པ་ཉིད་····
བདག་གམ་བདག་མྱེད་པར་མངོན་པར་ཆགས་པ་མྱེད་དོ། །དངོས་པོ་མྱེད་པ་····
སྟོང་པ་ཉིད་བདག་གམ་བདག་མྱེད་པར་མངོན་པར་ཆགས་པ་མྱེད་དོ། །ངོ་བོ་
ཉིད་སྟོང་པ་ཉིད་བདག་གམ་བདག་མྱེད་པར་མངོན་པར་ཆགས་པ་མྱེད་དོ། །

དངོས་པོ་མྱེད་པའི་ངོ་བོ་ཉིད་སྟོང་པ་ཉིད་བདག་གམ་བདག་མྱེད་པར་མངོན་པར་ཆགས་པ་མྱེད་དོ། །དྲན་པ་ཉེ་བར་གཞག་པ་བཞི་བདག་གམ་བདག་མྱེད་པར་མངོན་པར་ཆགས་པ་མྱེད་དོ། །ཡང་དག་པར་སྤོང་བ་བཞི་བདག་གམ་བདག་མྱེད་པར་མངོན་པར་ཆགས་པ་མྱེད་དོ། །རྫུ་འཕྲུལ་གྱི་རྐང་པ་བཞི་བདག་གམ་བདག་མྱེད་པར་མངོན་པར་ཆགས་པ་མྱེད་དོ། །དབང་པོ་ལྔ་བདག་གམ་བདག་མྱེད་པར་མངོན་པར་ཆགས་པ་མྱེད་དོ། །སྟོབས་ལྔ་བདག་གམ་བདག་མྱེད་པར་མངོན་པར་ཆགས་པ་མྱེད་དོ། །བྱང་ཆུབ་ཀྱི་ཡན་ལག་བདུན་བདག་གམ་བདག་མྱེད་པར་མངོན་པར་ཆགས་པ་མྱེད་དོ། །འཕགས་པའི་ལམ་ཡན་[7]ལག་བརྒྱད་པ་བདག་གམ་བདག་མྱེད་པར་མངོན་པར་ཆགས་པ་མྱེད་དོ། །འཕགས་པའི་བདེན་པ་བཞི་བདག་གམ་བདག་མེད་པར་མངོན་པར་ཆགས་པ་མྱེད་དོ། །བསམ་གཏན་བཞི་བདག་གམ་བདག་མྱེད་པར་མངོན་པར་ཆགས་པ་མྱེད་དོ། །ཚད་མེད་པ་བཞི་བདག་གམ་བདག་མྱེད་པར་མངོན་པར་ཆགས་པ་མྱེད་དོ། །གཟུགས་མྱེད་པའི་སྙོམས་པར་འཇུག་པ་བཞི་བདག་གམ་བདག་མྱེད་པར་མངོན་པར་ཆགས་པ་མྱེད་དོ། །རྣམ་པར་ཐར་པ་བརྒྱད་བདག་གམ་བདག་མྱེད་པར་མངོན་པར་ཆགས་པ་མྱེད་དོ། །མཐར་གྱིས་གནས་པའི་སྙོམས་པར་འཇུག་པ་དགུ་བདག་གམ་བདག་མྱེད་པར་མངོན་པར་ཆགས་པ་མྱེད་དོ། །རྣམ་པར་ཐར་པའི་སྒོ་སྟོང་པ་ཉིད་དང་། མཚན་མ་མྱེད་པ་དང་། སྨོན་པ་མེད་པ་བདག་གམ་བདག་མྱེད་པར་མངོན་པར་ཆགས་པ་མྱེད་དོ། །མངོན་པར་ཤེས་པ་རྣམས་བདག་གམ་བདག་མྱེད་པར་མངོན་པར་ཆགས་པ་མྱེད་དོ། །ཏིང་ངེ་འཛིན་རྣམས་བདག་གམ་བདག་མྱེད་པར་མངོན་པར་ཆགས་པ་མྱེད་དོ། །གཟུངས་ཀྱི་སྒོ་རྣམས་བདག་གམ་བདག་མྱེད་པར་མངོན་པར་ཆགས་པ་མྱེད་དོ། །དེ་བཞིན་གཤེགས་པའི་སྟོབས་བཅུ་བདག་གམ་བདག་

སྐྱེད་པར་མངོན་པར་ཆགས་པ་སྐྱེད་དོ། །སྐྱེ་འཇིགས་[1]པ་བཞི་བདག་གམ་བདག་མེད་པར་མངོན་པར་ཆགས་པ་སྐྱེད་དོ། །སོ་སོ་ཡང་དག་པར་རིག་པ་བཞི་བདག་གམ་བདག་སྐྱེད་པར་མངོན་པར་ཆགས་པ་སྐྱེད་དོ། །[2]སྙིང་རྗེ་ཆེན་པོ་བདག་……གམ་བདག་སྐྱེད་པར་མངོན་པར་ཆགས་པ་སྐྱེད་དོ། །སངས་རྒྱས་ཀྱི་ཆོས་མ……འདྲེས་པ་བཅོ་བརྒྱད་བདག་གམ་བདག་སྐྱེད་པར་མངོན་པར་ཆགས་པ་སྐྱེད་དོ། །རྒྱུན་ཏུ་ཞུགས་པའི་འབྲས་བུ་བདག་གམ་བདག་སྐྱེད་པར་མངོན་པར་ཆགས་པ……སྐྱེད་དོ། །ལན་ཅིག་ཕྱིར་འོང་བའི་འབྲས་བུ་བདག་གམ་བདག་སྐྱེད་པར་མངོན་པར་ཆགས་པ་སྐྱེད་དོ། །ཕྱིར་མི་འོང་བའི་འབྲས་བུ་བདག་གམ་བདག་སྐྱེད་པར་མངོན་པར་ཆགས་པ་སྐྱེད་དོ། །དགྲ་བཅོམ་པ་ཉིད་བདག་གམ་བདག་སྐྱེད་པར་མངོན་པར་ཆགས་པ་མེད་དོ། །རང་བྱང་ཆུབ་བདག་གམ་བདག་སྐྱེད་པར་མངོན་པར་ཆགས་པ་སྐྱེད་དོ། །ལམ་གྱི་རྣམ་པ་[3]ཤེས་པ་ཉིད་བདག་གམ་བདག་སྐྱེད་པར་མངོན་པར་ཆགས་པ་སྐྱེད་དོ། །རྣམ་པ་ཐམས་ཅད་མཁྱེན་པ་ཉིད་བདག……གམ་བདག་སྐྱེད་པར་མངོན་པར་ཆགས་པ་སྐྱེད་དོ།། ||

ཤེས་རབ་ཀྱི་ཕ་རོལ་ཏུ་ཕྱིན་པ་སྟོང་ཕྲག་བརྒྱ་པ། བམ་པོ་ལྔ་[4]པ། གཟུགས་ཞི་བའམ་མ་ཞི་བར་མངོན་པར་ཆགས་པ་སྐྱེད་དོ། །ཚོར་བ་ཞི་བའམ་མ་ཞི……བར་མངོན་པར་ཆགས་པ་སྐྱེད་དོ། །འདུ་ཤེས་ཞི་བའམ་མ་ཞི་བར་མངོན་པར……ཆགས་པ་སྐྱེད་དོ། །འདུ་བྱེད་ཞི་བའམ་མ་ཞི་བར་མངོན་པར་ཆགས་པ་སྐྱེད་དོ། །རྣམ་པར་ཤེས་པ་ཞི་བའམ་མ་ཞི་བར་མངོན་པར་ཆགས་པ་སྐྱེད་དོ། །མིག་ཞི……བའམ་མ་ཞི་བར་མངོན་པར་ཆགས་པ་སྐྱེད་དོ། །རྣ་བ་[5]ཞི་བའམ་མ་ཞི་བར……མངོན་པར་ཆགས་པ་སྐྱེད་དོ། །སྣ་ཞི་བའམ་མ་ཞི་བར་མངོན་པར་ཆགས་པ་སྐྱེད་དོ། །ལྕེ་ཞི་བའམ་མ་ཞི་བར་མངོན་པར་ཆགས་པ་མེད་དོ། །ལུས་ཞི་བའམ་མ་

ཞི་བར་མངོན་པར་ཆགས་པ་མྱེད་དོ། །ཡིད་ཞི་བའམ་མ་ཞི་བར་མངོན་པར་···
ཆགས་པ་མྱེད་དོ། །གཟུགས་ཞི་བའམ་མ་ཞི་བར་མངོན་པར་ཆགས་པ་མེད་དོ། །
སྒྲ་ཞི་བའམ་མ་ཞི་བར་མངོན་པར་ཆགས་པ་མྱེད་དོ། །དྲི་ཞི་བའམ་མ་ཞི་བར་···
མངོན་པར་ཆགས་པ་མྱེད་དོ། །རོ་ཞི་བའམ་མ་ཞི་བར་མངོན་པར་ཆགས་པ་མྱེད་
དོ༑ །རེག་ཞི་བའམ་མ་ཞི་བར་མངོན་པར་ཆགས་པ་མྱེད་དོ། །ཆོས་ཞི་བའམ་མ་
ཞི་བར་མངོན་པར་ཆགས་པ་མྱེད་དོ། །མྱིག་གི་རྣམ་པར་ཤེས་པ་ཞི་བའམ་མ་ཞི་
བར་མངོན་པར་ཆགས་པ་མྱེད་དོ། །རྣ་བའི་རྣམ་པར་ཤེས་པ་ཞི་བའམ་མ་ཞི་བར་
མངོན་པར་ཆགས་པ་མྱེད་དོ། །སྣའི་རྣམ་པར་ཤེས་པ་ཞི་བའམ་མ་ཞི་བར་མངོན་
པར་ཆགས་པ་མྱེད་དོ། །ལྗེའི་རྣམ་པར་ཤེས་པ་ཞི་བའམ་མ་ཞི་བར་མངོན་པར་
ཆགས་པ་མྱེད་དོ། །ལུས་ཀྱི་རྣམ་པར་ཤེས་པ་ཞི་བའམ་མ་ཞི་བར་མངོན་པར་···
ཆགས་པ་མྱེད་དོ། །ཡིད་ཀྱི་རྣམ་པར་ཤེས་པ་ཞི་བའམ་མ་ཞི་བར་མངོན་པར་···
ཆགས་པ་མྱེད་དོ། །མྱིག་གི་འདུས་ཏེ་རེག་པ་ཞི་བའམ་མ་ཞི་བར་མངོན་པར་···
ཆགས་པ་མྱེད་དོ། །རྣ་བའི་འདུས་ཏེ་རེག་པ་ཞི་བའམ་མ་ཞི་བར་མངོན་པར་···
ཆགས་པ་མེད་དོ། །སྣའི་འདུས་ཏེ་རེག་པ་ཞི་བའམ་མ་ཞི་བར་མངོན་པར་ཆགས་
པ་མྱེད་དོ། །ལྗེའི་འདུས་ཏེ་རེག་པ་ཞི་བའམ་①མ་ཞི་བར་མངོན་པར་ཆགས་པ་
མྱེད་དོ། །ལུས་ཀྱི་འདུས་ཏེ་རེག་པ་ཞི་བའམ་མ་ཞི་བར་མངོན་པར་ཆགས་པ་མྱེད་
དོ༑ །ཡིད་ཀྱི་འདུས་ཏེ་རེག་པ་ཞི་བའམ་མ་ཞི་བར་མངོན་པར་ཆགས་པ་མྱེད་དོ། །
མྱིག་གི་འདུས་ཏེ་རེག་པ་ལས་བྱུང་བའི་ཚོར་བ་ཞི་བའམ་མ་ཞི་བར་མངོན་པར་···
ཆགས་པ་མྱེད་དོ། །རྣ་བའི་འདུས་ཏེ་རེག་པ་ལས་བྱུང་བའི་ཚོར་བ་ཞི་བའམ་མ་
ཞི་བར་མངོན་པར་ཆགས་པ་མྱེད་དོ། །སྣའི་འདུས་ཏེ་རེག་པ་ལས་བྱུང་བའི་ཚོར་
བ་ཞི་བའམ་མ་ཞི་བར་མངོན་པར་ཆགས་པ་མྱེད་དོ། །ལྗེའི་འདུས་ཏེ་རེག་པ་ལས་

བྱུང་བའི་ཚོར་བ་ཞི་བའམ་མ་ཞི་བར་མངོན་པར་ཆགས་པ་མེད་དོ། །ལུས་ཀྱི་འདུས་ཏེ་རེག་པ་ལས་བྱུང་བའི་ཚོར་བ་ཞི་བའམ་མ་ཞི་བར་མངོན་པར་ཆགས་པ་མྱེད་དོ། །ཡིད་ཀྱི་འདུས་ཏེ་རེག་པ་ལས་བྱུང་བའི་ཚོར་བ་ཞི་བའམ་མ་ཞི་བར་མངོན་པར་ཆགས་པ་མྱེད་དོ། །སའི་ཁམས་ཞི་བའམ་མ་ཞི་བར་མངོན་པར་ཆགས་པ་མྱེད་དོ། །ཆུའི་ཁམས་ཞི་བའམ་མ་ཞི་བར་མངོན་པར་ཆགས་པ་མྱེད་དོ། །མེའི་ཁམས་ཞི་བའམ་མ་ཞི་བར་མངོན་པར་ཆགས་པ་མྱེད་དོ། །རླུང་གི་ཁམས་ཞི་བའམ་མ་ཞི་བར་མངོན་པར་ཆགས་པ་མྱེད་དོ། །ནམ་མཁའི་ཁམས་ཞི་བའམ་མ་ཞི་བར་མངོན་པར་ཆགས་པ་མྱེད་དོ། །རྣམ་པར་ཤེས་པའི་ཁམས་ཞི་བའམ་མ་ཞི་བར་མངོན་པར་ཆགས་པ་མྱེད་དོ། །མ་རིག་པ་ཞི་བའམ་མ་ཞི་བར་མངོན་པར་ཆགས་པ་མྱེད་དོ། །འདུ་བྱེད་ཞི་བའམ་མ་ཞི་བར་མངོན་པར་ཆགས་པ་མྱེད་དོ། །རྣམ་པར་ཤེས་པ་ཞི་བའམ་མ་ཞི་བར་①མངོན་པར་ཆགས་པ་མྱེད་དོ། །མྱིང་དང་གཟུགས་ཞི་བའམ་མ་ཞི་བར་མངོན་པར་ཆགས་པ་མྱེད་དོ། །སྐྱེ་མཆེད་དྲུག་ཞི་བའམ་མ་ཞི་བར་མངོན་པར་ཆགས་པ་མྱེད་དོ། །རེག་པ་ཞི་བའམ་མ་ཞི་བར་མངོན་པར་ཆགས་པ་མྱེད་དོ། །ཚོར་བ་ཞི་བའམ་མ་ཞི་བར་མངོན་པར་ཆགས་པ་མྱེད་དོ། །སྲེད་པ་ཞི་བའམ་མ་ཞི་བར་མངོན་པར་ཆགས་པ་མྱེད་དོ། །ལེན་པ་ཞི་བའམ་མ་ཞི་བར་མངོན་པར་ཆགས་པ་མྱེད་དོ། །སྲིད་པ་ཞི་བའམ་མ་ཞི་བར་མངོན་པར་ཆགས་པ་མྱེད་དོ། །སྐྱེ་བ་ཞི་བའམ་མ་ཞི་བར་མངོན་པར་ཆགས་པ་མྱེད་དོ། །རྒ་ཤི་ཞི་བའམ་མ་ཞི་བར་མངོན་པར་③ཆགས་པ་མྱེད་དོ། །སྦྱིན་པའི་ཕ་རོལ་ཏུ་ཕྱིན་པ་ཞི་བའམ་མ་ཞི་བར་མངོན་པར་ཆགས་པ་མྱེད་དོ། །ཚུལ་ཁྲིམས་ཀྱི་ཕ་རོལ་ཏུ་ཕྱིན་པ་ཞི་བའམ་མ་ཞི་བར་མངོན་པར་ཆགས་པ་མྱེད་དོ། །བཟོད་པའི་ཕ་རོལ་ཏུ་ཕྱིན་པ་ཞི་བའམ་མ་ཞི་བར་མངོན་པར་ཆགས་པ་མྱེད་དོ། །བརྩོན་

འགྲུས་ཀྱི་ཕ་རོལ་ཏུ་ཕྱིན་པ་ཞི་བའམ་མ་ཞི་བར་མངོན་པར་ཆགས་པ་མྱེད་དོ། །བསམ་གཏན་གྱི་ཕ་རོལ་ཏུ་ཕྱིན་པ་ཞི་བའམ་མ་ཞི་བར་མངོན་པར་ཆགས་པ་མྱེད་དོ། །ཤེས་རབ་ཀྱི་ཕ་རོལ་ཏུ་ཕྱིན་པ་ཞི་བའམ་མ་ཞི་བར་མངོན་པར་ཆགས་པ་མྱེད་དོ། །ནང་སྟོང་པ་ཉིད་ཞི་བའམ་མ་ཞི་བར་མངོན་པར་ཆགས་པ་མྱེད་དོ། །ཕྱི་སྟོང་པ་ཉིད་ཞི་བའམ་མ་ཞི་བར་མངོན་པར་ཆགས་པ་མྱེད་དོ། །ཕྱི་ནང་སྟོང་པ་ཉིད་ཞི་བའམ་མ་ཞི་བར་མངོན་པར་ཆགས་པ་མྱེད་དོ། །སྟོང་པ་ཉིད་སྟོང་པ་ཉིད་ཞི་བའམ་མ་ཞི་བར་མངོན་པར་ཆགས་པ་མྱེད་དོ། །ཆེན་པོ་སྟོང་པ་ཉིད་ཞི་བའམ་མ་ཞི་བར་མངོན་པར་ཆགས་པ་མྱེད་དོ། །དོན་དམ་པ་སྟོང་པ་ཉིད་ཞི་བའམ་མ་ཞི་བར་མངོན་པར་ཆགས་པ་མྱེད་དོ། །འདུས་བྱས་སྟོང་པ་ཉིད་ཞི་བའམ་མ་ཞི་བར་མངོན་པར་ཆགས་པ་མྱེད་དོ། །འདུས་མ་བྱས་སྟོང་པ་ཉིད་ཞི་བའམ་མ་ཞི་བར་མངོན་པར་ཆགས་པ་མྱེད་དོ། །མཐའ་ལས་འདས་པ་སྟོང་པ་ཉིད་ཞི་བའམ་མ་ཞི་བར་མངོན་པར་ཆགས་པ་མྱེད་དོ། །ཐོག་མ་དང་ཐ་མ་མྱེད་པ་སྟོང་པ་ཉིད་ཞི་བའམ་མ་ཞི་བར་མངོན་པར་ཆགས་པ་མྱེད་དོ། །དོར་བ་མྱེད་པ་སྟོང་པ་ཉིད་ཞི་བའམ་མ་ཞི་བར་མངོན་པར་ཆགས་པ་མྱེད་དོ། །རང་བཞིན་སྟོང་པ་ཉིད་ཞི་བའམ་མ་ཞི་བར་མངོན་པར་ཆགས་པ་མྱེད་དོ། །ཆོས་ཐམས་ཅད་སྟོང་པ་ཉིད་ཞི་བའམ་མ་ཞི་བར་མངོན་པར་ཆགས་པ་མྱེད་དོ། །རང་གི་མཚན་ཉིད་སྟོང་པ་ཉིད་ཞི་བའམ་མ་ཞི་བར་མངོན་པར་ཆགས་པ་མེད་དོ། །མྱི་དམྱིགས་པ་སྟོང་པ་ཉིད་ཞི་བའམ་མ་ཞི་བར་མངོན་པར་ཆགས་པ་མྱེད་དོ། །དངོས་པོ་མྱེད་པ་སྟོང་པ་ཉིད་ཞི་བའམ་མ་ཞི་བར་མངོན་པར་ཆགས་པ་མྱེད་དོ། །ངོ་བོ་ཉིད་སྟོང་པ་ཉིད་ཞི་བའམ་མ་ཞི་བར་མངོན་པར་ཆགས་པ་མྱེད་དོ། །དངོས་པོ་མྱེད་པའི་ངོ་བོ་ཉིད་སྟོང་པ་ཉིད་ཞི་བའམ་མ་ཞི་བར་མངོན་པར་ཆགས་པ་མྱེད་དོ། །

ཟླ་ན་པ་ཉེ་བར་གཞག[1]པ་བཞི་ཞི་བའམ་མ་ཞི་བར་མངོན་པར་ཆགས་པ་མྱེད་དོ། །ཡང་དག་པར[2]སྤོང་བ་བཞི་ཞི་བའམ་མ་ཞི་བར་མངོན་པར་ཆགས་པ་མྱེད་དོ། །རྫུ་འཕྲུལ་གྱི་རྐང་པ་བཞི་ཞི་བའམ་མ་ཞི་བར་མངོན་པར་ཆགས་པ་མྱེད་དོ། །དབང་པོ་ལྔ་ཞི་བའམ་མ་ཞི་བར་མངོན་པར་ཆགས་པ་མྱེད་དོ། །སྟོབས་ལྔ་ཞི······བའམ་མ་ཞི་བར་མངོན་པར་ཆགས་པ་མྱེད་དོ། །བྱང་ཆུབ་ཀྱི་ཡན་ལག་བདུན་ཞི་བའམ་མ་ཞི་བར་མངོན་པར་ཆགས་པ་མྱེད་དོ། །འཕགས་པའི་ལམ་ཡན[3]ལག་བརྒྱད་པ་ཞི་བའམ་མ་ཞི་བར་མངོན་པར་ཆགས་པ་མྱེད་དོ། །འཕགས་པའི······བདེན་པ་བཞི་ཞི་བའམ་མ་ཞི་བར་མངོན་པར་ཆགས་པ་མྱེད་དོ། །བསམ་གཏན་བཞི་ཞི་བའམ་མ་ཞི་བར་མངོན་པར་ཆགས་པ་མྱེད་དོ། །ཚད་མྱེད་པ་བཞི་ཞི······བའམ་མ་ཞི་བར་མངོན་པར་ཆགས་པ་མྱེད་དོ། །གཟུགས་མྱེད་པའི་སྙོམས་པར་འཇུག་པ་བཞི་ཞི་བའམ་མ་ཞི་བར་མངོན་པར་ཆགས་པ་མྱེད་དོ། །རྣམ་པར་ཐར་པ་བརྒྱད་ཞི་བའམ་མ་ཞི་བར་མངོན་པར་ཆགས་པ་མྱེད་དོ། །མཐར་གྱིས་གནས་པའི་སྙོམས་པར་འཇུག་པ་དགུ་ཞི་བའམ་མ་ཞི་བར་མངོན་པར་ཆགས་པ་མྱེད་དོ། །རྣམ་པར་ཐར་པའི་སྒོ་སྟོང་པ་ཉིད་དང་། མཚན་མ་མྱེད་པ་དང་། སྨོན་པ་མྱེད་པ་ཞི་བའམ་མ་ཞི་བར་མངོན་པར་ཆགས་པ་མྱེད་དོ། །མངོན་པར་ཤེས་པ་རྣམས་ཞི་བའམ་མ་ཞི་བར་མངོན་པར་ཆགས་པ་མྱེད་དོ། །ཏིང་ངེ་འཛིན་རྣམས་ཞི······བའམ་མ་ཞི་བར་མངོན་པར་ཆགས་པ་མེད་དོ། །གཟུངས་ཀྱི་སྒོ་རྣམས་ཞི་བའམ་མ་ཞི་བར་མངོན་པར་ཆགས་པ་མྱེད་དོ། །དེ་བཞིན་གཤེགས་པའི་སྟོབས་བཅུ་ཞི་བའམ་མ་ཞི་བར་མངོན་པར་ཆགས་པ་མེད་དོ། །མྱི་འཇིགས་པ་བཞི་ཞི་བའམ་མ་ཞི་བར་མངོན་པར་ཆགས་པ་མྱེད་དོ། །སོ་སོ་ཡང་དག་པར་རིག་པ་བཞི་ཞི་བའམ་མ་ཞི་བར་མངོན་པར་ཆགས་པ་མྱེད་དོ། །[4]སྙིང་རྗེ་ཆེན་པོ་ཞི་བའམ་མ་ཞི་བར་

མངོན་པར་ཆགས་པ་མྱེད་དོ། །སངས་རྒྱས་ཀྱི་ཆོས་མ་འདྲེས་པ་བཅོ་བརྒྱད་ཞི་བའམ་མ་ཞི་བར་མངོན་པར་ཆགས་པ་མེད་དོ། །རྒྱུན་དུ་ཞུགས་པའི་འབྲས་བུ་ཞི་བའམ་མ་ཞི་བར་མངོན་པར་ཆགས་པ་མྱེད་དོ། །ལན་ཅིག་ཕྱིར་འོང་བའི་འབྲས་བུ་ཞི་བའམ་མ་ཞི་བར་མངོན་པར་ཆགས་པ་མྱེད་དོ། །ཕྱིར་མི་འོང་བའི་འབྲས་བུ་ཞི་བའམ་མ་ཞི་བར་མངོན་པར་ཆགས་པ་མྱེད་དོ། །དགྲ་བཅོམ་པ་ཉིད་ཞི་བའམ་མ་ཞི་བར་མངོན་པར་ཆགས་པ་མྱེད་དོ། །རང་བྱང་ཆུབ་ཞི་བའམ་མ་ཞི་བར་མངོན་པར་ཆགས་པ་མྱེད་དོ། །ལམ་གྱི་རྣམ་པ་ཤེས་པ་ཉིད་ཞི་བའམ་མ་ཞི་བར་མངོན་པར་ཆགས་པ་མྱེད་དོ། །རྣམ་པ་ཐམས་ཅད་མཁྱེན་པ་ཉིད་ཞི་བའམ་མ་ཞི་བར་མངོན་པར་ཆགས་པ་མྱེད་དོ། །གཟུགས་སྟོང་པའམ་མི་སྟོང་པར་མངོན་པར་ཆགས་པ་མྱེད་དོ། །ཚོར་བ་སྟོང་པའམ་མྱི་སྟོང་པར་མངོན་པར་ཆགས་པ་མྱེད་དོ།། འདུ་ཤེས་སྟོང་པའམ་མྱི་སྟོང་པར་མངོན་པར་ཆགས་པ་མྱེད་དོ། །འདུ་བྱེད་སྟོང་པའམ་མྱི་སྟོང་པར་མངོན་པར་ཆགས་པ་མྱེད་དོ། །རྣམ་པར་ཤེས་པ་སྟོང་པའམ་མྱི་སྟོང་པར་མངོན་པར་ཆགས་པ་མྱེད་དོ། །མྱིག་སྟོང་པའམ་མྱི་སྟོང་པར་མངོན་པར་ཆགས་པ་མྱེད་དོ། །རྣ་བ་སྟོང་པའམ་མི་སྟོང་པར་མངོན་པར་ཆགས་པ་མྱེད་དོ། །སྣ་སྟོང་པའམ་མྱི་སྟོང་པར་མངོན་པར་ཆགས་པ་མེད་དོ། །ལྕེ་སྟོང་པའམ་མྱི་སྟོང་པར་མངོན་པར་ཆགས་པ་མྱེད་དོ། །ལུས་སྟོང་པའམ་མི་སྟོང་པར་མངོན་པར་ཆགས་པ་མྱེད་དོ། །ཡིད་སྟོང་པའམ་མྱི་སྟོང་པར་མངོན་པར་ཆགས་པ་མྱེད་དོ། །གཟུགས་སྟོང་པའམ་མྱི་སྟོང་པར་མངོན་པར་ཆགས་པ་མྱེད་དོ། །སྒྲ་སྟོང་པའམ་མྱི་སྟོང་པར་མངོན་པར་ཆགས་པ་མྱེད་དོ། །དྲི་སྟོང་པའམ་མྱི་སྟོང་པར་མངོན་པར་ཆགས་པ་མྱེད་དོ། །རོ་སྟོང་པའམ་མྱི་སྟོང་པར་མངོན་པར་ཆགས་པ་མྱེད་དོ། །རེག་སྟོང་པའམ་མྱི་སྟོང་པར་མངོན་པར་ཆགས་པ་མྱེད་དོ། །ཆོས་

སྟོང་པའམ་མྱི་སྟོང་པར་མངོན་པར་ཆགས་པ་མྱེད་དོ། །མྱིག་གི་རྣམ་པར་ཤེས་པ་
སྟོང་པའམ་མྱི་སྟོང་པར་མངོན་པར་ཆགས་པ་མྱེད་དོ། །རྣ་བའི་རྣམ་པར་ཤེས་པ་
སྟོང་པའམ་མྱི་སྟོང་པར་མངོན་པར་ཆགས་པ་མྱེད་དོ། །སྣའི་རྣམ་པར་ཤེས་པ་
སྟོང་པའམ་མྱི་སྟོང་པར་མངོན་པར་ཆགས་པ་མྱེད་དོ། །ལྗེའི་རྣམ་པར་ཤེས་པ་
སྟོང་པའམ་མྱི་སྟོང་པར་མངོན་པར་ཆགས་པ་མྱེད་དོ། །ལུས་ཀྱི་རྣམ་པར་ཤེས་པ་
སྟོང་པའམ་མྱི་སྟོང་པར་མངོན་པར་ཆགས་པ་མྱེད་དོ། །ཡིད་ཀྱི་རྣམ་པར་ཤེས་པ་
སྟོང་པའམ་མྱི་སྟོང་པར་མངོན་པར་ཆགས་པ་མྱེད་དོ། །མྱིག་གི་འདུས་ཏེ་རེག་པ་
སྟོང་པའམ་མྱི་སྟོང་པར་མངོན་པར་ཆགས་པ་མྱེད་དོ། །རྣ་བའི་འདུས་ཏེ་རེག་པ་
སྟོང་པའམ་མྱི་སྟོང་པར་མངོན་པར་ཆགས་པ་མྱེད་དོ། །སྣའི་འདུས་ཏེ་རེག་པ་
སྟོང་པའམ་མྱི་སྟོང་པར་མངོན་པར་ཆགས་པ་མྱེད་དོ། །ལྗེའི་འདུས་ཏེ་རེག་པ་
སྟོང་པའམ་མྱི་སྟོང་པར་མངོན་པར་ཆགས་པ་མྱེད་དོ། །ལུས་ཀྱི་འདུས་ཏེ་རེག་པ་
སྟོང་པའམ་མྱི་སྟོང་པར་མངོན་པར་ཆགས་པ་མྱེད་དོ། །ཡིད་ཀྱི་འདུས་ཏེ་རེག་པ་
སྟོང་པའམ་མྱི་སྟོང་པར་མངོན་པར་ཆགས་པ་མྱེད་དོ། །མྱིག་གི་འདུས་ཏེ་རེག་
ཿཔའི་རྐྱེན་གྱིས་[༡] ཚོར་བ་སྟོང་པའམ་མྱི་སྟོང་པར་མངོན་པར་ཆགས་པ་མྱེད་དོ། །
རྣ་བའི་འདུས་ཏེ་རེགཿཔའི་རྐྱེན་གྱིས་[༢] ཚོར་བ་སྟོང་པའམ་མྱི་སྟོང་པར་མངོན་པར་
ཆགས་པ་མྱེད་དོ། །སྣའི་འདུས་ཏེ་རེགཿཔའི་རྐྱེན་གྱིས་[༣] ཚོར་བ་སྟོང་པའམ་མྱི་
སྟོང་པར་མངོན་པར་ཆགས་པ་མྱེད་དོ། །ལྗེའི་འདུས་ཏེ་རེགཿཔའི་རྐྱེན་གྱིས་[༤]
ཚོར་བ་སྟོང་པའམ་མྱི་སྟོང་པར་མངོན་པར་ཆགས་པ་མྱེད་དོ། །ལུས་ཀྱི་འདུས་ཏེ་
རེགཿཔའི་རྐྱེན་གྱིས་[༥] ཚོར་བ་སྟོང་པའམ་མྱི་སྟོང་པར་མངོན་པར་ཆགས་པ་མྱེད་དོ།།
ཡིད་ཀྱི་འདུས་ཏེ་རེགཿཔའི་རྐྱེན་གྱིས་[༦] ཚོར་བ་སྟོང་པའམ་མྱི་སྟོང་པར་མངོན་པར་
ཆགས་པ་མྱེད་དོ། །སའི་ཁམས་སྟོང་པའམ་མྱི་སྟོང་པར་མངོན་པར་ཆགས་པ་

མྱེད་དོ། །ཆུའི་ཁམས་སྟོང་པའམ་མྱི་སྟོང་པར་མངོན་པར་ཆགས་པ་མྱེད་དོ། །མྱེའི་ཁམས་སྟོང་པའམ་མྱི་སྟོང་པར་མངོན་པར་ཆགས་པ་མྱེད་དོ། །རླུང་གི་ཁམས་སྟོང་པའམ་མྱི་སྟོང་པར་མངོན་པར་ཆགས་པ་མྱེད་དོ། །ནམ་མཁའི་ཁམས་སྟོང་པའམ་མྱི་སྟོང་པར་མངོན་པར་ཆགས་པ་མྱེད་དོ། །རྣམ་པར་ཤེས་པའི་ཁམས་སྟོང་པའམ་མྱི་སྟོང་པར་མངོན་པར་ཆགས་པ་མྱེད་དོ། །མ་རིག་པ་སྟོང་པའམ་མྱི་སྟོང་པར་མངོན་པར་ཆགས་པ་མྱེད་དོ། །འདུ་བྱེད་སྟོང་པའམ་མྱི་སྟོང་པར་མངོན་པར་ཆགས་པ་མྱེད་དོ། །རྣམ་པར་ཤེས་པ་སྟོང་པའམ་མྱི་སྟོང་པར་མངོན་པར་ཆགས་པ་མྱེད་དོ། །མྱིང་དང་གཟུགས་སྟོང་པའམ་མྱི་སྟོང་པར་[༡]མངོན་པར་ཆགས་པ་མྱེད་དོ། །སྐྱེ་མཆེད་དྲུག་སྟོང་པའམ་མྱི་སྟོང་པར་མངོན་པར་ཆགས་པ་མྱེད་དོ། །རེག་པ་སྟོང་པའམ་མྱི་སྟོང་པར་མངོན་པར་ཆགས་པ་མྱེད་དོ། །ཚོར་བ་སྟོང་པའམ་མྱི་སྟོང་པར་མངོན་པར་ཆགས་པ་མྱེད་དོ། །སྲིད་[༢]པ་སྟོང་པའམ་མྱི་སྟོང་པར་མངོན་པར་ཆགས་པ་མྱེད་དོ། །ལེན་པ་སྟོང་པའམ་མྱི་སྟོང་པར་མངོན་པར་ཆགས་པ་མྱེད་དོ། །སྲིད་པ་སྟོང་པའམ་མྱི་སྟོང་པར་མངོན་པར་ཆགས་པ་མྱེད་དོ། །སྐྱེ་བ་སྟོང་པའམ་མྱི་སྟོང་པར་མངོན་པར་ཆགས་པ་མྱེད་དོ། །རྒ་ཤི་སྟོང་པའམ་མྱི་སྟོང་པར་མངོན་པར་ཆགས་པ་མྱེད་དོ། །སྦྱིན་པའི་ཕ་རོལ་ཏུ་ཕྱིན་པ་སྟོང་པའམ་མྱི་སྟོང་པར་མངོན་པར་ཆགས་པ་མྱེད་དོ། །ཚུལ་ཁྲིམས་ཀྱི་ཕ་རོལ་ཏུ་ཕྱིན་པ་སྟོང་པའམ་མྱི་སྟོང་པར་མངོན་པར་ཆགས་པ་མྱེད་དོ། །བཟོད་པའི་ཕ་རོལ་ཏུ་ཕྱིན་པ་སྟོང་པའམ་མྱི་སྟོང་པར་མངོན་པར་ཆགས་པ་མྱེད་དོ། །བརྩོན་འགྲུས་ཀྱི་ཕ་རོལ་ཏུ་ཕྱིན་པ་སྟོང་པའམ་མྱི་སྟོང་པར་མངོན་པར་ཆགས་པ་མྱེད་དོ། །བསམ་གཏན་གྱི་ཕ་རོལ་ཏུ་ཕྱིན་པ་སྟོང་པའམ་མྱི་སྟོང་པར་མངོན་པར་ཆགས་པ་མྱེད་དོ། །ཤེས་རབ་ཀྱི་ཕ་རོལ་ཏུ་ཕྱིན་པ་སྟོང་པའམ་མྱི་སྟོང་

པར་མངོན་པར་ཆགས་པ་མྱེད་དོ། །ནང་སྟོང་པ་ཉིད་སྟོང་པའམ་མྱི་སྟོང་པར་མངོན་པར་ཆགས་པ་མྱེད་དོ། །ཕྱི་སྟོང་པ་ཉིད་སྟོང་པའམ་མྱི་སྟོང་པར་མངོན་པར་ཆགས་པ་མྱེད་དོ། །ཕྱི་ནང་སྟོང་པ་ཉིད་སྟོང་པའམ་མྱི་སྟོང་པར་མངོན་པར་ཆགས་པ་མྱེད་དོ། །སྟོང་པ་ཉིད་སྟོང་པ་ཉིད་སྟོང་པའམ་མྱི་སྟོང་པར་མངོན་པར་ཆགས་པ་མྱེད་དོ། །ཆེན་པོ་སྟོང་པ་ཉིད་སྟོང་པའམ་མྱི་སྟོང་པར་མངོན་པར་ཆགས་པ་མྱེད་དོ། །དོན་དམ་པ་སྟོང་པ་ཉིད་སྟོང་པའམ་མྱི་སྟོང་པར་མངོན་པར་ཆགས་པ་མྱེད་དོ། །འདུས་བྱས་སྟོང་པ་ཉིད་སྟོང་པའམ་མྱི་སྟོང་པར་མངོན་པར་ཆགས་པ་མྱེད་དོ། །འདུས་མ་བྱས་སྟོང་པ་ཉིད་སྟོང་པའམ་མྱི་སྟོང་པར་མངོན་པར་ཆགས་པ་མྱེད་དོ། །མཐའ་ལས་འདས་པ་སྟོང་པ་ཉིད་སྟོང་པའམ་མྱི་སྟོང་པར་མངོན་པར་ཆགས་པ་མྱེད་དོ། །ཐོག་མ་དང་ཐ[1]མ་མྱེད་པ་སྟོང་པ་ཉིད་སྟོང་པའམ་མྱི་སྟོང་པར་མངོན་པར་ཆགས་པ་མྱེད་དོ། །དོར་བ་མྱེད་པ་སྟོང་པ་ཉིད་སྟོང་པའམ་མྱི་སྟོང་པར་མངོན་པར་ཆགས་པ་མྱེད་དོ། །རང་བཞིན་སྟོང་པ་ཉིད་སྟོང་པའམ་མྱི་སྟོང་པར་མངོན་པར་ཆགས་པ་མྱེད་དོ། །ཆོས་ཐམས་ཅད་སྟོང་པ་ཉིད་སྟོང་པའམ་མྱི་སྟོང་པར་མངོན་པར་ཆགས་པ་མྱེད་དོ། །རང་གི་མཚན་ཉིད་སྟོང་པ་ཉིད་སྟོང་པའམ་མྱི་སྟོང་པར་མངོན་པར་ཆགས་པ་མྱེད་དོ། །མྱི་དམྱིགས་པ་སྟོང་པ་ཉིད་སྟོང་པའམ་མྱི་སྟོང་པར་མངོན་པར་ཆགས་པ་མྱེད་དོ། །དངོས་པོ་མྱེད་པ་སྟོང་པ་ཉིད་སྟོང་པའམ་མྱི་སྟོང་པར་མངོན་པར་ཆགས་པ་མྱེད་དོ། །ངོ་བོ་ཉིད་སྟོང་པ་ཉིད་སྟོང་པའམ་མྱི་སྟོང་པར་མངོན་པར་ཆགས་པ་མྱེད་དོ། །དངོས་པོ་མྱེད་པའི་ངོ་བོ་ཉིད་སྟོང་པ་ཉིད་སྟོང་པའམ་མྱི་སྟོང་པར་མངོན་པར་ཆགས་པ་མྱེད་དོ། །དྲན་པ་ཉེ་བར་གཞག་པ་བཞི་སྟོང་པའམ་མྱི་སྟོང་པར་མངོན་པར་ཆགས་པ་མྱེད་དོ། །ཡང་དག་པར་སྤོང་བ་བཞི་སྟོང་པའམ་མྱི་སྟོང་པར་མངོན་

པར་ཆགས་པ་མྱེད་དོ། །རྫུ་འཕྲུལ་གྱི་རྐང་པ་བཞི་སྟོང་པའམ་མྱི་སྟོང་པར་མངོན་པར་ཆགས་པ་མྱེད་དོ། །དབང་པོ་ལྔ་སྟོང་པའམ་མི་སྟོང་པར་མངོན་པར་ཆགས་པ་མེད་དོ། །སྟོབས་ལྔ་སྟོང་པའམ་མྱི་སྟོང་པར་མངོན་པར་ཆགས་པ་མྱེད་དོ། །བྱང་ཆུབ་ཀྱི་ཡན་ལག་བདུན་སྟོང་པའམ་མྱི་སྟོང་པར་མངོན་པར་ཆགས་པ་མྱེད་དོ།། འཕགས་པའི་ལམ་ཡན་ལག་བརྒྱད་པ་སྟོང་པའམ་མྱི་སྟོང་པར་མངོན་པར་ཆགས···པ་མྱེད་དོ། །འཕགས་པའི་བདེན་པ་བཞི་སྟོང་པའམ་མྱི་སྟོང་པར་མངོན་པར···ཆགས་པ་མྱེད་དོ། །བསམ་གཏན་བཞི་སྟོང་པའམ་མྱི་སྟོང་པར་མངོན་པར་ཆགས་པ་མྱེད་དོ། །ཚད་མྱེད་པ་བཞི་སྟོང་པའམ་མྱི་སྟོང་པར་མངོན་པར་ཆགས་པ་མྱེད་དོ། །གཟུགས་མྱེད་པའི་སྙོམས་པར་འཇུག་པ་བཞི་སྟོང་པའམ་མྱི་སྟོང་པར་མངོན་པར་ཆགས་པ་མྱེད་དོ། །རྣམ་པར་ཐར་པ་བརྒྱད་སྟོང་པའམ་མྱི་སྟོང་པར་མངོན་པར་ཆགས་པ་མྱེད་དོ། །མཐར་གྱིས་གནས་པའི་སྙོམས་པར་འཇུག་པ་དགུ་སྟོང་པའམ་མྱི་སྟོང་པར་མངོན་པར་ཆགས་པ་མྱེད་དོ། །རྣམ་པར་ཐར་པའི་སྒོ་སྟོང་པ་ཉིད་དང་། མཚན་མ་མྱེད་པ་དང་། སྨོན་པ་མྱེད་པ་སྟོང་པའམ་མྱི་སྟོང་པར་མངོན་པར་ཆགས་པ་མྱེད་དོ། །མངོན་པར་ཤེས་པ་རྣམས་སྟོང་པའམ་མྱི་སྟོང···པར་མངོན་པར་ཆགས་པ་མྱེད་དོ། །ཏིང་ངེ་འཛིན་རྣམས་སྟོང་པའམ་མྱི་སྟོང···པར་མངོན་པར་ཆགས་པ་མྱེད་དོ། །གཟུངས་ཀྱི་སྒོ་རྣམས་སྟོང་པའམ་མྱི་སྟོང···པར་མངོན་པར་ཆགས་པ་མྱེད་དོ། །དེ་བཞིན་གཤེགས་པའི་སྟོབས་བཅུ་སྟོང····པའམ་མྱི་སྟོང་པར་མངོན་པར་ཆགས་པ་མྱེད་དོ། །མྱི་འཇིགས་པ་བཞི་སྟོང·····པའམ་མྱི་སྟོང་པར་མངོན་པར་ཆགས་པ་མྱེད་དོ། །སོ་སོ་ཡང་དག་པར་རིག་པ་བཞི་སྟོང་པའམ་མྱི་སྟོང་པར་མངོན་པར་ཆགས་པ་མྱེད་དོ། །[1]སྙིང་རྗེ་ཆེན་པོ···སྟོང་པའམ་མྱི་སྟོང་པར་མངོན་པར་ཆགས་པ་མྱེད་དོ། །སངས་རྒྱས་ཀྱི་ཆོས་མ་

འདྲིས་པ་བཅོ་བརྒྱད་སྟོང་པའམ་མྱི་སྟོང་པར་མངོན་པར་ཆགས་པ་མྱེད་དོ། །
རྒྱུན་དུ་ཞུགས་པའི་འབྲས་བུ་སྟོང་པའམ་མྱི་སྟོང་པར་མངོན་པར་ཆགས་པ་མྱེད་དོ།།
ལན་ཅིག་ཕྱིར་འོང་[༡]བའི་འབྲས་བུ་སྟོང་པའམ་མི་སྟོང་པར་མངོན་པར་ཆགས་པ་······
མྱེད་དོ། །ཕྱིར་མི་འོང་བའི་འབྲས་བུ་སྟོང་པའམ་མྱི་སྟོང་པར་མངོན་པར་ཆགས་
པ་མེད་དོ། །དགྲ་བཅོམ་པ་ཉིད་[༢]སྟོང་པའམ་མྱི་སྟོང་པར་མངོན་པར་ཆགས་པ་
མྱེད་དོ། །རང་བྱུང་ཆུབ་སྟོང་པའམ་མྱི་སྟོང་པར་མངོན་པར་ཆགས་པ་མྱེད་དོ། །
ལམ་གྱི་རྣམ་པ་ཤེས་པ་ཉིད་སྟོང་པའམ་མྱི་སྟོང་པར་མངོན་པར་ཆགས་པ་མྱེད་དོ། །
རྣམ་པ་ཐམས་ཅད་མཁྱེན་པ་ཉིད་སྟོང་པའམ་མྱི་སྟོང་པར་མངོན་པར་ཆགས་པ་······
མྱེད་དོ། །གཟུགས་མཚན་མ་ཡོད་པའམ། མཚན་མ་མྱེད་པར་མངོན་པར་
ཆགས་པ་མྱེད་དོ། །ཚོར་བ་མཚན་མ་ཡོད་པའམ་མཚན་མ་མྱེད་པར་མངོན་པར་
ཆགས་པ་མྱེད་དོ། །འདུ་ཤེས་མཚན་མ་ཡོད་པའམ་མཚན་མ་མྱེད་པར་མངོན་
པར་ཆགས་པ་མྱེད་དོ། །འདུ་བྱེད་མཚན་མ་ཡོད་པའམ་མཚན་མ་མྱེད་པར་······
མངོན་པར་ཆགས་པ་མྱེད་དོ། །རྣམ་པར་ཤེས་པ་མཚན་མ་ཡོད་པའམ་མཚན་མ་
མྱེད་པར་མངོན་པར་ཆགས་པ་མྱེད་དོ། །མྱིག་མཚན་མ་ཡོད་པའམ་མཚན་མ···
མེད་པར༔མངོན་པར་[༣]ཆགས་པ་མྱེད་དོ། །རྣ་བ་མཚན་མ་ཡོད་པའམ་མཚན་མ་
མྱེད་པར་མངོན་པར་ཆགས་པ་མྱེད་དོ། །སྣ་མཚན་མ་ཡོད་པའམ་མཚན་མ་མྱེད་
པར་མངོན་པར་ཆགས་པ་མྱེད་དོ། །ལྱེ་མཚན་མ་ཡོད་པའམ་མཚན་མ་མྱེད་པར་
མངོན་པར་ཆགས་པ་མེད་དོ། །ལུས་མཚན་མ་ཡོད་པའམ་མཚན་མ་མྱེད་པར···
མངོན་པར་ཆགས་པ་མྱེད་དོ། །ཡིད་མཚན་མ་ཡོད་པའམ་མཚན་མ་མྱེད་པར···
མངོན་པར་ཆགས་པ་མྱེད་དོ། །གཟུགས་མཚན་མ་ཡོད་པའམ་མཚན་མ་མྱེད་པར་
མངོན་པར་ཆགས་པ་མྱེད་དོ། །སྒྲ་མཚན་མ་ཡོད་པའམ་མཚན་མ་མྱེད་པར······

མངོན་པར་ཆགས་པ་མྱེད་དོ། །དྲི་མཚན་མ་ཡོད་པའམ་མཚན་མ་མེད་པར·····
མངོན་པར་ཆགས་པ་མྱེད་དོ། །རོ་མཚན་མ་ཡོད་པའམ་མཚན་མ་མྱེད་པར····
མངོན་པར་ཆགས་པ་མྱེད་དོ། །རེག་མཚན་མ་ཡོད་པའམ་མཚན་མ་མེད་པར···
མངོན་པར་ཆགས་པ་མྱེད་དོ། །ཆོས་མཚན་མ་ཡོད་པའམ་མཚན་མ་མྱེད་པར···
མངོན་པར་ཆགས་པ་མྱེད་དོ། །མྱིག་གི་རྣམ་པར་ཤེས་པ་མཚན་མ་ཡོད་པའམ་
མཚན་མ་མྱེད་པར་མངོན་པར་ཆགས་པ་མྱེད་དོ། །རྣ་བའི་རྣམ་པར་ཤེས་པ·····
མཚན་མ་ཡོད་པའམ་མཚན་མ་མྱེད་པར་མངོན་པར་ཆགས་པ་མྱེད་དོ། །སྣའི····
རྣམ་པར་ཤེས་པ་མཚན་མ་ཡོད་པའམ་མཚན་མ་མྱེད་པར་མངོན་པར་ཆགས་པ····
མྱེད་དོ། །ལྗེའི་རྣམ་པར་ཤེས་པ་མཚན་མ་ཡོད་པའམ་མཚན་མ་མྱེད་པར་མངོན་
པར་ཆགས་པ་མྱེད་དོ། །ལུས་ཀྱི་རྣམ་པར་ཤེས་པ་མཚན་མ་ཡོད་པའམ་མཚན་མ་
མྱེད་པར་མངོན་པར་ཆགས་པ་མྱེད་དོ། །ཡིད་ཀྱི་རྣམ་པར་ཤེས་པ་མཚན་མ་ཡོད་
པའམ་མཚན་མ་མྱེད་པར་མངོན་པར་ཆགས་པ་མྱེད་དོ། །མྱིག་གི་འདུས་ཏེ་རེག་
པ་མཚན་མ་ཡོད་པའམ་མཚན་མ་མྱེད་པར་མངོན་པར་ཆགས་པ་མྱེད་དོ། །རྣ་
བའི་འདུས་ཏེ་རེག་པ་མཚན་མ་ཡོད་པའམ་མཚན་མ་མྱེད་པར་མངོན་པར་ཆགས···
པ་མྱེད་དོ། །སྣའི་འདུས་ཏེ་རེག་པ་མཚན་མ་ཡོད་པའམ་མཚན་མ་མྱེད་པར····
མངོན་པར་ཆགས་པ་མེད་དོ། །ལྗེའི་འདུས་ཏེ་རེག་པ་མཚན་མ་ཡོད་པའམ···
མཚན་མ་མྱེད་པར་མངོན་པར་ཆགས་པ་མྱེད་དོ། །ལུས་ཀྱི་འདུས་ཏེ་རེག་པ····
མཚན་མ་ཡོད་པའམ་མཚན་མ་མྱེད་པར་མངོན་པར་ཆགས་པ་མྱེད་དོ། །ཡིད་ཀྱི་
འདུས་ཏེ་རེག་པ་མཚན་མ་ཡོད་པའམ་མཚན་མ་མྱེད་པར་མངོན་པར་ཆགས་པ····
མྱེད་དོ། །མྱིག་གི་འདུས་ཏེ་རེག་པ་ལས་བྱུང་བའི་ཚོར་བ་མཚན་མ་ཡོད་པའམ་
མཚན་མ་མྱེད་པར་མངོན་པར་ཆགས་པ་མྱེད་དོ། །རྣ་བའི་འདུས་ཏེ་རེག་པ་ལས་

བྱུང་①བའི་ཚོར་བ་མཚན་མ་ཡོད་པའམ་མཚན་མ་མེད་པར་མངོན་པར་ཆགས་པ་མེད་དོ། །སྣའི་འདུས་ཏེ་རེག་པ་ལས་བྱུང་བའི་ཚོར་བ་མཚན་མ་ཡོད་པའམ་མཚན་མ་མེད་པར་མངོན་པར་ཆགས་པ་མེད་དོ། །ལྗེའི་འདུས་ཏེ་རེག་པ་ལས་བྱུང་བའི་ཚོར་བ་མཚན་མ་ཡོད་པའམ་མཚན་མ་མེད་པར་མངོན་པར་ཆགས་པ་མེད་དོ། །ལུས་ཀྱི་འདུས་ཏེ་རེག་པ་ལས་བྱུང་བའིཿཚོར་བ་②མཚན་མ་ཡོད་པའམ་མཚན་མ་མེད་པར་མངོན་པར་ཆགས་པ་③མེད་དོ། །ཡིད་ཀྱི་འདུས་ཏེ་རེག་པ་ལས་བྱུང་བའི་ཚོར་བ་མཚན་མ་ཡོད་པའམ་མཚན་མ་མེད་པར་མངོན་པར་ཆགས་པ་མེད་དོ། །སའི་ཁམས་མཚན་མ་ཡོད་པའམ་མཚན་མ་མེད་པར་མངོན་པར་ཆགས་པ་མེད་དོ། །ཆུའི་ཁམས་མཚན་མ་ཡོད་པའམ་མཚན་མ་མེད་པར་མངོན་པར་④ཆགས་པ་མེད་དོ། །མེའི་ཁམས་མཚན་མ་ཡོད་པའམ་མཚན་མ་མེད་པར་མངོན་པར་ཆགས་པ་མེད་དོ། །རླུང་གི་ཁམས་མཚན་མ་ཡོད་པའམ་མཚན་མ་མེད་པར་མངོན་པར་ཆགས་པ་མེད་དོ། །ནམ་མཁའི་ཁམས་མཚན་མ་ཡོད་པའམ་མཚན་མ་མེད་པར་མངོན་པར་ཆགས་པ་མེད་དོ། །རྣམ་པར་ཤེས་པའི་ཁམས་མཚན་མ་ཡོད་པའམ་མཚན་མ་མེད་པར་མངོན་པར་⑤ཆགས་པ་མེད་དོ། །མ་རིག་པ་མཚན་མ་ཡོད་པའམ་མཚན་མ་མེད་པར་མངོན་པར་ཆགས་པ་མེད་དོ། །འདུ་བྱེད་མཚན་མ་ཡོད་པའམ་མཚན་མ་མེད་པར་མངོན་པར་ཆགས་པ་མེད་དོ། །རྣམ་པར་ཤེས་པ་མཚན་མ་ཡོད་པའམ་མཚན་མ་མེད་པར་མངོན་པར་ཆགས་པ་མེད་དོ། །མིང་དང་གཟུགས་མཚན་མ་ཡོད་པའམ་མཚན་མ་མེད་པར་མངོན་པར་ཆགས་པ་མེད་དོ། །སྐྱེ་མཆེད་དྲུག་མཚན་མ་ཡོད་པའམ་མཚན་མ་མེད་པར་མངོན་པར་ཆགས་པ་མེད་དོ། །རེག་པ་མཚན་མ་ཡོད་པའམ་མཚན་མ་མེད་པར་མངོན་པར་ཆགས་པ་མེད་དོ། །ཚོར་བ་མཚན་མ་ཡོད་པའམ་མཚན་མ་མེད་པར་

མངོན་པར་ཆགས་པ་མྱེད་དོ། །སྲེད་པ་མཚན་མ་ཡོད་པའམ་[7]མཚན་མ་མྱེད་པར་མངོན་པར་ཆགས་པ་མྱེད་དོ། །ལེན་པ་མཚན་མ་ཡོད་པའམ་མཚན་མ་མྱེད་པར་མངོན་པར་ཆགས་པ་མྱེད་དོ། །སྲིད་པ་མཚན་མ་ཡོད་པའམ་མཚན་མ་མྱེད་པར་མངོན་པར་ཆགས་པ་མྱེད་དོ། །སྐྱེ་བ་མཚན་མ་ཡོད་པའམ་མཚན་མ་མྱེད་པར་མངོན་པར་ཆགས་པ་མྱེད་དོ། །རྒ་ཤི་མཚན་མ་ཡོད་པའམ་མཚན་མ་མྱེད་པར་མངོན་པར་ཆགས་པ་མྱེད་དོ། །སྦྱིན་པའི་ཕ་རོལ་ཏུ་ཕྱིན་པ་མཚན་མ་ཡོད་པའམ་མཚན་མ་མྱེད་པར་མངོན་པར་ཆགས་པ་མྱེད་དོ། །ཚུལ་ཁྲིམས་ཀྱི་ཕ་རོལ་ཏུ་ཕྱིན་པ་མཚན་མ་ཡོད་པའམ་མཚན་མ་མྱེད་པར་མངོན་པར་ཆགས་པ་མྱེད་དོ། །བཟོད་པའི་ཕ་རོལ་ཏུ་ཕྱིན་པ་མཚན་མ་ཡོད་པའམ་མཚན་མ་མྱེད་པར་མངོན་པར་ཆགས་པ་མྱེད་དོ། །བརྩོན་འགྲུས་ཀྱི་ཕ་རོལ་ཏུ་ཕྱིན་པ་མཚན་མ་ཡོད་པའམ་མཚན་མ་མྱེད་པར་མངོན་པར་ཆགས་པ་མྱེད་དོ། །བསམ་གཏན་གྱི་ཕ་རོལ་ཏུ་ཕྱིན་པ་མཚན་མ་ཡོད་པའམ་མཚན་མ་མྱེད་པར་མངོན་པར་ཆགས་པ་མྱེད་དོ། །ཤེས་རབ་ཀྱི་ཕ་རོལ་ཏུ་ཕྱིན་པ་མཚན་མ་ཡོད་པའམ་མཚན་མ་མྱེད་པར་མངོན་པར་ཆགས་པ་མྱེད་དོ། །ནང་སྟོང་པ་ཉིད་མཚན་མ་ཡོད་པའམ་མཚན་མ་མྱེད་པར་མངོན་པར་ཆགས་པ་མྱེད་དོ། །ཕྱི་སྟོང་པ་ཉིད་མཚན་མ་ཡོད་པའམ་མཚན་མ་མྱེད་པར་མངོན་པར་ཆགས་པ་མྱེད་དོ། །ཕྱི་ནང་སྟོང་པ་ཉིད་མཚན་མ་ཡོད་པའམ་མཚན་མ་མྱེད་པར་མངོན་པར་ཆགས་པ་མྱེད་དོ། །སྟོང་པ་ཉིད་སྟོང་པ་ཉིད་མཚན་མ་ཡོད་པའམ་མཚན་མ་མྱེད་པར་མངོན་པར་ཆགས་པ་མྱེད་དོ། །ཆེན་པོ་སྟོང་པ་ཉིད་མཚན་མ་ཡོད་པའམ་མཚན་མ་མྱེད་པར་མངོན་པར་ཆགས་པ་མྱེད་དོ། །དོན་དམ་པ་སྟོང་པ་ཉིད་མཚན་མ་ཡོད་པའམ་མཚན་མ་མྱེད་པར་མངོན་པར་ཆགས་པ་མྱེད་དོ། །འདུས་བྱས་སྟོང་པ་ཉིད་མཚན་མ་ཡོད་པའམ་

མཚན་མ་མྱེད་པར་མངོན་པར་ཆགས་པ་མྱེད་དོ། །འདུས་མ་བྱས་སྟོང་པ་ཉིད་མཚན་མ་ཡོད་པའམ་མཚན་མ་མྱེད་པར་མངོན་པར་ཆགས་པ་མྱེད་དོ། །མཐའ་ལས་འདས་པ་སྟོང་པ་ཉིད་མཚན་མ་ཡོད་པའམ་མཚན་མ་མྱེད་པར་མངོན་པར་ཆགས་པ་མྱེད་དོ། །ཐོག་མ་དང་ཐ་མ་མྱེད་པ་སྟོང་པ་ཉིད་མཚན་མ་ཡོད་པའམ་མཚན་མ་མྱེད་པར་མངོན་པར་ཆགས་པ་མྱེད་དོ། །དོར་བ་མྱེད་པ་སྟོང་པ་ཉིད་མཚན་མ་ཡོད་པའམ[༡]མཚན་མ་མྱེད་པར་མངོན་པར་ཆགས་པ་མྱེད་དོ། །རང་བཞིན་སྟོང་པ་ཉིད་མཚན་མ་ཡོད་པའམ་མཚན་མ་མྱེད་པར་མངོན་པར་ཆགས་པ་མྱེད་དོ། །ཆོས་ཐམས་ཅད་སྟོང་པ་ཉིད་མཚན་མ་ཡོད་པའམ་མཚན་མ་མྱེད་པར་མངོན་པར་ཆགས་པ་མྱེད་དོ། །རང་གི་མཚན་ཉིད་སྟོང་པ་ཉིད་མཚན་མ་ཡོད་པའམ་མཚན་མ་མྱེད་པར་མངོན་པར་ཆགས་པ་མྱེད་དོ། །མྱི་དམྱིགས་པ་སྟོང་པ་ཉིད་མཚན་མ་ཡོད་པའམ་མཚན་མ་མྱེད་པར་མངོན་པར་ཆགས་པ་མྱེད་དོ། །དངོས་པོ་མྱེད་པ་སྟོང་པ་ཉིད་མཚན་མ་ཡོད་པའམ་མཚན་མ་མྱེད་པར་མངོན་པར་ཆགས་པ་མྱེད་དོ། །ངོ་བོ་ཉིད་སྟོང་པ་ཉིད་མཚན་མ་ཡོད་པའམ་མཚན་མ་མྱེད་པར་མངོན་པར་ཆགས་པ་མྱེད་དོ། །དངོས་པོ་མྱེད་པའི་ངོ་བོ་ཉིད་སྟོང་པ་ཉིད་མཚན་མ་ཡོད་པའམ་མཚན་མ་མྱེད་པར་མངོན་པར་ཆགས་པ་མྱེད་དོ། །དྲན་པ་ཉེ་བར་གཞག་པ་བཞི་མཚན་མ་ཡོད་པའམ་མཚན་མ་མྱེད་པར་མངོན་པར་ཆགས་པ་མྱེད་དོ། །ཡང་དག་པར་སྤོང་བ་བཞི་མཚན་མ་ཡོད་པའམ་མཚན་མ་མྱེད་པར་མངོན་པར་ཆགས་པ་མྱེད་དོ། །རྫུ་འཕྲུལ་གྱི་རྐང་པ་བཞི་མཚན་མ་ཡོད་པའམ་མཚན་མ་མྱེད་པར་མངོན་པར་ཆགས་པ་མྱེད་དོ། །དབང་པོ་ལྔ་མཚན་མ་ཡོད་པའམ་མཚན་མ་མྱེད་པར་མངོན་པར་ཆགས་པ་མེད་དོ། །སྟོབས་ལྔ་མཚན་མ་ཡོད་པའམ་མཚན་མ་མྱེད་པར་མངོན་པར་ཆགས་པ་མྱེད་དོ། །བྱང་ཆུབ་ཀྱི་ཡན་

ལག་བདུན་མཚན་མ་ཡོད་པའམ་མཚན་མ་མྱེད་པར་མངོན་པར་ཆགས་པ་མྱེད་དོ། །
འཕགས་པའི་ལམ་ཡན་ལག་བརྒྱད་པ་མཚན་མ་ཡོད་པའམ་མཚན་མ་མྱེད་པར་····
མངོན་པར་ཆགས་པ་མྱེད་དོ། །འཕགས་པའི་བདེན་པ་བཞི་མཚན་མ་ཡོད་པའམ་
མཚན་མ་མྱེད་པར་མངོན་པར་ཆགས་པ་མྱེད་དོ། །བསམ་གཏན་བཞི་མཚན་མ་
ཡོད་པའམ་མཚན་མ་མྱེད་པར་མངོན་པར་ཆགས་པ་མྱེད་དོ། །ཚད་མྱེད་པ་བཞི་
མཚན་མ་ཡོད་པའམ་མཚན་མ་མྱེད་པར་མངོན་པར་ཆགས་པ་མྱེད་དོ། །གཟུགས་
མྱེད་པའི་སྙོམས་པར་འཇུག་པ་བཞི་མཚན་མ་ཡོད་པའམ་མཚན་མ་མྱེད་པར་····
མངོན་པར་ཆགས་པ་མྱེད་དོ། །རྣམ་པར་ཐར་པ་བརྒྱད་མཚན་མ་ཡོད་པའམ་··
མཚན་མ་མྱེད་པར་མངོན་པར་ཆགས་པ་མྱེད་དོ། །མཐར་གྱིས་གནས་པའི་སྙོམས་
པར་འཇུག་པ་དགུ་མཚན་མ་ཡོད་པའམ་མཚན་མ་མྱེད་པར་མངོན་པར་ཆགས་པ་··
མྱེད་དོ། །རྣམ་པར་ཐར་པའི་སྒོ་སྟོང་པ་ཉིད་དང་། མཚན་མ་མྱེད་པ་དང་།
སྨོན་པ་མྱེད་པ་མཚན་མ་ཡོད་པའམ་མཚན་མ་མྱེད་པར་མངོན་པར་ཆགས་པ་མྱེད་··
དོ༔ །མངོན་པར་ཤེས་པ་རྣམས་མཚན་མ་ཡོད་པའམ་མཚན་མ་མྱེད་པར་མངོན་
པར་ཆགས་པ་མྱེད་དོ། །ཏིང་ངེ་འཛིན་རྣམས་མཚན་མ་ཡོད་པའམ་མཚན་མ་····
མྱེད་པར་མངོན་པར་ཆགས་པ་མྱེད་དོ། །གཟུངས་ཀྱི་སྒོ་རྣམས་མཚན་མ་ཡོད་····
པའམ་མཚན་མ་མྱེད་པར་མངོན་པར་ཆགས་པ་མྱེད་དོ། །དེ་བཞིན་གཤེགས་པའི་
སྟོབས་བཅུ་མཚན་མ་ཡོད་པའམ་མཚན་མ་མྱེད་པར་མངོན་པར་ཆགས་པ་མྱེད་དོ། །
མི་འཇིགས་པ་བཞི་མཚན་མ་ཡོད་པའམ་མཚན་མ་མྱེད་པར་མངོན་པར་ཆགས་པ་··
མྱེད་དོ། །སོ་སོ་ཡང་དག་པར་རིག་པ་བཞི་མཚན་མ་ཡོད་པའམ་མཚན་མ་མྱེད་
པར་མངོན་པར་ཆགས་པ་མྱེད་དོ། །[7]སྙིང་རྗེ་ཆེན་པོ་མཚན་མ་ཡོད་པའམ་····
མཚན་མ་མྱེད་པར་མངོན་པར་ཆགས་པ་མྱེད་དོ། །སངས་རྒྱས་ཀྱི་ཆོས་མ་འདྲེས་

པ་བཅོ་བརྒྱད་མཚན་མ་ཡོད་པའམ་མཚན་མ་མྱེད་པར་[7]མངོན་པར་ཆགས་པ་མྱེད་དོ། །རྒྱུན་ཏུ་ཞུགས་པའི་འབྲས་བུ་མཚན་མ་ཡོད་པའམ་མཚན་མ་མྱེད་པར་མངོན་པར་ཆགས་པ་མྱེད་དོ། །ལན་ཅིག་ཕྱིར་འོང་བའི་འབྲས་བུ་མཚན་མ་ཡོད་པའམ་མཚན་མ་མེད་པར་མངོན་པར་ཆགས་པ་མྱེད་དོ། །ཕྱིར་མི་འོང་བའི་འབྲས་བུ་མཚན་མ་ཡོད་པའམ་མཚན་མ་མྱེད་པར་མངོན་པར་ཆགས་པ་མྱེད་དོ། །དགྲ་བཅོམ་པ་ཉིད་མཚན་མ་ཡོད་པའམ་མཚན་མ་མྱེད་པར་མངོན་པར་ཆགས་པ་མྱེད་དོ། །རང་བྱང་ཆུབ་མཚན་མ་ཡོད་པའམ་མཚན་མ་མྱེད་པར་མངོན་པར་ཆགས་པ་མྱེད་དོ། །ལམ་གྱི་རྣམ་པ་ཤེས་པ་ཉིད་མཚན་མ་ཡོད་པའམ་མཚན་མ་མྱེད་པར་མངོན་པར་ཆགས་པ་མྱེད་དོ། །རྣམ་པ་ཐམས་ཅད་མཁྱེན་པ་ཉིད་མཚན་མ་ཡོད་པའམ་མཚན་མ་མྱེད་པར་མངོན་པར་ཆགས་པ་མྱེད་དོ། །གཟུགས་སྟོན་པ་ཡོད་པའམ་སྟོན་པ་མྱེད་པར་མངོན་པར་ཆགས་པ་མྱེད་དོ། །ཚོར་བ་སྟོན་པ་ཡོད་པའམ་སྟོན་པ་མྱེད་པར་མངོན་པར་ཆགས་པ་མྱེད་དོ། །འདུ་ཤེས་སྟོན་པ་ཡོད་པའམ་སྟོན་པ་མེད་པར་མངོན་པར་ཆགས་པ་མྱེད་དོ། །འདུ་བྱེད་སྟོན་པ་ཡོད་པའམ་སྟོན་པ་མྱེད་པར་མངོན་པར་ཆགས་པ་མྱེད་དོ། །རྣམ་པར་ཤེས་པ་སྟོན་པ་ཡོད་པའམ་སྟོན་པ་མྱེད་པར་མངོན་པར་ཆགས་པ་མྱེད་དོ། །མྱིག་སྟོན་པ་ཡོད་པའམ་སྟོན་པ་མྱེད་པར་མངོན་པར་ཆགས་པ་མྱེད་དོ། །རྣ་བ་སྟོན་པ་ཡོད་པའམ་སྟོན་པ་མྱེད་པར་མངོན་པར་ཆགས་པ་མྱེད་དོ། །སྣ་སྟོན་པ་ཡོད་པའམ་སྟོན་པ་མྱེད་པར་མངོན་པར་ཆགས་པ་མྱེད་དོ། །ལྕེ་སྟོན་པ་ཡོད་པའམ་སྟོན་པ་མྱེད་པར་མངོན་པར་ཆགས་པ་མྱེད་དོ། །ལུས་སྟོན་པ་ཡོད་པའམ་སྟོན་པ་མྱེད་པར་མངོན་པར་ཆགས་པ་མྱེད་དོ། །ཡིད་སྟོན་པ་ཡོད་པའམ་སྟོན་པ་མྱེད་པར་མངོན་པར་ཆགས་པ་མྱེད་དོ། །གཟུགས་སྟོན་པ་ཡོད་པའམ་སྟོན་པ་མྱེད་པར་

མངོན་པར་ཆགས་པ་མྱེད་དོ། །སྒྲ་སྟོན་པ་ཡོད་པའམ་སྟོན་པ་མྱེད་པར་མངོན་པར་ཆགས་པ་མྱེད་དོ། །དྲི་སྟོན་པ་ཡོད་པའམ་སྟོན་པ་མྱེད་པར་མངོན་པར་···ཆགས་པ་མྱེད་དོ། །རོ་སྟོན་པ་ཡོད་པའམ་སྟོན་པ་མེད་པར་མངོན་པར་ཆགས་པ་མྱེད་དོ། །རེག་སྟོན་པ་ཡོད་པའམ་སྟོན་པ་མྱེད་པར་མངོན་པར་ཆགས་པ་མྱེད་དོ།། ཆོས་སྟོན་པ་ཡོད་པའམ་སྟོན་པ་མྱེད་པར་མངོན་པར་ཆགས་པ་མྱེད་དོ། །མྱིག་གི་རྣམ་པར་ཤེས་པ་སྟོན་པ་ཡོད་པའམ་སྟོན་པ་མྱེད་པར་མངོན་པར་ཆགས་པ་མྱེད་·····དོ། །རྣ་བའི་རྣམ་པར་ཤེས་པ་སྟོན་པ་ཡོད་པའམ་སྟོན་པ་མྱེད་པར་མངོན་པར་ཆགས་པ་མྱེད་དོ། །སྣའི་རྣམ་པར་ཤེས་པ་སྟོན་པ་ཡོད་པའམ་སྟོན་པ་མྱེད་པར་མངོན་པར་ཆགས་པ་མྱེད་དོ། །ལྕེའི་རྣམ་པར་ཤེས་པ་སྟོན་པ་ཡོད་པའམ་སྟོན་པ་མྱེད་པར་མངོན་པར་ཆགས་པ་མྱེད་དོ། །ལུས་ཀྱི་རྣམ་པར་ཤེས་པ་སྟོན་པ་ཡོད་པའམ་སྟོན་པ་མྱེད་པར་མངོན་པར་ཆགས་པ་མྱེད་དོ། །ཡིད་ཀྱི་རྣམ་པར་ཤེས་པ་སྟོན་པ་ཡོད་པའམ་སྟོན་པ་མྱེད་པར་མངོན་པར་ཆགས་པ་མྱེད་དོ། །མྱིག་གི····འདུས་ཏེ་རེག་པ་སྟོན་པ་ཡོད་པའམ་སྟོན་པ་མྱེད་པར་མངོན་པར་ཆགས་པ་མྱེད·····དོ། །རྣ་བའི་འདུས་ཏེ་རེག་པ་སྟོན་པ་ཡོད་པའམ་སྟོན་པ་མྱེད་པར་མངོན་པར་ཆགས་པ་མྱེད་དོ། །སྣའི་འདུས་ཏེ་རེག་པ་སྟོན་པ་ཡོད་པའམ་སྟོན་པ་མྱེད་པར་མངོན་པར་ཆགས་པ་མྱེད་དོ། །ལྕེའི་འདུས་ཏེ་རེག་པ་སྟོན་པ་ཡོད་པའམ་སྟོན་པ་མྱེད་པར་མངོན་པར་ཆགས་པ་མྱེད་དོ། །ལུས་ཀྱི་འདུས་ཏེ་རེག་པ་སྟོན་པ་ཡོད་པའམ་སྟོན་པ་མྱེད་པར་མངོན་པར་ཆགས་པ་མྱེད་དོ། །ཡིད་ཀྱི་འདུས་ཏེ་རེག་པ་སྟོན་པ་ཡོད་པའམ་སྟོན་པ་མྱེད་པར་མངོན་པར་ཆགས་པ་མྱེད་དོ། །མྱིག་གི·····འདུས་ཏེ་རེག་པ་ལས་བྱུང་བའི་ཚོར་བ་སྟོན་པ་ཡོད་པའམ་སྟོན་པ་མྱེད་པར་མངོན་པར་ཆགས་པ་མྱེད་དོ། །རྣ་བའི་འདུས་ཏེ་རེག་པ་ལས་བྱུང་བའི་ཚོར་བ་སྟོན་པ་

ཡོད་པའམ་སྨོན་པ་མྱེད་པར་མངོན་པར་ཆགས་པ་མྱེད་དོ། །སྣའི་འདུས་ཏེ་རེག་པ་ལས་བྱུང་བའི་ཚོར་བ་སྨོན་པ་ཡོད་པའམ་སྨོན་པ་མྱེད་པར་མངོན་པར་ཆགས་པ་མྱེད་དོ། །ལྗེའི་འདུས་ཏེ་རེག་པ་ལས་བྱུང་བའི་ཚོར་བ་སྨོན་པ་ཡོད་པའམ་སྨོན་པ་མྱེད་པར་མངོན་པར་ཆགས་པ་མྱེད་དོ། །ལུས་ཀྱི་འདུས་ཏེ་རེག་པ་ལས་བྱུང་བའི་ཚོར་བ་སྨོན་པ་ཡོད་པའམ་སྨོན་པ་མྱེད་པར་མངོན་པར་ཆགས་པ་མྱེད་དོ། །ཡིད་ཀྱི་འདུས་ཏེ་རེག་པ་ལས་བྱུང་བའི་ཚོར་བ་སྨོན་པ་ཡོད་པའམ་སྨོན་པ་མྱེད་པར······མངོན་པར་ཆགས་པ་མྱེད་དོ། །སའི་ཁམས་སྨོན་པ་ཡོད་པའམ་སྨོན་པ་མྱེད་པར་མངོན་པར་ཆགས་པ་མྱེད་དོ། །ཆུའི་ཁམས་སྨོན་པ་ཡོད་པའམ་སྨོན་པ་མེད་པར་མངོན་པར་ཆགས་པ་མེད་དོ། །མྱེའི་ཁམས་སྨོན་པ་ཡོད་པའམ་སྨོན་པ་མྱེད་པར་མངོན་པར་ཆགས་པ་མེད་དོ། །རླུང་གི་ཁམས་སྨོན་པ་ཡོད་པའམ་སྨོན་པ་མྱེད་པར་མངོན་པར་ཆགས་པ་མྱེད་དོ། །ནམ་མཁའི་ཁམས་སྨོན་པ་ཡོད་པའམ་སྨོན་པ་མྱེད་པར་མངོན་པར་ཆགས་པ་མྱེད་དོ། །རྣམ་པར་ཤེས་པའི་ཁམས་སྨོན་པ་ཡོད་པའམ་སྨོན་པ་མྱེད་པར་མངོན་པར་ཆགས་པ་མྱེད་དོ། །མ་རིག་པ་སྨོན་པ་ཡོད་པའམ་སྨོན་པ་མྱེད་པར་མངོན་པར་ཆགས་པ་མྱེད་དོ། །འདུ་བྱེད་སྨོན་པ་ཡོད་པའམ་སྨོན་པ་མྱེད་པར་མངོན་པར་ཆགས་པ་མྱེད་དོ། །རྣམ་པར་ཤེས་པ་སྨོན་པ་ཡོད་པའམ་སྨོན་པ་མྱེད་པར་མངོན་པར་ཆགས་པ་མྱེད་དོ། །མྱིང་དང་གཟུགས་སྨོན་པ་ཡོད་པའམ་སྨོན་པ་མྱེད་པར་མངོན་པར་ཆགས་པ་མྱེད་དོ། །སྐྱེ་མཆེད་དྲུག་སྨོན་པ་ཡོད་པའམ་སྨོན་པ་མྱེད་པར་མངོན་པར་ཆགས་པ་མྱེད་དོ། །རེག་པ་སྨོན་པ་ཡོད་པའམ་སྨོན་པ་མྱེད་པར་མངོན་པར་ཆགས་པ་མྱེད་དོ། །ཚོར་བ་སྨོན་པ་ཡོད་པའམ་སྨོན་པ་མྱེད་པར་མངོན་པར་ཆགས་པ་མྱེད་དོ། །སྲེད་པ་སྨོན་པ་ཡོད་པའམ་སྨོན་པ་མྱེད་པར་མངོན་པར་ཆགས་པ་མྱེད་དོ། །ལེན་པ་སྨོན་

པ་ཡོད་པའམ་སྨོན་པ་མེད་པར་མངོན་པར་ཆགས་པ་མྱེད་དོ། །སྲིད་པ་སྨོན་པ་ཡོད་པའམ་སྨོན་པ་མྱེད་པར་མངོན་པར་ཆགས་པ་མྱེད་དོ། །སྐྱེ་བ་སྨོན་པ་ཡོད་པའམ་སྨོན་པ་མྱེད་པར་མངོན་པར་ཆགས་པ་མྱེད་དོ། །རྒ་ཤི་སྨོན་པ་ཡོད་པའམ་སྨོན་པ་མྱེད་པར་མངོན་པར་ཆགས་པ་མྱེད་དོ། །སྦྱིན་པའི་ཕ་རོལ་ཏུ་ཕྱིན་པ་སྨོན་པ་ཡོད་པའམ་སྨོན་པ་མྱེད་པར་མངོན་པར་ཆགས་པ་མྱེད་དོ། །ཚུལ་ཁྲིམས་ཀྱི་ཕ་རོལ་ཏུ་ཕྱིན་པ་སྨོན་པ་ཡོད་པའམ་སྨོན་པ་མྱེད་པར་མངོན་པར་ཆགས་པ་མྱེད་དོ། །བཟོད་པའི་ཕ་རོལ་ཏུ་ཕྱིན་པ་སྨོན་པ་ཡོད་པའམ་སྨོན་པ་མྱེད་པར་མངོན་པར་……ཆགས་པ་མྱེད་དོ། །བརྩོན་འགྲུས་ཀྱི་ཕ་རོལ་ཏུ་ཕྱིན་པ་སྨོན་པ་ཡོད་པའམ་སྨོན་པ་མྱེད་པར་མངོན་པར་ཆགས་པ་མྱེད་དོ། །བསམ་གཏན་གྱི་ཕ་རོལ་ཏུ་ཕྱིན་པ་སྨོན་པ་ཡོད་པའམ་སྨོན་པ་མྱེད་པར་མངོན་པར་ཆགས་པ་མྱེད་དོ། །ཤེས་རབ་ཀྱི་ཕ་རོལ་ཏུ་ཕྱིན་པ་སྨོན་པ་ཡོད་པའམ་སྨོན་པ་མྱེད་པར་མངོན་པར་ཆགས་པ་མྱེད་དོ། །ནང་སྟོང་པ་ཉིད་སྨོན་པ་ཡོད་པའམ་སྨོན་པ་མྱེད་པར་མངོན་པར་ཆགས་པ་མྱེད་……དོ། །ཕྱི་སྟོང་པ་ཉིད་སྨོན་པ་ཡོད་པའམ་སྨོན་པ་མྱེད་པར་མངོན་པར་ཆགས་པ་①མྱེད་དོ། །ཕྱི་ནང་②སྟོང་པ་ཉིད་སྨོན་པ་ཡོད་པའམ་སྨོན་པ་མྱེད་པར་མངོན་པར་ཆགས་པ་མྱེད་དོ། །སྟོང་པ་ཉིད་སྟོང་པ་ཉིད་སྨོན་པ་ཡོད་པའམ་སྨོན་པ་མྱེད་པར་མངོན་པར་ཆགས་པ་མྱེད་དོ། །ཆེན་པོ་སྟོང་པ་ཉིད་སྨོན་པ་ཡོད་པའམ་སྨོན་པ་མྱེད་པར་མངོན་པར་ཆགས་པ་མྱེད་དོ། །དོན་དམ་པ་སྟོང་པ་ཉིད་སྨོན་པ་ཡོད་པའམ་སྨོན་པ་མྱེད་པར་མངོན་པར་ཆགས་པ་མྱེད་དོ། །འདུས་བྱས་སྟོང་པ་ཉིད་སྨོན་པ་ཡོད་པའམ་སྨོན་པ་མྱེད་པར་མངོན་པར་ཆགས་པ་མྱེད་དོ། །འདུས་མ་བྱས་སྟོང་པ་ཉིད་སྨོན་པ་ཡོད་པའམ་སྨོན་པ་མྱེད་པརཿམངོན་པར་③ཆགས་པ་མྱེད་དོ། །མཐའ་ལས་འདས་པ་སྟོང་པ་ཉིད་སྨོན་པ་ཡོད་པའམ་སྨོན་པ་མྱེད་པར་……

མངོན་པར་ཆགས་པ་མྱེད་དོ། །ཐོག་མ་དང་ཐ་མ་མྱེད་པ་སྟོང་པ་ཉིད་སྨོན་པ་ཡོད་པའམ་སྨོན་པ་མེད་པར་མངོན་པར་ཆགས་པ་མྱེད་དོ། །དོར་བ་མྱེད་པ་སྟོང་པ་ཉིད་སྨོན་པ་ཡོད་པའམ་སྨོན་པ་མྱེད་པར་མངོན་པར་ཆགས་པ་མྱེད་དོ། །རང་བཞིན་སྟོང་པ་ཉིད་སྨོན་པ་ཡོད་པའམ་སྨོན་པ་མྱེད་པར་མངོན་པར་ཆགས་པ་མྱེད་དོ༏ །ཆོས་ཐམས་ཅད་སྟོང་པ་ཉིད་སྨོན་པ་ཡོད་པའམ་སྨོན་པ་མྱེད་པར་མངོན་པར་ཆགས་པ་མྱེད་དོ། །རང་གི་མཚན་ཉིད་སྟོང་པ་ཉིད་སྨོན་པ་ཡོད་པའམ་སྨོན་པ་མྱེད་པར་མངོན་པར་ཆགས་པ་མྱེད་དོ། །མྱི་དམྱིགས་པ་སྟོང་པ་ཉིད་སྨོན་པ་ཡོད་པའམ་སྨོན་པ་མྱེད་པར་མངོན་པར་ཆགས་པ་མྱེད་དོ། །དངོས་པོ་མྱེད་པ་སྟོང་པ་ཉིད་སྨོན་པ་ཡོད་པའམ་སྨོན་པ་མྱེད་པར་མངོན་པར་ཆགས་པ་མྱེད་དོ། །ངོ་བོ་ཉིད་སྟོང་པ་ཉིད་སྨོན་པ་ཡོད་པའམ་སྨོན་པ་མྱེད་པར་མངོན་པར་ཆགས་པ་མྱེད་དོ། །དངོས་པོ་མྱེད་པའིཿངོ་བོ་①ཉིད་སྟོང་པ་ཉིད་སྨོན་པ་ཡོད་པའམ་སྨོན་པ་མྱེད་པར་མངོན་པར་ཆགས་པ་མྱེད་དོ། །དྲན་པ་ཉེ་བར་གཞག་པ་བཞི་སྨོན་པ་ཡོད་པའམ་སྨོན་པ་མྱེད་པར་མངོན་པར་ཆགས་པ་མྱེད་དོ། །ཡང་དག་པར་སྤོང་བ་བཞི་སྨོན་པ་ཡོད་པའམ་སྨོན་པ་མྱེད་པར་མངོན་པར་ཆགས་པ་མྱེད་དོ། །རྫུ་འཕྲུལ་གྱི་རྐང་པ་བཞི་སྨོན་པ་ཡོད་པའམ་སྨོན་པ་མྱེད་པར་མངོན་པར་ཆགས་པ་མྱེད་དོ། །དབང་པོ་ལྔ་སྨོན་པ་ཡོད་པའམ་སྨོན་པ་མྱེད་པར་མངོན་པར་ཆགས་པ་མྱེད་དོ། །སྟོབས་ལྔ་སྨོན་པ་ཡོད་པའམ་སྨོན་པ་མྱེད་པར་མངོན་པར་ཆགས་པ་མྱེད་དོ། །བྱང་ཆུབ་ཀྱི་ཡན་ལག་བདུན་སྨོན་པ་ཡོད་པའམ་སྨོན་པ་མྱེད་པར་མངོན་པར་ཆགས་པ་མྱེད་དོ། །འཕགས་པའི་ལམ་ཡན་ལག་བརྒྱད་པ་སྨོན་པ་ཡོད་པའམ་སྨོན་པ་མྱེད་པར་མངོན་པར་ཆགས་པ་མེད་དོ། །འཕགས་པའི་བདེན་པ་བཞི་སྨོན་པ་ཡོད་པའམ་③སྨོན་པ་མྱེད་པར་མངོན་པར་ཆགས་པ་མྱེད་དོ། །

བསམ་གཏན་བཞི་སྟོན་པ་ཡོད་པའམ་སྟོན་པ་མེད་པར་མངོན་པར་ཆགས་པ་མྱེད་དོ། །ཚད་མྱེད་པ་བཞི་སྟོན་པ་ཡོད་པའམ་སྟོན་པ་མྱེད་པར་མངོན་པར་ཆགས་པ་མྱེད་དོ། །གཟུགས་མྱེད་པའི་སྙོམས་པར་འཇུག་པ་བཞི་སྟོན་པ་ཡོད་པའམ་སྟོན་པ་མྱེད་པར་མངོན་པར་ཆགས་པ་མྱེད་དོ། །རྣམ་པར་ཐར་པ་བརྒྱད་སྟོན་པ་ཡོད་པའམ་སྟོན་པ་མེད་པར་མངོན་པར་ཆགས་པ་མྱེད་དོ། །མཐར་གྱིས་གནས་པའི་སྙོམས་པར་འཇུག་པ་[1]དགུ་སྟོན་པ་ཡོད་པའམ་སྟོན་པ་མྱེད་པར་མངོན་པར་ཆགས་པ་མྱེད་དོ། །རྣམ་པར་ཐར་པའི་སྒོ་སྟོང་པ་ཉིད་དང་[2]མཚན་མ་མྱེད་པ་དང་སྨོན་པ་མྱེད་པ་སྟོན་པ་ཡོད་པའམ་སྟོན་པ་མེད་པར་མངོན་པར་ཆགས་པ་མྱེད་དོ། །མངོན་པར་ཤེས་པ་རྣམས་སྟོན་པ་ཡོད་པའམ་སྟོན་པ་མྱེད་པར་མངོན་པར་ཆགས་པ་མྱེད་དོ། །ཏིང་ངེ་འཛིན་རྣམས་སྟོན་པ་ཡོད་པའམ་སྟོན་པ་མྱེད་པར་མངོན་པར་ཆགས་པ་མྱེད་དོ། །གཟུངས་ཀྱི་སྒོ་རྣམས་སྟོན་པ་ཡོད་པའམ་སྟོན་པ་མྱེད་པར་མངོན་པར་ཆགས་པ་མྱེད་དོ། །དེ་བཞིན་གཤེགས་པའི་སྟོབས་བཅུ་སྟོན་པ་ཡོད་པའམ་སྟོན་པ་མྱེད་པར་མངོན་པར་ཆགས་པ་མྱེད་དོ། །མྱི་འཇིགས་པ་བཞི་སྟོན་པ་ཡོད་པའམ་སྟོན་པ་མྱེད་པར་མངོན་པར་ཆགས་པ་མྱེད་དོ། །སོ་སོ་ཡང་དག་པར་རིག་པ་བཞི་སྟོན་པ་ཡོད་པའམ་སྟོན་པ་མྱེད་པར་མངོན་པར་ཆགས་པ་མྱེད་དོ། །[3]སྙིང་རྗེ་ཆེན་པོ་སྟོན་པ་ཡོད་པའམ་སྟོན་པ་མྱེད་པར་མངོན་པར་ཆགས་པ་མྱེད་[4]དོ། །སངས་རྒྱས་ཀྱི་ཆོས་མ་འདྲེས་པ་བཅོ་བརྒྱད་སྟོན་པ་ཡོད་པའམ་སྟོན་པ་མྱེད་པར་མངོན་པར་ཆགས་པ་མྱེད་དོ། །རྒྱུན་དུ་ཞུགས་པའི་འབྲས་བུ་སྟོན་པ་ཡོད་པའམ་སྟོན་པ་མེད་པར་མངོན་པར་ཆགས་པ་མྱེད་དོ། །ལན་ཅིག་ཕྱིར་འོང་བའི་འབྲས་བུ་སྟོན་པ་ཡོད་པའམ་སྟོན་པ་མྱེད་པར་མངོན་པར་ཆགས་པ་མྱེད་དོ། །ཕྱིར་མྱི་འོང་བའི་འབྲས་བུ་སྟོན་པ་ཡོད་པའམ་སྟོན་པ་མྱེད་

པར་མངོན་པར་ཆགས་པ་མེད་དོ། །དགྲ་བཅོམ་པ་ཉིད་སྟོན་པ་ཡོད་པའམ་སྟོན་པ་མྱེད་པར་མངོན་པར་ཆགས་པ་མྱེད་དོ། །རང་བྱང་ཆུབ་སྟོན་པ་ཡོད་པའམ་སྟོན་པ་མྱེད་པར་མངོན་པར་ཆགས་པ་མྱེད་དོ། །ལམ་གྱི་རྣམ་པ་[1]ཤེས་པ་ཉིད་སྟོན་པ་ཡོད་པའམ་སྟོན་པ་མེད་པར་མངོན་པར་ཆགས་པ་མྱེད་དོ། །རྣམ་པ་ཐམས་ཅད་མཁྱེན་པ་ཉིད་སྟོན་པ་ཡོད་པའམ་སྟོན་པ་མྱེད་པར་མངོན་པར་ཆགས་པ་མྱེད་དོ། །གཟུགས་དབེན་པའམ་མྱི་དབེན་པར་མངོན་པར་ཆགས་པ་མྱེད་དོ། །ཚོར་བ་དབེན་པའམ་མྱི་དབེན་པར་མངོན་པར་ཆགས་པ་མྱེད་དོ། །འདུ་ཤེས་དབེན་པའམ་མྱི་དབེན་པར་མངོན་པར་ཆགས་པ་མྱེད་དོ། །འདུ་བྱེད་དབེན་པའམ་མི་དབེན་པར་མངོན་པར་ཆགས་པ་མྱེད་དོ། །རྣམ་པར་ཤེས་པ་དབེན་པའམ་མྱི་དབེན་པར་མངོན་པར་ཆགས་པ་མྱེད་དོ། །མྱིག་དབེན་པའམ་མྱི་དབེན་པར་མངོན་པར་ཆགས་པ་མྱེད་དོ། །རྣ་བ་དབེན་པའམ་མྱི་དབེན་པར་[2]མངོན་པར་ཆགས་པ་མྱེད་དོ། །[3]སྣ་དབེན་པའམ་མྱི་དབེན་པར་མངོན་པར་ཆགས་པ་མྱེད་དོ། །ལྗེ་དབེན་པའམ་མྱི་དབེན་པར་མངོན་པར་ཆགས་པ་མྱེད་དོ། །ལུས་དབེན་པའམ་མྱི་དབེན་པར་མངོན་པར་ཆགས་པ་མྱེད་དོ། །ཡིད་དབེན་པའམ་མྱི་དབེན་པར་མངོན་པར་ཆགས་པ་མྱེད་དོ། །གཟུགས་དབེན་པའམ་མྱི་དབེན་པར་མངོན་པར་ཆགས་པ་མྱེད་དོ། །སྒྲ་དབེན་པའམ་མྱི་དབེན་པར་མངོན་པར་ཆགས་པ་མྱེད་དོ། །དྲི་དབེན་པའམ་མི་དབེན་པར་མངོན་པར་ཆགས་པ་མྱེད་དོ། །རོ་དབེན་པའམ་མྱི་དབེན་པར་མངོན་པར་ཆགས་པ་མྱེད་དོ། །རེག་དབེན་པའམ་མྱི་དབེན་པར་མངོན་པར་ཆགས་པ་མེད་དོ། །ཆོས་དབེན་པའམ་མྱི་དབེན་པར་མངོན་པར་ཆགས་པ་མྱེད་དོ། །མྱིག་གི་རྣམ་པར་ཤེས་པ་དབེན་པའམ་མྱི་དབེན་པར་མངོན་པར་ཆགས་པ་མྱེད་དོ། །རྣ་བའི་རྣམ་པར་ཤེས་པ་དབེན་པའམ་མྱི་

དབེན་པར་མངོན་པར་ཆགས་པ་མྱེད་དོ། །སྣའི་རྣམ་པར་ཤེས་པ་དབེན་པའམ་
མྱི་དབེན་པར་མངོན་པར་ཆགས་པ་མྱེད་དོ། །ལྗེའི་རྣམ་པར་ཤེས་པ་དབེན་······
པའམ་མི་དབེན་པར་མངོན་པར་ཆགས་པ་མེད་དོ། །ལུས་ཀྱི་རྣམ་པར་ཤེས་པ་····
དབེན་པའམ་མྱི་དབེན་པར་མངོན་པར་ཆགས་པ་མྱེད་དོ། །ཡིད་ཀྱི་རྣམ་པར་·····
ཤེས་པ་དབེན་པའམ་མྱི་དབེན་པར་མངོན་པར་ཆགས་པ་མྱེད་དོ། །མྱིག་གི་····
འདུས་ཏེ་རེག་པ་དབེན་པའམ་མྱི་དབེན་པར་མངོན་པར་ཆགས་པ་མེད་དོ། །རྣ་
བའི་འདུས་ཏེ་རེག་པ་དབེན་པའམ་མྱི་དབེན་པར་མངོན་པར་ཆགས་པ་མྱེད་དོ། །
སྣའི་འདུས་ཏེ་རེག་པ་དབེན་པའམ་མྱི་དབེན་པར་མངོན་པར་ཆགས་པ་མྱེད་དོ། །
ལྗེའི་འདུས་ཏེ་རེག་པ་དབེན་པའམ་མྱི་དབེན་པར་མངོན་པར་ཆགས་པ་མྱེད་དོ། །
ལུས་ཀྱི་འདུས་ཏེ་རེག་པ་དབེན་པའམ་མྱི་དབེན་པར་མངོན་པར་ཆགས་པ་མྱེད་དོ།།
ཡིད་ཀྱི་འདུས་ཏེ་རེག་པ་དབེན་པའམ་མྱི་དབེན་པར་མངོན་པར་ཆགས་པ་མྱེད་དོ།།
མྱིག་གི་འདུས་ཏེ་རེག་པ་ལས་བྱུང་བའི་ཚོར་བ་དབེན་པའམ་མྱི་དབེན་པར་མངོན་··
པར་ཆགས་པ་མྱེད་དོ། །རྣ་བའི་འདུས་ཏེ་རེག་པ་ལས་བྱུང་བའི་ཚོར་བ་དབེན་
པའམ་མི་དབེན་པར་མངོན་པར་ཆགས་[7]པ་མྱེད་དོ། །སྣའི་འདུས་ཏེ་རེག་པ་····
ལས་བྱུང་བའི་ཚོར་བ་དབེན་པའམ་མྱི་དབེན་པར་མངོན་པར་ཆགས་པ་མྱེད་དོ། །
ལྗེའི་འདུས་ཏེ་རེག་པ་ལས་བྱུང་བའི་ཚོར་བ་དབེན་པའམ་མྱི་དབེན་པར་མངོན་·····
པར་ཆགས་པ་མྱེད་དོ། །ལུས་ཀྱི་འདུས་ཏེ་རེག་པ་ལས་བྱུང་བའི་ཚོར་བ་དབེན་
པའམ་མྱི་དབེན་པར་མངོན་པར་ཆགས་པ་མྱེད་དོ། །ཡིད་ཀྱི་འདུས་ཏེ་རེག་པ་····
ལས་བྱུང་བའི་ཚོར་བ་དབེན་པའམ་མྱི་དབེན་པར་མངོན་པར་ཆགས་པ་མྱེད་དོ། །
སའི་ཁམས་དབེན་པའམ་མྱི་དབེན་པར་མངོན་པར་ཆགས་པ་མྱེད་དོ། །ཆུའི་····
ཁམས་དབེན་པའམ་མྱི་དབེན་པར་མངོན་པར་ཆགས་པ་མྱེད་དོ། །མེའི་ཁམས་

དབེན་པའམ་མྱི་དབེན་པར་མངོན་པར་ཆགས་པ་མྱེད་དོ། །གླིང་གི་ཁམས་དབེན་པའམ་མྱི་དབེན་པར་མངོན་པར་ཆགས་པ་མྱེད་དོ། །ནམ་མཁའི་ཁམས་[1]དབེན་པའམ་མི་དབེན་པར་མངོན་པར་ཆགས་པ་མྱེད་དོ། །རྣམ་པར་ཤེས་པའི་ཁམས་དབེན་པའམ་མྱི་དབེན་པར་མངོན་པར་ཆགས་པ་མྱེད་དོ། །མ་རིག་པ་དབེན་····པའམ་མྱི་དབེན་པར་མངོན་པར་ཆགས་པ་མྱེད་དོ། །འདུ་བྱེད་དབེན་པའམ་མྱི་དབེན་པར་མངོན་པར་ཆགས་པ་མྱེད་དོ། །རྣམ་པར་ཤེས་པ་དབེན་པའམ་མྱི····དབེན་པར་མངོན་པར་ཆགས་པ་མྱེད་དོ། །མྱིང་དང་གཟུགས་དབེན་པའམ་མྱི་དབེན་པར་མངོན་པར་ཆགས་པ་མྱེད་དོ། །སྐྱེ་མཆེད་དྲུག་དབེན་པའམ་མི་དབེན་པར་མངོན་པར་ཆགས་པ་མྱེད་དོ། །རེག་པ་དབེན་པའམ་མྱི་དབེན་པར་མངོན་པར་ཆགས་པ་མྱེད་དོ། །ཚོར་བ་དབེན་པའམ་མི་དབེན་པར་མངོན་པར་ཆགས་པ་མྱེད་དོ། །སྲིད་པ་དབེན་པའམ་མི་དབེན་པར་མངོན་པར་ཆགས་པ་མྱེད་དོ། །ལེན་པ་དབེན་པའམ་མྱི་དབེན་པར་མངོན་པར་ཆགས་པ་མྱེད་དོ། །སྲིད་པ·····དབེན་པའམ་མྱི་དབེན་པར་མངོན་པར་ཆགས་པ་མྱེད་དོ། །སྐྱེ་བ་དབེན་པའམ་མྱི་དབེན་པར་མངོན་པར་ཆགས་པ་མྱེད་དོ། །རྒ་ཤི་དབེན་པའམ་མྱི་དབེན་པར་མངོན་པར་ཆགས་པ་མྱེད་དོ། །སྦྱིན་པའི་ཕ་རོལ་ཏུ་ཕྱིན་པ་དབེན་པའམ་མྱི·····དབེན་པར་མངོན་པར་ཆགས་པ་མྱེད་དོ། །ཚུལ་ཁྲིམས་ཀྱི་ཕ་རོལ་ཏུ་ཕྱིན་པ·····དབེན་པའམ་མྱི་དབེན་པར་མངོན་པར་ཆགས་པ་མྱེད་དོ། །བཟོད་པའི་ཕ་རོལ་ཏུ་ཕྱིན་པ་དབེན་པའམ་མི་དབེན་པར་མངོན་པར་ཆགས་པ་མྱེད་དོ། །བརྩོན····འགྲུས་ཀྱི་ཕ་རོལ་ཏུ་ཕྱིན་པ་དབེན་པའམ་མྱི་དབེན་པར་མངོན་པར་ཆགས་པ་མྱེད··དོ། །བསམ་གཏན་གྱི་ཕ་རོལ་ཏུ་ཕྱིན་པ་དབེན་པའམ་མྱི་དབེན་པར་མངོན་པར་ཆགས་པ་མྱེད་དོ། །ཤེས་རབ་ཀྱི་ཕ་རོལ་ཏུ་ཕྱིན་པ་དབེན་པའམ་མྱི་དབེན་པར་

མངོན་པར་ཆགས་པ་མྱེད་དོ། །ནང་སྟོང་པ་ཉིད་དབེན་པའམ་གྱི་དབེན་པར་མངོན་པར་ཆགས་པ་མྱེད་དོ། །ཕྱི་སྟོང་པ་ཉིད་དབེན་པའམ་གྱི་དབེན་པར་མངོན་པར་ཆགས་པ་མྱེད་དོ། །ཕྱི་ནང་སྟོང་པ་ཉིད་དབེན་པའམ་མི་དབེན་པར་མངོན་པར་ཆགས་པ་མྱེད་དོ། །སྟོང་པ་ཉིད་སྟོང་པ་ཉིད་དབེན་པའམ་གྱི་དབེན་པར་མངོན་པར་ཆགས་པ་མྱེད་དོ། །ཆེན་པོ་སྟོང་པ་ཉིད་དབེན་པའམ་གྱི་དབེན་པར་མངོན་པར་ཆགས་པ་མྱེད་དོ། །དོན་དམ་པ་སྟོང་པ་ཉིད་དབེན་པའམ་གྱི་དབེན་པར་མངོན་པར་ཆགས་པ་མེད་དོ། །འདུས་བྱས་[1]སྟོང་པ་ཉིད་དབེན་པའམ་གྱི་དབེན་པར་མངོན་པར་[2]ཆགས་པ་མྱེད་དོ། །འདུས་མ་བྱས་སྟོང་པ་ཉིད་དབེན་པའམ་གྱི་དབེན་པར་མངོན་པར་ཆགས་པ་མྱེད་དོ། །མཐའ་ལས་འདས་པ་སྟོང་པ་ཉིད་དབེན་པའམ་གྱི་དབེན་པར་མངོན་པར་ཆགས་པ་མྱེད་དོ། །ཐོག་མ་དང་ཐ་མ་མྱེད་པ་སྟོང་པ་ཉིད་དབེན་པའམ་གྱི་དབེན་པར་མངོན་པར་ཆགས་པ་མྱེད་དོ། །དོར་བ་མྱེད་པ་སྟོང་པ་ཉིད་དབེན་པའམ་མི་དབེན་པར་མངོན་པར་ཆགས་པ་མྱེད་དོ། །རང་བཞིན་སྟོང་པ་ཉིད་དབེན་པའམ་གྱི་དབེན་པར་མངོན་པར་ཆགས་པ་མྱེད་དོ། །ཆོས་ཐམས་ཅད་སྟོང་པ་ཉིད་དབེན་པའམ་གྱི་དབེན་པར་མངོན་པར་ཆགས་པ་མྱེད་དོ། །རང་གི་མཚན་ཉིད་སྟོང་པ་ཉིད་དབེན་པའམ་གྱི་དབེན་པར་མངོན་པར་ཆགས་པ་མྱེད་དོ། །མྱི་དམྱིགས་པ་སྟོང་པ་ཉིད་དབེན་པའམ་གྱི་དབེན་པར་མངོན་པར་ཆགས་པ་མྱེད་དོ། །དངོས་པོ་མྱེད་པ་སྟོང་པ་ཉིད་དབེན་པའམ་གྱི་དབེན་པར་མངོན་པར་ཆགས་པ་མྱེད་དོ། །ངོ་བོ་ཉིད་སྟོང་པ་ཉིད་དབེན་པའམ་གྱི་དབེན་པར་མངོན་པར་ཆགས་པ་མྱེད་དོ། །དངོས་པོ་མྱེད་པའི་ངོ་བོ་ཉིད་སྟོང་པ་ཉིད་དབེན་པའམ་གྱི་དབེན་པར་མངོན་པར་ཆགས་པ་མྱེད་དོ། །དྲན་པ་ཉེ་བར་གཞག་པ་བཞི་དབེན་པའམ་གྱི་དབེན་པར་

མངོན་པར་ཆགས་པ་མྱེད་དོ། །ཡང་དག་པར་སྤོང་བ་བཞི་དབེན་པའམ་སྱི་····
དབེན་པར་མངོན་པར་ཆགས་པ་མྱེད་དོ། །རྫུ་འཕྲུལ་གྱི་རྐང་པ་བཞི་དབེན····
པའམ་སྱི་དབེན་པར་མངོན་པར་ཆགས་པ་མྱེད་དོ། །དབང་པོ་ལྔ་དབེན་པའམ་
སྱི་དབེན་པར་མངོན་པར་ཆགས་པ་མྱེད་དོ། །སྟོབས་ལྔ་དབེན་པའམ་སྱི་དབེན་
པར་མངོན་པར་ཆགས་པ་མྱེད་དོ། །བྱང་ཆུབ་ཀྱི་ཡན་ལག་བདུན་དབེན་པའམ་
སྱི་དབེན་པར་མངོན་པར་ཆགས་པ་མྱེད་དོ། །འཕགས་པའི་ལམ་ཡན་ལག་བརྒྱད་
པ་དབེན་པའམ་མི་དབེན་པར་མངོན་པར་ཆགས་པ་མྱེད་དོ། །འཕགས་པའི····
བདེན་པ་བཞི་དབེན་པའམ་སྱི་དབེན་པར་མངོན་པར་ཆགས་པ་མྱེད་དོ། །བསམ་
གཏན་བཞི་དབེན་པའམ་སྱི་དབེན་པར་མངོན་པར་ཆགས་པ་མྱེད་དོ། །ཚད་མེད་
པ་བཞི་དབེན་པའམ་སྱི་དབེན་པར་མངོན་པར་ཆགས་པ་མེད་དོ། །གཟུགས་མྱེད་
པའི་སྙོམས་པར་འཇུག་པ་བཞི་[1]དབེན་པའམ་སྱི་དབེན་པར་མངོན་པར་ཆགས་པ་
མྱེད་དོ། །རྣམ་པར་ཐར་པ་བརྒྱད་དབེན་པའམ་སྱི་དབེན་པར་མངོན་པར་ཆགས་
པ་མྱེད་དོ། །མཐར་ཀྱིས་གནས་པའི་སྙོམས་པར་འཇུག་པ་དགུ་དབེན་པའམ་སྱི་
དབེན་པར་མངོན་པར་ཆགས་པ་མྱེད་དོ། །རྣམ་པར་ཐར་པའི་སྒོ་སྟོང་པ་ཉིད····
དང་། མཚན་མ་མྱེད་པ་དང་། སྨོན་པ་མེད་པ་དབེན་པའམ་སྱི་དབེན་པར་[2]
མངོན་པར་ཆགས་པ་མྱེད་དོ། །མངོན་པར་ཤེས་པ་རྣམས་དབེན་པའམ་སྱི་དབེན་
པར་མངོན་པར་ཆགས་པ་མེད་དོ། །ཏིང་ངེ་འཛིན་རྣམས་དབེན་པའམ་མི་དབེན་
པར་མངོན་པར་ཆགས་པ་མྱེད་དོ། །གཟུངས་ཀྱི་སྒོ་རྣམས་དབེན་པའམ་སྱི་དབེན་
པར་མངོན་པར་ཆགས་པ་མྱེད་དོ། །དེ་བཞིན་གཤེགས་པའི་སྟོབས་བཅུ་དབེན་
པའམ་སྱི་དབེན་པར་མངོན་པར་ཆགས་པ་མྱེད་དོ། །མྱི་འཇིགས་པ་[3]བཞི་དབེན་
པའམ་སྱི་དབེན་པར་མངོན་པར་ཆགས་པ་མྱེད་དོ། །སོ་སོ་ཡང་དག་པར་རིག་པ་

བཞི་དབེན་པའམ་མི་དབེན་པར་མངོན་པར་ཆགས་པ་མེད་དོ། །[1]སྙིང་རྗེ་ཆེན་པོ་དབེན་པའམ་མི་དབེན་པར་མངོན་པར་ཆགས་པ་མེད་དོ། །སངས་རྒྱས་ཀྱི་ཆོས་མ་འདྲེས་པ་བཅོ་བརྒྱད་དབེན་པའམ་མི་དབེན་པར་མངོན་པར་ཆགས་པ་མེད་དོ། །རྒྱུན་ཏུ་ཞུགས་པའི་འབྲས་བུ་དབེན་པའམ་མི་དབེན་པར་མངོན་པར་ཆགས་པ་མེད་དོ། །ལན་ཅིག་ཕྱིར་འོང་བའི་འབྲས་བུ་དབེན་པའམ་མི་དབེན་པར་མངོན་པར་ཆགས་པ་མེད་དོ། །ཕྱིར་མི་འོང་བའི་འབྲས་བུ་དབེན་པའམ་མི་དབེན་པར་མངོན་པར་ཆགས་པ་མེད་དོ། །དགྲ་བཅོམ་པ་ཉིད་དབེན་པའམ་མི་དབེན་པར་མངོན་པར་ཆགས་པ་མེད་དོ། །རང་བྱང་ཆུབ་དབེན་པའམ་མི་དབེན་པར་མངོན་པར་ཆགས་པ་མེད་དོ། །ལམ་གྱི་རྣམ་པ་ཤེས་པ་ཉིད་དབེན་པའམ་མི་དབེན་པར་མངོན་པར་ཆགས་པ་མེད་དོ། །རྣམ་པ་ཐམས་ཅད་མཁྱེན་པ་ཉིད་དབེན་པའམ་མི་དབེན་པར་མངོན་པར་ཆགས་པ་མེད་དོ། །དེ་ཅིའི་ཕྱིར་ཞེ་ན། རང་བཞིན་མེད་པའི་ཆོས་ནི་རྟག་ཅེས་བྱ་བའམ། མི་རྟག་ཅེས་བྱ་བའམ[2]། བདེ་[3]ཞེས་བྱ་བའམ། སྡུག་བསྔལ་ཞེས་བྱ་བའམ། བདག་ཡོད་ཅེས་བྱ་བའམ་བདག་མེད་ཅེས་བྱ་བའམ། ཞི་ཞེས་བྱ་བའམ་མ་ཞི་ཞེས་བྱ་བའམ། སྟོང་ཞེས་བྱ་བའམ་མི་སྟོང་ཞེས་བྱ་བའམ། མཚན་མ་ཡོད་ཅེས་བྱ་བའམ། མཚན་མ་མེད་ཅེས་བྱ་བའམ། སྨོན་པ་ཡོད་ཅེས་བྱ་བའམ། སྨོན་པ་མེད་ཅེས་བྱ་བའམ། དབེན་ཞེས་བྱ་བའམ། མི་དབེན་ཞེས་[4]བྱ་བར་མངོན་པར་རྫོགས་པར་འཚང་རྒྱ་[5]བར་མི་ནུས་སོ། །ངོ་བོ་ཉིད་ནི་ངོ་བོ་ཉིད་ཀྱིས་མངོན་པར་བསྒྲུབ་[6]པར་མི་ནུས་ཏེ། རབ་འབྱོར་བྱང་ཆུབ་སེམས་དཔའ་སེམས་དཔའ་ཆེན་པོ་ཤེས་རབ་ཀྱི་ཕ་རོལ་ཏུ་ཕྱིན་པ་ལ་སྤྱོད་པ། བསམ་གཏན་གྱི་ཕ་རོལ་ཏུ་ཕྱིན་པ་ལ་སྤྱོད་པ། བརྩོན་འགྲུས་ཀྱི་ཕ་རོལ་ཏུ་ཕྱིན་པ་ལ་སྤྱོད་པ། བཟོད་པའི་ཕ་རོལ་ཏུ་ཕྱིན་པ་ལ་སྤྱོད་པ།

ཚུལ་ཁྲིམས་ཀྱི་ཕ་རོལ་ཏུ་ཕྱིན་པ་ལ་སྦྱོད་པ། སྦྱིན་པའི་ཕ་རོལ་ཏུ་ཕྱིན་པ་ལ་སྦྱོད་པཿདེ་ཉི[༡]། རྣམ་པ་ཐམས་ཅད་མཁྱེན་པ་ཉིད་ལ་གནས་པར་འགྱུར་རོ། །རབ་འབྱོར་འདི་ལྟ[༢]སྟེ་དཔེར་ན། འཁོར་ལོས་སྒྱུར[༣]བའི་རྒྱལ་པོའི་དཔུང་གི་ཚོགས་ཡན་ལག་བཞི་དང་ལྡན་པ་ནི། འཁོར་ལོས་སྒྱུར[༤]བའི་རྒྱལ་པོ་གང་དང་གང་དུ་འགྲོ་བ་དེ་དང་དེར་འགྲོའོ། །རབ་འབྱོར་དེ་བཞིན་དུ་ཕ་རོལ་ཏུ་ཕྱིན་པ་ལྔ་པོ་འདི་དག་ཀྱང་ཤེས་རབ་ཀྱི་ཕ་རོལ་ཏུ་ཕྱིན་པའི་རྗེས་སུ་འབྲང་སྟེ། རྣམ་པ་ཐམས་ཅད་མཁྱེན་པ་ཉིད་གང་ན་བ་དེར་གནས་པར་འགྱུར་རོ། །རབ་འབྱོར་འདི་ལྟ་སྟེ་དཔེར་ན། ཁ་ལོ་སྒྱུར[༥]བ་ནི་རྟ་ བཞི་པའི་ཤིང་རྟ་ལ་ཞོན་ཞིང་། ལམ་མཉམ[༦]པ་ནས་འགྲོའོ། །དེ་བཞིན་དུ་ཕ་རོལ་ཏུ་ཕྱིན་པ་ལྔའི་ཁ་ལོ་སྒྱུར[༧]བ་ཤེས་རབ་ཀྱི་ཕ་རོལ་ཏུ་ཕྱིན་པ་ཡང་རྣམ་པ་ཐམས་ཅད་མཁྱེན་པ་ཉིད་གང་ན་བ་དེར། ལམ་མཉམ་པ་ནས་འགྲོའོ།། ||

ཤེས་རབ་ཀྱི་ཕ་རོལ་ཏུ་ཕྱིན་པ་སྟོང་ཕྲག་བརྒྱ་པ། བམ་པོ་དྲུག[༨]པ། གསོལ་པ༔ བཅོམ་ལྡན་འདས་བྱང་ཆུབ་སེམས་དཔའ་སེམས་དཔའ་ཆེན་པོ་རྣམས་ཀྱི་ལམ་ནི་གང་ལགས། ལམ་མ་ལགས་པ་ནི་གང་ལགས། བཅོམ་ལྡན་འདས་ཀྱིས་བཀའ་སྩལ་པ། རྣམ་པ་ཐམས་ཅད་མཁྱེན་པ་ཉིད་ཐོབ་པར་བྱ་བ་ལ། ཉན་ཐོས་ཀྱི་ལམ་ནི་བྱང་ཆུབ་སེམས་དཔའ་སེམས་དཔའ་ཆེན་པོ་རྣམས་ཀྱི་ལམ་མ[༩]ཡིན་ནོ། །རང་སངས་རྒྱས་ཀྱི་ལམ་ནི་བྱང་ཆུབ་སེམས་དཔའ་སེམས་དཔའ་ཆེན་པོ་རྣམས་ཀྱི་ལམ་མ་ཡིན་ནོ། །རྣམ་པ་ཐམས་ཅད་མཁྱེན་པ་ཉིད་ཐོབ་པར་བྱ་བ་ལ༔ ཤེས་རབ་ཀྱི་ཕ་རོལ་ཏུ་ཕྱིན་པ་སྔོན་དུ་འགྲོ་བའི་ཕ་རོལ་ཏུ་ཕྱིན་པ་དྲུག་ནི། བྱང་ཆུབ་སེམས་དཔའ་སེམས་དཔའ་ཆེན་པོ་རྣམས་ཀྱི་ལམ་སྟེ། འདི་ནི་བྱང་ཆུབ་སེམས་དཔའ་སེམས་དཔའ་ཆེན་པོ་རྣམས་ཀྱི་ལམཿསོ། །འདི་ནི[༡༠]ལམ་མ་ཡིན····

པའོ༔ །གསོལ་པ། བཅོམ་ལྡན་འདས་དེ་ལྟར་ཤེས་རབ་ཀྱི་ཕ་རོལ་ཏུ་ཕྱིན་པ་ལམ་དང་ལམ་མ་ལགས་པར་[1]སྟོན་པ་ནི། བྱང་ཆུབ་སེམས་དཔའ་སེམས་དཔའ་ཆེན་པོ་རྣམས་ལ་དོན་ཆེན་པོའི་སླད་དུ་ཉེ་བར་གནས་སོ། །བཅོམ་ལྡན་འདས་་་་ཀྱིས་བཀའ་སྩལ་པ། རབ་འབྱོར་དེ་དེ་བཞིན་ནོ། །དེ་དེ་བཞིན་ཏེ[2]། ཤེས་རབ་ཀྱི་ཕ་རོལ་ཏུ་ཕྱིན་པ་ནི་ལམ་དང་ལམ་མ་ཡིན་པ་སྟོན་པས་བྱང་ཆུབ་སེམས་་་་དཔའ་སེམས་དཔའ་ཆེན་པོ་རྣམས་ལ་དོན་ཆེན་པོའི་ཕྱིར་ཉེ་བར་གནས་སོ། །ཤེས་རབ་ཀྱི་ཕ་རོལ་ཏུ་ཕྱིན་པ་ནི་བྱང་ཆུབ་སེམས་དཔའ་སེམས་དཔའ་ཆེན་པོ་་་་རྣམས་ལ་དོན་ཚད་མེད་པའི་ཕྱིར་ཉེ་བར་གནས་སོ[3]། །ཤེས་རབ་ཀྱི་ཕ་རོལ་ཏུ་་་་ཕྱིན་པ་ནི་བྱང་ཆུབ་སེམས་དཔའ་སེམས་དཔའ་ཆེན་པོ་རྣམས་ལ་དོན་གྲངས་མེད་་་པའི་ཕྱིར་ཉེ་བར་གནས་ཏེ། ཤེས་རབ་ཀྱི་ཕ་རོལ་ཏུ་ཕྱིན་པ་ནི་དོན་དེ་ཡང་རྫོང་[4]མོད་ཀྱི། གཟུགས་ཡོངས་སུ་མི་འཛིན་ཏོ། །ཚོར་བ་ཡོངས་སུ་མི་འཛིན་ཏོ། །འདུ་ཤེས་ཡོངས་སུ་མི་འཛིན་ཏོ། །འདུ་བྱེད་ཡོངས་སུ་མི་འཛིན་ཏོ། །རྣམ་པར་ཤེས་པ་ཡོངས་སུ་མི་འཛིན་ཏོ། །མིག་ཡོངས་སུ་མི་འཛིན་ཏོ། །རྣ་བ་ཡོངས་སུ་མི་འཛིན་ཏོ། །སྣ་ཡོངས་སུ་མི་འཛིན་ཏོ། །ལྕེ་[5]ཡོངས་སུ་མི་འཛིན་ཏོ། །ལུས་ཡོངས་སུ་མི་འཛིན་ཏོ། །ཡིད་ཡོངས་སུ་མི་འཛིན་ཏོ། །གཟུགས་ཡོངས་སུ་མི་འཛིན་ཏོ། །སྒྲ་ཡོངས་སུ་མི་འཛིན་ཏོ། །དྲི་ཡོངས་སུ་མི་འཛིན་ཏོ། །རོ་ཡོངས་སུ་མི་འཛིན་ཏོ། །རེག་ཡོངས་སུ་མི་འཛིན་ཏོ། །ཆོས་ཡོངས་སུ་མི་འཛིན་ཏོ། །མིག་གི་རྣམ་པར་ཤེས་པ་ཡོངས་སུ་མི་འཛིན་ཏོ། །རྣ་བའི་རྣམ་པར་ཤེས་པ་ཡོངས་སུ་མི་འཛིན་ཏོ། །སྣའི་རྣམ་པར་ཤེས་པ་ཡོངས་སུ་མི་འཛིན་ཏོ། །ལྕེའི་རྣམ་པར་ཤེས་པ་ཡོངས་སུ་མི་འཛིན་ཏོ། །ལུས་ཀྱི་རྣམ་པར་ཤེས་པ་ཡོངས་སུ་མི་འཛིན་ཏོ། །ཡིད་ཀྱི་རྣམ་པར་ཤེས་པ་ཡོངས་སུ་མི་འཛིན་ཏོ། །མིག་གི་འདུས་ཏེ་རེག་པ་ཡོངས་

སུ་མི་འཛིན་ཏོ། །རྣ་བའི་འདུས་ཏེ་རེག་པ་ཡོངས་སུ་མྱི་འཛིན་ཏོ། །སྣའི་འདུས་ཏེ་རེག་པ་ཡོངས་སུ་མྱི་འཛིན་ཏོ། །ཿལྕེའི་འདུས་ཏེ་རེག་པ་ཡོངས་སུ་མྱི་འཛིན་ཏོ། [༡] །ལུས་ཀྱི་འདུས་ཏེ་རེག་པ་ཡོངས་སུ་མྱི་འཛིན་ཏོ། །ཡིད་ཀྱི་འདུས་ཏེ་རེག་པ་ཡོངས་སུ་མྱི་འཛིན་ཏོ། །མྱིག་གི་འདུས་ཏེ་རེག་པའི་རྐྱེན་གྱིས་ཚོར་བ་ཡོངས་སུ་མྱི་འཛིན་ཏོ༑ །རྣ་བའི་འདུས་ཏེ་རེག་པའི་རྐྱེན་གྱིས་ཚོར་བ་ཡོངས་སུ་མྱི་འཛིན་ཏོ། །སྣའི་འདུས་ཏེ་རེག་པའི་རྐྱེན་གྱིས་ཚོར་བ་ཡོངས་སུ་མྱི་འཛིན་ཏོ། །ལྕེའི་འདུས་ཏེ་རེག་པའི་རྐྱེན་གྱིས་ཚོར་བ་ཡོངས་སུ་མི་འཛིན་ཏོ། །ལུས་ཀྱི་འདུས་ཏེ་རེག་པའི་རྐྱེན་གྱིས་ཚོར་བ་ཡོངས་སུ་མྱི་འཛིན་ཏོ། །ཡིད་ཀྱི་འདུས་ཏེ་རེག་པའི་རྐྱེན་གྱིས་ཚོར་བ་ཡོངས་སུ་མྱི་འཛིན་ཏོ། །སའི་ཁམས་ཡོངས་སུ་མྱི་འཛིན་ཏོ། །ཆུའི་ཁམས་ཡོངས་སུ་མྱི་འཛིན་ཏོ། །མྱེའི་ཁམས་ཡོངས་སུ་མྱི་འཛིན་ཏོ། །རླུང་གི་ཁམས་ཡོངས་སུ་མྱི་འཛིན་ཏོ། །ནམ་མཁའི་ཁམས་ཡོངས་སུ་མྱི་འཛིན་ཏོ། །རྣམ་པར་ཤེས་པའི་ཁམས་ཡོངས་སུ་མྱི་འཛིན་ཏོ། །མ་རིག་པ་ཡོངས་སུ་མྱི་འཛིན་ཏོ། །འདུ་བྱེད་ཡོངས་སུ་མི་འཛིན་ཏོ། །རྣམ་པར་ཤེས་པ་ཡོངས་སུ་མྱི་འཛིན་ཏོ། །མྱིང་དང་གཟུགས་ཡོངས་སུ་མྱི་འཛིན་ཏོ། །སྐྱེ་མཆེད་དྲུག་ཡོངས་སུ་མྱི་འཛིན་ཏོ། །རེག་པ་ཡོངས་སུ་མི་འཛིན་ཏོ། །ཚོར་བ་ཡོངས་སུ་མྱི་འཛིན་ཏོ། །སྲིད་པ་ཡོངས་སུ་མི་འཛིན་ཏོ། །ལེན་པ་ཡོངས་སུ་མྱི་འཛིན་ཏོ། །སྲིད་པ་ཡོངས་སུ་མྱི་འཛིན་ཏོ༑ །སྐྱེ་བ་ཡོངས་སུ་མི་འཛིན་ཏོ། །ཀ་ཤི་ཡོངས་སུ་མི་འཛིན་ཏོ། །སྦྱིན་པའི་ཕ་རོལ་ཏུ་ཕྱིན་པ་ཡོངས་སུ་མྱི་འཛིན་ཏོ། །ཚུལ་ཁྲིམས་ཀྱི་ཕ་རོལ་ཏུ་ཕྱིན་པ་ཡོངས་སུ་མྱི་འཛིན་ཏོ། །བཟོད་པའི་ཕ་རོལ་ཏུ་ཕྱིན་པ་ཡོངས་སུ་མི་འཛིན་ཏོ། །བརྩོན་འགྲུས་ཀྱི་ཕ་རོལ་ཏུ་ཕྱིན་པ་ཡོངས་སུ་མྱི་འཛིན་ཏོ། །བསམ་གཏན་གྱི་ཕ་རོལ་ཏུ་ཕྱིན་པ་ཡོངས་སུ་མི་འཛིན་ཏོ། །ཤེས་རབ་ཀྱི་ཕ་རོལ་ཏུ་ཕྱིན་པ་ཡོངས་སུ་

མྱི་འཛིན་ཏོ། །ནང་སྟོང་པ་ཉིད་ཡོངས་སུ་མྱི་འཛིན་ཏོ། །ཕྱི་སྟོང་པ་ཉིད་ཡོངས་སུ་མྱི་འཛིན་ཏོ། །ཕྱི་ནང་སྟོང་པ་ཉིད་ཡོངས་སུ་མྱི་འཛིན་ཏོ། །སྟོང་པ་ཉིད་སྟོང་པ་ཉིད་ཡོངས་སུ་མྱི་འཛིན་ཏོ། །ཆེན་པོ་སྟོང་པ་ཉིད་ཡོངས་སུ་མི་འཛིན་ཏོ། །དོན་དམ་པ་སྟོང་པ་ཉིད་ཡོངས་སུ་མི་འཛིན་ཏོ། །འདུས་བྱས་སྟོང་པ་ཉིད་ཡོངས་སུ་མྱི་འཛིན་ཏོ། །འདུས་མ་བྱས་སྟོང་པ་ཉིད་ཡོངས་སུ་མྱི་འཛིན་ཏོ། །མཐའ་ལས་འདས་པ་སྟོང་པ་ཉིད་ཡོངས་སུ་མྱི་འཛིན་ཏོ། །ཐོག་མ་དང་ཐ་མ་མྱེད་པ་སྟོང་པ་ཉིད་ཡོངས་སུ་མྱི་འཛིན་ཏོ། །དོར་བ་མྱེད་པ་སྟོང་པ་ཉིད་ཡོངས་སུ་མྱི་འཛིན་ཏོ། །རང་བཞིན་སྟོང་པ་ཉིད་ཡོངས་སུ་མྱི་འཛིན་ཏོ། །ཆོས་ཐམས་ཅད་སྟོང་པ་ཉིད་ཡོངས་སུ་མྱི་འཛིན་ཏོ། །རང་གི་མཚན་ཉིད་སྟོང་པ་ཉིད་ཡོངས་སུ་མྱི་འཛིན་ཏོ། །མྱི་དམྱིགས་པ་སྟོང་པ་ཉིད་ཡོངས་སུ་མི་འཛིན་ཏོ། །དངོས་པོ་མྱེད་པ་སྟོང་པ་ཉིད་ཡོངས་སུ་མི་འཛིན་ཏོ། །ངོ་བོ་ཉིད་སྟོང་པ་ཉིད་ཡོངས་སུ་མྱི་འཛིན་ཏོ། །དངོས་པོ་མྱེད་པའི་ངོ་བོ་ཉིད་སྟོང་པ་ཉིད་ཡོངས་སུ་མྱི་འཛིན་ཏོ། །དྲན་པ་ཉེ་བར་གཞག་པ་བཞི་ཡོངས་སུ་མྱི་འཛིན་ཏོ། །ཡང་དག་པར་སྤོང་བ་བཞི་ཡོངས་སུ་མྱི་འཛིན་ཏོ། །རྫུ་འཕྲུལ་གྱི་རྐང་པ་བཞི་ཡོངས་སུ་མྱི་འཛིན་ཏོ། །དབང་པོ་ལྔ་ཡོངས་སུ་མྱི་འཛིན་ཏོ། །སྟོབས་ལྔ་ཡོངས་སུ་མི་འཛིན་ཏོ། །བྱང་ཆུབ་ཀྱི་ཡན་ལག་བདུན་ཡོངས་སུ་མི་འཛིན་ཏོ། །འཕགས་པའི་ལམ་ཡན་ལག་བརྒྱད་པ་ཡོངས་སུ་མྱི་[7]འཛིན་ཏོ། །འཕགས་པའི་བདེན་པ་བཞི་ཡོངས་སུ་མི་འཛིན་ཏོ། །བསམ་གཏན་བཞི་ཡོངས་སུ་མྱི་འཛིན་ཏོ། །ཚད་མྱེད་པ་བཞི་ཡོངས་སུ་མྱི་འཛིན་ཏོ། །གཟུགས་མྱེད་པའི་སྙོམས་པར་འཇུག་པ་བཞི་ཡོངས་སུ་མྱི་འཛིན་ཏོ། །རྣམ་པར་ཐར་པ་བརྒྱད་ཡོངས་སུ་མྱི་འཛིན་ཏོ། །མཐར་གྱིས་གནས་པའི་སྙོམས་པར་འཇུག་པ་དགུ་ཡོངས་སུ་མྱི་འཛིན་ཏོ། །རྣམ་པར་ཐར་

པའི་སྨོ་སྟོང་པ་ཉིད་དང་། མཚན་མ་མེད་པ་དང་། སྨོན་པ་མེད་པ་ཡོངས་སུ་མི་འཛིན་ཏོ། །མངོན་པར་ཤེས་པ་རྣམས་ཡོངས་སུ་མི་འཛིན་ཏོ། །ཏིང་ངེ་འཛིན་རྣམས་ཡོངས་སུ་མི་འཛིན་ཏོ། །གཟུངས་ཀྱི་སྒོ་རྣམས་ཡོངས་སུ་མི་འཛིན་ཏོ། །དེ་བཞིན་གཤེགས་པའི་སྟོབས་བཅུ་ཡོངས་སུ་མི་འཛིན་ཏོ། །མི་འཇིགས་པ་བཞི་ཡོངས་སུ་མི་འཛིན་ཏོ། །སོ་སོ་ཡང་དག་པར་རིག་པ་བཞི་ཡོངས་སུ་མི······འཛིན་ཏོ། །[༡]སྙིང་རྗེ་ཆེན་པོ་ཡོངས་སུ་མི་འཛིན་ཏོ། །སངས་རྒྱས་ཀྱི་ཆོས་མ་འདྲེས་པ་བཅོ་བརྒྱད་ཡོངས་སུ་མི་འཛིན་ཏོ། །རྒྱུན་ཏུ་ཞུགས་པའི་འབྲས་བུ····ཡོངས་སུ་མི་འཛིན་ཏོ། །ལན་ཅིག་ཕྱིར་འོང་བའི་འབྲས་བུ་ཡོངས་སུ་མི་འཛིན་ཏོ།། ཕྱིར་མི་འོང་བའི་འབྲས་བུ་ཡོངས་སུ་མི་འཛིན་ཏོ། །དགྲ་བཅོམ་པ་ཉིད་ཡོངས་སུ་མི་འཛིན་ཏོ། །རང་བྱང་ཆུབ་ཡོངས་སུ་མི་འཛིན་ཏོ། །ཿལམ་གྱི་རྣམ་པ་ཤེས་པ་ཉིད་ཡོངས་སུ་མི་འཛིན་ཏོ། །རྣམ་པ་ཐམས་ཅད་མཁྱེན་པ་ཉིད་ཡོངས་སུ་མི····འཛིན་ཏོ། །[༢]ཉན་ཐོས་དང་རང་སངས་རྒྱས་སུ་འགྱུར་བ་ཡོངས་སུ་བཟུང་[༢]བའི་ཕྱིར་ཉེ་བར་གནས་པ་མ་ཡིན་ནོ། །ཤེས་རབ་ཀྱི་ཕ་རོལ་ཏུ་ཕྱིན་པ་འདི་ནི། བྱང་ཆུབ་སེམས་དཔའ་སེམས་དཔའ་ཆེན་པོ་བླ་ན་མེད་པ་ཡང་དག་པར་རྫོགས·····པའི་བྱང་ཆུབ་ཡོངས་སུ་ཐོབ[༣]པར་བྱེད་པ་མ་ཡིན་ནོ། །ཉན་ཐོས་ཀྱིས་འདོར་བ་མ་ཡིན་ནོ། །རང་སངས་རྒྱས་ཀྱིས་འདོར་བ་མ་ཡིན་ནོ། །རྣམ་པ་ཐམས་ཅད་མཁྱེན་པ་ཉིད་དང་སྤྱོད[༤]པ་མ་ཡིན་ནོ། །དེ་ལྟར་ཆོས་ཀྱི་གནས་ཉིད་ཚད་མར་བྱས་ན། ཤེས་རབ་ཀྱི་ཕ་རོལ་ཏུ་ཕྱིན་པ་འདི་ནི་ཆོས་གང་ཡང་སྐྱེད་པ་མ་ཡིན[༥]། འགོག་པ་མ་ཡིན་ནོ། །གསོལ་པ། བཅོམ་ལྡན་འདས་དེ་ལྟར་ཤེས་རབ་ཀྱི་ཕ་རོལ་ཏུ་ཕྱིན་པ་འདི་ཆོས་གང་ཡང་སྐྱེད[༦]པ་མ་ལགས། འགོག་པ་མ་ལགས་ན། བཅོམ་ལྡན་འདས་བྱང་ཆུབ་སེམས་དཔའ་སེམས་དཔའ་ཆེན་པོ་ཤེས་རབ་ཀྱི་ཕ······

རོལ་ཏུ་ཕྱིན་པ་ལ་སྤྱོད་པས། ཇི་ལྟར་སྦྱིན་པ་ཡོངས་སུ་གཏང་[1]བར་བགྱི། ཇི་
ལྟར་ཚུལ་ཁྲིམས་བསྲུང་བར་བགྱི། ཇི་ལྟར་བཟོད་པ་བསྒོམ་པར་བགྱི། ཇི་ལྟར་
བརྩོན་འགྲུས་[2]བརྩམ་པར་བགྱི། ཇི་ལྟར་བསམ་གཏན་ལ་སྙོམས་པར་འཇུག་····
པར་བགྱི། ཇི་ལྟར་ཤེས་རབ་བསྒོམ་པར་བགྱི། བཅོམ་ལྡན་འདས་ཀྱིས་བཀའ་
སྩལ་པ། རྣམ་པ་ཐམས་ཅད་མཁྱེན་པ་ཉིད་དུ་དམིགས་ཏེ། སྦྱིན་པ་སྦྱིན་པར་
བྱའོ། །རྣམ་པ་ཐམས་ཅད་མཁྱེན་པ་ཉིད་དུ་དམིགས་ཏེ། ཚུལ་ཁྲིམས་བསྲུང་
བར་བྱའོ། །རྣམ་པ་ཐམས་ཅད་མཁྱེན་པ་ཉིད་དུ་དམིགས་ཏེ། བཟོད་པ་བསྒོམ་
པར་བྱའོ། །རྣམ་པ་ཐམས་ཅད་མཁྱེན་པ་ཉིད་དུ་དམིགས་ཏེ། བརྩོན་འགྲུས་
བརྩམ་པར་བྱའོ། །རྣམ་པ་ཐམས་ཅད་མཁྱེན་པ་ཉིད་དུ་དམིགས་ཏེ། བསམ་
གཏན་ལ་སྙོམས་པར་འཇུག་པར་བྱའོ[3]། །རྣམ་པ་ཐམས་ཅད་མཁྱེན་པ་ཉིད་དུ་
དམིགས་ཏེ། ཤེས་རབ་བསྒོམ་པར་བྱའོ། །དེས་དགེ་བའི་རྩ་བ་དེ་དག་ཀྱང་
སེམས་ཅན་ཐམས་ཅད་དང་ཐུན་མོང་དུ་བྱས་ཏེ། བླ་ན་མེད་པ་ཡང་དག་པར་
རྫོགས་པའི་བྱང་ཆུབ་དུ་ཡོངས་སུ་བསྔོ་བར་བྱའོ། །དེ་ལྟར་བྱང་ཆུབ་སེམས····
དཔའ་སེམས་དཔའ་ཆེན་པོའི་དགེ་བའི་རྩ་བ་དེ་དག་བླ་ན་མེད་པ་ཡང་དག་པར····
རྫོགས་པའི་བྱང་ཆུབ་ཏུ་ཡོངས་སུ་བསྔོས་ན། ཕ་རོལ་ཏུ་ཕྱིན་པ་དྲུག་བསྒོམ་པ་
ཡོངས་སུ་རྫོགས་པར་འགྱུར་རོ། །བྱང་ཆུབ་སེམས་དཔའ་སེམས་དཔའ་ཆེན་པོའི་
བྱམས་པ་བསྒོམ་པ་གང་ཡིན་པ་དེ་ནི། རྣམ་པ་ཐམས་ཅད་མཁྱེན་པ་ཉིད་དོ། །
བྱང་ཆུབ་སེམས་དཔའ་སེམས་དཔའ་ཆེན་པོ་གང་ཕ་རོལ་ཏུ་ཕྱིན་པ་དྲུག་དང་མ····
བྲལ་བ་དེ་ནི། རྣམ་པ་ཐམས་ཅད་མཁྱེན་པ་ཉིད་དང་མ་བྲལ་བ་སྟེ། དེ་བས་ན་
བྱང་ཆུབ་སེམས་དཔའ་སེམས་དཔའ་ཆེན་པོ་བླ་ན་མེད་པ་ཡང་དག་པར་རྫོགས····
པའི་བྱང་ཆུབ་ཏུ་མངོན་པར་རྫོགས་པར་འཚང་རྒྱ་བར་འདོད་པས་ཕ་རོལ་ཏུ་ཕྱིན··

པ་དྲུག་ལ་སྤྱད་པར་བྱའོ། །ཕ་རོལ་ཏུ་ཕྱིན་པ་དྲུག་ལ་སྤྱོད་པའི་བྱང་ཆུབ་སེམས་དཔའ་སེམས་དཔའ་ཆེན་པོ་ནི། དགེ་བའི་རྩ་བ་ཐམས་ཅད་ཡོངས་སུ་རྫོགས་ནས། རྣམ་པ་ཐམས་ཅད་མཁྱེན་པ་ཉིད་ཐོབ་པར་འགྱུར་རོ། །རབ་འབྱོར་དེ་ལྟ་བས་ན་བྱང་ཆུབ་སེམས་དཔའ་སེམས་དཔའ་ཆེན་པོས་ཕ་རོལ་ཏུ་ཕྱིན་པ་དྲུག་ལ་བསྟན……པར་བྱའོ། །གསོལ་པ། བཅོམ་ལྡན་འདས་བྱང་ཆུབ་སེམས་དཔའ་སེམས་དཔའ་ཆེན་པོས། ཇི་ལྟར་ཕ་རོལ་ཏུ་ཕྱིན་པ་དྲུག་ལ་བསྟན་པར་བགྱི། བཅོམ་ལྡན་འདས་ཀྱིས་བཀའ་སྩལ་པ། རབ་འབྱོར་འདི་ལ་བྱང་ཆུབ་སེམས་དཔའ་སེམས་དཔའ་ཆེན་པོས། འདི་ལྟར་གཟུགས་ལྡན་པ་ཡང་མ་ཡིན། མི་ལྡན་པ་ཡང་མ་ཡིན༑ ཚོར་བ་ལྡན་པ་ཡང་མ་ཡིན། མྱི་ལྡན་པ་ཡང་མ་ཡིན། འདུ་ཤེས་ལྡན་པ་ཡང་མ་ཡིན། མྱི་ལྡན་པ་ཡང་མ་ཡིན། འདུ་བྱེད་ལྡན་པ་ཡང་མ་ཡིན། མྱི་ལྡན་པ་ཡང་མ་ཡིན། རྣམ་པར་ཤེས་པ་ལྡན་པ་ཡང་མ་ཡིན། མྱི་ལྡན་པ་ཡང་མ་ཡིན༑ ཿམྱིག་ལྡན་པ་ཡང་མ་ཡིན། མྱི་ལྡན་པ་ཡང་མ་ཡིན།[1] རྣ་བ་ལྡན་པ་ཡང་མ་ཡིན། མྱི་ལྡན་པ་ཡང་མ་ཡིན། སྣ་ལྡན་པ་ཡང་མ་ཡིན། མྱི་ལྡན་པ་ཡང་མ་ཡིན། ལྗེ་ལྡན་པ་ཡང་མ་ཡིན། མྱི་ལྡན་པ་ཡང་མ་ཡིན། ལུས་ལྡན་པ་ཡང་མ་ཡིན། མྱི་ལྡན་པ་ཡང་མ་ཡིན། ཡིད་ལྡན་པ་ཡང་མ་ཡིན། མྱི་ལྡན་པ་ཡང་མ་ཡིན། གཟུགས་ལྡན་པ་ཡང་མ་ཡིན། མྱི་ལྡན་པ་ཡང་མ་ཡིན། སྒྲ་ལྡན་པ་ཡང་མ་ཡིན། མྱི་ལྡན་པ་ཡང་མ་ཡིན། དྲི་ལྡན་པ་ཡང་མ་ཡིན། མྱི་ལྡན་པ་ཡང་མ་ཡིན། རོ་ལྡན་པ་ཡང་མ་ཡིན། མྱི་ལྡན་པ་ཡང་མ་ཡིན། རེག་ལྡན་པ་ཡང་མ་ཡིན། མྱི་ལྡན་པ་[2]ཡང་མ་ཡིན། ཆོས་ལྡན་པ་ཡང་མ་ཡིན། མྱི་ལྡན་པ་ཡང་མ་ཡིན། མྱིག་གི་རྣམ་པར་ཤེས་པ་ལྡན་པ་ཡང་མ་ཡིན། མྱི་ལྡན་པ་ཡང་མ་ཡིན༑ རྣ་བའི་རྣམ་པར་ཤེས་པ་ལྡན་པ་ཡང་མ་ཡིན། མྱི་ལྡན་པ་ཡང་མ་ཡིན།

སྣའི་རྣམ་པར་ཤེས་པ་ལྡན་པ་ཡང་མ་ཡིན། མི་ལྡན་པ་ཡང་མ་ཡིན། ལྕེའི་རྣམ་པར་ཤེས་པ་ལྡན་པ་ཡང་མ་ཡིན། མི་ལྡན་པ་ཡང་མ་ཡིན[1]། ལུས་ཀྱི་རྣམ་པར་ཤེས་པ་ལྡན་པ་ཡང་མ་ཡིན། མི་ལྡན་པ་ཡང་མ་ཡིན། ཡིད་ཀྱི་རྣམ་པར་ཤེས་པ་ལྡན་པ་ཡང་མ་ཡིན། མི་ལྡན་པ་[3]ཡང་མ་ཡིན། མིག་གི་འདུས་ཏེ་རེག་པ་ལྡན་པ་ཡང་མ་ཡིན། མི་ལྡན་པ་ཡང་མ་ཡིན། རྣ་བའི་འདུས་ཏེ་རེག་པ་ལྡན་པ་ཡང་མ་ཡིན། མི་ལྡན་པ་ཡང་མ་ཡིན། སྣའི་འདུས་ཏེ་རེག་པ་ལྡན་པ་ཡང་མ་ཡིན། མི་ལྡན་པ་ཡང་མ་ཡིན། ལྕེའི་འདུས་ཏེ་རེག་པ་ལྡན་པ་ཡང་མ་ཡིན། མི་ལྡན་པ་ཡང་མ་ཡིན། ལུས་ཀྱི་འདུས་ཏེ་རེག་པ་ལྡན་པ་ཡང་མ་ཡིན། མི་ལྡན་པ་ཡང་མ་ཡིན༑ ཡིད་ཀྱི་འདུས་ཏེ་རེག་པ་ལྡན་པ་ཡང་མ་ཡིན། མི་ལྡན་པ་ཡང་མ་ཡིན། མིག་གི་འདུས་ཏེ་རེག་པ་ལས་བྱུང་བའི་ཚོར་བ་ལྡན་པ་ཡང་མ་ཡིན། མི་ལྡན་པ་ཡང་མ་ཡིན། རྣ་བའི་འདུས་ཏེ་རེག་པ་ལས་བྱུང་བའི་ཚོར་བ་ལྡན་པ་ཡང་མ་ཡིན། མི་ལྡན་པ་ཡང་མ་ཡིན། སྣའི་འདུས་ཏེ་རེག་པ་ལས་བྱུང་བའི་ཚོར་བ་ལྡན་པ་ཡང་མ་ཡིན། མི་ལྡན་པ་ཡང་མ་ཡིན། ལྕེའི་འདུས་ཏེ་རེག་པ་ལས་བྱུང་བའི་ཚོར་བ་ལྡན་པ་ཡང་མ་ཡིན། མི་ལྡན་པ་ཡང་མ་ཡིན། ལུས་ཀྱི་འདུས་ཏེ་རེག་པ་ལས་བྱུང་བའི་ཚོར་བ་ལྡན་པ་ཡང་མ་ཡིན། མི་ལྡན་པ་ཡང་མ་ཡིན། ཡིད་ཀྱི་འདུས་ཏེ་རེག་པ་ལས་བྱུང་བའི་ཚོར་བ་ལྡན་པ་ཡང་མ་ཡིན། མི་ལྡན་པ་ཡང་མ་ཡིན། སའི་ཁམས་ལྡན་པ་ཡང་མ་ཡིན། མི་ལྡན་པ་ཡང་མ་ཡིན། ཆུའི་ཁམས་ལྡན་པ་ཡང་མ་ཡིན། མི་ལྡན་པ་ཡང་མ་ཡིན། མེའི་ཁམས་ལྡན་པ་ཡང་མ་ཡིན། མི་ལྡན་པ་ཡང་མ་ཡིན། རླུང་གི་ཁམས་ལྡན་པ་ཡང་མ་ཡིན། མི་ལྡན་པ་ཡང་མ་ཡིན༑ ནམ་མཁའི་ཁམས་ལྡན་པ་ཡང་མ་ཡིན། མི་ལྡན་པ་ཡང་མ་ཡིན། རྣམ་པར་ཤེས་པའི་ཁམས་ལྡན་པ་ཡང་མ་ཡིན། མི་ལྡན་པ་ཡང་མ་ཡིན། མ་རིག་པ་

ལྡན་པ་ཡང་མ་ཡིན། མི་ལྡན་པ་ཡང་མ་ཡིན། འདུ་བྱེད་ལྡན་པ་ཡང་མ་ཡིན། མི་ལྡན་པ་ཡང་མ་ཡིན། རྣམ་པར་ཤེས་པ་ལྡན་པ་ཡང་མ་ཡིན། མི་ལྡན་པ་ཡང་མ་ཡིན། མིག་དང་གཟུགས་ལྡན་པ་ཡང་མ་ཡིན། མི་ལྡན་པ་ཡང་མ་ཡིན། སྐྱེ་མཆེད་དྲུག་ལྡན་པ་ཡང་མ་ཡིན། མི་ལྡན་པ་ཡང་མ་ཡིན། རེག་(༡)པ་ལྡན་པ་ཡང་མ་ཡིན། མི་ལྡན་པ་ཡང་མ་ཡིན། ཚོར་བ་ལྡན་པ་ཡང་མ་ཡིན། མི་ལྡན་པ་ཡང་མ་ཡིན། སྲེད་པ་ལྡན་པ་ཡང་མ་ཡིན། མི་ལྡན་པ་ཡང་མ་ཡིན། ལེན་པ་ལྡན་པ་ཡང་མ་ཡིན། མི་ལྡན་པ་ཡང་མ་ཡིན། སྲིད་པ་ལྡན་པ་ཡང་མ་ཡིན། མི་ལྡན་པ་ཡང་མ་ཡིན། སྐྱེ་བ་ལྡན་པ་ཡང་མ་ཡིན། མི་ལྡན་པ་ཡང་མ་ཡིན། རྒ་ཤི་ལྡན་པ་ཡང་མ་ཡིན། མི་ལྡན་པ་ཡང་མ་ཡིན། སྦྱིན་པའི་ཕ་རོལ་ཏུ་ཕྱིནད་པ་ལྡན་པ་ཡང་མ་ཡིན། མི་ལྡན་པ་ཡང་མ་ཡིན། ཚུལ་ཁྲིམས་ཀྱི་ཕ་རོལ་ཏུ་ཕྱིན་པ་ལྡན་པ་ཡང་མ་ཡིན། མི་ལྡན་པ་ཡང་མ་ཡིན། བཟོད་པའི་ཕ་རོལ་ཏུ་ཕྱིན་པ་ལྡན་པ་ཡང་མ་ཡིན། མི་ལྡན་པ་ཡང་མ་ཡིན། བརྩོན་འགྲུས་ཀྱི་ཕ་རོལ་ཏུ་ཕྱིན་པ་ལྡན་པ་ཡང་མ་ཡིན། (༢)མི་ལྡན་པ་ཡང་མ་ཡིན། བསམ་གཏན་གྱི་ཕ་རོལ་ཏུ་ཕྱིན་པ་ལྡན་པ་ཡང་མ་ཡིན། མི་ལྡན་པ་ཡང་མ་ཡིན། ཤེས་རབ་ཀྱི་ཕ་རོལ་ཏུ་ཕྱིན་པ་ལྡན་པ་ཡང་མ་ཡིན། མི་ལྡན་པ་ཡང་མ་ཡིན། ནང་སྟོང་པ་ཉིད་ལྡན་པ་ཡང་མ་ཡིན། མི་ལྡན་པ་ཡང་མ་ཡིན། ཕྱི་སྟོང་པ་ཉིད་ལྡན་པ་ཡང་མ་ཡིན། མི་ལྡན་པ་ཡང་མ་ཡིན། ཕྱི་ནང་སྟོང་པ་ཉིད་ལྡན་པ་ཡང་མ་ཡིན། མི་ལྡན་པ་ཡང་མ་ཡིན། སྟོང་པ་ཉིད་སྟོང་པ་ཉིད་ལྡན་པ་ཡང་མ་ཡིན། མི་ལྡན་པ་ཡང་མ་ཡིན། ཆེན་པོ་སྟོང་པ་ཉིད་ལྡན་པ་ཡང་མ་ཡིན། མི་ལྡན་པ་ཡང་མ་ཡིན། དོན་དམ་པ་སྟོང་པ་ཉིད་ལྡན་པ་ཡང་མ་ཡིན། མི་ལྡན་པ་ཡང་མ་ཡིན། འདུས་བྱས་སྟོང་པ་ཉིད་ལྡན་པ་ཡང་མ་ཡིན། མི་ལྡན་པ་ཡང་མ་ཡིན། འདུས་མ་བྱས་

སྟོང་པ་ཉིད་ལྡན་པ་ཡང་མ་ཡིན། མི་ལྡན་པ་ཡང་མ་ཡིན། མཐའ་ལས་འདས་པ་སྟོང་པ་ཉིད་ལྡན་པ་ཡང་མ་ཡིན། མི་ལྡན་པ་ཡང་མ་ཡིན། ཐོག་མ་དང་ཐ་མ་མེད་པ་སྟོང་པ་ཉིད་ལྡན་པ་ཡང་མ་ཡིན། མི་ལྡན་པ་ཡང་མ་ཡིན། དོར་བ་མེད་པ་སྟོང་པ་ཉིད་ལྡན་པ་ཡང་མ་ཡིན། མི་ལྡན་པ་ཡང་མ་ཡིན། རང་བཞིན་སྟོང་པ་ཉིད་ལྡན་པ་ཡང་མ་ཡིན། མི་ལྡན་པ་ཡང་མ་ཡིན། ཆོས་ཐམས་ཅད་སྟོང་པ་ཉིད་ལྡན་པ་ཡང་མ་ཡིན། མི་ལྡན་པ་ཡང་མ་ཡིན། ༔རང་གི་མཚན་ཉིད་སྟོང་པ་ཉིད་ལྡན་པ་ཡང་མ་ཡིན། མི་ལྡན་པ་ཡང་མ་ཡིན།[1] མི་དམིགས་པ་སྟོང་པ་ཉིད་ལྡན༔པ་ཡང་[3]མ་ཡིན། མི་ལྡན་པ་ཡང་མ་ཡིན། དངོས་པོ་མེད་པ་སྟོང་པ་ཉིད་ལྡན་པ་ཡང་མ་ཡིན། མི་ལྡན་པ་ཡང་མ་ཡིན། ངོ་བོ་ཉིད་སྟོང་པ་ཉིད་ལྡན་པ་ཡང་མ་ཡིན། མི་ལྡན་པ་ཡང་མ་ཡིན། དངོས་པོ་མེད་པའི་ངོ་བོ་ཉིད་སྟོང་པ་ཉིད་ལྡན་པ་ཡང་མ་ཡིན། མི་ལྡན་པ་ཡང་མ་ཡིན། དྲན་པ་ཉེ་བར་གཞག་པ་བཞི་ལྡན་པ་ཡང་མ་ཡིན། མི་ལྡན་པ་ཡང་མ་ཡིན། ཡང་དག་པར་སྤོང་བ་བཞི་ལྡན་པ་ཡང་མ་ཡིན། མི་ལྡན་པ་ཡང་མ་ཡིན། རྫུ་འཕྲུལ་གྱི་རྐང་པ་བཞི་ལྡན་པ་ཡང་མ་ཡིན། མི་ལྡན་པ་ཡང་མ་ཡིན། དབང་པོ་ལྔ་ལྡན་པ་ཡང་མ་ཡིན།༔ མི་ལྡན་པ་ཡང་མ་ཡིན། སྟོབས་ལྔ་ལྡན་པ་ཡང་མ་ཡིན། མི་ལྡན་པ་ཡང་མ་ཡིན། བྱང་ཆུབ་ཀྱི་ཡན་ལག་བདུན་ལྡན་པ་ཡང་མ་ཡིན། མི་ལྡན་པ་ཡང་མ་ཡིན། འཕགས་པའི་ལམ་ཡན་ལག་བརྒྱད་པ་ལྡན་པ་ཡང་མ་ཡིན། མི་ལྡན་པ་ཡང་མ་ཡིན། འཕགས་པའི་བདེན་པ་བཞི་ལྡན་པ་ཡང་མ་ཡིན། མི་ལྡན་པ་ཡང་མ་ཡིན། བསམ་གཏན་བཞི་ལྡན་པ་ཡང་མ་ཡིན། མི་ལྡན་པ་ཡང་མ་ཡིན། ཚད་མེད་པ་བཞི་ལྡན་པ་ཡང་མ་ཡིན། མི་ལྡན་པ་ཡང་མ་ཡིན། གཟུགས་མེད་པའི་སྙོམས་པར་འཇུག་པ་བཞི་ལྡན་པ་ཡང་མ་ཡིན། མི་ལྡན་པ་

ཡང་མ་ཡིན། རྣམ་པར་ཐར་པ་བརྒྱད་ལྡན་པ་ཡང་མ་ཡིན། མི་ལྡན་པ་ཡང་མ་ཡིན། མཐར་གྱིས་གནས་པའི་སྙོམས་པར་འཇུག་པ་དགུ་ལྡན་པ་ཡང་མ་ཡིན། མི་ལྡན་པ་ཡང་མ་ཡིན། རྣམ་པར་ཐར་པའི་སྒོ་སྟོང་པ་ཉིད་དང་། མཚན་མ་མེད་པ་དང་། སྨོན་པ་མེད་པ་ལྡན་པ་ཡང་མ་ཡིན། མི་ལྡན་པ་ཡང་མ་ཡིན། མངོན་པར་ཤེས་པ་རྣམས་ལྡན་པ་ཡང་མ་ཡིན། མི་ལྡན་པ་ཡང་མ་ཡིན། ཏིང་ངེ་འཛིན་རྣམས་ལྡན་པ་ཡང་མ་ཡིན། མི་ལྡན་པ་ཡང་མ་ཡིན། གཟུངས་ཀྱི་སྒོ་རྣམས་ལྡན་པ་ཡང་མ་ཡིན། མི་ལྡན་པ་ཡང་མ་ཡིན། དེ་བཞིན་གཤེགས་པའི་སྟོབས་བཅུ་ལྡན་པ་ཡང་མ་ཡིན། མི་ལྡན་པ་ཡང་མ་ཡིན། མི་འཇིགས་པ་བཞི་ལྡན་པ་ཡང་མ་ཡིན། མི་ལྡན་པ་ཡང་མ་ཡིན། སོ་སོ་ཡང་དག་པར་རིག་པ་བཞི་ལྡན་པ་ཡང་མ་ཡིན། མི་ལྡན་པ་ཡང་མ་ཡིན། [1]སྙིང་རྗེ་ཆེན་པོ་ལྡན་པ་ཡང་མ་ཡིན། མི་ལྡན་པ་ཡང་མ་ཡིན། སངས་རྒྱས་ཀྱི་ཆོས་མ་འདྲེས་པ་བཅོ་བརྒྱད་ལྡན་པ་ཡང་མ་ཡིན། མི་ལྡན་པ་ཡང་མ་ཡིན། རྒྱུན་དུ་ཞུགས་པའི་འབྲས་བུ་ལྡན་པ་ཡང་མ་ཡིན། མི་ལྡན་པ་ཡང་མ་ཡིན། ལན་ཅིག་ཕྱིར་འོང་བའི་འབྲས་བུ་ལྡན་པ་ཡང་མ་ཡིན། མི་ལྡན་པ་ཡང་མ་ཡིན། ཕྱིར་མི་འོང་བའི་འབྲས་བུ་ལྡན་པ་ཡང་མ་ཡིན། མི་ལྡན་པ་ཡང་མ་ཡིན། དགྲ་བཅོམ་པ་ཉིད་ལྡན་པ་ཡང་མ་ཡིན། མི་ལྡན་པ་ཡང་མ་ཡིན། རང་བྱང་ཆུབ་ལྡན་པ་ཡང་མ་ཡིན། མི་ལྡན་པ་ཡང་མ་ཡིན། ལམ་གྱི་རྣམ་པ་ཤེས་པ་ཉིད་ལྡན་པ་ཡང་མ་ཡིན། མི་ལྡན་པ་ཡང་མ་ཡིན། རྣམ་པ་ཐམས་ཅད་མཁྱེན་པ་ཉིད་ལྡན་པ་ཡང་མ་ཡིན། མི་ལྡན་པ་ཡང་མ་ཡིན་ནོ། །ཞེས་བྱ་བར་རབ་ཏུ་བརྟག[2]པར་བྱ་སྟེ། རབ་འབྱོར་དེ་ལྟར་བྱང་ཆུབ་སེམས་དཔའ་སེམས་དཔའ་ཆེན་པོས། ཕ་རོལ་ཏུ་ཕྱིན་པ་དྲུག་ལ་བསྒོམ་པར་བྱའོ། །རབ་འབྱོར་གཞན་ཡང་བྱང་ཆུབ་སེམས་དཔའ་སེམས……

དཔའ་ཆེན་པོས། གཟུགས་ལ་གནས་པར་བྱའོ་ཞེས་བསྟེན་པར་མྱི་བྱའོ། །ཚོར་བ་ལ་གནས་པར་བྱའོ་ཞེས་བསྟེན་པར་མྱི་བྱའོ། །འདུ་ཤེས་ལ་གནས་པར་བྱའོ་ཞེས་བསྟེན་པར་མྱི་བྱའོ། །འདུ་བྱེད་ལ་གནས་པར་བྱའོ་ཞེས་བསྟེན་པར་མྱི་བྱའོ། །རྣམ་པར་ཤེས་པ་ལ་གནས་པར་བྱའོ་ཞེས་བསྟེན་པར་མྱི་བྱའོ། །མིག་ལ་གནས་པར་བྱའོ་ཞེས་བསྟེན་པར་མྱི་བྱའོ། །རྣ་བ་ལ་གནས་པར་བྱའོ་ཞེས་བསྟེན་པར་མྱི་བྱའོ། །སྣ་ལ་གནས་པར་བྱའོ་ཞེས་བསྟེན་པར་མྱི་བྱའོ། །ལྕེ་ལ་གནས་པར་བྱའོ་ཞེས་བསྟེན་པར་མྱི་བྱའོ། །ལུས་ལ་གནས་པར་བྱའོ་ཞེས་བསྟེན་པར་མྱི་བྱའོ། །ཡིད་ལ་གནས་པར་བྱའོ་ཞེས་བསྟེན་པར་མྱི་བྱའོ། །གཟུགས་ལ་གནས་པར་བྱའོ་ཞེས་བསྟེན་པར་མྱི་བྱའོ། །སྒྲ་ལ་གནས་པར་བྱའོ་ཞེས་བསྟེན་པར་མྱི་བྱའོ། །དྲི་ལ་གནས་པར་བྱའོ་ཞེས་བསྟེན་པར་མྱི་བྱའོ། །རོ་ལ་གནས་པར་བྱའོ་ཞེས་བསྟེན་པར་མྱི་བྱའོ། །རེག་ལ་གནས་པར་བྱའོ་ཞེས་བསྟེན་པར་མྱི་བྱའོ། །ཆོས་ལ་གནས་པར་བྱའོ་ཞེས་བསྟེན་པར་མི་བྱའོ། །མིག་གི་རྣམ་པར་ཤེས་པ་ལ་གནས་པར་བྱའོ་ཞེས་བསྟེན་པར་མྱི་བྱའོ། །རྣ་བའི་རྣམ་པར་ཤེས་པ་ལ་གནས་པར་བྱའོ་ཞེས་བསྟེན་པར་མྱི་བྱའོ། །སྣའི་རྣམ་པར་ཤེས་པ་ལ་གནས་པར་བྱའོ་ཞེས་བསྟེན་པར་མྱི་བྱའོ། །ལྕེའི་རྣམ་པར་ཤེས་པ་ལ་གནས་པར་བྱའོ་ཞེས་བསྟེན་པར་མྱི་བྱའོ། །ལུས་ཀྱི་རྣམ་པར་ཤེས་པ་ལ་གནས་པར་བྱའོ་ཞེས་བསྟེན་པར་མྱི་བྱའོ། །ཡིད་ཀྱི་རྣམ་པར་ཤེས་པ་ལ་གནས་པར་བྱའོ་ཞེས་བསྟེན་པར་མྱི་བྱའོ། །མིག་གི་འདུས་ཏེ་རེག་པ་ལ་གནས་པར་བྱའོ་ཞེས་བསྟེན་པར་མྱི་བྱའོ། །རྣ་བའི་འདུས་ཏེ་རེག་པ་ལ་གནས་པར་བྱའོ་ཞེས་བསྟེན་པར་མྱི་བྱའོ། །སྣའི་འདུས་ཏེ་རེག་པ་ལ་གནས་པར་བྱའོ་ཞེས་བསྟེན་པར་མྱི་བྱའོ། །ལྕེའི་འདུས་ཏེ་རེག་པ་ལ་གནས་པར་བྱའོ་ཞེས་བསྟེན་པར་མྱི་བྱའོ། །ལུས་ཀྱི་འདུས་ཏེ་རེག་པ་ལ་གནས་པར་བྱའོ་ཞེས་བསྟེན་

པར་མི་བྱའོ། །ཡིད་ཀྱི་འདུས་ཏེ་རེག་པ་ལ་གནས་པར་བྱའོ་ཞེས་བསྟན་པར་མི་བྱའོ༏ །མིག་གི་འདུས་ཏེ་རེག་པཿལས་བྱུང་བའི་ཚོར་བ་[1]ལ་གནས་པར་བྱའོ་ཞེས་བསྟན་པར་མི་བྱའོ། །རྣ་བའི་འདུས་ཏེ་རེག་པཿལས་བྱུང་བའི་ཚོར་བ་[2]ལ་གནས་པར་བྱའོ་ཞེས་བསྟན་པར་མི་བྱའོ། །སྣའི་འདུས་ཏེ་རེག་པཿལས་བྱུང་བའི་ཚོར་བ་[3]ལ་གནས་པར་བྱའོ་ཞེས་བསྟན་པར་མི་བྱའོ། །ལྕེའི་འདུས་ཏེ་རེག་པཿལས་བྱུང་བའི་ཚོར་བ་[4]ལ་གནས་པར་བྱའོ་ཞེས་བསྟན་པར་མི་བྱའོ། །ལུས་ཀྱི་འདུས་ཏེ་རེག་པཿལས་བྱུང་བའི་ཚོར་བ་[5]ལ་གནས་པར་བྱའོ། །ཞེས་བསྟན་པར་མི་བྱའོ། །ཡིད་ཀྱི་འདུས་ཏེ་རེག་པཿལས་བྱུང་བའི་ཚོར་བ་[6]ལ་གནས་པར་བྱའོ་ཞེས་བསྟན……པར་མི་བྱའོ། །[7]སའི་ཁམས་ལ་གནས་པར་བྱའོ་ཞེས་བསྟན་པར་མི་བྱའོ། །ཆུའི་ཁམས་ལ་གནས་པར་བྱའོ་ཞེས་བསྟན་པར་མི་བྱའོ། །མེའི་ཁམས་ལ་གནས་པར་བྱའོ་ཞེས་བསྟན་པར་མི་བྱའོ། །རླུང་གི་ཁམས་ལ་གནས་པར་བྱའོ་ཞེས་བསྟན……པར་མི་བྱའོ། །ནམ་མཁའི་ཁམས་ལ་གནས་པར་བྱའོ་ཞེས་བསྟན་པར་མི་བྱའོ། །རྣམ་པར་ཤེས་པའི་ཁམས་ལ་གནས་པར་བྱའོ་ཞེས་བསྟན་པར་མི་བྱའོ། །མ་རིག་པ་ལ་གནས་པར་བྱའོ་ཞེས་བསྟན་པར་མི་བྱའོ། །འདུ་བྱེད་ལ་གནས་པར་བྱའོ་ཞེས་བསྟན་པར་མི་བྱའོ། །རྣམ་པར་ཤེས་པ་ལ་གནས་པར་བྱའོ་ཞེས་བསྟན་པར་མི་བྱའོ། །མིང་དང་གཟུགས་ལ་གནས་པར་བྱའོ་ཞེས་བསྟན་པར་མི་བྱའོ། །སྐྱེ་མཆེད་དྲུག་ལ་གནས་པར་བྱའོ་ཞེས་བསྟན་པར་མི་བྱའོ། །རེག་པ་ལ་གནས་པར་བྱའོ་ཞེས་བསྟན་པར་མི་བྱའོ། །ཚོར་བ་ལ་གནས་པར་བྱའོ་ཞེས་བསྟན་པར་མི་བྱའོ༏ །སྲེད་པ་ལ་གནས་པར་བྱའོ་ཞེས་བསྟན་པར་མི་བྱའོ། །ལེན་པ་ལ་གནས་པར་བྱའོ་ཞེས་བསྟན་པར་མི་བྱའོ། །སྲིད་པ་ལ་གནས་པར་བྱའོ་ཞེས་བསྟན་པར་མི་བྱའོ། །སྐྱེ་བ་ལ་གནས་པར་བྱའོ་ཞེས་བསྟན་པར་མི་བྱའོ། །རྒ་ཤི་ལ་གནས་

པར་བྱའོ་ཞེས་བསྟན་པར་མི་བྱའོ། །སྦྱིན་པའི་ཕ་རོལད་ཏུ་ཕྱིནད་པ་ལ་གནས····
པར་བྱའོ་ཞེས་བསྟན་པར་མི་བྱའོ། །ཚུལ་ཁྲིམས་ཀྱི་ཕ་རོལ་ཏུ་ཕྱིན་པ་ལ་གནས་
པར་བྱའོ་ཞེས་བསྟན་པར་མི་བྱའོ། །བཟོད་པའི་ཕ་རོལ་ཏུ་ཕྱིན་པ་ལ་གནས་པར་
བྱའོ་ཞེས་བསྟན་པར་མི་བྱའོ། །བརྩོན་འགྲུས་ཀྱི་ཕ་རོལ་ཏུ་ཕྱིན་པ་ལ་གནས་པར་
བྱའོ་ཞེས་བསྟན་པར་མི་བྱའོ། །བསམ་གཏན་གྱི་ཕ་རོལ་ཏུ་ཕྱིན་པ་ལ་གནས་པར་
བྱའོ་ཞེས་བསྟན་པར་མི་བྱའོ། །ཤེས་རབ་ཀྱི་ཕ་རོལ་ཏུ་ཕྱིནད་པ་ལ་གནས་པར་
བྱའོ་ཞེས་བསྟན་པར་མི་བྱའོ། །ནང་སྟོང་པ་ཉིད་ལ་གནས་པར་བྱའོ་ཞེས་བསྟན་
པར་མི་བྱའོ། །ཕྱི་སྟོང་པ་ཉིད་ལ་གནས་པར་བྱའོ་ཞེས་བསྟན་པར་མི་བྱའོ། །ཕྱི་
ནང་སྟོང་པ་ཉིད་ལ་གནས་པར་བྱའོ་ཞེས་བསྟན་པར་མི་བྱའོ། །སྟོང་པ་ཉིད་སྟོང་
པ་ཉིད་ལ་གནས་པར་བྱའོ་ཞེས་བསྟན་པར་མི་བྱའོ། །ཆེན་པོ་སྟོང་པ་ཉིད་ལ····
གནས་པར་བྱའོ་ཞེས་བསྟན་པར་མི་བྱའོ། །དོན་དམ་པ་སྟོང་པ་ཉིད་ལ་གནས་
པར་བྱའོ་ཞེས་བསྟན་པར་མི་བྱའོ། །འདུས་བྱས་སྟོང་པ་ཉིད་ལ་གནས་པར་བྱའོ་
ཞེས་བསྟན་པར་མི་བྱའོ། །འདུས་མ་བྱས་སྟོང་པ་ཉིད་ལ་གནས་པར་བྱའོ་ཞེས་
བསྟན་པར་མི་བྱའོ། །མཐའ་ལས་[1]འདས་པ་སྟོང་པ་ཉིད་ལ་གནས་པར་བྱའོ····
ཞེས་བསྟན་པར་མི་བྱའོ། །ཐོག་མ་དང་ཐ་མ་མེད་པ་སྟོང་པ་ཉིད་ལ་གནས་པར་
བྱའོ་ཞེས་བསྟན་པར་མི་བྱའོ། །དོར་བ་མེད་པ་སྟོང་པ་ཉིད་ལ་གནས་པར་བྱའོ་
ཞེས་བསྟན་པར་མི་བྱའོ། །རང་བཞིན་སྟོང་པ་ཉིད་ལ་གནས་པར་བྱའོ་ཞེས·····
བསྟན་པར་མི་བྱའོ། །ཆོས་ཐམས་ཅད་སྟོང་པ་ཉིད་ལ་གནས་པར་བྱའོ་ཞེས·····
བསྟན་པར་མི་བྱའོ། །རང་གི་མཚན་ཉིད་སྟོང་པ་ཉིད་ལ་གནས་པར་བྱའོ་ཞེས་
བསྟན་པར་མི་བྱའོ། །མི་དམིགས་པ་སྟོང་པ་ཉིད་ལ་གནས་པར་བྱའོ་ཞེས་བསྟན་
པར་མི་བྱའོ། །དངོས་པོ་མེད་པ་སྟོང་པ་ཉིད་ལ་གནས་པར་བྱའོ་ཞེས་བསྟན་པར་

མྱི་བྱའོ། །ངོ་བོ་ཉིད་སྟོང་པ་ཉིད་ལ་གནས་པར་⑦བྱའོ་ཞེས་བརྗོན་པར་མྱི་བྱའོ། །
དངོས་པོ་མེད་པའི་ངོ་བོ་ཉིད་སྟོང་པ་ཉིད་ལ་གནས་པར་བྱའོ་ཞེས་བརྗོན་པར་མྱི་····
བྱའོ༑ །དྲན་པ་ཉེ་བར་གཞག་པ་བཞི་ལ་གནས་པར་བྱའོ་ཞེས་བརྗོན་པར་མྱི་བྱའོ།།
ཡང་དག་པར་སྤོང་བ་བཞི་ལ་གནས་པར་བྱའོ་ཞེས་བརྗོན་པར་མྱི་བྱའོ། །རྫུ····
འཕྲུལ་གྱི་རྐང་པ་བཞི་ལ་གནས་པར་བྱའོ་ཞེས་བརྗོན་པར་མྱི་བྱའོ། །དབང་པོ་ལྔ་
ལ་གནས་པར་བྱའོ་ཞེས་བརྗོན་པར་མྱི་བྱའོ། །སྟོབས་ལྔ་ལ་གནས་པར་བྱའོ་ཞེས་
བརྗོན་པར་མྱི་བྱའོ། །བྱང་ཆུབ་ཀྱི་ཡན་ལག་བདུན་ལ་གནས་པར་བྱའོ་ཞེས····
བརྗོན་པར་མྱི་བྱའོ། །འཕགས་པའི་ལམ་ཡན་ལག་བརྒྱད་པ་ལ་གནས་པར་བྱའོ་
ཞེས་བརྗོན་པར་མྱི་བྱའོ། །འཕགས་པའི་བདེན་པ་བཞི་ལ་གནས་པར་བྱའོ་ཞེས་
བརྗོན་པར་མྱི་བྱའོ། །བསམ་གཏན་བཞི་ལ་གནས་པར་བྱའོ་ཞེས་བརྗོན་པར་མྱི་
བྱའོ༑ །ཚད་མྱེད་པ་བཞི་ལ་གནས་པར་བྱའོ་ཞེས་བརྗོན་པར་མྱི་བྱའོ། །
གཟུགས་མྱེད་པའི་སྙོམས་པར་འཇུག་པ་བཞི་ལ་གནས་པར་བྱའོ་ཞེས་བརྗོན་པར····
མྱི་བྱའོ། །རྣམ་པར་ཐར་པ་བརྒྱད་ལ་གནས་པར་བྱའོ་ཞེས་བརྗོན་པར་མྱི་བྱའོ། །
མཐར་གྱིས་གནས་པའི་སྙོམས་པར་འཇུག་པ་དགུ་ལ་གནས་པར་བྱའོ་ཞེས་བརྗོན····
པར་མྱི་བྱའོ། །རྣམ་པར་ཐར་པའི་སྒོ་སྟོང་པ་ཉིད་དང་། མཚན་མ་མྱེད་པ་
དང་༑ སྨོན་པ་མྱེད་པ་ལ་གནས་པར་བྱའོ་ཞེས་བརྗོན་པར་མྱི་བྱའོ། །མངོན་
པར་ཤེས་པ་རྣམས་ལ་གནས་པར་བྱའོ་ཞེས་བརྗོན་པར་མྱི་བྱའོ། །ཏིང་ངེ་འཛིན་
རྣམས་ལ་གནས་པར་བྱའོ་ཞེས་བརྗོན་པར་མྱི་བྱའོ། །གཟུངས་ཀྱི་སྒོ་རྣམས་ལ་
གནས་པར་བྱའོ་ཞེས་བརྗོན་པར་མྱི་བྱའོ། །དེ་བཞིན་གཤེགས་པའི་སྟོབས་བཅུ་ལ་
གནས་པར་བྱའོ་ཞེས་བརྗོན་པར་མྱི་བྱའོ། །མྱི་འཇིགས་པ་བཞི་ལ་གནས་པར····
བྱའོ་ཞེས་བརྗོན་པར་མྱི་བྱའོ། །སོ་སོ་ཡང་དག་པར་རིག་པ་བཞི་ལ་གནས་པར་

བྱའོ་ཞེས་བརྗོད་པར་མི་བྱའོ། །⑦སྙིང་རྗེ་ཆེན་པོ་ལ་གནས་པར་བྱའོ་ཞེས་བརྗོད་
པར་མི་བྱའོ། །སངས་རྒྱས་ཀྱི་ཆོས་མ་འདྲེས་པ་བཅོ་བརྒྱད་ལ་གནས་པར་བྱའོ་
ཞེས་བརྗོད་པར་མི་བྱའོ། །རྒྱུན་དུ་ཞུགས་པའི་འབྲས་བུ་ལ་གནས་པར་བྱའོ་ཞེས་
བརྗོད་པར་མི་བྱའོ། །ལན་ཅིག་ཕྱིར་འོང་བའི་འབྲས་བུ་ལ་གནས་པར་བྱའོ་ཞེས་
བརྗོད་པར་མི་བྱའོ། །ཕྱིར་མི་འོང་བའི་འབྲས་བུ་ལ་གནས་པར་བྱའོ་ཞེས་བརྗོད་
པར་མི་བྱའོ། །དགྲ་བཅོམ་པ་ཉིད་ལ་གནས་པར་བྱའོ་ཞེས་བརྗོད་པར་མི་བྱའོ། །
རང་བྱང་ཆུབ་ལ་གནས་པར་བྱའོ་ཞེས་བརྗོད་པར་མི་བྱའོ། །ལམ་གྱི་རྣམ་པ་⑧
ཤེས་པ་ཉིད་ལ་གནས་པར་བྱའོ་ཞེས་བརྗོད་པར་མི་བྱའོ། །རྣམ་པ་ཐམས་ཅད་⋯
མཁྱེན་པ་ཉིད་ལ་གནས་པར་བྱའོ་ཞེས་བརྗོད་པར་མི་བྱའོ། །དེ་ཅིའི་ཕྱིར་ཞེ་ན།
གཟུགས་ནི་གང་ལ་ཡང་མི་གནས་སོ། །ཚོར་བ་ནི་གང་ལ་ཡང་མི་གནས་སོ། །
འདུ་ཤེས་ནི་གང་ལ་ཡང་མི་གནས་སོ། །འདུ་བྱེད་ནི་གང་ལ་ཡང་མི་གནས་སོ། །
རྣམ་པར་ཤེས་པ་ནི་གང་ལ་ཡང་མི་གནས་སོ། །མིག་ནི་གང་ལ་ཡང་མི་གནས་སོ། །
རྣ་བ་ནི་གང་ལ་ཡང་མི་གནས་སོ། །སྣ་ནི་གང་ལ་ཡང་མི་གནས་སོ། །ལྕེ་ནི་གང་
ལ་ཡང་མི་གནས་སོ། །ལུས་ནི་གང་ལ་ཡང་མི་གནས་སོ། །ཡིད་ནི་གང་ལ་ཡང་
མི་གནས་སོ། །གཟུགས་ནི་གང་ལ་ཡང་མི་གནས་སོ། །སྒྲ་ནི་གང་ལ་ཡང་མི་
གནས་སོ། །དྲི་ནི་གང་ལ་ཡང་མི་⑨གནས་སོ། །རོ་ནི་གང་ལ་ཡང་མི་གནས་སོ། །
རེག་ནི་གང་ལ་ཡང་མི་གནས་སོ། །ཆོས་ནི་གང་ལ་ཡང་མི་གནས་སོ། །མིག་གི་⑩
རྣམ་པར་ཤེས་པ་ནི་གང་ལ་ཡང་མི་གནས་སོ། །རྣ་བའི་རྣམ་པར་ཤེས་པ་ནི་གང་
ལ་ཡང་མི་གནས་སོ། །སྣའི་རྣམ་པར་ཤེས་པ་ནི་གང་ལ་ཡང་མི་གནས་སོ། །
ལྕེའི་རྣམ་པར་ཤེས་པ་ནི་གང་ལ་ཡང་མི་གནས་སོ། །ལུས་ཀྱི་རྣམ་པར་ཤེས་པ་ནི་
གང་ལ་ཡང་མི་གནས་སོ། །ཡིད་ཀྱི་རྣམ་པར་ཤེས་པ་ནི་གང་ལ་ཡང་མི་གནས་སོ། །

མིག་གི་འདུས་ཏེ་རེག་པ་ཉི་གང་ལ་ཡང་མྱི་གནས་སོ། །རྣ་བའི་འདུས་ཏེ་རེག་པ་ཉི་གང་[1]ལ་ཡང་མྱི་གནས་སོ། །སྣའི་འདུས་ཏེ་རེག་པ་ཉི་གང་ལ་ཡང་མྱི་གནས་སོ། །ལྕེའི་འདུས་ཏེ་རེག་པ་ཉི་གང་ལ་ཡང་མྱི་གནས་སོ། །ལུས་ཀྱི་འདུས་ཏེ་རེག་པ་ཉི་གང་ལ་ཡང་མྱི་གནས་སོ། །ཡིད་ཀྱི་འདུས་ཏེ་རེག་པ་ཉི་གང་ལ་ཡང་མྱི་གནས་སོ། །མྱིག་གི་འདུས་ཏེ་རེག་པའི་རྐྱེན་གྱིས་ཚོར་བ་ཉི་གང་ལ་ཡང་མྱི་གནས་སོ། །རྣ་བའི་འདུས་ཏེ་རེག་པའི་རྐྱེན་གྱིས་ཚོར་བ་ཉི་གང་ལ་ཡང་མྱི་གནས་སོ། །སྣའི་འདུས་ཏེ་རེག་པའི་རྐྱེན་གྱིས་ཚོར་བ་ཉི་གང་ལ་ཡང་མྱི་གནས་སོ། །ལྕེའི་འདུས་ཏེ་རེག་པའི་རྐྱེན་གྱིས་ཚོར་བ་ཉི་གང་ལ་ཡང་མྱི་གནས་སོ། །ལུས་ཀྱི་འདུས་ཏེ་རེག་པའི་རྐྱེན་གྱིས་ཚོར་བ་ཉི་གང་ལ་ཡང་མྱི་གནས་སོ། །ཡིད་ཀྱི་འདུས་ཏེ་རེག་པའི་རྐྱེན་གྱིས་ཚོར་བ་ཉི་གང་ལ་ཡང་མྱི་གནས་སོ། །སའི་ཁམས་ཉི་གང་ལ་ཡང་མྱི་གནས་སོ། །ཆུའི་ཁམས་ཉི་གང་ལ་ཡང་མྱི་གནས་སོ། །མེའི་ཁམས་ཉི་གང་ལ་ཡང་མི་གནས་སོ། །རླུང་གི་ཁམས་ཉི་གང་ལ་ཡང་མྱི་གནས་སོ། །ནམ་མཁའི་ཁམས་ཉི་གང་ལ་ཡང་མྱི་གནས་སོ། །རྣམ་པར་ཤེས་པའི་ཁམས་ཉི་གང་ལ་ཡང་མྱི་གནས་སོ། །མ་རིག་པ་ཉི་གང་ལ་ཡང་མི་གནས་སོ། །འདུ་བྱེད་ཉི་གང་ལ་ཡང་མྱི་གནས་སོ། །རྣམ་པར་ཤེས་པ་ཉི་གང་ལ་ཡང་མི་གནས་སོ། །མྱིང་དང་གཟུགས་ཉི་གང་ལ་ཡང་མི་གནས་སོ། །སྐྱེ་མཆེད་དྲུག་ཉི་གང་ལ་ཡང་མྱི་གནས་སོ། །རེག་པ་ཉི་གང་ལ་ཡང་མྱི་གནས་སོ། །ཚོར་བ་ཉི་གང་ལ་ཡང་མྱི་གནས་སོ། །སྲིད་པ་ཉི་གང་ལ་ཡང་མྱི་གནས་སོ། །ལེན་པ་ཉི་གང་ལ་ཡང་མྱི་གནས་སོ། །སྲིད་པ་ཉི་གང་ལ་ཡང་མྱི་གནས་སོ། །སྐྱེ་བ་ཉི་གང་ལ་ཡང་མྱི་གནས་སོ། །རྒ་ཤི་ཉི་གང་ལ་ཡང་མྱི་གནས་སོ། །སྦྱིན་པའི་ཕ་རོལ་ཏུ་ཕྱིན་པ་ཉི་གང་ལ་ཡང་མྱི་གནས་སོ། །ཚུལ་ཁྲིམས་ཀྱི་ཕ་རོལ་ཏུ་ཕྱིན་པ་ཉི་གང་ལ་ཡང་མི

གནས་སོ། །བཟོད་པའི་ཕ་རོལ་ཏུ་ཕྱིན་པ་ནི་གང་ལ་ཡང་མི་གནས་སོ། །བརྩོན་འགྲུས་ཀྱི་ཕ་རོལ་ཏུ་ཕྱིན་པ་ནི་གང་ལ་ཡང་མི་གནས་སོ། །②བསམ་གཏན་གྱི་ཕ་རོལ་ཏུ་ཕྱིན་པ་ནི་གང་ལ་ཡང་མི་གནས་སོ། །ཤེས་རབ་ཀྱི་ཕ་རོལ་ཏུ་ཕྱིན་པ་ནི་གང་ལ་ཡང་མི་གནས་སོ། །ནང་སྟོང་པ་ཉིད་ནི་གང་ལ་ཡང་མི་གནས་སོ། །ཕྱི་སྟོང་པ་ཉིད་ནི་གང་ལ་ཡང་མི་གནས་སོ། །ཕྱི་ནང་སྟོང་པ་ཉིད་ནི་གང་ལ་ཡང་མི་གནས་སོ། །སྟོང་པ་ཉིད་སྟོང་པ་ཉིད་ནི་གང་ལ་ཡང་མི་གནས་སོ། །ཆེན་པོ་སྟོང་པ་ཉིད་ནི་གང་ལ་ཡང་མི་གནས་སོ། །དོན་དམ་པ་སྟོང་པ་ཉིད་ནི་གང་ལ་ཡང་མི་གནས་སོ། །འདུས་བྱས་སྟོང་པ་ཉིད་ནི་གང་ལ་ཡང་མི་གནས་སོ། །འདུས་མ་བྱས་སྟོང་པ་ཉིད་ནི་གང་ལ་ཡང་མི་གནས་སོ། །མཐའ་ལས་འདས་པ་སྟོང་པ་ཉིད་ནི་གང་ལ་ཡང་མི་གནས་སོ། །ཐོག་མ་དང་ཐ་མ་མེད་པ་སྟོང་པ་ཉིད་ནི་གང་ལ་ཡང་མི་གནས་སོ། །དོར་བ་མེད་པ་སྟོང་པ་ཉིད་ནི་གང་ལ་ཡང་མི་གནས་སོ། །རང་བཞིན་སྟོང་པ་ཉིད་ནི་གང་ལ་ཡང་མི་གནས་སོ། །ཆོས་ཐམས་ཅད་སྟོང་པ་ཉིད་ནི་གང་ལ་ཡང་མི་གནས་སོ། །རང་གི་མཚན་ཉིད་སྟོང་པ་ཉིད་ནི་གང་ལ་ཡང་མི་གནས་སོ། །མི་དམིགས་པ་སྟོང་པ་ཉིད་ནི་གང་ལ་ཡང་མི་······གནས་སོ། །དངོས་པོ་མེད་པ་སྟོང་པ་ཉིད་ནི་གང་ལ་ཡང་མི་གནས་སོ། །ངོ་བོ་ཉིད་སྟོང་པ་ཉིད་ནི་གང་ལ་ཡང་མི་གནས་སོ། །དངོས་པོ་མེད་པའི་ངོ་བོ་ཉིད་······སྟོང་པ་ཉིད་ནི་གང་ལ་ཡང་མི་གནས་སོ། །དྲན་པ་ཉེ་བར་གཞག་པ་བཞི་ནི་གང་ལ་ཡང་མི་གནས་སོ། །ཡང་དག་པར་སྤོང་བ་བཞི་ནི་གང་ལ་ཡང་མི་གནས་སོ། །རྫུ་འཕྲུལ་གྱི་རྐང་པ་བཞི་ནི་③གང་ལ་ཡང་མི་གནས་སོ། །དབང་པོ་ལྔ་ནི་གང་ལ་ཡང་མི་གནས་སོ། །སྟོབས་ལྔ་ནི་གང་ལ་ཡང་མི་གནས་སོ། །བྱང་ཆུབ་ཀྱི་ཡན་ལག་བདུན་ནི་གང་ལ་ཡང་མི་གནས་སོ། །འཕགས་པའི་ལམ་ཡན་ལག་བརྒྱད་པ་

ནི་གང་ལ་ཡང་མི་གནས་སོ། །འཕགས་པའི་བདེན་པ་བཞི་ནི་གང་ལ་ཡང་མི···གནས་སོ། །བསམ་གཏན་བཞི་ནི་གང་ལ་ཡང་མི་གནས་སོ། །ཚད་མེད་པ་བཞི་ནི་གང་ལ་ཡང་མི་གནས་སོ། །གཟུགས་མེད་པའི་སྙོམས་པར་འཇུག་པ་བཞི་ནི་གང་ལ་ཡང་མི་གནས་སོ། །རྣམ་པར་ཐར་པ་བརྒྱད་ནི་གང་ལ་ཡང་མི་གནས་སོ། །མཐར་གྱིས་གནས་པའི་སྙོམས་པར་འཇུག་པ་དགུ་ནི་གང་ལ་ཡང་མི་གནས་སོ། །རྣམ་པར་ཐར་པའི་སྒོ་སྟོང་པ་ཉིད་དང་། མཚན་མ་མེད་པ་དང་། སྨོན་པ་མེད་པ་ནི་གང་ལ་ཡང་མི་གནས་སོ། །མངོན་པར་ཤེས་པ་རྣམས་ནི་གང་ལ་ཡང་མི་གནས་སོ། །ཏིང་ངེ་འཛིན་རྣམས་ནི་གང་ལ་ཡང་མི་གནས་སོ། །གཟུངས་ཀྱི་སྒོ་རྣམས་ནི་གང་ལ་ཡང་མི་གནས་སོ། །དེ་བཞིན་གཤེགས་པའི་སྟོབས་བཅུ་ནི་གང་ལ་ཡང་མི་གནས་སོ། །མི་འཇིགས་པ་བཞི་ནི་གང་ལ་ཡང་མི་གནས་སོ། །སོ་སོ་ཡང་དག་པར་རིག་པ་བཞི་ནི་གང་ལ་ཡང་མི་གནས་སོ། །①སྙིང་རྗེ་ཆེན་པོ་ནི···གང་ལ་ཡང་མི་གནས་སོ། །སངས་རྒྱས་ཀྱི་ཆོས་མ་འདྲེས་པ་བཅོ་བརྒྱད་ནི་གང་ལ་ཡང་མི་གནས་སོ། །རྒྱུན་དུ་ཞུགས་པའི་འབྲས་བུ་ནི་གང་ལ་ཡང་མི་གནས་སོ། །ལན་ཅིག་ཕྱིར་འོང་བའི་འབྲས་བུ་ནི་གང་ལ་ཡང་མི་གནས་སོ། །ཕྱིར་མི་འོང་བའི་འབྲས་བུ་ནི་གང་ལ་ཡང་མི་གནས་སོ། །དགྲ་བཅོམ་པ་ཉིད་ནི་གང་ལ་ཡང་མི···གནས་སོ། །རང་བྱང་ཆུབ②ནི་གང་ལ་ཡང་མི་གནས་སོ། །ལམ་གྱི་རྣམ་པ③ཤེས་པ་ཉིད་ནི་གང་ལ་ཡང་མི་གནས་སོ། །རྣམ་པ་ཐམས་ཅད་མཁྱེན་པ་ཉིད་ནི་གང་ལ་ཡང་མི་གནས་ཏེ④། དེ་ལྟར་མི་གནས་པའི་ཚུལ་གྱིས། བྱང་ཆུབ་སེམས་དཔའ་སེམས་དཔའ་ཆེན་པོ་བླ་ན་མེད་པ་ཡང་དག་པར་རྫོགས་པའི་བྱང་ཆུབ་ཏུ·····མངོན་པར་རྫོགས་པར་འཚང་རྒྱ་བར་བྱའོ། །རབ་འབྱོར་འདི་ལྟ་སྟེ་དཔེར་ན། སྐྱེས་བུ་ཞིག་ཤིང་ཏོག་ཨ་འབྲའམ⑤། པ་ན་ས་ཟ་བར་འདོད་ན། དེས་⑥ཤིང···

༔ཐོག་ཨ་འབྲའམ། ཞིང་ཐོག་①པ་ན་ས་བསྐྱེད་②པར་བྱའོ། །བསྐྱེད་ནས་ཀྱང་
དུས་དུས་སུ་ཆུས་བཟུའོ། །གནོད་པ་བསལ་ཏོ③། །དེ་རྒྱུ་རྐྱེན་ཚོགས་པའི་
དབང་གིས། མཐར་ཀྱིས་འཕེལ་ནས༔ཞིང་ཐོག་ཨ་འབྲའམ། ཞིང་ཐོག་④པ་ན་
ས་ཡོད་པར་འགྱུར་ཏེ། དེ་ཞིང༔ཐོག་ཨ་འབྲའམ། ཞིང་ཐོག་⑤པ་ན་ས་ཟ་བར་
འགྱུར་རོ། །རབ་འབྱོར་དེ་བཞིན་དུ་བྱང་ཆུབ་སེམས་དཔའ་སེམས་དཔའ་ཆེན་པོ་
བླ་ན་མེད་པ་ཡང་དག་པར་རྫོགས་པའི་བྱང་ཆུབ་དུ་མངོན་པར་རྫོགས་པར་འཚང··
རྒྱ་བར་འདོད་པས་ཀྱང་ཕ་རོལ་ཏུ་ཕྱིན་པ་དྲུག་ལ༔བསླབས་ཏེ⑥། སེམས་ཅན····
རྣམས་སྦྱིན་པས་རྗེས་སུ་གཟུང་བར་བྱའོ། །ཚུལ་ཁྲིམས་ཀྱིས་རྗེས་སུ་གཟུང་བར་
བྱའོ། །བཟོད་པས་རྗེས་སུ་གཟུང་བར་བྱའོ། །བརྩོན་འགྲུས་ཀྱིས་⑦རྗེས་སུ་
གཟུང་⑧བར་བྱའོ། །བསམ་གཏན་གྱིས་⑨རྗེས་སུ་གཟུང་⑩བར་བྱའོ། །ཤེས་རབ་
ཀྱིས་རྗེས་སུ་གཟུང་⑪བར་བྱའོ། །སེམས་ཅན་རྣམས་འཁོར་བ་ལས་ཡོངས་སུ····
དགྲོལ་བར་བྱའོ། །རབ་འབྱོར་དེ་ལྟ་བས་ན། བྱང་ཆུབ་སེམས་དཔའ་སེམས་
དཔའ་ཆེན་པོ་གཞན་གྱི་དྲིང་མི་འཇོག་པར་འདོད་པ་དང་། སངས་རྒྱས་ཀྱི་ཞིང་
ཡོངས་སུ་སྦྱོང་བར་འདོད་པ་དང་། ༔སྙིང་པོ་བྱང་ཆུབ་ཏུ་འདུག་པར་འདོད་པ་
དང་།⑫ ཆོས་ཀྱི་འཁོར་ལོ་བསྐོར་བར་འདོད་པས་ཕ་རོལ་ཏུ་ཕྱིན་པ་དྲུག་ལ····
བསླབ་པར་བྱའོ། །གསོལ་པ། བཅོམ་ལྡན་འདས། ཤེས་རབ་ཀྱི་ཕ་རོལ་ཏུ་
ཕྱིན་པས་ཤེས་རབ་ཀྱི་ཕ་རོལ་ཏུ་ཕྱིན་པ་ལ་བསླབ་པར་བྱའོ་ཞེས་གསུང་ངམ།
བཅོམ་ལྡན་འདས་ཀྱིས་བཀའ་སྩལ་པ། རབ་འབྱོར་ཤེས་རབ་ཀྱི་ཕ་རོལ་ཏུ་ཕྱིན་
པས། ཤེས་རབ་ཀྱི་ཕ་རོལ་ཏུ་ཕྱིན་པ་ལ་བསླབ་པར་བྱའོ་ཞེས་སྨྲའོ། །ཆོས་
ཐམས་ཅད་ལ་དབང་དུ༔འགྱུར་བ⑬འཐོབ་པར་འདོད་པས། ཤེས་རབ་ཀྱི་ཕ་རོལ་
ཏུ་ཕྱིན་པ་ལ་བསླབ་པར་བྱའོ་ཞེས་སྨྲའོ། །དེ་ཅིའི་ཕྱིར་ཞེ་ན། གང་གིས་ཆོས་

ཐམས་ཅད་ལ་དབང་དུ་འགྱུར་[1]བའི་སཿ ཐོབ་པར་འགྱུར་བ་[2]དེ་ནི་ཤེས་རབ་ཀྱི་ཕ་རོལ་ཏུ་ཕྱིན་པའོ། །ཤེས་རབ་ཀྱི་ཕ་རོལ་ཏུ་ཕྱིན་པ་འདི་ནི། ཆོས་ཐམས་ཅད་ཀྱི་སྒོ་སྟེ། འདི་ལྟར་དཔེར་ན། རྒྱ་མཚོ་ཆེན་པོ་ནི་ཆུ་ཀླུང་ཐམས་ཅད་ཀྱི་སྒོའོ། །དེ་བཞིན་དུ་ཤེས་རབ་ཀྱི་ཕ་རོལ་ཏུ་ཕྱིན་པ་ཡང་ཆོས་ཐམས་ཅད་ཀྱི་སྒོ་སྟེ། གང་ཟག་ཉན་ཐོས་ཀྱི་ཐེག་པ་[3]པའམ། རང་སངས་རྒྱས་ཀྱི་ཐེགཿ པ་པའམ[4]། བྱང་ཆུབ་སེམས་དཔའི་ཐེག་པ་པ་[5]རྣམས་ཀྱིས་ཤེས་རབ་ཀྱི་ཕ་རོལ་ཏུ་ཕྱིན་པ་འདི་ཉིད་ལ་བསླབ་པར་བྱའོ། །རབ་འབྱོར་དེ་ལྟ་[6]བས་ན་བྱང་ཆུབ་སེམས་དཔའ་སེམས་དཔའ་ཆེན་པོས། སྦྱིན་པའི་ཕ་རོལ་ཏུ་ཕྱིན་པ་ལ་བསླབ་པར་བྱའོ། །ཚུལ་ཿཁྲིམས་ཀྱི་[7]ཕ་རོལ་ཏུ་ཕྱིན་པ་ལ་བསླབ་པར་བྱའོ། །བཟོད་པའི་ཕ་རོལ་ཏུ་ཕྱིན་པ་ལ་བསླབ་པར་བྱའོ། །བརྩོན་འགྲུས་ཀྱི་ཕ་རོལ་ཏུ་ཕྱིན་པ་ལ་བསླབ་པར་བྱའོ། །བསམ་གཏན་གྱི་ཕ་རོལ་ཏུ་ཕྱིན་པ་ལ་བསླབ་པར་བྱའོ། །ཤེས་རབ་ཀྱི་ཕ་རོལ་ཏུ་ཕྱིན་པ་ལ་བསླབ་པར་བྱའོ། །ནང་སྟོང་པ་ཉིད་ལ་བསླབ་པར་བྱའོ། །ཕྱི་སྟོང་པ་ཉིད་ལ་བསླབ་པར་བྱའོ། །ཕྱི་ནང་སྟོང་པ་ཉིད་ལ་བསླབ་པར་བྱའོ། །སྟོང་པ་ཉིད་སྟོང་པ་ཉིད་ལ་བསླབ་པར་བྱའོ། །ཆེན་པོ་སྟོང་པ་ཉིད་ལ་བསླབ་པར་བྱའོ། །དོན་དམ་པ་སྟོང་པ་ཉིད་ལ་བསླབ་པར་བྱའོ། །འདུས་བྱས་སྟོང་པ་ཉིད་ལ་བསླབ་པར་བྱའོ། །འདུས་མ་བྱས་སྟོང་པ་ཉིད་ལ་བསླབ་པར་བྱའོ། །མཐའ་ལས་འདས་པ་སྟོང་པ་ཉིད་ལ་བསླབ་པར་བྱའོ། །ཐོག་མ་དང་ཐ་མ་མེད་པ་སྟོང་པ་ཉིད་ལ་བསླབ་པར་བྱའོ། །དོར་བ་མེད་པ་སྟོང་པ་ཉིད་ལ་བསླབ་པར་བྱའོ། །རང་བཞིན་སྟོང་པ་ཉིད་ལ་བསླབ་པར་བྱའོ། །ཆོས་ཐམས་ཅད་སྟོང་པ་ཉིད་ལ་བསླབ་པར་བྱའོ། །རང་གི་མཚན་ཉིད་སྟོང་པ་ཉིད་ལ་བསླབ་པར་བྱའོ། །མི་དམིགས་པ་སྟོང་པ་ཉིད་ལ་བསླབ་པར་བྱའོ། །དངོས་པོ་མེད་པ་སྟོང་པ་ཉིད་ལ་

བསྒྲུབ་པར་བྱའོ། །ངོ་བོ་ཉིད་སྟོང་པ་ཉིད་ལ་བསྒྲུབ་པར་བྱའོ། །དངོས་པོ་མེད་
པའི་ངོ་བོ་ཉིད་སྟོང་པ་ཉིད་ལ་བསྒྲུབ་པར་བྱའོ། །དྲན་པ་ཉེ་བར་གཞག་པ་བཞི་[1]
ལ་བསྒྲུབ་པར་བྱའོ། །ཡང་དག་པར་སྤོང་བ་བཞི་ལ་བསྒྲུབ་པར་བྱའོ། །རྫུ་
འཕྲུལ་གྱི་རྐང་པ་བཞི་ལ་བསྒྲུབ་པར་བྱའོ། །དབང་པོ་ལྔ་ལ་བསྒྲུབ་པར་བྱའོ། །
སྟོབས་ལྔ་ལ་བསྒྲུབ་པར་བྱའོ། །བྱང་ཆུབ་ཀྱི་ཡན་ལག་བདུན་ལ་བསྒྲུབ་པར་བྱའོ། །
འཕགས་པའི་ལམ་ཡན་ལག་བརྒྱད་པ་ལ་བསྒྲུབ་པར་བྱའོ། །འཕགས་པའི་བདེན་
པ་བཞི་ལ་བསྒྲུབ་པར་བྱའོ། །བསམ་གཏན་བཞི་ལ་བསྒྲུབ་པར་བྱའོ། །ཚད་
མེད་པ་བཞི་ལ་བསྒྲུབ་པར་བྱའོ། །གཟུགས་མེད་པའི་སྙོམས་པར་འཇུག་པ་བཞི་
ལ་བསྒྲུབ་པར་བྱའོ། །རྣམ་པར་ཐར་པ་བརྒྱད་ལ་བསྒྲུབ་པར་བྱའོ། །མཐར་
གྱིས་གནས་པའི་སྙོམས་པར་འཇུག་པ་དགུ་ལ་བསྒྲུབ་པར་བྱའོ། །རྣམ་པར་ཐར་
པའི་སྒོ་སྟོང་པ་ཉིད་དང་། མཚན་མ་མེད་པ་དང་། སྨོན་པ་མེད་པ་ལ་བསྒྲུབ་[3]
པར་བྱའོ། །མངོན་པར་ཤེས་པ་རྣམས་ལ་བསྒྲུབ་པར་བྱའོ། །ཏིང་ངེ་འཛིན་
རྣམས་ལ་བསྒྲུབ་པར་བྱའོ། །གཟུངས་ཀྱི་སྒོ་རྣམས་ལ་བསྒྲུབ་པར་བྱའོ། །དེ་
བཞིན་གཤེགས་པའི་སྟོབས་བཅུ་ལ་བསྒྲུབ་པར་བྱའོ། །མི་འཇིགས་པ་བཞི་ལ····
བསྒྲུབ་པར་བྱའོ། །སོ་སོ་ཡང་དག་པར་རིག་པ་བཞི་ལ་བསྒྲུབ་པར་བྱའོ། །
བྱམས་པ་ཆེན་པོ་ལ་བསྒྲུབ་པར་བྱའོ། །སྙིང་རྗེ་ཆེན་པོ་ལ་བསྒྲུབ་[4]པར་བྱའོ། །
སངས་རྒྱས་ཀྱི་ཆོས་མ་འདྲེས་པ་བཅོ་བརྒྱད་ལ་བསྒྲུབ་པར་བྱའོ། །རྒྱུན་ཏུ་ཞུགས་
པའི་འབྲས་བུ་ལ་བསྒྲུབ་པར་བྱའོ། །ལན་ཅིག་ཕྱིར་འོང་བའི་འབྲས་བུ་ལ་བསྒྲུབ་
པར་བྱའོ། །ཕྱིར་མི་འོང་བའི་འབྲས་བུ་ལ་བསྒྲུབ་པར་བྱའོ། །དགྲ་བཅོམ་པ་
ཉིད་ལ་བསྒྲུབ་པར་བྱའོ། །རང་བྱང་ཆུབ་ལ་བསྒྲུབ་པར་བྱའོ། །ལམ་གྱི་རྣམ་པ་
ཤེས་པ་ཉིད་ལ་བསྒྲུབ་པར་བྱའོ། །རྣམ་པ་ཐམས་ཅད་མཁྱེན་པ་ཉིད་ལ་བསྒྲུབ་

པར་བྱའོ། །རབ་འབྱོར་འདི་ལྟ་སྟེ་དཔེར་ན། འཕོང་གི་སློབ་དཔོན་ལག་ཆོད་དང་འབྱོར་པའི་གཞུ་ཐོགས་པ་ནི་དགྲ་དང་[1]ཕྱིར་རྒོལ་བ་རྣམས་ཀྱིས་ཐུབ་པར…… དཀའོ༔ །རབ་འབྱོར་དེ་བཞིན་དུ་བྱང་ཆུབ་སེམས་དཔའ་སེམས་དཔའ་ཆེན་པོ་ཤེས་རབ་ཀྱི་ཕ་རོལ་ཏུ་ཕྱིན་པ་ལ་སྤྱོད་པ་ཡང་། བདུད་དམ་བདུད་ཀྱི་རིས་ཀྱི་ལྷ་རྣམས་ཀྱིས་ཐུབ་པར་དཀའོ། །རབ་འབྱོར་དེ་ལྟ་བས་ན་བྱང་ཆུབ་སེམས་དཔའ་སེམས་དཔའ་ཆེན་པོ། བླ་ན་མེད་པ་ཡང་དག་པར་རྫོགས་པའི་བྱང་ཆུབ་ཏུ…… མངོན་པར་རྫོགས་པར་འཚང་རྒྱ་བར་འདོད་པས། ཤེས་རབ་ཀྱི་ཕ་རོལ་ཏུ་ཕྱིན་པ་ལ་བསླབ་པར་བྱའོ། །དེ་ལྟར་ཤེས་རབ་ཀྱི་ཕ་རོལ་ཏུ་ཕྱིན་པ་ལ་སྤྱོད་པ་དེ་ལ་འདས་པ་དང་། མ་འོངས་པ་དང་། ད་ལྟར་བྱུང་བའི་སངས་རྒྱས་བཅོམ་ལྡན་འདས་རྣམས་དགོངས་པ་མཛད་དོ། །གསོལ་པ།[3] སངས་རྒྱས་བཅོམ་ལྡན་འདས་རྣམས་ཇི་ལྟར་བྱང་ཆུབ་སེམས་དཔའ་སེམས་དཔའ་ཆེན་པོ། སྦྱིན་པའི་ཕ་རོལ་ཏུ་ཕྱིན་པ་ལ་སྤྱོད་པ་ལ་དགོངས་པ་མཛད། ཇི་ལྟར་ཚུལ་ཁྲིམས་ཀྱི་ཕ་རོལ་ཏུ་ཕྱིན་པ་ལ་སྤྱོད་པ་ལ་དགོངས་པ་མཛད། ཇི་ལྟར་བཟོད་པའི་ཕ་རོལ་ཏུ་ཕྱིན་པ་ལ་སྤྱོད་པ་ལ་དགོངས་པ་མཛད། ཇི་ལྟར་བརྩོན་འགྲུས་ཀྱི་ཕ་རོལ་ཏུ་ཕྱིན་པ་ལ་སྤྱོད་པ་ལ་དགོངས་པ་མཛད། ཇི་ལྟར་བསམ་གཏན་གྱི་ཕ་རོལ་ཏུ་ཕྱིན་པ་ལ་སྤྱོད་པ་ལ་དགོངས་པ་མཛད། ཇི་ལྟར་ཤེས་རབ་ཀྱི་ཕ་རོལ་ཏུ་ཕྱིན་པ་ལ་སྤྱོད་པ་ལ་དགོངས་པ་མཛད། ཇི་ལྟར་ནང་སྟོང་པ་ཉིད་ལ་སྤྱོད་པ་ལ་དགོངས་པ་མཛད། ཇི་ལྟར་ཕྱི་སྟོང་པ་ཉིད་ལ་སྤྱོད་པ་ལ་དགོངས་པ་མཛད། ཇི་ལྟར་ཕྱི་ནང་སྟོང་པ་ཉིད་ལ་སྤྱོད་པ་ལ་དགོངས་པ་མཛད། ཇི་ལྟར་སྟོང་པ་ཉིད་སྟོང་པ་ཉིད་ལ་སྤྱོད་པ་ལ…… དགོངས་པ་མཛད། ཇི་ལྟར་ཆེན་པོ་སྟོང་པ་ཉིད་ལ་སྤྱོད་པ་ལ་དགོངས་པ་མཛད། ཇི་ལྟར་དོན་དམ་པ་སྟོང་པ་ཉིད་ལ་སྤྱོད་པ་ལ་དགོངས་པ་མཛད། ཇི་ལྟར་འདུས་

བྱས་སྟོང་པ་ཉིད་ལ་སྤྱོད་པ་ལ་དགོངས་པ་མཛད། དེ་ལྟར་འདུས་མ་བྱས་སྟོང་པ་ཉིད་ལ་སྤྱོད་པ་ལ་དགོངས་པ་མཛད། དེ་ལྟར་མཐའ་ལས་འདས་པ་སྟོང་པ་ཉིད་ལ་སྤྱོད་པ་ལ་དགོངས་པ་མཛད། དེ་ལྟར་ཐོག་མ་དང་ཐ་མ་མེད་པ་སྟོང་པ་ཉིད་ལ་སྤྱོད་པ་ལ་དགོངས་པ་མཛད། དེ་ལྟར་དོར་བ་མེད་པ་སྟོང་པ་ཉིད་ལ་སྤྱོད་པ་ལ་དགོངས་པ་མཛད། དེ་ལྟར་རང་བཞིན་སྟོང་པ་ཉིད་ལ་སྤྱོད་པ་ལ་དགོངས་པ་མཛད། དེ་ལྟར་ཆོས་[1]ཐམས་ཅད་སྟོང་པ་ཉིད་ལ་སྤྱོད་པ་ལ་དགོངས་པ་མཛད། དེ་ལྟར་རང་གི་མཚན་ཉིད་སྟོང་པ་ཉིད་ལ་སྤྱོད་པ་ལ་དགོངས་པ་མཛད། དེ་ལྟར་མི་དམིགས་པ་སྟོང་པ་ཉིད་ལ་སྤྱོད་པ་ལ་དགོངས་པ་མཛད། དེ་ལྟར་དངོས་པོ་མེད་པ་སྟོང་པ་ཉིད་ལ་སྤྱོད་པ་ལ་དགོངས་པ་མཛད། དེ་ལྟར་ངོ་བོ་ཉིད་སྟོང་པ་ཉིད་ལ་སྤྱོད་པ་ལ་དགོངས་པ་མཛད། དེ་ལྟར་དངོས་པོ་མེད་པའི་[3]ངོ་བོ་ཉིད་སྟོང་པ་ཉིད་ལ་སྤྱོད་པ་ལ་དགོངས་པ་མཛད། དེ་ལྟར་དྲན་པ་ཉེ་བར་གཞག་པ་རྣམས་ལ་སྤྱོད་པ་ལ་དགོངས་པ་མཛད། དེ་ལྟར་ཡང་དག་པར་སྤོང་བ་རྣམས་ལ་སྤྱོད་པ་ལ་དགོངས་པ་མཛད། དེ་ལྟར་རྫུ་འཕྲུལ་གྱི་རྐང་པ་རྣམས་ལ་སྤྱོད་པ་ལ་དགོངས་པ་མཛད། དེ་ལྟར་དབང་པོ་རྣམས་ལ་སྤྱོད་པ་ལ་དགོངས་པ་མཛད། དེ་ལྟར་སྟོབས་རྣམས་ལ་སྤྱོད་པ་ལ་དགོངས་པ་མཛད། དེ་ལྟར་བྱང་ཆུབ་ཀྱི་ཡན་ལག་རྣམས་ལ་སྤྱོད་པ་ལ་དགོངས་པ་མཛད། དེ་ལྟར་འཕགས་པའི་ལམ་ཡན་ལག་བརྒྱད་པ་ལ་སྤྱོད་པ་ལ་དགོངས་པ་མཛད། དེ་ལྟར་འཕགས་པའི་བདེན་པ་རྣམས་ལ་སྤྱོད་པ་ལ་དགོངས་པ་མཛད། དེ་ལྟར་བསམ་གཏན་རྣམས་ལ་སྤྱོད་པ་ལ་དགོངས་པ་མཛད། དེ་ལྟར་ཚད་མེད་པ་རྣམས་ལ་སྤྱོད་པ་ལ་དགོངས་པ་མཛད། དེ་ལྟར་གཟུགས་མེད་པའི་སྙོམས་པར་འཇུག་པ་རྣམས་ལ་སྤྱོད་པ་ལ་དགོངས་པ་མཛད། དེ་ལྟར་རྣམ་པར་ཐར་པ་བརྒྱད་ལ་སྤྱོད་པ་ལ་དགོངས་པ་མཛད། དེ་

ལྟར་མཐར་ཀྱིས་གནས་པའི་སྙོམས་པར་འཇུག་པ་དགུ་ལ་སྦྱོད་པ་ལ་དགོངས་པ····མཛད། ཇི་ལྟར་རྣམ་པར་ཐར་པའི་སྒོ་སྟོང་པ་ཉིད་དང་། མཚན་མ་མེད་པ་དང་། སྨོན་པ་མེད་པ་ལ་སྦྱོད་པ་ལ་དགོངས་པ་མཛད། ཇི་ལྟར་མངོན་པར་ཤེས་པ་རྣམས་ལ་སྦྱོད་པ་ལ་དགོངས་པ་མཛད། ཇི་ལྟར་ཏིང་ངེ་འཛིན་རྣམས་ལ་སྦྱོད་པ་ལ་དགོངས་པ་མཛད། ཇི་ལྟར་གཟུངས་ཀྱི་སྒོ་རྣམས་ལ་སྦྱོད་པ་ལ·····དགོངས་པ་མཛད། ཇི་ལྟར་དེ་བཞིན་གཤེགས་པའི་སྟོབས་བཅུ་ལ་སྦྱོད་པ་ལ····དགོངས་པ་མཛད། ཇི་ལྟར་མི་འཇིགས་①པ་བཞི་ལ་སྦྱོད་པ་ལ་དགོངས་པ་མཛད། ཇི་ལྟར་སོ་སོ་ཡང་དག་པར་རིག་པ་བཞི་ལ་སྦྱོད་པ་ལ་དགོངས་པ་མཛད། ཇི་ལྟར་བྱམས་པ་ཆེན་པོ་ལ་སྦྱོད་པ་ལ་དགོངས་པ་མཛད། ཇི་ལྟར་སྙིང་རྗེ་ཆེན་པོ་ལ་སྦྱོད་པ་ལ་དགོངས་པ་མཛད། ཇི་ལྟར་སངས་རྒྱས་ཀྱི་ཆོས་མ་འདྲེས་པ་བཅོ་བརྒྱད་ལ་སྦྱོད་པ་ལ་དགོངས་པ་མཛད། ཇི་ལྟར་རྒྱུན་དུ་ཞུགས་པའི་འབྲས་བུ་ལ་སྦྱོད་པ་ལ་དགོངས་པ་མཛད། ཇི་ལྟར་ལན་ཅིག་ཕྱིར་འོང་བའི་འབྲས་བུ་ལ་སྦྱོད་པ་ལ····དགོངས་པ་མཛད། ཇི་ལྟར་ཕྱིར་མི་འོང་བའི་འབྲས་བུ་ལ་སྦྱོད་པ་ལ་དགོངས་པ་མཛད། ཇི་ལྟར་དགྲ་བཅོམ་པ་ཉིད་ལ་སྦྱོད་པ་ལ་དགོངས་པ་མཛད། ཇི་ལྟར་རང་བྱང་ཆུབ་ལ་སྦྱོད་པ་ལ་དགོངས་པ་མཛད། ཇི་ལྟར་ལམ་གྱི་རྣམ་པ་ཤེས་པ་ཉིད་ལ་སྦྱོད་པ་ལ་དགོངས་པ་མཛད། ཇི་ལྟར་རྣམ་པ་ཐམས་ཅད་མཁྱེན་པ་ཉིད་ལ་སྦྱོད་པ་ལ་དགོངས་པ་མཛད། བཅོམ་ལྡན་འདས་ཀྱིས་བཀའ་སྩལ་པ། རབ་འབྱོར་འདི་ལ་སངས་རྒྱས་བཅོམ་ལྡན་འདས་རྣམས་ནི། བྱང་ཆུབ་སེམས་དཔའ་སེམས་དཔའ་ཆེན་པོ། སྦྱིན་པའི་ཕ་རོལ་ཏུ་ཕྱིན་པ་③སྦྱོད་པ་ལ་དགོངས་པ·····མཛད་དེ། ཅི་ནས་ཀྱང་སྦྱིན་པ་མི་དམིགས་པ་དེ་ལྟར་དགོངས་པ་མཛད་དོ། ། ཚུལ་ཁྲིམས་ཀྱི་ཕ་རོལ་ཏུ་ཕྱིན་པ་③སྦྱོད་པ་ལ་དགོངས་པ་མཛད་དེ། ཅི་ནས་ཀྱང་

ཚུལ་ཁྲིམས་ཀྱི་དམིགས་པ་[1] དེ་ལྟར་དགོངས་པ་མཛད་དོ། །བཟོད་པའི་ཕ་རོལ་ཏུ་ཕྱིན་པ་[2] སྤྱོད་པ་ལ་དགོངས་པ་མཛད་དེ། ཅི་ནས་ཀྱང་བཟོད་པ་ཀྱི་དམིགས་པ་དེ་ལྟར་དགོངས་པ་མཛད་དོ། །བརྩོན་འགྲུས་ཀྱི་ཕ་རོལ་ཏུ་ཕྱིན་པ་[3] སྤྱོད་པ་ལ་དགོངས་པ་མཛད་དེ[4]། ཅི་ནས་ཀྱང་བརྩོན་འགྲུས་ཀྱི་དམིགས་པ་དེ་ལྟར་····དགོངས་པ་མཛད་དོ། །བསམ་གཏན་གྱི་ཕ་རོལ་ཏུ་ཕྱིན་པ་[5] སྤྱོད་པ་ལ་དགོངས་པ་མཛད་དེ། ཅི་ནས་ཀྱང་བསམ་གཏན་ཀྱི་དམིགས་པ་དེ་ལྟར་དགོངས་པ་མཛད་དོ། །ཤེས་རབ་ཀྱི་ཕ་རོལ་ཏུ་ཕྱིན་པ་[6] སྤྱོད་པ་ལ་དགོངས་པ་མཛད་དེ། ཅི་ནས་ཀྱང་ཤེས་རབ་ཀྱི་དམིགས་པ་དེ་ལྟར་དགོངས་པ་མཛད་དོ། །ནང་སྟོང་པ་ཉིད་སྤྱོད་པ་ལ་དགོངས་པ་མཛད་དེ། ཅི་ནས་ཀྱང་ནང་སྟོང་པ་ཉིད་ཀྱི་དམིགས་པ་དེ་ལྟར་དགོངས་པ་མཛད་དོ། །ཕྱི་སྟོང་པ་ཉིད་སྤྱོད་པ་ལ་དགོངས་པ་མཛད་དེ། ཅི་ནས་ཀྱང་ཕྱི་སྟོང་པ་ཉིད་ཀྱི་དམིགས་པ་དེ་ལྟར་དགོངས་པ་མཛད་དོ། །ཕྱི་ནང་སྟོང་པ་ཉིད་སྤྱོད་པ་ལ་དགོངས་པ་མཛད་དེ། ཅི་ནས་ཀྱང་ཕྱི་ནང་སྟོང་པ་ཉིད་ཀྱི་དམིགས་པ་དེ་ལྟར་དགོངས་པ་མཛད་དོ། །སྟོང་[7] པ་ཉིད་སྟོང་[8] པ་ཉིད་སྤྱོད་པ་ལ་དགོངས་པ་མཛད་དེ། ཅི་ནས་ཀྱང་སྟོང་པ་ཉིད་སྟོང་པ་ཉིད་ཀྱི་དམིགས་པ་དེ་ལྟར་དགོངས་པ་མཛད་དོ། །ཆེན་པོ་སྟོང་པ་ཉིད་སྤྱོད་པ་ལ་དགོངས་པ་མཛད་དེ། ཅི་ནས་ཀྱང་ཆེན་པོ་སྟོང་པ་ཉིད་ཀྱི་དམིགས་པ་དེ་ལྟར་དགོངས་པ་མཛད་དོ། །དོན་དམ་པ་སྟོང་པ་ཉིད་སྤྱོད་པ་ལ་དགོངས་པ་མཛད་དེ། ཅི་ནས་ཀྱང་དོན་དམ་པ་སྟོང་པ་ཉིད་ཀྱི་དམིགས་པ་དེ་ལྟར་དགོངས་པ་མཛད་དོ། །འདུས་བྱས་སྟོང་པ་ཉིད་སྤྱོད་པ་ལ་དགོངས་པ་མཛད་དེ[9]། ཅི་ནས་ཀྱང་འདུས་བྱས་སྟོང་པ་ཉིད་ཀྱི་དམིགས་པ་དེ་ལྟར་དགོངས་པ་མཛད་དོ། །འདུས་མ་བྱས་སྟོང་པ་ཉིད་སྤྱོད་པ་ལ་དགོངས་པ་མཛད་དེ། ཅི་ནས་ཀྱང་འདུས་མ་བྱས་སྟོང་པ་ཉིད་ཀྱི་དམིགས་པ་དེ་

ལྷར་དགོངས་པ་མཛད་དོ། །མཐའ་ལས་འདས་པ་སྟོང་པ་ཉིད་སྤྱོད་པ་ལ·····
དགོངས་པ་མཛད་དེ། ཅི་ནས་ཀྱང་མཐའ་ལས༔འདས་པ་[༡]སྟོང་པ་ཉིད་ཀྱི·····
དམིགས་པ་དེ་ལྷར་དགོངས་པ་མཛད་དོ། །ཐོག་མ་དང་ཐ་མ་མེད་པ་སྟོང་པ་ཉིད་
སྤྱོད་པ་ལ་དགོངས་པ་མཛད་དེ། ཅི་ནས་ཀྱང་ཐོག་མ་དང་ཐ་མ་མེད་པ་སྟོང་པ་
ཉིད་ཀྱི་དམིགས་པ་དེ་ལྷར་དགོངས་པ་མཛད་དོ། །དོར་བ་མེད་པ་སྟོང་པ་ཉིད་
སྤྱོད་པ་ལ་དགོངས་པ་མཛད་དེ། ཅི་ནས་ཀྱང་དོར་བ་མེད་པ་སྟོང་པ་ཉིད་ཀྱི····
དམིགས་པ་དེ་ལྷར་དགོངས་པ་མཛད་དོ། །རང་བཞིན་སྟོང་པ་ཉིད་སྤྱོད་པ་ལ་
དགོངས་པ་མཛད་དེ[༢]། ཅི་ནས་ཀྱང་རང་བཞིན་སྟོང་པ་ཉིད་ཀྱི་དམིགས་པ་དེ་
ལྷར་དགོངས་པ་མཛད་དོ། །ཆོས་ཐམས་ཅད་སྟོང་པ་ཉིད་སྤྱོད་པ་ལ་དགོངས་པ་
མཛད་དེ། ཅི་ནས་ཀྱང་ཆོས་ཐམས་ཅད་སྟོང་པ་ཉིད་ཀྱི་དམིགས་པ་དེ་ལྷར·····
དགོངས་པ་མཛད་དོ། །རང་གི་མཚན་ཉིད་སྟོང་པ་ཉིད་སྤྱོད་པ་ལ་དགོངས་པ་
མཛད་དེ། ཅི་ནས་ཀྱང་རང་གི་མཚན་ཉིད་སྟོང་པ་ཉིད་ཀྱི་དམིགས་པ་དེ་ལྷར་
དགོངས་པ་མཛད་དོ། །མི་དམིགས་པ་སྟོང་པ་ཉིད་སྤྱོད་པ་ལ་དགོངས་པ་མཛད་
དེ༑ ཅི་ནས་ཀྱང་མི་དམིགས་པ་སྟོང་པ་ཉིད་མི་དམིགས་པ་དེ་ལྷར་དགོངས་པ་
མཛད་དོ། །དངོས་པོ་མེད་པ་སྟོང་པ་ཉིད་སྤྱོད་པ་ལ་དགོངས་པ་མཛད་དེ། ཅི་
ནས་ཀྱང་དངོས་པོ་མེད་པ་སྟོང་པ་ཉིད་མི་དམིགས་པ་དེ་ལྷར་དགོངས་པ་མཛད·····
དོ༑ །ངོ་བོ་ཉིད་སྟོང་པ་ཉིད་སྤྱོད་པ་ལ་དགོངས་པ་མཛད་དེ། ཅི་ནས་ཀྱང་ངོ་
བོ་ཉིད་སྟོང་པ་ཉིད་ཀྱི་དམིགས་པ་དེ་ལྷར་དགོངས་པ་མཛད་དོ། །དངོས་པོ་མེད་
པའི་ངོ་བོ་ཉིད་སྟོང་པ་ཉིད་སྤྱོད་པ་ལ་དགོངས་པ་མཛད་དེ། ཅི་ནས་ཀྱང་དངོས་
པོ་མེད་པའི་ངོ་བོ་ཉིད་སྟོང་པ་ཉིད་ཀྱི་དམིགས་པ་དེ་ལྷར་དགོངས་པ་མཛད་དོ། །
དྲན་པ་[༣]ཉེ་བར་གཞག་པ་རྣམས་སྤྱོད་པ་ལ་དགོངས་པ་མཛད་དེ། ཅི་ནས་ཀྱང་

དྲན་པ་ཉེ་བར་གཞག་པ་རྣམས་ཀྱི་དམིགས་པ་དེ་ལྟར་དགོངས་པ་མཛད་དོ། །ཡང་དག་པར་སྤོང་བ་རྣམས་སྤྱོད་པ་ལ་དགོངས་པ་མཛད་དེ། ཅི་ནས་ཀྱང་ཡང་དག་པར་སྤོང་བ་རྣམས་ཀྱི་དམིགས་པ་དེ་ལྟར་དགོངས་པ་མཛད་དོ། །རྫུ་འཕྲུལ་གྱི་རྐང་པ་རྣམས་སྤྱོད་པ་ལ་དགོངས་པ་མཛད་དེ། ཅི་ནས་ཀྱང་རྫུ་འཕྲུལ་གྱི་རྐང་པ་རྣམས་ཀྱི་དམིགས་པ་དེ་ལྟར་དགོངས་པ་མཛད་དོ། །དབང་པོ་རྣམས་སྤྱོད་པ་ལ་དགོངས་པ་མཛད་དེ། ཅི་ནས་ཀྱང་དབང་པོ་རྣམས་ཀྱི་དམིགས་པ་དེ་ལྟར་དགོངས་པ་མཛད་དོ། །སྟོབས་རྣམས་སྤྱོད་པ་ལ་དགོངས་པ་མཛད་དེ། ཅི་ནས་ཀྱང་སྟོབས་རྣམས་ཀྱི་དམིགས་པ་དེ་ལྟར་དགོངས་པ་མཛད་དོ། །བྱང་ཆུབ་ཀྱི་ཡན་ལག་རྣམས་སྤྱོད་པ་ལ་དགོངས་པ་མཛད་དེ། ཅི་ནས་ཀྱང་བྱང་ཆུབ་ཀྱི་ཡན་ལག་རྣམས་ཀྱི་དམིགས་པ་དེ་ལྟར་དགོངས་པ་མཛད་དོ། །འཕགས་པའི་ལམ་ཡན་ལག་བརྒྱད་ཿཔ་སྤྱོད་[༡]པ་ལ་དགོངས་པ་མཛད་དེ། ཅི་ནས་ཀྱང་འཕགས་པའི་ལམ་ཡན་ལག་བརྒྱད་པ་ཀྱི་དམིགས་པཿདེ་ལྟར་[༣]དགོངས་པ་མཛད་དོ། །འཕགས་པའི་བདེན་པ་རྣམས་སྤྱོད་པ་ལ་དགོངས་པ་མཛད་དེ། ཅི་ནས་ཀྱང་འཕགས་པའི་བདེན་པ་རྣམས་ཀྱི་དམིགས་པ་དེ་ལྟར་དགོངས་པ་མཛད་དོ། །བསམ་གཏན་རྣམས་སྤྱོད་པ་ལ་དགོངས་པ་མཛད་དེ། ཅི་ནས་ཀྱང་བསམ་གཏན་རྣམས་ཀྱི་དམིགས་པ་དེ་ལྟར་དགོངས་པ་མཛད་དོ། །ཚད་མེད་པ་རྣམས་སྤྱོད་པ་ལ་དགོངས་པ་མཛད་དེ། ཅི་ནས་ཀྱང་ཚད་མེད་པ་རྣམས་ཀྱི་དམིགས་པ་དེ་ལྟར་དགོངས་པ་མཛད་དོ། །གཟུགས་མེད་པའི་སྙོམས་པར་འཇུག་པ་རྣམས་སྤྱོད་པ་ལ་དགོངས་པ་མཛད་དེ། ཅི་ནས་ཀྱང་གཟུགས་མེད་པའི་སྙོམས་པར་འཇུག་པ་རྣམས་ཀྱི་དམིགས་པ་དེ་ལྟར་དགོངས་པ་མཛད་དོ། །རྣམ་པར་ཐར་པ་བརྒྱད་སྤྱོད་པ་ལ་དགོངས་པ་མཛད་དེ། ཅི་ནས་ཀྱང་རྣམ་པར་ཐར་པ་བརྒྱད་ཀྱི་

དམིགས་པ་དེ་ལྟར་དགོངས་པ་མཛད་དོ། །མཐར་གྱིས་གནས་པའི་སྙོམས་པར་འཇུག་པ་དགུ་སྤྱོད་པ་ལ་དགོངས་པ་མཛད་དེ། ཅི་ནས་ཀྱང་མཐར་གྱིས་གནས་པའི་སྙོམས་པར་འཇུག་པ་དགུ་མི་དམིགས་པ་དེ་ལྟར་དགོངས་པ་མཛད་དོ། །རྣམ་པར་ཐར་པའི་སྒོ་སྟོང་པ་ཉིད་དང་། མཚན་མ་མེད་པ་དང་། སྨོན་པ་མེད་པ་[1]སྤྱོད་པ་ལ་དགོངས་པ་མཛད་དེ། ཅི་ནས་ཀྱང་རྣམ་པར་ཐར་པའི་སྒོ་སྟོང་པ་ཉིད་དང་། མཚན་མ་མེད་པ་དང་། སྨོན་པ་མེད་པ་མི་དམིགས་པ་དེ་ལྟར་དགོངས་པ་མཛད་དོ། །མངོན་པར་ཤེས་པ་རྣམས་སྤྱོད་པ་ལ་དགོངས་པ་མཛད་དེ། ཅི་ནས་ཀྱང་མངོན་པར་ཤེས་པ་རྣམས་མི་དམིགས་པ་དེ་ལྟར་དགོངས་པ་……མཛད་དོ། །ཏིང་ངེ་འཛིན་རྣམས་སྤྱོད་པ་ལ་དགོངས་པ་མཛད་དེ། ཅི་ནས་ཀྱང་ཏིང་ངེ་འཛིན་རྣམས་མི་དམིགས་པ་དེ་ལྟར་དགོངས་པ་མཛད་དོ། །གཟུངས་ཀྱི་སྒོ་རྣམས་སྤྱོད་པ་ལ་དགོངས་པ་མཛད་དེ། ཅི་ནས་ཀྱང་གཟུངས་ཀྱི་སྒོ་རྣམས་མི་དམིགས་པ་དེ་ལྟར་དགོངས་པ་མཛད་དོ། །དེ་བཞིན་གཤེགས་པའི་སྟོབས་བཅུ་སྤྱོད་པ་ལ་དགོངས་པ་མཛད་དེ། ཅི་ནས་ཀྱང་དེ་བཞིན་གཤེགས་པའི་སྟོབས་བཅུ་མི་དམིགས་པ་[2]དེ་ལྟར་དགོངས་པ་མཛད་དོ། །མི་འཇིགས་པ་བཞི་སྤྱོད་པ་ལ་……དགོངས་པ་མཛད་དེ[3]། ཅི་ནས་ཀྱང་མི་འཇིགས་པ་བཞི་མི་དམིགས་པ་དེ་ལྟར་དགོངས་པ་མཛད་དོ། །སོ་སོ་ཡང་དག་པར་རིག་པ་བཞི་[4]སྤྱོད་པ་ལ་དགོངས་པ་མཛད་དེ། ཅི་ནས་ཀྱང་སོ་སོ་ཡང་དག་པར་རིག་པ་བཞི་[5]མི་དམིགས་པ་དེ་ལྟར་དགོངས་པ་མཛད་དོ། །བྱམས་པ་ཆེན་པོ་སྤྱོད་པ་ལ་དགོངས་པ་མཛད་དེ། ཅི་ནས་ཀྱང་བྱམས་པ་ཆེན་པོ་མི་དམིགས་པ་དེ་ལྟར་དགོངས་པ་མཛད་དོ། །སྙིང་རྗེ་ཆེན་པོ་སྤྱོད་པ་ལ་དགོངས་པ་མཛད་དེ། ཅི་ནས་ཀྱང་སྙིང་རྗེ་ཆེན་པོ་མི་དམིགས་པ་དེ་ལྟར་དགོངས་པ་མཛད་དོ། །སངས་རྒྱས་ཀྱི་ཆོས་མ་འདྲེས་པ་བཅོ་བརྒྱད་

སྤྱོད་པ་ལ་དགོངས་པ་མཛད་དེ། ཅི་ནས་ཀྱང་སངས་རྒྱས་ཀྱི་ཆོས་མ་འདྲེས་པ་བཅོ་བརྒྱད་མི་དམིགས་པ་དེ་ལྟར་དགོངས་པ་མཛད་དོ། །རྒྱུན་ཏུ་ཞུགས་པའི་འབྲས་བུ་སྤྱོད་པ་ལ་དགོངས་པ་མཛད་དེ། ཅི་ནས་ཀྱང་རྒྱུན་ཏུ་ཞུགས་པའི་འབྲས་བུ་མི་དམིགས་པ་དེ་ལྟར་དགོངས་པ་མཛད་དོ། །ལན་ཅིག་ཕྱིར་འོང་བའི་འབྲས་བུ་སྤྱོད་པ་ལ་དགོངས་པ་མཛད་དེ(༡)། ཅི་ནས་ཀྱང་ལན་ཅིག་ཕྱིར་འོང་བའི་འབྲས་བུ་མི་དམིགས་པ་དེ་ལྟར་དགོངས་པ་མཛད་དོ། །ཕྱིར་མི་འོང་བའི་འབྲས་བུ་སྤྱོད་པ་ལ་དགོངས་པ་མཛད་དེ། ཅི་ནས་ཀྱང་ཕྱིར་མི་འོང་བའི་འབྲས་བུ་མི་དམིགས་པ་དེ་ལྟར་དགོངས་པ་མཛད་དོ། །དགྲ་བཅོམ་པ་ཉིད་སྤྱོད་པ་ལ་དགོངས་པ་མཛད་དེ། ཅི་ནས་ཀྱང་དགྲ་བཅོམ་པ་ཉིད་མི་དམིགས་པ་དེ་ལྟར་དགོངས་པ་མཛད་དོ། །རང་བྱང་ཆུབ་སྤྱོད་པ་ལ་དགོངས་པ་མཛད་དེ། ཅི་ནས་ཀྱང་རང་བྱང་ཆུབ་མི་དམིགས་པ་དེ་ལྟར་དགོངས་པ་མཛད་དོ། །ལམ་གྱི་རྣམ་(༢)པ་ཤེས་པ་ཉིད་སྤྱོད་པ་ལ་དགོངས་པ་མཛད་དེ(༣)། ཅི་ནས་ཀྱང་ལམ་གྱི་རྣམ་པ་ཤེས་པ་(༤)ཉིད་མི་དམིགས་པ་དེ་ལྟར་དགོངས་པ་མཛད་དོ། །རྣམ་པ་ཐམས་ཅད་མཁྱེན་པ་ཉིད་སྤྱོད་པ་ལ་དགོངས་པ་མཛད་དེ། ཅི་ནས་ཀྱང་རྣམ་པ་ཐམས་ཅད་མཁྱེན་པ་ཉིད་མི་དམིགས་པ་དེ་ལྟར་དགོངས་པ་མཛད་དོ། །དེ་ལྟར་མི་དམིགས་པའི་བྱང་ཆུབ་སེམས་དཔའ་སེམས་དཔའ་ཆེན་པོ་ལ་དགོངས་པ་མཛད་དོ།། །།(༥)

ཤེས་རབ་ཀྱི་ཕ་རོལ་ཏུ་ཕྱིན་པ་སྟོང་ཕྲག་བརྒྱ་པ། ཿབམ་པོ་བདུན་པ།(༦)

རབ་འབྱོར་གཞན་ཡང་སངས་རྒྱས་བཅོམ་ལྡན་འདས་རྣམས་ནི་བྱང་ཆུབ་སེམས་དཔའ་སེམས་དཔའ་ཆེན་པོ་ལ་གཟུགས་སུ་དགོངས་པ་མི་མཛད་དོ། །ཚོར་བར་དགོངས་པ་མི་མཛད་དོ། །འདུ་ཤེས་སུ་དགོངས་པ་མི་མཛད་དོ། །འདུ་བྱེད་དུ་

དགོངས་པ་མི་མཛད་དོ། །རྣམ་པར་ཤེས་པར་དགོངས་པ་མི་མཛད་དོ། །མིག་ཏུ་དགོངས་པ་མི་མཛད་དོ། །རྣ་བར་དགོངས་པ་མི་མཛད་དོ། །སྣར་དགོངས་པ་མི་མཛད་དོ། །ལྗེར་དགོངས་པ་མི་མཛད་དོ། །ལུས་སུ་དགོངས་པ་མི་མཛད་དོ༑ །ཡིད་དུ་དགོངས་པ་མི་མཛད་དོ། །གཟུགས་སུ་དགོངས་པ་མི་མཛད་དོ། །སྒྲར་དགོངས་པ་མི་མཛད་དོ། །དྲིར་དགོངས་པ་མི་མཛད་དོ། །རོར་དགོངས་པ་མི་མཛད་དོ། །རེག་ཏུ་དགོངས་པ་མི་མཛད་དོ། །ཆོས་སུ་དགོངས་པ་མི་མཛད་དོ། །མིག་གི་རྣམ་པར་ཤེས་པར་དགོངས་པ་མི་མཛད་དོ། །རྣ་བའི་རྣམ་པར་ཤེས་པར་དགོངས་པ་མི་མཛད་དོ། །སྣའི་རྣམ་པར་ཤེས་པར་དགོངས་པ་མི་མཛད་དོ། །ལྗེའི་རྣམ་པར་ཤེས་པར་དགོངས་པ་མི་མཛད་དོ། །ལུས་ཀྱི་རྣམ་པར་ཤེས་པར་དགོངས་པ་[1]མི་མཛད་དོ། །ཡིད་ཀྱི་རྣམ་པར་ཤེས་པར་དགོངས་པ་མི་མཛད་དོ། །མིག་གི་འདུས་ཏེ་རེག་པར་དགོངས་པ་མི་མཛད་དོ། །རྣ་བའི་འདུས་ཏེ་རེག་པར་དགོངས་པ་[2]མི་མཛད་དོ། །སྣའི་འདུས་ཏེ་རེག་པར་དགོངས་པ་མི་མཛད་དོ། །ལྗེའི་འདུས་ཏེ་རེག་པར་དགོངས་པ་མི་མཛད་དོ། །ལུས·····ཀྱི་འདུས་ཏེ་རེག་པར་དགོངས་པ་མི་མཛད་དོ། །ཡིད་ཀྱི་འདུས་ཏེ་རེག་པར·····དགོངས་པ་མི་མཛད་དོ། །མིག་གི་འདུས་ཏེ་རེག་པའི་རྐྱེན་གྱིས་ཚོར་བར·····དགོངས་པ་མི་མཛད་དོ། །རྣ་བའི་འདུས་ཏེ་རེག་པའི་རྐྱེན་གྱིས་ཚོར་བར·····དགོངས་པ་མི་མཛད་དོ། །སྣའི་འདུས་ཏེ་རེག་པའི་རྐྱེན་གྱིས་ཚོར་བར་དགོངས་པ་མི་མཛད་དོ། །ལྗེའི་འདུས་ཏེ་རེག་པའི་རྐྱེན་གྱིས་ཚོར་བར་དགོངས་པ་མི·····མཛད་དོ། །ལུས་ཀྱི་འདུས་ཏེ་རེག་པའི་རྐྱེན་གྱིས་ཚོར་བར་དགོངས་པ་མི་མཛད་དོ༑ །ཡིད་ཀྱི་འདུས་ཏེ་རེག་པའི་རྐྱེན་གྱིས་ཚོར་བར་དགོངས་པ་མི་མཛད་དོ། །སའི་ཁམས་སུ་དགོངས་པ་མི་མཛད་དོ། །ཆུའི་ཁམས་སུ་དགོངས་པ་མི་མཛད་དོ། །

མྱིའི་ཁམས་སུ་དགོངས་པ་[༡]མྱི་མཛད་དོ། །ཀླུང་གི་ཁམས་སུ་དགོངས་པ་མྱི་···· མཛད་དོ། །ནམ་མཁའི་ཁམས་སུ་དགོངས་པ་མྱི་མཛད་དོ། །རྣམ་པར་ཤེས་པའི་ཁམས་སུ་དགོངས་པ་མྱི་མཛད་དོ། །མ་རིག་པར་དགོངས་པ་མྱི་མཛད་དོ། །འདུ་བྱེད་དུ་དགོངས་པ་མྱི་མཛད་དོ། །རྣམ་པར་ཤེས་པར་དགོངས་པ་མྱི་མཛད་དོ༑ །མྱིང་དང་གཟུགས་སུ་དགོངས་པ་མྱི་མཛད་དོ། །སྐྱེ་མཆེད་དྲུག་ཏུ···· དགོངས་པ་མྱི་མཛད་དོ། །རེག་པར་དགོངས་པ་[༢]མྱི་མཛད་དོ། །ཚོར་བར་དགོངས་པ་མྱི་མཛད་དོ། །སྲིད་པར་དགོངས་པ་མྱི་མཛད་དོ། །ལེན་པར་དགོངས་པ་མྱི་མཛད་དོ། །སྲིད་པར་དགོངས་པ་མྱི་མཛད་དོ། །སྐྱེ་བར···· དགོངས་པ་མྱི་མཛད་དོ། །ཀ་ཤིར་དགོངས་པ་མྱི་མཛད་དོ། །སྦྱིན་པའི་ཕ···· རོལད་ཏུ་ཕྱིན་པར་[༣]དགོངས་པ་མྱི་མཛད་དོ། །ཚུལ་ཁྲིམས་ཀྱི་ཕ་རོལ་ཏུ་ཕྱིནད་པར་[༤]དགོངས་པ་མྱི་མཛད་དོ། །བཟོད་པའི་ཕ་རོལ་ཏུ་ཕྱིན་པར་[༥]དགོངས་པ་མྱི་མཛད་དོ། །བརྩོན་འགྲུས་ཀྱི་ཕ་རོལ་ཏུ་ཕྱིན་པར་[༦]དགོངས་པ་མི་མཛད་དོ། །བསམ་གཏན་གྱི་ཕ་རོལ་ཏུ་ཕྱིན་པར་[༧]དགོངས་པ་མྱི་མཛད་དོ། །ཤེས་རབ་ཀྱི་ཕ་རོལ་ཏུ་ཕྱིནད་པར་[༨]དགོངས་པ་མྱི་མཛད་དོ། །ནང་སྟོང་པ་ཉིད་དུ་དགོངས་པ་[༩]མྱི་མཛད་དོ། །ཕྱི་སྟོང་པ་ཉིད་དུ་དགོངས་པ་མྱི་མཛད་དོ། །ཕྱི་ནང་སྟོང་པ་ཉིད་དུ་དགོངས་པ་མྱི་མཛད་དོ། །སྟོང་པ་ཉིད་སྟོང་པ་ཉིད་དུ་དགོངས་པ་མྱི···· མཛད་དོ། །ཆེན་པོ་སྟོང་པ་ཉིད་དུ་དགོངས་པ་མྱི་མཛད་དོ། །དོན་དམ་པ་སྟོང་པ་ཉིད་དུ་དགོངས་པ་མྱི་མཛད་དོ། །འདུས་བྱས་སྟོང་པ་ཉིད་དུ་དགོངས་པ་མྱི་མཛད་དོ། །འདུས་མ་བྱས་སྟོང་པ་ཉིད་དུ་དགོངས་པ་མྱི་མཛད་དོ། །མཐའ་ལས་འདས་པ་སྟོང་པ་ཉིད་དུ་དགོངས་པ་མྱི་མཛད་དོ། །ཐོག་མ་དང་ཐ་མ་མྱེད་པ་སྟོང་པ་ཉིད་དུ་དགོངས་པ་མྱི་མཛད་དོ། །དོར་བ་མྱེད་པ་སྟོང་པ་ཉིད་དུ····

དགོངས་པ་མི་མཛད་དོ། །རང་བཞིན་སྟོང་པ་ཉིད་དུ་དགོངས་པ་མི་མཛད་དོ། །
ཆོས་ཐམས་ཅད་སྟོང་པ་ཉིད་དུ་དགོངས་པ་མི་མཛད་དོ། །རང་གི་མཚན་ཉིད་
སྟོང་པ་ཉིད་དུ་དགོངས་པ་མི་མཛད་དོ། །མི་དམིགས་པ་སྟོང་པ་ཉིད་དུ་དགོངས་
པ་མི་མཛད་དོ། །དངོས་པོ་མེད་པ་སྟོང་པ་ཉིད་དུ་དགོངས་པ་མི་མཛད་དོ། །
ངོ་བོ་ཉིད་སྟོང་པ་ཉིད་དུ་དགོངས་པ་མི་མཛད་དོ། །དངོས་པོ་མེད་པའི་ངོ་བོ····
ཉིད་སྟོང་པ་ཉིད་དུ་དགོངས་པ་མི་མཛད་དོ། །དྲན་པ་ཉེ་བར་གཞག་པར·····
དགོངས་པ་མི་མཛད་དོ། །ཡང་དག་པར་སྤོང་བར་དགོངས་པ་མི་མཛད་དོ། །
རྫུ་འཕྲུལ་གྱི་རྐང་པར་དགོངས་པ་མི་མཛད་དོ། །དབང་པོར་དགོངས་པ་མི····
མཛད་དོ། །སྟོབས་སུ་དགོངས་པ་མི་མཛད་དོ། །བྱང་ཆུབ་ཀྱི་ཡན་ལག་ཏུ་
དགོངས་པ་མི་མཛད་དོ། །ལམ་དུ་དགོངས་པ་མི་མཛད་དོ། །འཕགས་པའི་
བདེན་པར་དགོངས་པ་མི་མཛད་དོ། །བསམ་གཏན་དུ་དགོངས་པ་མི་མཛད་དོ། །
ཚད་མེད་པར་དགོངས་པ་མི་མཛད་དོ། །གཟུགས་མེད་པའི་སྙོམས་པར་འཇུག་
པར་[1]དགོངས་པ་མི་མཛད་དོ། །རྣམ་པར་ཐར་པར་དགོངས་པ་མི་མཛད་དོ། །
མཐར་གྱིས་[2]གནས་པའི་སྙོམས་པར་འཇུག་པར་དགོངས་པ་མི་མཛད་དོ། །སྟོང་
པ་ཉིད་དུ་དགོངས་པ་མི་མཛད་དོ། །མཚན་མ་མེད་པར་དགོངས་པ་མི་མཛད་དོ།།
སྨོན་པ་མེད་པར་དགོངས་པ་མི་མཛད་དོ། །མངོན་པར་ཤེས་པར་དགོངས་པ་མི་
མཛད་དོ། །ཏིང་ངེ་འཛིན་ཏུ་དགོངས་པ་མི་མཛད་དོ། །གཟུངས་ཀྱི་སྒོར་[3]
དགོངས་པ་མི་མཛད་དོ། །དེ་བཞིན་གཤེགས་པའི་སྟོབས་སུ་དགོངས་པ་མི་མཛད་
དོ༑ །མི་འཇིགས་པར་དགོངས་པ་མི་མཛད་དོ། །སོ་སོ་ཡང་དག་པར་རིག་པར་
དགོངས་པ་མི་མཛད་དོ། །བྱམས་པ་ཆེན་པོར་དགོངས་པ་མི་མཛད་དོ། །སྙིང་
རྗེ་ཆེན་པོར་དགོངས་པ་མི་མཛད་དོ། །སངས་རྒྱས་ཀྱི་ཆོས་མ་འདྲེས་པར····

དགོངས་པ་མི་མཛད་དོ། །རྒྱུན་ཏུ་ཞུགས་པའི་འབྲས་བུར་དགོངས་པ་མི་མཛད་དོ། །ལན་ཅིག་ཕྱིར་འོང་བའི་འབྲས་བུར་དགོངས་པ་མི་མཛད་དོ། །ཕྱིར་མི་འོང་བའི་འབྲས་①བུར་དགོངས་པ་མི་མཛད་དོ། །དགྲ་བཅོམ་པ་ཉིད་དུ་དགོངས་པ་མི་མཛད་དོ། །རང་བྱང་ཆུབ་ཏུ་དགོངས་པ་མི་མཛད་དོ། །ལམ་གྱི་རྣམ་པ་ཤེས་པ་ཉིད་དུ་དགོངས་པ་མི་མཛད་དོ། །རྣམ་པ་ཐམས་ཅད་མཁྱེན་པ་ཉིད་དུ་དགོངས་པ་མི་མཛད་དོ། །གསོལ་པ། བཅོམ་ལྡན་འདས་བྱང་ཆུབ་སེམས་དཔའ་སེམས་དཔའ་ཆེན་པོས། གནས་མང་པོར་ཡང་བསླབ་པར་བགྱི་ལ་གང་ལ་ཡང་བསླབ་པར་མི་བགྱིའོ། །བཅོམ་ལྡན་འདས་ཀྱིས་བཀའ་སྩལ་པ། རབ་འབྱོར་དེ་དེ་བཞིན་ནོ། །དེ་②དེ་བཞིན་ཏེ། བྱང་ཆུབ་སེམས་དཔའ་སེམས་དཔའ་ཆེན་པོས། གནས་མང་པོར་ཡང་བསླབ་པར་བྱ་སྟེ། གང་ལ་ཡང་བསླབ་པར་མི་བྱའོ། །དེ་③ཅིའི་ཕྱིར་ཞེ་ན། དེ་ནི་འདི་ལྟར་གང་ལ་བྱང་ཆུབ་སེམས་དཔའ་སེམས་དཔའ་ཆེན་པོས། ④བསླབ་པར་བྱ་བའི་ཆོས་དེ་དག་མི་དམིགས་སོ།། གསོལ་པ། བཅོམ་ལྡན་འདས་དེ་ལྟར་དེ་བཞིན་གཤེགས་པས་ཆོས་འདི་དག་མདོ་དང་རྒྱས་པར་བསྟན་ན། དེ་ལ་བྱང་ཆུབ་སེམས་དཔའ་སེམས་དཔའ་ཆེན་པོ····ཟླ་ན་མེད་པ་ཡང་དག་པར་རྫོགས་པའི་བྱང་ཆུབ་ཏུ་མངོན་པར་⑤འཚང་རྒྱ་བར····འཚལ་བས་⑥ཕ་རོལ་ཏུ་ཕྱིན་པ་དྲུག་པོ་འདི་དག་མདོ་དང་རྒྱས་པར་ཀུན་ཆུབ་པར་··བགྱིའོ། །ཀུན་ཆུབ་པར་བགྱིས་ནས། ཚིག་གིས་ཤིན་ཏུ་གོམས་པར་བགྱིའོ། །ཚིག་གིས་ཤིན་ཏུ་གོམས་པར་བགྱིས་ནས། ཡིད་ཀྱིས་རྟོགས་པར་བགྱིའོ། །ཿདེ་འདི་⑦ཅི་ནས་ཀྱང་སེམས་དང་སེམས་ལས་བྱུང་བའི་ཆོས་མི་རྒྱུ་བ་དེ་ལྟར་རྟོགས····པར་བགྱིའོ། །བཅོམ་ལྡན་འདས་ཀྱིས་བཀའ་སྩལ་པ། རབ་འབྱོར་དེ་དེ་བཞིན་ནོ། །དེ་དེ་བཞིན་ཏེ། ཕ་རོལ་ཏུ་ཕྱིན་པ་དྲུག་པོ་མདོ་དང་རྒྱས་པར་བསྟན་པ་

འདི་དག་ལ་སློབ་[1]པའི་བྱང་ཆུབ་སེམས་དཔའ་སེམས་དཔའ་ཆེན་པོ་ནི། ཆོས་ཐམས་ཅད་ཀྱི་མདོ་དང་རྒྱས་པ་ཤེས་པར་འགྱུར་རོ། །གསོལ་པ། བཅོམ་ལྡན་འདས་ཇི་ལྟར་ན་བྱང་ཆུབ་སེམས་དཔའ་སེམས་དཔའ་[2]ཆེན་པོ་ཆོས་ཐམས་ཅད་ཀྱི་མདོ་དང་རྒྱས་པ་[3]འཚལ་བར་འགྱུར་བ་ལགས[4]། བཅོམ་ལྡན་འདས་ཀྱིས་བཀའ་སྩལ་པ། གཟུགས་ཀྱི་དེ་བཞིན་ཉིད་ཤེས་ན། ཆོས་ཐམས་ཅད་ཀྱི་མདོ་དང་རྒྱས་པ་ཤེས་པར་འགྱུར་རོ། །ཚོར་བའི་དེ་བཞིན་ཉིད་ཤེས་ན། ཆོས་ཐམས་ཅད་ཀྱི་མདོ་དང་རྒྱས་པ་ཤེས་པར་འགྱུར་རོ། །འདུ་ཤེས་[5]ཀྱི་དེ་བཞིན་ཉིད་ཤེས་ན། ཆོས་ཐམས་ཅད་ཀྱི་མདོ་དང་རྒྱས་པ་ཤེས་པར་འགྱུར་རོ། །འདུ་བྱེད་ཀྱི་དེ་བཞིན་ཉིད་ཤེས་ན། ཆོས་ཐམས་ཅད་ཀྱི་མདོ་དང་རྒྱས་པ་ཤེས་པར་འགྱུར་རོ། །རྣམ་པར་ཤེས་པའི་དེ་བཞིན་ཉིད་ཤེས་ན། ཆོས་ཐམས་ཅད་ཀྱི་མདོ་དང་རྒྱས་པ་[6]ཤེས་པར་འགྱུར་རོ། །མིག་གི་དེ་བཞིན་ཉིད་ཤེས་ན། ཆོས་ཐམས་ཅད་ཀྱི་མདོ་དང་རྒྱས་པ་ཤེས་པར་འགྱུར་རོ། །རྣ་བའི་དེ་བཞིན་ཉིད་[7]ཤེས་ན། ཆོས་ཐམས་ཅད་ཀྱི་མདོ་དང་རྒྱས་པ་[8]ཤེས་པར་འགྱུར་རོ། །སྣའི་དེ་བཞིན་ཉིད་ཤེས་ན། ཆོས་ཐམས་ཅད་ཀྱི་མདོ་དང་རྒྱས་པ་ཤེས་པར་འགྱུར་རོ། །ལྗེའི་དེ་བཞིན་ཉིད་ཤེས་ན། ཆོས་ཐམས་ཅད་ཀྱི་མདོ་དང་རྒྱས་པ་[9]ཤེས་པར་འགྱུར་རོ། །ལུས་ཀྱི་དེ་བཞིན་ཉིད་ཤེས་ན། ཆོས་ཐམས་ཅད་ཀྱི་མདོ་དང་རྒྱས་པ་ཤེས་པར་འགྱུར་རོ།། ཡིད་ཀྱི་དེ་བཞིན་ཉིད་ཤེས་ན། ཆོས་ཐམས་ཅད་ཀྱི་མདོ་དང་རྒྱས་པ་ཤེས་པར་འགྱུར་རོ། །གཟུགས་ཀྱི་དེ་བཞིན་ཉིད་ཤེས་ན། ཆོས་ཐམས་ཅད་ཀྱི་མདོ་དང་རྒྱས་པ་ཤེས་པར་འགྱུར་རོ། །སྒྲའི་དེ་བཞིན་ཉིད་ཤེས་ན། ཆོས་ཐམས་ཅད་ཀྱི་མདོ་དང་རྒྱས་པ་ཤེས་པར་འགྱུར་རོ། །དྲིའི་དེ་བཞིན་ཉིད་ཤེས་ན། ཆོས་ཐམས་ཅད་ཀྱི་མདོ་དང་རྒྱས་པ་ཤེས་པར་འགྱུར་རོ། །རོའི་དེ་བཞིན་ཉིད་ཤེས་ན།

ཆོས་ཐམས་ཅད་ཀྱི་མདོ་དང་རྒྱས་པ་ཤེས་པར་འགྱུར་རོ། །རེག་གི་དེ་བཞིན་ཉིད་ཤེས་[1]ན། ཆོས་ཐམས་ཅད་ཀྱི་མདོ་དང་རྒྱས་པ་ཤེས་པར་འགྱུར་རོ། །ཆོས་ཀྱི་དེ་བཞིན་ཉིད་ཤེས་ན། ཆོས་ཐམས་ཅད་ཀྱི་མདོ་དང་རྒྱས་པ་ཤེས་པར་འགྱུར་རོ།། མིག་གི་རྣམ་པར་ཤེས་པའི་དེ་བཞིན་ཉིད་ཤེས་ན། ཆོས་ཐམས་ཅད་ཀྱི་མདོ་དང་རྒྱས་པ་ཤེས་པར་འགྱུར་རོ། །རྣ་བའི་རྣམ་པར་ཤེས་པའི་དེ་བཞིན་ཉིད་ཤེས་ན། ཆོས་ཐམས་ཅད་ཀྱི་མདོ་དང་རྒྱས་པ་ཤེས་པར་འགྱུར་རོ། །སྣའི་རྣམ་པར་ཤེས་པའི་དེ་བཞིན་ཉིད་ཤེས་ན། ཆོས་ཐམས་ཅད་ཀྱི་མདོ་དང་རྒྱས་པ་ཤེས་པར······འགྱུར་རོ། །ལྕེའི་རྣམ་པར་ཤེས་པའི་དེ་བཞིན་ཉིད་ཤེས་ན། ཆོས་ཐམས་ཅད་ཀྱི་མདོ་དང་རྒྱས་པ་ཤེས་པར་འགྱུར་རོ། །ལུས་ཀྱི་རྣམ་པར་ཤེས་པའི་དེ་བཞིན་ཉིད་ཤེས་ན། ཆོས་ཐམས[2]ཅད་ཀྱི་མདོ་དང་རྒྱས་པ་ཤེས་པར་འགྱུར་རོ། །ཡིད་ཀྱི་རྣམ་པར་ཤེས་པའི་དེ་བཞིན་ཉིད་ཤེས་ན། ཆོས་ཐམས་ཅད་ཀྱི་མདོ་དང་རྒྱས་པ་ཤེས་པར་འགྱུར་རོ། །མིག་གི་འདུས་ཏེ་རེག་པའི་དེ་བཞིན་ཉིད་ཤེས་ན། ཆོས་ཐམས་ཅད་ཀྱི་མདོ་དང་རྒྱས་པ་ཤེས་པར་འགྱུར་རོ། །རྣ་བའི་འདུས་ཏེ་[3]རེག་པའི་དེ་བཞིན་ཉིད་ཤེས་ན། ཆོས་ཐམས་ཅད་ཀྱི་མདོ་དང་རྒྱས་པ་ཤེས་པར་འགྱུར་རོ། །སྣའི་འདུས་ཏེ་རེག་པའི་དེ་བཞིན་ཉིད་ཤེས་ན། ཆོས་ཐམས་ཅད་ཀྱི་མདོ་དང་རྒྱས་པ་ཤེས་པར་འགྱུར་རོ། །ལྕེའི་འདུས་ཏེ་རེག་པའི་དེ་བཞིན་ཉིད་ཤེས་ན། ཆོས་ཐམས་ཅད་ཀྱི་མདོ་དང་རྒྱས་པ་ཤེས་པར་འགྱུར་རོ། །ལུས་ཀྱི་འདུས་ཏེ་རེག་པའི་དེ་བཞིན་ཉིད་ཤེས་ན། ཆོས་ཐམས་ཅད་ཀྱི་མདོ་དང་རྒྱས་པ་ཤེས་པར་འགྱུར་རོ། །ཡིད་ཀྱི་འདུས་ཏེ་རེག་པའི་དེ་བཞིན་ཉིད་ཤེས་ན། ཆོས་ཐམས་ཅད་ཀྱི་མདོ་དང་རྒྱས་པ་ཤེས་པར་འགྱུར་རོ། །མིག་གི་འདུས་ཏེ་རེག་པའི་རྐྱེན་གྱིས་ཚོར་བའི་དེ་བཞིན་ཉིད་ཤེས་ན། ཆོས་ཐམས་ཅད་ཀྱི་མདོ་དང་རྒྱས་པ་[4]

ཤེས་པར་འགྱུར་རོ། །རྣ་བའི་འདུས་ཏེ་རེག་པའི་རྐྱེན་གྱིས་ཚོར་བའི་དེ་བཞིན་ཉིད་ཤེས་ན། ཆོས་ཐམས་ཅད་ཀྱི་མདོ་དང་རྒྱས་པ་ཤེས་པར་འགྱུར་རོ། །སྣའི་འདུས་ཏེ་རེག་པའི་རྐྱེན་གྱིས་ཚོར་བའི་དེ་བཞིན་ཉིད་ཤེས་ན། ཆོས་ཐམས་ཅད་ཀྱི་མདོ་དང་རྒྱས་པ་ཤེས་པར་འགྱུར་རོ། །ལྕེའི་འདུས་ཏེ་རེག་པའི་རྐྱེན་གྱིས་ཚོར་བའི་དེ་བཞིན་ཉིད་ཤེས་ན། ཆོས་ཐམས་ཅད་①ཀྱི་མདོ་དང་རྒྱས་པ་ཤེས་པར་····འགྱུར་རོ། །ལུས་ཀྱི་འདུས་ཏེ་རེག་པའི་རྐྱེན་གྱིས་ཚོར་བའི་དེ་བཞིན་ཉིད་ཤེས་ན། ཆོས་ཐམས་ཅད་ཀྱི་མདོ་དང་རྒྱས་པ་ཤེས་པར་འགྱུར་རོ། །ཡིད་ཀྱི་འདུས་ཏེ་རེག་པའི་རྐྱེན་གྱིས་ཚོར་བའི་དེ་བཞིན་ཉིད་ཤེས་ན། ཆོས་ཐམས་ཅད་②ཀྱི་མདོ་དང་རྒྱས་པ་ཤེས་པར་འགྱུར་རོ། །སའི་ཁམས་ཀྱི་དེ་བཞིན་ཉིད་ཤེས་ན། ཆོས་ཐམས་ཅད་ཀྱི་མདོ་དང་རྒྱས་པ་ཤེས་པར་འགྱུར་རོ། །ཆུའི་ཁམས་ཀྱི་དེ་བཞིན་ཉིད་ཤེས་ན། ཆོས་ཐམས་ཅད་ཀྱི་མདོ་དང་རྒྱས་པ་ཤེས་པར་འགྱུར་རོ། །མེའི་ཁམས་ཀྱི་དེ་བཞིན་ཉིད་ཤེས་ན། ཆོས་ཐམས་ཅད་ཀྱི་མདོ་དང་རྒྱས་པ་ཤེས་པར་འགྱུར་རོ། །རླུང་གི་ཁམས་ཀྱི་དེ་བཞིན་ཉིད་ཤེས་ན། ཆོས་ཐམས་ཅད་ཀྱི་མདོ་དང་རྒྱས་པ་ཤེས་པར་འགྱུར་རོ། །ནམ་མཁའི་ཁམས་ཀྱི་དེ་བཞིན་ཉིད་ཤེས་ན། ཆོས་ཐམས་ཅད་ཀྱི་མདོ་དང་རྒྱས་པ་ཤེས་པར་འགྱུར་རོ། །རྣམ་པར་ཤེས་པའི་ཁམས་ཀྱི་དེ་བཞིན་ཉིད་ཤེས་ན། ཆོས་ཐམས་ཅད་ཀྱི་མདོ་དང་རྒྱས་པ་ཤེས་པར་འགྱུར་རོ། །མ་རིག་པའི་དེ་བཞིན་ཉིད་ཤེས་ན། ཆོས་ཐམས་ཅད་ཀྱི་མདོ་དང་རྒྱས་པ་ཤེས་པར་འགྱུར་རོ། །འདུ་བྱེད་ཀྱི་དེ་བཞིན་ཉིད་ཤེས་ན། ཆོས་ཐམས་ཅད་ཀྱི་མདོ་དང་རྒྱས་པ་ཤེས་པར་འགྱུར་རོ། །རྣམ་པར་ཤེས་པའི་དེ་བཞིན་ཉིད་ཤེས་ན། ཆོས་ཐམས་ཅད་ཀྱི་མདོ་དང་རྒྱས་པ་③ཤེས་པར་འགྱུར་རོ། །མིང་དང་གཟུགས་ཀྱི་དེ་བཞིན་ཉིད་ཤེས་ན། ཆོས་ཐམས་ཅད་ཀྱི་མདོ་དང་རྒྱས་པ་ཤེས····

པར་①འགྱུར་རོ། །སྐྱེ་མཆེད་དྲུག་གི་དེ་བཞིན་ཉིད་ཤེས་ན། ཆོས་ཐམས་ཅད་ཀྱི་མདོ་དང་རྒྱས་པ་②ཤེས་པར་འགྱུར་རོ། །རེག་པའི་དེ་བཞིན་ཉིད་ཤེས་ན། ཆོས་ཐམས་ཅད་ཀྱི་མདོ་དང་རྒྱས་པ་ཤེས་པར་འགྱུར་རོ། །ཚོར་བའི་དེ་བཞིན་ཉིད་ཤེས་ན། ཆོས་ཐམས་ཅད་ཀྱི་མདོ་དང་རྒྱས་པ་ཤེས་པར་འགྱུར་རོ། །སྲེད་པའི་དེ་བཞིན་ཉིད་ཤེས་ན། ཆོས་ཐམས་ཅད་ཀྱི་མདོ་དང་རྒྱས་པ་ཤེས་པར་འགྱུར་རོ། །ལེན་པའི་དེ་བཞིན་ཉིད་ཤེས་ན། ཆོས་ཐམས་ཅད་ཀྱི་མདོ་དང་རྒྱས་པ་ཤེས་པར་འགྱུར་རོ། །སྲིད་པའི་དེ་བཞིན་ཉིད་ཤེས་ན། ཆོས་ཐམས་ཅད་ཀྱི་མདོ་དང་རྒྱས་པ་ཤེས་པར་འགྱུར་རོ། །སྐྱེ་བའི་དེ་བཞིན་ཉིད་ཤེས་ན། ཆོས་ཐམས་ཅད་ཀྱི་མདོ་དང་རྒྱས་པ་ཤེས་པར་འགྱུར་རོ། །རྒ་ཤིའི་དེ་བཞིན་ཉིད་ཤེས་ན། ཆོས་ཐམས་ཅད་ཀྱི་མདོ་དང་རྒྱས་པ་ཤེས་པར་འགྱུར་རོ། །སྦྱིན་པའི་ཕ་རོལ་ཏུ་ཕྱིན་པའི་དེ་བཞིན་ཉིད་ཤེས་ན། ཆོས་ཐམས་ཅད་ཀྱི་མདོ་དང་རྒྱས་པ་ཤེས་པར་འགྱུར་རོ། །ཚུལ་ཁྲིམས་ཀྱི་ཕ་རོལ་ཏུ་ཕྱིན་པའི་དེ་བཞིན་ཉིད་ཤེས་ན། ཆོས་ཐམས་ཅད་ཀྱི་མདོ་དང་རྒྱས་པ་ཤེས་པར་འགྱུར་རོ། །བཟོད་པའི་ཕ་རོལ་ཏུ་ཕྱིན་པའི་དེ་བཞིན་ཉིད་ཤེས་ན། ཆོས་ཐམས་ཅད་ཀྱི་མདོ་དང་རྒྱས་པ་ཤེས་པར་འགྱུར་རོ། །བརྩོན་འགྲུས་ཀྱི་ཕ་རོལ་ཏུ་ཕྱིན་པའི་དེ་བཞིན་ཉིད་ཤེས་ན། ཆོས་ཐམས་ཅད་ཀྱི་མདོ་དང་རྒྱས་པ་ཤེས་པར་འགྱུར་རོ། །བསམ་གཏན་གྱི་ཕ་རོལ་ཏུ་ཕྱིན་པའི་དེ་བཞིན་ཉིད་ཤེས་ན། ཆོས་ཐམས་ཅད་ཀྱི་མདོ་དང་རྒྱས་པ་ཤེས་པར་འགྱུར་རོ། །ཤེས་རབ་ཀྱི་ཕ་རོལ་ཏུ་ཕྱིནད་པའི་དེ་བཞིན་ཉིད་ཤེས་ན། ཆོས་ཐམས་ཅད་ཀྱི་མདོ་དང་རྒྱས་པ་ཤེས་པར་འགྱུར་རོ། །ནང་སྟོང་པ་ཉིད་ཀྱི་དེ་བཞིན་ཉིད་ཤེས་ན། ཆོས་ཐམས་ཅད་ཀྱི་མདོ་དང་རྒྱས་པ་③ཤེས་པར་འགྱུར་རོ། །ཕྱི་སྟོང་པ་ཉིད་ཀྱི་དེ་བཞིན་ཉིད་ཤེས་ན། ཆོས་ཐམས་ཅད་ཀྱི་མདོ་དང་རྒྱས་པ་

ཤེས་པར་འགྱུར་རོ། །ཕྱི་ནང་སྟོང་པ་ཉིད་ཀྱི་དེ་བཞིན་ཉིད་ཤེས་ན། ཆོས་ཐམས་ཅད་ཀྱི་མདོ་དང་རྒྱས་པ་ཤེས་པར་འགྱུར་རོ། །སྟོང་པ་ཉིད་སྟོང་པ་ཉིད་ཀྱི་དེ་བཞིན་ཉིད་ཤེས་ན། ཆོས་ཐམས་ཅད་ཀྱི་མདོ་དང་རྒྱས་པ་ཤེས་པར་འགྱུར་རོ།། ཆེན་པོ་སྟོང་པཿཉིད་ཀྱི་དེ་བཞིན་(༡)ཉིད་ཤེས་ན། ཆོས་ཐམས་ཅད་ཀྱི་མདོ་དང་རྒྱས་པ་ཤེས་པར་འགྱུར་རོ། །དོན་དམ་པ་སྟོང་པ་ཉིད་ཀྱི་དེ་བཞིན་ཉིད་ཤེས་ན། ཆོས་ཐམས་ཅད་ཀྱི་མདོ་དང་རྒྱས་པ་ཤེས་པར་འགྱུར་རོ། །འདུས་བྱས་སྟོང་པ་ཉིད་ཀྱི་དེ་བཞིན་ཉིད་ཤེས་ན། ཆོས་ཐམས་ཅད་ཀྱི་མདོ་དང་རྒྱས་པ་ཤེས་པར་འགྱུར་རོ། །འདུས་མ་བྱས་སྟོང་པ་ཉིད་ཀྱི་དེ་བཞིན་ཉིད་ཤེས་ན། ཆོས་ཐམས་ཅད་ཀྱི་མདོ་དང་རྒྱས་པ་ཤེས་པར་འགྱུར་རོ། །མཐའ་ལས་འདས་པ་སྟོང་པ་ཉིད་ཀྱི་དེ་བཞིན་ཉིད་ཤེས་ན། ཆོས་ཐམས་ཅད་ཀྱི་མདོ་དང་རྒྱས་པ་ཤེས་པར་འགྱུར་རོ༑ །ཐོག་མ་དང་ཐ་མ་མེད་པ་(༣)སྟོང་པ་ཉིད་ཀྱི་དེ་བཞིན་ཉིད་ཤེས་ན། ཆོས་ཐམས་ཅད་ཀྱི་མདོ་དང་རྒྱས་པ་ཤེས་པར་འགྱུར་རོ། །དོར་བ་མེད་པ་སྟོང་པ་ཉིད་ཀྱི་དེ་བཞིན་ཉིད་ཤེས་ན། ཆོས་ཐམས་ཅད་ཀྱི་མདོ་དང་རྒྱས་པ་ཤེས་པར་འགྱུར་རོ༑ །རང་བཞིན་སྟོང་པ་ཉིད་ཀྱི་དེ་བཞིན་ཉིད་ཤེས་ན། ཆོས་ཐམས་ཅད་ཀྱི་མདོ་དང་རྒྱས་པ་ཤེས་པར་འགྱུར་རོ། །ཆོས་ཐམས་ཅད་སྟོང་པ་ཉིད་ཀྱི་དེ་བཞིན་ཉིད་ཤེས་ན། ཆོས་ཐམས་ཅད་ཀྱི་མདོ་དང་རྒྱས་པ་ཤེས་པར་འགྱུར་རོ། །རང་གི་མཚན་ཉིད་སྟོང་པ་ཉིད་ཀྱི་དེ་བཞིན་ཉིད་ཤེས་ན། ཆོས་ཐམས་ཅད་ཀྱི་མདོ་དང་རྒྱས་པ་ཤེས་པར་འགྱུར་རོ། །མི་དམིགས་པ་སྟོང་པ་ཉིད་ཀྱི་དེ་བཞིན་ཉིད་ཤེས་ན། ཆོས་ཐམས་ཅད་ཀྱི་མདོ་དང་རྒྱས་པ་ཤེས་པར་འགྱུར་རོ། །དངོས་པོ་མེད་པ་སྟོང་པ་ཉིད་ཀྱི་དེ་བཞིན་ཉིད་ཤེས་ན། ཆོས་ཐམས་ཅད་ཀྱི་མདོ་དང་རྒྱས་པ་ཤེས་པར་འགྱུར་རོ། །ངོ་བོ་ཉིད་སྟོང་པ་ཉིད་ཀྱི་དེ་བཞིན་ཉིད་ཤེས་ན། ཆོས་

ཐམས་ཅད་ཀྱི་མདོ་དང་རྒྱུས་པ་ཤེས་པར་འགྱུར་རོ། །དངོས་པོ་མེད་པའི་ངོ་བོ་ཉིད་སྟོང་པ་ཉིད་ཀྱི་དེ་བཞིན་ཉིད་ཤེས་ན། ཆོས་ཐམས་ཅད་ཀྱི་མདོ་དང་རྒྱུས་པ་ཤེས་པར་འགྱུར་རོ། །དྲན་པ་ཉེ་བར་གཞག་པ་རྣམས་ཀྱི་དེ་བཞིན་ཉིད་ཤེས་ན། ཆོས་ཐམས་ཅད་ཀྱི་མདོ་དང་རྒྱུས་པ་ཤེས་པར་འགྱུར་རོ། །ཡང་དག་པར་སྤོང་བ་རྣམས་ཀྱི་དེ་བཞིན་ཉིད་ཤེས་ན། ཆོས་ཐམས་ཅད་ཀྱི་མདོ་དང་རྒྱུས་པ་ཤེས་པར་འགྱུར་རོ། །རྫུ་འཕྲུལ་གྱི་རྐང་པ་རྣམས་ཀྱི་དེ་བཞིན་ཉིད་ཤེས་ན། ཆོས་ཐམས་ཅད་ཀྱི་མདོ་དང་རྒྱུས་པ་ཤེས་པར་འགྱུར་རོ། །དབང་པོ་རྣམས་ཀྱི་དེ་བཞིན་ཉིད་ཤེས་ན། ཆོས་ཐམས་ཅད་ཀྱི་མདོ་དང་རྒྱུས་པ་ཤེས་པར་འགྱུར་རོ། །སྟོབས་རྣམས་ཀྱི་དེ་བཞིན་ཉིད་ཤེས་ན། ཆོས་ཐམས་ཅད་ཀྱི་མདོ་དང་རྒྱུས་པ་ཤེས་པར་འགྱུར་རོ། །བྱང་ཆུབ་ཀྱི་ཡན་ལག་རྣམས་ཀྱི་དེ་བཞིན་ཉིད་ཤེས་ན། ཆོས་····ཐམས་ཅད་ཀྱི་མདོ་དང་རྒྱུས་པ་ཤེས་པར་འགྱུར་རོ། །འཕགས་པའི་ལམ་ཡན་ལག་བརྒྱད་པའི་དེ་བཞིན་ཉིད་ཤེས་ན། ཆོས་ཐམས་ཅད་ཀྱི་མདོ་དང་རྒྱུས་པ····ཤེས་པར་འགྱུར་རོ། །འཕགས་པའི་བདེན་པ་རྣམས་ཀྱི་དེ་བཞིན་ཉིད་ཤེས[7]ན། ཆོས་ཐམས་ཅད་ཀྱི་མདོ་དང་རྒྱུས་པ་ཤེས་པར་འགྱུར་རོ། །བསམ་གཏན་རྣམས་ཀྱི་དེ་བཞིན་ཉིད་ཤེས་ན[8]། ཆོས་ཐམས་ཅད་ཀྱི་མདོ་དང་རྒྱུས་པ་ཤེས་པར[9]འགྱུར་རོ། །ཚད་མེད་པ་རྣམས་ཀྱི་དེ་བཞིན་ཉིད་ཤེས་ན། ཆོས་ཐམས་ཅད་ཀྱི་མདོ་དང་རྒྱུས་པ་ཤེས་པར་འགྱུར་རོ། །གཟུགས་མེད་པའི་སྙོམས་པར་འཇུག་པ་རྣམས་ཀྱི་དེ་བཞིན་ཉིད་ཤེས་ན། ཆོས་ཐམས་ཅད་ཀྱི་མདོ་དང་རྒྱུས་པ་ཤེས་པར་འགྱུར་རོ། །རྣམ་པར་ཐར་པ་རྣམས་ཀྱི་དེ་བཞིན་ཉིད་ཤེས་ན། ཆོས་ཐམས་ཅད་ཀྱི་མདོ་དང་རྒྱུས་པ་ཤེས་པར་འགྱུར་རོ། །མཐར་གྱིས་གནས་པའི་སྙོམས[10]པར་འཇུག་པ་རྣམས་ཀྱི་དེ་བཞིན་ཉིད་ཤེས་ན། ཆོས་ཐམས་ཅད་ཀྱི་མདོ་དང་

རྒྱས་པ་ཤེས་པར་འགྱུར་རོ། །རྣམ་པར་ཐར་པའི་སྒོ་སྟོང་པ་ཉིད་དང་། མཚན་མ་མྱེད་པ་དང་། སྨོན་པ་མྱེད་པའི་དེ་བཞིན་ཉིད་ཤེས་ན། ཆོས་ཐམས་ཅད་ཀྱི་མདོ་དང་རྒྱས་པ་ཤེས་པར་འགྱུར་རོ། །མངོན་པར་ཤེས་པ་རྣམས་ཀྱི་དེ་བཞིན་ཉིད་ཤེས་ན། ཆོས་ཐམས་ཅད་ཀྱི་མདོ་དང་རྒྱས་པ་ཤེས་པར་འགྱུར་རོ། །ཏིང་ངེ་འཛིན་རྣམས་ཀྱི་དེ་བཞིན་ཉིད་ཤེས་ན། ཆོས་ཐམས་ཅད་ཀྱི་མདོ་དང་རྒྱས་པ་ཤེས་པར་འགྱུར་རོ། །གཟུངས་ཀྱི་སྒོ་རྣམས་ཀྱི་དེ་བཞིན་ཉིད་ཤེས་ན། ཆོས་ཐམས་ཅད་ཀྱི་མདོ་དང་རྒྱས་པ་ཤེས་པར་འགྱུར་རོ། །དེ་བཞིན་གཤེགས་པའི····སྟོབས་རྣམས་ཀྱི་དེ་བཞིན་ཉིད་ཤེས་ན། ཆོས་ཐམས་ཅད་ཀྱི་མདོ་དང་རྒྱས་པ····ཤེས་པར་འགྱུར་རོ། །མི་འཇིགས་པ་རྣམས་ཀྱི་དེ་བཞིན་ཉིད་ཤེས་ན། ཆོས་ཐམས་ཅད་ཀྱི་མདོ་དང་རྒྱས་པ་ཤེས་པར་འགྱུར་རོ། །སོ་སོ་ཡང་དག་པར་རིག་པ་རྣམས་ཀྱི་དེ་བཞིན་ཉིད་ཤེས་ན། ཆོས་ཐམས་ཅད་ཀྱི་མདོ་དང་རྒྱས་པ་ཤེས་པར་འགྱུར་རོ། །བྱམས་པ་ཆེན་པོའི་དེ་བཞིན་ཉིད་ཤེས་ན། ཆོས་ཐམས་ཅད་ཀྱི་མདོ་དང་རྒྱས་པ་ཤེས་པར་འགྱུར་རོ། །སྙིང་རྗེ་ཆེན་པོའི་[1]དེ་བཞིན་ཉིད་ཤེས་ན། ཆོས་ཐམས་ཅད་ཀྱི་མདོ་དང་རྒྱས་པ་ཤེས་པར་འགྱུར་རོ། །སངས་རྒྱས་ཀྱི་ཆོས་མ་འདྲེས་པ་རྣམས་ཀྱི་དེ་བཞིན་ཉིད་ཤེས་ན། ཆོས་ཐམས་ཅད་ཀྱི་མདོ་དང་རྒྱས་པ་ཤེས་པར་འགྱུར་རོ། །རྒྱུན་དུ་ཞུགས་པའི་འབྲས་བུའི་དེ་བཞིན་ཉིད་ཤེས་ན། ཆོས་ཐམས་ཅད་ཀྱི་མདོ་དང་རྒྱས་པ་ཤེས་པར་འགྱུར་རོ། །ལན་ཅིག་[3]ཕྱིར་འོང་བའི་འབྲས་བུའི་དེ་བཞིན་ཉིད་ཤེས་ན། ཆོས་ཐམས་ཅད་ཀྱི་མདོ་དང་རྒྱས་པ་ཤེས་པར་འགྱུར་རོ། །ཕྱིར་མི་འོང་བའི་འབྲས་བུའི་དེ་བཞིན་ཉིད་ཤེས་ན། ཆོས་ཐམས་ཅད་ཀྱི་མདོ་དང་རྒྱས་པ་ཤེས་པར་འགྱུར་རོ། །དགྲ་བཅོམ་པ་ཉིད་ཀྱི་དེ་བཞིན་ཉིད་ཤེས་ན། ཆོས་ཐམས་ཅད་ཀྱི་མདོ་དང་རྒྱས་པ་ཤེས་པར་འགྱུར་རོ།།

རང་བྱང་ཆུབ་ཀྱི་དེ་བཞིན་ཉིད་ཤེས་ན། ཆོས་ཐམས་ཅད་ཀྱི་མདོ་དང་རྒྱས་པ་ཤེས་པར་འགྱུར་རོ། །ལམ་གྱི་རྣམ་པ་[༡]ཤེས་པ་ཉིད་ཀྱི་དེ་བཞིན་ཉིད་ཤེས་ན། ཆོས་ཐམས་ཅད་ཀྱི་མདོ་དང་རྒྱས་པ་ཤེས་པར་འགྱུར་རོ། །རྣམ་པ་ཐམས་ཅད་མཁྱེན་པ་ཉིད་ཀྱི་དེ་བཞིན་ཉིད་ཤེས་ན། ཆོས་ཐམས་ཅད་ཀྱི་མདོ་དང་རྒྱས་པ་ཤེས་པར་འགྱུར་རོ། །གསོལ་པ། བཅོམ་ལྡན་འདས་གཟུགས་ཀྱི་དེ་བཞིན་ཉིད་ཇི་ལྟ་བུ་ལགས། བཅོམ་ལྡན་འདས་ཀྱིས་བཀའ་སྩལ་པ། དེ་བཞིན་ཉིད་གང་ལ་སྐྱེ་བ་མི་དམིགས། འཇིག་པ་མི་དམིགས། གནས་པ་ལས་གཞན་དུ་འགྱུར་བ་མི་དམིགས་པ་འདི་ནི་གཟུགས་ཀྱི་དེ་བཞིན་ཉིད་དེ། དེ་ལ་བྱང་ཆུབ་སེམས་དཔའ་སེམས་དཔའ་ཆེན་པོས་བསླབ་པར་བྱའོ། །གསོལ་པ། བཅོམ་ལྡན་འདས་ཚོར་བའི་དེ་བཞིན་ཉིད་ཇི་ལྟ་བུ་ལགས། བཅོམ་ལྡན་འདས་ཀྱིས་བཀའ་སྩལ་པ། དེ་བཞིན་ཉིད་གང་ལ་སྐྱེ་བ་མི་དམིགས། འཇིག་པ་མི་དམིགས། གནས་པ་ལས་གཞན་དུ་འགྱུར་བ་མི་དམིགས་པ་འདི་ནི་ཚོར་བའི་དེ་བཞིན་ཉིད་དེ། དེ་ལ་བྱང་ཆུབ་སེམས་དཔའ་སེམས་དཔའ་ཆེན་པོས་བསླབ་པར་བྱའོ། །གསོལ་པ། བཅོམ་ལྡན་འདས་འདུ་ཤེས་ཀྱི་དེ་བཞིན་ཉིད་ཇི་ལྟ་བུ་ལགས། བཅོམ་ལྡན་འདས་ཀྱིས་བཀའ་སྩལ་པ། དེ་བཞིན་ཉིད་གང་ལ་སྐྱེ་བ་མི་དམིགས། འཇིག་པ་མི་དམིགས། གནས་པ་ལས་གཞན་དུ་འགྱུར་བ་མི་དམིགས་པ་འདི་ནི་འདུ་ཤེས་ཀྱི་དེ་བཞིན་ཉིད་དེ༑ དེ་ལ་བྱང་ཆུབ་སེམས་དཔའ་སེམས་དཔའ་ཆེན་པོས་[༢]བསླབ་པར་བྱའོ། །གསོལ་པ། བཅོམ་ལྡན་འདས་འདུ་བྱེད་ཀྱི་དེ་བཞིན་ཉིད་ཇི་ལྟ་བུ་ལགས། བཅོམ་ལྡན་འདས་ཀྱིས་བཀའ་སྩལ་པ། དེ་བཞིན་ཉིད་གང་ལ་སྐྱེ་བ་མི་དམིགས། འཇིག་པ་མི་དམིགས། གནས་པ་ལས་གཞན་དུ་འགྱུར་བ་མི་དམིགས་པ་འདི་ནི་འདུ་བྱེད་ཀྱི་དེ་བཞིན་ཉིད་དེ། དེ་ལ་བྱང་ཆུབ་སེམས་དཔའ་སེམས་དཔའ་ཆེན་

པོས་བསྒྲུབ་པར་བྱའོ། །གསོལ་པ། བཅོམ་ལྡན་འདས་རྣམ་པར་ཤེས་པའི་དེ་བཞིན་ཉིད་ཇི་ལྟ་བུ་ལགས། བཅོམ་ལྡན་འདས་ཀྱིས་བཀའ་སྩལ་པ། དེ་བཞིན་ཉིད་གང་ལ་སྐྱེ་བ་མི་དམིགས། འཇིག་པ་མི་དམིགས། གནས་པ་ལས་གཞན་དུ་འགྱུར་བ་མི་དམིགས་པ་འདི་ནི་རྣམ་པར་ཤེས་པའི་དེ་བཞིན་ཉིད་དེ། དེ་ལ་བྱང་ཆུབ་སེམས་དཔའ་སེམས་དཔའ་ཆེན་པོས་བསྒྲུབ་པར་བྱའོ། །གསོལ་པ། བཅོམ་ལྡན་འདས་མིག་གི་དེ་བཞིན་ཉིད་ཇི་ལྟ་བུ་ལགས། བཅོམ་ལྡན་འདས་ཀྱིས་བཀའ་སྩལ་པ། དེ་བཞིན་ཉིད་གང་ལ་སྐྱེ་བ་མི་དམིགས། འཇིག་པ་མི་དམིགས། གནས་པ་ལས་གཞན་དུ་འགྱུར་བ་མི་དམིགས་པ་འདི་ནི་མིག་གི་དེ་བཞིན་ཉིད་དེ། དེ་ལ་བྱང་ཆུབ་སེམས་དཔའ་སེམས་དཔའ་ཆེན་པོས་བསྒྲུབ་པར་བྱའོ། །གསོལ་པ། བཅོམ་ལྡན་འདས་རྣ་བའི་དེ་བཞིན་ཉིད་ཇི་ལྟ་བུ་ལགས། བཅོམ་ལྡན་འདས་ཀྱིས་བཀའ་སྩལ་པ། དེ་བཞིན་ཉིད་གང་ལ་སྐྱེ་བ་མི་དམིགས། འཇིག་པ་མི་དམིགས། གནས་པ་ལས་གཞན་དུ་འགྱུར་བ་མི་དམིགས་པ་འདི་ནི་རྣ་བའི་དེ་བཞིན་ཉིད་དེ། དེ་ལ་བྱང་ཆུབ་སེམས་དཔའ་སེམས་དཔའ་ཆེན་པོས་བསྒྲུབ་པར་བྱའོ། །གསོལ་པ། བཅོམ་ལྡན་འདས་སྣའི་དེ་བཞིན་ཉིད་ཇི་ལྟ་བུ་ལགས། བཅོམ་ལྡན་འདས་ཀྱིས་བཀའ་སྩལ་པ། དེ་བཞིན་ཉིད་གང་ལ་སྐྱེ་བ་མི་དམིགས། འཇིག་པ་མི་དམིགས། གནས་པ་ལས་གཞན་དུ་འགྱུར་བ་མི་དམིགས་པ་འདི་ནི་སྣའི་དེ་བཞིན་ཉིད་དེ། དེ་ལ་བྱང་ཆུབ་སེམས་དཔའ་སེམས་དཔའ་ཆེན་པོས་བསྒྲུབ་པར་བྱའོ། །གསོལ་པ། བཅོམ་ལྡན་འདས་ལྕེའི་དེ་བཞིན་ཉིད་ཇི་ལྟ་བུ་ལགས། བཅོམ་ལྡན་འདས་ཀྱིས་བཀའ་སྩལ་པ། དེ་བཞིན་ཉིད་གང་ལ་སྐྱེ་བ་མི་དམིགས། འཇིག་པ་མི་དམིགས། གནས་པ་ལས་གཞན་དུ་འགྱུར་བ་མི་དམིགས་པ་འདི་ནི་ལྕེའི་དེ་བཞིན་ཉིད་དེ། དེ་ལ་བྱང་ཆུབ་སེམས་དཔའ་སེམས་དཔའ་ཆེན་པོས་བསྒྲུབ་པར་བྱའོ། །གསོལ་པ།

བཅོམ་ལྡན་འདས་ལུས་ཀྱི་དེ་བཞིན་ཉིད་ཇི་ལྟ་བུ་ལགས། བཅོམ་ལྡན་འདས་ཀྱིས་བཀའ་སྩལ་པ། དེ་བཞིན་ཉིད་གང་ལ་སྐྱེ་བ་མྱི་དམྱིགས། འཇིག་པ་མྱི་① དམྱིགས༏ གནས་པ་ལས་གཞན་དུ་འགྱུར་བ་མྱི་དམྱིགས་པ་འདི་ནི་ལུས་ཀྱི་དེ···· བཞིན་ཉིད་དེ། དེ་ལ་བྱང་ཆུབ་སེམས་དཔའ་སེམས་དཔའ་ཆེན་པོས་བསླབ་པར་བྱའོ༏ །གསོལ་པ། བཅོམ་ལྡན་འདས་ཡིད་ཀྱི་དེ་བཞིན་ཉིད་ཇི་ལྟ་བུ་ལགས། བཅོམ་ལྡན་འདས་ཀྱིས་བཀའ་སྩལ་པ། དེ་བཞིན་ཉིད་གང་ལ་སྐྱེ་བ་མྱི་དམྱིགས། འཇིག་པ་མྱི་དམྱིགས། གནས་པ་ལས་གཞན་དུ་འགྱུར་བ་མྱི་དམྱིགས་པ་འདི་ནི་ཡིད་ཀྱི་དེ་བཞིན་ཉིད་དེ། དེ་ལ་བྱང་ཆུབ་སེམས་དཔའ་སེམས་དཔའ་ཆེན་པོས་བསླབ་པར་བྱའོ། །གསོལ་པ། བཅོམ་ལྡན་འདས་གཟུགས་ཀྱི་དེ་བཞིན་ཉིད་ཇི་ལྟ་བུ་ལགས། བཅོམ་ལྡན་འདས་ཀྱིས་བཀའ་སྩལ་པ། དེ་བཞིན་ཉིད་གང་ལ་སྐྱེ་བ་མི་དམྱིགས། འཇིག་པ་མྱི་དམྱིགས། གནས་པ་ལས་གཞན་དུ་འགྱུར་བ་མྱི་དམྱིགས་པ་འདི་ནི། གཟུགས་ཀྱི་དེ་བཞིན་ཉིད་དེ། དེ་ལ་བྱང་ཆུབ་སེམས་དཔའ་སེམས་དཔའ་ཆེན་པོས་བསླབ་པར་བྱའོ། །གསོལ་པ། བཅོམ་ལྡན་འདས་སྒྲའི་དེ་བཞིན་ཉིད་ཇི་ལྟ་བུ་ལགས། བཅོམ་ལྡན་འདས་ཀྱིས་བཀའ་སྩལ་པ། དེ་བཞིན་ཉིད་གང་ལ་སྐྱེ་བ་མྱི་དམྱིགས། འཇིག་པ་མྱི་དམྱིགས། གནས་པ་ལས་གཞན་དུ་འགྱུར་བ་མྱི་དམྱིགས་པ་འདི་ནི། སྒྲའི་དེ་བཞིན་ཉིད་དེ། དེ་ལ་བྱང་ཆུབ་སེམས་དཔའ་སེམས་དཔའ་ཆེན་པོས་བསླབ་པར་བྱའོ། །གསོལ་པ། བཅོམ་ལྡན་འདས་དྲིའི་དེ་བཞིན་ཉིད་ཇི་ལྟ་བུ་ལགས། བཅོམ་ལྡན་འདས་ཀྱིས་བཀའ་སྩལ་པ། དེ་བཞིན་ཉིད་གང་ལ་སྐྱེ་བ་མི་དམྱིགས། འཇིག་པ་མྱི་དམྱིགས། གནས་པ་ལས་གཞན་དུ་འགྱུར་བ་མྱི་དམྱིགས་པ་འདི་ནི་དྲིའི་དེ་བཞིན་ཉིད་དེ། དེ་ལ་བྱང་ཆུབ་སེམས་དཔའ་སེམས་དཔའ་ཆེན་པོས་བསླབ་པར་བྱའོ། །གསོལ་པ།

བཅོམ་ལྡན་འདས་རོའི་དེ་བཞིན་ཉིད་ཇི་ལྟ་བུ་ལགས། བཅོམ་ལྡན་འདས་ཀྱིས་བཀའ་སྩལ་པ། དེ་བཞིན་ཉིད་གང་ལ་སྐྱེ་བ་མི་དམིགས། འཇིག་པ་མི་དམིགས། གནས་པ་ལས་གཞན་དུ་འགྱུར་བ་མི་དམིགས་པ་འདི་ནི་རོའི་དེ་བཞིན་ཉིད་དེ། དེ་ལ་བྱང་ཆུབ་སེམས་དཔའ་སེམས་དཔའ་ཆེན་པོས་བསླབ་པར་བྱའོ། །གསོལ་པ། བཅོམ་ལྡན་འདས་རེག་གི་དེ་བཞིན་ཉིད་ཇི་ལྟ་བུ་ལགས། བཅོམ་ལྡན་འདས་ཀྱིས་བཀའ་སྩལ་པ། དེ་བཞིན་ཉིད་གང་ལ་སྐྱེ་བ་མི་དམིགས། འཇིག་པ་མི་དམིགས། གནས་པ་ལས་གཞན་དུ་འགྱུར་བ་མི་དམིགས་པ་འདི་ནི། རེག་གི་དེ་བཞིན་ཉིད་དེ༑ དེ་ལ་བྱང་ཆུབ་སེམས་དཔའ་སེམས་དཔའ་ཆེན་པོས་བསླབ་པར་བྱའོ། །གསོལ་པ། བཅོམ་ལྡན་འདས་ཆོས་ཀྱི་དེ་བཞིན་ཉིད་ཇི་ལྟ་བུ་ལགས། བཅོམ་ལྡན་འདས་ཀྱིས་བཀའ་སྩལ་པ། དེ་བཞིན་ཉིད་གང་ལ་སྐྱེ་བ་མི་དམིགས། འཇིག་པ་མི་དམིགས། གནས་པ་ལས་གཞན་དུ་འགྱུར་བ་མི་དམིགས་པ་འདི་ནི་ཆོས་ཀྱི་དེ་བཞིན་ཉིད་དེ། དེ་ལ་བྱང་ཆུབ་སེམས་དཔའ་སེམས་དཔའ་ཆེན་པོས་བསླབ་[7]པར་བྱའོ། །གསོལ་པ། བཅོམ་ལྡན་འདས་མིག་གི་རྣམ་པར་ཤེས་པའི་དེ་བཞིན་ཉིད་ཇི་ལྟ་བུ་ལགས། བཅོམ་ལྡན་འདས་ཀྱིས་བཀའ་སྩལ་པ། དེ་བཞིན་ཉིད་གང་ལ་སྐྱེ་བ་མི་དམིགས། འཇིག་པ་མི་དམིགས། གནས་པ་ལས་གཞན་དུ་འགྱུར་བ་མི་དམིགས་པ་འདི་ནི་མིག་གི་རྣམ་པར་ཤེས་པའི་དེ་བཞིན་ཉིད་དེ༑ དེ་ལ་བྱང་ཆུབ་སེམས་དཔའ་སེམས་དཔའ་ཆེན་པོས་བསླབ་པར་བྱའོ། །གསོལ་པ། བཅོམ་ལྡན་འདས་རྣ་བའི་རྣམ་པར་ཤེས་པའི་དེ་བཞིན་ཉིད་ཇི་ལྟ་བུ་ལགས༑ བཅོམ་ལྡན་འདས་ཀྱིས་བཀའ་སྩལ་པ། དེ་བཞིན་ཉིད་གང་ལ་སྐྱེ་བ་མི་དམིགས༑ འཇིག་པ་མི་དམིགས། གནས་པ་ལས་གཞན་དུ་འགྱུར་བ་མི་དམིགས་པ་འདི་ནི། རྣ་བའི་རྣམ་པར་ཤེས་པའི་དེ་བཞིན་ཉིད་དེ། དེ་ལ་བྱང་ཆུབ་

སེམས་དཔའ་སེམས་དཔའ་ཆེན་པོས་བསླབ་པར་བྱའོ། །གསོལ་པ། བཅོམ་ལྡན་འདས་སྣའི་རྣམ་པར་ཤེས་པའི་དེ་བཞིན་ཉིད་ཇི་ལྟ་བུ་ལགས། བཅོམ་ལྡན་འདས་ཀྱིས་བཀའ་སྩལ་པ། དེ་བཞིན་ཉིད་གང་ལ་སྐྱེ་བ་མི་དམིགས། འཇིག་པ་མི་དམིགས། གནས་པ་ལས་གཞན་དུ་འགྱུར་བ་མི་དམིགས་པ་འདི་ནི། སྣའི་རྣམ་པར་ཤེས་པའི་དེ་བཞིན་ཉིད་དེ། དེ་ལ་བྱང་ཆུབ་སེམས་དཔའ་སེམས་དཔའ་ཆེན་པོས་བསླབ་པར་བྱའོ། །གསོལ་པ། བཅོམ་ལྡན་འདས་ལྗེའི་རྣམ་པར་ཤེས་པའི་དེ་བཞིན་ཉིད་ཇི་ལྟ་བུ་ལགས། བཅོམ་ལྡན་འདས་ཀྱིས་བཀའ་སྩལ་པ། དེ་བཞིན་ཉིད་གང་ལ་སྐྱེ་བ་མི་དམིགས། འཇིག་[7]པ་མི་དམིགས། གནས་པ་ལས་གཞན་དུ་འགྱུར་བ་མི་དམིགས་པ་འདི་ནི། ལྗེའི་རྣམ་པར་ཤེས་པའི་དེ་བཞིན་ཉིད་དེ། དེ་ལ་བྱང་ཆུབ་སེམས་དཔའ་སེམས་དཔའ་ཆེན་པོས་བསླབ་པར་བྱའོ། །གསོལ་པ། བཅོམ་ལྡན་འདས་ལུས་ཀྱི་རྣམ་པར་ཤེས་པའི་དེ་བཞིན་ཉིད་ཇི་ལྟ་བུ་ལགས། བཅོམ་ལྡན་འདས་ཀྱིས་བཀའ་སྩལ་པ། དེ་བཞིན་ཉིད་གང་ལ་སྐྱེ་བ་མི་དམིགས། འཇིག་པ་མི་དམིགས། གནས་པ་ལས་གཞན་དུ་འགྱུར་བ་མི་དམིགས་པ་འདི་ནི། ལུས་ཀྱི་རྣམ་པར་ཤེས་པའི་དེ་བཞིན་ཉིད་དེ། དེ་ལ་བྱང་ཆུབ་སེམས་དཔའ་སེམས་དཔའ་ཆེན་པོས་བསླབ་པར་བྱའོ། །གསོལ་པ། བཅོམ་ལྡན་འདས་ཡིད་ཀྱི་རྣམ་པར་ཤེས་པའི་དེ་བཞིན་ཉིད་ཇི་ལྟ་བུ་ལགས། བཅོམ་ལྡན་འདས་ཀྱིས་བཀའ་སྩལ་པ། དེ་བཞིན་ཉིད་གང་ལ་སྐྱེ་བ་མི་དམིགས། འཇིག་པ་མི་དམིགས། གནས་པ་ལས་གཞན་དུ་འགྱུར་བ་མི་དམིགས་པ་འདི་ནི། ཡིད་ཀྱི་རྣམ་པར་ཤེས་པའི་དེ་བཞིན་ཉིད་དེ། དེ་ལ་བྱང་ཆུབ་སེམས་དཔའ་སེམས་དཔའ་ཆེན་པོས་བསླབ་པར་བྱའོ། །གསོལ་པ། བཅོམ་ལྡན་འདས་མིག་གི་འདུས་ཏེ་རེག་པའི་དེ་བཞིན་ཉིད་ཇི་ལྟ་བུ་ལགས། བཅོམ་ལྡན་འདས་ཀྱིས་བཀའ་སྩལ་པ།

དེ་བཞིན་ཉིད་གང་ལ་སྐྱེ་བ་མི་དམིགས། འཇིག་པ་མི་དམིགས། གནས་པ་ལས་གཞན་དུ་འགྱུར་བ་མི་དམིགས་པ་འདི་ནི། མིག་གི་འདུས་ཏེ་རེག་པའི་དེ་བཞིན་ཉིད་དེ། དེ་ལ་བྱང་ཆུབ་སེམས་དཔའ་སེམས་དཔའ་ཆེན་པོས་བསླབ་པར་བྱའོ། །གསོལ་པ། བཅོམ་ལྡན་(༡)འདས་རྣ་བའི་འདུས་ཏེ་རེག་པའི་དེ་བཞིན་ཉིད་ཇི་ལྟ་བུ་ལགས། བཅོམ་ལྡན་འདས་ཀྱིས་བཀའ་སྩལ་པ། དེ་བཞིན་ཉིད་གང་ལ་སྐྱེ་བ་མི་དམིགས། འཇིག་པ་མི་དམིགས། གནས་པ་ལས་གཞན་དུ་འགྱུར་བ་མི་···དམིགས་པ་འདི་ནི། རྣ་བའི་འདུས་ཏེ་རེག་པའི་དེ་བཞིན་ཉིད་དེ། དེ་ལ་བྱང་ཆུབ་སེམས་དཔའ་སེམས་དཔའ་ཆེན་པོས་བསླབ་པར་བྱའོ། །གསོལ་པ། བཅོམ་ལྡན་འདས་སྣའི་འདུས་ཏེ་རེག་པའི་དེ་བཞིན་ཉིད་ཇི་ལྟ་བུ་ལགས། བཅོམ་ལྡན་འདས་ཀྱིས་བཀའ་སྩལ་པ། དེ་བཞིན་ཉིད་གང་ལ་སྐྱེ་བ་མི་དམིགས། འཇིག་པ་མི་དམིགས། གནས་པ་ལས་(༣)གཞན་དུ་འགྱུར་བ་མི་དམིགས་པ་འདི་ནི། སྣའི་འདུས་ཏེ་རེག་པའི་དེ་བཞིན་ཉིད་དེ། དེ་ལ་བྱང་ཆུབ་སེམས་དཔའ་སེམས་དཔའ་ཆེན་པོས་བསླབ་པར་བྱའོ། །གསོལ་པ། བཅོམ་ལྡན་འདས་ལྕེའི་འདུས་ཏེ་རེག་པའི་དེ་བཞིན་ཉིད་ཇི་ལྟ་བུ་ལགས། བཅོམ་ལྡན་འདས་ཀྱིས་བཀའ་སྩལ་པ། དེ་བཞིན་ཉིད་གང་ལ་སྐྱེ་བ་མི་དམིགས། འཇིག་པ་མི་དམིགས། གནས་པ་ལས་གཞན་དུ་འགྱུར་བ་མི་དམིགས་པ་འདི་ནི། ལྕེའི་འདུས་ཏེ་རེག་པའི་དེ་བཞིན་ཉིད་དེ། དེ་ལ་བྱང་ཆུབ་སེམས་དཔའ་སེམས་དཔའ་ཆེན་པོས་བསླབ་པར་བྱའོ། །གསོལ་པ། བཅོམ་ལྡན་འདས་ལུས་ཀྱི་འདུས་ཏེ་རེག་པའི་དེ་བཞིན་ཉིད་ཇི་ལྟ་བུ་ལགས༑ བཅོམ་ལྡན་འདས་ཀྱིས་བཀའ་སྩལ་པ། དེ་བཞིན་ཉིད་གང་ལ་སྐྱེ་བ་མི་དམིགས༑ འཇིག་པ་མི་དམིགས། གནས་པ་ལས་གཞན་དུ་འགྱུར་བ་མི་དམིགས་པ་འདི་ནི། ལུས་ཀྱི་འདུས་ཏེ་རེག་པའི་དེ་བཞིན་ཉིད་དེ། དེ་ལ་བྱང་ཆུབ་

སེམས་དཔའ་སེམས་དཔའ་ཆེན་པོས་བསླབ་པར་བྱའོ། །གསོལ་པ། བཅོམ་ལྡན་འདས་ཡིད་ཀྱི་འདུས་ཏེ་རེག་པའི་དེ་བཞིན་ཉིད་ཇི་ལྟ་བུ་ལགས། བཅོམ་ལྡན་འདས་ཀྱིས་བཀའ་སྩལ་པ། དེ་བཞིན་ཉིད་གང་ལ་སྐྱེ་བ་མི་དམིགས། འཇིག་པ་མི་དམིགས། གནས་པ་ལས་གཞན་[༧]ཏུ་འགྱུར་བ་མི་དམིགས་པ་འདི་ནི། ཡིད་ཀྱི་འདུས་ཏེ་རེག་པའི་དེ་བཞིན་ཉིད་དེ། དེ་ལ་བྱང་ཆུབ་སེམས་དཔའ་སེམས་དཔའ་ཆེན་པོས་བསླབ་པར་བྱའོ། །གསོལ་པ། བཅོམ་ལྡན་འདས་མིག་གི་འདུས་ཏེ་རེག་པའི་རྐྱེན་གྱིས་ཚོར་བའི་དེ་བཞིན་ཉིད་ཇི་ལྟ་བུ་ལགས། བཅོམ་ལྡན་འདས་ཀྱིས་བཀའ་སྩལ་པ། དེ་བཞིན་ཉིད་གང་ལ་སྐྱེ་བ་མི་དམིགས། འཇིག་པ་མི་དམིགས། གནས་པ་ལས་གཞན་ཏུ་འགྱུར་བ་མི་དམིགས་པ་འདི་ནི། མིག་གི་འདུས་ཏེ་རེག་པའི་རྐྱེན་གྱིས་ཚོར་བའི་དེ་བཞིན་ཉིད་དེ། དེ་ལ་བྱང་ཆུབ་སེམས་དཔའ་སེམས་དཔའ་ཆེན་པོས་བསླབ་པར་བྱའོ། །གསོལ་པ། བཅོམ་ལྡན་འདས་རྣ་བའི་འདུས་ཏེ་རེག་པའི་རྐྱེན་གྱིས་ཚོར་བའི་དེ་བཞིན་ཉིད་ཇི་ལྟ་བུ་ལགས། བཅོམ་ལྡན་འདས་ཀྱིས་བཀའ་སྩལ་པ། དེ་བཞིན་ཉིད་གང་ལ་སྐྱེ་བ་མི་དམིགས། འཇིག་པ་མི་དམིགས། གནས་པ་ལས་གཞན་ཏུ་འགྱུར་བ་མི་དམིགས་པ་འདི་ནི། རྣ་བའི་འདུས་ཏེ་རེག་པའི་རྐྱེན་གྱིས་ཚོར་བའི་དེ་བཞིན་ཉིད་[༢]དེ། དེ་ལ་བྱང་ཆུབ་སེམས་དཔའ་སེམས་དཔའ་ཆེན་པོས་བསླབ་པར་བྱའོ། །གསོལ་པ། བཅོམ་ལྡན་འདས་སྣའི་འདུས་ཏེ་རེག་པའི་རྐྱེན་གྱིས་ཚོར་བའི་དེ་བཞིན་ཉིད་ཇི་ལྟ་བུ་ལགས། བཅོམ་ལྡན་འདས་ཀྱིས་བཀའ་སྩལ་པ། དེ་བཞིན་ཉིད་གང་ལ་སྐྱེ་བ་མི་དམིགས། འཇིག་པ་མི་དམིགས། གནས་པ་ལས་གཞན་ཏུ་འགྱུར་བ་མི་དམིགས་པ་འདི་ནི། སྣའི་འདུས་ཏེ་རེག་པའི་རྐྱེན་གྱིས་ཚོར་བའི་དེ་བཞིན་ཉིད་དེ། དེ་ལ་བྱང་ཆུབ་སེམས་དཔའ་སེམས་དཔའ་ཆེན་པོས་བསླབ[༡]པར་བྱའོ། །གསོལ་པ།

བཅོམ་ལྡན་འདས་ལྡེའི་འདུས་ཏེ་རེག་པའི་རྐྱེན་གྱིས་ཚོར་བའི་དེ་བཞིན་ཉིད་ཇི་ལྟ་བུ་ལགས། བཅོམ་ལྡན་འདས་ཀྱིས་བཀའ་སྩལ་པ། དེ་བཞིན་ཉིད་གང་ལ་སྐྱེ་བ་མི་དམིགས། འཇིག་པ་མི་དམིགས། གནས་པ་ལས་གཞན་དུ་འགྱུར་བ་མི་དམིགས་པ་འདི་ནི། ལྡེའི་འདུས་ཏེ་རེག་པའི་རྐྱེན་གྱིས་ཚོར་བའི་དེ་བཞིན་ཉིད་དེ༑ དེ་ལ་བྱང་ཆུབ་སེམས་དཔའ་སེམས་དཔའ་ཆེན་པོས་བསླབ་པར་བྱའོ། །གསོལ་པ། བཅོམ་ལྡན་འདས་ལུས་ཀྱི་འདུས་ཏེ་རེག་པའི་རྐྱེན་གྱིས་ཚོར་བའི་དེ་བཞིན་ཉིད་ཇི་ལྟ་བུ་ལགས། བཅོམ་ལྡན་འདས་ཀྱིས་བཀའ་སྩལ་པ། དེ་བཞིན་ཉིད་གང་ལ་སྐྱེ་བ་མི་དམིགས། འཇིག་པ་མི་དམིགས། གནས་པ་ལས་གཞན་དུ་འགྱུར་བ་མི་དམིགས་པ་འདི་ནི། ལུས་ཀྱི་འདུས་ཏེ་རེག་པའི་རྐྱེན་གྱིས་ཚོར་བའི་དེ་བཞིན་ཉིད་དེ། དེ་ལ་བྱང་ཆུབ་སེམས་དཔའ་སེམས་དཔའ་ཆེན་པོས་བསླབ་པར་བྱའོ། །གསོལ་པ། བཅོམ་ལྡན་འདས་ཡིད་ཀྱི་[༡]འདུས་[༢]ཏེ་རེག་པའི་རྐྱེན་གྱིས་ཚོར་བའི་དེ་བཞིན་ཉིད་ཇི་ལྟ་བུ་ལགས། བཅོམ་ལྡན་འདས་ཀྱིས་བཀའ་སྩལ་པ༑ དེ་བཞིན་ཉིད་གང་ལ་སྐྱེ་བ་མི་དམིགས། འཇིག་པ་མི་དམིགས། གནས་པ་ལས་གཞན་དུ་འགྱུར་བ་མི་དམིགས་པ་འདི་ནི། ཡིད་ཀྱི་འདུས་ཏེ་རེག་པའི་རྐྱེན་གྱིས་ཚོར་བའི་དེ་བཞིན་ཉིད་དེ། དེ་ལ་བྱང་ཆུབ་སེམས་དཔའ་སེམས་དཔའ་ཆེན་པོས་བསླབ་པར་བྱའོ། །གསོལ་པ། བཅོམ་ལྡན་འདས་སའི་ཁམས་ཀྱི་དེ་བཞིན་ཉིད་ཇི་ལྟ་བུ་ལགས། བཅོམ་ལྡན་འདས་ཀྱིས་བཀའ་སྩལ་པ། དེ་བཞིན་ཉིད་གང་ལ་སྐྱེ་བ་མི་དམིགས། འཇིག་པ་མི་དམིགས། གནས་པ་ལས་གཞན་དུ་འགྱུར་བ་མི་དམིགས་པ་འདི་ནི། སའི་ཁམས་ཀྱི་དེ་བཞིན་ཉིད་དེ། དེ་ལ་བྱང་ཆུབ་སེམས་དཔའ་སེམས་དཔའ་ཆེན་པོས་བསླབ་པར་བྱའོ། །གསོལ་པ། བཅོམ་ལྡན་འདས་ཆུའི་ཁམས་ཀྱི་དེ་བཞིན་ཉིད་ཇི་ལྟ་བུ་ལགས། བཅོམ་ལྡན་འདས་ཀྱིས་

བཀའ་སྩལ་པ། དེ་བཞིན་ཉིད་གང་ལ་སྐྱེ་བ་མི་དམིགས། འཇིག་པ་མི་དམིགས། གནས་པ་ལས་གཞན་དུ་འགྱུར་བ་མི་དམིགས་པ་འདི་ནི། ཆུའི་ཁམས་ཀྱི་དེ་····བཞིན་ཉིད་དེ། དེ་ལ་བྱང་ཆུབ་སེམས་དཔའ་སེམས་དཔའ་ཆེན་པོས་བསླབ་པར་བྱའོ། །གསོལ་པ། བཅོམ་ལྡན་འདས་མེའི་ཁམས་ཀྱི་དེ་བཞིན་ཉིད་ཇི་ལྟ་བུ་ལགས། བཅོམ་ལྡན་འདས་ཀྱིས་བཀའ་སྩལ་པ། དེ་བཞིན་ཉིད་གང་ལ་སྐྱེ་བ་མི་དམིགས། འཇིག་པ་མི་དམིགས། གནས་པ་ལས་གཞན་དུ་འགྱུར་བ་མི་དམིགས་པ་འདི་ནི། མེའི་ཁམས་ཀྱི་དེ་བཞིན་ཉིད་དེ། དེ་ལ་བྱང་ཆུབ་སེམས་དཔའ་སེམས་དཔའ་ཆེན་པོས་བསླབ་པར་བྱའོ། །གསོལ་པ། བཅོམ་ལྡན་འདས་རླུང་གི་ཁམས་ཀྱི་དེ་བཞིན་ཉིད་ཇི་ལྟ་བུ་ལགས། བཅོམ་ལྡན་འདས་ཀྱིས་བཀའ་སྩལ་པ། དེ་བཞིན་ཉིད་གང་ལ་སྐྱེ་བ་མི་དམིགས། འཇིག[7]པ་མི་དམིགས། གནས་པ་ལས་གཞན་དུ་འགྱུར་བ་མི་དམིགས་པ་འདི་ནི། རླུང་གི་ཁམས་ཀྱི་དེ་བཞིན་····ཉིད་དེ། དེ་ལ་བྱང་ཆུབ་སེམས་དཔའ་སེམས་དཔའ་ཆེན་པོས་བསླབ་པར་བྱའོ། །གསོལ་པ། བཅོམ་ལྡན་འདས་ནམ་མཁའི་ཁམས་ཀྱི་དེ་བཞིན་ཉིད་ཇི་ལྟ་བུ་ལགས། བཅོམ་ལྡན་འདས་ཀྱིས་བཀའ་སྩལ་པ། དེ་བཞིན་ཉིད་གང་ལ་སྐྱེ་བ་མི་དམིགས། འཇིག་པ་མི་དམིགས། གནས་པ་ལས་གཞན་དུ་འགྱུར་བ་མི་དམིགས་པ་འདི་ནི། ནམ་མཁའི་ཁམས་ཀྱི་དེ་བཞིན་ཉིད་དེ། དེ་ལ་བྱང་ཆུབ་སེམས་དཔའ་སེམས····དཔའ་ཆེན་པོས་བསླབ་པར་བྱའོ། །གསོལ་པ། བཅོམ་ལྡན་འདས་རྣམ་པར་ཤེས་པའི་ཁམས་ཀྱི་དེ་བཞིན་ཉིད་ཇི་ལྟ་བུ་ལགས། བཅོམ་ལྡན་འདས་ཀྱིས་བཀའ་སྩལ་པ། དེ་བཞིན་ཉིད་གང་ལ་སྐྱེ་བ་མི་དམིགས། འཇིག་པ་མི་དམིགས། གནས་པ་ལས་གཞན་དུ་འགྱུར་བ་མི་དམིགས་པ་འདི་ནི། རྣམ་པར་ཤེས་པའི་····ཁམས་ཀྱི་དེ་བཞིན་ཉིད་དེ། དེ་ལ་བྱང་ཆུབ་སེམས་དཔའ་སེམས་དཔའ་ཆེན་པོས་

བསྟན་པར་བྱའོ། །གསོལ་པ། བཅོམ་ལྡན་འདས་མ་རིག་པའི་དེ་བཞིན་ཉིད་ཇི་ལྟ་བུ་ལགས། བཅོམ་ལྡན་འདས་ཀྱིས་བཀའ་སྩལ་པ། དེ་བཞིན་ཉིད་གང་ལ་སྐྱེ་བ་⑦མི་དམིགས། འཇིག་པ་མི་དམིགས། གནས་པ་ལས་གཞན་དུ་འགྱུར་བ་མི་དམིགས་པ་འདི་ནི། མ་རིག་པའི་དེ་བཞིན་ཉིད་དེ། དེ་ལ་བྱང་ཆུབ་སེམས་དཔའ་སེམས་དཔའ་ཆེན་པོས་བསྟན་པར་བྱའོ། །གསོལ་པ། བཅོམ་ལྡན་འདས་འདུ་བྱེད་ཀྱི་དེ་བཞིན་ཉིད་ཇི་ལྟ་བུ་ལགས། བཅོམ་ལྡན་འདས་ཀྱིས་བཀའ་སྩལ་པ། དེ་བཞིན་ཉིད་གང་ལ་སྐྱེ་བ་མི་དམིགས། འཇིག་པ་མི་དམིགས། གནས་པ་ལས་གཞན་དུ་འགྱུར་བ་མི་དམིགས་པ་འདི་ནི། འདུ་བྱེད་ཀྱི་དེ་བཞིན་ཉིད་དེ། དེ་ལ་བྱང་ཆུབ་སེམས་དཔའ་སེམས་དཔའ་ཆེན་པོས་བསྟན་པར་བྱའོ། །གསོལ་པ། བཅོམ་ལྡན་འདས་རྣམ་པར་ཤེས་པའི་དེ་བཞིན་ཉིད་ཇི་ལྟ་བུ་ལགས། བཅོམ་ལྡན་འདས་ཀྱིས་བཀའ་སྩལ་པ། དེ་བཞིན་ཉིད་གང་ལ་སྐྱེ་བ་མི་དམིགས། འཇིག་པ་མི་དམིགས། གནས་པ་ལས་གཞན་དུ་འགྱུར་བ་མི་དམིགས་པ་འདི་ནི། རྣམ་པར་ཤེས་པའི་དེ་བཞིན་ཉིད་དེ། དེ་ལ་བྱང་ཆུབ་སེམས་དཔའ་སེམས་དཔའ་ཆེན་པོས་བསྟན་པར་བྱའོ། །གསོལ་པ། བཅོམ་ལྡན་འདས་མིང་དང་གཟུགས་ཀྱི་དེ་བཞིན་ཉིད་③ཇི་ལྟ་བུ་ལགས། བཅོམ་ལྡན་འདས་ཀྱིས་བཀའ་སྩལ་པ། དེ་བཞིན་ཉིད་གང་ལ་སྐྱེ་བ་མི་དམིགས། འཇིག་པ་མི་དམིགས། གནས་པ་ལས་གཞན་དུ་འགྱུར་བ་མི་དམིགས་པ་འདི་ནི། མིང་དང་གཟུགས་ཀྱི་དེ་བཞིན་ཉིད་དེ། དེ་ལ་བྱང་ཆུབ་སེམས་དཔའ་སེམས་དཔའ་ཆེན་པོས་བསྟན་པར་བྱའོ། །གསོལ་པ། བཅོམ་ལྡན་འདས་སྐྱེ་མཆེད་དྲུག་གི་དེ་བཞིན་ཉིད་ཇི་ལྟ་བུ་ལགས། བཅོམ་ལྡན་འདས་ཀྱིས་བཀའ་སྩལ་པ། དེ་བཞིན་ཉིད་གང་ལ་སྐྱེ་བ་མི་དམིགས། འཇིག་པ་མི་དམིགས། གནས་པ་ལས་གཞན་དུ་འགྱུར་བ་མི་དམིགས་པ་འདི་ནི།

སྐྱེ་མཆེད་དྲུག་གི་དེ་བཞིན་ཉིད་དེ། དེ་ལ་བྱང་ཆུབ་སེམས་དཔའ་སེམས་····
དཔའ་ཆེན་པོས་བསླབ་པར་བྱའོ། །གསོལ་པ། བཅོམ་ལྡན་འདས་རེག་པའི་དེ་
བཞིན་ཉིད་ཇི་ལྟ་བུ་ལགས། བཅོམ་ལྡན་འདས་ཀྱིས་བཀའ་སྩལ་པ། དེ་བཞིན་
ཉིད་གང་ལ་སྐྱེ་བ་མི་དམིགས། འཇིག་པ་མི་དམིགས། གནས་པ་ལས་གཞན་དུ་
འགྱུར་བ་མི་དམིགས་པ་འདི་ནི། རེག་པའི་དེ་བཞིན་ཉིད་དེ། དེ་ལ་བྱང་ཆུབ་
སེམས་དཔའ་སེམས་དཔའ་ཆེན་པོས་བསླབ་པར་བྱའོ། །གསོལ་པ། བཅོམ་ལྡན་
འདས་ཚོར་བའི་དེ་བཞིན་ཉིད་ཇི་ལྟ་བུ་ལགས། བཅོམ་ལྡན་འདས་ཀྱིས་བཀའ་
སྩལ་པ། དེ་བཞིན་ཉིད་གང་ལ་སྐྱེ་བ་མི་དམིགས། འཇིག་པ་མི་དམིགས།
གནས་པ་ལས་གཞན་དུ་འགྱུར་བ་མི་དམིགས་པ་འདི་ནི། ཚོར་བའི་དེ་བཞིན་····
ཉིད་དེ། དེ་ལ་བྱང་ཆུབ་སེམས་དཔའ་སེམས་དཔའ་ཆེན་པོས་བསླབ་པར་བྱའོ། །
གསོལ་པ། བཅོམ་ལྡན་འདས་སྲིད་པའི་དེ་བཞིན་ཉིད་①ཇི་ལྟ་བུ་ལགས།
བཅོམ་ལྡན་འདས་ཀྱིས་བཀའ་སྩལ་པ། དེ་བཞིན་ཉིད་གང་ལ་སྐྱེ་བ་མི་དམིགས།
འཇིག་པ་མི་དམིགས། གནས་པ་ལས་གཞན་དུ་འགྱུར་བ་མི་དམིགས་པ་འདི་ནི།
སྲིད་②པའི་དེ་བཞིན་ཉིད་དེ། དེ་ལ་བྱང་ཆུབ་སེམས་དཔའ་སེམས་དཔའ་ཆེན་
པོས་བསླབ་པར་བྱའོ། །གསོལ་པ། བཅོམ་ལྡན་འདས་ལེན་པའི་དེ་བཞིན་ཉིད་
ཇི་ལྟ་བུ་ལགས། བཅོམ་ལྡན་འདས་ཀྱིས་བཀའ་སྩལ་པ། དེ་བཞིན་ཉིད་གང་
ལ་སྐྱེ་བ་མི་དམིགས། འཇིག་པ་མི་དམིགས། གནས་པ་ལས་གཞན་དུ་འགྱུར་བ་
མི་དམིགས་པ་འདི་ནི། ལེན་པའི་དེ་བཞིན་ཉིད་དེ། དེ་ལ་བྱང་ཆུབ་སེམས་
དཔའ་སེམས་དཔའ་ཆེན་པོས་བསླབ་③པར་བྱའོ། །གསོལ་པ། བཅོམ་ལྡན་
འདས་སྲིད་པའི་དེ་བཞིན་ཉིད་ཇི་ལྟ་བུ་ལགས། བཅོམ་ལྡན་འདས་ཀྱིས་བཀའ་
སྩལ་པ། དེ་བཞིན་ཉིད་གང་ལ་སྐྱེ་བ་མི་དམིགས། འཇིག་པ་མི་དམིགས།

གནས་པ་ལས་གཞན་དུ་འགྱུར་བ་མི་དམིགས་པ་འདི་ནི། སྲིད་པའི་དེ་བཞིན་ཉིད་དེ། དེ་ལ་བྱང་ཆུབ་སེམས་དཔའ་སེམས་དཔའ་ཆེན་པོས་བསླབ་པར་བྱའོ། །གསོལ་པ། བཅོམ་ལྡན་འདས་སྐྱེ་བའི་དེ་བཞིན་ཉིད་ཇི་ལྟ་བུ་ལགས། བཅོམ་ལྡན་འདས་ཀྱིས་བཀའ་སྩལ་པ། དེ་བཞིན་ཉིད་གང་ལ་སྐྱེ་བ་མི་དམིགས། འཇིག་པ་མི་དམིགས། གནས་པ་ལས་②གཞན་དུ་འགྱུར་བ་མི་དམིགས་པ་འདི་ནི། སྐྱེ་བའི་དེ་བཞིན་ཉིད་དེ། དེ་ལ་བྱང་ཆུབ་སེམས་དཔའ་སེམས་དཔའ་ཆེན་པོས་བསླབ་པར་བྱའོ། །གསོལ་པ། བཅོམ་ལྡན་འདས་རྒ་ཤིའི་དེ་བཞིན་ཉིད་ཇི་ལྟ་བུ་ལགས། བཅོམ་ལྡན་འདས་ཀྱིས་བཀའ་སྩལ་པ། དེ་བཞིན་ཉིད་གང་ལ་སྐྱེ་བ་མི་དམིགས། འཇིག་པ་མི་དམིགས། གནས་པ་ལས་གཞན་དུ་འགྱུར་བ་མི་དམིགས་པ་འདི་ནི། རྒ་ཤིའི་དེ་བཞིན་ཉིད་དེ། དེ་ལ་བྱང་ཆུབ་སེམས་དཔའ་སེམས་དཔའ་ཆེན་པོས་བསླབ་པར་བྱའོ། །གསོལ་པ། བཅོམ་ལྡན་འདས་སྦྱིན་པའི་ཕ་རོལ་ཏུ་ཕྱིན་པའི་དེ་བཞིན་ཉིད་ཇི་ལྟ་བུ་ལགས། བཅོམ་ལྡན་འདས་ཀྱིས་བཀའ་སྩལ་པ། དེ་བཞིན་ཉིད་གང་ལ་སྐྱེ་བ་མི་དམིགས། འཇིག་པ་མི་དམིགས། གནས་པ་ལས་གཞན་དུ་འགྱུར་བ་མི་དམིགས་པ་འདི་ནི། སྦྱིན་པའི་ཕ་རོལ་ཏུ་ཕྱིན་པའི་དེ་བཞིན་ཉིད་དེ། དེ་ལ་བྱང་ཆུབ་སེམས་དཔའ་སེམས་དཔའ་ཆེན་པོས་བསླབ་པར་བྱའོ། །གསོལ་པ། བཅོམ་ལྡན་འདས་ཚུལ་ཁྲིམས་ཀྱི་ཕ་རོལ་ཏུ་ཕྱིན་པའི་དེ་བཞིན་ཉིད་ཇི་ལྟ་བུ་ལགས། བཅོམ་ལྡན་འདས་ཀྱིས་བཀའ་སྩལ་པ། དེ་བཞིན་ཉིད་གང་ལ་སྐྱེ་བ་མི་དམིགས། འཇིག་པ་མི་དམིགས། གནས་པ་ལས་གཞན་དུ་འགྱུར་བ་མི་དམིགས་པ་འདི་ནི། ཚུལ་ཁྲིམས་ཀྱི་ཕ་རོལ་ཏུ་③ཕྱིན་པའི་དེ་བཞིན་ཉིད་དེ། དེ་ལ་བྱང་ཆུབ་སེམས་དཔའ་སེམས་དཔའ་ཆེན་པོས་བསླབ་པར་བྱའོ། །གསོལ་པ། བཅོམ་ལྡན་འདས། བཟོད་པའི་ཕ་རོལ་ཏུ་ཕྱིན་པའི་

དེ་བཞིན་ཉིད་ཇི་ལྟ་བུ་ལགས། བཅོམ་ལྡན་འདས་ཀྱིས་བཀའ་སྩལ་པ། དེ་བཞིན་ཉིད་གང་ལ་སྐྱེ་བ་མི་དམིགས། འཇིག་པ་མི་དམིགས། གནས་པ་ལས་གཞན་དུ་འགྱུར་བ་མི་དམིགས་པ་འདི་ནི། བཟོད་པའི་ཕ་རོལ་ཏུ་ཕྱིན་པའི་དེ་བཞིན་ཉིད་དེ། དེ་ལ་བྱང་ཆུབ་སེམས་དཔའ་སེམས་དཔའ་ཆེན་པོས་བསླབ་པར་བྱའོ། །གསོལ་པ། བཅོམ་ལྡན་འདས་བརྩོན་འགྲུས་ཀྱི་ཕ་རོལ་ཏུ་ཕྱིན་པའི་དེ་བཞིན་ཉིད་ཇི་ལྟ་བུ་ལགས། བཅོམ་ལྡན་འདས་ཀྱིས་བཀའ་སྩལ་པ། དེ་བཞིན་ཉིད་གང་ལ་སྐྱེ་བ་མི་དམིགས། འཇིག་པ་མི་དམིགས། གནས་པ་ལས་གཞན་དུ་འགྱུར་བ་མི་དམིགས་པ་འདི་ནི། བརྩོན་[7]འགྲུས་ཀྱི་ཕ་རོལ་ཏུ་ཕྱིན་པའི་དེ་བཞིན་ཉིད་དེ། དེ་ལ་བྱང་ཆུབ་སེམས་དཔའ་སེམས་དཔའ་ཆེན་པོས་བསླབ་པར་བྱའོ། །གསོལ་པ། བཅོམ་ལྡན་འདས་བསམ་གཏན་གྱི་ཕ་རོལ་ཏུ་ཕྱིན་པའི་དེ་བཞིན་ཉིད་ཇི་ལྟ་བུ་ལགས། བཅོམ་ལྡན་འདས་ཀྱིས་བཀའ་སྩལ་པ། དེ་བཞིན་ཉིད་གང་ལ་སྐྱེ་བ་མི་དམིགས། འཇིག་པ་མི་དམིགས། གནས་པ་ལས་གཞན་དུ་འགྱུར་བ་མི་དམིགས་པ་འདི་ནི། བསམ་གཏན་གྱི་ཕ་རོལ་ཏུ་ཕྱིན་པའི་དེ་བཞིན་ཉིད་དེ། དེ་ལ་བྱང་ཆུབ་སེམས་དཔའ་སེམས་དཔའ་ཆེན་པོས་བསླབ་པར་བྱའོ། །གསོལ་པ། བཅོམ་ལྡན་འདས་ཤེས་རབ་ཀྱི་ཕ་རོལ་ཏུ་ཕྱིན་པའི་དེ་བཞིན་ཉིད་ཇི་ལྟ་བུ་ལགས། བཅོམ་ལྡན་འདས་ཀྱིས་བཀའ་སྩལ་པ། དེ་བཞིན་ཉིད་གང་ལ་སྐྱེ་བ་མི་དམིགས། འཇིག་པ་མི་དམིགས། གནས་པ་ལས་གཞན་དུ་འགྱུར་[3]བ་མི་དམིགས་པ་འདི་ནི། ཤེས་རབ་ཀྱི་ཕ་རོལ་ཏུ་ཕྱིན་པའི་དེ་བཞིན་ཉིད་དེ། དེ་ལ་བྱང་ཆུབ་སེམས་དཔའ་སེམས་དཔའ་ཆེན་པོས་བསླབ་པར་བྱའོ། །གསོལ་པ། བཅོམ་ལྡན་འདས་ནང་སྟོང་པ་ཉིད་ཀྱི་དེ་བཞིན་ཉིད་ཇི་ལྟ་བུ་ལགས། བཅོམ་ལྡན་འདས་ཀྱིས་བཀའ་སྩལ་པ། དེ་བཞིན་ཉིད་གང་ལ་སྐྱེ་བ་མི་དམིགས། འཇིག་པ་མི་དམིགས།

གནས་པ་ལས་གཞན་དུ་འགྱུར་བ་མི་དམིགས་པ་འདི་ནི། ནང་སྟོང་པ་ཉིད་ཀྱི་དེ་
བཞིན་ཉིད་དེ། དེ་ལ་བྱང་ཆུབ་སེམས་དཔའ་སེམས་དཔའ་ཆེན་པོས་བསླབ་པར་
བྱའོ། །གསོལ་པ། བཅོམ་ལྡན་འདས་ཕྱི་སྟོང་པ་ཉིད་ཀྱི་དེ་བཞིན་ཉིད་[༡]ཇི་ལྟ་
བུ་ལགས། བཅོམ་ལྡན་འདས་ཀྱིས་བཀའ་སྩལ་པ། དེ་བཞིན་ཉིད་གང་ལ་སྐྱེ་བ་
མི་དམིགས། འཇིག་པ་མི་དམིགས། གནས་པ་ལས་གཞན་དུ་འགྱུར་བ་མི་····
དམིགས་པ་འདི་ནི། ཕྱི་[༢]སྟོང་པ་ཉིད་ཀྱི་དེ་བཞིན་ཉིད་དེ། དེ་ལ་བྱང་ཆུབ་
སེམས་དཔའ་སེམས་དཔའ་ཆེན་པོས་བསླབ་པར་བྱའོ། །གསོལ་པ། བཅོམ་ལྡན་
འདས་ཕྱི་ནང་སྟོང་པ་ཉིད་ཀྱི་དེ་བཞིན་ཉིད་ཇི་ལྟ་བུ་ལགས། བཅོམ་ལྡན་འདས་
ཀྱིས་བཀའ་སྩལ་པ། དེ་བཞིན་ཉིད་གང་ལ་སྐྱེ་བ་མི་དམིགས། འཇིག་པ་མི་
དམིགས། གནས་པ་ལས་གཞན་དུ་འགྱུར་བ་མི་དམིགས་པ་འདི་ནི། ཕྱི་ནང་
སྟོང་པ་ཉིད་ཀྱི་དེ་བཞིན་ཉིད་དེ། དེ་ལ་བྱང་ཆུབ་སེམས་དཔའ་སེམས་དཔའ་····
ཆེན་པོས་བསླབ་པར་བྱའོ། །གསོལ་པ། བཅོམ་ལྡན་འདས་སྟོང་པ་ཉིད་སྟོང་པ་
ཉིད་ཀྱི་དེ་བཞིན་ཉིད་ཇི་ལྟ་བུ་ལགས། བཅོམ་ལྡན་འདས་ཀྱིས་བཀའ་སྩལ་པ།
དེ་བཞིན་ཉིད་གང་ལ་སྐྱེ་བ་མི་དམིགས། འཇིག་པ་མི་དམིགས། གནས་པ་ལས་
གཞན་དུ་འགྱུར་བ་མི་དམིགས་པ་འདི་ནི། [༣]སྟོང་པ་ཉིད་སྟོང་པ་ཉིད་ཀྱི་དེ····
བཞིན་ཉིད་དེ། དེ་ལ་བྱང་ཆུབ་སེམས་དཔའ་སེམས་དཔའ་ཆེན་པོས་བསླབ་པར་
བྱའོ། །གསོལ་པ། བཅོམ་ལྡན་འདས་ཆེན་པོ་སྟོང་པ་ཉིད་ཀྱི་དེ་བཞིན་ཉིད་ཇི་
ལྟ་བུ་ལགས། བཅོམ་ལྡན་འདས་ཀྱིས་བཀའ་སྩལ་པ། དེ་བཞིན་ཉིད་གང་ལ་སྐྱེ་
བ་མི་དམིགས། འཇིག་པ་མི་དམིགས། གནས་པ་ལས་གཞན་དུ་འགྱུར་བ་མི་
དམིགས་པ་འདི་ནི། ཆེན་པོ་སྟོང་པ་ཉིད་ཀྱི་དེ་བཞིན་ཉིད་དེ། དེ་ལ་བྱང་ཆུབ་
སེམས་དཔའ་སེམས་དཔའ་ཆེན་པོས་བསླབ་པར་བྱའོ། །གསོལ་པ། བཅོམ་ལྡན་

འདས་དོན་དམ་པ་སྟོང་པ་ཉིད་ཀྱི་དེ་བཞིན་ཉིད་ཇི་ལྟ་བུ་ལགས། བཅོམ་ལྡན་འདས་ཀྱིས་བཀའ་སྩལ་པ། དེ་བཞིན་ཉིད་གང་ལ་སྐྱེ་བ་མི་དམིགས། འཇིག་པ་མི་དམིགས། གནས་པ་ལས་གཞན་དུ་འགྱུར་བ་མི་དམིགས་པ་འདི་ནི། དོན་དམ་པ་སྟོང་པ་ཉིད་ཀྱི་དེ་བཞིན་ཉིད་དེ། དེ་ལ་བྱང་ཆུབ་སེམས་དཔའ་སེམས་དཔའ་ཆེན་པོས་བསླབ་པར་བྱའོ། །གསོལ་པ། བཅོམ་ལྡན་འདས་འདུས་བྱས་སྟོང་པ་ཉིད་ཀྱི་དེ་བཞིན་ཉིད་ཇི་ལྟ་བུ་ལགས། བཅོམ་ལྡན་འདས་ཀྱིས་བཀའ་སྩལ་པ། དེ་བཞིན་ཉིད་གང་ལ་སྐྱེ་བ་མི་དམིགས། འཇིག་པ་མི་དམིགས། གནས་པ་ལས་གཞན་དུ་འགྱུར་བ་མི་དམིགས་པ་འདི་ནི། འདུས་བྱས་སྟོང་པ་ཉིད་ཀྱི་དེ་བཞིན་ཉིད་དེ། དེ་ལ་བྱང་ཆུབ་སེམས་དཔའ་སེམས་དཔའ་ཆེན་པོས་བསླབ་པར་བྱའོ། །གསོལ་པ། བཅོམ་ལྡན་འདས་འདུས་མ་བྱས་སྟོང་པ་ཉིད་ཀྱི་དེ་བཞིན་ཉིད་ཇི་ལྟ་བུ་ལགས། བཅོམ་ལྡན་འདས་ཀྱིས་བཀའ་སྩལ་པ། དེ་བཞིན་ཉིད་གང་ལ་སྐྱེ་བ་མི་དམིགས། འཇིག་པ་མི་དམིགས། གནས་པ་ལས་གཞན་དུ་འགྱུར་བ་མི་དམིགས་པ་འདི་ནི། འདུས་མ་བྱས་སྟོང་པ་ཉིད་ཀྱི་དེ་བཞིན་ཉིད་དེ། དེ་ལ་བྱང་ཆུབ་སེམས་དཔའ་སེམས་དཔའ་ཆེན་པོས་བསླབ་པར་བྱའོ། །གསོལ་པ། བཅོམ་ལྡན་འདས་མཐའ་ལས་འདས་པ་སྟོང་པ་ཉིད་ཀྱི་དེ་བཞིན་ཉིད་ཇི་ལྟ་བུ་ལགས། བཅོམ་ལྡན་འདས་ཀྱིས་བཀའ་སྩལ་པ། དེ་བཞིན་ཉིད་གང་ལ་སྐྱེ་བ་མི་དམིགས། འཇིག་པ་མི་དམིགས། གནས་པ་ལས་གཞན་དུ་འགྱུར་བ་མི་དམིགས་པ་འདི་ནི། མཐའ་ལས་འདས་པ་སྟོང་པ་ཉིད་ཀྱི་དེ་བཞིན་ཉིད་དེ། དེ་ལ་བྱང་ཆུབ་སེམས་དཔའ་སེམས་དཔའ་ཆེན་པོས་བསླབ་པར་བྱའོ། །གསོལ་པ། བཅོམ་ལྡན་འདས་ཐོག་མ་དང་ཐ་མ་མེད་པ་སྟོང་པ་ཉིད་ཀྱི་དེ་བཞིན་ཉིད་ཇི་ལྟ་བུ་ལགས། བཅོམ་ལྡན་འདས་ཀྱིས་བཀའ་སྩལ་པ། དེ་བཞིན་ཉིད་

གང་ལ་སྐྱེ་བ་མི་དམིགས། འཇིག་པ་མི་དམིགས། གནས་པ་ལས་གཞན་དུ་འགྱུར་བ་མི་དམིགས་པ་འདི་ནི། ཐོག་མ་དང་ཐ་མ་མེད་པ་སྟོང་པ་ཉིད་ཀྱི་དེ་བཞིན་ཉིད་དོ། དེ་ལ་བྱང་ཆུབ་སེམས་དཔའ་སེམས་དཔའ་ཆེན་པོས་བསླབ་པར་བྱའོ། །གསོལ་པ། བཅོམ་ལྡན་འདས་དོར་བ་མེད་པ་སྟོང་པ་ཉིད་ཀྱི་དེ་བཞིན་ཉིད་ཇི་ལྟ་བུ་ལགས། བཅོམ་ལྡན་འདས་ཀྱིས་བཀའ་སྩལ་པ། དེ་བཞིན་ཉིད་གང་ལ་སྐྱེ་བ་མི་དམིགས། འཇིག་པ་མི་དམིགས། གནས་པ་ལས་གཞན་དུ་འགྱུར་བ་མི་དམིགས་པ་འདི་ནི། དོར་བ་མེད་པ་སྟོང་པ་ཉིད་ཀྱི་དེ་བཞིན་ཉིད་དོ། དེ་ལ་བྱང་ཆུབ་སེམས་དཔའ་སེམས་དཔའ་ཆེན་པོས་བསླབ་པར་བྱའོ། །གསོལ་པ། བཅོམ་ལྡན་འདས་རང་བཞིན་སྟོང་པ་ཉིད་ཀྱི་དེ་བཞིན་ཉིད་ཇི་ལྟ་བུ་ལགས། བཅོམ་ལྡན་འདས་ཀྱིས་བཀའ་སྩལ་པ། དེ་བཞིན་ཉིད་གང་ལ་སྐྱེ་བ་མི་དམིགས། འཇིག་པ་མི་དམིགས། གནས་པ་ལས་གཞན་དུ་འགྱུར་བ་མི་དམིགས་པ་འདི་ནི། རང་བཞིན་སྟོང་པ་ཉིད་ཀྱི་དེ་བཞིན་ཉིད་དོ། དེ་ལ་བྱང་ཆུབ་སེམས་དཔའ་སེམས་དཔའ་ཆེན་པོས་བསླབ་པར་བྱའོ། །གསོལ་པ། བཅོམ་ལྡན་འདས་ཆོས་ཐམས་ཅད་སྟོང་པ་ཉིད་ཀྱི་དེ་བཞིན་ཉིད་ཇི་ལྟ་བུ་ལགས། བཅོམ་ལྡན་འདས་ཀྱིས་བཀའ་སྩལ་པ། དེ་བཞིན་ཉིད་གང་ལ་སྐྱེ་བ་མི་དམིགས། འཇིག་པ་མི་དམིགས། གནས་པ་ལས་གཞན་དུ་འགྱུར་བ་མི་དམིགས་པ་འདི་ནི། ཆོས་ཐམས་ཅད་སྟོང་པ་ཉིད་ཀྱི་དེ་བཞིན་ཉིད་དོ། དེ་ལ་བྱང་ཆུབ་སེམས་དཔའ་སེམས་དཔའ་ཆེན་པོས་བསླབ་པར་བྱའོ། །གསོལ་པ། བཅོམ་ལྡན་འདས་རང་གི་མཚན་ཉིད་སྟོང་པ་ཉིད་ཀྱི་དེ་བཞིན་ཉིད་ཇི་ལྟ་བུ་ལགས། བཅོམ་ལྡན་འདས་ཀྱིས་བཀའ་སྩལ་པ། དེ་བཞིན་ཉིད་གང་ལ་སྐྱེ་བ་མི་དམིགས། འཇིག་པ་མི་དམིགས། གནས་པ་ལས་གཞན་དུ་འགྱུར་བ་མི་དམིགས་པ་འདི་ནི། རང་གི་

མཚན་ཉིད་སྟོང་པ་ཉིད་ཀྱི་དེ་བཞིན་ཉིད་དེ། དེ་ལ་བྱང་ཆུབ་སེམས་དཔའ·····
སེམས་དཔའ་ཆེན་པོས་བསླབ་པར་བྱའོ། །གསོལ་པ། བཅོམ་ལྡན་འདས་མི·····
དམིགས་པ་སྟོང་པ་ཉིད་ཀྱི་དེ་བཞིན་ཉིད་ཇི་ལྟ་བུ་ལགས། བཅོམ་ལྡན་འདས·····
ཀྱིས་བཀའ་སྩལ་པ། དེ་བཞིན་ཉིད་གང་ལ་སྐྱེ་བ་མི་དམིགས། འཇིག་པ་མི་
དམིགས༑ གནས་པ་ལས་གཞན་དུ་འགྱུར་བ་མི་དམིགས་པ་འདི་ནི། མི·····
དམིགས་པ་སྟོང་པ་ཉིད་ཀྱི་དེ་བཞིན་ཉིད་དེ། དེ་ལ་བྱང་ཆུབ་སེམས་དཔའ·····
སེམས་དཔའ་ཆེན་པོས་བསླབ་པར་བྱའོ། །གསོལ་པ། བཅོམ་ལྡན་འདས་དངོས་
པོ་མེད་པ་སྟོང་པ་ཉིད་ཀྱི་དེ་བཞིན་ཉིད་ཇི་ལྟ་བུ་ལགས། བཅོམ་ལྡན་འདས་ཀྱིས་
བཀའ་སྩལ་[༡]པ། དེ་བཞིན་ཉིད་གང་ལ་སྐྱེ་བ་མི་དམིགས། འཇིག་པ་མི·····
དམིགས༑ གནས་པ་ལས་གཞན་དུ་འགྱུར་བ་མི་དམིགས་པ་འདི་ནི། དངོས་པོ་
མེད་པ་སྟོང་པ་ཉིད་ཀྱི་དེ་བཞིན་ཉིད་དེ། དེ་ལ་བྱང་ཆུབ་སེམས་དཔའ་སེམས་
དཔའ་ཆེན་པོས་བསླབ་པར་བྱའོ། །གསོལ་པ། བཅོམ་ལྡན་འདས་ངོ་བོ་ཉིད་
སྟོང་པ་ཉིད་ཀྱི་དེ་བཞིན་ཉིད་ཇི་ལྟ་བུ་ལགས། བཅོམ་ལྡན་འདས་ཀྱིས་བཀའ·····
སྩལ་པ། དེ་བཞིན་ཉིད་གང་ལ་སྐྱེ་བ་མི་དམིགས། འཇིག་པ་མི་དམིགས།
གནས་པ་ལས་གཞན་དུ་འགྱུར་བ་མི་དམིགས་པ་འདི་ནི། ངོ་བོ་ཉིད་སྟོང་པ་ཉིད་
ཀྱི་དེ་བཞིན་ཉིད་དེ། དེ་ལ་བྱང་ཆུབ་སེམས་དཔའ་སེམས་དཔའ་ཆེན་པོས་བསླབ་
པར་བྱའོ། །གསོལ་པ། བཅོམ་ལྡན་འདས་དངོས་པོ་མེད་པའི་ངོ་བོ་ཉིད་སྟོང་
པ་ཉིད་ཀྱི་དེ་བཞིན་ཉིད་ཇི་ལྟ་བུ་ལགས། བཅོམ་ལྡན་འདས་ཀྱིས་བཀའ་སྩལ་པ།
དེ་བཞིན་ཉིད་གང་ལ་སྐྱེ་བ་མི་དམིགས། འཇིག་པ་མི་དམིགས། གནས་པ་ལས་
གཞན་དུ་འགྱུར་བ་མི་དམིགས་པ་འདི་ནི། དངོས་པོ་མེད་པའི་ངོ་བོ་[༢]ཉིད་སྟོང་
པ་ཉིད་ཀྱི་དེ་བཞིན་ཉིད་དེ། དེ་ལ་བྱང་ཆུབ་སེམས་དཔའ་སེམས་དཔའ་ཆེན·····

པོས་བསླབ་པར་བྱའོ། །གསོལ་པ། བཅོམ་ལྡན་འདས་དྲན་པ་ཉེ་བར་གཞག་པ་རྣམས་ཀྱི་དེ་བཞིན་ཉིད་ཇི་ལྟ་བུ་ལགས། བཅོམ་ལྡན་འདས་ཀྱིས་བཀའ་སྩལ་པ། དེ་བཞིན་ཉིད་གང་ལ་སྐྱེ་བ་མི་དམིགས། འཇིག་པ་མི་དམིགས། གནས་པ་ལས་གཞན་དུ་འགྱུར་བ་མི་དམིགས་པ་འདི་[༡]ནི། དྲན་པ་ཉེ་བར་གཞག་པ་རྣམས་ཀྱི་དེ་བཞིན་ཉིད་དེ། དེ་ལ་བྱང་ཆུབ་སེམས་དཔའ་སེམས་དཔའ་ཆེན་པོས་བསླབ་པར་བྱའོ། །གསོལ་པ། བཅོམ་ལྡན་འདས་ཡང་དག་པར་སྤོང་བ་རྣམས་ཀྱི་དེ་བཞིན་ཉིད་ཇི་ལྟ་བུ་ལགས། བཅོམ་ལྡན་འདས་ཀྱིས་བཀའ་སྩལ་པ། དེ་བཞིན་ཉིད་གང་ལ་སྐྱེ་བ་མི་དམིགས། འཇིག་པ་མི་དམིགས། གནས་པ་ལས་[༢]གཞན་དུ་འགྱུར་བ་མི་དམིགས་པ་འདི་ནི། ཡང་དག་པར་སྤོང་བ་རྣམས་ཀྱི་དེ་བཞིན་····ཉིད་དེ། དེ་ལ་བྱང་ཆུབ་སེམས་དཔའ་སེམས་དཔའ་[༣]ཆེན་པོས་བསླབ་པར་བྱའོ། །གསོལ་པ། བཅོམ་ལྡན་འདས་རྫུ་འཕྲུལ་གྱི་རྐང་པ་རྣམས་ཀྱི་དེ་བཞིན་ཉིད་ཇི་ལྟ་བུ་ལགས། བཅོམ་ལྡན་འདས་ཀྱིས་བཀའ་སྩལ་པ། དེ་བཞིན་ཉིད་གང་ལ་སྐྱེ་བ་མི་དམིགས། འཇིག་པ་མི་དམིགས། གནས་པ་ལས་གཞན་དུ་འགྱུར་བ་མི་དམིགས་པ་འདི་ནི། རྫུ་འཕྲུལ་གྱི་རྐང་པ་རྣམས་ཀྱི་དེ་བཞིན་ཉིད་དེ། དེ་ལ་བྱང་ཆུབ་སེམས་དཔའ་སེམས་དཔའ་ཆེན་པོས་བསླབ་པར་བྱའོ། །གསོལ་པ། བཅོམ་ལྡན་འདས་དབང་པོ་རྣམས་ཀྱི་དེ་བཞིན་ཉིད་ཇི་ལྟ་བུ་ལགས། བཅོམ་ལྡན་འདས་ཀྱིས་བཀའ་སྩལ་པ། དེ་བཞིན་ཉིད་གང་ལ་སྐྱེ་བ་མི་དམིགས། འཇིག་པ་མི་དམིགས། གནས་པ་ལས་གཞན་དུ་འགྱུར་བ་མི་དམིགས་པ་འདི་ནི། དབང་པོ་རྣམས་ཀྱི་དེ་བཞིན་ཉིད་དེ། དེ་ལ་བྱང་ཆུབ་སེམས་དཔའ་སེམས་དཔའ་ཆེན་པོས་བསླབ་པར་བྱའོ། །གསོལ་པ། བཅོམ་ལྡན་འདས་སྟོབས་རྣམས་ཀྱི་དེ་བཞིན་ཉིད་ཇི་ལྟ་བུ་ལགས། བཅོམ་ལྡན་འདས་ཀྱིས་བཀའ་སྩལ་པ། དེ་བཞིན་

ཉིད་གང་ལ་སྐྱེ་བ་མི་དམིགས། འཇིག་པ་མི་དམིགས། གནས་པ་ལས་གཞན་དུ་འགྱུར་བ་མི་དམིགས་པ་འདི་ནི། སྟོབས་རྣམས་ཀྱི་[7]དེ་བཞིན་ཉིད་དེ། དེ་ལ་བྱང་ཆུབ་སེམས་དཔའ་སེམས་དཔའ་ཆེན་པོས་བསླབ་པར་བྱའོ། །གསོལ་པ། བཅོམ་ལྡན་འདས་བྱང་ཆུབ་ཀྱི་ཡན་ལག་རྣམས་ཀྱི་དེ་བཞིན་ཉིད་ཇི་ལྟ་བུ་ལགས། བཅོམ་ལྡན་འདས་ཀྱིས་བཀའ་སྩལ་པ། དེ་བཞིན་ཉིད་གང་ལ་སྐྱེ་བ་མི་དམིགས། འཇིག་པ་མི་དམིགས། གནས་པ་ལས་གཞན་དུ་འགྱུར་བ་མི་དམིགས་པ་འདི་ནི། བྱང་ཆུབ་ཀྱི་ཡན་ལག་རྣམས་ཀྱི་དེ་བཞིན་ཉིད་དེ། དེ་ལ་བྱང་ཆུབ་སེམས་དཔའ་སེམས་དཔའ་ཆེན་པོས་བསླབ་པར་བྱའོ། །གསོལ་པ། བཅོམ་ལྡན་འདས་འཕགས་པའི་ལམ་ཡན་ལག་བརྒྱད་པའི་དེ་བཞིན་ཉིད་ཇི་ལྟ་བུ་ལགས། བཅོམ་ལྡན་འདས་ཀྱིས་བཀའ་སྩལ་པ། དེ་བཞིན་ཉིད་གང་ལ་སྐྱེ་བ་མི་དམིགས། འཇིག་པ་མི་དམིགས། གནས་པ་ལས་གཞན་དུ་འགྱུར་བ་མི་དམིགས་པ་འདི་ནི། འཕགས་པའི་ལམ་ཡན་ལག་བརྒྱད་པའི་དེ་བཞིན་ཉིད་དེ། དེ་ལ་བྱང་ཆུབ་སེམས་དཔའ་སེམས་དཔའ་ཆེན་པོས་བསླབ་པར་བྱའོ། །གསོལ་པ། བཅོམ་ལྡན་འདས་འཕགས་པའི་བདེན་པ་རྣམས་ཀྱི་དེ་བཞིན་ཉིད་ཇི་ལྟ་བུ་ལགས། བཅོམ་ལྡན་འདས་ཀྱིས་བཀའ་སྩལ་པ། དེ་བཞིན་ཉིད་གང་ལ་སྐྱེ་བ་མི་དམིགས། འཇིག་པ་མི་དམིགས། གནས་པ་ལས་གཞན་དུ་འགྱུར་བ་མི་དམིགས་པ་འདི་ནི། འཕགས་པའི་བདེན་པ་རྣམས་ཀྱི་དེ་བཞིན་ཉིད་དེ། དེ་ལ་བྱང་ཆུབ་སེམས་དཔའ་སེམས་དཔའ་ཆེན་པོས་བསླབ་པར་བྱའོ། །གསོལ་པ། བཅོམ་ལྡན་འདས་བསམ་གཏན་རྣམས་ཀྱི་དེ་བཞིན་ཉིད་ཇི་ལྟ་བུ་ལགས། བཅོམ་ལྡན་འདས་ཀྱིས་བཀའ་སྩལ་པ། དེ་བཞིན་ཉིད་གང་ལ་སྐྱེ་བ་མི་དམིགས། འཇིག་པ་མི་དམིགས། གནས་པ་ལས་གཞན་དུ་འགྱུར་བ་མི་དམིགས་པ་འདི་ནི། བསམ་གཏན་རྣམས་ཀྱི་

དེ་བཞིན་ཉིད་དེ། དེ་ལ་བྱང་ཆུབ་སེམས་དཔའ་སེམས་དཔའ་ཆེན་པོས་བསླབ་
པར་བྱའོ། །གསོལ་པ། བཅོམ་ལྡན་འདས་ཚད་མེད་པ་རྣམས་ཀྱི་དེ་བཞིན་ཉིད་
ཇི་ལྟ་བུ་ལགས། བཅོམ་ལྡན་འདས་ཀྱིས་བཀའ་སྩལ་པ། དེ་བཞིན་ཉིད་གང་ལ་
སྐྱེ་བ་མི་དམིགས། འཇིག་པ་མི་དམིགས། གནས་པ་ལས་གཞན་དུ་འགྱུར་བ་མི་
དམིགས་པ་འདི་ནི། ཚད་མེད་པ་རྣམས་ཀྱི་དེ་བཞིན་ཉིད་དེ། དེ་ལ་བྱང་ཆུབ་
སེམས་དཔའ་སེམས་དཔའ་ཆེན་པོས་བསླབ་པར་བྱའོ། །གསོལ་པ། བཅོམ་ལྡན་
འདས་གཟུགས་མེད་པའི་སྙོམས་པར་འཇུག་པ་རྣམས་ཀྱི་དེ་བཞིན་ཉིད་ཇི་ལྟ་བུ……
ལགས༏ བཅོམ་ལྡན་འདས་ཀྱིས་བཀའ་སྩལ་པ། དེ་བཞིན་ཉིད་གང་ལ་སྐྱེ་བ་མི་
དམིགས༏ འཇིག་པ་མི་དམིགས། གནས་པ་ལས་གཞན་དུ་འགྱུར་བ་མི་དམིགས་
པ་འདི་ནི། གཟུགས་མེད་པའི་སྙོམས་པར་འཇུག་པ་རྣམས་ཀྱི་དེ་བཞིན་ཉིད་དེ།
དེ་ལ་བྱང་ཆུབ་སེམས་དཔའ་སེམས་དཔའ་ཆེན་པོས་བསླབ་པར་བྱའོ། །གསོལ……
པ༏ བཅོམ་ལྡན་འདས་རྣམ་པར་ཐར་པ་བརྒྱད་ཀྱི་དེ་བཞིན་ཉིད་ཇི་ལྟ་བུ་ལགས།
བཅོམ་ལྡན་འདས་ཀྱིས་བཀའ་སྩལ་པ། དེ་བཞིན་ཉིད་གང་ལ་སྐྱེ་བ་མི་དམིགས།
འཇིག་པ་མི་དམིགས། གནས་པ་ལས་གཞན་དུ་འགྱུར་བ་མི་དམིགས་པ་འདི་ནི།
རྣམ་པར་ཐར༔པ་བརྒྱད་ཀྱི་⑦དེ་བཞིན་ཉིད་དེ། དེ་ལ་བྱང་ཆུབ་སེམས་དཔའ……
སེམས་དཔའ་ཆེན་པོས་བསླབ་པར་བྱའོ། །གསོལ་པ། བཅོམ་ལྡན་འདས་མཐར་
གྱིས་གནས་པའི་སྙོམས་པར་འཇུག་པ་རྣམས་ཀྱི་དེ་བཞིན་ཉིད་ཇི་ལྟ་བུ་ལགས།
བཅོམ་ལྡན་འདས་ཀྱིས་བཀའ་སྩལ་པ། དེ་བཞིན་ཉིད་གང་ལ་སྐྱེ་བ་མི་དམིགས།
འཇིག་པ་མི་དམིགས། གནས་པ་ལས་གཞན་དུ་འགྱུར་བ་མི་དམིགས་པ་འདི་ནི།
མཐར་གྱིས་གནས་པའི་སྙོམས་པར་འཇུག་པ་རྣམས་ཀྱི་དེ་བཞིན་ཉིད་དེ། དེ་ལ་
བྱང་ཆུབ་སེམས་དཔའ་སེམས་དཔའ་ཆེན་པོས་བསླབ་པར་བྱའོ། །གསོལ་པ།

བཅོམ་ལྡན་འདས་རྣམ་པར་ཐར་པའི་སྒོ་སྟོང་པ་ཉིད་དང་། མཚན་མ་མེད་པ་····
དང་། སྨོན་པ་མེད་པའི་དེ་བཞིན་ཉིད་ཇི་ལྟ་བུ་ལགས། བཅོམ་ལྡན་འདས་
ཀྱིས་བཀའ་སྩལ་པ། དེ་བཞིན་ཉིད་གང་ལ་སྐྱེ་བ་མི་དམིགས། འཇིག་པ་མི་
དམིགས། གནས་པ་ལས་གཞན་དུ་འགྱུར་བ་མི་དམིགས་པ་འདི་ནི། རྣམ་པར་
ཐར་པའི་སྒོ་སྟོང་པ་ཉིད་དང་། མཚན་མ་མེད་པ་དང་། སྨོན་པ་མེད་པའི་དེ་
བཞིན་ཉིད་དེ། དེ་ལ་བྱང་ཆུབ་སེམས་དཔའ་སེམས་དཔའ་ཆེན་པོས་བསླབ་པར་
བྱའོ། །གསོལ་པ། བཅོམ་ལྡན་འདས་མངོན་པར་ཤེས་པ་རྣམས་ཀྱི་དེ་བཞིན་
ཉིད་ཇི་ལྟ་བུ་ལགས། བཅོམ་ལྡན་འདས་ཀྱིས་བཀའ་སྩལ་པ། དེ་བཞིན་ཉིད་
གང་ལ་སྐྱེ་བ་མི་དམིགས། འཇིག་པ་མི་དམིགས། གནས་པ་ལས་གཞན་དུ་
འགྱུར་བ་མི་དམིགས་པ་འདི་ནི། མངོན་པར་ཤེས་པ་རྣམས་ཀྱི་དེ་བཞིན་ཉིད་དེ།
དེ་ལ་བྱང་ཆུབ་སེམས་དཔའ་སེམས་དཔའ་ཆེན་པོས་བསླབ་པར་བྱའོ། །གསོལ་····
པ། བཅོམ་ལྡན་འདས་ཏིང་ངེ་འཛིན་རྣམས་ཀྱི་དེ་བཞིན་ཉིད་ཇི་ལྟ་བུ་ལགས།
བཅོམ་ལྡན་འདས་ཀྱིས་བཀའ་སྩལ་པ། དེ་བཞིན་ཉིད་གང་ལ་སྐྱེ་བ་མི་དམིགས།
འཇིག་པ་མི་དམིགས། གནས་པ་ལས་གཞན་དུ་འགྱུར་བ་མི་དམིགས་པ་འདི་ནི།
ཏིང་ངེ་འཛིན་རྣམས་ཀྱི་དེ་བཞིན་ཉིད་དེ། དེ་ལ་བྱང་ཆུབ་སེམས་དཔའ་སེམས་
དཔའ་ཆེན་པོས་བསླབ་པར་བྱའོ། །གསོལ་པ། བཅོམ་ལྡན་འདས་གཟུངས་ཀྱི་
སྒོ་རྣམས་ཀྱི་དེ་བཞིན་ཉིད་ཇི་ལྟ་བུ་ལགས། བཅོམ་ལྡན་འདས་ཀྱིས་བཀའ་སྩལ་
པ། དེ་བཞིན་ཉིད་གང་ལ་སྐྱེ་བ་མི་དམིགས། འཇིག་པ་མི་དམིགས། གནས་
པ་ལས་གཞན་དུ་འགྱུར་བ་མི་དམིགས་པ་འདི་ནི། གཟུངས་ཀྱི་སྒོ་རྣམས་ཀྱི་དེ་····
བཞིན་ཉིད་དེ། དེ་ལ་བྱང་ཆུབ་སེམས་དཔའ་སེམས་དཔའ་ཆེན་པོས་བསླབ་པར་
བྱའོ། །གསོལ་པ། བཅོམ་ལྡན་འདས་དེ་བཞིན་གཤེགས་པའི་སྟོབས་རྣམས་ཀྱི་

དེ་བཞིན་ཉིད་ཇི་ལྟ་བུ་ལགས། བཅོམ་ལྡན་འདས་ཀྱིས་བཀའ་སྩལ་པ། དེ་བཞིན་ཉིད་གང་ལ་སྐྱེ་བ་མི་དམིགས། འཇིག་པ་མི་དམིགས། གནས་པ་ལས་གཞན་དུ་འགྱུར་བ་མི་དམིགས་པ་འདི་ནི། དེ་བཞིན་གཤེགས་པའི་སྟོབས་རྣམས་ཀྱི་དེ་བཞིན་ཉིད་དེ། དེ་ལ་བྱང་ཆུབ་སེམས་དཔའ་སེམས་དཔའ་ཆེན་པོས་བསླབ་པར་བྱའོ། །གསོལ་པ། བཅོམ་ལྡན་འདས་མི་འཇིགས་པ་རྣམས་ཀྱི་དེ་བཞིན་ཉིད་ཇི་ལྟ་བུ་ལགས། བཅོམ་ལྡན་འདས་ཀྱིས་བཀའ་སྩལ་པ། དེ་བཞིན་ཉིད་གང་ལ་སྐྱེ་བ་མི་དམིགས། འཇིག་པ་མི་དམིགས། གནས་པ་ལས་གཞན་དུ་འགྱུར་བ་མི་དམིགས་པ་འདི་ནི། མི་འཇིགས་པ་རྣམས་ཀྱི་དེ་བཞིན་ཉིད་དེ། དེ་ལ་བྱང་ཆུབ་སེམས་དཔའ་སེམས་དཔའ་ཆེན་པོས་བསླབ་པར་བྱའོ། །གསོལ་པ། བཅོམ་ལྡན་འདས་སོ་སོ་ཡང་དག་པར་རིག་པ་རྣམས་ཀྱི་དེ་བཞིན་ཉིད་ཇི་ལྟ་བུ·····ལགས༏ བཅོམ་ལྡན་འདས་ཀྱིས་བཀའ་སྩལ་པ། དེ་བཞིན་ཉིད་གང་ལ་སྐྱེ་བ་མི་དམིགས༏ འཇིག་པ་མི་དམིགས། གནས་པ་ལས་གཞན་དུ་འགྱུར་བ་མི་དམིགས་པ་འདི་ནི། སོ་སོ་ཡང་དག་པར་རིག་པ་རྣམས་ཀྱི་དེ་བཞིན་ཉིད་དེ། དེ་ལ་བྱང་ཆུབ་སེམས་དཔའ་སེམས་དཔའ་ཆེན་པོས་བསླབ་པར་བྱའོ། །གསོལ་པ། བཅོམ་ལྡན་འདས་བྱམས་པ་ཆེན་པོའི་དེ་བཞིན་ཉིད་ཇི་ལྟ་བུ་ལགས། བཅོམ་ལྡན་འདས་ཀྱིས་བཀའ་སྩལ་པ། དེ་བཞིན་ཉིད་གང་ལ་སྐྱེ་བ་མི་དམིགས། འཇིག་པ་མི་དམིགས༏ གནས་པ་ལས་གཞན་དུ་འགྱུར་བ་མི་དམིགས་པ་འདི་ནི། བྱམས་པ་ཆེན་པོའི་དེ་བཞིན་ཉིད་དེ། དེ་ལ་བྱང་ཆུབ་སེམས་དཔའ་སེམས་དཔའ་ཆེན་པོས་བསླབ་པར་བྱའོ། །གསོལ་པ། བཅོམ་ལྡན་འདས་སྙིང་རྗེ་ཆེན་པོའི་དེ་བཞིན་ཉིད་ཇི་ལྟ་བུ་ལགས། བཅོམ་ལྡན་འདས་ཀྱིས་བཀའ་སྩལ་པ། དེ་བཞིན་ཉིད་གང་ལ་སྐྱེ་བ་མི་དམིགས། འཇིག་པ་མི་དམིགས། གནས་པ་ལས་གཞན་དུ་

འགྱུར་བ་མི་དམིགས་པ་འདི་ནི། སྙིང་རྗེ་ཆེན་པོའི་དེ་བཞིན་ཉིད་དེ། དེ་ལ་བྱང་ཆུབ་སེམས་དཔའ་སེམས་དཔའ་ཆེན་པོས་བསླབ་པར་བྱའོ། །གསོལ་པ། བཅོམ་ལྡན་འདས་སངས་རྒྱས་ཀྱི་[༡] ཆོས་མ་འདྲེས་པ་རྣམས་ཀྱི་དེ་བཞིན་ཉིད་ཇི་ལྟ་བུ་ལགས། བཅོམ་ལྡན་འདས་ཀྱིས་བཀའ་སྩལ་པ། དེ་བཞིན་ཉིད་གང་ལ་སྐྱེ་བ་མི་དམིགས། འཇིག་པ་མི་དམིགས། གནས་པ་ལས་གཞན་དུ་འགྱུར་བ་མི་དམིགས་པ་འདི་ནི། སངས་རྒྱས་ཀྱི་ཆོས་མ་འདྲེས་པ་རྣམས་ཀྱི་དེ་བཞིན་ཉིད་དེ། དེ་ལ་བྱང་ཆུབ་སེམས་དཔའ་སེམས་དཔའ་ཆེན་པོས་བསླབ་པར་བྱའོ། །གསོལ་པ། བཅོམ་ལྡན་འདས་རྒྱུན་དུ་ཞུགས་པའི་འབྲས་བུའི་དེ་བཞིན་ཉིད་ཇི་ལྟ་བུ་ལགས། བཅོམ་ལྡན་འདས་ཀྱིས་བཀའ་སྩལ་པ། དེ་བཞིན་ཉིད་གང་ལ་སྐྱེ་བ་མི་དམིགས། འཇིག་པ་མི་དམིགས། གནས་པ་ལས་གཞན་དུ་འགྱུར་བ་[༢] མི་དམིགས་པ་འདི་ནི། རྒྱུན་དུ་ཞུགས་པའི་འབྲས་བུའི་དེ་བཞིན་ཉིད་དེ། དེ་ལ་བྱང་ཆུབ་སེམས་དཔའ་སེམས་དཔའ་ཆེན་པོས་བསླབ་པར་བྱའོ། །གསོལ་པ། བཅོམ་ལྡན་འདས་ལན་ཅིག་ཕྱིར་འོང་བའི་འབྲས་བུའི་དེ་བཞིན་ཉིད་ཇི་ལྟ་བུ་ལགས། བཅོམ་ལྡན་འདས་ཀྱིས་བཀའ་སྩལ་པ། དེ་བཞིན་ཉིད་གང་ལ་སྐྱེ་བ་མི་དམིགས། འཇིག་པ་མི་དམིགས། གནས་པ་ལས་གཞན་དུ་འགྱུར་བ་མི་དམིགས་པ་འདི་ནི། ལན་ཅིག་ཕྱིར་འོང་བའི་འབྲས་བུའི་དེ་བཞིན་ཉིད་དེ། དེ་ལ་བྱང་ཆུབ་སེམས་དཔའ་སེམས་དཔའ་ཆེན་པོས་བསླབ་པར་བྱའོ། །གསོལ་པ། བཅོམ་ལྡན་འདས་ཕྱིར་མི་འོང་བའི་འབྲས་བུའི་དེ་བཞིན་ཉིད་ཇི་ལྟ་བུ་ལགས། བཅོམ་ལྡན་འདས་ཀྱིས་བཀའ་སྩལ་པ། དེ་བཞིན་ཉིད་གང་ལ་སྐྱེ་བ་མི་དམིགས། འཇིག་པ་མི་དམིགས། གནས་པ་ལས་གཞན་དུ་འགྱུར་བ་མི་དམིགས་པ་འདི་ནི། ཕྱིར་མི་འོང་བའི་འབྲས་བུའི་དེ་བཞིན་ཉིད་དེ། དེ་ལ་བྱང་ཆུབ་སེམས་དཔའ་སེམས་དཔའ་ཆེན་

པོས་བསྒྲུབ་པར་བྱའོ། །གསོལ་པ། བཅོམ་ལྡན་འདས་དགྲ་བཅོམ་པ་ཉིད་ཀྱི་དེ་བཞིན་ཉིད་ཇི་ལྟ་བུ་ལགས། བཅོམ་ལྡན་འདས་ཀྱིས་བཀའ་སྩལ་པ། དེ་བཞིན་ཉིད་གང་ལ་སྐྱེ་བ་མི་དམིགས། འཇིག་པ་མི་དམིགས། གནས་པ་ལས་གཞན་དུ་འགྱུར་བ་མི་དམིགས་པ་འདི་ནི། དགྲ་བཅོམ་པ་ཉིད་ཀྱི་དེ་བཞིན་ཉིད་དེ། དེ་ལ་བྱང་ཆུབ་སེམས་དཔའ་སེམས་དཔའ་ཆེན་པོས་བསྒྲུབ་པར་བྱའོ། །གསོལ་པ། བཅོམ་ལྡན་འདས་རང་བྱང་ཆུབ་ཀྱི་དེ་བཞིན་ཉིད་ཇི་ལྟ་བུ་ལགས། བཅོམ་ལྡན་འདས་ཀྱིས་བཀའ་སྩལ་པ། དེ་བཞིན་ཉིད་གང་ལ་སྐྱེ་བ་མི་དམིགས། འཇིག་པ་མི་དམིགས། གནས་པ་ལས་གཞན་དུ་འགྱུར་བ་མི་དམིགས་པ་འདི་ནི། རང་བྱང་ཆུབ་ཀྱི་དེ་བཞིན་ཉིད་དེ། དེ་ལ་བྱང་ཆུབ་སེམས་དཔའ་སེམས་དཔའ་ཆེན་པོས་བསྒྲུབ་པར་བྱའོ། །གསོལ་པ། བཅོམ་ལྡན་འདས་ལམ་གྱི་རྣམ་པ་ཤེས་པ་ཉིད་ཀྱི་དེ་བཞིན་ཉིད་ཇི་ལྟ་བུ་ལགས། བཅོམ་ལྡན་འདས་ཀྱིས་བཀའ་སྩལ་པ། དེ་བཞིན་ཉིད་གང་ལ་སྐྱེ་བ་མི་དམིགས། འཇིག་པ་མི་དམིགས། གནས་པ་ལས་གཞན་དུ་འགྱུར་བ་མི་དམིགས་པ་འདི་ནི། ལམ་གྱི་རྣམ་པ་ཤེས་པ་ཉིད་ཀྱི་དེ······བཞིན་ཉིད་དེ། དེ་ལ་བྱང་ཆུབ་སེམས་དཔའ་སེམས་དཔའ་ཆེན་པོས་བསྒྲུབ་པར་བྱའོ༑ །གསོལ་པ། བཅོམ་ལྡན་འདས་རྣམ་པ་ཐམས་ཅད་མཁྱེན་པ་ཉིད་ཀྱི་དེ་བཞིན་ཉིད་ཇི་ལྟ་བུ་ལགས། བཅོམ་ལྡན་འདས་ཀྱིས་བཀའ་སྩལ་པ། དེ་བཞིན་ཉིད་གང་ལ་སྐྱེ་བ་མི་དམིགས། འཇིག་པ་མི་དམིགས། གནས་པ་ལས་གཞན་དུ་འགྱུར་བ་མི་དམིགས་པ་འདི་ནི། རྣམ་པ་ཐམས་ཅད་མཁྱེན་པ་ཉིད་ཀྱི་དེ་བཞིན་ཉིད་དེ། དེ་ལ་བྱང་ཆུབ་སེམས་དཔའ་སེམས་དཔའ་ཆེན་པོས་བསྒྲུབ་པར་བྱའོ། །ཡང་དག་པའི་མཐའ་ཤེས་ན། ཆོས་ཐམས་ཅད་ཀྱི་མདོ་དང་རྒྱས་པ་ཤེས་པར······འགྱུར་རོ། །གསོལ་པ། བཅོམ་ལྡན་འདས་ཡང་དག་པའི་མཐའ་གང་ལགས། །

བཅོམ་ལྡན་འདས་ཀྱིས་བཀའ་སྩལ་པ། མཐའ་མེད་པ་ནི་ཡང་དག་པའི་མཐའ་སྟེ། མཐའ་འདི་དག་[༧]ལ་སློབ་པའི་བྱང་ཆུབ་སེམས་དཔའ་སེམས་དཔའ་ཆེན་པོ་ནི། ཆོས་ཐམས་ཅད་ཀྱི་མདོ་དང་རྒྱུས་པ་ཤེས་པར་འགྱུར་རོ། །ཆོས་ཀྱི་དབྱིངས་ཤེས་ན༑ བྱང་ཆུབ་སེམས་དཔའ་སེམས་དཔའ་ཆེན་པོ་ཆོས་ཐམས་ཅད་ཀྱི་མདོ་དང····རྒྱུས་པ་ཤེས་པར་འགྱུར་རོ།། ||

ཤེས་རབ་ཀྱི་ཕ་རོལད་ཏུ་ཕྱིནད་པ་སྟོང་ཕྲག་བརྒྱ་པ། བམ་པོ་བརྒྱད་[༣]པ། གསོལ་པ། བཅོམ་ལྡན་འདས་ཆོས་ཀྱི་དབྱིངས་གང་ལགས། བཅོམ་ལྡན་འདས་ཀྱིས་བཀའ་སྩལ་པ། དབྱིངས་མེད་པ་ནི། ཆོས་ཀྱི་དབྱིངས་ཏེ། ཆོས་ཀྱི་དབྱིངས་དེ་ལ་ཆད་པ་དང་། ཡོངས་སུ་ཆད་པ་མི་དམིགས་སོ། །ཆོས་ཀྱི·····དབྱིངས་དེ་ལྟར་ཤེས་པའི་བྱང་ཆུབ་སེམས་དཔའ་སེམས་དཔའ་ཆེན་པོ་ནི་ཆོས·····ཐམས་ཅད་ཀྱི་མདོ་དང་རྒྱུས་པ་ཤེས་པར་འགྱུར་རོ། །གསོལ་པ། བཅོམ་ལྡན་འདས་ཇི་ལྟར་ཆོས་ཐམས་ཅད་ཀྱི་མདོ་དང་རྒྱུས་པ་འཚལ་བར་བགྱི། བཅོམ་ལྡན་འདས་ཀྱིས་བཀའ་སྩལ་པ། ཅི་ནས་ཀྱང་ཆོས་ཐམས་ཅད་ལྡན་པ་ཡང་མ་ཡིན། མི་ལྡན་པ་ཡང་མ་ཡིན་པར་ཤེས་པར་བྱའོ། །གསོལ་པ། བཅོམ་ལྡན་འདས་ལྡན་པ་ཡང་མ་ལགས། མི་ལྡན་པ་ཡང་མ་ལགས་པའི་ཆོས་དེ་དག་ཀྱང་གང·····ལགས༑ བཅོམ་ལྡན་འདས་ཀྱིས་བཀའ་སྩལ་པ། གཟུགས་ལྡན་པ་ཡང་མ་ཡིན། མི་ལྡན་པ་ཡང་མ་ཡིན་ནོ། །ཚོར་བ་ལྡན་པ་ཡང་མ་ཡིན། མི་ལྡན་པ་ཡང་མ་ཡིན་ནོ། །འདུ་ཤེས་ལྡན་པ་ཡང་མ་ཡིན། མི་ལྡན་པ་ཡང་མ་ཡིན་ནོ། །འདུ་བྱེད་ལྡན་པ་[༣]པ་ཡང་མ་ཡིན། མི་ལྡན་པ་ཡང་མ་ཡིན་ནོ། །རྣམ་པར་ཤེས་པ་ལྡན་པ་ཡང་མ་ཡིན། མི་ལྡན་པ་ཡང་མ་ཡིན་ནོ། །མིག་ལྡན་པ་ཡང་མ་ཡིན། མི་ལྡན་པ་ཡང་མ་ཡིན་ནོ། །རྣ་བ་ལྡན་པ་ཡང་མ་ཡིན། མི་ལྡན་པ་ཡང་མ་ཡིན་

ནོ༑ །སྣ་ལྡན་པ་ཡང་མ་ཡིན། མྱི་ལྡན་པ་ཡང་མ་ཡིན་ནོ། །ལྕེ་ལྡན་པ་ཡང་མ་ཡིན༑ མྱི་ལྡན་པ་ཡང་མ་ཡིན་ནོ། །ལུས་ལྡན་པ་ཡང་མ་ཡིན། མི་ལྡན་པ་ཡང་མ་ཡིན་ནོ། །ཡིད་ལྡན་པ་ཡང་མ་ཡིན། མྱི་ལྡན་པ་ཡང་མ་ཡིན་ནོ། །གཟུགས་ལྡན་པ་ཡང་མ་ཡིན། མྱི་ལྡན་པ་ཡང་མ་ཡིན་ནོ། །སྒྲ་ལྡན་པ་ཡང་མ་ཡིན། མྱི་ལྡན་པ་ཡང་མ་ཡིན་ནོ། །དྲི་ལྡན་པ་ཡང་མ་ཡིན། མྱི་ལྡན་པ་ཡང་མ་ཡིན་ནོ། །རོ་ལྡན་པ་ཡང་མ་ཡིན། མྱི་ལྡན་པ་ཡང་མ་ཡིན་ནོ། །རེག་ལྡན་པ་ཡང་མ་ཡིན། མྱི་ལྡན་པ་ཡང་མ་[༧]ཡིན་ནོ། །ཆོས་ལྡན་པ་ཡང་མ་ཡིན། མྱི་ལྡན་པ་ཡང་མ་ཡིན་ནོ༑ །མྱིག་གི་རྣམ་པར་ཤེས་པ་ལྡན་པ་ཡང་མ་ཡིན། མྱི་ལྡན་པ་ཡང་མ་ཡིན་ནོ། །རྣ་བའི་རྣམ་པར་ཤེས་པ་ལྡན་པ་ཡང་མ་ཡིན། མྱི་ལྡན་པ་ཡང་མ་ཡིན་ནོ། །སྣའི་རྣམ་པར་ཤེས་པ་ལྡན་པ་ཡང་མ་ཡིན། མྱི་ལྡན་པ་ཡང་མ་ཡིན་ནོ། །ལྕེའི་རྣམ་པར་ཤེས་པ་ལྡན་པ་ཡང་མ་ཡིན། མྱི་ལྡན་པ་ཡང་མ་ཡིན་ནོ། །ལུས་ཀྱི་རྣམ་པར་ཤེས་པ་ལྡན་པ་ཡང་མ་ཡིན། མྱི་ལྡན་པ་ཡང་མ་ཡིན་ནོ། །ཡིད་ཀྱི་རྣམ་པར་ཤེས་པ་ལྡན་པ་ཡང་མ་ཡིན། མྱི་ལྡན་པ་ཡང་མ་ཡིན་ནོ། །མྱིག་གི་འདུས་ཏེ་རེག་པ་ལྡན་པ་ཡང་མ་ཡིན། མྱི་ལྡན་པ་ཡང་མ་ཡིན་ནོ། །རྣ་བའི་འདུས་ཏེ་རེག་པ་ལྡན་པ་ཡང་མ་ཡིན། མྱི་ལྡན་པ་ཡང་མ་ཡིན་ནོ། །སྣའི་འདུས་ཏེ་རེག་པ་ལྡན་པ་ཡང་མ་ཡིན། མྱི་ལྡན་པ་ཡང་མ་ཡིན་ནོ། །ལྕེའི་འདུས་ཏེ་རེག་པ་ལྡན་པ་ཡང་མ་ཡིན། མྱི་ལྡན་པ་ཡང་མ་ཡིན་ནོ། །ལུས་ཀྱི་འདུས་ཏེ་རེག་པ་ལྡན་པ་ཡང་མ་ཡིན། མྱི་ལྡན་པ་ཡང་མ་ཡིན་ནོ། །ཡིད་ཀྱི་འདུས་ཏེ་རེག་པ་ལྡན་པ་ཡང་མ་ཡིན། མྱི་ལྡན་པ་ཡང་མ་ཡིན་ནོ། །མྱིག་གི་འདུས་ཏེ་རེག་པའི་རྐྱེན་གྱིས་ཚོར་བ་ལྡན་པ་ཡང་མ་ཡིན། མྱི་ལྡན་པ་ཡང་མ་ཡིན་ནོ། །རྣ་བའི་འདུས་ཏེ་རེག་པའི་རྐྱེན་གྱིས་ཚོར་བ་ལྡན་པ་ཡང་མ་ཡིན། མྱི་ལྡན་པ་ཡང་

མ་ཡིན་ནོ། །སྣའི་འདུས་ཏེ་རེག་པའི་རྐྱེན་གྱིས་ཚོར་བ་ལྡན་པ་ཡང་མ་ཡིན། མྱི་ལྡན་པ་ཡང་མ་ཡིན་ནོ། །ལྕེའི་འདུས་ཏེ་རེག་པའི་རྐྱེན་གྱིས་ཚོར་བ་ལྡན་པ་ཡང་མ་ཡིན། མྱི་ལྡན་པ་ཡང་མ་ཡིན་ནོ། །ལུས་ཀྱི་འདུས་ཏེ་རེག་པའི་རྐྱེན་གྱིས་ཚོར་བ་ལྡན་པ་ཡང་མ་ཡིན། མྱི་ལྡན་པ་ཡང་མ་ཡིན་ནོ། །ཡིད་ཀྱི་འདུས་ཏེ་རེག་པའི་རྐྱེན་གྱིས་ཚོར་བ་ལྡན་པ་ཡང་མ་ཡིན། མྱི་ལྡན་པ་ཡང་མ་ཡིན་ནོ། །སའི་ཁམས་ལྡན་པ་ཡང་མ་ཡིན། མྱི་ལྡན་པ་ཡང་མ་ཡིན་ནོ། །ཆུའི་ཁམས་ལྡན་པ་ཡང་མ་ཡིན། མྱི་ལྡན་པ་ཡང་མ་ཡིན་ནོ། །མྱེའི་ཁམས་ལྡན་པ་ཡང་མ་ཡིན། མྱི་ལྡན་པ་ཡང་མ་ཡིན་ནོ། །རླུང་གི་ཁམས་ལྡན་པ་ཡང་མ་ཡིན། མྱི་ལྡན་པ་ཡང་མ་ཡིན་ནོ། །ནམ་མཁའི་ཁམས་ལྡན་པ་ཡང་མ་ཡིན། མྱི་ལྡན་པ་ཡང་མ་ཡིན་ནོ། །རྣམ་པར་ཤེས་པའི་ཁམས་ལྡན་པ་ཡང་མ་ཡིན། མྱི་ལྡན་པ་ཡང་མ་ཡིན་ནོ། །མ་རིག་པ་ལྡན་པ་ཡང་མ་ཡིན། མྱི་ལྡན་པ་ཡང་མ་ཡིན་ནོ། །འདུ་བྱེད་ལྡན་པ་ཡང་མ་ཡིན། མྱི་ལྡན་པ་ཡང་མ་ཡིན་ནོ། །རྣམ་པར་ཤེས་པ་ལྡན་པ་ཡང་མ་ཡིན། མྱི་ལྡན་པ་ཡང་མ་ཡིན་ནོ། །མྱིང་དང་གཟུགས་ལྡན་པ་ཡང་མ་ཡིན༏ མྱི་ལྡན་པ་ཡང་མ་ཡིན་ནོ། །སྐྱེ་མཆེད་དྲུག་ལྡན་པ་ཡང་མ་ཡིན། མྱི་ལྡན་པ་ཡང་མ་ཡིན་ནོ། །རེག་པ་ལྡན་པ་ཡང་མ་ཡིན། མྱི་ལྡན་པ་ཡང་མ་ཡིན་ནོ༏ །ཚོར་བ་ལྡན་པ་ཡང་མ་ཡིན། མྱི་ལྡན་པ་ཡང་མ་ཡིན་ནོ། །སྲེད་པ་ལྡན་པ་ཡང་མ་ཡིན། མྱི་ལྡན་པ་ཡང་མ་ཡིན་ནོ། །ལེན་པ་ལྡན་པ་ཡང་མ་ཡིན། མྱི་ལྡན་པ་ཡང་མ་ཡིན་ནོ། །སྲིད་པ་ལྡན་པ་ཡང་མ་ཡིན། མྱི་ལྡན་པ་ཡང་མ་ཡིན་ནོ༏ །སྐྱེ་བ་ལྡན་པ་ཡང་མ་ཡིན། མྱི་ལྡན་པ་ཡང་མ་ཡིན་ནོ། །རྒ་ཤི་ལྡན་པ་ཡང་མ་ཡིན། མྱི་ལྡན་པ་ཡང་མ་ཡིན་ནོ། །སྦྱིན་པའི་ཕ་རོལད་ཏུ་ཕྱིནད་པ་ལྡན་པ་ཡང་མ་ཡིན། མྱི་ལྡན་པ་ཡང་མ་ཡིན་ནོ། །ཚུལ་ཁྲིམས་ཀྱི་ཕ་རོལ་ཏུ་ཕྱིན་པ་

ལྡན་པ་ཡང་མ་ཡིན། མི་ལྡན་པ་ཡང་མ་ཡིན་ནོ། །བཟོད་པའི་ཕ་རོལ་ཏུ་ཕྱིན་པ་ལྡན་པ་ཡང་མ་ཡིན། མི་ལྡན་པ་ཡང་མ་ཡིན་ནོ། །བརྩོན་འགྲུས་ཀྱི①ཕ་རོལ་ཏུ་ཕྱིན་པ་ལྡན་པ་ཡང་མ་ཡིན། མི་ལྡན་པ་ཡང་མ་ཡིན་ནོ། །བསམ་གཏན་གྱི་ཕ་རོལ་ཏུ་ཕྱིན་པ་ལྡན་པ་ཡང་མ་ཡིན། མི་ལྡན་པ་ཡང་མ་ཡིན་ནོ། །ཤེས་རབ་ཀྱི་ཕ་རོལ་ཏུ་ཕྱིན་པ་ལྡན་པ་ཡང་མ་ཡིན། མི་ལྡན་པ་ཡང་མ་ཡིན་ནོ། །ནང་སྟོང་པ་ཉིད་ལྡན་པ་ཡང་མ་ཡིན། མི་ལྡན་པ་ཡང་མ་ཡིན་ནོ། །ཕྱི་སྟོང་པ་ཉིད་ལྡན་པ་ཡང་མ་ཡིན། མི་ལྡན་པ་ཡང་མ་ཡིན་ནོ། །ཕྱི་ནང་སྟོང་པ་ཉིད་ལྡན་པ་ཡང་མ་ཡིན། མི་ལྡན་པ་ཡང་མ་ཡིན་ནོ། །སྟོང་པ་ཉིད་སྟོང་པ་ཉིད་ལྡན་པ་ཡང་མ་ཡིན། མི་ལྡན་པ་ཡང་མ་ཡིན་ནོ། །ཆེན་པོ་སྟོང་པ་ཉིད་ལྡན་པ་ཡང་མ་ཡིན། མི་ལྡན་པ་ཡང་མ་ཡིན་ནོ། །དོན་དམ་པ་སྟོང་པ་ཉིད་ལྡན་པ་ཡང་མ་ཡིན། མི་ལྡན་པ་ཡང་མ་ཡིན་ནོ། །འདུས་བྱས་སྟོང་པ་ཉིད་ལྡན་པ་ཡང་མ་ཡིན། མི་ལྡན་པ་ཡང་མ་ཡིན་ནོ། །འདུས་མ་བྱས་སྟོང་པ་ཉིད་ལྡན་པ་ཡང་མ་ཡིན། མི་ལྡན་པ་ཡང་མ་ཡིན་ནོ། །མཐའ་ལས་འདས་པ་སྟོང་པ་ཉིད་ལྡན་པ་ཡང་མ་……ཡིན། མི་ལྡན་པ་ཡང་མ་ཡིན་ནོ། །ཐོག་མ་དང་ཐ་མ་མེད་པ་སྟོང་པ་ཉིད་ལྡན་པ་ཡང་མ་ཡིན། མི་ལྡན་པ་ཡང་མ་ཡིན་ནོ། །དོར་བ་མེད་པ་སྟོང་པ་ཉིད་ལྡན་པ་ཡང་མ་ཡིན། མི་ལྡན་པ་ཡང་མ་ཡིན་ནོ། །རང་བཞིན་སྟོང་པ་ཉིད་ལྡན་པ་ཡང་མ་ཡིན། མི་ལྡན་པ་ཡང་མ་ཡིན་ནོ། །ཆོས་ཐམས་ཅད་སྟོང་པ་ཉིད་ལྡན་པ་ཡང་མ་ཡིན། མི་ལྡན་པ་ཡང་མ་ཡིན་ནོ། །རང་གི་མཚན་ཉིད་སྟོང་པ་ཉིད་ལྡན་པ་ཡང་མ་ཡིན། མི་ལྡན་པ་ཡང་མ་ཡིན་ནོ། །མི་དམིགས་པ་སྟོང་པ་ཉིད་ལྡན་པ་ཡང་མ་ཡིན། མི་ལྡན་པ་ཡང་མ་ཡིན་ནོ། །དངོས་པོ་མེད་པ་སྟོང་པ་ཉིད་ལྡན་པ་ཡང་མ་ཡིན། མི་ལྡན་པ་ཡང་མ་ཡིན་ནོ། །ངོ་བོ་ཉིད་སྟོང་པ་ཉིད་ལྡན་

པ་ཡང་མ་ཡིན། མི་ལྡན་པ་ཡང་མ་ཡིན་ནོ། །དངོས་པོ་མེད་པའི་ངོ་བོ་ཉིད་སྟོང་པ་ཉིད་ལྡན་པ་ཡང་མ་ཡིན། མི་ལྡན་པ་ཡང་མ་ཡིན་ནོ། །དྲན་པ་ཉེ་བར་གཞག་པ་རྣམས་ལྡན་པ་ཡང་མ་ཡིན། མི་ལྡན་པ་ཡང་མ་ཡིན་ནོ། །ཡང་དག་པར་སྤོང་བ་རྣམས་ལྡན་པ་ཡང་མ་ཡིན། མི་ལྡན་པ་ཡང་མ་ཡིན་ནོ། །རྫུ་འཕྲུལ་གྱི་རྐང་པ་རྣམས་ལྡན་པ་ཡང་མ་ཡིན། མི་ལྡན་པ་ཡང་མ་ཡིན་ནོ། །དབང་པོ་རྣམས་ལྡན་པ་ཡང་མ་ཡིན། མི་ལྡན་པ་ཡང་མ་ཡིན་ནོ། །སྟོབས་རྣམས་ལྡན་པ་ཡང་མ་ཡིན། མི་ལྡན་པ་ཡང་མ་ཡིན་ནོ། །བྱང་ཆུབ་ཀྱི་ཡན་ལག་རྣམས་ལྡན་པ་ཡང་མ་ཡིན། མི་ལྡན་པ་ཡང་མ་ཡིན་ནོ། །འཕགས་པའི་ལམ་ཡན་ལག་བརྒྱད་པ་ལྡན་པ་ཡང་མ་ཡིན། མི་ལྡན་པ་ཡང་མ་ཡིན་ནོ། །འཕགས་པའི་བདེན་པ་རྣམས་ལྡན་པ་ཡང་མ་ཡིན། མི་ལྡན་པ་ཡང་མ་ཡིན་ནོ། །བསམ་གཏན་རྣམས་ལྡན་པ་ཡང་མ་ཡིན། མི་ལྡན་པ་ཡང་མ་ཡིན་ནོ། །ཚད་མེད་པ་རྣམས་ལྡན་པ་ཡང་མ་ཡིན། མི་ལྡན་པ་ཡང་མ་ཡིན་ནོ། །གཟུགས་མེད་པའི་སྙོམས་པར་འཇུག་པ་རྣམས་ལྡན་པ་ཡང་མ་ཡིན། མི་ལྡན་པ་ཡང་མ་ཡིན་ནོ། །རྣམ་པར་ཐར་པ་བརྒྱད་ལྡན་པ་ཡང་མ་ཡིན། མི་ལྡན་པ་ཡང་མ་ཡིན་ནོ། །མཐར་གྱིས་གནས་པའི་སྙོམས་པར་འཇུག་པ་དགུ་ལྡན་པ་ཡང་མ་ཡིན། མི་ལྡན་པ་ཡང་མ་ཡིན་ནོ། །རྣམ་པར་ཐར་པའི་སྒོ་སྟོང་པ་ཉིད་དང་མཚན་མ་མེད་པ་དང་། སྨོན་པ་མེད་པ་ལྡན་པ་ཡང་མ་ཡིན། མི་ལྡན་པ་ཡང་མ་ཡིན་ནོ། །མངོན་པར་ཤེས་པ་རྣམས་ལྡན་པ་ཡང་མ་ཡིན། མི་ལྡན་པ་ཡང་མ་ཡིན་ནོ། །ཏིང་ངེ་འཛིན་རྣམས་ལྡན་པ་ཡང་མ་ཡིན། མི་ལྡན་པ་ཡང་མ་ཡིན་ནོ། །གཟུངས་ཀྱི་སྒོ་རྣམས་ལྡན་པ་ཡང་མ་ཡིན། མི་ལྡན་པ་ཡང་མ་ཡིན་ནོ། །དེ་བཞིན་གཤེགས་པའི་སྟོབས་བཅུ་ལྡན་པ་ཡང་མ་ཡིན། མི་ལྡན་པ་ཡང་མ་ཡིན་ནོ། །མི་འཇིགས་པ་

བཞི་ལྡན་པ་ཡང་མ་ཡིན། མི་ལྡན་པ་ཡང་མ་ཡིན་ནོ། །སོ་སོ་ཡང་དག་པར་རིག་པ་བཞི་ལྡན་པ་ཡང་མ་ཡིན། མི་ལྡན་པ་ཡང་མ་ཡིན་ནོ། །བྱམས་པ་ཆེན་པོ་ལྡན་པ་ཡང་མ་ཡིན། མི་ལྡན་པ་ཡང་མ་ཡིན་ནོ། །སྙིང་རྗེ་ཆེན་པོ་ལྡན་པ་ཡང་མ་ཡིན། མི་ལྡན་པ་ཡང་མ་ཡིན་ནོ། །སངས་རྒྱས་ཀྱི་ཆོས་མ་འདྲེས་པ་བཅོ་བརྒྱད་ལྡན་པ་ཡང་མ་ཡིན། མི་ལྡན་པ་ཡང་མ་ཡིན་ནོ། །རྒྱུན་ཏུ་ཞུགས་པའི་འབྲས་བུ་ལྡན་པ་ཡང་མ་ཡིན། མི་ལྡན་པ་ཡང་མ་ཡིན་ནོ། །ལན་ཅིག་ཕྱིར་འོང་བའི་འབྲས་བུ་ལྡན་པ་ཡང་མ་ཡིན། མི་ལྡན་①པ་ཡང་མ་ཡིན་ནོ། །ཕྱིར་མི་འོང་བའི་འབྲས་བུ་ལྡན་པ་ཡང་མ་ཡིན། མི་ལྡན་པ་ཡང་མ་ཡིན་ནོ། །དགྲ་བཅོམ་པ་ཉིད་ལྡན་པ་ཡང་མ་ཡིན། མི་ལྡན་པ་ཡང་མ་ཡིན་ནོ། །རང་བྱང་ཆུབ་ལྡན་པ་②ཡང་མ་ཡིན། མི་ལྡན་པ་ཡང་མ་ཡིན་ནོ། །ལམ་གྱི་རྣམ་པ་ཤེས་པ་ཉིད་ལྡན་པ་ཡང་མ་ཡིན། མི་ལྡན་པ་ཡང་མ་ཡིན་ནོ། །རྣམ་པ་ཐམས་ཅད་མཁྱེན་པ་ཉིད་ལྡན་པ་ཡང་མ་ཡིན། མི་ལྡན་པ་ཡང་མ་ཡིན་ནོ། །འདུས་བྱས་ཀྱི་ཁམས་ལྡན་པ་ཡང་མ་ཡིན། མི་ལྡན་པ་ཡང་མ་ཡིན་ནོ། །འདུས་མ་བྱས་ཀྱི་ཁམས་ལྡན་པ་ཡང་མ་ཡིན། མི་ལྡན་པ་ཡང་མ་ཡིན་ནོ། །དེ་ཅིའི་ཕྱིར་ཞེ་ན། གང་ལྡན་པའམ་མི་ལྡན་པར་འགྱུར་བ་དེ་ལྟ་བུའི་ངོ་བོ་ཉིད་མེད་དེ། གང་③ངོ་བོ་ཉིད་མེད་པ་དེ་ནི། དངོས་པོ་མེད་པའོ། །དངོས་པོ་མེད་པ་ནི་དངོས་པོ་མེད་པ་དང་ལྡན་པ་ཡང་མ་ཡིན་མི་ལྡན་པ་ཡང་མ་ཡིན་ཏེ④། དེ་ལྟར་ཆོས་ཐམས་ཅད་ཤེས་པར་བྱའོ། །རབ་འབྱོར་འདི་ནི་བྱང་ཆུབ་སེམས་དཔའ་སེམས་དཔའ་ཆེན་པོ་རྣམས་ཀྱི་མདོར་བསྡུས་པ་སྟེ། མདོར་བསྡུས་པའི་⑤ཕ་རོལ་ཏུ་ཕྱིན་པ་འདི་⑥ལ་ལས་དང་པོ་པའི་བྱང་ཆུབ་སེམས་དཔའ་སེམས་དཔའ་ཆེན་པོས་ཀྱང་⑦བསླབ་པར་བྱའོ། །བྱང་ཆུབ་སེམས་དཔའི་ས་བཅུ་པོ་དག་⑧ལ་གནས་ཏེ། མདོར་བསྡུས་པ་ལ་བསླབ་པར་

བྱའོ༑ ༑མདོར་བསྡུས་པ་འདི་ལ་སློབ་པའི་བྱང་ཆུབ་སེམས་དཔའ་སེམས་དཔའ་ཆེན་པོ་ནི། ཆོས་ཐམས་ཅད་ཀྱི་མདོ་དང་རྒྱས་པ་ཤེས་པར་འགྱུར་རོ། ༑གསོལ་པ༑ བཅོམ་ལྡན་འདས་འདི་ནི་བྱང་ཆུབ་སེམས་དཔའ་སེམས་དཔའ་ཆེན་པོ…… དབང་པོ་རྣོན་པོས་རྟོགས་པའོ། ༑བཅོམ་ལྡན་འདས་ཀྱིས་བཀའ་སྩལ་པ། རབ་འབྱོར་འདི་ནི་བྱང་ཆུབ་སེམས་དཔའ་སེམས་དཔའ་ཆེན་པོ་དབང་པོ་ཞན་པས…… ཀྱང་རྟོགས་པར་འགྱུར་བའོ། ༑འདི་ནི་བྱང་ཆུབ་སེམས་དཔའ་སེམས་དཔའ་ཆེན་པོ་དབང་པོ་འབྲིང་པོས་ཀྱང་རྟོགས་པར་འགྱུར་རོ[༡]། ༑འདི་ནི་བྱང་ཆུབ་སེམས་དཔའ་སེམས་དཔའ་ཆེན་པོ་དབང་པོ་མཉམ་པར་བཞག་པས་ཀྱང་རྟོགས་པར…… འགྱུར་བ་སྟེ། འདི་ནི་སློབ་པར་འདོད་པའི་བྱང་ཆུབ་སེམས་དཔའ་སེམས་དཔའ་ཆེན་པོ་གང་གིས་ཀྱང་རྟོགས་པར་མི་འགྱུར་བ་མེད་དོ། ༑འདི་ནི་ལེ་ལོ་ཅན་གྱིས་རྟོགས་པར་འགྱུར་བ་མ་ཡིན། བརྩོན་འགྲུས་ཞན་པས་རྟོགས་པར་འགྱུར་བ་མ་ཡིན༑ དྲན་པ་ཉམས་པས་རྟོགས་པར་འགྱུར་བ་མ་ཡིན། སེམས་འཁྲུགས་པས་རྟོགས་པར་འགྱུར་བ་མ་ཡིན་གྱི། འདི་ནི་བརྩོན་འགྲུས་བརྩམས་པ། ལེ་ལོ་མེད་པ༑ དྲན་པ་ཉེ་བར་གནས་པས[༢]རྟོགས་པར་འགྱུར་བའོ། ༑ཕྱིར་མི་ལྡོག་པའི་ས་ལ་སློབ་པར་འདོད་པ། རྣམ་པ་ཐམས་ཅད་མཁྱེན་པ་ཉིད་ཐོབ་པར་འདོད་པས་རྟོགས་པར་འགྱུར་བ་སྟེ། གལ་ཏེ་ཇི་སྐད་དུ་བསྟན་པའི་ཤེས་རབ་ཀྱི་ཕ་རོལད་དུ་ཕྱིནད་པ་ལ་སློབ་ཅིང་། སྦྱིན་པའི་ཕ་རོལད་དུ་ཕྱིནད་པ་དང་། ཚུལ་ཁྲིམས་ཀྱི་ཕ་རོལ་ཏུ་ཕྱིན་པ་དང་། བཟོད་པའི་ཕ་རོལ་ཏུ་ཕྱིན་པ་དང་། བརྩོན་འགྲུས་ཀྱི་ཕ་རོལ་ཏུ་ཕྱིན་པ་དང་། བསམ་གཏན་གྱི་ཕ་རོལ་ཏུ་ཕྱིན་པ་དང་། ཤེས་རབ་ཀྱི་ཕ་རོལད་དུ་ཕྱིནད་པ་ལ་བསླབས[༣]ནས། རྣམ་པ་ཐམས་ཅད་མཁྱེན་པ་ཉིད་ཐོབ་པར་བྱེད་ན། བྱང་ཆུབ་སེམས་དཔའ་སེམས་དཔའ་ཆེན་པོ་དེ་ཤེས་རབ་ཀྱི་

ཕ་རོལ་ཏུ་ཕྱིན་པ་ལ་སྤྱོད་པའི་ཚེ། བདུད་ཀྱི་ལས་ཅི་བྱུང་ཡང་ཉུང་སྟེ། དེ་དག་ཐམས་ཅད་འབྱུང་བ་ཉིད་ཀྱི་ཚེ། རབ་ཏུ་སྤངས་པར་འགྱུར་རོ། །དེ་བས་ན་ཐབས་མཁས་པ[༡]ཡོངས་སུ་གཟུང་བར་འདོད་པའི་བྱང་ཆུབ་སེམས་དཔའ་སེམས་དཔའ་ཆེན་པོས་ཤེས་རབ་ཀྱི་ཕ་རོལ་ཏུ་ཕྱིན་པ་ལ་བསླབ་པར་བྱའོ། །གང་གི་ཚེ་བྱང་ཆུབ་སེམས་དཔའ་སེམས་དཔའ་ཆེན་པོ[༢]ཤེས་རབ་ཀྱི་ཕ་རོལ་ཏུ་ཕྱིན་པ་ལ་སྤྱོད་པ་དང་། ཤེས་རབ་ཀྱི་ཕ་རོལ་ཏུ་ཕྱིན་པ་ལ་སྒོམ[༣]པ་དང་། ཤེས་རབ་ཀྱི་ཕ་རོལ་ཏུ་ཕྱིན་པ་ལ་བརྩོན་པར་བྱེད་པ་དེའི་ཚེ། འཇིག་རྟེན་གྱི་ཁམས་གྲངས་མེད་པ་དག་ན། སངས་རྒྱས་བཅོམ་ལྡན་འདས་གང་ཇི་སྙེད་ཅིག་བཞུགས་ཤིང་འཚོ[༤]སྐྱོང་བ་དང་། ཆོས་སྟོན་པ་དེ་དག་ཀྱང་བྱང་ཆུབ་སེམས་དཔའ་སེམས་དཔའ་ཆེན་པོ་ཤེས་རབ་ཀྱི་ཕ་རོལ་ཏུ་ཕྱིན་པ་ལ[༥]སྤྱོད་པ་དེ་ལ་དགོངས་པ་མཛད་དོ། །དེ་ཅིའི་ཕྱིར་ཞེ་ན། འདི་ལྟ་སྟེ། ཕ་རོལ་ཏུ་ཕྱིན་པ་དྲུག་པོ་འདི་དག་ལས་བྱུང་བ་ནི། འདས་པ་དང་མ་བྱོན་པ་དང་། ད་ལྟར་བྱུང་བའི་སངས་རྒྱས་བཅོམ་ལྡན་འདས་རྣམས་ཏེ། དེ་བས་ན་བྱང་ཆུབ་སེམས་དཔའ་སེམས་དཔའ་ཆེན་པོ་ཤེས་རབ་ཀྱི་ཕ་རོལ་ཏུ་ཕྱིན་པ་ལ་སྤྱོད་པས། འདི་ལྟར་ཡོངས་སུ་བརྟག[༦]པར་བྱ་སྟེ། ཆོས་གང་འདས་པ་དང་མ་བྱོན་པ་དང་། ད་ལྟར་བྱུང་བའི་སངས་རྒྱས་བཅོམ་ལྡན་འདས་རྣམས་ཀྱིས་བརྙེས་པར་གྱུར་པ་དང་། བརྙེས་པ་དང་། བརྙེས་པར་འགྱུར་བའི་ཆོས་དེ་དག་བདག་གིས་ཀྱང་ཐོབ་པར་བྱའོ་སྙམ་དུ་བརྟག་པར་བྱ་སྟེ། རབ་འབྱོར་བྱང་ཆུབ་སེམས་དཔའ་སེམས་དཔའ་ཆེན་པོས[༧]ཤེས་རབ་ཀྱི་ཕ་རོལ་ཏུ་ཕྱིན་པ་ལ་སྤྱོད་པས་དེ་ལྟར་བརྩོན་པར་བྱའོ། །དེ་ལྟར་བརྩོན་པའི་བྱང་ཆུབ་སེམས་དཔའ་སེམས་དཔའ་ཆེན་པོ་ནི་མྱུར་དུ་བླ་ན་མེད་པ་ཡང་དག་པར་རྫོགས་པའི་བྱང་ཆུབ་ཏུ་མངོན་པར་རྫོགས་པར་འཚང་རྒྱའོ། །རབ་འབྱོར་དེ་

བས་ན་བྱང་ཆུབ་སེམས་དཔའ་སེམས་དཔའ་ཆེན་པོས། རྣམ་པ་ཐམས་ཅད་···
མཁྱེན་པ་ཉིད་ཡིད་ལ་བྱ་བ་དང་མ་བྲལ་བར་བྱ་སྟེ། གལ་ཏེ་བྱང་ཆུབ་སེམས···
དཔའ་སེམས་དཔའ་ཆེན་པོ། རྣམ་པ་ཐམས་ཅད་མཁྱེན་པ་ཉིད་ཀྱི་དོན་དུ་དེ·····
ལྟར་སྤྱོད་ན། ཆུང་ངུ་ན་སེ་གོལ་གཏོགས་པ་ཙམ་དུ་ཤེས་རབ་ཀྱི་ཕ་རོལ་ཏུ་ཕྱིན་
པ༔ སྒོམ་ཡང་[༡] བྱང་ཆུབ་སེམས་དཔའ་སེམས་དཔའ་ཆེན་པོ་དེའི་བསོད་ནམས་ནི····
ཆེས་མང་དུ་འཕེལ་གྱི། སྟོང་གསུམ་གྱི་སྟོང་ཆེན་པོའི་འཇིག་རྟེན་གྱི་ཁམས་ན·····
སེམས་ཅན་གང་ཇི་སྙེད་ཅིག་འཁོད་པ་དེ་དག་སྦྱིན་པས་ཡོངས་སུ་ཚིམ་པར་བྱས་པ་
དང༑ ཚུལ་ཁྲིམས་ལ་རབ་ཏུ་བཀོད་པ་དང་། ཏིང་ངེ་འཛིན་ལ་རབ་ཏུ་བཀོད་
པ་དང་། ཤེས་རབ་ལ་རབ་ཏུ་བཀོད་པ་དང་། རྣམ་པར་གྲོལ་བ་ལ་རབ་ཏུ་
བཀོད་པ་དང་། རྣམ་པར་གྲོལ་བའི་ཡེ་ཤེས་མཐོང་བ་ལ་རབ་ཏུ་བཀོད་པ་དང་།
རྒྱུན་ཏུ་ཞུགས་པའི་འབྲས་བུ་ལ་རབ་ཏུ་བཀོད་པ་དང་། ལན་ཅིག་ཕྱིར་འོང་བའི་
འབྲས་བུ་ལ་རབ་ཏུ་བཀོད་པ་དང་། ཕྱིར་མི་འོང་བའི་འབྲས་བུ་ལ་རབ་ཏུ་བཀོད་
པ་དང་། དགྲ་བཅོམ་པ་ཉིད་ལ་རབ་ཏུ་བཀོད་པ་དང་། རང་བྱང་ཆུབ་ལ་རབ་
ཏུ་བཀོད་པས་ནི་མ་ཡིན་ཏེ། གང་ཤེས་རབ་ཀྱི་ཕ་རོལ་ཏུ་ཕྱིན་པ་ཟབ་མོ་འདི་སེ་
གོལ་གཏོགས་པ་ཙམ་དུ་སྒོམ་[༢] པ་དེའི་བསོད་ནམས་ནི་ཆེས་མང་དུ་འཕེལ་ལོ། །
དེ་ཅིའི་ཕྱིར་ཞེ་ན། སྦྱིན་པ་དང་། ཚུལ་ཁྲིམས་དང་། ཏིང་ངེ་འཛིན་དང་།
ཤེས་རབ་དང་། རྣམ་པར་གྲོལ་བ་དང་། རྣམ་པར་གྲོལ་བའི་ཡེ་ཤེས་མཐོང་བ་
དང༑ རྒྱུན་ཏུ་ཞུགས་པའི་འབྲས་བུ་དང་། ལན་ཅིག་ཕྱིར་འོང་བའི་འབྲས་བུ་
དང༑ ཕྱིར་མི་འོང་བའི་འབྲས་བུ་དང་། དགྲ་བཅོམ་པ་ཉིད་དང་། རང་
བྱང་ཆུབ་ནི་འདི་ལས་བྱུང་བ་[༣] སྟེ། ཕྱོགས་བཅུའི་འཇིག་རྟེན་གྱི་ཁམས་དག་ན[༤]།
སངས་རྒྱས་བཅོམ་ལྡན་འདས་གང་ཇི་སྙེད་ཅིག་བཞུགས་ཤིང་འཚོ་སྐྱོང་བ་དང·····

ཆོས་སྟོན་པ་དེ་དག་ཀྱང་ཤེས་རབ་ཀྱི་ཕ་རོལ་ཏུ་ཕྱིན་པ་འདི་ལས་བྱུང་ངོ་། །སངས་རྒྱས་བཅོམ་ལྡན་འདས་གང་འདས་པ་དང་མ་བྱོན་པ་དང་། ད་ལྟར་བྱུང་བ་དེ་དག་ཀྱང་། ཤེས་རབ་ཀྱི་ཕ་རོལ་ཏུ་ཕྱིན་པ་འདི་ཉིད་ལས་བྱུང་ངོ་། །རབ་འབྱོར་གཞན་ཡང་གང་སྐད་འགའ[༡]འམ། ཉིན་འགའ་འམ། ཉི་མ་བརྒྱའམ། ཟླ་འགའ་འམ། ཟླ་བརྒྱའམ། བསྐལ་པ་འགའ་འམ། བསྐལ་པ་བརྒྱ་ནས་བསྐལ་པ་གྲངས་མེད་པ་བརྒྱའི་བར་དུ་ཤེས་རབ་ཀྱི་ཕ་རོལ་ཏུ་ཕྱིན་པ་འདི། རྣམ་པ་ཐམས་ཅད་མཁྱེན་པ་ཉིད་ལ་དམིགས་པའི་ཡིད་ལ་བྱ་བས་སྒོམ[༢]པ་དེའི་བསོད་……ནམས་ནི་ཆེས་མང་དུ་འཕེལ་གྱི། འཇིག་རྟེན་གྱི་ཁམས་གཀྣའི་[༣]ཀླུང་གི་བྱེ་མ……སྙེད་དག་ན། སེམས་ཅན་གང་ཇི་སྙེད[༤]འཁོད་པ་དེ་དག་ཐམས་ཅད་སྦྱིན་པ་ལ་རབ་ཏུ་བཀོད་པ་དང་། ཚུལ་ཁྲིམས་ལ་རབ་ཏུ་བཀོད་པ་དང་། ཏིང་ངེ་འཛིན་ལ་རབ་ཏུ་བཀོད་པ་དང་། ཤེས་རབ་ལ་རབ་ཏུ་བཀོད་པ་དང་། རྣམ་པར་གྲོལ་བ་ལ་རབ་ཏུ་བཀོད་པ་དང་། རྣམ་པར་གྲོལ་བའི་ཡེ་ཤེས་མཐོང་བ་ལ་རབ་ཏུ་……བཀོད[༥]པ་དང་། རྒྱུན་དུ་ཞུགས་པའི་འབྲས་བུ་ལ་རབ་ཏུ་བཀོད་པ་དང་། ལན་ཅིག་ཕྱིར་འོང་བའི་འབྲས་བུ་ལ་རབ་ཏུ་བཀོད[༦]པ་དང་། ཕྱིར་མི་འོང་བའི་འབྲས་བུ་ལ་རབ་ཏུ་བཀོད་པ་དང་། དགྲ་བཅོམ་པ་ཉིད་ལ་རབ་ཏུ་བཀོད་པ……དང་། རང་བྱང་ཆུབ་ལ་རབ་ཏུ་བཀོད་པས་ནི་མ་ཡིན་ནོ། །དེ་ཅིའི་ཕྱིར་ཞེ་ན། གང་གིས་སྦྱིན་པ་ལས་བྱུང་བའི་བསོད་ནམས་བྱ་བའི་དངོས་པོ་བསྟན་པ་དང་། ཚུལ་ཁྲིམས་ལས་བྱུང་བའི་བསོད་ནམས་བྱ་བའི་དངོས་པོ་བསྟན་པ་དང་། བསྒོམ[༧]པ་ལས་བྱུང་བའི་བསོད་ནམས་བྱ་བའི་དངོས་པོ་བསྟན་པ་དང་། རྒྱུན་དུ་ཞུགས་པའི་འབྲས་བུ་བསྟན་པ་དང་། ལན་ཅིག་ཕྱིར་འོང་བའི་འབྲས་བུ་བསྟན་པ་དང་། ཕྱིར་མི་འོང་བའི་འབྲས་བུ་བསྟན་པ་དང་། དགྲ་བཅོམ་པ་ཉིད་བསྟན་པ་དང་།

རང་བྱང་ཆུབ་བསྟན་པའི་སངས་རྒྱས་བཅོམ་ལྡན་འདས་དེ་དག་ཀུང་འདི་ལས་བྱུང་ངོ་། །བྱང་ཆུབ་སེམས་དཔའ་སེམས་དཔའ་ཆེན་པོ་གང་དེ་ལྟར་བསྟན་པའི་ཤེས་རབ་ཀྱི་ཕ་རོལ་ཏུ་ཕྱིན་པ་ལ་གནས་པ་དེ་ནི་ཕྱིར་མི་ལྡོག་པར་རིག་པར་བྱ་སྟེ། བྱང་ཆུབ་སེམས་དཔའ་སེམས་དཔའ་ཆེན་པོ་གང་ཐབས་མཁས་པ་འདི་[༡]དང་ལྡན་པ་དེ་ནི། དེ་བཞིན་གཤེགས་པས་དགོངས་པར་རིག་པར་བྱའོ། །བྱང་ཆུབ་སེམས་དཔའ་སེམས་དཔའ་ཆེན་པོ་དེ་ནི་སངས་རྒྱས་བྱེ་བ་ཁྲག་ཁྲིག་བརྒྱ་སྟོང་མང་པོ་[༢]བསྙེན་བཀུར་བར་རིག་པར་བྱའོ། །བྱང་ཆུབ་སེམས་དཔའ་སེམས་དཔའ་ཆེན་པོ་དེ་ནི་དགེ་བའི་རྩ་བ་བསྐྱེད་པར་རིག་པར་བྱའོ། །བྱང་ཆུབ་སེམས་དཔའ་སེམས་དཔའ་ཆེན་པོ་དེ་ནི་དགེ་བའི་བཤེས་གཉེན་གྱིས་ཡོངས་སུ་ཟིན་པར་རིག་པར་བྱའོ། །བྱང་ཆུབ་སེམས་དཔའ་སེམས་དཔའ་ཆེན་པོ་དེ་ནི་ཕ་རོལ་ཏུ་ཕྱིན་པ་དྲུག་ལ་སྤྱད་[༣]པར་རིག་པར་བྱའོ། །བྱང་ཆུབ་སེམས་དཔའ་སེམས་དཔའ་ཆེན་པོ་དེ་ནི་སྟོང་པ་ཉིད་བཅུ་བཞི་ལ་བསྒོམས་པར་རིག་པར་བྱའོ། །བྱང་ཆུབ་སེམས་དཔའ་སེམས་དཔའ་ཆེན་པོ་དེ་ནི་དྲན་པ་ཉེ་བར་གཞག་པ་བཞི་ལ་བསྒོམས་པར་རིག་པར་བྱའོ། །བྱང་ཆུབ་སེམས་དཔའ་སེམས་དཔའ་ཆེན་པོ་དེ་ནི་ཡང་དག་པར་སྤོང་བ་བཞི་ལ་བསྒོམས་པར་རིག་པར་བྱའོ། །བྱང་ཆུབ་སེམས་དཔའ་སེམས་དཔའ་ཆེན་པོ་དེ་ནི་[༤]རྫུ་འཕྲུལ་གྱི་རྐང་པ་བཞི་ལ་བསྒོམས་པར་རིག་པར་བྱའོ། །བྱང་ཆུབ་སེམས་དཔའ་སེམས་དཔའ་ཆེན་པོ་དེ་ནི་དབང་པོ་རྣམས་ལ་བསྒོམས་པར་རིག་པར་བྱའོ། །བྱང་ཆུབ་སེམས་དཔའ་སེམས་དཔའ་ཆེན་པོ་དེ་ནི་སྟོབས་རྣམས་ལ་བསྒོམས་པར་རིག་པར་བྱའོ། །བྱང་ཆུབ་སེམས་དཔའ་སེམས་དཔའ་ཆེན་པོ་དེ་ནི་བྱང་ཆུབ་ཀྱི་ཡན་ལག་རྣམས་ལ་བསྒོམས་པར་རིག་པར་བྱའོ། །བྱང་ཆུབ་སེམས་དཔའ་སེམས་དཔའ་ཆེན་པོ་དེ་ནི་འཕགས་པའི་ལམ་ཡན་ལག་བརྒྱད་

པ་ལ་བསྒོམས་པར་རིག་པར་བྱའོ། །བྱང་ཆུབ་སེམས་དཔའ་སེམས་དཔའ་ཆེན་པོ་དེ་ནི་འཕགས་པའི་བདེན་པ་རྣམས་ལ་བསྒོམས་པར་རིག་པར་བྱའོ། །བྱང་ཆུབ་སེམས་དཔའ་སེམས་དཔའ་ཆེན་པོ་དེ་ནི་བསམ་གཏན་རྣམས་ལ་བསྒོམས་པར་རིག་པར་བྱའོ། །བྱང་ཆུབ་སེམས་དཔའ་སེམས་དཔའ་ཆེན་པོ་དེ་ནི་ཚད་མེད་པ་རྣམས་ལ་བསྒོམས་པར་རིག་པར་བྱའོ། །བྱང་ཆུབ་སེམས་དཔའ་སེམས་དཔའ་ཆེན་པོ་དེ་ནི་གཟུགས་མེད་པའི་སྙོམས་པར་འཇུག་པ་རྣམས་ལ་བསྒོམས་པར་རིག་པར་བྱའོ། །བྱང་ཆུབ་སེམས་དཔའ་སེམས་དཔའ་ཆེན་པོ་དེ་ནི་རྣམ་པར་ཐར་པ་རྣམས་ལ་བསྒོམས་པར་རིག་པར་བྱའོ། །བྱང་ཆུབ་སེམས་དཔའ་སེམས་དཔའ་ཆེན་པོ་དེ་ནི་མཐར་གྱིས་གནས་པའི་སྙོམས་པར་འཇུག་པ་རྣམས་ལ་བསྒོམས་པར་རིག་པར་བྱའོ། །བྱང་ཆུབ་སེམས་དཔའ་སེམས་དཔའ་ཆེན་པོ་དེ་ནི་རྣམ་པར་ཐར་པའི་སྒོ་སྟོང་པ་ཉིད་དང་། མཚན་མ་མེད་པ་དང་སྨོན་པ་མེད་པ་ལ་བསྒོམས་པར་རིག་པར་བྱའོ། །བྱང་ཆུབ་སེམས་དཔའ་སེམས་དཔའ་ཆེན་པོ་དེ་ནི་མངོན་པར་ཤེས་པ་རྣམས་ལ་བསྒོམས་པར་རིག་པར་བྱའོ། །བྱང་ཆུབ་སེམས་དཔའ་སེམས་དཔའ་ཆེན་པོ་དེ་ནི་ཏིང་ངེ་འཛིན་རྣམས་ལ་བསྒོམས་པར་རིག་པར་བྱའོ། །བྱང་ཆུབ་སེམས་དཔའ་སེམས་དཔའ་ཆེན་པོ་དེ་ནི་གཟུངས་ཀྱི་སྒོ་རྣམས་ལ་བསྒོམས་པར་རིག་པར་བྱའོ། །བྱང་ཆུབ་སེམས་དཔའ་སེམས་དཔའ་ཆེན་པོ་དེ་ནི་དེ་བཞིན་གཤེགས་པའི་སྟོབས་བཅུ་ལ་བསྒོམས་པར་རིག་པར་བྱའོ། །བྱང་ཆུབ་སེམས་དཔའ་སེམས་དཔའ་ཆེན་པོ་དེ་ནི་མི་འཇིགས་པ་བཞི་ལ་བསྒོམས་[7]པར་རིག་པར་བྱའོ། །བྱང་ཆུབ་སེམས་དཔའ་སེམས་དཔའ་ཆེན་པོ་དེ་ནི་སོ་སོ་ཡང་དག་པར་རིག་པ་བཞི་ལ་བསྒོམས་པར་རིག་པར་བྱའོ། །བྱང་ཆུབ་སེམས་དཔའ་སེམས་དཔའ་ཆེན་པོ་དེ་ནི་མངོན་པར་ཤེས་པ་དྲུག་དང་ལྡན་པར་རིག་པར་བྱའོ། །བྱང་

ཆུབ་སེམས་དཔའ་སེམས་དཔའ་ཆེན་པོ་དེ་ནི་གཞོན་①ནུར་གྱུར་པར་རིག་པར······
བྱའོ། །བྱང་ཆུབ་སེམས་དཔའ་སེམས་དཔའ་ཆེན་པོ་དེ་ནི་བསམ་པ་ཡོངས་སུ······
རྫོགས་པར་རིག་པར་བྱའོ། །བྱང་ཆུབ་སེམས་དཔའ་སེམས་དཔའ་ཆེན་པོ་དེ་ནི་
སངས་རྒྱས་མཐོང་བ་དང་མི་འབྲལ་བར་རིག་པར་བྱའོ། །བྱང་ཆུབ་སེམས་དཔའ་
སེམས་དཔའ་ཆེན་པོ་དེ་ནི་དགེ་བའི་རྩ་བ་དང་མི་འབྲལ་བར་རིག་པར་བྱའོ། །
བྱང་ཆུབ་སེམས་དཔའ་སེམས་དཔའ་ཆེན་པོ་དེ་ནི་སངས་རྒྱས་ཀྱི་ཞིང་དང་མི······
འབྲལ་བར་རིག་པར་བྱའོ། །བྱང་ཆུབ་སེམས་དཔའ་སེམས་དཔའ་ཆེན་པོ་དེ་ནི་
སྤོབས་པ་མི་ཆོད་པ་དང་ལྡན་པར་རིག་པར་བྱའོ། །བྱང་ཆུབ་སེམས་དཔའ······
སེམས་དཔའ་ཆེན་པོ་དེ་ནི་གཟུངས་རབ་ཏུ་ཐོབ་པར་རིག་པར་བྱའོ། །བྱང་ཆུབ་
སེམས་དཔའ་སེམས་དཔའ་ཆེན་པོ་དེ་ནི་གཟུགས་ཡོངས་སུ་རྫོགས་པར་རིག་པར····
བྱའོ། །བྱང་ཆུབ་སེམས་དཔའ་སེམས་དཔའ་ཆེན་པོ་དེ་ནི་ལུང་བསྟན་པ་ཕུན······
སུམ་ཚོགས་པར་རིག་པར་བྱའོ། །བྱང་ཆུབ་སེམས་དཔའ་སེམས་དཔའ་ཆེན་པོ་དེ་
ནི་ཆེད་དུ་བསམས་②ཞིང་སྲིད་པ་འདོད་པར་རིག་པར་བྱའོ། །བྱང་ཆུབ་སེམས་
དཔའ་སེམས་དཔའ་ཆེན་པོ་དེ་ནི་རྣམ་པར་རྟོགས་པར་བྱ་བ་ལ་མཁས་པར་རིག······
པར་བྱའོ། །བྱང་ཆུབ་སེམས་དཔའ་སེམས་དཔའ་ཆེན་པོ་དེ་ནི་ལུང་བསྟན་པ་ལ་
མཁས་པར་རིག་པར་བྱའོ། །བྱང་ཆུབ་སེམས་དཔའ་སེམས་དཔའ་ཆེན་པོ་དེ་ནི་③
ཡི་གེ་④མེད་པ་⑤རྟོགས་པར་བྱ་བ་ལ་མཁས་པར་རིག་པར་བྱའོ། །བྱང་ཆུབ······
སེམས་དཔའ་སེམས་དཔའ་ཆེན་པོ་དེ་ནི༔ བྱང་ཆུབ་སེམས་དཔའི་⑥རྣམ་པར་སྤྱོད······
པ་ལ་མཁས་པར་རིག་པར་བྱའོ། །བྱང་ཆུབ་སེམས་དཔའ་སེམས་དཔའ་ཆེན་པོ་
དེ་ནི་བརྗོད་པ་ལ་མཁས་པར་རིག་པར་བྱའོ། །བྱང་ཆུབ་སེམས་དཔའ་སེམས་
དཔའ་ཆེན་པོ་དེ་ནི་བརྗོད་པ་མེད་པ་ལ་མཁས་པར་རིག་པར་བྱའོ། །བྱང་ཆུབ་

སེམས་དཔའ་སེམས་དཔའ་ཆེན་པོ་དེ་ནི་གཅིག་གི་ལྷག་པའི་ཚིག་ལ་མཁས་པར······
རིག་པར་བྱའོ། །བྱང་ཆུབ་སེམས་དཔའ་སེམས་དཔའ་ཆེན་པོ་དེ་ནི་གཉིས་ཀྱི······
ལྷག་པའི་ཚིག་ལ་མཁས་པར༑ རིག་པར་བྱའོ[༧]། །བྱང་ཆུབ་སེམས་དཔའ་སེམས་
དཔའ་ཆེན་པོ་དེ་ནི་མང་པོའི༑ ལྷག་པའི་[༣]ཚིག་ལ་མཁས་པར་རིག་པར་བྱའོ། །
བྱང་ཆུབ་སེམས་དཔའ་སེམས་དཔའ་ཆེན་པོ་དེ་ནི་བུད་མེད་ཀྱི་ལྷག་པའི་ཚིག་ལ······
མཁས་པར་རིག་པར་བྱའོ། །བྱང་ཆུབ་སེམས་དཔའ་སེམས་དཔའ་ཆེན་པོ་དེ་ནི་
སྐྱེས་པའི་ལྷག་པའི་ཚིག་ལ་མཁས་པར་རིག་པར་བྱའོ། །བྱང་ཆུབ་སེམས་དཔའ་
སེམས་དཔའ་ཆེན་པོ་དེ་ནི་མ་ནིང་གི་ལྷག་པའི་ཚིག་ལ་མཁས་པར་རིག་པར་བྱའོ། །
བྱང་ཆུབ་སེམས་དཔའ་སེམས་དཔའ་ཆེན་པོ་དེ་ནི་འདས་པ་དང་། མ་འོངས་[༡]
པ་དང་། ད་ལྟར་བྱུང་བ་ལ་མཁས་པར་རིག་པར་བྱའོ། །བྱང་ཆུབ་སེམས་
དཔའ་སེམས་དཔའ་ཆེན་པོ་དེ་ནི་གཟུགས་ལ་མཁས་པར་རིག་པར་བྱའོ། །བྱང་
ཆུབ་སེམས་དཔའ་སེམས་དཔའ་ཆེན་པོ་དེ་ནི་ཚོར་བ་ལ་མཁས་པར་རིག་པར་བྱའོ།།
བྱང་ཆུབ་སེམས་དཔའ་སེམས་དཔའ་ཆེན་པོ་དེ་ནི་འདུ་ཤེས་ལ་མཁས་པར་རིག······
པར་བྱའོ། །བྱང་ཆུབ་སེམས་དཔའ་སེམས་དཔའ་ཆེན་པོ་དེ་ནི་འདུ་བྱེད་ལ······
མཁས་པར་རིག་པར་བྱའོ། །བྱང་ཆུབ་སེམས་དཔའ་སེམས་དཔའ་ཆེན་པོ་དེ་ནི་
རྣམ་པར་ཤེས་པ་ལ་མཁས་པར་རིག་པར་བྱའོ། །བྱང་ཆུབ་སེམས་དཔའ་སེམས་
དཔའ་ཆེན་པོ་དེ་ནི་མྱིག་ལ་མཁས་པར་རིག་པར་བྱའོ། །བྱང་ཆུབ་སེམས་དཔའ་
སེམས་དཔའ་ཆེན་པོ་དེ་ནི་རྣ་བ་ལ་མཁས་པར་རིག་པར་བྱའོ། །བྱང་ཆུབ་སེམས་
དཔའ་སེམས་དཔའ་ཆེན་པོ་དེ་ནི་སྣ་ལ་མཁས་པར་རིག་པར་བྱའོ། །བྱང་ཆུབ་
སེམས་དཔའ་སེམས་དཔའ་ཆེན་པོ་དེ་ནི་ལྗེ་ལ་མཁས་པར་རིག་པར་བྱའོ། །བྱང་
ཆུབ་སེམས་དཔའ་སེམས་དཔའ་ཆེན་པོ་དེ་ནི་ལུས་ལ་མཁས་པར་རིག་པར་བྱའོ། །

བྱང་ཆུབ་སེམས་དཔའ་སེམས་དཔའ་ཆེན་པོ་དེ་ནི་ཡིད་ལ་མཁས་པར་རིག་པར་བྱའོ། །བྱང་ཆུབ་སེམས་དཔའ་སེམས་དཔའ་ཆེན་པོ་དེ་ནི་གཟུགས་ལ་མཁས་པར་རིག་པར་བྱའོ། །བྱང་ཆུབ་སེམས་དཔའ་སེམས་དཔའ་ཆེན་པོ་དེ་ནི་སྒྲ་ལ་མཁས་པར་རིག་པར་བྱའོ། །བྱང་ཆུབ་སེམས་དཔའ་སེམས་དཔའ་ཆེན་པོ་དེ་ནི་དྲི་ལ་མཁས་པར་རིག་པར་བྱའོ། །བྱང་ཆུབ་སེམས་དཔའ་སེམས་དཔའ་ཆེན་པོ་དེ་ནི་རོ་ལ་མཁས་པར་རིག་པར་བྱའོ། །བྱང་ཆུབ་སེམས་དཔའ་སེམས་དཔའ་ཆེན་པོ་དེ་ནི་རེག་ལ་མཁས་པར་རིག་པར་བྱའོ། །བྱང་ཆུབ་སེམས་དཔའ་སེམས་དཔའ་ཆེན་པོ་དེ་ནི་ཆོས་ལ་མཁས་པར་རིག་པར་བྱའོ། །བྱང་ཆུབ་སེམས་དཔའ་སེམས་དཔའ་ཆེན་པོ་དེ་ནི་མིག་གི་རྣམ་པར་ཤེས་པ་ལ་མཁས་པར་རིག་པར་བྱའོ། །བྱང་ཆུབ་སེམས་དཔའ་སེམས་དཔའ་ཆེན་པོ་དེ་ནི་རྣ་བའི་རྣམ་པར་ཤེས་པ་ལ་མཁས་པར་རིག་པར་བྱའོ། །བྱང་ཆུབ་སེམས་དཔའ་སེམས་དཔའ་ཆེན་པོ་དེ་ནི་སྣའི་རྣམ་པར་ཤེས་པ་ལ་མཁས་པར་རིག་པར་བྱའོ། །བྱང་ཆུབ་སེམས་དཔའ་སེམས་དཔའ་ཆེན་པོ་དེ་ནི་ལྕེའི་རྣམ་པར་ཤེས་པ་ལ་མཁས་པར་རིག་པར་བྱའོ། །བྱང་ཆུབ་སེམས་དཔའ་སེམས་དཔའ་ཆེན་པོ་དེ་ནི་ལུས་ཀྱི་རྣམ་པར་ཤེས་པ་ལ་མཁས་པར་རིག་པར་བྱའོ། །བྱང་ཆུབ་སེམས་དཔའ་སེམས་དཔའ་ཆེན་པོ་དེ་ནི་ཡིད་ཀྱི་རྣམ་པར་ཤེས་པ་ལ་མཁས་པར་རིག་པར་བྱའོ། །བྱང་ཆུབ་སེམས་དཔའ་སེམས་དཔའ་ཆེན་པོ་དེ་ནི་མིག་གི་འདུས་ཏེ་རེག་པ་ལ་མཁས་པར་རིག་པར་བྱའོ། །བྱང་ཆུབ་སེམས་དཔའ་སེམས་དཔའ་ཆེན་པོ་དེ་ནི་རྣ་བའི་འདུས་ཏེ་རེག་པ་ལ་མཁས་པར་རིག་པར་བྱའོ། །བྱང་ཆུབ་སེམས་དཔའ་སེམས་དཔའ་ཆེན་པོ་དེ་ནི་སྣའི་འདུས་ཏེ་རེག་པ་ལ་མཁས་པར་རིག་པར་བྱའོ། །བྱང་ཆུབ་སེམས་དཔའ་སེམས་དཔའ་ཆེན་པོ་དེ་ནི་ལྕེའི་འདུས་ཏེ་རེག་པ་ལ་མཁས་པར་རིག་པར་བྱའོ། །བྱང་

ཆུབ་སེམས་དཔའ་སེམས་དཔའ་ཆེན་པོ་དེ་ནི་ལུས་ཀྱི་འདུས་ཏེ་རེག་པ་ལ་མཁས······
པར་རིག་པར་བྱའོ། །བྱང་ཆུབ་སེམས་དཔའ་སེམས་དཔའ་ཆེན་པོ་དེ་ནི་ཡིད་ཀྱི་
འདུས་ཏེ་རེག་པ་ལ་མཁས་པར་རིག་པར་བྱའོ། །བྱང་ཆུབ་སེམས་དཔའ་སེམས་
དཔའ་ཆེན་པོཿདེ་ནི་⑦མིག་གི་འདུས་ཏེ་རེག་པའི་རྐྱེན་གྱིས་ཚོར་བ་ལ་མཁས་པར····
རིག་པར་བྱའོ། །བྱང་ཆུབ་སེམས་དཔའ་སེམས་དཔའ་ཆེན་པོ་དེ་ནི་རྣ་བའི······
འདུས་ཏེ་རེག་པའི་རྐྱེན་གྱིས་ཚོར་བ་ལ་མཁས་པར་རིག་པར་བྱའོ། །བྱང་ཆུབ་
སེམས་དཔའ་སེམས་དཔའ་ཆེན་པོ་དེ་ནི་སྣའི་འདུས་ཏེ་རེག་པའི་རྐྱེན་གྱིས་ཚོར་བ··
ལ་མཁས་པར་རིག་པར་བྱའོ། །བྱང་ཆུབ་སེམས་དཔའ་སེམས་དཔའ་ཆེན་པོ་དེ་
ནི་ལྕེའི་འདུས་ཏེ་རེག་པའི་རྐྱེན་གྱིས་ཚོར་བ་ལ་མཁས་པར་རིག་པར་བྱའོ། །བྱང་
ཆུབ་③སེམས་དཔའ་སེམས་དཔའ་ཆེན་པོ་དེ་ནི་ལུས་ཀྱི་འདུས་ཏེ་རེག་པའི་རྐྱེན······
གྱིས་ཚོར་བ་ལ་མཁས་པར་རིག་པར་བྱའོ། །བྱང་ཆུབ་སེམས་དཔའ་སེམས་དཔའ་
ཆེན་པོ་དེ་ནི་ཡིད་ཀྱི་འདུས་ཏེ་རེག་པའི་རྐྱེན་གྱིས་ཚོར་བ་ལ་མཁས་པར་རིག་པར···
བྱའོ། །བྱང་ཆུབ་སེམས་དཔའ་སེམས་དཔའ་ཆེན་པོ་དེ་ནི་སའི་ཁམས་ལ་མཁས་
པར་རིག་པར་བྱའོ། །བྱང་ཆུབ་སེམས་དཔའ་སེམས་དཔའ་ཆེན་པོ་དེ་ནི་ཆུའི······
ཁམས་ལ་མཁས་པར་རིག་པར་བྱའོ། །བྱང་ཆུབ་སེམས་དཔའ་སེམས་དཔའ་ཆེན་
པོ་དེ་ནི་མེའི་ཁམས་ལ་མཁས་པར་རིག་པར་བྱའོ། །བྱང་ཆུབ་སེམས་དཔའ······
སེམས་དཔའ་ཆེན་པོ་དེ་ནི་རླུང་གི་ཁམས་ལ་མཁས་པར་རིག་པར་བྱའོ། །བྱང་
ཆུབ་སེམས་དཔའ་སེམས་དཔའ་ཆེན་པོ་དེ་ནི་ནམ་མཁའི་ཁམས་ལ་མཁས་པར······
རིག་པར་བྱའོ། །ཿབྱང་ཆུབ་སེམས་དཔའ་སེམས་དཔའ་ཆེན་པོ་དེ་ནི་རྣམ་པར་
ཤེས་པའི་ཁམས་ལ་མཁས་པར་རིག་པར་བྱའོ། །③བྱང་ཆུབ་སེམས་དཔའ་སེམས་
དཔའ་ཆེན་པོ་དེ་ནི་མ་རིག་པ་ལ་མཁས་པར་རིག་པར་བྱའོ། །བྱང་ཆུབ་སེམས་

དཔའ་སེམས་དཔའ་ཆེན་པོ་དེ་ནི་འདུ་བྱེད་ལ་མཁས་པར་རིག་པར་བྱའོ། །བྱང་ཆུབ་སེམས་དཔའ་སེམས་དཔའ་ཆེན་པོ་དེ་ནི་རྣམ་པར་ཤེས་པ་ལ་མཁས་པར་རིག་པར་བྱའོ། །བྱང་ཆུབ་སེམས་དཔའ་སེམས་དཔའ་ཆེན་པོ་དེ་ནི་མྱིང་དང་གཟུགས་ལ་མཁས་པར་རིག་པར་བྱའོ། །བྱང་ཆུབ་སེམས་དཔའ་སེམས་དཔའ་ཆེན་པོ་དེ་ནི་སྐྱེ་མཆེད་དྲུག་ལ་མཁས་པར་རིག་པར་བྱའོ། །བྱང་ཆུབ་སེམས་དཔའ་སེམས་དཔའ་ཆེན་པོ་དེ་ནི་རེག་པ་ལ་མཁས་པར་རིག་པར་བྱའོ། །བྱང་ཆུབ་སེམས་དཔའ་སེམས་དཔའ་ཆེན་པོ་དེ་ནི་ཚོར་བ་ལ་མཁས་པར་རིག་པར་བྱའོ། །བྱང་ཆུབ་སེམས་དཔའ་སེམས་དཔའ་ཆེན་པོ་དེ་ནི་སྲེད་པ་ལ་མཁས་པར་རིག་པར་བྱའོ། །བྱང་ཆུབ་སེམས་དཔའ་སེམས་དཔའ་ཆེན་པོ་དེ་ནི་ལེན་པ་ལ་མཁས་པར་རིག་པར་བྱའོ། །བྱང་ཆུབ་སེམས་དཔའ་སེམས་དཔའ་ཆེན་པོ་དེ་ནི་སྲིད་པ་ལ་མཁས་པར་རིག་པར་བྱའོ། །བྱང་ཆུབ་སེམས་དཔའ་སེམས་དཔའ་ཆེན་པོ་དེ་ནི་སྐྱེ་བ་ལ་མཁས་པར་རིག་པར་བྱའོ། །བྱང་ཆུབ་སེམས་དཔའ་སེམས་དཔའ་ཆེན་པོ་དེ་ནི་རྒ་ཤི་ལ་མཁས་པར་རིག་པར་བྱའོ། །བྱང་ཆུབ་སེམས་དཔའ་སེམས་དཔའ་ཆེན་པོ་དེ་ནི་སྦྱིན་པའི་ཕ་རོལ་ཏུ་ཕྱིན་པ་ལ་མཁས་པར་རིག་པར་བྱའོ། །བྱང་ཆུབ་སེམས་དཔའ་སེམས་དཔའ་ཆེན་པོ་དེ་ནི་ཚུལ་ཁྲིམས་ཀྱི་ཕ་རོལ་ཏུ་ཕྱིན་པ་ལ་མཁས་པར་རིག་པར་བྱའོ། །བྱང་ཆུབ་སེམས་དཔའ་སེམས་དཔའ་ཆེན་པོ་དེ་ནི་བཟོད་པའི་ཕ་རོལ་ཏུ་ཕྱིན་པ་ལ་མཁས་པར་རིག་པར་བྱའོ། །བྱང་ཆུབ་སེམས་དཔའ་སེམས་དཔའ་ཆེན་པོ་དེ་ནི་བརྩོན་འགྲུས་ཀྱི་ཕ་རོལ་ཏུ་ཕྱིན་པ་ལ་མཁས་པར་རིག་པར་བྱའོ། །བྱང་ཆུབ་སེམས་དཔའ་སེམས་དཔའ་ཆེན་པོ་དེ་ནི་བསམ་གཏན་གྱི་ཕ་རོལ་ཏུ་ཕྱིན་པ་ལ་མཁས་པར་རིག་པར་བྱའོ། །བྱང་ཆུབ་སེམས་དཔའ་སེམས་དཔའ་ཆེན་པོ་དེ་ནི་ཤེས་རབ་ཀྱི་ཕ་རོལ་ཏུ་ཕྱིན་པ་ལ་མཁས་པར་རིག་པར་བྱའོ། །

བྱང་ཆུབ་སེམས་དཔའ་སེམས་དཔའ་ཆེན་པོ་དེ་ནི་ནང་སྟོང་པ་ཉིད་ལ་མཁས་པར་རིག་པར་བྱའོ། །བྱང་ཆུབ་སེམས་དཔའ་སེམས་དཔའ་ཆེན་པོ་དེ་ནི་ཕྱི་སྟོང་པ་ཉིད་ལ་མཁས་པར་རིག་པར་བྱའོ། །བྱང་ཆུབ་སེམས་དཔའ་སེམས་དཔའ་ཆེན་པོ་དེ་ནི་ཕྱི་ནང་སྟོང་པ་ཉིད་ལ་མཁས་པར་རིག་པར་བྱའོ། །བྱང་ཆུབ་སེམས་དཔའ་སེམས་དཔའ་ཆེན་པོ་དེ་ནི་སྟོང་པ་ཉིད་སྟོང་པ་ཉིད་ལ་མཁས་པར་རིག་པར་བྱའོ། །བྱང་ཆུབ་སེམས་དཔའ་སེམས་དཔའ་ཆེན་པོ་དེ་ནི་ཆེན་པོ་སྟོང་པ་ཉིད་ལ་མཁས་པར་རིག་པར་བྱའོ། །བྱང་ཆུབ་སེམས་དཔའ་སེམས་དཔའ་ཆེན་པོ་དེ་ནི་དོན་དམ་པ་སྟོང་པ་ཉིད་ལ་མཁས་པར་རིག་པར་བྱའོ། །བྱང་ཆུབ་སེམས་དཔའ་སེམས་དཔའ་ཆེན་པོ་དེ་ནི་འདུས་བྱས་སྟོང་པ་ཉིད་ལ་མཁས་པར་རིག་པར་བྱའོ། །བྱང་ཆུབ་སེམས་དཔའ་སེམས་དཔའ་ཆེན་པོ་དེ་ནི་འདུས་མ་བྱས་སྟོང་པ་ཉིད་ལ་མཁས་པར་རིག་པར་བྱའོ། །བྱང་ཆུབ་སེམས་དཔའ་སེམས་དཔའ་ཆེན་པོ་དེ་ནི་མཐའ་ལས་འདས་པ་སྟོང་པ་ཉིད་ལ་མཁས་པར་རིག་པར་བྱའོ། །བྱང་ཆུབ་སེམས་དཔའ་སེམས་དཔའ་ཆེན་པོ་དེ་ནི་ཐོག་མ་དང་ཐ་མ་མེད་པ་སྟོང་པ་ཉིད་ལ་མཁས་པར་རིག་པར་བྱའོ། །བྱང་ཆུབ་སེམས་དཔའ་སེམས་དཔའ་ཆེན་པོ་དེ་ནི་དོར་བ་མེད་པ་སྟོང་པ་ཉིད་ལ་མཁས་པར་རིག་པར་བྱའོ། །བྱང་ཆུབ་སེམས་དཔའ་སེམས་དཔའ་ཆེན་པོ་དེ་ནི་རང་བཞིན་སྟོང་པ་ཉིད་ལ་མཁས་པར་རིག་པར་བྱའོ། །བྱང་ཆུབ་སེམས་དཔའ་སེམས་དཔའ་ཆེན་པོ་དེ་ནི་ཆོས་ཐམས་ཅད་སྟོང་པ་ཉིད་ལ་མཁས་པར་རིག་པར་བྱའོ། །བྱང་ཆུབ་སེམས་དཔའ་སེམས་དཔའ་ཆེན་པོ་དེ་ནི་རང་གི་མཚན་ཉིད་སྟོང་པ་ཉིད་ལ་མཁས་པར་རིག་པར་བྱའོ། །བྱང་ཆུབ་སེམས་དཔའ་སེམས་དཔའ་ཆེན་པོ་དེ་ནི་མི་དམིགས་པ་སྟོང་པ་ཉིད་ལ་མཁས་པར་རིག་པར་བྱའོ། །བྱང་ཆུབ་སེམས་དཔའ་སེམས་དཔའ་ཆེན་པོ་དེ་ནི་དངོས་པོ་

མེད་པ་སྟོང་པ་ཉིད་ལ་མཁས་པར་རིག་པར་བྱའོ། །བྱང་ཆུབ་སེམས་དཔའ······
སེམས་དཔའ་ཆེན་པོ་དེ་ནི་ངོ་བོ་ཉིད་སྟོང་པ་ཉིད་ལ་མཁས་པར་རིག་པར་བྱའོ། །
བྱང་ཆུབ་སེམས་དཔའ་སེམས་དཔའ་ཆེན་པོ་དེ་ནི་དངོས་པོ་མེད་པའི་ངོ་བོ་ཉིད······
སྟོང་པ་ཉིད་ལ་མཁས་པར་རིག་པར་བྱའོ། །བྱང་ཆུབ་སེམས་དཔའ་སེམས་དཔའ་
ཆེན་པོ་དེ་ནི་དྲན་པ་⑦ཉེ་བར་གཞག་པ་ལ་མཁས་པར་རིག་པར་བྱའོ། །བྱང་ཆུབ་
སེམས་དཔའ་སེམས་དཔའ་ཆེན་པོ་དེ་ནི་ཡང་དག་པར་སྤོང་བ་ལ་མཁས་པར་རིག་··
པར་བྱའོ། །བྱང་ཆུབ་སེམས་དཔའ་སེམས་དཔའ་ཆེན་པོ་དེ་ནི་རྫུ་འཕྲུལ་གྱི་རྐང་
པ་ལ་མཁས་པར་རིག་པར་བྱའོ། །བྱང་ཆུབ་སེམས་དཔའ་སེམས་དཔའ་ཆེན་པོ་
དེ་ནི་དབང་པོ་ལ་མཁས་པར་རིག་པར་བྱའོ། །བྱང་ཆུབ་སེམས་དཔའ་སེམས······
དཔའ་ཆེན་པོ་དེ་ནི་སྟོབས་ལ་མཁས་པར་རིག་པར་བྱའོ། །བྱང་ཆུབ་སེམས······
དཔའ་སེམས་དཔའ་ཆེན་པོ་དེ་ནི་བྱང་ཆུབ་ཀྱི་ཡན་ལག་ལ་མཁས་པར་རིག་པར······
བྱའོ། །བྱང་ཆུབ་སེམས་དཔའ་སེམས་དཔའ་ཆེན་པོ་དེ་ནི་འཕགས་པའི་ལམ་ཡན་
ལག་བརྒྱད་པ་ལ་མཁས་པར་རིག་པར་བྱའོ། །བྱང་ཆུབ་སེམས་དཔའ་སེམས····
དཔའ་ཆེན་པོ་དེ་ནི་འཕགས་པའི་བདེན་པ་ལ་མཁས་པར་རིག་པར་བྱའོ། །བྱང་
ཆུབ་སེམས་དཔའ་སེམས་དཔའ་ཆེན་པོ་དེ་ནི་བསམ་གཏན་ལ་མཁས་པར་རིག······
པར་བྱའོ། །བྱང་ཆུབ་སེམས་དཔའ་སེམས་དཔའ་ཆེན་པོ་དེ་ནི་ཚད་མེད་པ་ལ་
མཁས་པར་རིག་པར་བྱའོ། །བྱང་ཆུབ་སེམས་དཔའ་སེམས་དཔའ་ཆེན་པོ་དེ་ནི་
གཟུགས་མེད་པའི་སྙོམས་པར་འཇུག་པ་ལ་མཁས་པར་རིག་པར་བྱའོ། །བྱང་ཆུབ་
སེམས་དཔའ་སེམས་དཔའ་ཆེན་པོ་དེ་ནི་རྣམ་པར་ཐར་པ་བརྒྱད་ལ་མཁས་པར······
རིག་པར་བྱའོ། །བྱང་ཆུབ་སེམས་དཔའ་སེམས་དཔའ་ཆེན་པོ་དེ་ནི་མཐར་གྱིས་
གནས་པའི་སྙོམས་པར་འཇུག་པ་དགུ་ལ་མཁས་པར་རིག་པར་བྱའོ། །བྱང་ཆུབ་

སེམས་དཔའ་སེམས་དཔའ་ཆེན་པོ་དེ་ནི་རྣམ་པར་ཐར་པའི་སྒོ་སྟོང་པ་ཉིད་དང་། མཚན་མ་མེད་པ་དང་། སྨོན་པ་མེད་པ་ལ་མཁས་པར་རིག་པར་བྱའོ། །བྱང་ཆུབ་སེམས་དཔའ་སེམས་དཔའ་ཆེན་པོ་དེ་ནི་མངོན་པར་ཤེས་པ་ལ་མཁས་པར་རིག་པར་བྱའོ། །བྱང་ཆུབ་སེམས་དཔའ་སེམས་དཔའ་ཆེན་པོ་དེ་ནི་ཏིང་ངེ་འཛིན་ལ་མཁས་པར་རིག་པར་བྱའོ། །བྱང་ཆུབ་སེམས་དཔའ་སེམས་དཔའ་ཆེན་པོ་དེ་ནི་གཟུངས་ཀྱི་སྒོ་ལ་མཁས་པར་རིག་པར་བྱའོ། །བྱང་ཆུབ་སེམས་དཔའ་སེམས་དཔའ་ཆེན་པོ་དེ་ནི་དེ་བཞིན་གཤེགས་པའི་སྟོབས་བཅུ་ལ་མཁས་པར་རིག་པར་བྱའོ། །བྱང་ཆུབ་སེམས་དཔའ་སེམས་དཔའ་ཆེན་པོ་དེ་ནི་མི་འཇིགས་པ་བཞི་ལ་མཁས་པར་རིག་པར་བྱའོ། །བྱང་ཆུབ་སེམས་དཔའ་སེམས་དཔའ་ཆེན་པོ་དེ་ནི་སོ་སོ་ཡང་དག་པར་རིག་པ་བཞི་ལ་མཁས་པར་རིག་པར་བྱའོ། །བྱང་ཆུབ་སེམས་དཔའ་སེམས་དཔའ་ཆེན་པོ་དེ་ནི་བྱམས་པ་ཆེན་པོ་ལ་མཁས་པར་རིག་པར་བྱའོ། །བྱང་ཆུབ་སེམས་དཔའ་སེམས་དཔའ་ཆེན་པོ་དེ་ནི་སྙིང་རྗེ་ཆེན་པོ་ལ་མཁས་པར་རིག་པར་བྱའོ། །བྱང་ཆུབ་སེམས་དཔའ་སེམས་དཔའ་ཆེན་པོ་དེ་ནི་སངས་རྒྱས་ཀྱི་ཆོས་མ་འདྲེས་པ[༡]ལ་མཁས་པར་རིག་པར་བྱའོ། །བྱང་ཆུབ་སེམས་དཔའ་སེམས་དཔའ་ཆེན་པོ་དེ་ནི་རྒྱུན་དུ་ཞུགས[༣]པའི་འབྲས་བུ་ལ་མཁས་པར་རིག་པར་བྱའོ། །བྱང་ཆུབ་སེམས་དཔའ་སེམས་དཔའ་ཆེན་པོ་དེ་ནི་ལན་ཅིག་ཕྱིར་འོང་བའི་འབྲས་བུ་ལ་མཁས་པར་རིག་པར་བྱའོ། །བྱང་ཆུབ་སེམས་དཔའ་སེམས་དཔའ་ཆེན་པོ་དེ་ནི་ཕྱིར་མི་འོང་བའི་འབྲས་བུ་ལ་མཁས་པར་རིག་པར་བྱའོ། །བྱང་ཆུབ་སེམས་དཔའ་སེམས་དཔའ་ཆེན་པོ་དེ་ནི་དགྲ་བཅོམ་པ་ཉིད་ལ་མཁས་པར་རིག་པར་བྱའོ། །བྱང་ཆུབ་སེམས་དཔའ་སེམས་དཔའ་ཆེན་པོ་དེ་ནི་རང་བྱང་ཆུབ་ལ་མཁས་པར་རིག་པར་བྱའོ། །བྱང་ཆུབ་སེམས་དཔའ་

སེམས་དཔའ་ཆེན་པོ་དེ་ནི་ལམ་གྱི་རྣམ་པ་ཤེས་པ་ཉིད་ལ་མཁས་པར་རིག་པར······
བྱའོ། །བྱང་ཆུབ་སེམས་དཔའ་སེམས་དཔའ་ཆེན་པོ་དེ་ནི་རྣམ་པ་ཐམས་ཅད······
མཁྱེན་པ་ཉིད་ལ་མཁས་པར་རིག་པར་བྱའོ②། །བྱང་ཆུབ་སེམས་དཔའ་སེམས་
དཔའ་ཆེན་པོ་དེ་ནི་མྱ་ངན་ལས་འདས་པའི་བར་དུ③མཁས་པར་རིག་པར་བྱའོ། །
བྱང་ཆུབ་སེམས་དཔའ་སེམས་དཔའ་ཆེན་པོ་དེ་ནི་ཆོས་ཀྱི་དབྱིངས་ཀྱི་མཚན་ཉིད···
ལ་མཁས་པར་རིག་པར་བྱའོ། །བྱང་ཆུབ་སེམས་དཔའ་སེམས་དཔའ་ཆེན་པོ་དེ་
ནི་འདུས་བྱས་ཀྱི་མཚན་ཉིད་ལ་མཁས་པར་རིག་པར་བྱའོ། །བྱང་ཆུབ་སེམས····
དཔའ་སེམས་དཔའ་ཆེན་པོ་དེ་ནི་འདུས་མ་བྱས་ཀྱི་མཚན་ཉིད་ལ་མཁས་པར་རིག··
པར་བྱའོ། །བྱང་ཆུབ་སེམས་དཔའ་སེམས་དཔའ་ཆེན་པོ་དེ་ནི་དངོས་པོ་ལ·····
མཁས་པར་རིག་པར་བྱའོ། །བྱང་ཆུབ་སེམས་དཔའ་སེམས་དཔའ་ཆེན་པོ་དེ་ནི་
དངོས་པོ་མེད་པ་ལ་མཁས་པར་རིག་པར་བྱའོ། །བྱང་ཆུབ་སེམས་དཔའ་སེམས་
དཔའ་ཆེན་པོ་དེ་ནི་བདག་གི་དངོས་པོ་ལ་མཁས་པར་རིག་པར་བྱའོ། །བྱང་ཆུབ་
སེམས་དཔའ་སེམས་དཔའ་ཆེན་པོ་དེ་ནི་གཞན་གྱི་དངོས་པོ་ལ་མཁས་པར་རིག····
པར་བྱའོ། །བྱང་ཆུབ་སེམས་དཔའ་སེམས་དཔའ་ཆེན་པོ་དེ་ནི་འདུ་བ་ལ་མཁས་
པར་རིག་པར་བྱའོ། །བྱང་ཆུབ་སེམས་དཔའ་སེམས་དཔའ་ཆེན་པོ་དེ་ནི་འབྲལ་
བ་ལ་མཁས་པར་རིག་པར་བྱའོ། །བྱང་ཆུབ་སེམས་དཔའ་སེམས་དཔའ་ཆེན་པོ་
དེ་ནི་འདུ་བ་དང་འབྲལ་བ་ལ་མཁས་པར་རིག་པར་བྱའོ། །བྱང་ཆུབ་སེམས·····
དཔའ་སེམས་དཔའ་ཆེན་པོ་དེ་ནི་ལྡན་པ་ལ་མཁས་པར་རིག་པར་བྱའོ། །བྱང་
ཆུབ་སེམས་དཔའ་སེམས་དཔའ་ཆེན་པོ་དེ་ནི་མི་ལྡན་པ་ལ་མཁས་པར་རིག་པར·····
བྱའོ། །བྱང་ཆུབ་སེམས་དཔའ་སེམས་དཔའ་ཆེན་པོ་དེ་ནི་ལྡན་པ་དང་མི་ལྡན་པ་
ལ་མཁས་པར་རིག་པར་བྱའོ། །བྱང་ཆུབ་སེམས་དཔའ་སེམས་དཔའ་ཆེན་པོ་དེ་

ནི་ལྷུན་པ་ཡང་མ་ཡིན་མྱི་ལྷུན་པ་ཡང་མ་ཡིན་པ་ལ་མཁས་པར་རིག་པར་བྱའོ། །
བྱང་ཆུབ་སེམས་དཔའ་སེམས་དཔའ་ཆེན་པོ་དེ་ནི་དེ་བཞིན་ཉིད་ལ་མཁས་པར······
རིག་པར་[༡]བྱའོ། །བྱང་ཆུབ་སེམས་དཔའ་སེམས་དཔའ་ཆེན་པོ་དེ་ནི་མ་ནོར་བ་[༢]
དེ་བཞིན་ཉིད་ལ་མཁས་པར་རིག་པར་བྱའོ། །བྱང་ཆུབ་སེམས་དཔའ་སེམས······
དཔའ་ཆེན་པོ་དེ་ནི་གཞན་མ་ཡིན་པ་དེ་བཞིན་ཉིད་ལ་མཁས་པར་རིག་པར་བྱའོ། །
བྱང་ཆུབ་སེམས་དཔའ་སེམས་དཔའ་ཆེན་པོ་དེ་ནི་ཆོས་ཉིད་ལ་མཁས་པར་རིག····
པར་བྱའོ། །བྱང་ཆུབ་སེམས་དཔའ་སེམས་དཔའ་ཆེན་པོ་དེ་ནི་ཆོས་ཀྱི་དབྱིངས་
ལ་མཁས་པར་རིག་པར་བྱའོ། །བྱང་ཆུབ་སེམས་དཔའ་སེམས་དཔའ་ཆེན་པོ་དེ་
ནི་ཆོས་ཀྱི་གནས་ཉིད་ལ་མཁས་པར་རིག་པར་བྱའོ། །བྱང་ཆུབ་སེམས་དཔའ······
སེམས་དཔའ་ཆེན་པོ་དེ་ནི་ཆོས་སྐྱོན་མྱེད་པ་ཉིད་ལ་མཁས་པར་རིག་པར་བྱའོ། །
བྱང་ཆུབ་སེམས་དཔའ་སེམས་དཔའ་ཆེན་པོ་དེ་ནི་ཡང་དག་པའི་མཐའ་ལ་མཁས···
པར་རིག་པར་བྱའོ། །བྱང་ཆུབ་སེམས་དཔའ་སེམས་དཔའ་ཆེན་པོ་དེ་ནི་བསམ་
གྱིས་མྱི་ཁྱབ་པའི་དབྱིངས་ལ་མཁས་པར་རིག་པར་བྱའོ། །བྱང་ཆུབ་སེམས་དཔའ་
སེམས་དཔའ་ཆེན་པོ་དེ་ནི་རྒྱུ་དང་རྐྱེན་ལ་མཁས་པར་རིག་པར་བྱའོ། །བྱང་ཆུབ་
སེམས་དཔའ་སེམས་དཔའ་ཆེན་པོ་དེ་ནི་[༣]རྐྱེན་མྱེད་པ་ལ་མཁས་པར་རིག་པར······
བྱའོ། །བྱང་ཆུབ་སེམས་དཔའ་སེམས་དཔའ་ཆེན་པོ་དེ་ནི་འདུས་བྱས་ཀྱི་ཁམས་
ལ་མཁས་པར་རིག་པར་བྱའོ། །བྱང་ཆུབ་སེམས་དཔའ་སེམས་དཔའ་ཆེན་པོ་དེ་
ནི་འདུས་མ་བྱས་ཀྱི་ཁམས་ལ་མཁས་པར་རིག་པར་བྱའོ། །བྱང་ཆུབ་སེམས······
དཔའ་སེམས་དཔའ་ཆེན་པོ་དེ་ནི་ཁམས་ལ་མཁས་པར་རིག་པར་བྱའོ། །བྱང······
ཆུབ་སེམས་དཔའ་སེམས་དཔའ་ཆེན་པོ་དེ་ནི་ཁམས་མྱེད་པ་ལ་མཁས་པར་རིག····
པར་བྱའོ། །བྱང་ཆུབ་སེམས་དཔའ་སེམས་དཔའ་ཆེན་པོ་དེ་ནི་གཟུགས་ཡོད་ལ་

སྐྱེ་བྱ་བ་ལ་མཁས་པར་རིག་པར་བྱའོ། །བྱང་ཆུབ་སེམས་དཔའ་སེམས་དཔའ་
ཆེན་པོ་དེ་ནི་ཚོར་བ་ཡིད་ལ་སྐྱེ་བྱ་བ་ལ་མཁས་པར་རིག་པར་བྱའོ། །བྱང་ཆུབ་
སེམས་དཔའ་སེམས་དཔའ་ཆེན་པོ་དེ་ནི་འདུ་ཤེས་ཡིད་ལ་སྐྱེ་བྱ་བ་ལ་མཁས་པར་····
རིག་པར་བྱའོ། །བྱང་ཆུབ་སེམས་དཔའ་སེམས་དཔའ་ཆེན་པོ་དེ་ནི་འདུ་བྱེད་
ཡིད་ལ་སྐྱེ་བྱ་བ་ལ་མཁས་པར་རིག་པར་བྱའོ། །བྱང་ཆུབ་སེམས་དཔའ་སེམས་
དཔའ་ཆེན་པོ་དེ་ནི་རྣམ་པར་ཤེས་པ་ཡིད་ལ་སྐྱེ་བྱ་བ་ལ་མཁས་པར་རིག་པར་བྱའོ།།
བྱང་ཆུབ་སེམས་དཔའ་སེམས་དཔའ་ཆེན་པོ་དེ་ནི་མིག་ཡིད་ལ་སྐྱེ་བྱ་བ་ལ་མཁས····
པར་རིག་པར་བྱའོ། །བྱང་ཆུབ་སེམས་དཔའ་སེམས་དཔའ་ཆེན་པོ་དེ་ནི་རྣ་བ་
ཡིད་ལ་སྐྱེ་བྱ་བ་ལ་མཁས་པར་རིག་པར་བྱའོ། །བྱང་ཆུབ་སེམས་དཔའ་སེམས་
དཔའ་ཆེན་པོ་དེ་ནི་སྣ་ཡིད་ལ་སྐྱེ་བྱ་བ་ལ་མཁས་པར་རིག་པར་བྱའོ། །བྱང་ཆུབ་
སེམས་དཔའ་སེམས་དཔའ་ཆེན་པོ་དེ་ནི་ལྕེ་ཡིད་ལ་སྐྱེ་བྱ་བ་ལ་མཁས་པར་རིག·····
པར་བྱའོ། །བྱང་ཆུབ་སེམས་དཔའ་སེམས་དཔའ་ཆེན་པོ་དེ་ནི་ལུས་ཡིད་ལ་སྐྱེ་བྱ་
བ་ལ་མཁས་པར་རིག་པར་བྱའོ། །བྱང་ཆུབ་སེམས་དཔའ་སེམས་དཔའ་ཆེན་པོ་
དེ་ནི་ཡིད་ཡིད་ལ་སྐྱེ་བྱ་བ་ལ་མཁས་པར་རིག་པར་བྱའོ། །བྱང་ཆུབ་སེམས་དཔའ་
སེམས་དཔའ་ཆེན་པོ་དེ་ནི་གཟུགས་ཡིད་ལ་སྐྱེ་བྱ་བ་ལ་མཁས་པར་རིག་པར་བྱའོ། །
བྱང་ཆུབ་སེམས་དཔའ་སེམས་དཔའ་ཆེན་པོ་དེ་ནི་སྒྲ་ཡིད་ལ་སྐྱེ་བྱ་བ་ལ་མཁས·····
པར་རིག་པར་བྱའོ། །བྱང་ཆུབ་སེམས་དཔའ་སེམས་དཔའ་ཆེན་པོ་དེ་ནི་དྲི་ཡིད་
ལ་སྐྱེ་བྱ་བ་ལ་མཁས་པར་རིག་པར་བྱའོ། །བྱང་ཆུབ་སེམས་དཔའ་སེམས་དཔའ་
ཆེན་པོ་དེ་ནི་རོ་ཡིད་ལ་སྐྱེ་བྱ་བ་ལ་མཁས་པར་རིག་པར་བྱའོ། །བྱང་ཆུབ་སེམས་
དཔའ་སེམས་དཔའ་ཆེན་པོ་དེ་ནི་རེག་ཡིད་ལ་སྐྱེ་བྱ་བ་ལ་མཁས་པར་རིག་པར·····
བྱའོ། །བྱང་ཆུབ་སེམས་དཔའ་སེམས་དཔའ་ཆེན་པོ་དེ་ནི་ཆོས་ཡིད་ལ་སྐྱེ་བྱ་བ་ལ་

མཁས་པར་རིག་པར་བྱའོ། །བྱང་ཆུབ་སེམས་དཔའ་སེམས་དཔའ་ཆེན་པོ་དེ་ནི་མིག་གི་རྣམ་པར་ཤེས་པ་[༡]ཡིད་ལ་མི་བྱ་བ་ལ་མཁས་པར་རིག་པར་བྱའོ། །བྱང་ཆུབ་སེམས་དཔའ་སེམས་དཔའ་ཆེན་པོ་དེ་ནི་རྣ་བའི་རྣམ་པར་ཤེས་པ་ཡིད་ལ་མི······བྱ་བ་ལ་མཁས་པར་རིག་པར་བྱའོ། །བྱང་ཆུབ་སེམས་དཔའ་སེམས་དཔའ་ཆེན་པོ་དེ་ནི་སྣའི་རྣམ་པར་ཤེས་པ་ཡིད་ལ་མི་བྱ་བ་ལ་མཁས་པར་རིག་པར་བྱའོ། །བྱང་ཆུབ་སེམས་དཔའ་སེམས་དཔའ་ཆེན་པོ་དེ་ནི་ལྗེའི་རྣམ་པར་ཤེས་པ་ཡིད་ལ་མི་བྱ་བ་ལ་མཁས་པར་རིག་པར་བྱའོ། །བྱང་ཆུབ་སེམས་དཔའ་སེམས་དཔའ་ཆེན་པོ་དེ་ནི་ལུས་ཀྱི་རྣམ་པར་ཤེས་པ་ཡིད་ལ་མི་བྱ་བ་ལ་མཁས་པར་རིག་པར་བྱའོ། །བྱང་ཆུབ་སེམས་དཔའ་སེམས་དཔའ་ཆེན་པོ་དེ་ནི་ཡིད་ཀྱི་རྣམ་པར་ཤེས་པ་ཡིད་ལ་མི་བྱ་བ་ལ་[༢]མཁས་པར་རིག་པར་བྱའོ། །བྱང་ཆུབ་སེམས་དཔའ་སེམས་དཔའ་ཆེན་པོ་དེ་ནི་མིག་གི་འདུས་ཏེ་རེག་པ་ཡིད་ལ་མི་བྱ་བ་ལ་མཁས་པར་[༣]རིག་པར······བྱའོ། །བྱང་ཆུབ་སེམས་དཔའ་སེམས་དཔའ་ཆེན་པོ་[༤]དེ་ནི་རྣ་བའི་འདུས་ཏེ······རེག་པ་ཡིད་ལ་མི་བྱ་བ་ལ་མཁས་པར་རིག་པར་བྱའོ། །བྱང་ཆུབ་སེམས་དཔའ་སེམས་དཔའ་ཆེན་པོ་དེ་ནི་སྣའི་འདུས་ཏེ་རེག་པ་ཡིད་ལ་མི་བྱ་བ་ལ་མཁས་པར······རིག་པར་བྱའོ། །བྱང་ཆུབ་སེམས་དཔའ་སེམས་དཔའ་ཆེན་པོ་དེ་ནི་ལྗེའི་འདུས་ཏེ་རེག་པ་ཡིད་ལ་མི་བྱ་བ་ལ་མཁས་པར་རིག་པར་བྱའོ། །བྱང་ཆུབ་སེམས་དཔའ་སེམས་དཔའ་ཆེན་པོ་དེ་ནི་ལུས་ཀྱི་འདུས་ཏེ་རེག་པ་ཡིད་ལ་མི་བྱ་བ་ལ་མཁས་པར་··རིག་པར་བྱའོ། །བྱང་ཆུབ་སེམས་དཔའ་སེམས་དཔའ་ཆེན་པོ་དེ་ནི་ཡིད་ཀྱི······འདུས་ཏེ་རེག་པ་ཡིད་ལ་མི་བྱ་བ་ལ་མཁས་པར་རིག་པར་བྱའོ། །བྱང་ཆུབ་སེམས་དཔའ་སེམས་དཔའ་ཆེན་པོ་དེ་ནི་མིག་གི་འདུས་ཏེ་རེག་པའི་རྐྱེན་གྱིས་ཚོར་[༥]བ······ཡིད་ལ་མི་བྱ་བ་ལ་མཁས་པར་རིག་པར་བྱའོ། །བྱང་ཆུབ་སེམས་དཔའ་སེམས་

དཔའ་ཆེན་པོ་དེ་ནི་རྣ་བའི་འདུས་ཏེ་རེག་པའི་རྐྱེན་གྱིས་ཚོར་བ་ཡིད་ལ་མི་བྱ་བ་ལ་མཁས་པར་རིག་པར་བྱའོ། །བྱང་ཆུབ་སེམས་དཔའ་སེམས་དཔའ་ཆེན་པོ་དེ་ནི་སྣའི་འདུས་ཏེ་རེག་པའི་རྐྱེན་གྱིས་ཚོར་བ་ཡིད་ལ་མི་བྱ་བ་ལ་མཁས་པར་རིག་པར་བྱའོ། །བྱང་ཆུབ་སེམས་དཔའ་སེམས་དཔའ་ཆེན་པོ་དེ་ནི་ལྕེའི་འདུས་ཏེ་རེག་པའི་རྐྱེན་གྱིས་ཚོར་བ་ཡིད་ལ་མི་བྱ་བ་ལ་མཁས་པར་རིག་པར་བྱའོ། །བྱང་ཆུབ་སེམས་དཔའ་སེམས་དཔའ་ཆེན་པོ་དེ་ནི་ལུས་ཀྱི་འདུས་ཏེ་རེག་པའི་རྐྱེན་གྱིས་ཚོར་བ་ཡིད་ལ་མི་བྱ་བ་ལ་མཁས་པར་རིག་པར་བྱའོ། །བྱང་ཆུབ་སེམས་དཔའ་སེམས་དཔའ་ཆེན་པོ་དེ་ནི་ཡིད་ཀྱི་འདུས་ཏེ་རེག་པའི་རྐྱེན་གྱིས་ཚོར་བ་ཡིད་ལ་མི་བྱ་བ་ལ་མཁས་པར་རིག་པར་བྱའོ། །བྱང་ཆུབ་སེམས་དཔའ་སེམས་དཔའ་ཆེན་པོ་དེ་ནི་སའི་ཁམས་ཡིད་ལ་མི་བྱ་བ་ལ་མཁས་པར་རིག་པར་བྱའོ། །བྱང་ཆུབ་སེམས་དཔའ་སེམས་དཔའ་ཆེན་པོ་དེ་ནི་ཆུའི་ཁམས་ཡིད་ལ་མི་བྱ་བ་ལ་མཁས་པར་རིག་པར་བྱའོ། །བྱང་ཆུབ་སེམས་དཔའ་སེམས་དཔའ་ཆེན་པོ་དེ་ནི་མེའི་ཁམས་ཡིད་ལ་མི་བྱ་བ་ལ་མཁས་པར་རིག་པར་བྱའོ། །བྱང་ཆུབ་སེམས་དཔའ་སེམས་དཔའ་ཆེན་པོ་དེ་ནི་རླུང་གི་ཁམས་ཡིད་ལ་མི་བྱ་བ་ལ་མཁས་པར་རིག་པར་བྱའོ། །བྱང་ཆུབ་སེམས་དཔའ་སེམས་དཔའ་ཆེན་པོ་དེ་ནི་ནམ་མཁའི་ཁམས་ཡིད་ལ་མི་བྱ་བ་ལ་མཁས་པར་རིག་པར་བྱའོ། །བྱང་ཆུབ་སེམས་དཔའ་སེམས་དཔའ་ཆེན་པོ་དེ་ནི་རྣམ་པར་ཤེས་པའི་ཁམས་ཡིད་ལ་མི་བྱ་བ་ལ་མཁས་པར་རིག་པར་བྱའོ། །བྱང་ཆུབ་སེམས་དཔའ་སེམས་དཔའ་ཆེན་པོ་དེ་ནི་མ་རིག་པ་ཡིད་ལ་མི་བྱ་བ་ལ་མཁས་པར་རིག་པར་བྱའོ། །བྱང་ཆུབ་སེམས་དཔའ་སེམས་དཔའ་ཆེན་པོ་དེ་ནི་འདུ་བྱེད་ཡིད་ལ་མི་བྱ་བ་ལ་མཁས་པར་རིག་པར་བྱའོ། །བྱང་ཆུབ་སེམས་དཔའ་སེམས་དཔའ་ཆེན་པོ་དེ་ནི་རྣམ་པར་ཤེས་པ་ཡིད་ལ་མི་བྱ་བ་ལ་མཁས་པར་རིག་

པར་བྱའོ། །བྱང་ཆུབ་སེམས་དཔའ་སེམས་དཔའ་ཆེན་པོ་དེ་ནི་མྱིང་དང་གཟུགས་ཡིད་ལ་མྱི་བྱ་བ་ལ་མཁས་པར་རིག་པར་བྱའོ། །བྱང་ཆུབ་སེམས་དཔའ་སེམས་དཔའ་ཆེན་པོ་དེ་ནི་སྐྱེ་མཆེད་དྲུག་ཡིད་ལ་མྱི་བྱ་བ་ལ་མཁས་པར་རིག་པར་བྱའོ། །བྱང་ཆུབ་སེམས་དཔའ་སེམས་དཔའ་ཆེན་པོ་དེ་ནི་རེག་པ་⑦ཡིད་ལ་མྱི་བྱ་བ་ལ་མཁས་པར་རིག་པར་བྱའོ། །བྱང་ཆུབ་སེམས་དཔའ་སེམས་དཔའ་ཆེན་པོ་དེ་ནི་ཚོར་བ་ཡིད་ལ་མྱི་བྱ་བ་ལ་མཁས་པར་རིག་པར་བྱའོ། །བྱང་ཆུབ་སེམས་དཔའ་སེམས་དཔའ་ཆེན་པོ་དེ་ནི་སྲེད་པ་ཡིད་ལ་མྱི་བྱ་བ་ལ་མཁས་པར་རིག་པར་བྱའོ། །བྱང་ཆུབ་སེམས་དཔའ་སེམས་དཔའ་ཆེན་པོ་དེ་ནི་ལེན་པ་ཡིད་ལ་མྱི་བྱ་བ་ལ་མཁས་པར་རིག་པར་བྱའོ། །བྱང་ཆུབ་སེམས་དཔའ་སེམས་དཔའ་ཆེན་པོ་དེ་ནི་སྲིད་པ་ཡིད་ལ་མྱི་བྱ་བ་ལ་མཁས་པར་རིག་པར་བྱའོ། །བྱང་ཆུབ་སེམས་དཔའ་སེམས་དཔའ་ཆེན་པོ་དེ་ནི་སྐྱེ་བ་ཡིད་ལ་མྱི་བྱ་བ་ལ་མཁས་པར་རིག་པར་བྱའོ། །བྱང་ཆུབ་སེམས་དཔའ་སེམས་དཔའ་ཆེན་པོ་དེ་ནི་རྒ་ཤི་ཡིད་ལ་མྱི་བྱ་བ་ལ་མཁས་པར་རིག་པར་བྱའོ། །བྱང་ཆུབ་སེམས་དཔའ་སེམས་དཔའ་ཆེན་པོ་དེ་ནི་སྦྱིན་པའི་ཕ་རོལ་ཏུ་ཕྱིན་པ་ཡིད་ལ་མྱི་བྱ་བ་ལ་མཁས་པར་རིག་པར་བྱའོ། །བྱང་ཆུབ་སེམས་དཔའ་སེམས་དཔའ་ཆེན་པོ་དེ་ནི་ཚུལ་ཁྲིམས་ཀྱི་ཕ་རོལ་ཏུ་ཕྱིན་པ་ཡིད་ལ་མྱི་བྱ་བ་ལ་མཁས་པར་རིག་པར་བྱའོ། །བྱང་ཆུབ་སེམས་དཔའ་སེམས་དཔའ་ཆེན་པོ་དེ་ནི་བཟོད་པའི་ཕ་རོལ་ཏུ་ཕྱིན་པ་ཡིད་ལ་མྱི་བྱ་བ་ལ་མཁས་པར་རིག་པར་བྱའོ། །བྱང་ཆུབ་སེམས་དཔའ་སེམས་དཔའ་ཆེན་པོ་དེ་ནི་བརྩོན་འགྲུས་ཀྱི་ཕ་རོལ་ཏུ་ཕྱིན་པ་ཡིད་ལ་མྱི་བྱ་བ་ལ་མཁས་པར་རིག་པར་བྱའོ། །བྱང་ཆུབ་སེམས་དཔའ་སེམས་དཔའ་ཆེན་པོ་དེ་ནི་བསམ་གཏན་གྱི་ཕ་རོལ་ཏུ་ཕྱིན་པ་ཡིད་ལ་མྱི་བྱ་བ་ལ་མཁས་པར་རིག་པར་བྱའོ། །བྱང་ཆུབ་སེམས་དཔའ་སེམས་དཔའ་ཆེན་པོ་

དེ་ནི་ཤེས་རབ་ཀྱི་ཕ་རོལ་ཏུ་ཕྱིན་པ་ཡིད་ལ་མི་བྱ་བ་ལ་མཁས་པར་རིག་པར་བྱའོ། །བྱང་ཆུབ་སེམས་དཔའ་སེམས་དཔའ་ཆེན་པོ་དེ་ནི་ནང་སྟོང་པ་ཉིད་ཡིད་ལ་མི་བྱ་བ་ལ་མཁས་པར་རིག་པར་བྱའོ། །བྱང་ཆུབ་སེམས་དཔའ་སེམས་དཔའ་ཆེན་པོ་དེ་ནི་ཕྱི་སྟོང་པ་ཉིད་ཡིད་ལ་མི་བྱ་བ་ལ་མཁས་པར་རིག་པར་བྱའོ། །བྱང་ཆུབ་སེམས་དཔའ་སེམས་དཔའ་ཆེན་པོ་དེ་ནི་ཕྱི་ནང་སྟོང་པ་ཉིད་ཡིད་ལ་མི་བྱ་བ་ལ་མཁས་པར་རིག་པར་བྱའོ། །བྱང་ཆུབ་སེམས་དཔའ་སེམས་དཔའ་ཆེན་པོ་དེ་ནི་སྟོང་པ་ཉིད་སྟོང་པ་ཉིད་ཡིད་ལ་མི་བྱ་བ་ལ་མཁས་པར་རིག་པར་བྱའོ། །བྱང་ཆུབ་སེམས་དཔའ་སེམས་དཔའ་ཆེན་པོ་དེ་ནི་ཆེན་པོ་སྟོང་པ་ཉིད་ཡིད་ལ་མི་བྱ་བ་ལ་(༡)མཁས་པར་རིག་པར་བྱའོ། །བྱང་ཆུབ་སེམས་དཔའ་སེམས་དཔའ་ཆེན་པོ་དེ་ནི་དོན་དམ་པ་སྟོང་པ་ཉིད་ཡིད་ལ་མི་བྱ་བ་ལ་མཁས་པར་རིག་པར་བྱའོ། །བྱང་ཆུབ་སེམས་དཔའ་སེམས་དཔའ་ཆེན་པོ་དེ་ནི་འདུས་(༢)བྱས་སྟོང་པ་ཉིད་ཡིད་ལ་མི་བྱ་བ་ལ་མཁས་པར་རིག་པར་བྱའོ། །བྱང་ཆུབ་སེམས་དཔའ་སེམས་དཔའ་ཆེན་པོ་དེ་ནི་འདུས་མ་བྱས་སྟོང་པ་ཉིད་ཡིད་ལ་མི་བྱ་བ་ལ་མཁས་པར་རིག་པར་བྱའོ། །བྱང་ཆུབ་སེམས་དཔའ་སེམས་དཔའ་ཆེན་པོ་དེ་ནི་མཐའ་ལས་འདས་པ་སྟོང་པ་ཉིད་ཡིད་ལ་མི་བྱ་བ་ལ་མཁས་པར་རིག་པར་བྱའོ། །བྱང་ཆུབ་སེམས་དཔའ་སེམས་དཔའ་ཆེན་པོ་དེ་ནི་ཐོག་མ་དང་ཐ་མ་མེད་པ་སྟོང་པ་ཉིད་ཡིད་ལ་མི་བྱ་བ་ལ་མཁས་པར༔རིག་པར་(༣)བྱའོ། །བྱང་ཆུབ་སེམས་དཔའ་སེམས་དཔའ་ཆེན་པོ་དེ་ནི་དོར་བ་མེད་པ་སྟོང་པ་ཉིད་ཡིད་ལ་མི་བྱ་བ་ལ་མཁས་པར་རིག་པར་བྱའོ། །བྱང་ཆུབ་སེམས་དཔའ་སེམས་དཔའ་ཆེན་པོ་དེ་ནི་རང་བཞིན་སྟོང་པ་ཉིད་ཡིད་ལ་མི་བྱ་བ་ལ་མཁས་པར་རིག་པར་བྱའོ། །བྱང་ཆུབ་སེམས་དཔའ་སེམས་དཔའ་ཆེན་པོ་དེ་ནི་ཆོས་ཐམས་ཅད་སྟོང་པ་ཉིད་ཡིད་ལ་མི་བྱ་བ་ལ་མཁས་པར་རིག་པར་

བྱའོ། །བྱང་ཆུབ་སེམས་དཔའ་སེམས་དཔའ་ཆེན་པོ་དེ་ནི་རང་གི་མཚན་ཉིད་སྟོང་པ་ཉིད་ཡིད་ལ་མི་བྱ་བ་ལ་མཁས་པར་རིག་པར་བྱའོ། །བྱང་ཆུབ་སེམས་དཔའ་སེམས་དཔའ་ཆེན་པོ་དེ་ནི་མི་དམིགས་པ་སྟོང་པ་ཉིད་ཡིད་ལ་མི་བྱ་བ་ལ་མཁས་པར་རིག་པར་བྱའོ། །བྱང་ཆུབ་སེམས་དཔའ་སེམས་དཔའ་ཆེན་པོ་དེ་ནི་དངོས་པོ་མེད་པ་སྟོང་པ་ཉིད་ཡིད་ལ་མི་བྱ་བ་ལ་མཁས་པར་རིག་པར་བྱའོ། །བྱང་ཆུབ་སེམས་དཔའ་སེམས་དཔའ་ཆེན་པོ་དེ་ནི་ངོ་བོ་ཉིད་སྟོང་པ་ཉིད་ཡིད་ལ་མི་བྱ་བ་ལ་མཁས་པར་རིག་པར་བྱའོ། །བྱང་ཆུབ་སེམས་དཔའ་སེམས་དཔའ་ཆེན་པོ་དེ་ནི་དངོས་པོ་མེད་པའི་ངོ་བོ་ཉིད་སྟོང་པ་ཉིད་ཡིད་ལ་མི་བྱ་བ་ལ་མཁས་པར་རིག་པར་བྱའོ། །བྱང་ཆུབ་སེམས་དཔའ་སེམས་དཔའ་ཆེན་པོ་དེ་ནི་དྲན་པ་ཉེ་བར་གཞག་པ་ཡིད་ལ་མི་བྱ་བ་ལ་མཁས་པར་རིག་པར་བྱའོ། །བྱང་ཆུབ་སེམས་དཔའ་སེམས་དཔའ་ཆེན་པོ་དེ་ནི་ཡང་དག་པར་སྤོང་བ་ཡིད་ལ་མི་བྱ་བ་ལ་མཁས་པར་རིག་པར་བྱའོ། །བྱང་ཆུབ་སེམས་དཔའ་སེམས་དཔའ་ཆེན་པོ་དེ་ནི་རྫུ་འཕྲུལ་གྱི་རྐང་པ་ཡིད་ལ་མི་བྱ་བ་ལ་མཁས་པར་རིག་པར་བྱའོ། །བྱང་ཆུབ་སེམས་དཔའ་སེམས་དཔའ་ཆེན་པོ་དེ་ནི་དབང་པོ་ཡིད་ལ་མི་བྱ་བ་ལ་མཁས་པར་རིག་པར་བྱའོ། །བྱང་ཆུབ་སེམས་དཔའ་སེམས་དཔའ་ཆེན་པོ་དེ་ནི་སྟོབས་ཡིད་ལ་མི་བྱ་བ་ལ་མཁས་པར་རིག་པར་བྱའོ། །བྱང་ཆུབ་སེམས་དཔའ་སེམས་དཔའ་ཆེན་པོ་དེ་ནི་བྱང་ཆུབ་ཀྱི་ཡན་ལག་ཡིད་ལ་མི་བྱ་བ་ལ་མཁས་པར་རིག་པར་བྱའོ། །བྱང་ཆུབ་སེམས་དཔའ་སེམས་དཔའ་ཆེན་པོ་དེ་ནི་འཕགས་པའི་ལམ་ཡན་ལག་བརྒྱད་པ་ཡིད་ལ་མི་བྱ་བ་ལ་མཁས་པར་རིག་པར་བྱའོ། །བྱང་ཆུབ་སེམས་དཔའ་སེམས་དཔའ་ཆེན་པོ་དེ་ནི་འཕགས་པའི་བདེན་པ་ཡིད་ལ་མི་བྱ་བ་ལ་མཁས་པར་རིག་པར་བྱའོ། །བྱང་ཆུབ་སེམས་དཔའ་སེམས་དཔའ་ཆེན་པོ་དེ་ནི་བསམ་གཏན་

ཡིད་ལ་མི་བྱ་བ་ལ་མཁས་པར་རིག་པར་བྱའོ། །བྱང་ཆུབ་སེམས་དཔའ་སེམས་དཔའ་ཆེན་པོ་དེ་ནི་ཚད་མེད་པ་ཡིད་ལ་མི་བྱ་བ་ལ་མཁས་པར་རིག་པར་བྱའོ། །བྱང་ཆུབ་སེམས་དཔའ་སེམས་དཔའ་ཆེན་པོ་དེ་ནི་གཟུགས་མེད་པའི་སྙོམས་པར་འཇུག་པ་ཡིད་ལ་མི་བྱ་བ་ལ་མཁས་པར་རིག་པར་བྱའོ། །བྱང་ཆུབ་སེམས་དཔའ་སེམས་དཔའ་ཆེན་པོ་དེ་ནི་རྣམ་པར་ཐར་པ་བརྒྱད་ཡིད་ལ་མི་བྱ་བ་ལ་མཁས་པར་རིག་པར་བྱའོ། །བྱང་ཆུབ་སེམས་དཔའ་སེམས་དཔའ་ཆེན་པོ་དེ་ནི་མཐར་གྱིས་གནས་པའི་སྙོམས་པར་འཇུག་པ་དགུ་ཡིད་ལ་མི་བྱ་བ་ལ་མཁས་པར་རིག་པར་བྱའོ། །བྱང་ཆུབ་སེམས་དཔའ་སེམས་དཔའ་ཆེན་པོ་དེ་ནི་རྣམ་པར་ཐར་པའི་སྒོ་སྟོང་པ་ཉིད་དང་། མཚན་མ་མེད་པ་དང་། སྨོན་པ་མེད་པ་ཡིད་ལ་མི་བྱ་བ་ལ་མཁས་པར་རིག་པར་བྱའོ། །བྱང་ཆུབ་སེམས་དཔའ་སེམས་དཔའ་ཆེན་པོ་དེ་ནི་མངོན་པར་ཤེས་པ་ཡིད་ལ་མི་བྱ་བ་ལ་མཁས་པར་རིག་པར་བྱའོ། །བྱང་ཆུབ་སེམས་དཔའ་སེམས་དཔའ་ཆེན་པོ་དེ་ནི་ཏིང་ངེ་འཛིན་ཡིད་ལ་མི་བྱ་བ་ལ་མཁས་པར་རིག་པར་བྱའོ། །བྱང་ཆུབ་སེམས་དཔའ་སེམས་དཔའ་ཆེན་པོ་དེ་ནི་གཟུངས་ཀྱི་སྒོ་ཡིད་ལ་མི་བྱ་བ་ལ་མཁས་པར་རིག་པར་བྱའོ། །བྱང་ཆུབ་སེམས་དཔའ་སེམས་དཔའ་ཆེན་པོ་དེ་ནི་དེ་བཞིན་གཤེགས་པའི་སྟོབས་ཡིད་ལ་མི་བྱ་བ་ལ་མཁས་པར་རིག་པར་བྱའོ། །བྱང་ཆུབ་སེམས་དཔའ་སེམས་དཔའ་ཆེན་པོ་དེ་ནི་མི་འཇིགས་པ་ཡིད་ལ་མི་བྱ་བ་ལ་མཁས་པར་རིག་པར་བྱའོ། །བྱང་ཆུབ་སེམས་དཔའ་སེམས་དཔའ་ཆེན་པོ་དེ་ནི་སོ་སོ་ཡང་དག་པར་རིག་པ་ཡིད་ལ་མི་བྱ་བ་ལ་མཁས་པར་རིག་པར་བྱའོ། །བྱང་ཆུབ་སེམས་དཔའ་སེམས་དཔའ་ཆེན་པོ་དེ་ནི་བྱམས་པ་ཆེན་པོ་ཡིད་ལ་མི་བྱ་བ་ལ་མཁས་པར་རིག་པར་བྱའོ། །བྱང་ཆུབ་སེམས་དཔའ་སེམས་དཔའ་ཆེན་པོ་དེ་ནི་སྙིང་རྗེ་ཆེན་པོ་ཡིད་ལ་མི་བྱ་བ་ལ་མཁས་པར་

རིག་པར་བྱའོ། །བྱང་ཆུབ་སེམས་དཔའ་སེམས་དཔའ་ཆེན་པོ་དེ་ནི་སངས་རྒྱས་ཀྱི་ཆོས་མ་འདྲེས་པ་ཡིད་ལ་མི་བྱ་བ་ལ་མཁས་པར་རིག་པར་བྱའོ། །བྱང་ཆུབ་སེམས་དཔའ་སེམས་དཔའ་ཆེན་པོ་དེ་ནི་རྒྱུན་དུ་ཞུགས་པའི་འབྲས་བུ་ཡིད་ལ་མི་བྱ་བ་ལ་མཁས་པར་རིག་①པར་བྱའོ། །བྱང་ཆུབ་སེམས་དཔའ་སེམས་དཔའ་ཆེན་པོ་དེ་ནི་ལན་ཅིག་ཕྱིར་འོང་བའི་འབྲས་བུ་ཡིད་ལ་མི་བྱ་བ་ལ་མཁས་པར་རིག་པར་བྱའོ། །བྱང་ཆུབ་སེམས་དཔའ་སེམས་དཔའ་ཆེན་པོ་དེ་ནི་ཕྱིར་མི་འོང་བའི་འབྲས་བུ་ཡིད་ལ་མི་བྱ་བ་ལ་མཁས་པར་རིག་པར་བྱའོ། །བྱང་ཆུབ་སེམས་དཔའ་སེམས་དཔའ་ཆེན་པོ་དེ་ནི་དགྲ་བཅོམ་པ་ཉིད་ཡིད་ལ་མི་བྱ་བ་ལ་མཁས་པར་རིག་པར་བྱའོ། །བྱང་ཆུབ་སེམས་དཔའ་སེམས་དཔའ་ཆེན་པོ་དེ་ནི་རང་བྱང་ཆུབ་ཡིད་ལ་མི་བྱ་བ་ལ་མཁས་པར་རིག་པར་བྱའོ། །བྱང་ཆུབ་སེམས་དཔའ་སེམས་དཔའ་ཆེན་པོ་དེ་ནི་ལམ་གྱི་རྣམ་པ་②ཤེས་པ་ཉིད་ཡིད་ལ་མི་བྱ་བ་ལ་མཁས་པར་རིག་པར་བྱའོ། །བྱང་ཆུབ་སེམས་དཔའ་སེམས་དཔའ་ཆེན་པོ་དེ་ནི་རྣམ་པ་ཐམས་ཅད་མཁྱེན་པ་ཉིད་ཡིད་ལ་མི་བྱ་བ་ལ་མཁས་པར་རིག་པར་བྱའོ། །བྱང་ཆུབ་སེམས་དཔའ་སེམས་དཔའ་ཆེན་པོ་དེ་ནི་གཟུགས་གཟུགས་ཀྱིས་སྟོང་ངོ་ཞེས་བྱ་བ་ལ་མཁས་པར་རིག་པར་བྱའོ། །བྱང་ཆུབ་སེམས་དཔའ་སེམས་དཔའ་ཆེན་པོ་དེ་ནི་ཚོར་བ་ཚོར་བས་སྟོང་ངོ་ཞེས་བྱ་བ་ལ་མཁས་པར་རིག་པར་བྱའོ། །བྱང་ཆུབ་སེམས་དཔའ་སེམས་དཔའ་ཆེན་པོ་དེ་ནི་འདུ་ཤེས་འདུ་ཤེས་ཀྱིས་སྟོང་ངོ་ཞེས་བྱ་བ་ལ་མཁས་པར་རིག་པར་བྱའོ། །བྱང་ཆུབ་སེམས་དཔའ་སེམས་དཔའ་ཆེན་པོ་དེ་ནི་འདུ་བྱེད་འདུ་བྱེད་ཀྱིས་སྟོང་ངོ་ཞེས་བྱ་བ་ལ་མཁས་པར་རིག་པར་བྱའོ། །བྱང་ཆུབ་སེམས་དཔའ་སེམས་དཔའ་ཆེན་པོ་དེ་ནི་རྣམ་པར་ཤེས་པ་རྣམ་པར་ཤེས་པས་སྟོང་ངོ་ཞེས་བྱ་བ་ལ་མཁས་པར་རིག་པར་བྱའོ། །བྱང་ཆུབ་སེམས་དཔའ་

སེམས་དཔའ་ཆེན་པོ་དེ་ནི་མིག་མིག་གིས་སྟོང་ངོ་ཞེས་བྱ་བ་ལ་མཁས་པར་རིག·····
པར་བྱའོ། །བྱང་ཆུབ་སེམས་དཔའ་སེམས་དཔའ་ཆེན་པོ་དེ་ནི་རྣ་བ་རྣ་བས་སྟོང་
ངོ་ཞེས་བྱ་བ་ལ་མཁས་པར་རིག་པར་བྱའོ། །བྱང་ཆུབ་སེམས་དཔའ་སེམས·····
དཔའ་ཆེན་པོ་དེ་ནི་སྣ་སྣས་སྟོང་ངོ་ཞེས་བྱ་བ་ལ་མཁས་པར་རིག་པར་བྱའོ། །
བྱང་ཆུབ་སེམས་དཔའ་སེམས་དཔའ་ཆེན་པོ་དེ་ནི་ལྕེ་ལྕེས་སྟོང་ངོ་ཞེས་བྱ་བ་ལ·····
མཁས་པར་རིག་པར་བྱའོ། །བྱང་ཆུབ་སེམས་དཔའ་སེམས་དཔའ་ཆེན་པོ་དེ་ནི་
ལུས་ལུས་ཀྱིས་སྟོང་ངོ་ཞེས་བྱ་བ་ལ་མཁས་པར་རིག་པར་བྱའོ། །བྱང་ཆུབ་སེམས་
དཔའ་སེམས་དཔའ་ཆེན་པོ་དེ་ནི་ཡིད་ཡིད་ཀྱིས་སྟོང་ངོ་ཞེས་བྱ་བ་ལ་མཁས་པར····
རིག་པར་བྱའོ། །བྱང་ཆུབ་སེམས་དཔའ་སེམས་དཔའ་ཆེན་པོ་དེ་ནི་གཟུགས·····
གཟུགས་ཀྱིས་[༡]སྟོང་ངོ་ཞེས་བྱ་བ་ལ་མཁས་པར་རིག་པར་བྱའོ། །བྱང་ཆུབ·····
སེམས་དཔའ་སེམས་དཔའ་ཆེན་པོ་དེ་ནི་སྒྲ་སྒྲས་སྟོང་ངོ་ཞེས་བྱ་བ་ལ་མཁས་པར····
རིག་པར་བྱའོ། །བྱང་ཆུབ་སེམས་དཔའ་སེམས་དཔའ་ཆེན་པོ་དེ་ནི་དྲི་དྲིས་སྟོང་
ངོ་ཞེས་བྱ་བ་ལ་མཁས་པར་རིག་པར་བྱའོ། །བྱང་ཆུབ་སེམས་དཔའ་སེམས·····
དཔའ་ཆེན་པོ་དེ་ནི་རོ་རོས་སྟོང་ངོ་ཞེས་བྱ་བ་ལ་མཁས་པར་རིག་པར་བྱའོ། །
བྱང་ཆུབ་སེམས་དཔའ་སེམས་དཔའ་ཆེན་པོ་དེ་ནི་རེག་རེག་གིས་སྟོང་ངོ་ཞེས་བྱ་བ་
ལ་མཁས་པར་རིག་པར་བྱའོ། །བྱང་ཆུབ་སེམས་དཔའ་སེམས་དཔའ་[༢]ཆེན་པོ་དེ་
ནི་ཆོས་ཆོས་ཀྱིས་སྟོང་ངོ་ཞེས་བྱ་བ་ལ་མཁས་པར་རིག་པར་བྱའོ། །བྱང་ཆུབ·····
སེམས་དཔའ་སེམས་དཔའ་ཆེན་པོ་དེ་ནི་མིག་གི་རྣམ་པར་ཤེས་པ་མིག་གི་རྣམ་པར་
ཤེས་པས་སྟོང་ངོ་ཞེས་བྱ་བ་ལ་མཁས་པར་རིག་པར་བྱའོ། །བྱང་ཆུབ་སེམས·····
དཔའ་སེམས་དཔའ་ཆེན་པོ་དེ་ནི་རྣ་བའི་རྣམ་པར་ཤེས་པ་རྣ་བའི་རྣམ་པར་ཤེས····
པས་སྟོང་ངོ་ཞེས་བྱ་བ་ལ་མཁས་པར་རིག་པར་བྱའོ། །བྱང་ཆུབ་སེམས་དཔའ་

སེམས་དཔའ་ཆེན་པོ་དེ་ནི་སྣའི་རྣམ་པར་ཤེས་པ་སྣའི་རྣམ་པར་ཤེས་པས་སྟོང་ངོ་ཞེས་བྱ་བ་ལ་མཁས་པར་རིག་པར་བྱའོ། །བྱང་ཆུབ་སེམས་དཔའ་སེམས་དཔའ་ཆེན་པོ་དེ་ནི་ལྗེའི་རྣམ་པར་ཤེས་པ་ལྗེའི་རྣམ་པར་ཤེས་པས་སྟོང་ངོ་ཞེས་བྱ་བ་ལ་མཁས་པར་རིག་པར་བྱའོ། །བྱང་ཆུབ་སེམས་དཔའ་སེམས་དཔའ་ཆེན་པོ་དེ་ནི་ལུས་ཀྱི་རྣམ་པར་ཤེས་པ་ལུས་ཀྱི་རྣམ་པར་ཤེས་པས་སྟོང་ངོ་ཞེས་བྱ་བ་ལ་མཁས་པར་རིག་པར་བྱའོ། །བྱང་ཆུབ་སེམས་དཔའ་སེམས་དཔའ་ཆེན་པོ་དེ་ནི། ཡིད་ཀྱི་རྣམ་པར་ཤེས་པ་ཡིད་ཀྱི་རྣམ་པར་ཤེས་པས་སྟོང་ངོ་ཞེས་བྱ་བ་ལ་མཁས་པར་རིག་པར་བྱའོ། །བྱང་ཆུབ་སེམས་དཔའ་སེམས་དཔའ་ཆེན་པོ་དེ་ནི། མིག་གི་འདུས་ཏེ་རེག་པ་མིག་གི་འདུས་ཏེ་རེག་པས་སྟོང་ངོ་ཞེས་བྱ་བ་ལ་མཁས་པར་རིག་པར་བྱའོ། །བྱང་ཆུབ་སེམས་དཔའ་སེམས་དཔའ་ཆེན་པོ་དེ་ནི། རྣ་བའི་འདུས་ཏེ་རེག་པ་རྣ་བའི་འདུས་ཏེ་རེག་པས་སྟོང་ངོ་ཞེས་བྱ་བ་ལ་མཁས་པར་རིག་པར་བྱའོ། །བྱང་ཆུབ་སེམས་དཔའ་སེམས་དཔའ་ཆེན་པོ་དེ་ནི། སྣའི་འདུས་ཏེ་རེག་པ་སྣའི་འདུས་ཏེ་རེག་པས་སྟོང་ངོ་ཞེས་བྱ་བ་ལ་མཁས་པར་རིག་པར་བྱའོ། །བྱང་ཆུབ་སེམས་དཔའ་སེམས་དཔའ་ཆེན་པོ་དེ་ནི། ལྗེའི་འདུས་ཏེ་རེག་པ་ལྗེའི་འདུས་ཏེ་རེག་པས་སྟོང་ངོ་ཞེས་བྱ་བ་ལ་མཁས་པར་རིག་པར་བྱའོ། །བྱང་ཆུབ་སེམས་དཔའ་སེམས་དཔའ་ཆེན་པོ་དེ་ནི། ལུས་ཀྱི་འདུས་ཏེ་རེག་པ་ལུས་ཀྱི་འདུས་ཏེ་རེག་པས་སྟོང་ངོ་ཞེས་བྱ་བ་ལ་མཁས་པར་རིག་པར་བྱའོ། །བྱང་ཆུབ་སེམས་དཔའ་སེམས་དཔའ་ཆེན་པོ་དེ་ནི། ཡིད་ཀྱི་འདུས་ཏེ་རེག་པ་ཡིད་ཀྱི་འདུས་ཏེ་རེག་པས་སྟོང་ངོ་ཞེས་བྱ་བ་ལ་མཁས་པར་རིག་པར་བྱའོ། །བྱང་ཆུབ་སེམས་དཔའ་སེམས་དཔའ་ཆེན་པོ་དེ་ནི། མིག་གི་འདུས་ཏེ་རེག་པའི་རྐྱེན་གྱིས་ཚོར་བ་མིག་གི་འདུས་ཏེ་རེག་པའི་རྐྱེན་གྱིས་ཚོར་བས་སྟོང་ངོ་ཞེས་བྱ་བ་ལ་མཁས་པར་

རིག་པར་བྱའོ། །བྱང་ཆུབ་སེམས་དཔའ་སེམས་དཔའ་ཆེན་པོ་དེ་ནི། རྣ་བའི་
འདུས་ཏེ་རེག་པའི་རྐྱེན་གྱིས་ཚོར་བ་རྣ་བའི་འདུས་ཏེ་རེག་པའི་རྐྱེན་གྱིས་ཚོར་བས་
སྟོང་ངོ་ཞེས་བྱ་བ་ལ་མཁས་པར་རིག་པར་བྱའོ། །བྱང་ཆུབ་སེམས་དཔའ་སེམས་
དཔའ་ཆེན་པོ་དེ་ནི། སྣའི་འདུས་ཏེ་རེག་པའི་རྐྱེན་གྱིས་ཚོར་བ་སྣའི་འདུས་ཏེ······
རེག་པའི་རྐྱེན་གྱིས་ཚོར་བས་སྟོང་ངོ་ཞེས་བྱ་བ་ལ་མཁས་པར་རིག་པར་བྱའོ། །
བྱང་ཆུབ་སེམས་དཔའ་སེམས་དཔའ་ཆེན་པོ་དེ་ནི། ལྗེའི་འདུས་ཏེ་རེག་པའི་རྐྱེན་
གྱིས་ཚོར་བ་ལྗེའི་འདུས་ཏེ་རེག་པའི་རྐྱེན་གྱིས་ཚོར་བས་སྟོང་ངོ་ཞེས་བྱ་བ་ལ······
མཁས་པར་རིག་པར་བྱའོ། །བྱང་ཆུབ་སེམས་དཔའ་སེམས་དཔའ་ཆེན་པོ་དེ་ནི།
ལུས་ཀྱི་འདུས་ཏེ་རེག་པའི་རྐྱེན་གྱིས་ཚོར་བ་ལུས་ཀྱི་འདུས་ཏེ་རེག་པའི་རྐྱེན་གྱིས······
ཚོར་བས་སྟོང་ངོ་ཞེས་བྱ་བ་ལ་མཁས་པར་རིག་པར་བྱའོ། །བྱང་ཆུབ་སེམས······
དཔའ་སེམས་དཔའ་ཆེན་པོ་དེ་ནི། ཡིད་ཀྱི་འདུས་ཏེ་རེག་པའི་རྐྱེན་གྱིས་ཚོར་བ་
ཡིད་ཀྱི་འདུས་ཏེ་རེག་པའི་རྐྱེན་གྱིས་ཚོར་བས་སྟོང་ངོ་ཞེས་བྱ་བ་ལ་མཁས་པར······
རིག་པར་བྱའོ། །བྱང་ཆུབ་སེམས་དཔའ་སེམས་དཔའ་ཆེན་པོ་དེ་ནི། སའི······
ཁམས་སའི་ཁམས་ཀྱིས་སྟོང་ངོ་ཞེས་བྱ་བ་ལ་མཁས་པར་རིག་པར་བྱའོ། །བྱང་
ཆུབ་སེམས་དཔའ་སེམས་དཔའ་ཆེན་པོ་དེ་ནི། ཆུའི་ཁམས་ཆུའི་ཁམས་ཀྱིས་སྟོང་
ངོ་ཞེས་བྱ་བ་ལ་མཁས་པར་རིག་པར་བྱའོ། །བྱང་ཆུབ་སེམས་དཔའ་སེམས······
དཔའ་ཆེན་པོ་དེ་ནི། མེའི་ཁམས་མེའི་ཁམས་ཀྱིས་སྟོང་ངོ་ཞེས་བྱ་བ་ལ་མཁས······
པར་རིག་པར་བྱའོ། །བྱང་ཆུབ་སེམས་དཔའ་སེམས་དཔའ་ཆེན་པོ་དེ་ནི། རླུང་
གི་ཁམས་རླུང་གི་ཁམས་ཀྱིས་[1] སྟོང་ངོ་ཞེས་བྱ་བ་ལ་མཁས་པར་རིག་པར་བྱའོ། །
བྱང་ཆུབ་སེམས་དཔའ་སེམས་དཔའ་ཆེན་པོ་དེ་ནི། ནམ་མཁའི་ཁམས་ནམ······
མཁའི་ཁམས་ཀྱིས་སྟོང་ངོ་ཞེས་བྱ་བ་ལ་མཁས་པར་རིག་པར་བྱའོ། །བྱང་ཆུབ་

སེམས་དཔའ་སེམས་དཔའ་ཆེན་པོ་དེ་ནི། རྣམ་པར་ཤེས་པའི་ཁམས་རྣམ་པར་
ཤེས་པའི་ཁམས་ཀྱིས་སྟོང་ངོ་ཞེས་བྱ་བ་ལ་མཁས་པར་རིག་པར་བྱའོ། །བྱང་ཆུབ་
སེམས་དཔའ་སེམས་དཔའ་ཆེན་པོ་དེ་ནི། མ་རིག་པ་མ་རིག་པས་སྟོང་ངོ་ཞེས་བྱ་
བ་ལ་མཁས་པར་རིག་པར་བྱའོ། །བྱང་ཆུབ་སེམས་དཔའ་སེམས་དཔའ་ཆེན་པོ་
དེ་ནི། འདུ་བྱེད་འདུ་བྱེད་ཀྱིས་སྟོང་ངོ་ཞེས་བྱ་བ་ལ་མཁས་པར་རིག་པར་བྱའོ། །
བྱང་ཆུབ་སེམས་དཔའ་སེམས་དཔའ་ཆེན་པོ་དེ་ནི། རྣམ་པར་ཤེས་པ་རྣམ་པར་
ཤེས་པས་སྟོང་ངོ་ཞེས་བྱ་བ་ལ་མཁས་པར་རིག་པར་བྱའོ། །བྱང་ཆུབ་སེམས·····
དཔའ་སེམས་དཔའ་ཆེན་པོ་དེ་ནི། མིང་དང་གཟུགས་མིང་དང་གཟུགས་ཀྱིས·····
སྟོང་ངོ་ཞེས་བྱ་བ་ལ་མཁས་པར་རིག་པར་བྱའོ། །བྱང་ཆུབ་སེམས་དཔའ་སེམས་
དཔའ་ཆེན་པོ་དེ་ནི། སྐྱེ་མཆེད་དྲུག་སྐྱེ་མཆེད་དྲུག་གིས་སྟོང་ངོ་ཞེས་བྱ་བ་ལ·····
མཁས་པར་རིག་པར་བྱའོ། །བྱང་ཆུབ་སེམས་དཔའ་སེམས་དཔའ་ཆེན་པོ་དེ་ནི།
རེག་པ་རེག་པས་སྟོང་ངོ་ཞེས་བྱ་བ་ལ་མཁས་པར་རིག་པར་བྱའོ། །བྱང་ཆུབ·····
སེམས་དཔའ་སེམས་དཔའ་ཆེན་པོ་དེ་ནི། ཚོར་བ་ཚོར་བས་སྟོང་ངོ་ཞེས་བྱ་བ་ལ་
མཁས་པར་རིག་པར་བྱའོ། །བྱང་ཆུབ་སེམས་དཔའ་སེམས་དཔའ་ཆེན་པོ་དེ་ནི།
སྲེད་པ་སྲེད་པས་སྟོང་ངོ་ཞེས་བྱ་བ་ལ་མཁས་པར་རིག་པར་བྱའོ། །བྱང་ཆུབ·····
སེམས་དཔའ་སེམས་དཔའ་ཆེན་པོ་དེ་ནི། ལེན་པ་ལེན་པས་སྟོང་ངོ་ཞེས་བྱ་བ་ལ་
མཁས་པར་རིག་པར་བྱའོ། །བྱང་ཆུབ་སེམས་དཔའ་སེམས་དཔའ་ཆེན་པོ་དེ་ནི།
སྲིད་པ་སྲིད་པས་སྟོང་ངོ་ཞེས་བྱ་བ་ལ་མཁས་པར་རིག་པར་བྱའོ། །བྱང་ཆུབ·····
སེམས་དཔའ་སེམས་དཔའ་ཆེན་པོ་དེ་ནི། སྐྱེ་བ་སྐྱེ་བས་སྟོང་ངོ་ཞེས་བྱ་བ་ལ·····
མཁས་པར་རིག་པར་བྱའོ། །བྱང་ཆུབ་སེམས་དཔའ་སེམས་དཔའ་ཆེན་པོ་དེ་ནི།
ཀ་ཤི་ཀ་ཤིས་སྟོང་ངོ་ཞེས་བྱ་བ་ལ་མཁས་པར་རིག་པར་བྱའོ། །བྱང་ཆུབ་སེམས་

དཔའ་སེམས་དཔའ་ཆེན་པོ་དེ་ནི། སྦྱིན་པའི་ཕ་རོལ་ཏུ་ཕྱིན་པ་སྦྱིན་པའི་ཕ་རོལ་
ཏུ་ཕྱིན་པས་སྟོང་ངོ་ཞེས་བྱ་བ་ལ་མཁས་པར་རིག་པར་བྱའོ། །བྱང་ཆུབ་སེམས་
དཔའ་སེམས་དཔའ་ཆེན་པོ་དེ་ནི། ཚུལ་ཁྲིམས་ཀྱི་ཕ་རོལ་ཏུ་ཕྱིན་པ་ཚུལ་ཁྲིམས་
ཀྱི་ཕ་རོལ་ཏུ་ཕྱིན་པས་སྟོང་ངོ་ཞེས་བྱ་བ་ལ་མཁས་པར་རིག་པར་བྱའོ། །བྱང་·····
ཆུབ་སེམས་དཔའ་སེམས་དཔའ་ཆེན་པོ་དེ་ནི། བཟོད་པའི་ཕ་རོལ་ཏུ་ཕྱིན་པ·····
བཟོད་པའི་ཕ་རོལ་ཏུ་ཕྱིན་པས་སྟོང་ངོ་ཞེས་བྱ་བ་ལ་མཁས་པར་རིག་པར་བྱའོ། །
བྱང་ཆུབ་སེམས་དཔའ་སེམས་དཔའ་ཆེན་པོ་དེ་ནི། བརྩོན་འགྲུས་ཀྱི་ཕ་རོལ་ཏུ་
ཕྱིན་པ་བརྩོན་འགྲུས་ཀྱི་ཕ་རོལ་ཏུ་ཕྱིན་པས་སྟོང་ངོ་ཞེས་བྱ་བ་ལ་མཁས་པར་རིག···
པར་བྱའོ། །བྱང་ཆུབ་སེམས་དཔའ་སེམས་དཔའ་ཆེན་པོ་དེ་ནི། བསམ་གཏན་
གྱི་ཕ་རོལ་ཏུ་ཕྱིན་པ་བསམ་གཏན་གྱི་ཕ་རོལ་ཏུ་ཕྱིན་[1]པས་སྟོང་ངོ་ཞེས་བྱ་བ་ལ·····
མཁས་པར་རིག་པར་བྱའོ། །བྱང་ཆུབ་སེམས་དཔའ་སེམས་དཔའ་ཆེན་པོ་དེ་ནི།
ཤེས་རབ་ཀྱི་ཕ་རོལ་ཏུ་ཕྱིན་པ་ཤེས་རབ་ཀྱི་ཕ་རོལ་ཏུ་ཕྱིན་པས་སྟོང་ངོ་ཞེས་བྱ་བ·····
ལ་མཁས་པར་རིག་པར་བྱའོ། །བྱང་ཆུབ་སེམས་དཔའ་སེམས་དཔའ་ཆེན་པོ་དེ་
ནི༑ ནང་སྟོང་པ་ཉིད་ནང་སྟོང་པ་ཉིད་ཀྱིས་སྟོང་ངོ་[2]ཞེས་བྱ་བ་ལ་མཁས་པར·····
རིག་པར་བྱའོ། །བྱང་ཆུབ་སེམས་དཔའ་སེམས་དཔའ་ཆེན་པོ་དེ་ནི། ཕྱི་སྟོང་
པ་ཉིད་ཕྱི་སྟོང་པ་ཉིད་ཀྱིས་སྟོང་ངོ་ཞེས་བྱ་བ་ལ་མཁས་པར་རིག་པར་བྱའོ། །
བྱང་ཆུབ་སེམས་དཔའ་སེམས་དཔའ་ཆེན་པོ་དེ་ནི། ཕྱི་ནང་སྟོང་པ་ཉིད་ཕྱི་ནང་
སྟོང་པ་ཉིད་ཀྱིས་སྟོང་ངོ་ཞེས་བྱ་བ་ལ་མཁས་པར་རིག་པར་བྱའོ། །བྱང་ཆུབ·····
སེམས་དཔའ་སེམས་དཔའ་ཆེན་པོ་དེ་ནི། སྟོང་པ་ཉིད་སྟོང་པ་ཉིད་སྟོང་པ་ཉིད་
སྟོང་པ་ཉིད་ཀྱིས་སྟོང་ངོ་ཞེས་བྱ་བ་ལ་མཁས་པར་རིག་པར་བྱའོ། །བྱང་ཆུབ·····
སེམས་དཔའ་སེམས་དཔའ་ཆེན་པོ་དེ་ནི། ཆེན་པོ་སྟོང་པ་ཉིད་ཆེན་པོ་སྟོང་པ·····

ཉིད་ཀྱིས་སྟོང་ངོ་ཞེས་བྱ་བ་ལ་མཁས་པར་རིག་པར་བྱའོ། །བྱང་ཆུབ་སེམས་དཔའ་སེམས་དཔའ་ཆེན་པོ་དེ་ནི། དོན་དམ་པ་སྟོང་པ་ཉིད་དོན་དམ་པ་སྟོང་པ་ཉིད་ཀྱིས་སྟོང་ངོ་ཞེས་བྱ་བ་ལ་མཁས་པར་རིག་པར་བྱའོ། །བྱང་ཆུབ་སེམས་དཔའ་སེམས་དཔའ་ཆེན་པོ་དེ་ནི། འདུས་བྱས་སྟོང་པ་ཉིད་འདུས་བྱས་སྟོང་པ་ཉིད་ཀྱིས་སྟོང་ངོ་ཞེས་བྱ་བ་ལ་མཁས་པར་རིག་པར་བྱའོ། །བྱང་ཆུབ་སེམས་དཔའ་སེམས་དཔའ་ཆེན་པོ་དེ་ནི། འདུས་མ་བྱས་སྟོང་པ་ཉིད་འདུས་མ་བྱས་སྟོང་པ་ཉིད་ཀྱིས་སྟོང་ངོ་ཞེས་བྱ་བ་ལ་མཁས་པར་རིག་པར་བྱའོ། །བྱང་ཆུབ་སེམས་དཔའ་སེམས་དཔའ་ཆེན་པོ་དེ་ནི། མཐའ་ལས་འདས་པ་སྟོང་པ་ཉིད་མཐའ་ལས་འདས་པ་སྟོང་པ་ཉིད་ཀྱིས་སྟོང་ངོ་ཞེས་བྱ་བ་ལ་མཁས་པར་རིག་པར་བྱའོ། །བྱང་ཆུབ་སེམས་དཔའ་སེམས་དཔའ་ཆེན་པོ་དེ་ནི། ཐོག་མ་དང་ཐ་མ་མེད་པ་སྟོང་པ་ཉིད་ཐོག་མ་དང་ཐ་མ་མེད་པ་སྟོང་པ་ཉིད་ཀྱིས་སྟོང་ངོ་ཞེས་བྱ་བ་ལ་མཁས་པར་རིག་པར་བྱའོ། །བྱང་ཆུབ་སེམས་དཔའ་སེམས་དཔའ་ཆེན་པོ་དེ་ནི། དོར་བ་མེད་པ་སྟོང་པ་ཉིད་དོར་བ་མེད་པ་སྟོང་པ་ཉིད་ཀྱིས་སྟོང་ངོ་ཞེས་བྱ་བ་ལ་མཁས་པར་རིག་པར་བྱའོ། །བྱང་ཆུབ་སེམས་དཔའ་སེམས་དཔའ་ཆེན་པོ་དེ་ནི། རང་བཞིན་སྟོང་པ་ཉིད་རང་བཞིན་སྟོང་པ་ཉིད་ཀྱིས་སྟོང་ངོ་ཞེས་བྱ་བ་ལ་མཁས་པར་རིག་པར་བྱའོ། །བྱང་ཆུབ་སེམས་དཔའ་སེམས་དཔའ་ཆེན་པོ་དེ་ནི། ཆོས་ཐམས་ཅད་སྟོང་པ་ཉིད་ཆོས་ཐམས་ཅད་སྟོང་པ་ཉིད་ཀྱིས་སྟོང་ངོ་ཞེས་བྱ་བ་ལ་མཁས་པར་རིག་པར་[1]བྱའོ། །བྱང་ཆུབ་སེམས་དཔའ་སེམས་དཔའ་ཆེན་པོ་དེ་ནི། རང་གི་མཚན་ཉིད་སྟོང་པ་ཉིད་རང་གི་མཚན་ཉིད་སྟོང་པ་ཉིད་ཀྱིས་སྟོང་ངོ་ཞེས་བྱ་བ་ལ་མཁས་པར་རིག་པར་བྱའོ། །བྱང་ཆུབ་སེམས་དཔའ་སེམས་དཔའ་ཆེན་པོ་དེ་ནི། མི་དམིགས་པ་སྟོང་པ་ཉིད་མི་དམིགས་པ་སྟོང་པ་ཉིད་ཀྱིས་སྟོང་ངོ་

ཞེས་བྱ་བ་ལ་མཁས་པར་རིག་པར་བྱའོ། །བྱང་ཆུབ་སེམས་དཔའ་སེམས་དཔའ་ཆེན་པོ་དེ་ནི། དངོས་པོ་མེད་པ་སྟོང་པ་ཉིད་དངོས་པོ་མེད་པ་སྟོང་པ་ཉིད་ཀྱིས་སྟོང་ངོ་ཞེས་བྱ་བ་ལ་མཁས་པར་རིག་པར་བྱའོ། །བྱང་ཆུབ་སེམས་དཔའ་སེམས་དཔའ་ཆེན་པོ་དེ་ནི། ངོ་བོ་ཉིད་སྟོང་པ་ཉིད་ངོ་བོ་ཉིད་སྟོང་པ་ཉིད་ཀྱིས་སྟོང་ངོ་ཞེས་བྱ་བ་ལ་མཁས་པར་རིག་པར་བྱའོ། །བྱང་ཆུབ་སེམས་དཔའ་སེམས་དཔའ་ཆེན་པོ་དེ་ནི། དངོས་པོ་མྱེད་པའི་ངོ་བོ་ཉིད་སྟོང་པ་ཉིད་དངོས་པོ་མྱེད་པའི་ངོ་བོ་ཉིད་སྟོང་པ་ཉིད་ཀྱིས་སྟོང་ངོ་ཞེས་བྱ་བ་ལ་མཁས་པར་རིག་པར་བྱའོ། །བྱང་ཆུབ་སེམས་དཔའ་སེམས་དཔའ་ཆེན་པོ་དེ་ནི། དྲན་པ་ཉེ་བར་གཞག་པ་རྣམས་དྲན་པ་ཉེ་བར་གཞག་པ་རྣམས་ཀྱིས་སྟོང་ངོ་ཞེས་བྱ་བ་ལ་མཁས་པར་རིག་པར་…… བྱའོ། །བྱང་ཆུབ་སེམས་དཔའ་སེམས་དཔའ་ཆེན་པོ་དེ་ནི། ཡང་དག་པར་སྤོང་བ་རྣམས་ཡང་དག་པར་སྤོང་བ་རྣམས་ཀྱིས་སྟོང་ངོ་ཞེས་བྱ་བ་ལ་མཁས་པར་རིག་…… པར་བྱའོ། །བྱང་ཆུབ་སེམས་དཔའ་སེམས་དཔའ་ཆེན་པོ་དེ་ནི། རྫུ་འཕྲུལ་གྱི་རྐང་པ་རྣམས་རྫུ་འཕྲུལ་གྱི་རྐང་པ་རྣམས་ཀྱིས་སྟོང་ངོ་ཞེས་བྱ་བ་ལ་མཁས་པར་…… རིག་པར་བྱའོ། །བྱང་ཆུབ་སེམས་དཔའ་སེམས་དཔའ་ཆེན་པོ་དེ་ནི། དབང་པོ་རྣམས་དབང་པོ་རྣམས་[༡]ཀྱིས་སྟོང་ངོ་ཞེས་བྱ་བ་ལ་མཁས་པར་རིག་པར་བྱའོ། །བྱང་ཆུབ་སེམས་དཔའ་སེམས་དཔའ་ཆེན་པོ་དེ་ནི། སྟོབས་རྣམས་སྟོབས་རྣམས་ཀྱིས་སྟོང་ངོ་ཞེས་བྱ་བ་ལ་མཁས་པར་རིག་པར་བྱའོ། །བྱང་ཆུབ་སེམས་དཔའ་སེམས་དཔའ་ཆེན་པོ་དེ་ནི། བྱང་ཆུབ་ཀྱི་ཡན་ལག་རྣམས་བྱང་ཆུབ་ཀྱི་ཡན་ལག་རྣམས་ཀྱིས་སྟོང་ངོ་ཞེས་བྱ་བ་ལ་མཁས་པར་རིག་པར་[༢]བྱའོ། །བྱང་ཆུབ་སེམས་དཔའ་སེམས་དཔའ་ཆེན་པོ་དེ་ནི། འཕགས་པའི་ལམ་ཡན་ལག་བརྒྱད་པ…… འཕགས་པའི་ལམ་ཡན་ལག་བརྒྱད་པས[༣]སྟོང་ངོ་ཞེས་བྱ་བ་ལ་མཁས་པར་རིག……

པར་བྱའོ། །བྱང་ཆུབ་སེམས་དཔའ་སེམས་དཔའ་ཆེན་པོ་དེ་ནི། འཕགས་པའི་བདེན་པ་རྣམས་འཕགས་པའི་བདེན་པ་རྣམས་ཀྱིས་སྟོང་ངོ་ཞེས་བྱ་བ་ལ་མཁས······པར་རིག་པར་བྱའོ། །བྱང་ཆུབ་སེམས་དཔའ་སེམས་དཔའ་ཆེན་པོ་དེ་ནི། བསམ་གཏན་རྣམས་[7]བསམ་གཏན་རྣམས་ཀྱིས་སྟོང་ངོ་ཞེས་བྱ་བ་ལ་མཁས་པར······རིག་པར་བྱའོ། །བྱང་ཆུབ་སེམས་དཔའ་སེམས་དཔའ་ཆེན་པོ་དེ་ནི། ཚད་མེད་པ་རྣམས་ཚད་མེད་པ་རྣམས་ཀྱིས་སྟོང་ངོ་ཞེས་བྱ་བ་ལ་མཁས་པར་རིག་པར་བྱའོ། །བྱང་ཆུབ་སེམས་དཔའ་སེམས་དཔའ་ཆེན་པོ་དེ་ནི། གཟུགས་མེད་པའི་སྙོམས······པར་འཇུག་པ་རྣམས་གཟུགས་མེད་པའི་སྙོམས་པར་འཇུག་པ་རྣམས་ཀྱིས་སྟོང་ངོ····ཞེས་བྱ་བ་ལ་མཁས་པར་རིག་པར་བྱའོ། །བྱང་ཆུབ་སེམས་དཔའ་སེམས་དཔའ་ཆེན་པོ་དེ་ནི། རྣམ་པར་ཐར་པ་བརྒྱད་རྣམ་པར་ཐར་པ་རྣམས་ཀྱིས་སྟོང་ངོ་ཞེས་བྱ་བ་ལ་མཁས་པར་རིག་པར་བྱའོ། །བྱང་ཆུབ་སེམས་དཔའ་སེམས་དཔའ་ཆེན་པོ་དེ་ནི། མཐར་གྱིས་གནས་པའི་སྙོམས་པར་འཇུག་པ་དགུ་མཐར་གྱིས་གནས······པའི་སྙོམས་པར་འཇུག་པ་རྣམས་ཀྱིས་སྟོང་ངོ་ཞེས་བྱ་བ་ལ་མཁས་པར་རིག་པར······བྱའོ། །བྱང་ཆུབ་སེམས་དཔའ་སེམས་དཔའ་ཆེན་པོ་དེ་ནི། རྣམ་པར་ཐར་པའི་སྒོ་སྟོང་པ་ཉིད་དང་། མཚན་མ་མེད་པ་དང་། སྨོན་པ་མེད་པ། རྣམ་པར་ཐར་པའི་སྒོ་སྟོང་པ་ཉིད་དང་། མཚན་མ་མེད་པ་དང་། སྨོན་པ་མེད་པས་སྟོང་ངོ་ཞེས་བྱ་བ་ལ་མཁས་པར་རིག་པར་བྱའོ། །བྱང་ཆུབ་སེམས་དཔའ་སེམས······དཔའ་ཆེན་པོ་དེ་ནི། མངོན་པར་ཤེས་པ་རྣམས་མངོན་པར་ཤེས་པ་རྣམས་ཀྱིས་སྟོང་ངོ་ཞེས་བྱ་བ་ལ་མཁས་པར་རིག་པར་བྱའོ། །བྱང་ཆུབ་སེམས་དཔའ་སེམས་དཔའ་ཆེན་པོ་དེ་ནི། ཏིང་ངེ་འཛིན་རྣམས་ཏིང་ངེ་འཛིན་རྣམས་ཀྱིས་སྟོང་ངོ······ཞེས་བྱ་བ་ལ་མཁས་པར་རིག་པར་བྱའོ། །བྱང་ཆུབ་སེམས་དཔའ་སེམས་དཔའ་

ཆེན་པོ་དེ་ནི། གཟུངས་ཀྱི་སྒོ་རྣམས་གཟུངས་ཀྱི་སྒོ་(༧)རྣམས་ཀྱིས་སྟོང་ངོ་ཞེས་བྱ་བ་ལ་མཁས་པར་རིག་པར་བྱའོ། །བྱང་ཆུབ་སེམས་དཔའ་སེམས་དཔའ་ཆེན་པོ་དེ་ནི། དེ་བཞིན་གཤེགས་པའི་སྟོབས་བཅུ་དེ་བཞིན་གཤེགས་པའི་སྟོབས་རྣམས་ཀྱིས་སྟོང་ངོ་ཞེས་བྱ་བ་ལ་མཁས་པར་རིག་པར་བྱའོ། །བྱང་ཆུབ་སེམས་དཔའ་སེམས་དཔའ་ཆེན་པོ་དེ་ནི། མི་འཇིགས་(༣)པ་བཞི་མི་འཇིགས་(༣)པ་རྣམས་ཀྱིས······སྟོང་ངོ་ཞེས་བྱ་བ་ལ་མཁས་པར་རིག་པར་བྱའོ། །བྱང་ཆུབ་སེམས་དཔའ་སེམས་དཔའ་ཆེན་པོ་དེ་ནི། སོ་སོ་ཡང་དག་པར་རིག་པ་བཞི་(༨)སོ་སོ་ཡང་དག་པར་རིག་པ་རྣམས་ཀྱིས་སྟོང་ངོ་ཞེས་བྱ་བ་ལ་མཁས་པར་རིག་པར་བྱའོ། །བྱང་ཆུབ་སེམས་དཔའ་སེམས་དཔའ་ཆེན་པོ་དེ་ནི། བྱམས་པ་ཆེན་པོ་བྱམས་པ་ཆེན་པོས་སྟོང་ངོ་ཞེས་བྱ་བ་ལ་མཁས་པར་རིག་པར་བྱའོ། །བྱང་ཆུབ་སེམས་དཔའ་སེམས་དཔའ་ཆེན་པོ་དེ་ནི། སྙིང་རྗེ་ཆེན་པོ་སྙིང་རྗེ་ཆེན་པོས་སྟོང་ངོ་ཞེས་བྱ་བ་ལ་མཁས་པར་རིག་པར་བྱའོ། །བྱང་ཆུབ་སེམས་དཔའ་སེམས་དཔའ་ཆེན་པོ་དེ་ནི། སངས་རྒྱས་ཀྱི་ཆོས་མ་འདྲེས་པ་བཅོ་བརྒྱད་སངས་རྒྱས་ཀྱི་ཆོས་མ་འདྲེས་པ་རྣམས་ཀྱིས······སྟོང་ངོ་ཞེས་བྱ་བ་ལ་མཁས་པར་རིག་པར་བྱའོ། །བྱང་ཆུབ་སེམས་དཔའ་སེམས་དཔའ་ཆེན་པོ་དེ་ནི། རྒྱུན་ཏུ་ཞུགས་པའི་འབྲས་བུ་རྒྱུན་ཏུ་ཞུགས་པའི་འབྲས······བུས་སྟོང་ངོ་ཞེས་བྱ་བ་ལ་མཁས་པར་རིག་པར་བྱའོ། །བྱང་ཆུབ་སེམས་དཔའ་སེམས་དཔའ་ཆེན་པོ་དེ་ནི། ལན་ཅིག་ཕྱིར་འོང་བའི་འབྲས་བུ་ལན་ཅིག་ཕྱིར······འོང་བའི་འབྲས་བུས་སྟོང་ངོ་ཞེས་བྱ་བ་ལ་མཁས་པར་རིག་པར་བྱའོ། །བྱང་ཆུབ་སེམས་དཔའ་སེམས་དཔའ་ཆེན་པོ་དེ་ནི། ཕྱིར་མི་འོང་བའི་འབྲས་བུ་ཕྱིར་མི······འོང་བའི་འབྲས་(༥)བུས་སྟོང་ངོ་ཞེས་བྱ་བ་ལ་མཁས་པར་རིག་པར་བྱའོ། །བྱང······ཆུབ་སེམས་དཔའ་སེམས་དཔའ་ཆེན་པོ་དེ་ནི། དགྲ་བཅོམ་པ་ཉིད་དགྲ་བཅོམ་པ་

ཉིད་ཀྱིས་སྟོང་ངོ་ཞེས་བྱ་བ་ལ་མཁས་པར་རིག་པར་བྱའོ། །བྱང་ཆུབ་སེམས་དཔའ་སེམས་དཔའ་ཆེན་པོ་དེ་ནི། རང་བྱང་ཆུབ་རང་བྱང་ཆུབ་ཀྱིས་སྟོང་ངོ་ཞེས་བྱ་བ་ལ་མཁས་པར་རིག་པར་བྱའོ། །བྱང་ཆུབ་སེམས་དཔའ་སེམས་དཔའ་ཆེན་པོ་དེ་ནི། ལམ་གྱི་རྣམ་པ་[1]ཤེས་པ་ཉིད་ལམ་གྱི་རྣམ་པ་[2]ཤེས་པ་ཉིད་ཀྱིས་སྟོང་ངོ་ཞེས་བྱ་བ་ལ་མཁས་པར་རིག་པར་བྱའོ། །བྱང་ཆུབ་སེམས་དཔའ་སེམས་དཔའ་ཆེན་པོ་དེ་ནི། བླ་ན་མེད་པ་ཡང་དག་པར་རྫོགས་པའི་བྱང་ཆུབ་[3]བྱང་ཆུབ་ཀྱིས་སྟོང་ངོ་ཞེས་བྱ་བ་ལ་མཁས་པར་རིག་པར་བྱའོ། །བྱང་ཆུབ་སེམས་དཔའ་སེམས་དཔའ་ཆེན་པོ་དེ་ནི། རབ་ཏུ་སྦྱངས་པའི་ལམ་ལ་མཁས་པར་རིག་པར་བྱའོ། །བྱང་ཆུབ་སེམས་དཔའ་སེམས་དཔའ་ཆེན་པོ་དེ་ནི། རབ་ཏུ་མ་སྦྱངས་པའི་ལམ་ལ་མཁས་པར་རིག་པར་བྱའོ། །བྱང་ཆུབ་སེམས་དཔའ་སེམས་དཔའ་ཆེན་པོ་དེ་ནི། སྐྱེ་བ་དང་འགག་པ་ལ་མཁས་པར་རིག་པར་བྱའོ། །བྱང་ཆུབ་སེམས་དཔའ་སེམས་དཔའ་ཆེན་པོ་དེ་ནི། གནས་པ་ལས་གཞན་དུ་འགྱུར་བ་ལ་མཁས་པར་རིག་པར་བྱའོ། །བྱང་ཆུབ་སེམས་དཔའ་སེམས་དཔའ་ཆེན་པོ་དེ་ནི༏ འདོད་ཆགས་ལ་མཁས་པར་རིག་པར་བྱའོ། །བྱང་ཆུབ་སེམས་དཔའ་སེམས་དཔའ་ཆེན་པོ་དེ་ནི། ཞེ་སྡང་ལ་མཁས་པར་རིག་པར་བྱའོ། །བྱང་ཆུབ་སེམས་དཔའ་སེམས་དཔའ་ཆེན་པོ་དེ་ནི། གཏི་མུག་ལ་མཁས་པར་རིག་པར་བྱའོ༏ །བྱང་ཆུབ་སེམས་དཔའ་སེམས་དཔའ་ཆེན་པོ་དེ་ནི། འདོད་ཆགས་མེད་པ་ལ་མཁས་པར་རིག་པར་བྱའོ། །བྱང་ཆུབ་སེམས་དཔའ་སེམས་དཔའ་ཆེན་པོ་དེ་ནི། ཞེ་སྡང་མེད་པ་ལ་མཁས་པར་རིག་པར་བྱའོ། །བྱང་ཆུབ་སེམས་དཔའ་སེམས་དཔའ་ཆེན་པོ་དེ་ནི། གཏི་མུག་མེད་པ་ལ་མཁས་པར་རིག་པར་བྱའོ། །བྱང་ཆུབ་སེམས་དཔའ་སེམས་དཔའ་ཆེན་པོ་དེ་ནི། ལྟ་བ་ལ་མཁས་པར་རིག

པར་བྱའོ། །བྱང་ཆུབ་སེམས་དཔའ་སེམས་དཔའ་ཆེན་པོ་དེ་ནི། ལྟ་བ་མེད་པ་ལ་མཁས་པར་རིག་པར་བྱའོ། །བྱང་ཆུབ་སེམས་དཔའ་སེམས་དཔའ་ཆེན་པོ་དེ་ནི༑ ལོག་པར་ལྟ་བ་ལ་མཁས་པར་རིག་པར་བྱའོ། །བྱང་ཆུབ་སེམས་དཔའ་སེམས་དཔའ་ཆེན་པོ་དེ་ནི། ལོག་པར་ལྟ་བ་མེད་པ་ལ་མཁས་པར་རིག་པར་བྱའོ།། བྱང་ཆུབ་སེམས་དཔའ་སེམས་དཔའ་ཆེན་པོ་དེ་ནི། བདག་ཏུ་ལྟ་བ་ལ་མཁས་པར་རིག་པར་བྱའོ། །བྱང་ཆུབ་སེམས་དཔའ་སེམས་དཔའ་ཆེན་པོ་དེ་ནི། སེམས་ཅན་དུ་ལྟ་བ་ལ་མཁས་པར་རིག་པར་བྱའོ། །བྱང་ཆུབ་སེམས་དཔའ་སེམས་དཔའ་ཆེན་པོ་དེ་ནི། སྲོག་ཏུ་ལྟ་བ་ལ་མཁས་པར་རིག་པར་བྱའོ། །བྱང་ཆུབ་སེམས་དཔའ་སེམས་དཔའ་ཆེན་པོ་དེ་ནི། གསོ[༧]བར་ལྟ་བ་ལ་མཁས་པར་རིག་པར་བྱའོ། །བྱང་ཆུབ་སེམས་དཔའ་སེམས་དཔའ་ཆེན་པོ་དེ་ནི། སྐྱེས་བུར་ལྟ་བ་ལ་མཁས་པར་རིག་པར་བྱའོ། །བྱང་ཆུབ་སེམས་དཔའ་སེམས་དཔའ་ཆེན་པོ་དེ་ནི། གང་ཟག་ཏུ་ལྟ་བ་ལ་མཁས་པར་རིག་པར་བྱའོ། །བྱང་ཆུབ་སེམས་དཔའ་སེམས་དཔའ་ཆེན་པོ་དེ་ནི། ཤེད་ཅན་དུ་ལྟ་བ་ལ་མཁས་པར་རིག་པར་བྱའོ༑ །བྱང་ཆུབ་སེམས་དཔའ་སེམས་དཔའ་ཆེན་པོ་དེ་ནི། ཤེད་བདག་ཏུ་ལྟ་བ་ལ་མཁས་པར་རིག་པར་བྱའོ། །བྱང་ཆུབ་སེམས་དཔའ་སེམས་དཔའ་ཆེན་པོ་དེ་ནི། བྱེད་པ་པོར་ལྟ་བ་ལ་མཁས་པར་རིག་པར་བྱའོ། །བྱང་ཆུབ་སེམས་དཔའ་སེམས་དཔའ་ཆེན་པོ་དེ་ནི། བྱེད་དུ་འཇུག་པ་པོར་ལྟ་བ་ལ་མཁས་པར་རིག་པར་བྱའོ། །བྱང་ཆུབ་སེམས་དཔའ་སེམས་དཔའ་ཆེན་པོ་དེ་ནི། སློང་བ་པོར་ལྟ་བ་ལ་མཁས་པར་རིག་པར་བྱའོ། །བྱང་ཆུབ་སེམས་དཔའ་སེམས་དཔའ་ཆེན་པོ་དེ་ནི། ཀུན་ནས་སློང་བ་པོར་ལྟ་བ་ལ་མཁས་པར་རིག་པར་བྱའོ། །བྱང་ཆུབ་སེམས་དཔའ་སེམས་དཔའ་ཆེན་པོ་དེ་ནི། ཤེས་པ་པོར་ལྟ་བ་ལ་མཁས་པར་

རིག་པར་བྱའོ། །བྱང་ཆུབ་སེམས་དཔའ་སེམས་དཔའ་ཆེན་པོ་དེ་ནི། མཐོང་བ་པོར་ལྟ་བ་ལ་མཁས་པར་རིག་པར་བྱའོ། །བྱང་ཆུབ་སེམས་དཔའ་སེམས་དཔའ་ཆེན་པོ་དེ་ནི། ལྟ་བ་ཐམས་ཅད་ཀྱི་བར་ལ་མཁས་པར་རིག་པར་བྱའོ། །བྱང་ཆུབ་སེམས་དཔའ་སེམས་དཔའ་ཆེན་པོ་དེ་ནི། མིང་ལ་མཁས་པར་རིག་པར་བྱའོ། །བྱང་ཆུབ་སེམས་དཔའ་སེམས་དཔའ་ཆེན་པོ་དེ་ནི། མིང་དང་གཟུགས་ལ་མཁས་པར་རིག་པར་བྱའོ། །བྱང་ཆུབ་སེམས་དཔའ་སེམས་དཔའ་ཆེན་པོ་དེ་ནི། དམིགས་པ་ལ་མཁས་པར་རིག་པར་བྱའོ། །བྱང་ཆུབ་སེམས་དཔའ་སེམས་དཔའ་ཆེན་པོ་དེ་ནི། བདག་པོ་ལ་མཁས་པར་རིག་པར་བྱའོ། །བྱང་ཆུབ་སེམས་དཔའ༔ སེམས་དཔའ་⑦ཆེན་པོ་དེ་ནི། རྣམ་པ་ལ་མཁས་པར་རིག་པར་བྱའོ། །བྱང་ཆུབ་སེམས་དཔའ་སེམས་དཔའ་ཆེན་པོ་དེ་ནི། མཚན་ཉིད་ལ་མཁས་པར་རིག་པར་བྱའོ། །བྱང་ཆུབ་སེམས་དཔའ་སེམས་དཔའ་ཆེན་པོ་དེ་ནི། སྡུག་བསྔལ་བ་⑧ལ་མཁས་པར་རིག་པར་བྱའོ། །བྱང་ཆུབ་སེམས་དཔའ་སེམས་དཔའ་ཆེན་པོ་དེ་ནི། ཀུན་འབྱུང་བ་ལ་མཁས་པར་རིག་པར་བྱའོ། །བྱང་ཆུབ་སེམས་དཔའ་སེམས་དཔའ་ཆེན་པོ་དེ་ནི། འགོག་པ་ལ་མཁས་པར་རིག་པར་བྱའོ། །བྱང་ཆུབ་སེམས་དཔའ་སེམས་དཔའ་ཆེན་པོ་དེ་ནི། ལམ་ལ་མཁས་པར་རིག་པར་བྱའོ། །བྱང་ཆུབ་སེམས་དཔའ་⑨སེམས་དཔའ་ཆེན་པོ་དེ་ནི། སེམས་ཅན་དམྱལ་བ་ལ་མཁས་པར་རིག་པར་བྱའོ། །བྱང་ཆུབ་སེམས་དཔའ་སེམས་དཔའ་ཆེན་པོ་དེ་ནི། སེམས་ཅན་དམྱལ་བའི་ལམ་ལ་མཁས་པར་རིག་པར་བྱའོ། །བྱང་ཆུབ་སེམས་དཔའ་སེམས་དཔའ་ཆེན་པོ་དེ་ནི⑩། ཕྱུལ་སོང་གི་སྐྱེ་གནས་ལ་མཁས་པར་རིག་པར་བྱའོ། །བྱང་ཆུབ་སེམས་དཔའ་སེམས་དཔའ་ཆེན་པོ་དེ་ནི། ཕྱུལ་སོང་གི་སྐྱེ་གནས་ཀྱི་ལམ་ལ་མཁས་པར་རིག་པར་བྱའོ། །བྱང་ཆུབ་སེམས་

དཔའ་སེམས་དཔའ་ཆེན་པོ་དེ་ནི། གཤིན་རྗེའི་འཇིག་རྟེན་ལ་མཁས་པར་རིག····
པར་བྱའོ། །བྱང་ཆུབ་སེམས་དཔའ་སེམས་དཔའ་ཆེན་པོ་དེ་ནི། གཤིན་རྗེའི་
འཇིག་རྟེན་གྱི་ལམ་ལ་མཁས་པར་རིག་པར་བྱའོ། །བྱང་ཆུབ་སེམས་དཔའ་སེམས་
དཔའ་ཆེན་པོ་དེ་ནི། མི་ལ་མཁས་པར་རིག་པར་བྱའོ། །བྱང་ཆུབ་སེམས····
དཔའ་སེམས་དཔའ་ཆེན་པོ་དེ་ནི། མིའི་ལམ་ལ་མཁས་པར་རིག་པར་བྱའོ། །
བྱང་ཆུབ་སེམས་དཔའ་སེམས་དཔའ་ཆེན་པོ་དེ་ནི། མི་མ་ཡིན་པ་ལ་མཁས་པར་
རིག་པར་བྱའོ། །བྱང་ཆུབ་སེམས་དཔའ་སེམས་དཔའ་ཆེན་པོ་དེ་ནི། མི་མ་
ཡིན་པའི་ལམ་ལ་མཁས་པར་རིག་པར་བྱའོ། །བྱང་ཆུབ་སེམས་དཔའ་སེམས····
དཔའ་ཆེན་པོ་དེ་ནི། ལྷ་ལ་མཁས་པར་རིག་པར་བྱའོ། །བྱང་ཆུབ་སེམས་
དཔའ་སེམས་དཔའ་ཆེན་པོ་དེ་ནི། ལྷའི་ལམ་ལ་མཁས་པར་རིག་པར་བྱའོ། །
བྱང་ཆུབ་སེམས་དཔའ་སེམས་དཔའ་ཆེན་པོ་དེ་ནི། རྒྱུན་དུ་ཞུགས་པའི་འབྲས་བུ་
ལ་མཁས་པར་རིག་པར་བྱའོ། །བྱང་ཆུབ་སེམས་དཔའ་སེམས་དཔའ་ཆེན་པོ་དེ་
ནི། རྒྱུན་དུ་ཞུགས་པའི་འབྲས་བུའི་ལམ་ལ་མཁས་པར་རིག་པར་བྱའོ། །བྱང་
ཆུབ་སེམས་དཔའ་སེམས་དཔའ་ཆེན་པོ་དེ་ནི། ལན་ཅིག་ཕྱིར་འོང་བའི་འབྲས་བུ་
ལ་མཁས་པར་རིག་པར་བྱའོ། །བྱང་ཆུབ་སེམས་དཔའ་སེམས་དཔའ་ཆེན་པོ་དེ་
ནི། ལན་ཅིག་ཕྱིར་འོང་བའི་འབྲས་བུའི་ལམ་ལ་མཁས་པར་རིག་པར་བྱའོ། །
བྱང་ཆུབ་སེམས་དཔའ་སེམས་དཔའ་ཆེན་པོ་དེ་ནི། ཕྱིར་མི་འོང་བའི་འབྲས་བུ་
ལ་མཁས་པར་རིག་པར་བྱའོ། །བྱང་ཆུབ་སེམས་དཔའ་སེམས་དཔའ་ཆེན་པོ་དེ་
ནི། ཕྱིར་མི་འོང་བའི་འབྲས་བུའི་ལམ་ལ་མཁས་པར་རིག་པར་བྱའོ། །བྱང་
ཆུབ་སེམས་དཔའ་སེམས་དཔའ་ཆེན་པོ་དེ་ནི། དགྲ་བཅོམ་པ་ཉིད་ལ་མཁས་པར་
རིག་པར་བྱའོ། །བྱང་ཆུབ་སེམས་དཔའ་སེམས་དཔའ་ཆེན་པོ་དེ་ནི། དགྲ····

བརྩོམ་པ་ཉིད་ཀྱི་ལམ་ལ་མཁས་པར་རིག་པར་བྱའོ། །བྱང་ཆུབ་སེམས་དཔའ་སེམས་དཔའ་ཆེན་པོ་དེ་ནི། རང་བྱང་ཆུབ་ལ་མཁས་པར་རིག་པར་བྱའོ། །བྱང་ཆུབ་སེམས་དཔའ་སེམས་དཔའ་ཆེན་པོ་དེ་ནི། རང་བྱང་ཆུབ་ཀྱི་ལམ་ལ·····མཁས་པར་རིག་པར་བྱའོ། །བྱང་ཆུབ་སེམས་དཔའ་སེམས་དཔའ་ཆེན་པོ་དེ་ནི། ལམ་གྱི་རྣམ་པ་[1]ཤེས་པ་ཉིད་ལ་མཁས་པར་རིག་པར་བྱའོ། །བྱང་ཆུབ་སེམས·····དཔའ་སེམས་དཔའ་ཆེན་པོ་དེ་ནི། ལམ་གྱི་རྣམ་པ་[2]ཤེས་པ་ཉིད་ཀྱི་ལམ་ལ·····མཁས་པར་རིག་པར་བྱའོ། །བྱང་ཆུབ་སེམས་དཔའ་སེམས་དཔའ་ཆེན་པོ་དེ་ནི། རྣམ་པ་ཐམས་ཅད་མཁྱེན་པ་ཉིད་ལ་མཁས་པར་རིག་པར་བྱའོ། །བྱང་ཆུབ·····སེམས་དཔའ་སེམས་དཔའ་ཆེན་པོ་དེ་ནི། རྣམ་པ་ཐམས་ཅད་མཁྱེན་པ་ཉིད་ཀྱི་ལམ་ལ་མཁས་པར་རིག་པར་བྱའོ། །བྱང་ཆུབ་སེམས་དཔའ་སེམས་དཔའ་ཆེན་པོ་དེ་ནི། དབང་པོ་ལ་མཁས་པར་རིག་པར་བྱའོ། །བྱང་ཆུབ་སེམས་དཔའ་སེམས་དཔའ་ཆེན་པོ་དེ་ནི། དབང་པོ་ཡོངས་སུ་རྫོགས་པར་བྱ་བ་ལ་མཁས་པར་རིག·····པར་བྱའོ། །བྱང་ཆུབ་སེམས་དཔའ་སེམས་དཔའ་ཆེན་པོ༔དེ་ནི[3]། ཤེས་རབ་མྱུར་བ་ལ་མཁས་པར་རིག་པར་བྱའོ། །བྱང་ཆུབ་སེམས་དཔའ་སེམས་དཔའ་ཆེན་པོ་དེ་ནི། ཤེས་རབ༔རྣོན་པོ་[4]ལ་མཁས་པར་རིག་པར་བྱའོ། །བྱང་ཆུབ་སེམས་དཔའ་སེམས་དཔའ་ཆེན་པོ་དེ་ནི། ཤེས་རབ་མགྱོགས་[5]པ་ལ་མཁས་པར་རིག·····པར་བྱའོ། །བྱང་ཆུབ་སེམས་དཔའ་སེམས་དཔའ་ཆེན་པོ་དེ་ནི། ངེས་པར་··༔འབྱེད་པའི་[6]ཤེས་རབ་ལ་མཁས་པར་རིག་པར་བྱའོ། །བྱང་ཆུབ་སེམས་དཔའ་སེམས་དཔའ་ཆེན་པོ་དེ་ནི། ཡངས་པའི་ཤེས་རབ་ལ་མཁས་པར་རིག་པར་བྱའོ། །བྱང་ཆུབ་སེམས་དཔའ་སེམས་དཔའ་ཆེན་པོ་དེ་ནི། མི་མཉམ་པ་དང་མཉམ་པའི་ཤེས་རབ་ལ་མཁས་པར་རིག་པར་བྱའོ། །བྱང་ཆུབ་སེམས་དཔའ་སེམས་དཔའ་

ཆེན་པོ་དེ་ནི། འདས་པའི་དུས་ལ་མཁས་པར་རིག་པར་བྱའོ། །བྱང་ཆུབ་སེམས་དཔའ་སེམས་དཔའ་ཆེན་པོ་དེ་ནི། མ་འོངས་པའི་དུས་ལ་མཁས་པར་རིག་པར་བྱའོ། །བྱང་ཆུབ་སེམས་དཔའ་སེམས་དཔའ་ཆེན་པོ་དེ་ནི། ད་ལྟར་བྱུང་བའི་དུས་ལ་མཁས་པར་རིག་པར་བྱའོ། །བྱང་ཆུབ་སེམས་དཔའ་སེམས་དཔའ་ཆེན་པོ་དེ་ནི། ཐབས་ལ་མཁས་པར་རིག་པར་བྱའོ། །བྱང་ཆུབ་སེམས་དཔའ་སེམས་དཔའ་ཆེན་པོ་དེ་ནི། སེམས་ཅན་གྱི་བསམ་པ་ལ་མཁས་པར་རིག་པར་……བྱའོ། །བྱང་ཆུབ་སེམས་དཔའ་སེམས་དཔའ་ཆེན་པོ་དེ་ནི། བསམ་པ་ལ་མཁས་པར་རིག་པར་བྱའོ། །བྱང་ཆུབ་སེམས་དཔའ་སེམས་དཔའ་ཆེན་པོ་དེ་ནི། ལྷག་པའི་བསམ་པ་ལ་མཁས་པར་རིག་པར་བྱའོ། །བྱང་ཆུབ་སེམས་དཔའ་སེམས……དཔའ་ཆེན་པོ་དེ་ནི། དོན་[1]ལ་མཁས་པར་རིག་པར་བྱའོ། །བྱང་ཆུབ་སེམས་དཔའ་སེམས་དཔའ་ཆེན་པོ་དེ་ནི། ཡི་གེ་ལ་མཁས་པར་རིག་པར་བྱའོ། །བྱང་ཆུབ་སེམས་དཔའ་སེམས་དཔའ་ཆེན་པོ་དེ་ནི། ཐེག་པ་གསུམ་རྣམ་པར་དགོད་པ་ལ་མཁས་པར་རིག་པར་བྱའོ། །རབ་འབྱོར་བྱང་ཆུབ་སེམས་དཔའ་སེམས་དཔའ་ཆེན་པོ་དེ་ནི[2]། ཤེས་རབ་ཀྱི་ཕ་རོལ་ཏུ་ཕྱིན་པ་ལ་སྤྱོད་པ་དང་། ཤེས་རབ་ཀྱི་ཕ་རོལ་ཏུ་ཕྱིན་པ་མངོན་པར་སྒྲུབ་[3]པ་དང་། ཤེས་རབ་ཀྱི་ཕ་རོལ་ཏུ་ཕྱིན་པ……སྒོམ་[4]པ་དེ་ལ་ལེགས་པ་འདི་དག་ཡོད་པར་རིག་པར་བྱའོ།། ||

ཤེས་རབ་ཀྱི་ཕ་རོལད་ཏུ་ཕྱིནད་པ་སྟོང་ཕྲག་བརྒྱ་པ། བམ་པོ་དགུ་[5]པ། གསོལ་པ། བཅོམ་ལྡན་འདས་ཇི་ལྟར་ཤེས་རབ་ཀྱི་ཕ་རོལ་ཏུ་ཕྱིན་པ་ལ་སྤྱད་པར་བགྱི། ཇི་ལྟར་ཤེས་རབ་ཀྱི་ཕ་རོལ་ཏུ་ཕྱིན་པ་ལ་[6]མངོན་པར་བསྒྲུབ་པར་བགྱི། ཇི་ལྟར་ཤེས་རབ་ཀྱི་ཕ་རོལ་ཏུ་ཕྱིན་པ་བསྒོམ་པར་བགྱི། བཅོམ་ལྡན་འདས་ཀྱིས་བཀའ་སྩལ་པ། གཟུགས་ཞི་བ་དང་། གཟུགས་རག་ལས་པ་དང་། གཟུགས་

གསོག་དང་། གཟུགས་སྙིང་པོ་མེད་པས་ཤེས་རབ་ཀྱི་ཕ་རོལ་ཏུ་ཕྱིན་པ་ལ་སྤྱོད་པར་བྱའོ། །ཚོར་བ་ཞི་བ་དང་། ཚོར་བ་རག་ལས་པ་དང་། ཚོར་བ་གསོག་དང་། ཚོར་བ་སྙིང་པོ་མེད་པས་ཤེས་རབ་ཀྱི་ཕ་རོལ་ཏུ་ཕྱིན་པ་ལ་སྤྱོད་པར་བྱའོ། །འདུ་ཤེས་ཞི་བ་དང་། འདུ་ཤེས་རག་ལས་པ་དང་། འདུ་ཤེས་གསོག་དང་། འདུ་ཤེས་སྙིང་པོ་མེད་པས་ཤེས་རབ་ཀྱི་ཕ་རོལ་ཏུ་ཕྱིན་པ་ལ་སྤྱོད་པར་བྱའོ། །འདུ་བྱེད་ཞི་བ་དང་། འདུ་བྱེད་རག་ལས་①པ་དང་། འདུ་བྱེད་གསོག་དང་། འདུ་བྱེད་སྙིང་པོ་མེད་པས་ཤེས་རབ་ཀྱི་ཕ་རོལ་ཏུ་ཕྱིན་པ་ལ་སྤྱོད་པར་བྱའོ། །རྣམ་པར་ཤེས་པ་ཞི་བ་དང་། རྣམ་པར་ཤེས་པ་རག་ལས་པ་དང་། རྣམ་པར་ཤེས་པ་གསོག་དང་། རྣམ་པར་ཤེས་པ་སྙིང་པོ་མེད་པས་ཤེས་རབ་ཀྱི་ཕ་རོལ་ཏུ་ཕྱིན་པ་ལ་སྤྱོད་པར་བྱའོ། །ཿཕམིག་ཞི་བ་དང་། མིག་རག་ལས་པ་དང་། མིག་གསོག་དང་། མིག་སྙིང་པོ་མེད་པས་ཤེས་རབ་ཀྱི་ཕ་རོལ་ཏུ་ཕྱིན་པ་ལ་སྤྱོད་པར་བྱའོ། །རྣ་བ་ཞི་བ་དང་། རྣ་བ་རག་ལས་པ་དང་། རྣ་བ་གསོག་དང་། རྣ་བ་སྙིང་པོ་མེད་པས་ཤེས་རབ་ཀྱི་ཕ་རོལ་ཏུ་ཕྱིན་པ་ལ་སྤྱོད་པར་བྱའོ། །སྣ་ཞི་བ་དང་། སྣ་རག་ལས་པ་དང་། སྣ་གསོག་དང་། སྣ་སྙིང་པོ་མེད་པས་ཤེས་རབ་ཀྱི་ཕ་རོལ་ཏུ་ཕྱིན་པ་ལ་སྤྱོད་པར་བྱའོ། །ལྕེ་ཞི་བ་དང་། ལྕེ་རག་ལས་པ་དང་། ལྕེ་གསོག་དང་། ལྕེ་སྙིང་པོ་མེད་པས་ཤེས་རབ་ཀྱི་ཕ་རོལ་ཏུ་ཕྱིན་པ་ལ་སྤྱོད་པར་བྱའོ། །ལུས་ཞི་བ་དང་། ལུས་རག་ལས་པ་དང་། ལུས་གསོག་དང་། ལུས་སྙིང་པོ་མེད་པས་ཤེས་རབ་ཀྱི་ཕ་རོལ་ཏུ་ཕྱིན་པ་ལ་སྤྱོད་པར་བྱའོ། །ཡིད་ཞི་བ་དང་། ཡིད་རག་ལས་པ་དང་། ཡིད་གསོག་དང་། ཡིད་སྙིང་པོ་མེད་པས་ཤེས་རབ་ཀྱི་ཕ་རོལ་ཏུ་ཕྱིན་པ་ལ་སྤྱོད་པར་བྱའོ། །གཟུགས་ཞི་བ་དང་། གཟུགས་རག་ལས་པ་དང་། གཟུགས་གསོག་དང་། གཟུགས་སྙིང་པོ་མེད་པས་

ཤེས་རབ་ཀྱི་ཕ་རོལ་ཏུ་ཕྱིན་པ་ལ་སྤྱོད་པར་བྱའོ། །སྒྲ་ཞི་བ་དང་། སྒྲ་རག་ལས་པ་དང་། སྒྲ་གསོག་དང་། སྒྲ་སྙིང་པོ་མེད་པས་ཤེས་རབ་ཀྱི་ཕ་རོལ་ཏུ་ཕྱིན་པ་ལ་སྤྱོད་པར་བྱའོ། །དྲི་ཞི་བ་དང་། དྲི་རག་ལས་པ་དང་། དྲི་གསོག་དང་། དྲི་སྙིང་པོ་མེད་པས་ཤེས་རབ་ཀྱི་ཕ་རོལ་ཏུ་ཕྱིན་པ་ལ་སྤྱོད་པར་བྱའོ། །རོ་ཞི་བ་དང་། རོ་རག་ལས་པ་དང་། རོ་གསོག་དང་། རོ་སྙིང་པོ་མེད་པས་ཤེས་རབ་ཀྱི་ཕ་རོལ་ཏུ་ཕྱིན་པ་ལ་སྤྱོད་པར་བྱའོ། །རེག་ཞི་བ་དང་། རེག་རག་ལས་པ་དང་། རེག་གསོག་དང་། རེག་སྙིང་པོ་མེད་པས་ཤེས་རབ་ཀྱི་ཕ་རོལ་ཏུ་ཕྱིན་པ་ལ་སྤྱོད་པར་བྱའོ། །ཆོས་ཞི་བ་དང་། ཆོས་རག་ལས་པ་དང་། ཆོས་གསོག་དང་། ཆོས་སྙིང་པོ་མེད་པས་ཤེས་རབ་ཀྱི་ཕ་རོལ་ཏུ་ཕྱིན་པ་ལ་སྤྱོད་པར་བྱའོ། །མིག་གི་རྣམ་པར་ཤེས་པ་ཞི་བ་དང་། མིག་གི་རྣམ་པར་ཤེས་པ་རག་ལས་པ་དང་། མིག་གི་རྣམ་པར་ཤེས་པ་གསོག་དང་། མིག་གི་རྣམ་པར་ཤེས་པ་སྙིང་པོ་མེད་པས་ཤེས་རབ་ཀྱི་ཕ་རོལ་ཏུ་ཕྱིན་པ་ལ་སྤྱོད་པར་བྱའོ། །རྣ་བའི་རྣམ་པར་ཤེས་པ་ཞི་བ་དང་། རྣ་བའི་རྣམ་པར་ཤེས་པ་རག་ལས་པ་དང་། རྣ་བའི་རྣམ་པར་ཤེས་པ་གསོག་དང་། རྣ་བའི་རྣམ་པར་ཤེས་པ་སྙིང་པོ་མེད་པས་ཤེས་རབ་ཀྱི་ཕ་རོལ་ཏུ་ཕྱིན་པ་ལ་སྤྱོད་པར་བྱའོ། །སྣའི་རྣམ་པར་ཤེས་པ་ཞི་བ་དང་། སྣའི་རྣམ་པར་ཤེས་པ་རག་ལས་པ་དང་། སྣའི་རྣམ་པར་ཤེས་པ་གསོག་དང་། སྣའི་རྣམ་པར་ཤེས་པ་སྙིང་པོ་མེད་པས་ཤེས་རབ་ཀྱི་ཕ་རོལ་ཏུ་ཕྱིན་པ་ལ་སྤྱོད་པར་བྱའོ། །ལྕེའི་རྣམ་པར་ཤེས་པ་ཞི་བ་དང་། ལྕེའི་རྣམ་པར་ཤེས་པ་རག་ལས་པ་དང་། ལྕེའི་རྣམ་པར་ཤེས་པ་གསོག་དང་། ལྕེའི་རྣམ་པར་ཤེས་པ་སྙིང་པོ་མེད་པས་ཤེས་རབ་ཀྱི་ཕ་རོལ་ཏུ་ཕྱིན་པ་ལ་སྤྱོད་པར་བྱའོ། །ལུས་ཀྱི་རྣམ་པར་ཤེས་པ་ཞི་བ་དང་། ལུས་ཀྱི་རྣམ་པར་ཤེས་པ་རག་ལས་པ་དང་། ལུས་ཀྱི་རྣམ་པར་ཤེས་པ་གསོག······

དང་། ལུས་ཀྱི་རྣམ་པར་ཤེས་པ་སྙིང་པོ་མེད་པས་ཤེས་རབ་ཀྱི་ཕ་རོལ་ཏུ་ཕྱིན་པ་ལ་སྤྱོད་པར་བྱའོ། །ཡིད་ཀྱི་རྣམ་པར་ཤེས་པ་ཞི་བ་དང་། ཡིད་ཀྱི་རྣམ་པར་ཤེས་པ་རག་ལས་པ་དང་། ཡིད་ཀྱི་རྣམ་པར་ཤེས་པ་གསོག་དང་། ཡིད་ཀྱི་རྣམ་པར་ཤེས་པ་སྙིང་པོ་མྱེད་པས་ཤེས་རབ་ཀྱི་ཕ་རོལ་ཏུ་ཕྱིན་པ་ལ་སྤྱོད་པར་བྱའོ། །མྱིག་གི་འདུས་ཏེ་རེག་པ་ཞི་བ་དང་། མྱིག་གི་འདུས་ཏེ་རེག་པ་རག་ལས་པ་དང་། མྱིག་གི་འདུས་ཏེ་རེག་པ་གསོག་དང་། མྱིག་གི་འདུས་ཏེ་རེག་པ་སྙིང་པོ་མྱེད་པས་ཤེས་རབ་ཀྱི་ཕ་རོལ་ཏུ་ཕྱིན་པ་ལ་སྤྱོད་པར་བྱའོ། །རྣ་བའི་འདུས་ཏེ་རེག་པ་ཞི་བ་དང་། རྣ་བའི་འདུས་ཏེ་རེག་པ་རག་ལས་པ་དང་། རྣ་བའི་འདུས་ཏེ་རེག་པ་གསོག་དང་། རྣ་བའི་འདུས་ཏེ་རེག་པ་སྙིང་པོ་མྱེད་པས་ཤེས་རབ་ཀྱི་ཕ་རོལ་ཏུ་ཕྱིན་པ་ལ་སྤྱོད་པར་བྱའོ། །སྣའི་འདུས་ཏེ་རེག་པ་ཞི་བ་དང་། སྣའི་འདུས་ཏེ་རེག་པ་རག་ལས་པ་དང་། སྣའི་འདུས་ཏེ་རེག་པ་གསོག་དང་། སྣའི་འདུས་ཏེ་རེག་པ་སྙིང་པོ་མྱེད་པས་ཤེས་རབ་ཀྱི་ཕ་རོལ་ཏུ་ཕྱིན་པ་ལ་སྤྱོད་པར་བྱའོ། །ལྕེའི་འདུས་ཏེ་རེག་པ་ཞི་བ་དང་། ལྕེའི་འདུས་ཏེ་རེག་པ་རག་ལས་པ་དང་། ལྕེའི་འདུས་ཏེ་རེག་པ་གསོག་དང་། ལྕེའི་འདུས་ཏེ་རེག་པ་སྙིང་པོ་མྱེད་པས་ཤེས་རབ་ཀྱི་ཕ་རོལ་ཏུ་ཕྱིན་པ་ལ་སྤྱོད་པར་བྱའོ། །ལུས་ཀྱི་འདུས་ཏེ་རེག་པ་ཞི་བ་དང་། ལུས་ཀྱི་འདུས་ཏེ་རེག་པ་རག་ལས་པ་དང་། ལུས་ཀྱི་འདུས་ཏེ་རེག་པ་གསོག······དང་། ལུས་ཀྱི་འདུས་ཏེ་རེག་པ་སྙིང་པོ་མྱེད་པས་ཤེས་རབ་ཀྱི་ཕ་རོལ་ཏུ་ཕྱིན་པ་ལ་སྤྱོད་པར་བྱའོ། །ཡིད་ཀྱི་འདུས་ཏེ་རེག་པ་ཞི་བ་དང་། ཡིད་ཀྱི་འདུས་ཏེ······རེག་པ་རག་ལས་པ་དང་། ཡིད་ཀྱི་འདུས་ཏེ་རེག་པ་གསོག་དང་། ཡིད་ཀྱི······འདུས་ཏེ་རེག་པ་སྙིང་པོ་མྱེད་པས་ཤེས་རབ་ཀྱི་ཕ་རོལ་ཏུ་ཕྱིན་པ་ལ་སྤྱོད་པར་བྱའོ།། མྱིག་གི་འདུས་ཏེ་རེག་པའི་རྐྱེན་ཀྱིས་ཚོར་བ་ཞི་བ་དང་། མྱིག་གི་འདུས་ཏེ་རེག་

པའི་རྐྱེན་གྱིས་ཚོར་བ་རག་ལས་པ་དང་། མིག་གི་འདུས་ཏེ་རེག་པའི་རྐྱེན་གྱིས་ཚོར་བ་གསོག་དང་། མིག་གི་འདུས་ཏེ་རེག་པའི་རྐྱེན་གྱིས་ཚོར་བ་སྙིང་པོ་མེད་པས་ཤེས་རབ་ཀྱི་ཕ་རོལ་ཏུ་ཕྱིན་པ་ལ་སྤྱོད་པར་བྱའོ། །རྣ་བའི་འདུས་ཏེ་རེག་པའི་རྐྱེན་གྱིས་ཚོར་བ་ཞི་བ་དང་། རྣ་བའི་འདུས་ཏེ་རེག་པའི་རྐྱེན་གྱིས་ཚོར་བ་རག་ལས་པ་དང་། རྣ་བའི་འདུས་ཏེ་རེག་པའི་རྐྱེན་གྱིས་ཚོར་བ་གསོག་དང་། རྣ་བའི་འདུས་ཏེ་རེག་པའི་རྐྱེན་གྱིས་ཚོར་བ་སྙིང་པོ་མེད་པས་ཤེས་རབ་ཀྱི་ཕ་རོལ་ཏུ་ཕྱིན་པ་ལ་སྤྱོད་པར་བྱའོ། །སྣའི་འདུས་ཏེ་རེག་པའི་རྐྱེན་གྱིས་ཚོར་བ་ཞི་བ་དང་། སྣའི་འདུས་ཏེ་རེག་པའི་རྐྱེན་གྱིས་ཚོར་བ་རག་ལས་པ་དང་། སྣའི་འདུས་ཏེ་རེག་པའི་རྐྱེན་གྱིས་ཚོར་བ་གསོག་དང་། སྣའི་འདུས་ཏེ་རེག་པའི་རྐྱེན་གྱིས་ཚོར་བ་སྙིང་པོ་མེད་པས་ཤེས་རབ་ཀྱི་ཕ་རོལ་ཏུ་ཕྱིན་པ་ལ་སྤྱོད་པར་བྱའོ། །ལྕེའི་འདུས་ཏེ་རེག་པའི་རྐྱེན་གྱིས་ཚོར་བ་ཞི་བ་དང་། ལྕེའི་འདུས་ཏེ་རེག་པའི་རྐྱེན་གྱིས་ཚོར་བ་རག་ལས་པ་དང་། ལྕེའི་འདུས་ཏེ་རེག་པའི་རྐྱེན་གྱིས་ཚོར་བ་གསོག་དང་། ལྕེའི་འདུས་ཏེ་རེག་པའི་རྐྱེན་གྱིས་ཚོར་བ་སྙིང་པོ་མེད་པས་ཤེས་རབ་ཀྱི་ཕ་རོལ་ཏུ་ཕྱིན་པ་ལ་སྤྱོད་པར་བྱའོ། །ལུས་ཀྱི་འདུས་ཏེ་རེག་པའི་རྐྱེན་གྱིས་ཚོར་བ་ཞི་བ་དང་། ལུས་ཀྱི་འདུས་ཏེ་རེག་པའི་རྐྱེན་གྱིས་ཚོར་བ་རག་ལས་པ་དང་། ལུས་ཀྱི་འདུས་ཏེ་རེག་པའི་རྐྱེན་གྱིས་ཚོར་བ་གསོག་དང་། ལུས་ཀྱི་འདུས་ཏེ་རེག་པའི་རྐྱེན་གྱིས་ཚོར་བ་སྙིང་པོ་མེད་པས་ཤེས་རབ་ཀྱི་ཕ་རོལ་ཏུ་ཕྱིན་པ་ལ་སྤྱོད་པར་བྱའོ། །ཡིད་ཀྱི་འདུས་ཏེ་རེག་པའི་རྐྱེན་གྱིས་ཚོར་བ་ཞི་བ་དང་། ཡིད་ཀྱི་འདུས་ཏེ་རེག་པའི་རྐྱེན་གྱིས་ཚོར་བ་རག་ལས་པ་དང་། ཡིད་ཀྱི་འདུས་ཏེ་རེག་པའི་རྐྱེན་གྱིས་ཚོར་བ་གསོག་དང་། ཡིད་ཀྱི་འདུས་ཏེ་རེག་པའི་རྐྱེན་གྱིས་ཚོར་བ་སྙིང་པོ་མེད་པས་ཤེས་རབ་ཀྱི་ཕ་རོལ་ཏུ་ཕྱིན་པ་ལ་སྤྱོད་པར་བྱའོ། །སའི་

ཁམས་ཞི་བ་དང་། སའི་ཁམས་རག་ལས་པ་དང་། སའི་ཁམས་གསོག་དང་། སའི་ཁམས་སྙིང་པོ་མེད་པས་ཤེས་རབ་ཀྱི་ཕ་རོལ་ཏུ་ཕྱིན་པ་ལ་སྤྱོད་པར་བྱའོ། །ཆུའི་ཁམས་ཞི་བ་དང་། ཆུའི་ཁམས་རག་ལས་པ་དང་། ཆུའི་ཁམས་གསོག་དང་། ཆུའི་ཁམས་སྙིང་པོ་མེད་པས་ཤེས་རབ་ཀྱི་ཕ་རོལ་ཏུ་ཕྱིན་པ་ལ་སྤྱོད་པར་བྱའོ། །མེའི་ཁམས་ཞི་བ་དང་། མེའི་ཁམས་རག་ལས་པ་དང་། མེའི་ཁམས་གསོག་དང་། མེའི་ཁམས་སྙིང་པོ་མེད་པས་ཤེས་རབ་ཀྱི་ཕ་རོལ་ཏུ་ཕྱིན་པ་ལ་སྤྱོད་པར་བྱའོ། །རླུང་གི་ཁམས་ཞི་བ་དང་། རླུང་གི་ཁམས་རག་ལས་པ་དང་། རླུང་གི་ཁམས་གསོག་དང་། རླུང་གི་ཁམས་སྙིང་པོ་མེད་པས་ཤེས་རབ་ཀྱི་ཕ་རོལ་ཏུ་ཕྱིན་པ་ལ་སྤྱོད་པར་བྱའོ། །ནམ་མཁའི་ཁམས་ཞི་བ་དང་། ནམ་མཁའི་ཁམས་རག་ལས་པ་དང་། ནམ་མཁའི་ཁམས་གསོག་དང་། ནམ་མཁའི་ཁམས་སྙིང་པོ་མེད་པས་ཤེས་རབ་ཀྱི་ཕ་རོལ་ཏུ་ཕྱིན་པ་ལ་སྤྱོད་པར་བྱའོ། །རྣམ་པར་ཤེས་པའི་ཁམས་ཞི་བ་དང་། རྣམ་པར་ཤེས་པའི་ཁམས་རག་ལས་པ་དང་། རྣམ་པར་ཤེས་པའི་ཁམས་གསོག་དང་། རྣམ་པར་ཤེས་པའི་ཁམས་སྙིང་པོ་མེད་པས་ཤེས་རབ་ཀྱི་ཕ་རོལ་ཏུ་ཕྱིན་པ་ལ་སྤྱོད་པར་བྱའོ། །མ་རིག་པ་ཞི་བ་དང་། མ་རིག་པ་རག་ལས་པ་དང་། མ་རིག་པ་གསོག་དང་། མ་རིག་པ་སྙིང་པོ་མེད་པས་ཤེས་རབ་ཀྱི་ཕ་རོལ་ཏུ་ཕྱིན་པ་ལ་སྤྱོད་པར་བྱའོ། །འདུ་བྱེད་ཞི་བ་དང་། འདུ་བྱེད་རག་ལས་པ་དང་། འདུ་བྱེད་གསོག་དང་། འདུ་བྱེད་སྙིང་པོ་མེད་པས་ཤེས་རབ་ཀྱི་ཕ་རོལ་ཏུ་ཕྱིན་པ་ལ་སྤྱོད་པར་བྱའོ། །རྣམ་པར་ཤེས་པ་ཞི་བ······དང་། རྣམ་པར་ཤེས་པ་རག་ལས་པ་དང་། རྣམ་པར་ཤེས་པ་གསོག་དང་། རྣམ་པར་ཤེས་པ་སྙིང་པོ་མེད་པས་ཤེས་རབ་ཀྱི་ཕ་རོལ་ཏུ་ཕྱིན་པ་ལ་སྤྱོད་པར་བྱའོ། །མིང་དང་གཟུགས་ཞི་བ་དང་། མིང་དང་གཟུགས་རག་ལས་པ་དང་། མིང་

དང་གཟུགས་གསོག་དང་། མྱིང་དང་གཟུགས་སྙིང་པོ་མྱེད་པས་ཤེས་རབ་ཀྱི་ཕ་རོལ་ཏུ་ཕྱིན་པ་ལ་སྦྱད་པར་བྱའོ། །སྐྱེ་མཆེད་དྲུག་ཞི་བ་དང་། སྐྱེ་མཆེད་དྲུག་རག་ལས་པ་དང་། སྐྱེ་མཆེད་དྲུག་གསོག་དང་། སྐྱེ་མཆེད་དྲུག་སྙིང་པོ་མྱེད་པས་ཤེས་རབ་ཀྱི་ཕ་རོལ་ཏུ་ཕྱིན་པ་ལ་སྦྱད་པར་བྱའོ། །རེག་པ་ཞི་བ་དང་། རེག་པ་རག་ལས་པ་དང་། རེག་པ་གསོག་དང་། རེག་པ་སྙིང་པོ་མྱེད་པས་ཤེས་རབ་ཀྱི་ཕ་རོལ་ཏུ་ཕྱིན་པ་ལ་སྦྱད་པར་བྱའོ། །ཚོར་བ་ཞི་བ་དང་། ཚོར་བ་རག་ལས་པ་དང་། ཚོར་བ་གསོག་དང་། ཚོར་བ་སྙིང་པོ་མྱེད་པས་ཤེས་རབ་ཀྱི་ཕ་རོལ་ཏུ་ཕྱིན་པ་ལ་སྦྱད་པར་བྱའོ། །སྲེད་པ་ཞི་བ་དང་། སྲེད་པ་རག་ལས་པ་དང་། སྲེད་པ་གསོག་དང་། སྲེད་པ་སྙིང་པོ་མྱེད་པས་ཤེས་རབ་ཀྱི་ཕ་རོལ་ཏུ་ཕྱིན་པ་ལ་སྦྱད་པར་བྱའོ། །ལེན་པ་ཞི་བ་དང་། ལེན་པ་རག་ལས་པ་དང་། ལེན་པ་གསོག་དང་། ལེན་པ་སྙིང་པོ་མྱེད་པས་ཤེས་རབ་ཀྱི་ཕ་རོལ་ཏུ་ཕྱིན་པ་ལ་སྦྱད་པར་བྱའོ། །སྲིད་པ་ཞི་བ་དང་། སྲིད་པ་རག་ལས་པ་དང་། སྲིད་པ་གསོག་དང་། སྲིད་པ་སྙིང་པོ་མྱེད་པས་ཤེས་རབ་ཀྱི་ཕ་རོལ་ཏུ་ཕྱིན་པ་ལ་སྦྱད་པར་བྱའོ། །སྐྱེ་བ་ཞི་བ་དང་། སྐྱེ་བ་རག་ལས་པ་དང་། སྐྱེ་བ་གསོག་དང་། སྐྱེ་བ་སྙིང་པོ་མྱེད་པས་ཤེས་རབ་ཀྱི་ཕ་རོལ་ཏུ་ཕྱིན་པ་ལ་སྦྱད་པར་བྱའོ། །རྒ་ཤི་ཞི་བ་དང་། རྒ་ཤི་རག་ལས་པ་དང་། རྒ་ཤི་གསོག་དང་། རྒ་ཤི་སྙིང་པོ་མྱེད་པས་ཤེས་རབ་ཀྱི་ཕ་རོལ་ཏུ་ཕྱིན་པ་ལ་སྦྱད་པར་བྱའོ། །卍[1] གང་ཡང་འདི་སྐད་དུ། ཇི་ལྟར་ཤེས་རབ་ཀྱི་ཕ་རོལ་ཏུ་ཕྱིན་པ་མངོན་པར་བསྒྲུབ་པར་བྱ་ཞེས་ཟེར་བ་ནི། ནམ་མཁའ་[3] སྟོང་པ་ཉིད་མངོན་པར་བསྒྲུབ་པས། ཤེས་རབ་ཀྱི་ཕ་རོལ་ཏུ་ཕྱིན་པ་མངོན་པར་བསྒྲུབ་པར་བྱའོ། །གང་ཡང་འདི་སྐད་དུ། ཇི་ལྟར་ཤེས་རབ་ཀྱི་ཕ་རོལ་ཏུ་ཕྱིན་པ་བསྒོམ་པར་བྱ་ཞེས་ཟེར་བ་ནི། ༔ནམ་མཁའ་སྟོང་པ་ཉིད་དུ་[3]

བསྒོམ་[༡]པ་རྣམ་པར་བསྒོམས་[༢]པས། ཤེས་རབ་ཀྱི་ཕ་རོལ་ཏུ་ཕྱིན་པ་བསྒོམ་པར་བྱའོ། །གསོལ་པ། བཅོམ་ལྡན་འདས་བྱང་ཆུབ་སེམས་དཔའ་སེམས་དཔའ་ཆེན་པོས་ཤེས་རབ་ཀྱི་ཕ་རོལ་ཏུ་ཕྱིན་པ་ལ་ཡུན་རིང་པོ་ཇི་སྲིད་ཅིག་ཏུ་སྤྱད་ན། ཤེས་རབ་ཀྱི་ཕ་རོལ་ཏུ་ཕྱིན་པ་ལ་སྤྱད་པར་འགྱུར། ཿབཅོམ་ལྡན་འདས་ཀྱིས་བཀའ······སྩལ་པ།[༣] སེམས་དང་པོ་བསྐྱེད་[༤]པ་ནས་ཉེ་བར་བཟུང་སྟེ། སྙིང་པོ་བྱང་ཆུབ་ལ་འདུག་གི་བར་དུ་ཤེས་རབ་ཀྱི་ཕ་རོལ་ཏུ་ཕྱིན་པ་ལ་སྤྱད་པར་བྱ་བ་ཡིན་ཏེ། དེ་ལྟར་མངོན་པར་བསྒྲུབ་པར་བྱའོ། །བསྒོམ་པར་བྱའོ། །གསོལ་པ། བཅོམ་ལྡན་འདསཿཇི་ལྟར་[༥]སེམས་ཀྱི་རྒྱུན་མ་ཆད་པ་དང་། མ་བྲལ་བར་སྤྱད་པར་བགྱི། བཅོམ་ལྡན་འདས་ཀྱིས་བཀའ་སྩལ་པ། ཡིད་ལ་བྱ་བ་གཞན་གྱི་གོ་སྐབས་མི······འབྱེད་[༦]པས། ཤེས་རབ་ཀྱི་ཕ་རོལ་ཏུ་ཕྱིན་པ་ལ་སྤྱད་པར་བྱའོ། །རྣམ་པ······ཐམས་ཅད་མཁྱེན་པ་ཉིད་ཡིད་ལ་བྱ་བ་མི་དོར་[༧]བས་ཤེས་རབ་ཀྱི་ཕ་རོལ་ཏུ་ཕྱིན······པ་ལ་སྤྱད་པར་བྱ། ཤེས་རབ་ཀྱི་ཕ་རོལ་ཏུ་ཕྱིན་པ་མངོན་པར་བསྒྲུབ་པར་བྱ། ཤེས་རབ་ཀྱི་ཕ་རོལ་ཏུ་ཕྱིན་པ་བསྒོམ་པར་བྱ་སྟེ། ཅི་ནས་ཀྱང་སེམས་དང་སེམས་ལས་བྱུང་བའི་ཆོས་མི་རྒྱུ་བ་དེ་ལྟར་སྤྱད་པར་བྱའོ། །དེ་ལྟར་མངོན་པར་བསྒྲུབ་པར་བྱའོ། །དེ་ལྟར་བསྒོམ་པར་བྱའོ། །གསོལ་པ། བཅོམ་ལྡན་འདས་ཅི་[༨]ལགས། ཤེས་རབ་ཀྱི་ཕ་རོལ་ཏུ་ཕྱིན་པ་ལ་སྤྱད་པ་དང་། ཤེས་རབ་ཀྱི་ཕ་རོལ་ཏུ་ཕྱིན་པ་མངོན་པར་བསྒྲུབ་[༩]པ་དང་། ཤེས་རབ་ཀྱི་ཕ་རོལ་ཏུ་ཕྱིན་པ་[༡༠]བསྒོམས་པས། རྣམ་པ་ཐམས་ཅད་མཁྱེན་པ་ཉིད་ཐོབ་པར་འགྱུར་རམ། བཅོམ་ལྡན་འདས་ཀྱིས་བཀའ་སྩལ་པ། དེ་ནི་མ་ཡིན་ནོ། །གསོལ་པ། འོ་ན་ཅི་ལགས། མ་བསྒོམས་པས་སམ། བཅོམ་ལྡན་འདས་ཀྱིས་བཀའ་སྩལ་པ། དེ་ནི་མ་ཡིན་ནོ། །གསོལ་པ། འོ་ན་ཅི་ལགས། བསྒོམས་ཀྱང་བསྒོམས་ལ། མ་

བསྒོམས་ཀྱང་མ་བསྒོམས་པས་སམ། བཅོམ་ལྡན་འདས་ཀྱིས་བཀའ་སྩལ་པ། དེ་ནི་མ་ཡིན་ནོ། །གསོལ་པ། འོ་ན་ཅི་ལགས། བསྒོམས་པ་ཡང་མ་ལགས་མ་བསྒོམས་པ་ཡང་མ་ལགས་པས་སམ། བཅོམ་ལྡན་འདས་ཀྱིས་བཀའ་སྩལ་པ། དེ་ནི་མ་ཡིན་ནོ། །གསོལ་པ། བཅོམ་ལྡན་འདས་འོ་ན་རྣམ་པ་ཐམས་ཅད······མཁྱེན་པ་ཉིད་ཇི་ལྟར་ཐོབ་པར་བགྱི། བཅོམ་ལྡན་འདས་ཀྱིས་བཀའ་སྩལ་པ། དེ་བཞིན་ཉིད་ཇི་ལྟ་བ་བཞིན་ནོ། །གསོལ་པ། དེ་བཞིན་ཉིད་①ཇི་ལྟ་བུ་ལགས། བཅོམ་ལྡན་འདས་ཀྱིས་བཀའ་སྩལ་པ། ཡང་དག་པའི་མཐའ་ཇི་ལྟ་བ་བཞིན་ནོ། །གསོལ་པ། ཡང་དག་པའི་མཐའ་ཇི་ལྟ་བུ་ལགས། བཅོམ་ལྡན་འདས་ཀྱིས······བཀའ་སྩལ་པ། ཆོས་ཀྱི་དབྱིངས་ཇི་ལྟ་བ་བཞིན་ནོ། །གསོལ་པ། ཆོས་ཀྱི་དབྱིངས་ཇི་ལྟ་བུ་ལགས། བཅོམ་ལྡན་འདས་ཀྱིས་བཀའ་སྩལ་པ། བདག་གི་ཁམས་དང་། སེམས་ཅན་གྱི་ཁམས་དང་། སྲོག་གི་ཁམས་དང་། གང་ཟག་གི་ཁམས་ཇི་ལྟ་བ་བཞིན་ནོ། །གསོལ་པ། བཅོམ་ལྡན་འདས་བདག་གི་ཁམས་དང་། སེམས་ཅན་གྱི་ཁམས་དང་། སྲོག་གི་ཁམས་དང་། གང་ཟག་གི་ཁམས་ཇི་ལྟ་བུ་ལགས། བཅོམ་ལྡན་འདས་ཀྱིས་བཀའ་སྩལ་པ། རབ་འབྱོར་དེ་ཇིཿསྙམ་དུ་②སེམས། བདག་གམ་སེམས་ཅན་ནམ། སྲོག་གམ། གང་ཟག་དམིགས་སུ་ཡོད་དམ། གསོལ་པ། བཅོམ་ལྡན་འདས་དེ་ནི་མ་ལགས་སོ། །བཅོམ་ལྡན་འདས་ཀྱིས་བཀའ་སྩལ་པ། རབ་འབྱོར་བདག་གམ། སེམས་ཅན་ནམ། སྲོག་གམ། གང་ཟག་མི་དམིགས་ན། ཇི་ལྟར་བདག་གི་ཁམས་དང་། སེམས་ཅན་གྱི་ཁམས་དང་། སྲོག་གི་ཁམས་དང་། གང་ཟག་གི་ཁམས་སུ་གདགས་པར་བྱ། དེ་ལྟར་ཤེས་རབ་ཀྱི་ཕ་རོལ་ཏུ་ཕྱིན་པར་མ་བཏགས་③པ་དང་། ཆོས་ཐམས་ཅད་ཏུ་མ་བཏགས་པས། རྣམ་པ་ཐམས་ཅད་མཁྱེན་པ་ཉིད་ཐོབ་པར་འགྱུར་རོ། །

གསོལ་པ། བཅོམ་ལྡན་འདས་ཅི་ལགས། ཤེས་རབ་ཀྱི་ཕ་རོལ་ཏུ་ཕྱིན་པ····· གདགས་སུ་མ་མཆིས་པ་ལགས་སམ། ཅི་ལགས། བསམ་གཏན་གྱི་ཕ་རོལ་ཏུ་ཕྱིན་པ་གདགས་སུ་མ་མཆིས་པ་ལགས་སམ། ཅི་ལགས། བརྩོན་འགྲུས་ཀྱི་ཕ་རོལ་ཏུ་ཕྱིན་པ་གདགས་སུ་མ་མཆིས་པ་ལགས་སམ། ཅི་ལགས། བཟོད་པའི་ཕ་རོལ་ཏུ་ཕྱིན་པ་གདགས་སུ་མ་མཆིས་པ་ལགས་སམ། ཅི་ལགས། ཚུལ་ཁྲིམས་ཀྱི་ཕ་རོལ་ཏུ་ཕྱིན་པ་གདགས་སུ་མ་མཆིས་པ་ལགས་སམ། ཅི་ལགས། སྦྱིན་པའི་ཕ་རོལ་ཏུ་ཕྱིན་པ་གདགས་སུ་མ་མཆིས་པ་ལགས་སམ། ཅི་ལགས། ནང་སྟོང་པ་ཉིད་གདགས་སུ་མ་མཆིས་པ་ལགས་སམ། ཅི་ལགས། ཕྱི་སྟོང་པ་ཉིད····· གདགས་སུ་མ་མཆིས་པ་ལགས་སམ། ཅི་ལགས། ཕྱི་ནང་སྟོང་པ་ཉིད་གདགས་སུ་མ་མཆིས་པ་ལགས་སམ། ཅི་ལགས། སྟོང་པ་ཉིད་སྟོང་པ་ཉིད་གདགས་སུ་མ་མཆིས་པ་ལགས་སམ། ཅི་ལགས། ཆེན་པོ་སྟོང་པ་ཉིད་གདགས་སུ་མ་མཆིས་པ་ལགས་སམ། ཅི་ལགས། དོན་དམ་པ་སྟོང་པ་ཉིད་གདགས་སུ་མ་མཆིས་པ་ལགས་སམ། ཅི་ལགས། འདུས་བྱས་སྟོང་པ་ཉིད་གདགས་སུ་མ་མཆིས་པ་ལགས་སམ། ཅི་ལགས། འདུས་མ་བྱས་སྟོང་པ་ཉིད་གདགས་སུ་མ་མཆིས་པ་ལགས་སམ། ཅི་ལགས། མཐའ་ལས་འདས་པ་སྟོང་པ་ཉིད་གདགས་སུ་མ····· མཆིས་པ་ལགས་སམ། ཅི་ལགས། ཐོག་མ་དང་ཐ་མ་མེད་པ་སྟོང་པ་ཉིད····· གདགས་སུ་མ་མཆིས་པ་ལགས་སམ། ཅི་ལགས། དོར་བ་མེད་པ་སྟོང་པ་ཉིད་གདགས་སུ་མ་མཆིས་པ་ལགས་སམ། ཅི་ལགས། རང་བཞིན་སྟོང་པ་ཉིད····· གདགས་སུ་མ་མཆིས་པ་ལགས་སམ། ཅི་ལགས། ཆོས་ཐམས་ཅད་སྟོང་པ་ཉིད་གདགས་སུ་མ་མཆིས་པ་ལགས་སམ། ཅི་ལགས། རང་གི་མཚན་ཉིད་སྟོང་པ་ཉིད་གདགས་སུ་མ་མཆིས་པ་ལགས་སམ། ཅི་ལགས། མི་དམིགས་པ་སྟོང་པ་

ཉིད་གདགས་སུ་མ་མཆིས་པ་ལགས་སམ། ཅི་ལགས། དངོས་པོ་མེད་པ་སྟོང་པ་ཉིད་གདགས་སུ་མ་མཆིས་པ་ལགས་སམ། ཅི་ལགས། ངོ་བོ་ཉིད་སྟོང་པ་ཉིད་གདགས་སུ་མ་མཆིས་པ་ལགས་སམ། ཅི་ལགས། དངོས་པོ་མེད་པའི་ངོ་བོ་ཉིད་སྟོང་པ་ཉིད་གདགས་སུ་མ་མཆིས་པ་ལགས་སམ། ཅི་ལགས། དྲན་པ་ཉེ་བར་གཞག་པ་རྣམས་གདགས་སུ་མ་མཆིས་པ་ལགས་སམ། ཅི་ལགས། ཡང་དག་པར་སྤོང་བ་རྣམས་གདགས་སུ་མ་མཆིས་པ་ལགས་སམ། ཅི་ལགས། རྫུ་འཕྲུལ་གྱི་རྐང་པ་རྣམས་གདགས་སུ་མ་མཆིས་པ་ལགས་སམ། ཅི་ལགས། དབང་པོ་རྣམས་གདགས་སུ་མ་མཆིས་པ་ལགས་སམ། ཅི་ལགས། སྟོབས་རྣམས་གདགས་སུ་མ་མཆིས་པ་ལགས་སམ། ཅི་ལགས། བྱང་ཆུབ་ཀྱི་ཡན་ལག་①རྣམས····གདགས་སུ་མ་མཆིས་པ་ལགས་སམ། ཅི་ལགས། འཕགས་པའི་ལམ་ཡན་ལག་②བརྒྱད་པ་གདགས་སུ་མ་མཆིས་པ་ལགས་སམ། ཅི་ལགས། འཕགས་པའི་བདེན་པ་རྣམས་གདགས་སུ་མ་མཆིས་པ་ལགས་སམ། ཅི་ལགས། བསམ་གཏན་རྣམས་གདགས་སུ་མ་མཆིས་པ་ལགས་སམ། ཅི་ལགས། ཚད་མེད་པ་རྣམས་གདགས་སུ་མ་མཆིས་པ་ལགས་སམ། ཅི་ལགས། གཟུགས་མེད་པའི་སྙོམས་པར་འཇུག་པ་རྣམས་གདགས་སུ་མ་③མཆིས་པ་ལགས་སམ། ཅི་ལགས། རྣམ་པར་ཐར་པ་བརྒྱད་གདགས་སུ་མ་མཆིས་པ་ལགས་སམ④། ཅི་ལགས། མཐར་གྱིས་གནས་པའི་སྙོམས་པར་འཇུག་པ་དགུ་གདགས་སུ་མ་མཆིས་པ་ལགས་སམ། ཅི་ལགས། རྣམ་པར་ཐར་པའི་སྒོ་སྟོང་པ་ཉིད་དང་། མཚན་མ་མེད་པ་དང་། སྨོན་པ་མེད་པ་གདགས་སུ་མ་མཆིས་པ་ལགས་སམ། ཅི་ལགས། མངོན་པར་ཤེས་པ་རྣམས་གདགས་སུ་མ་མཆིས་པ་ལགས་སམ། ཅི་ལགས། ཏིང་ངེ་འཛིན་རྣམས་གདགས་སུ་མ་མཆིས་པ་ལགས་སམ། ཅི་ལགས། གཟུངས་ཀྱི་སྒོ་རྣམས་གདགས་སུ་མ་

མཆིས་པ་ལགས་སམ། ཅི་ལགས། དེ་བཞིན་གཤེགས་པའི་སྟོབས་བཅུ་གདགས་སུ་མ་མཆིས་པ་ལགས་སམ། ཅི་ལགས། མི་འཇིགས་པ་བཞི་གདགས[༧]སུ་མ་མཆིས་པ་ལགས་སམ། ཅི་ལགས། སོ་སོ་ཡང་དག་པར་རིག་པ་བཞི་གདགས་སུ་མ་མཆིས་པ་ལགས་སམ། ཅི་ལགས། བྱམས་པ་ཆེན་པོ་གདགས་སུ་མ་མཆིས་པ་ལགས་སམ། ཅི་ལགས། སྙིང་རྗེ་ཆེན་པོ་གདགས་སུ་མ་མཆིས་པ་ལགས་སམ། ཅི་ལགས། སངས་རྒྱས་ཀྱི་ཆོས་མ་འདྲེས་པ་བཅོ་བརྒྱད་གདགས་སུ་མ་མཆིས་པ་ལགས་སམ། ཅི་ལགས། རྒྱུན་དུ་ཞུགས་པའི་འབྲས་བུ་གདགས་སུ་མ་མཆིས་པ་ལགས་སམ། ཅི་ལགས། ལན་ཅིག་ཕྱིར་འོང་བའི་འབྲས་བུ་གདགས་སུ་མ་⋯⋯མཆིས་པ་ལགས་སམ། ཅི་ལགས། ཕྱིར་མི་འོང་བའི་འབྲས་བུ་གདགས་སུ་མ་མཆིས་པ་ལགས་སམ། ཅི་ལགས། དགྲ་བཅོམ་པ་ཉིད་གདགས་སུ་མ་མཆིས་པ་ལགས་སམ། ཅི་ལགས། རང་བྱང་ཆུབ་གདགས་སུ་མ་མཆིས་པ་ལགས་སམ། ཅི་ལགས། ལམ་གྱི་རྣམ་པ་ཤེས་པ་ཉིད་གདགས་སུ་མ་མཆིས་པ་ལགས་སམ། ཅི་ལགས། རྣམ་པ་ཐམས་ཅད་མཁྱེན་པ་ཉིད་གདགས་སུ་མ་མཆིས་པ་ལགས⋯⋯སམ། [༡]བཅོམ་ལྡན་འདས་ཀྱིས་བཀའ་སྩལ་པ། རབ་འབྱོར་ཤེས་རབ་ཀྱི་ཕ་རོལ་ཏུ་ཕྱིན་པ་ནི་གདགས་སུ་མེད་པའོ། །བསམ་གཏན་གྱི་ཕ་རོལ་ཏུ་ཕྱིན་པ་ནི་གདགས་སུ་མེད་པའོ། །བརྩོན་འགྲུས་ཀྱི་ཕ་རོལ་ཏུ་ཕྱིན་པ་ནི་གདགས་སུ་མེད་པའོ། །བཟོད་པའི་ཕ་རོལ་ཏུ་ཕྱིན་པ་ནི་གདགས་སུ་མེད་པའོ། །ཚུལ་ཁྲིམས་ཀྱི་ཕ་རོལ་ཏུ་ཕྱིན་པ་ནི་གདགས་སུ་མེད་པའོ། །སྦྱིན་པའི་ཕ་རོལ་ཏུ་ཕྱིན་པ་ནི⋯⋯གདགས་སུ་མེད་པའོ། །ནང་སྟོང་པ་ཉིད་ནི་གདགས་སུ་མེད་པའོ། །ཕྱི་སྟོང་པ་ཉིད་ནི་གདགས་སུ་མེད་པའོ། །ཕྱི་ནང་སྟོང་པ་ཉིད་ནི་གདགས་སུ་མེད་པའོ། །སྟོང་པ་ཉིད་སྟོང་པ་ཉིད་ནི་གདགས་སུ་མེད་པའོ། །ཆེན་པོ་སྟོང་པ་ཉིད་ནི⋯⋯

གདགས་སུ་མེད་པའོ། །དོན་དམ་པ་①སྟོང་པ་ཉིད་ནི་གདགས་སུ་མེད་པའོ། །
འདུས་བྱས་སྟོང་པ་ཉིད་ནི་གདགས་སུ་མེད་②པའོ། །འདུས་མ་བྱས་སྟོང་པ་ཉིད་
ནི་གདགས་སུ་མེད་པའོ། །མཐའ་ལས་འདས་པ་སྟོང་པ་ཉིད་ནི་གདགས་སུ་མེད་
པའོ། །ཐོག་མ་དང་ཐ་མ་མེད་པ་སྟོང་པ་ཉིད་ནི་གདགས་སུ་མེད་པའོ། །དོར་
བ་མེད་པ་སྟོང་པ་ཉིད་ནི་གདགས་སུ་མེད་པའོ། །རང་བཞིན་སྟོང་པ་ཉིད་ནི་
གདགས་སུ་མེད་པའོ། །ཆོས་ཐམས་ཅད་སྟོང་པ་ཉིད་ནི་གདགས་སུ་མེད་པའོ། །
རང་གི་མཚན་ཉིད་སྟོང་པ་ཉིད་ནི་གདགས་སུ་མེད་པའོ། །མི་དམིགས་པ་སྟོང་པ་
ཉིད་ནི་གདགས་སུ་མེད་པའོ། །དངོས་པོ་མེད་པ་སྟོང་པ་ཉིད་ནི་གདགས་སུ་མེད་
པའོ། །ངོ་བོ་ཉིད་སྟོང་པ་ཉིད་ནི་གདགས་སུ་མེད་པའོ། །དངོས་པོ་མེད་པའི་ངོ་
བོ་ཉིད་སྟོང་པ་ཉིད་ནི་གདགས་སུ་མེད་པའོ། །དྲན་པ་ཉེ་བར་གཞག་པ་རྣམས་ནི་
གདགས་སུ་མེད་པའོ། །ཡང་དག་པར་སྤོང་བ་རྣམས་ནི་གདགས་སུ་མེད་པའོ། །
རྫུ་འཕྲུལ་གྱི་རྐང་པ་རྣམས་ནི་གདགས་སུ་མེད་པའོ། །དབང་པོ་རྣམས་ནི་……
གདགས་སུ་མེད་པའོ། །སྟོབས་རྣམས་ནི་གདགས་སུ་མེད་པའོ། །བྱང་ཆུབ་ཀྱི་
ཡན་ལག་རྣམས་ནི་གདགས་སུ་མེད་པའོ། །འཕགས་པའི་ལམ་ཡན་ལག་བརྒྱད་པ་
ནི་གདགས་སུ་མེད་པའོ། །འཕགས་པའི་བདེན་པ་རྣམས་ནི་གདགས་སུ་མེད་
པའོ། །བསམ་གཏན་རྣམས་ནི་གདགས་སུ་མེད་པའོ། །ཚད་མེད་པ་རྣམས་ནི་
གདགས་སུ་མེད་པའོ། །གཟུགས་མེད་པའི་སྙོམས་པར་འཇུག་པ་རྣམས་ནི་……
གདགས་སུ་མེད་པའོ། །རྣམ་པར་ཐར་པ་བརྒྱད་ནི་གདགས་སུ་མེད་པའོ། །
མཐར་གྱིས་གནས་པའི་སྙོམས་པར་འཇུག་པ་དགུ་ནི་གདགས་སུ་མེད་པའོ། །
རྣམ་པར་ཐར་པའི་སྒོ་སྟོང་པ་ཉིད་དང་མཚན་མ་མེད་པ་དང་སྨོན་པ་མེད་པ་ནི་…
གདགས་སུ་མེད་པའོ། །མངོན་པར་ཤེས་པ་རྣམས་ནི་གདགས་སུ་མེད་པའོ། །

ཧིང་ངེ་འཛིན་རྣམས་ནི་གདགས་སུ་མེད་པའོ། །གཟུངས་ཀྱི་སྒོ་རྣམས་ནི་གདགས་སུ་མེད་པའོ། །དེ་བཞིན་གཤེགས་པའི་སྟོབས་བཅུ་ནི་གདགས་སུ་མེད་པའོ། །མི་འཇིགས་པ་བཞི་ནི་གདགས་སུ་མེད་པའོ། །སོ་སོ་ཡང་དག་པར་རིག་པ་བཞི་ནི་གདགས་སུ་མེད་པའོ། །བྱམས་པ་ཆེན་པོ་ནི་གདགས་སུ་མེད་པའོ། །སྙིང་རྗེ་ཆེན་པོ་ནི་གདགས་སུ་མེད་པའོ། །སངས་རྒྱས་ཀྱི་ཆོས་མ་འདྲེས་པ་བཅོ་བརྒྱད་ནི་གདགས་སུ་མེད་པའོ། །རྒྱུན་དུ་ཞུགས་པའི་འབྲས་བུ་ནི་གདགས་སུ་མེད་པའོ། །ལན་ཅིག་ཕྱིར་འོང་བའི་འབྲས་བུ་ནི་གདགས་སུ་མེད་པའོ། །ཕྱིར་མི་འོང་བའི་འབྲས་བུ་ནི་གདགས་སུ་མེད་པའོ། །དགྲ་བཅོམ་པ་ཉིད་ནི་གདགས་སུ་མེད་པའོ། །རང་བྱང་ཆུབ་ནི་གདགས་སུ་མེད་པའོ། །ལམ་གྱི་རྣམ་པ་ཤེས་པ་ཉིད་ནི་གདགས་སུ་མེད་པའོ། །བླ་ན་མེད་པ་ཡང་དག་པར་རྫོགས་པའི་བྱང་ཆུབ་ནི་གདགས་སུ་མེད་པའོ། །འདུས་བྱས་སམ། འདུས་མ་བྱས་སམ། ཉན་ཐོས་ཀྱི་ཆོས་སམ། རང་སངས་རྒྱས་ཀྱི་ཆོས་སམ། བྱང་ཆུབ་སེམས་དཔའི་ཆོས་སམ། སངས་རྒྱས་ཀྱི་ཆོས་ཀྱང་རུང་སྟེ། ཆོས་ཐམས་ཅད་ནི་གདགས་སུ་མེད་པའོ། །གསོལ་པ། བཅོམ་ལྡན་འདས་གལ་ཏེ་དེ་ལྟར་ཆོས་ཐམས་ཅད[༡] གདགས་སུ་མ་མཆིས་པ་ལགས་ན། བཅོམ་ལྡན་འདས་ཅིའི་སླད་དུ་སེམས་ཅན་དམྱལ་བ་མཆིས་པར་འགྱུར[༢]། དུད་འགྲོའི་སྐྱེ་གནས་མཆིས་པར་འགྱུར[༣]། གཤིན་རྗེའི་འཇིག་རྟེན་མཆིས་པར་འགྱུར[༤]། ལྷ་མཆིས་པར་འགྱུར[༥]། མི་མཆིས་པར་འགྱུར[༦]། རྒྱུན་དུ་ཞུགས་པ་མཆིས་པར་འགྱུར[༧]། ལན་ཅིག་ཕྱིར་འོང་བ་མཆིས་པར་འགྱུར[༨]། ཕྱིར་མི་འོང་བ་མཆིས་པར་འགྱུར[༩]། དགྲ་བཅོམ་པ་མཆིས་པར་འགྱུར[༡༠]། རང་སངས་རྒྱས་མཆིས་པར་འགྱུར[༡༡]། བྱང་ཆུབ་སེམས་དཔའ་མཆིས་པར་འགྱུར[༡༢]། ཡང་དག་པར་རྫོགས་པའི་སངས་རྒྱས་མཆིས་པར་འགྱུར[༡༣]། བཅོམ་ལྡན་འདས་ཀྱིས་བཀའ་

སྨྲས་པ། རབ་འབྱོར་དེ་ཇི་སྙམ་དུ་སེམས། སེམས་ཅན་དུ་གདགས་པ་དམིགས་
སུ་ཡོད་དམ། གསོལ་པ། བཅོམ་ལྡན་འདས་དེ་ནི་མ་ལགས་སོ། །བཅོམ·····
ལྡན་འདས་ཀྱིས་བཀའ་སྩལ་པ། རབ་འབྱོར་སེམས་ཅན་དམིགས་སུ་མེད་①ན།
སེམས་ཅན་དམྱལ་བར་ཡང་ཇི་ལྟར་གདགས་པར་བྱ། ཕྱུལ་སོང་གི་སྐྱེ་གནས་སུ་
ཡང་ཇི་ལྟར་གདགས་པར་བྱ། གཤིན་རྗེའི་འཇིག་རྟེན་དུ་ཡང་ཇི་ལྟར་གདགས་
པར་བྱ། ལྷར་ཡང་ཇི་ལྟར་གདགས་པར་བྱ། མིར་ཡང་ཇི་ལྟར་གདགས་པར་བྱ།
རྒྱུན་དུ་ཞུགས་པར་ཡང་ཇི་ལྟར་གདགས་པར་བྱ། ལན་ཅིག་ཕྱིར་འོང་བར་ཡང་
ཇི་ལྟར་གདགས་པར་བྱ། ཕྱིར་མི་འོང་བར་ཡང་ཇི་ལྟར་གདགས་པར་བྱ། དགྲ་
བཅོམ་པར་②ཡང་ཇི་ལྟར་གདགས་པར་བྱ། རང་སངས་རྒྱས་སུ་ཡང་ཇི་ལྟར·····
གདགས་པར་བྱ། བྱང་ཆུབ་སེམས་དཔར་③ཡང་ཇི་ལྟར་གདགས་པར་བྱ། ཡང་
དག་པར་རྫོགས་པའི་སངས་རྒྱས་སུ་ཡང་ཇི་ལྟར་གདགས་པར་བྱ། རབ་འབྱོར་དེ་
ལྟར་བྱང་ཆུབ་སེམས་དཔའ་④སེམས་དཔའ་ཆེན་པོ་⑤ཤེས་རབ་ཀྱི་ཕ་རོལ་ཏུ་ཕྱིན····
པ་ལ་སྤྱོད་པས། གདགས་སུ་མེད་པའི་ཆོས་ཐམས་ཅད་ལ་བསླབ་པར་བྱའོ། །
གསོལ་པ། བཅོམ་ལྡན་འདས་འོ་ན་བྱང་ཆུབ་སེམས་དཔའ་སེམས་དཔའ་ཆེན·····
པོ⑥༑ ཤེས་རབ་ཀྱི་ཕ་རོལ་ཏུ་ཕྱིན་པ་ལ་སྤྱོད་⑦པས། གཟུགས་ལ་བསླབ་པ་དང་།
ཚོར་བ་ལ་བསླབ་པ་དང་། འདུ་ཤེས་ལ་བསླབ་པ་དང་། འདུ་བྱེད་ལ་བསླབ་པ་
དང༑ རྣམ་པར་ཤེས་པ་ལ་བསླབ་པ་དང་། མིག་ལ་བསླབ་པ་དང་། རྣ་བ་ལ་
བསླབ་པ་དང་། སྣ་ལ་བསླབ་པ་དང་། ལྕེ་ལ་བསླབ་པ་དང་། ལུས་ལ་བསླབ་
པ་དང་། ཡིད་ལ་བསླབ་པ་དང་། གཟུགས་ལ་བསླབ་པ་དང་། སྒྲ་ལ་བསླབ་
པ་དང་། དྲི་ལ་བསླབ་པ་དང་། རོ་ལ་བསླབ་པ་དང་། རེག་ལ་བསླབ་པ་
དང༑ ཆོས་ལ་བསླབ་པ་དང་། མིག་གི་རྣམ་པར་ཤེས་པ་ལ་བསླབ་པ་དང་།

རྣ་བའི་རྣམ་པར་ཤེས་པ་ལ་བསླབ་པ་དང་། སྣའི་རྣམ་པར་ཤེས་པ་ལ་བསླབ་པ་དང་། ལྕེའི་རྣམ་པར་ཤེས་པ་ལ་བསླབ་པ་དང་། ལུས་ཀྱི་རྣམ་པར་ཤེས་པ་ལ་བསླབ་པ་དང་། ཡིད་ཀྱི་རྣམ་པར་ཤེས་པ་ལ་བསླབ་པ་དང་། མིག་གི་འདུས་ཏེ་རེག་པ་ལ་བསླབ་པ་དང་། རྣ་བའི་འདུས་ཏེ་རེག་པ་ལ་བསླབ་པ་དང་། སྣའི་འདུས་ཏེ་རེག་པ་ལ་བསླབ་པ་དང་། ལྕེའི་འདུས་ཏེ་རེག་པ་ལ་བསླབ་པ་དང་། ལུས་ཀྱི་འདུས་ཏེ་རེག་པ་ལ་བསླབ་པ་དང་། ཡིད་ཀྱི་འདུས་ཏེ་རེག་པ་ལ་བསླབ་པ་དང་། མིག་གི་འདུས་ཏེ་རེག་པའི་རྐྱེན་གྱིས་ཚོར་བ་ལ་བསླབ་པ་དང་། རྣ་བའི་འདུས་ཏེ་རེག་པའི་རྐྱེན་གྱིས་ཚོར་བ་ལ་བསླབ་པ་དང་། སྣའི་འདུས་ཏེ་རེག་པའི་རྐྱེན་གྱིས་ཚོར་བ་ལ་བསླབ་པ་དང་། ལྕེའི་འདུས་ཏེ་རེག་པའི་རྐྱེན་གྱིས་ཚོར་བ་ལ་བསླབ་པ་དང་། ལུས་ཀྱི་འདུས་ཏེ་རེག་པའི་རྐྱེན་གྱིས་ཚོར་བ་ལ་བསླབ་པ་དང་། ཡིད་ཀྱི་འདུས་ཏེ་རེག་པའི་རྐྱེན་གྱིས་ཚོར་བ་ལ་བསླབ་པ་དང་། སའི་ཁམས་ལ་བསླབ་པ་དང་། ཆུའི་ཁམས་ལ་བསླབ་པ་དང་། མེའི་ཁམས་ལ······བསླབ་པ་དང་། རླུང་གི་ཁམས་ལ་བསླབ་པ་དང་། ནམ་མཁའི་ཁམས་ལ······བསླབ་པ་དང་། རྣམ་པར་ཤེས་པའི་ཁམས་ལ་བསླབ་པ་དང་། མ་རིག་པ་ལ་བསླབ་པ་དང་། འདུ་བྱེད་ལ་བསླབ་པ་དང་། རྣམ་པར་ཤེས་པ་ལ་བསླབ་པ་དང་། མིང་དང་གཟུགས་ལ་བསླབ་པ་དང་། སྐྱེ་མཆེད་དྲུག་ལ་བསླབ་པ་དང་། རེག་པ་ལ་བསླབ་པ་དང་། ཚོར་བ་ལ་བསླབ་པ་དང་། སྲེད་པ་ལ་བསླབ་པ་དང་། ལེན་པ་ལ་བསླབ་པ་དང་། སྲིད་པ་ལ་བསླབ་པ་དང་། སྐྱེ་བ་ལ་བསླབ་པ་དང་། ཀ་ཤི་ལ་བསླབ་པ་དང་། སྦྱིན་པའི་ཕ་རོལ་ཏུ་ཕྱིན་པ་ལ་བསླབ་པ་དང་། ཚུལ་ཁྲིམས་ཀྱི་ཕ་རོལ་ཏུ་ཕྱིན་པ་ལ་བསླབ་པ་དང་། བཟོད་པའི་ཕ་རོལ་ཏུ་ཕྱིན་པ་ལ་བསླབ་པ་དང་། བརྩོན་འགྲུས་ཀྱི་ཕ་རོལ་ཏུ་ཕྱིན་པཿལ་བསླབ་པ་[7]

དང་། བསམ་གཏན་གྱི་ཕ་རོལ་ཏུ་ཕྱིན་པ་ལ་བསླབ་པ་དང་། ཤེས་རབ་ཀྱི་ཕ་
རོལ་ཏུ་ཕྱིན་པ་ལ་བསླབ་པ་དང་། ནང་སྟོང་པ་ཉིད་ལ་བསླབ་པ་དང་། ཕྱི་
སྟོང་པ་ཉིད་ལ་བསླབ་པ་དང་། ཕྱི་ནང་སྟོང་པ་ཉིད་ལ་བསླབ་པ་དང་། སྟོང་
པ་ཉིད་སྟོང་པ་ཉིད་ལ་བསླབ་པ་དང་། ཆེན་པོ་སྟོང་པ་ཉིད་ལ་བསླབ་པ་དང་།
དོན་དམ་པ་སྟོང་པ་ཉིད་ལ་བསླབ་པ་དང་། འདུས་བྱས་སྟོང་པ་ཉིད་ལ་བསླབ་པ་
དང་། འདུས་མ་བྱས་སྟོང་པ་ཉིད་ལ་(༡)བསླབ་པ་དང་། མཐའ་ལས་འདས་པ་
སྟོང་པ་ཉིད་ལ་བསླབ་པ་དང་། ཐོག་མ་དང་ཐ་མ་མེད་པ་སྟོང་པ་ཉིད་ལ་བསླབ་
པ་དང་། དོར་བ་མེད་པ་སྟོང་པ་ཉིད་ལ་བསླབ་པ་དང་། རང་བཞིན་སྟོང་པ་
ཉིད་ལ་བསླབ་པ་དང་། ཆོས་ཐམས་ཅད་སྟོང་པ་ཉིད་ལ་བསླབ་པ་དང་། རང་
གི་མཚན་ཉིད་སྟོང་པ་ཉིད་ལ་བསླབ་པ་དང་། མི་དམིགས་པ་(༢)སྟོང་པ་ཉིད་ལ་
བསླབ་པ་དང་། དངོས་པོ་མེད་པ་སྟོང་པ་ཉིད་ལ་བསླབ་པ་དང་། ངོ་བོ་ཉིད་
སྟོང་པ་ཉིད་ལ་བསླབ་པ་དང་། དངོས་པོ་མེད་པའི་ངོ་བོ་ཉིད་སྟོང་པ་ཉིད་ལ······
བསླབ་པ་དང་། དྲན་པ་ཉེ་བར་གཞག་པ་རྣམས་ལ་བསླབ་པ་དང་། ཡང་དག་
པར་སྤོང་བ་རྣམས་ལ་བསླབ་པ་དང་། རྫུ་འཕྲུལ་གྱི་རྐང་པ་རྣམས་ལ་བསླབ་པ་
དང་། དབང་པོ་རྣམས་ལ་བསླབ་པ་དང་། སྟོབས་རྣམས་ལ་བསླབ་པ་དང་།
བྱང་ཆུབ་ཀྱི་ཡན་ལག་རྣམས་ལ་བསླབ་པ་དང་། འཕགས་པའི་ལམ་ཡན་ལག······
བརྒྱད་པ་ལ་བསླབ་པ་དང་། འཕགས་པའི་བདེན་པ་རྣམས་ལ་བསླབ་པ་དང་།
བསམ་གཏན་རྣམས་ལ་བསླབ་པ་དང་། ཚད་མེད་པ་རྣམས་ལ་བསླབ་པ་དང་།
གཟུགས་མེད་པའི་སྙོམས་པར་འཇུག་པ་རྣམས་ལ་བསླབ་པ་དང་། རྣམ་པར་··
ཿཐར་པ་(༣)བརྒྱད་ལ་བསླབ་པ་(༤)དང་། མཐར་གྱིས་གནས་པའི་སྙོམས་པར་འཇུག་
པ་དགུ་ལ་བསླབ་པ་དང་། རྣམ་པར་ཐར་པའི་སྒོ་སྟོང་པ་ཉིད་དང་། མཚན་མ་

མྱེད་པ་དང་། སྨོན་པ་མྱེད་པ་ལ་བསླབ་པ་དང་། མངོན་པར་ཤེས་པ་རྣམས་ལ་བསླབ་པ་དང་། ཏིང་ངེ་འཛིན་རྣམས་ལ་བསླབ་པ་[1]དང་། གཟུངས་ཀྱི་སྒོ་རྣམས་ལ་བསླབ་པ་[2]དང་། དེ་བཞིན་གཤེགས་པའི་སྟོབས་བཅུ་ལ་བསླབ་པ་དང་། མྱི་འཇིགས་པ་བཞི་ལ་བསླབ་པ་དང་། སོ་སོ་ཡང་དག་པར་རིག་པ་བཞི་ལ་བསླབ་པ་དང་། བྱམས་པ་ཆེན་པོ་ལ་བསླབ་པ་དང་། སྙིང་རྗེ་ཆེན་པོ་ལ་བསླབ་པ་དང་། སངས་རྒྱས་ཀྱི་ཆོས་མ་འདྲེས་པ་བཅོ་བརྒྱད་ལ་བསླབ་པ་དང་། རྒྱུན་དུ་ཞུགས་པའི་འབྲས་བུ་ལ་བསླབ་པ་དང་། ལན་ཅིག་ཕྱིར་འོང་བའི་འབྲས་བུ་ལ་བསླབ་པ་དང་། ཕྱིར་མྱི་འོང་བའི་འབྲས་བུ་ལ་བསླབ་པ་དང་། དགྲ་བཅོམ་པ་ཉིད་ལ་བསླབ་པ་དང་། རང་བྱང་ཆུབ་ལ་བསླབ་པ་དང་། ལམ་གྱི་རྣམ་པ་ཤེས་པ་ཉིད་ལ་བསླབ་པ་དང་། རྣམ་པ་ཐམས་ཅད་མཁྱེན་པ་ཉིད་ལ་བསླབ་པར་མྱི་བགྱིའམ། བཅོམ་ལྡན་འདས་ཀྱིས་བཀའ་སྩལ་པ། གཟུགས་ལ་དབྱི་བ་དང་བསྣན་པ་མེད་པར་བསླབ་པར་བྱའོ། །ཚོར་བ་ལ་དབྱི་བ་དང་བསྣན་པ་མྱེད་པར་བསླབ་པར་བྱའོ། །འདུ་ཤེས་ལ་དབྱི་བ་དང་བསྣན་པ་མྱེད་པར་བསླབ་པར་བྱའོ། །འདུ་བྱེད་ལ་དབྱི་བ་དང་བསྣན་པ་མྱེད་པར་[3]བསླབ་པར་བྱའོ། །རྣམ་པར་ཤེས་པ་ལ་དབྱི་བ་དང་བསྣན་པ་མྱེད་པར་བསླབ་པར་བྱའོ། །མྱིག་ལ་དབྱི་བ་དང་བསྣན་པ་མྱེད་པར་བསླབ་པར་བྱའོ། །རྣ་བ་ལ་དབྱི་བ་དང་བསྣན་པ་མྱེད་པར་བསླབ་པར་བྱའོ། །སྣ་ལ་དབྱི་བ་དང་བསྣན་པ་མྱེད་པར་བསླབ་པར་བྱའོ། །ལྗེ་ལ་དབྱི་བ་དང་བསྣན་པ་མྱེད་པར་བསླབ་པར་བྱའོ། །ལུས་ལ་དབྱི་བ་དང་བསྣན་པ་མྱེད་པར་བསླབ་པར་བྱའོ། །ཡིད་ལ་དབྱི་བ་དང་བསྣན་པ་མྱེད་པར་བསླབ་པར་བྱའོ། །གཟུགས་ལ་དབྱི་བ་དང་བསྣན་པ་མྱེད་པར་བསླབ་པར་བྱའོ། །སྒྲ་ལ་དབྱི་བ་དང་བསྣན་པ་མྱེད་པར་བསླབ་པར་བྱའོ། །

དྲི་ལ་དབྱི་བ་དང་བསྟན་པ་མྱེད་པར་བསླབ་པར་བྱའོ། །རོ་ལ་དབྱི་བ་དང་བསྟན་པ་མྱེད་པར་བསླབ་པར་བྱའོ། །རེག་ལ་དབྱི་བ་དང་བསྟན་པ་མྱེད་པར་བསླབ······པར་བྱའོ། །ཆོས་ལ་དབྱི་བ་དང་བསྟན་པ་མྱེད་པར་བསླབ་པར་བྱའོ། །མྱིག་གི་རྣམ་པར་ཤེས་པ་ལ་དབྱི་བ་དང་བསྟན་པ་མྱེད་པར་བསླབ་པར་བྱའོ། །རྣ་བའི་རྣམ་པར་ཤེས་པ་ལ་དབྱི་བ་དང་བསྟན་པ་མྱེད་པར་བསླབ་པར་བྱའོ། །སྣའི་རྣམ་པར་ཤེས་པ་ལ་དབྱི་བ་དང་བསྟན་པ་མྱེད་པར་བསླབ་པར་བྱའོ། །ལྗེའི་རྣམ་པར་ཤེས་པ་ལ་དབྱི་བ་དང་བསྟན་པ་མྱེད་པར་བསླབ་པར་བྱའོ། །ལུས་ཀྱི་རྣམ་པར་ཤེས་པ་ལ་དབྱི་བ་དང་བསྟན་པ་མྱེད་པར་བསླབ་པར་བྱའོ། །ཡིད་ཀྱི་རྣམ་པར་ཤེས་པ་ལ་དབྱི་བ་དང་བསྟན་པ་མྱེད་པར་བསླབ་པར་བྱའོ། །མྱིག་གི་འདུས་ཏེ་རེག་པ་ལ་དབྱི་བ་དང་བསྟན་པ་མེད་པར་བསླབ་པར་བྱའོ། །རྣ་བའི་འདུས་ཏེ་རེག་པ་ལ་དབྱི་བ་དང་བསྟན་པ་མྱེད་པར་བསླབ་པར་བྱའོ། །སྣའི་འདུས་ཏེ་རེག་པ་ལ་དབྱི་བ་དང་བསྟན་པ་མྱེད་པར་བསླབ་པར་བྱའོ། །ལྗེའི་འདུས་ཏེ་རེག་པ་ལ་དབྱི་བ་དང་བསྟན་པ་མྱེད་པར་བསླབ་པར་བྱའོ། །ལུས་ཀྱི་འདུས་ཏེ་རེག་པ་ལ་དབྱི་བ་དང་བསྟན་པ་མྱེད་པར་བསླབ་པར་བྱའོ། །ཡིད་ཀྱི་འདུས་ཏེ་རེག་པ་ལ་དབྱི་བ་དང་བསྟན་པ་མྱེད་པར་བསླབ་པར་བྱའོ། །མྱིག་གི་འདུས་ཏེ་རེག་པའི་རྐྱེན་གྱིས་ཚོར་བ་ལ་དབྱི་བ་དང་བསྟན་པ་མྱེད་པར་བསླབ་པར་བྱའོ། །རྣ་བའི་འདུས་ཏེ་རེག་པའི་རྐྱེན་གྱིས་ཚོར་བ་ལ་དབྱི་བ་དང་བསྟན་པ་མྱེད་པར་བསླབ་པར་བྱའོ། །སྣའི་འདུས་ཏེ་རེག་པའི་རྐྱེན་གྱིས་ཚོར་བ་ལ་དབྱི་བ་དང་བསྟན་པ་མེད་པར་བསླབ་པར་བྱའོ། །ལྗེའི་འདུས་ཏེ་རེག་པའི་རྐྱེན་གྱིས་ཚོར་བ་ལ་དབྱི་བ་དང་བསྟན་པ་མེད་པར་བསླབ་པར་བྱའོ། །ལུས་ཀྱི་འདུས་ཏེ་རེག་པའི་རྐྱེན་གྱིས་ཚོར་བ་ལ་དབྱི་བ་དང་བསྟན་པ་མྱེད་པར་བསླབ་པར་བྱའོ། །ཡིད་ཀྱི་འདུས་ཏེ་རེག་

པའི་རྐྱེན་གྱིས་ཚོར་བ་ལ་དབྱེ་བ་དང་བསྟན་པ་མེད་པར་བསླབ་པར་བྱའོ། །སའི་ཁམས་ལ་དབྱེ་བ་དང་བསྟན་པ་མེད་པར་བསླབ་པར་བྱའོ། །ཆུའི་ཁམས་ལ་དབྱེ་བ་དང་བསྟན་པ་མེད་པར་བསླབ་པར་བྱའོ། །མེའི་ཁམས་ལ་དབྱེ་བ་དང་བསྟན་པ་མེད་པར་བསླབ་པར་བྱའོ། །རླུང་གི་ཁམས་ལ་དབྱེ་བ་དང་བསྟན་པ་མེད་པར་བསླབ་པར་བྱའོ། །ནམ་མཁའི་ཁམས་ལ་དབྱེ་བ་དང་བསྟན་པ་[1]མེད་པར་བསླབ་པར་བྱའོ། །རྣམ་པར་ཤེས་པའི་ཁམས་ལ་དབྱེ་བ་དང་བསྟན་པ་མེད་པར་བསླབ་པར་བྱའོ། །མ་རིག་པ་ལ་དབྱེ་བ་དང་བསྟན་པ་མེད་པར་བསླབ་པར་བྱའོ། །འདུ་བྱེད་ལ་དབྱེ་བ་དང་བསྟན་པ་མེད་པར་བསླབ་པར་བྱའོ། །རྣམ་པར་ཤེས་པ་ལ་དབྱེ་བ་དང་བསྟན་པ་མེད་པར་བསླབ་པར་བྱའོ། །མིང་དང་གཟུགས་ལ་དབྱེ་བ་དང་བསྟན་པ་མེད་པར་བསླབ་པར་བྱའོ། །སྐྱེ་མཆེད་དྲུག་ལ་དབྱེ་བ་དང་······བསྟན་པ་མེད་པར་བསླབ་པར་བྱའོ། །རེག་པ་ལ་དབྱེ་བ་དང་བསྟན་པ་མེད་པར་བསླབ་པར་བྱའོ། །ཚོར་བ་ལ་དབྱེ་བ་དང་བསྟན་པ་མེད་པར་བསླབ་པར་བྱའོ། །སྲིད་[2]པ་ལ་དབྱེ་བ་དང་བསྟན་པ་མེད་པར་བསླབ་པར་བྱའོ། །ལེན་པ་ལ་དབྱེ་བ་དང་བསྟན་པ་མེད་པར་བསླབ་པར་བྱའོ། །སྲིད་པ་ལ་དབྱེ་བ་དང་བསྟན་པ་མེད་པར་བསླབ་པར་བྱའོ། །སྐྱེ་བ་ལ་དབྱེ་བ་དང་བསྟན་པ་མེད་པར་བསླབ་པར་བྱའོ།། རྒ་ཤི་ལ་དབྱེ་བ་དང་བསྟན་པ་མེད་པར་བསླབ་པར་བྱའོ། །སྦྱིན་པའི་ཕ་རོལ་ཏུ་ཕྱིན་པ་ལ་དབྱེ་བ་དང་བསྟན་པ་མེད་པར་བསླབ་པར་བྱའོ། །ཚུལ་ཁྲིམས་ཀྱི་ཕ་རོལ་ཏུ་ཕྱིན་པ་ལ་དབྱེ་བ་དང་བསྟན་པ་མེད་པར་བསླབ་པར་བྱའོ། །བཟོད་པའི་ཕ་རོལ་ཏུ་ཕྱིན་པ་ལ་དབྱེ་བ་དང་བསྟན་པ་མེད་པར་བསླབ་པར་བྱའོ། །བརྩོན་འགྲུས་ཀྱི་ཕ་རོལ་ཏུ་ཕྱིན་པ་ལ་དབྱེ་བ་དང་བསྟན་པ་མེད་པར་བསླབ་པར་བྱའོ། །བསམ་གཏན་གྱི་ཕ་རོལ་ཏུ་ཕྱིན་པ་ལ་དབྱེ་བ་དང་བསྟན་པ་མེད་པར་བསླབ་པར······

བྱའོ༔ །ཤེས་རབ་ཀྱི་ཕ་རོལ་ཏུ་ཕྱིན་པ་ལ་དབྱི་བ་དང་བསྣན་པ་མེད་པར་བསླབ་པར་བྱའོ། །ནང་སྟོང་པ་ཉིད་ལ་དབྱི་བ་དང་བསྣན་པ་མེད་པར་བསླབ་པར་བྱའོ།། ཕྱི་སྟོང་པ་ཉིད་ལ་དབྱི་བ་དང་བསྣན་པ་མེད་པར་བསླབ་པར་བྱའོ། །ཕྱི་ནང་སྟོང་པ་ཉིད་ལ་དབྱི་བ་དང་བསྣན་པ་མེད་པར་བསླབ་པར་བྱའོ། །སྟོང་པ་ཉིད་སྟོང་པ་ཉིད་ལ་དབྱི་བ་དང་བསྣན་པ་མེད་པར་བསླབ་པར་བྱའོ། །ཆེན་པོ་སྟོང་པ་ཉིད་ལ་དབྱི་བ་དང་བསྣན་པ་མེད་པར་བསླབ་པར་བྱའོ། །དོན་དམ་པ་སྟོང་པ་ཉིད་ལ་དབྱི་བ་དང་བསྣན་པ་མེད་པར་བསླབ་པར་བྱའོ། །འདུས་བྱས་སྟོང་པ་ཉིད་ལ་དབྱི་བ་དང་བསྣན་པ་མེད་པར་བསླབ་པར་བྱའོ། །འདུས་མ་བྱས་སྟོང་པ་ཉིད་ལ་དབྱི་བ་དང་བསྣན་པ་མེད་པར་བསླབ་པར་བྱའོ། །མཐའ་ལས་འདས་པ་སྟོང་པ་ཉིད་ལ་དབྱི་བ་དང་བསྣན་པ་མེད་པར་བསླབ་པར་བྱའོ། །ཐོག་མ་དང་ཐ་མ་མེད་པ་སྟོང་པ་ཉིད་ལ་དབྱི་བ་དང་བསྣན་པ་མེད་པར་བསླབ་པར་བྱའོ། །དོར་བ་མེད་[1]པ་སྟོང་པ་ཉིད་ལ་དབྱི་བ་དང་བསྣན་པ་མེད་པར་བསླབ་པར་བྱའོ། །རང་བཞིན་སྟོང་པ་ཉིད་ལ་དབྱི་བ་དང་བསྣན་པ་མེད་པར་བསླབ་པར་བྱའོ། །ཆོས་ཐམས་ཅད་སྟོང་པ་ཉིད་ལ་དབྱི་བ་དང་བསྣན་པ་མེད་པར་བསླབ་པར་བྱའོ། །རང་གི་མཚན་ཉིད་སྟོང་པ་ཉིད་ལ་དབྱི་བ་དང་བསྣན་པ་མེད་པར་བསླབ་པར་བྱའོ། །མི་དམིགས་པ་སྟོང་པ་ཉིད་ལ་དབྱི་བ་དང་བསྣན་པ་མེད་པར་བསླབ་པར་བྱའོ། །དངོས་པོ་མེད་པ་སྟོང་པ་ཉིད་ལ་དབྱི་བ་དང་བསྣན་པ་མེད་པར་བསླབ་པར་བྱའོ། །ངོ་བོ་ཉིད་སྟོང་པ་ཉིད་ལ་དབྱི་བ་དང་བསྣན་པ་མེད་པར་བསླབ་པར་བྱའོ། །དངོས་པོ་མེད་པའི་ངོ་བོ་ཉིད་སྟོང་པ་ཉིད་ལ་དབྱི་བ་དང་བསྣན་པ་མེད་པར······བསླབ་པར་བྱའོ། །དྲན་པ་ཉེ་བར་གཞག་པ་རྣམས་ལ་དབྱི་བ་དང་བསྣན་པ་མེད་པར་བསླབ་པར་བྱའོ། །ཡང་དག་པར་སྤོང་བ་རྣམས་ལ་དབྱི་བ་དང་བསྣན་པ་

མྱེད་པར་བསླབ་པར་བྱའོ། །རྫུ་འཕྲུལ་གྱི་རྐང་པ་རྣམས་ལ་དབྱི་བ་དང་བསྣན་པ་མྱེད་པར་བསླབ་པར་བྱའོ། །དབང་པོ་རྣམས་ལ་དབྱི་བ་དང་བསྣན་པ་མྱེད་པར་བསླབ་པར་བྱའོ། །སྟོབས་རྣམས་ལ་དབྱི་བ་དང་བསྣན་པ་མྱེད་པར་བསླབ་པར་བྱའོ། །བྱང་ཆུབ་ཀྱི་ཡན་ལག་རྣམས་ལ་དབྱི་བ་དང་བསྣན་པ་མྱེད་པར་བསླབ་པར་བྱའོ། །འཕགས་པའི་ལམ་ཡན་ལག་བརྒྱད་[༡]པ་ལ་དབྱི་བ་དང་བསྣན་པ·····མྱེད་པར་བསླབ་པར་བྱའོ། །འཕགས་པའི་བདེན་པ་རྣམས་ལ་དབྱི་བ་དང་བསྣན་པ་མྱེད་པར་བསླབ་པར་བྱའོ། །བསམ་གཏན་རྣམས་ལ་དབྱི་བ་དང་བསྣན་པ·····མྱེད་པར་བསླབ་པར་བྱའོ། །ཚད་མྱེད་པ་རྣམས་ལ་དབྱི་བ་དང་བསྣན་པ་མྱེད·····པར་བསླབ་པར་བྱའོ། །གཟུགས་མྱེད་[༣]པའི་སྙོམས་པར་འཇུག་པ་རྣམས་ལ་དབྱི་བ་དང་བསྣན་པ་མྱེད་པར་བསླབ་པར་བྱའོ། །རྣམ་པར་ཐར་པ་བརྒྱད་ལ་དབྱི་བ་དང་བསྣན་པ་མྱེད་པར་བསླབ་པར་བྱའོ། །མཐར་གྱིས་གནས་པའི་སྙོམས་པར་འཇུག་པ་དགུ་ལ་དབྱི་བ་དང་བསྣན་པ་མྱེད་པར་བསླབ་པར་བྱའོ། །སྟོང་པ་ཉིད་ལ་དབྱི་བ་དང་བསྣན་པ་མྱེད་པར་བསླབ་པར་བྱའོ། །མཚན་མ་མྱེད་པ་ལ་དབྱི་བ་དང་བསྣན་པ་མྱེད་པར་བསླབ་པར་བྱའོ། །སྨོན་པ་མྱེད་པ་ལ་དབྱི་བ་དང་བསྣན་པ་མྱེད་པར་བསླབ་པར་བྱའོ། །མངོན་པར་ཤེས་པ་རྣམས་ལ་དབྱི་བ་དང་བསྣན་པ་མྱེད་པར་བསླབ་པར་བྱའོ། །ཏིང་ངེ་འཛིན་རྣམས་ལ་དབྱི་བ་དང་བསྣན་པ་མྱེད་པར་བསླབ་པར་བྱའོ། །གཟུངས་ཀྱི་སྒོ་རྣམས་ལ་དབྱི་བ་དང་བསྣན་པ་མྱེད་པར་བསླབ་པར་བྱའོ། །དེ་བཞིན་གཤེགས་པའི་སྟོབས་བཅུ་ལ་དབྱི་བ་དང་བསྣན་པ་མྱེད་པར་བསླབ་པར་བྱའོ། །མྱི་འཇིགས་པ་བཞི་ལ་དབྱི་བ་དང་བསྣན་པ་མྱེད་པར་བསླབ་པར་བྱའོ། །སོ་སོ་ཡང་དག་པར་རིག་པ་བཞི་ལ་དབྱི་བ་དང་བསྣན་པ་མྱེད་པར་བསླབ་པར་བྱའོ། །བྱམས་པ་ཆེན་པོ་ལ་དབྱི་བ་དང་བསྣན་པ་མྱེད་པར་

བསླབ་པར་བྱའོ། །སྙིང་རྗེ་ཆེན་པོ་ལ་དབྲི་བ་དང་བསྣན་པ་མེད་པར་བསླབ་པར་བྱའོ། །སངས་རྒྱས་ཀྱི་ཆོས་མ་འདྲེས་པ་བཅོ་བརྒྱད་ལ་དབྲི་བ་དང་བསྣན་པ་མེད་པར་བསླབ་པར་བྱའོ། །རྒྱུན་དུ་ཞུགས་པའི་འབྲས་བུ་ལ་དབྲི་བ་དང་བསྣན་པ······མེད་པར་བསླབ་པར་བྱའོ། །ལན་ཅིག་ཕྱིར་འོང་བའི་འབྲས་བུ་ལ་དབྲི་བ་དང······བསྣན་པ་མེད་པར་བསླབ་པར་བྱའོ། །ཕྱིར་མི་འོང་བའི་འབྲས་བུ་ལ་དབྲི་བ་དང་བསྣན་པ་མེད་པར་བསླབ་པར་བྱའོ། །དགྲ་བཅོམ་པ་ཉིད་ལ་དབྲི་བ་དང་བསྣན་པ་མེད་པར་བསླབ་པར་བྱའོ། །རང་བྱང་ཆུབ་ལ་དབྲི་བ་དང་བསྣན་པ་མེད་པར་བསླབ་པར་བྱའོ། །ལམ་གྱི་རྣམ་པ་[2]ཤེས་པ་ཉིད་ལ་དབྲི་བ་དང་བསྣན་པ་མེད་པར་བསླབ་པར་བྱའོ། །རྣམ་པ་ཐམས་ཅད་མཁྱེན་པ་ཉིད་ལ་དབྲི་བ་དང་བསྣན་པ་མེད་པར་བསླབ་པར་བྱའོ། །གསོལ་པ། བཅོམ་ལྡན་འདས་ཇི་ལྟར་གཟུགས་ལ་དབྲི་བ་དང་བསྣན་པ་མ་མཆིས་པར་བསླབ་པར་བགྱི། ཇི་ལྟར་ཚོར་བ་ལ་དབྲི་བ་དང་བསྣན་པ་མ་མཆིས་པར་བསླབ་པར་བགྱི། ཇི་ལྟར་འདུ་ཤེས་ལ་དབྲི་བ······དང་བསྣན་པ་མ་མཆིས་པར་བསླབ་པར་བགྱི། ཇི་ལྟར་འདུ་བྱེད་ལ་དབྲི་བ་དང་བསྣན་པ་མ་མཆིས་པར་བསླབ་པར་བགྱི། ཇི་ལྟར་རྣམ་པར་ཤེས་པ་ལ་དབྲི་བ་དང་བསྣན་པ་མ་མཆིས་པར་བསླབ་པར་བགྱི། ཇི་ལྟར་མིག་ལ་དབྲི་བ་དང······བསྣན་པ་མ་མཆིས་པར་བསླབ་པར་བགྱི། ཇི་ལྟར་[3]རྣ་བ་ལ་དབྲི་བ་དང་བསྣན་པ་མ་མཆིས་པར་བསླབ་པར་བགྱི། ཇི་ལྟར་སྣ་ལ་དབྲི་བ་དང་བསྣན་པ་མ་མཆིས་པར་བསླབ་པར་བགྱི། ཇི་ལྟར་ལྕེ་ལ་དབྲི་བ་དང་བསྣན་པ་མ་མཆིས་པར་བསླབ་པར་བགྱི། ཇི་ལྟར་ལུས་ལ་དབྲི་བ་དང་བསྣན་པ་མ་མཆིས་པར་བསླབ་པར་བགྱི། ཇི་ལྟར་ཡིད་ལ་དབྲི་བ་དང་བསྣན་པ་མ་མཆིས་པར་བསླབ་པར་བགྱི། ཇི་ལྟར······གཟུགས་ལ་དབྲི་བ་དང་བསྣན་པ་མ་མཆིས་པར་བསླབ་པར་བགྱི། ཇི་ལྟར་སྒྲ་ལ་

དབྱེ་བ་དང་བསྟན་པ་མ་མཆིས་པར་བསླབ་པར་བགྱི། ཇི་ལྟར་དྲི་ལ་དབྱེ་བ་དང་བསྟན་པ་མ་མཆིས་པར་བསླབ་པར་བགྱི། ཇི་ལྟར་རོ་ལ་དབྱེ་བ་དང་བསྟན་པ་མ་མཆིས་པར་བསླབ་པར་བགྱི། ཇི་ལྟར་རེག་[1]ལ་དབྱེ་བ་དང་བསྟན་པ་མ་མཆིས་པར་བསླབ་པར་བགྱི། ཇི་ལྟར་ཆོས་ལ་དབྱེ་བ་དང་བསྟན་པ་མ་མཆིས་པར་བསླབ་པར་བགྱི། ཇི་ལྟར་མིག་གི་རྣམ་པར་ཤེས་པ་ལ་དབྱེ་བ་དང་བསྟན་པ་མ་མཆིས་པར་བསླབ་པར་བགྱི། ཇི་ལྟར་རྣ་བའི་རྣམ་པར་ཤེས་པ་ལ་དབྱེ་བ་དང་བསྟན་པ་མ་མཆིས་པར་བསླབ་པར་བགྱི། ཇི་ལྟར་སྣའི་རྣམ་པར་ཤེས་པ་ལ་དབྱེ་བ་དང་བསྟན་པ་མ་མཆིས་པར་བསླབ་པར་བགྱི། ཇི་ལྟར་ལྗེའི་རྣམ་པར་ཤེས་པ་ལ་དབྱེ་བ་དང་བསྟན་པ་མ་མཆིས་པར་བསླབ་པར་བགྱི། ཇི་ལྟར་ལུས་ཀྱི་[2]རྣམ་པར་ཤེས་པ་ལ་དབྱེ་བ་དང་བསྟན་[3]པ་མ་མཆིས་པར་བསླབ་པར་བགྱི། ཇི་ལྟར་ཡིད་ཀྱི་[4]རྣམ་པར་ཤེས་པ་ལ་དབྱེ་བ་དང་བསྟན་པ་མ་མཆིས་པར་བསླབ་པར་བགྱི། ཇི་ལྟར་མིག་གི་འདུས་ཏེ་རེག་པ་ལ་དབྱེ་བ་དང་བསྟན་པ་མ་མཆིས་པར་བསླབ་པར་བགྱི། ཇི་ལྟར་རྣ་བའི་འདུས་ཏེ་རེག་པ་ལ་དབྱེ་བ་དང་བསྟན་པ་མ་མཆིས་པར་བསླབ་པར་བགྱི། ཇི་ལྟར་སྣའི་འདུས་ཏེ་རེག་པ་ལ་དབྱེ་བ་དང་བསྟན་པ་མ་མཆིས་པར་བསླབ་པར་བགྱི། ཇི་ལྟར་ལྗེའི་འདུས་ཏེ་རེག་པ་ལ་དབྱེ་བ་དང་བསྟན་པ་མ་མཆིས་པར་བསླབ་པར་བགྱི། ཇི་ལྟར་ལུས་ཀྱི་འདུས་ཏེ་རེག་པ་ལ་དབྱེ་བ་དང་བསྟན་པ་མ་མཆིས་པར་བསླབ་པར་བགྱི། ཇི་ལྟར་ཡིད་ཀྱི་འདུས་ཏེ་རེག་པ་ལ་དབྱེ་བ་དང་བསྟན་པ་མ་མཆིས་པར་བསླབ་པར་བགྱི། ཇི་ལྟར་མིག་གི་འདུས་ཏེ་རེག་པའི་རྐྱེན་གྱིས་ཚོར་བ་ལ་དབྱེ་བ་དང་བསྟན་པ་མ་མཆིས་པར་བསླབ་པར་བགྱི། ཇི་ལྟར་རྣ་བའི་འདུས་ཏེ་རེག་པའི་རྐྱེན་གྱིས་ཚོར་བ་ལ་དབྱེ་བ་དང་བསྟན་པ་མ་མཆིས་པར་བསླབ་པར་བགྱི། ཇི་ལྟར་སྣའི་འདུས་ཏེ་རེག་པའི་རྐྱེན་

ཀྱིས་ཚོར་བ་ལ་དབྱེ་བ་དང་བསྟན་པ་མ་མཆིས་པར་བསླབ་པར་བགྱི། དེ་ལྟར་ལྕེའི་འདུས་ཏེ་རེག་པའི་རྐྱེན་གྱིས་ཚོར་བ་ལ་དབྱེ་བ་དང་བསྟན་པ་མ་མཆིས་པར་བསླབ་པར་བགྱི། དེ་ལྟར་ལུས་ཀྱི་འདུས་ཏེ་རེག་པའི་རྐྱེན་གྱིས་ཚོར་བ་ལ་དབྱེ་བ་དང་བསྟན་པ་མ་མཆིས་པར་བསླབ་པར་བགྱི། དེ་ལྟར་ཡིད་ཀྱི་འདུས་ཏེ་རེག་པའི་རྐྱེན་གྱིས་ཚོར་བ་ལ་དབྱེ་བ་དང་བསྟན་པ་མ་མཆིས་པར་བསླབ་པར་བགྱི། དེ་ལྟར་སའི་ཁམས་ལ་དབྱེ་བ་དང་བསྟན་པ་མ་མཆིས་པར་བསླབ་པར་བགྱི། དེ་ལྟར་ཆུའི་ཁམས་ལ་དབྱེ་བ་དང་བསྟན་པ་མ་མཆིས་པར་བསླབ་པར་བགྱི། དེ་ལྟར་མེའི་ཁམས་ལ་དབྱེ་བ་དང་བསྟན་པ་མ་མཆིས་པར་བསླབ་པར་བགྱི། དེ་ལྟར་རླུང་གི་ཁམས་ལ་དབྱེ་བ་དང་བསྟན་པ་མ་མཆིས་པར་བསླབ་པར་བགྱི། དེ་ལྟར་ནམ་མཁའི་ཁམས་ལ་དབྱེ་བ་དང་བསྟན་པ་མ་མཆིས་པར་བསླབ་པར་བགྱི། དེ་ལྟར་རྣམ་པར་ཤེས་པའི་ཁམས་ལ་དབྱེ་བ་དང་བསྟན་པ་མ་མཆིས་པར་བསླབ་པར་བགྱི། དེ་ལྟར་མ་རིག་པ་ལ་དབྱེ་བ་དང་བསྟན་པ་མ་མཆིས་པར་བསླབ་པར་བགྱི། དེ་ལྟར་འདུ་བྱེད་ལ་དབྱེ་བ་དང་བསྟན་པ་མ་མཆིས་པར་བསླབ་པར་བགྱི། དེ་ལྟར་རྣམ་པར་ཤེས་པ་ལ་དབྱེ་བ་དང་བསྟན་པ་མ་མཆིས་པར་བསླབ་པར་བགྱི། དེ་ལྟར་མིང་དང་གཟུགས་ལ་དབྱེ་བ་དང་བསྟན་པ་མ་མཆིས་པར་བསླབ་པར་བགྱི། དེ་ལྟར་སྐྱེ་མཆེད་དྲུག་ལ་དབྱེ་བ་དང་བསྟན་པ་མ་མཆིས་པར་བསླབ་པར་བགྱི། དེ་ལྟར་རེག་པ་ལ་དབྱེ་བ་དང་བསྟན་པ་མ་མཆིས་པར་བསླབ་པར་བགྱི། དེ་ལྟར་ཚོར་བ་ལ་དབྱེ་བ་དང་བསྟན་པ་མ་མཆིས་པར་བསླབ་པར་བགྱི། དེ་ལྟར་སྲེད་པ་ལ་དབྱེ་བ་དང་བསྟན་པ་མ་[2]མཆིས་པར་བསླབ་པར་བགྱི། དེ་ལྟར་ལེན་པ་ལ་དབྱེ་བ་དང་བསྟན་པ་མ་མཆིས་པར་བསླབ་པར་བགྱི[3]། དེ་ལྟར་སྲིད་པ་ལ་དབྱེ་བ་དང་བསྟན་པ་མ་མཆིས་པར་བསླབ་པར་བགྱི། དེ་ལྟར་སྐྱེ་བ་ལ་དབྱེ་བ་དང་

བསྟན་པ་མ་མཆིས་པར་བསླབ་པར་བགྱི། དེ་ལྟར་ཀ་ཤེ་ལ་དབྱེ་བ་དང་བསྟན་པ་མ་མཆིས་པར་བསླབ་པར་བགྱི། དེ་ལྟར་སྦྱིན་པའི་ཕ་རོལ་ཏུ་ཕྱིན་པ་ལ་དབྱེ་བ་དང་བསྟན་པ་མ་མཆིས་པར་བསླབ་པར་བགྱི། དེ་ལྟར་ཚུལ་ཁྲིམས་ཀྱི་ཕ་རོལ་ཏུ་ཕྱིན་པ་ལ་དབྱེ་བ་དང་བསྟན་པ་མ་མཆིས་པར་བསླབ་པར་བགྱི། དེ་ལྟར་བཟོད་པའི་ཕ་རོལ་ཏུ་ཕྱིན་པ་ལ་དབྱེ་བ་དང་བསྟན་པ་མ་མཆིས་པར་བསླབ་པར་བགྱི། དེ་ལྟར་བརྩོན་འགྲུས་ཀྱི་ཕ་རོལ་ཏུ་ཕྱིན་པ་ལ་དབྱེ་བ་དང་བསྟན་པ་མ་མཆིས་པར་བསླབ་པར་བགྱི། དེ་ལྟར་བསམ་གཏན་གྱི་ཕ་རོལ་ཏུ་ཕྱིན་པ་ལ་དབྱེ་བ་དང་བསྟན་པ་མ་མཆིས་པར་བསླབ་པར་བགྱི། དེ་ལྟར་ཤེས་རབ་ཀྱི་ཕ་རོལ་ཏུ་ཕྱིན་པ་ལ་དབྱེ་བ་དང་བསྟན་པ་མ་མཆིས་པར་བསླབ་པར་བགྱི། དེ་ལྟར་ནང་སྟོང་པ་ཉིད་ལ་དབྱེ་བ་དང་བསྟན་པ་མ་མཆིས་པར་བསླབ་པར་བགྱི། དེ་ལྟར་ཕྱི་སྟོང་པ་ཉིད་ལ་དབྱེ་བ་དང་བསྟན་པ་མ་མཆིས་པར་བསླབ་པར་བགྱི། དེ་ལྟར་ཕྱི་ནང་སྟོང་པ་ཉིད་ལ་དབྱེ་བ་དང་བསྟན་པ་མ་མཆིས་པར་བསླབ་པར་བགྱི། དེ་ལྟར་སྟོང་པ་ཉིད་སྟོང་པ་ཉིད་ལ་དབྱེ་བ་དང་བསྟན་པ་མ་མཆིས་པར་བསླབ་པར་བགྱི། དེ་ལྟར་ཆེན་པོ་སྟོང་པ་ཉིད་ལ་དབྱེ་བ་དང་བསྟན་པ་མ་མཆིས་པར་བསླབ་པར་བགྱི། དེ་ལྟར་དོན་དམ་པ་སྟོང་པ་ཉིད་ལ་དབྱེ་བ་དང་བསྟན་པ་མ་མཆིས་པར་བསླབ་པར་བགྱི། དེ་ལྟར་འདུས་བྱས་སྟོང་པ་ཉིད་ལ་དབྱེ་བ་དང་བསྟན་པ་མ་མཆིས་པར་བསླབ་པར་བགྱི། དེ་ལྟར་འདུས་མ་བྱས་སྟོང་པ་ཉིད་ལ་དབྱེ་བ་དང་བསྟན་པ་མ་མཆིས་པར་བསླབ་པར་བགྱི། དེ་ལྟར་མཐའ་ལས་འདས་པ་སྟོང་པ་ཉིད་ལ་དབྱེ་བ་དང་བསྟན་པ་མ་མཆིས་པར་བསླབ་པར་བགྱི། དེ་ལྟར་ཐོག་མ་དང་ཐ་མ་མེད་པ་སྟོང་པ་ཉིད་ལ་དབྱེ་བ་དང་བསྟན་པ་མ་མཆིས་པར་བསླབ་པར་བགྱི། དེ་ལྟར་དོར་བ་མེད་པ་སྟོང་པ་ཉིད་ལ་དབྱེ་བ་དང་བསྟན་པ་མ་མཆིས་པར་

བསླབ་པར་བགྱི། དེ་ལྟར་རང་བཞིན་སྟོང་པ་ཉིད་ལ་དབྱེ་བ་དང་བསྟན་པ་མ·····
མཆིས་པར་བསླབ་པར་བགྱི། དེ་ལྟར་ཆོས་ཐམས་ཅད་སྟོང་པ་ཉིད་ལ་དབྱེ་བ·····
དང་བསྟན་པ་མ་མཆིས་པར་བསླབ་པར་བགྱི། དེ་ལྟར་རང་གི་མཚན་ཉིད་སྟོང་
པ་ཉིད་ལ་དབྱེ་བ་དང་བསྟན་པ་མ་མཆིས་པར་བསླབ་པར་བགྱི། དེ་ལྟར་མི·····
དམིགས་པ་སྟོང་པ་ཉིད་ལ་དབྱེ་བ་དང་བསྟན་པ་མ་མཆིས་པར་བསླབ་པར་བགྱི།
དེ་ལྟར་དངོས་པོ་མེད་པ་སྟོང་པ་ཉིད་ལ་དབྱེ་བ་དང་བསྟན་པ་མ་མཆིས་པར·····
བསླབ་པར་བགྱི། དེ་ལྟར་ངོ་བོ་ཉིད་སྟོང་པ་ཉིད་ལ་དབྱེ་བ་དང་བསྟན་པ་མ·····
མཆིས་པར་བསླབ་པར་བགྱི། དེ་ལྟར་དངོས་པོ་མེད་པའི་ངོ་བོ་ཉིད་སྟོང་པ་ཉིད་
ལ་དབྱེ་བ་དང་བསྟན་པ་མ་མཆིས་པར་བསླབ་པར་བགྱི། དེ་ལྟར་དྲན་པ་ཉེ་བར་
གཞག་པ་རྣམས་ལ་དབྱེ་བ་དང་བསྟན་པ་མ་མཆིས་པར་བསླབ་པར་བགྱི། དེ·····
ལྟར་ཡང་དག་པར་སྤོང་བ་རྣམས་ལ་དབྱེ་བ་དང་བསྟན་པ་མ་མཆིས་པར་བསླབ·····
པར་བགྱི། དེ་ལྟར་རྫུ་འཕྲུལ་གྱི་རྐང་པ་རྣམས་ལ་དབྱེ་བ་དང་བསྟན་པ་མ་མཆིས་
པར་བསླབ་པར་བགྱི། དེ་ལྟར་དབང་པོ་རྣམས་ལ་དབྱེ་བ་དང་བསྟན་པ་མ·····
མཆིས་པར་བསླབ་པར་བགྱི། དེ་ལྟར་སྟོབས་རྣམས་ལ་དབྱེ་བ་དང་བསྟན་པ་མ་
མཆིས་པར་བསླབ་པར་བགྱི། དེ་ལྟར་བྱང་ཆུབ་ཀྱི་ཡན་ལག་རྣམས་ལ་དབྱེ་བ·····
དང་བསྟན་པ་མ་མཆིས་པར་བསླབ་པར་བགྱི། དེ་ལྟར་འཕགས་པའི་ལམ་ཡན་
ལག་བརྒྱད་པ་ལ་དབྱེ་བ་དང་བསྟན་པ་མ་མཆིས་པར་བསླབ་པར་བགྱི། དེ་ལྟར་
འཕགས་པའི་བདེན་པ་རྣམས་ལ་དབྱེ་བ་དང་བསྟན་པ་མ་མཆིས་པར་བསླབ་པར···
བགྱི། དེ་ལྟར་བསམ་གཏན་རྣམས་ལ་དབྱེ་བ་དང་བསྟན་པ་མ་མཆིས་པར་བསླབ་
པར་བགྱི། དེ་ལྟར་ཚད་མེད་པ་རྣམས་ལ་དབྱེ་བ་དང་བསྟན་པ་མ་མཆིས་པར·····
བསླབ་པར་བགྱི། དེ་ལྟར་གཟུགས་མེད་པའི་སྙོམས་པར་འཇུག་པ་རྣམས་ལ་དབྱེ་

པ་དང་བསྟན་པ་མ་མཆིས་པར་བསླབ་པར་བགྱི། ཇི་ལྟར་རྣམ་པར་ཐར་པ་······
བརྒྱད་ལ་དབྱེ་བ་དང་བསྟན་པ་མ་མཆིས་པར་བསླབ་པར་བགྱི། ཇི་ལྟར་མཐར་
གྱིས་གནས་པའི་སྙོམས་པར་འཇུག་པ་དགུ་ལ་དབྱེ་བ་དང་བསྟན་པ་མ་མཆིས་པར་
བསླབ་པར་བགྱི། ཇི་ལྟར་རྣམ་པར་ཐར་པའི་སྒོ་སྟོང་པ་ཉིད་དང་། མཚན་མ་
མེད་པ་དང་། སྨོན་པ་མེད་པ་ལ་དབྱེ་བ་དང་བསྟན་པ་མ་མཆིས་པར་བསླབ་པར་
བགྱི། ཇི་ལྟར་མངོན་པར་ཤེས་པ་རྣམས་ལ་དབྱེ་བ་དང་བསྟན་པ་མ་མཆིས་པར་
བསླབ་པར་བགྱི། ཇི་ལྟར་ཏིང་ངེ་འཛིན་རྣམས་ལ་དབྱེ་བ་དང་བསྟན་པ་མ་······
མཆིས་པར་བསླབ་པར་བགྱི། ཇི་ལྟར་གཟུངས་ཀྱི་སྒོ་རྣམས་ལ་དབྱེ་བ་དང་བསྟན་
པ་མ་མཆིས་པར་བསླབ་པར་བགྱི། ཇི་ལྟར་དེ་བཞིན་གཤེགས་པའི་སྟོབས་བཅུ་ལ་
དབྱེ་བ་དང་བསྟན་པ་མ་མཆིས་པར་བསླབ་པར་བགྱི། ཇི་ལྟར་མི་འཇིགས་པ་······
བཞི་ལ་དབྱེ་བ་དང་བསྟན་པ་མ་མཆིས་པར་བསླབ་པར་བགྱི། ཇི་ལྟར་སོ་སོ་ཡང་
དག་པར་རིག་པ་བཞི་ལ་དབྱེ་བ་དང་བསྟན་པ་མ་མཆིས་པར་བསླབ་པར་བགྱི།
ཇི་ལྟར་བྱམས་པ་ཆེན་པོ་ལ་དབྱེ་བ་དང་བསྟན་པ་མ་མཆིས་པར་བསླབ་པར་བགྱི།
ཇི་ལྟར་སྙིང་རྗེ་ཆེན་པོ་ལ་དབྱེ་བ་དང་བསྟན་པ་མ་མཆིས་པར་བསླབ་པར་བགྱི།
ཇི་ལྟར་སངས་རྒྱས་ཀྱི་ཆོས་མ་འདྲེས་པ་བཅོ་བརྒྱད་ལ་དབྱེ་བ་དང་བསྟན་པ་མ་······
མཆིས་པར་བསླབ་པར་བགྱི། ཇི་ལྟར་རྒྱུན་དུ་ཞུགས་པའི་འབྲས་བུ་ལ་དབྱེ་བ་······
དང་བསྟན་པ་མ་མཆིས་པར་བསླབ་པར་བགྱི། ཇི་ལྟར་ལན་ཅིག་ཕྱིར་འོང་བའི་
འབྲས་བུ་ལ་དབྱེ་བ་དང་བསྟན་པ་མ་མཆིས་པར་བསླབ་པར་བགྱི། ཇི་ལྟར་ཕྱིར་
མི་འོང་བའི་འབྲས་བུ་ལ་དབྱེ་བ་དང་བསྟན་པ་མ་མཆིས་པར་བསླབ་པར་བགྱི།
ཇི་ལྟར་དགྲ་བཅོམ་པ་ཉིད་ལ་དབྱེ་བ་དང་བསྟན་པ་མ་མཆིས་པར་བསླབ་པར་བགྱི།
ཇི་ལྟར་རང་བྱང་ཆུབ་ལ་དབྱེ་བ་དང་བསྟན་པ་མ་མཆིས་པར་བསླབ་པར་བགྱི།

ཇི་ལྟར་ལམ་གྱི་རྣམ་པ་ཤེས་པ་ཉིད་ལ་དབྱེ་བ་དང་[1]བསྟན་པ་མ་མཆིས་པར་བསླབ་པར་བགྱི། ཇི་ལྟར་རྣམ་པ་ཐམས་ཅད་མཁྱེན་པ་ཉིད་ལ་དབྱེ་བ་དང་བསྟན་པ་མ་མཆིས་པར་བསླབ་པར་བགྱི། བཅོམ་ལྡན་འདས་ཀྱིས་བཀའ་སྩལ་པ། སྐྱེ་བ་མེད་པ་དང་འགག་པ་མེད་ཿཔ་ལ་[2]བསླབ་པར་བྱའོ། །གསོལ་པ། བཅོམ་ལྡན་འདས་སྐྱེ་བ་མ་མཆིས་པ་དང་། འགག་པ་མ་མཆིས་པ་ལ་ཇི་ལྟར་བསླབ་པར་བགྱི། བཅོམ་ལྡན་འདས་ཀྱིས་བཀའ་སྩལ་པ། འདུ་བྱེད་རྣམས་མངོན་པར་འདུ་བྱ་བ······མེད་པ་བསྒོམ་པའམ་རྣམ་པར་བསྒོམ་པ་ལ་བསླབ་པར་བྱའོ། །གསོལ་པ། བཅོམ་ལྡན་འདས་ཇི་ལྟར་མངོན་པར་འདུ་བགྱི་བ་མ་མཆིས་པ་ལ་བསླབ་པར་བགྱི། བཅོམ་ལྡན་འདས་ཀྱིས་བཀའ་སྩལ་པ། ཆོས་རྣམས་རང་གི་མཚན་ཉིད་ཀྱིས་སྟོང་པར་མཐོང་བས། མངོན་པར་འདུ་བྱ་བ་མེད་པ་ལ་བསླབ་པར་བྱའོ། །གསོལ་པ༔ བཅོམ་ལྡན་འདས་ཆོས་རྣམས་རང་གི་མཚན་ཉིད་ཀྱིས་སྟོང་པར་ཇི་ལྟར་བལྟ་བར་བགྱི། བཅོམ་ལྡན་འདས་ཀྱིས་བཀའ་སྩལ་པ། གཟུགས་གཟུགས་ཀྱིས་སྟོང་པར་བལྟའོ[3]། །ཚོར་བ་ཚོར་བས་སྟོང་པར་བལྟའོ། །འདུ་ཤེས་འདུ་ཤེས་ཀྱིས་སྟོང་པར་བལྟའོ། །འདུ་བྱེད་འདུ་བྱེད་ཀྱིས་སྟོང་པར་བལྟའོ། །རྣམ་པར་ཤེས་པ་རྣམ་པར་ཤེས་པས་སྟོང་པར་བལྟའོ། །མིག་མིག་གིས་སྟོང་པར་བལྟའོ། །རྣ་བ་རྣ་བས་སྟོང་པར་བལྟའོ། །སྣ་སྣས་སྟོང་པར་བལྟའོ། །ལྕེ་ལྕེས་སྟོང་པར་བལྟའོ༔ །ལུས་ལུས་ཀྱིས་སྟོང་པར་བལྟའོ། །ཡིད་ཡིད་ཀྱིས་སྟོང་པར་བལྟའོ། །གཟུགས་གཟུགས་ཀྱིས་སྟོང་པར་བལྟའོ། །སྒྲ་སྒྲས་སྟོང་པར་བལྟའོ། །དྲི་དྲིས་སྟོང་པར་བལྟའོ། །རོ་རོས་སྟོང་པར་བལྟའོ། །རེག་རེག་གིས་སྟོང་པར་བལྟའོ། །ཆོས་ཆོས་ཀྱིས་སྟོང་པར་བལྟའོ། །མིག་གི་རྣམ་པར་ཤེས་པ་མིག་གི་རྣམ་པར་ཤེས་པས་སྟོང་[4]པར་བལྟའོ། །རྣ་བའི་རྣམ་པར་ཤེས་པ་[5]རྣ་བའི་རྣམ་པར་ཤེས་པས་

སྟོང་པར་བལྟའོ། །སྣའི་རྣམ་པར་ཤེས་པ་སྣའི་རྣམ་པར་ཤེས་པས་སྟོང་པར······
བལྟའོ། །ལྕེའི་རྣམ་པར་ཤེས་པ་ལྕེའི་[7]རྣམ་པར་ཤེས་པས་སྟོང་པར་བལྟའོ། །
ལུས་ཀྱི་རྣམ་པར་ཤེས་པ་ལུས་ཀྱི་རྣམ་པར་ཤེས་པས་སྟོང་པར་བལྟའོ། །ཡིད་ཀྱི་
རྣམ་པར་ཤེས་པ་ཡིད་ཀྱི་རྣམ་པར་ཤེས་པས་སྟོང་པར་བལྟའོ། །མིག་གི་འདུས་ཏེ་
རེག་པ་མིག་གི་འདུས་ཏེ་རེག་པས་སྟོང་པར་བལྟའོ། །རྣ་བའི་འདུས་ཏེ་རེག་པ་རྣ་
བའི་འདུས་ཏེ་རེག་པས་སྟོང་[3]པར་བལྟའོ། །སྣའི་འདུས་ཏེ་རེག་པ་སྣའི་འདུས་
ཏེ་རེག་པས་སྟོང་པར་བལྟའོ། །ལྕེའི་འདུས་ཏེ་རེག་པ་ལྕེའི་འདུས་ཏེ་རེག་པས་
སྟོང་པར་བལྟའོ། །ལུས་ཀྱི་འདུས་ཏེ་རེག་པ་ལུས་ཀྱི་འདུས་ཏེ་རེག་པས་སྟོང་པར་
བལྟའོ། །ཡིད་ཀྱི་འདུས་ཏེ་རེག་པ་ཡིད་ཀྱི་འདུས་ཏེ་རེག་པས་སྟོང་པར་བལྟའོ། །
མིག་གི་འདུས་ཏེ་རེག་པའི་རྐྱེན་གྱིས་ཚོར་བ་མིག་གི་འདུས་ཏེ་རེག་པའི་རྐྱེན་གྱིས······
ཚོར་བས་སྟོང་པར་བལྟའོ། །རྣ་བའི་འདུས་ཏེ་རེག་པའི་རྐྱེན་གྱིས་ཚོར་བ་རྣ་བའི་
འདུས་ཏེ་རེག་པའི་རྐྱེན་གྱིས་ཚོར་བས་སྟོང་པར་བལྟའོ། །སྣའི་འདུས་ཏེ་རེག······
པའི་རྐྱེན་གྱིས་ཚོར་བ་སྣའི་འདུས་ཏེ་རེག་པའི་རྐྱེན་གྱིས་ཚོར་བས་སྟོང་པར་བལྟའོ། །
ལྕེའི་འདུས་ཏེ་རེག་པའི་རྐྱེན་གྱིས་ཚོར་བ་ལྕེའི་འདུས་ཏེ་རེག་པའི་རྐྱེན་གྱིས་ཚོར······
བས་སྟོང་པར་བལྟའོ། །ལུས་ཀྱི་འདུས་ཏེ་རེག་པའི་རྐྱེན་གྱིས་ཚོར་བ་ལུས་ཀྱི······
འདུས་ཏེ་རེག་པའི་རྐྱེན་གྱིས་ཚོར་བས་སྟོང་པར་བལྟའོ། །ཡིད་ཀྱི་འདུས་ཏེ་རེག་
པའི་རྐྱེན་གྱིས་ཚོར་བ་ཡིད་ཀྱི་འདུས་ཏེ་རེག་པའི་རྐྱེན་གྱིས་ཚོར་བས་སྟོང་པར······
བལྟའོ། །སའི་ཁམས་སའི་ཁམས་ཀྱིས་སྟོང་པར་བལྟའོ། །ཆུའི་ཁམས་ཆུའི་
ཁམས་ཀྱིས་[3]སྟོང་པར་བལྟའོ། །མེའི་ཁམས་མེའི་ཁམས་ཀྱིས་སྟོང་པར་བལྟའོ། །
རླུང་གི་ཁམས་རླུང་གི་ཁམས་ཀྱིས་སྟོང་པར་བལྟའོ། །ནམ་མཁའི་ཁམས་ནམ······
མཁའི་ཁམས་ཀྱིས་སྟོང་པར་བལྟའོ། །རྣམ་པར་ཤེས་པའི་ཁམས་རྣམ་པར་ཤེས་

པའི་ཁམས་ཀྱིས་སྟོང་པར་བལྟའོ། །མ་རིག་པ་མ་རིག་པས་སྟོང་པར་བལྟའོ། །འདུ་བྱེད་འདུ་བྱེད་ཀྱིས་སྟོང་པར་བལྟའོ། །རྣམ་པར་ཤེས་པ་རྣམ་པར་ཤེས་པས་སྟོང་པར་བལྟའོ། །མིང་དང་གཟུགས་མིང་དང་གཟུགས་ཀྱིས་སྟོང་པར་བལྟའོ། །སྐྱེ་མཆེད་དྲུག་སྐྱེ་མཆེད་དྲུག་གིས་སྟོང་པར་བལྟའོ། །རེག་པ་རེག་པས་སྟོང་པར་བལྟའོ། །ཚོར་བ་ཚོར་བས་སྟོང་པར་བལྟའོ། །སྲེད་པ་སྲེད་པས་སྟོང་པར་……བལྟའོ། །ལེན་པ་ལེན་པས་སྟོང་པར་བལྟའོ། །སྲིད་པ་སྲིད་པས་སྟོང་པར་……བལྟའོ། །སྐྱེ་བ་སྐྱེ་བས་སྟོང་པར་བལྟའོ། །རྒ་ཤི་རྒ་ཤིས་སྟོང་པར་བལྟའོ། །སྦྱིན་པའི་ཕ་རོལ་ཏུ་ཕྱིན་པ་སྦྱིན་པའི་ཕ་རོལ་ཏུ་ཕྱིན་པས་སྟོང་པར་བལྟའོ། །ཚུལ་ཁྲིམས་ཀྱི་ཕ་རོལ་ཏུ་ཕྱིན་པ་ཚུལ་ཁྲིམས་ཀྱི་ཕ་རོལ་ཏུ་ཕྱིན་པས་སྟོང་པར་བལྟའོ། །བཟོད་པའི་ཕ་རོལ་ཏུ་ཕྱིན་པ་བཟོད་པའི་ཕ་རོལ་ཏུ་ཕྱིན་པས་སྟོང་པར་བལྟའོ། །བརྩོན་འགྲུས་ཀྱི་ཕ་རོལ་ཏུ་ཕྱིན་པ་①བརྩོན་འགྲུས་ཀྱི་ཕ་རོལ་ཏུ་ཕྱིན་པས་སྟོང་པར་བལྟའོ། །བསམ་གཏན་གྱི་ཕ་རོལ་ཏུ་ཕྱིན་པ་བསམ་གཏན་གྱི་ཕ་རོལ་ཏུ་ཕྱིན་པས་སྟོང་པར་བལྟའོ། །ཤེས་རབ་ཀྱི་ཕ་རོལ་ཏུ་ཕྱིན་པ་ཤེས་རབ་ཀྱི་ཕ་རོལ་ཏུ་ཕྱིན་པས་སྟོང་པར་བལྟའོ། །ནང་སྟོང་པ་ཉིད་ནང་སྟོང་པ་ཉིད་ཀྱིས་སྟོང་པར་བལྟའོ། །ཕྱི་སྟོང་པ་ཉིད་ཕྱི་སྟོང་པ་ཉིད་ཀྱིས་སྟོང་པར་བལྟའོ། །ཕྱི་ནང་སྟོང་པ་ཉིད་ཕྱི་ནང་སྟོང་པ་ཉིད་ཀྱིས་སྟོང་པར་བལྟའོ། །སྟོང་པ་ཉིད་སྟོང་པ་ཉིད་སྟོང་པ་ཉིད་སྟོང་པ་ཉིད་ཀྱིས་སྟོང་པར་བལྟའོ། །ཆེན་པོ་སྟོང་པ་ཉིད་ཆེན་པོ་སྟོང་པ་ཉིད་ཀྱིས་སྟོང་པར་བལྟའོ། །དོན་དམ་པ་སྟོང་པ་ཉིད་དོན་དམ་པ་སྟོང་པ་ཉིད་ཀྱིས་སྟོང་པར་བལྟའོ། །འདུས་བྱས་སྟོང་པ་ཉིད་འདུས་བྱས་སྟོང་པ་ཉིད་ཀྱིས་སྟོང་པར་བལྟའོ། །འདུས་མ་བྱས་སྟོང་པ་ཉིད་འདུས་མ་བྱས་སྟོང་པ་ཉིད་ཀྱིས་སྟོང་པར་བལྟའོ། །མཐའ་ལས་འདས་པ་སྟོང་པ་ཉིད་མཐའ་ལས་འདས་པ་སྟོང་པ་ཉིད་

ཀྱིས་སྟོང་པར་བལྟའོ། །ཐོག་མ་དང་ཐ་མ་མེད་པ་སྟོང་པ་ཉིད་ཐོག་མ་དང་ཐ་མ་མེད་པ་སྟོང་པ་ཉིད་ཀྱིས་སྟོང་པར་བལྟའོ། །དོར་བ་མེད་པ་སྟོང་པ་ཉིད་དོར་བ་མེད་པ་སྟོང་པ་ཉིད་ཀྱིས་སྟོང་པར་བལྟའོ། །རང་བཞིན་སྟོང་པ་ཉིད་རང་བཞིན་སྟོང་པ་ཉིད་ཀྱིས་སྟོང་པར་བལྟའོ[1]། །ཆོས་ཐམས་ཅད་སྟོང་པ་ཉིད་ཆོས་ཐམས་ཅད་སྟོང་པ་ཉིད་ཀྱིས་སྟོང་པར་བལྟའོ། །རང་གི་མཚན་ཉིད་སྟོང་པ་ཉིད་རང་གི་མཚན་ཉིད་སྟོང་པ་ཉིད་ཀྱིས་སྟོང་པར་བལྟའོ། །མི་དམིགས་པ་སྟོང་པ་ཉིད་མི་དམིགས་པ་སྟོང་པ་ཉིད་ཀྱིས་སྟོང་པར་བལྟའོ། །དངོས་པོ་མེད་པ་སྟོང་པ་ཉིད་དངོས་པོ་མེད་པ་སྟོང་པ་ཉིད་ཀྱིས་སྟོང་པར་བལྟའོ། །ངོ་བོ་ཉིད་སྟོང་པ་ཉིད་ངོ་བོ་ཉིད་སྟོང་པ་ཉིད་ཀྱིས་སྟོང་པར་བལྟའོ། །དངོས་པོ་མེད་པའི་ངོ་བོ་ཉིད་སྟོང་པ་ཉིད་དངོས་པོ་མེད་པའི་ངོ་བོ་ཉིད་སྟོང་པ་ཉིད་ཀྱིས་སྟོང་པར་བལྟའོ། །དྲན་པ་ཉེ་བར་གཞག་པ་རྣམས་དྲན་པ་ཉེ་བར་གཞག་པ་རྣམས་ཀྱིས་སྟོང་པར་བལྟའོ། །ཡང་དག་པར་སྤོང་བ་རྣམས་ཡང་དག་པར་སྤོང་བ་རྣམས་ཀྱིས་སྟོང་པར་བལྟའོ། །རྫུ་འཕྲུལ་གྱི་རྐང་པ་རྣམས་རྫུ་འཕྲུལ་གྱི་རྐང་པ་རྣམས་ཀྱིས་སྟོང་པར་བལྟའོ། །དབང་པོ་རྣམས་དབང་པོ་རྣམས་ཀྱིས་སྟོང་པར་བལྟའོ། །སྟོབས་རྣམས་སྟོབས་རྣམས་ཀྱིས་སྟོང་པར་བལྟའོ། །བྱང་ཆུབ་ཀྱི་ཡན་ལག་རྣམས་བྱང་ཆུབ་ཀྱི་ཡན་ལག་རྣམས་ཀྱིས་སྟོང་པར་བལྟའོ། །འཕགས་པའི་ལམ་ཡན་ལག་བརྒྱད་པ······འཕགས་པའི་ལམ་ཡན་ལག་བརྒྱད་པ[2]ཿརྣམས་ཀྱིས[3]སྟོང་པར་བལྟའོ། །འཕགས་པའི་བདེན་པ་རྣམས་འཕགས་པའི་བདེན་པ་རྣམས་ཀྱིས་སྟོང་པར······བལྟའོ[4]༑ །བསམ་གཏན་རྣམས་བསམ་གཏན་རྣམས[5]ཀྱིས་སྟོང་པར་བལྟའོ། །ཚད་མེད་པ་རྣམས་ཚད་མེད་པ་རྣམས་ཀྱིས་སྟོང་པར་བལྟའོ། །གཟུགས་མེད་པའི་སྙོམས་པར་འཇུག་པ་རྣམས་གཟུགས་མེད་པའི་སྙོམས་པར་འཇུག་པ་རྣམས་ཀྱིས······

སྟོང་པར་བལྟའོ། །རྣམ་པར་ཐར་པ་བརྒྱད་རྣམ་པར་ཐར་པ་བརྒྱད་[1]ཀྱིས་སྟོང་
པར་བལྟའོ། །མཐར་གྱིས་གནས་པའི་སྙོམས་པར་འཇུག་པ་དགུ་མཐར་གྱིས……
གནས་པའི་སྙོམས་པར་འཇུག་པ་རྣམས་ཀྱིས་སྟོང་པར་བལྟའོ། །རྣམ་པར་ཐར་
པའི་སྒོ་[2]སྟོང་པ་ཉིད་དང་། མཚན་མ་མེད་པ་དང་། སྨོན་པ་མེད་པ་རྣམ་པར་
ཐར་པའི་སྒོ་སྟོང་པ་ཉིད་དང་། མཚན་མ་མེད་པ་དང་། སྨོན་པ་[3]མེད་པས་
སྟོང་པར་བལྟའོ། །མངོན་པར་ཤེས་པ་རྣམས་[4]མངོན་པར་ཤེས་པ་རྣམས་ཀྱིས་
སྟོང་པར་བལྟའོ། །ཏིང་ངེ་འཛིན་རྣམས་[5]ཏིང་ངེ་འཛིན་རྣམས་ཀྱིས་སྟོང་པར་
བལྟའོ༔ །གཟུངས་ཀྱི་སྒོ་རྣམས་གཟུངས་ཀྱི་སྒོ་རྣམས་ཀྱིས་སྟོང་པར་བལྟའོ། །དེ་
བཞིན་གཤེགས་པའི་སྟོབས་བཅུ་དེ་བཞིན་གཤེགས་པའི་སྟོབས་རྣམས་ཀྱིས་སྟོང……
པར་བལྟའོ། །མི་འཇིགས་པ་བཞི་མི་འཇིགས་པ་རྣམས་ཀྱིས་སྟོང་པར་བལྟའོ། །
སོ་སོ་ཡང་དག་པར་རིག་པ་བཞི་སོ་སོ་ཡང་དག་པར་རིག་པ་རྣམས་ཀྱིས་སྟོང་པར…
བལྟའོ༔ །བྱམས་པ་ཆེན་པོ་བྱམས་པ་ཆེན་པོས་སྟོང་པར་བལྟའོ། །སྙིང་རྗེ་ཆེན་
པོ་སྙིང་རྗེ་ཆེན་པོས་སྟོང་པར་བལྟའོ། །སངས་རྒྱས་ཀྱི་[6]ཆོས་མ་འདྲེས་པ་བཅོ་
བརྒྱད་སངས་རྒྱས་ཀྱི་ཆོས་མ་འདྲེས་པ་རྣམས་ཀྱིས་སྟོང་པར་བལྟའོ། །རྒྱུན་དུ་
ཞུགས་པའི་འབྲས་བུ་རྒྱུན་དུ་ཞུགས་པའི་འབྲས་བུས་སྟོང་པར་བལྟའོ། །ལན་ཅིག་
ཕྱིར་འོང་བའི་འབྲས་བུ་ལན་ཅིག་ཕྱིར་འོང་བའི་འབྲས་བུས་སྟོང་པར་བལྟའོ། །
ཕྱིར་མི་འོང་བའི་འབྲས་བུ་ཕྱིར་མི་འོང་བའི་འབྲས་བུས་སྟོང་པར་བལྟའོ། །དགྲ་
བཅོམ་པ་ཉིད་དགྲ་བཅོམ་པ་ཉིད་ཀྱིས་སྟོང་པར་བལྟའོ། །རང་བྱང་ཆུབ་རང་
བྱང་ཆུབ་ཀྱིས་སྟོང་པར་བལྟའོ། །ལམ་གྱི་རྣམ་པ་ཤེས་པ་ཉིད་ལམ་གྱི་རྣམ་པ་ཤེས་
པ་ཉིད་ཀྱིས་སྟོང་པར་བལྟའོ། །བླ་ན་མེད་པ་ཡང་དག་པར་རྫོགས་པའི་བྱང་ཆུབ་[7]
བྱང་ཆུབ་ཀྱིས་སྟོང་པར་བལྟའོ། །རབ་འབྱོར་དེ་ལྟར་བྱང་ཆུབ་སེམས་དཔའ་

སེམས་དཔའ་ཆེན་པོ་ཤེས་རབ་ཀྱི་ཕ་རོལ་ཏུ་ཕྱིན་པ་ལ་སྤྱོད་པས། ཆོས་ཐམས་ཅད་རང་གི་མཚན་ཉིད་ཀྱིས་སྟོང་པ་ལ་བསླབ་པར་བྱའོ། །གསོལ་པ། བཅོམ་ལྡན་འདས་གལ་ཏེ་དེ་ལྟར་གཟུགས་ནི་གཟུགས་ཀྱིས་སྟོང་། ཚོར་བ་ནི་ཚོར་བས་སྟོང་། འདུ་ཤེས་ནི་འདུ་ཤེས་ཀྱིས་སྟོང་། འདུ་བྱེད་ནི་འདུ་བྱེད་ཀྱིས་སྟོང་། རྣམ་པར་ཤེས་པ་ནི་རྣམ་པར་ཤེས་པས་སྟོང་། མིག་ནི་མིག་གིས་སྟོང་། རྣ་བ་ནི་རྣ་བས་སྟོང་། སྣ་ནི་སྣས་སྟོང་། ལྕེ་ནི་ལྕེས་སྟོང་། ལུས་ནི་ལུས་ཀྱིས་སྟོང་། ཡིད་ནི་ཡིད་ཀྱིས་སྟོང་། གཟུགས་ནི་གཟུགས་ཀྱིས་སྟོང་། སྒྲ་ནི་སྒྲས་སྟོང་། དྲི་ནི་དྲིས་སྟོང་། རོ་ནི་རོས་སྟོང་། རེག་ནི་རེག་གིས་སྟོང་། ཆོས་ནི་ཆོས་ཀྱིས་སྟོང་། མིག་གི་རྣམ་པར་ཤེས་པ་ནི་[༡]མིག་གི་རྣམ་པར་ཤེས་པས་སྟོང་། རྣ་བའི་རྣམ་པར་ཤེས་པ་ནི་[༢]རྣ་བའི་རྣམ་པར་ཤེས་པས་སྟོང་། སྣའི་རྣམ་པར་ཤེས་པ་ནི་[༣]སྣའི་རྣམ་པར་ཤེས་པས་སྟོང་། ལྕེའི་རྣམ་པར་ཤེས་པ་ནི་[༤]ལྕེའི་རྣམ་པར་ཤེས་པས་སྟོང་། ལུས་ཀྱི་རྣམ་པར་ཤེས་པ་ནི་ལུས་ཀྱི་རྣམ་པར་ཤེས་པས་སྟོང་། ཡིད་ཀྱི་རྣམ་པར་ཤེས་པ་ནི་ཡིད་ཀྱི་རྣམ་པར་ཤེས་པས་སྟོང་། མིག་གི་འདུས་ཏེ་རེག་པ་ནི་མིག་གི་འདུས་ཏེ་རེག་པས་སྟོང་། རྣ་བའི་འདུས་ཏེ་རེག་པ་ནི་རྣ་བའི······འདུས་ཏེ་རེག་པས་སྟོང་། སྣའི་འདུས་ཏེ་རེག་པ་ནི་སྣའི་འདུས་ཏེ་རེག་པས་སྟོང་། ལྕེའི་འདུས་ཏེ་རེག་པ་ནི་ལྕེའི་འདུས་ཏེ་རེག་པས་སྟོང་། ལུས་ཀྱི་འདུས་ཏེ་རེག་པ་ནི་ལུས་ཀྱི་འདུས་ཏེ་རེག་པས་སྟོང་། ཡིད་ཀྱི་འདུས་ཏེ་རེག་པ་ནི་ཡིད་ཀྱི་འདུས་ཏེ་རེག་པས་སྟོང་། མིག་གི་འདུས་ཏེ་རེག་པའི་རྐྱེན་གྱིས་ཚོར་བ་ནི་མིག་གི་འདུས་ཏེ་རེག་པའི་རྐྱེན་གྱིས་ཚོར་བས་སྟོང་། རྣ་བའི་འདུས་ཏེ་རེག་པའི་རྐྱེན་གྱིས་ཚོར་བ་ནི་རྣ་བའི་འདུས་ཏེ་རེག་པའི་རྐྱེན་གྱིས་ཚོར་བས་སྟོང་། སྣའི་འདུས་ཏེ་རེག་པའི་རྐྱེན་གྱིས་ཚོར་བ་ནི་སྣའི་འདུས་ཏེ་རེག་པའི་རྐྱེན་གྱིས་ཚོར་བས་སྟོང་། ལྕེའི་

འདུས་ཏེ་རེག་པའི་རྐྱེན་གྱིས་ཚོར་བ་ནི་ལྕེའི་འདུས་ཏེ་རེག་པའི་རྐྱེན་གྱིས་ཚོར་བས་སྟོང་༑ ལུས་ཀྱི་འདུས་ཏེ་རེག་པའི་རྐྱེན་གྱིས་ཚོར་བ་ནི་ལུས་ཀྱི་འདུས་ཏེ་རེག་པའི་རྐྱེན་གྱིས་ཚོར་བས་སྟོང་། ཡིད་ཀྱི་འདུས་ཏེ་རེག་པའི་རྐྱེན་གྱིས་ཚོར་བ་ནི་ཡིད་ཀྱི་འདུས་ཏེ་རེག་པའི་རྐྱེན་གྱིས་ཚོར་བས་སྟོང་། སའི་ཁམས་ནི་སའི་ཁམས་ཀྱིས······སྟོང་༑ ཆུའི་ཁམས་ནི་ཆུའི་ཁམས་ཀྱིས་⑦སྟོང་། མེའི་ཁམས་ནི་མེའི་ཁམས་ཀྱིས་སྟོང་༑ རླུང་གི་ཁམས་ནི་རླུང་གི་ཁམས་ཀྱིས་སྟོང་། ནམ་མཁའི་ཁམས་ནི་ནམ་མཁའི་ཁམས་ཀྱིས་སྟོང་། རྣམ་པར་ཤེས་པའི་ཁམས་ནི་རྣམ་པར་ཤེས་པའི་ཁམས་ཀྱིས་སྟོང་། མ་རིག་པ་ནི་མ་རིག་པས་སྟོང་། འདུ་བྱེད་ནི་འདུ་བྱེད་ཀྱིས་སྟོང་། རྣམ་པར་ཤེས་པ་ནི་རྣམ་པར་ཤེས་པས་སྟོང་། མིང་དང་གཟུགས་ནི་མིང་དང······གཟུགས་ཀྱིས་སྟོང་། སྐྱེ་མཆེད་དྲུག་ནི་སྐྱེ་མཆེད་དྲུག་གིས་སྟོང་། རེག་པ་ནི་རེག་པས་སྟོང་། ཚོར་བ་ནི་ཚོར་བས་སྟོང་། སྲིད་པ་ནི་སྲིད་པས་སྟོང་། ལེན་པ་ནི་ལེན་པས་སྟོང་། སྲིད་པ་ནི་སྲིད་པས་སྟོང་། སྐྱེ་བ་ནི་སྐྱེ་བས་སྟོང་། རྒ་ཤི་ནི་རྒ་ཤིས་སྟོང་། སྦྱིན་པའི་ཕ་རོལ་ཏུ་ཕྱིན་པ་ནི་སྦྱིན་པའི་ཕ་རོལ་ཏུ་ཕྱིན་པས་སྟོང་༑ ཚུལ་ཁྲིམས་ཀྱི་ཕ་རོལ་ཏུ་ཕྱིན་པ་ནི་ཚུལ་ཁྲིམས་ཀྱི་ཕ་རོལ་ཏུ་ཕྱིན་པས······སྟོང་༑ བཟོད་པའི་ཕ་རོལ་ཏུ་ཕྱིན་པ་ནི་བཟོད་པའི་ཕ་རོལ་ཏུ་ཕྱིན་པས་སྟོང་། བརྩོན་འགྲུས་ཀྱི་ཕ་རོལ་ཏུ་ཕྱིན་པ་ནི་བརྩོན་འགྲུས་ཀྱི་ཕ་རོལ་ཏུ་ཕྱིན་པས་སྟོང་། བསམ་གཏན་གྱི་ཕ་རོལ་ཏུ་ཕྱིན་པ་ནི་བསམ་གཏན་གྱི་ཕ་རོལ་ཏུ་ཕྱིན་པས་སྟོང་། ཤེས་རབ་ཀྱི་ཕ་རོལ་ཏུ་ཕྱིན་པ་ནི་ཤེས་རབ་ཀྱི་ཕ་རོལ་ཏུ་ཕྱིན་པས་སྟོང་། ནང་····སྟོང་པ་ཉིད་ནི་ནང་སྟོང་པ་ཉིད་ཀྱིས་③སྟོང་། ཕྱི་སྟོང་པ་ཉིད་ནི་ཕྱི་སྟོང་པ་ཉིད་ཀྱིས་སྟོང་། ཕྱི་ནང་སྟོང་པ་ཉིད་ནི་ཕྱི་ནང་སྟོང་པ་ཉིད་ཀྱིས་སྟོང་། སྟོང་པ་ཉིད་སྟོང་པ་ཉིད་ནི་སྟོང་པ་ཉིད་སྟོང་པ་ཉིད་ཀྱིས་①སྟོང་⑥། ཆེན་པོ་སྟོང་པ་ཉིད་

ཉི་ཆེན་པོ་སྟོང་པ་ཉིད་ཀྱིས་སྟོང་། དོན་དམ་པ་སྟོང་པ་ཉིད་ནི་དོན་དམ་པ་སྟོང་པ་ཉིད་ཀྱིས་སྟོང་། འདུས་བྱས་སྟོང་པ་ཉིད་ནི་འདུས་བྱས་སྟོང་པ་ཉིད་ཀྱིས་སྟོང་། འདུས་མ་བྱས་སྟོང་པ་ཉིད་ནི་འདུས་མ་བྱས་སྟོང་པ་ཉིད་ཀྱིས་སྟོང་། མཐའ་ལས་འདས་པ་སྟོང་པ་ཉིད་ནི་མཐའ་ལས་འདས་པ་སྟོང་པ་ཉིད་ཀྱིས་སྟོང་། ཐོག་མ······དང་ཐ་མ་མེད་པ་སྟོང་པ་ཉིད་ནི་ཐོག་མ་དང་ཐ་མ་མེད་པ་སྟོང་པ་ཉིད་ཀྱིས་སྟོང་། དོར་བ་མེད་པ་སྟོང་པ་ཉིད་ནི་དོར་བ་མེད་པ་སྟོང་པ་ཉིད་ཀྱིས་སྟོང་། རང་······བཞིན་སྟོང་པ་ཉིད་ནི་རང་བཞིན་སྟོང་པ་ཉིད་ཀྱིས་སྟོང་། ཆོས་ཐམས་ཅད་སྟོང་པ་ཉིད་ནི་ཆོས་ཐམས་ཅད་སྟོང་པ་ཉིད་ཀྱིས་སྟོང་། རང་གི་མཚན་ཉིད་སྟོང་པ་ཉིད་ནི་རང་གི་མཚན་ཉིད་སྟོང་པ་ཉིད་ཀྱིས་སྟོང་། མི་དམིགས་པ་སྟོང་པ་ཉིད་ནི་མི་དམིགས་པ་སྟོང་པ་ཉིད་ཀྱིས་སྟོང་། དངོས་པོ་མེད་པ་སྟོང་པ་ཉིད་ནི་དངོས་པོ་མེད་པ་སྟོང་པ་ཉིད་ཀྱིས་སྟོང་། ངོ་བོ་ཉིད་སྟོང་པ་ཉིད་ནི་ངོ་བོ་ཉིད་སྟོང་པ་ཉིད་ཀྱིས་སྟོང་། དངོས་པོ་མེད་པའི་ངོ་བོ་ཉིད་སྟོང་པ་ཉིད་ནི་དངོས་པོ་མེད་པའི་ངོ་བོ་ཉིད་སྟོང་པ་ཉིད་ཀྱིས་སྟོང་། དྲན་པ་ཉེ······བར་གཞག་པ་རྣམས་ནི་དྲན་པ་ཉེ་བར་གཞག་པ་རྣམས་ཀྱིས་སྟོང་། ཡང་དག་པར་སྤོང་བ་རྣམས་ནི་ཡང་དག་པར་སྤོང་བ་རྣམས་ཀྱིས་སྟོང་། རྫུ་འཕྲུལ་གྱི་རྐང་པ་རྣམས་ནི་རྫུ་འཕྲུལ་གྱི་རྐང་པ······རྣམས་ཀྱིས་སྟོང་། དབང་པོ་རྣམས་ནི་དབང་པོ་རྣམས་ཀྱིས་[༡]སྟོང་། སྟོབས་རྣམས་ནི་སྟོབས་རྣམས་ཀྱིས་སྟོང་། བྱང་ཆུབ་ཀྱི་ཡན་ལག་རྣམས་ནི་བྱང་ཆུབ་ཀྱི་ཡན་ལག་རྣམས་ཀྱིས་སྟོང་། འཕགས་པའི་ལམ་ཡན་ལག་བརྒྱད་པ་ནིཿའཕགས་པའི་ལམ་ཡན་ལག་བརྒྱད་པས་[༢]སྟོང་། འཕགས་པའི་བདེན་པ་རྣམས་ནི······འཕགས་པའི་བདེན་པ་རྣམས་ཀྱིས་སྟོང་། བསམ་གཏན་རྣམས་ནི་བསམ་གཏན་རྣམས་ཀྱིས་[༣]སྟོང་། ཚད་མེད་པ་རྣམས་ནི་ཚད་མེད་པ་རྣམས་ཀྱིས་སྟོང་།

གཟུགས་མེད་པའི་སྙོམས་པར་འཇུག་པ་རྣམས་ནི་གཟུགས་མེད་པའི་སྙོམས་པར་······འཇུག་པ་རྣམས་ཀྱིས་སྟོང་། རྣམ་པར་ཐར་པ་བརྒྱད་ནི་རྣམ་པར་ཐར་པ་རྣམས་ཀྱིས་སྟོང་། མཐར་གྱིས་གནས་པའི་སྙོམས་པར་འཇུག་པ་དགུ་ནི་མཐར་གྱིས་······གནས་པའི་སྙོམས་པར་འཇུག་པ་རྣམས་ཀྱིས་སྟོང་། རྣམ་པར་ཐར་པའི་སྒོ་སྟོང་པ་ཉིད་དང་། མཚན་མ་མེད་པ་དང་། སྨོན་པ་མེད་པ་ནི། རྣམ་པར་ཐར་པའི་སྒོ་སྟོང་པ་ཉིད་དང་། མཚན་མ་མེད་པ་དང་། སྨོན་པ་མེད་པས་སྟོང་། མངོན་པར་(༡)ཤེས་པ་རྣམས་ནི་མངོན་པར་ཤེས་པ་རྣམས་ཀྱིས་སྟོང་། ཏིང་ངེ་······འཛིན་རྣམས་ནི་ཏིང་ངེ་འཛིན་རྣམས་ཀྱིས་སྟོང་། གཟུངས་ཀྱི་སྒོ་རྣམས་ནི་······གཟུངས་ཀྱི་སྒོ་རྣམས་ཀྱིས་སྟོང་། དེ་བཞིན་གཤེགས་པའི་སྟོབས་བཅུ་(༢)ནི་དེ་······བཞིན་གཤེགས་པའི་སྟོབས་རྣམས་ཀྱིས་སྟོང་། མི་འཇིགས་པ་བཞི་(༣)ནི་མི་······འཇིགས་པ་རྣམས་ཀྱིས་སྟོང་། སོ་སོ་ཡང་དག་པར་རིག་པ་བཞི་ནི་སོ་སོ་ཡང་དག་པར་རིག་པ་རྣམས་ཀྱིས་སྟོང་། བྱམས་པ་ཆེན་པོ་ནི་བྱམས་པ་ཆེན་པོས་སྟོང་། སྙིང་རྗེ་ཆེན་པོ་ནི་སྙིང་རྗེ་ཆེན་པོས་སྟོང་། སངས་རྒྱས་ཀྱི་ཆོས་མ་འདྲེས་པ་བཅོ་བརྒྱད་ནི་སངས་རྒྱས་ཀྱི་ཆོས་མ་འདྲེས་པ་རྣམས་ཀྱིས་སྟོང་། རྒྱུན་དུ་ཞུགས་པའི་འབྲས་བུ་ནི་རྒྱུན་དུ་ཞུགས་པའི་འབྲས་བུས་སྟོང་། ལན་ཅིག་ཕྱིར་འོང་བའི་······འབྲས་བུ་ནི་ལན་ཅིག་ཕྱིར་འོང་བའི་འབྲས་བུས་སྟོང་། ཕྱིར་མི་འོང་བའི་འབྲས་བུ་ནི་ཕྱིར་མི་འོང་བའི་འབྲས་བུས་སྟོང་། དགྲ་བཅོམ་པ་ཉིད་ནི་དགྲ་བཅོམ་པ་ཉིད་ཀྱིས་སྟོང་། རང་བྱང་ཆུབ་ནི་རང་བྱང་ཆུབ་ཀྱིས་སྟོང་། ལམ་གྱི་རྣམ་པ་ཤེས་པ་ཉིད་ནི་ལམ་གྱི་རྣམ་པ་ཤེས་པ་ཉིད་ཀྱིས་(༤)སྟོང་། བླ་ན་མེད་པ་ཡང་དག་པར་རྫོགས་པའི་བྱང་ཆུབ་ནི་(༥)བྱང་ཆུབ་ཀྱིས་(༦)སྟོང་ན། བཅོམ་ལྡན་འདས་དེ་ཇི་ལྟར་བྱང་ཆུབ་སེམས་དཔའ་སེམས་དཔའ་ཆེན་པོ་ཤེས་རབ་ཀྱི་ཕ་རོལ་ཏུ་ཕྱིན་པ་ལ་

སྤྱོད་པར་འགྱུར། བཅོམ་ལྡན་འདས་ཀྱིས་བཀའ་སྩལ་པ། རབ་འབྱོར་སྤྱོད་པ་མེད་པ་ནི། བྱང་ཆུབ་སེམས་དཔའ་སེམས་དཔའ་ཆེན་པོའི་[༡] ཤེས་རབ་ཀྱི་ཕ་རོལ་ཏུ་ཕྱིན༔ པ་ལ་[༢] སྤྱོད་པའོ།། །།

ཤེས་རབ་ཀྱི་ཕ་རོལ་ཏུ་ཕྱིན་པ་སྟོང་ཕྲག་བརྒྱ་པ། བམ་པོ་བཅུ་[༣] པ། གསོལ་པ༑ བཅོམ་ལྡན་འདས་ཅིའི་སླད་དུ། སྤྱོད་པ་མ་མཆིས་པ། ཤེས་རབ་ཀྱི་ཕ་རོལ་ཏུ་ཕྱིན་པའི་སྤྱོད་པ་ལགས། བཅོམ་ལྡན་འདས་ཀྱིས་བཀའ་སྩལ་པ། རབ་འབྱོར་དེ་ནི་འདི་ལྟར་ཤེས་རབ་ཀྱི་ཕ་རོལ་ཏུ་ཕྱིན་པ་ཡང་མི་དམིགས། བྱང་ཆུབ་སེམས་དཔའ་ཡང་མི་དམིགས། སྤྱོད་པ་ཡང་མི་དམིགས། གང་སྤྱོད་པ་དང་། གང་གིས་སྤྱོད་པ་དང་། གང་ལ་སྤྱོད་པ་དེ་ཡང་མི་དམིགས་ཏེ། རབ་འབྱོར་གང་ལ་སྤྲོས་[༤] པ་དེ་དག་ཐམས་ཅད་མི་དམིགས་པ་དེ་ནི། བྱང་ཆུབ་སེམས་དཔའ་སེམས་དཔའ་ཆེན་པོའི་སྤྱོད་པ་མེད་པ། ཤེས་རབ་ཀྱི་ཕ་རོལ་ཏུ་ཕྱིན་པ་ལ་སྤྱོད་པའོ། །གསོལ་པ། བཅོམ་ལྡན་འདས་གལ་ཏེ་དེ་ལྟར་སྤྱོད་པ་མ་མཆིས་པ། ཤེས་རབ་ཀྱི་ཕ་རོལ་ཏུ་ཕྱིན་པའི་སྤྱོད་པ་ལགས་ན། ལས་དང་པོ་པའི་བྱང་ཆུབ་སེམས་དཔའ་སེམས་དཔའ་ཆེན་པོས་ཤེས་རབ་ཀྱི་[༥] ཕ་རོལ་ཏུ་ཕྱིན་པ་ལ་ཇི་ལྟར་སྤྱད་པར་བགྱི༑ བཅོམ་ལྡན་འདས་ཀྱིས་བཀའ་སྩལ་པ། རབ་འབྱོར་འདི་ལྟར་ལས་དང་པོ་པའི་བྱང་ཆུབ་སེམས་དཔའ་སེམས་དཔའ་ཆེན་པོས། སེམས་དང་པོ་བསྐྱེད་པ་ཉིད་[༦] ནས་བརྩམས་ཏེ་ཆོས་ཐམས་ཅད་དམིགས་སུ་མེད་པ་ལ་བསླབ་པར་བྱའོ། །དེས་སྦྱིན་པ་གཏོང་[༧] བའི་ཚེ། མི་དམིགས་པའི་ཚུལ་གྱིས་སྦྱིན་པ་གཏང་[༨] བར་བྱའོ༑ །ཚུལ་ཁྲིམས་སྲུང་[༩] བའི་ཚེ། མི་དམིགས་པའི་ཚུལ་གྱིས། ཚུལ་ཁྲིམས་བསྲུང་[༡༠] བར་བྱའོ། །བཟོད༔ པ་སྒྲུབ་[༡༡] པའི་ཚེ། མི་དམིགས་པའི་ཚུལ་གྱིས་བཟོད༔ པ་བསྒྲུབ་[༡༢] པར་བྱའོ། །བརྩོན་འགྲུས་རྩོམ་[༡༣] པའི་ཚེ། མི་དམིགས་པའི་

ཚུལ་གྱིས། བརྩོན་འགྲུས་བརྩམ[1]པར་བྱའོ། །ཏིང་ངེ་འཛིན་ལ་སྒོམས་པར་
འཇུག་པའི་ཚེ། མི་དམིགས་པའི་ཚུལ་གྱིས་ཏིང་ངེ་འཛིན་ལ་མཉམ[2]པར་གཞག་
པར་བྱའོ། །ཤེས་རབ་སྒོམ[3]པའི་ཚེ། མི་དམིགས་པའི་ཚུལ་གྱིས། ཤེས་རབ་
བསྒོམ[4]པར་བྱའོ། །ནང་སྟོང་པ་ཉིད་སྒོམ[5]པའི་ཚེ། མི་དམིགས་པའི་ཚུལ་
གྱིས། ནང་སྟོང་པ་ཉིད་བསྒོམ[6]པར་བྱའོ། །ཕྱི་སྟོང་པ་ཉིད་སྒོམ[7]པའི་ཚེ།
མི་དམིགས་པའི་ཚུལ་གྱིས། ཕྱི་སྟོང་པ་ཉིད་བསྒོམ་པར་བྱའོ། །ཕྱི་ནང་སྟོང་པ་
ཉིད་སྒོམ[8]པའི་ཚེ། མི་དམིགས་པའི་ཚུལ་གྱིས། ཕྱི་ནང་སྟོང་པ་ཉིད་བསྒོམ་
པར་བྱའོ། །སྟོང་པ་ཉིད་སྟོང་པ་ཉིད་སྒོམ[9]པའི་ཚེ། མི་དམིགས་པའི་ཚུལ་གྱིས།
སྟོང་པ་ཉིད་སྟོང་པ་ཉིད་བསྒོམ་པར་བྱའོ། །ཆེན་པོ་སྟོང་པ་ཉིད་སྒོམ[10]པའི་ཚེ།
མི་དམིགས་པའི་ཚུལ་གྱིས། ཆེན་པོ་སྟོང་པ་ཉིད་བསྒོམ་པར་བྱའོ། །དོན་དམ་
པ་སྟོང་པ་ཉིད་སྒོམ[11]པའི་ཚེ། མི་དམིགས་པའི་ཚུལ་གྱིས། དོན་དམ་པ་སྟོང་པ་
ཉིད་བསྒོམ་པར་བྱའོ། །འདུས་བྱས་སྟོང་པ་ཉིད་སྒོམ[12]པའི་ཚེ། མི་དམིགས་
པའི་ཚུལ་གྱིས། འདུས་བྱས་སྟོང་པ་ཉིད་བསྒོམ་པར་བྱའོ། །འདུས་མ་བྱས་སྟོང་
པ་ཉིད་སྒོམ[13]པའི་ཚེ། མི་དམིགས་པའི་ཚུལ་གྱིས། འདུས་མ་བྱས་སྟོང་པ་ཉིད་
བསྒོམ[14]པར་བྱའོ། །མཐའ་ལས་འདས་པ་སྟོང་པ་ཉིད་སྒོམ[15]པའི་ཚེ། མི·····
དམིགས་པའི་ཚུལ་གྱིས། མཐའ་ལས་འདས་པ་སྟོང[16]པ་ཉིད་བསྒོམ[17]པར་བྱའོ། །
ཐོག་མ་དང་ཐ་མ་མེད་པ་སྟོང་པ་ཉིད་སྒོམ[18]པའི་ཚེ། མི་དམིགས་པའི་ཚུལ་གྱིས།
ཐོག་མ་དང་ཐ་མ་མྱེད་པ་སྟོང་པ་ཉིད་བསྒོམ་པར་བྱའོ། །དོར་བ་མྱེད་པ་སྟོང་པ་
ཉིད་སྒོམ[19]པའི་ཚེ། མི་དམིགས་པའི་ཚུལ་གྱིས། དོར་བ་མེད་པ་སྟོང་པ་ཉིད་
བསྒོམ་པར་བྱའོ། །རང་བཞིན་སྟོང་པ་ཉིད་སྒོམ[20]པའི་ཚེ། མི་དམིགས་པའི་
ཚུལ་གྱིས། རང་བཞིན་སྟོང་པ་ཉིད་བསྒོམ་པར་བྱའོ། །ཆོས་ཐམས་ཅད་སྟོང་པ་

ཉིད་སྒོམ་[༡]པའི་ཚེ། མི་དམིགས་པའི་ཚུལ་གྱིས། ཆོས་ཐམས་ཅད་སྟོང་པ་ཉིད་བསྒོམ་པར་བྱའོ། །རང་གི་མཚན་ཉིད་སྟོང་པ་ཉིད་སྒོམ་པའི་ཚེ། མི་དམིགས་པའི་ཚུལ་གྱིས། རང་གི་མཚན་ཉིད༔ སྟོང་པ་ཉིད་[༢]བསྒོམ་[༣]པར་བྱའོ། །མི་དམིགས་པ་སྟོང་པ་ཉིད་སྒོམ་པའི་ཚེ། མི་དམིགས་པའི་ཚུལ་གྱིས། མི་དམིགས་པ་སྟོང་པ་ཉིད་བསྒོམ་པར་བྱའོ། །དངོས་པོ་མེད་པ་སྟོང་པ་ཉིད་སྒོམ་[༤]པའི་ཚེ། མི་དམིགས་པའི་ཚུལ་གྱིས། དངོས་པོ་མེད་པ་སྟོང་པ་ཉིད་བསྒོམ་པར་བྱའོ། །ངོ་བོ་ཉིད་སྟོང་པ་ཉིད་སྒོམ་[༥]པའི་ཚེ། མི་དམིགས་པའི་ཚུལ་གྱིས། ངོ་བོ་ཉིད་སྟོང་པ་ཉིད་བསྒོམ་པར་བྱའོ། །དངོས་པོ་མེད་པའི་ངོ་བོ་ཉིད་སྟོང་པ་ཉིད་སྒོམ་[༦]པའི་ཚེ། མི་དམིགས་པའི་ཚུལ་གྱིས། དངོས་པོ་མེད་པའི་ངོ་བོ་ཉིད་སྟོང་པ་ཉིད་བསྒོམ་པར་བྱའོ། །དྲན་པ་ཉེ་བར་གཞག་པ་བཞི་སྒོམ་པའི་ཚེ། མི⋯⋯དམིགས་པའི་ཚུལ་གྱིས། དྲན་པ་ཉེ་བར་གཞག་པ་རྣམས་བསྒོམ་པར་བྱའོ། །ཡང་དག་པར་སྤོང་བ༔ བཞི་སྒོམ་[༧]པའི་ཚེ། མི་དམིགས་པའི་ཚུལ་གྱིས། ཡང་དག་པར་སྤོང་བ་རྣམས་བསྒོམ་པར་བྱའོ། །རྫུ་འཕྲུལ་གྱི་རྐང་པ་བཞི་སྒོམ་[༨]པའི་ཚེ། མི་དམིགས་པའི་ཚུལ་གྱིས། རྫུ་འཕྲུལ་གྱི་རྐང་པ་རྣམས་བསྒོམ་པར་བྱའོ། །དབང་པོ་རྣམས་སྒོམ་པའི་ཚེ། མི་དམིགས་པའི་ཚུལ་གྱིས། དབང་པོ་རྣམས་བསྒོམ་པར་བྱའོ། །སྟོབས་རྣམས་སྒོམ་པའི་ཚེ། མི་དམིགས་པའི་ཚུལ་གྱིས། སྟོབས་རྣམས་བསྒོམ་པར་བྱའོ། །བྱང་ཆུབ་ཀྱི་ཡན་ལག་རྣམས་སྒོམ་[༩]པའི་ཚེ། མི་དམིགས་པའི་ཚུལ་གྱིས། བྱང་ཆུབ་ཀྱི་ཡན་ལག་རྣམས་བསྒོམ་པར་བྱའོ། །འཕགས་པའི་ལམ་ཡན་ལག་བརྒྱད་པ་སྒོམ་[༡༠]པའི་ཚེ། མི་དམིགས་པའི་ཚུལ་གྱིས། འཕགས་པའི་ལམ་ཡན་ལག་བརྒྱད་པ་བསྒོམ་པར་བྱའོ། །འཕགས་པའི་བདེན་པ་རྣམས་སྒོམ་[༡༡]པའི་ཚེ། མི་དམིགས་པའི་ཚུལ་གྱིས། འཕགས་པའི་བདེན་པ་

རྣམས་བསྒོམ་པར་བྱའོ། །བསམ་གཏན་རྣམས་སྒོམ་པའི་ཚེ། མི་དམིགས་པའི་ཚུལ་གྱིས། བསམ་གཏན་རྣམས་བསྒོམ་པར་བྱའོ། །ཚད་མེད་པ་རྣམས་སྒོམ་པའི་ཚེ། མི་དམིགས་པའི་ཚུལ་གྱིས། ཚད་མེད་པ་རྣམས་བསྒོམ་པར་བྱའོ། །གཟུགས་མེད་པའི་སྙོམས་(༢)པར་འཇུག་པ་རྣམས་སྒོམ་པའི་ཚེ། མི་དམིགས་པའི་ཚུལ་གྱིས། གཟུགས་མེད་པའི་སྙོམས་པར་འཇུག་པ་རྣམས་བསྒོམ་པར་བྱའོ། །རྣམ་པར་ཐར་པ་བརྒྱད་སྒོམ་པའི་ཚེ། མི་དམིགས་པའི་ཚུལ་གྱིས། རྣམ་པར་ཐར་པ་རྣམས་བསྒོམ་པར་བྱའོ། །མཐར་གྱིས་གནས་པའི་སྙོམས་པར་འཇུག་པ་དགུ་སྒོམ་པའི་ཚེ། མི་དམིགས་པའི་ཚུལ་གྱིས། མཐར་གྱིས་གནས་པའི་སྙོམས་པར་འཇུག་པ་རྣམས་བསྒོམ་པར་བྱའོ། །རྣམ་པར་ཐར་པའི་སྒོ་སྟོང་པ་ཉིད་དང་། མཚན་མ་མེད་པ་དང་། སྨོན་པ་མེད་པ་རྣམས་(༣)སྒོམ་པའི་ཚེ། མི་དམིགས་པའི་ཚུལ་གྱིས། རྣམ་པར་ཐར་པའི་སྒོ་སྟོང་པ་ཉིད་དང་། མཚན་མ་མེད་པ་དང་། སྨོན་པ་མེད་པ་བསྒོམ་(༤)པར་བྱའོ། །མངོན་པར་ཤེས་པ་རྣམས་སྒོམ་པའི་ཚེ། མི་དམིགས་པའི་ཚུལ་གྱིས། མངོན་པར་ཤེས་པ་རྣམས་བསྒོམ་པར་བྱའོ། །ཏིང་ངེ་འཛིན་རྣམས་སྒོམ་(༥)པའི་ཚེ། མི་དམིགས་པའི་ཚུལ་གྱིས། ཏིང་ངེ་འཛིན་རྣམས་བསྒོམ་པར་བྱའོ། །གཟུངས་ཀྱི་སྒོ་རྣམས་སྒོམ་(༦)པའི་ཚེ། མི་དམིགས་པའི་ཚུལ་གྱིས། གཟུངས་ཀྱི་སྒོ་རྣམས་བསྒོམ་པར་བྱའོ། །དེ་བཞིན་གཤེགས་པའི་སྟོབས་བཅུ་སྒོམ་པའི་ཚེ། མི་དམིགས་པའི་ཚུལ་གྱིས། དེ་བཞིན་གཤེགས་པའི་སྟོབས་རྣམས་བསྒོམ་པར་བྱའོ། །མི་འཇིགས་པ་བཞི་སྒོམ་པའི་ཚེ། མི་དམིགས་པའི་ཚུལ་གྱིས། མི་འཇིགས་པ་རྣམས་བསྒོམ་པར་བྱའོ། །སོ་སོ་ཡང་དག་པར་རིག་པ་བཞི་སྒོམ་པའི་ཚེ། མི་དམིགས་པའི་ཚུལ་གྱིས། སོ་སོ་ཡང་དག་པར་རིག་པ་རྣམས་བསྒོམ་པར་བྱའོ། །བྱམས་པ་ཆེན་པོ་སྒོམ་(༧)པའི་ཚེ། མི་དམིགས་པའི་

ཚུལ་གྱིས། བྱམས་པ་ཆེན་པོ་བསྒོམ་པར་བྱའོ། །སྙིང་རྗེ་ཆེན་པོ་སྒོམ་[1]པའི·····
ཚེ། མི་དམིགས་པའི་ཚུལ་གྱིས། སྙིང་རྗེ་ཆེན་པོ་བསྒོམ་པར་བྱའོ། །སངས·····
རྒྱས་ཀྱི་ཆོས་མ་འདྲེས་པ་བཅོ་བརྒྱད་སྒོམ་[2]པའི་ཚེ། མི་དམིགས་པའི་ཚུལ་གྱིས།
སངས་རྒྱས་ཀྱི་[3]ཆོས་མ་འདྲེས་པ་རྣམས་བསྒོམ་པར་བྱའོ། །ཐམས་ཅད་ཤེས་པ་
ཉིད་སྒོམ་པའི་ཚེ། མི་དམིགས་པའི་ཚུལ་གྱིས། ཐམས་ཅད་ཤེས་པ་ཉིད་བསྒོམ་
པར་བྱའོ། །ལམ་གྱི་རྣམ་པ་[4]ཤེས་པ་ཉིད་སྒོམ་པའི་ཚེ། མི་དམིགས་པའི་ཚུལ་
གྱིས། ལམ་གྱི་རྣམ་པ་[5]ཤེས་པ་ཉིད་བསྒོམ་པར་བྱའོ། །རྣམ་པ་ཐམས་ཅད་
མཁྱེན་པ་ཉིད་སྒོམ་པའི་ཚེ། མི་དམིགས་པའི་ཚུལ་གྱིས། རྣམ་པ་ཐམས་ཅད་
མཁྱེན་པ་ཉིད་བསྒོམ་པར་བྱའོ། །གསོལ་པ། བཅོམ་ལྡན་འདས་ཇི་ཙམ་གྱིས་
ན། [6]དམིགས་པར་འགྱུར། ཇི་ཙམ་གྱིས༔ན་མི་[7]དམིགས་པར་འགྱུར།
བཅོམ་ལྡན་འདས་ཀྱིས་བཀའ་སྩལ་པ། ཇི་[8]ཙམ་དུ་གཉིས་པ་དེ་ཙམ་དུ་དམིགས་
པ་སྟེ། གཉིས་སུ་མེད་པ་ནི་མི་དམིགས་པའོ། །གསོལ་པ། བཅོམ་ལྡན་འདས་
གཉིས་ཤེས་[9]༔བྱ་བ་ནི་[10]ཇི་ལྟ་བུ་ལགས། བཅོམ་ལྡན་འདས་ཀྱིས་བཀའ་སྩལ་པ།
ཇི་ཙམ་དུ་མིག་དང་། གཟུགས་དང་། ཇི་ཙམ་དུ་རྣ་བ་དང་། སྒྲ་དང་། ཇི་
ཙམ་དུ་སྣ་དང་དྲི་དང་། ཇི་ཙམ་དུ་ལྕེ་དང་རོ་དང་། ཇི་ཙམ་དུ་ལུས་དང་རེག་
དང་། ཇི་ཙམ་དུ་ཡིད་དང་ཆོས་དང་། ཇི་ཙམ་དུ་གཟུགས་དང་། གཟུགས་
ཅན་དང་། ཇི་ཙམ་དུ་ཚོར་བ་དང་། ཚོར་བ་པོ་དང་། ཇི་ཙམ་དུ་འདུ་ཤེས་
དང་། འདུ་ཤེས་ཅན་དང་། ཇི་ཙམ་དུ་འདུ་བྱེད་དང་། འདུ་བྱེད་པ་དང་།
ཇི་ཙམ་དུ་རྣམ་པར་ཤེས་པ་དང་། རྣམ་པར་ཤེས་པར་བྱེད་པ་[11]དང་། ཇི་ཙམ་
དུ་མིག་གི་རྣམ་པར་ཤེས་པ་དང་། མིག་གི་རྣམ་པར་ཤེས་པ་ཅན་དང་། ཇི་
ཙམ་དུ་རྣ་བའི་རྣམ་པར་ཤེས་པ་དང་། རྣ་བའི་རྣམ་པར་ཤེས་པ་ཅན་དང་།

ཇི་ཙམ་དུ་སྣའི་རྣམ་པར་ཤེས་པ་དང་། སྣའི་རྣམ་པར་ཤེས་པ་ཙན་དང་། ཇི་ཙམ་དུ་ལྗེའི་རྣམ་པར་ཤེས་པ་དང་། ལྗེའི་རྣམ་པར་ཤེས་པ་ཙན་དང་། ཇི་ཙམ་དུ་ལུས་ཀྱི་རྣམ་པར་ཤེས་པ་དང་། ལུས་ཀྱི་རྣམ་པར་ཤེས་པ་ཙན་དང་། ཇི་ཙམ་དུ་ཡིད་ཀྱི་རྣམ་པར་ཤེས་པ་དང་། ཡིད་ཀྱི་རྣམ་པར་ཤེས་པ་ཙན་དང་། ཇི་ཙམ་དུ་མྱིག་གི་འདུས་ཏེ་རེག་པ་དང་། མྱིག་གི་འདུས་ཏེ་རེག་པ་ཙན་དང་། ཇི་ཙམ་དུ་རྣ་བའི་འདུས་ཏེ་རེག་པ་དང་། རྣ་བའི་འདུས་ཏེ་རེག་པ་ཙན་དང་། ཇི་ཙམ་དུ་སྣའི་འདུས་ཏེ་རེག་པ་དང་། སྣའི་འདུས་ཏེ་རེག་པ་ཙན་དང་། ཇི་ཙམ་དུ་ལྗེའི་འདུས་ཏེ་རེག་པ་དང་། ལྗེའི་འདུས་ཏེ་རེག་པ་ཙན་དང་། ཇི་ཙམ་དུ་ལུས་ཀྱི་འདུས་ཏེ་རེག་པ་དང་། ལུས་ཀྱི་འདུས་ཏེ་རེག་པ་ཙན་དང་། ཇི་ཙམ་དུ་ཡིད་ཀྱི་འདུས་ཏེ་རེག་པ་དང་། ཡིད་ཀྱི་འདུས་ཏེ་རེག་པ་ཙན་དང་། ཇི་ཙམ་དུ་མྱིག་གི་འདུས་ཏེ་རེག་པའི་རྐྱེན་གྱིས་ཚོར་བ་དང་། མྱིག་གི་འདུས་ཏེ་རེག་པའི་རྐྱེན་གྱིས་ཚོར་བ་ཉམས་སུ་མྱོང་བར་བྱེད་པ་དང་། ཇི་ཙམ་དུ་རྣ་བའི་འདུས་ཏེ་རེག་པའི་རྐྱེན་གྱིས་ཚོར་བ་དང་། རྣ་བའི་འདུས་ཏེ་རེག་པའི་རྐྱེན་གྱིས་ཚོར་བ་ཉམས་སུ་མྱོང་བར་བྱེད་པ་དང་། ཇི་ཙམ་དུ་སྣའི་འདུས་ཏེ་རེག་པའི་རྐྱེན་གྱིས་[7]ཚོར་བ་དང་། སྣའི་འདུས་ཏེ་རེག་པའི་རྐྱེན་གྱིས་ཚོར་བ་ཉམས་སུ་མྱོང་བར་བྱེད་པ་དང་། ཇི་ཙམ་དུ་ལྗེའི་འདུས་ཏེ་རེག་པའི་རྐྱེན་གྱིས་ཚོར་བ་དང་། ལྗེའི་འདུས་ཏེ་རེག་པའི་རྐྱེན་གྱིས་ཚོར་བ་ཉམས་སུ་མྱོང་བར་བྱེད་པ་དང་། ཇི་ཙམ་དུ་ལུས་ཀྱི་འདུས་ཏེ་རེག་པའི་རྐྱེན་གྱིས་ཚོར་བ་དང་། ལུས་ཀྱི་འདུས་ཏེ་རེག་པའི་རྐྱེན་གྱིས་ཚོར་བ་ཉམས་སུ་མྱོང་བར་བྱེད་པ་དང་། ཇི་ཙམ་དུ་ཡིད་ཀྱི་འདུས་ཏེ་རེག་པའི་རྐྱེན་གྱིས་ཚོར་བ་དང་། ཡིད་ཀྱི་འདུས་ཏེ་རེག་པའི་རྐྱེན་གྱིས་ཚོར་བ་ཉམས་སུ་མྱོང་བར་བྱེད་པ་དང་། ཇི་ཙམ་དུ་སའི་ཁམས་དང་། སའི་ཁམས་

ཡོངས་སུ་ཤེས་པར་བྱེད་པ་དང་། དེ་ཙམ་དུ་ཆུའི་ཁམས་དང་། ཆུའི་ཁམས་ཡོངས་སུ་ཤེས་པར་བྱེད་པ་དང་། དེ་ཙམ་དུ་མེའི་ཁམས་དང་། མེའི་ཁམས་ཡོངས་སུ་ཤེས་པར་བྱེད་པ་དང་། དེ་ཙམ་དུ་རླུང་གི་ཁམས་དང་། རླུང་གི་ཁམས་ཡོངས་སུ་ཤེས་པར་བྱེད་པ་དང་། དེ་ཙམ་དུ་ནམ་མཁའི་ཁམས་དང་། ནམ་མཁའི་ཁམས་ཡོངས་སུ་ཤེས་པར་བྱེད་པ་དང་། དེ་ཙམ་དུ་རྣམ་པར་ཤེས····པའི་ཁམས་དང་། རྣམ་པར་ཤེས་པའི་ཁམས་ཡོངས་སུ་ཤེས་པར་བྱེད་པ་དང་། དེ་ཙམ་དུ་མ་རིག་པ་དང་། མ་རིག་པ་སྐྱེད་པ་དང་། དེ་ཙམ་དུ་འདུ་བྱེད་དང་། འདུ་བྱེད་པ་དང་། དེ་ཙམ་དུ་རྣམ་པར་ཤེས་པ་དང་། རྣམ་པར་ཤེས་པ་ཅན་དང་༑ དེ་ཙམ་དུ་མིང་དང་གཟུགས་དང་། མིང་དང་གཟུགས་ཅན་དང་། དེ་ཙམ་དུ་སྐྱེ་མཆེད་དྲུག་དང་། སྐྱེ་མཆེད་དྲུག་ཅན་དང་། དེ་ཙམ་དུ་རེག་པ་དང་༑ རེག་པར་བྱེད་པ་དང་། དེ་ཙམ་དུ་ཚོར་བ་དང་། ཚོརཿབ་པོ[༡]དང་། དེ་ཙམ་དུ་སྲེད་པ་དང་། སྲེད་པ་ཅན་དང་། དེ་ཙམ་དུ་ལེན་པ་དང་། ལེན་པར་[༢]བྱེད་པ་དང་། དེ་ཙམ་དུ་སྲིད་པ་དང་། སྲིད་པ་ཅན་དང་། དེ་ཙམ་དུ་སྐྱེ་བ་དང་། སྐྱེ་བའི་ཆོས་ཅན་དང་། དེ་ཙམ་དུ་ཀ་ཤི་[༣]དང་། ཀ་ཤིའི་ཆོས་ཅན་དང་། དེ་ཙམ་དུ་སྦྱིན་པ་དང་། སྦྱིན་པ་གཏོང་[༤]བ་དང་། དེ་ཙམ་དུ་ཚུལ་ཁྲིམས་དང་། ཚུལ་ཁྲིམས་དང་ལྡན་པ་དང་། དེ་ཙམ་དུ་བཟོད་པ་དང་། བཟོད་པ་ཅན་དང་། དེ་ཙམ་དུ་བརྩོན་འགྲུས་དང་། བརྩོན་འགྲུས་ཅན་དང་། དེ་ཙམ་དུ་བསམ་གཏན་དང་། བསམ་གཏན་པ་དང་། དེ་ཙམ་དུ་ཤེས་རབ་དང་༑ ཤེས་རབ་དང་ལྡན་པ་དང་། དེ་ཙམ་དུ་ནང་སྟོང་པ་ཉིད་དང་། ནང་སྟོང་པ་ཉིད་སྒོམ་པ་དང་། དེ་ཙམ་དུ་ཕྱི་སྟོང་པ་ཉིད་དང་། ཕྱི་སྟོང་པ་ཉིད་སྒོམ་པ་དང་། དེ་ཙམ་དུ་ཕྱི་ནང་སྟོང་པ་ཉིད་དང་། ཕྱི་ནང་སྟོང་པ་ཉིད་སྒོམ་

པ་དང་། ཇི་ཙམ་དུ་སྟོང་པ་ཉིད་སྟོང་པ་ཉིད་དང་། ཿསྟོང་པ་ཉིད་[༡]སྟོང་པ་ཉིད་སྒོམ་པ་དང་། ཇི་ཙམ་དུ་ཆེན་པོ་སྟོང་པ་ཉིད་དང་། ཆེན་པོ་སྟོང་[༢]པ་ཉིད་སྒོམ་པ་དང་། ཇི་ཙམ་དུ་དོན་དམ་པ་སྟོང་པ་ཉིད་དང་། དོན་དམ་པ་སྟོང་པ་ཉིད་སྒོམ་པ་དང་། ཇི་ཙམ་དུ་འདུས་བྱས་སྟོང་པ་ཉིད་དང་། འདུས་བྱས་སྟོང་པ་ཉིད་སྒོམ་པ་དང་། ཇི་ཙམ་དུ་འདུས་མ་བྱས་སྟོང་པ་ཉིད་དང་། འདུས་མ་བྱས་སྟོང་པ་ཉིད་སྒོམ་པ་དང་། ཇི་ཙམ་དུ་མཐའ་ལས་འདས་པ་སྟོང་པ་ཉིད་……དང་། མཐའ་ལས་འདས་པ་སྟོང་པ་ཉིད་སྒོམ་པ་དང་། ཇི་ཙམ་དུ་ཐོག་མ་དང་ཐ་མ་མེད་པ་སྟོང་པ་ཉིད་དང་། ཐོག་མ་དང་ཐ་མ་མེད་པ་སྟོང་པ་ཉིད་སྒོམ་པ་དང་། ཇི་ཙམ་དུ་དོར་བ་མེད་པ་སྟོང་པ་ཉིད་དང་། དོར་བ་མེད་པ་སྟོང་པ་ཉིད་སྒོམ་པ་དང་། ཇི་ཙམ་དུ་རང་བཞིན་སྟོང་པ་ཉིད་དང་། རང་བཞིན་སྟོང་པ་ཉིད་སྒོམ་པ་དང་། ཇི་ཙམ་དུ་ཆོས་ཐམས་ཅད་སྟོང་པ་ཉིད་དང་། ཆོས་ཐམས་ཅད་སྟོང་པ་ཉིད་སྒོམ་པ་དང་། ཇི་ཙམ་དུ་རང་གི་མཚན་ཉིད་སྟོང་པ་ཉིད་དང་། རང་གི་མཚན་ཉིད་སྟོང་པ་ཉིད་སྒོམ་པ་དང་། ཇི་ཙམ་དུ་མི་དམིགས་པ་སྟོང་པ་ཉིད་དང་། མི་དམིགས་པ་སྟོང་པ་ཉིད་སྒོམ་པ་དང་། ཇི་ཙམ་དུ་དངོས་པོ་མེད་པ་སྟོང་པ་ཉིད་དང་། དངོས་པོ་མེད་པ་སྟོང་པ་ཉིད་སྒོམ་པ་དང་། ཇི་ཙམ་དུ་ངོ་བོ་ཉིད་སྟོང་པ་ཉིད་དང་། ངོ་བོ་ཉིད་སྟོང་པ་ཉིད་སྒོམ་པ་དང་། ཇི་ཙམ་དུ་དངོས་པོ་མེད་པའི་ངོ་བོ་ཉིད་སྟོང་པ་ཉིད་དང་། དངོས་པོ་མེད་པའི་ངོ་བོ་ཉིད་སྟོང་པ་ཉིད་སྒོམ་པ་དང་། ཇི་ཙམ་དུ་དྲན་པ་ཉེ་བར་གཞག་པ་རྣམས……དང་། དྲན་པ་ཉེ་བར་གཞག་པ་རྣམས་སྒོམ་[༣]པ་དང་། ཇི་ཙམ་དུ་ཡང་དག་པར་སྤོང་བ་རྣམས་དང་། ཡང་དག་པར་སྤོང་བ་རྣམས་སྒོམ་པ་དང་། ཇི་ཙམ་དུ་རྫུ་འཕྲུལ་གྱི་རྐང་པ་རྣམས་དང་། རྫུ་འཕྲུལ་གྱི་རྐང་པ་རྣམས་སྒོམ་པ་དང་།

ཇི་ཙམ་དུ་དབང་པོ་རྣམས་དང་། དབང་པོ་རྣམས་སྨོས་པ་དང་། ཇི་ཙམ་དུ་སྟོབས་རྣམས་དང་། སྟོབས་རྣམས་སྨོས་པ་དང་། ཇི་ཙམ་དུ་བྱང་ཆུབ་ཀྱི་ཡན་ལག་རྣམས་དང་། བྱང་ཆུབ་ཀྱི་ཡན་ལག་རྣམས་སྨོས་པ་དང་། ཇི་ཙམ་དུ་འཕགས་པའི་ལམ་ཡན་ལག་བརྒྱད་པ་དང་། འཕགས་པའི་ལམ་ཡན་ལག་བརྒྱད་པ་སྨོས་པ་དང་། ཇི་ཙམ་དུ་འཕགས་པའི་བདེན་པ་རྣམས་དང་། འཕགས་པའི་བདེན་པ་རྣམས་སྨོས་པ་དང་། ཇི་ཙམ་དུ་བསམ་གཏན་རྣམས་དང་། བསམ་གཏན་རྣམས་སྨོས་པ་དང་། ཇི་ཙམ་དུ་ཚད་མེད་པ་རྣམས་དང་། ཚད་མེད་པ་རྣམས་སྨོས①པ་དང་། ཇི་ཙམ་དུ་གཟུགས་མེད་པའི་སྙོམས་པར་འཇུག་པ②དང་། གཟུགས་མེད་པའི་སྙོམས་པར་འཇུག་པ་རྣམས་སྨོས་པ་དང་། ཇི་ཙམ་དུ་རྣམ་པར་ཐར་པ་བརྒྱད་དང་། རྣམ་པར་ཐར་པ་བརྒྱད③སྨོས་པ་དང་། ཇི་ཙམ་དུ་མཐར་གྱིས་གནས་པའི④སྙོམས་པར་འཇུག་པ་དགུ་དང་། མཐར་གྱིས་གནས་པའི་སྙོམས་པར་འཇུག་པ་དགུ⑤སྨོས་པ་དང་། ཇི་ཙམ་དུ་རྣམ་པར་ཐར་པའི་སྒོ་སྟོང་པ་ཉིད་དང་། མཚན་མ་མེད་པ་དང་། སྨོན་པ་མེད་པ་དང་། རྣམ་པར་ཐར་པའི་སྒོ་སྟོང་པ་ཉིད་དང་། མཚན་མ་མེད་པ་དང་། སྨོན་པ་མེད་པ་སྨོས་པ་དང་། ཇི་ཙམ་དུ་མངོན་པར་ཤེས་པ་རྣམས་དང་། མངོན་པར་ཤེས་པ་རྣམས་སྨོས་པ་དང་། ཇི⑥ཙམ་དུ་ཏིང་ངེ་འཛིན་རྣམས་དང་། ཏིང་ངེ……འཛིན་རྣམས་སྨོས་པ་དང་། ཇི་ཙམ་དུ་གཟུངས་ཀྱི་སྒོ་རྣམས་དང་། གཟུངས་ཀྱི་སྒོ་རྣམས་སྨོས་པ་དང་། ཇི་ཙམ་དུ་དེ་བཞིན་གཤེགས་པའི་སྟོབས་བཅུ་དང་། དེ་བཞིན་གཤེགས་པའི་སྟོབས་བཅུ⑦སྨོས་པ་དང་། ཇི་ཙམ་དུ་མི་འཇིགས་པ་བཞི་དང་། མི་འཇིགས་པ་བཞི⑧སྨོས་པ་དང་། ཇི་ཙམ་དུ་སོ་སོ་ཡང་དག་པར་རིག་པ་བཞི་དང་། སོ་སོ་ཡང་དག་པར་རིག་པ་བཞི⑨སྨོས་པ་དང་། ཇི་ཙམ་དུ་

བྱམས་པ་ཆེན་པོ་དང་། བྱམས་པ་ཆེན་པོ་སྙོམ་པ་དང་། ཇི་ཙམ་དུ་སྙིང་རྗེ་
ཆེན་པོ་དང་། སྙིང་རྗེ་ཆེན་པོ་སྙོམ་པ་དང་། ཇི་ཙམ་དུ་སངས་རྒྱས་ཀྱི་ཆོས་མ་
འདྲེས་པ་བཅོ་བརྒྱད་དང་། སངས་རྒྱས་ཀྱི་ཆོས་མ་འདྲེས་པཿབཅོ་བརྒྱད་①སྙོམ་
པ་དང་། ཇི་ཙམ་དུ་རྒྱུན་དུ་ཞུགས་པའི་འབྲས་བུ་དང་། རྒྱུན་དུ་ཞུགས་པ་
དང་། ཇི་ཙམ་དུ་ལན་ཅིག་ཕྱིར་འོང་བའི་འབྲས་བུ་དང་། ལན་ཅིག་ཕྱིར་འོང་
བ་དང་། ཇི་ཙམ་དུ་ཕྱིར་མི་འོང་བའི་འབྲས་བུ་དང་། ཕྱིར་མི་འོང་བ་②དང་།
ཇི་ཙམ་དུ་དགྲ་བཅོམ་པ་ཉིད་དང་། དགྲ་བཅོམ་པ་③དང་། ཇི་ཙམ་དུ་རང་
བྱང་ཆུབ་དང་། རང་④སངས་རྒྱས་དང་། ཇི་ཙམ་དུ་ལམ་གྱི་རྣམ་པ་ཤེས་པ་
ཉིད་དང་། བྱང་ཆུབ་སེམས་དཔའ་དང་། ཇི་ཙམ་དུ་བླ་ན་མེད་པ་ཡང་དག་
པར་རྫོགས་པའི་བྱང་ཆུབ་དང་། སངས་རྒྱས་ཏེ། རབ་འབྱོར་འདི་དག་ནི·····
གཉིས་སོ། །ཿ卐གསོལ་པ། བཅོམ་ལྡན་འདས་གཉིས་སུ་མ་མཆིས་པ་གང་ལགས།
བཅོམ་ལྡན་འདས་ཀྱིས་བཀའ་སྩལ་པ། མིག་དང་གཟུགས་མེད་པ་དང་། རྣ་བ་
དང་སྒྲ་མེད་པ་དང་། སྣ་དང་དྲི་མེད་པ་དང་། ལྕེ་དང་རོ་མེད་པ་དང་།
ལུས་དང་རེག་མེད་པ་དང་། ཡིད་དང་ཆོས་མེད་པ་དང་། གཟུགས་དང·····
གཟུགས་ཅན་མེད་པ་དང་། ཚོར་བ་དང་ཚོར་བ་པོ་མེད་པ་དང་། འདུ་ཤེས་
དང་། འདུ་ཤེས་ཅན་མེད་པ་དང་། འདུ་བྱེད་དང་འདུ་བྱེད་པ་མེད་པ་དང་།
རྣམ་པར་ཤེས་པ་དང་། རྣམ་པར་ཤེས་པར་བྱེད་པ་མེད་པ་དང་། མིག་གི་རྣམ་
པར་ཤེས་པ་དང་། མིག་གི་རྣམ་པར་ཤེས་པ་ཅན་མེད་པ་དང་། རྣ་བའི་རྣམ་
པར་ཤེས་པ་དང་། རྣ་བའི་རྣམ་པར་ཤེས་པ་ཅན་མེད་པ་དང་། སྣའི་རྣམ་པར་
ཤེས་པ་དང་། སྣའི་རྣམ་པར་ཤེས་པ་ཅན་མེད་པ་དང་། ལྕེའི་རྣམ་པར་ཤེས་པ་
དང་། ལྕེའི་རྣམ་པར་ཤེས་པ་ཅན་མེད་པ་དང་། ལུས་ཀྱི་རྣམ་པར་ཤེས་པ་

དང་། ལུས་ཀྱི་རྣམ་པར་ཤེས་པ་ཅན་མྱེད་པ་དང་། ཡིད་ཀྱི་རྣམ་པར་ཤེས་པ་དང་། ཡིད་ཀྱི་རྣམ་པར་ཤེས་པ་ཅན་མྱེད་པ་དང་། མྱིག་གི་འདུས་ཏེ་རེག་པ་དང་། མྱིག་གི་འདུས་ཏེ་རེག་པ་ཅན་མྱེད་པ་དང་། རྣ་བའི་འདུས་ཏེ་རེག་པ་དང་། རྣ་བའི་འདུས་ཏེ་རེག་པ་ཅན་མྱེད་པ་དང་། སྣའི་འདུས་ཏེ་རེག་པ་དང་། སྣའི་འདུས་ཏེ་རེག་པ་ཅན་མྱེད་པ་དང་། ལྕེའི་འདུས་ཏེ་རེག་པ་དང་། ལྕེའི་འདུས་ཏེ་རེག་པ་ཅན་མྱེད་པ་དང་། ལུས་ཀྱི་འདུས་ཏེ་རེག་པ་དང་། ལུས་ཀྱི་འདུས་ཏེ་རེག་པ་ཅན་མྱེད་པ་དང་། ཡིད་ཀྱི་འདུས་ཏེ་རེག་པ་དང་། ཡིད་ཀྱི་འདུས་ཏེ་རེག་པ་ཅན་མྱེད་པ་དང་། མྱིག་གི་འདུས་ཏེ་རེག་པའི་རྐྱེན་ཀྱིས་ཚོར་བ་དང་། མྱིག་གི་འདུས་ཏེ་རེག་པའི་རྐྱེན་ཀྱིས་ཚོར་བ་ཉམས་སུ་མྱོང་བར་བྱེད་པ་མྱེད་པ་དང་། རྣ་བའི་འདུས་ཏེ་རེག་པའི་རྐྱེན་ཀྱིས་ཚོར་བ་དང་། རྣ་བའི་····འདུས་ཏེ་རེག་པའི་རྐྱེན་ཀྱིས་ཚོར་བ་ཉམས་སུ་མྱོང་བར་བྱེད་པ་མྱེད་པ་དང་། སྣའི་འདུས་ཏེ་རེག་པའི་རྐྱེན་ཀྱིས་ཚོར་བ་དང་། སྣའི་འདུས་ཏེ་རེག་པའི་རྐྱེན·····ཀྱིས་ཚོར་བ་ཉམས་སུ་མྱོང་བར་བྱེད་པ་མྱེད་པ་དང་། ལྕེའི་འདུས་ཏེ་རེག་པའི་རྐྱེན་ཀྱིས་ཚོར་བ་དང་། ལྕེའི་འདུས་ཏེ་རེག་པའི་རྐྱེན་ཀྱིས་ཚོར་བ་ཉམས་སུ་མྱོང་བར་བྱེད་པ་མྱེད་པ་དང་། ལུས་ཀྱི་འདུས་ཏེ་རེག་པའི་རྐྱེན་ཀྱིས་ཚོར་བ་དང་། ལུས་ཀྱི་འདུས་ཏེ་རེག་པའི་རྐྱེན་ཀྱིས་[༡]ཚོར་བ་ཉམས་སུ་མྱོང་བར་བྱེད་པ་མྱེད་པ·····དང་། ཡིད་ཀྱི་འདུས་ཏེ་རེག་པའི་རྐྱེན་ཀྱིས་ཚོར་བ་དང་། ཡིད་ཀྱི་འདུས་ཏེ་རེག་པའི་རྐྱེན་ཀྱིས་ཚོར་བ་ཉམས་སུ་མྱོང་བར་བྱེད་པ་མྱེད་པ་དང་། སའི་ཁམས་དང་། སའི་ཁམས་ཡོངས་སུ་ཤེས་པར་བྱེད་པ་མྱེད་པ་དང་། ཆུའི་ཁམས·····དང་། ཆུའི་ཁམས་ཡོངས་སུ་ཤེས་པར་བྱེད་པ་མྱེད་པ་དང་། མེའི་ཁམས་དང་། མེའི་ཁམས་ཡོངས་སུ་ཤེས་པར་བྱེད་པ་མྱེད་པ་དང་། རླུང་གི་ཁམས་དང་།

རླུང་གི་ཁམས་ཡོངས་སུ་ཤེས་པར་བྱེད་པ་མྱེད་པ་དང་། ནམ་མཁའི་ཁམས་དང་། ནམ་མཁའི་ཁམས་ཡོངས་སུ་ཤེས་པར་བྱེད་པ་མྱེད་པ་དང་། རྣམ་པར་ཤེས་པ་དང་། རྣམ་པར་ཤེས་པ་ཡོངས་སུ་ཤེས་པར་བྱེད་པ་མྱེད་པ་དང་། མ་རིག་པ་དང་། མ་རིག་པ་སྐྱེད་པ་མྱེད་པ་དང་། འདུ་བྱེད་དང་། འདུ་བྱེད་པ་མྱེད་པ་དང་། རྣམ་པར་ཤེས་པ་དང་། རྣམ་པར་ཤེས་པ་ཅན་མྱེད་པ་དང་། མྱིང་དང་གཟུགས་དང་། མྱིང་དང་གཟུགས་ཅན་མྱེད་པ་དང་། སྐྱེ་མཆེད་དྲུག་དང་། སྐྱེ་མཆེད་དྲུག་ཅན་མྱེད་པ་དང་། རེག་པ་དང་། རེག་པར་བྱེད་པ་མྱེད་པ་དང་། ཚོར་བ་དང་། ཚོར་བ་པོ་མྱེད་པ་དང་། སྲེད་པ་དང་། སྲེད་པ་ཅན་མྱེད་པ་དང་། ལེན་པ་དང་། ལེན་པར་བྱེད་པ་མེད་པ་དང་། སྲིད་པ་དང་། སྲིད་པ་ཅན་མྱེད་པ་དང་། སྐྱེ་བ་དང་། སྐྱེ་བའི་ཆོས་ཅན་མྱེད་པ་དང་། རྒ་ཤི་དང་། རྒ་ཤིའི་ཆོས་ཅན་མྱེད་པ་དང་། སྦྱིན་པ་དང་། སྦྱིན་པ་གཏོང་བ་མྱེད་པ་དང་། ཚུལ་ཁྲིམས་དང་། ཚུལ་ཁྲིམས་དང་ལྡན་པ་མྱེད་པ་དང་། བཟོད་པ་དང་། བཟོད་པ་ཅན་མྱེད་པ་དང་། བརྩོན་འགྲུས་དང་། བརྩོན་འགྲུས་ཅན་མེད་པ་དང་། བསམ་གཏན་དང་། བསམ་གཏན་པ་མྱེད་པ་དང་། ཤེས་རབ་དང་། ཤེས་རབ་དང་ལྡན་པ་མྱེད་པ་དང་། ནང་སྟོང་པ་ཉིད་དང་། ནང་སྟོང་པ་ཉིད་སྒོམ་པ་མྱེད་པ་དང་། ཕྱི་སྟོང་པ་ཉིད་དང་། ཕྱི་སྟོང་པ་ཉིད་སྒོམ་པ་མྱེད་པ་དང་། ཕྱི་ནང་སྟོང་པ་ཉིད་དང་། ཕྱི་ནང་སྟོང་པ་ཉིད་སྒོམ་པ་མྱེད་པ་དང་། སྟོང་པ་ཉིད་སྟོང་པ་ཉིད་དང་། སྟོང་པ་ཉིད་སྟོང་པ་ཉིད་སྒོམ་པ་མྱེད་པ་དང་། ཆེན་པོ་སྟོང་པ་ཉིད་དང་། ཆེན་པོ་སྟོང་པ་ཉིད་སྒོམ་པ་མྱེད་པ་དང་། དོན་དམ་པ་སྟོང་པ་ཉིད་དང་། དོན་དམ་པ་སྟོང་པ་ཉིད་སྒོམ་པ་མྱེད་པ་དང་། འདུས་བྱས་སྟོང་པ་ཉིད་དང་། འདུས་བྱས་སྟོང་པ་

ཉིད་སྨོས་པ་མྱེད་པ་དང་། འདུས་མ་བྱས་སྟོང་པ་ཉིད་དང་། འདུས་མ་བྱས་སྟོང་པ་ཉིད་སྨོས་པ་མྱེད་པ་དང་། མཐའ་ལས་འདས་པ་སྟོང་པ་ཉིད་དང་། མཐའ་ལས་འདས་པ་སྟོང་པ་ཉིད་སྨོས་པ་མྱེད་པ་དང་། ཐོག་མ་དང་ཐ་མ་མྱེད་པ་སྟོང་པ་ཉིད་དང་། ཐོག་མ་དང་ཐ་མ་མྱེད་པ་སྟོང་པ་ཉིད་སྨོས་པ་མྱེད་པ་དང་། དོར་བ་མྱེད་པ་སྟོང་པ་ཉིད་དང་། དོར་བ་མྱེད་པ་སྟོང་པ་ཉིད་སྨོས་པ་མྱེད་པ་དང་། རང་བཞིན་སྟོང་པ་ཉིད་དང་། རང་བཞིན་སྟོང་པ་ཉིད་སྨོས་པ་མྱེད་པ་དང་། ཆོས་ཐམས་ཅད་སྟོང་པ་ཉིད་དང་། ཆོས་ཐམས་ཅད་སྟོང་པ་ཉིད་སྨོས་པ་མྱེད་པ་དང་། རང་གི་མཚན་ཉིད་སྟོང་པ་ཉིད་དང་། རང་གི་མཚན་ཉིད་སྟོང་པ་ཉིད་སྨོས་པ་མྱེད་པ་དང་། མྱི་དམྱིགས་པ་སྟོང་པ་ཉིད་དང་། མྱི·····དམྱིགས་པ་སྟོང་པ་ཉིད་སྨོས་པ་མྱེད་པ་དང་། དངོས་པོ་མྱེད་པ་སྟོང་པ་ཉིད·····དང་། དངོས་པོ་མྱེད་པ་སྟོང་པ་ཉིད་སྨོས་པ་མྱེད་པ་དང་། ངོ་བོ་ཉིད་སྟོང་པ་ཉིད་དང་། ངོ་བོ་ཉིད་སྟོང་པ་ཉིད་སྨོས་པ་མྱེད་པ་དང་། དངོས་པོ་མྱེད་པའི་ངོ་བོ་ཉིད་སྟོང་པ་ཉིད་དང་། དངོས་པོ་མྱེད་པའི་ངོ་བོ་ཉིད་སྟོང་པ་ཉིད་སྨོས་པ་མྱེད་པ་དང་། དྲན་པ་ཉེ་བར་གཞག་པ་རྣམས་དང་། དྲན་པ་ཉེ་བར་གཞག་པ་རྣམས་སྨོས་པ་མེད་པ་དང་། ཡང་དག་པར་སྤོང་བ་རྣམས་དང་། ཡང་དག་པར་སྤོང་བ་རྣམས་སྨོས་པ་མྱེད་པ་དང་། རྫུ་འཕྲུལ་གྱི་རྐང་པ་རྣམས་དང་། རྫུ་འཕྲུལ་གྱི་རྐང་པ་རྣམས་སྨོས་པ་མྱེད་པ་དང་། དབང་པོ་རྣམས་དང་། དབང་པོ་རྣམས་སྨོས་པ་མྱེད་པ་དང་། སྟོབས་རྣམས་དང་། སྟོབས་རྣམས་སྨོས་པ་མྱེད་པ་དང་། བྱང་ཆུབ་ཀྱི་ཡན་ལག་རྣམས་དང་། བྱང་ཆུབ་ཀྱི་ཡན་ལག་རྣམས་སྨོས་པ་མྱེད་པ་དང་། འཕགས་པའི་ལམ་ཡན་ལག་བརྒྱད་པ་དང་། འཕགས་པའི་ལམ་ཡན་ལག་བརྒྱད་པ་སྨོས་པ་མྱེད་པ་དང་། འཕགས་པའི་བདེན་

པ་རྣམས་དང་། འཕགས་པའི་བདེན་པ་རྣམས་སྒོམ་པ་མེད་པ་དང་། བསམ་གཏན་རྣམས་དང་། བསམ་གཏན་རྣམས་སྒོམ་པ་མྱེད་པ་དང་། ཚད་མྱེད་པ་རྣམས་དང་། ཚད་མྱེད་པ་རྣམས་སྒོམ་པ་མྱེད་པ་དང་། གཟུགས་མྱེད་པའི་སྙོམས་པར་འཇུག་པ་རྣམས་དང་། གཟུགས་མྱེད་པའི་སྙོམས་པར་འཇུག་པ······རྣམས་སྒོམ་པ་མྱེད་པ་དང་། རྣམ་པར་ཐར་པ་བརྒྱད་དང་། རྣམ་པར་ཐར་པ་བརྒྱད་སྒོམ་པ་མྱེད་པ་དང་། མཐར་གྱིས་གནས་པའི་སྙོམས་པར་འཇུག་པ་དགུ་དང་། མཐར་གྱིས་གནས་པའི་སྙོམས་པར་འཇུག་པ་དགུ་སྒོམ་པ་མྱེད་①པ་དང་། རྣམ་པར་ཐར་པའི་སྒོ་སྟོང་པ་ཉིད་དང་མཚན་མ་མྱེད་པ་དང་། སྨོན་པ་མྱེད་པ་དང་། །རྣམ་པར་ཐར་པའི་སྒོ་སྟོང་པ་ཉིད་དང་། མཚན་མ་མྱེད་པ་དང་། སྨོན་པ་མྱེད་པ་སྒོམ་པ་མྱེད་པ་དང་། མངོན་པར་ཤེས་པ་རྣམས་དང་། མངོན་པར་ཤེས་པ་རྣམས་སྒོམ་པ་མེད་པ་དང་། ཏིང་ངེ་འཛིན་རྣམས་དང་། ཏིང་ངེ་འཛིན་རྣམས་སྒོམ་པ་མྱེད་པ་དང་། གཟུངས་ཀྱི་སྒོ་རྣམས་དང་། གཟུངས་ཀྱི་སྒོ་རྣམས་སྒོམ་པ་མྱེད་པ་དང་། དེ་བཞིན་གཤེགས་པའི་སྟོབས་བཅུ་དང་། དེ་བཞིན་གཤེགས་པའི་སྟོབས་བཅུ་སྒོམ་པ་མྱེད་པ་དང་། མྱི་འཇིགས་པ་བཞི་དང་། མྱི་འཇིགས་པ་བཞི་སྒོམ་པ་མྱེད་པ་དང་། སོ་སོ་ཡང་དག་པར་རིག་པ་བཞི་དང་། སོ་སོ་ཡང་དག་པར་རིག་པ་བཞི་སྒོམ་པ་མྱེད་པ་དང་། བྱམས་པ་ཆེན་པོ་དང་། བྱམས་པ་ཆེན་པོ་སྒོམ་པ་མྱེད་པ་དང་། སྙིང་རྗེ་ཆེན་པོ་དང་། སྙིང་རྗེ་ཆེན······པོ་སྒོམ་པ་མྱེད་པ་དང་། སངས་རྒྱས་ཀྱི་ཆོས་མ་འདྲེས་པ་བཅོ་བརྒྱད་དང་། སངས་རྒྱས་ཀྱི་ཆོས་མ་འདྲེས་པ་བཅོ་བརྒྱད་སྒོམ་པ་མྱེད་པ་དང་། རྒྱུན་དུ་ཞུགས་པའི་འབྲས་བུ་དང་། རྒྱུན་དུ་ཞུགས་པ་མྱེད་པ་དང་། ལན་ཅིག་ཕྱིར་འོང་བའི་འབྲས་བུ་དང་། ལན་ཅིག་ཕྱིར་འོང་བ་མྱེད་པ་དང་། ཕྱིར་མི་འོང་བའི་འབྲས་

བུ་དང་། ཕྱིར་མི་འོང་བ་མེད་པ་དང་། དགྲ་བཅོམ་པ་ཉིད་དང་། དགྲ་བཅོམ་པ་མེད་པ་དང་། རང་བྱང་ཆུབ་དང་། རང་སངས་རྒྱས་མེད་པ་དང་། ལམ་གྱི་རྣམ་པ་ཤེས་པ་ཉིད་དང་། བྱང་ཆུབ་སེམས་དཔའ་མེད་པ་དང་། བླ······ན་མེད་པ་ཡང་དག་པར་རྫོགས་པའི་བྱང་ཆུབ་དང་། སངས་རྒྱས་མེད་པ་སྟེ། རབ་འབྱོར་འདི་དག་ནི་གཉིས་སུ་མེད་པའོ卍[༡]། །གསོལ་པ། བཅོམ་ལྡན་འདས་ཅི་ལགས། དམིགས་སུ་[༢]མཆིས་པ་མི་དམིགས་སམ། མ་ལགས་ཏེ། དམིགས་སུ་མ་མཆིས་པ་མི་དམིགས་སམ། བཅོམ་ལྡན་འདས་ཀྱིས་བཀའ་སྩལ་པ། རབ་འབྱོར་དམིགས་སུ་ཡོད་པ་མི་དམིགས་པ་ཡང་མ་ཡིན། དམིགས་སུ་མེད་པ་མི······དམིགས་པ་ཡང་མ་ཡིན་གྱིས[༣]། རབ་འབྱོར་དམིགས་པ་དང་མི་དམིགས་པ······མཉམ་པ་ཉིད་ནི་མི་དམིགས་པ་སྟེ། རབ་འབྱོར་དེ་ལྟར་བྱང་ཆུབ་སེམས་དཔའ་སེམས་དཔའ་ཆེན་པོས། དམིགས་པ་དང་མི་དམིགས་པ་མཉམ་པ་ཉིད་ལ་བསླབ་པར་བྱའོ། །དེ་ལྟར་ཤེས་རབ་ཀྱི་ཕ་རོལ་ཏུ་ཕྱིན་པ་ལ་སློབ་པའི་བྱང་ཆུབ་སེམས་དཔའ་སེམས་དཔའ་ཆེན་པོ་ནི། མི་དམིགས་པ་དང་ལྡན་པར་འགྱུར་རོ། །གསོལ་པ། བཅོམ་ལྡན་འདས་གལ་ཏེ་དེ་ལྟར་བྱང་ཆུབ་སེམས་དཔའ་སེམས······དཔའ་ཆེན་པོ། ཤེས་རབ་ཀྱི་ཕ་རོལ་ཏུ་ཕྱིན་པ་ལ་སྤྱོད་པའི་ཚེ། དམིགས་པ་ལ་ཡང་མི་ཆགས། མི་དམིགས་པ་ལ་ཡང་མི་ཆགས་པ་ལགས་ན། འོ་ན་ཇི་ལྟར་བྱང་ཆུབ་སེམས་དཔའ་སེམས་དཔའ་ཆེན་པོ་ཤེས་རབ་ཀྱི་ཕ་རོལ་ཏུ་ཕྱིན་པ་ལ་སྤྱོད་པས། ས་ནས་ས་ཡོངས་སུ་རྫོགས་པར་བགྱི། ས་ནས་ས་ཡོངས་སུ་རྫོགས་ནས་ནི། རྣམ་པ་ཐམས་ཅད་མཁྱེན་པ་ཉིད་[༤]ཇི་ལྟར་ཐོབ་པར་བགྱི། བཅོམ་ལྡན་འདས་ཀྱིས་བཀའ་སྩལ་པ། རབ་འབྱོར་བྱང་ཆུབ་སེམས་དཔའ་སེམས་དཔའ······ཆེན་པོ། ཤེས་རབ་ཀྱི་ཕ་རོལ་ཏུ་ཕྱིན་པ་ལ་སྤྱོད་པ་ནི[༥]། དམིགས་པ་ལ་གནས་

ཤིང་། ས་ནས་ས་ཡོངས་སུ་རྫོགས་པར་མི་བྱེད་དེ[7]། བྱང་ཆུབ་སེམས་དཔའ་སེམས་དཔའ་ཆེན་པོས། ཤེས་རབ་ཀྱི་ཕ་རོལ་ཏུ་ཕྱིན་པ་ལ་སྤྱོད་པའི་ཚེ། དམིགས་པ་ལ་གནས་ཏེ། ས་ནས་ས་ཡོངས་སུ་རྫོགས་པར་བྱ་བར་མི་ནུས་སོ། །དེ་ཅིའི་ཕྱིར་ཞེ་ན། ཤེས་རབ་ཀྱི་ཕ་རོལ་ཏུ་ཕྱིན་པའང་[8]དམིགས་སུ་མེད། བྱང་ཆུབ་ཀྱང་དམིགས་སུ་མེད་དེ། གང་ཤེས་རབ་ཀྱི་ཕ་རོལ་ཏུ་ཕྱིན་པ་ལ་སྤྱོད་པ་དེ་ཡང་དམིགས་སུ་མེད་དོ། །རབ་འབྱོར་དེ་ལྟར་བྱང་ཆུབ་སེམས་དཔའ་སེམས······དཔའ་ཆེན་པོས་ཤེས་རབ་ཀྱི་ཕ་རོལ་ཏུ་ཕྱིན་པ་ལ་སྤྱོད་[9]པར་བྱའོ། །གསོལ་པ། བཅོམ་ལྡན་འདས་གལ་ཏེ། དེ་ལྟར་ཤེས་རབ་ཀྱི་ཕ་རོལ་ཏུ་ཕྱིན་པ་དམིགས་སུ་མ་མཆིས་ཏེ། གང་བྱང་ཆུབ་ཏུ་སྤྱོད་པ་དེ་ཡང་དམིགས་སུ་མ་མཆིས་པ་ལགས་ན། འོ་ན་ཇི་ལྟར་བྱང་ཆུབ་སེམས་དཔའ་སེམས་དཔའ་ཆེན་པོ། ཤེས་རབ་ཀྱི་ཕ་རོལ་ཏུ་ཕྱིན༔པ་ལ་སྤྱོད་[10]པས། འདི་ནི་གཟུགས་སོ། །འདི་ནི་ཚོར་བའོ། །འདི་ནི་འདུ་ཤེས་སོ། །འདི་ནི་འདུ་བྱེད་དོ། །འདི་ནི་རྣམ་པར་ཤེས་པའོ། །འདི་ནི་མིག་གོ། །འདི་ནི་རྣ་བའོ། །འདི་ནི་སྣའོ། །འདི་ནི་ལྕེའོ། །འདི་ནི་ལུས་སོ། །འདི་ནི་ཡིད་དོ། །འདི་ནི་གཟུགས་སོ། །འདི་ནི་སྒྲའོ། །འདི་ནི་དྲིའོ། །འདི་ནི་རོའོ། །འདི་ནི་རེག་གོ། །འདི་ནི་ཆོས་སོ། །འདི་ནི་མིག་གི་རྣམ་པར་ཤེས་པའོ། །འདི་ནི་རྣ་བའི་རྣམ་པར་ཤེས་པའོ། །འདི་ནི་སྣའི་རྣམ་པར་ཤེས་པའོ། །འདི་ནི་ལྕེའི་རྣམ་པར་ཤེས་པའོ། །འདི་ནི་ལུས་ཀྱི་རྣམ་པར་ཤེས་པའོ། །འདི་ནི་ཡིད་ཀྱི་རྣམ་པར་ཤེས་པའོ། །འདི་ནི་མིག་གི་འདུས་ཏེ་རེག་པའོ། །འདི་ནི་རྣ་བའི་འདུས་ཏེ་རེག་པའོ། །འདི་ནི་སྣའི་འདུས་ཏེ་རེག་པའོ། །འདི་ནི་ལྕེའི་འདུས་ཏེ་རེག་པའོ། །འདི་ནི་ལུས་ཀྱི་འདུས་ཏེ་རེག་པའོ། །འདི་ནི་ཡིད་ཀྱི་འདུས་ཏེ་རེག་པའོ། །འདི་ནི་མིག་གི་འདུས་ཏེ་རེག་པའི་རྐྱེན་གྱིས་ཚོར་བའོ། །

འདི་ནི་རྔ་བའི་འདུས་ཏེ་རེག་པའི་རྐྱེན་གྱིས་ཚོར་བའོ། །འདི་ནི་སྣའི་འདུས་ཏེ་རེག་པའི་རྐྱེན་གྱིས་ཚོར་བའོ། །འདི་ནི་ལྕེའི་འདུས་ཏེ་རེག་པའི་རྐྱེན་གྱིས་ཚོར་བའོ༏ །འདི་ནི་ལུས་ཀྱི་འདུས་ཏེ་རེག་པའི་རྐྱེན་གྱིས་ཚོར་བའོ། །འདི་ནི་ཡིད་ཀྱི་འདུས་ཏེ་རེག་པའི་རྐྱེན་གྱིས་ཚོར་བའོ། །ཿའདི་ནི་སའི་ཁམས་སོ། །[༧]འདི་ནི་ཆུའི་ཁམས་སོ། །འདི་ནི་མེའི་ཁམས་སོ། །འདི་ནི་རླུང་གི་ཁམས་སོ། །འདི་ནི་ནམ་མཁའི་ཁམས་སོ། །འདི་ནི་རྣམ་པར་ཤེས་པའི་ཁམས་སོ། །འདི་ནི་མ་རིག་པའོ༏ །འདི་ནི་འདུ་བྱེད་དོ། །འདི་ནི་རྣམ་པར་ཤེས་པའོ། །འདི་ནི་མིང་དང་གཟུགས་སོ། །འདི་ནི་སྐྱེ་མཆེད་དྲུག་གོ། །འདི་ནི་རེག་པའོ། །འདི་ནི་ཚོར་བའོ༏ །འདི་ནི་སྲེད་པའོ། །འདི་ནི་ལེན་པའོ། །འདི་ནི་སྲིད་པའོ། །འདི་ནི་སྐྱེ་བའོ། །འདི་ནི་རྒ་ཤིའོ། །འདི་ནི་སྦྱིན་པའི་ཕ་རོལ་ཏུ་ཕྱིན་པའོ། །འདི་ནི་ཚུལ་ཁྲིམས་ཀྱི་ཕ་རོལ་ཏུ་ཕྱིན་པའོ། །འདི་ནི་བཟོད་པའི་ཕ་རོལ་ཏུ་ཕྱིན་པའོ། འདི་ནི་བརྩོན་འགྲུས་ཀྱི་ཕ་རོལ་ཏུ་ཕྱིན་པའོ། །འདི་ནི་བསམ་གཏན་གྱི་ཕ་རོལ་ཏུ་ཕྱིན་པའོ། །འདི་ནི་ཤེས་རབ་ཀྱི་ཕ་རོལ་ཏུ་ཕྱིན་པའོ། །འདི་ནི་ནང་སྟོང་པ་ཉིད་དོ། །འདི་ནི་ཕྱི་སྟོང་པ་ཉིད་དོ། །འདི་ནི་ཕྱི་ནང་སྟོང་པ་ཉིད་དོ། །འདི་ནི་སྟོང་པ་ཉིད་སྟོང་པ་ཉིད་དོ། །འདི་ནི་ཆེན་པོ་སྟོང་པ་ཉིད་དོ། །འདི་ནི་དོན་དམ་པ་སྟོང་པ་ཉིད་དོ[༩]། །འདི་ནི་འདུས་བྱས་སྟོང་པ་ཉིད་དོ། །འདི་ནི་འདུས་མ་བྱས་སྟོང་པ་ཉིད་དོ། །འདི་ནི་མཐའ་ལས་འདས་པ་སྟོང་པ་ཉིད་དོ། །འདི་ནི་ཐོག་མ་དང་ཐ་མ་མེད་པ་སྟོང་པ་ཉིད་དོ། །འདི་ནི་དོར་བ་མེད་པ་སྟོང་པ་ཉིད་དོ༏ །འདི་ནི་རང་བཞིན་སྟོང་པ་ཉིད་དོ། །འདི་ནི་ཆོས་ཐམས་ཅད་སྟོང་པ་ཉིད་དོ༏ །འདི་ནི་རང་གི་མཚན་ཉིད་སྟོང་པ་ཉིད་དོ། །འདི་ནི་མི་དམིགས་པ་སྟོང་པ་ཉིད་དོ། །འདི་ནི་དངོས་པོ་མེད་པ་སྟོང་པ་ཉིད་དོ། །འདི་ནི་ངོ་བོ་ཉིད་སྟོང་

པ་ཉིད་དོ། །འདི་ནི་དངོས་པོ་མེད་པའི་ངོ་བོ་ཉིད་སྟོང་པ་ཉིད་དོ། །འདི་དག་ནི་དྲན་པ་ཉེ་བར་གཞག་པ་རྣམས་སོ། །འདི་དག་ནི་ཡང་དག་པར་སྤོང་བ་རྣམས་སོ། །འདི་དག་ནི་རྫུ་འཕྲུལ་གྱི་རྐང་པ་རྣམས་སོ། །འདི་དག་ནི་དབང་པོ་རྣམས་སོ། །འདི་དག་ནི་སྟོབས་རྣམས་སོ། །འདི་དག་ནི་བྱང་ཆུབ་ཀྱི་ཡན་ལག་རྣམས་སོ། །འདི་དག་ནི་འཕགས་པའི་ལམ་ཡན་ལག་བརྒྱད་[༧]པའོ། །འདི་དག་ནི་འཕགས་པའི་བདེན་པ་རྣམས་སོ། །འདི་དག་ནི་བསམ་གཏན་རྣམས་སོ། །འདི་དག་ནི་ཚད་མེད་པ་རྣམས་སོ། །འདི་དག་ནི་གཟུགས་མེད་པའི་སྙོམས་པར་འཇུག་པ་རྣམས་སོ། །འདི་དག་ནི་རྣམ་པར་ཐར་པ་བརྒྱད་དོ། །འདི་དག་ནི་མཐར་གྱིས་གནས་པའི་སྙོམས་པར་འཇུག་པ་དགུའོ། །འདི་དག་ནི་རྣམ་པར་ཐར་པའི་སྒོ་སྟོང་པ་ཉིད་དང་། མཚན་མ་མེད་པ་དང་། སྨོན་པ་མེད་པའོ། །འདི་དག་ནི་མངོན་པར་ཤེས་པ་རྣམས་སོ། །འདི་དག་ནི་ཏིང་ངེ་འཛིན་རྣམས་སོ། །འདི་དག་ནི་གཟུངས་ཀྱི་སྒོ་རྣམས་སོ། །འདི་དག་ནི་དེ་བཞིན་གཤེགས་པའི·····སྟོབས་བཅུའོ། །འདི་དག་ནི་མི་འཇིགས་པ་བཞིའོ། །འདི་དག་ནི་སོ་སོ་ཡང་དག་པར་རིག་པ་བཞིའོ། །འདི་[༢]ནི་བྱམས་པ་ཆེན་པོའོ། །འདི་[༣]ནི་སྙིང་རྗེ་ཆེན་པོའོ། །འདི་དག་ནི་སངས་རྒྱས་ཀྱི་ཆོས་མ་འདྲེས་པ་བཅོ་བརྒྱད་དོ། །འདི་[༨]ནི་རྒྱུན་ཏུ་ཞུགས་པའི་འབྲས་བུའོ། །འདི་ནི་ལན་ཅིག་ཕྱིར་འོང་བའི་འབྲས་བུའོ། །འདི་ནི་ཕྱིར་མི་འོང་བའི་འབྲས་བུའོ། །འདི་ནི་དགྲ་བཅོམ་པ་ཉིད་དོ། །འདི་ནི་རང་བྱང་ཆུབ་བོ། །འདི་ནི་ལམ་གྱི་རྣམ་པ་ཤེས་པ་ཉིད་དོ། །འདི་ནི་བླ་ན་མེད་པ་ཡང་དག་པར་རྫོགས་པའི་བྱང་ཆུབ་བོ་ཞེས་བགྱི་བར། ཆོས་ཐམས་ཅད་རབ་ཏུ་རྟོགས་[༤]པར་བགྱི། བཅོམ་ལྡན་འདས་ཀྱིས་བཀའ་སྩལ་པ། རབ་འབྱོར་བྱང་ཆུབ་སེམས་དཔའ་སེམས་དཔའ་ཆེན་པོ་ཤེས་རབ་ཀྱི་ཕ་རོལ་ཏུ་ཕྱིན་པ་ལ་སྤྱོད་པའི་

ཚོ། ཇི་ལྟར་བྱས་⑦པས་གཟུགས་དམིགས་པར་འགྱུར་བ་དང་། ཚོར་བ་དམིགས་པར་འགྱུར་བ་དང་། འདུ་ཤེས་དམིགས་པར་འགྱུར་བ་དང་། འདུ་བྱེད་དམིགས་པར་འགྱུར་བ་དང་། རྣམ་པར་ཤེས་པ་དམིགས་པར་འགྱུར་བ་དང་། མིག་དམིགས་པར་འགྱུར་བ་དང་། རྣ་བ་དམིགས་པར་འགྱུར་བ་དང་། སྣ་དམིགས་པར་འགྱུར་བ་དང་། ལྕེ་དམིགས་པར་འགྱུར་བ་དང་། ལུས་དམིགས་པར་འགྱུར་བ་དང་། ཡིད་དམིགས་པར་འགྱུར་བ་དང་། གཟུགས་དམིགས་པར་འགྱུར་བ་དང་། སྒྲ་དམིགས་པར་འགྱུར་བ་དང་། དྲི་དམིགས་པར་འགྱུར་བ་དང་། རོ་དམིགས་པར་འགྱུར་བ་དང་། རེག་དམིགས་པར་འགྱུར་བ་དང་། ཆོས་དམིགས་པར་འགྱུར་བ་དང་། མིག་གི་རྣམ་པར་ཤེས་པ་དམིགས་པར་འགྱུར་བ་དང་། རྣ་བའི་རྣམ་པར་ཤེས་པ་དམིགས་པར་འགྱུར་བ་དང་། སྣའི་རྣམ་པར་ཤེས་པ་དམིགས་པར་འགྱུར་བ་དང་། ལྕེའི་རྣམ་པར་ཤེས་པ་དམིགས་པར་འགྱུར་བ་དང་། ལུས་ཀྱི་རྣམ་པར་ཤེས་པ་དམིགས་པར་འགྱུར་བ་དང་། ཡིད་ཀྱི་རྣམ་པར་ཤེས་པ་དམིགས་པར་འགྱུར་བ་དང་། མིག་གི་འདུས་ཏེ་རེག་པ་དམིགས་པར་འགྱུར་བ་དང་། རྣ་བའི་འདུས་ཏེ་རེག་པ་དམིགས་པར་འགྱུར་བ་དང་། སྣའི་འདུས་ཏེ་རེག་པ་དམིགས་པར་འགྱུར་བ་དང་། ལྕེའི་འདུས་ཏེ་རེག་པ་དམིགས་པར་འགྱུར་བ་དང་། ལུས་ཀྱི་འདུས་ཏེ་རེག་པ་དམིགས་པར་འགྱུར་བ་དང་། ཡིད་ཀྱི་འདུས་ཏེ་རེག་པ་དམིགས་པར་འགྱུར་བ་དང་། མིག་གི་འདུས་ཏེ་རེག་པའི་རྐྱེན་གྱིས་ཚོར་བ་དམིགས་པར་འགྱུར་བ་དང་། རྣ་བའི་འདུས་ཏེ་རེག་པའི་རྐྱེན་གྱིས་ཚོར་བ་དམིགས་པར་འགྱུར་བ་དང་། སྣའི་འདུས་ཏེ་རེག་པའི་རྐྱེན་གྱིས་ཚོར་བ་དམིགས་པར་འགྱུར་བ་དང་། ལྕེའི་འདུས་ཏེ་རེག་པའི་རྐྱེན་གྱིས་ཚོར་བ་དམིགས་པར་འགྱུར་བ་དང་

ལུས་ཀྱི་འདུས་ཏེ་རེག་པའི་རྐྱེན་གྱིས་ཚོར་བ་དམིགས་པར་འགྱུར་བ་དང་། ཡིད་ཀྱི་འདུས་ཏེ་རེག་པའི་རྐྱེན་གྱིས་ཚོར་བ་དམིགས་པར་འགྱུར་བ་དང་། སའི་····ཁམས་དམིགས་པར་འགྱུར་བ་དང་། ཆུའི་ཁམས་དམིགས་པར་འགྱུར་བ་དང་། མེའི་ཁམས་དམིགས་པར་འགྱུར་བ་དང་། རླུང་གི་ཁམས་དམིགས་པར་འགྱུར་བ་དང་། ནམ་མཁའི་ཁམས་དམིགས་པར་འགྱུར་བ་དང་། རྣམ་པར་ཤེས་པའི་ཁམས་དམིགས་པར་འགྱུར་བ་དང་། མ་རིག་པ་དམིགས་པར་འགྱུར་བ་དང་། འདུ་བྱེད་དམིགས་པར་འགྱུར་བ་དང་། རྣམ་པར་ཤེས་པ་དམིགས་པར་འགྱུར་བ་དང་། མིང་དང་གཟུགས་དམིགས་པར་འགྱུར་བ་དང་། སྐྱེ་མཆེད་དྲུག···དམིགས་པར་འགྱུར་བ་དང་། རེག་པ་དམིགས་པར་འགྱུར་བ་དང་། ཚོར་བ་དམིགས་པར་འགྱུར་བ་དང་། སྲེད་པ་དམིགས་པར་འགྱུར་བ་དང་། ལེན་པ་དམིགས་པར་འགྱུར་བ་དང་། སྲིད་པ་དམིགས་པར་འགྱུར་བ་དང་། སྐྱེ་བ་དམིགས་པར་འགྱུར་བ་དང་། རྒ་ཤི་དམིགས་པར་འགྱུར་བ་དང་། སྦྱིན་པའི་ཕ་རོལ་ཏུ་ཕྱིན་པ་དམིགས་པར་འགྱུར་བ་དང་། ཚུལ་ཁྲིམས་ཀྱི་ཕ་རོལ་ཏུ་ཕྱིན་པ་དམིགས་པར་འགྱུར་བ་དང་། བཟོད་པའི་ཕ་རོལ་ཏུ་ཕྱིན་པ་དམིགས་པར་འགྱུར་བ་དང་། བརྩོན་འགྲུས་ཀྱི་ཕ་རོལ་ཏུ་ཕྱིན་པ་དམིགས་པར་འགྱུར་བ་དང་། བསམ་གཏན་གྱི་ཕ་རོལ་ཏུ་ཕྱིན་པ་དམིགས་པར་འགྱུར་བ་དང་། ཤེས་རབ་ཀྱི་ཕ་རོལ་ཏུ་ཕྱིན་པ་དམིགས་པར་འགྱུར་བ་དང་། ནང་སྟོང་པ་ཉིད་དམིགས་པར་···འགྱུར་བ་དང་། ཕྱི་སྟོང་པ་ཉིད་དམིགས་པར་འགྱུར་བ་དང་། ཕྱི་ནང་སྟོང་པ་ཉིད་དམིགས་པར་འགྱུར་བ་དང་། སྟོང་པ་ཉིད་སྟོང་པ་ཉིད་དམིགས་པར་འགྱུར་བ་དང་། ཆེན་པོ་སྟོང་པ་ཉིད་དམིགས་པར་འགྱུར་བ་དང་། དོན་དམ་པ་སྟོང་པ་ཉིད་དམིགས་པར་འགྱུར་བ་དང་། འདུས་བྱས་སྟོང་པ་ཉིད་དམིགས་པར་····

འགྱུར་བ་དང་། འདུས་མ་བྱས་སྟོང་པ་ཉིད་དམིགས་པར་འགྱུར་བ་དང་། མཐའ་ལས་འདས་པ་སྟོང་པ་ཉིད་དམིགས་པར་འགྱུར་བ་དང་། ཐོག་མ་དང་ཐ་མ་མེད་པ་སྟོང་པ་ཉིད་དམིགས་པར་འགྱུར་བ་དང་། དོར་བ་མེད་པ་སྟོང་པ་ཉིད་དམིགས་པར་འགྱུར་བ་དང་། རང་བཞིན་སྟོང་པ་ཉིད་དམིགས་པར་འགྱུར་བ་དང་། ཆོས་ཐམས་ཅད་སྟོང་པ་ཉིད་དམིགས་པར་འགྱུར་བ་དང་། རང་གི་མཚན་ཉིད་སྟོང་པ་ཉིད་དམིགས་པར་འགྱུར་བ་དང་། མི་དམིགས་པ་སྟོང་པ་ཉིད་དམིགས་པར་འགྱུར་བ་དང་། དངོས་པོ་མེད་པ་སྟོང་པ་ཉིད་དམིགས་པར་འགྱུར་བ་དང་། ངོ་བོ་ཉིད་སྟོང་པ་ཉིད་དམིགས་པར་འགྱུར་བ་དང་། དངོས་པོ་མེད་པའི་ངོ་བོ་ཉིད་སྟོང་པ་ཉིད་དམིགས་པར་འགྱུར་བ་དང་། དྲན་པ་ཉེ་བར་གཞག་པ་རྣམས་དམིགས་པར་འགྱུར་བ་དང་། ཡང་དག་པར་སྤོང་བ་རྣམས་དམིགས་པར་འགྱུར་བ་དང་། རྫུ་འཕྲུལ་གྱི་རྐང་པ་རྣམས་དམིགས་པར་འགྱུར་བ་དང་། དབང་པོ་རྣམས་དམིགས་པར་འགྱུར་བ་དང་། སྟོབས་རྣམས་དམིགས་པར་འགྱུར་བ་དང་། བྱང་ཆུབ་ཀྱི་ཡན་ལག་[7]རྣམས་དམིགས་པར་འགྱུར་བ་དང་། འཕགས་པའི་ལམ་ཡན་ལག་བརྒྱད་པ་དམིགས་པར་འགྱུར་བ་དང་། འཕགས་པའི་བདེན་པ་རྣམས་དམིགས་[1]པར་འགྱུར་བ་དང་། བསམ་གཏན་རྣམས་དམིགས་པར་འགྱུར་བ་དང་། ཚད་མེད་པ་རྣམས་དམིགས་པར་འགྱུར་བ་དང་། གཟུགས་མེད་པའི་སྙོམས་པར་འཇུག་པ་རྣམས་དམིགས་པར་འགྱུར་བ་དང་། རྣམ་པར་ཐར་པ་བརྒྱད་དམིགས་པར་འགྱུར་བ་དང་། མཐར་གྱིས་གནས་པའི་སྙོམས་པར་འཇུག་པ་དགུ་དམིགས་པར་འགྱུར་བ་དང་། རྣམ་པར་ཐར་པའི་སྒོ་སྟོང་པ་ཉིད་དང་། མཚན་མ་མེད་པ་དང་། སྨོན་པ་མེད་པ་[1]དམིགས་པར་འགྱུར་བ་དང་། མངོན་པར་ཤེས་པ་རྣམས་དམིགས་པར་འགྱུར་བ་

དང་། ཏིང་ངེ་འཛིན་རྣམས་དམིགས་པར་འགྱུར་བ་དང་། གཟུངས་ཀྱི་སྒོ་
རྣམས་དམིགས་པར་འགྱུར་བ་དང་། དེ་བཞིན་གཤེགས་པའི་སྟོབས་བཅུ·····
དམིགས་པར་འགྱུར་བ་དང་། མི་འཇིགས་པ་བཞི་དམིགས་པར་འགྱུར་བ་དང་།
སོ་སོ་ཡང་དག་པར་རིག་པ་བཞི་དམིགས་པར་འགྱུར་བ་དང་། བྱམས་པ་ཆེན་པོ་
དམིགས་པར་འགྱུར་བ་དང་། སྙིང་རྗེ་ཆེན་པོ་དམིགས་པར་འགྱུར་བ་དང་།
སངས་རྒྱས་ཀྱི་ཆོས་མ་འདྲེས་པ་བཅོ་བརྒྱད་དམིགས་པར་འགྱུར་བ་དང་། རྒྱུན་
དུ་ཞུགས་པའི་འབྲས་བུ་དམིགས་པར་འགྱུར་བ་དང་། ལན་ཅིག་ཕྱིར་འོང་བའི་
འབྲས་བུ་དམིགས་པར་འགྱུར་བ་དང་། ཕྱིར་མི་འོང་བའི་འབྲས་བུ་དམིགས་པར་
འགྱུར་བ་དང་། དགྲ་བཅོམ་པ་ཉིད་དམིགས་པར་འགྱུར་བ་དང་། རང་བྱང་
ཆུབ་དམིགས་པར་འགྱུར་བ་དང་། ལམ་གྱི་རྣམ་པ་[༧] ཤེས་པ་ཉིད་དམིགས་པར་[༨]
འགྱུར་བ་དང་། བླ་ན་མེད་པ་ཡང་དག་པར་རྫོགས་པའི་བྱང་ཆུབ་དམིགས་པར་
འགྱུར་བ་དེ་ལྟར་ཆོས་རྣམས་རྟོགས་པར་མི་བྱེད་དོ། །གསོལ་པ། བཅོམ་ལྡན་
འདས་གལ་ཏེ། དེ་ལྟར་བྱང་ཆུབ་སེམས་དཔའ་སེམས་དཔའ་ཆེན་པོ། ཤེས་
རབ་ཀྱི་ཕ་རོལ་ཏུ་ཕྱིན་པ་ལ་སྤྱོད་པའི་ཚེ། གཟུགས་ཀྱང་མི་དམིགས། ཚོར་བ་
ཡང་མི་དམིགས། འདུ་ཤེས་ཀྱང་མི་དམིགས། འདུ་བྱེད་ཀྱང་མི་དམིགས།
རྣམ་པར་ཤེས་པ་ཡང་མི་དམིགས། མིག་ཀྱང་མི་དམིགས། རྣ་བ་ཡང་མི·····
དམིགས། སྣ་ཡང་མི་དམིགས། ལྕེ་ཡང་མི་དམིགས། ལུས་ཀྱང་མི་དམིགས།
ཡིད་ཀྱང་མི་དམིགས། གཟུགས་ཀྱང་མི་དམིགས། སྒྲ་ཡང་མི་དམིགས། དྲི་
ཡང་མི་དམིགས། རོ་ཡང་མི་དམིགས། རེག་ཀྱང་མི་དམིགས། ཆོས་ཀྱང་མི་
དམིགས། མིག་གི་རྣམ་པར་ཤེས་པ་ཡང་མི་དམིགས། རྣ་བའི་རྣམ་པར་ཤེས་པ་
ཡང་མི་དམིགས། སྣའི་རྣམ་པར་ཤེས་པ་ཡང་མི་དམིགས། ལྕེའི་རྣམ་པར་ཤེས་

པ་ཡང་མི་དམིགས། ལུས་ཀྱི་རྣམ་པར་ཤེས་པ་ཡང་མི་དམིགས། ཡིད་ཀྱི་རྣམ་པར་ཤེས་པ་ཡང་མི་དམིགས། མིག་གི་འདུས་ཏེ་རེག་པ་ཡང་མི་དམིགས། རྣ་བའི་འདུས་ཏེ་རེག་པ་ཡང་མི་དམིགས། སྣའི་འདུས་ཏེ་རེག་པ་ཡང་མི་དམིགས། ལྕེའི་འདུས་ཏེ་རེག་པ་ཡང་མི་དམིགས། ལུས་ཀྱི་འདུས་ཏེ་རེག་པ་ཡང་མི་······དམིགས༔ ཡིད་ཀྱི་འདུས་ཏེ་རེག་པ་ཡང་མི་དམིགས། མིག་གི་འདུས་ཏེ་རེག་པའི་རྐྱེན་གྱིས་ཚོར་བ་ཡང་མི་དམིགས། རྣ་བའི་འདུས་ཏེ་རེག་པའི་རྐྱེན་གྱིས་····ཚོར་བ་ཡང་མི་དམིགས[༢]། སྣའི་འདུས་ཏེ་རེག་པའི་རྐྱེན་གྱིས་ཚོར་བ་ཡང་[༣]མི་དམིགས༔ ལྕེའི་འདུས་ཏེ་རེག་པའི་རྐྱེན་གྱིས་ཚོར་བ་ཡང་མི་དམིགས། ལུས་ཀྱི་འདུས་ཏེ་རེག་པའི་རྐྱེན་གྱིས་ཚོར་བ་ཡང་མི་དམིགས། ཡིད་ཀྱི་འདུས་ཏེ་རེག་·····པའི་རྐྱེན་གྱིས་ཚོར་བ་ཡང་མི་དམིགས། སའི་ཁམས་ཀྱང་མི་དམིགས། ཆུའི་ཁམས་ཀྱང་མི་དམིགས། མེའི་ཁམས་ཀྱང་མི་དམིགས། རླུང་གི་ཁམས་ཀྱང་མི་དམིགས༔ ནམ་མཁའི་ཁམས་ཀྱང་མི་དམིགས། རྣམ་པར་ཤེས་པའི་ཁམས་ཀྱང་མི་དམིགས། མ་རིག་པ་ཡང་མི་དམིགས། འདུ་བྱེད་ཀྱང་མི་དམིགས། རྣམ་པར་ཤེས་པ་ཡང་མི་དམིགས། མིང་དང་གཟུགས་ཀྱང་མི་དམིགས། སྐྱེ་མཆེད་དྲུག་ཀྱང་མི་དམིགས། རེག་པ་ཡང་མི་དམིགས། ཚོར་བ་ཡང་མི་དམིགས། སྲེད་པ་ཡང་[༡]མི་དམིགས། ལེན་པ་ཡང་མི་དམིགས། སྲིད་པ་ཡང་མི་དམིགས། སྐྱེ་བ་ཡང་མི་དམིགས། རྒ་ཤི་ཡང་མི་དམིགས། སྦྱིན་པའི་ཕ་རོལ་ཏུ་ཕྱིན་པ་ཡང་མི་དམིགས། ཚུལ་ཁྲིམས་ཀྱི་ཕ་རོལ་ཏུ་ཕྱིན་པ་ཡང་མི་དམིགས། བཟོད་པའི་ཕ་རོལ་ཏུ་ཕྱིན་པ་ཡང་མི་དམིགས། བརྩོན་འགྲུས་ཀྱི་ཕ་རོལ་ཏུ་ཕྱིན་པ་ཡང་མི་དམིགས། བསམ་གཏན་གྱི་ཕ་རོལ་ཏུ་ཕྱིན་པ་ཡང་མི་དམིགས། ཤེས་རབ་ཀྱི་ཕ་རོལ་ཏུ་ཕྱིན་པ་ཡང་མི་དམིགས། ནང་སྟོང་པ་ཉིད་ཀྱང་མི་དམིགས། ཕྱི་

སྟོང་པ་ཉིད་ཀྱང་མི་དམིགས། ཕྱི་ནང་སྟོང་པ་ཉིད་ཀྱང་མི་དམིགས། སྟོང་པ་ཉིད་སྟོང་པ་ཉིད་ཀྱང་མི་དམིགས། ཆེན་པོ་སྟོང་པ་ཉིད་ཀྱང་མི་དམིགས། དོན་དམ་པ་སྟོང་པ་ཉིད་ཀྱང་མི་དམིགས། འདུས་བྱས་སྟོང་པ་ཉིད་ཀྱང་མི་དམིགས། འདུས་མ་བྱས་སྟོང་པ་ཉིད་ཀྱང་མི་དམིགས། མཐའ་ལས་འདས་པ་སྟོང་པ་ཉིད་ཀྱང་མི་དམིགས། ཐོག་མ་དང་ཐ་མ་མེད་པ་སྟོང་པ་ཉིད་ཀྱང་མི་དམིགས། དོར་བ་མེད་པ་སྟོང་པ་ཉིད་ཀྱང་མི་དམིགས། རང་བཞིན་སྟོང་པ་ཉིད་ཀྱང་མི་····དམིགས། ཆོས་ཐམས་ཅད་སྟོང་པ་ཉིད་ཀྱང་མི་དམིགས། རང་གི་མཚན་ཉིད་སྟོང་པ་ཉིད་ཀྱང་མི་དམིགས། མི་དམིགས་པ་སྟོང་པ་ཉིད་ཀྱང་མི་དམིགས། དངོས་པོ་མེད་པ་སྟོང་པ་ཉིད་ཀྱང་མི་དམིགས། ངོ་བོ་ཉིད་སྟོང་པ་ཉིད་ཀྱང་མི་དམིགས། དངོས་པོ་མེད་པའི་ངོ་བོ་ཉིད་སྟོང་པ་ཉིད་ཀྱང་མི་དམིགས། དྲན་པ་ཉེ་བར་གཞག་པ་རྣམས་ཀྱང་མི་དམིགས། ཡང་དག་པར་སྤོང་བ་རྣམས་ཀྱང་མི་དམིགས། རྫུ་འཕྲུལ་གྱི་རྐང་པ་རྣམས་ཀྱང་མི་དམིགས། དབང་པོ་རྣམས་ཀྱང་མི་དམིགས། སྟོབས་རྣམས་ཀྱང་མི་དམིགས། བྱང་ཆུབ་ཀྱི་ཡན་ལག་རྣམས་···ཀྱང་མི་དམིགས། འཕགས་པའི་ལམ་ཡན་ལག་བརྒྱད་པ་ཡང་[7]མི་དམིགས། འཕགས་པའི་བདེན་པ་རྣམས་ཀྱང་མི་དམིགས། བསམ་གཏན་རྣམས་ཀྱང་མི་····དམིགས། ཚད་མེད་པ་རྣམས་ཀྱང་མི་དམིགས། གཟུགས་མེད་པའི་སྙོམས་པར་འཇུག་པ་རྣམས་ཀྱང་མི་དམིགས། རྣམ་པར་ཐར་པ་བརྒྱད་ཀྱང་མི་དམིགས། མཐར་གྱིས་གནས་པའི་སྙོམས་པར་འཇུག་པ་དགུ་ཡང་མི་དམིགས། རྣམ་པར་····ཐར་པའི་སྒོ་སྟོང་པ་ཉིད་དང་། མཚན་མ་མེད་པ་དང་། སྨོན་པ་མེད་པ་ཡང་མི་དམིགས། མངོན་པར་ཤེས་པ་རྣམས་ཀྱང་མི་དམིགས། ཏིང་ངེ་འཛིན་རྣམས་ཀྱང་མི་དམིགས། གཟུངས་ཀྱི་སྒོ་རྣམས་ཀྱང་མི་དམིགས། དེ་བཞིན་གཤེགས་

པའི་སྟོབས༔བཅུ་ཡང་(༡)མི་དམིགས། མི་འཇིགས་པ་བཞི་ཡང་མི་དམིགས། སོ་སོ་ཡང་དག་པར་རིག་པ་བཞི་ཡང་མི་དམིགས། བྱམས་པ་ཆེན་པོ་ཡང་མི་······དམིགས། སྙིང་རྗེ་ཆེན་པོ་ཡང་མི་དམིགས། སངས་རྒྱས་ཀྱི་ཆོས་མ་འདྲེས་པ་བཅོ་བརྒྱད་ཀྱང་མི་དམིགས། རྒྱུན་དུ་ཞུགས་པའི་འབྲས་བུ་ཡང་མི་དམིགས། ལན་ཅིག་ཕྱིར་འོང་བའི་འབྲས་བུ་ཡང་མི་དམིགས། ཕྱིར་མི་འོང་བའི་འབྲས་བུ་ཡང་མི་དམིགས། དགྲ་བཅོམ་པ་ཉིད་ཀྱང་མི་དམིགས། རང་བྱང་ཆུབ་ཀྱང་མི་དམིགས། ལམ་གྱི་རྣམ་པ་ཤེས་པ་ཉིད་ཀྱང་མི་དམིགས། བླ་ན་མེད་པ་ཡང་དག་པར་རྫོགས་པའི་བྱང་ཆུབ་ཀྱང་མི་དམིགས་ན(༢)། འོ་ན་ཇི་ལྟར་སྦྱིན་པའི་ཕ་རོལ་ཏུ་ཕྱིན་པ་ཡོངས་སུ་རྫོགས་པ་དང་། ཚུལ་ཁྲིམས་ཀྱི་ཕ་རོལ་ཏུ་ཕྱིན་པ་ཡོངས་སུ་རྫོགས་པ་དང་། བཟོད་པའི་ཕ་རོལ་ཏུ་ཕྱིན་པ་ཡོངས་སུ་རྫོགས་པ་དང་། བརྩོན་འགྲུས་ཀྱི་ཕ་རོལ་ཏུ་ཕྱིན་པ་ཡོངས་སུ་རྫོགས་པ་དང་། བསམ་གཏན་གྱི་ཕ་རོལ་ཏུ་ཕྱིན་པ་ཡོངས་སུ་རྫོགས་པ་དང་། ཤེས་རབ་ཀྱི་ཕ་རོལ་ཏུ་ཕྱིན་པ་ཡོངས་སུ་རྫོགས་པར་བགྱིས་ཤིང་། བྱང་ཆུབ་སེམས་དཔའི་སྐྱོན་མ་མཆིས་པར་འཇུག་པར་འགྱུར། བྱང་ཆུབ་སེམས་དཔའི་སྐྱོན་མ་མཆིས་པར་ཆུད་ནས། སངས་རྒྱས་ཀྱི་ཞིང་ཡོངས་སུ༔སྦྱོང་བར་(༣)འགྱུར། སངས་རྒྱས་ཀྱི་ཞིང་ཡོངས་སུ་དག་པར······བགྱིས་ནས། སེམས་ཅན་ཡོངས་སུ་སྨིན་པར་བགྱིད་པར་འགྱུར། སེམས་ཅན་ཡོངས་སུ་སྨིན་པར་བགྱིས་ནས། རྣམ་པ་ཐམས་ཅད་མཁྱེན་པ་ཉིད་ཐོབ་པར······བགྱིད་པར་འགྱུར། རྣམ་པ་ཐམས་ཅད་མཁྱེན་པ་ཉིད་ཐོབ་ནས། ཆོས་ཀྱི····འཁོར་ལོ་བསྐོར་(༤)བར་འགྱུར། ཆོས་ཀྱི་འཁོར་ལོ་བསྐོར་ནས། སངས་རྒྱས······ཀྱི་ཕྲིན་(༥)ལས་སྒྲུབ་(༦)པར་འགྱུར། སངས་རྒྱས་ཀྱི་ཕྲིན་(༧)ལས་བསྒྲུབས་ཤིང་། སེམས་ཅན་རྣམས་འཁོར་བ་ནས་(༨)ཡོངས་སུ་འགྲོལ་བར་འགྱུར། བཅོམ་ལྡན···

འདས་ཀྱིས་བཀའ་སྩལ་པ། རབ་འབྱོར་བྱང་ཆུབ་སེམས་དཔའ་སེམས་དཔའ······ཆེན་པོ་⑦ནི། གཟུགས་ཀྱི་དོན་དུ་ཤེས་རབ་ཀྱི་ཕ་རོལ་ཏུ་ཕྱིན་པ་ལ་མི་སྤྱོད་དོ། །ཚོར་བའི་དོན་དུ་ཤེས་རབ་ཀྱི་ཕ་རོལ་ཏུ་ཕྱིན་པ་ལ་མི་སྤྱོད་དོ། །འདུ་ཤེས་ཀྱི་དོན་དུ་ཤེས་རབ་ཀྱི་ཕ་རོལ་ཏུ་ཕྱིན་པ་ལ་མི་སྤྱོད་དོ། །འདུ་བྱེད་ཀྱི་དོན་དུ་ཤེས་རབ་ཀྱི་ཕ་རོལ་ཏུ་ཕྱིན་པ་ལ་མི་སྤྱོད་དོ། །རྣམ་པར་ཤེས་པའི་དོན་དུ་ཤེས་རབ་ཀྱི་ཕ་རོལ་ཏུ་ཕྱིན་པ་ལ་མི་སྤྱོད་དོ། །མིག་གི་དོན་དུ་ཤེས་རབ་ཀྱི་ཕ་རོལ་ཏུ་ཕྱིན་པ་ལ་མི······སྤྱོད་དོ། །རྣ་བའི་དོན་དུ་ཤེས་རབ་ཀྱི་ཕ་རོལ་ཏུ་ཕྱིན་པ་ལ་མི་སྤྱོད་དོ། །སྣའི་དོན་དུ་ཤེས་རབ་ཀྱི་ཕ་རོལ་ཏུ་ཕྱིན་པ་ལ་མི་སྤྱོད་དོ། །ལྕེའི་དོན་དུ་ཤེས་རབ་ཀྱི་ཕ་རོལ་ཏུ་ཕྱིན་པ་ལ་མི་སྤྱོད་དོ། །ལུས་ཀྱི་དོན་དུ་ཤེས་རབ་ཀྱི་ཕ་རོལ་ཏུ་ཕྱིན་པ་ལ་མི་སྤྱོད་དོ། །ཡིད་ཀྱི་དོན་དུ་ཤེས་རབ་ཀྱི་ཕ་རོལ་ཏུ་ཕྱིན་པ་ལ་མི་སྤྱོད་དོ། །གཟུགས་ཀྱི་དོན་དུ་ཤེས་རབ་ཀྱི་ཕ་རོལ་ཏུ་ཕྱིན་པ་ལ་མི་སྤྱོད་དོ། །སྒྲའི་དོན་དུ་ཤེས་རབ་ཀྱི་ཕ་རོལ་ཏུ་ཕྱིན་པ་ལ་མི་སྤྱོད་དོ། །དྲིའི་དོན་དུ་ཤེས་རབ་ཀྱི་ཕ་རོལ་ཏུ་ཕྱིན་པ་ལ་མི་སྤྱོད་དོ། །རོའི་དོན་དུ་ཤེས་རབ་ཀྱི་ཕ་རོལ་ཏུ་ཕྱིན་པ་ལ་མི་སྤྱོད་དོ། །རེག་གི་དོན་དུ་ཤེས་རབ་ཀྱི་ཕ་རོལ་ཏུ་ཕྱིན་པ་ལ་མི་སྤྱོད་དོ། །ཆོས་ཀྱི་དོན་དུ་ཤེས་རབ་ཀྱི་ཕ་རོལ་ཏུ་ཕྱིན་པ་ལ་མི་སྤྱོད་དོ། །མིག་གི་རྣམ་པར་ཤེས་པའི་དོན་དུ་ཤེས་རབ་ཀྱི་ཕ་རོལ་ཏུ་ཕྱིན་པ་ལ་མི་སྤྱོད་དོ། །རྣ་བའི་རྣམ་པར་ཤེས་པའི་དོན་དུ་ཤེས་རབ་ཀྱི་ཕ་རོལ་ཏུ་ཕྱིན་པ་ལ་མི་སྤྱོད་དོ། །སྣའི་རྣམ་པར་ཤེས་པའི་དོན་དུ་ཤེས་རབ་ཀྱི་ཕ་རོལ་ཏུ་ཕྱིན་པ་ལ་མི་སྤྱོད་དོ། །ལྕེའི་རྣམ་པར་ཤེས་པའི་དོན་དུ་ཤེས་རབ་ཀྱི་ཕ་རོལ་ཏུ་ཕྱིན་པ་ལ་མི་སྤྱོད་དོ། །ལུས་ཀྱི་རྣམ་པར་ཤེས་པའི་དོན་དུ་ཤེས་རབ་ཀྱི་ཕ་རོལ་ཏུ་ཕྱིན་པ་ལ་མི་སྤྱོད་དོ། །ཡིད་ཀྱི་རྣམ་པར་ཤེས་པའི་དོན་དུ་ཤེས་རབ་ཀྱི་ཕ་རོལ་ཏུ་ཕྱིན་པ་ལ་མི་སྤྱོད་དོ། །མིག་གི་འདུས་ཏེ་རེག་པའི་དོན་དུ་ཤེས་

རབ་ཀྱི་ཕ་རོལ་ཏུ་ཕྱིན་པ་ལ་མི་སྤྱོད་དོ། །རྣ་བའི་འདུས་ཏེ་རེག་པའི་དོན་དུ་ཤེས་རབ་ཀྱི་ཕ་རོལ་ཏུ་ཕྱིན་པ་ལ་མི་སྤྱོད་དོ། །སྣའི་འདུས་ཏེ་རེག་པའི་དོན་དུ་ཤེས་རབ་ཀྱི་ཕ་རོལ་ཏུ་ཕྱིན་པ་ལ་མི་སྤྱོད་དོ། །ལྕེའི་འདུས་ཏེ་རེག་པའི་དོན་དུ་ཤེས་རབ་ཀྱི་ཕ་རོལ་ཏུ་ཕྱིན་པ་ལ་མི་སྤྱོད་དོ། །ལུས་ཀྱི་འདུས་ཏེ་རེག་པའི་དོན་དུ་ཤེས་རབ་ཀྱི་ཕ་རོལ་ཏུ་ཕྱིན་པ་ལ་མི་སྤྱོད་དོ། །ཡིད་ཀྱི་འདུས་ཏེ་རེག་པའི་དོན་དུ་ཤེས་རབ་ཀྱི་ཕ་རོལ་ཏུ་ཕྱིན་པ་ལ་མི་སྤྱོད་དོ། །མིག་གི་འདུས་ཏེ་རེག་པ་ལས་བྱུང་བའི་ཚོར་བའི་དོན་དུ་ཤེས་རབ་ཀྱི་ཕ་རོལ་ཏུ་ཕྱིན་པ་ལ་མི་སྤྱོད་དོ། །རྣ་བའི་འདུས་ཏེ་རེག་པ་ལས་བྱུང་བའི་ཚོར་བའི་དོན་དུ་ཤེས་རབ་ཀྱི་ཕ་རོལ་ཏུ་ཕྱིན་པ་ལ་མི་སྤྱོད་དོ། །སྣའི་འདུས་ཏེ་རེག་པ་ལས་བྱུང་བའི་ཚོར་བའི་དོན་དུ་ཤེས་རབ་ཀྱི་ཕ་རོལ་ཏུ་ཕྱིན་པ་ལ་མི་སྤྱོད་དོ། །ལྕེའི་འདུས་ཏེ་རེག་པ་ལས་བྱུང་བའི་ཚོར་བའི་དོན་དུ་ཤེས་རབ་ཀྱི་ཕ་རོལ་ཏུ་ཕྱིན་པ་ལ་མི་སྤྱོད་དོ། །ལུས་ཀྱི་འདུས་ཏེ་རེག་པ་ལས་བྱུང་བའི་ཚོར་བའི་དོན་དུ་ཤེས་རབ་ཀྱི་ཕ་རོལ་ཏུ་ཕྱིན་པ་ལ་མི་སྤྱོད་དོ། །ཡིད་ཀྱི་འདུས་ཏེ་རེག་པ་ལས་བྱུང་བའི་ཚོར་བའི་དོན་དུ་ཤེས་རབ་ཀྱི་ཕ་རོལ་ཏུ་ཕྱིན་པ་ལ་མི་སྤྱོད་དོ། །སའི་ཁམས་ཀྱི་དོན་དུ་ཤེས་རབ་ཀྱི་ཕ་རོལ་ཏུ་ཕྱིན་པ་ལ་མི་སྤྱོད་དོ། །ཆུའི་ཁམས་ཀྱི་དོན་དུ་ཤེས་རབ་ཀྱི་ཕ་རོལ་ཏུ་ཕྱིན་པ་ལ་མི་སྤྱོད་དོ། །མེའི་ཁམས་ཀྱི་དོན་དུ་ཤེས་རབ་ཀྱི་ཕ་རོལ་ཏུ་ཕྱིན་པ་ལ་མི་སྤྱོད་དོ། །རླུང་གི་ཁམས་ཀྱི་དོན་དུ་ཤེས་རབ་ཀྱི་ཕ་རོལ་ཏུ་ཕྱིན་པ་ལ་མི་སྤྱོད་དོ། །ནམ་མཁའི་ཁམས་ཀྱི་དོན་དུ་ཤེས་རབ་ཀྱི་ཕ་རོལ་ཏུ་ཕྱིན་པ་ལ་མི་སྤྱོད་དོ། །རྣམ་པར་ཤེས་པའི་ཁམས་ཀྱི་དོན་དུ་ཤེས་རབ་ཀྱི་ཕ་རོལ་ཏུ་ཕྱིན་པ་ལ་མི་སྤྱོད་དོ། །མ་རིག་པའི་དོན་དུ་ཤེས་རབ་ཀྱི་ཕ་རོལ་ཏུ་ཕྱིན་པ་ལ་མི་སྤྱོད་དོ། །འདུ་བྱེད་ཀྱི་དོན་དུ་ཤེས་རབ་ཀྱི་ཕ་རོལ་ཏུ་ཕྱིན་པ་ལ་མི་སྤྱོད་དོ། །རྣམ་པར་ཤེས་པའི་དོན་དུ་ཤེས་རབ་ཀྱི་ཕ་རོལ་ཏུ་ཕྱིན་པ་ལ་མི་

སྤྱོད་དོ། །མིང་དང་གཟུགས་ཀྱི་དོན་དུ་ཤེས་རབ་ཀྱི་ཕ་རོལ་ཏུ་ཕྱིན་པ་ལ་མི་སྤྱོད་དོ། །སྐྱེ་མཆེད་དྲུག་གི་དོན་དུ་ཤེས་རབ་ཀྱི་ཕ་རོལ་ཏུ་ཕྱིན་པ་ལ་མི་སྤྱོད་དོ། །རེག་པའི་དོན་དུ་ཤེས་རབ་ཀྱི་ཕ་རོལ་ཏུ་ཕྱིན་པ་ལ་མི་སྤྱོད་དོ། །ཚོར་བའི་དོན་དུ་ཤེས་རབ་ཀྱི་ཕ་རོལ་ཏུ་ཕྱིན་པ་ལ་མི་སྤྱོད་དོ། །སྲེད་པའི་དོན་དུ་ཤེས་རབ་ཀྱི་ཕ་རོལ་ཏུ་ཕྱིན་པ་ལ་མི་སྤྱོད་དོ། །ལེན་པའི་དོན་དུ་ཤེས་རབ་ཀྱི་ཕ་རོལ་ཏུ་ཕྱིན་པ་ལ་མི་སྤྱོད་དོ། །སྲིད་པའི་དོན་དུ་ཤེས་རབ་ཀྱི་ཕ་རོལ་ཏུ་ཕྱིན་པ་ལ་མི་སྤྱོད་དོ། །སྐྱེ་བའི་དོན་དུ་ཤེས་རབ་ཀྱི་ཕ་རོལ་ཏུ་ཕྱིན་པ་ལ་མི་སྤྱོད་དོ། །རྒ་ཤིའི་དོན་དུ་ཤེས······རབ་ཀྱི་ཕ་རོལ་ཏུ་ཕྱིན་པ་ལ་མི་སྤྱོད་དོ། །སྦྱིན་པའི་ཕ་རོལ་ཏུ་ཕྱིན་པའི་དོན་དུ་ཤེས་རབ་ཀྱི་ཕ་རོལ་ཏུ་ཕྱིན་པ་ལ་མི་སྤྱོད་དོ། །ཚུལ་ཁྲིམས་ཀྱི་ཕ་རོལ་ཏུ་ཕྱིན་པའི་དོན་དུ་ཤེས་རབ་ཀྱི་ཕ་རོལ་ཏུ་ཕྱིན་པ་ལ་མི་སྤྱོད་དོ། །བཟོད་པའི་ཕ་རོལ་ཏུ་ཕྱིན་པའི་དོན་དུ་ཤེས་རབ་ཀྱི་ཕ་རོལ་ཏུ་ཕྱིན་པ་ལ་མི་སྤྱོད་དོ། །བརྩོན་འགྲུས་ཀྱི་ཕ······རོལ་ཏུ་ཕྱིན་པའི་དོན་དུ་ཤེས་རབ་ཀྱི་ཕ་རོལ་ཏུ་ཕྱིན་པ་ལ་མི་སྤྱོད་དོ། །བསམ······གཏན་གྱི་ཕ་རོལ་ཏུ་ཕྱིན་པའི་དོན་དུ་ཤེས་རབ་ཀྱི་ཕ་རོལ་ཏུ་ཕྱིན་པ་ལ་མི་སྤྱོད་དོ། །ཤེས་རབ་ཀྱི་ཕ་རོལ་ཏུ་ཕྱིན་པའི་དོན་དུ་ཤེས་རབ་ཀྱི་ཕ་རོལ་ཏུ་ཕྱིན་པ་ལ་མི་སྤྱོད····དོ། །ནང་སྟོང་པ་ཉིད་ཀྱི་དོན་དུ་ཤེས་རབ་ཀྱི་ཕ་རོལ་ཏུ་ཕྱིན་པ་ལ་མི་སྤྱོད་དོ། །ཕྱི་སྟོང་པ་ཉིད་ཀྱི་དོན་དུ་ཤེས་རབ་ཀྱི་ཕ་རོལ་ཏུ་ཕྱིན་པ་ལ་མི་སྤྱོད་དོ། །ཕྱི་ནང་སྟོང་པ་ཉིད་ཀྱི་དོན་དུ་ཤེས་རབ་ཀྱི་ཕ་རོལ་ཏུ་ཕྱིན་པ་ལ་མི་སྤྱོད་དོ། །སྟོང་པ་ཉིད་སྟོང་པ་ཉིད་ཀྱི་དོན་དུ་ཤེས་རབ་ཀྱི་ཕ་རོལ་ཏུ་ཕྱིན་པ་ལ་མི་སྤྱོད་དོ། །ཆེན་པོ་སྟོང་པ་ཉིད་ཀྱི་དོན་དུ་ཤེས་རབ་ཀྱི་ཕ་རོལ་ཏུ་ཕྱིན་པ་ལ་མི་སྤྱོད་དོ། །དོན་དམ་པ་སྟོང་པ་ཉིད་ཀྱི་དོན་དུ་ཤེས་རབ་ཀྱི་ཕ་རོལ་ཏུ་ཕྱིན་པ་ལ་མི་སྤྱོད་དོ། །འདུས་བྱས་སྟོང་པ་ཉིད་ཀྱི་དོན་དུ་ཤེས་རབ་ཀྱི་ཕ་རོལ་ཏུ་ཕྱིན་པ་ལ་མི་སྤྱོད་དོ། འདུས་མ་བྱས····

སྟོང་པ་ཉིད་ཀྱི་དོན་དུ་ཤེས་རབ་ཀྱི་ཕ་རོལ་ཏུ་ཕྱིན་པ་ལ་མི་སྤྱོད་དོ། །མཐའ་ལས་འདས་པ་སྟོང་པ་ཉིད་ཀྱི་དོན་དུ་ཤེས་རབ་ཀྱི་[2]ཕ་རོལ་ཏུ་ཕྱིན་པ་ལ་མི་སྤྱོད་དོ། །ཐོག་མ་དང་ཐ་མ་མེད་པ་སྟོང་པ་ཉིད་ཀྱི་དོན་དུ་ཤེས་རབ་[3]ཀྱི་ཕ་རོལ་ཏུ་ཕྱིན་པ་ལ་མི་སྤྱོད་དོ། །དོར་བ་མེད་པ་སྟོང་པ་ཉིད་ཀྱི་དོན་དུ་ཤེས་རབ་ཀྱི་ཕ་རོལ་ཏུ་ཕྱིན་པ་ལ་མི་སྤྱོད་དོ། །རང་[3]བཞིན་སྟོང་པ་ཉིད་ཀྱི་དོན་དུ་ཤེས་རབ་ཀྱི་ཕ་རོལ་ཏུ་ཕྱིན་པ་ལ་མི་སྤྱོད་དོ། །ཆོས་ཐམས་ཅད་སྟོང་པ་ཉིད་ཀྱི་དོན་དུ་ཤེས་རབ་ཀྱི་ཕ་རོལ་ཏུ་ཕྱིན་པ་ལ་མི་སྤྱོད་དོ། །རང་གི་མཚན་ཉིད་སྟོང་པ་ཉིད་ཀྱི་དོན་དུ་ཤེས་རབ་ཀྱི་ཕ་རོལ་ཏུ་ཕྱིན་པ་ལ་མི་སྤྱོད་དོ། །མི་དམིགས་པ་སྟོང་པ་ཉིད་ཀྱི་དོན་དུ་ཤེས་རབ་ཀྱི་ཕ་རོལ་ཏུ་ཕྱིན་པ་ལ་མི་སྤྱོད་དོ། །དངོས་པོ་མེད་པ་སྟོང་པ་ཉིད་ཀྱི་དོན་དུ་ཤེས་རབ་ཀྱི་ཕ་རོལ་ཏུ་ཕྱིན་པ་ལ་མི་སྤྱོད་དོ། །ངོ་བོ་ཉིད་སྟོང་པ་ཉིད་ཀྱི་དོན་དུ་ཤེས་རབ་ཀྱི་ཕ་རོལ་ཏུ་ཕྱིན་པ་ལ་མི་སྤྱོད་དོ། །དངོས་པོ་མེད་པའི་ངོ་བོ་ཉིད་སྟོང་པ་ཉིད་ཀྱི་དོན་དུ་ཤེས་རབ་ཀྱི་ཕ་རོལ་ཏུ་ཕྱིན་པ་ལ་མི་སྤྱོད་དོ། །དྲན་པ་ཉེ་བར་གཞག་པ་རྣམས་ཀྱི་དོན་དུ་ཤེས་རབ་ཀྱི་ཕ་རོལ་ཏུ་ཕྱིན་པ་ལ་མི་སྤྱོད་དོ། །ཡང་དག་པར་སྤོང་བ་རྣམས་ཀྱི་དོན་དུ་ཤེས་རབ་ཀྱི་ཕ་རོལ་ཏུ་ཕྱིན་པ་ལ་མི་སྤྱོད་དོ། །རྫུ་འཕྲུལ་གྱི་རྐང་པ་རྣམས་ཀྱི་དོན་དུ་ཤེས་རབ་ཀྱི་ཕ་རོལ་ཏུ་ཕྱིན་པ་ལ་མི་སྤྱོད་དོ། །དབང་པོ་རྣམས་ཀྱི་དོན་དུ་ཤེས་རབ་ཀྱི་ཕ་རོལ་ཏུ་ཕྱིན་པ་ལ་མི་སྤྱོད་དོ། །སྟོབས་རྣམས་ཀྱི་དོན་དུ་ཤེས་རབ་ཀྱི་ཕ་རོལ་ཏུ་ཕྱིན་པ་ལ་མི་སྤྱོད་དོ། །བྱང་ཆུབ་ཀྱི་ཡན་ལག་རྣམས་ཀྱི་དོན་དུ་ཤེས་རབ་ཀྱི་ཕ་རོལ་ཏུ་ཕྱིན་པ་ལ་མི་སྤྱོད་དོ། །འཕགས་པའི་ལམ་ཡན་ལག་བརྒྱད་པའི་དོན་དུ་ཤེས་རབ་ཀྱི་ཕ་རོལ་ཏུ་ཕྱིན་པ་ལ་མི་སྤྱོད་དོ།། འཕགས་པའི་བདེན་པ་རྣམས་ཀྱི་དོན་དུ་ཤེས་རབ་ཀྱི་ཕ་རོལ་ཏུ་ཕྱིན་པ་ལ་མི་སྤྱོད་དོ༑ །བསམ་གཏན་རྣམས་ཀྱི་དོན་དུ་ཤེས་རབ་ཀྱི་ཕ་རོལ་ཏུ་ཕྱིན་པ་ལ་མི་སྤྱོད་དོ།།

ཚད་མེད་པ་རྣམས་ཀྱི་དོན་དུ་ཤེས་རབ་ཀྱི་ཕ་རོལ་ཏུ་ཕྱིན་པ་ལ་མི་སློབ་བོ། །གཟུགས་མེད་པའི་སྙོམས་པར་འཇུག་པ་རྣམས་ཀྱི་དོན་དུ་ཤེས་རབ་ཀྱི་ཕ་རོལ་ཏུ······ཕྱིན་པ་ལ་མི་སློབ་བོ། །རྣམ་པར་ཐར་པ་རྣམས་ཀྱི་དོན་དུ་ཤེས་རབ་①ཀྱི་ཕ་རོལ་ཏུ་ཕྱིན་པ་ལ་མི་སློབ་བོ། །མཐར་གྱིས་གནས་པའི་སྙོམས་པར་འཇུག་པ་རྣམས་ཀྱི་དོན་དུ་ཤེས་རབ་ཀྱི་ཕ་རོལ་ཏུ་ཕྱིན་པ་ལ་མི་སློབ་བོ། །རྣམ་པར་ཐར་པའི་སྒོ་སྟོང་པ་ཉིད་དང་། མཚན་མ་མེད་པ་དང་། སྨོན་པ་མེད་པའི་དོན་དུ་ཤེས་རབ་ཀྱི་ཕ་རོལ་ཏུ་ཕྱིན་པ་ལ་མི་སློབ་བོ། །མངོན་པར་ཤེས་པ་རྣམས་ཀྱི་དོན་དུ་ཤེས་རབ་ཀྱི་ཕ་རོལ་ཏུ་ཕྱིན་པ་ལ་མི་སློབ་བོ། །ཏིང་ངེ་འཛིན་རྣམས་ཀྱི་དོན་དུ་ཤེས་རབ་ཀྱི་ཕ་རོལ་ཏུ་ཕྱིན་པ་ལ་མི་སློབ་བོ། །གཟུངས་ཀྱི་སྒོ་རྣམས་ཀྱི་དོན་དུ་ཤེས་རབ་ཀྱི་ཕ་རོལ་ཏུ་ཕྱིན་པ་ལ་མི་སློབ་བོ། །དེ་བཞིན་གཤེགས་པའི་སྟོབས་བཅུའི་དོན་དུ་ཤེས་རབ་ཀྱི་ཕ་རོལ་ཏུ་ཕྱིན་པ་ལ་མི་སློབ་བོ། །མི་འཇིགས་པ་བཞིའི་དོན་དུ་ཤེས་རབ་ཀྱི་ཕ་རོལ་ཏུ་ཕྱིན་པ་ལ་མི་སློབ་བོ། །སོ་སོ་ཡང་དག་པར་རིག་པ་བཞིའི་དོན་དུ་ཤེས་རབ་ཀྱི་ཕ་རོལ་ཏུ་ཕྱིན་པ་ལ་མི་སློབ་བོ། །བྱམས་པ་ཆེན་པོའི་དོན་དུ་ཤེས་རབ་ཀྱི་ཕ་རོལ་ཏུ་ཕྱིན་པ་ལ་མི་སློབ་བོ། །སྙིང་རྗེ་ཆེན་པོའི་དོན་དུ་ཤེས་རབ་ཀྱི་ཕ་རོལ་ཏུ་ཕྱིན་པ་ལ་མི་སློབ་བོ། །སངས་རྒྱས་ཀྱི་ཆོས་མ་འདྲེས་པ་རྣམས་ཀྱི་དོན་དུ་ཤེས་རབ་ཀྱི་ཕ་རོལ་ཏུ་ཕྱིན་པ་ལ་མི་སློབ་བོ། །རྒྱུན་དུ་ཞུགས་པའི་འབྲས་བུའི······དོན་དུ་ཤེས་རབ་ཀྱི་ཕ་རོལ་ཏུ་ཕྱིན་པ་ལ་མི་སློབ་བོ། །ལན་ཅིག་ཕྱིར་འོང་བའི་འབྲས་བུའི་དོན་དུ་ཤེས་རབ་②ཀྱི་ཕ་རོལ་ཏུ་ཕྱིན་པ་ལ་མི་སློབ་བོ། །ཕྱིར་མི་འོང་བའི་འབྲས་བུའི་དོན་དུ་ཤེས་རབ་ཀྱི་ཕ་རོལ་ཏུ་ཕྱིན་པ་ལ་མི་སློབ་བོ། །དགྲ······བཅོམ་པ་ཉིད་ཀྱི་དོན་དུ་ཤེས་རབ་ཀྱི་ཕ་རོལ་ཏུ་ཕྱིན་པ་ལ་མི་སློབ་བོ། །རང་བྱང་ཆུབ་ཀྱི་དོན་དུ་ཤེས་རབ་ཀྱི་ཕ་རོལ་ཏུ་ཕྱིན་པ་ལ་མི་སློབ་བོ། །ལམ་གྱི་རྣམ་པ་ཤེས་

པ་ཉིད་ཀྱི་དོན་དུ་ཤེས་རབ་ཀྱི་ཕ་རོལ་ཏུ་ཕྱིན་པ་ལ་མི་སྤྱོད་དོ། །བླ་ན་མེད་པ་ཡང་དག་པར་རྫོགས་པའི་བྱང་ཆུབ་ཀྱི་དོན་དུ་ཤེས་རབ་ཀྱི་ཕ་རོལ་ཏུ་ཕྱིན་པ་ལ་མི་སྤྱོད་དོ། །གསོལ་པ། བཅོམ་ལྡན་འདས་གང་གི་སླད་དུ། བྱང་ཆུབ་སེམས་དཔའ་སེམས་དཔའ་ཆེན་པོ་ཤེས་རབ་ཀྱི་ཕ་རོལ་ཏུ་ཕྱིན་པ་ལ་སྤྱོད་པ་ལགས། བཅོམ་ལྡན་འདས་ཀྱིས་བཀའ་སྩལ་པ། གང་གི་ཕྱིར་ཡང་བྱང་ཆུབ་སེམས་དཔའ་སེམས་དཔའ་ཆེན་པོ་ཤེས་རབ་ཀྱི་ཕ་རོལ་ཏུ་ཕྱིན་པ་ལ་མི་སྤྱོད་དོ། །དེ་ཅིའི་ཕྱིར་ཞེ་ན། དེ་ནི་འདི་ལྟར་ཆོས་ཐམས་ཅད་ནི་མ་བྱས་པ་སྟེ། ཆོས་ཐམས་ཅད་ནི་མངོན་པར་འདུས་མ་བྱས་པའོ། །ཤེས་རབ་ཀྱི་ཕ་རོལ་ཏུ་ཕྱིན་པ་ཡང་མ་བྱས་པ་སྟེ༑ མངོན་པར་འདུས་མ་བྱས་པའོ། །བྱང་ཆུབ་ཀྱང་མ་བྱས་པ་སྟེ། མངོན་པར་འདུས་མ་བྱས་པའོ། །བྱང་ཆུབ་སེམས་དཔའ་ཡང་མ་བྱས་པ་སྟེ། །མངོན་པར་འདུས་མ་བྱས་པའོ། །རབ་འབྱོར་དེ་ལྟར་བྱང་ཆུབ་སེམས་དཔའ་སེམས་དཔའ་ཆེན་པོས་མ་བྱས་པ་དང་། མངོན་པར་འདུས་མ་བྱས་པའི་ཚུལ་གྱིས། ཤེས་རབ་ཀྱི་ཕ་རོལ་ཏུ་ཕྱིན་པ་ལ་སྤྱད་པར་བྱའོ། །གསོལ་པ། བཅོམ་ལྡན་འདས་གལ་ཏེ་དེ་ལྟར་ཆོས་ཐམས་ཅད་མ་བགྱིས་པ་སྟེ། མངོན་པར་འདུས་མ་བགྱིས་པ་ལགས་ན། འོ་ན་ཇི་ལྟར་ཉན་ཐོས་ཀྱི་ཐེག་པ་དང་། རང་སངས་རྒྱས་ཀྱི་ཐེག་པ་དང་། ཐེག་པ་ཆེན་པོ་དང་། ཐེག་པ་གསུམ་པོ་འདི་དག་རྣམ་པར་དགོད་པར་འགྱུར། བཅོམ་ལྡན་འདས་ཀྱིས་བཀའ་སྩལ་པ། རབ་འབྱོར་མ་བྱས་མངོན་པར་འདུས་མ་བྱས་པའི་ཆོས་རྣམས་ལ་ནི་རྣམ་པར་དགོད་པ་གང་ཡང་དམིགས་སུ་མེད་དེ། མངོན་པར་འདུས་བྱས་པ་དང་། མངོན་པར་བསམས་① པའི་ཆོས་རྣམས་ལ་ནི་རྣམ་པར་དགོད་པར་② དམིགས་སོ། །དེ་ཅིའི་ཕྱིར་ཞེ་ན། དེ་ནི་འདི་ལྟར་བྱིས་པ་ཐོས་པ་དང་མི་ལྡན་པའི་③ སོ་སོའི་སྐྱེ་བོ་རྣམས་ཕུང་པོ་ལྔ་ལ་

མངོན་པར་ཞེན་ཅིང་། གཟུགས་ལ་མངོན་པར་ཞེན། ཚོར་བ་ལ་མངོན་པར་ཞེན༏ འདུ་ཤེས་ལ་མངོན་པར་ཞེན། འདུ་བྱེད་ལ་མངོན་པར་ཞེན། རྣམ་པར་ཤེས་པ་ལ་མངོན་པར་ཞེན། མིག་ལ་མངོན་པར་ཞེན། རྣ་བ་ལ་མངོན་པར་ཞེན། སྣ་ལ་མངོན་པར་ཞེན། ལྗེ་ལ་མངོན་པར་ཞེན། ལུས་ལ་མངོན་པར་ཞེན། ཡིད་ལ་མངོན་པར་ཞེན། གཟུགས་ལ་མངོན་པར་ཞེན། སྒྲ་ལ་མངོན་པར་ཞེན། དྲི་ལ་མངོན་པར་ཞེན། རོ་ལ་མངོན་པར་ཞེན། རེག་ལ་མངོན་པར་ཞེན། ཆོས་ལ་མངོན་པར་ཞེན། མིག་གི་རྣམ་པར་ཤེས་པ་ལ་མངོན་པར་ཞེན། རྣ་བའི་རྣམ་པར་ཤེས་པ་ལ་མངོན་པར་ཞེན། སྣའི་རྣམ་པར་ཤེས་པ་ལ་མངོན་པར་ཞེན། ལྗེའི་རྣམ་པར་ཤེས་པ་ལ་མངོན་པར་ཞེན། ལུས་ཀྱི་རྣམ་པར་ཤེས་པ་ལ་མངོན་པར་ཞེན། ཡིད་ཀྱི་རྣམ་པར་ཤེས་པ་ལ་མངོན་པར་ཞེན༏ མིག་གི་འདུས་ཏེ་རེག་པ་ལ་མངོན་པར་ཞེན། རྣ་བའི་འདུས་ཏེ་རེག་པ་ལ་མངོན་པར་ཞེན། སྣའི་འདུས་ཏེ་རེག་པ་ལ་མངོན་པར་ཞེན། ལྗེའི་འདུས་ཏེ་རེག་པ་ལ་མངོན་པར་ཞེན། ལུས་ཀྱི་འདུས་ཏེ་རེག་པ་ལ་མངོན་པར་ཞེན། ཡིད་ཀྱི་འདུས་ཏེ་རེག་པ་ལ་མངོན་པར་ཞེན། མིག་གི་འདུས་ཏེ་རེག་པ་ལས་བྱུང་བའི་ཚོར་བ་ལ་མངོན་པར་ཞེན། རྣ་བའི་འདུས་ཏེ་རེག་པ་ལས་བྱུང་བའི་ཚོར་བ་ལ་མངོན་པར་ཞེན། སྣའི་འདུས་ཏེ་རེག་པ་ལས་བྱུང་བའི་ཚོར་བ་ལ་མངོན་པར་ཞེན༏ ལྗེའི་འདུས་ཏེ་རེག་པ་ལས་བྱུང་བའི་ཚོར་བ་ལ་མངོན་པར་ཞེན། ལུས་ཀྱི་འདུས་ཏེ་རེག་པ་ལས་བྱུང་བའི་ཚོར་བ་ལ་མངོན་པར་ཞེན། ཡིད་ཀྱི་འདུས་ཏེ་རེག་པ་ལས་བྱུང་བའི་ཚོར་བ་ལ་མངོན་པར་ཞེན། སའི་ཁམས་ལ་མངོན་པར་····ཞེན༏ ཆུའི་ཁམས་ལ་མངོན་པར་ཞེན། མེའི་ཁམས་ལ་མངོན་པར་ཞེན། རླུང་གི་ཁམས་ལ་མངོན་པར་ཞེན། ནམ་མཁའི་ཁམས་ལ་མངོན་པར་ཞེན། རྣམ་

པར་ཤེས་པའི་ཁམས་ལ་མངོན་པར་ཞེན། མ་རིག་པ་ལ་མངོན་པར་ཞེན། འདུ་བྱེད་ལ་མངོན་པར་ཞེན། རྣམ་པར་ཤེས་པ་ལ་མངོན་པར་ཞེན། མིང་དང་གཟུགས་ལ་མངོན་པར་ཞེན། སྐྱེ་མཆེད་དྲུག་ལ་[1]མངོན་པར་ཞེན། རེག་པ་ལ་མངོན་པར་ཞེན། ཚོར་བ་ལ་མངོན་པར་ཞེན། སྲེད་པ་ལ་མངོན་པར་ཞེན། ལེན་པ་ལ་མངོན་པར་ཞེན། སྲིད་པ་ལ་མངོན་པར་ཞེན། སྐྱེ་བ་ལ་མངོན་པར་ཞེན། རྒ་ཤི་ལ་མངོན་པར་ཞེན། སྦྱིན་པའི་ཕ་རོལ་ཏུ་ཕྱིན་པ་ལ་མངོན་པར་ཞེན། ཚུལ་ཁྲིམས་ཀྱི་ཕ་རོལ་ཏུ་ཕྱིན་པ་ལ་མངོན་པར་ཞེན། བཟོད་པའི་ཕ་རོལ་ཏུ་ཕྱིན་པ་ལ་མངོན་པར་ཞེན། བརྩོན་འགྲུས་ཀྱི་ཕ་རོལ་ཏུ་ཕྱིན་པ་ལ་མངོན་པར་ཞེན། བསམ་གཏན་གྱི་ཕ་རོལ་ཏུ་ཕྱིན་པ་ལ་མངོན་པར་ཞེན། ཤེས་རབ་ཀྱི་ཕ་རོལ་ཏུ་ཕྱིན་པ་ལ་མངོན་པར་ཞེན། ནང་སྟོང་པ་ཉིད་ལ་མངོན་པར་ཞེན། ཕྱི་སྟོང་པ་ཉིད་ལ་མངོན་པར་ཞེན། ཕྱི་ནང་སྟོང་པ་ཉིད་ལ་མངོན་པར་ཞེན། སྟོང་པ་ཉིད་སྟོང་པ་ཉིད་ལ་མངོན་པར་ཞེན། ཆེན་པོ་སྟོང་པ་ཉིད་ལ་མངོན་པར་ཞེན། དོན་དམ་པ་སྟོང་པ་ཉིད་ལ་མངོན་པར་ཞེན། འདུས་བྱས་སྟོང་པ་ཉིད་[2]མངོན་པར་ཞེན། འདུས་མ་བྱས་སྟོང་པ་ཉིད་ལ་མངོན་པར་ཞེན། མཐའ་ལས་འདས་པ་སྟོང་པ་ཉིད་ལ་མངོན་པར་ཞེན། ཐོག་མ་དང་ཐ་མ་མེད་པ་སྟོང་པ་ཉིད་ལ་མངོན་པར་ཞེན། དོར་བ་མེད་པ་སྟོང་པ་ཉིད་ལ་མངོན་པར་ཞེན། རང་བཞིན་སྟོང་པ་ཉིད་ལ་མངོན་པར་ཞེན། ཆོས་ཐམས་ཅད་སྟོང་པ་ཉིད་ལ་མངོན་པར་ཞེན། རང་གི་མཚན་ཉིད་སྟོང་པ་ཉིད་ལ་མངོན་པར་ཞེན། མི་དམིགས་པ་སྟོང་པ་ཉིད་ལ་མངོན་པར་ཞེན། དངོས་པོ་མེད་པ་སྟོང་པ་ཉིད་ལ་མངོན་པར་ཞེན། ངོ་བོ་ཉིད་སྟོང་པ་ཉིད་ལ་མངོན་པར་ཞེན། དངོས་པོ་མེད་པའི་ངོ་བོ་ཉིད་སྟོང་པ་ཉིད་ལ་མངོན་པར་ཞེན། དྲན་པ་ཉེ་བར་གཞག་པ་རྣམས་ལ་མངོན་

པར་ཞེན། ཡང་དག་པར་སྤོང་བ་རྣམས་ལ་མངོན་པར་ཞེན། རྫུ་འཕྲུལ་གྱི་རྐང་པ་རྣམས་ལ་མངོན་པར་ཞེན། དབང་པོ་རྣམས་ལ་མངོན་པར་ཞེན། སྟོབས་རྣམས་ལ་མངོན་པར་ཞེན། བྱང་ཆུབ་ཀྱི་ཡན་ལག་རྣམས་ལ་མངོན་པར་ཞེན། འཕགས་པའི་ལམ་ཡན་ལག་བརྒྱད་པ་ལ་མངོན་པར་ཞེན། འཕགས་པའི་བདེན་པ་རྣམས་ལ་མངོན་པར་ཞེན། བསམ་གཏན་རྣམས་ལ་མངོན་པར་ཞེན། ཚད་མེད་པ་རྣམས་ལ་མངོན་པར་ཞེན། གཟུགས་མེད་པའི་སྙོམས་པར་འཇུག་པ···རྣམས་ལ་མངོན་པར་ཞེན། རྣམ་པར་ཐར་པ་བརྒྱད་ལ་མངོན་པར་ཞེན། མཐར་གྱིས་གནས་པའི་སྙོམས་པར་འཇུག་པ་དགུ་ལ་མངོན་པར་ཞེན། རྣམ་པར་ཐར་པའི་སྒོ་སྟོང་པ་ཉིད་དང་། མཚན་མ་མེད་པ་དང་། སྨོན་པ་མེད་པ་ལ་མངོན་པར་ཞེན། ༔མངོན་པར་ཤེས་པ་རྣམས་ལ་མངོན་པར་ཞེན།① ཏིང་ངེ་འཛིན་རྣམས་ལ་མངོན་པར་ཞེན། གཟུངས་ཀྱི་སྒོ་རྣམས་ལ་མངོན་པར་ཞེན། དེ་བཞིན་གཤེགས་པའི་སྟོབས་བཅུ་ལ་མངོན་པར་ཞེན། མི་འཇིགས་པ་བཞི་ལ་མངོན་པར་ཞེན། སོ་སོ་ཡང་དག་པར་རིག་པ་བཞི་ལ་མངོན་པར་ཞེན། བྱམས་པ་ཆེན་པོ་ལ་མངོན་པར་ཞེན། སྙིང་རྗེ་ཆེན་པོ་ལ་མངོན་པར་ཞེན། སངས་རྒྱས་ཀྱི་ཆོས་མ་འདྲེས་པ༔བཅོ་བརྒྱད②ལ་མངོན་པར་ཞེན། རྒྱུན་དུ་ཞུགས་པའི་འབྲས་བུ་ལ་མངོན་པར་ཞེན། ལན་ཅིག་ཕྱིར་འོང་བའི་འབྲས་བུ་ལ་མངོན་པར་ཞེན། ཕྱིར་མི་འོང་བའི་འབྲས་བུ་ལ་མངོན་པར་ཞེན། དགྲ་བཅོམ་པ་ཉིད་ལ་མངོན་པར་ཞེན། རང་བྱང་ཆུབ་ལ་མངོན་པར་ཞེན། ལམ་གྱི་རྣམ་པ③ཤེས་པ་ཉིད་ལ་མངོན་པར་ཞེན། རྣམ་པ་ཐམས་ཅད་མཁྱེན་པ་ཉིད་ལ་མངོན་པར་ཞེན་ནས④། གཟུགས་ཀྱིས་རློམ་སེམས་སུ་བྱེད་ཅིང་། གཟུགས་སུ་དམིགས་སོ། །ཚོར་བས་རློམ་སེམས་སུ་བྱེད་ཅིང་། ཚོར་བར⑤དམིགས་སོ། །འདུ་ཤེས་ཀྱིས་

རློམ་སེམས་①སུ་བྱེད་ཅིང་། འདུ་ཤེས་སུ་དམིགས་སོ། །འདུ་བྱེད་ཀྱིས་རློམ་②སེམས་སུ་བྱེད་ཅིང་། འདུ་བྱེད་དུ་དམིགས་སོ། །རྣམ་པར་ཤེས་པས་རློམ་སེམས་སུ་བྱེད་ཅིང་། རྣམ་པར་ཤེས་པར་དམིགས་སོ། །མིག་གིས་རློམ་སེམས་སུ་བྱེད་ཅིང་། མིག་ཏུ་དམིགས་སོ། །རྣ་བས་རློམ་སེམས་སུ་བྱེད་ཅིང་། རྣ་བར་དམིགས་སོ། །སྣས་རློམ་སེམས་སུ་བྱེད་ཅིང་། སྣར་དམིགས་སོ། །ལྕེས་རློམ་སེམས་སུ་བྱེད་ཅིང་། ལྕེར་དམིགས་སོ། །ལུས་ཀྱིས་རློམ་སེམས་སུ་བྱེད་ཅིང་། ལུས་སུ་དམིགས་སོ། །ཡིད་ཀྱིས་རློམ་སེམས་སུ་བྱེད་ཅིང་། ཡིད་དུ་དམིགས་སོ། །གཟུགས་ཀྱིས་རློམ་སེམས་སུ་བྱེད་ཅིང་། གཟུགས་སུ་དམིགས་སོ། །སྒྲས་རློམ་སེམས་སུ་བྱེད་ཅིང་། སྒྲར་དམིགས་སོ། །དྲིས་རློམ་སེམས་སུ་བྱེད་ཅིང་། དྲིར་དམིགས་སོ། །རོས་རློམ་སེམས་སུ་བྱེད་ཅིང་། རོར་དམིགས་སོ། །རེག་གིས་རློམ་སེམས་སུ་བྱེད་ཅིང་། རེག་ཏུ་③དམིགས་སོ། །ཆོས་ཀྱིས་རློམ་སེམས་སུ་བྱེད་ཅིང་། ཆོས་སུ་དམིགས་སོ། །མིག་གི་རྣམ་པར་ཤེས་པས་རློམ་སེམས་སུ་བྱེད་ཅིང་། མིག་གི་རྣམ་པར་ཤེས་པར་དམིགས་སོ། །རྣ་བའི་རྣམ་པར་ཤེས་པས་རློམ་སེམས་སུ་བྱེད་ཅིང་། རྣ་བའི་རྣམ་པར་ཤེས་པར་དམིགས་སོ། །སྣའི་རྣམ་པར་ཤེས་པས་རློམ་སེམས་སུ་བྱེད་ཅིང་། སྣའི་རྣམ་པར་ཤེས་པར་དམིགས་སོ། །ལྕེའི་རྣམ་པར་ཤེས་པས་རློམ་སེམས་སུ་བྱེད་ཅིང་། ལྕེའི་རྣམ་པར་ཤེས་པར་དམིགས་སོ། །ལུས་ཀྱི་རྣམ་པར་ཤེས་པས་རློམ་སེམས་སུ་བྱེད་ཅིང་། ལུས་ཀྱི་རྣམ་པར་ཤེས་པར་དམིགས་སོ། །ཡིད་ཀྱི་རྣམ་པར་ཤེས་པས་རློམ་སེམས་སུ་བྱེད་ཅིང་། ཡིད་ཀྱི་རྣམ་པར་ཤེས་པར་དམིགས་སོ། །མིག་གི་འདུས་ཏེ་རེག་པས་རློམ་སེམས་སུ་བྱེད་ཅིང་། མིག་གི་འདུས་ཏེ་རེག་པར་དམིགས་སོ། །རྣ་བའི་འདུས་ཏེ་རེག་པས་རློམ་སེམས་སུ་བྱེད་ཅིང་། རྣ་བའི་འདུས་ཏེ་རེག་པར་

དམིགས་སོ། །སྣའི་འདུས་ཏེ་རེག་པས་རློམ་སེམས་སུ་བྱེད་ཅིང་། སྣའི་འདུས་
ཏེ་རེག་པར་དམིགས་སོ། །ལྕེའི་འདུས་ཏེ་རེག་པས་རློམ་སེམས་སུ་བྱེད་ཅིང་།
ལྕེའི་འདུས་ཏེ་རེག་པར་དམིགས་སོ། །ལུས་ཀྱི་འདུས་ཏེ་རེག་པས་རློམ་སེམས་སུ་
བྱེད་ཅིང་། ལུས་ཀྱི་འདུས་ཏེ་རེག་པར་དམིགས་སོ། །ཡིད་ཀྱི་འདུས་ཏེ་རེག་
པས་རློམ་སེམས་སུ་བྱེད་ཅིང་། ཡིད་ཀྱི་འདུས་ཏེ་རེག་པར་དམིགས་སོ། །མིག་
གི་འདུས་ཏེ་རེག་པའི་རྐྱེན་གྱིས་ཚོར་བས་རློམ་སེམས་སུ་བྱེད་ཅིང་། མིག་གི་
འདུས་ཏེ་རེག་པའི་རྐྱེན་གྱིས་[7]ཚོར་བར་དམིགས་སོ། །རྣ་བའི་འདུས་ཏེ་རེག་
པའི་རྐྱེན་གྱིས་ཚོར་བས་རློམ་སེམས་སུ་བྱེད་ཅིང་། རྣ་བའི་འདུས་ཏེ་རེག་པའི་
རྐྱེན་གྱིས་ཚོར་བར་དམིགས་སོ། །སྣའི་འདུས་ཏེ་རེག་པའི་རྐྱེན་གྱིས་ཚོར་བས་
རློམ་སེམས་སུ་བྱེད་ཅིང་། སྣའི་འདུས་ཏེ་རེག་པའི་རྐྱེན་གྱིས་ཚོར་བར་དམིགས་
སོ། །ལྕེའི་འདུས་ཏེ་རེག་པའི་རྐྱེན་གྱིས་ཚོར་བས་རློམ་སེམས་སུ་བྱེད་ཅིང་།
ལྕེའི་འདུས་ཏེ་རེག་པའི་རྐྱེན་གྱིས་ཚོར་བར་དམིགས་སོ། །ལུས་ཀྱི་འདུས་ཏེ་རེག་
པའི་རྐྱེན་གྱིས་ཚོར་བས་རློམ་སེམས་སུ་བྱེད་ཅིང་། ལུས་ཀྱི་འདུས་ཏེ་རེག་པའི་
རྐྱེན་གྱིས་ཚོར་བར་དམིགས་སོ། །ཡིད་ཀྱི་འདུས་ཏེ་རེག་པའི་རྐྱེན་གྱིས་ཚོར་བས་
རློམ་སེམས་སུ་བྱེད་ཅིང་། ཡིད་ཀྱི་འདུས་ཏེ་རེག་པའི་རྐྱེན་གྱིས་ཚོར་བར་
དམིགས་སོ། །སའི་ཁམས་ཀྱིས་རློམ་སེམས་སུ་བྱེད་ཅིང་། སའི་ཁམས་སུ་
དམིགས་སོ། །ཆུའི་ཁམས་ཀྱིས་རློམ་སེམས་སུ་བྱེད་ཅིང་། ཆུའི་ཁམས་སུ་
དམིགས་སོ། །མེའི་ཁམས་ཀྱིས་རློམ་སེམས་སུ་བྱེད་ཅིང་། མེའི་ཁམས་སུ་
དམིགས་སོ། །རླུང་གི་ཁམས་ཀྱིས་རློམ་སེམས་སུ་བྱེད་ཅིང་། རླུང་གི་ཁམས་སུ་
དམིགས་སོ། །ནམ་མཁའི་ཁམས་ཀྱིས་རློམ་སེམས་སུ་བྱེད་ཅིང་། ནམ་མཁའི་
ཁམས་སུ་དམིགས་སོ། །རྣམ་པར་ཤེས་པའི་ཁམས་ཀྱིས་རློམ་སེམས་སུ་བྱེད་ཅིང་།

རྣམ་པར་ཤེས་པའི་ཁམས་སུ་དམིགས་སོ། །མ་རིག་པས་⑦རློམ་སེམས་སུ་བྱེད་······ཅིང་། མ་རིག་པར་དམིགས་སོ། །འདུ་བྱེད་ཀྱིས་རློམ་སེམས་སུ་བྱེད་ཅིང་། འདུ་བྱེད་དུ་དམིགས་སོ། །རྣམ་པར་ཤེས་པས་རློམ་སེམས་སུ་བྱེད་ཅིང་། རྣམ་པར་ཤེས་པར་དམིགས་སོ། །མིང་དང་གཟུགས་ཀྱིས་རློམ་སེམས་སུ་བྱེད་ཅིང་། མིང་དང་གཟུགས་སུ་དམིགས་སོ། །སྐྱེ་མཆེད་དྲུག་གིས་རློམ་སེམས་སུ་བྱེད་ཅིང་། སྐྱེ་མཆེད་དྲུག་ཏུ་དམིགས་སོ། །རེག་པས་རློམ་སེམས་སུ་བྱེད་ཅིང་། རེག་པར་དམིགས་སོ། །ཚོར་བས་རློམ་སེམས་སུ་བྱེད་ཅིང་། ཚོར་བར་དམིགས་སོ། །སྲེད་པས་རློམ་སེམས་སུ་བྱེད་ཅིང་། སྲེད་པར་དམིགས་སོ། །ལེན་པས་རློམ་སེམས་སུ་བྱེད་ཅིང་། ལེན་པར་དམིགས་སོ། །སྲིད་པས་རློམ་སེམས་སུ་བྱེད་ཅིང་། སྲིད་པར་དམིགས་སོ། །སྐྱེ་བས་རློམ་སེམས་སུ་བྱེད་ཅིང་། སྐྱེ་བར་དམིགས་སོ། །ཀ་ཤིས་རློམ་སེམས་སུ་བྱེད་ཅིང་། ཀ་ཤིར་དམིགས་སོ། །སྦྱིན་པའི་ཕ་རོལ་ཏུ་ཕྱིན་པས་རློམ་སེམས་སུ་བྱེད་ཅིང་། སྦྱིན་པའི་ཕ་རོལ་ཏུ་ཕྱིན་པར་དམིགས་སོ། །ཚུལ་ཁྲིམས་ཀྱི་ཕ་རོལ་ཏུ་ཕྱིན་པས་རློམ་སེམས་སུ་བྱེད་ཅིང་། ཚུལ་ཁྲིམས་ཀྱི་ཕ་རོལ་ཏུ་ཕྱིན་པར་དམིགས་སོ། །བཟོད་པའི་ཕ་རོལ་ཏུ་ཕྱིན་······པས་རློམ་སེམས་སུ་བྱེད་ཅིང་། བཟོད་པའི་ཕ་རོལ་ཏུ་ཕྱིན་པར་དམིགས་སོ། །བརྩོན་འགྲུས་ཀྱི་ཕ་རོལ་ཏུ་ཕྱིན་པས་རློམ་སེམས་སུ་བྱེད་ཅིང་། བརྩོན་འགྲུས་ཀྱི་ཕ་རོལ་ཏུ་ཕྱིན་པར་དམིགས་སོ། །བསམ་གཏན་གྱི་ཕ་རོལ་ཏུ་ཕྱིན་པས་རློམ་······སེམས་སུ་བྱེད་ཅིང་། བསམ་གཏན་གྱི་ཕ་རོལ་ཏུ་ཕྱིན་པར་དམིགས་སོ། །ཤེས་རབ་ཀྱི་ཕ་རོལ་ཏུ་ཕྱིན་པས་རློམ་སེམས་སུ་བྱེད་ཅིང་། ཤེས་རབ་ཀྱི་ཕ་རོལ་ཏུ་······ཕྱིན་པར་དམིགས་སོ། །ནང་སྟོང་པ་ཉིད་ཀྱིས་རློམ་སེམས་སུ་བྱེད་ཅིང་། ནང་སྟོང་པ་ཉིད་དུ་དམིགས་སོ། །ཕྱི་སྟོང་པ་ཉིད་ཀྱིས་རློམ་སེམས་སུ་བྱེད་ཅིང་། ཕྱི་

སྟོང་པ་ཉིད་དུ་དམིགས་སོ། །ཕྱི་ནང་སྟོང་པ་ཉིད་ཀྱིས་རློམ་སེམས་སུ་བྱེད་ཅིང་། ཕྱི་ནང་སྟོང་པ་ཉིད་དུ་དམིགས་སོ། །སྟོང་པ་ཉིད་སྟོང་པ་ཉིད་ཀྱིས་རློམ་སེམས་སུ་བྱེད་ཅིང་། སྟོང་པ་ཉིད་སྟོང་པ་ཉིད་དུ་དམིགས་སོ། །ཆེན་པོ་སྟོང་པ་ཉིད་ཀྱིས་རློམ་སེམས་སུ་བྱེད་ཅིང་། ཆེན་པོ་སྟོང་པ་ཉིད་དུ་དམིགས་སོ། །དོན་དམ་པ་སྟོང་པ་ཉིད་ཀྱིས་རློམ་སེམས་སུ་བྱེད་ཅིང་། དོན་དམ་པ་སྟོང་པ་ཉིད་དུ་དམིགས་སོ། །འདུས་བྱས་སྟོང་པ་ཉིད་ཀྱིས་རློམ་སེམས་སུ་བྱེད་ཅིང་། འདུས་བྱས་སྟོང་པ་ཉིད་དུ་དམིགས་སོ། །འདུས་མ་བྱས་སྟོང་པ་ཉིད་ཀྱིས་རློམ་སེམས་སུ་བྱེད་ཅིང་། འདུས་མ་བྱས་སྟོང་པ་ཉིད་དུ་དམིགས་སོ། །མཐའ་ལས་འདས་པ་སྟོང་པ་ཉིད་ཀྱིས་རློམ་སེམས་སུ་བྱེད་ཅིང་། མཐའ་ལས་འདས་པ་སྟོང་པ་ཉིད་དུ་དམིགས་སོ། །ཐོག་མ་དང་ཐ་མ་མེད་པ་སྟོང་པ་ཉིད་ཀྱིས་རློམ་སེམས་སུ་བྱེད་ཅིང་། ཐོག་མ་དང་ཐ་མ་མེད་པ་སྟོང་པ་ཉིད་དུ་དམིགས་སོ། །དོར་བ་མེད་པ་སྟོང་པ་ཉིད་ཀྱིས་རློམ་སེམས་སུ་བྱེད་ཅིང་། དོར་བ་མེད་པ་སྟོང་པ་ཉིད་དུ་དམིགས་སོ། །རང་བཞིན་སྟོང་པ་ཉིད་ཀྱིས་རློམ་སེམས་སུ་བྱེད་ཅིང་། རང་བཞིན་སྟོང་པ་ཉིད་དུ་དམིགས་སོ། །ཆོས་ཐམས་ཅད་སྟོང་པ་ཉིད་ཀྱིས་རློམ་སེམས་སུ་བྱེད་ཅིང་། ཆོས་ཐམས་ཅད་སྟོང་པ་ཉིད་དུ་དམིགས་སོ། །རང་གི་མཚན་ཉིད་སྟོང་པ་ཉིད་ཀྱིས་རློམ་སེམས་སུ་བྱེད་ཅིང་། རང་གི་མཚན་ཉིད་སྟོང་པ་ཉིད་དུ་དམིགས་སོ། །མི་དམིགས་པ་སྟོང་པ་ཉིད་ཀྱིས་རློམ་སེམས་སུ་བྱེད་ཅིང་། མི་དམིགས་པ་སྟོང་པ་ཉིད་དུ་དམིགས་སོ། །དངོས་པོ་མེད་པ་སྟོང་པ་ཉིད་ཀྱིས་རློམ་སེམས་སུ་བྱེད་ཅིང་། དངོས་པོ་མེད་པ་སྟོང་པ་ཉིད་དུ་དམིགས་སོ། །ངོ་བོ་ཉིད་སྟོང་པ་ཉིད་ཀྱིས་རློམ་སེམས་སུ་བྱེད་ཅིང་། ངོ་བོ་ཉིད་སྟོང་པ་ཉིད་དུ་དམིགས་སོ། །དངོས་པོ་མེད་པའི་ངོ་བོ་ཉིད་སྟོང་པ་ཉིད་ཀྱིས་རློམ་སེམས་སུ་བྱེད་ཅིང་། དངོས་པོ་མེད་པའི་ངོ་

པོ་ཉིད་སྟོང་པ་ཉིད་དུ་དམིགས་སོ། །དྲན་པ་ཉེ་བར་གཞག་པ་རྣམས་ཀྱིས་རློམ་
སེམས་སུ་བྱེད་ཅིང་། དྲན་པ་ཉེ་བར་གཞག་པ་རྣམས་སུ་དམིགས་སོ། །ཡང་
དག་པར་སྤོང་བ་རྣམས་ཀྱིས་རློམ་སེམས་སུ་བྱེད་ཅིང་། ཡང་དག་པར་སྤོང་བ་
རྣམས་སུ་དམིགས་སོ། །རྫུ་འཕྲུལ་གྱི་རྐང་པ་རྣམས་ཀྱིས་རློམ་སེམས་སུ་བྱེད་ཅིང་།
རྫུ་འཕྲུལ་གྱི་རྐང་པ་རྣམས་སུ་དམིགས་སོ། །དབང་པོ་རྣམས་ཀྱིས་རློམ་སེམས་སུ་
བྱེད་ཅིང་། དབང་པོ་རྣམས་སུ་དམིགས་སོ། །སྟོབས་རྣམས་ཀྱིས་རློམ་སེམས་སུ་
བྱེད་ཅིང་། སྟོབས་རྣམས་སུ་དམིགས་སོ། །བྱང་ཆུབ་ཀྱི་ཡན་ལག་རྣམས་ཀྱིས་
རློམ་སེམས་སུ་བྱེད་ཅིང་། བྱང་ཆུབ་ཀྱི་ཡན་ལག་རྣམས་སུ་དམིགས་སོ། །
འཕགས་པའི་ལམ་ཡན་ལག་བརྒྱད་པས་རློམ་སེམས་སུ་བྱེད་ཅིང་། འཕགས་པའི་
ལམ་ཡན་ལག་བརྒྱད་པར་དམིགས་སོ། །འཕགས་པའི་བདེན་པ་རྣམས་ཀྱིས་རློམ་
སེམས་སུ་བྱེད་ཅིང་། འཕགས་པའི་བདེན་པ་རྣམས་སུ་དམིགས་སོ། །བསམ་
གཏན་རྣམས་ཀྱིས་རློམ་སེམས་སུ་བྱེད་ཅིང་། བསམ་གཏན་རྣམས་སུ་དམིགས་སོ།།
ཚད་མེད་པ་རྣམས་ཀྱིས་རློམ་སེམས་སུ་བྱེད་ཅིང་། ཚད་མེད་པ་རྣམས་སུ་
དམིགས་སོ། །གཟུགས་མེད་པའི་སྙོམས་པར་འཇུག་པ་རྣམས་ཀྱིས་རློམ་སེམས་སུ་
བྱེད་ཅིང་། གཟུགས་མེད་པའི་སྙོམས་པར་འཇུག་པ་རྣམས་སུ་དམིགས་སོ། །
རྣམ་པར་ཐར་པ་བརྒྱད་ཀྱིས་རློམ་སེམས་སུ་བྱེད་ཅིང་། རྣམ་པར་ཐར་པ་བརྒྱད་
དུ་དམིགས་སོ། །མཐར་གྱིས་གནས་པའི་སྙོམས་པར་འཇུག་པ་དགུས་རློམ་སེམས་
སུ་བྱེད་ཅིང་། མཐར་གྱིས་གནས་པའི་སྙོམས་པར་འཇུག་པ་དགུར་དམིགས་སོ། །
རྣམ་པར་ཐར་པའི་སྒོ་སྟོང་པ་ཉིད་དང་། མཚན་མ་མེད་པ་དང་། སྨོན་པ་མེད་
པས་རློམ་སེམས་སུ་བྱེད་ཅིང་། རྣམ་པར་ཐར་པའི་སྒོ་སྟོང་པ་ཉིད་དང་།
མཚན་མ་མེད་པ་དང་། སྨོན་པ་མེད་པར་དམིགས་སོ། །མངོན་པར་ཤེས་པ་

རྣམས་ཀྱིས་རློམ་སེམས་སུ་བྱེད་ཅིང་། མངོན་པར་ཤེས་པ་རྣམས་སུ་དམིགས་སོ། །ཏིང་ངེ་འཛིན་རྣམས་ཀྱིས་རློམ་སེམས་སུ་བྱེད་ཅིང་། ཏིང་ངེ་འཛིན་རྣམས་སུ······དམིགས་སོ། །གཟུངས་ཀྱི་སྒོ་རྣམས་ཀྱིས་རློམ་སེམས་སུ་བྱེད་ཅིང་། གཟུངས་ཀྱི་སྒོ་རྣམས་སུ་དམིགས་སོ། །དེ་བཞིན་གཤེགས་པའི་སྟོབས་བཅུས་རློམ་སེམས་སུ་བྱེད་ཅིང་། དེ་བཞིན་གཤེགས་པའི་སྟོབས་བཅུར་དམིགས་སོ། །མི་འཇིགས་པ་བཞིས་རློམ་སེམས་སུ་བྱེད་ཅིང་། མི་འཇིགས་པ་བཞིར་དམིགས་སོ། །སོ་སོ་ཡང་དག་པར་རིག་པ་བཞིས་རློམ་སེམས་སུ་བྱེད་ཅིང་། སོ་སོ་ཡང་དག་པར་རིག་པ་བཞིར་དམིགས་སོ། །བྱམས་པ་ཆེན་པོས་རློམ་སེམས་སུ་བྱེད་ཅིང་། བྱམས་པ་ཆེན་པོར་དམིགས་སོ། །སྙིང་རྗེ་ཆེན་པོས་རློམ་སེམས་སུ་བྱེད་ཅིང་། སྙིང་རྗེ་ཆེན་པོར་དམིགས་སོ། །སངས་རྒྱས་ཀྱི་ཆོས་མ་འདྲེས་པ་བཅོ་བརྒྱད་ཀྱིས་རློམ······སེམས་སུ་བྱེད་ཅིང་། སངས་རྒྱས་ཀྱི་ཆོས་མ་འདྲེས་པ་བཅོ་བརྒྱད་དུ་དམིགས་སོ། །རྒྱུན་དུ་ཞུགས་པའི་འབྲས་བུས་རློམ་སེམས་སུ་བྱེད་ཅིང་། རྒྱུན་དུ་ཞུགས་པའི······འབྲས་བུར་དམིགས་སོ། །ལན་ཅིག་ཕྱིར་འོང་བའི་འབྲས་བུས་རློམ་སེམས་སུ་བྱེད་ཅིང་། ལན་ཅིག་ཕྱིར་འོང་བའི་འབྲས་བུར་དམིགས་སོ། །ཕྱིར་མི་འོང་བའི་འབྲས་བུས་⑦རློམ་སེམས་སུ་བྱེད་ཅིང་། ཕྱིར་མི་འོང་བའི་འབྲས་བུར་དམིགས་སོ། །དགྲ་བཅོམ་པ་ཉིད་ཀྱིས་རློམ་སེམས་སུ་བྱེད་ཅིང་། དགྲ་བཅོམ་པ་ཉིད་དུ་དམིགས་སོ། །རང་བྱང་ཆུབ་ཀྱིས་རློམ་སེམས་སུ་བྱེད་ཅིང་། རང་བྱང་ཆུབ་ཏུ་དམིགས་སོ། །ལམ་གྱི་རྣམ་པ་ཤེས་པ་ཉིད་ཀྱིས་རློམ་སེམས་སུ་བྱེད་ཅིང་། ལམ་གྱི་རྣམ་པ་ཤེས་པ་ཉིད་དུ་དམིགས་སོ། །བླ་ན་མེད་པ་ཡང་དག་པར་རྫོགས་པའི་བྱང་ཆུབ་ཀྱིས་རློམ་སེམས་སུ་བྱེད་ཅིང་། བླ་ན་མེད་པ་ཡང་དག་པར་རྫོགས་པའི་བྱང་ཆུབ་ཏུ་དམིགས་ཏེ། དེ་འདི་སྙམ་དུ་བདག་གིས་བྱང་ཆུབ་ཏུ་མངོན་པར······

རྫོགས་པར་འཚང་རྒྱ་བར་བྱའོ། །བདག་གིས་སེམས་ཅན་རྣམས་འཁོར་བ་ནས་དགྲོལ་བར་བྱའོ། །སྙམ་དུ་སེམས་ཤིང་དེ་དེ་ལྟར་ཡང་དག་པ་མ་ཡིན་པར་རྣམ་པར་རྟོག་གོ། །དེ་ཅིའི་ཕྱིར་ཞེ་ན། རབ་འབྱོར་དེ་ནི་འདི་ལྟར་གཟུགས་དང་། ཚོར་བ་དང་། འདུ་ཤེས་དང་། འདུ་བྱེད་དང་། རྣམ་པར་ཤེས་པ་དང་། མིག་དང་། རྣ་བ་དང་། སྣ་དང་། ལྕེ་དང་། ལུས་དང་། ཡིད་དང་། གཟུགས་དང་། སྒྲ་དང་། དྲི་དང་། རོ་དང་། རེག་དང་། ཆོས་དང་། མིག་གི་རྣམ་པར་ཤེས་པ་དང་། རྣ་བའི་རྣམ་པར་ཤེས་པ་དང་། སྣའི་རྣམ་པར་ཤེས་པ་དང་། ལྕེའི་རྣམ་པར་ཤེས་པ་དང་། ལུས་ཀྱི་རྣམ་པར་ཤེས་པ་དང་། ཿཡིད་ཀྱི་རྣམ་པར་ཤེས་པ་དང་།[1] མིག་གི་འདུས་ཏེ་རེག་པ་དང་། རྣ་བའི་འདུས་ཏེ་རེག་པ་དང་། སྣའི་འདུས་ཏེ་རེག་པ་དང་། ལྕེའི་འདུས་ཏེ་རེག་པ་དང་། ལུས་ཀྱི་འདུས་ཏེ་རེག་པ་དང་། ཡིད་ཀྱི་འདུས་ཏེ་རེག་པ་དང་། མིག་གི་འདུས་ཏེ་རེག་པའི་རྐྱེན་གྱིས་ཚོར་བ་དང་། རྣ་བའི་འདུས་ཏེ་རེག་པའི་རྐྱེན་གྱིས་ཚོར་བ་དང་། སྣའི་འདུས་ཏེ་རེག་པའི་རྐྱེན་གྱིས་ཚོར་བ་དང་། ལྕེའི་འདུས་ཏེ་རེག་པའི་རྐྱེན་གྱིས་ཚོར་བ་དང་། ལུས་ཀྱི་འདུས་ཏེ་རེག་པའི་རྐྱེན་གྱིས་ཚོར་བ་དང་། ཡིད་ཀྱི་འདུས་ཏེ་རེག་པའི་རྐྱེན་གྱིས་ཚོར་བ་དང་། སའི་ཁམས་དང་། ཆུའི་ཁམས་དང་། མེའི་ཁམས་དང་། རླུང་གི་ཁམས་དང་། ནམ་མཁའི་ཁམས་དང་། རྣམ་པར་ཤེས་པའི་ཁམས་དང་། མ་རིག་པ་དང་། འདུ་བྱེད་དང་། རྣམ་པར་ཤེས་པ་དང་། མིང་དང་གཟུགས་དང་། སྐྱེ་མཆེད་དྲུག་དང་། རེག་པ་དང་། ཚོར་བ་དང་། སྲེད་པ་དང་། ལེན་པ་དང་། སྲིད་པ་དང་། སྐྱེ་བ་དང་། རྒ་ཤི་དང་། སྦྱིན་པའི་ཕ་རོལ་ཏུ་ཕྱིན་པ་དང་། ཚུལ་ཁྲིམས་ཀྱི་ཕ་རོལ་ཏུ་ཕྱིན་པ་དང་། བཟོད་པའི་ཕ་རོལ་ཏུ་ཕྱིན་པ་དང་། བརྩོན་

འགྲུས་ཀྱི་ཕ་རོལ་ཏུ་ཕྱིན་པ་དང་། བསམ་གཏན་གྱི་ཕ་རོལ་ཏུ་ཕྱིན་པ་དང་། ཤེས་རབ་ཀྱི་ཕ་རོལ་ཏུ་ཕྱིན་པ་དང་། ནང་སྟོང་པ་ཉིད་དང་། ཕྱི་སྟོང་པ་ཉིད་དང་། ཕྱི་ནང་སྟོང་པ་ཉིད་དང་། སྟོང་པ་ཉིད་སྟོང་པ་ཉིད་དང་། ཆེན་པོ་སྟོང་པ་ཉིད་དང་། དོན་དམ་པ་སྟོང་པ་ཉིད་དང་། འདུས་བྱས་སྟོང་པ་ཉིད་དང་། འདུས་མ་བྱས་སྟོང་པ་ཉིད་དང་། མཐའ་ལས་འདས་པ་སྟོང་པ་ཉིད་དང་། ཐོག་མ་དང་ཐ་མ་མེད་པ་སྟོང་པ་ཉིད་དང་། དོར་བ་མེད་པ་སྟོང་པ་ཉིད་དང་། རང་བཞིན་སྟོང་པ་ཉིད་དང་། ཆོས་ཐམས་ཅད་སྟོང་པ་ཉིད་དང་། རང་གི་མཚན་ཉིད་སྟོང་པ་ཉིད་དང་། མི་དམིགས་པ་སྟོང་པ་ཉིད་དང་། དངོས་པོ་མེད་པ་སྟོང་པ་ཉིད་དང་། ངོ་བོ་ཉིད་སྟོང་པ་ཉིད་དང་། དངོས་པོ་མེད་པའི་ངོ་བོ་ཉིད་སྟོང་པ་ཉིད་དང་། དྲན་པ་ཉེ་བར་གཞག་པ་རྣམས་དང་། ཡང་དག་པར་སྤོང་བ་རྣམས་དང་། རྫུ་འཕྲུལ་གྱི་རྐང་པ་རྣམས་དང་། དབང་པོ་རྣམས་དང་། སྟོབས་རྣམས་དང་། བྱང་ཆུབ་ཀྱི་ཡན་ལག་རྣམས་དང་། འཕགས་པའི་ལམ་ཡན་ལག་བརྒྱད་པ་དང་། འཕགས་པའི་བདེན་པ་རྣམས་དང་། བསམ་གཏན་རྣམས་དང་། ཚད་མེད་པ་རྣམས་དང་། གཟུགས་མེད་པའི་སྙོམས་པར་འཇུག་པ་རྣམས་དང་། རྣམ་པར་ཐར་པ་བརྒྱད་དང་། མཐར་གྱིས་གནས་པའི་སྙོམས་པར་འཇུག་པ་དགུ་དང་རྣམ་པར་ཐར་པའི་སྒོ་སྟོང་པ་ཉིད་དང་། མཚན་མ་མེད་པ་དང་། སྨོན་པ་མེད་པ་དང་། མངོན་པར་ཤེས་པ་རྣམས་དང་། ཏིང་ངེ་འཛིན་རྣམས་དང་། གཟུངས་ཀྱི་སྒོ་རྣམས་དང་། དེ་བཞིན་གཤེགས་པའི་སྟོབས་བཅུ་དང་། མི་འཇིགས་པ་བཞི་དང་། སོ་སོ་ཡང་དག་པར་རིག་པ་བཞི་དང་། བྱམས་པ་ཆེན་པོ་དང་། སྙིང་རྗེ་ཆེན་པོ་དང་། སངས་རྒྱས་ཀྱི་ཆོས་མ་འདྲེས་པ་བཅོ་བརྒྱད་དང་། རྒྱུན་དུ་ཞུགས་པའི་འབྲས་བུ་དང་། ལན་

ཅིག་ཕྱིར་འོང་བའི་འབྲས་བུ་དང་། ཕྱིར་མི་འོང་བའི་འབྲས་བུ་དང་། དགྲ་བཅོམ་པ་ཉིད་དང་། རང་བྱང་ཆུབ་དང་། ལམ་གྱི་རྣམ་པ་[༡]ཞེས་པ་ཉིད་དང་། བླ་ན་མེད་པ་ཡང་དག་པར་རྫོགས་པའི་བྱང་ཆུབ་ནི། སངས་རྒྱས་རྣམས་ཀྱི་སྤྱན་ལྫས་[༢]ཀྱང་མ་[༣]དམིགས་ན། སྐྱེས་བུ་གླེན་པ་ལོང་བ་མིག་མེད་པ་དེ་དག་ནི། སེམས་ཅན་རྣམས་འཁོར་བ་ནས་དགྲོལ་བར༔འདོད་དོ[༤]།། །།

ཞེས་རབ་ཀྱི་ཕ་རོལ་ཏུ་ཕྱིན་པ་སྟོང་ཕྲག་བརྒྱ་པ། བམ་པོ༔བཅུ་གཅིག་[༥]པ། གསོལ་པ། བཅོམ་ལྡན་འདས་གལ་ཏེ་དེ་ལྟར་དེ་བཞིན་གཤེགས་པ་དགྲ་བཅོམ་པ་ཡང་དག་པར་རྫོགས་པའི་སངས་རྒྱས་ཀྱི་སྤྱན་ལྫས་ཀྱང་[༦]སེམས་ཅན་གང་འཁོར་བ་ལས་ཡོངས་སུ་དགྲོལ་བར་བགྱི་བ་དེ་ལྟ་བུ་མ་གཟིགས་ན། བཅོམ་ལྡན་འདས་འོ་ན་ཇི་ལྟར་བཅོམ་ལྡན་འདས་ཀྱིས་བླ་ན་མེད་པ་ཡང་དག་པར་རྫོགས་པའི་བྱང་ཆུབ་ཏུ་མངོན་པར་རྫོགས་པར་སངས་རྒྱས་ནས། སེམས་ཅན་རྣམས་ཡང་དག་པར······ངེས་པ་དང་མ་ངེས་པ་དང་། ལོག་པར་ངེས་པའི་ཕུང་པོ་གསུམ་དུ་ལུང་བསྟན་པར་[༧]མཛད། བཅོམ་ལྡན་འདས་ཀྱིས་བཀའ་སྩལ་པ། རབ་འབྱོར་ངས་ནི་བླ་ན་མེད་པ་ཡང་དག་པར་རྫོགས་པའི་བྱང་ཆུབ་ཏུ་མངོན་པར་རྫོགས་པར་སངས······རྒྱས་ནས། ཡང་དག་པར་ངེས་པ་དང་། མ་ངེས་པ་དང་། ལོག་པར་ངེས་པའི་སེམས་ཅན་གང་ཡང་མ་[༨]དམིགས་ཏེ། རབ་འབྱོར་འོན་ཀྱང་སེམས་ཅན······དངོས་པོ་མེད་པ་ལ་དངོས་པོར་འདུ་ཤེས་པ་དེ་དག་ཡང་དག་[༩]པ་མ་ཡིན་པར······འཛིན་པ་ལས་གདོན་པ་ནི་འཇིག་རྟེན་གྱི་ཐ་སྙད་དུའི་[༡༠]དོན་དམ་པར་[༡༡]མ་ཡིན་ནོ།། གསོལ་པ། བཅོམ་ལྡན་འདས་ཀྱིས་དོན་དམ་པ་ལ་བཞུགས་ཏེ། བླ་ན་མེད་པ་ཡང་དག་པར་རྫོགས་པའི་བྱང་ཆུབ་ཏུ་མངོན་པར་རྫོགས་པར་སངས་རྒྱས་སམ། བཅོམ་ལྡན་འདས་ཀྱིས་བཀའ་སྩལ་པ། དེ་ནི་མ་ཡིན་ནོ། །གསོལ་པ། འོ་ན་

ཕྱིན་ཅི་ལོག་ལ་བཞུགས་ཏེ། བླ་ན་མེད་པ་ཡང་དག་པར་རྫོགས་པའི་བྱང་ཆུབ་ཏུ་མངོན་པར་རྫོགས་པར་སངས་རྒྱས་སམ། བཅོམ་ལྡན་འདས་ཀྱིས་བཀའ་སྩལ་པ། དེ་ནི་མ་ཡིན་ནོ། །གསོལ་པ། བཅོམ་ལྡན་འདས་གལ་ཏེ་དེ་ལྟར་དོན་དམ་པ་ལ་བཞུགས་ཏེ། བླ་ན་མེད་པ་ཡང་དག་པར་རྫོགས་པའི་བྱང་ཆུབ་ཏུ་མངོན་པར་རྫོགས་པར་སངས་རྒྱས་པ་ཡང་མ་ལགས་ལ། ཕྱིན་ཅི་ལོག་ལ་བཞུགས་ཏེ། བླ་ན་མེད་པ་ཡང་དག་པར་རྫོགས་པའི་བྱང་ཆུབ་ཏུ་མངོན་པར་རྫོགས་པར་སངས་རྒྱས་པ་ཡང་མ་ལགས་ན། བཅོམ་ལྡན་འདས༔ འོ་ན་[1] དེ་བཞིན་གཤེགས་པས་བླ་ན་མེད་པ་ཡང་དག་པར་རྫོགས་པའི་བྱང་ཆུབ་ཏུ་མངོན་པར་རྫོགས་པར་སངས་མ་རྒྱས་པའམ། གཅིག་ཏུ་མི་འགྱུར་རམ། བཅོམ་ལྡན་འདས་ཀྱིས་བཀའ་སྩལ་པ། ༔རབ་འབྱོར་དེ་བཞིན་གཤེགས་པ་དགྲ་བཅོམ་པ་ཡང་དག་པར་རྫོགས་པའི་སངས་རྒྱས་ཀྱིས། བླ་ན་མེད་པ་ཡང་དག་པར་རྫོགས་པའི་བྱང་ཆུབ་ཏུ་མངོན་པར་རྫོགས་པར་སངས་མ་རྒྱས་པ་མ་ཡིན་ཏེ[2]། རབ་འབྱོར་དེ་བཞིན་གཤེགས་པ་དགྲ་བཅོམ་པ་ཡང་དག་པར་རྫོགས་པའི་སངས་རྒྱས་ཀྱིས། བླ་ན་མེད་པ་ཡང་དག་པར་རྫོགས་པའི་བྱང་ཆུབ་ཏུ་མངོན་པར་རྫོགས་པར་སངས་རྒྱས་ཏེ། དེ་ཡང་འདུས་བྱས་ཀྱི་ཁམས་སམ། འདུས་མ་བྱས་ཀྱི་ཁམས་གང་ལ་ཡང་གནས་ཏེ་མངོན་པར་རྫོགས་པར་སངས་རྒྱས་པ་མ་ཡིན་ནོ། །རབ་འབྱོར་འདི་ལྟ་སྟེ་དཔེར་ན། དེ་བཞིན་གཤེགས་པ་[3] སྤྲུལ་པ་ནི་འདུས་བྱས་ཀྱི་ཁམས་སམ། འདུས་མ་བྱས་ཀྱི་ཁམས་གང་ལ་ཡང་གནས་པ་མ་ཡིན་ཏེ། འོན་ཀྱང་དེ་བཞིན་གཤེགས་པ་[4] སྤྲུལ་པ་དེ་ནི་འགྲོ་ཞིང་འོང་བ་དང་། གནས་ཤིང་འདུག་པ་ཡང་ཡོད་དོ[5]། །དེས་གལ་ཏེ་སྦྱིན་[6] པའི་[7] ཕ་རོལ་ཏུ་ཕྱིན་པ་ལ་སྤྱོད། ཚུལ་ཁྲིམས་ཀྱི་ཕ་རོལ་ཏུ་ཕྱིན་པ་ལ་སྤྱོད། བཟོད་པའི་ཕ་རོལ་ཏུ་ཕྱིན་པ་ལ་སྤྱོད། བརྩོན་འགྲུས་ཀྱི་ཕ་རོལ་ཏུ་

ཕྱིན་པ་ལ་སྦྱིད། བསམ་གཏན་གྱི་ཕ་རོལ་ཏུ་ཕྱིན་པ་ལ་སྦྱིད། ཤེས་རབ་ཀྱི་ཕ་རོལ་ཏུ་ཕྱིནད་པ་ལ་སྦྱིད། ནང་སྟོང་པ་ཉིད་ལ་སྦྱིད། ཕྱི་སྟོང་པ་ཉིད་ལ་སྦྱིད། ཕྱི་ནང་སྟོང་པ་ཉིད་ལ་སྦྱིད། སྟོང་པ་ཉིད་སྟོང་པ་ཉིད་ལ་སྦྱིད། ཆེན་པོ་སྟོང་པ་ཉིད་ལ་སྦྱིད། དོན་དམ་པ་སྟོང་པ་ཉིད་ལ་སྦྱིད། འདུས་བྱས་སྟོང་པ་ཉིད་ལ་སྦྱིད༑ འདུས་མ་བྱས་སྟོང་པ་ཉིད་ལ་སྦྱིད། མཐའ་ལས་འདས་པ་སྟོང་པ་ཉིད་ལ་སྦྱིད། ཐོག་མ་དང་ཐ་མ་མེད་པ་སྟོང་པ་ཉིད་ལ་སྦྱིད། དོར་བ་མེད་པ་སྟོང་པ་ཉིད་ལ་སྦྱིད། རང་བཞིན་སྟོང་པ་ཉིད་ལ་སྦྱིད། ཆོས་ཐམས་ཅད་སྟོང་པ་ཉིད་ལ་སྦྱིད། རང་གི་མཚན་ཉིད་སྟོང་པ་ཉིད་ལ་སྦྱིད། མི་དམིགས་པ་སྟོང་པ་ཉིད་ལ་སྦྱིད། དངོས་པོ་མེད་པ་སྟོང་པ་ཉིད་ལ་སྦྱིད། ངོ་བོ་ཉིད་[༧]སྟོང་པ་ཉིད་ལ་སྦྱིད། དངོས་པོ་མེད་པའི་ངོ་བོ་ཉིད་སྟོང་པ་ཉིད་ལ་སྦྱིད། དྲན་པ་ཉེ་བར་གཞག་པ་བཞི་ལ་བསྒོམས། ཡང་དག་པར་སྤོང་བ་བཞི་ལ་བསྒོམས། རྫུ་འཕྲུལ་གྱི་རྐང་པ་བཞི་ལ་བསྒོམས། དབང་པོ་ལྔ་ལ་བསྒོམས། སྟོབས་ལྔ་ལ་བསྒོམས། བྱང་ཆུབ་ཀྱི་ཡན་ལག་བདུན་ལ་བསྒོམས། འཕགས་པའི་ལམ་ཡན་ལག་བརྒྱད་པ་ལ་བསྒོམས། འཕགས་པའི་བདེན་པ་བཞི་ལ་བསྒོམས། བསམ་གཏན་བཞི་ལ་···

༑ཉེ་བར་[༣]བསྒྲུབས་[༣]ཏེ་གནས། ཚད་མེད་པ་བཞི་ལ་ཉེ་བར་བསྒྲུབས་ཏེ་གནས། གཟུགས་མེད་པའི་སྙོམས་པར་འཇུག་པ་བཞི་ལ་ཉེ་བར་བསྒྲུབས་ཏེ་གནས། རྣམ་པར་ཐར་པ་བརྒྱད་ལ་ཉེ་བར་བསྒྲུབས་ཏེ་གནས། མཐར་གྱིས་གནས་པའི་སྙོམས་པར་འཇུག་པ་དགུ་ལ་ཉེ་བར་བསྒྲུབས་ཏེ་གནས། སྟོང་པ་ཉིད་ཀྱི་ཏིང་ངེ་འཛིན་ལ་ཉེ་བར་བསྒྲུབས་ཏེ་གནས། མཚན་མ་མེད་པའི་ཏིང་ངེ་འཛིན་ལ་ཉེ་བར་·····བསྒྲུབས་ཏེ་གནས། སྨོན་པ་མེད་པའི་ཏིང་ངེ་འཛིན་ལ་ཉེ་བར་བསྒྲུབས་ཏེ་གནས། མངོན་པར་ཤེས་པ་རྣམས་ལ༑ཉེ་བར་བསྒྲུབས་ཏེ་གནས[༨]། ཏིང་ངེ་འཛིན་རྣམས་

ལ་ཉེ་བར་བསྒྲུབས་ཏེ་གནས། གཟུངས་ཀྱི་སྒོ་རྣམས༔ལ་ཉེ་བར་བསྒྲུབས①། དེ་
བཞིན་གཤེགས་པའི་སྟོབས་བཅུ་བསྒོམས། མི་འཇིགས་པ་བཞི་བསྒོམས། སོ་སོ་
ཡང་དག་པར་རིག་པ་བཞི་བསྒོམས། བྱམས་པ་ཆེན་པོ་བསྒོམས། སྙིང་རྗེ་ཆེན་
པོ་བསྒོམས། སངས་རྒྱས་ཀྱི་ཆོས་མ་འདྲེས་པ་བཅོ་བརྒྱད་བསྒོམས་ནས། བླ་ན་
མེད་པ་ཡང་དག་པར་རྫོགས་པའི་བྱང་ཆུབ་ཏུ་མངོན་པར་རྫོགས་པར་སངས་རྒྱས……
པར་གྱུར་ལ། བླ་ན་མེད་པ་ཡང་དག་པར་རྫོགས་པའི་བྱང་ཆུབ་ཏུ་མངོན་པར……
རྫོགས་པར་སངས་རྒྱས་ནས། ཆོས་ཀྱི་འཁོར་ལོ་བསྐོར་ཏེ། དེ་ལྟར་ཆོས་ཀྱི……
འཁོར་ལོ་བསྐོར་ནས། སེམས་ཅན་ཚད་མེད་དཔག་ཏུ་མེད་པ་མངོན་པར་སྤྲུལ་ཏེ།
ཕུང་པོ་གསུམ་དུ་ལུང་བསྟན་ན། རབ་འབྱོར་དེ་ཇི་སྙམ་དུ་སེམས། སྤྲུལ་པ་
དེས་སེམས་ཅན་གང་ཡང་ཕུང་པོར་བྱས་པ་ཡོད་དམ། གསོལ་པ། བཅོམ་ལྡན་
འདས་དེ་ནི་མ་ལགས་སོ། །བཅོམ་ལྡན་འདས་ཀྱིས་བཀའ་སྩལ་པ། རབ་འབྱོར་
དེ་བཞིན་དུ་དེ་བཞིན་གཤེགས་པས་ཆོས་ཐམས་ཅད་སྤྲུལ་པ་ལྟ་བུར་མཁྱེན་ཅིང……
ཐུགས་སུ་ཆུད་དེ། སྤྲུལ་པ་ལྟ་བུར་མཁྱེན་ནས། སེམས་ཅན་གང་ཡང་དམིགས་
པ་མེད་དོ། །བ་ཏུལ②བ་མེད་དོ། །རབ་འབྱོར་དེ་ལྟར་ན③བྱང་ཆུབ་སེམས་
དཔའ་སེམས་དཔའ་ཆེན་པོས་འདི་ལྟ་སྟེ། དེ་བཞིན་གཤེགས་པ④སྤྲུལ་པ་ལྟར།
ཤེས་རབ་ཀྱི་ཕ་རོལ་ཏུ་ཕྱིན་པ་ལ་སྤྱད་པར་བྱའོ། །གསོལ་པ། བཅོམ་ལྡན……
འདས་གལ་ཏེ་ཆོས་ཐམས་ཅད་སྤྲུལ་པ་ལྟ་བུ་ལགས་ན། དེ་བཞིན་གཤེགས་པ……
དང་སྤྲུལ་པ་ལ་ཁྱད་པར་དང་བྱེ་བྲག་ཅི་ཞིག་མཆིས། ཅི་ལས⑤དགོངས་པ……
ལགས༑ བཅོམ་ལྡན་འདས་ཀྱིས་བཀའ་སྩལ་པ། རབ་འབྱོར་དེ་བཞིན་གཤེགས་
པ་དང་། སྤྲུལ་པ་ལ་ཁྱད་པར་དང⑥། བྱེ་བྲག་གང་ཡང་མི་དམིགས་ཏེ། རབ་
འབྱོར་དེ་བཞིན་གཤེགས་པ་དང་སྤྲུལ་པ་ལ་ནི་ཁྱད་པར་མེད་དོ། །དེ་ཅིའི་ཕྱིར་ཞེ་

ན༔ རབ་འབྱོར་དེ་ནི་འདི་ལྟར་དེ་བཞིན་གཤེགས་པ་①ཕྱིན་ལས་གང་མཛད་པའི་
ལས་དེ་ནི་སྤྲུལ་པ་ཡང་བྱེད་དོ། །གསོལ་པ། བཅོམ་ལྡན་འདས་ཅི་ལགས། དེ་
བཞིན་གཤེགས་པ་མྱ་ངན་ལས་འདས་ན། སྤྲུལ་པ་ལས་བགྱིད་པར་འགྱུར་རམ། བཅོམ་
ལྡན་འདས་ཀྱིས་བཀའ་སྩལ་པ། རབ་འབྱོར་བྱེད་དོ། །གསོལ་②པ། བཅོམ་
ལྡན་འདས་དེ་བཞིན་གཤེགས་པ་མྱ་ངན་ལས་འདས་ན། ཇི་ལྟར་སྤྲུལ་པ་ལས་བགྱིད་པར་
འགྱུར༔ བཅོམ་ལྡན་འདས་ཀྱིས་བཀའ་སྩལ་པ། རབ་འབྱོར་འདི་ལྟ་སྟེ་དཔེར་
ན༔ དེ་བཞིན་གཤེགས་པ་དགྲ་བཅོམ་པ་ཡང་དག་པར་རྫོགས་པའི་སངས་རྒྱས་ཞི་
བའི་བློ་གྲོས་ཀྱིས། བྱང་ཆུབ་སེམས་དཔའ་མ་གཟིགས་ནས། དེ་བཞིན་གཤེགས་
པའི་③སྐུ་སྤྲུལ་ཏེ། ཡོངས་སུ་མྱ་ངན་ལས་འདས་སོ། །སྤྲུལ་པ་དེས་དེའི་ཕྱི་ན་
བསྐལ་པ་གཅིག་ཏུ་སངས་རྒྱས་ཀྱི་བྱ་བ་བྱས་ཏེ། དེའི་རྗེས་ལ་བྱང་ཆུབ་སེམས་
དཔའ་སེམས་དཔའ་ཆེན་པོ་ལུང་བསྟན་ནས། ཡོངས་སུ་མྱ་ངན་ལས་འདས་པར་
གྲགས་ཀྱང་། སྤྲུལ་པ་ལ་སྐྱེ་བའམ། ཡོངས་སུ་མྱ་ངན་ལས་འདའ་བ་④གང་ཡང་
མེད་དོ། །རབ་འབྱོར་དེ་ལྟར་བྱང་ཆུབ་སེམས་དཔའ་སེམས་དཔའ་ཆེན་པོས་འདི་
ལྟ་སྟེ། ཆོས་ཐམས་ཅད་སྤྲུལ་པ་ལྟ་བུར་ཡིད་ཆེས་པར་བྱས་ཤིང་། ཤེས་རབ་ཀྱི་
ཕ་རོལ་ཏུ་ཕྱིན་པ་ལ་སྤྱོད་པར་བྱའོ། །གསོལ་པ། བཅོམ་ལྡན་འདས་གལ་ཏེ་དེ་
ལྟར་སྤྲུལ་པ་དང་། དེ་བཞིན་གཤེགས་པ་ལ་ཁྱད་པར་མ་མཆིས་ན། ཡོན་⑤
ཡོངས་སུ་དག་པར་ཡང་ཇི་ལྟར་འགྱུར། བཅོམ་ལྡན་འདས་སེམས་ཅན་བསོད་
ནམས་འཚོལ་བ་དང་། མྱ་ངན་ལས་འདའ་⑥བ་དོན་དུ་⑦གཉེར་བ་འདི་དག་གིས
དེ་བཞིན་གཤེགས་པ་དགྲ་བཅོམ་པ་ཡང་དག་པར་རྫོགས་པའི་སངས་རྒྱས་ལ་ཡོན་
ཕུལ་ན། དེ་ནི་སེམས་ཅན་དེ་དག་ཕུང་པོ་མ་ལུས་པའི་མྱ་ངན་ལས་འདས་པའི
དབྱིངས་སུ་ཡོངས་སུ་མྱ་ངན་ལས་འདས་པར་མ་གྱུར་གྱི་བར་དུ་⑧ནམ་ཡང་བས་

པར་སྐྱེ་འགྱུར་ན། བཅོམ་ལྡན་འདས་ཅི་ལགས། དེ་བཞིན་དུ༔ སེམས་ཅན་
གང་དག་གིས་[1] དེ་བཞིན་གཤེགས་པ་[2] སྤྲུལ་པ་ལ་ཡོན་ཕུལ་ན་ཡང་སེམས་ཅན་དེ་
དག་ཕུང་པོ་མ་ལུས་པའི་མྱ་ངན་ལས་འདས་པའི་དབྱིངས་སུ་ཡོངས་སུ་མྱ་ངན་
ལས་འདས་པར་མ་[3] གྱུར་གྱི་བར་དུ་ནམ་ཡང་བས་པར་སྐྱེ་འགྱུར་བ་ལགས་སམ།
བཅོམ་ལྡན་འདས་ཀྱིས་བཀའ་སྩལ་པ། རབ་འབྱོར་ཆོས་ཉིད་གང་གིས་དེ་བཞིན་
གཤེགས་པ་ལ་[4] ལྷ་དང་བཅས་པའི་འཇིག་རྟེན་གྱི་ཡོན་གྱི་གནས་སུ་གྱུར་པའི་ཆོས་
ཉིད་དེ་ཉིད་ཀྱིས་སྤྲུལ་པ་ཡང་ལྷ་དང་བཅས་པའི་འཇིག་རྟེན་གྱི་ཡོན་གྱི་གནས་སོ། །
རབ་འབྱོར་དེ་བཞིན་གཤེགས་པ་ལ་ཡོན་ཕུལ་བ་ལྟ་ཞོག་སྟེ། དེ་བཞིན་གཤེགས་
པའི་སྤྲུལ་པ་ལ་ཡོན་ཕུལ་བ་ལྟ་ཡང་ཞོག་གི །རབ་འབྱོར་རིགས་ཀྱི་བུའམ་རིགས་
ཀྱི་བུ་མོ་གང་ལ་ལས་བྱམས་པ་དང་ལྡན་པར་དེ་བཞིན་གཤེགས་པ་ཡིད་ལ་བྱས་ན།
དེ་ཐམས་ཅད་དགེ་བའི་རྩ་བ་དེའི་[5] མཐར་མ་ཕྱིན་པར་སྡུག་བསྔལ་གྱི་མཐར་ཕྱིན་
པར་འགྱུར་རོ། །རབ་འབྱོར་བྱམས་པ་དང་ལྡན་པར་ཡིད་ལ་བྱེད་པ་ལྟ་[6] ཞོག་གི།
རབ་འབྱོར་རིགས་ཀྱི་བུའམ་རིགས་ཀྱི་བུ་མོ་གང་ལ་ལ་ཞིག་དེ་བཞིན་གཤེགས་པ་
ཡིད་ལ་བྱས་ཤིང་། ནམ་མཁའ་ལ་མེ་ཏོག་གཏོར་ན། དེ་ཐམས་ཅད་ཀྱང་དགེ་
བའི་རྩ་བ་དེའི་མཐར་མ་ཕྱིན་པར་སྡུག་བསྔལ་གྱི་[7] མཐར་ཕྱིན་པར་འགྱུར་རོ། །
རབ་འབྱོར་བྱམས་པ་དང་ལྡན་པར་[8] ཡིད་ལ་བྱེད་པ་ལྟ་[9] ཞོག་སྟེ། ནམ་མཁའ་ལ་
མེ་ཏོག་འཐོར་བ་ལྟ་ཡང་ཞོག་གི། རབ་འབྱོར་རིགས་ཀྱི་བུའམ་རིགས་ཀྱི་བུ་མོ་
གང་ལ་ལ་ཞིག་སངས་རྒྱས་ལ་ཕྱག་འཚལ་ལོ་ཞེས་བརྗོད་[10] ན་དེ་དག་ཐམས་ཅད་ཀྱང་
རིམ་གྱིས་སྡུག་བསྔལ་གྱི་མཐར་ཕྱིན་པར་འགྱུར་ཏེ། རབ་འབྱོར་དེ་ལྟར་དོན་ཆེ་
བ་ནི་དེ་བཞིན་གཤེགས་པ་ལ་ཡོན་ཕུལ་བ་སྟེ། དེ་ལྟ་བུའི་ལེགས་པ་ཆེན་པོ་དང་།
དེ་ལྟ་བུའི་ཡོན་ཏན་ཆེན་པོ་ཡོད་དོ། །རབ་འབྱོར་རྣམ་གྲངས་དེ་ལྟར་ཆོས་རྣམས་

ཀྱི་ཆོས་ཉིད་བརྟན་[༡]པར་བྱས་ན། དེ་བཞིན་གཤེགས་པ་དང་། དེ་བཞིན་གཤེགས་པའི་སྤྲུལ་པ་ལ་བྱེ་བྲག་གང་ཡང་མྱེད་པར་རིག་པར་བྱ་སྟེ། རབ་འབྱོར་དེ་ལྟར་བྱང་ཆུབ་སེམས་དཔའ་སེམས་དཔའ་ཆེན་པོས་ཆོས་རྣམས་ཀྱི་ཆོས་ཉིད་ཁོང་དུ་ཆུད་པར༔ བྱས་ཏེ[༢]། ཤེས་རབ་ཀྱི་ཕ་རོལ་ཏུ་ཕྱིན་པ་ལ་སྤྱད་པར་བྱའོ། །ཆོས་རྣམས་ཀྱི་[༣]ཆོས་ཉིད་དེ་ཡང་རྣམ་པར་འགྲུག་[༤]པར་མི་བྱ་སྟེ། འདི་ནི་ཤེས་རབ་ཀྱི་ཕ་རོལ་ཏུ་ཕྱིན་པའོ། །འདི་ནི་ཤེས་རབ་ཀྱི་ཕ་རོལ་ཏུ་ཕྱིན་པའི་ཆོས་ཉིད་དོ་ཞེས་རྣམ་པར་དཀྲུག་པར་མྱི་བྱའོ། །འདི་ནི་བསམ་གཏན་གྱི་ཕ་རོལ་ཏུ་ཕྱིན་པའོ། །འདི་ནི་བསམ་གཏན་གྱི་ཕ་རོལ་ཏུ་ཕྱིན་པའི་ཆོས་ཉིད་དོ་ཞེས་རྣམ་པར་དཀྲུག་པར་མྱི་བྱའོ། །འདི་ནི་བརྩོན་འགྲུས་ཀྱི་ཕ་རོལ་ཏུ་ཕྱིན་པའོ། །འདི་ནི་བརྩོན་འགྲུས་ཀྱི་ཕ་རོལ་ཏུ་ཕྱིན་པའི་ཆོས་ཉིད་དོ་ཞེས་རྣམ་པར་དཀྲུག་པར་མྱི་བྱའོ། །འདི་ནི་བཟོད་པའི་ཕ་རོལ་ཏུ་ཕྱིན་པའོ། །འདི་ནི་བཟོད་པའི་ཕ་རོལ་ཏུ་ཕྱིན་པའི་ཆོས་ཉིད་དོ་ཞེས་རྣམ་པར་དཀྲུག་པར་མྱི་བྱའོ། །འདི་ནི་ཚུལ་ཁྲིམས་ཀྱི་ཕ་རོལ་ཏུ་ཕྱིན་པའོ། །འདི་ནི་ཚུལ་ཁྲིམས་ཀྱི་ཕ་རོལ་ཏུ་ཕྱིན་པའི་ཆོས་ཉིད་དོ་ཞེས་རྣམ་པར་དཀྲུག་པར་མི་བྱའོ། །འདི་ནི་སྦྱིན་པའི་ཕ་རོལ་ཏུ་ཕྱིན་པའོ། །འདི་ནི་སྦྱིན་པའི་ཕ་རོལ་ཏུ་ཕྱིན་པའི་ཆོས་ཉིད་དོ་ཞེས་རྣམ་པར་དཀྲུག་པར་མྱི་བྱའོ། །འདི་ནི་ནང་སྟོང་པ་ཉིད་དོ། །འདི་ནི་ནང་སྟོང་པ་ཉིད་ཀྱི་ཆོས་ཉིད་དོ་ཞེས་རྣམ་པར་དཀྲུག་པར་མྱི་བྱའོ། །འདི་ནི་ཕྱི་སྟོང་པ་ཉིད་དོ། །འདི་ནི་ཕྱི་སྟོང་པ་ཉིད་ཀྱི་ཆོས་ཉིད་དོ་ཞེས་རྣམ་པར་དཀྲུག་པར་མྱི་བྱའོ། །འདི་ནི་ཕྱི་ནང་སྟོང་པ་ཉིད་དོ། །འདི་ནི་ཕྱི་ནང་སྟོང་པ་ཉིད་ཀྱི་ཆོས་ཉིད་དོ་ཞེས་རྣམ་པར་དཀྲུག་པར་མྱི་བྱའོ། །འདི་ནི་སྟོང་པ་ཉིད་སྟོང་པ་ཉིད་དོ། །འདི་ནི་སྟོང་པ་ཉིད་སྟོང་པ་ཉིད་ཀྱི་ཆོས་ཉིད་དོ་ཞེས་རྣམ་པར་དཀྲུག་པར་མྱི་བྱའོ། །འདི་ནི་ཆེན་

པོ་སྟོང་པ་ཉིད་དོ། །འདི་ནི་ཆེན་པོ་སྟོང་པ་ཉིད་ཀྱི་ཆོས་ཉིད་དོ་ཞེས་རྣམ་པར་དཀྲུག་པར་མི་བྱའོ། །འདི་ནི་དོན་དམ་པ་སྟོང་པ་ཉིད་དོ། །འདི་ནི་དོན་དམ་པ་སྟོང་པ་ཉིད་ཀྱི་ཆོས་ཉིད་དོ་ཞེས་རྣམ་པར་དཀྲུག་པར་མི་བྱའོ། །འདི་ནི་འདུས་བྱས་སྟོང་པ་ཉིད་དོ། །འདི་ནི་འདུས་བྱས་སྟོང་པ་ཉིད་ཀྱི་ཆོས་ཉིད་དོ་ཞེས་རྣམ་པར་དཀྲུག་པར་མི་བྱའོ། །འདི་ནི་འདུས་མ་བྱས་སྟོང་པ་ཉིད་དོ། །འདི་ནི་འདུས་མ་བྱས་སྟོང་པ་ཉིད་ཀྱི་ཆོས་ཉིད་དོ་ཞེས་རྣམ་པར་དཀྲུག་པར་མི་བྱའོ། །འདི་ནི་མཐའ་ལས་འདས་པ་སྟོང་པ་ཉིད་དོ། །འདི་ནི་མཐའ་ལས་འདས་པ་སྟོང་པ་ཉིད་ཀྱི་ཆོས་ཉིད་དོ་ཞེས་རྣམ་པར་དཀྲུག་པར་མི་བྱའོ། །འདི་ནི་ཐོག་མ་དང་ཐ་མ་མེད་པ་སྟོང་པ་ཉིད་དོ། །འདི་ནི་ཐོག་མ་དང་ཐ་མ་མེད་པ་སྟོང་པ་ཉིད་ཀྱི་ཆོས་ཉིད་དོ་ཞེས་རྣམ་པར་དཀྲུག་པར་མི་བྱའོ། །འདི་ནི་དོར་བ་མེད་པ་སྟོང་པ་ཉིད་དོ། །འདི་ནི་དོར་བ་མེད་པ་སྟོང་པ་ཉིད་ཀྱི་ཆོས་ཉིད་དོ་ཞེས་རྣམ་པར་དཀྲུག་པར་མི་བྱའོ། །འདི་ནི་རང་བཞིན་སྟོང་པ་ཉིད་དོ། །འདི་ནི་རང་བཞིན་སྟོང་པ་ཉིད་ཀྱི་ཆོས་ཉིད་དོ་ཞེས་རྣམ་པར་དཀྲུག་པར་མི་བྱའོ། །འདི་ནི་ཆོས་ཐམས་ཅད་སྟོང་པ་ཉིད་དོ། །འདི་ནི་ཆོས་ཐམས་ཅད་སྟོང་པ་ཉིད་ཀྱི་ཆོས་ཉིད་དོ་ཞེས་རྣམ་པར་དཀྲུག་པར་མི་བྱའོ། །འདི་ནི་རང་གི་མཚན་ཉིད་སྟོང་པ་ཉིད་དོ། །འདི་ནི་རང་གི་མཚན་ཉིད་སྟོང་པ་ཉིད་ཀྱི་ཆོས་ཉིད་དོ་ཞེས་རྣམ་པར་དཀྲུག་པར་མི་བྱའོ། །འདི་ནི་མི་དམིགས་པ་སྟོང་པ་ཉིད་དོ། །འདི་ནི་མི་དམིགས་པ་སྟོང་པ་ཉིད་ཀྱི་ཆོས་ཉིད་དོ་ཞེས་རྣམ་པར་དཀྲུག་པར་མི་བྱའོ། །འདི་ནི་དངོས་པོ་མེད་པ་སྟོང་པ་ཉིད་དོ། །འདི་ནི་དངོས་པོ་མེད་པ་སྟོང་པ་ཉིད་ཀྱི་ཆོས་ཉིད་དོ་ཞེས་རྣམ་པར་དཀྲུག་པར་མི་བྱའོ། །འདི་ནི་ངོ་བོ་ཉིད་སྟོང་པ་ཉིད་དོ། །འདི་ནི་ངོ་བོ་ཉིད་སྟོང་པ་ཉིད་ཀྱི་ཆོས་ཉིད་དོ་ཞེས་རྣམ་པར་དཀྲུག་པར་མི་བྱའོ། །འདི་ནི་

དངོས་པོ་སྨེད་པའི་ངོ་བོ་ཉིད་སྟོང་པ་ཉིད་དོ། །འདི་ནི་དངོས་པོ་མེད་པའི་ངོ་བོ་ཉིད་སྟོང་པ་ཉིད་ཀྱི་ཆོས་ཉིད་དོ་ཞེས་རྣམ་པར་དགྲུག་པར་མི་བྱའོ། །འདི་དག་①ནི་དྲན་པ་ཉེ་བར་གཞག་པ་རྣམས་སོ། །འདི་ནི་དྲན་པ་ཉེ་བར་གཞག་པ་རྣམས་ཀྱི་ཆོས་ཉིད་དོ་ཞེས་རྣམ་པར་དགྲུག་པར་མི་བྱའོ། །འདི་དག་ནི་ཡང་དག་པར་སྤོང་བ་རྣམས་སོ། །འདི་ནི་ཡང་དག་པར་སྤོང་བ་རྣམས་ཀྱི་ཆོས་ཉིད་དོ་ཞེས་རྣམ་པར་དགྲུག་པར་མི་བྱའོ། །འདི་དག་ནི་རྫུ་འཕྲུལ་གྱི་རྐང་པ་རྣམས་སོ། །འདི་ནི་རྫུ་འཕྲུལ་གྱི་རྐང་པ་རྣམས་ཀྱི་ཆོས་ཉིད་དོ་ཞེས་རྣམ་པར་དགྲུག་པར་མི་བྱའོ། །འདི་དག་ནི་དབང་པོ་རྣམས་སོ། །འདི་ནི་དབང་པོ་རྣམས་ཀྱི་ཆོས་ཉིད་དོ་ཞེས་རྣམ་པར་དགྲུག་པར་མི་བྱའོ། །འདི་དག་ནི་སྟོབས་རྣམས་སོ། །འདི་ནི་སྟོབས་རྣམས་ཀྱི་ཆོས་ཉིད་དོ་ཞེས་རྣམ་པར་དགྲུག་པར་མི་བྱའོ། །འདི་དག་ནི་བྱང་ཆུབ་ཀྱི་ཡན་ལག་རྣམས་སོ། །འདི་ནི་བྱང་ཆུབ་ཀྱི་ཡན་ལག་རྣམས་ཀྱི་ཆོས་ཉིད་དོ་ཞེས་རྣམ་པར་དགྲུག་པར་མི་བྱའོ། །འདི་དག་ནི་འཕགས་པའི་ལམ་ཡན་ལག་བརྒྱད་པའོ། །འདི་②ནི་འཕགས་པའི་ལམ་ཡན་ལག་བརྒྱད་པའི་ཆོས་ཉིད་དོ་ཞེས་རྣམ་པར་དགྲུག་པར་མི་བྱའོ། །འདི་དག་③ནི་འཕགས་པའི་བདེན་པ་རྣམས་སོ། །འདི་ནི་འཕགས་པའི་བདེན་པ་རྣམས་ཀྱི་ཆོས་ཉིད་དོ་ཞེས་རྣམ་པར་དགྲུག་པར་མི་བྱའོ། །འདི་དག་ནི་བསམ་གཏན་རྣམས་སོ། །འདི་ནི་བསམ་གཏན་རྣམས་ཀྱི་ཆོས་ཉིད་དོ་ཞེས་རྣམ་པར་དགྲུག་པར་མི་བྱའོ། །འདི་དག་ནི་ཚད་སྨེད་པ་རྣམས་སོ། །འདི་ནི་ཚད་སྨེད་པ་རྣམས་ཀྱི་ཆོས་ཉིད་དོ་ཞེས་རྣམ་པར་དགྲུག་པར་མི་བྱའོ། །འདི་དག་ནི་གཟུགས་སྨེད་པའི་སྙོམས་པར་འཇུག་པ་རྣམས་སོ། །འདི་ནི་གཟུགས་མེད་པའི་སྙོམས་པར་འཇུག་པ་རྣམས་ཀྱི་ཆོས་ཉིད་དོ་ཞེས་རྣམ་པར་དགྲུག་པར་མི་བྱའོ། །འདི་དག་ནི་རྣམ་པར་ཐར་པ་བརྒྱད་དོ། །འདི་ནི་རྣམ་

པར་ཐར་པ་རྣམས་ཀྱི་ཆོས་ཉིད་དོ་ཞེས་རྣམ་པར་དཀྲུག་པར་མི་བྱའོ། །འདི་དག་ནི་མཐར་གྱིས་གནས་པའི་སྙོམས་པར་འཇུག་པ་དགུའོ། །འདི་ནི་མཐར་གྱིས་གནས་པའི་སྙོམས་པར་འཇུག་པ་རྣམས་ཀྱི་ཆོས་ཉིད་དོ་ཞེས་རྣམ་པར་དཀྲུག་པར་མི་བྱའོ། །འདི་དག་ནི་རྣམ་པར་ཐར་པའི་སྒོ་སྟོང་པ་ཉིད་དང་། མཚན་མ་མེད་པ་དང་། སྨོན་པ་མེད་པའོ། །འདི་ནི་རྣམ་པར་ཐར་པའི་སྒོ་སྟོང་པ་ཉིད་དང་། མཚན་མ་མེད་པ་དང་། སྨོན་པ་མེད་པའི་ཆོས་ཉིད་དོ་ཞེས་རྣམ་པར་དཀྲུག་པར་མི་བྱའོ། །འདི་དག་ནི་མངོན་པར་ཤེས་པ་རྣམས་སོ། །འདི་ནི་མངོན་པར་ཤེས་པ་རྣམས་ཀྱི་ཆོས་ཉིད་དོ་ཞེས་རྣམ་པར་དཀྲུག་པར་མི་བྱའོ། །འདི་དག་ནི་ཏིང་ངེ་འཛིན་རྣམས་སོ། །འདི་ནི་ཏིང་ངེ་འཛིན་རྣམས་ཀྱི་ཆོས་ཉིད་དོ་ཞེས་རྣམ་པར་དཀྲུག་པར་མི་བྱའོ། །འདི་དག་ནི་གཟུངས་ཀྱི་སྒོ་རྣམས་སོ། །འདི་ནི་གཟུངས་ཀྱི་སྒོ་རྣམས་ཀྱི་ཆོས་ཉིད་དོ་ཞེས་རྣམ་པར་དཀྲུག་པར་མི་བྱའོ། །འདི་དག་ནི་དེ་བཞིན་གཤེགས་པའི་སྟོབས་བཅུའོ། །འདི་ནི་དེ་བཞིན་གཤེགས་པའི་སྟོབས་རྣམས་ཀྱི་ཆོས་ཉིད་དོ་ཞེས་རྣམ་པར་དཀྲུག་པར་མི་བྱའོ། །འདི་དག་ནི་མི་འཇིགས་པ་བཞིའོ། །འདི་ནི་མི་འཇིགས་པ་རྣམས་ཀྱི་ཆོས་ཉིད་དོ་ཞེས་རྣམ་པར་དཀྲུག་པར་མི་བྱའོ། །འདི་དག་ནི་སོ་སོ་ཡང་དག་པར་རིག་པ་བཞིའོ། །འདི་ནི་སོ་སོ་ཡང་དག་པར་རིག་པ་རྣམས་ཀྱི་ཆོས་ཉིད་དོ་ཞེས་རྣམ་པར་དཀྲུག་པར་མི་བྱའོ། །འདི་ནི་བྱམས་པ་ཆེན་པོའོ། །འདི་ནི་བྱམས་པ་ཆེན་པོའི་ཆོས་ཉིད་དོ་ཞེས་རྣམ་པར་དཀྲུག་པར་མི་བྱའོ། །འདི་ནི་སྙིང་རྗེ་ཆེན་པོའོ། །འདི་ནི་སྙིང་རྗེ་ཆེན་པོའི་ཆོས་ཉིད་དོ་ཞེས་རྣམ་པར་དཀྲུག་པར་མི་བྱའོ། །འདི་དག[1]ནི་སངས་རྒྱས་ཀྱི་ཆོས་མ་འདྲེས་པ་བཅོ་བརྒྱད་དོ། །འདི་ནི་སངས་རྒྱས་ཀྱི་ཆོས་མ་འདྲེས་པ་རྣམས་ཀྱི་ཆོས་ཉིད་དོ་ཞེས་རྣམ་པར་དཀྲུག་པར་མི་བྱའོ། །འདི་ནི་རྒྱུན་དུ་ཞུགས་

པའི་འབྲས་བུའོ། །འདི་ནི་རྒྱུན་དུ་ཞུགས་པའི་འབྲས་བུའི་ཆོས་ཉིད་དོ་ཞེས་རྣམ་
པར་དཀྲུག་པར་མི་བྱའོ། །འདི་ནི་ལན་ཅིག་ཕྱིར་འོང་བའི་འབྲས་བུའོ། །འདི་
ནི་ལན་ཅིག་ཕྱིར་འོང་བའི་འབྲས་[1]བུའི་ཆོས་ཉིད་དོ་ཞེས་རྣམ་པར་དཀྲུག་པར་མི་···
བྱའོ། །འདི་ནི་ཕྱིར་མི་འོང་བའི་འབྲས་བུའོ། །འདི་ནི་ཕྱིར་མི་འོང་བའི་འབྲས་
བུའི་ཆོས་ཉིད་དོ་ཞེས་རྣམ་པར་དཀྲུག་པར་མི་བྱའོ། །འདི་ནི་དགྲ་བཅོམ་པ་ཉིད་
དོ། །འདི་ནི་དགྲ་བཅོམ་པ་ཉིད་ཀྱི་ཆོས་ཉིད་དོ་ཞེས་རྣམ་པར་དཀྲུག་པར་མི་···
བྱའོ། །འདི་ནི་རང་བྱང་ཆུབ་བོ། །འདི་ནི་རང་བྱང་ཆུབ་ཀྱི་ཆོས་ཉིད་དོ་ཞེས་
རྣམ་པར་དཀྲུག་པར་མི་བྱའོ། །འདི་ནི་ལམ་གྱི་རྣམ་པ་ཤེས་པ་ཉིད་དོ། །འདི་
ནི་ལམ་གྱི་རྣམ་པ་ཤེས་པ་ཉིད་ཀྱི་ཆོས་ཉིད་དོ་ཞེས་རྣམ་པར་དཀྲུག་པར་མི་བྱའོ། །
འདི་ནི་རྣམ་པ་ཐམས་ཅད་མཁྱེན་པ་ཉིད་དོ། །འདི་ནི་རྣམ་པ་ཐམས་ཅད་མཁྱེན་
པ་ཉིད་ཀྱི་ཆོས་ཉིད་དོ་ཞེས་རྣམ་པར་དཀྲུག་པར་མི་བྱའོ། །གསོལ་པ། བཅོམ་
ལྡན་འདས་གལ་ཏེ་དེ་ལྟར་ཆོས་རྣམས་ཀྱི་ཆོས་ཉིད་རྣམ་པར་དཀྲུག་པར་མི་བགྱི་[2]
བ་ལགས་ན། དེ་[3]ལ་དེ་བཞིན་གཤེགས་པས་འདི་ནི་གཟུགས་སོ། །འདི་ནི་ཚོར་
བའོ། །འདི་ནི་འདུ་ཤེས་སོ། །འདི་ནི་འདུ་བྱེད་དོ། །འདི་ནི་རྣམ་པར་ཤེས་
པའོ། །འདི་ནི་མིག་གོ། །འདི་ནི་རྣ་བའོ། །འདི་ནི་སྣའོ། །འདི་ནི་ལྕེའོ། །
འདི་ནི་ལུས་སོ། །འདི་ནི་ཡིད་དོ། །འདི་ནི་གཟུགས་སོ། །འདི་ནི་སྒྲའོ། །
འདི་ནི་དྲིའོ། །འདི་ནི་རོའོ། །འདི་ནི་རེག་གོ། །འདི་ནི་ཆོས་སོ། །འདི་ནི་
མིག་གི་རྣམ་པར་ཤེས་པའོ། །འདི་ནི་རྣ་བའི་རྣམ་པར་ཤེས་པའོ། །འདི་ནི་སྣའི་
རྣམ་པར་ཤེས་པའོ། །འདི་ནི་ལྕེའི་རྣམ་པར་ཤེས་པའོ། །འདི་ནི་ལུས་ཀྱི་རྣམ་
པར་ཤེས་པའོ། །འདི་ནི་ཡིད་ཀྱི་རྣམ་པར་ཤེས་པའོ། །འདི་ནི་མིག་གི་འདུས་ཏེ་
རེག་པའོ། །འདི་ནི་རྣ་བའི་འདུས་ཏེ་རེག་པའོ། །འདི་ནི་སྣའི་འདུས་ཏེ་རེག་

པའོ། །འདི་ནི་ལྕེའི་འདུས་ཏེ་རེག་པའོ། །འདི་ནི་ལུས་ཀྱི་འདུས་ཏེ་རེག་པའོ། །འདི་ནི་ཡིད་ཀྱི་འདུས་ཏེ་རེག་པའོ། །འདི་ནི་མིག་གི་འདུས་ཏེ་རེག་པའི་རྐྱེན་གྱིས་ཚོར་བའོ། །འདི་ནི་རྣ་བའི་འདུས་ཏེ་རེག་པའི་རྐྱེན་གྱིས་ཚོར་བའོ། །འདི་ནི་སྣའི་འདུས་ཏེ་རེག་པའི་རྐྱེན་གྱིས་ཚོར་བའོ། །འདི་ནི་ལྕེའི་འདུས་ཏེ་རེག་པའི་རྐྱེན་གྱིས་ཚོར་བའོ། །འདི་ནི་ལུས་ཀྱི་འདུས་ཏེ་རེག་པའི་རྐྱེན་གྱིས་ཚོར་བའོ། །འདི་ནི་ཡིད་ཀྱི་འདུས་ཏེ་རེག་པའི་རྐྱེན་གྱིས་ཚོར་བའོ། །འདི་ནི་སའི་ཁམས་སོ། །འདི་ནི་ཆུའི་ཁམས་སོ། །འདི་ནི་མེའི་ཁམས་སོ། །འདི་ནི་རླུང་གི་ཁམས་སོ། །འདི་ནི་ནམ་མཁའི་ཁམས་སོ། །འདི་ནི་རྣམ་པར་ཤེས་པའི་ཁམས་སོ། །འདི་ནི་མ་རིག་པའོ། །འདི་ནི་འདུ་བྱེད་དོ། །འདི་ནི་རྣམ་པར་ཤེས་པའོ། །འདི་ནི་མིང་དང་གཟུགས་སོ། །འདི་ནི་སྐྱེ་མཆེད་དྲུག་གོ། །འདི་ནི་རེག་པའོ། །འདི་ནི་ཚོར་བའོ། །འདི་ནི་སྲེད་པའོ། །འདི་ནི་ལེན་པའོ། །འདི་ནི་སྲིད་པའོ། །འདི་ནི་སྐྱེ་བའོ། །འདི་ནི་ཀ་ཤིའོ། །འདི་ནི་སྦྱིན་པའི་ཕ་རོལ་ཏུ་ཕྱིན་པའོ། །འདི་ནི་ཚུལ་ཁྲིམས་ཀྱི་ཕ་རོལ་ཏུ་ཕྱིན་པའོ། །འདི་ནི་བཟོད་པའི་ཕ་རོལ་ཏུ་ཕྱིན་པའོ། །འདི་ནི་བརྩོན་འགྲུས་ཀྱི་ཕ་རོལ་ཏུ་ཕྱིན་པའོ། །འདི་ནི་བསམ་གཏན་གྱི་ཕ་རོལ་ཏུ་ཕྱིན་པའོ། །འདི་ནི་ཤེས་རབ་ཀྱི་ཕ་རོལ་ཏུ་ཕྱིན་པའོ། །འདི་ནི་ནང་སྟོང་པ་ཉིད་དོ། །འདི་ནི་ཕྱི་སྟོང་པ་ཉིད་དོ། །འདི་ནི་ཕྱི་ནང་སྟོང་པ་ཉིད་དོ། །འདི་ནི་སྟོང་པ་ཉིད་སྟོང་པ་ཉིད་དོ། །འདི་ནི་ཆེན་པོ་སྟོང་པ་ཉིད་དོ། །འདི་ནི་དོན་དམ་པ་སྟོང་པ་ཉིད་དོ། །འདི་ནི་འདུས་བྱས་སྟོང་པ་ཉིད་དོ། །འདི་ནི་འདུས་མ་བྱས་སྟོང་པ་ཉིད་དོ། །འདི་ནི་མཐའ་ལས་འདས་པ་སྟོང་པ་ཉིད་དོ། །འདི་ནི་ཐོག་མ་དང་ཐ་མ་མེད་པ་སྟོང་པ་ཉིད་དོ། །འདི་ནི་དོར་བ་མེད་པ་སྟོང་པ་ཉིད་དོ། །འདི་ནི་རང་བཞིན་སྟོང་པ་ཉིད་དོ། །འདི་ནི་ཆོས་ཐམས་ཅད་སྟོང་པ་

ཉིད་དོ། །འདི་ནི་རང་གི་མཚན་ཉིད་སྟོང་པ་ཉིད་དོ། །འདི་ནི་མྱི་དམྱིགས་པ་སྟོང་པ་ཉིད་དོ། །འདི་ནི་དངོས་པོ་མྱེད་པ་སྟོང་པ་ཉིད་དོ། །འདི་ནི་ངོ་བོ་ཉིད་སྟོང་པ་ཉིད་དོ། །འདི་ནི་དངོས་པོ་མྱེད་པའི་ངོ་བོ་ཉིད་སྟོང་པ་ཉིད་དོ། །འདི་དག་①ནི་དྲན་པ་ཉེ་བར་གཞག་པ་རྣམས་སོ། །འདི་དག་ནི་ཡང་དག་པར་སྤོང་བ་རྣམས་སོ། །འདི་དག་ནི་རྫུ་འཕྲུལ་གྱི་རྐང་པ་རྣམས་སོ། །འདི་དག་ནི་དབང་པོ་རྣམས་སོ། །འདི་དག་ནི་སྟོབས་རྣམས་སོ། །འདི་དག་ནི་བྱང་ཆུབ་ཀྱི་ཡན་ལག་རྣམས་སོ། །འདི་དག་ནི་འཕགས་པའི་ལམ་ཡན་ལག་བརྒྱད་པའོ། །འདི་དག་ནི་འཕགས་པའི་བདེན་པ་རྣམས་སོ། །འདི་དག་ནི་བསམ་གཏན་རྣམས་སོ། །འདི་དག་ནི་ཚད་མྱེད་པ་རྣམས་སོ། །འདི་དག་ནི་གཟུགས་མྱེད་པའི་སྙོམས་པར་འཇུག་པ་རྣམས་སོ། །འདི་དག་ནི་རྣམ་པར་ཐར་པ་བརྒྱད་དོ། །འདི་དག་ནི་མཐར་གྱིས་གནས་པའི་སྙོམས་པར་འཇུག་པ་དགུའོ། །འདི་དག་ནི་རྣམ་པར་ཐར་པའི་སྒོ་སྟོང་པ་ཉིད་དང་། མཚན་མ་མྱེད་པ་དང་། སྨོན་པ་མྱེད་པའོ། །འདི་དག་ནི་མངོན་པར་ཤེས་པ་རྣམས་སོ། །འདི་དག་ནི་ཏིང་ངེ་འཛིན་རྣམས་སོ། །འདི་དག་ནི་གཟུངས་ཀྱི་སྒོ་རྣམས་སོ། །འདི་དག་ནི་དེ་བཞིན་གཤེགས་པའི་སྟོབས་བཅུའོ། །འདི་དག་ནི་མྱི་འཇིགས་པ་བཞིའོ། །འདི་དག་ནི་སོ་སོ་ཡང་དག་པར་རིག་པ་བཞིའོ། །འདི②ནི་བྱམས་པ་ཆེན་པོའོ། །འདི③ནི་སྙིང་རྗེ་ཆེན་པོའོ། །འདི་དག་ནི་སངས་རྒྱས་ཀྱི་ཆོས་མ་འདྲེས་པ་བཅོ་བརྒྱད་དོ། །འདི་ནི་རྒྱུན་དུ་ཞུགས་པའི་འབྲས་བུའོ། །འདི་ནི་ལན་ཅིག་ཕྱིར་འོང་བའི་འབྲས་བུའོ། །འདི་ནི་ཕྱིར་མྱི་འོང་བའི་འབྲས་བུའོ། །འདི་ནི་དགྲ་བཅོམ་པ་ཉིད་དོ། །འདི་ནི་རང་བྱང་ཆུབ་བོ། །འདི་ནི་ལམ་གྱི་རྣམ་པ་ཤེས་པ་ཉིད་དོ། །འདི་ནི་རྣམ་པ་ཐམས་ཅད་མཁྱེན་པ་ཉིད་དོ་ཞེས་རྣམ་པར་དགུག་པ་④མཛད་ན། དེའི་སྐད་དུ།

བཅོམ་ལྡན་འདས་ཀྱིས་ཆོས་རྣམས་ཀྱི་ཆོས་ཉིད་རྣམ་པར་དཀྲུགས་པར་མ་གྱུར་·····ཏམ། བཅོམ་ལྡན་འདས་ཀྱིས་བཀའ་སྩལ་པ། རབ་འབྱོར་དེ་ནི་མ་ཡིན་ཏེ། ངས་ཇི་ལྟར་ན་གཞན་རྣམས་ཁོང་དུ་ཆུད་པར་འགྱུར་ཞེས་མིང་དང་མཚན་མས·····ཆོས་རྣམས་ཀྱི་ཆོས་ཉིད་བསྟན་ཏེ། ཆོས་རྣམས་བརྗོད་ཀྱི①། ཆོས་རྣམས་ཀྱི····ཆོས་ཉིད་རྣམ་པར་དཀྲུགས②པ་མེད་དོ། །གསོལ་པ། བཅོམ་ལྡན་འདས་གལ་ཏེ་གཞན་རྣམས་ཁོང་དུ་ཆུད་པར་བགྱི་བའི་སླད་དུ། བཅོམ་ལྡན་འདས་ཀྱིས་མིང་དང་མཚན་མས་ཆོས་རྣམས་ཀྱི་ཆོས③ཉིད་བསྟན་ཏེ། ཆོས་རྣམས་བརྗོད་པ···མཛད་ན། བཅོམ་ལྡན་འདས་ཆོས་ཐམས་ཅད་མིང་མ་མཆིས་ཤིང་མཚན་མ་མ④མཆིས་པ་ལ་ཇི་ལྟར་མིང་དང་མཚན་མས་བརྗོད་པ་མཛད། བཅོམ་ལྡན་འདས···ཀྱིས་བཀའ་སྩལ་པ། རབ་འབྱོར་བརྗོད་པ་ནི་མིང་ཡང་མ་ཡིན། མཚན་མ་ཡང་མ་ཡིན། མངོན་པར་ཆགས་པ་ཡང་མ་ཡིན་ཏེ། རབ་འབྱོར་གཞན་དུ་ན་སྒྲུག་བསྔལ་ཉིད་བརྗོད་པར་ཟད་དེ། མིང་དང་མཚན་མ་ལ་མངོན་པར་ཆགས་པ་མེད་དོ། །རབ་འབྱོར་དེ་བཞིན་གཤེགས་པའམ། དེ་བཞིན་གཤེགས་པའི་ཉན་ཐོས་ནི་མིང་དང་མཚན་མ་ལ་མངོན་པར་ཆགས་པར་མི་འགྱུར་ཏེ། རབ་འབྱོར་གལ···ཏེ་མིང་ལ་མངོན་པར་ཆགས་པར་འགྱུར་རམ། མཚན་མ་ལ་མངོན་པར་ཆགས་པར་འགྱུར་ན་ནི། སྟོང་པ་ཉིད་ཀྱང་སྟོང་པ་ཉིད་ལ་མངོན་པར་ཆགས་པར·····འགྱུར་རོ། །མཚན་མ་མེད་པའང་མཚན་མ་མེད་པ་ལ་མངོན་པར་ཆགས་པར·····འགྱུར་རོ། །སྨོན་པ་མེད་པའང་སྨོན་པ་མེད་པ་ལ་མངོན་པར་ཆགས་པར་འགྱུར་རོ། །དེ་བཞིན་ཉིད་ཀྱང་དེ་བཞིན་ཉིད་ལ་མངོན་པར་ཆགས་པར་འགྱུར་རོ། །ཡང་དག་པའི་མཐའ་ཡང་ཡང་དག་པའི་མཐའ་ལ་མངོན་པར་ཆགས་པར་འགྱུར····རོ། །ཆོས་ཀྱི་དབྱིངས་ཀྱང་ཆོས་ཀྱི་དབྱིངས་ལ་མངོན་པར་ཆགས་པར་འགྱུར་རོ། །

འདུས་མ་བྱས་ཀྱང་འདུས་མ་བྱས་ལ་མངོན་པར་ཆགས་པར་འགྱུར་ཏེ། ཆོས་འདི་དག་ཐམས་ཅད་ཀྱང་མིང་ཙམ་དུ་ཟད་པས་ན། དེ་དག་ནི་མིང་ཙམ་ལ་[1]གནས་པ་མེད་དོ། །རབ་འབྱོར་དེ་ལྟར་བྱང་ཆུབ་སེམས་དཔའ་སེམས་དཔའ་ཆེན་པོས་མིང་དང་མཚན་མ་ཙམ་ལ་གནས་ཏེ། ཤེས་རབ་ཀྱི་ཕ་རོལ་ཏུ་ཕྱིན་པ་ལ་སྤྱད་པར་བྱ་སྟེ[2]། དེ་ལ་མངོན་པར་ཆགས་པར་མི་བྱའོ། །གསོལ་པ། བཅོམ་ལྡན་འདས་གལ་ཏེ་དེ་ལྟར་འདུས་བྱས་འདི་དག་ཐམས་ཅད་མིང་དང་མཚན་མ་ཙམ་དུ་བས་པ་ལགས་ན། བྱང་ཆུབ་སེམས་དཔའ་སེམས་དཔའ་ཆེན་པོ་དེ་དག་གང་གི་དོན་དུ་བྱང་ཆུབ་ཏུ་སེམས་བསྐྱེད་ཅིང་། བྱང་ཆུབ་ཏུ་སེམས་བསྐྱེད་ནས་འདུ་བྱེད་རྣམ་པ་དུ་མ་ཉམས་སུ་མྱོང་བར་བགྱིད་པ་དང་། བྱང་ཆུབ་སེམས་དཔའི་སྤྱད་པ་སྤྱོད་པ་ལགས། བྱང་ཆུབ་སེམས་དཔའི་སྤྱད་པ་སྤྱོད་ཅིང་། སྦྱིན་པ་སྣ་ཚོགས་ཡོངས་སུ་གཏོང་བ་དང་། ཚུལ་ཁྲིམས་སྲུང་[3]བ་དང་། བཟོད་པ་བསྒྲུབ་[4]པ་དང་། བརྩོན་འགྲུས་རྩོམ་[5]པ་དང་། ཏིང་ངེ་འཛིན་ལ་སྙོམས་པར་འཇུག་པ་དང་། ཤེས་རབ་སྒོམ་[6]པ་དང་། ནང་སྟོང་པ་ཉིད་ལ་སྤྱོད་པ་དང་། ཕྱི་སྟོང་པ་ཉིད་ལ་སྤྱོད་པ་དང་། ཕྱི་ནང་སྟོང་པ་ཉིད་ལ་སྤྱོད་པ་དང་། སྟོང་པ་ཉིད་སྟོང་པ་ཉིད་ལ་སྤྱོད་པ་དང་། ཆེན་པོ་སྟོང་པ་ཉིད་ལ་སྤྱོད་པ་དང་། དོན་དམ་པ་སྟོང་པ་ཉིད་ལ་སྤྱོད་པ་དང་། འདུས་བྱས་སྟོང་པ་[7]ཉིད་ལ་སྤྱོད་པ་དང་། འདུས་མ་བྱས་སྟོང་པ་ཉིད་ལ་སྤྱོད་པ་དང་། མཐའ་ལས་འདས་པ་སྟོང་པ་ཉིད་ལ་སྤྱོད་པ་དང་། ཐོག་མ་དང་ཐ་མ་མེད་པ་སྟོང་པ་ཉིད་ལ་སྤྱོད་པ་དང་། དོར་བ་མེད་པ་སྟོང་པ་ཉིད་ལ་སྤྱོད་པ་དང་། རང་བཞིན་སྟོང་པ་ཉིད་ལ་སྤྱོད་པ་དང་། ཆོས་ཐམས་ཅད་སྟོང་པ་ཉིད་ལ་སྤྱོད་པ་དང་། རང་གི་མཚན་ཉིད་སྟོང་པ་ཉིད་ལ་སྤྱོད་པ་དང་། མི་དམིགས་པ་སྟོང་པ་ཉིད་ལ་སྤྱོད་པ་དང་། དངོས་པོ་མེད་པ་

སྟོང་པ་ཉིད་ལ་སྤྱོད་པ་དང་། ངོ་བོ་ཉིད་སྟོང་པ་ཉིད་ལ་སྤྱོད་པ་དང་། དངོས་
པོ་མེད་པའི་ངོ་བོ་ཉིད་སྟོང་པ་ཉིད་ལ་སྤྱོད་པ་དང་། དྲན་པ་ཉེ་བར་གཞག་པ་
རྣམས་ལ་སྤྱོད་པ་དང་། ཡང་དག་པར་སྤོང་བ་རྣམས་ལ་སྤྱོད་པ་དང་། རྫུ་
འཕྲུལ་གྱི་རྐང་པ་རྣམས་ལ་སྤྱོད་པ་དང་། དབང་པོ་རྣམས་ལ་སྤྱོད་པ་དང་།
སྟོབས་རྣམས་ལ་སྤྱོད་པ་དང་། བྱང་ཆུབ་ཀྱི་ཡན་ལག་རྣམས་ལ་སྤྱོད་པ་དང་།
འཕགས་པའི་ལམ་ཡན་ལག་བརྒྱད་པ་ལ་སྤྱོད་པ་དང་། འཕགས་པའི་[1]བདེན་པ་
བཞི་ལ་སྤྱོད་པ་དང་། བསམ་གཏན་བཞི་ལ་སྤྱོད་པ་དང་། ཚད་མེད་པ་བཞི་ལ་
སྤྱོད་པ་དང་། གཟུགས་མེད་པའི་སྙོམས་པར་འཇུག་པ་བཞི་ལ་སྤྱོད་པ་དང་།
རྣམ་པར་ཐར་པ་བརྒྱད་ལ་སྤྱོད་པ་དང་། མཐར་གྱིས་གནས་པའི་སྙོམས་པར་
འཇུག་པ་དགུ་ལ་སྤྱོད་པ་དང་། རྣམ་པར་ཐར་པའི་སྒོ་སྟོང་པ་ཉིད་དང་།
མཚན་མ་མེད་པ་དང་། སྨོན་པ་མེད་པ་ལ་སྤྱོད་པ་དང་། མངོན་པར་ཤེས་པ་
རྣམས་ལ་སྤྱོད་པ་དང་། ཏིང་ངེ་འཛིན་རྣམས་ལ་སྤྱོད་པ་དང་། གཟུངས་ཀྱི་སྒོ་
རྣམས་ལ་སྤྱོད་པ་དང་། དེ་བཞིན་གཤེགས་པའི་སྟོབས་བཅུ་ལ་སྤྱོད་པ་དང་།
མི་འཇིགས་པ་བཞི་ལ་སྤྱོད་པ་དང་། སོ་སོ་ཡང་དག་པར་རིག་པ་བཞི་ལ་སྤྱོད་པ་
དང་། བྱམས་པ་ཆེན་པོ་ལ་སྤྱོད་པ་དང་། སྙིང་རྗེ་ཆེན་པོ་ལ་སྤྱོད་པ་དང་།
སངས་རྒྱས་ཀྱི་ཆོས་མ་འདྲེས་པ་བཅོ་བརྒྱད་ལ་སྤྱོད་པ་ལགས། བཅོམ་ལྡན་འདས་
ཀྱིས་བཀའ་སྩལ་པ། རབ་འབྱོར་གང་དེ་སྐད་དུ་གལ་ཏེ། འདུས་བྱས་ཐམས་
ཅད་མིང་དང་མཚན་མ་ཙམ་དུ་ཟད་ན། འོ་ན་གང་གི་དོན་དུ་བྱང་ཆུབ་སེམས་
དཔའ་སེམས་དཔའ་ཆེན་པོ་རྣམས། བྱང་ཆུབ་སེམས་དཔའི་སྤྱད་[2]པ་སྤྱོད་ཅེས་
ཟེར་བ་ནི། རབ་འབྱོར་དེ་ལྟར་འདུས་བྱས་ཐམས་ཅད་མིང་དང་མཚན་མ་ཙམ་
དུ་ཟད་དེ། མིང་ཡང་མིང་གིས་སྟོང་། མཚན་མ་ཡང་མཚན་མས་སྟོང་བས་ན།

དེའི་ཕྱིར༔བྱང་ཆུབ་①སེམས་དཔའ་སེམས་དཔའ་ཆེན་པོ། བྱང་ཆུབ་སེམས·····
དཔའི་སྤྱོད་པ་སྤྱོད་ཅིང་། རྣམ་པ་ཐམས་ཅད་མཁྱེན་པ་ཉིད་ཐོབ་པར་བྱེད་དོ། །
རྣམ་པ་ཐམས་ཅད་མཁྱེན་པ་ཉིད་ཐོབ་ནས། ཆོས་ཀྱི་འཁོར་ལོ་སྐོར་②རོ། །ཆོས་
ཀྱི་འཁོར་ལོ་བསྐོར་③ནས། སེམས་ཅན་རྣམས་ཐེག་པ་གསུམ་གྱིས་ཡོངས་སུ་མྱ·····
ངན་ལས་ཟློ་སྟེ་སྙིང་དང་མཚན་མ་དེ་ལ་སྐྱེ་བ་དང་། འཇིག་④པ་དང་། གནས་
པ་དང་གནས་པ་ལས་གཞན་དུ་འགྱུར་བ་མི་དམིགས་སོ། །གསོལ་པ། བཅོམ་
ལྡན་འདས་རྣམ་པ་ཐམས་ཅད་མཁྱེན་པ་ཉིད་རྣམ་པ་ཐམས་ཅད་མཁྱེན་པ་ཉིད·····
ཅེས་གསུང་ངམ། བཅོམ་ལྡན་འདས་ཀྱིས་བཀའ་སྩལ་པ། རབ་འབྱོར་རྣམ་པ་
ཐམས་ཅད་མཁྱེན་པ་ཉིད་རྣམ་པ་ཐམས་ཅད་མཁྱེན་པ་ཉིད་ཅེས་སྨྲའོ། །གསོལ་
པ༑ བཅོམ་ལྡན་འདས་དེ་བཞིན་གཤེགས་པས་ཐམས་ཅད་ཤེས་⑤པ་ཉིད་དུ·····
གསུངས་པ་དང་། ལམ་གྱི་རྣམ་པ༔ཤེས་པ་⑥ཉིད་ཅེས་མདོར་གསུངས་པ་དང་།
རྣམ་པ་ཐམས་ཅད་མཁྱེན་པ་ཉིད་ཀྱང་དེ་བཞིན་གཤེགས་པས་གསུངས་ན།
བཅོམ་ལྡན་འདས་ཐམས་ཅད་མཁྱེན་པ་⑦དེ་གསུམ་ལ་ཁྱད་⑧ནི་ཅི་ཞིག་མཆིས།
བྱེ་བྲག་ནི་ཅི་ཞིག་མཆིས། རྣམ་པ་ནི་ཅི་ཞིག་མཆིས། བཅོམ་ལྡན་འདས་ཀྱིས་
བཀའ་སྩལ་པ། རབ་འབྱོར་ཐམས་ཅད་ཤེས་པ་ཉིད་ཅེས་བྱ་བ་ནི་ཉན་ཐོས་དང་།
རང་སངས་རྒྱས་རྣམས་ལ་བྱའོ། །ལམ་གྱི་རྣམ་པ་ཤེས་པ་ཉིད་ནི་བྱང་ཆུབ་སེམས་
དཔའ་སེམས་དཔའ་ཆེན་པོ་རྣམས་ལ་བྱའོ། །རྣམ་པ་ཐམས་ཅད་མཁྱེན་པ་ཉིད་
ནི་དེ་བཞིན་གཤེགས་པ་དགྲ་བཅོམ་པ་ཡང་དག་པར་རྫོགས་པའི་སངས་རྒྱས·····
རྣམས་ལ་བྱའོ། །གསོལ་པ། བཅོམ་ལྡན་འདས་ཅིའི་སླད་དུ་ཉན་ཐོས་དང་།
རང་སངས་རྒྱས་རྣམས་ལ་ནི་ཐམས་ཅད་ཤེས་པ་ཉིད་ཅེས་བགྱི། ཅིའི་སླད་དུ·····
བྱང་ཆུབ་སེམས་དཔའ་སེམས་དཔའ་ཆེན་པོ་རྣམས་ལ་ནི་ལམ་གྱི་རྣམ་པ་ཤེས་པ·····

ཉིད་ཅེས་བགྱི། ༔ཅིའི་སླད་དུ་དེ་བཞིན་གཤེགས་པ་རྣམས་ལ་ནི། རྣམ་པ······ ཐམས་ཅད་མཁྱེན་པ་ཉིད་ཅེས་བགྱི།① བཅོམ་ལྡན་འདས་ཀྱིས་བཀའ་སྩལ་པ། རབ་འབྱོར་②ཕྱི་དང་ནང་གི་ཆོས་ཇི་སྙེད་པ་ཙམ་ནི། ཐམས་ཅད་ཉན་ཐོས་དང་རང་སངས་རྒྱས་རྣམས་ཀྱིས་③ཤེས་ཏེ། ལམ་ཐམས་ཅད་དུ་ནི་མ་ཡིན་ནོ། །རབ་འབྱོར་གང་ཡང་འདི་སྐད་དུ་ཅིའི་ཕྱིར་ན། བྱང་ཆུབ་སེམས་དཔའ་སེམས་དཔའ་ཆེན་པོ་རྣམས་ལ་ལམ་གྱི་རྣམ་པ་ཤེས་པ་ཉིད་ཅེས་བྱ་ཞེས་ཟེར་བ་ནི། རབ་འབྱོར་ལམ་ཐམས་ཅད་བྱང་ཆུབ་སེམས་དཔའ་སེམས་དཔའ་ཆེན་པོས་བསླབ་④པར་བྱ། ལམ་ཐམས་ཅད་བྱང་ཆུབ་སེམས་དཔའ་སེམས་དཔའ་ཆེན་པོས་ཤེས་པར་བྱ་སྟེ། ཉན་ཐོས་དང་རང་སངས་རྒྱས་ཀྱི་ལམ་གང་ཇི་སྙེད་པ་དང་། བྱང་ཆུབ་སེམས···· དཔའི་ལམ་གང་ཇི་སྙེད་པ་དེ་དག་ཐམས་ཅད་ཡོངས་སུ་རྫོགས་པར་བྱ་བ་ཡིན་ལ། ལམ་དེ་དག་གིས་ཀྱང་ལམ་གྱི་བྱ་བ་བྱ་དགོས་ཏེ། ཡང་དག་པའི་མཐའ་མངོན་དུ་མི་བྱེད་པའི་ཕྱིར་རོ། །གསོལ་པ། བཅོམ་ལྡན་འདས་དེ་ལྟར་བྱང་ཆུབ་སེམས་དཔའ་སེམས་དཔའ་ཆེན་པོས། སངས་རྒྱས་ཀྱི་ལམ་⑤ཡོངས་སུ་རྫོགས་པར་བགྱི་⑥འཚལ་ན། འོ་ན་ནི་དེས་ཡང་དག་པའི་མཐའ་ཡང་མངོན་དུ་བགྱི་བར་འགྱུར་རོ། །བཅོམ་ལྡན་འདས་ཀྱིས་བཀའ་སྩལ་པ། རབ་འབྱོར་སངས་རྒྱས་ཀྱི་ཞིང་ཡོངས་སུ་དག་པར་མ་བྱས་ལ། སེམས་ཅན་⑦ཡོངས་སུ་སྨིན་པར་མ་བྱས་པར། བྱང་ཆུབ་སེམས་དཔའ་སེམས་དཔའ་ཆེན་པོ་དེས་ཡང་དག་པའི་མཐའ་མངོན་དུ་མི་བྱའོ། །གསོལ་པ། བཅོམ་ལྡན་འདས་ཅི་ལགས། བྱང་ཆུབ་སེམས་དཔའ་སེམས་དཔའ་ཆེན་པོས་ལམ་ལ་གནས་ཏེ། ཡང་དག་པའི་མཐའ་མངོན་དུ་⑧བགྱིའམ། བཅོམ་ལྡན་འདས་ཀྱིས་བཀའ་སྩལ་པ། མ་ཡིན་ནོ། །གསོལ་པ། བཅོམ་ལྡན་འདས་འོ་ན་ལམ་མ་ལགས་པ་⑨གནས་ཏེའམ། བཅོམ་ལྡན་འདས་ཀྱིས་བཀའ་སྩལ་པ།

མ་ཡིན་ནོ། །གསོལ་པ། འོ་ན་ལམ་ཡང་ལགས་ལ། ལམ་མ་ལགས་[1]པ་ལ་ཡང་
གནས་ཏེའམ། བཅོམ་ལྡན་འདས་ཀྱིས་བཀའ་སྩལ་པ། མ་ཡིན་ནོ། །གསོལ་
པ། འོ་ན་ལམ་ཡང་མ་ལགས་ལ། ལམ་མ་ལགས་པ་ཡང་མ་ལགས་པ་ལ་གནས་
ཏེའམ། བཅོམ་ལྡན་འདས་ཀྱིས་བཀའ་སྩལ་པ། མ་ཡིན་ནོ། །གསོལ་པ།
བཅོམ་ལྡན་འདས། འོ་ན་ཇི་ལྟར་བྱང་ཆུབ་སེམས་དཔའ་སེམས་དཔའ་ཆེན་པོས་
ཡང་དག་པའི་མཐའ་མངོན་དུ་བགྱི། བཅོམ་ལྡན་འདས་ཀྱིས་བཀའ་སྩལ་པ།
རབ་འབྱོར་དེ་ཇི་སྙམ་དུ་སེམས། ཁྱོད་ལམ་ལ་གནས་པས། ཉེ་བར་ལེན་པ་
མྱེད་པར་ཟག་པ་ལས་སེམས་རྣམ་པར་གྲོལ་ལམ། གསོལ་པ། བཅོམ་ལྡན······
འདས་དེ་ནི་མ་ལགས་སོ། །བཅོམ་ལྡན་འདས་ཀྱིས་བཀའ་སྩལ་པ། འོ་ན་ལམ་
མ་ཡིན་པ་ལ་གནས་ཏེའམ། གསོལ་པ། བཅོམ་ལྡན་འདས་དེ་ནི་མ་ལགས་སོ། །
བཅོམ་ལྡན་འདས་ཀྱིས་བཀའ་སྩལ་པ། འོ་ན་ལམ་ཡང་[2]ཡིན་ལ་ལམ་མ་ཡིན་པ་
ལའང་གནས་ཏེའམ། གསོལ་པ། བཅོམ་ལྡན་འདས་དེ་ནི་མ་ལགས་སོ། །
བཅོམ་ལྡན་འདས་ཀྱིས་བཀའ་སྩལ་པ། འོ་ན་ལམ་ཡང་མ་[3]ཡིན་ལ། ལམ་མ་
ཡིན་པ་ཡང་མ་ཡིན་པ་ལ་གནས་ཏེ་ལེན་པ་མྱེད་པར་ཟག་པ་ལས་སེམས་རྣམ་པར···
གྲོལ་ལམ། གསོལ་པ། བཅོམ་ལྡན་འདས་དེ་ནི་མ་ལགས་ཏེ། བཅོམ་ལྡན་
འདས་བདག་གི་སེམས་ནི་གང་ལ་ཡང་[4]གནས་པས་[5]ཉེ་བར་ལེན་པ་མ་མཆིས······
པར་ཟག་པ་ལས་རྣམ་པར་གྲོལ་བ་མ་མཆིས་ཏེ། བཅོམ་ལྡན་འདས་བདག་གི····
སེམས་ནི་གང་ལ་ཡང་མི་གནས་པས་[6]རྣམ་པར་གྲོལ་ལོ། །བཅོམ་ལྡན་འདས······
ཀྱིས་བཀའ་སྩལ་པ། རབ་འབྱོར་དེ་བཞིན་དུ་བྱང་ཆུབ་སེམས་དཔའ་སེམས······
དཔའ་ཆེན་པོས། ཅི་ལ་ཡང་མི་གནས་པར་ཡང་དག་པའི་མཐའ་མངོན་དུ་བྱའོ། །
རབ་འབྱོར་གང་ཡང་རྣམ་པ་ཐམས་ཅད་མཁྱེན་པ་ཉིད་རྣམ་པ་ཐམས་ཅད་མཁྱེན···

པ་ཉིད་ཅེས་བྱ་བ་ནི་རྣམ་པ་གཅིག་གིས། རྣམ་པ་ཐམས་ཅད་མཁྱེན་པ་ཉིད་ཅེས་བྱ་སྟེ། འདི་ལྟར་ཞི་བའི་རྣམ་པས་རྣམ་པ་ཐམས་ཅད་མཁྱེན་པ་ཉིད་ཅེས་བྱའོ། །རབ་འབྱོར་འདི་ལྟར་ཡང་རྣམ་པ་གང་དང་། རྟགས་གང་དང་། མཚན་མ་གང་གིས[༢]༑ ཆོས་རྣམས་བརྗོད་པར་བྱ་བའི་རྣམ་པ་དེ་དག་དང་། རྟགས་དེ་དག་དང་[༣]། མཚན་མ་དེ་དག་དེ་བཞིན་གཤེགས་པས་ཐུགས་སུ་ཆུད་པས། དེའི་ཕྱིར་རྣམ་པ་ཐམས་ཅད་མཁྱེན་པ་ཉིད་ཅེས་བྱའོ། །གསོལ་པ། བཅོམ་ལྡན་འདས་ཐམས་ཅད་ཤེས་པ་ཉིད་དང་། ལམ་གྱི་རྣམ་པ་ཤེས་པ་ཉིད་དང་། རྣམ་པ་ཐམས་ཅད་མཁྱེན་པ་ཉིད་ཅེས་བགྱི་བ[༤]ཐམས་ཅད་མཁྱེན་པ་ཉིད་འདི་གསུམ་ལས༑ ཉོན་མོངས་པ་སྤངས་པའི་རྣམ་པ་འདིས་ནི་ལྷག་མ་མ[༥]ལུས་པར་སྤངས་སོ༑ །འདིས་ནི་ལྷག་མ་མ་ལུས་པར་སྤངས་སོ་ཞེས་བགྱི་བའི་བྱེ་བྲག་མཆིས་སམ། བཅོམ་ལྡན་འདས་ཀྱིས་བཀའ་སྩལ་པ། རབ་འབྱོར་ཉོན་མོངས་པ་སྤངས་པ་ལ་ནི་བྱེ་བྲག་མྱེད་དེ[༦]། དེ་བཞིན་གཤེགས་པ་ལ་ནི་བག་ཆགས་ཀྱི་མཚམས་སྦྱོར་བ་ཐམས་ཅད་སྤངས་པ་མངའ་འོ། །ཉན་ཐོས་དང་རང་སངས་རྒྱས་རྣམས་ལ་ནི་བག་ཆགས་[༧]ཀྱི་མཚམས་སྦྱོར་བ་ཐམས་ཅད་སྤངས་པ་མེད་དོ། །གསོལ་པ། བཅོམ་ལྡན་འདས་ཅི་ལགས། ཉན་ཐོས་དང་རང་སངས་རྒྱས་དེ་དག་ཐམས་ཅད་ཀྱིས་[༨]འདུས་མ་བགྱིས་[༩]མ་ཐོབ་པར་ཉོན་མོངས་པ༔སྤང་བ་[༡༠]བགྱིས་སམ། བཅོམ་ལྡན་འདས་ཀྱིས་བཀའ་སྩལ་པ། དེ་ནི་མ་ཡིན་ནོ། །གསོལ་པ། བཅོམ་ལྡན་འདས་ཅི་ལགས། འདུས་མ་བགྱིས་[༡༡]ལ་བྱེ་བྲག་དམིགས་སུ་མཆིས་སམ། བཅོམ་ལྡན་འདས་ཀྱིས་བཀའ་སྩལ་པ། དེ་ནི་མ་ཡིན་ནོ། །གསོལ་པ། བཅོམ་ལྡན་འདས་གལ་ཏེ་དེ་ལྟར་དམིགས་སུ་མ་མཆིས་ན། [༡༢]ཅིའི་སླད་དུ་བཅོམ་ལྡན་འདས་ཀྱིས། དེ་སྐད་དུ་འདི་ལ་ནི་བག་ཆགས་ཀྱི་མཚམས་སྦྱོར་བ་སྤངས་པ····

མངའ་འོ། །འདི་ལ་ནི་བག་ཆགས་ཀྱི་མཚམས་སྦྱོར་བ་སྤྱངས་པ་མེད་དོ་ཞེས·····
བཀའ་སྐུལ[1]། བཅོམ་ལྡན་འདས་ཀྱིས་བཀའ་སྐུལ་པ། རབ་འབྱོར་བག་ཆགས་
ཀྱི་མཚམས་སྦྱོར་བ་ནི་ཉོན་མོངས་པ་ཡང་མ་ཡིན་མོད་ཀྱི། ཉན་ཐོས་དང་།
རང་སངས་རྒྱས་རྣམས་ལ་འདོད་ཆགས་དང་། ཞེ་སྡང་དང་། གཏི་མུག་གི་
ལུས་ཀྱི་རྣམ་པ་དང་། ངག་གི་རྣམ་པ་ཡོད་དེ། དེ་དག་གི་བག་ཆགས་ཀྱི·····
མཚམས་སྦྱོར་བ་དེ་ནི་བྱིས་པ་སོ་སོའི་སྐྱེ་བོ་ཀུན་དང་། ཐུན་མོང་ཡང་གནོད་པར་
འགྱུར་བ་ནི་མ་ཡིན་ཏེ། དེ་ནི་དེ་བཞིན་གཤེགས་པ་དགྲ་བཅོམ་པ་ཡང་དག་པར་
རྫོགས་པའི་སངས་རྒྱས་རྣམས་ལ་ཐམས་ཅད་དུ་ཐམས་ཅད་རྣམ་པ་ཐམས་ཅད་དུ···
ཐམས་ཅད་མྱི[2]མངའ་ཞིང་མྱི་དམྱིགས་སོ། །དེ་ནས་ཚེ་དང་ལྡན་པ་རབ་འབྱོར་
ཀྱིས་བཅོམ་ལྡན་འདས་ལ་འདི་སྐད་ཅེས་གསོལ་ཏོ། །བཅོམ་ལྡན་འདས་གལ་ཏེ་
ལམ་ཡང་མ་མཆིས་ལ་མྱ་ངན་ལས་འདས་པ[3]ཡང་མ་མཆིས་ན། འོ་ན་ཅིའི་སླད་
དུ༔ འདི་སྐད་དུ[4]འདི་ནི་རྒྱུན་ཏུ་ཞུགས་པའོ། །འདི་ནི་ལན་ཅིག་ཕྱིར་འོང་བའོ། །
འདི་ནི་ཕྱིར་མྱི་འོང་བའོ། །འདི་ནི་དགྲ་བཅོམ་པའོ། །འདི་ནི་རང་སངས་རྒྱས་
སོ། །འདི་ནི་བྱང་ཆུབ་སེམས་དཔའ་སེམས་དཔའ་ཆེན་པོའོ། །འདི་ནི་དེ·····
བཞིན་གཤེགས་པ་དགྲ་བཅོམ་པ་ཡང་དག་པར་རྫོགས་པའི་སངས་རྒྱས་སོ་ཞེས·····
བཤད། བཅོམ་ལྡན་འདས་ཀྱིས་བཀའ་སྐུལ་པ། རབ་འབྱོར་རྒྱུན་ཏུ་ཞུགས་པ་
དང་༏ ལན་ཅིག་ཕྱིར་འོང་བ་དང་། ཕྱིར་མྱི་འོང་བ་དང་། དགྲ་བཅོམ་པ་
དང་༏ རང་སངས་རྒྱས་དང་། བྱང་ཆུབ་སེམས་དཔའ་སེམས་དཔའ་ཆེན་པོ་
དང་༏ དེ་བཞིན་གཤེགས་པ་དགྲ་བཅོམ་པ་ཡང་དག་པར་རྫོགས་པའི་སངས་རྒྱས་
ཤེས་བྱ་བ་དེ་དག་ཐམས་ཅད་ཀྱང་འདུས་མ་བྱས་ཀྱིས[5]རབ་ཏུ་ཕྱེ་བའོ། །གསོལ་
པ༏ བཅོམ་ལྡན་འདས་ཅི་ལགས། འདུས་མ་བགྱིས་ཏེ། འདི་ནི་རྒྱུན་ཏུ་

ཞུགས་པའོ། །འདི་ནི་ལན་ཅིག་ཕྱིར་འོང་བའོ། །འདི་ནི་ཕྱིར་མི་འོང་བའོ། །འདི་ནི་དགྲ་བཅོམ་པའོ། །འདི་ནི་རང་སངས་རྒྱས་སོ། །འདི་ནི་བྱང་ཆུབ་སེམས་དཔའ་སེམས་དཔའ་ཆེན་པོའོ། །འདི་ནི་དེ་བཞིན་གཤེགས་པ་དགྲ་བཅོམ་པ་ཡང་དག་པར་རྫོགས་པའི་[1]སངས་རྒྱས་སོ་ཞེས་བགྱི་བ་[2]རབ་ཏུ་འབྱེད་པ་མཆིས་སམ། བཅོམ་ལྡན་འདས་ཀྱིས་བཀའ་སྩལ་པ། རབ་འབྱོར་འདུས་མ་བྱས་ནི་རབ་ཏུ་འབྱེད་པ་མེད་མོད་ཀྱི་འོན་ཀྱང་ཚིག་ཚད་མར་བྱས་ཤིང་བརྗོད་དེ། དོན་དམ་པར་ནི་རབ་ཏུ་དབྱེ་[3]བར་མི་ནུས་སོ། །དེ་ཅིའི་ཕྱིར་ཞེ་ན། དེ་ལ་ཚིག་གི་ལམ་གྱི་གདགས་[4]པ་མེད་དེ། འོན་ཀྱང་གང་དང་གང་གིས་མཐའ་མ་[5]ཆོད་པ་དེ་དང་དེ་དག་ལ་ཕྱི་མའི་མཐའ་གདགས་པ་ཡིན་ཏེ། རབ་འབྱོར་ཆོས་ཐམས་ཅད་རང་གི་མཚན་ཉིད་ཀྱིས་སྟོང་པ་ལ་སྔོན་གྱི་མཐའ་ཡང་མི་དམིགས་ན། ཕྱི་མའི་མཐའ་[6]དམིགས་པར་འགྱུར་བ་ལྟ་ག་ལ་ཡོད་དེ་གནས་མེད་དོ། །རབ་འབྱོར་སེམས་ཅན་དེ་དག་ཆོས་རྣམས་རང་གི་མཚན་ཉིད་ཀྱིས་སྟོང་པར་མི་ཤེས་པས། དེ་དག་ལ་འདི་སྐད་དུ། འདི་ནི་སྔོན་གྱི་མཐའ་ཞེས་བྱ་བའོ[7]། །འདི་ནི་ཕྱི་མའི་མཐའ་ཞེས་བྱ་བའོ་[8]ཞེས་བསྟན་ཏེ། རང་གི་མཚན་ཉིད་ཀྱིས་སྟོང་པའི་[9]ཆོས་ཐམས་ཅད་ལ་སྔོན་གྱི་མཐའ་འམ་ཕྱི་མའི་མཐའ་དམིགས་སུ་མེད་དོ། །རབ་འབྱོར་དེ་ལྟར་ཆོས་ཐམས་ཅད་རང་གི་མཚན་ཉིད་ཀྱིས་སྟོང་བས། ཤེས་རབ་ཀྱི་ཕ་རོལ་ཏུ་ཕྱིན་པ་ལ་སྤྱད་པར་བྱས་ཏེ[10]། རང་གི་མཚན་ཉིད་ཀྱིས་སྟོང་པའི་ཆོས་ཐམས་ཅད་ལ་སྤྱད་ན་ནང་ངམ[11]། ཕྱིའི་ཆོས་སམ། འདུས་བྱས་སམ། འདུས་མ་བྱས་སམ། ཉན་ཐོས་ཀྱི་ཆོས་སམ། རང་སངས་རྒྱས་ཀྱི་ཆོས་སམ། སངས་རྒྱས་ཀྱི་ཆོས་གང་ལ་ཡང་མངོན་པར་ཆགས་པར་མི་འགྱུར་རོ། །དེ་སྐད་ཅེས་བཀའ་སྩལ་པ་དང་། ཚེ་དང་ལྡན་པ་རབ་འབྱོར་གྱིས་བཅོམ་ལྡན་འདས་ལ་

འདི་སྐད་ཅེས་གསོལ་ཏོ། །བཅོམ་ལྡན་འདས་ཤེས་རབ་ཀྱི་ཕ་རོལ་ཏུ་ཕྱིན་པ་ཤེས་
རབ་ཀྱི་ཕ་རོལ་ཏུ་ཕྱིན་པ་ཞེས་བགྱི་བ་ཅིའི་སླད་དུ་ཤེས་རབ་ཀྱི་ཕ་རོལ་ཏུ་ཕྱིན་པ····
ཞེས་བགྱི། བཅོམ་ལྡན་འདས་ཀྱིས་བཀའ་སྩལ་པ། རབ་འབྱོར་ཤེས་རབ་ཀྱི་ཕ་
རོལ་ཏུ་ཕྱིན་པ་འདི་ནི། ཆོས་ཐམས་ཅད་ཀྱི་ཕ་རོལ་ཏུ་ཕྱིན་པའི་དམ་པ་ཐོབ་པ་
ཡིན་ཏེ། དེའི་ཕྱིར་ཤེས་རབ་ཀྱི་ཕ་རོལ་ཏུ་ཕྱིན་པ་ཞེས་བྱའོ། །རབ་འབྱོར···
གཞན་ཡང་ཤེས་རབ་ཀྱི་ཕ་རོལ་ཏུ་ཕྱིན་པ་འདིས་ཉན་ཐོས་དང་། རང་སངས···
རྒྱས་དང་། བྱང་ཆུབ་སེམས་དཔའ་སེམས་དཔའ་ཆེན་པོ་དང་། དེ་བཞིན་
གཤེགས་པ་དགྲ་བཅོམ་པ་ཡང་དག་པར་རྫོགས་པའི་སངས་རྒྱས་ཐམས་ཅད་ཆོས····
ཐམས་ཅད་ཀྱི་ཕ་རོལ་ཏུ་ཕྱིན་པར་ཀྱུར[1]། ཕ་རོལ་ཏུ་ཕྱིན་པ་ཕ་རོལ་ཏུ་ཕྱིན་པར་
འགྱུར་བས། དེའི་ཕྱིར་ཤེས་རབ་ཀྱི་ཕ་རོལ་ཏུ་ཕྱིན་པ་ཞེས་བྱའོ། །རབ་འབྱོར་
གཞན་ཡང་ཤེས་རབ་ཀྱི་ཕ་རོལ་ཏུ་ཕྱིན་པ་འདིས་ཆོས་ཐམས་ཅད་ཀྱི་མཆོག་གི་ཚུལ་
ཁྱད་[2]དེ། ཆོས་དེ་དག་ཀུན་ལ་[3]ཡང་འཁོར་བ་མ་[4]དམིགས་པས། དེའི་ཕྱིར་
ཤེས་རབ་ཀྱི་ཕ་རོལ་ཏུ་ཕྱིན་པ་ཞེས་བྱའོ། །རབ་འབྱོར་གཞན་ཡང་ཤེས་རབ་ཀྱི་ཕ་
རོལ་ཏུ་ཕྱིན་པ་འདིར་དེ་བཞིན་ཉིད་ཀྱང་ཆུད་ཡང་དག་པའི་མཐའ་ཡང་ཆུད[5]།
ཆོས་ཀྱི་དབྱིངས་ཀྱང་ཆུད་དེ། དེའི་ཕྱིར་ཤེས་རབ་ཀྱི་ཕ་རོལ་ཏུ་ཕྱིན་པ་ཞེས་བྱའོ།།
རབ་འབྱོར་གཞན་ཡང་ཤེས་རབ་ཀྱི་ཕ་རོལ་ཏུ་ཕྱིན་པ་འདི་ནི་ཆོས་གང་གིས་ཀྱང····
ལྡན་པའམ། ༔མི་ལྡན་པའམ།[6] བསྟན་དུ་ཡོད་པའམ། བསྟན་དུ་མེད་པའམ།
ཐོགས་པ་དང་བཅས་པའམ། ཐོགས་པ་མེད་པ་མ་ཡིན་ཏེ། དེ་ཅིའི་ཕྱིར་ཞེ་ན།
འདི་ལྟར་ཤེས་རབ་ཀྱི་ཕ་རོལ་ཏུ་ཕྱིན་པ་འདི་[7]ནི་གཟུགས་མེད་པ། བསྟན་དུ···
མེད་པ་[8]མཚན་ཉིད་མེད་པར་མཚན་ཉིད་གཅིག་པའོ། །རབ་འབྱོར་གཞན་ཡང་
ཤེས་རབ་ཀྱི་ཕ་རོལ་ཏུ་ཕྱིན་པ་འདི་ནི་ཆོས་ཐམས་ཅད་ཀྱི་སྤྱོབས་པ་ཐམས་ཅད·····

དང་། སྣང་བ་ཐམས་ཅད་སྐྱེད[1]་པ་སྟེ། རབ་འབྱོར་ཤེས་རབ་ཀྱི་ཕ་རོལ་ཏུ་ཕྱིན་པ་འདི་ནི་བདུད་དམ་བདུད་ཀྱི་རིས་ཀྱི་ལྷ་རྣམས་སམ། གང་ཟག་ཉན་ཐོས་དང་། རང་སངས་རྒྱས་ཀྱི་ཐེག་པ་པ་ནས། མུ་སྟེགས་ཅན་གཞན་དང་སྡིག་པའི་གྲོགས་པོ་རྣམས་ཀྱིས་མི་ཚད་མ྄ི་འཕྲོགས[2]་པ་སྟེ། བྱང་ཆུབ་སེམས་དཔའ་སེམས་དཔའ་ཆེན་པོ་ཤེས་རབ་ཀྱི་ཕ་རོལ་ཏུ་ཕྱིན་པ་འདི་ལ་གཅད[3]་པར་མི་ནུས་སོ། །དེ་ཅིའི་ཕྱིར་ཞེ་ན། དེ་ནི་འདི་ལྟར་རང་གི་མཚན་ཉིད་སྟོང་པ་ཉིད་ཀྱི་ཕྱིར། ཤེས་རབ་ཀྱི་ཕ་རོལ་ཏུ་ཕྱིན་པ་འདི་ལ་དེ་དག༔ཐམས་ཅད[4]་དམིགས་སུ་མྱེད་པའི་ཕྱིར་ཏེ། རབ་འབྱོར་དེ་ལྟར་བྱང་ཆུབ་སེམས་དཔའ་སེམས་དཔའ་ཆེན་པོས། ཤེས་རབ་ཀྱི་ཕ་རོལ་ཏུ་ཕྱིན་པ་འདིའི་དོན་ལ་སྤྱོད་པར་བྱའོ། །རབ་འབྱོར་གཞན་ཡང་བྱང་ཆུབ་སེམས་དཔའ་སེམས་དཔའ་ཆེན་པོ་ཤེས་རབ་ཀྱི་ཕ་རོལ་ཏུ་ཕྱིན་པ་ཟབ་མོ་འདིའི་དོན་ལ་སྤྱོད་པས། མི་རྟག་པའི་དོན་ལ་སྤྱོད་པར་བྱའོ། །སྡུག་བསྔལ་གྱི་དོན་ལ་སྤྱོད་པར་བྱའོ། །བདག་མེད་པའི་དོན་ལ་སྤྱོད་པར་བྱའོ། །སྡུག་བསྔལ་ཞེས་པའི་དོན་ལ་སྤྱོད་པར་བྱའོ། །ཀུན་འབྱུང་བ་ཞེས་པའི་དོན་ལ་སྤྱོད་པར་བྱའོ། །འགོག་པ་ཞེས་པའི་དོན་ལ་སྤྱོད་པར་བྱའོ། །ལམ་ཞེས་པའི་དོན་ལ་སྤྱོད་པར་བྱའོ། །ཟད་པ་ཞེས་པའི་དོན་ལ་སྤྱོད་པར་བྱའོ། །མྱི་སྐྱེ་བ་ཞེས་པའི་དོན་ལ་སྤྱོད་པར་བྱའོ། །ཆོས་ཞེས་པའི་དོན་ལ་སྤྱོད་པར་བྱའོ། །རྗེས་སུ་འགྲོ་བ་ཞེས་པའི་དོན་ལ་སྤྱོད་པར་བྱའོ། །ཀུན་རྫོབ་ཞེས་པའི་དོན་ལ་སྤྱོད་པར་བྱའོ། །ཡོངས་སུ་རྟོག[5]་པ་ཞེས་པའི་དོན་ལ་སྤྱོད་པར་བྱའོ། །སྒྲ་ཇི་བཞིན་ཞེས་པའི་དོན་ལ་སྤྱོད་པར་བྱའོ། །རབ་འབྱོར་དེ་ལྟར་བྱང་ཆུབ་སེམས་དཔའ་སེམས་དཔའ་ཆེན་པོས་ཤེས་རབ་ཀྱི་ཕ་རོལ་ཏུ་ཕྱིན་པའི་དོན་ལ་སྤྱོད་པར་བྱའོ། །གསོལ་པ། བཅོམ་ལྡན་འདས་གལ་ཏེ་ཤེས་རབ་ཀྱི་ཕ་རོལ་ཏུ་ཕྱིན་པ་ཟབ་མོ་འདི་

ལ་དོན་དང་དོན་མ་ལགས་པ་མི་དམིགས་ན། འོ་ན་ཇི་ལྟར་བྱང་ཆུབ་སེམས······
དཔའ་སེམས་དཔའ་ཆེན་པོས། ཤེས་རབ་ཀྱི་ཕ་རོལ་ཏུ་ཕྱིན་པ་ཟབ་མོ་འདིའི······
དོན་ལ་སྤྱོད་པར་བགྱི། བཅོམ་ལྡན་འདས་ཀྱིས་བཀའ་སྩལ་པ། རབ་འབྱོར་
བྱང་ཆུབ་སེམས་དཔའ་སེམས་དཔའ་ཆེན་པོ། ཤེས་རབ་ཀྱི་ཕ་རོལ་ཏུ་ཕྱིན་པའི་
དོན་ཟབ་མོ་འདི་ལ་སྤྱོད་པས་འདི་ལྟར་སྤྱད་པར་བྱ་སྟེ། འདོད་ཆགས་བདག་གི་
དོན་ཅེའམ[༡]། དོན་མ་ཡིན་ཞེས་སྤྱད་པར་མི་བྱའོ། །ཞེ་སྡང་བདག་གི་དོན······
ཅེའམ[༢]། དོན་མ་ཡིན་ཞེས་སྤྱད་པར་མི་བྱའོ། །གཏི་མུག་བདག་གི་དོན······
ཅེའམ[༣]། དོན་མ་ཡིན་ཞེས་སྤྱད་པར་མི་བྱའོ། །འདོད་ཆགས་དང་། ཞེ་སྡང་
དང་། གཏི་མུག་བདག་གི་དོན་ཅེའམ[༤]། དོན་མ་ཡིན་ཞེས་སྤྱད་པར་མི་བྱའོ། །
ལོག་པར་ལྟ་བ་བདག་གི་དོན་ཅེའམ་དོན་མ་ཡིན་ཞེས་སྤྱད་པར་མི་བྱའོ། །བདག་
ཏུ་ལྟ་བ་བདག་གི་དོན་ཅེའམ[༥]། དོན་མ་ཡིན་ཞེས་སྤྱད་པར་མི་བྱའོ། །སེམས་
ཅན་དུ་ལྟ་བ་བདག་གི་དོན་ཅེའམ[༦]། དོན་མ་ཡིན་ཞེས་སྤྱད་པར་མི་བྱའོ། །
སྲོག་ཏུ་ལྟ་བ་བདག་གི་དོན་ཅེའམ[༧]། དོན་མ་ཡིན་ཞེས་སྤྱད་པར་མི་བྱའོ། །
གསོ་[༨]བར་ལྟ་བ་བདག་གི་དོན་ཅེའམ[༩]། དོན་མ་ཡིན་ཞེས་སྤྱད་པར་མི་བྱའོ། །
སྐྱེས་བུར་ལྟ་བ་བདག་གི་དོན་ཅེའམ[༡༠]། དོན་མ་ཡིན་ཞེས་སྤྱད་པར་མི་བྱའོ། །
གང་ཟག་ཏུ་ལྟ་བ་བདག་གི་དོན་ཅེའམ[༡༡]། དོན་མ་ཡིན་ཞེས་སྤྱད་པར་མི་བྱའོ། །
ཤེད་ཅན་དུ་ལྟ་བ་བདག་གི་དོན་ཅེའམ[༡༢]། དོན་མ་ཡིན་ཞེས་སྤྱད་པར་མི་བྱའོ། །
ཤེད་བདག་ཏུ་ལྟ་བ་བདག་གི་དོན་ཅེའམ[༡༣]། དོན་མ་ཡིན་ཞེས་སྤྱད་པར་མི་བྱའོ། །
བྱེད་པ་པོར་ལྟ་བ་བདག་གི་དོན་ཅེའམ[༡༤]། དོན་མ་ཡིན་ཞེས་སྤྱད་པར་མི་བྱའོ། །
བྱེད་དུ་འཇུག་པ་པོར་ལྟ་བ་བདག་གི་དོན་ཅེའམ[༡༥]། དོན་མ་ཡིན་ཞེས་སྤྱད་པར་
མི་བྱའོ། །ཚོར་བ་པོར་ལྟ་བ་བདག་གི་དོན་ཅེའམ[༡༦]། དོན་མ་ཡིན་ཞེས་སྤྱད་

པར་མི་བྱའོ། །ཚོར་དུ་འཇུག་པ་པོར་ལྟ་བ་བདག་གི་དོན་ཅེའམ①། དོན་མ་ཡིན་ཞེས་སྤྱད་པར་མི་བྱའོ། །སློང་བ་པོར་ལྟ་བ་བདག་གི་དོན་ཅེའམ②། དོན་མ་ཡིན་ཞེས③སྤྱད་པར་མི་བྱའོ། །ཀུན་ནས་སློང་བ་པོར་ལྟ་བ་བདག་གི་དོན་ཅེའམ④། དོན་མ་ཡིན་ཞེས་སྤྱད་པར་མི་བྱའོ། །ཤེས་པ་པོར་ལྟ་བ་བདག་གི་དོན་ཅེའམ⑤། དོན་མ་ཡིན་ཞེས་སྤྱད་པར་མི་བྱའོ། །མཐོང་བ་པོར་ལྟ་བ་བདག་གི་དོན་ཅེའམ⑥། དོན་མ་ཡིན་ཞེས་སྤྱད་པར་མི་བྱ་བ་ནས་ལྟ་བའི་རྣམ་པ་ཐམས་ཅད⑦བདག་གི་དོན་ཅེའམ⑧། དོན་མ་ཡིན་ཞེས་སྤྱད་པར་མི་བྱའོ། །དེ་ཅིའི་ཕྱིར་ཞེ་ན། འདོད་ཆགས་དང་། ཞེ་སྡང་དང་། གཏི་མུག་གི་དེ་བཞིན་ཉིད་ནི་གང་ལ་ཡང་དོན་དུ་མི་བྱེད། དོན་མ་ཡིན་པར་མི་བྱེད་དོ། །ལྟ་བའི་རྣམ་པ་དག་གི⑨དེ་བཞིན་ཉིད་ནི་གང་ལ་ཡང་དོན་དུ་མི་བྱེད། དོན་མ་ཡིན་པར་མི་བྱེད་དོ། །གཟུགས་བདག་གི་དོན་ཅེས་སྤྱད་པར་མི་བྱའོ། །གཟུགས་བདག་གི་དོན་མ་ཡིན་ཞེས་སྤྱད་པར་མི་བྱའོ། །ཚོར་བ་བདག་གི་དོན་ཅེས་སྤྱད་པར་མི་བྱའོ། །ཚོར་བ་བདག་གི་དོན་མ་ཡིན་ཞེས་སྤྱད་པར་མི་བྱའོ། །འདུ་ཤེས་བདག་གི་དོན་ཅེས་སྤྱད⑩པར་མི་བྱའོ། །འདུ་ཤེས་བདག་གི་དོན་མ་ཡིན་ཞེས་སྤྱད་པར་མི་བྱའོ། །འདུ་བྱེད་བདག་གི་དོན་ཅེས་སྤྱད་པར⑪མི་བྱའོ། །འདུ་བྱེད་བདག་གི་དོན་མ་ཡིན་ཞེས་སྤྱད་པར་མི་བྱའོ། །རྣམ་པར་ཤེས་པ་བདག་གི་དོན་ཅེས་སྤྱད་པར་མི་བྱའོ། །རྣམ་པར་ཤེས་པ་བདག་གི་དོན་མ་ཡིན་ཞེས་སྤྱད་པར་མི་བྱའོ། །མིག་བདག་གི་དོན་ཅེས་སྤྱད་པར་མི་བྱའོ། །མིག་བདག་གི་དོན་མ་ཡིན་ཞེས་སྤྱད་པར་མི་བྱའོ། །རྣ་བ་བདག་གི་དོན་ཅེས་སྤྱད་པར་མི་བྱའོ། །རྣ་བ་བདག་གི་དོན་མ་ཡིན་ཞེས་སྤྱད་པར་མི་བྱའོ། །སྣ་བདག་གི་དོན་ཅེས་སྤྱད⑫པར་མི་བྱའོ། །སྣ་བདག་གི་དོན་མ་ཡིན་ཞེས་སྤྱད་པར་མི་བྱའོ། །ལྕེ་བདག་གི་དོན་ཅེས་སྤྱད་པར་མི་

བྱའོ༑ །ལྕེ་བདག་གི་དོན་མ་ཡིན་ཞེས་སྤྱོད་པར་མྱི་བྱའོ། །ལུས་བདག་གི་དོན་ཅེས་སྤྱོད་པར་མྱི་བྱའོ། །ལུས་བདག་གི་དོན་མ་ཡིན་ཞེས་སྤྱོད་པར་མྱི་བྱའོ། །ཡིད་བདག་གི་དོན་ཅེས་①སྤྱོད་པར་མྱི་བྱའོ། །ཡིད་བདག་གི་དོན་མ་ཡིན་ཞེས་…སྤྱོད་པར་མྱི་བྱའོ། །གཟུགས་བདག་གི་དོན་ཅེས་སྤྱོད་པར་མྱི་བྱའོ། །གཟུགས་བདག་གི་དོན་མ་ཡིན་ཞེས་སྤྱོད་པར་མྱི་བྱའོ། །སྒྲ་བདག་གི་དོན་ཅེས་སྤྱོད་པར་མྱི་བྱའོ༑ །སྒྲ་བདག་གི་དོན་མ་ཡིན་ཞེས་སྤྱོད་པར་མི་བྱའོ། །དྲི་བདག་གི་དོན་ཅེས་སྤྱོད་པར་མྱི་བྱའོ། །དྲི་བདག་གི་དོན་མ་ཡིན་ཞེས་སྤྱོད་པར་མི་བྱའོ། །རོ་བདག་གི་དོན་ཅེས་སྤྱོད་པར་མི་བྱའོ། །རོ་བདག་གི་དོན་མ་ཡིན་ཞེས་སྤྱོད་པར་མྱི་བྱའོ། །རེག་བདག་གི་དོན་ཅེས་སྤྱོད་པར་མྱི་བྱའོ། །རེག་བདག་གི་དོན་མ་ཡིན་ཞེས་སྤྱོད་པར་མྱི་བྱའོ། །ཆོས་བདག་གི་དོན་ཅེས་སྤྱོད་པར་མྱི་བྱའོ། །ཆོས་བདག་གི་དོན་མ་ཡིན་ཞེས་སྤྱོད་པར་མྱི་བྱའོ། །མྱིག་གི་རྣམ་པར་ཤེས་པ་བདག་གི་དོན་ཅེས་སྤྱོད་པར་མྱི་བྱའོ། །མྱིག་གི་རྣམ་པར་ཤེས་པ་བདག་གི་དོན་མ་ཡིན་ཞེས་སྤྱོད་པར་མི་བྱའོ༑ །རྣ་བའི་རྣམ་པར་ཤེས་པ་བདག་གི་དོན་ཅེས་སྤྱོད་པར་མྱི་བྱའོ། །རྣ་བའི་རྣམ་པར་ཤེས་པ་བདག་གི་དོན་མ་ཡིན་ཞེས་སྤྱོད་པར་མྱི་བྱའོ། །སྣའི་རྣམ་པར་ཤེས་པ་བདག་གི་དོན་ཅེས་སྤྱོད་པར་མྱི་བྱའོ། །སྣའི་རྣམ་པར་ཤེས་པ་བདག་གི་དོན་མ་ཡིན་ཞེས་སྤྱོད་པར་མི་བྱའོ། །ལྕེའི་རྣམ་པར་ཤེས་པ་བདག་གི་དོན་ཅེས་སྤྱོད་པར་མྱི་བྱའོ། །ལྕེའི་རྣམ་པར་ཤེས་པ་བདག་གི་དོན་མ་ཡིན་ཞེས་སྤྱོད་པར་མྱི་བྱའོ༑ །ལུས་ཀྱི་རྣམ་པར་ཤེས་པ་བདག་གི་དོན་ཅེས་སྤྱོད་པར་མྱི་བྱའོ། །ལུས་ཀྱི་རྣམ་པར་ཤེས་པ་བདག་གི་དོན་མ་ཡིན་ཞེས་སྤྱོད་པར་མྱི་བྱའོ། །ཡིད་ཀྱི་རྣམ་པར་ཤེས་པ་བདག་གི་དོན་ཅེས་སྤྱོད་པར་མྱི་བྱའོ། །ཡིད་ཀྱི་རྣམ་པར་ཤེས་པ་བདག་གི་དོན་མ་ཡིན་ཞེས་སྤྱོད་པར་མྱི་བྱའོ། །མྱིག་གི་འདུས་ཏེ་རེག་པ་བདག་གི་དོན་ཅེས་

སྐྱེད་པར་མི་བྱའོ། །མིག་གི་འདུས་ཏེ་རེག་པ་བདག་གི་དོན་མ་ཡིན་ཞེས་སྐྱེད་པར་མི་བྱའོ། །རྣ་བའི་འདུས་ཏེ་རེག་པ་བདག་གི་དོན་ཅེས་སྐྱེད་པར་མི་བྱའོ། །རྣ་བའི་འདུས་ཏེ་རེག་པ་བདག་གི་དོན་མ་ཡིན་ཞེས་སྐྱེད་པར་མི་བྱའོ། །སྣའི་འདུས་ཏེ་རེག་པ་བདག་གི་དོན་ཅེས་སྐྱེད་པར་མི་བྱའོ། །སྣའི་འདུས་ཏེ་རེག་པ་བདག་གི་དོན་མ་ཡིན་ཞེས་སྐྱེད་པར་མི་བྱའོ། །ལྕེའི་འདུས་ཏེ་རེག་པ་བདག་གི་དོན་ཅེས་སྐྱེད་པར་མི་བྱའོ། །ལྕེའི་འདུས་ཏེ་རེག་པ་བདག་གི་དོན་མ་ཡིན་ཞེས་སྐྱེད་པར་མི་བྱའོ། །ལུས་ཀྱི་འདུས་ཏེ་རེག་པ་བདག་གི་དོན་ཅེས་སྐྱེད་པར་མི་བྱའོ། །ལུས་ཀྱི་འདུས་ཏེ་རེག་པ་བདག་གི་དོན་མ་ཡིན་ཞེས་སྐྱེད་པར་མི་བྱའོ། །ཡིད་ཀྱི་འདུས་ཏེ་རེག་པ་བདག་གི་དོན་ཅེས་སྐྱེད་པར་མི་བྱའོ། །ཡིད་ཀྱི་འདུས་ཏེ་རེག་པ་བདག་གི་དོན་མ་ཡིན་ཞེས་སྐྱེད་པར་མི་བྱའོ། །མིག་གི་འདུས་ཏེ་རེག་པའི་རྐྱེན་གྱིས་ཚོར་བ་བདག་གི་དོན་ཅེས་སྐྱེད་པར་མི་བྱའོ། །མིག་གི་འདུས་ཏེ་རེག་པའི་རྐྱེན་གྱིས་ཚོར་བ་བདག་གི་དོན་མ་ཡིན་ཞེས་སྐྱེད་པར་མི་བྱའོ། །རྣ་བའི་འདུས་ཏེ་རེག་པའི་རྐྱེན་གྱིས་ཚོར་བ་བདག་གི་དོན་ཅེས་སྐྱེད་པར་མི་བྱའོ། །རྣ་བའི་འདུས་ཏེ་རེག་པའི་རྐྱེན་གྱིས་ཚོར་བ་བདག་གི་དོན་མ་ཡིན་ཞེས་སྐྱེད་པར་མི་བྱའོ། །སྣའི་འདུས་ཏེ་རེག་པའི་རྐྱེན་གྱིས་ཚོར་བ་བདག་གི་དོན་ཅེས་སྐྱེད་པར་མི་བྱའོ། །སྣའི་འདུས་ཏེ་རེག་པའི་རྐྱེན་གྱིས་ཚོར་བ་བདག་གི་དོན་མ་ཡིན་ཞེས་སྐྱེད་པར་མི་བྱའོ། །ལྕེའི་འདུས་ཏེ་རེག་པའི་རྐྱེན་གྱིས་ཚོར་བ་བདག་གི་དོན་ཅེས་སྐྱེད་པར་མི་བྱའོ། །ལྕེའི་འདུས་ཏེ་རེག་པའི་རྐྱེན་གྱིས་ཚོར་བ་བདག་གི་དོན་མ་ཡིན་ཞེས་སྐྱེད་པར་མི་བྱའོ། །ལུས་ཀྱི་འདུས་ཏེ་རེག་པའི་རྐྱེན་གྱིས་ཚོར་བ་བདག་གི་དོན་ཅེས་སྐྱེད་པར་མི་བྱའོ། །ལུས་ཀྱི་འདུས་ཏེ་རེག་པའི་རྐྱེན་གྱིས་ཚོར་བ་བདག་གི་དོན་མ་ཡིན་ཞེས་སྐྱེད་པར་མི་བྱའོ། །ཡིད་ཀྱི་འདུས་ཏེ་རེག་པའི་རྐྱེན་གྱིས་ཚོར་བ་བདག་གི་དོན་ཅེས་སྐྱེད་

པར་མྱི་བྱའོ། །ཡིད་ཀྱི་འདུས་ཏེ་རེག་པའི་རྐྱེན་[༡]ཀྱིས་ཚོར་བ་བདག་གི་དོན་མ་ཡིན་ཞེས་སྤྱད་པར་མི་བྱའོ། །སའི་ཁམས་བདག་གི་དོན་ཅེས་སྤྱད་པར་མྱི་བྱའོ། །སའི་ཁམས་བདག་གི་དོན་མ་ཡིན་ཞེས་སྤྱད་པར་མྱི་བྱའོ། །ཆུའི་ཁམས་བདག་གི་དོན་ཅེས་སྤྱད་པར་མི་བྱའོ། །ཆུའི་ཁམས་བདག་གི་དོན་མ་ཡིན་ཞེས་སྤྱད་པར་མྱི་བྱའོ། །མེའི་ཁམས་བདག་གི་དོན་ཅེས་སྤྱད་པར་མྱི་བྱའོ། །མེའི་ཁམས་བདག་གི་དོན་མ་ཡིན་ཞེས་སྤྱད་པར་མི་བྱའོ། །རླུང་གི་ཁམས་བདག་གི་དོན་ཅེས་སྤྱད་པར་མྱི་བྱའོ། །རླུང་གི་ཁམས་བདག་གི་དོན་མ་ཡིན་ཞེས་སྤྱད་པར་མྱི་བྱའོ། །ནམ་མཁའི་ཁམས་བདག་གི་དོན་ཅེས་སྤྱད་པར་མྱི་བྱའོ། །ནམ་མཁའི་ཁམས་བདག་གི་དོན་མ་ཡིན་ཞེས་སྤྱད་པར་མྱི་[༣]བྱའོ། །རྣམ་པར་ཤེས་པའི་ཁམས་བདག་གི་དོན་ཅེས་སྤྱད་པར་མྱི་བྱའོ། །རྣམ་པར་ཤེས་པའི་ཁམས་བདག་གི་དོན་མ་ཡིན་ཞེས་སྤྱད་པར་མྱི་བྱའོ། །མ་རིག་པ་བདག་གི་དོན་ཅེས་སྤྱད་པར་མྱི་བྱའོ། །མ་རིག་པ་བདག་གི་དོན་མ་ཡིན་ཞེས་སྤྱད་པར་མྱི་བྱའོ། །འདུ་བྱེད་བདག་གི་དོན་ཅེས་སྤྱད་པར་མྱི་བྱའོ། །འདུ་བྱེད་བདག་གི་དོན་མ་ཡིན་ཞེས་སྤྱད་པར་མི་བྱའོ། །རྣམ་པར་ཤེས་པ་བདག་གི་དོན་ཅེས་སྤྱད་པར་མྱི་བྱའོ། །རྣམ་པར་ཤེས་པ་བདག་གི་དོན་མ་ཡིན་ཞེས་སྤྱད་པར་མྱི་བྱའོ། །མིང་དང་གཟུགས་བདག་གི་དོན་ཅེས་སྤྱད་པར་མྱི་བྱའོ། །མིང་དང་གཟུགས་བདག་གི་དོན་མ་ཡིན་ཞེས་སྤྱད་པར་མྱི་བྱའོ། །སྐྱེ་མཆེད་དྲུག་བདག་གི་དོན་ཅེས་སྤྱད་པར་མྱི་བྱའོ། །སྐྱེ་མཆེད་དྲུག་བདག་གི་དོན་མ་ཡིན་ཞེས་སྤྱད་པར་མྱི་བྱའོ། །རེག་པ་བདག་གི་དོན་ཅེས་སྤྱད་པར་མྱི་བྱའོ། །རེག་པ་བདག་གི་དོན་མ་ཡིན་ཞེས་སྤྱད་པར་མྱི་བྱའོ། །ཚོར་བ་བདག་གི་དོན་ཅེས་སྤྱད་པར་མྱི་བྱའོ། །ཚོར་བ་བདག་གི་དོན་མ་ཡིན་ཞེས་སྤྱད་པར་མི་བྱའོ། །སྲིད་པ་བདག་གི་དོན་ཅེས་སྤྱད་པར་མྱི་བྱའོ། །སྲིད་པ་བདག་གི་

དོན་མ་ཡིན་ཞེས་སྤྱད་པར་མི་བྱའོ། །ལེན་པ་བདག་གི་དོན་ཅེས་སྤྱད་པར་མི་བྱའོ། །ལེན་པ་བདག་གི་དོན་མ་ཡིན་ཞེས་སྤྱད་པར་མི་བྱའོ། །སྲིད་པ་བདག་གི་དོན་ཅེས་སྤྱད་པར་མི་བྱའོ། །སྲིད་པ་བདག་གི་དོན་མ་ཡིན་ཞེས་སྤྱད་པར་མི་བྱའོ། །སྐྱེ་བ་བདག་གི་དོན་ཅེས་སྤྱད་པར་མི་བྱའོ། །སྐྱེ་བ་བདག་གི་དོན་མ་ཡིན་ཞེས་སྤྱད་པར་མི་བྱའོ། །རྒ་ཤི་བདག་གི་དོན་ཅེས་སྤྱད་པར་མི་བྱའོ། །རྒ་ཤི་བདག་གི་དོན་མ་ཡིན་ཞེས་སྤྱད་པར་མི་བྱའོ། །སྦྱིན་པའི་ཕ་རོལ་ཏུ་ཕྱིན་པ་བདག་གི་དོན་ཅེས་སྤྱད་པར་མི་བྱའོ། །སྦྱིན་པའི་ཕ་རོལ་ཏུ་ཕྱིན་པ་བདག་གི་དོན་མ་ཡིན་ཞེས་སྤྱད་པར་མི་བྱའོ། །ཚུལ་ཁྲིམས་ཀྱི་ཕ་རོལ་ཏུ་ཕྱིན་པ་བདག་གི་དོན་ཅེས་སྤྱད་པར་མི་བྱའོ། །ཚུལ་ཁྲིམས་ཀྱི་ཕ་རོལ་ཏུ་ཕྱིན་པ་བདག་གི་དོན་མ་ཡིན་ཞེས་སྤྱད་པར་མི་བྱའོ། །བཟོད་པའི་ཕ་རོལ་ཏུ་ཕྱིན་པ་བདག་གི་དོན་ཅེས་སྤྱད་པར་མི་བྱའོ། །བཟོད་པའི་ཕ་རོལ་ཏུ་ཕྱིན་པ་བདག་གི་དོན་མ་ཡིན་ཞེས་སྤྱད་པར་མི་བྱའོ། །བརྩོན་འགྲུས་ཀྱི་ཕ་རོལ་ཏུ་ཕྱིན་པ་བདག་གི་དོན་ཅེས་སྤྱད་པར་མི་བྱའོ། །བརྩོན་འགྲུས་ཀྱི་ཕ་རོལ་ཏུ་ཕྱིན་པ་བདག་གི་དོན་མ་ཡིན་ཞེས་སྤྱད་པར་མི་བྱའོ། །བསམ་གཏན་གྱི་ཕ་རོལ་ཏུ་ཕྱིན་པ་བདག་གི་དོན་ཅེས་སྤྱད་པར་མི་བྱའོ། །བསམ་གཏན་གྱི་ཕ་རོལ་ཏུ་ཕྱིན་པ་བདག་གི་དོན་མ་ཡིན་ཞེས་སྤྱད་པར་མི་བྱའོ། །ཤེས་རབ་ཀྱི་ཕ་རོལ་ཏུ་ཕྱིན་པ་བདག་གི་དོན་ཅེས་སྤྱད་པར་མི་བྱའོ། །ཤེས་རབ་ཀྱི་ཕ་རོལ་ཏུ་ཕྱིན་པ་བདག་གི་དོན་མ་ཡིན་ཞེས་སྤྱད་པར་མི་བྱའོ། །ནང་སྟོང་པ་ཉིད་བདག་གི་དོན་ཅེས་སྤྱད་པར་མི་བྱའོ། །ནང་སྟོང་པ་ཉིད་བདག་གི་དོན་མ་ཡིན་ཞེས་སྤྱད་པར་མི་བྱའོ། །ཕྱི་སྟོང་པ་ཉིད་བདག་གི་དོན་ཅེས་སྤྱད་པར་མི་བྱའོ། །ཕྱི་སྟོང་པ་ཉིད་བདག་གི་དོན་མ་ཡིན་ཞེས་སྤྱད་པར་མི་བྱའོ། །ཕྱི་ནང་སྟོང་པ་ཉིད་བདག་གི་དོན་ཅེས་སྤྱད་པར་མི་བྱའོ། །ཕྱི་ནང་སྟོང་པ་ཉིད་བདག་གི་

དོན་མ་ཡིན་ཞེས་སྤྱད་པར་མྱི་བྱའོ། །སྟོང་པ་ཉིད་སྟོང་པ་ཉིད་བདག་གི་དོན་ཅེས་སྤྱད་པར་མྱི་བྱའོ། །སྟོང་པ་ཉིད་སྟོང་པ་ཉིད་བདག་གི་དོན་མ་ཡིན་ཞེས་སྤྱད་པར་མི་བྱའོ། །ཆེན་པོ་སྟོང་པ་ཉིད་བདག་གི་དོན་ཅེས་སྤྱད་པར་མྱི་བྱའོ། །ཆེན་པོ་སྟོང་པ་ཉིད་བདག་གི་དོན་མ་ཡིན་ཞེས་སྤྱད་པར་མྱི་བྱའོ། །དོན་དམ་པ་སྟོང་པ་ཉིད་བདག་གི་དོན་ཅེས་སྤྱད་པར་མྱི་བྱའོ། །དོན་དམ་པ་སྟོང་པ་ཉིད་བདག་གི་དོན་མ་ཡིན་ཞེས་སྤྱད་པར་མི་བྱའོ། །འདུས་བྱས་སྟོང་པ་ཉིད་བདག་གི་དོན་ཅེས་སྤྱད་པར་མྱི་བྱའོ། །འདུས་བྱས་སྟོང་པ་ཉིད་བདག་གི་དོན་མ་ཡིན་ཞེས་སྤྱད་པར་མྱི་བྱའོ། །འདུས་མ་བྱས་སྟོང་པ་ཉིད་བདག་གི་དོན་ཅེས་སྤྱད་པར་མྱི་བྱའོ། །འདུས་མ་བྱས་སྟོང་པ་ཉིད་བདག་གི་དོན་མ་ཡིན་ཞེས་སྤྱད་པར་མྱི་བྱའོ། །མཐའ་ལས་འདས་པ་སྟོང་པ་ཉིད་བདག་གི་དོན་ཅེས་སྤྱད་པར་མྱི་བྱའོ། །མཐའ་ལས་འདས་པ་སྟོང་པ་ཉིད་བདག་གི་དོན་མ་ཡིན་ཞེས་སྤྱད་པར་མྱི་བྱའོ། །ཐོག་མ་དང་ཐ་མ་མྱེད་པ་སྟོང་པ་ཉིད་བདག་གི་དོན་ཅེས་སྤྱད་པར་མྱི་བྱའོ། །ཐོག་མ་དང་ཐ་མ་མྱེད་པ་སྟོང་པ་ཉིད་བདག་གི་དོན་མ་ཡིན་ཞེས་སྤྱད་པར་མྱི་བྱའོ། །དོར་བ་མྱེད་པ་སྟོང་པ་ཉིད་བདག་གི་དོན་ཅེས་སྤྱད་པར་མྱི་བྱའོ། །དོར་བ་མྱེད་པ་སྟོང་པ་ཉིད་བདག་གི་དོན་མ་ཡིན་ཞེས་སྤྱད་པར་མྱི་བྱའོ། །རང་བཞིན་སྟོང་པ་ཉིད་བདག་གི་དོན་ཅེས་སྤྱད་པར་མྱི་བྱའོ། །རང་བཞིན་སྟོང་པ་ཉིད་བདག་གི་དོན་མ་ཡིན་ཞེས་སྤྱད་པར་མྱི་བྱའོ། །ཆོས་ཐམས་ཅད་སྟོང་པ་ཉིད་བདག་གི་དོན་ཅེས་སྤྱད་པར་མྱི་བྱའོ། །ཆོས་ཐམས་ཅད་སྟོང་པ་ཉིད་བདག་གི་དོན་མ་ཡིན་ཞེས་སྤྱད་པར་མྱི་བྱའོ། །རང་གི་མཚན་ཉིད་སྟོང་པ་ཉིད་བདག་གི་དོན་ཅེས་སྤྱད་པར་མྱི་བྱའོ། །རང་གི་མཚན་ཉིད་སྟོང་པ་ཉིད་བདག་གི་དོན་མ་ཡིན་ཞེས་སྤྱད་པར་མྱི་བྱའོ། །མྱི་དམྱིགས་པ་སྟོང་པ་ཉིད་བདག་གི་དོན་ཅེས་སྤྱད་པར་མྱི་བྱའོ། །མྱི་

དམིགས་པ་སྟོང་པ་ཉིད་བདག་གི་དོན་མ་ཡིན་ཞེས་སྤྱོད་པར་མི་བྱའོ། །དངོས་པོ་མེད་པ་སྟོང་པ་ཉིད་བདག་གི་དོན་ཅེས་སྤྱོད་པར་མི་བྱའོ། །དངོས་པོ་མེད་པ་སྟོང་པ་ཉིད་བདག་གི་དོན་མ་ཡིན་ཞེས་སྤྱོད་པར་མི་བྱའོ། །ངོ་བོ་ཉིད་སྟོང་པ་ཉིད་……བདག་གི་དོན་ཅེས་སྤྱོད་པར་མི་བྱའོ། །ངོ་བོ་ཉིད་སྟོང་པ་ཉིད་བདག་གི་དོན་མ་ཡིན་ཞེས་སྤྱོད་པར་མི་བྱའོ། །དངོས་པོ་མེད་པའི་ངོ་བོ་ཉིད་སྟོང་པ་ཉིད་བདག་གི་དོན་ཅེས་སྤྱོད་པར་མི་བྱའོ། །དངོས་པོ་མེད་པའི་ངོ་བོ་ཉིད་སྟོང་པ་ཉིད་བདག་གི་དོན་མ་ཡིན་ཞེས་སྤྱོད་པར་མི་བྱའོ། །དྲན་པ་ཉེ་བར་གཞག་པ་རྣམས་བདག་གི་དོན་ཅེས་སྤྱོད་པར་མི་བྱའོ། །དྲན་པ་ཉེ་བར་གཞག་པ་རྣམས་བདག་གི་དོན་མ་ཡིན་ཞེས་སྤྱོད་པར་མི་བྱའོ། །ཡང་དག་པར་སྤོང་བ་རྣམས་བདག་གི་དོན་ཅེས་སྤྱོད་པར་མི་བྱའོ། །ཡང་དག་པར་སྤོང་བ་རྣམས་བདག་གི་དོན་མ་ཡིན་ཞེས་སྤྱོད་པར་མི་བྱའོ། །རྫུ་འཕྲུལ་གྱི་རྐང་པ་རྣམས་བདག་གི་དོན་ཅེས་སྤྱོད་པར་མི་བྱའོ། །རྫུ་འཕྲུལ་གྱི་རྐང་པ་རྣམས་བདག་གི་དོན་མ་ཡིན་ཞེས་སྤྱོད་པར་མི་བྱའོ། །དབང་པོ་རྣམས་བདག་གི་དོན་ཅེས་སྤྱོད་པར་མི་བྱའོ། །དབང་པོ་རྣམས་བདག་གི་དོན་མ་ཡིན་ཞེས་སྤྱོད་པར་མི་བྱའོ། །སྟོབས་རྣམས་བདག་གི་དོན་ཅེས་སྤྱོད་པར་མི་བྱའོ། །སྟོབས་རྣམས་བདག་གི་དོན་མ་ཡིན་ཞེས་སྤྱོད་པར་མི་བྱའོ། །བྱང་ཆུབ་ཀྱི་ཡན་ལག་རྣམས་བདག་གི་དོན་ཅེས་སྤྱོད་པར་མི་བྱའོ། །བྱང་ཆུབ་ཀྱི་ཡན་ལག་རྣམས་བདག་གི་དོན་མ་ཡིན་ཞེས་སྤྱོད་པར་མི་བྱའོ། །འཕགས་པའི་ལམ་ཡན་ལག་བརྒྱད་པ་བདག་གི་དོན་ཅེས་སྤྱོད་པར་མི་བྱའོ། །འཕགས་པའི་ལམ་ཡན་ལག་བརྒྱད་པ་བདག་གི་དོན་མ་ཡིན་ཞེས་སྤྱོད་པར་མི་བྱའོ། །འཕགས་པའི་……བདེན་པ་རྣམས་བདག་གི་དོན་ཅེས་སྤྱོད་པར་མི་བྱའོ། །འཕགས་པའིཿབདེན་པ་[7]རྣམས་བདག་གི་དོན་མ་ཡིན་ཞེས་སྤྱོད་པར་མི་བྱའོ། །བསམ་གཏན་རྣམས་བདག་

གི་དོན་ཅེས་སྦྱུད་པར་མྱི་བྱའོ། །བསམ་གཏན་རྣམས་བདག་གི་དོན་མ་ཡིན་ཞེས་སྦྱུད་པར་མྱི་བྱའོ། །ཚད་མྱེད་པ་རྣམས་བདག་གི་དོན་ཅེས་སྦྱུད་པར་མྱི་བྱའོ། །ཚད་མྱེད་པ་རྣམས་བདག་གི་དོན་མ་ཡིན་ཞེས་སྦྱུད་པར་མྱི་བྱའོ། །གཟུགས་མྱེད་པའི་སྙོམས་པར་འཇུག་པ་རྣམས་བདག་གི་དོན་ཅེས་སྦྱུད་པར་མྱི་བྱའོ། །གཟུགས་མྱེད་པའི་སྙོམས་པར་འཇུག་པ་རྣམས་བདག་གི་དོན་མ་ཡིན་ཞེས་སྦྱུད་པར་མྱི་བྱའོ།། རྣམ་པར་ཐར་པ་བརྒྱད་བདག་གི་དོན་ཅེས་སྦྱུད་པར་མྱི་བྱའོ། །རྣམ་པར་ཐར་པ་བརྒྱད་བདག་གི་དོན་མ་ཡིན་ཞེས་སྦྱུད་པར་མྱི་བྱའོ། །མཐར་གྱིས་གནས་པའི་སྙོམས་པར་འཇུག་པ་དགུ་བདག་གི་དོན་ཅེས་སྦྱུད་པར་མྱི་བྱའོ། །མཐར་གྱིས་གནས་པའི་སྙོམས་པར་འཇུག་པ་དགུ་བདག་གི་དོན་མ་ཡིན་ཞེས་སྦྱུད་པར་མྱི་བྱའོ།། རྣམ་པར་ཐར་པའི་སྒོ་སྟོང་པ་ཉིད་དང་། མཚན་མ་མྱེད་པ་དང་། སྨོན་པ་མྱེད་པ་བདག་གི་དོན་ཅེས་སྦྱུད་①པར་མྱི་བྱའོ། །རྣམ་པར་ཐར་པའི་སྒོ་སྟོང་པ་ཉིད་དང་། མཚན་མ་མྱེད་པ་དང་། སྨོན་པ་མྱེད་པ་བདག་གི་དོན་མ་ཡིན་ཞེས་སྦྱུད་པར་མྱི་བྱའོ། །མངོན་པར་ཤེས་པ་རྣམས་བདག་གི་དོན་ཅེས་སྦྱུད་པར་མྱི་བྱའོ། །མངོན་པར་ཤེས་པ་རྣམས་བདག་གི་དོན་མ་ཡིན་ཞེས་སྦྱུད་པར་མྱི་བྱའོ། །ཏིང་ངེ་འཛིན་རྣམས་བདག་གི་དོན་ཅེས་སྦྱུད་པར་མྱི་བྱའོ། །ཏིང་ངེ་འཛིན་རྣམས་བདག་གི་དོན་མ་ཡིན་ཞེས་སྦྱུད་པར་མྱི་བྱའོ། །གཟུངས་ཀྱི་སྒོ་རྣམས་བདག་གི་དོན་ཅེས་སྦྱུད་པར་མྱི་བྱའོ། །གཟུངས་ཀྱི་སྒོ་རྣམས་བདག་གི་དོན་མ་ཡིན་ཞེས་སྦྱུད་པར་མྱི་བྱའོ། །དེ་བཞིན་གཤེགས་པའི་སྟོབས་བཅུ་བདག་གི་དོན་ཅེས་སྦྱུད་པར་མྱི་བྱའོ། །དེ་བཞིན་གཤེགས་པའི་སྟོབས་བཅུ་བདག་གི་དོན་མ་ཡིན་ཞེས་སྦྱུད་པར་མྱི་བྱའོ། །མྱི་འཇིགས་པ་བཞི་བདག་གི་དོན་ཅེས་སྦྱུད་པར་མྱི་བྱའོ། །མྱི་འཇིགས་པ་བཞི་བདག་གི་དོན་མ་ཡིན་ཞེས་སྦྱུད་པར་མྱི་བྱའོ། །སོ་སོ་ཡང་དག་པར་རིག་པ་བཞི་

བདག་གི་དོན་ཅེས་སྤྱོད་པར་མི་བྱའོ། །སོ་སོ་ཡང་དག་པར་རིག་པ་བཞི་བདག་གི་དོན་མ་ཡིན་ཞེས་སྤྱོད་པར་མི་བྱའོ། །བྱམས་པ་ཆེན་པོ་བདག་གི་དོན་ཅེས་སྤྱོད་པར་མི་བྱའོ། །བྱམས་པ་ཆེན་པོ་བདག་གི་དོན་མ་ཡིན་ཞེས་སྤྱོད་པར་མི་བྱའོ། །སྙིང་རྗེ་ཆེན་པོ་བདག་གི་དོན་ཅེས་སྤྱོད་པར་མི་བྱའོ། །སྙིང་རྗེ་ཆེན་པོ་བདག་གི་དོན་མ་ཡིན་ཞེས་སྤྱོད་པར་མི་བྱའོ། །སངས་རྒྱས་ཀྱི་ཆོས་མ་འདྲེས་པ་བཅོ་བརྒྱད་བདག་གི་དོན་ཅེས་སྤྱོད་པར་མི་བྱའོ། །སངས་རྒྱས་ཀྱི་ཆོས་[1]མ་འདྲེས་པ་བཅོ་བརྒྱད་བདག་གི་དོན་མ་ཡིན་ཞེས་སྤྱོད་པར་མི་བྱའོ། །རྒྱུན་དུ་ཞུགས་པའི་འབྲས་བུ་བདག་གི་དོན་ཅེས་སྤྱོད་པར་མི་བྱའོ། །རྒྱུན་དུ་ཞུགས་པའི་འབྲས་བུ་བདག་གི་དོན་མ་ཡིན་ཞེས་སྤྱོད་པར་མི་བྱའོ། །ལན་ཅིག་ཕྱིར་འོང་བའི་འབྲས་བུ་བདག་གི་དོན་ཅེས་སྤྱོད་པར་མི་བྱའོ། །ལན་ཅིག་ཕྱིར་འོང་བའི་འབྲས་བུ་བདག་གི་དོན་མ་ཡིན་ཞེས་སྤྱོད་པར་མི་བྱའོ། །ཕྱིར་མི་འོང་བའི་འབྲས་བུ་བདག་གི་དོན་ཅེས་སྤྱོད་པར་མི་བྱའོ། །ཕྱིར་མི་འོང་བའི་འབྲས་བུ་བདག་གི་དོན་མ་ཡིན་ཞེས་སྤྱོད་པར་མི་བྱའོ༑ །དགྲ་བཅོམ་པ་ཉིད་བདག་གི་དོན་ཅེས་སྤྱོད་པར་མི་བྱའོ། །དགྲ་བཅོམ་པ་ཉིད་བདག་གི་དོན་མ་ཡིན་ཞེས་སྤྱོད་པར་མི་བྱའོ། །རང་བྱང་ཆུབ་བདག་གི་དོན་ཅེས་སྤྱོད་པར་མི་བྱའོ། །རང་བྱང་ཆུབ་བདག་གི་དོན་མ་ཡིན་ཞེས་སྤྱོད་པར་མི་བྱའོ། །ལམ་གྱི་རྣམ་པ་ཤེས་པ་ཉིད་བདག་གི་དོན་ཅེས་སྤྱོད་པར་མི་བྱའོ། །ལམ་གྱི་རྣམ་པ་ཤེས་པ་ཉིད་བདག་གི་དོན་མ་ཡིན་ཞེས་སྤྱོད་པར་མི་བྱའོ། །བླ་ན་མེད་པ་ཡང་དག་པར་རྫོགས་པའི་བྱང་ཆུབ་བདག་གི་དོན་ཅེས་སྤྱོད་པར་མི་བྱའོ། །བླ་ན་མེད༔པ་ཡང་[3]དག་པར་རྫོགས་པའི་བྱང་ཆུབ་བདག་གི་དོན་མ་ཡིན་ཞེས་སྤྱོད་པར་མི་བྱའོ། །དེ་ཅིའི་ཕྱིར་ཞེ་ན། རབ་འབྱོར་དེ་ནི་འདི་ལྟར་དེ་བཞིན་གཤེགས་པ་དགྲ་བཅོམ་པ་ཡང་དག་པར་རྫོགས་པའི་སངས་རྒྱས་ཀྱིས། བླ་ན་མེད་

པ་ཡང་དག་པར༔ རྫོགས་པའི་བྱང་ཆུབ་ཏུ་མངོན་པར[1] རྫོགས་པར་སངས་རྒྱས······
ནས༔ ཆོས་གང་དོན་དུ་བྱ་བའམ། དོན་མེད་པར་བྱ་བ་དེ་ལྟ་བུ་གང་ཡང་མ[2]
དམིགས་སོ། །རབ་འབྱོར་གཞན་ཡང་དེ་བཞིན་གཤེགས་པ་རྣམས་སྐྱེས་ཀྱང་རུང་།
དེ་བཞིན་གཤེགས་པ་རྣམས་མ་སྐྱེས་ཀྱང་རུང་སྟེ། ཆོས་རྣམས་ཀྱི་ཆོས་ཉིད་དང་།
ཆོས་ཀྱི་གནས་ཉིད་ནི་གནས་པ། ཆོས་ཀྱི་དབྱིངས་ནི་གནས་པ་སྟེ། དེ་ནི་གང་
ལ་ཡང་དོན་ཀྱང་མི་བྱེད། དོན་མ་ཡིན་པ་ཡང་མི་བྱེད་དོ། །རབ་འབྱོར་དེ་ལྟར་
བྱང་ཆུབ་སེམས་དཔའ་སེམས་དཔའ་ཆེན་པོས་དོན་དང་དོན་མ་ཡིན་པར[3] སྤངས་··
ཏེ༔ ཤེས་རབ་ཀྱི་ཕ་རོལ་ཏུ་ཕྱིན་པ་ལ་སྤྱད་པར་བྱའོ། །གསོལ་པ། བཅོམ་
ལྡན་འདས་ཇིའི[4] སླད་དུ། ཤེས་རབ་ཀྱི་ཕ་རོལ་ཏུ་ཕྱིན་པ་གང་ལ་ཡང་དོན་ཀྱང་
མི་བགྱིད། དོན་མ་ལགས་པ་ཡང་མི་བགྱིད་པ་ལགས། བཅོམ་ལྡན་འདས་ཀྱིས་
བཀའ་སྩལ་པ། རབ་འབྱོར་དེ་ནི་འདི་ལྟར་ཤེས་རབ་ཀྱི་ཕ་རོལ་ཏུ་ཕྱིན་པ་ནི[5]
འདུས་བྱས་དང་། འདུས་མ་བྱས་ཀྱི་ཆོས་ཉིད་གང་ཡང་མི་བྱེད་དེ། དེའི་ཕྱིར་
ཤེས་རབ་ཀྱི་ཕ་རོལ་ཏུ་ཕྱིན་པ་ནི་གང་ལ་ཡང་དོན་དུ་བྱེད་པ་ཡང་མ་ཡིན། དོན་
མ་ཡིན་པ་བྱེད་པ་ཡང་མ་ཡིན་ནོ། །གསོལ་པ། བཅོམ་ལྡན་འདས་འོ་ན་འདུས
མ་བགྱིས[6] སངས་རྒྱས་དང་། སངས་རྒྱས་ཀྱི་ཉན་ཐོས་འཕགས་པ་ཐམས་ཅད་ཀྱི་
དོན་མ་ལགས་སམ། བཅོམ་ལྡན་འདས་ཀྱིས་བཀའ་སྩལ་པ། འདུས་མ་བྱས་ནི་
སངས་རྒྱས་དང་སངས་རྒྱས་ཀྱི་ཉན་ཐོས་འཕགས་པ་ཐམས་ཅད་ཀྱི་དོན་ཀྱང་ཡིན···
ཏེ༔ ཕན་པའམ་གནོད་པ་ཉེ་བར་གནས་པ་མ་ཡིན་ནོ། །རབ་འབྱོར་འདི་ལྟ་སྟེ་
དཔེར་ན། ནམ་མཁའི་དེ་བཞིན་ཉིད་ནི་གང་ལ་ཡང་ཕན་པའམ་གནོད་པར[7] ཉེ་
བར་གནས་པ་མ་ཡིན་ནོ། །རབ་འབྱོར་དེ་བཞིན་དུ་བྱང་ཆུབ་སེམས་དཔའ····
སེམས་དཔའ་ཆེན་པོའི་ཤེས་རབ་ཀྱི་ཕ་རོལ་ཏུ་ཕྱིན་པ་ཡང་ཆོས་གང་ལ་ཡང་ཕན····

པའམ་གནོད་པར་[༡]ཉེ་བར་གནས་པ་མ་ཡིན་ནོ། །གསོལ་པ། བཅོམ་ལྡན····འདས་འོ་ན་བྱང་ཆུབ་སེམས་དཔའ་སེམས་དཔའ་ཆེན་པོ་འདུས་མ་[༢]བཤིས་ཀྱི་ཤེས་རབ་ཀྱི་ཕ་རོལ་ཏུ་ཕྱིན་པ་ལ༔བསླབས་ཤིང་[༣]། རྣམ་པ་ཐམས་ཅད་མཁྱེན་པ་ཉིད་ཐོབ་པར་མི་བགྱིད་དམ། བཅོམ་ལྡན་འདས་ཀྱིས་བཀའ་སྩལ་པ། རབ་འབྱོར་དེ་དེ་བཞིན་ནོ། །དེ་དེ་བཞིན་ཏེ། བྱང་ཆུབ་སེམས་དཔའ་སེམས་དཔའ་ཆེན་པོ་ནི། ཤེས་རབ་ཀྱི་ཕ་རོལ་ཏུ་ཕྱིན་པ་ཟབ་མོ་འདི་ལ༔བསླབས་ཤིང་[༤]། རྣམ་པ་ཐམས་ཅད་མཁྱེན་པ་ཉིད་ཐོབ་པར་བྱེད་དེ། གཉིས་ཀྱི་ཚུལ་གྱིས་མ་ཡིན་ནོ། །གསོལ་པ། བཅོམ་ལྡན་འདས་ཅི་ལགས། གཉིས་སུ་མ་མཆིས་པའི་ཆོས་གཉིས་སུ་མ་མཆིས་པའི་ཆོས་ཐོབ་པར་བགྱིད་དམ། བཅོམ་ལྡན་འདས་ཀྱིས་བཀའ་སྩལ་པ༑ མ་ཡིན་ནོ། །གསོལ་པ། འོ་ན་གཉིས་ཀྱི་ཆོས་ཤིག །གཉིས་ཀྱི་ཆོས་ཐོབ་པར་བགྱིད་པ་[༥]ལགས་སམ། བཅོམ་ལྡན་འདས་ཀྱིས་བཀའ་སྩལ་པ། མ་ཡིན་ནོ༑ །གསོལ་པ། ༔འོ་ན་[༦]ཇི་ལྟར་ཐོབ་[༧]པར་འགྱུར། བཅོམ་ལྡན་འདས་ཀྱིས་བཀའ་སྩལ་པ། ནམ་གཉིས་ཀྱི་ཆོས་སམ། གཉིས་སུ་མེད་པའི་ཆོས་ཀྱང་[༨]མི་དམིགས་པ་ན་ཐོབ་པར་འགྱུར་རོ། །དེ་ཅིའི་ཕྱིར་ཞེ་ན། མི་དམིགས་པ་ནི་ཐོབ་པ་སྟེ། དེ་ནི་དམིགས་པས་ཀྱང་ཐོབ་པར་མི་འགྱུར། མི་དམིགས་པས་ཀྱང་ཐོབ་པར་མི་འགྱུར་རོ། །ཤེས་རབ་ཀྱི་ཕ་རོལ་ཏུ་ཕྱིན་པ་སྟོང་ཕྲག་བརྒྱ་པ་ལས། ལེའུ་ལྔ་བཅུ༔གསུམ་སོ[༩]།། །།

ཤེས་རབ་ཀྱི་ཕ་རོལད་ཏུ་ཕྱིནད་པ་སྟོང་ཕྲག་བརྒྱ་པ། བམ་པོ༔བཅུ་གཉིས་[༡༠]པ༑ དེ་ནས་ཚེ་དང་ལྡན་པ་རབ་འབྱོར་གྱིས། བཅོམ་ལྡན་འདས་ལ་འདི་སྐད་ཅེས་གསོལད་ཏོ། །བཅོམ་ལྡན་འདས་ཤེས་རབ་ཀྱི་ཕ་རོལ་ཏུ་ཕྱིན་པ་ནི་ཟབ་པོ། །

བཅོམ་ལྡན་འདས་བྱང་ཆུབ་སེམས་དཔའ་སེམས་དཔའ་ཆེན་པོ་གང་བླ་ན་མེད་པ་ཡང་དག་པར་རྫོགས་པའི་བྱང་ཆུབ་ཏུ་ཞུགས་པ་ཡང་དཀའ་(༡)བ་བགྱིད་པ་སྟེ། སེམས་ཅན་ཞེས་བགྱི་བའམ། སེམས་ཅན་དུ་གདགས་པ་ནི་གང་ཡང་མྱི་དམིགས་ན། དེ་དག་ནི་སེམས་ཅན་རྣམས་ཀྱི་སླད་དུ། བླ་ན་མེད་པ་ཡང་དག་པར་རྫོགས་པའི་བྱང་ཆུབ་ཏུ་ཡང་དག་པར་ཞུགས་སོ། །བཅོམ་ལྡན་འདས་འདི་ལྟ་སྟེ། དཔེར་ན། སྐྱེས་བུ་ལ་ལ་ཞིག་ནམ་མཁའ་གཞི་(༢)མ་མཆིས་པ་ལ་ལྡོང་བུ་བསྐྱེད་པར་འཚལ་བ་དེ་བཞིན་དུ་བྱང་ཆུབ་སེམས་དཔའ་སེམས་དཔའ་ཆེན་པོ་རྣམས་ཀྱང་སེམས་ཅན་རྣམས་ཀྱི་དོན་(༣)དུ་རྣམ་(༤)པ་ཐམས་ཅད་མཁྱེན་པ་ཉིད་ཐོབ་པར་འཚལ་ལོ། །བཅོམ་ལྡན་འདས་ཀྱིས་བཀའ་སྩལ་པ། རབ་འབྱོར་དེ་དེ་བཞིན་ནོ། །དེ་དེ་བཞིན་ཏེ། བྱང་ཆུབ་སེམས་དཔའ་སེམས་དཔའ་ཆེན་པོ་གང་སེམས་ཅན་རྣམས་ཀྱི་ཕྱིར། བླ་ན་མེད་པ་ཡང་དག་པར་རྫོགས་པའི་བྱང་ཆུབ་ཏུ་ཡང་དག་པར་འཇུག་པ་དང་། རྣམ་པ་ཐམས་ཅད་མཁྱེན་པ་ཉིད་(༥)མངོན་པར་རྫོགས་པར་སངས་རྒྱས་ནས། སེམས་ཅན་རྣམས་སེམས་ཅན་དུ་འཛིན་པ་ལས་ཡོངས་སུ་འགྲོལ་(༦)པ་ནི་དཀའ་བ་བྱེད་པའོ། །རབ་འབྱོར་འདི་ལྟ་སྟེ་དཔེར་ན། སྐྱེས་བུ་ལ་ལ་ཞིག་ལྡོང་བུ་བསྐྱེད་(༧)པར་འདོད་ལ། སྐྱེས་བུ་དེས་ལྡོང་བུ་དེའི་རྩ་བ་མ་དམྱིགས། ཡལ་ག་མ་དམིགས། སྡོང་བུ་མ་དམྱིགས། ལོ་མ་མ་དམྱིགས། མེ་ཏོག་མ་དམྱིགས། འབྲས་བུ་མ་དམྱིགས་པར་ལྡོང་བུ་དེའི་སྡོང་བུ་བསྐྱེད་(༨)དེ། དུས་དུས་སུཿབྲན་ཞིང་དེའི་སྡོང་བུ་དེ་(༩)རིམ་ཀྱིས་ཡལ་ག་ཕུན་སུམ་ཚོགས་པར་གྱུར། ལོ་མ་ཕུན་སུམ་ཚོགས་པར་གྱུར། མེ་ཏོག་ཕུན་སུམ་ཚོགས་པར་གྱུར། འབྲས་བུ་ཕུན་སུམ་ཚོགས་པར་གྱུར་པ་དང་། དེ་ལྡོང་བུ་དེའི་འདབ་(༡༠)མ་ལ་སྤྱོད་པ་དང་། མེ་ཏོག་ལ་སྤྱོད་པ་དང་། འབྲས་བུ་ལ་སྤྱོད་པ་དེ་བཞིན་དུ་བྱང་ཆུབ་སེམས་དཔའ་

སེམས་དཔའ་ཆེན་པོ་རྣམས་ཀྱང་སེམས་ཅན་རྣམས་ཀྱི་[༡]ཕྱིར། བླ་ན་མེད་པ་ཡང་དག་པར་རྫོགས་པའི་བྱང་ཆུབ་ཏུ་ཡང་དག་པར་འཇུག་སྟེ། དེ་དག་རིམ་གྱིས་ཕ་རོལ་ཏུ་ཕྱིན་པ་དྲུག་ལ་སྤྱོད་ཅིང་། རྣམ་པ་ཐམས་ཅད་མཁྱེན་པ་ཉིད་ཐོབ་པར་བྱེད་དེ། དེ་དག་ཡོ་མ་དང་། མེ་ཏོག་དང་། འབྲས་བུ་ལྟར་སེམས་ཅན་ཐམས་ཅད་ཉེ་བར་འཚོ་བར་འགྱུར་རོ། །རབ་འབྱོར་དེ་ལ་ཡོ་མ་ནི། བྱང་ཆུབ་སེམས་དཔའ་སེམས་དཔའ་ཆེན་པོ་ལ་བརྟེན་ཅིང་སེམས་ཅན་[༢]རྣམས་ངན་སོང······གསུམ་ལས་ཡོངས་སུ་འགྲོལ་བའོ། །མེ་ཏོག་ནི་བྱང་ཆུབ་སེམས་དཔའ་སེམས་དཔའ་ཆེན་པོ་ལ་བརྟེན་[༣]ཅིང་རྒྱལ་རིགས་ཆེ་ཞིང་མཐོ་[༤]བར་སྐྱེ་བ་དང་། བྲམ་ཟེའི་རིགས་ཆེ་ཞིང་མཐོ་[༥]བར་སྐྱེ་བ་དང་། ཁྱིམ་བདག་གི་རིགས་ཆེ་ཞིང་མཐོ་[༦]བར་སྐྱེ་བ་དང་། རྒྱལ་ཆེན་བཞིའི་རིས་ཀྱི་ལྷར་སྐྱེ་བ་དང་། སུམ་ཙུ་[༧]རྩ་གསུམ་གྱི་ལྷར་སྐྱེ་བ་དང་། མཚེ་མའི་ལྷར་སྐྱེ་བ་དང་། དགའ་ལྡན་གྱི་ལྷར་སྐྱེ་བ་དང་། འཕྲུལ་དགའི་ལྷར་སྐྱེ་བ་དང་། གཞན་འཕྲུལ་དབང་བྱེད་ཀྱི་ལྷར་སྐྱེ་བ་དང་། ཚངས་རིས་ཀྱི་ལྷར་སྐྱེ་བ་དང་། ཚངས་ལྷ་ཉེ་ཕན་གྱི་ལྷར་སྐྱེ་བ་དང་། ཚངས་པ་ཀུན་འཁོར་གྱི་ལྷར་སྐྱེ་བ་དང་། ཚངས་ཆེན་གྱི་ལྷར་སྐྱེ་བ་དང་། སྣང་བའི་ལྷར་སྐྱེ་བ་དང་། ཆུང་སྣང་གི་ལྷར་སྐྱེ་བ་དང་། ཚད་མེད་སྣང་བའི་ལྷར་སྐྱེ་བ་དང་། ཀུན་སྣང་དང་བའི་ལྷར་སྐྱེ་བ་དང་། དགེ་བའི་ལྷར་སྐྱེ་བ་དང་། ཆུང་དགེའི་ལྷར་སྐྱེ་བ་དང་། ཚད་མེད་དགེ་བའི་ལྷར་སྐྱེ་བ་དང་། དགེ་རྒྱས་ཀྱི་ལྷར་སྐྱེ་བ་དང་། ཆེ་བའི་ལྷར་སྐྱེ་བ་དང་། ཆུང་ཆེའི་ལྷར་སྐྱེ་བ་དང་། ཚད་མྱེད་ཆེ་བའི་ལྷར་སྐྱེ་བ་དང་། འབྲས་བུ་ཆེ་བའི་ལྷར་སྐྱེ་བ་དང་། མྱི་ཆེ་བའི་ལྷར་སྐྱེ་བ་དང་། མྱི་གདུང་བའི་ལྷར་སྐྱེ་བ་དང་། ཤིན་ཏུ་མཐོང་བའི་ལྷར་སྐྱེ་བ་དང་། གྱ་ནོམ་སྣང་བའི་ལྷར་སྐྱེ་བ་དང་། འོག་མྱིན་གྱི་ལྷར་སྐྱེ་བ་དང་། ནམ་མཁའ་

མཐའ་ཡས་སྐྱེ་མཆེད་ཀྱི་ལྟར་སྐྱེ་བ་དང་། རྣམ་ཤེས་མཐའ་ཡས་སྐྱེ་མཆེད་ཀྱི་ལྟར་སྐྱེ་བ་དང་། ཆུང་ཟད་མེད་པའི་སྐྱེ་མཆེད་ཀྱི་ལྟར་སྐྱེ་བ་དང་། འདུ་ཤེས་མེད་འདུ་ཤེས་མེད་མིན་སྐྱེ་མཆེད་ཀྱི་ལྟར་སྐྱེ་བའོ། །འབྲས་བུ་ནི་བྱང་ཆུབ་སེམས་དཔའ་སེམས་དཔའ་ཆེན་པོ་རྣམ་པ་ཐམས་ཅད་མཁྱེན་པ་ཉིད་ཐོབ་ནས། སེམས་ཅན་དེ་དག་རྒྱུན་ཏུ་ཞུགས་པའི་འབྲས་བུ་ལ་རབ་ཏུ་འགོད་པ་དང་། ལན་ཅིག་ཕྱིར་འོང་བའི་འབྲས་བུ་ལ་རབ་ཏུ་འགོད་པ་དང་། ཕྱིར་མི་འོང་བའི་འབྲས་བུ་ལ་རབ་ཏུ་འགོད་པ་དང་། དགྲ་བཅོམ་པ་ཉིད་ལ་རབ་ཏུ་འགོད་པ་དང་། རང་བྱང་ཆུབ་ལ་རབ་ཏུ་འགོད་པ་དང་། བྱང་ཆུབ་སེམས་དཔའ་སེམས་དཔའ་ཆེན་པོ་དེ་ཉིད་ལ་བརྟེན་[1]ཅིང་རྣམ་པ་ཐམས་ཅད་མཁྱེན་པ་ཉིད་ཐོབ་པར་འགྱུར་བ་དང་། རྣམ་པ་ཐམས་ཅད་མཁྱེན་པ་ཉིད་ཐོབ་ནས། དེ་དག་ཀྱང་སེམས་ཅན་ཐམས་ཅད་འབྲས་བུ་ལ་ཉེ་བར་འཚོ་བ་བཞིན་ཉེ་བར་འཚོ་[2]བར་འགྱུར་བ་དང་། དེ་ལ་གང་གིས་ཡོན་ཕུལ་བ་དེ་དག་ཀྱང་རིམ་གྱིས་འདི་ལྟ་སྟེ། ཉན་ཐོས་ཀྱི་ཐེག་པའམ། རང་སངས་རྒྱས་ཀྱི་ཐེག་པའམ། ཐེག་པ་ཆེན་པོའམ། ཐེག་པ་གསུམ་པོ་དེ་དག་གིས། ཡོངས་སུ་མྱ་ངན་ལས་འདའ་[3]བ་དང་། བླ་ན་མེད་པ་ཡང་དག་པར་[4]རྫོགས་པའི་བྱང་ཆུབ་ཏུ་མངོན་པར་རྫོགས་པར༔ འཚང་རྒྱ་བར་[5]འགྱུར་ཡང་། དེ་ལ་སེམས་ཅན་དུ་ཡང་མི་འདོགས། སེམས་ཅན་དུ་གདགས་པ་ཡང་མེད་པར་སེམས་ཅན༔ དེ་དག་ཀྱང་སེམས་ཅན་[6]དུ་འཛིན་པ་ལས་ཡོངས་སུ་འགྲེལ་[7]པ་སྟེ། རབ་འབྱོར་དེ་ལྟར་[8]བྱང་ཆུབ་སེམས་དཔའ་སེམས་དཔའ་ཆེན་པོ། ཤེས་རབ་ཀྱི་ཕ་རོལ་ཏུ་ཕྱིན་པ་ལ་སྤྱོད་ཀྱང་། གང་གི་དོན་དུ་བདག་གིས་རྣམ་པ་ཐམས་ཅད་མཁྱེན་པ་ཉིད་ཐོབ༔ པར་བྱའོ། །[9]ཞེས་བྱ་བའི་སེམས་ཅན་ནམ། སེམས་ཅན་དུ་གདགས་པ་གང་[10]ཡང་མི་དམིགས་སོ། །རབ་འབྱོར་གྱིས་གསོལ་པ།

བཅོམ་ལྡན་འདས་བྱང་ཆུབ་སེམས་དཔའ་སེམས་དཔའ་ཆེན་པོ་ནི། དེ་བཞིན་····གཤེགས་པ་ཉིད་དུ་རིག་པར་[1]བགྱིའོ། །དེ་ཅིའི་སླད་དུ་ཞེ་ན། བཅོམ་ལྡན་འདས་དེ་ནི་འདི་ལྟར་བྱང་ཆུབ་སེམས་དཔའ་སེམས་དཔའ་ཆེན་པོ་ལ་བརྟེན་[2]ན་[3]། སེམས་ཅན་དམྱལ་བ་ཐམས་ཅད་རྒྱུན་འཆད་པར་འགྱུར་རོ། །བྱོལ་སོང་གི་སྐྱེ་གནས་ཐམས་ཅད་རྒྱུན་འཆད་པར་འགྱུར་རོ། །གཤིན་རྗེའི་འཇིག་རྟེན་····ཐམས་ཅད་རྒྱུན་འཆད་པར་འགྱུར་རོ[4]། །མི་ཁོམ་པ་དང་ངན་སོང་ཐམས་ཅད་རྒྱུན་འཆད་པར་འགྱུར་རོ། །དབུལ་པོ་ཐམས་ཅད་རྒྱུན་འཆད་པར་འགྱུར་རོ། །ཤུལ་གྱི་རྒྱུད་[5]དམའ་བ་ཐམས་ཅད་རྒྱུན་འཆད་པར་འགྱུར་རོ། །འདོད་པའི་····ཁམས་ཐམས་ཅད་རྒྱུན་འཆད་[6]པར་འགྱུར་རོ། །གཟུགས་ཀྱི་ཁམས་ཐམས་ཅད་རྒྱུན་འཆད་པར་འགྱུར་རོ། །གཟུགས་མེད་པའི་ཁམས་ཐམས་ཅད་རྒྱུན་འཆད་པར་འགྱུར་རོ། །བཅོམ་ལྡན་འདས་ཀྱིས་བཀའ་སྩལ་པ། རབ་འབྱོར་དེ་དེ་བཞིན་ནོ། །དེ་དེ་བཞིན་ཏེ། རབ་འབྱོར་བྱང་ཆུབ་སེམས་དཔའ་སེམས་དཔའ་ཆེན་པོ་ནི། དེ་བཞིན་གཤེགས་པ་ཉིད་དུ་རིག་པར་བྱའོ། །རབ་འབྱོར་གལ་ཏེ་བྱང་ཆུབ་སེམས་དཔའ་སེམས་དཔའ་ཆེན་པོ་མེད་ན། འདས་པ་དང་མ་བྱོན་པ་དང་ད་ལྟར་བྱུང་བའི་སངས་རྒྱས་བཅོམ་ལྡན་འདས་རྣམས་ཀྱི་བླ་ན་མེད་པ་ཡང་····དག་པར་རྫོགས་པའི་བྱང་ཆུབ་ཀྱང་ཡོད་པར་མི་འགྱུར། རང་[7]སངས་རྒྱས་····རྣམས་ཀྱང་འཇིག་རྟེན་དུ་འབྱུང་བར་མི་འགྱུར། དགྲ་བཅོམ་པ་རྣམས་དང་། ཕྱིར་མི་འོང་བ་རྣམས་[8]དང་། ལན་ཅིག་ཕྱིར་འོང་བ་རྣམས་དང་། རྒྱུན་དུ་ཞུགས་པ་རྣམས་ཀྱང་འཇིག་རྟེན་དུ་འབྱུང་བར་མི་འགྱུར། སེམས་ཅན་དམྱལ་བ་ཐམས་ཅད་ཀྱང་རྒྱུན་འཆད་[9]པར་མི་འགྱུར། བྱོལ་སོང་གི་སྐྱེ་གནས་ཐམས་ཅད་ཀྱང་རྒྱུན་འཆད་པར་མི་འགྱུར། གཤིན་རྗེའི་འཇིག་རྟེན་ཐམས་ཅད་ཀྱང་རྒྱུན་

འཆད་[1]པར་མི་འགྱུར། ༔འདོད་པའི་ཁམས་ཐམས་ཅད་ཀྱང་རྒྱུན་འཆད་པར་མི་འགྱུར།[2] གཟུགས་ཀྱི་ཁམས་ཐམས་ཅད་ཀྱང་རྒྱུན་འཆད་[3]པར་མི་འགྱུར། གཟུགས་མེད་པའི་ཁམས་ཐམས་ཅད་ཀྱང་རྒྱུན་འཆད་[4]པར་མི་འགྱུར་རོ། །རབ་འབྱོར་དེ་བས་ན་གང་འདི་སྐད་དུ་བྱང་ཆུབ་སེམས་དཔའ་སེམས་དཔའ་ཆེན་པོ་ནི། དེ་བཞིན་གཤེགས་པ་ཉིད་དུ་རིག་པར་བྱའོ། །ཞེས་ཟེར་བ་དེ་[5]ནི་རབ་འབྱོར་དེ་དེ་བཞིན་ནོ། །དེ་དེ་བཞིན་ཏེ། རབ་འབྱོར་བྱང་ཆུབ་སེམས་དཔའ་སེམས་དཔའ་ཆེན་པོ་ནི། དེ་བཞིན་གཤེགས་པ་ཉིད་དུ་རིག་པར་བྱའོ། །དེ་ཅིའི་ཕྱིར་ཞེ་ན། རབ་འབྱོར་དེ་བཞིན་ཉིད་གང་གིས་དེ་བཞིན་གཤེགས་པར་གདགས་པ་དང་[6]། དེ་བཞིན་ཉིད་གང་གིས་རང་སངས་རྒྱས་སུ་གདགས་པ་དང་། དེ་བཞིན་ཉིད་གང་གིས་འཕགས་པ་ཐམས་ཅད་དུ་གདགས་པ་དང་། དེ་བཞིན་ཉིད་གང་གིས་གཟུགས་སུ་གདགས་པ་དང་། དེ་བཞིན་ཉིད་གང་གིས་ཚོར་བར་གདགས་པ་དང་། དེ་བཞིན་ཉིད་གང་གིས་འདུ་ཤེས་སུ་གདགས་པ་དང་། དེ་བཞིན་ཉིད་གང་གིས་འདུ་བྱེད་དུ་གདགས་པ་དང་། དེ་བཞིན་ཉིད་གང་གིས་རྣམ་པར་ཤེས་པར་གདགས་པ་དང་། དེ་བཞིན་ཉིད་གང་གིས་མིག་ཏུ་གདགས་པ་དང་། དེ་བཞིན་ཉིད་གང་གིས་རྣ་བར་གདགས་པ་དང་། དེ་བཞིན་ཉིད་གང་གིས་སྣར་གདགས་པ་དང་། དེ་བཞིན་ཉིད་གང་གིས་ལྗེར་གདགས་པ་དང་། དེ་བཞིན་ཉིད་གང་གིས་ལུས་སུ་གདགས་པ་དང་། དེ་བཞིན་ཉིད་གང་གིས་ཡིད་དུ་གདགས་པ་དང་། དེ་བཞིན་ཉིད་གང་གིས་གཟུགས་སུ་གདགས་པ་དང་། དེ་བཞིན་ཉིད་གང་གིས་སྒྲར་གདགས་པ་དང་། དེ་བཞིན་ཉིད་གང་གིས་དྲིར་གདགས་པ་དང་། དེ་བཞིན་ཉིད་གང་གིས་རོར་གདགས་པ་དང་། དེ་བཞིན་ཉིད་གང་གིས་རེག་ཏུ་གདགས་པ་དང་། དེ་བཞིན་ཉིད་གང་གིས་ཆོས་སུ་

གདགས་པ་དང་། དེ་བཞིན་ཉིད་གང་གིས་མིག་གི་རྣམ་པར་ཤེས་པར་གདགས་པ་དང་། དེ་བཞིན་ཉིད་གང་གིས་རྣ་བའི་རྣམ་པར་ཤེས་པར་གདགས་པ་དང་[༡]། དེ་བཞིན་ཉིད་གང་གིས་སྣའི་རྣམ་པར་ཤེས་པར་གདགས་པ་དང་། དེ་བཞིན་ཉིད་གང་གིས་ལྕེའི་རྣམ་པར་ཤེས་པར་གདགས་པ་དང་། དེ་བཞིན་ཉིད་གང་གིས་ལུས་ཀྱི་རྣམ་པར་ཤེས་པར་གདགས་པ་དང་། དེ་བཞིན་ཉིད་གང་གིས་ཡིད་ཀྱི་རྣམ་པར་ཤེས་པར་གདགས་པ་དང་། དེ་བཞིན་ཉིད་གང་གིས་མིག་གི་[༢]འདུས་ཏེ་རེག་པར་གདགས་པ་དང་། དེ་བཞིན་ཉིད་གང་གིས་རྣ་བའི་འདུས་ཏེ་རེག་པར་གདགས་པ་དང་། དེ་བཞིན་ཉིད་གང་གིས་སྣའི་འདུས་ཏེ་རེག་པར་གདགས་པ་དང་། དེ་བཞིན་ཉིད་གང་གིས་ལྕེའི་འདུས་ཏེ་རེག་པར་གདགས་པ་དང་། དེ་བཞིན་ཉིད་གང་གིས་ལུས་ཀྱི་འདུས་ཏེ་རེག་པར་གདགས་པ་དང་། དེ་བཞིན་ཉིད་གང་གིས་ཡིད་ཀྱི་འདུས་ཏེ་རེག་པར་གདགས་པ་དང་། དེ་བཞིན་ཉིད་གང་གིས་མིག་གི་[༣]འདུས་ཏེ་རེག་པའི་རྐྱེན་གྱིས་ཚོར་བར་གདགས་པ་དང་། དེ་བཞིན་ཉིད་གང་གིས་རྣ་བའི་འདུས་ཏེ་རེག་པའི་རྐྱེན་གྱིས་ཚོར་བར་གདགས་པ་དང་། དེ་བཞིན་ཉིད་གང་གིས་སྣའི་འདུས་ཏེ་རེག་པའི་རྐྱེན་གྱིས་ཚོར་བར་གདགས་པ་དང་། དེ་བཞིན་ཉིད་གང་གིས་ལྕེའི་འདུས་ཏེ་རེག་པའི་རྐྱེན་གྱིས་ཚོར་བར་གདགས་པ་དང་། དེ་བཞིན་ཉིད་གང་གིས་ལུས་ཀྱི་འདུས་ཏེ་རེག་པའི་རྐྱེན་གྱིས་ཚོར་བར་གདགས་པ་དང་། དེ་བཞིན་ཉིད་གང་གིས་ཡིད་ཀྱི་འདུས་ཏེ་རེག་པའི་རྐྱེན་གྱིས་ཚོར་བར་གདགས་པ་དང་། དེ་བཞིན་ཉིད་གང་གིས་སའི་ཁམས་སུ་གདགས་པ་དང་། དེ་བཞིན་ཉིད་གང་གིས་ཆུའི་ཁམས་སུ་གདགས་པ་དང་། དེ་བཞིན་ཉིད་གང་གིས་མེའི་ཁམས་སུ་གདགས་པ་དང་། དེ་བཞིན་ཉིད་གང་གིས་རླུང་གི་ཁམས་སུ་གདགས་པ་དང་། དེ་བཞིན་ཉིད་གང་གིས་ནམ་

མཁའི་ཁམས་སུ་གདགས་པ་དང་། དེ་བཞིན་ཉིད་གང་གིས་རྣམ་པར་ཤེས་པའི་ཁམས་སུ་གདགས་པ་དང་། དེ་བཞིན་ཉིད་གང་གིས་མ་རིག་པར་གདགས་①པ་དང་། དེ་བཞིན་ཉིད་གང་གིས་འདུ་བྱེད་དུ་གདགས་པ་དང་། དེ་བཞིན་ཉིད་གང་གིས་རྣམ་པར་ཤེས་པར་གདགས་པ་དང་། དེ་བཞིན་ཉིད་གང་གིས་མིང་དང་གཟུགས་སུ་གདགས་པ་དང་། དེ་བཞིན་ཉིད་གང་གིས་སྐྱེ་མཆེད་②དུ་གདགས་པ་དང་། དེ་བཞིན་ཉིད་གང་གིས་རེག་③པར་གདགས་པ་དང་། དེ་བཞིན་ཉིད་གང་གིས་ཚོར་བར་གདགས་པ་དང་། དེ་བཞིན་ཉིད་གང་གིས་སྲེད་པར་གདགས་པ་དང་། དེ་བཞིན་ཉིད་གང་གིས་ལེན་པར་གདགས་པ་དང་། དེ་བཞིན་ཉིད་གང་གིས་སྲིད་པར་གདགས་པ་དང་། དེ་བཞིན་ཉིད་གང་གིས་སྐྱེ་བར་གདགས་པ་དང་། དེ་བཞིན་ཉིད་གང་གིས་④རྒ་ཤིར་གདགས་པ་དང་། དེ་བཞིན་ཉིད་གང་གིས་སྦྱིན་པའི་ཕ་རོལ་ཏུ་ཕྱིན་པར་གདགས་པ་དང་། དེ་བཞིན་ཉིད་གང་གིས་ཚུལ་ཁྲིམས་ཀྱི་ཕ་རོལ་ཏུ་ཕྱིན་པར་གདགས་པ་དང་། དེ་བཞིན་ཉིད་གང་གིས་བཟོད་པའི་ཕ་རོལ་ཏུ་ཕྱིན་པར་གདགས་པ་དང་། དེ་བཞིན་ཉིད་གང་གིས་བརྩོན་འགྲུས་ཀྱི་ཕ་རོལ་ཏུ་ཕྱིན་པར་གདགས་པ་དང་། དེ་བཞིན་ཉིད་གང་གིས་བསམ་གཏན་གྱི་ཕ་རོལ་ཏུ་ཕྱིན་པར་གདགས་པ་དང་། དེ་བཞིན་ཉིད་གང་གིས་ཤེས་རབ་ཀྱི་ཕ་རོལ་ཏུ་ཕྱིན་པར་གདགས་པ་དང་། དེ་བཞིན་ཉིད་གང་གིས་ནང་སྟོང་པ་ཉིད་དུ་གདགས་པ་དང་། དེ་བཞིན་ཉིད་གང་གིས་ཕྱི་སྟོང་པ་ཉིད་དུ་གདགས་པ་དང་། དེ་བཞིན་ཉིད་གང་གིས་ཕྱི་ནང་སྟོང་པ་ཉིད་དུ་གདགས་པ་དང་། དེ་བཞིན་ཉིད་གང་གིས་སྟོང་པ་ཉིད་སྟོང་པ་ཉིད་དུ་གདགས་པ་དང་། དེ་བཞིན་ཉིད་གང་གིས་ཆེན་པོ་སྟོང་པ་ཉིད་དུ་གདགས་པ་དང་། དེ་བཞིན་ཉིད་གང་གིས་དོན་དམ་པ་སྟོང་པ་ཉིད་དུ་གདགས་

པ་དང་། དེ་བཞིན་ཉིད་གང་གིས་འདུས་བྱས་སྟོང་པ་ཉིད་དུ་གདགས་པ་དང་། དེ་བཞིན་ཉིད་གང་གིས་འདུས་མ་བྱས་སྟོང་པ་ཉིད་དུ་གདགས་པ་དང་། དེ་བཞིན་ཉིད་གང་གིས་མཐའ་ལས་འདས་པ་སྟོང་པ་ཉིད་དུ་གདགས་པ་དང་། དེ་བཞིན་ཉིད་གང་གིས་ཐོག་མ་དང་ཐ་མ་མེད་པ་སྟོང་པ་ཉིད་དུ་གདགས་པ་དང་། དེ་བཞིན་ཉིད་གང་གིས་དོར་བ་མེད་པ་སྟོང་པ་ཉིད་དུ་གདགས[7]པ་དང་། དེ་བཞིན་ཉིད་གང་གིས་རང་བཞིན་སྟོང་པ་ཉིད་དུ་གདགས་པ་དང་། དེ་བཞིན་ཉིད་གང་གིས་ཆོས་ཐམས་ཅད་སྟོང་པ་ཉིད་དུ་གདགས་པ་དང་། དེ་བཞིན་ཉིད་གང་གིས་རང་གི་མཚན་ཉིད་སྟོང་པ་ཉིད་དུ་གདགས་པ་དང་། དེ་བཞིན་ཉིད་གང་གིས་མི་དམིགས་པ་སྟོང་པ་ཉིད་དུ་གདགས་པ་དང་། དེ་བཞིན་ཉིད་གང་གིས་དངོས་པོ་མེད་པ་སྟོང་པ་ཉིད་དུ་གདགས་པ་དང་། དེ་བཞིན་ཉིད་གང་གིས་ངོ་བོ་ཉིད་སྟོང་པ་ཉིད་དུ་གདགས་པ་དང་། དེ་བཞིན་ཉིད་གང་གིས་དངོས་པོ་མེད་པའི་ངོ་བོ་ཉིད་སྟོང་པ་ཉིད་དུ་གདགས་པ་དང་། དེ་བཞིན་ཉིད་གང་གིས་དྲན་པ་ཉེ་བར་གཞག་པ་རྣམས་སུ་གདགས་པ་དང་། དེ་བཞིན་ཉིད་གང་གིས་ཡང་དག་པར་སྤོང་བ་རྣམས་སུ་གདགས་པ་དང་། དེ་བཞིན་ཉིད་གང་གིས་རྫུ་འཕྲུལ་གྱི་རྐང་པ་རྣམས་སུ་གདགས་པ་དང་། དེ་བཞིན་ཉིད་གང་གིས་དབང་པོ་རྣམས་སུ་གདགས་པ་དང་། དེ་བཞིན་ཉིད་གང་གིས་སྟོབས་རྣམས་སུ་གདགས་པ་དང་། དེ་བཞིན་ཉིད་གང་གིས་བྱང་ཆུབ་ཀྱི་ཡན་ལག་རྣམས་སུ་གདགས་པ་དང་། དེ་བཞིན་ཉིད་གང་གིས་འཕགས་པའི་ལམ་ཡན་ལག་བརྒྱད་པར་གདགས་པ་དང་། དེ་བཞིན་ཉིད་གང་གིས་འཕགས་པའི་བདེན་པ་རྣམས་སུ་གདགས་པ་དང་། དེ་བཞིན་ཉིད་གང་གིས་བསམ་གཏན་རྣམས་སུ་གདགས་པ་དང་། དེ་བཞིན་ཉིད་གང་གིས་ཚད་མེད་པ་རྣམས་སུ་གདགས་པ་དང་། དེ་བཞིན་ཉིད་གང་གིས་

གཟུགས་མེད་པའི་སྙོམས་པར་འཇུག་པ་རྣམས་སུ་གདགས་པ་དང་། དེ་བཞིན་ཉིད་གང་གིས་རྣམ་པར་ཐར་པ་བརྒྱད་དུ་གདགས་པ་དང་། དེ་བཞིན་ཉིད་གང་གིས་མཐར་གྱིས[1]གནས་པའི་སྙོམས་པར་འཇུག་པ་དགུར་གདགས་པ་དང་། དེ་བཞིན་ཉིད་གང་གིས་རྣམ་པར་ཐར་པའི་སྒོ་སྟོང་པ་ཉིད་དང[2]། མཚན་མ་མེད་པ་དང་། སྨོན་པ་མེད་པར་གདགས་པ་དང་། དེ་བཞིན་ཉིད་གང་གིས་མངོན་པར་ཤེས་པ་རྣམས་སུ་གདགས་པ་དང་། དེ་བཞིན་ཉིད་གང་གིས་ཏིང་ངེ་འཛིན་རྣམས་སུ་གདགས་པ་དང་། དེ་བཞིན་ཉིད་གང་གིས་གཟུངས་ཀྱི་སྒོ་རྣམས་སུ་གདགས་པ་དང་། དེ་བཞིན་ཉིད་གང་གིས་དེ་བཞིན་གཤེགས་པའི་སྟོབས་བཅུར་གདགས[3]པ་དང་། དེ་བཞིན་ཉིད་གང་གིས་མི་འཇིགས་པ་བཞིར་གདགས་པ་དང་། དེ་བཞིན་ཉིད་གང་གིས་སོ་སོ་ཡང་དག་པར་རིག་པ་བཞིར་གདགས་པ་དང་། དེ་བཞིན་ཉིད་གང་གིས་བྱམས་པ་ཆེན་པོར་གདགས་པ་དང་། དེ་བཞིན་ཉིད་གང་གིས་སྙིང་རྗེ་ཆེན་པོར་གདགས་པ་དང་། དེ་བཞིན་ཉིད་གང་གིས་སངས་རྒྱས་ཀྱི་ཆོས་མ་འདྲེས་པ་བཅོ་བརྒྱད་དུ་གདགས་པ་དང་། དེ་བཞིན་ཉིད་གང་གིས་རྒྱུན་དུ་ཞུགས་པའི་འབྲས་བུར་གདགས་པ་དང་། དེ་བཞིན་ཉིད་གང་གིས་ལན་ཅིག་ཕྱིར་འོང་བའི་འབྲས་བུར་གདགས་པ་དང་། དེ་བཞིན་ཉིད་གང་གིས་ཕྱིར་མི་འོང་བའི་འབྲས་བུར་གདགས་པ་དང་། དེ་བཞིན་ཉིད་གང་གིས་དགྲ་བཅོམ་པ་ཉིད་དུ་གདགས་པ་དང་། དེ་བཞིན་ཉིད་གང་གིས་རང་བྱང་ཆུབ་ཏུ་གདགས་པ་དང་། དེ་བཞིན་ཉིད་གང་གིས་ལམ་གྱི་རྣམ་པ་ཤེས་པ་ཉིད་དུ་གདགས་པ་དང་། དེ་བཞིན་ཉིད་གང་གིས་རྣམ་པ་ཐམས་ཅད་མཁྱེན་པ་ཉིད་དུ་གདགས་པ་དང་། དེ་བཞིན་ཉིད་གང་གིས་འདུས་བྱས་ཀྱི་ཁམས་སུ་གདགས་པ་དང་། དེ་བཞིན་ཉིད་གང་གིས་འདུས་མ་བྱས་ཀྱི་ཁམས[4]ཿཀྱི་བར་དུ[5]གདགས་

པ་དེ་དག་[1]ཐམས་ཅད་ཀྱང་[2]དེ་ཁོ་ན་བཞིན་ཏེ། དེ་བས་ན་དེ་བཞིན་ཉིད་ཅེས་བྱའོ། །བྱང་ཆུབ་སེམས་དཔའ་སེམས་དཔའ་ཆེན་པོ་[3]ནི་དེ་བཞིན་ཉིད་དེ་ལ་བསླབས་ཤིང་[4]རྣམ་པ་ཐམས་ཅད་མཁྱེན་པ་ཉིད་ཐོབ་པར་བྱེད་པས[5]། དེའི་ཕྱིར་དེ་བཞིན་གཤེགས་པ་ཞེས་བྱ་[6]སྟེ། རབ་འབྱོར་རྣམ་གྲངས་དེས་ན་དེ་བཞིན་ཉིད་ཚད་མར་གྱུར་ཏེ[7]། བྱང་ཆུབ་སེམས་དཔའ་སེམས་དཔའ་ཆེན་པོ་ནི་དེ་བཞིན་གཤེགས་པ་ཉིད་དུ་རིག་པར་བྱའོ། །རབ་འབྱོར་དེ་ལྟར་བྱང་ཆུབ་སེམས་དཔའ་སེམས་དཔའ་ཆེན་པོས་དེ་བཞིན་ཉིད་ཀྱི་ཤེས་རབ་ཀྱི་ཕ་རོལ་ཏུ་ཕྱིན་པ་ལ་བསླབ་པར་བྱ་སྟེ། རབ་འབྱོར་བྱང་ཆུབ་སེམས་དཔའ་སེམས་དཔའ་ཆེན་པོ་[8]ནི་དེ་བཞིན་ཉིད་ཀྱི་ཤེས་རབ་ཀྱི་ཕ་རོལ་ཏུ་ཕྱིན་པ་ལ་བསླབས་ཤིང་[9]ཆོས་ཐམས་ཅད་ཀྱི་དེ་བཞིན་ཉིད་ལ་སློབ་[10]པོ། །ཆོས་ཐམས་ཅད་ཀྱི་དེ་བཞིན་ཉིད་ལ་བསླབས་ཤིང་[11]ཆོས་ཐམས་ཅད་ཀྱི་དེ་བཞིན་ཉིད་ཡོངས་སུ་རྫོགས་པར་བྱེད་དོ། །ཆོས་ཐམས་ཅད་ཀྱི་དེ་བཞིན་ཉིད་ཡོངས་སུ་རྫོགས་པར་བྱས་ཤིང་། ཆོས་ཐམས་ཅད་ཀྱི་དེ་བཞིན་ཉིད་ལ་དབང་དུ་འགྱུར་བ་ཐོབ་པར་བྱེད་དོ། །ཆོས་ཐམས་ཅད་ཀྱི་དེ་བཞིན་ཉིད་ལ་དབང་དུ་འགྱུར་བ་ཐོབ་པར་བྱས་ཤིང་། སེམས་ཅན་ཐམས་ཅད་ཀྱི་དབང་པོ་[12]ལ་མཁས་པར་བྱེད་དོ། །དབང་པོ་ལ་མཁས་པར་བྱས་ཤིང་། དབང་པོ་ཡོངས་སུ་བསྐྱང་བ་ལ་མཁས་པ་[13]ཐོབ་པར་བྱེད་དོ། །དབང་པོ་ཡོངས་སུ་བསྐྱང་བ་ལ་མཁས་པ་ཐོབ་པར་བྱས་ཤིང་། སེམས་ཅན་རྣམས་ཀྱི་ལས་རང་གིས་བྱས་པ་ཤེས་པར་བྱེད་དོ། །སེམས་ཅན་རྣམས་ཀྱི་རང་གི་ལས་ཤེས་པར་བྱས་ཤིང་། སྨོན་པའི་ཡེ་ཤེས་ཡོངས་སུ་རྫོགས་པར་བྱེད་དོ། །སྨོན་པའི་ཡེ་ཤེས་ཡོངས་སུ་རྫོགས་པར་བྱས་ཤིང་། དུས་གསུམ་དུ་ཡེ་ཤེས་རྣམ་པར་དག་པར་བྱེད་དོ། །དུས་གསུམ་དུ་ཡེ་ཤེས་རྣམ་པར་དག་པར་བྱས་ཤིང་། བྱང་ཆུབ་སེམས་

དཔའི་སྤྱོད་པ་སྤྱོད་པས་སེམས་ཅན་རྣམས་ཀྱི་དོན་བྱེད་དོ། །སེམས་ཅན་རྣམས་ཀྱི་དོན༔ བྱེད་ཅིང་[1] སངས་རྒྱས་ཀྱི་ཞིང་ཡོངས་སུ་དག་པར་བྱེད་དོ། །སངས་རྒྱས་ཀྱི་ཞིང་ཡོངས་སུ་དག་པར་བྱས་ཤིང་། རྣམ་པ་ཐམས་ཅད་མཁྱེན་པ་ཉིད་ཐོབ་པར་བྱེད་དོ། །རྣམ་པ་ཐམས་ཅད་མཁྱེན་པ་ཉིད་ཐོབ་པར་བྱས་ཤིང་། ཆོས་ཀྱི་འཁོར་ལོ་སྐོར་[2] རོ། །ཆོས་ཀྱི་འཁོར་ལོ༔ བསྐོར་ཞིང་[3]། སེམས་ཅན་རྣམས་ཐེག་པ་གསུམ་ལ་རབ་ཏུ་འགོད་[4] དོ། །སེམས་ཅན་རྣམས་ཐེག་པ་གསུམ་ལ་རབ་ཏུ་བཀོད་ནས། ཕུང་པོའི་[5] ལྷག་མ་མ་ལུས་པའི་མྱ་ངན་ལས་འདས་པའི་དབྱིངས་སུ་ཡོངས་སུ་མྱ་ངན་ལས་འདའོ[6]། །རབ་འབྱོར་དེ་ལྟར་བྱང་ཆུབ་སེམས་དཔའ་སེམས་དཔའ་ཆེན་པོས་ཡོན་ཏན་དང་ལེགས་པ་ཐམས་ཅད་མཐོང་ནས་བདག་གིས་ཀྱང་བླ་ན་མེད་པ་ཡང་དག་པར་རྫོགས་པའི་བྱང་ཆུབ་ཏུ་སེམས་བསྐྱེད་པར་བྱའོ། །གཞན་ཡང་བླ་ན་མེད་པ་ཡང་དག་པར་རྫོགས་པའི་བྱང་ཆུབ་ཏུ་སེམས་བསྐྱེད་[7] དུ་གཞུག་པར་བྱའོ[8]། །རབ་འབྱོར་གྱིས་གསོལ་པ། བཅོམ་ལྡན་འདས་བྱང་ཆུབ་སེམས་དཔའ་སེམས་དཔའ་ཆེན་པོ་གང་ཤེས་རབ་ཀྱི་ཕ་རོལ་ཏུ་ཕྱིན་པ་ཟབ་མོ་ཇི་སྐད་དུ་བསྟན་པ་འདི་ལ་སྤྱོད་པ་དེ་དག་ནི་ལྷ་དང་མི་དང་ལྷ་མ་ཡིན་དུ་བཅས་པའི་འཇིག་རྟེན་གྱིས་ཕྱག༔ བགྱི་བར་[9] འོས་པའོ། །བཅོམ་ལྡན་འདས་ཀྱིས་བཀའ་སྩལ་པ༔ རབ་འབྱོར་དེ་དེ་བཞིན་ནོ། །དེ་དེ་བཞིན་ཏེ། བྱང་ཆུབ་སེམས་དཔའ་སེམས་དཔའ་ཆེན་པོ་གང་ཤེས་རབ་ཀྱི་ཕ་རོལ་ཏུ་ཕྱིན་པ་ཟབ་མོ་ཇི་སྐད་དུ་བསྟན་པ་འདི་ལ་སྤྱོད་པ་དེ་དག་ནི་ལྷ་དང་མི་དང་ལྷ་མ་ཡིན་དུ་བཅས་པའི་འཇིག་རྟེན་གྱིས་ཕྱག་བྱ་བར་འོས་པའོ། །གསོལ་པ། བཅོམ་ལྡན་འདས་བྱང་ཆུབ་སེམས་དཔའ་སེམས་དཔའ་ཆེན་པོ་སེམས་དང་པོ་བསྐྱེད་[10] པ་དང་ལྡན་པ་སེམས་ཅན་ཐམས་ཅད་ཀྱི་དོན་དུ་བླ་ན་མེད་པ་ཡང་དག་པར་རྫོགས་པའི་བྱང་ཆུབ་ཏུ་མངོན་

པར་རྫོགས་པར་འཚང་རྒྱ་བར་འཚལ་བ་དེའི་བསོད་ནམས་ཅི[༧]ཙམ་ཞིག་ཏུ་འཕེལ་བར་འགྱུར། བཅོམ་ལྡན་འདས་ཀྱིས་བཀའ་སྩལ་པ། རབ་འབྱོར་གལ་ཏེ་སྟོང་གསུམ་གྱི་སྟོང་ཆེན་པོའི་འཇིག་རྟེན་གྱི་ཁམས་ཀྱི་སེམས་ཅན་ཇི་སྙེད་པ་དེ་དག……ཐམས་ཅད་ཉན་ཐོས་ཀྱི་ས་ལ་གནས་པར་གྱུར། རང་སངས་རྒྱས་ཀྱི་ས་ལ་གནས་པར་གྱུར་ན། སེམས་ཅན་དེ་དག་གི་བསོད་ནམས་མང་དུ་འཕེལ་ལམ། གསོལ་པ། བཅོམ་ལྡན་འདས་མང་ངོ་། བདེ་བར་གཤེགས་པ་མང་ངོ་། །བཅོམ་ལྡན་འདས་ཚད་མ་མཆིས་སོ། །བདེ་བར་གཤེགས་པ་ཚད་མ་མཆིས་སོ། །བཅོམ་ལྡན་འདས་ཀྱིས་བཀའ་སྩལ་པ། རབ་འབྱོར་སྟོང་གསུམ་གྱི་སྟོང་ཆེན་པོའི་འཇིག་རྟེན་གྱི་ཁམས་ཀྱི་སེམས་ཅན་ཐམས་ཅད་ཉན་ཐོས་ཀྱི་ཐེག་པ་པའམ། རང་སངས་རྒྱས་ཀྱི་ཐེག་པ་པར་གྱུར་པའི་བསོད་ནམས་དང་། བྱང་ཆུབ་སེམས་དཔའ་སེམས་དཔའ་ཆེན་པོ་སེམས་དང་པོ་བསྐྱེད་པ་དང་ལྡན་པའི་བསོད་ནམས་ལས། བྱང་ཆུབ་སེམས་དཔའ་སེམས་དང་པོ་བསྐྱེད་པ་དང་ལྡན་པའི་བསོད་ནམས་ཀྱི་ཚོགས……དེ་ལ་ནི་སྟོང་གསུམ་གྱི་སྟོང་ཆེན་པོའི་འཇིག་རྟེན་གྱི་ཁམས་ཀྱི་སེམས་ཅན་ཐམས……ཅད་ཉན་ཐོས་ཀྱི་ཐེག་པ་པའམ། རང་སངས་རྒྱས་ཀྱི་ཐེག་པ་པར་གྱུར་པ་དེ་དག་གི་བསོད་ནམས་དེས་བརྒྱའི་ཆར་ཡང་ཉེ་བར་མི་འགྲོའོ། །སྟོང་གི་ཆར་ཡང་ཉེ་བར་མི་འགྲོའོ། །བརྒྱ་ཕྲག་སྟོང་གི་ཆར་ཡང་ཉེ་བར་མི་འགྲོའོ། །བྱེ་བའི་ཆར་ཡང་ཉེ་བར་མི་འགྲོའོ། །བྱེ་བ་བརྒྱའི་ཆར་ཡང་ཉེ་བར་མི་འགྲོའོ། །བྱེ་བ་སྟོང་གི་ཆར་ཡང་ཉེ་བར་མི་འགྲོའོ། །བྱེ་བ་བརྒྱ་ཕྲག་སྟོང་གི་ཆར་ཡང་ཉེ་བར་མི……འགྲོའོ། །བྱེ་བ་ཁྲག་ཁྲིག་བརྒྱ་ཕྲག[༣]སྟོང་གི་ཆར་ཡང་ཉེ་བར་མི་འགྲོའོ། །གྲངས་སུ་ཡང་མི་བཟོད། ཆར་ཡང་མི་བཟོད། བགྲང་བར་ཡང[༣]མི་བཟོད། དཔེར་ཡང་མི་བཟོད། རྒྱུར་ཡང་མི་བཟོད་དོ། །དེ་ཅིའི་ཕྱིར་ཞེ་ན། བྱང་ཆུབ་

སེམས་དཔའ་ལས་བྱུང་བ་ནི། གང་ཟག་ཉན་ཐོས་དང་། རང་སངས་རྒྱས་ཀྱི་ཐེག་པ་པ་རྣམས་ཏེ། ཉན་ཐོས་དང་རང་སངས་རྒྱས་ལས་བྱུང་བ་ནི། བྱང་ཆུབ་སེམས་དཔའ་སེམས་དཔའ་ཆེན་པོ་རྣམས་མ་ཡིན་ནོ། །སྟོང་གསུམ་གྱི་སྟོང་ཆེན་པོའི་འཇིག་རྟེན་གྱི་ཁམས་ཀྱི་སེམས་ཅན་ཐམས་ཅད་ཉན་ཐོས་ཀྱི་ཐེག་པ་པའམ། རང་སངས་རྒྱས་ཀྱི་ཐེག་པ་པར་གྱུར་པ་ལྟ་ཞོག་གི། གལ་ཏེ་སྟོང་གསུམ་གྱི་སྟོང་ཆེན་པོའི་འཇིག་རྟེན་གྱི་ཁམས་ཀྱི་སེམས་ཅན་དེ་དག་ཐམས་ཅད་[༡] ཉན་ཐོས་[༢] ཀྱི་ཡོན་ཏན་དང་ལྡན་པར་གྱུར་ཀྱང་། དེ་དག་གི་བསོད་ནམས་དེས་བྱང་ཆུབ་སེམས་དཔའ་སེམས་[༣] དང་པོ་བསྐྱེད་པའི་བསོད་ནམས་ཀྱི་བརྒྱའི་ཆར་ཡང་ཉེ་བར་མི་[༤] འགྲོའོ། །སྟོང་གི་ཆར་ཡང་ཉེ་བར་མི་འགྲོའོ། །བརྒྱ་སྟོང་གི་ཆར་ཡང་ཉེ་བར་མི་འགྲོའོ། །བྱེ་བའི་ཆར་ཡང་ཉེ་བར་མི་འགྲོའོ། །བྱེ་བ་བརྒྱའི་ཆར་ཡང་ཉེ་བར་མི་འགྲོའོ། །བྱེ་བ་སྟོང་གི་ཆར་ཡང་ཉེ་བར་མི་འགྲོའོ། །བྱེ་བ་བརྒྱ་སྟོང་གི་ཆར་ཡང་ཉེ་བར་མི་འགྲོའོ། །བྱེ་བ་ཁྲག་ཁྲིག་བརྒྱ་སྟོང་[༥] གི་ཆར་ཡང་ཉེ་བར་མི་འགྲོའོ། །གྲངས་སུ་ཡང་མི་བཟོད། ཆར་ཡང་མི་བཟོད། བགྲང་བར་ཡང་[༦] མི་བཟོད། དཔེར་ཡང་མི་བཟོད། རྒྱུར་ཡང་མི་བཟོད་དོ། །དེ་ཅིའི་ཕྱིར་ཞེ་ན། བྱང་ཆུབ་སེམས་དཔའ་ལས་བྱུང་བ་ནི་ཉན་ཐོས་དང་རང་སངས་རྒྱས་ཀྱི་ཡོན་ཏན་རྣམས་ཏེ། ཉན་ཐོས་དང་རང་སངས་རྒྱས་ལས་བྱུང་བ་ནི་བྱང་ཆུབ་སེམས་དཔའ་སེམས་དཔའ་ཆེན་པོ་རྣམས་མ་ཡིན་ནོ། །སྟོང་གསུམ་གྱི་སྟོང་ཆེན་པོའི་འཇིག་རྟེན་གྱི་ཁམས་ཀྱི་སེམས་ཅན་ཐམས་ཅད་ཉན་ཐོས་ཀྱི་ཡོན་ཏན་དང་ལྡན་པར་གྱུར་པའམ། རང་སངས་རྒྱས་ཀྱི་ཡོན་ཏན་དང་ལྡན་པར་གྱུར་པ་ལྟ་ཞོག་གི། གལ་ཏེ་སྟོང་གསུམ་གྱི་སྟོང་ཆེན་པོའི་འཇིག་རྟེན་གྱི་ཁམས་ཀྱི་སེམས་ཅན་དེ་དག་ཐམས་ཅད་དཀར་པོ་རྣམ་པར་མཐོང་བའི་ས་ལ

གནས་པར་གྱུར་ཀྱང་དེ་དག་གི་བསོད་ནམས་དེས་བྱང་ཆུབ་སེམས་དཔའ་སེམས་དང་པོ་བསྐྱེད་པའི་བསོད་ནམས་ཀྱི་བརྒྱའི་ཆར་ཡང་ཉེ་བར་མྱི་འགྲོའོ། །སྟོང་གི་ཆར་ཡང་ཉེ་བར་མི་འགྲོའོ། །བརྒྱ་ཕྲག་སྟོང་གི་ཆར་ཡང་ཉེ་བར་མྱི་འགྲོའོ། །བྱེ་བའི་ཆར་ཡང་ཉེ་བར་མྱི་འགྲོའོ། །བྱེ་བ་བརྒྱའི་ཆར་ཡང་ཉེ་བར་མྱི་འགྲོའོ། །བྱེ་བ་སྟོང་གི་ཆར་ཡང་ཉེ་བར་མྱི་འགྲོའོ། །བྱེ་བ་བརྒྱ་ཕྲག་སྟོང་གི་ཆར་ཡང་ཉེ་བར་མྱི་འགྲོའོ། །བྱེ་བ་ཁྲག་ཁྲིག་བརྒྱ་ཕྲག་སྟོང་གི་ཆར་ཡང་ཉེ་བར་མྱི་འགྲོའོ། །གྲངས་སུ་ཡང་མྱི་བཟོད། ཆར་ཡང་མྱི་བཟོད། བགྲང་བར་ཡང་མྱི་བཟོད། དཔེར་ཡང་མྱི་བཟོད། རྒྱུར་ཡང་མི་བཟོད་དོ། །དེ་ཅིའི་ཕྱིར་ཞེ་ན། བྱང་ཆུབ་སེམས་དཔའ་ལས་བྱུང་བ་ནི། དཀར་པོ་རྣམ་པར་མཐོང་བའི་ས་ལ་གནས་པ་རྣམས་ཏེ། དཀར་པོ་རྣམ་པར་མཐོང་བའི་ས་ལས་བྱུང་བ་ནི། བྱང་ཆུབ་སེམས་དཔའ་སེམས་དཔའ་ཆེན་པོ་རྣམས་མ་ཡིན་ནོ། །སྟོང་གསུམ་གྱི་སྟོང་ཆེན་པོའི་འཇིག་རྟེན་གྱི་ཁམས་ཀྱི་སེམས་ཅན་ཐམས་ཅད་དཀར་པོ་རྣམ་པར་མཐོང་བའི་ས་ལ་གནས་པར་གྱུར་པ་ལྟ་ཞོག་གི་གལ་ཏེ་སྟོང་གསུམ་གྱི་སྟོང་ཆེན་པོའི་འཇིག་རྟེན་གྱི་ཁམས་ཀྱི་སེམས་ཅན་དེ་དག་ཐམས་ཅད་རིགས་ཀྱི་ས་ལ་གནས་པར་གྱུར་ཀྱང་། དེ་དག་གི་བསོད་ནམས་དེས་བྱང་ཆུབ་སེམས་དཔའ་སེམས་དང་པོ་བསྐྱེད་པའི་བསོད་ནམས་ཀྱི་བརྒྱའི་ཆར་ཡང་ཉེ་བར་མྱི་འགྲོའོ། །སྟོང་གི་ཆར་ཡང་ཉེ་བར་མྱི་འགྲོའོ། །བརྒྱ་ཕྲག་སྟོང་གི་ཆར་ཡང་ཉེ་བར་མྱི་འགྲོའོ། །བྱེ་བའི་ཆར་ཡང་ཉེ་བར་མྱི་འགྲོའོ། །བྱེ་བ་བརྒྱའི་ཆར་ཡང་ཉེ་བར་མྱི་འགྲོའོ། །བྱེ་བ་སྟོང་གི་ཆར་ཡང་ཉེ་བར་མྱི་འགྲོའོ། །བྱེ་བ་བརྒྱ་ཕྲག་སྟོང་གི་ཆར་ཡང་ཉེ་བར་[7]མྱི་འགྲོའོ། །བྱེ་བ་ཁྲག་ཁྲིག་བརྒྱ་ཕྲག་སྟོང་གི་ཆར་ཡང་ཉེ་བར་མྱི་འགྲོའོ། །གྲངས་སུ་ཡང་མི་བཟོད། ཆར་ཡང་མྱི་བཟོད། བགྲང་བར་ཡང་མྱི་བཟོད། དཔེར་ཡང་མྱི་

བཟོད། རྒྱུར་ཡང་མི་བཟོད་དོ། །དེ་ཅིའི་ཕྱིར་ཞེ་ན། བྱང་ཆུབ་སེམས་དཔའ་ལས་བྱུང་བ་ནི། རིགས་ཀྱི་ས་ལ་གནས་པ་རྣམས་ཏེ། རིགས་ཀྱི་ས་ལས་བྱུང་བ་ནི། བྱང་ཆུབ་སེམས་དཔའ་སེམས་དཔའ་ཆེན་པོ་རྣམས་མ་ཡིན་ནོ། །སྟོང་གསུམ་གྱི་སྟོང་ཆེན་པོའི་འཇིག་རྟེན་གྱི་ཁམས་ཀྱི་སེམས་ཅན་ཐམས་ཅད་རིགས་ཀྱི···ས་ལ་གནས་པར་གྱུར[༡]པ་ལྟ་ཞོག་གི། གལ་ཏེ་སྟོང་གསུམ་གྱི་སྟོང་ཆེན་པོའི·····འཇིག་རྟེན་གྱི་ཁམས་ཀྱི་སེམས་ཅན་དེ་དག་ཐམས་ཅད་བརྒྱད་པའི་ས་ལ་གནས····པར་གྱུར་ཀྱང་། དེ་དག་གི་བསོད་ནམས་དེས་བྱང་ཆུབ་སེམས་དཔའ་སེམས་དང་པོ་བསྐྱེད་པའི་བསོད་ནམས་ཀྱི་བརྒྱའི་ཆར་ཡང་ཉེ་བར་མི་འགྲོའོ། །སྟོང་གི་ཆར་ཡང་ཉེ་བར་མི་འགྲོའོ། །བརྒྱ་ཕྲག་སྟོང་གི་ཆར་ཡང་ཉེ་བར་མི་འགྲོའོ། །བྱེ་བའི་ཆར་ཡང་ཉེ་བར་མི་འགྲོའོ། །བྱེ་བ་བརྒྱའི་ཆར་ཡང་ཉེ་བར་མི་འགྲོའོ། །བྱེ་བ་སྟོང་གི་ཆར་ཡང་ཉེ་བར་མི་འགྲོའོ། །བྱེ་བ་བརྒྱ་ཕྲག[༢]སྟོང་གི་ཆར་ཡང་ཉེ་བར་མི་འགྲོའོ། །བྱེ་བ་ཁྲག་ཁྲིག་བརྒྱ་ཕྲག་སྟོང་གི་ཆར་ཡང་ཉེ་བར་མི་འགྲོའོ། །གྲངས་སུ་ཡང་མི་བཟོད། ཆར་ཡང་མི་བཟོད། བགྲང་བར་ཡང་མི་བཟོད། དཔེར་ཡང་མི་བཟོད། རྒྱུར་ཡང་མི་བཟོད་དོ། །དེ་ཅིའི་ཕྱིར་ཞེ་ན། བྱང་ཆུབ་སེམས་དཔའ་ལས་བྱུང་བ་ནི་བརྒྱད་པའི་ས་རྣམས་ཏེ། བརྒྱད་པའི་ས་ལས་བྱུང་བ་ནི། བྱང་ཆུབ་སེམས་དཔའ་སེམས་དཔའ་ཆེན་པོ་རྣམས་མ་ཡིན་ནོ། །སྟོང་གསུམ་གྱི་སྟོང་ཆེན་པོའི་འཇིག་རྟེན་གྱི་ཁམས་ཀྱི་སེམས་ཅན་ཐམས་ཅད་བརྒྱད·····པའི་ས་ལ་གནས་པར་གྱུར་པ་ལྟ་ཞོག་གི། གལ་ཏེ་སྟོང་གསུམ་གྱི་སྟོང་ཆེན་པོའི་འཇིག་རྟེན་གྱི་ཁམས་ཀྱི་སེམས་ཅན་དེ་དག་ཐམས་ཅད་མཐོང་བའི་ས་ལ་གནས····པར་གྱུར་ཀྱང་། དེ་དག་གི་བསོད་ནམས་དེས་བྱང་ཆུབ་སེམས་དཔའ་སེམས་དང་པོ་བསྐྱེད་པའི་བསོད་ནམས་ཀྱི་བརྒྱའི་ཆར་ཡང་ཉེ་བར་མི་འགྲོའོ། །སྟོང་གི་ཆར་

ཡང་ཉེ་བར་མི་འགྲོའོ། །བརྒྱ་ཕྲག་སྟོང་གི་ཆར་ཡང་ཉེ་བར་མི་འགྲོའོ། །ཁྲི་བའི་ཆར་ཡང་ཉེ་བར་མི་འགྲོའོ། །ཁྲི་བ་བརྒྱའི་ཆར་ཡང་ཉེ་བར་མི་འགྲོའོ། །ཁྲི་བ་སྟོང་གི་ཆར་ཡང་ཉེ་བར་མི་འགྲོའོ། །ཁྲི་བ་བརྒྱ་ཕྲག་སྟོང་གི་ཆར་ཡང་ཉེ་བར་མི་འགྲོའོ༑ །ཁྲི་བཿཁྲག་ཁྲིག་[༡]བརྒྱ་ཕྲག་སྟོང་གི་ཆར་ཡང་ཉེ་བར་མི་འགྲོའོ། །གྲངས་སུ་ཡང་མི་བཟོད། ཆར་ཡང་མི་བཟོད། བགྲང་བར་ཡང་མི་བཟོད། དཔེར་ཡང་མི་བཟོད། རྒྱུར་ཡང་མི་བཟོད་དོ། །དེ་ཅིའི་ཕྱིར་ཞེ་ན། བྱང་ཆུབ་སེམས་དཔའ་ལས་བྱུང་བ་ནི་མཐོང་བའི་ས་རྣམས་ཏེ། མཐོང་བའི་ས་ལས་བྱུང་བ་ནི་བྱང་ཆུབ་སེམས་དཔའ་སེམས་དཔའ་ཆེན་པོ་རྣམས་མ་ཡིན་ནོ། །སྟོང་གསུམ་གྱི་སྟོང་ཆེན་པོའི་འཇིག་རྟེན་གྱི་ཁམས་ཀྱི་སེམས་ཅན་ཐམས་ཅད་མཐོང་བའི་ས་ལ་གནས་པར་གྱུར་[༣]པ་ལྟ་ཞོག་གི། གལ་ཏེ་སྟོང་གསུམ་གྱི་སྟོང་ཆེན་པོའི་འཇིག་རྟེན་གྱི་ཁམས་ཀྱི་སེམས་ཅན་དེ་དག་ཐམས་ཅད༔བསླབས་པའི་ས་ལ་གནས་པར་གྱུར་ཀྱང་། དེ་དག་གི་བསོད་ནམས་དེས་བྱང་ཆུབ་སེམས་དཔའ་སེམས་དང་པོ་བསྐྱེད་པའི་བསོད་ནམས་ཀྱི་བརྒྱའི་ཆར་ཡང་ཉེ་བར་མི་འགྲོའོ། །སྟོང་གི་ཆར་ཡང་ཉེ་བར་མི་འགྲོའོ། །བརྒྱ་ཕྲག་སྟོང་གི་ཆར་ཡང་ཉེ་བར་མི་འགྲོའོ། །ཁྲི་བའི་ཆར་ཡང་ཉེ་བར་མི་འགྲོའོ། །ཁྲི་བ་བརྒྱའི་ཆར་ཡང་ཉེ་བར་མི་འགྲོའོ། །ཁྲི་བ་སྟོང་གི་ཆར་ཡང་ཉེ་བར་མི་འགྲོའོ། །ཁྲི་བ་བརྒྱ་ཕྲག་སྟོང་གི་ཆར་ཡང་ཉེ་བར་མི་འགྲོའོ༑ །ཁྲི་བ་ཁྲག་ཁྲིག་བརྒྱ་ཕྲག་སྟོང་གི་ཆར་ཡང་ཉེ་བར་མི་འགྲོའོ། །གྲངས་སུ་ཡང་མི་བཟོད། ཆར་ཡང་མི་བཟོད། བགྲང་བར་ཡང་མི་བཟོད། དཔེར་ཡང་མི་བཟོད། རྒྱུར་ཡང་མི་བཟོད་དོ། །དེ་ཅིའི་ཕྱིར་ཞེ་ན། བྱང་ཆུབ་སེམས་དཔའ་ལས་བྱུང་བ་ནི། བསླབས་པའི་ས་ལ་གནས་པ་རྣམས་ཏེ། བསླབས་པའི་ས་ལས་བྱུང་བ་ནི། བྱང་ཆུབ་སེམས་དཔའ་སེམས་དཔའ་ཆེན་པོ་རྣམས་མ་ཡིན་

ནོ། །སྟོང་གསུམ་གྱི་སྟོང་ཆེན་པོའི་འཇིག་རྟེན་གྱི་ཁམས་ཀྱི་སེམས་ཅན་ཐམས་ཅད་བསྲུབས་པའི་ས་ལ་གནས་པར་གྱུར་པ་ལྟ་ཞོག་གི། གལ་ཏེ་སྟོང་གསུམ་གྱི་སྟོང་ཆེན་པོའི་འཇིག་རྟེན་གྱི་ཁམས་ཀྱི་སེམས་ཅན་དེ་དག་ཐམས་ཅད་[༡]འདོད་ཆགས་དང་བྲལ་བའི་ས་ལ་གནས་པར་གྱུར་ཀྱང་། དེ་དག་གི་བསོད་ནམས་དེས། བྱང་ཆུབ་སེམས་དཔའ་སེམས་དང་པོ་བསྐྱེད་པའི་བསོད་ནམས་ཀྱི་བརྒྱའི་ཆར་ཡང་ཉེ་བར་མི་འགྲོའོ། །སྟོང་གི་ཆར་ཡང་ཉེ་བར་མི་འགྲོའོ། །བརྒྱ་སྟོང་གི་ཆར་ཡང་ཉེ་བར་མི་འགྲོའོ། །བྱེ་བའི་ཆར་ཡང་ཉེ་བར་མི་འགྲོའོ། །བྱེ་བ་བརྒྱའི་ཆར་ཡང་ཉེ་བར་མི་འགྲོའོ། །བྱེ་བ་སྟོང་གི་ཆར་ཡང་ཉེ་བར་མི་འགྲོའོ། །བྱེ་བ་བརྒྱ་ཕྲག་སྟོང་གི་ཆར་ཡང་ཉེ་བར་མི་འགྲོའོ། །[༢]བྱེ་བ་ཁྲག་ཁྲིག་བརྒྱ་ཕྲག་སྟོང་གི་ཆར་ཡང་ཉེ་བར་མི་འགྲོའོ། །གྲངས་སུ་ཡང་མི་བཟོད། ཆར་ཡང་མི་བཟོད། བགྲང་བར་ཡང་མི་བཟོད། དཔེར་ཡང་མི་བཟོད། རྒྱུར་ཡང་མི་བཟོད་དོ། །དེ་ཅིའི་ཕྱིར་ཞེ་ན། བྱང་ཆུབ་སེམས་དཔའ་ལས་བྱུང་བ་ནི། འདོད་ཆགས་དང་བྲལ་བའི་ས་ལ་གནས་པ་རྣམས་ཏེ། འདོད་ཆགས་དང་བྲལ་བའི་ས་[༣]ལས་བྱུང་བ་ནི། བྱང་ཆུབ་སེམས་དཔའ་སེམས་དཔའ་ཆེན་པོ་རྣམས་མ་ཡིན་ནོ། །སྟོང་གསུམ་གྱི་སྟོང་ཆེན་པོའི་འཇིག་རྟེན་གྱི་ཁམས་ཀྱི་སེམས་ཅན་ཐམས་ཅད་འདོད་ཆགས་དང་བྲལ་བའི་ས་ལ་གནས་པར་གྱུར་པ་ལྟ་ཞོག་གི། གལ་ཏེ་སྟོང་གསུམ་གྱི་སྟོང་ཆེན་པོའི་འཇིག་རྟེན་གྱི་ཁམས་ཀྱི་སེམས་ཅན་དེ་དག་ཐམས་ཅད་བྱས་པ་རྟོགས་[༤]པའི་ས་ལ་གནས་པར་གྱུར་ཀྱང་། དེ་དག་གི་བསོད་ནམས་དེས། བྱང་ཆུབ་སེམས་དཔའ་སེམས་དང་པོ་བསྐྱེད་པའི་བསོད་ནམས་ཀྱི་བརྒྱའི་ཆར་ཡང་ཉེ་བར་མི་འགྲོའོ། །སྟོང་གི་ཆར་ཡང་ཉེ་བར་མི་འགྲོའོ། །བརྒྱ་སྟོང་གི་ཆར་ཡང་ཉེ་བར་མི་འགྲོའོ། །བྱེ་བའི་ཆར་ཡང་ཉེ་བར་མི་འགྲོའོ། །བྱེ་བ་བརྒྱའི་ཆར་

ཡང་ཉེ་བར་མི་འགྲོའོ། །ཕྱི་བ་སྟོང་གི་ཆར་ཡང་ཉེ་བར་མི་འགྲོའོ། །ཕྱི་བ་བརྒྱ་ཕྲག་སྟོང་གི་ཆར་ཡང་ཉེ་བར་མྱི་འགྲོའོ། །ཕྱི་བ་ཁྲག་ཁྲིག་བརྒྱ་ཕྲག་སྟོང་གི་ཆར་ཡང་ཉེ་བར་མྱི་འགྲོའོ། །གྲངས་སུ་ཡང་མྱི་བཟོད། ཆར་ཡང་མི་བཟོད། བགྲང་བར་ཡང་མྱི་བཟོད། དཔེར་ཡང་མྱི་བཟོད། རྒྱུར་ཡང་མྱི་བཟོད་དོ⑦། །དེ་ཅིའི་ཕྱིར་ཞེ་ན། བྱང་ཆུབ་སེམས་དཔའ་ལས་བྱུང་བ་ནི། བྱས་པ་རྗོགས་པའི་ས་ལ་གནས་པ་རྣམས་ཏེ། བྱས་པ་རྗོགས་པའི་ས་ལས་བྱུང་བ་ནི། བྱང་ཆུབ་སེམས་དཔའ་སེམས་དཔའ་ཆེན་པོ་རྣམས་②མ་ཡིན་ནོ། །སྟོང་གསུམ་གྱི་སྟོང་ཆེན་པོའི་འཇིག་རྟེན་གྱི་③ཁམས་ཀྱི་སེམས་ཅན་ཐམས་ཅད་བྱས་པ་རྗོགས་པའི་ས་ལ་གནས་པར་གྱུར་པ་ལྟ་ཞོག་གི། གལ་ཏེ་སྟོང་གསུམ་གྱི་སྟོང་ཆེན་པོའི་འཇིག་རྟེན་གྱི་ཁམས་ཀྱི་སེམས་ཅན་དེ་དག་ཐམས་ཅད་རང་སངས་རྒྱས་ཀྱི་ས་ལ་གནས་པར་གྱུར་ཀྱང་། དེ་དག་གི་བསོད་ནམས་དེས་བྱང་ཆུབ་སེམས་དཔའ་སེམས་དང་པོ་བསྐྱེད་པའི་བསོད་ནམས་ཀྱི་བརྒྱའི་ཆར་ཡང་ཉེ་བར་མྱི་འགྲོའོ། །སྟོང་གི་ཆར་ཡང་ཉེ་བར་མྱི་འགྲོའོ། །བརྒྱ་ཕྲག་སྟོང་གི་ཆར་ཡང་ཉེ་བར་མྱི་འགྲོའོ། །ཕྱི་བའི་ཆར་ཡང་ཉེ་བར་མྱི་འགྲོའོ། །ཕྱི་བ་བརྒྱའི་ཆར་ཡང་ཉེ་བར་མྱི་འགྲོའོ། །ཕྱི་བ་སྟོང་གི་ཆར་ཡང་ཉེ་བར་མྱི་འགྲོའོ། །ཕྱི་བ་བརྒྱ་ཕྲག་སྟོང་གི་ཆར་ཡང་ཉེ་བར་མྱི་འགྲོའོ། །ཕྱི་བ་ཁྲག་ཁྲིག་བརྒྱ་ཕྲག་སྟོང་གི་ཆར་ཡང་ཉེ་བར་མྱི་འགྲོའོ། །གྲངས་སུ་ཡང་མྱི་བཟོད། ཆར་ཡང་མྱི་བཟོད། བགྲང་བར་ཡང་མྱི་བཟོད། དཔེར་ཡང་མྱི་བཟོད། རྒྱུར་ཡང་མི་བཟོད་དོ། །དེ་ཅིའི་ཕྱིར་ཞེ་ན། བྱང་ཆུབ་སེམས་དཔའ་ལས་བྱུང་བ་ནི། རང་སངས་རྒྱས་རྣམས་ཏེ། རང་སངས་རྒྱས་ལས་བྱུང་བ་ནི། བྱང་ཆུབ་སེམས་དཔའ་སེམས་དཔའ་ཆེན་པོ་རྣམས་མ་ཡིན་ནོ། །སྟོང་གསུམ་གྱི་སྟོང་ཆེན་པོའི་འཇིག་རྟེན་གྱི་ཁམས་ཀྱི་སེམས་ཅན་ཐམས་ཅད་རང་

སངས་རྒྱས་ཀྱི་ས་ལ་གནས་པར་གྱུར་པ་ལྟ་ཞིག་གི། གལ་ཏེ་སྟོང་གསུམ་གྱི་སྟོང་ཆེན་པོའི་འཇིག་རྟེན་གྱི་ཁམས་ཀྱི་སེམས་ཅན་དེ་དག་ཐམས་ཅད་བྱང་ཆུབ་སེམས་དཔའི་སྐྱོན་མྱེད་པར་ཞུགས་པར་གྱུར་ཀྱང་དེ་དག་གི་བསོད་ནམས་དེས་བྱང་ཆུབ་སེམས་དཔའ་བྱང་ཆུབ་ཏུ་ཞུགས་པའི་བསོད་ནམས་ཀྱི་བརྒྱའི་ཆར་ཡང་ཉེ་བར་མྱི་འགྲོའོ། །སྟོང་གི་ཆར་ཡང་ཉེ་བར་མྱི་འགྲོའོ། །བརྒྱ་ཕྲག་སྟོང་གི་ཆར་ཡང་ཉེ་བར་མྱི་འགྲོའོ། །བྱེ་བའི་ཆར་ཡང་ཉེ་བར་མྱི་འགྲོའོ། །བྱེ་བ་བརྒྱའི་ཆར་ཡང་ཉེ་བར་མྱི་འགྲོའོ། །བྱེ་བ་སྟོང་གི་ཆར་ཡང་ཉེ་བར་མྱི་འགྲོའོ། །བྱེ་བ་བརྒྱ་ཕྲག་སྟོང་གི་ཆར་ཡང་ཉེ་བར་མྱི་འགྲོའོ། །བྱེ་བ་ཁྲག་ཁྲིག་བརྒྱ་ཕྲག་སྟོང་གི་ཆར་ཡང་ཉེ་བར་མི་འགྲོའོ། །གྲངས་སུ་ཡང་མི་བཟོད། ཆར་ཡང་མྱི་བཟོད། བགྲང་བར་ཡང་མྱི་བཟོད། དཔེར་ཡང་མི་བཟོད། རྒྱུར་ཡང་མྱི་བཟོད་དོ། །[1] སྟོང་གསུམ་གྱི་སྟོང་ཆེན་པོའི་འཇིག་རྟེན་གྱི་ཁམས་ཀྱི་སེམས་ཅན་ཐམས་ཅད་བྱང་ཆུབ་སེམས་དཔའི་སྐྱོན་མྱེད་པར་[1]གྱུར་པ་ལྟ་ཞིག་གི། གལ་ཏེ་སྟོང་གསུམ་གྱི་སྟོང་ཆེན་པོའི་འཇིག་རྟེན་གྱི་ཁམས་ཀྱི་སེམས་ཅན་དེ་དག་ཐམས་ཅད་བྱང་ཆུབ་ཏུ་ཞུགས་པར་གྱུར་ཀྱང་། དེ་དག་གི་བསོད་ནམས་དེས་དེ་བཞིན་གཤེགས་པ་དགྲ་བཅོམ་པ་ཡང་དག་པར་རྫོགས་པའི་སངས་རྒྱས་ཀྱི་བསོད་ནམས་ཀྱི་བརྒྱའི་ཆར་ཡང་ཉེ་བར་མྱི་འགྲོའོ། །སྟོང་གི་ཆར་ཡང་ཉེ་བར་མྱི་འགྲོའོ། །བརྒྱ་ཕྲག་སྟོང་གི་ཆར་ཡང་ཉེ་བར་མྱི་འགྲོའོ། །བྱེ་བའི་ཆར་ཡང་ཉེ་བར་མྱི་འགྲོའོ། །བྱེ་བ་བརྒྱའི་ཆར་ཡང་ཉེ་བར་མྱི་འགྲོའོ། །བྱེ་བ་སྟོང་གི་ཆར་ཡང་ཉེ་བར་མྱི་འགྲོའོ། །བྱེ་བ་བརྒྱ་ཕྲག་སྟོང་གི་ཆར་ཡང་ཉེ་བར་མྱི་འགྲོའོ། །བྱེ་བ་ཁྲག་ཁྲིག་བརྒྱ་ཕྲག་སྟོང་གི་ཆར་ཡང་ཉེ་བར་མྱི་འགྲོའོ། །གྲངས་སུ་ཡང་མྱི་བཟོད། ཆར་ཡང་མྱི་བཟོད།[1] བགྲང་བར་ཡང་མྱི་བཟོད། དཔེར་ཡང་མྱི་བཟོད། རྒྱུར་ཡང་མྱི་བཟོད་དོ། །

གསོལ་པ། བཅོམ་ལྡན་འདས་བྱང་ཆུབ་སེམས་དཔའ་སེམས་དཔའ་ཆེན་པོ······
སེམས་དང་པོ་བསྐྱེད་པས་ཅི་ཡིད་ལ་བགྱི། བཅོམ་ལྡན་འདས་ཀྱིས་བཀའ་སྩལ་པ།
རྣམ་པ་ཐམས་ཅད་མཁྱེན་པ་ཉིད་ཡིད་ལ་བྱའོ། །གསོལ་པ། བཅོམ་ལྡན་འདས་
རྣམ་པ་ཐམས་ཅད་མཁྱེན་པ་ཉིད་ཀྱི་དངོས་པོ་ཇི་ལྟ་བུ་ཞིག་མཆིས། དམིགས་པ་
ཇི་ལྟ་བུ་ཞིག་མཆིས། ཿདབང་སྒྱུར་བ་ཅི་ལྟ་བུ་ཞིག་མཆིས།[༡] རྣམ་པ་ཇི་ལྟ་བུ་
ཞིག་མཆིས། མཚན་ཉིད་ཇི་ལྟ་བུ་ཞིག་མཆིས། བཅོམ་ལྡན་འདས་ཀྱིས་བཀའ་
སྩལ་པ། རབ་འབྱོར་རྣམ་པ་ཐམས་ཅད་མཁྱེན་པ་ཉིད་ཅེས་བྱ་བ་ནི། དངོས་
པོ་མེད་པ། མཚན་ཉིད་མེད་པ། མཚན་མ་མེད་པ། བྱེད་པ་མེད་པ། སྐྱེ་བ་
མེད་པ། འབྱུང་བ་མེད་པ་སྟེ། རབ་འབྱོར་གང་ཡང་འདི་སྐད་དུ་རྣམ······
པ་ཐམས་ཅད་མཁྱེན་པ་ཉིད་ཀྱི་དམིགས་པ་ཇི་ལྟ་བུ་ཞིག་ཡོད་ཅེས་[༢]ཟེར་[༣]བ་ནི།
རབ་འབྱོར་རྣམ་པ་ཐམས་ཅད་མཁྱེན་པ་ཉིད་ནི་དམིགས་པ་མེད་པ་སྟེ། དྲན······
པས་དབང་སྒྱུར་[༤]བ། ཞི་བའི་རྣམ་པཿམཚན་ཉིད་ནི་[༥]མཚན་ཉིད་མེད་པ་ཡིན་
ཏེ། རབ་འབྱོར་འདི་ནི་རྣམ་པ་ཐམས་ཅད་མཁྱེན་པ་ཉིད་ཀྱི་དམིགས་པའོ། །
འདི་ནི་དབང་སྒྱུར་[༦]བའོ། །འདི་ནི་རྣམ་པའོ། །འདི་ནི་མཚན་ཉིད་དོ། །
གསོལ་པ། བཅོམ་ལྡན་འདས་ཅི་ལགས། རྣམ་པ་ཐམས་ཅད་མཁྱེན་པ་ཉིད་
འབའ་ཞིག་[༧]དངོས་པོ་མ་མཆིས་པ་ལགས་སམ། མ་ལགས་ཀྱི་[༨]གཟུགས་ཀྱང་····
དངོས་པོ་མ་མཆིས་པ་ལགས། ཚོར་བ་ཡང་དངོས་པོ་མ་མཆིས་པ་ལགས། འདུ་
ཤེས་ཀྱང་དངོས་པོ་མ་མཆིས་པ་ལགས། འདུ་བྱེད་ཀྱང་དངོས་པོ་མ་མཆིས་པ······
ལགས། རྣམ་པར་ཤེས་པ་ཡང་དངོས་པོ་མ་མཆིས་པ་ལགས། མིག་ཀྱང་དངོས་
པོ་མ་མཆིས་པ་ལགས། རྣ་བ་ཡང་དངོས་པོ་མ་མཆིས་པ་ལགས། སྣ་ཡང་
དངོས་པོ་མ་མཆིས་པ་ལགས། ལྕེ་ཡང་དངོས་པོ་མ་མཆིས་པ་ལགས། ལུས···

ཀྱང་དངོས་པོ་མ་མཆིས་པ་ལགས། ཡིད་ཀྱང་དངོས་པོ་མ་མཆིས་པ་ལགས། གཟུགས་ཀྱང་དངོས་པོ་མ་མཆིས་པ་ལགས། སྒྲ་ཡང་དངོས་པོ་མ་མཆིས་པ་ལགས[༧]༏ དྲི་ཡང་དངོས་པོ་མ་མཆིས་པ་ལགས། རོ་ཡང་དངོས་པོ་མ་[༣]མཆིས་པ་ལགས། རེག་ཀྱང་དངོས་པོ་མ་མཆིས་པ་ལགས། ཆོས་ཀྱང་དངོས་པོ་མ་མཆིས་པ་ལགས། མིག་གི་རྣམ་པར་ཤེས་པ་ཡང་དངོས་པོ་མ་མཆིས་པ་ལགས། རྣ་བའི་རྣམ་པར་ཤེས་པ་ཡང་དངོས་པོ་མ་མཆིས་པ་ལགས། སྣའི་རྣམ་པར་ཤེས་པ་ཡང་དངོས་པོ་མ་མཆིས་པ་ལགས། ལྗེའི་རྣམ་པར་ཤེས་པ་ཡང་དངོས་པོ་མ་མཆིས་པ་ལགས། ལུས་ཀྱི་རྣམ་པར་ཤེས་པ་ཡང་དངོས་པོ་མ་མཆིས་པ་ལགས། ཡིད་ཀྱི་རྣམ་པར་ཤེས་པ་ཡང་དངོས་པོ་མ་མཆིས་པ་ལགས། མིག་གི་འདུས་ཏེ་རེག་པ་ཡང་དངོས་པོ་མ་མཆིས་པ་ལགས། རྣ་བའི་འདུས་ཏེ་རེག་པ་ཡང་དངོས་པོ་མ་མཆིས་པ་ལགས། སྣའི་འདུས་ཏེ་རེག་པ་ཡང་དངོས་པོ་མ་མཆིས་པ་ལགས། ལྗེའི་འདུས་ཏེ་རེག་པ་ཡང་དངོས་པོ་མ་མཆིས་པ་ལགས། ལུས་ཀྱི་འདུས་ཏེ་རེག་པ་ཡང་དངོས་པོ་མ་མཆིས་པ་ལགས། ཡིད་ཀྱི་འདུས་ཏེ་རེག་པ་ཡང་དངོས་པོ་མ་མཆིས་པ་ལགས། མིག་གི་འདུས་ཏེ་རེག་པའི་རྐྱེན་གྱིས་ཚོར་བ་ཡང་དངོས་པོ་མ་མཆིས་པ་ལགས། རྣ་བའི་འདུས་ཏེ་རེག་པའི་རྐྱེན་གྱིས་ཚོར་བ་ཡང་དངོས་པོ་མ་མཆིས་པ་ལགས། སྣའི་འདུས་ཏེ་རེག་པའི་རྐྱེན་གྱིས་ཚོར་བ་ཡང་དངོས་པོ་མ་མཆིས་པ་ལགས། ལྗེའི་འདུས་ཏེ་རེག་པའི་རྐྱེན་གྱིས་ཚོར་བ་ཡང་དངོས་པོ་མ་མཆིས་པ་ལགས། ལུས་ཀྱི་འདུས་ཏེ་རེག་པའི་རྐྱེན་གྱིས་ཚོར་བ་ཡང་དངོས་པོ་མ་མཆིས་པ་ལགས། ཡིད་ཀྱི་འདུས་ཏེ་རེག་པའི་རྐྱེན་གྱིས་ཚོར་བ་ཡང་དངོས་པོ་མ་མཆིས་པ་ལགས། སའི་ཁམས་ཀྱང་དངོས་པོ་མ་མཆིས་པ་ལགས། ཆུའི་ཁམས་ཀྱང་དངོས་པོ་མ་མཆིས་པ་ལགས། མེའི་ཁམས་ཀྱང་དངོས་པོ་མ་མཆིས་པ་ལགས།

རླུང་གི་ཁམས་ཀྱང་དངོས་པོ་མ་མཆིས་པ་ལགས། ནམ་མཁའི་ཁམས་ཀྱང་དངོས་པོ་མ་མཆིས་པ་ལགས། རྣམ་པར་ཤེས་པའི་ཁམས་ཀྱང་དངོས་པོ་མ་མཆིས་པ······ལགས། མ་རིག་པ་ཡང་དངོས་པོ་མ་མཆིས་པ་ལགས། འདུ་བྱེད་ཀྱང་དངོས་པོ་མ་མཆིས་པ་ལགས། རྣམ་པར་ཤེས་པ་ཡང་དངོས་པོ་མ་མཆིས་པ་ལགས། མིང་དང་གཟུགས་ཀྱང་དངོས་པོ་མ་མཆིས་པ་ལགས། སྐྱེ་མཆེད་དྲུག་ཀྱང་དངོས་པོ་མ་མཆིས་པ་ལགས། རེག་པ་ཡང་དངོས་པོ་མ་མཆིས་པ་ལགས། ཚོར་བ་ཡང་དངོས་པོ་མ་མཆིས་པ་ལགས། སྲེད་པ་ཡང་དངོས་པོ་མ་མཆིས་པ་ལགས། ལེན་པ་ཡང་དངོས་པོ་མ་མཆིས་པ་ལགས། སྲིད་པ་ཡང་དངོས་པོ་མ་མཆིས་པ་ལགས། སྐྱེ་བ་ཡང་དངོས་པོ་མ་མཆིས་པ་ལགས། རྒ་ཤི་ཡང་དངོས་པོ་མ་མཆིས་པ་ལགས། སྦྱིན་པའི་ཕ་རོལ་ཏུ་ཕྱིན་པ་ཡང་དངོས་པོ་མ་མཆིས་པ་ལགས། ཚུལ་ཁྲིམས་ཀྱི་ཕ་རོལ་ཏུ་ཕྱིན་པ་ཡང་དངོས་པོ་མ་མཆིས་པ་ལགས། བཟོད་པའི་ཕ་རོལ་ཏུ་ཕྱིན་པ་ཡང་དངོས་པོ་མ་མཆིས་པ་ལགས། བརྩོན་འགྲུས་ཀྱི་ཕ་རོལ་ཏུ་ཕྱིན་པ་ཡང་····དངོས་པོ་མ་མཆིས་པ་ལགས། བསམ་གཏན་གྱི་ཕ་རོལ་ཏུ་ཕྱིན་པ་ཡང་དངོས་པོ་མ་མཆིས་པ་ལགས། ཤེས་རབ་ཀྱི་ཕ་རོལ་ཏུ་ཕྱིན་པ་ཡང་དངོས་པོ་མ་མཆིས་པ་ལགས། ནང་སྟོང་པ་ཉིད་ཀྱང་དངོས་པོ་མ་མཆིས་པ་ལགས། ཕྱི་སྟོང་པ་ཉིད་ཀྱང་དངོས་པོ་མ་མཆིས་པ་ལགས། ཕྱི་ནང་སྟོང་པ་ཉིད་ཀྱང་དངོས་པོ་མ་མཆིས་པ་ལགས། སྟོང་པ་ཉིད་སྟོང་པ་ཉིད་ཀྱང་དངོས་པོ་མ་མཆིས་པ་ལགས། ཆེན་པོ་སྟོང་པ་ཉིད་ཀྱང་དངོས་པོ་མ་མཆིས་པ་ལགས། དོན་དམ་པ་སྟོང་པ་ཉིད་ཀྱང་དངོས་པོ་མ་མཆིས་པ་ལགས། འདུས་བྱས་སྟོང་པ་ཉིད་ཀྱང་དངོས་པོ་མ་མཆིས་པ་ལགས། འདུས་མ་བྱས་སྟོང་པ་ཉིད་ཀྱང་དངོས་པོ་མ་མཆིས་པ་ལགས། མཐའ་ལས་འདས་པ་སྟོང་པ་ཉིད་ཀྱང་དངོས་པོ་མ་མཆིས་པ་ལགས། ཐོག་མ····

དང་ཐ་མ་མེད་པ་སྟོང་པ་ཉིད་ཀྱང་དངོས་པོ་མ་མཆིས་པ་ལགས། ངོར་བ་མྱེད་པ་སྟོང་པ་ཉིད་ཀྱང་དངོས་པོ་མ་མཆིས་པ་ལགས། རང་བཞིན་སྟོང་པ་ཉིད་ཀྱང་དངོས་པོ་མ་མཆིས་པ་ལགས། ཆོས་ཐམས་ཅད་སྟོང་པ་ཉིད་ཀྱང་དངོས་པོ་མ་མཆིས་པ་ལགས། རང་གི་མཚན་ཉིད་སྟོང་པ་ཉིད་ཀྱང་དངོས་པོ་མ་མཆིས་པ་ལགས། མྱི་དམྱིགས་པ་སྟོང་པ་ཉིད་ཀྱང་དངོས་པོ་མ་མཆིས་པ་ལགས། དངོས་པོ་མེད་པ་སྟོང་པ་ཉིད་ཀྱང་དངོས་པོ་མ་མཆིས་པ་ལགས། ངོ་བོ་ཉིད་སྟོང་པ་ཉིད་ཀྱང་དངོས་པོ་མ་མཆིས་པ་ལགས། དངོས་པོ་མྱེད་པའི་ངོ་བོ་ཉིད་སྟོང་པ་ཉིད་ཀྱང་དངོས་པོ་མ་མཆིས་པ་ལགས། དྲན་པ་ཉེ་བར་གཞག་པ་རྣམས་ཀྱང་དངོས་པོ་མ་མཆིས་པ་ལགས། ཡང་དག་པར་སྦྱོང་བ་རྣམས་ཀྱང་དངོས་པོ་མ་མཆིས་པ་ལགས། རྫུ་འཕྲུལ་གྱི་རྐང་པ་རྣམས་ཀྱང་དངོས་པོ་མ་མཆིས་པ་ལགས། དབང་པོ་རྣམས་ཀྱང་དངོས་པོ་མ་མཆིས་པ་ལགས། སྟོབས་རྣམས་ཀྱང་དངོས་པོ་མ་མཆིས་པ་ལགས། བྱང་ཆུབ་ཀྱི་ཡན་ལག་རྣམས་ཀྱང་དངོས་པོ་མ་མཆིས་པ་ལགས། འཕགས་པའི་ལམ་ཡན་ལག་བརྒྱད་པ་ཡང་དངོས་པོ་མ་མཆིས་པ་ལགས། འཕགས་པའི་བདེན་པ་རྣམས་ཀྱང་དངོས་པོ་མ་མཆིས་པ་ལགས། བསམ་གཏན་རྣམས[༧]ཀྱང་དངོས་པོ་མ་མཆིས་པ་ལགས། ཚད་མྱེད་པ་རྣམས་ཀྱང་དངོས་པོ་མ་མཆིས་པ་ལགས། གཟུགས་མྱེད་པའི་སྙོམས་པར་འཇུག་པ་རྣམས་ཀྱང་དངོས་པོ་མ་མཆིས་པ་ལགས། རྣམ་པར་ཐར་པ[༨]རྣམས་ཀྱང་དངོས་པོ་མ་མཆིས་པ་ལགས། མཐར་གྱིས་གནས་པའི་སྙོམས་པར་འཇུག་པ་རྣམས་ཀྱང་དངོས་པོ་མ་མཆིས་པ་ལགས། རྣམ་པར་ཐར་པའི་སྒོ་སྟོང་པ་ཉིད་དང་། མཚན་མ་མྱེད་པ་དང་། སྨོན་པ་མྱེད་པ་ཡང[༩]དངོས་པོ་མ་མཆིས་པ་ལགས། མངོན་པར་ཤེས་པ་རྣམས་ཀྱང་དངོས་པོ་མ་མཆིས་པ་ལགས། ཏིང་ངེ་འཛིན་རྣམས་ཀྱང་དངོས་པོ་མ་མཆིས་

པ་ལགས། གཟུངས་ཀྱི་སྒོ་རྣམས་ཀྱང་དངོས་པོ་མ་མཆིས་པ་ལགས། དེ་བཞིན་གཤེགས་པའི་སྟོབས་རྣམས་ཀྱང་དངོས་པོ་མ་མཆིས་པ་ལགས། མི་འཇིགས་པ་……རྣམས་ཀྱང་དངོས་པོ་མ་མཆིས་པ་ལགས། སོ་སོ་ཡང་དག་པར་རིག་པ་རྣམས……ཀྱང་དངོས་པོ་མ་མཆིས་པ་ལགས། སངས་རྒྱས་ཀྱི་ཆོས་མ་འདྲེས་པ་རྣམས་ཀྱང་དངོས་པོ་མ་མཆིས་པ་ལགས། བྱམས་པ་ཆེན་པོ་ཡང་དངོས་པོ་མ་མཆིས་པ་……ལགས། སྙིང་རྗེ་ཆེན་པོ་ཡང་དངོས་པོ་མ་མཆིས་པ་ལགས། དགའ་བ་ཆེན་པོ་ཡང་དངོས་པོ་མ་མཆིས་པ་ལགས། བཏང་⑦སྙོམས་ཆེན་པོ་ཡང་དངོས་པོ་མ་……མཆིས་པ་ལགས། འདུས་བྱས་ཀྱི་ཁམས་ཀྱང་དངོས་པོ་མ་མཆིས་པ་ལགས། འདུས་མ་བྱས་ཀྱི་ཁམས་ཀྱང་དངོས་པོ་མ་མཆིས་པ་ལགས། བཅོམ་ལྡན་འདས་ཀྱིས་བཀའ་སྩལ་པ། རབ་འབྱོར་རྣམ་པ་ཐམས་ཅད་མཁྱེན་པ་ཉིད་ཀྱང་དངོས་པོ་མེད་པའོ། །གཟུགས་ཀྱང་དངོས་པོ་མེད་པའོ། །ཚོར་བ་ཡང་དངོས་པོ་མེད་པའོ། །འདུ་ཤེས་ཀྱང་དངོས་པོ་མེད་པའོ། །འདུ་བྱེད་ཀྱང་དངོས་པོ་མེད་པའོ། །རྣམ་པར་ཤེས་པ་ཡང་དངོས་པོ་མེད་པའོ། །མིག་ཀྱང་དངོས་པོ་མེད་པའོ། །རྣ་བ་ཡང་དངོས་པོ་མེད་པའོ། །སྣ་ཡང་དངོས་པོ་མེད་པའོ། །ལྕེ་ཡང་དངོས་པོ་མེད་པའོ། །ལུས་ཀྱང་དངོས་པོ་མེད་པའོ། །ཡིད་ཀྱང་དངོས་པོ་མེད་པའོ། །གཟུགས་ཀྱང་དངོས་པོ་མེད་པའོ། །སྒྲ་ཡང་དངོས་པོ་མེད་པའོ། །དྲི་ཡང་……དངོས་པོ་མེད་པའོ། །རོ་ཡང་དངོས་པོ་མེད་པའོ། །རེག་ཀྱང་དངོས་པོ་མེད་པའོ། །ཆོས་ཀྱང་དངོས་པོ་མེད་པའོ། །མིག་གི་རྣམ་པར་ཤེས་པ་ཡང་དངོས་པོ་མེད་པའོ། །རྣ་བའི་རྣམ་པར་ཤེས་པ་ཡང་དངོས་པོ་མེད་པའོ། །སྣའི་རྣམ་པར་ཤེས་པ་ཡང་དངོས་པོ་མེད་པའོ། །ལྕེའི་རྣམ་པར་ཤེས་པ་ཡང་དངོས་པོ་མེད་པའོ།། ལུས་ཀྱི་རྣམ་པར་ཤེས་པ་ཡང་དངོས་པོ་མེད་པའོ། །ཡིད་ཀྱི་རྣམ་པར་ཤེས་པ་ཡང་

དངོས་པོ་མེད་པའོ། །མིག་གི་འདུས་ཏེ་རེག་པ་ཡང་དངོས་པོ་མེད་པའོ། །རྣ་བའི་འདུས་ཏེ་རེག་པ་ཡང་དངོས་པོ་མེད་པའོ། །སྣའི་འདུས་ཏེ་རེག་པ་ཡང་…… དངོས་པོ་མེད་པའོ། །ལྕེའི་འདུས་ཏེ་རེག་པ་ཡང་དངོས་པོ་མེད་པའོ། །ལུས་ཀྱི་འདུས་ཏེ་རེག་པ་ཡང་དངོས་པོ་མེད་པའོ། །ཡིད་ཀྱི་འདུས་ཏེ་རེག་པ་ཡང་དངོས་པོ་མེད་པའོ། །མིག་གི་འདུས་ཏེ་རེག་པ་ལས་བྱུང་བའི་①ཚོར་བ་ཡང་དངོས་པོ་མེད་པའོ། །རྣ་བའི་འདུས་ཏེ་རེག་པ་ལས་བྱུང་བའི་②ཚོར་བ་ཡང་དངོས་པོ་མེད་པའོ། །སྣའི་འདུས་ཏེ་རེག་པ་ལས་བྱུང་བའི་③ཚོར་བ་ཡང་དངོས་པོ་མེད་པའོ། །ལྕེའི་འདུས་ཏེ་རེག་པ་ལས་བྱུང་བའི་④ཚོར་བ་ཡང་དངོས་པོ་མེད་པའོ། །ལུས་ཀྱི་འདུས་ཏེ་རེག་པ་ལས་བྱུང་བའི་⑤ཚོར་བ་ཡང་དངོས་པོ་མེད་པའོ། །ཡིད་ཀྱི…… འདུས་ཏེ་རེག་པ་ལས་བྱུང་བའི་⑥ཚོར་བ་ཡང་དངོས་པོ་མེད་པའོ། །སའི་ཁམས་ཀྱང་དངོས་པོ་མེད་པའོ། །ཆུའི་ཁམས་ཀྱང་དངོས་པོ་མེད་པའོ། །མེའི་ཁམས་ཀྱང་དངོས་པོ་མེད་པའོ། །རླུང་གི་ཁམས་ཀྱང་དངོས་པོ་མེད་པའོ། །ནམ་མཁའི་ཁམས་ཀྱང་དངོས་པོ་མེད་པའོ། །རྣམ་པར་ཤེས་པའི་ཁམས་ཀྱང་དངོས་པོ་མེད་པའོ། །མ་རིག་པ་ཡང་དངོས་པོ་མེད་པའོ། །འདུ་བྱེད་ཀྱང་དངོས་པོ་མེད་པའོ། །རྣམ་པར་ཤེས་པ་ཡང་དངོས་པོ་མེད་པའོ། །མིང་དང་གཟུགས་ཀྱང་དངོས་པོ་མེད་པའོ། །སྐྱེ་མཆེད་དྲུག་ཀྱང་དངོས་པོ་མེད་པའོ། །རེག་པ་ཡང་དངོས་པོ་མེད་པའོ། །ཚོར་བ་ཡང་དངོས་པོ་མེད་པའོ། །སྲིད་པ་ཡང་དངོས་པོ་མེད་པའོ། །ལེན་པ་ཡང་དངོས་པོ་མེད་པའོ། །སྲིད་པ་ཡང་དངོས་པོ་མེད་པའོ།། སྐྱེ་བ་ཡང་དངོས་པོ་མེད་པའོ། །རྒ་ཤི་ཡང་དངོས་པོ་མེད་པའོ། །སྦྱིན་པའི་ཕ་⑦རོལ་ཏུ་ཕྱིན་པ་ཡང་དངོས་པོ་མེད་པའོ། །ཚུལ་ཁྲིམས་ཀྱི་ཕ་རོལ་ཏུ་ཕྱིན་པ་ཡང་དངོས་པོ་མེད་པའོ། །བཟོད་པའི་ཕ་རོལ་ཏུ་ཕྱིན་པ་ཡང་དངོས་པོ་མེད་པའོ། །

བརྩོན་འགྲུས་ཀྱི་ཕ་རོལ་ཏུ་ཕྱིན་པ་ཡང་དངོས་པོ་མྱེད་པའོ། །བསམ་གཏན་གྱི་ཕ་རོལ་ཏུ་ཕྱིན་པ་ཡང་དངོས་པོ་མྱེད་པའོ། །ཤེས་རབ་ཀྱི་ཕ་རོལ་ཏུ་ཕྱིན་པ་ཡང······དངོས་པོ་མྱེད་པའོ། །ནང་སྟོང་པ་ཉིད་ཀྱང་དངོས་པོ་མྱེད་པའོ། །ཕྱི་སྟོང་པ་ཉིད་ཀྱང་དངོས་པོ་མྱེད་པའོ། །ཕྱི་ནང་སྟོང་པ་ཉིད་ཀྱང་དངོས་པོ་མྱེད་པའོ། །སྟོང་པ་ཉིད་སྟོང་པ་ཉིད་ཀྱང་དངོས་པོ་མྱེད་པའོ། །ཆེན་པོ་སྟོང་པ་ཉིད་ཀྱང····དངོས་པོ་མྱེད་པའོ། །དོན་དམ་པ་སྟོང་པ་ཉིད་ཀྱང་དངོས་པོ་མྱེད་པའོ། །འདུས་བྱས་སྟོང་པ་ཉིད་ཀྱང་དངོས་པོ་མྱེད་པའོ། །འདུས་མ་བྱས་སྟོང་པ་ཉིད་ཀྱང་དངོས་པོ་མེད་པའོ། །མཐའ་ལས་འདས་པ་སྟོང་པ་ཉིད་ཀྱང་དངོས་པོ་མྱེད་པའོ། །ཐོག་མཿདང་ཐ་མ་(༧)མྱེད་པ་སྟོང་པ་ཉིད་ཀྱང་དངོས་པོ་མྱེད་པའོ། །དོར་བ་མྱེད་པ་སྟོང་པ་ཉིད་ཀྱང་དངོས་པོ་མྱེད་པའོ། །རང་བཞིན་སྟོང་པ་ཉིད་ཀྱང་དངོས་པོ་མྱེད་པའོ། །ཆོས་ཐམས་ཅད་སྟོང་པ་ཉིད་ཀྱང་དངོས་པོ་མྱེད་པའོ། །རང་གི་མཚན་ཉིད་སྟོང་པ་ཉིད་ཀྱང་དངོས་པོ་མྱེད་པའོ། །མྱི་དམྱིགས་པ་སྟོང་པ་ཉིད་ཀྱང་དངོས་པོ་མྱེད་པའོ། །དངོས་པོ་མྱེད་པ་སྟོང་པ་ཉིད་ཀྱང་དངོས་པོ་མེད་པའོ། །ངོ་བོ་ཉིད་སྟོང་པ་ཉིད་ཀྱང་དངོས་པོ་མྱེད་པའོ། །དངོས་པོ་མྱེད་པའི་ངོ་བོ་ཉིད་སྟོང་པ་ཉིད་ཀྱང་དངོས་པོ་མྱེད་པའོ། །དྲན་པ་ཉེ་བར་གཞག་པ་རྣམས་ཀྱང་དངོས་པོ་མྱེད་པའོ། །ཡང་དག་པར་སྤོང་བ་རྣམས་ཀྱང་དངོས་པོ་མྱེད་པའོ། །རྫུ་འཕྲུལ་གྱི་རྐང་པ་རྣམས་ཀྱང་དངོས་པོ་མྱེད་པའོ། །དབང་པོ་རྣམས་ཀྱང····དངོས་པོ་མྱེད་པའོ། །སྟོབས་རྣམས་ཀྱང་དངོས་པོ་མྱེད་པའོ། །བྱང་ཆུབ་ཀྱི་ཡན་ལག་རྣམས་ཀྱང་དངོས་པོ་མྱེད་པའོ། །ཿའཕགས་པའི་ལམ་ཡན་ལག་བརྒྱད་པ་(༢)(༣)ཡང་དངོས་པོ་མྱེད་པའོ། །འཕགས་པའི་བདེན་པ་རྣམས་ཀྱང་དངོས་པོ་མྱེད་པའོ། །བསམ་གཏན་རྣམས་ཀྱང་དངོས་པོ་མྱེད་པའོ། །ཚད་མེད་པ་རྣམས་

ཀུན་དངོས་པོ་མེད་པའོ། །གཟུགས་མེད་པའི་སྙོམས་པར་འཇུག་[༡]པ་རྣམས་ཀུན་དངོས་པོ་མེད་པའོ། །རྣམ་པར་ཐར་པ་རྣམས་ཀུན་དངོས་པོ་མེད་པའོ། །མཐར་གྱིས་[༢]གནས་པའི་སྙོམས་པར་འཇུག་པ་རྣམས་ཀུན་དངོས་པོ་མེད་པའོ། །རྣམ་པར་ཐར་པའི་སྒོ་སྟོང་པ་ཉིད་དང་། མཚན་མ་མེད་པ་དང་། སྨོན་པ་མེད་པ་ཡང་དངོས་པོ་མེད་པའོ། །མངོན་པར་ཤེས་པ་རྣམས་ཀུན་དངོས་པོ་མེད་པའོ། །ཏིང་[༣]ངེ་འཛིན་རྣམས་ཀུན་དངོས་པོ་མེད་པའོ། །གཟུངས་[༤]ཀྱི་སྒོ་རྣམས་ཀུན་དངོས་པོ་མེད་པའོ། །དེ་བཞིན་གཤེགས་པའི་སྟོབས་རྣམས་ཀུན་དངོས་པོ་མེད་པའོ། །མི་འཇིགས་པ་རྣམས་ཀུན་དངོས་པོ་མེད་པའོ། །སོ་སོ་ཡང་དག་པར་རིག་པ་[༥]རྣམས་ཀུན་དངོས་པོ་མེད་པའོ། །སངས་རྒྱས་ཀྱི་ཆོས་མ་འདྲེས་པ······རྣམས་ཀུན་དངོས་པོ་མེད་པའོ། །བྱམས་པ་ཆེན་པོ་ཡང་དངོས་པོ་མེད་པའོ། །སྙིང་རྗེ་ཆེན་པོ་ཡང་དངོས་པོ་མེད་པའོ། །དགའ་བ་ཆེན་པོ་ཡང་དངོས་པོ་མེད་པའོ། །བཏང་སྙོམས་ཆེན་པོ་ཡང་དངོས་པོ་མེད་པའོ། །འདུས་བྱས་ཀྱི་ཁམས་ཀུན་དངོས་པོ་མེད་པའོ། །འདུས་མ་བྱས་ཀྱི་ཁམས་ཀུན་དངོས་པོ་མེད་པའོ། །དེ་ཅིའི་ཕྱིར་ཞེ་ན། རབ་འབྱོར་དེ་ནི་འདི་ལྟར་རྣམ་པ་ཐམས་ཅད་མཁྱེན་པ་ཉིད་ལ་ངོ་བོ་ཉིད་མེད་དེ། རབ་འབྱོར་གང་[༦]ལ་ངོ་བོ་ཉིད་མེད་པ་དེ་ནི་དངོས་པོ་མེད་པའོ། །གསོལ་པ། བཅོམ་ལྡན་འདས་ཅིའི་སླད་དུ་རྣམ་པ་ཐམས་ཅད་མཁྱེན་པ་ཉིད་ལ་ངོ་བོ་ཉིད་མ་མཆིས་པ་ལགས། བཅོམ་ལྡན་འདས་ཀྱིས་བཀའ་སྩལ་པ། རབ་འབྱོར་འདུས་པའི་ངོ་བོ་ཉིད་མེད་[༧]དེ། གང་ལ་འདུས་པའི་ངོ་བོ་ཉིད་མེད་པ་དེ་ནི་དངོས་པོ་མེད་པའོ། །རབ་འབྱོར་རྣམ་གྲངས་དེས་[༨]ན། ཆོས་ཐམས་ཅད་ནི་དངོས་པོ་མེད་པའི་ངོ་བོ་ཉིད་དོ། །རབ་འབྱོར་འདི་ལྟར་ཡང་ཆོས་ཐམས་ཅད་ནི་སྟོང་པ་ཉིད་ཀྱི་ངོ་བོ་ཉིད་དོ། །ཆོས་ཐམས་ཅད་ནི་མཚན་མ་མེད་

པའི་ངོ་བོ་ཉིད་དོ། །ཆོས་ཐམས་ཅད་ནི་སྐྱོན་པ་མེད་པའི་ངོ་བོ་ཉིད་དོ། །རབ་འབྱོར་འདི་ལྟར་ཡང་ཆོས་ཐམས་ཅད་ནི་དེ་བཞིན་ཉིད་ཀྱི་ངོ་བོ་ཉིད་དོ། །ཆོས་ཐམས་ཅད་ནི་ཡང་དག་པའི་མཐའི་ངོ་བོ་ཉིད་དོ། །ཆོས་ཐམས་ཅད་ནི་ཆོས་ཀྱི་དབྱིངས་ཀྱི་ངོ་བོ་ཉིད་དོ། །རབ་འབྱོར་རྣམ་གྲངས་དེས་ཀྱང་འདི་ལྟར་ཆོས་ཐམས་ཅད་ནི་དངོས་པོ་མེད་པའི་ངོ་བོ་ཉིད་དུ་རིག་པར་བྱའོ། །གསོལ་པ། བཅོམ་ལྡན་འདས་དེ་ལྟར་གལ་ཏེ། ཆོས་ཐམས་ཅད་དངོས་པོ་མ་མཆིས་པའི་ངོ་བོ་ཉིད་ལགས་ན། འོ་ན་བྱང་ཆུབ་སེམས་དཔའ་སེམས་དཔའ་ཆེན་པོ། སེམས་དང་པོ་བསྐྱེད་པ་ཐབས་གང་དང་ལྡན་པས། སྦྱིན་པའི་ཕ་རོལ་ཏུ་ཕྱིན་པ་ལ་སྤྱོད་ཅིང་། སངས་རྒྱས་ཀྱི་ཞིང་ཡོངས་སུ་དག་པ་དང་། སེམས་ཅན་རྣམས་ཡོངས་སུ་སྨིན་པར་བགྱིད་པ་ལགས། ཚུལ་ཁྲིམས་ཀྱི་ཕ་རོལ་ཏུ་ཕྱིན་པ་ལ་སྤྱོད་ཅིང་། སངས་རྒྱས་ཀྱི་ཞིང་ཡོངས་སུ་དག་པ་དང་། སེམས་ཅན་རྣམས་ཡོངས་[7]སུ་སྨིན་པར་བགྱིད་པ་ལགས། བཟོད་པའི་ཕ་རོལ་ཏུ་ཕྱིན་པ་ལ་སྤྱོད་ཅིང་། སངས་རྒྱས་ཀྱི་ཞིང་ཡོངས་སུ་དག་པ་དང་། སེམས་ཅན་རྣམས་ཡོངས་སུ་སྨིན་པར་བགྱིད་པ་ལགས། བརྩོན་འགྲུས་ཀྱི་ཕ་རོལ་ཏུ་ཕྱིན་པ་ལ་སྤྱོད་ཅིང་། སངས་རྒྱས་ཀྱི་ཞིང་ཡོངས་སུ་དག་པ་དང་། སེམས་ཅན་རྣམས་ཡོངས་སུ་སྨིན་པར་བགྱིད་པ་ལགས། བསམ་གཏན་གྱི་ཕ་རོལ་ཏུ་ཕྱིན་པ་ལ་སྤྱོད་ཅིང་། སངས་རྒྱས་ཀྱི་ཞིང་ཡོངས་སུ་དག་པ་དང་། སེམས་ཅན་རྣམས་ཡོངས་སུ་སྨིན་པར་བགྱིད་པ་ལགས། ཤེས་རབ་ཀྱི་ཕ་རོལ་ཏུ་ཕྱིན་པ་ལ་སྤྱོད་ཅིང་། སངས་རྒྱས་ཀྱི་ཞིང་ཡོངས་སུ་དག་པ་དང་། སེམས་ཅན་རྣམས་ཡོངས་སུ་སྨིན་པར་བགྱིད་པ་ལགས། བསམ་གཏན་དང་པོ་ལ་སྤྱོད་ཅིང་། སངས་རྒྱས་ཀྱི་ཞིང་ཡོངས་སུ་དག་པ་དང་། སེམས་ཅན་རྣམས་ཡོངས་སུ་སྨིན་པར་བགྱིད་པ་ལགས། བསམ་

གཏན་གཉིས་པ་ལ་སྤྱོད་ཅིང་། སངས་རྒྱས་ཀྱི་ཞིང་ཡོངས་སུ་དག་པ་དང་། སེམས་ཅན་རྣམས་ཡོངས་སུ་སྨིན་པར་བགྱིད་པ་ལགས། བསམ་གཏན་གསུམ་པ་ལ་སྤྱོད་ཅིང་། སངས་རྒྱས་ཀྱི་ཞིང་ཡོངས་སུ་དག་པ་དང་། སེམས་ཅན་རྣམས་ཡོངས་སུ་སྨིན་པར་བགྱིད་པ་ལགས། བསམ་གཏན་བཞི་པ་ལ་སྤྱོད་ཅིང་། སངས་རྒྱས་ཀྱི་ཞིང་ཡོངས་སུ་དག་པ་དང་། སེམས་ཅན་རྣམས་ཡོངས་སུ་སྨིན་པར་བགྱིད་པ་ལགས། བྱམས་པ་ལ་སྤྱོད་ཅིང་། སངས་རྒྱས་ཀྱི་ཞིང་ཡོངས་སུ་དག་པ་དང་། སེམས་ཅན་རྣམས་ཡོངས་སུ་སྨིན་པར་བགྱིད་པ་ལགས། སྙིང་རྗེ་ལ་སྤྱོད་ཅིང་། སངས་རྒྱས་ཀྱི་ཞིང་ཡོངས་སུ་དག་པ་དང་། སེམས་ཅན་རྣམས་ཡོངས་སུ་སྨིན་པར་བགྱིད་པ་ལགས། དགའ་བ་ལ་སྤྱོད་ཅིང་། སངས་རྒྱས་ཀྱི་ཞིང་ཡོངས་སུ་དག་པ་དང་། སེམས་ཅན་རྣམས་ཡོངས་སུ་སྨིན་པར་བགྱིད་པ······ལགས༏ བཏང་[༡]སྙོམས་ལ་སྤྱོད་ཅིང་། སངས་རྒྱས་ཀྱི་ཞིང་ཡོངས་སུ་དག་པ་དང་༏ སེམས་ཅན་རྣམས་ཡོངས་སུ་སྨིན་པར་བགྱིད་པ་ལགས། ནམ་མཁའ་མཐའ་ཡས་སྐྱེ་མཆེད་ལ་སྤྱོད་ཅིང་། སངས་རྒྱས་ཀྱི་ཞིང་ཡོངས་སུ་དག་པ་དང་། སེམས་ཅན་རྣམས་ཡོངས་སུ་སྨིན་པར་བགྱིད་པ་ལགས། རྣམ་ཤེས་མཐའ་ཡས་སྐྱེ་མཆེད་ལ་སྤྱོད་ཅིང་། སངས་རྒྱས་ཀྱི་ཞིང་ཡོངས་སུ་དག་པ་དང་། སེམས་ཅན་རྣམས་ཡོངས་སུ་སྨིན་པར་བགྱིད་པ་ལགས། ཆུང་ཟད་མེད་པའི་སྐྱེ་མཆེད་ལ་སྤྱོད་ཅིང་༏ སངས་རྒྱས་ཀྱི་ཞིང་ཡོངས་སུ་དག་པ་དང་། སེམས་ཅན་རྣམས་ཡོངས་སུ་སྨིན་པར་བགྱིད་པ་ལགས། འདུ་ཤེས་མེད་འདུ་ཤེས་མེད་མིན་སྐྱེ་མཆེད་ལ་སྤྱོད་ཅིང་། སངས་རྒྱས་ཀྱི་ཞིང་ཡོངས་སུ་དག་པ་དང་། སེམས་ཅན་རྣམས་ཡོངས་སུ་སྨིན་པར་བགྱིད་པ་ལགས། ནང་སྟོང་པ་ཉིད་ལ་སྤྱོད་ཅིང་། སངས་རྒྱས་ཀྱི་ཞིང་ཡོངས་སུ་དག་པ་དང་། སེམས་ཅན་རྣམས་ཡོངས་སུ་སྨིན་པར······

བགྱིད་པ་ལགས། ཕྱི་སྟོང་པ་ཉིད་ལ་སྤྱོད་ཅིང་། སངས་རྒྱས་ཀྱི་ཞིང་ཡོངས་སུ་དག་པ་དང་། སེམས་ཅན་རྣམས་ཡོངས་སུ་སྨིན་པར་བགྱིད་པ་ལགས། ཕྱི་ནང་སྟོང་པ་ཉིད་ལ་སྤྱོད་ཅིང་། སངས་རྒྱས་ཀྱི་ཞིང་ཡོངས་སུ་དག་པ་དང་། སེམས་ཅན་རྣམས་ཡོངས་སུ་སྨིན་པར་བགྱིད་པ་ལགས། སྟོང་པ་ཉིད་སྟོང་པ་ཉིད་ལ་སྤྱོད་ཅིང་། སངས་རྒྱས་ཀྱི་ཞིང་ཡོངས་སུ་དག་པ་དང་། སེམས་ཅན་རྣམས་ཡོངས་སུ་སྨིན་པར་བགྱིད་པ་ལགས། ཆེན་པོ་སྟོང་པ་ཉིད་ལ་སྤྱོད་ཅིང་། སངས་རྒྱས་ཀྱི་ཞིང་ཡོངས་སུ་དག་པ་དང་། སེམས་ཅན་རྣམས་ཡོངས་སུ་སྨིན་པར་བགྱིད་པ་ལགས། དོན་དམ་པ་སྟོང་པ་ཉིད་ལ་སྤྱོད་ཅིང་། སངས་རྒྱས་ཀྱི་ཞིང་ཡོངས་སུ་དག་པ་དང་། སེམས་ཅན་རྣམས་ཡོངས་སུ་སྨིན་པར་བགྱིད་པ་ལགས། འདུས་བྱས་སྟོང་པ་ཉིད་ལ་སྤྱོད་ཅིང་། སངས་རྒྱས་ཀྱི་ཞིང་ཡོངས་སུ་དག་པ་དང་། སེམས་ཅན་རྣམས་ཡོངས་སུ་སྨིན་པར་བགྱིད་པ་ལགས། འདུས་མ་བྱས་སྟོང་པ་ཉིད་ལ་སྤྱོད་ཅིང་། སངས་རྒྱས་ཀྱི་ཞིང་ཡོངས་སུ་དག་པ་དང་། སེམས་ཅན་རྣམས་ཡོངས་སུ་སྨིན་པར་བགྱིད་པ་ལགས། མཐའ་ལས་འདས་པ་སྟོང་པ་ཉིད་ལ་སྤྱོད་ཅིང་། སངས་རྒྱས་ཀྱི་ཞིང་ཡོངས་སུ་དག་པ་དང་། སེམས་ཅན་རྣམས་ཡོངས་སུ་སྨིན་པ་[7]བགྱིད་པ་ལགས། ཐོག་མ་དང་ཐ་མ་མེད་པ་སྟོང་པ་ཉིད་ལ་སྤྱོད་ཅིང་། སངས་རྒྱས་ཀྱི་ཞིང་ཡོངས་སུ་དག་པ་དང་། སེམས་ཅན་རྣམས་ཡོངས་སུ་སྨིན་པར་བགྱིད་པ་ལགས། དོར་བ་མེད་པ་སྟོང་པ་ཉིད་ལ་སྤྱོད་ཅིང་། སངས་རྒྱས་ཀྱི་ཞིང་ཡོངས་སུ་དག་པ་དང་། སེམས་ཅན་རྣམས་ཡོངས་སུ་སྨིན་པར་བགྱིད་པ་ལགས། རང་བཞིན་སྟོང་པ་ཉིད་ལ་སྤྱོད་ཅིང་། སངས་རྒྱས་ཀྱི་ཞིང་ཡོངས་སུ་དག་པ་དང་། སེམས་ཅན་རྣམས་ཡོངས་སུ་སྨིན་པར་བགྱིད་པ་ལགས། ཆོས་ཐམས་ཅད་སྟོང་པ་ཉིད་ལ་སྤྱོད་ཅིང་། སངས་རྒྱས་ཀྱི་

ཞིང་ཡོངས་སུ་དག་པ་དང་། སེམས་ཅན་རྣམས་ཡོངས་སུ་སྨིན་པར་བགྱིད་པ་ལགས། རང་གི་མཚན་ཉིད་སྟོང་པ་ཉིད་ལ་སྤྱོད་ཅིང་། སངས་རྒྱས་ཀྱི་ཞིང་ཡོངས་སུ་དག་པ་དང་། སེམས་ཅན་རྣམས་ཡོངས་སུ་སྨིན་པར་བགྱིད་པ་ལགས། མི་དམིགས་པ་སྟོང་པ་ཉིད་ལ་སྤྱོད་ཅིང་། སངས་རྒྱས་ཀྱི་ཞིང་ཡོངས་སུ་དག་པ་དང་། སེམས་ཅན་རྣམས་ཡོངས་སུ་སྨིན་པར་བགྱིད་པ་ལགས། དངོས་པོ་མེད་པ་སྟོང་པ་ཉིད་ལ་སྤྱོད་ཅིང་། སངས་རྒྱས་ཀྱི་ཞིང་ཡོངས་སུ་དག་པ་དང་། སེམས་ཅན་རྣམས་ཡོངས་སུ་སྨིན་པར་བགྱིད་པ་ལགས། ངོ་བོ་ཉིད་སྟོང་པ་ཉིད་ལ་སྤྱོད་ཅིང་། སངས་རྒྱས་ཀྱི་ཞིང་ཡོངས་སུ་དག་པ་དང་། སེམས་ཅན་རྣམས་ཡོངས་སུ་སྨིན་པར་བགྱིད་པ་ལགས། དངོས་པོ་མེད་པའི་ངོ་བོ་ཉིད་སྟོང་པ་ཉིད་ལ་སྤྱོད་ཅིང་། སངས་རྒྱས་ཀྱི་ཞིང་ཡོངས་སུ་དག་པ་དང་། སེམས་ཅན་རྣམས་ཡོངས་སུ་སྨིན་པར་བགྱིད་པ་ལགས། དྲན་པ་ཉེ་བར་གཞག་པ་བཞི་ལ་སྤྱོད་ཅིང་། སངས་རྒྱས་ཀྱི་ཞིང་ཡོངས་སུ་དག་པ་དང་། སེམས་ཅན་རྣམས་ཡོངས་སུ་སྨིན་པར་བགྱིད་པ་ལགས། ཡང་དག་པར་སྤོང་བ་བཞི་ལ་སྤྱོད་ཅིང་། སངས་རྒྱས་ཀྱི་ཞིང་ཡོངས་སུ་དག་པ་དང་། སེམས་ཅན་རྣམས་ཡོངས་སུ་སྨིན་པར་བགྱིད་པ་ལགས། རྫུ་འཕྲུལ་གྱི་རྐང་པ་བཞི་ལ་སྤྱོད་ཅིང་། སངས་རྒྱས་ཀྱི་ཞིང་ཡོངས་སུ་དག་པ་དང་། སེམས་ཅན་རྣམས་ཡོངས་སུ་སྨིན་པར་བགྱིད་པ་ལགས། དབང་པོ་ལྔ་ལ་སྤྱོད་ཅིང་། སངས་རྒྱས་ཀྱི་ཞིང་ཡོངས་སུ་དག་པ་དང་། སེམས་ཅན་རྣམས་ཡོངས་སུ་སྨིན་པར་བགྱིད་པ་ལགས། སྟོབས་ལྔ་ལ་སྤྱོད་ཅིང་། སངས་རྒྱས་ཀྱི་ཞིང་ཡོངས་སུ་དག་པ་དང་། སེམས་ཅན་རྣམས་ཡོངས་སུ་སྨིན་པར་བགྱིད་པ་ལགས། བྱང་ཆུབ་ཀྱི་ཡན་ལག་བདུན་ལ་སྤྱོད་ཅིང་། སངས་རྒྱས་ཀྱི་ཞིང་ཡོངས་སུ་དག་པ་དང་། སེམས་ཅན་རྣམས་ཡོངས་སུ་སྨིན་པར་བགྱིད་པ

ལགས[༧]༏ འཕགས་པའི་ལམ་ཡན་ལག་བརྒྱད་པ་ལ་སྤྱོད་ཅིང་། སངས་རྒྱས་ཀྱི་ཞིང་ཡོངས་སུ་དག་པ་དང་། སེམས་ཅན་རྣམས་ཡོངས་སུ་སྨིན་པར་བགྱིད་པ······ལགས༏ འཕགས་པའི་བདེན་པ་བཞི[༣]ལ་སྤྱོད་ཅིང་། སངས་རྒྱས་ཀྱི་ཞིང······ཡོངས་སུ་དག་པ་དང་། སེམས་ཅན་རྣམས་ཡོངས་སུ་སྨིན་པར་བགྱིད་པ་ལགས། བསམ་གཏན་བཞི་ལ་སྤྱོད་ཅིང་། སངས་རྒྱས་ཀྱི་ཞིང་ཡོངས་སུ་དག་པ་དང་། སེམས་ཅན་རྣམས་ཡོངས་སུ་སྨིན་པར་བགྱིད་པ་ལགས། ཚད་མེད་པ་བཞི་ལ་སྤྱོད་ཅིང་༏ སངས་རྒྱས་ཀྱི་ཞིང་ཡོངས་སུ་དག་པ་དང་། སེམས་ཅན་རྣམས་ཡོངས་སུ་སྨིན་པར་བགྱིད་པ་ལགས། གཟུགས་མེད་པའི་སྙོམས་པར་འཇུག་པ་བཞི་ལ་སྤྱོད་ཅིང་། སངས་རྒྱས་ཀྱི་ཞིང་ཡོངས་སུ་དག་པ་དང་། སེམས་ཅན་རྣམས་ཡོངས་སུ་སྨིན་པར་བགྱིད་པ་ལགས། རྣམ་པར་ཐར་པ་བརྒྱད་ལ་སྤྱོད་ཅིང་། སངས་རྒྱས་ཀྱི་ཞིང་ཡོངས་སུ་དག་པ་དང་། སེམས་ཅན་རྣམས་ཡོངས་སུ་སྨིན······པར་བགྱིད་པ་ལགས། མཐར་གྱིས་གནས་པའི་སྙོམས་པར་འཇུག་པ་དགུ་ལ་སྤྱོད་ཅིང་༏ སངས་རྒྱས་ཀྱི་ཞིང་ཡོངས་སུ་དག་པ་དང་། སེམས་ཅན་རྣམས་ཡོངས་སུ་སྨིན་པར་བགྱིད[༡]པ་ལགས། སྟོང་པ་ཉིད་དང་། མཚན་མ་མེད་པ་དང་། སྨོན་པ་མེད་པའི[༨]ཏིང་ངེ་འཛིན[༥]ལ་སྤྱོད་ཅིང་། སངས་རྒྱས་ཀྱི་ཞིང་ཡོངས་སུ་དག་པ་དང་། སེམས་ཅན་རྣམས་ཡོངས་སུ་སྨིན་པར་བགྱིད་པ་ལགས། མངོན་པར་ཤེས་པ་རྣམས་ལ་སྤྱོད་ཅིང་། སངས་རྒྱས་ཀྱི་ཞིང་ཡོངས་སུ་དག་པ་དང་། སེམས་ཅན་རྣམས་ཡོངས་སུ་སྨིན་པར་བགྱིད་པ་ལགས། ཏིང་ངེ་འཛིན་རྣམས་ལ་སྤྱོད་ཅིང་། སངས་རྒྱས་ཀྱི་ཞིང་ཡོངས་སུ་དག་པ་དང་། སེམས་ཅན་རྣམས་ཡོངས་སུ་སྨིན་པར་བགྱིད་པ་ལགས། གཟུངས་ཀྱི་སྒོ་རྣམས་ལ་སྤྱོད་ཅིང་། སངས་རྒྱས་ཀྱི་ཞིང་ཡོངས་སུ་དག་པ་དང་། སེམས་ཅན་རྣམས་ཡོངས་སུ་སྨིན······

པར་བགྱིད་པ་ལགས། དེ་བཞིན་གཤེགས་པའི་སྟོབས་བཅུ་ལ་སྤྱོད་ཅིང་། སངས་རྒྱས་ཀྱི་ཞིང་ཡོངས་སུ་དག་པ་དང་། སེམས་ཅན་རྣམས་ཡོངས་སུ་སྨིན······པར་བགྱིད་པ་ལགས། མི་འཇིགས་པ་བཞི་ལ་སྤྱོད་ཅིང་། སངས་རྒྱས་ཀྱི་ཞིང་ཡོངས་སུ་དག་པ་དང་། སེམས་ཅན་རྣམས་ཡོངས་སུ་སྨིན་པར་བགྱིད་པ་ལགས། སོ་སོ་ཡང་དག་པར་རིག་པ་བཞི་ལ་སྤྱོད་ཅིང་། སངས་རྒྱས་ཀྱི་ཞིང་ཡོངས་སུ་དག་པ་དང་། སེམས་ཅན་རྣམས་ཡོངས་སུ་སྨིན་པར་བགྱིད་པ་ལགས། སངས་རྒྱས་ཀྱི་ཆོས་མ་འདྲེས་པ་བཅོ་བརྒྱད་ལ་སྤྱོད་ཅིང་། སངས་རྒྱས་ཀྱི་ཞིང་ཡོངས་སུ་དག་པ་དང་། སེམས་ཅན་རྣམས་ཡོངས་སུ་སྨིན་པར་བགྱིད་པ་ལགས། བྱམས་པ་ཆེན་པོ་ལ་སྤྱོད་ཅིང་། སངས་རྒྱས་ཀྱི་ཞིང་ཡོངས་སུ་དག་པ་དང་། སེམས······ཅན་རྣམས་ཡོངས་སུ་སྨིན་པར་བགྱིད་པ་ལགས། སྙིང་རྗེ་ཆེན་པོ་ལ་སྤྱོད་ཅིང་། སངས་རྒྱས་[1]ཀྱི་[2]ཞིང་ཡོངས་སུ་དག་པ་དང་། སེམས་ཅན་རྣམས་ཡོངས་སུ་སྨིན་པར་བགྱིད་པ་ལགས། ཐམས་ཅད་ཤེས་པ་ཉིད་ལ་སྤྱོད་ཅིང་། སངས་རྒྱས་ཀྱི་ཞིང་ཡོངས་སུ་དག་པ་དང་། སེམས་ཅན་རྣམས་ཡོངས་སུ་སྨིན་པར་བགྱིད་པ····ལགས། ལམ་གྱི་རྣམ་པ་ཤེས་པ་ཉིད་ལ་སྤྱོད་ཅིང་། སངས་རྒྱས་ཀྱི་ཞིང་ཡོངས་སུ་དག་པ་དང་། སེམས་ཅན་རྣམས་ཡོངས་སུ་སྨིན་པར་བགྱིད་པ་ལགས། རྣམ་པ་ཐམས་ཅད་མཁྱེན་པར་[3]ཉིད་ལ་སྤྱོད་ཅིང་། སངས་རྒྱས་ཀྱི་ཞིང་ཡོངས་སུ····དག་པ་དང་། སེམས་ཅན་རྣམས་ཡོངས་སུ་སྨིན་པར་བགྱིད་པ་ལགས། བཅོམ་ལྡན་འདས་ཀྱིས་བཀའ་སྩལ་པ། རབ་འབྱོར་དེ་ལྟར་ཆོས་ཐམས་ཅད་དངོས་པོ་མེད་པའི་ངོ་བོ་ཉིད་དུ་ཡོངས་སུ་འདྲིས་པར་བྱེད་ཅིང་སངས་རྒྱས་ཀྱི་ཞིང་ཡོངས་སུ་དག་པ་དང་། སེམས་ཅན་རྣམས་[4]ཡོངས་སུ་སྨིན་པར༔བྱེད་ལ[5]། སངས་རྒྱས་ཀྱི་ཞིང་དེ་དག་དང་། སེམས་ཅན་དེ་དག་ཀུང་དངོས་པོ་མེད་པའི་ངོ་བོ་ཉིད་དུ་

ཞེས་པ་དེ་ཉིད༔ བྱང་ཆུབ་སེམས་དཔའ་སེམས་དཔའ་ཆེན་པོའི་ཐབས་མཁས་པ······
སྟེ[7]། བྱང་ཆུབ་སེམས་དཔའ་སེམས་དཔའ་ཆེན་པོ་དེ་ནི། སྦྱིན་པའི་ཕ་རོལ་ཏུ་
ཕྱིན་པ་ལ་སྤྱོད་ཅིང་། བྱང་ཆུབ་ཀྱི་ལམ་ལ་ཡོངས་སུ་འདྲིས་པར་བྱེད་དོ། །ཚུལ་
ཁྲིམས་ཀྱི་ཕ་རོལ་ཏུ་ཕྱིན་པ་ལ་སྤྱོད་ཅིང་། བྱང་ཆུབ་ཀྱི་ལམ་ལ་ཡོངས་སུ་འདྲིས་
པར་བྱེད་དོ། །བཟོད་པའི་ཕ་རོལ་ཏུ་ཕྱིན་པ་ལ་སྤྱོད་ཅིང་། བྱང་ཆུབ་ཀྱི་ལམ་
ལ་ཡོངས་སུ་འདྲིས་པར་བྱེད་དོ། །བརྩོན་འགྲུས་ཀྱི་ཕ་རོལ་ཏུ་ཕྱིན་པ་ལ་སྤྱོད····
ཅིང་། བྱང་ཆུབ་ཀྱི་ལམ་ལ་ཡོངས་སུ་འདྲིས་པར་བྱེད་དོ། །བསམ་གཏན་གྱི་ཕ་
རོལ་ཏུ་ཕྱིན་པ་ལ་སྤྱོད་ཅིང་། བྱང་ཆུབ་ཀྱི་ལམ་ལ་ཡོངས་སུ་འདྲིས་པར་བྱེད་དོ། །
ཤེས་རབ་ཀྱི་ཕ་རོལ་ཏུ་ཕྱིན་པ་ལ་སྤྱོད་ཅིང་། བྱང་ཆུབ་ཀྱི་ལམ་ལ་ཡོངས་སུ····
འདྲིས་པར་བྱེད་དོ། །[3]ནང་སྟོང་པ་ཉིད་ལ་སྤྱོད་ཅིང་། བྱང་ཆུབ་ཀྱི་ལམ་ལ་
ཡོངས་སུ་འདྲིས་པར་བྱེད་དོ། །ཕྱི་སྟོང་པ་ཉིད་ལ་སྤྱོད་ཅིང་། བྱང་ཆུབ་ཀྱི་ལམ་
ལ་ཡོངས་སུ་འདྲིས་པར་བྱེད་དོ། །ཕྱི་ནང་སྟོང་པ་ཉིད་ལ་སྤྱོད་ཅིང་། བྱང་ཆུབ་
ཀྱི་ལམ་ལ་ཡོངས་སུ་འདྲིས་པར་བྱེད་དོ། །སྟོང་པ་ཉིད་སྟོང་པ་ཉིད་ལ་སྤྱོད་ཅིང་།
བྱང་ཆུབ་ཀྱི་ལམ་ལ་ཡོངས་སུ་འདྲིས་པར་བྱེད་དོ། །ཆེན་པོ་སྟོང་པ་ཉིད་ལ་སྤྱོད་
ཅིང་། བྱང་ཆུབ་ཀྱི་ལམ་ལ་ཡོངས་སུ་འདྲིས་པར་བྱེད་དོ། །དོན་དམ་པ་སྟོང་པ་
ཉིད་ལ་སྤྱོད་ཅིང་། བྱང་ཆུབ་ཀྱི་ལམ་ལ་ཡོངས་སུ་འདྲིས་པར་བྱེད་དོ། །འདུས་
བྱས་སྟོང་པ་ཉིད་ལ་སྤྱོད་ཅིང་། བྱང་ཆུབ་ཀྱི་ལམ་ལ་ཡོངས་སུ་འདྲིས་པར་བྱེད་
དོ། །འདུས་མ་བྱས་སྟོང་པ་ཉིད་ལ་སྤྱོད་ཅིང་། བྱང་ཆུབ་ཀྱི་ལམ་ལ་ཡོངས་སུ་
འདྲིས་པར་བྱེད་དོ། །མཐའ་ལས་འདས་པ་སྟོང་པ་ཉིད་ལ་སྤྱོད་ཅིང་། བྱང་
ཆུབ་ཀྱི་ལམ་ལ་ཡོངས་སུ་འདྲིས་པར་བྱེད་དོ། །ཐོག་མ་དང་ཐ་མ་མེད་པ་སྟོང་པ་
ཉིད་ལ་སྤྱོད་ཅིང་། བྱང་ཆུབ་ཀྱི་ལམ་ལ་ཡོངས་སུ་འདྲིས་པར་བྱེད་དོ། །དོར་བ་

མྱེད་པ་སྟོང་པ་ཉིད་ལ་སྤྱོད་ཅིང་། བྱང་ཆུབ་ཀྱི་ལམ་ལ་ཡོངས་སུ་འདྲིས་པར་བྱེད་དོ༑ ༑རང་བཞིན་སྟོང་པ་ཉིད་ལ་སྤྱོད་ཅིང་། བྱང་ཆུབ་ཀྱི་ལམ་ལ་ཡོངས་སུ་འདྲིས་པར་བྱེད་དོ། ༑ཆོས་ཐམས་ཅད་སྟོང་པ་ཉིད་ལ་སྤྱོད་ཅིང་། བྱང་ཆུབ་ཀྱི་ལམ་ལ་ཡོངས་སུ་འདྲིས་པར་བྱེད་དོ། ༑རང་གི་མཚན་ཉིད་སྟོང་པ་ཉིད་ལ་སྤྱོད་ཅིང་༑ བྱང་ཆུབ་ཀྱི་ལམ་ལ་ཡོངས་སུ་འདྲིས་པར་བྱེད་དོ། ༑མི་དམིགས་པ་སྟོང་པ་ཉིད་ལ་སྤྱོད་ཅིང་། བྱང་ཆུབ་ཀྱི་ལམ་ལ་ཡོངས་སུ་འདྲིས་པར་བྱེད་དོ། ༑དངོས་པོ་མྱེད་པ་སྟོང་པ་ཉིད་ལ་སྤྱོད་ཅིང་། བྱང་ཆུབ་ཀྱི་ལམ་ལ་ཡོངས་སུ་འདྲིས་པར་བྱེད་དོ། ༑ངོ་བོ་ཉིད་སྟོང་པ་ཉིད་ལ་སྤྱོད་ཅིང་། བྱང་ཆུབ་ཀྱི་ལམ་ལ་ཡོངས་སུ་འདྲིས་པར་བྱེད་དོ། ༑དངོས་པོ་མྱེད་པའི་ངོ་བོ་ཉིད་སྟོང་པ་ཉིད་ལ་སྤྱོད་ཅིང་༑ བྱང་ཆུབ་ཀྱི་ལམ་ལ་ཡོངས་སུ་འདྲིས་པར་བྱེད་དོ། ༑དྲན་པ་ཉེ་བར་གཞག་པ་རྣམས་ལ་སྤྱོད་ཅིང་། བྱང་ཆུབ་ཀྱི་ལམ་ལ་ཡོངས་སུ་འདྲིས་པར་བྱེད་དོ༎ ཡང་དག་པར་སྤོང་བ་རྣམས་ལ་སྤྱོད་ཅིང་། བྱང་ཆུབ་ཀྱི་ལམ་ལ་ཡོངས་སུ་འདྲིས་པར་བྱེད་དོ། ༑རྫུ་འཕྲུལ་གྱི་རྐང་པ་རྣམས་ལ་སྤྱོད་ཅིང་། བྱང་ཆུབ་ཀྱི་ལམ་ལ་ཡོངས་སུ་འདྲིས་པར་བྱེད་དོ། ༑དབང་པོ་རྣམས་ལ་སྤྱོད་ཅིང་། བྱང་ཆུབ་ཀྱི་ལམ་ལ་ཡོངས་སུ་འདྲིས་པར་བྱེད་དོ། ༑སྟོབས་རྣམས་ལ་སྤྱོད་ཅིང་། བྱང་ཆུབ་ཀྱི་ལམ་ལ་ཡོངས་སུ་འདྲིས་པར་བྱེད་དོ། ༑བྱང་ཆུབ་ཀྱི་ཡན་ལག་རྣམས་ལ་སྤྱོད་ཅིང་༑ བྱང་ཆུབ་ཀྱི་ལམ་ལ་ཡོངས་སུ་འདྲིས་པར་བྱེད་དོ། ༑འཕགས་པའི་ལམ་ཡན་ལག་བརྒྱད་པ་ལ་སྤྱོད་ཅིང་། བྱང་ཆུབ་ཀྱི་ལམ་ལ་ཡོངས་སུ་འདྲིས་པར་བྱེད་དོ༑ ༑འཕགས་པའི་བདེན་པ་རྣམས་ལ་སྤྱོད་ཅིང་། བྱང་ཆུབ་ཀྱི་ལམ་ལ་ཡོངས་སུ་འདྲིས་པར་བྱེད་དོ། ༑བསམ་གཏན་རྣམས་ལ་སྤྱོད་ཅིང་། བྱང་ཆུབ་ཀྱི་ལམ་ལ་ཡོངས་སུ་འདྲིས་པར་བྱེད་དོ། ༑ཚད་མྱེད་པ་རྣམས་ལ་སྤྱོད་ཅིང་། བྱང་ཆུབ་

ཀྱི་ལམ་ལ་ཡོངས་སུ་འདྲིས་པར་⑦བྱེད་དོ། །གཟུགས་མེད་པའི་སྙོམས་པར་འཇུག་པ་རྣམས་ལ་སྤྱོད་ཅིང་། བྱང་ཆུབ་ཀྱི་ལམ་ལ་ཡོངས་སུ་འདྲིས་པར་བྱེད་དོ། །རྣམ་པར་ཐར་པ་རྣམས་ལ་སྤྱོད་ཅིང་། བྱང་ཆུབ་ཀྱི་ལམ་ལ་ཡོངས་སུ་འདྲིས་པར་བྱེད་དོ། །མཐར་གྱིས་གནས་པའི་སྙོམས་པར་འཇུག་པ་རྣམས་ལ་སྤྱོད་ཅིང་། བྱང་ཆུབ་ཀྱི་ལམ་ལ་ཡོངས་སུ་འདྲིས་པར་བྱེད་དོ། །སྟོང་པ་ཉིད་དང་། མཚན་མ་མེད་པ་དང་། སྨོན་པ་མེད་པ་ལ་སྤྱོད་ཅིང་། བྱང་ཆུབ་ཀྱི་ལམ་ལ་ཡོངས་སུ་འདྲིས་པར་བྱེད་དོ། །མངོན་པར་ཤེས་པ་རྣམས་ལ་སྤྱོད་ཅིང་། བྱང་ཆུབ་ཀྱི་ལམ་ལ་ཡོངས་སུ་འདྲིས་པར་བྱེད་དོ། །ཏིང་ངེ་འཛིན་རྣམས་ལ་སྤྱོད་ཅིང་། བྱང་ཆུབ་ཀྱི་ལམ་ལ་ཡོངས་སུ་འདྲིས་པར་བྱེད་དོ། །གཟུངས་ཀྱི་སྒོ་རྣམས་ལ་སྤྱོད་ཅིང་། བྱང་ཆུབ་ཀྱི་ལམ་ལ་ཡོངས་སུ་འདྲིས་པར་བྱེད་དོ། །དེ་བཞིན་གཤེགས་པའི་སྟོབས་རྣམས་ལ་སྤྱོད་ཅིང་། བྱང་ཆུབ་ཀྱི་ལམ་ལ་ཡོངས་སུ་འདྲིས་པར་བྱེད་དོ། །མི་འཇིགས་པ་རྣམས་ལ་སྤྱོད་ཅིང་། བྱང་ཆུབ་ཀྱི་ལམ་ལ་ཡོངས་སུ་འདྲིས་པར་བྱེད་དོ། །སོ་སོ་ཡང་དག་པར་རིག་པ་རྣམས་ལ་སྤྱོད་ཅིང་། བྱང་ཆུབ་ཀྱི་ལམ་ལ་ཡོངས་སུ་འདྲིས་པར་བྱེད་དོ། །སངས་རྒྱས་ཀྱི་ཆོས་མ་འདྲེས་པ་རྣམས་ལ་སྤྱོད་ཅིང་། བྱང་ཆུབ་ཀྱི་ལམ་ལ་ཡོངས་སུ་འདྲིས་པར་བྱེད་དོ། །བྱམས་པ་ཆེན་པོ་ལ་སྤྱོད་ཅིང་། བྱང་ཆུབ་ཀྱི་ལམ་ལ་ཡོངས་སུ་འདྲིས་པར་བྱེད་དོ། །སྙིང་རྗེ་ཆེན་པོ་ལ་སྤྱོད་ཅིང་། བྱང་ཆུབ་ཀྱི་ལམ་ལ་ཡོངས་སུ་འདྲིས་པར་བྱེད་དོ། །ཐམས་ཅད་ཤེས་པ་ཉིད་ལ་སྤྱོད་ཅིང་། བྱང་ཆུབ་ཀྱི་ལམ་ལ་ཡོངས་སུ་འདྲིས་པར་བྱེད་དོ། །ལམ་གྱི་རྣམ་པ་ཤེས་པ་ཉིད་ལ་སྤྱོད་ཅིང་། བྱང་ཆུབ་ཀྱི་ལམ་ལ་ཡོངས་སུ་འདྲིས་པར་བྱེད་དོ། །རྣམ་པ་ཐམས་ཅད་མཁྱེན་པ་ཉིད་ལ་སྤྱོད་ཅིང་། བྱང་ཆུབ་ཀྱི་ལམ་ལ་ཡོངས་སུ་འདྲིས་པར་བྱེད་དོ། །བྱང་ཆུབ་ཀྱི་ལམ་དེ་ཡང་····

དངོས་པོ་མེད་པའི་ངོ་བོ་ཉིད་དུ་རབ་ཏུ་ཞེས་ཏེ། བྱང་ཆུབ་སེམས་དཔའ་སེམས་དཔའ་ཆེན་པོ་དེ་ནི། ཕ་རོལ་ཏུ་ཕྱིན་པ་དྲུག་ལ་སྤྱོད་ཅིང་། ནམ་དེ་བཞིན་གཤེགས་པའི་སྟོབས་བཅུ་དང་ལྡན་པར་མ་གྱུར་པ་དང་། མི་འཇིགས་པ་བཞི་དང་ལྡན་པར་མ་གྱུར་པ་དང་། སོ་སོ་ཡང་དག་པར་རིག་པ་བཞི་དང་ལྡན་པར་མ་གྱུར་པ་དང་། སངས་རྒྱས་ཀྱི་ཆོས་མ་འདྲེས་པ་བཅོ་བརྒྱད་དང་ལྡན་པར་མ་གྱུར་པ་དང་། བྱམས་པ་ཆེན་པོ་དང་ལྡན་པར་མ་གྱུར་པ་དང་། སྙིང་རྗེ་ཆེན་པོ་དང་ལྡན་པར་མ་གྱུར་པ་དང་། རྣམ་པ་ཐམས་ཅད་མཁྱེན་པ་ཉིད་དང་ལྡན་པར་མ་གྱུར་པ་དེའི་བར་དུ་བྱང་ཆུབ་ཀྱི་ལམ་དེ་ལ་ཡོངས་སུ་འདྲིས་པར་བྱེད་དེ[1]། རབ་འབྱོར་དེ་ནི་བྱང་ཆུབ་སེམས་དཔའི་ལམ་སྟེ། ལམ་དེ་ལ་གནས་ཤིང་ཕ་རོལ་ཏུ་ཕྱིན་པ་ཐམས་ཅད་ཡོངས་སུ་རྫོགས་པར་བྱེད་དོ། །ཕ་རོལ་ཏུ་ཕྱིན་པ་ཡོངས་སུ་རྫོགས་པར་བྱས་ནས། སྐད་ཅིག་གཅིག་དང་ལྡན་པའི་ཤེས་རབ་ཀྱིས། རྣམ་པ་ཐམས་ཅད་མཁྱེན་པ་ཉིད་ཐོབ་པར་འགྱུར་རོ། །དེའི་ཚེ་དེའི་བག་ཆགས་ཀྱི་མཚམས་སྦྱོར་བའི་ཉོན་མོངས་པ་ཐམས་ཅད་ཀྱང་། མི་སྐྱེ་བར༔ སྤང་བས་[2]ཡོངས་སུ་སྤོང་བར་འགྱུར་ཏེ། དེས་[3]སངས་རྒྱས་ཀྱི་སྤྱན་གྱིས་སྟོང་གསུམ་གྱི་སྟོང་ཆེན་པོའི་འཇིག་རྟེན་གྱི་ཁམས་ལ་རྣམ་པར་ལྟ་ན། དངོས་པོ་མེད་པར་ཡང་[4]མི་དམིགས་ན། དངོས་པོ་ཡོད་པ་[5]ལྟ་སྨོས་ཀྱང་མི་[6]སྨོས་སོ[7]།། །།[8]

ཤེས་རབ་ཀྱི་ཕ་རོལ་ཏུ་ཕྱིན་པ་སྟོང་ཕྲག་བརྒྱ་པ། བམ་པོ༔ བཅུ་གསུམ་[9]པ། རབ་འབྱོར་བྱང་ཆུབ་སེམས་དཔའ་སེམས་དཔའ་ཆེན་པོ་ཤེས་རབ་ཀྱི་ཕ་རོལ་ཏུ་ཕྱིན་པ་ལ་སྤྱོད་པའི་ཚེ། སྦྱིན་པ་ཡོངས་སུ་གཏོང་སྟེ། དེ་དེ་ལྟར་སྦྱིན་པ་ཡོངས་སུ་གཏོང་ཡང་མི་རྟོག །མཚན་མར་མི་བྱེད་དེ། དངོས་པོ་ཡོད་པའམ་དངོས་པོ་མེད་པར་ཡང་ཡིད་ལ་མི་བྱེད་དོ། །ལེན༔ པ་ལ་[10]ཡང་མི་རྟོག །མཚན་

མར་མི་བྱེད་དེ། དངོས་པོ་ཡོད་པའམ། དངོས་པོ་མེད་པར་ཡང་ཡིད་ལ་མི་བྱེད་དོ། །གཏོང་བ་ལ་ཡང་མི་རྟོག །མཚན་མར་མི་བྱེད་དེ། དངོས་པོ་ཡོད་པའམ། དངོས་པོ་མེད་པར་ཡང་ཡིད་ལ་མི་བྱེད་དོ། །བྱང་ཆུབ་ཀྱི་སེམས་དེ་ཡང་མི་དམིགས་ཏེ། མཚན་མར་མི་བྱེད[༡]། ཡུལ་དུ་མི་བྱེད། ཡང་དག་པར་རྗེས་སུ་མི་མཐོང་ངོ་། །ཤེས་རབ་ཀྱི་ཕ་རོལ་ཏུ་ཕྱིན་པ་ལ་སྤྱོད་པའི་ཚེ། ཚུལ་ཁྲིམས་སྲུང་སྟེ། དེ་དེ་ལྟར་ཚུལ་ཁྲིམས་སྲུང་ཡང་མི་རྟོག །མཚན་མར་མི་བྱེད་དེ། དངོས་པོ་ཡོད་པའམ། དངོས་པོ་མེད་པར་ཡང་ཡིད་ལ་མི་བྱེད་དོ། །བྱང་ཆུབ་ཀྱི་སེམས་དེ་ཡང་མི་དམིགས་ཏེ། མཚན་མར་མི་བྱེད། ཡུལ་དུ་མི་བྱེད། ཡང་དག་པར་རྗེས་སུ་མི་མཐོང་ངོ་། །ཤེས་རབ་ཀྱི་ཕ་རོལ་ཏུ་ཕྱིན་པ་ལ་སྤྱོད་པའི་ཚེ། བཟོད་པ་སྒོམ་སྟེ། དེ་དེ་ལྟར་བཟོད་པ་སྒོམ[༢]ཡང་། མི་རྟོག་མཚན་མར་མི་བྱེད་དེ། དངོས་པོ་ཡོད་པའམ། དངོས་པོ་མེད་པར་ཡང་ཡིད་ལ་མི་བྱེད་དོ། །བྱང་ཆུབ་ཀྱི་སེམས་དེ་ཡང་མི་དམིགས་ཏེ། མཚན་མར་མི་བྱེད། ཡུལ་དུ་མི་བྱེད། ཡང་དག་པར་རྗེས་སུ་མི་མཐོང་ངོ་། །ཤེས་རབ་ཀྱི་ཕ་རོལ་ཏུ་ཕྱིན་པ་ལ་སྤྱོད་པའི་ཚེ་བརྩོན་འགྲུས་རྩོམ་སྟེ། དེ་དེ་ལྟར་བརྩོན་འགྲུས་རྩོམ་ཡང་མི་རྟོག །མཚན་མར་མི་བྱེད་དེ། དངོས་པོ་ཡོད་པའམ། དངོས་པོ་མེད་པར་ཡང་ཡིད་ལ་མི་བྱེད་དོ། །བྱང་ཆུབ་ཀྱི་སེམས་དེ་ཡང་མི་དམིགས་ཏེ། མཚན་མར་མི་བྱེད་ཡུལ་དུ་མི་བྱེད། ཡང་དག་པར་རྗེས་སུ་མི་མཐོང་ངོ་། །ཤེས་རབ་ཀྱི་ཕ་རོལ་ཏུ་ཕྱིན་པ་ལ་སྤྱོད་པའི་ཚེ། བསམ་གཏན་རྣམས་ལ་སྙོམས་པར་འཇུག་སྟེ། དེ་དེ་ལྟར་བསམ་གཏན་རྣམས་ལ་སྙོམས་པར་འཇུག་ཀྱང་མི་རྟོག་མཚན་མར་མི་བྱེད་དེ། དངོས་པོ་ཡོད་པའམ། དངོས་པོ་མེད་པར་ཡང་ཡིད་ལ་མི་བྱེད་དོ། །བྱང་ཆུབ་ཀྱི་སེམས་དེ་ཡང་མི་དམིགས་ཏེ། མཚན་མར་མི་བྱེད་ཡུལ་དུ་མི་བྱེད། ཡང་

དག་པར་རྗེས་སུ་མི་མཐོང་ངོ་། །ཤེས་རབ་ཀྱི་ཕ་རོལ་ཏུ་ཕྱིན་པ་ལ་སྤྱོད་པའི་ཚེ། ཤེས་རབ་[1]སྒོམ་སྟེ། དེ་དེ་ལྟར་ཤེས་རབ་[2]སྒོམ་ཡང་མྱི་རྟོག །མཚན་མར་མྱི་བྱེད་དེ། དངོས་པོ་ཡོད་པའམ། དངོས་པོ་མྱེད་པར་ཡང་ཡིད་ལ་མི་བྱེད་དོ། །གང་ཤེས་རབ༔དེ་ལ་[3]སྒོམ་པ་དེ་ལ་[4]ཡང་མྱི་རྟོག་མཚན་མར་མྱི་བྱེད་དེ། དངོས་པོ་ཡོད་པའམ། དངོས་པོ་མྱེད་པར་ཡང་ཡིད་ལ་མི་བྱེད་དོ། །སེམས་ཅན་གང་གི་དོན་དུ་ཤེས་རབ་དེ་ལ་[5]སྒོམ་པ་དེ་དག་ལ་ཡང༔མྱི་རྟོག[6] །མཚན་མར་མྱི་བྱེད་དེ༑ དངོས་པོ་ཡོད་པའམ། དངོས་པོ་མྱེད་པར་ཡང་ཡིད་ལ་མྱི་བྱེད་དོ། །ནང་སྟོང་པ་ཉིད་ལ་སྤྱོད་པའི་ཚེ། ནང་སྟོང་པ་ཉིད་ལ་མྱི་རྟོག །མཚན་མར་མྱི་བྱེད་དེ[7]༑ དངོས་པོ་ཡོད་པའམ། དངོས་པོ་མྱེད་པར་ཡང་ཡིད་ལ་མྱི་བྱེད་དོ། །གང་ནང་སྟོང་པ་ཉིད་དེ་ལ་སྒོམ་པ་དེ་ལ་ཡང་མྱི་རྟོག་མཚན་མར་མི་བྱེད་དེ། དངོས་པོ་ཡོད་པའམ། དངོས་པོ་མྱེད་པར་ཡང་ཡིད་ལ་མྱི་བྱེད་དོ། །སེམས་ཅན་གང་གི་དོན་དུ་ནང་སྟོང་པ་ཉིད་དེ་ལ་སྒོམ་པ་དེ་ལ་ཡང་མི་རྟོག་མཚན་མར་མྱི་བྱེད་དེ། དངོས་པོ་ཡོད་པའམ། དངོས་པོ་མྱེད་པར་ཡང་ཡིད་ལ་མྱི་བྱེད་དོ། །ཕྱི་སྟོང་པ་ཉིད་ལ་སྤྱོད་པའི་ཚེ། ཕྱི་སྟོང་པ་ཉིད་ལ་མྱི་རྟོག་མཚན་མར་མི་བྱེད་དེ། དངོས་པོ་ཡོད་པའམ། དངོས་པོ་མྱེད་པར་ཡང་ཡིད་ལ་མྱི་བྱེད་དོ། །གང་ཕྱི་སྟོང་པ་ཉིད་དེ་ལ་སྒོམ་པ་དེ་ལ་ཡང་མྱི་རྟོག་མཚན་མར་མྱི་བྱེད་དེ[8]། དངོས་པོ་ཡོད་པའམ། དངོས་པོ་མྱེད་པར་ཡང་ཡིད་ལ་མྱི་བྱེད་དོ། །སེམས་ཅན་གང་གི་དོན་དུ་ཕྱི་སྟོང་པ་ཉིད་དེ་ལ་སྒོམ་པ་དེ་ལ་ཡང་མྱི་རྟོག་མཚན་མར་མི་བྱེད་དེ[9]། དངོས་པོ་ཡོད་པའམ། དངོས་པོ་མྱེད་པར་ཡང་ཡིད་ལ་མྱི་བྱེད་དོ། །ཕྱི་ནང་སྟོང་པ་ཉིད་ལ་སྤྱོད་པའི་ཚེ། ཕྱི་ནང་སྟོང་པ་ཉིད་ལ་མྱི་རྟོག་མཚན་མར་མི་བྱེད་དེ༑ དངོས་པོ་ཡོད་པའམ། དངོས་པོ་མྱེད་པར་ཡང་ཡིད་ལ་མྱི་བྱེད་དོ། །གང་

ཕྱི་ནང་སྟོང་པ་ཉིད་དེ་ལ་སྨྲས་པ་དེ་ལ་ཡང་མི་རྟོག་མཚན་མར་མྱི་བྱེད་དེ། དངོས་པོ་ཡོད་པའམ། དངོས་པོ་མྱེད་པར་ཡང་ཡིད་ལ་མྱི་བྱེད་དོ། །སེམས་ཅན་གང་གི་དོན་དུ་ཕྱི་ནང་སྟོང་པ་ཉིད་དེ་ལ་སྨྲས་པ་དེ་ལ་ཡང་མྱི་རྟོག་མཚན་མར་མྱི་བྱེད་དེ། དངོས་པོ་ཡོད་པའམ། དངོས་པོ་མེད་པར་ཡང་ཡིད་ལ་མི་བྱེད་༔དོ། །[༧]༔སྟོང་པ་ཉིད་སྟོང་པ་ཉིད་ལ་སྤྱོད་པའི་ཚེ།[༣] སྟོང་པ་ཉིད་སྟོང་པ་ཉིད་ལ་མྱི་རྟོག་མཚན་མར་མི་བྱེད་དེ། དངོས་པོ་ཡོད་པའམ། དངོས་པོ་མྱེད་པར་ཡང་ཡིད་ལ་མྱི་བྱེད་དོ། །གང༔གི་དོན་དུ[༣]སྟོང་པ་ཉིད་སྟོང་པ་ཉིད་དེ་ལ་སྨྲས་པ་དེ་ལ་ཡང་མྱི་རྟོག །མཚན་མར་མྱི་བྱེད་དེ། དངོས་པོ་ཡོད་པའམ། དངོས་པོ་མྱེད་པར་ཡང་ཡིད་ལ་མྱི་བྱེད་དོ། །སེམས་ཅན་གང་གི་དོན་དུ་སྟོང་པ་ཉིད་སྟོང་པ་ཉིད་དེ་ལ་སྨྲས་པ་དེ་ལ་ཡང་མྱི་རྟོག་མཚན་མར་མྱི་བྱེད་དེ། དངོས་པོ་ཡོད་པའམ། དངོས་པོ་མྱེད་པར་ཡང་ཡིད་ལ་མྱི་བྱེད་དོ། །ཆེན་པོ་སྟོང་པ་ཉིད་ལ་སྤྱོད་པའི་ཚེ། ཆེན་པོ་སྟོང་པ་ཉིད་ལ་མྱི་རྟོག་མཚན་མར་མྱི་བྱེད་དེ། དངོས་པོ་ཡོད་པའམ། དངོས་པོ་མྱེད་པར་ཡང་ཡིད་ལ་མྱི་བྱེད་དོ། །གང་ཆེན་པོ་སྟོང་པ་ཉིད་དེ་ལ་སྨྲས་པ་དེ་ལ་ཡང་མྱི་རྟོག །མཚན་མར་མྱི་བྱེད་དེ། དངོས་པོ་ཡོད་པའམ། དངོས་པོ་མྱེད་པར་ཡང་ཡིད་ལ་མྱི་བྱེད་དོ། །སེམས་ཅན་གང་གི་དོན་དུ་ཆེན་པོ་སྟོང་པ་ཉིད་དེ་ལ་སྨྲས་པ་དེ་ལ་ཡང་མྱི་རྟོག་མཚན་མར་མྱི་བྱེད་དེ། དངོས་པོ་ཡོད་པའམ། དངོས་པོ་མྱེད་པར་ཡང་ཡིད་ལ་མྱི་བྱེད་དོ། །དོན་དམ་པ་སྟོང་པ་ཉིད་ལ་སྤྱོད་པའི་ཚེ། དོན་དམ་པ་སྟོང་པ་ཉིད་ལ་མི་རྟོག་མཚན་མར་མྱི་བྱེད་དེ། དངོས་པོ་ཡོད་པའམ། དངོས་པོ་མེད་པར་ཡང་ཡིད་ལ་མྱི་བྱེད་དོ། །གང༔གི་དོན་དུ[༨]དོན་དམ་པ་སྟོང་པ་ཉིད་དེ་ལ་སྨྲས་པ་དེ་ལ་ཡང་མྱི་རྟོག །མཚན་མར་མྱི་བྱེད་དེ། དངོས་པོ་ཡོད་པའམ། དངོས་པོ་མྱེད་པར་ཡང་ཡིད་ལ་མྱི་བྱེད་དོ། །སེམས་

ཅན་གང་གི་དོན་དུ་དོན་དམ་པ་སྟོང་པ་ཉིད་དེ་ལ་སྒོམ་པ་དེ་ལ་ཡང་མྱི་རྟོག་མཚན་མར་མྱི་བྱེད་དེ། དངོས་པོ་ཡོད་པའམ། དངོས་པོ་མྱེད་པར་ཡང་ཡིད་ལ་མྱི་བྱེད་དོ། །འདུས་བྱས་སྟོང་པ་ཉིད་ལ་སྤྱོད་པའི་ཚེ། འདུས་བྱས་སྟོང་པ་ཉིད་ལ་མྱི་རྟོག་མཚན་མར་མྱི་བྱེད་དེ(༡)། དངོས་པོ་ཡོད་པའམ། དངོས་པོ་མྱེད་པར་ཡང་ཡིད་ལ་མྱི་བྱེད་དོ། །གང་(༢)འདུས་བྱས་སྟོང་པ་ཉིད་དེ་ལ་སྒོམ་པ་དེ་ལ་ཡང་མྱི་རྟོག །མཚན་མར་མྱི་བྱེད་དེ། དངོས་པོ་ཡོད་པའམ། དངོས་པོ་མྱེད་པར་ཡང་ཡིད་ལ་མྱི་བྱེད་དོ། །སེམས་ཅན་གང་གི་དོན་དུ་འདུས་བྱས་སྟོང་པ་ཉིད་དེ་ལ་སྒོམ་པ་དེ་ལ་ཡང་མྱི་རྟོག །མཚན་མར་མྱི་བྱེད་དེ། དངོས་པོ་ཡོད་པའམ། དངོས་པོ་མྱེད་པར་ཡང་ཡིད་ལ་མྱི་བྱེད་དོ། །འདུས་མ་(༣)བྱས་སྟོང་པ་ཉིད་ལ་སྤྱོད་པའི་ཚེ། འདུས་མ་བྱས་སྟོང་པ་ཉིད་ལ་མྱི་རྟོག་མཚན་མར་མྱི་བྱེད་དེ། དངོས་པོ་ཡོད་པའམ། དངོས་པོ་མྱེད་པར་ཡང་ཡིད་ལ་མྱི་བྱེད་དོ། །གང་འདུས་མ་བྱས་སྟོང་པ་ཉིད་དེ་ལ་སྒོམ་པ་དེ་ལ་ཡང་མྱི་རྟོག་མཚན་མར་མྱི་བྱེད་དེ། དངོས་པོ་ཡོད་པའམ། དངོས་པོ་མྱེད་པར་ཡང་ཡིད་ལ་མྱི་བྱེད་དོ། །སེམས་ཅན་གང་གི་དོན་དུ་འདུས་མ་བྱས་སྟོང་པ་ཉིད་དེ་ལ་སྒོམ་པ་དེ་ལ་ཡང་མྱི་རྟོག །མཚན་མར་མྱི་བྱེད་དེ། དངོས་པོ་ཡོད་པའམ། དངོས་པོ་མྱེད་པར་ཡང་ཡིད་ལ་མྱི་བྱེད་དོ། །མཐའ་ལས་འདས་པ་སྟོང་པ་ཉིད་ལ་སྤྱོད་པའི་ཚེ། མཐའ་ལས་འདས་པ་སྟོང་པ་ཉིད་ལ་མྱི་རྟོག །མཚན་མར་མྱི་བྱེད་དེ། དངོས་པོ་ཡོད་པའམ། དངོས་པོ་མྱེད་པར་ཡང་ཡིད་ལ་མྱི་བྱེད་དོ། །གང་མཐའ་ལས་འདས་པ་སྟོང་པ་ཉིད་དེ་ལ་སྒོམ་པ་དེ་ལ་ཡང་མྱི་རྟོག་མཚན་མར་(༤)མྱི་བྱེད་དེ། དངོས་པོ་ཡོད་པའམ། དངོས་པོ་མྱེད་པར་ཡང་(༥)ཡིད་ལ་མི་བྱེད་དོ། །སེམས་ཅན་གང་གི་དོན་དུ་མཐའ་ལས་འདས་པ་སྟོང་པ་ཉིད་དེ་ལ་སྒོམ་པ་དེ་ལ་(༦)ཡང་མྱི་རྟོག

མཚན་མར་མྱི་བྱེད་དེ། དངོས་པོ་ཡོད་པའམ། དངོས་པོ་མྱེད་པར་ཡང་ཡིད་ལ་མྱི་བྱེད་དོ། །ཐོག་མ་དང་ཐ་མ་མྱེད་པ་སྟོང་པ་ཉིད་ལ་སྤྱོད་པའི་ཚེ། ཐོག་མ་དང་ཐ་མ་མྱེད་པ་སྟོང་པ་ཉིད་ལ་⑦མྱི་རྟོག་མཚན་མར་མྱི་བྱེད་དེ། དངོས་པོ་ཡོད་པའམ། དངོས་པོ་མྱེད་པར་ཡང་ཡིད་ལ་མྱི་བྱེད་དོ། །གང་ཐོག་མ་དང་ཐ་མ་མྱེད་པ་སྟོང་པ་ཉིད་དེ་ལ་སྒོམ་པ་དེ་ལ་ཡང་མྱི་རྟོག །མཚན་མར་མྱི་བྱེད་དེ། དངོས་པོ་ཡོད་པའམ། དངོས་པོ་མྱེད་པར་ཡང་ཡིད་ལ་མྱི་བྱེད་དོ། །སེམས་ཅན་གང་གི་དོན་ཏུ་ཐོག་མ་དང་ཐ་མ་མྱེད་པ་སྟོང་པ་ཉིད་དེ་ལ་སྒོམ་པ་དེ་ལ་ཡང་··མི་རྟོག་③མཚན་མར་མྱི་བྱེད་དེ། དངོས་པོ་ཡོད་པའམ། དངོས་པོ་མེད་པར་ཡང་ཡིད་ལ་མྱི་བྱེད་དོ། །དོར་བ་མྱེད་པ་སྟོང་པ་ཉིད་ལ་སྤྱོད་པའི་ཚེ། དོར་བ་མྱེད་པ་སྟོང་པ་ཉིད་ལ་མྱི་རྟོག་མཚན་མར་མི་བྱེད་དེ། དངོས་པོ་ཡོད་པའམ། དངོས་པོ་མེད་པར་ཡང་ཡིད་ལ་མྱི་བྱེད་དོ། །གང་དོར་བ་མྱེད་པ་སྟོང་པ་ཉིད་དེ་ལ་སྒོམ་པ་དེ་ལ་ཡང་མི་རྟོག་མཚན་མར་མྱི་བྱེད་དེ། དངོས་པོ་ཡོད་པའམ། དངོས་པོ་མྱེད་པར་ཡང་ཡིད་ལ་མྱི་བྱེད་དོ། །སེམས་ཅན་གང་གི་དོན་ཏུ་དོར·····བ་མྱེད་པ་སྟོང་པ་ཉིད་དེ་ལ་སྒོམ་པ་དེ་ལ་ཡང་མི་རྟོག་མཚན་མར་མྱི་བྱེད་དེ། དངོས་པོ་ཡོད་པའམ། དངོས་པོ་མྱེད་པར་ཡང་ཡིད་ལ་མྱི་བྱེད་དོ། །རང····བཞིན་སྟོང་པ་ཉིད་ལ་སྤྱོད་པའི་ཚེ། རང་བཞིན་སྟོང་པ་ཉིད་ལ་མྱི་རྟོག་མཚན·····མར་མྱི་བྱེད་དེ། དངོས་པོ་ཡོད་པའམ། དངོས་པོ་མྱེད་པར་③ཡང་ཡིད་ལ་མྱི་བྱེད་དོ། །གང་རང་བཞིན་སྟོང་པ་ཉིད་དེ་ལ་སྒོམ་པ་དེ་ལ་ཡང་མྱི་རྟོག་མཚན····མར་མྱི་བྱེད་དེ། དངོས་པོ་ཡོད་པའམ། དངོས་པོ་མྱེད་པར་ཡང་ཡིད་ལ་མྱི་བྱེད་དོ། །སེམས་ཅན་གང་གི་དོན་ཏུ་རང་བཞིན་སྟོང་པ་ཉིད་དེ་ལ་སྒོམ་པ་དེ་ལ་ཡང་མྱི་རྟོག་མཚན་མར་མི་བྱེད་དེ། དངོས་པོ་ཡོད་པའམ། དངོས་པོ་མྱེད་པར་

ཡང་ཡིད་ལ་མྱི་བྱེད་དོ། །ཆོས་ཐམས་ཅད་སྟོང་པ་ཉིད་ལ་སྤྱོད་པའི་ཚེ། ཆོས་ཐམས་ཅད་སྟོང་པ་ཉིད་ལ་མྱི་རྟོག །མཚན་མར་མྱི་བྱེད་དེ། དངོས་པོ་ཡོད་པའམ། དངོས་པོ་མྱེད་པར་ཡང་ཡིད་ལ་མྱི་བྱེད་དོ། །གང་ཆོས་ཐམས་ཅད་སྟོང་པ་ཉིད་དེ་ལ་སྒོམ་པ་དེ་ལ་ཡང་མྱི་རྟོག་མཚན་མར་མྱི་བྱེད་དེ། དངོས་པོ་ཡོད་པའམ། དངོས་པོ་མྱེད་པར་ཡང་ཡིད་ལ་མྱི་བྱེད་དོ། །སེམས་ཅན་གང་གི་དོན་དུ་ཆོས་ཐམས་ཅད་སྟོང་པ་ཉིད་དེ་ལ་སྒོམ་པ་དེ་ལ་ཡང་མྱི་རྟོག །མཚན་མར་མྱི་བྱེད་དེ། དངོས་པོ་ཡོད་པའམ། དངོས་པོ་མྱེད་པར་ཡང་ཡིད་ལ་མྱི་བྱེད་དོ། །རང་གི་མཚན་ཉིད་སྟོང་པ་ཉིད་[༡]ལ་སྤྱོད་པའི་ཚེ། རང་གི་མཚན་ཉིད་སྟོང་པ་ཉིད་ལ་མི་རྟོག །མཚན་མར་མྱི་བྱེད་དེ། དངོས་པོ་ཡོད་པའམ། དངོས་པོ་མེད་པར་ཡང་ཡིད་ལ་མྱི་བྱེད་དོ། །གང་རང་གི་མཚན་ཉིད་སྟོང་པ་ཉིད་དེ་ལ་སྒོམ་པ་དེ་ལ་ཡང་མྱི་རྟོག་མཚན་མར་མི་བྱེད་དེ། དངོས་པོ་ཡོད་པའམ། དངོས་པོ་མྱེད་པར་ཡང་ཡིད་ལ་མྱི་བྱེད་དོ། །སེམས་ཅན་གང་གི་དོན་དུ་རང་གི་མཚན་ཉིད་སྟོང་པ་ཉིད་དེ་ལ་སྒོམ་པ་དེ་ལ་ཡང་མྱི་རྟོག་མཚན་མར་མྱི་བྱེད་དེ། དངོས་པོ་ཡོད་པའམ། དངོས་པོ་མྱེད་པར་ཡང་ཡིད་ལ་མྱི་བྱེད་དོ། །མྱི་དམྱིགས་པ་སྟོང་པ་ཉིད་ལ་སྤྱོད་པའི་ཚེ། མྱི་དམྱིགས་པ་སྟོང་པ་ཉིད་ལ་མྱི་རྟོག་མཚན་མར་མྱི་བྱེད་དེ། དངོས་པོ་ཡོད་པའམ། དངོས་པོ་མྱེད་པར་ཡང་ཡིད་ལ་མྱི་བྱེད་དོ། །གང་མྱི་དམྱིགས་པ་སྟོང་པ་ཉིད་དེ་ལ་སྒོམ་པ་དེ་ལ་ཡང་མྱི་རྟོག་མཚན་མར་མྱི་བྱེད་དེ། དངོས་པོ་ཡོད་པའམ། དངོས་པོ་མྱེད་པར་ཡང་ཡིད་ལ་མྱི་བྱེད་དོ། །སེམས་ཅན་གང་གི་དོན་དུ་མྱི་དམྱིགས་པ་སྟོང་པ་ཉིད་དེ་ལ་སྒོམ་པ་དེ་ལ་ཡང་མྱི་རྟོག་མཚན་མར་མྱི་བྱེད་དེ། དངོས་པོ་ཡོད་པའམ། དངོས་པོ་མྱེད་པར་ཡང་ཡིད་ལ་མི་བྱེད་དོ། །དངོས་པོ་མྱེད་པ་སྟོང་པ་ཉིད་ལ་སྤྱོད་པའི་ཚེ་

དངོས་པོ་མེད་པ་སྟོང་པ་ཉིད་ལ་མི་རྟོག་མཚན་མར་མི་བྱེད་དེ། དངོས་པོ་ཡོད་པའམ། དངོས་པོ་མེད་པར་ཡང་ཡིད་ལ་མི་བྱེད་དོ། །གང་དངོས་པོ་མེད་པ་སྟོང་པ་ཉིད་དེ་ལ་སྒོམ་པ་དེ་ལ་ཡང་མི་རྟོག་མཚན་མར་མི་བྱེད་དེ། དངོས་པོ་ཡོད་པའམ། དངོས་པོ་མེད་པར་ཡང་ཡིད་ལ་མི་བྱེད་དོ། །སེམས་ཅན་གང་གི་དོན་ཏུ་དངོས་པོ་མེད་པ་སྟོང་པ་ཉིད་དེ་ལ་སྒོམ་པ་དེ་ལ་ཡང་མི་རྟོག་མཚན་མར་མི་བྱེད་དེ། དངོས་པོ་ཡོད་པའམ། དངོས་པོ་མེད་པར་ཡང་ཡིད་ལ་མི་བྱེད་དོ། །ངོ་བོ་ཉིད་སྟོང་པ་ཉིད་ལ་སྤྱོད་པའི་ཚེ། ངོ་བོ་ཉིད་སྟོང་པ་ཉིད་ལ་མི་རྟོག་མཚན་མར་མི་བྱེད་དེ། དངོས་པོ་ཡོད་པའམ། དངོས་པོ་མེད་པར་ཡང་ཡིད་ལ་མི་བྱེད་དོ། །གང་ངོ་བོ་ཉིད་སྟོང་པ་ཉིད་དེ་ལ་སྒོམ་པ་དེ་ལ་ཡང་མི་རྟོག་མཚན་མར་མི་བྱེད་དེ། དངོས་པོ་ཡོད་པའམ། དངོས་པོ་མེད་པར་ཡང་ཡིད་ལ་མི་བྱེད་དོ། །སེམས་ཅན་གང་གི་དོན་ཏུ་ངོ་བོ་ཉིད་སྟོང་པ་ཉིད་དེ་ལ་སྒོམ་པ་དེ་ལ་ཡང་མི་རྟོག····མཚན་མར་མི་བྱེད་དེ། དངོས་པོ་ཡོད་པའམ། དངོས་པོ་མེད་པར་ཡང་ཡིད་ལ་མི་བྱེད་དོ། །དངོས་པོ་མེད་པའི་ངོ་བོ་ཉིད་སྟོང་པ་ཉིད་ལ་སྤྱོད་པའི་ཚེ། དངོས་པོ་མེད་པའི་ངོ་བོ་ཉིད་སྟོང་པ་ཉིད་⑦ལ་མི་རྟོག་མཚན་མར་མི་བྱེད་དེ། དངོས་པོ་ཡོད་པའམ། དངོས་པོ་མེད་པར་ཡང་ཡིད་ལ་མི་བྱེད་དོ། །གང་དངོས་པོ་མེད་པའི་ངོ་བོ་ཉིད་སྟོང་པ་ཉིད་དེ་ལ་སྒོམ་པ་དེ་ལ་ཡང་མི་རྟོག་མཚན་མར་མི་བྱེད་དེ། དངོས་པོ་ཡོད་པའམ། དངོས་པོ་མེད་པར་ཡང་ཡིད་ལ་མི་བྱེད་དོ། །སེམས་ཅན་གང་གི་དོན་ཏུ་དངོས་པོ་མེད་པའི་ངོ་བོ་ཉིད་སྟོང་པ་ཉིད་དེ་ལ་སྒོམ་པ་དེ་ལ····ཡང་མི་རྟོག་མཚན་མར་མི་བྱེད་དེ། དངོས་པོ་ཡོད་པའམ། དངོས་པོ་མེད་པར་ཡང་ཡིད་ལ་མི་བྱེད་དོ། །དྲན་པ་ཉེ་བར་གཞག་པ་རྣམས་ལ་སྤྱོད་པའི་ཚེ། དྲན་པ་ཉེ་བར་གཞག་པ་དེ་དག་ལ་མི་རྟོག་མཚན་མར་མི་བྱེད་དེ། དངོས་པོ་ཡོད····

པའམ། དངོས་པོ་མྱེད་པར་ཡང་ཡིད་ལ་མྱི་བྱེད་དོ། །གང་དྲན་པ་ཉེ་བར་གཞག་པ་དེ་དག་ལ་སྒོམ་པ་དེ་ལ་ཡང་[༡]མྱི་རྟོག་མཚན་མར་མྱི་བྱེད་དེ། དངོས་པོ་ཡོད་པའམ། དངོས་པོ་མྱེད་པར་ཡང་ཡིད་ལ་མྱི་བྱེད་དོ། །སེམས་ཅན་གང་གི་དོན་དུ་དྲན་པ་ཉེ་བར་གཞག་པ་དེ་དག་ལ་སྒོམ་པ་དེ་ལ་ཡང་མྱི་རྟོག་མཚན་མར་མྱི་བྱེད་དེ། དངོས་པོ་ཡོད་པའམ། དངོས་པོ་མྱེད་པར་ཡང་ཡིད་ལ་མྱི་བྱེད་དོ། །[༢]ཡང་དག་པར་སྤོང་བ་རྣམས་ལ་སྤྱོད་པའི་ཚེ། ཡང་དག་པར་སྤོང་བ་དེ་དག་ལ་མྱི་རྟོག་མཚན་མར་མྱི་བྱེད་དེ། དངོས་པོ་ཡོད་པའམ། དངོས་པོ་མྱེད་པར་ཡང་ཡིད་ལ་མྱི་བྱེད་དོ། །གང་ཡང་དག་པར་སྤོང་བ་དེ་དག་ལ་སྒོམ་པ་དེ་ལ་ཡང་མྱི་རྟོག་མཚན་མར་མྱི་བྱེད་དེ། དངོས་པོ་ཡོད་པའམ། དངོས་པོ་མྱེད་པར་ཡང་ཡིད་ལ་མྱི་བྱེད་དོ། །སེམས་ཅན་གང་གི་དོན་དུ་ཡང་དག་པར་སྤོང་བ་དེ་དག······ལ་སྒོམ་པ་དེ་ལ་ཡང་མྱི་རྟོག་མཚན་མར་མྱི་བྱེད་དེ[༣]། དངོས་པོ་ཡོད་པའམ། དངོས་པོ་མྱེད་པར་ཡང་ཡིད་ལ་མྱི་བྱེད་དོ། །རྫུ་འཕྲུལ་གྱི་རྐང་པ་རྣམས་ལ······སྤྱོད་པའི་ཚེ། རྫུ་འཕྲུལ་གྱི་རྐང་པ་དེ་དག་ལ་མྱི་རྟོག་[༤]མཚན་མར་མྱི་བྱེད་དེ། དངོས་པོ་ཡོད་པའམ། དངོས་པོ་མྱེད་པར་ཡང་ཡིད་ལ་མྱི་བྱེད་དོ། །གང་རྫུ་འཕྲུལ་གྱི་རྐང་པ་དེ་དག་ལ་སྒོམ་པ་དེ་ལ་ཡང་མྱི་རྟོག་མཚན་མར་མྱི་བྱེད་དེ། དངོས་པོ་ཡོད་པའམ། དངོས་པོ་མྱེད་པར་ཡང་ཡིད་ལ་མྱི་བྱེད་དོ། །སེམས་ཅན་གང་གི་དོན་དུ་རྫུ་འཕྲུལ་གྱི་རྐང་པ་དེ་དག་ལ་སྒོམ་པ་དེ་ལ་ཡང་མྱི་རྟོག་མཚན་མར་མྱི་བྱེད་དེ། དངོས་པོ་ཡོད་པའམ། དངོས་པོ་མྱེད་པར་ཡང་ཡིད་ལ་མྱི་བྱེད་དོ། །དབང་པོ་རྣམས་ལ་སྤྱོད་པའི་ཚེ། དབང་པོ་དེ་དག་ལ་མྱི་རྟོག་མཚན་མར་མྱི་བྱེད་དེ། དངོས་པོ་ཡོད་པའམ། དངོས་པོ་མྱེད་པར་ཡང་ཡིད་ལ་མྱི་བྱེད་དོ། །གང་དབང་པོ་དེ་དག་ལ་སྒོམ་པ་དེ་ལ་ཡང་མྱི་རྟོག་མཚན་མར་མྱི་བྱེད་

དེ་། དངོས་པོ་ཡོད་པའམ། དངོས་པོ་མེད་པར་ཡང་ཡིད་ལ་མི་བྱེད་དོ། །སེམས་ཅན་གང་གི་དོན་དུ་དབང་པོ་དེ་དག་ལ་སྒོམ་པ་དེ་ལ་ཡང་མི་རྟོག་མཚན······མར་མི་བྱེད་དེ། དངོས་པོ་ཡོད་པའམ། དངོས་པོ་མེད་པར་ཡང་ཡིད་ལ་མི····བྱེད་དོ། །སྟོབས་རྣམས་ལ་སྤྱོད་པའི་ཚེ། སྟོབས་དེ་དག་ལ་མི་རྟོག་མཚན་མར་མི་བྱེད་དེ། དངོས་པོ་ཡོད་པའམ། དངོས་པོ་མེད་པར་ཡང་ཡིད་ལ་མི་བྱེད་དོ། །གང་སྟོབས་དེ་དག་ལ་སྒོམ་པ་དེ་ལ་ཡང་[༡]མི་རྟོག་མཚན་མར་མི་བྱེད་དེ། དངོས་པོ་ཡོད་པའམ། དངོས་པོ་མེད་པར་ཡང་ཡིད་ལ་མི་བྱེད་དོ། །སེམས་ཅན་གང་གི་དོན་དུ་སྟོབས་དེ་དག་ལ་སྒོམ་པ་དེ་ལ་ཡང་མི་རྟོག་མཚན་མར་མི་བྱེད་དེ། དངོས་པོ་ཡོད་པའམ། དངོས་པོ་མེད་པར་ཡང་ཡིད་ལ་མི་བྱེད་དོ། །བྱང་ཆུབ་ཀྱི་ཡན་ལག་རྣམས་ལ་སྤྱོད་པའི་ཚེ། བྱང་ཆུབ་ཀྱི་ཡན་ལག་དེ་དག་ལ་མི་རྟོག······མཚན་མར་མི་བྱེད་དེ། དངོས་པོ་ཡོད་པའམ། དངོས་པོ་མེད་པར་ཡང་ཡིད་ལ་མི་བྱེད་དོ། །གང་བྱང་ཆུབ་ཀྱི་ཡན་ལག་དེ་དག་ལ་སྒོམ་པ་དེ་ལ་ཡང་མི་རྟོག······མཚན་མར་མི་བྱེད་དེ། དངོས་པོ་ཡོད་པའམ། དངོས་པོ་མེད་པར་ཡང་ཡིད་ལ་མི་བྱེད་དོ། །སེམས་ཅན་གང་གི་དོན་དུ་བྱང་ཆུབ་ཀྱི་ཡན་ལག་དེ་དག་ལ་སྒོམ་པ་དེ་ལ་ཡང་མི་རྟོག་མཚན་མར་མི་བྱེད་དེ། དངོས་པོ་ཡོད་པའམ། དངོས་པོ་མེད་པར་ཡང་ཡིད་ལ་མི་བྱེད་དོ། །འཕགས་པའི་ལམ་ཡན་ལག་བརྒྱད་པ་ལ་སྤྱོད་པའི་ཚེ། འཕགས་པའི་ལམ་ཡན་ལག་བརྒྱད་པ་དེ་དག་ལ་[༢]མི་རྟོག་མཚན་མར་མི་བྱེད་དེ། དངོས་པོ་ཡོད་པའམ། དངོས་པོ་མེད་པར་ཡང་ཡིད་ལ་མི་བྱེད་དོ། །གང་[༣]འཕགས་པའི་ལམ་ཡན་ལག་བརྒྱད་པ་དེ་དག་ལ་སྒོམ་པ་དེ་ལ་ཡང་མི་རྟོག······མཚན་མར་མི་བྱེད་དེ། དངོས་པོ་ཡོད་པའམ། དངོས་པོ་མེད་པར་ཡང་ཡིད་ལ་མི་བྱེད་དོ། །སེམས་ཅན་གང་གི་དོན་དུ་འཕགས་པའི་ལམ་ཡན་ལག་བརྒྱད་པ་དེ་

དག་ལ་སྨོས་པ་དེ་ལ་ཡང་མྱི་རྟོག་མཚན་མར་མྱི་བྱེད་དེ། དངོས་པོ་ཡོད་པའམ། དངོས་པོ་མེད་པར་ཡང་ཡིད་ལ་མྱི་བྱེད་དོ། །འཕགས་པའི་བདེན་པ་རྣམས་ལ་སྤྱོད་པའི་ཚེ། འཕགས་པའི་བདེན་པ་དེ་དག་ལ་མྱི་རྟོག་མཚན་མར་མྱི་བྱེད་དེ། དངོས་པོ་ཡོད་པའམ། དངོས་པོ་མེད་པར་ཡང་ཡིད་ལ་མྱི་བྱེད་དོ། །གང་འཕགས་པའི་བདེན་པ་དེ་དག་ལ་སྨོས་པ་དེ་ལ་ཡང་མྱི་རྟོག་མཚན་མར་མྱི་བྱེད་དེ། དངོས་པོ་ཡོད་པའམ། དངོས་པོ་མེད་པར་ཡང་ཡིད་ལ་མྱི་བྱེད་དོ། །སེམས་ཅན་གང་གི་དོན་དུ་འཕགས་པའི་བདེན་པ་དེ་དག་ལ་སྨོས་པ་དེ་ལ་ཡང་མྱི་རྟོག་མཚན་མར་མྱི་བྱེད་དེ། དངོས་པོ་ཡོད་པའམ། དངོས་པོ་མེད་པར་ཡང་ཡིད་ལ་མྱི་བྱེད་དོ། །བསམ་གཏན་རྣམས་ལ་སྤྱོད་པའི་ཚེ། བསམ་གཏན་དེ་དག་ལ་མྱི་རྟོག་མཚན་མར་མྱི་བྱེད་དེ། དངོས་པོ་ཡོད་པའམ། དངོས་པོ་མེད་པར་ཡང་ཡིད་ལ་མྱི་བྱེད་དོ། །གང་བསམ་གཏན་དེ་དག་ལ་སྨོས་པ་དེ་ལ་ཡང་མྱི་རྟོག་མཚན་མར་མྱི་བྱེད་དེ། དངོས་པོ་ཡོད་པའམ། དངོས་པོ་མེད་པར་ཡང་ཡིད་ལ་མྱི་བྱེད་དོ། །སེམས་ཅན་གང་གི་དོན་དུ་བསམ་གཏན་དེ་དག་ལ་སྨོས་པ་དེ་ལ་ཡང་མྱི་རྟོག་མཚན་མར་མྱི་བྱེད་དེ། དངོས་པོ་ཡོད་པའམ། དངོས་པོ་མེད་པར་ཡང་ཡིད་ལ་མྱི་བྱེད་དོ། །ཚད་མེད་པ་རྣམས་ལ་སྤྱོད་པའི་ཚེ། ཚད་མེད་པ་དེ་དག་ལ་མྱི་རྟོག་མཚན་མར་མྱི་བྱེད་དེ①། དངོས་པོ་ཡོད་པའམ། དངོས་པོ་མེད་པར་ཡང་ཡིད་ལ་མྱི་བྱེདཿདོ། །②གང་ཚད་མེད་པ་དེ་དག་ལ་སྨོས་པ་③དེ་ལ་ཡང་མྱི་རྟོག་མཚན་མར་མྱི་བྱེད་དེ། དངོས་པོ་ཡོད་པའམ། དངོས་པོ་མེད་པར་ཡང་ཡིད་ལ་མྱི་བྱེད་དོ། །སེམས་ཅན་གང་གི་དོན་དུ་ཚད་མེད་པ་དེ་དག་ལ་སྨོས་པཿདེ་ལ་ཡང་④མྱི་རྟོག་མཚན་མར་མྱི་བྱེད་དེ། དངོས་པོ་ཡོད་པའམ། དངོས་པོ་མེད་པར་ཡང་⑤ཡིད་ལ་མྱི་བྱེད་དོ། །གཟུགས་མེད་པའི་སྙོམས་པར་འཇུག་པ་རྣམས་

ལ་སྤྱོད་པའི་ཚེ། གཟུགས་མེད་པའི་སྙོམས་པར་འཇུག་པ་དེ་དག་ལ་མི་རྟོག·····མཚན་མར་མི་བྱེད་དེ། དངོས་པོ་ཡོད་པའམ། དངོས་པོ་མེད་པར་(༧)ཡང་ཡིད་ལ་མི་བྱེད་དོ། །གང་གཟུགས་མེད་པའི་སྙོམས་པར་འཇུག་པ་དེ་དག་ལ་སྙོམ་པ་དེ་ལ་ཡང་མི་རྟོག་མཚན་མར་མི་(༣)བྱེད་དེ། དངོས་པོ་ཡོད་པའམ། དངོས་པོ་མེད་པར་ཡང་ཡིད་ལ་མི་བྱེད་དོ། །སེམས་ཅན་གང་གི་དོན་དུ་གཟུགས་མེད་པའི····སྙོམས་པར་འཇུག་པ་དེ་དག་ལ་སྙོམ་པ་དེ་ལ་ཡང་མི་རྟོག་མཚན་མར་མི་བྱེད་དེ། དངོས་པོ་ཡོད་(༡)པའམ། དངོས་པོ་མེད་པར་ཡང་ཡིད་ལ་མི་བྱེད་དོ། །རྣམ་པར་ཐར་པ་རྣམས་ལ་སྤྱོད་པའི་ཚེ། རྣམ་པར་ཐར་པ་དེ་དག་ལ་མི་རྟོག་མཚན་མར་མི་བྱེད་དེ། དངོས་པོ་ཡོད་པའམ། དངོས་པོ་མེད་པར་ཡང་ཡིད་ལ་མི་བྱེད་དོ། །གང་རྣམ་པར་ཐར་པ་དེ་དག་ལ་སྙོམ་པ་དེ་ལ་ཡང་མི་རྟོག་མཚན་མར་མི་བྱེད་དེ། དངོས་པོ་ཡོད་པའམ། དངོས་པོ་མེད་པར་ཡང་ཡིད་ལ་མི་བྱེད་དོ། །སེམས་ཅན་གང་གི་དོན་དུ་རྣམ་པར་ཐར་པ་དེ་དག་ལ་སྙོམ་པ་དེ་ལ་ཡང་མི་རྟོག་མཚན·····མར་མི་བྱེད་དེ། དངོས་པོ་ཡོད་པའམ། དངོས་པོ་མེད་པར་ཡང་ཡིད་ལ་མི་བྱེད་དོ། །མཐར་གྱིས་གནས་པའི་སྙོམས་པར་འཇུག་པ་རྣམས་ལ་སྤྱོད་པའི་ཚེ། མཐར་གྱིས་གནས་པའི་སྙོམས་པར་འཇུག་པ་དེ་དག་ལ་མི་རྟོག་མཚན་མར་མི་བྱེད་དེ། དངོས་པོ་ཡོད་པའམ། དངོས་པོ་མེད་པར་ཡང་ཡིད་ལ་མི་བྱེད་དོ། །གང་མཐར་གྱིས་གནས་པའི་སྙོམས་པར་འཇུག་པ་དེ་དག་ལ་སྙོམ་པ་དེ་ལ་ཡང་མི་རྟོག····མཚན་མར་མི་བྱེད་དེ། དངོས་པོ་ཡོད་པའམ། དངོས་པོ་མེད་པར་ཡང་ཡིད་ལ་མི་བྱེད་དོ། །སེམས་ཅན་གང་གི་དོན་དུ་མཐར་གྱིས་གནས་པའི་སྙོམས་པར·····འཇུག་པ་དེ་དག་ལ་སྙོམ་པ་དེ་ལ་ཡང་མི་རྟོག་མཚན་མར་(༦)མི་བྱེད་དེ། དངོས་པོ་ཡོད་པའམ། དངོས་པོ་(༥)མེད་པར་ཡང་ཡིད་ལ་མི་བྱེད་དོ། །རྣམ་པར་ཐར་པའི་

སྒོ་སྟོང་པ་ཉིད་དང་། མཚན་མ་མྱེད་པ་དང་། སྨོན་པ་མྱེད་པ་ལ་སྤྱོད་པའི་ཚེ། རྣམ་པར་ཐར་པའི་སྒོ་སྟོང་པ་ཉིད་དང་། མཚན་མ་མྱེད་པ་དང་། སྨོན་པ་མྱེད་པ་དེ་དག①ལ་མྱི་རྟོག་མཚན་མར་མྱི་བྱེད་དེ། དངོས་པོ་ཡོད་པའམ། དངོས་པོ་མྱེད་པར་ཡང་ཡིད་ལ་མྱི་བྱེད་དོ། །གང་རྣམ་པར་ཐར་པའི་སྒོ་སྟོང་པ་ཉིད་དང་། མཚན་མ་མྱེད་པ་དང་། སྨོན་པ་མྱེད་པ་དེ༑དག་ལ་སྒོམ་པ་དེ②ལ་ཡང་མྱི་རྟོག····· མཚན་མར་མྱི་བྱེད་དེ། དངོས་པོ་ཡོད་པའམ། དངོས་པོ་མྱེད་པར་ཡང་ཡིད་ལ་མྱི་བྱེད་དོ། །སེམས་ཅན་གང་གི་དོན་དུ་རྣམ་པར་ཐར་པའི་སྒོ་སྟོང་པ་ཉིད་དང་། མཚན་མ་མྱེད་པ་དང་། སྨོན་པ་མྱེད་པ་དེ་དག③ལ་སྒོམ་པ་དེ་ལ་ཡང་མྱི་རྟོག་མཚན་མར་མྱི་བྱེད་དེ། དངོས་པོ་ཡོད་པའམ། དངོས་པོ་མྱེད་པར་ཡང་ཡིད་ལ་མྱི་བྱེད་དོ། །མངོན་པར་ཤེས་པ་རྣམས་ལ་སྤྱོད་པའི་ཚེ། མངོན་པར་ཤེས་པ་དེ་དག་ལ་མྱི་རྟོག་མཚན་མར་མི་བྱེད་དེ། དངོས་པོ་ཡོད་པའམ། དངོས་པོ་མྱེད་པར་ཡང་ཡིད་ལ་མྱི་བྱེད་དོ། །གང་མངོན་པར་ཤེས་པ་དེ་དག་ལ་སྒོམ་པ་དེ་ལ་ཡང་མྱི་རྟོག་མཚན་མར་མྱི་བྱེད་དེ། དངོས་པོ་ཡོད་པའམ། དངོས་པོ་མྱེད་པར་ཡང་ཡིད་ལ་མྱི་བྱེད་དོ། །སེམས་ཅན་གང་གི་དོན་དུ་མངོན་པར་ཤེས་པ་དེ····· དག་ལ་སྒོམ་པ་དེ་ལ་ཡང་མྱི་རྟོག་མཚན་མར་མྱི་བྱེད་དེ། དངོས་པོ་ཡོད་པའམ། དངོས་པོ་མྱེད་པར་ཡང་ཡིད་ལ་མྱི་བྱེད་དོ། །ཏིང་ངེ་འཛིན་རྣམས་ལ་སྤྱོད་པའི་ཚེ། :卐ཏིང་ངེ་འཛིན་དེ་དག་ལ་མྱི་རྟོག་མཚན་མར་མྱི་བྱེད་དེ། དངོས་པོ་ཡོད་པའམ། དངོས་པོ་མྱེད་པར་ཡང་ཡིད་ལ་མྱི་བྱེད་དོ། །གང་ཏིང་ངེ་འཛིན་དེ་དག༑ལ་སྒོམ་པ་དེ④ལ་ཡང་མྱི་རྟོག་མཚན་མར་མྱི་བྱེད་དེ། དངོས་པོ་ཡོད་པའམ།卍⑤ དངོས་པོ་མྱེད་པར་ཡང་ཡིད་ལ་མྱི་བྱེད་དོ། །སེམས་ཅན་གང་གི་དོན་དུ་ཏིང་ངེ་འཛིན་དེ་དག་ལ་སྒོམ་པ་དེ་ལ་ཡང་མི་རྟོག་མཚན་མར་མྱི་བྱེད་དེ། དངོས་པོ་ཡོད་པའམ།

དངོས་པོ་མྱེད་པར་ཡང་ཡིད་ལ་མི་བྱེད་དོ། །གཟུངས་ཀྱི་སྒོ་རྣམས་ལ་སྤྱོད་པའི་ཚེ། གཟུངས་ཀྱི་སྒོ་དེ་དག་ལ་མྱི་རྟོག་མཚན་མར་མི་བྱེད་དེ། དངོས་པོ་ཡོད་པའམ། དངོས་པོ་མྱེད་པར་ཡང་ཡིད་ལ་མི་བྱེད་དོ། །གང་གཟུངས་ཀྱི་སྒོ་དེ་དག་ལ་སྒོམ་པ་དེ་ལ་ཡང་མྱི་རྟོག་མཚན་མར་མྱི་བྱེད་དེ། དངོས་པོ་ཡོད་པའམ། དངོས་པོ་①མྱེད་པར་ཡང་ཡིད་ལ་མི་བྱེད་དོ། །སེམས་ཅན་གང་གི་དོན་དུ་གཟུངས་ཀྱི་སྒོ་དེ་དག་ལ་སྒོམ་པ་དེ་ལ་ཡང་མི་རྟོག་མཚན་མར་མྱི་བྱེད་དེ། དངོས་པོ་ཡོད་པའམ། དངོས་པོ་མྱེད་པར་ཡང་ཡིད་ལ་མྱི་བྱེད་དོ། །དེ་བཞིན་གཤེགས་པའི་སྟོབས་·····རྣམས་②ལ་སྤྱོད་པའི་ཚེ། དེ་བཞིན་གཤེགས་པའི་སྟོབས་དེ་དག་ལ་མྱི་རྟོག་མཚན་མར་མྱི་བྱེད་དེ། དངོས་པོ་ཡོད་པའམ། དངོས་པོ་མྱེད་པར་ཡང་ཡིད་ལ་མི་བྱེད་དོ། །གང་དེ་བཞིན་གཤེགས་པའི་སྟོབས་དེ་དག་ལ་སྒོམ་པ་དེ་ལ་ཡང་མི་རྟོག་མཚན་མར་མི་བྱེད་དེ། དངོས་པོ་ཡོད་པའམ། དངོས་པོ་མེད་པར་ཡང་ཡིད་····ལ་མྱི་བྱེད་དོ། །སེམས་ཅན་གང་གི་དོན་དུ་དེ་བཞིན་གཤེགས་པའི་སྟོབས་དེ་·····དག་ལ་སྒོམ་པ་དེ་ལ་ཡང་མྱི་རྟོག་མཚན་མར་མྱི་བྱེད་དེ། དངོས་པོ་ཡོད་པའམ། དངོས་པོ་མེད་པར་ཡང་ཡིད་ལ་མྱི་བྱེད་དོ། །མྱི་འཇིགས་པ་རྣམས་ལ་སྤྱོད་པའི་ཚེ། མི་འཇིགས་པ་དེ་དག་ལ་མི་རྟོག་མཚན་མར་མི་བྱེད་དེ། དངོས་པོ་ཡོད་པའམ། དངོས་པོ་མྱེད་པར་ཡང་ཡིད་ལ་མྱི་བྱེད་དོ། །གང་མི་འཇིགས་པ་དེ་དག་ལ་སྒོམ་པ་དེ་ལ་ཡང་མྱི་རྟོག་མཚན་མར་མྱི་བྱེད་དེ། དངོས་པོ་ཡོད་པའམ། དངོས་པོ་མྱེད་པར་ཡང་ཡིད་ལ་མྱི་བྱེད་དོ། །སེམས་ཅན་གང་གི་དོན་དུ་མྱི་འཇིགས་པ་དེ་དག་ལ་སྒོམ་པ་དེ་ལ་ཡང་མྱི་རྟོག་མཚན་མར་མྱི་བྱེད་དེ། དངོས་པོ་ཡོད་པའམ། དངོས་པོ་མེད་པར་ཡང་ཡིད་ལ་མྱི་བྱེད་དོ། །སོ་སོ་ཡང་དག་པར་རིག་པ་རྣམས་ལ་སྤྱོད་པའི་ཚེ། སོ་སོ་ཡང་དག་པར་རིག་པ་དེ་དག་ལ་③མྱི་རྟོག་མཚན་མར་མྱི་

བྱེད་དེ[༡]། དངོས་པོ་ཡོད་པའམ། དངོས་པོ་མྱེད་པར་ཡང་ཡིད་ལ་མྱི་བྱེད་དོ།
གང་སོ་སོ་ཡང་དག་པར་རིག་པ་དེ་དག་ལ་སྒོམ་པ་དེ་ལ་ཡང་མྱི་རྟོག་མཚན་མར་མྱི
བྱེད་དེ། དངོས་པོ་ཡོད་པའམ། དངོས་པོ་མེད་པར་ཡང་ཡིད་ལ་མྱི་བྱེད་དོ།
སེམས་ཅན་གང་གི་དོན་དུ་སོ་སོ་ཡང་དག་པར་རིག་པ་དེ་དག་ལ་སྒོམ་པ་དེ་ལ་ཡང
མྱི་རྟོག་མཚན་མར་མི་བྱེད་དེ། དངོས་པོ་ཡོད་པའམ། དངོས་པོ་མེད་པར་ཡང
ཡིད་ལ་མྱི་བྱེད་དོ། །བྱམས་པ་ཆེན་པོ་ལ་སྤྱོད་པའི་ཚེ། བྱམས་པ་ཆེན་པོ་དེ་ལ
མྱི་རྟོག་མཚན་མར་མི་བྱེད་དེ། དངོས་པོ་ཡོད་པའམ། དངོས་པོ་མེད་པར་ཡང
ཡིད་ལ་མི་བྱེད་དོ། །གང་བྱམས་པ་ཆེན་པོ་དེ་ལ་སྒོམ་པ་དེ་ལ་ཡང་མི་རྟོག་མཚན
མར་མི་བྱེད་དེ། དངོས་པོ་ཡོད་པའམ། དངོས་པོ་མེད་པར་ཡང་ཡིད་ལ་མྱི
བྱེད་དོ། །སེམས་ཅན་གང་གི་དོན་དུ་བྱམས་པ་ཆེན་པོ་དེ་ལ་སྒོམ་པ་དེ་ལ་ཡང་མྱི
རྟོག་མཚན་མར་མྱི་བྱེད་དེ། དངོས་པོ་ཡོད་པའམ། དངོས་པོ་མྱེད་པར་ཡང
ཡིད་ལ་མི་བྱེད་དོ། །སྙིང་རྗེ་ཆེན་པོ་ལ་སྤྱོད་པའི་ཚེ། སྙིང་རྗེ་ཆེན་པོ་དེ་ལ་མྱི
རྟོག་མཚན་མར་མི་བྱེད་དེ། དངོས་པོ་ཡོད་པའམ། དངོས་པོ་མྱེད་པར་ཡང
ཡིད་ལ་མྱི་བྱེད་དོ། །གང་སྙིང་རྗེ་ཆེན་པོ་དེ་ལ་སྒོམ་པ་དེ་ལ་ཡང་མི་རྟོག་མཚན
མར་མྱི་བྱེད་དེ། དངོས་པོ་ཡོད་པའམ། དངོས་པོ་མྱེད་པར་ཡང་ཡིད་ལ་མྱི
བྱེད་དོ། །སེམས་ཅན་གང་གི་དོན་དུ་སྙིང་རྗེ་ཆེན་པོ་དེ་ལ་སྒོམ་པ་དེ་ལ་ཡང་མྱི
རྟོག་མཚན་མར་[༣]མྱི་བྱེད་དེ། དངོས་པོ་ཡོད་པའམ། དངོས་པོ་མྱེད་པར་ཡང
ཡིད་ལ་མྱི་བྱེད་དོ། །སངས་རྒྱས་ཀྱི་ཆོས་མ་འདྲེས་པ་རྣམས་ལ་སྤྱོད་པའི་ཚེ
སངས་རྒྱས་ཀྱི་ཆོས་མ་འདྲེས་པ་དེ་དག་ལ་མྱི་རྟོག་མཚན་མར་མྱི་བྱེད་དེ། དངོས
པོ་ཡོད་པའམ། དངོས་པོ་མེད་པར་ཡང་ཡིད་ལ་མྱི་བྱེད་དོ། །གང་སངས་རྒྱས
ཀྱི་ཆོས་མ་འདྲེས་པ་དེ་དག་ལ་སྒོམ་པ་དེ་ལ་ཡང་མི་རྟོག་མཚན་མར་མྱི་བྱེད་དེ

དངོས་པོ་ཡོད་པའམ། དངོས་པོ་མེད་པར་ཡང་ཡིད་ལ་མི་བྱེད་དོ། །སེམས་ཅན་གང་གི་དོན་དུ་སངས་རྒྱས་ཀྱི་ཆོས་མ་འདྲེས་པ་དེ་དག་ལ་སྒོམ་པ་དེ་ལ་ཡང་མི་རྟོག་མཚན་མར་མི་བྱེད་དེ། དངོས་པོ་ཡོད་པའམ། དངོས་པོ་མེད་པར་ཡང་ཡིད་ལ་མི་བྱེད་དོ། །ཐམས་ཅད་ཤེས་པ་ཉིད་ལ་སྤྱོད་པའི་ཚེ། ཐམས་ཅད་ཤེས་པ་ཉིད་དེ་ལ་མི་རྟོག་མཚན་མར་མི་བྱེད་དེ། དངོས་པོ་ཡོད་པའམ། དངོས་པོ་མེད་པར་ཡང་ཡིད་ལ་མི་བྱེད་དོ། །གང་ཐམས་ཅད་ཤེས་པ་ཉིད་དེ་ལ་སྒོམ་པ་དེ་ལ་ཡང་མི་རྟོག་མཚན་མར་མི་བྱེད་དེ[༡]། དངོས་པོ་ཡོད་པའམ། དངོས་པོ་མེད་པར་ཡང་ཡིད་ལ་མི་བྱེད་དོ། །སེམས་ཅན་གང་གི་དོན་དུ་ཐམས་ཅད་ཤེས་པ་ཉིད་དེ་ལ་སྒོམ་པ་དེ་ལ་ཡང་མི་རྟོག་མཚན་མར་མི་བྱེད་དེ། དངོས་པོ་ཡོད་པའམ། དངོས་པོ་མེད་པར་ཡང་ཡིད་ལ་མི་བྱེད་དོ། །ལམ་གྱི་རྣམ་པ་ཤེས་པ་ཉིད་ལ་སྤྱོད་པའི་ཚེ། ལམ་གྱི་རྣམ་པ་ཤེས་པ་[༢]ཉིད་དེ་ལ་མི་རྟོག་མཚན་མར་མི་བྱེད་དེ། དངོས་པོ་ཡོད་པའམ། དངོས་པོ་མེད་པར་ཡང་ཡིད་ལ་མི་བྱེད་དོ། །གང་ལམ་གྱི་རྣམ་པ་ཤེས་པ་ཉིད་དེ་ལ་སྒོམ་པ་དེ་ལ་ཡང་མི་རྟོག་མཚན་མར་མི་བྱེད་དེ། དངོས་པོ་ཡོད་པའམ། དངོས་པོ་མེད་པར་ཡང་ཡིད་ལ་མི་བྱེད་དོ། །སེམས་ཅན་གང་གི་དོན་དུ་ལམ་གྱི་རྣམ་པ་ཤེས་པ་ཉིད་དེ་ལ་སྒོམ་པ་དེ་ལ་ཡང་མི་རྟོག·····མཚན་མར་མི་བྱེད་དེ། དངོས་པོ་ཡོད་པའམ། དངོས་པོ་མེད་པར་ཡང་ཡིད་ལ་མི་བྱེད་དོ། །རྣམ་པ་ཐམས་ཅད་མཁྱེན་པ་ཉིད་ལ་སྤྱོད་པའི་ཚེ། རྣམ་པ་ཐམས་ཅད་མཁྱེན་པ་ཉིད་དེ་ལ་མི་རྟོག་མཚན་མར་མི་བྱེད་དེ། དངོས་པོ་ཡོད་པའམ། དངོས་པོ་མེད་པར་ཡང་ཡིད་ལ་མི་བྱེད་དོ། །བླ་ན་མེད་པ་ཡང་དག་པར་རྫོགས་པའི་བྱང་ཆུབ་ཀྱི་བར་དུ་ཡང་མི་རྟོག་མཚན་མར་མི་བྱེད་དེ། དངོས་པོ་ཡོད·····པའམ། དངོས་པོ་མེད་པར་ཡང་ཡིད་ལ་མི་བྱེད་དོ། །གང་མངོན་པར་རྫོགས་

པར་འཚང་རྒྱ་བ་དང་། གང་མངོན་པར་རྫོགས་པར་འཚང་རྒྱ་བར་བྱ་བ་དང་གང་གིས་མངོན་པར་རྫོགས་པར་འཚང་རྒྱ་བར་བྱ་བ་དེ་ལ་ཡང་མི་རྟོག་མཚན་མར་མི་བྱེད་དེ། དངོས་པོ་ཡོད་པའམ། དངོས་པོ་མེད་པར་ཡང་ཡིད་ལ་མི་བྱེད་དོ། དེ་ཅིའི་ཕྱིར་ཞེ་ན། འདི་ལྟར་ཆོས་ཐམས་ཅད་ནི་དངོས་པོ་མེད་པའི་ངོ་བོ་ཉིད་དེ དེ་དག་སངས་རྒྱས་རྣམས་ཀྱིས་ཀྱང་མ་མཛད། རང་སངས་རྒྱས་དང་། ཉན་ཐོས་རྣམས་ཀྱིས་ཀྱང་མ་བྱས་ཏེ། ཆོས་ཐམས་ཅད་ནི་བྱེད་པ་པོ་མེད་པ། བྱེད་པ་པོ་དང་བྲལ་བའོ། །རབ་འབྱོར་གྱིས་གསོལ་པ། བཅོམ་ལྡན་འདས་དེ་ལྟ[༡]ལགས་ན། ཆོས་རྣམས་ཆོས་རྣམས་ཉིད་དང་བྲལ་བ་ལགས་སམ། བཅོམ་ལྡན་འདས་ཀྱིས་བཀའ་སྩལ་པ། རབ་འབྱོར་དེ་དེ་བཞིན་ནོ། །དེ་དེ་བཞིན་ཏེ། རབ་འབྱོར་ཆོས་རྣམས་ནི་ཆོས་རྣམས་ཉིད་དང་བྲལ་བའོ། །གསོལ་པ་བཅོམ་ལྡན་འདས་གལ་ཏེ་དེ་ལྟར་ཆོས་རྣམས་ཆོས་རྣམས་ཉིད་དང་བྲལ་བ་ལགས་ན། ཇི་ལྟར་ཆོས་ཀྱིས[༢]ཆོས་ལ་དངོས་པོ་མཆིས་ཞེས་བགྱི་བའམ། དངོས་པོ་མ་མཆིས་ཞེས་བགྱི་བར་ཡོངས་སུ་འཚལ་བར་འགྱུར། བཅོམ་ལྡན་འདས་དངོས་པོ་མ་མཆིས་པའི་ཆོས་ཀྱིས། དངོས་པོ་མ[༣]མཆིས་པའི་ཆོས་ཡོངས་སུ་འཚལ་བར་མི་ཉུང་ངོ་། དངོས་པོ[༤]མཆིས་པའི་ཆོས་ཀྱིས་ཀྱང་། དངོས་པོ[༥]མཆིས་པའི་ཆོས་ཡོངས་སུ་འཚལ་བར་མི་ཉུང་ངོ་། །དངོས་པོ་མ་མཆིས་པའི་ཆོས[༦]ཀྱིས་ཀྱང་དངོས་པོ[༧]མཆིས་པའི་ཆོས་ཡོངས་སུ[༨]འཚལ་བར་མི་ཉུང་ངོ་། །དངོས་པོ་མཆིས་པའི་ཆོས་ཀྱིས་ཀྱང་། དངོས་པོ་མ[༩]མཆིས་པའི་ཆོས་འཚལ་བར་མི་ཉུང་ངོ་། །དེ་ལྟར་ཆོས་ཐམས་ཅད་ཡོངས་སུ་འཚལ་བ[༡༠]མ་མཆིས་པས། བྱང་ཆུབ་སེམས་དཔའ་སེམས་དཔའ་ཆེན་པོ་ལྟ་དངོས་པོ[༡༡]མཆིས་པའམ། དངོས་པོ་མ་མཆིས་པར་སེམས་པར་ཡང་ག་ལ་འགྱུར། བཅོམ་ལྡན་འདས་ཀྱིས[༡༢]བཀའ་སྩལ

པ། བྱང་ཆུབ་སེམས་དཔའ་སེམས་དཔའ་ཆེན་པོ་ནི། ཤེས་རབ་ཀྱི་ཕ་རོལ་ཏུ་ཕྱིན་པ་ལ་སྤྱོད་པའི་ཚེ། འཇིག་རྟེན་གྱི་ཀུན་རྫོབ་ཉེ་བར་བཟུང་བས། དངོས་པོ་ཡོད་ཅེས་བྱ་བའམ། དངོས་པོ་མེད་ཅེས་བྱ་བར་སྟོན་ཏེ། དོན་དམ་པར་ནི་མ་ཡིན་ནོ། །གསོལ་པ། བཅོམ་ལྡན་འདས་ཅི་ལགས། འཇིག་རྟེན་གྱི་ཀུན་རྫོབ་ཀྱང་གཞན་ཞིག་ལ། དོན་དམ་པ་ཡང་གཞན་ཞིག་ལགས་སམ། བཅོམ་ལྡན་འདས་ཀྱིས་བཀའ་སྩལ་པ། རབ་འབྱོར་འཇིག་རྟེན་གྱི་ཀུན་རྫོབ་ཀྱང་གཞན་ཞིག་ལ། དོན་དམ་པར[༡]ཡང་གཞན་ཞིག་ཡིན་ཞེས་བྱ་བ[༢]ཡང་མེད་དེ། འཇིག་རྟེན་གྱི་ཀུན་རྫོབ་ཀྱི་དེ་བཞིན་ཉིད་གང་ཡིན་པ་དེ་ཉིད་དོན་དམ་པའི་དེ་བཞིན་ཉིད་ཡིན་ཡང་། དེ་ལ་སེམས་ཅན་དེ་དག་ཕྱིན་ཅི་ལོག་ཏུ་གྱུར་པས་དེ་བཞིན་ཉིད་དེ་མི་ཤེས་མི་མཐོང་སྟེ། དེ་དག་གི་དོན[༣]ཏུ་བྱང་ཆུབ་སེམས་དཔའ་སེམས་དཔའ་ཆེན་པོ་འཇིག་རྟེན་གྱི་ཀུན་རྫོབ་ཀྱིས་དངོས་པོ་ཡོད་ཅེས་བྱ་བའམ། དངོས་པོ་མེད་ཅེས་བྱ་བར་བརྗོད་དོ། །རབ་འབྱོར་འདི་ལྟར་ཡང་སེམས་ཅན་གང་ཇི་སྙེད་ཅིག་ཕུང་པོ་ལྔ་ལ་དངོས་པོ་ཡོད་པའི་འདུ་ཤེས་སུ་གྱུར་ཏེ། དངོས་པོ་མེད་པར་མི་ཤེས་པ་དེ་དག་གི་དོན་ཏུ་ཆོས་རྣམས་རབ་ཏུ་དབྱེ་བ་ཉེ་བར་བཟུང་སྟེ། དངོས་པོ་མེད་པར་ཇི་ལྟར་ཤེས་པར་འགྱུར[༤]ཞེས་ཏེ[༥]དེ་སྐད་དུ་བརྗོད་དོ། །རབ་འབྱོར་བྱང་ཆུབ་སེམས་དཔའ་སེམས་དཔའ་ཆེན་པོས་ཤེས་རབ་ཀྱི་ཕ་རོལ་ཏུ་ཕྱིན་པ་ལ་དེ་ལྟར་སྤྱད་པར་བྱའོ། །ཤེས་རབ་ཀྱི་ཕ་རོལ་ཏུ་ཕྱིན་པ་སྟོང་ཕྲག་བརྒྱ་པ་ལས། ལེའུ་ལྔ་བཅུ་བཞིའོ[༦]།། །།

དེ་ནས་ཚེ་དང་ལྡན་པ་རབ་འབྱོརད་ཀྱིས་བཅོམ་ལྡན་འདས་ལ་འདི་སྐད་ཅེས་གསོལ་ཏོ། །བཅོམ་ལྡན་འདས་བྱང་ཆུབ་སེམས་དཔའི་སྤྱོད་པ། བྱང་ཆུབ་

སེམས་དཔའི་སྤྱོད་པ་ཞེས་བགྱི[1]ན། དེ་སྐད་དུ་བྱང་ཆུབ་སེམས་དཔའི་སྤྱོད་པ་ཞེས་བགྱི་བ[2]དེ་གང་གི་ཚིག་བླ་དགས[3]ལགས། བཅོམ་ལྡན་འདས་ཀྱིས་བཀའ་སྩལ་པ། རབ་འབྱོར་བྱང་ཆུབ་སེམས་དཔའི་སྤྱོད་པ༔ བྱང་ཆུབ་སེམས་དཔའི་སྤྱོད་པ[4]ཞེས་བྱ་བ[5]ནི། དེ་བྱང་ཆུབ་ཀྱི་དོན་དུ་སྤྱོད[6]པས་ན། དེའི་ཕྱིར་བྱང་ཆུབ་སེམས་དཔའི་སྤྱོད་པ་ཞེས་བྱའོ། །གསོལ་པ། བཅོམ་ལྡན་འདས་བྱང་ཆུབ······སེམས་དཔའ་སེམས་དཔའ་ཆེན་པོ་གང་ལ་སྤྱོད་པ་ལགས། བཅོམ་ལྡན་འདས····ཀྱིས་བཀའ་སྩལ་པ། གཟུགས་སྟོང་པ་ཞེས་བྱ་བར་སྤྱོད་དེ། ཅི་ནས་ཀྱང་བློ······རྣམ་པ་གཉིས་སུ་མི་འགྱུར་བ་དེ་ལྟར་སྤྱོད་དོ། །ཚོར་བ་སྟོང་པ་ཞེས་བྱ་བར་སྤྱོད་དེ། ཅི་ནས་ཀྱང་བློ་རྣམ་པ་གཉིས་སུ་མི་འགྱུར་བ་དེ་ལྟར་སྤྱོད་དོ། །འདུ་ཤེས་སྟོང་པ་ཞེས་བྱ་བར་སྤྱོད་དེ། ཅི་ནས་ཀྱང་བློ་རྣམ་པ་གཉིས་སུ་མི་འགྱུར་བ་དེ······ལྟར་སྤྱོད་དོ། །འདུ་བྱེད་སྟོང་པ་ཞེས་བྱ་བ[7]སྤྱོད་དེ། ཅི་ནས་ཀྱང་བློ་རྣམ་པ་གཉིས་སུ་མི་འགྱུར་བ་དེ་ལྟར་སྤྱོད་དོ། །རྣམ་པར་ཤེས་པ་སྟོང་པ་ཞེས་བྱ་བར་སྤྱོད་དེ། ཅི་ནས་ཀྱང་བློ་རྣམ་པ་གཉིས་སུ་མི་འགྱུར་བ་དེ་ལྟར་སྤྱོད་དོ། །མིག་སྟོང་པ་ཞེས་བྱ་བ[8]སྤྱོད་དེ[9]། ཅི་ནས་ཀྱང་བློ[10]རྣམ་པ་གཉིས་སུ་མི་འགྱུར་བ་དེ་ལྟར་སྤྱོད་དོ། །རྣ་བ་སྟོང་པ་ཞེས་བྱ་བར་སྤྱོད་དེ། ཅི་ནས་ཀྱང་བློ་རྣམ་པ····གཉིས་སུ་མི་འགྱུར་བ་དེ་ལྟར་སྤྱོད་དོ། །སྣ་སྟོང་པ་ཞེས་བྱ་བར་སྤྱོད་དེ། ཅི་ནས་ཀྱང་བློ་རྣམ་པ་གཉིས་སུ་མི་འགྱུར་བ་དེ་ལྟར་སྤྱོད་དོ། །ལྕེ་སྟོང་པ་ཞེས་བྱ····བར་སྤྱོད་དེ། ཅི་ནས་ཀྱང་བློ་རྣམ་པ་གཉིས་སུ་མི་འགྱུར་བ་དེ་ལྟར་སྤྱོད་དོ། །ལུས་སྟོང་པ་ཞེས་བྱ་བར་སྤྱོད་དེ། །ཅི་ནས་ཀྱང་བློ་རྣམ་པ་གཉིས་སུ་མི་འགྱུར་བ་དེ་ལྟར་སྤྱོད་དོ། །ཡིད་སྟོང་པ་ཞེས་བྱ་བར་སྤྱོད་དེ། ཅི་ནས་ཀྱང་བློ་རྣམ་པ་གཉིས་སུ་མི་འགྱུར་བ་དེ་ལྟར་སྤྱོད་དོ། །གཟུགས་སྟོང་པ་ཞེས་བྱ་བར་སྤྱོད་དེ།

ཅི་ནས་ཀྱང་བློ་རྣམ་པ་གཉིས་སུ་མི་འགྱུར་བ་དེ་ལྟར་སྤྱོད་དོ། །སྒྲ་སྟོང་པ་ཞེས་བྱ་བར་སྤྱོད་དེ། ཅི་ནས་ཀྱང་བློ་རྣམ་པ་གཉིས་སུ་མི་འགྱུར་བ་དེ་ལྟར་སྤྱོད་དོ། །དྲི་སྟོང་པ་ཞེས་བྱ་བར་སྤྱོད་དེ། ཅི་ནས་ཀྱང་བློ་རྣམ་པ་གཉིས་སུ་མི་འགྱུར་བ་དེ་ལྟར་སྤྱོད་དོ། །རོ་སྟོང་པ་ཞེས་བྱ་བར་སྤྱོད་དེ། ཅི་ནས་ཀྱང་བློ་རྣམ་པ་གཉིས་སུ་མི་འགྱུར་བ་དེ་ལྟར་སྤྱོད་དོ། །རེག་སྟོང་པ་ཞེས་བྱ་བར་སྤྱོད་དེ། ཅི་ནས་ཀྱང་བློ་རྣམ་པ་གཉིས་སུ་མི་འགྱུར་བ་དེ་ལྟར་སྤྱོད་དོ། །ཆོས་སྟོང་པ་ཞེས་བྱ་བར་སྤྱོད་དེ། ཅི་ནས་ཀྱང་བློ་རྣམ་པ་གཉིས་སུ་མི་འགྱུར་བ་དེ་ལྟར་སྤྱོད་དོ། །མིག་གི་རྣམ་པར་ཤེས་པ་སྟོང་པ་ཞེས་བྱ་བར་སྤྱོད་དེ། ཅི་ནས་ཀྱང་བློ་རྣམ་པ་གཉིས་སུ་མི་འགྱུར་བ་དེ་ལྟར་སྤྱོད་དོ། །རྣ་བའི་རྣམ་པར་ཤེས་པ་སྟོང་པ་ཞེས་བྱ་བར་སྤྱོད་དེ། ཅི་ནས་ཀྱང་བློ་རྣམ་པ་གཉིས་སུ་མི་འགྱུར་བ་དེ་ལྟར་སྤྱོད་དོ། །སྣའི་རྣམ་པར་ཤེས་པ་སྟོང་པ་ཞེས་བྱ་བར་སྤྱོད་དེ། ཅི་ནས་ཀྱང་བློ་རྣམ་པ་གཉིས་སུ་མི་འགྱུར་བ་དེ་ལྟར་སྤྱོད་དོ། །ལྗེའི་རྣམ་པར་ཤེས་པ་སྟོང་པ་ཞེས་བྱ་བར་སྤྱོད་དེ། ཅི་ནས་ཀྱང་བློ་རྣམ་པ་གཉིས་སུ་མི་འགྱུར་བ་དེ་ལྟར་སྤྱོད་དོ། །ལུས་ཀྱི་རྣམ་པར་ཤེས་པ་སྟོང་པ་ཞེས་བྱ་བར་སྤྱོད་དེ། ཅི་ནས་ཀྱང་བློ་རྣམ་པ་གཉིས་སུ་མི་འགྱུར་བ་དེ་ལྟར་སྤྱོད་དོ། །ཡིད་ཀྱི་རྣམ་པར་ཤེས་པ་སྟོང་པ་ཞེས་བྱ་བར་སྤྱོད་དེ། ཅི་ནས་ཀྱང་བློ་རྣམ་པ་གཉིས་སུ་མི་འགྱུར་བ་དེ་ལྟར་སྤྱོད་དོ། །མིག་གི་འདུས་ཏེ་རེག་པ་སྟོང་པ་ཞེས་བྱ་བར་སྤྱོད་དེ། ཅི་ནས་ཀྱང་བློ་རྣམ་པ་གཉིས་སུ་མི་འགྱུར་བ་དེ་ལྟར་སྤྱོད་དོ། །རྣ་བའི་འདུས་ཏེ་རེག་པ་སྟོང་པ་ཞེས་བྱ་བར་སྤྱོད་དེ། ཅི་ནས་ཀྱང་བློ་རྣམ་པ་གཉིས་སུ་མི་འགྱུར་བ་དེ་ལྟར་སྤྱོད་དོ། །སྣའི་འདུས་ཏེ་རེག་པ་སྟོང་པ་ཞེས་བྱ་བར་སྤྱོད་དེ། ཅི་ནས་ཀྱང་བློ་རྣམ་པ་གཉིས་སུ་མི་འགྱུར་བ་དེ་ལྟར་སྤྱོད་དོ། །ལྗེའི་འདུས་ཏེ་རེག་པ་སྟོང་པ་ཞེས་བྱ་བར་སྤྱོད་དེ། ཅི་ནས་ཀྱང་

བློ་རྣམ་པ་གཉིས་སུ་མི་འགྱུར་བ་དེ་ལྟར་སྤྱོད་དོ། །ལུས་ཀྱི་འདུས་ཏེ་རེག་པ་སྟོང་པ་ཞེས་བྱ་བར་སྤྱོད་དེ། ཅི་ནས་ཀྱང་བློ་རྣམ་པ་གཉིས་སུ་མི་འགྱུར་བ་དེ་ལྟར····སྤྱོད་དོ། །ཡིད་ཀྱི་འདུས་ཏེ་རེག་པ་སྟོང་པ་ཞེས་བྱ་བར་སྤྱོད་དེ། ཅི་ནས་ཀྱང་བློ་རྣམ་པ་གཉིས་སུ་མི་འགྱུར་བ་དེ་ལྟར་སྤྱོད་དོ། །མིག་གི་འདུས་ཏེ་རེག་པའི····རྐྱེན་གྱིས་ཚོར་བ་སྟོང་པ་ཞེས་བྱ་བར་སྤྱོད་དེ། ཅི་ནས་ཀྱང་བློ་རྣམ་པ་གཉིས་སུ་མི་འགྱུར་བ་དེ་ལྟར་སྤྱོད་དོ། །རྣ་བའི་འདུས་ཏེ་རེག་པའི་རྐྱེན་གྱིས་ཚོར་བ་སྟོང་པ་ཞེས་བྱ་བར་སྤྱོད་དེ། ཅི་ནས་ཀྱང་བློ་རྣམ་པ་གཉིས་སུ་མི་འགྱུར་བ་དེ་ལྟར····སྤྱོད་དོ། །སྣའི་འདུས་ཏེ་རེག་པའི་རྐྱེན་གྱིས་ཚོར་བ་སྟོང་པ་ཞེས་བྱ་བར་སྤྱོད་དེ[༧]། ཅི་ནས་ཀྱང་བློ་རྣམ་པ་གཉིས་སུ་མི་འགྱུར་བ་དེ་ལྟར་སྤྱོད་དོ། །ལྕེའི་འདུས་ཏེ····རེག་པའི་རྐྱེན་གྱིས་ཚོར་བ་སྟོང་པ་ཞེས་བྱ་བར་སྤྱོད་དེ། ཅི་ནས་ཀྱང་བློ་རྣམ་པ་གཉིས་སུ་མི་འགྱུར་བ་དེ་ལྟར་སྤྱོད་དོ། །ལུས་ཀྱི་འདུས་ཏེ་རེག་པའི་རྐྱེན་གྱིས་ཚོར་བ་སྟོང་པ་ཞེས་བྱ་བར་སྤྱོད་དེ། ཅི་ནས་ཀྱང་བློ་རྣམ་པ་གཉིས་སུ་མི་འགྱུར་བ་དེ་ལྟར་སྤྱོད་དོ། །ཡིད་ཀྱི་འདུས་ཏེ་རེག་པའི་རྐྱེན་གྱིས་ཚོར་བ་སྟོང་པ་ཞེས་བྱ་བར་སྤྱོད་དེ། ཅི་ནས་ཀྱང་བློ་རྣམ་པ་གཉིས་སུ་མི་འགྱུར་བ་དེ་ལྟར་སྤྱོད་དོ། །སའི་ཁམས་སྟོང་པ་ཞེས་བྱ་བར་སྤྱོད་དེ། ཅི་ནས་ཀྱང་བློ་རྣམ་པ་གཉིས་སུ་མི་འགྱུར་བ་དེ་ལྟར་སྤྱོད་དོ། །ཆུའི་ཁམས་སྟོང་པ་ཞེས་བྱ་བར་སྤྱོད་དེ། ཅི་ནས་ཀྱང་བློ་རྣམ་པ་གཉིས་སུ་མི་འགྱུར་བ་དེ་ལྟར་སྤྱོད་དོ། །མེའི་ཁམས་སྟོང་པ་ཞེས་བྱ་བར་སྤྱོད་དེ། ཅི་[༣]ནས་ཀྱང་བློ་རྣམ་པ་གཉིས་སུ་མི་[༤]འགྱུར་བ་དེ་ལྟར་སྤྱོད་དོ། །རླུང་གི་ཁམས་སྟོང་པ་ཞེས་བྱ་བར་སྤྱོད་དེ། ཅི་ནས་ཀྱང་བློ་རྣམ་པ་གཉིས་སུ་མི་འགྱུར་བ་དེ་ལྟར་སྤྱོད་དོ། །ནམ་མཁའི་ཁམས་སྟོང་པ་ཞེས་བྱ་བར་སྤྱོད་དེ། ཅི་ནས་ཀྱང་བློ་རྣམ་པ་གཉིས་སུ་མི་འགྱུར་བ་དེ་ལྟར་སྤྱོད་དོ། །རྣམ་པར་ཤེས་པའི་ཁམས་སྟོང་

པ་ཞེས་བྱ་བར་སྤྱོད་དེ། ཅི་ནས་ཀྱང་བློ་རྣམ་པ་གཉིས་སུ་མི་འགྱུར་བ་དེ་ལྟར……སྤྱོད་དོ། །མ་རིག་པ་སྟོང་པ་ཞེས་བྱ་བར་སྤྱོད་དེ། ཅི་ནས་ཀྱང་བློ་རྣམ་པ……གཉིས་སུ་མི་འགྱུར་བ་དེ་ལྟར་སྤྱོད་དོ། །འདུ་བྱེད་སྟོང་པ་ཞེས་བྱ་བར་སྤྱོད་དེ། ཅི་ནས་ཀྱང་བློ་རྣམ་པ་གཉིས་སུ་མི་འགྱུར་བ་དེ་ལྟར་སྤྱོད་དོ། །རྣམ་པར་ཤེས་པ་སྟོང་པ་ཞེས་བྱ་བར་སྤྱོད་དེ། ཅི་ནས་ཀྱང་བློ་རྣམ་པ་གཉིས་སུ་མི་འགྱུར་བ་དེ……ལྟར་སྤྱོད་དོ། །མིང་དང་གཟུགས་སྟོང་པ་ཞེས་བྱ་བར་སྤྱོད་དེ། ཅི་ནས་ཀྱང་བློ་རྣམ་པ་གཉིས་སུ་མི་འགྱུར་བ་དེ་ལྟར་སྤྱོད་དོ། །སྐྱེ་མཆེད་དྲུག་སྟོང་པ་ཞེས་བྱ……བར་སྤྱོད་དེ། ཅི་ནས་ཀྱང་བློ་རྣམ་པ་གཉིས་སུ་མི་འགྱུར་བ་དེ་ལྟར་སྤྱོད་དོ། །རེག་པ་སྟོང་པ་ཞེས་བྱ་བར་སྤྱོད་དེ། ཅི་ནས་ཀྱང་བློ་①རྣམ་པ་གཉིས་སུ་མི་འགྱུར་བ་དེ་ལྟར་སྤྱོད་དོ། །ཚོར་བ་སྟོང་པ་ཞེས་བྱ་བར་སྤྱོད་དེ། ཅི་ནས་ཀྱང་བློ་རྣམ་པ་གཉིས་སུ་མི་འགྱུར་བ་དེ་ལྟར་སྤྱོད་དོ། །སྲེད་པ་སྟོང་པ་ཞེས་བྱ་བར་སྤྱོད་དེ། ཅི་ནས་ཀྱང་བློ་རྣམ་པ་གཉིས་སུ་མི་འགྱུར་བ་དེ་ལྟར་སྤྱོད་དོ། །ལེན་པ་སྟོང་པ……ཞེས་བྱ་བར་སྤྱོད་དེ། ཅི་ནས་ཀྱང་བློ་རྣམ་པ་གཉིས་སུ་མི་འགྱུར་བ་དེ་ལྟར་སྤྱོད་དོ། །སྲིད་པ་སྟོང་པ་ཞེས་བྱ་བར་སྤྱོད་དེ། ཅི་ནས་ཀྱང་བློ་རྣམ་པ་གཉིས་སུ་མི་འགྱུར་བ་དེ་ལྟར་སྤྱོད་དོ། །སྐྱེ་བ་སྟོང་པ་ཞེས་བྱ་བར་སྤྱོད་དེ། ཅི་ནས་ཀྱང་བློ་རྣམ་པ་གཉིས་སུ་མི་འགྱུར་བ་དེ་ལྟར་སྤྱོད་དོ། །རྒ་ཤི་སྟོང་པ་ཞེས་བྱ་བར་སྤྱོད་དེ། ཅི་ནས་ཀྱང་བློ་རྣམ་པ་གཉིས་སུ་མི་འགྱུར་བ་དེ་ལྟར་སྤྱོད་དོ། །སྦྱིན་པའི་ཕ་རོལ་ཏུ་ཕྱིན་པ་སྟོང་པ་ཞེས་བྱ་བར་སྤྱོད་དེ། ཅི་ནས་ཀྱང་བློ་རྣམ་པ་གཉིས་སུ་མི……འགྱུར་བ་དེ་ལྟར་སྤྱོད་དོ། །ཚུལ་ཁྲིམས་ཀྱི་ཕ་རོལད་ཏུ་ཕྱིན་པ་སྟོང་པ་ཞེས་བྱ……བར་སྤྱོད་དེ། ཅི་ནས་ཀྱང་བློ་རྣམ་པ་གཉིས་སུ་མི་འགྱུར་བ་དེ་ལྟར་སྤྱོད་དོ། །བཟོད་པའི་ཕ་རོལ་ཏུ་ཕྱིན་པཿསྟོང་པ་③ཞེས་བྱ་བར་སྤྱོད་དེ། ཅི་ནས་ཀྱང་བློ་རྣམ་

པ་གཉིས་སུ་མི་འགྱུར་བ་དེ་ལྟར་སྤྱོད་དོ། །བརྩོན་འགྲུས་ཀྱི་ཕ་རོལ་ཏུ་ཕྱིན་པ་སྟོང་པ་ཞེས་བྱ་བར་སྤྱོད་དེ། ཅི་ནས་ཀྱང་བློ་རྣམ་པ་གཉིས་སུ་མི་འགྱུར་བ་དེ་ལྟར་སྤྱོད་དོ། །བསམ་གཏན་གྱི་ཕ་རོལ་ཏུ་ཕྱིན་པ་སྟོང་པ་ཞེས་བྱ་བར་སྤྱོད་དེ། ཅི་ནས་ཀྱང་བློ་རྣམ་པ་གཉིས་སུ་མི་འགྱུར་བ་དེ་ལྟར་སྤྱོད་དོ། །ཤེས་རབ་ཀྱི་ཕ་རོལ་ཏུ་ཕྱིན་པ་སྟོང་པ་ཞེས་བྱ་བར་སྤྱོད་དེ། ཅི་ནས་ཀྱང་བློ་རྣམ་པ་གཉིས་སུ་མི་འགྱུར་བ་དེ་ལྟར་སྤྱོད་དོ། །ནང་སྟོང་པ་ཉིད་སྟོང་པ་ཞེས་བྱ་བར་སྤྱོད་དེ། ཅི་ནས་ཀྱང་བློ་རྣམ་པ་གཉིས་སུ་མི་འགྱུར་བ་དེ་ལྟར་སྤྱོད་དོ། །ཕྱི་སྟོང་པ་ཉིད་སྟོང་པ་ཞེས་བྱ་བར་སྤྱོད་དེ། ཅི་ནས་ཀྱང་བློ་རྣམ་པ་གཉིས་སུ་མི་འགྱུར་བ་དེ་ལྟར་སྤྱོད་དོ། །ཕྱི་ནང་སྟོང་པ་ཉིད་སྟོང་པ་ཞེས་བྱ་བར་སྤྱོད་དེ། ཅི་ནས་ཀྱང་བློ་རྣམ་པ་གཉིས་སུ་མི་འགྱུར་བ་དེ་ལྟར་སྤྱོད་དོ། །སྟོང་པ་ཉིད་སྟོང་པ་ཉིད་སྟོང་པ་ཞེས་བྱ་བར་སྤྱོད་དེ། ཅི་ནས་ཀྱང་བློ་རྣམ་པ་གཉིས་སུ་མི་འགྱུར་བ་དེ་ལྟར་སྤྱོད་དོ། །ཆེན་པོ་སྟོང་པ་ཉིད་སྟོང་པ་ཞེས་བྱ་བར་སྤྱོད་དེ། ཅི་ནས་ཀྱང་བློ་རྣམ་པ་གཉིས་སུ་མི་འགྱུར་བ་དེ་ལྟར་སྤྱོད་དོ། །དོན་དམ་པ་སྟོང་པ་ཉིད་སྟོང་པ་ཞེས་བྱ་བར་སྤྱོད་དེ། ཅི་ནས་ཀྱང་བློ་རྣམ་པ་གཉིས་སུ་མི་འགྱུར་བ་དེ་ལྟར་སྤྱོད་དོ། །འདུས་བྱས་སྟོང་པ་ཉིད་སྟོང་པ་ཞེས་བྱ་བར་སྤྱོད་དེ། ཅི་ནས་ཀྱང་བློ་རྣམ་པ་གཉིས་སུ་མི་འགྱུར་བ་དེ་ལྟར་སྤྱོད་དོ། །འདུས་མ་བྱས་སྟོང་པ་ཉིད་སྟོང་པ་ཞེས་བྱ་བར་སྤྱོད་དེ། ཅི་ནས་ཀྱང་བློ་རྣམ་པ་གཉིས་སུ་མི་འགྱུར་བ་དེ་ལྟར་སྤྱོད་དོ། །མཐའ་ལས་འདས་པ་སྟོང་པ་ཉིད་སྟོང་པ་ཞེས་བྱ་བར་སྤྱོད་དེ། ཅི་ནས་ཀྱང་བློ་རྣམ་པ་གཉིས་སུ་མི་འགྱུར་བ་དེ་ལྟར་སྤྱོད་དོ། །ཐོག་མ་དང་ཐ་མ་མེད་པ་སྟོང་པ་ཉིད་སྟོང་པ་ཞེས་བྱ་བར་སྤྱོད་དེ། ཅི་ནས་ཀྱང་བློ་རྣམ་པ་གཉིས་སུ་མི་འགྱུར་བ་དེ་ལྟར་སྤྱོད་དོ། །དོར་བ་མེད་པ་སྟོང་པ་ཉིད་སྟོང་པ་ཞེས་བྱ་བར་སྤྱོད་དེ། ཅི་

ནས་ཀྱང་བློ་རྣམ་པ་གཉིས་སུ་མི་འགྱུར་བ་དེ་ལྟར་སྤྱོད་དོ། །རང་བཞིན་སྟོང་པ་ཉིད་སྟོང་པ་ཞེས་བྱ་བར་སྤྱོད་དེ། ཅི་ནས་ཀྱང་བློ་རྣམ་པ་གཉིས་སུ་མི་འགྱུར་བ་དེ་ལྟར་སྤྱོད་དོ། །ཆོས་ཐམས་ཅད་སྟོང་པ་ཉིད་སྟོང་པ་ཞེས་བྱ་བར་སྤྱོད་དེ། ཅི་ནས་ཀྱང་བློ་རྣམ་①པ་གཉིས་སུ་མི་འགྱུར་བ་དེ་ལྟར་སྤྱོད་དོ། །རང་གི་མཚན་ཉིད་སྟོང་པ་ཉིད་སྟོང་པ་ཞེས་བྱ་བར་སྤྱོད་དེ། ཅི་ནས་ཀྱང་བློ་རྣམ་པ་གཉིས་སུ་མི་འགྱུར་བ་དེ་ལྟར་སྤྱོད་དོ། །མི་དམིགས་པ་སྟོང་པ་ཉིད་སྟོང་པ་ཞེས་བྱ་བར་སྤྱོད་དེ། ཅི་ནས་ཀྱང་བློ་རྣམ་པ་གཉིས་སུ་མི་འགྱུར་བ་དེ་ལྟར་སྤྱོད་དོ། །དངོས་པོ་མེད་པ་སྟོང་པ་ཉིད་སྟོང་པ་ཞེས་བྱ་བར་སྤྱོད་དེ། ཅི་ནས་ཀྱང་བློ་རྣམ་པ་གཉིས་སུ་མི་འགྱུར་བ་དེ་ལྟར་སྤྱོད་དོ། །ངོ་བོ་ཉིད་སྟོང་པ་ཉིད་སྟོང་པ་ཞེས་བྱ་བར་སྤྱོད་དེ། ཅི་ནས་ཀྱང་བློ་རྣམ་པ་གཉིས་སུ་མི་འགྱུར་བ་དེ་ལྟར་སྤྱོད་དོ། །དངོས་པོ་མེད་པའི་ངོ་བོ་ཉིད་སྟོང་པ་ཉིད་སྟོང་པ་ཞེས་བྱ་བར་སྤྱོད་དེ། ཅི་ནས་ཀྱང་བློ་རྣམ་པ་གཉིས་སུ་མི་འགྱུར་བ་དེ་ལྟར་སྤྱོད་དོ། །བསམ་གཏན་དང་པོ་སྟོང་པ་ཞེས་བྱ་བར་སྤྱོད་དེ། ཅི་ནས་ཀྱང་བློ་རྣམ་པ་གཉིས་སུ་མི་འགྱུར་བ་དེ་ལྟར་སྤྱོད་དོ། །བསམ་གཏན་གཉིས་པ་སྟོང་པ་ཞེས་བྱ་བར་སྤྱོད་དེ། ཅི་ནས་ཀྱང་བློ་རྣམ་པ་གཉིས་སུ་མི་འགྱུར་བ་དེ་ལྟར་སྤྱོད་དོ། །བསམ་གཏན་གསུམ་པ་སྟོང་པ་ཞེས་བྱ་བར་སྤྱོད་དེ། ཅི་ནས་ཀྱང་བློ་རྣམ་པ་གཉིས་སུ་མི་འགྱུར་བ་དེ་ལྟར་སྤྱོད་དོ། །བསམ་གཏན་བཞི་པ་སྟོང་པ་ཞེས་བྱ་བར་སྤྱོད་དེ། ཅི་ནས་ཀྱང་བློ་རྣམ་པ་གཉིས་སུ་མི་འགྱུར་བ་དེ་ལྟར་སྤྱོད་དོ། །བྱམས་པ་②སྟོང་པ་ཞེས་བྱ་བར་སྤྱོད་དེ། ཅི་ནས་ཀྱང་བློ་རྣམ་པ་གཉིས་སུ་མི་འགྱུར་བ་དེ་ལྟར་སྤྱོད་དོ། །སྙིང་རྗེ་③སྟོང་པ་ཞེས་བྱ་བར་སྤྱོད་དེ། ཅི་ནས་ཀྱང་བློ་རྣམ་པ་གཉིས་སུ་མི་འགྱུར་བ་དེ་ལྟར་སྤྱོད་དོ། །དགའ་བ་སྟོང་པ་ཞེས་བྱ་བར་སྤྱོད་དེ། ཅི་ནས་ཀྱང་བློ་རྣམ་པ་གཉིས་སུ་

ཕྱི་འགྱུར་བ་དེ་ལྟར་སྤྱོད་དོ། །བཏང་སྙོམས་སྟོང་པ་ཞེས་བྱ་བར་སྤྱོད་དེ། ཅི་ནས་ཀྱང་བློ་རྣམ་པ་གཉིས་སུ་ཕྱི་འགྱུར་བ་དེ་ལྟར་སྤྱོད་དོ། །ནམ་མཁའ་མཐའ་ཡས་སྐྱེ་མཆེད་སྟོང་པ་ཞེས་བྱ་བར་སྤྱོད་དེ། ཅི་ནས་ཀྱང་བློ་རྣམ་པ་གཉིས་སུ་ཕྱི་འགྱུར་བ་དེ་ལྟར་སྤྱོད་དོ། །རྣམ་ཤེས་མཐའ་ཡས་སྐྱེ་མཆེད་སྟོང་པ་ཞེས་བྱ་བར་སྤྱོད་དེ། ཅི་ནས་ཀྱང་བློ་རྣམ་པ་གཉིས་སུ་ཕྱི་འགྱུར་བ་དེ་ལྟར་སྤྱོད་དོ། །ཅུང་ཟད་མེད་པའི་སྐྱེ་མཆེད་སྟོང་པ་ཞེས་བྱ་བར་སྤྱོད་དེ། །ཅི་ནས་ཀྱང་བློ་རྣམ་པ་གཉིས་སུ་ཕྱི་འགྱུར་བ་དེ་ལྟར་སྤྱོད་དོ། །འདུ་ཤེས་མེད་འདུ་ཤེས་མེད་མིན་སྐྱེ་མཆེད་སྟོང་པ་ཞེས་བྱ་བར་སྤྱོད་དེ། ཅི་ནས་ཀྱང་བློ་རྣམ་པ་གཉིས་སུ་ཕྱི་འགྱུར་བ་དེ་ལྟར་སྤྱོད་དོ། །དྲན་པ་ཉེ་བར་གཞག་པ་བཞི་སྟོང་པ་ཞེས་བྱ་བར་སྤྱོད་དེ། ཅི་ནས་ཀྱང་བློ་རྣམ་པ་གཉིས་སུ་ཕྱི་འགྱུར་བ་དེ་ལྟར་སྤྱོད་དོ། །ཡང་དག་པར་སྤོང་བ་བཞི་སྟོང་པ་ཞེས་བྱ་བར་སྤྱོད་དེ། ཅི་ནས་ཀྱང་བློ་རྣམ་པ་གཉིས་སུ་ཕྱི་འགྱུར་བ་དེ་ལྟར་སྤྱོད་དོ། །རྫུ་འཕྲུལ་གྱི་རྐང་པ་བཞི་སྟོང་པ་ཞེས་བྱ་བར་སྤྱོད་དེ། ཅི་ནས་ཀྱང་བློ་རྣམ་པ་གཉིས་སུ་ཕྱི་འགྱུར་བ་དེ་ལྟར་སྤྱོད་དོ། །དབང་པོ་ལྔ་སྟོང་པ་ཞེས་བྱ་བར་སྤྱོད་དེ། ཅི་ནས་ཀྱང་བློ་རྣམ་པ་གཉིས་སུ་ཕྱི་འགྱུར་བ་དེ་ལྟར་སྤྱོད་དོ། །སྟོབས་ལྔ་སྟོང་པ་ཞེས་བྱ་བར་སྤྱོད་དེ། ཅི་ནས་ཀྱང་བློ་རྣམ་པ་གཉིས་སུ་ཕྱི་འགྱུར་བ་དེ་ལྟར་སྤྱོད་དོ། །བྱང་ཆུབ་ཀྱི་ཡན་ལག་བདུན་སྟོང་པ་ཞེས་བྱ་བར་སྤྱོད་དེ། ཅི་ནས་ཀྱང་བློ་རྣམ་པ་གཉིས་སུ་ཕྱི་འགྱུར་བ་དེ་ལྟར་སྤྱོད་དོ། །འཕགས་པའི་ལམ་ཡན་ལག་བརྒྱད་པ་སྟོང་པ་ཞེས་བྱ་བར་སྤྱོད་དེ། ཅི་ནས་ཀྱང་བློ་རྣམ་པ་གཉིས་སུ་ཕྱི་འགྱུར་བ་དེ་ལྟར་སྤྱོད་དོ། །འཕགས་པའི་བདེན་པ་བཞི་སྟོང་པ་ཞེས་བྱ་བར་སྤྱོད་དེ། ཅི་ནས་ཀྱང་བློ་རྣམ་པ་གཉིས་སུ་ཕྱི་འགྱུར་བ་དེ་ལྟར་སྤྱོད་དོ། །བསམ་གཏན་བཞི་སྟོང་པ་ཞེས་བྱ་བར་སྤྱོད་དེ། ཅི་ནས་ཀྱང་བློ་

རྣམ་པ་གཉིས་སུ་མི་འགྱུར་བ་དེ་ལྟར་སྤྱོད་དོ། །ཚད་མེད་པ་བཞི་སྟོང་པ་ཞེས་བྱ་
བར་སྤྱོད་དེ། ཅི་ནས་ཀྱང་བློ་རྣམ་པ་གཉིས་སུ་མི་འགྱུར་བ་དེ་ལྟར་སྤྱོད་དོ། །
གཟུགས་མེད་པའི་སྙོམས་པར་འཇུག་པ་བཞི་སྟོང་པ་ཞེས་བྱ་བར་སྤྱོད་དེ། ཅི····
ནས་ཀྱང་བློ་རྣམ་པ་གཉིས་སུ་མི་འགྱུར་བ་དེ་ལྟར་སྤྱོད་དོ། །རྣམ་པར་ཐར་པ·····
བརྒྱད་སྟོང་པ་ཞེས་བྱ་བར་སྤྱོད་དེ། ཅི་ནས་ཀྱང་བློ་རྣམ་པ་གཉིས་སུ་མི་འགྱུར་བ་
དེ་ལྟར་སྤྱོད་དོ། །མཐར་གྱིས་གནས་པའི་སྙོམས་པར་འཇུག་པ་དགུ་སྟོང་པ་ཞེས་
བྱ་བར་སྤྱོད་དེ། ཅི་ནས་ཀྱང་བློ་རྣམ་པ་གཉིས་སུ་མི་འགྱུར་བ་དེ་ལྟར་སྤྱོད་དོ། །
སྟོང་པ་ཉིད་ཀྱི་ཏིང་ངེ་འཛིན་སྟོང་པ་ཞེས་བྱ་བར་སྤྱོད་དེ། ཅི་ནས་ཀྱང་བློ་རྣམ་
པ་གཉིས་སུ་མི་འགྱུར་བ་དེ་ལྟར་སྤྱོད་དོ། །མཚན་མ་མེད་པའི་ཏིང་ངེ་འཛིན་སྟོང་
པ་ཞེས་བྱ་བར་སྤྱོད་དེ། ཅི་ནས་ཀྱང་བློ་རྣམ་པ་གཉིས་སུ་མི་འགྱུར་བ་དེ་ལྟར····
སྤྱོད་དོ། །སྨོན་པ་མེད་པའི་ཏིང་ངེ་འཛིན་སྟོང་པ་ཞེས་བྱ་བར་སྤྱོད་དེ། ཅི་ནས་
ཀྱང་བློ་རྣམ་པ་གཉིས་སུ་མི་འགྱུར་བ་དེ་ལྟར་སྤྱོད་དོ། །མངོན་པར་ཤེས་པ་རྣམས་[7]
སྟོང་པ་ཞེས་བྱ་བར་སྤྱོད་དེ། ཅི་ནས་ཀྱང་བློ་རྣམ་པ་གཉིས་སུ་མི་འགྱུར་བ་དེ····
ལྟར་སྤྱོད་དོ། །ཏིང་ངེ་འཛིན་རྣམས་སྟོང་པ་ཞེས་བྱ་བར་སྤྱོད་དེ། ཅི་ནས་ཀྱང་
བློ་རྣམ་པ་གཉིས་སུ་མི་འགྱུར་བ་དེ་ལྟར་སྤྱོད་དོ། །གཟུངས་ཀྱི་སྒོ་རྣམས་སྟོང་པ་
ཞེས་བྱ་བར་སྤྱོད་དེ། ཅི་ནས་ཀྱང་བློ་རྣམ་པ་གཉིས་སུ་མི་འགྱུར་བ་དེ་ལྟར་སྤྱོད་
དོ། །དེ་བཞིན་གཤེགས་པའི་སྟོབས་རྣམས་སྟོང་པ་ཞེས་བྱ་བར་སྤྱོད་དེ། ཅི་
ནས་ཀྱང་བློ་རྣམ་པ་གཉིས་སུ་མི་འགྱུར་བ་དེ་ལྟར་སྤྱོད་དོ། །མི་འཇིགས་པ་རྣམས་
སྟོང་པ་ཞེས་བྱ་བར་སྤྱོད་དེ། ཅི་ནས་ཀྱང་བློ་རྣམ་པ་གཉིས་སུ་མི་འགྱུར་བ་དེ····
ལྟར་སྤྱོད་དོ། །སོ་སོ་ཡང་དག་པར་རིག་པ་རྣམས་སྟོང་པ་ཞེས་བྱ་བར་སྤྱོད་དེ།
ཅི་ནས་ཀྱང་བློ་རྣམ་པ་གཉིས་སུ་མི་འགྱུར་བ་དེ་ལྟར་སྤྱོད་དོ། །བྱམས་པ་ཆེན་པོ་

སྟོང་པ་ཞེས་བྱ་བར་སྤྱོད་དེ། ཅི་ནས་ཀྱང་བློ་རྣམ་པ་གཉིས་སུ་མི་འགྱུར་བ་དེ་
ལྟར་སྤྱོད་དོ། །སྙིང་རྗེ་ཆེན་པོ་སྟོང་པ་ཞེས་བྱ་བར་སྤྱོད་དེ། ཅི་ནས་ཀྱང་བློ་
རྣམ་པ་གཉིས་སུ་མི་འགྱུར་བ་དེ་ལྟར་སྤྱོད་དོ། །སངས་རྒྱས་ཀྱི་ཆོས་མ་འདྲེས་པ་
བཅོ་བརྒྱད་སྟོང་པ་ཞེས་བྱ་བར་སྤྱོད་དེ། ཅི་ནས་ཀྱང་བློ་རྣམ་པ་གཉིས་སུ་མི་
འགྱུར་བ་དེ་ལྟར་སྤྱོད་དོ། །ཐམས་ཅད་ཤེས་པ་ཉིད་སྟོང་པ་ཞེས་བྱ་བར་སྤྱོད་དེ།
ཅི་ནས་ཀྱང་བློ་རྣམ་པ་གཉིས་སུ་མི་འགྱུར་བ་དེ་ལྟར་སྤྱོད་དོ། །ལམ་གྱི་རྣམ་པ་
ཤེས་པ་ཉིད་སྟོང་པ་ཞེས་བྱ་བར་སྤྱོད་དེ། ཅི་ནས་ཀྱང་བློ་རྣམ་པ་གཉིས་སུ་མི་
འགྱུར་བ་དེ་ལྟར་སྤྱོད་དོ། །རྣམ་པ་ཐམས་ཅད་མཁྱེན་པ་ཉིད་སྟོང་པ་ཞེས་བྱ་བར་
སྤྱོད་དེ། ཅི་ནས་ཀྱང་བློ་རྣམ་པ་གཉིས་སུ་མི་འགྱུར་བ་དེ་ལྟར་སྤྱོད་དོ། །སངས་
རྒྱས་ཀྱི་ཞིང་ཡོངས་སུ་དག་པར་བྱ་བ་སྟོང་པ་ཞེས་བྱ་བར་སྤྱོད་དེ། ཅི་ནས་ཀྱང་
བློ་རྣམ་པ་གཉིས་སུ་མི་འགྱུར་བ་དེ་ལྟར་སྤྱོད་དོ། །སེམས་ཅན་[7]ཡོངས་སུ་སྨིན་
པར་བྱ་བ་སྟོང་པ་ཞེས་བྱ་བར་སྤྱོད་དེ། ཅི་ནས་ཀྱང་བློ་རྣམ་པ་གཉིས་སུ་མི་
འགྱུར་བ་དེ་ལྟར་སྤྱོད་དོ། །སྤོབས་པ་རྣམས་སྟོང་པ་ཞེས་བྱ་བར་སྤྱོད་དེ། ཅི་
ནས་ཀྱང་བློ་རྣམ་པ་གཉིས་སུ་མི་འགྱུར་བ་དེ་ལྟར་སྤྱོད་དོ། །ཡི་གེ་མངོན་པར་
བསྒྲུབ་[9]པ་སྟོང་པ་ཞེས་བྱ་བར་སྤྱོད་དེ[9]། ཅི་ནས་ཀྱང་བློ་རྣམ་པ་གཉིས་སུ་མི་
འགྱུར་བ་དེ་ལྟར་སྤྱོད་དོ། །ཡི་གེ་ལ་འཇུག་པ་སྟོང་པ་ཞེས་བྱ་བར་སྤྱོད་དེ། ཅི་
ནས་ཀྱང་བློ་རྣམ་པ་གཉིས་སུ་མི་འགྱུར་བ་དེ་ལྟར་སྤྱོད་དོ། །ཡི་གེ་མེད་པ་ལ་
འཇུག་པ་སྟོང་པ་ཞེས་བྱ་བར་སྤྱོད་དེ། ཅི་ནས་ཀྱང་བློ་རྣམ་པ་གཉིས་སུ་མི་འགྱུར་
བ་དེ་ལྟར་སྤྱོད་དོ། །གཟུངས་སྟོང་པ་ཞེས་བྱ་བར་སྤྱོད་དེ། ཅི་ནས་ཀྱང་བློ་རྣམ་
པ་གཉིས་སུ་མི་འགྱུར་བ་དེ་ལྟར་སྤྱོད་དོ། །འདུས་བྱས་ཀྱི་ཁམས་སྟོང་པ་ཞེས་བྱ་
བར་སྤྱོད་དེ། ཅི་ནས་ཀྱང་བློ་རྣམ་པ་གཉིས་སུ་མི་འགྱུར་བ་དེ་ལྟར་སྤྱོད་དོ། །

འདུས་མ་བྱས་ཀྱི་ཁམས་སྟོང་པ་ཞེས་བྱ་བར་སྤྱོད་དེ། ཅི་ནས་ཀྱང་བློ་རྣམ་པ····
གཉིས་སུ་མི་འགྱུར་བ་དེ་ལྟར་སྤྱོད་དོ། །རབ་འབྱོར་བྱང་ཆུབ་སེམས་དཔའ·····
སེམས་དཔའ་ཆེན་པོ། ཤེས་རབ་ཀྱི་ཕ་རོལ་ཏུ་ཕྱིན་པ་ལ་[༡]དེ་ལྟར་སྤྱོད་པ་ནི།
བྱང་ཆུབ་ཏུ་སྤྱོད་པ་ཡིན་ཏེ། དེའི་ཕྱིར་བྱང་ཆུབ་སེམས་དཔའི་སྤྱོད་པ་ཞེས་བྱའོ།།
དེ་སྐད་ཅེས་བཀའ་སྩལ་པ་དང་། ཚེ་དང་ལྡན་པ་རབ་འབྱོར་གྱིས་བཅོམ་ལྡན···
འདས་ལ་འདི་སྐད་ཅེས་གསོལ་ཏོ། །བཅོམ་ལྡན་འདས་སངས་རྒྱས༔སངས་རྒྱས་
ཞེས་བགྱི་ན་[༢]སངས་རྒྱས་ཞེས་བགྱི་བ་དེ་[༣]གང་གི་ཚིག་བླ་དགས་ལགས། བཅོམ་
ལྡན་འདས་ཀྱིས་བཀའ་སྩལ་པ། རབ་འབྱོར་ཡང་དག་པའི་དོན་ནི་སངས་རྒྱས་
ཞེས་བྱ་སྟེ། རབ་འབྱོར་ཡང་[༤]འདི་ལྟར་[༥]དེས་ཡང་དག་པའི་ཆོས་མངོན་པར····
རྫོགས་པར་སངས་རྒྱས་པས་དེའི་ཕྱིར་སངས་རྒྱས་ཞེས་བྱའོ། །དེས་ཡང་དག་པའི་
དོན་རབ་ཏུ་རྟོགས་པས་དེའི་ཕྱིར་སངས་རྒྱས་ཞེས་བྱའོ། །རབ་འབྱོར་ཡང་འདི་
ལྟར་ཆོས་ཐམས་ཅད་ཇི་ལྟ་བ་བཞིན་དུ་མངོན་པར་རྫོགས་པར་སངས་རྒྱས་པས····
དེའི་ཕྱིར་སངས་རྒྱས་ཞེས་བྱའོ། །རབ་འབྱོར་གྱིས་གསོལ་པ། བཅོམ་ལྡན····
འདས་བྱང་ཆུབ་བྱང་ཆུབ་ཅེས་བགྱི་ན། བྱང་ཆུབ་ཅེས་བགྱི་བ་དེ་གང་གི་ཚིག་བླ་
དགས་ལགས[༦]། བཅོམ་ལྡན་འདས་ཀྱིས་བཀའ་སྩལ་པ། རབ་འབྱོར་བྱང་ཆུབ་
ཅེས་བྱ་བ་དེ་ནི། སྟོང་པ་ཉིད་ཀྱི་ཚིག་བླ་དགས་སོ། །དེ་ནི་དེ་བཞིན་ཉིད་ཀྱི་
ཚིག་བླ་དགས་སོ། །དེ་ནི་མ་ནོར་བ་དེ་བཞིན་ཉིད་ཀྱི་ཚིག་བླ་དགས་སོ། །དེ་ནི་
གཞན་མ་ཡིན་པ་དེ་བཞིན་ཉིད་ཀྱི་ཚིག་བླ་དགས་སོ། །དེ་ནི་ཆོས་ཉིད་ཀྱི་ཚིག་བླ་
དགས་སོ། །དེ་ནི་ཆོས་ཀྱི་དབྱིངས་[༧]ཀྱི་ཚིག་བླ་དགས་སོ། །དེ་ནི་ཆོས་ཀྱི་གནས་
ཉིད་ཀྱི་ཚིག་བླ་དགས་སོ། །དེ་ནི་ཆོས་སྐྱོན་མེད་པའི་ཚིག་བླ་དགས་སོ། །དེ་ནི་
ཡང་དག་པའི་མཐའི་ཚིག་བླ་དགས་སོ། །རབ་འབྱོར་ཡང་འདི་ལྟར་བྱང་ཆུབ····

ཅེས་བྱ་བ་ནི་དེ་བཞིན་ཉིད་མ་ནོར་བ་དེ་བཞིན་ཉིད་གཞན་མ་ཡིན་པ་དེ་བཞིན་ཉིད་[1]རྣམ་པ་གཞན་དུ་མི་འགྱུར་བ་སྟེ[2]། དེའི་ཕྱིར་བྱང་ཆུབ་ཅེས་བྱའོ། །རབ་འབྱོར་ཡང་འདི་ལྟར་འདི་[3]ལྟ་སྟེ། བྱང་ཆུབ་ཅེས་བྱ་བ་འདི་ནི་མིང་དང་མཚན་མ་ཙམ་སྟེ། དེའི་ཕྱིར་བྱང་ཆུབ་ཅེས་བྱའོ། །རབ་འབྱོར་ཡང་འདི་ལྟར་ཡང་དག་པའི་དོན་ནི་བྱང་ཆུབ་ཀྱི་དོན་ཏོ། །རབ་འབྱོར་ཡང་འདི་ལྟར་དེ་ནི་ཆོས་ཐམས་ཅད་མིང་དང་མཚན་མ་ཙམ་དུ་རྟོགས་པར་བྱེད་པ་སྟེ། དེའི་ཕྱིར་བྱང་ཆུབ་ཅེས་བྱའོ། །རབ་འབྱོར་ཡང་འདི་ལྟར༔ དབྱེར་མེད་[4]པའི་དོན་ནི་བྱང་ཆུབ་ཀྱི་དོན་ཏོ། །རབ་འབྱོར་ཡང་འདི་ལྟར་དེ་ནི་སངས་རྒྱས་བཅོམ་ལྡན་འདས་རྣམས་ཀྱི་བྱང་ཆུབ་སྟེ། དེའི་ཕྱིར་བྱང་ཆུབ་ཅེས་བྱའོ། །རབ་འབྱོར་ཡང་འདི་ལྟར་དེ་ནི་སངས་རྒྱས་བཅོམ་ལྡན་འདས་རྣམས་ཀྱིས་མངོན་པར་རྫོགས་པར་སངས་རྒྱས༔ པས་ན[5]། དེའི་ཕྱིར་བྱང་ཆུབ་ཅེས་བྱའོ། །གསོལ་པ། བཅོམ་ལྡན་འདས་བྱང་ཆུབ་སེམས་དཔའ་སེམས་དཔའ་ཆེན་པོ་གང་བྱང་ཆུབ་འདི་ལ་སྤྱོད་པ་དང་། སྦྱིན་པའི་ཕ་རོལ་ཏུ་ཕྱིན་པ་ལ་སྤྱོད་པ་དང་། ཚུལ་ཁྲིམས་ཀྱི་ཕ་རོལ་ཏུ་ཕྱིན་པ་ལ་སྤྱོད་པ་དང་། བཟོད་པའི་ཕ་རོལ་ཏུ་ཕྱིན་པ་ལ་སྤྱོད་པ་དང་། བརྩོན་འགྲུས་ཀྱི་ཕ་རོལ་ཏུ་ཕྱིན་པ་ལ་སྤྱོད་པ་དང་། བསམ་གཏན་གྱི་ཕ་རོལ་ཏུ་ཕྱིན་པ་ལ་སྤྱོད་པ་དང་། ཤེས་རབ་ཀྱི་ཕ་རོལ་ཏུ་ཕྱིན་པ་ལ་སྤྱོད་པ་དང་། ནང་སྟོང་པ་ཉིད་ལ་སྤྱོད་པ་དང་། ཕྱི་སྟོང་པ་ཉིད་ལ་སྤྱོད་པ་དང་། ཕྱི་ནང་སྟོང་པ་ཉིད་ལ་སྤྱོད་པ་དང་། སྟོང་པ་ཉིད་སྟོང་པ་ཉིད་ལ་སྤྱོད་པ་དང་། ཆེན་པོ་སྟོང་པ་ཉིད་ལ་སྤྱོད་པ་དང་། དོན་དམ་པ་སྟོང་པ་ཉིད་ལ་སྤྱོད་པ་དང་། འདུས་བྱས་སྟོང་པ་ཉིད་ལ་སྤྱོད་པ་དང་། འདུས་མ་བྱས་སྟོང་པ་ཉིད་ལ་སྤྱོད་པ་དང་། མཐའ་ལས་འདས་པ་སྟོང་པ་ཉིད་ལ་སྤྱོད་པ་དང་། ཐོག་མ་དང་ཐ་མ་མེད་པ

སྟོང་པ་ཉིད་ལ་སྤྱོད་པ་དང་། དོར་བ་མེད་པ་སྟོང་པ་ཉིད་ལ་སྤྱོད་པ་དང་། རང་བཞིན་སྟོང་པ་ཉིད་ལ་སྤྱོད་པ་དང་། ཆོས་ཐམས་ཅད་སྟོང་པ་ཉིད་ལ་སྤྱོད་པ་དང་། རང་གི་མཚན་ཉིད་སྟོང་པ་ཉིད་ལ་སྤྱོད་པ་དང་། མི་དམིགས་པ་སྟོང་པ་ཉིད་ལ་སྤྱོད་པ་དང་། དངོས་པོ་མེད་པ་སྟོང་པ་ཉིད་ལ་སྤྱོད་པ་དང་། ངོ་བོ་ཉིད་སྟོང་པ་ཉིད་ལ་སྤྱོད་པ་དང་། དངོས་པོ་མེད་པའི་ངོ་བོ་ཉིད་སྟོང་པ་ཉིད་ལ་སྤྱོད་པ་དང་། དྲན་པ་ཉེ་བར་གཞག་པ་རྣམས་ལ་སྤྱོད་པ་དང་། ཡང་དག་པར་སྤོང་བ་རྣམས་ལ་སྤྱོད་པ་དང་། རྫུ་འཕྲུལ་གྱི་རྐང་པ་རྣམས་ལ་སྤྱོད་[7]པ་དང་། དབང་པོ་རྣམས་ལ་སྤྱོད་པ་དང་། སྟོབས་རྣམས་ལ་སྤྱོད་པ་དང་། བྱང་ཆུབ་ཀྱི་ཡན་ལག་རྣམས་ལ་སྤྱོད་པ་དང་། འཕགས་པའི་ལམ་ཡན་ལག་བརྒྱད་པ་ལ་སྤྱོད་པ་དང་། འཕགས་པའི་བདེན་པ་རྣམས་ལ་སྤྱོད་པ་དང་། བསམ་གཏན་རྣམས་ལ་སྤྱོད་པ་དང་། ཚད་མེད་པ་རྣམས་ལ་སྤྱོད་པ་དང་། གཟུགས་མེད་པའི་སྙོམས་པར་འཇུག་པ་རྣམས་ལ་སྤྱོད་པ་དང་། རྣམ་པར་ཐར་པ་བརྒྱད་ལ་སྤྱོད་པ་དང་། མཐར་གྱིས་གནས་པའི་སྙོམས་པར་འཇུག་པ་དགུ་ལ་སྤྱོད་པ་དང་། རྣམ་པར་ཐར་པའི་སྒོ་སྟོང་པ་ཉིད་དང་། མཚན་མ་མེད་པ་དང་། སྨོན་པ་མེད་པ་ལ་སྤྱོད་པ་དང་། མངོན་པར་ཤེས་པ་རྣམས་ལ་སྤྱོད་པ་དང་། ཏིང་ངེ་འཛིན་རྣམས་ལ་སྤྱོད་པ་དང་། གཟུངས་ཀྱི་སྒོ་རྣམས་ལ་སྤྱོད་པ་དང་། དེ་བཞིན་གཤེགས་པའི་སྟོབས་རྣམས་ལ་སྤྱོད་པ་དང་། མི་འཇིགས་པ་རྣམས་ལ་སྤྱོད་པ་དང་། སོ་སོ་ཡང་དག་པར་རིག་པ་རྣམས་ལ་སྤྱོད་པ་དང་། བྱམས་པ་ཆེན་པོ་ལ་སྤྱོད་པ་དང་། སྙིང་རྗེ་ཆེན་པོ་ལ་སྤྱོད་པ་དང་། སངས་རྒྱས་ཀྱི་ཆོས་མ་འདྲེས་པ་རྣམས་ལ་སྤྱོད་པ་དང་། ཐམས་ཅད་ཤེས་པ་ཉིད་ལ་སྤྱོད་པ་དང་། ལམ་གྱི་རྣམ་པ་ཤེས་པ་ཉིད་ལ་སྤྱོད་པ་དང་། རྣམ་པ་ཐམས་ཅད་མཁྱེན་པ་ཉིད་

ལ་སྤྱོད༔ པའི་དགེ་བའི་རྩ་བ་གང་དང་གང་[7]ཆོགས་སུ་འགྱུར་བའམ། འགྲིབ····· པའམ་འཕོང་བའམ། འཕེལ་བའམ། སྐྱེ་བའམ། འགག་པའམ། ཀུན་ནས་ཉོན་མོངས་པའམ། རྣམ་པར་བྱང་བར་འགྱུར་བ་ལགས། བཅོམ་ལྡན་འདས་ཀྱིས་བཀའ་སྩལ་པ། རབ་འབྱོར་བྱང་ཆུབ་སེམས་དཔའ་སེམས་དཔའ་ཆེན་པོ་གང་བྱང་ཆུབ་འདི་ལ་སྤྱོད་པ་དང་། སྦྱིན་པའི་ཕ་རོལ་ཏུ་ཕྱིན་པ་ལ་སྤྱོད་པ་དང་། ཚུལ་ཁྲིམས་ཀྱི་ཕ་རོལ་ཏུ་ཕྱིན་པ་ལ་སྤྱོད་པ་དང་། བཟོད་པའི་ཕ་རོལ་ཏུ་ཕྱིན་པ་ལ་སྤྱོད་པ་དང་། བརྩོན་འགྲུས་ཀྱི་ཕ་རོལ་ཏུ་ཕྱིན་པ་ལ་སྤྱོད་པ་དང་། བསམ་གཏན་གྱི་ཕ་རོལ་ཏུ་ཕྱིན་པ་ལ་སྤྱོད་པ་དང་། ཤེས་རབ་ཀྱི་ཕ་རོལ་ཏུ་ཕྱིན་པ་ལ་སྤྱོད་པ་དང་། ནང་སྟོང་པ་ཉིད་ལ་སྤྱོད་པ་དང་། ཕྱི་སྟོང་པ་ཉིད་ལ་སྤྱོད་པ་དང་། ཕྱི་ནང་སྟོང་པ་ཉིད་ལ་སྤྱོད་པ་དང་། སྟོང་པ་ཉིད་སྟོང་པ་ཉིད་ལ་སྤྱོད་པ་དང་། ཆེན་པོ་སྟོང་པ་ཉིད་ལ་སྤྱོད་པ་དང་། དོན་དམ་པ་སྟོང་པ་ཉིད་ལ་སྤྱོད་པ་དང་། འདུས་བྱས་སྟོང་པ་ཉིད་ལ་སྤྱོད་པ་དང་། འདུས་མ་བྱས་སྟོང་པ་ཉིད་ལ་སྤྱོད་པ་དང་། མཐའ་ལས་འདས་པ་སྟོང་པ་ཉིད་ལ་སྤྱོད་པ་དང་། ཐོག་མ་དང་ཐ་མ་མེད་པ་སྟོང་པ་ཉིད་ལ་སྤྱོད་པ་དང་། དོར་བ་མེད་པ་སྟོང་པ་ཉིད་ལ་སྤྱོད་པ་དང་། རང་བཞིན་སྟོང་པ་ཉིད་ལ་སྤྱོད་པ་དང་། ཆོས་ཐམས་ཅད་སྟོང་པ་ཉིད་ལ་སྤྱོད་པ་དང་། རང་གི་མཚན་ཉིད་སྟོང་པ་ཉིད་ལ་སྤྱོད་པ་དང་། མི་དམིགས་པ་སྟོང་པ་ཉིད་ལ་སྤྱོད་པ་དང་། དངོས་པོ་མེད་པ་སྟོང་པ་ཉིད་ལ་སྤྱོད་པ་དང་། ངོ་བོ་ཉིད་སྟོང་པ་ཉིད་ལ་སྤྱོད་པ་དང་། དངོས་པོ་མེད་པའི་ངོ་བོ་ཉིད་སྟོང་པ་ཉིད་ལ་སྤྱོད་པ་དང་། དྲན་པ་ཉེ་བར་གཞག་པ་རྣམས་ལ་སྤྱོད་པ་དང་། ཡང་དག་པར་སྤོང་བ་རྣམས་ལ་སྤྱོད་པ་དང་། རྫུ་འཕྲུལ་གྱི་རྐང་པ་རྣམས་ལ་སྤྱོད་པ་དང་། དབང་པོ་རྣམས་ལ་སྤྱོད་པ་དང་། སྟོབས་རྣམས་ལ

སྤྱོད་པ་དང་། བྱང་ཆུབ་ཀྱི་ཡན་ལག་རྣམས་ལ་སྤྱོད་པ་དང་། འཕགས་པའི་ལམ་ཡན་ལག་བརྒྱད་པ་ལ་སྤྱོད་པ་དང་། འཕགས་པའི་བདེན་པ་རྣམས་ལ་སྤྱོད་པ་དང་། བསམ་གཏན་རྣམས་ལ་སྤྱོད་པ་དང་། ཚད་མེད་པ་རྣམས་ལ་སྤྱོད་པ་དང་། གཟུགས་མེད་པའི་སྙོམས་པར་འཇུག་པ་རྣམས་ལ་སྤྱོད་པ་དང་། རྣམ་པར་ཐར་པ་རྣམས་ལ་སྤྱོད་པ་དང་། མཐར་གྱིས་གནས་པའི་སྙོམས་པར་འཇུག་པ་རྣམས་ལ་སྤྱོད་པ་དང་། རྣམ་པར་ཐར་པའི་སྒོ་སྟོང་པ་ཉིད་དང་། མཚན་མ་མེད་པ་དང་། སྨོན་པ་མེད་པ་ལ་སྤྱོད་པ་དང་། མངོན་པར་ཤེས་པ་རྣམས་ལ་སྤྱོད་པ་དང་། ཏིང་ངེ་འཛིན་རྣམས་ལ་སྤྱོད་པ་དང་། གཟུངས་ཀྱི་སྒོ་རྣམས་ལ་སྤྱོད་པ་དང་། དེ་བཞིན་གཤེགས་པའི་སྟོབས་རྣམས་ལ་སྤྱོད་པ་དང་། མི་····འཇིགས་པ་རྣམས་ལ་སྤྱོད་པ་དང་། སོ་སོ་ཡང་དག་པར་རིག་པ་རྣམས་ལ་སྤྱོད་པ་དང་། བྱམས་པ་ཆེན་པོ་ལ་སྤྱོད་པ་དང་། སྙིང་རྗེ་ཆེན་པོ་ལ་སྤྱོད་པ་དང་། སངས་རྒྱས་ཀྱི་ཆོས་མ་འདྲེས་པ་རྣམས་ལ་སྤྱོད་པ་དང་། ཐམས་ཅད་ཤེས་པ་ཉིད་ལ་སྤྱོད་པ་དང་། ལམ་གྱི་རྣམ་པ་ཤེས་པ་ཉིད་ལ་སྤྱོད་པ་དང་། རྣམ་པ་ཐམས་ཅད་མཁྱེན་པ་ཉིད་ལ་སྤྱོད་པ་དེ་ལ་ཆོས་གང་ཡང་ཚོགས་སུ་འགྱུར་བའམ། འགྲིབ་པའམ། འཕེལ་བའམ། ༑འགོང་བའམ[༢]། སྐྱེ་བའམ། འགག་པའམ། ཀུན་ནས་ཉོན་མོངས་པའམ། རྣམ་པར་བྱང་བར་འགྱུར་བ་གང་ཡང་མེད་དོ། །དེ་ཅིའི་ཕྱིར་ཞེ་ན། རབ་འབྱོར་བྱང་ཆུབ་སེམས་དཔའ་སེམས་དཔའ་ཆེན་པོ་ཤེས་རབ་ཀྱི་ཕ་རོལ་ཏུ་ཕྱིན་པ་ལ་སྤྱོད་པའི་བྱང་ཆུབ་ནི་ཆོས་གང་ཡང་ཚོགས་སུ་འགྱུར···བའམ། འགྲིབ་པར་བྱ་བའམ[༣]། ༑འགོང་བར་[༤]བྱ་བའམ། འཕེལ་བར་བྱ་བའམ། སྐྱེ་བར་བྱ་བའམ། འགག་པར་བྱ་བའམ། ཀུན་ནས་ཉོན་མོངས་པར་བྱ་བ་དང་[༥]། རྣམ་པར་བྱང་བར་བྱ་བའི་ཕྱིར་དེ་དམིགས་པའི་ཚུལ་གྱིས་ཉེ་བར་

གནས་པ་མ་ཡིན་ནོ། །གསོལ་པ། བཅོམ་ལྡན་འདས་དེ་ལྟར་གལ་ཏེ་བྱང་ཆུབ་སེམས་དཔའ་སེམས་དཔའ་ཆེན་པོ་ཤེས་རབ་ཀྱི་ཕ་རོལ་ཏུ་ཕྱིན་པ་ལ་སྤྱོད་པའི་བྱང་ཆུབ་ཆོས་གང་ཡང་ཚོགས་སུ་འགྱུར་བའམ། འགྲིབ་པར་བགྱི་བའམ①། ༔འགོང་བར་②བགྱི་བའམ③། འཕེལ་བར་བགྱི་བའམ④། སྐྱེ་བར་བགྱི་བའམ། འགག་པར་བགྱི་བའམ། ཀུན་ནས་ཉོན་མོངས་པར་བགྱི་བའམ། རྣམ་པར་བྱང་བར་བགྱི་བའི་སླད་དུ་དམིགས་པའི་ཚུལ་གྱིས་ཉེ་བར་གནས་པ་མ་ལགས་ན⑤། བཅོམ་ལྡན་འདས༔འོ་ན་⑥ཇི་ལྟར་བྱང་ཆུབ་སེམས་དཔའ་སེམས་དཔའ་ཆེན་པོ་ཤེས་རབ་ཀྱི་ཕ་རོལ་ཏུ་ཕྱིན་པ་ལ་སྤྱོད་པའི་ཚེ། ༔ཇི་ལྟར་⑦སྦྱིན་པའི་ཕ་རོལ་ཏུ་ཕྱིན་པ་ཡོངས་སུ་འཛིན་པར་འགྱུར། ཇི་ལྟར་ཚུལ་ཁྲིམས་ཀྱི་ཕ་རོལ་ཏུ་ཕྱིན་པ་ཡོངས་སུ་འཛིན་པར་འགྱུར། ཇི་ལྟར་བཟོད་པའི་ཕ་རོལ་ཏུ་ཕྱིན་པ་ཡོངས་སུ་འཛིན་པར་འགྱུར། ཇི་ལྟར་བརྩོན་འགྲུས་ཀྱི་ཕ་རོལ་ཏུ་ཕྱིན་པ་ཡོངས་སུ་འཛིན་པར་འགྱུར། ཇི་ལྟར་བསམ་གཏན་གྱི་ཕ་རོལ་ཏུ་ཕྱིན་པ་ཡོངས་སུ་འཛིན་པར་འགྱུར། ཇི་ལྟར་ཤེས་རབ་ཀྱི་ཕ་རོལ་ཏུ་ཕྱིན་པ་ཡོངས་སུ་འཛིན་པར་འགྱུར། ཇི་ལྟར་ནང་སྟོང་པ་ཉིད་ལ་སྤྱོད་པར་འགྱུར། ཇི་ལྟར་ཕྱི་སྟོང་པ་ཉིད་ལ་སྤྱོད་པར་འགྱུར། ཇི་ལྟར་ཕྱི་ནང་སྟོང་པ་ཉིད་ལ་སྤྱོད་པར་འགྱུར། ཇི་ལྟར་སྟོང་པ་ཉིད་སྟོང་པ་ཉིད་ལ་སྤྱོད་པར་འགྱུར། ཇི་ལྟར་ཆེན་པོ་སྟོང་པ་ཉིད་ལ་སྤྱོད་པར་འགྱུར། ཇི་ལྟར་དོན་དམ་⑧པ་སྟོང་པ་ཉིད་ལ་སྤྱོད་པར་འགྱུར། ཇི་ལྟར་འདུས་བྱས་སྟོང་པ་ཉིད་ལ་སྤྱོད་པར་འགྱུར། ཇི་ལྟར་འདུས་མ་བྱས་སྟོང་པ་ཉིད་ལ་སྤྱོད་པར་འགྱུར། ཇི་ལྟར་མཐའ་ལས་འདས་པ་སྟོང་པ་ཉིད་ལ་སྤྱོད་པར་འགྱུར། ཇི་ལྟར་ཐོག་མ་དང་ཐ་མ་མེད་པ་སྟོང་པ་ཉིད་ལ་སྤྱོད་པར་འགྱུར། ཇི་ལྟར་དོར་བ་མེད་པ་སྟོང་པ་ཉིད་ལ་སྤྱོད་པར་འགྱུར། ཇི་ལྟར་རང་བཞིན་སྟོང་པ་ཉིད་ལ་སྤྱོད་པར་འགྱུར།

དེ་ལྟར་ཆོས་ཐམས་ཅད་སྟོང་པ་ཉིད་ལ་སྤྱོད་པར་འགྱུར། དེ་ལྟར་རང་གི་མཚན་ཉིད་སྟོང་པ་ཉིད་ལ་སྤྱོད་པར་འགྱུར། དེ་ལྟར་མི་དམིགས་པ་སྟོང་པ་ཉིད་ལ་སྤྱོད་པར་འགྱུར། དེ་ལྟར་དངོས་པོ་མེད་པ་སྟོང་པ་ཉིད་ལ་སྤྱོད་པར་འགྱུར། དེ་ལྟར་ངོ་བོ་ཉིད་སྟོང་པ་ཉིད་ལ་སྤྱོད་པར་འགྱུར། དེ་ལྟར་དངོས་པོ་མེད་པའི་ངོ་བོ་ཉིད་སྟོང་པ་ཉིད་ལ་སྤྱོད་པར་⑦ འགྱུར། དེ་ལྟར་དྲན་པ་ཉེ་བར་གཞག་པ་རྣམས་ལ་སྤྱོད་པར་འགྱུར། དེ་ལྟར་ཡང་དག་པར་སྤོང་བ་རྣམས་ལ་སྤྱོད་པར་འགྱུར། དེ་ལྟར་རྫུ་འཕྲུལ་གྱི་རྐང་པ་རྣམས་ལ་སྤྱོད་པར་འགྱུར། དེ་ལྟར་དབང་པོ་རྣམས་ལ་སྤྱོད་པར་འགྱུར། དེ་ལྟར་སྟོབས་རྣམས་ལ་སྤྱོད་པར་འགྱུར། དེ་ལྟར་བྱང་ཆུབ་ཀྱི་ཡན་ལག་རྣམས་ལ་སྤྱོད་པར་འགྱུར། དེ་ལྟརཿ འཕགས་པའི་ལམ་ཡན···· ལག་བརྒྱད་པ་③ ལ་སྤྱོད་པར་འགྱུར། དེ་ལྟར་འཕགས་པའི་བདེན་པ་རྣམས་ལ་སྤྱོད་པར་འགྱུར། དེ་ལྟར་བསམ་གཏན་རྣམས་ལ་སྤྱོད་པར་འགྱུར། དེ་ལྟར་ཚད་མེད་པ་རྣམས་ལ་སྤྱོད་པར་འགྱུར། དེ་ལྟར་གཟུགས་མེད་པའི་སྙོམས་པར་འཇུག་པ་རྣམས་ལ་སྤྱོད་པར་འགྱུར། དེ་ལྟར་རྣམ་པར་ཐར་པ་རྣམས་ལ་སྤྱོད་···· པར་འགྱུར། དེ་ལྟར་མཐར་གྱིས་གནས་པའི་སྙོམས་པར་འཇུག་པ་རྣམས་ལ་སྤྱོད་པར་འགྱུར། དེ་ལྟར་རྣམ་པར་ཐར་པའི་སྒོ་སྟོང་པ་ཉིད་དང་། མཚན་མ་མེད་པ་དང་། སྨོན་པ་མེད་པ་ལ་སྤྱོད་པར་འགྱུར། དེ་ལྟར་མངོན་པར་ཤེས་པ་རྣམས་ལ་སྤྱོད་པར་འགྱུར། དེ་ལྟར་ཏིང་ངེ་འཛིན་རྣམས་ལ་སྤྱོད་པར་འགྱུར། དེ་ལྟར་གཟུངས་ཀྱི་སྒོ་རྣམས་ལ་སྤྱོད་པར་འགྱུར། དེ་ལྟར་དེ་བཞིན་གཤེགས་པའི་སྟོབས་བཅུ་ལ་སྤྱོད་པར་འགྱུར། དེ་ལྟར་མི་འཇིགས་པ་རྣམས་ལ་སྤྱོད་པར་འགྱུར། དེ་ལྟར་སོ་སོ་ཡང་དག་པར་རིག་པ་རྣམས་ལ་སྤྱོད་པར་འགྱུར། དེ་ལྟར་བྱམས་པ་ཆེན་པོ་ལ་སྤྱོད་པར་འགྱུར། དེ་ལྟར་སྙིང་རྗེ་ཆེན་པོ་ལ་སྤྱོད་པར་འགྱུར། དེ་

ལྟར་བྱང་ཆུབ་སེམས་དཔའི་ས་བཅུ་ལ་སྤྱོད་པར་འགྱུར། ཇི་ལྟར་ཉན་ཐོས་ཀྱི་ས་ལས་འདའ་བར་འགྱུར། ཇི་ལྟར་རང་སངས་རྒྱས་ཀྱི་ས་ལས་འདའ་བར་འགྱུར། ཇི་ལྟར་བྱང་ཆུབ་སེམས་དཔའི་སྐྱོན་མ་མཆིས་ཿ པ་ལ[༡]འཇུག་པར་འགྱུར། བཅོམ་ལྡན་འདས་ཀྱིས་བཀའ་སྩལ་པ། རབ་འབྱོར་བྱང་ཆུབ་སེམས་དཔའ་སེམས······དཔའ་ཆེན་པོ་ལ་ནི་གཉིས་སུ་སྤྱོད་པའི་ཐབས་མེད་དེ། རབ་འབྱོར་བྱང་ཆུབ་སེམས་དཔའ་སེམས་དཔའ་ཆེན་པོ་ནི་གཉིས་ཀྱིས་སྦྱིན་པའི་ཕ་རོལ་ཏུ་ཕྱིན་པ་ལ་མི་སྤྱོད····དོ༑ །གཉིས་ཀྱིས་ཚུལ་ཁྲིམས་ཀྱི་ཕ་རོལ་ཏུ་ཕྱིན་པ་ལ་མི་སྤྱོད་དོ། །གཉིས་ཀྱིས་བཟོད་པའི་ཕ་རོལ་ཏུ་ཕྱིན་པ་ལ་མི་སྤྱོད་དོ། །གཉིས་ཀྱིས་བརྩོན་འགྲུས་ཀྱི[༣]ཕ་རོལ་ཏུ་ཕྱིན་པ་ལ་མི་སྤྱོད་དོ། །གཉིས་ཀྱིས་བསམ་གཏན་གྱི་ཕ་རོལ་ཏུ་ཕྱིན་པ་ལ་མི་སྤྱོད་དོ། །གཉིས་ཀྱིས་ཤེས་རབ་ཀྱི་ཕ་རོལ་ཏུ་ཕྱིན་པ་ལ་མི་སྤྱོད་དོ། །གཉིས་ཀྱིས་ནང་སྟོང་པ་ཉིད་ལ་མི་སྤྱོད་དོ། །གཉིས་ཀྱིས་ཕྱི་སྟོང་པ་ཉིད་ལ་མི་སྤྱོད་དོ། །གཉིས་ཀྱིས་ཕྱི་ནང་སྟོང་པ་ཉིད་ལ་མི་སྤྱོད་དོ། །གཉིས་ཀྱིས་སྟོང་པ་ཉིད་སྟོང་པ་ཉིད་ལ་མི་སྤྱོད་དོ། །གཉིས་ཀྱིས་ཆེན་པོ་སྟོང་པ་ཉིད་ལ་མི་སྤྱོད་དོ། །གཉིས་ཀྱིས་དོན་དམ་པ་སྟོང་པ་ཉིད་ལ་མི་སྤྱོད་དོ། །གཉིས་ཀྱིས་འདུས་བྱས་སྟོང་པ་ཉིད་ལ་མི་སྤྱོད་དོ། །གཉིས་ཀྱིས་འདུས་མ་བྱས་སྟོང་པ་ཉིད་ལ་མི་སྤྱོད་དོ། །གཉིས་ཀྱིས་མཐའ་ལས་འདས་པ་སྟོང་པ་ཉིད་ལ་མི་སྤྱོད་དོ། །གཉིས་ཀྱིས་ཐོག་མ་དང་ཐ་མ་མེད་པ་སྟོང་པ་ཉིད་ལ་མི་སྤྱོད་དོ། །གཉིས་ཀྱིས་དོར་བ་མེད་པ་སྟོང་པ་ཉིད་ལ་མི་སྤྱོད་དོ། །གཉིས་ཀྱིས་རང་བཞིན་སྟོང་པ་ཉིད་ལ་མི་སྤྱོད་དོ། །གཉིས་ཀྱིས་ཆོས་ཐམས་ཅད་སྟོང་པ་ཉིད་ལ་མི་སྤྱོད་དོ། །གཉིས་ཀྱིས་རང་གི་མཚན་ཉིད་སྟོང་པ་ཉིད་ལ་མི་སྤྱོད་དོ། །གཉིས་ཀྱིས་མི་དམིགས་པ་སྟོང་པ་ཉིད་ལ་མི་སྤྱོད་དོ། །གཉིས་ཀྱིས་དངོས་པོ་མེད་པ་སྟོང་པ་ཉིད་ལ་མི་སྤྱོད་དོ། །གཉིས་ཀྱིས་ངོ་བོ་ཉིད་

སྟོང་པ་ཉིད་ལ་མི་སྤྱོད་དོ། །གཉིས་ཀྱིས་དངོས་པོ་མེད་པའི་ངོ་བོ་ཉིད་སྟོང་པ་ཉིད་ལ་མི་སྤྱོད་དོ། །གཉིས་ཀྱིས་དྲན་པ་ཉེ་བར་གཞག་པ་རྣམས་ལ་མི་སྤྱོད་དོ། །གཉིས་ཀྱིས་ཡང་དག་པར་སྤོང་བ་རྣམས་ལ་མི་སྤྱོད་དོ། །གཉིས་ཀྱིས་རྫུ་འཕྲུལ་གྱི་རྐང་པ་རྣམས་ལ་མི་སྤྱོད་དོ། །གཉིས་ཀྱིས་དབང་པོ་རྣམས་ལ་མི་སྤྱོད་དོ། །གཉིས་ཀྱིས་སྟོབས་རྣམས་ལ་མི་སྤྱོད་དོ། །གཉིས་ཀྱིས་བྱང་ཆུབ་ཀྱི་ཡན་ལག་རྣམས་ལ་མི་སྤྱོད་དོ། །གཉིས་ཀྱིས་འཕགས་པའི་ལམ་ཡན་ལག་བརྒྱད་པ་ལ་མི་སྤྱོད་དོ། །གཉིས་ཀྱིས་འཕགས་པའི་བདེན་པ་རྣམས་ལ་མི་སྤྱོད་དོ། །གཉིས་ཀྱིས་བསམ་གཏན་རྣམས་ལ་མི་སྤྱོད་དོ། །གཉིས་ཀྱིས་ཚད་མེད་པ་རྣམས་ལ་མི་སྤྱོད་དོ། །གཉིས་ཀྱིས་གཟུགས་མེད་པའི་སྙོམས་པར་འཇུག་པ་རྣམས་ལ་མི་སྤྱོད་དོ། །གཉིས་ཀྱིས་རྣམ་པར་ཐར་པ་རྣམས་ལ་མི་སྤྱོད་དོ། །གཉིས་ཀྱིས་མཐར་གྱིས་གནས་པའི་སྙོམས་པར་འཇུག་པ་རྣམས་ལ་མི་སྤྱོད་དོ[༧]། །གཉིས་ཀྱིས་རྣམ་པར་ཐར་པའི་སྒོ་སྟོང་པ་ཉིད་དང་། མཚན་མ་མེད་པ་དང་། སྨོན་པ་མེད་པ་ལ་མི་སྤྱོད་དོ། །གཉིས་ཀྱིས་མངོན་པར་ཤེས་པ་རྣམས་ལ་མི་སྤྱོད་དོ། །གཉིས་ཀྱིས་ཏིང་ངེ་འཛིན་རྣམས་ལ་མི་སྤྱོད་དོ། །གཉིས་ཀྱིས་གཟུངས་ཀྱི་སྒོ་རྣམས་ལ་མི་སྤྱོད་དོ། །གཉིས་ཀྱིས་དེ་བཞིན་གཤེགས་པའི་སྟོབས་རྣམས་ལ་མི་སྤྱོད་དོ། །གཉིས་ཀྱིས་མི་འཇིགས་པ་རྣམས་ལ་མི་སྤྱོད་དོ། །གཉིས་ཀྱིས་སོ་སོ་ཡང་དག་པར་རིག་པ་རྣམས་ལ་མི་སྤྱོད་དོ། །གཉིས་ཀྱིས་བྱམས་པ་ཆེན་པོ་ལ་མི་སྤྱོད་དོ། །གཉིས་ཀྱིས་སྙིང་རྗེ་ཆེན་པོ་ལ་མི་སྤྱོད་དོ། །གཉིས་ཀྱིས་སངས་རྒྱས་ཀྱི་ཆོས་མ་འདྲེས་པ་རྣམས་ལ་མི་སྤྱོད་དོ། །གཉིས་ཀྱིས་ཐམས་ཅད་ཤེས་པ་ཉིད་ལ་མི་སྤྱོད་དོ། །གཉིས་ཀྱིས་ལམ་གྱི་རྣམ་པ་ཤེས་པ་ཉིད་ལ་མི་སྤྱོད་དོ། །གཉིས་ཀྱིས་རྣམ་པ་ཐམས་ཅད་མཁྱེན་པ་ཉིད་ལ་མི་སྤྱོད་དོ། །གསོལ་པ། བཅོམ་ལྡན་འདས་

གལ་ཏེ། དེ་ལྟར་གཉིས་ཀྱིས་སྦྱིན་པའི་ཕ་རོལ་ཏུ་ཕྱིན་པ་ལ་མི་སྤྱོད[1]། གཉིས་ཀྱིས་ཚུལ་ཁྲིམས་ཀྱི་ཕ་རོལ་ཏུ་ཕྱིན་པ་ལ་མི་སྤྱོད[2]། གཉིས་ཀྱིས་བཟོད་པའི་ཕ་····རོལ་ཏུ་ཕྱིན་པ་ལ་མི་སྤྱོད[3]། གཉིས་ཀྱིས་བརྩོན་འགྲུས་ཀྱི་ཕ་རོལ་ཏུ་ཕྱིན་པ་ལ་མི་སྤྱོད[4]། གཉིས་ཀྱིས་བསམ་གཏན་གྱི་ཕ་རོལ་ཏུ་ཕྱིན་པ་ལ་མི་སྤྱོད[5]། གཉིས་ཀྱིས་ཤེས་རབ་ཀྱི་ཕ་རོལ་ཏུ་ཕྱིན་པ་ལ་མི་སྤྱོད[6]། གཉིས་ཀྱིས་ནང་སྟོང་པ་ཉིད་ལ་མི་སྤྱོད། གཉིས་ཀྱིས་ཕྱི་སྟོང་པ་ཉིད་ལ་མི་སྤྱོད། །གཉིས་ཀྱིས་ཕྱི་ནང་སྟོང་པ་ཉིད་ལ་མི་སྤྱོད། གཉིས་ཀྱིས་སྟོང་པ་ཉིད་སྟོང་པ་ཉིད་ལ་མི་སྤྱོད། གཉིས་ཀྱིས་ཆེན་པོ་སྟོང་པ་ཉིད་ལ་མི་སྤྱོད། གཉིས་ཀྱིས་དོན་དམ་པ་སྟོང་པ་ཉིད་ལ་མི་སྤྱོད། གཉིས་ཀྱིས་འདུས་བྱས་སྟོང་པ་ཉིད་ལ་མི་སྤྱོད། གཉིས་ཀྱིས་འདུས་མ་བྱས་སྟོང་པ་ཉིད་ལ་མི་སྤྱོད། གཉིས་ཀྱིས་མཐའ་ལས་འདས་པ་སྟོང་པ་ཉིད་ལ་མི་སྤྱོད། གཉིས་ཀྱིས་ཐོག་མ་དང་ཐ་མ་མེད་པ་སྟོང་པ་ཉིད་ལ་མི་སྤྱོད། གཉིས་ཀྱིས་དོར་བ་མེད་པ་སྟོང་པ་ཉིད་ལ་མི་སྤྱོད། གཉིས་ཀྱིས་རང་བཞིན་སྟོང་པ་ཉིད་ལ་མི་སྤྱོད། གཉིས་ཀྱིས་ཆོས་ཐམས་ཅད་སྟོང་པ་ཉིད་ལ་མི་སྤྱོད། གཉིས་ཀྱིས་རང་གི་མཚན་ཉིད་སྟོང་པ་ཉིད་ལ་མི་སྤྱོད། གཉིས་ཀྱིས་མི་དམིགས་པ་སྟོང་པ་ཉིད་ལ་མི་སྤྱོད། གཉིས་ཀྱིས་དངོས་པོ་མེད་པ་སྟོང་པ་ཉིད་ལ་མི་སྤྱོད། གཉིས་ཀྱིས་ངོ་བོ་ཉིད་སྟོང་པ་ཉིད་ལ་མི་སྤྱོད། གཉིས་ཀྱིས་དངོས་པོ་མེད་པའི་ངོ་བོ་ཉིད་སྟོང་པ་ཉིད་ལ་མི་སྤྱོད། གཉིས་ཀྱིས་དྲན་པ་ཉེ་བར་གཞག་པ་རྣམས་ལ་མི་སྤྱོད། གཉིས་ཀྱིས་ཡང་དག་པར་སྤོང་བ་རྣམས་ལ་མི་སྤྱོད། གཉིས་ཀྱིས་རྫུ་འཕྲུལ་གྱི་རྐང་པ་རྣམས་ལ་མི་སྤྱོད། གཉིས་ཀྱིས་དབང་པོ་རྣམས་ལ་མི་སྤྱོད། གཉིས་ཀྱིས་སྟོབས་རྣམས་ལ་མི་སྤྱོད། གཉིས་ཀྱིས་བྱང་ཆུབ་ཀྱི་ཡན་ལག་རྣམས་ལ་མི་སྤྱོད། གཉིས་ཀྱིས་····འཕགས་པའི་ལམ་ཡན་ལག་བརྒྱད་པ་ལ་མི་སྤྱོད། གཉིས་ཀྱིས་འཕགས་པའི་·····

བདེན་པ་རྣམས་ལ་མི་སྤྱོད། གཉིས་ཀྱིས་བསམ་གཏན་རྣམས་ལ་མི་སྤྱོད། གཉིས་ཀྱིས་ཚད་མེད་པ་རྣམས་ལ་མི་སྤྱོད། གཉིས་ཀྱིས་གཟུགས་མེད་པའི་སྙོམས་པར་འཇུག་པ་རྣམས་ལ་མི་སྤྱོད། གཉིས་ཀྱིས་རྣམ་པར་ཐར་པ་རྣམས་ལ་མི་སྤྱོད། གཉིས་ཀྱིས་མཐར་གྱིས་གནས་པའི་སྙོམས་པར་འཇུག་པ་རྣམས་ལ་མི་སྤྱོད། གཉིས་ཀྱིས་རྣམ་པར་ཐར་པའི་སྒོ་སྟོང་པ་ཉིད་དང་། མཚན་མ་མེད་པ་དང་། སྨོན་པ་མེད་པ་ལ་[1]མི་སྤྱོད། གཉིས་ཀྱིས་མངོན་པར་ཤེས་པ་རྣམས་ལ་མི་སྤྱོད། གཉིས་ཀྱིས་ཏིང་ངེ་འཛིན་རྣམས་ལ་མི་སྤྱོད། གཉིས་ཀྱིས་གཟུངས་ཀྱི་སྒོ་རྣམས་ལ་མི་སྤྱོད། གཉིས་ཀྱིས་དེ་བཞིན་གཤེགས་པའི་སྟོབས་རྣམས་ལ་མི་སྤྱོད། གཉིས་ཀྱིས་མི་འཇིགས་པ་རྣམས་ལ་མི་སྤྱོད། གཉིས་ཀྱིས་སོ་སོ་ཡང་དག་པར་རིག་པ་རྣམས་ལ་མི་སྤྱོད། གཉིས་ཀྱིས་བྱམས་པ་ཆེན་པོ་ལ་མི་སྤྱོད། གཉིས་ཀྱིས་སྙིང་རྗེ་ཆེན་པོ་ལ་མི་སྤྱོད། གཉིས་ཀྱིས་སངས་རྒྱས་ཀྱི་ཆོས་མ་འདྲེས་པ་རྣམས་ལ་མི་སྤྱོད། གཉིས་ཀྱིས་ཐམས་ཅད་ཤེས་པ་ཉིད་ལ་མི་སྤྱོད། གཉིས་ཀྱིས་ལམ་གྱི་རྣམ་པ་ཤེས་པ་ཉིད་ལ་མི་སྤྱོད། གཉིས་ཀྱིས་རྣམ་པ་ཐམས་ཅད་མཁྱེན་པ་ཉིད་ལ་མི་སྤྱོད་ན། འོ་ན་དེ་ཇི་ལྟར་བྱང་ཆུབ་སེམས་དཔའ་སེམས་དཔའ་ཆེན་པོ་དགེ་བའི་རྩ་བ་མང་པོས་རྣམ་པར་འཕེལ་བར་འགྱུར་བས། སེམས་དང་པོ་བསྐྱེད་[2]པ་ནས་ཉེ་བར་བཟུང་སྟེ། སེམས་སྣད་མ་བསྐྱེད་[3]པའི་བར་དུ་དགེ་བའི་རྩ་བ་མང་པོས་རྣམ་པར་འཕེལ་བར་འགྱུར། བཅོམ་ལྡན་འདས་ཀྱིས་བཀའ་སྩལ་པ། རབ་འབྱོར་སུ་གང་[4]གཉིས་ལ་སྤྱོད་པ་དེ་དག་ནི་དགེ་བའི་རྩ་བས་[5]རྣམ་པར་འཕེལ་བར་མི་འགྱུར་རོ། །དེ་ཅིའི་ཕྱིར་ཞེ་ན། རབ་འབྱོར་བྱིས་པ་སོ་སོའི་སྐྱེ་བོ་ཐམས་ཅད་ནི་གཉིས་ལ་རྟེན་[6]པ་སྟེ། དེ་དག་ནི་དགེ་བའི་རྩ་བས་རྣམ་པར་མི་འཕེལ་ལོ། །བྱང་ཆུབ་སེམས་དཔའ་སེམས་དཔའ་ཆེན་པོ་ནི་གཉིས་ལ་མི་

སྤྱོད་དེ། དེ་ནི་སེམས་དང་པོ་བསྐྱེད་པ་ནས་ཉེ་བར་བཟུང་[1]སྟེ། སེམས་ཕྱི་མ་བསྐྱེད་པའི་བར་དུ་དགེ་བའི་རྩ་བས་རྣམ་པར་འཕེལ་ཏེ། དེ་ནི་ལྷ་དང་མི་དང་། ལྷ་མ་ཡིན་དུ་བཅས་པའི་[2]འཇིག་རྟེན་གྱིས་[3]མི་དགེ་བའི་རྩ་བ་གང་གིས་ཉམས······སྨད་པས་ཉན་ཐོས་ཀྱི་[4]ས་འམ། རང་སངས་རྒྱས་ཀྱི་སར་ལྷུང་[5]བར་འགྱུར······བའམ༑ མི་དགེ་བའི་ཆོས་གཞན་གྱིས་[6]ཡོངས་སུ་འཛྲོགས་[7]པར་གྱུར་ཅིང་[8]། དེ་དག་གིས་[9]ཡོངས་སུ་འཛྲོགས་[10]པས། སྦྱིན་པའི་ཕ་རོལ་ཏུ་ཕྱིན་པ་ལ་སྤྱོད་ན། དགེ་བའི་རྩ་བ་མང་པོས་རྣམ་པར་མི་འཕེལ་བ་དང་། ཚུལ་ཁྲིམས་ཀྱི་ཕ་རོལ······ཏུ་ཕྱིན་པ་ལ་སྤྱོད་ན། དགེ་བའི་རྩ་བ་མང་པོས་རྣམ་པར་མི་འཕེལ་བ་དང་། བཟོད་པའི་ཕ་རོལ་ཏུ་ཕྱིན་པ་ལ་སྤྱོད་ན། དགེ་བའི་རྩ་བ་མང་པོས་རྣམ་པར་མི་འཕེལ་བ་དང་། བརྩོན་འགྲུས་ཀྱི་ཕ་རོལ་ཏུ་ཕྱིན་པ་ལ་སྤྱོད་ན། དགེ་བའི་རྩ་བ་མང་པོས་རྣམ་པར་མི་འཕེལ་བ་དང་། བསམ་གཏན་གྱི་ཕ་རོལ་ཏུ་ཕྱིན་པ་ལ་སྤྱོད་ན༑ དགེ་བའི་རྩ་བ་མང་པོས་རྣམ་པ་[11]མི་འཕེལ་བ་དང་། ཤེས་རབ་ཀྱི་ཕ་རོལ་ཏུ་ཕྱིན་པ་ལ་སྤྱོད་ན། དགེ་བའི་རྩ་བ་མང་པོས་རྣམ་པར་མི་འཕེལ་བ་དང་། ནང་སྟོང་པ་ཉིད་ལ་སྤྱོད་ན། དགེ་བའི་རྩ་བ་མང་པོས་རྣམ་པར་མི་འཕེལ་བ······དང་༑ ཕྱི་སྟོང་པ་ཉིད་ལ་སྤྱོད་ན། དགེ་བའི་རྩ་བ་མང་པོས་རྣམ་པར་མི་འཕེལ་བ་དང་། ཕྱི་ནང་སྟོང་པ་ཉིད་ལ་སྤྱོད་ན། དགེ་བའི་རྩ་བ་མང་པོས་རྣམ་པར་མི་འཕེལ་བ་དང་། སྟོང་པ་ཉིད་སྟོང་པ་ཉིད་ལ་སྤྱོད་ན། དགེ་བའི་རྩ་བ་མང་པོས་རྣམ་པར་མི་འཕེལ་བ་དང་། ཆེན་པོ་སྟོང་པ་ཉིད་ལ་སྤྱོད་ན། དགེ་བའི་རྩ་བ་མང་པོས༔ རྣམ་པར་[12]མི་འཕེལ་བ་དང་། དོན་དམ་པ་སྟོང་པ་ཉིད་ལ་སྤྱོད་ན། དགེ་བའི་རྩ་བ་མང་པོས་རྣམ་པར་མི་འཕེལ་བ་དང་། འདུས་བྱས་སྟོང་པ་ཉིད་ལ་སྤྱོད་ན། དགེ་བའི་རྩ་བ་མང་པོས་རྣམ་པར་མི་འཕེལ་བ་དང་། འདུས་མ་བྱས་

སྟོང་པ་ཉིད་ལ་སྤྱོད་ན། དགེ་བའི་རྩ་བ་མང་པོས་རྣམ་པར་མི་འཕེལ་བ་དང་། མཐའ་ལས་འདས་པ་སྟོང་པ་ཉིད་ལ་སྤྱོད་ན། དགེ་བའི་རྩ་བ་མང་པོས་རྣམ་པར་མི་འཕེལ་བ་དང་། ཐོག་མ་དང་ཐ་མ་མེད་པ་སྟོང་པ་ཉིད་ལ་སྤྱོད་ན། དགེ་བའི་རྩ་བ་མང་པོས་རྣམ་པར་མི་འཕེལ་བ་དང་། དོར་བ་མེད་པ་སྟོང་པ་ཉིད་ལ་སྤྱོད་ན། དགེ་བའི་རྩ་བ་མང་པོས་རྣམ་པར་མི་འཕེལ་བ་དང་། རང་བཞིན་སྟོང་པ་ཉིད་ལ་སྤྱོད་ན། དགེ་བའི་རྩ་བ་མང་པོས་རྣམ་པར་མི་འཕེལ་བ་དང་། ཆོས་ཐམས་ཅད་སྟོང་པ་ཉིད་ལ་སྤྱོད་ན། དགེ་བའི་རྩ་བ་མང་པོས་རྣམ་པར་མི་འཕེལ་བ་དང་། རང་གི་མཚན་ཉིད་སྟོང་པ་ཉིད་ལ་སྤྱོད་ན། དགེ་བའི་རྩ་བ་མང་པོས་རྣམ་པར་མི་འཕེལ་བ་དང་། མི་དམིགས་པ་སྟོང་པ་ཉིད་ལ་སྤྱོད་ན། དགེ་བའི་རྩ་བ་མང་པོས་རྣམ་པར་མི་འཕེལ་བ་དང་། དངོས་པོ་མེད་པ་སྟོང་པ་ཉིད་ལ་སྤྱོད་ན། དགེ་བའི་རྩ་བ་མང་པོས་རྣམ་པར་མི་འཕེལ་བ་དང་། ངོ་བོ་ཉིད་སྟོང་པ་ཉིད་ལ་སྤྱོད་ན། དགེ་བའི་རྩ་བ་མང་པོས་རྣམ་པར་མི་འཕེལ་བ······དང་། དངོས་པོ་མེད་པའི་ངོ་བོ་ཉིད་སྟོང་པ་ཉིད་ལ་སྤྱོད་ན། དགེ་བའི་རྩ་བ་མང་པོས་རྣམ་པར་མི་འཕེལ་བ་དང་། དྲན་པ་ཉེ་བར་གཞག་པ་རྣམས་ལ་སྤྱོད་ན། དགེ་བའི་རྩ་བ་མང་པོས་རྣམ་པར་མི་འཕེལ་བ་དང་། ཡང་དག་པར་སྤོང་བ····རྣམས་ལ་སྤྱོད་ན། དགེ་བའི་རྩ་བ་མང་པོས་རྣམ་པར་མི་འཕེལ་བ་དང་། རྫུ་འཕྲུལ་གྱི་རྐང་པ་རྣམས་ལ་སྤྱོད་ན། དགེ་བའི་རྩ་བ་མང་པོས་རྣམ་པར་མི་འཕེལ་བ་དང་། དབང་པོ་རྣམས་ལ་སྤྱོད་ན། དགེ་བའི་རྩ་བ་མང་པོས་རྣམ་པར་མི་འཕེལ་བ་དང་། སྟོབས་རྣམས་ལ་སྤྱོད་ན། དགེ་བའི་རྩ་བ་མང་པོས་རྣམ་པར་མི་འཕེལ་བ་དང་། བྱང་ཆུབ་ཀྱི་ཡན་ལག་རྣམས་ལ་སྤྱོད་ན། དགེ་བའི་རྩ་བ་མང་པོས་རྣམ་པར་མི་འཕེལ་བ་དང་། འཕགས་པའི་ལམ་ཡན་ལག་བརྒྱད་པ་ལ་

སྤྱོད་ན། དགེ་བའི་རྩ་བ་མང་པོས་རྣམ་པར་མྱི་འཕེལ་བ་དང་། འཕགས་པའི་བདེན་པ་རྣམས་ལ་སྤྱོད་ན། དགེ་བའི་རྩ་བ་མང་པོས་རྣམ་པར་མྱི་འཕེལ་བ་དང་། བསམ་གཏན་རྣམས་ལ་སྤྱོད་ན། དགེ་བའི་རྩ་བ་མང་པོས་རྣམ་པར་མྱི་འཕེལ་བ་དང་། ཚད་མྱེད་པ་རྣམས་ལ་སྤྱོད་ན། དགེ་བའི་རྩ་བ་མང་པོས་རྣམ་པར་མྱི་འཕེལ་བ་དང་། གཟུགས་མྱེད་པའི་སྙོམས་པར་འཇུག་པ་རྣམས་ལ་སྤྱོད་ན། དགེ་བའི་རྩ་བ་མང་པོས་རྣམ་པར་མི་འཕེལ་བ་དང་། རྣམ་པར་ཐར་པ་རྣམས་ལ་སྤྱོད་ན། དགེ་བའི་རྩ་བ་མང་པོས་རྣམ་པར་མྱི་འཕེལ་བ་དང་། མཐར་གྱིས་གནས་པའི་སྙོམས་པར་འཇུག་པ་རྣམས་ལ་སྤྱོད་ན། དགེ་བའི་རྩ་བ་མང་པོས·····རྣམ་པར་མྱི་འཕེལ་བ་དང་། རྣམ་པར་ཐར་པའི་སྒོ་སྟོང་པ་ཉིད་དང་། མཚན་མ་མྱེད་པ་དང་། སྨོན་པ་མྱེད་པ་ལ་སྤྱོད་ན། དགེ་བའི་རྩ་བ་མང་པོས་རྣམ་པར་མྱི་འཕེལ་བ་དང་། མངོན་པར་ཤེས་པ་རྣམས་ལ་སྤྱོད་ན། དགེ་བའི་རྩ་བ་མང་པོས་རྣམ་པར་མྱི་འཕེལ་བ་དང་། ཏིང་ངེ་འཛིན་རྣམས་ལ་སྤྱོད་ན། དགེ་བའི་རྩ་བ་མང་པོས་རྣམ་པར་མྱི་འཕེལ་བ་དང་། གཟུངས་ཀྱི་སྒོ་རྣམས་ལ་སྤྱོད་ན། དགེ་བའི་རྩ་བ་མང་པོས་རྣམ་པར་མྱི་འཕེལ་བ་དང་། དེ་བཞིན་གཤེགས་པའི་····སྟོབས་རྣམས་ལ་སྤྱོད་ན། དགེ་བའི་རྩ་བ་མང་པོས་རྣམ་པར་མྱི་འཕེལ་བ་དང་། མྱི་འཇིགས་པ་རྣམས་ལ་སྤྱོད་ན། དགེ་བའི་རྩ་བ་མང་པོས་རྣམ་པར་མྱི་འཕེལ་བ་དང་། སོ་སོ་ཡང་དག་པར་རིག་པ་རྣམས་ལ་སྤྱོད་ན། དགེ་བའི་རྩ་བ་མང་པོས་རྣམ་པར་མྱི་འཕེལ་བ་དང་། བྱམས་པ་ཆེན་པོ་ལ་སྤྱོད་ན། དགེ་བའི་རྩ་བ་མང་པོས་རྣམ་པར་མྱི་འཕེལ་བ་དང་། སྙིང་རྗེ་ཆེན་པོ་ལ་སྤྱོད་ན། དགེ་བའི་རྩ་བ་མང་པོས་རྣམ་པར་མྱི་འཕེལ་བ་དང་། སངས་རྒྱས་ཀྱི་ཆོས་མ་འདྲེས་པ་རྣམས་ལ་སྤྱོད་ན། དགེ་བའི་རྩ་བ་མང་པོས་རྣམ་པར་མྱི་འཕེལ་བ་དང་། ཐམས་ཅད་

ཤེས་པ་ཉིད་ལ་སྤྱོད་ན། དགེ་བའི་རྩ་བ་མང་པོས་རྣམ་པར་མི་འཕེལ་བ་དང་། ལམ་གྱི་རྣམ་པ་ཤེས་པ་ཉིད་ལ་སྤྱོད་ན། དགེ་བའི་རྩ་བ་མང་པོས་རྣམ་པར་མི་འཕེལ་བ་དང་། རྣམ་པ་ཐམས་ཅད་མཁྱེན་པ་ཉིད་ལ་སྤྱོད་ན། དགེ་བའི་རྩ་བ་མང་པོས་རྣམ་པར་མི་འཕེལ་བ་དེ་ལྟར་ཉམས་སྨད་པར་མི་ནུས་ཏེ། རབ་འབྱོར་བྱང་ཆུབ་སེམས་དཔའ་སེམས་དཔའ་ཆེན་པོས[༡] དེ་ལྟར་ཤེས་རབ་ཀྱི་ཕ་རོལ་ཏུ་ཕྱིན་པ་ལ་སྤྱོད[༢] པར་བྱའོ། །གསོལ་པ། བཅོམ་ལྡན་འདས་ཅི་ལགས། བྱང་ཆུབ་སེམས་དཔའ་སེམས་དཔའ་ཆེན་པོས་དགེ་བའི་རྩ་བ་རྣམས་ཀྱི་སླད་དུ། ཤེས་རབ་ཀྱི་ཕ་རོལ་ཏུ་ཕྱིན་པ་ལ་སྤྱད་པར་བགྱིའམ། བཅོམ་ལྡན་འདས་ཀྱིས་བཀའ་སྩལ་པ། རབ་འབྱོར་དེ་ནི་མ་ཡིན་ཏེ[༣]། བྱང་ཆུབ་སེམས་དཔའ་སེམས་དཔའ་ཆེན་པོ་ནི་དགེ་བའི་རྩ་བ་རྣམས་ཀྱི་ཕྱིར། ཤེས་རབ་ཀྱི་ཕ་རོལ་ཏུ་ཕྱིན་པ་ལ་མི་སྤྱོད་དོ། །མི་དགེ་བའི་རྩ་བ་རྣམས་ཀྱི་ཕྱིར་ཡང་ཤེས་རབ་ཀྱི་ཕ་རོལ་ཏུ་ཕྱིན་པ་ལ་མི་སྤྱོད་དོ[༤]། །སངས་རྒྱས་བཅོམ་ལྡན་འདས་རྣམས་ལ་བསྙེན་བཀུར་མ་བྱས[༥]། དགེ་བའི་རྩ་བ་རྣམས་ཡོངས་སུ་རྫོགས་པར་མ་བྱས། དགེ་བའི་བཤེས[༦] གཉེན་རྣམས་ཀྱིས[༧] ཡོངས་སུ་མ་བཟུང་བར་བྱང་ཆུབ་སེམས་དཔའ་སེམས་དཔའ་ཆེན་པོས། རྣམ་པ་ཐམས་ཅད་མཁྱེན་པ་ཉིད་ཐོབ་པར་མི་ནུས་སོ། །གསོལ་པ། བཅོམ་ལྡན་འདས་ཇི་ལྟར་སངས་རྒྱས་བཅོམ་ལྡན་འདས་རྣམས་ལ་བསྙེན་བཀུར་བགྱིས་པ་དང་། དགེ་བའི་རྩ་བས་ཡོངས་སུ་བཟུང་བ་དང་། དགེ་བའི་བཤེས་གཉེན་གྱིས་ཡོངས་སུ[༨] བཟུང་བའི་བྱང་ཆུབ་སེམས་དཔའ་སེམས་དཔའ་ཆེན་པོས[༩]། རྣམ་པ་ཐམས་ཅད་མཁྱེན་པ་ཉིད་ཐོབ་པར་འགྱུར་བ་ལགས། བཅོམ་ལྡན་འདས་ཀྱིས་བཀའ་སྩལ་པ། རབ་འབྱོར་འདི་ལ[༡༠] བྱང་ཆུབ་སེམས་དཔའ་སེམས་དཔའ་ཆེན་པོ་སེམས་དང་པོ་བསྐྱེད་པ་ནས་ཉེ་བར་བཟུང་སྟེ། སངས་རྒྱས་

བཅོམ་ལྡན་འདས་རྣམས་ལ་བསྙེན་བཀུར་བྱེད། སངས་རྒྱས་བཅོམ་ལྡན་འདས་དེ་དག་གིས་མདོ་དང་དབྱངས་ཀྱིས་བསྙད་པ་དང་། ལུང་བསྟན་པ་དང་། ཚིགས་སུ་བཅད་པ་དང་། ཆེད་དུ་བརྗོད་པ་དང་། གླེང་གཞི[༡]དང་། འདི་ལྟར་འདས་པ་དང་། སྐྱེས་པའི་རབས་དང་། ཤིན་ཏུ་རྒྱས་པ་དང་། ཆོས་རྨད་དུ་བྱུང་བ་དང་། རྟོགས་པ་བརྗོད་པ་དང་། གཏན་ལ་བབ[༢]པ་བསྟན་པ་གང་ཅི་གསུངས་ཀྱང་དེ་དག་ཐམས་ཅད་ཡོངས་སུ་འཛིན་ཏོ། །ཡོངས་སུ་བཟུང་ནས་ཀྱང་ཚིག་གིས་ཡོངས་སུ་འདྲིས་པ་དང་། ཡིད་ཀྱིས་ཤིན་ཏུ་བརྟགས་པ་དང་། ལྟ་བས་རབ་ཏུ་ཁོང་དུ་ཆུད་པར་བྱས་ཤིང་། གཟུངས་རབ་ཏུ་ཐོབ་པར་བྱེད་དོ། །གཟུངས་རབ་ཏུ་ཐོབ་ནས་སོ་སོ་ཡང་དག་པར་རིག་ཿཔར་སྐྱེད[༣]དོ། །སོ་སོ་ཡང་དག་པར་རིག་པ་སྐྱེས[༤]པས་དེ[༥]ཚེ་རྣམ་པར་འཕོས་ཀྱང་ཆོས་དེ་དག་རྣམ་པ་ཐམས་ཅད་མཁྱེནཿཔ་ཉིད་ཐོབ་པར་འགྱུར[༦]གྱི་བར་དུ་ནམ་ཡང་ཆུད་ཟ་བར་མི་འགྱུར་ཏེ། དེ་བཞིན་གཤེགས་པ་དགྲ་བཅོམ་པ་ཡང་དག་པར་རྫོགས་པའི་སངས་རྒྱས་དེ་དག་ལ་དགེ་བའི་རྩ་བ་སྐྱེད[༧]ཅིང་། དགེ་བའི་རྩ་བ་དེ་དག་གིས་ཡོངས་སུ་བཟུང་ན། ནམ་ཡང་ངན་སོང་དང་མི་ཁོམ་པར་སྐྱེ་བར་མི་འགྱུར་རོ། །དགེ་བའི་རྩ་བ་དེ་དག་གིས་ཀྱང་ལུས་ཡོངས་སུ་དག་པ་ཡོངས་སུ་འཛིན་ཏོ[༨]། །ལུས་དེ་དག་གིས་ཀྱང་སངས་རྒྱས་ཀྱི་ཞིང་ཡོངས་སུ་དག་པར་བྱེད་དོ། །སེམས་ཅན་རྣམས་ཡོངས་སུ་སྨིན་པར་བྱེད་དོ། །དགེ་བའི་རྩ་བ་དེ་དག་གིས་ཡོངས་སུ་བཟུང་བས་ཀྱང་། དགེ་བའི་བཤེས་གཉེན་སངས་རྒྱས་བཅོམ་ལྡན་འདས་རྣམས་དང་། བྱང་ཆུབ་སེམས་དཔའ་སེམས་དཔའ་ཆེན་པོ་རྣམས་དང་། ཉན་ཐོས་དང་། རང་སངས་རྒྱས་ཀྱི་ཐེག་པའི་ལེགས་པ་སྟོན་པ་དག་དང་། ནམ་དུ་ཡང་འབྲལ་བར་མི་འགྱུར་རོ། །རབ་འབྱོར་དེ་ལྟར་བྱང་ཆུབ་སེམས་དཔའ་སེམས་དཔའ་ཆེན་

པོ་ཤེས་རབ་ཀྱི་ཕ་རོལ་ཏུ་ཕྱིན་པ་ལ་སྤྱོད་པས། སངས་རྒྱས་བཅོམ་ལྡན་འདས་རྣམས་ལ་བསྙེན་བཀུར་བར་བྱའོ། །དགེ་བའི་རྩ་བ་རྣམས་བསྐྱེད་པར་བྱའོ། །དགེ་བའི་བཤེས་[༧]གཉེན་རྣམས་ལ་བསྟེན་པར་བྱའོ། །ཤེས་རབ་ཀྱི་ཕ་རོལ་ཏུ་ཕྱིན་པ་སྟོང་ཕྲག་བརྒྱ་པ་ལས། ལེའུ་ལྔ་བཅུ་ལྔའོ[༨]།། །།

ཤེས་རབ་ཀྱི་ཕ་རོལ་ཏུ་ཕྱིན་པ་སྟོང་ཕྲག་བརྒྱ་པ། །བམ་པོ༔ བཅུ་བཞི་[༡]པ། དེ་ནས་ཚེ་དང་ལྡན་པ་རབ་འབྱོར་གྱིས། བཅོམ་ལྡན་འདས་ལ་འདི་སྐད་ཅེས་གསོལ་ཏོ། །བཅོམ་ལྡན་འདས་བྱང་ཆུབ་སེམས་དཔའ་སེམས་དཔའ་ཆེན་པོ་གང་སངས་རྒྱས་བཅོམ་ལྡན་འདས་རྣམས་[༢]ལ་ཡང་[༣]བསྙེན་བཀུར་མི་བགྱིད་དགེ་བའི་རྩ་བ་འདི་[༤]ཡོངས་སུ་རྫོགས་པར་མི་བགྱིད་ལ། དགེ་བའི་བཤེས་གཉེན་གྱིས་ཀྱང་ཡོངས་སུ་མ་བཟུང་བར་གྱུར་ན། བྱང་ཆུབ་སེམས་དཔའ་སེམས་དཔའ་ཆེན་པོ་དེ་རྣམ་པ་ཐམས་ཅད་མཁྱེན་པ་ཉིད་ཐོབ་པར་མི་འགྱུར་རམ། བཅོམ་ལྡན་འདས་ཀྱིས་བཀའ་སྩལ་པ། རབ་འབྱོར་བྱང་ཆུབ་སེམས་དཔའ་སེམས་དཔའ་ཆེན་པོ་གང་གིས་སངས་རྒྱས་བཅོམ་ལྡན་འདས་རྣམས་ལ་བསྙེན་བཀུར་མ་བྱས། དགེ་བའི་རྩ་བ་ཡོངས་སུ་རྫོགས་པར་མ་བྱས་ལ། དགེ་བའི་བཤེས་གཉེན་གྱིས་ཡོངས་སུ་མ་བཟུང་བར་རྣམ་པ་ཐམས་ཅད་མཁྱེན་པ་ཉིད་ཐོབ་པར་འགྱུར་བ་མེད་དོ། །དེ་ཅིའི་ཕྱིར་ཞེ་ན། སངས་རྒྱས་བཅོམ་ལྡན་འདས་རྣམས་ལ་བསྙེན་བཀུར་ཡང་བྱས། དགེ་བའི་རྩ་བ་ཡང་ཡོངས་སུ་རྫོགས་པར་བྱས། དགེ་བའི་བཤེས་གཉེན་ལ་ཡང་བསྟེན་པ་བྱས་ཀྱང་། ད་དུང་རྣམ་པ་ཐམས་ཅད་མཁྱེན་པ་ཉིད་ཐོབ་པར་མི་ནུས་ན། སངས་རྒྱས་བཅོམ་ལྡན་འདས་རྣམས་ལ་བསྙེན་བཀུར་མ་བྱས། དགེ་བའི་རྩ་བ་ཡོངས་སུ་རྫོགས་པར་མ་བྱས། དགེ་བའི་བཤེས་གཉེན་ལ་མ·····

བསྟེན་[༢]པ་རྣམས། རྣམ་པ་ཐམས་ཅད་མཁྱེན་པ་ཉིད་ཐོབ་པར་འགྱུར་བ་ལྟ་ཅི་སྨོས་ཏེ། དེ་ནི་གནས་མེད་དོ། །རབ་འབྱོར་དེ་ལྟ་བས་ན་བྱང་ཆུབ་སེམས་དཔའ་སེམས་དཔའ་ཆེན་པོ་བྱང་ཆུབ་སེམས་དཔའི་སྙིང་བདེན་པ་ལ་གནས་པར་འདོད་པ་དང་། མྱུར་དུ་བླ་ན་མེད་པ་ཡང་དག་པར་རྫོགས་པའི་བྱང་ཆུབ་ཏུ་མངོན་པར་རྫོགས་པར་འཚང་རྒྱ་བར་འདོད་པས། སངས་རྒྱས་བཅོམ་ལྡན་འདས་རྣམས་ལ་བསྙེན་བཀུར་བར་[༣]བྱའོ། །དགེ་བའི་རྩ་བ་མང་པོ་བསྐྱེད་པར་བྱའོ། །དགེ་བའི་བཤེས་གཉེན་ལ་བསྟེན་པར་བྱའོ། །གསོལ་པ། བཅོམ་ལྡན་འདས་ཅིའི་སླད་དུ་བྱང་ཆུབ་སེམས་དཔའ་སེམས་དཔའ་ཆེན་པོས་སངས་རྒྱས་བཅོམ་ལྡན་འདས་རྣམས་ལ་བསྙེན་བཀུར་བགྱིས། དགེ་བའི་རྩ་བ་བསྐྱེད། དགེ་བའི་བཤེས་གཉེན་ལ་[༤]བསྟེན་པར་[༨]བགྱིས་ཀྱང་། རྣམ་པ་ཐམས་ཅད་མཁྱེན་པ་ཉིད་ཐོབ་པར་མི་འགྱུར། བཅོམ་ལྡན་འདས་ཀྱིས་བཀའ་སྩལ་པ། དེ་ནི་ཐབས་མཁས་པ་དང་མི་ལྡན་པའི་ཕྱིར་ཏེ། དེས་སངས་རྒྱས་བཅོམ་ལྡན་འདས་དེ་དག་ལས་ཐབས་དེ་ཐོས་པར་མ་གྱུར་པའི་ཕྱིར་[༥]དགེ་བའི་རྩ་བ་དེ་ལྟ་བུ་ཡང་མ་བསྐྱེད། གང་དེ་ལ་ཐབས་སྟོན་པའི་དགེ་བའི་བཤེས་གཉེན་དེ་ལྟ་བུ་དག་ལ་ཡང་མ་བསྟེན་པས་དེ་ལྟར་ཐོབ་པར་མི་འགྱུར་རོ། །གསོལ་པ། བཅོམ་ལྡན་འདས་བྱང་ཆུབ་སེམས་དཔའ་སེམས་དཔའ་ཆེན་པོ། ཐབས་མཁས་པ་གང་དང་ལྡན་པས་རྣམ་པ་ཐམས་ཅད་མཁྱེན་པ་ཉིད་ཐོབ་པར་འགྱུར་བའི་ཐབས་མཁས་པ་དེ་གང་ལགས། བཅོམ་ལྡན་འདས་ཀྱིས་བཀའ་སྩལ་པ། རབ་འབྱོར་འདི་ལ་བྱང་ཆུབ་སེམས་དཔའ་སེམས་དཔའ་ཆེན་པོ་སེམས་དང་པོ་བསྐྱེད་པ་ནས་ཉེ་བར་བཟུང་[༦]སྟེ། སྦྱིན་པའི་ཕ་རོལ་ཏུ་ཕྱིན་པ་ལ་སྤྱོད་ན། རྣམ་པ་ཐམས་ཅད་མཁྱེན་པ་ཉིད་དང་ལྡན་པའི་ཡིད་ལ་བྱ་བས། སངས་རྒྱས་བཅོམ་ལྡན་འདས་རྣམས་དང་། རང་

སངས་རྒྱས་དང་། ཉན་ཐོས་དང་། མི་དང་མི་མ་ཡིན་པར་གྱུར་པ་དག་ལ་སྦྱིན་པ་ཡོངས་སུ་གཏོང་སྟེ། དེ་རྣམ་པ་ཐམས་ཅད་མཁྱེན་པ་ཉིད་དང་ལྡན༔ པའི་ཡིད་ལ་བྱ་བ་དེ་དང་ལྡན་[༡]པས། སྦྱིན་པ་ལ་ཡང་སྦྱིན་པའི་འདུ་ཤེས་སུ་མི་འགྱུར། ལེན་པ་ལའང་ལེན་པའི་འདུ་ཤེས་སུ་མི་འགྱུར[༢]། གཏོང་བ་ལ་ཡང་གཏོང་བའི་འདུ་ཤེས་སུ་མི་འགྱུར་རོ། །དེ་ནི་འདི་ལྟར་ཆོས་ཐམས་ཅད་རང་གི་མཚན་ཉིད་ཀྱིས་སྟོང་པར་ཤེས་ཤིང་། ཆོས་ཐམས་ཅད་མེད་པ་དང་། མ་བྱུང་བ་དང་། ཡོངས་སུ་མ་རྫོགས་པ་དང་། མངོན་པར་མ་གྲུབ་པར་མཐོང་[༣]། ཆོས་རྣམས་ཀྱི༔ ཆོས་ཀྱི་[༤]མཚན་ཉིད་ལ་འཇུག་ན་ཡང་། ཆོས་ཐམས་ཅད་ནི་ནུས་པ་གང་ཡང་མེད་པའོ་ཞེས་བྱ་བར་འདུ་བྱེད་མེད་པའི་མཚན་ཉིད་ཀྱིས་འཇུག་སྟེ། དེ་ཐབས་མཁས་པ་དེ་ལྟ་བུ་དང་ལྡན་པས་ན། དགེ་བའི་རྩ་བས་རྣམ་པར་འཕེལ་བར་སྦྱིན་པའི་ཕ་རོལ་ཏུ་ཕྱིན་པ་ལ་སྤྱོད་དེ། དེ་སྦྱིན་པའི་ཕ་རོལ་ཏུ་ཕྱིན་པ་ལ་སྤྱོད་ཅིང་། སེམས་ཅན་རྣམས་ཡོངས་[༥]སུ་སྨིན་པར་བྱེད[༦]། སངས་རྒྱས་ཀྱི་ཞིང་ཡོངས་སུ་དག་པར་བྱེད་ཀྱང་གཞན་དུ་ན་[༧]སེམས་ཅན་ཐམས་ཅད་ཡོངས་སུ་བསྐྱབ་པ་དང་། སེམས་ཅན་ཡོངས་སུ་སྨིན་པར་བྱ་བའི་ཕྱིར། སྦྱིན་པའི་ཕ་རོལ་ཏུ་ཕྱིན་པ་ལ་སྤྱོད་པ་མ་གཏོགས་པར་སྦྱིན་པའི་འབྲས་བུ་གང་འཁོར་བར་ཡོངས་སུ་སྤྱོད་[༨]པར་བྱ་བ་དེ་ལྟ་བུའི་འབྲས་བུ་ལ་སྨོན་པ་མེད་དོ། །ཤེས་རབ་ཀྱི་ཕ་རོལ་ཏུ་ཕྱིན་པ་སྟོང་ཕྲག་བརྒྱ་པ་ལས། ལེའུ་ལྔ་བཅུ༔ དྲུག་གོ[༩]།། །།

རབ་འབྱོར་གཞན་ཡང་བྱང་ཆུབ་སེམས་དཔའ་སེམས་དཔའ་ཆེན་པོ་ཚུལ་ཁྲིམས་ཀྱི་ཕ་རོལ་ཏུ་ཕྱིན་པ་ལ་སྤྱོད་པའི་ཚེ། སེམས་དང་པོ་བསྐྱེད་པ་ནས་ཉེ་བར་བཟུང་སྟེ། རྣམ་པ་ཐམས་ཅད་མཁྱེན་པ་ཉིད་དང་ལྡན་པའི་ཡིད་ལ་བྱ་བས།

ཚུལ་ཁྲིམས་སྲུང་[༡]སྟེ། དེ་ལ་འདོད་ཆགས་ཀྱི་སེམས་སྐྱེ་བ་པར་མི་འགྱུར། ཞེ་སྡང་སྐྱེ་བ་པར་མི་འགྱུར། གཏི་མུག་སྐྱེ་བ་པར་མི་འགྱུར། བག་ལ་ཉལ་བ་[༢]སྐྱེ་བ་པར་མི་འགྱུར། ཀུན་ནས་ལྡང་བ་སྐྱེ་བ་པར་མི་འགྱུར་ཏེ། མི་དགེ་བའི་ཆོས་[༣]གཞན་བྱང་ཆུབ་ཀྱི་བགེགས་[༤]སུ་འགྱུར་བ་འདི་ལྟ་སྟེ། སེར་སྣ་འམ། ཚུལ་ཁྲིམས་ངན་པའམ། འཁྲུག་པའི་སེམས་སམ། ལེ་ལོའི་སེམས་སམ། བརྗེད་འགྱུས་ཆུང་བའི་སེམས་སམ། གཡེང་བའི་སེམས་སམ། ཤེས་རབ་འཆལ་པའི་སེམས་སམ། ང་རྒྱལ་ལམ། བརྙས་པའམ། ཆེ་བའི་ང་རྒྱལ་ལམ[༥]། ངའི་ང་རྒྱལ་ལམ[༦]། ཉན་ཐོས་ཀྱི་སེམས་སམ། རང་སངས་རྒྱས་ཀྱི་སེམས་དག་ཀྱང་སྐྱེ་བ་པར་མི་འགྱུར་རོ། །དེ་ཅིའི་ཕྱིར་ཞེ་ན། རབ་འབྱོར་དེ་ནི་འདི་ལྟར་ཆོས་ཐམས་ཅད་རང་གི་མཚན་ཉིད་ཀྱིས་སྟོང་པར་ཤེས་ཤིང་། ཆོས་ཐམས་ཅད་མྱེད་པ་དང་། མ་བྱུང་བ་དང་། ཡོངས་སུ་མ་རྫོགས་པ་དང་། མངོན་པར་མ་གྲུབ་པར་མཐོང་སྟེ། ཆོས་རྣམས་ཀྱི་ཆོས་ཀྱི་མཚན་ཉིད་ལ་འཇུག་ན། ཡང་ཆོས་ཐམས་ཅད་ནི་ནུས་པ་གང་ཡང་མྱེད་པའོ་ཞེས་བྱ་བར་འདུ་བྱེད་མྱེད་པའི་མཚན་ཉིད་ཀྱིས་འཇུག་སྟེ། དེ་ཐབས་མཁས་པ་[༧]དེ་ལྟ་བུ་དང་ལྡན་ཿཔས་ན[༨]། དགེ་བའི་རྩ་བས་རྣམ་པར་འཕེལ་བར་ཚུལ་ཁྲིམས་ཀྱི་ཕ་རོལ་ཏུ་ཕྱིན་པ་ལ་སྤྱོད་དེ། དེ་ཚུལ་ཁྲིམས་ཀྱི་ཕ་རོལ་ཏུ་ཕྱིན་པ་ལ་སྤྱོད་ཅིང་། སེམས་ཅན་རྣམས་ཡོངས་སུ་སྨིན་པར་བྱེད། སངས་རྒྱས་ཀྱི་ཞིང་ཡོངས་སུ་དག་པར་བྱེད་ཀྱང་གཞན་དུ་ན སེམས་ཅན་ཐམས་ཅད་ཡོངས་སུ་བསྐྱབ་[༩]པ་དང་། སེམས་ཅན་ཡོངས་སུ་སྨིན་པར་བྱ་བའི་ཕྱིར། ཚུལ་ཁྲིམས་ཀྱི་ཕ་རོལ་ཏུ་ཕྱིན་པ་ལ་སྤྱོད་པ་མ་གཏོགས་པར་ཚུལ་ཁྲིམས་ཀྱི་འབྲས་བུ་གང་འཁོར་བར་ཡོངས་སུ་སྤྱད་པར་བྱ་བ་དེ་ལྟ་བུའི་འབྲས་བུ་ལ་སྨོན་པ་མྱེད་དོ། །ཤེས་རབ་ཀྱི་ཕ་རོལ་ཏུ་ཕྱིན་པ་སྟོང་ཕྲག་བརྒྱ་པ་ལས

ལེའུ་ལྔ་བཅུ་བདུན་ནོ[1]༎ ༎

རབ་འབྱོར་གཞན་ཡང་བྱང་ཆུབ་སེམས་དཔའ་སེམས་དཔའ་ཆེན་པོ། བཟོད་པའི་ཕ་རོལ་ཏུ་ཕྱིན་པ་ལ་སྤྱོད་པའི་ཚེ། སེམས་དང་པོ་བསྐྱེད་པ་ནས་ཉེ་བར་བཟུང་སྟེ། རྣམ་པ་ཐམས་ཅད་མཁྱེན་པ་ཉིད་དང་ལྡན་པའི་ཡིད་ལ་བྱ་བས་བཟོད་པ་སྒོམ་སྟེ། དེ་ལ་འདོད་ཆགས་ཀྱི་སེམས་སྐྱེ་བར་མི་འགྱུར། ཞེ་སྡང་སྐྱེ་བར་མི་འགྱུར། གཏི་མུག་སྐྱེ་བར་མི་འགྱུར། བག་ལ་ཉལ་བ[2]སྐྱེ་བར་མི་འགྱུར། ཀུན་ནས་ལྡང་བ་སྐྱེ་བར་མི་འགྱུར་ཏེ། མི་དགེ་བའི་ཆོས་གཞན་བྱང་ཆུབ་ཀྱི་བགེགས[3]སུ་འགྱུར་བ་འདི་ལྟ་སྟེ། སེར་སྣའམ། ཚུལ་ཁྲིམས་ངན་པའམ༑ འབྲུག་པའི་སེམས་སམ། ལེ་ལོའི་སེམས་སམ། བརྩོན་འགྲུས་ཆུང་བའི་སེམས་སམ། གཡེང་བའི་སེམས་སམ། ཤེས་རབ་འཆལ་པའི་སེམས་སམ། ང་རྒྱལ་ལམ། བརྙས་པའམ། ཆེ་བའི་ང་རྒྱལ་ལམ། ༔ངའི་ང་རྒྱལ་ལམ།[4] ཉན་ཐོས་ཀྱི་སེམས་སམ། རང་སངས་རྒྱས་ཀྱི་སེམས[5]དག་ཀྱང་སྐྱེ་བར་མི་འགྱུར་རོ། །དེ་ཅིའི་ཕྱིར་ཞེ་ན། རབ་འབྱོར་དེ་ནི་འདི་ལྟར་ཆོས་ཐམས་ཅད་རང་གི་མཚན་ཉིད་ཀྱིས་སྟོང་པར་ཤེས་ཤིང་། ཆོས་ཐམས་ཅད་མེད་པ་དང་། མ་བྱུང་བ་དང་། ཡོངས་སུ་མ་རྫོགས་པ་དང་། མངོན་པར་མ་གྲུབ[6]པར་མཐོང་སྟེ། ཆོས་རྣམས[7]ཀྱི་ཆོས་ཀྱི་མཚན་ཉིད་ལ་འཇུག་ན། ཡང་ཆོས་ཐམས་ཅད་ནི་ནུས་པ་གང་ཡང་མེད་པའོ་ཞེས་བྱ་བར་འདུ་བྱེད་མེད་པའི་མཚན་ཉིད་ཀྱིས་འཇུག་སྟེ། དེ་ཐབས་མཁས་པ་དེ་ལྟ་བུ་དང་ལྡན་པས་ན། དགེ་བའི་རྩ་བས[8]རྣམ་པར་འཕེལ་བར་བཟོད་པའི་ཕ་རོལ་ཏུ་ཕྱིན་པ་ལ་སྤྱོད་དེ[9]། དེ་བཟོད་པའི་ཕ་རོལ་ཏུ་ཕྱིན་པ་ལ་སྤྱོད་ཅིང་། སེམས་ཅན་རྣམས་ཡོངས་སུ་སྨིན༔པར་བྱེད[10]།

སངས་རྒྱས་ཀྱི་ཞིང་ཡོངས་སུ་དག་པར་བྱེད་ཀྱང་གཞན་དུ་ན་[1] སེམས་ཅན་ཐམས་ཅད་ཡོངས་སུ་བསྐྱབ་པ་དང་། སེམས་ཅན་ཡོངས་སུ་སྨིན་པར་བྱ་བའི་ཕྱིར་བཟོད་པའི་ཕ་རོལ་ཏུ་ཕྱིན༔པ་ལ་སྤྱོད་[2] པ་མ་གཏོགས་པར། བཟོད་པའི་འབྲས་བུ་གང་འཁོར་བར་ཡོངས་སུ་སྤྱོད་པར་བྱ་བ་དེ་ལྟ་བུའི་འབྲས་བུ་ལ་སྨོན་པ་མེད་དོ།།

རབ་འབྱོར་གཞན་ཡང་བྱང་ཆུབ་སེམས་དཔའ་སེམས་དཔའ་ཆེན་པོ། བརྩོན་འགྲུས་ཀྱི་ཕ་རོལ་ཏུ་ཕྱིན་པ་ལ་སྤྱོད་པའི་ཚེ། སེམས་དང་པོ་བསྐྱེད་པ་ནས་ཉེ་བར་བཟུང་སྟེ། རྣམ་པ་ཐམས་ཅད་མཁྱེན་པ་ཉིད་དང་ལྡན་པའི་ཡིད་ལ་བྱ་བས[3]། བརྩོན་འགྲུས་རྩོམ་སྟེ། དེ་ལ་འདོད་ཆགས་ཀྱི་སེམས་སྐྱེབ་པར་མི་འགྱུར། ཞེ་སྡང་སྐྱེབ་པར་མི་འགྱུར། གཏི་མུག་སྐྱེབ་པར་མི་འགྱུར། བག་ལ་ཉལ་བ་[4] སྐྱེབ་པར་མི་འགྱུར། ཀུན་ནས་ལྡང་བ་སྐྱེབ་པར་མི་འགྱུར་ཏེ[5]། མི་དགེ་བའི་ཆོས་གཞན་བྱང་ཆུབ་ཀྱི་བགེགས་[6] སུ་འགྱུར་བ་འདི་ལྟ་སྟེ། སེར་སྣའམ[7]། ཚུལ་ཁྲིམས་ངན་པའམ། འཁྲུག་པའི་སེམས་སམ། ལེ་ལོའི་སེམས་སམ། བརྩོན་འགྲུས་ཆུང་བའི་སེམས་སམ། གཡེང་བའི་སེམས་སམ། ཤེས་རབ་འཆལ་པའི་སེམས་སམ། ང་རྒྱལ་ལམ། བརྙས་པའམ། ཆེ་བའི་ང་རྒྱལ་ལམ། ༔ངའི་ང་རྒྱལ་ལམ[8] ཉན་ཐོས་ཀྱི་སེམས་སམ། རང་སངས་རྒྱས་ཀྱི་སེམས་དག་ཀྱང་སྐྱེབ་པར་མི་འགྱུར་རོ། །དེ་ཅིའི་ཕྱིར་ཞེ་ན། རབ་འབྱོར་དེ་ནི་འདི་ལྟར་ཆོས་ཐམས་ཅད་རང་གི་མཚན་ཉིད་ཀྱིས་སྟོང་པར་ཤེས་ཤིང་། ཆོས་ཐམས་ཅད་མྱེད་པ་དང་[9]། མ་བྱུང་བ་དང་། ཡོངས་སུ་མ་རྫོགས་པ་དང་། མངོན་པར་མ་གྲུབ་པར་མཐོང་སྟེ། ཆོས་རྣམས་ཀྱི༔ཆོས་ཀྱི་[10] མཚན་ཉིད་ལ་འཇུག་ན་ཡང་། ཆོས་ཐམས་ཅད་ནི་ནུས་པ་གང་ཡང་མྱེད་པའོ་ཞེས་བྱ་བར་འདུ་བྱེད་མྱེད་པའི་མཚན་ཉིད་ཀྱིས་འཇུག་སྟེ[11]། དེ་ཐབས་མཁས་པ་དེ་ལྟ་བུ་དང་ལྡན་པས་ན།

དགེ་བའི་རྩ་བས་①རྣམ་པར་②འཕེལ་བར་བརྩོན་འགྲུས་ཀྱི་ཕ་རོལ་ཏུ་ཕྱིན་པ་ལ་སྤྱོད་དེ། དེ་བརྩོན་འགྲུས་ཀྱི་ཕ་རོལ་ཏུ་ཕྱིན་པ་ལ་སྤྱོད་ཅིང་། སེམས་ཅན་རྣམས་ཡོངས་སུ་སྨིན་པར་བྱེད། སངས་རྒྱས་ཀྱི་ཞིང་ཡོངས་སུ་དག་པར་བྱེད་ཀྱང་གཞན་དུ་ན། སེམས་ཅན་ཐམས་ཅད་ཡོངས་སུ་བསྐྱབ་པ་དང་། སེམས་ཅན་ཡོངས་སུ་སྨིན་པར་བྱ་བའི་ཕྱིར། བརྩོན་འགྲུས་ཀྱི་ཕ་རོལ་ཏུ་ཕྱིན་པ་ལ་སྤྱོད་པ་མ་གཏོགས་པར། བརྩོན་འགྲུས་ཀྱི་འབྲས་བུ་གང་འཁོར་བར་ཡོངས་སུ་སྤྱོད་③པར་བྱ་བ་དེ་ལྟ་བུའི་འབྲས་བུ་ལ་སྨོན་པ་མེད་དོ། །རབ་འབྱོར་གཞན་ཡང་བྱང་ཆུབ་སེམས་དཔའ་སེམས་དཔའ་ཆེན་པོ་བསམ་གཏན་གྱི་ཕ་རོལ་ཏུ་ཕྱིན་པ་ལ་སྤྱོད་པའི་ཚེ། སེམས་དང་པོ་བསྐྱེད་པ་ནས་ཉེ་བར་བཟུང་སྟེ། རྣམ་པ་ཐམས་ཅད་མཁྱེན་པ་ཉིད་དང་ལྡན་པའི་ཡིད་ལ་བྱ་བས། བསམ་གཏན་རྣམས་ལ་སྙོམས་པར་འཇུག་སྟེ། དེ་ལ་འདོད་ཆགས་ཀྱི་སེམས་སྐྱེབ་པར་མི་འགྱུར། ཞེ་སྡང་སྐྱེབ་པར་མི་འགྱུར། གཏི་མུག་སྐྱེབ་པར་མི་འགྱུར། བག་ལ་ཉལ་བ་④སྐྱེབ་པར་མི་འགྱུར། ཀུན་ནས་ལྡང་བ་སྐྱེབ་པར་མི་འགྱུར་ཏེ། མི་དགེ་བའི་ཆོས་གཞན་བྱང་ཆུབ་ཀྱི་བགེགས་⑤སུ་འགྱུར་བ་འདི་ལྟ་སྟེ། སེར་སྣའམ། ཚུལ་ཁྲིམས་ངན་པའམ། འཁྲུག་པའི་སེམས་སམ། ལེ་ལོའི་སེམས་སམ། བརྩོན་འགྲུས་ཆུང་བའི་སེམས་སམ། གཡེང་བའི་སེམས་སམ། ཤེས་རབ་འཆལ་པའི་སེམས་སམ། ང་རྒྱལ་ལམ། བརྙས་པའམ། ཆེ་བའི་ང་རྒྱལ་ལམ། ངའི་ང་རྒྱལ་ལམ། ཉན་ཐོས་ཀྱི་སེམས་སམ། རང་སངས་རྒྱས་ཀྱི་སེམས་དག་ཀྱང་སྐྱེབ་པར་མི་འགྱུར་རོ། །དེ་ཅིའི་ཕྱིར་ཞེ་ན། རབ་འབྱོར་དེ་ནི་འདི་ལྟར་ཆོས་ཐམས་ཅད་རང་གི་མཚན་ཉིད་ཀྱིས་སྟོང་པར་ཤེས་ཤིང་། ཆོས་ཐམས་ཅད་མྱེད་པ་དང་། མ་བྱུང་བ་དང་། ཡོངས་སུ་མ་རྫོགས་པ་དང་། མངོན་པར་མ་གྲུབ་པར་མཐོང་སྟེ། ཆོས་རྣམས་

ཀྱི་ཆོས་ཀྱི་མཚན་ཉིད་ལ་འཇུག་ན། ཡང་ཆོས་ཐམས་ཅད་ནི་ནུས་པ་གང་ཡང་······
མེད་པའོ་ཞེས་བྱ་བར་འདུ་བྱེད་མེད་པའི་མཚན་ཉིད་ཀྱིས་འཇུག་སྟེ། དེ་ཐབས་
མཁས་པ་དེ་ལྟ་བུ་དང་ལྡན་པས་ན། དགེ་བའི་རྩ་བས་རྣམ་པར་འཕེལ་བར······
བསམ་གཏན་གྱི་ཕ་རོལ་ཏུ་ཕྱིན་པ་ལ་སྤྱོད་དེ། དེ་བསམ་གཏན་གྱི་ཕ་རོལ་ཏུ་ཕྱིན་
པ་ལ་སྤྱོད་ཅིང་། སེམས་ཅན་རྣམས་ཡོངས་སུ་སྨིན་པར་བྱེད། སངས་རྒྱས་ཀྱི་
ཞིང་ཡོངས་སུ་དག་པར་བྱེད་ཀྱང་གཞན་དུ་ན། སེམས་ཅན་ཐམས་ཅད་ཡོངས་སུ་
བསྐྱབ་པ་དང་། སེམས་ཅན་ཡོངས་སུ་སྨིན་པར་བྱ་བའི་ཕྱིར། བསམ་གཏན་གྱི་
ཕ་རོལ་ཏུ་ཕྱིན་པ་ལ་སྤྱོད་པ་མ་གཏོགས་པར། བསམ་གཏན་གྱི་འབྲས་བུ་གང····
འཁོར་བར་ཡོངས་སུ་སྤྱད་པར་བྱ་བ་དེ་ལྟ་བུའི་འབྲས་བུ་ལ་སྨོན་པ་མེད་དོ། །
རབ་འབྱོར་གཞན་ཡང་བྱང་ཆུབ་སེམས་དཔའ་སེམས་དཔའ་ཆེན་པོ་ཤེས་རབ་ཀྱི····
ཕ་རོལ་ཏུ་ཕྱིན་པ་ལ་སྤྱོད་པའི་ཚེ། སེམས་དང་པོ་བསྐྱེད་པ་ནས་ཉེ་བར་བཟུང་སྟེ།
རྣམ་པ་ཐམས་ཅད་མཁྱེན་པ་ཉིད་དང་ལྡན་པའི་ཡིད་ལ་བྱ་བས་ཤེས་རབ༔ སྒོམ་སྟེ[༡]།
དེ་ལ་འདོད་ཆགས་ཀྱི་སེམས་སྐྱིབ་པར་མི་འགྱུར། ཞེ་སྡང་སྐྱིབ་པར་མི་འགྱུར།
གཏི་མུག་སྐྱིབ་པར་མི་འགྱུར། བག་ལ་ཉལ་བ་[༢]སྐྱིབ་པར་མི་འགྱུར། ཀུན་ནས་
ལྡང་བ་སྐྱིབ་[༣]པར་མི་འགྱུར་ཏེ། མི་དགེ་བའི་ཆོས་གཞན་བྱང་ཆུབ་ཀྱི་བགེགས་[༤]
སུ་འགྱུར་བ་འདི་ལྟ་སྟེ། སེར་སྣའམ། ཚུལ་ཁྲིམས་ངན་པའམ། འཁྲུག་པའི་
སེམས་སམ། ལེ་ལོའི་སེམས་སམ། བརྗེད་འགྲུས་ཆུང་བའི་སེམས་སམ།
གཡེང་བའི་སེམས་སམ། ཤེས་རབ་འཆལ་པའི་སེམས་སམ། ང་རྒྱལ་ལམ།
བརྙས་པའམ[༥]། ཆེ་བའི་ང་རྒྱལ་ལམ། ༔ངའི་ང་རྒྱལ་ལམ།[༦] ཉན་ཐོས་ཀྱི····
སེམས་སམ། རང་སངས་རྒྱས་ཀྱི་སེམས་དག་ཀྱང་སྐྱིབ་པར་མི་འགྱུར་རོ། །དེ་
ཅིའི་ཕྱིར་ཞེ་ན། རབ་འབྱོར་དེ་ནི་འདི་ལྟར་ཆོས་ཐམས་ཅད་རང་གི་མཚན་ཉིད་

ཀྱིས་སྟོང་པར་ཤེས་ཤིང་། ཆོས་ཐམས་ཅད་མྱེད་པ་དང་། མ་བྱུང་བ་དང་། ཡོངས་སུ་མ་རྫོགས་པ་དང་། མངོན་པར་མ་གྲུབ་པར་མཐོང་སྟེ། ཆོས་རྣམས་ཀྱི་ཆོས་ཀྱི་མཚན་ཉིད་ལ[2]འཇུག་ན་ཡང་། ཆོས་ཐམས་ཅད་ནི་ནུས་པ་གང་ཡང་མྱེད་པའོ་ཞེས་བྱ་བར་འདུ་བྱེད་མྱེད་པའི་མཚན་ཉིད་ཀྱིས་འཇུག་སྟེ། དེ་ཐབས་མཁས་པ[3]དེ་ལྟ་བུ་དང་ལྡན་པས་ན། དགེ་བའི་རྩ་བས་རྣམ་པར་འཕེལ་བར····
ཤེས་རབ་ཀྱི་ཕ་རོལ་ཏུ་ཕྱིན་པ་ལ་སྤྱོད་དེ། དེ་ཤེས་རབ་ཀྱི་ཕ་རོལ་ཏུ་ཕྱིན་པ་ལ་སྤྱོད་ཅིང་། སེམས་ཅན་རྣམས་ཡོངས་སུ་སྨིན་པར་བྱེད། སངས་རྒྱས་ཀྱི་ཞིང་ཡོངས་སུ་དག་པར་བྱེད་ཀྱང་། གཞན་དུ་ན་སེམས་ཅན་ཐམས་ཅད་ཡོངས་སུ····
བསྐྱབ་པ་དང་། སེམས་ཅན་རྣམས[4]ཡོངས་སུ་སྨིན་པར་བྱ་བའི་ཕྱིར། ཤེས་རབ་ཀྱི་ཕ་རོལ་ཏུ་ཕྱིན་པ་ལ་སྤྱོད་པ་མ་གཏོགས་པར་ཤེས་རབ་ཀྱི་འབྲས་བུ་གང···
༔འཁོར་བར[5]ཡོངས་སུ་སྤྱད་པར་བྱ་བ་དེ་ལྟ་བུའི་འབྲས་བུ་ལ་སྨོན་པ་མྱེད·····
དོ༎ ༎ཤེས་རབ་ཀྱི་ཕ་རོལ་ཏུ་ཕྱིན་པ་སྟོང་ཕྲག་བརྒྱ་པ་ལས། ལེའུ་ལྔ་བཅུ་
༔བརྒྱད་དོ[6]༎ ༎

རབ་འབྱོར་གཞན་ཡང་བྱང་ཆུབ་སེམས་དཔའ་སེམས་དཔའ་ཆེན་པོ་བསམ·····
གཏན་དང་པོ་ལ་སྙོམས་པར་འཇུག་ཀྱང་རྣམ་པར་སྨིན་པ་ཡོངས་སུ་མྱི་འཛིན་ཏོ། ། དེ་ཅིའི་ཕྱིར་ཞེ་ན། འདི་ལྟར་དེ་ནི་ཐབས་མཁས་པ་དང་ལྡན་པ་ཡིན་ཏེ། ཐབས་མཁས་པ་དེས་བསམ་གཏན་དང་པོ་དེ་རང་གི་མཚན་ཉིད་ཀྱིས་སྟོང་པར·····
ཤེས་སོ། །མྱེད་པ་དང་མ་བྱུང་བར་ཤེས་སོ། །ཡོངས་སུ་མ་རྫོགས་པར་ཤེས་སོ། ། མངོན་པར་མ་གྲུབ་པར་ཤེས་སོ། །བསམ་གཏན་གཉིས་པ་ལ་སྙོམས་པར་འཇུག་ཀྱང༑ རྣམ་པར་སྨིན་པ་ཡོངས་སུ་མི་འཛིན་ཏོ། །དེ་ཅིའི་ཕྱིར་ཞེ་ན། འདི་

ལྟར་དེ་ནི་ཐབས་མཁས་པ་དང་ལྡན་པ་ཡིན་ཏེ། ཐབས་མཁས་པ་དེས་བསམ་····གཏན་གཉིས་པ་དེ་རང་གི་མཚན་ཉིད་ཀྱིས་སྟོང་པར་ཤེས་སོ། །སྐྱེད་པ་དང་མ་བྱུང་བར་ཤེས་སོ། །ཡོངས་སུ་མ་རྫོགས་པར་ཤེས་སོ། །མངོན་པར་མ་གྲུབ་པར་ཤེས་སོ། །[༡]བསམ་གཏན་གསུམ་པ་ལ་སྙོམས་པར་འཇུག་ཀྱང་། རྣམ་པར་སྨིན་པ་ཡོངས་སུ་མི་འཛིན་ཏོ། །དེ་ཅིའི་ཕྱིར་ཞེ་ན། འདི་ལྟར་དེ་ནི་ཐབས་མཁས་པ་དང་ལྡན་པ་ཡིན་ཏེ། ཐབས་མཁས་པ་དེས་བསམ་གཏན་གསུམ་པ་དེ་རང་གི་····མཚན་ཉིད་ཀྱིས་སྟོང་པར་ཤེས་སོ། །སྐྱེད་པ་དང་མ་བྱུང་བར་ཤེས་སོ། །ཡོངས་སུ་མ་རྫོགས་པར་ཤེས་སོ། །མངོན་པར་མ་གྲུབ་པར་ཤེས་སོ། །བསམ་གཏན་བཞི་པ་ལ་སྙོམས་པར་འཇུག་ཀྱང་། རྣམ་པར་སྨིན་པ་ཡོངས་སུ་མི་འཛིན་ཏོ། །དེ་ཅིའི་ཕྱིར་ཞེ་ན། འདི་ལྟར་དེ་ནི་ཐབས་མཁས་པ་དང་ལྡན་པ་ཡིན་ཏེ། ཐབས་མཁས་པ་དེས་བསམ་གཏན་བཞི་པ་དེ་རང་གི་མཚན་ཉིད་ཀྱིས་སྟོང་པར····ཤེས་སོ། །སྐྱེད་པ་དང་མ་བྱུང་བར་ཤེས་སོ། །ཡོངས་སུ་མ་རྫོགས་པར་ཤེས་སོ། །མངོན་པར་མ་གྲུབ་པར་ཤེས་སོ། །བྱམས་པ་ལ་སྙོམས་པར་འཇུག་[༢]ཀྱང་། རྣམ་པར་སྨིན་པ་ཡོངས་སུ་མི་འཛིན་ཏོ། །དེ་ཅིའི་ཕྱིར་ཞེ་ན། འདི་ལྟར་དེ་ནི་ཐབས་མཁས་པ་དང་ལྡན་པ་ཡིན་ཏེ། ཐབས་མཁས་པ་དེས་བྱམས་པ་དེ་རང་གི་མཚན་ཉིད་ཀྱིས་སྟོང་པར་ཤེས་སོ། །སྐྱེད་པ་དང་མ་བྱུང་བར་ཤེས་སོ། །ཡོངས་སུ་མ་རྫོགས་པར་ཤེས་སོ། །མངོན་པར་མ་གྲུབ་པར་ཤེས་སོ། །སྙིང་རྗེ་ལ་སྙོམས་པར་འཇུག་ཀྱང་རྣམ་པར་སྨིན་པ་ཡོངས་སུ་མི་འཛིན་ཏོ། །དེ་ཅིའི་ཕྱིར་ཞེ་ན། འདི་ལྟར་དེ་ནི་ཐབས་མཁས་པ་དང་ལྡན་པ་ཡིན་ཏེ། ཐབས་མཁས་པ་དེས་སྙིང་རྗེ་དེ་རང་གི་མཚན་ཉིད་ཀྱིས་སྟོང་པར་ཤེས་སོ། །སྐྱེད་པ་དང་མ་བྱུང་བར་ཤེས་སོ། །ཡོངས་སུ་མ་རྫོགས་པར་ཤེས་སོ། །མངོན་པར་མ་གྲུབ་པར་ཤེས་སོ། །དགའ་བ་

ལ་སྙོམས་པར་འཇུག་ཀྱང་། རྣམ་པར་སྨིན་པ་ཡོངས་སུ་མི་འཛིན་ཏོ། །དེ་ཅིའི་ཕྱིར་ཞེ་ན། འདི་ལྟར་དེ་ནི་ཐབས་མཁས་པ་དང་ལྡན་པ་ཡིན་ཏེ། ཐབས་མཁས་པ་དེས་དགའ་བ་དེ་རང་གི་མཚན་ཉིད་ཀྱིས་སྟོང་པར་ཤེས་སོ། །ཿམྱེད་པ་དང་མ་བྱུང་བར་ཤེས་སོ། །[2]ཡོངས་སུ་མ་རྫོགས་པར་ཤེས་སོ། །མངོན་པར་མ་གྲུབ་པར་ཤེས་སོ། །བཏང་སྙོམས་ལ་སྙོམས་པར་འཇུག་ཀྱང་། རྣམ་པར་སྨིན་པ་ཡོངས་སུ་མི་འཛིན་ཏོ། །དེ་ཅིའི་ཕྱིར་ཞེ་ན། འདི་ལྟར་དེ་ནི་ཐབས་མཁས་པ་དང་ལྡན་པ་ཡིན་ཏེ། ཐབས་མཁས་པ་དེས་བཏང་སྙོམས་དེ་རང་གི་མཚན་ཉིད་ཀྱིས་སྟོང་པར་ཤེས་སོ། །མྱེད་པ་དང་མ་བྱུང་བར་ཤེས་སོ། །ཡོངས་སུ་མ་རྫོགས་པར་ཤེས་སོ། །མངོན་པར་མ་གྲུབ་པར་ཤེས་སོ། །ནམ་མཁའ་མཐའ་ཡས་སྐྱེ་མཆེད་ཀྱི་སྙོམས་པར་འཇུགཿ པ་ལ་སྙོམས་པར་འཇུག[3]ཀྱང་། རྣམ་པར་སྨྱིན་པ་ཡོངས་སུ་མྱི་འཛིན་ཏོ། །དེ་ཅིའི་ཕྱིར་ཞེ་ན། འདི་ལྟར་དེ་ནི་ཐབས་མཁས་པ་དང་ལྡན་པ་ཡིན་ཏེ། ཐབས་མཁས་པ་དེས་ནམ་མཁའ་མཐའ་ཡས་སྐྱེ་མཆེད་དེ་རང་གི་མཚན་ཉིད་ཀྱིས་སྟོང་པར་ཤེས་སོ། །མྱེད་པ་དང་མ་བྱུང་བར་ཤེས་སོ། །ཡོངས་སུ་མ་རྫོགས་པར་ཤེས་སོ། །མངོན་པར་མ་གྲུབ་པར་ཤེས་སོ། །རྣམ་ཤེས་མཐའ་ཡས་སྐྱེ་མཆེད་ཀྱི་སྙོམས་པར་འཇུག་པ་ལ་སྙོམས་པར་འཇུག་ཀྱང་། རྣམ་པར་སྨིན་པ་ཡོངས་སུ་མྱི་འཛིན་ཏོ། །དེ་ཅིའི་ཕྱིར་ཞེ་ན། འདི་ལྟར་དེ་ནི་ཐབས་མཁས་པ་དང་ལྡན་པ་ཡིན་ཏེ། ཐབས་མཁས་པ་དེས་རྣམ་ཤེས་མཐའ་ཡས་སྐྱེ་མཆེད་དེ་རང་གི་མཚན་ཉིད་ཀྱིས་སྟོང་པར་ཤེས་སོ། །མྱེད་པ་དང་མ་བྱུང་བར་ཤེས་སོ། །ཡོངས་སུ་མ་རྫོགས་པར་ཤེས་སོ། །མངོན་པར་མ་གྲུབ་པར་ཤེས་སོ། །ཆུང་ཟད་མྱེད་པའི་སྐྱེ་མཆེད་ཀྱི་སྙོམས་པར་འཇུག་པ་ལ་སྙོམས་པར་འཇུག་ཀྱང་། རྣམ་པར་སྨིན་པ་ཡོངས་སུ་མྱི་འཛིན་ཏོ། །དེ་ཅིའི་ཕྱིར་ཞེ་ན། འདི་ལྟར་དེ་ནི་

ཐབས་མཁས་པ་དང་ལྡན་པ་ཡིན་ཏེ། ཐབས་མཁས་པ་དེས་ཚུང་ཟད་སྨྲེད་པའི་སྐྱེ་མཆེད་དེ་རང་གི་མཚན་ཉིད་ཀྱིས་སྟོང་པར་ཞེས་སོ། །མེད་པ་དང་མ་བྱུང་བར་ཞེས་སོ། །ཡོངས་སུ་མ་རྫོགས་པར་ཞེས་སོ། །མངོན་པར་མ་གྲུབ་པར་ཞེས་སོ། །འདུ་ཞེས་མེད་འདུ་ཞེས་མེད་མིན་སྐྱེ་མཆེད་ཀྱི་སྙོམས་པར་འཇུག་པ་ལ་སྙོམས་པར་འཇུག་ཀྱང་། རྣམ་པར་སྨིན་པ་ཡོངས་སུ་མི་འཛིན་ཏོ། །དེ་ཅིའི་ཕྱིར་ཞེ་ན། འདི་ལྟར་དེ་ནི་ཐབས་མཁས་པ་དང་ལྡན་པ་ཡིན་ཏེ། ཐབས་མཁས་པ་དེས་འདུ་ཞེས་མེད་འདུ་ཞེས་མེད་མིན་སྐྱེ་མཆེད་དེ་རང་གི་མཚན་ཉིད་ཀྱིས་སྟོང་པར་ཞེས་སོ། །མེད་པ་དང་མ་བྱུང་བར་ཞེས་སོ། །ཡོངས་སུ་མ་རྫོགས་པར་ཞེས་སོ། །མངོན་པར་མ་གྲུབ་པར་ཞེས་སོ། །རབ་འབྱོར་གཞན་ཡང་བྱང་ཆུབ་སེམས་དཔའ་སེམས་དཔའ་ཆེན་པོ་སེམས་དང་པོ་བསྐྱེད་པ་ནས་ཉེ་བར་བཟུང་སྟེ། ཐབས་མཁས་པ་དང་ལྡན་པས་མཐོང་བ་དང་། བསྒོམ[༧]པས་སྤང་བའི་ལམ་ལ་སྤྱོད་ཀྱང་། རྒྱུན་དུ་ཞུགས་པའི་འབྲས་བུ་ཐོབ་པར་མི་བྱེད། ལན་ཅིག་ཕྱིར་འོང་བའི་འབྲས་བུ་ཐོབ་པར་མི་བྱེད། ཕྱིར་མི་འོང་བའི་འབྲས་བུ་ཐོབ་པར་མི་བྱེད། དགྲ་བཅོམ་པ་ཉིད་ཐོབ་པར་མི་བྱེད། རང་བྱང་ཆུབ་ཐོབ་པར་མི་བྱེད་དོ། །དེ་ཅིའི་ཕྱིར་ཞེ་ན། འདི་ལྟར་དེ[༨]ནི་ཆོས་ཐམས་ཅད་རང་གི་མཚན་ཉིད་ཀྱིས་སྟོང་པར་ཞེས[༩]། ཆོས་ཐམས་ཅད་མེད་པ་དང་མ་བྱུང་བ་དང་། ཡོངས་སུ་མ་རྫོགས་པ་དང་། མངོན་པར་མ་གྲུབ་པར་ཞེས་ཏེ[༡༠]། བྱང་ཆུབ་ཀྱི་ཕྱོགས་ཀྱི་ཆོས་དེ་དག་ལ་སྤྱོད་ཅིང་། ཉན་ཐོས་ཀྱི་ས་ལས་ཡོངས་སུ་འདའ། རང་སངས་རྒྱས་ཀྱི་ས་ལས་ཡོངས་སུ་འདའ་སྟེ། རབ་འབྱོར་འདི་ནི་བྱང་ཆུབ་སེམས་དཔའ་སེམས་དཔའ་ཆེན་པོའི་མི་སྐྱེ་བའི་ཆོས་ལ་བཟོད་པའོ། །རབ་འབྱོར་གཞན་ཡང་བྱང་ཆུབ་སེམས་དཔའ་སེམས་དཔའ་ཆེན་པོ་ཤེས་རབ་ཀྱི་ཕ་རོལ་ཏུ་ཕྱིན་པ་ལ་སྤྱོད་པའི་

ཚེ། རྣམ་པར་ཐར་པ་བརྒྱད་ལ་སྙོམས་པར་འཇུག[༢]ཀྱང་། རྒྱུན་དུ་ཞུགས་པའི་
འབྲས་བུ་ཐོབ་པར་མི་བྱེད། ལན་ཅིག་ཕྱིར་འོང་བའི་འབྲས་བུ་ཐོབ་པར་མི་བྱེད།
ཕྱིར་མི་འོང་བའི་འབྲས་བུ་ཐོབ་པར་མི་བྱེད། དགྲ་བཅོམ་པ་ཉིད་ཐོབ་པར་མི་····
བྱེད[༣]། རང་བྱང་ཆུབ་ཐོབ་པར་མི་བྱེད་དོ། །དེ་ཅིའི་ཕྱིར་ཞེ་ན། འདི་ལྟར་དེ་
ནི་ཆོས་ཐམས་ཅད་རང་གི་མཚན་ཉིད་ཀྱིས་སྟོང་པར་ཤེས་སོ། །ཆོས་ཐམས་ཅད་
མི་སྐྱེད་པ་དང་མ་བྱུང་བར་ཤེས་སོ། །ཆོས་ཐམས་ཅད་ཡོངས་སུ་མ་རྫོགས་པར་ཤེས་
སོ། །ཆོས་ཐམས་ཅད་མངོན་པར་མ་གྲུབ་པར་ཤེས་སོ། །རབ་འབྱོར་གཞན་
ཡང་བྱང་ཆུབ་སེམས་དཔའ་སེམས་དཔའ་ཆེན་པོ་ཤེས་རབ་ཀྱི་ཕ་རོལ་ཏུ་ཕྱིན་པ་ལ་
སྤྱོད་པའི་ཚེ། མཐར་གྱིས་གནས་པའི་སྙོམས་པར་འཇུག་པ་དགུ་ལ་སྙོམས་པར·····
འཇུག་ཀྱང་། རྒྱུན་དུ་ཞུགས་པའི་འབྲས་བུ་ཐོབ་པར་མི་བྱེད། ལན་ཅིག་ཕྱིར་
འོང་བའི་འབྲས་བུ་ཐོབ་པར་མི་བྱེད། ཕྱིར་མི་འོང་བའི་འབྲས་བུ་ཐོབ་པར་མི་····
བྱེད། དགྲ་བཅོམ་པ་ཉིད་ཐོབ་པར་མི་བྱེད[༤]། རང་བྱང་ཆུབ་ཐོབ་པར་མི་བྱེད་
དོ། །དེ་ཅིའི་ཕྱིར་ཞེ་ན། འདི་ལྟར་དེ་ནི་ཆོས་ཐམས་ཅད་རང་གི་མཚན་ཉིད་
ཀྱིས་སྟོང་པར་ཤེས་སོ། །[༡]ཆོས་ཐམས་ཅད་མི་སྐྱེད་པ་དང་མ་བྱུང་བར་ཤེས་སོ། །
ཆོས་ཐམས་ཅད་ཡོངས་སུ་མ་རྫོགས་པར་ཤེས་སོ། །ཆོས་ཐམས་ཅད་མངོན་པར་
མ་གྲུབ་པར་ཤེས་སོ། །རབ་འབྱོར་གཞན་ཡང་བྱང་ཆུབ་སེམས་དཔའ་སེམས····
དཔའ་ཆེན་པོ། དེ་བཞིན་གཤེགས་པའི་སྟོབས་བཅུ་ལ་ཡོངས་སུ་འདྲིས་པར་བྱེད།
མི་འཇིགས་པ་བཞི་ལ་ཡོངས་སུ་འདྲིས་པར་བྱེད། སོ་སོ་ཡང་དག་པར་རིག་པ····
བཞི་ལ་ཡོངས་སུ་འདྲིས་པར་བྱེད། སངས་རྒྱས་ཀྱི་ཆོས་མ་འདྲེས་པ་བཅོ་བརྒྱད་
ལ་ཡོངས་སུ་འདྲིས་པར་བྱེད། བྱམས་པ་ཆེན་པོ་ལ་ཡོངས་སུ་འདྲིས་པར་བྱེད།
སྙིང་རྗེ་ཆེན་པོ་ལ་ཡོངས་སུ་འདྲིས་པར་བྱེད[༥]། ནམ་སངས་རྒྱས་ཀྱི་ཞིང་ཡོངས་

སུ་དག་པར་མ་གྱུར་པ་དང་། སེམས་ཅན་རྣམས་ཡོངས་སུ་སྨིན་པར་མ་གྱུར་གྱི་བར་དུ། རྣམ་པ་ཐམས་ཅད་མཁྱེན་པ་ཉིད་ཐོབ་པར་མི་བྱེད་དོ། །རབ་འབྱོར་དེ་ལྟར་བྱང་ཆུབ་སེམས་དཔའ་སེམས་དཔའ་ཆེན་པོས། ཤེས་རབ་ཀྱི་ཕ་རོལ་ཏུ་ཕྱིན་པ་ལ་སྤྱོད[༡]པར་བྱའོ། །གསོལ་པ། བཅོམ་ལྡན་འདས་བྱང་ཆུབ་སེམས་དཔའ[༢]སེམས་དཔའ་ཆེན་པོ་དེ་ལྟ་བུའི་ཆོས་ཟབ་མོ་དག་ལ་སྤྱོད་ཀྱང་། རྣམ······པར་སྨིན་པ་ཡོངས་སུ་མི་འཛིན་པ་ནི་སློ་དམ་པ་དང་ལྡན་པ་ལགས་སོ། །བཅོམ་ལྡན་འདས་ཀྱིས་བཀའ་སྩལ་པ། རབ་འབྱོར་དེ་དེ་བཞིན་ནོ། །དེ་དེ་བཞིན་ཏེ། བྱང་ཆུབ་སེམས་དཔའ་སེམས་དཔའ་ཆེན་པོ་གང་དེ་ལྟ་བུའི་ཆོས་ཟབ་མོ་དག་ལ······སྤྱོད་ཅིང་། རྣམ་པར་སྨིན་པ་ཡོངས་སུ་མི་འཛིན་པ་ནི་སློ་དམ་པ་དང་ལྡན་པའོ། །དེ་ཅིའི་ཕྱིར་ཞེ་ན། རབ་འབྱོར་དེ་ནི་བྱང་ཆུབ་སེམས་དཔའ་སེམས་དཔའ་ཆེན་པོ་ངོ་བོ་ཉིད་ལས་མི་གཡོའོ། །གསོལ་པ། བཅོམ་ལྡན་འདས་ངོ་བོ་ཉིད་གང་ལས་མི་གཡོ་བ་ལགས། བཅོམ་ལྡན་འདས་ཀྱིས་བཀའ་སྩལ་པ། དངོས་པོ་མེད་པ་ལས[༣]མི་གཡོ་བ་ཡིན་ཏེ། རབ་འབྱོར་གང་ཡང་འདི་སྐད་དུ་ངོ་བོ་ཉིད་གང་ལས་མི་གཡོ་ཞེས་ཟེར་བ་ནི་གཟུགས་ཀྱི་ངོ་བོ་ཉིད་ལས་མི་གཡོའོ། །ཚོར་བའི་ངོ་བོ[༤]ཉིད་ལས་མི་གཡོའོ། །འདུ་ཤེས་ཀྱི་ངོ་བོ་ཉིད་ལས་མི་གཡོའོ། །འདུ་བྱེད་ཀྱི་ངོ་བོ་ཉིད་ལས་མི་གཡོའོ། །རྣམ་པར་ཤེས་པའི་ངོ་བོ་ཉིད་ལས་མི་གཡོའོ། །མིག་གི་ངོ་བོ་ཉིད་ལས་མི་གཡོའོ། །རྣ་བའི་ངོ་བོ་ཉིད་ལས་མི་གཡོའོ། །སྣའི་ངོ་བོ་ཉིད་ལས་མི་གཡོའོ། །ལྕེའི་ངོ་བོ་ཉིད་ལས་མི་གཡོའོ། །ལུས་ཀྱི་ངོ་བོ་ཉིད་ལས་མི་གཡོའོ། །ཡིད་ཀྱི་ངོ་བོ་ཉིད་ལས་མི་གཡོའོ། །གཟུགས་ཀྱི་ངོ་བོ་ཉིད་ལས་མི་གཡོའོ། །སྒྲའི་ངོ་བོ་ཉིད་ལས་མི་གཡོའོ། །དྲིའི་ངོ་བོ་ཉིད་ལས་མི་གཡོའོ། །རོའི་ངོ་བོ་ཉིད་ལས་མི་གཡོའོ། །རེག་གི་ངོ་བོ་ཉིད་ལས་མི་གཡོའོ། །ཆོས་ཀྱི་ངོ་

པོ་ཉིད་ལས་མྱི་གཡོའོ། །མྱིག་གི་རྣམ་པར་ཤེས་པའི་ངོ་བོ་ཉིད་ལས་མྱི་གཡོའོ། །རྣ་བའི་རྣམ་པར་ཤེས་པའི་ངོ་བོ་ཉིད་ལས་མྱི་གཡོའོ། །སྣའི་རྣམ་པར་ཤེས་པའི་ངོ་བོ་ཉིད་ལས་མྱི་གཡོའོ། །ལྕེའི་རྣམ་པར་ཤེས་པའི་ངོ་བོ་ཉིད་ལས་མྱི་གཡོའོ། །ལུས་ཀྱི་རྣམ་པར་ཤེས་པའི་ངོ་བོ་ཉིད་ལས་མྱི་གཡོའོ། །ཡིད་ཀྱི་རྣམ་པར་ཤེས་པའི་ངོ་བོ་ཉིད་ལས་མྱི་གཡོའོ། །མྱིག་གི་འདུས་ཏེ་རེག་པའི་ངོ་བོ་ཉིད་ལས་མྱི་གཡོའོ། །རྣ་བའི་འདུས་ཏེ་རེག་པའི་ངོ་བོ་ཉིད་ལས་མྱི་གཡོའོ། །སྣའི་འདུས་ཏེ་རེག་པའི་ངོ་བོ་ཉིད་ལས་མྱི་གཡོའོ། །ལྕེའི་འདུས་ཏེ་རེག་པའི་ངོ་བོ་ཉིད་ལས་མྱི་གཡོའོ། །ལུས་ཀྱི་འདུས་ཏེ་རེག་པའི་ངོ་བོ་ཉིད་ལས་མྱི་གཡོའོ། །ཡིད་ཀྱི་འདུས་ཏེ་རེག་པའི་ངོ་བོ་ཉིད་ལས་མྱི་གཡོའོ། །མྱིག་གི་འདུས་ཏེ་རེག་པའི་རྐྱེན་གྱིས་ཚོར་བའི་ངོ་བོ་ཉིད་ལས་མྱི་གཡོའོ། །རྣ་བའི་འདུས་ཏེ་རེག་པའི་རྐྱེན་གྱིས་ཚོར་བའི་ངོ་བོ་ཉིད་ལས་མི་གཡོའོ། །སྣའི་འདུས་ཏེ་རེག་པའི་རྐྱེན་གྱིས་ཚོར་བའི་ངོ་བོ་ཉིད་ལས་མྱི་གཡོའོ༑ །ལྕེའི་འདུས་ཏེ་རེག་པའི་རྐྱེན་གྱིས་ཚོར་བའི་ངོ་བོ་ཉིད་ལས་མྱི་གཡོའོ། །ལུས་ཀྱི་འདུས་ཏེ་རེག་པའི་རྐྱེན་གྱིས་ཚོར་བའི་ངོ་བོ་ཉིད་ལས་མྱི་གཡོའོ། །ཡིད་ཀྱི་འདུས་ཏེ་རེག་པའི་རྐྱེན་གྱིས་ཚོར་བའི་ངོ་བོ་ཉིད་ལས་མྱི་གཡོའོ། །སའི་ཁམས་ཀྱི་ངོ་བོ་ཉིད་ལས་མྱི་གཡོའོ། །ཆུའི་ཁམས་ཀྱི་ངོ་བོ་ཉིད་ལས་མྱི་གཡོའོ། །མེའི་ཁམས་ཀྱི་ངོ་བོ་ཉིད་ལས་མྱི་གཡོའོ། །རླུང་གི་ཁམས་ཀྱི་ངོ་བོ་ཉིད་ལས་མྱི་གཡོའོ། །ནམ་མཁའི་ཁམས་ཀྱི་ངོ་བོ་ཉིད་ལས་མྱི་གཡོའོ། །རྣམ་པར་ཤེས་པའི་ཁམས་ཀྱི་ངོ་བོ་ཉིད་ལས་མི་གཡོའོ། །མ་རིག་པའི་ངོ་བོ་ཉིད་ལས་མྱི་གཡོའོ། །འདུ་བྱེད་ཀྱི་ངོ་བོ་ཉིད་ལས་མྱི་གཡོའོ། །རྣམ་པར་ཤེས་པའི་ངོ་བོ་ཉིད་ལས་མྱི་གཡོའོ། །མྱིང་དང་གཟུགས་ཀྱི་ངོ་བོ་ཉིད་ལས་མྱི་གཡོའོ། །སྐྱེ་མཆེད་དྲུག་གི་ངོ་བོ་ཉིད་ལས་མྱི་གཡོའོ༑ །རེག་པའི་ངོ་བོ་ཉིད་ལས་མྱི་གཡོའོ། །ཚོར་བའི་ངོ་བོ་ཉིད་ལས་མྱི་

གཡོའ། །སྲེད་པའི་ངོ་བོ་ཉིད་ལས་མི་གཡོའ། །ལེན་པའི་ངོ་བོ་ཉིད་ལས་མི་གཡོའ། །སྲིད་པའི་ངོ་བོ་ཉིད་ལས་མི་གཡོའ། །སྐྱེ་བའི་ངོ་བོ་ཉིད་ལས་མི་གཡོའ། །རྒ་ཤིའི་ངོ་བོ་ཉིད་ལས་མི་གཡོའ། །སྦྱིན་པའི་ཕ་རོལ་ཏུ་ཕྱིན་པའི་ངོ་བོ་ཉིད་ལས་མི་གཡོའ། །ཚུལ་ཁྲིམས་ཀྱི་ཕ་རོལ་ཏུ་ཕྱིན་པའི་ངོ་བོ་ཉིད་ལས་མི་གཡོའ། །བཟོད་པའི་ཕ་རོལ་ཏུ་ཕྱིན་པའི་ངོ་བོ་ཉིད་ལས་མི་གཡོའ། །བརྩོན་འགྲུས་ཀྱི་ཕ་རོལ་ཏུ་ཕྱིན་པའི་ངོ་བོ་ཉིད་ལས་མི་གཡོའ། །བསམ······གཏན་གྱི་ཕ་རོལ་ཏུ་ཕྱིན་པའི་ངོ་བོ་ཉིད་ལས་མི་གཡོའ། །ཤེས་རབ་ཀྱི་ཕ······རོལ་ཏུ་ཕྱིན་པའི་ངོ་བོ་ཉིད་ལས་མི་གཡོའ། །ནང་སྟོང་པ་ཉིད་ཀྱི་ངོ་བོ་ཉིད་ལས་མི་གཡོའ། །ཕྱི་སྟོང་པ་ཉིད་ཀྱི་ངོ་བོ་ཉིད་ལས་མི་གཡོའ། །ཕྱི་ནང་སྟོང་པ་ཉིད་ཀྱི་ངོ་བོ་ཉིད་ལས་མི་གཡོའ། །སྟོང་པ་ཉིད་སྟོང་པ་ཉིད་ཀྱི་ངོ་བོ་ཉིད་ལས་མི་གཡོའ། །ཆེན་པོ་སྟོང་པ་ཉིད་ཀྱི་ངོ་བོ་ཉིད་ལས་མི་གཡོའ། །དོན་དམ་པ་སྟོང་པ་ཉིད་ཀྱི་ངོ་བོ་ཉིད་ལས་མི་གཡོའ། །འདུས་བྱས་སྟོང་པ་ཉིད་ཀྱི་ངོ་བོ་ཉིད་ལས་མི་གཡོའ། །འདུས་མ་བྱས་སྟོང་པ་ཉིད་ཀྱི་ངོ་བོ་ཉིད་ལས་མི་གཡོའ། །མཐའ་ལས་འདས་པ་སྟོང་པ་ཉིད་ཀྱི་ངོ་བོ་ཉིད་ལས་མི་གཡོའ། །ཐོག་མ་དང་ཐ་མ་མེད་པ་སྟོང་པ་ཉིད་ཀྱི་ངོ་བོ་ཉིད་ལས་མི་གཡོའ། །དོར་བ་མེད་པ་སྟོང་པ་ཉིད་ཀྱི་ངོ་བོ་ཉིད་ལས་མི་གཡོའ། །རང་བཞིན་སྟོང་པ་ཉིད་ཀྱི་ངོ་བོ་ཉིད་ལས་མི་གཡོའ། །ཆོས་ཐམས་ཅད་སྟོང་པ་ཉིད་ཀྱི་ངོ་བོ་ཉིད་ལས་མི་གཡོའ། །རང་གི་མཚན་ཉིད་སྟོང་པ་ཉིད་ཀྱི་ངོ་བོ་ཉིད་ལས་མི་གཡོའ། །མི་དམིགས་པ་སྟོང་པ་ཉིད་ཀྱི་ངོ་བོ་ཉིད་ལས་མི་གཡོའ། །དངོས་པོ་མེད་པ་སྟོང་པ་ཉིད་ཀྱི་ངོ་བོ་ཉིད་ལས་མི་གཡོའ། །ངོ་བོ་ཉིད་སྟོང་པ་ཉིད་ཀྱི་ངོ་བོ་ཉིད་ལས་མི་གཡོའ། །དངོས་པོ་མེད་པའི་ངོ་བོ་ཉིད་སྟོང་པ་ཉིད་ཀྱི་ངོ་བོ་ཉིད་ལས་མི་གཡོའ། །བསམ་གཏན་རྣམས་ཀྱི་ངོ་བོ་ཉིད་

ལས་མྱི་གཡོའོ། །ཚད་མེད་པ་རྣམས་ཀྱི་ངོ་བོ་ཉིད་ལས་མྱི་གཡོའོ། །གཟུགས་མེད་པའི་སྙོམས་པར་འཇུག་པ་རྣམས་ཀྱི་ངོ་བོ་ཉིད་ལས་མི་གཡོའོ། །དྲན་པ་ཉེ་བར་གཞག་པ་རྣམས་ཀྱི་ངོ་བོ་ཉིད་ལས་མྱི་གཡོའོ། །ཡང་དག་པར་སྤོང་བ་རྣམས་ཀྱི་ངོ་བོ་ཉིད་ལས་མྱི་གཡོའོ། །རྫུ་འཕྲུལ་གྱི་རྐང་པ་རྣམས་ཀྱི་ངོ་བོ་ཉིད་ལས་མྱི་གཡོའོ། །དབང་པོ་རྣམས་ཀྱི་ངོ་བོ་ཉིད་ལས་མྱི་གཡོའོ། །སྟོབས་རྣམས་ཀྱི་ངོ་བོ་ཉིད་ལས་མྱི་གཡོའོ། །བྱང་ཆུབ་ཀྱི་ཡན་ལག་རྣམས་ཀྱི་ངོ་བོ་ཉིད་ལས་མྱི་གཡོའོ། །འཕགས་པའི་ལམ་ཡན་ལག་བརྒྱད་པའི་ངོ་བོ་ཉིད་ལས་མྱི་གཡོའོ། །འཕགས་པའི་བདེན་པ་རྣམས་ཀྱི་ངོ་བོ་ཉིད་ལས་མྱི་གཡོའོ། །སྟོང་པ་ཉིད་ཀྱི་ཏིང་ངེ་འཛིན་གྱི་ངོ་བོ་ཉིད་ལས་མི་གཡོའོ། །མཚན་མ་མྱེད་པའི་ཏིང་ངེ་འཛིན་གྱི་ངོ་བོ་ཉིད་ལས་མྱི་གཡོའོ། །སྨོན་པ་མྱེད་པའི་ཏིང་ངེ་འཛིན་གྱི་ངོ་བོ་ཉིད་ལས་མྱི་གཡོའོ། །རྣམ་པར་ཐར་པ་བརྒྱད་ཀྱི་ངོ་བོ་ཉིད་ལས་མྱི་གཡོའོ། །མཐར་གྱིས⑦གནས་པའི······སྙོམས་པར་འཇུག་པ་དགུའི་ངོ་བོ་ཉིད་ལས་མྱི་གཡོའོ། །མངོན་པར་ཤེས་པ······རྣམས་ཀྱི་ངོ་བོ་ཉིད་ལས་མྱི་གཡོའོ། །ཏིང་ངེ་འཛིན་རྣམས་ཀྱི་ངོ་བོ་ཉིད་ལས་མྱི་གཡོའོ། །གཟུངས་ཀྱི་སྒོ་རྣམས་ཀྱི་ངོ་བོ་ཉིད་ལས་མྱི་གཡོའོ། །དེ་བཞིན······གཤེགས་པའི་སྟོབས་བཅུའི་ངོ་བོ་ཉིད་ལས་མྱི་གཡོའོ། །མྱི་འཇིགས་པ་བཞིའི་ངོ་བོ་ཉིད་ལས་མྱི་གཡོའོ། །སོ་སོ་ཡང་དག་པར་རིག་པ་བཞིའི་ངོ་བོ་ཉིད་ལས་མྱི······གཡོའོ། །སངས་རྒྱས་ཀྱི་ཆོས་མ་འདྲེས་པ་བཅོ་བརྒྱད་ཀྱི་ངོ་བོ་ཉིད་ལས་མྱི་གཡོའོ།། བྱམས་པ་ཆེན་པོའི་ངོ་བོ་ཉིད་ལས་མྱི་གཡོའོ། །སྙིང་རྗེ་ཆེན་པོའི་ངོ་བོ་ཉིད་ལས་མི་གཡོའོ། །དེ་ཅིའི་ཕྱིར་ཞེ་ན། རབ་འབྱོར་དེ་ནི་འདི་ལྟར་ཆོས་འདི་དག་གི་ངོ་བོ་ཉིད་གང་ཡིན་པ་དེ་ནི་དངོས་པོ་མྱེད་པ་སྟེ། རབ་འབྱོར་དངོས་པོ་མྱེད་པས་ནི་དངོས་པོ་མྱེད་པ་མངོན་པར་རྫོགས་པར་འཚང་རྒྱ་བར་བྱ་བར་མྱི་ནུས་སོ། །

གསོལ་པ། བཅོམ་ལྡན་འདས་ཛེ[༡]ཡགས། དངོས་པོ་[༢]མཆིས་པས[༣]། དངོས་པོ་མ་མཆིས་པ་མངོན་པར་རྫོགས་པར་འཚང་རྒྱ་བར་བགྱི་བར་ནུས་སམ། བཅོམ་ལྡན་འདས་ཀྱིས་བཀའ་སྩལ་པ། རབ་འབྱོར་དེ་ནི་མ་ཡིན་ནོ། །གསོལ་པ། འོ་ན་དངོས་པོ་མ་མཆིས་པས། དངོས་པོ་[༤]མཆིས་པ་[༥]མངོན་པར་རྫོགས་པར·····འཚང་རྒྱ་བར་བགྱི་བར་ནུས་སམ། བཅོམ་ལྡན་འདས་ཀྱིས་བཀའ་སྩལ་པ། རབ་འབྱོར་དེ་ནི་མ་ཡིན་ནོ། །གསོལ་པ། འོ་ན་དངོས་པོ་[༦]མཆིས་པས་དངོས་པོ་[༧]མཆིས་པ་མངོན་པར་རྫོགས་པར་འཚང་རྒྱ་བར༔ བགྱི་བར་[༨]ནུས་སམ། བཅོམ་ལྡན་འདས་ཀྱིས་བཀའ་སྩལ་པ། རབ་འབྱོར་དེ་ནི་མ་ཡིན་ནོ། །༔གསོལ་པ[༩]། འོ་ན་དངོས་པོ་མ་མཆིས་པས། དངོས་པོ་མ་མཆིས་པ་མངོན་པར་རྫོགས་པར་འཚང་རྒྱ་བར༔ བགྱི་བར་[༡༠]ནུས་སམ། བཅོམ་ལྡན་འདས་ཀྱིས་བཀའ་སྩལ་པ། རབ་འབྱོར་དེ་ནི་མ་ཡིན་ནོ། །གསོལ་པ། བཅོམ་ལྡན་འདས་འོ་ན་གལ་ཏེ། དེ་ལྟར་དངོས་པོ་[༡༡]མཆིས་པས་དངོས་པོ་མ་[༡༢]མཆིས་པ་མངོན་པར་རྟོགས་པར་མི·····འགྱུར༔ དངོས་པོ་མ་མཆིས་པས་ཀྱང་དངོས་པོ་མ་[༡༣]མཆིས་པ་མངོན་པར་རྟོགས་པར་མི་འགྱུར། དངོས་པོ་[༡༤]མཆིས་པས་ཀྱང་དངོས་པོ་[༡༥]མཆིས་པ་[༡༦]མངོན་པར་རྟོགས་པར་མི་འགྱུར། དངོས་པོ་མ་མཆིས་པས་ཀྱང་དངོས་པོ་མ་མཆིས་པ་མངོན་པར་རྟོགས་པར་མི་འགྱུར་ན། བཅོམ་ལྡན་འདས་དེའི་སླད་དུ་ཐོབ་པ་མ་མཆིས་ཤིང༔ མངོན་པར་རྟོགས་པ་མ་མཆིས་པའམ། གཅིག་ཏུ་མི་འགྱུར་རམ། བཅོམ་ལྡན་འདས་ཀྱིས་བཀའ་སྩལ་པ། མངོན་པར་རྟོགས་པ་ནི། ཡོང་[༡༧]མྱེད་པ་མ་ཡིན་ཏེ། བཞི་པོས་མངོན་པར་བསྒྲུབ་[༡༨]པ་དེ་ལྟ་བུས་[༡༩]ནི་མ་ཡིན་ནོ། །གསོལ་པ། བཅོམ་ལྡན་འདས་འོ་ན། མངོན་པར་རྟོགས་པར་འགྱུར་བ་ཇི་ལྟ་བུ་ཞིག་མཆིས། བཅོམ་ལྡན་འདས་ཀྱིས་བཀའ་སྩལ་པ། གང་ལ་དངོས་པོ་ཡང་

མེད། དངོས་པོ་མེད་པ་ཡང་མ་ཡིན་པ་དེ་ལྟ་བུ་ནི་མངོན་པར་རྟོགས་པ་སྟེ། དེ་ལ་སྤྲོས་པ་དེ་དག་མེད་པས། སྤྲོས་པ་མེད་ཅིང་། སྤྲོས་པ་དང་བྲལ་བ་ནི་མངོན་པར་རྟོགས་པའོ། །གསོལ་པ། བཅོམ་ལྡན་འདས་བྱང་ཆུབ་སེམས་དཔའ་སེམས་དཔའ་ཆེན་པོའི་སྤྲོས་པ་གང་ལགས། བཅོམ་ལྡན་འདས་ཀྱིས་བཀའ་སྩལ་པ། གཟུགས་རྟག་ཅེས་བྱ་བའམ། མི་རྟག་ཅེས་བྱ་བ་ནི་བྱང་ཆུབ་སེམས་དཔའ་སེམས་དཔའ་ཆེན་པོའི་སྤྲོས་པའོ། །ཚོར་བ་རྟག་ཅེས་བྱ་བའམ་མི་རྟག་ཅེས་བྱ་བ་ནི་བྱང་ཆུབ་སེམས་དཔའ་སེམས་དཔའ་ཆེན་པོའི་སྤྲོས་པའོ། །འདུ་ཤེས་རྟག་ཅེས་བྱ་བའམ་མི་རྟག་ཅེས་བྱ་བ་ནི་བྱང་ཆུབ་སེམས་དཔའ་སེམས་དཔའ་ཆེན་པོའི་སྤྲོས་……པའོ། །འདུ་བྱེད་རྟག་ཅེས་བྱ་བའམ་མི་རྟག་ཅེས་བྱ་བ་ནི་བྱང་ཆུབ་སེམས་དཔའ་སེམས་དཔའ་ཆེན་པོའི་སྤྲོས་པའོ། །རྣམ་པར་ཤེས་པ་རྟག་ཅེས་བྱ་བའམ། མི་རྟག་ཅེས་བྱ་བ་ནི་བྱང་ཆུབ་སེམས་དཔའ་སེམས་དཔའ་ཆེན་པོའི་སྤྲོས་པའོ། །གཟུགས་བདེ་ཞེས་བྱ་བའམ། སྡུག་བསྔལ་ཞེས་བྱ་བ་ནི་བྱང་ཆུབ་སེམས་དཔའ་སེམས་དཔའ་ཆེན་པོའི་སྤྲོས་པའོ། །ཚོར་བ་བདེ་ཞེས་བྱ་བའམ། སྡུག་བསྔལ་ཞེས་བྱ་བ་[༧]ནི་བྱང་ཆུབ་སེམས་དཔའ་སེམས་དཔའ་ཆེན་པོའི་སྤྲོས་པའོ། །འདུ་ཤེས་བདེ་ཞེས་བྱ་བའམ། སྡུག་བསྔལ་ཞེས་བྱ་བ་ནི་བྱང་ཆུབ་སེམས་དཔའ་སེམས་དཔའ་ཆེན་པོའི་སྤྲོས་པའོ། །འདུ་བྱེད་བདེ་ཞེས་བྱ་བའམ། སྡུག་བསྔལ་ཞེས་བྱ་བ་ནི་བྱང་ཆུབ་སེམས་དཔའ་སེམས་དཔའ་ཆེན་པོའི་སྤྲོས་པའོ། །རྣམ་པར་ཤེས་པ་བདེ་ཞེས་བྱ་བའམ[༣]། སྡུག་བསྔལ་ཞེས་བྱ་བ་ནི་བྱང་ཆུབ་སེམས་དཔའ་སེམས་དཔའ་ཆེན་པོའི་སྤྲོས་པའོ། །གཟུགས་བདག་ཅེས་བྱ་བའམ། བདག་མེད་ཅེས་བྱ་བ་ནི་བྱང་ཆུབ་སེམས་དཔའ་སེམས་དཔའ་ཆེན་པོའི་སྤྲོས་པའོ། །ཚོར་བ……བདག་ཅེས་བྱ་བའམ། བདག་མེད་ཅེས་བྱ་བ་ནི་བྱང་ཆུབ་སེམས་དཔའ་སེམས་

དཔའ་ཆེན་པོའི་སྒྲས་པའོ། །འདུ་ཤེས་བདག་ཅེས་བྱ་བའམ། བདག་མེད་ཅེས་བྱ་བ་ནི་བྱང་ཆུབ་སེམས་དཔའ་སེམས་དཔའ་ཆེན་པོའི་སྒྲས་པའོ། །འདུ་བྱེད་བདག་ཅེས་བྱ་བའམ། བདག་མེད་ཅེས་བྱ་བ་ནི་བྱང་ཆུབ་སེམས་དཔའ་སེམས་དཔའ་ཆེན་པོའི་སྒྲས་པའོ། །རྣམ་པར་ཤེས་པ་བདག་ཅེས་བྱ་བའམ། བདག་མེད་ཅེས་བྱ་བ་ནི་བྱང་ཆུབ་སེམས་དཔའ་སེམས་དཔའ་ཆེན་པོའི་སྒྲས་པའོ། གཟུགས་[༡]ཞི་ཞེས་བྱ་བའམ། མ་ཞི་ཞེས་བྱ་བ་ནི་བྱང་ཆུབ་སེམས་དཔའ་སེམས་དཔའ་ཆེན་པོའི་སྒྲས་པའོ། །ཚོར་བ་ཞི་ཞེས་བྱ་བའམ། མ་ཞི་ཞེས་བྱ་བ་ནི་བྱང་ཆུབ་སེམས་དཔའ་སེམས་དཔའ་ཆེན་པོའི་སྒྲས་པའོ། །འདུ་ཤེས་ཞི་ཞེས་བྱ་བའམ། མ་ཞི་ཞེས་བྱ་བ་ནི་བྱང་ཆུབ་སེམས་དཔའ་སེམས་དཔའ་ཆེན་པོའི་སྒྲས་པའོ། འདུ་བྱེད་ཞི་ཞེས་བྱ་བའམ། མ་ཞི་ཞེས་བྱ་བ་ནི་བྱང་ཆུབ་སེམས་དཔའ་སེམས་དཔའ་ཆེན་པོའི་སྒྲས་པའོ། །རྣམ་པར་ཤེས་པ་ཞི་ཞེས་བྱ་བའམ། མ་ཞི་ཞེས་བྱ་བ་ནི་བྱང་ཆུབ་སེམས་དཔའ་སེམས་དཔའ་ཆེན་པོའི་སྒྲས་པའོ། །གཟུགས་ཡོངས་སུ་ཤེས་པར་བྱ་བ་དང་[༢]། ཡོངས་སུ་ཤེས་པར་བྱ་བ་མ་ཡིན་ཞེས་བྱ་བ་ནི་བྱང་ཆུབ་སེམས་དཔའ་སེམས་དཔའ་ཆེན་པོའི་སྒྲས་པའོ། །ཚོར་བ་ཡོངས་སུ་ཤེས་པར་བྱ་བ་དང་[༣]། ཡོངས་སུ་ཤེས་པར་བྱ་བ་མ་ཡིན་ཞེས་བྱ་བ་ནི་བྱང་ཆུབ་སེམས་དཔའ་སེམས་དཔའ་ཆེན་པོའི་སྒྲས་པའོ། །འདུ་ཤེས་ཡོངས་སུ་ཤེས་པར་བྱ་བ་དང་[༤]། ཡོངས་སུ་ཤེས་པར་བྱ་བ་མ་ཡིན་ཞེས་བྱ་བ་ནི། བྱང་ཆུབ་སེམས་དཔའ་སེམས་དཔའ་ཆེན་པོའི་སྒྲས་པའོ། །འདུ་བྱེད་ཡོངས་སུ་ཤེས་པར་བྱ་བ་དང་[༥]། ཡོངས་སུ་ཤེས་པར་བྱ་བ་མ་ཡིན་ཞེས་བྱ་བ་ནི་བྱང་ཆུབ་སེམས་དཔའ་སེམས་དཔའ་ཆེན་པོའི་སྒྲས་པའོ། །རྣམ་པར་ཤེས་པ་ཡོངས་སུ་ཤེས་པར་བྱ་བ་དང་[༦]། ཡོངས་སུ་ཤེས་པར་བྱ་བ་མ་ཡིན་ཞེས་བྱ་བ་ནི། བྱང་ཆུབ་སེམས

དཔའ་སེམས་དཔའ་ཆེན་པོའི་སྤྱོད་པའོ། །མིག་རྟག་ཅེས་བྱ་བའམ། མི་རྟག་
ཅེས་བྱ་བ་ནི། བྱང་ཆུབ་སེམས་དཔའ་སེམས་དཔའ་ཆེན་པོའི་སྤྱོད་པའོ། །རྣ་
བ་རྟག་ཅེས་བྱ་བའམ། མི་རྟག་ཅེས་བྱ་བ་ནི་བྱང་ཆུབ་སེམས་དཔའ་སེམས······
དཔའ་ཆེན་པོའི་སྤྱོད་པའོ། །སྣ་རྟག་ཅེས་བྱ་བའམ། མི་རྟག་ཅེས་བྱ་བ་ནི་བྱང་
ཆུབ་སེམས་དཔའ་སེམས་དཔའ་ཆེན་པོའི་སྤྱོད་པའོ། །ལྕེ་རྟག་ཅེས་བྱ་བའམ།
མི་རྟག་ཅེས་བྱ་བ་ནི་བྱང་ཆུབ་སེམས་དཔའ་སེམས་དཔའ་ཆེན་པོའི་སྤྱོད་པའོ། །
ལུས་རྟག་ཅེས་བྱ་བའམ། མི་རྟག་ཅེས་བྱ་བ་ནི་བྱང་ཆུབ་སེམས་དཔའ་སེམས······
དཔའ་ཆེན་པོའི་སྤྱོད་པའོ། །ཡིད་རྟག་ཅེས་བྱ་བའམ། མི་རྟག་ཅེས་བྱ་བ་ནི་
བྱང་ཆུབ་སེམས་དཔའ་སེམས་དཔའ་ཆེན་པོའི་སྤྱོད་པའོ། །མིག་བདེ་ཞེས་བྱ······
བའམ། སྡུག་བསྔལ་ཞེས་བྱ་བ་ནི་བྱང་ཆུབ་སེམས་དཔའ་སེམས་དཔའ་ཆེན་པོའི་
སྤྱོད་པའོ། །རྣ་བ་བདེ་ཞེས་བྱ་བའམ། སྡུག་བསྔལ་ཞེས་བྱ་བ་ནི་བྱང་ཆུབ····
སེམས་དཔའ་སེམས་དཔའ་ཆེན་པོའི་སྤྱོད་པའོ། །སྣ་བདེ་ཞེས་བྱ་བའམ། སྡུག་
བསྔལ་ཞེས་བྱ་བ་ནི་བྱང་ཆུབ་སེམས་དཔའ་སེམས་དཔའ་ཆེན་པོའི་སྤྱོད་པའོ། །
ལྕེ་བདེ་ཞེས་བྱ་བའམ། སྡུག་བསྔལ་ཞེས་བྱ་བ་ནི་བྱང་ཆུབ་སེམས་དཔའ་སེམས་
དཔའ་ཆེན་པོའི་སྤྱོད་པའོ། །ལུས་བདེ་ཞེས་བྱ་བའམ། སྡུག་བསྔལ་ཞེས་བྱ་བ་
ནི་བྱང་ཆུབ་སེམས་དཔའ་སེམས་དཔའ་ཆེན་པོའི་སྤྱོད་པའོ། །ཡིད་བདེ་ཞེས་བྱ་
བའམ། སྡུག་བསྔལ་ཞེས་བྱ་བ་ནི་བྱང་ཆུབ་སེམས་དཔའ་སེམས་དཔའ་ཆེན་པོའི་
སྤྱོད་པའོ། །མིག་བདག་ཅེས་བྱ་བའམ། བདག་མེད་ཅེས་བྱ་བ་ནི་བྱང་ཆུབ་
སེམས་དཔའ་སེམས་དཔའ་ཆེན་པོའི་སྤྱོད་པའོ། །རྣ་བ་བདག་ཅེས་བྱ་བའམ།
བདག་མེད་ཅེས་བྱ་བ་ནི་བྱང་ཆུབ་སེམས་དཔའ་སེམས་དཔའ་ཆེན་པོའི་སྤྱོད་པའོ། །
སྣ་བདག་ཅེས་བྱ་བའམ། བདག་མེད་ཅེས་བྱ་བ་ནི་བྱང་ཆུབ་སེམས་དཔའ་སེམས་

དཔའ་ཆེན་པོའི་སྦྱིན་པའོ། །ལྕེ་བདག་ཅེས་བྱ་བའམ། བདག་མེད་ཅེས་བྱ་བ་ནི་བྱང་ཆུབ་སེམས་དཔའ་སེམས་དཔའ་ཆེན་པོའི་སྦྱིན་པའོ། །ལུས་བདག་ཅེས་བྱ་བའམ། བདག་མེད་ཅེས་བྱ་བ་ནི་བྱང་ཆུབ་སེམས་དཔའ་སེམས་དཔའ་ཆེན་པོའི་སྦྱིན་པའོ། །ཡིད་བདག་ཅེས་བྱ་བའམ། བདག་མེད་ཅེས་བྱ་བ་ནི་བྱང་ཆུབ་སེམས་དཔའ་སེམས་དཔའ་ཆེན་པོའི་སྦྱིན་པའོ། །མིག་ཞི་ཞེས་བྱ་བའམ། མ་ཞི་ཞེས་བྱ་བ་ནི་བྱང་ཆུབ་སེམས་དཔའ་སེམས་དཔའ་ཆེན་པོའི་སྦྱིན་པའོ། །རྣ་བ་ཞི་ཞེས་བྱ་བའམ། མ་ཞི་ཞེས་བྱ་བ་ནི་བྱང་ཆུབ་སེམས་དཔའ་སེམས་དཔའ་ཆེན……པོའི་སྦྱིན་པའོ། །སྣ་ཞི་ཞེས་བྱ་བའམ། མ་ཞི་ཞེས་བྱ་བ་ནི་བྱང་ཆུབ་སེམས་དཔའ་སེམས་དཔའ་ཆེན་པོའི་སྦྱིན་པའོ། །ལྕེ་ཞི་ཞེས་བྱ་བའམ། མ་ཞི་ཞེས་བྱ་བ་ནི་བྱང་ཆུབ་སེམས་དཔའ་སེམས་དཔའ་ཆེན་པོའི་སྦྱིན་པའོ། །ལུས་ཞི་ཞེས་བྱ་བའམ། མ་ཞི་ཞེས་བྱ་བ་ནི་བྱང་ཆུབ་སེམས་དཔའ་སེམས་དཔའ་ཆེན་པོའི་སྦྱིན་པའོ། །ཡིད་ཞི་ཞེས་བྱ①་བའམ། མ་ཞི་ཞེས་བྱ་བ་ནི་བྱང་ཆུབ་སེམས་དཔའ་སེམས་དཔའ་ཆེན་པོའི་སྦྱིན་པའོ། །མིག་ཡོངས་སུ་ཤེས་པར་བྱ་བ་དང②། ཡོངས་སུ་ཤེས་པར་བྱ་བ་མ་ཡིན་ཞེས་བྱ་བ་ནི་བྱང་ཆུབ་སེམས་དཔའ་སེམས་དཔའ་ཆེན་པོའི་སྦྱིན་པའོ། །རྣ་བ་ཡོངས་སུ་ཤེས་པར་བྱ་བ་དང③། ཡོངས་སུ་ཤེས་པར་བྱ་བ་མ་ཡིན་ཞེས་བྱ་བ་ནི་བྱང་ཆུབ་སེམས་དཔའ་སེམས་དཔའ་ཆེན་པོའི་སྦྱིན་པའོ། །སྣ་ཡོངས་སུ་ཤེས་པར་བྱ་བ་དང④། ཡོངས་སུ་ཤེས་པར་བྱ་བ་མ་ཡིན་ཞེས་བྱ་བ་ནི་བྱང་ཆུབ་སེམས་དཔའ་སེམས་དཔའ་ཆེན་པོའི་སྦྱིན་པའོ། །ལྕེ……ཡོངས་སུ་ཤེས་པར་བྱ་བ་དང⑤། ཡོངས་སུ་ཤེས་པར་བྱ་བ་མ་ཡིན་ཞེས་བྱ་བ་ནི་བྱང་ཆུབ་སེམས་དཔའ་སེམས་དཔའ་ཆེན་པོའི་སྦྱིན་པའོ། །ལུས་ཡོངས་སུ་ཤེས་པར་བྱ་བ་དང⑥། ཡོངས་སུ་ཤེས་པར་བྱ་བ་མ་ཡིན་ཞེས་བྱ་བ་ནི་བྱང་ཆུབ……

སེམས་དཔའ་སེམས་དཔའ་ཆེན་པོའི་སྤྱོད་པའོ། །ཡིད་ཡོངས་སུ་ཤེས་པར་བྱ་བ་དང་[༡]། ཡོངས་སུ་ཤེས་པར་བྱ་བ་མ་ཡིན་ཞེས་བྱ་བ་ནི་བྱང་ཆུབ་སེམས་དཔའ་སེམས་དཔའ་ཆེན་པོའི་སྤྱོད་པའོ། །གཟུགས་རྟག་ཅེས་བྱ་བའམ། མི་རྟག་ཅེས་བྱ་བ་ནི་བྱང་ཆུབ་སེམས་དཔའ་སེམས་དཔའ་ཆེན་པོའི་སྤྱོད་པའོ། །སྒྲ་རྟག་ཅེས་བྱ་བའམ། མི་རྟག་ཅེས་བྱ་བ་ནི་བྱང་ཆུབ་སེམས་དཔའ་སེམས་དཔའ་ཆེན་པོའི་སྤྱོད་པའོ། །དྲི་རྟག་ཅེས་བྱ་བའམ། མི་རྟག་ཅེས་བྱ་བ་ནི་བྱང་ཆུབ་སེམས་དཔའ་སེམས་དཔའ་ཆེན་པོའི་སྤྱོད་པའོ། །རོ་རྟག་ཅེས་བྱ་བའམ། མི་རྟག་ཅེས་བྱ་བ་ནི་བྱང་ཆུབ་སེམས་དཔའ་སེམས་དཔའ་ཆེན་པོའི་སྤྱོད་པའོ། །རེག་རྟག་ཅེས་བྱ་བའམ། མི་རྟག་ཅེས་བྱ་བ་ནི་བྱང་ཆུབ་སེམས་དཔའ་སེམས་དཔའ་ཆེན་པོའི་སྤྱོད་པའོ། །ཆོས་རྟག་ཅེས་བྱ་བའམ། མི་རྟག་ཅེས་བྱ་བ་ནི་བྱང་ཆུབ་···· སེམས་དཔའ་སེམས་དཔའ་ཆེན་[༢]པོའི་སྤྱོད་པའོ། །གཟུགས་བདེ་ཞེས་བྱ་བའམ། སྡུག་བསྔལ་ཞེས་བྱ་བ་ནི་བྱང་ཆུབ་སེམས་དཔའ་སེམས་དཔའ་ཆེན་པོའི་སྤྱོད་པའོ། །སྒྲ་བདེ་ཞེས་བྱ་བའམ། སྡུག་བསྔལ་ཞེས་བྱ་བ་ནི་[༣]བྱང་ཆུབ་སེམས་དཔའ་སེམས་དཔའ་ཆེན་པོའི་སྤྱོད་པའོ། །དྲི་བདེ་ཞེས་བྱ་བའམ། སྡུག་བསྔལ་ཞེས་བྱ་བ་ནི་བྱང་ཆུབ་སེམས་དཔའ་སེམས་དཔའ་ཆེན་པོའི་སྤྱོད་པའོ། །རོ་བདེ་ཞེས་བྱ་བའམ། སྡུག་བསྔལ་ཞེས་བྱ་བ་ནི་བྱང་ཆུབ་སེམས་དཔའ་སེམས་དཔའ་ཆེན་པོའི་སྤྱོད་པའོ། །རེག་བདེ་ཞེས་བྱ་བའམ། སྡུག་བསྔལ་ཞེས་བྱ་བ་ནི་བྱང་ཆུབ་སེམས་དཔའ་སེམས་དཔའ་ཆེན་པོའི་སྤྱོད་པའོ། །ཆོས་བདེ་ཞེས་བྱ་བའམ། སྡུག་བསྔལ་ཞེས་བྱ་བ་ནི་བྱང་ཆུབ་སེམས་དཔའ་སེམས་དཔའ་ཆེན་པོའི་སྤྱོད་པའོ། །གཟུགས་བདག་ཅེས་བྱ་བའམ། བདག་མེད་ཅེས་བྱ་བ་ནི་བྱང་ཆུབ་སེམས་དཔའ་སེམས་དཔའ་ཆེན་པོའི་སྤྱོད་པའོ། །སྒྲ་བདག་ཅེས་བྱ་བའམ། བདག་མེད་ཅེས་བྱ་བ་ནི་བྱང་

ཆུབ་སེམས་དཔའ་སེམས་དཔའ་ཆེན་པོའི་སྨྲོས་པའོ། །དྲི་བདག་ཅེས་བྱ་བའམ། བདག་མེད་ཅེས་བྱ་བ་ནི་བྱང་ཆུབ་སེམས་དཔའ་སེམས་དཔའ་ཆེན་པོའི་སྨྲོས་པའོ། །རོ་བདག་ཅེས་བྱ་བའམ། བདག་མེད་ཅེས་བྱ་བ་ནི་བྱང་ཆུབ་སེམས་དཔའ་སེམས་དཔའ་ཆེན་པོའི་སྨྲོས་པའོ། །རེག་བདག་ཅེས་བྱ་བའམ། བདག་མེད་ཅེས་བྱ་བ་ནི་བྱང་ཆུབ་སེམས་དཔའ་སེམས་དཔའ་ཆེན་པོའི་སྨྲོས་པའོ། །ཆོས་བདག་ཅེས་བྱ་བའམ། བདག་མེད་ཅེས་བྱ་བ་ནི་བྱང་ཆུབ་སེམས་དཔའ་སེམས་དཔའ་ཆེན་པོའི་སྨྲོས་པའོ། །གཟུགས་ཞི་ཞེས་བྱ་བའམ། མ་ཞི་ཞེས་བྱ་བ་ནི་བྱང་ཆུབ་སེམས་དཔའ་སེམས་དཔའ་ཆེན་པོའི་སྨྲོས་པའོ། །སྒྲ་ཞི་ཞེས་བྱ་བའམ། མ་ཞི་ཞེས་བྱ་བ་ནི་བྱང་ཆུབ་སེམས་དཔའ་སེམས་དཔའ་ཆེན་པོའི་སྨྲོས་པའོ། །དྲི་ཞི་ཞེས་བྱ་བའམ། མ་ཞི་ཞེས་བྱ་བ་ནི་བྱང་ཆུབ་སེམས་དཔའ་སེམས་དཔའ་ཆེན་པོའི་སྨྲོས་པའོ། །རོ་ཞི་ཞེས་བྱ་བའམ། མ་ཞི་ཞེས་བྱ་བ་ནི་བྱང་ཆུབ་སེམས་དཔའ་སེམས་དཔའ་ཆེན་པོའི་སྨྲོས་པའོ། །རེག་ཞི་ཞེས་བྱ་བའམ། མ་ཞི་ཞེས་བྱ་བ་ནི་བྱང་ཆུབ་སེམས་དཔའ་སེམས་དཔའ་ཆེན་པོའི་སྨྲོས་པའོ། །ཆོས་ཞི་ཞེས་བྱ་བའམ། མ་ཞི་ཞེས་བྱ་བ་ནི་བྱང་ཆུབ་སེམས་དཔའ་སེམས་དཔའ་ཆེན་པོའི་སྨྲོས་པའོ། །གཟུགས་ཡོངས་སུ་ཤེས་པར་བྱ་བ་དང་[༡]། ཡོངས་སུ་ཤེས་པར་བྱ་བ་མ་ཡིན་ཞེས་བྱ་བ་ནི་བྱང་ཆུབ་སེམས་དཔའ་སེམས་དཔའ་ཆེན་པོའི་སྨྲོས་པའོ། །སྒྲ་ཡོངས་སུ་ཤེས་པར་བྱ་བ་དང་[༢]། ཡོངས་སུ་ཤེས་པར་བྱ་བ་མ་ཡིན་ཞེས་བྱ་བ་ནི་བྱང་ཆུབ་སེམས་དཔའ་སེམས་དཔའ་ཆེན་པོའི་སྨྲོས་པའོ། །དྲི་ཡོངས་སུ་ཤེས་པར་བྱ་བ་དང་[༣]། ཡོངས་སུ་ཤེས་པར་བྱ་བ་མ་ཡིན་ཞེས་བྱ་བ་ནི་བྱང་ཆུབ་སེམས་དཔའ་སེམས་དཔའ་ཆེན་པོའི་སྨྲོས་པའོ། །རོ་ཡོངས་སུ་ཤེས་པར་བྱ་བ་དང་[༤]། ཡོངས་སུ་ཤེས་པར་བྱ་བ་མ་ཡིན་ཞེས་བྱ་བ་ནི་བྱང་ཆུབ་སེམས་དཔའ་

སེམས་དཔའ་ཆེན་པོའི་སྒྲོས་པའོ། །རིག་ཡོངས་སུ་ཤེས་པར་བྱ་བ་དང་[༡]། ཡོངས་སུ་ཤེས་པར་བྱ་བ་མ་ཡིན་ཞེས་བྱ་བ་ནི་བྱང་ཆུབ་སེམས་དཔའ་སེམས་དཔའ་ཆེན་པོའི་སྒྲོས་པའོ། །ཆོས་ཡོངས་སུ་ཤེས་པར་བྱ་བ་དང་[༢]། ཡོངས་སུ་ཤེས་པར་བྱ་བ་མ་ཡིན་ཞེས་བྱ་བ་ནི་བྱང་ཆུབ་སེམས་དཔའ་སེམས་དཔའ་ཆེན་པོའི་སྒྲོས་པའོ། །མིག་གི་རྣམ་པར་ཤེས་པ་རྟག་ཅེས་བྱ་བའམ། མི་རྟག་ཅེས་བྱ་བ་ནི་བྱང་ཆུབ་སེམས་དཔའ་སེམས་དཔའ་ཆེན་པོའི་སྒྲོས་པའོ། །རྣ་བའི་རྣམ་པར་ཤེས་པ་རྟག་ཅེས་བྱ་བའམ། མི་རྟག་ཅེས་བྱ་བ་ནི་བྱང་ཆུབ་སེམས་དཔའ་སེམས་དཔའ་ཆེན་པོའི་སྒྲོས་པའོ། །སྣའི་རྣམ་པར་ཤེས་པ་རྟག་ཅེས་བྱ་བའམ། མི་རྟག་ཅེས་བྱ་བ་ནི་བྱང་ཆུབ་སེམས་དཔའ་སེམས་དཔའ་ཆེན་པོའི་སྒྲོས་པའོ། །ལྕེའི་རྣམ་པར་ཤེས་པ་རྟག་ཅེས་བྱ་བའམ། མི་རྟག་ཅེས་བྱ་བ་ནི་བྱང་ཆུབ་སེམས་དཔའ་སེམས་དཔའ་ཆེན་པོའི་སྒྲོས་པའོ། །ལུས་ཀྱི་རྣམ་པར་[༣]ཤེས་པ་རྟག་ཅེས་བྱ་བའམ། མི་རྟག་ཅེས་བྱ་བ་ནི་བྱང་ཆུབ་སེམས་དཔའ་སེམས་དཔའ་ཆེན་པོའི་སྒྲོས་པའོ། །ཡིད་ཀྱི་རྣམ་པར་ཤེས་པ་རྟག་ཅེས་བྱ་བའམ། མི་རྟག་ཅེས་བྱ་བ་ནི་བྱང་ཆུབ་སེམས་དཔའ་སེམས་དཔའ་ཆེན་པོའི་སྒྲོས་པའོ། །མིག་གི་རྣམ་པར་ཤེས་པ་བདེ་ཞེས་བྱ་བའམ། སྡུག་བསྔལ་ཞེས་བྱ་བ་ནི་བྱང་ཆུབ་སེམས་དཔའ་སེམས་དཔའ་ཆེན་པོའི་སྒྲོས་པའོ། །རྣ་བའི་རྣམ་པར་ཤེས་པ་བདེ་ཞེས་བྱ་བའམ། སྡུག་བསྔལ་ཞེས་བྱ་བ་ནི་བྱང་ཆུབ་སེམས་དཔའ་སེམས་དཔའ་ཆེན་པོའི་སྒྲོས་པའོ། །སྣའི་རྣམ་པར་ཤེས་པ་བདེ་ཞེས་བྱ་བའམ། སྡུག་བསྔལ་ཞེས་བྱ་བ་ནི་བྱང་ཆུབ་སེམས་དཔའ་སེམས་དཔའ་ཆེན་པོའི་སྒྲོས་པའོ། །ལྕེའི་རྣམ་པར་ཤེས་པ་བདེ་ཞེས་བྱ་བའམ། སྡུག་བསྔལ་ཞེས་བྱ་བ་ནི་བྱང་ཆུབ་སེམས་དཔའ་སེམས་དཔའ་ཆེན་པོའི་སྒྲོས་པའོ། །ལུས་ཀྱི་རྣམ་པར་ཤེས་པ་བདེ་ཞེས་བྱ་བའམ། སྡུག་བསྔལ་

ཞེས་བྱ་བ་ནི་བྱང་ཆུབ་སེམས་དཔའ་སེམས་དཔའ་ཆེན་པོའི་སྦྱོར་བའོ། །ཡིད་ཀྱི་རྣམ་པར་ཤེས་པ་བདེ་ཞེས་བྱ་བའམ། སྡུག་བསྔལ་ཞེས་བྱ་བ་ནི་བྱང་ཆུབ་སེམས་དཔའ་སེམས་དཔའ་ཆེན་པོའི་སྦྱོར་བའོ། །མིག་གི་རྣམ་པར་ཤེས་པ་བདག་ཅེས་བྱ་བའམ། བདག་མེད་ཅེས་བྱ་བ་ནི་བྱང་ཆུབ་སེམས་དཔའ་སེམས་དཔའ་ཆེན་པོའི་སྦྱོར་བའོ། །རྣ་བའི་རྣམ་པར་ཤེས་པ་བདག་ཅེས་བྱ་བའམ། བདག་མེད་ཅེས་བྱ་བ་ནི་བྱང་ཆུབ་སེམས་དཔའ་སེམས་དཔའ་ཆེན་པོའི་སྦྱོར་བའོ། །སྣའི་རྣམ་པར་ཤེས་པ་བདག་ཅེས་བྱ་བའམ། བདག་མེད་ཅེས་བྱ་བ་ནི་བྱང་ཆུབ་སེམས་དཔའ་སེམས་དཔའ་ཆེན་པོའི་སྦྱོར་བའོ། །ལྗེའི་རྣམ་པར་ཤེས་པ་བདག་ཅེས་བྱ་བའམ། བདག་མེད་ཅེས་བྱ་བ་ནི་བྱང་ཆུབ་སེམས་དཔའ་སེམས་དཔའ་ཆེན་པོའི་སྦྱོར་བའོ། །ལུས་ཀྱི་རྣམ་པར་ཤེས་པ་བདག་ཅེས་བྱ་བའམ། བདག་མེད་ཅེས་བྱ་བ་ནི་བྱང་ཆུབ་སེམས་དཔའ་སེམས་དཔའ་ཆེན་པོའི་སྦྱོར་བའོ། །ཡིད་ཀྱི་རྣམ་པར་ཤེས་པ་བདག་ཅེས་བྱ་བའམ། བདག་མེད་ཅེས་བྱ་བ་ནི་བྱང་ཆུབ་སེམས་དཔའ་སེམས་དཔའ་ཆེན་པོའི་སྦྱོར་བའོ། །མིག་གི་རྣམ་པར་ཤེས་པ་ཞི་ཞེས་བྱ་བའམ། མ་ཞི་ཞེས་བྱ་བ་ནི་བྱང་ཆུབ་སེམས་དཔའ་སེམས་དཔའ་ཆེན་པོའི་སྦྱོར་བའོ། །རྣ་བའི་རྣམ་པར་ཤེས་པ་ཞི་ཞེས་བྱ་བའམ། མ་ཞི་ཞེས་བྱ་བ་ནི་བྱང་ཆུབ་སེམས་དཔའ་སེམས་དཔའ་ཆེན་པོའི་སྦྱོར་བའོ། །སྣའི་རྣམ་པར་ཤེས་པ་ཞི་ཞེས་བྱ་བའམ། མ་ཞི་ཞེས་བྱ་བ་ནི་བྱང་ཆུབ་སེམས་དཔའ་སེམས་དཔའ་ཆེན་པོའི་སྦྱོར་བའོ། །ལྗེའི་རྣམ་པར་ཤེས་པ་ཞི་ཞེས་བྱ་བའམ། མ་ཞི་ཞེས་བྱ་བ་ནི་བྱང་ཆུབ་སེམས་དཔའ་སེམས་དཔའ་ཆེན་པོའི་སྦྱོར་བའོ། །ལུས་ཀྱི་རྣམ་པར་ཤེས་པ་ཞི་ཞེས་བྱ་བའམ། མ་ཞི་ཞེས་བྱ་བ་ནི་བྱང་ཆུབ་སེམས་དཔའ་སེམས་དཔའ་ཆེན་པོའི་སྦྱོར་བའོ། །ཡིད་ཀྱི་རྣམ་པར་ཤེས་པ་ཞི་ཞེས་བྱ་བའམ། མ་ཞི་

ཞེས་བྱ་བ་ནི་བྱང་ཆུབ་སེམས་དཔའ་སེམས་དཔའ་ཆེན་པོའི་སྦྱོར་བའོ། །མིག་གི་རྣམ་པར་ཤེས་པ་ཡོངས་སུ་ཤེས་པར་བྱ་བ་དང་[༡]། ཡོངས་སུ་ཤེས་པར་བྱ་བ་མ་ཡིན་ཞེས་བྱ་བ་ནི་བྱང་ཆུབ་སེམས་དཔའ་སེམས་དཔའ་ཆེན་པོའི་སྦྱོར་བའོ། །རྣ་བའི་རྣམ་པར་ཤེས་པ་ཡོངས་སུ་ཤེས་པར་བྱ་བ་དང་[༢]། ཡོངས་སུ་ཤེས་པར་བྱ་བ་མ་ཡིན་ཞེས་བྱ་བ་ནི་བྱང་ཆུབ་སེམས་དཔའ་སེམས་དཔའ་ཆེན་པོའི་སྦྱོར་བའོ། །སྣའི་རྣམ་པར་ཤེས་པ་ཡོངས་སུ་ཤེས་པར་བྱ་བ་དང་[༣]། ཡོངས་སུ་ཤེས་པར་བྱ་བ་མ་ཡིན་ཞེས་བྱ་བ་ནི་བྱང་ཆུབ་སེམས་དཔའ་སེམས་དཔའ་ཆེན་པོའི་སྦྱོར་བའོ། །ལྗེའི་རྣམ་པར་ཤེས་པ་ཡོངས་སུ་ཤེས་པར་བྱ་བ་དང་[༤]། ཡོངས་སུ་ཤེས་པར་བྱ་བ་མ་ཡིན་ཞེས་བྱ་བ་ནི་བྱང་ཆུབ་སེམས་དཔའ་སེམས་དཔའ་ཆེན་པོའི་སྦྱོར་བའོ། །ལུས་ཀྱི་རྣམ་པར་ཤེས་པ་ཡོངས་སུ་ཤེས་པར་བྱ་བ་དང་[༥]། ཡོངས་སུ་ཤེས་པར་བྱ་བ་མ་ཡིན་ཞེས་བྱ་བ་ནི་བྱང་ཆུབ་སེམས་དཔའ་སེམས་དཔའ་ཆེན་པོའི་སྦྱོར་བའོ། །ཡིད་ཀྱི་རྣམ་པར་ཤེས་པ་ཡོངས་སུ་ཤེས་པར་བྱ་བ་དང་[༦]། ཡོངས་སུ་ཤེས་པར་བྱ་བ་མ་ཡིན་ཞེས་བྱ་བ་ནི་བྱང་ཆུབ་སེམས་དཔའ་སེམས་དཔའ་ཆེན་པོའི་སྦྱོར་བའོ། །མིག་གི་འདུས་ཏེ་རེག་པ་རྟག་ཅེས་བྱ་བའམ། མི་རྟག་ཅེས་བྱ་བ་ནི་བྱང་ཆུབ་···སེམས་དཔའ་སེམས་དཔའ་ཆེན་པོའི་སྦྱོར་བའོ། །རྣ་བའི་འདུས་ཏེ་རེག་པ་རྟག་ཅེས་བྱ་བའམ། མི་རྟག་ཅེས་བྱ་བ་ནི་བྱང་ཆུབ་སེམས་དཔའ་སེམས་དཔའ་ཆེན་པོའི་སྦྱོར་བའོ། །སྣའི་འདུས་ཏེ་རེག་པ་རྟག་ཅེས་བྱ་བའམ། མི་རྟག་ཅེས་བྱ་བ་ནི་བྱང་ཆུབ་སེམས་དཔའ་སེམས་དཔའ་ཆེན་པོའི་སྦྱོར་བའོ། །ལྗེའི་འདུས་ཏེ་རེག་པ་རྟག་ཅེས་བྱ་བའམ། མི་རྟག་ཅེས་བྱ་བ་ནི་བྱང་ཆུབ་སེམས་དཔའ་སེམས···དཔའ་ཆེན་པོའི་སྦྱོར་བའོ། །ལུས་ཀྱི་འདུས་ཏེ་རེག་པ་རྟག་ཅེས་བྱ་བའམ། མི་རྟག་ཅེས་བྱ་བ་ནི་བྱང་ཆུབ་སེམས་དཔའ་སེམས་དཔའ་ཆེན་པོའི་སྦྱོར་བའོ། །

ཡིད་ཀྱི་འདུས་ཏེ་རེག་པ་རྟག་ཅེས་བྱ་བའམ། མི་རྟག་ཅེས་བྱ་བ་ནི་བྱང་ཆུབ······
སེམས་དཔའ་སེམས་དཔའ་ཆེན་པོའི་སྤྲོས་པའོ། །མིག་གི་འདུས་ཏེ་རེག་པ་བདེ་
ཞེས་བྱ་བའམ། སྡུག་བསྔལ་ཞེས་བྱ་བ་ནི་བྱང་ཆུབ་སེམས་དཔའ་སེམས་དཔའ་
ཆེན་པོའི་སྤྲོས་པའོ། །རྣ་བའི་འདུས་ཏེ་རེག་པ་བདེ་ཞེས་བྱ་བའམ། སྡུག·····
བསྔལ་ཞེས་བྱ་བ་ནི་བྱང་ཆུབ་སེམས་དཔའ་སེམས་དཔའ་ཆེན་པོའི་སྤྲོས་པའོ། །
སྣའི་འདུས་ཏེ་རེག་པ་བདེ་ཞེས་བྱ་བའམ། སྡུག་བསྔལ་ཞེས་བྱ་བ་ནི་བྱང་ཆུབ་
སེམས་དཔའ་སེམས་དཔའ་ཆེན་པོའི་སྤྲོས་པའོ། །ལྗེའི་འདུས་ཏེ་རེག་པ་བདེ་ཞེས་
བྱ་བའམ། སྡུག་བསྔལ་ཞེས་བྱ་བ་ནི་བྱང་ཆུབ་སེམས་དཔའ་སེམས་དཔའ་ཆེན་
པོའི་སྤྲོས་པའོ། །ལུས་ཀྱི་འདུས་ཏེ་རེག་པ་བདེ་ཞེས་བྱ་བའམ། སྡུག་བསྔལ་
ཞེས་བྱ་བ་ནི་བྱང་ཆུབ་སེམས་དཔའ་སེམས་དཔའ་ཆེན་པོའི་སྤྲོས[7]པའོ། །ཡིད་
ཀྱི་འདུས་ཏེ་རེག་པ་བདེ་ཞེས་བྱ་བའམ། སྡུག་བསྔལ་ཞེས་བྱ་བ་ནི་བྱང་ཆུབ·····
སེམས་དཔའ་སེམས་དཔའ་ཆེན་པོའི་སྤྲོས་པའོ། །མིག་གི་འདུས་ཏེ་རེག་པ་བདག་
ཅེས་བྱ་བའམ། བདག་མེད་ཅེས་བྱ་བ་ནི་བྱང་ཆུབ་སེམས་དཔའ་སེམས་དཔའ་
ཆེན་པོའི་སྤྲོས་པའོ། །རྣ་བའི་འདུས་ཏེ་རེག་པ་བདག་ཅེས་བྱ་བའམ། བདག་
མེད་ཅེས་བྱ་བ་ནི་བྱང་ཆུབ་སེམས་དཔའ་སེམས་དཔའ་ཆེན་པོའི་སྤྲོས་པའོ། །
སྣའི་འདུས་ཏེ་རེག་པ་བདག་ཅེས་བྱ་བའམ། བདག་མེད་ཅེས་བྱ་བ་ནི་བྱང་ཆུབ་
སེམས་དཔའ་སེམས་དཔའ་ཆེན་པོའི་སྤྲོས་པའོ། །ལྗེའི་འདུས་ཏེ་རེག་པ་བདག་
ཅེས་བྱ་བའམ། བདག་མེད་ཅེས་བྱ་བ་ནི་བྱང་ཆུབ་སེམས་དཔའ་སེམས་དཔའ·····
ཆེན་པོའི་སྤྲོས་པའོ། །ལུས་ཀྱི་འདུས་ཏེ་རེག་པ་བདག་ཅེས་བྱ་བའམ། བདག་
མེད་ཅེས་བྱ་བ་ནི་བྱང་ཆུབ་སེམས་དཔའ་སེམས་དཔའ་ཆེན་པོའི་སྤྲོས་པའོ། །
ཡིད་ཀྱི་འདུས་ཏེ་རེག་པ་བདག་ཅེས་བྱ་བའམ། བདག་མེད་ཅེས་བྱ་བ་ནི་བྱང་

ཆུབ་སེམས་དཔའ་སེམས་དཔའ་ཆེན་པོའི་སྦྱོར་བའོ། །མིག་གི་འདུས་ཏེ་རེག་པ་ཞི་ཞེས་བྱ་བའམ། མ་ཞི་ཞེས་བྱ་བ་ནི་བྱང་ཆུབ་སེམས་དཔའ་སེམས་དཔའ་ཆེན་པོའི་སྦྱོར་བའོ། །རྣ་བའི་འདུས་ཏེ་རེག་པ་ཞི་ཞེས་བྱ་བའམ། མ་ཞི་ཞེས་བྱ་བ་ནི་བྱང་ཆུབ་སེམས་དཔའ་སེམས་དཔའ་ཆེན་པོའི་སྦྱོར་བའོ། །སྣའི་འདུས་ཏེ་རེག་པ་ཞི་ཞེས་བྱ་བའམ། མ་ཞི་ཞེས་བྱ་བ་ནི་བྱང་ཆུབ་སེམས་དཔའ་སེམས་དཔའ······ཆེན་པོའི་སྦྱོར་བའོ། །ལྕེའི་འདུས་ཏེ་རེག་པ་ཞི་ཞེས་བྱ་བའམ། མ་ཞི་ཞེས་བྱ་བ་ནི་བྱང་ཆུབ་སེམས་དཔའ་སེམས་དཔའ་ཆེན་པོའི་སྦྱོར་བའོ། །ལུས་ཀྱི་འདུས་ཏེ་རེག་པ་ཞི་ཞེས་བྱ་བའམ། མ་ཞི་ཞེས་བྱ་བ་ནི་བྱང་ཆུབ་སེམས་དཔའ་སེམས······དཔའ་ཆེན་པོའི་སྦྱོར་བའོ། །ཡིད་ཀྱི་འདུས་ཏེ་རེག་པ་ཞི་ཞེས་བྱ་བའམ། མ་ཞི་ཞེས་བྱ་བ་ནི་བྱང་ཆུབ་སེམས་དཔའ་སེམས་དཔའ་ཆེན་པོའི་སྦྱོར་བའོ། །མིག་གི་འདུས་ཏེ་རེག་པ་ཡོངས་སུ་ཤེས་པར་བྱ་བ་དང་། ཡོངས་སུ་ཤེས་པར་བྱ་བ་མ······ཡིན་ཞེས་བྱ་བ་ནི་བྱང་ཆུབ་སེམས་དཔའ་སེམས་དཔའ་ཆེན་པོའི་སྦྱོར་བའོ། །རྣ་བའི་འདུས་ཏེ་རེག་པ་ཡོངས་སུ་ཤེས་པར་བྱ་བ་དང་[1]། ཡོངས་སུ་ཤེས་པར་བྱ་བ་མ་ཡིན་ཞེས་བྱ་བ་ནི་བྱང་ཆུབ་སེམས་དཔའ་སེམས་དཔའ་ཆེན་པོའི་སྦྱོར་བའོ། །སྣའི་འདུས་ཏེ་རེག་པ་ཡོངས་སུ་ཤེས་པར་བྱ་བ་དང་[2]། ཡོངས་སུ་ཤེས་པར་བྱ་བ་མ་ཡིན་ཞེས་བྱ་བ་ནི་བྱང་ཆུབ་སེམས་དཔའ་སེམས་དཔའ་ཆེན་པོའི་སྦྱོར་བའོ། །ལྕེའི་འདུས་ཏེ་རེག་པ་ཡོངས་སུ་ཤེས་པར་བྱ་བ་དང་[3]། ཡོངས་སུ་ཤེས་པར་བྱ་བ་མ་ཡིན་ཞེས་བྱ་བ་ནི་བྱང་ཆུབ་སེམས་དཔའ་སེམས་དཔའ་ཆེན་པོའི་སྦྱོར་བའོ། །ལུས་ཀྱི་འདུས་ཏེ་རེག་པ་ཡོངས་སུ་ཤེས་པར་བྱ་བ་དང་[4]། ཡོངས་སུ་ཤེས་པར་བྱ་བ་མ་ཡིན་ཞེས་བྱ་བ་ནི་བྱང་ཆུབ་སེམས་དཔའ་སེམས་དཔའ་ཆེན་པོའི་སྦྱོར་བའོ། །ཡིད་ཀྱི་འདུས་ཏེ་རེག་པ་ཡོངས་སུ་ཤེས་པར་བྱ་བ་དང་[5]། ཡོངས་སུ་ཤེས་པར་བྱ་

བ་མ་ཡིན་ཞེས་བྱ་བ་ནི་བྱང་ཆུབ་སེམས་དཔའ་སེམས་དཔའ་ཆེན་པོའི་སྤྲོས་པའོ། །མིག་གི་འདུས་ཏེ་རེག་པའི་རྐྱེན་གྱིས་ཚོར་བ་རྟག་ཅེས་བྱ་བའམ། མི་རྟག་ཅེས་བྱ་བ་ནི་བྱང་ཆུབ་སེམས་དཔའ་སེམས་དཔའ་ཆེན་པོའི་སྤྲོས་པའོ། །རྣ་བའི་འདུས་ཏེ་རེག་པའི་རྐྱེན་གྱིས་ཚོར་བ་རྟག་ཅེས་བྱ་བའམ། མི་རྟག་ཅེས་བྱ་བ་ནི་བྱང་ཆུབ་སེམས་དཔའ་སེམས་དཔའ་ཆེན་པོའི་སྤྲོས་པའོ། །སྣའི་[1]འདུས་ཏེ་རེག་པའི་རྐྱེན་གྱིས་ཚོར་བ་རྟག་ཅེས་བྱ་བའམ། མི་རྟག་ཅེས་བྱ་བ་ནི་བྱང་ཆུབ་སེམས་དཔའ་སེམས་དཔའ་ཆེན་པོའི་སྤྲོས་པའོ། །ལྗེའི་འདུས་ཏེ་རེག་པའི་རྐྱེན་གྱིས་ཚོར་བ་རྟག་ཅེས་བྱ་བའམ། མི་རྟག་ཅེས་བྱ་བ་ནི་བྱང་ཆུབ་སེམས་དཔའ་སེམས་དཔའ་ཆེན་པོའི་སྤྲོས་པའོ། །ལུས་ཀྱི་འདུས་ཏེ་རེག་པའི་རྐྱེན་གྱིས་ཚོར་བ་རྟག་ཅེས་བྱ་བའམ། མི་རྟག་ཅེས་བྱ་བ་ནི་བྱང་ཆུབ་སེམས་དཔའ་སེམས་དཔའ་ཆེན་པོའི་སྤྲོས་པའོ། །ཡིད་ཀྱི་འདུས་ཏེ་རེག་པའི་རྐྱེན་གྱིས་ཚོར་བ་རྟག་ཅེས་བྱ་བའམ། མི་རྟག་ཅེས་བྱ་བ་ནི་བྱང་ཆུབ་སེམས་དཔའ་སེམས་དཔའ་ཆེན་པོའི་སྤྲོས་པའོ། །མིག་གི་འདུས་ཏེ་རེག་པའི་རྐྱེན་གྱིས་ཚོར་བ་བདེ་ཞེས་བྱ་བའམ། སྡུག་བསྔལ་ཞེས་བྱ་བ་ནི་བྱང་ཆུབ་སེམས་དཔའ་སེམས་དཔའ་ཆེན་པོའི་སྤྲོས་པའོ། །རྣ་བའི་འདུས་ཏེ་རེག་པའི་རྐྱེན་གྱིས་ཚོར་བ་བདེ་ཞེས་བྱ་བའམ། སྡུག་བསྔལ་ཞེས་བྱ་བ་ནི་བྱང་ཆུབ་སེམས་དཔའ་སེམས་དཔའ་ཆེན་པོའི་སྤྲོས་པའོ། །སྣའི་འདུས་ཏེ་རེག་པའི་རྐྱེན་གྱིས་ཚོར་བ་བདེ་ཞེས་བྱ་བའམ། སྡུག་བསྔལ་ཞེས་བྱ་བ་ནི་བྱང་ཆུབ་སེམས་དཔའ་སེམས་དཔའ་ཆེན་པོའི་སྤྲོས་པའོ། །ལྗེའི་འདུས་ཏེ་རེག་པའི་རྐྱེན་གྱིས་ཚོར་བ་བདེ་ཞེས་བྱ་བའམ། སྡུག་བསྔལ་ཞེས་བྱ་བ་ནི་བྱང་ཆུབ་སེམས་དཔའ་སེམས་དཔའ་ཆེན་པོའི་སྤྲོས་པའོ། །ལུས་ཀྱི་འདུས་ཏེ་རེག་པའི་རྐྱེན་གྱིས་ཚོར་བ་བདེ་ཞེས་བྱ་བའམ། སྡུག་བསྔལ་ཞེས་བྱ་བ་ནི་བྱང་ཆུབ་སེམས་དཔའ

སེམས་དཔའ་ཆེན་པོའི་སྤྱོད་པའོ། །ཡིད་ཀྱི་འདུས་ཏེ་རེག་པའི་རྐྱེན་གྱིས་ཚོར་བ་བདེ་ཞེས་བྱ་བའམ། སྡུག་བསྔལ་ཞེས་བྱ་བ་ནི་བྱང་ཆུབ་སེམས་དཔའ་སེམས·····དཔའ་ཆེན་པོའི་སྤྱོད་པའོ། །༔མིག་གི་[1]འདུས་ཏེ་རེག་པའི་རྐྱེན་གྱིས་ཚོར་བ····བདག་ཅེས་བྱ་བའམ། བདག་མེད་ཅེས་བྱ་བ་ནི་བྱང་ཆུབ་སེམས་དཔའ་སེམས·····དཔའ་ཆེན་པོའི་སྤྱོད་པའོ། །རྣ་བའི་འདུས་ཏེ་རེག་པའི་རྐྱེན་གྱིས་ཚོར་བ་བདག་ཅེས་བྱ་བའམ། བདག་མེད་ཅེས་བྱ་བ་ནི་བྱང་ཆུབ་སེམས་དཔའ་སེམས་དཔའ་ཆེན་པོའི་སྤྱོད་པའོ། །སྣའི་འདུས་ཏེ་རེག་པའི་རྐྱེན་གྱིས་ཚོར་བ་བདག་ཅེས་བྱ་བའམ། བདག་མེད་ཅེས་བྱ་བ་ནི་བྱང་ཆུབ་སེམས་དཔའ་སེམས་དཔའ་ཆེན་པོའི་སྤྱོད་པའོ། །ལྕེའི་འདུས་ཏེ་རེག་པའི་རྐྱེན་གྱིས་ཚོར་བ་བདག་ཅེས་བྱ་བའམ། བདག་མེད་ཅེས་བྱ་བ་ནི་བྱང་ཆུབ་སེམས་དཔའ་སེམས་དཔའ་ཆེན་པོའི་སྤྱོད་པའོ། །༔ལུས་ཀྱི་འདུས་ཏེ་རེག་པའི་རྐྱེན་གྱིས་ཚོར་བ་བདག་ཅེས་བྱ་བའམ། བདག་མེད་ཅེས་བྱ་བ་ནི་བྱང་ཆུབ་སེམས་དཔའ་སེམས་དཔའ་ཆེན་པོའི་སྤྱོད་པའོ[1]། །ཡིད་ཀྱི་འདུས་ཏེ་རེག་པའི་རྐྱེན་གྱིས་ཚོར་བ་བདག་ཅེས་བྱ་བའམ། བདག་མེད་ཅེས་བྱ་བ་ནི་བྱང་ཆུབ་སེམས་དཔའ་སེམས་དཔའ་ཆེན་པོའི་སྤྱོད་པའོ། །མིག་གི····འདུས་ཏེ་རེག་པའི་རྐྱེན་གྱིས་ཚོར་བ་ཞི་ཞེས་བྱ་བའམ། མ་ཞི་ཞེས་བྱ་བ་ནི་བྱང་ཆུབ་སེམས་དཔའ་སེམས་དཔའ་ཆེན་པོའི་སྤྱོད་པའོ། །རྣ་བའི་འདུས་ཏེ་རེག་པའི་རྐྱེན་གྱིས་ཚོར་བ་ཞི་ཞེས་བྱ་བའམ། མ་ཞི་ཞེས་བྱ་བ་ནི་བྱང་ཆུབ་སེམས་དཔའ་སེམས་དཔའ་ཆེན་པོའི་སྤྱོད་པའོ། །སྣའི་འདུས་ཏེ་རེག་པའི་རྐྱེན་གྱིས་ཚོར་བ་ཞི་ཞེས་བྱ་བའམ། མ་ཞི་ཞེས་བྱ་བ་ནི་བྱང་ཆུབ་སེམས་དཔའ་སེམས་དཔའ་ཆེན·····པོའི་སྤྱོད་པའོ། །ལྕེའི་འདུས་ཏེ་རེག་པའི་རྐྱེན་གྱིས་ཚོར་བ་ཞི་ཞེས་བྱ་བའམ། མ་ཞི་ཞེས་བྱ་བ་ནི་བྱང་ཆུབ་སེམས་དཔའ་སེམས་དཔའ་ཆེན་པོའི་སྤྱོད་པའོ། །

ལུས་ཀྱི་འདུས་ཏེ་རེག་པའི་རྐྱེན་གྱིས་ཚོར་བ་ཞི་ཞེས་བྱ་བའམ། མ་ཞི་ཞེས་བྱ་བ་ནི་བྱང་ཆུབ་སེམས་དཔའ་སེམས་དཔའ་ཆེན་པོའི་སྤྲོས་པའོ། །ཡིད་ཀྱི་འདུས་ཏེ་རེག་པའི་རྐྱེན་གྱིས་ཚོར་བ་ཞི་ཞེས་བྱ་བའམ། མ་ཞི་ཞེས་བྱ་བ་ནི་བྱང་ཆུབ་སེམས་དཔའ་སེམས་དཔའ་ཆེན་པོའི་སྤྲོས་པའོ། །མིག་གི་འདུས་ཏེ་རེག་པའི་རྐྱེན་གྱིས་ཚོར་བ་ཡོངས་སུ་ཤེས་པར་བྱ་བ་དང་[༡]། ཡོངས་སུ་ཤེས་པར་བྱ་བ་མ་ཡིན་ཞེས་བྱ་བ་ནི་བྱང་ཆུབ་སེམས་དཔའ་སེམས་དཔའ་ཆེན་པོའི་སྤྲོས་པའོ། །རྣ་བའི་……འདུས་ཏེ་རེག་པའི་རྐྱེན་གྱིས་ཚོར་བ་ཡོངས་སུ་ཤེས་པར་བྱ་བ་དང་[༢]། ཡོངས་སུ་ཤེས་པར་བྱ་བ་མ་ཡིན་ཞེས་བྱ་བ་ནི་བྱང་ཆུབ་སེམས་དཔའ་སེམས་དཔའ་ཆེན་པོའི་སྤྲོས་པའོ། །སྣའི་འདུས་ཏེ་རེག་པའི་རྐྱེན་གྱིས་ཚོར་བ་ཡོངས་སུ་ཤེས་པར་བྱ་བ་དང་[༣]། ཡོངས་སུ་ཤེས་པར་བྱ་བ་མ་ཡིན་ཞེས་བྱ་བ་ནི་བྱང་ཆུབ་སེམས་དཔའ་……སེམས་དཔའ་ཆེན་པོའི་སྤྲོས་པའོ། །ལྕེའི་འདུས་ཏེ་རེག་པའི་རྐྱེན་གྱིས་ཚོར་བ་……ཡོངས་སུ་ཤེས་པར་བྱ་བ་དང་[༤]། ཡོངས་སུ་ཤེས་པར་བྱ་བ་མ་ཡིན་ཞེས་བྱ་བ་ནི་བྱང་ཆུབ་སེམས་དཔའ་སེམས་དཔའ་ཆེན་པོའི་སྤྲོས་པའོ། །ལུས་ཀྱི་[༥]འདུས་ཏེ་རེག་པའི་རྐྱེན་གྱིས་ཚོར་བ་ཡོངས་སུ་ཤེས་པར་བྱ་བ་དང་[༦]། ཡོངས་སུ་ཤེས་པར་བྱ་བ་མ་ཡིན་ཞེས་བྱ་བ་ནི་བྱང་ཆུབ་སེམས་དཔའ་སེམས་དཔའ་ཆེན་པོའི་སྤྲོས་……པའོ། །ཡིད་ཀྱི་འདུས་ཏེ་རེག་པའི་རྐྱེན་གྱིས་ཚོར་བ་ཡོངས་སུ་ཤེས་པར་བྱ་བ་……དང་[༧]། ཡོངས་སུ་ཤེས་པར་བྱ་བ་མ་ཡིན་ཞེས་བྱ་བ་ནི་བྱང་ཆུབ་སེམས་དཔའ་……སེམས་དཔའ་ཆེན་པོའི་སྤྲོས་པའོ། །སའི་ཁམས་རྟག་ཅེས་བྱ་བའམ། མི་རྟག་ཅེས་བྱ་བ་ནི་བྱང་ཆུབ་སེམས་དཔའ་སེམས་དཔའ་ཆེན་པོའི་སྤྲོས་པའོ། །ཆུའི་……ཁམས་རྟག་ཅེས་བྱ་བའམ། མི་རྟག་ཅེས་བྱ་བ་ནི་བྱང་ཆུབ་སེམས་དཔའ་སེམས་དཔའ་ཆེན་པོའི་སྤྲོས་པའོ། །མེའི་ཁམས་རྟག་ཅེས་བྱ་བའམ། མི་རྟག་ཅེས་བྱ་

བ་ནི་བྱང་ཆུབ་སེམས་དཔའ་སེམས་དཔའ་ཆེན་པོའི་སྤྲོས་པའོ། །རླུང་གི་ཁམས་རྟག་ཅེས་བྱ་བའམ། མི་རྟག་ཅེས་བྱ་བ་ནི་བྱང་ཆུབ་སེམས་དཔའ་སེམས་དཔའ་ཆེན་པོའི་སྤྲོས་པའོ། །ནམ་མཁའི་ཁམས་རྟག་ཅེས་བྱ་བའམ། །མི་རྟག་ཅེས་བྱ་བ་ནི་བྱང་ཆུབ་སེམས་དཔའ་སེམས་དཔའ་ཆེན་པོའི་སྤྲོས་པའོ། །རྣམ་པར་ཤེས་པའི་ཁམས་རྟག་ཅེས་བྱ་བའམ། མི་རྟག་ཅེས་བྱ་བ་ནི་བྱང་ཆུབ་སེམས་དཔའ་སེམས་དཔའ་ཆེན་པོའི་སྤྲོས་པའོ། །སའི་ཁམས་བདེ་ཞེས་བྱ་བའམ། སྡུག་བསྔལ་ཞེས་བྱ་བ་ནི་བྱང་ཆུབ་སེམས་དཔའ་སེམས་དཔའ་ཆེན་པོའི་སྤྲོས་པའོ། །ཆུའི་ཁམས་བདེ་ཞེས་བྱ་བའམ། སྡུག་བསྔལ་ཞེས་བྱ་བ་ནི་བྱང་ཆུབ་སེམས་དཔའ་སེམས་དཔའ་ཆེན་པོའི་སྤྲོས་པའོ། །མེའི་ཁམས་བདེ་ཞེས་བྱ་བའམ། སྡུག་བསྔལ་ཞེས་བྱ་བ་ནི་བྱང་ཆུབ་སེམས་དཔའ་སེམས་དཔའ་ཆེན་པོའི་སྤྲོས་པའོ། །རླུང་གི་ཁམས་བདེ་ཞེས་བྱ་བའམ། སྡུག་བསྔལ་ཞེས་བྱ་བ་ནི་བྱང་ཆུབ་སེམས་དཔའ་སེམས་དཔའ་ཆེན་པོའི་སྤྲོས་པའོ། །ནམ་མཁའི་ཁམས་བདེ་ཞེས་བྱ་བའམ། སྡུག་བསྔལ་ཞེས་བྱ་བ་ནི་བྱང་ཆུབ་སེམས་དཔའ་སེམས་དཔའ་ཆེན་པོའི་སྤྲོས་པའོ། །རྣམ་པར་ཤེས་པའི་ཁམས་བདེ་ཞེས་བྱ་བའམ། སྡུག་བསྔལ་ཞེས་བྱ་བ་ནི་བྱང་ཆུབ་སེམས་དཔའ་སེམས་དཔའ་ཆེན་པོའི་སྤྲོས་པའོ། །སའི་ཁམས་བདག་ཅེས་བྱ་བའམ༏ བདག་མེད་ཅེས་བྱ་བ་ནི་བྱང་ཆུབ་སེམས་དཔའ་སེམས་དཔའ་ཆེན་པོའི་སྤྲོས་པའོ། །ཆུའི་ཁམས་བདག་ཅེས་བྱ་བའམ། བདག་མེད་ཅེས་བྱ་བ་ནི་བྱང་ཆུབ་སེམས་དཔའ་སེམས་དཔའ་ཆེན་པོའི་སྤྲོས་པའོ། །མེའི་ཁམས་བདག་ཅེས་བྱ་བའམ༏ བདག་མེད་ཅེས་བྱ་བ་ནི་བྱང་ཆུབ་སེམས་དཔའ་སེམས་དཔའ་ཆེན་པོའི་སྤྲོས་པའོ། །རླུང་གི་ཁམས་བདག་ཅེས་བྱ་བའམ། བདག་མེད་ཅེས་བྱ་བ་ནི་བྱང་ཆུབ་སེམས་དཔའ་སེམས་དཔའ་ཆེན་པོའི་སྤྲོས་པའོ། །ནམ་མཁའི་ཁམས

བདག་ཅེས་བྱ་བའམ། བདག་མེད་ཅེས་བྱ་བ་ནི་བྱང་ཆུབ་སེམས་དཔའ་སེམས··· དཔའ་ཆེན་པོའི་སྤྱོད་པའོ། །རྣམ་པར་ཤེས་པའི་ཁམས་བདག་ཅེས་བྱ་བའམ། བདག་མེད་ཅེས་བྱ་བ་ནི་བྱང་ཆུབ་སེམས་དཔའ་སེམས་དཔའ་ཆེན་པོའི་སྤྱོད་པའོ། །སའི་ཁམས་ཞི་ཞེས་བྱ་བའམ། མ་ཞི་ཞེས་བྱ་བ་ནི་བྱང་ཆུབ་སེམས་དཔའ་སེམས་དཔའ་ཆེན་པོའི་སྤྱོད་པའོ། །ཆུའི་ཁམས་ཞི་ཞེས་བྱ་བའམ། མ་ཞི་ཞེས་བྱ་བ་ནི་བྱང་ཆུབ་སེམས་དཔའ་སེམས་དཔའ་ཆེན་པོའི་སྤྱོད་པའོ། །མེའི་ཁམས་ཞི་ཞེས་བྱ་བའམ། མ་ཞི་ཞེས་བྱ་བ་ནི་བྱང་ཆུབ་སེམས་དཔའ་སེམས་དཔའ་ཆེན་པོའི་སྤྱོད་པའོ། །རླུང་གི་ཁམས་ཞི་ཞེས་བྱ་བའམ། མ་ཞི་ཞེས་བྱ་བ་ནི་བྱང་ཆུབ་སེམས་དཔའ་སེམས་དཔའ་ཆེན་པོའི་སྤྱོད་པའོ། །ནམ་མཁའི་ཁམས་ཞི་ཞེས་བྱ་བའམ། མ་ཞི་ཞེས་བྱ་བ་ནི་བྱང་ཆུབ་སེམས་དཔའ་སེམས་དཔའ་ཆེན་པོའི་སྤྱོད་པའོ། །རྣམ་པར་ཤེས་པའི་ཁམས་ཞི་ཞེས་བྱ་བའམ། མ་ཞི་ཞེས་བྱ་བ་ནི་བྱང་ཆུབ་སེམས་དཔའ་སེམས་དཔའ་ཆེན་པོའི་སྤྱོད་པའོ། །སའི་ཁམས་ཡོངས་སུ་ཤེས་པར་བྱ་བ་དང་[༡]། ཡོངས་སུ་ཤེས་པར་བྱ་བ་མ་ཡིན་ཞེས་བྱ་བ་ནི་བྱང་ཆུབ་སེམས་དཔའ་སེམས་དཔའ་ཆེན་པོའི་སྤྱོད་པའོ། །ཆུའི་ཁམས་ཡོངས་སུ་ཤེས་པར་བྱ་བ་དང་[༢]། ཡོངས་སུ་ཤེས་པར་བྱ་བ་མ་ཡིན་ཞེས་བྱ་བ་ནི་བྱང་ཆུབ་སེམས་དཔའ་སེམས་དཔའ་ཆེན་པོའི་སྤྱོད་པའོ། །མེའི་ཁམས་ཡོངས་སུ་ཤེས་པར་བྱ་བ་དང་[༣]། ཡོངས་སུ་ཤེས་པར་བྱ་བ་མ་ཡིན་ཞེས་བྱ་བ་ནི་བྱང་ཆུབ་སེམས་དཔའ་སེམས་དཔའ་ཆེན་པོའི་སྤྱོད་པའོ། །རླུང་གི་ཁམས་ཡོངས་སུ་ཤེས་པར་བྱ་བ་དང་[༤]། ཡོངས་སུ་ཤེས་པར་བྱ་བ་མ་ཡིན་ཞེས་བྱ་བ་ནི་བྱང་ཆུབ་སེམས་དཔའ་སེམས་དཔའ་ཆེན་པོའི་སྤྱོད་པའོ། །ནམ་མཁའི་ཁམས་ཡོངས་སུ་ཤེས་པར་བྱ་བ་དང་[༥]། ཡོངས་སུ་ཤེས་པར་བྱ་བ་མ་ཡིན་ཞེས་བྱ་བ་ནི་བྱང་ཆུབ་སེམས་དཔའ་སེམས་དཔའ་ཆེན་པོའི་སྤྱོད······

པའོ། །རྣམ་པར་ཤེས་པའི་ཁམས་ཡོངས་སུ་ཤེས་པར་བྱ་བ་དང་⑦། ཡོངས་སུ་ཤེས་པར་བྱ་བ་མ་ཡིན་ཞེས་བྱ་བ་ནི་བྱང་ཆུབ་སེམས་དཔའ་སེམས་དཔའ་ཆེན་པོའི་སྦྱོར་བའོ། །མ་རིག་པ་རྟག་ཅེས་བྱ་བའམ། མི་རྟག་ཅེས་བྱ་བ་ནི་བྱང་ཆུབ་སེམས་དཔའ་སེམས་དཔའ་ཆེན་པོའི་སྦྱོར་བའོ། །འདུ་བྱེད་རྟག་ཅེས་བྱ་བའམ། མི་རྟག་ཅེས་བྱ་བ་ནི་བྱང་ཆུབ་སེམས་དཔའ་སེམས་དཔའ་ཆེན་པོའི་སྦྱོར་བའོ། །རྣམ་པར་ཤེས་པ་རྟག་ཅེས་བྱ་བའམ། མི་རྟག་ཅེས་བྱ་བ་ནི་བྱང་ཆུབ་སེམས་……དཔའ་སེམས་དཔའ་ཆེན་པོའི་སྦྱོར་བའོ། །མིང་དང་གཟུགས་རྟག་ཅེས་བྱ་བའམ། མི་རྟག་ཅེས་བྱ་བ་ནི་བྱང་ཆུབ་སེམས་དཔའ་སེམས་དཔའ་ཆེན་པོའི་སྦྱོར་བའོ། །སྐྱེ་མཆེད་དྲུག་རྟག་ཅེས་བྱ་བའམ། མི་རྟག་ཅེས་བྱ་བ་ནི་བྱང་ཆུབ་སེམས་དཔའ་སེམས་དཔའ་ཆེན་པོའི་སྦྱོར་བའོ། །རེག་པ་རྟག་ཅེས་བྱ་བའམ། མི་རྟག་ཅེས་བྱ་བ་ནི་བྱང་ཆུབ་སེམས་དཔའ་སེམས་དཔའ་ཆེན་པོའི་སྦྱོར་བའོ། །ཚོར་བ་རྟག་ཅེས་བྱ་བའམ། མི་རྟག་ཅེས་བྱ་བ་ནི་བྱང་ཆུབ་སེམས་དཔའ་སེམས་དཔའ་ཆེན་པོའི་སྦྱོར་བའོ། །སྲེད་པ་རྟག་ཅེས་བྱ་བའམ། མི་རྟག་ཅེས་བྱ་བ་ནི་བྱང་ཆུབ་སེམས་དཔའ་སེམས་དཔའ་ཆེན་པོའི་སྦྱོར་བའོ། །ལེན་པ་རྟག་ཅེས་བྱ་བའམ། མི་རྟག་ཅེས་བྱ་བ་ནི་བྱང་ཆུབ་སེམས་དཔའ་སེམས་དཔའ་ཆེན་པོའི་སྦྱོར་བའོ། །སྲིད་པ་རྟག་ཅེས་བྱ་བའམ། མི་རྟག་ཅེས་བྱ་བ་ནི་བྱང་ཆུབ་སེམས་དཔའ་སེམས་དཔའ་ཆེན་པོའི་སྦྱོར་བའོ། །སྐྱེ་བ་རྟག་ཅེས་བྱ་བའམ། མི་རྟག་ཅེས་བྱ་བ་ནི་བྱང་ཆུབ་སེམས་དཔའ་སེམས་དཔའ་ཆེན་པོའི་སྦྱོར་བའོ། །རྒ་ཤི་རྟག་ཅེས་བྱ་……བའམ། མི་རྟག་ཅེས་བྱ་བ་ནི་བྱང་ཆུབ་སེམས་དཔའ་སེམས་དཔའ་ཆེན་པོའི་སྦྱོར་བའོ། །མ་རིག་པ་བདེ་ཞེས་བྱ་བའམ། སྡུག་བསྔལ་ཞེས་བྱ་བ་ནི་བྱང་ཆུབ་སེམས་དཔའ་སེམས་དཔའ་ཆེན་པོའི་སྦྱོར་བའོ། །འདུ་བྱེད་བདེ་ཞེས་བྱ་བའམ།

སྡུག་བསྔལ་ཞེས་བྱ་བ་ནི་བྱང་ཆུབ་སེམས་དཔའ་སེམས་དཔའ་ཆེན་པོའི་སྦྱོར་པའོ། རྣམ་པར་ཤེས་པ་བདེ་ཞེས་བྱ་བའམ། སྡུག་བསྔལ་ཞེས་བྱ་བ་ནི་བྱང་ཆུབ་སེམས་དཔའ་སེམས་དཔའ་ཆེན་པོའི་སྦྱོར་པའོ། །མིང་དང་གཟུགས་བདེ་ཞེས་བྱ་བའམ། སྡུག་བསྔལ་ཞེས་བྱ་བ་ནི་བྱང་ཆུབ་སེམས་དཔའ་སེམས་དཔའ་ཆེན་པོའི་སྦྱོར་པའོ། སྐྱེ་མཆེད་དྲུག་བདེ་ཞེས་བྱ་བའམ། སྡུག་བསྔལ་ཞེས་བྱ་བ་ནི་བྱང་ཆུབ་སེམས་དཔའ་སེམས་དཔའ་ཆེན་པོའི་སྦྱོར་པའོ། །རེག་པ་བདེ་ཞེས་བྱ་བའམ། སྡུག་བསྔལ་ཞེས་བྱ་བ་ནི་བྱང་ཆུབ་སེམས་དཔའ་སེམས་དཔའ་ཆེན་པོའི་སྦྱོར་པའོ། ཚོར་བ་བདེ་ཞེས་བྱ་བའམ། སྡུག་བསྔལ་ཞེས་བྱ་བ་ནི་བྱང་ཆུབ་སེམས་དཔའ་སེམས་དཔའ་ཆེན་པོའི་སྦྱོར་པའོ། །སྲེད་པ་བདེ་ཞེས་བྱ་བའམ། སྡུག་བསྔལ་ཞེས་བྱ་བ་ནི་བྱང་ཆུབ་སེམས་དཔའ་སེམས་དཔའ་ཆེན་པོའི་སྦྱོར་པའོ། །ལེན་པ་བདེ་ཞེས་བྱ་བའམ། སྡུག་བསྔལ་ཞེས་བྱ་བ་ནི་བྱང་ཆུབ་སེམས་དཔའ་སེམས་དཔའ་ཆེན་པོའི་སྦྱོར་པའོ། །སྲིད་པ་བདེ་ཞེས་བྱ་བའམ། སྡུག་བསྔལ་ཞེས་བྱ་བ་ནི་བྱང་ཆུབ་སེམས་དཔའ་སེམས་དཔའ་ཆེན་པོའི་སྦྱོར་པའོ། །སྐྱེ་བ་བདེ་ཞེས་བྱ་བའམ། སྡུག་བསྔལ་ཞེས་བྱ་བ་ནི་བྱང་ཆུབ་སེམས་དཔའ་སེམས་དཔའ་ཆེན་པོའི་སྦྱོར་པའོ། །རྒ་ཤི་བདེ་ཞེས་བྱ་བའམ། སྡུག་བསྔལ་ཞེས་བྱ་བ་ནི་བྱང་ཆུབ་སེམས་དཔའ་སེམས་དཔའ་ཆེན་པོའི་སྦྱོར་པའོ། །མ་རིག་པ་བདག་ཅེས་བྱ་བའམ། བདག་མེད་ཅེས་བྱ་བ་ནི་བྱང་ཆུབ་སེམས་དཔའ་སེམས་དཔའ་ཆེན་པོའི་སྦྱོར་པའོ། འདུ་བྱེད་བདག་ཅེས་བྱ་བའམ། བདག་མེད་ཅེས་བྱ་བ་ནི་བྱང་ཆུབ་སེམས་དཔའ་སེམས་དཔའ་ཆེན་པོའི་སྦྱོར་པའོ། །རྣམ་པར་ཤེས་པ་བདག་ཅེས་བྱ་བའམ། བདག་མེད་ཅེས་བྱ་བ་ནི་བྱང་ཆུབ་སེམས་དཔའ་སེམས་དཔའ་ཆེན་པོའི་སྦྱོར་པའོ། མིང་དང་གཟུགས་བདག་ཅེས་བྱ་བའམ། བདག་མེད་ཅེས་བྱ་བ་ནི་བྱང་ཆུབ་…

སེམས་དཔའ་སེམས་དཔའ་ཆེན་པོའི་སྤྱོད་པའོ། །སྐྱེ་མཆེད་དྲུག་བདག་ཅེས་བྱ་བའམ། བདག་མེད་ཅེས་བྱ་བ་ནི་བྱང་ཆུབ་སེམས་དཔའ་སེམས་དཔའ་ཆེན་པོའི་སྤྱོད་པའོ། །རེག་པ་བདག་ཅེས་བྱ་བའམ། བདག་མེད་ཅེས་བྱ་བ་ནི་བྱང་ཆུབ་སེམས་དཔའ་སེམས་དཔའ་ཆེན་པོའི་སྤྱོད་པའོ། །ཚོར་བ་བདག་ཅེས་བྱ་བའམ། བདག་མེད་ཅེས་བྱ་བ་ནི་བྱང་ཆུབ་སེམས་དཔའ་སེམས་དཔའ་ཆེན་པོའི་སྤྱོད་པའོ། །སྲིད་པ་བདག་ཅེས་བྱ་བའམ། བདག་མེད་ཅེས་བྱ་བ་ནི་བྱང་ཆུབ་སེམས་དཔའ་སེམས་དཔའ་ཆེན་པོའི་སྤྱོད་པའོ། །ལེན་པ་བདག་ཅེས་བྱ་བའམ། བདག་མེད་ཅེས་བྱ་བ་ནི་བྱང་ཆུབ་སེམས་དཔའ་སེམས་དཔའ་ཆེན་པོའི་སྤྱོད་པའོ། །སྲིད་པ་བདག་ཅེས་བྱ་བའམ། བདག་མེད་ཅེས་བྱ་བ་ནི་བྱང་ཆུབ་སེམས་དཔའ་སེམས་དཔའ་ཆེན་པོའི་སྤྱོད་པའོ། །སྐྱེ་བ་བདག་ཅེས་བྱ་བའམ། བདག་མེད་ཅེས་བྱ་བ་ནི་བྱང་ཆུབ་སེམས་དཔའ་སེམས་དཔའ་ཆེན་པོའི་སྤྱོད་པའོ། །རྒ་ཤི་བདག་ཅེས་བྱ་བའམ། བདག་མེད་ཅེས་བྱ་བ་ནི་བྱང་ཆུབ་སེམས་དཔའ་སེམས་དཔའ་ཆེན་པོའི་སྤྱོད་པའོ། །མ་རིག་པ་ཞི་ཞེས་བྱ་བའམ། མ་ཞི་ཞེས་བྱ་བ་ནི་བྱང་ཆུབ་སེམས་དཔའ་སེམས་དཔའ་ཆེན་པོའི་སྤྱོད་པའོ། །འདུ་བྱེད་ཞི་ཞེས་བྱ་བའམ། མ་ཞི་ཞེས་བྱ་བ་ནི་བྱང་ཆུབ་སེམས་དཔའ་སེམས་དཔའ་ཆེན་པོའི་སྤྱོད་པའོ། །རྣམ་པར་ཤེས་པ་ཞི་ཞེས་བྱ་བའམ། མ་ཞི་ཞེས་བྱ་བ་ནི་བྱང་ཆུབ་སེམས་དཔའ་སེམས་དཔའ་ཆེན་པོའི་སྤྱོད་པའོ། །མིང་དང་གཟུགས་ཞི་ཞེས་བྱ་བའམ། མ་ཞི་ཞེས་བྱ་བ་ནི་བྱང་ཆུབ་སེམས་དཔའ་སེམས་དཔའ་ཆེན་པོའི་སྤྱོད་པའོ། །སྐྱེ······མཆེད་དྲུག་ཞི་ཞེས་བྱ་བའམ། མ་ཞི་ཞེས་བྱ་བ་ནི་བྱང་ཆུབ་སེམས་དཔའ་སེམས་དཔའ་ཆེན་པོའི་སྤྱོད་པའོ། །རེག་པ་ཞི་ཞེས་བྱ་བའམ། མ་ཞི་ཞེས་བྱ་བ་ནི་བྱང་ཆུབ་སེམས་དཔའ་སེམས་དཔའ་ཆེན་པོའི་སྤྱོད་པའོ། །ཚོར་བ་ཞི་ཞེས་བྱ་བའམ།

མ་ཞི་ཞེས་བྱ་བ་ནི་བྱང་ཆུབ་སེམས་དཔའ་སེམས་དཔའ་ཆེན་པོའི་སྦྱོར་བའོ། སྲིད་པ་ཞི་ཞེས་བྱ་བའམ། མ་ཞི་ཞེས་བྱ་བ་ནི་བྱང་ཆུབ་སེམས་དཔའ་སེམས་དཔའ་ཆེན་པོའི་སྦྱོར་བའོ། །ལེན་པ་ཞི་ཞེས་བྱ་བའམ། མ་ཞི་ཞེས་བྱ་བ་ནི་བྱང་ཆུབ་སེམས་དཔའ་སེམས་དཔའ་ཆེན་པོའི་སྦྱོར་བའོ། །སྲིད་པ་ཞི་ཞེས་བྱ་བའམ་མ་ཞི་ཞེས་བྱ་བ་ནི་བྱང་ཆུབ་སེམས་དཔའ་སེམས་དཔའ་ཆེན་པོའི་སྦྱོར་བའོ། །སྐྱེ་བ་ཞི་ཞེས་བྱ་བའམ། མ་ཞི་ཞེས་བྱ་བ་ནི་བྱང་ཆུབ་སེམས་དཔའ་སེམས་དཔའ་ཆེན་པོའི་སྦྱོར་བའོ། །རྒ་ཤི་ཞི་ཞེས་བྱ་བའམ། མ་ཞི་ཞེས་བྱ་བ་ནི་བྱང་ཆུབ་སེམས་དཔའ་སེམས་དཔའ་ཆེན་པོའི་སྦྱོར་བའོ། །མ་རིག་པ་ཡོངས་སུ་ཤེས་པར་བྱ་བ་དང་[༡]། ཡོངས་སུ་ཤེས་པར་བྱ་བ་མ་ཡིན་ཞེས་བྱ་བ་ནི་བྱང་ཆུབ་སེམས་དཔའ་སེམས་དཔའ་ཆེན་པོའི་སྦྱོར་བའོ། །འདུ་བྱེད་ཡོངས་སུ་ཤེས་པར་བྱ་བ་དང་[༢]། ཡོངས་སུ་ཤེས་པར་བྱ་བ་མ་ཡིན་ཞེས་བྱ་བ་ནི་བྱང་ཆུབ་སེམས་དཔའ་སེམས་དཔའ་ཆེན་པོའི་སྦྱོར་བའོ། །རྣམ་པར་ཤེས་པ་ཡོངས་སུ་ཤེས་པར་བྱ་བ་དང་[༣]། ཡོངས་སུ་ཤེས་པར་བྱ་བ་མ་ཡིན་ཞེས་བྱ་བ་ནི་བྱང་ཆུབ་སེམས་དཔའ་སེམས་དཔའ་ཆེན་པོའི་སྦྱོར་བའོ། །མིང་དང་གཟུགས་ཡོངས་སུ་ཤེས་པར་བྱ་བ་དང་[༤]། ཡོངས་སུ་ཤེས་པར་བྱ་བ་མ་ཡིན་ཞེས་བྱ་བ་ནི་བྱང་ཆུབ་སེམས་དཔའ་སེམས་དཔའ་ཆེན་པོའི་སྦྱོར་བའོ། །སྐྱེ་མཆེད་དྲུག་ཡོངས་སུ་ཤེས་པར་བྱ་བ་དང་[༥]། ཡོངས་སུ་ཤེས་པར་བྱ་བ་མ་ཡིན་ཞེས་བྱ་བ་ནི་བྱང་ཆུབ་སེམས་དཔའ་སེམས་དཔའ་ཆེན་པོའི་སྦྱོར་བའོ། །རེག་པ་ཡོངས་སུ་ཤེས་པར་བྱ་བ་དང་[༦] ཡོངས་སུ་ཤེས་པར་བྱ་བ་མ་ཡིན་ཞེས་བྱ་བ་ནི་བྱང་ཆུབ་སེམས་དཔའ་སེམས་དཔའ་ཆེན་པོའི་སྦྱོར་བའོ། །ཚོར་བ་ཡོངས་སུ་ཤེས་པར་བྱ་བ་དང་[༧]། ཡོངས་སུ་ཤེས་པར་བྱ་བ་མ་ཡིན་ཞེས་བྱ་བ་ནི་བྱང་ཆུབ་སེམས་དཔའ་སེམས་དཔའ་ཆེན་པོའི་སྦྱོར

པའོ༎ །སྲིད་པ་ཡོངས་སུ་ཤེས་པར་བྱ་བ་དང་[1]། ཡོངས་སུ་ཤེས་པར་བྱ་བ་མ་ཡིན་ཞེས་བྱ་བ་ནི་བྱང་ཆུབ་སེམས་དཔའ་སེམས་དཔའ་ཆེན་པོའི་སྤྲོས་པའོ། །ལེན་པ་ཡོངས་སུ་ཤེས་པར་བྱ་བ་དང་[2]། ཡོངས་སུ་ཤེས་པར་བྱ་བ་མ་ཡིན་ཞེས་བྱ་བ་ནི་བྱང་ཆུབ་སེམས་དཔའ་སེམས་དཔའ་ཆེན་པོའི་སྤྲོས་པའོ། །སྲིད་པ·····ཡོངས་སུ་ཤེས་པར་བྱ་བ་དང་[3]། ཡོངས་སུ་ཤེས་པར་བྱ་བ་མ་ཡིན་ཞེས་བྱ་བ་ནི་བྱང་ཆུབ་སེམས་དཔའ་སེམས་དཔའ་ཆེན་པོའི་སྤྲོས་པའོ། །སྐྱེ་བ་ཡོངས་སུ་ཤེས་པར་བྱ་བ་དང་[4]། ཡོངས་སུ་ཤེས་པར་བྱ་བ་མ་ཡིན་ཞེས་བྱ་བ་ནི་བྱང་ཆུབ·····སེམས་དཔའ་སེམས་དཔའ་ཆེན་པོའི་སྤྲོས་པའོ། །རྒ་ཤི་ཡོངས་སུ་ཤེས་པར་བྱ་བ་དང་[5]། ཡོངས་སུ་ཤེས་པར་བྱ་བ་མ་ཡིན་ཞེས་བྱ་བ་ནི་བྱང་ཆུབ་སེམས་དཔའ་སེམས་དཔའ་ཆེན་པོའི་སྤྲོས་པའོ། །སྡུག་བསྔལ་ཡོངས་སུ་ཤེས་པར་བྱའོ་ཞེས་བྱ་བ་ནི། །བྱང་ཆུབ་སེམས་དཔའ་སེམས་དཔའ་ཆེན་པོའི་སྤྲོས་པའོ། །ཀུན་འབྱུང་བ་སྤོང་[6]བར་བྱའོ་ཞེས་བྱ་བ་ནི། བྱང་ཆུབ་སེམས་དཔའ་སེམས་དཔའ་ཆེན་པོའི་སྤྲོས་པའོ། །འགོག་པ་མངོན་དུ་བྱའོ་ཞེས་བྱ་བ་ནི། བྱང་ཆུབ་སེམས་དཔའ་སེམས་དཔའ་ཆེན་པོའི་སྤྲོས་པའོ། །ལམ་བསྒོམ་པར་བྱའོ་ཞེས་བྱ་བ་ནི། བྱང་ཆུབ་སེམས་དཔའ་སེམས་དཔའ་ཆེན་པོའི་སྤྲོས་པའོ། །སྦྱིན་པའི་ཕ་རོལ་ཏུ་ཕྱིན་པ་ལ་སྤྱད་པར་བྱའོ་ཞེས་བྱ་བ་ནི། བྱང་ཆུབ་སེམས་དཔའ་སེམས་དཔའ་ཆེན·····པོའི་སྤྲོས་པའོ། །ཚུལ་ཁྲིམས་ཀྱི་ཕ་རོལ་ཏུ་ཕྱིན་པ་ལ་སྤྱད་པར་བྱའོ་ཞེས་བྱ་བ་ནི། བྱང་ཆུབ་སེམས་དཔའ་སེམས་དཔའ་ཆེན་པོའི་སྤྲོས་པའོ། །བཟོད་པའི་ཕ་རོལ་ཏུ་ཕྱིན་པ་ལ་སྤྱད་པར་བྱའོ་ཞེས་བྱ་བ་ནི། བྱང་ཆུབ་སེམས་དཔའ་སེམས་དཔའ་ཆེན་པོའི་སྤྲོས་པའོ། །བརྩོན་འགྲུས་ཀྱི་ཕ་རོལ་ཏུ་ཕྱིན་པ་ལ་སྤྱད་པར་བྱའོ་ཞེས་བྱ་བ་ནི། བྱང་ཆུབ་སེམས་དཔའ་སེམས་དཔའ་ཆེན་པོའི་སྤྲོས་པའོ། །བསམ་

གཏན་གྱི་ཕ་རོལ་ཏུ་ཕྱིན་པ་ལ་སྤྱོད་པར་བྱའོ་ཞེས་བྱ་བ་ནི། བྱང་ཆུབ་སེམས····
དཔའ་སེམས་དཔའ་ཆེན་པོའི་སྒྲོས་པའོ། །ཤེས་རབ་ཀྱི་ཕ་རོལད་ཏུ་ཕྱིནད་པ་ལ་
སྤྱོད་པར་བྱའོ་ཞེས་བྱ་བ་ནི། བྱང་ཆུབ་སེམས་དཔའ་སེམས་དཔའ་ཆེན་པོའི་སྒྲོས་
པའོ༑ །ནང་སྟོང་པ་ཉིད་བསྒོམ་པར་བྱའོ་ཞེས་བྱ་བ་ནི། བྱང་ཆུབ་སེམས····
དཔའ་སེམས་དཔའ་ཆེན་པོའི་སྒྲོས་པའོ། །ཕྱི་སྟོང་པ་ཉིད་བསྒོམ་པར་བྱའོ་ཞེས་
བྱ་བ་ནི། བྱང་ཆུབ་སེམས་དཔའ་སེམས་དཔའ་ཆེན་པོའི་སྒྲོས་པའོ། །ཕྱི་ནང་
སྟོང་པ་ཉིད་བསྒོམ་པར་བྱའོ་ཞེས་བྱ་བ་ནི། བྱང་ཆུབ་སེམས་དཔའ་སེམས་དཔའ་
ཆེན་པོའི་སྒྲོས་པའོ། །སྟོང་པ་ཉིད་སྟོང་པ་ཉིད་བསྒོམ་པར་བྱའོ་ཞེས་བྱ་བ་ནི།
བྱང་ཆུབ་སེམས་དཔའ་སེམས་དཔའ་ཆེན་པོའི་སྒྲོས་པའོ། །ཆེན་པོ་སྟོང་པ་ཉིད་
བསྒོམ་པར་བྱའོ་ཞེས་བྱ་བ་ནི། བྱང་ཆུབ་སེམས་དཔའ་སེམས་དཔའ་ཆེན་པོའི་
སྒྲོས་པའོ། །དོན་དམ་པ་སྟོང་པ་ཉིད་བསྒོམ་པར་བྱའོ་ཞེས་བྱ་བ་ནི། བྱང་ཆུབ་
སེམས་དཔའ་སེམས་དཔའ་ཆེན་པོའི་སྒྲོས་པའོ། །འདུས་བྱས་སྟོང་པ་ཉིད་བསྒོམ་
པར་བྱའོ་ཞེས་བྱ་བ་ནི། བྱང་ཆུབ་སེམས་དཔའ་སེམས་དཔའ་ཆེན་པོའི་སྒྲོས····
པའོ༑ །འདུས་མ་བྱས་སྟོང་པ་ཉིད་བསྒོམ་པར་བྱའོ་ཞེས་བྱ་བ་ནི། བྱང་ཆུབ་
སེམས་དཔའ་སེམས་དཔའ་ཆེན་པོའི་སྒྲོས་པའོ། །མཐའ་ལས་འདས་པ་སྟོང་པ་
ཉིད་བསྒོམ་པར་བྱའོ་ཞེས་བྱ་བ་ནི། བྱང་ཆུབ་སེམས་དཔའ་སེམས་དཔའ་ཆེན་
པོའི་སྒྲོས་པའོ། །ཐོག་མ་དང་ཐ་མ་མེད་པ་སྟོང་པ་ཉིད་བསྒོམ་པར་བྱའོ་ཞེས་བྱ་
བ་ནི། བྱང་ཆུབ་སེམས་དཔའ་སེམས་དཔའ་ཆེན་པོའི་སྒྲོས་པའོ། །དོར་བ་མེད་
པ་སྟོང་པ་ཉིད་བསྒོམ་པར་བྱའོ་ཞེས་བྱ་བ་ནི། བྱང་ཆུབ་སེམས་དཔའ་སེམས····
དཔའ་ཆེན་པོའི་སྒྲོས་པའོ། །རང་བཞིན་སྟོང་པ་ཉིད་བསྒོམ་པར་བྱའོ་ཞེས་བྱ་བ་
ནི༑ བྱང་ཆུབ་སེམས་དཔའ་སེམས་དཔའ་ཆེན་པོའི་སྒྲོས་པའོ། །ཆོས་ཐམས་

ཅན་སྟོང་པ་ཉིད་བསྒོམ་པར་བྱའོ་ཞེས་བྱ་བ་ནི། བྱང་ཆུབ་སེམས་དཔའ་སེམས་
དཔའ་ཆེན་པོའི་སྦྲོས་པའོ། །རང་གི་མཚན་ཉིད་སྟོང་པ་ཉིད་བསྒོམ་པར་བྱའོ·····
ཞེས་བྱ་བ་ནི། བྱང་ཆུབ་སེམས་དཔའ་སེམས་དཔའ་ཆེན་པོའི་སྦྲོས་པའོ། །མི་
དམིགས་པ་སྟོང་པ་ཉིད་བསྒོམ་པར་བྱའོ་ཞེས་བྱ་བ་ནི། བྱང་ཆུབ་སེམས་དཔའ་
སེམས་དཔའ་ཆེན་པོའི་སྦྲོས་པའོ། །དངོས་པོ་མེད་པ་སྟོང་པ་ཉིད་བསྒོམ་པར····
བྱའོ་ཞེས་བྱ་བ་ནི། བྱང་ཆུབ་སེམས་དཔའ་སེམས་དཔའ་ཆེན་པོའི་སྦྲོས་པའོ། །
ངོ་བོ་ཉིད་སྟོང་པ་ཉིད་བསྒོམ་པར་བྱའོ་ཞེས་བྱ་བ་ནི། བྱང་ཆུབ་སེམས་དཔའ····
སེམས་དཔའ་ཆེན་པོའི་སྦྲོས་པའོ། །དངོས་པོ་མེད་པའི་ངོ་བོ་ཉིད་སྟོང་པ་ཉིད་
བསྒོམ་པར་བྱའོ་ཞེས་བྱ་བ་ནི། བྱང་ཆུབ་སེམས་དཔའ་སེམས་དཔའ་ཆེན་པོའི་
སྦྲོས་པའོ། །དྲན་པ་ཉེ་བར་གཞག་པ་བཞི་བསྒོམ་པར་བྱའོ་ཞེས་བྱ་བ་ནི། བྱང་
ཆུབ་སེམས་དཔའ་སེམས་དཔའ་ཆེན་པོའི་སྦྲོས་པའོ། །ཡང་དག་པར་སྤོང་བ་བཞི་
བསྒོམ་པར་བྱའོ་ཞེས་བྱ་བ་ནི། བྱང་ཆུབ་སེམས་དཔའ་སེམས་དཔའ་ཆེན་པོའི་
སྦྲོས་པའོ། །རྫུ་འཕྲུལ་གྱི་རྐང་པ་བཞི་བསྒོམ་པར་བྱའོ་ཞེས་བྱ་བ་ནི། བྱང་ཆུབ་
སེམས་དཔའ་སེམས་དཔའ་ཆེན་པོའི་སྦྲོས་པའོ། །དབང་པོ་ལྔ་བསྒོམ་པར་བྱའོ་
ཞེས་བྱ་བ་ནི། བྱང་ཆུབ་སེམས་དཔའ་སེམས་དཔའ་ཆེན་པོའི་སྦྲོས་པའོ། །
སྟོབས་ལྔ་བསྒོམ་པར་བྱའོ་ཞེས་བྱ་བ་ནི་བྱང་ཆུབ་སེམས་དཔའ་སེམས་དཔའ་ཆེན···
པོའི་སྦྲོས་པའོ། །བྱང་ཆུབ་ཀྱི་ཡན་ལག་བདུན་བསྒོམ་པར་བྱའོ་ཞེས་བྱ་བ་ནི།
བྱང་ཆུབ་སེམས་དཔའ་སེམས་དཔའ་ཆེན་པོའི་སྦྲོས་པའོ། །འཕགས་པའི་ལམ་
ཡན་ལག་བརྒྱད་པ་བསྒོམ་པར་བྱའོ་ཞེས་བྱ་བ་ནི། བྱང་ཆུབ་སེམས་དཔའ་སེམས་
དཔའ་ཆེན་པོའི་སྦྲོས་པའོ། །འཕགས་པའི་བདེན་པ་བཞི་བསྒོམ་པར་བྱའོ་ཞེས་བྱ་
བ་ནི། བྱང་ཆུབ་སེམས་དཔའ་སེམས་དཔའ་ཆེན་པོའི་སྦྲོས་པའོ། །བསམ་

གཏན་བཞི་བསྒོམ་པར་བྱའོ་ཞེས་བྱ་བ་ནི། བྱང་ཆུབ་སེམས་དཔའ་སེམས་དཔའ་ཆེན་པོའི་སྦྱོར་བའོ། །ཚད་མེད་པ་བཞི་བསྒོམ་པར་བྱའོ་ཞེས་བྱ་བ་ནི། བྱང་ཆུབ་སེམས་དཔའ་སེམས་དཔའ་ཆེན་པོའི་སྦྱོར་བའོ། །གཟུགས་མེད་པའི་སྙོམས་པར་འཇུག་པ་བཞི་བསྒོམ་པར་བྱའོ་ཞེས་བྱ་བ་ནི། བྱང་ཆུབ་སེམས་དཔའ་སེམས་དཔའ་ཆེན་པོའི་སྦྱོར་བའོ། །རྣམ་པར་ཐར་པ་བརྒྱད་བསྒོམ་པར་བྱའོ་ཞེས་བྱ་བ་ནི༑ བྱང་ཆུབ་སེམས་དཔའ་སེམས་དཔའ་ཆེན་པོའི་སྦྱོར་བའོ། །མཐར་གྱིས་གནས་པའི་སྙོམས་པར་འཇུག་པ་དགུ་བསྒོམ་པར་བྱའོ་ཞེས་བྱ་བ་ནི། བྱང་ཆུབ་སེམས་དཔའ་སེམས་དཔའ་ཆེན་པོའི་སྦྱོར་བའོ། །རྣམ་པར་ཐར་པའི་སྒོ་སྟོང་པ་ཉིད་དང་། མཚན་མ་མེད་པ་དང་། སྨོན་པ་མེད་པ་བསྒོམ་པར་བྱའོ་ཞེས་བྱ་བ་ནི༑ བྱང་ཆུབ་སེམས་དཔའ་སེམས་དཔའ་ཆེན་པོའི་སྦྱོར་བའོ། །མངོན་པར་ཤེས་པ་རྣམས་བསྒོམ་པར་བྱའོ་ཞེས་བྱ་བ་ནི། བྱང་ཆུབ་སེམས་དཔའ་སེམས་……དཔའ་ཆེན་པོའི་སྦྱོར་བའོ། །ཏིང་ངེ་འཛིན་རྣམས་བསྒོམ་པར་བྱའོ་ཞེས་བྱ་བ་ནི། བྱང་ཆུབ་སེམས་དཔའ་སེམས་དཔའ་ཆེན་པོའི་སྦྱོར་བའོ། །གཟུངས་ཀྱི་སྒོ་རྣམས་བསྒོམ་པར་བྱའོ་ཞེས་བྱ་བ་ནི། བྱང་ཆུབ་སེམས་དཔའ་སེམས་དཔའ་ཆེན་པོའི་སྦྱོར་བའོ། །རྒྱུན་དུ་ཞུགས་པའི་འབྲས་བུ་ཤེས་པ་དང་། མཐོང་བས་བལྟས་ཏེ། དེ་ལས་འདའ་བར་བྱའོ་ཞེས་བྱ་བ་ནི། བྱང་ཆུབ་སེམས་དཔའ་སེམས་དཔའ་ཆེན་པོའི་སྦྱོར་བའོ། །ལན་ཅིག་ཕྱིར་འོང་བའི་འབྲས་བུ་ཤེས་པ་དང་། མཐོང་བས་བལྟས་ཏེ། དེ་ལས་འདའ་བར་བྱའོ་ཞེས་བྱ་བ་ནི། བྱང་ཆུབ་སེམས་དཔའ……སེམས་དཔའ་ཆེན་པོའི་སྦྱོར་བའོ། །ཿཕྱིར་མི་འོང་བའི་འབྲས་བུ་ཤེས་པ་དང་། མཐོང་བས་བལྟས་ཏེ། དེ་ལས་འདའ་བར་བྱའོ་ཞེས་བྱ་བ་ནི། བྱང་ཆུབ་སེམས་དཔའ་སེམས་དཔའ་ཆེན་པོའི་སྦྱོར་བའོ། །[1]དགྲ་བཅོམ་པ་ཉིད་ཤེས་པ་དང་།

མཐོང་བས་བལྟས་ཏེ། དེ་ལས་འདའ་བར་བྱའོ་ཞེས་བྱ་བ་ནི། བྱང་ཆུབ་སེམས་དཔའ་སེམས་དཔའ་ཆེན་པོའི་སྦྱོར་བའོ། །རང་བྱང་ཆུབ་ཤེས་པ་དང་། མཐོང་བས་བལྟས་ཏེ། དེ་ལས་འདའ་བར་བྱའོ་ཞེས་བྱ་བ་ནི། བྱང་ཆུབ་སེམས་དཔའ་སེམས་དཔའ་ཆེན་པོའི་སྦྱོར་བའོ། །བྱང་ཆུབ་སེམས་དཔའི་ས་བཅུ་ཡོངས་སུ་····རྫོགས་པར་བྱའོ་ཞེས་བྱ་བ་ནི། བྱང་ཆུབ་སེམས་དཔའ་སེམས་དཔའ་ཆེན་པོའི་····སྦྱོར་⑦བའོ། །བྱང་ཆུབ་སེམས་དཔའི་སྐྱོན་མེད་པར་འཇུག་པར་བྱའོ་ཞེས་བྱ་བ་ནི༔ བྱང་ཆུབ་སེམས་དཔའ་སེམས་དཔའ་ཆེན་པོའི་སྦྱོར་བའོ། །སངས་རྒྱས་ཀྱི་ཞིང་ཡོངས་སུ་དག་པར་བྱའོ་ཞེས་བྱ་བ་ནི། བྱང་ཆུབ་སེམས་དཔའ་སེམས་དཔའ་ཆེན་པོའི་སྦྱོར་བའོ། །སེམས་ཅན་རྣམས་ཡོངས་སུ་སྨིན་པར་བྱའོ་ཞེས་བྱ་བ་ནི། བྱང་ཆུབ་སེམས་དཔའ་སེམས་དཔའ་ཆེན་པོའི་སྦྱོར་བའོ། །དེ་བཞིན་གཤེགས་པའི་སྟོབས་བཅུ་བསྐྱེད་པར་བྱའོ་ཞེས་བྱ་བ་ནི། བྱང་ཆུབ་སེམས་དཔའ་སེམས་དཔའ་ཆེན་པོའི་སྦྱོར་བའོ། །མི་འཇིགས་པ་བཞི་བསྐྱེད་པར་བྱའོ་ཞེས་བྱ་བ་ནི། བྱང་ཆུབ་སེམས་དཔའ་སེམས་དཔའ་ཆེན་པོའི་སྦྱོར་བའོ། །སོ་སོ་ཡང་དག་པར་རིག་པ་བཞི་བསྐྱེད་པར་བྱའོ་ཞེས་བྱ་བ་ནི། བྱང་ཆུབ་སེམས་དཔའ་སེམས་དཔའ་ཆེན་པོའི་སྦྱོར་བའོ། །བྱམས་པ་ཆེན་པོ་བསྐྱེད་པར་བྱའོ་ཞེས་བྱ་བ་ནི། བྱང་ཆུབ་སེམས་དཔའ་སེམས་དཔའ་ཆེན་པོའི་སྦྱོར་བའོ། །སྙིང་རྗེ་ཆེན་པོ་བསྐྱེད་པར་བྱའོ་ཞེས་བྱ་བ་ནི། བྱང་ཆུབ་སེམས་དཔའ་སེམས་དཔའ་ཆེན་པོའི་སྦྱོར་བའོ། །སངས་རྒྱས་ཀྱི་ཆོས་མ་འདྲེས་པ་བཅོ་བརྒྱད་བསྐྱེད་པར་བྱའོ་ཞེས་བྱ་བ་ནི། བྱང་ཆུབ་སེམས་དཔའ་སེམས་དཔའ་ཆེན་པོའི་སྦྱོར་བའོ། །རྣམ་པ་ཐམས་ཅད་མཁྱེན་པ་ཉིད་ཐོབ་པར་བྱའོ་ཞེས་བྱ་བ་ནི། བྱང་ཆུབ་སེམས་དཔའ་སེམས་དཔའ་ཆེན་པོའི་སྦྱོར་བའོ། །བག་ཆགས་ཀྱི་མཚམས་སྦྱོར་བའི་ཉོན་མོངས་པ་ཐམས་ཅད་····

སྤྱང་བར་བྱའོ་ཞེས་བྱ་བ་ནི། བྱང་ཆུབ་སེམས་དཔའ་སེམས་དཔའ་ཆེན་པོའི······
སྦྱོར་བའོ།། ||

ཤེས་རབ་ཀྱི་ཕ་རོལ་ཏུ་ཕྱིན་པ་སྟོང་ཕྲག་བརྒྱ་པ། བམ་པོ་བཅོ་ལྔ་[༡]པ། དེ་བས་ན་བྱང་ཆུབ་སེམས་དཔའ་སེམས་དཔའ་ཆེན་པོ་ཤེས་རབ་ཀྱི་ཕ་རོལ་ཏུ······ཕྱིན་པ་ལ་སྤྱོད་པའི་ཚེ། གཟུགས་རྟག་པ་དང་། མི་རྟག་ཅེས་བྱ་བར་མི་སྦྱོ་བ་འཕྲོ་བར་མི་བྱེད་དོ། །ཚོར་བ་རྟག་པ་དང་མི་རྟག་ཅེས་བྱ་བར་མི་སྦྱོ་བ་འཕྲོ་བར་མི་བྱེད་དོ། །འདུ་ཤེས་རྟག་པ་དང་མི་རྟག་ཅེས་བྱ་བར་མི་སྦྱོ་བ་འཕྲོ་བར་མི་བྱེད་དོ། །འདུ་བྱེད་རྟག་པ་དང་མི་རྟག་ཅེས་བྱ་བར་མི་སྦྱོ་བ་འཕྲོ་བར་མི་བྱེད་དོ། །རྣམ་པར་ཤེས་པ་རྟག་པ་དང་མི་རྟག་ཅེས་བྱ་བར་མི་སྦྱོ་བ་འཕྲོ་བར་མི་བྱེད་དོ། །གཟུགས་བདེ་བ་དང་སྡུག་བསྔལ་ཞེས་བྱ་བར་མི་སྦྱོ་བ་འཕྲོ་བར་མི་བྱེད་དོ། །ཚོར་བ་བདེ་བ་དང་སྡུག་བསྔལ་ཞེས་བྱ་བར་མི་སྦྱོ་བ་འཕྲོ་བར་མི་བྱེད་དོ། །འདུ་ཤེས་བདེ་བ་དང་སྡུག་བསྔལ་ཞེས་བྱ་བར་མི་སྦྱོ་བ་འཕྲོ་བར་མི་བྱེད་དོ། །འདུ་བྱེད······བདེ་བ་དང་སྡུག་བསྔལ་ཞེས་བྱ་བར་མི་སྦྱོ་བ་འཕྲོ་བར་མི་བྱེད་དོ། །རྣམ་པར······ཤེས་པ་བདེ་བ་དང་སྡུག་བསྔལ་ཞེས་བྱ་བར་མི་སྦྱོ་བ་[༢]འཕྲོ་བར་མི་བྱེད་དོ། །གཟུགས་བདག་དང་བདག་མེད་ཅེས་བྱ་བར་མི་སྦྱོ་བ་འཕྲོ་བར་མི་བྱེད་དོ། །ཚོར་བ་བདག་དང་བདག་མེད་ཅེས་བྱ་བར་མི་སྦྱོ་བ་འཕྲོ་བར་མི་བྱེད་དོ། །འདུ་ཤེས་བདག་དང་བདག་མེད་ཅེས་བྱ་བར་མི་སྦྱོ་བ་འཕྲོ་བར་མི་བྱེད་དོ། །འདུ་བྱེད······བདག་དང་བདག་མེད་ཅེས་བྱ་བར་མི་སྦྱོ་བ་འཕྲོ་བར་མི་བྱེད་དོ། །རྣམ་པར་ཤེས་པ་བདག་དང་བདག་མེད་ཅེས་བྱ་བར་མི་སྦྱོ་བ་འཕྲོ་བར་མི་བྱེད་དོ། །གཟུགས་ཞི་བ་དང་མ་ཞི་[༣]ཞེས་བྱ་བར་མི་སྦྱོ་བ་འཕྲོ་བར་མི་བྱེད་དོ། །ཚོར་བ་ཞི་བ་དང་མ་ཞི་[༤]ཞེས་བྱ་བར་མི་སྦྱོ་བ་འཕྲོ་བར་མི་བྱེད་དོ། །འདུ་ཤེས་ཞི་བ་དང་མ་ཞི་[༥]ཞེས་

བྱ་བར་མྱི་སྲྀ་བ་འཕྲོ་བར་མྱི་བྱེད་དོ། །འདུ་བྱེད་ཞི་བ་དང་མ་ཞི[༧]ཞེས་བྱ་བར་མྱི་སྲྀ་བ་འཕྲོ་བར་མྱི་བྱེད་དོ། །རྣམ་པར་ཤེས་པ་ཞི་བ་དང་མ་ཞི[༨]ཞེས་བྱ་བར་མྱི་སྲྀ་བ་འཕྲོ་བར་མྱི་བྱེད་དོ། །གཟུགས་ཡོངས་སུ་ཤེས་པར་བྱ་བ་དང་། ཡོངས་སུ་ཤེས་པར་བྱ་བ་མ་ཡིན་ཞེས་བྱ་བར་མྱི་སྲྀ་བ་འཕྲོ་བར་མྱི་བྱེད་དོ། །ཚོར་བ་ཡོངས་སུ་ཤེས་པར་བྱ་བ་དང་། ཡོངས་སུ་ཤེས་པར་བྱ་བ་མ་ཡིན་ཞེས་བྱ་བར་མྱི་སྲྀ་བ་འཕྲོ་བར་མྱི་བྱེད་དོ། །འདུ་ཤེས་ཡོངས་སུ་ཤེས་པར་བྱ་བ་དང་། ཡོངས་སུ་ཤེས་པར་བྱ་བ་མ་ཡིན་ཞེས་བྱ་བར[༩]མྱི་སྲྀ་བ་འཕྲོ་བར་མི་བྱེད་དོ། །འདུ་བྱེད་ཡོངས་སུ་ཤེས་པར་བྱ་བ་དང་། ཡོངས་སུ་ཤེས་པར་བྱ་བ་མ་ཡིན་ཞེས་བྱ་བར་མྱི་སྲྀ་བ་འཕྲོ་བར་མྱི་བྱེད་དོ། །རྣམ་པར་ཤེས་པ་ཡོངས་སུ་ཤེས་པར[༡༠]བྱ་བ་དང་། ཡོངས་སུ་ཤེས་པར་བྱ་བ་མ་ཡིན་ཞེས་བྱ་བར་མྱི་སྲྀ་བ་འཕྲོ་བར་མི་བྱེད་དོ། །མྱིག་རྟག་པ་དང་མྱི་རྟག་ཅེས་བྱ་བར་མྱི་སྲྀ་བ་འཕྲོ་བར་མྱི་བྱེད་དོ། །རྣ་བ་རྟག་པ་དང་མྱི་རྟག་ཅེས་བྱ་བར་མྱི་སྲྀ་བ་འཕྲོ་བར་མྱི་བྱེད་དོ། །སྣ་རྟག་པ་དང་མྱི་རྟག་ཅེས་བྱ་བར་མྱི་སྲྀ་བ་འཕྲོ་བར་མྱི་བྱེད་དོ། །ལྕེ་རྟག་པ་དང་མྱི་རྟག་ཅེས་བྱ་བར་མྱི་སྲྀ་བ་འཕྲོ་བར་མྱི་བྱེད་དོ། །ལུས་རྟག་པ་དང་མྱི་རྟག་ཅེས་བྱ་བར་མྱི་སྲྀ་བ་འཕྲོ་བར་མྱི་བྱེད་དོ། །ཡིད་རྟག་པ་དང་མྱི་རྟག་ཅེས་བྱ་བར་མྱི་སྲྀ་བ་འཕྲོ་བར་མྱི་བྱེད་དོ། །མྱིག་བདེ་བ་དང་སྡུག་བསྔལ་ཞེས་བྱ་བར་མྱི་སྲྀ་བ་འཕྲོ་བར་མྱི་བྱེད་དོ། །རྣ་བ་བདེ་བ་དང་སྡུག་བསྔལ་ཞེས་བྱ་བར་མྱི་སྲྀ་བ་འཕྲོ་བར་མྱི་བྱེད་དོ། །སྣ་བདེ་བ་དང་སྡུག་བསྔལ་ཞེས་བྱ་བར་མྱི་སྲྀ་བ་འཕྲོ་བར་མྱི་བྱེད་དོ། །ལྕེ་བདེ་བ་དང་སྡུག་བསྔལ་ཞེས་བྱ་བར་མི་སྲྀ་བ་འཕྲོ་བར་མྱི་བྱེད་དོ། །ལུས་བདེ་བ་དང་སྡུག་བསྔལ་ཞེས་བྱ་བར་མྱི་སྲྀ་བ་འཕྲོ་བར་མྱི་བྱེད་དོ། །ཡིད་བདེ་བ་དང་སྡུག་བསྔལ་ཞེས་བྱ་བར་མྱི་སྲྀ་བ་འཕྲོ་བར་མྱི་བྱེད་དོ། །མྱིག་བདག་དང་བདག་མྱེད་ཅེས་བྱ་བར་མྱི་

སྤྲོ་བ་འཕྲོ་བར་མི་བྱེད་དོ། །རྣ་བ་བདག་དང་བདག་མེད་ཅེས་བྱ་བར་མི་སྤྲོ་བ་
འཕྲོ་བར་མི་བྱེད་དོ། །སྣ་བདག་དང་བདག་མེད་ཅེས་བྱ་བར་མི་སྤྲོ་བ་འཕྲོ་བར་
མི་བྱེད་དོ། །ལྕེ་བདག་དང་བདག་མེད་ཅེས་བྱ་བར་མི་སྤྲོ་བ་འཕྲོ་བར་མི་བྱེད་དོ། །
ལུས་བདག་དང་བདག་མེད་ཅེས་བྱ་བར་མི་སྤྲོ་བ་འཕྲོ་བར་མི་བྱེད་དོ། །ཡིད་……
བདག་དང་བདག་མེད་ཅེས་བྱ་བར་མི་སྤྲོ་བ་འཕྲོ་བར་མི་བྱེད་དོ། །མིག་ཞི་བ……
དང་མ་ཞི་བ་ཞེས་བྱ་བར་མི་སྤྲོ་བ་འཕྲོ་བར་མི་བྱེད་དོ། །རྣ་བ་ཞི་བ་དང་མ་ཞི་བ་
ཞེས་བྱ་བར་མི་སྤྲོ་བ་འཕྲོ་བར་མི་བྱེད་དོ། །སྣ་ཞི་བ་དང་མ་ཞི་བ་ཞེས་བྱ་བར་མི་
སྤྲོ་བ་འཕྲོ་བར་མི་བྱེད་དོ། །ལྕེ་ཞི་བ་དང་མ་ཞི་བ་① ཞེས་བྱ་བར་མི་སྤྲོ་བ་འཕྲོ……
བར་མི་བྱེད་དོ། །ལུས་ཞི་བ་དང་མ་ཞི་བ་ཞེས་བྱ་བར་མི་སྤྲོ་བ་འཕྲོ་བར་མི་བྱེད་
དོ། །ཡིད་ཞི་བ་དང་མ་ཞི་བ་ཞེས་བྱ་བར་མི་སྤྲོ་བ་འཕྲོ་བར་མི་བྱེད་དོ། །མིག་
ཡོངས་སུ་ཤེས་པར་བྱ་བ་དང་། ཡོངས་སུ་ཤེས་པར་བྱ་བ་མ་ཡིན་ཞེས་བྱ་བར་②
མི་སྤྲོ་བ་འཕྲོ་བར་མི་བྱེད་དོ། །རྣ་བ་ཡོངས་སུ་ཤེས་པར་བྱ་བ་དང་། ཡོངས་སུ་
ཤེས་པར་བྱ་བ་མ་ཡིན་ཞེས་བྱ་བར་མི་སྤྲོ་བ་འཕྲོ་བར་མི་བྱེད་དོ། །སྣ་ཡོངས་སུ་
ཤེས་པར་བྱ་བ་དང་། ཡོངས་སུ་ཤེས་པར་བྱ་བ་མ་ཡིན་ཞེས་བྱ་བར་མི་སྤྲོ་བ་③
འཕྲོ་བར་མི་བྱེད་དོ། །ལྕེ་ཡོངས་སུ་ཤེས་པར་བྱ་བ་དང་། ཡོངས་སུ་ཤེས་པར་
བྱ་བ་མ་④ ཡིན་ཞེས་བྱ་བར་མི་སྤྲོ་བ་འཕྲོ་བར་མི་བྱེད་དོ། །ལུས་ཡོངས་སུ་ཤེས……
པར་བྱ་བ་དང་། ཡོངས་སུ་ཤེས་པར་བྱ་བ་མ་ཡིན་ཞེས་བྱ་བར་མི་སྤྲོ་བ་འཕྲོ་བར་
མི་བྱེད་དོ། །ཡིད་ཡོངས་སུ་ཤེས་པར་བྱ་བ་དང་། ཡོངས་སུ་ཤེས་པར་བྱ་བ་མ་
ཡིན་ཞེས་བྱ་བར་མི་སྤྲོ་བ་འཕྲོ་བར་མི་བྱེད་དོ། །གཟུགས་རྟག་པ་དང་མི་རྟག……
ཅེས་བྱཿབར་མི་⑤ སྤྲོ་བ་འཕྲོ་བར་མི་བྱེད་དོ། །སྒྲ་རྟག་པ་དང་མི་རྟག་ཅེས་བྱ་བར་
མི་སྤྲོ་བ་འཕྲོ་བར་མི་བྱེད་དོ། །དྲི་རྟག་པ་དང་མི་རྟག་ཅེས་བྱ་⑥ བར་མི་སྤྲོ་བ་འཕྲོ་

བར་མི་བྱེད་དོ། །རོ་རྟག་པ་དང་མི་རྟག་ཅེས་བྱ་བར་མི་སྨྲོ་བ་འཕྲོ་བར་མི་བྱེད་
དོ། །རེག་རྟག་པ་དང་མི་རྟག་ཅེས་བྱ་བར་མི་སྨྲོ་བ་འཕྲོ་བར་མི་བྱེད་དོ། །ཆོས་
རྟག་པ་དང་མི་རྟག་ཅེས་བྱ་བར་མི་སྨྲོ་བ་འཕྲོ་བར་མི་བྱེད་དོ། །གཟུགས་བདེ་བ་
དང་སྡུག་བསྔལ་ཞེས་བྱ་བར་མི་སྨྲོ་བ་འཕྲོ་བར་མི་བྱེད་དོ། །སྒྲ་བདེ་བ་དང་སྡུག་
བསྔལ་ཞེས་བྱ་བར་མི་སྨྲོ་བ་འཕྲོ་བར་མི་བྱེད་དོ། །དྲི་བདེ་བ་དང་སྡུག་བསྔལ་····
ཞེས་བྱ་བར་མི་སྨྲོ་བ་འཕྲོ་བར་མི་བྱེད་དོ། །རོ་བདེ་བ་དང་སྡུག་བསྔལ་ཞེས་བྱ་
བར་མི་སྨྲོ་བ་འཕྲོ་བར་མི་བྱེད་དོ། །རེག་བདེ་[2]བ་དང་སྡུག་བསྔལ་ཞེས་བྱ་བར་
མི་སྨྲོ་བ་འཕྲོ་བར་མི་བྱེད་དོ། །ཆོས་བདེ་བ་དང་སྡུག་བསྔལ་ཞེས་བྱ་བར་མི་སྨྲོ་བ་
འཕྲོ་བར་མི་བྱེད་དོ། །གཟུགས་བདག་[3]དང་བདག་མེད་ཅེས་བྱ་བར་མི་སྨྲོ་བ····
འཕྲོ་བར་མི་བྱེད་དོ། །སྒྲ་བདག་དང་བདག་མེད་ཅེས་བྱ་བར་མི་སྨྲོ་བ་འཕྲོ་བར་
མི་བྱེད་དོ། །དྲི་བདག་དང་བདག་མེད་ཅེས་བྱ་བར་མི་སྨྲོ་བ་འཕྲོ་བར་མི་བྱེད་དོ།།
རོ་བདག་དང་བདག་མེད་ཅེས་བྱ་བར་མི་སྨྲོ་བ་འཕྲོ་བར་མི་བྱེད་དོ། །རེག་བདག་
དང་བདག་མེད་ཅེས་བྱ་བར་མི་སྨྲོ་བ་འཕྲོ་བར་མི་བྱེད་དོ། །ཆོས་བདག་དང་····
བདག་མེད་ཅེས་བྱ་བར་མི་སྨྲོ་བ་འཕྲོ་བར་མི་བྱེད་དོ། །གཟུགས་ཞི་བ་དང་མ་ཞི་
བ་ཞེས་བྱ་བར་མི་སྨྲོ་བ་འཕྲོ་བར་མི་བྱེད་དོ། །སྒྲ་ཞི་བ་དང་མ་ཞི་བ་ཞེས་བྱ་བར་
མི་སྨྲོ་བ་འཕྲོ་བར་མི་བྱེད་དོ། །དྲི་ཞི་བ་དང་མ་ཞི་བ་ཞེས་བྱ་བར་མི་སྨྲོ་བ་འཕྲོ་
བར་མི་བྱེད་དོ། །རོ་ཞི་བ་དང་མ་ཞི་བ་ཞེས་བྱ་བར་མི་སྨྲོ་བ་འཕྲོ་བར་མི་བྱེད་དོ།།
རེག་ཞི་བ་དང་མ་ཞི་བ་ཞེས་བྱ་བར་མི་སྨྲོ་བ་འཕྲོ་བར་མི་བྱེད་དོ། །ཆོས་ཞི་བ····
དང་མ་ཞི་བ་ཞེས་བྱ་བར་མི་སྨྲོ་བ་འཕྲོ་བར་མི་བྱེད་དོ། །གཟུགས་ཡོངས་སུ་ཤེས་
པར་བྱ་བ་དང་། ཡོངས་སུ་ཤེས་པར་བྱ་བ་མ་ཡིན་ཞེས་བྱ་བར་མི་སྨྲོ་བ་འཕྲོ་བར་
མི་བྱེད་དོ། །སྒྲ་ཡོངས་སུ་ཤེས་པར་བྱ་བ་དང་། ཡོངས་སུ་ཤེས་པར་བྱ་བ་མ་

ཡིན་ཞེས་བྱ་བར་མི་སྤྲོ་བ་འཕྲོ་བར་མི་བྱེད་དོ། །དྲི་ཡོངས་སུ་ཤེས་པར་བྱ་བ་དང་། ཡོངས་སུ་ཤེས་པར་བྱ་བ་མ་ཡིན་ཞེས་བྱ་བར་མི་སྤྲོ་བ་འཕྲོ་བར་མི་བྱེད་དོ། །རོ་ཡོངས་སུ་ཤེས་པར་བྱ་བ་དང་། ཡོངས་སུ་ཤེས་པར་བྱ་བ་མ་ཡིན་ཞེས་བྱ་བར་མི་སྤྲོ་བ་འཕྲོ་བར་མི་བྱེད་དོ། །རེག་ཡོངས་སུ་ཤེས་པར་བྱ་བ་དང་། ཡོངས་སུ་ཤེས་པར་བྱ་བ་མ་ཡིན་ཞེས་བྱ་བར་མི་སྤྲོ་བ་འཕྲོ་བར་མི་བྱེད་དོ། །ཆོས་ཡོངས་སུ་ཤེས་པར་བྱ་བ་དང་། ཡོངས་སུ་ཤེས་པར་བྱ་བ་མ་ཡིན་ཞེས་བྱ་བར་མི་སྤྲོ་བ་འཕྲོ་བར་མི་བྱེད་དོ། །མིག་གི་རྣམ་པར་ཤེས་པ་རྟག་པ་དང་། མི་རྟག་ཅེས་བྱ་བར་མི་སྤྲོ་བ་འཕྲོ་བར་མི་བྱེད་དོ། །རྣ་བའི་རྣམ་པར་ཤེས་པ་རྟག་པ་དང་། མི་རྟག་ཅེས་བྱ་བར་མི་སྤྲོ་བ་འཕྲོ་བར་མི་བྱེད་དོ། །སྣའི་རྣམ་པར་ཤེས་པ་རྟག་པ་དང་། མི་རྟག་ཅེས་བྱ་བར་མི་སྤྲོ་བ་འཕྲོ་བར་མི་བྱེད་དོ། །ལྕེའི་རྣམ་པར་ཤེས་པ་རྟག་པ་དང་། མི་རྟག་ཅེས་བྱ་བར་མི་སྤྲོ་བ་འཕྲོ་བར་མི་བྱེད་དོ། །ལུས་ཀྱི་རྣམ་པར་ཤེས་པ་རྟག་པ་དང་། མི་རྟག་ཅེས་བྱ་བར་མི་སྤྲོ་བ་འཕྲོ་བར་མི་བྱེད་དོ། །ཡིད་ཀྱི་རྣམ་པར་ཤེས་པ་རྟག་པ་དང་། མི་རྟག་ཅེས་བྱ་བར་མི་སྤྲོ་བ་འཕྲོ་བར་མི་བྱེད་དོ། །མིག་གི་རྣམ་པར་ཤེས་པ་བདེ་བ་དང་སྡུག་བསྔལ་ཞེས་བྱ་བར་མི་སྤྲོ་བ་འཕྲོ་བར་མི་བྱེད་དོ། །རྣ་བའི་རྣམ་པར་ཤེས་པ་བདེ་བ་དང་སྡུག་བསྔལ་ཞེས་བྱ་བར་མི་སྤྲོ་བ་འཕྲོ་བར་མི་བྱེད་དོ། །སྣའི་རྣམ་པར་ཤེས་པ་བདེ་བ་དང་སྡུག་བསྔལ་ཞེས་བྱ་བར་མི་སྤྲོ་བ་འཕྲོ་བར་མི་བྱེད་དོ། །ལྕེའི་རྣམ་པར་ཤེས་པ་བདེ་བ་དང་སྡུག་བསྔལ་ཞེས་བྱ་བར་མི་སྤྲོ་བ་འཕྲོ་བར་མི་བྱེད་དོ། །ལུས་ཀྱི་རྣམ་པར་ཤེས་པ་བདེ་བ་དང་སྡུག་བསྔལ་ཞེས་བྱ་བར་མི་སྤྲོ་བ་འཕྲོ་བར་མི་བྱེད་དོ། །ཡིད་ཀྱི་རྣམ་པར་ཤེས་པ་བདེ་བ་དང་སྡུག་བསྔལ་ཞེས་བྱ་བར་མི་སྤྲོ་བ་འཕྲོ་བར་མི་བྱེད་དོ། །མིག་གི་རྣམ་པར་ཤེས་པ་བདག་དང་བདག་མེད་ཅེས་བྱ་བར་མི་སྤྲོ་བ་འཕྲོ་བར་མི་

བྱེད་དོ། །རྣ་བའི་རྣམ་པར་ཤེས་པ་བདག་དང་བདག་མེད་ཅེས་བྱ་བར་མི་སྤྲོ་བ་འཕྲོ་བར་མི་བྱེད་དོ། །སྣའི་རྣམ་པར་ཤེས་པ་བདག་དང་བདག་མེད་ཅེས་བྱ་བར་མི་སྤྲོ་བ་འཕྲོ་བར་མི་བྱེད་དོ། །ལྕེའི་རྣམ་པར་ཤེས་པ་བདག་དང་བདག་མེད་ཅེས་བྱ་བར་མི་སྤྲོ་བ་འཕྲོ་བར་མི་བྱེད་དོ། །ལུས་ཀྱི་རྣམ་པར་ཤེས་པ་བདག་དང····བདག་མེད་ཅེས་བྱ་བར་མི་སྤྲོ་བ་འཕྲོ་བར་མི་བྱེད་དོ། །ཡིད་ཀྱི་རྣམ་པར་ཤེས་པ་བདག་དང་བདག་མེད་ཅེས་བྱ་བར་མི་སྤྲོ་བ་འཕྲོ་བར་མི་བྱེད་དོ། །མིག་གི་རྣམ་པར་ཤེས་པ་ཞི་བ་དང་མ་ཞི་བ་ཞེས་བྱ་བར་མི་སྤྲོ་བ་འཕྲོ་བར་མི་བྱེད་དོ། །རྣ····བའི་རྣམ་པར་ཤེས་པ་ཞི་བ་དང་མ་ཞི་བ་ཞེས་བྱ་བར་མི་སྤྲོ་བ་འཕྲོ་བར་མི་བྱེད་དོ། །སྣའི་རྣམ་པར་ཤེས་པ་ཞི་བ་དང་མ་ཞི་བ་ཞེས་བྱ་བར་མི་སྤྲོ་བ་འཕྲོ་བར་མི་བྱེད་དོ། །ལྕེའི་རྣམ་པར་ཤེས་པ་ཞི་བ་དང་མ་ཞི་བ་ཞེས་བྱ་བར་མི་སྤྲོ་བ་འཕྲོ་བར་མི་བྱེད་དོ། །ལུས་ཀྱི་རྣམ་པར་ཤེས་པ་ཞི་བ་དང་མ་ཞི་བ་ཞེས་བྱ་བར་མི་སྤྲོ་བ་འཕྲོ་བར་མི་བྱེད···དོ། །ཡིད་ཀྱི་རྣམ་པར་ཤེས་པ་ཞི་བ་དང་མ་ཞི་བ་ཞེས་བྱ་བར་མི་སྤྲོ་བ་འཕྲོ་བར་མི་བྱེད་དོ། །མིག་གི་རྣམ་པར་ཤེས་པ་ཡོངས་སུ་ཤེས་པར་བྱ་བ་དང་། ཡོངས་སུ་ཤེས་པར་བྱ་བ་མ་ཡིན་ཞེས་བྱ་བར་མི་སྤྲོ་བ་འཕྲོ་བར་མི་བྱེད་དོ། །རྣ་བའི་རྣམ་པར་ཤེས་པ་ཡོངས་སུ་ཤེས་པར་བྱ་བ་དང་། ཡོངས་སུ་ཤེས་པར་བྱ་བ་མ་ཡིན་ཞེས་བྱ་བར་མི་སྤྲོ་བ་འཕྲོ་བར་མི་བྱེད་དོ། །སྣའི་རྣམ་པར་ཤེས་པ་ཡོངས་སུ་ཤེས་པར་བྱ་བ་དང་། ཡོངས་སུ་ཤེས་པར་བྱ་བ་མ་ཡིན་ཞེས་བྱ་བར་མི་སྤྲོ་བ་འཕྲོ་བར་མི་བྱེད་དོ། །ལྕེའི་རྣམ་པར་ཤེས་པ་ཡོངས་སུ་ཤེས་པར་བྱ་བ་དང་། ཡོངས་སུ་ཤེས་པར་བྱ་བ་མ་ཡིན་ཞེས་བྱ་བར་མི་སྤྲོ་བ་འཕྲོ་བར་མི་བྱེད་དོ། །ལུས་ཀྱི་རྣམ་པར་[7]ཤེས་པ་ཡོངས་སུ་ཤེས་པར་བྱ་བ་དང་། ཡོངས་སུ་ཤེས་པར་བྱ་བ་མ་ཡིན་ཞེས་བྱ་བར་མི་སྤྲོ་བ་འཕྲོ་བར་མི་བྱེད་དོ། །ཡིད་ཀྱི་རྣམ་པར་ཤེས་པ་ཡོངས་སུ་

ཤེས་པར་བྱ་བ་དང་། ཡོངས་སུ་ཤེས་པར་བྱ་བ་མ་ཡིན་ཞེས་བྱ་བར་མི་སྤྲོ་བ་འཕྲོ་བར་མི་བྱེད་དོ། །མིག་གི་འདུས་ཏེ་རེག་པ་རྟག་པ་དང་མི་རྟག་ཅེས་བྱ་བར་མི་སྤྲོ་བ་འཕྲོ་བར་མི་བྱེད་དོ། །རྣ་བའི་འདུས་ཏེ་རེག་པ་རྟག་པ་དང་མི་རྟག་ཅེས་བྱ་བར་མི་①སྤྲོ་བ་འཕྲོ་བར་མི་བྱེད་དོ། །སྣའི་འདུས་ཏེ་རེག་པ་རྟག་པ་དང་མི་རྟག་ཅེས་བྱ་བར་མི་སྤྲོ་བ་འཕྲོ་བར་མི་བྱེད་དོ། །ལྕེའི་འདུས་ཏེ་རེག་པ་རྟག་པ་དང་མི་རྟག་ཅེས་བྱ་བར་མི་སྤྲོ་བ་འཕྲོ་བར་མི་བྱེད་དོ། །ལུས་ཀྱི་འདུས་ཏེ་②རེག་པ་རྟག་པ་དང་མི་རྟག་ཅེས་བྱ་བར་མི་སྤྲོ་བ་འཕྲོ་བར་མི་བྱེད་དོ། །ཡིད་ཀྱི་འདུས་ཏེ་རེག་པ་རྟག་པ་དང་མི་རྟག་ཅེས་བྱ་བར་མི་སྤྲོ་བ་འཕྲོ་བར་མི་བྱེད་དོ། །མིག་གི་འདུས་ཏེ་རེག་པ་བདེ་བ་དང་སྡུག་བསྔལ་ཞེས་བྱ་བར་མི་སྤྲོ་བ་འཕྲོ་བར་མི་བྱེད་དོ། །རྣ་བའི་འདུས་ཏེ་རེག་པ་བདེ་བ་དང་སྡུག་བསྔལ་ཞེས་བྱ་བར་མི་སྤྲོ་བ་འཕྲོ་བར་མི་····བྱེད་དོ། །སྣའི་འདུས་ཏེ་རེག་པ་བདེ་བ་དང་སྡུག་བསྔལ་ཞེས་བྱ་བར་མི་སྤྲོ་བ·····འཕྲོ་བར་མི་བྱེད་དོ། །ལྕེའི་འདུས་ཏེ་རེག་པ་བདེ་བ་དང་སྡུག་བསྔལ་ཞེས་བྱ་བར་མི་སྤྲོ་བ་འཕྲོ་བར་མི་བྱེད་དོ། །ལུས་ཀྱི་འདུས་ཏེ་རེག་པ་བདེ་བ་དང་སྡུག་བསྔལ་ཞེས་བྱ་བར་མི་སྤྲོ་བ་འཕྲོ་བར་མི་བྱེད་དོ། །ཡིད་ཀྱི་འདུས་ཏེ་རེག་པ་བདེ་བ་དང་སྡུག་བསྔལ་ཞེས་བྱ་བར་མི་སྤྲོ་བ་འཕྲོ་བར་མི་བྱེད་དོ། །མིག་གི་འདུས་ཏེ་རེག་པ་བདག་དང་བདག་མེད་ཅེས་བྱ་བར་མི་སྤྲོ་བ་འཕྲོ་བར་མི་བྱེད་དོ། །རྣ་བའི་འདུས་ཏེ་རེག་པ་བདག་དང་བདག་མེད་ཅེས་བྱ་བར་མི་སྤྲོ་བ་འཕྲོ་བར་མི་བྱེད་དོ། །སྣའི་འདུས་ཏེ་རེག་པ་བདག་དང་བདག་མེད་ཅེས་བྱ་བར་མི་སྤྲོ་བ་འཕྲོ་བར་མི····བྱེད་དོ། །ལྕེའི་འདུས་ཏེ་རེག་པ་བདག་དང་བདག་མེད་ཅེས་བྱ་བར་མི་སྤྲོ་བ་འཕྲོ་བར་མི་བྱེད་དོ། །ལུས་ཀྱི་འདུས་ཏེ་རེག་པ་བདག་དང་བདག་མེད་ཅེས་བྱ་བར་མི་སྤྲོ་བ་འཕྲོ་བར་མི་བྱེད་དོ། །ཡིད་ཀྱི་འདུས་ཏེ་རེག་པ་བདག་དང་བདག་མེད་ཅེས་

བྱ་བར་མྱི་སྐྱོ་བ་འཕྱོ་བར་མྱི་བྱེད་དོ། །མྱིག་གི་འདུས་ཏེ་རེག་པ་ཞི་བ་དང་མ་ཞི་བ་ཞེས་བྱ་བར་མྱི་སྐྱོ་བ་འཕྱོ་བར་མྱི་བྱེད་དོ། །རྣ་བའི་འདུས་ཏེ་རེག་པ་ཞི་བ་དང་མ་ཞི་བ་ཞེས་བྱ་བར་མྱི་སྐྱོ་བ་འཕྱོ་བར་མྱི་བྱེད་དོ། །སྣའི་འདུས་ཏེ་རེག་པ་ཞི་བ་དང་མ་ཞི་བ་ཞེས་བྱ་བར་མྱི་སྐྱོ་བ་འཕྱོ་བར་མྱི་བྱེད་དོ། །ལྕེའི་འདུས་ཏེ་རེག་པ་ཞི་བ་དང་མ་ཞི་བ་ཞེས་བྱ་བར་མྱི་སྐྱོ་བ་འཕྱོ་བར་མྱི་བྱེད་དོ། །ལུས་ཀྱི་འདུས་ཏེ་རེག་པ་ཞི་བ་དང་མ་ཞི་བ་ཞེས་བྱ་བར་མྱི་སྐྱོ་བ་འཕྱོ་བར་མྱི་བྱེད་དོ། །ཡིད་ཀྱི་འདུས་ཏེ་རེག་པ་ཞི་བ་དང་མ་ཞི་བ་ཞེས་བྱ་བར་མྱི་སྐྱོ་བ་འཕྱོ་བར་མྱི་བྱེད་དོ། །མྱིག་གི་འདུས་ཏེ་རེག་པ་ཡོངས་སུ་ཤེས་པར་བྱ་བ་དང་། ཡོངས་སུ་ཤེས་པར་བྱ་བ་མ····ཡིན་ཞེས་བྱ་བར་མྱི་སྐྱོ་བ་འཕྱོ་བར་མྱི་བྱེད་དོ། །རྣ་བའི་འདུས་ཏེ་རེག་པ་ཡོངས་སུ་ཤེས་པར་བྱ་བ་དང་། ཡོངས་སུ་ཤེས་པར་བྱ་བ་མ་ཡིན་ཞེས་བྱ་བར་མྱི་སྐྱོ་བ་འཕྱོ་བར་མྱི་བྱེད་དོ། །སྣའི་འདུས་ཏེ་རེག་པ་ཡོངས་སུ་ཤེས་པར་བྱ་བ་དང་། ཡོངས་སུ་ཤེས་པར་བྱ་བ་མ་ཡིན་ཞེས་བྱ་བར་མྱི་སྐྱོ་བ་འཕྱོ་བར་མྱི་བྱེད་དོ། །ལྕེའི་འདུས་ཏེ་རེག་པ་ཡོངས་སུ་ཤེས་པར་བྱ་བ་དང་། ཡོངས་སུ་ཤེས་པར་བྱ་བ་མ····ཡིན་ཞེས་བྱ་བར་མྱི་སྐྱོ་བ་འཕྱོ་བར་མྱི་བྱེད་དོ། །ལུས་ཀྱི་འདུས་ཏེ་རེག་པ་ཡོངས་སུ་ཤེས་པར་བྱ་བ་དང་། ཡོངས་སུ་ཤེས་པར་བྱ་བ་མ་ཡིན་ཞེས་བྱ་བར་མྱི་སྐྱོ་བ་འཕྱོ་བར་མྱི་བྱེད་དོ། །ཡིད་ཀྱི་འདུས་ཏེ་རེག་པ་ཡོངས་སུ་ཤེས་པར་བྱ་བ་དང་། ཡོངས་སུ་ཤེས་པར་བྱ་བ་མ་ཡིན་ཞེས་བྱ་བར་མྱི་སྐྱོ་བ་འཕྱོ་བར་མྱི་བྱེད་དོ། །མྱིག་གི་འདུས་ཏེ་རེག་པའི་རྐྱེན་གྱིས་ཚོར་བ་རྟག་པ་དང་མྱི་རྟག་ཅེས་བྱ་བར་མྱི་སྐྱོ་བ·····འཕྱོ་བར་མྱི་བྱེད་དོ། །རྣ་བའི་འདུས་ཏེ་རེག་པའི་རྐྱེན་གྱིས་ཚོར་བ་རྟག་པ་དང་མྱི་རྟག་ཅེས་བྱ་བར་མྱི་སྐྱོ་བ་འཕྱོ་བར་མི་བྱེད་དོ། །སྣའི་འདུས་ཏེ་རེག་པའི་རྐྱེན་གྱིས་ཚོར་བ་རྟག་པ་དང་མྱི་རྟག་ཅེས་བྱ་བར་མྱི་སྐྱོ་བ[7]འཕྱོ་བར་མྱི་བྱེད་དོ། །

ལྟེའི་འདུས་ཏེ་རེག་པའི་རྐྱེན་གྱིས་ཚོར་བ་རྟག་པ་དང་མི་རྟག་ཅེས་བྱ་བར་མི་སྤྲོ་བ་
འགྲོ་བར་མི་བྱེད་དོ། །ལུས་ཀྱི་(༡)འདུས་ཏེ་རེག་པའི་རྐྱེན་གྱིས་ཚོར་བ་རྟག་པ་དང
མི་རྟག་ཅེས་བྱ་བར་མི་སྤྲོ་བ་འགྲོ་བར་མི་བྱེད་དོ། །ཡིད་ཀྱི་འདུས་ཏེ་རེག་པའི་···
རྐྱེན་གྱིས་ཚོར་བ་རྟག་པ་དང་མི་རྟག་ཅེས་བྱ་བར་མི་སྤྲོ་བ་འགྲོ་བར་མི་བྱེད་དོ།
མིག་གི་འདུས་ཏེ་རེག་པའི་རྐྱེན་གྱིས་ཚོར་བ་བདེ་བ་དང་སྡུག་བསྔལ་ཞེས་བྱ་བར···
མི་སྤྲོ་བ་འགྲོ་བར་མི་བྱེད་དོ། །རྣ་བའི་འདུས་ཏེ་རེག་པའི་རྐྱེན་གྱིས་ཚོར་བ་བདེ
ཿབ་དང་(༢)སྡུག་བསྔལ་ཞེས་བྱ་བར་མི་སྤྲོ་བ་འགྲོ་བར་མི་བྱེད་དོ། །སྣའི་འདུས་ཏེ
རེག་པའི་རྐྱེན་གྱིས་ཚོར་བ་བདེ་བ་དང་སྡུག་བསྔལ་ཞེས་བྱ་བར་མི་སྤྲོ་བ་འགྲོ་བར··
མི་བྱེད་དོ། །ལྟེའི་འདུས་ཏེ་རེག་པའི་རྐྱེན་གྱིས་ཚོར་བ་བདེ་བ་དང་སྡུག་བསྔལ
ཞེས་བྱ་བར་མི་སྤྲོ་བ་འགྲོ་བར་མི་བྱེད་དོ། །ལུས་ཀྱི་(༣)འདུས་ཏེ་རེག་པའི་རྐྱེན···
གྱིས་ཚོར་བ་བདེ་བ་དང་སྡུག་བསྔལ་ཞེས་བྱ་བར་མི་སྤྲོ་བ་འགྲོ་བར་མི་བྱེད་དོ།
ཡིད་ཀྱི་(༤)འདུས་ཏེ་རེག་པའི་རྐྱེན་གྱིས་ཚོར་བ་བདེ་བ་དང་སྡུག་བསྔལ་ཞེས་བྱ་བར་
མི་སྤྲོ་བ་འགྲོ་བར་མི་བྱེད་དོ། །མིག་གི་འདུས་ཏེ་རེག་པའི་རྐྱེན་གྱིས་ཚོར་བ····
བདག་དང་བདག་མེད་ཅེས་བྱ་བར་མི་སྤྲོ་བ་འགྲོ་བར་མི་བྱེད་དོ། །རྣ་བའི་འདུས
ཏེ་རེག་པའི་རྐྱེན་གྱིས་ཚོར་བ་བདག་དང་བདག་མེད་ཅེས་བྱ་བར་མི་སྤྲོ་བ་འགྲོ···
བར་མི་བྱེད་དོ། །སྣའི་འདུས་ཏེ་རེག་པའི་རྐྱེན་གྱིས་ཚོར་བ་བདག་དང་བདག
མེད་ཅེས་བྱ་བར་མི་སྤྲོ་བ་འགྲོ་བར་མི་བྱེད་དོ། །ལྟེའི་འདུས་ཏེ་རེག་པའི་རྐྱེན···
གྱིས་ཚོར་བ་བདག་དང་བདག་མེད་ཅེས་བྱ་བར་མི་སྤྲོ་བ་འགྲོ་བར་མི་བྱེད་དོ།
ལུས་ཀྱི་འདུས་ཏེ་རེག་པའི་རྐྱེན་གྱིས་ཚོར་བ་བདག་དང་བདག་མེད་ཅེས་བྱ་བར་མི
སྤྲོ་བ་འགྲོ་བར་མི་བྱེད་དོ། །ཡིད་ཀྱི་འདུས་ཏེ་རེག་པའི་རྐྱེན་གྱིས་ཚོར་བ་བདག
དང་བདག་མེད་ཅེས་བྱ་བར་མི་སྤྲོ་བ་འགྲོ་བར་མི་བྱེད་དོ། །མིག་གི་འདུས་ཏེ···

རིག་པའི་རྐྱེན་གྱིས་ཚོར་བ་ཞི་བ་དང་མ་ཞི་བ་ཞེས་བྱ་བར་མི་སྨྲོ་བ་འགྲོ་བར་མི་བྱེད་དོ། །རྣ་བའི་འདུས་ཏེ་རིག་པའི་རྐྱེན་གྱིས་ཚོར་བ་ཞི་བ་དང་མ་ཞི་བ་ཞེས་བྱ་བར་མི་སྨྲོ་བ་འགྲོ་བར་མི་བྱེད་དོ། །སྣའི་འདུས་ཏེ་རིག་པའི་རྐྱེན་གྱིས་ཚོར་བ་ཞི་བ་དང་མ་ཞི་བ་ཞེས་བྱ་བར་མི་སྨྲོ་བ་འགྲོ་བར་མི་བྱེད་དོ། །ལྕེའི་འདུས་ཏེ་རིག་པའི་རྐྱེན་གྱིས་ཚོར་བ་ཞི་བ་དང་མ་ཞི་བ་ཞེས་བྱ་བར་མི་སྨྲོ་བ་འགྲོ་བར་མི་བྱེད་དོ། །ལུས་ཀྱི་འདུས་ཏེ་རིག་པའི་རྐྱེན་གྱིས་ཚོར་བ་ཞི་བ་དང་མ་ཞི་བ་ཞེས་བྱ་བར་མི་སྨྲོ་བ་འགྲོ་བར་མི་བྱེད་དོ། །ཡིད་ཀྱི[7]འདུས་ཏེ་རིག་པའི་རྐྱེན་གྱིས་ཚོར་བ་ཞི་བ་དང་མ་ཞི་བ་ཞེས་བྱ་བར་མི་སྨྲོ་བ་འགྲོ་བར་མི་བྱེད་དོ། །མིག་གི་འདུས་ཏེ་རིག་པའི་རྐྱེན་གྱིས་ཚོར་བ་ཡོངས་སུ་ཤེས་པར་བྱ་བ་དང་། ཡོངས་སུ་ཤེས་པར་བྱ་བ་མ་ཡིན་ཞེས་བྱ་བར་མི་སྨྲོ་བ་འགྲོ་བར་མི་བྱེད་དོ། །རྣ་བའི་འདུས་ཏེ་རིག་པའི་རྐྱེན་གྱིས་ཚོར་བ་ཡོངས་སུ་ཤེས་པར་བྱ་བ་དང་། ཡོངས་སུ་ཤེས་པར་བྱ་བ་མ་ཡིན་ཞེས་བྱ་བར་མི་སྨྲོ་བ་འགྲོ་བར་མི་བྱེད་དོ། །སྣའི་འདུས་ཏེ་རིག་པའི་རྐྱེན་གྱིས་ཚོར་བ་ཡོངས་སུ་ཤེས་པར་བྱ་བ་དང་། ཡོངས་སུ་ཤེས་པར་བྱ་བ་མ་ཡིན་ཞེས་བྱ་བར་མི་སྨྲོ་བ་འགྲོ་བར་མི་བྱེད་དོ། །ལྕེའི་འདུས་ཏེ་རིག་པའི་རྐྱེན་གྱིས་ཚོར་བ་ཡོངས་སུ་ཤེས་པར་བྱ་བ་དང་། ཡོངས་སུ་ཤེས་པར་བྱ་བ་མ་ཡིན་ཞེས་བྱ་བར་མི་སྨྲོ་བ་འགྲོ་བར་མི་བྱེད་དོ། །ལུས་ཀྱི་འདུས་ཏེ་རིག་པའི་རྐྱེན་གྱིས་ཚོར་བ་ཡོངས་སུ་ཤེས་པར་བྱ་བ་དང་། ཡོངས་སུ་ཤེས་པར་བྱ་བ་མ་ཡིན་ཞེས་བྱ་བར་མི་སྨྲོ་བ་འགྲོ་བར་མི་བྱེད་དོ། །ཡིད་ཀྱི་འདུས་ཏེ་རིག་པའི་རྐྱེན་གྱིས་ཚོར་བ་ཡོངས་སུ་ཤེས་པར་བྱ་བ་དང་། ཡོངས་སུ་ཤེས་པར་བྱ་བ་མ་ཡིན་ཞེས་བྱ་བར་མི་སྨྲོ་བ་འགྲོ་བར་མི་བྱེད་དོ། །སའི་ཁམས་རྟག་པ་དང་མི་རྟག་ཅེས་བྱ་བར་མི་སྨྲོ་བ་འགྲོ་བར་མི་བྱེད་དོ། །ཆུའི་ཁམས་རྟག་པ་དང་མི་རྟག་ཅེས་བྱ་བར་མི་སྨྲོ་བ་འགྲོ་བར་

མི་བྱེད་དོ། །མེའི་ཁམས་རྟག་པ་དང་མི་རྟག་ཅེས་བྱ་བར་མི་སྒྲོ་བ་འགྲོ་བར་མི་བྱེད་དོ། །རླུང་གི་ཁམས་རྟག་པ་དང་མི་རྟག་ཅེས་བྱ་བར་མི་སྒྲོ་བ་འགྲོ་བར་མི་བྱེད་དོ། །ནམ་མཁའི་ཁམས་རྟག་པ་དང་མི་རྟག་ཅེས་བྱ་བར་མི་སྒྲོ་བ་འགྲོ་བར་མི་བྱེད་དོ། །རྣམ་པར་ཤེས་པའི་ཁམས་རྟག་པ་དང་མི་རྟག་ཅེས་བྱ་བར་མི་སྒྲོ་བ་འགྲོ་བར་མི་བྱེད་དོ། །སའི་ཁམས་བདེ་བ་དང་སྡུག་བསྔལ་ཞེས་བྱ་བར་མི་སྒྲོ་བ་འགྲོ་བར་མི་བྱེད་དོ། །ཆུའི་ཁམས་བདེ་བ་དང་སྡུག་བསྔལ་ཞེས་བྱ་བར་མི་སྒྲོ་བ་འགྲོ་བར་མི་བྱེད་དོ། །མེའི་ཁམས་བདེ་བ་དང་སྡུག་བསྔལ་ཞེས་བྱ་བར་མི་སྒྲོ་བ་འགྲོ་བར་མི་བྱེད་དོ། །རླུང་གི་ཁམས་བདེ་བ་དང་སྡུག་བསྔལ་ཞེས་བྱ་བར་མི་སྒྲོ་བ་འགྲོ་བར་མི་བྱེད་དོ། །ནམ་མཁའི་ཁམས་བདེ་བ་དང་སྡུག་བསྔལ་ཞེས་བྱ་བར་མི་སྒྲོ་བ་འགྲོ་བར་མི་བྱེད་དོ། །རྣམ་པར་ཤེས་པའི་ཁམས་བདེ་བ་དང་སྡུག་བསྔལ་ཞེས་བྱ་བར་མི་སྒྲོ་བ་འགྲོ་བར་མི་བྱེད་དོ། །སའི་ཁམས་བདག་དང་བདག་མེད་ཅེས་བྱ་བར་མི་སྒྲོ་བ་འགྲོ་བར་མི་བྱེད་དོ། །ཆུའི་ཁམས་བདག་དང་བདག་མེད་ཅེས་བྱ་བར་མི་སྒྲོ་བ་འགྲོ་བར་མི་བྱེད་དོ། །མེའི་ཁམས་བདག་དང་བདག་མེད་ཅེས་བྱ་བར་མི་སྒྲོ་བ་འགྲོ་བར་མི་བྱེད་དོ། །རླུང་གི་ཁམས་བདག་དང་བདག་མེད་ཅེས་བྱ་བར་མི་སྒྲོ་བ་འགྲོ་བར་མི་བྱེད་དོ། །ནམ་མཁའི་ཁམས་བདག་དང་བདག་མེད་ཅེས་བྱ་བར་མི་སྒྲོ་བ་འགྲོ་བར་མི་བྱེད་དོ། །རྣམ་པར་ཤེས་པའི་ཁམས་བདག་དང་བདག་མེད་ཅེས་བྱ་བར་མི་སྒྲོ་བ་འགྲོ་བར་མི་བྱེད་དོ། །སའི་ཁམས་ཞི་བ་དང་མ་ཞི་བ་ཞེས་བྱ་བར་མི་སྒྲོ་བ་འགྲོ་བར་མི་བྱེད་དོ། །ཆུའི་ཁམས་ཞི་བ་དང་མ་ཞི་བ་ཞེས་བྱ་བར་མི་སྒྲོ་བ་འགྲོ་བར་མི་བྱེད་དོ། །མེའི་ཁམས་ཞི་བ་དང་མ་ཞི་བ་ཞེས་བྱ་བར་མི་སྒྲོ་བ་འགྲོ་བར་མི་བྱེད་དོ། །རླུང་གི་ཁམས་ཞི་བ་དང་མ་ཞི་བ་ཞེས་བྱ་བར་མི་སྒྲོ་བ་འགྲོ་བར་མི་བྱེད་དོ། །ནམ་མཁའི་ཁམས་ཞི་བ་དང་མ་ཞི་བ་ཞེས

བྱ་བར་མི་སྤྲོ་བ་འགྲོ་བར་མི་བྱེད་དོ། །རྣམ་པར་ཤེས་པའི་ཁམས་ཞི་བ་དང་མ་ཞི་བ་ཞེས་བྱ་བར་མི་སྤྲོ་བ་འགྲོ་བར་མི་བྱེད་དོ། །སའི་ཁམས་ཡོངས་སུ་ཤེས་པར་བྱ་བ་དང་། ཡོངས་སུ་ཤེས་པར་བྱ་བ་② མ་ཡིན་ཞེས་བྱ་བར་མི་སྤྲོ་བ་འགྲོ་བར་མི····བྱེད་དོ། །ཆུའི་ཁམས་ཡོངས་སུ་ཤེས་པར་བྱ་བ་དང་། ཡོངས་སུ་ཤེས་པར་བྱ་བ་མ་ཡིན་ཞེས་བྱ་བར་མི་སྤྲོ་བ་འགྲོ་བར་མི་བྱེད་དོ། །མེའི་ཁམས་ཡོངས་སུ་ཤེས····པར་བྱ་བ་དང་། ཡོངས་སུ་ཤེས་པར་བྱ་བ་མ་ཡིན་ཞེས་བྱ་བར་མི་སྤྲོ་བ་འགྲོ་བར་མི་བྱེད་དོ། །རླུང་གི་ཁམས་ཡོངས་སུ་ཤེས་པར་བྱ་བ་དང་། ཡོངས་སུ་ཤེས་པར་བྱ་བ་③ མ་ཡིན་ཞེས་བྱ་བར་མི་སྤྲོ་བ་འགྲོ་བར་མི་བྱེད་དོ། །ནམ་མཁའི་ཁམས····ཡོངས་སུ་ཤེས་པར་བྱ་བ་དང་། ཡོངས་སུ་ཤེས་པར་བྱ་བ་མ་ཡིན་ཞེས་བྱ་བར་མི་སྤྲོ་བ་འགྲོ་བར་མི་བྱེད་དོ། །རྣམ་པར་ཤེས་པའི་ཁམས་ཡོངས་སུ་ཤེས་པར་བྱ་བ་དང་། ཡོངས་སུ་ཤེས་པར་བྱ་བ་མ་ཡིན་ཞེས་བྱ་བར་མི་སྤྲོ་བ་འགྲོ་བར་མི་བྱེད་དོ།། མ་རིག་པ་རྟག་པ་དང་མི་རྟག་ཅེས་བྱ་བར་མི་སྤྲོ་བ་འགྲོ་བར་མི་བྱེད་དོ། །འདུ་བྱེད་རྟག་པ་དང་མི་རྟག་ཅེས་བྱ་བར་མི་སྤྲོ་བ་འགྲོ་བར་མི་བྱེད་དོ། །རྣམ་པར་ཤེས་པ་རྟག་པ་དང་མི་རྟག་ཅེས་བྱ་བར་མི་སྤྲོ་བ་འགྲོ་བར་མི་བྱེད་དོ། །མིང་དང་གཟུགས་རྟག་པ་དང་མི་རྟག་ཅེས་བྱ་བར་མི་སྤྲོ་བ་འགྲོ་བར་མི་བྱེད་དོ། །སྐྱེ····མཆེད་དྲུག་རྟག་པ་དང་མི་རྟག་ཅེས་བྱ་བར་མི་སྤྲོ་བ་འགྲོ་བར་མི་བྱེད་དོ། །རེག་པ་རྟག་པ་དང་མི་རྟག་ཅེས་བྱ་བར་མི་སྤྲོ་བ་འགྲོ་བར་མི་བྱེད་དོ། །ཚོར་བ་རྟག་པ་དང་མི་རྟག་ཅེས་བྱ་བར་མི་སྤྲོ་བ་འགྲོ་བར་མི་བྱེད་དོ། །སྲེད་པ་རྟག་པ་དང་མི་རྟག་ཅེས་བྱ་བར་མི་སྤྲོ་བ་འགྲོ་བར་མི་བྱེད་དོ། །ལེན་པ་རྟག་པ་དང་མི་རྟག་ཅེས་བྱ་བར་མི་སྤྲོ་བ་འགྲོ་བར་མི་བྱེད་དོ། །སྲིད་པ་རྟག་པ་དང་མི་རྟག་ཅེས་བྱ་བར་མི་སྤྲོ་བ་འགྲོ་བར་མི་བྱེད་དོ། །སྐྱེ་བ་རྟག་པ་དང་མི་རྟག་ཅེས་བྱ་བར་མི་སྤྲོ་བ་འགྲོ་

བར་མི་བྱེད་དོ། །རྒ་ཤི་རྟག་པ་དང་མི་རྟག་ཅེས་བྱ་བར་མི་སྦྱོ་བ་འགྲོ་བར་མི་བྱེད་དོ། །མ་རིག་པ་བདེ་བ་དང་སྡུག་བསྔལ་ཞེས་བྱ་བར་མི་སྦྱོ་བ་འགྲོ་བར་མི་བྱེད་དོ།། འདུ་བྱེད་བདེ་བ་དང་སྡུག་བསྔལ་ཞེས་བྱ་བར་མི་སྦྱོ་བ་འགྲོ་བར་མི་བྱེད་དོ། །རྣམ་པར་ཤེས་པ་བདེ་བ་དང་སྡུག་བསྔལ་ཞེས་བྱ་བར་མི་སྦྱོ་བ་འགྲོ་བར་མི་བྱེད་དོ།། མིང་དང་གཟུགས་བདེ་བ་དང་སྡུག་བསྔལ་ཞེས་བྱ་བར་མི་སྦྱོ་བ་འགྲོ་བར་མི་བྱེད་……དོ། །སྐྱེ་མཆེད་དྲུག་བདེ་བ་དང་སྡུག་བསྔལ་ཞེས་བྱ་བར་མི་སྦྱོ་བ་འགྲོ་བར་མི་……བྱེད་དོ། །རེག་པ་བདེ་བ་དང་སྡུག་བསྔལ་ཞེས་བྱ་བར་མི་སྦྱོ་བ་འགྲོ་བར་མི་བྱེད་དོ། །ཚོར་བ་བདེ་བ་དང་སྡུག་བསྔལ་ཞེས་བྱ་བར་མི་སྦྱོ་བ་འགྲོ་བར་མི་བྱེད་དོ། །སྲེད་པ་བདེ་བ་དང་སྡུག་བསྔལ་ཞེས་བྱ་བར་མི་སྦྱོ་བ་འགྲོ་བར་མི་བྱེད་དོ། །ལེན་པ་བདེ་བ་དང་སྡུག་བསྔལ་ཞེས་བྱ་བར་མི་སྦྱོ་བ་འགྲོ་བར་མི་བྱེད་དོ། །སྲིད་པ……བདེ་བ་དང་སྡུག་བསྔལ་ཞེས་བྱ་བར་མི་སྦྱོ་བ་འགྲོ་བར་མི་བྱེད་དོ། །སྐྱེ་བ་བདེ་བ་དང་སྡུག་བསྔལ་ཞེས་བྱ་བར་མི་སྦྱོ་བ་འགྲོ་བར་མི་བྱེད་དོ། །རྒ་ཤི་བདེ་བ་དང་སྡུག་བསྔལ་ཞེས་བྱ་བར་མི་སྦྱོ་བ་འགྲོ་བར་མི་བྱེད་དོ། །མ་རིག་པ་བདག་དང……བདག་མེད་ཅེས་བྱ་བར་མི་སྦྱོ་བ་འགྲོ་བར་མི་བྱེད་དོ། །འདུ་བྱེད་བདག་དང……བདག་མེད་ཅེས་བྱ་བར་མི་སྦྱོ་བ་འགྲོ་བར་མི་བྱེད་དོ། །རྣམ་པར་ཤེས་པ་བདག་དང་བདག་མེད་ཅེས་བྱ་བར་མི་སྦྱོ་བ་འགྲོ་བར་མི་བྱེད་དོ། །མིང་དང་གཟུགས་བདག་དང་བདག་མེད་ཅེས་བྱ་བར་མི་སྦྱོ་བ་འགྲོ་བར་མི་བྱེད་དོ། །སྐྱེ་མཆེད་དྲུག་བདག་དང་བདག་མེད་ཅེས་བྱ་བར་མི་སྦྱོ་བ་འགྲོ་བར་མི་བྱེད་དོ། །རེག་པ་བདག་དང་བདག་མེད་ཅེས་བྱ་བར་མི་སྦྱོ་བ་འགྲོ་བར་མི་བྱེད་དོ། །ཚོར་བ་བདག་དང་བདག་མེད་ཅེས་བྱ་བར་མི་སྦྱོ་བ་འགྲོ་བར་མི་བྱེད་དོ། །སྲེད་པ་བདག་དང་བདག་མེད་ཅེས་བྱ་བར་མི་སྦྱོ་བ་འགྲོ་བར་མི་བྱེད་དོ། །ལེན་པ་བདག་དང་བདག་མེད་

ཅེས་བྱ་བར་མི་སྤྲོ་བ་འཕྲོ་བར་མི་བྱེད་དོ། །སྲིད་པ་བདག་དང་བདག་མེད་ཅེས་བྱ་བར་མི་སྤྲོ་བ་འཕྲོ་བར་མི་བྱེད་དོ། །སྐྱེ་བ་བདག་དང་བདག་མེད་ཅེས་བྱ་བར་མི་སྤྲོ་བ་འཕྲོ་བར་མི་བྱེད་དོ། །རྒ་ཤི་བདག་དང་བདག་མེད་ཅེས་བྱ་བར་མི་སྤྲོ་བ་འཕྲོ་བར་མི་བྱེད་དོ། །མ་རིག་པ་ཞི་བ་དང་མ་ཞི་བ་ཞེས་བྱ་བར་མི་སྤྲོ་བ་འཕྲོ······བར་མི་བྱེད་དོ། །འདུ་བྱེད་ཞི་བ་དང་མ་ཞི་བ་ཞེས་བྱ་བར་མི་སྤྲོ་བ་འཕྲོ་བར་མི་བྱེད་དོ། །རྣམ་པར་ཤེས་པ་ཞི་བ་དང་མ་ཞི་བ་ཞེས་བྱ་བར་མི་སྤྲོ་བ་འཕྲོ་བར་མི་བྱེད་དོ། །མིང་དང་གཟུགས་ཞི་བ་དང་མ་ཞི་བ་ཞེས་བྱ་བར་མི་སྤྲོ་བ་འཕྲོ་བར་མི་བྱེད་དོ། །སྐྱེ་མཆེད་དྲུག་ཞི་བ་དང་མ་ཞི་བ་ཞེས་བྱ་བར་མི་སྤྲོ་བ་འཕྲོ་བར་མི་བྱེད་དོ། །རེག་པ་ཞི་བ་དང་མ་ཞི་བ་ཞེས་བྱ་བར་མི་སྤྲོ་བ་འཕྲོ་བར་མི་བྱེད་དོ། །ཚོར་བ་ཞི་བ་དང་མ་ཞི་བ་ཞེས་བྱ་བར་མི་སྤྲོ་བ་འཕྲོ་བར་མི་བྱེད་དོ། །སྲེད་པ་ཞི་བ་དང་མ་ཞི་བ་ཞེས་བྱ་བར་མི་སྤྲོ་བ་འཕྲོ་བར་མི་བྱེད་དོ། །ལེན་པ་ཞི་བ་དང་མ་ཞི་བ་ཞེས་བྱ་བར་མི་སྤྲོ་བ་འཕྲོ་བར་མི་བྱེད་དོ། །སྲིད་པ་ཞི་བ་དང་མ་ཞི་བ་ཞེས་བྱ་བར་མི་སྤྲོ་བ་འཕྲོ་བར་མི་བྱེད་དོ། །སྐྱེ་བ་ཞི་བ་དང་མ་ཞི་བ་ཞེས་བྱ་བར་མི་སྤྲོ་བ་འཕྲོ་བར་མི་བྱེད་དོ། །རྒ་ཤི་ཞི་བ་དང་མ་ཞི་བ་ཞེས་བྱ་བར་མི་སྤྲོ་བ་འཕྲོ་བར་མི་བྱེད་དོ། །མ་རིག་པ་ཡོངས་སུ་ཤེས་པར་བྱ་བ་དང་། ཡོངས་སུ་ཤེས་པར་བྱ་བ་མ་ཡིན་ཞེས་བྱ་བར་མི་སྤྲོ་བ་འཕྲོ་བར་མི་བྱེད་དོ། །འདུ་བྱེད་ཡོངས་སུ་ཤེས་པར་བྱ་བ་དང་། ཡོངས་སུ་ཤེས་པར་བྱ་བ་མ་ཡིན་ཞེས་བྱ་བར་མི་སྤྲོ་བ་འཕྲོ་བར་མི་བྱེད་དོ། །རྣམ་པར་ཤེས་པ་ཡོངས་སུ་ཤེས་པར་བྱ་བ་དང་། ཡོངས་སུ་ཤེས་པར་བྱ་བ་མ་ཡིན་ཞེས་བྱ་བར་མི་སྤྲོ་བ་འཕྲོ་བར་མི་བྱེད་དོ། །མིང་དང་གཟུགས་ཡོངས་སུ་ཤེས་པར་བྱ་བ་དང་། ཡོངས་སུ་ཤེས་པར་བྱ་བ་མ་ཡིན་ཞེས་བྱ་བར······མི་སྤྲོ་བ་འཕྲོ་བར་མི་བྱེད་དོ། །སྐྱེ་མཆེད་དྲུག་ཡོངས་སུ་ཤེས་པར་བྱ་བ་དང་།

ཡོངས་སུ་ཤེས་པར་བྱ་བ་མ་ཡིན་ཞེས་བྱ་བར་མྱི་སྒྲོ་བ་འགྲོ་བར་མྱི་བྱེད་དོ། །རིག་པ་ཡོངས་སུ་ཤེས་པར་བྱ་བ་དང་། ཡོངས་སུ་ཤེས་པར་བྱ་བ་མ་ཡིན་ཞེས་བྱ་བར་མྱི་སྒྲོ་བ་འགྲོ་བར་མྱི་བྱེད་དོ། །ཚོར་བ་ཡོངས་སུ་ཤེས་པར་བྱ་བ་དང་། ཡོངས་སུ་ཤེས་པར་བྱ་བ་མ་ཡིན་ཞེས་བྱ་བར་མྱི་སྒྲོ་བ་འགྲོ་བར་མྱི་བྱེད་དོ། །སྲིད་པ་་་་ཡོངས་སུ་ཤེས་པར་བྱ་བ་དང་། ཡོངས་སུ་ཤེས་པར་བྱ་བ་མ་ཡིན་ཞེས་བྱ་བར་མྱི་སྒྲོ་བ་འགྲོ་བར་མྱི་བྱེད་དོ། །ལེན་པ་ཡོངས་སུ་ཤེས་པར་བྱ་བ་དང་། ཡོངས་སུ་ཤེས་པར་བྱ་བ་མ་ཡིན་ཞེས་བྱ་བར་མྱི་སྒྲོ་བ་འགྲོ་བར་མི་བྱེད་དོ། །སྲིད་པ་ཡོངས་སུ་ཤེས་པར་བྱ་བ་དང་། ཡོངས་སུ་ཤེས་པར་བྱ་བ་མ་ཡིན་ཞེས་བྱ་བར་མྱི་སྒྲོ་བ་འགྲོ་བར་མྱི་བྱེད་དོ། །སྐྱེ་བ་ཡོངས་སུ་ཤེས་པར་བྱ་བ་དང་། ཡོངས་སུ་ཤེས་པར་བྱ་བ་མ་ཡིན་ཞེས་བྱ་བར་མི་སྒྲོ་བ་འགྲོ་བར་མྱི་བྱེད་དོ། །རྒ་ཤི་ཡོངས་སུ་ཤེས་པར་བྱ་བ་དང་། ཡོངས་སུ་ཤེས་པར་བྱ་བ་མ་ཡིན་ཞེས་བྱ་བར་མྱི་སྒྲོ་བ་འགྲོ་བར་མྱི་བྱེད་དོ། །སྡུག་བསྔལ་འཕགས་པའི་བདེན་པ་ཡོངས་སུ་ཤེས་པར་བྱའོ་ཞེས་བྱ་བར་མྱི་སྒྲོ་བ་འགྲོ་བར་མྱི་བྱེད་དོ། །ཀུན་འབྱུང་བ་སྤང་བར་བྱའོ་ཞེས་བྱ་བར་མྱི་སྒྲོ་བ་འགྲོ་བར་མྱི་བྱེད་དོ། །འགོག་པ་མངོན་དུ་བྱའོ་ཞེས་བྱ་བར་མི་སྒྲོ་བ་འགྲོ་བར་མྱི་བྱེད་དོ། །ལམ་བསྒོམ་པར་བྱའོ་ཞེས་བྱ་བར་མྱི་སྒྲོ་བ་འགྲོ་བར་མྱི་བྱེད་དོ། །སྦྱིན་པའི་ཕ་རོལད་ཏུ་ཕྱིནད་པ་ལ་སྤྱོད་པར་བྱའོ་ཞེས་བྱ་བར་མྱི་སྒྲོ་བ་འགྲོ་བར་མྱི་་བྱེད་དོ། །ཚུལ་ཁྲིམས་ཀྱི་ཕ་རོལ་ཏུ་ཕྱིན་པ་ལ་སྤྱོད་པར་བྱའོ་ཞེས་བྱ་བར་མྱི་སྒྲོ་བ་འགྲོ་བར་མྱི་བྱེད་དོ། །བཟོད་པའི་ཕ་རོལ་ཏུ་ཕྱིན་པ་ལ་སྤྱོད་པར་བྱའོ་ཞེས་བྱ་་་་་བར་མྱི་སྒྲོ་བ་འགྲོ་བར་མྱི་བྱེད་དོ། །བརྩོན་འགྲུས་ཀྱི་ཕ་རོལ་ཏུ་ཕྱིན་པ་ལ་སྤྱོད་་་་པར་བྱའོ་ཞེས་བྱ་བར་མྱི་སྒྲོ་བ་འགྲོ་བར་མྱི་བྱེད་དོ། །བསམ་གཏན་གྱི་ཕ་རོལ་ཏུ་ཕྱིན་པ་ལ་སྤྱོད་པར་བྱའོ་ཞེས་བྱ་བར་མྱི་སྒྲོ་བ་འགྲོ་བར་མྱི་བྱེད་དོ། །ཤེས་རབ་ཀྱི་

པ་རོལ་ཏུ་ཕྱིན་པ་ལ་སྤྱོད་པར་བྱའོ་ཞེས་བྱ་བར་མི་སྐྱོ་བ་འགྲོ་བར་མི་བྱེད་དོ། །
ནང་སྟོང་པ་ཉིད་བསྒོམ་པར་བྱའོ་ཞེས་བྱ་བར་མི་སྐྱོ་བ་འགྲོ་བར་མི་བྱེད་དོ། །ཕྱི་
སྟོང་པ་ཉིད་བསྒོམ་པར་བྱའོ་ཞེས་བྱ་བར་མི་སྐྱོ་བ་འགྲོ་བར་མི་བྱེད་དོ། །ཕྱི་ནང་
སྟོང་པ་ཉིད་བསྒོམ་པར་བྱའོ་ཞེས་བྱ་བར་མི་སྐྱོ་བ་འགྲོ་བར་མི་བྱེད་དོ། །སྟོང་པ་
ཉིད་སྟོང་པ་ཉིད་བསྒོམ་པར་བྱའོ་[༧]ཞེས་བྱ་བར་མི་སྐྱོ་བ་འགྲོ་བར་མི་བྱེད་དོ། །
ཆེན་པོ་སྟོང་པ་ཉིད་བསྒོམ་པར་བྱའོ་ཞེས་བྱ་བར་མི་སྐྱོ་བ་འགྲོ་བར་མི་བྱེད་དོ། །
དོན་དམ་པ་སྟོང་པ་ཉིད་བསྒོམ་པར་བྱའོ་ཞེས་བྱ་བར་མི་སྐྱོ་བ་འགྲོ་བར་མི་བྱེད་དོ། །
འདུས་བྱས་སྟོང་པ་ཉིད་བསྒོམ་པར་བྱའོ་ཞེས་བྱ་བར་མི་སྐྱོ་བ་འགྲོ་བར་མི་བྱེད་དོ། །
འདུས་མ་བྱས་སྟོང་པ་ཉིད་བསྒོམ་པར་བྱའོ་ཞེས་བྱ་བར་མི་སྐྱོ་བ་འགྲོ་བར་མི་བྱེད་
དོ། །མཐའ་ལས་འདས་པ་སྟོང་པ་ཉིད་བསྒོམ་པར་བྱའོ་ཞེས་བྱ་བར་མི་སྐྱོ་བ་འགྲོ་
བར་མི་བྱེད་དོ། །ཐོག་མ་དང་ཐ་མ་མེད་པ་སྟོང་པ་ཉིད་བསྒོམ་པར་བྱའོ་ཞེས་བྱ་
བར་མི་སྐྱོ་བ་འགྲོ་བར་མི་བྱེད་དོ། །དོར་བ་མེད་པ་སྟོང་པ་ཉིད་བསྒོམ་པར་བྱའོ་
ཞེས་བྱ་བར་མི་སྐྱོ་བ་འགྲོ་བར་མི་བྱེད་དོ། །རང་བཞིན་སྟོང་པ་ཉིད་བསྒོམ་པར་
བྱའོ་ཞེས་བྱ་བར་མི་སྐྱོ་བ་འགྲོ་བར་མི་བྱེད་དོ། །ཆོས་ཐམས་ཅད་སྟོང་པ་ཉིད་
བསྒོམ་པར་བྱའོ་ཞེས་བྱ་བར་མི་སྐྱོ་བ་འགྲོ་བར་མི་བྱེད་དོ། །རང་གི་མཚན་ཉིད་
སྟོང་པ་ཉིད་བསྒོམ་པར་བྱའོ་ཞེས་བྱ་བར་མི་སྐྱོ་བ་འགྲོ་བར་མི་བྱེད་དོ། །མི་
དམིགས་པ་སྟོང་པ་ཉིད་བསྒོམ་པར་བྱའོ་ཞེས་བྱ་བར་མི་སྐྱོ་བ་འགྲོ་བར་མི་བྱེད་དོ། །
དངོས་པོ་མེད་པ་སྟོང་པ་ཉིད་བསྒོམ་པར་བྱའོ་ཞེས་བྱ་བར་མི་སྐྱོ་བ་འགྲོ་བར་མི་
བྱེད་དོ། །ངོ་བོ་ཉིད་སྟོང་པ་ཉིད་བསྒོམ་པར་བྱའོ་ཞེས་བྱ་བར་མི་སྐྱོ་བ་འགྲོ་བར་
མི་བྱེད་དོ། །དངོས་པོ་མེད་པའི་ངོ་བོ་ཉིད་སྟོང་པ་ཉིད་བསྒོམ་པར་བྱའོ་ཞེས་བྱ་
བར་མི་སྐྱོ་བ་འགྲོ་བར་མི་བྱེད་དོ། །དྲན་པ་ཉེ་བར་གཞག་པ་བཞི་བསྒོམ་པར་

བྱའོ་ཞེས་བྱ་བར་མྱི་སྒྲོ་བ་འཕྲོ་བར་མྱི་བྱེད་དོ། །ཡང་དག་པར་སྤོང་བ་བཞི··· བསྒོམ་པར་བྱའོ་ཞེས་བྱ་བར་མྱི་སྒྲོ་བ་འཕྲོ་བར་མྱི་བྱེད་དོ། །རྫུ་འཕྲུལ་གྱི་རྐང་པ་བཞི་བསྒོམ་པར་བྱའོ་ཞེས་བྱ་བར་མྱི་སྒྲོ་བ་འཕྲོ་བར་མྱི་བྱེད་དོ། །དབང་པོ་ལྔ··· བསྒོམ་པར་བྱའོ་ཞེས་བྱ་བར་མྱི་སྒྲོ་བ་འཕྲོ་བར་མྱི་བྱེད་དོ། །སྟོབས་ལྔ་བསྒོམ་པར་བྱའོ་ཞེས་བྱ་བར་མྱི་སྒྲོ་བ་འཕྲོ་བར་མྱི་བྱེད་དོ། །བྱང་ཆུབ་ཀྱི་ཡན་ལག་བདུན··· བསྒོམ་པར་བྱའོ་ཞེས་བྱ་བར་མྱི་སྒྲོ་བ་འཕྲོ་བར་མྱི་བྱེད་དོ། །འཕགས་པའི་ལམ་ཡན་ལག་བརྒྱད་པ་བསྒོམ་པར་བྱའོ་ཞེས་བྱ་བར་མྱི་སྒྲོ་བ་འཕྲོ་བར་མྱི་བྱེད་དོ། །འཕགས་པའི་བདེན་པ་བཞི་བསྒོམ་པར་བྱའོ་ཞེས་བྱ་བར་མྱི་སྒྲོ་བ་འཕྲོ་བར་མྱི་བྱེད་དོ། །བསམ་གཏན་བཞི་བསྒོམ་པར་བྱའོ་ཞེས་བྱ་བར་མྱི་སྒྲོ་བ་འཕྲོ་བར་མྱི་བྱེད་དོ། །ཚད་མྱེད་པ་བཞི་བསྒོམ་པར་བྱའོ་ཞེས་བྱ་བར་མྱི་སྒྲོ་བ་འཕྲོ་བར་མྱི་བྱེད་དོ། །གཟུགས་མྱེད་པའི་སྙོམས་པར་འཇུག་པ་བཞི་བསྒོམ་པར་བྱའོ་ཞེས་བྱ་བར་མྱི་སྒྲོ་བ་འཕྲོ་བར་མྱི་བྱེད་དོ། །རྣམ་པར་ཐར་པ་བརྒྱད་བསྒོམ་པར་བྱའོ་ཞེས་བྱ་བར་མྱི་སྒྲོ་བ་འཕྲོ་བར་མྱི་བྱེད་དོ། །མཐར་གྱིས་གནས་པའི་སྙོམས་པར་འཇུག་པ་དགུ··· བསྒོམ་པར་བྱའོ་ཞེས་བྱ་བར་མྱི་སྒྲོ་བ་འཕྲོ་བར་མྱི་བྱེད་དོ། །རྣམ་པར་ཐར་པའི་སྒོ་སྟོང་པ་ཉིད་དང་། མཚན་མ་མྱེད་པ་དང་། སྨོན་པ་མྱེད་པ་བསྒོམ་པར་བྱའོ་ཞེས་བྱ་བར་མྱི་སྒྲོ་བ་འཕྲོ་བར་མྱི་བྱེད་དོ། །མངོན་པར་ཤེས་པ་རྣམས་བསྒོམ་པར་བྱའོ་ཞེས་བྱ་བར་མྱི་སྒྲོ་བ་འཕྲོ་བར་མྱི་བྱེད་དོ། །ཏིང་ངེ་འཛིན་རྣམས་བསྒོམ་པར་བྱའོ་ཞེས་བྱ་བར་མྱི་སྒྲོ་བ་འཕྲོ་བར་མྱི་བྱེད་དོ། །གཟུངས་ཀྱི་སྒོ་རྣམས་བསྒོམ་པར་བྱའོ་ཞེས་བྱ་བར་མྱི་སྒྲོ་བ་འཕྲོ་བར་མྱི་བྱེད་དོ། །རྒྱུན་དུ་ཞུགས་པའི་འབྲས་བུ··· ཤེས་པ་དང་མཐོང་བས་བལྟས་ཏེ། དེ་ལས་འདའ་བར་བྱའོ་ཞེས་བྱ་བར་མྱི་སྒྲོ་བ་འཕྲོ་བར་མྱི་བྱེད་དོ། །ལན་ཅིག་ཕྱིར་འོང་བའི་འབྲས་བུ[1]ཤེས་པ་དང་མཐོང་

བས་བལྟས་ཏེ། དེ་ལས་འདའ་བར་བྱའོ་ཞེས་བྱ་བར་མི་སྨྲོ་བ་འཕྲོ་བར་མི་བྱེད་དོ། །ཕྱིར་མི་འོང་བའི་འབྲས་བུ་ཤེས་པ་དང་མཐོང་བས་བལྟས་ཏེ་དེ་ལས་འདའ་བར་བྱའོ་ཞེས་བྱ་བར་མི་སྨྲོ་བ་འཕྲོ་བར་མི་བྱེད་དོ། །དགྲ་བཅོམ་པ་ཉིད་ཤེས་པ་དང་མཐོང་བས་བལྟས་ཏེ། དེ་ལས་འདའ་བར་བྱའོ་ཞེས་བྱ་བར་མི་སྨྲོ་བ་འཕྲོ་བར་མི་བྱེད་དོ། །རང་བྱང་ཆུབ་ཤེས་པ་དང་མཐོང་བས་བལྟས་ཏེ་དེ་ལས་འདའ་བར་བྱའོ་ཞེས་བྱ་བར་མི་སྨྲོ་བ་འཕྲོ་བར་མི་བྱེད་དོ། །བྱང་ཆུབ་སེམས་དཔའི་ས་བཅུ་ཡོངས་སུ་རྫོགས་པར་བྱའོ་ཞེས་བྱ་བར་མི་སྨྲོ་བ་འཕྲོ་བར་མི་བྱེད་དོ། །བྱང་ཆུབ་སེམས་དཔའི་སྐྱོན་མེད་པ་ལ་འཇུག་པར་བྱའོ་ཞེས་བྱ་བར་མི་སྨྲོ་བ་འཕྲོ་བར་མི་བྱེད་དོ། །སངས་རྒྱས་ཀྱི་ཞིང་ཡོངས་སུ་དག་པར་བྱའོ་ཞེས་བྱ་བར་མི་སྨྲོ་བ་འཕྲོ་བར་མི་བྱེད་དོ། །སེམས་ཅན་རྣམས་ཡོངས་སུ་སྨིན་པར་བྱའོ་ཞེས་བྱ་བར་མི་སྨྲོ་བ་འཕྲོ་བར་མི་བྱེད་དོ། །དེ་བཞིན་གཤེགས་པའི་སྟོབས་བཅུ་བསྐྱེད་པར་བྱའོ་ཞེས་བྱ་བར་མི་སྨྲོ་བ་འཕྲོ་བར་མི་བྱེད་དོ། །མི་འཇིགས་པ་བཞི་བསྐྱེད[1]་པར་བྱའོ་ཞེས་བྱ་བར་མི་སྨྲོ་བ[2]་འཕྲོ་བར་མི་བྱེད་དོ། །སོ་སོ་ཡང་དག་པར་རིག་པ་བཞི་བསྐྱེད[3]་པར་བྱའོ་ཞེས་བྱ་བར་མི་སྨྲོ་བ་འཕྲོ་བར་མི་བྱེད་དོ། །བྱམས་པ་ཆེན་པོ་བསྐྱེད་པར་བྱའོ་ཞེས་བྱ་བར་མི་སྨྲོ་བ་འཕྲོ་བར་མི་བྱེད་དོ། །སྙིང་རྗེ་ཆེན་པོ་བསྐྱེད[4]་པར་བྱའོ་ཞེས་བྱ་བར་མི་སྨྲོ་བ་འཕྲོ་བར་མི་བྱེད་དོ། །སངས་རྒྱས་ཀྱི་ཆོས་མ་འདྲེས་པ་བཅོ་བརྒྱད་བསྐྱེད་པར་བྱའོ་ཞེས་བྱ་བར་མི་སྨྲོ་བ་འཕྲོ་བར་མི་བྱེད་དོ། །རྣམ་པ་ཐམས་ཅད་མཁྱེན་པ་ཉིད་ཐོབ་པར་བྱའོ་ཞེས་བྱ་བར་མི་སྨྲོ་བ་འཕྲོ་བར་མི་བྱེད་དོ། །བག་ཆགས་ཀྱི་མཚམས་སྦྱོར་བའི་ཉོན་མོངས་པ་ཐམས་ཅད་སྤང་བར་བྱའོ་ཞེས་བྱ་བར་མི་སྨྲོ་བ་འཕྲོ་བར་མི་བྱེད་དོ། །དེ་ཅིའི་ཕྱིར་ཞེ་ན། ངོ་བོ་ཉིད་ནི་ངོ་བོ་ཉིད་འཕྲོ་བར་མི་བྱེད[5]། དངོས་པོ་མེད་པ་ཡང་དངོས་པོ་མེད་པ[6]་འཕྲོ་

བར་མྱི་བྱེད་དེ[1]། ༔ངོ་བོ་ཉིད་དང་[2]དངོས་པོ་མེད་པར་[3]མ་གཏོགས་པར་ཆོས་གཞན་གང་འགྲོ་བར་བྱེད་པའམ། གང་ལ་འགྲོ་བར་བྱ་[4]བ་དེ་ལྟ་བུ་གང་ཡང་····མྱེད་དེ[5]། རབ་འབྱོར་དེ་ལྟ་བས་ན། གཟུགས་ནི་སྦྱོར་མྱེད་པའོ། །ཚོར་བ་ནི་སྦྱོར་མྱེད་པའོ། །འདུ་ཤེས་ནི་སྦྱོར་མྱེད་པའོ། །འདུ་བྱེད་ནི་སྦྱོར་མྱེད་པའོ། །རྣམ་པར་ཤེས་པ་ནི་སྦྱོར་མྱེད་པའོ། །མྱིག་ནི་སྦྱོར་མྱེད་པའོ། །རྣ་བ་ནི་སྦྱོར་མྱེད་པའོ། །སྣ་ནི་སྦྱོར་མྱེད་པའོ། །ལྕེ་ནི་སྦྱོར་མྱེད་པའོ། །ལུས་ནི་སྦྱོར་མྱེད་པའོ༑ །ཡིད་ནི་སྦྱོར་མྱེད་པའོ། །གཟུགས་ནི་སྦྱོར་མྱེད་པའོ། །སྒྲ་ནི་སྦྱོར་མྱེད་པའོ༑ །དྲི་ནི་སྦྱོར་མྱེད་པའོ། །རོ་ནི་སྦྱོར་མྱེད་པའོ། །རེག་ནི་སྦྱོར་མྱེད་པའོ། །ཆོས་ནི་སྦྱོར་མྱེད་པའོ། །མྱིག་གི་རྣམ་པར་ཤེས་པ་ནི་སྦྱོར་མྱེད་པའོ། །རྣ་བའི་རྣམ་པར་ཤེས་པ་ནི་སྦྱོར་མྱེད་པའོ། །སྣའི་རྣམ་པར་ཤེས་པ་ནི་སྦྱོར་མྱེད་པའོ། །ལྕེའི་རྣམ་པར་ཤེས་པ་ནི་སྦྱོར་མེད་པའོ། །ལུས་ཀྱི་རྣམ་པར་ཤེས་པ་ནི་སྦྱོར་མྱེད་པའོ༑ །ཡིད་ཀྱི་རྣམ་པར་ཤེས་པ་ནི་སྦྱོར་མྱེད་པའོ། །མྱིག་གི་འདུས་ཏེ་རེག་པ་ནི་སྦྱོར་མྱེད་པའོ། །རྣ་བའི་འདུས་ཏེ་རེག་པ་ནི་སྦྱོར་མྱེད་པའོ། །སྣའི་འདུས་ཏེ་རེག་པ་ནི་སྦྱོར་མྱེད་པའོ། །ལྕེའི་འདུས་ཏེ་རེག་པ་ནི་སྦྱོར་མྱེད་པའོ། །ལུས་ཀྱི་འདུས་ཏེ་རེག་པ་ནི་སྦྱོར་མྱེད་པའོ། །ཡིད་ཀྱི་འདུས་ཏེ་རེག་པ་ནི་སྦྱོར་མྱེད་པའོ། །མྱིག་གི་འདུས་ཏེ་རེག་པའི་རྐྱེནད་ཀྱིས་ཚོར་བ་ནི་སྦྱོར་མྱེད་པའོ། །རྣ་བའི་འདུས་ཏེ་རེག་པའི་རྐྱེན་ཀྱིས་ཚོར་བ་ནི་སྦྱོར་མྱེད་པའོ། །སྣའི་འདུས་ཏེ་རེག་པའི་རྐྱེན་ཀྱིས་ཚོར་བ་ནི་སྦྱོར་མྱེད་པའོ། །ལྕེའི་འདུས་ཏེ་རེག་པའི་རྐྱེན་ཀྱིས་ཚོར་བ་ནི་སྦྱོར་མྱེད་པའོ། །ལུས་ཀྱི་འདུས་ཏེ་རེག་པའི་རྐྱེན་ཀྱིས་ཚོར་བ་ནི་སྦྱོར་མྱེད་པའོ། །ཡིད་ཀྱི་འདུས་ཏེ་རེག་པའི་རྐྱེན་ཀྱིས་ཚོར་བ་ནི་སྦྱོར་མྱེད་པའོ། །སའི་ཁམས་ནི་སྦྱོར་མྱེད་པའོ། །ཆུའི་ཁམས་ནི་སྦྱོར་མྱེད་པའོ། །མྱེའི་ཁམས་ནི་སྦྱོར་མྱེད་པའོ། །

རླུང་གི་ཁམས་ནི་སྦྱོར་མྱེད་པའོ། །ནམ་མཁའི་ཁམས་ནི་སྦྱོར་མྱེད་པའོ། །རྣམ་
པར་ཤེས་པའི་ཁམས་ནི་སྦྱོར་མྱེད་པའོ། །མ་རིག་པ་ནི་སྦྱོར་མྱེད་པའོ། །འདུ་
བྱེད་ནི་སྦྱོར་མྱེད་པའོ། །རྣམ་པར་ཤེས་པ་ནི་སྦྱོར་མྱེད་པའོ། །མྱིང་དང····
གཟུགས་ནི་སྦྱོར་མྱེད་པའོ། །སྐྱེ་མཆེད་དྲུག་ནི་སྦྱོར་མྱེད་པའོ། །རེག་པ་ནི་སྦྱོར་
མྱེད་པའོ། །ཚོར་བ་ནི་སྦྱོར་མྱེད་པའོ། །སྲེད་པ་ནི་སྦྱོར་མྱེད་པའོ། །ལེན་པ་ནི་
སྦྱོར་མྱེད་པའོ། །སྲིད་པ་ནི་སྦྱོར་མྱེད་པའོ། །སྐྱེ་བ་ནི་སྦྱོར་མྱེད་པའོ། །རྒ་ཤི་
ནི་སྦྱོར་མྱེད་པའོ། །སྦྱིན་པའི་ཕ་རོལད་ཏུ་ཕྱིནད་པ་ནི་སྦྱོར་མྱེད་པའོ། །ཚུལ་
ཁྲིམས་ཀྱི་ཕ་རོལད་ཏུ་ཕྱིན་པ་ནི་སྦྱོར་མྱེད་པའོ། །བཟོད་པའི་ཕ་རོལ་ཏུ་ཕྱིན་པ་
ནི་སྦྱོར་མེད་པའོ། །བརྩོན་འགྲུས་ཀྱི་ཕ་རོལ་ཏུ་ཕྱིན་པ་ནི་སྦྱོར་མྱེད་པའོ། །
བསམ་གཏན་གྱི་ཕ་རོལ་ཏུ་ཕྱིན་པ་ནི་སྦྱོར་མྱེད་པའོ། །ཤེས་རབ་ཀྱི་ཕ་རོལ་ཏུ·····
ཕྱིན་པ་ནི་སྦྱོར་མྱེད་པའོ། །ནང་སྟོང་པ་ཉིད་ནི་སྦྱོར་མྱེད་པའོ། །ཕྱི་སྟོང་པ་
ཉིད་ནི་སྦྱོར་མྱེད་པའོ། །ཕྱི་ནང་སྟོང་པ་ཉིད་ནི་སྦྱོར་མྱེད་པའོ། །སྟོང་པ་ཉིད་
སྟོང་པ་ཉིད་ནི་སྦྱོར་མྱེད་པའོ། །ཆེན་པོ་སྟོང་པ་ཉིད་ནི་སྦྱོར་མྱེད་པའོ། །དོན་
དམ་པ་སྟོང་པ་ཉིད་ནི་སྦྱོར་མྱེད་པའོ། །འདུས་བྱས་སྟོང་པ་ཉིད་ནི་སྦྱོར་མྱེད····
པའོ། །འདུས་མ་བྱས་སྟོང་པ་ཉིད་ནི་སྦྱོར་མེད་པའོ། །མཐའ་ལས་འདས་པ་
སྟོང་པ་ཉིད་ནི་སྦྱོར་མྱེད་པའོ། །ཐོག་མ་དང་ཐ་མ་མྱེད་པ་སྟོང་པ་ཉིད་ནི་སྦྱོར····
མྱེད་པའོ། །དོར་བ་མྱེད་པ་སྟོང་པ་ཉིད་ནི་སྦྱོར་མྱེད་པའོ། །རང་བཞིན་སྟོང་པ་
ཉིད་ནི་སྦྱོར་མྱེད་པའོ། །ཆོས་ཐམས་ཅད་སྟོང་པ་ཉིད་ནི་སྦྱོར་མྱེད་པའོ། །རང་
གི་མཚན་ཉིད་སྟོང་པ་ཉིད་ནི་སྦྱོར་མྱེད་པའོ། །མི་དམྱིགས་པ་སྟོང་པ་ཉིད་ནི་སྦྱོར་
མྱེད་པའོ། །དངོས་པོ་མྱེད་པ་སྟོང་པ་ཉིད་ནི་སྦྱོར་མྱེད་པའོ། །ངོ་བོ་ཉིད་སྟོང་
པ་ཉིད་ནི་སྦྱོར་མྱེད་པའོ། །དངོས་པོ་མྱེད་པའི་ངོ་བོ་ཉིད་སྟོང་པ་ཉིད་ནི་སྦྱོར···

མེད་པའོ། །དྲན་པ་ཉེ་བར་གཞག་པ་རྣམས་ནི་སྤྲོར་མེད་པའོ། །ཡང་དག་པར་སྤོང་བ་རྣམས་ནི་སྤྲོར་མེད་པའོ། །རྫུ་འཕྲུལ་གྱི་རྐང་པ་རྣམས་ནི་སྤྲོར་མེད་པའོ། །དབང་པོ་རྣམས་ནི་སྤྲོར་མེད་པའོ། །སྟོབས་རྣམས་ནི་སྤྲོར་མེད་པའོ། །བྱང་ཆུབ་ཀྱི་ཡན་ལག་རྣམས་ནི་སྤྲོར་མེད་པའོ། །འཕགས་པའི་ལམ་ཡན་ལག་བརྒྱད་པ་ནི་སྤྲོར་མེད་པའོ། །འཕགས་པའི་བདེན་པ་རྣམས་ནི་སྤྲོར་མེད་པའོ། །བསམ་གཏན་རྣམས་ནི་སྤྲོར་མེད་པའོ། །ཚད་མེད་པ་རྣམས་ནི་སྤྲོར་མེད་པའོ། །གཟུགས་མེད་པའི་སྙོམས་པར་འཇུག་པ་རྣམས་ནི་སྤྲོར་མེད་པའོ། །རྣམ་པར་ཐར་པ་རྣམས་ནི་སྤྲོར་མེད་པའོ། །མཐར་གྱིས་གནས་པའི་སྙོམས་པར་འཇུག་པ་རྣམས་ནི་སྤྲོར་མེད་པའོ། །རྣམ་པར་ཐར་པའི་སྒོ་སྟོང་པ་ཉིད་དང་། མཚན་མ་མེད་པ་དང་། སྨོན་པ་མེད་པ་ནི་སྤྲོར་མེད་པའོ། །མངོན་པར་ཤེས་པ་རྣམས་ནི་སྤྲོར་མེད་པའོ། །ཏིང་ངེ་འཛིན་རྣམས་ནི་སྤྲོར་མེད་པའོ། །གཟུངས་ཀྱི་སྒོ་རྣམས་ནི་སྤྲོར་མེད་པའོ། །རྒྱུན་དུ་ཞུགས་པའི་འབྲས་བུ་ནི་སྤྲོར་མེད་པའོ། །ལན་ཅིག་ཕྱིར་འོང་བའི་འབྲས་བུ་ནི་སྤྲོར་མེད་པའོ། །ཕྱིར་མི་འོང་བའི་འབྲས་བུ་ནི་སྤྲོར་མེད་པའོ། །དགྲ་བཅོམ་པ་ཉིད་ནི་སྤྲོར་མེད་པའོ། །རང་བྱང་ཆུབ་ནི་སྤྲོར་མེད་པའོ[1]། །བྱང་ཆུབ་སེམས་དཔའི་ས་རྣམས[2]ནི་སྤྲོར་མེད་པའོ། །བྱང་ཆུབ་སེམས་དཔའི་སྐྱོན་མེད་པ་ནི་སྤྲོར་མེད་པའོ། །སངས་རྒྱས་ཀྱི་ཞིང་ཡོངས་སུ་དག་པར་བྱ་བ་ནི་སྤྲོར་མེད་པའོ། །སེམས་ཅན་ཡོངས་སུ་སྨིན་པར་བྱ་བ་ནི་སྤྲོར་མེད་པའོ། །དེ་བཞིན་གཤེགས་པའི་སྟོབས་རྣམས་ནི་སྤྲོར་མེད་པའོ། །མི་འཇིགས་པ་རྣམས་ནི་སྤྲོར་མེད་པའོ། །སོ་སོ་ཡང་དག་པར་རིག་པ་རྣམས་ནི་སྤྲོར་མེད་པའོ། །བྱམས་པ་ཆེན་པོ་ནི་སྤྲོར་མེད་པའོ། །སྙིང་རྗེ་ཆེན་པོ་ནི་སྤྲོར་མེད་པའོ། །སངས་རྒྱས་ཀྱི་ཆོས་མ་འདྲེས་པ་རྣམས་ནི་སྤྲོར་མེད་པའོ། །རྣམ་པ་

ཐམས་ཅད་མཁྱེན་པ་ཉིད་ནི་སྦྱོར་མི་བྱེད་པའོ། །བག་ཆགས་ཀྱི་མཚམས་སྦྱོར་བའི་ཉོན་མོངས་པ་ཐམས་ཅད༔ སྤང་བ་⑦ནི་སྦྱོར་མི་བྱེད་པའོ། །རབ་འབྱོར་དེ་ལྟར་བྱང་ཆུབ་སེམས་དཔའ་སེམས་དཔའ་ཆེན་པོས་སྦྱོར་མི་བྱེད་པའི་ཤེས་རབ་ཀྱི་ཕ་རོལ་ཏུ······ཕྱིན་པ་ལ་སྤྱད་པར་བྱའོ། །རབ་འབྱོར་འདི་ལྟར་ཡང་གཟུགས་ལ་ངོ་བོ་ཉིད་མེད་དོ། །ཚོར་བ་ལ་ངོ་བོ་ཉིད་མེད་དོ། །འདུ་ཤེས་ལ་ངོ་བོ་ཉིད་མེད་དོ། །འདུ་བྱེད་ལ་ངོ་བོ་ཉིད་མེད་དོ། །རྣམ་པར་ཤེས་པ་ལ་ངོ་བོ་ཉིད་མེད་དོ། །མིག་ལ་ངོ་བོ་ཉིད་མེད་དོ། །རྣ་བ་ལ་ངོ་བོ་ཉིད་མེད་དོ། །སྣ་ལ་ངོ་བོ་ཉིད་མེད་དོ། །ལྕེ་ལ་ངོ་བོ་ཉིད་མེད་དོ། །ལུས་ལ་ངོ་བོ་ཉིད་མེད་དོ། །ཡིད་ལ་ངོ་བོ་ཉིད་མེད་དོ། །གཟུགས་ལ་ངོ་བོ་ཉིད་མེད་དོ། །སྒྲ་ལ་ངོ་བོ་ཉིད་མེད་དོ། །དྲི་ལ་ངོ་བོ་ཉིད་མེད་དོ། །རོ་ལ་ངོ་བོ་ཉིད་མེད་དོ། །རེག་ལ་ངོ་བོ་ཉིད་མེད་དོ། །ཆོས་ལ་ངོ་བོ་ཉིད་མེད་དོ། །མིག་གི་རྣམ་པར་ཤེས་པ་ལ་ངོ་བོ་ཉིད་མེད་དོ། །རྣ་བའི་རྣམ་པར་ཤེས་པ་ལ་ངོ་བོ་ཉིད་མེད་དོ། །སྣའི་རྣམ་པར་ཤེས་པ་ལ་ངོ་བོ་ཉིད་མེད་དོ། །ལྕེའི་རྣམ་པར་ཤེས་པ་ལ་ངོ་བོ་ཉིད་མེད་དོ། །ལུས་ཀྱི་རྣམ་པར་ཤེས་པ་ལ་ངོ་བོ་ཉིད་མེད་དོ། །ཡིད་ཀྱི་རྣམ་པར་ཤེས་པ་ལ་ངོ་བོ་ཉིད་མེད་དོ། །མིག་གི་འདུས་ཏེ་རེག་པ་ལ་ངོ་བོ་ཉིད་མེད་དོ། །རྣ་བའི་འདུས་ཏེ་རེག་པ་ལ་ངོ་བོ་ཉིད་མེད་དོ། །སྣའི་འདུས་ཏེ་རེག་པ་ལ་ངོ་བོ་ཉིད་མེད་དོ། །ལྕེའི་འདུས་ཏེ་རེག་པ་ལ་ངོ་བོ་ཉིད་མེད་དོ། །ལུས་ཀྱི་འདུས་ཏེ་རེག་པ་ལ་ངོ་བོ་ཉིད་མེད་དོ། །ཡིད་ཀྱི་འདུས་ཏེ་རེག་པ་ལ་ངོ་བོ་ཉིད་མེད་དོ། །མིག་གི་འདུས་ཏེ་རེག་པའི་རྐྱེནད་ཀྱིས་ཚོར་བ་ལ་ངོ་བོ་ཉིད་མེད་དོ། །རྣ་བའི་འདུས་ཏེ་རེག་པའི་རྐྱེན་གྱིས་ཚོར་བ་ལ་ངོ་བོ་ཉིད་མེད་དོ། །སྣའི་འདུས་ཏེ་རེག་པའི་རྐྱེན་གྱིས་ཚོར་བ་ལ་ངོ་བོ་ཉིད་མེད་དོ། །ལྕེའི་འདུས་ཏེ་རེག་པའི་རྐྱེན་གྱིས་ཚོར་བ་ལ་ངོ་བོ་ཉིད་མེད་དོ། །ལུས་ཀྱི་འདུས་

ཏེ་རེག་པའི་རྐྱེནད་ཀྱིས་ཚོར་བ་ལ་ངོ་བོ་ཉིད་མྱེད་དོ། །ཡིད་ཀྱི་འདུས་ཏེ་རེག····པའི་རྐྱེན་ཀྱིས་ཚོར་བ་ལ་ངོ་བོ་ཉིད་མྱེད་དོ། །སའི་ཁམས་ལ་ངོ་བོ་ཉིད་མྱེད་དོ། །ཆུའི་ཁམས་ལ་ངོ་བོ་ཉིད་མྱེད་དོ། །མྱེའི་ཁམས་ལ་ངོ་བོ་ཉིད་མྱེད་དོ། །རླུང་གི་ཁམས་ལ་ངོ་བོ་ཉིད་མྱེད་དོ། །ནམ་མཁའི་ཁམས་ལ་ངོ་བོ་ཉིད་མྱེད་དོ། །རྣམ་པར་ཤེས་པའི་ཁམས་ལ་ངོ་བོ་ཉིད་མྱེད་དོ། །མ་རིག་པ་ལ་ངོ་བོ་ཉིད་མེད་དོ། །འདུ་བྱེད་ལ་ངོ་བོ་ཉིད་མེད་དོ། །རྣམ་པར་ཤེས་པ་ལ་ངོ་བོ་ཉིད་མྱེད་དོ། །མྱིང་དང་གཟུགས་ལ་ངོ་བོ་ཉིད་མྱེད་དོ། །སྐྱེ་མཆེད་དྲུག་ལ་ངོ་བོ་ཉིད་མྱེད་དོ། །རེག་པ་ལ་ངོ་བོ་ཉིད་མྱེད་དོ། །ཚོར་བ་ལ་ངོ་བོ་ཉིད་མྱེད་དོ། །སྲིད་པ་ལ་ངོ་བོ་ཉིད་མྱེད་དོ། །ལེན་པ་ལ་ངོ་བོ་ཉིད་མྱེད་དོ། །སྲིད་པ་ལ་ངོ་བོ་ཉིད་མྱེད་དོ། །སྐྱེ་བ་ལ་ངོ་བོ་ཉིད་མྱེད་དོ། །རྒ་ཤི་ལ་ངོ་བོ་ཉིད་མྱེད་དོ། །སྦྱིན་པའི་ཕ་རོལད་ཏུ་ཕྱིནད་པ་ལ་ངོ་བོ་ཉིད་མྱེད་དོ། །ཚུལ་ཁྲིམས་ཀྱི་ཕ་རོལ་ཏུ་ཕྱིན་པ་ལ་ངོ་བོ་ཉིད་མྱེད་དོ། །བཟོད་པའི་ཕ་རོལ་ཏུ་ཕྱིན་པ་ལ་ངོ་བོ་ཉིད་མྱེད་དོ། །བརྩོན་འགྲུས་ཀྱི་ཕ་རོལ་ཏུ་ཕྱིན་པ་ལ་ངོ་བོ་ཉིད་མྱེད་དོ། །བསམ་གཏན་གྱི་ཕ་རོལ་ཏུ་ཕྱིན་པ་ལ་ངོ་བོ་ཉིད་མྱེད་དོ། །ཤེས་རབ་ཀྱི་ཕ་རོལ་ཏུ་ཕྱིན་པ་ལ་ངོ་བོ་ཉིད་མྱེད་དོ། །ནང་སྟོང་པ་ཉིད་ལ་ངོ་བོ་ཉིད་མྱེད་དོ། །ཕྱི་སྟོང་པ་ཉིད་ལ་ངོ་བོ་ཉིད་མྱེད་དོ། །ཕྱི་ནང་སྟོང་པ་ཉིད་ལ་ངོ་བོ་ཉིད་མྱེད་དོ། །སྟོང་པ་ཉིད་སྟོང་པ་ཉིད་ལ་ངོ་བོ་ཉིད་མྱེད་དོ། །ཆེན་པོ་སྟོང་པ་ཉིད་ལ་ངོ་བོ་ཉིད་མྱེད་དོ། །དོན་དམ་པ་སྟོང་པ་ཉིད་ལ་ངོ་བོ་ཉིད་མྱེད་དོ། །འདུས་བྱས་སྟོང་པ་ཉིད་ལ་ངོ་བོ་ཉིད་མྱེད་དོ། །འདུས་མ་བྱས་སྟོང་པ་ཉིད་ལ་ངོ་བོ་ཉིད་མྱེད་དོ། །མཐའ་ལས་འདས་པ་སྟོང་པ་ཉིད་ལ་ངོ་བོ་ཉིད་མྱེད་དོ། །ཐོག་མ་དང་ཐ་མ་མྱེད་པ་སྟོང་པ་ཉིད་ལ་ངོ་བོ་ཉིད་མྱེད་དོ། །དོར་བ་མྱེད་པ་སྟོང་པ་ཉིད་ལ་ངོ་བོ་ཉིད་མྱེད་དོ། །རང་བཞིན་སྟོང་པ་ཉིད་ལ་ངོ་

བོ་ཉིད་མེད་དོ། །ཆོས་ཐམས་ཅད་སྟོང་པ་ཉིད་ལ་ངོ་བོ་ཉིད་མེད་དོ། །རང་གི་མཚན་ཉིད་སྟོང་པ་ཉིད་ལ་ངོ་བོ་ཉིད་མེད་དོ། །མི་དམིགས་པ་སྟོང་པ་ཉིད་ལ་ངོ་བོ་ཉིད་མེད་དོ། །དངོས་པོ་མེད་པ་སྟོང་པ་ཉིད་ལ་ངོ་བོ་ཉིད་མེད་དོ། །ངོ་བོ་ཉིད་སྟོང་པ་ཉིད་ལ་ངོ་བོ་ཉིད་མེད་དོ། །དངོས་པོ་མེད་པའི་ངོ་བོ་ཉིད་སྟོང་པ་ཉིད་ལ་ངོ་བོ་ཉིད་མེད་དོ། །དྲན་པ་ཉེ་བར་གཞག་པ་རྣམས་ལ་ངོ་བོ་ཉིད་མེད་དོ།། ཡང་དག་པར་སྤོང་བ་རྣམས་ལ་ངོ་བོ་ཉིད་མེད་དོ། །རྫུ་འཕྲུལ་གྱི་རྐང་པ་རྣམས་ལ་ངོ་བོ་ཉིད་མེད་དོ། །དབང་པོ་རྣམས་ལ་ངོ་བོ་ཉིད་མེད་དོ། །སྟོབས་རྣམས་ལ་ངོ་བོ་ཉིད་མེད་དོ། །བྱང་ཆུབ་ཀྱི་ཡན་ལག་རྣམས་ལ་ངོ་བོ་ཉིད་མེད་དོ། །འཕགས་པའི་ལམ་ཡན་ལག་བརྒྱད་པ་[2]ལ་ངོ་བོ་ཉིད་མེད་དོ། །འཕགས་པའི་····བདེན་པ་རྣམས་ལ་ངོ་བོ་ཉིད་མེད་དོ། །བསམ་གཏན་རྣམས་ལ་ངོ་བོ་ཉིད་མེད་དོ། །ཚད་མེད་པ་རྣམས་ལ་ངོ་བོ་ཉིད་མེད་དོ། །གཟུགས་མེད་པའི་སྙོམས་པར་འཇུག་པ་རྣམས་ལ་ངོ་བོ་ཉིད་མེད་དོ། །རྣམ་པར་ཐར་པ་རྣམས་ལ་ངོ་བོ་ཉིད་མེད་དོ། །མཐར་གྱིས་གནས་པའི་སྙོམས་པར་འཇུག་པ་རྣམས་ལ་ངོ་བོ་ཉིད་མེད་དོ། །རྣམ་པར་ཐར་པའི་སྒོ་སྟོང་པ་ཉིད་དང་། མཚན་མ་མེད་པ་དང་། སྨོན་པ་མེད་པ་ལ་ངོ་བོ་ཉིད་མེད་དོ། །མངོན་པར་ཤེས་པ་རྣམས་ལ་ངོ་བོ་ཉིད་མེད་དོ།། ཏིང་ངེ་འཛིན་རྣམས་ལ་ངོ་བོ་ཉིད་མེད་དོ། །གཟུངས་ཀྱི་སྒོ་རྣམས་ལ་ངོ་བོ་ཉིད་མེད་དོ། །རྒྱུན་དུ་ཞུགས་པའི་འབྲས་བུ་ལ་ངོ་བོ་ཉིད་མེད་དོ། །ལན་ཅིག་ཕྱིར་འོང་བའི་འབྲས་བུ་ལ་ངོ་བོ་ཉིད་མེད་དོ། །ཕྱིར་མི་འོང་བའི་འབྲས་བུ་ལ་ངོ་བོ་ཉིད་མེད་དོ། །དགྲ་བཅོམ་པ་ཉིད་ལ་ངོ་བོ་ཉིད་མེད་དོ། །རང་བྱང་ཆུབ་ལ་ངོ་བོ་ཉིད་མེད་དོ། །བྱང་ཆུབ་སེམས་དཔའི་ས་རྣམས་[3]ལ་ངོ་བོ་ཉིད་མེད་དོ། །བྱང་ཆུབ་སེམས་དཔའི་སྐྱོན་མེད་པ་ལ་ངོ་བོ་ཉིད་མེད་དོ། །སངས་རྒྱས་ཀྱི་ཞིང་

ཡོངས་སུ་དག་པར་བྱ་བ་ལ་ངོ་བོ་ཉིད་མྱེད་དོ། |སེམས་ཅན་[༧]ཡོངས་སུ་སྨིན་པར་བྱ་བ་ལ་ངོ་བོ་ཉིད་མྱེད་དོ། |དེ་བཞིན་གཤེགས་པའི་སྟོབས་རྣམས་ལ་ངོ་བོ་ཉིད་མྱེད་དོ། |མྱི་འཇིགས་པ་རྣམས་ལ་ངོ་བོ་ཉིད་མྱེད་དོ། |སོ་སོ་ཡང་དག་པར་རིག་པ་རྣམས་ལ་ངོ་བོ་ཉིད་མྱེད་དོ། |བྱམས་པ་ཆེན་པོ་ལ་ངོ་བོ་ཉིད་མྱེད་དོ། |སྙིང་རྗེ་ཆེན་པོ་ལ་ངོ་བོ་ཉིད་མེད་དོ། |སངས་རྒྱས་ཀྱི་ཆོས་མ་འདྲེས་པ་རྣམས་ལ་ངོ་བོ་ཉིད་མྱེད་དོ། |རྣམ་པ་ཐམས་ཅད་མཁྱེན་པ་ཉིད་ལ་ངོ་བོ་ཉིད་མྱེད་དོ། |གང་ལ་ངོ་བོ་ཉིད་མྱེད་པ་དེ་ནི་སྦྱོར་མྱེད་པ་སྟེ[༣]། རབ་འབྱོརད་དེའི་ཕྱིར[༡]། གཟུགས་ནི་སྦྱོར་མྱེད་པའོ། |ཚོར་བ་ནི་སྦྱོར་མྱེད་པའོ། |འདུ་ཤེས་ནི་སྦྱོར་མྱེད་པའོ། |འདུ་བྱེད་ནི་སྦྱོར་མྱེད་པའོ། |རྣམ་པར་ཤེས་པ་ནི་སྦྱོར་མྱེད་པའོ། |མྱིག་ནི་སྦྱོར་མྱེད་པའོ། |རྣ་བ་ནི་སྦྱོར་མྱེད་པའོ། |སྣ་ནི་སྦྱོར་མྱེད་པའོ། |ལྗེ་ནི་སྦྱོར་མྱེད་པའོ། |ལུས་ནི་སྦྱོར་མྱེད་པའོ། |ཡིད་ནི་སྦྱོར་མྱེད་པའོ། |གཟུགས་ནི་སྦྱོར་མྱེད་པའོ། |སྒྲ་ནི་སྦྱོར་མྱེད་པའོ། |དྲི་ནི་སྦྱོར་མྱེད་པའོ། |རོ་ནི་སྦྱོར་མྱེད་པའོ། |རེག་ནི་སྦྱོར་མྱེད་པའོ། |ཆོས་ནི་སྦྱོར་མྱེད་པའོ། |མྱིག[༦]གི་རྣམ་པར་ཤེས་པ་ནི་སྦྱོར་མྱེད་པའོ། |རྣ་བའི་རྣམ་པར་ཤེས་པ་ནི་སྦྱོར་མྱེད་པའོ། |སྣའི་རྣམ་པར་ཤེས་པ་ནི་སྦྱོར་མྱེད་པའོ། |ལྗེའི་རྣམ་པར་ཤེས་པ་ནི་སྦྱོར་མྱེད་པའོ། |ལུས་ཀྱི་རྣམ་པར་ཤེས་པ་ནི་སྦྱོར་མྱེད་པའོ། |ཡིད་ཀྱི་རྣམ་པར་ཤེས་པ་ནི་སྦྱོར་མྱེད་པའོ། |མྱིག་གི་འདུས་ཏེ་རེག་པ་ནི་སྦྱོར་མྱེད་པའོ། |རྣ་བའི་འདུས་ཏེ་རེག་པ་ནི་སྦྱོར་མྱེད་པའོ། |སྣའི་འདུས་ཏེ་རེག་པ་ནི་སྦྱོར་མྱེད་པའོ། |ལྗེའི་འདུས་ཏེ་རེག༔པ་ནི་[༥]སྦྱོར་མྱེད་པའོ། |ལུས་ཀྱི་འདུས་ཏེ་རེག་པ་ནི་སྦྱོར་མྱེད་པའོ། |ཡིད་ཀྱི་འདུས་ཏེ་རེག་པ་ནི་སྦྱོར་མྱེད་པའོ། |མྱིག་གི་འདུས་ཏེ་རེག་པའི་རྐྱེནད་ཀྱིས་ཚོར་བ་ནི་སྦྱོར་མྱེད་པའོ། |རྣ་བའི་འདུས་ཏེ་རེག་པའི་རྐྱེན་ཀྱིས་ཚོར་

བ་ནི་སྦྱོར་མྱེད་པའོ། །སྣའི་འདུས་ཏེ་རེག་པའི་རྐྱེན་གྱིས་ཚོར་བ་ནི་སྦྱོར་མྱེད་····
པའོ༑ །ལྕེའི་འདུས་ཏེ་རེག་པའི་རྐྱེན་གྱིས་ཚོར་བ་ནི་སྦྱོར་མྱེད་པའོ། །ལུས་ཀྱི་
འདུས་ཏེ་རེག་པའི་རྐྱེན་གྱིས་ཚོར་བ་ནི་སྦྱོར་མྱེད་པའོ། །ཡིད་ཀྱི་འདུས་ཏེ་རེག་
པའི་རྐྱེན་གྱིས་ཚོར་བ་ནི་སྦྱོར་མྱེད་པའོ། །སའི་ཁམས་ནི་སྦྱོར་མྱེད་པའོ། །ཆུའི་
ཁམས་ནི་སྦྱོར་མྱེད་པའོ། །མྱེའི་ཁམས་ནི་སྦྱོར་མྱེད་པའོ། །རླུང་གི་ཁམས་ནི་
སྦྱོར་མྱེད་པའོ། །ནམ་མཁའི་ཁམས་ནི་སྦྱོར་མྱེད་པའོ། །རྣམ་པར་ཤེས་པའི་
ཁམས་ནི་སྦྱོར་མྱེད་པའོ། །མ་རིག་པ་ནི་སྦྱོར་མྱེད་པའོ། །འདུ་བྱེད་ནི་སྦྱོར་མྱེད་
པའོ༑ །རྣམ་པར་ཤེས་པ་ནི་སྦྱོར་མྱེད་པའོ། །མྱིང་དང་གཟུགས་ནི་སྦྱོར་མྱེད་
པའོ༑ །སྐྱེ་མཆེད་དྲུག་ནི་སྦྱོར་མྱེད་པའོ། །རེག་པ་ནི་སྦྱོར་མྱེད་པའོ། །ཚོར་བ་
ནི་སྦྱོར་མྱེད་པའོ། །སྲེད་པ་ནི་སྦྱོར་མྱེད་པའོ། །ལེན་པ་ནི་སྦྱོར་མྱེད་པའོ། །
སྲིད་པ་ནི་སྦྱོར་མྱེད་པའོ། །སྐྱེ་བ་ནི་སྦྱོར་མྱེད་པའོ། །རྒ་ཤི་ནི་སྦྱོར་མྱེད་པའོ། །
སྦྱིན་པའི་ཕ་རོལ་ཏུ་ཕྱིན་པ་ནི་སྦྱོར་མྱེད་པའོ། །ཚུལ་ཁྲིམས་ཀྱི་ཕ་རོལ་ཏུ་ཕྱིན་པ་
ནི་སྦྱོར་མྱེད་པའོ། །བཟོད་པའི་ཕ་རོལ་ཏུ་ཕྱིན་པ་ནི་སྦྱོར་མྱེད་པའོ། །བརྩོན་
འགྲུས་ཀྱི་ཕ་རོལ་ཏུ་ཕྱིན་པ་ནི་སྦྱོར་མྱེད་པའོ། །བསམ་གཏན་གྱི་ཕ་རོལ་ཏུ་ཕྱིན་
པ་ནི་སྦྱོར་མྱེད་པའོ། །ཤེས་རབ་ཀྱི་ཕ་རོལ་ཏུ་ཕྱིན་པ་ནི་སྦྱོར་མྱེད་པའོ། །ནང་
སྟོང་པ་ཉིད་ནི་སྦྱོར་མྱེད་པའོ། །ཕྱི་སྟོང་པ་ཉིད་ནི་སྦྱོར་མྱེད་པའོ། །ཕྱི་ནང་
སྟོང་པ་ཉིད་ནི་སྦྱོར་མྱེད་པའོ། །སྟོང་པ་ཉིད་སྟོང་པ་ཉིད་ནི་སྦྱོར་མྱེད་པའོ། །
ཆེན་པོ་སྟོང་པ་ཉིད་ནི་སྦྱོར་མྱེད་པའོ། །དོན་དམ་པ་སྟོང་པ་ཉིད་ནི་སྦྱོར་མྱེད་
པའོ༑ །འདུས་བྱས་སྟོང་པ་ཉིད་ནི་སྦྱོར་མྱེད་པའོ། །འདུས་མ་བྱས་སྟོང་པ་ཉིད་
ནི་སྦྱོར་མྱེད་པའོ། །མཐའ་ལས་འདས་པ་སྟོང་པ་ཉིད་ནི་སྦྱོར་མྱེད་པའོ། །ཐོག་
མ་དང་ཐ་མ་མྱེད་པ་སྟོང་པ་ཉིད་ནི་སྦྱོར་མྱེད་པའོ། །དོར་བ་མྱེད་པ་སྟོང་པ་ཉིད་

ནི་སྦྱོར་མྱེད་པའོ། །རང་བཞིན་སྟོང་པ་ཉིད་ནི་སྦྱོར་མྱེད་པའོ། །ཆོས་ཐམས་ཅད་སྟོང་པ་ཉིད་ནི་སྦྱོར་མྱེད་པའོ། །རང་གི་མཚན་ཉིད་སྟོང་པ་ཉིད་ནི་སྦྱོར་མྱེད་པའོ༑ །མྱི་དམྱིགས་པ་སྟོང་པ་ཉིད་ནི་སྦྱོར་མྱེད་པའོ། །དངོས་པོ་མྱེད་པ་སྟོང་པ་ཉིད་ནི་སྦྱོར་མྱེད་པའོ། །ངོ་བོ་ཉིད་སྟོང་པ་ཉིད་ནི་སྦྱོར་མྱེད་པའོ། །དངོས་པོ་མྱེད་པའི་ངོ་བོ་ཉིད་སྟོང་པ་ཉིད་ནི་སྦྱོར་མྱེད་པའོ། །དྲན་པ་ཉེ་བར་གཞག་པ་རྣམས་ནི་སྦྱོར་མྱེད་པའོ། །ཡང་དག་པར་སྤོང་བ་རྣམས་ནི་སྦྱོར་མྱེད་པའོ། །རྫུ་འཕྲུལ་གྱི་རྐང་པ་རྣམས་ནི་སྦྱོར་མྱེད་པའོ། །དབང་པོ་རྣམས་ནི་སྦྱོར་མྱེད་པའོ། །སྟོབས་རྣམས་ནི་སྦྱོར་མྱེད་པའོ། །བྱང་ཆུབ་ཀྱི་ཡན་ལག་རྣམས་ནི་སྦྱོར་མྱེད་པའོ། །འཕགས་པའི་ལམ་ཡན་ལག་བརྒྱད་པ་ནི་སྦྱོར་མྱེད་པའོ། །འཕགས་པའི་བདེན་པ་རྣམས་ནི་སྦྱོར་མྱེད་པའོ། །བསམ་གཏན་རྣམས་ནི་སྦྱོར་མྱེད་པའོ། །ཚད་མྱེད་པ་རྣམས་ནི་སྦྱོར་མྱེད་པའོ། །གཟུགས་མྱེད་པའི་སྙོམས་པར་འཇུག་པ་རྣམས་ནི་སྦྱོར་མྱེད་པའོ། །རྣམ་པར་ཐར་པ་རྣམས་ནི་སྦྱོར་མྱེད་པའོ། །མཐར་གྱིས་གནས་པའི་སྙོམས་པར་འཇུག་པ་རྣམས་ནི་སྦྱོར་མྱེད་པའོ། །རྣམ་པར་ཐར་པའི་སྒོ་སྟོང་པ་ཉིད་དང་། མཚན་མ་མྱེད་པ་དང་། སྨོན་པ་མྱེད་པ་ནི་སྦྱོར་མྱེད་པའོ༑ །མངོན་པར་ཤེས་པ་རྣམས་ནི་སྦྱོར་མེད་པའོ། ཏིང་ངེ་འཛིན་རྣམས་ནི་སྦྱོར་མྱེད་པའོ། །གཟུངས་ཀྱི་སྒོ་རྣམས་ནི་སྦྱོར་མྱེད་པའོ། །རྒྱུན་དུ་ཞུགས་པའི་འབྲས་བུ་ནི་སྦྱོར་མྱེད་པའོ། །ལན་ཅིག་ཕྱིར་འོང་བའི་འབྲས་བུ་ནི་སྦྱོར་མྱེད་པའོ། །ཕྱིར་མྱི་འོང་བའི་འབྲས་བུ་ནི་སྦྱོར་མྱེད་པའོ། །དགྲ་བཅོམ་པ་ཉིད་ནི་སྦྱོར་མྱེད་པའོ༑ །རང་བྱང་ཆུབ་ནི་སྦྱོར་མྱེད་པའོ། །བྱང་ཆུབ་སེམས་དཔའི་ས་རྣམས་ནི་སྦྱོར་མྱེད་པའོ། །བྱང་ཆུབ་སེམས་དཔའི་སྐྱོན་མྱེད་པ་ནི་སྦྱོར་མྱེད་པའོ། །སངས་རྒྱས་ཀྱི་ཞིང་ཡོངས་སུ་དག་པར་བྱ་བ་ནི་སྦྱོར་མྱེད་པའོ། །སེམས་ཅན་

ཡོངས་སུ་སྨིན་པར་བྱ་བ་ནི་སྤྲོར་མེད་པའོ། །དེ་བཞིན་གཤེགས་པའི་སྟོབས་རྣམས་ནི་སྤྲོར་མེད་པའོ། །མི་འཇིགས་པ་རྣམས་ནི་སྤྲོར་མེད་པའོ། །སོ་སོ་ཡང་དག་པར་རིག་པ་རྣམས་ནི་སྤྲོར་མེད་པའོ། །བྱམས་པ་ཆེན་པོ་ནི་སྤྲོར་མེད་པའོ། །སྙིང་རྗེ་ཆེན་པོ་ནི་སྤྲོར་མེད་པའོ། །སངས་རྒྱས་ཀྱི་ཆོས་མ་འདྲེས་པ་རྣམས་ནི་སྤྲོར་མེད་པའོ། །རྣམ་པ་ཐམས་ཅད་མཁྱེན་པ་ཉིད་ནི་སྤྲོར་མེད་པའོ། །[༡]རབ་འབྱོར་དེ་ལྟར་བྱང་ཆུབ་སེམས་དཔའ་སེམས་དཔའ་ཆེན་པོ་[༢]ཤེས་རབ་ཀྱི་ཕ་རོལ་ཏུ་ཕྱིན་པ་ལ་སྤྱོད་[༣]པའི་ཚེ། བྱང་ཆུབ་སེམས་དཔའི་སྐྱོན་མེད་པ་ལ་འཇུག་གོ། ། །།

ཤེས་རབ་ཀྱི་ཕ་རོལ་ཏུ་ཕྱིན་པ་སྟོང་ཕྲག་བརྒྱ་པ། བམ་པོ་བཅུ་དྲུག་[༤]པ། གསོལ་པ། བཅོམ་ལྡན་འདས་གལ་ཏེ་དེ་ལྟར་ཆོས་གང་ལ་ཡང་ངོ་བོ་ཉིད་དམིགས་སུ་མ་མཆིས་ན། བྱང་ཆུབ་སེམས་དཔའ་སེམས་དཔའ་ཆེན་པོ[༥]། ཉན་ཐོས་ཀྱི་ཤུལ་ཏམ[༦]། རང་སངས་རྒྱས་ཀྱི་ཤུལ་ཏམ[༧]། ཡང་དག་པར་རྫོགས་པའི་སངས་རྒྱས་ཀྱི་ཤུལ་ཏམ[༨]། ཆོས་གང་གིས་བྱང་ཆུབ་སེམས་དཔའི་སྐྱོན་མེད་པར་འཇུག་པར་འགྱུར། བཅོམ་ལྡན་འདས་ཀྱིས་བཀའ་སྩལ་པ། རབ་འབྱོར་བྱང་ཆུབ་སེམས་དཔའ་སེམས་དཔའ་ཆེན་པོ་ནི་ཉན་ཐོས་ཀྱི་ལམ་[༩]གྱིས་བྱང་ཆུབ་སེམས་དཔའི་སྐྱོན་མེད་པར་མི་འཇུག །བྱང་ཆུབ་སེམས་དཔའ་སེམས་དཔའ་ཆེན་པོ་ནི་རང་སངས་རྒྱས་ཀྱི་ལམ་གྱིས་བྱང་ཆུབ་སེམས་དཔའི་སྐྱོན་མེད་པར་མི་འཇུག ། བྱང་ཆུབ་སེམས་དཔའ་སེམས་དཔའ་ཆེན་པོ་ནི་ཡང་དག་པར་རྫོགས་པའི་སངས་རྒྱས་ཀྱི་ལམ་གྱིས་བྱང་ཆུབ་སེམས་དཔའི་སྐྱོན་མེད་པར་མི་འཇུག་གི[༡༠]། རབ་འབྱོར་འདི་ལྟར་བྱང་ཆུབ་སེམས་དཔའ་སེམས་དཔའ་ཆེན་པོ་ནི་ལམ་ཐམས་ཅད་ལ༔བསླབས་ཤིང་[༡༡]། བྱང་ཆུབ་སེམས་དཔའི་སྐྱོན་མེད་པར་འཇུག་གོ། །འདི་ལྟ་སྟེ་དཔེར་ན། བརྒྱད་པ་ནི་ཆོས་ཐམས་ཅད་ལ༔བསླབས་ཤིང་[༡༢]། ཡང་དག་པའི་[༡༣]

སྐྱོན་མེད་པར་འཇུག་སྟེ། ནམ་འབྲས་བུའི་ལམ་མ་གྲུབ་ཀྱི་བར་དུ་འབྲས་བུ་ཐོབ་པར་མི་བྱེད་དེ[1]། རབ་འབྱོར་དེ་བཞིན་དུ་བྱང་ཆུབ་སེམས་དཔའ་སེམས་དཔའ་ཆེན་པོ་ཡང་ལམ་ཐམས་ཅད་བསྒྲུབས་ཤིང་། བྱང་ཆུབ་སེམས་དཔའི་སྐྱོན་མེད་པར[2]འཇུག་སྟེ། ནམ་རྡོ་རྗེ་ལྟ་བུའི་ཏིང་ངེ་འཛིན་ཐོབ་པར་མ་གྱུར་ཀྱི་བར་དུ་རྣམ་པ་ཐམས་ཅད་མཁྱེན་པ་ཉིད་ཐོབ་པར་མི་བྱེད་དོ། །དེས་ཏིང་ངེ་འཛིན་དེ་ཐོབ་མ་ཐག་ཏུ་སྐད་ཅིག་གཅིག་དང་ལྡན་པའི་ཤེས་རབ་ཀྱིས། རྣམ་པ་ཐམས་ཅད་མཁྱེན་པ་ཉིད་ཐོབ་པར་བྱེད་དོ། །གསོལ་པ། བཅོམ་ལྡན་འདས་གལ་ཏེ་དེ་ལྟར་བྱང་ཆུབ་སེམས་དཔའ་སེམས་དཔའ་ཆེན་པོས་ཤུལ་ཐམས་ཅད་ཡོངས་སུ་རྫོགས་པར་བགྱིས་ཏེ། བྱང་ཆུབ་སེམས་དཔའི་སྐྱོན་མ་མཆིས་པར་འཇུག་པར་བགྱིས[3]ན། བཅོམ་ལྡན་འདས༔འདི་ལྟར[4]བརྒྱད་པའི་ཤུལ་ཡང་གཞན། རྒྱུན་དུ་ཞུགས་པའི་ཤུལ་ཡང་གཞན། ལན་ཅིག་ཕྱིར་འོང་བར་ཞུགས་པའི་ཤུལ་ཡང་གཞན། ༔ལན་ཅིག[5]ཕྱིར་འོང་བའི་ཤུལ་ཡང་གཞན། ཕྱིར་མི་འོང་བར་ཞུགས་པའི་ཤུལ་ཡང་གཞན། ཕྱིར་མི་འོང་བའི་ཤུལ་ཡང་གཞན། དགྲ་བཅོམ་པར་ཞུགས་པའི་ཤུལ་ཡང་གཞན། དགྲ་བཅོམ་པའི་ཤུལ་ཡང་གཞན། ༔རང་སངས་རྒྱས་ཀྱི་ཤུལ་ཡང་གཞན།[6] དེ་བཞིན་གཤེགས་པ་དགྲ་བཅོམ་པ་ཡང་དག་པར་རྫོགས་པའི་སངས་རྒྱས་ཀྱི་ཤུལ་ཡང་གཞན་ཏེ། བཅོམ་ལྡན་འདས་གལ་ཏེ་ཤུལ་དེ་དག་གཞན་དང་གཞན་ན། ཇི་ལྟར། བྱང་ཆུབ་སེམས་དཔའ་སེམས་དཔའ་ཆེན་པོས་ཤུལ་ཐམས་ཅད་ཡོངས་སུ་རྫོགས་པར་བགྱིས་ཏེ། བྱང་ཆུབ་སེམས་དཔའི་སྐྱོན[7]མ་མཆིས་པར་འཇུག་པར་བགྱི། བཅོམ་ལྡན་འདས་གལ་ཏེ་བྱང་ཆུབ་སེམས་དཔའ་སེམས་དཔའ་ཆེན་པོས[8]ཤུལ་ཐམས་ཅད་ཡོངས་སུ་རྫོགས་པར་བགྱི་ན། བྱང་ཆུབ་སེམས་དཔའ་སེམས་དཔའ་ཆེན་པོ་དེ་དག་བརྒྱད་པའི་ཤུལ

བསྒྲུབས་ཤིང་། བརྒྱད་པར་མྱི༔གྱུར་ཏམ[7]། མཐོང་བའི་ཤུལ་བསྒྲུབས་ཤིང་། རྒྱུན་དུ་ཞུགས་པར་མྱི༔གྱུར་ཏམ[8]། བསྒོམ་པའི་ཤུལ་བསྒྲུབས་ཤིང་། ལན་ཅིག་ཕྱིར་འོང་བར་ཞུགས་པའམ། ལན་ཅིག་ཕྱིར་འོང་བར་མྱི༔གྱུར་ཏམ[9]། ཕྱིར་མྱི་འོང་བར་ཞུགས་པའམ། ཕྱིར་མྱི་འོང་བར་མྱི༔གྱུར་ཏམ[10]། དགྲ་བཅོམ་པར་ཞུགས་པའམ། དགྲ་བཅོམ་པར་མྱི༔གྱུར་ཏམ[11]། རང་སངས་རྒྱས་ཀྱི་ཤུལ་····· བསྒྲུབས་ཤིང་། རང་སངས་རྒྱས་སུ་མྱི༔འགྱུར་ཏམ[12]། བཅོམ་ལྡན་འདས་བྱང་ཆུབ་སེམས་དཔའ་སེམས་དཔའ་ཆེན་པོ་ནི། བརྒྱད་པར་གྱུར་ནས། བྱང་ཆུབ་སེམས་དཔའི་སྐྱོན༔མ་མཆིས[13]པར་འཇུག་པའི་གནས་དང་། སྐབས་མ་མཆིས་ཏེ་དེ་ནི་གནས་མ་ལགས་སོ། །བྱང་ཆུབ་སེམས་དཔའི་སྐྱོན་མ་མཆིས་པར་མ་ཆུད་པར་ཡང་རྣམ་པ་ཐམས་ཅད་མཁྱེན་པ་ཉིད་ཐོབ་པར་འགྱུར་བའི་གནས་མ་མཆིས[14]། རྒྱུན་དུ་ཞུགས་པའི་འབྲས་བུ་ཐོབ་ནས། བྱང་ཆུབ་སེམས་དཔའི་སྐྱོན་མ་མཆིས་པར་འཇུག་པའི་གནས་མ་མཆིས། བྱང་ཆུབ་སེམས་དཔའི་སྐྱོན་མ་མཆིས་པར་མ་ཆུད་པར་རྣམ་པ་ཐམས་ཅད་མཁྱེན་པ་ཉིད་ཐོབ་པར་འགྱུར་བའི་གནས་མ་མཆིས། ལན་ཅིག་ཕྱིར་འོང་བའི་འབྲས་བུ་ཐོབ་ནས། བྱང་ཆུབ་སེམས་དཔའི་སྐྱོན་མ····· མཆིས་པར་འཇུག་པའི་གནས་མ་མཆིས། བྱང་ཆུབ་སེམས་དཔའི་སྐྱོན་མ་མཆིས་པར་མ་ཆུད་པར་རྣམ་པ་ཐམས་ཅད་མཁྱེན་པ་ཉིད་ཐོབ་པར་འགྱུར་བའི་གནས་མ་མཆིས། ཕྱིར་མྱི་འོང་བའི་འབྲས་བུ་ཐོབ་ནས། བྱང་ཆུབ་སེམས་དཔའི་སྐྱོན་མ་མཆིས་པར་འཇུག་པའི་གནས་མ་མཆིས། བྱང་ཆུབ་སེམས་དཔའི་སྐྱོན་མ་མཆིས་པར་མ་ཆུད་པར་རྣམ་པ་ཐམས་ཅད་མཁྱེན་པ་ཉིད་ཐོབ་པར་འགྱུར་བའི་གནས་མ་མཆིས། དགྲ་བཅོམ་པ་ཉིད་ཐོབ་ནས། བྱང་ཆུབ་སེམས་དཔའི་སྐྱོན་མ་མཆིས་པར་འཇུག་པའི་གནས་མ་མཆིས། བྱང་ཆུབ་སེམས་དཔའི་སྐྱོན་མ་མཆིས་པར་མ་

ཆུད་པར་རྣམ་པ་ཐམས་ཅད་མཁྱེན་པ་ཉིད་ཐོབ་པར་འགྱུར་བའི་གནས་མ་མཆིས། རང་བྱང་ཆུབ་ཐོབ་ནས། བྱང་ཆུབ་སེམས་དཔའི་སྐྱོན་མ་མཆིས་པར་འཇུག་པའི་གནས་མ་མཆིས། བྱང་ཆུབ་སེམས་དཔའི་སྐྱོན་མ་མཆིས་པར་མ་ཆུད་པར་རྣམ་པ་ཐམས་ཅད་མཁྱེན་པ་ཉིད་ཐོབ་པར་འགྱུར་བའི་གནས་མ་མཆིས་ན། བཅོམ་ལྡན་འདས་དེ[༡]ལྟར་བྱང་ཆུབ་སེམས་དཔའ་སེམས་དཔའ་ཆེན་པོ་ཤུལ་ཐམས་ཅད་ཡོངས་སུ་རྫོགས་པར་བགྱིས་ཤིང་། བྱང་ཆུབ་སེམས་དཔའི་སྐྱོན་མ་མཆིས་པར་འཇུག་པར་འགྱུར་བ་དང་། བྱང་ཆུབ་སེམས་དཔའི་སྐྱོན་མ་མཆིས་པར་ཆུད་ནས། རྣམ་པ་ཐམས་ཅད་མཁྱེན་པ་ཉིད་ཐོབ་པར་འགྱུར་བ་དང་། བག་ཆགས་ཀྱི་མཚམས་སྦྱོར་བའི་ཉོན་མོངས་པ་ཐམས་ཅད་ཡོངས་སུ་སྤོང་བར་འགྱུར་བ་ཇི་ལྟར་འཚལ་བར་བགྱི། བཅོམ་ལྡན་འདས་ཀྱིས་བཀའ་སྩལ་པ། རབ་འབྱོརད་དེ་དེ་བཞིན་ནོ། །དེ་དེ་བཞིན་ཏེ། བྱང་ཆུབ་སེམས་དཔའ་སེམས་དཔའ་ཆེན་པོ་བརྒྱད་པར་གྱུར་ཏེ། རྒྱུན་དུ་ཞུགས་པའི་འབྲས་བུ་ཐོབ་པའམ། ལན་ཅིག་ཕྱིར་འོང་བའི་འབྲས་བུ་ཐོབ་པའམ། [༢]ཕྱིར་མི་འོང་བའི་འབྲས་བུ་ཐོབ་པའམ། དགྲ་བཅོམ་པ་ཉིད་ཐོབ་པའམ[༣]། རང་བྱང་ཆུབ་ཐོབ་པར་གྱུར་ནས། བྱང་ཆུབ་སེམས་དཔའི་སྐྱོན་མེད་པར་འཇུག་པའི་གནས་དང་སྐབས་མེད་དེ[༤]། དེ་ནི་གནས་མ་ཡིན་ནོ། །བྱང་ཆུབ་སེམས་དཔའི་སྐྱོན་མེད་པར་མ་ཆུད་པར་ཡང་རྣམ་པ་ཐམས་ཅད་མཁྱེན་པ་ཉིད་ཐོབ་པར་འགྱུར་བའི་གནས་མེད་དོ། །རབ་འབྱོར་འོན་ཀྱང་འདི་ལྟར་བྱང་ཆུབ་སེམས་དཔའ་སེམས་དཔའ་ཆེན་པོ་ནི། སེམས་དང་པོ་བསྐྱེད་པ་ནས་ཉེ་བར་བཟུང་[༥]སྟེ། ཕ་རོལ་ཏུ་ཕྱིན་པ་དྲུག་ལ་སྤྱོད་པའི་ཚེ། ཤེས་པ་དང་མཐོང་བས་ས་བརྒྱད་[༦]ལས་ཡོངས་སུ་འདས་ཏེ[༧]། བརྒྱད་གང་ཞེ་ན། དཀར་པོ་རྣམ་པར་མཐོང་བའི་ས་དང་། རིགས་ཀྱི་ས་དང་། བརྒྱད་པའི་ས་

དང་། མཐོང་བའི་ས་དང་། བསྲབས་པའི་ས་དང་། འདོད་ཆགས་དང་བྲལ་བའི་ས་དང་། བྱས་པ་རྟོགས་[༡]པའི་ས་དང་། [༢]རང་སངས་རྒྱས་ཀྱི་ས་སྟེ། ས་བསྟན་པ་བརྒྱད་པོ་འདི་དག་ལས་ཤེས་པ་དང་། མཐོང་བས་འདས་ནས། ལམ་གྱི་རྣམ་པ་ཤེས་པ་ཉིད་ཀྱིས་བྱང་ཆུབ་སེམས་དཔའི་སྐྱོན་མེད་པར་འཇུག་གོ། །བྱང་ཆུབ་སེམས་དཔའི་སྐྱོན་མེད་པར་ཞུགས་ནས། རྣམ་པ་ཐམས་ཅད་མཁྱེན་པ་ཉིད་ཀྱི་ཡེ་ཤེས་ཀྱིས་[༣]བག་ཆགས་ཀྱི་མཚམས་སྦྱོར་བའི་ཉོན་མོངས་པ་ཐམས་ཅད་རབ་ཏུ་སྤོང་ངོ་[༤]། །རབ་འབྱོར་དེ་ལ་བརྒྱད་པའི་ཡེ་ཤེས་གང་ཡིན་པ་དེ་ཡང་བྱང་ཆུབ་སེམས་དཔའ་སེམས་དཔའ་ཆེན་པོའི་བཟོད་པ་[༥]རྒྱུན་ཏུ་ཞུགས་པའི་ཡེ་ཤེས་དང་། སྤོང་བ་[༦]གང་ཡིན་པ་དེ་ཡང་བྱང་ཆུབ་སེམས་དཔའ་སེམས་དཔའ་ཆེན་པོའི་བཟོད་པ་ལན་ཅིག་ཕྱིར་འོང་བའི་ཡེ་ཤེས་དང་། སྤོང་བ་གང་ཡིན་པ་དེ་ཡང་བྱང་ཆུབ་སེམས་དཔའ་སེམས་དཔའ་ཆེན་པོའི་བཟོད་པ། ཕྱིར་མི་འོང་བའི་ཡེ་ཤེས་དང་། སྤོང་བ་གང་ཡིན་པ་དེ་ཡང་[༧]བྱང་ཆུབ་སེམས་དཔའ་སེམས་དཔའ་ཆེན་པོའི་བཟོད་པ། དགྲ་བཅོམ་པའི་ཡེ་ཤེས་དང་། སྤོང་བ་གང་ཡིན་པ་དེ་ཡང་བྱང་ཆུབ་སེམས་དཔའ་སེམས་དཔའ་ཆེན་པོའི་བཟོད་པ། རང་སངས་རྒྱས་ཀྱི་ཡེ་ཤེས་དང་། སྤོང་བ་གང་ཡིན་པ་དེ་ཡང་བྱང་ཆུབ་སེམས་དཔའ་སེམས་དཔའ་ཆེན་པོའི་བཟོད་པ་ཆེན་པོ་སྟེ། དེ་ལྟ་བས་ན་བྱང་ཆུབ་སེམས་དཔའ་སེམས་དཔའ་ཆེན་པོ་ནི་ཉན་ཐོས་དང་རང་སངས་རྒྱས་ཀྱི་ལམ་ཡོངས་སུ་རྫོགས་པར་བྱས་ཤིང་། ལམ་གྱི་རྣམ་པ་ཤེས་པ་ཉིད་ཀྱི་ཡེ་ཤེས་ཀྱིས་བྱང་ཆུབ་སེམས་དཔའི་སྐྱོན་མེད་པར་འཇུག་གོ། །བྱང་ཆུབ་སེམས་དཔའི་སྐྱོན་མེད་པར་ཞུགས་ནས། རྣམ་པ་ཐམས་ཅད་མཁྱེན་པ་ཉིད་ཀྱིས་བག་ཆགས་ཀྱི་མཚམས་སྦྱོར་བའི་ཉོན་མོངས་པ་ཐམས་ཅད་རབ་ཏུ་སྤོང་ངོ་། །རབ་འབྱོར་དེ་ལྟ་བས་[༨]ན་བྱང་ཆུབ་

སེམས་དཔའ་སེམས་དཔའ་ཆེན་པོ་ལམ་ཐམས་ཅད་ཡོངས་སུ་རྫོགས་པར་བྱས་[༡] ནས། བླ་ན་མེད་པ་ཡང་དག་པར་རྫོགས་པའི་བྱང་ཆུབ་ཏུ་མངོན་པར་རྫོགས་པར་སངས་རྒྱས་ཞིང་[༢]། འབྲས་བུ་ལྟར་སེམས་ཅན་ཐམས་ཅད་ཀྱི་ཉེ་བར་འཚོ་བར་འགྱུར་རོ། །གསོལ་པ། བཅོམ་ལྡན་འདས་གང་ཉན་ཐོས་ཀྱི་ཤུལ་དང་། རང་སངས་རྒྱས་ཀྱི་ཤུལ་དང་། སངས་རྒྱས་ཀྱི་ཤུལ་དེ་དག་ལས་ལམ་གྱི་རྣམ་པ་ཤེས་པ་ཉིད་ཀྱི་ཤུལ་གང་ལགས། བཅོམ་ལྡན་འདས་ཀྱིས་བཀའ་སྩལ་པ། རབ་འབྱོར་བྱང་ཆུབ་སེམས་དཔའ་སེམས་དཔའ་ཆེན་པོས་ལམ་གྱི་རྣམ་པ་[༣] ཤེས་པ་ཉིད་རྣམ་པར་དག་པ་[༤] བསྒྲུབ་པར༔ བྱ་སྟེ[༥]། དེ་ལས་[༦] ལམ་གྱི་རྣམ་པ་ཤེས་པ་ཉིད་རྣམ་པར་དག་པ་ནི་[༧] རྣམ་པ་གང་དང་གང་དང་[༨]། ཚུལ་གང་དང༔ གང་དང་[༩]། མཚན་མ་གང་དང་གང་གིས་ལམ་དུ་བརྗོད་པའི་རྣམ་པ་དེ་དག་དང་། ཚུལ་དེ་དག་དང་། མཚན་མ་དེ་དག་བྱང་ཆུབ་སེམས་དཔའ་སེམས་དཔའ་ཆེན་པོས། མངོན་པར་རྫོགས་པར་འཚང་རྒྱ་བར་བྱ་བ་དང་། མངོན་པར་རྫོགས་པར་སངས་རྒྱས་ནས་ཛི་[༡༠] ནས་ཀྱང་གཞན་གྱིས་ཤེས་པར་འགྱུར་བ་དང་། གཞན་འདུལ་[༡༡] བའི་དོན་དུ་གཞན་ལ་བརྗོད་པ་དང་བསྟན་པ་དང་། བཤད་པ་དང་། གདགས་པ་དང་། རྣམ་པར་དགོད་པ་སྟེ། དེ་ལ་བྱང་ཆུབ་སེམས་དཔའ་སེམས་དཔའ་ཆེན་པོས་[༡༢] སྒྲ་བརྙན་ལྟ་བུ་ཤེས་པར་བྱ་བའི་[༡༣] དོན་དུ་སྒྲ་སྐད་དང་། བརྡར་བྱ་བ་གང་གིས་སྟོང་གསུམ་གྱི་སྟོང་ཆེན་པོའི་འཇིག་རྟེན་གྱི་ཁམས་སུ་གོ་བར་འགྱུར་[༡༤] བ་ལྟ་བུའི་སྒྲ་སྐད་དང་། བཛྲ་[༡༥] ཐམས་ཅད་བརྗོད་པར་བྱ། ཡོངས་སུ༔ གཟུང་བར་བྱ་སྟེ[༡༦]། རབ་འབྱོར་རྣམ་གྲངས་དེས་ཀྱང་བྱང་ཆུབ་སེམས་དཔའ་སེམས་དཔའ་ཆེན་པོས། ལམ་ཐམས་ཅད་ཡོངས་སུ་རྫོགས་པར་བྱའོ། །ལམ་ཐམས་ཅད༔ ཤེས་པ་ཉིད་[༡༧] ཡོངས་སུ་རྫོགས་པར་བྱས་ནས། སེམས་ཅན་ཐམས་

ཅད་ཀྱི་བསམ་པ་རིག་པར་བྱས་ནས(༢)། སེམས་ཅན་དམྱལ་བ་(༣)པའི་སེམས་ཅན་རྣམས་ཀྱི་སེམས་ཅན་དམྱལ་བའི་ལམ་ཤེས་པར་བྱའོ། །རྒྱུ་ཤེས་པར་བྱའོ། །འབྲས་བུ་ཤེས་པར་བྱའོ། །ཿདེས་ཀྱང་(༤)སེམས་ཅན་དམྱལ་བའི་ལམ་(༥)བཟློག་པར་ཿབྱ་སྟེ(༦)། རྒྱུ་ལས་ཀྱང་བཟློག་པར་བྱའོ། །འབྲས་བུ་ལས་ཀྱང་བཟློག་པར་བྱའོ། །ཕྱུལ་སོང་གི་སྐྱེ་གནས་ཀྱི་སེམས་ཅན་རྣམས་ཀྱི་ཕྱུལ་སོང་གི་སྐྱེ་གནས་ཀྱི་ལམ་ཤེས་པར་བྱའོ། །རྒྱུ་ཤེས་པར་བྱའོ། །འབྲས་བུ་ཤེས་པར་བྱའོ། །དེས་ཀྱང་ཕྱུལ་སོང་གི་སྐྱེ་གནས་ཀྱི་ལམ་(༧)བཟློག་པརཿབྱ་སྟེ(༨)། རྒྱུ་ལས་ཀྱང་བཟློག་པར་བྱའོ(༩)། །འབྲས་བུ་ལས་ཀྱང་བཟློག་པར་བྱའོ། །གཤིན་རྗེའིཿའཇིག་རྟེན་(༡༠)པའི་སེམས་ཅན་རྣམས་ཀྱི་གཤིན་རྗེའི་འཇིག་རྟེན་གྱི་ལམ་ཤེས་པར་བྱའོ། །རྒྱུ་ཤེས་པར་བྱའོ། །འབྲས་བུ་(༡༡)ཤེས་པར་བྱའོ། །དེས་(༡༢)ཀྱང་གཤིན་རྗེའི་འཇིག་རྟེན་གྱི་ལམ་(༡༣)བཟློག་པརཿབྱ་སྟེ(༡༤)། རྒྱུ་ལས་ཀྱང་བཟློག་པར་བྱའོ། །འབྲས་བུ་ལས་ཀྱང་བཟློག་པར་བྱའོ༔ །མིའམ་ཅི་རྣམས་ཀྱི་ལམ་ཤེས་པར་བྱའོ། །རྒྱུ་ཤེས་པར་བྱའོ། །འབྲས་བུ་ཤེས་པར་བྱའོ། །ལྟོ་འཕྱེ་ཆེན་པོ་རྣམས་ཀྱི་ལམ་ཤེས་པར་བྱའོ། །རྒྱུ་ཤེས་པར་བྱའོ༔ །འབྲས་བུ་ཤེས་པར་བྱའོ། །ཀླུ་རྣམས་ཀྱི་ལམ་ཤེས་པར་བྱའོ། །རྒྱུ་ཤེས་པར་བྱའོ། །འབྲས་བུ་ཤེས་པར་བྱའོ། །གནོད་སྦྱིན་རྣམས་ཀྱི་ལམ་ཤེས་པར་བྱའོ༔ །རྒྱུ་ཤེས་པར་བྱའོ། །འབྲས་བུ་ཤེས་པར་བྱའོ། །མི་རྣམས་ཀྱི་ལམ་ཤེས་པར་བྱའོ། །རྒྱུ་ཤེས་པར་བྱའོ། །འབྲས་བུ་ཤེས་པར་བྱའོ། །ལྷ་རྣམས་ཀྱི་ལམ་ཤེས་པར་བྱའོ། །རྒྱུ་ཤེས་པར་བྱའོ། །འབྲས་བུ་ཤེས་པར་བྱའོ། །ཚངས་པ་རྣམས་ཀྱི་ལམ་ཤེས་པར་བྱའོ། །རྒྱུ་ཤེས་པར་བྱའོ། །འབྲས་བུ་ཤེས་པར་བྱའོ། །ཀུན་སྣང་དང་བའི་(༡༥)ལྷ་རྣམས་ཀྱི་ལམ་ཤེས་པར་བྱའོ། །རྒྱུ་ཤེས་པར་བྱའོ། །འབྲས་བུ་ཤེས་པར་བྱའོ། །དགེ་རྒྱས་ཀྱི་ལྷ་རྣམས་ཀྱི་ལམ་ཤེས་པར་བྱའོ། །རྒྱུ་

ཤེས་པར་བྱའོ། །འབྲས་བུ་ཤེས་པར་བྱའོ། །འབྲས་བུ་ཆེ་བའི་ལྷ་རྣམས་ཀྱི་ལམ་
ཤེས་པར་བྱའོ། །རྒྱུ་ཤེས་པར་བྱའོ། །འབྲས་བུ་ཤེས་པར་བྱའོ། །འདུ་ཤེས་
མེད་པའི་སེམས་ཅན་རྣམས་ཀྱི་ལམ་ཤེས་པར་བྱའོ། །རྒྱུ་ཤེས་པར་བྱའོ། །
འབྲས་བུ་ཤེས་པར་བྱའོ། །མི་ཆེ་བའི་ལྷ་རྣམས་ཀྱི་ལམ་ཤེས་པར་བྱའོ། །རྒྱུ་ཤེས་
པར་བྱའོ། །འབྲས་བུ་ཤེས་པར་བྱའོ། །མི་གདུང་བའི་ལྷ་རྣམས་ཀྱི་ལམ་ཤེས་
པར་བྱའོ། །རྒྱུ་ཤེས་པར་བྱའོ། །འབྲས་བུ་ཤེས་པར་བྱའོ། །ཤིན་ཏུ་མཐོང་
བའི་ལྷ་རྣམས་ཀྱི་ལམ་ཤེས་པར་བྱའོ། །རྒྱུ་ཤེས་པར་བྱའོ། །འབྲས་བུ་ཤེས་པར་
བྱའོ། །གྱ་ནོམ་སྣང་བའི་ལྷ་རྣམས་ཀྱི་ལམ་ཤེས་པར་བྱའོ། །རྒྱུ་ཤེས་པར་བྱའོ། །
འབྲས་བུ་ཤེས་པར་བྱའོ། །འོག་མིན་གྱི་ལྷ་རྣམས་ཀྱི་ལམ་ཤེས་པར་བྱའོ། །རྒྱུ་
ཤེས་པར་བྱའོ། །འབྲས་བུ་ཤེས་པར་བྱའོ། །ནམ་མཁའ་མཐའ་ཡས་སྐྱེ་མཆེད་
ཀྱི་ལྷ་རྣམས་ཀྱི་ལམ་ཤེས་པར་བྱའོ། །རྒྱུ་ཤེས་པར་བྱའོ། །འབྲས་བུ་ཤེས་པར་
བྱའོ། །རྣམ་ཤེས་མཐའ་ཡས་སྐྱེ་མཆེད་ཀྱི་ལྷ་རྣམས་ཀྱི་ལམ་ཤེས་པར་བྱའོ། །རྒྱུ་
ཤེས་པར་བྱའོ། །འབྲས་བུ་ཤེས་པར་བྱའོ། །ཆུང་ཟད་མེད་པའི་སྐྱེ་མཆེད་ཀྱི་ལྷ་
རྣམས་ཀྱི་ལམ་ཤེས་པར་བྱའོ། །རྒྱུ་ཤེས་པར་བྱའོ། །འབྲས་བུ་ཤེས་པར་བྱའོ། །
འདུ་ཤེས་མེད་འདུ་ཤེས་མེད་མིན་[1] སྐྱེ་མཆེད་ཀྱི་ལྷ་རྣམས་ཀྱི་ལམ་ཤེས་པར་བྱའོ། །
རྒྱུ་ཤེས་པར་བྱའོ། །འབྲས་བུ་ཤེས་པར་བྱའོ། །དྲན་པ་ཉེ་བར་གཞག་པ་བཞི་
ཤེས་པར་བྱའོ། །ཡང་དག་པར་སྤོང་བ་བཞི་ཤེས་པར་བྱའོ། །རྫུ་འཕྲུལ་གྱི་རྐང་
པ་བཞི་ཤེས་པར་བྱའོ། །དབང་པོ་ལྔ་ཤེས་པར་བྱའོ། །སྟོབས་ལྔ་ཤེས་པར་བྱའོ། །
བྱང་ཆུབ་ཀྱི་ཡན་ལག་བདུན་ཤེས་པར་བྱའོ། །འཕགས་པའི་ལམ་ཡན་ལག་བརྒྱད་
པ་ཤེས་པར་བྱའོ། །རྣམ་པར་ཐར་པའི་སྒོ་གསུམ་ཤེས་པར་བྱའོ། །བསམ་
གཏན་བཞི་ཤེས་པར་བྱའོ། །ཚད་མེད་པ་བཞི་ཤེས་པར་བྱའོ། །གཟུགས་མེད་

པའི་སྙོམས་པར་འཇུག་པ་བཞི་ཞེས་པར་བྱའོ། །རྣམ་པར་ཐར་པ་བརྒྱད་ཞེས····
པར་བྱའོ། །མཐར་གྱིས་གནས་པའི་སྙོམས་པར་འཇུག་པ་དགུ་ཞེས་པར་བྱའོ། །
ཿཉིང་ངེ་འཛིན་རྣམས་ཞེས་པར་བྱའོ། །གཟུངས་ཀྱི་སྒོ་རྣམས་ཞེས་པར་བྱའོ། །[༡]
དེ་བཞིན་གཤེགས་པའི་སྟོབས་བཅུ་ཞེས་པར་བྱའོ། །མི་འཇིགས་པ་བཞི་ཞེས་པར་
བྱའོ༏ །སོ་སོ་ཡང་དག་པར་རིག་པ་བཞི་ཞེས་པར་བྱའོ། །སངས་རྒྱས་ཀྱི་ཆོས་མ་
འདྲེས་པ་བཅོ་བརྒྱད་ཞེས་པར་བྱའོ། །བྱམས་པ་ཆེན་པོ་ཞེས་པར་བྱའོ། །སྙིང་
རྗེ་ཆེན་པོ་ཞེས་པར་བྱའོ། །ལམ་དེ་དག་གིས་ཀྱང་སེམས་ཅན་གང་རྒྱུན་དུ་ཞུགས་
པའི་འབྲས་བུ་ལ་དགོད་པར་བྱ་བ་དེ་དག་ནི། རྒྱུན་དུ་ཞུགས་པའི་འབྲས་བུ་ལ་
འགོད[༢]༏ གང་ལན་ཅིག་ཕྱིར་འོང་བའི་འབྲས་བུ་ལ་དགོད་པར་བྱ་བཿདེ་དག[༣]
ནི་ལན་ཅིག་ཕྱིར་འོང་བའི་འབྲས་བུ་ལ་འགོད[༤]། གང་ཕྱིར་མི་འོང་བའི་འབྲས་
བུ་ལ་དགོད་པར་བྱ་བ་དེ་དག་ནི། ཕྱིར་མི་འོང་བའི་འབྲས་བུ་ལ་འགོད[༥]།
གང་དགྲ་བཅོམ་པ་ཉིད་ལ་དགོད་པར་བྱ་བ་དེ་དག་ནི་དགྲ་བཅོམ་པ་ཉིད་ལ····
འགོད[༦]༏ གང་རང་བྱང་ཆུབ་ལ་དགོད་པར་བྱ་བ་དེ་དག་ནི། རང་བྱང་ཆུབ་ལ་
འགོད༏ གང་བྱང་ཆུབ་ལ་དགོད[༧]པར་བྱ་བ་དེ་དག་ནི་བྱང་ཆུབ་ལ་འགོད་དོ། །
རབ་འབྱོར་འདི་ནི་བྱང་ཆུབ་སེམས་དཔའ་སེམས་དཔའ་ཆེན་པོའི་ལམ་གྱི་རྣམ་པ···
ཞེས་པ་ཉིད་དོ། །དེ་དག་ལཿབསླབས་ཤིང[༨]། བྱང་ཆུབ་སེམས་དཔའ་སེམས་
དཔའ་ཆེན་པོ་སེམས་ཅན་རྣམས་ཀྱི་བསམ་པ་ལ་འཇུག་གོ། །སེམས་ཅན་རྣམས་
ཀྱི་བསམ་པ་ལ་ཞུགས་ནས་དེ་བཞིན་དུ་ཆོས་སྟོནཿཏོ། །[༩]དེས་ཆོས་བསྟན་པ་དེ་
ཡང་འབྲས་བུ་མེད་པར་མི་འགྱུར་རོ། །དེ་ཅིའི་ཕྱིར་ཞེ་ན། དེ་ནི་འདི་ལྟར་དེས་
གཞན་གྱི་དབང་པོ་ཤིན་ཏུ་ཤེས་པར་བྱས་པའི་ཕྱིར་ཏེ། དེ་ནི་སེམས་ཅན་རྣམས་
ཀྱི་ལམ་དང་། ལམ་མ་ཡིན་པ་དང་། འཆི་འཕོ[༡༠]དང་། སྐྱེ་བ་ཡང་རབ་ཏུ་

ཞེས་སོ། །རབ་འབྱོརད་བྱང་ཆུབ་སེམས་དཔའ་སེམས་དཔའ་ཆེན་པོས། ཞེས་རབ་ཀྱི་ཕ་རོལ་ཏུ་ཕྱིན་པ་ལ་དེ་ལྟར་སྤྱད་པར༔ བྱ་སྟེ[1]། ཞེས་རབ་ཀྱི་ཕ་རོལ་ཏུ་ཕྱིན་པ་འདིར་ནི། བྱང་ཆུབ་[2]ཀྱི་ཕྱོགས་གང་ལ་བྱང་ཆུབ་སེམས་དཔའ་སེམས་དཔའ་ཆེན་པོས་བསླབ་པར་བྱ་བའམ། ཉན་ཐོས་ཀྱིས་[3]བསླབ་པར་བྱ་བའམ། རང་སངས་རྒྱས་ཀྱིས་བསླབ་པར་བྱ་བའི་ཆོས་ཐམས་ཅད་གང་ཡང་མ་འདུས་པ་མེད་དོ། །གསོལ་པ། བཅོམ་ལྡན་འདས་གལ་ཏེ་དེ་ལྟར་བྱང་ཆུབ་ཀྱི༔ ཕྱོགས་ཀྱི་[4]ཆོས་གང་ལགས༔ པ་དང་། བྱང་ཆུབ་གང་ལགས་[5]པའི་ཆོས་དེ་དག་ཐམས་ཅད་ལྡན་པ་ཡང་མ་ལགས། མི་ལྡན་པ་ཡང་མ་ལགས[6]། གཟུགས་མ་མཆིས་པ། བསྟན་ཏུ་མ་མཆིས[7]། ཐོགས་པ་མ་མཆིས་པ་སྟེ། འདི་ལྟར་མཚན་ཉིད་མ་མཆིས་པར་[8]མཚན་ཉིད་གཅིག་ན། ཇི་ལྟར་བྱང་ཆུབ་ཀྱི་ཕྱོགས་ཀྱི་ཆོས་རྣམས་བྱང་ཆུབ་བསྒྲུབ་[9]པར་འགྱུར་བ་ལགས། བཅོམ་ལྡན་འདས་ལྡན་པ་ཡང་མ་ལགས༔ མི་ལྡན་པ་ཡང་མ་ལགས་ལ། གཟུགས་མ་མཆིས་ཤིང་བསྟན་དུ་མ་མཆིས༔ ཐོགས་པ་མ་མཆིས་པ[10]། འདི་ལྟར་མཚན་ཉིད་མ་མཆིས། མཚན་ཉིད་གཅིག་པ་ནི་ཆོས་གང་ལ་ཡང་བསྒྲུབ་[11]པའམ། འཇིག་པར་བགྱིད་པ་མ་མཆིས་སོ། །བཅོམ་ལྡན་འདས་འདི་ལྟ་སྟེ་དཔེར་ན། ནམ་མཁའ་ནི་ཆོས་གང་ལ་ཡང་བསྒྲུབ་[12]པའམ། འཇིག་པར་མི་བགྱིད་དོ། །བཅོམ་ལྡན་འདས་དེ་བཞིན་དུ་རང་གི་མཚན་ཉིད་ཀྱིས་སྟོང་པའི་ཆོས་ནི། ཆོས་གང་ལ་ཡང་བསྒྲུབ་[13]པའམ༔ འཇིག་པར་བགྱིད་པ་མ་མཆིས་སོ། །བཅོམ་ལྡན་འདས་ཀྱིས་བཀའ་སྩལ་པ། རབ་འབྱོར་དེ་དེ་བཞིན་ནོ། །དེ་དེ་བཞིན་ཏེ། རབ་འབྱོར་རང་གི་མཚན་ཉིད་ཀྱིས་སྟོང་པའི་ཆོས་ནི། ཆོས་གང་ལ་ཡང་བསྒྲུབ་[14]པའམ། འཇིག་པར་བྱེད་པ་མེད་དོ། །རབ་འབྱོར་སེམས་ཅན་གང་རང་གི་མཚན་ཉིད་ཀྱིས་སྟོང་

པའི་ཆོས་སྨྲི་ཤེས་པ་དེ་དག་གི་དོན་དུ་འདི་སྐད་དུ་འདི་དག་ནི། བྱང་ཆུབ་ཀྱི·····
ཕྱོགས་ཀྱི་ཆོས་བྱང་ཆུབ་ཏུ⑦ཐོབ་པར་བྱེད་པའོ་ཞེས་བཤད་ཀྱི། རབ་འབྱོར་རང་དེ་
ནི་འདི་ལྟར་གཟུགས་གང་ཡིན་པ་དང་། ཚོར་བ་གང་ཡིན་པ་དང་། འདུ་ཤེས་
གང་ཡིན་པ་དང་། འདུ་བྱེད་གང་ཡིན་པ་དང་། རྣམ་པར་ཤེས་པ་གང་ཡིན་པ་
དང་། མིག་གང་ཡིན་པ་དང་། རྣ་བ་གང་ཡིན་པ་དང་། སྣ་གང་ཡིན་པ་
དང་། ལྗེ་གང་ཡིན་པ་དང་། ལུས་གང་ཡིན་པ་དང་། ཡིད་གང་ཡིན་པ་དང་།
གཟུགས་གང་ཡིན་པ་དང་། སྒྲ་གང་ཡིན་པ་དང་། དྲི་གང་ཡིན་པ་དང་། རོ་
གང་ཡིན་པ་དང་། རེག་གང་ཡིན་པ་དང་། ཆོས་གང་ཡིན་པ་དང་། མིག་གི་
རྣམ་པར་ཤེས་པ་གང་ཡིན་པ་དང་། རྣ་བའི་རྣམ་པར་ཤེས་པ་གང་ཡིན་པ་དང་།
སྣའི་རྣམ་པར་ཤེས་པ་གང་ཡིན་པ་དང་། ལྗེའི་རྣམ་པར་ཤེས་པ་གང་ཡིན་པ·····
དང་། ལུས་ཀྱི་རྣམ་པར་ཤེས་པ་གང་ཡིན་པ་དང་། ཡིད་ཀྱི་རྣམ་པར་ཤེས་པ་
གང་ཡིན་པ་དང་། མིག་གི་འདུས་ཏེ་རེག་པ་གང་ཡིན་པ་དང་། རྣ་བའི་འདུས་
ཏེ་རེག་པ་གང་ཡིན་པ་དང་། སྣའི་འདུས་ཏེ་རེག་པ་གང་ཡིན་པ་དང་། ལྗེའི་
འདུས་ཏེ་རེག་པ་གང་ཡིན་པ་དང་། ལུས་ཀྱི་འདུས་ཏེ་རེག་པ་གང་ཡིན་པ་དང་།
ཡིད་ཀྱི་འདུས་ཏེ་རེག་པ་གང་ཡིན་པ་དང་། མིག་གི་འདུས་ཏེ་རེག་པའི་རྐྱེན་
གྱིས་ཚོར་བ་གང་ཡིན་པ་དང་། རྣ་བའི་འདུས་ཏེ་རེག་པའི་རྐྱེན་གྱིས་ཚོར་བ་གང་
ཡིན་པ་དང་། སྣའི་འདུས་ཏེ་རེག་པའི་རྐྱེན་གྱིས་ཚོར་བ་གང་ཡིན་པ་དང་།
ལྗེའི་འདུས་ཏེ་རེག་པའི་རྐྱེན་གྱིས་ཚོར་བ་གང་ཡིན་པ་དང་། ལུས་ཀྱི་འདུས་ཏེ་
རེག་པའི་རྐྱེན་གྱིས་ཚོར་བ་གང་ཡིན་པ་དང་། ཡིད་ཀྱི་འདུས་ཏེ་རེག་པའི་རྐྱེན་
གྱིས་ཚོར་བ་གང་ཡིན་པ་དང་། སའི་ཁམས་གང་ཡིན་པ་དང་། ཆུའི་ཁམས་
གང་ཡིན་པ་དང་། མེའི་ཁམས་གང་ཡིན་པ་དང་། རླུང་གི་ཁམས་གང་ཡིན་པ་

དང་། ནམ་མཁའི་ཁམས་གང་ཡིན་པ་དང་། རྣམ་པར་ཤེས་པའི་ཁམས་གང་ཡིན་པ་དང་། མ་རིག་པ་གང་ཡིན་པ་དང་། འདུ་བྱེད་གང་ཡིན་པ་དང་། རྣམ་པར་ཤེས་པ་གང་ཡིན་པ་དང་། མིང་དང་གཟུགས་གང་ཡིན་པ་དང་། སྐྱེ་མཆེད་དྲུག་གང་ཡིན་པ་དང་། རེག་པ་གང་ཡིན་པ་དང་། ཚོར་བ་གང་ཡིན་པ་དང་། སྲེད་པ་གང་ཡིན་པ་དང་། ལེན་པ་གང་ཡིན་པ་དང་། སྲིད་པ་གང་ཡིན་པ་དང་། སྐྱེ་བ་གང་ཡིན་པ་དང་། རྒ་ཤི་གང་ཡིན་པ་དང་། སྦྱིན་པའི་ཕ་རོལ་ཏུ་ཕྱིན་པ་གང་ཡིན་པ་དང་། ཚུལ་ཁྲིམས་ཀྱི་ཕ་རོལ་ཏུ་ཕྱིན་པ་གང་ཡིན་པ་དང་། བཟོད་པའི་ཕ་རོལ་ཏུ་ཕྱིན་པ་གང་ཡིན་པ་དང་། བརྩོན་འགྲུས་ཀྱི་ཕ་རོལ་ཏུ་ཕྱིན་པ་གང་ཡིན་པ་དང་། བསམ་གཏན་གྱི་ཕ་རོལ་ཏུ་ཕྱིན་པ་གང་ཡིན་པ་དང་། ཤེས་རབ་ཀྱི་ཕ་རོལ་ཏུ་ཕྱིན་པ་གང་ཡིན་པ་དང་། ནང་སྟོང་པ་ཉིད་གང་ཡིན་པ་དང་། ཕྱི་སྟོང་པ་ཉིད་གང་ཡིན་པ་དང་། ཕྱི་ནང་སྟོང་པ་ཉིད་གང་ཡིན་པ་དང་། སྟོང་པ་ཉིད་སྟོང་པ་ཉིད་གང་ཡིན་པ་དང་། ཆེན་པོ་སྟོང་པ་ཉིད་གང་ཡིན་པ་དང་། དོན་དམ་པ་སྟོང་པ་ཉིད་གང་ཡིན་པ་དང་། འདུས་བྱས་སྟོང་པ་ཉིད་གང་ཡིན་པ་དང་། འདུས་མ་བྱས་སྟོང་པ་ཉིད་གང་ཡིན་པ····དང་། མཐའ་ལས་འདས་པ་སྟོང་པ་ཉིད་གང་ཡིན་པ་དང་། ཐོག་མ་དང་ཐ་མ་མེད་པ་སྟོང་པ་ཉིད་གང་ཡིན་པ་དང་། དོར་བ་མེད་པ་སྟོང་པ་ཉིད་གང་ཡིན་པ་དང་། རང་བཞིན་སྟོང་པ་ཉིད་གང་ཡིན་པ་དང་། ཆོས་ཐམས་ཅད་སྟོང་པ་ཉིད་གང་ཡིན་པ་དང་། རང་གི་མཚན་ཉིད་སྟོང་པ་ཉིད་གང་ཡིན་པ་དང་། མི་དམིགས་པ་སྟོང་པ་ཉིད་གང་ཡིན་པ་དང་། དངོས་པོ་མེད་པ་སྟོང་པ་ཉིད་གང་ཡིན་པ་དང་། ངོ་བོ་ཉིད་སྟོང་པ་ཉིད་གང་ཡིན་པ་དང་། དངོས་པོ་མེད་པའི་ངོ་བོ་ཉིད་སྟོང་པ་ཉིད་གང་ཡིན་པ་དང་། བསམ་གཏན་དང་པོ་གང་ཡིན་པ····

དང་། བསམ་གཏན་གཉིས་པ་གང་ཡིན་པ་དང་། བསམ་གཏན་གསུམ་པ་གང་
ཡིན་པ་དང་། བསམ་གཏན་བཞི་པ་གང་ཡིན་པ་དང་། བྱམས་པ་[༧]གང་ཡིན་
པ་དང་། སྙིང་རྗེ་གང་ཡིན་པ་དང་། དགའ་བ་གང་ཡིན་པ་དང་། བཏང་
སྙོམས་གང་ཡིན་པ་དང་། ནམ་མཁའ་མཐའ་ཡས་སྐྱེ་མཆེད་ཀྱི་སྙོམས་པར་འཇུག་
པ་གང་ཡིན་པ་དང་། རྣམ་ཤེས་མཐའ་ཡས་སྐྱེ་མཆེད་ཀྱི་སྙོམས་པར་འཇུག་པ་
གང་ཡིན་པ་དང་། ཅུང་ཟད་མེད་པའི་སྐྱེ་མཆེད་ཀྱི་སྙོམས་པར་འཇུག་པ་གང་
ཡིན་པ་དང་། འདུ་ཤེས་མེད་འདུ་ཤེས་མེད་མིན་སྐྱེ་མཆེད་ཀྱི་སྙོམས་པར་འཇུག་
པ་གང་ཡིན་པ་དང་། དྲན་པ་ཉེ་བར་གཞག་པ་རྣམས་གང་ཡིན་པ་དང་། ཡང་
དག་པར་སྤོང་བ་རྣམས་གང་ཡིན་པ་དང་། རྫུ་འཕྲུལ་གྱི་རྐང་པ་རྣམས་གང་ཡིན་
པ་དང་། དབང་པོ་རྣམས་གང་ཡིན་པ་དང་། སྟོབས་རྣམས་གང་ཡིན་པ་དང་།
བྱང་ཆུབ་ཀྱི་ཡན་ལག་རྣམས་གང་ཡིན་པ་དང་། འཕགས་པའི་ལམ་ཡན་ལག་
བརྒྱད་པ་གང་ཡིན་པ་དང་། འཕགས་པའི་བདེན་པ་རྣམས་གང་ཡིན་པ་དང་།
རྣམ་པར་ཐར་པའི་སྒོ་གསུམ་གང་ཡིན་པ་དང་། རྣམ་པར་ཐར་པ་བརྒྱད་གང་
ཡིན་པ་དང་། མཐར་གྱིས་གནས་པའི་སྙོམས་པར་འཇུག་པ་དགུ་གང་ཡིན་པ་
དང་།[༣] ཏིང་ངེ་འཛིན་རྣམས་གང་ཡིན་པ་དང་། གཟུངས་ཀྱི་སྒོ་རྣམས་གང་
ཡིན་པ་དང་། དེ་བཞིན་གཤེགས་པའི་སྟོབས་བཅུ་གང་ཡིན་པ་དང་། མི་
འཇིགས་པ་བཞི་གང་ཡིན་པ་དང་། སོ་སོ་ཡང་དག་པར་རིག་པ་བཞི་གང་ཡིན་པ་
དང་། སངས་རྒྱས་ཀྱི་ཆོས་མ་འདྲེས་པ་བཅོ་བརྒྱད་གང་ཡིན་པ་དང་། བྱམས་
པ་ཆེན་པོ་གང་ཡིན་པ་དང་། སྙིང་རྗེ་ཆེན་པོ་གང་ཡིན་པ་དང་། རྒྱུན་ཏུ་
ཞུགས་པའི་འབྲས་བུ་གང་ཡིན་པ་དང་། ལན་ཅིག་ཕྱིར་འོང་བའི་འབྲས་བུ་གང་
ཡིན་པ་དང་། ཕྱིར་མི་འོང་བའི་འབྲས་བུ་གང་ཡིན་པ་དང་། དགྲ་བཅོམ་པ་

ཉིད་གང་ཡིན་པ་དང་། རང་བྱང་ཆུབ་གང་ཡིན་པ་དང་། ལམ་གྱི་རྣམ་པ་ཤེས་པ་ཉིད་གང་ཡིན་པ་དང་། རྣམ་པ་ཐམས་ཅད་མཁྱེན་པ་ཉིད་གང་ཡིན་པའི་ཆོས་དེ་དག་ཐམས་ཅད་ནི་ཆོས་དང་། འདུལ་བ་འདི་ལ་ལྡན་པ་ཡང་མ་ཡིན། མི་ལྡན་པ་ཡང་མ་ཡིན། གཟུགས་མེད་པ། བསྟན་དུ་མེད་པ། ཐོགས་པ་མེད་པ་སྟེ[1]༑ འདི་ལྟར་མཚན་ཉིད་མེད་པར་མཚན་ཉིད་གཅིག་[2]ཀྱང་དེ་དག་དེ་བཞིན་གཤེགས་པས། སེམས་ཅན་རྣམས་གཟུད་པར་བྱ་བའི་དོན་དུ་འཇིག་རྟེན་གྱི་ཐ་སྙད་ཀྱིས་དེ་སྐད་[3]དུ་བརྗོད་དེ[4]། དོན་དམ་པར་མ་ཡིན་ནོ། །དེ་དག་ཐམས་ཅད་ལ་[5]བྱང་ཆུབ་སེམས་དཔའ་སེམས་དཔའ་[6]ཆེན་པོས་ཤེས་པ་དང་། མཐོང་བས་བསླབ་པར་བྱ་སྟེ། ཇི་ལྟ་བ་བཞིན་དུ་ཤེས་པ་དང་། མཐོང་བས་བསླབས་[7]ནས༑ ཆོས་ལ་ལ་ནི་མངོན་དུ་བྱའོ། །ལ་ལ་ནི་མངོན་དུ་མི་བྱའོ། །དེ་ལ་བྱང་ཆུབ་སེམས་དཔའ་སེམས་དཔའ་ཆེན་པོས་ཆོས་གང་ནི་[8]ཤེས་པ་དང་། མཐོང་བསཿ བསླབས་ཏེ་[9]མངོན་དུ་བྱ། ཆོས་གང་ནི་ཤེས་པ་དང་། མཐོང་བསཿ བསླབས་ཏེ[10]། མངོན་དུ་མི་བྱ་ཞེ་ན། ཉན་ཐོས་དང་རང་སངས་རྒྱས་ཀྱི་ཆོས་རྣམས་ནི་ཤེས་པ་དང་མཐོང་བསཿ བསླབས་ཏེ[11]། མངོན་དུ་མི་བྱའོ། །རྣམ་པ་ཐམས་ཅད་མཁྱེནཿ པ་ཉིད་ཀྱི་[12]ཡེ་ཤེས་ཀྱིས་[13]ཆོས་ཐམས་ཅད[14]། རྣམ་པ་ཐམས་ཅད་དུ་[15]མངོན་དུཿ བྱ་སྟེ[16]། རབ་འབྱོར་དེ་ལྟར་བྱང་ཆུབ་སེམས་དཔའ་སེམས་དཔའ་ཆེན་པོས། འཕགས་པའི་ཆོས་དང་འདུལ་བ[17]། ཤེས་རབ་ཀྱི་ཕ་རོལ་ཏུ་ཕྱིན་པ་ལ་བསླབ་པར་བྱའོ། །གསོལ་པ། བཅོམ་ལྡན་འདསཿ འཕགས་པའི་ཆོས་དང་འདུལ་བ[18]། འཕགས་པའི་ཆོས་དང་[19]འདུལ་བ་ཞེས་བགྱི་བ་དེ་ཇི་ཙམ་གྱིས་ན༑ འཕགས་པའི་ཆོས་དང་འདུལ་བ་ཞེས་བགྱི། བཅོམ་ལྡན་འདས་ཀྱིས་བཀའ་སྩལ་པ། རབ་འབྱོར་འདི་ལ་ཉན་ཐོས་རྣམས་དང་། རང་སངས་རྒྱས་རྣམས

དང་། བྱང་ཆུབ་སེམས་དཔའ་སེམས་དཔའ་ཆེན་པོ་རྣམས་དང་། དེ་བཞིན་གཤེགས་པ་དགྲ་བཅོམ་པ་ཡང་དག་པར་རྫོགས་པའི་སངས་རྒྱས་རྣམས་ནི། འདོད་ཆགས་དང་ལྡན་པ་ཡང་མ་ཡིན། བྲལ་བ་ཡང་མ་ཡིན། ཞེ་སྡང་དང་ལྡན་པ་ཡང་མ་ཡིན། བྲལ་བ་ཡང་མ་ཡིན། གཏི་མུག་དང་ལྡན་པ་ཡང་མ་ཡིན། བྲལ་བ་ཡང་མ་ཡིན། འཇིག་[༡]ཚོགས་སུ་ལྟ་བ་དང་ལྡན་པ་ཡང་མ་ཡིན། བྲལ་བ་ཡང་མ་ཡིན། ཐེ་ཙོམ་[༢]དང་ལྡན་པ་ཡང་མ་ཡིན། བྲལ་བ་ཡང་མ་ཡིན། ཚུལ་ཁྲིམས་དང་བརྟུལ་ཞུགས་བསྙེམས་[༣]པ་དང་ལྡན་པ་ཡང་མ་ཡིན། བྲལ་བ་ཡང་མ་ཡིན། འདོད་པའི་འདོད་ཆགས་དང་[༤]གནོད་སེམས་དང་ལྡན་པ་ཡང་མ་ཡིན། བྲལ་བ་ཡང་མ་ཡིན། གཟུགས་ཀྱི་འདོད་ཆགས་དང་ལྡན་པ་ཡང་མ་ཡིན། བྲལ་བ་ཡང་མ་ཡིན། གཟུགས་མེད་པའི་འདོད་ཆགས་དང་ལྡན་པ་ཡང་མ་ཡིན། བྲལ་བ་ཡང་མ་ཡིན། མ་རིག་པ་དང་ལྡན་པ་ཡང་མ་ཡིན། བྲལ་བ་ཡང་མ་ཡིན། ང་རྒྱལ་དང་རྒོད་པ་དང་ལྡན་པ་ཡང་མ་ཡིན། བྲལ་བ་ཡང་མ་ཡིན། བསམ་གཏན་དང་པོ་དང་ལྡན་པ་ཡང་མ་ཡིན། བྲལ་བ་ཡང་མ་ཡིན། བསམ་གཏན་གཉིས་པ་དང་ལྡན་པ་ཡང་མ་ཡིན། བྲལ་བ་ཡང་མ་ཡིན། བསམ་གཏན་གསུམ་པ་དང་ལྡན་པ་ཡང་མ་ཡིན། བྲལ་བ་ཡང་མ་ཡིན། བསམ་གཏན་བཞི་པ་དང་ལྡན་པ་ཡང་མ་ཡིན། བྲལ་བ་ཡང་མ་ཡིན། བྱམས་པ་དང་ལྡན་པ་ཡང་མ་ཡིན། བྲལ་བ་ཡང་མ་ཡིན། སྙིང་རྗེ་དང་ལྡན་པ་ཡང་མ་ཡིན། བྲལ་བ་ཡང་མ་ཡིན། དགའ་བ་དང་ལྡན་པ་ཡང་མ་ཡིན། བྲལ་བ་ཡང་མ་ཡིན། བཏང་སྙོམས་དང་ལྡན་པ་ཡང་མ་ཡིན། བྲལ་བ་ཡང་མ་ཡིན། ནམ་མཁའ་མཐའ་ཡས་སྐྱེ་མཆེད་ལ་སྙོམས་པར་འཇུག་པ་དང་ལྡན་པ་ཡང་མ་ཡིན། བྲལ་བ་ཡང་མ་ཡིན། རྣམ་ཤེས་མཐའ་ཡས་སྐྱེ་མཆེད་ལ་སྙོམས་པར་འཇུག་པ་དང་ལྡན་པ་ཡང་མ་ཡིན།

བྲལ་བ་ཡང་མ་ཡིན། ཆུང་ཟད་མྱེད་པའི་སྐྱེ་མཆེད་ལ་སྙོམས་པར་འཇུག་པ་དང་ལྡན་པ་ཡང་མ་ཡིན། བྲལ་བ་ཡང་མ་ཡིན། འདུ་ཤེས་མྱེད་འདུ་ཤེས་མྱེད་མྱིན་སྐྱེ་མཆེད་ལ་སྙོམས་པར་འཇུག་པ་དང་ལྡན་པ་ཡང་མ་ཡིན། བྲལ་བ་ཡང་མ་ཡིན། དྲན་པ་ཉེ་བར་གཞག་པ་བཞི་དང་ལྡན་པ་ཡང་མ་ཡིན། བྲལ་བ་ཡང་མ་ཡིན། ཡང་དག་པར་སྤོང་བ་བཞི་དང་ལྡན་པ་ཡང་མ་ཡིན། བྲལ་བ་ཡང་མ་ཡིན། རྫུ་འཕྲུལ་གྱི་རྐང་པ་བཞི་དང་ལྡན་པ་ཡང་མ་ཡིན། བྲལ་བ་ཡང་མ་ཡིན། དབང་པོ་ལྔ་དང་ལྡན་པ་ཡང་མ་ཡིན། བྲལ་བ་ཡང་མ་ཡིན། སྟོབས་ལྔ་དང་ལྡན་པ་ཡང་མ་ཡིན། བྲལ་བ་ཡང་མ་ཡིན། བྱང་ཆུབ་ཀྱི་ཡན་ལག་བདུན་དང་ལྡན་པ་ཡང་མ་ཡིན། བྲལ་བ་ཡང་མ་ཡིན། འཕགས་པའི་ལམ་ཡན་ལག་བརྒྱད་པ་དང་ལྡན་པ་ཡང་མ་ཡིན། བྲལ་བ་ཡང་མ་ཡིན། འཕགས་པའི་བདེན་པ་བཞི་དང་ལྡན་པ་ཡང་མ་ཡིན། བྲལ་བ་ཡང་མ་ཡིན། བསམ་གཏན་བཞི་དང་ལྡན་པ་ཡང་མ་ཡིན། བྲལ་བ་ཡང་མ་ཡིན། ཚད་མྱེད་པ་བཞི་དང་ལྡན་པ་ཡང་མ་ཡིན། བྲལ་བ་ཡང་མ་ཡིན། གཟུགས་མྱེད་པའི་སྙོམས་པར་འཇུག་པ་བཞི་དང་ལྡན་པ་ཡང་མ་ཡིན། བྲལ་བ་ཡང་མ་ཡིན། རྣམ་པར་ཐར་པ་བརྒྱད་དང་ལྡན་པ་ཡང་མ་ཡིན། བྲལ་བ་ཡང་མ་ཡིན། མཐར་གྱིས་གནས་པའི་སྙོམས་པར་འཇུག་པ་དགུ་དང་ལྡན་པ་ཡང་མ་ཡིན། བྲལ་བ་ཡང་མ་ཡིན། རྣམ་པར་ཐར་པའི་སྒོ་སྟོང་པ་ཉིད་དང་། མཚན་མ་མྱེད་པ་དང་། སྨོན་པ་མྱེད་པ་དང་ལྡན་པ་ཡང་མ་ཡིན། བྲལ་བ་ཡང་མ་ཡིན། མངོན་པར་ཤེས་པ་ལྔ་དང་ལྡན་པ་ཡང་མ་ཡིན[༡]། བྲལ་བ་ཡང་མ་ཡིན། ཏིང་ངེ་འཛིན་རྣམས་དང་ལྡན་པ་ཡང་མ་ཡིན། བྲལ་བ་ཡང་མ་ཡིན། གཟུངས་ཀྱི་སྒོ་རྣམས་དང་ལྡན་པ་ཡང་མ་ཡིན། བྲལ་བ་ཡང་མ་ཡིན། དེ་བཞིན་གཤེགས་པའི་སྟོབས་བཅུ་དང་ལྡན་པ་ཡང་མ་ཡིན།

བྲལ་བ་ཡང་མ་ཡིན། མི་འཇིགས་པ་བཞི་དང་ལྡན་པ་ཡང་མ་ཡིན། བྲལ་བ་ཡང་མ་ཡིན། སོ་སོ་ཡང་དག་པར་རིག་པ་བཞི་དང་ལྡན་པ་ཡང་མ་ཡིན། བྲལ་བ་ཡང་མ་ཡིན། སངས་རྒྱས་ཀྱི་ཆོས་མ་འདྲེས་པ་བཅོ་བརྒྱད་དང་ལྡན་པ་ཡང་མ་ཡིན། བྲལ་བ་ཡང་མ་ཡིན། བྱམས་པ་ཆེན་པོ་དང་ལྡན་པ་ཡང་མ་ཡིན། བྲལ་བ་ཡང་མ་ཡིན། སྙིང་རྗེ་ཆེན་པོ་དང་ལྡན་པ་ཡང་མ་ཡིན། བྲལ་བ་ཡང་མ་ཡིན། འདུས་བྱས་ཀྱི་ཁམས་དང་ལྡན་པ་ཡང་མ་ཡིན། བྲལ་བ་ཡང་མ་ཡིན། འདུས་མ་བྱས་ཀྱི་ཁམས་དང་ལྡན་པ་ཡང་མ་ཡིན། བྲལ་བ་ཡང་མ་ཡིན་པས་དེའི་ཕྱིར་དེ་དག་ནི་འཕགས་པ་ཞེས་བྱ་སྟེ། འདི་ནི་དེ་དག་གི་ཆོས་དང་[༡]འདུལ་བ་ཡིན་པས། དེའི་ཕྱིར་འཕགས་པའི་ཆོས་འདུལ་བ་ཞེས་བྱའོ། །དེ་ཅིའི་ཕྱིར་ཞེ་ན། དེ་ནི་འདི་ལྟར་ཆོས་དེ་[༢]དག་ཐམས་ཅད་གཟུགས་མེད་པ་བསྟན་དུ་མེད་པ་ཐོགས་པ······མེད་པ། འདི་ལྟར་མཚན་ཉིད་མེད་པར་མཚན་ཉིད་གཅིག་པ་སྟེ། དེ་དག་ནི་གཟུགས་མེད་པ[༣]། གཟུགས་མེད་པར་ལྡན་པ་ཡང་མ་ཡིན། བྲལ་བ་ཡང་མ་ཡིན་ནོ། །བསྟན་དུ་མེད་པ་དང་། བསྟན་དུ་མེད་པར་ལྡན་པ་ཡང་མ་ཡིན། བྲལ་བ་ཡང་མ་ཡིན་ནོ། །ཐོགས་པ་མེད་པ་དང་། ཐོགས་པ་མེད་པར་ལྡན་པ་ཡང་མ་ཡིན། བྲལ་བ་ཡང་མ་ཡིན་ནོ། །མཚན་ཉིད་མེད་པ་དང་། མཚན་ཉིད་མེད་པར་ལྡན་པ་ཡང་མ་ཡིན། བྲལ་བ་ཡང་མ་ཡིན་ནོ། །རབ་འབྱོར་དང་འདི་ནི་བྱང་ཆུབ་སེམས་དཔའ་སེམས་དཔའ་ཆེན་པོ་རྣམས་ཀྱི་གཟུགས་མེད་པ། བསྟན་དུ་མེད་པ་ཐོགས་པ་མེད་པ། མཚན་ཉིད་གཅིག་པ་མཚན་ཉིད་མེད་པའི་ཕ་རོལ་ཏུ་ཕྱིན་པ་སྟེ། [༤]བྱང་ཆུབ་སེམས་དཔའ་སེམས་དཔའ་ཆེན་པོས་དེ་ལ······བསླབ་པར་བྱའོ། །དེས་དེ་ལ་བསླབས་[༥]ན། ཆོས་ཀྱི་མཚན་ཉིད་གང་ཡང་དམིགས་པར་མི་འགྱུར་རོ། །རབ་འབྱོར་གྱིས་གསོལ་པ། བཅོམ་ལྡན་འདས་འོ་

ན༔ གཟུགས་ཀྱི་མཚན་ཉིད་ལ་བསླབ་པར་མི་བགྱིའམ[1]། ཚོར་བའི་མཚན་ཉིད་ལ་བསླབ་པར་མི་བགྱིའམ། འདུ་ཤེས་ཀྱི་མཚན་ཉིད་ལ་བསླབ་པར་མི་བགྱིའམ། འདུ་བྱེད་ཀྱི་མཚན་ཉིད་ལ་བསླབ་པར་མི་བགྱིའམ། རྣམ་པར་ཤེས་པའི་མཚན་ཉིད་ལ་བསླབ་པར་མི་བགྱིའམ། མིག་གི་མཚན་ཉིད་ལ་བསླབ་པར་མི་བགྱིའམ། རྣ་བའི་མཚན་ཉིད་ལ་བསླབ་པར་མི་བགྱིའམ། སྣའི་མཚན་ཉིད་ལ་བསླབ་པར་མི་བགྱིའམ༔ ལྕེའི་མཚན་ཉིད་ལ་བསླབ་པར་མི་བགྱིའམ། ལུས་ཀྱི་མཚན་ཉིད་ལ་བསླབ་པར་མི་བགྱིའམ། ཡིད་ཀྱི་མཚན་ཉིད་ལ་བསླབ་པར་མི་བགྱིའམ། གཟུགས་ཀྱི་མཚན་ཉིད་ལ་བསླབ་པར་མི་བགྱིའམ། སྒྲའི་[2]མཚན་ཉིད་ལ་བསླབ་པར་མི་བགྱིའམ། དྲིའི་མཚན་ཉིད་ལ་བསླབ་པར་མི་བགྱིའམ། རོའི་མཚན་ཉིད་ལ་བསླབ་པར་མི་བགྱིའམ། རེག་གི་[3]མཚན་ཉིད་ལ་བསླབ་པར་མི་བགྱིའམ། ཆོས་ཀྱི་མཚན་ཉིད་ལ་བསླབ་པར་མི་བགྱིའམ། མིག་གི་རྣམ་པར་ཤེས་པའི་མཚན་ཉིད་ལ་བསླབ་པར་མི་བགྱིའམ། རྣ་བའི་རྣམ་པར་ཤེས་པའི་མཚན་ཉིད་ལ་བསླབ་པར་མི་བགྱིའམ། སྣའི་རྣམ་པར་ཤེས་པའི་མཚན་ཉིད་ལ་བསླབ་པར་མི་བགྱིའམ། ལྕེའི་རྣམ་པར་ཤེས་པའི་མཚན་ཉིད་ལ་བསླབ་པར་མི་བགྱིའམ། ལུས་ཀྱི་རྣམ་པར་ཤེས་པའི་མཚན་ཉིད་ལ་བསླབ་པར་མི་བགྱིའམ། ཡིད་ཀྱི་རྣམ་པར་ཤེས་པའི་མཚན་ཉིད་ལ་བསླབ་པར་མི་བགྱིའམ། མིག་གི་འདུས་ཏེ་རེག་པའི་མཚན་ཉིད་ལ་བསླབ་པར་མི་བགྱིའམ། རྣ་བའི་འདུས་ཏེ་རེག་པའི་མཚན་ཉིད་ལ་བསླབ་པར་མི་བགྱིའམ༔ སྣའི་འདུས་ཏེ་རེག་པའི་མཚན་ཉིད་ལ་བསླབ་པར་མི་བགྱིའམ། ལྕེའི་འདུས་ཏེ་རེག་པའི་མཚན་ཉིད་ལ་བསླབ་པར་མི་བགྱིའམ། ལུས་ཀྱི་འདུས་ཏེ་རེག་པའི་མཚན་ཉིད་ལ་བསླབ་པར་མི་བགྱིའམ། ཡིད་ཀྱི་འདུས་ཏེ་རེག་པའི་མཚན་ཉིད་ལ་བསླབ་པར་མི་བགྱིའམ། མིག་གི་འདུས་ཏེ་རེག་པའི་རྐྱེན་གྱིས་ཚོར་བའི་

མཚན་ཉིད་ལ་བསླབ་པར་མི་བགྱིའམ། རྣ་བའི་འདུས་ཏེ་རེག་པའི་རྐྱེན་གྱིས་ཚོར་བའི་མཚན་ཉིད་ལ་བསླབ་པར་མི་བགྱིའམ། སྣའི་འདུས་ཏེ་རེག་པའི་རྐྱེན་གྱིས་ཚོར་བའི་མཚན་ཉིད་ལ་བསླབ་པར་མི་བགྱིའམ། ལྕེའི་འདུས་ཏེ་རེག་པའི་རྐྱེན་གྱིས་ཚོར་བའི་མཚན་ཉིད་ལ་བསླབ་པར་མི་བགྱིའམ། ལུས་ཀྱི་འདུས་ཏེ་རེག་པའི་རྐྱེན་གྱིས་ཚོར་བའི་མཚན་ཉིད་ལ་བསླབ་པར་མི་བགྱིའམ། ཡིད་ཀྱི་འདུས་ཏེ་རེག་པའི་རྐྱེན་གྱིས་ཚོར་བའི་མཚན་ཉིད་ལ་བསླབ་པར་མི་བགྱིའམ། སའི་ཁམས་ཀྱི་མཚན་ཉིད་ལ་བསླབ་པར་མི་བགྱིའམ། ཆུའི་ཁམས་ཀྱི་མཚན་ཉིད་ལ་བསླབ་པར་མི་བགྱིའམ། མེའི་ཁམས་ཀྱི་མཚན་ཉིད་ལ་བསླབ་པར་མི་བགྱིའམ། རླུང་གི་ཁམས་ཀྱི་མཚན་ཉིད་ལ་བསླབ་པར་མི་བགྱིའམ། ནམ་མཁའི་[1]ཁམས་ཀྱི་མཚན་ཉིད་ལ་[2]བསླབ་པར་མི་བགྱིའམ། རྣམ་པར་ཤེས་པའི་ཁམས་ཀྱི་མཚན་ཉིད་ལ་བསླབ་པར་མི་བགྱིའམ། མ་རིག་པའི་མཚན་ཉིད་ལ་བསླབ་པར་མི་བགྱིའམ། འདུ་བྱེད་ཀྱི་མཚན་ཉིད་ལ་བསླབ་པར་མི་བགྱིའམ། རྣམ་པར་ཤེས་པའི་[3]མཚན་ཉིད་ལ་བསླབ་པར་མི་བགྱིའམ། མིང་དང་གཟུགས་ཀྱི་མཚན་ཉིད་ལ་བསླབ་པར་མི་བགྱིའམ། སྐྱེ་མཆེད་དྲུག་གི་མཚན་ཉིད་ལ་བསླབ་པར་མི་བགྱིའམ། རེག་པའི་མཚན་ཉིད་ལ་བསླབ་པར་མི་བགྱིའམ། ཚོར་བའི་མཚན་ཉིད་ལ་བསླབ་པར་མི་བགྱིའམ། སྲེད་པའི་མཚན་ཉིད་ལ་བསླབ་པར་མི་བགྱིའམ། ལེན་པའི་མཚན་ཉིད་ལ་བསླབ་པར་མི་བགྱིའམ། སྲིད་པའི་མཚན་ཉིད་ལ་བསླབ་པར་མི་བགྱིའམ། སྐྱེ་བའི་མཚན་ཉིད་ལ་བསླབ་པར་མི་བགྱིའམ། རྒ་ཤིའི་མཚན་ཉིད་ལ་བསླབ་པར་མི་བགྱིའམ། སྦྱིན་པའི་ཕ་རོལད་ཏུ་ཕྱིནད་པའི་མཚན་ཉིད་ལ་བསླབ་པར་མི་བགྱིའམ། ཚུལ་ཁྲིམས་ཀྱི་ཕ་རོལ་ཏུ་ཕྱིན་པའི་མཚན་ཉིད་ལ་བསླབ་པར་མི་བགྱིའམ། བཟོད་པའི་ཕ་རོལ་ཏུ་ཕྱིན་པའི་མཚན་ཉིད་ལ་བསླབ་པར་མི་བགྱིའམ།

བརྩོན་འགྲུས་ཀྱི་ཕ་རོལ་ཏུ་ཕྱིན་པའི་མཚན་ཉིད་ལ་བསླབ་པར་མི་བགྱིའམ། བསམ་གཏན་གྱི་ཕ་རོལ་ཏུ་ཕྱིན་པའི་མཚན་ཉིད་ལ་བསླབ་པར་མི་བགྱིའམ། ཤེས་རབ་ཀྱི་ཕ་རོལ་ཏུ་ཕྱིན་པའི་མཚན་ཉིད་ལ་བསླབ་པར་མི་བགྱིའམ། ནང་སྟོང་པ་ཉིད་ཀྱི་མཚན་ཉིད་ལ་བསླབ་པར་མི་བགྱིའམ། ཕྱི་སྟོང་པ་ཉིད་ཀྱི་མཚན་ཉིད་ལ་བསླབ་པར་མི་བགྱིའམ། ཕྱི་ནང་སྟོང་པ་ཉིད་ཀྱི་མཚན་ཉིད་ལ་བསླབ་པར་མི་བགྱིའམ། སྟོང་པ་ཉིད་སྟོང་པ་ཉིད་ཀྱི་མཚན་ཉིད་ལ་བསླབ་པར་མི་བགྱིའམ། ཆེན་པོ་སྟོང་པ་ཉིད་ཀྱི་མཚན་ཉིད་ལ་བསླབ་པར་མི་བགྱིའམ། དོན་དམ་པ་སྟོང་པ་ཉིད་ཀྱི་མཚན་ཉིད་ལ་བསླབ་པར་མི་བགྱིའམ། འདུས་བྱས་སྟོང་པ་ཉིད་ཀྱི་མཚན་ཉིད་ལ་བསླབ་པར་མི་བགྱིའམ། འདུས་མ་བྱས་སྟོང་པ་ཉིད་ཀྱི་མཚན་ཉིད་ལ་བསླབ་པར་མི་བགྱིའམ། མཐའ་ལས་འདས་པ་སྟོང་པ་ཉིད་ཀྱི་མཚན་ཉིད་ལ་བསླབ་པར་མི་བགྱིའམ། ཐོག་མ་དང་ཐ་མ་མེད་པ་སྟོང་པ་ཉིད་ཀྱི་མཚན་ཉིད་ལ་བསླབ་པར་མི་བགྱིའམ། དོར་བ་མེད་པ་སྟོང་པ་ཉིད་ཀྱི་མཚན་ཉིད་ལ་བསླབ་པར་མི་བགྱིའམ། རང་བཞིན་སྟོང་པ་ཉིད་ཀྱི་མཚན་ཉིད་ལ་བསླབ་པར་མི་བགྱིའམ། ཆོས་ཐམས་ཅད་སྟོང་པ་ཉིད་ཀྱི་མཚན་ཉིད་ལ་བསླབ་པར་མི་བགྱིའམ། རང་གི་མཚན་ཉིད་སྟོང་པ་ཉིད་ཀྱི་མཚན་ཉིད་ལ་བསླབ་པར་མི་བགྱིའམ། མི་དམིགས་པ་སྟོང་པ་ཉིད་ཀྱི་མཚན་ཉིད་ལ་བསླབ་པར་མི་བགྱིའམ། དངོས་པོ་མེད་པ་སྟོང་པ་ཉིད་ཀྱི་མཚན་ཉིད་ལ་བསླབ་པར་མི་བགྱིའམ། ངོ་བོ་ཉིད་སྟོང་པ་ཉིད་ཀྱི་མཚན་ཉིད་ལ་བསླབ་པར་མི་བགྱིའམ། དངོས་པོ་མེད་པའི་ངོ་བོ་ཉིད་སྟོང་པ་ཉིད་ཀྱི་མཚན་ཉིད་ལ་བསླབ་པར་མི་བགྱིའམ། བསམ་གཏན་དང་པོའི་མཚན་ཉིད་ལ་བསླབ་པར་མི་བགྱིའམ། བསམ་གཏན་གཉིས་པའི་མཚན་ཉིད་ལ་བསླབ་པར་མི་བགྱིའམ། བསམ་གཏན་གསུམ་པའི་མཚན་ཉིད་ལ་བསླབ་པར་མི་

བགྱིའམ༔ བསམ་གཏན་བཞི་པའི་མཚན་ཉིད་ལ་བསླབ་པར་མི་བགྱིའམ། བྱམས་པ་ཆེན་པོའི་མཚན་ཉིད་ལ་བསླབ་པར་མི་བགྱིའམ། སྙིང་རྗེ་ཆེན་པོའི་མཚན་ཉིད་ལ་བསླབ་པར་མི་བགྱིའམ། དགའ་བ་ཆེན་པོའི་མཚན་ཉིད་ལ་བསླབ་པར་མི་བགྱིའམ། བཏང་སྙོམས་ཆེན་པོའི་མཚན་ཉིད་ལ་①བསླབ་པར་མི་བགྱིའམ༔ ནམ་མཁའ་མཐའ་ཡས་སྐྱེ་མཆེད་ཀྱི་སྙོམས་པར་འཇུག་པའི་མཚན་ཉིད་ལ་བསླབ་པར་མི་བགྱིའམ། རྣམ་ཤེས་མཐའ་ཡས་སྐྱེ་མཆེད་ཀྱི་སྙོམས་པར་འཇུག་པའི་མཚན་ཉིད་ལ་བསླབ་པར་མི་བགྱིའམ། ཆུང་ཟད་མེད་པའི་སྐྱེ་མཆེད་ཀྱི་སྙོམས་པར་འཇུག་པའི་མཚན་ཉིད་ལ་བསླབ་པར་མི་བགྱིའམ། འདུ་ཤེས་མེད་འདུ་ཤེས་མེད་མིན་སྐྱེ་མཆེད་ཀྱི་སྙོམས་པར་འཇུག་པའི་མཚན་ཉིད་ལ་བསླབ་པར་མི་བགྱིའམ། དྲན་པ་ཉེ་བར་གཞག་པ་རྣམས་ཀྱི་མཚན་ཉིད་ལ་བསླབ་པར་མི་བགྱིའམ༔ ཡང་དག་པར་སྤོང་བ་རྣམས་ཀྱི་མཚན་ཉིད་ལ་བསླབ་པར་མི་བགྱིའམ། རྫུ་འཕྲུལ་གྱི་རྐང་པ་རྣམས་ཀྱི་མཚན་ཉིད་ལ་བསླབ་པར་མི་བགྱིའམ། དབང་པོ་རྣམས་ཀྱི་མཚན་ཉིད་ལ་བསླབ་པར་མི་བགྱིའམ། སྟོབས་རྣམས་ཀྱི་མཚན་ཉིད་ལ་བསླབ་པར་མི་བགྱིའམ། བྱང་ཆུབ་ཀྱི་ཡན་ལག་རྣམས་ཀྱི་མཚན་ཉིད་ལ་བསླབ་པར་མི་བགྱིའམ། འཕགས་པའི་ལམ་ཡན་ལག་བརྒྱད་པའི་མཚན་ཉིད་ལ་བསླབ་པར་མི་བགྱིའམ། སྟོང་པ་ཉིད་ཀྱི༔ཏིང་ངེ་འཛིན་གྱི②མཚན་ཉིད་ལ་བསླབ་པར་མི་བགྱིའམ། མཚན་མ་མེད་པའི༔ཏིང་ངེ་འཛིན་ཀྱི③མཚན་ཉིད་ལ་བསླབ་པར་མི་བགྱིའམ༔ སྨོན་པ་མེད་པའི༔ཏིང་ངེ་འཛིན་ཀྱི④མཚན་ཉིད་ལ་བསླབ་པར་མི་བགྱིའམ༔ རྣམ་པར་ཐར་པ་རྣམས་ཀྱི་མཚན་ཉིད་ལ་བསླབ་པར་མི་བགྱིའམ། མཐར་གྱིས་གནས་པའི་སྙོམས་པར་འཇུག་པ་རྣམས་ཀྱི་མཚན་ཉིད་ལ་བསླབ་པར་མི་བགྱིའམ། མངོན་པར་ཤེས་པ་རྣམས་ཀྱི་མཚན་ཉིད་ལ་བསླབ་པར་མི་བགྱིའམ།

ཏིང་ངེ་འཛིན་རྣམས་ཀྱི་མཚན་ཉིད་ལ་བསླབ་པར་མི་བགྱིའམ། གཟུངས་ཀྱི་སྒོ་རྣམས་ཀྱི་མཚན་ཉིད་ལ་བསླབ་པར་མི་བགྱིའམ། དེ་བཞིན་གཤེགས་པའི་སྟོབས་རྣམས་ཀྱི་མཚན་ཉིད་ལ་བསླབ་པར་མི་བགྱིའམ། མི་འཇིགས་པ་རྣམས་ཀྱི་མཚན་ཉིད་ལ་བསླབ་པར་མི་བགྱིའམ། སོ་སོ་ཡང་དག་པར་རིག་པ་རྣམས་ཀྱི་མཚན་ཉིད་ལ་བསླབ་པར་མི་བགྱིའམ། སངས་རྒྱས་ཀྱི་ཆོས་མ་འདྲེས་པ་རྣམས་ཀྱི་མཚན་ཉིད་ལ་བསླབ་པར་མི་བགྱིའམ། བྱམས་པ་ཆེན་པོའི་མཚན་ཉིད་ལ་བསླབ་པར་མི་བགྱིའམ། སྙིང་རྗེ་ཆེན་པོའི་མཚན་ཉིད་ལ་བསླབ་པར་མི་བགྱིའམ། སྡུག་བསྔལ་འཕགས་པའི་བདེན་པའི་མཚན་ཉིད་ལ་བསླབ་པར་མི་བགྱིའམ། ཀུན་འབྱུང་བའི་མཚན་ཉིད་ལ་བསླབ་པར་མི་བགྱིའམ། འགོག་པའི་མཚན་ཉིད་ལ་བསླབ་པར་མི་བགྱིའམ། ལམ་[༡]འཕགས་པའི༔ བདེན་པའི་[༢]མཚན་ཉིད་ལ་བསླབ་པར་མི་བགྱིའམ། རྟེན་ཅིང་འབྲེལ་པར་འབྱུང་[༣]བ་ལུགས་དང་མཐུན་པ་དང་། ལུགས་དང་མི་མཐུན་[༤]པའི་མཚན་ཉིད་ལ་བསླབ་པར་མི་བགྱིའམ། འདུས་བྱས་ཀྱི་ཁམས་ཀྱི་མཚན་ཉིད་ལ་བསླབ་པར་མི་བགྱིའམ། འདུས་མ་བྱས་ཀྱི་ཁམས་ཀྱི་མཚན་ཉིད་ལ་བསླབ་པར་མི་བགྱིའམ། བཅོམ་ལྡན་འདས་གལ་ཏེ་ཆོས་འདི་དག་གི་མཚན་ཉིད་ལ་བསླབ་པར་མི་བགྱིའམ[༥]། བཅོམ་ལྡན་འདས་ཇི་ལྟར་བྱང་ཆུབ་སེམས་དཔའ་སེམས་དཔའ་ཆེན་པོས། ཆོས་ཐམས་ཅད་ཀྱི་མཚན་ཉིད་དང་། འདུ་བྱེད་ཀྱི་མཚན་ཉིད་ལ༔ བསླབས་ཏེ[༦]། ཉན་ཐོས་དང་རང་སངས་རྒྱས་ཀྱི་ས་ལས་འདའ་བར་འགྱུར[༧]། ཉན་ཐོས་དང་རང་སངས་རྒྱས་ཀྱི་ས་ལས་མ་འདས་ན། ཇི་ལྟར་བྱང་ཆུབ་སེམས་དཔའི་སྐྱོན་མ་མཆིས་པར་འཇུག་པར་འགྱུར། བྱང་ཆུབ་སེམས་དཔའི་སྐྱོན་མ་མཆིས་པ་[༨]ལ་མ་ཞུགས་ན། ཇི་ལྟར་རྣམ་པ་ཐམས་ཅད་མཁྱེན་པ་ཉིད་ཐོབ་པར་འགྱུར། རྣམ་པ་ཐམས་ཅད་མཁྱེན་པ་ཉིད་མ་ཐོབ་ན།

ཇི་ལྟར་ཆོས་ཀྱི་འཁོར་ལོ་བསྐོར་བར་བགྱི། ཆོས་ཀྱི་འཁོར་ལོ་མ་བསྐོར་ན། ཇི་ལྟར་ཉན་ཐོས་ཀྱི་ཐེག་པའམ། རང་སངས་རྒྱས་ཀྱི་ཐེག་པའམ། ཐེག་པ་ཆེན་པོས་[1]སེམས་ཅན་རྣམས་འཁོར་བ་ལས༔ཡོངས་སུ་[2]དགྲོལ་བར་བགྱི། བཅོམ····ལྡན་འདས་ཀྱིས་བཀའ་སྩལ་པ། རབ་འབྱོར་གལ་ཏེ། ཆོས་ལ་ལ་ཞིག་ལ་མཚན་ཉིད་ཡོད་ན་ནི། དེའི་ཕྱིར་བྱང་ཆུབ་སེམས་དཔའ་སེམས་དཔའ་ཆེན་པོས། མཚན་ཉིད་དེ་ལ་བསླབ་པར་ཡང་འགྱུར་ན། ཆོས་ཐམས་ཅད་ལ་མཚན་ཉིད་མེད་ཅིང་། གཟུགས་མེད་བསྟན་དུ་མེད། ཐོགས་པ་མེད༔པ་སྟེ[3]། འདི་ལྟར····མཚན་ཉིད་མེད་པར་མཚན་ཉིད་གཅིག༔པ་སྟེ[4]། དེའི་ཕྱིར་བྱང་ཆུབ་སེམས····དཔའ་སེམས་དཔའ་ཆེན་པོས་མཚན་ཉིད་ལ་ཡང་བསླབ་པར་མི་བྱ། མཚན་ཉིད་མེད་པ་ལ་ཡང་བསླབ་པར་མི་བྱའོ། །དེ་ཅིའི་ཕྱིར་ཞེ་ན། ༔སྔོན་ཆད་[5]མཚན་ཉིད་ཡོད་[6]པར་གྱུར་པའམ། ཕྱིས་མཚན་ཉིད་མེད་[7]པར་གྱུར་པ་མ་ཡིན་གྱི། རབ་འབྱོར་ཆོས་འདི་དག་ནི༔སྔོན་ཆད་[8]ཀྱང་མཚན་ཉིད་མེད་ལ་ད་[9]ལྟར་ཡང····མཚན་ཉིད་མེད་པས་ན་དེའི་ཕྱིར་བྱང་ཆུབ་སེམས་དཔའ་སེམས་དཔའ་ཆེན་པོས། མཚན་ཉིད་ལ་ཡང་བསླབ་པར་མི་བྱ། མཚན་ཉིད་མེད་པ་ལ་ཡང་བསླབ་པར་[10]མི་བྱའོ། །དེ་ཅིའི་ཕྱིར་ཞེ་ན། དེ་བཞིན་གཤེགས་པ་རྣམས་བྱུང་ཡང་རུང་། དེ་བཞིན་གཤེགས་པ་རྣམས་མ་བྱུང་ཡང་རུང་སྟེ། མཚན་ཉིད་མེད་པའི་དབྱིངས་འདི་ནི་དེ་བཞིན་དུ་གནས་པའོ། །གསོལ་པ། བཅོམ་ལྡན་འདས་གལ་ཏེ། དེ་ལྟར་ཆོས་ཐམས་ཅད་ལ་མཚན་ཉིད་མ་མཆིས་ཤིང་། མཚན་ཉིད་ཐ་དད་པ་ཡང་མ་ལགས། མཚན་ཉིད་གཅིག་པ་ཡང་མ་ལགས་ན། དེ་ཇི་ལྟར་བྱང་ཆུབ་སེམས་དཔའ་སེམས་དཔའ་ཆེན་པོའི་ཤེས་རབ་ཀྱི་ཕ་རོལ་ཏུ་ཕྱིན་པ་བསྒོམ་[11]པ་མཆིས····པར་འགྱུར། བཅོམ་ལྡན་འདས། ཤེས་རབ་ཀྱི་ཕ་རོལ་ཏུ་ཕྱིན་པ་མ་བསྒོམས་

པར་ནི། བྱང་ཆུབ་སེམས་དཔའ་སེམས་དཔའ་ཆེན་པོས་ཉན་ཐོས་ཀྱི་སའམ། རང་སངས་རྒྱས་ཀྱི་ས་ལས་འདའ་བར་མི་ནུས་སོ། །ཉན་ཐོས་ཀྱི་ས་དང་། རང་སངས་རྒྱས་ཀྱི་ས་ལས་མ་འདས་པར་ནི། བྱང་ཆུབ་སེམས་དཔའ་སེམས་དཔའ་ཆེན་པོས་[1]བྱང་ཆུབ་སེམས་དཔའི་སྐྱོན་མ་མཆིས་པར་འཇུག་པར་མི་ནུས་སོ། །བྱང་ཆུབ་སེམས་དཔའི་སྐྱོན་མ་མཆིས་པར་མ་ཞུགས་པར་ནི། བྱང་ཆུབ་སེམས་དཔའ་སེམས་དཔའ་ཆེན་པོས། མི་སྐྱེ་བའི་ཆོས་ལ་བཟོད་པ་བསྐྱེད་[2]པར་མི་ནུས་སོ། །མི་སྐྱེ་བའི་ཆོས་ལ་བཟོད་པ་མ་བསྐྱེད་པར་ནི། མངོན་པར་ཤེས༔པ་བསྒྲུབ་[3]པར་མི་ནུས་སོ། །བྱང་ཆུབ་སེམས་དཔའི་མངོན་པར་ཤེས་པ་མ་བསྒྲུབས་པར་ནི། སངས་རྒྱས་ཀྱི་ཞིང་ཡོངས་སུ་དག་པར་བགྱི་བ་དང་། སེམས་ཅན་ཡོངས་སུ་སྨིན་པར་བགྱི་བར་མི་ནུས་སོ། །སངས་རྒྱས་ཀྱི་ཞིང་ཡོངས་སུ་དག་པ་དང་། སེམས་ཅན་ཡོངས་སུ་སྨིན་པར༔མ་བགྱིས་[4]པར་ནི། རྣམ་པ་ཐམས་ཅད་མཁྱེན་པ་ཉིད་ཐོབ་པར་མི༔ནུས་སོ[5]། །རྣམ་པ་ཐམས་ཅད་མཁྱེན་པ་ཉིད་ཐོབ་པར་མ་བགྱིས་པར་ནི། ཆོས་ཀྱི་འཁོར་ལོ་བསྐོར་བར་མི་ནུས་སོ། །ཆོས་ཀྱི་འཁོར་ལོ་མ་[6]བསྐོར་བར་ནི་སེམས་ཅན་རྣམས་རྒྱུན་དུ་ཞུགས་པའི་འབྲས་བུ་ལ་དགོད་པར་མི་ནུས་སོ། །ལན་ཅིག་ཕྱིར་འོང་བའི་འབྲས་བུ་ལ་དགོད་པར་མི་ནུས་སོ། །ཕྱིར་མི་འོང་བའི་འབྲས་བུ་[7]ལ་དགོད་པར་མི་ནུས་སོ། །དགྲ་བཅོམ་པ་ཉིད་ལ་དགོད་པར་མི་ནུས་སོ། །རང་བྱང་ཆུབ་ལ་དགོད་པར་མི་ནུས་སོ། །བླ་ན་མེད་པ་ཡང་དག་པར་རྫོགས་པའི་བྱང་ཆུབ་ལ་དགོད་པར་མི་ནུས་སོ། །སེམས་ཅན་རྣམས་སྦྱིན་པ་ལས་བྱུང་བའི་བསོད་ནམས་བགྱི་བའི་དངོས་པོ་ལ་དགོད་པར་མི་ནུས་སོ། །ཚུལ་ཁྲིམས་ལས་བྱུང་བའི་བསོད་ནམས་བགྱི་བའི་དངོས་པོ་ལ་དགོད་པར་མི་ནུས་སོ། །བསྒོམ་[8]པ་ལས་བྱུང་བའི་བསོད་ནམས་བགྱི་བའི་དངོས་པོ་ལ་དགོད་པར་

སྒྱུ་ནུས་སོ། །བཅོམ་ལྡན་འདས་ཀྱིས་བཀའ་སྩལ་པ། རབ་འབྱོར་དེ་དེ་བཞིན་ནོ། །དེ་དེ་བཞིན་ཏེ། རབ་འབྱོར་ཆོས་ཐམས་ཅད་ནི་མཚན་ཉིད་མེད་པ་སྟེ། མཚན་ཉིད་ཐ་དད་པ་ཡང་མ་ཡིན། མཚན་ཉིད་གཅིག་པ་ཡང་མ་ཡིན་ནོ[༡]། །གསོལ་པ། དེ་ལྟར་ཆོས་ཐམས་ཅད་མཚན་ཉིད་མ་མཆིས་ན། ཇི་ལྟར་ཤེས་རབ་ཀྱི་ཕ་རོལ་ཏུ་ཕྱིན་པ་བསྒོམ་[༢]པར་འགྱུར། བཅོམ་ལྡན་འདས་ཀྱིས་བཀའ་སྩལ་པ། རབ་འབྱོར་བྱང་ཆུབ་སེམས་དཔའ་སེམས་དཔའ་ཆེན་པོས་ཤེས་རབ་ཀྱི་ཕ་རོལ་ཏུ་ཕྱིན་པ་བསྒོམ་པ་ནི། མཚན་ཉིད་ཐ་དད་པ་ཡང་མ་ཡིན། མཚན་ཉིད་གཅིག་པ་ཡང་མ་ཡིན་ཏེ། རབ་འབྱོར་མཚན་ཉིད་མེད་པ་བསྒོམ་པ་ནི། བྱང་ཆུབ་སེམས་དཔའ་སེམས་དཔའ་ཆེན་པོ། ཤེས་རབ་ཀྱི་ཕ་རོལ་ཏུ་ཕྱིན་པ་བསྒོམ་པའོ། །གསོལ་པ། དེ་ཇི་ལྟར་ན་མཚན་ཉིད་མ་མཆིས་པ་བསྒོམ་པ་ཤེས་རབ་ཀྱི་ཕ་རོལ་ཏུ་ཕྱིན་པ་བསྒོམ་པར་འགྱུར། བཅོམ་ལྡན་འདས་ཀྱིས་བཀའ་སྩལ་པ། ཆོས་ཐམས་ཅད་རྣམ་པར་བསྒོམ་པ་བསྒོམ་པ་ནི། ཤེས་རབ་ཀྱི་ཕ་རོལ་ཏུ་ཕྱིན་པ་བསྒོམ་པའོ།། གསོལ་པ། བཅོམ་ལྡན་འདས་དེ་ཇི་ལྟར་ཆོས་ཐམས་ཅད་རྣམ་པར་བསྒོམ་པ་བསྒོམ་པ[༣]། ཤེས་རབ་ཀྱི་ཕ་རོལ་ཏུ་ཕྱིན་པ་བསྒོམ་པ་ལགས། བཅོམ་ལྡན་འདས་ཀྱིས་བཀའ་སྩལ་པ། གཟུགས་རྣམ་པར་བསྒོམ་པ་བསྒོམ་པ་ནི། ཤེས་རབ་ཀྱི་ཕ་རོལ་ཏུ་ཕྱིན་པ་བསྒོམ་པའོ། །ཚོར་བ་རྣམ་པར་བསྒོམ་པ་བསྒོམ་པ་ནི། ཤེས་རབ་ཀྱི་ཕ་རོལ་ཏུ་ཕྱིན་པ་བསྒོམ་པའོ། །འདུ་ཤེས་རྣམ་པར་བསྒོམ་པ་བསྒོམ་པ་ནི། ཤེས་རབ་ཀྱི་ཕ་རོལ་ཏུ་ཕྱིན་པ་བསྒོམ་པའོ། །འདུ་བྱེད་རྣམ་པར་བསྒོམ་པ་བསྒོམ་པ་ནི། ཤེས་རབ་ཀྱི་ཕ་རོལ་ཏུ་ཕྱིན་པ་བསྒོམ་པའོ། །རྣམ་པར་ཤེས་པ་རྣམ་པར་བསྒོམ་པ་བསྒོམ་པ་ནི། ཤེས་རབ་ཀྱི་ཕ་རོལ་ཏུ་ཕྱིན་པ་བསྒོམ་པའོ། །མིག་རྣམ་པར་བསྒོམ་པ་བསྒོམ་པ་ནི། ཤེས་རབ་ཀྱི་ཕ་རོལ་ཏུ་ཕྱིན་པ་བསྒོམ་པའོ།།

ན་བ་རྣམ་པར་བསྒོམ་པ་བསྒོམ་པ་ནི། ཤེས་རབ་ཀྱི་ཕ་རོལ་ཏུ་ཕྱིན་པ་བསྒོམ·····
པའོ།། །སྣ་རྣམ་པར་བསྒོམ་པ་བསྒོམ་པ་ནི། ཤེས་རབ་ཀྱི་ཕ་རོལ་ཏུ་ཕྱིན་པ་
བསྒོམ་པའོ། །ལྕེ་རྣམ་པར་བསྒོམ་པ་བསྒོམ་པ་ནི། ཤེས་རབ་ཀྱི་ཕ་རོལ་ཏུ་ཕྱིན་
པ་བསྒོམ་པའོ། །ལུས་རྣམ་པར་བསྒོམ་པ་བསྒོམ་པ་ནི། ཤེས་རབ་ཀྱི་ཕ་རོལ་ཏུ་
ཕྱིན་པ་བསྒོམ་པའོ། །ཡིད་རྣམ་པར་བསྒོམ་པ་བསྒོམ་པ་ནི། ཤེས་རབ་ཀྱི་ཕ་
རོལ་ཏུ་ཕྱིན་པ་བསྒོམ་པའོ། །གཟུགས་རྣམ་པར་བསྒོམ་པ་བསྒོམ་པ་ནི། ཤེས་
རབ་ཀྱི་ཕ་རོལ་ཏུ་ཕྱིན་པ་བསྒོམ་པའོ། །སྒྲ་རྣམ་པར་བསྒོམ་པ་བསྒོམ་པ་ནི།
ཤེས་རབ་ཀྱི་ཕ་རོལ་ཏུ་ཕྱིན་པ་བསྒོམ་པའོ། །དྲི་རྣམ་པར་བསྒོམ་པ་བསྒོམ་པ་ནི།
ཤེས་རབ་ཀྱི་ཕ་རོལ་ཏུ་ཕྱིན་པ་བསྒོམ་པའོ། །རོ་རྣམ་པར་བསྒོམ་པ་བསྒོམ་པ་ནི།
ཤེས་རབ་ཀྱི་ཕ་རོལ་ཏུ་ཕྱིན་པ་བསྒོམ་པའོ། །རེག་རྣམ་པར་བསྒོམ་པ་བསྒོམ་པ་
ནི།། །ཤེས་རབ་ཀྱི་ཕ་རོལ་ཏུ་ཕྱིན་པ་བསྒོམ་པའོ། །ཆོས་རྣམ་པར་བསྒོམ་པ་
བསྒོམ་པ་ནི། ཤེས་རབ་ཀྱི་ཕ་རོལ་ཏུ་ཕྱིན་པ་བསྒོམ་པའོ། །མིག་གི་རྣམ་པར་
ཤེས་པ་རྣམ་པར་བསྒོམ་པ་བསྒོམ་པ་ནི། ཤེས་རབ་ཀྱི་ཕ་རོལ་ཏུ་ཕྱིན་པ་བསྒོམ་
པའོ།། །རྣ་བའི་རྣམ་པར་ཤེས་པ་རྣམ་པར་བསྒོམ་པ་བསྒོམ་པ་ནི། ཤེས་རབ་ཀྱི་
ཕ་རོལ་ཏུ་ཕྱིན་པ་བསྒོམ་པའོ། །སྣའི་རྣམ་པར་ཤེས་པ་རྣམ་པར་བསྒོམ་པ་བསྒོམ་
པ་ནི། ཤེས་རབ་ཀྱི་ཕ་རོལ་ཏུ་ཕྱིན་པ་བསྒོམ་པའོ། །ལྕེའི་རྣམ་པར་ཤེས་པ་རྣམ་
པར་བསྒོམ་པ་བསྒོམ་པ་ནི། ཤེས་རབ་ཀྱི་ཕ་རོལ་ཏུ་ཕྱིན་པ་བསྒོམ་པའོ། །ལུས་
ཀྱི་རྣམ་པར་ཤེས་པ་རྣམ་པར་བསྒོམ་པ་བསྒོམ་པ་ནི། ཤེས་རབ་ཀྱི་ཕ་རོལ་ཏུ་ཕྱིན་
པ་བསྒོམ་པའོ། །ཡིད་ཀྱི་རྣམ་པར་ཤེས་པ་རྣམ་པར་བསྒོམ་པ་བསྒོམ་པ་ནི།
ཤེས་རབ་ཀྱི་ཕ་རོལ་ཏུ་ཕྱིན་པ་བསྒོམ་པའོ། །མིག་གི་འདུས་ཏེ་རེག་པ་རྣམ་པར་
བསྒོམ་པ་བསྒོམ་པ་ནི། ཤེས་རབ་ཀྱི་ཕ་རོལ་ཏུ་ཕྱིན་པ་བསྒོམ་པའོ། །རྣ་བའི་

འདུས་ཏེ་རེག་པ་རྣམ་པར་བསྒོམ་པ་བསྒོམ་པ་ནི། ཤེས་རབ་ཀྱི་ཕ་རོལ་ཏུ་ཕྱིན་པ་བསྒོམ་པའོ། །སྣའི་འདུས་ཏེ་རེག་པ་རྣམ་པར་བསྒོམ་པ་བསྒོམ་པ་ནི། ཤེས་རབ་ཀྱི་ཕ་རོལ་ཏུ་ཕྱིན་པ་བསྒོམ་པའོ། །ལྕེའི་འདུས་ཏེ་རེག་པ་རྣམ་པར་བསྒོམ་པ་བསྒོམ་པ་ནི། ཤེས་རབ་ཀྱི་ཕ་རོལ་ཏུ་ཕྱིན་པ་བསྒོམ་པའོ། །ལུས་ཀྱི་འདུས་ཏེ་རེག་པ་རྣམ་པར་བསྒོམ་པ་བསྒོམ་པ་ནི། ཤེས་རབ་ཀྱི་ཕ་རོལ་ཏུ་ཕྱིན་པ་བསྒོམ་པའོ། །ཡིད་ཀྱི་འདུས་ཏེ་རེག་པ་རྣམ་པར་བསྒོམ་པ་བསྒོམ་པ་ནི། ཤེས་རབ་ཀྱི་ཕ་རོལ་ཏུ་ཕྱིན་པ་བསྒོམ་པའོ། །མིག་གི་འདུས་ཏེ་རེག་པའི་རྐྱེན་གྱིས་ཚོར་བ་རྣམ་པར་བསྒོམ་པ་བསྒོམ་པ་ནི། ཤེས་རབ་ཀྱི་ཕ་རོལ་ཏུ་ཕྱིན་པ་བསྒོམ་པའོ། །རྣ་བའི་འདུས་ཏེ་རེག་པའི་རྐྱེནད་གྱིས་ཚོར་བ་རྣམ་པར་བསྒོམ་པ་བསྒོམ་པ་ནི། ཤེས་རབ་ཀྱི་ཕ་རོལ་ཏུ་ཕྱིན་པ་བསྒོམ་པའོ། །སྣའི་འདུས་ཏེ་རེག་པའི་རྐྱེན་གྱིས་ཚོར་བ་རྣམ་པར་བསྒོམ་པ་བསྒོམ་པ་ནི། ཤེས་རབ་ཀྱི་ཕ་རོལ་ཏུ་ཕྱིན་པ་བསྒོམ་པའོ། །ལྕེའི་འདུས་ཏེ་རེག་པའི་རྐྱེན་གྱིས་ཚོར་བ་རྣམ་པར་བསྒོམ་པ་བསྒོམ་པ་ནི། ཤེས་རབ་ཀྱི་ཕ་རོལ་ཏུ་ཕྱིན་པ་བསྒོམ་པའོ། །ལུས་ཀྱི་འདུས་ཏེ་རེག་པའི་རྐྱེན་གྱིས་ཚོར་བ་རྣམ་པར་བསྒོམ་པ་བསྒོམ་པ་ནི། ཤེས་རབ་ཀྱི་ཕ་རོལ་ཏུ་ཕྱིན་པ་བསྒོམ་པའོ། །ཡིད་ཀྱི་འདུས་ཏེ་རེག་པའི་རྐྱེན་གྱིས་ཚོར་བ་རྣམ་པར་བསྒོམ་པ་བསྒོམ་པ་ནི། ཤེས་རབ་ཀྱི་ཕ་རོལ་ཏུ་ཕྱིན་པ་བསྒོམ་པའོ། །སའི་ཁམས་རྣམ་པར་བསྒོམ་པ་བསྒོམ་པ་ནི། ཤེས་རབ་ཀྱི་ཕ་རོལ་ཏུ་ཕྱིན་པ་བསྒོམ་པའོ། །ཆུའི་ཁམས་རྣམ་པར་བསྒོམ་པ་བསྒོམ་པ་ནི། ཤེས་རབ་ཀྱི་ཕ་རོལ་ཏུ་ཕྱིན་པ་བསྒོམ་པའོ། །མེའི་ཁམས་རྣམ་པར་བསྒོམ་པ་བསྒོམ་པ་ནི། ཤེས་རབ་ཀྱི་ཕ་རོལ་ཏུ་ཕྱིན་པ་བསྒོམ་པའོ། །རླུང་གི་ཁམས་རྣམ་པར་བསྒོམ་པ་བསྒོམ་པ་ནི། ཤེས་རབ་ཀྱི་ཕ་རོལ་ཏུ་ཕྱིན་པ་བསྒོམ་པའོ། །ནམ་མཁའི་ཁམས་རྣམ་པར་བསྒོམ་པ་བསྒོམ་པ་ནི། ཤེས་

རབ་ཀྱི་ཕ་རོལ་ཏུ་ཕྱིན་པ་བསྒོམ་པའོ། །རྣམ་པར་ཤེས་པའི་ཁམས་རྣམ་པར······བསྒོམ་པ་བསྒོམ་པ་ནི། ཤེས་རབ་ཀྱི་ཕ་རོལ་ཏུ་ཕྱིན་པ་བསྒོམ་པའོ། །རྟེན་ཅིང་འབྲེལ་བར་འབྱུང་བ་རྣམ་པར་བསྒོམ་པ་བསྒོམ་པ་ནི། ཤེས་རབ་ཀྱི་ཕ་རོལ་ཏུ་ཕྱིན་པ་བསྒོམ་པའོ། །མ་རིག་པ་རྣམ་པར་བསྒོམ་པ་བསྒོམ་པ་ནི། ཤེས་རབ་ཀྱི་ཕ་རོལ་ཏུ་ཕྱིན་པ་བསྒོམ་པའོ། །འདུ་བྱེད་རྣམ་པར་བསྒོམ་པ་བསྒོམ་པ་ནི། ཤེས་རབ་ཀྱི་ཕ་རོལ་ཏུ་ཕྱིན་པ་བསྒོམ་པའོ། །རྣམ་པར་ཤེས་པ་རྣམ་པར་བསྒོམ་པ་བསྒོམ་པ་ནི། ཤེས་རབ་ཀྱི་ཕ་རོལ་ཏུ་ཕྱིན་པ་བསྒོམ་པའོ། །མིང་དང་གཟུགས་རྣམ་པར་བསྒོམ་པ་བསྒོམ་པ་ནི། ཤེས་རབ་ཀྱི་ཕ་རོལ་ཏུ་ཕྱིན་པ་བསྒོམ་པའོ། །སྐྱེ་མཆེད་དྲུག་རྣམ་པར་བསྒོམ་པ་བསྒོམ་པ་ནི། ཤེས་རབ་ཀྱི་ཕ་རོལ་ཏུ་ཕྱིན་པ་བསྒོམ་པའོ། །རེག་པ་རྣམ་པར་བསྒོམ་པ་བསྒོམ་པ་ནི། ཤེས་རབ་ཀྱི་ཕ་རོལ་ཏུ་ཕྱིན་པ་བསྒོམ་པའོ། །ཚོར་བ་རྣམ་པར་བསྒོམ་པ་བསྒོམ་པ་ནི། ཤེས་རབ་ཀྱི་ཕ་རོལ་ཏུ་ཕྱིན་པ་བསྒོམ་པའོ། །སྲེད་པ་རྣམ་པར་བསྒོམ་པ་བསྒོམ་པ་ནི། ཤེས་རབ་ཀྱི་ཕ་རོལ་ཏུ་ཕྱིན་པ་བསྒོམ་པའོ། །ལེན་པ་རྣམ་པར་བསྒོམ་པ་བསྒོམ་པ་ནི། ཤེས་རབ་ཀྱི་ཕ་རོལ་ཏུ་ཕྱིན་པ་བསྒོམ་པའོ། །སྲིད་པ་རྣམ་པར་བསྒོམ་པ་བསྒོམ་པ་ནི། ཤེས་རབ་ཀྱི་ཕ་རོལ་ཏུ་ཕྱིན་པ་བསྒོམ་པའོ། །སྐྱེ་བ་རྣམ་པར་བསྒོམ་པ་བསྒོམ་པ་ནི། ཤེས་རབ་ཀྱི་ཕ་རོལ་ཏུ་ཕྱིན་པ་བསྒོམ་པའོ། །རྒ་ཤི་རྣམ་པར་བསྒོམ་པ་བསྒོམ་པ་ནི། ཤེས་རབ་ཀྱི་ཕ་རོལ་ཏུ་ཕྱིན་པ་བསྒོམ་པའོ། །བླང་བ་རྣམ་པར་བསྒོམ་པ་བསྒོམ་པ་ནི། ཤེས་རབ་ཀྱི་ཕ་རོལ་ཏུ་ཕྱིན་པ་བསྒོམ་པའོ། །དོར་བ་རྣམ་པར་བསྒོམ་པ་བསྒོམ་པ་ནི། ཤེས་རབ་ཀྱི་ཕ་རོལ་ཏུ་ཕྱིན་པ་བསྒོམ་པའོ། །བསམ་གཏན་དང་པོ་རྣམ་པར་བསྒོམ་པ་བསྒོམ་པ་ནི། ཤེས་རབ་ཀྱི་ཕ་རོལ་ཏུ་ཕྱིན་པ་བསྒོམ་པའོ། །བསམ་གཏན་གཉིས་པ་རྣམ་པར་བསྒོམ་པ་བསྒོམ་

པ་ནི། ཤེས་རབ་ཀྱི་ཕ་རོལ་ཏུ་ཕྱིན་པ་བསྒོམ་པའོ། །བསམ་གཏན་གསུམ་པ་རྣམ་པར་བསྒོམ་པ་བསྒོམ་པ་ནི། ཤེས་རབ་ཀྱི་ཕ་རོལ་ཏུ་ཕྱིན་པ་བསྒོམ་པའོ། །བསམ་གཏན་བཞི་པ་རྣམ་པར་བསྒོམ་པ་བསྒོམ་པ་ནི། ཤེས་རབ་ཀྱི་ཕ་རོལ་ཏུ་ཕྱིན་པ་བསྒོམ་པའོ། །བྱམས་པ་(༡)རྣམ་པར་བསྒོམ་པ་བསྒོམ་པ་ནི། ཤེས་རབ་ཀྱི་ཕ་རོལ་ཏུ་ཕྱིན་པ་བསྒོམ་པའོ། །སྙིང་རྗེ་(༢)རྣམ་པར་བསྒོམ་པ་བསྒོམ་པ་ནི། ཤེས་རབ་ཀྱི་ཕ་རོལ་ཏུ་ཕྱིནད་པ་བསྒོམ་པའོ། །དགའ་བ་རྣམ་པར་བསྒོམ་པ······བསྒོམ་པ་ནི། ཤེས་རབ་ཀྱི་ཕ་རོལ་ཏུ་ཕྱིན་པ་བསྒོམ་པའོ། །བཏང་སྙོམས་རྣམ་པར་བསྒོམ་པ་བསྒོམ་པ་ནི། ཤེས་རབ་ཀྱི་ཕ་རོལ་ཏུ་ཕྱིན་པ་བསྒོམ་པའོ། །ནམ་མཁའ་མཐའ་ཡས་སྐྱེ་མཆེད་ཀྱི་སྙོམས་པར་འཇུག་པ་རྣམ་པར་བསྒོམ་པ་བསྒོམ་པ···ནི༑ ཤེས་རབ་ཀྱི་ཕ་རོལ་ཏུ་ཕྱིན་པ་བསྒོམ་པའོ། །རྣམ་ཤེས་མཐའ་ཡས་སྐྱེ་མཆེད་ཀྱི་སྙོམས་པར་འཇུག་པ་རྣམ་པར་བསྒོམ་པ་བསྒོམ་པ་ནི། ཤེས་རབ་ཀྱི་ཕ་རོལད་ཏུ་ཕྱིན་པ་བསྒོམ་པའོ། །ཅུང་ཟད་མེད་པའི་སྐྱེ་མཆེད་ཀྱི་སྙོམས་པར····འཇུག་པ་རྣམ་པར་བསྒོམ་པ་བསྒོམ་པ་ནི། ཤེས་རབ་ཀྱི་ཕ་རོལ་ཏུ་ཕྱིན་པ་བསྒོམ་པའོ༑ །འདུ་ཤེས་མེད་འདུ་ཤེས་མེད་མིན་སྐྱེ་མཆེད་ཀྱི་སྙོམས་པར་འཇུག་པ་རྣམ་པར་བསྒོམ་པ་བསྒོམ་པ་ནི། ཤེས་རབ་ཀྱི་ཕ་རོལ་ཏུ་ཕྱིན་པ་བསྒོམ་པའོ། །སངས་རྒྱས་རྗེས་སུ་དྲན་པ་རྣམ་པར་བསྒོམ་པ་བསྒོམ་པ་ནི། ཤེས་རབ་ཀྱི་ཕ་རོལ་ཏུ་ཕྱིན་པ་བསྒོམ་པའོ། །ཆོས་རྗེས་སུ་དྲན་པ་རྣམ་པར་བསྒོམ་པ་བསྒོམ་པ་ནི། ཤེས་རབ་ཀྱི་ཕ་རོལ་ཏུ་ཕྱིན་པ་བསྒོམ་པའོ། །དགེ་འདུན་རྗེས་སུ་དྲན་པ་རྣམ་པར་བསྒོམ་པ་བསྒོམ་པ་ནི། ཤེས་རབ་ཀྱི་ཕ་རོལ་ཏུ་ཕྱིན་པ་བསྒོམ་པའོ། །ཚུལ་ཁྲིམས་རྗེས་སུ་དྲན་པ་རྣམ་པར་བསྒོམ་པ་བསྒོམ་པ་ནི། ཤེས་རབ་ཀྱི་ཕ་རོལ་ཏུ་ཕྱིན་པ་བསྒོམ་པའོ། །གཏོང་(༣)བ་རྗེས་སུ་དྲན་པ་རྣམ་པར་བསྒོམ་པ་བསྒོམ་པ་ནི།

ཤེས་རབ་ཀྱི་ཕ་རོལ་ཏུ་ཕྱིན་པ་བསྒོམ་པའོ། །ལྷ་རྗེས་སུ་དྲན་པ་རྣམ་པར་བསྒོམ་པ་བསྒོམ་པ་ནི། ཤེས་རབ་ཀྱི་ཕ་རོལ་ཏུ་ཕྱིན་པ་བསྒོམ་པའོ། །སྐྱོ་བ་རྗེས་སུ་དྲན་པ་རྣམ་པར་བསྒོམ་པ་བསྒོམ་པ་ནི། ཤེས་རབ་ཀྱི་ཕ་རོལ་ཏུ་ཕྱིན་པ་བསྒོམ་པའོ༔། །དབུགས་ཕྱི་ནང་དུ་རྒྱུ་བ་རྗེས་སུ་དྲན་པ་རྣམ་པར་བསྒོམ་པ་བསྒོམ་པ་ནི། ཤེས་རབ་ཀྱི་ཕ་རོལ་ཏུ་ཕྱིན་པ་བསྒོམ་པའོ། །འཆི་བ་རྗེས་སུ་དྲན་པ་རྣམ་པར་···བསྒོམ་པ་བསྒོམ་པ་ནི། ཤེས་རབ་ཀྱི་ཕ་རོལ་ཏུ་ཕྱིན་པ་བསྒོམ་པའོ། །ལུས་ཀྱི་༔རྣམ་པ་⑦རྗེས་སུ་དྲན་པ་རྣམ་པར་བསྒོམ་པ་བསྒོམ་པ་ནི། ཤེས་རབ་ཀྱི་ཕ་རོལ་ཏུ་ཕྱིན་པ་བསྒོམ་པའོ། །མི་རྟག་པའི་འདུ་ཤེས་རྣམ་པར་བསྒོམ་པ་བསྒོམ་པ་ནི། ཤེས་རབ་ཀྱི་ཕ་རོལ་ཏུ་ཕྱིན་པ་བསྒོམ་པའོ། །སྡུག་བསྔལ་གྱི་འདུ་ཤེས་རྣམ་པར་བསྒོམ་པ་བསྒོམ་པ་ནི། ཤེས་རབ་ཀྱི་ཕ་རོལ་ཏུ་ཕྱིན་པ་བསྒོམ་པའོ། །བདག་མེད་པའི་འདུ་ཤེས་རྣམ་པར་བསྒོམ་པ་བསྒོམ་པ་ནི། ཤེས་རབ་ཀྱི་ཕ་རོལ་ཏུ་ཕྱིན་པ་བསྒོམ་པའོ། །མི་སྡུག་པའི་འདུ་ཤེས་རྣམ་པར་བསྒོམ་པ་བསྒོམ་པ་ནི། ཤེས་རབ་ཀྱི་ཕ་རོལ་ཏུ་ཕྱིན་པ་བསྒོམ་པའོ། །དངོས་པོ་མེད་པའི་འདུ་ཤེས་རྣམ་པར་བསྒོམ་པ་བསྒོམ་པ་ནི། ཤེས་རབ་ཀྱི་ཕ་རོལ་ཏུ་ཕྱིན་པ་བསྒོམ་པའོ། །བདག་གི་འདུ་ཤེས་རྣམ་པར་བསྒོམ་པ་བསྒོམ་པ་ནི། ཤེས་རབ་ཀྱི་ཕ་རོལ་ཏུ་ཕྱིན་པ་བསྒོམ་པའོ༔། །སེམས་ཅན་གྱི་འདུ་ཤེས་རྣམ་པར་བསྒོམ་པ་བསྒོམ་པ་ནི། ཤེས་རབ་ཀྱི་ཕ་རོལ་ཏུ་ཕྱིན་པ་བསྒོམ་པའོ། །སྲོག་གི་འདུ་ཤེས་རྣམ་པར་བསྒོམ་པ་བསྒོམ་པ་ནི། ཤེས་རབ་ཀྱི་ཕ་རོལ་ཏུ་ཕྱིན་པ་བསྒོམ་པའོ། །སྐྱེ་བའི་འདུ་ཤེས་རྣམ་པར་བསྒོམ་པ་བསྒོམ་པ་ནི། ཤེས་རབ་ཀྱི་ཕ་རོལ་ཏུ་ཕྱིན་པ་བསྒོམ་པའོ། །གསོ་བའི་འདུ་ཤེས་རྣམ་པར་བསྒོམ་པ་བསྒོམ་པ་ནི། ཤེས་རབ་ཀྱི་ཕ་རོལ་ཏུ་ཕྱིན་པ་བསྒོམ་པའོ། །སྐྱེས་བུའི་འདུ་ཤེས་རྣམ་པར་བསྒོམ་པ་བསྒོམ་པ་ནི། ཤེས་རབ་ཀྱི་ཕ་རོལ་ཏུ་ཕྱིན་

པ་བསྒོམ་པའོ། །གང་ཟག་གི་འདུ་ཤེས་རྣམ་པར་བསྒོམ་པ་བསྒོམ་པ་ནི། ཤེས་རབ་ཀྱི་ཕ་རོལ་ཏུ་ཕྱིན་པ་བསྒོམ་པའོ། །ཤེད་ཅན་གྱི་འདུ་ཤེས་རྣམ་པར་བསྒོམ་པ་བསྒོམ་པ་ནི་ཤེས་རབ་ཀྱི་ཕ་རོལ་ཏུ་ཕྱིན་པ་བསྒོམ་པའོ། །ཤེད་[༧]བདག་གི་འདུ……ཤེས་རྣམ་པར་བསྒོམ་པ་བསྒོམ་པ་ནི། ཤེས་རབ་ཀྱི་ཕ་རོལ་ཏུ་ཕྱིན་པ་བསྒོམ་པའོ།། བྱེད་པ་པོའི་འདུ་ཤེས་རྣམ་པར་བསྒོམ་པ་བསྒོམ་པ་ནི། ཤེས་རབ་ཀྱི་ཕ་རོལ་ཏུ……ཕྱིན་པ་བསྒོམ་པའོ། །ཚོར་བ་པོའི་འདུ་ཤེས་རྣམ་པར་བསྒོམ་པ་བསྒོམ་པ་ནི། ཤེས་རབ་ཀྱི་ཕ་རོལ་ཏུ་ཕྱིན་པ་བསྒོམ་པའོ། །ཤེས་པ་པོའི་འདུ་ཤེས་རྣམ་[༣]པར་བསྒོམ་པ་བསྒོམ་པ་ནི། ཤེས་རབ་ཀྱི་ཕ་རོལ་ཏུ་ཕྱིན་པ་བསྒོམ་པའོ། །མཐོང་བ་པོའི་འདུ་ཤེས་རྣམ་པར་བསྒོམ་པ་བསྒོམ་པ་ནི། ཤེས་རབ་ཀྱི་ཕ་རོལ་ཏུ་ཕྱིན་པ་བསྒོམ་པའོ། །རྟག་པའི་འདུ་ཤེས་རྣམ་པར་བསྒོམ་པ་བསྒོམ་པ་ནི། ཤེས་རབ་ཀྱི་ཕ་རོལ་ཏུ་ཕྱིན་པ་བསྒོམ་པའོ། །བདེ་བའི་འདུ་ཤེས་རྣམ་པར་བསྒོམ་པ་བསྒོམ་པ་ནི། ཤེས་རབ་ཀྱི་ཕ་རོལ་ཏུ་ཕྱིན་པ་བསྒོམ་པའོ། །སྡུག་པའི་འདུ་ཤེས་རྣམ་པར་བསྒོམ་པ་བསྒོམ་པ་ནི། ཤེས་རབ་ཀྱི་ཕ་རོལ་ཏུ་ཕྱིན་པ་བསྒོམ་པའོ། །བདག་གི་འདུ་ཤེས་རྣམ་པར་བསྒོམ་པ་བསྒོམ་པ་ནི། ཤེས་རབ་ཀྱི་ཕ་རོལ་ཏུ་ཕྱིན་པ་བསྒོམ་པའོ། །དྲན་པ་ཉེ་བར་གཞག་པ་རྣམ་པར་བསྒོམ་པ་བསྒོམ་པ་ནི། ཤེས་རབ་ཀྱི་ཕ་རོལ་ཏུ་ཕྱིན་པ་བསྒོམ་པའོ། །ཡང་དག་པར་སྤོང་བ་རྣམ་པར……བསྒོམ་པ་བསྒོམ་པ་ནི། ཤེས་རབ་ཀྱི་ཕ་རོལ་ཏུ་ཕྱིན་པ་བསྒོམ་པའོ། །རྫུ་འཕྲུལ་གྱི་རྐང་པ་རྣམ་པར་བསྒོམ་པ་བསྒོམ་པ་ནི། ཤེས་རབ་ཀྱི་ཕ་རོལ་ཏུ་ཕྱིན་པ་བསྒོམ་པའོ། །དབང་པོ་རྣམ་པར་བསྒོམ་པ་བསྒོམ་པ་ནི། ཤེས་རབ་ཀྱི་ཕ་རོལ་ཏུ་ཕྱིན་པ་བསྒོམ་པའོ། །སྟོབས་རྣམ་པར་བསྒོམ་པ་བསྒོམ་པ་ནི། ཤེས་རབ་ཀྱི་ཕ་རོལ་ཏུ་ཕྱིན་པ་བསྒོམ་པའོ། །བྱང་ཆུབ་ཀྱི་ཡན་ལག་རྣམ་པར་བསྒོམ་པ་བསྒོམ་པ་ནི།

ཤེས་རབ་ཀྱི་ཕ་རོལ་ཏུ་ཕྱིན་པ་བསྒོམ་པའོ། །ལམ་རྣམ་པར་བསྒོམ་པ་བསྒོམ་པ་ནི། ཤེས་རབ་ཀྱི་ཕ་རོལ་ཏུ་ཕྱིན་པ་བསྒོམ་པའོ། །སྟོང་པ་ཉིད་ཀྱི་ཏིང་ངེ་འཛིན་རྣམ་པར་བསྒོམ་པ་བསྒོམ་པ་ནི། ཤེས་རབ་ཀྱི་ཕ་རོལ་ཏུ་ཕྱིན་པ་བསྒོམ་པའོ། །མཚན་མ་མེད་པའི་ཏིང་ངེ་འཛིན་རྣམ་པར་བསྒོམ་པ་བསྒོམ་པ་ནི། ཤེས་རབ་ཀྱི་ཕ་རོལ་ཏུ་ཕྱིན་པ་བསྒོམ་པའོ། །སྨོན་པ་མེད་པའི་ཏིང་ངེ་འཛིན་རྣམ་པར་བསྒོམ་པ་བསྒོམ་པ་ནི། ཤེས་རབ་ཀྱི་ཕ་རོལ་ཏུ་ཕྱིན་པ་བསྒོམ་པའོ། །རྣམ་པར་ཐར་པ་བརྒྱད་རྣམ་པར་བསྒོམ་པ་བསྒོམ་པ་ནི། ཤེས་རབ་ཀྱི་ཕ་རོལ་ཏུ་ཕྱིན་པ་བསྒོམ་པའོ། །མཐར་གྱིས་གནས་པའི་སྙོམས་པར་འཇུག་པ་དགུ་རྣམ་པར་བསྒོམ་པ་བསྒོམ་པ་ནི། ཤེས་རབ་ཀྱི་ཕ་རོལ་ཏུ་ཕྱིན་པ་བསྒོམ་པའོ། །རྟོག་པ་དང་བཅས་དཔྱོད་པ་དང་བཅས་པའི་ཏིང་ངེ་འཛིན་རྣམ་པར་བསྒོམ་པ་བསྒོམ་པ་ནི། ཤེས་རབ་ཀྱི་ཕ་རོལ་ཏུ་ཕྱིན་པ་བསྒོམ་པའོ། །རྟོག་པ་མེད་ལ་དཔྱོད་པ་ཙམ་གྱི་⑦ཏིང་ངེ་འཛིན་རྣམ་པར་བསྒོམ་པ་བསྒོམ་པ་ནི། ཤེས་རབ་ཀྱི་ཕ་རོལ་ཏུ་ཕྱིན་པ་བསྒོམ་པའོ། །རྟོག་པ་མེད་ཅིང་དཔྱོད་པ་མེད་པའི་ཏིང་ངེ་འཛིན་རྣམ་པར་བསྒོམ་པ་བསྒོམ་པ་ནི། ཤེས་རབ་ཀྱི་ཕ་རོལ་ཏུ་ཕྱིན་པ་བསྒོམ་པའོ། །སྡུག་བསྔལ་འཕགས་པའི་བདེན་པ་རྣམ་པར་བསྒོམ་པ་བསྒོམ་པ་ནི། ཤེས་རབ་ཀྱི་ཕ་རོལ་ཏུ་ཕྱིན་པ་བསྒོམ་པའོ། །ཀུན་འབྱུང་བ་③འཕགས་པའི་བདེན་པ་རྣམ་པར་བསྒོམ་པ་བསྒོམ་པ་ནི། ཤེས་རབ་ཀྱི་ཕ་རོལ་ཏུ་ཕྱིན་པ་བསྒོམ་པའོ། །འགོག་པ་འཕགས་པའི་བདེན་པ་རྣམ་པར་བསྒོམ་པ་བསྒོམ་པ་ནི། ཤེས་རབ་ཀྱི་ཕ་རོལ་ཏུ་ཕྱིན་པ་བསྒོམ་པའོ། །ལམ་འཕགས་པའི་བདེན་པ་རྣམ་པར་བསྒོམ་པ་བསྒོམ་པ་ནི། ཤེས་རབ་ཀྱི་ཕ་རོལ་ཏུ་ཕྱིན་པ་བསྒོམ་པའོ། །སྡུག་བསྔལ་ཤེས་པ་རྣམ་པར་བསྒོམ་པ་བསྒོམ་པ་ནི། ཤེས་རབ་ཀྱི་ཕ་རོལ་ཏུ་ཕྱིན་པ་བསྒོམ་པའོ། །ཀུན་འབྱུང་བ་

ཤེས་པ་རྣམ་པར་བསྒོམ་པ་བསྒོམ་པ་ནི། ཤེས་རབ་ཀྱི་ཕ་རོལ་ཏུ་ཕྱིན་པ་བསྒོམ་པའོ། །འགོག་པ་ཤེས་པ་རྣམ་པར་བསྒོམ་པ་བསྒོམ་པ་ནི། ཤེས་རབ་ཀྱི་ཕ་རོལ་ཏུ་ཕྱིན་པ་བསྒོམ་པའོ། །ལམ་ཤེས་པ་རྣམ་པར་བསྒོམ་པ་བསྒོམ་པ་ནི། ཤེས་རབ་ཀྱི་ཕ་རོལ་ཏུ་ཕྱིན་པ་བསྒོམ་པའོ། །ཟད་པ་ཤེས་པ་རྣམ་པར་བསྒོམ་པ་བསྒོམ་པ་ནི། ཤེས་རབ་ཀྱི་ཕ་རོལ་ཏུ་ཕྱིན་པ་བསྒོམ་པའོ། །མི་སྐྱེ་བ་ཤེས་པ་རྣམ་པར་བསྒོམ་པ་བསྒོམ་པ་ནི། ཤེས་རབ་ཀྱི་ཕ་རོལ་ཏུ་ཕྱིན་པ་བསྒོམ་པའོ། །ཆོས༔ ཤེས་པ་[7]རྣམ་པར་བསྒོམ་པ་བསྒོམ་པ་ནི། ཤེས་རབ་ཀྱི་ཕ་རོལ་ཏུ་ཕྱིན་པ་བསྒོམ་པའོ།། རྗེས་སུ་འགྲོ་བ་ཤེས་པ་རྣམ་པར་བསྒོམ་པ་བསྒོམ་པ་ནི། ཤེས་རབ་ཀྱི་ཕ་རོལ་ཏུ་ཕྱིན་པ་བསྒོམ་པའོ། །ཀུན་རྫོབ་ཤེས་པ་རྣམ་པར་བསྒོམ་པ་བསྒོམ་པ་ནི། ཤེས་རབ་ཀྱི་ཕ་རོལ་ཏུ་ཕྱིན་པ་བསྒོམ་པའོ། །འདྲིས་པ་ཤེས་པ་རྣམ་པར་བསྒོམ་པ་བསྒོམ་པ་ནི། ཤེས་རབ་ཀྱི་ཕ་རོལ་ཏུ་ཕྱིན་པ་བསྒོམ་པའོ། །སྒྲ་ཇི་བཞིན་ཤེས་པ་རྣམ་པར་བསྒོམ་པ་བསྒོམ་པ་ནི། ཤེས་རབ་ཀྱི་ཕ་རོལད་ཏུ་ཕྱིནད་པ་བསྒོམ་པའོ།། སྦྱིན་པའི་ཕ་རོལ་ཏུ་ཕྱིན་པ་རྣམ་པར་བསྒོམ་པ་བསྒོམ་པ་ནི། ཤེས་རབ་ཀྱི་ཕ་རོལ་ཏུ་ཕྱིན་པ་བསྒོམ་པའོ། །ཚུལ་ཁྲིམས་ཀྱི་ཕ་རོལ་ཏུ་ཕྱིན་པ་རྣམ་པར་བསྒོམ་པ་བསྒོམ་པ་ནི། ཤེས་རབ་ཀྱི་ཕ་རོལད་ཏུ་ཕྱིནད་པ་བསྒོམ་པའོ། །བཟོད་པའི་ཕ་རོལད་ཏུ་ཕྱིནད་པ་རྣམ་པར་བསྒོམ་པ་བསྒོམ་པ་ནི། ཤེས་རབ་ཀྱི་ཕ་རོལ་ཏུ་ཕྱིན་པ་བསྒོམ་པའོ། །བརྩོན་འགྲུས་ཀྱི་ཕ་རོལ་ཏུ་ཕྱིན་པ་རྣམ་པར་བསྒོམ་པ་བསྒོམ་པ་ནི༑ ཤེས་རབ་ཀྱི་ཕ་རོལ་ཏུ་ཕྱིན་པ་བསྒོམ་པའོ། །བསམ་གཏན་གྱི་ཕ་རོལ་ཏུ་ཕྱིན་པ་རྣམ་པར་བསྒོམ་པ་བསྒོམ་པ་ནི། ཤེས་རབ་ཀྱི་ཕ་རོལ་ཏུ་ཕྱིན་པ་བསྒོམ་པའོ༑ །ཤེས་རབ་ཀྱི་ཕ་རོལ་ཏུ་ཕྱིན་པ་རྣམ་པར་བསྒོམ་པ་བསྒོམ་པ་ནི། ཤེས་རབ་ཀྱི་ཕ་རོལ་ཏུ་ཕྱིན་པ་བསྒོམ་པའོ། །ནང་སྟོང་པ་ཉིད་རྣམ་པར་བསྒོམ་པ་

བསྒོམ་པ་ནི། ཤེས་རབ་ཀྱི་ཕ་རོལ་ཏུ་ཕྱིན་པ་བསྒོམ་པའོ། །ཕྱི་སྟོང་པ་ཉིད་རྣམ་པར་བསྒོམ་པ་བསྒོམ་པ་ནི། ཤེས་རབ་ཀྱི་ཕ་རོལ་ཏུ་ཕྱིན་པ་བསྒོམ་པའོ། །ཕྱི་ནང་སྟོང་པ་ཉིད་རྣམ་པར་བསྒོམ་པ་བསྒོམ་པ་ནི། ཤེས་རབ་ཀྱི་ཕ་རོལ་ཏུ་ཕྱིན་པ་བསྒོམ་པའོ། །སྟོང་པ་ཉིད་སྟོང་པ་ཉིད་རྣམ་པར་བསྒོམ་པ་བསྒོམ་པ་ནི། ཤེས་རབ་ཀྱི་ཕ་རོལ་ཏུ་ཕྱིན་པ་བསྒོམ་པའོ། །ཆེན་པོ་སྟོང་པ་ཉིད་རྣམ་པར་བསྒོམ་པ་བསྒོམ་པ་ནི། ཤེས་རབ་ཀྱི་ཕ་རོལ་ཏུ་ཕྱིན་པ་བསྒོམ་པའོ། །དོན་དམ་པ་སྟོང་པ་ཉིད་རྣམ་པར་བསྒོམ་པ་བསྒོམ་པ་ནི། ཤེས་རབ་ཀྱི་ཕ་རོལ་ཏུ་ཕྱིན་པ་བསྒོམ་པའོ།། འདུས་བྱས་སྟོང་པ་ཉིད་རྣམ་པར་བསྒོམ་པ་བསྒོམ་པ་ནི། ཤེས་རབ་ཀྱི་ཕ་རོལ་ཏུ་ཕྱིན་པ་བསྒོམ་པའོ། །འདུས་མ་བྱས་སྟོང་པ་ཉིད་རྣམ་པར་བསྒོམ་པ་བསྒོམ་པ་ནི། ཤེས་རབ་ཀྱི་ཕ་རོལ་ཏུ་ཕྱིན་པ་བསྒོམ་པའོ། །མཐའ་ལས་འདས་པ་སྟོང་པ་ཉིད་རྣམ་པར་བསྒོམ་པ་བསྒོམ་པ་ནི། ཤེས་རབ་ཀྱི་ཕ་རོལ་ཏུ་ཕྱིན་པ་བསྒོམ་པའོ། །ཐོག་མ་དང་ཐ་མ་མེད་པ་སྟོང་པ་ཉིད་རྣམ་པར་བསྒོམ་པ་བསྒོམ་པ་ནི། ཤེས་རབ་ཀྱི་ཕ་རོལ་ཏུ་ཕྱིན་པ་བསྒོམ་པའོ། །དོར་བ་མེད་པ་སྟོང་པ་ཉིད་རྣམ་པར་བསྒོམ་པ་བསྒོམ་པ་ནི། ཤེས་རབ་ཀྱི་ཕ་རོལ་ཏུ་ཕྱིན་པ་བསྒོམ་པའོ། །རང་བཞིན་སྟོང་པ་ཉིད་རྣམ་པར་བསྒོམ་པ་བསྒོམ་པ་ནི། ཤེས་རབ་ཀྱི་ཕ་རོལ་ཏུ་ཕྱིན་པ་བསྒོམ་པའོ། །ཆོས་ཐམས་ཅད་སྟོང་པ་ཉིད་རྣམ་པར་བསྒོམ་པ་བསྒོམ་པ་ནི། ཤེས་རབ་ཀྱི་ཕ་རོལ་ཏུ་ཕྱིན་པ་བསྒོམ་པའོ། །རང་གི་མཚན་ཉིད་སྟོང་པ་ཉིད་རྣམ་པར་བསྒོམ་པ་བསྒོམ་པ་ནི། ཤེས་རབ་ཀྱི་ཕ་རོལ་ཏུ་ཕྱིན་པ་བསྒོམ་པའོ། །མི་དམིགས་པ་སྟོང་པ་ཉིད་རྣམ་པར་བསྒོམ་པ་བསྒོམ་པ་ནི། ཤེས་རབ་ཀྱི་ཕ་རོལ་ཏུ་ཕྱིན་པ་བསྒོམ་པའོ། །དངོས་པོ་མེད་པ་སྟོང་པ་ཉིད་རྣམ་པར་བསྒོམ་པ་བསྒོམ་པ་ནི། ཤེས་རབ་ཀྱི་ཕ་རོལ་ཏུ་ཕྱིན་པ་བསྒོམ་པའོ། །ངོ་བོ་ཉིད་སྟོང་པ་ཉིད་རྣམ་

པར་བསྒོམ་པ་བསྒོམ་པ་ནི། ཤེས་རབ་ཀྱི་ཕ་རོལ་ཏུ་ཕྱིན་པ་བསྒོམ་པའོ། །དངོས་པོ་མེད་པའི་ངོ་བོ་ཉིད་སྟོང་པ་ཉིད་རྣམ་པར་བསྒོམ་པ་བསྒོམ་པ་ནི། ཤེས་རབ་ཀྱི་ཕ་རོལ་ཏུ་ཕྱིན་པ་བསྒོམ་པའོ། །མངོན་པར་ཤེས་པ་དྲུག་རྣམ་པར་བསྒོམ་པ་བསྒོམ་པ་ནི། ཤེས་རབ་ཀྱི་ཕ་རོལ་ཏུ་ཕྱིན་པ་བསྒོམ་པའོ། །ཏིང་ངེ་འཛིན་ཐམས་ཅད་རྣམ་པར་བསྒོམ་པ་བསྒོམ་པ་ནི། ཤེས་རབ་ཀྱི་ཕ་རོལ་ཏུ་ཕྱིན་པ་བསྒོམ་པའོ། །གཟུངས་ཀྱི་སྒོ་ཐམས་ཅད་རྣམ་པར་བསྒོམ་པ་བསྒོམ་པ་ནི། ཤེས་རབ་ཀྱི་ཕ་རོལ་ཏུ་ཕྱིན་པ་བསྒོམ་པའོ། །དེ་བཞིན་གཤེགས་པའི་སྟོབས་བཅུ་རྣམ་པར་བསྒོམ་པ་བསྒོམ་པ་ནི། །ཤེས་རབ་ཀྱི་ཕ་རོལ་ཏུ་ཕྱིནད་པ་བསྒོམ་པའོ། །མི་འཇིགས་པ་བཞི་རྣམ་པར་བསྒོམ་པ་བསྒོམ་པ་ནི། ཤེས་རབ་ཀྱི་ཕ་རོལ་ཏུ་ཕྱིན་པ་བསྒོམ་པའོ། །སོ་སོ་ཡང་དག་པར་རིག་པ་བཞི་རྣམ་པར་བསྒོམ་པ་བསྒོམ་པ་ནི། ཤེས་རབ་ཀྱི་ཕ་རོལ་ཏུ་ཕྱིན་པ་བསྒོམ་པའོ། །སངས་རྒྱས་ཀྱི་ཆོས་མ་འདྲེས་པ་བཅོ་བརྒྱད་རྣམ་པར་བསྒོམ་པ་བསྒོམ་པ་ནི། ཤེས་རབ་ཀྱི་ཕ་རོལ་ཏུ་ཕྱིན་པ་བསྒོམ་པའོ། །བྱམས་པ་ཆེན་པོ་རྣམ་པར་བསྒོམ་པ་བསྒོམ་པ་ནི། ཤེས་རབ་ཀྱི་ཕ་རོལ་ཏུ་ཕྱིན་པ་བསྒོམ་པའོ། །སྙིང་རྗེ་ཆེན་པོ་རྣམ་པར་བསྒོམ་པ་[༡]བསྒོམ་[༢]པ་ནི[༣]། ཤེས་རབ་ཀྱི་ཕ་རོལ་ཏུ་ཕྱིན་པ་བསྒོམ་པའོ། །རྒྱུན་དུ་ཞུགས་པའི་འབྲས་བུ་རྣམ་པར་བསྒོམ་པ་བསྒོམ་པ་ནི། ཤེས་རབ་ཀྱི་ཕ་རོལ་ཏུ་ཕྱིན་པ་བསྒོམ་པའོ། །ལན་ཅིག་ཕྱིར་འོང་བའི་འབྲས་བུ་རྣམ་པར་བསྒོམ་པ་བསྒོམ་པ་ནི། ཤེས་རབ་ཀྱི་ཕ་རོལ་ཏུ་ཕྱིན་པ་བསྒོམ་པའོ། །ཕྱིར་མི་འོང་བའི་འབྲས་བུ་རྣམ་པར་བསྒོམ་པ་བསྒོམ་པ་ནི། ཤེས་རབ་ཀྱི་ཕ་རོལ་ཏུ་ཕྱིན་པ་བསྒོམ་པའོ། །དགྲ་བཅོམ་པ་ཉིད་རྣམ་པར་བསྒོམ་པ་བསྒོམ་པ་ནི། ཤེས་རབ་ཀྱི་ཕ་རོལ་ཏུ་ཕྱིན་པ་བསྒོམ་པའོ། །རང་བྱང་ཆུབ་རྣམ་པར་བསྒོམ་པ་བསྒོམ་པ་ནི། ཤེས་རབ་ཀྱི་ཕ་རོལ་ཏུ་ཕྱིནད་པ་

བསྒོམ་པའོ། །ལམ་གྱི་རྣམ་པ་[1]ཤེས་པ་ཉིད་རྣམ་པར་བསྒོམ་པ་བསྒོམ་པ་ནི།
ཤེས་རབ་ཀྱི་ཕ་རོལ་ཏུ་ཕྱིན་པ་བསྒོམ་པའོ། །རྣམ་པ་ཐམས་ཅད་མཁྱེན་པ་ཉིད་
རྣམ་པར་བསྒོམ་པ་བསྒོམ་པ་ནི། ཤེས་རབ་ཀྱི་ཕ་རོལ་ཏུ་ཕྱིན་པ་བསྒོམ་པའོ། །
བག་ཆགས་ཀྱི་མཚམས་[2]སྦྱོར་བའི་ཉོན་མོངས་པ་ཐམས་ཅད་སྤངས་པ་རྣམ་པར······
བསྒོམ་པ་བསྒོམ་པ་ནི། ཤེས་རབ་ཀྱི་ཕ་རོལ་ཏུ་ཕྱིན་པ་བསྒོམ་པའོ། །རབ་
འབྱོར་གྱིས་གསོལ་པ། བཅོམ་ལྡན་འདས་ཇི་ལྟར་ན། གཟུགས་རྣམ་པར་བསྒོམ་
པ་བསྒོམ་པ[3]། ཤེས་རབ་ཀྱི་ཕ་རོལ་ཏུ་ཕྱིན་པ་བསྒོམ་པ་ལགས། ཇི་ལྟར་ན་
ཚོར་བ་རྣམ་པར་བསྒོམ་པ་བསྒོམ་པ། ཤེས་རབ་ཀྱི་ཕ་རོལ་ཏུ་ཕྱིན་པ་བསྒོམ་པ་
ལགས༑ ཇི་ལྟར་ན་འདུ་ཤེས་རྣམ་པར་བསྒོམ་པ་བསྒོམ་པ། ཤེས་རབ་ཀྱི་ཕ་
རོལ་ཏུ་ཕྱིན་པ་བསྒོམ་པ་ལགས། ཇི་ལྟར་ན་འདུ་བྱེད་རྣམ་པར་བསྒོམ་པ་བསྒོམ་
པ༑ ཤེས་རབ་ཀྱི་ཕ་རོལ་ཏུ་ཕྱིན་པ་བསྒོམ་པ་ལགས། ཇི་ལྟར་ན་རྣམ་པར་ཤེས་
པ་རྣམ་པར་བསྒོམ་པ་བསྒོམ་པ། ཤེས་རབ་ཀྱི་ཕ་རོལ་ཏུ་ཕྱིན་པ་བསྒོམ་པ་ལགས།
ཇི་ལྟར་ན་མིག་རྣམ་པར་བསྒོམ་པ་བསྒོམ་པ། ཤེས་རབ་ཀྱི་ཕ་རོལ་ཏུ་ཕྱིན་པ······
བསྒོམ་པ་ལགས། ཇི་ལྟར་ན་རྣ་བ་རྣམ་པར་བསྒོམ་པ་བསྒོམ་པ། ཤེས་རབ་ཀྱི་
ཕ་རོལ་ཏུ་ཕྱིན་པ་བསྒོམ་པ་ལགས། ཇི་ལྟར་ན་སྣ་རྣམ་པར་བསྒོམ་པ་བསྒོམ་པ།
ཤེས་རབ་ཀྱི་ཕ་རོལ་ཏུ་ཕྱིན་པ་བསྒོམ་པ་ལགས། ཇི་ལྟར་ན་ལྕེ་རྣམ་པར་བསྒོམ་པ་
བསྒོམ་པ། ཤེས་རབ་ཀྱི་ཕ་རོལ་ཏུ་ཕྱིན་པ་བསྒོམ་པ་ལགས། ཇི་ལྟར་ན་ལུས་
རྣམ་པར་བསྒོམ་པ་བསྒོམ་པ། ཤེས་རབ་ཀྱི་ཕ་རོལ་ཏུ་ཕྱིན་པ་བསྒོམ་པ་ལགས།
ཇི་ལྟར་ན་ཡིད་རྣམ་པར་བསྒོམ་པ་བསྒོམ་པ། ཤེས་རབ་ཀྱི་ཕ་རོལ་ཏུ་ཕྱིན་པ······
བསྒོམ་པ་ལགས། ཇི་ལྟར་ན་གཟུགས་རྣམ་པར་བསྒོམ་པ་བསྒོམ་པ། ཤེས་རབ་
ཀྱི་ཕ་རོལ་ཏུ་ཕྱིན་པ་བསྒོམ་པ་ལགས། ཇི་ལྟར་ན་སྒྲ་རྣམ་པར་བསྒོམ་པ་བསྒོམ་པ།

ཤེས་རབ་ཀྱི་ཕ་རོལ་ཏུ་ཕྱིན་པ་བསྒོམ་པ་ལགས། དེ་ལྟར་ན་དྲི་རྣམ་པར་བསྒོམ་པ་བསྒོམ་པ། ཤེས་རབ་ཀྱི་ཕ་རོལ་ཏུ་ཕྱིན་པ་བསྒོམ་པ་ལགས། དེ་ལྟར་ན་རོ་རྣམ་པར་བསྒོམ་པ་བསྒོམ་པ། ཤེས་རབ་ཀྱི་ཕ་རོལ་ཏུ་ཕྱིན་པ་བསྒོམ་པ་ལགས། དེ་ལྟར་ན་རེག་[༧]རྣམ་པར་བསྒོམ་པ་བསྒོམ་པ། ཤེས་རབ་ཀྱི་ཕ་རོལ་[༣]ཏུ་ཕྱིན་པ····བསྒོམ་པ་ལགས། དེ་ལྟར་ན་ཆོས་རྣམ་པར་བསྒོམ་པ་བསྒོམ་པ། ཤེས་རབ་ཀྱི་ཕ་རོལ་ཏུ་ཕྱིན་པ་བསྒོམ་པ་ལགས། དེ་ལྟར་ན་མིག་གི་རྣམ་པར་ཤེས་པ་རྣམ་པར་བསྒོམ་པ་བསྒོམ་པ། ཤེས་རབ་ཀྱི་ཕ་རོལ་ཏུ་ཕྱིན་པ་བསྒོམ་པ་ལགས། དེ་ལྟར་ན་རྣ་བའི་རྣམ་པར་ཤེས་པ་རྣམ་པར་བསྒོམ་པ་བསྒོམ་པ། ཤེས་རབ་ཀྱི་ཕ་རོལ་ཏུ་ཕྱིན་པ་བསྒོམ་པ་ལགས། དེ་ལྟར་ན་སྣའི་རྣམ་པར་ཤེས་པ་རྣམ་པར་བསྒོམ་པ་བསྒོམ་པ། ཤེས་རབ་ཀྱི་ཕ་རོལ་ཏུ་ཕྱིན་པ་བསྒོམ་པ་ལགས། དེ་ལྟར་ན་ལྗེའི་རྣམ་པར་ཤེས་པ་རྣམ་པར་བསྒོམ་པ་བསྒོམ་པ། ཤེས་རབ་ཀྱི་ཕ་རོལ་ཏུ་ཕྱིན་པ་བསྒོམ་པ་ལགས། དེ་ལྟར་ན་ལུས་ཀྱི་རྣམ་པར་ཤེས་པ་རྣམ་པར་བསྒོམ་པ་བསྒོམ་པ། ཤེས་རབ་ཀྱི་ཕ་རོལ་ཏུ་ཕྱིན་པ་བསྒོམ་པ་ལགས། དེ་ལྟར་ན་ཡིད་ཀྱི་རྣམ་པར་ཤེས་པ་རྣམ་པར་བསྒོམ་པ་བསྒོམ་པ། ཤེས་རབ་ཀྱི་ཕ་རོལ་ཏུ་ཕྱིན་པ་བསྒོམ་པ་ལགས། དེ་ལྟར་ན་མིག་གི་འདུས་ཏེ་རེག་པ་རྣམ་པར་བསྒོམ་པ་བསྒོམ་པ། ཤེས་རབ་ཀྱི་ཕ་རོལ་ཏུ་ཕྱིནད་པ་བསྒོམ་པ་ལགས། དེ་ལྟར་ན་རྣ་བའི་འདུས་ཏེ···རེག་པ་རྣམ་པར་བསྒོམ་པ་བསྒོམ་པ། ཤེས་རབ་ཀྱི་ཕ་རོལད་ཏུ་ཕྱིནད་པ་བསྒོམ་པ་ལགས། དེ་ལྟར་ན་སྣའི་འདུས་ཏེ་རེག་པ་རྣམ་པར་བསྒོམ་པ་བསྒོམ་པ། ཤེས་རབ་ཀྱི་ཕ་རོལ་ཏུ་ཕྱིན་པ་བསྒོམ་པ་ལགས། དེ་ལྟར་ན་ལྗེའི་འདུས་ཏེ་རེག་པ་རྣམ་པར་བསྒོམ་པ་བསྒོམ་པ། ཤེས་རབ་ཀྱི་ཕ་རོལ་ཏུ་ཕྱིན་པ་བསྒོམ་པ་ལགས། དེ་ལྟར་ན་ལུས་ཀྱི་འདུས་ཏེ་རེག་པ་རྣམ་པར་[༤]བསྒོམ་པ་བསྒོམ་པ། ཤེས་རབ་ཀྱི་

པ་རོལ་ཏུ་ཕྱིན་པ་བསྒོམ་པ་ལགས། ཇི་ལྟར་ན་ཡིད་ཀྱི་འདུས་ཏེ་རེག་པ་རྣམ་པར་
བསྒོམ་པ་བསྒོམ་པ། ཤེས་རབ་ཀྱི་ཕ་རོལ་ཏུ་ཕྱིན་པ་བསྒོམ་པ་ལགས། ཇི་ལྟར་
ན་མིག་གི་འདུས་ཏེ་རེག་པའི་རྐྱེནད་ཀྱིས་ཚོར་བ་རྣམ་པར་བསྒོམ་པ་བསྒོམ་པ།
ཤེས་རབ་ཀྱི་ཕ་རོལ་ཏུ་ཕྱིན་པ་བསྒོམ་པ་ལགས། ཇི་ལྟར་ན་རྣ་བའི་འདུས་ཏེ་རེག་
པའི་རྐྱེན་གྱིས་ཚོར་བ་རྣམ་པར་བསྒོམ་པ་བསྒོམ་པ། ཤེས་རབ་ཀྱི་ཕ་རོལ་ཏུ་ཕྱིན་
པ་བསྒོམ་པ་ལགས། ཇི་ལྟར་ན་སྣའི་འདུས་ཏེ་རེག་པའི་རྐྱེན་གྱིས་ཚོར་བ་རྣམ····
པར་བསྒོམ་པ་བསྒོམ་པ། ཤེས་རབ་ཀྱི་ཕ་རོལ་ཏུ་ཕྱིནད་པ་བསྒོམ་པ་ལགས།
ཇི་ལྟར་ན་ལྕེའི་འདུས་ཏེ་རེག་པའི་རྐྱེན་གྱིས་ཚོར་བ་རྣམ་པར་བསྒོམ་པ་བསྒོམ་པ།
ཤེས་རབ་ཀྱི་ཕ་རོལ་ཏུ་ཕྱིན་པ་བསྒོམ་པ་ལགས། ཇི་ལྟར་ན་ལུས་ཀྱི་འདུས་ཏེ་རེག་
པའི་རྐྱེན་གྱིས་ཚོར་བ་རྣམ་པར་བསྒོམ་པ་བསྒོམ་པ། ཤེས་རབ་ཀྱི་ཕ་རོལ་ཏུ་ཕྱིན་
པ་བསྒོམ་པ་ལགས། ཇི་ལྟར་ན་ཡིད་ཀྱི་འདུས་ཏེ་རེག་པའི་རྐྱེན་གྱིས་ཚོར་བ་རྣམ་
པར་བསྒོམ་པ་བསྒོམ་པ། ཤེས་རབ་ཀྱི་ཕ་རོལ་ཏུ་ཕྱིན་པ་བསྒོམ་པ་ལགས། ཇི་
ལྟར་ན་སའི་ཁམས་རྣམ་པར་བསྒོམ་པ་བསྒོམ་པ། ཤེས་རབ་ཀྱི་ཕ་རོལ་ཏུ་ཕྱིན་པ་
བསྒོམ་པ་ལགས། ཇི་ལྟར་ན་ཆུའི་ཁམས་རྣམ་པར་བསྒོམ་པ་བསྒོམ་པ། ཤེས་
རབ་ཀྱི་ཕ་རོལ་ཏུ་ཕྱིན་པ་བསྒོམ་པ་ལགས། ཇི་ལྟར་ན་མེའི་ཁམས་རྣམ་པར····
བསྒོམ་པ་བསྒོམ་པ། ཤེས་རབ་ཀྱི་ཕ་རོལ་ཏུ་ཕྱིན་པ་བསྒོམ་པ་ལགས། ཇི་ལྟར་
ན་རླུང་གི་ཁམས་རྣམ་པར་བསྒོམ་པ་བསྒོམ་པ། ཤེས་རབ་ཀྱི་ཕ་རོལ་ཏུ་ཕྱིན་པ་
བསྒོམ་པ་ལགས། ཇི་ལྟར་ན་ནམ་མཁའི་ཁམས་རྣམ་པར་བསྒོམ་པ་བསྒོམ་པ།
ཤེས་རབ་ཀྱི་ཕ་རོལ་ཏུ་ཕྱིན་པ་བསྒོམ་པ་ལགས། ཇི་ལྟར་ན་རྣམ་པར་ཤེས་པའི་
ཁམས་རྣམ་པར་བསྒོམ་པ་བསྒོམ་པ། ཤེས་རབ་ཀྱི་ཕ་རོལ་ཏུ་ཕྱིན་པ་བསྒོམ་པ····
ལགས། ཇི་ལྟར་ན་རྟེན་ཅིང་འབྲེལ་པར་འབྱུང་བ་རྣམ་པར་བསྒོམ་པ་བསྒོམ་པ།

ཤེས་རབ་ཀྱི་ཕ་རོལ་ཏུ་ཕྱིན་པ་བསྒོམ་པ་ལགས། དེ་ལྟར་ན་མ་རིག་པ་རྣམ་པར་བསྒོམ་པ་བསྒོམ་པ། ཤེས་རབ་ཀྱི་ཕ་རོལ་ཏུ་ཕྱིན་པ་བསྒོམ་པ་ལགས། དེ་ལྟར་ན་འདུ་བྱེད་རྣམ་པར་བསྒོམ་པ་བསྒོམ་པ། ཤེས་རབ་ཀྱི་ཕ་རོལ་ཏུ་ཕྱིན་པ་བསྒོམ་པ་ལགས། དེ་ལྟར་ན་རྣམ་པར་ཤེས་པ་རྣམ་པར་བསྒོམ་པ་བསྒོམ་པ། ཤེས་རབ་ཀྱི་ཕ་རོལ་ཏུ་ཕྱིན་པ་བསྒོམ་པ་ལགས། དེ་ལྟར་ན་མིང་དང་གཟུགས་རྣམ་པར་བསྒོམ་པ་བསྒོམ་པ། ཤེས་རབ་ཀྱི་ཕ་རོལ་ཏུ་ཕྱིན་པ་བསྒོམ་པ་ལགས། དེ་ལྟར་ན་སྐྱེ་མཆེད་དྲུག་རྣམ་པར་བསྒོམ་པ་བསྒོམ་པ། ཤེས་རབ་ཀྱི་ཕ་རོལ་ཏུ་ཕྱིན་པ་བསྒོམ་པ་ལགས། དེ་ལྟར་ན་རེག་པ་རྣམ་པར་བསྒོམ་པ་བསྒོམ་པ། ཤེས་རབ་ཀྱི་ཕ་རོལ་ཏུ་ཕྱིན་པ་བསྒོམ་པ་ལགས། དེ་ལྟར་ན་ཚོར་བ་རྣམ་པར་བསྒོམ་པ་བསྒོམ་པ། ཤེས་རབ་ཀྱི་ཕ་རོལ་ཏུ་ཕྱིན་པ་བསྒོམ་པ་ལགས། དེ་ལྟར་ན་སྲེད་པ་རྣམ་པར་བསྒོམ་པ་བསྒོམ་པ། ཤེས་རབ་ཀྱི་ཕ་རོལ་ཏུ་ཕྱིན་པ་བསྒོམ་པ་ལགས། དེ་ལྟར་ན་ལེན་པ་རྣམ་པར་བསྒོམ་པ་བསྒོམ་པ། ཤེས་རབ་ཀྱི་ཕ་རོལ་ཏུ་ཕྱིན་པ་བསྒོམ་པ་ལགས། དེ་ལྟར་ན་སྲིད་པ་རྣམ་པར་བསྒོམ་པ་བསྒོམ་པ། ཤེས་རབ་ཀྱི་ཕ་རོལ་ཏུ་ཕྱིན་པ་བསྒོམ་པ་ལགས། དེ་ལྟར་ན་སྐྱེ་བ་རྣམ་པར་བསྒོམ་པ་བསྒོམ་པ། ཤེས་རབ་ཀྱི་ཕ་རོལ་ཏུ་ཕྱིན་པ་བསྒོམ་པ་ལགས། དེ་ལྟར་ན་རྒ་ཤི་རྣམ་པར་བསྒོམ་པ་བསྒོམ་པ། ཤེས་རབ་ཀྱི་ཕ་རོལ་ཏུ་ཕྱིན་པ་བསྒོམ་པ་ལགས། དེ་ལྟར་ན་བླང་བ་རྣམ་པར་བསྒོམ་པ་བསྒོམ་པ། ཤེས་རབ་ཀྱི་ཕ་རོལ་ཏུ་ཕྱིན་པ་བསྒོམ་པ་ལགས། དེ་ལྟར་ན་དོར་བ་རྣམ་པར་བསྒོམ་པ་བསྒོམ་པ། ཤེས་རབ་ཀྱི་ཕ་རོལ་ཏུ་ཕྱིན་པ་བསྒོམ་པ་ལགས། དེ་ལྟར་ན་བསམ་གཏན་དང་པོ་རྣམ་པར་བསྒོམ་པ་བསྒོམ་པ། ཤེས་རབ་ཀྱི་ཕ་རོལ་ཏུ་ཕྱིན་པ་བསྒོམ་པ་ལགས། དེ་ལྟར་ན་བསམ་གཏན་གཉིས་པ་རྣམ་པར་བསྒོམ་པ་བསྒོམ་པ། ཤེས་རབ་ཀྱི་ཕ་རོལ་ཏུ་ཕྱིན་པ་

བསྒོམ་པ་ལགས། དེ་ལྟར་ན་བསམ་གཏན་གསུམ་པ་རྣམ་པར་བསྒོམ་པ་བསྒོམ་པ། ཤེས་རབ་ཀྱི་ཕ་རོལ་ཏུ་ཕྱིནད་པ་བསྒོམ་པ་ལགས། དེ་ལྟར་ན་བསམ་གཏན་བཞི་པ་རྣམ་པར་བསྒོམ་པ་པ༔ བསྒོམ་པ[༡]། ཤེས་རབ་ཀྱི་ཕ་རོལ་ཏུ་ཕྱིན་པ་བསྒོམ་པ······ལགས༔ དེ་ལྟར་ན་བྱམས་པ་རྣམ་པར་བསྒོམ་པ་བསྒོམ་པ། ཤེས་རབ་ཀྱི་ཕ་རོལ་ཏུ་ཕྱིན་པ་བསྒོམ་པ་ལགས། དེ་ལྟར་ན་སྙིང་རྗེ་[༢]རྣམ་པར་བསྒོམ་པ་བསྒོམ་པ༔ ཤེས་རབ་ཀྱི་ཕ་རོལ་ཏུ་ཕྱིན་པ་བསྒོམ་པ་ལགས། དེ་ལྟར་ན་དགའ་བ་རྣམ་པར་བསྒོམ་པ་བསྒོམ་པ། ཤེས་རབ་ཀྱི་ཕ་རོལ་ཏུ་ཕྱིན་པ་བསྒོམ་པ་ལགས། དེ་ལྟར་ན་བཏང་སྙོམས་རྣམ་པར་བསྒོམ་པ་བསྒོམ་པ། ཤེས་རབ་ཀྱི་ཕ་རོལ་ཏུ་ཕྱིན་པ་བསྒོམ་པ་ལགས། དེ་ལྟར་ན་ནམ་མཁའ་མཐའ་ཡས་སྐྱེ་མཆེད་ཀྱི་སྙོམས་པར་འཇུག་པ་རྣམ་པར་བསྒོམ་པ་བསྒོམ་པ། ཤེས་རབ་ཀྱི་ཕ་རོལ་ཏུ་ཕྱིན་པ་བསྒོམ་པ་ལགས༔ དེ་ལྟར་ན་རྣམ་ཤེས་མཐའ་ཡས་སྐྱེ་མཆེད་ཀྱི་སྙོམས་པར་འཇུག་པ་རྣམ་པར་བསྒོམ་པ་བསྒོམ་པ། ཤེས་རབ་ཀྱི་ཕ་རོལ་ཏུ་ཕྱིན་པ་བསྒོམ་པ་ལགས། དེ་ལྟར་ན་ཆུང་ཟད་མེད་པའི་སྐྱེ་མཆེད་ཀྱི་སྙོམས་པར་འཇུག་པ་རྣམ་པར་བསྒོམ་པ······བསྒོམ་པ། ཤེས་རབ་ཀྱི་ཕ་རོལ་ཏུ་ཕྱིན་པ་བསྒོམ་པ་ལགས། དེ་ལྟར་ན་འདུ་ཤེས་མེད་འདུ་ཤེས་མེད་མིན་སྐྱེ་མཆེད་ཀྱི་སྙོམས་པར་འཇུག་པ་རྣམ་པར་བསྒོམ་པ··བསྒོམ་པ། ཤེས་རབ་ཀྱི་ཕ་རོལ་ཏུ་ཕྱིན་པ་བསྒོམ་པ་ལགས། དེ་ལྟར་ན་སངས་རྒྱས་རྗེས་སུ་དྲན་པ་རྣམ་པར་བསྒོམ་པ་བསྒོམ་པ། ཤེས་རབ་ཀྱི་ཕ་རོལ་ཏུ་ཕྱིན་པ་བསྒོམ་པ་ལགས། དེ་ལྟར་ན་ཆོས་རྗེས་སུ་དྲན་པ་རྣམ་པར་བསྒོམ་པ་བསྒོམ་པ། ཤེས་རབ་ཀྱི་ཕ་རོལ་ཏུ་ཕྱིན་པ་བསྒོམ་པ་ལགས། དེ་ལྟར་ན་དགེ་འདུན་རྗེས་སུ་དྲན་པ་རྣམ་པར་བསྒོམ་པ་བསྒོམ་པ། ཤེས་རབ་ཀྱི་ཕ་རོལ་ཏུ་ཕྱིན་པ་བསྒོམ་པ་ལགས༔ དེ་ལྟར་ན་ཚུལ་ཁྲིམས་རྗེས་སུ་དྲན་པ་རྣམ་པར་བསྒོམ་པ་བསྒོམ་པ།

ཤེས་རབ་ཀྱི་ཕ་རོལ་ཏུ་ཕྱིན་པ་བསྒོམ་པ་ལགས། དེ་ལྟར་ན་གཏོང་①བ་རྗེས་སུ···
དྲན་པ་རྣམ་པར་བསྒོམ་པ་བསྒོམ་པ། ཤེས་རབ་ཀྱི་ཕ་རོལ་ཏུ་ཕྱིན་པ་བསྒོམ་པ་
ལགས། དེ་ལྟར་ན་ལྷ་རྗེས་སུ་དྲན་པ་རྣམ་པར་བསྒོམ་པ་བསྒོམ་པ། ཤེས་རབ་
ཀྱི་ཕ་རོལ་ཏུ་ཕྱིན་པ་བསྒོམ་པ་ལགས། དེ་ལྟར་ན་སྐྱོ②བ་རྗེས་སུ་དྲན་པ་རྣམ···
པར་བསྒོམ་པ་བསྒོམ་པ། ཤེས་རབ་ཀྱི་ཕ་རོལད་ཏུ་ཕྱིན་པ་བསྒོམ་པ་ལགས།
དེ་ལྟར་ན་དབུགས་ཕྱི་ནང་དུ་རྒྱུ་བ་རྗེས་སུ་དྲན་པ་རྣམ་པར་བསྒོམ་པ་བསྒོམ་པ།
ཤེས་རབ་ཀྱི་ཕ་རོལ་ཏུ་ཕྱིན་པ་བསྒོམ་པ་ལགས། དེ་ལྟར་ན་འཆི་བ་རྗེས་སུ་དྲན་
པ་རྣམ་པར་བསྒོམ་པ་བསྒོམ་པ། ཤེས་རབ་ཀྱི་ཕ་རོལ་ཏུ་ཕྱིན་པ་བསྒོམ་པ་ལགས།
དེ་ལྟར་ན་ལུས་ཀྱི་རྣམ་པ་རྗེས་སུ་དྲན་པ་རྣམ་པར་བསྒོམ་པ་བསྒོམ་པ། ཤེས་རབ་
ཀྱི་ཕ་རོལ་ཏུ་ཕྱིན་པ་བསྒོམ་པ་ལགས། དེ་ལྟར་ན་མི་རྟག་པའི་འདུ་ཤེས་རྣམ་པར་
བསྒོམ་པ་བསྒོམ་པ། ཤེས་རབ་ཀྱི་ཕ་རོལ་ཏུ་ཕྱིན་པ་བསྒོམ་པ་ལགས། དེ་ལྟར་
ན་སྡུག་བསྔལ་གྱི་འདུ་ཤེས་རྣམ་པར་བསྒོམ་པ་བསྒོམ་པ། ཤེས་རབ་ཀྱི་ཕ་རོལ་ཏུ་
ཕྱིན་པ་བསྒོམ་པ་ལགས། དེ་ལྟར་ན་བདག་མེད་པའི་འདུ་ཤེས་རྣམ་པར་བསྒོམ་
པ་བསྒོམ་པ། ཤེས་རབ་ཀྱི་ཕ་རོལ་ཏུ་ཕྱིན་པ་བསྒོམ་པ་ལགས། དེ་ལྟར་ན་མི་
སྡུག་པའི་འདུ་ཤེས་རྣམ་པར་བསྒོམ་པ་བསྒོམ་པ། ཤེས་རབ་ཀྱི་ཕ་རོལ་ཏུ་ཕྱིན་པ་
བསྒོམ་པ་ལགས། དེ་ལྟར་ན་དངོས་པོ་མེད་པའི་འདུ་ཤེས་རྣམ་པར་བསྒོམ་པ···
བསྒོམ་པ། ཤེས་རབ་ཀྱི་ཕ་རོལ་ཏུ་ཕྱིན་པ་བསྒོམ་པ་ལགས། དེ་ལྟར་ན་བདག་
གི་འདུ་ཤེས་རྣམ་པར་བསྒོམ་པ་བསྒོམ་པ། ཤེས་རབ་ཀྱི་ཕ་རོལ་ཏུ་ཕྱིན་པ་བསྒོམ་
པ་ལགས། དེ་ལྟར་ན་སེམས་ཅན་གྱི་འདུ་ཤེས་རྣམ་པར་བསྒོམ་པ་བསྒོམ་པ།
ཤེས་རབ་ཀྱི་ཕ་རོལ་ཏུ་ཕྱིན་པ་བསྒོམ་པ་ལགས། དེ་ལྟར་ན་སྲོག་གི་འདུ་ཤེས་རྣམ་
པར་བསྒོམ་པ་བསྒོམ་པ། ཤེས་རབ་ཀྱི་ཕ་རོལ་ཏུ་ཕྱིན་པ་བསྒོམ་པ་ལགས།

ཇི་ལྟར་ན་སྐྱེ་བའི་འདུ་ཤེས་རྣམ་པར་བསྒོམ་པ་བསྒོམ་པ། ཤེས་རབ་ཀྱི་ཕ་རོལ་ཏུ་ཕྱིན་པ་བསྒོམ་པ་ལགས། ཇི་ལྟར་ན་གསོ་བའི་འདུ་ཤེས་རྣམ་པར་བསྒོམ་པ····བསྒོམ་པ། ཤེས་རབ་ཀྱི་ཕ་རོལ་ཏུ་ཕྱིན་པ་བསྒོམ་པ་ལགས། ཇི་ལྟར་ན་སྐྱེས་བུའི་འདུ་ཤེས་རྣམ་པར་བསྒོམ་པ་བསྒོམ་པ། ཤེས་རབ་ཀྱི་ཕ་རོལད་ཏུ་ཕྱིནད་པ་བསྒོམ་པ་ལགས། ཇི་ལྟར་ན་གང་ཟག་གི་འདུ་ཤེས་རྣམ་པར་བསྒོམ་པ་བསྒོམ་པ། ཤེས་རབ་ཀྱི་ཕ་རོལ་ཏུ་ཕྱིན་པ་བསྒོམ་པ་ལགས། ཇི་ལྟར་ན་ཤེད་ཅན་གྱི་འདུ་ཤེས་རྣམ་པར་བསྒོམ་པ་བསྒོམ་པ། ཤེས་རབ་ཀྱི་ཕ་རོལ་ཏུ་ཕྱིན་པ་བསྒོམ་པ་ལགས། ཇི་ལྟར་ན་ཤེད་བདག་གི་འདུ་ཤེས་རྣམ་པར་བསྒོམ་པ་བསྒོམ་པ། ཤེས་རབ་ཀྱི་ཕ་རོལ་ཏུ་ཕྱིན་པ་བསྒོམ་པ་ལགས། ཇི་ལྟར་ན་བྱེད་པ་པོའི་འདུ་ཤེས་རྣམ་པར····བསྒོམ་པ་བསྒོམ་པ། ཤེས་རབ་ཀྱི་ཕ་རོལ་ཏུ་ཕྱིན་པ་བསྒོམ་པ་ལགས། ཇི་ལྟར་ན་ཚོར་བ་པོའི་འདུ་ཤེས་རྣམ་པར་བསྒོམ་པ་བསྒོམ་པ། ཤེས་རབ་ཀྱི་ཕ་རོལ་ཏུ་ཕྱིན་པ་བསྒོམ་པ་ལགས། ཇི་ལྟར་ན་ཤེས་པ་པོའི་འདུ་ཤེས་རྣམ་པར་བསྒོམ་པ་བསྒོམ་པ། ཤེས་རབ་ཀྱི་ཕ་རོལ་ཏུ་ཕྱིན་པ་བསྒོམ་པ་ལགས། ཇི་ལྟར་ན་མཐོང་བ་པོའི་འདུ་ཤེས་རྣམ་པར་བསྒོམ་པ་བསྒོམ་པ། ཤེས་རབ་ཀྱི་ཕ་རོལ་ཏུ་ཕྱིན་པ་བསྒོམ་པ་ལགས། ཇི་ལྟར་ན་རྟག་པའི་འདུ་ཤེས་རྣམ་པར་བསྒོམ་པ་བསྒོམ་པ། ཤེས་རབ་ཀྱི་ཕ་རོལ་ཏུ་ཕྱིན་པ་བསྒོམ་པ་ལགས། ཇི་ལྟར་ན་བདེ་[1]བའི་འདུ་ཤེས་རྣམ་པར་བསྒོམ་པ་བསྒོམ་པ། ཤེས་རབ་ཀྱི་ཕ་རོལ་ཏུ་ཕྱིན་པ་བསྒོམ་པ་ལགས། ཇི་ལྟར་ན་སྡུག་པའི་འདུ་ཤེས་རྣམ་པར་བསྒོམ་པ་བསྒོམ་པ། ཤེས་རབ་ཀྱི་ཕ་རོལ་ཏུ་ཕྱིན་པ་བསྒོམ་པ་ལགས། ཇི་ལྟར་ན་བདག་གི་འདུ་ཤེས་རྣམ་པར་བསྒོམ་པ་བསྒོམ་པ། ཤེས་རབ་ཀྱི་ཕ་རོལ་ཏུ་ཕྱིན་པ་བསྒོམ་པ་ལགས། ཇི་ལྟར་ན་དྲན་པ་ཉེ་བར་གཞག་པ་རྣམ་པར་བསྒོམ་པ་བསྒོམ་པ། ཤེས་རབ་ཀྱི་ཕ་རོལ་ཏུ་ཕྱིན་པ་

བསྒོམ་པ་ལགས། ཇི་ལྟར་ན་ཡང་དག་པར་སྤོང་བ་རྣམ་པར་བསྒོམ་པ་བསྒོམ་པ། ཤེས་རབ་ཀྱི་ཕ་རོལ་ཏུ་ཕྱིན་པ་བསྒོམ་པ་ལགས། ཇི་ལྟར་ན་རྫུ་འཕྲུལ་གྱི་རྐང་པ་རྣམ་པར་བསྒོམ་པ་བསྒོམ་པ། ཤེས་རབ་ཀྱི་ཕ་རོལ་ཏུ་ཕྱིན་པ་བསྒོམ་པ་ལགས། ཇི་ལྟར་ན་དབང་པོ་རྣམ་པར་བསྒོམ་པ་བསྒོམ་པ། ཤེས་རབ་ཀྱི་ཕ་རོལ་ཏུ་ཕྱིན་པ་བསྒོམ་པ་ལགས། ཇི་ལྟར་ན་སྟོབས་རྣམ་པར་བསྒོམ་པ་བསྒོམ་པ། ཤེས་རབ་ཀྱི་ཕ་རོལ་ཏུ་ཕྱིན་པ་བསྒོམ་པ་ལགས། ཇི་ལྟར་ན་བྱང་ཆུབ་ཀྱི་ཡན་ལག་རྣམ་པར་བསྒོམ་པ་བསྒོམ་པ། ཤེས་རབ་ཀྱི་ཕ་རོལ་ཏུ་ཕྱིན་པ་བསྒོམ་པ་ལགས། ཇི་ལྟར་ན་ལམ་རྣམ་པར་བསྒོམ་པ་བསྒོམ་པ། ཤེས་རབ་ཀྱི་ཕ་རོལ་ཏུ་ཕྱིན་པ་བསྒོམ་པ་ལགས། ཇི་ལྟར་ན་སྟོང་པ་ཉིད་ཀྱི་ཏིང་ངེ་འཛིན་རྣམ་པར་བསྒོམ་པ་བསྒོམ་པ། ཤེས་རབ་ཀྱི་ཕ་རོལ་ཏུ་ཕྱིན་པ་བསྒོམ་པ་ལགས། ཇི་ལྟར་ན་མཚན་མ་མེད་པའི་ཏིང་ངེ་འཛིན་རྣམ་པར་བསྒོམ་པ་བསྒོམ་པ། ཤེས་རབ་ཀྱི་ཕ་རོལ་ཏུ་ཕྱིན་པ་བསྒོམ་པ་ལགས། ཇི་ལྟར་ན་སྨོན་པ་མེད་པའི་ཏིང་ངེ་འཛིན་རྣམ་པར་བསྒོམ་པ་བསྒོམ་པ། ཤེས་རབ་ཀྱི་ཕ་རོལ་ཏུ་ཕྱིན་པ་བསྒོམ་པ་ལགས། ཇི་ལྟར་ན་རྣམ་པར་ཐར་པ་བརྒྱད་རྣམ་པར་བསྒོམ་པ་བསྒོམ་པ། ཤེས་རབ་ཀྱི་ཕ་རོལ་ཏུ་ཕྱིན་པ་བསྒོམ་པ་ལགས། ཇི་ལྟར་ན་མཐར་གྱིས་གནས་པའི་སྙོམས་པར་འཇུག་པ་དགུ་རྣམ་པར་བསྒོམ་པ་བསྒོམ་པ། ཤེས་རབ་ཀྱི་ཕ་རོལ་ཏུ་ཕྱིན་པ་བསྒོམ་པ་ལགས། ཇི་ལྟར་ན་རྟོག་པ་དང་བཅས་[༧]དཔྱོད་པ་དང་བཅས་པའི་ཏིང་ངེ་འཛིན་རྣམ་པར་བསྒོམ་པ་བསྒོམ་པ། ཤེས་རབ་ཀྱི་ཕ་རོལ་ཏུ་ཕྱིན་པ་བསྒོམ་པ་ལགས། ཇི་ལྟར་ན་རྟོག་པ་མེད་ལ་དཔྱོད་པ་ཙམ་གྱི་[༨]ཏིང་ངེ་འཛིན་རྣམ་པར་བསྒོམ་པ་བསྒོམ་པ། ཤེས་རབ་ཀྱི་ཕ་རོལ་ཏུ་ཕྱིན་པ་བསྒོམ་པ་ལགས། ཇི་ལྟར་ན་རྟོག་པ་མེད་ཅིང་དཔྱོད་པ་མེད་པའི་ཏིང་ངེ་འཛིན་རྣམ་པར་བསྒོམ་པ་བསྒོམ་པ། ཤེས་རབ་ཀྱི་ཕ་

རོལ་ཏུ་ཕྱིན་པ་བསྒོམ་པ་ལགས། ཇི་ལྟར་ན་སྡུག་བསྔལ་འཕགས་པའི་བདེན་པ་
རྣམ་པར་བསྒོམ་པ་བསྒོམ་པ། ཤེས་རབ་ཀྱི་ཕ་རོལ་ཏུ་ཕྱིན་པ་བསྒོམ་པ་ལགས།
ཇི་ལྟར་ན་ཀུན་འབྱུང་བ་འཕགས་པའི་བདེན་པ་རྣམ་པར་བསྒོམ་པ་བསྒོམ་པ།
ཤེས་རབ་ཀྱི་ཕ་རོལ་ཏུ་ཕྱིན་པ་བསྒོམ་པ་ལགས། ཇི་ལྟར་ན་འགོག་པ་འཕགས་····
པའི་བདེན་པ་རྣམ་པར་བསྒོམ་པ་བསྒོམ་པ། ཤེས་རབ་ཀྱི་ཕ་རོལ་ཏུ་ཕྱིན་པ·····
བསྒོམ་པ་ལགས། ཇི་ལྟར་ན་ལམ་འཕགས་པའི་བདེན་པ་རྣམ་པར་བསྒོམ་པ···
བསྒོམ་པ། ཤེས་རབ་ཀྱི་ཕ་རོལ་ཏུ་ཕྱིན་པ་བསྒོམ་པ་ལགས། ཇི་ལྟར་ན་སྡུག་
བསྔལ་ཤེས་པ་རྣམ་པར་བསྒོམ་པ་བསྒོམ་པ། ཤེས་རབ་ཀྱི་ཕ་རོལ་ཏུ་ཕྱིན་པ····
བསྒོམ་པ་ལགས། ཇི་ལྟར་ན་ཀུན་འབྱུང་བ་ཤེས་པ་རྣམ་པར་བསྒོམ་པ་བསྒོམ་པ།
ཤེས་རབ་ཀྱི་ཕ་རོལ་ཏུ་ཕྱིན་པ་བསྒོམ་པ་ལགས། ཇི་ལྟར་ན་འགོག་པ་ཤེས་པ་རྣམ་
པར་བསྒོམ་པ་བསྒོམ་པ། ཤེས་རབ་ཀྱི་ཕ་རོལད་ཏུ་ཕྱིན་པ་བསྒོམ་པ་ལགས།
ཇི་ལྟར་ན་ལམ་ཤེས་པ་རྣམ་པར་བསྒོམ་པ་བསྒོམ་པ། ཤེས་རབ་ཀྱི་ཕ་རོལ་ཏུ་ཕྱིན་
པ་བསྒོམ་པ་ལགས། ཇི་ལྟར་ན་ཟད་པ་ཤེས་པ་རྣམ་པར་བསྒོམ་པ་བསྒོམ་པ།
ཤེས་རབ་ཀྱི་ཕ་རོལ་ཏུ་ཕྱིན་པ་བསྒོམ་པ་ལགས། ཇི་ལྟར་ན་མྱི་སྐྱེ་བ་ཤེས་པ་རྣམ་
པར་བསྒོམ་པ་བསྒོམ་པ། ཤེས་རབ་ཀྱི་ཕ་རོལ་ཏུ་ཕྱིན་པ་བསྒོམ་པ་ལགས། ཇི་
ལྟར་ན་ཆོས་ཤེས་པ་རྣམ་པར་བསྒོམ་པ་བསྒོམ་པ། ཤེས་རབ་ཀྱི་ཕ་རོལ་ཏུ་ཕྱིན་པ་
བསྒོམ་པ་ལགས། ཇི་ལྟར་ན་རྗེས་སུ་འགྲོ་བ་ཤེས་པ་རྣམ་པར་བསྒོམ་པ་བསྒོམ་པ།
ཤེས་རབ་ཀྱི་ཕ་རོལ་ཏུ་ཕྱིན་པ་བསྒོམ་པ་ལགས། ཇི་ལྟར་ན་ཀུན་རྫོབ་ཤེས་པ་རྣམ་
པར་བསྒོམ་པ་བསྒོམ་པ། ཤེས་རབ་ཀྱི་ཕ་རོལ་ཏུ་ཕྱིན་པ་བསྒོམ་པ་ལགས། ཇི་
ལྟར་ན་འདྲིས་པ་ཤེས་པ་རྣམ་པར་བསྒོམ་པ་བསྒོམ་པ། ཤེས་རབ་ཀྱི་ཕ་རོལ་ཏུ་
ཕྱིན་པ་བསྒོམ་པ་ལགས། ཇི་ལྟར་ན་སྣ་ཇི་བཞིན་ཤེས་པ་རྣམ་པར་བསྒོམ་པ···

བསྒོམ་པ། ཤེས་རབ་ཀྱི་ཕ་རོལ་ཏུ་ཕྱིན་པ་བསྒོམ་པ་ལགས། ཇི་ལྟར་ན་སྦྱིན་པའི་ཕ་རོལ་ཏུ་ཕྱིན་པ་རྣམ་པར་བསྒོམ་པ་བསྒོམ་པ། ཤེས་རབ་ཀྱི་ཕ་རོལ་ཏུ་ཕྱིན་པ་བསྒོམ་པ་ལགས། ཇི་ལྟར་ན་ཚུལ་ཁྲིམས་ཀྱི་ཕ་རོལ་ཏུ་ཕྱིན་པ་རྣམ་པར་བསྒོམ་པ་བསྒོམ་པ། ཤེས་རབ་ཀྱི་ཕ་རོལ་ཏུ་ཕྱིན་པ་བསྒོམ་པ་ལགས། ཇི་ལྟར་ན····བཟོད་པའི་ཕ་རོལ་ཏུ་ཕྱིན་པ་རྣམ་པར་བསྒོམ་པ་བསྒོམ་པ། ཤེས་རབ་ཀྱི་ཕ་རོལ་ཏུ་ཕྱིན་པ་བསྒོམ་པ་ལགས། ཇི་ལྟར་ན་བརྩོན་འགྲུས་ཀྱི་ཕ་རོལ་ཏུ་ཕྱིན་པ་རྣམ་པར་བསྒོམ་པ་བསྒོམ་པ། ཤེས་རབ་ཀྱི་ཕ་རོལ་ཏུ་ཕྱིན་པ་བསྒོམ་པ་ལགས། ཇི་ལྟར་ན་བསམ་གཏན་གྱི་ཕ་རོལ་ཏུ་ཕྱིན་པ་རྣམ་པར་བསྒོམ་པ་བསྒོམ་པ། ཤེས····རབ་ཀྱི་ཕ་རོལ་ཏུ་ཕྱིན་པ་བསྒོམ་པ་ལགས། ཇི་ལྟར་ན་ཤེས་རབ་ཀྱི་ཕ་རོལ་ཏུ·····ཕྱིན་པ་རྣམ་པར་བསྒོམ་པ་བསྒོམ་པ། ཤེས་རབ་ཀྱི་ཕ་རོལ་ཏུ་ཕྱིན་པ་བསྒོམ་པ···ལགས། ཇི་ལྟར་ན་ནང་སྟོང་པ་ཉིད་རྣམ་པར་བསྒོམ་པ་བསྒོམ་པ། ཤེས་རབ་ཀྱི་ཕ་རོལ་ཏུ་ཕྱིན་པ་བསྒོམ་པ་ལགས། ཇི་ལྟར་ན་ཕྱི་སྟོང་པ་ཉིད་རྣམ་པར་བསྒོམ་པ་བསྒོམ་པ། ཤེས་རབ་ཀྱི་ཕ་རོལ་ཏུ་ཕྱིན་པ་བསྒོམ་པ་ལགས། ཇི་ལྟར་ན་ཕྱི་ནང་སྟོང་པ་ཉིད་རྣམ་པར་བསྒོམ་པ་བསྒོམ་པ། ཤེས་རབ་ཀྱི་ཕ་རོལ་ཏུ་ཕྱིན་པ་བསྒོམ་པ་ལགས། ཇི་ལྟར་ན་སྟོང་པ་ཉིད་སྟོང་པ་ཉིད་རྣམ་པར་བསྒོམ་པ་བསྒོམ་པ། ཤེས་རབ་ཀྱི་ཕ་རོལ་ཏུ་ཕྱིན་པ་བསྒོམ་པ་ལགས། ཇི་ལྟར་ན་ཆེན་པོ་སྟོང·····པ་ཉིད་རྣམ་པར་བསྒོམ་པ་བསྒོམ་པ། ཤེས་རབ་ཀྱི་ཕ་རོལ་ཏུ་ཕྱིན་པ་བསྒོམ·····པ་ལགས། ཇི་ལྟར་ན་དོན་དམ་པ་སྟོང་པ་ཉིད་རྣམ་པར་བསྒོམ་པ་བསྒོམ་པ། ཤེས་རབ་ཀྱི་ཕ་རོལ་ཏུ་ཕྱིན་པ་བསྒོམ་པ་ལགས། ཇི་ལྟར་ན་འདུས་བྱས་སྟོང་པ···ཉིད་རྣམ་པར་བསྒོམ་པ་བསྒོམ་པ། ཤེས་རབ་ཀྱི་ཕ་རོལ་ཏུ་ཕྱིནད་པ་བསྒོམ་པ····ལགས། ཇི་ལྟར་ན་འདུས་མ་བྱས་སྟོང་པ་ཉིད་རྣམ་པར་བསྒོམ་པ་བསྒོམ་པ།

ཤེས་རབ་ཀྱི་ཕ་རོལ་ཏུ་ཕྱིན་པ་བསྒོམ་པ་ལགས། ཇི་ལྟར་ན་མཐའ་ལས་འདས་པ་སྟོང་པ་ཉིད་རྣམ་པར་བསྒོམ་པ་བསྒོམ་པ། ཤེས་རབ་ཀྱི་ཕ་རོལ་ཏུ་ཕྱིན་པ་བསྒོམ་པ་ལགས། ཇི་ལྟར་ན་ཐོག་མ་དང་ཐ་མ་མེད་པ་སྟོང་པ་ཉིད་རྣམ་པར་བསྒོམ་པ་བསྒོམ་པ། ཤེས་རབ་ཀྱི་ཕ་རོལ་ཏུ་ཕྱིན་པ་བསྒོམ་པ་ལགས། ཇི་ལྟར་ན་དོར་བ་མེད་པ་སྟོང་པ་ཉིད་རྣམ་པར་བསྒོམ་པ་བསྒོམ་པ། ཤེས་རབ་ཀྱི་ཕ་རོལ་ཏུ་ཕྱིན་པ་བསྒོམ་པ་ལགས། ཇི་ལྟར་ན་རང་བཞིན་སྟོང་པ་ཉིད་རྣམ་པར་བསྒོམ་པ་བསྒོམ་པ༔ ཤེས་རབ་ཀྱི་ཕ་རོལ་ཏུ་ཕྱིན་པ་བསྒོམ་པ་ལགས། ཇི་ལྟར་ན་ཆོས་ཐམས་ཅད་སྟོང་པ་ཉིད་རྣམ་པར་བསྒོམ་པ་བསྒོམ་པ། ཤེས་རབ་ཀྱི་ཕ་རོལ་ཏུ་ཕྱིན་པ་བསྒོམ་པ་ལགས། ཇི་ལྟར་ན་རང་གི་མཚན་ཉིད་སྟོང་པ་ཉིད་རྣམ་པར་བསྒོམ་པ་བསྒོམ་པ། ཤེས་རབ་ཀྱི་ཕ་རོལ་ཏུ་ཕྱིན་པ་བསྒོམ་པ་ལགས། ཇི་ལྟར་ན་མི་···དམིགས་པ་སྟོང་པ་ཉིད་རྣམ་པར་བསྒོམ་པ་བསྒོམ་པ། ཤེས་རབ་ཀྱི་ཕ་རོལ་ཏུ····ཕྱིན་པ་བསྒོམ་པ་ལགས། ཇི་ལྟར་ན་དངོས་པོ་མེད་པ་སྟོང་པ་ཉིད་རྣམ་པར····བསྒོམ་པ་བསྒོམ་པ། ཤེས་རབ་ཀྱི་ཕ་རོལ་ཏུ་ཕྱིན་པ་བསྒོམ་པ་ལགས། ཇི་ལྟར་ན་ངོ་བོ་ཉིད་སྟོང་པ་ཉིད་རྣམ་པར་བསྒོམ་པ་བསྒོམ་པ། ཤེས་རབ་ཀྱི་ཕ་རོལ་ཏུ་ཕྱིན་པ་བསྒོམ་པ་ལགས། ཇི་ལྟར་ན་དངོས་པོ་མེད་པའི་ངོ་བོ་ཉིད་སྟོང་པ་ཉིད་རྣམ་པར་བསྒོམ་པ་བསྒོམ་པ། ཤེས་རབ་ཀྱི་ཕ་རོལ་ཏུ་ཕྱིན་པ་བསྒོམ་པ་ལགས། ཇི་ལྟར་ན་མངོན་པར་ཤེས་པ་དྲུག་རྣམ་པར་བསྒོམ་པ་བསྒོམ་པ། ཤེས་རབ་ཀྱི་ཕ་རོལ་ཏུ་ཕྱིན་པ་བསྒོམ་པ་ལགས། ཇི་ལྟར་ན་ཏིང་ངེ་འཛིན་ཐམས་ཅད་རྣམ་པར་བསྒོམ་པ་བསྒོམ་པ། ཤེས་རབ་ཀྱི་ཕ་རོལ་ཏུ་ཕྱིན་པ་བསྒོམ་པ་ལགས། ཇི་ལྟར་ན་གཟུངས་ཀྱི་སྒོ་ཐམས་ཅད་རྣམ་པར་བསྒོམ་པ་བསྒོམ་པ། ཤེས་རབ་ཀྱི་ཕ་རོལ་ཏུ་ཕྱིན་པ་བསྒོམ་པ་ལགས། ཇི་ལྟར་ན་དེ་བཞིན་གཤེགས་པའི་སྟོབས་བཅུ་རྣམ་

པར་བསྒོམ་པ་བསྒོམ་པ། ཤེས་རབ་ཀྱི་ཕ་རོལ་ཏུ་ཕྱིན་པ་བསྒོམ་པ་ལགས། དེ་ལྟར་ན་མི་འཇིགས་པ་བཞི་རྣམ་པར་བསྒོམ་པ་བསྒོམ་པ། ཤེས་རབ་ཀྱི་ཕ་རོལ་ཏུ་ཕྱིན་པ་བསྒོམ་པ་ལགས། དེ་ལྟར་ན་སོ་སོ་ཡང་དག་པར་རིག་པ་བཞི་རྣམ་པར་བསྒོམ་པ་བསྒོམ་པ། ཤེས་རབ་ཀྱི་ཕ་རོལ་ཏུ་ཕྱིན་པ་བསྒོམ་པ་ལགས། དེ་ལྟར་ན་སངས་རྒྱས་ཀྱི་ཆོས་མ་འདྲེས་པ་བཅོ་བརྒྱད་རྣམ་པར་བསྒོམ་པ་བསྒོམ་པ། ཤེས་རབ་ཀྱི་ཕ་རོལ་ཏུ་ཕྱིན་པ་བསྒོམ་པ་ལགས། དེ་ལྟར་ན་བྱམས་པ་ཆེན་པོ་རྣམ་པར་བསྒོམ་པ་བསྒོམ་པ། ཤེས་རབ་ཀྱི་ཕ་རོལ་ཏུ་ཕྱིན་པ་བསྒོམ་པ་ལགས། དེ་ལྟར་ན་སྙིང་རྗེ་ཆེན་པོ་རྣམ་པར་བསྒོམ་པ་བསྒོམ་པ། ཤེས་རབ་ཀྱི་ཕ་རོལ་ཏུ་ཕྱིན་པ་བསྒོམ་པ་ལགས། དེ་ལྟར་ན་རྒྱུན་ཏུ་ཞུགས་པའི་འབྲས་བུ་རྣམ་པར་བསྒོམ་པ་བསྒོམ་པ། ཤེས་རབ་ཀྱི་ཕ་རོལ་ཏུ་ཕྱིན་པ་བསྒོམ་པ་ལགས། དེ་ལྟར་ན་ལན་ཅིག་ཕྱིར་འོང་བའི་འབྲས་བུ་རྣམ་པར་བསྒོམ་པ་བསྒོམ་པ། ཤེས་རབ་ཀྱི་ཕ་རོལ་ཏུ་ཕྱིན་པ་བསྒོམ་པ་ལགས། དེ་ལྟར་ན་ཕྱིར་མི་འོང་བའི་འབྲས་བུ་རྣམ་པར་·····བསྒོམ་པ་བསྒོམ་པ། ཤེས་རབ་ཀྱི་ཕ་རོལ་ཏུ་ཕྱིན་པ་བསྒོམ་པ་ལགས། དེ་ལྟར་ན་དགྲ་བཅོམ་པ་ཉིད་རྣམ་པར་བསྒོམ་པ་བསྒོམ་པ། ཤེས་རབ་ཀྱི་ཕ་རོལ་ཏུ་ཕྱིན་པ་བསྒོམ་པ་ལགས། དེ་ལྟར་ན་རང་བྱང་ཆུབ་རྣམ་པར་བསྒོམ་པ་བསྒོམ་པ། ཤེས་རབ་ཀྱི་ཕ་རོལ་ཏུ་ཕྱིན་པ་བསྒོམ་པ་ལགས། དེ་ལྟར་ན་ལམ་གྱི་རྣམ་པ་[7]ཤེས་པ་ཉིད་རྣམ་པར་བསྒོམ་པ་བསྒོམ་པ། ཤེས་རབ་ཀྱི་ཕ་རོལད་ཏུ་ཕྱིནད་པ་བསྒོམ་པ་ལགས། དེ་ལྟར་ན་རྣམ་པ་ཐམས་ཅད་མཁྱེན་པ་ཉིད་རྣམ་པར་བསྒོམ་པ་····བསྒོམ་པ། ཤེས་རབ་ཀྱི་ཕ་རོལ་ཏུ་ཕྱིན་པ་བསྒོམ་པ་ལགས། དེ་ལྟར་ན་བག་ཆགས་ཀྱི་མཚམས་སྦྱོར་བའི་ཉོན་མོངས་པ་ཐམས་ཅད་སྤོང་བ་རྣམ་པར་བསྒོམ་པ་···བསྒོམ་པ། ཤེས་རབ་ཀྱི་ཕ་རོལ་ཏུ་ཕྱིན་པ་བསྒོམ་པ་ལགས།། ༎

ཤེས་རབ་ཀྱི་ཕ་རོལ་ཏུ་ཕྱིན་པ་སྟོང་ཕྲག་བརྒྱ་པ། བམ་པོ་བཅུ་བདུན་[༡]པ༑ བཅོམ་ལྡན་འདས་ཀྱིས་བཀའ་སྩལ་པ། རབ་འབྱོར་ཁྱོད་འདི་ལ་བྱང་ཆུབ་སེམས་དཔའ་སེམས་དཔའ་ཆེན་པོ་ཤེས་རབ་ཀྱི་ཕ་རོལ་ཏུ་ཕྱིན་པ་ལ་སྤྱོད་པའི་ཚེ། གཟུགས་དངོས་པོ་ཡོད་ཅེས་བྱ་བར་མི་སྙམ་[༢]མོ། །ཚོར་བ་དངོས་པོ་ཡོད་ཅེས་བྱ་བར་མི་སྙམ་མོ། །འདུ་ཤེས་དངོས་པོ་ཡོད་ཅེས་བྱ་བར་མི་སྙམ་མོ། །འདུ་བྱེད་དངོས་པོ་ཡོད་ཅེས་བྱ་བ་[༣]མི་སྙམ་མོ། །རྣམ་པར་ཤེས་པ་དངོས་པོ་ཡོད་ཅེས་བྱ་བར་མི་སྙམ་མོ། །མིག་དངོས་པོ་ཡོད་ཅེས་བྱ་བར་མི་སྙམ་མོ། །རྣ་བ་དངོས་པོ་ཡོད་ཅེས་བྱ་བར་མི་སྙམ་མོ། །སྣ་དངོས་པོ་ཡོད་ཅེས་བྱ་བར་མི་སྙམ་མོ། །ལྕེ་དངོས་པོ་ཡོད་ཅེས་བྱ་བར་མི་སྙམ་མོ། །ལུས་དངོས་པོ་ཡོད་ཅེས་བྱ་བར་མི་སྙམ་མོ༑ །ཡིད་དངོས་པོ་ཡོད་ཅེས་བྱ་བར་མི་སྙམ་མོ། །གཟུགས་དངོས་པོ་ཡོད་ཅེས་བྱ་བར་མི་སྙམ་མོ། །སྒྲ་དངོས་པོ་ཡོད་ཅེས་བྱ་བར་མི་སྙམ་མོ། །དྲི་དངོས་པོ་ཡོད་ཅེས་བྱ་བར་མི་སྙམ་མོ། །རོ་དངོས་པོ་ཡོད་ཅེས་བྱ་བར་མི་སྙམ་མོ། །རེག་དངོས་པོ་ཡོད་ཅེས་བྱ་བར་མི་སྙམ་མོ། །ཆོས་དངོས་པོ་ཡོད་ཅེས་བྱ་བར་མི་སྙམ་མོ༑ །མིག་གི་རྣམ་པར་ཤེས་པ་དངོས་པོ་ཡོད་ཅེས་བྱ་བར་མི་སྙམ་མོ། །རྣ་བའི་རྣམ་པར་ཤེས་པ་དངོས་པོ་ཡོད་ཅེས་བྱ་བར་མི་སྙམ་མོ། །སྣའི་རྣམ་པར་ཤེས་པ་དངོས་པོ་ཡོད་ཅེས་བྱ་བར་མི་སྙམ་མོ། །ལྕེའི་རྣམ་པར་ཤེས་པ་དངོས་པོ་ཡོད་ཅེས་བྱ་བར་མི་སྙམ་མོ། །ལུས་ཀྱི་རྣམ་པར་ཤེས་པ་དངོས་པོ་ཡོད་ཅེས་བྱ་བར་མི་སྙམ་མོ༑ །ཡིད་ཀྱི་རྣམ་པར་ཤེས་པ་དངོས་པོ་ཡོད་ཅེས་བྱ་བར་མི་སྙམ་མོ། །མིག་གི་འདུས་ཏེ་རེག་པ་དངོས་པོ་ཡོད་ཅེས་བྱ་བར་མི་སྙམ་མོ། །རྣ་བའི་འདུས་ཏེ་རེག་པ་དངོས་པོ་ཡོད་ཅེས་བྱ་བར་མི་སྙམ་མོ། །སྣའི་འདུས་ཏེ་རེག་པ་དངོས་པོ་ཡོད་ཅེས་བྱ་བར་མི་སྙམ་མོ། །ལྕེའི་འདུས་ཏེ་རེག་པ་དངོས་པོ་ཡོད་ཅེས་བྱ་བར་མི་

སྒོམ་མོ། །ལུས་ཀྱི་འདུས་ཏེ་རེག་པ་དངོས་པོ་ཡོད་ཅེས་བྱ་བར་མྱི་སྒོམ་མོ། །ཡིད་ཀྱི་འདུས་ཏེ་རེག་པ་དངོས་པོ་ཡོད་ཅེས་བྱ་བར་མྱི་སྒོམ་མོ། །མྱིག་གི་འདུས་ཏེ་རེག་པའི་རྐྱེན་གྱིས་ཚོར་བ་དངོས་པོ་ཡོད་ཅེས་བྱ་བར་མྱི་སྒོམ་མོ། །རྣ་བའི་འདུས་ཏེ་རེག་པའི་རྐྱེན་གྱིས་ཚོར་བ་དངོས་པོ་ཡོད་ཅེས་བྱ་བར་མྱི་སྒོམ་མོ། །སྣའི་འདུས་ཏེ་རེག་པའི་རྐྱེན་གྱིས་ཚོར་བ་དངོས་པོ་ཡོད་ཅེས་བྱ་བར་མི་སྒོམ་མོ། །ལྕེའི་འདུས་ཏེ་རེག་པའི་རྐྱེན་གྱིས་ཚོར་བ་དངོས་པོ་ཡོད་ཅེས་བྱ་བར་མྱི་སྒོམ་མོ། །ལུས་ཀྱི་འདུས་ཏེ་རེག་པའི་རྐྱེན་གྱིས་ཚོར་བ་དངོས་པོ་ཡོད་ཅེས་བྱ་བར་མི་སྒོམ་མོ། །ཡིད་ཀྱི་འདུས་ཏེ་རེག་པའི་རྐྱེན་གྱིས་ཚོར་བ་དངོས་པོ་ཡོད་ཅེས་བྱ་བར་མྱི་སྒོམ་མོ། །སའི་ཁམས་དངོས་པོ་ཡོད་ཅེས་བྱ་བར་མྱི་སྒོམ་མོ། །ཆུའི་ཁམས་དངོས་པོ་ཡོད་ཅེས་བྱ་བར་མྱི་སྒོམ་མོ། །མྱེའི་ཁམས་དངོས་པོ་ཡོད་ཅེས་བྱ་བར་མྱི་སྒོམ་མོ། །རླུང་གི་ཁམས་དངོས་པོ་ཡོད་ཅེས་བྱ་བར་མྱི་སྒོམ་མོ། །ནམ་མཁའི་ཁམས་དངོས་པོ་ཡོད་ཅེས་བྱ་བར་མྱི་སྒོམ་མོ། །རྣམ་པར་ཤེས་པའི་ཁམས་དངོས་པོ་ཡོད་ཅེས་བྱ་བར་མྱི་སྒོམ་མོ། །རྟེན་ཅིང་འབྲེལ་པར་འབྱུང་བ་དངོས་པོ་ཡོད་ཅེས་བྱ་བར་མི་སྒོམ་མོ། །མ་རིག་པ་དངོས་པོ་ཡོད་ཅེས་བྱ་བར་མྱི་སྒོམ་མོ། །འདུ་བྱེད་དངོས་པོ་ཡོད་ཅེས་བྱ་བར་མྱི་སྒོམ་མོ། །རྣམ་པར་ཤེས་པ་དངོས་པོ་ཡོད་ཅེས་བྱ་བར་མྱི་སྒོམ་མོ། །མྱིང་དང་གཟུགས་དངོས་པོ་ཡོད་ཅེས་བྱ་བར་མྱི་སྒོམ་མོ། །སྐྱེ་མཆེད་དྲུག་དངོས་པོ་ཡོད་ཅེས་བྱ་བར་མྱི་སྒོམ་མོ། །རེག་པ་དངོས་པོ་ཡོད་ཅེས་བྱ་བར་མྱི་སྒོམ་མོ། །ཚོར་བ་དངོས་པོ་ཡོད་ཅེས་བྱ་བར་མྱི་སྒོམ་མོ། །སྲིད་པ་དངོས་པོ་ཡོད་ཅེས་བྱ་བར་མྱི་སྒོམ་མོ། །ལེན་པ་དངོས་པོ་ཡོད་ཅེས་བྱ་བར་མྱི་སྒོམ་མོ། །སྲིད་པ་དངོས་པོ་ཡོད་ཅེས་བྱ་བར་མྱི་སྒོམ་མོ། །སྐྱེ་བ་དངོས་པོ་ཡོད་ཅེས་བྱ་བར་མྱི་སྒོམ་མོ། །རྒ་ཤི་དངོས་པོ་ཡོད་ཅེས་བྱ་བར་མྱི་སྒོམ་མོ། །ཀླང་བ་དངོས་པོ་

ཡོད་ཅེས་བྱ་བར་མི་སྒོམ་མོ། །དོར་བ་དངོས་པོ་ཡོད་ཅེས་བྱ་བར་མི་སྒོམ་མོ། །བསམ་གཏན་དང་པོ་དངོས་པོ་ཡོད་ཅེས་བྱ་བར་མི་སྒོམ་མོ། །བསམ་གཏན་གཉིས་པ་དངོས་པོ་ཡོད་ཅེས་བྱ་བར་མི་སྒོམ་མོ། །བསམ་གཏན་གསུམ་པ་དངོས་པོ་ཡོད་ཅེས་བྱ་བར་མི་སྒོམ་མོ། །བསམ་གཏན་བཞི་པ་དངོས་པོ་ཡོད་ཅེས་བྱ་བར་མི་སྒོམ་མོ། །བྱམས་པ་དངོས་པོ་ཡོད་ཅེས་བྱ་བར་མི་སྒོམ་མོ། །སྙིང་རྗེ་དངོས་པོ་ཡོད་ཅེས་བྱ་བར་མི་སྒོམ་མོ། །དགའ་བ་དངོས་པོ་ཡོད་ཅེས་བྱ་བར་མི་སྒོམ་མོ། །བཏང་སྙོམས་དངོས་པོ་ཡོད་ཅེས་བྱ་བར་མི་སྒོམ་མོ། །ནམ་མཁའ་མཐའ་ཡས་སྐྱེ་མཆེད་ཀྱི་སྙོམས་པར་འཇུག་པ་དངོས་པོ་ཡོད་ཅེས་བྱ་བར་མི་སྒོམ་མོ། །རྣམ་ཤེས་མཐའ་ཡས་སྐྱེ་མཆེད་ཀྱི་སྙོམས་པར་འཇུག་པ་དངོས་པོ་ཡོད་ཅེས་བྱ་བར་མི་སྒོམ་མོ། །ཆུང་ཟད་མེད་པའི་སྐྱེ་མཆེད་ཀྱི་སྙོམས་པར་འཇུག་པ་དངོས་པོ་ཡོད་ཅེས་བྱ་བར་མི་སྒོམ་མོ། །འདུ་ཤེས་མེད་འདུ་ཤེས་མེད་མིན་སྐྱེ་མཆེད་ཀྱི་སྙོམས་པར་འཇུག་པ་དངོས་པོ་ཡོད་ཅེས་བྱ་བར་མི་སྒོམ་མོ། །སངས་རྒྱས་རྗེས་སུ་དྲན་པ་དངོས་པོ་ཡོད་ཅེས་བྱ་བར་མི་སྒོམ་མོ། །ཆོས་རྗེས་སུ་དྲན་པ་དངོས་པོ་ཡོད་ཅེས་བྱ་བར་མི་སྒོམ་མོ། །དགེ་འདུན་རྗེས་སུ་དྲན་པ་དངོས་པོ་ཡོད་ཅེས་བྱ་བར་མི་སྒོམ་མོ། །ཚུལ་ཁྲིམས་རྗེས་སུ་དྲན་པ་དངོས་པོ་ཡོད་ཅེས་བྱ་བར་མི་སྒོམ་མོ། །གཏོང་བ་རྗེས་སུ་དྲན་པ་དངོས་པོ་ཡོད་ཅེས་བྱ་བར་མི་སྒོམ་མོ། །ལྷ་རྗེས་སུ་དྲན་པ་དངོས་པོ་ཡོད་ཅེས་བྱ་བར་མི་སྒོམ་མོ། །སྐྱོ་བ་རྗེས་སུ་དྲན་པ་དངོས་པོ་ཡོད་ཅེས་བྱ་བར་མི་སྒོམ་མོ། །དབུགས་ཕྱི་ནང་དུ་རྒྱུ་བ་རྗེས་སུ་དྲན་པ་དངོས་པོ་ཡོད་ཅེས་བྱ་བར་མི་སྒོམ་མོ། །འཆི་བ་རྗེས་སུ་དྲན་པ་དངོས་པོ་ཡོད་ཅེས་བྱ་བར་མི་སྒོམ་མོ། །ལུས་ཀྱི་རྣམ་པ་རྗེས་སུ་དྲན་པ་དངོས་པོ་ཡོད་ཅེས་བྱ་བར་མི་སྒོམ་མོ། །མི་རྟག་པའི་འདུ་ཤེས་དངོས་པོ་ཡོད་ཅེས་བྱ་བར་མི་སྒོམ་མོ། །སྡུག་བསྔལ་གྱི་འདུ་

ཤེས་དངོས་པོ་ཡོད་ཅེས་བྱ་བར་མི་སྨྲའོ། །བདག་[༧]མེད་པའི་འདུ་ཤེས་དངོས་པོ་ཡོད་ཅེས་བྱ་བར་མི་སྨྲའོ། །མི་སྡུག་པའི་འདུ་ཤེས་དངོས་པོ་ཡོད་ཅེས་བྱ་བར་མི་སྨྲའོ། །དངོས་པོ་མེད་པའི་འདུ་ཤེས་དངོས་པོ་ཡོད་ཅེས་བྱ་བར་མི་སྨྲའོ། །བདག་གི་འདུ་ཤེས་དངོས་པོ་ཡོད་ཅེས་བྱ་བར་མི་སྨྲའོ། །སེམས་ཅན་གྱི་འདུ་ཤེས་དངོས་པོ་ཡོད་ཅེས་བྱ་བར་མི་སྨྲའོ། །སྲོག་གི་འདུ་ཤེས་དངོས་པོ་ཡོད་ཅེས་བྱ་བར་མི་སྨྲའོ། །སྐྱེ་བའི་འདུ་ཤེས་དངོས་པོ་ཡོད་ཅེས་བྱ་བར་མི་སྨྲའོ། །གསོ་[༨]བའི་འདུ་ཤེས་དངོས་པོ་ཡོད་ཅེས་བྱ་བར་མི་སྨྲའོ[༩]། །སྐྱེས་བུའི་འདུ་ཤེས་དངོས་པོ་ཡོད་ཅེས་བྱ་བར་མི་སྨྲའོ། །གང་ཟག་གི་འདུ་ཤེས་དངོས་པོ་ཡོད་ཅེས་བྱ་བར་མི་སྨྲའོ། །ཤེད་ཅན་གྱི་འདུ་ཤེས་དངོས་པོ་ཡོད་ཅེས་བྱ་བར་མི་སྨྲའོ། །ཤེད་བདག་གི་འདུ་ཤེས་དངོས་པོ་ཡོད་ཅེས་བྱ་བར་མི་སྨྲའོ། །བྱེད་པ་པོའི་འདུ་ཤེས་དངོས་པོ་ཡོད་ཅེས་བྱ་བར་མི་སྨྲའོ། །ཚོར་བ་པོའི་འདུ་ཤེས་དངོས་པོ་ཡོད་ཅེས་བྱ་བར་མི་སྨྲའོ། །ཤེས་པ་པོའི་འདུ་ཤེས་དངོས་པོ་ཡོད་ཅེས་བྱ་བར་མི་སྨྲའོ། །མཐོང་བ་པོའི་འདུ་ཤེས་དངོས་པོ་ཡོད་ཅེས་བྱ་བར་མི་སྨྲའོ། །རྟག་པའི་འདུ་ཤེས་དངོས་པོ་ཡོད་ཅེས་བྱ་བར་མི་སྨྲའོ། །བདེ་བའི་འདུ་ཤེས་དངོས་པོ་ཡོད་ཅེས་བྱ་བར་མི་སྨྲའོ། །སྡུག་པའི་འདུ་ཤེས་དངོས་པོ་ཡོད་ཅེས་བྱ་བར་མི་སྨྲའོ། །བདག་གི་འདུ་ཤེས་དངོས་པོ་ཡོད་ཅེས་བྱ་བར་མི་སྨྲའོ། །དྲན་པ་ཉེ་བར་གཞག་པ་རྣམས་དངོས་པོ་ཡོད་ཅེས་བྱ་བར་མི་སྨྲའོ། །ཡང་དག་པར་སྤོང་བ་རྣམས་དངོས་པོ་ཡོད་ཅེས་བྱ་བར་མི་སྨྲའོ། །རྫུ་འཕྲུལ་གྱི་རྐང་པ་རྣམས་དངོས་པོ་ཡོད་ཅེས་བྱ་བར་མི་སྨྲའོ། །དབང་པོ་རྣམས་དངོས་པོ་ཡོད་ཅེས་བྱ་བར་མི་སྨྲའོ། །སྟོབས་རྣམས་དངོས་པོ་ཡོད་ཅེས་བྱ་བར་མི་སྨྲའོ། །བྱང་ཆུབ་ཀྱི་ཡན་ལག་རྣམས་དངོས་པོ་ཡོད་ཅེས་བྱ་བར་མི་སྨྲའོ། །ལམ་

དངོས་པོ་ཡོད་ཅེས་བྱ་བར་མྱི་སྒོམ་མོ། །སྟོང་པ་ཉིད་ཀྱི་ཏིང་ངེ་འཛིན་དངོས་པོ་ཡོད་ཅེས་བྱ་བར་མྱི་སྒོམ་མོ། །མཚན་མ་མྱེད་པའི་ཏིང་ངེ་འཛིན་དངོས་པོ་ཡོད་ཅེས་བྱ་བར་མི་སྒོམ་མོ། །སྨོན་པ་མྱེད་པའི་ཏིང་ངེ་འཛིན་དངོས་པོ་ཡོད་ཅེས་བྱ་བར་མྱི་སྒོམ་མོ། །རྣམ་པར་ཐར་པ་བརྒྱད་དངོས་པོ་ཡོད་ཅེས་བྱ་བར་མྱི་སྒོམ་མོ། །མཐར་གྱིས་གནས་པའི་སྙོམས་པར་འཇུག་པ་དགུ་དངོས་པོ་ཡོད་ཅེས་བྱ་བར་མྱི་····སྒོམ་མོ། །རྟོག་པ་དང་བཅས་དཔྱོད་པ་དང་བཅས་པའི་ཏིང་ངེ་འཛིན་དངོས་པོ་ཡོད་ཅེས་བྱ་བར་མྱི་སྒོམ་མོ། །རྟོག་པ་མྱེད་ལ་དཔྱོད་པ་ཙམ་གྱི་ཏིང་ངེ་འཛིན······དངོས་པོ་ཡོད་ཅེས་བྱ་བར་མྱི་སྒོམ་མོ། །རྟོག་པ་མྱེད་ཅིང་དཔྱོད་པ་མྱེད་པའི་ཏིང་ངེ་འཛིན་དངོས་པོ་ཡོད་ཅེས་བྱ་བར་མྱི་སྒོམ་མོ། །སྡུག་བསྔལ་འཕགས་པའི····བདེན་པ་དངོས་པོ་ཡོད་ཅེས་བྱ་བར་མྱི་སྒོམ་མོ། །ཀུན་འབྱུང་བ་འཕགས་པའི་བདེན་པ་དངོས་པོ་ཡོད་ཅེས་བྱ་བར་མྱི་སྒོམ་མོ། །འགོག་པ་འཕགས་པའི་བདེན་པ་དངོས་པོ་ཡོད་ཅེས་བྱ་བར་མྱི་སྒོམ་མོ། །ལམ་འཕགས་པའི་བདེན་པ་དངོས་པོ་ཡོད་ཅེས་བྱ་བར་མྱི་སྒོམ་མོ། །སྡུག་བསྔལ་ཤེས་པ་དངོས་པོ་ཡོད་ཅེས་བྱ་བར་མྱི་སྒོམ་མོ། །ཀུན་འབྱུང་བ་ཤེས་པ་དངོས་པོ་ཡོད་ཅེས་བྱ་བར་མྱི་སྒོམ་མོ། །འགོག་པ་ཤེས་པ་དངོས་པོ་ཡོད་ཅེས་བྱ་བར་མྱི་སྒོམ་མོ། །ལམ་ཤེས་པ་དངོས་པོ་ཡོད་ཅེས་བྱ་བར་མྱི་སྒོམ་མོ། །ཟད་པ་ཤེས་པ་དངོས་པོ་ཡོད་ཅེས་བྱ་བར་མྱི་སྒོམ་མོ། །མྱི་སྐྱེ་བ་ཤེས་པ་དངོས་པོ་ཡོད་ཅེས་བྱ་བར་མྱི་སྒོམ་མོ། །ཆོས་ཤེས་པ་དངོས་པོ་ཡོད་ཅེས་བྱ་བར་མྱི་སྒོམ་མོ། །རྗེས་སུ་འགྲོ་བ་ཤེས་པ་དངོས་པོ་ཡོད་ཅེས་བྱ་བར་མྱི་སྒོམ་མོ། །ཀུན་རྫོབ་ཤེས་པ་དངོས་པོ་ཡོད་ཅེས་བྱ་བར་མྱི་སྒོམ་མོ། །འདྲིས་པ་ཤེས་པ་དངོས་པོ་ཡོད་ཅེས་བྱ་བར་མྱི་སྒོམ་མོ། །སྒྲ་ཇི་བཞིན་ཤེས་པ་དངོས་པོ་ཡོད་ཅེས་བྱ་བར་མྱི་སྒོམ་མོ། །སྦྱིན་པའི་ཕ་རོལ་ཏུ་ཕྱིན་པ་དངོས་པོ་ཡོད་ཅེས་བྱ་

བར་མྱི་སྙམ་མོ། །ཚུལ་ཁྲིམས་ཀྱི་ཕ་རོལ་ཏུ་ཕྱིན་པ་དངོས་པོ་ཡོད་ཅེས་བྱ་བར་མྱི་སྙམ་མོ། །བཟོད་པའི་ཕ་རོལ་ཏུ་ཕྱིན་པ་དངོས་པོ་ཡོད་ཅེས་བྱ་བར་མྱི་སྙམ་མོ། །བརྩོན་འགྲུས་ཀྱི་ཕ་རོལ་ཏུ་ཕྱིན་པ་དངོས་པོ་ཡོད་ཅེས་བྱ་བར་མྱི་སྙམ་མོ། །བསམ་གཏན་གྱི་ཕ་རོལ་ཏུ་ཕྱིན་པ་དངོས་པོ་ཡོད་ཅེས་བྱ་བར་མྱི་སྙམ་མོ། །ཤེས་རབ་ཀྱི་ཕ་རོལ་ཏུ་ཕྱིན་པ་དངོས་པོ་ཡོད་ཅེས་བྱ་བར་མྱི་སྙམ་མོ། །ནང་སྟོང་པ་ཉིད་····དངོས་པོ་ཡོད་ཅེས་བྱ་བར་མྱི་སྙམ་མོ། །ཕྱི་སྟོང་པ་ཉིད་དངོས་པོ་ཡོད་ཅེས་བྱ་····བར་མྱི་སྙམ་མོ། །ཕྱི་ནང་སྟོང་པ་ཉིད་དངོས་པོ་ཡོད་ཅེས་བྱ་བར་མྱི་སྙམ་མོ། །སྟོང་པ་ཉིད་སྟོང་པ་ཉིད་དངོས་པོ་ཡོད་ཅེས་བྱ་བར་མྱི་སྙམ་མོ། །ཆེན་པོ་སྟོང་པ་ཉིད་དངོས་པོ་ཡོད་ཅེས་བྱ་བར་མྱི་སྙམ་མོ། །དོན་དམ་པ་སྟོང་པ་ཉིད་དངོས་པོ་ཡོད་ཅེས་བྱ་བར་མྱི་སྙམ་མོ། །འདུས་བྱས་སྟོང་པ་ཉིད་དངོས་པོ་ཡོད་ཅེས་བྱ་བར་མྱི་སྙམ་མོ། །འདུས་མ་བྱས་སྟོང་པ་ཉིད་དངོས་པོ་ཡོད་ཅེས་བྱ་བར་མྱི་སྙམ་མོ། །མཐའ་ལས་འདས་པ་སྟོང་པ་ཉིད་དངོས་པོ་ཡོད་ཅེས་བྱ་བར་མྱི་སྙམ་མོ། །ཐོག་མ་དང་ཐ་མ་མྱེད་པ་སྟོང་པ་ཉིད་དངོས་པོ་ཡོད་ཅེས་བྱ་བར་མི་སྙམ་མོ། །དོར་བ····མྱེད་པ་སྟོང་པ་ཉིད་དངོས་པོ་ཡོད་ཅེས་བྱ་བར་མྱི་སྙམ་མོ། །རང་བཞིན་སྟོང་པ་ཉིད་དངོས་པོ་ཡོད་ཅེས་བྱ་བར་མྱི་སྙམ་མོ། །ཆོས་ཐམས་ཅད་སྟོང་པ་ཉིད་དངོས་པོ་ཡོད་ཅེས་བྱ་བར་མྱི་སྙམ་མོ། །རང་གི་མཚན་ཉིད་སྟོང་པ་ཉིད་དངོས་པོ་ཡོད་ཅེས་བྱ་བར་མྱི་སྙམ་མོ། །མྱི་དམྱིགས་པ་སྟོང་པ་ཉིད་དངོས་པོ་ཡོད་ཅེས་བྱ་བར་མྱི་སྙམ་མོ། །དངོས་པོ་མྱེད་པ་སྟོང་པ་ཉིད་དངོས་པོ་ཡོད་ཅེས་བྱ་བར་མྱི་སྙམ་མོ། །ངོ་བོ་ཉིད་སྟོང་པ་ཉིད་དངོས་པོ་ཡོད་ཅེས་བྱ་བར་མྱི་སྙམ་མོ། །དངོས་པོ་མྱེད་····པའི་ངོ་བོ་ཉིད་སྟོང་པ་ཉིད་དངོས་པོ་ཡོད་ཅེས་བྱ་བར་མྱི་སྙམ་མོ། །མངོན་པར་ཤེས་པ་དྲུག་དངོས་པོ་ཡོད་ཅེས་བྱ་བར་མྱི་སྙམ་མོ། །ཏིང་ངེ་འཛིན་ཐམས་ཅད་

དངོས་པོ་ཡོད་ཅེས་བྱ་བར་མྱི་སྨྲོམ་མོ། །གཟུངས་ཀྱི་སྒོ་ཐམས་ཅད་དངོས་པོ་ཡོད་ཅེས་བྱ་བར་མྱི་སྨྲོམ་མོ། །དེ་བཞིན་གཤེགས་པའི་སྟོབས་བཅུ་དངོས་པོ་ཡོད་ཅེས་བྱ་བར་མྱི་སྨྲོམ་མོ། །མྱི་འཇིགས་པ་བཞི་དངོས་པོ་ཡོད་ཅེས་བྱ་བར་མྱི་སྨྲོམ་མོ། །སོ་སོ་ཡང་དག་པར་རིག་པ་བཞི་དངོས་པོ་ཡོད་ཅེས་བྱ་བར་མྱི་སྨྲོམ་མོ། །སངས་རྒྱས་ཀྱི་ཆོས་མ་འདྲེས་པ་བཅོ་བརྒྱད་དངོས་པོ་ཡོད་ཅེས་བྱ་བར་མྱི་སྨྲོམ་མོ། །བྱམས་པ་ཆེན་པོ་དངོས་པོ་ཡོད་ཅེས་བྱ་བར་མྱི་སྨྲོམ་མོ། །སྙིང་རྗེ་ཆེན་པོ་དངོས་པོ་ཡོད་ཅེས་བྱ་བར་མྱི་སྨྲོམ་མོ། །རྒྱུན་དུ་ཞུགས་པའི་འབྲས་བུ་དངོས་པོ་ཡོད་ཅེས་བྱ་བར་མྱི་སྨྲོམ་མོ། །ལན་ཅིག་ཕྱིར་འོང་བའི་འབྲས་བུ་དངོས་པོ་ཡོད་ཅེས་བྱ་བར་མྱི་སྨྲོམ་མོ། །ཕྱིར་མྱི་འོང་བའི་འབྲས་བུ་དངོས་པོ་ཡོད་ཅེས་བྱ་བར་མི་སྨྲོམ་མོ། །དགྲ་བཅོམ་པ་ཉིད་དངོས་པོ་ཡོད་ཅེས་བྱ་བར་མྱི་སྨྲོམ་མོ། །རང་བྱང་ཆུབ་དངོས་པོ་ཡོད་ཅེས་བྱ་བར་མྱི་སྨྲོམ་མོ། །ལམ་གྱི་རྣམ་པ་ཤེས་པ་ཉིད་དངོས་པོ་ཡོད་ཅེས་བྱ་བར་མྱི་སྨྲོམ་མོ། །རྣམ་པ་ཐམས་ཅད་མཁྱེན་པ་ཉིད་དངོས་པོ་ཡོད་ཅེས་བྱ་བར་མི་སྨྲོམ་མོ། །བག་ཆགས་ཀྱི་མཚམས་སྦྱོར་བའི་ཉོན་མོངས་པ་ཐམས་ཅད་སྤྱངས་པ་དངོས་པོ་ཡོད་ཅེས་བྱ་བར་མྱི་སྨྲོམ་མོ། །དེ་ཅིའི་ཕྱིར་ཞེ་ན། རབ་འབྱོར་དངོས་པོའི་འདུ་ཤེས་ཅན་ལ་ཤེས་རབ་ཀྱི་ཕ་རོལ་ཏུ་ཕྱིན་པ་བསྒོམ་པ་མྱེད་དོ། །དངོས་པོའི་འདུ་ཤེས་ཅན་ལ་བསམ་གཏན་གྱི་ཕ་རོལ་ཏུ་ཕྱིན་པ་བསྒོམ་པ་མྱེད་དོ། །དངོས་པོའི་འདུ་ཤེས་ཅན་ལ་བརྩོན་འགྲུས་ཀྱི་ཕ་རོལ་ཏུ་ཕྱིན་པ་བསྒོམ་པ་མྱེད་དོ། །དངོས་པོའི་འདུ་ཤེས་ཅན་ལ་བཟོད་པའི་ཕ་རོལ་ཏུ་ཕྱིན་པ་བསྒོམ་པ་མྱེད་དོ། །དངོས་པོའི་འདུ་ཤེས་ཅན་ལ་ཚུལ་ཁྲིམས་ཀྱི་ཕ་རོལ་ཏུ་ཕྱིན་པ་བསྒོམ་པ་མྱེད་དོ། །དངོས་པའི་འདུ་ཤེས་ཅན་ལ་སྦྱིན་པའི་ཕ་རོལ་ཏུ་ཕྱིན་པ་བསྒོམ་པ་མྱེད་དོ། །དངོས་པོའི་འདུ་ཤེས་ཅན་ལ་ནང་སྟོང་པ་ཉིད་བསྒོམ་པ་མྱེད་དོ། །དངོས་པོའི་

འདུ་ཤེས་ཅན་ལ་ཕྱི་སྟོང་པ་ཉིད་བསྒོམ་པ་མྱེད་དོ། །དངོས་པོའི་འདུ་ཤེས་ཅན་ལ་ཕྱི་ནང་སྟོང་པ་ཉིད་བསྒོམ་པ་མྱེད་དོ། །དངོས་པོའི་འདུ་ཤེས་ཅན་ལ་སྟོང་པ་ཉིད་སྟོང་པ་ཉིད་བསྒོམ་པ་མྱེད་དོ། །དངོས་པོའི་འདུ་ཤེས་ཅན་ལ་ཆེན་པོ་སྟོང་པ་ཉིད་བསྒོམ་པ་མྱེད་དོ། །དངོས་པོའི་འདུ་ཤེས་ཅན་ལ་དོན་དམ་པ་སྟོང་པ་ཉིད་བསྒོམ་པ་མྱེད་དོ། །དངོས་པོའི་འདུ་ཤེས་ཅན་ལ་འདུས་བྱས་སྟོང་པ་ཉིད་བསྒོམ་པ་མྱེད་དོ། །དངོས་པོའི་འདུ་ཤེས་ཅན་ལ་འདུས་མ་བྱས་སྟོང་པ་ཉིད་བསྒོམ་པ་མྱེད་དོ། །དངོས་པོའི་འདུ་ཤེས་ཅན་ལ་མཐའ་ལས་འདས་པ་སྟོང་པ་ཉིད་བསྒོམ་པ་མྱེད་དོ། །དངོས་པོའི་འདུ་ཤེས་ཅན་ལ་ཐོག་མ་དང་ཐ་མ་མྱེད་པ་སྟོང་པ་ཉིད་བསྒོམ་པ་མྱེད་དོ། །དངོས་པོའི་འདུ་ཤེས་ཅན་ལ་དོར་བ་མྱེད་པ་སྟོང་པ་ཉིད་བསྒོམ་པ་མྱེད་དོ། །དངོས་པོའི་འདུ་ཤེས་ཅན་ལ་རང་བཞིན་སྟོང་པ་ཉིད་བསྒོམ་པ་མྱེད་དོ། །དངོས་པོའི་འདུ་ཤེས་ཅན་ལ་ཆོས་ཐམས་ཅད་སྟོང་པ་ཉིད་བསྒོམ་པ་མྱེད་དོ། །དངོས་པོའི་འདུ་ཤེས་ཅན་ལ་རང་གི་མཚན་ཉིད་སྟོང་པ་ཉིད་བསྒོམ་པ་མྱེད་དོ། །དངོས་པོའི་འདུ་ཤེས་ཅན་ལ་མྱི་དམྱིགས་པ་སྟོང་པ་①ཉིད་བསྒོམ་པ་མྱེད་དོ། །དངོས་པོའི་འདུ་ཤེས་ཅན་ལ་དངོས་པོ་མྱེད་པ་སྟོང་པ་ཉིད་བསྒོམ་པ་མྱེད་དོ། །དངོས་པོའི་འདུ་ཤེས་ཅན་ལ་ངོ་བོ་ཉིད་སྟོང་པ་ཉིད་བསྒོམ་པ་མྱེད་དོ། །དངོས་པོའི་འདུ་ཤེས་ཅན་ལ་དངོས་པོ་མྱེད་པའི་ངོ་བོ་ཉིད་སྟོང་པ་ཉིད་བསྒོམ་པ་མྱེད་དོ། །དངོས་པོའི་འདུ་ཤེས་ཅན་ལ་མངོན་པར་ཤེས་པ་དྲུག་བསྒོམ་པ་མྱེད་དོ། །དངོས་པོའི་འདུ་ཤེས་ཅན་ལ་ཏིང་ངེ་འཛིན་ཐམས་ཅད་བསྒོམ་པ་མྱེད་དོ། །དངོས་པོའི་འདུ་ཤེས་ཅན་ལ་གཟུངས་ཀྱི་སྒོ་ཐམས་ཅད་བསྒོམ་པ་མྱེད་དོ། །དངོས་པོའི་འདུ་ཤེས་ཅན་ལ་དེ་བཞིན་གཤེགས་པའི་སྟོབས་བཅུ②བསྒོམ་པ་མྱེད་དོ། །དངོས་པོའི་འདུ་ཤེས་ཅན་ལ་མྱི་འཇིགས་པ་བཞི་③བསྒོམ་པ་མྱེད་དོ། །དངོས་པོའི་འདུ་ཤེས་ཅན་

ལ་སོ་སོ་ཡང་དག་པར་རིག་པ་བཞི་[1]བསྒོམ་པ་མྱེད་དོ། །དངོས་པོའི་འདུ་ཤེས་ཅན་ལ་སངས་རྒྱས་ཀྱི་ཆོས་མ་འདྲེས་པ་བསྒོམ་པ་མྱེད་དོ། །དངོས་པོའི་འདུ་ཤེས་ཅན་ལ་བྱམས་པ་ཆེན་པོ་བསྒོམ་པ་མྱེད་དོ། །དངོས་པོའི་འདུ་ཤེས་ཅན་ལ་སྙིང་རྗེ་ཆེན་པོ་བསྒོམ་པ་མྱེད་དོ། །དངོས་པོའི་འདུ་ཤེས་ཅན་ལ་རྒྱུན་དུ་ཞུགས་པའི་འབྲས་བུ་བསྒོམ་པ་མྱེད་དོ། །དངོས་པོའི་འདུ་ཤེས་ཅན་ལ་ལན་ཅིག་ཕྱིར་འོང་བའི་འབྲས་བུ་བསྒོམ་པ་མྱེད་དོ། །དངོས་པོའི་འདུ་ཤེས་ཅན་ལ་ཕྱིར་མྱི་འོང་བའི་འབྲས་བུ་བསྒོམ་པ་མྱེད་དོ། །དངོས་པོའི་འདུ་ཤེས་ཅན་ལ་དགྲ་བཅོམ་པ་ཉིད་བསྒོམ་པ་མྱེད་དོ། །དངོས་པོའི་འདུ་ཤེས་ཅན་ལ་རང་བྱང་ཆུབ་བསྒོམ་པ་མྱེད་དོ།། དངོས་པོའི་འདུ་ཤེས་ཅན་ལ་ལམ་གྱི་རྣམ་པ་[2]ཤེས་པ་ཉིད་བསྒོམ་པ་མེད་དོ། །དངོས་པོའི་འདུ་ཤེས་ཅན་ལ་རྣམ་པ་ཐམས་ཅད་མཁྱེན་པ་ཉིད་བསྒོམ་པ་མྱེད་དོ། །དངོས་པོའི་འདུ་ཤེས་ཅན་ལ་བག་ཆགས་ཀྱི་མཚམས་སྦྱོར་བའི་ཉོན་མོངས་པ་ཐམས་ཅད་སྤོང་བ་བསྒོམ་པ་[3]མྱེད་དོ། །དེ་ཅིའི་ཕྱིར་ཞེ་ན། འདི་ལྟར་དེ་དངོས་པོ་ལ་འདི་ནི་བདག་གོ་ཞེས་བྱ་བར་མཐའ་གཉིས་ལ་ཆགས་ཏེ། སྦྱིན་པ་དང་། ཚུལ་ཁྲིམས་དང་། བཟོད་པ་དང་། བརྩོན་འགྲུས་དང་། བསམ་གཏན་དང་། ཤེས་རབ་དང་། ནང་སྟོང་པ་ཉིད་དང་། ཕྱི་སྟོང་པ་ཉིད་དང་། ཕྱི་ནང་སྟོང་པ་ཉིད་དང་། སྟོང་པ་ཉིད་སྟོང་པ་ཉིད་དང་། ཆེན་པོ་སྟོང་པ་ཉིད་དང་། དོན་དམ་པ་སྟོང་པ་ཉིད་དང་། འདུས་བྱས་སྟོང་པ་ཉིད་དང་། འདུས་མ་བྱས་སྟོང་པ་ཉིད་དང་། མཐའ་ལས་འདས་པ་སྟོང་པ་ཉིད་དང་། ཐོག་མ་དང་ཐ་མ་མྱེད་པ་སྟོང་པ་ཉིད་དང་། དོར་བ་མྱེད་པ་སྟོང་པ་ཉིད་དང་། རང་བཞིན་སྟོང་པ་ཉིད་དང་། ཆོས་ཐམས་ཅད་སྟོང་པ་ཉིད་དང་། རང་གི་མཚན་ཉིད་སྟོང་པ་ཉིད་དང་། མྱི་དམྱིགས་པ་སྟོང་པ་ཉིད་དང་། དངོས་པོ་

མྱེད་པ་སྟོང་པ་ཉིད་དང་། ངོ་བོ་ཉིད་སྟོང་པ་ཉིད་དང་། དངོས་པོ་མྱེད་པའི་ངོ་བོ་ཉིད་སྟོང་པ་ཉིད་དང་། མངོན་པར་ཤེས་པ་དྲུག་[༡]དང་། ཏིང་ངེ་འཛིན་ཐམས་ཅད་དང་། གཟུངས་ཀྱི་སྒོ་ཐམས་ཅད་དང་། དེ་བཞིན་གཤེགས་པའི་སྟོབས་བཅུ་དང་། མྱི་འཇིགས་པ་བཞི་དང་། སོ་སོ་ཡང་དག་པར་རིག་པ་བཞི་དང་། སངས་རྒྱས་ཀྱི་ཆོས་མ་འདྲེས་པ་བཅོ་བརྒྱད་དང་། བྱམས་པ་ཆེན་པོ་དང་། སྙིང་རྗེ་ཆེན་པོ་དང་། རྒྱུན་དུ་ཞུགས་པའི་འབྲས་བུ་དང་། ལན་ཅིག་ཕྱིར་འོང་བའི་འབྲས་བུ་དང་། ཕྱིར་མྱི་འོང་བའི་འབྲས་བུ་དང་། དགྲ་བཅོམ་པ་ཉིད་དང་། རང་བྱང་ཆུབ་དང་། ལམ་གྱི་རྣམ་པ་ཤེས་པ་ཉིད་དང་། རྣམ་པ་ཐམས་ཅད་མཁྱེན་པ་ཉིད་དང་། བག་ཆགས་ཀྱི་མཚམས་སྦྱོར་བའི་ཉོན་མོངས་པ་ཐམས་ཅད་སྤང་བ་[༢]ལ། འདི་ནི་བདག་གོ་ཞེས་བྱ་བར་མཐའ་གཉིས་ལ་···ཆགས་པར་གྱུར་པས། གང་མཐའ་གཉིས་ལ་ཆགས་པ་དེ་ལ་ནི་ཐར་པ་མྱེད་དེ[༣]། དེ་ཅིའི་ཕྱིར་ཞེ་ན། རབ་འབྱོར་དངོས་པོའི་འདུ་ཤེས་ཅན་ལ་ནི། སྦྱིན་པ་ཡང་མྱེད། ཚུལ་ཁྲིམས་ཀྱང་མྱེད། བཟོད་པ་ཡང་མྱེད། བརྩོན་འགྲུས་ཀྱང་མྱེད། བསམ་གཏན་ཡང་མྱེད། ཤེས་རབ་ཀྱང་མྱེད། ལམ་ཡང་མྱེད། ཡེ་ཤེས་ཀྱང་མྱེད། འཐོབ་པ་ཡང་མྱེད། མངོན་པར་རྟོགས་པ་ཡང་མྱེད། མཐུན་པའི་བཟོད་པ་ཡང་མེད། གཟུགས་ཀྱང་ཡོངས་སུ་ཤེས་པ་མྱེད། ཚོར་བ་ཡང་ཡོངས་སུ་ཤེས་པ་མྱེད། འདུ་ཤེས་ཀྱང་ཡོངས་སུ་ཤེས་པ་མྱེད། འདུ་བྱེད་ཀྱང་ཡོངས་སུ་ཤེས་པ་མྱེད། རྣམ་པར་ཤེས་པ་ཡང་[༤]ཡོངས་སུ་ཤེས་པ་མྱེད། མིག་ཀྱང་ཡོངས་སུ་ཤེས་པ་མྱེད། རྣ་བ་ཡང་ཡོངས་སུ་ཤེས་པ་མྱེད། སྣ་ཡང་ཡོངས་སུ་ཤེས་པ་མྱེད། ལྕེ་ཡང་ཡོངས་སུ་ཤེས་པ་མྱེད། ལུས་ཀྱང་ཡོངས་སུ་ཤེས་པ་མྱེད། ཡིད་ཀྱང་ཡོངས་སུ་ཤེས་པ་མྱེད། གཟུགས་ཀྱང་ཡོངས་སུ་ཤེས་པ་མྱེད། སྒྲ་ཡང་

ཡོངས་སུ་ཤེས་པ་མྱེད། དྲི་ཡང་ཡོངས་སུ་ཤེས་པ་མྱེད། རོ་ཡང་ཡོངས་སུ་ཤེས་པ་མྱེད། རེག་ཀྱང་ཡོངས་སུ་ཤེས་པ་མྱེད། ཆོས་ཀྱང་ཡོངས་སུ་ཤེས་པ་མྱེད། མྱིག་གི་རྣམ་པར་ཤེས་པ་ཡང་ཡོངས་སུ་ཤེས་པ་མྱེད། རྣ་བའི་རྣམ་པར་ཤེས་པ་ཡང་ཡོངས་སུ་ཤེས་པ་མྱེད། སྣའི་རྣམ་པར་ཤེས་པ་ཡང་ཡོངས་སུ་ཤེས་པ་མྱེད། ལྗེའི་རྣམ་པར་ཤེས་པ་ཡང་ཡོངས་སུ་ཤེས་པ་མྱེད། ལུས་ཀྱི་རྣམ་པར་ཤེས་པ་ཡང་ཡོངས་སུ་ཤེས་པ་མྱེད། ཡིད་ཀྱི་རྣམ་པར་ཤེས་པ་ཡང་ཡོངས་སུ་ཤེས་པ་མྱེད། མྱིག་གི་འདུས་ཏེ་རེག་པ་ཡང་ཡོངས་སུ་ཤེས་པ་མྱེད། རྣ་བའི་འདུས་ཏེ་རེག་པ···ཡང་ཡོངས་སུ་ཤེས་པ་མྱེད། སྣའི་འདུས་ཏེ་རེག་པ་ཡང་ཡོངས་སུ་ཤེས་པ་མྱེད། ལྗེའི་འདུས་ཏེ་རེག་པ་ཡང་ཡོངས་སུ་ཤེས་པ་མྱེད། ལུས་ཀྱི་འདུས་ཏེ་རེག་པ་ཡང་ཡོངས་སུ་ཤེས་པ་མྱེད། ཡིད་ཀྱི་འདུས་ཏེ་རེག་པ་ཡང་ཡོངས་སུ་ཤེས་པ་མྱེད། མྱིག་གི་⑦འདུས་ཏེ་རེག་པའི་རྐྱེནད་ཀྱིས་ཚོར་བ་ཡང་ཡོངས་སུ་ཤེས་པ་མྱེད། །རྣ་བའི་འདུས་ཏེ་རེག་པའི་རྐྱེན་ཀྱིས་ཚོར་བ་ཡང་ཡོངས་སུ་ཤེས་པ་མྱེད། སྣའི····འདུས་ཏེ་རེག་པའི་རྐྱེན་ཀྱིས་ཚོར་བ་ཡང་ཡོངས་སུ་ཤེས་པ་མྱེད། ལྗེའི་འདུས་ཏེ་རེག་པའི་རྐྱེན་ཀྱིས་ཚོར་བ་ཡང་ཡོངས་སུ་ཤེས་པ་མྱེད། ལུས་ཀྱི་འདུས་ཏེ་རེག····པའི་རྐྱེན་ཀྱིས་ཚོར་བ་ཡང་ཡོངས་སུ་ཤེས་པ་མྱེད། ཡིད་ཀྱི་འདུས་ཏེ་རེག་པའི་རྐྱེན་ཀྱིས་ཚོར་བ་ཡང་ཡོངས་སུ་ཤེས་པ་མྱེད། སའི་ཁམས་ཀྱང་ཡོངས་སུ་ཤེས་པ་མྱེད༑ ཆུའི་ཁམས་ཀྱང་ཡོངས་སུ་ཤེས་པ་མྱེད། མྱེའི་ཁམས་ཀྱང་ཡོངས་སུ་ཤེས་པ་མྱེད། རླུང་གི་ཁམས་ཀྱང་ཡོངས་སུ་ཤེས་པ་མྱེད། ནམ་མཁའི་ཁམས་ཀྱང་ཡོངས་སུ་ཤེས་པ་མྱེད། རྣམ་པར་ཤེས་པའི་ཁམས་ཀྱང་ཡོངས་སུ་ཤེས་པ་མྱེད། རྟེན་ཅིང་འབྲེལ་བར་འབྱུང་བ་ཡང་ཡོངས་སུ་ཤེས་པ་མྱེད། མ་རིག་པ་ཡང·····ཡོངས་སུ་ཤེས་པ་མྱེད། འདུ་བྱེད་ཀྱང་ཡོངས་སུ་ཤེས་པ་མྱེད། རྣམ་པར་ཤེས་

པ་ཡང་ཡོངས་སུ་ཤེས་པ་མྱེད། མྱིང་དང་གཟུགས་ཀྱང་ཡོངས་སུ་ཤེས་པ་མྱེད། སྐྱེ་མཆེད་དྲུག་ཀྱང་ཡོངས་སུ་ཤེས་པ་མྱེད། རེག་པ་ཡང་ཡོངས་སུ་ཤེས་པ་མྱེད། ཚོར་བ་ཡང་ཡོངས་སུ་ཤེས་པ་མྱེད། སྲེད་པ་ཡང་ཡོངས་སུ་ཤེས་པ་མྱེད། ལེན་པ་ཡང་ཡོངས་སུ་ཤེས་པ་མྱེད། སྲིད་པ་ཡང་ཡོངས་སུ་ཤེས་པ་མྱེད། ༔སྐྱེ་བ་[1] ཡང་ཡོངས་སུ་ཤེས་པ་མྱེད། ཀ་ཤི་ཡང་ཡོངས་སུ་ཤེས་པ་མྱེད། སླང་བ་ཡང་ཡོངས་སུ་ཤེས་པ་མྱེད། ༔དོར་བ་ཡང་ཡོངས་སུ་ཤེས་པ་མྱེད།[2] བསམ་གཏན་དང་པོ་ཡང་ཡོངས་སུ་ཤེས་པ་མྱེད། བསམ་གཏན་གཉིས་པ་ཡང་ཡོངས་སུ་ཤེས་པ་མྱེད། བསམ་གཏན་གསུམ་པ་ཡང་ཡོངས་སུ་ཤེས་པ་མྱེད། བསམ་གཏན་བཞི་པ་ཡང་ཡོངས་སུ་ཤེས་པ་མྱེད། བྱམས་པ་ཡང་ཡོངས་སུ་ཤེས་པ་མྱེད། སྙིང་རྗེ་ཡང་ཡོངས་སུ་ཤེས་པ་མྱེད། དགའ་བ་ཡང་ཡོངས་སུ་ཤེས་པ་མྱེད། བཏང་སྙོམས་ཀྱང་ཡོངས་སུ་ཤེས་པ་མྱེད། ནམ་མཁའ་མཐའ་ཡས་སྐྱེ་མཆེད་ཀྱི་སྙོམས་པར་འཇུག་པ་ཡང་ཡོངས་སུ་ཤེས་པ་མྱེད། རྣམ་ཤེས་མཐའ་ཡས་སྐྱེ་མཆེད་ཀྱི་སྙོམས་པར་འཇུག་པ་ཡང་ཡོངས་སུ་ཤེས་པ་མྱེད། ཆུང་ཟད་མྱེད་པའི་སྐྱེ····མཆེད་ཀྱི་སྙོམས་པར་འཇུག་པ་ཡང་ཡོངས་སུ་ཤེས་པ་མྱེད། འདུ་ཤེས་མྱེད་འདུ་ཤེས་མྱེད་མྱིན་སྐྱེ་མཆེད་ཀྱི་སྙོམས་པར་འཇུག་པ་ཡང་ཡོངས་སུ་ཤེས་པ་མྱེད། སངས་རྒྱས་རྗེས་སུ་དྲན་པ་ཡང་ཡོངས་སུ་ཤེས་པ་མྱེད། ཆོས་རྗེས་སུ་དྲན་པ་ཡང་ཡོངས་སུ་ཤེས་པ་མྱེད། དགེ་འདུན་རྗེས་སུ་དྲན་པ་ཡང་ཡོངས་སུ་ཤེས་པ་མྱེད། ཚུལ་ཁྲིམས་རྗེས་སུ་དྲན་པ་ཡང་ཡོངས་སུ་ཤེས་པ་མྱེད། གཏོང་བ་རྗེས་སུ་དྲན་པ་ཡང་ཡོངས་སུ་ཤེས་པ་མྱེད། ལྷ་རྗེས་སུ་དྲན་པ་ཡང་ཡོངས་སུ་ཤེས་པ་མྱེད། སྐྱོ་[3] བ་རྗེས་སུ་དྲན་པ་ཡང་ཡོངས་སུ་ཤེས་པ་མྱེད། དབུགས་ཕྱི་ནང་དུ་རྒྱུ་བ་རྗེས་སུ་དྲན་པ་ཡང་ཡོངས་སུ་ཤེས་པ་མྱེད། འཆི་བ་རྗེས་སུ་དྲན་པ་ཡང་ཡོངས་སུ་ཤེས་པ་

མེད། ལུས་ཀྱི་རྣམ་པ་རྗེས་སུ་དྲན་པ་ཡང་ཡོངས་སུ་ཤེས་པ་མེད། མི་རྟག་པའི་འདུ་ཤེས་ཀྱང་ཡོངས་སུ་ཤེས་པ་མེད། སྡུག་བསྔལ་གྱི་འདུ་ཤེས་ཀྱང་ཡོངས་སུ་ཤེས་པ་མེད། བདག་མེད་པའི་འདུ་ཤེས་ཀྱང་ཡོངས་སུ་ཤེས་པ་མེད། མི་སྡུག་པའི་འདུ་ཤེས་ཀྱང་ཡོངས་སུ་ཤེས་པ་མེད། དངོས་པོ་མེད་པའི་འདུ་ཤེས་ཀྱང་ཡོངས་སུ་ཤེས་པ་མེད། བདག་གི་འདུ་ཤེས་ཀྱང་ཡོངས་སུ་ཤེས་པ་མེད། སེམས་ཅན་གྱི་འདུ་ཤེས་ཀྱང་ཡོངས་སུ་ཤེས་པ་མེད། སྲོག་གི་འདུ་ཤེས་ཀྱང་ཡོངས་སུ་ཤེས་པ་མེད། སྐྱེ་བའི་འདུ་ཤེས་ཀྱང་ཡོངས་སུ་ཤེས་པ་མེད། གསོ[1]བའི་འདུ་ཤེས་ཀྱང་ཡོངས་སུ་ཤེས་པ་མེད། སྐྱེས་བུའི་འདུ་ཤེས་ཀྱང་ཡོངས་སུ་ཤེས་པ་མེད། གང་ཟག་གི་འདུ་ཤེས་ཀྱང་ཡོངས་སུ་ཤེས་པ་མེད། ཤེད་ཅན་གྱི་འདུ་ཤེས་ཀྱང་ཡོངས་སུ་ཤེས་པ་མེད། ཤེད་བདག་གི་འདུ་ཤེས་ཀྱང་ཡོངས་སུ་ཤེས་པ་མེད། བྱེད་པ་པོའི་འདུ་ཤེས་ཀྱང་ཡོངས་སུ་ཤེས་པ་མེད། ཚོར་བ་པོའི་འདུ་ཤེས་ཀྱང་[2]ཡོངས་སུ་ཤེས་པ་མེད། ཤེས་པ་པོའི་འདུ་ཤེས་ཀྱང་ཡོངས་སུ་ཤེས་པ་མེད། མཐོང་བ་པོའི་འདུ་ཤེས་ཀྱང་ཡོངས་སུ་ཤེས་པ་མེད། རྟག་པའི་འདུ་ཤེས་ཀྱང་ཡོངས་སུ་ཤེས་པ་མེད། བདེ་བའི་འདུ་ཤེས་ཀྱང་ཡོངས་སུ་ཤེས་པ་མེད། སྡུག་པའི་འདུ་ཤེས་ཀྱང་ཡོངས་སུ་ཤེས་པ་མེད། བདག་གི་འདུ་ཤེས་ཀྱང་ཡོངས་སུ་ཤེས་པ་མེད། དྲན་པ་ཉེ་བར་གཞག་པ་རྣམས་ཀྱང་ཡོངས་སུ་ཤེས་པ་མེད། ཡང་དག་པར་སྤོང་བ་རྣམས་ཀྱང་ཡོངས་སུ་ཤེས་པ་མེད། རྫུ་འཕྲུལ་གྱི་རྐང་པ་རྣམས་ཀྱང་ཡོངས་སུ་ཤེས་པ་མེད། དབང་པོ་རྣམས་ཀྱང་ཡོངས་སུ་ཤེས་པ་མེད། སྟོབས་རྣམས་ཀྱང་ཡོངས་སུ་ཤེས་པ་མེད། བྱང་ཆུབ་ཀྱི་ཡན་ལག་རྣམས་ཀྱང་ཡོངས་སུ་ཤེས་པ་མེད། ལམ་ཡང་ཡོངས་སུ་ཤེས་པ་མེད། སྟོང་པ་ཉིད་ཀྱི་ཏིང་ངེ་འཛིན་ཀྱང་ཡོངས་སུ་ཤེས་པ་མེད། མཚན་མ་མེད་པའི་ཏིང་ངེ་འཛིན་ཀྱང་

ཡོངས་སུ་ཤེས་པ་མྱེད། སྨོན་པ་མྱེད་པའི་ཏིང་ངེ་འཛིན་ཀྱང་ཡོངས་སུ་ཤེས་པ····མྱེད། རྣམ་པར་ཐར་པ་ཡང་ཡོངས་སུ་ཤེས་པ་མྱེད། མཐར་གྱིས་གནས་པའི་སྙོམས་པར་འཇུག་པ་རྣམས་ཀྱང་ཡོངས་སུ་ཤེས་པ་མྱེད། རྟོག་པ་དང་བཅས····དཔྱོད་པ་དང་བཅས་པའི་ཏིང་ངེ་འཛིན་ཀྱང་ཡོངས་སུ་ཤེས་པ་མྱེད། རྟོག་པ····མྱེད་ལ་དཔྱོད་པ་ཙམ་གྱི་ཏིང་ངེ་འཛིན་ཀྱང་ཡོངས་སུ་ཤེས་པ་མྱེད། རྟོག་པ་མྱེད་ཅིང་དཔྱོད་པ་མྱེད་པའི་ཏིང་ངེ་འཛིན་ཀྱང་ཡོངས་སུ་ཤེས་པ་མྱེད། སྡུག་བསྔལ་འཕགས་པའི་བདེན་པ་ཡང་ཡོངས་སུ་ཤེས་པ་མྱེད། ཀུན་འབྱུང་བ་འཕགས་པའི་བདེན་པ་ཡང་ཡོངས་སུ་ཤེས་པ་མྱེད། འགོག་པ་འཕགས་པའི་བདེན་པ་ཡང····ཡོངས་སུ་ཤེས་པ་མྱེད། ལམ་འཕགས་པའི་བདེན་པ་ཡང་ཡོངས་སུ་ཤེས་པ་མྱེད། སྡུག་བསྔལཿའཕགས་པའི་བདེན་པ་[7]ཤེས་པ་ཡང་ཡོངས་སུ་ཤེས་པ་མྱེད། ཀུན་འབྱུང་བ་ཤེས་པ་ཡང་ཡོངས་སུ་ཤེས་པ་མྱེད། འགོག་པ་ཤེས་པ་ཡང་ཡོངས་སུ····ཤེས་པ་མྱེད། ལམ་ཤེས་པ་ཡང་ཡོངས་སུ་ཤེས་པ་མྱེད། ཟད་པ་ཤེས་པ་ཡང་ཡོངས་སུ་ཤེས་པ་མྱེད། མྱི་སྐྱེ་བ་ཤེས་པ་ཡང་ཡོངས་སུ་ཤེས་པ་མེད། ཆོས་ཤེས་པ་ཡང་ཡོངས་སུ་ཤེས་པ་མྱེད། རྗེས་སུ་འགྲོ་བ་ཤེས་པ་ཡང་ཡོངས་སུ་ཤེས་པ་མྱེད། ཀུན་རྫོབ་ཤེས་པ་ཡང་ཡོངས་སུ་ཤེས་པ་མྱེད། འདྲིས་པ་ཤེས་པ་ཡང་ཡོངས་སུ···ཤེས་པ་མྱེད། སྒྲ་ཇི་བཞིན་ཤེས་པ་ཡང་ཡོངས་སུ་ཤེས་པ་མྱེད། སྦྱིན་པའི་ཕ་རོལད་ཏུ་ཕྱིནད་པ་ཡང་ཡོངས་སུ་ཤེས་པ་མྱེད། ཚུལ་ཁྲིམས་ཀྱི་ཕ་རོལ་ཏུ་ཕྱིན་པ་ཡང་ཡོངས་སུ་ཤེས་པ་མྱེད། བཟོད་པའི་ཕ་རོལ་ཏུ་ཕྱིན་པ་ཡང་ཡོངས་སུ་ཤེས་པ་མྱེད། བརྩོན་འགྲུས་ཀྱི་ཕ་རོལ་ཏུ་ཕྱིན་པ་ཡང་ཡོངས་སུ་ཤེས་པ་མྱེད། བསམ་གཏན་གྱི་ཕ་རོལ་ཏུ་ཕྱིན་པ་ཡང་ཡོངས་སུ་ཤེས་པ་མྱེད། ཤེས་རབ་ཀྱི་ཕ་རོལ་ཏུ་ཕྱིན་པ་ཡང་ཡོངས་སུ་ཤེས་པ་མྱེད། ནང་སྟོང་པ་ཉིད་ཀྱང་ཡོངས་སུ་ཤེས་པ་མྱེད།

ཕྱི་སྟོང་པ་ཉིད་ཀྱང་ཡོངས་སུ་ཤེས་པ་མི་སྲིད། ཕྱི་ནང་སྟོང་པ་ཉིད་ཀྱང་ཡོངས་སུ་ཤེས་པ་མི་སྲིད། སྟོང་པ་ཉིད་སྟོང་པ་ཉིད་ཀྱང་ཡོངས་སུ་ཤེས་པ་མི་སྲིད། ཆེན་པོ་སྟོང་པ་ཉིད་ཀྱང་ཡོངས་སུ་ཤེས་པ་མི་སྲིད། དོན་དམ་པ་སྟོང་པ་ཉིད་ཀྱང་ཡོངས་སུ་ཤེས་པ་མི་སྲིད། འདུས་བྱས་སྟོང་པ་ཉིད་ཀྱང་ཡོངས་སུ་ཤེས་པ་མི་སྲིད། འདུས་མ་བྱས་སྟོང་པ་ཉིད་ཀྱང་ཡོངས་སུ་ཤེས་པ་མི་སྲིད། མཐའ་ལས་འདས་པ་སྟོང་པ་ཉིད་ཀྱང་ཡོངས་སུ་ཤེས་པ་མི་སྲིད། ཐོག་མ་དང་ཐ་མ་མེད་པ་སྟོང་པ་ཉིད་ཀྱང་ཡོངས་སུ་ཤེས་པ་མི་སྲིད། དོར་བ་མེད་པ་སྟོང་པ་ཉིད་ཀྱང་ཡོངས་སུ་ཤེས་པ་མི་སྲིད། རང་བཞིན་སྟོང་པ་ཉིད་ཀྱང་ཡོངས་སུ་ཤེས་པ་མི་སྲིད། ཆོས་ཐམས་ཅད་སྟོང་པ་ཉིད་ཀྱང་ཡོངས་སུ་ཤེས་པ་མི་སྲིད། རང་གི་མཚན་ཉིད་སྟོང་པ་ཉིད་ཀྱང་[1]ཡོངས་སུ་ཤེས་པ་མི་སྲིད། མི་དམིགས་པ་སྟོང་པ་ཉིད་ཀྱང་ཡོངས་སུ་ཤེས་པ་མི་སྲིད། དངོས་པོ་མེད་པ་སྟོང་པ་ཉིད་ཀྱང་ཡོངས་སུ་ཤེས་པ་མི་སྲིད། ངོ་བོ་ཉིད་སྟོང་པ་ཉིད་ཀྱང་ཡོངས་སུ་ཤེས་པ་མི་སྲིད། དངོས་པོ་མེད་པའི་ངོ་བོ་ཉིད་སྟོང་པ་ཉིད་ཀྱང་ཡོངས་སུ་ཤེས་པ་མི་སྲིད། མངོན་པར་ཤེས་པ་དྲུག་ཀྱང་ཡོངས་སུ་ཤེས་པ་མི་སྲིད། ཏིང་ངེ་འཛིན་ཐམས་ཅད་ཀྱང་ཡོངས་སུ་ཤེས་པ་མི་སྲིད། གཟུངས་ཀྱི་སྒོ་ཐམས་ཅད་ཀྱང་ཡོངས་སུ་ཤེས་པ་མི་སྲིད། དེ་བཞིན་གཤེགས་པའི་སྟོབས་བཅུ་ཡང་ཡོངས་སུ་ཤེས་པ་མི་སྲིད། མི་འཇིགས་པ་བཞི་ཡང་ཡོངས་སུ་ཤེས་པ་མི་སྲིད། སོ་སོ་ཡང་དག་པར་རིག་པ་བཞི་ཡང་ཡོངས་སུ་ཤེས་པ་མི་སྲིད། སངས་རྒྱས་ཀྱི་ཆོས་མ་འདྲེས་པ་བཅོ་བརྒྱད་ཀྱང་ཡོངས་སུ་ཤེས་པ་མི་སྲིད། བྱམས་པ་ཆེན་པོ་ཡང་ཡོངས་སུ་ཤེས་པ་མི་སྲིད། སྙིང་རྗེ་ཆེན་པོ་ཡང་ཡོངས་སུ་ཤེས་པ་[2]མི་སྲིད། རྒྱུན་དུ་ཞུགས་པའི་འབྲས་བུ་ཡང་ཡོངས་སུ་ཤེས་པ་མི་སྲིད། ལན་ཅིག་ཕྱིར་འོང་བའི་འབྲས་བུ་ཡང་ཡོངས་སུ་ཤེས་པ་མི་སྲིད། ཕྱིར་མི་འོང་བའི་འབྲས་བུ་ཡང་ཡོངས་སུ་ཤེས་པ་མི་སྲིད། དགྲ་བཅོམ་པ་

ཉིད་ཀྱང་ཡོངས་སུ་ཤེས་པ་མྱེད། རང་བྱང་ཆུབ་ཀྱང་ཡོངས་སུ་ཤེས་པ་མྱེད། ལམ་གྱི་རྣམ་པ་ཤེས་པ་ཉིད་ཀྱང་ཡོངས་སུ་ཤེས་པ་མྱེད། རྣམ་པ་ཐམས་ཅད་······ མཁྱེན་པ་ཉིད་ཀྱང་ཡོངས་སུ་ཤེས་པ་མྱེད། བག་ཆགས་ཀྱི་མཚམས་སྦྱོར་བའི་ཉོན་མོངས་པ་ཐམས་ཅད་སྤང་བ་ཡང་ཡོངས་སུ་ཤེས་པ་མྱེད་ན། དེ་ཐར་བར་འགྱུར་བ་ལྟ་ག་ལས་འོང་། གསོལ་པ། བཅོམ་ལྡན་འདས། དངོས་པོ་[1]མཆིས་ཞེས་བགྱི་བ་ནི་[2]ཇི་[3]ལགས། ༔དངོས་པོ་མ་མཆིས་ཞེས་བགྱི་བ་ནི་ཅི་ལགས།[4] བཅོམ་ལྡན་འདས་ཀྱིས་བཀའ་སྩལ་པ། རབ་འབྱོར་གཉིས་ནི་དངོས་པོ་ཡོད་པའོ།། མྱི་གཉིས་པ་ནི་དངོས་པོ་མྱེད་པའོ། །གསོལ་པ། བཅོམ་ལྡན་འདས་གཉིས་ཤེས་བགྱི་བ་[5]ཇི་ལྟ་བུ་ལགས། བཅོམ་ལྡན་འདས་ཀྱིས་[6]བཀའ་སྩལ་པ། རབ་འབྱོར་གཟུགས་ཀྱི་འདུ་ཤེས་ནི་གཉིས་སོ། །ཚོར་བའི་འདུ་ཤེས་ནི་གཉིས་སོ། །འདུ་ཤེས་ཀྱི་འདུ་ཤེས་ནི་གཉིས་སོ། །འདུ་བྱེད་ཀྱི་འདུ་ཤེས་ནི་གཉིས་སོ། །རྣམ་པར་ཤེས་པའི་འདུ་ཤེས་ནི་གཉིས་སོ། །མྱིག་གི་འདུ་ཤེས་ནི་གཉིས་སོ། །རྣ་བའི་འདུ་ཤེས་ནི་གཉིས་སོ། །སྣའི་འདུ་ཤེས་ནི་གཉིས་སོ། །ལྕེའི་འདུ་ཤེས་ནི་གཉིས་སོ། །ལུས་ཀྱི་འདུ་ཤེས་ནི་གཉིས་སོ། །ཡིད་ཀྱི་འདུ་ཤེས་ནི་གཉིས་སོ། །གཟུགས་ཀྱི་འདུ་ཤེས་ནི་གཉིས་སོ། །སྒྲའི་འདུ་ཤེས་ནི་གཉིས་སོ། །དྲིའི་འདུ་ཤེས་ནི་གཉིས་སོ། །རོའི་འདུ་ཤེས་ནི་གཉིས་སོ། །རེག་གི་འདུ་ཤེས་ནི་གཉིས་སོ། །ཆོས་ཀྱི་འདུ་ཤེས་ནི་གཉིས་སོ། །མྱིག་གི་རྣམ་པར་ཤེས་པའི་འདུ་ཤེས་ནི་གཉིས་སོ། །རྣ་བའི་རྣམ་པར་ཤེས་པའི་འདུ་ཤེས་ནི་གཉིས་སོ། །སྣའི་རྣམ་པར་ཤེས་པའི་འདུ་ཤེས་ནི་གཉིས་སོ། །ལྕེའི་རྣམ་པར་ཤེས་པའི་འདུ་ཤེས་ནི་གཉིས་སོ། །ལུས་ཀྱི་རྣམ་པར་ཤེས་པའི་འདུ་ཤེས་ནི་གཉིས་སོ། །ཡིད་ཀྱི་རྣམ་པར་ཤེས་པའི་འདུ་ཤེས་ནི་གཉིས་སོ། །མྱིག་གི་འདུས་ཏེ་རེག་པའི་འདུ་ཤེས་ནི་གཉིས་སོ། །རྣ་བའི་

འདུས་ཏེ་རེག་པའི་འདུ་ཤེས་ནི་གཉིས་སོ། །སྣའི་འདུས་ཏེ་རེག་པའི་འདུ་ཤེས་ནི་གཉིས་སོ། །ལྕེའི་འདུས་ཏེ་རེག་པའི་འདུ་ཤེས་ནི་གཉིས་སོ། །ལུས་ཀྱི་འདུས་ཏེ་རེག་པའི་འདུ་ཤེས་ནི་གཉིས་སོ། །ཡིད་ཀྱི་འདུས་ཏེ་རེག་པའི་འདུ་ཤེས་ནི་གཉིས་སོ། །མིག་གི་འདུས་ཏེ་རེག་པའི་རྐྱེན་གྱིས་ཚོར་བའི་འདུ་ཤེས་ནི་གཉིས་སོ། །རྣ་བའི་འདུས་ཏེ་རེག་པའི་རྐྱེན་གྱིས་ཚོར་བའི་འདུ་ཤེས་ནི་གཉིས་སོ། སྣའི་འདུས་ཏེ་རེག་པའི་རྐྱེན་གྱིས་ཚོར་བའི་འདུ་ཤེས་ནི་གཉིས་སོ། །ལྕེའི་འདུས་ཏེ་རེག་པའི་རྐྱེན་གྱིས་ཚོར་བའི་འདུ་ཤེས་ནི་གཉིས་སོ། །ལུས་ཀྱི་འདུས་ཏེ་རེག་པའི་རྐྱེན་གྱིས་ཚོར་བའི་འདུ་ཤེས་ནི་གཉིས་སོ། །ཡིད་ཀྱི་འདུས་ཏེ་རེག་པའི་རྐྱེན་གྱིས་ཚོར་བའི་འདུ་ཤེས་ནི་གཉིས་སོ། །སའི་ཁམས་ཀྱི་འདུ་ཤེས་ནི་གཉིས་སོ། །ཆུའི་ཁམས་ཀྱི་འདུ་ཤེས་ནི་གཉིས་སོ། །མེའི་ཁམས་ཀྱི་འདུ་ཤེས་ནི་གཉིས་སོ། །རླུང་གི་ཁམས་ཀྱི་འདུ་ཤེས་ནི་གཉིས་སོ། །ནམ་མཁའི་ཁམས་ཀྱི་འདུ་ཤེས་ནི་གཉིས་སོ། །རྣམ་པར་ཤེས་པའི་ཁམས་ཀྱི་[7]འདུ་ཤེས་ནི་གཉིས་སོ། །རྟེན་ཅིང་འབྲེལ་བར་འབྱུང་བའི་འདུ་ཤེས་ནི་གཉིས་སོ། །མ་རིག་པའི་འདུ་ཤེས་ནི་གཉིས་སོ། །འདུ་བྱེད་ཀྱི་འདུ་ཤེས་ནི་གཉིས་སོ། །རྣམ་པར་ཤེས་པའི་འདུ་ཤེས་ནི་གཉིས་སོ། །མིང་དང་གཟུགས་ཀྱི་འདུ་ཤེས་ནི་གཉིས་སོ། །སྐྱེ་མཆེད་དྲུག་གི་འདུ་ཤེས་ནི་གཉིས་སོ། །རེག་པའི་འདུ་ཤེས་ནི་གཉིས་སོ། །ཚོར་བའི་འདུ་ཤེས་ནི་གཉིས་སོ། །སྲིད་པའི་འདུ་ཤེས་ནི་གཉིས་སོ། །ལེན་པའི་འདུ་ཤེས་ནི་གཉིས་སོ། །སྲིད་པའི་འདུ་ཤེས་ནི་གཉིས་སོ། །སྐྱེ་བའི་འདུ་ཤེས་ནི་གཉིས་སོ། །རྒ་ཤིའི་འདུ་ཤེས་ནི་གཉིས་སོ། །ཆླང་བའི་འདུ་ཤེས་ནི་གཉིས་སོ། །ངོར་བའི་འདུ་ཤེས་ནི་གཉིས་སོ། །བསམ་གཏན་དང་པོའི་འདུ་ཤེས་ནི་གཉིས་སོ། །བསམ་གཏན་གཉིས་པའི་འདུ་ཤེས་ནི་གཉིས་སོ། །བསམ་གཏན་གསུམ་པའི་འདུ་ཤེས་ནི་གཉིས་སོ། །བསམ་གཏན་

བཞི་པའི་འདུ་ཤེས་ནི་གཉིས་སོ། །བྱམས་པའི་འདུ་ཤེས་ནི་གཉིས་སོ། །སྙིང་རྗེའི་འདུ་ཤེས་ནི་གཉིས་སོ། །དགའ་བའི་འདུ་ཤེས་ནི་གཉིས་སོ། །བཏང····སྙོམས་ཀྱི་འདུ་ཤེས་ནི་གཉིས་སོ། །ནམ་མཁའ་མཐའ་ཡས་སྐྱེ་མཆེད་ཀྱི་སྙོམས····པར་འཇུག་པའི་འདུ་ཤེས་ནི་གཉིས་སོ། །རྣམ་ཤེས་མཐའ་ཡས་སྐྱེ་མཆེད་ཀྱི····སྙོམས་པར་འཇུག་པའི་འདུ་ཤེས་ནི་གཉིས་སོ། །ཆུང་ཟད་མེད་པའི་སྐྱེ་མཆེད་ཀྱི་སྙོམས་པར་འཇུག་པའི་འདུ་ཤེས་ནི་གཉིས་སོ། །འདུ་ཤེས་མེད་འདུ་ཤེས་མེད····མིན་སྐྱེ་མཆེད་ཀྱི་སྙོམས་པར་འཇུག་པའི་འདུ་ཤེས་ནི་གཉིས་སོ། །སངས་རྒྱས····རྗེས་སུ་དྲན་པའི་འདུ་ཤེས་ནི་གཉིས་སོ། །ཆོས་རྗེས་སུ་དྲན་པའི་འདུ་ཤེས་ནི····གཉིས་སོ། །དགེ་འདུན་རྗེས་སུ་དྲན་པའི་འདུ་ཤེས་ནི་གཉིས་སོ། །ཚུལ་ཁྲིམས་རྗེས་སུ་དྲན་པའི་འདུ་ཤེས་ནི་གཉིས་སོ། །གཏོང་བ་རྗེས་སུ་དྲན་པའི་འདུ་ཤེས་ནི་གཉིས་སོ། །ལྷ་རྗེས་སུ་དྲན་པའི་འདུ་ཤེས་ནི་གཉིས་སོ། །སྐྱོ་བ་རྗེས་སུ་དྲན་པའི་འདུ་ཤེས་ནི་གཉིས་སོ། །དབུགས་ཕྱི་ནང་དུ་རྒྱུ་བ་རྗེས་སུ་དྲན་པའི་འདུ་ཤེས་ནི་གཉིས་སོ། །འཆི་བ་རྗེས་སུ་དྲན་པའི་འདུ་ཤེས་ནི་གཉིས་སོ། །ལུས་ཀྱི་རྣམ་པ་རྗེས་སུ་དྲན་པའི་འདུ་ཤེས་ནི་གཉིས་སོ། །མི་རྟག་པའི་འདུ་ཤེས་ཀྱི་འདུ་ཤེས་ནི་གཉིས་སོ། །སྡུག་བསྔལ་གྱི་འདུ་ཤེས་ཀྱི་འདུ་ཤེས་ནི་གཉིས་སོ། །བདག་མེད་པའི་འདུ་ཤེས་ཀྱི་འདུ་ཤེས་ནི་གཉིས་སོ། །མི་སྡུག་པའི་འདུ་ཤེས་ཀྱི་འདུ་ཤེས་ནི་གཉིས་སོ། །དངོས་པོ་མེད་པའི་འདུ་ཤེས་ཀྱི་འདུ་ཤེས་ནི་གཉིས་སོ། །བདག་གི་འདུ་ཤེས་ཀྱི་འདུ་ཤེས་ནི་གཉིས་སོ། །སེམས་ཅན་གྱི་འདུ་ཤེས་ཀྱི་འདུ་ཤེས་ནི····གཉིས་སོ། །སྲོག་གི་འདུ་ཤེས་ཀྱི་འདུ་ཤེས་ནི་གཉིས་སོ། །སྐྱེ་བའི་འདུ་ཤེས་ཀྱི་འདུ་ཤེས་ནི་གཉིས་སོ། །གསོ་བའི་འདུ་ཤེས་ཀྱི་འདུ་ཤེས་ནི་གཉིས་སོ། །སྐྱེས་བུའི་འདུ་ཤེས་ཀྱི་འདུ་ཤེས་ནི་གཉིས་སོ། །གང་ཟག་གི་འདུ་ཤེས་ཀྱི་འདུ་ཤེས་ནི་

གཉིས་སོ། །ཤེད་ཅན་གྱི་འདུ་ཤེས་ཀྱི་འདུ་ཤེས་ནི་གཉིས་སོ། །ཤེད་བདག་གི་འདུ་ཤེས་ཀྱི་འདུ་ཤེས་ནི་གཉིས་སོ། །བྱེད་པ་པོའི་འདུ་ཤེས་ཀྱི་འདུ་ཤེས་ནི་གཉིས་སོ༑ །ཚོར་བ་པོའི་འདུ་ཤེས་ཀྱི་འདུ་ཤེས་ནི་གཉིས་སོ། །ཤེས་པ་པོའི་འདུ་ཤེས་ཀྱི་འདུ་ཤེས་ནི་གཉིས་སོ། །མཐོང་བ་པོའི་འདུ་ཤེས་ཀྱི་འདུ་ཤེས་ནི་གཉིས་སོ། །རྟག་པའི་འདུ་ཤེས་ཀྱི་འདུ་ཤེས་ནི་གཉིས་སོ། །བདེ་བའི་འདུ་ཤེས་ཀྱི་འདུ་ཤེས་ནི་གཉིས་སོ། །སྡུག་པའི་འདུ་ཤེས་ཀྱི་འདུ་ཤེས་ནི་གཉིས་སོ། །བདག་གི་འདུ་ཤེས་ཀྱི་འདུ་ཤེས་ནི་གཉིས་སོ། །དྲན་པ་ཉེ་བར་གཞག་པའི་(༡)འདུ་ཤེས་ནི་གཉིས་སོ། །ཡང་དག་པར་སྤོང་བའི་(༢)འདུ་ཤེས་ནི་གཉིས་སོ། །རྫུ་འཕྲུལ་གྱི་རྐང་པའི་(༣)འདུ་ཤེས་ནི་གཉིས་སོ། །དབང་པོའི་(༤)འདུ་ཤེས་ནི་གཉིས་སོ། །སྟོབས་ཀྱི་(༥)འདུ་ཤེས་ནི་གཉིས་སོ། །བྱང་ཆུབ་ཀྱི་ཡན་ལག་གི་(༦)འདུ་ཤེས་ནི་གཉིས་སོ། །ལམ་གྱི་(༧)འདུ་ཤེས་ནི་གཉིས་སོ། །སྟོང་པ་ཉིད་ཀྱི་ཏིང་ངེ་འཛིན་གྱི་(༨)འདུ་ཤེས་ནི་གཉིས་སོ༑ །མཚན་མ་མེད་པའི་ཏིང་ངེ་འཛིན་གྱི་འདུ་ཤེས་ནི་གཉིས་སོ། །སྨོན་པ་མེད་པའི་ཏིང་ངེ་འཛིན་གྱི་འདུ་ཤེས་ནི་གཉིས་སོ། །རྣམ་པར་ཐར་པའི་འདུ་ཤེས་ནི་གཉིས་སོ། །མཐར་གྱིས་གནས་པའི་སྙོམས་པར་འཇུག་པའི་འདུ་ཤེས་ནི་གཉིས་སོ༑ །རྟོག་པ་དང་བཅས་དཔྱོད་པ་དང་བཅས་པའི་ཏིང་ངེ་འཛིན་གྱི་འདུ་ཤེས་ནི་གཉིས་སོ། །རྟོག་པ་མེད་ལ་དཔྱོད་པ་ཙམ་གྱི་ཏིང་ངེ་འཛིན་གྱི་འདུ་ཤེས་ནི་གཉིས་སོ༑ །རྟོག་པ་མེད་ཅིང་དཔྱོད་པ་མེད་པའི་ཏིང་ངེ་འཛིན་གྱི་འདུ་ཤེས་ནི་གཉིས་སོ༑ །སྡུག་བསྔལ་འཕགས་པའི་བདེན་པའི་འདུ་ཤེས་ནི་གཉིས་སོ། །ཀུན་འབྱུང་བ་འཕགས་པའི་བདེན་པའི་འདུ་ཤེས་ནི་གཉིས་སོ། །འགོག་པ་འཕགས་པའི་······བདེན་པའི་འདུ་ཤེས་ནི་གཉིས་སོ། །ལམ་འཕགས་པའི་བདེན་པའི་འདུ་ཤེས་ནི་གཉིས་སོ། །སྡུག་བསྔལ་ཤེས་པའི་འདུ་ཤེས་ནི་གཉིས་སོ། །ཀུན་འབྱུང་བ་ཤེས་

པའི་འདུ་ཤེས་ནི་གཉིས་སོ། །འགོག་པ་ཤེས་པའི་འདུ་ཤེས་ནི་གཉིས་སོ། །ལམ་[༡]ཤེས་པའི་འདུ་ཤེས་ནི་གཉིས་སོ། །ཟད་པ་ཤེས་པའི་འདུ་ཤེས་ནི་གཉིས་སོ། །མི་སྐྱེ་བ་ཤེས་པའི་འདུ་ཤེས་ནི་གཉིས་སོ། །ཆོས་ཤེས་པའི་འདུ་ཤེས་ནི་གཉིས་སོ། །རྗེས་སུ་འགྲོ་བ་ཤེས་པའི་འདུ་ཤེས་ནི་གཉིས་སོ། །ཀུན་རྫོབ་[༢]ཤེས་པའི་འདུ་ཤེས་ནི་གཉིས་སོ། །འདྲིས་པ་ཤེས་པའི་འདུ་ཤེས་ནི་གཉིས་སོ། །སྒྲ་ཇི་བཞིན་ཤེས་པའི་འདུ་ཤེས་ནི་གཉིས་སོ། །སྦྱིན་པའི་ཕ་རོལ་ཏུ་ཕྱིན་པའི་འདུ་ཤེས་ནི་གཉིས་སོ། །ཚུལ་ཁྲིམས་ཀྱི་ཕ་རོལ་ཏུ་ཕྱིན་པའི་འདུ་ཤེས་ནི་གཉིས་སོ། །བཟོད་པའི་ཕ་རོལ་ཏུ་ཕྱིན་པའི་འདུ་ཤེས་ནི་གཉིས་སོ། །བརྩོན་འགྲུས་ཀྱི་ཕ་རོལ་ཏུ་ཕྱིན་པའི་འདུ་ཤེས་ནི་གཉིས་སོ། །བསམ་གཏན་གྱི་ཕ་རོལ་ཏུ་ཕྱིན་པའི་འདུ་ཤེས་ནི་གཉིས་སོ། །ཤེས་རབ་ཀྱི་ཕ་རོལ་ཏུ་ཕྱིན་པའི་འདུ་ཤེས་ནི་གཉིས་སོ། །ནང་སྟོང་པ་ཉིད་ཀྱི་འདུ་ཤེས་ནི་གཉིས་སོ། །ཕྱི་སྟོང་པ་ཉིད་ཀྱི་འདུ་ཤེས་ནི་གཉིས་སོ། །ཕྱི་ནང་སྟོང་པ་ཉིད་ཀྱི་འདུ་ཤེས་ནི་གཉིས་སོ། །སྟོང་པ་ཉིད་སྟོང་པ་ཉིད་ཀྱི་འདུ་ཤེས་ནི་གཉིས་སོ། །ཆེན་པོ་སྟོང་པ་ཉིད་ཀྱི་འདུ་ཤེས་ནི་གཉིས་སོ། །དོན་དམ་པ་སྟོང་པ་ཉིད་ཀྱི་འདུ་ཤེས་ནི་གཉིས་སོ། །འདུས་བྱས་སྟོང་པ་ཉིད་ཀྱི་འདུ་ཤེས་ནི་གཉིས་སོ། །འདུས་མ་བྱས་སྟོང་པ་ཉིད་ཀྱི་འདུ་ཤེས་ནི་གཉིས་སོ། །མཐའ་ལས་འདས་པ་སྟོང་པ་ཉིད་ཀྱི་འདུ་ཤེས་ནི་གཉིས་སོ། །ཐོག་མ་དང་ཐ་མ་མེད་པ་སྟོང་པ་ཉིད་ཀྱི་འདུ་ཤེས་ནི་གཉིས་སོ། །དོར་བ་མེད་པ་སྟོང་པ་ཉིད་ཀྱི་འདུ་ཤེས་ནི་གཉིས་སོ། །རང་བཞིན་སྟོང་པ་ཉིད་ཀྱི་འདུ་ཤེས་ནི་གཉིས་སོ། །ཆོས་ཐམས་ཅད་སྟོང་པ་ཉིད་ཀྱི་འདུ་ཤེས་ནི་གཉིས་སོ། །རང་གི་མཚན་ཉིད་སྟོང་པ་ཉིད་ཀྱི་འདུ་ཤེས་ནི་གཉིས་སོ། །མི་དམིགས་པ་སྟོང་པ་ཉིད་ཀྱི་འདུ་ཤེས་ནི་གཉིས་སོ། །དངོས་པོ་མེད་པ་སྟོང་པ་ཉིད་ཀྱི་འདུ་ཤེས་ནི་གཉིས་སོ། །ངོ་བོ་ཉིད་སྟོང་པ་ཉིད་

ཀྱི་འདུ་ཤེས་ནི་གཉིས་སོ། །དངོས་པོ་མེད་པའི་ངོ་བོ་ཉིད་སྟོང་ཉིད་ཀྱི་འདུ་ཤེས་ནི་གཉིས་སོ། །མངོན་པར་ཤེས་པ་དྲུག་གི་འདུ་ཤེས་ནི་གཉིས་སོ། །ཏིང་ངེ་འཛིན་ཐམས་ཅད་ཀྱི་འདུ་ཤེས་ནི་གཉིས་སོ། །གཟུངས་ཀྱི་སྒོ་ཐམས་ཅད་ཀྱི་འདུ་ཤེས་ནི་གཉིས་སོ། །དེ་བཞིན་གཤེགས་པའི་སྟོབས་ཀྱི་འདུ་ཤེས་ནི་གཉིས་སོ། །མི་འཇིགས་པའི་འདུ་ཤེས་ནི་གཉིས་སོ། །སོ་སོ་ཡང་དག་པར་རིག་པའི་འདུ་ཤེས་ནི་གཉིས་སོ། །སངས་རྒྱས་ཀྱི་ཆོས་མ་འདྲེས་པའི་འདུ་ཤེས་ནི་གཉིས་སོ། །བྱམས་པ་ཆེན་པོའི་འདུ་ཤེས་ནི་གཉིས་སོ། །སྙིང་རྗེ་ཆེན་པོའི་འདུ་ཤེས་ནི་གཉིས་སོ། །རྒྱུན་དུ་ཞུགས་པའི་འབྲས་བུའི་འདུ་ཤེས་ནི་གཉིས་སོ། །ལན་ཅིག་ཕྱིར་འོང་བའི་འབྲས་བུའི་འདུ་ཤེས་ནི་གཉིས་སོ། །ཕྱིར་མི་འོང་བའི་འབྲས་བུའི་འདུ་ཤེས་ནི་གཉིས་སོ། །དགྲ་བཅོམ་པ་ཉིད་ཀྱི་འདུ་ཤེས་ནི་གཉིས་སོ། །རང་བྱང་ཆུབ་ཀྱི་འདུ་ཤེས་ནི་གཉིས་སོ། །བླ་ན་མེད་པ་ཡང་དག་པར་རྫོགས་པའི་བྱང་ཆུབ་ཀྱི་འདུ་ཤེས་ནི་གཉིས་སོ། །རྒྱུན་དུ་ཞུགས་པའི་འདུ་ཤེས་ནི་གཉིས་སོ། །ལན་ཅིག་ཕྱིར་འོང་བའི་འདུ་ཤེས་ནི་གཉིས་སོ། །ཕྱིར་མི་འོང་བའི་འདུ་ཤེས་ནི་གཉིས་སོ། །དགྲ་བཅོམ་པའི་འདུ་ཤེས་ནི་གཉིས་སོ། །རང་སངས་རྒྱས་ཀྱི་འདུ་ཤེས་ནི་གཉིས་སོ། །ཿསངས་རྒྱས་ཀྱི་འདུ་ཤེས་ནི་གཉིས་སོ། །༧འདུས་བྱས་ཀྱི་ཁམས་ཀྱི་འདུ་ཤེས་ནི་གཉིས་སོ། །འདུས་མ་བྱས་ཀྱི་ཁམས་ཀྱི་འདུ་ཤེས་ནི་གཉིས་སོ། །རབ་འབྱོར་དེ་ལྟར་དེ་སྙེད་དུ་འདུ་ཤེས་དང་བཅས་པ་ཐམས་ཅད་དང་། ཇི་སྙེད་དུ་འདུ་ཤེས་མེད་པ་དེ་དག་ཐམས་ཅད་ནི་གཉིས་ཏེ། ཇི་ཙམ་དུ་གཉིས་པ་དེ་ཙམ་དུ་དངོས་པོའོ། །ཇི་ཙམ་དུ་དངོས་པོ་ཡོད་པ་དེ་ཙམ་དུ་འཁོར་བའོ། །ཇི་ཙམ་དུ་འཁོར་བ་དེ་ཙམ་དུ་སེམས་ཅན་རྣམས་སྐྱེ་བ་དང་། རྒ་བ་དང་། ན་བ་དང་། འཆི་བ་དང་། མྱ་ངན་དང་། སྨྲེ་སྔགས་འདོན་པ་དང་། སྡུག་བསྔལ་བ་དང་།

ཡིད་མི་བདེ་བ་དང་། འཁྲུག་པ་ལས་ཡོངས་སུ་མི་འགྲོལ་①ལོ། །འདུ་ཤེས་ཐམས་ཅད་ཡིད་ལ་མི་བྱེད་པ་ནི་གཉིས་སུ་མེད་པ་སྟེ། རབ་འབྱོར་རྣམ་གྲངས་དེས་ཀྱང་འདི་ལྟར་གཉིས་ཀྱི་འདུ་ཤེས་ཅན་ལ་སྦྱིན་པ་མེད་པ་དང་། གཉིས་ཀྱི་འདུ་ཤེས་ཅན་ལ་ཚུལ་ཁྲིམས་མེད་པ་དང་། གཉིས་ཀྱི་འདུ་ཤེས་ཅན་ལ་བཟོད་པ་མེད་པ་དང་། གཉིས་ཀྱི་འདུ་ཤེས་ཅན་ལ་②བརྩོན་འགྲུས་མེད་པ་དང་། གཉིས་ཀྱི་འདུ་ཤེས་ཅན་ལ་བསམ་གཏན་མེད་པ་དང་། གཉིས་ཀྱི་འདུ་ཤེས་ཅན་ལ་ཤེས་རབ་མེད་པ་དང་། གཉིས་ཀྱི་འདུ་ཤེས་ཅན་ལ་ལམ་མེད་པ་དང་། གཉིས་ཀྱི་འདུ་ཤེས་ཅན་ལ་འཐོབ་པ་མེད་པ་དང་། གཉིས་ཀྱི་འདུ་ཤེས་ཅན་ལ་མངོན་པར་རྟོགས་③པ་མེད་པར་རིག་པར་བྱའོ། །རབ་འབྱོར་གཉིས་ཀྱི་འདུ་ཤེས་ཅན་ལ་ནི་ཆུང་ངུ་ན་མཐུན་པའི་བཟོད་པ་ཡང་མེད་ན། གཟུགས་ཡོངས་སུ་ཤེས་པར་འགྱུར་བ་ལྟ་ག་ལ་ཡོད། ཚོར་བ་ཡོངས་སུ་ཤེས་པར་འགྱུར་བ་ལྟ་ག་ལ་ཡོད། འདུ་ཤེས་ཡོངས་སུ་ཤེས་པར་འགྱུར་བ་ལྟ་ག་ལ་ཡོད། འདུ་བྱེད་ཡོངས་སུ་ཤེས་པར་འགྱུར་བ་ལྟ་ག་ལ་ཡོད། རྣམ་པར་ཤེས་པ་ཡོངས་སུ་ཤེས་པར་འགྱུར་བ་ལྟ་ག་ལ་ཡོད། མིག་ཡོངས་སུ་ཤེས་པར་འགྱུར་བ་ལྟ་ག་ལ་ཡོད། རྣ་བ་ཡོངས་སུ་ཤེས་པར་འགྱུར་བ་ལྟ་ག་ལ་ཡོད། སྣ་ཡོངས་སུ་ཤེས་པར་འགྱུར་བ་ལྟ་ག་ལ་ཡོད། ལྕེ་ཡོངས་སུ་ཤེས་པར་འགྱུར་བ་ལྟ་ག་ལ་ཡོད། ལུས་ཡོངས་སུ་ཤེས་པར་འགྱུར་བ་ལྟ་ག་ལ་ཡོད། ཡིད་ཡོངས་སུ་ཤེས་པར་འགྱུར་བ་ལྟ་ག་ལ་ཡོད། གཟུགས་ཡོངས་སུ་ཤེས་པར་འགྱུར་བ་ལྟ་ག་ལ་ཡོད། སྒྲ་ཡོངས་སུ་ཤེས་པར་འགྱུར་བ་ལྟ་ག་ལ་ཡོད། དྲི་ཡོངས་སུ་ཤེས་པར་འགྱུར་བ་ལྟ་ག་ལ་ཡོད། རོ་ཡོངས་སུ་ཤེས་པར་འགྱུར་བ་ལྟ་ག་ལ་ཡོད། རེག་ཡོངས་སུ་ཤེས་པར་འགྱུར་བ་ལྟ་ག་ལ་ཡོད། ཆོས་ཡོངས་སུ་ཤེས་པར་འགྱུར་བ་ལྟ་ག་ལ་ཡོད། མིག་གི་རྣམ་པར་ཤེས་པ་ཡོངས་སུ་ཤེས་པར་འགྱུར་

བ་ལྟ་ག་ལ་ཡོད། རྣ་བའི་རྣམ་པར་ཤེས་པ་ཡོངས་སུ་ཤེས་པར་འགྱུར་བ་ལྟ་ག་ལ་ཡོད། སྣའི་རྣམ་པར་ཤེས་པ་ཡོངས་སུ་ཤེས་པར་འགྱུར་བ་ལྟ་ག་ལ་ཡོད། ལྕེའི་རྣམ་པར་ཤེས་པ་ཡོངས་སུ་ཤེས་པར་འགྱུར་བ་ལྟ་ག་ལ་ཡོད། ལུས་ཀྱི་རྣམ་པར་ཤེས་པ་ཡོངས་སུ་ཤེས་པར་འགྱུར་བ་ལྟ་ག་ལ་ཡོད། ཡིད་ཀྱི་རྣམ་པར་ཤེས་པ་ཡོངས་སུ་ཤེས་པར་འགྱུར་བ་ལྟ་ག་ལ་ཡོད། མིག་གི་འདུས་ཏེ་རེག་པ་ཡོངས་སུ་ཤེས་པར་འགྱུར་བ་ལྟ་ག་ལ་ཡོད། རྣ་བའི་འདུས་ཏེ་རེག་པ་ཡོངས་སུ་ཤེས་པར་འགྱུར་བ་ལྟ་ག་ལ་ཡོད། སྣའི་འདུས་ཏེ་རེག་པ་ཡོངས་སུ་ཤེས་པར་འགྱུར་བ་ལྟ་ག་ལ་ཡོད། ལྕེའི་འདུས་ཏེ་རེག་པ་ཡོངས་སུ་ཤེས་པར་འགྱུར་བ་ལྟ་ག་ལ་ཡོད། ལུས་ཀྱི་འདུས་ཏེ་རེག་པ་ཡོངས་སུ་ཤེས་པར་འགྱུར་བ་ལྟ་ག་ལ་ཡོད། ཡིད་ཀྱི་འདུས་ཏེ་རེག་པ་ཡོངས་སུ་ཤེས་པར་འགྱུར་བ་ལྟ་ག་ལ་ཡོད། མིག་གི་འདུས་ཏེ་རེག་པའི་རྐྱེན་གྱིས་ཚོར་བ་ཡོངས་སུ་ཤེས་པར་འགྱུར་བ་ལྟ་ག་ལ་ཡོད། རྣ་བའི་འདུས་ཏེ་རེག་པའི་རྐྱེན་གྱིས་ཚོར་བ་ཡོངས་སུ་ཤེས་པར་འགྱུར་བ་ལྟ་ག་ལ་ཡོད། སྣའི་འདུས་ཏེ་རེག་པའི་རྐྱེན་གྱིས་ཚོར་བ་ཡོངས་སུ་ཤེས་པར་འགྱུར་བ་ལྟ་ག་ལ་ཡོད། ལྕེའི་འདུས་ཏེ་རེག་པའི་རྐྱེན་གྱིས་ཚོར་བ་ཡོངས་སུ་ཤེས་པར་འགྱུར་བ་ལྟ་ག་ལ་ཡོད། ལུས་ཀྱི་འདུས་ཏེ་རེག་པའི་རྐྱེན་གྱིས་ཚོར་བ་ཡོངས་སུ་ཤེས་པར་འགྱུར་བ་ལྟ་ག་ལ་ཡོད། ཡིད་ཀྱི་འདུས་ཏེ་རེག་པའི་རྐྱེན་གྱིས་ཚོར་བ་ཡོངས་སུ་ཤེས་པར་འགྱུར་བ་ལྟ་ག་ལ་ཡོད། སའི་ཁམས་ཡོངས་སུ་ཤེས་པར་འགྱུར་བ་ལྟ་ག་ལ་ཡོད། ཆུའི་ཁམས་ཡོངས་སུ་ཤེས་པར་འགྱུར་བ་ལྟ་ག་ལ་ཡོད། མེའི་ཁམས་ཡོངས་སུ་ཤེས་པར་འགྱུར་བ་ལྟ་ག་ལ་ཡོད། རླུང་གི་ཁམས་ཡོངས་སུ་ཤེས་པར་འགྱུར་བ་ལྟ་ག་ལ་ཡོད། ནམ་མཁའི་ཁམས་ཡོངས་སུ་ཤེས་པར་འགྱུར་བ་ལྟ་ག་ལ་ཡོད། རྣམ་པར་ཤེས་པའི་ཁམས་ཡོངས་སུ་ཤེས་པར་འགྱུར་བ་ལྟ་ག་ལ་ཡོད།

རྟེན་ཅིང་འབྲེལ་པར་འབྱུང་བ་ཡོངས་སུ་ཤེས་པར་འགྱུར་བ་ལྷག་ལ་ཡོད། མ་རིག་པ་ཡོངས་སུ་ཤེས་པར་འགྱུར་བ་ལྷག་ལ་ཡོད། འདུ་བྱེད་ཡོངས་སུ་ཤེས་པར་འགྱུར་བ་ལྷག་ལ་ཡོད། རྣམ་པར་ཤེས་པ་ཡོངས་སུ་ཤེས་པར་འགྱུར་བ་ལྷག་ལ་ཡོད། མིང་དང་གཟུགས་ཡོངས་སུ་ཤེས་པར་འགྱུར་བ་ལྷག་ལ་ཡོད། སྐྱེ་མཆེད་དྲུག་ཡོངས་སུ་ཤེས་པར་འགྱུར་བ་ལྷག་ལ་ཡོད། རེག་པ་ཡོངས་སུ་ཤེས་པར་·····འགྱུར་བ་ལྷག་ལ་ཡོད། ཚོར་བ་ཡོངས་སུ་ཤེས་པར་འགྱུར་བ་ལྷག་ལ་ཡོད། སྲེད་པ་ཡོངས་སུ་ཤེས་པར་འགྱུར་བ་ལྷག་ལ་ཡོད། ལེན་པ་ཡོངས་སུ་ཤེས་པར་འགྱུར་བ་ལྷག་ལ་ཡོད། སྲིད་པ་ཡོངས་སུ་ཤེས་པར་འགྱུར་བ་ལྷག་ལ་ཡོད། སྐྱེ་བ་ཡོངས་སུ་ཤེས་པར་འགྱུར་བ་ལྷག་ལ་ཡོད། རྒ་ཤི་ཡོངས་སུ་ཤེས་པར་འགྱུར་བ་ལྷག་ལ་ཡོད། སྣང་བ་ཡོངས་སུ་ཤེས་པར་འགྱུར་བ་ལྷག་ལ་ཡོད། དོར་བ་ཡོངས་སུ་ཤེས་པར་འགྱུར་བ་ལྷག་ལ་ཡོད། བསམ་གཏན་དང་པོ་ཡོངས་སུ་ཤེས་པར་འགྱུར་བ་ལྷག་ལ་ཡོད། བསམ་གཏན་གཉིས་པ་ཡོངས་སུ་ཤེས་པར་འགྱུར་བ་ལྷག་ལ་ཡོད། བསམ་གཏན་གསུམ་པ་ཡོངས་སུ་ཤེས་པར་འགྱུར་བ་ལྷག་ལ་ཡོད། བསམ་གཏན་བཞི་པ་ཡོངས་སུ་ཤེས་པར་འགྱུར་བ་ལྷག་ལ་ཡོད། བྱམས་པ་ཡོངས་སུ་ཤེས་པར་འགྱུར་བ་ལྷག་ལ་ཡོད། སྙིང་རྗེ་ཡོངས་སུ་ཤེས་པར་འགྱུར་བ་ལྷག་ལ་ཡོད། དགའ་བ་ཡོངས་སུ་ཤེས་པར་འགྱུར་བ་ལྷག་ལ་ཡོད། བཏང་སྙོམས་ཡོངས་སུ་ཤེས་པར་འགྱུར་བ་ལྷག་ལ་ཡོད། ནམ་མཁའ་མཐའ་ཡས་སྐྱེ་····མཆེད་ཀྱི་སྙོམས་པར་འཇུག་པ་ཡོངས་སུ་ཤེས་པར་འགྱུར་བ་ལྷག་ལ་ཡོད། རྣམ་ཤེས་མཐའ་ཡས་སྐྱེ་མཆེད་ཀྱི་སྙོམས་པར་འཇུག་པ་ཡོངས་སུ་ཤེས་པར་འགྱུར་བ་ལྷ··ག་ལ་ཡོད། ཆུང་ཟད་མེད་པའི་སྐྱེ་མཆེད་ཀྱི་སྙོམས་པར་འཇུག་པ་ཡོངས་སུ་ཤེས་པར་འགྱུར་བ་ལྷག་ལ་ཡོད། འདུ་ཤེས་མེད་འདུ་ཤེས་མེད་མིན་སྐྱེ་མཆེད་ཀྱི་····

སྙོམས་པར་འཇུག་པ་ཡོངས་སུ་ཤེས་པར་འགྱུར་བ་ལྟ་ག་ལ་ཡོད། སངས་རྒྱས་རྗེས་སུ་དྲན་པ་ཡོངས་སུ་ཤེས་པར་འགྱུར་བ་ལྟ་ག་ལ་ཡོད། ཆོས་རྗེས་སུ་དྲན་པ་ཡོངས་སུ་ཤེས་པར་འགྱུར་བ་ལྟ་ག་ལ་ཡོད། དགེ་འདུན་རྗེས་སུ་དྲན་པ་ཡོངས་སུ་ཤེས་པར་འགྱུར་བ་ལྟ་ག་ལ་ཡོད། ཚུལ་ཁྲིམས་རྗེས་སུ་དྲན་པ་ཡོངས་སུ་ཤེས་པར་འགྱུར་བ་ལྟ་ག་ལ་ཡོད། གཏོང་བ་རྗེས་སུ་དྲན་པ་ཡོངས་སུ་ཤེས་པར་འགྱུར་བ་ལྟ་ག་ལ་ཡོད། ལྷ་རྗེས་སུ་དྲན་པ་ཡོངས་སུ་ཤེས་པར་འགྱུར་བ་ལྟ་ག་ལ་ཡོད། སྐྱོ་[1]བ་རྗེས་སུ་དྲན་པ་ཡོངས་སུ་ཤེས་པར་འགྱུར་བ་ལྟ་ག་ལ་ཡོད། དབུགས་ཕྱི་ནང་དུ་རྒྱུ་བ་རྗེས་སུ་དྲན་པ་ཡོངས་སུ་ཤེས་པར་འགྱུར་བ་ལྟ་ག་ལ་ཡོད། འཆི་བ་རྗེས་སུ་དྲན་པ་ཡོངས་སུ་ཤེས་པར་འགྱུར་བ་ལྟ་ག་ལ་ཡོད། ལུས་ཀྱི་རྣམ་པ་རྗེས་སུ་དྲན་པ་ཡོངས་སུ་ཤེས་པར་འགྱུར་བ་ལྟ་ག་ལ་ཡོད། མི་རྟག་པའི་འདུ་ཤེས་ཡོངས་སུ་ཤེས་པར་འགྱུར་བ་ལྟ་ག་ལ་ཡོད། སྡུག་བསྔལ་གྱི་འདུ་ཤེས་ཡོངས་སུ་ཤེས་པར་འགྱུར་བ་ལྟ་ག་ལ་ཡོད། བདག་མེད་པའི་འདུ་ཤེས་ཡོངས་སུ་ཤེས་པར་འགྱུར་བ་ལྟ་ག་ལ་ཡོད། མི་སྡུག་པའི་འདུ་ཤེས་ཡོངས་སུ་ཤེས་པར་འགྱུར་བ་ལྟ་ག་ལ་ཡོད། དངོས་པོ་མེད་པའི་འདུ་ཤེས་ཡོངས་སུ་ཤེས་པར་འགྱུར་བ་ལྟ་ག་ལ་ཡོད། བདག་གི་འདུ་ཤེས་ཡོངས་སུ་ཤེས་པར་འགྱུར་བ་ལྟ་ག་ལ་ཡོད། སེམས་ཅན་གྱི་འདུ་ཤེས་ཡོངས་སུ་ཤེས་པར་འགྱུར་བ་ལྟ་ག་ལ་ཡོད། སྲོག་གི་འདུ་ཤེས་ཡོངས་སུ་ཤེས་པར་འགྱུར་བ་ལྟ་ག་ལ་ཡོད། སྐྱེ་བའི་འདུ་ཤེས་ཡོངས་སུ་ཤེས་པར་འགྱུར་བ་ལྟ་ག་ལ་ཡོད། གསོ་[3]བའི་འདུ་ཤེས་ཡོངས་སུ་ཤེས་པར་འགྱུར་བ་ལྟ་ག་ལ་ཡོད། སྐྱེས་བུའི་འདུ་ཤེས་ཡོངས་སུ་ཤེས་པར་འགྱུར་བ་ལྟ་ག་ལ་ཡོད། གང་ཟག་གི་འདུ་ཤེས་ཡོངས་སུ་ཤེས་པར་འགྱུར་བ་ལྟ་ག་ལ་ཡོད། ཤེད་ཅན་གྱི་འདུ་ཤེས་ཡོངས་སུ་ཤེས་པར་འགྱུར་བ་ལྟ་ག་ལ་ཡོད། ཤེད་བདག་གི་འདུ་ཤེས་ཡོངས་སུ་ཤེས་པར་འགྱུར་

བ་ལྟ་ག་ལ་ཡོད། བྱེད་པ་པོའི་འདུ་ཤེས་ཡོངས་སུ་ཤེས་པར་འགྱུར་བ་ལྟ་ག་ལ་ཡོད། ཚོར་བ་པོའི་འདུ་ཤེས་ཡོངས་སུ་ཤེས་པར་འགྱུར་བ་ལྟ་ག་ལ་ཡོད། ཤེས་པ་པོའི་འདུ་ཤེས་ཡོངས་སུ་ཤེས་པར་འགྱུར་བ་ལྟ་ག་ལ་ཡོད། མཐོང་བ་པོའི་འདུ་ཤེས་ཡོངས་སུ་ཤེས་པར་འགྱུར་བ་ལྟ་ག་ལ་ཡོད། རྟག་པའི་འདུ་ཤེས་ཡོངས་སུ་ཤེས་པར་འགྱུར་བ་ལྟ་ག་ལ་ཡོད། བདེ་བའི་འདུ་ཤེས་ཡོངས་སུ་ཤེས་པར་འགྱུར་བ་ལྟ་ག་ལ་ཡོད། སྡུག་བའི་འདུ་ཤེས་ཡོངས་སུ་ཤེས་པར་འགྱུར་བ་ལྟ་ག་ལ་ཡོད། བདག་གི་འདུ་ཤེས་ཡོངས་སུ་ཤེས་པར་འགྱུར་བ་ལྟ་ག་ལ་ཡོད། དྲན་པ་ཉེ་བར་གཞག་པ་རྣམས་ཡོངས་སུ་ཤེས་པར་འགྱུར་བ་ལྟ་ག་ལ་ཡོད། ཡང་དག་པར་སྤོང་བ་རྣམས་ཡོངས་སུ་ཤེས་པར་འགྱུར་བ་ལྟ་ག་ལ་ཡོད། རྫུ་འཕྲུལ་གྱི་རྐང་པ་རྣམས་ཡོངས་སུ་ཤེས་པར་འགྱུར་བ་ལྟ་ག་ལ་ཡོད། དབང་པོ་རྣམས་ཡོངས་སུ་ཤེས་པར་འགྱུར་བ་ལྟ་ག་ལ་ཡོད། སྟོབས་རྣམས་ཡོངས་སུ་ཤེས་པར་འགྱུར་བ་ལྟ་ག་ལ་ཡོད། བྱང་ཆུབ་ཀྱི་ཡན་ལག་རྣམས་ཡོངས་སུ་ཤེས་པར་འགྱུར་བ་ལྟ་ག་ལ་ཡོད། ལམ་ཡོངས་སུ་ཤེས་པར་འགྱུར་བ་ལྟ་ག་ལ་ཡོད། སྟོང་པ་ཉིད་ཀྱི་ཏིང་ངེ་འཛིན་ཡོངས་སུ་ཤེས་པར་འགྱུར་བ་ལྟ་ག་ལ་ཡོད། མཚན་མ་མེད་པའི་ཏིང་ངེ་འཛིན་ཡོངས་སུ་ཤེས་པར་འགྱུར་བ་ལྟ་ག་ལ་ཡོད། སྨོན་པ་མེད་པའི་ཏིང་ངེ་འཛིན་ཡོངས་སུ་ཤེས་པར་འགྱུར་བ་ལྟ་ག་ལ་ཡོད། རྣམ་པར་ཐར་པ་ཡོངས་སུ་ཤེས་པར་འགྱུར་བ་ལྟ་ག་ལ་ཡོད། མཐར་གྱིས་གནས་པའི་སྙོམས་པར་འཇུག་པ་ཡོངས་སུ་ཤེས་པར་འགྱུར་བ་ལྟ་ག་ལ་ཡོད། རྟོག་པ་དང་བཅས་དཔྱོད་པ་དང་བཅས་པའི་ཏིང་ངེ་འཛིན་ཡོངས་སུ་ཤེས་པར་འགྱུར་བ་ལྟ་ག་ལ་ཡོད། རྟོག་པ་མེད་ལ་དཔྱོད་པ་ཙམ་གྱི་ཏིང་ངེ་འཛིན་ཡོངས་སུ་ཤེས་པར་འགྱུར་བ་ལྟ་ག་ལ་ཡོད། རྟོག་པ་མེད་ཅིང་དཔྱོད་པ་མེད་པའི་ཏིང་ངེ་འཛིན་ཡོངས་སུ་ཤེས་པར་འགྱུར་བ་ལྟ་ག་ལ་ཡོད། སྡུག་བསྔལ་

འཕགས་པའི་བདེན་པ་ཡོངས་སུ་ཤེས་པར་འགྱུར་བ་ལྟ་ག་ལ་ཡོད། ཀུན་འབྱུང་བ་འཕགས་པའི་བདེན་པ་ཡོངས་སུ་ཤེས་པར་འགྱུར་བ་ལྟ་ག་ལ་ཡོད། འགོག་པ་འཕགས་པའི་བདེན་པ་ཡོངས་སུ་ཤེས་པར་འགྱུར་བ་ལྟ་ག་ལ་ཡོད། ལམ་འཕགས་པའི་བདེན་པ་ཡོངས་སུ་ཤེས་པར་འགྱུར་བ་ལྟ་ག་ལ་ཡོད། སྡུག་བསྔལ་ཤེས་པ་ཡོངས་སུ་ཤེས་པར་འགྱུར་བ་ལྟ་ག་ལ་ཡོད། ཀུན་འབྱུང་བ་ཤེས་པ་ཡོངས་སུ་ཤེས་པར་འགྱུར་བ་ལྟ་ག་ལ་ཡོད། འགོག་པ་ཤེས་པ་ཡོངས་སུ་ཤེས་པར་འགྱུར་བ་ལྟ་ག་ལ་ཡོད། ལམ་ཤེས་པ་ཡོངས་སུ་ཤེས་པར་འགྱུར་བ་ལྟ་ག་ལ་ཡོད། ཟད་པ་ཤེས་པ་ཡོངས་སུ་ཤེས་པར་འགྱུར་བ་ལྟ་ག་ལ་ཡོད། མི་སྐྱེ་བ་ཤེས་པ་ཡོངས་སུ་ཤེས་པར་འགྱུར་བ་ལྟ་ག་ལ་ཡོད། ཆོས་ཤེས་པ་ཡོངས་སུ་ཤེས་པར་འགྱུར་བ་ལྟ་ག་ལ་ཡོད། རྗེས་སུ་འགྲོ་བ་ཤེས་པ་ཡོངས་སུ་ཤེས་པར་འགྱུར་བ་ལྟ་ག་ལ་ཡོད། ཀུན་རྫོབ་ཤེས་པ་ཡོངས་སུ་ཤེས་པར་འགྱུར་བ་ལྟ་ག་ལ་ཡོད། འདྲིས་པ་ཤེས་པ་ཡོངས་སུ་ཤེས་པར་འགྱུར་བ་ལྟ་ག་ལ་ཡོད། སྒྲ①ཇི་བཞིན་ཤེས་པ་ཡོངས་སུ་ཤེས་པར་འགྱུར་བ་ལྟ་ག་ལ་ཡོད། སྦྱིན་པའི་ཕ་རོལ་ཏུ་ཕྱིན་པ་ཡོངས་སུ་ཤེས་པར་འགྱུར་བ་ལྟ་ག་ལ་ཡོད། ཚུལ་ཁྲིམས་ཀྱི་ཕ་རོལ་ཏུ་ཕྱིན་པ་ཡོངས་སུ་ཤེས་པར་འགྱུར་བ་ལྟ་ག་ལ་ཡོད། བཟོད་པའི་ཕ་རོལ་ཏུ་ཕྱིན་པ་ཡོངས་སུ་ཤེས་པར་འགྱུར་བ་ལྟ་ག་ལ་ཡོད། བརྩོན་འགྲུས་ཀྱི་ཕ་རོལ་ཏུ་ཕྱིན་པ་ཡོངས་སུ་ཤེས་པར་འགྱུར་བ་ལྟ་ག་ལ་ཡོད། བསམ་གཏན་གྱི་ཕ་རོལ་ཏུ་ཕྱིན་པ་ཡོངས་སུ་ཤེས་པར་འགྱུར་བ་ལྟ་ག་ལ་ཡོད། ཤེས་རབ་ཀྱི་ཕ་རོལ་ཏུ་ཕྱིན་པ་ཡོངས་སུ་ཤེས་པར་འགྱུར་བ་ལྟ་ག་ལ་ཡོད། ནང་སྟོང་པ་ཉིད་ཡོངས་སུ་ཤེས་པར་འགྱུར་བ་ལྟ་ག་ལ་ཡོད། ཕྱི་སྟོང་པ་ཉིད་ཡོངས་སུ་ཤེས་པར་འགྱུར་བ་ལྟ་ག་ལ་ཡོད། ཕྱི་ནང་སྟོང་པ་ཉིད་ཡོངས་སུ་ཤེས་པར་འགྱུར་བ་ལྟ་ག་ལ་ཡོད། སྟོང་པ་ཉིད་སྟོང་པ་ཉིད་ཡོངས་སུ་ཤེས་པར་འགྱུར་

བ་ལྟ་ག་ལ་ཡོད། ཆེན་པོ་སྟོང་པ་ཉིད་ཡོངས་སུ་ཤེས་པར་འགྱུར་བ་ལྟ་ག་ལ་ཡོད།
དོན་དམ་པ་སྟོང་པ་ཉིད་ཡོངས་སུ་ཤེས་པར་འགྱུར་བ་ལྟ་ག་ལ་ཡོད། འདུས་བྱས་
སྟོང་པ་ཉིད་ཡོངས་སུ་ཤེས་པར་འགྱུར་བ་ལྟ་ག་ལ་ཡོད། འདུས་མ་བྱས་སྟོང་པ་···
ཉིད་ཡོངས་སུ་ཤེས་པར་འགྱུར་བ་ལྟ་ག་ལ་ཡོད། མཐའ་ལས་འདས་པ་སྟོང་པ་····
ཉིད་ཡོངས་སུ་ཤེས་པར་འགྱུར་བ་ལྟ་ག་ལ་ཡོད། ཐོག་མ་དང་ཐ་མ་མེད་པ་སྟོང་
པ་ཉིད་ཡོངས་སུ་ཤེས་པར་འགྱུར་བ་ལྟ་ག་ལ་ཡོད། དོར་བ་མེད་པ་སྟོང་པ་ཉིད་
ཡོངས་སུ་ཤེས་པར་འགྱུར་བ་ལྟ་ག་ལ་ཡོད། རང་བཞིན་སྟོང་པ་ཉིད་ཡོངས་སུ····
ཤེས་པར་འགྱུར་བ་ལྟ་ག་ལ་ཡོད། ཆོས་ཐམས་ཅད་སྟོང་པ་ཉིད་ཡོངས་སུ་ཤེས་
པར་འགྱུར་བ་ལྟ་ག་ལ་ཡོད། རང་གི་མཚན་ཉིད་སྟོང་པ་ཉིད་ཡོངས་སུ་ཤེས་པར་
འགྱུར་བ་ལྟ་ག་ལ་ཡོད། མི་དམིགས་པ་སྟོང་པ་ཉིད་ཡོངས་སུ་ཤེས་པར་འགྱུར་བ་
ལྟ་ག་ལ་ཡོད། དངོས་པོ་མེད་པ་སྟོང་པ་ཉིད་ཡོངས་སུ་ཤེས་པར་འགྱུར་བ་ལྟ་ག་
ལ་ཡོད། ངོ་བོ་ཉིད་སྟོང་པ་ཉིད་ཡོངས་སུ་ཤེས་པར་འགྱུར་བ་ལྟ་ག་ལ་ཡོད།
དངོས་པོ་མེད་པའི་ངོ་བོ་ཉིད་སྟོང་པ་ཉིད་ཡོངས་སུ་ཤེས་པར་འགྱུར་བ་ལྟ་ག་ལ····
ཡོད། མངོན་པར་ཤེས་པ་དྲུག་ཡོངས་སུ་ཤེས་པར་འགྱུར་བ་ལྟ་ག་ལ་ཡོད།
ཏིང་ངེ་འཛིན་ཐམས་ཅད་ཡོངས་སུ་ཤེས་པར་འགྱུར་བ་ལྟ་ག་ལ་ཡོད། གཟུངས་
ཀྱི་སྒོ་ཐམས་ཅད་ཡོངས་སུ་ཤེས་པར་འགྱུར་བ་ལྟ་ག་ལ་ཡོད། དེ་བཞིན་གཤེགས་
པའི་སྟོབས་རྣམས་ཡོངས་སུ་ཤེས་པར་འགྱུར་བ་ལྟ་ག་ལ་ཡོད། མི་འཇིགས་པ་རྣ···
མས་ཡོངས་སུ་ཤེས་པར་འགྱུར་བ་ལྟ་ག་ལ་ཡོད། སོ་སོ་ཡང་དག་པར་རིག་པ་
རྣམས་ཡོངས་སུ་ཤེས་པར་འགྱུར་བ་ལྟ་ག་ལ་ཡོད། སངས་རྒྱས་ཀྱི་ཆོས་མ་འདྲེས་
པ་རྣམས་ཡོངས་སུ་ཤེས་པར་འགྱུར་བ་ལྟ་ག་ལ་ཡོད། བྱམས་པ་ཆེན་པོ་ཡོངས་སུ་
ཤེས་པར་འགྱུར་བ་ལྟ་ག་ལ་ཡོད། སྙིང་རྗེ་ཆེན་པོ་ཡོངས་སུ་ཤེས་པར་འགྱུར་བ་ལྟ་

ག་ལ་ཡོད། རྒྱུན་དུ་ཞུགས་པའི་འབྲས་བུ་ཡོངས་སུ་ཤེས་པར་འགྱུར་བ་ལྟ་ག་ལ་ཡོད། ལན་ཅིག་ཕྱིར་འོང་བའི་འབྲས་བུ་ཡོངས་སུ་ཤེས་པར་འགྱུར་བ་ལྟ་ག་ལ་ཡོད། ཕྱིར་མི་འོང་བའི་འབྲས་བུ་ཡོངས་སུ་ཤེས་པར་འགྱུར་བ་ལྟ་ག་ལ་ཡོད། དགྲ་བཅོམ་པ་ཉིད་ཡོངས་སུ་ཤེས་པར་འགྱུར་བ་ལྟ་ག་ལ་ཡོད། རང་བྱང་ཆུབ་ཡོངས་སུ་ཤེས་པར་འགྱུར་བ་ལྟ་ག་ལ་ཡོད། ལམ་གྱི་རྣམ་པར་[༧]ཤེས་པ་ཉིད་ཡོངས་སུ་ཤེས་པར་འགྱུར་བ་ལྟ་ག་ལ་ཡོད། རྣམ་པ་ཐམས་ཅད་མཁྱེན་པ་ཉིད་ཡོངས་སུ་ཤེས་པར་འགྱུར་བ་ལྟ་ག་ལ་ཡོད་དེ། གང་ལ་ལམ་བསྒོམ་པ་མེད་པ་དེ་ལ། རྒྱུན་དུ་ཞུགས་པའི་འབྲས་བུ་ཡང་ག་ལ་ཡོད། ལན་ཅིག་ཕྱིར་འོང་བའི་འབྲས་བུ་ཡང་ག་ལ་ཡོད། ཕྱིར་མི་འོང་བའི་འབྲས་བུ་ཡང་ག་ལ་ཡོད། དགྲ་བཅོམ་པ་ཉིད་ཀྱང་ག་ལ་ཡོད། རང་བྱང་ཆུབ་ཀྱང་ག་ལ་ཡོད། ལམ་གྱི་རྣམ་པ་ཤེས་པ་ཉིད་ཀྱང་ག་ལ་ཡོད། རྣམ་པ་ཐམས་ཅད་མཁྱེན་པ་ཉིད་ཀྱང་ག་ལ་ཡོད། བག་ཆགས་ཀྱི་མཚམས་སྦྱོར་བའི་ཉོན་མོངས་པ་ཐམས་ཅད་སྤངས་པ་ཡང་ག་ལ་ཡོད། ཤེས་རབ་ཀྱི་ཕ་རོལ་ཏུ་ཕྱིན་པ་སྟོང་ཕྲག་བརྒྱ་པ་ལས། ལེའུ་ལྔ་བཅུ་དགུའོ[༣]།། །།

དེ་ནས་ཚེ་དང་ལྡན་པ་རབ་འབྱོར་གྱིས་བཅོམ་ལྡན་འདས་ལ་འདི་སྐད་ཅེས་གསོལ་ཏོ། །བཅོམ་ལྡན་འདས་གལ་ཏེ་དེ་ལྟར་དངོས་པོའི་འདུ་ཤེས་ཅན་ལ་མཐུན་པའི་བཟོད་པ་ཡང་མ་མཆིས་པས། འཐོབ་པ་ལྟ་ག་ལ་མཆིས་[༡]ཏེ་མ་མཆིས། མངོན་པར་རྟོགས་པ་ལྟ་ཡང་ག་ལ་མཆིས་ཏེ། མ་མཆིས་ན་ཅི་[༢]ལགས། བཅོམ་ལྡན་འདས་དངོས་པོ་མ་མཆིས་པའི་འདུ་ཤེས་ཅན་ལ་མཐུན་པའི་བཟོད་པའམ། དཀར་པོ་རྣམ་པར་མཐོང་བའི་སའམ། རིགས་ཀྱི་སའམ། བརྒྱད་

པའི་སའམ། མཐོང་བའི་སའམ། བསྲབས་པའི་སའམ[1]། འདོད་ཆགས་དང་
བྲལ་བའི་སའམ། བྱས་པ་རྟོགས་པའི་སའམ། རང་སངས་རྒྱས་ཀྱི་སའམ།
བྱང་ཆུབ་སེམས་དཔའི་སའམ། སངས་རྒྱས་ཀྱི་སའམ། ལམ་བསྒོམ་པ་གང་ལ་
བརྟེན[2]ཅིང་། ཉོན་མོངས་པ་གང་གིས་བསྒྲིབས་པས། བྱང་ཆུབ་སེམས་དཔའི་
སྐྱོན་མ་མཆིས་པར་ཆུད་པར་མི་འགྱུར་བ་དང་། བྱང་ཆུབ་སེམས་དཔའི་སྐྱོན་མ་
མཆིས་པར་མ་ཆུད་པས། རྣམ་པ་ཐམས་ཅད་མཁྱེན་པ་ཉིད་ཐོབ་པར་མི་འགྱུར་
བ་དང་། རྣམ་པ་ཐམས་ཅད་མཁྱེན་པ་ཉིད་མ་ཐོབ་པས། བག་ཆགས་ཀྱི····
མཚམས་སྦྱོར་བའི་ཉོན་མོངས་པ་ཐམས་ཅད་མི་སྤོངས[3]པའི་སྒྲིབ[4]པ་ཉན་ཐོས·····
དང་ལྡན་པའམ། རང་སངས་རྒྱས་དང་ལྡན་པའི་ཉོན་མོངས་པ་དེ་དག་སྤོང་བར་
འགྱུར་བའི་ལམ་མཆིས་སམ། བཅོམ་ལྡན་འདས་གལ་ཏེ་ཆོས་སྐྱེ་བར་འགྱུར་བ་
གང་ཡང་སྐྱེ་བ་མ[5]མཆིས་ན་ཇི་ལྟར་ཆོས་དེ་དག་མ་སྐྱེས[6]པར་རྣམ་པ་ཐམས་ཅད་
མཁྱེན་པ་ཉིད་ཐོབ་པར་འགྱུར། བཅོམ་ལྡན་འདས་ཀྱིས་བཀའ་སྩལ་པ། རབ་
འབྱོརད་དེ་དེ་བཞིན་ནོ། །དེ་དེ་བཞིན་ཏེ། དངོས་པོ་མེད་པའི་འདུ་ཤེས་ཅན་
ལ་མཐུན་པའི་བཟོད་པ་མེད་དོ། །དངོས་པོ་མེད་པའི་འདུ་ཤེས་ཅན་ལ་མངོན་
པར་རྟོགས་པའི་ས་མེད་དོ། །དངོས་པོ་མེད་པའི་འདུ་ཤེས་ཅན་ལ་དཀར་པོ་རྣམ་
པར་མཐོང་བའི་ས་མེད་དོ། །དངོས་པོ་མེད་པའི་འདུ་ཤེས་ཅན་ལ་རིགས་ཀྱི་ས་
མེད་དོ། །དངོས་པོ་མེད་པའི་འདུ་ཤེས་ཅན་ལ་བརྒྱད་པའི་ས་མེད་དོ། །དངོས་
པོ་མེད་པའི་འདུ་ཤེས་ཅན་ལ་མཐོང་བའི་ས་མེད་དོ། །དངོས་པོ་མེད་པའི་འདུ་
ཤེས་ཅན་ལ་བསྲབས་པའི་ས་མེད་དོ། །དངོས་པོ་མེད་པའི་འདུ་ཤེས་ཅན་ལ····
འདོད་ཆགས་དང་བྲལ་བའི་ས་མེད་དོ། །དངོས་པོ་མེད་པའི་འདུ་ཤེས་ཅན་ལ་
བྱས་པ་རྟོགས་པའི་ས་མེད་དོ། །དངོས་པོ་མེད་པའི་འདུ་ཤེས་ཅན་ལ་རང་སངས་

རྒྱས་ཀྱི་ས་མྱེད་དོ། །དངོས་པོ་མྱེད་པའི་འདུ་ཤེས་ཅན་ལ་བྱང་ཆུབ་སེམས་དཔའི་ས་མྱེད་དོ། །དངོས་པོ་མྱེད་པའི་འདུ་ཤེས་ཅན་ལ་སངས་རྒྱས་ཀྱི་ས་མེད་དོ། དངོས་པོ་མྱེད་པའི་འདུ་ཤེས་ཅན་ལ་ལམ་བསྒོམ་པ་གང་ལ་བརྟེན་ཅིང་ཉོན་མོངས་པ་གང་གིས་བསྒྲིབས་པས། བྱང་ཆུབ་སེམས་དཔའི་སྐྱོན་མྱེད་པར་ཆུད་པར་མྱི་འགྱུར་བ་དང་། བྱང་ཆུབ་སེམས་དཔའི་སྐྱོན་མྱེད་པར་མ་ཆུད་པས། རྣམ་པ་ཐམས་ཅད་མཁྱེན་པ་ཉིད་ཐོབ་པར་མྱི་འགྱུར་བ་དང་། རྣམ་པ་ཐམས་ཅད་···མཁྱེན་པ་ཉིད་མ་ཐོབ་པས། བག་ཆགས་ཀྱི་མཚམས་སྦྱོར་བའི་ཉོན་མོངས་པ···ཐམས་ཅད་མྱི་སྤོང་[༡]བའི་སྒྲིབ་པ། ཉན་ཐོས་དང་ལྡན་པའམ། རང་སངས་རྒྱས་དང་ལྡན་པའི་ཉོན་མོངས་པ་དེ་དག་སྤོང་བར་འགྱུར་བའི་ལམ་མྱེད་དོ།

གསོལ་པ། བཅོམ་ལྡན་འདས་ཅི་ལགས། བྱང་ཆུབ་སེམས་དཔའ་སེམས་དཔའ་ཆེན་པོ་[༢]ཤེས་རབ་ཀྱི་ཕ་རོལ་ཏུ་ཕྱིན་པ་ལ་སྤྱོད་པའི་ཚེ། དངོས་པོ་མཚིས···པར་འདུ་ཤེས་པ་དང་། དངོས་པོ་མ་མཚིས་པར་འདུ་ཤེས་པ་[༣]མཚིས་སམ་གཟུགས་སུ་འདུ་ཤེས་པ་དང་། ཚོར་བར་འདུ་ཤེས་པ་དང་། འདུ་ཤེས་སུ་འདུ་ཤེས་པ་དང་། འདུ་བྱེད་དུ་འདུ་ཤེས་པ་དང་། རྣམ་པར་ཤེས་པར་འདུ་ཤེས་པ་དང་། མྱིག་ཏུ་འདུ་ཤེས་པ་དང་། རྣ་བར་འདུ་ཤེས་པ་དང་། སྣར་འདུ་ཤེས་པ་དང་། ལྗེར་འདུ་ཤེས་པ་དང་། ལུས་སུ་འདུ་ཤེས་པ་དང་། ཡིད་དུ་འདུ་ཤེས་པ་དང་། གཟུགས་སུ་འདུ་ཤེས་པ་དང་། སྒྲར་འདུ་ཤེས་པ་དང་། དྲིར་འདུ་ཤེས་པ་དང་། རོར་འདུ་ཤེས་པ་དང་། རེག་དུ་འདུ་ཤེས་པ་དང་། ཆོས་སུ་འདུ་ཤེས་པ་དང་། མྱིག་གི་རྣམ་པར་ཤེས་པར་འདུ་ཤེས་པ་དང་། རྣ་བའི་རྣམ་པར་ཤེས་པར་འདུ་ཤེས་པ་དང་། སྣའི་རྣམ་པར་ཤེས་པར་འདུ་ཤེས་པ་དང་། ལྗེའི་རྣམ་པར་ཤེས་པར་འདུ་ཤེས་པ་དང་། ལུས་ཀྱི་རྣམ་པར་ཤེས་པར་འདུ་ཤེས

པ་དང་། ཡིད་ཀྱི་རྣམ་པར་ཤེས་པར་འདུ་ཤེས་པ་དང་། མིག་གི་འདུས་ཏེ་རེག་པར་འདུ་ཤེས་པ་དང་། རྣ་བའི་འདུས་ཏེ་རེག་པར་འདུ་ཤེས་པ་དང་། སྣའི་འདུས་ཏེ་རེག་པར་འདུ་ཤེས་པ་དང་། ལྗེའི་འདུས་ཏེ་རེག་པར་འདུ་ཤེས་པ་དང་། ལུས་ཀྱི་འདུས་ཏེ་རེག་པར་འདུ་ཤེས་པ་དང་། ཡིད་ཀྱི་འདུས་ཏེ་རེག་པར་འདུ་ཤེས་པ་དང་། མིག་གི་འདུས་ཏེ་རེག་པའི་རྐྱེན་གྱིས་ཚོར་བར་འདུ་ཤེས་པ་དང་། རྣ་བའི་འདུས་ཏེ་རེག་པའི་རྐྱེན་གྱིས་ཚོར་བར་འདུ་ཤེས་པ་དང་། སྣའི་འདུས་ཏེ་རེག་པའི་རྐྱེན་གྱིས་ཚོར་བར་འདུ་ཤེས་པ་དང་། ལྗེའི་འདུས་ཏེ་རེག་པའི་རྐྱེན་གྱིས་ཚོར་བར་འདུ་ཤེས་པ་དང་། ལུས་ཀྱི་འདུས་ཏེ་རེག་པའི་རྐྱེན་གྱིས་ཚོར་བར་འདུ་ཤེས་པ་དང་། ཡིད་ཀྱི་འདུས་ཏེ་རེག་པའི་རྐྱེན་གྱིས་ཚོར་བར་འདུ་ཤེས་པ་དང་༑ སའི་ཁམས་སུ་འདུ་ཤེས་པ་དང་། ཆུའི་ཁམས་སུ་འདུ་ཤེས་པ་དང་། མེའི་ཁམས་སུ་འདུ་ཤེས་པ་དང་། རླུང་གི་ཁམས་སུ་འདུ་ཤེས་པ་དང་། ནམ་མཁའི་ཁམས་སུ་འདུ་ཤེས་པ་དང་། རྣམ་པར་ཤེས་པའི་ཁམས་སུ་འདུ་ཤེས་པ་དང་༑ འདོད་ཆགས་སུ་འདུ་ཤེས་པ་དང་། འདོད་ཆགས་སྤང་བར་འདུ་ཤེས་པ་དང་། ཞེ་སྡང་དུ་འདུ་ཤེས་པ་དང་། ཞེ་སྡང་སྤང་བར་འདུ་ཤེས་པ་དང་། གཏི་མུག་ཏུ་འདུ་ཤེས་པ་དང་། གཏི་མུག་སྤང་བར་འདུ་ཤེས་པ་དང་། མ་རིག་པར་འདུ་ཤེས་པ་དང་། མ་རིག་པ་⑦སྤང་བར་འདུ་ཤེས་པ་དང་། འདུ་བྱེད་དུ་འདུ་ཤེས་པ་དང་། འདུ་བྱེད་སྤང་བར་འདུ་ཤེས་པ་དང་། རྣམ་པར་ཤེས་པར་འདུ་ཤེས་པ་དང་། རྣམ་པར་ཤེས་པ་སྤང་བར་འདུ་ཤེས་པ་དང་། མིང་དང་གཟུགས་སུ་འདུ་ཤེས་པ་དང་། མིང་དང་གཟུགས་སྤང་བར་འདུ་ཤེས་པ་དང་། སྐྱེ་མཆེད་དྲུག་ཏུ་འདུ་ཤེས་པ་དང་། སྐྱེ་མཆེད་དྲུག་སྤང་བར་འདུ་ཤེས་པ་དང་། རེག་པར་འདུ་ཤེས་པ་དང་། རེག་པ་སྤང་བར་འདུ་ཤེས་པ་དང་། ཚོར་བར་

འདུ་ཤེས་པ་དང་། ཚོར་བ་སྤང་བར་འདུ་ཤེས་པ་དང་། སྲིད་པར་འདུ་ཤེས་པ་དང་། སྲིད་པ་སྤང་བར་འདུ་ཤེས་པ་དང་། ལེན་པར་འདུ་ཤེས་པ་དང་། ལེན་པ་སྤང་བར་འདུ་ཤེས་པ་དང་། སྲིད་པར་འདུ་ཤེས་པ་དང་། སྲིད་པ་སྤང་བར་འདུ་ཤེས་པ་དང་། སྐྱེ་བར་འདུ་ཤེས་པ་དང་། སྐྱེ་བ་སྤང་བར་འདུ་ཤེས་པ་དང་། རྒ་ཤིར་འདུ་ཤེས་པ་དང་། རྒ་ཤི་སྤང་བར་འདུ་ཤེས་པ་དང་། མྱ་ངན་དང་སྨྲེ་སྔགས་འདོན་པར་འདུ་ཤེས་པ་དང་། མྱ་ངན་དང་སྨྲེ་སྔགས་འདོན་པ་སྤང་བར་འདུ་ཤེས་པ་དང་། སྡུག་བསྔལ་བ་དང་། ཡིད་མི་བདེ་བར་འདུ་ཤེས་པ་དང་། སྡུག་བསྔལ་བ་དང་། ཡིད་མི་བདེ་བ་སྤང་བར་འདུ་ཤེས་པ་དང་། འཁྲུག་པར་འདུ་ཤེས་པ་དང་། འཁྲུག་པ་སྤང་བར་འདུ་ཤེས་པ་དང་། སྡུག་བསྔལ་[1]དུ་འདུ་ཤེས་པ་དང་། སྡུག་བསྔལ་ཀུན་ཤེས་པར་བྱ་བར་འདུ་ཤེས་པ་དང་། ཀུན་འབྱུང་བར་འདུ་ཤེས་པ་དང་། ཀུན་འབྱུང་བ་སྤང་བར་འདུ་ཤེས་པ་དང་། འགོག་པར་འདུ་ཤེས་པ་དང་། འགོག་པ་མངོན་དུ་བྱ་བར་འདུ་ཤེས་པ་དང་། ལམ་དུ་འདུ་ཤེས་པ་དང་། ལམ་བསྒོམ་པར་འདུ་ཤེས་པ་དང་། རྣམ་པ་ཐམས་ཅད་མཁྱེན་པ་ཉིད་དུ་འདུ་ཤེས་པ་དང་[2]། བག་ཆགས་ཀྱི་མཚམས་སྦྱོར་བའི་ཉོན་མོངས་པ་ཐམས་ཅད་སྤང་བར་འདུ་ཤེས་པའི་བར་དུ་མཆིས་སམ། བཅོམ་ལྡན་འདས་ཀྱིས་[3]བཀའ་སྩལ་པ། རབ་འབྱོར་དེ་ནི་མྱེད་དོ། །རབ་འབྱོར་བྱང་ཆུབ་སེམས་དཔའ་སེམས་དཔའ་ཆེན་པོ་ནི། ཤེས་རབ་ཀྱི་ཕ་རོལ་ཏུ་ཕྱིན་པ་ལ་སྤྱོད་པའི་ཚེ། ཆོས་གང་ལ་ཡང་དངོས་པོ་ཡོད་པར་འདུ་ཤེས་པའམ། དངོས་པོ་མྱེད་པར་འདུ་ཤེས་པ་[4]མྱེད་དོ། །གང་ལ་དངོས་པོ་ཡོད་པར་འདུ་ཤེས་པ་དང་། དངོས་པོ་མྱེད་པར་འདུ་ཤེས་པ༔མྱེད་པ་དེ་[5]ཉིད་ནི། བྱང་ཆུབ་སེམས་དཔའ་སེམས་དཔའ་ཆེན་པོའི་མཐུན་པའི་བཟོད་པའོ། །གང་ལ་

དངོས་པོ་ཡོད་པར་འདུ་ཤེས་པ་དང་། དངོས་པོ་མེད་པར་འདུ་ཤེས་པ་མེད་པ་དེ་ཉིད་ནི་[༡]ལམ་བསྒོམ་[༢]པའོ། །གང་ལ་དངོས་པོ་ཡོད་པར་འདུ་ཤེས་པ་དང་། དངོས་པོ་མེད་པར་འདུ་ཤེས་པ་མེད་པ་དེ་ཉིད་ནི་འབྲས་བུའོ། །རབ་འབྱོར་བྱང་ཆུབ་སེམས་དཔའ་སེམས་དཔའ་ཆེན་པོའི་ལམ་ནི་དངོས་པོ་མེད་པ་སྟེ། མངོན······པར་རྟོགས་པ་ཡང་དངོས་པོ་མེད་པའོ། །རབ་འབྱོར་དེ་ལྟར་རྣམ་གྲངས་དེས······ཀྱང་འདི་ལྟར་ཆོས་ཐམས་ཅད་ནི་དངོས་པོ་མེད་པའི་ངོ་བོ་ཉིད་དུ་རིག་པར་བྱའོ། །གསོལ་པ། བཅོམ་ལྡན་འདས་གལ་ཏེ་དེ་ལྟར་ཆོས་ཐམས་ཅད་དངོས་པོ་མ་མཆིས་པའི་ངོ་བོ་ཉིད་ལགས་ན། བཅོམ་ལྡན་འདས་ཇི་ལྟར་དེ་བཞིན་གཤེགས་པས[༣]། ཆོས་ཐམས་ཅད་དངོས་པོ་མ་མཆིས་པའི་ངོ་བོ་ཉིད་དུ་མངོན་པར་རྫོགས་པར······སངས་རྒྱས་པར་གྱུར་ཏེ། དེ་དག་མངོན་པར་རྫོགས་པར་སངས་རྒྱས་པས། ཆོས་ཐམས་ཅད་ལ་དབང་[༤]སྒྱུར་བའི་ཡུལ་ལ། མངའ་བརྙེས་པར་གྱུར། དེ་སྐད་ཅེས་གསོལ་པ་དང་། བཅོམ་ལྡན་འདས་ཀྱིས་ཚེ་དང་ལྡན་པ་རབ་འབྱོར་ལ་འདི་སྐད་ཅེས་བཀའ་སྩལ་ཏོ། །རབ་འབྱོར་འདི༔ལ་ང་[༥]སྔོན་བྱང་ཆུབ་སེམས······དཔའི་སྤྱད་པ་སྤྱོད་ཅིང་། ཕ་རོལ་ཏུ་ཕྱིན་པ་དྲུག་ལ་སྤྱོད་པའི་ཚེ། འདོད་པས་དབེན་[༦]སྡིག་ཏོ་མི་དགེ་བའི་ཆོས་ཀྱིས་དབེན་པ་རྟོག་པ་དང་བཅས་པ་དཔྱོད་པ······དང་བཅས་པ། དབེན་པ་ལས་སྐྱེས་པའི་དགའ་བ་དང་བདེ་བ་ཅན་བསམ་གཏན་དང་པོ་ལ་ཉེ་བར་བསྒྲུབས་ཏེ་གནས་སོ། །རྣམ་པར་རྟོག་པ་དང་རྣམ་པར་དཔྱོད་པ་ཉེ་བར་ཞི་ནས། ནང་ཡོངས་སུ་དང་སྟེ། སེམས་ཀྱི་རྒྱུད་གཅིག་[༧]ཏུ་གྱུར་པས། རྟོག་པ་མེད་པ་དཔྱོད་པ་མེད་པའི་[༨]ཏིང་ངེ་འཛིན་ལས་སྐྱེས་པའི་དགའ་བ་དང······བདེ་བ་ཅན། བསམ་གཏན་གཉིས་པ་ལ་ཉེ་བར་བསྒྲུབས་ཏེ་གནས་སོ། །དགའ་བ་ལས་འདོད་ཆགས་དང་བྲལ་བས། དྲན་པ་དང་ལྡན་ཞིང་ཤེས་བཞིན་དུ་བཏང་

སྙོམས་ལ་གནས་ཏེ། བདེ་བ་ལུས་ཀྱིས་མྱོང་ཞིང་འཕགས་པ་རྣམས་ཀྱིས་དྲན་པ་དང་ལྡན་པ་བདེ་བ་ལ་རྣམ་པར་དཔྱོད་[1]པ་བཏང་སྙོམས་པའོ། །ཞེས་བརྗོད་པ་སྟེ། དགའ་བ་མེད་པའི་བསམ་གཏན་གསུམ་པ་ལ་ཉེ་བར་བསྒྲུབས་ཏེ་གནས་སོ། །བདེ་བ་ཡང་སྤངས་སྡུག་བསྔལ་བ་[2]ཡང་སྤངས་ཤིང་། སྔ་མའི་ཡིད་བདེ་བ་དང་། ཡིད་མི་བདེ་བ་སྔ་ནས་ཀྱང་ནུབ་པས་བདེ་བ་ཡང་མེད། སྡུག་བསྔལ་ཡང་མེད་པ། བཏང་སྙོམས་དང་དྲན་པས་ཡོངས་སུ་དག་པའི་བསམ་གཏན་བཞི་པ་ལ་ཉེ་བར་བསྒྲུབས་ཤིང་[3]གནས་པར་གྱུར་ཏེ[4]། འོན་ཀྱང་ངས་བསམ་གཏན་འདི་[5]དག་དང་། བསམ་གཏན་གྱི་ཡན་ལག་དེ་དག་གི་མཚན་མ་བཟུང་[6]སྟེ། བསམ་གཏན་དེ་དག་གིས་བསྒོམས་[7]པར་མ་གྱུར། བསམ་གཏན་གྱི་རོ་མྱོང་བར་མ་གྱུར། བསམ་གཏན་དུ་དམིགས་པར་མ་གྱུར་ཏེ། དེ་ལྟར་ན་ངས་བསམ་གཏན་དེ་དག་རྣམ་པ་ཡོངས་སུ་དག་པ་ལ་མཉམ་པར་བཞག་[8]གོ། །དེ་ལྟར་ན་[9]ངས་བསམ་གཏན་དེ་དག་རྣམ་པར་སྨིན་པར་བྱས་ནས། ཤེས་པ་རྣམ་པ་ཐ་དད་པ་མངོན་དུ་བྱ་བའི་ཕྱིར་སེམས་གཞོལ་བར་བྱས[10]། ལྷའི་རྣ་བའི་ཤེས་པ་མངོན་དུ་བྱ་བའི་ཕྱིར་སེམས་གཞོལ་བར་བྱས[11]། ཕ་རོལ་གྱིས་[12]སེམས་ཤེས་པ་མངོན་དུ་བྱ་བའི་ཕྱིར་སེམས་གཞོལ་བར་བྱས[13]། སྔོན་གྱི་གནས་རྗེས་སུ་དྲན་པ་ཤེས་པ་མངོན་དུ་བྱ་བའི་ཕྱིར་སེམས་གཞོལ་བར་བྱས[14]། ལྷའི་མིག་གི་ཤེས་པ་མངོན་དུ་བྱ་བའི་ཕྱིར་སེམས་གཞོལ་བར་བྱས[15]། འོན་ཀྱང་ངས་མངོན་པར་ཤེས་པ་མངོན་དུ་བྱ་[16]བ་དེ་དག་ལ་[17]མཚན་མར་བཟུང་སྟེ། མངོན་པར་ཤེས་པ་དེ་དག་གིས་ཤེས་པར་མ་གྱུར། རོ་མྱོང་བར་མ་གྱུར་དམིགས་པར་མ་གྱུར་ཏེ། མངོན་པར་ཤེས་པ་ལྔ་པོ་དེ་དག་ནམ་མཁའ་ལྟ་བུར་ཡང་དག་པར་རྗེས་སུ་དྲན་པས་མཉམ་པར་གཞག་[18]སྟེ། དེ་ལྟར་ངས་སྐད་ཅིག་གཅིག་དང་ལྡན་པའི་ཤེས་རབ་ཀྱིས་བླ་ན་མེད་པ་ཡང་

དག་པར་རྫོགས་པའི་བྱང་ཆུབ་ཏུ་མངོན་པར་རྫོགས་པར་སངས་རྒྱས་ནས། འདི་ནི་སྡུག་བསྔལ་ལོ། །འདི་ནི་སྡུག་བསྔལ་ཀུན་འབྱུང་བའོ། །འདི་ནི་སྡུག་བསྔལ་འགོག་པའོ། །འདི་ནི་སྡུག་བསྔལ་འགོག་པར་འགྱུར་བའི་ལམ་མོ། །ཞེས་བྱ་བར་ཡང་དག་པ་ཇི་ལྟ་བ་བཞིན་དུ་ཡོངས་སུ་ཤེས་པར་འགྱུར་ཏེ། དེ་ལྟར་ང[༧]དེ་བཞིན་གཤེགས་པའི་སྟོབས་བཅུ་དང་ལྡན་པར་འགྱུར། མི་འཇིགས་པ་བཞི་དང······ལྡན་པར་འགྱུར། སོ་སོ་ཡང་དག་པར་རིག་པ་བཞི[༣]དང་ལྡན་པར་འགྱུར། བྱམས་པ་ཆེན་པོ་དང་ལྡན་པར་འགྱུར། སྙིང་རྗེ་ཆེན་པོ་དང་ལྡན་པར་འགྱུར། སངས་རྒྱས་ཀྱི་ཆོས་མ་འདྲེས་པ་བཅོ་བརྒྱད་དང་ལྡན་པར་འགྱུར་ནས། སེམས་ཅན་རྣམས་ཕུང་པོ་གསུམ་དུ་ལུང་བསྟན་པར་འགྱུར་ཏོ། །རབ་འབྱོར་གྱིས་གསོལ་པ། བཅོམ་ལྡན་འདས་ཇི་ལྟར་དེ་བཞིན་གཤེགས་པ་དགྲ་བཅོམ་པ་ཡང་དག་པར་རྫོགས་པའི······སངས་རྒྱས་ཀྱིས། དངོས་པོ་མ་མཆིས་པའི་ངོ་བོ་ཉིད་ཀྱི་བསམ་གཏན་བཞི་བསྐྱེད་པར་འགྱུར། ཇི་ལྟར་དངོས་པོ་མ་མཆིས་པའི་ངོ་བོ་ཉིད་ཀྱི[༡]：མངོན་པར་ཤེས་པ[༦]དྲུག[༤]བསྐྱེད་པར་འགྱུར[༨]། ཇི་ལྟར་དངོས་པོ་མ་མཆིས་པའི་ངོ་བོ་ཉིད་ཀྱི་དེ་བཞིན་གཤེགས་པའི་སྟོབས་བཅུ་བསྐྱེད་པར་འགྱུར། ཇི་ལྟར་དངོས་པོ་མ་མཆིས་པའི་ངོ་བོ་ཉིད་ཀྱི་མི་འཇིགས་པ་བཞི་བསྐྱེད་པར་འགྱུར། ཇི་ལྟར་དངོས་པོ་མ་མཆིས་པའི་ངོ་བོ་ཉིད་ཀྱི་སོ་སོ་ཡང་དག་པར་རིག་པ་བཞི་བསྐྱེད་པར་འགྱུར། ཇི་ལྟར་དངོས་པོ་མ་མཆིས་པའི་ངོ་བོ་ཉིད་ཀྱི་བྱམས་པ་ཆེན་པོ་བསྐྱེད་པར་འགྱུར། ཇི་ལྟར་དངོས་པོ་མ་མཆིས་པའི་ངོ་བོ་ཉིད་ཀྱི་སྙིང་རྗེ་ཆེན་པོ་བསྐྱེད་པར་འགྱུར། ཇི་ལྟར་དངོས་པོ་མ་མཆིས་པའི་ངོ་བོ་ཉིད་ཀྱི་སངས་རྒྱས་ཀྱི་ཆོས་མ་འདྲེས་པ་བཅོ་བརྒྱད་བསྐྱེད་པར······འགྱུར[༧]། སེམས་ཅན་རྣམས་ཀྱང་སེམས་ཅན་མ་མཆིས་པར་ཇི་ལྟར་ཕུང་པོ་གསུམ་དུ་ལུང་བསྟན་པར་འགྱུར། བཅོམ་ལྡན་འདས་ཀྱིས་བཀའ་སྩལ་པ། རབ་འབྱོར་

གལ་ཏེ་འདོད་པ་རྣམས་དང་སྡིག་ཏོ་མི་དགེ་བའི་ཆོས་རྣམས་ལ་དངོས་པོ་ཞིག་ཡོད་དེ། ངོ་བོ་ཉིད་ཡོད་པའམ། གཞན་གྱི་དངོས་པོ་ཞིག་ཡོད་ན་ནི། རབ་འབྱོར་ངས་སྟོན་བྱང་ཆུབ་སེམས་དཔའི་སྤྱོད་པ་སྤྱོད་པའི་ཚེ། འདོད་པ་རྣམས་དངོས་པོ་མེད་པའི་ངོ་བོ་ཉིད་དང་། སྡིག་ཏོ་མི་དགེ་བའི་ཆོས་རྣམས་དངོས་པོ་མེད་པའི་ངོ་བོ་ཉིད་དུ་རིག་ནས། བསམ་གཏན་བཞི་ཉེ་བར་བསྒྲུབས་ཏེ་གནས་པར་ཡང་མི་འགྱུར་ཏེ། རབ་འབྱོར་འདི་ལྟར་འདོད་པ་རྣམས་དང་། སྡིག་ཏོ་མི་དགེ་བའི་ཆོས་རྣམས་ལ་དངོས་པོ་མེད་པ[༡]། ངོ་བོ་ཉིད་མེད་པ། ༔རང་གི་དངོས་པོ་མེད་པ།[༢] གཞན་གྱི་དངོས་པོ་མེད་པ་སྟེ། གཞན་དུ་ན་དངོས་པོ་མེད་པའི་ངོ་བོ་ཉིད་ཡིན་པས། རབ་འབྱོར་དེའི་ཕྱིར་ང་སྟོན་བྱང་ཆུབ་སེམས་དཔའི་སྤྱོད་པ་སྤྱོད་པའི་ཚེ། འདོད་པས་དབེན་སྡིག་ཏོ་མི་དགེ་བའི་ཆོས་ཀྱིས་དབེན་པ་རྟོག་པ་དང་བཅས་པ་དཔྱོད་པ་དང་བཅས་པ་དབེན་པ་ལས་སྐྱེས་པའི་དགའ་བ་དང་བདེ་བ······ཅན་བསམ་གཏན་དང་པོ་ལ་ཉེ་བར་བསྒྲུབས་ཏེ་གནས་པར་གྱུར་ཏོ། །རྣམ་པར་རྟོག་པ་དང་། རྣམ་པར་དཔྱོད་པ་ཉེ་བར་ཞི་ནས། ནང་ཡོངས་སུ་དང་སྟེ། སེམས་ཀྱི་རྒྱུད་གཅིག་ཏུ་གྱུར་པས། རྟོག་པ་མེད་པ་དཔྱོད་པ་མེད་པ་ཏིང་ངེ་[༣]འཛིན་ལས་སྐྱེས་པའི་དགའ་བ་དང་། བདེ་བ་ཅན་བསམ་གཏན་གཉིས་པ་ལ་ཉེ་བར་བསྒྲུབས་ཏེ་གནས་པར་གྱུར་ཏོ། །དགའ་བ་ལས་འདོད་ཆགས་དང་བྲལ་བས་དྲན་པ་དང་ལྡན་ཞིང་ཤེས་བཞིན་དུ་བཏང་སྙོམས་ལ་གནས་ཏེ། བདེ་བ་ལུས······ཀྱིས་མྱོང་ལ་འཕགས་པ་རྣམས་ཀྱིས་དྲན་པ་དང་ལྡན་པ་བདེ་བ་ལ་[༤]རྣམ་པར་སྤྱོད་··པ་བཏང་སྙོམས་པའོ་ཞེས་བརྗོད་པ་སྟེ། དགའ་བ་མེད་པའི་བསམ་གཏན་གསུམ་པ་ལ་ཉེ་བར་བསྒྲུབས་ཏེ་གནས་པར་གྱུར་ཏོ། །བདེ་བ་ཡང་སྤངས། སྡུག···བསྔལ་ཡང་སྤངས་ཤིང་། ཡིད་བདེ་བ་དང་། ཡིད་མི་བདེ་བ་སྔ་ནས་[༥]ནུབ་

པས༑ བདེ་བ་ཡང་མྱེད། སྡུག་བསྔལ་ཡང་མྱེད་པ་བཏང་སྙོམས་དང་དྲན་པས།
ཡོངས་སུ་དག་པའི་བསམ་གཏན་བཞི་པ་ལ་ཉེ་བར་བསྒྲུབས་ཏེ་གནས་པར་གྱུར་ཏོ།།
རབ་འབྱོར་གལ་ཏེ་མངོན་པར་ཤེས་པ་རྣམས་ལ་དངོས་པོ་ཞིག་ཡོད་དེ། ངོ་བོ་
ཉིད་ཡོད་པའམ། ཿརང་གི་དངོས་པོ་ཡོད་པའམ།[༡] གཞན་གྱི་དངོས་པོ་ཞིག་
ཡོད་ན་ནི[༢]། རབ་འབྱོར་ངས་ཀྱང་མངོན་པར་ཤེས་པ་ཐམས་ཅད་དངོས་པོ་མྱེད་
པའི་ངོ་བོ་ཉིད་དུ་རིག་ནས། བླ་ན་མྱེད་པ་ཡང་དག་པར་རྫོགས་པའི་བྱང་ཆུབ་ཏུ་
མངོན་པར་རྫོགས་པར་སངས་རྒྱས་པར་མྱི་འགྱུར་ཏེ། རབ་འབྱོར་འདི་ལྟར་
མངོན་པར་ཤེས་པ་རྣམས་ལ་དངོས་པོ་མྱེད་དེ། ངོ་བོ་ཉིད་མྱེད་པ་གཞན་གྱི་
དངོས་པོ་མྱེད་པ་སྟེ། གཞན་དུ་ན་དངོས་པོ་མྱེད་པའི་ངོ་བོ་ཉིད་ཡིན་པས།
དེའི་ཕྱིར་དེ་བཞིན་གཤེགས་པ་དགྲ་བཅོམ་པ་ཡང་དག་པར་རྫོགས་པའི་སངས་
རྒྱས་ཀྱིས་མངོན་པར་ཤེས་པ་ཐམས་ཅད་དངོས་པོ་མྱེད་པའི་ངོ་བོ་ཉིད་དུ་ཐུགས་སུ་
ཆུད་དེ། བླ་ན་མེད་པ་ཡང་དག་པར་རྫོགས་པའི་བྱང་ཆུབ་ཏུ་མངོན་པར་རྫོགས་
པར་སངས་རྒྱས་སོ། །རབ་འབྱོར་གྱིས་གསོལ་པ། བཅོམ་ལྡན་འདས་གལ་ཏེ་དེ་
ལྟར་བྱང་ཆུབ་སེམས་དཔའ་སེམས་དཔའ་ཆེན་པོ། ཆོས་ཐམས་ཅད་དངོས་པོ་མ་
མཆིས་པའི་ངོ་བོ་ཉིད་ལ་བསམ་གཏན་བཞི་དང་། མངོན་པར་ཤེས་པ་ལྔས།
བླ་ན་མྱེད་པ་ཡང་དག་པར་རྫོགས་པའི་བྱང་ཆུབ་ཏུ་མངོན་པར་རྫོགས་པར་འཚང་
རྒྱ་ན། བཅོམ་ལྡན་འདས་དེ་ཅིའི་སླད་དུ། ཆོས་ཐམས་ཅད་དངོས་པོ་མ་མཆིས་
པའི་ངོ་བོ་ཉིད་ལ། བྱང་ཆུབ་སེམས་དཔའ་སེམས་དཔའ་ཆེན་པོ་མཐར་གྱིས་སྤྱོད་
པ་དང་། མཐར་གྱིས་སློབ[༣]པ་དང་། མཐར་གྱིས་ནན་ཏན་དུ་བགྱི་བ[༤]གང་
གིས་བླ་ན་མེད་པ་ཡང་དག་པར་རྫོགས་པའི་བྱང་ཆུབ་ཏུ་མངོན་པར་རྫོགས་པར
འཚང་རྒྱ་བར་འགྱུར་བའི་མཐར་གྱིས་སྤྱོད་པ་དང་། མཐར་གྱིས་སློབ[༥]པ་དང་།

མཐར་གྱིས་ནན་ཏན་དུ་བགྱི་བ་མཆིས་པར་གྱུར། བཅོམ་ལྡན་འདས་ཀྱིས་བཀའ་
སྩལ་པ། རབ་འབྱོར་འདི་ལྟར་བྱང་ཆུབ་སེམས་དཔའ་སེམས་དཔའ་ཆེན་པོས།
ཐོག་མར་སངས་རྒྱས་བཅོམ་ལྡན་འདས་རྣམས་དང་། བྱང་ཆུབ་སེམས་དཔའ·····
སེམས་དཔའ་ཆེན་པོ་དག་དང་། སངས་རྒྱས་མང་པོ་ལ་བསྙེན་བཀུར་བའི་དགྲ་
བཅོམ་པ་དག་དང་། ཕྱིར་མི་འོང་བ་དང་། ལན་ཅིག་ཕྱིར་འོང་བ་དང་།
རྒྱུན་དུ་ཞུགས་པ་དག་ལས། སངས་རྒྱས་བཅོམ་ལྡན་འདས་རྣམས་དངོས་པོ་མེད་
པའི་ངོ་བོ་ཉིད་དང་། བྱང་ཆུབ་སེམས་དཔའ་སེམས་དཔའ་ཆེན་པོ་རྣམས་དངོས་
པོ་མྱེད་པའི་ངོ་བོ་ཉིད་དང་། རང་སངས་རྒྱས་རྣམས་དངོས་པོ་མྱེད་པའི་ངོ་བོ་
ཉིད་དང་། དགྲ་བཅོམ་པ་རྣམས་དངོས་པོ་མྱེད་པའི་ངོ་བོ་ཉིད་དང་། ཕྱིར་མི་
འོང་བ་རྣམས་དངོས་པོ་མྱེད་པའི་ངོ་བོ་ཉིད་དང་། ལན་ཅིག་ཕྱིར་འོང་བ་རྣམས་
དངོས་པོ་མྱེད་པའི་ངོ་བོ་ཉིད་དང་། རྒྱུན་དུ་ཞུགས་པ་རྣམས་དངོས་པོ་མྱེད་པའི་
ངོ་བོ་ཉིད་དང་། འཕགས་པ་ཐམས་ཅད་དངོས་པོ་མྱེད་པའི་ངོ་བོ་ཉིད་དང་།
འདུ་བྱེད་རྣམས་ཀྱི་ངོ་བོ་ཉིད་ཆུང་དུ་ན་སྐྲའི་རྩེ་མོའི་ཆ་ཤས་ཀྱི་གནས་ཙམ་ཡང·····
མྱེད་དོ། །ཞེས་བྱ་བར་ཐོས་ན[༡]། བྱང་ཆུབ་སེམས་དཔའ་སེམས་དཔའ་ཆེན་པོ་
དེས་ཇི་[༢]སྙེ། སངས་རྒྱས་བཅོམ་ལྡན་འདས་རྣམས་ཀྱང་དངོས་པོ་མྱེད་པའི་ངོ་བོ་
ཉིད་བྱང་ཆུབ་སེམས་དཔའ་སེམས་དཔའ་ཆེན་པོ་རྣམས་ཀྱང་དངོས་པོ་མྱེད་པའི·····
ངོ་བོ་ཉིད། རང་སངས་རྒྱས་རྣམས་ཀྱང་དངོས་པོ་མྱེད་པའི་ངོ་བོ་ཉིད། དགྲ་
བཅོམ་པ་རྣམས་ཀྱང་དངོས་པོ་མྱེད་པའི་ངོ་བོ་ཉིད། ཕྱིར་མི་འོང་བ་རྣམས་ཀྱང་
དངོས་པོ་མྱེད་པའི་ངོ་བོ་ཉིད། ལན་ཅིག་ཕྱིར་འོང་བ་རྣམས་ཀྱང་དངོས་པོ་མྱེད་
པའི་ངོ་བོ་ཉིད། རྒྱུན་དུ་ཞུགས་པ་རྣམས་ཀྱང་དངོས་པོ་མྱེད་པའི་ངོ་བོ་ཉིད་ཡིན་
ན༏ གལ་ཏེ་བདག་བླ་ན་མྱེད་པ་ཡང་དག་པར་རྫོགས་པའི་བྱང་ཆུབ་ཏུ་མངོན·····

པར་རྫོགས་པར་སངས་རྒྱས་ཀྱང་རུང་། གལ་ཏེ་མངོན་པར་རྫོགས་པར་སངས་མ་
རྒྱས་ཀྱང་རུང་སྟེ། ཆོས་ཐམས་ཅད་ནི་དངོས་པོ་མེད་པའི་[1]ངོ་བོ་[2]ཉིད་ཡིན་
གྱིས[3]། ཅི་ནས་ཀྱང་བདག་བླ་ན་མེད་པ་ཡང་དག་པར་[4]རྫོགས་པའི་[5]བྱང་ཆུབ་
ཏུ་མངོན་པར་རྫོགས་པར་སངས་རྒྱས་པར་བྱས་ཏེ[6]། སེམས་ཅན་དངོས་པོའི་[7]
འདུ་ཤེས་ཅན་[8]ལ་སྤྱོད་པ་ཐམས་ཅད་དངོས་པོ་མེད་པ་ལ་རབ་ཏུ་དགོད་པར་བྱའོ་
སྙམ་སྟེ། རབ་འབྱོར་བྱང་ཆུབ་སེམས་དཔའ་སེམས་དཔའ་ཆེན་པོ་དེ་སེམས་ཅན་
ཐམས་ཅད་ཡོངས་སུ་མྱ་ངན་ལས་བཟླ་[9]བའི་ཕྱིར། བླ་ན་མེད་པ་ཡང་དག་པར་
རྫོགས་པའི་བྱང་ཆུབ་ཏུ་མངོན་པར་འཇུག་སྟེ། མཐར་གྱིས་སྤྱོད་[10]པ་དང་།
མཐར་གྱིས་བསླབ་པ་དང་། མཐར་གྱིས་ནན་ཏན་དུ་བྱ་བ་གང་ལ་བསླབས་
ཤིང་[11]། སྔོན་གྱི་བྱང་ཆུབ་སེམས་དཔའ་སེམས་དཔའ་ཆེན་པོ་རྣམས་བླ་ན་མེད་
པ་ཡང་དག་པར་རྫོགས་པའི་བྱང་ཆུབ་ཏུ་མངོན་པར་རྫོགས་པར་སངས་རྒྱས་པར་
གྱུར་པ་དེ་ལྟ་བུའི་མཐར་གྱིས་སྤྱོད་པ་དང་། མཐར་གྱིས་[12]བསླབ་པ་དང་།
མཐར་གྱིས་ནན་ཏན་དུ་[13]རྩོམ་མོ། །དེ་ཐོག་མར་སྦྱིན་པའི་ཕ་རོལ་ཏུ་ཕྱིན་པ་
དང་། ཚུལ་ཁྲིམས་ཀྱི་ཕ་རོལ་ཏུ་ཕྱིན་པ་དང་། བཟོད་པའི་ཕ་རོལ་ཏུ་ཕྱིན་པ་
དང་། བརྩོན་འགྲུས་ཀྱི་ཕ་རོལ་ཏུ་ཕྱིན་པ་དང་། བསམ་གཏན་གྱི་ཕ་རོལ་ཏུ་
ཕྱིན་པ་དང་། ཤེས་རབ་ཀྱི་ཕ་རོལ་ཏུ་ཕྱིན་པ་དང་། ཕ་རོལ་ཏུ་ཕྱིནད་པ་དྲུག་
ལ་སྤྱོད་དོ། །དེ་སྦྱིན་པའི་ཕ་རོལ་ཏུ་ཕྱིན་པ་ལ་སྤྱོད་པའི་ཚེ། བདག་ཀྱང་སྦྱིན་
པ་ཡོངས་སུ་གཏོང་ངོ་། །ཕ་རོལ་ཀྱང་སྦྱིན་པ་ལ་རབ་ཏུ་གཞོག་གོ། །སྦྱིན་པའི་
ལེགས་པ་བརྗོད་དོ། །སེམས་ཅན་གཞན་གང་སྦྱིན་པ་ཡོངས་སུ་གཏོང་བ་དེ་དག་གི་
ཡང་ལེགས་པ་བརྗོད་ཅིང་མཐུན་པས་དགའ་བར་སྤྱོད་དོ། །དེ་སྦྱིན་པ་དེས་སྙིད་པ་
ཆེན་པོའི་ཚོགས་ཐོབ་པར་འགྱུར་ཏེ། སྐྱོན་དང་། སེར་སྣ་མེད་པའི་སེམས་ཀྱིས་

ཿསྦྱིན་པ་[༡]སྦྱིན་པར་བྱ་བ་དང་། སྦྱིན་པ་ཡོངས་སུ་གཏོང་བར་བྱེད་དེ[༢]། ཟས་འདོད་པ་ལ་ནི་ཟས། སྐོམ་འདོད་པ་ལ་ནི་སྐོམ། བཞོན་པ་འདོད་པ་ལ་ནི་བཞོན་[༣]པ། གོས་འདོད་པ་ལ་ནི་གོས། སྤོས་འདོད་པ་ལ་ནི་སྤོས། ཕྲེང་བ་འདོད་པ་ལ་ནི་ཕྲེང་བ། བྱུག་པ་འདོད་པ་ལ་ནི་བྱུག་པ། མལ་ཙ་[༤]འདོད་པ་ལ་ནི་མལ་ཙ[༥]། གནས་འདོད་པ་ལ་ནི་གནས། མར་མེ་འདོད་པ་ལ་ནི་མར་མེ། ནོར་བུ་དང་། མུ་ཏིག་དང་། ཿབཻ་ཌཱུརྱ་[༦]དང་། དུང་དང་། མན་ཤེལ་དང་། བྱི་[༧]རུ་དང་། ཿགསེར་དང་།[༨] དངུལ་འདོད་པ་རྣམས་ལ་ནི། ནོར་བུ་དང་། མུ་ཏིག་དང་། ཿབཻ་ཌཱུརྱ་[༩]དང་། དུང་དང་། མན་ཤེལ་དང་། བྱི་[༡༠]རུ་དང་། གསེར་དང་། དངུལ་ཡོངས་སུ་གཏོང་བ་ནས། མིའི་ཡོ་བྱད་གང་ཅི་ཡང་རུང་བ་དག་ཀྱང་། དེ་དག་ལ་གཏོང་བའི་བར་དུ་སྟེ། དེ་སྦྱིན་པ་དེ་ཉིད་ཀྱིས་ཚུལ་ཁྲིམས་ཀྱི་ཕུང་པོ་ཡོངས་སུ་རྫོགས་པར་བྱེད་དོ[༡༡]། །ལྷའི་ཆེ་བ་ཉིད་རབ་ཏུ་ཐོབ་པར་བྱེད་དོ། །མིའི་ཆེ་བ་ཉིད་རབ་ཏུ་ཐོབ་པར་བྱེད་དོ། །དེ་སྦྱིན་པ་དང་ཚུལ་ཁྲིམས་དེ་ཉིད་ཀྱིས། ཏིང་ངེ་འཛིན་གྱི་ཕུང་པོ་རབ་ཏུ་ཐོབ་པར་བྱེད་དོ། །དེ་སྦྱིན་པ་དང་ཚུལ་ཁྲིམས་དང་། ཏིང་ངེ་འཛིན་དེ་ཉིད་ཀྱིས། ཤེས་རབ་ཀྱི་ཕུང་པོ་རབ་ཏུ་ཐོབ་པར་བྱེད་དོ། །དེ་སྦྱིན་པ་དང་། ཚུལ་ཁྲིམས་དང་། ཏིང་ངེ་འཛིན་དང་། ཤེས་རབ་དེ་ཉིད་ཀྱིས། རྣམ་པར་གྲོལ་བའི་ཕུང་པོ་རབ་ཏུ་ཐོབ་པར་བྱེད་དོ། །དེ་སྦྱིན་པ་དང་། ཚུལ་ཁྲིམས་དང་། ཏིང་ངེ་འཛིན་དང་། ཤེས་རབ་དང་། རྣམ་པར་གྲོལ་བ་དེ་[༡༢]ཿཉིད་ཀྱིས་[༡༣]རྣམ་པར་གྲོལ་བའི་ཡེ་ཤེས་མཐོང་བའི་ཕུང་པོ་རབ་ཏུ་ཐོབ་པར་བྱེད་དོ། །དེ་སྦྱིན་པ་དང་། ཚུལ་ཁྲིམས་དང་། ཏིང་ངེ་འཛིན་དང་། ཤེས་རབ་དང་། རྣམ་པར་གྲོལ་བ་དང་། རྣམ་པར་གྲོལ་བའི་ཡེ་ཤེས་མཐོང་བ་དེ་ཉིད་ཀྱིས། ཉན་ཐོས་དང་རང་སངས་རྒྱས་ཀྱི་

ས་ལས་འདས་ནས། བྱང་ཆུབ་སེམས་དཔའི་སྐྱོན་མེད་པར་འཇུག་གོ། །བྱང་ཆུབ་སེམས་དཔའི་སྐྱོན་མེད་པར་ཞུགས་ནས། སངས་རྒྱས་ཀྱི་ཞིང་ཡོངས་སུ་དག་པར་བྱས། སེམས་ཅན་རྣམས་ཡོངས་སུ་སྨིན་པར་བྱས་ནས། རྣམ་པ་ཐམས་ཅད་མཁྱེན་པ་ཉིད་ཐོབ་པར་བྱེད་དོ། །རྣམ་པ་ཐམས་ཅད་མཁྱེན་པ་ཉིད་ཐོབ་ནས། ཆོས་ཀྱི་འཁོར་ལོ་སྐོར①རོ། །ཆོས་ཀྱི་འཁོར་ལོ་བསྐོར་ནས། སེམས་ཅན་རྣམས་ཐེག་པ་གསུམ་ལ་སོ་སོར་འགོད་ཅིང་། འཁོར་བ་ལས་ཡོངས་སུ་གྲོལ་བར་བྱེད་དོ། །རབ་འབྱོར་དེ་ལྟར་ན་བྱང་ཆུབ་སེམས་དཔའ་སེམས་དཔའ་ཆེན་པོ། སྦྱིན་པས་མཐར་ཀྱིས་སྦྱོད་པ་ཡོད་པ་ཡིན་ཏེ། དེ་ཐམས་ཅད་ཀྱང་དམིགས་སུ་མེད་དོ། །དེ་ཅིའི་ཕྱིར་ཞེ་ན། དེ་ནི་འདི་ལྟར་དེ་ལ་ངོ་བོ་ཉིད་མེད་དོ། །རབ་འབྱོར་གཞན་ཡང་བྱང་ཆུབ་སེམས་དཔའ་སེམས་དཔའ་ཆེན་པོ་སེམས་དང་པོ་བསྐྱེད་པ་ནས་ཉེ་བར་བཟུང་སྟེ། བདག་ཀྱང་ཚུལ་ཁྲིམས་ཀྱི་ཕ་རོལ་ཏུ་ཕྱིན་པ་ལ་སྤྱོད་དོ། །གཞན་ཡང་ཚུལ་ཁྲིམས་ཀྱི་ཕ་རོལ་ཏུ་ཕྱིན་པ་ལ་ཡང་དག་པར་སྐུལ②ལོ། །ཚུལ་ཁྲིམས་ཀྱི་ཕ་རོལ་ཏུ་ཕྱིན་པའི་ལེགས་པ་བརྗོད་དོ། །གཞན③ཚུལ་ཁྲིམས་ཀྱི་ཕ་རོལ་ཏུ་ཕྱིན་པ་ལ་སྤྱོད་པ་དེ་དག་གི་ཡང་ལེགས་པ་བརྗོད་ཅིང་། མཐུན་པས་དགའ་བར་སྤྱོད་དོ། །དེ་ཚུལ་ཁྲིམས་དེས་ལྷའི་ཆེ་བ་ཉིད་རབ་ཏུ་ཐོབ་པར་བྱེད་དོ། །མིའི་ཆེ་བ་ཉིད་རབ་ཏུ་ཐོབ་པར་བྱེད་དོ། །དེ་ནོར་མེད་པའི་སེམས་ཅན་རྣམས་ལ་ནོར་བྱིན་ཞིང་། ཚུལ་ཁྲིམས་ལ་རབ་ཏུ་འགོད་དོ། །ཏིང་ངེ་འཛིན་ལ་རབ་ཏུ་འགོད་དོ། །ཤེས་རབ་ལ་རབ་ཏུ་འགོད་དོ། །རྣམ་པར་གྲོལ་བ་ལ་རབ་ཏུ་འགོད་དོ། །རྣམ་པར་གྲོལ་བའི་ཡེ་ཤེས་མཐོང་བ་ལ་རབ་ཏུ་འགོད་དོ། །དེ་ཚུལ་ཁྲིམས་ཀྱི་ཕུང་པོ་དང་། ཏིང་ངེ་འཛིན་གྱི་ཕུང་པོ་དང་། ཤེས་རབ་ཀྱི་ཕུང་པོ་དང་། རྣམ་པར་གྲོལ་བའི་ཕུང་པོ་དང་། རྣམ་པར་གྲོལ་བའི་ཡེ་

ཤེས་མཐོང་བའི་ཕུང་པོ་དེས་ཉན་ཐོས་དང་། རང་སངས་རྒྱས་ཀྱི་ས་ལས་འདས་ནས། ཚུལ་ཁྲིམས་ཀྱི་ཕུང་པོ་དང་། ཏིང་ངེ་འཛིན་གྱི་ཕུང་པོ་དང་། ཤེས་རབ་ཀྱི་ཕུང་པོ་དང་། རྣམ་པར་གྲོལ་བའི་ཕུང་པོ་དང་། རྣམ་པར་གྲོལ་བའི་ཡེ་ཤེས་མཐོང་བའི་ཕུང་པོ་དེ་ཉིད་ཀྱིས། བྱང་ཆུབ་སེམས་དཔའི་སྐྱོན་མེད་པར·····འཇུག་གོ། །བྱང་ཆུབ་སེམས་དཔའི་སྐྱོན་མེད་པར་ཞུགས་ནས། སངས་རྒྱས་ཀྱི་ཞིང་ཡོངས་སུ་དག་པར་བྱས། སེམས་ཅན་རྣམས་ཡོངས་སུ་སྨིན་པར་བྱས་ནས། རྣམ་པ་ཐམས་ཅད་མཁྱེན་པ་ཉིད་ཐོབ་པར་བྱེད་དོ། །རྣམ་པ་ཐམས་ཅད་མཁྱེན་པ་ཉིད་ཐོབ①ནས། ཆོས་ཀྱི་འཁོར་ལོ་སྐོར②རོ། །ཆོས་ཀྱི་འཁོར་ལོ་བསྐོར་ནས། སེམས་ཅན་རྣམས་ཐེག་པ་གསུམ་ལ་སོ་སོར་འགོད་ཅིང་། འཁོར་བ་ལས་ཡོངས་སུ་གྲོལ་བར་བྱེད་དོ། །རབ་འབྱོར་དེ་ལྟར་ན་བྱང་ཆུབ་སེམས་དཔའ་སེམས····དཔའ་ཆེན་པོ་ཚུལ་ཁྲིམས་ཀྱིས་མཐར་ཀྱིས་སྤྱོད་པཿཡོད་པ③ཡིན་ཏེ། དེ་ཐམས་ཅད་ཀུན④དམིགས་སུ་མེད་དོ། །དེ་ཅིའི་ཕྱིར་ཞེ་ན། དེ་ནི་འདི་ལྟར་དེ་ལ་ངོ་བོ་ཉིད་མེད་དོ། །རབ་འབྱོར་གཞན་ཡང་བྱང་ཆུབ་སེམས་དཔའ་སེམས་དཔའ་ཆེན་པོ་སེམས་དང་པོ་བསྐྱེད་པ་ནས་ཉེ་བར་བཟུང་སྟེ། བདག་ཀུན་བཟོད་པའི་ཕ····རོལ་ཏུ་ཕྱིན་པ་ལ་སྤྱོད་དོ། །གཞན་ཡང་བཟོད་པའི་ཕ་རོལ་ཏུ་ཕྱིན་པ་ལ་ཡང····དག་པར་སྐུལ⑤ལོ། །བཟོད་པའི་ཕ་རོལ་ཏུ་ཕྱིན་པའི་ལེགས་པ་བརྗོད་དོ། །གཞན⑥བཟོད་པའི་ཕ་རོལ་ཏུ་ཕྱིན་པ་ལ་སྤྱོད་པ་དེ་དག་གི་ཡང་ལེགས་པ་བརྗོད·····ཅིང་། མཐུན་པས་དགའ་བར་སྤྱོད་དོ། །དེ་བཟོད་པའི་ཕ་རོལ་ཏུ་ཕྱིན་པ་ལ་སྤྱོད་པའི་ཚེ། སེམས་ཅན་རྣམས་སྦྱིན་པས་ཡོངས་སུ་ཚིམ་པར་བྱེད་དོ། །ཚུལ་ཁྲིམས་ལ་རབ་ཏུ་འགོད་དོ། །ཏིང་ངེ་འཛིན་ལ་རབ་ཏུ་འགོད་དོ། །ཤེས་རབ་ལ་རབ་ཏུ་འགོད་དོ། །རྣམ་པར་གྲོལ་བ་ལ་རབ་ཏུ་འགོད་དོ། །རྣམ་པར་གྲོལ་བའི་

ཡེ་ཤེས་མཐོང་བ་ལ་རབ་ཏུ་འགོད་དོ། །དེ་ཚུལ་ཁྲིམས་ཀྱི་ཕུང་པོ་དང་། ཏིང་ངེ་འཛིན་གྱི་ཕུང་པོ་དང་། ཤེས་རབ་ཀྱི་ཕུང་པོ་དང་། རྣམ་པར་གྲོལ་བའི་ཕུང་པོ་དང་། རྣམ་པར་གྲོལ་བའི་ཡེ་ཤེས་མཐོང་བའི་ཕུང་པོ་དེས། ཉན་ཐོས་དང་། རང་སངས་རྒྱས་ཀྱི་ས་ལས་འདས་ནས། ཚུལ་ཁྲིམས་ཀྱི་ཕུང་པོ་དང་། ཏིང་ངེ་འཛིན་གྱི་ཕུང་པོ་དང་། ཤེས་རབ་ཀྱི་ཕུང་པོ་དང་། རྣམ་པར་གྲོལ་བའི་ཕུང་པོ་དང་། རྣམ་པར་གྲོལ་བའི་ཡེ་ཤེས་མཐོང་བའི་ཕུང་པོ་དེ་ཉིད་ཀྱིས། བྱང་ཆུབ་སེམས་དཔའི་སྐྱོན་མེད་པར་འཇུག་གོ། །བྱང་ཆུབ་སེམས་དཔའི་སྐྱོན་མེད་པར་ཞུགས་ནས། སངས་རྒྱས་ཀྱི་ཞིང་ཡོངས་སུ་དག་པར་བྱས། སེམས་ཅན་རྣམས་ཡོངས་སུ་སྨིན་པར་བྱས་ནས། རྣམ་པ་ཐམས་ཅད་མཁྱེན་པ་ཉིད་ཐོབ་པར་བྱེད་དོ། །རྣམ་པ་ཐམས་ཅད་མཁྱེན་པ་ཉིད་ཐོབ་ནས། ཆོས་ཀྱི་འཁོར་ལོ་སྐོར་[༡]རོ། །ཆོས་ཀྱི་འཁོར་ལོ་བསྐོར་ནས། སེམས་ཅན་རྣམས་ཐེག་པ་གསུམ་ལ་སོ་སོར་འགོད་ཅིང་། འཁོར་བ་ལས་ཡོངས་སུ་གྲོལ་བར་བྱེད་དོ། །རབ་འབྱོར་དེ་ལྟར་ན། བྱང་ཆུབ་སེམས་དཔའ་སེམས་དཔའ་ཆེན་པོ་བཟོད་པས་མཐར་གྱིས་སྤྱོད་པ་ཡོད་·····པ་ཡིན་ཏེ། དེ་ཐམས་ཅད་ཀྱང་དམིགས་སུ་མེད་དོ། །དེ་ཅིའི་ཕྱིར་ཞེ་ན། དེ་ནི་འདི་ལྟར་དེ་ལ་ངོ་བོ་ཉིད་མེད་དོ། །རབ་འབྱོར་གཞན་ཡང་བྱང་ཆུབ་སེམས་དཔའ་སེམས་དཔའ་ཆེན་པོ་སེམས་དང་པོ་བསྐྱེད་པ་ནས་ཉེ་བར་བཟུང་སྟེ། བདག་ཀྱང་དགེ་བའི་ཆོས་རྣམས་ལ་བརྩོན་འགྲུས་རྩོམ་མོ། །གཞན་ཡང་བརྩོན་འགྲུས་ལ་ཡང་དག་པར་སྐུལ་[༢]ལོ། །བརྩོན་འགྲུས་ཀྱི་ལེགས་པ་རྗོད་དོ། །གཞན་[༣]བརྩོན་འགྲུས་རྩོམ་པ་དེ་དག་གི་ཡང་ལེགས་པ་རྗོད་ཅིང་། མཐུན་པས་དགའ·····བར་སྤྱོད་དོ། །དེ་བརྩོན་འགྲུས་ཀྱི་ཕ་རོལ་ཏུ་ཕྱིན་པ་ལ་སྤྱོད་ཅིང་། སེམས་ཅན་རྣམས་སྨིན་པས་ཡོངས་སུ་ཚིམ་པར་བྱེད་དོ། །[༤]ཚུལ་ཁྲིམས་ལ་རབ་ཏུ་འགོད་དོ། །

ཉིད་དེ་འཛིན་ལ་རབ་ཏུ་འགོད་དོ། །ཤེས་རབ་ལ་རབ་ཏུ་འགོད་དོ། །རྣམ་པར་གྲོལ་བ་ལ་རབ་ཏུ་འགོད་དོ། །རྣམ་པར་གྲོལ་བའི་ཡེ་ཤེས་མཐོང་བ་ལ་རབ་ཏུ་····· འགོད་དོ། །དེ་ཚུལ་ཁྲིམས་ཀྱི་ཕུང་པོ་དང་། ཏིང་ངེ་འཛིན་གྱི་ཕུང་པོ་དང་། ཤེས་རབ་ཀྱི་ཕུང་པོ་དང་། ༔རྣམ་པར་གྲོལ་བའི་ཕུང་པོ་དང་།[༡] རྣམ་པར་གྲོལ་བའི་ཡེ་ཤེས་མཐོང་བའི་ཕུང་པོ་དེས་ཉན་ཐོས་དང་རང་སངས་རྒྱས་ཀྱི་ས་ལས····· འདས་ནས། ཚུལ་ཁྲིམས་ཀྱི་ཕུང་པོ་དང་། ཏིང་ངེ་འཛིན་གྱི་ཕུང་པོ་དང་། ཤེས་རབ་ཀྱི་ཕུང་པོ་དང་། རྣམ་པར་གྲོལ་བའི་ཕུང་པོ་དང་། རྣམ་པར་གྲོལ་བའི་ཡེ་ཤེས་མཐོང་བའི་ཕུང་པོ་དེ་ཉིད་ཀྱིས་བྱང་ཆུབ་སེམས་དཔའི་སྐྱོན་མེད་པར་·· འཇུག་གོ། །བྱང་ཆུབ་སེམས་དཔའི་སྐྱོན་མེད་པར་ཞུགས་ནས། སངས་རྒྱས་ཀྱི་ཞིང་ཡོངས་སུ་དག་པར་བྱས། སེམས་ཅན་རྣམས་ཡོངས་སུ་སྨིན་པར་བྱས་ནས[༢]། རྣམ་པ་ཐམས་ཅད་མཁྱེན་པ་ཉིད་ཐོབ་པར་བྱེད་དོ། །རྣམ་པ་ཐམས་ཅད་མཁྱེན་པ་ཉིད་ཐོབ་ནས། ཆོས་ཀྱི་འཁོར་ལོ་སྐོར་[༣]རོ། །ཆོས་ཀྱི་འཁོར་ལོ་བསྐོར་ནས། སེམས་ཅན་རྣམས་ཐེག་པ་གསུམ་ལ་སོ་སོར་འགོད་ཅིང་། འཁོར་བ་ལས་ཡོངས་སུ་གྲོལ་བར་བྱེད་དོ། །རབ་འབྱོར་དེ་ལྟར་ན་བྱང་ཆུབ་སེམས་དཔའ་སེམས····· དཔའ་ཆེན་པོ། བརྩོན་འགྲུས་ཀྱིས་[༤]མཐར་ཀྱིས་སྤྱོད་པ༔ཡོད་པ་[༥]ཡིན་ཏེ། དེ་ཐམས་ཅད་ཀྱང་དམིགས་སུ་མེད་དོ། །དེ་ཅིའི་ཕྱིར་ཞེ་ན། དེ་ནི་འདི་ལྟར་དེ་ལ་ངོ་བོ་ཉིད་མེད་དོ། །རབ་འབྱོར་གཞན་ཡང་བྱང་ཆུབ་སེམས་དཔའ་སེམས་དཔའ་ཆེན་པོ། སེམས་དང་པོ་བསྐྱེད་པ་ནས་ཉེ་བར་བཟུང་སྟེ། བདག་ཀྱང་ཚད་མེད་པ་དང་། བསམ་གཏན་དང་། གཟུགས་མེད་པའི་སྙོམས་པར་འཇུག་པ་ལ་མཉམ་པར་གཞོག་གོ། །གཞན་ཡང་ཚད་མེད་པ་དང་། བསམ་གཏན་དང་། གཟུགས་མེད་པའི་སྙོམས་པར་འཇུག་པ་ལ༔རབ་ཏུ་འགོད་དོ[༦]། །ཚད་མེད·····

པ་དང་། བསམ་①གཏན་དང་། གཟུགས་མེད་པའི་སྙོམས་པར་འཇུག་པ་རྣམས་ཀྱི་ལེགས་པ་རྗོད་དོ། །གཞན་ཚད་མེད་པ་དང་། བསམ་གཏན་དང་། གཟུགས་མེད་པའི་སྙོམས་པར་འཇུག་པ་ལ་མཉམ་པར་གཞོག་②པ་དེ་དག་གི་ལེགས་པ་རྗོད་ཅིང་མཐུན་པས་དགའ་བར་སྨྲོད་དོ། །དེ་ཚད་མེད་པ་དང་། བསམ་གཏན་དང་། གཟུགས་མེད་པའི་སྙོམས་པར་འཇུག་པ་དག་ལ་གནས་ཤིང་③། སེམས་ཅན་རྣམས་སྦྱིན་པས་ཡོངས་སུ་ཚིམ་པར་བྱེད་དོ། །ཚུལ་ཁྲིམས་ལ་རབ་ཏུ་འགོད་དོ། །ཏིང་ངེ་འཛིན་ལ་རབ་ཏུ་འགོད་དོ། །ཤེས་རབ་ལ་རབ་ཏུ་འགོད་དོ། །རྣམ་པར་གྲོལ་བ་ལ་རབ་ཏུ་འགོད་དོ། །རྣམ་པར་གྲོལ་བའི་ཡེ་ཤེས་མཐོང་བ་ལ་རབ་ཏུ་འགོད་དོ། །དེ་ཚུལ་ཁྲིམས་ཀྱི་ཕུང་པོ་དང་། ཏིང་ངེ་འཛིན་གྱི་ཕུང་པོ་དང་། ཤེས་རབ་ཀྱི་ཕུང་པོ་དང་། རྣམ་པར་གྲོལ་བའི་ཕུང་པོ་དང་།④ རྣམ་པར་གྲོལ་བའི་ཡེ་ཤེས་མཐོང་བའི་ཕུང་པོ་དེས་ཉན་ཐོས་དང་རང་སངས་རྒྱས་ཀྱི་ས་ལས་འདས་ནས། ཚུལ་ཁྲིམས་ཀྱི་ཕུང་པོ་དང་། ཏིང་ངེ་འཛིན་གྱི་ཕུང་པོ་དང་། ཤེས་རབ་ཀྱི་ཕུང་པོ་དང་། རྣམ་པར་གྲོལ་བའི་ཕུང་པོ་དང་། རྣམ་པར་གྲོལ་བའི་ཡེ་ཤེས་མཐོང་བའི་ཕུང་པོ་དེ་ཉིད་ཀྱིས་བྱང་ཆུབ་སེམས་དཔའི་སྐྱོན་མེད་པར་འཇུག་གོ། །བྱང་ཆུབ་སེམས་དཔའི་སྐྱོན་མེད་པར་ཞུགས་ནས། སངས་རྒྱས་ཀྱི་ཞིང་ཡོངས་སུ་དག་པར་བྱས། སེམས་ཅན་རྣམས་ཡོངས་སུ་སྨིན་པར་བྱས་ནས། རྣམ་པ་ཐམས་ཅད་མཁྱེན་པ་ཉིད་ཐོབ་པར་བྱེད་དོ། །རྣམ་པ་ཐམས་ཅད་མཁྱེན་པ་ཉིད་ཐོབ་ནས། ཆོས་ཀྱི་འཁོར་ལོ་སྐོར་⑤རོ། །ཆོས་ཀྱི་འཁོར་ལོ་བསྐོར་ནས། སེམས་ཅན་རྣམས་ཐེག་པ་གསུམ་ལ་སོ་སོར་འགོད་ཅིང་འཁོར་བ་ལས་ཡོངས་སུ་གྲོལ་བར་བྱེད་དོ། །རབ་འབྱོར་དེ་ལྟར་ན་བྱང་ཆུབ་སེམས་དཔའ་སེམས་དཔའ་ཆེན་པོ་བསམ་གཏན་གྱིས་⑥མཐར་ཀྱིས་སྤྱོད་པ་ཡོད་པ་

ཡིན་ཏེ། དེ་ཐམས་ཅད་ཀྱང་དམིགས་སུ་མེད་དོ། །དེ་ཅིའི་ཕྱིར་ཞེ་ན། དེ་ནི་འདི་ལྟར་དེ་ལ་ངོ་བོ་ཉིད་མེད་དོ། །རབ་འབྱོར་གཞན་ཡང་བྱང་ཆུབ་སེམས་དཔའ་སེམས་དཔའ་ཆེན་པོ་སེམས་དང་པོ་བསྐྱེད་པ་ནས་ཉེ་བར་བཟུང་སྟེ། ཤེས་རབ་ཀྱི་ཕ་རོལ་ཏུ་ཕྱིན་པ་ལ་སྤྱོད་པའི་ཚེ། སེམས་ཅན་རྣམས་སྦྱིན་པས་ཡོངས་སུ་ཚིམ་པར་བྱེད་དོ། །ཚུལ་ཁྲིམས་ལ་རབ་ཏུ་འགོད་དོ། །ཏིང་ངེ་འཛིན་ལ་རབ་ཏུ་འགོད་དོ། །ཤེས་རབ་ལ་རབ་ཏུ་འགོད་དོ། །རྣམ་པར་གྲོལ་བ་ལ་རབ་ཏུ་འགོད་དོ། །རྣམ་པར་གྲོལ་བའི་ཡེ་ཤེས་མཐོང་བ་ལ་རབ་ཏུ་འགོད་དོ། །དེ་ཤེས་རབ་ཀྱི་ཕ་རོལ་ཏུ་ཕྱིན་པ་ལ་སྤྱོད་པའི་ཚེ། བདག་ཀྱང་སྦྱིན་པ་ཡོངས་སུ་གཏོང་ངོ་། །ཚུལ་ཁྲིམས་སྲུང་ངོ་། །བཟོད་པ་སྒྲུབ་བོ། །བརྩོན་འགྲུས་རྩོམ་མོ། །བསམ་གཏན་ལ་མཉམ་པར་གཞོག་གོ། །ཤེས་རབ་སྒོམ་མོ། །གཞན་ཡང་སྦྱིན་པ་ལ་རབ་ཏུ་གཞོག་གོ། །ཚུལ་ཁྲིམས་ལ་རབ་ཏུ་གཞོག་གོ། །བཟོད་པ་ལ་རབ་ཏུ་གཞོག་གོ། །བརྩོན་འགྲུས་ལ་རབ་ཏུ་གཞོག་གོ། །ཏིང་ངེ་འཛིན་ལ་རབ་ཏུ་གཞོག་གོ[༧]། །ཿཤེས་རབ་ལ་རབ་ཏུ་གཞོག་གོ། །[༡]སྦྱིན་པའི་ལེགས་པ་བརྗོད་དོ། །ཚུལ་ཁྲིམས་ཀྱི་ལེགས་པ་བརྗོད་དོ། །བཟོད་པའི་ལེགས་པ་བརྗོད་དོ། །བརྩོན་འགྲུས་ཀྱི་ལེགས་པ་བརྗོད་དོ། །བསམ་གཏན་གྱི་ལེགས་པ་བརྗོད་དོ། །ཤེས་རབ་ཀྱི་ལེགས་པ་བརྗོད་དོ། །ཿགང་གཞན་[༡]སྦྱིན་པ་ཡོངས་སུ་གཏོང་བ་དང་། ཚུལ་ཁྲིམས་སྲུང་བ་དང་། བཟོད་པ་སྒྲུབ་པ་དང་། བརྩོན་འགྲུས་རྩོམ་པ་དང་། བསམ་གཏན་ལ་མཉམ་པར་གཞོག་པ་དང་། ཤེས་རབ་སྒོམ་པ་དེ་དག་གི་ཡང་ལེགས་པ་བརྗོད་ཅིང་མཐུན་པས་དགའ་བར་སྤྱོད་དོ། །དེ་སྦྱིན་པའི་ཕ་རོལ་ཏུ་ཕྱིན་པ་དང་། ཚུལ་ཁྲིམས་ཀྱི་ཕ་རོལ་ཏུ་ཕྱིན་པ་དང་། བཟོད་པའི་ཕ་རོལ་ཏུ་ཕྱིན་པ་དང་། བརྩོན་འགྲུས་ཀྱི་ཕ་རོལ་ཏུ་ཕྱིན་པ་དང་། བསམ་གཏན་གྱི་ཕ་རོལ་

ཏུ་ཕྱིན་པ་དང་། ཤེས་རབ་ཀྱི་ཕ་རོལ་ཏུ་ཕྱིན་པ་དེ་དང་ཐབས་[1]མཁས་པས། ཉན་ཐོས་དང་རང་སངས་རྒྱས་ཀྱི་ས་ལས་འདས་ནས། བྱང་ཆུབ་སེམས་དཔའི་སྐྱོན་མེད་པར་འཇུག་གོ། །བྱང་ཆུབ་སེམས་དཔའི་སྐྱོན་མེད་པར་ཞུགས་ནས། སངས་རྒྱས་ཀྱི་ཞིང་ཡོངས་སུ་དག་པར་བྱས། སེམས་ཅན་རྣམས་ཡོངས་སུ་སྨིན་པར་བྱས་ནས། རྣམ་པ་ཐམས་ཅད་མཁྱེན་པ་ཉིད་ཐོབ་པར་བྱེད་དོ། །རྣམ་པ་ཐམས་ཅད་མཁྱེན་པ་ཉིད་ཐོབ་ནས། ཆོས་ཀྱི་འཁོར་ལོ་སྐོར་[2]རོ། །ཆོས་ཀྱི་འཁོར་ལོ་བསྐོར་ནས། སེམས་ཅན་རྣམས་ཐེག་པ་གསུམ་ལ་སོ་སོར་འགོད་ཅིང་འཁོར་བ་ལས་ཡོངས་སུ་གྲོལ་བར་བྱེད་དོ། །རབ་འབྱོར་དེ་ལྟར་ན་བྱང་ཆུབ་སེམས་དཔའ་སེམས་དཔའ་ཆེན་པོ། ཤེས་རབ་ཀྱིས་མཐར་ཀྱིས་སྤྱོད་པ་རྩོམ་སྟེ། དེ་[3]ཐམས་ཅད་ཀྱང་དམིགས་སུ་མེད་དོ། །དེ་ཅིའི་ཕྱིར་ཞེ་ན། དེ་ནི་འདི་ལྟར་དེ་ལ་ངོ་བོ་ཉིད་མེད་དོ།། ||

ཤེས་རབ་ཀྱི་ཕ་རོལད་ཏུ་ཕྱིནད་པ་སྟོང་ཕྲག་བརྒྱ་པ། བམ་པོ་བཅྭ་བརྒྱད་[4]པ། རབ་འབྱོར་གཞན་ཡང་བྱང་ཆུབ་སེམས་དཔའ་སེམས་དཔའ་ཆེན་པོ། མཐར་ཀྱིས་སྤྱོད་པ་དང་། མཐར་ཀྱིས་བསླབ་[5]པ་དང་། མཐར་ཀྱིས་འཇུག་པ་ལ་སློབ་སྟེ། དེ་སེམས་དང་པོ་བསྐྱེད་པ་ཉིད་ཀྱི་ཚེ། རྣམ་པ་ཐམས་ཅད་མཁྱེན་པ་ཉིད་དང་ལྡན་པའི་ཡིད་ལ་བྱ་བས། ཆོས་ཐམས་ཅད་དངོས་པོ་མེད་པའི་ངོ་བོ་ཉིད་[6]རྟོགས་པར་བྱེད་དེ། དེ་སངས་རྒྱས་རྗེས་སུ་དྲན་པ་སྒོམ་མོ། །ཆོས་རྗེས་སུ་དྲན་པ་སྒོམ་མོ། །དགེ་འདུན་རྗེས་སུ་དྲན་པ་སྒོམ་མོ། །ཚུལ་ཁྲིམས་རྗེས་སུ་དྲན་པ་སྒོམ་མོ། །གཏོང་བ་རྗེས་སུ་དྲན་པ་སྒོམ་མོ། །ལྷ་རྗེས་སུ་དྲན་པ་སྒོམ་མོ།། རབ་འབྱོར་ཇི་ལྟར་ན་བྱང་ཆུབ་སེམས་དཔའ་སེམས་དཔའ་ཆེན་པོ། སངས་རྒྱས་རྗེས་སུ་དྲན་པ་སྒོམ་པ་ཡིན་ཞེ་ན། རབ་འབྱོར་འདི་ལ་བྱང་ཆུབ་སེམས་དཔའ་

སེམས་དཔའ་ཆེན་པོ། དེ་བཞིན་གཤེགས་པ་དགྲ་བཅོམ་པ་ཡང་དག་པར་རྫོགས་པའི་སངས་རྒྱས་གཟུགས་སུ་ཡོད་ལ་མི་བྱེད། ཚོར་བར་ཡོད་ལ་མི་བྱེད། འདུ་ཤེས་སུ་ཡོད་ལ་མི་བྱེད། འདུ་བྱེད་དུ་ཡོད་ལ་[1]མི་བྱེད། རྣམ་པར་ཤེས་པར་ཡོད་ལ་མི་བྱེད་དོ། །དེ་ཅིའི་ཕྱིར་ཞེ་ན། དེ་ནི་འདི་ལྟར་གཟུགས་ལ་ངོ་བོ་ཉིད་མེད་དེ། གང་ལ་ངོ་བོ་ཉིད་མེད་པ་དེ་ནི། དངོས་པོ་མེད་པའོ། །ཚོར་བ་ལ་ངོ་བོ་ཉིད་མེད་དེ། གང་ལ་ངོ་བོ་ཉིད་མེད་པ་དེ་ནི། དངོས་པོ་མེད་པའོ། འདུ་ཤེས་ལ་ངོ་བོ་ཉིད་མེད་དེ། གང་ལ་ངོ་བོ་ཉིད་མེད་པ་དེ་ནི། དངོས་པོ་མེད་པའོ། །འདུ་བྱེད་ལ་ངོ་བོ་ཉིད་མེད་དེ། གང་ལ་ངོ་བོ་ཉིད་མེད་པ་དེ་ནི་དངོས་པོ་མེད་པའོ། །རྣམ་པར་ཤེས་པ་ལ་ངོ་བོ་ཉིད་མེད་དེ། གང་ལ་ངོ་བོ་ཉིད་མེད་པ་དེ་ནི་དངོས་པོ་མེད་པའོ། །དངོས་པོ་མེད་པས་ནི་དངོས་པོ་མེད་པ་[2]དྲན་པར་མི་ནུས་ཏེ[3]། དེ་ཅིའི་ཕྱིར་ཞེ་ན། དྲན་པ་མེད་ཅིང་ཡིད་ལ་བྱ་བ་མེད་པ་ནི། སངས་རྒྱས་རྗེས་སུ་དྲན་པའོ། །རབ་འབྱོར་གཞན་ཡང་བྱང་ཆུབ་སེམས་དཔའ་སེམས་དཔའ་ཆེན་པོ་སངས་རྒྱས་རྗེས་སུ་དྲན་པ་སྒོམ་ན། དེ་བཞིན····གཤེགས་པ་དགྲ་བཅོམ་པ་ཡང་དག་པར་རྫོགས་པའི་སངས་རྒྱས་མི་ཆེན་པོའི····མཚན་སུམ་ཅུ་[4]རྩ་གཉིས་ཀྱིས་ཡིད་ལ་མི་བྱེད། སྐུ་གསེར་གྱི་ཁ་དོག་གིས་ཡིད་ལ་མི་བྱེད། འོད་འདོམ་[5]གང་བས་ཡིད་ལ་མི་བྱེད། དཔེ་བྱད་བཟང་པོ་བརྒྱད་ཅུས་[6]ཡིད་ལ་མི་བྱེད་དོ[7]། །དེ་ཅིའི་ཕྱིར་ཞེ་ན། དེ་ནི་འདི་ལྟར་མི་ཆེན་པོའི་མཚན་སུམ་ཅུ་[8]རྩ་གཉིས་ལ་ངོ་བོ་ཉིད་མེད་དེ། གང་ལ་ངོ་བོ་ཉིད་མེད་པ་དེ་ནི་དངོས་པོ་མེད་པའོ། །སྐུ་གསེར་གྱི་ཁ་དོག་ལ་ངོ་བོ་ཉིད་མེད་དེ། གང་ལ་ངོ་བོ་ཉིད་མེད་པ་དེ་[9]ནི་དངོས་པོ་མེད་པའོ། །འོད་འདོམ་གང་བ་ལ་ངོ་བོ་ཉིད་མེད་དེ། གང་ལ་ངོ་བོ་ཉིད་མེད་པ་དེ་ནི་དངོས་པོ་མེད་པའོ། །དཔེ་བྱད་བཟང་པོ

བརྒྱད་ཅུ་ལ་ངོ་བོ་ཉིད་མེད་དེ། གང་ལ་ངོ་བོ་ཉིད་མེད་པ་དེ་ནི་དངོས་པོ་མེད་པའོ། །དངོས་པོ་མེད་པས་ནི་དངོས་པོ་མེད་པ་དྲན་པར་མི་ནུས་ཏེ། དེ་ཅིའི་ཕྱིར་ཞེ་ན། དྲན་པ་མེད་ཅིང་ཡིད་ལ་བྱ་བ་མེད་པ་ནི་སངས་རྒྱས་རྗེས་སུ་དྲན་པའོ། །རབ་འབྱོར་གཞན་ཡང་བྱང་ཆུབ་སེམས་དཔའ་སེམས་དཔའ་ཆེན་པོ་སངས་རྒྱས་རྗེས་སུ་དྲན་པ་སྒོམ་ན། དེ་བཞིན་གཤེགས་པ་དགྲ་བཅོམ་པ་ཡང་དག་པར་རྫོགས་པའི་སངས་རྒྱས་ཚུལ་ཁྲིམས་ཀྱི་ཕུང་པོར་ཡིད་ལ་མི་བྱེད། ཏིང་ངེ་འཛིན་གྱི་ཕུང་པོར་ཡིད་ལ་མི་བྱེད། ཤེས་རབ་ཀྱི་ཕུང་པོར་ཡིད་ལ་མི་བྱེད། རྣམ་པར་གྲོལ་བའི་ཕུང་པོར་ཡིད་ལ་མི་བྱེད། རྣམ་པར་གྲོལ་བའི་ཡེ་ཤེས་གཟིགས་པར་[༡] ཡིད་ལ་མི་བྱེད་དེ[༢]། དེ་ཅིའི་ཕྱིར་ཞེ་ན། དེ་ནི་འདི་ལྟར་ཚུལ་ཁྲིམས་ཀྱི་ཕུང་པོ་ལ་ངོ་བོ་ཉིད་མེད་དོ[༣]། །གང་ལ་ངོ་བོ་ཉིད་མེད་པ་དེ་ནི་དངོས་པོ་མེད་པའོ། །ཏིང་ངེ་འཛིན་གྱི་ཕུང་པོ་ལ་ངོ་བོ་ཉིད་མེད་དེ། གང་ལ་ངོ་བོ་ཉིད་མེད་པ་དེ་ནི་དངོས་པོ་མེད་པའོ། །ཤེས་རབ་ཀྱི་ཕུང་པོ་ལ་ངོ་བོ་ཉིད་མེད་དེ། གང་ལ་ངོ་བོ་ཉིད་མེད་པ་དེ་ནི་དངོས་པོ་མེད་པའོ། །རྣམ་པར་གྲོལ་བའི་ཕུང་པོ་ལ་ངོ་བོ་ཉིད་མེད་དེ། གང་ལ་ངོ་བོ་ཉིད་མེད་པ་དེ་ནི་དངོས་པོ་མེད་པའོ། །རྣམ་པར་གྲོལ་བའི་ཡེ་ཤེས་གཟིགས་པའི་ཕུང་པོ་ལ་ངོ་བོ་ཉིད་མེད་དེ། གང་ལ་ངོ་བོ་ཉིད་མེད་པ་དེ་ནི་དངོས་པོ་མེད་པའོ། །དངོས་པོ་མེད་པས་ནི་དངོས་པོ་མེད་པ་དྲན་པར་མི་ནུས་ཏེ། དེ་ཅིའི་ཕྱིར་ཞེ་ན། དྲན་པ་མེད་ཅིང་ཡིད་ལ་བྱ་བ་མེད་པ་ནི་སངས་རྒྱས་རྗེས་སུ་དྲན་པའོ། །རབ་འབྱོར་གཞན་ཡང་བྱང་ཆུབ་སེམས་དཔའ་སེམས་དཔའ་ཆེན་པོ་སངས་རྒྱས་རྗེས་སུ་དྲན༔པ་བསྒོམ་[༤]ན། དེ་བཞིན་གཤེགས་པ་དགྲ་བཅོམ་པ་ཡང་དག་པར་རྫོགས་པའི་སངས་རྒྱས་དེ་བཞིན་གཤེགས་པའི་སྟོབས་བཅུས་ཡིད་ལ་མི་བྱེད། མི་འཇིགས་པ་བཞིས་ཡིད་ལ་མི་བྱེད།

སོ་སོ་①ཡང་དག་པར་རིག་པ་བཞིས་ཡིད་ལ་མི་བྱེད། བྱམས་པ་ཆེན་པོས་ཡིད་ལ་མི་བྱེད། སྙིང་རྗེ་ཆེན་པོས་ཡིད་ལ་མི་བྱེད། སངས་རྒྱས་ཀྱི་ཆོས་མ་འདྲེས་པ་བཅོ་བརྒྱད་ཀྱིས་ཡིད་ལ་མི་བྱེད་དེ། དེ་ཅིའི་ཕྱིར་ཞེ་ན། དེ་ནི་འདི་ལྟར་དེ་བཞིན་གཤེགས་པའི་སྟོབས་བཅུ་ལ་ངོ་བོ་ཉིད་མེད་དེ། གང་ལ་ངོ་བོ་ཉིད་མེད་པ་དེ་དག་ནི་དངོས་པོ་མེད་པའོ། །མི་འཇིགས་པ་བཞི་ལ་ངོ་བོ་ཉིད་མེད་དེ། གང་ལ་ངོ་བོ་ཉིད་མེད་པ་དེ་དག་②ནི་དངོས་པོ་མེད་པའོ། །སོ་སོ་ཡང་དག་པར་རིག་པ་བཞི་ལ་ངོ་བོ་ཉིད་མེད་དེ། གང་ལ་ངོ་བོ་ཉིད་མེད་པ་དེ་དག་③ནི་དངོས་པོ་མེད་པའོ། །བྱམས་པ་ཆེན་པོ་ལ་ངོ་བོ་ཉིད་མེད་དེ། གང་ལ་ངོ་བོ་ཉིད་མེད་པ་དེ་ནི་དངོས་པོ་མེད་པའོ། །སྙིང་རྗེ་ཆེན་པོ་ལ་ངོ་བོ་ཉིད་མེད་དེ④། གང་ལ་ངོ་བོ་ཉིད་མེད་པ་དེ་ནི་དངོས་པོ་མེད་པའོ། །སངས་རྒྱས་ཀྱི་ཆོས་མ་འདྲེས་པ་བཅོ་བརྒྱད་ལ་ངོ་བོ་ཉིད་མེད་དེ། གང་ལ་ངོ་བོ་ཉིད་མེད་པ་དེ་དག་⑤ནི་དངོས་པོ་·····མེད་པའོ། །དངོས་པོ་མེད་པས་ནི་དངོས་པོ་མེད་པ་དྲན་པར་མི་ནུས་ཏེ། དེ་ཅིའི་ཕྱིར་ཞེ་ན། དྲན་པ་མེད་ཅིང་ཡིད་ལ་བྱ་བ་མེད་པ་ནི། སངས་རྒྱས་རྗེས་སུ་དྲན་པའོ། །རབ་འབྱོར་གཞན་ཡང་བྱང་ཆུབ་སེམས་དཔའ་སེམས་དཔའ་ཆེན་པོ་སངས་རྒྱས་རྗེས་སུ་དྲན་པ་སྒོམ་ན། དེ་བཞིན་གཤེགས་པ་དགྲ་བཅོམ་པ་ཡང་·····དག་པར་རྫོགས་པའི་སངས་རྒྱས་རྟེན་ཅིང་འབྲེལ་པར་འབྱུང་བར་ཡིད་ལ་མི་བྱེད་···དོ། །དེ་ཅིའི་ཕྱིར་ཞེ་ན། དེ་ནི་འདི་ལྟར་རྟེན་ཅིང་འབྲེལ་བར་འབྱུང་བ་ལ་ངོ་བོ་ཉིད་མེད་དེ། གང་ལ་ངོ་བོ་ཉིད་མེད་པ་དེ་ནི་དངོས་པོ་མེད་པའོ། །དངོས་པོ་མེད་པས་ནི་དངོས་པོ་མེད་པ་དྲན་པར་མི་ནུས་ཏེ། དེ་ཅིའི་ཕྱིར་ཞེ་ན། དྲན་པ་མེད་ཅིང་ཡིད་ལ་བྱ་བ་མེད་པ་ནི། སངས་རྒྱས་རྗེས་སུ་དྲན་པའོ། །རབ་འབྱོར་དེ་ལྟར་བྱང་ཆུབ་སེམས་དཔའ་སེམས་དཔའ་ཆེན་པོ། ཆོས་ཐམས་ཅད·····

དངོས་པོ་མེད་པའི་ངོ་བོ་ཉིད་ལ་ཤེས་རབ་ཀྱི་ཕ་རོལ་ཏུ་ཕྱིན་པ་ལ་སྤྱོད་པས། སངས་རྒྱས་རྗེས་སུ་དྲན་པ་[༡]བསྒོམ་པར་བྱའོ། །དེ་ལྟར་ན་མཐར་གྱིས་སྤྱོད་པ་····· དང་། མཐར་གྱིས་བསླབ་པ་དང་། མཐར་གྱིས་འཇུག་པའི་ལམ་ཡོད་པ་ཡིན་ཏེ། དེ་མཐར་གྱིས་སྤྱོད་པ་ལ་སློབ་ཅིང་། ༔མཐར་གྱིས་བསླབ་པ་དང་།[༢] མཐར་གྱིས་འཇུག་པའི་ལམ་ལ་སློབ་པས། དངོས་པོ་མེད་པའི་ངོ་བོ་ཉིད་ཀྱི་ཚུལ་གྱིས། སྦྱིན་པའི་ཕ་རོལ་ཏུ་ཕྱིན་པ་ཡོངས་སུ་རྫོགས་པར་བྱེད་དོ། །དངོས་པོ་མེད་པའི་ངོ་བོ་ཉིད་ཀྱི་ཚུལ་གྱིས། ཚུལ་ཁྲིམས་ཀྱི་ཕ་རོལ་ཏུ་ཕྱིན་པ་ཡོངས་སུ····· རྫོགས་པར་བྱེད་དོ། །དངོས་པོ་མེད་པའི་ངོ་བོ་ཉིད་ཀྱི་ཚུལ་གྱིས། བཟོད་པའི་ཕ་རོལ་ཏུ་ཕྱིན་པ་ཡོངས་སུ་རྫོགས་པར་བྱེད་དོ། །དངོས་པོ་མེད་པའི་ངོ་བོ་ཉིད་ཀྱི་ཚུལ་གྱིས། བརྩོན་འགྲུས་ཀྱི་ཕ་རོལ་ཏུ་ཕྱིན་པ་ཡོངས་སུ་རྫོགས་པར་བྱེད་དོ། །དངོས་པོ་མེད་པའི་ངོ་བོ་ཉིད་ཀྱི་ཚུལ་གྱིས། བསམ་གཏན་གྱི་ཕ་རོལ་ཏུ་ཕྱིན་པ་ཡོངས་སུ་རྫོགས་པར་བྱེད་དོ། །དངོས་པོ་མེད་པའི་ངོ་བོ་ཉིད་ཀྱི་ཚུལ་གྱིས། ཤེས་རབ་ཀྱི་ཕ་རོལ་ཏུ་ཕྱིན་པ་ཡོངས་སུ་རྫོགས་པར་བྱེད་དོ། །དངོས་པོ་མེད་པའི་ངོ་བོ་ཉིད་ཀྱི་ཚུལ་གྱིས། ནང་སྟོང་པ་ཉིད་ཡོངས་སུ་རྫོགས་པར་བྱེད་དོ། །དངོས་པོ་མེད་པའི་ངོ་བོ་ཉིད་ཀྱི་ཚུལ་གྱིས། ཕྱི་སྟོང་པ་ཉིད་ཡོངས་སུ་རྫོགས་པར་བྱེད་དོ། །དངོས་པོ་མེད་པའི་ངོ་བོ་ཉིད་ཀྱི་ཚུལ་གྱིས། ཕྱི་ནང་སྟོང་པ་ཉིད་ཡོངས་སུ་རྫོགས་པར་བྱེད་དོ། །དངོས་པོ་མེད་པའི་ངོ་བོ་ཉིད་ཀྱི་ཚུལ་གྱིས། སྟོང་པ་ཉིད་སྟོང་པ་ཉིད་ཡོངས་སུ་རྫོགས་པར་བྱེད་དོ། །དངོས་པོ་མེད་པའི་ངོ་བོ་ཉིད་ཀྱི་ཚུལ་གྱིས། ཆེན་པོ་སྟོང་པ་ཉིད་ཡོངས་སུ་རྫོགས་པར་བྱེད་དོ། །དངོས་པོ་མེད་པའི་ངོ་བོ་ཉིད་ཀྱི་ཚུལ་གྱིས། དོན་དམ་པ་སྟོང་པ་ཉིད་ཡོངས་སུ་རྫོགས་པར་བྱེད་དོ། །དངོས་པོ་མེད་པའི་ངོ་བོ་ཉིད་ཀྱི་ཚུལ་གྱིས། འདུས་བྱས་སྟོང་པ་

ཉིད་ཡོངས་སུ་རྫོགས་པར་བྱེད་དོ། །དངོས་པོ་མེད་པའི་ངོ་བོ་ཉིད་ཀྱི་ཚུལ་གྱིས། འདུས་མ་བྱས་སྟོང་པ་ཉིད་ཡོངས་སུ་རྫོགས་པར་བྱེད་དོ། །དངོས་པོ་མེད་པའི་ངོ་བོ་ཉིད་ཀྱི་ཚུལ་གྱིས། མཐའ་ལས་འདས་པ་སྟོང་པ་ཉིད་ཡོངས་སུ་རྫོགས་པར······བྱེད་དོ། །དངོས་པོ་མེད་པའི་ངོ་བོ་ཉིད་ཀྱི་ཚུལ་གྱིས། ཐོག་མ་དང་ཐ་མ་མེད་པ་སྟོང་པ་ཉིད་ཡོངས་སུ་རྫོགས་པར་བྱེད་དོ། །དངོས་པོ་མེད་པའི་ངོ་བོ་ཉིད་ཀྱི་ཚུལ་གྱིས། དོར་བ་མེད་པ་སྟོང་པ་ཉིད་ཡོངས་སུ་རྫོགས་པར་བྱེད་དོ། །དངོས་པོ་མེད་པའི་ངོ་བོ་ཉིད་ཀྱི་ཚུལ་གྱིས། རང་བཞིན་སྟོང་པ་ཉིད་ཡོངས་སུ་རྫོགས····པར་བྱེད་དོ། །དངོས་པོ་མེད་པའི་ངོ་བོ་ཉིད་ཀྱི་ཚུལ་གྱིས། ཆོས་ཐམས་ཅད་སྟོང་པ་ཉིད་ཡོངས་སུ་རྫོགས་པར་བྱེད་དོ། །དངོས་པོ་མེད་པའི་ངོ་བོ་ཉིད་ཀྱི་ཚུལ་གྱིས༑ རང་གི་མཚན་ཉིད་སྟོང་པ་ཉིད་ཡོངས་སུ་[1]རྫོགས་པར་བྱེད་དོ། །དངོས་པོ་མེད་པའི་ངོ་བོ་ཉིད་ཀྱི་ཚུལ་གྱིས། མི་དམིགས་པ་སྟོང་པ་ཉིད་ཡོངས་སུ་རྫོགས་པར་བྱེད་དོ། །དངོས་པོ་མེད་པའི་ངོ་བོ་ཉིད་ཀྱི་ཚུལ་གྱིས། དངོས་པོ་མེད་པ་སྟོང་པ་ཉིད་ཡོངས་སུ་རྫོགས་པར་བྱེད་དོ། །དངོས་པོ་མེད་པའི་ངོ་བོ་ཉིད་ཀྱི་ཚུལ་གྱིས༑ ངོ་བོ་ཉིད་སྟོང་པ་ཉིད་ཡོངས་སུ་རྫོགས་པར་བྱེད་དོ། །དངོས་པོ་མེད་པའི་ངོ་བོ་ཉིད་ཀྱི་ཚུལ་གྱིས། དངོས་པོ་མེད་པའི་ངོ་བོ་ཉིད་སྟོང་པ་ཉིད་ཡོངས་སུ་རྫོགས་པར་བྱེད་དོ། །དངོས་པོ་མེད་པའི་ངོ་བོ་ཉིད་ཀྱི་ཚུལ་གྱིས། དྲན་པ་ཉེ་བར་གཞག་པ་རྣམས་ཡོངས་སུ་རྫོགས་པར་བྱེད་དོ། །དངོས་པོ་མེད་པའི་ངོ་བོ་ཉིད་ཀྱི་ཚུལ་གྱིས། ཡང་དག་པར༔ སྤོང་བ་[3]རྣམས་ཡོངས་སུ་རྫོགས་པར་བྱེད་དོ། །དངོས་པོ་མེད་པའི་ངོ་བོ་ཉིད་ཀྱི་ཚུལ་གྱིས། རྫུ་འཕྲུལ་གྱི་རྐང་པ་རྣམས་ཡོངས་སུ་རྫོགས་པར་བྱེད་དོ། །དངོས་པོ་མེད་པའི་ངོ་བོ་ཉིད་ཀྱི་ཚུལ་གྱིས། དབང་པོ་རྣམས་ཡོངས་སུ་རྫོགས་པར་བྱེད་དོ། །དངོས་པོ་མེད་པའི་ངོ་བོ་ཉིད་ཀྱི་ཚུལ་གྱིས།

སྟོབས་རྣམས་ཡོངས་སུ་རྫོགས་པར་བྱེད་དོ། །དངོས་པོ་མེད་པའི་ངོ་བོ་ཉིད་ཀྱི་ཚུལ་གྱིས། བྱང་ཆུབ་ཀྱི་ཡན་ལག་རྣམས་ཡོངས་སུ་རྫོགས་པར་བྱེད་དོ། །དངོས་པོ་མེད་པའི་ངོ་བོ་ཉིད་ཀྱི་ཚུལ་གྱིས། འཕགས་པའི་ལམ་ཡན་ལག་བརྒྱད་པ······ཡོངས་སུ་རྫོགས་པར་བྱེད་དོ། །དངོས་པོ་མེད་པའི་ངོ་བོ་ཉིད་ཀྱི་ཚུལ་གྱིས། འཕགས་པའི་བདེན་པ་རྣམས་ཡོངས་སུ་རྫོགས་པར་བྱེད་དོ། །དངོས་པོ་མེད་པའི་ངོ་བོ་ཉིད་ཀྱི་ཚུལ་གྱིས། བསམ་གཏན་རྣམས་ཡོངས་སུ་རྫོགས་པར་བྱེད་དོ། །དངོས་པོ་མེད་པའི་ངོ་བོ་ཉིད་ཀྱི་ཚུལ་གྱིས། ཚད་མེད་པ་རྣམས་①ཡོངས་སུ······རྫོགས་པར་བྱེད་དོ། །དངོས་པོ་མེད་པའི་ངོ་བོ་ཉིད་ཀྱི་ཚུལ་གྱིས། གཟུགས······མེད་པའི་སྙོམས་པར་འཇུག་པ་རྣམས་ཡོངས་སུ་རྫོགས་པར་བྱེད་དོ། །དངོས་པོ་མེད་པའི་ངོ་བོ་ཉིད་ཀྱི་ཚུལ་གྱིས། རྣམ་པར་ཐར་པ་བརྒྱད་ཡོངས་སུ་རྫོགས་པར་བྱེད་དོ། །དངོས་པོ་མེད་པའི་ངོ་བོ་ཉིད་ཀྱི་ཚུལ་གྱིས། མཐར་གྱིས་གནས་པའི་སྙོམས་པར་འཇུག་པ་དགུ་ཡོངས་སུ་རྫོགས་པར་བྱེད་དོ། །དངོས་པོ་མེད་པའི་ངོ་བོ་ཉིད་ཀྱི་ཚུལ་གྱིས། སྟོང་པ་ཉིད་ཀྱི་ཏིང་ངེ་འཛིན་ཡོངས་སུ་རྫོགས་པར་བྱེད་དོ།། དངོས་པོ་མེད་པའི་ངོ་བོ་ཉིད་ཀྱི་ཚུལ་གྱིས། མཚན་མ་མེད་པའི་ཏིང་ངེ་འཛིན······ཡོངས་སུ་རྫོགས་པར་བྱེད་དོ། །དངོས་པོ་མེད་པའི་ངོ་བོ་ཉིད་ཀྱི་ཚུལ་གྱིས། སྨོན་པ་མེད་པའི་ཏིང་ངེ་འཛིན་ཡོངས་སུ་རྫོགས་པར་བྱེད་དོ། །དངོས་པོ་མེད་པའི་ངོ་བོ་ཉིད་ཀྱི་ཚུལ་གྱིས། མངོན་པར་ཤེས་པ་རྣམས་ཡོངས་སུ་རྫོགས་པར······བྱེད་དོ། །དངོས་པོ་མེད་པའི་ངོ་བོ་ཉིད་ཀྱི་ཚུལ་གྱིས། ཏིང་ངེ་འཛིན་རྣམས་ཡོངས་སུ་རྫོགས་པར་བྱེད་དོ། །དངོས་པོ་མེད་པའི་ངོ་བོ་ཉིད་ཀྱི་ཚུལ་གྱིས། གཟུངས་ཀྱི་སྒོ་རྣམས་ཡོངས་སུ་རྫོགས་པར་བྱེད་དོ། །དངོས་པོ་མེད་པའི་ངོ་བོ་ཉིད་ཀྱི་ཚུལ་གྱིས། དེ་བཞིན་གཤེགས་པའི་སྟོབས་བཅུ་ཡོངས་སུ་རྫོགས་པར་བྱེད་

དོ༔ །དངོས་པོ་མེད་པའི་ངོ་བོ་ཉིད་ཀྱི་ཚུལ་གྱིས། མི་འཇིགས་པ་བཞི་ཡོངས་སུ་རྫོགས་པར་བྱེད་དོ། །དངོས་པོ་མེད་པའི་ངོ་བོ་ཉིད་ཀྱི་ཚུལ་གྱིས། སོ་སོ་ཡང་དག་པར་རིག་པ་བཞི་ཡོངས་སུ་རྫོགས་པར་བྱེད་དོ། །དངོས་པོ་མེད་པའི་ངོ་བོ་ཉིད་ཀྱི་ཚུལ་གྱིས། བྱམས་པ་ཆེན་པོ་ཡོངས་སུ་རྫོགས་པར་བྱེད་དོ། །དངོས་པོ་མེད་པའི་ངོ་བོ་ཉིད་ཀྱི་ཚུལ་གྱིས། སྙིང་རྗེ་ཆེན་པོ་ཡོངས་སུ་རྫོགས་པར་བྱེད་དོ། །དངོས་པོ་མེད་པའི་ངོ་བོ་ཉིད་ཀྱི་ཚུལ་གྱིས། སངས་རྒྱས་ཀྱི་ཆོས་མ་འདྲེས་པ་བཅོ་བརྒྱད་ཡོངས་སུ་རྫོགས་པར་བྱེད་དོ། །དངོས་པོ་མེད་པའི་ངོ་བོ་ཉིད་ཀྱི་ཚུལ་གྱིས། ཐམས་ཅད་ཤེས་པ་ཉིད་ཡོངས་སུ་རྫོགས་པར་བྱེད་དོ། །དངོས་པོ་མེད་པའི་ངོ་བོ་ཉིད་ཀྱི་ཚུལ་གྱིས། ལམ་གྱི་རྣམ་པ་ཤེས་པ་ཉིད་ཡོངས་སུ་རྫོགས་པར་བྱེད་དོ། །དངོས་པོ་མེད་པའི་ངོ་བོ་ཉིད་ཀྱི་ཚུལ་གྱིས། རྣམ་པ་ཐམས་ཅད་མཁྱེན་པ་ཉིད་ཡོངས་སུ་རྫོགས་པར་བྱེད་དོ། །དེ་ནི་ཆོས་ཐམས་ཅད་དངོས་པོ་མེད་པའི་ངོ་བོ་ཉིད་དུ་མངོན་པར་རྫོགས་པར་འཚང་རྒྱ་བར་འགྱུར་སྟེ① །དེ་ལ་དངོས་པོ་ཡོད་པར་འདུ་ཤེས་པའམ། དངོས་པོ་མེད་པར་འདུ་ཤེས་པ་ཡང་མེད་ན། དྲན……པའི་ལས་རྡུལ་ཙམ་ཡང་ཡོད་པའམ། དྲན་པ་དང་བྲལ་བར་འགྱུར་བ་ལྟ་ཅི……ཞིག་②སྨོས། རབ་འབྱོར་ཇི་ལྟར་ན་བྱང་ཆུབ་སེམས་དཔའ་སེམས་དཔའ་ཆེན་པོ། ཆོས་རྗེས་སུ་དྲན་པ་སྒོམ་པ་ཡིན་ཞེ་ན། རབ་འབྱོར་འདི་ལྟར་བྱང་ཆུབ་སེམས་དཔའ་སེམས་དཔའ་ཆེན་པོ་སེམས་དང་པོ་བསྐྱེད་པ་ནས་ཉེ་བར་བཟུང་སྟེ། ཤེས་རབ་ཀྱི་ཕ་རོལ་ཏུ་ཕྱིན་པ་ལ་སྤྱོད་པའི་ཚེ། རྣམ་པ་ཐམས་ཅད་མཁྱེན་པ་ཉིད་དང་ལྡན་པའི་ཡིད་ལ་བྱ་བས། ཆོས་ཐམས་ཅད་དངོས་པོ་མེད་པའི་ངོ་བོ་ཉིད་དུ……རྟོགས་③པར་བྱས་ནས། ཆོས་རྗེས་སུ་དྲན་པ་སྒོམ་ན། དགེ་བའི་ཆོས་ཡིད་ལ་མི་བྱེད༔ མི་དགེ་བའི་ཆོས་ཡིད་ལ་མི་བྱེད། འཇིག་རྟེན་པའི་ཆོས་ཡིད་ལ་མི་བྱེད།

འཇིག་རྟེན་ལས་འདས་པའི་ཆོས་ཡིད་ལ་མི་བྱེད། ཟང་ཟིང་དང་བཅས་པའི་ཆོས་ཡིད་ལ་མི་བྱེད། ཟང་ཟིང་མེད་པའི་ཆོས་ཡིད་ལ་མི་བྱེད། འཕགས་པའི་ཆོས་ཡིད་ལ་མི་བྱེད། འཕགས་པ་[༧]མ་ཡིན་པའི་ཆོས་ཡིད་ལ་མི་བྱེད། ཟག་པ་དང་བཅས་པའི་ཆོས་ཡིད་ལ་མི་བྱེད་ཟག་པ་མེད་པའི་ཆོས་ཡིད་ལ་མི་བྱེད། འདོད····པའི་ཁམས་སུ་གཏོགས་པའི་ཆོས་ཡིད་ལ་མི་བྱེད། གཟུགས་ཀྱི་ཁམས་སུ་གཏོགས་པའི་ཆོས་ཡིད་ལ་མི་བྱེད། གཟུགས་མེད་པའི་ཁམས་སུ་གཏོགས་པའི་ཆོས་ཡིད་ལ་མི་བྱེད། འདུས་བྱས་ཀྱི་ཆོས་ཡིད་ལ་མི་བྱེད། འདུས་མ་བྱས་ཀྱི་ཆོས་ཡིད་ལ་མི་བྱེད་དོ། །དེ་ཅིའི་ཕྱིར་ཞེ་ན། དེ་ནི་འདི་ལྟར་ཆོས་དེ་དག་ལ་ངོ་བོ་ཉིད་མེད་དེ། གང་ལ་ངོ་བོ་ཉིད་མེད་པ་དེ་དག་ནི་དངོས་པོ་མེད་པའོ། །དངོས་པོ་མེད་པས་ནི་དངོས་པོ་མེད་པ་དྲན་པར་མི་ནུས་ཏེ། དེ་ཅིའི་ཕྱིར་ཞེ་ན། དེ་ནི་འདི་ལྟར་དྲན་པ་མེད་ཅིང་ཡིད་ལ་བྱ་བ་མེད་པ་ནི། ཆོས་རྗེས་སུ་དྲན་པའོ། །རབ་འབྱོར་དེ་ལྟར་[༣]བྱང་ཆུབ་སེམས་དཔའ་སེམས་དཔའ་ཆེན་པོ། ཆོས་ཐམས་ཅད་དངོས་པོ་མེད་པའི་ངོ་བོ་ཉིད་ལ། ཤེས་རབ་ཀྱི་ཕ་རོལ་ཏུ་ཕྱིན་པ་ལ་སྤྱོད་པས། ཆོས་རྗེས་སུ་དྲན་པ་བསྒོམ་པར་བྱ་སྟེ། རབ་འབྱོར་དེ་ལྟར་ན་བྱང་ཆུབ་སེམས་དཔའ·····སེམས་དཔའ་ཆེན་པོ་མཐར་གྱིས་སྤྱོད་པ་དང་། མཐར་གྱིས་བསླབ་པ་དང་། མཐར་གྱིས་འཇུག་པའི་ལམ་ཡོད་པ་ཡིན་ཏེ། [༣]བྱང་ཆུབ་སེམས་དཔའ་སེམས····དཔའ་ཆེན་པོ་དེ་[༦]མཐར་གྱིས་སྤྱོད་པ་ལ་སློབ་ཅིང་། མཐར་གྱིས་བསླབ་པ་དང་། མཐར་གྱིས་འཇུག་པའི་ལམ་ལ་སློབ་པས། དངོས་པོ་མེད་པའི་ངོ་བོ་ཉིད་ཀྱི་ཚུལ་གྱིས། སྦྱིན་པའི་ཕ་རོལ་ཏུ་ཕྱིན་པ་ཡོངས་སུ་རྫོགས་པར་བྱེད་དོ། །དངོས་པོ་མེད་པའི་ངོ་བོ་ཉིད་ཀྱི་ཚུལ་གྱིས། ཚུལ་ཁྲིམས་ཀྱི་ཕ་རོལ་ཏུ་ཕྱིན་པ་ཡོངས་སུ····རྫོགས་པར་བྱེད་དོ། །དངོས་པོ་མེད་པའི་ངོ་བོ་ཉིད་ཀྱི་ཚུལ་གྱིས། བཟོད་པའི་

པ་རོལ་ཏུ་ཕྱིན་པ་ཡོངས་སུ་རྫོགས་པར་བྱེད་དོ། །དངོས་པོ་མེད་པའི་ངོ་བོ་ཉིད་ཀྱི་ཚུལ་གྱིས། བརྩོན་འགྲུས་ཀྱི་ཕ་རོལ་ཏུ་ཕྱིན་པ་ཡོངས་སུ་རྫོགས་པར་བྱེད་དོ། །དངོས་པོ་མེད་པའི་ངོ་བོ་ཉིད་ཀྱི་ཚུལ་གྱིས། བསམ་གཏན་གྱི་ཕ་རོལ་ཏུ་ཕྱིན་པ་ཡོངས་སུ་རྫོགས་པར་བྱེད་དོ། །དངོས་པོ་མེད་པའི་ངོ་བོ་ཉིད་ཀྱི་ཚུལ་གྱིས། ཤེས་རབ་ཀྱི་ཕ་རོལ་ཏུ་ཕྱིན་པ་ཡོངས་སུ་རྫོགས་པར་བྱེད་དོ། །དངོས་པོ་མེད་པའི་ངོ་བོ་ཉིད་ཀྱི་ཚུལ་གྱིས། ནང་སྟོང་པ་ཉིད་ཡོངས་སུ་རྫོགས་པར་བྱེད་དོ། །དངོས་པོ་མེད་པའི་ངོ་བོ་ཉིད་ཀྱི་ཚུལ་གྱིས། ཕྱི་སྟོང་པ་ཉིད་ཡོངས་སུ་རྫོགས་པར་བྱེད་དོ། །དངོས་པོ་མེད་པའི་ངོ་བོ་ཉིད་ཀྱི་ཚུལ་གྱིས། ཕྱི་ནང་སྟོང་པ་ཉིད་ཡོངས་སུ་རྫོགས་པར་བྱེད་དོ། །དངོས་པོ་མེད་པའི་ངོ་བོ་ཉིད་ཀྱི་ཚུལ་གྱིས། སྟོང་པ་ཉིད་སྟོང་པ་ཉིད་ཡོངས་སུ་རྫོགས་པར་བྱེད་དོ། །དངོས་པོ་མེད་པའི་ངོ་བོ་ཉིད་ཀྱི་ཚུལ་གྱིས། ཆེན་པོ་སྟོང་པ་ཉིད་ཡོངས་སུ་རྫོགས་པར་བྱེད་དོ། །དངོས་པོ་མེད་པའི་ངོ་བོ་ཉིད་ཀྱི་ཚུལ་གྱིས། དོན་དམ་པ་སྟོང་པ་ཉིད་ཡོངས་སུ་རྫོགས་པར་བྱེད་དོ། །དངོས་པོ་མེད་པའི་ངོ་བོ་ཉིད་ཀྱི་ཚུལ་གྱིས། འདུས་བྱས་སྟོང་པ་ཉིད་ཡོངས་སུ་རྫོགས་པར་བྱེད་དོ། །དངོས་པོ་མེད་པའི་ངོ་བོ་ཉིད་ཀྱི་ཚུལ་གྱིས། འདུས་མ་བྱས་སྟོང་པ་ཉིད་ཡོངས་སུ་རྫོགས་པར་བྱེད་དོ། །དངོས་པོ་མེད་པའི་ངོ་བོ་ཉིད་ཀྱི་ཚུལ་གྱིས། མཐའ་ལས་འདས་པ་སྟོང་པ་ཉིད་ཡོངས་སུ་རྫོགས་པར་བྱེད་དོ། །དངོས་པོ་མེད་པའི་ངོ་བོ་ཉིད་ཀྱི་ཚུལ་གྱིས། ཐོག་མ་དང་ཐ་མ་མེད་པ་སྟོང་པ་ཉིད་ཡོངས་སུ་རྫོགས་པར་བྱེད་དོ། །དངོས་པོ་མེད་པའི་ངོ་བོ་ཉིད་ཀྱི་ཚུལ་གྱིས། དོར་བ་མེད་པ་སྟོང་པ་ཉིད་ཡོངས་སུ་རྫོགས་པར་བྱེད་དོ། །དངོས་པོ་མེད་པའི་ངོ་བོ་ཉིད་ཀྱི་ཚུལ་གྱིས། རང་བཞིན་སྟོང་པ་ཉིད་ཡོངས་སུ་རྫོགས་པར་བྱེད་དོ། །དངོས་པོ་མེད་པའི་ངོ་བོ་ཉིད་ཀྱི་ཚུལ་གྱིས། ཆོས་ཐམས་ཅད་

སྟོང་པ་ཉིད་ཡོངས་སུ་རྫོགས་པར་བྱེད་དོ། །དངོས་པོ་མེད་པའི་ངོ་བོ་ཉིད་ཀྱི་ཚུལ་གྱིས། རང་གི་མཚན་ཉིད་སྟོང་པ་ཉིད་ཡོངས་སུ་རྫོགས་པར་བྱེད་དོ། །དངོས་པོ་མེད་པའི་ངོ་བོ་ཉིད་ཀྱི་ཚུལ་གྱིས། མི་དམིགས་པ་སྟོང་པ་ཉིད་ཡོངས་སུ་རྫོགས་པར་བྱེད་དོ། །དངོས་པོ་མེད་པའི་ངོ་བོ་ཉིད་ཀྱི་ཚུལ་གྱིས། དངོས་པོ་མེད་པ་སྟོང་པ་ཉིད་ཡོངས་སུ་རྫོགས་པར་བྱེད་དོ། །དངོས་པོ་མེད་པའི་ངོ་བོ་ཉིད་ཀྱི་ཚུལ་གྱིས། ངོ་བོ་ཉིད་སྟོང་པ་ཉིད་ཡོངས་སུ་རྫོགས་པར་བྱེད་དོ། །དངོས་པོ་མེད་པའི་ངོ་བོ་ཉིད་ཀྱི་ཚུལ་གྱིས། དངོས་པོ་མེད་པའི་ངོ་བོ་ཉིད་སྟོང་པ་ཉིད་ཡོངས་སུ་རྫོགས་པར་བྱེད་དོ། །དངོས་པོ་མེད་པའི་ངོ་བོ་ཉིད་ཀྱི་ཚུལ་གྱིས། དྲན་པ་ཉེ་བར་གཞག་པ་རྣམས་ཡོངས་སུ་རྫོགས་པར་བྱེད་དོ། །དངོས་པོ་མེད་པའི་ངོ་བོ་ཉིད་ཀྱི་ཚུལ་གྱིས། ཡང་དག་པར་སྤོང་བ་རྣམས་ཡོངས་སུ་རྫོགས་པར་བྱེད་དོ། །དངོས་པོ་མེད་པའི་ངོ་བོ་ཉིད་ཀྱི་ཚུལ་གྱིས། རྫུ་འཕྲུལ་གྱི་རྐང་པ་རྣམས་ཡོངས་སུ་རྫོགས་པར་བྱེད་དོ། །དངོས་པོ་མེད་(༡)པའི་ངོ་བོ་ཉིད་ཀྱི་ཚུལ་གྱིས། དབང་པོ་རྣམས་ཡོངས་སུ་རྫོགས་པར་བྱེད་དོ། །དངོས་པོ་མེད་པའི་ངོ་བོ་ཉིད་ཀྱི་ཚུལ་གྱིས། སྟོབས་རྣམས་ཡོངས་སུ་རྫོགས་པར་བྱེད་དོ། །དངོས་པོ་མེད་པའི་ངོ་བོ་ཉིད་ཀྱི་ཚུལ་གྱིས། བྱང་ཆུབ་ཀྱི་ཡན་ལག་རྣམས་ཡོངས་སུ་(༢)རྫོགས་པར་བྱེད་དོ། །དངོས་པོ་མེད་པའི་ངོ་བོ་ཉིད་ཀྱི་ཚུལ་གྱིས། འཕགས་པའི་ལམ་ཡན་ལག་བརྒྱད་པ་ཡོངས་སུ་རྫོགས་པར་བྱེད་དོ། །དངོས་པོ་མེད་པའི་ངོ་བོ་ཉིད་ཀྱི་ཚུལ་གྱིས། འཕགས་པའི་བདེན་པ་རྣམས་ཡོངས་སུ་རྫོགས་པར་བྱེད་དོ། །དངོས་པོ་མེད་པའི་ངོ་བོ་ཉིད་ཀྱི་ཚུལ་གྱིས། བསམ་གཏན་རྣམས་ཡོངས་སུ་རྫོགས་པར་བྱེད་དོ། །དངོས་པོ་མེད་པའི་ངོ་བོ་ཉིད་ཀྱི་ཚུལ་གྱིས། ཚད་མེད་པ་རྣམས་ཡོངས་སུ་རྫོགས་པར་བྱེད་དོ། །དངོས་པོ་མེད་པའི་ངོ་བོ་ཉིད་ཀྱི་ཚུལ་གྱིས། གཟུགས་མེད་པའི་

སྙོམས་པར་འཇུག་པ་རྣམས་ཡོངས་སུ་རྫོགས་པར་བྱེད་དོ། །དངོས་པོ་མེད་པའི་ངོ་བོ་ཉིད་ཀྱི་ཚུལ་གྱིས། རྣམ་པར་ཐར་པ་བརྒྱད་ཡོངས་སུ་རྫོགས་པར་བྱེད་དོ། །དངོས་པོ་མེད་པའི་ངོ་བོ་ཉིད་ཀྱི་ཚུལ་གྱིས། མཐར་གྱིས་གནས་པའི་སྙོམས་པར་····འཇུག་པ་དགུ་ཡོངས་སུ་རྫོགས་པར་བྱེད་དོ། །དངོས་པོ་མེད་པའི་ངོ་བོ་ཉིད་ཀྱི་ཚུལ་གྱིས། སྟོང་པ་ཉིད་ཀྱི་ཏིང་ངེ་འཛིན་ཡོངས་སུ་རྫོགས་པར་བྱེད་དོ། །དངོས་པོ་མེད་པའི་ངོ་བོ་ཉིད་ཀྱི་ཚུལ་གྱིས། མཚན་མ་མེད་པའི་ཏིང་ངེ་འཛིན་····ཡོངས་སུ་རྫོགས་པར་བྱེད་དོ། །དངོས་པོ་མེད་པའི་ངོ་བོ་ཉིད་ཀྱི་ཚུལ་གྱིས། སྨོན་པ་མེད་པའི་ཏིང་ངེ་འཛིན་ཡོངས་སུ་རྫོགས་པར་བྱེད་དོ། །དངོས་པོ་མེད་པའི་ངོ་བོ་ཉིད་ཀྱི་ཚུལ་གྱིས། མངོན་པར་ཤེས་པ་རྣམས་ཡོངས་སུ་རྫོགས་པར་····བྱེད་དོ། །དངོས་པོ་མེད་པའི་ངོ་བོ་ཉིད་ཀྱི་ཚུལ་གྱིས། ཏིང་ངེ་འཛིན་རྣམས་ཡོངས་སུ་རྫོགས་པར་བྱེད་དོ། །དངོས་པོ་མེད་པའི་ངོ་བོ་ཉིད་ཀྱི་ཚུལ་གྱིས། གཟུངས་ཀྱི་སྒོ་རྣམས་ཡོངས་སུ་རྫོགས་པར་བྱེད་དོ། །དངོས་པོ་མེད་པའི་ངོ་བོ་ཉིད་ཀྱི་ཚུལ་གྱིས། དེ་བཞིན་གཤེགས་པའི་སྟོབས་བཅུ་ཡོངས་སུ་རྫོགས་པར་བྱེད་དོ། །དངོས་པོ་མེད་པའི་ངོ་བོ་ཉིད་ཀྱི་ཚུལ་གྱིས། མི་འཇིགས་པ་བཞི་ཡོངས་སུ་རྫོགས་པར་བྱེད་དོ[1] །དངོས་པོ་མེད་པའི་ངོ་བོ་ཉིད་ཀྱི་ཚུལ་གྱིས། སོ་སོ་ཡང་དག་པར་རིག་པ་རྣམས་ཡོངས་སུ་རྫོགས་པར་བྱེད་དོ། །དངོས་པོ་མེད་པའི་ངོ་བོ་ཉིད་ཀྱི་ཚུལ་གྱིས། བྱམས་པ་ཆེན་པོ་ཡོངས་སུ་རྫོགས་པར་བྱེད་དོ། །དངོས་པོ་མེད་པའི་ངོ་བོ་ཉིད་ཀྱི་ཚུལ་གྱིས། སྙིང་རྗེ་ཆེན་པོ་ཡོངས་སུ་རྫོགས་པར་བྱེད་དོ། །དངོས་པོ་མེད་པའི་ངོ་བོ་ཉིད་ཀྱི་ཚུལ་གྱིས། སངས་རྒྱས་ཀྱི་ཆོས་མ་འདྲེས་པ་བཅོ་བརྒྱད་ཡོངས་སུ་རྫོགས་པར་བྱེད་དོ། །དངོས་པོ་མེད་པའི་ངོ་བོ་ཉིད་ཀྱི་ཚུལ་གྱིས། ཐམས་ཅད་ཤེས་པ་ཉིད་ཡོངས་སུ་རྫོགས་པར་བྱེད་དོ། །དངོས་པོ་མེད་པའི་ངོ་བོ་

ཉིད་ཀྱི་ཚུལ་གྱིས། ལམ་གྱི་རྣམ་པར་(༧)ཤེས་པ་ཉིད་ཡོངས་སུ་རྫོགས་པར་བྱེད་དོ། །
དངོས་པོ་མེད་པའི་ངོ་བོ་ཉིད་ཀྱི་ཚུལ་གྱིས། རྣམ་པ་ཐམས་ཅད་མཁྱེན་པ་ཉིད་····
ཡོངས་སུ་རྫོགས་པར་བྱེད་དོ། །དེ་ནི་ཆོས་ཐམས་ཅད་དངོས་པོ་མེད་པའི་ངོ་བོ་
ཉིད་དུ་མངོན་པར་རྫོགས་པར་འཚང་རྒྱ་བར་འགྱུར་ཏེ། དེ་ལ་དངོས་པོ་ཡོད་····
པར་འདུ་ཤེས་པའམ། དངོས་པོ་མེད་པར་འདུ་ཤེས་པ་ཡང་མེད་ན། དྲན་པའི་
ལས་རྡུལ་ཙམ་ཡང་ཡོད་པའམ། དྲན་པ་དང་བྲལ་བར་འགྱུར་བ་ལྟ་ཅི་ཞིག་སྨོས།
རབ་འབྱོར་ཇི་ལྟར་ན་བྱང་ཆུབ་སེམས་དཔའ་སེམས་དཔའ་ཆེན་པོ། དགེ་འདུན་
རྗེས་སུ་དྲན་པ་སྒོམ་པ་ཡིན་ཞེ་ན། རབ་འབྱོར་འདི་ལ་བྱང་ཆུབ་སེམས་དཔའ་
སེམས་དཔའ་ཆེན་པོ། སེམས་དང་པོ་བསྐྱེད་པ་ནས་ཉེ་བར་བཟུང་སྟེ། ཤེས་
རབ་ཀྱི་ཕ་རོལ་ཏུ་ཕྱིན་པ་ལ་སྤྱོད་པའི་ཚེ། རྣམ་པ་ཐམས་ཅད་མཁྱེན་པ་ཉིད་དང་
ལྡན་པའི་ཡིད་ལ་བྱ་བས། ཆོས་ཐམས་ཅད་དངོས་པོ་མེད་པའི་ངོ་བོ་ཉིད་དུ····
རྟོགས་པར་བྱས་ནས། དགེ་འདུན་རྗེས་སུ་དྲན་པ་སྒོམ་སྟེ། བཅོམ་ལྡན་འདས་
ཀྱི་ཉན་ཐོས་ཀྱི་དགེ་འདུན་ཚུལ་ཁྲིམས་དང་། ཏིང་ངེ་འཛིན་དང་། ཤེས་རབ་
དང་། རྣམ་པར་གྲོལ་བ་དང་། རྣམ་པར་གྲོལ་བའི་ཡེ་ཤེས་མཐོང་བ་ཕུན་སུམ་
ཚོགས་པའི་སྐྱེས་བུ་ཟུང་བཞི་དང་། སྐྱེས་བུ་གང་ཟག་བརྒྱད་པོ་དེ་དག་དངོས་པོ་
མེད་པའི་ངོ་བོ་ཉིད་དུ་ཡིད་ལ་བྱེད་དོ། །དེ་ཅིའི་ཕྱིར་ཞེ་ན། དེ་ནི་འདི་ལྟར་དེ་
དག་ལ་ངོ་བོ་ཉིད་མེད་དེ། གང་ལ་ངོ་བོ་ཉིད་མེད་པ་དེ་དག་ནི་དངོས་པོ་མེད་
པའོ། །དངོས་པོ་མེད་པས་(༢)ནི་དངོས་པོ་མེད་པ་(༣)དྲན་པར་མི་ནུས་ཏེ། དེ་ཅིའི་
ཕྱིར་ཞེ་ན། དེ་ནི་འདི་ལྟར་དྲན་པ་མེད་ཅིང་ཡིད་ལ་བྱ་བ་མེད་པ་ནི། དགེ་
འདུན་རྗེས་སུ་དྲན་པའོ། །རབ་འབྱོར་དེ་ལྟར་(༦)བྱང་ཆུབ་སེམས་དཔའ་སེམས་
དཔའ་ཆེན་པོ། ཆོས་ཐམས་ཅད་དངོས་པོ་མེད་པའི་ངོ་བོ་ཉིད་ལ། ཤེས་རབ་

ཀྱི་ཕ་རོལ་ཏུ་ཕྱིན་པ་ལ་སྤྱོད་པས། དགེ་འདུན་རྗེས་སུ་དྲན་པ་སྒོམ①པར་བྱ་སྟེ། རབ་འབྱོར་དེ་ལྟར་ན་བྱང་ཆུབ་སེམས་དཔའ་སེམས་དཔའ་ཆེན་པོའི་མཐར་གྱིས…· སྤྱོད②པ་ཡོད་པ་ཡིན། མཐར་གྱིས་བསླབ་པ་ཡོད་པ་ཡིན། མཐར་གྱིས་འཇུག་པའི་ལམ་ཡོད་པ་ཡིན་ཏེ། བྱང་ཆུབ་སེམས་དཔའ་སེམས་དཔའ་ཆེན་པོ་དེ་མཐར་གྱིས་སྤྱོད་པ་ལ་སློབ་ཅིང་། མཐར་གྱིས་བསླབ་པ་དང་། མཐར་གྱིས་འཇུག་པའི་ལམ་ལ་སློབ③པས། དངོས་པོ་མེད་པའི་ངོ་བོ་ཉིད་ཀྱི་ཚུལ་གྱིས། སྦྱིན་པའི་ཕ་རོལ་ཏུ་ཕྱིན་པ་ཡོངས་སུ་རྫོགས་པར་བྱེད་དོ། །དངོས་པོ་མེད་པའི་ངོ་བོ་ཉིད་ཀྱི་ཚུལ་གྱིས། ཚུལ་ཁྲིམས་ཀྱི་ཕ་རོལ་ཏུ་ཕྱིན་པ་ཡོངས་སུ་རྫོགས་པར་བྱེད་དོ། །དངོས་པོ་མེད་པའི་ངོ་བོ་ཉིད་ཀྱི་ཚུལ་གྱིས། བཟོད་པའི་ཕ་རོལ་ཏུ་ཕྱིན་པ་ཡོངས་སུ་རྫོགས་པར་བྱེད་དོ། །དངོས་པོ་མེད་པའི་ངོ་བོ་ཉིད་ཀྱི་ཚུལ་གྱིས། བརྩོན་འགྲུས་ཀྱི་ཕ་རོལ་ཏུ་ཕྱིན་པ་ཡོངས་སུ་རྫོགས་པར་བྱེད་དོ། །དངོས་པོ་མེད་པའི་ངོ་བོ་ཉིད་ཀྱི་ཚུལ་གྱིས། བསམ་གཏན་གྱི་ཕ་རོལ་ཏུ་ཕྱིན་པ་ཡོངས་སུ་རྫོགས་པར་བྱེད་དོ། །དངོས་པོ་མེད་པའི་ངོ་བོ་ཉིད་ཀྱི་ཚུལ་གྱིས། ཤེས་རབ་ཀྱི་ཕ་རོལ་ཏུ་ཕྱིན་པ་ཡོངས་སུ་རྫོགས་པར་བྱེད་དོ། །དངོས་པོ་མེད་པའི་ངོ་བོ་ཉིད་ཀྱི་ཚུལ་གྱིས། ནང་སྟོང་པ་ཉིད་ཡོངས་སུ་རྫོགས་པར་བྱེད་དོ། །དངོས་པོ་མེད་པའི་ངོ་བོ་ཉིད་ཀྱི་ཚུལ་གྱིས། ཕྱི་སྟོང་པ་ཉིད་ཡོངས་སུ་རྫོགས་པར་བྱེད་དོ། །དངོས་པོ་མེད་པའི་ངོ་བོ་ཉིད་ཀྱི་ཚུལ་གྱིས། ཕྱི་ནང་སྟོང་པ་ཉིད་ཡོངས་སུ་རྫོགས་པར་བྱེད་དོ། །དངོས་པོ་མེད་པའི་ངོ་བོ་ཉིད་ཀྱི་ཚུལ་གྱིས། སྟོང་པ་ཉིད་སྟོང་པ་ཉིད་ཡོངས་སུ་རྫོགས་པར་བྱེད་དོ། །དངོས་པོ་མེད་པའི་ངོ་བོ་ཉིད་ཀྱི་ཚུལ་གྱིས། ཆེན་པོ་སྟོང་པ་ཉིད་ཡོངས་སུ་རྫོགས་པར་བྱེད་དོ། །དངོས་པོ་མེད་པའི་ངོ་བོ་ཉིད་ཀྱི་ཚུལ་གྱིས། དོན་དམ་པ་སྟོང་པ་ཉིད་ཡོངས་སུ་རྫོགས་པར་བྱེད་དོ། །དངོས་པོ་མེད་པའི་ངོ་བོ་

ཉིད་ཀྱི་ཚུལ་གྱིས། འདུས་བྱས་སྟོང་པ་ཉིད་ཡོངས་སུ་རྫོགས་པར་བྱེད་དོ། །དངོས་པོ་མེད་པའི་ངོ་བོ་ཉིད་ཀྱི་ཚུལ་གྱིས། འདུས་མ་བྱས་སྟོང་པ་ཉིད་ཡོངས་སུ་རྫོགས་པར་བྱེད་དོ། །དངོས་པོ་མེད་པའི་ངོ་བོ་ཉིད་ཀྱི་ཚུལ་གྱིས། མཐའ་ལས་འདས་པ་སྟོང་པ་ཉིད་ཡོངས་སུ་རྫོགས་པར་བྱེད་དོ། །དངོས་པོ་མེད་པའི་ངོ་བོ་ཉིད་ཀྱི་ཚུལ་གྱིས། ཐོག་མ་དང་ཐ་མ་མེད་པ་སྟོང་པ་ཉིད་ཡོངས་སུ་རྫོགས་པར་བྱེད་དོ། །དངོས་པོ་མེད་པའི་ངོ་བོ་ཉིད་ཀྱི་ཚུལ་གྱིས། དོར་བ་མེད་པ་སྟོང་པ་ཉིད་ཡོངས་སུ་རྫོགས་པར་བྱེད་དོ། །དངོས་པོ་མེད་པའི་ངོ་བོ་ཉིད་ཀྱི་ཚུལ་གྱིས། རང་བཞིན་སྟོང་པ་ཉིད་ཡོངས་སུ་རྫོགས་པར་བྱེད་དོ། །དངོས་པོ་མེད་པའི་ངོ་བོ་ཉིད་ཀྱི་ཚུལ་གྱིས། ཆོས་ཐམས་ཅད་སྟོང་པ་ཉིད་ཡོངས་སུ་རྫོགས་པར་བྱེད་དོ། །དངོས་པོ་མེད་པའི་ངོ་བོ་ཉིད་ཀྱི་ཚུལ་གྱིས། རང་གི་མཚན་ཉིད་སྟོང་པ་ཉིད······ཡོངས་སུ་རྫོགས་པར་བྱེད་དོ། །དངོས་པོ་མེད་པའི་ངོ་བོ་ཉིད་ཀྱི་ཚུལ་གྱིས། མི་དམིགས་པ་སྟོང་པ་ཉིད་ཡོངས་སུ་རྫོགས་པར་བྱེད་དོ། །དངོས་པོ་མེད་པའི་ངོ་བོ་ཉིད་ཀྱི་ཚུལ་གྱིས། དངོས་པོ་མེད་པ་སྟོང་པ་ཉིད་ཡོངས་སུ་རྫོགས་པར་བྱེད་དོ། །དངོས་པོ་མེད་པའི་ངོ་བོ་ཉིད་ཀྱི་ཚུལ་གྱིས། ངོ་བོ་ཉིད་སྟོང་པ་ཉིད་ཡོངས་སུ······རྫོགས་པར་བྱེད་དོ། །དངོས་པོ་མེད་པའི་ངོ་བོ་ཉིད་ཀྱི་ཚུལ་གྱིས། དངོས་པོ་མེད་པའི་ངོ་བོ་ཉིད་སྟོང་པ་ཉིད་ཡོངས་སུ་རྫོགས་པར་བྱེད་དོ། །དངོས་པོ་མེད་པའི་ངོ་བོ་ཉིད་ཀྱི་ཚུལ་གྱིས། དྲན་པ་ཉེ་བར་གཞག་པ་རྣམས་ཡོངས་སུ་རྫོགས་པར་བྱེད་དོ། །དངོས་པོ་མེད་པའི་ངོ་བོ་ཉིད་ཀྱི་ཚུལ་གྱིས། ཡང་དག་པར་སྤོང་བ་རྣམས་ཡོངས་སུ་རྫོགས་པར་བྱེད་དོ། །དངོས་པོ་མེད་པའི་ངོ་བོ་ཉིད་ཀྱི་ཚུལ་གྱིས། རྫུ་འཕྲུལ་གྱི་རྐང་པ་རྣམས་ཡོངས་སུ་རྫོགས་པར་བྱེད་དོ། །དངོས་པོ་མེད་པའི་ངོ་བོ་ཉིད་ཀྱི་ཚུལ་གྱིས། དབང་པོ་རྣམས་ཡོངས་སུ་རྫོགས་པར་བྱེད་དོ། །

དངོས་པོ་མེད་པའི་ངོ་བོ་ཉིད་ཀྱི་ཚུལ་གྱིས། སྟོབས་རྣམས་ཡོངས་སུ་རྫོགས་པར་བྱེད་དོ། །དངོས་པོ་མེད་པའི་ངོ་བོ་ཉིད་ཀྱི་ཚུལ་གྱིས། བྱང་ཆུབ་ཀྱི་ཡན་ལག་རྣམས་ཡོངས་སུ་རྫོགས་པར་བྱེད་དོ། །དངོས་པོ་མེད་པའི་ངོ་བོ་ཉིད་ཀྱི་ཚུལ་གྱིས། འཕགས་པའི་ལམ་ཡན་ལག་བརྒྱད་པ་ཡོངས་སུ་རྫོགས་པར་བྱེད་དོ། །དངོས་པོ་མེད་པའི་ངོ་བོ་ཉིད་ཀྱི་ཚུལ་གྱིས། འཕགས་པའི་བདེན་པ་རྣམས་ཡོངས་སུ་རྫོགས་པར་བྱེད་དོ། །[༡]དངོས་པོ་མེད་པའི་ངོ་བོ་ཉིད་ཀྱི་ཚུལ་གྱིས། བསམ་གཏན་······རྣམས་ཡོངས་སུ་རྫོགས་པར་བྱེད་དོ། །དངོས་པོ་མེད་པའི་ངོ་བོ་ཉིད་ཀྱི་ཚུལ་གྱིས། ཚད་མེད་པ་རྣམས་ཡོངས་སུ་རྫོགས་པར་བྱེད་དོ། །དངོས་པོ་མེད་པའི་ངོ་བོ་ཉིད་ཀྱི་ཚུལ་གྱིས། གཟུགས་མེད་པའི་སྙོམས་པར་འཇུག་པ་རྣམས་ཡོངས་སུ་རྫོགས······པར་བྱེད་དོ། །དངོས་པོ་མེད་པའི་ངོ་བོ་ཉིད་ཀྱི་ཚུལ་གྱིས། རྣམ་པར་ཐར་པ་བརྒྱད་ཡོངས་སུ་རྫོགས་པར་བྱེད་དོ། །དངོས་པོ་མེད་པའི་ངོ་བོ་ཉིད་ཀྱི་ཚུལ་གྱིས། མཐར་གྱིས་གནས་པའི་སྙོམས་པར་འཇུག་པ་དགུ་ཡོངས་སུ་རྫོགས་པར་བྱེད་དོ། །དངོས་པོ་མེད་པའི་[༢]ངོ་བོ་ཉིད་ཀྱི་ཚུལ་གྱིས། སྟོང་པ་ཉིད་ཀྱི་ཏིང་ངེ་འཛིན······ཡོངས་སུ་རྫོགས་པར་བྱེད་དོ། །དངོས་པོ་མེད་པའི་ངོ་བོ་ཉིད་ཀྱི་ཚུལ་གྱིས། མཚན་མ་མེད་པའི་ཏིང་ངེ་འཛིན་ཡོངས་སུ་རྫོགས་པར་བྱེད་དོ། །དངོས་པོ་མེད་པའི་ངོ་བོ་ཉིད་ཀྱི་ཚུལ་གྱིས། སྨོན་པ་མེད་པའི་ཏིང་ངེ་འཛིན་ཡོངས་སུ་རྫོགས······པར་བྱེད་དོ། །དངོས་པོ་མེད་པའི་ངོ་བོ་ཉིད་ཀྱི་ཚུལ་གྱིས། མངོན་པར་ཤེས་པ་རྣམས་ཡོངས་སུ་རྫོགས་པར་བྱེད་དོ། །དངོས་པོ་མེད་པའི་ངོ་བོ་ཉིད་ཀྱི་ཚུལ་གྱིས། ཏིང་ངེ་འཛིན་རྣམས་ཡོངས་སུ་རྫོགས་པར་བྱེད་དོ། །དངོས་པོ་མེད་པའི་ངོ་བོ་ཉིད་ཀྱི་ཚུལ་གྱིས། གཟུངས་ཀྱི་སྒོ་རྣམས་ཡོངས་སུ་རྫོགས་པར་བྱེད་དོ། །དངོས་པོ་མེད་པའི་ངོ་བོ་ཉིད་ཀྱི་ཚུལ་གྱིས། དེ་བཞིན་གཤེགས་པའི་སྟོབས་བཅུ་ཡོངས་

སུ་རྫོགས་པར་བྱེད་དོ། །དངོས་པོ་མེད་པའི་ངོ་བོ་ཉིད་ཀྱི་ཚུལ་གྱིས། མི་···འཇིགས་②པ་བཞི་ཡོངས་སུ་རྫོགས་པར་བྱེད་དོ། །དངོས་པོ་མེད་པའི་ངོ་བོ་ཉིད་ཀྱི་ཚུལ་གྱིས། སོ་སོ་ཡང་དག་པར་རིག་པ་རྣམས་ཡོངས་སུ་རྫོགས་པར་བྱེད་དོ། །དངོས་པོ་མེད་པའི་ངོ་བོ་ཉིད་ཀྱི་ཚུལ་གྱིས། བྱམས་པ་ཆེན་པོ་ཡོངས་སུ་རྫོགས་པར་བྱེད་དོ། །དངོས་པོ་མེད་པའི་ངོ་བོ་ཉིད་ཀྱི་ཚུལ་གྱིས། སྙིང་རྗེ་ཆེན་པོ་ཡོངས་སུ་རྫོགས་པར་བྱེད་དོ། །དངོས་པོ་མེད་པའི་ངོ་བོ་ཉིད་ཀྱི་ཚུལ་གྱིས། སངས་རྒྱས་ཀྱི་ཆོས་མ་འདྲེས་པ་བཅོ་བརྒྱད་ཡོངས་སུ་རྫོགས་པར་བྱེད་དོ། །དངོས་པོ་མེད་པའི་ངོ་བོ་ཉིད་ཀྱི་ཚུལ་གྱིས། ཐམས་ཅད་ཤེས་པ་ཉིད་ཡོངས་སུ···རྫོགས་པར་བྱེད་དོ། །དངོས་པོ་མེད་པའི་ངོ་བོ་ཉིད་ཀྱི་ཚུལ་གྱིས། ལམ་གྱི་རྣམ་པ་ཤེས་པ་ཉིད་ཡོངས་སུ་རྫོགས་པར་བྱེད་དོ། །དངོས་པོ་མེད་པའི་ངོ་བོ་ཉིད་ཀྱི་ཚུལ་གྱིས། རྣམ་པ་ཐམས་ཅད་མཁྱེན་པ་ཉིད་ཡོངས་སུ་རྫོགས་པར་བྱེད་དོ། །དེ་ནི་ཆོས་ཐམས་ཅད་དངོས་པོ་མེད་པའི་ངོ་བོ་ཉིད་དུ་མངོན་པར་རྫོགས་པར·····འཚང་རྒྱ་བར་འགྱུར་ཏེ། དེ་ལ་དངོས་པོ་ཡོད་པར་འདུ་ཤེས་པའམ། དངོས་པོ་མེད་པར་འདུ་ཤེས་པ་ཡང་མེད་ན། ངན་པའི་ལས་རྡུལ་ཙམ་ཡང་ཡོད་པའམ། ངན་པ་དང་བྲལ་བར་འགྱུར་བ་ལྟ་ཅི་ཞིག་སྨོས། རབ་འབྱོར་ཇི་ལྟར་ན་བྱང་ཆུབ་སེམས་དཔའ་སེམས་དཔའ་ཆེན་པོ། ཚུལ་ཁྲིམས་རྗེས་སུ་དྲན་པ་སྒོམ་པ་ཡིན་ཞེ་ན། རབ་འབྱོར་འདི་ལ་བྱང་ཆུབ་སེམས་དཔའ་སེམས་དཔའ་ཆེན་པོ་སེམས་དང་པོ་བསྐྱེད་པ་ནས་ཉེ་བར་བཟུང་སྟེ། ཤེས་རབ་ཀྱི་ཕ་རོལ་ཏུ་ཕྱིན་པ་ལ་སྤྱོད་པའི་ཚེ། རྣམ་པ་ཐམས་ཅད་མཁྱེན་པ་ཉིད་དང་ལྡན་པ་③ཡིད་ལ་བྱ་བས། ཆོས་ཐམས་ཅད་དངོས་པོ་མེད་པའི་ངོ་བོ་ཉིད་དུ་རྟོགས་པར་བྱས་ནས། ཚུལ་ཁྲིམས་རྗེས་སུ་དྲན་པ་སྒོམ་ཞིང་། མ་རལ་བ། མ་ཞིག་པ། མ་འདྲེས་པ། སྐྱོན་མེད་

པ༔ མ་ཉམས་པ། མཐུ་[༡]དང་ལྡན་པ། མཁས་པས་བསྔགས་པ། ཤིན་ཏུ་རྫོགས་པ། ཏིང་ངེ་འཛིན་ཡོངས་སུ་སྐྱབ་པའི་ཚུལ་ཁྲིམས་ལ་གནས་པ་ཡིན་ཏེ། དེ་ཚུལ་ཁྲིམས་དེ་དངོས་པོ་མེད་པའི་ངོ་བོ་ཉིད་དུ་ཡིད་ལ་བྱེད་དོ། །དེ་ཅིའི་ཕྱིར་ཞེ་ན། དེ་ནི་འདི་ལྟར་དེ་ལ་ངོ་བོ་ཉིད་མེད་དེ། གང་ལ་ངོ་བོ་ཉིད་མེད་པ་དེ་ནི་དངོས་པོ་མེད་པའོ། །དངོས་པོ་མེད་པས་ནི་དངོས་པོ་མེད་པ[༢]། དྲན་པར་མི་ནུས་ཏེ། དེ་ཅིའི་ཕྱིར་ཞེ་ན། དེ་ནི་འདི་ལྟར་དྲན་པ་མེད་ཅིང་ཡིད་ལ་བྱ་བ་མེད་པ་ནི་ཚུལ་ཁྲིམས་རྗེས་སུ་དྲན་པའོ། །རབ་འབྱོར་དེ་ལྟར་[༣]བྱང་ཆུབ་སེམས་དཔའ་སེམས་དཔའ་ཆེན་པོ། ཆོས་ཐམས་ཅད་དངོས་པོ་མེད་པའི་ངོ་བོ་ཉིད་ལ། ཤེས་རབ་ཀྱི་ཕ་རོལ་ཏུ་ཕྱིན་པ་ལ་སྤྱོད་པས། ཚུལ་ཁྲིམས་རྗེས་སུ་དྲན་པ་བསྒོམ་པར་བྱ་སྟེ། རབ་འབྱོར་དེ་ལྟར་ན། བྱང་ཆུབ་སེམས་དཔའ་སེམས་དཔའ་ཆེན་པོའི་[༤]མཐར་ཀྱིས༔ སྤྱོད་པ་ཡོད་པ་ཡིན། མཐར་ཀྱིས་[༥]བསླབ་པ་ཡོད་པ་ཡིན། མཐར་ཀྱིས་སློབ་[༦]པའི་ལམ་ཡོད་པ་ཡིན་ཏེ། བྱང་ཆུབ་སེམས་དཔའ་སེམས་……དཔའ་ཆེན་པོ་དེ་[༧]མཐར་ཀྱིས་སྤྱོད་པ་ལ་སློབ་ཅིང་། མཐར་ཀྱིས་བསླབ་པ་དང་། མཐར་ཀྱིས་འཇུག་པའི་ལམ་ལ་སློབ་པས། དངོས་པོ་མེད་པའི་ངོ་བོ་ཉིད་ཀྱི་ཚུལ་གྱིས༔ སྦྱིན་པའི་ཕ་རོལ་ཏུ་ཕྱིན་པ་ཡོངས་སུ་རྫོགས་པར་བྱེད་དོ། །དངོས་པོ་མེད་པའི་ངོ་བོ་ཉིད་ཀྱི་ཚུལ་གྱིས། ཚུལ་ཁྲིམས་ཀྱི་ཕ་རོལ་ཏུ་ཕྱིན་པ་ཡོངས་སུ……རྫོགས་པར་བྱེད་དོ[༨]། །དངོས་པོ་མེད་པའི་ངོ་བོ་ཉིད་ཀྱི་ཚུལ་གྱིས། བཟོད་པའི་ཕ་རོལ་ཏུ་ཕྱིན་པ་ཡོངས་སུ་རྫོགས་པར་བྱེད་དོ། །དངོས་པོ་མེད་པའི་ངོ་བོ་ཉིད་ཀྱི་ཚུལ་གྱིས། བརྩོན་འགྲུས་ཀྱི་ཕ་རོལ་ཏུ་ཕྱིན་པ་ཡོངས་སུ་རྫོགས་པར་བྱེད་དོ། །དངོས་པོ་མེད་པའི་ངོ་བོ་ཉིད་ཀྱི་ཚུལ་གྱིས། བསམ་གཏན་གྱི་ཕ་རོལ་ཏུ་ཕྱིན་པ་ཡོངས་སུ་རྫོགས་པར་བྱེད༔ དོ། །[༩]དངོས་པོ་མེད་པའི་ངོ་བོ་ཉིད་ཀྱི་ཚུལ་གྱིས།

ཤེས་རབ་ཀྱི་ཕ་རོལ་ཏུ་ཕྱིན་པ་ཡོངས་སུ་རྫོགས་པར་བྱེད་དོ། །དངོས་པོ་མེད་པའི་ངོ་བོ་ཉིད་ཀྱི་ཚུལ་གྱིས། ནང་སྟོང་པ་ཉིད་ཡོངས་སུ་རྫོགས་པར་བྱེད་དོ། །དངོས་པོ་མེད་པའི་ངོ་བོ་ཉིད་ཀྱི་ཚུལ་གྱིས། ཕྱི་སྟོང་པ་ཉིད་ཡོངས་སུ་རྫོགས་པར་བྱེད་དོ། །དངོས་པོ་མེད་པའི་ངོ་བོ་ཉིད་ཀྱི་ཚུལ་གྱིས། ཕྱི་ནང་སྟོང་པ་ཉིད་ཡོངས་སུ་རྫོགས་པར་བྱེད་དོ། །དངོས་པོ་མེད་པའི་ངོ་བོ་ཉིད་ཀྱི་ཚུལ་གྱིས། སྟོང་པ་ཉིད་སྟོང་པ་ཉིད་ཡོངས་སུ་རྫོགས་པར་བྱེད་དོ། །དངོས་པོ་མེད་པའི་ངོ་བོ་ཉིད་ཀྱི་ཚུལ་གྱིས། ཆེན་པོ་སྟོང་པ་ཉིད་ཡོངས་སུ་རྫོགས་པར་བྱེད་དོ། །དངོས་པོ་མེད་པའི་ངོ་བོ་ཉིད་ཀྱི་ཚུལ་གྱིས། དོན་དམ་པ་སྟོང་པ་ཉིད་ཡོངས་སུ་རྫོགས་པར་བྱེད་དོ། །དངོས་པོ་མེད་པའི་ངོ་བོ་ཉིད་ཀྱི་ཚུལ་གྱིས། འདུས་བྱས་སྟོང་པ་ཉིད་ཡོངས་སུ་རྫོགས་པར་བྱེད་དོ། །དངོས་པོ་མེད་པའི་ངོ་བོ་ཉིད་ཀྱི་ཚུལ་གྱིས། འདུས་མ་བྱས་སྟོང་པ་ཉིད་ཡོངས་སུ་རྫོགས་པར་བྱེད་དོ། །དངོས་པོ་མེད་པའི་ངོ་བོ་ཉིད་ཀྱི་ཚུལ་གྱིས། མཐའ་ལས་འདས་པ་སྟོང་པ་ཉིད་ཡོངས་སུ་རྫོགས་པར····བྱེད་དོ། །དངོས་པོ་མེད་པའི་ངོ་བོ་ཉིད་ཀྱི་ཚུལ་གྱིས། ཐོག་མ་དང་[7]ཐ་མ་མེད་པ་སྟོང་པ་ཉིད་ཡོངས་སུ་རྫོགས་པར་བྱེད་དོ། །དངོས་པོ་མེད་པའི་ངོ་བོ་ཉིད་ཀྱི་ཚུལ་གྱིས། དོར་བ་མེད་པ་སྟོང་པ་ཉིད་ཡོངས་སུ་རྫོགས་པར་བྱེད་དོ། །དངོས་པོ་མེད་པའི་ངོ་བོ་ཉིད་ཀྱི་ཚུལ་གྱིས། རང་བཞིན་སྟོང་པ་ཉིད་ཡོངས་སུ་རྫོགས་པར་བྱེད་དོ། །དངོས་པོ་མེད་པའི་ངོ་བོ་ཉིད་ཀྱི་ཚུལ་གྱིས། ཆོས་ཐམས་ཅད་སྟོང་པ་ཉིད་ཡོངས་སུ་རྫོགས་པར་བྱེད་དོ། །དངོས་པོ་མེད་པའི་ངོ་བོ་ཉིད་ཀྱི་ཚུལ་གྱིས། རང་གི་མཚན་ཉིད་སྟོང་པ་ཉིད་ཡོངས་སུ་རྫོགས་པར་བྱེད་དོ། །དངོས་པོ་མེད་པའི་ངོ་བོ་ཉིད་ཀྱི་ཚུལ་གྱིས། མི་དམིགས་པ་སྟོང་པ་ཉིད་ཡོངས་སུ་རྫོགས་པར་བྱེད་དོ། །དངོས་པོ་མེད་པའི་ངོ་བོ་ཉིད་ཀྱི་ཚུལ་གྱིས། དངོས་པོ་མེད་པ་སྟོང····

པ་ཉིད་ཡོངས་སུ་རྫོགས་པར་བྱེད་དོ། །དངོས་པོ་མེད་པའི་ངོ་བོ་ཉིད་ཀྱི་ཚུལ་གྱིས། ངོ་བོ་ཉིད་སྟོང་པ་ཉིད་ཡོངས་སུ་རྫོགས་པར་བྱེད་དོ། །དངོས་པོ་མེད་པའི་ངོ་བོ་ཉིད་ཀྱི་ཚུལ་གྱིས། དངོས་པོ་མེད་པའི་ངོ་བོ་ཉིད་སྟོང་པ་ཉིད་ཡོངས་སུ་རྫོགས་པར་བྱེད་དོ། །དངོས་པོ་མེད་པའི་ངོ་བོ་ཉིད་ཀྱི་ཚུལ་གྱིས། དྲན་པ་ཉེ་བར་གཞག་པ་རྣམས་ཡོངས་སུ་རྫོགས་པར་བྱེད་དོ། །དངོས་པོ་མེད་པའི་ངོ་བོ་ཉིད་ཀྱི་ཚུལ་གྱིས། ཡང་དག་པར་སྤོང་བ་རྣམས་ཡོངས་སུ་རྫོགས་པར་བྱེད་དོ། །དངོས་པོ་མེད་པའི་ངོ་བོ་ཉིད་ཀྱི་ཚུལ་གྱིས། ༔[ཕ]རྫུ་འཕྲུལ་གྱི་རྐང་པ་རྣམས་ཡོངས་སུ་རྫོགས་པར་བྱེད་དོ། །དངོས་པོ་མེད་པའི་ངོ་བོ་ཉིད་ཀྱི་ཚུལ་གྱིས། དབང་པོ་[༧]རྣམས་ཡོངས་སུ་རྫོགས་པར་བྱེད་དོ། །དངོས་པོ་མེད་པའི་ངོ་བོ་ཉིད་ཀྱི་ཚུལ་གྱིས།[ཙ][༣] སྟོབས་རྣམས་ཡོངས་སུ་རྫོགས་པར་བྱེད་དོ། །དངོས་པོ་མེད་པའི་ངོ་བོ་ཉིད་ཀྱི་ཚུལ་གྱིས། བྱང་ཆུབ་ཀྱི་ཡན་ལག་རྣམས་ཡོངས་སུ་རྫོགས་པར་བྱེད་དོ། །དངོས་པོ་མེད་པའི་ངོ་བོ་ཉིད་ཀྱི་ཚུལ་གྱིས། འཕགས་པའི་ལམ་ཡན་ལག་བརྒྱད་པ······ཡོངས་སུ་རྫོགས་པར་བྱེད་དོ། །དངོས་པོ་མེད་པའི་ངོ་བོ་ཉིད་ཀྱི་ཚུལ་གྱིས། འཕགས་པའི་བདེན་པ་རྣམས་ཡོངས་སུ་རྫོགས་པར་བྱེད་དོ། །དངོས་པོ་མེད་པའི་ངོ་བོ་ཉིད་ཀྱི་ཚུལ་གྱིས། བསམ་གཏན་རྣམས་ཡོངས་སུ་རྫོགས་པར་བྱེད་དོ། །དངོས་པོ་མེད་པའི་ངོ་བོ་ཉིད་ཀྱི་ཚུལ་གྱིས། ཚད་མེད་པ་རྣམས་ཡོངས་སུ་རྫོགས་པར་བྱེད་དོ། །དངོས་པོ་མེད་པའི་ངོ་བོ་ཉིད་ཀྱི་ཚུལ་གྱིས། གཟུགས་མེད་པའི་སྙོམས་པར་འཇུག་པ་རྣམས་ཡོངས་སུ་རྫོགས་པར་བྱེད་དོ། །དངོས་པོ་མེད་པའི་ངོ་བོ་ཉིད་ཀྱི་ཚུལ་གྱིས། རྣམ་པར་ཐར་པ་བརྒྱད་ཡོངས་སུ་རྫོགས་པར་བྱེད་དོ། །དངོས་པོ་མེད་པའི་ངོ་བོ་ཉིད་ཀྱི་ཚུལ་གྱིས། མཐར་གྱིས་གནས་པའི་སྙོམས་པར་འཇུག་པ་དགུ་ཡོངས་སུ་རྫོགས་པར་བྱེད་དོ། །དངོས་པོ་མེད་པའི་ངོ་བོ་ཉིད་ཀྱི་

ཚུལ་གྱིས། སྟོང་པ་ཉིད་ཀྱི་ཏིང་ངེ་འཛིན་ཡོངས་སུ་རྫོགས་པར་བྱེད་དོ། །དངོས་པོ་མེད་པའི་ངོ་བོ་ཉིད་ཀྱི་ཚུལ་གྱིས། མཚན་མ་མེད་པའི་ཏིང་ངེ་འཛིན་ཡོངས་སུ་རྫོགས་པར་བྱེད་དོ། །དངོས་པོ་མེད་པའི་ངོ་བོ་ཉིད་ཀྱི་ཚུལ་གྱིས། སྨོན་པ་མེད་པའི་ཏིང་ངེ་འཛིན་ཡོངས་སུ་རྫོགས་པར་བྱེད་དོ། །དངོས་པོ་མེད་པའི་ངོ་བོ་ཉིད་ཀྱི་ཚུལ་གྱིས། མངོན་པར་ཤེས་པ་རྣམས་ཡོངས་སུ་རྫོགས་པར་བྱེད་དོ། །དངོས་པོ་མེད་པའི་ངོ་བོ་ཉིད་ཀྱི་ཚུལ་གྱིས། ཏིང་ངེ་འཛིན་རྣམས་ཡོངས་སུ་རྫོགས་པར་བྱེད་དོ། །དངོས་པོ་མེད་པའི་ངོ་བོ་ཉིད་ཀྱི་ཚུལ་གྱིས། གཟུངས་ཀྱི་སྒོ་རྣམས་ཡོངས་སུ་རྫོགས་པར་བྱེད་དོ། །དངོས་པོ་མེད་པའི་ངོ་བོ་ཉིད་ཀྱི་ཚུལ་གྱིས། དེ་བཞིན་གཤེགས་པའི་སྟོབས་བཅུ་ཡོངས་སུ་རྫོགས་པར་བྱེད་དོ། །དངོས་པོ་མེད་པའི་ངོ་བོ་ཉིད་ཀྱི་ཚུལ་གྱིས། མི་འཇིགས་པ་བཞི་①ཡོངས་སུ་རྫོགས་པར་བྱེད་དོ། །དངོས་པོ་མེད་པའི་ངོ་བོ་ཉིད་ཀྱི་ཚུལ་གྱིས། སོ་སོ་ཡང་དག་པར་རིག་པ་རྣམས་ཡོངས་སུ་རྫོགས་པར་བྱེད་དོ། །དངོས་པོ་མེད་པའི་ངོ་བོ་ཉིད་ཀྱི་ཚུལ་གྱིས། བྱམས་པ་ཆེན་པོ་ཡོངས་སུ་རྫོགས་པར་བྱེད་དོ། །དངོས་པོ་མེད་པའི་ངོ་བོ་ཉིད་ཀྱི་ཚུལ་གྱིས། སྙིང་རྗེ་ཆེན་པོ་ཡོངས་སུ་རྫོགས་པར་བྱེད་དོ། །དངོས་པོ་མེད་པའི་ངོ་བོ་ཉིད་ཀྱི་ཚུལ་གྱིས། སངས་རྒྱས་ཀྱི་ཆོས་མ་འདྲེས་པ་བཅོ་བརྒྱད་ཡོངས་སུ་རྫོགས་པར་བྱེད་དོ། །དངོས་པོ་མེད་པའི་ངོ་བོ་ཉིད་ཀྱི་ཚུལ་གྱིས། ཐམས་ཅད་ཤེས་པ་ཉིད་ཡོངས་སུ་རྫོགས་པར་བྱེད་དོ། །དངོས་པོ་མེད་པའི་ངོ་བོ་ཉིད་ཀྱི་ཚུལ་གྱིས། ལམ་གྱི་རྣམ་པར་②ཤེས་པ་ཉིད་ཡོངས་སུ་རྫོགས་པར་བྱེད་དོ། །དངོས་པོ་མེད་པའི་ངོ་བོ་ཉིད་ཀྱི་ཚུལ་གྱིས། རྣམ་པ་ཐམས་ཅད་མཁྱེན་པ་ཉིད་ཡོངས་སུ་རྫོགས་པར་བྱེད་དོ། །དེ་ནི་ཆོས་ཐམས་ཅད་དངོས་པོ་མེད་པའི་ངོ་བོ་ཉིད་དུ་མངོན་པར་རྫོགས་པར་འཚང་རྒྱ་བར་འགྱུར་ཏེ། དེ་ལ་དངོས་པོ་ཡོད་

པར་འདུ་ཤེས་པའམ། དངོས་པོ་མེད་པར་འདུ་ཤེས་པ་ཡང་མེད་ན། དྲན་པའི་ལས་རྣལ་ཙམ་ཡང་ཡོད་པའམ། དྲན་པ་དང་བྲལ་བར་འགྱུར་བ་ལྟ་ཅི་ཞིག་སྨོས། རབ་འབྱོར་ཇི་ལྟར་ན། བྱང་ཆུབ་སེམས་དཔའ་སེམས་དཔའ་ཆེན་པོ་གཏོང་བ་རྗེས་སུ་དྲན་པ་སྒོམ་པ་(༢)ཡིན་ཞེ་ན། རབ་འབྱོར་འདི་ནི་(༣)བྱང་ཆུབ་སེམས····· དཔའ་སེམས་དཔའ་ཆེན་པོ་སེམས་དང་པོ་བསྐྱེད་པ་ནས་ཉེ་བར་བཟུང་སྟེ། ཤེས་རབ་ཀྱི་ཕ་རོལ་ཏུ་ཕྱིན་པ་ལ་སྤྱོད་པའི་ཚེ། རྣམ་པ་ཐམས་ཅད་མཁྱེན་པ་ཉིད་དང་ལྡན་པའི་ཡིད་ལ་བྱ་བས། ཆོས་ཐམས་ཅད་དངོས་པོ་མེད་པའི་ངོ་བོ་ཉིད་དུ····· རྟོགས་(༤)པར་བྱས་ནས། གཏོང་བ་རྗེས་སུ་དྲན་པ་སྒོམ་ཞིང་། གང་ཟང་ཟིང་གཏོང་བ་དང་། ཆོས་གཏོང་བ་ཡིད་ལ་མི་བྱེད་དེ། དེ་ཡན་ལག་དང་། ཉིང་ལག་ཀྱང་ཡོངས་སུ་གཏོང་ན། དངོས་པོ་གཞན་ལྟ་ཅི་ཞིག་སྨོས། དེ་ལྟར་སྦྱིན་པ་ཡོངས་སུ་གཏོང་ཡང་། འདི་ལྟར་བདག་ནི་སྦྱིན་པ་ཡོངས་སུ་གཏོང་བའོ། །དངོས་པོ་འདི་གཏང་(༥)བའོ། །འདི་ལ་གཏང་བར་བྱའོ། །སྙམ་དུ་མི་སེམས་སོ། །དེ་ཅིའི་ཕྱིར་ཞེ་ན། དེ་ནི་འདི་ལྟར་དངོས་པོ་དེ་དག་ལ་ངོ་བོ་ཉིད་མེད་དེ། གང་ལ་ངོ་བོ་ཉིད་མེད་པ་དེ་དག་ནི་དངོས་པོ་མེད་པའོ། །དངོས་པོ་མེད་པས་ནི་དངོས་པོ་མེད་པ་དྲན་པར་མི་ནུས་ཏེ། དེ་ཅིའི་ཕྱིར་ཞེ་ན། དེ་ནི་འདི་ལྟར་དྲན་པ་མེད་ཅིང་ཡིད་ལ་བྱ་བ་མེད་པ་ནི། གཏོང་བ་རྗེས་སུ་དྲན་པའོ། །རབ་འབྱོར་དེ་ལྟར་བྱང་ཆུབ་སེམས་དཔའ་སེམས་དཔའ་ཆེན་པོ། ཆོས་ཐམས་ཅད་དངོས་པོ་མེད་པའི་ངོ་བོ་ཉིད་ལ། ཤེས་རབ་ཀྱི་ཕ་རོལ་ཏུ་ཕྱིན་པ་ལ་སྤྱོད་པས། གཏོང་བ་རྗེས་སུ་དྲན་པ་བསྒོམ་(༦)པར་བྱ་སྟེ། རབ་འབྱོར་དེ་ལྟར་ན་བྱང་ཆུབ་སེམས····· དཔའ་སེམས་དཔའ་ཆེན་པོའི་(༧)མཐར་གྱིས་སྤྱོད་པ་ཡོད་པ་ཡིན། མཐར་གྱིས···· བསླབ་པ་ཡོད་པ་ཡིན། མཐར་གྱིས་འཇུག་པའི་ལམ་ཡོད་པ་ཡིན་ཏེ། བྱང་ཆུབ་

སེམས་དཔའ་སེམས་དཔའ་ཆེན་པོ། དེ་མཐར་གྱིས་སྤྱད་[7]པ་ལ་སློབ་ཅིང་། མཐར་གྱིས་བསླབ་པ་དང་། མཐར་གྱིས་འཇུག་པའི་ལམ་ལ་སློབ་པས། དངོས་པོ་མེད་པའི་ངོ་བོ་ཉིད་ཀྱི་ཚུལ་གྱིས། སྦྱིན་པའི་ཕ་རོལ་ཏུ་ཕྱིན་པ་ཡོངས་སུ་རྫོགས་པར་བྱེད་དོ། །དངོས་པོ་མེད་པའི་ངོ་བོ་ཉིད་ཀྱི་ཚུལ་གྱིས། ཚུལ་ཁྲིམས་ཀྱི་ཕ་རོལ་ཏུ་ཕྱིན་པ་ཡོངས་སུ་རྫོགས་པར་བྱེད་དོ། །དངོས་པོ་མེད་པའི་ངོ་བོ་ཉིད་ཀྱི་ཚུལ་གྱིས། བཟོད་པའི་ཕ་རོལ་ཏུ་ཕྱིན་པ་ཡོངས་སུ་རྫོགས་པར་བྱེད་དོ། །དངོས་པོ་མེད་པའི་ངོ་བོ་ཉིད་ཀྱི་ཚུལ་གྱིས། བརྩོན་འགྲུས་ཀྱི་ཕ་རོལ་ཏུ་ཕྱིན་པ་ཡོངས་སུ་རྫོགས་པར་བྱེད་དོ། །དངོས་པོ་མེད་པའི་ངོ་བོ་ཉིད་ཀྱི་ཚུལ་གྱིས། བསམ་གཏན་གྱི་ཕ་རོལ་ཏུ་ཕྱིན་པ་ཡོངས་སུ་རྫོགས་པར་བྱེད་དོ། །དངོས་པོ་མེད་པའི་ངོ་བོ་ཉིད་ཀྱི་ཚུལ་གྱིས། ཤེས་རབ་ཀྱི་ཕ་རོལད་ཏུ་ཕྱིན་པ་ཡོངས་སུ་རྫོགས་པར་བྱེད་དོ། །དངོས་པོ་མེད་པའི་ངོ་བོ་ཉིད་ཀྱི་ཚུལ་གྱིས། ནང་སྟོང་པ་ཉིད་ཡོངས་སུ་རྫོགས་པར་བྱེད་དོ། །དངོས་པོ་མེད་པའི་ངོ་བོ་ཉིད་ཀྱི་ཚུལ་གྱིས། ཕྱི་སྟོང་པ་ཉིད་ཡོངས་སུ་རྫོགས་པར་བྱེད་དོ། །དངོས་པོ་མེད་པའི་ངོ་བོ་ཉིད་ཀྱི་ཚུལ་གྱིས། ཕྱི་ནང་སྟོང་པ་ཉིད་ཡོངས་སུ་རྫོགས་པར་བྱེད་དོ། །དངོས་པོ་མེད་པའི་ངོ་བོ་ཉིད་ཀྱི་ཚུལ་གྱིས། སྟོང་པ་ཉིད་སྟོང་པ་ཉིད་ཡོངས་སུ་རྫོགས་པར་བྱེད་དོ། །དངོས་པོ་མེད་པའི་ངོ་བོ་ཉིད་ཀྱི་ཚུལ་གྱིས། ཆེན་པོ་སྟོང་པ་ཉིད་ཡོངས་སུ་རྫོགས་པར་བྱེད་དོ། །དངོས་པོ་མེད་པའི་ངོ་བོ་ཉིད་ཀྱི་ཚུལ་གྱིས། དོན་དམ་པ་སྟོང་པ་ཉིད་ཡོངས་སུ་རྫོགས་པར་བྱེད་དོ། །དངོས་པོ་མེད་པའི་ངོ་བོ་ཉིད་ཀྱི་ཚུལ་གྱིས། འདུས་བྱས་སྟོང་པ་ཉིད་ཡོངས་སུ་རྫོགས་པར་བྱེད་དོ། །དངོས་པོ་མེད་པའི་ངོ་བོ་ཉིད་ཀྱི་ཚུལ་གྱིས། འདུས་མ་བྱས་སྟོང་པ་ཉིད་ཡོངས་སུ་རྫོགས་པར་བྱེད་དོ། །དངོས་པོ་མེད་པའི་ངོ་བོ་ཉིད་ཀྱི་ཚུལ་གྱིས། མཐའ་ལས་འདས་པ་སྟོང་པ་ཉིད་

ཡོངས་སུ་རྫོགས་པར་བྱེད་དོ། །དངོས་པོ་མེད་པའི་ངོ་བོ་ཉིད་ཀྱི་ཚུལ་གྱིས། ཐོག་མ་དང་ཐ་མ་མེད་པ་སྟོང་པ་ཉིད་ཡོངས་སུ་རྫོགས་པར་བྱེད་དོ། །དངོས་པོ་མེད་པའི་ངོ་བོ་ཉིད་ཀྱི་ཚུལ་གྱིས། དོར་བ་མེད་པ་སྟོང་པ་ཉིད་ཡོངས་སུ་རྫོགས་པར་བྱེད་དོ། །དངོས་པོ་མེད་པའི་ངོ་བོ་ཉིད་ཀྱི་ཚུལ་གྱིས། རང་བཞིན་སྟོང་པ་ཉིད་ཡོངས་སུ་རྫོགས་པར་བྱེད་དོ། །དངོས་པོ་མེད་པའི་ངོ་བོ་ཉིད་ཀྱི་ཚུལ་གྱིས། ཆོས་ཐམས་ཅད་སྟོང་པ་ཉིད་ཡོངས་སུ་རྫོགས་པར་བྱེད་དོ། །དངོས་པོ་མེད་པའི་ངོ་བོ་ཉིད་ཀྱི་ཚུལ་གྱིས། རང་གི་མཚན་ཉིད་སྟོང་པ་ཉིད་ཡོངས་སུ་རྫོགས་པར་བྱེད་དོ། །དངོས་པོ་མེད་པའི་ངོ་བོ་ཉིད་ཀྱི་ཚུལ་གྱིས། མི་དམིགས་པ་སྟོང་པ་ཉིད་ཡོངས་སུ་རྫོགས་པར་བྱེད་དོ། །དངོས་པོ་མེད་པའི་ངོ་བོ་ཉིད་ཀྱི་ཚུལ་གྱིས། དངོས་པོ་མེད་པ་སྟོང་པ་ཉིད་ཡོངས་སུ་རྫོགས་པར་བྱེད་དོ། །དངོས་པོ་མེད་པའི་ངོ་བོ་ཉིད་ཀྱི་ཚུལ་གྱིས། ངོ་བོ་ཉིད་སྟོང་པ་ཉིད་ཡོངས་སུ་རྫོགས་པར་བྱེད་དོ། །དངོས་པོ་མེད་པའི་ངོ་བོ་ཉིད་ཀྱི་ཚུལ་གྱིས། དངོས་པོ་མེད་པའི་ངོ་བོ་ཉིད་སྟོང་པ་ཉིད་ཡོངས་སུ་རྫོགས་པར་བྱེད་དོ། །དངོས་པོ་མེད་པའི་ངོ་བོ་ཉིད་ཀྱི་ཚུལ་གྱིས། དྲན་པ་ཉེ་བར་གཞག་པ་རྣམས་ཡོངས་སུ་རྫོགས་པར་བྱེད་དོ། །དངོས་པོ་མེད་པའི་ངོ་བོ་ཉིད་ཀྱི་ཚུལ་གྱིས། ཡང་དག་པར་སྤོང་བ་རྣམས་ཡོངས་སུ་རྫོགས་པར་བྱེད་དོ། །དངོས་པོ་མེད་པའི་ངོ་བོ་ཉིད་ཀྱི་ཚུལ་གྱིས། རྫུ་འཕྲུལ་གྱི་རྐང་པ་རྣམས་ཡོངས་སུ་རྫོགས་པར་བྱེད་དོ། །དངོས་པོ་མེད་པའི་ངོ་བོ་ཉིད་ཀྱི་ཚུལ་གྱིས། དབང་པོ་རྣམས་ཡོངས་སུ་རྫོགས་པར་བྱེད་དོ། །དངོས་པོ་མེད་པའི་ངོ་བོ་ཉིད་ཀྱི་ཚུལ་གྱིས། སྟོབས་རྣམས་ཡོངས་སུ་རྫོགས་པར་བྱེད་དོ། །དངོས་པོ་མེད་པའི་ངོ་བོ་ཉིད་ཀྱི་ཚུལ་གྱིས། བྱང་ཆུབ་ཀྱི་ཡན་ལག་རྣམས་ཡོངས་སུ་རྫོགས་པར་བྱེད་དོ། །དངོས་པོ་མེད་པའི་ངོ་བོ་ཉིད་ཀྱི་ཚུལ་གྱིས། འཕགས་པའི་ལམ་ཡན་ལག་བརྒྱད་

པ་ཡོངས་སུ་རྫོགས་པར་བྱེད་དོ། །དངོས་པོ་མེད་པའི་ངོ་བོ་ཉིད་ཀྱི་ཚུལ་གྱིས། འཕགས་པའི་བདེན་པ་རྣམས་ཡོངས་སུ་རྫོགས་པར་བྱེད་དོ[༧]། །དངོས་པོ་མེད་···· པའི་ངོ་བོ་ཉིད་ཀྱི་ཚུལ་གྱིས། བསམ་གཏན་རྣམས་ཡོངས་སུ་རྫོགས་པར་བྱེད་དོ། །དངོས་པོ་མེད་པའི་ངོ་བོ་ཉིད་ཀྱི་ཚུལ་གྱིས། ཚད་མེད་པ་རྣམས་ཡོངས་སུ་རྫོགས་པར་བྱེད་དོ། །དངོས་པོ་མེད་པའི་ངོ་བོ་ཉིད་ཀྱི་ཚུལ་གྱིས། གཟུགས་མེད་པའི་སྙོམས་པར་འཇུག་པ་རྣམས་ཡོངས་སུ་རྫོགས་པར་བྱེད་དོ། །དངོས་པོ་མེད་པའི་ངོ་བོ་ཉིད་ཀྱི་ཚུལ་གྱིས། རྣམ་པར་ཐར་པ་བརྒྱད་ཡོངས་སུ་རྫོགས་པར་བྱེད་དོ། །དངོས་པོ་མེད་པའི་ངོ་བོ་ཉིད་ཀྱི་ཚུལ་གྱིས། མཐར་གྱིས་གནས་པའི་སྙོམས་པར་འཇུག་པ་དགུ་ཡོངས་སུ་རྫོགས་པར་བྱེད་དོ། །དངོས་པོ་མེད་པའི་ངོ་བོ་ཉིད་ཀྱི་ཚུལ་གྱིས། སྟོང་པ་ཉིད་ཀྱི་ཏིང་ངེ་འཛིན་ཡོངས་སུ་རྫོགས་པར་བྱེད་དོ། །དངོས་པོ་མེད་པའི་ངོ་བོ་ཉིད་ཀྱི་ཚུལ་གྱིས། མཚན་མ་མེད་པའི་ཏིང་ངེ་འཛིན་···· ཡོངས་སུ་རྫོགས་པར་བྱེད་དོ། །དངོས་པོ་མེད་པའི་ངོ་བོ་ཉིད་ཀྱི་ཚུལ་གྱིས། སྨོན་པ་མེད་པའི་ཏིང་ངེ་འཛིན་ཡོངས་སུ་རྫོགས་པར་བྱེད་དོ། །དངོས་པོ་མེད་···· པའི་ངོ་བོ་ཉིད་ཀྱི་ཚུལ་གྱིས། མངོན་པར་ཤེས་པ་རྣམས་ཡོངས་སུ་རྫོགས་པར་···· བྱེད་དོ། །དངོས་པོ་མེད་པའི་ངོ་བོ་ཉིད་ཀྱི་ཚུལ་གྱིས། ཏིང་ངེ་འཛིན་རྣམས་ཡོངས་སུ་རྫོགས་པར་བྱེད་དོ། །དངོས་པོ་མེད་པའི་ངོ་བོ་ཉིད་ཀྱི་ཚུལ་གྱིས། གཟུངས་ཀྱི་སྒོ་རྣམས་ཡོངས་སུ་རྫོགས་པར་བྱེད་དོ། །དངོས་པོ་མེད་པའི་ངོ་བོ་ཉིད་ཀྱི་ཚུལ་གྱིས། དེ་བཞིན་གཤེགས་པའི་སྟོབས་བཅུ་ཡོངས་སུ་རྫོགས་པར་བྱེད་དོ། །དངོས་པོ་མེད་པའི་ངོ་བོ་ཉིད་ཀྱི་ཚུལ་གྱིས། མི་འཇིགས་པ་བཞི་ཡོངས་སུ་རྫོགས་པར་བྱེད་དོ། །དངོས་པོ་མེད་པའི་ངོ་བོ་ཉིད་ཀྱི་ཚུལ་གྱིས། སོ་སོ་ཡང་དག་པར་རིག་པ་རྣམས་ཡོངས་སུ་རྫོགས་པར་བྱེད་དོ། །དངོས་པོ་མེད་པའི་ངོ་བོ་

ཉིད་ཀྱི་ཚུལ་གྱིས། བྱམས་པ་ཆེན་པོ་ཡོངས་སུ་རྫོགས་པར་བྱེད་དོ། །དངོས་པོ་མེད་པའི་ངོ་བོ་ཉིད་ཀྱི་ཚུལ་གྱིས། སྙིང་རྗེ་ཆེན་པོ་ཡོངས་སུ་རྫོགས་པར་བྱེད་དོ། །དངོས་པོ་མེད་པའི་ངོ་བོ་ཉིད་ཀྱི་ཚུལ་གྱིས། སངས་རྒྱས་ཀྱི་ཆོས་མ་འདྲེས་པ་བཅོ་བརྒྱད་ཡོངས་སུ་རྫོགས་པར་བྱེད་དོ། །དངོས་པོ་མེད་པའི་ངོ་བོ་ཉིད་ཀྱི་ཚུལ་གྱིས། ཐམས་ཅད་ཤེས་པ་ཉིད་ཡོངས་སུ་རྫོགས་པར་བྱེད་དོ། །དངོས་པོ་མེད་པའི་ངོ་བོ་ཉིད་ཀྱི་ཚུལ་གྱིས། ལམ་གྱི་རྣམ་པ་ཤེས་པ་ཉིད་ཡོངས་སུ་རྫོགས་པར་བྱེད་དོ། །དངོས་པོ་མེད་པའི་ངོ་བོ་ཉིད་ཀྱི་ཚུལ་གྱིས། རྣམ་པ་ཐམས་ཅད་མཁྱེན་པ་ཉིད་ཡོངས་སུ་རྫོགས་པར་བྱེད་དོ། །དེ་ནི་ཆོས་ཐམས་ཅད་དངོས་པོ་མེད་པའི་ངོ་བོ་ཉིད་དུ་མངོན་པར་རྫོགས་པར་འཚང་རྒྱ་བར་འགྱུར་ཏེ[༡]། དེ་ལ་དངོས་པོ་ཡོད་པར་འདུ་ཤེས་པའམ། དངོས་པོ་མེད་པར་འདུ་ཤེས་པ་ཡང་མེད་ན། དྲན་པའི་ལས་རྡུལ་ཙམ་ཡང་ཡོད་པའམ། དྲན་པ་དང་བྲལ་བར་འགྱུར་བ་ལྟ་ཅི་ཞིག་སྨོས། རབ་འབྱོར་ཇི་ལྟར་ན་བྱང་ཆུབ་སེམས་དཔའ་སེམས་དཔའ་ཆེན་པོ་ལྷ་རྗེས་སུ་དྲན་པ་སྒོམ་པ་ཡིན་ཞེ་ན། རབ་འབྱོར་འདི་ལ་བྱང་ཆུབ་སེམས་དཔའ་སེམས་དཔའ་ཆེན་པོ་སེམས་དང་པོ་བསྐྱེད་པ་ནས་ཉེ་བར་བཟུང་སྟེ། ཤེས་རབ་ཀྱི་ཕ་རོལ་ཏུ་ཕྱིན་པ་ལ་སྤྱོད་པའི་ཚེ། རྣམ་པ་ཐམས་ཅད་མཁྱེན་པ་ཉིད་དང་ལྡན་པའི་ཡིད་ལ་བྱ་བས། ཆོས་ཐམས་ཅད་དངོས་པོ་མེད་པའི་ངོ་བོ་ཉིད་དུ་རྟོགས་པར་བྱས་ནས། ལྷ་རྗེས་སུ་དྲན་པ་སྒོམ་སྟེ། རྒྱལ་ཆེན་བཞིའི་རིས་ཀྱི་ལྷར་སྐྱེས་པ་དང་། སུམ་ཅུ་རྩ་གསུམ་གྱི་ལྷར་སྐྱེས་པ་དང་། མཚེ་མའི་ལྷར་སྐྱེས་པ་དང་། དགའ་ལྡན་གྱི་ལྷར་སྐྱེས་པ་དང་། འཕྲུལ་དགའི་ལྷར་སྐྱེས་པ་དང་། གཞན་འཕྲུལ་དབང་བྱེད་ཀྱི་ལྷར་སྐྱེས་པའི་ལྷ་དག་དང་། གཟུགས་ན་སྤྱོད་པ་དང་། གཟུགས་མེད་པ་ན་སྤྱོད་པའི་ཕྱིར་མི་འོང་བ་དེ་དག་དངོས་པོ་མེད་པའི་ངོ་བོ་ཉིད་ཀྱི་ཚུལ་གྱིས་ཡིད་ལ་

བྱེད་དོ། །དེ་ཅིའི་ཕྱིར་ཞེ་ན། དེ་ནི་འདི་ལྟར་དེ་དག་ལ་ངོ་བོ་ཉིད་མེད་དེ། གང་ལ་ངོ་བོ་ཉིད་མེད་པ་དེ་དག་ནི། དངོས་པོ་མེད་པའོ། །དངོས་པོ་མེད་པས་ནི་དངོས་པོ་མེད་པ་དྲན་པར་མི་ནུས་ཏེ། དེ་ཅིའི་ཕྱིར་ཞེ་ན། དེ་ནི་འདི་ལྟར་དྲན་པ་མེད་ཅིང་། ཡིད་ལ་བྱ་བ་མེད་པ་ནི། ལྷ་རྗེས་སུ་དྲན་པའོ། །རབ་འབྱོར་དེ་ལྟར་བྱང་ཆུབ་སེམས་དཔའ་སེམས་དཔའ་ཆེན་པོ། ཆོས་ཐམས་ཅད་དངོས་པོ་མེད་པའི་ངོ་བོ་ཉིད་ལ། ཤེས་རབ་ཀྱི་ཕ་རོལ་ཏུ་ཕྱིན་པ་ལ་སྤྱོད་པས[༡]། ལྷ་རྗེས་སུ་དྲན་པ་སྒོམ[༢]་པར་བྱ་སྟེ། རབ་འབྱོར་དེ་ལྟར་ན། བྱང་ཆུབ་སེམས་དཔའ་སེམས་དཔའ་ཆེན་པོའི་མཐར་གྱིས་སྤྱོད་པ་ཡོད་པ་ཡིན། མཐར་གྱིས····བསླབ་པ་ཡོད་པ་ཡིན། མཐར་གྱིས་འཇུག་པའི་ལམ་ཡོད་པ་ཡིན་ཏེ[༣]། བྱང་ཆུབ་སེམས་དཔའ་སེམས་དཔའ་ཆེན་པོ་དེ[༤]མཐར་གྱིས་སྤྱོད་པ་ལ་སློབ་ཅིང་། མཐར་གྱིས་བསླབ་པ་དང་། མཐར་གྱིས[༥]འཇུག་པའི་ལམ་ལ་སློབ་པས། དངོས་པོ་མེད་པའི་ངོ་བོ་ཉིད་ཀྱི་ཚུལ་གྱིས། སྦྱིན་པའི་ཕ་རོལ་ཏུ་ཕྱིན་པ་ཡོངས་སུ་རྫོགས་པར་བྱེད་དོ། །དངོས་པོ་མེད་པའི་ངོ་བོ་ཉིད་ཀྱི་ཚུལ་གྱིས། ཚུལ་ཁྲིམས་ཀྱི་ཕ་རོལ་ཏུ་ཕྱིན་པ་ཡོངས་སུ་རྫོགས་པར་བྱེད་དོ། །དངོས་པོ་མེད་པའི་ངོ་བོ····ཉིད་ཀྱི་ཚུལ་གྱིས། བཟོད་པའི་ཕ་རོལད་ཏུ་ཕྱིནད་པ་ཡོངས་སུ་རྫོགས་པར་བྱེད་ཏོ༑ །དངོས་པོ་མེད་པའི་ངོ་བོ་ཉིད་ཀྱི་ཚུལ་གྱིས། བརྩོན་འགྲུས་ཀྱི་ཕ་རོལ་ཏུ་ཕྱིན་པ་ཡོངས་སུ་རྫོགས་པར་བྱེད་དོ། །དངོས་པོ་མེད་པའི་ངོ་བོ་ཉིད་ཀྱི་ཚུལ་གྱིས། བསམ་གཏན་གྱི་ཕ་རོལ་ཏུ་ཕྱིན་པ་ཡོངས་སུ་རྫོགས་པར་བྱེད་དོ། །དངོས་པོ་མེད་པའི་ངོ་བོ་ཉིད་ཀྱི་ཚུལ་གྱིས། ཤེས་རབ་ཀྱི་ཕ་རོལ་ཏུ་ཕྱིན་པ་ཡོངས་སུ་རྫོགས་པར་བྱེད་དོ། །དངོས་པོ་མེད་པའི་ངོ་བོ་ཉིད་ཀྱི་ཚུལ་གྱིས། ནང་སྟོང་པ་ཉིད་ཡོངས་སུ་རྫོགས་པར་བྱེད་དོ། །དངོས་པོ་མེད་པའི་ངོ་བོ་ཉིད་ཀྱི་ཚུལ་གྱིས། ཕྱི་སྟོང་པ་

ཉིད་ཡོངས་སུ་རྫོགས་པར་བྱེད་དོ། །དངོས་པོ་མྱེད་པའི་ངོ་བོ་ཉིད་ཀྱི་ཚུལ་གྱིས། ཕྱི་ནང་སྟོང་པ་ཉིད་ཡོངས་སུ་རྫོགས་པར་བྱེད་དོ། །དངོས་པོ་མྱེད་པའི་ངོ་བོ་ཉིད་ཀྱི་ཚུལ་གྱིས། སྟོང་པ་ཉིད་སྟོང་པ་ཉིད་ཡོངས་སུ་རྫོགས་པར་བྱེད་དོ། །དངོས་པོ་མྱེད་པའི་ངོ་བོ་ཉིད་ཀྱི་ཚུལ་གྱིས། ཆེན་པོ་སྟོང་པ་ཉིད་ཡོངས་སུ་རྫོགས་པར་བྱེད་དོ། །དངོས་པོ་མྱེད་པའི་ངོ་བོ་ཉིད་ཀྱི་ཚུལ་གྱིས། དོན་དམ་པ་སྟོང་པ······ཉིད་ཡོངས་སུ་རྫོགས་པར་བྱེད་དོ། །དངོས་པོ་མྱེད་པའི་ངོ་བོ་ཉིད་ཀྱི་ཚུལ་གྱིས། འདུས་བྱས་སྟོང་པ་ཉིད་ཡོངས་སུ་རྫོགས་པར་བྱེད་དོ། །དངོས་པོ་མྱེད་པའི་ངོ་བོ་ཉིད་ཀྱི་ཚུལ་གྱིས། འདུས་མ་བྱས་སྟོང་པ་ཉིད་ཡོངས་སུ་རྫོགས་པར་བྱེད་དོ། །དངོས་པོ་མྱེད་པའི་ངོ་བོ་ཉིད་ཀྱི་ཚུལ་གྱིས། མཐའ་ལས་འདས་པ་སྟོང་པ་ཉིད······ཡོངས་སུ་རྫོགས་པར་བྱེད་དོ། །དངོས་པོ་མྱེད་པའི་ངོ་བོ་ཉིད་ཀྱི་ཚུལ་གྱིས། ཐོག་མ་དང་ཐ་མ་མྱེད་པ་སྟོང་པ་ཉིད་ཡོངས་སུ་རྫོགས་པར་བྱེད་དོ། །དངོས་པོ་མྱེད་པའི་ངོ་བོ་ཉིད་ཀྱི་ཚུལ་གྱིས། དོར་བ་མྱེད་པ་སྟོང་པ་ཉིད་ཡོངས་སུ་རྫོགས་པར་བྱེད་དོ། །དངོས་པོ་མྱེད་པའི་ངོ་བོ་ཉིད་ཀྱི་ཚུལ་གྱིས། རང་བཞིན་སྟོང་པ་ཉིད་ཡོངས་སུ་རྫོགས་པར་བྱེད་དོ། །དངོས་པོ་མྱེད་པའི་ངོ་བོ་ཉིད་ཀྱི་ཚུལ་གྱིས། ཆོས་ཐམས་ཅད་སྟོང་པ་ཉིད་ཡོངས་སུ་རྫོགས་པར་བྱེད་དོ། །དངོས་པོ་མྱེད་པའི་ངོ་བོ་ཉིད་ཀྱི་ཚུལ་གྱིས། རང་གི་མཚན་ཉིད་སྟོང་པ་ཉིད་ཡོངས་སུ་རྫོགས་པར་བྱེད་དོ། །དངོས་པོ་མྱེད་པའི་ངོ་བོ་ཉིད་ཀྱི་ཚུལ་གྱིས། མྱི་དམྱིགས་པ་སྟོང་པ་ཉིད་ཡོངས་སུ་རྫོགས་པར་བྱེད་དོ། །དངོས་པོ་མྱེད་པའི་ངོ་བོ་ཉིད་ཀྱི་ཚུལ་གྱིས། དངོས་པོ་མེད་པ་སྟོང་པ་ཉིད་ཡོངས་སུ་རྫོགས་པར་བྱེད་དོ། །དངོས་པོ་མེད་པའི་ངོ་བོ་ཉིད་ཀྱི་ཚུལ་གྱིས། ངོ་བོ་ཉིད་སྟོང་པ་ཉིད་ཡོངས་སུ་རྫོགས་པར་བྱེད་དོ། །དངོས་པོ་མྱེད་པའི་ངོ་བོ་ཉིད་ཀྱི་ཚུལ་གྱིས། དངོས་པོ་མྱེད་པའི་ངོ་བོ་ཉིད་སྟོང་པ་

ཉིད་ཡོངས་སུ་རྫོགས་པར་བྱེད་དོ། །དངོས་པོ་མེད་པའི་ངོ་བོ་ཉིད་ཀྱི་ཚུལ་གྱིས། དྲན་པ་ཉེ་བར་གཞག་པ་རྣམས་ཡོངས་སུ་རྫོགས་པར་བྱེད་དོ། །དངོས་པོ་མེད་པའི་ངོ་བོ་ཉིད་ཀྱི་ཚུལ་གྱིས། ཡང་དག་པར་སྤོང་བ་རྣམས་ཡོངས་སུ་རྫོགས་པར་བྱེད་དོ། །དངོས་པོ་མེད་པའི་ངོ་བོ་ཉིད་ཀྱི་ཚུལ་གྱིས། རྫུ་འཕྲུལ་གྱི་རྐང་པ་རྣམས་ཡོངས་སུ་རྫོགས་པར་བྱེད་དོ། །དངོས་པོ་མེད་པའི་ངོ་བོ་ཉིད་ཀྱི་ཚུལ་གྱིས། དབང་པོ་རྣམས་ཡོངས་སུ་རྫོགས་པར་བྱེད་དོ། །དངོས་པོ་མེད་པའི་ངོ་བོ་ཉིད་ཀྱི་ཚུལ་གྱིས། སྟོབས་རྣམས་ཡོངས་སུ་རྫོགས་པར་བྱེད་དོ། །དངོས་པོ་མེད་པའི་ངོ་བོ་ཉིད་ཀྱི་ཚུལ་གྱིས། བྱང་ཆུབ་ཀྱི་[1]ཡན་ལག་རྣམས་ཡོངས་སུ་རྫོགས་པར་བྱེད་དོ༐ །དངོས་པོ་མེད་པའི་ངོ་བོ་ཉིད་ཀྱི་ཚུལ་གྱིས། འཕགས་པའི་ལམ་ཡན་ལག་བརྒྱད་པ་ཡོངས་སུ་རྫོགས་པར་བྱེད་དོ། །དངོས་པོ་མེད་པའི་ངོ་བོ་ཉིད་ཀྱི་ཚུལ་གྱིས༐ འཕགས་པའི་བདེན་པ་རྣམས་ཡོངས་སུ་རྫོགས་པར་བྱེད་དོ། །དངོས་པོ་མེད་པའི་ངོ་བོ་ཉིད་ཀྱི་ཚུལ་གྱིས། བསམ་གཏན་རྣམས་ཡོངས་སུ་རྫོགས་པར་བྱེད་དོ༐ །དངོས་པོ་མེད་པའི་ངོ་བོ་ཉིད་ཀྱི་ཚུལ་གྱིས། ཚད་མེད་པ་རྣམས་ཡོངས་སུ་རྫོགས་པར་བྱེད་དོ། །དངོས་པོ་མེད་པའི་ངོ་བོ་ཉིད་ཀྱི་ཚུལ་གྱིས། གཟུགས་མེད་པའི་སྙོམས་པར་འཇུག་པ་རྣམས་ཡོངས་སུ་རྫོགས་པར་བྱེད་དོ། །དངོས་པོ་མེད་པའི་ངོ་བོ་ཉིད་ཀྱི་ཚུལ་གྱིས། རྣམ་པར་ཐར་[3]པ་བརྒྱད་ཡོངས་སུ་རྫོགས····པར་བྱེད་དོ། །དངོས་པོ་མེད་པའི་ངོ་བོ་ཉིད་ཀྱི་ཚུལ་གྱིས། མཐར་གྱིས་གནས་པའི་སྙོམས་པར་འཇུག་པ་དགུ་ཡོངས་སུ་རྫོགས་པར་བྱེད་དོ། །དངོས་པོ་མེད་པའི་ངོ་བོ་ཉིད་ཀྱི་ཚུལ་གྱིས། སྟོང་པ་ཉིད་ཀྱི་ཏིང་ངེ་འཛིན་ཡོངས་སུ་རྫོགས་པར་བྱེད་དོ། །དངོས་པོ་མེད་པའི་ངོ་བོ་ཉིད་ཀྱི་ཚུལ་གྱིས། མཚན་མ་མེད་པའི་ཏིང་ངེ་འཛིན་ཡོངས་སུ་རྫོགས་པར་བྱེད་དོ། །དངོས་པོ་མེད་པའི་ངོ་བོ་ཉིད་ཀྱི་ཚུལ་

གྱིས། སྨོན་པ་①མེད་པའི་ཏིང་ངེ་འཛིན་ཡོངས་སུ་རྫོགས་པར་བྱེད་དོ། །དངོས་པོ་མེད་པའི་ངོ་བོ་ཉིད་ཀྱི་ཚུལ་གྱིས། མངོན་པར་ཤེས་པ་རྣམས་ཡོངས་སུ་རྫོགས་པར་བྱེད་དོ། །དངོས་པོ་མེད་པའི་ངོ་བོ་ཉིད་ཀྱི་ཚུལ་གྱིས། ཏིང་ངེ་འཛིན་རྣམས་ཡོངས་སུ་རྫོགས་པར་བྱེད་དོ། །དངོས་པོ་མེད་པའི་ངོ་བོ་ཉིད་ཀྱི་ཚུལ་གྱིས། གཟུངས་ཀྱི་སྒོ་རྣམས་ཡོངས་སུ་རྫོགས་པར་བྱེད་དོ། །དངོས་པོ་མེད་པའི་ངོ་བོ་ཉིད་ཀྱི་ཚུལ་གྱིས། དེ་བཞིན་གཤེགས་པའི་སྟོབས་བཅུ་ཡོངས་སུ་རྫོགས་པར་བྱེད་དོ། །དངོས་པོ་མེད་པའི་ངོ་བོ་ཉིད་ཀྱི་ཚུལ་གྱིས། མི་འཇིགས་པ་བཞི་ཡོངས་སུ་རྫོགས་པར་བྱེད་དོ། །དངོས་པོ་མེད་པའི་ངོ་བོ་ཉིད་ཀྱི་ཚུལ་གྱིས། སོ་སོ་ཡང་དག་པར་རིག་པ་རྣམས་ཡོངས་སུ་རྫོགས་པར་བྱེད་དོ། །དངོས་པོ་མེད་པའི་ངོ་བོ་ཉིད་ཀྱི་ཚུལ་གྱིས། བྱམས་པ་ཆེན་པོ་ཡོངས་སུ་རྫོགས་པར་བྱེད་དོ། །དངོས་པོ་མེད་པའི་ངོ་བོ་ཉིད་ཀྱི་ཚུལ་གྱིས། སྙིང་རྗེ་ཆེན་པོ་ཡོངས་སུ་རྫོགས་པར་བྱེད་དོ། །དངོས་པོ་མེད་པའི་ངོ་བོ་ཉིད་ཀྱི་ཚུལ་གྱིས། སངས་རྒྱས་ཀྱི་ཆོས་མ་འདྲེས་པ་བཅོ་བརྒྱད་ཡོངས་སུ་རྫོགས་པར་བྱེད་དོ། །དངོས་པོ་མེད་པའི་ངོ་བོ་ཉིད་ཀྱི་ཚུལ་གྱིས། ཐམས་ཅད་ཤེས་པ་ཉིད་ཡོངས་སུ་རྫོགས་པར་བྱེད་དོ། །དངོས་པོ་མེད་པའི་ངོ་བོ་ཉིད་ཀྱི་ཚུལ་གྱིས། ལམ་གྱི་རྣམ་པ་ཤེས་པ་ཉིད་ཡོངས་སུ་རྫོགས་པར་བྱེད་དོ། །དངོས་པོ་མེད་པའི་ངོ་བོ་ཉིད་ཀྱི་ཚུལ་གྱིས། རྣམ་པ་ཐམས་ཅད་མཁྱེན་པ་ཉིད་ཡོངས་སུ་རྫོགས་པར་བྱེད་དོ། །དེ་ནི་ཆོས་ཐམས་ཅད་དངོས་པོ་མེད་པའི་ངོ་བོ་ཉིད་དུ་མངོན་པར་རྫོགས་པར་འཚང་རྒྱ་བར་འགྱུར་ཏེ། དེ་ལ་དངོས་པོ་ཡོད་···· པར་འདུ་ཤེས་པའམ། དངོས་པོ་མེད་པར་འདུ་ཤེས་པ་ཡང་མེད་ན། དྲན་པའི་ལས་རྟུལ་ཙམ་ཡང་ཡོད་པའམ། དྲན་པ་དང་བྲལ་བར་འགྱུར་བ་ལྟ་ཅི་ཞིག་སྨོས། རབ་འབྱོར་གཞན་ཡང་བྱང་ཆུབ་སེམས་དཔའ་སེམས་དཔའ་ཆེན་པོ། སེམས····

དང་པོ་བསྐྱེད་པ་ནས་ཉེ་བར་བཟུང་སྟེ། ཤེས་རབ་ཀྱི་ཕ་རོལ་ཏུ་ཕྱིན་པ་ལ་སྤྱོད་པའི་ཚེ། མཐར་གྱིས་སྤྱོད་པ་དང་། མཐར་གྱིས་བསླབ་པ་དང་། མཐར་གྱིས་འཇུག་པའི་ལམ་ཡོངས་སུ་རྫོགས་པར་བྱ་བར་འདོད་པས། རྣམ་པ་ཐམས་ཅད་མཁྱེན་པ་ཉིད་དང་ལྡན་པའི་ཡིད་ལ་བྱ་བས། དངོས་པོ་མེད་པའི་ངོ་བོ་ཉིད་ཀྱི་ཚུལ་གྱིས། སྦྱིན་པའི་ཕ་རོལ་ཏུ་ཕྱིན་པ་ལ་བསླབ་པར་བྱའོ། །དངོས་པོ་མེད་པའི་ངོ་བོ་ཉིད་ཀྱི་ཚུལ་གྱིས། ཚུལ་ཁྲིམས་ཀྱི་ཕ་རོལ་ཏུ་ཕྱིན་པ་ལ་བསླབ་པར····བྱའོ། །དངོས་པོ་མེད་པའི་ངོ་བོ་ཉིད་ཀྱི་ཚུལ་གྱིས། བཟོད་པའི་ཕ་རོལ་ཏུ་ཕྱིན་པ་ལ་བསླབ་པར་བྱའོ། །དངོས་པོ་མེད་པའི་ངོ་བོ་ཉིད་ཀྱི་ཚུལ་གྱིས། བརྩོན་འགྲུས་ཀྱི་ཕ་རོལ་ཏུ་ཕྱིན་པ་ལ་བསླབ་པར་བྱའོ། །དངོས་པོ་མེད་པའི་ངོ་བོ་ཉིད་ཀྱི་ཚུལ་གྱིས། བསམ་གཏན་གྱི་ཕ་རོལ་ཏུ་ཕྱིན་པ་ལ་བསླབ་པར་བྱའོ། །དངོས་པོ་མེད་པའི་ངོ་བོ་ཉིད་ཀྱི་ཚུལ་གྱིས། ཤེས་རབ་ཀྱི་ཕ་རོལ་ཏུ་ཕྱིན་པ་ལ་བསླབ····པར་བྱའོ། །དངོས་པོ་མེད་པའི་ངོ་བོ་ཉིད་ཀྱི་ཚུལ་གྱིས། ནང་སྟོང་པ་ཉིད་ལ་བསླབ་པར་བྱའོ། །དངོས་པོ་མེད་པའི་ངོ་བོ་ཉིད་ཀྱི་ཚུལ་གྱིས། ཕྱི་སྟོང་པ་ཉིད་ལ་[7]བསླབ་པར་བྱའོ། །དངོས་པོ་མེད་པའི་ངོ་བོ་ཉིད་ཀྱི་ཚུལ་གྱིས། ཕྱི་ནང་སྟོང་པ་ཉིད་ལ་བསླབ་པར་བྱའོ། །དངོས་པོ་མེད་པའི་ངོ་བོ་ཉིད་ཀྱི་ཚུལ་གྱིས། སྟོང་པ་ཉིད་སྟོང་པ་ཉིད་ལ་བསླབ་པར་བྱའོ། །དངོས་པོ་མེད་པའི་ངོ་བོ་ཉིད་ཀྱི་ཚུལ་གྱིས། ཆེན་པོ་སྟོང་པ་ཉིད་ལ་བསླབ་པར་བྱའོ། །དངོས་པོ་མེད་པའི་ངོ་བོ་ཉིད་ཀྱི་ཚུལ་གྱིས། དོན་དམ་པ་སྟོང་པ་ཉིད་ལ་བསླབ་པར་བྱའོ། །དངོས་པོ་མེད་པའི་ངོ་བོ་ཉིད་ཀྱི་ཚུལ་གྱིས། འདུས་བྱས་སྟོང་པ་ཉིད་ལ་བསླབ་པར་བྱའོ། །དངོས་པོ་མེད་པའི་ངོ་བོ་ཉིད་ཀྱི་ཚུལ་གྱིས། འདུས་མ་བྱས་སྟོང་པ་ཉིད་ལ་བསླབ་པར་བྱའོ། །དངོས་པོ་མེད་པའི་ངོ་བོ་ཉིད་ཀྱི་ཚུལ་གྱིས། མཐའ་ལས་འདས་པ་

སྟོང་པ་ཉིད་ལ་བསླབ་པར་བྱའོ། །དངོས་པོ་མེད་པའི་ངོ་བོ་ཉིད་ཀྱི་ཚུལ་གྱིས། ཐོག་མ་དང་ཐ་མ་མེད་པ་སྟོང་པ་[1]ཉིད་ལ་བསླབ་པར་བྱའོ། །དངོས་པོ་མེད་པའི་ངོ་བོ་ཉིད་ཀྱི་ཚུལ་གྱིས། དོར་བ་མེད་པ་སྟོང་པ་ཉིད་ལ་བསླབ་པར་བྱའོ། །དངོས་པོ་མེད་པའི་ངོ་བོ་ཉིད་ཀྱི་ཚུལ་གྱིས། རང་བཞིན་སྟོང་པ་ཉིད་ལ་བསླབ་པར་བྱའོ། །དངོས་པོ་མེད་པའི་ངོ་བོ་ཉིད་ཀྱི་ཚུལ་གྱིས། ཆོས་ཐམས་ཅད་སྟོང་པ་ཉིད་ལ་བསླབ་པར་བྱའོ། །དངོས་པོ་མེད་པའི་ངོ་བོ་ཉིད་ཀྱི་ཚུལ་གྱིས། རང་གི་མཚན་ཉིད་སྟོང་པ་ཉིད་ལ་བསླབ་པར་བྱའོ། །དངོས་པོ་མེད་པའི་ངོ་བོ་ཉིད་ཀྱི་ཚུལ་གྱིས། མི་དམིགས་པ་སྟོང་པ་ཉིད་ལ་བསླབ་པར་བྱའོ། །དངོས་པོ་མེད་པའི་ངོ་བོ་ཉིད་ཀྱི་ཚུལ་གྱིས། དངོས་པོ་མེད་པ་སྟོང་པ་ཉིད་ལ་བསླབ་པར་བྱའོ། །དངོས་པོ་མེད་པའི་ངོ་བོ་ཉིད་ཀྱི་ཚུལ་གྱིས། ངོ་བོ་ཉིད་སྟོང་པ་ཉིད་ལ་བསླབ་པར་བྱའོ། །དངོས་པོ་མེད་པའི་ངོ་བོ་ཉིད་ཀྱི་ཚུལ་གྱིས། དངོས་པོ་མེད་པའི་ངོ་བོ་ཉིད་སྟོང་པ་ཉིད་ལ་བསླབ་པར་བྱའོ། །དངོས་པོ་མེད་པའི་ངོ་བོ་ཉིད་ཀྱི་ཚུལ་གྱིས། དྲན་པ་ཉེ་བར་གཞག་པ་རྣམས་ལ་བསླབ་པར་བྱའོ། །དངོས་པོ་མེད་པའི་ངོ་བོ་ཉིད་ཀྱི་ཚུལ་གྱིས། ཡང་དག་པར་སྤོང་བ་རྣམས་ལ་བསླབ་པར་བྱའོ། །དངོས་པོ་མེད་པའི་ངོ་བོ་ཉིད་ཀྱི་ཚུལ་གྱིས། རྫུ་འཕྲུལ་གྱི་[3]རྐང་པ་རྣམས་ལ་བསླབ་པར་བྱའོ། །དངོས་པོ་མེད་པའི་ངོ་བོ་ཉིད་ཀྱི་ཚུལ་གྱིས། དབང་པོ་རྣམས་ལ་བསླབ་པར་བྱའོ། །དངོས་པོ་མེད་པའི་ངོ་བོ་ཉིད་ཀྱི་ཚུལ་གྱིས། སྟོབས་རྣམས་ལ་བསླབ་པར་བྱའོ། །དངོས་པོ་མེད་པའི་ངོ་བོ་ཉིད་ཀྱི་ཚུལ་གྱིས། བྱང་ཆུབ་ཀྱི་ཡན་ལག་རྣམས་ལ་བསླབ་པར་བྱའོ། །དངོས་པོ་མེད་པའི་ངོ་བོ་ཉིད་ཀྱི་ཚུལ་གྱིས། ལམ་ལ་བསླབ་པར་བྱའོ། །དངོས་པོ་མེད་པའི་ངོ་བོ་ཉིད་ཀྱི་ཚུལ་གྱིས། འཕགས་པའི་བདེན་པ་རྣམས་ལ་བསླབ་པར་བྱའོ། །དངོས་པོ་མེད་པའི་ངོ་བོ་

ཉིད་ཀྱི་ཚུལ་གྱིས། བསམ་གཏན་རྣམས་ལ་བསླབ་པར་བྱའོ། །དངོས་པོ་མེད་པའི་ངོ་བོ་ཉིད་ཀྱི་ཚུལ་གྱིས། ཚད་མེད་པ་རྣམས་ལ་བསླབ་པར་བྱའོ། །དངོས་པོ་མེད་པའི་ངོ་བོ་ཉིད་ཀྱི་ཚུལ་གྱིས། གཟུགས་མེད་པའི་སྙོམས་པར་འཇུག་པ······རྣམས་ལ་བསླབ་པར་བྱའོ། །དངོས་པོ་མེད་པའི་ངོ་བོ་ཉིད་ཀྱི་ཚུལ་གྱིས། རྣམ་པར་ཐར་པ་རྣམས་ལ་བསླབ་པར་བྱའོ། །དངོས་པོ་མེད་པའི་ངོ་བོ་ཉིད་ཀྱི་ཚུལ་གྱིས༑ མཐར་གྱིས་གནས་པའི་སྙོམས་པར་འཇུག་པ་རྣམས་ལ་བསླབ་པར་བྱའོ། །དངོས་པོ་མེད་པའི་ངོ་བོ་ཉིད་ཀྱི་ཚུལ་གྱིས། སྟོང་པ་ཉིད་ཀྱི་ཏིང་ངེ་འཛིན་ལ······བསླབ་པར་བྱའོ། །དངོས་པོ་མེད་པའི་ངོ་བོ་ཉིད་ཀྱི་ཚུལ་གྱིས། མཚན་མ་མེད་པའི་ཏིང་ངེ་འཛིན་ལ་བསླབ་པར་བྱའོ། །དངོས་པོ་མེད་པའི་ངོ་བོ་ཉིད་ཀྱི་ཚུལ་གྱིས༑ སྨོན་པ་མེད་པའི་ཏིང་ངེ་འཛིན་ལ་བསླབ་པར་བྱའོ། །དངོས་པོ་མེད་པའི་ངོ་བོ་ཉིད་ཀྱི་ཚུལ་གྱིས། མངོན་པར་ཤེས་པ་རྣམས་ལ་བསླབ་པར་བྱའོ། །དངོས་པོ་མེད་པའི་ངོ་བོ་ཉིད་ཀྱི་ཚུལ་གྱིས། ཏིང་ངེ་འཛིན་རྣམས་ལ་བསླབ་པར་བྱའོ༑ །དངོས་པོ་མེད་པའི་ངོ་བོ་ཉིད་ཀྱི་ཚུལ་གྱིས། གཟུངས་ཀྱི་སྒོ་རྣམས་ལ་བསླབ་པར་བྱའོ། །དངོས་པོ་མེད་པའི་ངོ་བོ་ཉིད་ཀྱི་ཚུལ་གྱིས། དེ་བཞིན་གཤེགས་པའི་སྟོབས་བཅུ་ལ་བསླབ་པར་བྱའོ། །དངོས་པོ་མེད་པའི་ངོ་བོ་ཉིད་ཀྱི་ཚུལ་གྱིས། མི་འཇིགས་པ་བཞི་ལ་བསླབ་པར་བྱའོ། །དངོས་པོ་མེད་པའི་ངོ་བོ་ཉིད་ཀྱི་ཚུལ་གྱིས། སོ་སོ་ཡང་དག་པར་རིག་པ་རྣམས་ལ་བསླབ་པར་བྱའོ། །དངོས་པོ་མེད་པའི་ངོ་བོ་ཉིད་ཀྱི་ཚུལ་གྱིས། བྱམས་པ་ཆེན་པོ་ལ་བསླབ་པར་བྱའོ།། དངོས་པོ་མེད་པའི་ངོ་བོ་ཉིད་ཀྱི་ཚུལ་གྱིས། སྙིང་རྗེ་ཆེན་པོ་ལ་བསླབ་པར་བྱའོ། །དངོས་པོ་མེད་པའི་ངོ་བོ་ཉིད་ཀྱི་ཚུལ་གྱིས། སངས་རྒྱས་ཀྱི་ཆོས་མ་འདྲེས་པ······བཅོ་བརྒྱད་ལ་བསླབ་པར་བྱའོ། །དངོས་པོ་མེད་པའི་ངོ་བོ་ཉིད་ཀྱི་ཚུལ་གྱིས།

ཐམས་ཅད་ཤེས་པ་ཉིད་ལ་བསླབ[༡]་པར་བྱའོ། །དངོས་པོ་མེད་པའི་ངོ་བོ་ཉིད་ཀྱི་ཚུལ་གྱིས། ལམ་གྱི་རྣམ་པ་ཤེས་པ་ཉིད་ལ་བསླབ་པར་བྱའོ། །དངོས་པོ་མེད་པའི་ངོ་བོ་ཉིད་ཀྱི་ཚུལ་གྱིས། རྣམ་པ་ཐམས་ཅད་མཁྱེན་པ་ཉིད་ལ་བསླབ་པར་····བྱའོ༑ །རབ་འབྱོར་དེ་ལྟར་ན། བྱང་ཆུབ་སེམས་དཔའ་སེམས་དཔའ་ཆེན་པོ། ཆོས་ཐམས་ཅད་དངོས་པོ་མེད་པའི་ངོ་བོ་ཉིད་ལ་སློབ་པའི་མཐར་གྱིས་སྤྱོད་པ་ཡོད་པ་ཡིན། མཐར་གྱིས་བསླབ་པ་ཡོད་པ་ཡིན། མཐར་གྱིས་འཇུག་པའི་ལམ་ཡོད་པ་ཡིན་ཏེ། བྱང་ཆུབ་སེམས་དཔའ་སེམས་དཔའ་ཆེན་པོ། དེ་མཐར་གྱིས་སྤྱོད་པ་དང་། མཐར་གྱིས་བསླབ་པ་དང་། མཐར་གྱིས་འཇུག་པའི་ལམ་ལ་སློབ[༢]པས༑ དངོས་པོ་མེད་པའི་ངོ་བོ་ཉིད་ཀྱི་ཚུལ་གྱིས། སྦྱིན་པའི་ཕ་རོལ་ཏུ་ཕྱིན····པ་ཡོངས་སུ་རྫོགས་པར་བྱེད་དོ། །དངོས་པོ་མེད་པའི་ངོ་བོ་ཉིད་ཀྱི་ཚུལ་གྱིས། ཚུལ་ཁྲིམས་ཀྱི་ཕ་རོལ་ཏུ་ཕྱིན་པ་ཡོངས་སུ་རྫོགས་པར་བྱེད་དོ། །དངོས་པོ་མེད་པའི་ངོ་བོ་ཉིད་ཀྱི་ཚུལ་གྱིས། བཟོད་པའི་ཕ་རོལ་ཏུ་ཕྱིན་པ་ཡོངས་སུ་རྫོགས་པར་བྱེད་དོ། །དངོས་པོ་མེད་པའི་ངོ་བོ་ཉིད་ཀྱི་ཚུལ་གྱིས། བརྩོན་འགྲུས་ཀྱི་ཕ་རོལ་ཏུ་ཕྱིན་པ་ཡོངས་སུ་རྫོགས་པར་བྱེད་དོ། །དངོས་པོ་མེད་པའི་ངོ་བོ་ཉིད་ཀྱི་ཚུལ་གྱིས༑ བསམ་གཏན་གྱི་ཕ་རོལ་ཏུ་ཕྱིན་པ་ཡོངས་སུ་རྫོགས་པར་བྱེད་དོ། །དངོས་པོ་མེད་པའི་ངོ་བོ་ཉིད་ཀྱི་ཚུལ་གྱིས། ཤེས་རབ་ཀྱི་ཕ་རོལ་ཏུ་ཕྱིན་པ་ཡོངས་སུ་རྫོགས་པར་བྱེད་དོ། །དངོས་པོ་མེད་པའི་ངོ་བོ་ཉིད་ཀྱི་ཚུལ་གྱིས། ནང་སྟོང་པ་ཉིད་ཡོངས་སུ་རྫོགས་པར་བྱེད་དོ། །དངོས་པོ་མེད་པའི་ངོ་བོ་ཉིད་ཀྱི་ཚུལ་གྱིས། ཕྱི་སྟོང་པ་ཉིད་ཡོངས་སུ་རྫོགས་པར་བྱེད་དོ། །དངོས་པོ་མེད་པའི་ངོ་བོ་ཉིད་ཀྱི་ཚུལ་གྱིས། ཕྱི་ནང་སྟོང་པ་ཉིད་ཡོངས་སུ་རྫོགས་པར་བྱེད་དོ། །དངོས་པོ་མེད་པའི་ངོ་བོ་ཉིད་ཀྱི་ཚུལ་གྱིས། སྟོང་པ་ཉིད་སྟོང་པ་ཉིད་ཡོངས་སུ་རྫོགས་པར་བྱེད་

དོ། །དངོས་པོ་མྱེད་པའི་ངོ་བོ་ཉིད་ཀྱི་ཚུལ་གྱིས། ཆེན་པོ་སྟོང་པ་ཉིད་ཡོངས་སུ་རྫོགས་པར་བྱེད་དོ། །དངོས་པོ་མྱེད་པའི་ངོ་བོ་ཉིད་ཀྱི་ཚུལ་གྱིས། དོན་དམ་པ་སྟོང་པ་ཉིད་ཡོངས་སུ་རྫོགས་པར་བྱེད་དོ། །དངོས་པོ་མྱེད་པའི་ངོ་བོ་ཉིད་ཀྱི་ཚུལ་གྱིས། འདུས་བྱས་སྟོང་པ་ཉིད་ཡོངས་སུ་རྫོགས་པར་བྱེད་དོ། །དངོས་པོ་མྱེད་པའི་ངོ་བོ་ཉིད་ཀྱི་ཚུལ་གྱིས། འདུས་མ་བྱས་སྟོང་པ་ཉིད་ཡོངས་སུ་རྫོགས་པར་བྱེད་དོ། །དངོས་པོ་མྱེད་པའི་ངོ་བོ་ཉིད་ཀྱི་ཚུལ་གྱིས། མཐའ་ལས་འདས་པ་སྟོང་པ་ཉིད་ཡོངས་སུ་རྫོགས་པར་བྱེད་དོ། །དངོས་པོ་མྱེད་པའི་ངོ་བོ་ཉིད་ཀྱི་ཚུལ་གྱིས། ཐོག་མ་དང་ཐ་མ་མྱེད་པ་སྟོང་པ་ཉིད་ཡོངས་སུ་རྫོགས་པར་བྱེད་དོ། །དངོས་པོ་མེད་པའི་ངོ་བོ་ཉིད་ཀྱི་ཚུལ་གྱིས། དོར་བ་མྱེད་པ་སྟོང་པ་ཉིད་ཡོངས་སུ་རྫོགས་པར་བྱེད༔ དོ། །(༡)དངོས་པོ་མྱེད་པའི་ངོ་བོ་ཉིད་ཀྱི་ཚུལ་གྱིས། རང་བཞིན་སྟོང་པ་ཉིད་ཡོངས་སུ་རྫོགས་པར་བྱེད་དོ། །དངོས་པོ་མེད་པའི་ངོ་བོ་ཉིད་ཀྱི་ཚུལ་གྱིས། ཆོས་ཐམས་ཅད་སྟོང་པ་ཉིད་ཡོངས་སུ་རྫོགས་པར་བྱེད་དོ། །དངོས་པོ་མྱེད་པའི་ངོ་བོ་ཉིད་ཀྱི་ཚུལ་གྱིས། རང་གི་མཚན་ཉིད་སྟོང་པ་ཉིད་ཡོངས་སུ་རྫོགས་པར་བྱེད་དོ། །དངོས་པོ་མྱེད་པའི་ངོ་བོ་ཉིད་ཀྱི་ཚུལ་གྱིས། མྱི་དམྱིགས་པ་སྟོང་པ་ཉིད་ཡོངས་སུ་རྫོགས་པར་བྱེད་དོ། །དངོས་པོ་མྱེད་པའི་ངོ་བོ་ཉིད་ཀྱི་ཚུལ་གྱིས། དངོས་པོ་མྱེད་པ་(༢)སྟོང་པ་ཉིད་ཡོངས་སུ་རྫོགས་པར་བྱེད་དོ། །དངོས་པོ་མྱེད་པའི་ངོ་བོ་ཉིད་ཀྱི་ཚུལ་གྱིས། ངོ་བོ་ཉིད་སྟོང་པ་ཉིད་ཡོངས་སུ་རྫོགས་པར་བྱེད་དོ། །དངོས་པོ་མྱེད་པའི་ངོ་བོ་ཉིད་ཀྱི་ཚུལ་གྱིས། དངོས་པོ་མྱེད་པའི་ངོ་བོ་ཉིད་སྟོང་པ་ཉིད་ཡོངས་སུ་རྫོགས་པར་བྱེད་དོ། །དངོས་པོ་མྱེད་པའི་ངོ་བོ་ཉིད་ཀྱི་ཚུལ་གྱིས། དྲན་པ་ཉེ་བར་གཞག་པ་རྣམས་ཡོངས་སུ་རྫོགས་པར་བྱེད་དོ། །དངོས་པོ་མེད་པའི་(༣)ངོ་བོ་ཉིད་ཀྱི་ཚུལ་གྱིས། ཡང་དག་པར་

སྦྱོང་བ་རྣམས་ཡོངས་སུ་རྫོགས་པར་བྱེད་དོ། །དངོས་པོ་མྱེད་པའི་ངོ་བོ་ཉིད་ཀྱི་ཚུལ་གྱིས། རྫུ་འཕྲུལ་གྱི་རྐང་པ་རྣམས་ཡོངས་སུ་རྫོགས་པར་བྱེད་དོ། །དངོས་པོ་མྱེད་པའི་ངོ་བོ་ཉིད་ཀྱི་ཚུལ་གྱིས། དབང་པོ་རྣམས་ཡོངས་སུ་རྫོགས་པར་བྱེད་དོ། །དངོས་པོ་མེད་པའི་ངོ་བོ་ཉིད་ཀྱི་ཚུལ་གྱིས། སྟོབས་རྣམས་ཡོངས་སུ་རྫོགས་པར་བྱེད་དོ། །དངོས་པོ་མྱེད་པའི་ངོ་བོ་ཉིད་ཀྱི་ཚུལ་གྱིས། བྱང་ཆུབ་ཀྱི་ཡན་ལག་རྣམས་ཡོངས་སུ་རྫོགས་པར་བྱེད་དོ། །དངོས་པོ་མྱེད་པའི་ངོ་བོ་ཉིད་ཀྱི་ཚུལ་གྱིས། འཕགས་པའི་ལམ་ཡན་ལག་བརྒྱད་པ་ཡོངས་སུ་རྫོགས་པར་བྱེད་དོ། །དངོས་པོ་མྱེད་པའི་ངོ་བོ་ཉིད་ཀྱི་ཚུལ་གྱིས། འཕགས་པའི་བདེན་པ་རྣམས་ཡོངས་སུ་རྫོགས་པར་བྱེད་དོ། །དངོས་པོ་མྱེད་པའི་ངོ་བོ་ཉིད་ཀྱི་ཚུལ་གྱིས། བསམ་གཏན་རྣམས་ཡོངས་སུ་རྫོགས་པར་བྱེད་དོ། །དངོས་པོ་མྱེད་པའི་ངོ་བོ་ཉིད་ཀྱི་ཚུལ་གྱིས། ཚད་མྱེད་པ་རྣམས་ཡོངས་སུ་རྫོགས་པར་བྱེད་དོ། །དངོས་པོ་མྱེད་པའི་ངོ་བོ་ཉིད་ཀྱི་ཚུལ་གྱིས། གཟུགས་མྱེད་པའི་སྙོམས་པར་འཇུག་པ་རྣམས་ཡོངས་སུ་རྫོགས་པར་བྱེད་དོ། །དངོས་པོ་མྱེད་པའི་ངོ་བོ་ཉིད་ཀྱི་ཚུལ་གྱིས། རྣམ་པར་ཐར་པ་བརྒྱད་ཡོངས་སུ་རྫོགས་པར་བྱེད་དོ། །དངོས་པོ་མྱེད་པའི་ངོ་བོ་ཉིད་ཀྱི་ཚུལ་གྱིས། མཐར་གྱིས་གནས་པའི་སྙོམས་པར་འཇུག་པ་དགུ་ཡོངས་སུ་རྫོགས་པར་བྱེད་དོ། །དངོས་པོ་མྱེད་པའི་ངོ་བོ་ཉིད་ཀྱི་ཚུལ་གྱིས། སྟོང་པ་ཉིད་ཀྱི་ཏིང་ངེ་འཛིན་ཡོངས་སུ་རྫོགས་པར་[1] བྱེད་དོ། །དངོས་པོ་མྱེད་པའི་ངོ་བོ་ཉིད་ཀྱི་ཚུལ་གྱིས། མཚན་མ་མྱེད་པའི་ཏིང་ངེ་འཛིན་ཡོངས་སུ་རྫོགས་པར་བྱེད་དོ། །དངོས་པོ་མེད་པའི་ངོ་བོ་ཉིད་ཀྱི་ཚུལ་གྱིས། སྨོན་པ་མེད་པའི་ཏིང་ངེ་འཛིན་····ཡོངས་སུ་རྫོགས་པར་བྱེད་དོ། །དངོས་པོ་མྱེད་པའི་ངོ་བོ་ཉིད་ཀྱི་ཚུལ་གྱིས། མངོན་པར་ཤེས་པ་རྣམས་ཡོངས་སུ་རྫོགས་པར་བྱེད་དོ། །དངོས་པོ་མྱེད་པའི་ངོ་

པོ་ཉིད་ཀྱི་ཚུལ་གྱིས། ཏིང་ངེ་འཛིན་རྣམས་ཡོངས་སུ་རྫོགས་པར་བྱེད་དོ། །དངོས་པོ་མེད་པའི་ངོ་བོ་ཉིད་ཀྱི་ཚུལ་གྱིས། གཟུངས་ཀྱི་སྒོ་རྣམས་ཡོངས་སུ་རྫོགས་པར་བྱེད་དོ། །དངོས་པོ་མེད་པའི་ངོ་བོ་ཉིད་ཀྱི་ཚུལ་གྱིས། དེ་བཞིན་གཤེགས་པའི་སྟོབས་བཅུ་ཡོངས་སུ་རྫོགས་པར་བྱེད་དོ། །དངོས་པོ་མེད་པའི་ངོ་བོ་ཉིད་ཀྱི་ཚུལ་གྱིས། མི་འཇིགས་པ་བཞི་ཡོངས་སུ་རྫོགས་པར་བྱེད་དོ། །དངོས་པོ་མེད་པའི་ངོ་བོ་ཉིད་ཀྱི་ཚུལ་གྱིས། སོ་སོ་ཡང་དག་པར་རིག་པ་བཞི་ཡོངས་སུ་རྫོགས་པར་བྱེད་དོ། །དངོས་པོ་མེད་པའི་ངོ་བོ་ཉིད་ཀྱི་ཚུལ་གྱིས། བྱམས་པ་ཆེན་པོ་ཡོངས་སུ་རྫོགས་པར་བྱེད་དོ། །དངོས་པོ་མེད་པའི་ངོ་བོ་ཉིད་ཀྱི་ཚུལ་གྱིས། སྙིང་རྗེ་ཆེན་པོ་ཡོངས་སུ་རྫོགས་པར་བྱེད་དོ། །དངོས་པོ་མེད་པའི་ངོ་བོ་ཉིད་ཀྱི་ཚུལ་གྱིས། སངས་རྒྱས་ཀྱི་ཆོས་མ་འདྲེས་པ་བཅོ་བརྒྱད་ཡོངས་སུ་རྫོགས་པར་བྱེད་དོ། །དངོས་པོ་མེད་པའི་ངོ་བོ་ཉིད་ཀྱི་ཚུལ་གྱིས། ཐམས་ཅད་ཤེས་པ་ཉིད་ཡོངས་སུ་རྫོགས་པར་བྱེད་དོ། །དངོས་པོ་མེད་པའི་ངོ་བོ་ཉིད་ཀྱི་ཚུལ་གྱིས། ལམ་གྱི་རྣམ་པ་ཤེས་པ་ཉིད་ཡོངས་སུ་རྫོགས་པར་བྱེད་དོ། །དངོས་པོ་མེད་པའི་ངོ་བོ་ཉིད་ཀྱི་ཚུལ་གྱིས། རྣམ་པ་ཐམས་ཅད་མཁྱེན་པ་ཉིད་ཡོངས་སུ་རྫོགས་པར་བྱེད་དོ། །དེ་ནི་ཆོས་ཐམས་ཅད་དངོས་པོ་མེད་པའི་ངོ་བོ་ཉིད་དུ་མངོན་པར་རྫོགས་པར་འཚང་རྒྱ་བར་འགྱུར་ཏེ། དེ་ལ་དངོས་པོཿམེད་པ་[༧]ཡང་མེད་ན། གཟུགས་སམ། ཿཚོར་བའམ། འདུ་ཤེས་སམ། འདུ་བྱེད་དམ།[༣] རྣམ་པར་ཤེས་པའམ། མིག་གམ། རྣ་བའམ། སྣའམ། ལྕེའམ། ལུས་སམ། ཡིད་དམ། གཟུགས་སམ། སྒྲའམ། དྲིའམ། རོའམ། རེག་གམ། ཆོས་སམ། མིག་གི་རྣམ་པར་ཤེས་པའམ། རྣ་བའི་རྣམ་པར་ཤེས་པའམ། སྣའི་རྣམ་པར་ཤེས་པའམ། ལྕེའི་རྣམ་པར་ཤེས་པའམ། ལུས་ཀྱི་རྣམ་པར་ཤེས·····

པའམ༑ ཡིད་ཀྱི་རྣམ་པར་ཤེས་པའམ། མིག་གི་འདུས་ཏེ་རེག་པའམ། རྣ་བའི་འདུས་ཏེ་རེག་པའམ། སྣའི་འདུས་ཏེ་རེག་པའམ། ལྕེའི་འདུས་ཏེ་རེག་པའམ༑ ལུས་ཀྱི་འདུས་ཏེ་རེག་པའམ། ཡིད་ཀྱི་འདུས་ཏེ་རེག་པའམ། མིག་གི་འདུས་ཏེ་རེག་པའི་རྐྱེན་གྱིས་ཚོར་བའམ། རྣ་བའི་འདུས་ཏེ་རེག་པའི་རྐྱེན་····གྱིས་ཚོར་བའམ། སྣའི་འདུས་ཏེ་རེག་པའི་རྐྱེན་གྱིས་ཚོར་བའམ། ལྕེའི་འདུས་ཏེ་རེག་པའི་རྐྱེན་གྱིས་ཚོར་བའམ། ལུས་ཀྱི་འདུས་ཏེ་རེག་པའི་རྐྱེན་གྱིས་ཚོར་·····བའམ༑ ཡིད་ཀྱི་འདུས་ཏེ་རེག་པའི་རྐྱེན་གྱིས་ཚོར་བའམ། སའི་ཁམས་སམ། ཆུའི་ཁམས་སམ། མེའི་ཁམས་སམ། རླུང་གི་ཁམས་སམ། ནམ་མཁའི་ཁམས་སམ༑ རྣམ་པར་ཤེས་པའི་ཁམས་སམ། མ་རིག་པའམ། འདུ་བྱེད་དམ། རྣམ་པར་ཤེས་པའམ། མིང་དང་གཟུགས་སམ། སྐྱེ་མཆེད་དྲུག་གམ། རེག་པའམ༑ ཚོར་བའམ། སྲིད་པའམ། ལེན་པའམ། སྲིད་པའམ། སྐྱེ་བའམ། ཀ་ཤིའམ། སྦྱིན་པའི་ཕ་རོལ་ཏུ་ཕྱིན་པའམ། ཚུལ་ཁྲིམས་ཀྱི་ཕ་རོལ་ཏུ་ཕྱིན་པའམ༑ བཟོད་པའི་ཕ་རོལ་ཏུ་ཕྱིན་པའམ། བརྩོན་འགྲུས་ཀྱི་ཕ་རོལ་ཏུ་ཕྱིན་པའམ༑ བསམ་གཏན་གྱི་ཕ་རོལ་ཏུ་ཕྱིན་པའམ། ཤེས་རབ་ཀྱི་ཕ་རོལད་ཏུ་ཕྱིན་པའམ༑ ནང་སྟོང་པ་ཉིད་དམ། ཕྱི་སྟོང་པ་ཉིད་དམ། ཕྱི་ནང་སྟོང་པ་ཉིད་དམ༑ སྟོང་པ་ཉིད་སྟོང་པ་ཉིད་དམ། ཆེན་པོ་སྟོང་པ་ཉིད་དམ། དོན་དམ་པ་སྟོང་པ་ཉིད་དམ། འདུས་བྱས་སྟོང་པ་ཉིད་དམ། འདུས་མ་བྱས་སྟོང་པ་ཉིད་དམ༑ མཐའ་ལས་འདས་པ་སྟོང་པ་ཉིད་དམ། ཐོག་མ་དང་ཐ་མ་མེད་པ་སྟོང་པ་ཉིད་དམ། དོར་བ་མེད་པ་སྟོང་པ་ཉིད་དམ། རང་བཞིན་སྟོང་པ་ཉིད་དམ། ཆོས་ཐམས་ཅད་སྟོང་པ་ཉིད་དམ། རང་གི་མཚན་ཉིད་སྟོང་པ་ཉིད་དམ། མི་དམིགས་པ་སྟོང་པ་ཉིད་དམ། དངོས་པོ་མེད་པ་སྟོང་པ་ཉིད་དམ། ངོ་བོ་ཉིད་

སྟོང་པ་ཉིད་དམ། དངོས་པོ་མེད་པའི་ངོ་བོ་ཉིད་སྟོང་པ་ཉིད་དམ། དྲན་པ་ཉེ་བར་གཞག་པ་རྣམས་སམ། ཡང་དག་པར་སྤོང་བ་རྣམས་སམ། རྫུ་འཕྲུལ་གྱི་རྐང་པ་རྣམས་སམ། དབང་པོ་རྣམས་སམ། སྟོབས་རྣམས་སམ། བྱང་ཆུབ་ཀྱི་ཡན་ལག་རྣམས་སམ། འཕགས་པའི་ལམ་[༧]ཡན་ལག་བརྒྱད་པའམ། འཕགས་པའི་བདེན་པ་རྣམས་སམ། བསམ་གཏན་རྣམས་སམ། ཚད་མེད་པ་རྣམས་སམ། གཟུགས་མེད་པའི་སྙོམས་པར་འཇུག་པ་རྣམས་སམ། རྣམ་པར་ཐར་པ་རྣམས····སམ༑ མཐར་གྱིས་གནས་པའི་སྙོམས་པར་འཇུག་པ་རྣམས་སམ། རྣམ་པར་ཐར་པའི་སྒོ་སྟོང་པ་ཉིད་དམ[༡]། མཚན་མ་མེད་པའམ[༡]། སྨོན་པ་མེད་པའམ། མངོན་པར་ཤེས་པ་རྣམས་སམ། ཏིང་ངེ་འཛིན་རྣམས་སམ། གཟུངས་ཀྱི་སྒོ་རྣམས་སམ། དེ་བཞིན་གཤེགས་པའི་སྟོབས་རྣམས་སམ། མི་འཇིགས་པ་རྣམས་སམ༑ སོ་སོ་ཡང་དག་པར་རིག་པ་རྣམས་སམ། བྱམས་པ་ཆེན་པོའམ། སྙིང་རྗེ་ཆེན་པོའམ། སངས་རྒྱས་ཀྱི་ཆོས་མ་འདྲེས་པའམ། ཐམས་ཅད་ཤེས་པ་ཉིད་དམ༑ ལམ་གྱི་རྣམ་པ་ཤེས་པ་ཉིད་དམ། རྣམ་པ་ཐམས་ཅད་མཁྱེན་པ་ཉིད་ཡོད་པར་འགྱུར་བའམ། རྣམ་པ་ཐམས་ཅད་མཁྱེན་པ་ཉིད་ཀྱི་ཡེ་ཤེས་ཡོད་པར་འགྱུར་བ་ལྟ་ག་ལ་ཡོད་དེ། དེ་ནི་གནས་མེད་དོ། །དེ་སྐད་ཅེས་བཀའ་སྩལ་པ་དང་༑ ཚེ་དང་ལྡན་པ་རབ་འབྱོར་གྱིས། བཅོམ་ལྡན་འདས་ལ་འདི་སྐད་ཅེས་གསོལ་ཏོ། །བཅོམ་ལྡན་འདས་གལ་ཏེ་དེ་ལྟར་ཆོས་ཐམས་ཅད་དངོས་པོ་མ····མཆིས་པའི་ངོ་བོ་ཉིད་ལགས་ན། འོ་ན་ནི་གཟུགས་ཀྱང་མ་མཆིས། ཚོར་བ་ཡང་མ་མཆིས། འདུ་ཤེས་ཀྱང་མ་མཆིས། འདུ་བྱེད་ཀྱང་མ་མཆིས། རྣམ་པར་ཤེས་པ་ཡང་མ་མཆིས། ཁམས་རྣམས་ཀྱང་མ་མཆིས། སྐྱེ་མཆེད་རྣམས་ཀྱང་མ་མཆིས། རྟེན་ཅིང་འབྲེལ་བར་འབྱུང་བ་ཡང་མ་མཆིས། རྟེན་ཅིང····

འབྲེལ་བར་འབྱུང་བའི་ཡན་ལག་རྣམས་ཀྱང་མ་མཆིས། ཕ་རོལ་ཏུ་ཕྱིན་པ་རྣམས་ཀྱང་མ་མཆིས། སྟོང་པ་ཉིད་ཐམས་ཅད་ཀྱང་མ་མཆིས། དྲན་པ་ཉེ་བར་གཞག་པ་རྣམས་ཀྱང་མ་མཆིས། ཡང་དག་པར་སྤོང་བ་རྣམས་ཀྱང་མ་མཆིས། རྫུ་འཕྲུལ་གྱི་རྐང་པ་རྣམས་ཀྱང་མ་མཆིས། དབང་པོ་རྣམས་ཀྱང་མ་མཆིས། སྟོབས་རྣམས་ཀྱང་མ་མཆིས། བྱང་ཆུབ་ཀྱི་ཡན་ལག་རྣམས་ཀྱང་མ་མཆིས། ༑ལམ་ཡང་[1]མ་མཆིས། འཕགས་པའི་བདེན་པ་རྣམས་ཀྱང་མ་མཆིས། བསམ་གཏན་རྣམས་ཀྱང་མ་མཆིས། ཚད་མེད་པ་རྣམས་ཀྱང་མ་མཆིས། གཟུགས་མེད་པའི་སྙོམས་པར་འཇུག་པ་རྣམས་ཀྱང་མ་མཆིས། རྣམ་པར་ཐར་པ་རྣམས་ཀྱང་མ་མཆིས། མཐར་གྱིས་གནས་པའི་སྙོམས་པར་འཇུག་པ་རྣམས་ཀྱང་མ་མཆིས། རྣམ་པར་ཐར་པའི་སྒོ་སྟོང་པ་ཉིད་དང་། མཚན་མ་མེད་པ་དང་། སྨོན་པ་མེད་པ་ཡང་མ་མཆིས། མངོན་པར་ཤེས་པ་རྣམས་ཀྱང་མ་མཆིས། ཏིང་ངེ་འཛིན་རྣམས་ཀྱང་མ་མཆིས། གཟུངས་ཀྱི་སྒོ་རྣམས་ཀྱང་མ་མཆིས། དེ་བཞིན་གཤེགས་པའི་སྟོབས་རྣམས་ཀྱང་མ་མཆིས། མི་འཇིགས་པ་རྣམས་ཀྱང་མ་མཆིས། སོ་སོ་ཡང་དག་པར་རིག་པ་རྣམས་ཀྱང་མ་མཆིས། བྱམས་པ་ཆེན་པོ་ཡང་མ་མཆིས། སྙིང་རྗེ་ཆེན་པོ་ཡང་མ་མཆིས། སངས་རྒྱས་ཀྱི་ཆོས་མ་འདྲེས་པ་རྣམས་ཀྱང་མ་···· མཆིས། ཐམས་ཅད་ཤེས་པ་ཉིད་ཀྱི་ཡེ་ཤེས་ཀྱང་མ་མཆིས། ལམ་གྱི་རྣམ་པ་ཤེས་པ་ཉིད་ཀྱི་ཡེ་ཤེས་ཀྱང་མ་མཆིས། རྣམ་པ་ཐམས་ཅད་མཁྱེན་པ་ཉིད་ཀྱི་ཡེ་ཤེས་ཀྱང་མ་མཆིས། སངས་རྒྱས་ཀྱང་མ་མཆིས། ཆོས་ཀྱང་མ་མཆིས། དགེ་འདུན་ཡང་[2]མ་མཆིས། ལམ་ཡང་མ་མཆིས། འབྲས་བུ་ཡང་མ་མཆིས། ཉོན་མོངས་པ་ཡང་མ་མཆིས། རྣམ་པར་བྱང་བ་ཡང་མ་མཆིས། འཐོབ་པ་ཡང་མ་མཆིས། མངོན་པར་རྟོགས་པ་ཡང་མ་མཆིས། ཆོས་ཐམས་ཅད་ཀྱང་མ་མཆིས་

པ་⑦ལགས་སམ། བཅོམ་ལྡན་འདས་ཀྱིས་བཀའ་སྩལ་པ། རབ་འབྱོར་དེ་ཇི་སྙམ་དུ་སེམས། ཆོས་ཐམས་ཅད་དངོས་པོ་མེད་པའི་ངོ་བོ་ཉིད་ལ་ཡོད་པའམ། མེད་པ་ཞིག་དམིགས་སུ་ཡོད་སྙམ་མམ③། རབ་འབྱོར་གྱིས་གསོལ་པ། བཅོམ་ལྡན་འདས་དེ་ནི་མ་ལགས་ཏེ། ཆོས་ཐམས་ཅད་དངོས་པོ་མ་མཆིས་པའི་ངོ་བོ······ཉིད་ལ་མཆིས་པའམ། མ་མཆིས་པ་མི་དམིགས་སོ། །བཅོམ་ལྡན་འདས་ཀྱིས་བཀའ་སྩལ་པ། རབ་འབྱོར་འོ་ན་ཅིའི་ཕྱིར། ཁྱོད་དེ་ལྟར་གལ་ཏེ་ཆོས་ཐམས་ཅད་དངོས་པོ་མེད་པའི་ངོ་བོ་ཉིད་ཡིན་ན། གཟུགས་ཀྱང་མེད། ཚོར་བ་ཡང་མེད། འདུ་ཤེས་ཀྱང་མེད། འདུ་བྱེད་ཀྱང་མེད། རྣམ་པར་ཤེས་པ་ཡང་མེད། མིག་ཀྱང་མེད། རྣ་བ་ཡང་མེད། སྣ་ཡང་མེད། ལྕེ་ཡང་མེད། ལུས་ཀྱང་མེད། ཡིད་ཀྱང་མེད། གཟུགས་ཀྱང་མེད། སྒྲ་ཡང་མེད། དྲི་ཡང་མེད། རོ་ཡང་མེད། རེག་ཀྱང་མེད། ཆོས་ཀྱང་མེད། མིག་གི་རྣམ་པར་ཤེས་པ་ཡང་མེད། རྣ་བའི་རྣམ་པར་ཤེས་པ་ཡང་མེད། སྣའི་རྣམ་པར་ཤེས་པ་ཡང་མེད། ལྕེའི་རྣམ་པར་ཤེས་པ་ཡང་མེད། ལུས་ཀྱི་རྣམ་པར་ཤེས་པ་ཡང་མེད། ཡིད་ཀྱི་རྣམ་པར་ཤེས་པ་ཡང་མེད། མིག་གི་འདུས་ཏེ་རེག་པ་ཡང་མེད། རྣ་བའི་འདུས་ཏེ་རེག་པ་ཡང་མེད། སྣའི་འདུས་ཏེ་རེག་པ་ཡང་མེད། ལྕེའི་འདུས་ཏེ་རེག་པ་ཡང་མེད། ལུས་ཀྱི་འདུས་ཏེ་རེག་པ་ཡང་མེད། ཡིད་ཀྱི་འདུས་ཏེ་རེག་པ་ཡང་མེད། མིག་གི་འདུས་ཏེ་རེག་པའི་རྐྱེན་གྱིས་ཚོར་བ་ཡང་མེད། རྣ་བའི་འདུས་ཏེ་རེག་པའི་རྐྱེན་གྱིས་ཚོར་བ་ཡང་མེད། སྣའི་འདུས་ཏེ་རེག་པའི་རྐྱེན······གྱིས་ཚོར་བ་ཡང་མེད། ལྕེའི་འདུས་ཏེ་རེག་པའི་རྐྱེན་གྱིས་ཚོར་བ་ཡང་མེད། ལུས་ཀྱི་འདུས་ཏེ་རེག་པའི་རྐྱེན་གྱིས་ཚོར་བ་ཡང་མེད། ཡིད་ཀྱི་འདུས་ཏེ་རེག······པའི་རྐྱེན་གྱིས་ཚོར་བ་ཡང་མེད། སའི་ཁམས་ཀྱང་མེད། ཆུའི་ཁམས་ཀྱང་མེད།

མེའི་ཁམས་ཀྱང་མེད། རླུང་གི་ཁམས་ཀྱང་མེད། ནམ་མཁའི་ཁམས་ཀྱང་མེད།
རྣམ་པར་ཤེས་པའི་ཁམས་ཀྱང་མེད། མ་རིག་པ་ཡང་མེད། འདུ་བྱེད་ཀྱང་མེད།
རྣམ་པར་ཤེས་པ་ཡང་མེད། མིང་དང་གཟུགས་ཀྱང་མེད། སྐྱེ་མཆེད་དྲུག་ཀྱང་
མེད། རེག་པ་ཡང་མེད། ཚོར་བ་ཡང་མེད། སྲེད་པ་ཡང་མེད། ལེན་པ་
ཡང་མེད། སྲིད་པ་ཡང་མེད། སྐྱེ་བ་ཡང་མེད། རྒ་ཤི་ཡང་མེད། སྦྱིན···
པའི་ཕ་རོལ་ཏུ་ཕྱིན་པ་ཡང་མེད། ཚུལ་ཁྲིམས་ཀྱི་ཕ་རོལ་ཏུ་ཕྱིན་པ་ཡང་མེད།
བཟོད་པའི་ཕ་རོལ་ཏུ་ཕྱིན་པ་ཡང་མེད། བརྩོན་འགྲུས་ཀྱི་ཕ་རོལ་ཏུ་ཕྱིན་པ་ཡང་
མེད། བསམ་གཏན་གྱི་ཕ་རོལ་ཏུ་ཕྱིན་པ་ཡང་མེད། ཤེས་རབ་ཀྱི་[7]ཕ་རོལ་ཏུ་
ཕྱིནད་པ་ཡང་མེད། ནང་སྟོང་པ་ཉིད་ཀྱང་མེད། ཕྱི་སྟོང་པ་ཉིད་ཀྱང་མེད།
ཕྱི་ནང་སྟོང་པ་ཉིད་ཀྱང་མེད། སྟོང་པ་ཉིད་སྟོང་པ་ཉིད་ཀྱང་མེད། ཆེན་པོ་
སྟོང་པ་ཉིད་ཀྱང་མེད། དོན་དམ་པ་སྟོང་པ་ཉིད་ཀྱང་མེད། འདུས་བྱས་སྟོང་
པ་ཉིད་ཀྱང་མེད། འདུས་མ་བྱས་སྟོང་པ་ཉིད་ཀྱང་མེད། མཐའ་ལས་འདས་པ་
སྟོང་པ་ཉིད་ཀྱང་མེད། ཐོག་མ་དང་ཐ་མ་མེད་པ་སྟོང་པ་ཉིད་ཀྱང་མེད། དོར་
བ་མེད་པ་སྟོང་པ་ཉིད་ཀྱང་མེད། རང་བཞིན་སྟོང་པ་ཉིད་ཀྱང་མེད། ཆོས···
ཐམས་ཅད་སྟོང་པ་ཉིད་ཀྱང་མེད། རང་གི་མཚན་ཉིད་སྟོང་པ་ཉིད་ཀྱང་མེད།
མི་དམིགས་པ་སྟོང་པ་ཉིད་ཀྱང་མེད། དངོས་པོ་མེད་པ་སྟོང་པ་ཉིད་ཀྱང་མེད།
ངོ་བོ་ཉིད་སྟོང་པ་ཉིད་ཀྱང་མེད། དངོས་པོ་མེད་པའི་ངོ་བོ་ཉིད་སྟོང་པ་ཉིད་ཀྱང་
མེད། དྲན་པ་ཉེ་བར་གཞག་པ་རྣམས་ཀྱང་མེད། ཡང་དག་པར་སྤོང་བ་རྣམས་
ཀྱང་མེད། རྫུ་འཕྲུལ་གྱི་རྐང་པ་རྣམས་ཀྱང་མེད། དབང་པོ་རྣམས་ཀྱང་མེད།
སྟོབས་རྣམས་ཀྱང་མེད། བྱང་ཆུབ་ཀྱི་ཡན་ལག་རྣམས་ཀྱང་མེད། འཕགས···
པའི་ལམ་ཡན་ལག་བརྒྱད་པ་ཡང་མེད། འཕགས་པའི་བདེན་པ་རྣམས་ཀྱང་མེད།

བསམ་གཏན་རྣམས་ཀྱང་མེད། ཚད་མེད་པ་རྣམས་ཀྱང་མེད། གཟུགས་མེད་པའི་སྙོམས་པར་འཇུག་པ་རྣམས་ཀྱང་མེད། རྣམ་པར་ཐར་པ་རྣམས་ཀྱང་མེད། མཐར་གྱིས་གནས་པའི་སྙོམས་པར་འཇུག་པ་རྣམས་ཀྱང་མེད། རྣམ་པར་ཐར····པའི་སྒོ་སྟོང་པ་ཉིད་དང་། མཚན་མ་མེད་པ་དང་། སྨོན་པ་མེད་པ་ཡང་མེད། མངོན་པར་ཤེས་པ་རྣམས་ཀྱང་མེད། ཏིང་ངེ་འཛིན་རྣམས་ཀྱང་མེད། གཟུངས་ཀྱི་སྒོ་རྣམས་ཀྱང་མེད། དེ་བཞིན་གཤེགས་པའི་སྟོབས་རྣམས་ཀྱང་མེད། མི་འཇིགས་པ་རྣམས་ཀྱང་མེད། སོ་སོ་ཡང་དག་པར་རིག་པ་རྣམས་ཀྱང་མེད། བྱམས་པ་ཆེན་པོ་ཡང་མེད། སྙིང་རྗེ་ཆེན་པོ་ཡང་མེད། སངས་རྒྱས་ཀྱི་ཆོས·····མ་འདྲེས་པ་རྣམས་ཀྱང་མེད། ཐམས་ཅད་ཤེས་པ་ཉིད་ཀྱི་ཡེ་ཤེས་ཀྱང་[༡]མེད། ལམ་གྱི་རྣམ་པ་ཤེས་པ་ཉིད་ཀྱི་ཡེ་ཤེས་ཀྱང་མེད། རྣམ་པ་ཐམས་ཅད་མཁྱེན་པ་ཉིད་ཀྱི་ཡེ་ཤེས་ཀྱང་མེད། སངས་རྒྱས་ཀྱང་མེད། ཆོས་ཀྱང་མེད། དགེ་འདུན་ཡང་མེད། ལམ་ཡང་མེད། འབྲས་བུ་ཡང་མེད། ཉོན་མོངས་པ་ཡང་མེད། རྣམ་པར་བྱང་བ་ཡང་མེད། འཐོབ་པ་ཡང་མེད། མངོན་པར་རྟོགས་པ་ཡང་མེད། ཆོས་ཐམས་ཅད་ཀྱང་མེད་དོ་ཞེས་བྱ་བར་སེམས་པར་[༢]ཟུར[༣]། རབ་འབྱོར་གྱིས་གསོལ་པ། བཅོམ་ལྡན་འདས་བདག་ནི་ཆོས་འདི་དག་ལ་ནེམ་ནུར་ཡང་མ་མཆིས། ཐེ་ཙོམ་[༤]ཡང་མ་མཆིས་ཏེ། འོན་ཀྱང་བཅོམ་ལྡན་འདས་མ་བྱུང་བའི་དུས་ན། དགེ་སློང་ཉན་ཐོས་ཀྱི་ཐེག་པ་པའམ། རང་སངས་རྒྱས་ཀྱི་ཐེག་པ་པའམ། བྱང་ཆུབ་སེམས་དཔའི་ཐེག་པ་པ་དག་འདི་སྐད་དུ་གལ་ཏེ་ཆོས་ཐམས་ཅད་དངོས་པོ་མེད་པའི་ངོ་བོ་ཉིད་ཡིན་ན། ཆོས་ཐམས་ཅད་ངོ་བོ····ཉིད་དངོས་པོ་མེད་པ་ལ་སུ་ཞིག་ཀུན་ནས་ཉོན་མོངས་པའམ། རྣམ་པར་བྱང····བར་འགྱུར་ཞེས་མཆི་ཞིང་། དེ་དག་ཀུན་ནས་ཉོན་མོངས་པ་དང་། རྣམ་པར་

བྱང་བ་མ་འཚལ་བས། ཚུལ་ཁྲིམས་ཡོག་པར་འགྱུར། ལྟ་བ་ཡོག་པར་འགྱུར། སྤྱོད་པ་ཡོག་པར་འགྱུར། འཚོ་བ་ཡོག་པར་འགྱུར་ཏེ། ཚུལ་ཁྲིམས་ཡོག་པར་གྱུར་པ་དང་། ལྟ་བ་ཡོག་པར་གྱུར་པ་དང་། སྤྱོད་པ་ཡོག་པར་གྱུར་པ[1]དང་། འཚོ་བ་ཡོག་པར་གྱུར་པ་དེ་དག་སེམས་ཅན་དམྱལ་བའམ། ཕྱུལ་སོང་གི་སྐྱེ་གནས་སམ། གཤིན་རྗེའི་འཇིག་རྟེན་གྱི་ངན་སོང་གསུམ་ལས་གཅིག་ཏུ་མཆི་བར་འགྱུར་ཏེ། བཅོམ་ལྡན་འདས་བདག་གིས་མ་བྱུང་བའི་འཇིགས་པ་དེ་མཐོང་ནས། དེ་བཞིན་གཤེགས་པ་དགྲ་བཅོམ་པ་ཡང་དག་པར་རྫོགས་པའི་སངས་རྒྱས་ལ་དོན་དེ་ཞུས་པ་ལགས་ཀྱི། བཅོམ་ལྡན་འདས་བདག་ནི་ཆོས་འདི་ལ་ནེམ་ནུར་རམ[2]། ཐེ་ཙོམ[3]མ་མཆིས་སོ། །བཅོམ་ལྡན་འདས་ཀྱིས་བཀའ་སྩལ་པ། རབ་འབྱོར་དེ་ལེགས་སོ་ལེགས་སོ། །དེ་དེ་བཞིན་ཏེ། ཇི་སྐད་དུ་སྨྲས་པ་དེ་བཞིན་ནོ། །ཤེས་རབ་ཀྱི་ཕ་རོལ་ཏུ་ཕྱིནད་པ་སྟོང་ཕྲག་བརྒྱ་པ་ལས། ལེའུ་དྲུག་ཅུའོ[4]།། །།

ཤེས་རབ་ཀྱི་ཕ་རོལ་ཏུ་ཕྱིནད་པ་སྟོང་ཕྲག་བརྒྱ་པ། བམ་པོ༔ བཙུ་དགུ[5]པ། ༔དེ་ནས[6]ཚེ་དང་ལྡན་པ་རབ་འབྱོརད་ཀྱིས། བཅོམ་ལྡན་འདས་ལ་ཡང[7]འདི་སྐད་ཅེས་གསོལ་ཏོ། །བཅོམ་ལྡན་འདས་གལ་ཏེ་ཆོས་ཐམས་ཅད་དངོས་པོ་མ་མཆིས་པའི་ངོ་བོ་ཉིད་ལགས་ན། དོན་ཅི་ཞིག་མཐོང་ཞིང་བྱང་ཆུབ་སེམས་དཔའ་སེམས་དཔའ་ཆེན་པོ་སེམས་ཅན་རྣམས་ཀྱི་དོན་གྱི་སླད་དུ། བླ་ན་མེད་པ་ཡང་དག་པར་རྫོགས་པའི་བྱང་ཆུབ་ཏུ་འཇུག་པ་ལགས། བཅོམ་ལྡན་འདས་ཀྱིས་བཀའ་སྩལ་པ། རབ་འབྱོར་ཇི་ལྟར་ཆོས་ཐམས་ཅད་དངོས་པོ་མེད་པའི་ངོ་བོ་ཉིད་ཡིན་པ་དེ་ལྟར་བྱང་ཆུབ་སེམས་དཔའ་སེམས་དཔའ་ཆེན་པོ་བླ་ན་མེད་པ་ཡང་དག་པར་རྫོགས་པའི་བྱང་ཆུབ་ཏུ་འཇུག་སྟེ། དེ་ཅིའི་ཕྱིར་ཞེ་ན། རབ་འབྱོར་

དམིགས་པ་ནི་རྒྱ་ཆུང་བ་སྟེ[1]། དམིགས་པའི་འདུ་ཤེས་ཅན་ལ་ཐོབ[2]་པ་མེད་དོ། །མངོན་པར་རྟོགས་པ་མེད་དོ། །བླ་ན་མེད་པ་ཡང་དག་པར་རྫོགས་པའི་བྱང་ཆུབ་མེད་དོ། །གསོལ་པ། བཅོམ་ལྡན་འདས་དམིགས་པ་མ་མཆིས་པ་ལ་འཐོབ་[3]པའམ། མངོན་པར་རྟོགས་པའམ། བླ་ན་མེད་པ་ཡང་དག་པར་རྫོགས་པའི་བྱང་ཆུབ་[4]མཆིས་སམ། བཅོམ་ལྡན་འདས་ཀྱིས་བཀའ་སྩལ་པ། རབ་འབྱོར་ཆོས་ཀྱི་དབྱིངས་ལ་རྣམ་པར་འཁྲུག་པ་མེད་པའི་ཕྱིར། མི་དམིགས་པ་ཉིད་ཐོབ་པའོ། །མི་དམིགས་པ་ཉིད་མངོན་པར་རྟོགས་པའོ། །མི་དམིགས་པ་ཉིད་བླ་ན་མེད་པ་ཡང་དག་པར་རྫོགས་པའི་བྱང་ཆུབ་བོ། །གང་མི་དམིགས་པ་ལ་འཐོབ་[5]པའམ། མངོན་པར་རྟོགས་པའམ། བླ་ན་མེད་པ་ཡང་དག་པར་རྫོགས་པའི་བྱང་ཆུབ་འདོད་པ་དེ་ནི། ཆོས་ཀྱི་དབྱིངས་ལ་རྣམ་པར་དགྲུག་པར་འདོད་དུ···ཟད་དོ། །གསོལ་པ། བཅོམ་ལྡན་འདས་གལ་ཏེ་དེ་ལྟར་དམིགས་པ་མ་མཆིས་པ་ལ་ཡང་འཐོབ[6]པ་མ་མཆིས། མངོན་པར་རྟོགས་པ་མ་མཆིས། བླ་ན་མེད་པ་ཡང་དག་པར་རྫོགས་པའི་བྱང་ཆུབ་མ་མཆིས་ལ། ༔མི་དམིགས་པ་ཉིད་ཐོབ་པ།[7] མི་དམིགས་པ་ཉིད་མངོན་པར་རྟོགས་པ། མི་དམིགས་པ་ཉིད་བླ་ན་མེད་པ་ཡང་དག་པར་རྫོགས་པའི་བྱང་ཆུབ་ལགས་ན། བཅོམ་ལྡན་འདས་བྱང་ཆུབ་སེམས···དཔའ་སེམས་དཔའ་ཆེན་པོའི་ས་དང་པོ་ཡང་ག་ལ་མཆིས། ས་གཉིས་པ་ཡང་ག་ལ་མཆིས། ས་གསུམ་པ་ཡང་ག་ལ་མཆིས། ས་བཞི[8]པ་ཡང་ག་ལ་མཆིས། ས་ལྔ་པ་ཡང་ག་ལ་མཆིས། ས་དྲུག་པ་ཡང་ག་ལ[9]མཆིས། ས་བདུན་པ་ཡང་ག་ལ་མཆིས། ས་བརྒྱད་པ་ཡང་ག་ལ་མཆིས། ས་དགུ་པ་ཡང་ག་ལ་མཆིས། ས་བཅུ་པ་ཡང་ག་ལ་མཆིས། མི་སྐྱེ་བའི་ཆོས་ལ་བཟོད་པ་ཡང་ག་ལ་མཆིས། རྣམ་པར་སྨིན་པ་ལས་བྱུང་བའི་མངོན་པར་ཤེས་པ་ཡང་ག་ལ་མཆིས། རྣམ་པར་སྨིན་པ་

ལས་བྱུང་བའི་སྦྱིན་པ་ཡང་ག་ལ་མཆིས། རྣམ་པར་སྨིན་པ་ལས་བྱུང་བའི་ཚུལ་ཁྲིམས་ཀྱང་ག་ལ་མཆིས། རྣམ་པར་སྨིན་པ་ལས་བྱུང་བའི་བཟོད་པ་ཡང་ག་ལ་མཆིས། རྣམ་པར་སྨིན་པ་ལས་བྱུང་བའི་བརྩོན་འགྲུས་ཀྱང་ག་ལ་མཆིས། རྣམ་པར་སྨིན་པ་ལས་བྱུང་བའི་བསམ་གཏན་ཡང་ག་ལ་མཆིས། རྣམ་པར་སྨིན་པ་ལས་བྱུང་བའི་ཤེས་རབ་ཀྱང་ག་ལ་མཆིས། རྣམ་པར་སྨིན་པ་ལས་བྱུང་བའི་བྱང་ཆུབ་ཀྱི་ཕྱོགས་ཀྱི་ཆོས་རྣམས་ཀྱང་ག་ལ་མཆིས་ཏེ། རྣམ་པར་སྨིན་པ་ལས་བྱུང་བའི་ཆོས་དེ་དག་ལ་གནས་ཤིང་། སེམས་ཅན་རྣམས་ཡོངས་སུ་སྨིན་པར་བགྱིད་པ་དང་། སངས་རྒྱས་ཀྱི་ཞིང་ཡོངས་སུ་དག་པར་བགྱིད་པ་དང་། སངས་རྒྱས་བཅོམ་ལྡན་འདས་རྣམས་ལ་ཞལ་ཟས་དང་། བཏུང་བ་དང་། ན་[༡]བཟའ་དང་། གཟིམས་ཆ་དང་། ཕོ་བྲང་དང་། ཡོ་བྱད་དང་། མེ་ཏོག་དང་། བདུག་[༢]སྤོས་དང་། སྤོས་དང་། ཕྲེང་[༣]བ་དང་། བྱུག་པ་དང་། ཕྱེ་མ་དང་། ཆོས་གོས་དང་། གདུགས་དང་། རྒྱལ་མཚན་དང་། བ་དན་དང་། མར་མེ་དང་། ལྷ་དང་མིའི་ཕུན་སུམ་ཚོགས་པ་གཞན་གང་ཡང་རུང་བ་དག་གིས་རིམ་གྲོ་[༤]བགྱིད་ཅིང་། དེ་ལ་དེ་དག་རྒྱུན་མི་འཆད་[༥]པར་ཡོངས་སུ་མྱ་ངན་ལས་འདས་ཀྱི་བར་དུ་སྐུ་གདུང་དང་། ཉན་ཐོས་དག་ལ་རྣམ་པར་སྨིན་པར་གྱུར་ཀྱང་བས་པར་མི་འགྱུར་ན[༦]། བཅོམ་ལྡན་འདས་དེའི་སླད་དུ་བྱང་ཆུབ་སེམས་དཔའ་སེམས་དཔའ་ཆེན་པོ་ཆོས་ཀྱི་དབྱིངས་རྣམ་པར་འཕྲུག་པར་བགྱིད་པར་མི་འགྱུར་རམ། བཅོམ་ལྡན་འདས་ཀྱིས་བཀའ་སྩལ་པ། རབ་འབྱོར་གང་གི་ཕྱིར། མི་དམིགས་པ་དེ་ཉིད་ཀྱི་ཕྱིར། བྱང་ཆུབ་སེམས་དཔའ་སེམས་དཔའ་ཆེན་པོ། ཆོས་ཀྱི་དབྱིངས་རྣམ་པར་འཕྲུག་པར་མི་བྱེད་དེ། དེ་ཉིད་ཀྱི་ཕྱིར་བྱང་ཆུབ་སེམས་དཔའ་སེམས་དཔའ་ཆེན་པོའི་ས་དང་པོའོ། །དེ་ཉིད་ཀྱི་ཕྱིར་ས་གཉིས་པའོ། །དེ་ཉིད་

ཀྱི་ཕྱིར་ས་གསུམ་པའོ། །དེ་ཉིད་ཀྱི་ཕྱིར་ས་བཞི་པའོ། །དེ་ཉིད་ཀྱི་ཕྱིར་ས་ལྔ་པའོ༑ །དེ་ཉིད་ཀྱི་ཕྱིར་ས་དྲུག་པའོ། །དེ་ཉིད་ཀྱི་ཕྱིར་ས་བདུན་པའོ། །དེ་ཉིད་ཀྱི་ཕྱིར་ས་བརྒྱད་པའོ། །དེ་ཉིད་ཀྱི་ཕྱིར་ས་དགུ་པའོ། །དེ་ཉིད་ཀྱི་ཕྱིར་ས་བཅུ་པའོ༑ །དེ་ཉིད་ཀྱི་ཕྱིར་མི་སྐྱེ་བའི་ཆོས་ལ་བཟོད་པའོ། །དེ་ཉིད་ཀྱི་ཕྱིར་རྣམ་པར་སྨིན་པ་ལས་བྱུང་བའི་མངོན་པར་ཤེས་པའོ། །དེ་ཉིད་ཀྱི་ཕྱིར་རྣམ་པར་སྨིན་པ་ལས་བྱུང་བའི་སྦྱིན་པའོ། །དེ་ཉིད་ཀྱི་ཕྱིར་རྣམ་པར་སྨིན་པ་ལས་བྱུང་བའི་ཚུལ་ཁྲིམས་སོ། །དེ་ཉིད་ཀྱི་ཕྱིར་རྣམ་པར་སྨིན་པ་ལས་བྱུང་བའི་བཟོད་པའོ། །དེ་ཉིད་ཀྱི་ཕྱིར་རྣམ་པར་སྨིན་པ་ལས་བྱུང་བའི་བརྩོན་འགྲུས་སོ། །དེ་ཉིད་ཀྱི་ཕྱིར་རྣམ་པར་སྨིན་པ་ལས་བྱུང་བའི་བསམ་གཏན་ནོ། །དེ་ཉིད་ཀྱི་ཕྱིར་རྣམ་པར་སྨིན་པ་ལས་བྱུང་བའི་ཤེས་རབ་བོ། །དེ་ཉིད་ཀྱི་ཕྱིར་རྣམ་པར་སྨིན་པ་ལས་བྱུང་བའི་བྱང་ཆུབ་ཀྱི་ཕྱོགས་ཀྱི་ཆོས་རྣམས་སོ། །དེ་ཉིད་ཀྱི་ཕྱིར་རྣམ་པར་སྨིན་པ་ལས་བྱུང་བའི་དགེ་བའི་རྩ་བ་རྣམས་ཏེ། དགེ་བའི་རྩ་བ་དེ་དག་གིས། བྱང་ཆུབ་སེམས་དཔའ་སེམས་དཔའ་ཆེན་པོ་སེམས་ཅན་རྣམས་ཡོངས་སུ་སྨིན་པར་བྱེད་དོ། །སངས་རྒྱས་ཀྱི་ཞིང་ཡོངས་སུ་དག་པར་བྱེད་དོ། །སངས་རྒྱས་བཅོམ་ལྡན་འདས་རྣམས་ལ་ཡང་ཞལ་ཟས་དང་། བཀུར་བ་དང་། ན་[༡]བཟའ་དང་། གཟིམས་ཆ་དང་། ཕོ་བྲང་དང་། ཡོ་བྱད་དང་། མེ་ཏོག་དང་། བདུག་[༢]སྤོས་དང་། སྤོས་དང་། ཕྲེང་བ་དང་། བྱུག་པ་དང་། ཕྱེ་མ་དང་། ཆོས་གོས་དང་། གདུགས་དང་། རྒྱལ་མཚན་དང་། བ་དན་དང་། མར་མེ་དང་། ལྷ་དང་མིའི་ཕུན་སུམ་ཚོགས་པ་གཞན་གང་ཡང་རུང་བ་དག་གིས། རིམ་གྲོ་[༣]བྱེད་ཅིང་དེ་ལ་དེ་དག་རྒྱུན་མི་འཆད་[༤]པར་ཡོངས་སུ་མྱ་ངན་ལས་འདས་ཀྱི་བར་དུ་སྐུ་གདུང་དང་༑ ཉན་ཐོས་དག་ལ་རྣམ་པར་སྨིན་པར་གྱུར་ཀྱང་ཟད་པར་མི་འགྱུར་རོ། །

གསོལ་པ། བཅོམ་ལྡན་འདས་ཀྱི་དམིགས་པ་དང་། སྦྱིན་པ་དང་། ཚུལ་ཁྲིམས་དང་། བཟོད་པ་དང་། བརྩོན་འགྲུས་དང་། ཏིང་ངེ་འཛིན་དང་། ཤེས་རབ་དང་། མངོན་པར་ཤེས་པ་རྣམས་ལ་བྱེ་བྲག་ནི་ཅི་ཞིག་མཆིས། ཐ་དད་དུ་བགྱི་བ་ནི་ཅི་ཞིག་མཆིས། བཅོམ་ལྡན་འདས་ཀྱིས་བཀའ་སྩལ་པ། རབ་འབྱོར་ཀྱི་དམིགས་པ་དང་། སྦྱིན་པ་དང་། ཚུལ་ཁྲིམས་དང་། བཟོད་པ་དང་། བརྩོན་འགྲུས་དང་། ཏིང་ངེ་འཛིན་དང་། ཤེས་རབ་དང་། མངོན་པར་ཤེས་པ་རྣམས་ལ་ཐ་དད་དུ་བྱ[༧]བ་གང་ཡང་མེད་དོ། །རབ་འབྱོར་གོས་པ་མེད་པའི་སྦྱིན་པ་དང་། གོས་པ་མེད་པའི་ཚུལ་ཁྲིམས་དང་། གོས་པ་མེད་པའི་བཟོད་པ་དང་། གོས་པ་མེད་པའི་བརྩོན་འགྲུས་དང་། གོས་པ་མེད་པའི་་་བསམ་གཏན་དང་། གོས་པ་མེད་པའི་ཤེས་རབ་དང་། གོས་པ་མེད་པའི་་་་མངོན་པར་ཤེས་པ་དག་ལ་ནི། ཐ་དད་དུ་བྱ་བར་བསྟན་ཏོ། །གསོལ་པ། བཅོམ་ལྡན་འདས། གོས་པ་མ་མཆིས་པའི་སྦྱིན་པ་དང་། གོས་པ་མ་མཆིས་པའི་ཚུལ་ཁྲིམས་དང་། གོས་པ་མ་མཆིས་པའི་བཟོད[༨]པ་དང་། གོས་པ་མ་མཆིས་པའི་བརྩོན་འགྲུས་དང་། གོས་པ་མ་མཆིས་པའི་བསམ་གཏན་དང་། གོས་པ་མ་མཆིས་པའི་ཤེས་རབ་དང་། གོས་པ་མ་མཆིས་པའི་མངོན་པར་ཤེས་པ་རྣམས། ཇི་ལྟར་ཐ་དད་དུ་བགྱི་བར་བསྟན། བཅོམ་ལྡན་འདས་ཀྱིས་བཀའ་སྩལ་པ། རབ་འབྱོར་འདི་ལ་བྱང་ཆུབ་སེམས་དཔའ་སེམས་དཔའ་ཆེན་པོ། ཤེས་་་རབ་ཀྱི་ཕ་རོལ་ཏུ་ཕྱིན་པ་ལ་སྤྱོད་པའི་ཚེ། སྦྱིན་པ་མི་དམིགས། ༑གཏང་བ་་་མི་དམིགས།[༩] གཏོང་བ་པོ་མི་དམིགས། ལེན་པ་མི་དམིགས་པར་སྦྱིན་པ་གཏོང་ངོ་། །ཚུལ་ཁྲིམས་མི་དམིགས་པར་ཚུལ་ཁྲིམས་སྲུང་ངོ་། །བཟོད་པ་མི་དམིགས་པར་བཟོད་པ་སྒྲུབ་བོ། །བརྩོན་འགྲུས་མི་དམིགས་པར་བརྩོན་འགྲུས་

རྩམ་[2]སོ། །ཏིང་ངེ་འཛིན་མྱི་དམིགས་པར༔ ཏིང་ངེ་འཛིན་ལ་[3]སྙོམས་པར་འཇུག་
གོ། །ཤེས་རབ་མྱི་དམིགས་པར་ཤེས་རབ་སྒོམ་མོ། །མངོན་པར་ཤེས་པ་མྱི····
དམིགས་པར་མངོན་པར་ཤེས་པ་རྣམས་ལ་སྤྱོད་དོ། །དྲན་པ་ཉེ་བར་གཞག་པ····
རྣམས་མྱི་དམིགས་པར་དྲན་པ་ཉེ་བར་གཞག་པ་རྣམས་ལ་སྤྱོད་དོ། །ཡང་དག····
པར་སྤོང་བ་རྣམས་མྱི་དམིགས་པར་ཡང་དག་པར་སྤོང་བ་རྣམས་ལ་སྤྱོད་དོ། །རྫུ་
འཕྲུལ་ཀྱི་རྐང་པ་རྣམས་མྱི་དམིགས་པར་རྫུ་འཕྲུལ་ཀྱི་རྐང་པ་རྣམས་ལ་སྤྱོད་དོ། །
དབང་པོ་རྣམས་མྱི་དམིགས་པར་དབང་པོ་རྣམས་ལ་སྤྱོད་དོ། །སྟོབས་རྣམས་མྱི་
དམིགས་པར་སྟོབས་རྣམས་ལ་སྤྱོད་དོ། །བྱང་ཆུབ་ཀྱི་ཡན་ལག་རྣམས་མྱི་དམིགས་
པར་བྱང་ཆུབ་ཀྱི་ཡན་ལག་རྣམས་ལ་སྤྱོད་དོ། །ལམ་མྱི་དམིགས་པར་ལམ་ལ་སྤྱོད་
དོ། །འཕགས་པའི་བདེན་པ་རྣམས་མྱི་དམིགས་པར་འཕགས་པའི་བདེན་པ····
རྣམས་ལ་སྤྱོད་དོ། །བསམ་གཏན་རྣམས་མྱི་དམིགས་པར་བསམ་གཏན་རྣམས་ལ་
སྤྱོད་དོ། །ཚད་མྱེད་པ་རྣམས་མྱི་དམིགས་པར་ཚད་མྱེད་པ་རྣམས་ལ་སྤྱོད་དོ། །
གཟུགས་མྱེད་པའི་སྙོམས་པར་འཇུག་[1]པ་རྣམས་མྱི་དམིགས་པར། གཟུགས·····
མྱེད་པའི་སྙོམས་པར་འཇུག་པ་རྣམས་ལ་སྤྱོད་དོ། །རྣམ་པར་ཐར་པ་རྣམས་མྱི····
དམིགས་པར་རྣམ་པར་ཐར་པ་རྣམས་ལ་སྤྱོད་དོ། །མཐར་གྱིས་གནས་པའི་སྙོམས་
པར་འཇུག་པ་རྣམས་མྱི་དམིགས་པར། མཐར་གྱིས་གནས་པའི་སྙོམས་པར····
འཇུག་པ་རྣམས་ལ་སྤྱོད་དོ། །སྟོང་པ་ཉིད་མྱི་དམིགས་པར་སྟོང་པ་ཉིད་ལ་སྤྱོད་
དོ། །མཚན་མ་མྱེད་པ་མྱི་དམིགས་པར་མཚན་མ་མྱེད་པ་ལ་སྤྱོད་དོ། །སྨོན་པ་
མྱེད་པ་མྱི་དམིགས་པར་སྨོན་པ་མྱེད་པ་ལ་སྤྱོད་དོ། །མངོན་པར་ཤེས་པ་རྣམས་མྱི་
དམིགས་པར་མངོན་པར་ཤེས་པ་རྣམས་ལ་སྤྱོད་དོ། །ཏིང་ངེ་འཛིན་རྣམས་མྱི·····
དམིགས་པར་ཏིང་ངེ་འཛིན་རྣམས་ལ་སྤྱོད་དོ། །གཟུངས་ཀྱི་སྒོ་རྣམས་མྱི་དམིགས་

པར་གཟུངས་ཀྱི་སྒོ་རྣམས་ལ་སྤྱོད་དོ། །དེ་བཞིན་གཤེགས་པའི་སྟོབས་རྣམས་ཀྱི་
དམིགས་པར་དེ་བཞིན་གཤེགས་པའི་སྟོབས་རྣམས་ལ་སྤྱོད་དོ། །མི་འཇིགས་པ་
རྣམས་ཀྱི་དམིགས་པར་མི་འཇིགས་པ་རྣམས་ལ་སྤྱོད་དོ། །སོ་སོ་ཡང་དག་པར་
རིག་པ་རྣམས་ཀྱི་དམིགས་པར་སོ་སོ་ཡང་དག་པར་རིག་པ་རྣམས་ལ་སྤྱོད་དོ།
བྱམས་པ་ཆེན་པོ་ཀྱི་དམིགས་པར་བྱམས་པ་ཆེན་པོ་ལ་སྤྱོད་དོ། །སྙིང་རྗེ་ཆེན་པོ་
ཀྱི་དམིགས་པར་སྙིང་རྗེ་ཆེན་པོ་ལ་སྤྱོད་དོ། །སངས་རྒྱས་ཀྱི་ཆོས་མ་འདྲེས་པ······
རྣམས་ཀྱི་དམིགས་པར་སངས་རྒྱས་ཀྱི་ཆོས་མ་འདྲེས་པ་རྣམས་ལ་སྤྱོད་དོ།
སེམས་ཅན་རྣམས་ཀྱི་དམིགས་པར་སེམས་ཅན་རྣམས་ཡོངས་སུ་སྨིན་པར་བྱེད་དོ།
སངས་རྒྱས་ཀྱི་ཞིང་ཀྱི་དམིགས་པར་སངས་རྒྱས་ཀྱི་ཞིང་ཡོངས་སུ་དག་པར་བྱེད་དོ།།
སངས་རྒྱས་ཀྱི་ཆོས་རྣམས་ཀྱི་དམིགས་པར་བྱང་ཆུབ་ཏུ་མངོན་པར་རྫོགས་པར······
འཚང་རྒྱའོ། །རབ་འབྱོར་དེ་ལྟར་བྱང་ཆུབ་སེམས་དཔའ་སེམས་དཔའ་ཆེན་པོ་ཀྱི་
དམིགས་པའི་ཚུལ་གྱིས། ཤེས་རབ་ཀྱི་ཕ་རོལ་ཏུ་ཕྱིན་པ་ལ་སྤྱོད་དོ[༡]། །རབ་
འབྱོར་བྱང་ཆུབ་སེམས་དཔའ་སེམས་དཔའ་ཆེན་པོ་ཤེས་རབ་ཀྱི་ཕ་རོལ་ཏུ་ཕྱིན་པ་
ལ་དེ་ལྟར་སྤྱོད་ན། དེ་ལ་[༢]བདུད་སྡིག་ཏོ་ཅན་རྣམས་སམ། བདུད་ཀྱི་རིས་[༣]ཀྱི་
ལྷ་རྣམས་ཀྱིས་ཚུགས་པར་དཀའ་བ་ཡིན་ནོ། །དེ་སྐད་ཅེས་བཀའ་སྩལ་པ་དང་།
ཚེ་དང་ལྡན་པ་རབ་འབྱོརད་ཀྱིས། བཅོམ་ལྡན་འདས་ལ་འདི་སྐད་ཅེས་གསོལ་
ཏོ། །བཅོམ་ལྡན་འདས་བྱང་ཆུབ་སེམས་དཔའ་སེམས་དཔའ་ཆེན་པོ། ཤེས་
རབ་ཀྱི་ཕ་རོལ་ཏུ་ཕྱིན་པ་ལ་སྤྱོད་པའི་ཚེ། ཇི་ལྟར་སེམས༔བསྐྱེད་པ་[༤]གཅིག་གིས་
ཕ་རོལ་ཏུ་ཕྱིན་པ་དྲུག་ཡོངས་སུ་འཛིན་པ་ལགས། བསམ་གཏན་བཞི་ཡོངས་སུ་
འཛིན་པ་ལགས། ཚད་མེད་པ་བཞི་ཡོངས་སུ་འཛིན་པ་ལགས། གཟུགས་མེད་
པའི་སྙོམས་པར་འཇུག་པ་བཞི་ཡོངས་སུ་འཛིན་པ་ལགས། དྲན་པ་ཉེ་བར་གཞག་

པ་བཞི་ཡོངས་སུ་འཛིན་པ་ལགས། ཡང་དག་པར་སྤོང་བ་བཞི་ཡོངས་སུ་འཛིན་པ་ལགས། རྫུ་འཕྲུལ་གྱི་རྐང་པ་བཞི་ཡོངས་སུ་འཛིན་པ་ལགས། དབང་པོ་ལྔ་ཡོངས་སུ་འཛིན་པ་ལགས། སྟོབས་ལྔ་ཡོངས་སུ་འཛིན་པ་ལགས། བྱང་ཆུབ་ཀྱི་ཡན་ལག་བདུན་ཡོངས་སུ་འཛིན་པ་ལགས། འཕགས་པའི་ལམ་ཡན་ལག་བརྒྱད་པ་ཡོངས་སུ་འཛིན་པ་ལགས། རྣམ་པར་ཐར་པའི་སྒོ་གསུམ་ཡོངས་སུ་འཛིན་པ་ལགས། འཕགས་པའི་བདེན་པ་བཞི་ཡོངས་སུ་འཛིན་པ་ལགས། རྣམ་པར་ཐར་པ་བརྒྱད་ཡོངས་སུ་འཛིན་པ་ལགས། མཐར་གྱིས་གནས་པའི་སྙོམས་པར་འཇུག་པ་དགུ་ཡོངས་སུ་འཛིན་པ་ལགས། མངོན་པར་ཤེས་པ་ལྔ①ཡོངས་སུ་འཛིན་པ་ལགས། ནང་སྟོང་པ་ཉིད་ཡོངས་སུ་འཛིན་པ་ལགས། ཕྱི་སྟོང་པ་ཉིད་ཡོངས་སུ་འཛིན་པ་ལགས། ཕྱི་ནང་སྟོང་པ་ཉིད་ཡོངས་སུ་འཛིན་པ་ལགས། སྟོང་པ་ཉིད་སྟོང་པ་ཉིད་ཡོངས་སུ་འཛིན་པ་ལགས། ཆེན་པོ་སྟོང་པ་ཉིད་ཡོངས་སུ་འཛིན་པ་ལགས། དོན་དམ་པ་སྟོང་པ་ཉིད་ཡོངས་སུ་འཛིན་པ་ལགས། འདུས་བྱས་སྟོང་པ་ཉིད་ཡོངས་སུ་འཛིན་པ་ལགས། འདུས་མ་བྱས་སྟོང་པ་ཉིད་ཡོངས་སུ་འཛིན་པ་ལགས། མཐའ་ལས་འདས་པ་སྟོང་པ་ཉིད་ཡོངས་སུ་འཛིན་པ་ལགས། ཐོག་མ་དང་ཐ་མ་མེད་པ་སྟོང་པ་ཉིད་ཡོངས་སུ་འཛིན་པ་ལགས། དོར་བ་མེད་པ་སྟོང་པ་ཉིད་ཡོངས་སུ་འཛིན་པ་ལགས། རང་བཞིན་སྟོང་པ་ཉིད་ཡོངས་སུ་འཛིན་པ་ལགས། ཆོས་ཐམས་ཅད་སྟོང་པ་ཉིད་ཡོངས་སུ་འཛིན་པ་ལགས། རང་གི་མཚན་ཉིད་སྟོང་པ་ཉིད་ཡོངས་སུ་འཛིན་པ་ལགས། མི་དམིགས་པ་སྟོང་པ་ཉིད་ཡོངས་སུ་འཛིན་པ་ལགས། དངོས་པོ་མེད་པ་སྟོང་པ་ཉིད་ཡོངས་སུ་འཛིན་པ་ལགས། ངོ་བོ་ཉིད་སྟོང་པ་ཉིད་ཡོངས་སུ་འཛིན་པ་ལགས། དངོས་པོ་མེད་པའི་ངོ་བོ་ཉིད་སྟོང་པ་ཉིད་②ཡོངས་སུ་འཛིན་པ་ལགས། ཏིང་ངེ་འཛིན་རྣམས་ཡོངས་

སུ་འཛིན་པ་ལགས། གཟུངས་ཀྱི་སྒོ་རྣམས་ཡོངས་སུ་འཛིན་པ་ལགས། དེ····
བཞིན་གཤེགས་པའི་སྟོབས་བཅུ་ཡོངས་སུ་འཛིན་པ་ལགས། མི་འཇིགས་པ་བཞི་
ཡོངས་སུ་འཛིན་པ་ལགས། སོ་སོ་ཡང་དག་པར་རིག་པ་བཞི་ཡོངས་སུ་འཛིན་པ་
ལགས། བྱམས་པ་ཆེན་པོ་ཡོངས་སུ་འཛིན་པ་ལགས། སྙིང་རྗེ་ཆེན་པོ་ཡོངས་སུ་
འཛིན་པ་ལགས། སངས་རྒྱས་ཀྱི་ཆོས་མ་འདྲེས་པ་བཅོ་བརྒྱད་ཡོངས་སུ་འཛིན·····
པ་ལགས། མི་ཆེན་པོའི་མཚན་སུམ་ཅུ་[༡]རྩ་གཉིས་ཡོངས་སུ་འཛིན་པ་ལགས།
དཔེ་བྱད་བཟང་པོ་བརྒྱད་ཅུ་[༢]ཡོངས་སུ་འཛིན་པ་ལགས། བཅོམ་ལྡན་འདས·····
ཀྱིས་བཀའ་སྩལ་པ། རབ་འབྱོར་འདི་ལ་བྱང་ཆུབ་སེམས་དཔའ་སེམས་དཔའ····
ཆེན་པོས། སྦྱིན་པ་[༣]གང་གཏོང་བ་དེ་ཤེས་རབ་ཀྱི་ཕ་རོལ་ཏུ་ཕྱིན་པས་ཡོངས་སུ་
ཟིན་པ་ལས་གཞན་དུ་མ་ཡིན་ནོ། །ཚུལ་ཁྲིམས་ལ་[༤]གང་སྲུང་བ་དེ་ཤེས་རབ་ཀྱི་
ཕ་རོལ་ཏུ་ཕྱིན་པས་ཡོངས་སུ་ཟིན་པ་ལས་གཞན་དུ་མ་ཡིན་ནོ། །བཟོད་པ་ལ····
གང་སྒོམ་[༥]པ་དེ་ཤེས་རབ་ཀྱི་ཕ་རོལ་ཏུ་ཕྱིན་པས་ཡོངས་སུ་ཟིན་པ་ལས་གཞན་དུ····
མ་ཡིན་ནོ། །བརྩོན་འགྲུས་ལ་གང་རྩོམ་[༦]པ་དེ་ཤེས་རབ་ཀྱི་ཕ་རོལ་ཏུ་ཕྱིན་པས་
ཡོངས་སུ་ཟིན་པ་ལས་གཞན་དུ་མ་ཡིན་ནོ། །ཏིང་ངེ་འཛིན་ལ་གང་[༧]སྙོམས་པར་
འཇུག་པ་དེ་ཤེས་རབ་ཀྱི་ཕ་རོལ་ཏུ་ཕྱིན་པས་ཡོངས་སུ་ཟིན་པ་ལས་གཞན་དུ་མ····
ཡིན་ནོ། །ཤེས་རབ་ལ་གང་[༨]སྒོམ་པ་དེ་ཤེས་རབ་ཀྱི་ཕ་རོལ་ཏུ་ཕྱིན་པས་ཡོངས་
སུ་ཟིན་པ་ལས་གཞན་དུ་མ་ཡིན་ནོ། །བསམ་གཏན་རྣམས་ལ་གང་[༩]སྙོམས་པར་
འཇུག་པ་དེ་ཤེས་རབ་ཀྱི་ཕ་རོལ་ཏུ་ཕྱིན་པས་ཡོངས་སུ་ཟིན་པ་ལས་གཞན་དུ་མ····
ཡིན་ནོ། །ཚད་མེད་པ་རྣམས་ལ་གང་སྙོམས་པར་འཇུག་པ་དེ་ཤེས་རབ་ཀྱི་ཕ་རོལ་
ཏུ་ཕྱིན་པས་ཡོངས་སུ་ཟིན་པ་ལས་གཞན་དུ་མ་ཡིན་ནོ། །གཟུགས་མེད་པའི····
སྙོམས་པར་འཇུག་པ༔ རྣམས་ལ་གང་སྙོམས་པར་འཇུག་པ་[༡༠]དེ་ཤེས་རབ་ཀྱི་ཕ་རོལ··

ཏུ་ཕྱིན་པས་ཡོངས་སུ་ཟིན་པ་ལས་གཞན་དུ་མ་ཡིན་ནོ། །དྲན་པ་ཉེ་བར་གཞག་པ་རྣམས་ལ་གང་སྒོམ་པ་དེ་ཤེས་རབ་ཀྱི་ཕ་རོལ་ཏུ་ཕྱིན་པས་ཡོངས་སུ་ཟིན་པ་ལས་གཞན་དུ་མ་ཡིན་ནོ། །ཡང་དག་པར་སྤོང་བ་རྣམས་ལ་གང་སྒོམ་པ་དེ་ཤེས་རབ་ཀྱི་ཕ་རོལ་ཏུ་ཕྱིན་པས་ཡོངས་སུ་ཟིན་པ་ལས་གཞན་དུ་མ་ཡིན་ནོ། །རྫུ་འཕྲུལ་གྱི་རྐང་པ་རྣམས་ལ་གང་སྒོམ་པ་དེ་ཤེས་རབ་ཀྱི་ཕ་རོལ་ཏུ་ཕྱིན་པས་ཡོངས་སུ་ཟིན་པ་ལས་གཞན་དུ་མ་ཡིན་ནོ། །དབང་པོ་རྣམས་ལ་གང་སྒོམ་པ་དེ་ཤེས་རབ་ཀྱི་ཕ་རོལ་ཏུ་ཕྱིན་པས་ཡོངས་སུ་ཟིན་པ་ལས་གཞན་དུ་མ་ཡིན་ནོ། །སྟོབས་རྣམས་ལ་གང་སྒོམ་པ་དེ་ཤེས་རབ་ཀྱི་ཕ་རོལ་ཏུ་ཕྱིན་པས་ཡོངས་སུ་ཟིན་པ་ལས་གཞན་དུ་མ་ཡིན་ནོ། །བྱང་ཆུབ་ཀྱི་ཡན་ལག་རྣམས་ལ་གང་སྒོམ་པ་དེ་ཤེས་རབ་ཀྱི་ཕ་རོལ་ཏུ་ཕྱིན་པས་ཡོངས་སུ་ཟིན་པ་ལས་གཞན་དུ་མ་ཡིན་ནོ། །འཕགས་པའི་ལམ་ཡན་ལག་བརྒྱད་པ་ལ་གང་སྒོམ་པ་དེ་ཤེས་རབ་ཀྱི་ཕ་རོལ་ཏུ་ཕྱིན་པས་ཡོངས་སུ་ཟིན་པ་ལས་གཞན་དུ་མ་ཡིན་ནོ། །རྣམ་པར་ཐར་པའི་སྒོ་རྣམས་ལ་གང་སྒོམ་པ་དེ་ཤེས་རབ་ཀྱི་①ཕ་རོལ་ཏུ་ཕྱིན་པས་ཡོངས་སུ་ཟིན་པ་ལས་གཞན་དུ་མ་ཡིན་ནོ། །འཕགས་པའི་བདེན་པ་རྣམས་ལ་གང་སྒོམ་པ་དེ་ཤེས་རབ་ཀྱི་ཕ་རོལ་ཏུ་ཕྱིན་པས་ཡོངས་སུ་ཟིན་པ་ལས་གཞན་དུ་མ་ཡིན་ནོ། །རྣམ་པར་ཐར་པ་རྣམས་ལ་གང་སྒོམ་པ་དེ་ཤེས་རབ་ཀྱི་ཕ་རོལ་ཏུ་ཕྱིནད་པས་ཡོངས་སུ་ཟིན་པ་ལས་གཞན་དུ་མ་ཡིན་ནོ།། མཐར་གྱིས་གནས་པའི་སྙོམས་པར་འཇུག་པ་རྣམས་ལ་གང་སྒོམ་པ་དེ་ཤེས་རབ་ཀྱི་ཕ་རོལ་ཏུ་ཕྱིན་པས་ཡོངས་སུ་ཟིན་པ་ལས་གཞན་དུ་མ་ཡིན་ནོ། །མངོན་པར་ཤེས་པ་རྣམས་ལ་གང་སྒོམ་པ་དེ་ཤེས་རབ་ཀྱི་ཕ་རོལ་ཏུ་ཕྱིན་པས་ཡོངས་སུ་ཟིན་པ་ལས་གཞན་དུ་མ་ཡིན་ནོ། །ནང་སྟོང་པ་ཉིད་ལ་གང་སྒོམ་པ་དེ་ཤེས་རབ་ཀྱི་ཕ་རོལ་ཏུ་ཕྱིན་པས་ཡོངས་སུ་ཟིན་པ་ལས་གཞན་དུ་མ་ཡིན་ནོ། །ཕྱི་སྟོང་པ་ཉིད་ལ་གང་

སྨོམ་[༧]པ་དེ་ཤེས་རབ་ཀྱི་ཕ་རོལ་ཏུ་ཕྱིན་པས་ཡོངས་སུ་ཟིན་པ་ལས་གཞན་དུ་མ་ཡིན་ནོ། །ཕྱི་ནང་སྟོང་པ་ཉིད་ལ་གང་སྨོམ་པ་དེ་ཤེས་རབ་ཀྱི་ཕ་རོལ་ཏུ་ཕྱིན་པས་ཡོངས་སུ་ཟིན་པ་ལས་གཞན་དུ་མ་ཡིན་ནོ། །སྟོང་པ་ཉིད་སྟོང་པ་ཉིད་ལ་གང་སྨོམ་པ་དེ་ཤེས་རབ་ཀྱི་ཕ་རོལ་ཏུ་ཕྱིན་པས་ཡོངས་སུ་ཟིན་པ་ལས་གཞན་དུ་མ་ཡིན་ནོ། །ཆེན་པོ་སྟོང་པ་ཉིད་ལ་གང་སྨོམ་པ་དེ་ཤེས་རབ་ཀྱི་ཕ་རོལ་ཏུ་ཕྱིན་པས་ཡོངས་སུ་ཟིན་པ་ལས་གཞན་དུ་མ་ཡིན་ནོ། །དོན་དམ་པ་སྟོང་པ་ཉིད་ལ་གང་སྨོམ་པ་དེ་ཤེས་རབ་ཀྱི་ཕ་རོལ་ཏུ་ཕྱིན་པས་ཡོངས་སུ་ཟིན་པ་ལས་གཞན་དུ་མ་ཡིན་ནོ། །འདུས་བྱས་སྟོང་པ་ཉིད་ལ་གང་སྨོམ་པ་དེ་ཤེས་རབ་ཀྱི་ཕ་རོལ་ཏུ་ཕྱིན་པས་ཡོངས་སུ་ཟིན་པ་ལས་གཞན་དུ་མ་ཡིན་ནོ། །འདུས་མ་བྱས་སྟོང་པ་ཉིད་ལ་གང་སྨོམ་པ་དེ་ཤེས་རབ་ཀྱི་ཕ་རོལ་ཏུ་ཕྱིན་པས་ཡོངས་སུ་ཟིན་པ་ལས་གཞན་དུ་མ་ཡིན་ནོ། །མཐའ་ལས་འདས་པ་སྟོང་པ་ཉིད་ལ་གང་སྨོམ་པ་དེ་ཤེས་རབ་ཀྱི་ཕ་རོལ་ཏུ་ཕྱིན་པས་ཡོངས་སུ་ཟིན་པ་ལས་གཞན་དུ་མ་ཡིན་ནོ། །ཐོག་མ་དང་ཐ་མ་[༣]མེད་པ་སྟོང་པ་ཉིད་ལ་གང་སྨོམ་པ་དེ་ཤེས་རབ་ཀྱི་ཕ་རོལད་ཏུ་ཕྱིནད་པས་ཡོངས་སུ་ཟིན་པ་ལས་གཞན་དུ་མ་ཡིན་ནོ། །དོར་བ་མེད་པ་སྟོང་པ་ཉིད་ལ་གང་སྨོམ་པ་དེ་ཤེས་རབ་ཀྱི་ཕ་རོལ་ཏུ་ཕྱིན་པས་ཡོངས་སུ་ཟིན་པ་ལས་གཞན་དུ་མ་ཡིན་ནོ། །རང་བཞིན་སྟོང་པ་ཉིད་ལ་གང་སྨོམ་པ་དེ་[༡]ཤེས་རབ་ཀྱི་ཕ་རོལ་ཏུ་ཕྱིན་པས་ཡོངས་སུ་ཟིན་པ་ལས་གཞན་དུ་མ་ཡིན་ནོ། །ཆོས་ཐམས་ཅད་སྟོང་པ་ཉིད་ལ་གང་སྨོམ་པ་དེ་ཤེས་རབ་ཀྱི་ཕ་རོལ་ཏུ་ཕྱིན་པས་ཡོངས་སུ་ཟིན་པ་ལས་གཞན་དུ་མ་ཡིན་ནོ། །རང་གི་མཚན་ཉིད་སྟོང་པ་ཉིད་ལ་གང་སྨོམ་པ་དེ་ཤེས་རབ་ཀྱི་ཕ་རོལ་ཏུ་ཕྱིན་པས་ཡོངས་སུ་ཟིན་པ་ལས་གཞན་དུ་མ་ཡིན་ནོ། །མི་དམིགས་པ་སྟོང་པ་ཉིད་ལ་གང་སྨོམ་པ་དེ་ཤེས་རབ་ཀྱི་ཕ་རོལ་ཏུ་ཕྱིན་པས་ཡོངས་སུ་ཟིན་པ་ལས་གཞན་དུ་མ་ཡིན་

ནོ། །དངོས་པོ་མེད་པ་སྟོང་པ་ཉིད་ལ་གང་སྒོམ་པ་དེ་ཤེས་རབ་ཀྱི་ཕ་རོལ་ཏུ་ཕྱིན་
པས་ཡོངས་སུ་ཟིན་པ་ལས་གཞན་དུ་མ་ཡིན་ནོ། །ངོ་བོ་ཉིད་སྟོང་པ་ཉིད་ལ་གང་
སྒོམ་པ་དེ་ཤེས་རབ་ཀྱི་ཕ་རོལ་ཏུ་ཕྱིན་པས་ཡོངས་སུ་ཟིན་པ་ལས་གཞན་དུ་མ་ཡིན་
ནོ། །དངོས་པོ་མེད་པའི་ངོ་བོ་ཉིད་སྟོང་པ་ཉིད་ལ་གང་སྒོམ་པ་དེ་ཤེས་རབ་ཀྱི་ཕ་
རོལ་ཏུ་ཕྱིན་པས་ཡོངས་སུ་ཟིན་པ་ལས་གཞན་དུ་མ་ཡིན་ནོ། །ཏིང་ངེ་འཛིན་
རྣམས་ལ་གང་སྒོམ་པ་དེ་ཤེས་རབ་ཀྱི་ཕ་རོལ་ཏུ་ཕྱིན་པས་ཡོངས་སུ་ཟིན་པ་ལས་
གཞན་དུ་མ་ཡིན་ནོ། །གཟུངས་ཀྱི་སྒོ་རྣམས་ལ་གང་སྒོམ་པ་དེ་ཤེས་རབ་ཀྱི་ཕ་
རོལ་ཏུ་ཕྱིན་པས་ཡོངས་སུ་ཟིན་པ་ལས་གཞན་དུ་མ་ཡིན་ནོ། །དེ་བཞིན་གཤེགས་
པའི་སྟོབས་རྣམས་ལ་གང་སྒོམ་པ་དེ་[༧]ཤེས་རབ་ཀྱི་ཕ་རོལ་ཏུ་ཕྱིན་པས་ཡོངས་སུ་
ཟིན་པ་ལས་གཞན་དུ་མ་ཡིན་ནོ། །མི་འཇིགས་པ་རྣམས་ལ་གང་སྒོམ་པ་དེ་ཤེས་
རབ་ཀྱི་ཕ་རོལ་ཏུ་ཕྱིན་པས་ཡོངས་སུ་ཟིན་པ་ལས་གཞན་དུ་མ་ཡིན་ནོ། །སོ་སོ་
ཡང་དག་པར་རིག་པ་རྣམས་ལ་གང་སྒོམ་པ་དེ་ཤེས་རབ་ཀྱི་ཕ་རོལ་ཏུ་ཕྱིན་པས་
ཡོངས་སུ་ཟིན་པ་ལས་གཞན་དུ་མ་ཡིན་ནོ། །བྱམས་པ་ཆེན་པོ་ལ་གང་སྒོམ་པ་དེ་
ཤེས་རབ་ཀྱི་ཕ་རོལ་ཏུ་ཕྱིན་པས་ཡོངས་སུ་ཟིན་པ་ལས་གཞན་དུ་མ་ཡིན་ནོ། །
སྙིང་རྗེ་ཆེན་པོ་ལ་གང་སྒོམ་པ་དེ་ཤེས་རབ་ཀྱི་ཕ་རོལ་ཏུ་ཕྱིན་པས་ཡོངས་སུ་ཟིན་པ་
ལས་གཞན་དུ་མ་ཡིན་ནོ། །སངས་རྒྱས་ཀྱི་ཆོས་མ་འདྲེས་པ་རྣམས་ལ་གང་སྒོམ་པ་
དེ་ཤེས་རབ་ཀྱི་ཕ་རོལ་ཏུ་ཕྱིན་པས་ཡོངས་སུ་ཟིན་པ་ལས་གཞན་དུ་མ་ཡིན་ནོ། །
མཚན་རྣམས་[༢]གང་མངོན་པར་སྒྲུབ་པ་དེ་ཤེས་རབ་ཀྱི་ཕ་རོལ་ཏུ་ཕྱིན་པས་ཡོངས་
སུ་ཟིན་པ་ལས་གཞན་དུ་མ་ཡིན་ནོ། །དཔེ་བྱད་བཟང་པོ་རྣམས་[༣]གང་མངོན་
པར་སྒྲུབ་པ་དེ་ཤེས་རབ་ཀྱི་ཕ་རོལ་ཏུ་ཕྱིན་པས་ཡོངས་སུ་ཟིན་པ་ལས་གཞན་དུ་མ་
ཡིན་ནོ། །རབ་འབྱོར་བྱང་ཆུབ་སེམས་དཔའ་སེམས་དཔའ་ཆེན་པོ། ཤེས་རབ་

ཀྱི་ཕ་རོལ་ཏུ་ཕྱིན་པ་ལ་དེ་ལྟར་སྤྱོད་པ་ནི། སེམས་བསྐྱེད་[༡]པ་གཅིག་གིས་ཕ་རོལ་ཏུ་ཕྱིན་པ་དྲུག་ཡོངས་སུ་རྫོགས་པར་བྱེད་དོ། །བསམ་གཏན་རྣམས་ཡོངས་སུ་རྫོགས་པར་བྱེད་དོ། །ཚད་མེད་པ་རྣམས་ཡོངས་སུ་རྫོགས་པར་བྱེད་དོ། །གཟུགས་མེད་པའི་སྙོམས་པར་འཇུག་པ་རྣམས་ཡོངས་སུ་རྫོགས་པར་བྱེད་དོ། །དྲན་པ་ཉེ་བར་གཞག་པ་རྣམས་ཡོངས་སུ་རྫོགས་པར་བྱེད་དོ། །ཡང་དག་པར་སྤོང་བ་རྣམས་ཡོངས་སུ་རྫོགས་པར་བྱེད་དོ། །རྫུ་འཕྲུལ་གྱི་རྐང་པ་རྣམས་ཡོངས་སུ་རྫོགས་པར་བྱེད་དོ། །དབང་པོ་རྣམས་ཡོངས་སུ་རྫོགས་པར་བྱེད་དོ། །སྟོབས་རྣམས་ཡོངས་སུ་རྫོགས་པར་བྱེད་དོ། །བྱང་ཆུབ་ཀྱི་ཡན་ལག་རྣམས་ཡོངས་སུ་རྫོགས་པར་བྱེད་དོ། །འཕགས་པའི་ལམ་ཡན་ལག་བརྒྱད་པ་ཡོངས་སུ་རྫོགས་པར་བྱེད་དོ། །རྣམ་པར་ཐར་པའི་སྒོ་རྣམས་ཡོངས་སུ་རྫོགས་པར་བྱེད་དོ། །འཕགས་པའི་བདེན་པ་རྣམས་ཡོངས་སུ་རྫོགས་པར་བྱེད་དོ། །རྣམ་པར་ཐར་པ་རྣམས་ཡོངས་སུ་རྫོགས་པར་བྱེད་དོ། །མཐར་གྱིས་གནས་པའི་སྙོམས་པར་འཇུག་པ་རྣམས་ཡོངས་སུ་རྫོགས་པར་བྱེད་དོ། །མངོན་པར་ཤེས་པ་[༢]རྣམས་ཡོངས་སུ་རྫོགས་པར་བྱེད་དོ། །ནང་སྟོང་པ་ཉིད་ཡོངས་སུ་རྫོགས་པར་བྱེད་དོ། །ཕྱི་སྟོང་པ་ཉིད་ཡོངས་སུ་རྫོགས་པར་བྱེད་དོ། །ཕྱི་ནང་སྟོང་པ་ཉིད་ཡོངས་སུ་རྫོགས་པར་བྱེད་དོ། །སྟོང་པ་ཉིད་སྟོང་པ་ཉིད་ཡོངས་སུ་རྫོགས་པར་བྱེད་དོ། །ཆེན་པོ་སྟོང་པ་ཉིད་ཡོངས་སུ་རྫོགས་པར་བྱེད་དོ། །དོན་དམ་པ་སྟོང་པ་ཉིད་ཡོངས་སུ་རྫོགས་པར་བྱེད་དོ། །འདུས་བྱས་སྟོང་པ་ཉིད་ཡོངས་སུ་རྫོགས་པར་བྱེད་དོ། །འདུས་མ་བྱས་སྟོང་པ་ཉིད་ཡོངས་སུ་རྫོགས་པར་བྱེད་དོ། །མཐའ་ལས་འདས་པ་སྟོང་པ་ཉིད་ཡོངས་སུ་རྫོགས་པར་བྱེད་དོ། །ཐོག་མ་དང་ཐ་མ་མེད་པ་སྟོང་པ་ཉིད་ཡོངས་སུ་རྫོགས་པར་བྱེད་དོ། །དོར་བ་མེད་པ་སྟོང་པ་ཉིད་ཡོངས་སུ་རྫོགས་པར་བྱེད་

དོ། །རང་བཞིན་སྟོང་པ་ཉིད་ཡོངས་སུ་རྫོགས་པར་བྱེད་དོ། །ཆོས་ཐམས་ཅད་སྟོང་པ་ཉིད་ཡོངས་སུ་རྫོགས་པར་བྱེད་དོ། །རང་གི་མཚན་ཉིད་སྟོང་པ་ཉིད་ཡོངས་སུ་རྫོགས་པར་བྱེད་དོ། །མི་དམིགས་པ་སྟོང་པ་ཉིད་ཡོངས་སུ་རྫོགས་པར་བྱེད་དོ། །དངོས་པོ་མེད་པ་སྟོང་པ་ཉིད་ཡོངས་སུ་རྫོགས་པར་བྱེད་དོ། །ངོ་བོ་ཉིད་སྟོང་པ་ཉིད་ཡོངས་སུ་རྫོགས་པར་བྱེད་དོ། །དངོས་པོ་མེད་པའི་ངོ་བོ་ཉིད་སྟོང་པ་ཉིད་ཡོངས་སུ་རྫོགས་པར་བྱེད་དོ། །ཏིང་ངེ་འཛིན་རྣམས་ཡོངས་སུ་རྫོགས་པར་བྱེད་དོ། །གཟུངས་ཀྱི་སྒོ་རྣམས་ཡོངས་སུ་རྫོགས་པར་བྱེད་དོ། །དེ་བཞིན་གཤེགས་པའི་སྟོབས་རྣམས་ཡོངས་སུ་རྫོགས་པར་བྱེད་དོ། །མི་འཇིགས་པ་རྣམས་ཡོངས་སུ་རྫོགས་པར་བྱེད་དོ། །སོ་སོ་ཡང་དག་པར་རིག་པ་རྣམས་ཡོངས་སུ་རྫོགས་པར་བྱེད་དོ། །བྱམས་པ་ཆེན་པོ་ཡོངས་སུ་རྫོགས་པར་བྱེད་དོ། །སྙིང་རྗེ་ཆེན་པོ་ཡོངས་སུ་རྫོགས་པར་བྱེད་དོ། །སངས་རྒྱས་ཀྱི་ཆོས་མ་འདྲེས་པ་རྣམས་ཡོངས་སུ་རྫོགས་པར་བྱེད་དོ། །མི་ཆེན་པོའི་མཚན་སུམ་ཅུ་རྩ་གཉིས་ཡོངས་སུ་རྫོགས་པར་བྱེད་དོ། །དཔེ་①བྱད་བཟང་པོ་རྣམས་ཡོངས་སུ་རྫོགས་པར་བྱེད་དོ། །

གསོལ་པ། བཅོམ་ལྡན་འདས་བྱང་ཆུབ་སེམས་དཔའ་སེམས་དཔའ་ཆེན་པོ། ཤེས་རབ་ཀྱི་ཕ་རོལ་ཏུ་ཕྱིན་པས་ཡོངས་སུ་ཟིན་པ་དེ། སེམས་བསྐྱེད་པ་གཅིག་གིས་ཇི་ལྟར་ཕ་རོལ་ཏུ་ཕྱིན་པ་དྲུག་ཡོངས་སུ་འཛིན་པ་ལགས། བསམ་གཏན་རྣམས་ཡོངས་སུ་འཛིན་པ་ལགས། ཚད་མེད་པ་རྣམས་ཡོངས་སུ་འཛིན་པ་ལགས། གཟུགས་མེད་པའི་སྙོམས་པར་འཇུག་②པ་རྣམས་ཡོངས་སུ་འཛིན་པ་ལགས། དྲན་པ་ཉེ་བར་གཞག་པ་རྣམས་ཡོངས་སུ་འཛིན་པ་ལགས། ཡང་དག་པར་སྤོང་བ་རྣམས་ཡོངས་སུ་འཛིན་པ་ལགས། རྫུ་འཕྲུལ་གྱི་རྐང་པ་རྣམས་ཡོངས་སུ་འཛིན་པ་ལགས། དབང་པོ་རྣམས་ཡོངས་སུ་འཛིན་པ་ལགས། སྟོབས་རྣམས་ཡོངས་

སུ་འཛིན་པ་ལགས། བྱང་ཆུབ་ཀྱི་ཡན་ལག་རྣམས་ཡོངས་སུ་འཛིན་པ་ལགས།
འཕགས་པའི་ལམ་ཡན་ལག་བརྒྱད་པ་ཡོངས་སུ་འཛིན་པ་ལགས། རྣམ་པར……
ཐར་པའི་སྒོ་རྣམས་ཡོངས་སུ་འཛིན་པ་ལགས། འཕགས་པའི་བདེན་པ་རྣམས་
ཡོངས་སུ་འཛིན་པ་ལགས། རྣམ་པར་ཐར་པ་རྣམས་ཡོངས་སུ་འཛིན་པ་ལགས།
མཐར་གྱིས་གནས་པའི་སྙོམས་པར་འཇུག་པ་རྣམས་ཡོངས་སུ་འཛིན་པ་ལགས།
མངོན་པར་ཤེས་པ་རྣམས་ཡོངས་སུ་འཛིན་པ་ལགས། ནང་སྟོང་པ་ཉིད་ཡོངས་སུ་
འཛིན་པ་ལགས། ཕྱི་སྟོང་པ་ཉིད་ཡོངས་སུ་འཛིན་པ་ལགས། ཕྱི་ནང་སྟོང་པ་
ཉིད་ཡོངས་སུ་འཛིན་པ་ལགས། སྟོང་པ་ཉིད་སྟོང་པ་ཉིད་ཡོངས་སུ་འཛིན་པ……
ལགས༑ ཆེན་པོ་སྟོང་པ་ཉིད་ཡོངས་སུ་འཛིན་པ་ལགས། དོན་དམ་པ་སྟོང་པ་
ཉིད་ཡོངས་སུ་འཛིན་པ་ལགས། འདུས་བྱས་སྟོང་པ་ཉིད་ཡོངས་སུ་འཛིན་པ……
ལགས༑ འདུས་མ་བྱས་སྟོང་པ་ཉིད་ཡོངས་སུ་[7]འཛིན་པ་ལགས། མཐའ་ལས་
འདས་པ་སྟོང་པ་ཉིད་ཡོངས་སུ་འཛིན་པ་ལགས། ཐོག་མ་དང་ཐ་མ་མེད་པ་སྟོང་
པ་ཉིད་ཡོངས་སུ་འཛིན་པ་ལགས། དོར་བ་མེད་པ་སྟོང་པ་ཉིད་ཡོངས་སུ་འཛིན་
པ་ལགས། རང་བཞིན་སྟོང་པ་ཉིད་ཡོངས་སུ་འཛིན་པ་ལགས། ཆོས་ཐམས་
ཅད་སྟོང་པ་ཉིད་ཡོངས་སུ་འཛིན་པ་ལགས། རང་གི་མཚན་ཉིད་སྟོང་པ་ཉིད……
ཡོངས་སུ་འཛིན་པ་ལགས། མི་དམིགས་པ་སྟོང་པ་ཉིད་ཡོངས་སུ་འཛིན་པ་ལགས།
དངོས་པོ་མེད་པ་སྟོང་པ་ཉིད་ཡོངས་སུ་འཛིན་པ་ལགས། ངོ་བོ་ཉིད་སྟོང་པ་ཉིད་
ཡོངས་སུ་འཛིན་པ་ལགས། དངོས་པོ་མེད་པའི་ངོ་བོ་ཉིད་སྟོང་པ་ཉིད་ཡོངས་སུ་
འཛིན་པ་ལགས། ཏིང་ངེ་འཛིན་རྣམས་ཡོངས་སུ་འཛིན་པ་ལགས། གཟུངས་ཀྱི་
སྒོ་རྣམས་ཡོངས་སུ་འཛིན་པ་ལགས། དེ་བཞིན་གཤེགས་པའི་སྟོབས་རྣམས……
ཡོངས་སུ་འཛིན་པ་ལགས། མི་འཇིགས་པ་རྣམས་ཡོངས་སུ་འཛིན་པ་ལགས།

སོ་སོ་ཡང་དག་པར་རིག་པ་རྣམས་ཡོངས་སུ་འཛིན་པ་ལགས། བྱམས་པ་ཆེན་པོ་ཡོངས་སུ་འཛིན་པ་ལགས། སྙིང་རྗེ་ཆེན་པོ་ཡོངས་སུ་འཛིན་པ་ལགས། སངས་རྒྱས་ཀྱི་ཆོས་མ་འདྲེས་པ་རྣམས་ཡོངས་སུ་འཛིན་པ་ལགས། སྐྱེ་ཆེན་པོའི་མཚན་སུམ་ཅུ་རྩ་གཉིས་ཡོངས་སུ་འཛིན་པ་ལགས། དཔེ་བྱད་བཟང་པོ་བརྒྱད་ཅུ་ཡོངས་སུ་འཛིན་པ་ལགས། བཅོམ་ལྡན་འདས་ཀྱིས་བཀའ་སྩལ་པ། རབ་འབྱོར་འདི་ལ་བྱང་ཆུབ་སེམས་དཔའ་སེམས་དཔའ་ཆེན་པོ་ཤེས་རབ་ཀྱི་ཕ་རོལ་ཏུ་ཕྱིན་པ་ལ····སྤྱོད་པའི་ཚེ། སྦྱིན་པ་གང་གཏོང་བ་དེ་ཤེས་རབ་ཀྱི་ཕ་རོལད་ཏུ་ཕྱིནད་པས····ཡོངས་སུ་ཟིན་པར་གཏོང་སྟེ། དེ་ལ་གཉིས་ཀྱི་འདུ་ཤེས་སུ་མྱི་འགྱུར་རོ། །ཚུལ་ཁྲིམས་གང་སྲུང་བ་དེ་ཤེས་རབ་ཀྱི་ཕ་རོལ་ཏུ་ཕྱིན་པས་ཡོངས་སུ་ཟིན་པར་སྲུང་སྟེ། དེ་ལ་གཉིས་ཀྱི་འདུ་ཤེས་སུ་མི་འགྱུར་རོ། །བཟོད་པ་གང་སྒོམ་པ་དེ་ཤེས་རབ་ཀྱི་ཕ་རོལ་ཏུ་ཕྱིན་པས་ཡོངས་སུ་ཟིན་པར་སྒོམ་སྟེ། དེ་ལ་གཉིས་ཀྱི་འདུ་ཤེས་སུ་མྱི་འགྱུར་རོ། །བརྩོན་འགྲུས་གང་རྩོམ་པ་དེ་ཤེས་རབ་ཀྱི་ཕ་རོལ་ཏུ་ཕྱིན་པས་ཡོངས་སུ་ཟིན་པར་རྩོམ་སྟེ། དེ་ལ་གཉིས་ཀྱི་འདུ་ཤེས་སུ་མི་འགྱུར་རོ། །ཏིང་ངེ་འཛིན་ཿགང་ལ་[1]སྙོམས་པར་འཇུག་པ་དེ་ཤེས་རབ་ཀྱི་ཕ་རོལ་ཏུ་ཕྱིན་པས་ཡོངས་སུ་ཟིན··པར་སྙོམས་པར་འཇུག་སྟེ། དེ་ལ་གཉིས་ཀྱི་འདུ་ཤེས་སུ་མི་འགྱུར་རོ། །ཤེས་རབ་གང་སྒོམ་པ་དེ་ཤེས་རབ་ཀྱི་ཕ་རོལ་ཏུ་ཕྱིན་པས་ཡོངས་སུ་ཟིན་པར་[2]སྒོམ་སྟེ། དེ་ལ་གཉིས་ཀྱི་འདུ་ཤེས་སུ་མྱི་འགྱུར་རོ། །ནང་སྟོང་པ་ཉིད་གང་སྒོམ་པ་དེ་ཤེས་རབ་ཀྱི་ཕ་རོལ་ཏུ་ཕྱིན་པས་ཡོངས་སུ་ཟིན་པར་[3]སྒོམ་སྟེ། དེ་ལ་གཉིས་ཀྱི་འདུ་ཤེས་སུ་མྱི་འགྱུར་རོ། །ཕྱི་སྟོང་པ་ཉིད་གང་སྒོམ་པ་དེ་ཤེས་རབ་ཀྱི་ཕ་རོལ་ཏུ་ཕྱིན་པས་ཡོངས་སུ་ཟིན་པར་སྒོམ་སྟེ། དེ་ལ་གཉིས་ཀྱི་འདུ་ཤེས་སུ་མྱི་འགྱུར་རོ། །ཕྱི་ནང་སྟོང་པ་ཉིད་གང་སྒོམ་པ་དེ་ཤེས་རབ་ཀྱི་ཕ་རོལ་ཏུ་ཕྱིན་པས་ཡོངས་སུ་ཟིན····

པར་སྒོམ་སྟེ། དེ་ལ་གཉིས་ཀྱི་འདུ་ཤེས་སུ་མྱི་འགྱུར་རོ། །སྟོང་པ་ཉིད་སྟོང་པ་ཉིད་གང་སྒོམ་པ་དེ་ཤེས་རབ་ཀྱི་ཕ་རོལ་ཏུ་ཕྱིན་པས་ཡོངས་སུ་ཟིན་པར་སྒོམ་སྟེ། དེ་ལ་གཉིས་ཀྱི་འདུ་ཤེས་སུ་མྱི་འགྱུར་རོ། །ཆེན་པོ་སྟོང་པ་ཉིད་གང་སྒོམ་པ་དེ་ཤེས་རབ་ཀྱི་ཕ་རོལ་ཏུ་ཕྱིན་པས་ཡོངས་སུ་ཟིན་པར་སྒོམ་སྟེ། དེ་ལ་གཉིས་ཀྱི་འདུ་ཤེས་སུ་མྱི་འགྱུར་རོ། །དོན་དམ་པ་སྟོང་པ་ཉིད་གང་སྒོམ་པ་དེ་ཤེས་རབ་ཀྱི་ཕ་རོལ་ཏུ་ཕྱིན་པས་ཡོངས་སུ་ཟིན་པར་སྒོམ་སྟེ། དེ་ལ་གཉིས་ཀྱི་འདུ་ཤེས་སུ་མྱི་འགྱུར་རོ། །འདུས་བྱས་སྟོང་པ་ཉིད་གང་སྒོམ་པ་དེ་ཤེས་རབ་ཀྱི་ཕ་རོལ་ཏུ་ཕྱིན་པས་ཡོངས་སུ་ཟིན་པར་སྒོམ་སྟེ། དེ་ལ་གཉིས་ཀྱི་འདུ་ཤེས་སུ་མྱི་འགྱུར་རོ། །འདུས་མ་བྱས་སྟོང་པ་ཉིད་གང་སྒོམ་པ་དེ་ཤེས་རབ་ཀྱི་ཕ་རོལ་ཏུ་ཕྱིན་པས་ཡོངས་སུ་ཟིན་པར་སྒོམ་སྟེ། དེ་ལ་གཉིས་ཀྱི་འདུ་ཤེས་སུ་མྱི་འགྱུར་རོ། །མཐའ་ལས་འདས་པ་སྟོང་པ་ཉིད་གང་སྒོམ་པ་དེ་ཤེས་རབ་ཀྱི་ཕ་རོལ་ཏུ་ཕྱིན་པས་ཡོངས་སུ་ཟིན་པར་སྒོམ་སྟེ། དེ་ལ་གཉིས་ཀྱི་འདུ་ཤེས་སུ་མི་འགྱུར་རོ། །ཐོག་མ་དང་ཐ་མ་མེད་པ་སྟོང་པ་ཉིད་གང་སྒོམ་པ་དེ་ཤེས་རབ་ཀྱི་ཕ་རོལ་ཏུ་ཕྱིན་པས་ཡོངས་སུ་ཟིན་པར་སྒོམ་སྟེ། དེ་ལ་གཉིས་ཀྱི་འདུ་ཤེས་སུ་མྱི་འགྱུར་རོ། །དོར་བ་མྱེད་པ་སྟོང་པ་ཉིད་གང་སྒོམ་པ་དེ་ཤེས་རབ་ཀྱི་ཕ་རོལ་ཏུ་ཕྱིན་པས་ཡོངས་སུ་ཟིན་པར་སྒོམ་སྟེ། དེ་ལ་གཉིས་ཀྱི་འདུ་ཤེས་སུ་མྱི་འགྱུར་རོ། །རང་བཞིན་སྟོང་པ་ཉིད་གང་སྒོམ་པ་དེ་ཤེས་རབ་ཀྱི་ཕ་རོལ་ཏུ་ཕྱིན་པས་ཡོངས་སུ་ཟིན་པར་སྒོམ་སྟེ། དེ་ལ་གཉིས་ཀྱི་འདུ་ཤེས་སུ་མྱི་འགྱུར་རོ། །ཆོས་ཐམས་ཅད་སྟོང་པ་ཉིད་གང་སྒོམ་པ་དེ་[7]ཤེས་རབ་ཀྱི་ཕ་རོལ་ཏུ་ཕྱིན་པས་ཡོངས་སུ་ཟིན་པར་སྒོམ་སྟེ། དེ་ལ་གཉིས་ཀྱི་འདུ་ཤེས་སུ་མྱི་འགྱུར་རོ། །རང་གི་མཚན་ཉིད་སྟོང་པ་ཉིད་གང་སྒོམ་པ་དེ་ཤེས་རབ་ཀྱི་ཕ་རོལ་ཏུ་ཕྱིན་པས་ཡོངས་སུ་ཟིན་པར་སྒོམ་སྟེ། དེ་ལ་གཉིས་ཀྱི་འདུ་ཤེས་

སུ་མྱི་འགྱུར་རོ། །མྱི་དམྱིགས་པ་སྟོང་པ་ཉིད་གང་སྒོམ་པ་དེ་[༡] ཤེས་རབ་ཀྱི་ཕ་རོལ་ཏུ་ཕྱིན་པས་ཡོངས་སུ་ཟིན་པར་སྒོམ་སྟེ། དེ་ལ་གཉིས་ཀྱི་འདུ་ཤེས་སུ་མྱི་འགྱུར་རོ། །དངོས་པོ་མྱེད་པ་སྟོང་པ་ཉིད་གང་སྒོམ་པ་དེ་ཤེས་རབ་ཀྱི་ཕ་རོལ་ཏུ་ཕྱིན་པས་ཡོངས་སུ་ཟིན་པར་སྒོམ་སྟེ། དེ་ལ་གཉིས་ཀྱི་འདུ་ཤེས་སུ་མྱི་འགྱུར་རོ། །ངོ་བོ་ཉིད་སྟོང་པ་ཉིད་གང་སྒོམ་པ་དེ་ཤེས་རབ་ཀྱི་ཕ་རོལ་ཏུ་ཕྱིན་པས་ཡོངས་སུ་ཟིན་པར་སྒོམ་[༣] སྟེ། དེ་ལ་གཉིས་ཀྱི་འདུ་ཤེས་སུ་མྱི་འགྱུར་རོ། །དངོས་པོ་མྱེད་པའི་ངོ་བོ་ཉིད་སྟོང་པ་ཉིད་གང་སྒོམ་པ་དེ་ཤེས་རབ་ཀྱི་ཕ་རོལ་ཏུ་ཕྱིན་པས་ཡོངས་སུ་ཟིན་པར་སྒོམ་སྟེ། དེ་ལ་གཉིས་ཀྱི་འདུ་ཤེས་སུ་མི་འགྱུར་རོ། །དྲན་པ་ཉེ་བར་གཞག་པ་རྣམས་གང་སྒོམ་པ་དེ་ཤེས་རབ་ཀྱི་ཕ་རོལ་ཏུ་ཕྱིན་པས་ཡོངས་སུ་ཟིན་པར་སྒོམ་སྟེ། དེ་ལ་གཉིས་ཀྱི་འདུ་ཤེས་སུ་མྱི་འགྱུར་རོ། །ཡང་དག་པར་སྤོང་བ་རྣམས་གང་སྒོམ་པ་དེ་ཤེས་རབ་ཀྱི་ཕ་རོལ་ཏུ་ཕྱིན་པས་ཡོངས་སུ་ཟིན་པར་སྒོམ་སྟེ། དེ་ལ་གཉིས་ཀྱི་འདུ་ཤེས་སུ་མྱི་འགྱུར་རོ། །རྫུ་འཕྲུལ་གྱི་རྐང་པ་རྣམས་གང་སྒོམ་པ་དེ་ཤེས་རབ་ཀྱི་ཕ་རོལད་ཏུ་ཕྱིན་པས་ཡོངས་སུ་ཟིན་པར་སྒོམ་སྟེ། དེ་ལ་གཉིས་ཀྱི་འདུ་ཤེས་སུ་མྱི་འགྱུར་རོ། །དབང་པོ་རྣམས་གང་སྒོམ་པ་དེ་ཤེས་རབ་ཀྱི་ཕ་རོལ་ཏུ་ཕྱིན་པས་ཡོངས་སུ་ཟིན་པར་སྒོམ་སྟེ། དེ་ལ་གཉིས་ཀྱི་འདུ་ཤེས་སུ་མྱི་འགྱུར་རོ། །སྟོབས་རྣམས་གང་སྒོམ་པ་དེ་ཤེས་རབ་ཀྱི་ཕ་རོལ་ཏུ་ཕྱིན་པས་ཡོངས་སུ་ཟིན་པར་སྒོམ་སྟེ། དེ་ལ་གཉིས་ཀྱི་འདུ་ཤེས་སུ་མྱི་འགྱུར་རོ། །བྱང་ཆུབ་ཀྱི་ཡན་ལག་རྣམས་གང་སྒོམ་པ་དེ་ཤེས་རབ་ཀྱི་ཕ་རོལ་ཏུ་ཕྱིན་པས་ཡོངས་སུ་ཟིན་པར་སྒོམ་སྟེ། དེ་ལ་གཉིས་ཀྱི་འདུ་ཤེས་སུ་མྱི་འགྱུར་རོ། །འཕགས་པའི་ལམ་ཡན་ལག་བརྒྱད་པ་གང་སྒོམ་པ་དེ་ཤེས་རབ་ཀྱི་ཕ་རོལ་ཏུ་ཕྱིན་པས་ཡོངས་སུ་ཟིན་པར་སྒོམ་སྟེ། དེ་ལ་གཉིས་ཀྱི་འདུ་ཤེས་སུ་མྱི་འགྱུར་རོ། །འཕགས་པའི་

བདེན་པ་རྣམས་གང་སྒོམ་པ་དེ་ཤེས་རབ་ཀྱི་ཕ་རོལ་ཏུ་ཕྱིན་པས་ཡོངས་སུ་ཟིན·····
པར་སྒོམ་སྟེ། དེ་ལ་གཉིས་ཀྱི་འདུ་ཤེས་སུ་མི་འགྱུར་རོ། །བསམ་གཏན་རྣམས་
གང་སྒོམ་པ་དེ་ཤེས་རབ་ཀྱི་ཕ་རོལ་ཏུ་ཕྱིན་པས་ཡོངས་སུ་ཟིན་པར་སྒོམ་སྟེ། དེ་
ལ་གཉིས་ཀྱི་འདུ་ཤེས་སུ་མི་འགྱུར་རོ། །ཚད་མེད་པ་རྣམས་གང་སྒོམ་པ་དེ་ཤེས་
རབ་ཀྱི་ཕ་རོལ་ཏུ་ཕྱིན་པས་ཡོངས་སུ་ཟིན་པར་སྒོམ་སྟེ། དེ་ལ་གཉིས་ཀྱི་འདུ་ཤེས་
སུ་མི་འགྱུར་རོ། །གཟུགས་མེད་པའི་སྙོམས་པར་འཇུག་པ་རྣམས་གང་སྒོམ་པ་དེ་
ཤེས་རབ་ཀྱི་ཕ་རོལ་ཏུ་ཕྱིན་པས་ཡོངས་སུ་ཟིན་པར་སྒོམ་སྟེ། དེ་ལ་གཉིས་ཀྱི་འདུ་
ཤེས་སུ་མི་འགྱུར་རོ། །རྣམ་པར་ཐར་པ་རྣམས་གང་སྒོམ་པ་དེ་ཤེས་རབ་ཀྱི་ཕ····
རོལ་ཏུ་ཕྱིན་པས་ཡོངས་སུ་ཟིན་པར་སྒོམ་སྟེ། དེ་ལ་གཉིས་ཀྱི་འདུ་ཤེས་སུ་མི·····
འགྱུར་རོ། །མཐར་གྱིས་གནས་པའི་སྙོམས་པར་འཇུག་པ་རྣམས་གང་སྒོམ་པ་དེ་
ཤེས་རབ་ཀྱི་ཕ་རོལ་ཏུ་ཕྱིན་པས་ཡོངས་སུ་ཟིན་པར་སྒོམ་སྟེ། དེ་ལ་གཉིས་ཀྱི་འདུ་
ཤེས་སུ་མི་འགྱུར་རོ། །རྣམ་པར་ཐར་པའི་སྒོ་སྟོང་པ་ཉིད་དང་། མཚན་མ་མེད་
པ་དང་། སྨོན་པ་མེད་པ་གང་སྒོམ་པ་དེ་ཤེས་རབ་ཀྱི་ཕ་རོལ་ཏུ་ཕྱིན་པས་ཡོངས་
སུ་ཟིན་པར་སྒོམ་སྟེ། དེ་ལ་གཉིས་ཀྱི་འདུ་ཤེས་སུ་མི་འགྱུར་རོ། །མངོན་པར་
ཤེས་པ་རྣམས་གང་སྒོམ་པ་དེ་ཤེས་རབ་ཀྱི་ཕ་རོལ་ཏུ་ཕྱིན་པས་ཡོངས་སུ་ཟིན་པར་··
སྒོམ་སྟེ། དེ་ལ་གཉིས་ཀྱི་འདུ་ཤེས་སུ་མི་འགྱུར་རོ། །ཏིང་ངེ་འཛིན་རྣམས་གང་
སྒོམ་པ་དེ་ཤེས་རབ་ཀྱི་ཕ་རོལ་ཏུ་ཕྱིན་པས་ཡོངས་སུ་ཟིན་པར་སྒོམ་སྟེ། དེ་ལ·····
གཉིས་ཀྱི་འདུ་ཤེས་སུ་མི་འགྱུར་རོ། །གཟུངས་ཀྱི་སྒོ་རྣམས་གང་སྒོམ་པ་དེ་ཤེས་
རབ་ཀྱི་ཕ་རོལ་ཏུ་ཕྱིན་པས་ཡོངས་སུ་ཟིན་པར་སྒོམ་སྟེ། དེ་ལ་གཉིས་ཀྱི་འདུ་ཤེས་
སུ་མི་འགྱུར་རོ། །དེ་བཞིན་གཤེགས་པའི་སྟོབས་རྣམས་གང་སྒོམ་པ་དེ་ཤེས་རབ་
ཀྱི་ཕ་རོལ་ཏུ་ཕྱིན་པས་ཡོངས་སུ་ཟིན་པར་སྒོམ་སྟེ། དེ་ལ་གཉིས་ཀྱི་འདུ་ཤེས་སུ་

མྱི་འགྱུར་རོ། །མྱི་འཇིགས་པ་རྣམས་གང་སྒོམ་པ་དེ་ཤེས་རབ་ཀྱི་ཕ་རོལ་ཏུ་ཕྱིན་པས་ཡོངས་སུ་ཟིན་པར་སྒོམ་སྟེ། དེ་ལ་གཉིས་ཀྱི་འདུ་ཤེས་སུ་མྱི་འགྱུར་རོ། །སོ་སོ་ཡང་དག་པར་རིག་པ་རྣམས་གང་སྒོམ་པ་དེ་ཤེས་རབ་ཀྱི་ཕ་རོལ་ཏུ་ཕྱིན་པས་ཡོངས་སུ་ཟིན་པར་སྒོམ་སྟེ། དེ་ལ་གཉིས་ཀྱི་འདུ་ཤེས་སུ་མྱི་འགྱུར་རོ། །བྱམས་པ་ཆེན་པོ་གང་སྒོམ་པ་དེ་ཤེས་རབ་ཀྱི་ཕ་རོལ་ཏུ་ཕྱིན་པས་ཡོངས་སུ་ཟིན་པར་སྒོམ་སྟེ། དེ་ལ་གཉིས་ཀྱི་འདུ་ཤེས་སུ་མྱི་འགྱུར་རོ། །སྙིང་རྗེ་ཆེན་པོ་གང་སྒོམ་པ་དེ་ཤེས་རབ་ཀྱི་ཕ་རོལ་ཏུ་ཕྱིན་པས་ཡོངས་སུ་ཟིན་པར་སྒོམ་སྟེ། དེ་ལ་གཉིས་ཀྱི་འདུ་ཤེས་སུ་མྱི་འགྱུར་རོ། །སངས་རྒྱས་ཀྱི་ཆོས་མ་འདྲེས་པ་རྣམས་གང་སྒོམ་པ་དེ་ཤེས་རབ་ཀྱི་ཕ་རོལ་ཏུ་ཕྱིན་པས་[1]ཡོངས་སུ་ཟིན་པར་སྒོམ་སྟེ། དེ་ལ་གཉིས་ཀྱི་འདུ་ཤེས་སུ་མྱི་འགྱུར་རོ། །མཚན་རྣམས་གང་མངོན་པར་སྒྲུབ་པ་དེ་ཤེས་རབ་ཀྱི་ཕ་རོལ་ཏུ་ཕྱིན་པས་ཡོངས་སུ་ཟིན་པར་མངོན་པར་སྒྲུབ་སྟེ། དེ་ལ་གཉིས་ཀྱི་འདུ་ཤེས་སུ་[2]འགྱུར༔བ་མྱེད་དོ[3]། །དཔེ་བྱད་བཟང་པོ་རྣམས་གང་མངོན་པར་སྒྲུབ་པ་དེ་ཤེས་རབ་ཀྱི་ཕ་རོལ་ཏུ་ཕྱིན་པས་ཡོངས་སུ་ཟིན་པར་མངོན་པར་སྒྲུབ་སྟེ། དེ་ལ་གཉིས་ཀྱི་འདུ་ཤེས་སུ་[4]འགྱུར༔བ་མྱེད་དོ[5]། །གསོལ་པ། བཅོམ་ལྡན་འདས། བྱང་ཆུབ་སེམས་དཔའ་སེམས་དཔའ་ཆེན་པོ་ཤེས་རབ་ཀྱི་ཕ་རོལ་ཏུ་ཕྱིན་པ་ལ་སྤྱོད་པའི་ཚེ། ཇི་ལྟར་ན་སྦྱིན་པ་གཏོང་བ་དང་། དེ་ལ་གཉིས་ཀྱི་འདུ་ཤེས་སུ་མྱི་འགྱུར་བ་ལགས། ཇི་ལྟར་ན་ཚུལ་ཁྲིམས་སྲུང་བ་དང་། དེ་ལ་གཉིས་ཀྱི་འདུ་ཤེས་སུ་མྱི་འགྱུར་བ་ལགས། ཇི་ལྟར་ན་བཟོད་པ་སྒོམ་པ་དང་། དེ་ལ་གཉིས་ཀྱི་འདུ་ཤེས་སུ་མྱི་འགྱུར་བ་ལགས། ཇི་ལྟར་ན་བརྩོན་འགྲུས་རྩོམ་པ་དང་། དེ་ལ་གཉིས་ཀྱི་འདུ་ཤེས་སུ་མྱི་འགྱུར་བ་ལགས། ཇི་ལྟར་ན་ཏིང་ངེ་འཛིན་ལ་སྙོམས་པར་འཇུག་པ་དང་། དེ་ལ་གཉིས་ཀྱི་འདུ་ཤེས་སུ་མི་འགྱུར་བ་ལགས། ཇི་ལྟར་

ན་ཤེས་རབ་སྒོམ་པ་དང་། དེ་ལ་གཉིས་ཀྱི་འདུ་ཤེས་སུ་མི་འགྱུར་བ་ལགས། ཇི་ལྟར་ན་ནང་སྟོང་པ་ཉིད་སྒོམ་པ་དང་། དེ་ལ་གཉིས་ཀྱི་འདུ་ཤེས་སུ་མི་འགྱུར་བ་ལགས། ཇི་ལྟར་ན་ཕྱི་སྟོང་པ་ཉིད་སྒོམ་པ་དང་། དེ་ལ་གཉིས་ཀྱི་འདུ་ཤེས་སུ་མི་འགྱུར་བ་ལགས། ཇི་ལྟར་ན་ཕྱི་ནང་སྟོང་པ་ཉིད་སྒོམ་པ་དང་། དེ་ལ་གཉིས་ཀྱི་འདུ་ཤེས་སུ་མི་འགྱུར་བ་ལགས། ཇི་ལྟར་ན་སྟོང་པ་ཉིད་སྟོང་པ་ཉིད་སྒོམ་པ་དང་། དེ་ལ་གཉིས་ཀྱི་འདུ་ཤེས་སུ་མི་འགྱུར་བ་ལགས། ཇི་ལྟར་ན་ཆེན་པོ་སྟོང་པ་ཉིད་སྒོམ་པ་དང་། དེ་ལ་གཉིས་ཀྱི་འདུ་ཤེས་སུ་མི་འགྱུར་བ་ལགས། ཇི་ལྟར་ན་དོན་དམ་པ་སྟོང་པ་ཉིད་སྒོམ་པ་དང་། དེ་ལ་གཉིས་ཀྱི་འདུ་ཤེས་སུ་མི་འགྱུར་བ་ལགས། ཇི་ལྟར་ན་འདུས་བྱས་སྟོང་པ་ཉིད་སྒོམ་པ་དང་། དེ་ལ་གཉིས་ཀྱི་འདུ་ཤེས་སུ་མི་འགྱུར་བ་ལགས། ཇི་ལྟར་ན་འདུས་མ་བྱས་སྟོང་པ་ཉིད་སྒོམ་པ་དང་། དེ་ལ་གཉིས་ཀྱི་འདུ་ཤེས་སུ་མི་འགྱུར་བ་ལགས། ཇི་ལྟར་ན་མཐའ་ལས་འདས་པ་སྟོང་པ་ཉིད་སྒོམ་པ་དང་། དེ་ལ་གཉིས་ཀྱི་འདུ་ཤེས་སུ་མི་འགྱུར་བ་ལགས། ཇི་ལྟར་ན་ཐོག་མ་དང་ཐ་མ་མེད་པ་སྟོང་པ་ཉིད་སྒོམ་པ་དང་། དེ་ལ་གཉིས་ཀྱི་འདུ་ཤེས་སུ་མི་འགྱུར་བ་ལགས། ཇི་ལྟར་ན་དོར་བ་མེད་པ་སྟོང་པ་ཉིད་སྒོམ་པ་དང་། དེ་ལ་གཉིས་ཀྱི་འདུ་ཤེས་སུ་མི་འགྱུར་བ་ལགས། ཇི་ལྟར་ན་རང་བཞིན་སྟོང་པ་ཉིད་སྒོམ་པ་དང་། དེ་ལ་གཉིས་ཀྱི་འདུ་ཤེས་སུ་མི་འགྱུར་བ་ལགས། ཇི་ལྟར་ན་ཆོས་ཐམས་ཅད་སྟོང་པ་ཉིད་སྒོམ་པ་དང་། དེ་ལ་གཉིས་ཀྱི་འདུ་ཤེས་སུ་མི་འགྱུར་བ་ལགས། ཇི་ལྟར་ན་རང་གི་མཚན་ཉིད་སྟོང་པ་ཉིད་སྒོམ་པ་དང་། དེ་ལ་གཉིས་ཀྱི་འདུ་ཤེས་སུ་མི་འགྱུར་བ་ལགས། ཇི་ལྟར་ན་མི་དམིགས་པ་སྟོང་པ་ཉིད་སྒོམ་པ་དང་། དེ་ལ་གཉིས་ཀྱི་འདུ་ཤེས་སུ་མི་འགྱུར་བ་ལགས། ཇི་ལྟར་ན་དངོས་པོ་མེད་པ་སྟོང་པ་ཉིད་སྒོམ་པ་དང་། དེ་ལ་གཉིས་ཀྱི་འདུ་ཤེས་སུ་མི······

འགྱུར་བ་ལགས། ཇི་ལྟར་ན་ངོ་བོ་ཉིད་སྟོང་པ་ཉིད་སྒོམ་པ་དང་། དེ་ལ་གཉིས་ཀྱི་འདུ་ཤེས་སུ་མི་འགྱུར་བ་ལགས། ཇི་ལྟར་ན་དངོས་པོ་མེད་པའི་ངོ་བོ་ཉིད་སྟོང་པ་ཉིད་སྒོམ་པ་དང་། དེ་ལ་གཉིས་ཀྱི་འདུ་ཤེས་སུ་མི་འགྱུར་བ་ལགས། ཇི་ལྟར་ན་དྲན་པ་ཉེ་བར་གཞག་པ་རྣམས་སྒོམ་པ་དང་། དེ་ལ་གཉིས་ཀྱི་འདུ་ཤེས་སུ་མི་འགྱུར་བ[7]ལགས། ཇི་ལྟར་ན་ཡང་དག་པར་སྤོང་བ་རྣམས་སྒོམ་པ་དང་། དེ་ལ་གཉིས་ཀྱི་འདུ་ཤེས་སུ་མི་འགྱུར་བ་ལགས། ཇི་ལྟར་ན་རྫུ་འཕྲུལ་གྱི་རྐང་པ་རྣམས་སྒོམ་པ་དང་། དེ་ལ་གཉིས་ཀྱི་འདུ་ཤེས་སུ་མི་འགྱུར་བ་ལགས། ཇི་ལྟར་ན་དབང་པོ་རྣམས་སྒོམ་པ་དང་། དེ་ལ་གཉིས་ཀྱི་འདུ་ཤེས་སུ་མི་འགྱུར་བ་ལགས། ཇི་ལྟར་ན་སྟོབས་རྣམས་སྒོམ་པ་དང་། དེ་ལ་གཉིས་ཀྱི་འདུ་ཤེས་སུ་མི་འགྱུར་བ་ལགས། ཇི་ལྟར་ན་བྱང་ཆུབ་ཀྱི་ཡན་ལག་རྣམས་སྒོམ་པ་དང་། དེ་ལ་གཉིས་ཀྱི་འདུ་ཤེས་སུ་མི་འགྱུར་བ་ལགས། ཇི་ལྟར་ན་འཕགས་པའི་ལམ་ཡན་ལག་བརྒྱད་པ་སྒོམ་པ་དང་། དེ་ལ་གཉིས་ཀྱི་འདུ་ཤེས་སུ་མི་འགྱུར་བ་ལགས། ཇི་ལྟར་ན་འཕགས་པའི་བདེན་པ་རྣམས་སྒོམ་པ་དང་། དེ་ལ་གཉིས་ཀྱི་འདུ་ཤེས་སུ་མི་འགྱུར་བ་ལགས། ཇི་ལྟར་ན་བསམ་གཏན་རྣམས་སྒོམ་པ་དང་། དེ་ལ་གཉིས་ཀྱི་འདུ་ཤེས་སུ་མི་འགྱུར་བ་ལགས། ཇི་ལྟར་ན་ཚད་མེད་པ་རྣམས་སྒོམ་པ་དང་། དེ་ལ་གཉིས་ཀྱི་འདུ་ཤེས་སུ་མི་འགྱུར་བ་ལགས། ཇི་ལྟར་ན་གཟུགས་མེད་པའི་སྙོམས་པར་འཇུག་པ་རྣམས་སྒོམ་པ་དང་། དེ་ལ་གཉིས་ཀྱི་འདུ་ཤེས་སུ་མི་འགྱུར་བ་ལགས། ཇི་ལྟར་ན་རྣམ་པར་ཐར་པ་རྣམས་སྒོམ་པ་དང་། དེ་ལ་གཉིས་ཀྱི་འདུ་ཤེས་སུ་མི་འགྱུར་བ་ལགས། ཇི་ལྟར་ན་མཐར་གྱིས་གནས་པའི་སྙོམས་པར་འཇུག་པ་རྣམས་སྒོམ་པ་དང་། དེ་ལ་གཉིས་ཀྱི་འདུ་ཤེས་སུ་མི་འགྱུར་བ་ལགས། ཇི་ལྟར་ན་རྣམ་པར་ཐར་པའི་སྒོ་སྟོང་པ་ཉིད་དང་། མཚན་མ་མེད་པ་དང་།

སྨོན་པ་མྱེད་པ་སྒོམ་པ་དང་། དེ་ལ་གཉིས་ཀྱི་འདུ་ཤེས་སུ་མི་འགྱུར་བ་ལགས། ཇི་ལྟར་ན་མངོན་པར་ཤེས་པ་རྣམས་སྒོམ་པ་དང་། དེ་ལ་གཉིས་ཀྱི་འདུ་ཤེས་སུ་མི་འགྱུར་བ་ལགས། ཇི་ལྟར་ན་ཏིང་ངེ་འཛིན་རྣམས་སྒོམ་པ་དང་། དེ་ལ་གཉིས་ཀྱི་འདུ་ཤེས་སུ་མི་འགྱུར་བ་ལགས། ཇི་ལྟར་ན་གཟུངས་ཀྱི་སྒོ་རྣམས་སྒོམ་པ་དང་། དེ་ལ་གཉིས་ཀྱི་འདུ་ཤེས་སུ་མི་འགྱུར་བ་ལགས། ཇི་ལྟར་ན་དེ་བཞིན་གཤེགས་པའི་སྟོབས་རྣམས་སྒོམ་པ་དང་། དེ་ལ་གཉིས་ཀྱི་འདུ་ཤེས་སུ་མི་འགྱུར་བ་ལགས། ཇི་ལྟར་ན་མི་འཇིགས་པ་རྣམས་སྒོམ་པ་དང་། དེ་ལ་གཉིས་ཀྱི་འདུ་ཤེས་སུ་མི་འགྱུར་བ་ལགས། ཇི་ལྟར་ན་སོ་སོ་ཡང་དག་པར་རིག་པ་རྣམས་སྒོམ་པ་དང་། དེ་ལ་གཉིས་ཀྱི་འདུ་ཤེས་སུ་མི་འགྱུར་བ་ལགས། ཇི་ལྟར་ན་བྱམས་པ་ཆེན་པོ་སྒོམ་པ་དང་། དེ་ལ་གཉིས་ཀྱི་འདུ་ཤེས་སུ་མི་འགྱུར་བ་ལགས། ཇི་ལྟར་ན་སྙིང་རྗེ་ཆེན་པོ་སྒོམ་པ་དང་། དེ་ལ་གཉིས་ཀྱི་འདུ་ཤེས་སུ་མི་འགྱུར་བ་ལགས། ཇི་ལྟར་ན་སངས་རྒྱས་ཀྱི་ཆོས་མ་འདྲེས་པ་རྣམས་སྒོམ་པ་དང་། དེ་ལ་གཉིས་ཀྱི་འདུ་ཤེས་སུ་མི་འགྱུར་བ་ལགས། ཇི་ལྟར་ན་མི་ཆེན་པོའི་མཚན་སུམ་ཅུ་རྩ་གཉིས་མངོན་པར་སྒྲུབ་པ་དང་། དེ་ལ་གཉིས་ཀྱི་འདུ་ཤེས་སུ་མི་འགྱུར་བ་ལགས། ཇི་ལྟར་ན་དཔེ་བྱད་བཟང་པོ་བརྒྱད་ཅུ་མངོན་པར་སྒྲུབ་[༡]པ་དང་། དེ་ལ་གཉིས་ཀྱི་འདུ་ཤེས་སུ་མི་འགྱུར་བ་ལགས། བཅོམ་ལྡན་འདས་ཀྱིས་བཀའ་སྩལ་པ། རབ་འབྱོར་འདི་ལ་བྱང་ཆུབ་སེམས་དཔའ་སེམས་དཔའ་ཆེན་པོ་ཤེས་རབ་ཀྱི་ཕ་རོལ་ཏུ་ཕྱིན་པ་ལ་སྤྱོད་པའི་ཚེ། སྦྱིན་པའི་ཕ་རོལ་ཏུ་ཕྱིན་པ་ཡོངས་སུ་རྫོགས་པར་བྱེད་དེ། དེ་སྦྱིན་པའི་ཕ་རོལ་ཏུ་ཕྱིན་པ་དེར་ཕ་རོལ་ཏུ་ཕྱིན་པ་དྲུག་པོ་ཐམས་ཅད་འདུས····པར་བྱས་ཤིང་སྦྱིན་པའི་ཕ་རོལ་ཏུ་ཕྱིན་པ་ཡོངས་སུ་རྫོགས་པར་བྱེད་དོ། །དེ་ཤེས་རབ་ཀྱི་ཕ་རོལ་ཏུ་ཕྱིན་པ་ལ་སྤྱོད་པའི་ཚེ། ཚུལ་ཁྲིམས་ཀྱི་ཕ་རོལ་ཏུ་ཕྱིན་པ····

ཡོངས་སུ་རྫོགས་པར་བྱེད་དེ། དེ་ཚུལ་ཁྲིམས་ཀྱི་ཕ་རོལ་ཏུ་ཕྱིན་པ་དེར་ཕ་རོལ་ཏུ་ཕྱིན་པ་དྲུག་པོ་ཐམས་ཅད་འདུས་པར་བྱས་ཤིང་། ཚུལ་ཁྲིམས་ཀྱི་ཕ་རོལ་ཏུ་ཕྱིན་པ་ཡོངས་སུ་རྫོགས་པར་བྱེད་དོ། །དེ་ཤེས་རབ་ཀྱི་ཕ་རོལ་ཏུ་ཕྱིན་པ་ལ་སྤྱོད་པའི་ཚེ། བཟོད་པའི་ཕ་རོལ་ཏུ་ཕྱིན་པ་ཡོངས་སུ་རྫོགས་པར་བྱེད་དེ། དེ་བཟོད་པའི་ཕ་རོལ་ཏུ་ཕྱིན་པ་དེར་ཕ་རོལ་ཏུ་ཕྱིན་པ་དྲུག་པོ་ཐམས་ཅད་འདུག[1]པར་བྱས་ཤིང་། བཟོད་པའི་ཕ་རོལ་ཏུ་ཕྱིན་པ་ཡོངས་སུ་རྫོགས་པར་བྱེད་དོ། །དེ་ཤེས་རབ་ཀྱི་ཕ་རོལ་ཏུ་ཕྱིན་པ་ལ་སྤྱོད་པའི་ཚེ། བརྩོན་འགྲུས་ཀྱི་ཕ་རོལ་ཏུ་ཕྱིན་པ་ཡོངས་སུ་རྫོགས་པར་བྱེད་དེ[2]། དེ་བརྩོན་འགྲུས་ཀྱི་ཕ་རོལ་ཏུ་ཕྱིན་པ་དེར་ཕ་རོལ་ཏུ[3]ཕྱིན་པ་དྲུག་པོ་ཐམས་ཅད་འདུས་པར་བྱས་ཤིང་། བརྩོན་འགྲུས་ཀྱི་ཕ་རོལ[4]ཏུ་ཕྱིན་པ་ཡོངས་སུ་རྫོགས་པར་བྱེད་དོ། །དེ་ཤེས་རབ་ཀྱི་ཕ་རོལ་ཏུ་ཕྱིན་པ་ལ་སྤྱོད་པའི་ཚེ། བསམ་གཏན་གྱི་ཕ་རོལ་ཏུ་ཕྱིན་པ་ཡོངས་སུ་རྫོགས་པར་བྱེད་དེ[5]། དེ་བསམ་གཏན་གྱི་ཕ་རོལ་ཏུ་ཕྱིན་པ་དེར་ཕ་རོལ་ཏུ་ཕྱིན་པ་དྲུག་པོ་ཐམས་ཅད་འདུས་པར་བྱས་ཤིང་། བསམ་གཏན་གྱི་ཕ་རོལ་ཏུ་ཕྱིན་པ་ཡོངས་སུ་རྫོགས་པར་བྱེད་དོ། །དེ་ཤེས་རབ་ཀྱི་ཕ་རོལ་ཏུ་ཕྱིན་པ་ལ་སྤྱོད་པའི་ཚེ། ཤེས་རབ་ཀྱི་ཕ་རོལ་ཏུ་ཕྱིན་པ་ཡོངས་སུ་རྫོགས་པར་བྱེད་དེ[6]། དེ་ཤེས་རབ་ཀྱི་ཕ་རོལ་ཏུ་ཕྱིན་པ་དེར། ཕ་རོལ་ཏུ་ཕྱིན་པ་དྲུག་པོ་ཐམས་ཅད་འདུས་པར་བྱས་ཤིང་། ཤེས་རབ་ཀྱི་ཕ་རོལ་ཏུ་ཕྱིན་པ་ཡོངས་སུ་རྫོགས་པར་བྱེད་དོ། །དེ་ཤེས་རབ་ཀྱི་ཕ་རོལ་ཏུ་ཕྱིན་པ་ལ་སྤྱོད་པའི་ཚེ། དྲན་པ་ཉེ་བར་གཞག་པ་རྣམས་ཡོངས་སུ་རྫོགས་པར་བྱེད་དེ[7]། དེ་དྲན་པ་ཉེ་བར་གཞག་པ་དེར་ཕ་རོལ་ཏུ་ཕྱིན་པ་དྲུག་པོ་ཐམས་ཅད་འདུས་པར་བྱས་ཤིང་། དྲན་པ་ཉེ་བར་གཞག་པ་རྣམས་ཡོངས་སུ་རྫོགས་པར་བྱེད་དོ། །དེ་ཤེས་རབ་ཀྱི་ཕ་རོལ་ཏུ་ཕྱིན་པ་ལ་སྤྱོད་པའི་ཚེ། ཡང་དག་པར་

སྤྱོང་བ་རྣམས་ཡོངས་སུ་རྫོགས་པར་བྱེད་དེ[༡]། དེ་ཡང་དག་པར་སྤོང་བ་དེར་ཕ་རོལ་ཏུ་ཕྱིན་པ་དྲུག་པོ་ཐམས་ཅད་འདུས་པར་བྱས་ཤིང་། ཡང་དག་པར་སྤོང་བ་རྣམས་ཡོངས་སུ་རྫོགས་པར་བྱེད་དོ། །དེ་ཤེས་རབ་ཀྱི་ཕ་རོལ་ཏུ་ཕྱིན་པ་ལ་སྤྱོད་པའི་ཚེ། རྫུ་འཕྲུལ་གྱི་རྐང་པ་རྣམས་ཡོངས་སུ་རྫོགས་པར་བྱེད་དེ[༢]། དེ་རྫུ་འཕྲུལ་གྱི་རྐང་པ་དེར་ཕ་རོལ་ཏུ་ཕྱིན་པ་དྲུག་པོ་ཐམས་ཅད་འདུས་པར་བྱས་ཤིང་། རྫུ་འཕྲུལ་གྱི་རྐང་པ་རྣམས་ཡོངས་སུ་རྫོགས་པར་བྱེད་དོ། །དེ་ཤེས་རབ་ཀྱི་ཕ་རོལ་ཏུ་ཕྱིན་པ་ལ་སྤྱོད་པའི་ཚེ། དབང་པོ་རྣམས་ཡོངས་སུ་རྫོགས་པར་བྱེད་དེ[༣]། དེ་དབང་པོ་དེར་ཕ་རོལ་ཏུ་ཕྱིན་པ་དྲུག་པོ་ཐམས་ཅད་འདུས་པར་བྱས་ཤིང་། དབང་པོ་རྣམས་ཡོངས་སུ་རྫོགས་པར་བྱེད་དོ། །དེ་ཤེས་རབ་ཀྱི་ཕ་རོལ་ཏུ་ཕྱིན་པ་ལ་སྤྱོད་པའི་ཚེ། སྟོབས་རྣམས་ཡོངས་སུ་རྫོགས་པར་བྱེད་དེ། དེ་སྟོབས་དེར་ཕ་རོལ་ཏུ་ཕྱིན་པ་དྲུག་པོ་ཐམས་ཅད་འདུས་པར་བྱས་ཤིང་། སྟོབས་རྣམས་ཡོངས་སུ་རྫོགས་པར་བྱེད་དོ། །དེ་ཤེས་རབ་ཀྱི་ཕ་རོལ་ཏུ་ཕྱིན་པ་ལ་སྤྱོད་པའི་ཚེ། བྱང་ཆུབ་ཀྱི་ཡན་ལག་རྣམས་ཡོངས་སུ་རྫོགས་པར་བྱེད་དེ[༤]། དེ་བྱང་ཆུབ་ཀྱི་···ཡན་ལག་དེར། ཕ་རོལ་ཏུ་ཕྱིན་པ་དྲུག་པོ་ཐམས་ཅད་འདུས་པར་བྱས་ཤིང་། བྱང་ཆུབ་ཀྱི་ཡན་ལག་རྣམས་ཡོངས་སུ་རྫོགས་པར་བྱེད་དོ། །དེ་ཤེས་རབ་ཀྱི་ཕ་རོལ་ཏུ་ཕྱིན་པ་ལ་སྤྱོད་པའི་ཚེ། ལམ་རྣམས་ཡོངས་སུ་རྫོགས་པར་བྱེད་དེ། དེ་ལམ་དེར་ཕ་རོལ་ཏུ་ཕྱིན་པ་དྲུག་པོ་ཐམས་ཅད་འདུས་པར་བྱས་ཤིང་ལམ་[༥]ཡོངས་···སུ་རྫོགས་པར་བྱེད་དོ། །[༦]༔卐རབ་འབྱོར་བྱང་ཆུབ་སེམས་དཔའ་སེམས་དཔའ་ཆེན་པོ་དེ་གང་གི་ཚེ། ཤེས་རབ་ཀྱི་ཕ་རོལ་ཏུ་ཕྱིན་པ་ལ་སྤྱོད་ཅིང་། སྦྱིན་པ་གཏོང་:བ་དེའི་ཚེ། ཟག་པ་མེད་པའི་སེམས་ལ་གནས་ཤིང་། སྦྱིན་པ་ཡོངས་སུ་གཏོང་སྟེ། དེ་ཟག་པ་མེད་པའི་སེམས་དེ་ལ་གནས་པའི་མཚན་མ་དང་། གང་

སྦྱིན་པ་དང་། གང་ལ་སྦྱིན་པ་དང་། ༑གང་གིས་སྦྱིན་པ་དང་།[1] གང་ཡོངས་
སུ་གཏོང་བ་ཡང་དག་པར་རྗེས་སུ་མི་མཐོང་ངོ་། །དེ་མཚན་མ་དང་བྲལ་བའི་
སེམས་ཟག་པ་མེད་ཅིང་སེར་སྣ་དང་བྲལ་བ[2]། ཆགས་སེམས་མེད་པ་དེས་སྦྱིན་
པ་གཏོང་སྟེ། དེ་སེམས་དེ་ཡང་ཡང་[3]དག་པར་རྗེས་སུ་མི་མཐོང་ངོ་། །ཇི་ལྟར་[4]
སེམས་ཡང་དག་པར་རྗེས་སུ་མི་མཐོང་བ་དེ་ལྟར་སྦྱིན་པ་ཡང་[5]ཡང་དག་པར་རྗེས་
སུ་མི་མཐོང་[6]། གཏོང་བ་པོ་ཡང་ཡང་དག་པར་རྗེས་སུ་མི་མཐོང་། ལེན་པ་
ཡང་[7]ཡང་དག་པར་རྗེས་སུ་མི་མཐོང་སྟེ། དེ་ལྟར་ཆོས་ཐམས་ཅད་ཀྱང་ཡང་
དག་པར་རྗེས་སུ་མི་མཐོང་ངོ་། །རབ་འབྱོར་གཞན་ཡང་བྱང་ཆུབ་སེམས་དཔའ་
སེམས་དཔའ་ཆེན་པོ་ཤེས་རབ་ཀྱི་ཕ་རོལ་ཏུ་ཕྱིན་པ་ལ་སྤྱོད་ཅིང་། མཚན་[8]མ་
དང་བྲལ་བའི་སེམས་ཀྱིས་ཚུལ་ཁྲིམས་སྲུང་བའི་ཚེ། ཚུལ་ཁྲིམས་དེ་ཡང་དག་པར་
རྗེས་སུ་མི་མཐོང་སྟེ། སེམས་དེ་ཡང་ཡང་དག་པར་རྗེས་སུ་མི་མཐོང་ངོ་། །ཇི་
ལྟར་སེམས་ཡང་དག་པར་རྗེས་སུ་མི་མཐོང་བ་དེ་ལྟར་ཆོས་ཐམས་ཅད་ཀྱང་ཡང་
དག་པར་རྗེས་སུ་མི་མཐོང་ངོ་། །རབ་འབྱོར་གཞན་ཡང་བྱང་ཆུབ་སེམས་དཔའ་[9]
སེམས་དཔའ་ཆེན་པོ། ཤེས་རབ་ཀྱི་ཕ་རོལ་ཏུ་ཕྱིན་པ་ལ་སྤྱོད་ཅིང་། མཚན་མ་
དང་བྲལ་བའི་སེམས་ཀྱིས་བཟོད་པ་སྒོམ་པའི་ཚེ། བཟོད་པ་དེ་[10]ཡང་དག་པར་
རྗེས་སུ་མི་མཐོང་སྟེ། སེམས་དེ་ཡང་ཡང་དག་པར་རྗེས་སུ་མི་མཐོང་ངོ་། །ཇི་
ལྟར་སེམས་ཡང་དག་པར་རྗེས་སུ་མི་མཐོང་བ་དེ་ལྟར་ཆོས་ཐམས་ཅད་ཀྱང་ཡང་
དག་པར་རྗེས་སུ་མི་མཐོང་ངོ་། །རབ་འབྱོར་གཞན་ཡང་བྱང་ཆུབ་སེམས་དཔའ་
སེམས་དཔའ་ཆེན་པོ།卍[11] ཤེས་རབ་ཀྱི་ཕ་རོལ་ཏུ་ཕྱིན་པ་ལ་སྤྱོད་ཅིང་། མཚན་
མ་དང་བྲལ་བའི་སེམས་ཀྱིས་བརྩོན་འགྲུས་རྩོམ་[12]པའི་ཚེ། བརྩོན་འགྲུས་དེ་[13]
ཡང་དག་པར་རྗེས་སུ་མི་མཐོང་སྟེ། སེམས་དེ་ཡང་ཡང་[14]དག་པར་རྗེས་སུ་མི་

མཐོང་ངོ་། །ཇི་ལྟར་སེམས་ཡང་དག་པར་རྗེས་སུ་མི་མཐོང་བ་དེ་ལྟར་ཆོས་ཐམས་ཅད་ཀྱང་ཡང་དག་པར་རྗེས་སུ་མི་མཐོང་ངོ་། །རབ་འབྱོར་གཞན་ཡང་བྱང་ཆུབ་སེམས་དཔའ་སེམས་དཔའ་ཆེན་པོ། ཤེས་རབ་ཀྱི་ཕ་རོལ་ཏུ་ཕྱིན་པ་ལ་སྤྱོད་ཅིང་། མཚན་མ་དང་བྲལ་བའི་སེམས་ཀྱིས། ཏིང་ངེ་འཛིན་ལ་སྙོམས་པར་འཇུག་པའི་ཚེ། ཏིང་ངེ་འཛིན་དེ་①ཡང་དག་པར་རྗེས་སུ་མི་མཐོང་ངོ་②། །སེམས་དེ་ཡང་ཡང་དག་པར་རྗེས་སུ་མི་མཐོང་ངོ་། །③ཇི་ལྟར་སེམས་ཡང་དག་པར་རྗེས་སུ་མི་མཐོང་བ་དེ་ལྟར་ཆོས་ཐམས་ཅད་ཀྱང་④ཡང་དག་པར་རྗེས་སུ་མི་མཐོང་ངོ་། །རབ་འབྱོར་གཞན་ཡང་བྱང་ཆུབ་སེམས་དཔའ་སེམས་དཔའ་ཆེན་པོ། ཤེས་རབ་ཀྱི་ཕ་རོལ་ཏུ་ཕྱིན་པ་ལ་སྤྱོད་ཅིང་། མཚན་མ་དང་བྲལ་བའི་སེམས་ཀྱིས་ཤེས་རབ་སྒོམ་པའི་ཚེ། ཤེས་རབ་དེ་⑤ཡང་དག་པར་རྗེས་སུ་མི་མཐོང་སྟེ། སེམས་དེ་ཡང་ཡང་དག་པར་རྗེས་སུ་མི་མཐོང་ངོ་། །ཇི་ལྟར་སེམས་ཡང་དག་པར་རྗེས་སུ་མི་མཐོང་བ་⑥དེ་ལྟར་ཆོས་ཐམས་ཅད་ཀྱང་ཡང་དག་པར་རྗེས་སུ་མི་མཐོང་ངོ་། །རབ་འབྱོར་གཞན་ཡང་བྱང་ཆུབ་སེམས་དཔའ་སེམས་དཔའ་ཆེན་པོ། ཤེས་རབ་ཀྱི་ཕ་རོལ་ཏུ་ཕྱིན་པ་ལ་སྤྱོད་ཅིང་། མཚན་མ་དང་བྲལ་བའི་སེམས་ཀྱིས་ནང་སྟོང་པ་ཉིད་སྒོམ་པའི་ཚེ། ནང་སྟོང་པ་ཉིད་དེ་ཡང་དག་པར་རྗེས་སུ་མི་མཐོང་སྟེ། སེམས་དེ་ཡང་ཡང་དག་པར་རྗེས་སུ་མི་མཐོང་ངོ་། །ཇི་ལྟར་སེམས་ཡང་དག་པར་རྗེས་སུ་མི་མཐོང་བ་དེ་ལྟར་ཆོས་ཐམས་ཅད་ཀྱང་ཡང་དག་པར་རྗེས་སུ་མི་མཐོང་ངོ་། །རབ་འབྱོར་གཞན་ཡང་བྱང་ཆུབ་སེམས་དཔའ་སེམས་དཔའ་ཆེན་པོ་ཤེས་རབ་ཀྱི་ཕ་རོལ་ཏུ་ཕྱིན་པ་ལ་སྤྱོད་ཅིང་། མཚན་མ་དང་བྲལ་བའི་སེམས་ཀྱིས་ཕྱི་སྟོང་པ་ཉིད་སྒོམ་པའི་ཚེ། ཕྱི་སྟོང་པ་ཉིད་དེ་ཡང་དག་པར་རྗེས་སུ་མི་མཐོང་སྟེ། སེམས་དེ་ཡང་ཡང་དག་པར་རྗེས་སུ་མི་མཐོང་ངོ་། །ཇི་ལྟར་སེམས་⑦ཡང་དག་

པར་རྗེས་སུ་མྱི་མཐོང་བ་དེ་ལྟར་ཆོས་ཐམས་ཅད་ཀྱང་ཡང་དག་པར་རྗེས་སུ་མྱི·····
མཐོང་ངོ་། །རབ་འབྱོར་གཞན་ཡང་བྱང་ཆུབ་སེམས་དཔའ་སེམས་དཔའ་ཆེན་པོ་
ཤེས་རབ་ཀྱི་ཕ་རོལ་ཏུ་ཕྱིན་པ་ལ་སྤྱོད་ཅིང་། མཚན་མ་དང་བྲལ་བའི་སེམས་ཀྱིས།
ཕྱི་ནང་སྟོང་པ་ཉིད་སྒོམ་པའི་ཚེ། ཕྱི་ནང་སྟོང་པ་ཉིད་དེ་ཡང་དག་པར་རྗེས་སུ་
མྱི་མཐོང་སྟེ། སེམས་དེ་ཡང་ཡང་དག་པར་རྗེས་སུ་མྱི་མཐོང་ངོ་། །དེ་ལྟར་
སེམས་ཡང་དག་པར་རྗེས་སུ་མྱི་མཐོང་བ་དེ་ལྟར་ཆོས་ཐམས་ཅད་ཀྱང་ཡང་དག·····
པར་རྗེས་སུ་མྱི་མཐོང་ངོ་། །རབ་འབྱོར་གཞན་ཡང་བྱང་ཆུབ་སེམས་དཔའ·····
སེམས་དཔའ་ཆེན་པོ་ཤེས་རབ་ཀྱི་ཕ་རོལ་ཏུ་ཕྱིན་པ་ལ་སྤྱོད་ཅིང་། མཚན་མ་དང་
བྲལ་བའི་སེམས་ཀྱིས་སྟོང་པ་ཉིད་སྟོང་པ་ཉིད་སྒོམ་པའི་ཚེ། སྟོང་པ་ཉིད་སྟོང་པ་
ཉིད་དེ་ཡང་དག་པར་རྗེས་སུ་མྱི་མཐོང་སྟེ། སེམས་དེ་ཡང་ཡང་དག་པར་རྗེས་སུ་
མྱི་མཐོང་ངོ་། །དེ་ལྟར་སེམས་ཡང་དག་པར་རྗེས་སུ་མྱི་མཐོང་བ་དེ་ལྟར་ཆོས····
ཐམས་ཅད་ཀྱང་ཡང་དག་པར་རྗེས་སུ་མྱི་མཐོང་ངོ་། །རབ་འབྱོར་གཞན་ཡང་
བྱང་ཆུབ་སེམས་དཔའ་སེམས་དཔའ་ཆེན་པོ། ཤེས་རབ་ཀྱི་ཕ་རོལ་ཏུ་ཕྱིན་པ་ལ་
སྤྱོད་ཅིང་། མཚན་མ་དང་བྲལ་བའི་སེམས་ཀྱིས་ཆེན་པོ་སྟོང་པ་ཉིད་སྒོམ་པའི་ཚེ།
ཆེན་པོ་སྟོང་པ་ཉིད་དེ་ཡང་དག་པར་རྗེས་སུ་མྱི་མཐོང་སྟེ། སེམས་དེ་ཡང་ཡང་····
དག་པར་རྗེས་སུ་མྱི་མཐོང་ངོ་། །དེ་ལྟར་སེམས་ཡང་དག་པར་རྗེས་སུ་མྱི་མཐོང་
བ་དེ་ལྟར་ཆོས་ཐམས་ཅད་ཀྱང་ཡང་དག་པར་རྗེས་སུ་མྱི་མཐོང་ངོ་། །རབ་འབྱོར་
གཞན་ཡང་བྱང་ཆུབ་སེམས་དཔའ་སེམས་དཔའ་ཆེན་པོ་ཤེས་རབ་ཀྱི་ཕ་རོལ་ཏུ····
ཕྱིན་པ་ལ་སྤྱོད་ཅིང་། མཚན་མ་དང་བྲལ་བའི་སེམས་ཀྱིས་དོན་དམ་པ་སྟོང་པ་
ཉིད་སྒོམ་པའི་ཚེ། དོན་དམ་པ་སྟོང་པ་ཉིད་དེ་ཡང་དག་པར་རྗེས་སུ་མྱི་མཐོང་སྟེ།
སེམས་དེ་ཡང་ཡང་དག་པར་རྗེས་སུ་མྱི་མཐོང་ངོ་། །དེ་ལྟར་སེམས་ཡང་དག་པར་

རྗེས་སུ་མྱི་[༧]མཐོང་བ་དེ་ལྟར་ཆོས་ཐམས་ཅད་ཀྱང་ཡང་དག་པར་རྗེས་སུ་མྱི་མཐོང་
ངོ་། །རབ་འབྱོར་གཞན་ཡང་བྱང་ཆུབ་སེམས་དཔའ་སེམས་དཔའ་ཆེན་པོ་ཤེས་
རབ་ཀྱི་ཕ་རོལ་ཏུ་ཕྱིན་པ་ལ་སྤྱོད་ཅིང་། མཚན་མ་དང་བྲལ་བའི་སེམས་ཀྱིས·····
འདུས་བྱས་སྟོང་པ་ཉིད་སྒོམ་པའི་ཚེ། འདུས་བྱས་སྟོང་པ་ཉིད་དེ་ཡང་དག་པར་
རྗེས་སུ་མྱི་མཐོང་སྟེ། སེམས་དེ་ཡང་ཡང་དག་པར་རྗེས་སུ་མྱི་མཐོང་ངོ་། །དེ་
ལྟར་སེམས་ཡང་དག་པར་རྗེས་སུ་མྱི་མཐོང་བ་དེ་ལྟར་ཆོས་ཐམས་ཅད་ཀྱང་ཡང·····
དག་པར་རྗེས་སུ་མྱི་མཐོང་ངོ་། །རབ་འབྱོར་གཞན་ཡང་བྱང་ཆུབ་སེམས་དཔའ་
སེམས་དཔའ་ཆེན་པོ་ཤེས་རབ་ཀྱི་ཕ་རོལ་ཏུ་ཕྱིན་པ་ལ་སྤྱོད་ཅིང་། མཚན་མ་དང་
བྲལ་བའི་སེམས་ཀྱིས་འདུས་མ་བྱས་སྟོང་པ་ཉིད་སྒོམ་པའི་ཚེ། འདུས་མ་བྱས·····
སྟོང་པ་ཉིད་དེ་ཡང་དག་པར་རྗེས་སུ་མྱི་མཐོང་སྟེ། སེམས་དེ་ཡང་ཡང་དག་པར་
རྗེས་སུ་མྱི་མཐོང་ངོ་། །དེ་ལྟར་སེམས་ཡང་དག་པར་རྗེས་སུ་མི་མཐོང་བ་དེ་ལྟར་
ཆོས་ཐམས་ཅད་ཀྱང་[༣]ཡང་དག་པར་རྗེས་སུ་མྱི་མཐོང་ངོ་། །རབ་འབྱོར་གཞན་
ཡང་བྱང་ཆུབ་སེམས་དཔའ་སེམས་དཔའ་ཆེན་པོ་ཤེས་རབ་ཀྱི་ཕ་རོལ་ཏུ་ཕྱིན་པ་ལ་
སྤྱོད་ཅིང་། མཚན་མ་དང་བྲལ་བའི་སེམས་ཀྱིས་མཐའ་ལས་འདས་པ་སྟོང་པ·····
ཉིད་སྒོམ་པའི་ཚེ། མཐའ་ལས་འདས་པ་སྟོང་པ་ཉིད་དེ་ཡང་དག་པར་རྗེས་སུ་མྱི་
མཐོང་སྟེ། སེམས་དེ་ཡང་ཡང་དག་པར་རྗེས་སུ་མྱི་མཐོང་ངོ་། །དེ་ལྟར་སེམས་
ཡང་དག་པར་རྗེས་སུ་མྱི་མཐོང་བ་དེ་ལྟར་ཆོས་ཐམས་ཅད་ཀྱང་ཡང་དག་པར་རྗེས་
སུ་མྱི་མཐོང་ངོ་། །རབ་འབྱོར་གཞན་ཡང་བྱང་ཆུབ་སེམས་དཔའ་སེམས་དཔའ་
ཆེན་པོ་ཤེས་རབ་ཀྱི་ཕ་རོལ་ཏུ་ཕྱིན་པ་ལ་སྤྱོད་ཅིང་། མཚན་མ་དང་བྲལ་བའི·····
སེམས་ཀྱིས། ཐོག་མ་དང་ཐ་མ་མྱེད་པ་སྟོང་པ་ཉིད་སྒོམ་པའི་ཚེ། ཐོག་མ་དང་
ཐ་མ་མྱེད་པ་སྟོང་པ་ཉིད་དེ་ཡང་དག་པར་རྗེས་སུ་མྱི་མཐོང་སྟེ། སེམས་དེ་ཡང་

ཡང་དག་པར་རྗེས་སུ་མི་མཐོང་ངོ་། །ཇི་ལྟར་སེམས་ཡང་དག་པར་རྗེས་སུ་མི་མཐོང་བ་དེ་ལྟར་ཆོས་ཐམས་ཅད་ཀྱང་ཡང་དག་པར་རྗེས་སུ་མི་མཐོང་ངོ་། །རབ་འབྱོར་གཞན་ཡང་བྱང་ཆུབ་སེམས་དཔའ་སེམས་དཔའ་ཆེན་པོ་ཤེས་རབ་ཀྱི་ཕ་རོལ་ཏུ་ཕྱིན་པ་ལ་སྤྱོད་ཅིང་། མཚན་མ་དང་བྲལ་བའི་སེམས་ཀྱིས་དོར་བ་མེད་པ་སྟོང་པ་ཉིད་སྒོམ་པའི་ཚེ། དོར་བ་མེད་པ་སྟོང་པ་ཉིད་དེ་ཡང་དག་པར་རྗེས་སུ་མི་མཐོང་སྟེ། སེམས་དེ་ཡང་ཡང་དག་པར་རྗེས་སུ་མི་མཐོང་ངོ་། །ཇི་ལྟར་སེམས་ཡང་དག་པར་རྗེས་སུ་མི་མཐོང་བ་དེ་ལྟར་ཆོས་ཐམས་ཅད་ཀྱང་ཡང་དག་པར་རྗེས་སུ་མི་མཐོང་ངོ་། །རབ་འབྱོར་གཞན་ཡང་བྱང་ཆུབ་སེམས་དཔའ་སེམས་དཔའ་ཆེན་པོ་ཤེས་རབ་ཀྱི་ཕ་རོལ་ཏུ་ཕྱིན་པ་ལ་སྤྱོད་ཅིང་། མཚན་མ་དང་བྲལ་བའི་སེམས་ཀྱིས་རང་བཞིན་སྟོང་པ་ཉིད་སྒོམ་པའི་ཚེ། རང་བཞིན་སྟོང་པ་ཉིད་དེ་ཡང་དག་པར་རྗེས་སུ་མི་མཐོང་སྟེ། སེམས་དེ་ཡང་ཡང་དག་པར་རྗེས་སུ་མི་མཐོང་ངོ་། །ཇི་ལྟར་སེམས་ཡང་དག་པར་རྗེས་སུ་མི་མཐོང་བ་དེ་ལྟར་ཆོས་ཐམས་ཅད་ཀྱང་ཡང་དག་པར་རྗེས་སུ་མི་མཐོང་ངོ་། །རབ་འབྱོར་གཞན་ཡང་བྱང་ཆུབ་སེམས་དཔའ་སེམས་དཔའ་ཆེན་པོ། ཤེས་རབ་ཀྱི་ཕ་རོལ་ཏུ་ཕྱིན་པ་ལ་སྤྱོད་ཅིང་། མཚན་མ་དང་བྲལ་བའི་སེམས་ཀྱིས་ཆོས་ཐམས་ཅད་སྟོང་པ་ཉིད་སྒོམ་པའི་ཚེ། ཆོས་ཐམས་ཅད་སྟོང་པ་ཉིད་དེ་ཡང་དག་པར་རྗེས་སུ་མི་མཐོང་སྟེ། སེམས་དེ་ཡང་ཡང་དག་པར་རྗེས་སུ་མི་མཐོང་ངོ་། །ཇི་ལྟར་སེམས་ཡང་དག་པར་རྗེས་སུ་མི་མཐོང་བ་དེ་ལྟར་ཆོས་ཐམས་ཅད་ཀྱང་ཡང་དག་པར་རྗེས་སུ་མི་མཐོང་ངོ་། །རབ་འབྱོར་གཞན་ཡང་བྱང་ཆུབ་སེམས་དཔའ་སེམས་དཔའ་ཆེན་པོ་ཤེས་རབ་ཀྱི་ཕ་རོལ་ཏུ་ཕྱིན་པ་ལ་སྤྱོད་ཅིང་། མཚན་མ་དང་བྲལ་བའི་སེམས་ཀྱིས། རང་གི་མཚན་ཉིད་སྟོང་པ་ཉིད་སྒོམ་པའི་ཚེ། རང་གི་མཚན་ཉིད་སྟོང་པ་ཉིད་དེ་

ཡང་དག་པར་རྗེས་སུ་མི་མཐོང་སྟེ། སེམས་དེ་ཡང་ཡང་དག་པར་རྗེས་སུ་མི་······
མཐོང་ངོ་། །ཇི་ལྟར་སེམས་ཡང་དག་པར་རྗེས་སུ་མི་མཐོང་བ་དེ་ལྟར་ཆོས་ཐམས་
ཅད་ཀྱང་ཡང་དག་པར་རྗེས་སུ་མི་མཐོང་ངོ་། །རབ་འབྱོར་གཞན་ཡང་བྱང་ཆུབ་
སེམས་དཔའ་སེམས་དཔའ་ཆེན་པོ་ཤེས་རབ་ཀྱི་ཕ་རོལ་ཏུ་ཕྱིན་པ་ལ་སྤྱོད་ཅིང་།
མཚན་མ་དང་བྲལ་བའི་སེམས་ཀྱིས་མི་དམིགས་པ་སྟོང་པ་ཉིད་སྒོམ་པའི་ཚེ། མི་
དམིགས་པ་སྟོང་པ་ཉིད་དེ་ཡང་དག་པར་རྗེས་སུ་མི་མཐོང་སྟེ། སེམས་དེ་ཡང་····
ཡང་དག་པར་རྗེས་སུ་མི་མཐོང་ངོ་། །ཇི་ལྟར་སེམས་ཡང་དག་པར་རྗེས་སུ་མི་····
མཐོང་བ། དེ་ལྟར་ཆོས་ཐམས་ཅད་ཀྱང་ཡང་དག་པར་རྗེས་སུ་མི་མཐོང་ངོ་། །
རབ་འབྱོར་དེ་གཞན་ཡང་བྱང་ཆུབ་སེམས་དཔའ་སེམས་དཔའ་ཆེན་པོ། ཤེས་·····
རབ་ཀྱི་ཕ་རོལ་ཏུ་ཕྱིན་པ་ལ་སྤྱོད་ཅིང་། མཚན་མ་དང་བྲལ་བའི་སེམས་ཀྱིས།
དངོས་པོ་མེད་པ་སྟོང་པ་ཉིད་སྒོམ་པའི་ཚེ། དངོས་པོ་མེད་པ་སྟོང་པ་ཉིད་དེ་ཡང་
དག་པར་རྗེས་སུ་མི་མཐོང་སྟེ། སེམས་དེ་ཡང་ཡང་དག་པར་རྗེས་སུ་མི་མཐོང·····
ངོ་། །ཇི་ལྟར་སེམས་ཡང་དག་པར་རྗེས་སུ་མི་མཐོང་བ་དེ་ལྟར་ཆོས་ཐམས་ཅད་
ཀྱང་ཡང་དག་པར་རྗེས་སུ་མི་མཐོང་ངོ་། །རབ་འབྱོར་གཞན་ཡང་བྱང་ཆུབ····
སེམས་དཔའ་སེམས་དཔའ་ཆེན་པོ་ཤེས་རབ་ཀྱི་ཕ་རོལ་ཏུ་ཕྱིན་པ་ལ་སྤྱོད་ཅིང་།
མཚན་མ་དང་བྲལ་བའི་སེམས་ཀྱིས། ངོ་བོ་ཉིད་སྟོང་པ་ཉིད་སྒོམ་པའི་ཚེ། ངོ་
བོ་ཉིད་སྟོང་པ་ཉིད་དེ་ཡང་དག་པར་རྗེས་སུ་མི་མཐོང་སྟེ། སེམས་དེ་ཡང་ཡང་
དག་པར་རྗེས་སུ་མི་མཐོང་ངོ་། །ཇི་ལྟར་སེམས་ཡང་དག་པར་རྗེས་སུ་མི་མཐོང་
བ་དེ་ལྟར་ཆོས་ཐམས་ཅད་ཀྱང་ཡང་དག་པར་རྗེས་སུ་མི་མཐོང་ངོ་། །རབ་འབྱོར་
གཞན་ཡང་བྱང་ཆུབ་སེམས་དཔའ་སེམས་དཔའ་ཆེན་པོ་ཤེས་རབ་ཀྱི་ཕ་རོལ་ཏུ····
ཕྱིན་པ་ལ་སྤྱོད་ཅིང་། མཚན་མ་དང་བྲལ་བའི་སེམས་ཀྱིས་དངོས་པོ་མེད་པའི་ངོ་

བོ་ཉིད་སྟོང་པ་ཉིད་སྒོམ་པའི་ཚེ། དངོས་པོ་མེད་པའི་ངོ་བོ་ཉིད་སྟོང་པ་ཉིད་དེ་ཡང་དག་པར་རྗེས་སུ་མི་མཐོང་སྟེ། སེམས་དེ་ཡང་ཡང་དག་པར་རྗེས་སུ་མི་མཐོང་ངོ་། །ཇི་ལྟར་སེམས་ཡང་དག་པར་རྗེས་སུ་མི་མཐོང་བ་དེ་ལྟར་ཆོས་ཐམས་ཅད་ཀྱང་ཡང་དག་པར་རྗེས་སུ་མི་མཐོང་ངོ་། །རབ་འབྱོར་གཞན་ཡང་བྱང་ཆུབ་སེམས་དཔའ་སེམས་དཔའ་ཆེན་པོ། ཤེས་རབ་ཀྱི་ཕ་རོལ་ཏུ་ཕྱིན་པ་ལ་སྤྱོད་ཅིང་། མཚན་མ་དང་བྲལ་བའི་སེམས་ཀྱིས། དྲན་པ་ཉེ་བར་གཞག་པ་རྣམས་སྒོམ་པའི་ཚེ། དྲན་པ་ཉེ་བར་གཞག་པ་དེ་དག་ཡང་དག་པར་རྗེས་སུ་མི་མཐོང་སྟེ། སེམས་དེ་ཡང་ཡང་དག་པར་རྗེས་སུ་མི་མཐོང་ངོ་། །ཇི་ལྟར་སེམས་ཡང་དག་པར་རྗེས་སུ་མི་མཐོང་བ་དེ་ལྟར་ཆོས་ཐམས་ཅད་ཀྱང་ཡང་དག་པར་རྗེས་སུ་མི་མཐོང་ངོ་། །རབ་འབྱོར་གཞན་ཡང་བྱང་ཆུབ་སེམས་དཔའ་སེམས་དཔའ་ཆེན་པོ། ཤེས་རབ་ཀྱི་ཕ་རོལ་ཏུ་ཕྱིན་པ་ལ་སྤྱོད་ཅིང་། མཚན་མ་དང་བྲལ་བའི་སེམས་ཀྱིས། ཡང་དག་པར་སྤོང་བ་རྣམས་སྒོམ་པའི་ཚེ། ཡང་དག་པར་སྤོང་བ་དེ་དག་ཡང་དག་པར་རྗེས་སུ་མི་མཐོང་སྟེ། སེམས་དེ་ཡང་ཡང་དག་པར་རྗེས་སུ་མི་མཐོང་ངོ་། །ཇི་ལྟར་སེམས་ཡང་དག་པར་རྗེས་སུ་མི་མཐོང་བ་དེ་ལྟར་ཆོས་ཐམས་ཅད་ཀྱང་ཡང་དག་པར་རྗེས་སུ་མི་མཐོང་ངོ་། །རབ་འབྱོར་གཞན་ཡང་བྱང་ཆུབ་སེམས་དཔའ་སེམས་དཔའ་ཆེན་པོ། ཤེས་རབ་ཀྱི་ཕ་རོལ་ཏུ་ཕྱིན་པ་ལ་སྤྱོད་ཅིང་། མཚན་མ་དང་བྲལ་བའི་སེམས་ཀྱིས། རྫུ་འཕྲུལ་གྱི་[༡]རྐང་པ་རྣམས་སྒོམ་པའི་ཚེ། རྫུ་འཕྲུལ་གྱི་རྐང་པ་དེ་དག་ཡང་དག་པར་རྗེས་སུ་མི་མཐོང་སྟེ། སེམས་དེ་ཡང་ཡང་དག་པར་རྗེས་སུ་མི་མཐོང་ངོ་། །ཇི་ལྟར་སེམས་ཡང་དག་པར་རྗེས་སུ་མི་མཐོང་བ་དེ་ལྟར་ཆོས་ཐམས་ཅད་ཀྱང་ཡང་དག་པར་རྗེས་སུ་མི་མཐོང་ངོ་། །རབ་འབྱོར་གཞན་ཡང་བྱང་ཆུབ་སེམས་དཔའ་སེམས་དཔའ་ཆེན་པོ། ཤེས་རབ་ཀྱི་ཕ་

རོལ་ཏུ་ཕྱིན་པ་ལ་སྤྱོད་ཅིང་། མཚན་མ་དང་བྲལ་བའི་སེམས་ཀྱིས། དབང
པོ་རྣམས་སྒོམ་པའི་ཚེ། དབང་པོ་དེ་དག་ཡང་དག་པར་རྗེས་སུ་མི་མཐོང་སྟེ།
སེམས་དེ་ཡང་ཡང་དག་པར་རྗེས་སུ་མི་མཐོང་ངོ་། །ཇི་ལྟར་སེམས་ཡང་དག
པར་རྗེས་སུ་མི་མཐོང་བ་དེ་ལྟར་ཆོས་ཐམས་ཅད་ཀྱང་ཡང་དག་པར་རྗེས་སུ་མི
མཐོང་ངོ་། །རབ་འབྱོར་གཞན་ཡང་བྱང་ཆུབ་སེམས་དཔའ་སེམས་དཔའ་ཆེན་པོ།
ཤེས་རབ་ཀྱི་ཕ་རོལ་ཏུ་ཕྱིན་པ་ལ་སྤྱོད་ཅིང་། མཚན་མ་དང་བྲལ་བའི་སེམས་ཀྱིས།
སྟོབས་རྣམས་སྒོམ་པའི་ཚེ། སྟོབས་དེ་དག་ཡང་དག་པར་རྗེས་སུ་མི་མཐོང་སྟེ།
སེམས་དེ་ཡང་ཡང་དག་པར་རྗེས་སུ་མི་མཐོང་ངོ་། །ཇི་ལྟར་སེམས་ཡང་དག་པར་
རྗེས་སུ་མི་མཐོང་བ་དེ་ལྟར་ཆོས་ཐམས་ཅད་ཀྱང་ཡང་དག་པར་རྗེས་སུ་མི་ཐོང
ངོ་༑ །རབ་འབྱོར་གཞན་ཡང་བྱང་ཆུབ་སེམས་དཔའ་སེམས་དཔའ་ཆེན་པོ།
ཤེས་རབ་ཀྱི་ཕ་རོལ་ཏུ་ཕྱིན་པ་ལ་སྤྱོད་ཅིང་། མཚན་མ་དང་བྲལ་བའི་སེམས་ཀྱིས།
བྱང་ཆུབ་ཀྱི་ཡན་ལག་རྣམས་སྒོམ་པའི་ཚེ། བྱང་ཆུབ་ཀྱི་ཡན་ལག་དེ་དག་ཡང
དག་པར་རྗེས་སུ་མི་མཐོང་སྟེ[1]། ༔སེམས་དེ་ཡང་ཡང་དག་པར་རྗེས་སུ་མི་མཐོང
ངོ་༑ །[2]ཇི་ལྟར་སེམས་ཡང་དག་པར་རྗེས་སུ་མི་མཐོང་བ་དེ་ལྟར་ཆོས་ཐམས་ཅད་
ཀྱང་ཡང་དག་པར་རྗེས་སུ་མི་མཐོང་ངོ་། །རབ་འབྱོར་གཞན་ཡང་བྱང་ཆུབ
སེམས་དཔའ་སེམས་དཔའ་ཆེན་པོ། ཤེས་རབ་ཀྱི་ཕ་རོལ་ཏུ་ཕྱིན་པ་ལ་སྤྱོད་ཅིང་།
མཚན་མ་དང་བྲལ་བའི་སེམས་ཀྱིས་འཕགས་པའི་ལམ་ཡན་ལག་བརྒྱད་པ་སྒོམ
པའི་ཚེ། འཕགས་པའི་ལམ་ཡན་ལག་བརྒྱད་པ་དེ་དག[3]ཡང་དག་པར་རྗེས་སུ་
མི་མཐོང་སྟེ། སེམས་དེ་ཡང་ཡང་དག་པར་རྗེས་སུ་མི་མཐོང་ངོ་། །ཇི་ལྟར་
སེམས་ཡང་དག་པར་རྗེས་སུ་མི་མཐོང་བ་དེ་ལྟར་ཆོས་ཐམས་ཅད་ཀྱང་ཡང་དག
པར་རྗེས་སུ་མི་མཐོང་ངོ་། །རབ་འབྱོར་གཞན་ཡང་བྱང་ཆུབ་སེམས་དཔའ

སེམས་དཔའ་ཆེན་པོ། ཤེས་རབ་ཀྱི་ཕ་རོལ་ཏུ་ཕྱིན་པ་ལ་སྤྱོད་ཅིང་། མཚན་མ་དང་བྲལ་བའི་སེམས་ཀྱིས། འཕགས་པའི་བདེན་པ་རྣམས་སྒོམ་པའི་ཚེ། འཕགས་པའི་བདེན་པ་དེ་དག་ཡང་དག་པར་རྗེས་སུ་མི་མཐོང་སྟེ། སེམས་དེ་ཡང་ཡང་དག་པར་རྗེས་སུ་མི་མཐོང་ངོ་། །ཇི་ལྟར་སེམས་ཡང་དག་པར་②རྗེས་སུ་མི་མཐོང་བ་དེ་ལྟར་ཆོས་ཐམས་ཅད་ཀྱང་ཡང་དག་པར་རྗེས་སུ་མི་མཐོང་ངོ་། །རབ་འབྱོར་གཞན་ཡང་བྱང་ཆུབ་སེམས་དཔའ་སེམས་དཔའ་ཆེན་པོ། ཤེས་རབ་ཀྱི་ཕ་རོལ་ཏུ་ཕྱིན་པ་ལ་སྤྱོད་ཅིང་། མཚན་མ་དང་བྲལ་བའི་སེམས་ཀྱིས། བསམ་གཏན་རྣམས་③སྒོམ་པའི་ཚེ། བསམ་གཏན་དེ་དག་ཡང་དག་པར་རྗེས་སུ་མི་མཐོང་སྟེ། སེམས་དེ་ཡང་ཡང་དག་པར་རྗེས་སུ་མི་མཐོང་ངོ་། །ཇི་ལྟར་སེམས་ཡང་དག་པར་རྗེས་སུ་མི་མཐོང་བ་དེ་ལྟར་ཆོས་ཐམས་ཅད་ཀྱང་ཡང་དག་པར་རྗེས་སུ་མི་མཐོང་ངོ་། །རབ་འབྱོར་གཞན་ཡང་བྱང་ཆུབ་སེམས་དཔའ་སེམས་དཔའ་ཆེན་པོ། ཤེས་རབ་ཀྱི་ཕ་རོལ་ཏུ་ཕྱིན་པ་ལ་སྤྱོད་ཅིང་། མཚན་མ་དང་བྲལ་བའི་སེམས་ཀྱིས། ཚད་མེད་པ་རྣམས་སྒོམ་པའི་ཚེ། ཚད་མེད་པ་དེ་དག་ཡང་དག་པར་རྗེས་སུ་མི་མཐོང་སྟེ། སེམས་དེ་ཡང་ཡང་དག་པར་རྗེས་སུ་མི་མཐོང་ངོ་། །ཇི་ལྟར་སེམས་ཡང་དག་པར་རྗེས་སུ་མི་མཐོང་བ་དེ་ལྟར་ཆོས་ཐམས་ཅད་ཀྱང་ཡང་དག་པར་རྗེས་སུ་མི་མཐོང་ངོ་། །རབ་འབྱོར་གཞན་ཡང་བྱང་ཆུབ་སེམས་དཔའ་སེམས་དཔའ་ཆེན་པོ་ཤེས་རབ་ཀྱི་ཕ་རོལ་ཏུ་ཕྱིན་པ་ལ་སྤྱོད་ཅིང་། མཚན་མ་དང་བྲལ་བའི་སེམས་ཀྱིས། གཟུགས་མེད་པའི་སྙོམས་པར་འཇུག་པ་རྣམས་སྒོམ་པའི་ཚེ། གཟུགས་མེད་པའི་སྙོམས་པར་འཇུག་པ་དེ་དག་ཡང་དག་པར་རྗེས་སུ་མི་མཐོང་སྟེ། སེམས་དེ་ཡང་ཡང་དག་པར་རྗེས་སུ་མི་མཐོང་ངོ་། །ཇི་ལྟར་སེམས་ཡང་དག་པར་རྗེས་སུ་མི་མཐོང་བ་དེ་ལྟར་ཆོས་ཐམས་ཅད་ཀྱང་ཡང་

དག་པར་རྗེས་སུ་མྱི་མཐོང་ངོ་། །རབ་འབྱོར་གཞན་ཡང་བྱང་ཆུབ་སེམས་དཔའ་སེམས་དཔའ་ཆེན་པོ། ཤེས་རབ་ཀྱི་ཕ་རོལ་ཏུ་ཕྱིན་པ་ལ་སྤྱོད་ཅིང་། མཚན་མ་དང་བྲལ་བའི་སེམས་ཀྱིས། རྣམ་པར་ཐར་པ་རྣམས་སྒོམ་པའི་ཚེ། རྣམ་པར་ཐར་པ་དེ་དག་ཡང་དག་པར་རྗེས་སུ་མྱི་མཐོང་སྟེ[༢]། སེམས་དེ་ཡང་ཡང་དག་པར་རྗེས་སུ་མྱི་མཐོང་ངོ་། །ཇི་ལྟར་སེམས་ཡང་དག་པར་རྗེས་སུ་མྱི་མཐོང་བ་དེ་ལྟར་ཆོས་ཐམས་ཅད་ཀྱང་ཡང་དག་པར་རྗེས་སུ་མྱི་མཐོང་ངོ་། །རབ་འབྱོར་གཞན་ཡང་བྱང་ཆུབ་སེམས་དཔའ་སེམས་དཔའ་ཆེན་པོ། ཤེས་རབ་ཀྱི་ཕ་རོལ་ཏུ་ཕྱིན་པ་ལ་སྤྱོད་ཅིང་། མཚན་མ་དང་བྲལ་བའི་སེམས་ཀྱིས། མཐར་གྱིས་གནས་པའི་སྙོམས་པར་འཇུག་པ་རྣམས་སྒོམ་པའི་ཚེ། མཐར་གྱིས་གནས་པའི་སྙོམས་པར་འཇུག་པ་དེ་དག་ཡང་དག་པར་རྗེས་སུ་མྱི་མཐོང་སྟེ། སེམས་དེ་ཡང་ཡང་དག་པར་རྗེས་སུ་མྱི་མཐོང་ངོ་། །ཇི་ལྟར་སེམས་ཡང་དག་པར་རྗེས་སུ་མྱི་མཐོང་བ་དེ་ལྟར་ཆོས་ཐམས་ཅད་ཀྱང་ཡང་དག་པར་རྗེས་སུ་མྱི་མཐོང་ངོ་། །རབ་འབྱོར་གཞན་ཡང་བྱང་ཆུབ་སེམས་དཔའ་སེམས་དཔའ་ཆེན་པོ། ཤེས་རབ་ཀྱི་ཕ་རོལ་ཏུ་ཕྱིན་པ་ལ་སྤྱོད[༣]ཅིང་། མཚན་མ་དང་བྲལ་བའི་སེམས་ཀྱིས། རྣམ་པར་ཐར་པའི་སྒོ་སྟོང་པ་ཉིད་དང་། མཚན་མ་མྱེད་པ་དང་། སྨོན་པ་མྱེད་པ་སྒོམ་པའི་ཚེ། རྣམ་པར་ཐར་པའི་སྒོ་སྟོང་པ་ཉིད་དང་། མཚན་མ་མྱེད་པ་དང་། སྨོན་པ་མྱེད་པ་དེ་དག[༤]ཡང་དག་པར་རྗེས་སུ་མྱི་མཐོང་སྟེ། སེམས་དེ་ཡང་ཡང་དག་པར་རྗེས་སུ་མྱི་མཐོང་ངོ་། །ཇི་ལྟར་སེམས[༥]ཡང་དག་པར་རྗེས་སུ་མྱི་མཐོང་བ་དེ་ལྟར་ཆོས་ཐམས་ཅད་ཀྱང་ཡང་དག་པར་རྗེས་སུ་མི་མཐོང་ངོ་། །རབ་འབྱོར་གཞན་ཡང་བྱང་ཆུབ་སེམས་དཔའ་སེམས་དཔའ་ཆེན་པོ། ཤེས་རབ་ཀྱི་ཕ་རོལ་ཏུ་ཕྱིན་པ་ལ་སྤྱོད་ཅིང་། མཚན་མ་དང་བྲལ་བའི་སེམས་ཀྱིས། མངོན་པར་ཤེས་

པ་རྣམས་སྒོམ་པའི་ཚེ། མངོན་པར་ཤེས་པ་དེ་དག་ཡང་དག་པར་རྗེས་སུ་མི་····
མཐོང་སྟེ། སེམས་དེ་ཡང་ཡང་དག་པར་རྗེས་སུ་མི་མཐོང་ངོ་། །ཇི་ལྟར་སེམས་
ཡང་དག་པར་རྗེས་སུ་མི་མཐོང་བ་དེ་ལྟར་ཆོས་ཐམས་ཅད་ཀྱང་ཡང་དག་པར་རྗེས་
སུ་མི་མཐོང་ངོ་། །རབ་འབྱོར་གཞན་ཡང་བྱང་ཆུབ་སེམས་དཔའ་སེམས་དཔའ་
ཆེན་པོ། ཤེས་རབ་ཀྱི་ཕ་རོལ་ཏུ་ཕྱིན་པ་ལ་སྤྱོད་ཅིང་། མཚན་མ་དང་བྲལ་བའི་
སེམས་ཀྱིས། ཏིང་ངེ་འཛིན་རྣམས་སྒོམ་པའི་ཚེ། ཏིང་ངེ་འཛིན་དེ་དག་ཡང་
དག་པར་རྗེས་སུ་མི་མཐོང་སྟེ། སེམས་དེ་ཡང་ཡང་དག་པར་རྗེས་སུ་མི་མཐོང····
ངོ་། །ཇི་ལྟར་སེམས་ཡང་དག་པར་རྗེས་སུ་མི་མཐོང་བ་དེ་ལྟར་ཆོས་ཐམས་ཅད་
ཀྱང་ཡང་དག་པར་རྗེས་སུ་མི་མཐོང་ངོ་། །རབ་འབྱོར་གཞན་ཡང་བྱང་ཆུབ····
སེམས་དཔའ་སེམས་དཔའ་ཆེན་པོ། ཤེས་རབ་ཀྱི་ཕ་རོལ་ཏུ་ཕྱིན་པ་ལ་སྤྱོད·····
ཅིང་། མཚན་མ་དང་བྲལ་བའི་སེམས་ཀྱིས། གཟུངས་ཀྱི་སྒོ་རྣམས་སྒོམ་པའི་ཚེ།
གཟུངས་ཀྱི་སྒོ་དེ་དག་ཡང་དག་པར་རྗེས་སུ་མི་མཐོང་སྟེ། སེམས་དེ་ཡང་ཡང····
དག་པར་རྗེས་སུ་མི་མཐོང་ངོ་། །ཇི་ལྟར་སེམས་ཡང་དག་པར་རྗེས་སུ་མི་མཐོང་
བ་དེ་ལྟར་ཆོས་ཐམས་ཅད་ཀྱང་ཡང་དག་པར་རྗེས་སུ་མི་མཐོང་ངོ་། །རབ་འབྱོར་
གཞན་ཡང་བྱང་ཆུབ་སེམས་དཔའ་སེམས་དཔའ་ཆེན་པོ་ཤེས་རབ་ཀྱི་ཕ་རོལ་ཏུ····
ཕྱིན་པ་ལ་སྤྱོད་ཅིང་། མཚན་མ་དང་བྲལ་བའི་སེམས་ཀྱིས། དེ་བཞིན་གཤེགས་
པའི་སྟོབས་རྣམས་སྒོམ་པའི་ཚེ། དེ་བཞིན་གཤེགས་པའི་སྟོབས་དེ་དག་ཡང་དག་
པར་རྗེས་སུ་མི་མཐོང་སྟེ། སེམས་དེ་ཡང་ཡང་དག་པར་རྗེས་སུ་མི་མཐོང་ངོ་། །
ཇི་ལྟར་སེམས་ཡང་དག་པར་རྗེས་སུ་མི་མཐོང་བ་དེ་ལྟར་ཆོས་ཐམས་ཅད་ཀྱང་ཡང་
དག་པར་རྗེས་སུ་མི་མཐོང་ངོ་། །རབ་འབྱོར་གཞན་ཡང་བྱང་ཆུབ་སེམས་དཔའ་
སེམས་དཔའ་ཆེན་པོ། ཤེས་རབ་ཀྱི་ཕ་རོལ་ཏུ་ཕྱིན་པ་ལ་སྤྱོད་ཅིང་། མཚན་མ་

དང་བྲལ་བའི་སེམས་ཀྱིས། མྱི་འཇིགས་པ་རྣམས་སྒོམ་པའི་ཚེ། མྱི་འཇིགས་པ་དེ་དག་ཡང་དག་པར་རྗེས་སུ་མྱི་མཐོང་སྟེ། སེམས་དེ་ཡང་ཡང་དག་པར་རྗེས་སུ་མྱི་མཐོང་ངོ་། །ཇི་ལྟར་སེམས་ཡང་དག་པར་རྗེས་སུ་མྱི་མཐོང་བ་དེ་ལྟར་ཆོས་ཐམས་ཅད་ཀྱང་ཡང་དག་པར་རྗེས་སུ་མྱི་མཐོང་ངོ་། །རབ་འབྱོར་གཞན་ཡང་བྱང་ཆུབ་སེམས་དཔའ་སེམས་དཔའ་ཆེན་པོ། ཤེས་རབ་ཀྱི་ཕ་རོལ་ཏུ་ཕྱིན་པ་ལ་སྤྱོད་ཅིང་། མཚན་མ་དང་བྲལ་བའི་སེམས་ཀྱིས། སོ་སོ་ཡང་དག་པར་རིག་པ་རྣམས་སྒོམ་པའི་ཚེ། སོ་སོ་ཡང་དག་པར་རིག་པ་དེ་དག་ཡང་དག་པར་རྗེས་སུ་མྱི་མཐོང་སྟེ། སེམས་དེ་ཡང་ཡང་དག་པར་རྗེས་སུ་མྱི་མཐོང་ངོ་། །ཇི་ལྟར་སེམས་[1] ཡང་དག་པར་རྗེས་སུ་མྱི་མཐོང་བ་དེ་ལྟར་ཆོས་ཐམས་ཅད་ཀྱང་ཡང་དག་པར་རྗེས་སུ་མྱི་མཐོང་ངོ་། །རབ་འབྱོར་གཞན་ཡང་བྱང་ཆུབ་སེམས་དཔའ་སེམས་དཔའ་ཆེན་པོ། ཤེས་རབ་ཀྱི་ཕ་རོལད་ཏུ་ཕྱིནད་པ་ལ་སྤྱོད་ཅིང་། མཚན་མ་དང་བྲལ་བའི་སེམས་ཀྱིས། [2]སངས་རྒྱས་ཀྱི་ཆོས་མ་འདྲེས་པ་རྣམས་སྒོམ་པའི་ཚེ། སངས་རྒྱས་ཀྱི་ཆོས་མ་འདྲེས་པ་དེ་དག་ཡང་དག་པར་རྗེས་སུ་མྱི་མཐོང་སྟེ། སེམས་དེ་ཡང་ཡང་དག་པར་རྗེས་སུ་མྱི་མཐོང་ངོ་། །ཇི་ལྟར་སེམས་ཡང་དག་པར་རྗེས་སུ་མྱི་མཐོང་བ་དེ་ལྟར་ཆོས་ཐམས་ཅད་ཀྱང་ཡང་དག་པར་རྗེས་སུ་མྱི་མཐོང་ངོ་། །རབ་འབྱོར་གཞན་ཡང་བྱང་ཆུབ་སེམས་དཔའ་སེམས་དཔའ་ཆེན་པོ། ཤེས་རབ་ཀྱི་ཕ་རོལ་ཏུ་ཕྱིན་པ་ལ་སྤྱོད་ཅིང་། མཚན་མ་དང་བྲལ་བའི་སེམས་ཀྱིས། ཿ卐བྱམས་པ་ཆེན་པོ་སྒོམ་པའི་ཚེ། བྱམས་པ་ཆེན་པོ་དེ་[3]ཡང་དག་པར་རྗེས་སུ་མྱི་མཐོང་སྟེ། སེམས་དེ་ཡང་ཡང་དག་པར་རྗེས་སུ་མྱི་མཐོང་ངོ་། །ཇི་ལྟར་སེམས་ཡང་དག་པར་རྗེས་སུ་མྱི་མཐོང་བ་དེ་ལྟར་ཆོས་ཐམས་ཅད་ཀྱང་ཡང་དག་པར་རྗེས་སུ་མྱི་མཐོང་ངོ་། །རབ་འབྱོར་གཞན་ཡང་བྱང་ཆུབ་སེམས་དཔའ་སེམས་དཔའ་

ཆེན་པོ། ཤེས་རབ་ཀྱི་ཕ་རོལ་ཏུ་ཕྱིན་པ་ལ་སྤྱོད་ཅིང་། མཚན་མ་དང་བྲལ་བའི་སེམས་ཀྱིས། སྙིང་རྗེ་ཆེན་པོ་སྒོམ་པའི་ཚེ། སྙིང་རྗེ་ཆེན་པོ་དེ་ཡང་དག་པར་རྗེས་སུ་མི་མཐོང་སྟེ། སེམས་དེ་ཡང་ཡང་དག་པར་རྗེས་སུ་མི་མཐོང་ངོ་། །ཇི་ལྟར་སེམས་ཡང་དག་པར་རྗེས་སུ་མི་མཐོང་བ་དེ་ལྟར་ཆོས་ཐམས་ཅད་ཀྱང་ཡང་····དག་པར་རྗེས་སུ་མི་མཐོང་ངོ་། །རབ་འབྱོར་གཞན་ཡང་བྱང་ཆུབ་སེམས་དཔའ་སེམས་དཔའ་ཆེན་པོ། ཤེས་རབ་ཀྱི་ཕ་རོལ་ཏུ་ཕྱིན་པ་ལ་སྤྱོད་ཅིང་། མཚན་མ་དང་བྲལ་བའི་སེམས་ཀྱིས།ཛ[༡] མི་ཆེན་པོའི་མཚན་སུམ་ཅུ་རྩ་གཉིས་[༢]མངོན་པར་སྒྲུབ་པའི་ཚེ། ཿམི་ཆེན་པོའི་མཚན་[༣]དེ་དག་ཡང་དག་པར་རྗེས་སུ་མི་མཐོང་སྟེ[༤]། སེམས་དེ་ཡང་ཡང་དག་པར་རྗེས་སུ་མི་མཐོང་ངོ་། །ཇི་ལྟར་སེམས་ཡང་[༥]དག་པར་རྗེས་སུ་མི་མཐོང་བ་དེ་ལྟར་ཆོས་ཐམས་ཅད་ཀྱང་ཡང་དག་པར་རྗེས་སུ་མི····མཐོང་ངོ་། །རབ་འབྱོར་གཞན་ཡང་བྱང་ཆུབ་སེམས་དཔའ་སེམས་དཔའ་ཆེན་པོ། ཤེས་རབ་ཀྱི་ཕ་རོལ་ཏུ་ཕྱིན་པ་ལ་སྤྱོད་ཅིང་། མཚན་མ་དང་བྲལ་བའི་སེམས་ཀྱིས། དཔེ་བྱད་བཟང་པོ་བརྒྱད་ཅུ[༦]མངོན་པར་སྒྲུབ་པའི་ཚེ། དཔེ་བྱད་བཟང་པོ་དེ····དག་ཡང་དག་པར་རྗེས་སུ་མི་མཐོང་སྟེ། སེམས་དེ་ཡང་ཡང་དག་པར་རྗེས་སུ་མི་མཐོང་[༧]། ཇི་ལྟར་སེམས་ཡང་དག་པར་རྗེས་སུ་མི་མཐོང་བ་དེ་ལྟར་ཆོས་ཐམས་ཅད་ཀྱང་ཡང་དག་པར་རྗེས་སུ་མི་མཐོང་ངོ་།། །།

ཤེས་རབ་ཀྱི་ཕ་རོལད་ཏུ་ཕྱིནད་པ་སྟོང་ཕྲག་བརྒྱ་པ། བམ་པོཿཉི་ཤུ[༡]པ། རབ་འབྱོརད་ཀྱིས་གསོལ་པ། བཅོམ་ལྡན་འདས་ཇི་ལྟར་ཆོས་ཐམས་ཅད་མཚན་མ་མ་མཆིས་པ་དང་། བགྱིད་པ་མ་མཆིས་པ་དང་། དམིགས་སུ་མ་མཆིས་པ་དང་། མངོན་པར་འདུ་བགྱི་བ་མ་མཆིས་པ་ལ་བྱང་ཆུབ་སེམས་དཔའ་སེམས····དཔའ་ཆེན་པོའི་སྦྱིན་པའི་ཕ་རོལ་ཏུ་ཕྱིན་པ་ཡོངས་སུ་རྫོགས་པར་འགྱུར་བ་ལགས།

བཅོམ་ལྡན་འདས་ཇི་ལྟར་ཆོས་ཐམས་ཅད་མཚན་མ་མ་མཆིས་པ་དང་། བགྱིད་པ་མ་མཆིས་པ་དང་། དམིགས་སུ་མ་མཆིས་པ་དང་། མངོན་པར་འདུ་བགྱི་བ་མ་མཆིས་པ་ལ་བྱང་ཆུབ་སེམས་དཔའ་སེམས་དཔའ་ཆེན་པོའི་ཚུལ་ཁྲིམས་ཀྱི་ཕ་་་་རོལ་ཏུ་ཕྱིན་པ་ཡོངས་སུ་རྫོགས་པར་འགྱུར་བ་ལགས། བཅོམ་ལྡན་འདས་ཇི་་་་ལྟར་ཆོས་ཐམས་ཅད་མཚན་མ་མ་མཆིས་པ་དང་། བགྱིད་པ་མ་མཆིས་པ་དང་། དམིགས་སུ་མ་མཆིས་པ་དང་། མངོན་པར་འདུ་བགྱི་བ་མ་མཆིས་པ་ལ་བྱང་ཆུབ་སེམས་དཔའ་སེམས་དཔའ་ཆེན་པོའི་བཟོད་པའི་ཕ་རོལ་ཏུ་ཕྱིན་པ་ཡོངས་སུ་་་་རྫོགས་པར་འགྱུར་བ་ལགས། བཅོམ་ལྡན་འདས་ཇི་ལྟར་ཆོས་ཐམས་ཅད་མཚན་མ་མ་མཆིས་པ་དང་། བགྱིད་པ་མ་མཆིས་པ་དང་། དམིགས་སུ་མ་མཆིས་པ་དང༑ མངོན་པར་འདུཿབགྱི་བ་[༧]མ་མཆིས་པ་ལ་བྱང་ཆུབ་སེམས་དཔའ་སེམས་དཔའ་ཆེན་པོའི་བརྩོན་འགྲུས་ཀྱི་ཕ་རོལ་ཏུ་ཕྱིན་པ་ཡོངས་སུ་རྫོགས་པར་འགྱུར་བ་་ལགས༑ བཅོམ་ལྡན་འདས་ཇི་ལྟར་ཆོས་ཐམས་ཅད་མཚན་མ་མ་མཆིས་པ་དང་། བགྱིད་པ་མ་མཆིས་པ་དང་། དམིགས་སུ་མ་མཆིས་པ་དང་། མངོན་པར་འདུཿབགྱི་བ་[༣]མ་མཆིས་པ་ལ་[༣]བྱང་ཆུབ་སེམས་དཔའ་སེམས་དཔའ་ཆེན་པོའི་བསམ་་གཏན་གྱི་ཕ་རོལ་ཏུ་ཕྱིན་པ་ཡོངས་སུ་རྫོགས་པར་འགྱུར་བ་ལགས། བཅོམ་ལྡན་འདས་ཇི་ལྟར་ཆོས་ཐམས་ཅད་མཚན་མ་མ་མཆིས་པ་དང་། བགྱིད་པ་མ་མཆིས་པ་དང་། དམིགས་སུ་མ་མཆིས་པ་དང་། མངོན་པར་འདུ་བགྱི་བ་མ་མཆིས་པ་ལ་བྱང་ཆུབ་སེམས་དཔའ་སེམས་དཔའ་ཆེན་པོའི་ཤེས་རབ་ཀྱི་ཕ་རོལ་ཏུ་ཕྱིནད་པ་་ཡོངས་སུ་རྫོགས་པར་འགྱུར་བ་ལགས། བཅོམ་ལྡན་འདས་ཇི་ལྟར་ཆོས་ཐམས་ཅད་མཚན་མ་མ་མཆིས་པ་དང་། བགྱིད་པ་མ་མཆིས་པ་དང་། དམིགས་སུ་མ་མཆིས་པ་དང་། མངོན་པར་འདུ་བགྱི་བ་མ་མཆིས་པ་ལ་བྱང་ཆུབ་སེམས་དཔའ་

སེམས་དཔའ་ཆེན་པོའི། ནང་སྟོང་པ་ཉིད་ཡོངས་སུ་རྫོགས་པར་འགྱུར་བ་ལགས། བཅོམ་ལྡན་འདས་ཇི་ལྟར་ཆོས་ཐམས་ཅད་མཚན་མ་མ་མཆིས་པ་དང་། བགྱིད་པ་མ་མཆིས་པ་དང་། དམིགས་སུ་མ་མཆིས་པ་དང་། མངོན་པར་འདུ་བགྱི་བ་མ་མཆིས་པ་ལ་བྱང་ཆུབ་སེམས་དཔའ་སེམས་དཔའ་ཆེན་པོའི། ཕྱི་སྟོང་པ་ཉིད་ཡོངས་སུ་རྫོགས་པར་འགྱུར་བ་ལགས། བཅོམ་ལྡན་འདས་ཇི་ལྟར་ཆོས་ཐམས་ཅད་མཚན་མ་མ་མཆིས་པ་དང་། བགྱིད་པ་མ་མཆིས་པ་དང་། དམིགས་སུ་མ་མཆིས་པ་དང་། མངོན་པར་འདུ་བགྱི་བ་མ་མཆིས་པ་ལ་བྱང་ཆུབ་སེམས་དཔའ་སེམས་དཔའ་ཆེན་པོའི། ཕྱི་ནང་སྟོང་པ་ཉིད་ཡོངས་སུ་རྫོགས་པར་འགྱུར་བ····ལགས། བཅོམ་ལྡན་འདས་ཇི་ལྟར་ཆོས་ཐམས་ཅད་མཚན་མ་མ་མཆིས་པ་དང་། བགྱིད་པ་མ་མཆིས་པ་དང་། དམིགས་སུ་མ་མཆིས་པ་དང་། མངོན་པར་འདུ་བགྱི་བ་མ་མཆིས་པ་ལ་བྱང་ཆུབ་སེམས་དཔའ་སེམས་དཔའ་ཆེན་པོའི། སྟོང་པ་ཉིད་སྟོང་པ་ཉིད་ཡོངས་སུ་རྫོགས་པར་འགྱུར་བ་ལགས། བཅོམ་ལྡན་འདས་ཇི་ལྟར་ཆོས་ཐམས་ཅད་མཚན་མ་མ་མཆིས་པ་དང་། བགྱིད་པ་མ་མཆིས་པ་དང་། དམིགས་སུ་མ་མཆིས་པ་དང་། མངོན་པར་འདུ་བགྱི་བ་མ་མཆིས་པ་ལ་བྱང་ཆུབ་སེམས་དཔའ་སེམས་དཔའ་ཆེན་པོའི། ཆེན་པོ་སྟོང་པ་ཉིད་ཡོངས་སུ་རྫོགས་པར་འགྱུར་བ་ལགས། བཅོམ་ལྡན་འདས་ཇི་ལྟར་ཆོས་ཐམས་ཅད་མཚན་མ་མ་མཆིས་པ་དང་། བགྱིད་པ་མ་མཆིས་པ་དང་། དམིགས་སུ་མ་མཆིས་པ་དང་། མངོན་པར་འདུ་བགྱི་བ་མ་མཆིས་པ་ལ་བྱང་ཆུབ་སེམས་དཔའ་སེམས་དཔའ་ཆེན···པོའི། དོན་དམ་པ་སྟོང་པ་ཉིད་ཡོངས་སུ་རྫོགས་པར་འགྱུར་བ་ལགས། བཅོམ་ལྡན་འདས་ཇི་ལྟར་ཆོས་ཐམས་ཅད་མཚན་མ་མ་མཆིས་པ་དང་། བགྱིད་པ་མ····མཆིས་པ་དང་། དམིགས་སུ་མ་མཆིས་པ་དང་། མངོན་པར་འདུ་བགྱི་བ་མ་

མཆིས་པ་ལ་བྱང་ཆུབ་སེམས་དཔའ་སེམས་དཔའ་ཆེན་པོའི། འདུས་བྱས་སྟོང་པ་ཉིད་ཡོངས་སུ་རྫོགས་པར་འགྱུར་བ་ལགས། བཅོམ་ལྡན་འདས་ཇི་ལྟར་ཆོས་ཐམས་ཅད་མཚན་མ་མ་མཆིས་པ་དང་། བགྱིད་པ་མ་མཆིས་པ་དང་། དམིགས་སུ་མ་མཆིས་པ་དང་། མངོན་པར་འདུ་བགྱི་བ་མ་མཆིས་པ་ལ་བྱང་ཆུབ་སེམས་དཔའ་སེམས་དཔའ་ཆེན་པོའི། འདུས་མ་བྱས་སྟོང་པ་ཉིད་ཡོངས་སུ་རྫོགས་པར་འགྱུར་བ་ལགས། བཅོམ་ལྡན་འདས་ཇི་ལྟར་ཆོས་ཐམས་ཅད་མཚན་མ་མ་མཆིས་པ་དང་། བགྱིད་པ་མ་མཆིས་པ་དང་། དམིགས་སུ་མ་མཆིས་པ་དང་༑ མངོན་པར་འདུ་བགྱི་བ་མ་མཆིས་པ་ལ་བྱང་ཆུབ་སེམས་དཔའ་སེམས་དཔའ་ཆེན་པོའི། མཐའ་ལས་འདས་པ་སྟོང་པ་ཉིད་ཡོངས་སུ་རྫོགས་པར་འགྱུར་བ་ལགས། བཅོམ་ལྡན་འདས་ཇི་ལྟར་ཆོས་ཐམས་ཅད་མཚན་མ་མ་མཆིས་པ་དང་༑ བགྱིད་པ་མ་མཆིས་པ་དང་། དམིགས་སུ་མ་མཆིས་པ་དང་། མངོན་པར་འདུ་བགྱི་བ་མ་མཆིས་པ་ལ་བྱང་ཆུབ་སེམས་དཔའ་སེམས་དཔའ་ཆེན་པོའི། ཐོག་མ་དང་ཐ་མ་མྱེད་པ་སྟོང་པ་ཉིད་ཡོངས་སུ་རྫོགས་པར་འགྱུར་བ་ལགས། བཅོམ་ལྡན་འདས་ཇི་ལྟར་ཆོས་ཐམས་ཅད་མཚན་མ་མ་མཆིས་པ་དང་། བགྱིད་པ་མ་མཆིས་པ་དང་། དམིགས་སུ་མ་མཆིས་པ་དང་། མངོན་པར་འདུ་བགྱི་བ་མ་མཆིས་པ་ལ་བྱང་ཆུབ་སེམས་དཔའ་སེམས་དཔའ་ཆེན་པོའི། དོར་བ་མྱེད་པ་སྟོང་པ་ཉིད་ཡོངས་སུ་རྫོགས་པར་འགྱུར་བ་ལགས། བཅོམ་ལྡན་འདས་ཇི་ལྟར་ཆོས་ཐམས་ཅད་མཚན་མ་མ་མཆིས་པ་དང་། བགྱིད་པ་མ་མཆིས་པ་དང་། དམིགས་སུ་མ་མཆིས་པ་དང་། མངོན་པར་འདུ་བགྱི་བ་མ་མཆིས་པ་ལ་བྱང་ཆུབ་སེམས་དཔའ་སེམས་དཔའ་ཆེན་པོའི། རང་བཞིན་སྟོང་པ་ཉིད་ཡོངས་སུ་རྫོགས་པར་འགྱུར་བ་ལགས། བཅོམ་ལྡན་འདས་ཇི་ལྟར་ཆོས་ཐམས་ཅད་མཚན་མ་མ་

མཆིས་པ་དང་། བགྱིད་པ་མ་མཆིས་པ་དང་། དམིགས་སུ་མ་མཆིས་པ་དང་། མངོན་པར་འདུ་བགྱི་བ་མ་མཆིས་པ་ལ་བྱང་ཆུབ་སེམས་དཔའ་སེམས་དཔའ་ཆེན་···པོའི༑ ཆོས་ཐམས་ཅད་སྟོང་པ་ཉིད་ཡོངས་སུ་རྫོགས་པར་འགྱུར་བ་ལགས། བཅོམ་ལྡན་འདས་ཇི་ལྟར་ཆོས་ཐམས་ཅད་མཚན་མ་མ་མཆིས་པ་དང་། བགྱིད་པ་མ་མཆིས་པ་དང་། དམིགས་སུ་མ་མཆིས་པ་དང་། མངོན་པར་འདུ་བགྱི་བ་མ་མཆིས་པ་ལ་བྱང་ཆུབ་སེམས་དཔའ་སེམས་དཔའ་ཆེན་པོའི། རང་གི་མཚན་ཉིད་སྟོང་པ་ཉིད་ཡོངས་སུ་རྫོགས་པར་འགྱུར་བ་ལགས། བཅོམ་ལྡན་འདས་ཇི་ལྟར་ཆོས་ཐམས་ཅད་མཚན་མ་མ་མཆིས་པ་དང་། བགྱིད་པ་མ་མཆིས་པ་དང་། དམིགས་སུ་མ་མཆིས་པ་དང་། མངོན་པར་འདུ་བགྱི་བ་མ་མཆིས་པ་ལ་བྱང་ཆུབ་སེམས་དཔའ་སེམས་དཔའ་ཆེན་པོའི། མི་དམིགས་པ་སྟོང་པ་ཉིད་ཡོངས་སུ···རྫོགས་པར་འགྱུར་བ་ལགས། བཅོམ་ལྡན་འདས་ཇི་ལྟར་ཆོས་ཐམས་ཅད་མཚན་མ་མ་མཆིས་པ་དང་། བགྱིད་པ་མ་མཆིས་པ་དང་། དམིགས་སུ་མ་མཆིས་པ་དང་༑ མངོན་པར་འདུ་བགྱི་བ་མ་མཆིས་པ་ལ་བྱང་ཆུབ་སེམས་དཔའ་སེམས···དཔའ་ཆེན་པོའི། དངོས་པོ་མེད་པ་སྟོང་པ་ཉིད་ཡོངས་སུ་རྫོགས་པར་འགྱུར་བ་ལགས༑ བཅོམ་ལྡན་འདས་ཇི་ལྟར་ཆོས་ཐམས་ཅད་མཚན་མ་མ་མཆིས་པ་དང་། བགྱིད་པ་མ་མཆིས་པ་དང་། དམིགས་སུ་མ་མཆིས་པ་དང་། མངོན་པར་འདུ་༔བགྱི་བ་[༡]མ་མཆིས་པ་ལ་བྱང་ཆུབ་སེམས་དཔའ་སེམས་དཔའ་ཆེན་པོའི། ངོ་བོ་ཉིད་སྟོང་པ་ཉིད་ཡོངས་སུ་རྫོགས་པར་འགྱུར་བ་ལགས། བཅོམ་ལྡན་འདས་ཇི་ལྟར་ཆོས་ཐམས་ཅད་མཚན་མ་མ་མཆིས་པ་དང་། ༔བགྱིད་པ་མ་མཆིས་པ་དང་།[༢] དམིགས་སུ་མ་མཆིས་པ་དང་། མངོན་པར་འདུ་བགྱི་བ་མ་མཆིས་པ་ལ་བྱང་ཆུབ་སེམས་དཔའ་སེམས་དཔའ་ཆེན་པོའི། དངོས་པོ་མེད་པའི་ངོ་བོ་ཉིད་སྟོང་པ་ཉིད་

ཡོངས་སུ་རྫོགས་པར་འགྱུར་བ་ལགས། བཅོམ་ལྡན་འདས་ཇི་ལྟར་ཆོས་ཐམས་ཅད་མཚན་མ་མ་མཆིས་པ་དང་། བགྱིད་པ་མ་མཆིས་པ་དང་། དམྱིགས་སུ་མ་མཆིས་པ་དང་། མངོན་པར་འདུ་བགྱི་བ་མ་མཆིས་པ་ལ་བྱང་ཆུབ་སེམས་དཔའ་སེམས་དཔའ་ཆེན་པོའི། དྲན་པ་ཉེ་བར་གཞག་པ་རྣམས་ཡོངས་སུ་རྫོགས་པར་འགྱུར་བ་ལགས། བཅོམ་ལྡན་འདས་ཇི་ལྟར་ཆོས་ཐམས་ཅད་མཚན་མ་མ་མཆིས་པ་དང་། བགྱིད་པ་མ་མཆིས་པ་དང་། དམྱིགས་སུ་མ་མཆིས་པ་དང་། མངོན་པར་འདུ་བགྱི་བ་མ་མཆིས་པ་ལ་བྱང་ཆུབ་སེམས་དཔའ་སེམས་དཔའ་ཆེན་པོའི། ཡང་དག་པར་སྤོང་བ་རྣམས་ཡོངས་སུ་རྫོགས་པར་འགྱུར་བ་ལགས། བཅོམ་ལྡན་འདས་ཇི་ལྟར་ཆོས་ཐམས་ཅད་མཚན་མ་མ་མཆིས་པ་དང་། བགྱིད་པ་མ་མཆིས་པ་དང་། དམིགས་སུ་མ་མཆིས་པ་དང་། མངོན་པར་འདུ་བགྱི་བ་མ་མཆིས་པ་ལ་བྱང་ཆུབ་སེམས་དཔའ་སེམས་དཔའ་ཆེན་པོའི། རྫུ་འཕྲུལ་གྱི་རྐང་པ་རྣམས་ཡོངས་སུ་རྫོགས་པར་འགྱུར་བ་ལགས། བཅོམ་ལྡན་འདས་ཇི་ལྟར་ཆོས་ཐམས་ཅད་མཚན་མ་མ་མཆིས་པ་དང་། བགྱིད་པ་མ་མཆིས་པ་དང་། དམྱིགས་སུ་མ་མཆིས་པ་དང་། མངོན་པར་འདུ་བགྱི་བ་མ་མཆིས་པ་ལ་བྱང་ཆུབ་སེམས་དཔའ་སེམས་དཔའ་ཆེན་པོའི། དབང་པོ་རྣམས་(༡) ཡོངས་སུ་རྫོགས་པར་འགྱུར་བ་ལགས། བཅོམ་ལྡན་འདས་ཇི་ལྟར་ཆོས་ཐམས་ཅད་མཚན་མ་མ་མཆིས་པ་དང་། བགྱིད་པ་མ་མཆིས་པ་དང་། དམྱིགས་སུ་མ་མཆིས་པ་དང་། མངོན་པར་འདུ་བགྱི་བ་མ་མཆིས་པ་ལ་བྱང་ཆུབ་སེམས་དཔའ་སེམས་དཔའ་ཆེན་པོའི། སྟོབས་རྣམས་ཡོངས་སུ་རྫོགས་པར་འགྱུར་བ་ལགས། བཅོམ་ལྡན་འདས་ཇི་ལྟར་ཆོས་ཐམས་ཅད་མཚན་མ་མ་མཆིས་པ་དང་། བགྱིད་པ་མ་མཆིས་པ་དང་། དམྱིགས་སུ་མ་མཆིས་པ་དང་། མངོན་པར་འདུ་བགྱི་བ་མ་མཆིས་པ་ལ་བྱང་(༢)

ཆུབ་སེམས་དཔའ་སེམས་དཔའ་ཆེན་པོའི། བྱང་ཆུབ་ཀྱི་ཡན་ལག་རྣམས་ཡོངས་སུ་རྫོགས་པར་འགྱུར་བ་ལགས། བཅོམ་ལྡན་འདས་ཇི་ལྟར་ཆོས་ཐམས་ཅད་····མཚན་མ་མ་མཆིས་པ་དང་། བགྱིད་པ་མ་མཆིས་པ་དང་། དམིགས་སུ་མ····མཆིས་པ་དང་། མངོན་པར་འདུ་བགྱི་བ་མ་མཆིས་པ་ལ་བྱང་ཆུབ་སེམས་དཔའ་སེམས་དཔའ་ཆེན་པོའི། འཕགས་པའི་ལམ་ཡན་ལག་བརྒྱད་པ་ཡོངས་སུ་རྫོགས་པར་འགྱུར་བ་ལགས། བཅོམ་ལྡན་འདས་ཇི་ལྟར་ཆོས་ཐམས་ཅད་མཚན་མ་མ་མཆིས་པ་དང་། བགྱིད་པ་མ་མཆིས་པ་དང་། དམིགས་སུ་མ་མཆིས་པ་དང་། མངོན་པར་འདུ་བགྱི་བ་མ་མཆིས་པ་ལ་བྱང་ཆུབ་སེམས་དཔའ་སེམས་དཔའ་ཆེན···པོའི༑ འཕགས་པའི་བདེན་པ་རྣམས་ཡོངས་སུ་རྫོགས་པར་འགྱུར་བ་ལགས། བཅོམ་ལྡན་འདས་ཇི་ལྟར་ཆོས་ཐམས་ཅད་མཚན་མ་མ་མཆིས་པ་དང་། བགྱིད་པ་མ་མཆིས་པ་དང་། དམིགས་སུ་མ་མཆིས་པ་དང་། མངོན་པར་འདུ་བགྱི་བ་མ་མཆིས་པ་ལ་བྱང་ཆུབ་སེམས་དཔའ་སེམས་དཔའ་ཆེན་པོའི། བསམ་གཏན····རྣམས་ཡོངས་སུ་རྫོགས་པར་འགྱུར་བ་ལགས། བཅོམ་ལྡན་འདས་ཇི་ལྟར་ཆོས་ཐམས་ཅད་མཚན་མ་མ་མཆིས་པ་དང་། (༡)བགྱིད་པ་མ་མཆིས་པ་དང་། དམིགས་སུ་མ་མཆིས་པ་དང་། མངོན་པར་འདུ་བགྱི་བ་མ་མཆིས་པ་ལ་བྱང་ཆུབ་སེམས་དཔའ་སེམས་དཔའ་ཆེན་པོའི། ཚད་མེད་པ་རྣམས་ཡོངས་སུ་རྫོགས་པར་འགྱུར་བ་ལགས། བཅོམ་ལྡན་འདས་ཇི་ལྟར་ཆོས་ཐམས་ཅད་མཚན་མ་མ་མཆིས་པ་དང་། (༢)བགྱིད་པ་མ་མཆིས་པ་དང་། དམིགས་སུ་མ་མཆིས་པ་དང་། མངོན་པར་འདུ་བགྱི་བ་མ་མཆིས་པ་ལ་བྱང་ཆུབ་སེམས་དཔའ་སེམས་དཔའ་ཆེན···པོའི༑ གཟུགས་མེད་པའི་སྙོམས་པར་འཇུག་པ་རྣམས་ཡོངས་སུ་རྫོགས་པར···འགྱུར་བ་ལགས། བཅོམ་ལྡན་འདས་ཇི་ལྟར་ཆོས་ཐམས་ཅད་མཚན་མ་མ་མཆིས་

པ་དང་། བགྲོད་པ་མ་མཆིས་པ་དང་། དམིགས་སུ་མ་མཆིས་པ་དང་། མངོན་པར་འདུ་བགྱི་བ་མ་མཆིས་པ་ལ་བྱང་ཆུབ་སེམས་དཔའ་སེམས་དཔའ་ཆེན་པོའི། རྣམ་པར་ཐར་པ་རྣམས་ཡོངས་སུ་རྫོགས་པར་འགྱུར་བ་ལགས། བཅོམ་ལྡན་འདས་ཇི་ལྟར་ཆོས་ཐམས་ཅད་མཚན་མ་མ་མཆིས་པ་དང་། བགྲོད་པ་མ་མཆིས་པ་དང་། དམིགས་སུ་[1]མ་མཆིས་པ་དང་། མངོན་པར་འདུ་བགྱི་བ་མ་མཆིས་པ་ལ་བྱང་ཆུབ་སེམས་དཔའ་སེམས་དཔའ་ཆེན་པོའི། མཐར་གྱིས་གནས་པའི་སྙོམས་པར་འཇུག་པ་རྣམས་ཡོངས་སུ་རྫོགས་པར་འགྱུར་བ་ལགས། བཅོམ་ལྡན་འདས་ཇི་ལྟར་ཆོས་ཐམས་ཅད་མཚན་མ་མ་མཆིས་པ་དང་། བགྲོད་པ་མ་མཆིས་པ་དང་། དམིགས་སུ་མ་མཆིས་པ་དང་། མངོན་པར་འདུ་བགྱི་བ་མ་མཆིས་པ་ལ་བྱང་ཆུབ་སེམས་དཔའ་སེམས་དཔའ་ཆེན་པོའི། རྣམ་པར་ཐར་པའི་སྒོ་སྟོང་པ་ཉིད་དང་། མཚན་མ་མེད་པ་དང་། སྨོན་པ་མེད་པ་ཡོངས་སུ་རྫོགས་པར་འགྱུར་བ་ལགས། བཅོམ་ལྡན་འདས་ཇི་ལྟར་ཆོས་ཐམས་ཅད་མཚན་མ་མ་མཆིས་པ་དང་། བགྲོད་པ་མ་མཆིས་པ་དང་། དམིགས་སུ་མ་མཆིས་པ་དང་། མངོན་པར་འདུ་བགྱི་བ་མ་མཆིས་པ་ལ་བྱང་ཆུབ་སེམས་དཔའ་སེམས་དཔའ་ཆེན་པོའི། མངོན་པར་ཤེས་པ་རྣམས་ཡོངས་སུ་རྫོགས་པར་འགྱུར་བ་ལགས། བཅོམ་ལྡན་འདས་ཇི་ལྟར་ཆོས་ཐམས་ཅད་མཚན་མ་མ་མཆིས་པ་དང་། བགྲོད་པ་མ་མཆིས་པ་དང་། དམིགས་སུ་མ་མཆིས་པ་དང་། མངོན་པར་འདུ་བགྱི་བ་མ་མཆིས་པ་ལ་བྱང་ཆུབ་སེམས་དཔའ་སེམས་དཔའ་ཆེན་པོའི། ཏིང་ངེ་འཛིན་རྣམས་ཡོངས་སུ་རྫོགས་པར་འགྱུར་བ་ལགས། བཅོམ་ལྡན་འདས་ཇི་ལྟར་ཆོས་ཐམས་ཅད་མཚན་མ་མ་མཆིས་པ་དང་། བགྲོད་པ་མ་མཆིས་པ་དང་། དམིགས་སུ་མ་མཆིས་པ་དང་། མངོན་པར་འདུ་བགྱི་བ་མ་མཆིས་པ་ལ་བྱང་ཆུབ་

སེམས་དཔའ་སེམས་དཔའ་ཆེན་པོའི། གཟུངས་ཀྱི་སྒོ་རྣམས་ཡོངས་སུ་རྫོགས་པར་འགྱུར་བ་ལགས། བཅོམ་ལྡན་འདས་ཇི་ལྟར་ཆོས་ཐམས་ཅད་མཚན་མ་མ་མཆིས་པ་དང་། བགྱིད་པ་མ་མཆིས་པ་དང་། དམིགས་སུ་མ་མཆིས་པ་དང་། མངོན་པར་འདུ་བགྱི་བ་མ་མཆིས་པ་ལ་བྱང་ཆུབ་སེམས་དཔའ་སེམས་དཔའ་ཆེན་པོའི་དེ་བཞིན་གཤེགས་པའི་སྟོབས་རྣམས་ཡོངས་སུ་རྫོགས་པར་འགྱུར་བ་ལགས། བཅོམ་ལྡན་འདས་ཇི་ལྟར་ཆོས་ཐམས་ཅད་མཚན་མ་མ་མཆིས་པ་དང་། བགྱིད་པ་མ་མཆིས་པ་དང་། དམིགས་སུ་མ་མཆིས་པ་དང་། མངོན་པར་འདུ་བགྱི་བ་མ་མཆིས་པ་ལ་⑦བྱང་ཆུབ་སེམས་དཔའ་སེམས་དཔའ་ཆེན་པོའི། མི་འཇིགས་པ་རྣམས་ཡོངས་སུ་རྫོགས་པར་འགྱུར་བ་ལགས། བཅོམ་ལྡན་འདས་ཇི་ལྟར་ཆོས་ཐམས་ཅད་མཚན་མ་མ་མཆིས་པ་དང་། བགྱིད་པ་མ་མཆིས་པ་དང་། དམིགས་སུ་མ་མཆིས་པ་དང་། མངོན་པར་འདུ་བགྱི་བ་མ་མཆིས་པ་ལ་བྱང་ཆུབ་སེམས་དཔའ་སེམས་དཔའ་ཆེན་པོའི། སོ་སོ་ཡང་དག་པར་རིག་པ་རྣམས་ཡོངས་སུ་རྫོགས་པར་འགྱུར་བ་ལགས། བཅོམ་ལྡན་འདས་ཇི་ལྟར་ཆོས་ཐམས་ཅད་མཚན་མ་མ་མཆིས་པ་དང་། བགྱིད་པ་མ་མཆིས་པ་དང་། དམིགས་སུ་མ་མཆིས་པ་དང་། མངོན་པར་འདུ་བགྱི་བ་མ་མཆིས་པ་ལ་བྱང་ཆུབ་སེམས་དཔའ་སེམས་དཔའ་ཆེན་པོའི། བྱམས་པ་ཆེན་པོ་ཡོངས་སུ་རྫོགས་པར་འགྱུར་བ་ལགས། བཅོམ་ལྡན་འདས་ཇི་ལྟར་ཆོས་ཐམས་ཅད་མཚན་མ་མ་མཆིས་པ་དང་། བགྱིད་པ་མ་མཆིས་པ་དང་། དམིགས་སུ་མ་③མཆིས་པ་དང་། མངོན་པར་འདུ་བགྱི་བ་མ་མཆིས་པ་ལ་བྱང་ཆུབ་སེམས་དཔའ་སེམས་དཔའ་ཆེན་པོའི་སྙིང་རྗེ་ཆེན་པོ་ཡོངས་སུ་རྫོགས་པར་འགྱུར་བ་ལགས། བཅོམ་ལྡན་འདས་ཇི་ལྟར་ཆོས་ཐམས་ཅད་མཚན་མ་མ་མཆིས་པ་དང་། བགྱིད་པ་མ་མཆིས་པ་དང་། དམིགས་སུ་མ་

མཆིས་པ་དང་། མངོན་པར་འདུ་བགྱི་བ་མ་མཆིས་པ་ལ་བྱང་ཆུབ་སེམས་དཔའ་སེམས་དཔའ་ཆེན་པོའི། སངས་རྒྱས་ཀྱི་ཆོས་མ་འདྲེས་པ་རྣམས་ཡོངས་སུ་རྫོགས་པར་འགྱུར་བ་ལགས། བཅོམ་ལྡན་འདས་ཀྱིས་བཀའ་སྩལ་པ། རབ་འབྱོར་འདི་ལ། བྱང་ཆུབ་སེམས་དཔའ་སེམས་དཔའ་ཆེན་པོའི་[༡]ཤེས་རབ་ཀྱི་ཕ་རོལ་ཏུ་ཕྱིན་པ་ལ་སྤྱོད་པའི་ཚེ། ཆོས་ཐམས་ཅད་མཚན་མ་མེད་པ་དང་། བྱེད་པ་མེད་པ་དང་། དམིགས་སུ་མེད་པ་དང་། འབྱུང་བ་མེད་པ་དང་། མངོན་པར་འདུ་བྱ་བ་མེད་པ་ལ་མཚན་མ་དང་བྲལ་བའི་སེམས་ཀྱིས། སྦྱིན་པ་གཏོང་བ་ཡིན་ཏེ། བཟའ་བ་དང་། བཏུང་བ་དང་། བགོ་བ་དང་། བཞོན་པ་དང་། མལ་ཆ་[༢]དང་། གནས་དང་། ཁྱིམ་དང་། ནོར་དང་། འབྲུ་དང་། དབྱིག་དང་། གསེར་དང་། ནོར་བུ་དང་། མུ་ཏིག་དང་། བེ་ཧྲུཏ་[༣]དང་། དུང་དང་། མན་ཤེལ་དང་། ཅི་[༤]ཏ་དང་། ས་ལེ་སྦྲམ་དང་། དངུལ་དང་། ཿམྱིའི་ཆ་སྣ་[༥]དང་། ཡོ་བྱད་གང་ཡང་ཉུང་བའི་བར་དག་དང་། ཆུང་མ་དང་། བུ་དང་། བུ་མོ་འམ། ཕྱི་དང་། ནང་ངམ། ཡན་ལག་དང་། ཉིང་ལག་དང་། རྒྱལ་སྲིད་ཀྱང་ཉུང་། རྒྱན་གྱིས་བརྒྱན་ཅིང་། སློང་བ་རྣམས་ལ་ཡོངས་སུ་གཏོང་[༦]སྟེ། གལ་ཏེ་དེའི་དྲུང་དུ་ལ་ལ་ཞིག་འོངས་ཤིང་། འདི་སྐད་དུ། ཁྱོད་ཀྱི་སྦྱིན་པཿདེ་ལྟ་བུར་[༧]དེ་ལྟར་ཕན་པ་མེད་པ་མི་བརྟན་[༨]པ་ཡོངས་སུ་བཏང་བ་དེས་ཅི་ཞིག་བྱ……

ཞེས་ཟེར་ན། དེ་ལ་བྱང་ཆུབ་སེམས་དཔའ་སེམས་དཔའ་ཆེན་པོ་ཤེས་རབ་ཀྱི་ཕ་རོལ་ཏུ་ཕྱིན་པ་ལ་སྤྱོད་པ་དེ་འདི་སྙམ་དུ་བདག་ལ་སེམས་ཅན་འདི་དག་ཁྱོད་ཀྱི་[༩]སྦྱིན་པ་དེ་ལྟར་ཕན་པ་མེད་པ་མི་བརྟན་པ་ཡོངས་སུ་བཏང་བ་དེས་ཅི་ཞིག་བྱ་ཞེས་[༡༠]ཟེར་མོད་ཀྱི། འོན་ཀྱང་བདག་གིས་སྦྱིན་པ་ཡོངས་སུ་གཏང་[༡༡]བར་བྱའི་བདག……

གིས་[༡༢]སྦྱིན་པ་མི་སྦྱིན་པར་མི་བྱའོ་སྙམ་ནས། དེ་སྦྱིན་པ་དེ་སེམས་ཅན་ཐམས……

ཅན་དང་ཐུན་མོང་དུ་བྱས་ཤིང་། བླ་ན་མེད་པ་ཡང་དག་པར་རྫོགས་པའི་བྱང་ཆུབ་ཏུ་ཡོངས་སུ་སྔོ་སྟེ། ཅི་ནས་ཀྱང་ཡོངས་སུ་བསྔོ་བའི་ཚེ། གང་སྦྱིན་པ་དང་། གང་ལ་སྦྱིན་པ་དང་། གང་གིས་སྦྱིན་པ་དང་། སུ་ཡོངས་སུ་གཏོང་བ་དང་། ཅི་ཡོངས་སུ་གཏོང་[1]བ་དང་། སུ་ཅི་ཡོངས་སུ་གཏོང་བ་དང་། ཅི་ཡོངས་སུ་བསྔོ་བ་དང་། གང་ལ་ཡོངས་སུ་བསྔོ་བ་དང་། གང་གིས་ཡོངས་སུ་བསྔོ་བ་དང་། སུ་ཡོངས་སུ་བསྔོ་བ་དང་། ཅི་ཡོངས་སུ་བསྔོ་བ་དང་། གང་ལ་ཡོངས་སུ་བསྔོ་བའི་མཚན་མ་ཡང་ཡང་དག་པར་རྗེས་སུ་མི་མཐོང་བ་དེ་ལྟར་ཡོངས་སུ་སྔོ་སྟེ། དེ་གང་གཏོང་བ་དང་། གང་གི་ཕྱིར་བཏང་[2]སྟེ། བླ་ན་མེད་པ་ཡང་དག་པར་རྫོགས་པའི་བྱང་ཆུབ་ཏུ་ཡོངས་སུ་བསྔོ་བ་དེ་ལྟ་བུའི་དངོས་པོ་ཡང་དག་པར་རྗེས་སུ་མི་མཐོང་ངོ་། །དེ་ཅིའི་ཕྱིར་ཞེ་ན། འདི་ལྟར་དངོས་པོ་ཐམས་ཅད་ནི་ནང་སྟོང་པ་ཉིད་ཀྱིས་སྟོང་ངོ་། །ཕྱི་སྟོང་པ་ཉིད་ཀྱིས་སྟོང་ངོ་། །ཕྱི་ནང་སྟོང་པ་ཉིད་ཀྱིས་སྟོང་ངོ་། །སྟོང་པ་ཉིད་སྟོང་པ་ཉིད་ཀྱིས་སྟོང་ངོ་། །ཆེན་པོ་སྟོང་པ་ཉིད་ཀྱིས་སྟོང་ངོ་། །དོན་དམ་པ་སྟོང་པ་ཉིད་ཀྱིས་སྟོང་ངོ་། །འདུས་བྱས་སྟོང་པ་ཉིད་ཀྱིས་སྟོང་ངོ་། །འདུས་མ་བྱས་སྟོང་པ་ཉིད་ཀྱིས་སྟོང་ངོ་། །མཐའ་ལས་འདས་པ་སྟོང་པ་ཉིད་ཀྱིས་སྟོང་ངོ་། །ཐོག་མ་དང་ཐ་མ་མེད་པ་སྟོང་པ་ཉིད་ཀྱིས་སྟོང་ངོ་། །དོར་བ་མེད་པ་སྟོང་པ་ཉིད་ཀྱིས་སྟོང་ངོ་། །རང་བཞིན་སྟོང་པ་ཉིད་ཀྱིས་སྟོང་ངོ་། །ཆོས་ཐམས་ཅད་སྟོང་པ་ཉིད་ཀྱིས་སྟོང་ངོ་། །རང་གི་མཚན་ཉིད་སྟོང་པ་ཉིད་[3]ཀྱིས་སྟོང་ངོ་། །མི་དམིགས་པ་སྟོང་པ་ཉིད་ཀྱིས་སྟོང་ངོ་། །དངོས་པོ་མེད་པ་སྟོང་པ་ཉིད་ཀྱིས་སྟོང་ངོ་། །ངོ་བོ་ཉིད་སྟོང་པ་ཉིད་ཀྱིས་སྟོང་ངོ་། །དངོས་པོ་མེད་པའི་ངོ་བོ་ཉིད་སྟོང་པ་ཉིད་ཀྱིས་སྟོང་ངོ་། །དེས་དེ་ལྟར་ཆོས་ཐམས་ཅད་སྟོང་པར་ཡང་དག་པར་རྗེས་སུ་[4]མཐོང་ན། ཇི་[5]ཞིག་ཡོངས་སུ་

བསྒོ་བར་འགྱུར། གང་ལ་ཡོངས་སུ་བསྒོ་བར་འགྱུར། གང་གིས་ཡོངས་སུ་བསྒོ་
བར་འགྱུར་ཏེ། དེའི་བསྒོ་བ་དེ་ལྟ་བུ་ནི་བསྒོ་བའི་དམ་པ་ཡིན[1]། དུག་མེད་
པའི་བསྒོ་བ་ཡིན། ཆོས་ཀྱི་དབྱིངས་ཀྱི་བསྒོ་བ་ཡིན་ཏེ། རབ་འབྱོར་བྱང་ཆུབ་
སེམས་དཔའ་སེམས་དཔའ་ཆེན་པོ་དེ་ནི། ཤེས་རབ་ཀྱི་ཕ་རོལད་ཏུ་ཕྱིནད་པ་ལ་
སྤྱོད་པའི་ཚེ། ཆོས་ཐམས་ཅད་མཚན་མ་མེད་པ་དང་། བྱེད་པ་མེད་པ་དང་།
དམིགས་སུ་མེད་པ་དང་། འབྱུང་བ་མེད་པ་དང་། མངོན་པར་འདུ་བྱ་བ་མེད་
པ་ལ་སེམས་ཅན་རྣམས་ཡོངས་སུ་སྨིན་པར་བྱེད་དོ། །སངས་རྒྱས་ཀྱི་ཞིང་ཡོངས་
སུ་འཛིན་ཏོ། །སྦྱིན་པའི་ཕ་རོལ་ཏུ་ཕྱིན་པ་ཡོངས་སུ་རྫོགས་པར་བྱེད་དོ། །ཚུལ་
ཁྲིམས་ཀྱི[3]ཕ་རོལ་ཏུ་ཕྱིན་པ་ཡོངས་སུ་རྫོགས་པར་བྱེད་དོ། །བཟོད་པའི་ཕ་རོལ་
ཏུ་ཕྱིན་པ་ཡོངས་སུ་རྫོགས་པར་བྱེད་དོ། །བརྩོན་འགྲུས་ཀྱི་ཕ་རོལ་ཏུ་ཕྱིན་པ……
ཡོངས་སུ་རྫོགས་པར་བྱེད་དོ། །བསམ་གཏན་གྱི་ཕ་རོལ་ཏུ་ཕྱིན་པ་ཡོངས་སུ……
རྫོགས་པར་བྱེད་དོ། །ཤེས་རབ་ཀྱི་ཕ་རོལ་ཏུ་ཕྱིན་པ་ཡོངས་སུ་རྫོགས་པར་བྱེད་
དོ། །ནང་སྟོང་པ་ཉིད་ཡོངས་སུ་རྫོགས་པར་བྱེད་དོ། །ཕྱི་སྟོང་པ་ཉིད་ཡོངས་སུ་
རྫོགས་པར་བྱེད་དོ། །ཕྱི་ནང་སྟོང་པ་ཉིད་ཡོངས་སུ་རྫོགས་པར་བྱེད་དོ། །སྟོང་
པ་ཉིད་སྟོང་པ་ཉིད་ཡོངས་སུ་རྫོགས་པར་བྱེད་དོ། །ཆེན་པོ་སྟོང་པ་ཉིད་ཡོངས་སུ་
རྫོགས་པར་བྱེད་དོ། །དོན་དམ་པ་སྟོང་པ་ཉིད་ཡོངས་སུ་རྫོགས་པར་བྱེད་དོ། །
འདུས་བྱས་སྟོང་པ་ཉིད་ཡོངས་སུ་རྫོགས་པར་བྱེད་དོ། །འདུས་མ་བྱས་སྟོང་པ་
ཉིད་ཡོངས་སུ་རྫོགས་པར་བྱེད་དོ། །མཐའ་ལས་འདས་པ་སྟོང་པ་ཉིད་ཡོངས་སུ་
རྫོགས་པར་བྱེད་དོ། །ཐོག་མ་དང་ཐ་མ་མེད་པ་སྟོང་པ་ཉིད་ཡོངས་སུ་རྫོགས་པར་
བྱེད་དོ། །དོར་བ་མེད་པ་སྟོང་པ་ཉིད་ཡོངས་སུ་རྫོགས་པར་བྱེད་དོ། །རང་
བཞིན་སྟོང་པ་ཉིད་ཡོངས་སུ་རྫོགས་པར་བྱེད་དོ། །ཆོས་ཐམས་ཅད་སྟོང་པ་ཉིད…

ཡོངས་སུ་རྫོགས་པར་བྱེད་དོ། །རང་གི་མཚན་ཉིད་སྟོང་པ་ཉིད་ཡོངས་སུ་རྫོགས་པར་བྱེད་དོ། །མི་དམིགས་པ་སྟོང་པ་ཉིད་ཡོངས་སུ་རྫོགས་པར་བྱེད་དོ། །དངོས་པོ་མེད་པ་སྟོང་པ་ཉིད་ཡོངས་སུ་རྫོགས་པར་བྱེད་དོ། །ངོ་བོ་ཉིད་སྟོང་པ་ཉིད་ཡོངས་སུ་རྫོགས་པར་བྱེད་དོ། །དངོས་པོ་མེད་པའི་ངོ་བོ་ཉིད་སྟོང་པ་ཉིད་ཡོངས་སུ་རྫོགས་པར་བྱེད་དོ། །དྲན་པ་ཉེ་བར་གཞག་པ་རྣམས་ཡོངས་སུ་རྫོགས་པར་བྱེད་དོ། །ཡང་དག་པར་སྤོང་བ་རྣམས་ཡོངས་སུ་རྫོགས་པར་བྱེད་དོ། །རྫུ་འཕྲུལ་གྱི་རྐང་པ་རྣམས་ཡོངས་སུ་རྫོགས་པར་བྱེད་དོ། །དབང་པོ་རྣམས་ཡོངས་སུ་རྫོགས་པར་བྱེད་དོ། །སྟོབས་རྣམས་ཡོངས་སུ་རྫོགས་པར་བྱེད་དོ། །བྱང་ཆུབ་ཀྱི་ཡན་ལག་རྣམས་ཡོངས་སུ་རྫོགས་པར་བྱེད་དོ། །འཕགས་པའི་ལམ་ཡན་ལག་བརྒྱད་པ་ཡོངས་སུ་རྫོགས་པར་བྱེད་དོ། །འཕགས་པའི་བདེན་པ་རྣམས་····ཡོངས་སུ་རྫོགས་པར་བྱེད་དོ། །བསམ་གཏན་རྣམས་ཡོངས་སུ་རྫོགས་པར་བྱེད་དོ། །ཚད་མེད་པ་རྣམས་ཡོངས་སུ་རྫོགས་པར་བྱེད་དོ། །གཟུགས་མེད་པའི་སྙོམས་པར་འཇུག་པ་རྣམས་ཡོངས་སུ་རྫོགས་པར་བྱེད་དོ། །རྣམ་པར་ཐར་པ·····རྣམས་ཡོངས་སུ་རྫོགས་པར་བྱེད་དོ། །མཐར་གྱིས་གནས་པའི་སྙོམས་པར་འཇུག་པ་རྣམས་ཡོངས་སུ་རྫོགས་པར་བྱེད་དོ། །རྣམ་པར་ཐར་པའི་སྒོ་སྟོང་པ་ཉིད་དང་། མཚན་མ་མེད་པ་དང་། སྨོན་པ་མེད་པ་ཡོངས་སུ་རྫོགས་པར་བྱེད་དོ། །མངོན་པར་ཤེས་པ་རྣམས་ཡོངས་སུ་རྫོགས་པར་བྱེད་དོ། །ཏིང་ངེ་འཛིན་རྣམས་ཡོངས་སུ་རྫོགས་པར་བྱེད་དོ། །གཟུངས་ཀྱི་སྒོ་རྣམས་ཡོངས་སུ་རྫོགས་པར་བྱེད་དོ། །དེ་བཞིན་གཤེགས་པའི་སྟོབས་རྣམས་ཡོངས་སུ་རྫོགས་པར་བྱེད་དོ། །མི་འཇིགས་པ་རྣམས་ཡོངས་སུ་རྫོགས་པར་བྱེད་དོ། །སོ་སོ་ཡང་དག་པར་རིག་པ་རྣམས་····ཡོངས་སུ་རྫོགས་པར་བྱེད་དོ། །བྱམས་པ་ཆེན་པོ་ཡོངས་སུ་རྫོགས་པར་བྱེད་དོ། །

སྙིང་རྗེ་ཆེན་པོ་ཡོངས་སུ་རྫོགས་པར་བྱེད་དོ། །སངས་རྒྱས་ཀྱི་ཆོས་མ་འདྲེས་པ་རྣམས་ཡོངས་སུ་རྫོགས་པར་བྱེད་དོ། །དེ་ཐོག་མ་ཉིད་དུ་སྦྱིན་པའི་ཕ་རོལ་ཏུ་ཕྱིན་པ་ཡོངས་སུ་རྫོགས་པར་བྱེད་ཀྱང་། རྣམ་པར་སྨིན་པ་ཡོངས་སུ་མྱི་འཛིན་ཏེ། འོན་ཀྱང་དེའི་ཡོ་བྱད་ཐམས་ཅད་བསམས①པ་ཙམ་གྱིས་འགྲུབ②བོ། །རབ་འབྱོར་འདི་ལྟ་སྟེ་དཔེར་ན། གཞན་འཕྲུལ་དབང་བྱེད་ཀྱི་ལྷ་རྣམས་ཀྱི་ཡོ་བྱད་ཕུན་སུམ་ཚོགས་པ་ཐམས་ཅད་ནི་བསམས③པ་ཙམ་གྱིས་འབྱུང་ངོ་། །རབ་འབྱོར④དེ་བཞིན་དུ་བྱང་ཆུབ་སེམས་དཔའ་སེམས་དཔའ་ཆེན་པོའི་ཡོ་བྱད་ཕུན་སུམ⑤ཚོགས་པ་ཐམས་ཅད་ཀྱང་བསམས⑥པ་ཙམ་གྱིས་འབྱུང་ངོ་། །དེ⑦ཡོ་བྱད་དེ་དག་གིས། སངས་རྒྱས་བཅོམ་ལྡན་འདས་རྣམས་ལ་ཡང་བསྙེན་བཀུར་བྱེད། ལྷ་དང་། མྱི་དང་། ལྷ་མ་ཡིན་དུ་བཅས་པའི་འཇིག་རྟེན་ཡང་ཚིམ་པར་བྱེད་དོ། །དེས་སེམས་ཅན་དེ་དག་སྦྱིན་པའི་ཕ་རོལ་ཏུ་ཕྱིན་པ་དེས་ཡང་དག་པར་བསྡུས་ཏེ། ཐབས་མཁས་པས་ཐེག་པ་གསུམ་ལ་རབ་ཏུ་འཇུག⑧གོ། །རབ་འབྱོར་དེ་ལྟར་ན་བྱང་ཆུབ་སེམས་དཔའ་སེམས་དཔའ་ཆེན་པོ། །ཤེས་རབ་ཀྱི་ཕ་རོལད་ཏུ་ཕྱིནད་པ་ལ་སྤྱོད་པའི་ཚེ། ཆོས་ཐམས་ཅད་མཚན་མ་མྱེད་པ་དང་། བྱེད་པ་མྱེད་པ་དང་། དམྱིགས་སུ་མྱེད་པ་དང་། འབྱུང་བ་མྱེད་པ་དང་། མངོན་པར་འདུ་བྱ་བ་མྱེད་པ་ལ་སྦྱིན་པའི་ཕ་རོལ་ཏུ་ཕྱིན་པ་ཡོངས་སུ་རྫོགས་པར་བྱེད་དོ། །རབ་འབྱོར་ཅི⑨ལྟར་བྱང་ཆུབ་སེམས་དཔའ་སེམས་དཔའ་ཆེན་པོ། ཤེས་རབ་ཀྱི་ཕ་རོལ་ཏུ་ཕྱིན་པ་ལ་སྤྱོད་པའི་ཚེ། ཆོས་ཐམས་ཅད་མཚན་མ་མྱེད་པ་དང་། བྱེད་པ་མྱེད་པ་དང་། དམྱིགས་སུ་མྱེད་པ་དང་། འབྱུང་བ་མྱེད་པ་དང་། མངོན་པར་འདུ་བྱ་བ་མྱེད་པ་ལ་མཚན་མ་དང་བྲལ་བའི་སེམས་ཀྱིས། སེམས་དང་པོ་བསྐྱེད་པ་ནས་ཉེ་བར་བཟུང་སྟེ། ཚུལ་ཁྲིམས་ཀྱི་ཕ་རོལ་ཏུ་ཕྱིན་པ་

ཡོངས་སུ་རྫོགས་པར་བྱེད་པ་ཡིན་ཞེ་ན། རབ་འབྱོར་འདི་ལ་བྱང་ཆུབ་སེམས་དཔའ་སེམས་དཔའ་ཆེན་པོ་ཤེས་རབ་ཀྱི་ཕ་རོལ་ཏུ་ཕྱིན་པ་ལ་སྤྱོད་པའི་ཚེ། ཆོས་ཐམས་ཅད་མཚན་མ་མེད་པ་དང་། བྱེད་པ་མེད་པ་དང་། དམིགས་སུ་མེད་པ་དང་། འབྱུང་བ་མེད་པ་དང་། མངོན་པར་འདུ་བྱ་བ་མེད་པ་ལ་མཚན་མ་དང་བྲལ་བའི་སེམས་ཀྱིས་སེམས་དང་པོ་བསྐྱེད་པ་ནས་ཉེ་བར་བཟུང་སྟེ། ཚུལ་ཁྲིམས་ཀྱི་ཕ་རོལ་ཏུ་ཕྱིན་པ་ཡོངས་སུ་རྫོགས་པར་བྱེད་དོ། །དེ་འཕགས་པའི་ཚུལ་ཁྲིམས་ཟག་པ་མེད་པ་ལམ་གྱི་ཁོངས་སུ་ཆུད་པ་ཆོས་ཉིད་ཀྱིས་[1]ཐོབ་པ་རབ་ཏུ་འཐོབ་པ་[2]སྟེ། དེའི་ཚུལ་ཁྲིམས་དེ་ནི་མ་ཞིག་པ་ཡིན། མ་ཧོད་པ་ཡིན། མ་འདྲེས་པ་ཡིན། རྙོག་པ་མེད་པ་ཡིན། མ་ཉམས་པ་ཡིན། རང་དབང་ཡོད་པ་ཡིན། ཤིན་ཏུ་རྫོགས་པ་ཡིན། མཁས་པས་བསྔོད་[3]པ་ཡིན་ཏེ། ཚུལ་ཁྲིམས་དེས་གཟུགས་སམ། ཚོར་བའམ། འདུ་ཤེས་སམ། འདུ་བྱེད་དམ། རྣམ་པར་ཤེས་པའམ། མིག་གམ། རྣ་བའམ། སྣའམ། ལྕེའམ། ལུས་སམ། ཡིད་དམ། གཟུགས་སམ། སྒྲའམ། དྲིའམ། རོའམ། རེག་གམ། ཆོས་སམ། མིག་གི་རྣམ་པར་ཤེས་པའམ། རྣ་བའི་རྣམ་པར་ཤེས་པའམ། སྣའི་རྣམ་པར་ཤེས་པའམ། ལྕེའི་རྣམ་པར་ཤེས་པའམ། ལུས་ཀྱི་རྣམ་པར་ཤེས་པའམ། ཡིད་ཀྱི་རྣམ་པར་ཤེས་པའམ། མིག་གི་འདུས་ཏེ་རེག་པའམ། རྣ་བའི་འདུས་ཏེ་རེག་པའམ། སྣའི་འདུས་ཏེ་རེག་པའམ། ལྕེའི་འདུས་ཏེ་རེག་པའམ། ལུས་ཀྱི་[4]འདུས་ཏེ་རེག་པའམ། ཡིད་ཀྱི་འདུས་ཏེ་རེག་པའམ། མིག་གི་འདུས་ཏེ་རེག་པའི་རྐྱེན་གྱིས་ཚོར་བའམ། རྣ་བའི་འདུས་ཏེ་རེག་པའི་རྐྱེན་གྱིས་ཚོར་བའམ། སྣའི་འདུས་ཏེ་རེག་པའི་རྐྱེན་གྱིས་ཚོར་བའམ། ལྕེའི་འདུས་ཏེ་རེག་པའི་རྐྱེན་གྱིས་ཚོར་བའམ། ལུས་ཀྱི་འདུས་ཏེ་རེག་པའི་རྐྱེན་གྱིས་ཚོར་བའམ། ཡིད་ཀྱི་འདུས་

ཏེ་རེག་པའི་རྐྱེན་གྱིས་ཚོར་བའམ། སའི་ཁམས་སམ། ཆུའི་ཁམས་སམ། མེའི་ཁམས་སམ། རླུང་གི་ཁམས་སམ། ནམ་མཁའི་ཁམས་སམ། རྣམ་པར་ཤེས་པའི་ཁམས་སམ། མ་རིག་པའམ། འདུ་བྱེད་དམ། རྣམ་པར་ཤེས་པའམ། མིང་དང་གཟུགས་སམ། སྐྱེ་མཆེད་དྲུག་གམ། རེག་པའམ། ཚོར་བའམ། སྲེད་པའམ། ལེན་པའམ། སྲིད་པའམ། སྐྱེ་བའམ། རྒ་ཤིའམ། སྦྱིན་པའི་ཕ་རོལད་ཏུ་ཕྱིནད་པའམ། ཚུལ་ཁྲིམས་ཀྱི་ཕ་རོལ་ཏུ་ཕྱིན་པའམ། བཟོད་པའི་ཕ་རོལ་ཏུ་ཕྱིན་པའམ། བརྩོན་འགྲུས་ཀྱི་ཕ་རོལ་ཏུ་ཕྱིན་པའམ། བསམ་གཏན་གྱི་ཕ་རོལ་ཏུ་ཕྱིན་པའམ། ཤེས་རབ་ཀྱི་ཕ་རོལད་ཏུ་ཕྱིནད་པའམ། ནང་སྟོང་པ་ཉིད་དམ། ཕྱི་སྟོང་པ་ཉིད་དམ། ཕྱི་ནང་སྟོང་པ་ཉིད་དམ། སྟོང་པ་ཉིད་སྟོང་པ་ཉིད་དམ། ཆེན་པོ་སྟོང་པ་ཉིད་དམ། དོན་དམ་པ་སྟོང་པ་ཉིད་དམ། འདུས་བྱས་སྟོང་པ་ཉིད་དམ། འདུས་མ་བྱས་སྟོང་པ་ཉིད་དམ། མཐའ་ལས་འདས་པ་སྟོང་པ་ཉིད་དམ། ཐོག་མ་དང་ཐ་མ་མེད་པ་སྟོང་པ་ཉིད་དམ། དོར་བ་མེད་པ་སྟོང་པ་ཉིད་དམ། རང་བཞིན་སྟོང་པ་ཉིད་དམ། ཆོས་ཐམས་ཅད་སྟོང་པ་ཉིད་དམ། རང་གི་མཚན་ཉིད་སྟོང་པ་ཉིད་དམ། མི་དམིགས་པ་སྟོང་པ་ཉིད་དམ། དངོས་པོ་མེད་པ་སྟོང་པ་ཉིད་དམ། ངོ་བོ་ཉིད་སྟོང་པ་ཉིད་དམ། དངོས་པོ་མེད་པའི་ངོ་བོ་ཉིད་སྟོང་པ་ཉིད་དམ། དྲན་པ་ཉེ་བར་གཞག་པ་རྣམས་སམ། ཡང་དག་པར་སྤོང་བ་རྣམས་སམ། རྫུ་འཕྲུལ་གྱི་རྐང་པ་རྣམས་སམ། དབང་པོ་རྣམས་སམ། སྟོབས་རྣམས་སམ། བྱང་ཆུབ་ཀྱི་ཡན་ལག་རྣམས་སམ། འཕགས་པའི་ལམ་ཡན་ལག་བརྒྱད་པའམ། འཕགས་པའི་བདེན་པ་རྣམས་སམ། བསམ་གཏན་རྣམས་སམ། ཚད་མེད་པ་རྣམས་སམ། གཟུགས་མེད་པའི་སྙོམས་པར་འཇུག་པ་རྣམས་སམ། རྣམ་པར་ཐར་པ་རྣམས་སམ། མཐར་གྱིས་གནས་

པའི་སྙོམས་པར་འཇུག་པ་རྣམས་སམ། རྣམ་པར་ཐར་པའི་སྒོ་སྟོང་པ་ཉིད་དང་། མཚན་མ་མེད་པ་དང་། སྨོན་པ་མེད་པའམ། མངོན་པར་ཤེས་པ་རྣམས་སམ། ཏིང་ངེ་འཛིན་རྣམས་སམ། གཟུངས་ཀྱི་[༡]སྒོ་རྣམས་སམ། དེ་བཞིན་གཤེགས་པའི་སྟོབས་རྣམས་སམ། མི་འཇིགས་པ་རྣམས་སམ། སོ་སོ་ཡང་དག་པར་རིག་པ་རྣམས་སམ། བྱམས་པ་ཆེན་པོའམ། སྙིང་རྗེ་ཆེན་པོའམ། སངས་རྒྱས་ཀྱི་ཆོས་མ་འདྲེས་པ་རྣམས་སམ། སྐྱེ་ཆེན་པོའི་མཚན་སུམ་ཅུ་རྩ་གཉིས་སམ། དཔེ་བྱད་བཟང་པོ་བརྒྱད་ཅུའམ[༢]། རྒྱལ་རིགས་ཤིང་སཱལ་ཆེན་པོ་ལྟ་བུའི་རིགས་སམ། བྲམ་:ཟེའི་རིགས་[༣]ཤིང་སཱལ་ཆེན་པོ་ལྟ་བུའི་རིགས་སམ། ཁྱིམ་བདག་ཤིང་སཱལ་ཆེན་པོ་ལྟ་བུའི་རིགས་སམ། རྒྱལ་ཆེན་བཞིའི་རིས་ཀྱི་ལྷ་རྣམས་སམ། སུམ་ཅུ་རྩ་གསུམ་གྱི་[༤]ལྷ་རྣམས་སམ། མཐེ་མའི་ལྷ་རྣམས་སམ། དགའ་ལྡན་གྱི་ལྷ་རྣམས་སམ། འཕྲུལ་དགའི་ལྷ་རྣམས་སམ། གཞན་འཕྲུལ་དབང་བྱེད་ཀྱི་ལྷ་རྣམས་སམ། ཚངས་རིས་[༥]ཀྱི་ལྷ་རྣམས་སམ། ཚངས་ལྷ་ཉེ་ཕན་གྱི་ལྷ་རྣམས་སམ། ཚངས་པ་ཀུན་འཁོར་གྱི་ལྷ་རྣམས་སམ། :ཚངས་ཆེན་གྱི་ལྷ་རྣམས་སམ། སྣང་བའི་ལྷ་རྣམས་སམ།[༦] ཆུང་སྣང་གི་ལྷ་རྣམས་སམ། ཚད་མེད་སྣང་བའི་ལྷ་རྣམས་སམ། ཀུན་སྣང་དང་བའི་ལྷ་རྣམས་སམ། :དགེ་བའི་ལྷ་རྣམས་སམ།[༧] ཆུང་:དགེ་བའི་[༨]ལྷ་རྣམས་སམ། ཚད་མེད་དགེ་བའི་ལྷ་རྣམས་སམ། དགེ་རྒྱས་ཀྱི་ལྷ་རྣམས་སམ། :ཆེ་བའི་ལྷ་རྣམས་སམ། ཆུང་ཆེའི་ལྷ་རྣམས་སམ། ཚད་མེད་ཆེ་བའི་ལྷ་རྣམས་སམ།[༩] འབྲས་བུ་ཆེ་བའི་ལྷ་རྣམས་སམ། འདུ་ཤེས་མེད་པའི་ལྷ་རྣམས་སམ། མི་ཆེ་བའི་ལྷ་རྣམས་སམ། མི་གདུང་བའི་ལྷ་རྣམས་སམ། གྱ་ནོམ་སྣང་བའི་ལྷ་རྣམས་སམ། ཤིན་ཏུ་མཐོང་བའི་ལྷ་རྣམས་སམ། འོག་མིན་གྱི་ལྷ་རྣམས་སམ། ནམ་མཁའ་མཐའ་ཡས་སྐྱེ་མཆེད་ཀྱི་ལྷ་རྣམས་སམ། རྣམ་ཤེས་མཐའ་ཡས་སྐྱེ་མཆེད་ཀྱི་

ལྷ་རྣམས་སམ། ཚུང་ཟད་མེད་པའི་སྐྱེ་མཆེད་ཀྱི་ལྷ་རྣམས་སམ། འདུ་ཤེས་མེད་
འདུ་ཤེས་མེད་མིན་སྐྱེ་མཆེད་ཀྱི་ལྷ་རྣམས་སམ། རྒྱུན་དུ་ཞུགས་པའི་འབྲས་བུའམ།
ལན་ཅིག་ཕྱིར་འོང་བའི་འབྲས་བུའམ། ཕྱིར་མི་འོང་བའི་འབྲས་བུའམ། དགྲ་
བཅོམ་པ་ཉིད་དམ། རང་སངས་རྒྱས་སམ། འཁོར་ལོས་སྒྱུར[1]བའི་རྒྱལ་པོའི་
དབང་ཚུལ་ཁྲིམས་འདིས[2]ཐོབ་པར་བྱའོ་ཞེས་ཆོས་གང་ལ་ཡང་སླེམས[3]པ་མེད……
དེ[4]། གཞན་དུ་ན་ཚུལ་ཁྲིམས་དེ་[5]སེམས་ཅན་ཐམས་ཅད་དང་ཐུན་མོང་དུ་བྱས་
ཤིང་། རྣམ་པ་ཐམས་ཅད་མཁྱེན་པ་ཉིད་དུ་མཚན་མ་མེད་པའི་ཡོངས་སུ་བསྔོ་བ་
དང་། དམིགས་སུ་མེད་པའི་ཡོངས་སུ་བསྔོ་བ་དང་། གཉིས་སུ་མེད་པའི་
ཡོངས་སུ་བསྔོ་བས། ཡོངས་སུ་སྔོ་[6]སྟེ། དེ་ཡང་འཇིག་རྟེན་གྱི་ཐ་སྙད་དུའི་[7]
དོན་དམ་པར་ནི་མ་ཡིན་ནོ། །དེ་ཚུལ་ཁྲིམས་ཀྱི་ཕ་རོལ་ཏུ་ཕྱིན་པ་ཡོངས་སུ……
རྫོགས་པར་[8]དེ་དང་། ཐབས་མཁསཿཔས་རོ་སྦྱོང་[9]བ་མེད་པའི་ཚུལ་གྱིས་བསམ་
གཏན་བཞི་སྐྱབ་བོ། །དེ་ལྷའི་མིག་མངོན་པར་སྐྱབཿསྟེ། ལྷའི་[10]མིག་རྣམ་པར་
སྦྱིན་པ་ལས་བྱུང་བ་དེས། ཤར་ཕྱོགས་ཀྱི་འཇིག་རྟེན་གྱི་ཁམས་ཚད་མེད་གྲངས་
མེད་དཔག་ཏུ་མེད་པ་དག་ན། སངས་རྒྱས་བཅོམ་ལྡན་འདས་གང་ཇི་སྙེད་ཅིག་
བཞུགས་ཤིང་འཚོ་[11]སྐྱོང་བ་དང་། ཆོས་སྟོན་པ་དེ་དག་ཐམས་ཅད་མཐོང་སྟེ།
དེའི་མཐོང་བ་དེ་ནི་བླ་ན་མེད་པ་ཡང་དག་པར་རྫོགས་པའི་བྱང་ཆུབ་ཏུ་མངོན……
པར་རྫོགས་པར་སངས་རྒྱས་ཀྱི་བར་དུ་ཆུད་ཟ་བར་མི་འགྱུར་རོ། །ལྷའི་མིག་རྣམ་
པར་སྦྱིན་པ་ལས་བྱུང་བ་དེས། ལྷོ་[12]ཕྱོགས་ཀྱི་འཇིག་རྟེན་གྱི་ཁམས་ཚད་མེད……
གྲངས་མེད་དཔག་ཏུ་མེད་པ་དག་ན། སངས་རྒྱས་བཅོམ་ལྡན་འདས་གང་ཇི་སྙེད་
ཅིག་བཞུགས་ཤིང་འཚོ་སྐྱོང་བ་དང་། ཆོས་སྟོན་པ་དེ་དག་ཐམས་ཅད་མཐོང་སྟེ།
དེའི་མཐོང་བ་དེ་ནི་བླ་ན་མེད་པ་ཡང་དག་པར་རྫོགས་པའི་བྱང་ཆུབ་ཏུ་མངོན……

པར་རྫོགས་པར་སངས་རྒྱས་ཀྱི་བར་དུ་ཆུད་ཟ་བར་མི་འགྱུར་རོ། །ལྷའི་མིག་རྣམ་པར་སྨིན་པ་ལས་བྱུང་བ་དེས། ནུབ་ཕྱོགས་ཀྱི་འཇིག་རྟེན་གྱི་ཁམས་ཚད་མེད་གྲངས་མེད་དཔག་ཏུ་མེད་པ་དག་ན། སངས་རྒྱས་བཅོམ་ལྡན་འདས་གང་ཇི་སྙེད་ཅིག་བཞུགས་ཤིང་འཚོ་སྐྱོང་བ་དང་། ཆོས་སྟོན་པ་དེ་དག་ཐམས་ཅད་མཐོང་སྟེ། དེའི་མཐོང་བ་དེ་ནི་བླ་ན་མེད་པ་ཡང་དག་པར་རྫོགས་པའི་བྱང་ཆུབ་ཏུ་མངོན་པར་རྫོགས་པར་སངས་རྒྱས་ཀྱི་བར་དུ་ཆུད་ཟ་བར་མི་འགྱུར་རོ། །ལྷའི་མིག་རྣམ་པར་སྨིན་པ་ལས་བྱུང་བ་དེས། བྱང་ཕྱོགས་ཀྱི་འཇིག་རྟེན་གྱི་ཁམས་ཚད་མེད་གྲངས་མེད་དཔག་ཏུ་མེད་པ་དག་ན། སངས་རྒྱས་བཅོམ་ལྡན་འདས་གང་ཇི་སྙེད་ཅིག་བཞུགས་ཤིང་འཚོ་[༡]སྐྱོང་བ་དང་། ཆོས་སྟོན་པ་དེ་དག་ཐམས་ཅད་མཐོང་སྟེ། དེའི་མཐོང་བ་དེ་ནི་བླ་ན་མེད་པ་ཡང་དག་པར་རྫོགས་པའི་བྱང་ཆུབ་ཏུ་མངོན་པར་རྫོགས་པར་སངས་རྒྱས་ཀྱི་བར་དུ་ཆུད་ཟ་བར་མི་འགྱུར་རོ། །ལྷའི་མིག་རྣམ་པར་སྨིན་པ་ལས་བྱུང་བ་དེས། བྱང་ཤར་གྱི་ཕྱོགས་མཚམས་ཀྱི་འཇིག་རྟེན་གྱི་ཁམས་ཚད་མེད་གྲངས་མེད་དཔག་ཏུ་མེད་པ་དག་ན། སངས་རྒྱས་བཅོམ་ལྡན་འདས་གང་ཇི་སྙེད་ཅིག་བཞུགས་ཤིང་འཚོ་[༢]སྐྱོང་བ་དང་། ཆོས་སྟོན་པ་དེ་དག་ཐམས་ཅད་མཐོང་སྟེ། དེའི་མཐོང་བ་དེ་ནི་བླ་ན་མེད་པ་ཡང་དག་པར་རྫོགས་པའི་བྱང་ཆུབ་ཏུ་མངོན་པར་རྫོགས་པར་སངས་རྒྱས་ཀྱི་བར་དུ་ཆུད་[༣]ཟ་བར་མི་འགྱུར་རོ། །ལྷའི་མིག་རྣམ་པར་སྨིན་པ་ལས་བྱུང་བ་དེས། ཤར་ལྷོའི་ཕྱོགས་མཚམས་ཀྱི་འཇིག་རྟེན་གྱི་ཁམས་ཚད་མེད་གྲངས་མེད་དཔག་ཏུ་མེད་པ་དག་ན། སངས་རྒྱས་བཅོམ་ལྡན་འདས་གང་ཇི་སྙེད་ཅིག་བཞུགས་ཤིང་འཚོ་སྐྱོང་བ་དང་། ཆོས་སྟོན་པ་དེ་དག་ཐམས་ཅད་མཐོང་སྟེ། དེའི་མཐོང་བ་དེ་ནི་བླ་ན་མེད་པ་ཡང་དག་པར་རྫོགས་པའི་བྱང་ཆུབ་ཏུ་མངོན་པར་རྫོགས་པར་སངས་རྒྱས་

ཀྱི་བར་དུ་ཆུད་ཟ་བར་མི་འགྱུར་རོ། །ལྷའི་མིག་རྣམ་པར་སྨིན་པ་ལས་བྱུང་བ····
དེས། ལྷོ་ནུབ་ཀྱི་ཕྱོགས་མཚམས་ཀྱི་འཇིག་རྟེན་གྱི་ཁམས་ཚད་མེད་གྲངས་མེད་
དཔག་ཏུ་མེད་པ་དག་ན། སངས་རྒྱས་བཅོམ་ལྡན་འདས་གང་ཇི་སྙེད་ཅིག····
བཞུགས་ཤིང་འཚོ་སྐྱོང་བ་དང་། ཆོས་སྟོན་པ་དེ་དག་ཐམས་ཅད་མཐོང་སྟེ།
དེའི་མཐོང་བ་དེ་ནི་བླ་ན་མེད་པ་ཡང་དག་པར་རྫོགས་པའི་བྱང་ཆུབ་ཏུ་མངོན·····
པར་རྫོགས་པར་སངས་རྒྱས་ཀྱི་བར་དུ་ཆུད་ཟ་བར་མི་འགྱུར་རོ། །ལྷའི་མིག་རྣམ་[1]
པར་སྨིན་པ་ལས་བྱུང་བ་དེས། ནུབ་བྱང་གི་ཕྱོགས་མཚམས་ཀྱི་འཇིག་རྟེན་གྱི····
ཁམས་ཚད་མེད་གྲངས་མེད་དཔག་ཏུ་མེད་པ་དག་ན། སངས་རྒྱས་བཅོམ་ལྡན····
འདས་གང་ཇི་སྙེད་ཅིག་བཞུགས་ཤིང་འཚོ་སྐྱོང་བ་དང་། ཆོས་སྟོན་པ་དེ་དག····
ཐམས་ཅད་མཐོང་སྟེ། དེའི་མཐོང་བ་དེ་ནི་བླ་ན་མེད་པ་ཡང་དག་པར་རྫོགས་
པའི་བྱང་ཆུབ་ཏུ་མངོན་པར་རྫོགས་པར་སངས་རྒྱས་ཀྱི་བར་དུ་ཆུད་ཟ་བར་མི·····
འགྱུར་རོ། །ལྷའི་མིག་རྣམ་པར་སྨིན་པ་ལས་བྱུང་བ་དེས། འོག་གི་ཕྱོགས་ཀྱི་
འཇིག་རྟེན་གྱི་ཁམས་ཚད་མེད་གྲངས་མེད་དཔག་ཏུ་མེད་པ་དག་ན། སངས་རྒྱས་
བཅོམ་ལྡན་འདས་གང་ཇི་སྙེད་ཅིག་བཞུགས་ཤིང་འཚོ་སྐྱོང་བ་དང་། ཆོས་སྟོན་
པ་དེ་དག་ཐམས་ཅད་མཐོང་སྟེ། དེའི་མཐོང་བ་དེ་[2]ནི་བླ་ན་མེད་པ་ཡང་དག་
པར་རྫོགས་པའི་བྱང་ཆུབ་ཏུ་མངོན་པར་རྫོགས་པར་སངས་རྒྱས་ཀྱི་བར་དུ་ཆུད་ཟ··
བར་མི་འགྱུར་རོ། །ལྷའི་མིག་རྣམ་པར་སྨིན་པ་ལས་བྱུང་བ་དེས། སྟེང་གི་
ཕྱོགས་ཀྱི་འཇིག་རྟེན་གྱི་[3]ཁམས་[4]ཚད་མེད་གྲངས་མེད་དཔག་ཏུ་མེད་པ་དག་ན།
སངས་རྒྱས་བཅོམ་ལྡན་འདས་གང་ཇི་སྙེད་ཅིག་བཞུགས་ཤིང་འཚོ་སྐྱོང་བ་དང་།
ཆོས་སྟོན་པ་དེ་དག་ཐམས་ཅད་མཐོང་སྟེ། དེའི་མཐོང་བ་དེ་ནི་བླ་ན་མེད་པ་ཡང་
དག་པར་རྫོགས་པའི་[5]བྱང་ཆུབ་ཏུ་མངོན་པར་རྫོགས་པར་སངས་རྒྱས་ཀྱི་བར་དུ····

ཆུད་ཟ་བར་མྱི་འགྱུར་རོ། །ཿ卐དེ་ལྷའི་རྣ་བའི་ཁམས་རྣམ་པར་དག་པ་མྱི་ལས··· འདས་པས་སངས་རྒྱས་བཅོམ་ལྡན་འདས་དེ་དག་གིས་གསུངས་པའི་སྒྲ་ཐོས་ཏེ། དེའི་ཐོས་པ་དེ་ཡང་ཇི་སྲིད་དུ་ཐོས་པ་དེས། བདག་དང་གཞན་གྱི་དོན་བྱས་པར་མ་གྱུར་གྱི་①བར་དུ་ཆུད་ཟ་བར་མྱི་འགྱུར་རོ། །སེམས་ཀྱི་རྣམ་པ་ཤེས་པས②། སངས་རྒྱས་བཅོམ་ལྡན་འདས་དེ་དག་གི་ཐུགས་སེམས་ཀྱིས་རབ་ཏུ་ཤེས་ཏེ། དེས་སེམས་ཀྱི་རྣམ་པ་ཤེས་པ་དེ་ཡང་། ཇི་སྲིད་དུ་སེམས་ཀྱི་རྣམ་པ་③ཤེས་པ་དེས། སེམས་ཅན་ཐམས་ཅད་ཀྱི་དོན་བྱས་པར་མ་གྱུར་གྱི་བར་དུ་ཆུད་ཟ་བར་མྱི་འགྱུར··· རོ༔ །དེ་སྔོན་གྱི་གནས་རྗེས་སུ་དྲན་པའི་ཤེས་པས། སེམས་ཅན་དེ་དག་གི་འདས་པ་དང་། མ་འོངས་པའི་དགེ་བའི་རྩ་བ་རྣམས་ཤེས་ཤིང་། དགེ་བའི་རྩ་བ་དེ་དག་གིས་སེམས་ཅན་དེ་དག་ཡང་དག་པར་སྟོན་ཏོ། །ཡང་དག་པར་སྐུལ་ལོ༔ །ཡང་དག་པརཿགཟེང་སྟོད④དོ། །ཡང་དག་པར་དགའ་བར་བྱེད་དོ། ། དེ་དག་དེ་ལྟར⑤ཡང་དག་པར་བསྟན་པ་དང་། ཡང་དག་པར་བསྐུལ⑥བ་དང་། ཡང་དག་པརཿགཟེང་བསྟོད⑦པ་དང་། ཡང་དག་པར་དགའ་བར་བྱས་པ་རྣམས་ཀྱང་ཁྱད་པར་དུ་འདོང་བར་འགྱུར་རོ། །ཟག་པ་ཟད་པའི་ཤེས་པས་ཀྱང་སེམས་ཅན་རྣམས་རྒྱུན་དུ་ཞུགས་པའི་འབྲས་བུ་ལ་རབ་ཏུ་གཞོག་གོ། །ལན་ཅིག་ཕྱིར་འོང་བའི་འབྲས་བུ་ལ་རབ་ཏུ་གཞོག་གོ། །ཕྱིར་མྱི་འོང་བའི་འབྲས་བུ་ལ་རབ་ཏུ་གཞོག་གོ། །དགྲ་བཅོམ་པ་ཉིད་ལ་རབ་ཏུ་གཞོག་གོ། །རང་བྱང་ཆུབ་ལ་རབ་ཏུ་གཞོག་གོ། །བྱང་ཆུབ་ལ་རབ་ཏུ་གཞོག་གོ། །དེ་བཞིན་དུ་སེམས་ཅན་རྣམས་དགེ་བའི་ཆོས་གང་དང་། གང་ལ་མཐའ⑧ཡོད་པ་དེ་དང་དེ་ལ་རབ་ཏུ་གཞོག་སྟེ། རབ་འབྱོརད་དེ་ལྟར་ན་བྱང་ཆུབ་སེམས་དཔའ་སེམས་དཔའ་ཆེན་པོ་ཤེས་རབ་ཀྱི··· ཕ་རོལད་ཏུ་ཕྱིནད་པ་ལ་སྤྱོད་པའི་ཚེ། ཆོས་ཐམས་ཅད་མཚན་མ་མྱེད་པ་དང་།

བྱེད་པ་མེད་པ་དང་། དམིགས་སུ་མེད་པ་དང་། འབྱུང་བ་མེད་པ་དང་། མངོན་པར་འདུ་བྱ་བ་མེད་པ་ལ་མཚན་མ་དང་བྲལ་བའི་སེམས་ཀྱིས། ཚུལ་ཁྲིམས་ཀྱི་ཕ་རོལ་ཏུ་ཕྱིནད་པ་ཡོངས་སུ་རྫོགས་པར་བྱེད་ཏོ། །[1] རབ་འབྱོར་ཇི་[2] ལྟར་ན་བྱང་ཆུབ་སེམས་དཔའ་སེམས་དཔའ་ཆེན་པོ་ཤེས་རབ་ཀྱི་ཕ་རོལ་ཏུ་[3] ཕྱིནད་པ་ལ་སྤྱོད་པའི་ཚེ། ཆོས་ཐམས་ཅད་མཚན་མ་མེད་པ་དང་། བྱེད་པ་མེད་པ་དང་། དམིགས་སུ་མེད་པ་དང་། འབྱུང་བ་མེད་པ་དང་། མངོན་པར་འདུ་བྱ་བ་མེད་པ་ལ་མཚན་མ་དང་བྲལ་བའི་སེམས་ཀྱིས། བཟོད་པའི་ཕ་རོལ་ཏུ་ཕྱིན་པ་ཡོངས་སུ་རྫོགས་པར་བྱེད་པ་ཡིན་ཞེ་ན། རབ་འབྱོར་འདི་ལ་བྱང་ཆུབ་སེམས་དཔའ་སེམས་དཔའ་ཆེན་པོ་ཤེས་རབ་ཀྱི་ཕ་རོལ་ཏུ་ཕྱིན་[4] པ་ལ་སྤྱོད་པའི་ཚེ། ཆོས་ཐམས་ཅད་མཚན་མ་མེད་པ་དང་། བྱེད་པ་མེད་པ་དང་། དམིགས་སུ་མེད་པ་དང་། ༔འབྱུང་བ་མེད་པ་དང་།[5] མངོན་པར་འདུ་བྱ་བ་མེད་པ་ལ་མཚན་མ་དང་བྲལ་བའི་སེམས་ཀྱིས། སེམས་དང་པོ་བསྐྱེད་པ་ནས་ཉེ་བར་བཟུང་སྟེ། སྙིང་པོ་བྱང་ཆུབ་ལ་འདུག་གི་བར་དུ་འདི་ལྟ་སྟེ། གནོད་པ་ལ་མི་མཛེད་[6] པའི་བཟོད་པ་དང་། མི་སྐྱེ་བའི་ཆོས་ལ་བཟོད་པ་གཉིས༔ སྒོམ་སྟེ[7]། དེ་ལ་བྱང་ཆུབ་སེམས་དཔའ་སེམས་དཔའ་ཆེན་པོའི༔ གནོད་པ་ལ་མི་མཛེད་པའི་[8] བཟོད་པ་ནི། དེའི་དྲུང་དུ་སེམས་ཅན་ཐམས་ཅད་ཡང་དང་ཡང་འོངས་[9] ཏེ། གཤེ་ཞིང་མི་སྙན་པར་བརྗོད་དེ། རྡོ་བ་དང་། དབྱུག་པས་བརྡེགས་ཤིང་མཚོན་གྱིས་བཏབ་ཀྱང་དེ་ལ་བྱང་ཆུབ་སེམས་དཔའ་སེམས་དཔའ་ཆེན་པོས་འཁྲུག་པ་དང་ལྡན་པའི་སེམས་བསྐྱེད་པ་འགའ་ཙམ་གྱི་[10] སྐབས་ཀྱང་མི་དབྱེའོ། །དེས་འདི་ལྟར་བརྟག་པར༔ བྱ་སྟེ[11]། དེ་ལ་གང༔ སྤྱོ་བ་[12] དང་། མི་སྙན་པར་བྱ་བ་དང་། གདབ་ཅིང་བརྡེག་པར་བྱ་བ་[13] གང་ཡང་མེད། གང་གཤེ་བ་དང་། མི་

སྙན་པར་བརྗོད[1]་པ་དང་། རིག[2]་པ་དང་། འདེབས[3]་པ་དེ[4]་ཡང་མེད་ཅིང་།
མི་དམིགས་སོ་ཞེས་བྱ་བར་བརྟག་པར་བྱའོ། །དེ་ལ་བྱང་ཆུབ་སེམས་དཔའ·····
སེམས་དཔའ་ཆེན་པོའི་མི་སྐྱེ་བའི་ཆོས་ལ་བཟོད་པ་ནི། བྱང་ཆུབ་སེམས་དཔའ་
སེམས་དཔའ་ཆེན་པོ་ཆོས་ཐམས་ཅད་ཀྱི་ངོ་བོ་ཉིད་ལ་རྟོག་ན། ཆོས་ཉིད་ཀྱང་མི་
དམིགས་ན། ཆོས་རྣམས་ཀྱི་རང་བཞིན་དམིགས་པ་ལྟ་ག་ལ་ཡོད་དེ། དེས་དེ་
ལྟར་ཆོས་ཐམས་ཅད་ཀྱི་ངོ་བོ་ཉིད་ཡང་དག་པར་རྗེས་སུ་མ[5]་མཐོང་བས卍[6]། མི་
སྐྱེ་བའི་ཆོས་ལ་བཟོད་པ་རབ་ཏུ་འཐོབ[7]་པོ། །[8]ཅིའི་ཕྱིར་བཟོད་པ་ཞེས་བྱ་ཞེ་ན།
ཉོན་མོངས་པ་མི་སྐྱེ་བ་དང་། ཡེ་ཤེས་མི་ཆོད་པའི་ཕྱིར། བཟོད་པ་ནི་མི་སྐྱེ་
བའི་ཆོས་ལ་བཟོད་པའོ། །དེ་བཟོད་པ་དེ་གཉིས་ལ་གནས་ཤིང་། བསམ····
གཏན་བཞི་ཡོངས་སུ་རྫོགས་པར་བྱེད་དོ། །ཚད་མེད་པ་བཞི་ཡོངས་སུ་རྫོགས····
པར་བྱེད་དོ། །གཟུགས་མེད་པའི་སྙོམས་པར་འཇུག་པ་བཞི་ཡོངས་སུ་རྫོགས་པར་
བྱེད་དོ། །དྲན་པ་ཉེ་བར་གཞག་པ་བཞི་ཡོངས་སུ་རྫོགས་པར་བྱེད་དོ། །ཡང་
དག་པར་སྤོང་བ་བཞི་ཡོངས་སུ་རྫོགས་པར་བྱེད་དོ། །རྫུ་འཕྲུལ་གྱི་རྐང་པ་བཞི་
ཡོངས་སུ་རྫོགས་པར་བྱེད་དོ། །དབང་པོ་ལྔ་ཡོངས་སུ་རྫོགས་པར་བྱེད་དོ། །
སྟོབས་ལྔ་ཡོངས་སུ་རྫོགས་པར་བྱེད་དོ། །བྱང་ཆུབ་ཀྱི་ཡན་ལག་བདུན་ཡོངས་སུ་
རྫོགས་པར་བྱེད་དོ། །འཕགས་པའི་ལམ་ཡན་ལག་བརྒྱད་པ་ཡོངས་སུ་རྫོགས་པར་
བྱེད་དོ། །[9]རྣམ་པར་ཐར་པའི་སྒོ་གསུམ་ཡོངས་སུ་རྫོགས་པར་བྱེད་དོ། །མངོན་
པར་ཤེས་པ་རྣམས་ཡོངས་སུ་རྫོགས་པར་བྱེད་དོ། །ཏིང་ངེ་འཛིན་རྣམས་ཡོངས་
སུ་རྫོགས་པར་བྱེད་དོ། །གཟུངས་ཀྱི་སྒོ་རྣམས་ཡོངས་སུ་རྫོགས་པར་བྱེད༔ དོ། །[10]
དེ་བཞིན་གཤེགས་པའི་སྟོབས་བཅུ་ཡོངས་སུ་རྫོགས་པར་བྱེད་དོ། །མི་འཇིགས་པ་
བཞི་ཡོངས་སུ་རྫོགས་པར་བྱེད་དོ། །སོ་སོ་ཡང་དག་པར་རིག་པ་བཞི་ཡོངས་སུ་

རྫོགས་པར་བྱེད་དོ། །བྱམས་པ་ཆེན་པོ་ཡོངས་སུ་རྫོགས་པར་བྱེད་དོ། །སྙིང་རྗེ་ཆེན་པོ་ཡོངས་སུ་རྫོགས་པར་བྱེད་དོ། །སངས་རྒྱས་ཀྱི་ཆོས་མ་འདྲེས་པ་བཅོ་བརྒྱད་ཡོངས་སུ་རྫོགས་པར་བྱེད་དོ། །དེ་འཕགས་པའི་ཆོས་ཟག་པ་མེད་པ་འཇིག་རྟེན་ལས་འདས་པ་ཉན་ཐོས་དང་རང་སངས་རྒྱས་ཐམས་ཅད་དང་ཐུན་མོང་མ་ཡིན་པ་དེ་དག་ལ་གནས་ཏེ། འཕགས་པའི་མངོན་པར་ཤེས་པ་རྣམས་ཡོངས་སུ་རྫོགས་པར་བྱེད་དོ། །མངོན་པར་ཤེས་པ་དེ་དག་ཡོངས་སུ་རྫོགས་ནས[1] ཕ་རོལད་ཏུ་ཕྱིནད་པ་དྲུག་དང་། མངོན་པར་ཤེས་པ་ལྔ་པོ་དེ་དག་ལ་གནས་ཏེ། ལྷའི་མིག་གིས་ཤར་ཕྱོགས་ཀྱི་འཇིག་རྟེན་གྱི་ཁམས་ཚད་མེད་གྲངས་མེད་དཔག་ཏུ་མེད་པ་དག་ན། སངས་རྒྱས་བཅོམ་ལྡན་འདས་གང་ཅི[2] སྙེད་ཅིག་བཞུགས་ཤིང་འཚོ་སྐྱོང་བ་དང་། ཆོས་སྟོན་པ་དེ་དག་ཐམས་ཅད་མཐོང་སྟེ། སངས་རྒྱས་བཅོམ་ལྡན་འདས་དེ་དག་མཐོང་ནས། སངས་རྒྱས་རྗེས་སུ་དྲན་པ་འཐོབ[3] བོ། །དེའི་སངས་རྒྱས་རྗེས་སུ་དྲན་པ་དེ༔ ཡང་ནམ[4] བླ་ན་མེད་པ[5] ཡང་དག་པར་རྫོགས་པའི་བྱང་ཆུབ་ཏུ་མངོན་པར་རྫོགས་པར་སངས་རྒྱས་ཀྱི་བར་དུ་རྒྱུན་མི་འཆད་དོ། །དེ་འཕགས་པའི་ཆོས་ཟག་པ་མེད་པ་འཇིག་རྟེན་ལས་འདས་པ་ཉན་ཐོས་དང་། རང་སངས་རྒྱས་ཐམས་ཅད་དང་ཐུན་མོང་མ་ཡིན་པ་དེ་དག་ལ་གནས་ཏེ། འཕགས་པའི་མངོན་པར་ཤེས་པ་རྣམས་ཡོངས་སུ་རྫོགས་པར་བྱེད་དོ། །མངོན་པར་ཤེས་པ་དེ་དག་ཡོངས་སུ་རྫོགས་ནས[6]། ཕ་རོལ་ཏུ་ཕྱིན་པ་དྲུག་ལ་གནས་ཏེ། ལྷའི་མིག་གིས་ལྷོ་ཕྱོགས་ཀྱི་འཇིག་རྟེན་གྱི་ཁམས་ཚད་མེད་གྲངས་མེད་དཔག་ཏུ་མེད་པ་དག་ན། སངས་རྒྱས་བཅོམ་ལྡན་འདས་གང་ཇི་སྙེད་ཅིག་བཞུགས་ཤིང་འཚོ་སྐྱོང་བ་དང་། ཆོས་སྟོན་པ་དེ་དག་ཐམས་ཅད་མཐོང་སྟེ། སངས་རྒྱས་བཅོམ་ལྡན་འདས་དེ་དག་མཐོང་ནས། སངས་རྒྱས་རྗེས་སུ་དྲན་པ་འཐོབ་བོ། །

དེའི་སངས་རྒྱས་རྗེས་སུ་དྲན་པ་དེ་ཡང་ནམ་བླ་ན་མེད་པ་ཡང་དག་པར་རྫོགས····
པའི་བྱང་ཆུབ་ཏུ་མངོན་པར་རྫོགས་པར་སངས་རྒྱས་ཀྱི་བར་དུ་རྒྱུན་མི་འཆད་དོ། །
དེ་འཕགས་པའི་ཆོས་ཟག་པ་མེད་པ་འཇིག་རྟེན་ལས་འདས་པ་ཉན་ཐོས་དང་རང་··
སངས་རྒྱས་ཐམས་ཅད་དང་ཐུན་མོང་མ་ཡིན་པ་དེ་དག་ལ་གནས་ཏེ། འཕགས་
པའི་མངོན་པར་ཤེས་པ་རྣམས་ཡོངས་སུ་རྫོགས་པར་བྱེད་དོ། །མངོན་པར་ཤེས་
པ་དེ་དག་ཡོངས་སུ་རྫོགས་ནས། ཕ་རོལད་ཏུ་ཕྱིན་པ་དྲུག་ལ་གནས་ཏེ། ལྷའི་
མིག་གིས་ནུབ་ཕྱོགས་ཀྱི་འཇིག་རྟེན་གྱི་ཁམས་ཚད་མེད་གྲངས་མེད་དཔག་ཏུ་མེད་···
པ་དག་ན། སངས་རྒྱས་བཅོམ་ལྡན་འདས་གང་ཇི་སྙེད་ཅིག་བཞུགས་ཤིང་འཚོ་
སྐྱོང་བ་དང་། ཆོས་སྟོན་པ་དེ་དག་ཐམས་ཅད་མཐོང་སྟེ། སངས་རྒྱས་བཅོམ་
ལྡན་འདས་དེ་དག་མཐོང་ནས། སངས་རྒྱས་རྗེས་སུ་དྲན་པ་འཐོབ་བོ། །དེའི་
སངས་རྒྱས་རྗེས་སུ་དྲན་པ་དེ་ཡང་ནམ་བླ་ན་མེད་པ་ཡང་དག་པར་རྫོགས་པའི····
བྱང་ཆུབ་ཏུ་མངོན་པར་རྫོགས་པར་སངས་རྒྱས་ཀྱི་བར་དུ་རྒྱུན་མི་འཆད་དོ། །དེ་
འཕགས་པའི་ཆོས་ཟག་པ་མེད་པ་འཇིག་རྟེན་ལས་འདས་པ་ཉན་ཐོས་དང་།
རང་སངས་རྒྱས་ཐམས་ཅད་དང་ཐུན་མོང་མ་ཡིན་པ་དེ་དག་ལ་གནས་ཏེ།
⑦འཕགས་པའི་མངོན་པར་ཤེས་པ་རྣམས་ཡོངས་སུ་རྫོགས་པར་བྱེད་དོ། །མངོན་
པར་ཤེས་པ་དེ་དག་ཡོངས་སུ་རྫོགས་ནས། ཕ་རོལ་ཏུ་ཕྱིན་པ་དྲུག་ལ་གནས་ཏེ།
ལྷའི་མིག་གིས་བྱང་ཕྱོགས་ཀྱི་འཇིག་རྟེན་གྱི་ཁམས་ཚད་མེད་གྲངས་མེད་དཔག་ཏུ···
མེད་པ་དག་ན། སངས་རྒྱས་བཅོམ་ལྡན་འདས་གང་ཇི་སྙེད་ཅིག་བཞུགས་ཤིང་
འཚོ་སྐྱོང་བ་དང་། ཆོས་སྟོན་པ་དེ་དག་ཐམས་ཅད་མཐོང་སྟེ། སངས་རྒྱས་
བཅོམ་ལྡན་འདས་དེ་དག་མཐོང་ནས། སངས་རྒྱས་རྗེས་སུ་དྲན་པ་འཐོབ་བོ། །
དེའི་སངས་རྒྱས་རྗེས་སུ་དྲན་པ་དེ་ཡང་ནམ་བླ་ན་མེད་པ་ཡང་དག་པར་རྫོགས····

པའི་བྱང་ཆུབ་ཏུ་མངོན་པར་རྫོགས་པར་སངས་རྒྱས་ཀྱི་བར་དུ་རྒྱུན་མི་འཆད་དོ། །
དེ་འཕགས་པའི་ཆོས་ཟག་པ་མེད་པ་[༧]འཇིག་རྟེན་ལས་འདས་པ། ཉན་ཐོས་དང་
རང་སངས་རྒྱས་ཐམས་ཅད་དང་ཐུན་མོང་མ་ཡིན་པ་དེ་དག་ལ་གནས་ཏེ།[༣]
འཕགས་པའི་མངོན་པར་ཤེས་པ་རྣམས་ཡོངས་སུ་རྫོགས་པར་བྱེད་དོ། །མངོན་
པར་ཤེས་པ་དེ་དག་ཡོངས་སུ་རྫོགས་ནས། ཕ་རོལ་ཏུ་ཕྱིན་པ་དྲུག་ལ་གནས་ཏེ།
ལྷའི་མིག་གིས་བྱང་ཤར་གྱི་ཕྱོགས་མཚམས་ཀྱི་འཇིག་རྟེན་གྱི་ཁམས་ཚད་མེད་·····
གྲངས་མེད་དཔག་ཏུ་མེད་པ་དག་ན། སངས་རྒྱས་བཅོམ་ལྡན་འདས་གང་ཇི་སྙེད་
ཅིག་བཞུགས་ཤིང་འཚོ་སྐྱོང་བ་དང་། ཆོས་སྟོན་པ་དེ་དག་ཐམས་ཅད་མཐོང་སྟེ།
སངས་རྒྱས་བཅོམ་ལྡན་འདས་དེ་དག་[༤]མཐོང་ནས། སངས་རྒྱས་རྗེས་སུ་དྲན་པ་
འཐོབ་པོ། །དེའི་སངས་རྒྱས་རྗེས་སུ་དྲན་པ་དེ་ཡང་ནམ་བླ་ན་མེད་པ་ཡང་དག་
པར་རྫོགས་པའི་བྱང་ཆུབ་ཏུ་མངོན་པར་རྫོགས་པར་སངས་རྒྱས་ཀྱི་བར་དུ་རྒྱུན་མི་··
འཆད་དོ། །དེ་འཕགས་པའི་ཆོས་ཟག་པ་མེད་པ་འཇིག་རྟེན་ལས་འདས་པ་ཉན་
ཐོས་དང་རང་སངས་རྒྱས་ཐམས་ཅད་དང་ཐུན་མོང་མ་ཡིན་པ་དེ་དག་ལ་གནས་ཏེ།
འཕགས་པའི་མངོན་པར་ཤེས་པ་རྣམས་ཡོངས་སུ་རྫོགས་པར་བྱེད་དོ། །མངོན་
པར་ཤེས་པ་དེ་དག་ཡོངས་སུ་རྫོགས་ནས། ཕ་རོལ་ཏུ་ཕྱིན་པ་དྲུག་ལ་གནས་ཏེ།
ལྷའི་མིག་གིས་ཤར་ལྷོའི་ཕྱོགས་མཚམས་ཀྱི་འཇིག་རྟེན་གྱི་ཁམས་ཚད་མེད་གྲངས་····
མེད་དཔག་ཏུ་མེད་པ་དག་ན། སངས་རྒྱས་བཅོམ་ལྡན་འདས་གང་ཇི་སྙེད་ཅིག་
བཞུགས་ཤིང་འཚོ་སྐྱོང་བ་དང་། ཆོས་སྟོན་པ་དེ་དག་ཐམས་ཅད་མཐོང་སྟེ།
སངས་རྒྱས་བཅོམ་ལྡན་འདས་དེ་དག་མཐོང་ནས། སངས་རྒྱས་རྗེས་སུ་དྲན་པ་
འཐོབ་པོ། །དེའི་སངས་རྒྱས་རྗེས་སུ་དྲན་པ་དེ་ཡང་ནམ་བླ་ན་མེད་པ་ཡང་དག་
པར་རྫོགས་པའི་བྱང་ཆུབ་ཏུ་མངོན་པར་རྫོགས་པར་སངས་རྒྱས་ཀྱི་བར་དུ་རྒྱུན་མི་··

འཆད་དོ། །དེ་འཕགས་པའི་ཆོས་ཟག་པ་མེད་པ་འཇིག་རྟེན་ལས་འདས་པ་ཉན་ཐོས་དང་། རང་སངས་རྒྱས་ཐམས་ཅད་དང་ཐུན་མོང་མ་ཡིན་པ་དེ་དག་ལ······གནས་ཏེ། འཕགས་པའི་མངོན་པར་ཤེས་པ་རྣམས་ཡོངས་སུ་རྫོགས་པར་བྱེད་དོ།། མངོན་པར་ཤེས་པ་དེ་དག་ཡོངས་སུ་རྫོགས་ནས། ཕ་རོལ་ཏུ་ཕྱིན་པ་དྲུག་ལ······གནས་ཏེ། ལྷའི་མིག་གིས་ལྷོ་ནུབ་ཀྱི་ཕྱོགས་མཚམས་ཀྱི་འཇིག་རྟེན་གྱི་ཁམས་ཚད་མེད་གྲངས་མེད་པ་[༧]དཔག་ཏུ་མེད་པ་དག་ན། སངས་རྒྱས་བཅོམ་ལྡན་འདས····གང་དེ་སྙེད་ཅིག་བཞུགས་ཤིང་འཚོ་སྐྱོང་བ་དང་། ཆོས་སྟོན་པ་དེ་དག་ཐམས····ཅད་མཐོང་སྟེ། སངས་རྒྱས་བཅོམ་ལྡན་འདས་དེ་དག་མཐོང་ནས། སངས་རྒྱས་རྗེས་སུ་དྲན་པ་འཐོབ་པོ། །དེའི་སངས་རྒྱས་རྗེས་སུ་དྲན་པ་དེ་ཡང་ནམ་བླ་ན····མེད་པ་ཡང་དག་པར་རྫོགས་པའི་བྱང་ཆུབ་ཏུ་མངོན་པར་རྫོགས་པར་སངས་རྒྱས···ཀྱི་བར་དུ་རྒྱུན་མི་འཆད་དོ། །དེ་འཕགས་པའི་ཆོས་ཟག་པ་མེད་པ་འཇིག་རྟེན་ལས་འདས་པ་ཉན་ཐོས་དང་། རང་སངས་རྒྱས་ཐམས་ཅད་དང་ཐུན་མོང་མ····ཡིན་པ་དེ་དག་ལ་གནས་ཏེ[༣]། [༣]འཕགས་པའི་མངོན་པར་ཤེས་པ་རྣམས་ཡོངས་སུ་རྫོགས་པར་བྱེད་དོ། །མངོན་པར་ཤེས་པ་དེ་དག་ཡོངས་སུ་རྫོགས་ནས་ཕ་རོལ་ཏུ་ཕྱིན་པ་དྲུག་ལ་གནས་ཏེ། ལྷའི་མིག་གིས་ནུབ་བྱང་གི་ཕྱོགས་མཚམས་ཀྱི·····འཇིག་རྟེན་གྱི་ཁམས་ཚད་མེད་གྲངས་མེད་དཔག་ཏུ་མེད་པ་དག་ན། སངས་རྒྱས་བཅོམ་ལྡན་འདས་གང་དེ་སྙེད་ཅིག་བཞུགས་ཤིང་འཚོ་སྐྱོང་བ་དང་། ཆོས་སྟོན་པ་དེ་དག་ཐམས་ཅད་མཐོང་སྟེ། སངས་རྒྱས་བཅོམ་ལྡན་འདས་དེ་དག་མཐོང···ནས། སངས་རྒྱས་རྗེས་སུ་དྲན་པ་འཐོབ་པོ། །དེའི་སངས་རྒྱས་རྗེས་སུ་དྲན་པ་དེ་ཡང་ནམ་བླ་ན་མེད་པ་ཡང་དག་པར་རྫོགས་པའི་བྱང་ཆུབ་ཏུ་མངོན་པར་རྫོགས་པར་[༨]སངས་རྒྱས་ཀྱི་བར་དུ་རྒྱུན་མི་འཆད་དོ། །དེ་འཕགས་པའི་ཆོས་ཟག་པ·····

སྲིད་པ་འཇིག་རྟེན་ལས་འདས་པ་ཉན་ཐོས་དང་རང་སངས་རྒྱས་ཐམས་ཅད་དང་། ཐུན་མོང་མ་ཡིན་པ་དེ་དག་ལ་གནས་ཏེ། འཕགས་པའི་མངོན་པར་ཤེས་པ······རྣམས་ཡོངས་སུ་རྫོགས་པར་བྱེད་དོ། །མངོན་པར་ཤེས་པ་དེ་དག་ཡོངས་སུ······རྫོགས་ནས། ཕ་རོལ་ཏུ་ཕྱིན་པ་དྲུག་ལ་གནས་ཏེ། ལྷའི་མྱིག་གིས་འོག་གི····ཕྱོགས་ཀྱི་འཇིག་རྟེན་གྱི་ཁམས་ཚད་མྱེད་གྲངས་མྱེད་དཔག་ཏུ་མེད་པ་དག་ན། སངས་རྒྱས་བཅོམ་ལྡན་འདས་གང་ཇི་སྙེད་ཅིག་བཞུགས་ཤིང་འཚོ་སྐྱོང་བ་དང་། ཆོས་སྟོན་པ་དེ་དག་ཐམས་ཅད་མཐོང་སྟེ། སངས་རྒྱས་བཅོམ་ལྡན་འདས་དེ་དག་མཐོང་ནས། སངས་རྒྱས་རྗེས་སུ་དྲན་པ་འཐོབ་བོ། །དེའི་སངས་རྒྱས་རྗེས་སུ་དྲན་པ་དེ་ཡང་ནམ་བླ་ན་མེད་པ་ཡང་དག་པར་རྫོགས་པའི་བྱང་ཆུབ་ཏུ་མངོན····པར་རྫོགས་པར་སངས་རྒྱས་ཀྱི་བར་དུ་རྒྱུན་མྱི་འཆད་དོ། །དེ་འཕགས་པའི་ཆོས་ཟག་པ་མྱེད་པ་འཇིག་རྟེན་ལས་འདས་པ་ཉན་ཐོས་དང་། རང་སངས་རྒྱས·····ཐམས་ཅད་དང་ཐུན་མོང་མ་ཡིན་པ་དེ་དག་ལ་གནས་ཏེ། འཕགས་པའི་མངོན་པར་ཤེས་པ་རྣམས་ཡོངས་སུ་རྫོགས་པར་བྱེད་དོ། །མངོན་པར་ཤེས་པ་དེ་དག་ཡོངས་སུ་རྫོགས་ནས། ཕ་རོལ་ཏུ་ཕྱིན་པ་དྲུག་ལ་གནས་ཏེ། ལྷའི་མྱིག་གིས་སྟེང་གི་ཕྱོགས་ཀྱི་འཇིག་རྟེན་གྱི་ཁམས་ཚད་མྱེད་[༡]གྲངས་མྱེད་[༢]དཔག་ཏུ་མྱེད་པ····དག་ན། སངས་རྒྱས་བཅོམ་ལྡན་འདས་གང་ཇི་སྙེད་ཅིག་བཞུགས་ཤིང་འཚོ་སྐྱོང་བ་དང་། ཆོས་སྟོན་པ་དེ་དག་ཐམས་ཅད་མཐོང་སྟེ། སངས་རྒྱས་བཅོམ་ལྡན་འདས་དེ་དག་མཐོང་ནས། སངས་རྒྱས་རྗེས་སུ་དྲན་པ་འཐོབ་བོ། །དེའི་སངས་རྒྱས་རྗེས་སུ་དྲན་པ་དེ་ཡང་ནམ་བླ་ན་མེད་པ་ཡང་དག་པར་རྫོགས་པའི་བྱང་ཆུབ···ཏུ་མངོན་པར་རྫོགས་པར་སངས་རྒྱས་ཀྱི་བར་དུ་རྒྱུན་མྱི་འཆད་དོ། །དེ་ལྟའི་རྣ་བ་མྱི་ལས་འདས་པས། སངས་རྒྱས་བཅོམ་ལྡན་འདས་དེ་དག་གིས་གསུངས་པ་ཐོས་

ཏེ་(༡) ཐོས་ནས་ཀྱང་འཛིན་ཏོ། །བཟུང་ནས་(༢) དེ་བཞིན་ཉིད་དུ་ནན་ཏན་དུ་(༣) བྱེད་དོ༑ །དེ་བཞིན་ཉིད་དུ་ནན་ཏན་དུ་(༤) བྱས་ནས་ཀྱང་། དེ་བཞིན་ཉིད་དུ་སེམས་ཅན་རྣམས་ལ་ཆོས་སྟོན་ཏོ། །དེ་སེམས་ཀྱི་རྣམ་གྲངས་ཤེས་པས། སངས་རྒྱས་བཅོམ་ལྡན་འདས་དེ་དག་གི་ཐུགས་སེམས་ཀྱིས་རབ་ཏུ་ཤེས་སོ། །འཕགས་པ···· ཐམས་ཅད་ཀྱི་སེམས་ཀྱང་སེམས་ཀྱིས་རབ་ཏུ་ཤེས་སོ། །ཿ卐ཉན་ཐོས་དང་རང···· སངས་རྒྱསཿཐམས་ཅད་(༥) ཀྱི་སེམས་ཀྱང་སེམས་ཀྱིས་རབ་ཏུ་ཤེས་སོ། །སེམས་ཅན་ཐམས་ཅད་ཀྱི་སེམས་ཀྱང་སེམས་ཀྱིས་རབ་ཏུ་ཤེས་སོ། །དེ་སེམས་ཅན་ཐམས···· ཅད་ཀྱི་སེམས་སེམས་ཀྱིས་ཡོངས་སུ་ཤེས་པར་བྱས་ཤིང་། དེ་བཞིན་ཉིད་དུ་ཆོས་སྟོན་ཏོ། །དེ་སྟོན་གྱི་གནས་རྗེས་སུ་དྲན་卍(༦)ཿཔ་ཤེས་པས་(༧) སེམས་ཅན་དེ་དག་གི་སྔོན་གྱི་དགེ་བའི་རྩ་བ་རྣམས་ཡོངས་སུ་ཤེས་པར་བྱས་ཤིང་། ཡང་སེམས་ཅན་དེ་དག་ལ་དགེ་བའི་རྩ་བ་ཡང་དག་པར་སྟོན་ཏོ། །ཡང་དག་པར་སྐུལ་ལོ། །ཡང་དག་པརཿགཟེང་སྟོད་(༨) དོ། །ཡང་དག་པར་དགའ་བར་བྱེད་དོ། །དེ་ཟག་པ་ཟད་པ་ཤེས་ཏེ་ཟག་པ་ཟད་པ་ཤེས་པ་དེས། སེམས་ཅན་(༩) རྣམས་ཐེག་པ་གསུམ་(༡༠) ལ་རབ་ཏུ་འགོད་དོ(༡༡)། །རབ་འབྱོར་བྱང་ཆུབ་སེམས་དཔའ་སེམས་དཔའ་ཆེན་པོ་དེ་(༡༢) ནི་ཤེས་རབ་ཀྱི་ཕ་རོལ་ཏུ་ཕྱིན་པ་ལ་སྤྱོད་པའི་ཚེ། (༡༣) ཆོས་ཐམས་ཅད་མཚན་(༡༤) མ་མྱེད་པ་དང་། བྱེད་པ་མྱེད་པ་དང་། དམྱིགས་པ་(༡༥) མྱེད་པ་དང་། འབྱུང་བ་མྱེད་པ་དང་། མངོན་པར་འདུ་བྱ་བ་མྱེད་པ་ལ་དེ་ལྟར་བཟོད་པའི་ཕ་རོལ་ཏུ་ཕྱིན་པ་ཡོངས་སུ་རྫོགས་(༡༦) པར་བྱེད་དོ། །བྱང་ཆུབ་སེམས་དཔའ་སེམས་དཔའ་ཆེན་པོ་དེ་ནི་ཤེས་རབ་ཀྱི་ཕ་རོལ་ཏུ་ཕྱིན་པ་ལ་སྤྱོད་ཅིང་། ཐབས་མཁས་པས···· སེམས་ཅན་རྣམས་ཡོངས་སུ་སྨིན་པར་བྱེད་དོ། །སངས་རྒྱས་ཀྱི་ཞིང་ཡོངས་སུ···· དག་པར་བྱེད་དོ། །དེ་(༡༧) སེམས་ཅན་རྣམས་ཡོངས་སུ་སྨིན་པར་བྱས། སངས་

རྒྱས་ཀྱི་ཞིང་ཡོངས་སུ་དག་པར་བྱས་ནས། རྣམ་པ་[༡]ཐམས་ཅད་མཁྱེན་པ་ཉིད་ལ་སྤྱོད[༢]། རྣམ་པ་ཐམས་ཅད་མཁྱེན་པ་ཉིད། ཡོངས་སུ་རྫོགས་པར་བྱས་ནས། བླ་ན་མེད་པ་ཡང་དག་པར་རྫོགས་པའི་བྱང་ཆུབ་ཏུ་མངོན་པར་རྫོགས་པར་འཚང་རྒྱའོ། །བླ་ན་མེད་པ་ཡང་དག་པར་རྫོགས་པའི་བྱང་ཆུབ་ཏུ་མངོན་པར་རྫོགས་པར་སངས་རྒྱས་ནས་ཆོས་ཀྱི་འཁོར་ལོ་སྐོར་[༣]རོ། །ཆོས་ཀྱི་འཁོར་ལོ་བསྐོར་[༤]ནས་སེམས་ཅན་རྣམས་ཐེག་པ་གསུམ་གྱིས་འཁོར་བ་ལས་ཡོངས་སུ་འགྲེལ་ཏོ། །རབ་འབྱོར་དེ་ལྟར་[༥]བྱང་ཆུབ་སེམས་དཔའ་སེམས་དཔའ་ཆེན་པོ་ཤེས་རབ་ཀྱི་ཕ་རོལ་ཏུ་ཕྱིན་པ་ལ་སྤྱོད་པའི་ཚེ། ཆོས་ཐམས་ཅད་མཚན་མ་མེད་པ་དང་། བྱེད་པ་མེད་པ་དང་དམིགས་སུ་[༦]མེད་པ་དང་། འབྱུང་བ་མེད་པ་དང་། མངོན་པར་འདུ་བྱ་བ་མེད་པ་ལ་མཚན་མ་དང་བྲལ་བའི་སེམས་ཀྱིས་བཟོད་པའི་ཕ་རོལ་ཏུ་ཕྱིན་པ་ཡོངས་སུ་རྫོགས་པར་བྱེད་པ་ཡིན་ནོ། །རབ་འབྱོར་ཇི་ལྟར་[༧]བྱང་ཆུབ་སེམས་དཔའ་སེམས་དཔའ་ཆེན་པོ་ཤེས་རབ་ཀྱི་ཕ་རོལ་ཏུ་ཕྱིན་པ་ལ་སྤྱོད་པའི་ཚེ། ཆོས་ཐམས་ཅད་མཚན་མ་མེད་པ་དང་། བྱེད་པ་མེད་པ་དང་། དམིགས་སུ་མེད་པ་དང་། འབྱུང་བ་མེད་པ་དང་། མངོན་པར་འདུ་བྱ་བ་མེད་པ་ལ་མཚན་མ་དང་བྲལ་བའི་སེམས་ཀྱིས་བརྩོན་འགྲུས་ཀྱི་ཕ་རོལ་ཏུ་ཕྱིན་པ་ཡོངས་སུ་རྫོགས་པར་བྱེད་པ་ཡིན་ཞེ་ན། རབ་འབྱོར་འདི་ལ་བྱང་ཆུབ་སེམས་དཔའ་སེམས་དཔའ་ཆེན་པོ་ཤེས་རབ་ཀྱི་ཕ་རོལ་ཏུ་ཕྱིན་པ་ལ་[༨]སྤྱོད་པའི་ཚེ། ཆོས་ཐམས་ཅད་མཚན་མ་མེད་པ་དང་། བྱེད་པ་མེད་པ་དང་། དམིགས་སུ་མེད་པ་དང་། འབྱུང་བ་མེད་པ་དང་། མངོན་པར་འདུ་བྱ་བ་མེད་པ་ལ་མཚན་མ་དང་བྲལ་བའི་སེམས་ཀྱིས་སེམས་དང་པོ་བསྐྱེད་པ་ནས་ཉེ་བར་བཟུང་སྟེ། ལུས་ཀྱི་བརྩོན་འགྲུས་དང་ལྡན་པ་ཡིན། སེམས་ཀྱི་བརྩོན་འགྲུས་དང་ལྡན༔པ་ཡིན་ཏེ[༩]། དེ་ལུས་ཀྱི་བརྩོན་

འགྲུས་ལ་གནས་ནས། བསམ་གཏན་དང་པོ་[1] ཉེ་བར་བསྒྲུབས་ཏེ་གནས་སོ། །
བསམ་གཏན་གཉིས་པ་[2] ཉེ་བར་བསྒྲུབས་ཏེ་གནས་སོ། །བསམ་གཏན་གསུམ་པ་[3]
ཉེ་བར་བསྒྲུབས་ཏེ་གནས་སོ། །བསམ་གཏན་བཞི་པ་[4] ཉེ་བར་བསྒྲུབས་ཏེ་གནས་
སོ༑ །དེ་བསམ་གཏན་བཞི་པ་ལ་མཉམ་པར་གཞག་ཅིང་། རྫུ་འཕྲུལ་གྱི་རྣམ་པ་
དུ་མ་ཉམས་སུ་མྱོང་བར་བྱེད་དོ། །ས་ཆེན་པོ་འདི་ཡང་རབ་ཏུ་གཡོ་བར་བྱེད་དོ། །
གཅིག་ཏུ་གྱུར་ཅིང་མང་པོར་འགྱུར་རོ། །མང་པོར་གྱུར་ཅིང་གཅིག་ཏུ་འགྱུར་རོ། །
སྣང་བ་དང་མི་སྣང་བ་ཡང་ཉམས་སུ་མྱོང་བར་བྱེད་དོ། །རྩིག་པ་ལས་ཐལ་བ་
དང༌། ར་བ་ལས་ཐལ་བ་དང་། རི་ལས་ཐལ་བར་ཐོགས་པ་མེད་པའི་ལུས་ཀྱིས་
འགྲོ་སྟེ། དཔེར་ན་ནམ་མཁའ་ལ་བྱ་བ་བཞིན་ནོ། །ནམ་མཁའ་ལ་ཡང་སྐྱིལ་[5]
མོ་ཀྲུང་གིས་འགྲོ་སྟེ། དཔེར་ན་འདབ་[6] ཆགས་བྱ་བཞིན་ནོ། །ས་ལ་ཡང་གྱེན་
ཏུ་འབྱུང་བ་དང་། འོག་ཏུ་[7] འཛུལ་བཿབྱེད་དེ[8]། དཔེར་ན་ཆུ་ལ་བྱ་བ་བཞིན་
ནོ༑ །ཆུ་ལ་ཡང་འབྱིང་བ་མེད་པར་འགྲོ་སྟེ། ༔དཔེར་ན་ས་ལ་བྱ་བ་བཞིན་ནོ། །[9]
དུ་བར་འཁྲུལ་ཞིང་མེར་འབར་ཏེ། དཔེར་ན་མེའི་ཕུང་པོ་ཆེན་པོ་བཞིན་ནོ། །
ཉི་མ་དང་། ཟླ་བ་འདི་དག་འདི་ལྟར་རྫུ་འཕྲུལ་ཆེ་ལ་འདི་ལྟར་མཐུ་ཆེ་ཞིང་།
འདི་ལྟར་དབང་ཆེ་བ་དག་[10] ཀྱང་ལག་པས་བྱུགས་ཤིང་། ཚངས་པའི་འཇིག་རྟེན་
གྱི་བར་དུ་ལུས་ཀྱིས་དབང་བསྒྱུར་[11] ཏེ། དེ་ལུས་ཀྱི་[12] བརྩོན་འགྲུས་[13] དེ་ལྟ་བུ་དང་
ལྡན་པས་རྫུ་འཕྲུལ་གྱི་རྣམ་པ་དེས་ཕྱོགས་བཅུའི་འཇིག་རྟེན་གྱི་ཁམས་ཚད་མེད་····
གྲངས་མེད་དཔག་ཏུ་མེད་པ་དག་ན། སངས་རྒྱས་བཅོམ་ལྡན་འདས་གང་ཇི·····
སྙེད་ཅིག་བཞུགས་ཤིང་འཚོ་སྐྱོང་བ་དང་། ཆོས་སྟོན་པ་དེ་དག་ཏུ་སོང་ཞིང་།
སངས་རྒྱས་བཅོམ་ལྡན་འདས་དེ་དག་ལ་ན་བཟའ་དང་། བསོད་སྙོམས་དང་།
གཟིམས་ཆ་[14] དང་། སྨན་གྱི་རྫས་སྣན་དང་། ཡོ་བྱད་མང་པོས་བསྙེན་བཀུར་

བྱེད་དེ། ན་བཟའ་དང་། བསོད་སྙོམས་དང་། གཟིམས་ཆ་[1]དང་། སྣུན་གྱི་རྐྱེན་སྨན་དང་། ཡོ་བྱད་མང་པོ་དེ་དག་ཀུང་ནམ་བླ་ན་མྱེད་པ་ཡང་དག་པར་རྫོགས་པའི་བྱང་ཆུབ་ཏུ་མངོན་པར་རྫོགས་པར་སངས་རྒྱས་ཀྱི་བར་ཏུ་ཟད་པར་མྱི་འགྱུར་ཏེ[2]། བྱང་ཆུབ་ཏུ་མངོན་པར་རྫོགས་པར་སངས་རྒྱས་ནས་ཀུང་[3]། གོས་དང་བསོད་སྙོམས་དང་། མལ་ཆ་[4]དང་། ནད་ཀྱི་རྐྱེན་རྩི་དང་། ཡོ་བྱད་མང་པོས་ལྷ་དང་མྱི་དང་། ལྷ་མ་ཡིན་དུ་བཅས་པའི་འཇིག་རྟེན་བདེ་བར་འགྱུར་རོ། །ཡོངས་སུ་མྱ་ངན་ལས་འདས་ནས་ཀུང་། རིང་བསྲེལ་ལ་རིང་བསྲེལ་གྱི་མཆོད་པ་མང་པོ་[5]འབྱུང་བར་འགྱུར་རོ། །རྫུ་འཕྲུལ་མངོན་པར་འདུ་བྱ་བ་དེ་ཉིད་ཀྱིས་སངས་རྒྱས་བཅོམ་ལྡན་འདས་དེ་དག་གི་དྲུང་དུ་སོང་ཞིང་[6]། ཆོས་ཉན་ཏེ། ཇི་སྲིད་དུ་ཐོས་པ་དེ་ཡང་བླ་ན་མེད་པ་ཡང་དག་པར་རྫོགས་པའི་བྱང་ཆུབ་ཏུ་མངོན་པར་རྫོགས་པར་སངས་རྒྱས་ཀྱི་བར་དུ་ནམ་ཡང་ཆུད་ཟ་བར་མྱི་འགྱུར་རོ། །རྣམ་པ་ཐམས་ཅད་མཁྱེན་པ་ཉིད་ལ་སྤྱོད་ཅིང་། སེམས་ཅན་རྣམས་ཀུང་ཡོངས་སུ་སྨིན་པར་བྱེད[7]། སངས་རྒྱས་ཀྱི་ཞིང་ཡང་[8]ཡོངས་སུ་འཛིན་ཏེ[9]། རབ་འབྱོར་དེ་ལྟར་ན་བྱང་ཆུབ་སེམས་དཔའ་སེམས་དཔའ་ཆེན་པོ་ཤེས་རབ་ཀྱི་ཕ་རོལ་ཏུ་ཕྱིན་པ་ལ་སྤྱོད་པའི་ཚེ། ཆོས་ཐམས་ཅད་མཚན་མ་མྱེད་པ་དང་། བྱེད་པ་མྱེད་པ་དང་། དམྱིགས་སུ་མྱེད་པ་དང་། འབྱུང་བ་མྱེད་པ་དང་། མངོན་པར་འདུ་བྱ་བ་མྱེད་པ་ལ་ལུས་ཀྱི་བརྩོན་འགྲུས་དང་ལྡན་པས། བརྩོན་འགྲུས་ཀྱི་ཕ་རོལ་ཏུ་ཕྱིན་པ་ཡོངས་སུ་རྫོགས་པར་བྱེད་དོ།། །།

ཤེས་རབ་ཀྱི་ཕ་རོལ་ཏུ་ཕྱིན་པ་སྟོང་ཕྲག་བརྒྱ་པ། བམ་པོ༔ ཉི་ཤུ་གཅིག་[10]པ། རབ་འབྱོར་ཇི་ལྟར་ན་བྱང་ཆུབ་སེམས་དཔའ་སེམས་དཔའ་ཆེན་པོ། ཤེས་རབ་ཀྱི་ཕ་རོལ་ཏུ་ཕྱིན་པ་ལ་སྤྱོད་པའི་ཚེ། ཆོས་ཐམས་ཅད་མཚན་མ་མྱེད་པ་དང་།

བྱེད་པ་མེད་པ་དང་དམིགས་སུ་མེད་པ་དང་འབྱུང་བ་མེད་པ་དང་། མངོན་པར་
འདུ་བྱ་བ་མེད་པ་ལ་[1]སེམས་ཀྱི་བརྩོན་འགྲུས་འཕགས་པ་ཟག་པ་མེད་པ་ལམ་གྱི་·····
ཡན་ལག་ལམ་གྱི་ཁོངས་སུ་ཆུད་པ་དང་ལྡན་པས[2]། བརྩོན་འགྲུས་ཀྱི་ཕ་རོལ་ཏུ་
ཕྱིན་པ་ཡོངས་སུ་རྫོགས་པར་བྱེད་པ་ཡིན་ཞི་ན། རབ་འབྱོར་འདི་ལ་བྱང་ཆུབ་····
སེམས་དཔའ་སེམས་དཔའ་ཆེན་པོ་ཤེས་རབ་ཀྱི་ཕ་རོལ་ཏུ་ཕྱིན་པ་ལ་སྤྱོད་པའི་ཚེ།
ཆོས་ཐམས་ཅད་མཚན་མ་མེད་པ་དང་། བྱེད་པ་མེད་[3]པ་དང་། དམིགས་སུ་
མེད་པ་དང་། འབྱུང་བ་མེད་པ་དང་། མངོན་པར་འདུ་བྱ་བ་མེད་པ་ལ་མཚན་
མ་དང་བྲལ་བའི་སེམས་ཀྱིས[4]། སེམས་དང་པོ་བསྐྱེད་པ་ནས་ཉེ་བར་བཟུང་སྟེ།
སེམསཿཀྱི་བརྩོན་[5]འགྲུས་དང་ལྡན་པས། ལུས་ཀྱི་ལས་མི་དགེ་བའི་སྐབས་མི·····
འབྱེད། ངག་གི་ལས་[6]མི་དགེ་བའི་སྐབས་མི་འབྱེད། ཡིད་ཀྱི་ལས་མི་དགེ་བའི་
སྐབས་མི་འབྱེད་དེ[7]། རྟག་ཅེས་བྱ་བའམ། མི་རྟག་ཅེས་བྱ་བའམ། བདེ་ཞེས་
བྱ་བའམ། སྡུག་བསྔལ་ཞེས་བྱ་བའམ། བདག་ཅེས་བྱ་བའམ། བདག་མེད་
ཅེས་བྱ་བའམ། ཞི་ཞེས་བྱ་བའམ། མ་ཞི་ཞེས་བྱ་བའམ། དགེ་ཞེས་བྱ་བའམ།
མི་དགེ་ཞེས་བྱ་བའམ། འཇིག་རྟེན་[8]ཞེས་བྱ་བའམ། འཇིག་རྟེན་ལས་འདས་
པ་ཞེས་བྱ་བའམ། ཉོན་མོངས་པ་དང་བཅས་[9]ཤེས་བྱ་བའམ། ཉོན་མོངས་པ་
མེད་[10]ཅེས་བྱ་བའམ། ཁ་ན་མ་ཐོ་བ་དང་བཅས་པ་ཞེས་བྱ་བའམ། ཁ་ན་མ་ཐོ་
བ་མེད་ཅེས་བྱ་བའམ། ཟག་པ་དང་བཅས་པ་[11]ཞེས་བྱ་བའམ། ཟག་པ་མེད་
ཅེས་བྱ་བའམ། ཀུན་ནས་ཉོན་མོངས་པ་ཞེས་བྱ་བའམ། རྣམ་པར་བྱང་བ་ཞེས་
བྱ་བའམ། འདུས་བྱས་ཤེས་བྱ་བའམ། འདུས་མ་བྱས་ཤེས་བྱ་བར་སེམས་[12]པ་
མེད་དོ། །འདོད་པའི་ཁམས་སམ། གཟུགས་ཀྱི་ཁམས་སམ། གཟུགས་མེད་
པའི་ཁམས་སམ། ཿཟག་པ་དང་བཅས་པའི་ཁམས་སམ།[13] ཟག་པ་མེད་པའི་

ཁམས་སམ། བསམ་གཏན་དང་པོའམ། བསམ་གཏན་གཉིས་པའམ། བསམ་གཏན་གསུམ་པའམ། བསམ་གཏན་བཞི་པའམ། བྱམས་པའམ། སྙིང་རྗེ[༡]འམ༑ དགའ་བའམ། བཏང་སྙོམས་སམ། ནམ་མཁའ་མཐའ་ཡས་སྐྱེ་མཆེད་དམ༑ རྣམ་ཤེས་མཐའ་ཡས་སྐྱེ་མཆེད་དམ། ཅུང་ཟད་མེད་པའི་སྐྱེ་མཆེད་དམ། འདུ་ཤེས་མེད་འདུ་ཤེས་མེད་མིན་[༣]སྐྱེ་མཆེད་དམ། སྦྱིན་པའི་ཕ་རོལ་ཏུ་ཕྱིན……པའམ༑ ཚུལ་ཁྲིམས་ཀྱི་ཕ་རོལ་ཏུ་ཕྱིན་པའམ། བཟོད་པའི་ཕ་རོལ་ཏུ་ཕྱིན་པའམ༑ བརྩོན་འགྲུས་ཀྱི་ཕ་རོལ་ཏུ་ཕྱིན་པའམ། བསམ་གཏན་གྱི་ཕ་རོལ་ཏུ་ཕྱིན་པའམ། ཤེས་རབ་ཀྱི་ཕ་རོལ་ཏུ་ཕྱིན་པའམ། ནང་སྟོང་པ་ཉིད་དམ། ཕྱི་སྟོང་པ་ཉིད་དམ། ཕྱི་ནང་སྟོང་པ་ཉིད་དམ། སྟོང་པ་ཉིད་སྟོང་པ་ཉིད་དམ། ཆེན་པོ་སྟོང་པ་ཉིད་དམ། དོན་དམ་པ་སྟོང་པ་ཉིད་དམ། འདུས་བྱས་སྟོང་པ་ཉིད་དམ། འདུས་མ་བྱས་སྟོང་པ་ཉིད་དམ། མཐའ་ལས་འདས་པ་སྟོང་པ་ཉིད་དམ༑ ཐོག་མ་དང་ཐ་མ་མེད་པ་སྟོང་པ་ཉིད་དམ། དོར་བ་མེད་པ་སྟོང་པ་ཉིད་དམ༑ རང་བཞིན་སྟོང་པ་ཉིད་དམ། ཆོས་ཐམས་ཅད་སྟོང་པ་ཉིད་དམ། རང་གི་མཚན་ཉིད་སྟོང་པ་ཉིད་དམ། མི་དམིགས་པ་སྟོང་པ་ཉིད་དམ། དངོས་པོ་མེད་པ་སྟོང་པ་ཉིད་དམ། ངོ་བོ་ཉིད་སྟོང་པ་ཉིད་དམ། དངོས་པོ་མེད་པའི་ངོ་བོ་ཉིད་སྟོང་པ་ཉིད་དམ། དྲན་པ་ཉེ་བར་གཞག་པ་རྣམས་སམ། ཡང་དག་པར་སྤོང་བ་རྣམས་སམ། རྫུ་འཕྲུལ་གྱི་[༣]རྐང་པ་རྣམས་སམ། དབང་པོ་རྣམས་སམ༑ སྟོབས་རྣམས་སམ། བྱང་ཆུབ་ཀྱི་ཡན་ལག་རྣམས་སམ། འཕགས་པའི་ལམ་ཡན་ལག་བརྒྱད་པའམ། འཕགས་པའི་བདེན་པ་རྣམས་སམ། བསམ་གཏན་རྣམས་སམ། ཚད་མེད་པ་རྣམས་སམ། གཟུགས་མེད་པའི་སྙོམས་པར་འཇུག་པ་རྣམས་སམ། རྣམ་པར་ཐར་པ་རྣམས་སམ། མཐར་གྱིས་གནས་པའི་

སྙོམས་པར་འཇུག་པ་རྣམས་སམ། [1]སྟོང་པ་ཉིད་དམ། མཚན་མ་མེད་པའམ། སྨོན་པ་མེད་པའམ། མངོན་པར་ཤེས་པ་རྣམས་སམ། ཏིང་ངེ་འཛིན་རྣམས་སམ། གཟུངས་ཀྱི་སྒོ་རྣམས་སམ། དེ་བཞིན་གཤེགས་པའི་སྟོབས་རྣམས་སམ། མི་འཇིགས་པ་རྣམས་སམ། སོ་སོ་ཡང་དག་པར་རིག་པ་རྣམས་སམ། བྱམས་པ་ཆེན་པོའམ། སྙིང་རྗེ་ཆེན་པོའམ། སངས་རྒྱས་ཀྱི་ཆོས་མ་འདྲེས་པ་རྣམས་ལ་ཡང་རྟག་ཅེས་བྱ་བའམ། མི་རྟག་ཅེས་བྱ་བའམ། བདེ་ཞེས་བྱ་བའམ། སྡུག་བསྔལ་ཞེས་བྱ་བའམ། བདག་ཅེས་བྱ་བའམ། བདག་མེད་ཅེས་བྱ་བའམ། [2]ཞི་ཞེས་བྱ་བའམ། མ་[3]ཞི་ཞེས་བྱ་བའམ། དགེ་ཞེས་བྱ་བའམ། མི་དགེ་ཞེས་བྱ་བའམ། འཇིག་རྟེན་[4]ཞེས་བྱ་བའམ། འཇིག་རྟེན་ལས་འདས་[5]ཤེས་བྱ་བའམ། ཉོན་མོངས་པ་དང་བཅས་[6]ཤེས་བྱ་བའམ། ཉོན་མོངས་པ་མེད་ཅེས་བྱ་བའམ། ཁ་ན་མ་ཐོ་བ་དང་བཅས་[7]ཤེས་བྱ་བའམ། ཁ་ན་མ་ཐོ་བ་མེད་ཅེས་བྱ་བའམ། ཟག་པ་དང་བཅས་[8]ཤེས་བྱ་བའམ། ཟག་པ་མེད་ཅེས་བྱ་བའམ། ཀུན་ནས་ཉོན་མོངས་པ་ཞེས་བྱ་བའམ། རྣམ་པར་བྱང་བ་[9]ཞེས་བྱ་བའམ། འདུས་བྱས་ཤེས་བྱ་བའམ། འདུས་མ་བྱས་ཤེས་བྱ་བར་སྙེམས་པ་མེད་དོ། །རྒྱུན་དུ་ཞུགས་པའི་འབྲས་བུར་སྙེམས་པ་མེད་དོ། །ལན་ཅིག་ཕྱིར་འོང་བའི་འབྲས་བུར་སྙེམས་པ་མེད་དོ། །ཕྱིར་མི་འོང་བའི་འབྲས་[10]བུར་སྙེམས་པ་མེད་དོ། །དགྲ་བཅོམ་པ་ཉིད་དུ་སྙེམས་པ་མེད་དོ། །རང་བྱང་ཆུབ་ཏུ་སྙེམས་པ་མེད་དོ། །བྱང་ཆུབ་སེམས་དཔའ་ཉིད་དུ་སྙེམས་པ་མེད་དོ། །བླ་ན་མེད་པ་ཡང་དག་པར་རྫོགས་པའི་བྱང་ཆུབ་ཏུ་སྙེམས་པ་མེད་དོ། །རྒྱུན་དུ་ཞུགས་པ་ཞེས་བྱ་བར་[11]ཡང་སྙེམས་པ་མེད་དོ། །ལན་ཅིག་ཕྱིར་འོང་བ་ཞེས་བྱ་བར་ཡང་སྙེམས་པ་མེད་དོ། །ཕྱིར་མི་འོང་བ་[12]ཞེས་བྱ་བར་ཡང་སྙེམས་པ་མེད་དོ། །དགྲ་བཅོམ་པ་

ཞེས་བྱ་བར་ཡང་སློམས་པ་མྱེད་དོ། །རང་སངས་རྒྱས་ཤེས་བྱ་བར་ཡང་སློམས་པ་མྱེད་དོ། །བྱང་ཆུབ་སེམས་དཔའ་ཞེས་བྱ་བར་ཡང་སློམས་པ་མྱེད་དོ། །སངས་རྒྱས་ཤེས་བྱ་བར་ཡང་སློམས་པ་མྱེད་དོ། །སེམས་ཅན་འདི་དག་ནི་མཐོང་བའི་ལམ་གྱིས་བརྗོད་པ། འདི་དག་ནི་བསྒྲུབས་པའི་སེམས[1]བརྗོད་པ། འདི་དག་ནི་དམ་པ་མ་ཡིན་པའི་ཆ་ཅན་གྱིས་བརྗོད་པ། འདི་དག་ནི་བླ་མའི་ཆ་ཅན་གྱིས་བརྗོད་པ། འདི་དག་ནི་རང་སངས་རྒྱས་ཉིད་ཀྱིས[2]བརྗོད་པ། འདི་དག་ནི་ལམ་གྱི་རྣམ་པ་ཤེས་པ་ཉིད་ཀྱིས་བརྗོད་པ། འདི་དག་ནི[3]རྣམ་པ་ཐམས་ཅད་མཁྱེན་པ་ཉིད་ཀྱིས་བརྗོད་པ། ཞེས་བྱ་བར་ཡང་སློམས་པ་མྱེད་དོ། །དེ་ཅིའི་ཕྱིར་ཞེ་ན། དེ་ནི་འདི་ལྟར་དེ་དག་ལ་ངོ་བོ་ཉིད་གང་གིས་བརྗོད་པར་བྱ་བའི་ངོ་བོ་ཉིད་དེ་སེམས་ལས་བྱུང་བའི་བརྩོན་འགྲུས་དེ་ལྟ་བུ་དང་ལྡན་པས་མངོན་དུ་གྱུར་ཀྱང་སེམས་ཅན་རྣམས་ཀྱི་དོན་བྱེད་དེ[4]། སེམས་ཅན་དེ་དག་ཀྱང་མྱི་དམྱིགས་སོ། །བརྩོན་འགྲུས་ཀྱི་ཕ་རོལ་ཏུ་ཕྱིན་པ་ཡང་ཡོངས་སུ་རྫོགས་པར་བྱེད་དེ། བརྩོན་འགྲུས་ཀྱི་ཕ་རོལ་ཏུ་ཕྱིན་པ་དེ[5]ཡང་མྱི་དམྱིགས་སོ། །སངས་རྒྱས་ཀྱི་ཆོས་རྣམས་ཀྱང་ཡོངས་སུ་རྫོགས་པར་བྱེད་དེ། སངས་རྒྱས་ཀྱི་ཆོས་དེ་དག་ཀྱང་མྱི་དམྱིགས་སོ། །སངས་རྒྱས་ཀྱི་ཞིང་ཡང་ཡོངས་སུ་དག་པར་བྱེད་དེ། སངས་རྒྱས་ཀྱི་ཞིང་དེ་ཡང་མྱི་དམྱིགས་སོ། །དེ་སེམས་ཀྱི་བརྩོན་འགྲུས་དེ་ལྟ་བུ་དང་ལྡན་པས། དགེ་བའི་ཆོས་ཐམས་ཅད་ཡོངས་སུ་འཛིན་ཀྱང་དེ་ལ་ཆགས་པ་མྱེད་དེ། དེ་ཆགས་པ་མེད་པར་སེམས་ཅན་རྣམས་ཀྱི་དོན་བྱེད་ཅིང་། སངས་རྒྱས་ཀྱི་ཞིང་ནས་སངས་རྒྱས་ཀྱི་ཞིང་དུ་འགྲོའོ[6]། །འཇིག་རྟེན་གྱི་ཁམས་ནས་འཇིག་རྟེན་གྱི་ཁམས་སུ་འགྲོ་སྟེ། རྫུ་འཕྲུལ་དང་ཆོ་འཕྲུལ་གང་དང་གང་གིས་རྣམ་པར་འཕྲུལ་པར་འདོད་པའི་རྫུ་འཕྲུལ་དང་ཆོ་འཕྲུལ་དེ་དང་། དེས་རྣམ་པར་འཕྲུལ་ཏེ།

མི་ཏོག་གིཿཆར་དབབ་[༡]པའམ། སྤོས་ཀྱི་ངད་དགྱེ་[༢]བའམ། འབྲུག་གིཿསྒྲ་བསྒྲག་[༣]པའམ། སྒྲུ་[༤]དང་[༥]སིལ་སྙན་གྱིཿསྒྲ་བསྒྲག་[༦]པ་དང་། ས་བསྐྱོད་པའམ། སྣང་བ་བསྟན་པའམ། རིན་པོ་ཆེ་སྣ་བདུན་གྱི་འཇིག་རྟེན་གྱི་ཁམས་བསྟན་པས་རྣམ་པར་འཕྲུལ་ཏེ། གང་དང་གང་དུ་གང་དང་གང་སེམས་ཅན་རྣམས་ཀྱི་དོན་དུ་འགྱུར་བ་དེ་དག་ཀྱང་བདག་གི་ལུས་ལས་འབྱིད་དེ[༧]། སེམས་ཅན་རྣམས་ཀྱི་དོན་ཏུ་བར་འགའ་བདག་ལས་འབྱིད་དོ། །བར་འགའ་[༨]དྲི་ཞིམ་པོ་འབྱིད་དོ། །བར་འགའ་སྲོག་གཅོད་པ་མེད་པའི་མཆོད་སྦྱིན་ཆེན་པོ་བྱེད་དོ། །བར་འགའ་[༩]སེམས་ཅན་མཐའ་ཡས་པ་ལམ་མ་ཡིན་པ་ནས། འདོན་[༡༠]ཏེ་སྲོག་གཅོད་པ་ལས་ཟློག་[༡༡]གོ། །མ་བྱིན་པར་ལེན་པ་ལས་ཟློག་[༡༢]གོ། །འདོད་པས་ལོག་པར་གཡེམ་པ་ལས་ཟློག་[༡༣]གོ། །ཕྲ་མ་སྨྲ་བ་ལས་ཟློག་[༡༤]གོ། །ཞེ་གཅོད་པའི་ཚིག་ལས་ཟློག་[༡༥]གོ། །བརྫུན་དུ་སྨྲ་བ་ལས་ཟློག་[༡༦]གོ། །ཚིག་ཀྱལ་[༡༧]བ་ལས་ཟློག་[༡༨]གོ། །ཆགས་སེམས་ལས་ཟློག་[༡༩]གོ། །གནོད་སེམས་ལས་ཟློག་[༢༠]གོ། །ལོག་པར་ལྟ་བ་ལས་ཡོངས་སུ ཿའཕེལ་ཏོ[༢༡]། །ལ་[༢༢]ལ་ལ་ནི་སྦྱིན་པས་ཕན་འདོགས་སོ། །ལ་[༢༣]ལ་ལ་ནི་ཚུལ་ཁྲིམས་ཀྱིས་ཕན་འདོགས་སོ[༢༤]། །ལ་ལའི་དོན་དུ་ནི་ཡན་ལག་དང་ཉིང་ལག་ཡོངས་སུ་གཏོང་ངོ་། །ལ་ལའི་དོན་དུ་ནི་བུ་དང་ཆུང་མ་ཡོངས་སུ་གཏོང་ངོ་། །ལ་ལའི་དོན་དུ་ནི་རྒྱལ་སྲིད་ཡོངས་སུ་གཏོང་ངོ་། །ལ་ལའི་དོན་དུ་ནི་[༢༥]བདག་ཡོངས་སུ་གཏོང་སྟེ[༢༦]། དེ་ལྟར་ཐབས་གང་དང་གང་གིས་སེམས་ཅན་རྣམས་ཀྱི་དོན་དུ་འགྱུར་བའི་ཐབས་དེ་དང་དེས་སེམས་ཅན་རྣམས་ཀྱི་དོན་བྱེད་དོ། །རབ་འབྱོར་དེ་ལྟར་ན་བྱང་ཆུབ་སེམས་དཔའ་སེམས་དཔའ་ཆེན་པོ། ཤེས་རབ་ཀྱི་ཕ་རོལ་ཏུ་ཕྱིན་པ་ལ་སྤྱོད་པའི་ཚེ། ཆོས་ཐམས་ཅད་མཚན་མ་མེད་པ་དང་། བྱེད་པ་མེད་པ་དང་། དམིགས་སུ་མེད་པ་དང་། འབྱུང་བ་མེད་པ་དང་། མངོན་

པར་འདུ་བྱ་བ་མེད་པ་ལ་སེམས་ཀྱི་བརྩོན་འགྲུས་དང་ལྡན་པས། བརྩོན་འགྲུས་ཀྱི་ཕ་རོལ་ཏུ་ཕྱིན་པ་ཡོངས་སུ་རྫོགས་པར་བྱེད་དོ། །རབ་འབྱོར་ཇི་ལྟར་ན་བྱང་ཆུབ་སེམས་དཔའ་སེམས་དཔའ་ཆེན་པོ་ཤེས་རབ་ཀྱི་ཕ་རོལ་ཏུ་ཕྱིན་པ་ལ་སྤྱོད་པའི་ཚེ། ཆོས་ཐམས་ཅད་མཚན་མ་མེད་པ་དང་། བྱེད་པ་མེད་པ་དང་། དམིགས་སུ་མེད་པ་དང་། འབྱུང་བ་མེད་པ་དང་། མངོན་པར་འདུ་བྱ་བ་མེད་པ་ལ་བསམ་གཏན་གྱི་ཕ་རོལ་ཏུ་ཕྱིན་པ་ཡོངས་སུ་རྫོགས་པར་བྱེད་པ་ཡིན་ཞེ་ན། རབ་འབྱོར་འདི་ལ་བྱང་ཆུབ་སེམས་དཔའ་སེམས་དཔའ་ཆེན་པོ། ཤེས་རབ་ཀྱི་ཕ་རོལ་ཏུ་ཕྱིན་པ་ལ་སྤྱོད་པའི་ཚེ། ཆོས་ཐམས་ཅད་མཚན་མ་མེད་པ་དང་། བྱེད་པ་མེད་པ་དང་། དམིགས་སུ་མེད་པ་དང་། འབྱུང་བ་མེད་པ་དང་། མངོན་པར་འདུ་བྱ་བ་མེད་པ་ལ་མཚན་མ་དང་བྲལ་བའི་སེམས་ཀྱིས། སེམས་དང་པོ་བསྐྱེད་པ་ནས་ཉེ་བར་བཟུང་སྟེ། བསམ་གཏན་གྱི་ཕ་རོལ་ཏུ་ཕྱིན་པ་ལ་གནས་ཤིང་། དེ་བཞིན་གཤེགས་པའི་ཏིང་ངེ་འཛིན་མ་གཏོགས་པར་ཏིང་ངེ་འཛིན་……གཞན་ཐམས་ཅད་ཡོངས་སུ་རྫོགས་པར་བྱེད་དོ། །[1]དེ་འདོད་པས་དབེན[2]། ༔སྡིག་ཏོ་མི་དགེ་བའི་ཆོས་ཀྱིས་དབེན[3]པ་རྟོག་པ་དང་བཅས་པ། དཔྱོད་པ་དང་བཅས་པ་དབེན་པ་ལས་སྐྱེས་པའི་དགའ་བ་དང་། བདེ་བ་ཅན་བསམ་གཏན……དང་པོ་ལ་ཉེ་བར་བསྒྲུབས་ཏེ་གནས་སོ། །དེ་རྣམ་པར་རྟོག[4]པ་དང་། རྣམ་པར་དཔྱོད་པ་ཉེ་བར་ཞི་ནས་ནང་ཡོངས་སུ་དང་སྟེ། སེམས་ཀྱི་རྒྱུད་གཅིག་ཏུ་གྱུར་པས། རྟོག་པ་མེད་པ། དཔྱོད་པ་མེད་པ[5]། ཏིང་ངེ་འཛིན་ལས་སྐྱེས་པའི་དགའ་བ་དང་། བདེ་བ་ཅན་བསམ་གཏན་གཉིས་པ་ལ་ཉེ་བར་བསྒྲུབས་ཏེ་གནས་སོ། །དེ་དགའ་བ་ལས་འདོད་ཆགས་དང་བྲལ་བས། བཏང་སྙོམས་ལ་གནས་ཏེ། དྲན་པ་དང་ལྡན་ཞིང་ཤེས་བཞིན་དུ་བཏང་སྙོམས་ལ་གནས་ཏེ། བདེ་བ་ལུས་ཀྱིས་མྱོང[6]ལ……

འཕགས་པ་རྣམས་ཀྱིས་དེ་ལ་དྲན་པ་དང་ལྡན་པ་བདེ་བ་ལ་རྣམ་པར་སྤྱོད་པ་བཏང་སྙོམས་པའོ་ཞེས་བརྗོད་པ་སྟེ། དགའ་བ་མེད་པའི་བསམ་གཏན་གསུམ་པ་ལ་ཉེ་བར་བསྒྲུབས་ཏེ་གནས་སོ། །དེ་བདེ་བ་ཡང་སྤངས་སྡུག་བསྔལ་བ་ཡང་སྤངས་ཤིང་ཡིད་བདེ་བ་དང་། ཡིད་མི་བདེ་བ་སྔ་ནས་ཀྱང་ནུབ་པས། བདེ་བ་ཡང་མེད་སྡུག་བསྔལ་བ་(༡)མེད་པ་བཏང་སྙོམས་དང་དྲན་པས་ཡོངས་སུ་དག་པའི་བསམ་གཏན་བཞི་པ་ལ་ཉེ་བར་བསྒྲུབས་ཏེ་གནས་སོ། །དེ་བྱམས་པ་དང་ལྡན་པའི་སེམས་དང་། སྙིང་རྗེ་དང་ལྡན་པའི་སེམས་དང་། དགའ་བ་དང་ལྡན་པའི་སེམས་དང་། བཏང་སྙོམས་དང་ལྡན་པའི་སེམས་ཀྱིས། འཇིག་རྟེན་ཆོས་ཀྱི་དབྱིངས་ཀྱིས་ཀླས་པ། ནམ་མཁའི་མཐས་(༢)གཏུགས་པ་ཐམས་ཅད༔ རྣམ་པ་ཐམས་ཅད་(༣)དུ་(༤)རྒྱས་པར་བཀང་ཞིང་ཉེ་བར་བསྒྲུབས་ཏེ་གནས་སོ། །དེ་ནམ་མཁའ་(༥)མཐའ་ཡས་སྐྱེ་མཆེད་ལ་ཉེ་བར་བསྒྲུབས་ཏེ་གནས་སོ། །རྣམ་ཤེས་མཐའ་ཡས་སྐྱེ་མཆེད་ལ་ཉེ་བར་བསྒྲུབས་ཏེ་གནས་སོ། །ཅུང་ཟད་མེད་པའི་སྐྱེ་མཆེད་ལ་ཉེ་བར་བསྒྲུབས་ཏེ་གནས་སོ། །འདུ་ཤེས་མེད་འདུ་ཤེས་མེད་མིན་སྐྱེ་མཆེད་ལ་ཉེ་བར་བསྒྲུབས་ཏེ་གནས་སོ། །དེ་(༦)ཏིང་ངེ་འཛིན་གྱི་ཕ་རོལ་ཏུ་ཕྱིན་པ་དེ་ལ་གནས་ཤིང་། རྣམ་པར་(༧)ཐར་པ་བརྒྱད་ལ་ལུགས་དང་མཐུན་པ་དང་ལུགས་དང་མི་མཐུན་པར་སྙོམས་པར་འཇུག་ཅིང་རྣམ་པར་ལྡང་ངོ་། །མཐར་གྱིས་གནས་པའི་སྙོམས་པར་འཇུག་པ་དགུ་ལ་མཉམ་པར་བཞག་སྟེ་གནས་སོ། །སྟོང་པ་ཉིད་ཀྱི་ཏིང་ངེ་འཛིན་ལ་ཉེ་བར་བསྒྲུབས་ཏེ་གནས་སོ། །མཚན་མ་མེད་པའི་ཏིང་ངེ་འཛིན་ལ་ཉེ་བར་བསྒྲུབས་ཏེ་གནས་སོ། །སྨོན་པ་མེད་པའི་ཏིང་ངེ་འཛིན་ལ་ཉེ་བར་བསྒྲུབས་ཏེ་གནས་སོ། །བར་ཆད་མེད་པའི་ཏིང་ངེ་འཛིན་ལ་ཉེ་བར་བསྒྲུབས་(༨)ཏེ་གནས་སོ། །གློག་ལྟ་བུའི་ཏིང་ངེ་འཛིན་ལ་ཉེ་བར་བསྒྲུབས་ཏེ་····

གནས་སོ། །ཡང་དག་པའི་ཏིང་ངེ་འཛིན་ལ་ཉེ་བར་བསྒྲུབས་ཏེ་གནས་སོ། །རྡོ་རྗེ་ལྟ་བུའི་ཏིང་ངེ་འཛིན་ལ་ཉེ་བར་བསྒྲུབས་ཏེ་གནས་སོ། །དེ་ཏིང་ངེ་འཛིན་གྱི་ཕ་རོལ་ཏུ་ཕྱིན་པ་འདི་ལ་གནས་ནས། ལམ་གྱི་རྣམ་པ་ཤེས་པ་ཉིད་ཀྱི་ཡེ་ཤེས་ཀྱིས་ལམ་གྱི་རྣམ་པ་ཤེས་པ་ཉིད་ཀྱི་ཡོངས་སུ་ཏིང་ངེ་འཛིན་ཐམས་ཅད་ཆུད་པར་བྱས་ཤིང་དཀར་པོ་རྣམ་པར་མཐོང་བའི་ས་ལས་འདའོ[1]། །དཀར་པོ་རྣམ་པར་མཐོང་བའི་ས་ལས་འདས་ནས། རིགས་ཀྱི་ས་ལས་འདའོ[2]། །རིགས་ཀྱི་ས་ལས་འདས་ནས་བརྒྱད་པའི་ས་ལས་འདའོ། །བརྒྱད་པའི་ས་ལས་འདས་ནས་མཐོང་བའི་ས་ལས་འདའོ[3]། །མཐོང་བའི་ས་ལས་འདས་ནས། བསྲབས་པའི་ས་ལས་འདའོ[4]། །བསྲབས་པའི་ས་ལས་འདས་ནས། འདོད་ཆགས་དང་བྲལ་བའི་ས་ལས་འདའོ[5]། །འདོད་ཆགས་དང་བྲལ་བའི་ས་ལས་འདས་ནས། བྱས་པ་རྟོགས་པའི་ས་ལས་འདའོ[6]། །བྱས་པ་རྟོགས་པའི་ས་ལས་འདས་ནས། རང་སངས་རྒྱས་ཀྱི་ས་ལས་འདའོ[7]། །རང་སངས་རྒྱས་ཀྱི་ས་ལས་འདས་ནས། བྱང་ཆུབ་སེམས་དཔའི་[8]སྐྱོན་མེད་པར་འཇུག་གོ། །བྱང་ཆུབ་སེམས་དཔའི་[9]སྐྱོན་མེད་པར་ཞུགས་ནས[10]། སངས་རྒྱས་ཀྱི་ས་ཡོངས་སུ་རྫོགས་པར་བྱེད་དོ། །དེས་དེ་དག་ལ་སྤྱོད་ཅིང་རྣམ་པ་ཐམས་ཅད་མཁྱེན་པ་ཉིད་ཀྱི། ཡེ་ཤེས་མ་ཐོབ་ཀྱི་བར་དུ། འབྲས་བུ་བར་མ་དོར་ཐོབ་པར་མི་བྱེད་དེ[11]། དེ་ཏིང་ངེ་འཛིན་གྱི་ཕ་རོལད་ཏུ་ཕྱིནད་པ་འདི་ལ་གནས་ཤིང་། མངོན་པར་ཤེས་པ་རྣམས། ཡོངས་སུ་རྫོགས་པར་བྱེད་དོ། །མངོན་པར་ཤེས་པ་རྣམས་ཡོངས་སུ་རྫོགས་པར་བྱས་ནས། སངས་རྒྱས་བཅོམ་ལྡན་འདས་ལ་བསྙེན་བཀུར་བྱེད་ཅིང་། སངས་རྒྱས་ཀྱི་ཞིང་ནས་སངས་རྒྱས་ཀྱི་ཞིང་དུ་འགྲོ་སྟེ། ༔སངས་རྒྱས་བཅོམ་ལྡན་འདས་དེ་དག་ལ་བསྙེན་བཀུར་བྱེད་དོ། །[12]སངས་རྒྱས་བཅོམ་ལྡན་འདས་[13]དེ་དག་ལ་ཡང་

དགེ་བའི་རྩ་བ་གང་གིས་སངས་རྒྱས་ཀྱི་ཞིང་ཡོངས་སུ་དག་པར་འགྱུར་བ་དང་། སེམས་ཅན་རྣམས་ཡོངས་སུ་སྨིན་པར་འགྱུར་བའི་དགེ་བའི་རྩ་བ༔ བསྐྱེད་པར[1] བྱེད་དེ[2]། འཇིག་རྟེན་གྱི་ཁམས་ནས་འཇིག་རྟེན་གྱི་ཁམས་སུ་འགྲོ་ཞིང་། [3]སེམས་ཅན་རྣམས་ཀྱི་དོན་བྱེད་དོ། །དེ་ལ་སེམས་ཅན་ལ་ལ་ནི་སྦྱིན་པས་ཡོངས་སུ་སྡུད་དོ། །༔ལ་ལ་ནི་ཚུལ་ཁྲིམས་ཀྱིས་ཡོངས་སུ་སྡུད་དོ། །[4]ལ་ལ་ནི་ཏིང་ངེ་འཛིན་གྱིས་ཡོངས་སུ་སྡུད་དོ། །ལ་ལ་ནི་ཤེས་རབ་ཀྱིས་ཡོངས་སུ་སྡུད་དོ། །ལ་ལ་ནི་རྣམ་པར་གྲོལ་བས་ཡོངས་སུ་སྡུད་དོ། །ལ་ལ་ནི་རྣམ་པར་གྲོལ་བའི་ཡེ་ཤེས་མཐོང་བས་ཡོངས་སུ་སྡུད་དོ། །ལ་ལ་ནི་རྒྱུན་དུ་ཞུགས་པའི་འབྲས་བུ་ལ་རབ་ཏུ་གཞག་གོ། །ལ་ལ་ནི་ལན་ཅིག་ཕྱིར་འོང་[5]བའི་འབྲས་བུ་ལ་རབ་ཏུ་གཞག་གོ། །ལ་ལ་ནི་ཕྱིར་མི་འོང་བའི་འབྲས་བུ་ལ་རབ་ཏུ་གཞག་གོ། །ལ་ལ་ནི་དགྲ་བཅོམ་པ་ཉིད་ལ་རབ་ཏུ་གཞག་གོ། །ལ་ལ་ནི་རང་བྱང་ཆུབ་ལ་རབ་ཏུ་གཞག་གོ། །ལ་ལ་ནི་བླ་ན་མེད་པ་ཡང་དག་པར་རྫོགས་པའི་བྱང་ཆུབ་ལ་རབ་ཏུ་གཞག་གོ། །དེ་དེ་[6]ལྟར་དགེ་བའི་ཆོས་གང་དང་གང་གིས་སེམས་ཅན་རྣམས་མཐོ་[7]བར་འགྱུར་བ་དེ····དང་དེ་ལ་སྦྱོར་ཏེ། དེ་[8]ཏིང་ངེ་འཛིན་གྱི་ཕ་རོལ་ཏུ་ཕྱིན་པ་འདི་ལ་གནས་ཤིང་གཟུངས་ཀྱི་སྒོ་ཐམས་ཅད་མངོན་པར་སྒྲུབ་བོ། །སོ་སོ་ཡང་དག་པར་རིག་པ་བཞི་རབ་ཏུ་འཐོབ་བོ། །རྣམ་པར་སྨིན་པ་ལས་བྱུང་བའི་མངོན་པར་ཤེས་པ་རྣམས་ཀྱང་ཐོབ་པ་ཡིན་ཏེ། དེ་ནམ་ཡང་ལས་དང་ཉོན་མོངས་པའི་དབང་གིས་མའི·····མངལ་དུ་སྐྱེ་བར་མི་འགྱུར་རོ། །ནམ་ཡང་འདོད་པ་ལ་སྟེན་[9]པར་མི་འགྱུར་རོ། །སེམས་ཅན་ཡོངས་སུ་སྨིན་པར་བྱ་བའི་དོན་དུ་སྐྱེ་བ་ཡོངས་སུ་མི་འཛིན་པ་ཡང····གང་ཡང་མེད་དེ[10]། སྐྱེ་བའི་ཉེས་པས་ཀྱང་གོས་པར་མི་འགྱུར་རོ། །དེ་ཅིའི་ཕྱིར་ཞེ་ན། དེ་ནི་འདི་ལྟར་དེས་སྒྱུ་མ་ལྟ་བུའི་ཆོས་ཐམས་ཅད་རབ་ཏུ་མཐོང་རབ་

ཏུ་རིག །རབ་ཏུ་རྟོགས་པས་ན་དེ་སྒྱུ་མ་ལྟ་བུའི་འདུ་བྱེད་ཐམས་ཅད་རིག་པར་བྱས་ཤིང་། སེམས་ཅན་ཐམས་ཅད་ཀྱི་དོན་བྱེད་དོ། །དེས་སྒྱུ་མ་ལྟ་བུའི་འདུ་བྱེད་ཐམས་ཅད་རབ་ཏུ་རིག་པས་སེམས་ཅན་རྣམས་ལ་སྙིང་རྗེ་ཆེན་པོ་སྐྱེ་སྟེ[1]། ཀྱི་མ་སེམས་ཅན་འདི་དག་ནི་ཆོས་ཐམས་ཅད་སྒྱུ་མ་ལྟ་བུ་ལ་འཁོར་བ་ན། སྡུག་བསྔལ་མང་པོ་ཉམས་སུ་མྱོང་བར་འགྱུར་པ[2]ཡིན་ན[3]། བདག་གིས་འདི་དག་ནམ་ཞིག་ན། སྡུག་བསྔལ་ཐམས་ཅད་ཉེ་བར་ཞི་བའི་མྱ་ངན་ལས་འདས་པ་ལ་དགོད་པར་འགྱུར་ཞེས་སྙིང་རྗེ་ཆེན་པོ་སྐྱེ་སྟེ[4]། དེ་ལ་ཡང་སེམས་ཅན་ནམ་སེམས་ཅན་དུ་གདགས་པ་དམིགས་སུ་མེད་དེ[5]། དེས[6]ཆོས་ཐམས་ཅད་མ[7]དམིགས་ནས། འཇིག་རྟེན་གྱི་ཐ་སྙད་ཉེ་བར་བཟུང་སྟེ། དམིགས་སུ་མེད་པ[8]དེ་ཉིད་ལ། སེམས་ཅན་རྣམས་རབ་ཏུ་འགོད་དེ[9]། དོན་དམ་པར་ནི་མ་ཡིན་ནོ། །དེ་ཏིང་ངེ་འཛིན་གྱི་ཕ་རོལ་ཏུ་ཕྱིན་པ་འདི་ལ་གནས་ཤིང་། བསམ་གཏན་དང་། རྣམ་པར་ཐར་པ་དང་། ཏིང་ངེ་འཛིན་དང་། སྙོམས[10]པར་འཇུག་པ་ཐམས་ཅད་ལ[11]སྤྱོད་དེ། བླ་ན་མེད་པ་ཡང་དག་པར་རྫོགས་པའི་བྱང་ཆུབ་ཏུ་མངོན་པར་རྫོགས་པར་སངས་རྒྱས་ཀྱི་བར་དུ་ནམ་དུ[12]ཡང་ཏིང་ངེ་འཛིན་གྱི་ཕ་རོལ་ཏུ་ཕྱིན་པ་དང་····བྲལ་བར་མི་འགྱུར་རོ། །དེ་ཏིང་ངེ་འཛིན་གྱི་ཕ་རོལ་ཏུ་ཕྱིན་པ་འདི་ལ་གནས····ཤིང་། ལམ་གྱི་རྣམ་པ་ཤེས་པ་ཉིད་ཀྱིས། རྣམ་པ་ཐམས་ཅད་མཁྱེན་པ་ཉིད་མངོན་པར་བསྒྲུབས་ཏེ།[13] དེ་ལ་གནས་ནས་བག་ཆགས་ཀྱི་མཚམས་སྦྱོར་བ····ཐམས་ཅད་རབ་ཏུ་སྤོང་ངོ་། །བག་ཆགས་ཀྱི་མཚམས་སྦྱོར་བ་ཐམས་ཅད་རབ་ཏུ་སྤངས་ནས། བདག་གི་དོན་ཀྱང་བྱེད། གཞན་གྱི་དོན་ཀྱང་བྱེད་དེ། དེས་བདག་དང་། གཞན་གྱི་དོན་བྱས་ནས། ལྷ་དང་མི་དང་ལྷ་མ་ཡིན་དུ་བཅས་པའི་འཇིག་རྟེན་གྱི་རིམ་གྲོའི་གནས་སུ་གྱུར་པ་ཡིན་ཏེ། རབ་འབྱོར་དེ་ལྟར་ན།

བྱང་ཆུབ་སེམས་དཔའ་སེམས་དཔའ་ཆེན་པོ་ཤེས་རབ་ཀྱི་ཕ་རོལ་ཏུ་ཕྱིན་པ་ལ་སྤྱོད་པའི་ཚེ། ཆོས་ཐམས་ཅད་མཚན་མ་མེད་པ་དང་། བྱེད་པ་མེད་པ་དང་། དམིགས་སུ་མེད་པ་དང་། འབྱུང་བ་མེད་པ་དང་། མངོན་པར་འདུ་བྱ་བ་མེད་པ་ལ་མཚན་མ་དང་བྲལ་བའི་སེམས་ཀྱིས། ཏིང་ངེ་འཛིན་གྱི་ཕ་རོལ་ཏུ་ཕྱིན་པ···ཡོངས་སུ་རྫོགས་པར་བྱེད་པ་ཡིན་ནོ། །རབ་འབྱོར་དེ་ལྟར་ན་བྱང་ཆུབ་སེམས་དཔའ་སེམས་དཔའ་ཆེན་པོ་ཤེས་རབ་ཀྱི་ཕ་རོལ་ཏུ་ཕྱིན་པ་ལ་སྤྱོད་པའི་ཚེ། ཆོས་ཐམས་ཅད་མཚན་མ་མེད་པ་དང་། བྱེད་པ་མེད་པ་དང་། དམིགས་སུ་མེད་པ་དང་། འབྱུང་བ་མེད་པ་དང་①། མངོན་པར་འདུ་བྱ་བ་མེད་པ་ལ་ཤེས་རབ་ཀྱི་ཕ་རོལ་ཏུ་ཕྱིན་པ་བསྒོམ་པ་ཡོངས་སུ་རྫོགས་པར་བྱེད་པ་ཡིན་ཞེ་ན། རབ་འབྱོར་འདི་ལ་བྱང་ཆུབ་སེམས་དཔའ་སེམས་དཔའ་ཆེན་པོ་ཤེས་རབ་ཀྱི་ཕ་རོལ་ཏུ་ཕྱིན་པ་ལ་སྤྱོད་པའི་ཚེ། ཆོས་ཐམས་ཅད་མཚན་མ་མེད་པ་དང་། བྱེད་པ་མེད་པ་དང་། དམིགས་སུ་མེད་པ་དང་། འབྱུང་བ་མེད་པ་དང་། མངོན་པར་འདུ་བྱ་བ་མེད་པ་ལ་སེམས་དང་པོ་བསྐྱེད་པ་ནས་ཉེ་བར་བཟུང་སྟེ། མཚན་མ་དང་བྲལ་བའི་སེམས་ཀྱིས་ཡང་དག་པའམ། ཡོངས་སུ་གྲུབ②པའི་ཆོས་གང་ཡང་ཡང་དག་པར་རྗེས་སུ་མཐོང་བ་མེད་དེ། དེས་གཟུགས་ཀྱི་ཡང་དག་པ་དང་། ཡོངས་སུ···གྲུབ་པ་ཡང་དག་པར་རྗེས་སུ་མི་མཐོང་སྟེ། དེས་གཟུགས་ཀྱི་ཡང་དག་པ་དང་། ཡོངས་སུ་གྲུབ་པ་ཡང་དག་པར་རྗེས་སུ་མ་མཐོང་བས། གཟུགས་ཀྱི་སྐྱེ་བ་ཡང···དག་པར་རྗེས་སུ་མི་མཐོང་ངོ་། །དེས་གཟུགས་ཀྱི་སྐྱེ་བ་ཡང་དག་པར་རྗེས་སུ་མ་མཐོང་བས། གཟུགས་ཀྱི་སྐྱེ་བའི་སྒོ་ཡང་དག་པར་རྗེས་སུ་མི་མཐོང་ངོ་། །དེས་གཟུགས་ཀྱི་སྐྱེ་བའི་སྒོ་ཡང་དག་པར་རྗེས་སུ་མ་མཐོང་བས། གཟུགས་ཀྱི་ཚོགས་ཡང་དག་པར་རྗེས་སུ་མི་མཐོང་སྟེ། གསོབ་ཉིད་དང་། གསོག་ཉིད་དུ་ཡང་

དག་པར་རྗེས་སུ་⑦མཐོང་ངོ་། །དེས་ཚོར་བའི་ཡང་དག་པ་དང་། ཡོངས···སུ་གྲུབ་པ་ཡང་དག་པར་རྗེས་སུ་མི་མཐོང་སྟེ། དེས་ཚོར་བའི་ཡང་དག་པ་དང་། ཡོངས་སུ་གྲུབ་པ་ཡང་དག་པར་རྗེས་སུ་མ་མཐོང་བས། ཚོར་བའི་སྐྱེ་བ་ཡང་དག་པར་རྗེས་སུ་མི་མཐོང་ངོ་། །དེས་ཚོར་བའི་སྐྱེ་བ་ཡང་དག་པར་རྗེས་སུ་མ་མཐོང་བས༑ ཚོར་བའི་སྐྱེ་བའི་སྒོ་ཡང་དག་པར་རྗེས་སུ་མི་མཐོང་ངོ་། །དེས་ཚོར་བའི་སྐྱེ་བའི་སྒོ་ཡང་དག་པར་རྗེས་སུ་མ་མཐོང་བས། ཚོར་བའི་ཚོགས་ཡང་དག་པར་རྗེས་སུ་མི་མཐོང་སྟེ། གསོབ་ཉིད་དང་། གསོག་ཉིད་དུ་ཡང་དག་པར་རྗེས་སུ་མཐོང་ངོ་། །དེས་འདུ་ཤེས་ཀྱི་ཡང་དག་པ་དང་། ཡོངས་སུ་གྲུབ་པ་ཡང་དག་པར་རྗེས་སུ་མི་མཐོང་སྟེ། དེས་འདུ་ཤེས་ཀྱི་ཡང་དག་པ་དང་། ཡོངས་སུ་གྲུབ་པ་ཡང་དག་པར་རྗེས་སུ་མ་མཐོང་བས། འདུ་ཤེས་ཀྱི་སྐྱེ་བ་ཡང་དག་པར་རྗེས་སུ་མི་མཐོང་ངོ་། །དེས་འདུ་ཤེས་ཀྱི་སྐྱེ་བ་ཡང་དག་པར་རྗེས་སུ་མ་མཐོང་བས། འདུ་ཤེས་ཀྱི་སྐྱེ་བའི་སྒོ་ཡང་དག་པར་རྗེས་སུ་མི་མཐོང་ངོ་། །དེས་འདུ་ཤེས་ཀྱི་སྐྱེ་བའི་སྒོ་ཡང་དག་པར་རྗེས་སུ་མ་མཐོང་བས། འདུ་ཤེས་ཀྱི་ཚོགས་ཡང་དག་པར་རྗེས་སུ་མི་མཐོང་སྟེ། གསོབ་ཉིད་དང་། གསོག་ཉིད་དུ་ཡང་དག་པར་རྗེས་སུ་③མཐོང་ངོ་། །དེས་འདུ་བྱེད་ཀྱི་ཡང་དག་པ་དང་། ཡོངས་སུ་གྲུབ་པ་ཡང་དག་པར་རྗེས་སུ་མི་མཐོང་སྟེ། དེས་①འདུ་བྱེད་ཀྱི་ཡང་དག་པ་དང་། ཡོངས་སུ་གྲུབ་པ་ཡང་དག་པར་རྗེས་སུ་མ་མཐོང་བས། འདུ་བྱེད་ཀྱི་སྐྱེ་བ་ཡང་དག་པར་རྗེས་སུ་མི་མཐོང་ངོ་། །དེས་འདུ་བྱེད་ཀྱི་སྐྱེ་བ་ཡང་དག་པར་རྗེས་སུ་མ་མཐོང་བས༑ འདུ་བྱེད་ཀྱི་སྐྱེ་བའི་སྒོ་ཡང་དག་པར་རྗེས་སུ་མི་མཐོང་ངོ་། །དེས་འདུ་བྱེད་ཀྱི་སྐྱེ་བའི་སྒོ་ཡང་དག་པར་རྗེས་སུ་མ་མཐོང་བས། འདུ་བྱེད་ཀྱི་ཚོགས་ཡང་དག་པར་རྗེས་སུ་མི་མཐོང་སྟེ། གསོབ་ཉིད་དང་། གསོག་ཉིད་དུ་ཡང་དག་

པར་རྗེས་སུ་མཐོང་ངོ་། །དེས་རྣམ་པར་ཤེས་པའི་ཡང་དག་པ་དང་། ཡོངས་སུ་གྲུབ་པ་ཡང་དག་པར་རྗེས་སུ་མི་མཐོང་སྟེ། དེས་རྣམ་པར་ཤེས་པའི་ཡང་དག་པ་དང་། ཡོངས་སུ་གྲུབ་པ་ཡང་དག་པར་རྗེས་སུ་མ་མཐོང་བས། [༧]རྣམ་པར་ཤེས་པའི་སྐྱེ་བ་ཡང་དག་པར་རྗེས་སུ་མི་མཐོང་ངོ་[༡]། །དེས་རྣམ་པར་ཤེས་པའི་སྐྱེ་བ་ཡང་དག་པར་རྗེས་སུ་མ་མཐོང་བས། རྣམ་པར་ཤེས་པའི་སྐྱེ་བའི་སྒོ་ཡང་དག་······པར་རྗེས་སུ་མི་མཐོང་ངོ་། །དེས་རྣམ་པར་ཤེས་པའི་སྐྱེ་བའི་སྒོ་ཡང་དག་པར······རྗེས་སུ་མ་མཐོང་བས། རྣམ་པར་ཤེས་པའི་ཚོགས་ཡང་དག་པར་རྗེས་སུ་མི······མཐོང་སྟེ། གསོབ་ཉིད་དང་། གསོག་ཉིད་དུ་ཡང་དག་པར་རྗེས་སུ་མཐོང་ངོ་། །དེས་མིག་གི་[༡]ཡང་དག་པ་དང་། ཡོངས་སུ་གྲུབ་པ་ཡང་དག་པར་རྗེས་སུ་མི······མཐོང་སྟེ། དེས་མིག་གི་ཡང་དག་པ་དང་། ཡོངས་སུ་གྲུབ་པ་ཡང་དག་པར་རྗེས་སུ་མ་མཐོང་བས། མིག་གི་སྐྱེ་བ་ཡང་དག་པར་རྗེས་སུ་མི་མཐོང་ངོ་། །དེས་མིག་གི་སྐྱེ་བ་ཡང་དག་པར་རྗེས་སུ་མ་མཐོང་བས། མིག་གི་སྐྱེ་བའི་སྒོ་ཡང་དག་པར་རྗེས་སུ་མི་མཐོང་ངོ་། །དེས་མིག་གི་སྐྱེ་བའི་སྒོ་ཡང་དག་པར་རྗེས་སུ་མ་མཐོང་བས། མིག་གི་ཚོགས་ཡང་དག་པར་རྗེས་སུ་མི་མཐོང་སྟེ། གསོབ་ཉིད་དང་། གསོག་ཉིད་དུ་ཡང་དག་པར་རྗེས་སུ་མཐོང་ངོ་། །དེས་རྣ་བའི་ཡང་དག་པ་དང་། ཡོངས་སུ་གྲུབ་པ་ཡང་དག་པར་རྗེས་སུ་མི་མཐོང་སྟེ། དེས་རྣ་བའི་ཡང་དག་པ་དང་། ཡོངས་སུ་གྲུབ་པ་ཡང་དག་པར་རྗེས་སུ་མ་མཐོང་བས། རྣ་བའི་སྐྱེ་བ་ཡང་དག་པར་རྗེས་སུ་མི་མཐོང་ངོ་། །དེས་རྣ་བའི་སྐྱེ་བ་ཡང་དག་པར་རྗེས་སུ་མ་མཐོང་བས། རྣ་བའི་སྐྱེ་བའི་སྒོ་ཡང་དག་པར་རྗེས་སུ་མི་མཐོང་ངོ་། །དེས་རྣ་བའི་སྐྱེ་བའི་སྒོ་ཡང་དག་པར་རྗེས་སུ་མ་མཐོང་བས། རྣ་བའི་ཚོགས་ཡང་དག་པར་རྗེས་སུ་མི་མཐོང་སྟེ། གསོབ་ཉིད་དང་། གསོག་ཉིད་དུ་ཡང་དག་

པར་རྗེས་སུ་མཐོང་ངོ་། །དེས་སྣའི་ཡང་དག་པ་དང་། ཡོངས་སུ་གྲུབ་པ་ཡང་དག་པར་རྗེས་སུ་མི་མཐོང་སྟེ། དེས་སྣའི་ཡང་དག་པ་དང་། ཡོངས་སུ་གྲུབ་པ་ཡང་དག་པར་རྗེས་སུ་མ་མཐོང་བས། སྣའི་སྐྱེ་བ་ཡང་དག་པར་རྗེས་སུ་མི་མཐོང་ངོ་། །དེས་སྣའི་སྐྱེ་བ་ཡང་དག་པར་རྗེས་སུ་མ་མཐོང་བས། སྣའི་སྐྱེ་བའི་སྒོ་ཡང་དག་པར་རྗེས་སུ་མི་མཐོང་ངོ་། །དེས་སྣའི་སྐྱེ་བའི་སྒོ་ཡང་དག་པར་རྗེས་སུ་མ་མཐོང་བས། སྣའི་ཚོགས་ཡང་དག་པར་རྗེས་སུ་མི་མཐོང་སྟེ། གསོབ་ཉིད་དང་། གསོག་ཉིད་དུ་ཡང་དག་པར་རྗེས་སུ་མཐོང་ངོ་། །དེས་ལྕེའི་ཡང་དག་པ་དང་། ཡོངས་སུ་གྲུབ་པ་ཡང་དག་པར་རྗེས་སུ་མི་མཐོང་སྟེ། དེས་ལྕེའི་ཡང་དག་པ་དང་། ཡོངས་སུ་གྲུབ་པ་ཡང་དག་པར་རྗེས་སུ་མ་མཐོང་བས། ལྕེའི་སྐྱེ་བ་ཡང་དག་པར་རྗེས་སུ་མི་མཐོང་ངོ་། །དེས་ལྕེའི་སྐྱེ་བ་ཡང་དག་པར་རྗེས་སུ་མ་མཐོང་བས། ལྕེའི་སྐྱེ་བའི་སྒོ་ཡང་དག་པར་རྗེས་སུ་མི་མཐོང་ངོ་། །དེས་ལྕེའི་སྐྱེ་བའི་སྒོ་ཡང་དག་པར་རྗེས་སུ་མ་མཐོང་བས། །ལྕེའི་ཚོགས་ཡང་དག་པར་རྗེས་སུ་མི་མཐོང་སྟེ། གསོབ་ཉིད་དང་། གསོག་ཉིད་དུ་ཡང་དག་པར་རྗེས་སུ་མཐོང་ངོ་། །དེས་ལུས་ཀྱི་ཡང་དག་པ་དང་། ཡོངས་སུ་གྲུབ་པ་ཡང་དག་པར་རྗེས་སུ་མི་མཐོང་སྟེ། དེས་ལུས་ཀྱི་ཡང་དག་པ་དང་། ཡོངས་སུ་གྲུབ་པ་ཡང་དག་པར་རྗེས་སུ་མ་མཐོང་བས། ལུས་ཀྱི་སྐྱེ་བ་ཡང་དག་པར་རྗེས་སུ་མི་མཐོང་ངོ་། །དེས་ལུས་ཀྱི་སྐྱེ་བ་ཡང་དག་པར་རྗེས་སུ་མ་མཐོང་བས། ལུས་ཀྱི་སྐྱེ་བའི་སྒོ་ཡང་དག་པར་རྗེས་སུ་མི་མཐོང་ངོ་། །དེས་ལུས་ཀྱི་སྐྱེ་བའི་སྒོ་ཡང་དག་པར་རྗེས་སུ་མ་མཐོང་བས། ལུས་ཀྱི་ཚོགས་ཡང་དག་པར་རྗེས་སུ་མི་མཐོང་སྟེ། གསོབ་ཉིད་དང་། གསོག་ཉིད་དུ་ཡང་དག་པར་རྗེས་སུ་མཐོང་ངོ་། །དེས་ཡིད་ཀྱི་ཡང་དག་པ་དང་། ཡོངས་སུ་གྲུབ་པ་ཡང་དག་པར་རྗེས་སུ་མི་མཐོང་སྟེ། དེས་ཡིད····

ཀྱི་ཡང་དག་པ་དང་། ཡོངས་སུ་གྲུབ་པ་ཡང་དག་པར་རྗེས་སུ་མ་མཐོང་བས། ཡིད་ཀྱི་སྐྱེ་བ་ཡང་དག་པར་རྗེས་སུ་མི་མཐོང་ངོ་། །དེས་ཡིད་ཀྱི་སྐྱེ་བ་ཡང་དག་པར༔རྗེས་སུ་[1]མ་མཐོང་བས། ཡིད་ཀྱི་སྐྱེ་བའི་སྒོ་ཡང་དག་པར་རྗེས་སུ་མི་མཐོང་ངོ་། །དེས་ཡིད་ཀྱི་སྐྱེ་བའི་སྒོ་ཡང་དག་པར་རྗེས་སུ་མ་[2]མཐོང་བས། ཡིད་ཀྱི་ཚོགས་ཡང་དག་པར་རྗེས་སུ་མི་མཐོང་སྟེ། གསོབ་ཉིད་དང་། གསོག་ཉིད་དུ་ཡང་དག་པར་རྗེས་སུ་མཐོང་ངོ་། །དེས་གཟུགས་ཀྱི་ཡང་དག་པ་དང་། ཡོངས་སུ་གྲུབ་པ་ཡང་དག་པར་རྗེས་སུ་མི་མཐོང་སྟེ། དེས་གཟུགས་ཀྱི་ཡང་དག་པ་དང་། ཡོངས་སུ་གྲུབ་པ་ཡང་དག་པར་རྗེས་སུ་མ་མཐོང་བས། གཟུགས་ཀྱི་སྐྱེ་བ་ཡང་དག་པར་རྗེས་སུ་མི་མཐོང་ངོ་། །དེས་གཟུགས་ཀྱི་སྐྱེ་བ་ཡང་དག་པར་རྗེས་སུ་མ་མཐོང་བས། གཟུགས་ཀྱི་སྐྱེ་བའི་སྒོ་ཡང་དག་པར་རྗེས་སུ་མི་མཐོང་ངོ་། །དེས་གཟུགས་ཀྱི་སྐྱེ་བའི་སྒོ་ཡང་དག་པར་རྗེས་སུ་མ་མཐོང་བས། གཟུགས་ཀྱི་ཚོགས་ཡང་དག་པར་རྗེས་སུ་མི་མཐོང་སྟེ། གསོབ་ཉིད་དང་། གསོག་ཉིད་དུ་ཡང་དག་པར་རྗེས་སུ་མཐོང་ངོ་། །དེས་སྒྲའི་ཡང་དག་པ་དང་། ཡོངས་སུ་གྲུབ་པ་ཡང་དག་པར་རྗེས་སུ་མི་མཐོང་སྟེ། དེས་སྒྲའི་ཡང་དག་པ་དང་། ཡོངས་སུ་གྲུབ་པ་ཡང་དག་པར་རྗེས་སུ་མ་མཐོང་བས། སྒྲའི་སྐྱེ་བ་ཡང་དག་པར་རྗེས་སུ་མི་མཐོང་ངོ་། །དེས་སྒྲའི་སྐྱེ་བ་ཡང་དག་པར་རྗེས་སུ་མ་མཐོང་བས། སྒྲའི་སྐྱེ་བའི་སྒོ་ཡང་དག་པར་རྗེས་སུ་མི་མཐོང་ངོ་། །དེས་སྒྲའི་སྐྱེ་བའི་སྒོ་ཡང་དག་པར་རྗེས་སུ་མ་མཐོང་བས། སྒྲའི་ཚོགས་ཡང་དག་པར་རྗེས་སུ་མི་མཐོང་སྟེ། གསོབ་ཉིད་དང་། གསོག་ཉིད་དུ་ཡང་དག་པར་རྗེས་སུ་མཐོང་ངོ་། །དེས་དྲིའི་ཡང་དག་པ་དང་། ཡོངས་སུ་གྲུབ་པ་ཡང་དག་པར་རྗེས་སུ་མི་མཐོང་སྟེ། དེས་དྲིའི་ཡང་དག་པ་དང་། ཡོངས་སུ་གྲུབ་པ་ཡང་དག་པར་རྗེས་སུ་མ་མཐོང་བས། དྲིའི་སྐྱེ་

བ་ཡང་དག་པར་རྗེས་སུ་མི་མཐོང་ངོ་། །(༡)དྲིའི་སྐྱེ་བ་ཡང་དག་པར་རྗེས་སུ་མ་་་་མཐོང་བས། དྲིའི་སྐྱེ་བའི་སྒོ་ཡང་དག་པར་རྗེས་སུ་མི(༢)མཐོང་ངོ་། །དེས་དྲིའི་སྐྱེ་བའི་སྒོ་ཡང་དག་པར་རྗེས་སུ་མ་མཐོང་བས། དྲིའི་ཚོགས་ཡང་དག་པར་རྗེས་སུ་མི་མཐོང་སྟེ། གསོབ་ཉིད་དང་། གསོག་ཉིད་དུ་ཡང་དག་པར་རྗེས་སུ་་་་མཐོང་ངོ་། །དེས་རོའི་ཡང་དག་པ་དང་། ཡོངས་སུ་གྲུབ་པ་ཡང་དག་པར་རྗེས་སུ་མི་མཐོང་སྟེ། དེས་རོའི་ཡང་དག་པ་དང་། ཡོངས་སུ་གྲུབ་པ་ཡང་དག་པར་རྗེས་སུ་མ་མཐོང་བས། རོའི་སྐྱེ་བ་ཡང་དག་པར་རྗེས་སུ་མི་མཐོང་ངོ་། །དེས་རོའི་སྐྱེ་བ་ཡང་དག་པར་རྗེས་སུ་མ་མཐོང་བས། རོའི་སྐྱེ་བའི་སྒོ་ཡང་དག་པར་་་་རྗེས་སུ་མི་མཐོང་ངོ་། །དེས་རོའི་སྐྱེ་བའི་སྒོ་ཡང་དག་པར་རྗེས་སུ་མ་མཐོང་བས། རོའི་ཚོགས་ཡང་དག་པར་(༣)རྗེས་སུ་མི་མཐོང་སྟེ། གསོབ་ཉིད་དང་། གསོག་ཉིད་དུ་ཡང་དག་པར་(༤)རྗེས་སུ་མཐོང་ངོ་། །དེས་རེག་གི་ཡང་དག་པ་དང་། ཡོངས་སུ་གྲུབ་པ་ཡང་དག་པར་རྗེས་སུ་མི་མཐོང་སྟེ། དེས་རེག་གི་ཡང་དག་པ་དང་། ཡོངས་སུ་གྲུབ་པ་ཡང་དག་པར་རྗེས་སུ་མ་མཐོང་བས། རེག་གི་སྐྱེ་བ་ཡང་དག་པར་རྗེས་སུ་མི་མཐོང་ངོ་། །དེས་རེག་གི་སྐྱེ་བ་ཡང་དག་པར་རྗེས་སུ་མ་མཐོང་བས། རེག་གི་སྐྱེ་བའི་སྒོ་ཡང་དག་པར་རྗེས་སུ་མི་མཐོང་ངོ་། །དེས་རེག་གི་སྐྱེ་བའི་སྒོ་ཡང་དག་པར་རྗེས་སུ་མ་མཐོང་བས། རེག་གི་ཚོགས་ཡང་དག་པར་རྗེས་སུ་མི་མཐོང་སྟེ། གསོབ་ཉིད་དང་། གསོག་ཉིད་དུ་ཡང་དག་པར་རྗེས་སུ་མཐོང་ངོ་། །དེས་ཆོས་རྣམས་ཀྱི་ཡང་དག་པ་དང་། ཡོངས་སུ་གྲུབ་པ་ཡང་དག་པར་རྗེས་སུ་མི་མཐོང་སྟེ། དེས་ཆོས་རྣམས་ཀྱི་ཡང་དག་པ་དང་། ཡོངས་སུ་གྲུབ་པ་ཡང་དག་པར་རྗེས་སུ་མ་མཐོང་བས། ཆོས་རྣམས་ཀྱི་སྐྱེ་བ་ཡང་དག་པར་རྗེས་སུ་མི་མཐོང་ངོ་། །དེས་ཆོས་རྣམས་ཀྱི་སྐྱེ་བ་ཡང་དག་པར་རྗེས་སུ་མ་མཐོང་

བས། ཆོས་རྣམས་ཀྱི་སྐྱེ་བའི་སྒོ་ཡང་དག་པར་རྗེས་སུ་མི་མཐོང་ངོ་། །དེས་ཆོས་རྣམས་ཀྱི་སྐྱེ་བའི་སྒོ་ཡང་དག་པར་རྗེས་སུ་མ་མཐོང་བས། ཆོས་རྣམས་ཀྱི་ཚོགས་ཡང་དག་པར་རྗེས་སུ་མི་མཐོང་སྟེ། གསོབ་ཉིད་དང་། གསོག་ཉིད་དུ་ཡང་དག་པར་རྗེས་སུ་མཐོང་ངོ་། །དེས་མིག་གི་རྣམ་པར་ཤེས་པའི་ཡང་དག་པ་དང་། ཡོངས་སུ་གྲུབ་པ་ཡང་དག་པར་རྗེས་སུ་མི་མཐོང་སྟེ། དེས་མིག་གི་རྣམ་པར་ཤེས་པའི་ཡང་དག་པ་དང་། ཡོངས་སུ་གྲུབ་པ་ཡང་དག་པར་རྗེས་སུ་མ་མཐོང་བས། མིག་གི་རྣམ་པར་ཤེས་པའི་སྐྱེ་བ་ཡང་དག་པར་རྗེས་སུ་མི་མཐོང་ངོ་། །དེས་མིག་གི་རྣམ་པར་ཤེས་པའི་སྐྱེ་བ་ཡང་དག་པར་རྗེས་སུ་མ་མཐོང་བས། མིག་གི་རྣམ་པར་ཤེས་པའི་སྐྱེ་བའི་སྒོ་ཡང་དག་པར་རྗེས་སུ་མི་མཐོང་ངོ་། །དེས་མིག་གི་རྣམ་པར་ཤེས་པའི་སྐྱེ་བའི་སྒོ་ཡང་དག་པར་རྗེས་སུ་མ་མཐོང་བས། མིག་གི་རྣམ་པར་ཤེས་པའི་ཚོགས་ཡང་དག་པར་རྗེས་སུ་མི་མཐོང་སྟེ། གསོབ་ཉིད་དང་། གསོག་ཉིད་དུ་ཡང་དག་པར་རྗེས་སུ་མཐོང་ངོ་། །དེས་རྣ་བའི་རྣམ་པར་ཤེས་པའི་ཡང་དག་པ་དང་། ཡོངས་སུ་གྲུབ་པ་ཡང་དག་པར་རྗེས་སུ་མི་མཐོང་སྟེ། དེས་རྣ་བའི་རྣམ་པར་ཤེས་པའི་ཡང་དག་པ་དང་། ཡོངས་སུ་གྲུབ་པ་ཡང་དག་པར་རྗེས་སུ་མ་མཐོང་བས། རྣ་བའི་རྣམ་པར་ཤེས་པའི་སྐྱེ་བ་ཡང་དག་པར་རྗེས་སུ་མི་མཐོང་ངོ་། །དེས་རྣ་བའི་རྣམ་པར་ཤེས་པའི་སྐྱེ་བ་ཡང་དག་པར་རྗེས་སུ་མ་མཐོང་བས། རྣ་བའི་རྣམ་པར་ཤེས་པའི་སྐྱེ་བའི་སྒོ་ཡང་དག་པར་རྗེས་སུ་མི་མཐོང་ངོ་། །དེས་རྣ་བའི་རྣམ་པར་ཤེས་པའི་སྐྱེ་བའི་སྒོ་ཡང་དག་པར་རྗེས་སུ་མ་མཐོང་བས། རྣ་བའི་རྣམ་པར་ཤེས་པའི་ཚོགས་ཡང་དག་པར་རྗེས་སུ་མི་མཐོང་སྟེ། གསོབ་ཉིད་དང་། གསོག་ཉིད་དུ་ཡང་དག་པར་རྗེས་སུ་མཐོང་ངོ་། །དེས་སྣའི་རྣམ་པར་ཤེས་པའི་ཡང་དག་པ་དང་། ཡོངས་སུ་གྲུབ་པ་ཡང་དག་པར་

རྗེས་སུ་མི་མཐོང་སྟེ། དེས་སྣའི་རྣམ་པར་ཤེས་པའི་ཡང་དག་པ་དང་། ཡོངས་སུ་གྲུབ་པ་ཡང་དག་པར་རྗེས་སུ་མ་མཐོང་བས། སྣའི་རྣམ་པར་ཤེས་པའི་སྐྱེ་བ་ཡང་དག་པར་རྗེས་སུ་མི་མཐོང་ངོ་། །དེས་སྣའི་རྣམ་པར་ཤེས་པའི་སྐྱེ་བ་ཡང་དག་པར་རྗེས་སུ་མ་མཐོང་བས། སྣའི་རྣམ་པར་ཤེས་པའི་སྐྱེ་བའི་སྒོ་ཡང་དག་པར་རྗེས་སུ་མི་མཐོང་ངོ་། །དེས་[1]སྣའི་རྣམ་པར་ཤེས་པའི་སྐྱེ་བའི་སྒོ་ཡང་དག་པར་རྗེས་སུ་མ་མཐོང་བས། སྣའི་རྣམ་པར་ཤེས་པའི་ཚོགས་ཡང་དག་པར་རྗེས་སུ་མི་མཐོང་སྟེ། གསོབ་ཉིད་དང་། གསོག་ཉིད་དུ་ཡང་དག་པར་རྗེས་སུ་མཐོང་ངོ་། །དེས་ལྕེའི་རྣམ་པར་ཤེས་པའི་ཡང་དག་པ་དང་། ཡོངས་སུ་གྲུབ་པ་ཡང་དག་པར་རྗེས་སུ་མི་མཐོང་སྟེ། དེས་ལྕེའི་རྣམ་པར་ཤེས་པའི་ཡང་དག་པ་དང་། ཡོངས་སུ་གྲུབ་པ་ཡང་དག་པར་རྗེས་སུ་མ་མཐོང་བས། ལྕེའི་རྣམ་པར་ཤེས་པའི་སྐྱེ་བ་ཡང་དག་པར་རྗེས་སུ་མི་མཐོང་ངོ་། །དེས་ལྕེའི་རྣམ་པར་ཤེས་པའི་སྐྱེ་བ་ཡང་དག་པར་རྗེས་སུ་མ་མཐོང་བས། ལྕེའི་རྣམ་པར་ཤེས་པའི་སྐྱེ་བའི་སྒོ་ཡང་དག་པར་རྗེས་སུ་མི་མཐོང་ངོ་། །དེས་ལྕེའི་རྣམ་པར་ཤེས་པའི་སྐྱེ་བའི་སྒོ་ཡང་དག་པར་རྗེས་སུ་མ་མཐོང་བས། ལྕེའི་རྣམ་པར་ཤེས་པའི་ཚོགས་ཡང་དག་པར་རྗེས་སུ་མི་མཐོང་སྟེ། གསོབ་ཉིད་དང་། གསོག་ཉིད་དུ་ཡང་དག་པར་རྗེས་སུ་མཐོང་ངོ་། །དེས་ལུས་ཀྱི་རྣམ་པར་ཤེས་པའི་ཡང་དག་པ་དང་། ཡོངས་སུ་གྲུབ་པ་ཡང་དག་པར་རྗེས་སུ་མི་མཐོང་སྟེ། དེས་ལུས་ཀྱི་རྣམ་པར་ཤེས་པའི་ཡང་དག་པ་དང་། ཡོངས་སུ་གྲུབ་པ་ཡང་དག་པར་རྗེས་སུ་མ་མཐོང་བས། ལུས་ཀྱི་རྣམ་པར་ཤེས་པའི་སྐྱེ་བ་ཡང་དག་པར་རྗེས་སུ་མི་མཐོང་ངོ་། །དེས་ལུས་ཀྱི་རྣམ་པར་ཤེས་པའི་སྐྱེ་བ་ཡང་དག་པར་རྗེས་སུ་མ་མཐོང་བས། ལུས་ཀྱི་རྣམ་པར་ཤེས་པའི་སྐྱེ་བའི་སྒོ་ཡང་དག་པར་རྗེས་སུ་མི་མཐོང་ངོ་། །དེས་ལུས་ཀྱི་རྣམ་

པར་ཤེས་པའི་སྐྱེ་བའི་སྒོ་ཡང་དག་པར་རྗེས་སུ་མ་མཐོང་བས། ལུས་ཀྱི་རྣམ་པར་ཤེས་པའི་ཚོགས་ཡང་དག་པར་རྗེས་སུ་མི་མཐོང་སྟེ། གསོབ་ཉིད་དང་། གསོག་ཉིད་དུ་ཡང་དག་པར་རྗེས་སུ་མཐོང་ངོ་། །དེས་ཡིད་ཀྱི་རྣམ་པར་ཤེས་པའི་ཡང་དག་པ་དང་། ཡོངས་སུ་གྲུབ་པ་ཡང་དག་པར་རྗེས་སུ་མི་མཐོང་སྟེ། དེས་ཡིད་ཀྱི་རྣམ་པར་ཤེས་པའི་ཡང་དག་པ་དང་། ཡོངས་སུ་གྲུབ་པ་ཡང་དག་པར་རྗེས་སུ་མ་མཐོང་བས། ཡིད་ཀྱི་རྣམ་པར་ཤེས་པའི་སྐྱེ་བ་ཡང་དག་པར་རྗེས་སུ་མི་མཐོང་ངོ་། །དེས་ཡིད་ཀྱི་རྣམ་པར་ཤེས་པའི་སྐྱེ་བ་ཡང་དག་པར་རྗེས་སུ་མ་མཐོང་བས། ཡིད་ཀྱི་རྣམ་པར་ཤེས་པའི་སྐྱེ་བའི་སྒོ་ཡང་དག་པར་རྗེས་སུ་མི་མཐོང་ངོ་། །དེས་ཡིད་ཀྱི་རྣམ་པར་ཤེས་པའི་སྐྱེ་བའི་སྒོ་ཡང་དག་པར་རྗེས་སུ་མ་མཐོང་བས། ཡིད་ཀྱི་རྣམ་པར་ཤེས་པའི་ཚོགས་ཡང་དག་པར་རྗེས་སུ་མི་མཐོང་སྟེ། གསོབ་ཉིད་····དང་། གསོག་ཉིད་དུ་ཡང་དག་པར་རྗེས་སུ་མཐོང་ངོ་། །དེས་མིག་གི་འདུས་ཏེ་རེག་པའི་ཡང་དག་པ་དང་། ཡོངས་སུ་གྲུབ་པ་ཡང་དག་པར་རྗེས་སུ་མི་མཐོང་སྟེ། དེས་མིག་གི་འདུས་ཏེ་རེག་པའི་ཡང་དག་པ་དང་། ཡོངས་སུ་གྲུབ་པ་ཡང་དག་པར་རྗེས་སུ་མ་མཐོང་བས། མིག་གི་འདུས་ཏེ་རེག་པའི་སྐྱེ་བ་ཡང་དག་པར་རྗེས་སུ་མི་མཐོང་ངོ་། །དེས་མིག་གི་འདུས་ཏེ་རེག་པའི་སྐྱེ་བ་ཡང་དག་པར་རྗེས་སུ་མ་མཐོང་བས། མིག་གི་འདུས་ཏེ་རེག་པའི་སྐྱེ་བའི་སྒོ་ཡང་དག་པར་རྗེས་སུ་མི····མཐོང་ངོ་། །དེས་མིག་གི་འདུས་ཏེ་རེག་པའི་སྐྱེ་བའི་སྒོ་ཡང་དག་པར་རྗེས་སུ་མ་མཐོང་བས། མིག་གི་འདུས་ཏེ་རེག་པའི་ཚོགས་ཡང་དག་པར་རྗེས་སུ་མི་མཐོང་སྟེ། གསོབ་ཉིད་དང་། གསོག་ཉིད་དུ་ཡང་དག་པར་རྗེས་སུ་མཐོང་ངོ་། །དེས་རྣ་བའི་འདུས་ཏེ་རེག་པའི་ཡང་དག་པ་དང་། ཡོངས་སུ་གྲུབ་པ་ཡང་དག་པར་རྗེས་སུ་མི་མཐོང་སྟེ། དེས་རྣ་བའི་འདུས་ཏེ་རེག་པའི་ཡང་དག་པ་དང་།

ཡོངས་སུ་གྲུབ་པ་ཡང་དག་པར་རྗེས་སུ་མ་མཐོང་བས། རྣ་བའི་འདུས་ཏེ་རེག···· པའི་སྐྱེ་བ་ཡང་དག་པར་རྗེས་སུ་མི་མཐོང་ངོ་། །དེས་རྣ་བའི་འདུས་ཏེ་རེག་པའི་སྐྱེ་བ་ཡང་དག་པར་རྗེས་སུ་མ་མཐོང་བས། རྣ་[༧]བའི་འདུས་ཏེ་རེག་པའི་སྐྱེ་བའི་སྒོ་ཡང་དག་པར་རྗེས་སུ་མི་མཐོང་ངོ་། །དེས་རྣ་བའི་འདུས་ཏེ་རེག་པའི་སྐྱེ་བའི་སྒོ་ཡང་དག་པར་རྗེས་སུ་མ་མཐོང་བས། རྣ་བའི་འདུས་ཏེ་རེག་པའི་ཚོགས་ཡང་དག་པར་རྗེས་སུ་མི་མཐོང་སྟེ། གསོབ་ཉིད་དང་། གསོག་ཉིད་དུ་ཡང་དག་པར་རྗེས་སུ་མཐོང་ངོ་། །དེས་སྣའི་འདུས་ཏེ་རེག་པའི་ཡང་དག་པ་དང་། ཡོངས་སུ་གྲུབ་པ་ཡང་དག་པར་རྗེས་སུ་མི་མཐོང་སྟེ། དེས་སྣའི་འདུས་ཏེ་རེག···· པའི་ཡང་དག་པ་དང་། ཡོངས་སུ་གྲུབ་པ་ཡང་དག་[༢]པར་རྗེས་སུ་མ་མཐོང་བས། སྣའི་འདུས་ཏེ་རེག་པའི་སྐྱེ་བ་ཡང་དག་པར་རྗེས་སུ་མི་མཐོང་ངོ་། །དེས་སྣའི···· འདུས་ཏེ་རེག་པའི་སྐྱེ་བ་ཡང་དག་པར་རྗེས་སུ་མ་[༣]མཐོང་བས། སྣའི་འདུས་ཏེ་རེག་པའི་སྐྱེ་བའི་སྒོ་ཡང་དག་པར་རྗེས་སུ་མི་མཐོང་ངོ་། །དེས་སྣའི་འདུས་ཏེ···· རེག་པའི་སྐྱེ་བའི་སྒོ་ཡང་དག་པར་རྗེས་སུ་མ་མཐོང་བས། སྣའི་འདུས་ཏེ་རེག···· པའི་ཚོགས་ཡང་དག་པར་རྗེས་སུ་མི་མཐོང་སྟེ། གསོབ་ཉིད་དང་། གསོག་ཉིད་དུ་ཡང་དག་པར་རྗེས་སུ་མཐོང་ངོ་། །དེས་ལྗེའི་འདུས་ཏེ་རེག་པའི་ཡང་དག་པ་དང་། ཡོངས་སུ་གྲུབ་པ་ཡང་དག་པར་རྗེས་སུ་མི་མཐོང་སྟེ། དེས་ལྗེའི་འདུས་ཏེ་རེག་པའི་ཡང་དག་པ་དང་། ཡོངས་སུ་གྲུབ་པ་ཡང་དག་པར་རྗེས་སུ་མ་མཐོང་བས། ལྗེའི་འདུས་ཏེ་རེག་པའི་སྐྱེ་བ་ཡང་དག་པར་རྗེས་སུ་མི་མཐོང་ངོ་། །དེས་ལྗེའི་འདུས་ཏེ་རེག་པའི་སྐྱེ་བ་ཡང་དག་པར་རྗེས་སུ་མ་མཐོང་བས། ལྗེའི་འདུས་ཏེ་རེག་པའི་སྐྱེ་བའི་སྒོ་ཡང་དག་པར་རྗེས་སུ་མི་མཐོང་ངོ་། །དེས་ལྗེའི་འདུས་ཏེ་རེག་པའི་སྐྱེ་བའི་སྒོ་ཡང་དག་པར་རྗེས་སུ་མ་མཐོང་བས། ལྗེའི་འདུས་ཏེ་རེག་

པའི་ཚོགས་ཡང་དག་པར་རྗེས་སུ་མི་མཐོང་སྟེ། གསོབ་ཉིད་དང་། གསོག་ཉིད་
དུ་ཡང་དག་པར་རྗེས་སུ་མཐོང་ངོ་། །དེས་ལུས་ཀྱི་འདུས་ཏེ་རེག་པའི་ཡང་དག་
པ་དང་། ཡོངས་སུ་གྲུབ་པ་ཡང་དག་པར་རྗེས་སུ་མི་མཐོང་སྟེ། དེས་ལུས་ཀྱི་
འདུས་ཏེ་རེག་པའི་ཡང་དག་པ་དང་། ཡོངས་སུ་གྲུབ་པ་ཡང་དག་པར་རྗེས་སུ་མ་
མཐོང་བས། ལུས་ཀྱི་འདུས་ཏེ་རེག་པའི་སྐྱེ་བ་ཡང་དག་པར་རྗེས་སུ་མི་མཐོང····
ངོ་༑ །དེས་ལུས་ཀྱི་འདུས་ཏེ་རེག་པའི་སྐྱེ་བ་ཡང་དག་པར་རྗེས་སུ་མ་མཐོང་བས།
ལུས་ཀྱི་འདུས་ཏེ་རེག་པའི་སྐྱེ་བའི་སྒོ་ཡང་དག་པར་རྗེས་སུ་མི་མཐོང་ངོ་། །དེས་
ལུས་ཀྱི་འདུས་ཏེ་རེག་པའི་སྐྱེ་བའི་སྒོ་ཡང་དག་པར་རྗེས་སུ་མ་མཐོང་བས། ལུས་
ཀྱི་འདུས་ཏེ་རེག་པའི་ཚོགས་ཡང་དག་པར་རྗེས་སུ་མི་མཐོང་སྟེ། གསོབ་ཉིད····
དང་༑ གསོག་ཉིད་དུ་ཡང་དག་པར་རྗེས་སུ་མཐོང་ངོ་། །དེས་ཡིད་ཀྱི་འདུས་ཏེ་
རེག་པའི་ཡང་དག་པ་དང་། ཡོངས་སུ་གྲུབ་པ་ཡང་དག་པར་རྗེས་སུ་མི་མཐོང་སྟེ།
དེས་ཡིད་ཀྱི་འདུས་ཏེ་རེག་པའི་ཡང་དག་པ་དང་། ཡོངས་སུ་གྲུབ་པ་ཡང་དག་
པར་རྗེས་སུ་མ་མཐོང་བས། ཡིད་ཀྱི་འདུས་ཏེ་རེག་པའི་སྐྱེ་བ་ཡང་དག་པར་རྗེས་
སུ་མི་མཐོང་ངོ་། །དེས་ཡིད་ཀྱི་འདུས་ཏེ་རེག་པའི་སྐྱེ་བ་ཡང་དག་པར་རྗེས་སུ་མ་
མཐོང་བས། ཡིད་ཀྱི་འདུས་ཏེ་རེག་པའི་སྐྱེ་བའི་སྒོ་ཡང་དག་པར་རྗེས་སུ་མི····
མཐོང་ངོ་། །དེས་ཡིད་ཀྱི་འདུས་ཏེ་རེག་པའི་སྐྱེ་བའི་སྒོ་ཡང་དག་པར་རྗེས་སུ་མ་
མཐོང་བས། ཡིད་ཀྱི་འདུས་ཏེ་རེག་པའི་ཚོགས་ཡང་དག་པར་རྗེས་སུ་མི་མཐོང་
སྟེ༑ གསོབ་ཉིད་དང་། གསོག་ཉིད་དུ་ཡང་དག་པར་རྗེས་སུ་མཐོང་ངོ་། །
དེས་མིག་གི་འདུས་ཏེ་རེག་པའི་རྐྱེན་གྱིས་ཚོར་བའི་ཡང་དག་པ་དང་། ཡོངས་སུ་
གྲུབ་པ་ཡང་དག་པར་རྗེས་སུ་མི་མཐོང་སྟེ། དེས་མིག་གི་འདུས་ཏེ་རེག་པའི་རྐྱེན་
གྱིས་ཚོར་བའི་ཡང་དག་པ་དང་། ཡོངས་སུ་གྲུབ་པ་ཡང་དག་པར་རྗེས་སུ་མ་⑦

མཐོང་བས། མིག་གི་འདུས་ཏེ་རེག་པའི་རྐྱེན་གྱིས་ཚོར་བའི་སྐྱེ་བ་ཡང་དག་པར་རྗེས་སུ་མི་མཐོང་ངོ་། །དེས་མིག་གི་འདུས་ཏེ་རེག་པའི་རྐྱེན་གྱིས་ཚོར་བའི་སྐྱེ་བ་ཡང་དག་པར་རྗེས་སུ་མ་མཐོང་བས། མིག་གི་འདུས་ཏེ་རེག་པའི་རྐྱེན་གྱིས་[1]ཚོར་བའི་སྐྱེ་བའི་སྒོ་ཡང་དག་པར་རྗེས་སུ་མི་མཐོང་ངོ་། །དེས་མིག་[2]གི་འདུས་ཏེ་རེག་པའི་རྐྱེན་གྱིས་ཚོར་བའི་སྐྱེ་བའི་སྒོ་ཡང་དག་པར་རྗེས་སུ་མ་མཐོང་བས། མིག་གི་འདུས་ཏེ་རེག་པའི་རྐྱེན་གྱིས་ཚོར་བའི་ཚོགས་ཡང་དག་པར་རྗེས་སུ་མི་མཐོང་སྟེ། གསོབ་[3]ཉིད་དང་། གསོག་ཉིད་དུ་ཡང་དག་པར་རྗེས་སུ་མཐོང་ངོ་། །དེས་རྣ་བའི་འདུས་ཏེ་རེག་པའི་རྐྱེན་གྱིས་ཚོར་བའི་ཡང་དག་པ་དང་། ཡོངས་སུ་གྲུབ་པ་ཡང་དག་པར་རྗེས་སུ་མི་མཐོང་སྟེ། དེས་རྣ་བའི་འདུས་ཏེ་རེག་པའི་རྐྱེན་གྱིས་ཚོར་བའི་ཡང་དག་པ་དང་། ཡོངས་སུ་གྲུབ་པ་ཡང་དག་པར་རྗེས་སུ་མ་མཐོང་བས། རྣ་བའི་འདུས་ཏེ་རེག་པའི་རྐྱེན་གྱིས་ཚོར་བའི་སྐྱེ་བ་ཡང་དག་པར་རྗེས་སུ་མི་མཐོང་ངོ་། །དེས་རྣ་བའི་འདུས་ཏེ་རེག་པའི་རྐྱེན་གྱིས་ཚོར་བའི་[4]སྐྱེ་བ་ཡང་དག་པར་རྗེས་སུ་མ་མཐོང་བས། རྣ་བའི་འདུས་ཏེ་རེག་པའི་རྐྱེན་གྱིས་ཚོར་བའི་སྐྱེ་བའི་སྒོ་ཡང་དག་པར་རྗེས་སུ་མི་མཐོང་ངོ་། །དེས་རྣ་བའི་འདུས་ཏེ་རེག་པའི་རྐྱེན་གྱིས་ཚོར་བའི་སྐྱེ་བའི་སྒོ་ཡང་དག་པར་རྗེས་སུ་མ་མཐོང་བས། རྣ་བའི་འདུས་ཏེ་རེག་པའི་རྐྱེན་གྱིས་ཚོར་བའི་ཚོགས་ཡང་དག་པར་རྗེས་སུ་མི་མཐོང་སྟེ། གསོབ་ཉིད་དང་། གསོག་ཉིད་དུ་ཡང་དག་པར་རྗེས་སུ་མཐོང་ངོ་། །དེས་སྣའི་འདུས་ཏེ་རེག་པའི་རྐྱེན་གྱིས་ཚོར་བའི་ཡང་དག་པ་དང་། ཡོངས་སུ་གྲུབ་པ་ཡང་དག་པར་རྗེས་སུ་མི་མཐོང་སྟེ། དེས་སྣའི་འདུས་ཏེ་རེག་པའི་རྐྱེན་གྱིས་ཚོར་བའི་ཡང་དག་པ་དང་། ཡོངས་སུ་གྲུབ་པ་ཡང་དག་པར་རྗེས་སུ་མ་མཐོང་བས། སྣའི་འདུས་ཏེ་རེག་པའི་རྐྱེན་གྱིས་ཚོར་བའི་སྐྱེ་བ་ཡང་དག་པར་

རྗེས་སུ་མི་མཐོང་ངོ་། །དེས་སྔའི་འདུས་ཏེ་རེག་པའི་རྐྱེན་གྱིས་ཚོར་བའི་སྐྱེ་བ་
ཡང་དག་པར་རྗེས་སུ་མ་མཐོང་བས། སྔའི་འདུས་ཏེ་རེག་པའི་རྐྱེན་གྱིས་ཚོར་
བའི་སྐྱེ་བའི་སྒོ་ཡང་དག་པར་རྗེས་སུ་མི་མཐོང་ངོ་། །དེས་སྔའི་འདུས་ཏེ་རེག་
པའི་རྐྱེན་གྱིས་ཚོར་བའི་སྐྱེ་བའི་སྒོ་ཡང་དག་པར་རྗེས་སུ་མ་མཐོང་བས། སྔའི་
འདུས་ཏེ་རེག་པའི་རྐྱེན་གྱིས་ཚོར་བའི་ཚོགས་ཡང་དག་པར་རྗེས་སུ་མི་མཐོང་སྟེ།
གསོབ་[1]ཉིད་དང་། གསོག་ཉིད་དུ་ཡང་དག་པར་རྗེས་སུ་མཐོང་ངོ་། །དེས་
ལྕེའི་འདུས་ཏེ་རེག་པའི་རྐྱེན་གྱིས་ཚོར་བའི་ཡང་དག་པ་དང་། ཡོངས་སུ་གྲུབ་པ་
ཡང་དག་པར་རྗེས་སུ་མི་མཐོང་སྟེ། དེས་ལྕེའི་འདུས་ཏེ་རེག་པའི་རྐྱེན་གྱིས་ཚོར་
བའི་ཡང་དག་པ་དང་། ཡོངས་སུ་གྲུབ་པ་[2]ཡང་དག་པར་རྗེས་སུ་མ་མཐོང་བས།
ལྕེའི་འདུས་ཏེ་རེག་པའི་རྐྱེན་གྱིས་ཚོར་བའི་སྐྱེ་བ་ཡང་དག་པར་རྗེས་སུ་མི་མཐོང་
ངོ་། །དེས་ལྕེའི་འདུས་ཏེ་རེག་པའི་རྐྱེན་གྱིས་ཚོར་བའི་སྐྱེ་བ་ཡང་དག་པར་རྗེས་
སུ་མ་མཐོང་བས། ལྕེའི་འདུས་ཏེ་རེག་པའི་རྐྱེན་གྱིས་ཚོར་བའི་སྐྱེ་བའི་སྒོ་ཡང་
དག་པར་རྗེས་སུ་མི་མཐོང་ངོ་། །དེས་ལྕེའི་འདུས་ཏེ་རེག་པའི་རྐྱེན་གྱིས་ཚོར་བའི་
སྐྱེ་བའི་སྒོ་ཡང་དག་པར་རྗེས་སུ་མ་[3]མཐོང་བས། ལྕེའི་འདུས་ཏེ་རེག་པའི་རྐྱེན་
གྱིས་ཚོར་བའི་ཚོགས་ཡང་དག་པར་རྗེས་སུ་མི་མཐོང་སྟེ། གསོབ་ཉིད་དང་།
གསོག་ཉིད་དུ་ཡང་དག་པར་རྗེས་སུ་མཐོང་ངོ་། །དེས་ལུས་ཀྱི་འདུས་ཏེ་རེག་པའི་
རྐྱེན་གྱིས་ཚོར་བའི་ཡང་དག་པ་དང་། ཡོངས་སུ་གྲུབ་པ་ཡང་དག་པར་རྗེས་སུ་མི་
མཐོང་སྟེ། དེས་ལུས་ཀྱི་འདུས་ཏེ་རེག་པའི་རྐྱེན་གྱིས་ཚོར་བའི་ཡང་དག་པ་དང་།
ཡོངས་སུ་གྲུབ་པ་ཡང་དག་པར་རྗེས་སུ་མ་མཐོང་བས། ལུས་ཀྱི་འདུས་ཏེ་རེག་
པའི་རྐྱེན་གྱིས་ཚོར་བའི་སྐྱེ་བ་ཡང་དག་པར་རྗེས་སུ་མི་མཐོང་ངོ་། །དེས་ལུས་ཀྱི་
འདུས་ཏེ་རེག་པའི་རྐྱེན་གྱིས་ཚོར་བའི་སྐྱེ་བ་ཡང་དག་པར་རྗེས་སུ་མ་མཐོང་བས།

ལུས་ཀྱི་འདུས་ཏེ་རེག་པའི་རྐྱེན་གྱིས་ཚོར་བའི་སྐྱེ་བའི་སྒོ་ཡང་དག་པར་རྗེས་སུ་མི་མཐོང་ངོ་། །དེས་ལུས་ཀྱི་འདུས་ཏེ་རེག་པའི་རྐྱེན་གྱིས་ཚོར་བའི་སྐྱེ་བའི་སྒོ་ཡང་དག་པར་རྗེས་སུ་མ་མཐོང་བས། ལུས་ཀྱི་འདུས་ཏེ་རེག་པའི་རྐྱེན་གྱིས་ཚོར་བའི་ཚོགས་ཡང་དག་པར་རྗེས་སུ་མི་མཐོང་སྟེ། གསོབ་ཉིད་དང་། གསོག་ཉིད་དུ་ཡང་དག་པར་རྗེས་སུ་མཐོང་ངོ་། །དེས་ཡིད་ཀྱི་འདུས་ཏེ་རེག་པའི་རྐྱེན་གྱིས་ཚོར་བའི་ཡང་དག་པ་དང་། ཡོངས་སུ་གྲུབ་པ་ཡང་དག་པར་རྗེས་སུ་མི་མཐོང་སྟེ། དེས་ཡིད་ཀྱི་འདུས་ཏེ་རེག་པའི་རྐྱེན་གྱིས་ཚོར་བའི་ཡང་དག་པ་དང་། ཡོངས་སུ་གྲུབ་པ་ཡང་དག་པར་རྗེས་སུ་མ་མཐོང་བས། ཡིད་ཀྱི་འདུས་ཏེ་རེག་པའི་རྐྱེན་གྱིས་ཚོར་བའི་སྐྱེ་བ་ཡང་དག་པར་རྗེས་སུ་མི་མཐོང་ངོ་། །དེས་ཡིད་ཀྱི་འདུས་ཏེ་རེག་པའི་རྐྱེན་གྱིས་ཚོར་བའི་སྐྱེ་བ་ཡང་དག་པར་རྗེས་སུ་མ་མཐོང་བས། ཡིད་ཀྱི་འདུས་ཏེ་རེག་པའི་རྐྱེན་གྱིས་ཚོར་བའི་སྐྱེ་བའི་སྒོ་ཡང་དག་པར་རྗེས་སུ་མི་མཐོང་ངོ་། །དེས་ཡིད་ཀྱི་འདུས་ཏེ་རེག་པའི་རྐྱེན་གྱིས་ཚོར་བའི་སྐྱེ་བའི་སྒོ་ཡང་དག་པར་རྗེས་སུ་མ་མཐོང་བས། ཡིད་ཀྱི་(༡)འདུས་ཏེ་རེག་པའི་རྐྱེན་གྱིས་ཚོར་བའི་ཚོགས་ཡང་དག་པར་རྗེས་སུ་མི་མཐོང་སྟེ། གསོབ་ཉིད་དང་། གསོག་ཉིད་དུ་ཡང་དག་པར་རྗེས་སུ་མཐོང་ངོ་། །དེས་སའི་ཁམས་ཀྱི་ཡང་དག་པ་དང་། ཡོངས་སུ་གྲུབ་པ་ཡང་དག་པར་རྗེས་སུ་མི་མཐོང་སྟེ། དེས་སའི་ཁམས་ཀྱི་ཡང་དག་པ་དང་། ཡོངས་སུ་གྲུབ་པ་ཡང་དག་པར་རྗེས་སུ་མ་མཐོང་བས། སའི་ཁམས་ཀྱི་སྐྱེ་བ་ཡང་དག་པར་རྗེས་སུ་མི་མཐོང་ངོ་། །དེས་སའི་ཁམས་ཀྱི་སྐྱེ་བ་ཡང་དག་པར་རྗེས་སུ་མ་མཐོང་བས། སའི་ཁམས་ཀྱི་སྐྱེ་བའི་སྒོ་ཡང་དག་པར་རྗེས་སུ་མི་མཐོང་ངོ་། །དེས་སའི་ཁམས་ཀྱི་སྐྱེ་བའི་སྒོ་ཡང་དག་པར་རྗེས་སུ་མ་མཐོང་བས། སའི་ཁམས་ཀྱི་ཚོགས་ཡང་དག་པར་རྗེས་སུ་(༣)མི་མཐོང་སྟེ།

གསོབ་ཉིད་དང་། གསོག་ཉིད་དུ་ཡང་དག་པར་རྗེས་སུ་མཐོང་ངོ་། །དེས་ཆུའི་ཁམས་ཀྱི་ཡང་དག་པ་དང་། ཡོངས་སུ་གྲུབ་པ་ཡང་དག་པར་རྗེས་སུ་མི་མཐོང་སྟེ་དེས་ཆུའི་ཁམས་ཀྱི་ཡང་དག་པ་དང་། ཡོངས་སུ་གྲུབ་པ་ཡང་དག་པར་རྗེས་སུ་མ་མཐོང་བས། ཆུའི་ཁམས་ཀྱི་སྐྱེ་བ་ཡང་དག་པར་རྗེས་སུ་མི་མཐོང་ངོ་། །དེས་ཆུའི་ཁམས་ཀྱི་སྐྱེ་བ་ཡང་དག་པར་རྗེས་སུ་མ་མཐོང་བས། ཆུའི་ཁམས་ཀྱི་སྐྱེ་བའི་སྒོ་ཡང་དག་པར་རྗེས་སུ་མི་མཐོང་ངོ་། །དེས་ཆུའི་ཁམས་ཀྱི་སྐྱེ་བའི་སྒོ་ཡང་དག་པར་རྗེས་སུ་མ་མཐོང་བས། ཆུའི་ཁམས་ཀྱི་ཚོགས་ཡང་དག་པར་རྗེས་སུ་མི······མཐོང་སྟེ། གསོབ་ཉིད་དང་། གསོག་ཉིད་དུ་ཡང་དག་པར་རྗེས་སུ་མཐོང་ངོ་། །དེས་མེའི་[༡]ཁམས་ཀྱི་ཡང་དག་པ་དང་། ཡོངས་སུ་གྲུབ་པ་ཡང་དག་པར་རྗེས་སུ་མི་མཐོང་སྟེ། དེས་མེའི་ཁམས་ཀྱི་ཡང་དག་པ་དང་། ཡོངས་སུ་གྲུབ་པ་ཡང་དག་པར་རྗེས་སུ་མ་མཐོང་བས། མེའི་ཁམས་ཀྱི་སྐྱེ་བ་ཡང་དག་པར་རྗེས་སུ་མི་མཐོང་ངོ་། །དེས་མེའི་ཁམས་ཀྱི་སྐྱེ་བ་ཡང་དག་པར་རྗེས་སུ་མ་མཐོང་བས། མེའི་ཁམས་ཀྱི་སྐྱེ་བའི་སྒོ་ཡང་དག་པར་རྗེས་སུ་མི་མཐོང་ངོ་། །དེས་མེའི་ཁམས་ཀྱི་སྐྱེ་བའི་སྒོ་ཡང་དག་པར་རྗེས་སུ་མ་མཐོང་བས། མེའི་ཁམས་ཀྱི་ཚོགས་ཡང་······དག་པར་རྗེས་སུ་[༢]མི་མཐོང་སྟེ། གསོབ་ཉིད་དང་། གསོག་ཉིད་དུ་ཡང་དག་པར་རྗེས་སུ་མཐོང་ངོ་། །དེས་རླུང་གི་ཁམས་ཀྱི་ཡང་དག་པ་དང་། ཡོངས་སུ་གྲུབ་པ་ཡང་དག་པར་རྗེས་སུ་མི་མཐོང་སྟེ། དེས་རླུང་གི་ཁམས་ཀྱི་ཡང་དག་པ་དང་། ཡོངས་སུ་གྲུབ་པ་ཡང་དག་པར་རྗེས་སུ་མ་མཐོང་བས། རླུང་གི་ཁམས་ཀྱི་སྐྱེ་བ་ཡང་དག་པར་རྗེས་སུ་མི་མཐོང་ངོ་། །དེས་རླུང་གི་ཁམས་ཀྱི་སྐྱེ་བ་ཡང་དག་པར་རྗེས་སུ་མ་མཐོང་བས། རླུང་གི་ཁམས་ཀྱི་སྐྱེ་བའི་སྒོ་ཡང་དག་པར་རྗེས་སུ་མི་མཐོང་ངོ་། །དེས་རླུང་གི་ཁམས་ཀྱི་སྐྱེ་བའི་སྒོ་ཡང་དག་པར་རྗེས་སུ་མ······

མཐོང་བས། རླུང་གི་ཁམས་ཀྱི་ཚོགས་ཡང་དག་པར་རྗེས་སུ་མི་མཐོང་སྟེ། གསོབ་ཉིད་དང་། གསོག་ཉིད་དུ་ཡང་དག་པར་རྗེས་སུ་མཐོང་ངོ་། །དེས་ནམ་མཁའི་ཁམས་ཀྱི་ཡང་དག་པ་དང་། ཡོངས་སུ་གྲུབ་པ་ཡང་དག་པར་རྗེས་སུ་མི་མཐོང་སྟེ། དེས་ནམ་མཁའི་ཁམས་ཀྱི་ཡང་དག་པ་དང་། ཡོངས་སུ་གྲུབ་པ་ཡང་དག་པར་རྗེས་སུ་མ་མཐོང་བས། ནམ་མཁའི་ཁམས་ཀྱི་སྐྱེ་བ་ཡང་དག་པར་རྗེས་སུ་མི་མཐོང་ངོ་། །དེས་ནམ་མཁའི་ཁམས་ཀྱི་སྐྱེ་བ་ཡང་དག་པར་རྗེས་སུ་མ་མཐོང་བས། ནམ་མཁའི་ཁམས་ཀྱི་སྐྱེ་བའི་སྒོ་ཡང་དག་པར་རྗེས་སུ་མི་མཐོང་ངོ་།། དེས་ནམ་མཁའི་ཁམས་ཀྱི་སྐྱེ་བའི་སྒོ་ཡང་དག་པར་རྗེས་སུ་མ་མཐོང་བས། ནམ་མཁའི་ཁམས་ཀྱི་ཚོགས་ཡང་དག་པར་རྗེས་སུ་མི་མཐོང་སྟེ། གསོབ་ཉིད་དང་། གསོག་ཉིད་དུ་ཡང་དག་པར་རྗེས་སུ་མཐོང་ངོ་། །དེས་རྣམ་པར་ཤེས་པའི་ཁམས་ཀྱི་ཡང་དག་པ་དང་། ཡོངས་སུ་གྲུབ་པ་ཡང་དག་པར་རྗེས་སུ་མི་མཐོང་སྟེ། དེས་རྣམ་པར་ཤེས་པའི་ཁམས་ཀྱི་ཡང་དག་པ་དང་། ཡོངས་སུ་གྲུབ་པ་ཡང་དག་པར་རྗེས་སུ་མ་མཐོང་བས། རྣམ་པར་ཤེས་པའི་ཁམས་ཀྱི་སྐྱེ་བ་ཡང་དག་པར་རྗེས་སུ་མི་མཐོང་ངོ་། །དེས་རྣམ་པར་ཤེས་པའི་ཁམས་ཀྱི་སྐྱེ་བ་ཡང་དག་པར་རྗེས་སུ་མ་མཐོང་བས། རྣམ་པར་ཤེས་པའི་ཁམས་ཀྱི་སྐྱེ་བའི་སྒོ་ཡང་དག་པར་རྗེས་སུ་མི་མཐོང་ངོ་། །དེས་རྣམ་པར་ཤེས་པའི་ཁམས་ཀྱི་སྐྱེ་བའི་སྒོ་ཡང་དག་པར་རྗེས་སུ་མ་མཐོང་བས། རྣམ་པར་ཤེས་པའི་ཁམས་ཀྱི་ཚོགས་ཡང་དག་པར་རྗེས་སུ་མི་མཐོང་སྟེ། གསོབ་ཉིད་དང་། གསོག་ཉིད་དུ་ཡང་དག་པར་རྗེས་སུ་མཐོང་ངོ་། །དེས་མ་རིག་པའི་ཡང་དག་པ་དང་། ཡོངས་སུ་གྲུབ་པ་ཡང་དག་པར་རྗེས་སུ་མི་མཐོང་སྟེ། དེས་མ་རིག་པའི་ཡང་དག་པ་དང་། ཡོངས་སུ་གྲུབ་པ་ཡང་དག་པར་རྗེས་སུ་མ་མཐོང་བས། མ་རིག་པའི་སྐྱེ་བ་ཡང་དག་པར་རྗེས་སུ་

མི་མཐོང་ངོ་། །དེས་མ་རིག་པའི་སྐྱེ་བ་ཡང་དག་པར་རྗེས་སུ་མ་མཐོང་བས། མ་རིག་པའི་སྐྱེ་བའི་སྒོ་ཡང་དག་པར་རྗེས་སུ་མི་མཐོང་ངོ་། །དེས་མ་རིག་པའི་སྐྱེ་བའི་སྒོ་ཡང་དག་པར་རྗེས་སུ་མ་མཐོང་བས། མ་རིག་པའི་ཚོགས་ཡང་དག་པར་རྗེས་སུ་མི་མཐོང་སྟེ། གསོབ་ཉིད་དང་། གསོག་ཉིད་དུ་ཡང་དག་པར་རྗེས་སུ་མཐོང་ངོ་། །དེས་འདུ་བྱེད་ཀྱི་ཡང་དག་པ་དང་། ཡོངས་སུ་གྲུབ་པ་ཡང་དག་པར་རྗེས་སུ་མི་མཐོང་སྟེ། དེས་འདུ་བྱེད་ཀྱི་ཡང་དག་པ་དང་། ཡོངས་སུ་གྲུབ་པ་ཡང་དག་པར་རྗེས་སུ་མ་མཐོང་བས། འདུ་བྱེད་ཀྱི་སྐྱེ་བ་ཡང་དག་པར་རྗེས་སུ་མི་མཐོང་ངོ་། །དེས་འདུ་བྱེད་ཀྱི་སྐྱེ་བ་①ཡང་དག་པར་རྗེས་སུ་མ་མཐོང་བས། འདུ་བྱེད་ཀྱི་སྐྱེ་བའི་སྒོ་ཡང་དག་པར་རྗེས་སུ་མི་མཐོང་ངོ་། །དེས་འདུ་བྱེད་ཀྱི་སྐྱེ་བའི་སྒོ་ཡང་དག་པར་རྗེས་སུ་མ་མཐོང་བས། འདུ་བྱེད་ཀྱི་ཚོགས་ཡང་དག་པར་རྗེས་སུ་མི་མཐོང་སྟེ། གསོབ་ཉིད་དང་གསོག་ཉིད་དུ་ཡང་དག་པར་རྗེས་སུ·····མཐོང་ངོ་། །དེས་རྣམ་པར་ཤེས་པའི་ཡང་དག་པ②དང་། ཡོངས་སུ་གྲུབ་པ་ཡང་དག་པར་རྗེས་སུ་མི་མཐོང་སྟེ། དེས་རྣམ་པར་ཤེས་པའི་ཡང་དག་པ་དང་། ཡོངས་སུ་གྲུབ་པ་ཡང་དག་པར་རྗེས་སུ་མ་མཐོང་བས། རྣམ་པར་ཤེས་པའི་སྐྱེ་བ་ཡང་དག་པར་རྗེས་སུ་མི་མཐོང་ངོ་། །དེས་རྣམ་པར་ཤེས་པའི་སྐྱེ་བ་ཡང་དག····པར་རྗེས་སུ་མ་མཐོང་བས། རྣམ་པར་ཤེས་པའི་སྐྱེ་བའི་སྒོ་ཡང་དག་པར་རྗེས་སུ་མི་མཐོང་ངོ་། །དེས་③རྣམ་པར་ཤེས་པའི་སྐྱེ་བའི་སྒོ་ཡང་དག་པར་རྗེས་སུ་མ····མཐོང་བས། རྣམ་པར་ཤེས་པའི་ཚོགས་ཡང་དག་པར་རྗེས་སུ་མི་མཐོང་སྟེ། གསོབ་ཉིད་དང་། གསོག་ཉིད་དུ་ཡང་དག་པར་རྗེས་སུ་མཐོང་ངོ་། །དེས་མིང་དང་གཟུགས་ཀྱི་ཡང་དག་པ་དང་། ཡོངས་སུ་གྲུབ་པ་ཡང་དག་པར་རྗེས་སུ་མི་མཐོང་སྟེ། དེས་མིང་དང་གཟུགས་ཀྱི་ཡང་དག་པ་དང་། ཡོངས་སུ་གྲུབ་པ་

ཡང་དག་པར་རྗེས་སུ་མ་མཐོང་བས། མིག་དང་གཟུགས་ཀྱི་སྐྱེ་བ་ཡང་དག་པར་རྗེས་སུ་མི་མཐོང་ངོ་། །དེས་མིག་དང་གཟུགས་ཀྱི་སྐྱེ་བ་ཡང་དག་པར་རྗེས་སུ་མ་མཐོང་བས། མིག་དང་གཟུགས་ཀྱི་སྐྱེ་བའི་སྒོ་ཡང་དག་པར་རྗེས་སུ་མི་མཐོང་ངོ་༑ །[2]དེས་མིག་དང་གཟུགས་ཀྱི་སྐྱེ་བའི་སྒོ་ཡང་དག་པར་རྗེས་སུ་མ་མཐོང་བས། མིག་དང་གཟུགས་ཀྱི་ཚོགས་ཡང་དག་པར་རྗེས་སུ་མི་མཐོང་སྟེ། གསོབ་ཉིད་དང་༑ གསོག་ཉིད་དུ་ཡང་དག་པར་རྗེས་སུ་མཐོང་ངོ་། །དེས་སྐྱེ་མཆེད་དྲུག་གི་ཡང་དག་པ་དང་། ཡོངས་སུ་གྲུབ་པ་ཡང་དག་པར་རྗེས་སུ་མི་མཐོང་སྟེ། དེས་སྐྱེ་མཆེད་དྲུག་གི་ཡང་དག་པ་དང་། ཡོངས་སུ་གྲུབ་པ་ཡང་དག་པར་རྗེས་སུ་མ་མཐོང་བས། སྐྱེ་མཆེད་དྲུག་གི་སྐྱེ་བ་ཡང་དག་པར་རྗེས་སུ་མི་མཐོང་ངོ་། །དེས་སྐྱེ་མཆེད་དྲུག་གི་སྐྱེ་བ་ཡང་དག་པར་རྗེས་སུ་མ་མཐོང་བས། སྐྱེ་མཆེད་དྲུག་གི་སྐྱེ་བའི་སྒོ་ཡང་དག་པར་རྗེས་སུ་མི་མཐོང་ངོ་། །དེས་སྐྱེ་མཆེད་དྲུག་གི་སྐྱེ་བའི་སྒོ་ཡང་དག་པར་རྗེས་སུ་མ་མཐོང་བས། སྐྱེ་མཆེད་དྲུག་གི་ཚོགས་ཡང་དག་པར་རྗེས་སུ་མི་མཐོང་སྟེ། གསོབ་ཉིད་དང་། གསོག་ཉིད་དུ་ཡང་དག་པར་རྗེས་སུ་མཐོང་ངོ་། །དེས་རེག་པའི་ཡང་དག་པ་དང་། ཡོངས་སུ་གྲུབ་པ་ཡང་དག་པར་རྗེས་སུ་མི་མཐོང་སྟེ། དེས་རེག་པའི་ཡང་དག་པ་དང་། ཡོངས་སུ་གྲུབ་པ་ཡང་དག་པར་རྗེས་སུ་མ་མཐོང་བས། རེག་པའི་སྐྱེ་བ་ཡང་དག་པར་རྗེས་སུ་མི་མཐོང་ངོ་༑ །དེས་རེག་པའི་སྐྱེ་བ་ཡང་དག་པར་རྗེས་སུ་མ་[3]མཐོང་བས། རེག་པའི་སྐྱེ་བའི་སྒོ་ཡང་དག་པར་རྗེས་སུ་མི་མཐོང་ངོ་། །དེས་རེག་པའི་སྐྱེ་བའི་སྒོ་ཡང་དག་པར་རྗེས་སུ་མ་མཐོང་བས། རེག་པའི་ཚོགས་ཡང་དག་པར་རྗེས་སུ་མི་མཐོང་སྟེ། གསོབ་ཉིད་དང་། གསོག་ཉིད་དུ་ཡང་དག་པར་རྗེས་སུ་མཐོང་ངོ་། །དེས་ཚོར་བའི་ཡང་དག་པ་དང་། ཡོངས་སུ་གྲུབ་པ་ཡང་དག་པར་རྗེས་སུ་མི་མཐོང་སྟེ།

དེས་ཚོར་བའི་ཡང་དག་པ་དང་། ཡོངས་སུ་གྲུབ་པ་ཡང་དག་པར་རྗེས་སུ་མ····མཐོང་བས། ཚོར་བའི་སྐྱེ་བ་ཡང་དག་པར་རྗེས་སུ་མི་མཐོང་ངོ་། །དེས་ཚོར་བའི་སྐྱེ་བ་ཡང་དག་པར་རྗེས་སུ་མ་མཐོང་བས། ཚོར་བའི་སྐྱེ་བའི་སྒོ་ཡང་དག་པར་རྗེས་སུ་མི་མཐོང་ངོ་། །དེས་ཚོར་བའི་སྐྱེ་བའི་སྒོ་ཡང་དག་པར་རྗེས་སུ····མ་མཐོང་བས། དེས་[1]ཚོར་བའི་ཚོགས་ཡང་དག་པར་རྗེས་སུ་མི་མཐོང་སྟེ། གསོབ་ཉིད་དང་གསོག་ཉིད་དུ་ཡང་དག་པར་རྗེས་སུ་མཐོང་ངོ་། །དེས་སྲིད་[2]པའི་ཡང་དག་པ་དང་། ཡོངས་སུ་གྲུབ་པ་ཡང་དག་པར་རྗེས་སུ་མི་མཐོང་སྟེ། དེས་སྲིད་པའི་ཡང་དག་པ་དང་། ཡོངས་སུ་གྲུབ་པ་ཡང་དག་པར་རྗེས་སུ་མ····མཐོང་བས། སྲིད་པའི་སྐྱེ་བ་ཡང་དག་པར་རྗེས་སུ་མི་མཐོང་ངོ་། །དེས་སྲིད་པའི་སྐྱེ་བ་ཡང་དག་པར་རྗེས་སུ་མ་མཐོང་བས། སྲིད་པའི་སྐྱེ་བའི་སྒོ་ཡང་དག་པར་རྗེས་སུ་མི་མཐོང་ངོ་། །དེས་སྲིད་པའི་སྐྱེ་བའི་སྒོ་ཡང་དག་པར་རྗེས་སུ་མ་མཐོང་བས། སྲིད་པའི་ཚོགས་ཡང་དག་པར་རྗེས་སུ་མི་མཐོང་སྟེ། གསོབ་ཉིད་དང་། གསོག་ཉིད་དུ་ཡང་དག་པར་རྗེས་སུ་མཐོང་ངོ་། །དེས་ལེན་པའི་ཡང་དག་པ་དང་། ཡོངས་སུ་གྲུབ་པ་ཡང་དག་པར་རྗེས་སུ་མི་མཐོང་སྟེ། དེས་ལེན་པའི་ཡང་དག་པ་དང་། ཡོངས་སུ་གྲུབ་པ་ཡང་དག་པར་རྗེས་སུ་མ་མཐོང་བས། ལེན་པའི་སྐྱེ་བ་ཡང་དག་པར་རྗེས་སུ་མི་མཐོང་ངོ་། །དེས་ལེན་པའི་སྐྱེ་བ་ཡང་དག་པར་རྗེས་སུ་མ་མཐོང་བས། ལེན་པའི་སྐྱེ་བའི་སྒོ་ཡང་དག་པར་རྗེས་སུ་མི་མཐོང་ངོ་། །དེས་ལེན་པའི་སྐྱེ་བའི་སྒོ་ཡང་དག་པར་རྗེས་སུ་མ་མཐོང་བས། ལེན་པའི་ཚོགས་ཡང་དག་པར་རྗེས་སུ་མི་མཐོང་སྟེ། གསོབ་ཉིད་དང་། གསོག་ཉིད་དུ་ཡང་དག་པར་རྗེས་སུ་མཐོང་ངོ་། །དེས་སྲིད་པའི་ཡང་དག་པ་དང་། ཡོངས་སུ་གྲུབ་པ་ཡང་དག་པར་རྗེས་སུ་མི་མཐོང་སྟེ། དེས་[3]སྲིད་པའི་ཡང་དག་

པ་དང་། ཡོངས་སུ་གྲུབ་པ་ཡང་དག་པར་རྗེས་སུ་མ་མཐོང་བས། སྲིད་པའི་སྐྱེ་བ་ཡང་དག་པར་རྗེས་སུ་མི་མཐོང་ངོ་། །དེས་སྲིད་པའི་སྐྱེ་བ་ཡང་དག་པར་རྗེས་སུ་མ་མཐོང་བས། སྲིད་པའི་སྐྱེ་བའི་སྒོ་ཡང་དག་པར་རྗེས་སུ་མི་མཐོང་ངོ་། །དེས་སྲིད་པའི་སྐྱེ་བའི་སྒོ་ཡང་དག་པར་རྗེས་སུ་མ་མཐོང་བས། སྲིད་པའི་ཚོགས་ཡང་དག་པར་རྗེས་སུ་མི་མཐོང་སྟེ། གསོབ་ཉིད་དང་། གསོག་ཉིད་དུ་ཡང་དག་པར་རྗེས་སུ་མཐོང་ངོ་། །དེས་སྐྱེ་བའི་ཡང་དག་པ་དང་། ཡོངས་སུ་གྲུབ་པ་ཡང་དག་པར་རྗེས་སུ་མི་མཐོང་སྟེ། དེས་སྐྱེ་བའི་ཡང་དག་པ་དང་། ཡོངས་སུ་གྲུབ་པ་ཡང་དག་པར་རྗེས་སུ་མ་མཐོང་བས། སྐྱེ་བའི་སྐྱེ་བ་ཡང་དག་པར་རྗེས་སུ་མི་མཐོང་ངོ་། །དེས་སྐྱེ་བའི་སྐྱེ་བ་ཡང་དག་པར་རྗེས་སུ་མ་མཐོང་བས། སྐྱེ་བའི་སྐྱེ་བའི་སྒོ་ཡང་དག་པར་རྗེས་སུ་མི་མཐོང་ངོ་། །དེས་སྐྱེ་བའི་སྐྱེ་བའི་སྒོ་ཡང་དག་པར་རྗེས་སུ་མ་མཐོང་བས། སྐྱེ་བའི་ཚོགས་ཡང་དག་པར་རྗེས་སུ་མི་མཐོང་སྟེ༑ གསོབ་ཉིད་དང་། གསོག་ཉིད་དུ་ཡང་དག་པར་རྗེས་སུ་མཐོང་ངོ་། །དེས་རྒ་ཤིའི་ཡང་དག་པ་དང་། ཡོངས་སུ་གྲུབ་པ་ཡང་དག་པར་རྗེས་སུ་མི་མཐོང་སྟེ༑ དེས་རྒ་ཤིའི་ཡང་དག་པ་དང་། ཡོངས་སུ་གྲུབ་པ་ཡང་དག་པར་རྗེས་སུ་མ་མཐོང་བས། རྒ་ཤིའི་སྐྱེ་བ་ཡང་དག་པར་རྗེས་སུ་མི་མཐོང་ངོ་། །དེས་རྒ་ཤིའི་སྐྱེ་བ་ཡང་དག་པར་རྗེས་སུ་མ་མཐོང་བས། རྒ་ཤིའི་སྐྱེ་བའི་སྒོ་ཡང་དག་པར་རྗེས་སུ་མི་མཐོང་ངོ་། །དེས་རྒ་ཤིའི་སྐྱེ་བའི་སྒོ་ཡང་དག་པར་རྗེས་སུ་མ་མཐོང་བས། རྒ་ཤིའི་ཚོགས་ཡང་དག་པར་རྗེས་སུ་མི་མཐོང་སྟེ། གསོབ་ཉིད་དང་། གསོག་ཉིད་དུ་ཡང་དག་པར་རྗེས་སུ་མཐོང་ངོ་། །དེས་[༡]སྦྱིན་པའི་ཕ་རོལ་ཏུ་ཕྱིན་པའི་ཡང་དག་པ་དང་། ཡོངས་སུ་གྲུབ་པ་ཡང་དག་པར་རྗེས་སུ་མི་མཐོང་སྟེ། དེས་སྦྱིན་པའི་ཕ་རོལ་ཏུ་ཕྱིན་པའི་ཡང་དག་པ་དང་། ཡོངས་སུ་གྲུབ་པ་ཡང་དག་པར་

རྗེས་སུ་མ་མཐོང་བས། སྦྱིན་པའི་ཕ་རོལ་ཏུ་ཕྱིན་པའི་སྐྱེ་བ་ཡང་དག་པར་རྗེས་སུ་མི་མཐོང་ངོ་། །དེས་སྦྱིན་པའི་ཕ་རོལ་ཏུ་ཕྱིན་པའི་སྐྱེ་བ་ཡང་དག་པར་རྗེས་སུ་མ་མཐོང་བས། སྦྱིན་པའི་ཕ་རོལ་ཏུ་ཕྱིན་པའི་སྐྱེ་བའི་སྒོ་ཡང་དག་པར་རྗེས་སུ་མི་མཐོང་ངོ་། །དེས་སྦྱིན་པའི་ཕ་རོལ་ཏུ་ཕྱིན་པའི་སྐྱེ་བའི་སྒོ་ཡང་དག་པར་རྗེས་སུ་མ་མཐོང་བས། སྦྱིན་པའི་ཕ་རོལ་ཏུ་ཕྱིན་པའི་ཚོགས་ཡང་དག་པར་རྗེས་སུ་མི་མཐོང་སྟེ། གསོབ་ཉིད་དང་། གསོག་ཉིད་དུ་ཡང་དག་པར་རྗེས་སུ་མཐོང་ངོ་། །དེས་ཚུལ་ཁྲིམས་ཀྱི་ཕ་རོལ་ཏུ་ཕྱིན་པའི་ཡང་དག་པ་དང་། ཡོངས་སུ་གྲུབ་པ་ཡང་དག་པར་རྗེས་སུ་མི་མཐོང་སྟེ། དེས་ཚུལ་ཁྲིམས་ཀྱི་ཕ་རོལ་ཏུ་ཕྱིན་པའི་ཡང་དག་པ་དང་། ཡོངས་སུ་གྲུབ་པ་ཡང་དག་པར་རྗེས་སུ་མ་མཐོང་བས། ཚུལ་ཁྲིམས་ཀྱི་ཕ་རོལ་ཏུ་ཕྱིན་པའི་སྐྱེ་བ་ཡང་དག་པར་རྗེས་སུ་མི་མཐོང་ངོ་། །དེས་ཚུལ་ཁྲིམས་ཀྱི་ཕ་རོལ་ཏུ་ཕྱིན་པའི་སྐྱེ་བ་ཡང་དག་པར་རྗེས་སུ་མ་མཐོང་བས། ཚུལ་ཁྲིམས་ཀྱི་ཕ་རོལ་ཏུ་ཕྱིན་པའི་སྐྱེ་བའི་སྒོ་ཡང་དག་པར་རྗེས་སུ་མི་མཐོང་ངོ་། །དེས་ཚུལ་ཁྲིམས་ཀྱི་ཕ་རོལ་ཏུ་ཕྱིན་པའི་སྐྱེ་བའི་སྒོ་ཡང་དག་པར་རྗེས་སུ་མ་མཐོང་བས། ཚུལ་ཁྲིམས་ཀྱི་ཕ་རོལ་ཏུ་ཕྱིན་པའི་ཚོགས་ཡང་དག་པར་རྗེས་སུ་མི་མཐོང་སྟེ། གསོབ་ཉིད་དང་། གསོག་ཉིད་དུ་ཡང་དག་པར་རྗེས་སུ་མཐོང་ངོ་། །དེས་བཟོད་པའི་ཕ་རོལ་ཏུ་ཕྱིན་པའི་ཡང་དག་པ་དང་། ཡོངས་སུ་གྲུབ་པ་ཡང་དག་པར་རྗེས་སུ་མི་མཐོང་སྟེ། དེས་བཟོད་པའི་ཕ་རོལ་ཏུ་ཕྱིན་པའི་ཡང་དག་པ་དང་། ཡོངས་སུ་གྲུབ་པ་ཡང་དག་པར་རྗེས་སུ་མ་མཐོང་བས། བཟོད་པའི་ཕ་རོལ་ཏུ་ཕྱིན་པའི་སྐྱེ་བ་ཡང་དག་པར་རྗེས་སུ་མི་མཐོང་ངོ་། །དེས་བཟོད་པའི་ཕ་རོལ་ཏུ་ཕྱིན་པའི་སྐྱེ་བ་ཡང་དག་པར་རྗེས་སུ་མ་མཐོང་བས། བཟོད་པའི་ཕ་རོལ་ཏུ་ཕྱིན་པའི་སྐྱེ་བའི་སྒོ་ཡང་དག་པར་རྗེས་སུ་མི་མཐོང་ངོ་། །དེས་བཟོད་པའི་ཕ་

རོལ་ཏུ་ཕྱིན་པའི་སྐྱེ་བའི་སྒོ་ཡང་དག་པར་རྗེས་སུ་མ་མཐོང་བས། བཟོད་པའི་ཕ་རོལ་ཏུ་ཕྱིན་པའི་ཚོགས་ཡང་དག་པར་རྗེས་སུ་མི་མཐོང་སྟེ། གསོབ་ཉིད་དང་། གསོག་ཉིད་དུ་ཡང་དག་པར་རྗེས་སུ་མཐོང་ངོ་། །དེས་བརྩོན་འགྲུས་ཀྱི་ཕ་རོལ་ཏུ་ཕྱིན་པའི་ཡང་དག་པ་དང་། ཡོངས་སུ་གྲུབ་པ་ཡང་དག་པར་རྗེས་སུ་མི་མཐོང་སྟེ། དེས་བརྩོན་འགྲུས་ཀྱི་ཕ་རོལ་ཏུ་ཕྱིན་པའི་ཡང་དག་པ་དང་། ཡོངས་སུ་གྲུབ་པ་ཡང་དག་པར་རྗེས་སུ་མ་མཐོང་བས། བརྩོན་འགྲུས་ཀྱི་ཕ་རོལ་ཏུ་ཕྱིན་པའི་སྐྱེ་བ་ཡང་དག་པར་རྗེས་སུ་མི་མཐོང་ངོ་། །དེས་བརྩོན་འགྲུས་ཀྱི་ཕ་རོལ་ཏུ་ཕྱིན་པའི་སྐྱེ་བ་ཡང་དག་པར་རྗེས་སུ་མ་མཐོང་བས། བརྩོན་འགྲུས་ཀྱི་ཕ་རོལ་ཏུ་ཕྱིན་པའི་སྐྱེ་བའི་སྒོ་ཡང་དག་པར་རྗེས་སུ་མི་མཐོང་ངོ་། །དེས་བརྩོན་འགྲུས་ཀྱི་ཕ་རོལ་ཏུ་ཕྱིན་པའི་སྐྱེ་བའི་སྒོ་ཡང་དག་པར་རྗེས་སུ་མ་མཐོང་བས། བརྩོན་འགྲུས་ཀྱི་ཕ་···· རོལ་ཏུ་ཕྱིན་པའི་ཚོགས་ཡང་དག་པར་རྗེས་སུ་མི་མཐོང་སྟེ། གསོབ་ཉིད་དང་། གསོག་ཉིད་དུ་ཡང་དག་པར་རྗེས་སུ་མཐོང་ངོ་། །དེས་བསམ་གཏན་གྱི་ཕ་རོལ་ཏུ་ཕྱིན་པའི་ཡང་དག་པ་དང་། ཡོངས་སུ་གྲུབ་པ་ཡང་དག་པར་རྗེས་སུ་མི་མཐོང་སྟེ། དེས་བསམ་གཏན་གྱི་ཕ་རོལ་ཏུ་ཕྱིན་པའི་ཡང་དག་པ་དང་། ཡོངས་སུ་གྲུབ་པ་ཡང་དག་པར་རྗེས་སུ་མ་མཐོང་བས། བསམ་གཏན་གྱི་ཕ་རོལ་ཏུ་ཕྱིན་པའི་སྐྱེ་བ་ཡང་དག་པར་རྗེས་སུ་མི་མཐོང་ངོ་། །དེས་བསམ་གཏན་གྱི་ཕ་རོལ་ཏུ་ཕྱིན་པའི་སྐྱེ་བ་ཡང་དག་པར་རྗེས་སུ་མ་མཐོང་བས། བསམ་གཏན་གྱི་ཕ་རོལ་ཏུ་ཕྱིན་པའི་སྐྱེ་བའི་སྒོ་ཡང་དག་པར་རྗེས་སུ་མི་མཐོང་ངོ་། །དེས་བསམ་གཏན་གྱི་ཕ་རོལ་ཏུ་ཕྱིན་པའི་སྐྱེ་བའི་སྒོ་ཡང་དག་པར་རྗེས་སུ་མ་མཐོང་བས། བསམ་གཏན་གྱི་ཕ་···· རོལ་ཏུ་ཕྱིན་པའི་ཚོགས་ཡང་དག་པར་རྗེས་སུ་མི་མཐོང་སྟེ། གསོབ་ཉིད་དང་། གསོག་ཉིད་དུ་ཡང་དག་པར་རྗེས་སུ་མཐོང་ངོ་། །དེས་ཤེས་རབ་ཀྱི་ཕ་རོལ་ཏུ་

ཕྱིན་པའི་ཡང་དག་པ་དང་། ཡོངས་སུ་གྲུབ་པ་ཡང་དག་པར་རྗེས་སུ་མི་མཐོང་སྟེ། དེས་ཤེས་རབ་ཀྱི་ཕ་རོལ་ཏུ་ཕྱིན་པའི་ཡང་དག་པ་དང་། ཡོངས་སུ་གྲུབ་པ་ཡང་དག་པར་རྗེས་སུ་མ་མཐོང་བས། ཤེས་རབ་ཀྱི་ཕ་རོལ་ཏུ་ཕྱིན་པའི་སྐྱེ་བ་ཡང་དག་པར་རྗེས་སུ་མི་མཐོང་ངོ་། །དེས་ཤེས་རབ་ཀྱི་ཕ་རོལ་ཏུ་ཕྱིན་པའི་སྐྱེ་བ་ཡང་དག་པར་རྗེས་སུ་མ་མཐོང་བས། ཤེས་རབ་ཀྱི་ཕ་རོལ་ཏུ་ཕྱིན་པའི་སྐྱེ་བའི་སྒོ་ཡང་དག་པར་རྗེས་སུ་མི་མཐོང་ངོ་། །དེས་ཤེས་རབ་ཀྱི་ཕ་རོལ་ཏུ་ཕྱིན་པའི་སྐྱེ་བའི་སྒོ་ཡང་དག་པར་རྗེས་སུ་མ་མཐོང་བས། ཤེས་རབ་ཀྱི་ཕ་རོལ་ཏུ་ཕྱིན་པའི་ཚོགས་ཡང····དག་པར་རྗེས་སུ་མི་མཐོང་སྟེ། གསོབ་ཉིད་དང་། གསོག་ཉིད་དུ་ཡང་དག་པར་རྗེས་སུ་མཐོང་ངོ་།། །།

ཤེས་རབ་ཀྱི་ཕ་རོལ་ཏུ་ཕྱིན་པ་སྟོང་ཕྲག་བརྒྱ་པ། བམ་པོ་ཉི་ཤུ་གཉིས[7]པ།

དེས་ནང་སྟོང་པ་ཉིད་ཀྱི་ཡང་དག་པ་དང་། ཡོངས་སུ་གྲུབ་པ་ཡང་དག་པར་རྗེས་སུ་མི་མཐོང་སྟེ། དེས་ནང་སྟོང་པ་ཉིད་ཀྱི་ཡང་དག་པ་དང་། ཡོངས་སུ་གྲུབ་པ་ཡང་དག་པར་རྗེས་སུ་མ་མཐོང་བས། ནང་སྟོང་པ་ཉིད་ཀྱི་སྐྱེ་བ་ཡང་དག་པར་རྗེས་སུ་མི་མཐོང་ངོ་། །དེས་ནང་སྟོང་པ་ཉིད་ཀྱི་སྐྱེ་བ་ཡང་དག་པར་རྗེས་སུ་མ་མཐོང་བས། ནང་སྟོང་པ་ཉིད་ཀྱི་སྐྱེ་བའི་སྒོ་ཡང་དག་པར་རྗེས་སུ་མི་མཐོང་ངོ་། །དེས་ནང་སྟོང་པ་ཉིད་ཀྱི་སྐྱེ་བའི་སྒོ་ཡང་དག་པར་རྗེས་སུ་མ་མཐོང་བས། ནང་སྟོང་པ་ཉིད་ཀྱི་ཚོགས་ཡང་དག་པར་རྗེས་སུ་མི་མཐོང་སྟེ། གསོབ་ཉིད་དང་། གསོག་ཉིད་དུ་ཡང་དག་པར་རྗེས་སུ་མཐོང་ངོ་། །དེས་ཕྱི་སྟོང་པ་ཉིད་ཀྱི་ཡང····དག་པ་དང་། ཡོངས་སུ་གྲུབ་པ་ཡང་དག་པར་རྗེས་སུ་མི་མཐོང་སྟེ། དེས་ཕྱི་སྟོང་པ་ཉིད་ཀྱི་ཡང་དག་པ་དང་། ཡོངས་སུ་གྲུབ་པ་ཡང་དག་པར་རྗེས་སུ་མ····མཐོང་བས། ཕྱི་སྟོང་པ་ཉིད་ཀྱི་སྐྱེ་བ་ཡང་དག་པར་རྗེས་སུ་མི་མཐོང་ངོ་། །

དེས་ཕྱི་སྟོང་པ་ཉིད་ཀྱི་སྐྱེ་བ་ཡང་དག་པར་རྗེས་སུ་མ་མཐོང་བས། ཕྱི་སྟོང་པ་ཉིད་ཀྱི་སྐྱེ་བའི་སྒོ་ཡང་དག་པར་རྗེས་སུ་མྱི་མཐོང་ངོ་། །དེས་[1]ཕྱི་སྟོང་པ་ཉིད་ཀྱི་སྐྱེ་བའི་སྒོ་ཡང་དག་པར་[2]རྗེས་སུ་མ་མཐོང་བས། ཕྱི་སྟོང་པ་ཉིད་ཀྱི་ཚོགས་ཡང་དག་པར་རྗེས་སུ་མྱི་མཐོང་སྟེ། གསོབ་ཉིད་དང་། གསོག་ཉིད་དུ་ཡང་དག་པར་རྗེས་སུ་མཐོང་ངོ་། །དེས་ཕྱི་ནང་སྟོང་པ་ཉིད་ཀྱི་ཡང་དག་པ་དང་། ཡོངས་སུ་གྲུབ་པ་ཡང་དག་པར་རྗེས་སུ་མྱི་མཐོང་སྟེ། དེས་ཕྱི་ནང་སྟོང་པ་ཉིད་ཀྱི་ཡང་དག་པ་དང་། ཡོངས་སུ་གྲུབ་པ་ཡང་དག་པར་རྗེས་སུ་མ་མཐོང་བས། ཕྱི་ནང་སྟོང་པ་ཉིད་ཀྱི་སྐྱེ་བ་ཡང་དག་པར་རྗེས་སུ་མྱི་མཐོང་ངོ་། །དེས་ཕྱི་ནང་སྟོང་པ་ཉིད་ཀྱི་སྐྱེ་བ་ཡང་དག་པར་[3]རྗེས་སུ་མ་མཐོང་བས། ཕྱི་ནང་སྟོང་པ་ཉིད་ཀྱི་སྐྱེ་བའི་སྒོ་ཡང་དག་པར་རྗེས་སུ་མི་མཐོང་ངོ་། །དེས་ཕྱི་ནང་སྟོང་པ་ཉིད་ཀྱི་སྐྱེ་བའི་སྒོ་ཡང་དག་པར་རྗེས་སུ་མ་མཐོང་བས། ཕྱི་ནང་སྟོང་པ་ཉིད་ཀྱི་ཚོགས་ཡང་དག་པར་རྗེས་སུ་མྱི་མཐོང་སྟེ། གསོབ་ཉིད་དང་། གསོག་ཉིད་དུ་ཡང་དག་པར་རྗེས་སུ་མཐོང་ངོ་། །དེས་སྟོང་པ་ཉིད་སྟོང་པ་ཉིད་ཀྱི་ཡང་དག་པ་དང་། ཡོངས་སུ་གྲུབ་པ་ཡང་དག་པར་རྗེས་སུ་མྱི་མཐོང་སྟེ། དེས་སྟོང་པ་ཉིད་སྟོང་པ་ཉིད་ཀྱི་ཡང་དག་པ་དང་། ཡོངས་སུ་གྲུབ་པ་ཡང་དག་པར་རྗེས་སུ་མ་མཐོང་བས། སྟོང་པ་ཉིད་སྟོང་པ་ཉིད་ཀྱི་སྐྱེ་བ་ཡང་དག་པར་རྗེས་སུ་མྱི་མཐོང་ངོ་། །དེས་སྟོང་པ་ཉིད་སྟོང་པ་ཉིད་ཀྱི་སྐྱེ་བ་ཡང་དག་པར་རྗེས་སུ་མ་མཐོང་བས། སྟོང་པ་ཉིད་སྟོང་པ་ཉིད་ཀྱི་སྐྱེ་བའི་སྒོ་ཡང་དག་པར་རྗེས་སུ་མྱི་མཐོང་ངོ་། །དེས་སྟོང་པ་ཉིད་སྟོང་པ་ཉིད་ཀྱི་སྐྱེ་བའི་སྒོ་ཡང་དག་པར་རྗེས་སུ་མ་མཐོང་བས། སྟོང་པ་ཉིད་སྟོང་པ་ཉིད་ཀྱི་ཚོགས་ཡང་དག་པར་རྗེས་སུ་མི་མཐོང་སྟེ། གསོབ་ཉིད་དང་། གསོག་ཉིད་དུ་ཡང་དག་པར་རྗེས་སུ་མཐོང་ངོ་། །དེས་ཆེན་པོ་སྟོང་པ་ཉིད་ཀྱི་

ཡང་དག་པ་དང་། ཡོངས་སུ་གྲུབ་པ་ཡང་དག་པར་རྗེས་སུ་མྱི་མཐོང་སྟེ། དེས་ཆེན་པོ་སྟོང་པ་ཉིད་ཀྱི་ཡང་དག་པ་དང་། ཡོངས་སུ་གྲུབ་པ་ཡང་དག་པར་རྗེས་སུ་མ་མཐོང་བས། ཆེན་པོ་སྟོང་པ་ཉིད་ཀྱི་སྐྱེ་བ་ཡང་དག་པར་རྗེས་སུ་མི་མཐོང་ངོ་། །དེས་ཆེན་པོ་སྟོང་པ་ཉིད་ཀྱི་སྐྱེ་བ་ཡང་དག་པར་རྗེས་སུ་མ་མཐོང་བས། ཆེན་པོ་སྟོང་པ་ཉིད་ཀྱི་སྐྱེ་བའི་སྒོ་ཡང་དག་པར་རྗེས་སུ་མྱི་མཐོང་ངོ་། །དེས་ཆེན་པོ་སྟོང་པ་ཉིད་ཀྱི་སྐྱེ་བའི་སྒོ་ཡང་དག་པར་རྗེས་སུ་མ་མཐོང་བས། ཆེན་པོ·····སྟོང་པ་ཉིད་ཀྱི་ཚོགས་ཡང་དག་པར་རྗེས་སུ་མྱི་མཐོང་སྟེ། གསོབ་ཉིད་དང་། གསོག་ཉིད་དུ་ཡང་དག་པར་རྗེས་སུ་མཐོང་ངོ་། །དེས་དོན་དམ་པ་སྟོང་པ་ཉིད་ཀྱི་ཡང་དག་པ་དང་། ཡོངས་སུ་གྲུབ་པ་ཡང་དག་པར་རྗེས་སུ་མྱི་མཐོང་སྟེ། དེས་དོན་དམ་པ་སྟོང་པ་ཉིད་ཀྱི་ཡང་དག་པ་དང་། ཡོངས་སུ་གྲུབ་པ་ཡང་དག་པར་རྗེས་སུ་མ་མཐོང་བས། དོན་དམ་པ་སྟོང་པ་ཉིད་ཀྱི་སྐྱེ་བ་ཡང་དག་པར་རྗེས་སུ་མྱི་མཐོང་ངོ་། །དེས་དོན་དམ་པ་སྟོང་པ་ཉིད་ཀྱི་སྐྱེ་བ་ཡང་དག་པར་རྗེས་སུ་མ་མཐོང་བས། དོན་དམ་པ་སྟོང་པ་ཉིད་ཀྱི་སྐྱེ་བའི་སྒོ་ཡང་དག་པར་རྗེས་སུ་མྱི····མཐོང་ངོ་། །དེས་དོན་དམ་པ་སྟོང་པ་ཉིད་ཀྱི་སྐྱེ་བའི་སྒོ་ཡང་དག་པར་རྗེས་སུ་མ་མཐོང་བས། དོན་དམ་པ་སྟོང་པ་ཉིད་ཀྱི་ཚོགས་ཡང་དག་པར་རྗེས་སུ་མྱི་མཐོང་སྟེ། གསོབ་ཉིད་དང་། གསོག་ཉིད་དུ་ཡང་དག་པར་རྗེས་སུ་མཐོང་ངོ་། །དེས་འདུས་བྱས་སྟོང་པ་ཉིད་ཀྱི་ཡང་དག་པ་དང་། ཡོངས་སུ་གྲུབ་པ་ཡང་དག་པར་རྗེས་སུ་མྱི་མཐོང་སྟེ། དེས་འདུས་བྱས་སྟོང་པ་ཉིད་ཀྱི་ཡང་དག་པ་དང་། ཡོངས་སུ་གྲུབ་པ་ཡང་དག་པར་རྗེས་སུ་མ་མཐོང་བས། འདུས་བྱས་སྟོང་པ་ཉིད་ཀྱི་སྐྱེ་བ་ཡང་དག་པར་རྗེས་སུ་མི་མཐོང་ངོ་། །དེས་འདུས་བྱས་སྟོང་པ་ཉིད་ཀྱི་སྐྱེ་བ་ཡང་དག་པར་རྗེས་སུ་མ་མཐོང་བས། འདུས་བྱས་སྟོང་པ་ཉིད་ཀྱི་སྐྱེ་བའི་སྒོ་

ཡང་དག་པར་རྗེས་སུ་མི་མཐོང་ངོ་། །དེས་འདུས་བྱས་སྟོང་པ་ཉིད་ཀྱི་སྐྱེ་བའི་སྒོ་
ཡང་དག་པར་རྗེས་སུ་མ་མཐོང་བས། འདུས་བྱས་སྟོང་པ་ཉིད་ཀྱི་ཚོགས་ཡང་····
དག་པར་རྗེས་སུ་མི་མཐོང་སྟེ། གསོབ་ཉིད་དང་། གསོག་ཉིད་དུ་ཡང་དག་
པར་རྗེས་སུ་མཐོང་ངོ་། །དེས་འདུས་མ་བྱས་སྟོང་པ་ཉིད་ཀྱི་ཡང་དག་པ་དང་།
ཡོངས་སུ་གྲུབ་པ་ཡང་དག་པར་རྗེས་སུ་མི་མཐོང་སྟེ། དེས་འདུས་མ་བྱས་སྟོང་པ་
ཉིད་ཀྱི་ཡང་དག་པ་དང་། ཡོངས་སུ་གྲུབ་པ་ཡང་དག་པར་རྗེས་སུ་མ་མཐོང་བས།
འདུས་མ་བྱས་སྟོང་པ་ཉིད་ཀྱི་སྐྱེ་བ་ཡང་དག་པར་རྗེས་སུ་མི་མཐོང་ངོ་། །དེས་
འདུས་མ་བྱས་སྟོང་པ་ཉིད་ཀྱི་སྐྱེ་བ་ཡང་དག་པར་རྗེས་སུ་མ་མཐོང་བས། འདུས་
མ་བྱས་སྟོང་པ་ཉིད་ཀྱི་སྐྱེ་བའི་སྒོ་ཡང་དག་པར་རྗེས་སུ་མི་མཐོང་ངོ་། །དེས་····
འདུས་མ་བྱས་སྟོང་པ་ཉིད་ཀྱི་སྐྱེ་བའི་སྒོ་ཡང་དག་པར་རྗེས་སུ་མ་མཐོང་བས།
འདུས་མ་བྱས་སྟོང་པ་ཉིད་ཀྱི་ཚོགས་ཡང་དག་པར་རྗེས་སུ་མི་མཐོང་སྟེ། གསོབ་
ཉིད་དང་། གསོག་ཉིད་དུ་ཡང་དག་པར་རྗེས་སུ་མཐོང་ངོ་། །དེས་མཐའ་ལས་
འདས་པ་སྟོང་པ་ཉིད་ཀྱི་ཡང་དག་པ་དང་། ཡོངས་སུ་གྲུབ་པ་ཡང་དག་པར་རྗེས་
སུ་མི་མཐོང་སྟེ། དེས་མཐའ་ལས་འདས་པ་སྟོང་པ་ཉིད་ཀྱི་ཡང་དག་པ་དང་།
ཡོངས་སུ་གྲུབ་པ་ཡང་དག་པར་རྗེས་སུ་མ་མཐོང་བས། མཐའ་ལས་འདས་པ····
སྟོང་པ་ཉིད་ཀྱི་སྐྱེ་བ་ཡང་དག་པར་རྗེས་སུ་མི་མཐོང་ངོ་། །དེས་མཐའ་ལས་····
འདས་པ་སྟོང་པ་ཉིད་ཀྱི་སྐྱེ་བ་ཡང་དག་པར་རྗེས་སུ་མ་མཐོང་བས། མཐའ་ལས་
འདས་པ་སྟོང་པ་ཉིད་ཀྱི་སྐྱེ་བའི་སྒོ་ཡང་དག་པར་རྗེས་སུ་མི་མཐོང་ངོ་། །དེས་
མཐའ་ལས་འདས་པ་སྟོང་པ་ཉིད་ཀྱི་སྐྱེ་བའི་སྒོ་ཡང་དག་པར་རྗེས་སུ་མ་མཐོང་····
བས། མཐའ་ལས་འདས་པ་སྟོང་པ་ཉིད་ཀྱི་ཚོགས་ཡང་དག་པར་རྗེས་སུ་མི་····
མཐོང་སྟེ། གསོབ་ཉིད་དང་། གསོག་ཉིད་དུ་ཡང་དག་པར་རྗེས་སུ་མཐོང་ངོ་། །

དེས་ཐོག་མ་དང་ཐ་མ་མྱེད་པ་སྟོང་པ་ཉིད་ཀྱི་ཡང་དག་པ་དང་། ཡོངས་སུ་གྲུབ་པ་ཡང་དག་པར་རྗེས་སུ་མྱི་མཐོང་སྟེ། དེས་ཐོག་མ་དང་ཐ་མ་མེད་པ་སྟོང་པ་[༡]ཉིད་ཀྱི་ཡང་དག་པ་དང་། ཡོངས་སུ་གྲུབ་པ་ཡང་དག་པར་རྗེས་སུ་མ་མཐོང་བས། ཐོག་མ་དང་ཐ་མ་མྱེད་པ་སྟོང་པ་ཉིད་ཀྱི་སྐྱེ་བ་ཡང་དག་པར་རྗེས་སུ་མྱི་མཐོང་ངོ་།། དེས་ཐོག་མ་དང་ཐ་མ་མེད་པ་སྟོང་པ་ཉིད་ཀྱི་སྐྱེ་བ་ཡང་དག་པར་རྗེས་སུ་མ་མཐོང་བས༑ ཐོག་མ་དང་ཐ་མ་མེད་པ་སྟོང་པ་[༢]ཉིད་ཀྱི་སྐྱེ་བའི་སྒོ་ཡང་དག་པར་རྗེས་སུ་མྱི་མཐོང་ངོ་། །དེས་ཐོག་མ་དང་ཐ་མ་མེད་པ་སྟོང་པ་ཉིད་ཀྱི་སྐྱེ་བའི་སྒོ་ཡང་དག་པར་རྗེས་སུ་མ་མཐོང་བས། ཐོག་མ་དང་ཐ་མ་མྱེད་པ་སྟོང་པ་ཉིད་ཀྱི་ཚོགས་ཡང་དག་པར་རྗེས་སུ་མྱི་མཐོང་སྟེ། གསོབ་ཉིད་དང་། གསོག་ཉིད་དུ་ཡང་དག་པར་རྗེས་སུ་[༣]མཐོང་ངོ་། །དེས་དོར་བ་མྱེད་པ་སྟོང་པ་ཉིད་ཀྱི་ཡང་དག་པ་དང་༑ ཡོངས་སུ་གྲུབ་པ་ཡང་དག་པར་རྗེས་སུ་མྱི་མཐོང་སྟེ། དེས་དོར་བ་མྱེད་པ་སྟོང་པ་ཉིད་ཀྱི་ཡང་དག་པ་དང་། ཡོངས་སུ་གྲུབ་པ་ཡང་དག་པར་རྗེས་སུ་མ་མཐོང་བས། དོར་བ་མྱེད་པ་སྟོང་པ་ཉིད་ཀྱི་སྐྱེ་བ་ཡང་དག་པར་རྗེས་སུ་མྱི་མཐོང་ངོ་༑ །དེས་དོར་བ་མྱེད་པ་སྟོང་པ་ཉིད་ཀྱི་སྐྱེ་བ་ཡང་དག་པར་རྗེས་སུ་མ་མཐོང་བས༑ དོར་བ་མྱེད་པ་སྟོང་པ་ཉིད་ཀྱི་སྐྱེ་བའི་སྒོ་ཡང་དག་པར་རྗེས་སུ་མྱི་མཐོང་ངོ་༑ །དེས་དོར་བ་མྱེད་པ་སྟོང་པ་ཉིད་ཀྱི་སྐྱེ་བའི་སྒོ་ཡང་དག་པར་རྗེས་སུ་མ····མཐོང་བས། དོར་བ་མྱེད་པ་སྟོང་པ་ཉིད་ཀྱི་ཚོགས་ཡང་དག་པར་རྗེས་སུ་མྱི····མཐོང་སྟེ། གསོབ་ཉིད་དང་། གསོག་ཉིད་དུ་ཡང་དག་པར་རྗེས་སུ་མཐོང་ངོ་།། དེས་རང་བཞིན་སྟོང་པ་ཉིད་ཀྱི་ཡང་དག་པ་དང་། ཡོངས་སུ་གྲུབ་པ་ཡང་དག་པར་རྗེས་སུ་མྱི་མཐོང་སྟེ། དེས་རང་བཞིན་སྟོང་པ་ཉིད་ཀྱི་ཡང་དག་པ་དང་། ཡོངས་སུ་གྲུབ་པ་ཡང་དག་པར་རྗེས་སུ་མ་མཐོང་བས། རང་བཞིན་སྟོང་པ་ཉིད་

ཀྱི་སྐྱེ་བ་ཡང་དག་པར་རྗེས་སུ་མྱི་མཐོང་ངོ་། །དེས་རང་བཞིན་སྟོང་པ་ཉིད་ཀྱི་སྐྱེ་བ་ཡང་དག་པར་རྗེས་སུ་མ་མཐོང་བས། རང་བཞིན་སྟོང་པ་ཉིད་ཀྱི་སྐྱེ་བའི་སྒོ་ཡང་དག་པར་རྗེས་སུ་མྱི་མཐོང་ངོ་། །དེས་རང་བཞིན་སྟོང་པ་ཉིད་ཀྱི་སྐྱེ་བའི་སྒོ་ཡང་དག་པར་རྗེས་སུ་མ་མཐོང་བས། རང་བཞིན་སྟོང་པ་ཉིད་ཀྱི་ཚོགས་ཡང་····དག་པར་རྗེས་སུ་མི་མཐོང་སྟེ། གསོབ་ཉིད་དང་། གསོག་ཉིད་དུ་ཡང་དག་པར་རྗེས་སུ་མཐོང་ངོ་། །དེས་ཆོས་ཐམས་ཅད་སྟོང་པ་ཉིད་ཀྱི་ཡང་དག་པ་དང་། ཡོངས་སུ་གྲུབ་པ་ཡང་དག་པར་རྗེས་སུ་མྱི་མཐོང་སྟེ། དེས་ཆོས་ཐམས་ཅད་སྟོང་པ་ཉིད་ཀྱི་ཡང་དག་པ་དང་། ཡོངས་སུ་གྲུབ་པ་ཡང་དག་པར་རྗེས་སུ་མ་མཐོང་····བས། ཆོས་ཐམས་ཅད་སྟོང་པ་ཉིད་ཀྱི་སྐྱེ་བ་ཡང་དག་པར་རྗེས་སུ་མྱི་མཐོང་ངོ་། །དེས་ཆོས་ཐམས་ཅད་སྟོང་པ་ཉིད་ཀྱི་སྐྱེ་བ་ཡང་དག་པར་རྗེས་སུ་མ་མཐོང་བས། ཆོས་ཐམས་ཅད་སྟོང་པ་ཉིད་ཀྱི་སྐྱེ་བའི་སྒོ་ཡང་དག་པར་རྗེས་སུ་མྱི་མཐོང་ངོ་། །དེས་ཆོས་ཐམས་ཅད་སྟོང་པ་ཉིད་ཀྱི་སྐྱེ་བའི་སྒོ་ཡང་དག་པར་རྗེས་སུ་མ་མཐོང་····བས། ཆོས་ཐམས་ཅད་སྟོང་པ་ཉིད་ཀྱི་ཚོགས་ཡང་དག་པར་རྗེས་སུ་མྱི་མཐོང་སྟེ། གསོབ་ཉིད་དང་། གསོག་ཉིད་དུ་ཡང་དག་པར་རྗེས་སུ་མཐོང་ངོ་། །དེས་རང་གི་མཚན་ཉིད་སྟོང་པ་ཉིད་ཀྱི་ཡང་དག་པ་དང་། ཡོངས་སུ་གྲུབ་པ་ཡང་དག་པར་རྗེས་སུ་མི་མཐོང་སྟེ། དེས་རང་གི་མཚན་ཉིད་སྟོང་པ་ཉིད་ཀྱི་ཡང་དག་པ་དང་། ཡོངས་སུ་གྲུབ་པ་ཡང་དག་པར་རྗེས་སུ་མ་མཐོང་བས། རང་གི་མཚན་ཉིད་སྟོང་པ་ཉིད་ཀྱི་སྐྱེ་བ་ཡང་དག་པར་རྗེས་སུ་མྱི་མཐོང་ངོ་། །དེས་རང་གི་མཚན་ཉིད་སྟོང་པ་ཉིད་ཀྱི་སྐྱེ་བ་ཡང་དག་པར་རྗེས་སུ་མ་མཐོང་བས། རང་གི་མཚན་ཉིད་སྟོང་པ་ཉིད་ཀྱི་སྐྱེ་བའི་སྒོ་ཡང་དག་པར་རྗེས་སུ་མྱི་མཐོང་ངོ་། །དེས་རང་གི་····མཚན་ཉིད་སྟོང་པ་ཉིད་ཀྱི་སྐྱེ་བའི་སྒོ་ཡང་དག་པར་རྗེས་སུ་མ་མཐོང་བས། རང་

གི་མཚན་ཉིད་སྟོང་པ་ཉིད་ཀྱི་ཚོགས་ཡང་དག་པར་རྗེས་སུ་མི་མཐོང་སྟེ། གསོབ་ཉིད་དང་། གསོག་ཉིད་དུ་ཡང་དག་པར་རྗེས་སུ་མཐོང་ངོ་། །དེས་མྱི་དམྱིགས་[༡]པ་སྟོང་པ་ཉིད་ཀྱི་ཡང་དག་པ་དང་། ཡོངས་སུ་གྲུབ་པ་ཡང་དག་པར་རྗེས་སུ་མྱི་མཐོང་ངོ་[༢]། །དེས་མི་དམྱིགས་པ་སྟོང་པ་ཉིད་ཀྱི་ཡང་དག་པ་དང་། ཡོངས་སུ་གྲུབ་པ་ཡང་དག་པར་རྗེས་སུ་མ་མཐོང་བས། མྱི་དམྱིགས་པ་སྟོང་པ་ཉིད་ཀྱི་སྐྱེ་བ་ཡང་དག་པར་རྗེས་སུ་མྱི་མཐོང་ངོ་། །དེས་མྱི་དམྱིགས་པ་སྟོང་པ་ཉིད་ཀྱི་སྐྱེ་བ····ཡང་དག་པར་རྗེས་སུ་མ་མཐོང་བས། མྱི་དམྱིགས་པ་སྟོང་པ་ཉིད་ཀྱི་སྐྱེ་བའི་སྒོ་ཡང་དག་པར་རྗེས་སུ་མྱི་མཐོང་ངོ་། །དེས་མྱི་དམྱིགས་པ་སྟོང་པ་ཉིད་ཀྱི་སྐྱེ་བའི་སྒོ་ཡང་དག་པར་རྗེས་སུ་མ་མཐོང་བས། མྱི་དམྱིགས་པ་སྟོང་པ་ཉིད་ཀྱི་ཚོགས····ཡང་དག་པར་རྗེས་སུ་མྱི་མཐོང་སྟེ། གསོབ་ཉིད་དང་། གསོག་ཉིད་དུ་ཡང་དག་པར་རྗེས་སུ་མཐོང་ངོ་། །དེས་དངོས་པོ་མྱེད་པ་[༣]སྟོང་པ་ཉིད་ཀྱི་ཡང་དག་པ་དང་། ཡོངས་སུ་གྲུབ་པ་ཡང་དག་པར་རྗེས་སུ་མྱི་མཐོང་སྟེ། དེས་དངོས་པོ་མྱེད་པ་སྟོང་པ་ཉིད་ཀྱི་ཡང་དག་པ་དང་། ཡོངས་སུ་གྲུབ་པ་ཡང་དག་པར་རྗེས་སུ་མ་མཐོང་བས། དངོས་པོ་མྱེད་པ་སྟོང་པ་ཉིད་ཀྱི་སྐྱེ་བ་ཡང་དག་པར་རྗེས་སུ་མྱི་མཐོང་ངོ་། །དེས་དངོས་པོ་མྱེད་པ་སྟོང་པ་ཉིད་ཀྱི་སྐྱེ་བ་ཡང་དག་པར་རྗེས་སུ་མ་མཐོང་བས། དངོས་པོ་མྱེད་པ་སྟོང་པ་ཉིད་ཀྱི་སྐྱེ་བའི་སྒོ་ཡང་དག་པར་རྗེས་སུ་མྱི་མཐོང་ངོ་། །དེས་དངོས་པོ་མྱེད་པ་སྟོང་པ་ཉིད་ཀྱི་སྐྱེ་བའི་སྒོ་ཡང་དག་པར་རྗེས་སུ་མ་མཐོང་བས། དངོས་པོ་མྱེད་པ་སྟོང་པ་ཉིད་ཀྱི་ཚོགས་ཡང་དག་པར····རྗེས་སུ་མྱི་མཐོང་སྟེ། གསོབ་ཉིད་དང་། གསོག་ཉིད་དུ་ཡང་དག་པར་རྗེས་སུ་མཐོང་ངོ་། །དེས་ངོ་བོ་ཉིད་སྟོང་པ་ཉིད་ཀྱི་ཡང་དག་པ་དང་། ཡོངས་[༤]སུ་གྲུབ་པ་ཡང་དག་པར་རྗེས་སུ་མྱི་མཐོང་སྟེ། དེས་ངོ་བོ་ཉིད་སྟོང་པ་ཉིད་ཀྱི་ཡང་དག་

པ་དང་། ཡོངས་སུ་གྲུབ་པ་ཡང་དག་པར་རྗེས་སུ་མ་མཐོང་བས། ངོ་བོ་ཉིད་སྟོང་པ་ཉིད་ཀྱི་སྐྱེ་བ་ཡང་དག་པར་རྗེས་སུ་མྱི་མཐོང་ངོ་། །དེས་ངོ་བོ་ཉིད་སྟོང་པ་ཉིད་ཀྱི་སྐྱེ་བ་ཡང་དག་པར་རྗེས་སུ་མ་མཐོང་བས། ངོ་བོ་ཉིད་སྟོང་པ་ཉིད་ཀྱི་སྐྱེ་བའི་སྒོ་ཡང་དག་པར་རྗེས་སུ་མྱི་མཐོང་ངོ་། །དེས་ངོ་བོ་ཉིད་སྟོང་པ་ཉིད་ཀྱི་སྐྱེ་བའི་སྒོ་ཡང་དག་པར་རྗེས་སུ་མ་མཐོང་བས། ངོ་བོ་ཉིད་སྟོང་པ་ཉིད་ཀྱི་ཚོགས་ཡང་དག་པར་རྗེས་སུ་མྱི་མཐོང་སྟེ། གསོབ་ཉིད་དང་། གསོག་ཉིད་དུ་ཡང་དག་པར་རྗེས་སུ་མཐོང་ངོ་། །དེས་དངོས་པོ་མྱེད་པའི་ངོ་བོ་ཉིད་སྟོང་པ་ཉིད་ཀྱི་ཡང་དག་པ་དང་། ཡོངས་སུ་གྲུབ་པ་ཡང་དག་པར་རྗེས་སུ་མི་མཐོང་སྟེ། དེས་དངོས་པོ་མྱེད་པའི་ངོ་བོ་ཉིད་སྟོང་པ་ཉིད་ཀྱི་ཡང་དག་པ་དང་། ཡོངས་སུ་གྲུབ་པ་ཡང་དག་པར་རྗེས་སུ་མ་མཐོང་བས། དངོས་པོ་མྱེད་པའི་ངོ་བོ་ཉིད་སྟོང་པ་ཉིད་ཀྱི་སྐྱེ་བ་ཡང་དག་པར་རྗེས་སུ་མི་མཐོང་ངོ་། །དེས་དངོས་པོ་མེད་པའི་ངོ་བོ་ཉིད་སྟོང་པ་ཉིད་ཀྱི་སྐྱེ་བ་ཡང་དག་པར་རྗེས་སུ་མ་མཐོང་བས། དངོས་པོ་མྱེད་པའི་ངོ་བོ་ཉིད་སྟོང་པ་ཉིད་ཀྱི་སྐྱེ་བའི་སྒོ་ཡང་དག་པར་རྗེས་སུ་མྱི་མཐོང་ངོ་། །དེས་དངོས་པོ་མེད་པའི་ངོ་བོ་ཉིད་སྟོང་པ་ཉིད་ཀྱི་སྐྱེ་བའི་སྒོ་ཡང་དག་པར་རྗེས་སུ་མ་མཐོང་བས། དངོས་པོ་མྱེད་པའི་ངོ་བོ་ཉིད་སྟོང་པ་ཉིད་ཀྱི་ཚོགས་ཡང་དག་པར་རྗེས་སུ་མྱི་མཐོང་སྟེ[༧]། གསོབ་ཉིད་དང་། གསོག་ཉིད་དུ་ཡང་དག་པར་རྗེས་སུ་མཐོང་ངོ་། །དེས་དྲན་པ་ཉེ་བར་གཞག་པ་རྣམས་ཀྱི་ཡང་དག་པ་དང་། ཡོངས་སུ་གྲུབ་པ་ཡང་དག་པར་རྗེས་སུ་མི་མཐོང་སྟེ། དེས་དྲན་པ་ཉེ་བར་གཞག་པ་རྣམས་ཀྱི་ཡང་དག་པ་དང་། ཡོངས་སུ་གྲུབ་པ་ཡང་དག་པར་རྗེས་སུ་མ[༣]མཐོང་བས། དྲན་པ་ཉེ་བར་གཞག་པ་རྣམས་ཀྱི་སྐྱེ་བ་ཡང་དག་པར་རྗེས་སུ་མྱི་མཐོང་ངོ་། །དེས་དྲན་པ་ཉེ་བར་གཞག་པ་རྣམས་ཀྱི་སྐྱེ་བ་ཡང་དག་པར་རྗེས་སུ་

མ་མཐོང་བས། དྲན་པ་ཉེ་བར་གཞག་པ་རྣམས་ཀྱི་སྐྱེ་བའི་སྒོ་ཡང་དག་པར་རྗེས་སུ་མི་མཐོང་ངོ་། །དེས་དྲན་པ་ཉེ་བར་གཞག་པ་རྣམས་ཀྱི་སྐྱེ་བའི་སྒོ་ཡང་དག་པར་རྗེས་སུ་མ་མཐོང་བས། དྲན་པ་ཉེ་བར་གཞག་པ་རྣམས་ཀྱི་ཚོགས་ཡང་དག་པར་རྗེས་སུ་མི་མཐོང་སྟེ། གསོབ་ཉིད་དང་། གསོག་ཉིད་དུ་ཡང་དག་པར་རྗེས་སུ་མཐོང་ངོ་། །དེས་ཡང་དག་པར་སྤོང་བ་རྣམས་ཀྱི་ཡང་དག་པ་དང་། ཡོངས་སུ་གྲུབ་པ་ཡང་དག་པར་རྗེས་སུ་མི་མཐོང་སྟེ། དེས་ཡང་དག་པར་སྤོང་བ་རྣམས་ཀྱི་ཡང་དག་པ་དང་། ཡོངས་སུ་གྲུབ་པ་ཡང་དག་པར་རྗེས་སུ་མ་མཐོང་བས། ཡང་དག་པར་སྤོང་བ་རྣམས་ཀྱི་སྐྱེ་བ་ཡང་དག་པར་རྗེས་སུ་མི་མཐོང་ངོ་། །དེས་ཡང་དག་པར་སྤོང་བ་རྣམས་ཀྱི་སྐྱེ་བ་ཡང་དག་པར་རྗེས་སུ་མ་མཐོང་བས། ཡང་དག་པར་སྤོང་བ་རྣམས་ཀྱི་སྐྱེ་བའི་སྒོ་ཡང་དག་པར་རྗེས་སུ་མི་མཐོང་ངོ་། །དེས་ཡང་དག་པར་སྤོང་བ་རྣམས་ཀྱི་སྐྱེ་བའི་སྒོ་ཡང་དག་པར་རྗེས་སུ་མ་མཐོང····བས། ཡང་དག་པར་སྤོང་བ་རྣམས་ཀྱི་ཚོགས་ཡང་དག་པར་རྗེས་སུ་མི་མཐོང་སྟེ། གསོབ་ཉིད་དང་། གསོག་ཉིད་དུ་ཡང་དག་པར་རྗེས་སུ་མཐོང་ངོ་། །དེས་རྫུ་འཕྲུལ་གྱི་རྐང་པ་རྣམས་ཀྱི་ཡང་དག་པ་དང་[༧]། ཡོངས་སུ་གྲུབ་པ་ཡང་དག་པར་རྗེས་སུ་མི་མཐོང་སྟེ། དེས་རྫུ་འཕྲུལ་གྱི་རྐང་པ་རྣམས་ཀྱི་ཡང་དག་པ་དང་། ཡོངས་སུ་གྲུབ་པ་ཡང་དག་པར་རྗེས་སུ་མ་མཐོང་བས། རྫུ་འཕྲུལ་གྱི་རྐང་པ····རྣམས་ཀྱི་སྐྱེ་བ་ཡང་དག་པར་རྗེས་སུ་མི་མཐོང་ངོ་། །དེས་རྫུ་འཕྲུལ་གྱི་རྐང་པ····རྣམས་ཀྱི་སྐྱེ་བ་ཡང་དག་པར་རྗེས་སུ་མ་མཐོང་བས། རྫུ་འཕྲུལ་གྱི་རྐང་པ་རྣམས་ཀྱི་སྐྱེ་བའི་སྒོ་ཡང་དག་པར་རྗེས་སུ་མི་མཐོང་ངོ་། །དེས་རྫུ་འཕྲུལ་གྱི་རྐང་པ·····རྣམས་ཀྱི་སྐྱེ་བའི་སྒོ་ཡང་དག་པར་རྗེས་སུ་མ་མཐོང་བས། རྫུ་འཕྲུལ་གྱི་[༣]རྐང་པ་རྣམས་ཀྱི་ཚོགས་ཡང་དག་པར་རྗེས་སུ་མི་མཐོང་སྟེ། གསོབ་ཉིད་དང་། གསོག་

ཉིད་དུ་ཡང་དག་པར་རྗེས་སུ་མཐོང་ངོ་། །དེས་དབང་པོ་རྣམས་ཀྱི་ཡང་དག་པ་དང་། ཡོངས་སུ་གྲུབ་པ་ཡང་དག་པར་རྗེས་སུ་མི་མཐོང་སྟེ། དེས་དབང་པོ་རྣམས་ཀྱི་ཡང་དག་པ་དང་། ཡོངས་སུ་གྲུབ་པ་ཡང་དག་པར་རྗེས་སུ་མ་མཐོང་བས། དབང་པོ་རྣམས་ཀྱི་སྐྱེ་བ་ཡང་དག་པར་རྗེས་སུ་མི་མཐོང་ངོ་། །དེས་དབང་པོ་རྣམས་ཀྱི་སྐྱེ་བ་ཡང་དག་པར་རྗེས་སུ་མ་མཐོང་བས། དབང་པོ་རྣམས་ཀྱི་སྐྱེ་བའི་སྒོ་ཡང་དག་པར་རྗེས་སུ་མི་མཐོང་ངོ་། །དེས་དབང་པོ་རྣམས་ཀྱི་སྐྱེ་བའི་སྒོ་ཡང་དག་པར་རྗེས་སུ་མ་མཐོང་བས། དབང་པོ་རྣམས་ཀྱི་ཚོགས་ཡང་དག་པར་རྗེས་སུ་མི་མཐོང་སྟེ། གསོབ་ཉིད་དང་། གསོག་ཉིད་དུ་ཡང་དག་པར་རྗེས་སུ་མཐོང་ངོ་། །དེས་སྟོབས་རྣམས་ཀྱི་ཡང་དག་པ་དང་། ཡོངས་སུ་གྲུབ་པ་ཡང་དག་པར་རྗེས་སུ་མི་མཐོང་སྟེ[༡]། དེས་སྟོབས་རྣམས་ཀྱི་ཡང་དག་པ་དང་། ཡོངས་སུ་གྲུབ་པ་ཡང་དག་པར་རྗེས་སུ་མ་མཐོང་བས། སྟོབས་རྣམས་ཀྱི་སྐྱེ་བ་ཡང་དག་པར་རྗེས་སུ་མི་མཐོང་ངོ་། །དེས་སྟོབས་རྣམས་ཀྱི་སྐྱེ་བ་ཡང་དག་པར་རྗེས་སུ་མ་མཐོང་བས། སྟོབས་རྣམས་ཀྱི་སྐྱེ་བའི་སྒོ་ཡང་དག་པར་རྗེས་སུ་མི་མཐོང་ངོ་། །དེས་སྟོབས་རྣམས་ཀྱི་སྐྱེ་བའི་སྒོ་ཡང་དག་པར་རྗེས་སུ་མ་མཐོང་བས། སྟོབས་རྣམས[༣]ཀྱི་ཚོགས་ཡང་དག་པར་རྗེས་སུ་མི་མཐོང་སྟེ། གསོབ་ཉིད་དང་། གསོག་ཉིད་དུ་ཡང་དག་པར་རྗེས་སུ་མཐོང་ངོ་། །དེས་བྱང་ཆུབ་ཀྱི་ཡན་ལག་རྣམས་ཀྱི་ཡང་དག་པ་དང་། ཡོངས་སུ་གྲུབ་པ་ཡང་དག་པར་རྗེས་སུ་མི་མཐོང་སྟེ། དེས་བྱང་ཆུབ་ཀྱི་ཡན་ལག་རྣམས་ཀྱི་ཡང་དག་པ[༣]དང་། ཡོངས་སུ་གྲུབ་པ་ཡང་དག་པར་རྗེས་སུ་མ་མཐོང་བས། བྱང་ཆུབ་ཀྱི་ཡན་ལག་རྣམས་ཀྱི་སྐྱེ་བ་ཡང་དག་པར་རྗེས་སུ་མི་མཐོང་ངོ་། །དེས་བྱང་ཆུབ་ཀྱི་ཡན་ལག་རྣམས་ཀྱི་སྐྱེ་བ་ཡང་དག་པར་རྗེས་སུ་མ་མཐོང་བས། བྱང་ཆུབ་ཀྱི་ཡན་ལག

རྣམས་ཀྱི་སྐྱེ་བའི་སྒོ་ཡང་དག་པར་རྗེས་སུ་མྱི་མཐོང་ངོ་། །དེས་བྱང་ཆུབ་ཀྱི་ཡན་ལག་རྣམས་ཀྱི་སྐྱེ་བའི་སྒོ་ཡང་དག་པར་རྗེས་སུ་མ་མཐོང་བས། བྱང་ཆུབ་ཀྱི་ཡན་ལག་རྣམས་ཀྱི་ཚོགས་ཡང་དག་པར་རྗེས་སུ་མི་མཐོང་སྟེ། གསོབ་ཉིད་དང་། གསོག་ཉིད་དུ་ཡང་དག་པར་རྗེས་སུ་མཐོང་ངོ་། །དེས་འཕགས་པའི་ལམ་ཡན་ལག་བརྒྱད་པའི་ཡང་དག་པ་དང་། ཡོངས་སུ་གྲུབ་པ་ཡང་དག་པར་རྗེས་སུ་མི་མཐོང་སྟེ། དེས་འཕགས་པའི་ལམཿ ཡན་ལག་[༡]བརྒྱད་པའི་ཡང་དག་པ་དང་། ཡོངས་སུ་གྲུབ་པ་ཡང་དག་པར་རྗེས་སུ་མ་མཐོང་བས། འཕགས་པའི་ལམ་ཡན་ལག་བརྒྱད་པའི་སྐྱེ་བ་ཡང་དག་པར་རྗེས་སུ་མི་མཐོང་ངོ་། །དེས་འཕགས་པའི་ལམ་ཡན་ལག་བརྒྱད་པའི་སྐྱེ་བ་ཡང་དག་པར་རྗེས་སུ་མ་མཐོང་བས། འཕགས་པའི་ལམ་ཡན་ལག་བརྒྱད་པའི་སྐྱེ་བའི་སྒོ་ཡང་དག་པར་རྗེས་སུ་མྱི་མཐོང་ངོ་། །དེས་འཕགས་པའི་ལམ་ཡན་ལག་བརྒྱད་པའིཿ སྐྱེ་བའི་[༢]སྒོ་ཡང་དག་པར་རྗེས་སུ་མ་མཐོང་བས། འཕགས་པའི་ལམ་ཡན་ལག་བརྒྱད་པའི་ཚོགས་ཡང་དག་པར་རྗེས་སུ་མི་མཐོང་སྟེ། གསོབ་ཉིད་དང་། གསོག་ཉིད་དུ་ཡང་དག་པར་རྗེས་སུ་མཐོང་ངོ་། །དེས་འཕགས་པའི་བདེན་པ་རྣམས་ཀྱི་ཡང་དག་པ་དང་། ཡོངས་སུ་གྲུབ་པ་ཡང་དག་པར་རྗེས་སུ་མྱི་མཐོང་སྟེ། དེས་འཕགས་པའི་བདེན་པ་རྣམས་ཀྱི་ཡང་དག་པ་དང་། ཡོངས་སུ་གྲུབ་པ་ཡང་དག་པར་རྗེས་སུ་མ་མཐོང་བས། འཕགས་པའི་བདེན་པ་རྣམས་ཀྱི་སྐྱེ་བ་ཡང་དག་པར་རྗེས་སུ་མྱི་མཐོང་ངོ་། །དེས་འཕགས་པའི་བདེན་པ་རྣམས་ཀྱི་སྐྱེ་བ་ཡང་དག་པར་རྗེས་སུ་མ་མཐོང་བས། འཕགས་པའི་བདེན་པ་རྣམས་ཀྱི་སྐྱེ་བའི་སྒོ་ཡང་དག་པར་རྗེས་སུ་མྱི་མཐོང་ངོ་། །དེས་འཕགས་པའི་བདེན་པ་རྣམས་ཀྱི་སྐྱེ་བའི་སྒོ་ཡང་དག་པར་རྗེས་སུ་མ་མཐོང་བས། འཕགས་པའི་བདེན་པ་རྣམས་ཀྱི་ཚོགས་ཡང་དག་པར་རྗེས་སུ་མྱི་མཐོང་སྟེ།

གསོབ་ཉིད་དང་། གསོག་ཉིད་དུ་ཡང་དག་པར་རྗེས་སུ་མཐོང་ངོ་། །དེས་བསམ་གཏན་རྣམས་ཀྱི་ཡང་དག་པ་དང་། ཡོངས་སུ་གྲུབ་པ་ཡང་དག་པར་རྗེས་སུ་མི་མཐོང་སྟེ། དེས་བསམ་གཏན་རྣམས་ཀྱི་ཡང་དག་པ་དང་། ཡོངས་སུ་གྲུབ་པ་ཡང་དག་པར་རྗེས་སུ་མ་མཐོང་བས། བསམ་གཏན་རྣམས་ཀྱི་སྐྱེ་བ་[1] ཡང་དག་པར་རྗེས་སུ་མི་མཐོང་ངོ་། །དེས་བསམ་གཏན་རྣམས་ཀྱི་སྐྱེ་བ་ཡང་དག་པར་རྗེས་སུ་མ་མཐོང་བས། བསམ་གཏན་རྣམས་ཀྱི་སྐྱེ་བའི་སྒོ་ཡང་དག་པར་རྗེས་སུ་མི་མཐོང་ངོ་། །དེས་བསམ་གཏན་རྣམས་ཀྱི་སྐྱེ་བའི་སྒོ་ཡང་དག་པར་རྗེས་སུ་མ་མཐོང་བས། བསམ་གཏན་རྣམས་ཀྱི་ཚོགས་ཡང་དག་པར་རྗེས་སུ་མི་མཐོང་སྟེ། གསོབ་ཉིད་དང་། གསོག་ཉིད་དུ་ཡང་དག་པར་རྗེས་སུ་མཐོང་ངོ་། །དེས་ཚད་མེད་པ་རྣམས་ཀྱི་ཡང་དག་པ་དང་། ཡོངས་སུ་གྲུབ་པ་ཡང་དག་པར་རྗེས་སུ་མི་མཐོང་སྟེ། དེས་ཚད་མེད་པ་རྣམས་ཀྱི་ཡང་དག་པ་དང་། ཡོངས་སུ་གྲུབ་པ་ཡང་དག་པར་རྗེས་སུ་མ་མཐོང་བས། ཚད་མེད་པ་རྣམས་ཀྱི་སྐྱེ་བ་ཡང་དག་པར་རྗེས་སུ་མི་མཐོང་ངོ་། །དེས་ཚད་མེད་པ་རྣམས་ཀྱི་སྐྱེ་བ་ཡང་དག་པར་རྗེས་སུ་མ་མཐོང་བས། ཚད་མེད་པ་རྣམས་ཀྱི་སྐྱེ་བའི་སྒོ་ཡང་དག་པར་རྗེས་སུ་མི་མཐོང་ངོ་། །དེས་ཚད་མེད་པ་རྣམས་ཀྱི་སྐྱེ་བའི་སྒོ་ཡང་དག་པར་རྗེས་སུ་མ་མཐོང་བས། ཚད་མེད་པ་རྣམས་ཀྱི་ཚོགས་ཡང་དག་པར་རྗེས་སུ་མི་མཐོང་སྟེ། གསོབ་ཉིད་དང་། གསོག་ཉིད་དུ་ཡང་དག་པར་རྗེས་སུ་མཐོང་ངོ་། །དེས་གཟུགས་མེད་པའི་སྙོམས་པར་འཇུག་པ་རྣམས་ཀྱི་ཡང་དག་པ་དང་། ཡོངས་སུ་གྲུབ་པ་ཡང་དག་པར་རྗེས་སུ་མི་མཐོང་སྟེ། དེས་གཟུགས་མེད་པའི་སྙོམས་པར་འཇུག་པ་རྣམས་ཀྱི་ཡང་དག་པ་དང་། ཡོངས་སུ་གྲུབ་པ་ཡང་དག་པར་རྗེས་སུ་མ་མཐོང་བས། གཟུགས་མེད་པའི་སྙོམས་པར་འཇུག་པ་རྣམས་ཀྱི་སྐྱེ་བ་ཡང་དག་

པར་རྗེས་སུ་མི་མཐོང་ངོ་། །དེས་གཟུགས་མེད་པའི་སྙོམས་པར་འཇུག་པ་རྣམས་ཀྱི་སྐྱེ་བ་ཡང་དག་པར་རྗེས་སུ་མ་མཐོང་བས། གཟུགས་མེད་པའི་སྙོམས་པར་···འཇུག་པ་རྣམས་②ཀྱི་སྐྱེ་བའི་སྒོ་ཡང་དག་པར་རྗེས་སུ་མི་མཐོང་ངོ་། །དེས་···གཟུགས་མེད་པའི་སྙོམས་པར་འཇུག་པ་རྣམས་③ཀྱི་སྐྱེ་བའི་སྒོ་ཡང་དག་པར་རྗེས···སུ་མ་མཐོང་བས། གཟུགས་མེད་པའི་སྙོམས་④པར་འཇུག་པ་རྣམས་ཀྱི་ཚོགས···ཡང་དག་པར་རྗེས་སུ་མི་མཐོང་སྟེ། གསོབ་ཉིད་དང་། གསོག་ཉིད་དུ་ཡང་དག་པར་རྗེས་སུ་མཐོང་ངོ་། །དེས་རྣམ་པར་ཐར་པ་རྣམས་ཀྱི་ཡང་དག་པ་དང་། ཡོངས་སུ་གྲུབ་པ་ཡང་དག་པར་རྗེས་སུ་མི་མཐོང་སྟེ། དེས་རྣམ་པར་ཐར་པ···རྣམས་ཀྱི་ཡང་དག་པ་དང་། ཡོངས་སུ་གྲུབ་པ་ཡང་དག་པར་རྗེས་སུ་མ་མཐོང་བས། རྣམ་པར་ཐར་པ་རྣམས་ཀྱི་སྐྱེ་བ་ཡང་དག་པར་རྗེས་སུ་མི་མཐོང་ངོ་། །དེས་རྣམ་པར་ཐར་པ་རྣམས་ཀྱི་སྐྱེ་བ་ཡང་དག་པར་རྗེས་སུ་མ་མཐོང་བས། རྣམ་པར་ཐར་པ་རྣམས་ཀྱི་སྐྱེ་བའི་སྒོ་ཡང་དག་པར་རྗེས་སུ་མི་མཐོང་ངོ་། །དེས་རྣམ་པར་ཐར་པ་རྣམས་ཀྱི་སྐྱེ་བའི་སྒོ་ཡང་དག་པར་རྗེས་སུ་མ་མཐོང་བས། རྣམ་པར་ཐར་པ་རྣམས་ཀྱི་ཚོགས་ཡང་དག་པར་རྗེས་སུ་མི་མཐོང་སྟེ། གསོབ་ཉིད་དང་། གསོག་ཉིད་དུ་ཡང་དག་པར་རྗེས་སུ་མཐོང་ངོ་། །དེས་མཐར་གྱིས་⑤གནས་པའི་སྙོམས་པར་འཇུག་པ་རྣམས་ཀྱི་ཡང་དག་པ་དང་། ཡོངས་སུ་གྲུབ་པ་ཡང་དག···པར་རྗེས་སུ་མི་མཐོང་སྟེ། དེས་མཐར་གྱིས་གནས་པའི་སྙོམས་པར་འཇུག་པ···རྣམས་ཀྱི་ཡང་དག་པ་དང་། ཡོངས་སུ་གྲུབ་པ་ཡང་དག་པར་རྗེས་སུ་མ་མཐོང···བས། མཐར་གྱིས་གནས་པའི་སྙོམས་པར་འཇུག་པ་རྣམས་ཀྱི་སྐྱེ་བ་ཡང་དག་པར་རྗེས་སུ་མི་མཐོང་ངོ་། །དེས་མཐར་གྱིས་གནས་པའི་སྙོམས་པར་འཇུག་པ་རྣམས་ཀྱི་སྐྱེ་བ་ཡང་དག་པར་རྗེས་སུ་མ་མཐོང་བས། མཐར་གྱིས་གནས་པའི་སྙོམས···

པར་འཇུག་པ་རྣམས་ཀྱི་སྐྱེ་བའི་སྒོ་ཡང་དག་པར་རྗེས་སུ་མྱི་མཐོང་ངོ་། །དེས་མཐར་ཀྱིས་གནས་པའི་སྙོམས་པར་འཇུག་པ་རྣམས་ཀྱི་སྐྱེ་བའི་སྒོ་ཡང་དག་པར་རྗེས་སུ་མ་མཐོང་བས། མཐར་ཀྱིས་གནས་པའི་སྙོམས་པར་འཇུག་པ་རྣམས་ཀྱི་ཚོགས་ཡང་དག་པར་རྗེས་སུ་མི་མཐོང་སྟེ། གསོབ་ཉིད་དང་། གསོག་ཉིད་དུ་ཡང་དག་པར་རྗེས་སུ་མཐོང་ངོ་། །དེས་སྟོང་པ་ཉིད་ཀྱི་ཏིང་ངེ་འཛིན་ཀྱི་ཡང་དག་པ་དང་། ཡོངས་སུ་གྲུབ་པ་ཡང་དག་པར་རྗེས་སུ་མི་མཐོང་སྟེ། དེས་སྟོང་པ་ཉིད་ཀྱི་ཏིང་ངེ་འཛིན་ཀྱི་ཡང་དག་པ་དང་། ཡོངས་སུ་གྲུབ་པ་ཡང་དག་པར་རྗེས་སུ་མ་མཐོང་བས། སྟོང་པ་ཉིད་ཀྱི①ཏིང་ངེ་འཛིན་ཀྱི་སྐྱེ་བ་ཡང་དག་པར་རྗེས་སུ་མི་མཐོང་ངོ་། །དེས་སྟོང་པ་ཉིད་ཀྱི་ཏིང་ངེ་འཛིན་ཀྱི་སྐྱེ་བ་ཡང་དག་པར་རྗེས་སུ་མ་མཐོང་བས། སྟོང་པ་ཉིད་ཀྱི་ཏིང་ངེ་འཛིན་ཀྱི་སྐྱེ་བའི་སྒོ་ཡང་དག་པར་རྗེས་སུ་མྱི་མཐོང་ངོ་། །དེས་སྟོང་པ་ཉིད་ཀྱི་ཏིང་ངེ་འཛིན་ཀྱི་སྐྱེ་བའི་སྒོ་ཡང་དག་པར་རྗེས་སུ་མ་མཐོང་བས། སྟོང་པ་ཉིད་ཀྱི་ཏིང་ངེ་འཛིན་ཀྱི་ཚོགས་ཡང་དག་པར་རྗེས་སུ་མྱི་མཐོང་སྟེ། གསོབ་ཉིད་དང་། གསོག་ཉིད་དུ་ཡང་དག་པར་རྗེས་སུ་མཐོང་ངོ་། །དེས་མཚན་མ་མྱེད་པའི་ཏིང་ངེ་འཛིན་གྱི་ཡང་དག་པ་དང་། ཡོངས་སུ་གྲུབ་པ་ཡང་དག་པར་རྗེས་སུ་མྱི་མཐོང་སྟེ། དེས་མཚན་མ་མྱེད་པའི་ཏིང་ངེ་འཛིན་གྱི་ཡང་དག་པ་དང་། ཡོངས་སུ་གྲུབ་པ་ཡང་དག་པར་རྗེས་སུ་མ་མཐོང་བས། མཚན་མ་མེད་པའི་ཏིང་ངེ་འཛིན་ཀྱི་སྐྱེ་བ་ཡང་དག་པར་རྗེས་སུ་མི་མཐོང་ངོ③། །དེས་མཚན་མ་མྱེད་པའི་ཏིང་ངེ་འཛིན་གྱི་སྐྱེ་བ་ཡང་དག་པར་རྗེས་སུ་མ་མཐོང་བས། མཚན་མ་མེད་པའི་ཏིང་ངེ་འཛིན་གྱི་སྐྱེ་བའི་སྒོ་ཡང་དག་པར་རྗེས་སུ་མྱི་མཐོང་ངོ་། །དེས་མཚན་མ་མེད་པའི་ཏིང་ངེ་འཛིན་ཀྱི་སྐྱེ་བའི་སྒོ་ཡང་དག་པར་རྗེས་སུ་མ་མཐོང་བས། མཚན་མ་མྱེད་པའི་ཏིང་ངེ་འཛིན་གྱི་ཚོགས་

ཡང་དག་པར་རྗེས་སུ་མི་མཐོང་སྟེ། གསོབ་ཉིད་དང་། གསོག་ཉིད་དུ་ཡང་དག་པར་རྗེས་སུ་མཐོང་ངོ[༡]། །དེས་སྨོན་པ་མེད་པའི་ཏིང་ངེ་འཛིན་གྱི་ཡང་དག་པ་དང་། ཡོངས་སུ་གྲུབ་པ་ཡང་དག་པར་རྗེས་སུ་མི་མཐོང་སྟེ། དེས་སྨོན་པ་མེད་པའི་ཏིང་ངེ་འཛིན་གྱི་ཡང་དག་པ་དང་། ཡོངས་སུ་གྲུབ་པ་ཡང་དག་པར་རྗེས་སུ་མ་མཐོང་བས། སྨོན་པ་མེད་པའི་ཏིང་ངེ་འཛིན་གྱི་སྐྱེ་བ་ཡང་དག་པར་རྗེས[༢]སུ་མི་མཐོང་ངོ་། །དེས་སྨོན་པ་མེད་པའི་ཏིང་ངེ་འཛིན་གྱི་སྐྱེ་བ་ཡང་དག་པར་རྗེས་སུ་མ་མཐོང་བས། སྨོན་པ་མེད་པའི་ཏིང་ངེ་འཛིན་གྱི་སྐྱེ་བའི་སྒོ་ཡང་དག་པར་རྗེས་སུ་མི་མཐོང་ངོ་། །དེས་སྨོན་པ་མྱེད་པའི་ཏིང་ངེ་འཛིན་གྱི་སྐྱེ་བའི་སྒོ་ཡང་དག་པར་རྗེས་སུ་མ་མཐོང་བས། སྨོན་པ་མྱེད་པའི་ཏིང་ངེ་འཛིན་གྱི་ཚོགས་ཡང་དག་པར་རྗེས་སུ་མི་མཐོང་སྟེ། གསོབ་ཉིད་དང་། གསོག་ཉིད་དུ་ཡང་དག་པར་རྗེས་སུ་མཐོང་ངོ་། །དེས་མངོན་པར་ཤེས་པ་རྣམས་ཀྱི་ཡང་དག་པ་དང་། ཡོངས་སུ་གྲུབ་པ་ཡང་དག་པར་རྗེས་སུ་མི་མཐོང་སྟེ། དེས་མངོན་པར་ཤེས་པ་རྣམས་ཀྱི་ཡང་དག་པ་དང་། ཡོངས་སུ་གྲུབ་པ་ཡང་དག་པར་རྗེས་སུ་མ་མཐོང་བས། མངོན་པར་ཤེས་པ་རྣམས་ཀྱི་སྐྱེ་བ་ཡང་དག་པར་རྗེས་སུ་མི་མཐོང་ངོ་། །དེས་མངོན་པར་ཤེས་པ་རྣམས་ཀྱི་སྐྱེ་བ་ཡང་དག་པར་རྗེས་སུ་མ་མཐོང་བས། མངོན་པར་ཤེས་པ་རྣམས་ཀྱི་སྐྱེ་བའི་སྒོ་ཡང་དག་པར་རྗེས་སུ་མི་མཐོང་ངོ་། །དེས་མངོན་པར་ཤེས་པ་རྣམས་ཀྱི་སྐྱེ་བའི་སྒོ་ཡང་དག་པར་རྗེས་སུ་མ་མཐོང་བས། མངོན་པར་ཤེས་པ་རྣམས་ཀྱི་ཚོགས་ཡང་དག་པར་རྗེས་སུ་མི་མཐོང་སྟེ། གསོབ་ཉིད་དང་། གསོག་ཉིད་དུ་ཡང་དག་པར་རྗེས་སུ་མཐོང་ངོ་། །དེས་ཏིང་ངེ་འཛིན་རྣམས་ཀྱི་ཡང་དག་པ་དང་། ཡོངས་སུ་གྲུབ་པ་ཡང་དག་པར་རྗེས་སུ་མི་མཐོང་སྟེ། དེས་ཏིང་ངེ་འཛིན་རྣམས་ཀྱི་ཡང་དག་པ་དང་། ཡོངས་

སུ་གྲུབ་པ་ཡང་དག་པར་རྗེས་སུ་མ་མཐོང་བས། ཏིང་ངེ་འཛིན་རྣམས་ཀྱི་སྐྱེ་བ་ཡང་དག་པར་རྗེས་སུ་མི་མཐོང་ངོ་། །དེས་ཏིང་ངེ་འཛིན་རྣམས་ཀྱི་སྐྱེ་བ་ཡང···དག་པར་རྗེས་སུ་མ་མཐོང་བས། ཏིང་ངེ་འཛིན་རྣམས་ཀྱི་སྐྱེ་བའི་སྒོ་ཡང་དག་པར་རྗེས་སུ་མི་མཐོང་ངོ་། །དེས་ཏིང་ངེ་འཛིན་རྣམས་ཀྱི་སྐྱེ་བའི་སྒོ་ཡང་དག···པར་རྗེས་སུ་མ་མཐོང་བས། ཏིང་ངེ་འཛིན་རྣམས་ཀྱི་ཚོགས་ཡང་དག་པར་རྗེས་སུ་མི་མཐོང་སྟེ། གསོབ་ཉིད་དང་། གསོག་ཉིད་དུ་ཡང་དག་པར་རྗེས་སུ···མཐོང་ངོ་། །དེས་གཟུངས་ཀྱི་སྒོ་རྣམས་ཀྱི་ཡང་དག་པ་དང་། ཡོངས་སུ་གྲུབ་པ་[1]ཡང་དག་པར་རྗེས་སུ་མི་མཐོང་སྟེ། དེས་གཟུངས་ཀྱི་སྒོ་རྣམས་ཀྱི་ཡང་དག་པ་དང་། ཡོངས་སུ་གྲུབ་པ་ཡང་དག་པར་རྗེས་སུ་མ་མཐོང་བས། གཟུངས་ཀྱི་སྒོ་རྣམས་ཀྱི་སྐྱེ་བ་ཡང་དག་པར་རྗེས་སུ་མི་མཐོང་ངོ་། །དེས་གཟུངས་ཀྱི་སྒོ་རྣམས་ཀྱི་སྐྱེ་བ་ཡང་དག་པར་རྗེས་སུ་མ་མཐོང་བས། གཟུངས་ཀྱི་སྒོ་རྣམས་ཀྱི་སྐྱེ་བའི་སྒོ་ཡང་དག་པར་རྗེས་སུ་མི་མཐོང་ངོ་། །དེས་གཟུངས་ཀྱི་སྒོ་རྣམས་ཀྱི་སྐྱེ་བའི་སྒོ···ཡང་དག་པར་རྗེས་སུ་མ་མཐོང་བས། གཟུངས་ཀྱི་སྒོ་རྣམས་ཀྱི་ཚོགས་ཡང་དག་པར་རྗེས་སུ་མི་མཐོང་སྟེ། གསོབ་ཉིད་དང་། གསོག་ཉིད་དུ་ཡང་དག་པར་རྗེས་སུ་མཐོང་ངོ་། །དེས་དེ་བཞིན་གཤེགས་པའི་སྟོབས་རྣམས་ཀྱི་ཡང་དག་པ་དང་། ཡོངས་སུ་གྲུབ་པ་ཡང་དག་པར་རྗེས་སུ་མི་མཐོང་སྟེ། དེས་དེ་བཞིན་གཤེགས་པའི་སྟོབས་རྣམས་ཀྱི་ཡང་དག་པ་དང་། ཡོངས་སུ་གྲུབ་པ་ཡང་དག···པར་རྗེས་སུ་མ་མཐོང་བས། དེ་བཞིན་གཤེགས་པའི་སྟོབས་རྣམས་ཀྱི་སྐྱེ་བ་ཡང་དག་པར་རྗེས་སུ་མི་མཐོང་ངོ་། །དེས་དེ་བཞིན་གཤེགས་པའི་སྟོབས་རྣམས་ཀྱི་སྐྱེ་བ་ཡང་དག་པར་རྗེས་སུ་མ་མཐོང་བས། དེ་བཞིན་གཤེགས་པའི་སྟོབས་རྣམས་ཀྱི་སྐྱེ་བའི་སྒོ་ཡང་དག་པར་རྗེས་སུ་མི་མཐོང་ངོ་། །དེས་དེ་བཞིན་གཤེགས་པའི···

སྟོབས་རྣམས་ཀྱི་སྐྱེ་བའི་སྒོ་ཡང་དག་པར་རྗེས་སུ་མ་མཐོང་བས། དེ་བཞིན་གཤེགས་པའི་སྟོབས་རྣམས་ཀྱི་ཚོགས་ཡང་དག་པར་རྗེས་སུ་མི་མཐོང་སྟེ། གསོབ་ཉིད་དང་། གསོག་ཉིད་དུ་ཡང་དག་པར་རྗེས་སུ་མཐོང་ངོ་། །དེས་མི་འཇིགས་པ་རྣམས་ཀྱི་ཡང་དག་པ་དང་། ཡོངས་སུ་གྲུབ་པ་ཡང་དག་པར་རྗེས་སུ་མི་མཐོང་སྟེ། དེས་མི་འཇིགས་པ་རྣམས་ཀྱི་ཡང་དག་པ་དང་། ཡོངས་སུ་གྲུབ་པ་ཡང་དག་པར་རྗེས་སུ་མ་མཐོང་བས། མི་འཇིགས་པ་རྣམས་ཀྱི་སྐྱེ་བ་ཡང་དག་པར་རྗེས་སུ་མི་མཐོང་ངོ་། །དེས་མི་འཇིགས་པ་རྣམས་ཀྱི་སྐྱེ་བ་ཡང་དག་པར་རྗེས་སུ་མ་མཐོང་བས། མི་འཇིགས་པ་རྣམས་ཀྱི་སྐྱེ་བའི་སྒོ་ཡང་དག་པར་རྗེས་སུ་མི་[༧]མཐོང་ངོ་། །དེས་མི་འཇིགས་པ་རྣམས་ཀྱི་སྐྱེ་བའི་སྒོ་ཡང་དག་པར་རྗེས་སུ་མ་མཐོང་བས། མི་འཇིགས་པ་རྣམས་ཀྱི་ཚོགས་ཡང་དག་པར་རྗེས་སུ་མི་[༨]མཐོང་སྟེ། གསོབ་ཉིད་དང་། གསོག་ཉིད་དུ་ཡང་དག་པར་[༩]རྗེས་སུ་མཐོང་ངོ་། །དེས་སོ་སོ་ཡང་དག་པར་རིག་པ་རྣམས་ཀྱི་ཡང་དག་པ་དང་། ཡོངས་སུ་གྲུབ་པ་ཡང་དག་པར་རྗེས་སུ་མི་མཐོང་སྟེ། དེས་སོ་སོ་ཡང་དག་པར་རིག་པ་རྣམས་ཀྱི་ཡང་དག་པ་དང་། ཡོངས་སུ་གྲུབ་པ་ཡང་དག་པར་རྗེས་སུ་མ་མཐོང་བས། སོ་སོ་ཡང་དག་པར་རིག་པ་རྣམས་ཀྱི་སྐྱེ་བ་ཡང་དག་པར་རྗེས་སུ་མི་མཐོང་ངོ་། །དེས་སོ་སོ་ཡང་དག་པར་རིག་པ་རྣམས་ཀྱི་སྐྱེ་བ་ཡང་དག་པར་རྗེས་སུ་མ་མཐོང་བས། སོ་སོ་ཡང་དག་པར་རིག་པ་རྣམས་ཀྱི་སྐྱེ་བའི་སྒོ་ཡང་དག་པར་རྗེས་སུ་མི་མཐོང་ངོ་། །དེས་སོ་སོ་ཡང་དག་པར་རིག་པ་རྣམས་ཀྱི་སྐྱེ་བའི་སྒོ་ཡང་དག་པར་རྗེས་སུ་མ་མཐོང་བས། སོ་སོ་ཡང་དག་པར་རིག་པ་རྣམས་ཀྱི་ཚོགས་ཡང་དག་པར་རྗེས་སུ་མི་མཐོང་སྟེ། གསོབ་ཉིད་དང་། གསོག་ཉིད་དུ་ཡང་དག་པར་རྗེས་སུ་མཐོང་ངོ་། །དེས་བྱམས་པ་ཆེན་པོའི་ཡང་དག་པ་དང་། ཡོངས་སུ་གྲུབ་པ་ཡང་དག་པར་རྗེས་

སུ་མི་མཐོང་སྟེ། དེས་བྱམས་པ་ཆེན་པོའི་ཡང་དག་པ་དང་། ཡོངས་སུ་གྲུབ་པ་ཡང་དག་པར་རྗེས་སུ་མ་མཐོང་བས། བྱམས་པ་ཆེན་པོའི་སྐྱེ་བ་ཡང་དག་པར་རྗེས་སུ་མི་མཐོང་ངོ་། །དེས་བྱམས་པ་ཆེན་པོའི་སྐྱེ་བ་ཡང་དག་པར་རྗེས་སུ་མ་མཐོང་བས། བྱམས་པ་ཆེན་པོའི་སྐྱེ་བའི་སྒོ་ཡང་དག་པར་རྗེས་སུ་མི་མཐོང་ངོ་། །དེས་བྱམས་པ་ཆེན་པོའི་སྐྱེ་བའི་སྒོ་ཡང་དག་པར་རྗེས་སུ་མ་མཐོང་བས། བྱམས་པ་ཆེན་པོའི་ཚོགས་ཡང་དག་པར་རྗེས་སུ་མི་མཐོང་སྟེ། གསོབ་ཉིད་དང་། གསོག་ཉིད་དུ་ཡང་དག་པར་རྗེས་སུ་[༡]མཐོང་ངོ་། །དེས་སྙིང་རྗེ་ཆེན་པོའི་ཡང་དག་པ་དང་། ཡོངས་སུ་གྲུབ་པ་ཡང་དག་པར་རྗེས་སུ་མི་མཐོང་སྟེ། དེས་སྙིང་རྗེ་ཆེན་པོའི་ཡང་དག་པ་དང་། ཡོངས་སུ་གྲུབ་པ་ཡང་དག་པར་རྗེས་སུ་མ་མཐོང་བས། སྙིང་རྗེ་ཆེན་པོའི་སྐྱེ་བ་ཡང་དག་པར་རྗེས་སུ་མི་མཐོང་ངོ་། །དེས་སྙིང་རྗེ་ཆེན་པོའི་སྐྱེ་བ་ཡང་དག་པར་རྗེས་སུ་མ་མཐོང་བས། སྙིང་རྗེ་ཆེན་པོའི་སྐྱེ་བའི་སྒོ་ཡང་དག་པར་རྗེས་སུ་མི་མཐོང་ངོ་། །དེས་སྙིང་རྗེ་ཆེན་པོའི་སྐྱེ་བའི་སྒོ་ཡང་དག་པར་རྗེས་སུ་མ་མཐོང་བས། སྙིང་རྗེ་ཆེན་པོའི་ཚོགས་ཡང་དག་པར་རྗེས་སུ་མི་མཐོང་སྟེ། གསོབ་ཉིད་དང་། གསོག་ཉིད་དུ་ཡང་དག་པར་རྗེས་སུ་མཐོང་ངོ་། །དེས་སངས་རྒྱས་ཀྱི་ཆོས་མ་འདྲེས་པ་རྣམས་ཀྱི་ཡང་དག་པ་དང་། ཡོངས་སུ་གྲུབ་པ་ཡང་དག་པར་རྗེས་སུ་མི་མཐོང་སྟེ། དེས་སངས་རྒྱས་ཀྱི་ཆོས་མ་འདྲེས་པ་རྣམས་ཀྱི་ཡང་དག་པ་དང་། ཡོངས་སུ་གྲུབ་པ་ཡང་དག་པར་རྗེས་སུ་མ་[༢]མཐོང་བས། སངས་རྒྱས་ཀྱི་ཆོས་མ་འདྲེས་པ་རྣམས་ཀྱི་སྐྱེ་བ་ཡང་དག་པར་རྗེས་སུ་མི་མཐོང་ངོ་། །དེས་སངས་རྒྱས་ཀྱི་ཆོས་མ་འདྲེས་པ་རྣམས་ཀྱི་སྐྱེ་བ་ཡང་དག་པར་རྗེས་སུ་མ་མཐོང་བས། སངས་རྒྱས་ཀྱི་ཆོས་མ་འདྲེས་པ་རྣམས་ཀྱི་སྐྱེ་བའི་སྒོ་ཡང་དག་པར་རྗེས་སུ་མི་མཐོང་ངོ་། །དེས་སངས་རྒྱས་ཀྱི་ཆོས་མ་འདྲེས་པ་རྣམས་

ཀྱི་སྐྱེ་བའི་སྒོ་ཡང་དག་པར་རྗེས་སུ་མ་མཐོང་བས། སངས་རྒྱས་ཀྱི་ཆོས་མ་འདྲེས་པ་རྣམས་ཀྱི་ཚོགས་ཡང་དག་པར་རྗེས་སུ་མི་མཐོང་སྟེ། གསོབ་ཉིད་དང་། གསོག་ཉིད་དུ་ཡང་དག་པར་རྗེས་སུ་མཐོང་ངོ་། །དེས་རྒྱུན་དུ་ཞུགས་པའི་འབྲས་བུའི་ཡང་དག་པ་དང་། ཡོངས་སུ་གྲུབ་པ་ཡང་དག་པར་རྗེས་སུ་མི་མཐོང་སྟེ། དེས་རྒྱུན་དུ་ཞུགས་པའི་འབྲས་བུའི་ཡང་དག་པ་དང་། ཡོངས་སུ་གྲུབ་པ་ཡང་དག་པར་རྗེས་སུ་མ་མཐོང་བས། རྒྱུན་དུ་ཞུགས་པའི་འབྲས་བུའི་སྐྱེ་བ་ཡང་དག་པར་རྗེས་སུ་མི་མཐོང་ངོ་། །དེས་རྒྱུན་དུ་ཞུགས་པའི་འབྲས་བུའི་སྐྱེ་བ་ཡང་དག་པར་རྗེས་སུ་མ་མཐོང་བས། (༧)རྒྱུན་དུ་ཞུགས་པའི་འབྲས་བུའི་སྐྱེ་བའི་སྒོ་ཡང་···· དག་པར་རྗེས་སུ་མི་མཐོང་ངོ་། །དེས་རྒྱུན་དུ་ཞུགས་པའི་འབྲས་བུའི་སྐྱེ་བའི་སྒོ་ཡང་དག་པར་རྗེས་སུ་མ་མཐོང་བས། རྒྱུན་དུ་ཞུགས་པའི་འབྲས་བུའི་ཚོགས་ཡང་དག་པར་རྗེས་སུ་མི་མཐོང་སྟེ། གསོབ་ཉིད་དང་། གསོག་ཉིད་དུ་ཡང་དག་པར་རྗེས་སུ་མཐོང་ངོ་། །དེས་ལན་ཅིག་ཕྱིར་འོང་བའི་འབྲས་བུའི་ཡང་དག་པ་དང་། ཡོངས་སུ་གྲུབ་པ་ཡང་དག་པར་རྗེས་སུ་མི་མཐོང་སྟེ། དེས་ལན་ཅིག་ཕྱིར་འོང་བའི་འབྲས་བུའི་ཡང་དག་པ་དང་། ཡོངས་སུ་གྲུབ་པ་ཡང་དག་པར···· རྗེས་སུ་མ་མཐོང་བས། ལན་ཅིག་ཕྱིར་འོང་བའི་འབྲས་བུའི་སྐྱེ་བ་ཡང་དག་པར་རྗེས་སུ་མི་མཐོང་ངོ་། །དེས་ལན་ཅིག་ཕྱིར་འོང་བའི་འབྲས་བུའི་སྐྱེ་བ་ཡང་དག་པར་རྗེས་སུ་མ་མཐོང་བས། ལན་ཅིག་ཕྱིར་འོང་བའི་འབྲས་བུའི་སྐྱེ་བའི་སྒོ་ཡང་དག་པར་རྗེས་སུ་མི་མཐོང་ངོ་། །དེས་ལན་ཅིག་ཕྱིར་འོང་བའི་འབྲས་བུའི་སྐྱེ་བའི་སྒོ་ཡང་དག་པར་རྗེས་སུ་མ་མཐོང་བས། ལན་ཅིག་ཕྱིར་འོང་བའི་འབྲས་བུའི···· ཚོགས་ཡང་དག་པར་རྗེས་སུ་མི་མཐོང་སྟེ། གསོབ་ཉིད་དང་། གསོག་ཉིད་དུ་ཡང་དག་པར་རྗེས་སུ་མཐོང་ངོ་། །དེས་ཕྱིར་མི་འོང་བའི་འབྲས་བུའི་ཡང་དག་པ་

དང་༑ ཡོངས་སུ་གྲུབ་པ་ཡང་དག་པར་རྗེས་སུ་མི་མཐོང་སྟེ། དེས་ཕྱིར་མྱི་འོང་བའི་འབྲས་བུའི་ཡང་དག་པ་དང་། ཡོངས་སུ་གྲུབ་པ་ཡང་དག་པར་རྗེས་སུ་མ་མཐོང་བས། ཕྱིར་མྱི་འོང་བའི་འབྲས་བུའི་སྐྱེ་བ་ཡང་དག་པར་རྗེས་སུ་མྱི་མཐོང་ངོ་༑ །དེས་ཕྱིར་མྱི་འོང་བའི་འབྲས་བུའི་སྐྱེ་བ་ཡང་དག་པར་རྗེས་སུ་མ་མཐོང་བས༑ ཕྱིར་མྱི་འོང་བའི་འབྲས་བུའི་སྐྱེ་བའི་སྒོ་ཡང་དག་པར་རྗེས་སུ་མྱི་མཐོང་ངོ་༑ །དེས་ཕྱིར་མྱི་འོང་བའི་འབྲས་བུའི་སྐྱེ་བའི་སྒོ་ཡང་དག་པར་རྗེས་སུ་མ་མཐོང་བས། ཕྱིར་མྱི་འོང་བའི་འབྲས་བུའི་ཚོགས་ཡང་དག་པར་རྗེས་སུ་མྱི་མཐོང་སྟེ། གསོབ་ཉིད་དང་། གསོག་ཉིད་དུ་ཡང་དག་པར་རྗེས་སུ་མཐོང་ངོ་། །དེས་དགྲ་བཅོམ་པ་ཉིད་ཀྱི་ཡང་དག་པ་དང་། ཡོངས་སུ་གྲུབ་པ་ཡང་དག་པར་རྗེས་སུ་མི་མཐོང་སྟེ། དེས་དགྲ་བཅོམ་པ་ཉིད་ཀྱི་ཡང་དག་པ་དང་། ཡོངས་སུ་གྲུབ་པ་ཡང་དག་པར་རྗེས་སུ་མ་མཐོང་བས། དགྲ་བཅོམ་པ་ཉིད་ཀྱི་སྐྱེ་བ་ཡང་དག་པར་རྗེས་སུ་མི་མཐོང་ངོ་། །དེས་དགྲ་བཅོམ་པ་ཉིད་ཀྱི་སྐྱེ་བ་ཡང་དག་པར་རྗེས་སུ་མ་མཐོང་བས། དགྲ་བཅོམ་པ་ཉིད་ཀྱི་སྐྱེ་བའི་སྒོ་ཡང་དག་པར་རྗེས་སུ་མི་མཐོང་ངོ་། །དེས་དགྲ་བཅོམ་པ་ཉིད་ཀྱི་སྐྱེ་བའི་སྒོ་ཡང་དག་པར་རྗེས་སུ་མ་མཐོང་བས། དགྲ་བཅོམ་པ་ཉིད་ཀྱི་ཚོགས་ཡང་དག་པར་རྗེས་སུ་མྱི་མཐོང་སྟེ། གསོབ་ཉིད་དང་། གསོག་ཉིད་དུ་ཡང་དག་པར་རྗེས་སུ་མཐོང་ངོ་། །དེས་རང་བྱང་ཆུབ་ཀྱི་ཡང་དག་པ་དང་། ཡོངས་སུ་གྲུབ་པ་ཡང་དག་པར་རྗེས་སུ་མྱི་མཐོང་སྟེ། དེས་རང་བྱང་ཆུབ་ཀྱི་ཡང་དག་པ་དང་། ཡོངས་སུ་གྲུབ་པ་ཡང་དག་པར་རྗེས་སུ་མ་མཐོང་བས། རང་བྱང་ཆུབ་ཀྱི་སྐྱེ་བ་ཡང་དག་པར་རྗེས་སུ་མྱི་མཐོང་ངོ་༑ །དེས་རང་བྱང་ཆུབ་ཀྱི་སྐྱེ་བ་ཡང་དག་པར་རྗེས་སུ་མ་མཐོང་བས། རང་བྱང་ཆུབ་ཀྱི་སྐྱེ་བའི་སྒོ་ཡང་དག་པར་རྗེས་སུ་མི་མཐོང་ངོ་། །དེས་རང་བྱང་ཆུབ་

ཀྱི་སྐྱེ་བའི་སྒོ་ཡང་དག་པར་རྗེས་སུ་མ་མཐོང་བས། རང་བྱང་ཆུབ་ཀྱི་ཚོགས་ཡང་དག་པར་རྗེས་སུ་མྱི་མཐོང་སྟེ། གསོབ་ཉིད་དང་། གསོག་ཉིད་དུ་ཡང་དག་པར་རྗེས་སུ་མཐོང་ངོ་། །དེས་ལམ་གྱི་རྣམ་པ་ཤེས་པ་ཉིད་ཀྱི་ཡང་དག་པ་དང་། ཡོངས་སུ་གྲུབ་པ་ཡང་དག་པར་རྗེས་སུ་མྱི་མཐོང་སྟེ། དེས་ལམ་གྱི་རྣམ་པ་ཤེས་པ་ཉིད་ཀྱི་ཡང་དག་པ་དང་། ཡོངས་སུ་གྲུབ་པ་ཡང་དག་པར་རྗེས་སུ་མ་མཐོང་བས། ལམ་གྱི་རྣམ་པ་ཤེས་པ་ཉིད་ཀྱི་སྐྱེ་བ་ཡང་དག་པར་རྗེས་སུ་མྱི་མཐོང་ངོ་། །དེས་ལམ་གྱི་རྣམ་པ་ཤེས་པ་ཉིད་ཀྱི་སྐྱེ་བ་ཡང་དག་པར་རྗེས་སུ་མ་མཐོང་བས། ལམ་གྱི་རྣམ་པ་ཤེས་པ་ཉིད་ཀྱི་སྐྱེ་བའི་སྒོ་ཡང་དག་པར་རྗེས་སུ་མྱི་མཐོང་ངོ་། །དེས་ལམ་གྱི་རྣམ་པ་ཤེས་པ་ཉིད་ཀྱི། སྐྱེ་བའི་སྒོ་ཡང་དག་པར་རྗེས་སུ་མ་མཐོང་བས། ལམ་གྱི་རྣམ་པ་ཤེས་པ་ཉིད་ཀྱི། ཚོགས་ཡང་དག་པར་རྗེས་སུ་མི་མཐོང་སྟེ། གསོབ་ཉིད་དང་། གསོག་ཉིད་དུ་ཡང་དག་པར་རྗེས་སུ་མཐོང་ངོ་། །དེས་རྣམ་པ་ཐམས་ཅད་མཁྱེན་པ་ཉིད་ཀྱི་ཡང་དག་པ་དང་། ཡོངས་སུ་གྲུབ་པ་ཡང་དག་པར་རྗེས་སུ་མྱི་མཐོང་སྟེ། དེས་རྣམ་པ་ཐམས་ཅད་མཁྱེན་པ་ཉིད་ཀྱི་ཡང་དག་པ་དང་། ཡོངས་སུ་གྲུབ་པ་ཡང་དག་པར་རྗེས་སུ་མ་མཐོང་བས། རྣམ་པ་ཐམས་ཅད་མཁྱེན་པ་ཉིད་ཀྱི། སྐྱེ་བ་ཡང་དག་པར་རྗེས་སུ་མི་[1]མཐོང་ངོ་། །དེས་རྣམ་པ་ཐམས་ཅད་མཁྱེན་པ་ཉིད་ཀྱི། སྐྱེ་བ་ཡང་དག་པར་རྗེས་སུ་མ་མཐོང་བས། རྣམ་པ་ཐམས་ཅད་མཁྱེན་པ་ཉིད་ཀྱི། སྐྱེ་བའི་སྒོ་ཡང་དག་པར་རྗེས་སུ་མྱི་མཐོང་ངོ་། །དེས་རྣམ་པ་ཐམས་ཅད་མཁྱེན་པ་ཉིད་ཀྱི། སྐྱེ་བའི་སྒོ་ཡང་དག་པར་རྗེས་སུ་མ་མཐོང་བས། རྣམ་པ་ཐམས་ཅད་མཁྱེན་པ་ཉིད་ཀྱི། ཚོགས་ཡང་དག་པར་རྗེས་སུ་མྱི་མཐོང་སྟེ། གསོབ་ཉིད་དང་། གསོག་ཉིད་དུ་ཡང་དག་པར་རྗེས་སུ་མཐོང་ངོ་། །དེ་[2]དེ་ལྟར་རྟོག་[3]པའི་ཚེ། གཟུགས་ཀྱི་རང་བཞིན་མྱི་དམིགས་སོ།།

ཚོར་བའི་རང་བཞིན་མྱི་དམིགས་སོ། །འདུ་ཤེས་ཀྱི་རང་བཞིན་མི་དམྱིགས་སོ། །
འདུ་བྱེད་ཀྱི་རང་བཞིན་མི་དམྱིགས་སོ། །རྣམ་པར་ཤེས་པའི་རང་བཞིན་མྱི····
དམྱིགས་སོ། །མྱིག་གི་རང་བཞིན་མྱི་དམྱིགས་སོ། །རྣ་བའི་རང་བཞིན་མི····
དམྱིགས་སོ། །སྣའི་རང་བཞིན་མྱི་དམྱིགས་སོ། །ལྕེའི་རང་བཞིན་མི་དམྱིགས་
སོ༑ །ལུས་ཀྱི་རང་བཞིན་མྱི་དམྱིགས་སོ། །ཡིད་ཀྱི་རང་བཞིན་མྱི་དམྱིགས་སོ། །
གཟུགས་ཀྱི་རང་བཞིན་མྱི་དམྱིགས་སོ། །སྒྲའི་རང་བཞིན་མྱི་དམིགས་སོ། །དྲིའི་
རང་བཞིན་མྱི་དམྱིགས་སོ། །རོའི་རང་བཞིན་མྱི་དམྱིགས་སོ། །རེག་གི་རང་
བཞིན་མྱི་དམྱིགས་སོ། །ཆོས་ཀྱི་རང་བཞིན་མྱི་དམྱིགས་སོ། །མྱིག་གི་རྣམ་པར་
ཤེས་པའི་རང་བཞིན་མྱི་དམྱིགས་སོ། །རྣ་བའི་རྣམ་པར་ཤེས་པའི་རང་བཞིན་མྱི་
དམིགས་སོ། །སྣའི་རྣམ་པར་ཤེས་པའི་རང་བཞིན་མྱི་དམིགས་སོ། །ལྕེའི་རྣམ་
པར་ཤེས་པའི་རང་བཞིན་མི་དམྱིགས་སོ། །ལུས་ཀྱི་རྣམ་པར་ཤེས་པའི་རང····
བཞིན་མི་དམྱིགས་སོ། །ཡིད་ཀྱི་རྣམ་པར་ཤེས་པའི་རང་བཞིན་མྱི་དམིགས་སོ། །
མྱིག་གི་འདུས་ཏེ་རེག་པའི་རང་བཞིན་མྱི་དམྱིགས་སོ། །རྣ་བའི་འདུས་ཏེ་རེག་
པའི་རང་བཞིན་མི་དམིགས་སོ། །སྣའི་འདུས་ཏེ་རེག་པའི་རང་བཞིན་མྱི་དམྱིགས་
སོ༑ །ལྕེའི་འདུས་ཏེ་རེག་པའི་རང་བཞིན་མི་དམྱིགས་སོ། །ལུས་ཀྱི་འདུས་ཏེ་
རེག་པའི་རང་བཞིན་མྱི་དམྱིགས་སོ། །ཡིད་ཀྱི་འདུས་ཏེ་རེག་པའི་རང་བཞིན་མྱི་
དམྱིགས་སོ། །མྱིག་གི་འདུས་ཏེ་རེག་པའི་རྐྱེན་ཀྱིས་ཚོར་བའི་རང་བཞིན་མྱི····
དམྱིགས་སོ། །རྣ་བའི་འདུས་ཏེ་རེག་པའི་རྐྱེན་ཀྱིས་ཚོར་བའི་རང་བཞིན་མི····
དམྱིགས་སོ། །སྣའི་འདུས་ཏེ་རེག་པའི་རྐྱེན་ཀྱིས་ཚོར་བའི་རང་བཞིན་མྱི་དམིགས་
སོ༑ །ལྕེའི་འདུས་ཏེ་རེག་པའི་རྐྱེན་ཀྱིས་ཚོར་བའི་རང་བཞིན་མྱི་དམྱིགས་སོ། །
ལུས་ཀྱི་འདུས་ཏེ་རེག་པའི་རྐྱེན་ཀྱིས་ཚོར་བའི་རང་བཞིན་མྱི་དམྱིགས་སོ། །ཡིད་

ཀྱི་འདུས་ཏེ་རེག་པའི་རྐྱེན་གྱིས་ཚོར་བའི་རང་བཞིན་མི་དམིགས་སོ། །སའི་····
ཁམས་ཀྱི་རང་བཞིན་མི་དམིགས་སོ། །ཆུའི་ཁམས་ཀྱི་རང་བཞིན་མི་དམིགས་སོ། །
མེའི་ཁམས་ཀྱི་རང་བཞིན་མི་དམིགས་སོ། །རླུང་གི་ཁམས་ཀྱི་རང་བཞིན་མི····
དམིགས་སོ། །ནམ་མཁའི་ཁམས་ཀྱི་རང་བཞིན་མི་དམིགས་སོ། །རྣམ་པར་ཤེས་
པའི་ཁམས་ཀྱི་རང་བཞིན་མི་དམིགས་སོ། །མ་རིག་པའི་རང་བཞིན་མི་དམིགས་
སོ། །འདུ་བྱེད་ཀྱི་རང་བཞིན་མི་དམིགས་སོ། །རྣམ་པར་ཤེས་པའི་རང་བཞིན་
མི་དམིགས་སོ། །མིང་དང་གཟུགས་ཀྱི་རང་བཞིན་མི་དམིགས་སོ། །སྐྱེ་མཆེད་
དྲུག་གི་རང་བཞིན་མི་དམིགས་སོ། །རེག་པའི་རང་བཞིན་མི་དམིགས་སོ། །
ཚོར་བའི་རང་བཞིན་མི་དམིགས་སོ། །སྲེད་པའི་རང་བཞིན་མི་དམིགས་སོ། །
ལེན་པའི་རང་བཞིན་མི་དམིགས་སོ། །སྲིད་པའི་རང་བཞིན་མི་དམིགས་སོ། །
སྐྱེ་བའི་རང་བཞིན་མི་⑦དམིགས་སོ། །རྒ་ཤིའི་རང་བཞིན་མི་དམིགས་སོ། །སྦྱིན་
པའི་ཕ་རོལ་ཏུ་ཕྱིན་པའི་རང་བཞིན་མི་དམིགས་སོ། །ཚུལ་ཁྲིམས་ཀྱི་ཕ་རོལ་ཏུ་
ཕྱིན་པའི་རང་བཞིན་མི་དམིགས་སོ། །བཟོད་པའི་ཕ་རོལ་ཏུ་ཕྱིན་པའི་རང····
བཞིན་མི་དམིགས་སོ། །བརྩོན་འགྲུས་ཀྱི་ཕ་རོལ་ཏུ་ཕྱིན་པའི་རང་བཞིན་མི····
དམིགས་སོ། །བསམ་གཏན་གྱི་ཕ་རོལ་ཏུ་ཕྱིན་པའི་རང་བཞིན་མི་དམིགས་སོ། །
ཤེས་རབ་ཀྱི་ཕ་རོལ་ཏུ་ཕྱིན་པའི་རང་བཞིན་མི་དམིགས་སོ། །ནང་སྟོང་པ་ཉིད་ཀྱི་
རང་བཞིན་མི་དམིགས་སོ། །ཕྱི་སྟོང་པ་ཉིད་ཀྱི་རང་བཞིན་མི་དམིགས་སོ། །ཕྱི་
ནང་སྟོང་པ་ཉིད་ཀྱི་རང་བཞིན་མི་དམིགས་སོ། །སྟོང་པ་ཉིད་སྟོང་པ་ཉིད་ཀྱི་རང་
བཞིན་མི་དམིགས་སོ། །ཆེན་པོ་སྟོང་པ་ཉིད་ཀྱི་རང་བཞིན་མི་དམིགས་སོ། །
དོན་དམ་པ་སྟོང་པ་ཉིད་ཀྱི་རང་བཞིན་མི་དམིགས་སོ། །འདུས་བྱས་སྟོང་པ་ཉིད་
ཀྱི་རང་བཞིན་མི་དམིགས་སོ། །འདུས་མ་བྱས་སྟོང་པ་ཉིད་ཀྱི་རང་བཞིན་མི····

དམྱིགས་སོ། །མཐའ་ལས་འདས་པ་སྟོང་པ་ཉིད་ཀྱི་རང་བཞིན་མྱི་དམྱིགས་སོ། །ཐོག་མ་དང་ཐ་མ་མྱེད་པ་སྟོང་པ་ཉིད་ཀྱི་རང་བཞིན་མི་དམིགས་སོ། །དོར་བ་མྱེད་པ་སྟོང་པ་ཉིད་ཀྱི་རང་བཞིན་མི་དམྱིགས་སོ། །རང་བཞིན་སྟོང་པ་ཉིད་ཀྱི་རང་བཞིན་མྱི་དམིགས་སོ། །ཆོས་ཐམས་ཅད་སྟོང་པ་ཉིད་ཀྱི་རང་བཞིན་མྱི····དམིགས་སོ། །རང་གི་མཚན་ཉིད་སྟོང་པ་ཉིད་ཀྱི་རང་བཞིན་མྱི་དམྱིགས་སོ། །མི་དམིགས་པ་སྟོང་པ་ཉིད་ཀྱི་རང་བཞིན་མི་དམྱིགས་སོ། །དངོས་པོ་མེད་པ་སྟོང་པ་ཉིད་ཀྱི་རང་བཞིན་མྱི་དམྱིགས་སོ། །ངོ་བོ་ཉིད་སྟོང་པ་ཉིད་ཀྱི་རང་བཞིན་མྱི་དམིགས་སོ། །དངོས་པོ་མེད་པའི་ངོ་བོ་ཉིད་སྟོང་པ་ཉིད་ཀྱི་རང་བཞིན་མྱི····དམྱིགས་སོ། །དྲན་པ་ཉེ་བར་གཞག་པ་རྣམས་ཀྱི་རང་བཞིན་མྱི་དམིགས་སོ། །ཡང་དག་པར་སྤོང་བ་རྣམས་ཀྱི་རང་བཞིན་མྱི་དམྱིགས་སོ། །རྫུ་འཕྲུལ་གྱི་རྐང་པ་རྣམས་ཀྱི་རང་བཞིན་མྱི་དམྱིགས་སོ། །དབང་པོ་རྣམས་ཀྱི་[༡]རང་བཞིན་མྱི····དམྱིགས་སོ། །སྟོབས་རྣམས་ཀྱི་རང་བཞིན་མྱི་དམྱིགས་སོ། །བྱང་ཆུབ་ཀྱི་ཡན་ལག་རྣམས་ཀྱི་རང་བཞིན་མྱི་དམྱིགས་སོ། །འཕགས་པའི་ལམ་ཡན་ལག་བརྒྱད་པའི་རང་བཞིན་མྱི་དམིགས་སོ། །འཕགས་པའི་བདེན་པ་རྣམས་ཀྱི་རང་བཞིན་མྱི་དམྱིགས་སོ། །བསམ་གཏན་རྣམས་ཀྱི་རང་བཞིན་མྱི་དམྱིགས་སོ། །ཚད་མེད་པ་རྣམས་ཀྱི་རང་བཞིན་མྱི་དམྱིགས་སོ། །གཟུགས་མེད་པའི་སྙོམས་པར་འཇུག་པ་རྣམས་ཀྱི་རང་བཞིན་མི་དམིགས་སོ། །རྣམ་པར་ཐར་པ་རྣམས་ཀྱི་རང་བཞིན་མྱི་དམིགས་སོ། །མཐར་གྱིས་གནས་པའི་སྙོམས་པར་འཇུག་པ་རྣམས་ཀྱི་རང་བཞིན་མི་དམྱིགས་སོ། །སྟོང་པ་ཉིད་ཀྱི་ཏིང་ངེ་འཛིན་གྱི་རང་བཞིན་མི་དམྱིགས་སོ། །མཚན་མ་མེད་པའི་ཏིང་ངེ་འཛིན་གྱི་རང་བཞིན་མྱི་དམྱིགས་སོ། །སྨོན་པ་མེད་པའི་ཏིང་ངེ་འཛིན་གྱི་རང་བཞིན་མྱི་དམིགས་སོ། །མངོན་པར་ཤེས་པ་རྣམས་ཀྱི་

རང་བཞིན་མི་དམིགས་སོ། །ཏིང་ངེ་འཛིན་རྣམས་ཀྱི་རང་བཞིན་མི་དམིགས་སོ། །གཟུངས་ཀྱི་སྒོ་རྣམས་ཀྱི་རང་བཞིན་མི་དམིགས་སོ། །དེ་བཞིན་གཤེགས་པའི་སྟོབས་རྣམས་ཀྱི་རང་བཞིན་མི་དམིགས་སོ། །མི་འཇིགས་པ་རྣམས་ཀྱི་རང་བཞིན་མི་དམིགས་སོ། །སོ་སོ་ཡང་དག་པར་རིག་པ་རྣམས་ཀྱི་རང་བཞིན་མི་དམིགས་སོ།། བྱམས་པ་ཆེན་པོའི་རང་བཞིན་མི་དམིགས་སོ། །སྙིང་རྗེ་ཆེན་པོའི་རང་བཞིན་མི་དམིགས་སོ། །སངས་རྒྱས་ཀྱི་ཆོས་མ་འདྲེས་པ་རྣམས་ཀྱི་རང་བཞིན་མི་དམིགས་སོ། །རྒྱུན་དུ་ཞུགས་པའི་འབྲས་བུའི་རང་བཞིན་མི་དམིགས་སོ། །ལན་ཅིག་ཕྱིར་འོང་བའི་འབྲས་བུའི་རང་བཞིན་མི་དམིགས་སོ། །ཕྱིར་མི་འོང་བའི་འབྲས་བུའི་རང་བཞིན་མི་དམིགས་སོ། །དགྲ་བཅོམ་པ་ཉིད་ཀྱི་རང་བཞིན་མི་དམིགས་སོ། །རང་བྱང་ཆུབ་ཀྱི་རང་བཞིན་མི་དམིགས་སོ། །ལམ་གྱི་རྣམ་པ་ཤེས་པ་ཉིད་ཀྱི་རང་བཞིན་མི་དམིགས་སོ། །རྣམ་པ་ཐམས་ཅད་མཁྱེན་པ་ཉིད་ཀྱི་རང་བཞིན་མི་དམིགས་སོ། །དེ[༧]ཤེས་རབ་ཀྱི་ཕ་རོལ་ཏུ་ཕྱིན་པ་ལ་སྤྱོད་པའི་ཚེ། ཆོས་ཐམས་ཅད་དངོས་པོ་མེད་པའི་རང་བཞིན[༣]དུ་རྟོགས[༣]པར་བྱེད་དེ། དེ་དེ་ལྟར་རྟོགས་པར་བྱེད་ཅིང་། ནང་སྟོང་པ་ཉིད་ལ་སྤྱོད་པ་དང་། ཕྱི་སྟོང་པ་ཉིད་ལ་སྤྱོད་པ་དང་། ཕྱི་ནང་སྟོང་པ་ཉིད་ལ་སྤྱོད་པ་དང་། སྟོང་པ་ཉིད་སྟོང་པ་ཉིད་ལ་སྤྱོད་པ་དང་། ཆེན་པོ་སྟོང་པ་ཉིད་ལ་སྤྱོད་པ་དང་། དོན་དམ་པ་སྟོང་པ་ཉིད་ལ་སྤྱོད་པ་དང་། འདུས་བྱས་སྟོང་པ་ཉིད་ལ་སྤྱོད་པ་དང་། འདུས་མ་བྱས་སྟོང་པ་ཉིད་ལ་སྤྱོད་པ་དང་། མཐའ་ལས་འདས་པ་སྟོང་པ་ཉིད་ལ་སྤྱོད་པ་དང་། ཐོག་མ་དང་ཐ་མ་མེད་པ་སྟོང་པ་ཉིད་ལ་སྤྱོད་པ་དང་། དོར་བ་མེད་པ་སྟོང་པ་ཉིད་ལ་སྤྱོད་པ་དང་། རང་བཞིན་སྟོང་པ་ཉིད་ལ་སྤྱོད་པ་དང་། ཆོས་ཐམས་ཅད་སྟོང་པ་ཉིད་ལ་སྤྱོད་པ་དང་། རང་གི་མཚན་ཉིད་སྟོང་པ་ཉིད་ལ་སྤྱོད་པ····

དང་། མི་དམིགས་པ་སྟོང་པ་ཉིད་ལ་སྤྱོད་པ་དང་། དངོས་པོ་མེད་པ་སྟོང་པ་ཉིད་ལ་སྤྱོད་པ་དང་། ངོ་བོ་ཉིད་སྟོང་པ་ཉིད་ལ་སྤྱོད་པ་དང་། དངོས་པོ་མེད་པའི་ངོ་བོ་ཉིད་སྟོང་པ་ཉིད་ལ་སྤྱོད་པའི་ཚེ། གཟུགས་སམ། ཚོར་བའམ། འདུ་ཤེས་སམ། འདུ་བྱེད་དམ། རྣམ་པར་ཤེས་པའམ། མིག་གམ། རྣ་[2]བའམ། སྣའམ། ལྕེའམ། ལུས་སམ། ཡིད་དམ། གཟུགས་སམ། སྒྲའམ། དྲིའམ། རོའམ། རེག་གམ། ཆོས་སམ། མིག་གི་རྣམ་པར་ཤེས་པའམ། རྣ་བའི་རྣམ་པར་ཤེས་པའམ། སྣའི་རྣམ་པར་ཤེས་པའམ། ལྕེའི་རྣམ་པར་ཤེས་པའམ། ལུས་ཀྱི་རྣམ་པར་ཤེས་པའམ། ཡིད་ཀྱི་རྣམ་པར་ཤེས་པའམ། མིག་གི་འདུས་ཏེ་རེག་པའམ། རྣ་བའི་འདུས་ཏེ་རེག་པའམ། སྣའི་འདུས་ཏེ་རེག་པའམ། ལྕེའི་འདུས་ཏེ་རེག་པའམ། ལུས་ཀྱི་འདུས་ཏེ་རེག་པའམ། ཡིད་ཀྱི་འདུས་ཏེ་རེག་པའམ། མིག་གི་འདུས་ཏེ་རེག་པའི་རྐྱེན་གྱིས་ཚོར་བའམ། རྣ་བའི་འདུས་ཏེ་རེག་པའི་རྐྱེན་གྱིས་ཚོར་བའམ། སྣའི་འདུས་ཏེ་རེག་པའི་རྐྱེན་གྱིས་ཚོར་བའམ། ལྕེའི་འདུས་ཏེ་རེག་པའི་རྐྱེན་གྱིས་ཚོར་བའམ། ལུས་ཀྱི་འདུས་ཏེ་རེག་པའི་རྐྱེན་གྱིས་ཚོར་བའམ། ཡིད་ཀྱི་འདུས་ཏེ་རེག་པའི་རྐྱེན་གྱིས་ཚོར་བའམ། སའི་ཁམས་སམ། ཆུའི་ཁམས་སམ། མེའི་ཁམས་སམ། རླུང་གི་[3]ཁམས་སམ། ནམ་མཁའི་ཁམས་སམ། རྣམ་པར་ཤེས་པའི་ཁམས་སམ། མ་རིག་པའམ། འདུ་བྱེད་དམ། རྣམ་པར་ཤེས་པའམ། མིང་དང་གཟུགས་སམ། སྐྱེ་མཆེད་དྲུག་གམ། རེག་པའམ། ཚོར་བའམ། སྲེད་པའམ། ལེན་པའམ། སྲིད་པའམ། སྐྱེ་བའམ། རྒ་ཤིའམ། སྦྱིན་པའི་ཕ་རོལ་ཏུ་ཕྱིན་པའམ། ཚུལ་ཁྲིམས་ཀྱི་ཕ་རོལ་ཏུ་ཕྱིན་པའམ། བཟོད་པའི་ཕ་རོལ་ཏུ་ཕྱིན་པའམ། བརྩོན་འགྲུས་ཀྱི་ཕ་རོལ་ཏུ་ཕྱིན་པའམ། བསམ་གཏན་གྱི་ཕ་རོལ་ཏུ་ཕྱིན་པའམ། ཤེས་

རབ་ཀྱི་ཕ་རོལ་ཏུ་ཕྱིན་པའམ། ནང་སྟོང་པ་ཉིད་དམ། ཕྱི་སྟོང་པ་ཉིད་དམ། ཕྱི་ནང་སྟོང་པ་ཉིད་དམ། སྟོང་པ་ཉིད་སྟོང་པ་ཉིད་དམ། ཆེན་པོ་སྟོང་པ་ཉིད་དམ། དོན་དམ་པ་སྟོང་པ་ཉིད་དམ། འདུས་བྱས་སྟོང་པ་ཉིད་དམ། འདུས་མ་བྱས་སྟོང་པ་ཉིད་དམ། མཐའ་ལས་འདས་པ་སྟོང་པ་ཉིད་དམ། ཐོག་མ་དང་ཐ་མ་མེད་པ་སྟོང་པ་ཉིད་དམ། དོར་བ་མེད་པ་སྟོང་པ་ཉིད་དམ། རང་བཞིན་སྟོང་པ་ཉིད་དམ། ཆོས་ཐམས་ཅད་སྟོང་པ་ཉིད་དམ། རང་གི་མཚན་ཉིད་སྟོང་པ་ཉིད་དམ། མི་དམིགས་པ་སྟོང་པ་ཉིད་དམ། དངོས་པོ་མེད་པ་སྟོང་པ་ཉིད་དམ། ངོ་བོ་ཉིད་སྟོང་པ་ཉིད་དམ། དངོས་པོ་མེད་པའི་ངོ་བོ་ཉིད་སྟོང་པ་ཉིད་དམ། དྲན་པ་ཉེ་བར་གཞག་པ་རྣམས་སམ། ཡང་དག་པར་སྤོང་བ་རྣམས་སམ། རྫུ་འཕྲུལ་གྱི་རྐང་པ་རྣམས་སམ། དབང་པོ་རྣམས་སམ། སྟོབས་རྣམས་སམ། བྱང་ཆུབ་ཀྱི་ཡན་ལག་རྣམས་སམ། འཕགས་པའི་ལམ་ཡན་ལག་བརྒྱད་པའམ། འཕགས་པའི་བདེན་པ་རྣམས་སམ། བསམ་གཏན་རྣམས་སམ། ཚད་མེད་པ་རྣམས་སམ། གཟུགས་མེད་པའི་སྙོམས་པར་འཇུག་པ་རྣམས་སམ། རྣམ་པར་ཐར་པ་རྣམས་སམ། མཐར་གྱིས་གནས་པའི་སྙོམས་པར་འཇུག་པ་རྣམས་སམ། རྣམ་པར་ཐར་པའི་སྒོ་སྟོང་པ་ཉིད་དང་། མཚན་མ་མེད་པ་དང་སྨོན་པ་མེད་ཿཔ་རྣམས་སམ[7]། མངོན་པར་ཤེས་པ་རྣམས་སམ། ཏིང་ངེ་འཛིན་རྣམས་སམ། གཟུངས་ཀྱི་སྒོ་རྣམས་སམ། དེ་བཞིན་གཤེགས་པའི་སྟོབས་རྣམས་སམ། མི་འཇིགས་པ་རྣམས་སམ། སོ་སོ་ཡང་དག་པར་རིག་པ་རྣམས་སམ། བྱམས་པ་ཆེན་པོའམ། སྙིང་རྗེ་ཆེན་པོའམ། སངས་རྒྱས་ཀྱི་ཆོས་མ་འདྲེས་པ་རྣམས་སམ། རྒྱུན་དུ་ཞུགས་པའི་འབྲས་བུའམ། ལན་ཅིག་ཕྱིར་འོང་བའི་འབྲས་བུའམ། ཕྱིར་མི་འོང་བའི་འབྲས་བུའམ། དགྲ་བཅོམ་པ་ཉིད་དམ།

རང་བྱང་ཆུབ་བམ[1]། བླ་ན་མེད་པ་ཡང་དག་པར་རྫོགས་པའི་བྱང་ཆུབ་བམ། ཆོས་གང་ལ་ཡང་མངོན་པར་ཆགས་པ་མེད་དོ། །དེ་[2]དངོས་པོ་མེད་པའི་ངོ་བོ་ཉིད་ཀྱི་[3]ཤེས་རབ་ཀྱི་ཕ་རོལ་ཏུ་ཕྱིན་པ་ལ་སྤྱོད་པའི་ཚེ། བྱང་ཆུབ་ཀྱི་ལམ་ཡོངས་སུ་རྫོགས་པར་བྱེད་དེ། འདི་ལྟར་སྦྱིན་པའི་ཕ་རོལ་ཏུ་ཕྱིན་པ་དང་། ཚུལ་ཁྲིམས་ཀྱི་ཕ་རོལ་ཏུ་ཕྱིན་པ་དང་། བཟོད་པའི་ཕ་རོལ་ཏུ་ཕྱིན་པ་དང་། བརྩོན་འགྲུས་ཀྱི་ཕ་རོལ་ཏུ་ཕྱིན་པ་དང་། བསམ་གཏན་གྱི་ཕ་རོལ་ཏུ་ཕྱིན་པ་དང་། ཤེས་རབ་ཀྱི་ཕ་རོལ་ཏུ་ཕྱིན་པ་དང་། ནང་སྟོང་པ་ཉིད་དང་། ཕྱི་སྟོང་པ་ཉིད་དང་། ཕྱི་ནང་སྟོང་པ་ཉིད་དང་། སྟོང་པ་ཉིད་སྟོང་པ་ཉིད་དང་། ཆེན་པོ་སྟོང་པ་ཉིད་དང་། དོན་དམ་པ་སྟོང་པ་ཉིད་དང་། འདུས་བྱས་སྟོང་པ་ཉིད་དང་། འདུས་མ་བྱས་སྟོང་པ་ཉིད་དང་། མཐའ་ལས་འདས་པ་སྟོང་པ་ཉིད་དང་། ཐོག་མ་དང་ཐ་མ་མེད་པ་སྟོང་པ་ཉིད་དང་། དོར་བ་མེད་པ་སྟོང་པ་ཉིད་དང་། རང་བཞིན་སྟོང་པ་ཉིད་དང་། ཆོས་ཐམས་ཅད་སྟོང་པ་ཉིད་དང་། རང་གི་མཚན་ཉིད་སྟོང་པ་ཉིད་དང་། མི་དམིགས་པ་སྟོང་པ་ཉིད་དང་། དངོས་པོ་མེད་པ་སྟོང་པ་ཉིད་དང་། ངོ་བོ་ཉིད་སྟོང་པ་ཉིད་དང་། དངོས་པོ་མེད་པའི་ངོ་བོ་ཉིད་སྟོང་པ་ཉིད་དང་། དྲན་པ་ཉེ་བར་གཞག་པ་རྣམས་དང་། ཡང་དག་པར་སྤོང་བ་རྣམས་དང་། རྫུ་འཕྲུལ་གྱི་རྐང་པ་རྣམས་དང་། དབང་པོ་རྣམས་དང་། སྟོབས་རྣམས་དང་། བྱང་ཆུབ་ཀྱི་ཡན་ལག་རྣམས་དང་། འཕགས་པའི་ལམ་ཡན་ལག་བརྒྱད་པ་དང་། འཕགས་པའི་བདེན་པ་རྣམས་དང་། བསམ་གཏན་རྣམས་དང་། ཚད་མེད་པ་རྣམས་དང་། གཟུགས་མེད་པའི་སྙོམས་པར་འཇུག་པ་རྣམས་དང་། རྣམ་པར་ཐར་པ་རྣམས་དང་། མཐར་གྱིས་གནས་པའི་སྙོམས་པར་འཇུག་པ་རྣམས་དང་། རྣམ་པར་ཐར་པའི་སྒོ་སྟོང་པ་

ཉིད་དང་། མཚན་མ་མེད་པ་དང་། སྨོན་པ་མེད་པ་དང་། མངོན་པར་ཤེས་པ་རྣམས་དང་། ཏིང་ངེ་འཛིན་རྣམས་དང་། གཟུངས་ཀྱི་སྒོ་རྣམས་དང་། དེ་བཞིན་གཤེགས་པའི་སྟོབས་རྣམས་དང་། མི་འཇིགས་པ་རྣམས་དང་། སོ་སོ་ཡང་དག་པར་རིག[1]པ་རྣམས་དང་[2]། བྱམས་པ་ཆེན་པོ་དང་། སྙིང་རྗེ་ཆེན་པོ་དང་། སངས་རྒྱས་ཀྱི་ཆོས་མ་འདྲེས་པ་བཅོ་བརྒྱད་ཡོངས་སུ་རྫོགས་པར་བྱེད་དེ། མི་ཆེན་པོའི་མཚན་སུམ་ཅུ་རྩ[3]གཉིས་དང་། དཔེ་བྱད་བཟང་པོ་བརྒྱད་ཅུ[4]ཡོངས་སུ་འཛིན་ཏོ། །དེ་བྱང་ཆུབ་ཀྱི་ལམ་རྣམ་པར་སྨིན་པའི་ཆོས་ཅན་ལ་གནས་པས། སྦྱིན་པའི་ཕ་རོལ་ཏུ་ཕྱིན་པ་ཡོངས་སུ་རྫོགས་པ་དང་། ཚུལ་ཁྲིམས་ཀྱི་ཕ་རོལ་ཏུ་ཕྱིན་པ་ཡོངས་སུ་རྫོགས་པ་དང་། བཟོད་པའི་ཕ་རོལ་ཏུ་ཕྱིན་པ་ཡོངས་སུ་རྫོགས་པ་དང་། བརྩོན་འགྲུས་ཀྱི་ཕ་རོལ་ཏུ་ཕྱིན་པ་ཡོངས་སུ་རྫོགས་པ་དང་། བསམ་གཏན་གྱི་ཕ་རོལ་ཏུ་ཕྱིན་པ་ཡོངས་སུ་རྫོགས་པ་དང་། ཤེས་རབ་ཀྱི་ཕ་རོལ་ཏུ་ཕྱིན་པ་ཡོངས་སུ་རྫོགས་པ་དང་། ནང་སྟོང་པ་ཉིད་ཡོངས་སུ་རྫོགས་པ་དང་། ཕྱི་སྟོང་པ་ཉིད་ཡོངས་སུ་རྫོགས་པ་དང་། ཕྱི་ནང་སྟོང་པ་ཉིད་ཡོངས་སུ་རྫོགས་པ་དང་། སྟོང་པ་ཉིད་སྟོང་པ་ཉིད་ཡོངས་སུ་རྫོགས་པ་དང་། ཆེན་པོ་སྟོང་པ་ཉིད་ཡོངས་སུ་རྫོགས་པ་དང་། དོན་དམ་པ་སྟོང་པ་ཉིད་ཡོངས་སུ་རྫོགས་པ་དང་། འདུས་བྱས་སྟོང་པ་ཉིད་ཡོངས་སུ་རྫོགས་པ་དང་། འདུས་མ་བྱས་སྟོང་པ་ཉིད་ཡོངས་སུ་རྫོགས་པ་དང་། མཐའ་ལས་འདས་པ་སྟོང་པ་ཉིད་ཡོངས་སུ་རྫོགས་པ་དང་། ཐོག་མ་དང་ཐ་མ་མེད་པ་སྟོང་པ་ཉིད་ཡོངས་སུ་རྫོགས་པ་དང་། དོར་བ་མེད་པ་སྟོང་པ་ཉིད་ཡོངས་སུ་རྫོགས་པ་དང་། རང་བཞིན་སྟོང་པ་ཉིད་ཡོངས་སུ་རྫོགས་པ་དང་། ཆོས་ཐམས་ཅད་སྟོང་པ་ཉིད་ཡོངས་སུ་རྫོགས་པ་དང་། རང་གི་མཚན་ཉིད་སྟོང་པ་ཉིད་ཡོངས་སུ་རྫོགས་པ་དང་། མི་དམིགས་པ་སྟོང་པ་

ཉིད་ཡོངས་སུ་རྫོགས་པ་དང་། དངོས་པོ་མེད་པ་སྟོང་པ་ཉིད་ཡོངས་སུ་རྫོགས་པ་དང་། ངོ་བོ་ཉིད་སྟོང་པ་ཉིད་ཡོངས་སུ་རྫོགས་པ་དང་། དངོས་པོ་མེད་པའི་ངོ་བོ་ཉིད་སྟོང་པ་ཉིད་ཡོངས་སུ་རྫོགས་པ་དང་། དྲན་པ་ཉེ[༡]བར་གཞག་པ་བཞི་ཡོངས་སུ་རྫོགས་པ་དང་། ཡང་དག་པར་སྤོང་བ་བཞི་ཡོངས་སུ་རྫོགས་པ་དང་། རྫུ་འཕྲུལ་གྱི་རྐང་པ་བཞི་ཡོངས་སུ་རྫོགས་པ་དང་། དབང་པོ་ལྔ་ཡོངས་སུ་རྫོགས་པ་དང་། སྟོབས་ལྔ་ཡོངས་སུ་རྫོགས་པ་དང་། བྱང་ཆུབ་ཀྱི་ཡན་ལག་བདུན་ཡོངས་སུ་རྫོགས་པ་དང་། འཕགས་པའི་ལམ་ཡན་ལག་བརྒྱད་པ་ཡོངས་སུ་རྫོགས་པ་དང་། འཕགས་པའི་བདེན་པ་བཞི་ཡོངས་སུ་རྫོགས་པ་དང་། བསམ་གཏན་བཞི་ཡོངས་སུ་རྫོགས་པ་དང་། ཚད་མེད་པ་བཞི་ཡོངས་སུ་རྫོགས་པ་དང་། གཟུགས་མེད་པའི་སྙོམས་པར་འཇུག་པ་བཞི་ཡོངས་སུ་རྫོགས་པ་དང་། རྣམ་པར་ཐར་པ་བརྒྱད་ཡོངས་སུ་རྫོགས་པ་དང་། མཐར་གྱིས་གནས་པའི་སྙོམས་པར་འཇུག་པ་དགུ[༢]ཡོངས་སུ་རྫོགས་པ་དང་། ༔རྣམ་པར་ཐར་པ་རྣམས་ཡོངས་སུ་རྫོགས་པ་དང་།[༣] རྣམ་པར་སྨིན་པ་ལས་བྱུང་བའི་མངོན་པར་ཤེས་པ་ལྔ་ཡོངས་སུ་རྫོགས་པར་གྱུར་ནས། སེམས་ཅན་གང་ལ་སྦྱིན་པས་ཕན་གདགས[༤]པར་བྱ་བ་དེ་དག་ལ་ཡང་སྦྱིན་པས་ཕན་འདོགས་སོ། །གང་ལ་ཚུལ་ཁྲིམས་ཀྱིས[༥]ཕན་གདགས་པར་བྱ་བ་དེ་དག་ལ་ཡང་ཚུལ་ཁྲིམས་ཀྱིས[༦]ཕན་འདོགས་སོ། །གང་ལ་བཟོད་པས་ཕན་གདགས་པར་བྱ་བ་དེ་དག་ལ་ཡང་བཟོད་པས་ཕན་འདོགས[༧]སོ། །གང་ལ་བརྩོན་འགྲུས་ཀྱིས་ཕན་གདགས་པར་བྱ་བ་དེ་དག་ལ་ཡང་བརྩོན་འགྲུས་ཀྱིས་ཕན་འདོགས་སོ། །གང་ལ༔ཏིང་ངེ་འཛིན[༨]གྱིས་ཕན་གདགས་པར་བྱ་བ་དེ་དག་ལ་ཡང༔ཏིང་ངེ་འཛིན[༩]གྱིས་ཕན་འདོགས་སོ། །གང་ལ་ཤེས་རབ་ཀྱིས་ཕན་གདགས་པར་བྱ་བ་དེ་དག་ལ་ཡང་ཤེས་རབ་ཀྱིས་ཕན་འདོགས་སོ། །གང་ལ་རྣམ་

པར་གྲོལ་བས་ཕན་གདགས་པར་བྱ་བ་དེ་དག་ལ་ཡང་རྣམ་པར་གྲོལ་བས་ཕན་…… འདོགས་སོ། །གང་ལ་རྣམ་པར་གྲོལ་བའི་ཡེ་ཤེས་མཐོང་བས་ཕན་གདགས་པར་བྱ་བ་དེ་དག་ལ་ཡང་རྣམ་པར་གྲོལ་བའི་①ཡེ་ཤེས་མཐོང་བས་ཕན་འདོགས་སོ། །གང་རྒྱུན་ཏུ་ཞུགས་པའི་འབྲས་བུ་ལ་དགོད་②པར་བྱ་བ་དེ་དག་ཀྱང་། རྒྱུན་ཏུ་ཞུགས་པའི་འབྲས་བུ་ལ་རབ་ཏུ་འགོད་དོ། །གང་ལན་ཅིག་ཕྱིར་འོང་བའི་འབྲས་བུ་ལ་དགོད་པར་བྱ་བ་དེ་དག་ཀྱང་། ལན་ཅིག་ཕྱིར་འོང་བའི་འབྲས་བུ་ལ་རབ་ཏུ་འགོད་དོ། །གང་ཕྱིར་མི་འོང་བའི་འབྲས་བུ་ལ་དགོད་པར་བྱ་བ་དེ་དག་ཀྱང་། ཕྱིར་མི་འོང་བའི་འབྲས་བུ་ལ་རབ་ཏུ་འགོད་དོ། །གང་དགྲ་བཅོམ་པ་ཉིད་ལ…… དགོད་པར་བྱ་བ་དེ་དག་ཀྱང་དགྲ་བཅོམ་པ་ཉིད་ལ་རབ་ཏུ་འགོད་དོ། །གང་རང་བྱང་ཆུབ་ལ་དགོད་པར་བྱ་བ་དེ་དག་ཀྱང་། རང་བྱང་ཆུབ་ལ་རབ་ཏུ་འགོད་དོ། །གང་བླ་ན་མེད་པ་ཡང་དག་པར་རྫོགས་པའི་བྱང་ཆུབ་ལ་དགོད་པར་བྱ་བ་དེ་དག…ཀྱང་། བླ་ན་མེད་པ་ཡང་དག་པར་རྫོགས་པའི་བྱང་ཆུབ་ལ་རབ་ཏུ་འགོད་དོ། །དེ་རྫུ་འཕྲུལ་གྱི་རྣམ་པ་དུ་མས་རྣམ་པར་འཕྲུལ་ཞིང་འཇིག་རྟེན་གྱི་ཁམས་གནྜའི་③གླུང་གི་བྱེ་མ་སྙེད་དུ་འགྲོ་སྟེ། དེ་འདོད་ན་འཇིག་རྟེན་གྱི་ཁམས་གནྜའི་④གླུང་གི་བྱེ་མ་སྙེད་པོ་དེ་དག་རིན་པོ་ཆེ་གང་ལས་འདོད་པའི་རིན་པོ་ཆེ་དེ་དག་ལས་གྲུབ…… པར་མངོན་པར་སྒྲུབ་སྟེ⑤། དེ་སེམས་ཅན་རྣམས་ཀྱི་བསམ་པ་ཡོངས་སུ་རྫོགས་པར་བྱེད་ཅིང་། འཇིག་རྟེན་གྱི་ཁམས་ནས་འཇིག་རྟེན་གྱི་ཁམས་སུ་འགྲོ་སྟེ། དེས་འཇིག་རྟེན་གྱི་ཁམས་དེ་དག་མཐོང་ནས། ཅི་འདོད་པར་སངས་རྒྱས་ཀྱི་ཞིང་ཡོངས་སུ་འཛིན་ཏེ། འདི་ལྟར་དཔེར་ན་གཞན་འཕྲུལ་དབང་བྱེད་ཀྱི་ལྷའི་རིས་ཀྱི་ལོངས་སྤྱོད་དང་། སྐྱིད་པ་ལྟ་བུ་དག་དང་། སངས་རྒྱས་ཀྱི་ཞིང་གཞན་⑥བཙལ་བ་དང་བྲལ་བ་དག་ན། ལོངས་སྤྱོད་དང་། སྐྱིད་པ་གང་ཇི་སྙེད་ཅིག་ཡོད་པ་དེ

དག་དེར་འབྱུང་སྟེ། དེ་རྣམ་པར་སྨིན་པ་ལས་བྱུང་བའི་སྦྱིན་པའི་ཕ་རོལ་ཏུ་ཕྱིན་པ་དང་། རྣམ་པར་སྨིན་པ་ལས་བྱུང་བའི་ཚུལ་ཁྲིམས་ཀྱི་ཕ་རོལ་ཏུ་ཕྱིན་པ་དང་། རྣམ་པར་སྨིན་པ་ལས་བྱུང་བའི་བཟོད་པའི་ཕ་རོལ་ཏུ་ཕྱིན་པ་དང་། རྣམ་པར་སྨིན་པ་ལས་བྱུང་བའི་བརྩོན་འགྲུས་ཀྱི་ཕ་རོལ་ཏུ་ཕྱིན་པ་དང་། རྣམ་པར་སྨིན་པ་ལས་བྱུང་བའི་བསམ་གཏན་གྱི་ཕ་རོལ་ཏུ་ཕྱིན་པ་དང་། རྣམ་པར་སྨིན་པ་ལས་བྱུང་བའི་ཤེས་རབ་ཀྱི་ཕ་རོལ་ཏུ་ཕྱིན་པ་དང་། རྣམ་པར་སྨིན་པ་ལས་བྱུང་བའི་མངོན་པར་ཤེས་པ་རྣམས་དང་། རྣམ་པར་སྨིན་པ་ལས་བྱུང་བའི་བྱང་ཆུབ་ཀྱི་ལམ་དེས་ལམ་གྱི་རྣམ་པ[༧]ཤེས་པ་ཉིད་ལ་སྤྱོད་ཅིང་། ཆོས་ཐམས་ཅད་ཡོངས་སུ་རྫོགས་པ་ཐོབ་ནས། རྣམ་པ་ཐམས་ཅད་མཁྱེན་པ་ཉིད་རྗེས་སུ་འཐོབ[༣]སྟེ། གལ་ཏེ་ཅི[༤]ཙམ་དུ་གཟུགས་ཡོངས་སུ་བཟུང་བ་མྱེད་པ་དང་། ཚོར་བ་ཡོངས་སུ་བཟུང་བ་མྱེད་པ་དང་། འདུ་ཤེས་ཡོངས་སུ་བཟུང་བ་མྱེད་པ་དང་། འདུ་བྱེད་ཡོངས་སུ་བཟུང་བ་མྱེད་པ[༥]དང་། རྣམ་པར་ཤེས་པ་ཡོངས་སུ་བཟུང་བ་མྱེད་པ་དང་། མྱིག་ཡོངས་སུ་བཟུང་བ་མྱེད་པ་དང་། རྣ་བ་ཡོངས་སུ་བཟུང་བ་མྱེད་པ་དང་། སྣ་ཡོངས་སུ་བཟུང་བ་མྱེད་པ་དང་། ལྗེ་ཡོངས་སུ་བཟུང་བ་མྱེད་པ་དང་། ལུས་ཡོངས་སུ་བཟུང་བ་མྱེད་པ་དང་། ཡིད་ཡོངས་སུ་བཟུང་བ་མྱེད་པ་དང་། གཟུགས་ཡོངས་སུ་བཟུང་བ་མྱེད་པ་དང་། སྒྲ་ཡོངས་སུ་བཟུང་བ་མྱེད་པ་དང་། དྲི་ཡོངས་སུ་བཟུང་བ་མྱེད་པ་དང་། རོ་ཡོངས་སུ་བཟུང་བ་མྱེད་པ་དང་། རེག་ཡོངས་སུ་བཟུང་བ་མྱེད་པ་དང་། ཆོས་ཡོངས་སུ་བཟུང་བ་མྱེད་པ་དང་། མྱིག་གི་རྣམ་པར་ཤེས་པ་ཡོངས་སུ་བཟུང་བ་མྱེད་པ་དང་། རྣ་བའི་རྣམ་པར་ཤེས་པ་ཡོངས་སུ་བཟུང༔卐བ་མྱེད་པ་དང་། སྣའི་རྣམ་པར་ཤེས་པ་ཡོངས་སུ་བཟུང་བ་མྱེད་པ་དང་། ལྗེའི་རྣམ་པར་ཤེས་པ་ཡོངས་སུ་བཟུང་བ་མྱེད་པ་དང་།

ལུས་ཀྱི་རྣམ་པར་ཤེས་པ་ཡོངས་སུ་བཟུང་བ་མྱེད་པ་དང་། ཡིད་ཀྱི་རྣམ་པར་ཤེས་པ་ཡོངས་སུ་བཟུང་བ་མྱེད་པ་དང་། མྱིག་གི་འདུས་ཏེ་རེག་པ་ཡོངས་སུ་བཟུང་བ་མྱེད་པ་དང་། རྣ་བའི་འདུས་ཏེ་རེག་པ་ཡོངས་སུ་བཟུང་བ་མྱེད་པ་དང་། སྣའི་འདུས་ཏེ་རེག་པ་ཡོངས་སུ་བཟུང་བ་མྱེད་པ་དང་། ལྕེའི་འདུས་ཏེ་རེག་པ་ཡོངས་སུ་བཟུང་བ་མྱེད་པ་དང་། ལུས་ཀྱི་འདུས་ཏེ་རེག་པ་ཡོངས་སུ་བཟུང་བ་མྱེད་པ་དང་། ཡིད་ཀྱི་འདུས་ཏེ་རེག་པ་ཡོངས་སུ་བཟུང་བ་མྱེད་པ་དང་། མྱིག་གི་འདུས་ཏེ་རེག་པའི་རྐྱེན་གྱིས་ཚོར་བ་ཡོངས་སུ་བཟུང་བ་མྱེད་པ་དང་། རྣ་བའི་འདུས་ཏེ་རེག་པའི་རྐྱེན་གྱིས་ཚོར་བ་ཡོངས་སུ་བཟུང་བ་མྱེད་པ་དང་། སྣའི་·····འདུས་ཏེ་རེག་པའི་རྐྱེན་གྱིས་ཚོར་བ་ཡོངས་སུ་བཟུང་བ་མྱེད་པ་དང་། ལྕེའི་·····འདུས་ཏེ་རེག་པའི་རྐྱེན་གྱིས་ཚོར་བ་ཡོངས་སུ་བཟུང་བ་མྱེད་པ་དང་། ལུས་ཀྱི་འདུས་ཏེ་རེག་པའི་རྐྱེན་གྱིས་ཚོར་བ་ཡོངས་སུ་བཟུང་བ་མྱེད་པ་དང་། ཡིད་ཀྱི་འདུས་ཏེ་རེག་པའི་རྐྱེན་གྱིས་ཚོར་བ་ཡོངས་སུ་བཟུང་བ་མྱེད་པ་དང་། སའི་·····ཁམས་ཡོངས་སུ་བཟུང་བ་མྱེད་པ་དང་། ཆུའི་ཁམས་ཡོངས་སུ་བཟུང་བ་མྱེད་པ་དང་། མྱེའི་ཁམས་ཡོངས་སུ་བཟུང་བ་མྱེད་པ་དང་། རླུང་གི་ཁམས་ཡོངས་སུ་བཟུང་བ་མྱེད་པ་དང་། ནམ་མཁའི་ཁམས་ཡོངས་སུ་བཟུང་བ་མྱེད་པ་དང་། རྣམ་པར་ཤེས་པའི་ཁམས་ཡོངས་སུ་བཟུང་བ་མྱེད་པ་དང་། མ་རིག་པ་ཡོངས་སུ་བཟུང་བ་མྱེད་པ་དང་། འདུ་བྱེད་ཡོངས་སུ་བཟུང་བ་མྱེད་པ་དང་། རྣམ་པར་ཤེས་པ་ཡོངས་སུ་བཟུང་བ་མྱེད་པ་དང་། མྱིང་དང་གཟུགས་ཡོངས་སུ་བཟུང་བ་མྱེད་པ་དང་། སྐྱེ་མཆེད་དྲུག་ཡོངས་སུ་བཟུང་བ་མྱེད་པ་དང་། རེག་པ་ཡོངས་སུ་བཟུང་བ་མྱེད་པ་དང་། ཚོར་བ་ཡོངས་སུ་བཟུང་བ་མྱེད་པ་དང་། སྲེད་པ་ཡོངས་སུ་བཟུང་བ་མྱེད་པ་དང་། ལེན་པ་ཡོངས་སུ་བཟུང་བ་མྱེད་པ་དང་།

སྲིད་པ་ཡོངས་སུ་བཟུང་བ་མེད་པ་དང་། སྐྱེ་བ་ཡོངས་སུ་བཟུང་བ་མེད་པ་དང་། རྒ་ཤི་ཡོངས་སུ་བཟུང་བ་མེད་པ་དང་། དེ་བཞིན་དུ་དགེ་བའི་ཆོས་རྣམས་ཡོངས་སུ་བཟུང་བ་མེད་པ་དང་། མི་དགེ་བའི་ཆོས་རྣམས་ཡོངས་སུ་བཟུང་བ་མེད་པ་དང་། འཇིག་རྟེན་པའི་ཆོས་རྣམས་ཡོངས་སུ་བཟུང་བ་མེད་པ་དང་། འཇིག་རྟེན་ལས་འདས་པའི་ཆོས་རྣམས་ཡོངས་སུ་བཟུང་བ་མེད་པ་དང་། ཟག་པ་དང་བཅས་པའི་ཆོས་རྣམས་ཡོངས་སུ་བཟུང་བ་མེད་པ་དང་། ཟག་པ་མེད་པའི་ཆོས་རྣམས་ཡོངས་སུ་བཟུང་བ་མེད་པ་དང་། འདུས་བྱས་ཀྱི་ཆོས་རྣམས་ཡོངས་སུ་བཟུང་བ་མེད་པ་དང་། འདུས་མ་བྱས་ཀྱི་ཆོས་རྣམས་ཡོངས་སུ་བཟུང་བ་མེད་པ། དེ་བཞིན་དུ་བླ་ན་མེད་པ་ཡང་དག་པར་རྫོགས་པའི་བྱང་ཆུབ་ཏུ་མངོན་པར་རྫོགས་པར་སངས་རྒྱས་ན[༡]། སངས་རྒྱས་ཀྱི་ཞིང་དེར་ཡོངས་སྤྱོད[༢]དང་།ཿ[༣] སྲིད[༤]པ་ཐམས་ཅད་ཡོངས་སུ་བཟུང་བ་མེད་པར་འགྱུར་རོ། །དེ་ཅིའི་ཕྱིར་ཞེ་ན། འདི་ལྟར་ཆོས་ཐམས་ཅད་ནི་དམིགས་སུ་མེད་པའི་ཚུལ་གྱིས་ཡོངས་སུ་བཟུང་བ་མེད་པ་སྟེ། ཆོས་ཐམས་ཅད་ཡོངས་སུ་བཟུང་བ་མེད་པའི་ཕྱིར་ཡང[༥]སེམས་ཅན་རྣམས་ལ་ཆོས་སྟོན[༦]ཏོ། །རབ་འབྱོར་དེ་ལྟར་ན[༧]བྱང་ཆུབ་སེམས་དཔའ་སེམས་དཔའ་ཆེན་པོ་ཤེས་རབ་ཀྱི་ཕ་རོལ་ཏུ་ཕྱིན་པ་ལ་སྤྱོད་པའི་ཚེ། ཆོས་ཐམས་ཅད་མཚན་མ་མེད་པ་དང་། བྱེད་པ་མེད་པ་དང་། དམིགས་སུ་མེད་པ་དང་། འབྱུང་བ་མེད་པ་དང་། མངོན་པར་འདུ་བྱ་བ་མེད་པ་ལ་ཤེས་རབ་ཀྱི་ཕ་རོལ་ཏུ་ཕྱིན་པ་ཡོངས་སུ་རྫོགས་པར་བྱེད་པ་ཡིན་ཏེ། རབ་འབྱོར་དེ་ལྟར་ན་བྱང་ཆུབ་སེམས་དཔའ་སེམས་དཔའ་ཆེན་པོ་ཤེས་རབ་ཀྱི་ཕ་རོལ་ཏུ་ཕྱིན་པ་ལ་སྤྱོད་པའི་ཚེ། ཆོས་ཐམས་ཅད་མཚན་མ་མེད་པ་དང་། བྱེད་པ་མེད་པ་དང་། དམིགས་སུ་མེད་པ་དང་། འབྱུང་བ་མེད་པ་དང་། མངོན་པར་འདུ་བྱ་བ་མེད་པ་ལ་སྦྱིན་

པའི་ཕ་རོལ་ཏུ་ཕྱིན་པ་ཡོངས་སུ་རྫོགས་པར་འགྱུར་རོ། །ཚུལ་ཁྲིམས་ཀྱི་ཕ་རོལ་ཏུ་ཕྱིན་པ་ཡོངས་སུ་རྫོགས་པར་འགྱུར་རོ། །བཟོད་པའི་ཕ་རོལ་ཏུ་ཕྱིན་པ་ཡོངས་སུ་རྫོགས་པར་འགྱུར་རོ། །བརྩོན་འགྲུས་ཀྱི་ཕ་རོལ་ཏུ་ཕྱིན་པ་ཡོངས་སུ་རྫོགས་པར་འགྱུར་རོ། །བསམ་གཏན་གྱི་ཕ་རོལ་ཏུ་ཕྱིན་པ་ཡོངས་སུ་རྫོགས་པར་འགྱུར་རོ། །ཤེས་རབ་ཀྱི་ཕ་རོལ་ཏུ་ཕྱིན་པ་ཡོངས་སུ་རྫོགས་པར་འགྱུར་རོ། །ནང་སྟོང་པ་ཉིད་ཡོངས་སུ་རྫོགས་པར་འགྱུར་རོ། །ཕྱི་སྟོང་པ་ཉིད་ཡོངས་སུ་རྫོགས་པར་འགྱུར་རོ། །ཕྱི་ནང་སྟོང་པ་ཉིད་ཡོངས་སུ་རྫོགས་པར་འགྱུར་རོ། །སྟོང་པ་ཉིད་སྟོང་པ་(༡)ཉིད་ཡོངས་སུ་རྫོགས་པར་འགྱུར་རོ། །ཆེན་པོ་སྟོང་པ་ཉིད་ཡོངས་སུ་རྫོགས་པར་འགྱུར་རོ། །དོན་དམ་པ་སྟོང་པ་ཉིད་ཡོངས་སུ་རྫོགས་པར་འགྱུར་རོ། །འདུས་བྱས་སྟོང་པ་ཉིད་ཡོངས་སུ་རྫོགས་པར་འགྱུར་རོ། །འདུས་མ་བྱས་སྟོང་པ་ཉིད་ཡོངས་སུ་རྫོགས་པར་འགྱུར་རོ། །མཐའ་ལས་འདས་པ་སྟོང་པ་ཉིད་ཡོངས་སུ་རྫོགས་པར་འགྱུར་རོ། །ཐོག་མ་དང་ཐ་མ་མེད་པ་སྟོང་པ་ཉིད་ཡོངས་སུ་རྫོགས་པར་འགྱུར་རོ། །དོར་བ་མེད་པ་སྟོང་པ་ཉིད་ཡོངས་སུ་རྫོགས་པར་འགྱུར་རོ། །རང་བཞིན་སྟོང་པ་ཉིད་ཡོངས་སུ་རྫོགས་པར་འགྱུར་རོ། །ཆོས་ཐམས་ཅད་སྟོང་པ་ཉིད་ཡོངས་སུ་རྫོགས་པར་འགྱུར་རོ། །རང་གི་མཚན་ཉིད་སྟོང་པ་ཉིད་ཡོངས་སུ༔ རྫོགས་པར་འགྱུར་རོ། །(༢)མི་དམིགས་པ་སྟོང་པ་ཉིད་ཡོངས་སུ་རྫོགས་པར་འགྱུར་རོ། །དངོས་པོ་མེད་པ་སྟོང་པ་ཉིད་ཡོངས་སུ་རྫོགས་པར་འགྱུར་རོ། །ངོ་བོ་ཉིད་སྟོང་པ་ཉིད་ཡོངས་སུ་རྫོགས་པར་འགྱུར་རོ། །དངོས་པོ་མེད་པའི་ངོ་བོ་ཉིད་སྟོང་པ་ཉིད་ཡོངས་སུ་རྫོགས་པར་འགྱུར་རོ། །དྲན་པ་ཉེ་བར་གཞག་པ་ཡོངས་སུ་རྫོགས་པར་འགྱུར་རོ། །ཡང་དག་པར་སྤོང་བ་ཡོངས་སུ་རྫོགས་པར་འགྱུར་རོ། །རྫུ་འཕྲུལ་གྱི་རྐང་པ་ཡོངས་སུ་རྫོགས་པར་འགྱུར་རོ། །དབང་པོ་

ཡོངས་སུ་རྫོགས་པར་འགྱུར་རོ། །སྟོབས་ཡོངས་སུ་རྫོགས་པར་འགྱུར་རོ། །བྱང་ཆུབ་ཀྱི་ཡན་ལག་ཡོངས་སུ་རྫོགས་པར་འགྱུར་རོ། །འཕགས་པའི་ལམ་ཡན་ལག་བརྒྱད་པ་ཡོངས་སུ་རྫོགས་པར་འགྱུར་རོ། །འཕགས་པའི་བདེན་པ་ཡོངས་སུ་རྫོགས་པར་འགྱུར་རོ། །བསམ་གཏན་ཡོངས་སུ་རྫོགས་པར་འགྱུར་རོ། །ཚད་མེད་པ་ཡོངས་སུ་རྫོགས་པར་འགྱུར་རོ། །གཟུགས་མེད་པའི་སྙོམས་①པར་འཇུག་པ་ཡོངས་སུ་རྫོགས་པར་འགྱུར་རོ། །རྣམ་པར་ཐར་པ་ཡོངས་སུ་རྫོགས་པར་འགྱུར་རོ། །མཐར་གྱིས་གནས་པའི་སྙོམས་པར་འཇུག་པ་ཡོངས་སུ་རྫོགས་པར་འགྱུར་རོ། །རྣམ་པར་ཐར་པའི་སྒོ་སྟོང་པ་ཉིད་དང་། མཚན་མ་མེད་པ་དང་། སྨོན་པ་མེད་པ་ཡོངས་སུ་རྫོགས་པར་འགྱུར་རོ། །མངོན་པར་ཤེས་པ་ཡོངས་སུ་རྫོགས་པར་འགྱུར་རོ། །ཏིང་ངེ་འཛིན་ཡོངས་སུ་རྫོགས་པར་འགྱུར་རོ། །གཟུངས་ཀྱི་སྒོ་ཡོངས་སུ་རྫོགས་པར་འགྱུར་རོ། །དེ་བཞིན་གཤེགས་པའི་སྟོབས་ཡོངས་སུ་རྫོགས་པར་འགྱུར་རོ། །མི་འཇིགས་པ་ཡོངས་སུ་རྫོགས་པར་འགྱུར་རོ། །སོ་སོ་ཡང་དག་པར་རིག་པ་ཡོངས་སུ་རྫོགས་པར་འགྱུར་རོ། །བྱམས་པ་ཆེན་པོ་ཡོངས་སུ་རྫོགས་པར་འགྱུར་རོ། །སྙིང་རྗེ་ཆེན་པོ་ཡོངས་སུ་རྫོགས་པར་འགྱུར་རོ། །སངས་རྒྱས་ཀྱི་ཆོས་མ་འདྲེས་པ་ཡོངས་སུ་རྫོགས་པར་འགྱུར་རོ། །ཤེས་རབ་ཀྱི་ཕ་རོལ་ཏུ་ཕྱིན་པ་སྟོང་ཕྲག་བརྒྱ་པ་ལས། ལེའུ་དྲུག་ཅུ་གཅིག་གོ② །། །།

ཤེས་རབ་ཀྱི་ཕ་རོལ་ཏུ་ཕྱིན་པ་སྟོང་ཕྲག་བརྒྱ་པ། བམ་པོ་ཉི་ཤུ་གསུམ་③པ། དེ་ནས་ཚེ་དང་ལྡན་པ་རབ་འབྱོར་གྱིས། བཅོམ་ལྡན་འདས་ལ་འདི་སྐད་ཅེས་གསོལ་ཏོ། །བཅོམ་ལྡན་འདས་དེ་ལྟར་ཆོས་ཐམས་ཅད་དབྱེར་མ་མཆིས་ཤིང་། མཚན་མ་མ་མཆིས་ལ་རང་གི་མཚན་ཉིད་སྟོང་པ་ཉིད་④ལགས་ན། ཇི་

ལྟར་ཕ་རོལ་ཏུ་ཕྱིན་པ་དྲུག་པོ་སྦྱིན་པའི་ཕ་རོལ་ཏུ་ཕྱིན་པ་དང་། ཚུལ་ཁྲིམས་ཀྱི་
ཕ་རོལ་ཏུ་ཕྱིན་པ་དང་། བཟོད་པའི་ཕ་རོལ་ཏུ་ཕྱིན་པ་དང་། བརྩོན་འགྲུས་ཀྱི་
ཕ་རོལ་ཏུ་ཕྱིན་པ་དང་། བསམ་གཏན་གྱི་ཕ་རོལ་ཏུ་ཕྱིན་པ་དང་། ཤེས་རབ་
ཀྱི་ཕ་རོལ་ཏུ་ཕྱིན་པ་བསྒོམ་པ་ཡོངས་སུ་རྫོགས་པར་འགྱུར[༡]། ཟག་པ་དང······
བཅས་པ་དང་། ཟག་པ་མེད་པའི་ཆོས་དེ་དག་ཀྱང་ཇི་ལྟར་ན་ཐ་དད་དུ་གྱུར······
པར་གདའ་བ་ལགས། ཇི་ལྟར་ཤེས་རབ་ཀྱི་ཕ་རོལ་ཏུ་ཕྱིན་པར་སྦྱིན་པའི་ཕ་རོལ་
ཏུ་ཕྱིན་པ་འདུས་པ་ལགས། ཇི་ལྟར་ཤེས་རབ་ཀྱི་ཕ་རོལ་ཏུ་ཕྱིན་པར་ཚུལ་ཁྲིམས་
ཀྱི་[༢]ཕ་རོལ་ཏུ་ཕྱིན་པ་འདུས་པ་ལགས། ཇི་ལྟར་ཤེས་རབ་ཀྱི་ཕ་རོལ་ཏུ་ཕྱིན་པར་
བཟོད་པའི་ཕ་རོལ་ཏུ་ཕྱིན་པ་འདུས་པ་ལགས། ཇི་ལྟར་ཤེས་རབ་ཀྱི་ཕ་རོལ་ཏུ་
ཕྱིན་པར་བརྩོན་འགྲུས་ཀྱི་ཕ་རོལ་ཏུ་ཕྱིན་པ་འདུས་པ་ལགས། ཇི་ལྟར་ཤེས་རབ་
ཀྱི་ཕ་རོལ་ཏུ་ཕྱིན་པར་བསམ་གཏན་གྱི་ཕ་རོལ་ཏུ་ཕྱིན་པ་འདུས་པ་ལགས། ཇི་
ལྟར་ཤེས་རབ་ཀྱི་ཕ་རོལ་ཏུ་ཕྱིན་པར་ཤེས་རབ་ཀྱི་ཕ་རོལ་ཏུ་ཕྱིན་པ་འདུས་པ······
ལགས། ཇི་ལྟར་ཤེས་རབ་ཀྱི་ཕ་རོལ་ཏུ་ཕྱིན་པར་ནང་སྟོང་པ་ཉིད་འདུས་པ······
ལགས། ཇི་ལྟར་ཤེས་རབ་ཀྱི་ཕ་རོལ་ཏུ་ཕྱིན་པར་ཕྱི་སྟོང་པ་ཉིད་འདུས་པ་ལགས།
ཇི་ལྟར་ཤེས་རབ་ཀྱི་ཕ་རོལ་ཏུ་ཕྱིན་པར་ཕྱི་ནང་སྟོང་པ་ཉིད་འདུས་པ་ལགས། ཇི་
ལྟར་ཤེས་རབ་ཀྱི་ཕ་རོལ་ཏུ་ཕྱིན་པར་སྟོང་པ་ཉིད་སྟོང་པ་ཉིད་འདུས་པ་ལགས།
ཇི་ལྟར་ཤེས་རབ་ཀྱི་ཕ་རོལ་ཏུ་ཕྱིན་པར་ཆེན་པོ་སྟོང་པ་ཉིད་འདུས་པ་ལགས། ཇི་
ལྟར་ཤེས་རབ་ཀྱི་ཕ་རོལ་ཏུ་ཕྱིན་པར་དོན་དམ་པ་སྟོང་པ་ཉིད་འདུས་པ་ལགས།
ཇི་ལྟར་ཤེས་རབ་ཀྱི་ཕ་རོལ་ཏུ་ཕྱིན་པར་འདུས་བྱས་སྟོང་པ་ཉིད་འདུས་པ་ལགས།
ཇི་ལྟར་ཤེས་རབ་ཀྱི་ཕ་རོལ་ཏུ་ཕྱིན་པར་འདུས་མ་བྱས་སྟོང་པ་ཉིད་འདུས་པ······
ལགས། ཇི་ལྟར་ཤེས་རབ་ཀྱི་ཕ་རོལ་ཏུ་ཕྱིན་པར་མཐའ་ལས་འདས་པ་སྟོང་པ་

ཉིད་འདུས་པ་ལགས། ཇི་ལྟར་ཤེས་རབ་ཀྱི་ཕ་རོལ་ཏུ་ཕྱིན་པར་ཐོག་མ་དང་ཐ་མ་མེད་པ་སྟོང་པ་ཉིད་འདུས་པ་ལགས། ཇི་ལྟར་ཤེས་རབ་ཀྱི་ཕ་རོལ་ཏུ་ཕྱིན་པར་དོར་བ་མེད་པ་སྟོང་པ་ཉིད་འདུས་པ་ལགས། ཇི་ལྟར་ཤེས་རབ་ཀྱི་ཕ་རོལ་ཏུ་ཕྱིན་པར་རང་བཞིན་སྟོང་པ་ཉིད་འདུས་པ་ལགས། ཇི་ལྟར་ཤེས་རབ་ཀྱི་ཕ་རོལ་ཏུ་ཕྱིན་པར་ཆོས་ཐམས་ཅད་སྟོང་པ་ཉིད་འདུས་པ་ལགས། ཇི་ལྟར་ཤེས་རབ་ཀྱི་ཕ་རོལ་ཏུ་ཕྱིན་པར་རང་གི་མཚན་ཉིད་སྟོང་པ་ཉིད་འདུས་པ་ལགས། ཇི་ལྟར་ཤེས་རབ་ཀྱི་ཕ་རོལ་ཏུ་ཕྱིན་པར་མི་དམིགས་པ་སྟོང་པ་ཉིད་འདུས་པ་ལགས། ཇི་ལྟར་ཤེས་རབ་ཀྱི་ཕ་རོལ་ཏུ་ཕྱིན་པར་དངོས་པོ་མེད་པ་སྟོང་པ་ཉིད་འདུས་པ་ལགས། ཇི་ལྟར་ཤེས་རབ་ཀྱི་ཕ་རོལ་ཏུ་ཕྱིན་པར་ངོ་བོ་ཉིད་སྟོང་པ་ཉིད་འདུས་པ་ལགས། ཇི་ལྟར་ཤེས་རབ་ཀྱི་ཕ་རོལ་ཏུ་ཕྱིན་པར་དངོས་པོ་མེད་པའི་ངོ་བོ་ཉིད་སྟོང་པ་ཉིད་འདུས་པ་ལགས། ཇི་ལྟར་ཤེས་རབ་ཀྱི་ཕ་རོལ་ཏུ་ཕྱིན་པར་དྲན་པ་ཉེ་བར་གཞག་པ་རྣམས་འདུས་པ་ལགས། ཇི་ལྟར་ཤེས་རབ་ཀྱི་ཕ་རོལ་ཏུ་ཕྱིན་པར་ཡང་དག་པར་སྤོང་བ་རྣམས་འདུས་པ་ལགས། ཇི་ལྟར་ཤེས་རབ་ཀྱི་ཕ་རོལ་ཏུ་ཕྱིན་པར་རྫུ་འཕྲུལ་གྱི་རྐང་པ་རྣམས་འདུས་པ་ལགས། ཇི་ལྟར་ཤེས་རབ་ཀྱི་ཕ་རོལ་ཏུ་ཕྱིན་པར་དབང་པོ་རྣམས་འདུས་པ་ལགས། ཇི་ལྟར་ཤེས་རབ་ཀྱི་ཕ་རོལ་ཏུ་ཕྱིན་པར་སྟོབས་རྣམས་འདུས་པ་ལགས། ཇི་ལྟར་ཤེས་རབ་ཀྱི་ཕ་རོལ་ཏུ་ཕྱིན་པར་བྱང་ཆུབ་ཀྱི་ཡན་ལག་རྣམས་འདུས་པ་ལགས། ཇི་ལྟར་ཤེས་རབ་ཀྱི་ཕ་རོལ་ཏུ་ཕྱིན་པར་འཕགས་པའི་ལམ་ཡན་ལག་བརྒྱད་པ་འདུས་པ་ལགས། ཇི་ལྟར་ཤེས་རབ་ཀྱི་ཕ་རོལ་ཏུ་ཕྱིན་པར་འཕགས་པའི་བདེན་པ་རྣམས་འདུས་པ་ལགས། ཇི་ལྟར་ཤེས་རབ་ཀྱི་ཕ་རོལ་ཏུ་ཕྱིན་པར་བསམ་གཏན་རྣམས་འདུས་པ་ལགས། ཇི་ལྟར་ཤེས་རབ་ཀྱི་ཕ་རོལ་ཏུ་ཕྱིན་པར་ཚད་མེད་པ་རྣམས་འདུས་པ་ལགས། ཇི་ལྟར་ཤེས་

རབ་ཀྱི་ཕ་རོལ་ཏུ་ཕྱིན་པར་གཟུགས་མེད་པའི་སྙོམས[༧]་པར་འཇུག་པ་རྣམས་འདུས་
པ་ལགས། ཇི་ལྟར་ཤེས་རབ་ཀྱི་ཕ་རོལ་ཏུ་ཕྱིན་པར་རྣམ་པར་ཐར་པ་རྣམས·····
འདུས་པ་ལགས། ཇི་ལྟར་ཤེས་རབ་ཀྱི་ཕ་རོལ་ཏུ་ཕྱིན་པར་མཐར་གྱིས་གནས·····
པའི་སྙོམས་པར་འཇུག་པ་རྣམས་འདུས་པ་ལགས། ཇི་ལྟར་ཤེས་རབ་ཀྱི་ཕ་རོལ་
ཏུ་ཕྱིན་པར་རྣམ་པར་ཐར་པའི་སྒོ་སྟོང་པ་ཉིད་དང་། མཚན་མ་མེད་པ་དང་།
སྨོན་པ་མེད་པ་འདུས་པ་ལགས། ཇི་ལྟར་ཤེས་རབ་ཀྱི་ཕ་རོལ་ཏུ་ཕྱིན་པར་མངོན་
པར་ཤེས་པ་རྣམས་འདུས་པ་ལགས། ཇི་ལྟར་ཤེས་རབ་ཀྱི་ཕ་རོལ་ཏུ་ཕྱིན་པར་
ཏིང་ངེ་འཛིན་རྣམས་འདུས་པ་ལགས། ཇི་ལྟར་ཤེས་རབ་ཀྱི་ཕ་རོལ་ཏུ་ཕྱིན་པར་
གཟུངས་ཀྱི་སྒོ་རྣམས་འདུས་པ་ལགས། ཇི་ལྟར་ཤེས་རབ་ཀྱི་ཕ་རོལ་ཏུ་ཕྱིན་པར་
དེ་བཞིན་གཤེགས་པའི་སྟོབས་རྣམས་འདུས་པ་ལགས། ཇི་ལྟར་ཤེས་རབ་ཀྱི་ཕ་
རོལ་ཏུ་ཕྱིན་པར་མི་འཇིགས་པ་རྣམས་འདུས་པ་ལགས། ཇི་ལྟར་ཤེས་རབ་ཀྱི་ཕ་
རོལ་ཏུ་ཕྱིན་པར་སོ་སོ་ཡང་དག་པར་རིག་པ་རྣམས་འདུས་པ་ལགས། ཇི་ལྟར་
ཤེས་རབ་ཀྱི་ཕ་རོལ་ཏུ་ཕྱིན་པར་བྱམས་པ་ཆེན་པོ་འདུས་པ་ལགས། ཇི་ལྟར་ཤེས་
རབ་ཀྱི་ཕ་རོལ་ཏུ་ཕྱིན་པར་སྙིང་རྗེ་ཆེན་པོ[༢]་འདུས་པ་ལགས། ཇི་ལྟར་ཤེས་རབ་
ཀྱི་ཕ་རོལ་ཏུ་ཕྱིན་པར་སངས་རྒྱས་ཀྱི་ཆོས་མ་འདྲེས་པ་རྣམས་འདུས་པ་ལགས།
བཅོམ་ལྡན་འདས་དེ་ལྟར་མཚན་ཉིད་ཀྱང་ཐ་དད་ལ་འདི༔ལྟ་སྟེ[༣]། མཚན་ཉིད་
མ་མཆིས་པར་མཚན་ཉིད་གཅིག་པར་འགྱུར་པ་དེ་དག་རྣམ་པ་ཇི་ལྟ་བུར་གདགས·····
པར་འགྱུར། དེ་སྐད་ཅེས་གསོལ་པ་དང་། བཅོམ་ལྡན་འདས་ཀྱིས་ཚེ་དང་ལྡན་
པ་རབ་འབྱོར་ལ་འདི་སྐད་ཅེས་བཀའ་སྩལ་ཏོ། །རབ་འབྱོར་འདི་ལ་བྱང་ཆུབ་
སེམས་དཔའ་སེམས་དཔའ་ཆེན་པོ་ཤེས་རབ་ཀྱི་ཕ་རོལ་ཏུ[༡]་ཕྱིན་པ་ལ་སྤྱོད་པའི་ཚེ།
མྱི་ལམ་ལྟ་བུའི་ཉེ་བར་ལེན་པའི་ཕུང་པོ་ལྔ་ལ་གནས་ཤིང་། སྦྱིན་པ་ཡོངས་སུ་

གཏོང་ངོ་། །ཚུལ་ཁྲིམས་སྲུང་ངོ་། །བཟོད་པ་སྒོམ་མོ། །བརྩོན་འགྲུས་རྩོམ་མོ། །
ཏིང་ངེ་འཛིན་སྒོམ་མོ། །ཤེས་རབ་སྒོམ་མོ། །སྒྱུ་མ་ལྟ་བུའི་ཉེ་བར་ལེན་པའི་
ཕུང་པོ་ལྔ་ལ་གནས་ཤིང་། སྦྱིན་པ་ཡོངས་སུ་གཏོང་ངོ་། །ཚུལ་ཁྲིམས་སྲུང་ངོ་། །
བཟོད་པ་སྒོམ་མོ། །བརྩོན་འགྲུས་རྩོམ་མོ། །ཏིང་ངེ་འཛིན་སྒོམ་མོ། །ཤེས་
རབ་སྒོམ་མོ། །སྨིག་རྒྱུ་ལྟ་བུའི་ཉེ་བར་ལེན་པའི་ཕུང་པོ་ལྔ་ལ་གནས་ཤིང་།
སྦྱིན་པ་ཡོངས་སུ་གཏོང་ངོ་། །ཚུལ་ཁྲིམས་སྲུང་ངོ་། །བཟོད་པ་སྒོམ་མོ། །
བརྩོན་འགྲུས་རྩོམ་མོ། །ཏིང་ངེ་འཛིན་སྒོམ་མོ། །ཤེས་རབ་སྒོམ་མོ། །ཆུ་ཟླ་ལྟ་
བུའི་ཉེ་བར་ལེན་པའི་ཕུང་པོ་ལྔ་ལ་གནས་ཤིང་། སྦྱིན་པ་ཡོངས་སུ་གཏོང་ངོ་། །
ཚུལ་ཁྲིམས་སྲུང་ངོ་། །བཟོད་པ་སྒོམ་མོ། །བརྩོན་འགྲུས་རྩོམ་མོ། །ཏིང་ངེ་
འཛིན་སྒོམ་མོ། །ཤེས་རབ་སྒོམ་མོ། །མིག་ཡོར་ལྟ་བུའི་ཉེ་བར་ལེན་པའི་ཕུང་པོ་
ལྔ་ལ་གནས་ཤིང་། སྦྱིན་པ་ཡོངས་སུ་གཏོང་ངོ་། །ཚུལ་ཁྲིམས་སྲུང་ངོ་། །
བཟོད་པ་སྒོམ་མོ། །བརྩོན་འགྲུས་རྩོམ་མོ། །ཏིང་ངེ་འཛིན་སྒོམ་མོ། །ཤེས་
རབ་སྒོམ་མོ། །སྒྲ་བརྙན་ལྟ་བུའི་[༡]ཉེ་བར་ལེན་པའི་ཕུང་པོ་ལྔ་ལ་གནས་ཤིང་།
སྦྱིན་པ་ཡོངས་སུ་གཏོང་ངོ་། །ཚུལ་ཁྲིམས་སྲུང་ངོ་། །བཟོད་པ་སྒོམ་མོ། །
བརྩོན་འགྲུས་རྩོམ་མོ། །ཏིང་ངེ་འཛིན་སྒོམ་མོ། །ཤེས་རབ་སྒོམ་མོ། །གཟུགས་
བརྙན་ལྟ་བུའི་ཉེ་བར་ལེན་པའི་ཕུང་པོ་ལྔ་ལ་གནས་ཤིང་། སྦྱིན་པ་ཡོངས་སུ······
གཏོང་ངོ་། །ཚུལ་ཁྲིམས་སྲུང་ངོ་། །བཟོད་པ་སྒོམ་མོ། །བརྩོན་འགྲུས་རྩོམ་མོ། །
ཏིང་ངེ་འཛིན་སྒོམ་མོ། །ཤེས་རབ་སྒོམ་མོ། །དྲི་ཟའི་གྲོང་ཁྱེར་ལྟ་བུའི་ཉེ་བར་
ལེན་པའི་ཕུང་པོ་ལྔ་ལ་གནས་ཤིང་། སྦྱིན་པ་ཡོངས་སུ་གཏོང་ངོ་། །ཚུལ་ཁྲིམས་
སྲུང་ངོ་། །བཟོད་པ་སྒོམ་མོ། །བརྩོན་འགྲུས་རྩོམ་མོ། །ཏིང་ངེ་འཛིན་སྒོམ་མོ། །
ཤེས་རབ་སྒོམ་མོ། །སྤྲུལ་པ་ལྟ་བུའི་[༢]ཉེ་བར་ལེན་པའི་ཕུང་པོ་ལྔ་ལ་གནས་ཤིང་།

སྦྱིན་པ་ཡོངས་སུ་གཏོང་ངོ་། །ཚུལ་ཁྲིམས་སྲུང་ངོ་། །བཟོད་པ་སྒོམ་མོ། །བརྩོན་འགྲུས་རྩོམ་མོ། །ཏིང་ངེ་འཛིན་སྒོམ་མོ། །ཤེས་རབ་སྒོམ་མོ། །དེ་འདི་ལྟར་རྟོག་སྟེ། ཉེ་བར་ལེན་པའི་ཕུང་པོ་ལྔ་ནི་རྨི་ལམ་ལྟ་བུ་སྟེ། མཚན་ཉིད་མེད་པའོ། །ཉེ་བར་ལེན་པའི་ཕུང་པོ་ལྔ་ནི་སྒྱུ་མ་ལྟ་བུ་སྟེ། མཚན་ཉིད་མེད་པའོ། །ཉེ་བར་ལེན་པའི་ཕུང་པོ་ལྔ་ནི་སྨིག་རྒྱུ་①ལྟ་བུ་སྟེ། མཚན་ཉིད་མེད་པའོ། །ཉེ་བར་ལེན་པའི་ཕུང་②པོ་ལྔ་③ནི་ཆུ་ཟླ་ལྟ་བུ་སྟེ། མཚན་ཉིད་མེད་པའོ། །ཉེ་བར་ལེན་པའི་ཕུང་པོ་ལྔ་ནི་མིག་ཡོར་ལྟ་བུ་སྟེ། མཚན་ཉིད་མེད་པའོ། །ཉེ་བར་ལེན་པའི་ཕུང་པོ་ལྔ་ནི་སྒྲ་བརྙན་ལྟ་བུ་སྟེ། མཚན་ཉིད་མེད་པའོ། །ཉེ་བར་ལེན་པའི་ཕུང་པོ་ལྔ་ནི་གཟུགས་བརྙན་ལྟ་བུ་སྟེ། མཚན་ཉིད་མེད་པའོ། །ཉེ་བར་ལེན་པའི་ཕུང་པོ་ལྔ་ནི། དྲི་ཟའི་གྲོང་ཁྱེར་ལྟ་བུ་སྟེ། མཚན་ཉིད་མེད་པའོ། །ཉེ་བར་ལེན་པའི་ཕུང་པོ་ལྔ་ནི། སྤྲུལ་པ་ལྟ་བུ་སྟེ། མཚན་ཉིད་མེད་པའོ། །དེ་ཅིའི་ཕྱིར་ཞེ་ན། རྨི་ལམ་ལ་རང་བཞིན་གང་ཡང་མེད་དོ། །སྒྱུ་མ་ལ་རང་བཞིན་གང་ཡང་མེད་དོ། །སྨིག་④རྒྱུ་ལ་རང་བཞིན་གང་ཡང་མེད་དོ། །ཆུ་ཟླ་ལ་རང་བཞིན་གང་ཡང་མེད་དོ། །མིག་ཡོར་ལ་རང་བཞིན་གང་ཡང་མེད་དོ། །སྒྲ་བརྙན་ལ་རང་བཞིན་གང་ཡང་མེད་དོ། །གཟུགས་བརྙན་ལ་རང་བཞིན་གང་ཡང་མེད་དོ། །དྲི་ཟའི་གྲོང་ཁྱེར་ལ་རང་བཞིན་གང་ཡང་མེད་དོ། །སྤྲུལ་པ་ལ་རང་བཞིན་གང་ཡང་མེད་དོ། །གང་ལ་རང་བཞིན་མེད་པ་དེ་ལ་མཚན་ཉིད་མེད་དོ། །⑤གང་ལ་མཚན་ཉིད་མེད་པ་དེ་ནི། འདི་ལྟར་མཚན་ཉིད་མེད་པར་མཚན་ཉིད་གཅིག་པའོ་ཞེས་བྱ་བར་རྟོགས་པར་བྱེད་དེ། རབ་འབྱོར་རྣམ་གྲངས་དེས་ན། ཁྱོད་ཀྱིས་འདི་ལྟར་རིག་པར་བྱ་སྟེ། སྦྱིན་པ་ནི་མཚན་ཉིད་མེད་པའོ། །གཏོང་བ་ནི་མཚན་ཉིད་མེད་པའོ། །ལེན་པ་ནི་མཚན་ཉིད་མེད་པའོ་ཞེས་བྱ་བར་ཤེས་

པར་བྱ་སྟེ། གང་དེ་ལྟར་ཤེས་ནས་①སྦྱིན་པ་གཏོང་བ་དེ་ནི་སྦྱིན་པའི་ཕ་རོལ་ཏུ་ཕྱིན་པ་ཡོངས་སུ་རྫོགས་པར་བྱེད་པ་ཡིན་ཏེ། དེ་སྦྱིན་པའི་ཕ་རོལ་ཏུ་ཕྱིན་པ་……ཡོངས་སུ་རྫོགས་པར་བྱེད་ན། ཚུལ་ཁྲིམས་ཀྱི་ཕ་རོལ་ཏུ་ཕྱིན་པ་ལས་ཕྱིར་མི་ལྡོག་གོ། །བཟོད་པའི་ཕ་རོལ་ཏུ་ཕྱིན་པ་ལས་ཕྱིར་མི་ལྡོག་གོ། །བརྩོན་འགྲུས་ཀྱི་ཕ་རོལ་ཏུ་ཕྱིན་པ་ལས་ཕྱིར་མི་ལྡོག་གོ། །བསམ་གཏན་གྱི་ཕ་རོལ་ཏུ་ཕྱིན་པ་ལས་……ཕྱིར་མི་ལྡོག་གོ། །ཤེས་རབ་ཀྱི་ཕ་རོལ་ཏུ་ཕྱིན་པ་ལས་ཕྱིར་མི་ལྡོག་གོ། །དེ་ཕ་རོལ་ཏུ་ཕྱིན་པ་དྲུག་པོ་དེ་དག་③ལ་གནས་ཤིང་། བསམ་གཏན་བཞི་ཡོངས་སུ་……རྫོགས་པར་བྱེད་དོ། །ཚད་མེད་པ་བཞི་ཡོངས་སུ་རྫོགས་པར་བྱེད་དོ། །གཟུགས་མེད་པའི་སྙོམས་པར་འཇུག་པ་བཞི་ཡོངས་སུ་རྫོགས་པར་བྱེད་དོ། །དྲན་པ་ཉེ་བར་གཞག་པ་བཞི་ཡོངས་སུ་རྫོགས་པར་བྱེད་དོ། །ཡང་དག་པར་སྤོང་བ་བཞི་ཡོངས་སུ་རྫོགས་པར་བྱེད་དོ། །རྫུ་འཕྲུལ་གྱི་རྐང་པ་བཞི་ཡོངས་སུ་རྫོགས་པར་བྱེད་དོ། །དབང་པོ་ལྔ་ཡོངས་སུ་རྫོགས་པར་བྱེད་དོ། །སྟོབས་ལྔ་ཡོངས་སུ་རྫོགས་པར་བྱེད་དོ། །བྱང་ཆུབ་ཀྱི་ཡན་ལག་བདུན་ཡོངས་སུ་རྫོགས་པར་བྱེད་དོ། །འཕགས་པའི་ལམ་ཡན་ལག་བརྒྱད་པ་ཡོངས་སུ་རྫོགས་པར་བྱེད་དོ། །ནང་སྟོང་པ་ཉིད་ཡོངས་སུ་རྫོགས་པར་བྱེད་དོ། །ཕྱི་སྟོང་པ་ཉིད་ཡོངས་སུ་རྫོགས་པར་བྱེད་དོ། །ཕྱི་ནང་སྟོང་པ་ཉིད་ཡོངས་སུ་རྫོགས་པར་བྱེད་དོ། །སྟོང་པ་ཉིད་སྟོང་པ་ཉིད་ཡོངས་སུ་རྫོགས་པར་བྱེད་དོ། །ཆེན་པོ་སྟོང་པ་ཉིད་ཡོངས་སུ་རྫོགས་པར་བྱེད་དོ། །དོན་དམ་པ་སྟོང་པ་ཉིད་ཡོངས་སུ་རྫོགས་པར་བྱེད་དོ། །འདུས་བྱས་སྟོང་པ་ཉིད་ཡོངས་སུ་རྫོགས་པར་བྱེད་དོ། །འདུས་མ་བྱས་སྟོང་པ་ཉིད་ཡོངས་སུ་རྫོགས་པར་བྱེད་དོ། །མཐའ་ལས་འདས་པ་སྟོང་པ་ཉིད་ཡོངས་སུ་རྫོགས་པར་……བྱེད་དོ། །ཐོག་མ་དང་ཐ་མ་མེད་པ་སྟོང་པ་ཉིད་ཡོངས་སུ་རྫོགས་པར་བྱེད་དོ། །

དོར་བ་མེད་པ་སྟོང་པ་ཉིད་ཡོངས་སུ་རྫོགས་པར་བྱེད་དོ། །རང་བཞིན་སྟོང་པ་
ཉིད་ཡོངས་སུ་རྫོགས་པར་བྱེད་དོ། །ཆོས་ཐམས་ཅད་སྟོང་པ་ཉིད་ཡོངས་སུ····
རྫོགས་པར་བྱེད་དོ། །རང་གི་མཚན་ཉིད་སྟོང་པ་ཉིད་ཡོངས་སུ་རྫོགས་པར་བྱེད་
དོ༑ །མི་དམིགས①པ་སྟོང་པ་ཉིད་ཡོངས་སུ་རྫོགས་པར་བྱེད་དོ། །དངོས་པོ་
མེད་པ་སྟོང་པ་ཉིད་ཡོངས་སུ་རྫོགས་པར་བྱེད་དོ། །ངོ་བོ་ཉིད་སྟོང་པ་ཉིད་ཡོངས་
སུ་རྫོགས་པར་བྱེད་དོ། །དངོས་པོ་མེད་པའི་ངོ་བོ་ཉིད་སྟོང་པ་ཉིད་ཡོངས་སུ···
རྫོགས་པར་བྱེད་དོ། །སྟོང་པ་ཉིད་ཀྱི་ཏིང་ངེ་འཛིན་ཡོངས་སུ་རྫོགས་པར་བྱེད་དོ།།
མཚན་མ་མེད་པའི་ཏིང་ངེ་འཛིན་ཡོངས་སུ་རྫོགས་པར་བྱེད་དོ། །སྨོན་པ་མེད་
པའི་ཏིང་ངེ་འཛིན་ཡོངས་སུ་རྫོགས་པར་བྱེད་དོ། །རྣམ་པར་ཐར་པ་བརྒྱད···
ཡོངས་སུ་རྫོགས་པར་བྱེད་དོ། །མཐར་གྱིས་གནས་པའི་སྙོམས་པར་འཇུག་པ་དགུ་
ཡོངས་སུ་རྫོགས་པར་བྱེད་དོ། །མངོན་པར་ཤེས་པ་ལྔ་ཡོངས་སུ་རྫོགས་པར་བྱེད་
དོ༑ །ཏིང་ངེ་འཛིན་ཐམས་ཅད་ཡོངས་སུ་རྫོགས་པར་བྱེད་དོ། །གཟུངས་ཀྱི་སྒོ་
ལྔ་བརྒྱ་ཡོངས་སུ་རྫོགས་པར་བྱེད་དོ། །སོ་སོ་ཡང་དག་པར་རིག་པ་བཞི་ཡོངས་སུ་
རྫོགས་པར་བྱེད་དོ། །དེ་བཞིན་གཤེགས་པའི་སྟོབས་བཅུ་ཡོངས་སུ་རྫོགས་པར་
བྱེད་དོ། །མི་འཇིགས་པ་བཞི་ཡོངས་སུ་རྫོགས་པར་བྱེད་དོ། །བྱམས་པ་ཆེན་པོ་
ཡོངས་སུ་རྫོགས་པར་བྱེད་དོ། །སྙིང་རྗེ་ཆེན་པོ་ཡོངས་སུ་རྫོགས་པར་བྱེད་དོ། །
སངས་རྒྱས་ཀྱི་ཆོས་མ་འདྲེས་པ་བཅོ་བརྒྱད་ཡོངས་སུ་རྫོགས་པར་བྱེད་དོ། །དེ་
འཕགས་པའི་ཆོས་བྱང་བ་འཇིག་རྟེན་ལས་འདས་པ་ཐུན③མོང་མ་ཡིན་པ་རྣམ···
པར་སྨིན་པ་ལས་བྱུང་བ་རྣམས་ལ་གནས་ཤིང་། ཕྱོགས་བཅུའི་འཇིག་རྟེན་གྱི···
ཁམས་ཚད་མེད་གྲངས་མེད་དཔག་ཏུ་མེད་པ་དག་ན། སངས་རྒྱས་བཅོམ་ལྡན་
འདས་གང་ཇི་སྙེད་ཅིག་བཞུགས་ཤིང་འཚོ་སྐྱོང་བ་དང་། ཆོས་སྟོན་པ་དེ་དག་གི་

ཧྲང་ཧྲུ། ཛྷཾ་འཕྲུལ་གྱིས་སོང་ཞིང་ན་བཟའ་དང་། བསོད་སྙོམས་དང་། གཟིམས་ཚ་དང་། སྨན་གྱི་རྐྱེན་སྨན་དང་། ཡོ་བྱད་མང་པོས་བསྙེན་བཀུར་བྱེད་དེ། ཡོངས་སྤྱོད་དང་། སྲིད་པ་ཐམས་ཅད་ཀྱིས་ཀྱང་སེམས་ཅན་རྣམས་ཀྱི་དོན་བྱེད་དོ། །དེ་ན་སེམས་ཅན་གང་སྦྱིན་པས་ཡོངས་སུ་བསྡུ་བ་དེ་དག་ཀྱང་སྦྱིན་པས་ཡོངས་སུ་སྡུད་དོ། །གང་ཚུལ་ཁྲིམས་ཀྱིས་ཡོངས་སུ་བསྡུ[༡]བ་དེ་དག་ཀྱང་····ཚུལ་ཁྲིམས་ཀྱིས་ཡོངས་སུ་སྡུད་དོ། །གང་བཟོད་པས་ཡོངས་སུ་བསྡུ་བ་དེ་དག་ཀྱང་བཟོད་པས་ཡོངས་སུ་སྡུད་དོ། །གང་བརྩོན་འགྲུས་ཀྱིས་ཡོངས་སུ་བསྡུ་བ་དེ་དག་ཀྱང་བརྩོན་འགྲུས་ཀྱིས་ཡོངས་སུ་སྡུད་དོ། །གང་ཏིང་ངེ་འཛིན་གྱིས་ཡོངས་སུ་བསྡུ་བ་དེ་དག་ཀྱང་ཏིང་ངེ་འཛིན་གྱིས་ཡོངས་སུ་སྡུད[༢]དོ། །གང་ཤེས་རབ····ཀྱིས་ཡོངས་སུ་བསྡུ་བ་དེ་དག་ཀྱང་། ཤེས་རབ་ཀྱིས་ཡོངས་སུ་སྡུད[༣]དོ། །གང་ནང་སྟོང་པ་ཉིད་ཀྱིས་ཡོངས་སུ་བསྡུ[༤]བ་དེ་དག་ཀྱང་ནང་སྟོང་པ་ཉིད་ཀྱིས་ཡོངས་སུ་སྡུད་དོ། །གང་ཕྱི་སྟོང་པ་ཉིད་ཀྱིས་ཡོངས་སུ་བསྡུ་བ་དེ་དག་ཀྱང་། ཕྱི་སྟོང་པ་ཉིད་ཀྱིས་ཡོངས་སུ་སྡུད་དོ། །གང་ཕྱི་ནང་སྟོང་པ་ཉིད་ཀྱིས་ཡོངས་སུ་བསྡུ་བ་དེ་དག་ཀྱང་ཕྱི་ནང་སྟོང་པ་ཉིད་ཀྱིས་ཡོངས་སུ་སྡུད[༥]དོ། །གང་སྟོང་པ་ཉིད་སྟོང་པ་ཉིད་ཀྱིས་ཡོངས་སུ་བསྡུ་བ་དེ་དག་ཀྱང་། སྟོང་པ་ཉིད་སྟོང་པ་ཉིད་ཀྱིས་ཡོངས་སུ་སྡུད་དོ། །གང་ཆེན་པོ་སྟོང་པ་ཉིད་ཀྱིས་ཡོངས་སུ་བསྡུ་བ་དེ་དག་ཀྱང་ཆེན་པོ་སྟོང་པ་ཉིད་ཀྱིས་ཡོངས་སུ་སྡུད་དོ། །གང་དོན་དམ་པ་སྟོང་པ་ཉིད་ཀྱིས་ཡོངས་སུ་བསྡུ་བ་དེ་དག་ཀྱང་དོན་དམ་པ་སྟོང་པ་ཉིད་ཀྱིས་ཡོངས་སུ་སྡུད་དོ། །གང་འདུས་བྱས་སྟོང་པ་ཉིད་ཀྱིས་ཡོངས་སུ་བསྡུ་བ་དེ་དག་ཀྱང་། འདུས་བྱས་སྟོང་པ་ཉིད་ཀྱིས་ཡོངས་སུ་སྡུད་དོ། །གང་འདུས་མ་བྱས་སྟོང་པ་ཉིད་ཀྱིས་ཡོངས་སུ་བསྡུ་བ་དེ་དག་ཀྱང་། འདུས་མ་བྱས་སྟོང་པ་ཉིད་ཀྱིས་ཡོངས་སུ་སྡུད་དོ། །གང་མཐའ་

ལས་འདས་པ་སྟོང་པ་ཉིད་ཀྱིས་ཡོངས་སུ་བསྡུ་བ་དེ་དག་ཀྱང་། མཐའ་ལས·····
འདས་པ་སྟོང་པ་ཉིད་ཀྱིས་ཡོངས་སུ་སྡུད་དོ། །གང་ཐོག་མ་དང་ཐ་མ་མེད་པ·····
སྟོང་པ་ཉིད་ཀྱིས་ཡོངས་སུ་བསྡུ་བ་དེ་དག་ཀྱང་། ཐོག་མ་དང་ཐ་མ་མེད་པ་སྟོང་
པ་ཉིད་ཀྱིས་ཡོངས་སུ་སྡུད་དོ། །གང་དོར་བ་མེད་པ་སྟོང་པ་ཉིད་ཀྱིས་ཡོངས་སུ་
བསྡུ་བ་དེ་དག་ཀྱང་དོར་བ་མེད་པ་སྟོང་པ་ཉིད་ཀྱིས་ཡོངས་སུ་སྡུད་དོ། །གང····
རང་[༡]བཞིན་སྟོང་པ་ཉིད་ཀྱིས་ཡོངས་སུ་བསྡུ་བ་དེ་དག་ཀྱང་རང་བཞིན་སྟོང་པ····
ཉིད་ཀྱིས་ཡོངས་སུ་སྡུད་དོ། །གང་ཆོས་ཐམས་ཅད་སྟོང་པ་ཉིད་ཀྱིས་ཡོངས་སུ་
བསྡུ་བ་དེ་དག་ཀྱང་། ཆོས་ཐམས་ཅད་སྟོང་པ་ཉིད་ཀྱིས་ཡོངས་སུ་སྡུད་དོ། །
གང་རང་གི་མཚན་ཉིད་སྟོང་པ་ཉིད་ཀྱིས་ཡོངས་སུ་བསྡུ་བ་དེ་དག་ཀྱང་རང་གི····
མཚན་ཉིད་སྟོང་པ་ཉིད་ཀྱིས་ཡོངས་སུ་སྡུད་དོ། །གང་མི་དམིགས་པ་སྟོང་པ་ཉིད་
ཀྱིས་ཡོངས་སུ་བསྡུ་བ་དེ་དག་ཀྱང་མི་དམིགས་པ་སྟོང་པ་ཉིད་ཀྱིས་ཡོངས་སུ་སྡུད····
དོ། །གང་དངོས་པོ་མེད་པ་སྟོང་པ་ཉིད་ཀྱིས་ཡོངས་སུ་བསྡུ་བ་དེ་དག་ཀྱང་།
དངོས་པོ་མེད་པ་སྟོང་པ་ཉིད་ཀྱིས་ཡོངས་སུ་སྡུད་དོ། །གང་ངོ་བོ་ཉིད་སྟོང་པ·····
ཉིད་ཀྱིས་ཡོངས་སུ་བསྡུ་བ་དེ་དག་ཀྱང་ངོ་བོ་ཉིད་སྟོང་པ་ཉིད་ཀྱིས་ཡོངས་སུ་སྡུད····
དོ། །གང་དངོས་པོ་མེད་པའི་ངོ་བོ་ཉིད་སྟོང་པ་ཉིད་ཀྱིས་ཡོངས་སུ་བསྡུ་བ་དེ་
དག་ཀྱང་དངོས་པོ་མེད་པའི་ངོ་བོ་ཉིད་སྟོང་པ་ཉིད་ཀྱིས་ཡོངས་སུ་སྡུད་དོ། །གང་
དྲན་པ་ཉེ་བར་གཞག་པ་རྣམས་ཀྱིས་ཡོངས་སུ་བསྡུ་བ་དེ་དག་ཀྱང་དྲན་པ་ཉེ་བར····
གཞག་པ་རྣམས་ཀྱིས་ཡོངས་སུ་སྡུད་དོ། །གང་ཡང་དག་པར་སྤོང་བ་རྣམས་ཀྱིས་
ཡོངས་སུ་བསྡུ་བ་དེ་དག་ཀྱང་ཡང་དག་པར་སྤོང་བ་རྣམས་ཀྱིས་[༢]ཡོངས་སུ་སྡུད་དོ།།
གང་རྫུ་འཕྲུལ་གྱི་རྐང་པ་རྣམས་ཀྱིས་ཡོངས་སུ་བསྡུ་བ་དེ་དག་ཀྱང་རྫུ་འཕྲུལ་གྱི····
རྐང་པ་རྣམས་ཀྱིས་ཡོངས་སུ་སྡུད་དོ། །གང་དབང་པོ་རྣམས་ཀྱིས་ཡོངས་སུ་བསྡུ་

བ་དེ་དག་ཀྱང་དབང་པོ་རྣམས་ཀྱིས་ཡོངས་སུ་སྟོང་ངོ་། །གང་སྟོབས་རྣམས་ཀྱིས་
ཡོངས་སུ་བསྟོ་བ་དེ་དག་ཀྱང་སྟོབས་རྣམས་ཀྱིས་ཡོངས་སུ་སྟོང་ངོ་། །གང་བྱང་
ཆུབ་ཀྱི་ཡན་ལག་རྣམས་ཀྱིས་ཡོངས་སུ་བསྟོ་བ་དེ་དག་ཀྱང་བྱང་ཆུབ་ཀྱི་ཡན་ལག་
རྣམས་ཀྱིས་ཡོངས་སུ་སྟོང་ངོ་། །གང་ལམ་གྱིས་ཡོངས་སུ་བསྟོ་བ་དེ་དག་ཀྱང་ལམ་
གྱིས་ཡོངས་སུ་སྟོང་ངོ་། །གང་འཕགས་པའི་བདེན་པ་རྣམས་ཀྱིས་ཡོངས་སུ་བསྟོ་
བ་དེ་དག་ཀྱང་འཕགས་པའི་བདེན་པ་རྣམས་ཀྱིས་ཡོངས་སུ་སྟོང་ངོ་། །གང་
བསམ་གཏན་རྣམས་ཀྱིས་ཡོངས་སུ་བསྟོ་བ་དེ་དག་ཀྱང་བསམ་གཏན་རྣམས་ཀྱིས་
ཡོངས་སུ་སྟོང་ངོ་། །གང་ཚད་མེད་པ་རྣམས་ཀྱིས་ཡོངས་སུ་བསྟོ་བ་དེ་དག་ཀྱང་
ཚད་མེད་པ་རྣམས་ཀྱིས་ཡོངས་སུ་སྟོང་ངོ་། །གང་གཟུགས་མེད་པའི་སྙོམས་པར་
འཇུག་པ་རྣམས་ཀྱིས་ཡོངས་སུ་བསྟོ་བ་དེ་དག་ཀྱང་གཟུགས་མེད་པའི་སྙོམས་པར་
འཇུག་པ་རྣམས་ཀྱིས་ཡོངས་སུ་སྟོང་ངོ་། །གང་རྣམ་པར་ཐར་པ་རྣམས་ཀྱིས་
ཡོངས་སུ་བསྟོ་བ་དེ་དག་ཀྱང་རྣམ་པར་ཐར་པ་རྣམས་ཀྱིས་ཡོངས་སུ་སྟོང་① ངོ་། །
གང་མཐར་གྱིས་གནས་པའི་སྙོམས་པར་འཇུག་པ་རྣམས་ཀྱིས་ཡོངས་སུ་བསྟོ་བ་དེ་
དག་ཀྱང་མཐར་གྱིས་གནས་པའི་སྙོམས་པར་འཇུག་པ་རྣམས་ཀྱིས་ཡོངས་སུ་སྟོང་
ངོ༑ །གང་རྣམ་པར་ཐར་པའི་སྒོ་སྟོང་པ་ཉིད་དང་། མཚན་མ་མེད་པ་དང་།
སྨོན་པ་མེད་པས་ཡོངས་སུ་བསྟོ་བ་དེ་དག་ཀྱང་། རྣམ་པར་ཐར་པའི་སྒོ་སྟོང་པ་
ཉིད་དང་། མཚན་མ་མེད་པ་དང་། སྨོན་པ་མེད་པས་ཡོངས་སུ་སྟོང་ངོ་། །
གང་མངོན་པར་ཤེས་པ་རྣམས་ཀྱིས་ཡོངས་སུ་བསྟོ་བ་དེ་དག་ཀྱང་། མངོན་པར་
ཤེས་པ་རྣམས་ཀྱིས་ཡོངས་སུ་སྟོང་ངོ་། །གང་ཏིང་ངེ་འཛིན་རྣམས་ཀྱིས་ཡོངས་སུ་
བསྟོ་བ་དེ་དག་ཀྱང་ཏིང་ངེ་འཛིན་རྣམས་ཀྱིས་ཡོངས་སུ་སྟོང་ངོ་། །གང་གཟུངས་
ཀྱི་སྒོ་རྣམས་ཀྱིས་ཡོངས་སུ་བསྟོ་བ་དེ་དག་ཀྱང་། གཟུངས་ཀྱི་སྒོ་རྣམས་ཀྱིས་

ཡོངས་སུ་སྡུད་དོ། །གང་དེ་བཞིན་གཤེགས་པའི་སྟོབས་རྣམས་ཀྱིས་ཡོངས་སུ་བསྡུ་བ་དེ་དག་ཀྱང་། དེ་བཞིན་གཤེགས་པའི་སྟོབས་རྣམས་ཀྱིས་ཡོངས་སུ་སྡུད་དོ། །གང་མི་འཇིགས་པ་རྣམས་ཀྱིས་ཡོངས་སུ་བསྡུ་བ་དེ་དག་ཀྱང་། མི་འཇིགས་པ་····རྣམས་ཀྱིས་ཡོངས་སུ་སྡུད་དོ། །གང་སོ་སོ་ཡང་དག་པར་རིག་པ་རྣམས་ཀྱིས·····ཡོངས་སུ་བསྡུ་བ་དེ་དག་ཀྱང་། སོ་སོ་ཡང་དག་པར་རིག་པ་རྣམས་ཀྱིས་ཡོངས་སུ་སྡུད་དོ། །གང་བྱམས་པ་ཆེན་པོས་ཡོངས་སུ་བསྡུ་བ་དེ་དག་ཀྱང་བྱམས་པ་ཆེན་པོས་ཡོངས་སུ་སྡུད་དོ། །གང་སྙིང་རྗེ་ཆེན་པོས་ཡོངས་སུ་བསྡུ་བ་དེ་དག་ཀྱང་སྙིང་རྗེ་ཆེན་པོས་ཡོངས་སུ་སྡུད་དོ། །གང་སངས་རྒྱས་ཀྱི་ཆོས་མ་འདྲེས་པ་རྣམས་ཀྱིས་ཡོངས་སུ་བསྡུ་བ་དེ་དག་ཀྱང་སངས་རྒྱས་ཀྱི་ཆོས་མ་འདྲེས་པ་རྣམས་ཀྱིས་ཡོངས་སུ་སྡུད་དོ། །གང་རྒྱུན་དུ་ཞུགས་པའི་འབྲས་བུས་ཡོངས་སུ་བསྡུ་བ་དེ་དག་ཀྱང་། རྒྱུན་དུ་ཞུགས་པའི་འབྲས་བུས་ཡོངས་སུ་སྡུད་དོ། །གང་ལན་ཅིག་ཕྱིར་འོང་བའི་འབྲས་བུས་ཡོངས་སུ་བསྡུ་བ་དེ་དག་ཀྱང་ལན་ཅིག་ཕྱིར་འོང་བའི་འབྲས་བུས·····ཡོངས་སུ་སྡུད་དོ། །གང་ཕྱིར་མི་འོང་བའི་འབྲས་བུས་ཡོངས་སུ་བསྡུ་བ་དེ་དག་ཀྱང་ཕྱིར་མི་འོང་བའི་འབྲས་བུས་ཡོངས་སུ་སྡུད་དོ། །གང་དགྲ་བཅོམ་པ་ཉིད་ཀྱིས་ཡོངས་སུ་བསྡུ་བ་དེ་དག་ཀྱང་དགྲ་བཅོམ་པ་ཉིད་ཀྱིས་ཡོངས་སུ་སྡུད་དོ། །གང་རང་བྱང་ཆུབ་ཀྱིས་ཡོངས་སུ་བསྡུ་བ་དེ་དག་ཀྱང་རང་བྱང་ཆུབ་ཀྱིས་ཡོངས་སུ་སྡུད་དོ། །གང་ལམ་གྱི་རྣམ་པ་ཤེས་པ་ཉིད་ཀྱིས་ཡོངས་སུ་བསྡུ་བ་དེ་དག་ཀྱང····ལམ་གྱི་རྣམ་པ་ཤེས་པ་ཉིད་ཀྱིས་ཡོངས་སུ་སྡུད་དོ། །གང་རྣམ་པ་ཐམས་ཅད····མཁྱེན་པ་ཉིད་ཀྱིས་ཡོངས་སུ་བསྡུ་བ་དེ་དག་ཀྱང་རྣམ་པ་ཐམས་ཅད་མཁྱེན་པ་ཉིད་ཀྱིས་ཡོངས་སུ་སྡུད་དོ། །དེ་ལྟར་གང་དང་གང་དགེ་བའི་ཆོས་གང་དང་གང་གིས་ཡོངས་སུ་བསྡུ་བ་དེ་དག་ཀྱང་། དགེ་བའི་ཆོས་དེ་དང་དེ་དག་གིས་ཡོངས་སུ་སྡུད་

རོ༑ །དེ་དགེ་བའི་རྩ་བ་དེ་དག་དང་ལྡན་ཞིང་ཆོས་ཐམས་ཅད་ལ་དབང་སྒྱུར་[1]བས༑ འཁོར་བ་ཉེ་བར་ལེན་ཀྱང་འཁོར་བའི་སྡུག་བསྔལ་གྱིས་མྱི་གོས་ཏེ། དེ་སེམས་ཅན་རྣམས་ཀྱི་དོན་དུ་མྱི་དང་ལྷའི་ཕུན་སུམ་ཚོགས་པ་ཉེ་བར་ལེན་ཏེ[2]། ཕུན་སུམ་ཚོགས་པ་དེ་དག་གིས་སེམས་ཅན་རྣམས་ཡོངས་སུ་སྨྱུད་དོ། །དེ་ཆོས་ཐམས་ཅད་མཚན་ཉིད་མྱེད་པར་ཤེས་པས། རྒྱུན་དུ་ཞུགས་པའི་འབྲས་བུ་ཤེས་ཀྱང་དེ་ལ་མྱི་གནས་སོ། །ལན་ཅིག་ཕྱིར་འོང་བའི་འབྲས་བུ་ཤེས་ཀྱང་དེ་ལ་མྱི་གནས་སོ། །ཕྱིར་མྱི་འོང་བའི་འབྲས་བུ་ཤེས་ཀྱང་དེ་ལ་མྱི་གནས་སོ། །དགྲ་བཅོམ་པ་ཉིད་ཤེས་ཀྱང་དེ་ལ་མྱི་གནས་སོ། །རང་བྱང་ཆུབ་ཤེས་ཀྱང་དེ་ལ་མི་གནས་སོ། །དེ་ཅིའི་ཕྱིར་ཞེ་ན། དེ་ནི་འདི་ལྟར་དེས་ཆོས་ཐམས་ཅད་ཤེས་པར་ཿབྱ་སྟེ[3]། ཉན་ཐོས་དང་རང་སངས་རྒྱས་ཐམས་ཅད་དང་ཐུན་མོང་[4]མ་ཡིན་པའི་རྣམ་པ་ཐམས་ཅད་མཁྱེན་པ་ཉིད་ཐོབ་པར་བྱ་བའི་ཕྱིར་ཏེ། རབ་འབྱོར་དེ་ལྟར་བྱང་ཆུབ་སེམས་དཔའ་སེམས་དཔའ་ཆེན་པོ་ནི་ཆོས་ཐམས་ཅད་མཚན་ཉིད་མྱེད་པར་ཤེས་པས། སྦྱིན་པའི་ཕ་རོལ་ཏུ་ཕྱིན་པ་མཚན་ཉིད་མྱེད་པར་ཤེས་སོ། །ཚུལ་ཁྲིམས་ཀྱི་ཕ་རོལ་ཏུ་ཕྱིན་པ་མཚན་ཉིད་མྱེད་པར་ཤེས་སོ། །བཟོད་པའི་ཕ་རོལ་ཏུ་ཕྱིན་པ་མཚན་ཉིད་མྱེད་པར་ཤེས་སོ། །བརྩོན་འགྲུས་ཀྱི་ཕ་རོལ་ཏུ་ཕྱིན་པ་མཚན་ཉིད་མྱེད་པར་ཤེས་སོ། །བསམ་གཏན་གྱི་ཕ་རོལ་ཏུ་ཕྱིན་པ་མཚན་ཉིད་མེད་པར་ཤེས་སོ། །ཤེས་རབ་ཀྱི་ཕ་རོལ་ཏུ་ཕྱིན་པ་མཚན་ཉིད་མྱེད་པར་[5]ཤེས་སོ༑ །ནང་སྟོང་པ་ཉིད་མཚན་ཉིད་མྱེད་[6]པར་ཤེས་སོ། །ཕྱི་སྟོང་པ་ཉིད་མཚན་ཉིད་མྱེད་པར་ཤེས་སོ། །ཕྱི་ནང་སྟོང་པ་ཉིད་མཚན་ཉིད་མྱེད་པར་ཤེས་སོ། །སྟོང་པ་ཉིད་སྟོང་པ་ཉིད་མཚན་ཉིད་མྱེད་པར་ཤེས་སོ། །ཆེན་པོ་སྟོང་པ་ཉིད་མཚན་ཉིད་མྱེད་པར་ཤེས་སོ། །དོན་དམ་པ་སྟོང་པ་ཉིད་མཚན་ཉིད་མྱེད་པར་

ཤེས་སོ། །འདུས་བྱས་སྟོང་པ་ཉིད་མཚན་ཉིད་མེད་པར་ཤེས་སོ། །འདུས་མ་བྱས་སྟོང་པ་ཉིད་མཚན་ཉིད་མེད་པར་ཤེས་སོ། །མཐའ་ལས་འདས་པ་སྟོང་པ་ཉིད་མཚན་ཉིད་①མེད་པར་ཤེས་སོ། །ཐོག་མ་དང་ཐ་མ་མེད་པ་②སྟོང་པ་ཉིད་…མཚན་ཉིད་མེད་པར་ཤེས་སོ། །དོར་བ་མེད་པ་སྟོང་པ་ཉིད་མཚན་ཉིད་མེད་པར་ཤེས་སོ། །རང་བཞིན་སྟོང་པ་ཉིད་མཚན་ཉིད་མེད་པར་ཤེས་སོ། །ཆོས་ཐམས་ཅད་སྟོང་པ་ཉིད་མཚན་ཉིད་མེད་པར་ཤེས་སོ། །རང་གི་མཚན་ཉིད་སྟོང་པ་ཉིད་མཚན་ཉིད་མེད་པར་ཤེས་སོ། །མི་དམིགས་པ་སྟོང་པ་ཉིད་མཚན་ཉིད་མེད་པར་ཤེས་སོ། །དངོས་པོ་མེད་པ་སྟོང་པ་ཉིད་མཚན་ཉིད་མེད་པར་ཤེས་སོ། །ངོ་བོ་ཉིད་སྟོང་པ་ཉིད་མཚན་ཉིད་མེད་པར་ཤེས་སོ། །དངོས་པོ་མེད་པའི་ངོ་བོ་ཉིད་སྟོང་པ་ཉིད་མཚན་ཉིད་མེད་པར་ཤེས་སོ། །དྲན་པ་ཉེ་བར་གཞག་པ་རྣམས…མཚན་ཉིད་མེད་པར་ཤེས་སོ། །ཡང་དག་པར་སྤོང་བ་རྣམས་མཚན་ཉིད་མེད་…པར་ཤེས་སོ། །རྫུ་འཕྲུལ་གྱི་རྐང་པ་རྣམས་མཚན་ཉིད་མེད་པར་ཤེས་སོ། །དབང་པོ་རྣམས་མཚན་ཉིད་མེད་པར་ཤེས་སོ། །སྟོབས་རྣམས་མཚན་ཉིད་མེད་པར་ཤེས་སོ། །བྱང་ཆུབ་ཀྱི་ཡན་ལག་རྣམས་མཚན་ཉིད་མེད་པར་ཤེས་སོ། །འཕགས་པའི་ལམ་ཡན་ལག་བརྒྱད་པ་③མཚན་ཉིད་མེད་པར་ཤེས་སོ། །འཕགས་པའི་བདེན་པ་རྣམས་མཚན་ཉིད་མེད་པར་ཤེས་སོ། །བསམ་གཏན་རྣམས་མཚན་ཉིད་མེད་པར་ཤེས་སོ། །ཚད་མེད་པ་རྣམས་མཚན་ཉིད་མེད་པར་ཤེས་སོ། །གཟུགས་མེད་པའི་སྙོམས་པར་འཇུག་པ་རྣམས་མཚན་ཉིད་མེད་པར་ཤེས་སོ། །རྣམ་པར་ཐར་པ་རྣམས་མཚན་ཉིད་མེད་པར་ཤེས་སོ། །མཐར་གྱིས་གནས་པའི་སྙོམས་པར་འཇུག་པ་རྣམས་མཚན་ཉིད་མེད་པར་ཤེས་སོ། །རྣམ་པར་ཐར་པའི་སྒོ་སྟོང་པ་ཉིད་དང་། མཚན་མ་མེད་པ་དང་། སྨོན་པ་མེད་པ་མཚན་ཉིད་མེད་

པར་ཤེས་སོ། །མངོན་པར་ཤེས་པ་རྣམས་མཚན་ཉིད་མེད་པར་ཤེས་སོ། །ཏིང་ངེ་འཛིན་རྣམས་མཚན་ཉིད་མེད་པར་ཤེས་སོ། །གཟུངས་ཀྱི་སྒོ་རྣམས་མཚན་ཉིད་མེད་པར་ཤེས་སོ། །དེ་བཞིན་གཤེགས་པའི་སྟོབས་རྣམས་མཚན་ཉིད་མེད་པར་ཤེས་སོ། །མི་འཇིགས་པ་རྣམས་མཚན་ཉིད་མེད་པར་ཤེས་སོ། །[༧]སོ་སོ་ཡང་དག་པར་རིག་པ་རྣམས་མཚན་ཉིད་མེད་པར་ཤེས་སོ། །བྱམས་པ་ཆེན་པོ་མཚན་ཉིད་མེད་པར་ཤེས་སོ། །སྙིང་རྗེ་ཆེན་པོ་མཚན་ཉིད་མེད་པར་ཤེས་སོ། །སངས་རྒྱས་ཀྱི་ཆོས་མ་འདྲེས་པ་རྣམས་མཚན་ཉིད་མེད་པར་ཤེས་སོ། །རྒྱུན་དུ་ཞུགས····པའི་འབྲས་བུ་མཚན་ཉིད་མེད་པར་ཤེས་སོ། །ལན་ཅིག་ཕྱིར་འོང་བའི་འབྲས་བུ་མཚན་ཉིད་མེད་པར་ཤེས་སོ། །ཕྱིར་མི་འོང་བའི་འབྲས་བུ་མཚན་ཉིད་མེད་པར་ཤེས་སོ། །དགྲ་བཅོམ་པ་ཉིད་མཚན་ཉིད་མེད་པར་ཤེས་སོ། །རང་བྱང་ཆུབ་མཚན་ཉིད་མེད་པར་ཤེས་སོ། །ལམ་གྱི་རྣམ་པ་[༣]ཤེས་པ་ཉིད་མཚན་ཉིད་མེད་པར་ཤེས་སོ། །རྣམ་པ་ཐམས་ཅད་མཁྱེན་པ་ཉིད་མཚན་ཉིད་མེད་པར་ཤེས་སོ། །རབ་འབྱོར་གཞན་ཡང་བྱང་ཆུབ་སེམས་དཔའ་སེམས་དཔའ་ཆེན་པོ་ཤེས་རབ་ཀྱི····ཕ་རོལ་ཏུ་ཕྱིན་པ་ལ་སྤྱོད་པའི་ཚེ། ཀྵི་[༤]ལམ་ལྷ་བུའི་ཉེ་བར་ལེན་པའི་ཕུང་པོ་ལྔ་ལ་གནས། སྒྱུ་མ་ལྟ་བུའི་ཉེ་བར་ལེན་པའི་ཕུང་པོ་ལྔ་ལ་གནས། སྐྱིག་[༥]རྒྱུ་ལྟ་བུའི་ཉེ་བར་ལེན་པའི་ཕུང་པོ་ལྔ་ལ་གནས། ཆུ་ཟླ་ལྟ་བུའི་ཉེ་བར་ལེན་པའི་ཕུང་པོ་ལྔ་ལ་གནས། མིག་ཡོར་ལྟ་བུའི་ཉེ་བར་ལེན་པའི་ཕུང་པོ་ལྔ་ལ་གནས། སྒྲ་བརྙན་ལྟ་བུའི་ཉེ་བར་ལེན་པའི་ཕུང་པོ་ལྔ་ལ་གནས། གཟུགས་བརྙན་ལྟ་བུའི་ཉེ་བར་ལེན་པའི་ཕུང་པོ་ལྔ་ལ་གནས། དྲི་ཟའི་གྲོང་ཁྱེར་ལྟ་བུའི་ཉེ་བར་ལེན་པའི་ཕུང་པོ་ལྔ་ལ་གནས། སྤྲུལ་པ་ལྟ་བུའི་ཉེ་བར་ལེན་པའི་ཕུང་པོ་ལྔ་ལ་གནས་ཤིང་། ཚུལ་ཁྲིམས་ཀྱི་ཕ་རོལ་ཏུ་ཕྱིན་པ་ཡོངས་སུ་རྫོགས་པར་བྱེད་དོ། །རབ་འབྱོར་བྱང་

ཆུབ་སེམས་དཔའ་སེམས་དཔའ་ཆེན་པོ་དེ་ཡང་ཉེ་བར་ལེན་པའི་ཕུང་པོ་ལྔ་སྐྱེ[༡]ལམ་ལྟ་བུར་ཤེས། ཉེ་བར་ལེན་པའི་ཕུང་པོ་ལྔ་སྒྱུ་མ་ལྟ་བུར་ཤེས། ཉེ་བར་ལེན་པའི་ཕུང་པོ་ལྔ་སྨིག[༢]རྒྱུ་ལྟ་བུར་ཤེས། ཉེ་བར་ལེན་པའི་ཕུང་པོ་ལྔ་ཆུ་ཟླ་ལྟ་བུར་ཤེས། ཉེ་བར་ལེན་པའི་ཕུང་པོ་ལྔ་མིག་ཡོར་ལྟ་བུར་ཤེས། ཉེ་བར་ལེན་པའི་ཕུང་པོ་ལྔ་སྒྲ་བརྙན་ལྟ་བུར་ཤེས། ཉེ་བར་ལེན་པའི་ཕུང་པོ་ལྔ་གཟུགས་བརྙན་ལྟ་བུར་ཤེས། ཉེ་བར་ལེན་པའི་ཕུང་པོ་ལྔ་དྲི་ཟའི་གྲོང་ཁྱེར་ལྟ་བུར་ཤེས། ཉེ་བར་ལེན་པའི་ཕུང་པོ་ལྔ་སྤྲུལ་པ་ལྟ་བུར་ཤེས་ནས། ཚུལ་ཁྲིམས་ཀྱི་ཕ་རོལ་ཏུ་ཕྱིན་པ་མཚན་ཉིད་མེད་པ། མ་ཞིག་པ། མ་རལ་བ། སྐྱོན་མེད་པ། ཉོག་པ་མེད་པ། ཉམས་པ་མེད་པ། དབང་དུ་གྱུར་པ[༣]། མཁས་པས་བསྔགས་པ། ཤིན་ཏུ་རྫོགས་པ། འཕགས་པར་གྱུར་པ། ཟག་པ་མེད་པ། ལམ་གྱི་ཡོངས་སུ་ཆུད་པ། འཇིག་རྟེན་ལས་འདས་པ། ཡོངས་སུ་རྫོགས་པར་བྱེད་དེ[༤]། དེ་ལ་གནས་ཤིང་ཡང་དག་པར་བླང་བའི་བརྗེ[༥]དང་ལྡན་པའི་ཚུལ་ཁྲིམས་དང་། ཆོས་ཉིད་ཀྱིས་ཐོབ་པའི་ཚུལ་ཁྲིམས་དང་། སྡོམ་པའི་ཚུལ་ཁྲིམས་དང་། དམིགས་པའི་ཚུལ་ཁྲིམས་དང་། སྤྱོད་པའི་ཚུལ་ཁྲིམས་དང་། མི་སྤྱོད་པའི་ཚུལ་ཁྲིམས་སྲུང་ངོ་། །དེ་ཚུལ་ཁྲིམས་དེ་ལྟ་བུ་དང་ལྡན་ཡང[༦]འདིས་བདག་རྒྱལ་རིགས་ཆེ་ཞིང་མཐོ་བའི་རིགས་དང་སྐལ་བ་མཉམ་པའམ། བྲམ་ཟེ་ཆེ་ཞིང་མཐོ་བའི་རིགས་དང་སྐལ་བ་མཉམ་པའམ། ཁྱིམ་བདག་ཆེ་ཞིང་མཐོ་བའི་རིགས་དང་སྐལ་བ་མཉམ་པར་སྐྱེ་བར་བྱའོ་ཞེའམ། རྒྱལ་ཕྲན་ནམ། འཁོར་ལོས་སྒྱུར[༧]བའི་རྒྱལ་པོར་འགྱུར་བར་བྱའོ་ཞེའམ། རྒྱལ་ཆེན་བཞིའི་རིས་ཀྱི་ལྷ་རྣམས་དང་སྐལ་བ་མཉམ་པར་སྐྱེ་བར་བྱའོ་ཞེའམ། སུམ་ཅུ་རྩ་གསུམ་མམ[༨]། མཐོ་མའམ། དགའ་ལྡན་ནམ། འཕྲུལ་དགའ་འམ། གཞན་འཕྲུལ་དབང་བྱེད་ཀྱི་ལྷ་རྣམས་དང་སྐལ་བ་མཉམ་

པར་སྐྱེ་བར་བྱའོ་ཞེའམ། རྒྱུན་ཏུ་ཞུགས་པའི་འབྲས་བུ་ཐོབ་པར་བྱའོ་ཞེའམ། ལན་ཅིག་ཕྱིར་འོང་བའི་འབྲས་བུའམ། ཕྱིར་མི་འོང་བའི་འབྲས་བུའམ། དགྲ་བཅོམ་པ་ཉིད་དམ། རང་བྱང་ཆུབ་བམ། བྱང་ཆུབ་ཐོབ་པར་བྱའོ་ཞེས་ཚུལ་ཁྲིམས་དེས་སླེམས་པ་མྱེད་ཏོ། །[1]དེ་ཅིའི་ཕྱིར་ཞེ་ན། འདི་ལྟར་ཆོས་ཐམས་ཅད་ནི་མཚན་ཉིད་མྱེད་པ་སྟེ། འདི་ལྟར་དངོས་པོ་མྱེད་པའི་ངོ་བོ་ཉིད༔ཀྱི་མཚན་ཉིད[2]དུ་མཚན་ཉིད་གཅིག་པས[3]ན་མཚན་ཉིད་མྱེད་པའི་ཆོས་ཀྱིས་མཚན་ཉིད་མྱེད་པའི་ཆོས་ཐོབ་པར་མྱི་ནུས་སོ། །མཚན་ཉིད་ཐ་དད་པའི་ཆོས་ཀྱིས་ཀྱང་མཚན་ཉིད་ཐ་དད་པའི་ཆོས་ཐོབ་པར་མྱི་ནུས་སོ། །མཚན་ཉིད་ཐ་དད་པའམ། མཚན་ཉིད་མྱེད་པའི་ཆོས་ཀྱིས་ཀྱང་། མཚན་ཉིད་ཐ་དད་པའམ། མཚན་ཉིད་མྱེད་པའི་ཆོས་ཐོབ་པར་མྱི་ནུས་སོ། །རབ་འབྱོར་དེ་ལྟར་ན་བྱང་ཆུབ་སེམས་དཔའ་སེམས་དཔའ་ཆེན་པོ་ཤེས་རབ་ཀྱི་ཕ་རོལ་ཏུ་ཕྱིན་པ་ལ་སྤྱོད་ཅིང་། ཚུལ་ཁྲིམས་ཀྱི་ཕ·····རོལ་ཏུ་ཕྱིན་པ་མཚན་ཉིད་མྱེད་པ་ཡོངས་སུ་རྫོགས་པར་བྱས་ནས། བྱང་ཆུབ·····སེམས་དཔའི་སྐྱོན་མྱེད་པར་འཇུག་གོ། །བྱང་ཆུབ་སེམས་དཔའི་སྐྱོན་མྱེད་པར་འཇུག་པའི་ཚེ། མྱི་སྐྱེ་བའི་ཆོས་ལ་བཟོད་པ༔འཐོབ་སྟེ[4]། ལམ་གྱི་རྣམ་པ[5]ཤེས་པ་ཉིད་ལ་སྤྱོད་པའི་ཚེ། རྣམ་པར་སྨིན་པ་ལས་བྱུང་བའི་མངོན་པར་ཤེས་པ་ལྔ་རབ་ཏུ་ཐོབ་ནས། གཟུངས་ཀྱི་སྒོ་ལྔ་བརྒྱ་དང་། ཏིང་ངེ་འཛིན་གྱི་སྒོ་ལྔ་བརྒྱ་ལ་གནས་ཏེ། སོ་སོ་ཡང་དག་པར་རིག་པ་བཞི་ཐོབ་ནས། སངས་རྒྱས་བཅོམ་ལྡན་འདས་རྣམས་ལ་བསྙེན་བཀུར་བྱེད་ཅིང་། སངས་རྒྱས་ཀྱི་ཞིང་ནས་སངས་རྒྱས་ཀྱི་ཞིང་དུ་འགྲོ་སྟེ། སེམས་ཅན་རྣམས་ཀྱང་ཡོངས་སུ་སྨིན་པར་བྱེད་དོ། །སངས་རྒྱས་ཀྱི་ཞིང་ཡོངས་སུ་འཛིན་ཏོ། །དེ་འགྲོ་བ་ལྔའི་འཁོར་བ་ན་འཁོར་ཡང་། འཁོར་བའི་ལས་རྣམ་པར་སྨིན་པས་གོས་པར་མྱི་འགྱུར་ཏེ། འདི་ལྟར[6]དཔེར་ན།

ཁྱུལ་པ་ནི་འགྲོ་བའམ།(༢) སྡོད་པའམ། འདུག་པའམ། ཉལ་བ་བྱེད་ཀྱང་དེ་ལ་འགྲོ་བའམ། འོང་བའམ། སྡོད་པའམ། འདུག་པའམ། ཉལ་བ་ཡང་མི་དམིགས་ཏེ། དེ་སེམས་ཅན་རྣམས་ཀྱི་དོན་ཀྱང་བྱེད་དོ། །སེམས་ཅན་དང་སེམས་ཅན་དུ་བཏགས་པ་ཡང་མི་དམིགས་སོ། །རབ་འབྱོར་འདི་ལྟ་སྟེ་དཔེར་ན། དེ་བཞིན་གཤེགས་པ་དགྲ་བཅོམ་པ་ཡང་དག་པར་རྫོགས་པའི་སངས་རྒྱས་ཤེན་ཏུ་ཞི་བ་ཞེས་བྱ་བ། བླ་ན་མེད་པ་ཡང་དག་པར་རྫོགས་པའི་བྱང་ཆུབ་ཏུ་མངོན་པར་རྫོགས་པར་སངས་རྒྱས་ནས། ཆོས་ཀྱི་འཁོར་ལོ་བསྐོར་ཏེ། སེམས་ཅན་ཚད་མེད་པ་ཐེག་པ་གཉིས་ཀྱིས་ཡོངས་སུ་མྱ་ངན་ལས་བཟླས་(༣) ཀྱང་གང་བླ་ན་མེད་པ་ཡང་དག་པར་རྫོགས་པའི༑ བྱང་ཆུབ་ཏུ་ལུང་བསྟན་པར་བྱ་བའི་(༤) བྱང་ཆུབ་སེམས་དཔའ་དེ་ལྟ་བུ་གང་ཡང་མ་གཟིགས་ནས། དེས་ཚེའི་འདུ་བྱེད་སྤངས་ནས་ཁྱུལ་པ་ཁྱུལ་པ་(༥) མཛད་དེ། ཕུང་པོ་མ་ལུས་པའི་མྱ་ངན་ལས་འདས་པའི་དབྱིངས་སུ་ཡོངས་སུ་མྱ་ངན་ལས་འདས་སོ། །རབ་འབྱོར་དེ་ལྟར་ཁྱུལ་པ་དེས་བསྐལ་པ་གཅིག་ལོན་ནས་བྱང་ཆུབ་སེམས་དཔའ་སེམས་དཔའ་ཆེན་པོ་བླ་ན་མེད་པ་ཡང་དག་པར་རྫོགས་པའི་བྱང་ཆུབ་ཏུ་ལུང་བསྟན་ཏེ། ཡོངས་སུ་མྱ་ངན་ལས་འདས་པར་གྱུར་ཏོ། །ཡོངས་སུ་མྱ་ངན་ལས་འདས་པར་གྱུར་པ་དེའི་གཟུགས་སམ། ཚོར་བའམ། འདུ་ཤེས་སམ། འདུ་བྱེད་དམ། རྣམ་པར་ཤེས་པའམ། དངོས་པོ་གང་ཡང་དམིགས་སུ་མེད་དོ། །རབ་འབྱོར་དེ་བཞིན་དུ་བྱང་ཆུབ་སེམས་དཔའ་སེམས་དཔའ་ཆེན་པོ་ཡང་སེམས་ཅན་ནམ་སེམས་ཅན་དུ་གདགས་པ་ཡང་མི་དམིགས་ལ། སེམས་ཅན་རྣམས་ཀྱི་དོན་ཡང་(༦) བྱེད་དེ། རབ་འབྱོར་དེ་ལྟར་ན། བྱང་ཆུབ་སེམས་དཔའ་སེམས་དཔའ་ཆེན་པོ་ཤེས་རབ་ཀྱི་ཕ་རོལ་ཏུ་ཕྱིན་པ་ལ་སྤྱོད་པའི་ཚེ། མཚན་ཉིད་མེད་པའི་ཚུལ་ཁྲིམས་ཀྱི་ཕ་རོལ་ཏུ་ཕྱིན་པ

ཡོངས་སུ་རྫོགས་པར་བྱེད་དེ། དེ་ཡོངས་སུ་རྫོགས་པས་[༡]མཚན་ཉིད་མེད་པའི་ཆོས་ཐམས་ཅདཿཁོང་དུ་[༢]ཆུད་པར་ཞེས་སོ། །རབ་འབྱོར་གཞན་ཡང་བྱང་ཆུབ་སེམས་དཔའ་སེམས་དཔའ་ཆེན་པོ་ཤེས་རབ་ཀྱི་ཕ་རོལ་ཏུ་ཕྱིན་པ་ལ་སྤྱོད་པའི་ཆེ[༣]། རྨི་[༤]ལམ་ལྷ་བུའི་ཉེ་བར་ལེན་པའི་ཕུང་པོ་ལྔ་ལ་གནས། སྒྲ་བརྙན་ལྷ་བུ་དང་། ཿཆུ་ཟླ་ལྷ་བུ་དང་།[༥] མིག་ཡོར་ལྷ་བུ་[༦]དང་། སྒྱུ་མ་ལྷ་བུ་དང་། སྨིག་[༧]རྒྱུ་ལྷ་བུ་དང་། ཿདྲི་ཟའི་གྲོང་ཁྱེར་ལྷ་བུ་དང་།[༨] སྤྲུལ་པ་ལྷ་བུའི་ཉེ་བར་ལེན་པའི་ཕུང་པོ་ལྔ་[༩]ལ་གནས་ཏེ། མཚན་ཉིད་མེད་པའི་བཟོད་པའི་ཕ་རོལ་ཏུ་ཕྱིན་པ་ཡོངས་སུ་རྫོགས་པར་བྱེད་དོ། །རབ་འབྱོར་ཇི་ལྟར་བྱང་ཆུབ་སེམས་དཔའ་སེམས་དཔའ་ཆེན་པོ་མཚན་ཉིད་མེད་པའི་ཆོས་རྣམས་ལ་གནས་ཤིང་། བཟོད་པའི་ཕ་རོལ་ཏུ་ཕྱིན་པ་ཡོངས་སུ་རྫོགས་པར་བྱེད་པ་ཡིན་ཞེ་ན། རབ་འབྱོར་འདི་ལ་བྱང་ཆུབ་སེམས་དཔའ་སེམས་དཔའ་ཆེན་པོ་བཟོད་པ་གཉིས་ཀྱིས། བཟོད་པའི་ཕ་རོལ་ཏུ་ཕྱིན་པ་ཡོངས་སུ་རྫོགས་པར་བྱེད་དེ། གཉིས་གང་ཞེ་ན། ཉམས་སུ་ལེན་པའི་བཟོད་པ་དང་། ཆོས་ཁོང་[༡༠]དུ་ཆུད་པའི་བཟོད་པའོ། །དེ་ལ་ཉམས་སུ་ལེན་པའི་བཟོད་པ་གང་ཞེ་ན། སེམས་དང་པོ་བསྐྱེད་པ་ནས་ཉེ་བར་བཟུང་སྟེ། སྙིང་པོ་བྱང་ཆུབ་ལ་འདུག་གི་བར་དུ། བྱང་ཆུབ་སེམས་དཔའ་སེམས་དཔའ་ཆེན་པོའི་དྲུང་དུ་གལ་ཏེ་སེམས་ཅན་ཐམས་ཅད་ཡང་དང་ཡང་འོངས་ཤིང་གཤེ་བའམ། མི་སྙན་པར་བརྗོད་[༡༡]ཅིང་མ་སླུས་པའི་ཚིག་བརླང་བ་[༡༢]ཟེར་བར་གྱུར་ཏམ། རྡོ་དབྱུག་དང་། མཚོན་ཆས་[༡༣]བརྡེགས་སམ། བཏབ་ཀྱང་དེ་ལ་བྱང་ཆུབ་སེམས་དཔའ་སེམས་དཔའ་ཆེན་པོ་བཟོད་པའི་ཕ་རོལ་ཏུ་ཕྱིན་པ་ཡོངས་སུ་རྫོགས་པར་འདོད་པས། སེམས་བསྐྱེད་པ་འགའ་ཙམ་[༡༤]ཡང་འཁྲུག་[༡༥]པ་དང་ལྡན་པའམ། གནོད་སེམས་དང་ལྡན་པ་བསྐྱེད་པར་མི་བྱ་སྟེ། ཕྱིར་སེམས་ཅན་དེ་དག་ལ་ཀྱེ་མ།

སེམས་ཅན་འདི་དག་ནི་ཉོན་མོངས་པའི་ནད་ཀྱིས་མནར་བ་སྟེ། འདི་དག་ལ····
བདག་གིས་སྡིག་[1]ཏོའི་སེམས་མྱི་སྐྱེད[2]ཀྱི། འདི་ནི་བདག་ཉིད་ཀྱིས་ཕུང་པོ་[3]
དཀྲར་གྱུར་པ་འདི་རྣམས་བླངས༔པའི་ལན་[4]ཏོ་ཞེས་དེ་དག་ལ་[5]ལྷག་པར་སྙིང་རྗེ་[6]
བསྐྱེད་པར་བྱའོ། །བྱམས་པ་དང་ལྡན་ཏེ། སྙིང་རྗེ་བར་གྱུར་ནས། རྣམ་པ་དེ་
ལྟར་རྟོག་པ་འདི་ནི་ཉམས་སུ་ལེན་པའི་བཟོད་པ་ཞེས་བྱའོ། །དེ་ལ་ཆོས་ཁོང་དུ་
ཆུད་པའི་བཟོད་པ་གང་ཞེ་ན། སེམས་ཅན་དེ་དག་ཀྱང་དོན་དམ་པར་དམྱིགས་
སུ་མྱེད་ན། བདག་ལ་གཤེ་བའམ[7]། མྱི་སྙན་པར་བརྗོད་[8]པའམ[9]། མ་སླས་
པའི་ཚིག་བརླང་པོ་[10]ཟེར་བའམ། རྡོ་དབྱུག་གིས་བརྡེག་[11]ཅིང་མཚོན་འདེབས་པ་
ལྟ་སུ་ཞིག་ཡོད་དེ། འདུ་བྱེད་ཐམས་ཅད་ནི་སྒྱུ་མ་ལྟ་བུ༔གསོབ་གསོག་[12]རག་ལུས་[13]
པ༑ ནམ་མཁའ་ལྟ་བུ་བདག་དང་སེམས་ཅན་དང་། སྲོག་དང་། འགྲོ་བ་
དང་༑ གསོ་[14]བ་དང་། སྐྱེས་བུ་དང་། གང་ཟག་དང་། ཤེད་ཅན་དང་།
ཤེད་བདག་དང་། ཐལ་བ་སྟེ། རྣམ་པར་རྟོག་པ་དེ་དག་ཐམས་ཅད་ནི་ཡོངས་
སུ་རྟོག་པ་ལས་བྱུང་བ་ཡིན་ན། བདག་[15]ལ་གཤེ་བ་དང་། མྱི་སྙན་པར་བརྗོད་[16]
པ་དང་། ༔མ་སླས་པའི་[17]ཚིག་བརླང་བར་[18]ཟེར་བ་དང་། རྡོ་དབྱུག་གིས་རྡེག་[19]
ཅིང་མཚོན་འདེབས་པ་ལྟ་སུ་ཞིག་ཡོད༔དོ། །[20]བདག་གིས་ངོ་བོ་ཉིད་སྟོང་པ་ཉིད་
དང༑ དོན་དམ་པ་སྟོང་པ་ཉིད་ཉེ་བར་བཟུང་སྟེ། དེ་ལྟར་རྣམ་པར་བརྟག་
པར་མྱི་བྱའོ་ཞེས་བྱ་བ་འདི་ནི་ཆོས་ཁོང་དུ་ཆུད་པའི་བཟོད་པ་ཞེས་བྱ་སྟེ། དེ་དེ་
ལྟར་ཡོངས་སུ་རྟོག་ཅིང་། བཟོད་པའི་ཕ་རོལ་ཏུ་ཕྱིན་པ་ཡོངས་སུ་རྫོགས་པར་
བྱེད་དེ། དེ་བཟོད་པའི་ཕ་རོལ་ཏུ་ཕྱིན་པ་ཡོངས་སུ་རྫོགས་པ་དེས་མྱི་སྐྱེ་བའི་ཆོས་
ལ་བཟོད་པ་འཐོབ་བོ། །རབ་འབྱོར་ཀྱིས་གསོལ་པ། བཅོམ་ལྡན་འདས་མྱི་སྐྱེ་
བའི་ཆོས་ལ་བཟོད་པ་ཞེས་བགྱི་བ་ནི་གང་ལགས། དེ་ལ་སྤངས་པ་ནི་ཅི་མཆིས།

ཡེ་ཤེས་ནི་ཅི་མཆིས། བཅོམ་ལྡན་འདས་ཀྱིས་བཀའ་སྩལ་པ། རབ་འབྱོར་ཆོས་གང་ལ་རྡུལ་ཙམ་ཡང་སྐྱེ་བ་མེད་པ་དེ་ནི་མི་སྐྱེ་བའོ། །དེ་གང་གིས་ཤེས་པ་དེ་ནི་བཟོད་པ་ཞེས་བྱ་སྟེ། ཤེས་པ་དེས་མི་སྐྱེ་བའི་ཆོས་ལ་བཟོད་པ་འཐོབ་བོ། །གསོལ་པ། བཅོམ་ལྡན་འདས་ཉན་ཐོས་རྣམས་དང་། རང་སངས་རྒྱས་རྣམས་ཀྱི་མི་སྐྱེ་བའི་ཆོས་ལ་བཟོད་པ་གང་ལགས་པ་དང་། བྱང་ཆུབ་སེམས་དཔའ་སེམས་དཔའ་ཆེན་པོའི་མི་སྐྱེ་བའི་ཆོས་ལ་བཟོད་པ་གང་ལགས་པའི་བཟོད་པ་དེ་དག་ལ་བྱེ་བྲག་ཏུ་བགྱི་བ་ཅི་མཆིས། བཅོམ་ལྡན་འདས་ཀྱིས་བཀའ་སྩལ་པ། རབ་འབྱོར་རྒྱུན་དུ་ཞུགས་པའི་ཤེས་པ་གང་ཡིན་པ་དང་། ཿསྤང་བ་[1]གང་ཡིན་པ་དེ་ནི། བྱང་ཆུབ་སེམས་དཔའ་སེམས་དཔའ་ཆེན་པོའི་བཟོད་པའོ། །ལན་ཅིག་ཕྱིར་འོང་བའི་ཤེས་པ་གང་ཡིན་པ་དང་། ཿསྤང་བ་[2]གང་ཡིན་པ་དེ་ནི་བྱང་ཆུབ་སེམས་དཔའ་སེམས་དཔའ་ཆེན་པོའི་བཟོད་པའོ། །ཕྱིར་མི་འོང་བའི་ཤེས་པ་གང་ཡིན་པ་དང་། ཿསྤང་བ་[3]གང་ཡིན་པ་དེ་ནི། བྱང་ཆུབ་སེམས་དཔའ་སེམས་དཔའ་ཆེན་པོའི་བཟོད་པའོ། །དགྲ་བཅོམ་པའི་ཤེས་པ་གང་ཡིན་པ་དང་། ཿསྤང་བ་[4]གང་ཡིན་པ་དེ་ནི་བྱང་ཆུབ་སེམས་དཔའ་སེམས་དཔའ་ཆེན་པོའི་བཟོད་པའོ། །རང་སངས་རྒྱས་ཀྱི་ཤེས་པ་གང་ཡིན་པ་དང་། ཿསྤང་བ་[5]གང་ཡིན་པ་དེ་ནི་བྱང་ཆུབ་སེམས་དཔའ་སེམས་དཔའ་ཆེན་པོའི་བཟོད་པ་སྟེ། རབ་འབྱོར་དེ་ནི་ཉན་ཐོས་དང་། རང་སངས་རྒྱས་ཀྱི་བཟོད་པ་དང་། བྱང་ཆུབ་སེམས་དཔའི་[6]བཟོད་པའི་བྱེ་བྲག་ཡིན་ནོ། །རབ་འབྱོར་བྱང་ཆུབ་སེམས་དཔའ་སེམས་དཔའ་ཆེན་པོ་དེ་ནི་བཟོད་པ་དེ་ལྟ་བུ་དང་ལྡན་པས་ཉན་ཐོས་དང་། རང་སངས་རྒྱས་ཐམས་ཅད་ཟིལ་གྱིས་གནོན་ཏེ། དེ་རྣམ་པར་སྨིན་པ་ལས་བྱུང་བའི་མི་སྐྱེ་བའི་ཆོས་ཀྱི་བཟོད་པ་ལ་གནས་ཏེ། བྱང་ཆུབ་སེམས་དཔའི་ལམ་ལ་སྤྱོད་ཅིང་།

ལམ་གྱི་རྣམ་པར་ཤེས་པ་ཉིད་ཡོངས་སུ་རྫོགས་པར་བྱེད་དེ། དེ་ཡོངས་སུ་རྫོགས་པས༔ བྱང་ཆུབ་ཀྱིཿ ཕྱོགས་ཀྱི་[༡]ཆོས་སུམ་ཅུ་[༢]རྩ་བདུན་དང་། སྟོང་པ་ཉིད་དང་༔ མཚན་མ་མེད་པ་དང་། སྨོན་པ་མེད་པའི་ཏིང་ངེ་འཛིན་རྣམས་དང་མི་འབྲལ་བ་ཡིན། དེ་མངོན་པར་ཤེས་པ་ལྔ་དང་མི་འབྲལ་བ་ཡིན། དེ་མངོན་པར་ཤེས་པ་རྣམས་དང་མི་འབྲལ་བས། སེམས་ཅན་རྣམས་ཡོངས་སུ་སྨིན་པར་བྱེད་པ་ཡིན། སངས་རྒྱས་ཀྱི་ཞིང་ཡོངས་སུ་དག་པར་བྱེད་པ་ཡིན། དེ་སེམས་ཅན་རྣམས་ཡོངས་སུ་སྨིན་པར་བྱས། སངས་རྒྱས་ཀྱི་ཞིང་ཡོངས་སུ་དག་པར་བྱས་ནས༔ སྐད་ཅིག་གཅིག་[༣]དང་ལྡན་པའི་ཤེས་རབ་ཀྱིས་རྣམ་པ་ཐམས་ཅད་མཁྱེན་པ་ཉིད་ཐོབ་པར་བྱེད་དེ། རབ་འབྱོར་དེ་ལྟར་ན། བྱང་ཆུབ་སེམས་དཔའ་སེམས་དཔའ་ཆེན་པོ་ཤེས་རབ་ཀྱི་ཕ་རོལ་ཏུ་ཕྱིན་པ་ལ་སྤྱོད་པའི་ཚེ། མཚན་ཉིད་མེད་པའི་[༤]བཟོད་པའི་ཕ་རོལ་ཏུ་ཕྱིན་པ་ཡོངས་སུ་རྫོགས་པར་བྱེད་དོ། །རབ་འབྱོར་གཞན་ཡང་། བྱང་ཆུབ་སེམས་དཔའ་སེམས་དཔའ་ཆེན་པོ་ཤེས་རབ་ཀྱི་ཕ་རོལ་ཏུ་ཕྱིན་པ་ལ་སྤྱོད་པའི་ཚེ། རྨི་[༥]ལམ་ལྟ་བུའི་ཉེ་བར་ལེན་པའི་ཕུང་པོ་ལྔ་ལ་གནས༔ སྒྲ་བརྙན་ལྟ་བུ་དང་། ཿཆུ་ཟླ་ལྟ་བུ་དང་།[༦] མིག་ཡོར་ལྟ་བུ་དང་། སྒྱུ་མ་ལྟ་བུ་དང་། སྨིག་རྒྱུ་ལྟ་བུ་དང་། ཿདྲི་ཟའི་གྲོང་ཁྱེར་ལྟ་བུ་དང་།[༧] སྤྲུལ་པ་ལྟ་བུའི་ཉེ་བར་[༨]ལེན་པའི་ཕུང་པོ་ལྔ་ལ་གནས་ཤིང་། ལུས་དང་སེམས་ཀྱི་བརྩོན་འགྲུས་རྩོམ་མོ། །དེ་ལུས་ཀྱི་བརྩོན་འགྲུས་ཀྱིས་[༩]རྫུ་འཕྲུལ། མངོན་པར་སྒྲུབ་སྟེ། ཕྱོགས་དང་ཕྱོགས་མཚམས་ཐམས་ཅད་ཀྱི་[༡༠]འཇིག་རྟེན་གྱི་ཁམས་དག་ཏུ་སོང་ནས། སངས་རྒྱས་བཅོམ་ལྡན་འདས་རྣམས་ལ་བསྙེན་བཀུར་བྱེད་ཅིང་། སེམས་ཅན་རྣམས་ཀྱི་དོན་བྱེད་དོ། །སངས་རྒྱས་ཀྱི་ཞིང་ཡོངས་སུ་དག་པར་བྱེད་དོ༔ །དེ་ལུས་ཀྱི་བརྩོན་འགྲུས་དེས་སེམས་ཅན་རྣམས་ཡོངས་སུ་སྨིན་པར་བྱས་

ནས༔ ཐེག་པ་གསུམ་ལ་འཇུད་ཅིང་རབ་ཏུ་འགོདཿ དོ། །[1]རབ་འབྱོར་དེ་ལྟར་ན། བྱང་ཆུབ་སེམས་དཔའ་སེམས་དཔའ་ཆེན་པོ། ཤེས་རབ་ཀྱི་ཕ་རོལ་ཏུ་ཕྱིན་པ་ལ་སྤྱོད་པའི་ཚེ། མཚན་ཉིད་མེད་པའི་བརྩོན་འགྲུས་ཀྱི་ཕ་རོལ་ཏུ་ཕྱིན་པ་ཡོངས་སུ་རྫོགས་པར་བྱེད་དོ། །དེ་[2]སེམས་ཀྱི་བརྩོན་འགྲུས་ཟག་པ་མེད་པ། ལམ་[3]གྱི་ཡན་ལག་ཏུ་གྱུར་པ། ལམ་གྱི་ཁོངས་སུ་ཆུད་པས། བརྩོན་འགྲུས་ཀྱི་ཕ་རོལ་ཏུ་ཕྱིན་[4]པ་གང་དུ་དགེ་བའི་ཆོས་ཐམས་ཅད་འདི་ལྟ་སྟེ། དྲན་པ་ཉེ་བར་གཞག་པ་བཞི་དང་། ཡང་དག་པར་སྤོང་བ་བཞི་དང་། རྫུ་འཕྲུལ་གྱི་རྐང་པ་བཞི་དང་། དབང་པོ་ལྔ་དང་། སྟོབས་ལྔ་དང་། བྱང་ཆུབ་ཀྱི་ཡན་ལག་བདུན་དང་། འཕགས་པའི་ལམ་ཡན་ལག་བརྒྱད་པ་དང་། རྣམ་པར་ཐར་པའི་སྒོ་གསུམ་དང་། བསམ་[5]གཏན་བཞི་དང་། ཚད་མེད་པ་བཞི་དང་། གཟུགས་མེད་པའི་སྙོམས་པར་འཇུག་པ་བཞི་དང་། རྣམ་པར་ཐར་པ་བརྒྱད་དང་། མཐར་གྱིས་གནས་པའི་སྙོམས་པར་འཇུག་པ་དགུ་དང་། དེ་བཞིན་གཤེགས་པའི་སྟོབས་བཅུ་དང་། མི་འཇིགས་[6]པ་བཞི་[7]དང་། སོ་སོ་ཡང་དག་པར་རིག་པ་བཞི་དང་། བྱམས་པ་ཆེན་པོ་དང་། སྙིང་རྗེ་ཆེན་པོ་དང་། སངས་རྒྱས་ཀྱི་ཆོས་མ་འདྲེས་པ་བཅོ་བརྒྱད་ཡོངས་སུཿ འདུས་པ་ཡོངས་སུ་[8]རྫོགས་པར་བྱེད་དེ། དེ་ལ་སྤྱོད་ཅིང་བྱང་ཆུབ་སེམས་དཔའ་སེམས་དཔའ་ཆེན་པོ། རྣམ་པ་ཐམས་ཅད་མཁྱེན་པ་ཉིད······ཡོངས་སུ་རྫོགས་པར་བྱེདཿ དོ། །[9]དེ་ཡོངས་སུ་རྫོགས་པས། བག་ཆགས་ཀྱི······མཚམས་སྦྱོར་བ་ཐམས་ཅད་སྤངས་པར་འགྱུར་རོ། །བག་ཆགས་ཀྱི་མཚམས་སྦྱོར་བ་ཐམས་ཅད་སྤངས་ནས། མཚན་ཕུན་སུམ་ཚོགས་པ་ཡོངས་སུ་རྫོགས་པར་བྱེད་དོ༔ །ཀུན་ཏུ་སྣང་བ་ཐོབ་པར་བྱས་ནས། ཆོས་ཀྱི་འཁོར་ལོ་རྣམ་པ་བཅུ་གཉིས་རྒྱུད་གསུམ་དུ་བསྐོར་[10]བསྐོར་བར་འགྱུར་རོ། །དེ་བསྐོར་བས་སྟོང་གསུམ་གྱི་སྟོང་

ཆེན་པོའི་འཇིག་རྟེན་གྱི་ཁམས་རྣམ་པ་དྲུག་ཏུ་གཡོ་བ་དང་། རབ་ཏུ་གཡོ་བ་དང་། ཀུན་ནས་གཡོ་(༡)བ་དང་། འགུལ་བ་དང་། རབ་ཏུ་འགུལ་བ་དང་། ཀུན་ནས་འགུལ་བ་དང་། ལྡིག་པ་དང་། རབ་ཏུ་ལྡིག་པ་དང་། ཀུན་ནས་ལྡིག་པར་འགྱུར་ཏེ། སྟོང་གསུམ་གྱི་སྟོང་ཆེན་པོའི་འཇིག་རྟེན་གྱི་ཁམས་ཐམས་ཅད་ཀྱང་སྣང་བ་ཆེན་པོས་ཁྱབ་པར་གང་བར་འགྱུར་རོ(༢)། །དེ་བཞིན་གཤེགས་པ་དགྲ་བཅོམ་པ་ཡང་དག་པར་རྫོགས་པའི་སངས་རྒྱས་དེའི་སྒྲ་གང་དུ་བྱུང་ཞིང་(༣)དབྱངས་གྲག་(༤)པར༔གྱུར་པའི་(༥)སྒྲ་དེ་སྟོང་གསུམ་གྱི་སྟོང་ཆེན་པོའི་འཇིག་རྟེན་གྱི་ཁམས་ཀྱི་སེམས་ཅན་གང་ཇི་སྙེད་ཀྱིས་(༦)ཐོས་པ་དེ་ཐམས་ཅད་ཐེག་པ་གསུམ་ལ་ངེས་པར་འགྱུར་ཏེ། རབ་འབྱོར་དེ་ལྟར་ཕན་པ་ཆེན་པོ་དང་(༧)ལྡན་པ་ནི། བྱང་ཆུབ་སེམས་དཔའ་སེམས་དཔའ་ཆེན་པོའི་བརྩོན་འགྲུས་ཀྱི་ཕ་རོལ་ཏུ་ཕྱིན་པ་སྟེ། བརྩོན་འགྲུས་ཀྱི་ཕ་རོལ་ཏུ་ཕྱིན་པ་ལ་གནས་ཏེ། བྱང་ཆུབ་སེམས་དཔའ་སེམས་དཔའ་ཆེན་པོས། སངས་རྒྱས་ཀྱི་ཆོས་ཐམས་ཅད་ཡོངས་སུ་རྫོགས་པར་བྱའོ། །རྣམ་པ་ཐམས་ཅད་མཁྱེན་པ་ཉིད་ཐོབ་པར་བྱའོ། །རབ་འབྱོར་གཞན་ཡང་བྱང་ཆུབ་སེམས་དཔའ་སེམས་དཔའ་ཆེན་པོ། ཤེས་རབ་ཀྱི་ཕ་རོལ་ཏུ་ཕྱིན་པ་ལ་སྤྱོད་པའི་ཚེ། རྒྱི་ལམ་ལྟ་བུའི་ཉེ་བར་ལེན་པའི་ཕུང་པོ་ལྔ་ལ་གནས། སྒྲ་བརྙན་ལྟ་བུ་དང་། མིག་ཡོར་ལྟ་བུ་དང་། སྒྱུ་མ་ལྟ་བུ་དང་། སྨིག་རྒྱུ་ལྟ་བུ་དང་། ༔ཆུ་ཟླ་ལྟ་བུ་དང་།(༨) སྤྲུལ་པ་ལྟ་བུའི་ཉེ་བར་ལེན་པའི་ཕུང་པོ་ལྔ་ལ་གནས་ཤིང་། ཏིང་ངེ་འཛིན་གྱི་ཕ་རོལ་ཏུ་ཕྱིན་པ་ཡོངས་སུ་རྫོགས་པར་བྱེད་དོ། །རབ་འབྱོར་ཇི་ལྟར་ན་བྱང་ཆུབ་སེམས་དཔའ་སེམས་དཔའ་ཆེན་པོ་ཤེས་རབ་ཀྱི་ཕ་རོལ་ཏུ་ཕྱིན་པ་ལ་སྤྱོད་པའི་ཚེ། རྨི་(༩)ལམ་ལྟ་བུའི་ཉེ་བར་ལེན་པའི་ཕུང་པོ་ལྔ་ལ་གནས། སྒྲ་(༡༠)བརྙན་ལྟ་བུ་དང་། མིག་ཡོར་ལྟ་བུ་དང་། སྒྱུ་མ་ལྟ་བུ་དང་། སྨིག་རྒྱུ་ལྟ་བུ་

དང་། ཆུ་ཟླ་ལྟ་བུ་དང་།[༡] སྒྱུ་མ་ལྟ་བུའི་ཉེ་བར་ལེན་པའི་ཕུང་པོ་ལྔ་ལ་གནས་ཤིང་། ཏིང་ངེ་འཛིན་གྱི[༢]ཕ་རོལ་ཏུ་ཕྱིན་པ་ཡོངས་སུ་རྫོགས་པར་བྱེད་པ་ཡིན་ཞེ་ན། རབ་འབྱོར་འདི་ལ་བྱང་ཆུབ་སེམས་དཔའ་སེམས་དཔའ་ཆེན་པོ། བསམ་གཏན་དང་པོ་ལ་ཉེ་བར་བསྒྲུབས་ཏེ་གནས་སོ། །བསམ་གཏན་གཉིས་པ་ལ་ཉེ་བར་བསྒྲུབས[༣]ཏེ་གནས་སོ། །བསམ་གཏན་གསུམ་པ་ལ་ཉེ་བར་བསྒྲུབས་ཏེ་གནས་སོ། །བསམ་གཏན་བཞི་པ་ལ་ཉེ་བར[༤]བསྒྲུབས་ཏེ་གནས་སོ། །བྱམས་པ་ལ་ཉེ་བར་བསྒྲུབས་ཏེ་གནས་སོ། །སྙིང་རྗེ་ཆེན་པོ[༥]ལ་ཉེ་བར་བསྒྲུབས་ཏེ་གནས་སོ། །དགའ་བ་ལ་ཉེ་བར་བསྒྲུབས་ཏེ་གནས་སོ། །བཏང[༦]སྙོམས་ལ་ཉེ་བར་བསྒྲུབས་ཏེ་གནས་སོ། །ནམ་མཁའ་མཐའ་ཡས་སྐྱེ་མཆེད་ལ་ཉེ་བར་བསྒྲུབས་ཏེ་གནས་སོ། །རྣམ་ཤེས་མཐའ་ཡས་སྐྱེ་མཆེད་ལ་ཉེ་བར་བསྒྲུབས་ཏེ་གནས་སོ། །ཆུང་ཟད་མེད་པའི་སྐྱེ་མཆེད་ལ་ཉེ་བར་བསྒྲུབས་ཏེ་གནས་སོ། །འདུ་ཤེས་མེད་འདུ་ཤེས་མེད་མིན་སྐྱེ་མཆེད་ལ་ཉེ་བར་བསྒྲུབས་ཏེ་གནས་སོ། །སྟོང་པ་ཉིད་དང་། མཚན་མ་མེད་པ་དང་། སྨོན་པ་མེད་པའི་ཏིང་ངེ་འཛིན་སྙོམ་སོ། །སྒྱིག་ལྟ་བུའི་ཏིང་ངེ་འཛིན་སྙོམ་སོ། །ཡང་དག་པའི་ཏིང་ངེ་འཛིན་སྙོམ་སོ། །རྡོ་རྗེ་ལྟ་བུའི་ཏིང་ངེ་འཛིན་ལ་གནས་ཤིང[༧]། དེ་བཞིན་གཤེགས་པའི་ཏིང་ངེ་འཛིན་མ་གཏོགས་པར་ཉན་ཐོས་དང་ཐུན་མོང་བའམ། རང[༨]སངས་རྒྱས[༩]དང་ཐུན་མོང་པའི་ཏིང་ངེ་འཛིན་གང་ཇི་སྙེད་པ་དང་། གཞན་ཡང་ཏིང་ངེ་འཛིན་དང་། སྙོམས་པར་འཇུག་པའི་ཚོགས་གང་ཇི་སྙེད་པ་དེ་དག་ཐམས་ཅད་ལུས་ཀྱིས་ཁྱབ་པར་བྱས་ཤིང་། ཉེ་བར་བསྒྲུབས་ཏེ་གནས་ཀྱང་། ཏིང་ངེ་འཛིན་དེ་དག་དང[༡༠]། སྙོམས་པར་འཇུག་པའི་འབྲས་བུའི་རོ་མྱོང་བར[༡༡]མི་བྱེད་དོ། །དེ་ཅིའི་ཕྱིར་ཞེ་ན། དེ་ནི་འདི་ལྟར་བྱང་ཆུབ་སེམས་དཔའ……

སེམས་དཔའ་ཆེན་པོ་དེས། ཏིང་ངེ་འཛིན་དེ་དག་གི་(༡)མཚན་ཉིད་མེད་པ་དང་། དངོས་པོ་མེད་པའི་ངོ་བོ་ཉིད་དུ་ཤེས་པས་ན། མཚན་ཉིད་མེད་པའི་ཆོས་མཚན་ཉིད་མེད་པའི་ཆོས་ཀྱི་རོ་མྱོང་བར་བྱེད་པར་ཡང་ག་ལ་འགྱུར། དངོས་པོ་མེད……པའི་ཆོས་ཀྱང་དངོས་པོ་མེད་པའི་ཆོས་ཀྱི་(༢)རོ་མྱོང་བར་བྱེད་པ་(༣)ག་ལ་འགྱུར་ཏེ། དེ་(༤)རོ་མྱོང་བར་བྱེད་པ་མེད་པས། ཏིང་ངེ་འཛིན་གང་གིས་(༥)དབང་གིས་ཀྱང་གཟུགས་ཀྱི་ཁམས་སམ། གཟུགས་མེད་པའི་ཁམས་སུ་སྐྱེ་བར་མི་འགྱུར་རོ། །དེ་ཅིའི་ཕྱིར་ཞེ་ན། འདི་ལྟར་དེས་ཁམས་དེ་གཉིས་ཀྱང་མི་དམིགས། གང་སྙོམས་པར་འཇུག་པ་དང་། གང་གིས་སྙོམས་པར་འཇུག་པ་དེ་ཡང་མི་དམིགས་སོ། །དེ་མི་དམིགས་པས་མཚན་ཉིད་མེད་པའི་ཏིང་ངེ་འཛིན་གྱི་ཕ་རོལད་ཏུ་ཕྱིནད་པ……ཡོངས་སུ་རྫོགས་པར་བྱེད་དོ། །ཏིང་ངེ་འཛིན་གྱི་ཕ་རོལ་ཏུ་ཕྱིན་པ་དེས། ཉན་ཐོས་དང་རང་སངས་རྒྱས་ཀྱི་ས་ལས་ཡོངས་སུ་འདའོ། །རབ་འབྱོར་གྱིས་གསོལ་པ། བཅོམ་ལྡན་འདས་ཇི་ལྟར་ན། བྱང་ཆུབ་སེམས་དཔའ་སེམས་དཔའ་ཆེན་པོ་(༦)ཏིང་ངེ་འཛིན་གྱི་ཕ་རོལ་ཏུ་ཕྱིན་པ་ཡོངས་སུ་རྫོགས་པར་བགྱིས་ཤིང་། ཉན་ཐོས་དང་རང་སངས་རྒྱས་ཀྱི་ས་ལས་ཡོངས་སུ་འདའ་བ་ལགས། བཅོམ་ལྡན……འདས་ཀྱིས་བཀའ་སྩལ་པ། རབ་འབྱོར་དེ་ནི་འདི་ལྟར་བྱང་ཆུབ་སེམས་དཔའ་སེམས་དཔའ་ཆེན་པོས། ནང་སྟོང་པ་ཉིད་ལ་ཤིན་ཏུ་བསླབས་(༧)པ་དང་། ཕྱི་སྟོང་པ་ཉིད་ལ་ཤིན་ཏུ་བསླབས་(༨)པ་དང་། ཕྱི་ནང་སྟོང་པ་ཉིད་ལ་ཤིན་ཏུ……བསླབས་(༩)པ་དང་། སྟོང་པ་ཉིད་སྟོང་པ་ཉིད་ལ་ཤིན་ཏུ་བསླབས་(༡༠)པ་དང་། ཆེན་པོ་སྟོང་པ་ཉིད་ལ་ཤིན་ཏུ་བསླབས་(༡༡)པ་དང་། དོན་དམ་པ་སྟོང་པ་ཉིད་ལ་ཤིན་ཏུ་བསླབས་(༡༢)པ་དང་། འདུས་བྱས་སྟོང་པ་ཉིད་ལ་ཤིན་ཏུ་བསླབས་(༡༣)པ……དང་། འདུས་མ་བྱས་སྟོང་པ་ཉིད་ལ་ཤིན་ཏུ་བསླབས་(༡༤)པ་དང་། མཐའ་ལས་

འདས་པ་སྟོང་པ་ཉིད་ལ་ཞེན་ཏུ་བསླབས་[༡]པ་དང་། ཐོག་མ་དང་ཐ་མ་མེད་པ་སྟོང་པ་ཉིད་ལ་ཞེན་ཏུ་བསླབས་[༢]པ་དང་། དོར་བ་མེད་པ་སྟོང་པ་ཉིད་ལ་ཞེན་ཏུ་བསླབས་[༣]པ་དང་། རང་བཞིན་སྟོང་པ་ཉིད་ལ་ཞེན་ཏུ་བསླབས་[༤]པ་དང་། ཆོས་ཐམས་ཅད་སྟོང་པ་ཉིད་ལ་ཞེན་ཏུ་བསླབས་[༥]པ་དང་། རང་གི་མཚན་ཉིད་སྟོང་པ་ཉིད་ལ་ཞེན་ཏུ་བསླབས་[༦]པ་དང་། མི་དམིགས་པ་སྟོང་པ་ཉིད་[༧]ལ་ཞེན་ཏུ་བསླབས་[༨]པ་དང་། དངོས་པོ་མེད་པ་སྟོང་པ་ཉིད་ལ་ཞེན་ཏུ་བསླབས་[༩]པ་དང་ངོ་བོ་ཉིད་སྟོང་པ་ཉིད་ལ་ཞེན་ཏུ་བསླབས་[༡༠]པ་དང་། དངོས་པོ་མེད་པའི་ངོ་བོ་ཉིད་སྟོང་པ་ཉིད་ལ་ཞེན་ཏུ་བསླབས་པའི་ཕྱིར་ཏེ[༡༡]། སྟོང་པ་ཉིད་འདི་དག་ལ་ནི་རྒྱུན་ཏུ་ཞུགས་པའི་འབྲས་བུའམ། ལན་ཅིག་ཕྱིར་འོང་བའི་འབྲས་བུའམ། ཕྱིར་མི་འོང་བའི་འབྲས་བུའམ། དགྲ་བཅོམ་པ་ཉིད་དམ། རང་བྱང་ཆུབ་བམ། གང་ལ་གནས་པར་བྱ་བའི་[༡༢]ཆོས་དེ་ལྟ་བུ་གང་ཡང་མི་དམིགས་ཏེ། རྣམ་པ……ཐམས་ཅད་མཁྱེན་པ་ཉིད་ཅེས་བྱ་བ་དེ་ཡང་སྟོང་པ་ཉིད་རྣམས་ཀྱིས་སྟོང་སྟེ། སྟོང་པ་ཉིད་དེ་དག་གིས་བྱང་ཆུབ་སེམས་དཔའ་སེམས་དཔའ་ཆེན་པོ་ཉན་ཐོས……དང་རང་སངས་རྒྱས་ཀྱི་ས་ལས་[༡༣]ཞེན་ཏུ་འདས་ནས། བྱང་ཆུབ་སེམས་དཔའི……སྐྱོན་མེད་པར་འཇུག་གོ། །གསོལ་པ། བཅོམ་ལྡན་འདས་བྱང་ཆུབ་སེམས་དཔའ་སེམས་དཔའ་ཆེན་པོའི་སྐྱོན་ནི་གང་ལགས། སྐྱོན་མ་མཆིས་པ་ནི་གང……ལགས། བཅོམ་ལྡན་འདས་ཀྱིས་བཀའ་སྩལ་པ། རབ་འབྱོར་དམིགས་པ་ཐམས་ཅད་ནི། བྱང་ཆུབ་སེམས་དཔའ་སེམས་དཔའ་ཆེན་པོའི་སྐྱོན་ནོ། །མི་དམིགས་པ་ཐམས་ཅད་ནི་སྐྱོན་མེད་པའོ། །གསོལ་པ། བཅོམ་ལྡན་འདས་དམིགས་པ་ནི་གང་ལགས[༡༤]། མི་དམིགས་པ་ནི་གང་ལགས། བཅོམ་ལྡན་འདས་ཀྱིས་བཀའ་སྩལ་པ། རབ་འབྱོར་གཟུགས་ནི་བྱང་ཆུབ་སེམས་དཔའ་སེམས་དཔའ་ཆེན་པོའི་

དམིགས་པའོ། །རབ་འབྱོར་ཚོར་བ་ནི་བྱང་ཆུབ་སེམས་དཔའ་སེམས་དཔའ་ཆེན་པོའི་དམིགས་པའོ། །རབ་འབྱོར་འདུ་ཤེས་ནི་བྱང་ཆུབ་སེམས་དཔའ་སེམས་དཔའ་ཆེན་པོའི་དམིགས་པའོ། །རབ་འབྱོར་འདུ་བྱེད་ནི་བྱང་ཆུབ་སེམས་དཔའ་སེམས་དཔའ་ཆེན་པོའི་དམིགས་པའོ། །རབ་འབྱོར་རྣམ་པར་ཤེས་པ་ནི་བྱང་ཆུབ་སེམས་དཔའ་སེམས་དཔའ་ཆེན་པོའི་དམིགས་པའོ། །[7]མིག་དང་གཟུགས་ནི་བྱང་ཆུབ་སེམས་དཔའ་སེམས་དཔའ་ཆེན་པོའི་དམིགས་པའོ། །རྣ་བ་དང་སྒྲ་ནི་བྱང་ཆུབ་སེམས་དཔའ་སེམས་དཔའ་ཆེན་པོའི་དམིགས་པའོ། །སྣ་དང་དྲི་ནི་བྱང་ཆུབ་སེམས་དཔའ་སེམས་དཔའ་ཆེན་པོའི་དམིགས་པའོ། །ལྕེ་དང་རོ་ནི་བྱང་ཆུབ་སེམས་དཔའ་སེམས་དཔའ་ཆེན་པོའི་དམིགས་པའོ། །ལུས་དང་རེག་བྱ་ནི་བྱང་ཆུབ་སེམས་དཔའ་སེམས་དཔའ་ཆེན་པོའི་དམིགས་པའོ། །ཡིད་དང་ཆོས་ནི་བྱང་ཆུབ་སེམས་དཔའ་སེམས་དཔའ་ཆེན་པོའི་དམིགས་པའོ། །མིག་གི་རྣམ་པར་ཤེས་པ་ནི་དམིགས་པའོ། །མིག་གི་འདུས་ཏེ་རེག་པ་ནི་དམིགས་པའོ། །མིག་གི་འདུས་ཏེ་རེག་པའི་རྐྱེན་གྱིས་ཚོར་བ་ནི་དམིགས་པའོ། །རྣ་བའི་རྣམ་པར་ཤེས་པ་ནི་དམིགས་པའོ། །རྣ་བའི་འདུས་ཏེ་རེག་པ་ནི་དམིགས་པའོ། །རྣ་བའི་འདུས་ཏེ་རེག་པའི་རྐྱེན་གྱིས་ཚོར་བ་ནི་དམིགས་པའོ། །སྣའི་རྣམ་པར་ཤེས་པ་ནི་དམིགས་པའོ། །སྣའི་འདུས་ཏེ་རེག་པ་ནི་དམིགས་པའོ། །སྣའི་འདུས་ཏེ་རེག་པའི་རྐྱེན་གྱིས་ཚོར་བ་ནི་དམིགས་པའོ། །ལྕེའི་རྣམ་པར་ཤེས་པ་ནི་དམིགས་པའོ། །ལྕེའི་འདུས་ཏེ་རེག་པ་ནི་དམིགས་པའོ། །ལྕེའི་འདུས་ཏེ་རེག་པའི་རྐྱེན་གྱིས་ཚོར་བ་ནི་དམིགས་པའོ། །ལུས་ཀྱི་རྣམ་པར་ཤེས་པ་ནི་དམིགས་པའོ། །ལུས་ཀྱི་འདུས་ཏེ་རེག་པ་ནི་དམིགས་པའོ། །ལུས་ཀྱི་འདུས་ཏེ་རེག་པའི་རྐྱེན་གྱིས་ཚོར་བ་ནི་དམིགས་པའོ། །ཡིད་ཀྱི་རྣམ་པར་ཤེས་པ་ནི་དམིགས་པའོ། །ཡིད་ཀྱི་འདུས་

ཏེ་རེག་པ་ནི་དམིགས་པའོ། །ཡིད་ཀྱི་འདུས་ཏེ་རེག་པའི་རྐྱེན་གྱིས་ཚོར་བ་ནི····དམིགས་པའོ། །སའི་ཁམས་ནི་དམིགས་པའོ། །ཆུའི་ཁམས་ནི་དམིགས་པའོ། །མེའི་ཁམས་ནི་དམིགས་པའོ། །རླུང་གི་ཁམས་ནི་དམིགས་པའོ། །ནམ་མཁའི་ཁམས་ནི་དམིགས་པའོ། །རྣམ་པར་ཤེས་པའི་ཁམས་ནི་དམིགས་པའོ། །མ་རིག་པ་ནི་དམིགས་པའོ། །འདུ་བྱེད་ནི་དམིགས་པའོ། །རྣམ་པར་ཤེས་པ་ནི·····དམིགས་པའོ། །མིང་དང་གཟུགས་ནི་དམིགས་པའོ། །སྐྱེ་མཆེད་དྲུག་ནི····དམིགས་པའོ། །རེག་པ་ནི་དམིགས་པའོ། །ཚོར་བ་ནི་དམིགས་པའོ། །སྲིད་པ་ནི་དམིགས་པའོ། །ལེན་པ་ནི་དམིགས་པའོ། །སྲིད་པ་ནི་དམིགས་པའོ། །སྐྱེ་བ་ནི་དམིགས་པའོ། །རྒ་ཤི་ནི་དམིགས་པའོ། །སྦྱིན་པའི་ཕ་རོལ་ཏུ་ཕྱིན་པ་ནི་དམིགས་པའོ། །ཚུལ་ཁྲིམས་ཀྱི་ཕ་རོལ་ཏུ་ཕྱིན་པ་ནི་དམིགས་པའོ། །བཟོད་པའི་ཕ་རོལ་ཏུ་ཕྱིན་པ་ནི་དམིགས་པའོ། །བརྩོན་འགྲུས་ཀྱི་ཕ་རོལ་ཏུ་ཕྱིན་པ་ནི་དམིགས་པའོ། །བསམ་གཏན་གྱི་ཕ་རོལ་ཏུ་ཕྱིན་པ་ནི་དམིགས་པའོ[1]། །ཤེས་རབ་ཀྱི་ཕ་རོལ་ཏུ་ཕྱིན་པ་ནི་དམིགས་པའོ[2]། །ནང་སྟོང་པ་ཉིད་ནི་དམིགས་པའོ། །ཕྱི་སྟོང་པ་ཉིད་ནི་དམིགས་པའོ། །ཕྱི་ནང་སྟོང་པ་ཉིད་ནི་དམིགས་པའོ། །སྟོང་པ་ཉིད་སྟོང་པ་ཉིད་ནི་དམིགས་པའོ། །ཆེན་པོ་སྟོང་པ་ཉིད་ནི་དམིགས་པའོ། །དོན་དམ་པ་སྟོང་པ་ཉིད་ནི་དམིགས་པའོ། །འདུས་བྱས་སྟོང་པ་ཉིད་ནི་དམིགས་པའོ། །འདུས་མ་བྱས་སྟོང་པ་ཉིད་ནི་དམིགས་པའོ། །མཐའ་ལས་འདས་པ་སྟོང་པ་ཉིད་ནི་དམིགས་པའོ། །ཐོག་མ་དང་ཐ་མ་མེད་པ་སྟོང་པ་ཉིད་ནི་དམིགས་པའོ། །དོར་བ་མེད་པ་སྟོང་པ་ཉིད་ནི་དམིགས་པའོ། །རང་བཞིན་སྟོང་པ་ཉིད་ནི་དམིགས་པའོ། །ཆོས་ཐམས་ཅད་སྟོང་པ་ཉིད་ནི་དམིགས་པའོ། །རང་གི་མཚན་ཉིད་སྟོང་པ་ཉིད་ནི་དམིགས་པའོ། །མི་དམིགས་པ་སྟོང་པ་ཉིད་ནི·····

དམིགས་པའོ། །དངོས་པོ་མེད་པ་སྟོང་པ་ཉིད་ནི་དམིགས་པའོ། །ངོ་བོ་ཉིད་
སྟོང་པ་ཉིད་ནི་དམིགས་པའོ། །དངོས་པོ་མེད་པའི་ངོ་བོ་ཉིད་སྟོང་པ་ཉིད་ནི་····
དམིགས་པའོ། །དྲན་པ་ཉེ་བར་གཞག་པ་རྣམས་ནི་དམིགས་པའོ། །ཡང་དག་
པར་སྤོང་བ་རྣམས་ནི་དམིགས་པའོ། །རྫུ་འཕྲུལ་གྱི་རྐང་པ་རྣམས་ནི་དམིགས་····
པའོ། །དབང་པོ་རྣམས་ནི་དམིགས་པའོ། །སྟོབས་རྣམས་ནི་དམིགས་པའོ། །
བྱང་ཆུབ་ཀྱི་ཡན་ལག་རྣམས་ནི་དམིགས་པའོ། །འཕགས་པའི་ལམ་ཡན་ལག་····
བརྒྱད་པ་ནི་དམིགས་པའོ། །འཕགས་པའི་བདེན་པ་རྣམས་ནི་དམིགས་པའོ། །
བསམ་གཏན་རྣམས་ནི་དམིགས་པའོ། །ཚད་མེད་པ་རྣམས་ནི་དམིགས་པའོ། །
གཟུགས་མེད་པའི་སྙོམས་པར་འཇུག་པ་རྣམས་ནི་དམིགས་པའོ། །རྣམ་པར་ཐར་
པ་བརྒྱད་[༧]ནི་དམིགས་པའོ། །མཐར་གྱིས་གནས་པའི་སྙོམས་པར་འཇུག་པ་དགུ་
ནི་དམིགས་པའོ། །རྣམ་པར་ཐར་པའི་སྒོ་སྟོང་པ་ཉིད་དང་། མཚན་མ་མེད་པ་
དང་། སྨོན་པ་མེད་པ་ནི་དམིགས་པའོ། །མངོན་པར་ཤེས་པ་རྣམས་ནི་····
དམིགས་པའོ། །ཏིང་ངེ་འཛིན་རྣམས་ནི་དམིགས་པའོ། །གཟུངས་ཀྱི་སྒོ་རྣམས་
ནི་དམིགས་པའོ། །དེ་བཞིན་གཤེགས་པའི་སྟོབས་བཅུ་ནི་དམིགས་པའོ། །མི་
འཇིགས་པ་བཞི་ནི་དམིགས་པའོ། །སོ་སོ་ཡང་དག་པར་རིག་པ་བཞི་ནི་[༣]
དམིགས་པའོ། །བྱམས་པ་ཆེན་པོ་ནི་དམིགས་པའོ། །སྙིང་རྗེ་ཆེན་པོ་ནི་····
དམིགས་པའོ། །སངས་རྒྱས་ཀྱི་ཆོས་མ་འདྲེས་པ་བཅོ་བརྒྱད་ནི་དམིགས་པའོ། །
རྒྱུན་དུ་ཞུགས་པའི་འབྲས་བུ་ནི་དམིགས་པའོ། །ལན་ཅིག་ཕྱིར་འོང་བའི་འབྲས་
བུ་ནི་དམིགས་པའོ། །ཕྱིར་མི་འོང་བའི་འབྲས་བུ་ནི་དམིགས་པའོ། །དགྲ་
བཅོམ་པ་ཉིད་ནི་དམིགས་པའོ། །རང་བྱང་ཆུབ་ནི་དམིགས་པའོ། །ལམ་གྱི་
རྣམ་པ་ཤེས་པ་ཉིད་ནི་[༡]དམིགས་པའོ། །རྣམ་པ་ཐམས་ཅད་མཁྱེན་པ་ཉིད་ནི་

དམིགས་པ་སྣེ་སྐྱོན་ནོ། །རབ་འབྱོར་སྐྱོན་མེད་པ་⑦ནི་གང་ལ་གཟུགས་དང་། ཚོར་བ་དང་། འདུ་ཤེས་དང་། འདུ་བྱེད་དང་། རྣམ་པར་ཤེས་པ་དང་། མིག་དང་། རྣ་བ་དང་། སྣ་དང་། ལྕེ་དང་། ལུས་དང་། ཡིད་དང་། གཟུགས་དང་། སྒྲ་དང་། དྲི་དང་། རོ་དང་། རེག་དང་། ཆོས་དང་། མིག་གི་རྣམ་པར་ཤེས་པ་དང་། རྣ་བའི་རྣམ་པར་ཤེས་པ་དང་། སྣའི་རྣམ་པར་ཤེས་པ་དང་། ལྕེའི་རྣམ་པར་ཤེས་པ་དང་། ལུས་ཀྱི་རྣམ་པར་ཤེས་པ་དང་། ཡིད་ཀྱི་རྣམ་པར་ཤེས་པ་དང་། མིག་གི་འདུས་ཏེ་རེག་པ་དང་། རྣ་བའི་འདུས་ཏེ་རེག་པ་དང་། སྣའི་འདུས་ཏེ་རེག་པ་དང་། ལྕེའི་འདུས་ཏེ་རེག་པ་དང་། ལུས་ཀྱི་འདུས་ཏེ་རེག་པ་དང་། ཡིད་ཀྱི་འདུས་ཏེ་རེག་པ་དང་། མིག་གི་འདུས་ཏེ་རེག་པའི་རྐྱེན་གྱིས་ཚོར་བ་དང་། རྣ་བའི་འདུས་ཏེ་རེག་པའི་རྐྱེན་གྱིས་ཚོར་བ་དང་༑ སྣའི་འདུས་ཏེ་རེག་པའི་རྐྱེན་གྱིས་ཚོར་བ་དང་། ལྕེའི་འདུས་ཏེ་རེག་པའི་རྐྱེན་གྱིས་ཚོར་བ་དང་། ལུས་ཀྱི་འདུས་ཏེ་རེག་པའི་རྐྱེན་གྱིས་ཚོར་བ་དང་། ཡིད་ཀྱི་འདུས་ཏེ་རེག་པའི་རྐྱེན་གྱིས་ཚོར་བ་དང་། སའི་ཁམས་དང་། ཆུའི་ཁམས་དང་། མེའི་ཁམས་དང་། རླུང་གི་ཁམས་དང་། ནམ་མཁའི་ཁམས་དང་༑ རྣམ་པར་ཤེས་པའི་ཁམས་དང་། མ་རིག་པ་དང་། འདུ་བྱེད་དང་། རྣམ་པར་ཤེས་པ་དང་། མིང་དང་གཟུགས་དང་། སྐྱེ་མཆེད་དྲུག་དང་། རེག་པ་དང་། ཚོར་བ་དང་། སྲེད་པ་དང་། ལེན་པ་དང་། སྲིད་པ་དང་། སྐྱེ་བ་དང་། རྒ་ཤི་དང་། སྦྱིན་པའི་ཕ་རོལ་ཏུ་ཕྱིན་པ་དང་། ཚུལ་ཁྲིམས་ཀྱི་ཕ་རོལ་ཏུ་ཕྱིན་པ་དང་། བཟོད་པའི་ཕ་རོལ་ཏུ་ཕྱིན་པ་དང་། བརྩོན་འགྲུས་ཀྱི་ཕ་རོལ་ཏུ་ཕྱིན་པ་དང་། བསམ་གཏན་གྱི་ཕ་རོལ་ཏུ་ཕྱིན་པ་དང་། ཤེས་རབ་ཀྱི་ཕ་རོལ་ཏུ་ཕྱིན་པ་དང་། ནང་སྟོང་པ་ཉིད་དང་། ཕྱི་སྟོང་པ་ཉིད་དང་། ཕྱི་

ནང་སྟོང་པ་ཉིད་དང་། སྟོང་པ་ཉིད་སྟོང་པ་ཉིད་དང་། ཆེན་པོ་སྟོང་པ་ཉིད་དང་། དོན་དམ་པ་སྟོང་པ་ཉིད་དང་། འདུས་བྱས་སྟོང་པ་ཉིད་དང་། འདུས་མ་བྱས་སྟོང་པ་ཉིད་དང་། མཐའ་ལས་འདས་པ་སྟོང་པ་ཉིད་དང་། ཐོག་མ་དང་ཐ་མ་མེད་པ་སྟོང་པ་ཉིད་དང་། དོར་བ་མེད་པ་སྟོང་པ་ཉིད་དང་། རང་བཞིན་སྟོང་པ་ཉིད་དང་། ཆོས་ཐམས་ཅད་སྟོང་པ་ཉིད་དང་། རང་གི་མཚན་ཉིད་སྟོང་པ་ཉིད་དང་། མི་དམིགས་པ་སྟོང་པ་ཉིད་དང་། དངོས་པོ་མེད་པ་སྟོང་པ་ཉིད་དང་། ངོ་བོ་ཉིད་སྟོང་པ་ཉིད་དང་། དངོས་པོ་མེད་པའི་ངོ་བོ་ཉིད་སྟོང་པ་ཉིད་དང་། དྲན་པ་ཉེ་བར་གཞག་པ་རྣམས་དང་། ཡང་དག་པར་སྤོང་བ་རྣམས་དང་། རྫུ་འཕྲུལ་གྱི་རྐང་པ་རྣམས་དང་། དབང་པོ་རྣམས་དང་། སྟོབས་རྣམས་དང་། བྱང་ཆུབ་ཀྱི་ཡན་ལག་རྣམས་དང་། འཕགས་པའི་ལམ་ཡན་ལག་བརྒྱད་པ་དང་། འཕགས་པའི་བདེན་པ་རྣམས་དང་། བསམ་གཏན་རྣམས་དང་། ཚད་མེད་པ་རྣམས་དང་། གཟུགས་མེད་པའི་····སྙོམས་པར་འཇུག་པ་རྣམས་དང་། རྣམ་པར་ཐར་པ་བརྒྱད་དང་། མཐར་གྱིས་གནས་པའི་སྙོམས་པར་འཇུག་པ་དགུ་དང་། རྣམ་པར་ཐར་པའི་སྒོ་སྟོང་པ་ཉིད་དང་། མཚན་མ་མེད་པ་དང་། སྨོན་པ་མེད་པ་དང་། མངོན་པར་ཤེས་པ་རྣམས་དང་། ཏིང་ངེ་འཛིན་རྣམས་དང་། གཟུངས་ཀྱི་སྒོ་རྣམས་དང་། དེ་བཞིན་གཤེགས་པའི་སྟོབས་བཅུ་དང་། མི་འཇིགས་པ་རྣམས་[2]དང་། སོ་སོ་ཡང་དག་པར་རིག་པ་རྣམས་[3]དང་། བྱམས་པ་ཆེན་པོ་དང་། སྙིང་རྗེ་ཆེན་པོ་དང་། སངས་རྒྱས་ཀྱི་ཆོས་མ་འདྲེས་པ་བཅོ་བརྒྱད་དང་། རྒྱུན་དུ་ཞུགས་པའི་འབྲས་བུ་དང་། ལན་ཅིག་ཕྱིར་འོང་བའི་འབྲས་བུ་དང་། ཕྱིར་མི་འོང་བའི་འབྲས་བུ་དང་། དགྲ་བཅོམ་པ་ཉིད་དང་། རང་བྱང་ཆུབ་དང་། ལམ་གྱི་····

རྣམ་པ་ཤེས་པ་ཉིད་དང་། རྣམ་པ་ཐམས་ཅད་མཁྱེན་པ་ཉིད་དང་། ཆོས་དེ་དག་གི་བརྗོད་པ་ཡང་དམིགས་སུ་མེད་པའོ།། །།

བསྡུར་མཆན།

༣ ① མཚན་བྱང་འདི་ཆོས་ཚན་འདིའི་སྟོད་འབུམ་ཀ་དུམ་པའི་མཚན་བོད་སྐད་དུ་སྨོས་པ་ལྟར་བཀོད། ② «གཡུང་» «ལི་» «པེ་» «སྣར་» «ཅོ་» «ཞོལ་» — གླེགས་བམ་བཅུ་གཅིག་པ། ③ «གཡུང་» «པེ་» ཉིས་བརྒྱ་ལྔ་བཅུ་གསུམ་པ། «ལི་» དགུ་པ། «སྣར་» «ཅོ་» ཉིས་བརྒྱ་ང་གསུམ་པ། «ཞོལ་» ཉིས་བརྒྱ་ང་བཞི་པ། ④ «གཡུང་» «པེ་» «སྣར་» «ཅོ་» «ཞོལ་» མི། (བོད་འདིའི་ནང་དུ་མི་དམིགས་སྨིན་སོགས་རྒྱུད་བརྟེགས་འཕུལ་ཅན་གྱི་མ་ལ་ཡ་བཏགས་ཡོད་པ་རྣམས «གཡུང་» «པེ་» «སྣར་» «ཅོ་» «ཞོལ་» ལ་མི་དམིགས་སྨིན་ཞེས་ཡ་བཏགས་མེད་པར་འཁོད··· ཀྱང་གཤམ་དུ་བསྡུར་མཆན་དུ་བཀོད་མེད།) ⑤ «ཅོ་» — དང་། ⑥ «གཡུང་» པ།

༤ ① «གཡུང་» «པེ་» ཀྱི། ② «གཡུང་» «པེ་» «ཅོ་» སྤྱོད། ③ «ལི་» — དེ། ④ «སྣར་» «ཞོལ་» བའང་། (བོད་འདིའི་ནང་དུ་བདེ་བ་ཡང་དང་ཡིན་ན་ཡང་སོགས་ཀྱི་ཡང་ཞེས་པ་རྣམས་«སྣར་» «ཞོལ་» ལ་འང་དང་ཀྱང་«གཡུང་» «པེ་» «ཅོ་» ལ་སྐབས་འགར་འང་དང་ཀྱང་སོགས་འཁོད་ཀྱང་གཤམ་དུ་བསྡུར་མཆན་དུ་བཀོད་མེད།) ⑤ «གཡུང་» སད། ⑥ «ཅོ་» + བ། ⑦ «ཅོ་» ཅིག ⑧ «གཡུང་» «ལི་» «སྣར་» «ཞོལ་» སོ་ཞེས་ཏེ། ནམ་མཁའ་མཐའ་ཡས། «ཅོ་» — སོ་ཞེས། ནམ་མཁའ་མཐའ་ཡས། ⑨ «གཡུང་» «པེ་» «སྣར་» «ཞོལ་» ཙུང་། (བོད་འདིའི་ནང་དུ་ཚུང་ཟད་ཅེས་པ་རྣམས་«གཡུང་» «པེ་» «སྣར་» «ཞོལ་» ལ་ཙུང་ཟད་ཅེས་འཁོད་ཀྱང་གཤམ···དུ་བསྡུར་མཆན་དུ་བཀོད་མེད།) ⑩ «ལི་» «སྣར་» «ཞོལ་» + དེ། ⑪ «གཡུང་» ནས་གཡེང་། «པེ་» ནས་མིག་ཡང་། «ཅོ་» ན། མི་གཡེང་།

༥ ① «གཡུང་» «པེ་» «ཅོ་» བསྐུལ། ② «གཡུང་» «ལི་» «པེ་» «སྣར་» «ཅོ་» «ཞོལ་» བརྗོད། ③ «གཡུང་» «པེ་» «སྣར་» «ཞོལ་» གང་། ④ «གཡུང་» «པེ་» པ་རྗོད། «ཅོ་» པར་ཡང་རྗོད། ⑤ «གཡུང་» «ལི་» «པེ་» «ཅོ་» འཐུན། ⑥ «གཡུང་» «པེ་» བསྔོའོ།། «སྣར་» «ཞོལ་» བསྔོའི། «ཅོ་» སྔོའོ།། ⑦ «གཡུང་» «པེ་» «སྣར་» «ཞོལ་» བསྔོ། ⑧ «གཡུང་» «པེ་» — ཏུ། ⑨ «ཁུ་» ཤིང་། ⑩ «གཡུང་» མཆོ། ⑪ «ལི་» — པ། ⑫ «གཡུང་» — དེ། «ལི་» «པེ་» «སྣར་» «ཞོལ་» ཀྱི། ⑬ «གཡུང་» «པེ་» པ། ⑭ «གཡུང་» «པེ་» «སྣར་» «ཞོལ་» བསྔོའི། «ཅོ་» སྔོའོ།། ⑮ «གཡུང་» «པེ་» «སྣར་» «ཞོལ་» བསྔོ། (བོད་འདིའི་ནང་དུ་ཡོངས་སུ་སྔོ་དང་ཡོངས་སུ་མི་སྔོ་སོགས་ཀྱི་སྔོ་ཞེས་པ་རྣམས་«གཡུང་» «པེ་» «སྣར་» «ཞོལ་» ལ་བསྔོ་ཞེས་འཁོད་པ་དང་། ཡང་སྐབས་འགར་དེ་དག་གོ་ལྡོག་སྟེ་«སྟེ་» ལ་བསྔོ་ཞེས་པ་རྣམས་དཔེ་ཁག་གཞན་ལ་སྔོ་ཞེས་འཁོད་ཀྱང་གཤམ་དུ་བསྡུར···མཆན་དུ་བཀོད་མེད།)

༦ ①«གཡུང་»«པེ་»ལྟ། ②«གཡུང་»«པེ་»+པ། ③«གཡུང་»«ཅོ་»–ཉེ་བར། ④«གཡུང་»«ལི་»«པེ་»«སྣར་»«ཅོ་»«ཞོལ་»+པ། ⑤«གཡུང་»«ཅོ་»–བཅད། ⑥«ལི་»བཏུབས། ⑦«སྣར་»«ཅོ་»«ཞོལ་»བཅད། ⑧«ཅོ་»–སླམ་སྐྱེ། ⑨«ཅོ་»ཀྱལ། ⑩«ལི་»«སྣར་»«ཞོལ་»–གང་ཞིག་ཡོད། འཁྲུལ་པ་ཡང་། ⑪«གཡུང་»«པེ་»–ཏུ།

༧ ①«ལི་»–པ། ②«གཡུང་»«པེ་»«སྣར་»«ཞོལ་»+པ། ③«ཅོ་»སྤྱོད། ④«ལི་»«སྣར་»«ཞོལ་»བ། ⑤«གཡུང་»«ལི་»«པེ་»«སྣར་»«ཅོ་»«ཞོལ་»–དེ་ལ། ⑥«གཡུང་»«པེ་»«ཅོ་»སྤྱོད། ⑦«གཡུང་»«ཅོ་»པའི། ⑧«ཅོ་»+བ། ⑨«སྣར་»«ཞོལ་»བཞག (པོད་འདིའི་ནང་དུ་ཉེ་བར་གཞག་ཅེས་པ་རྣམས་«སྣར་»«ཞོལ་»ལ་ཉེ་བར་བཞག་དང་«གཡུང་»«ལི་»«པེ་»«ཅོ་»«ཁུ་»ལ་ལན་རེར་ཉེ་བར་བཞག་ཅེས་འཕོད་····པ་དང་། ཡང་སྐབས་འགར་དེ་དག་གོ་ལྡོག་སྟེ་«སྟེ་»ལ་ཉེ་བར་བཞག་ཅེས་པ་རྣམས་དཔེ་ཁག་གཞན་ལ་ཉེ་བར་གཞག་ཅེས་འཕོད་ཀྱང་གཤམ་དུ་བསྒྱུར་མཚན་དུ་བཀོད་མེད།) ⑩«གཡུང་»«ལི་»«པེ་»«སྣར་»«ཅོ་»«ཞོལ་»དེ། ⑪«ཅོ་»ཅིག ⑫«ཅོ་»–མང་པོར་གྱུར་ཅིང་གཅིག་ཏུ་འགྱུར་རོ།། ⑬«ཅོ་»–དང་།

༨ ①«གཡུང་»«པེ་»མདབ། ②«ལི་»«སྣར་»«ཞོལ་»བྱིང་། ③«གཡུང་»«པེ་»«ཞོལ་»མི། ④«གཡུང་»འམ། «ཅོ་»མ། ⑤«གཡུང་»«པེ་»ཏེ། ⑥«ཅོ་»པར། ⑦«གཡུང་»«ལི་»«པེ་»«ཅོ་»ཤེས། (པོད་འདིའི་ནང་དུ་ཚིག་ཕྲད་ཅེས་ཞེས་ཤེས་གསུམ་རྣམས་དཔེ་ཁག་འགའ་རེར་བརྗོད་སྒྲོད་ཀྱི་འགྲོས་དང་མི་མཐུན་པར་གོ་རིམ་ངེས་མེད་དུ་འབྱུང་བ་དང་། ཡང་སྐབས་འགར་«སྟེ་»ལའང་གོ་ལྡོག་སྟེ་གཅིག་གྱུར་མིན་པས་འདིར་གསལ་བཤད་ཀྱིས་འཐུས་པར་བྱས་ཏེ་གཤམ་དུ་བསྒྱུར་མཚན་དུ་བཀོད་མེད།) ⑧⑨«ཅོ་»པར། ⑩«ཞོལ་»–དང་། ⑪«གཡུང་»«པེ་»ཅི། ⑫⑬«ཅོ་»པར།

༩ ①«པེ་»+བ། «ཅོ་»–པ། ②«ཅོ་»པར། ③«གཡུང་»«པེ་»«ཅོ་»པར། ④«ཅོ་»པར། ⑤«ཅོ་»པར། ⑥«ལི་»–ཡངས་པའི་སེམས་ལ······ རབ་ཏུ་ཤེས་སོ།། (ཞེས་པའི་གཡུང་དྲུང་རྟགས་བར་གྱི་ཡི་གེ་རྣམས་«ལི་»ལ་ཆད།) ⑦«ཅོ་»པར། ⑧⑨«ཅོ་»པར། ⑩«ཅོ་»པ། ⑪«ཅོ་»པར།

༡༠ ①«གཡུང་»«ཅོ་»པར། ②«གཡུང་»ཟང་བ། «པེ་»ཟད་པ། ③«པེ་»«ཅོ་»པར། ④⑤⑥«ཅོ་»པར། ⑦«ཅོ་»པར། ⑧⑨«གཡུང་»–རྗེས་སུ། ⑩«གཡུང་»ནི། ⑪«ཁུ་»དོ། ⑫«གཡུང་»«པེ་»«ཅོ་»–ཕྲག ⑬«གཡུང་»«ཅོ་»«ཁུ་»ཏེ། «ལི་»«པེ་»«སྣར་»«ཞོལ་»ནོ། ⑭«ཅོ་»–འདུག ⑮«ཅོ་»གཅིག ⑯«གཡུང་»«སྣར་»«ཅོ་»«ཞོལ་»ཞིག ⑰«ཅོ་»བར།

༡༡ ①«གཡུང་»ངན་བརྟགས། «ལི་»«སྣར་»«ཅོ་»«ཞོལ་»དན་རྟགས། «པེ་»ངན་པ་རྟགས། ②«ཁུ་»བཏོག ③«གཡུང་»«པེ་»+ཁ་ཏོག ④«གཡུང་»«པེ་»པའི། ⑤«གཡུང་»«ལི་»«པེ་»«སྣར་»«ཅོ་»«ཞོལ་»–པ། ⑥«གཡུང་»«པེ་»གི། ⑦«གཡུང་»«པེ་»«ཅོ་»–ལྡན་པ། «ལི་»«སྣར་»«ཞོལ་»–པ། ⑧«ཅོ་»པས། ⑨«ལི་»«སྣར་»བསྐུར། ⑩«ཅོ་»ཀྱི། ⑪«གཡུང་»«པེ་»«ཅོ་»–པ། ⑫«གཡུང་»«པེ་»གི། ⑬«གཡུང་»«པེ་»«ཅོ་»–ལྡན་པ། ⑭«ལི་»«སྣར་»«ཅོ་»«ཞོལ་»–དུ། ⑮«ཅོ་»–ཀྱི། ⑯«གཡུང་»«པེ་»«ཅོ་»–བ། ⑰«གཡུང་»«པེ་»«སྣར་»«ཅོ་»«ཞོལ་»བསགས། «ལི་»བརྩགས།

༡༢ ①«གཡུང་»«པེ་»–དང་། ②«ཅོ་»«ཁུ་»བསྡོ། ③«ལི་»སྡོ།

༡༣ ①«གཡུང་»«པེ་»བ། ②«གཡུང་»མིག ③«གཡུང་»«པེ་»–པ། ④«གཡུང་»ཆེམ།

༡༤ ①«གཡུང་»«པེ་»འདུ། ②«གཡུང་»«པེ་»འཛིག ③«སྣར་»«ཞོལ་»+བྱམས་པ་ཆེན་པོ་མི་དམིགས་སོ།།

༡༥ ①«གཡུང་»«པེ་»བཙྭ། «སྣར་»«ཅོ་»«ཞོལ་»བཙོ། (པོད་འདིའི་ནང་དུ་བཙྭ་ལྔ་དང་བཙྭ་བརྒྱད་སོགས་ཀྱི་བཙྭ་ཞེས་པ་རྣམས་«གཡུང་»«པེ་»ལ་བཙྭ་དང་«སྣར་»«ཅོ་»«ཞོལ་»ལ་བཙོ་ཞེས་འཁོད་ཀྱང་གཤམ་དུ་བསྡུར་མཆན་དུ་བཀོད་མེད།) ②«ཞོལ་»གཙིག (པོད་འདིའི་ནང་དུ་ལན་ཙིག་དང་ལྷན་ཙིག་སོགས་ཀྱི་ཙིག་ཅེས་པ་རྣམས་«ཞོལ་»ལ་གཙིག་དང་«གཡུང་»«པེ་»ལ་སྐབས་འགར་གཙིག་ཅེས་འཁོད་ཀྱང་གཤམ་དུ་བསྡུར་མཆན་དུ་བཀོད་མེད།) ③«ཅོ་»པར། ④«གཡུང་»«པེ་»འདུ། ⑤«ཅོ་»པོས།

༡༦ ①«གཡུང་»«ལི་»«པེ་»«སྣར་»«ཅོ་»«ཞོལ་»–ཡང་དག་པར། ②«གཡུང་»ལ། ③«གཡུང་»«པེ་»«ཅོ་»ཏེ། ④«གཡུང་»–དེ།

༡༧ ①«གཡུང་»འདུས་ཏེ་རེག

༢༡ ①«སྣར་»«ཞོལ་»+བྱམས་པ་ཆེན་པོ་སྟོང་ཞེས་བྱ་བའམ། མི་སྟོང་ཞེས་བྱ་བར་མི་དམིགས་སོ།།

༢༢ ①«གཡུང་»«པེ་»སྙོ།། «ཅོ་»སོ།། ②«གཡུང་»«ལི་»«པེ་»འམ། ③«ཅོ་»གཞོན། ④«ཅོ་»གཏོང་། ⑤«ཅོ་»+མ། ⑥«ཅོ་»+མ། ⑦«ཅོ་»–སེམས་ཀྱི། ⑧«ཞོལ་»–སེམས་དཔའ། ⑨«གཡུང་»«པེ་»སྐྱིད། ⑩«པེ་»དོ།། ⑪«གཡུང་»«པེ་»པའི། ⑫«ཞོལ་»+པ།

༢༣ ①«ཅོ་»–ལ། ②«ཅོ་»བྱེད། ③«ཅོ་»ཉེན། ④«གཡུང་»«པེ་»+སོ།། ⑤«སྣར་»བསྐྱལ། ⑥«སྣར་»«ཅོ་»«ཞོལ་»བརྗོད། (པོད་འདིའི་ནང་དུ་ལེགས་པར་རྗོད་དང་ཡོན་ཏན་རྗོད་སོགས་ཀྱི་རྗོད་ཅེས་པ་རྣམས་«སྣར་»«ཅོ་»«ཞོལ་»ལ་བརྗོད་དང་«གཡུང་»«ལི་»«པེ་»ལ་ཕལ་ཆེ་བར་བརྗོད་ཅེས་འཁོད་པ་དང་། ཡང་སྐབས་འགར་དེ་དག་གོ་ཤོག་སྟེ་«སྡེ་»ལ་བརྗོད་ཅེས་པ་རྣམས་དཔེ་ཁག་གཞན་ལ་རྗོད་ཅེས་འཁོད་ཀྱང་གཤམ་དུ་བསྡུར་མཆན་དུ་བཀོད་མེད།) ⑦«གཡུང་»«པེ་»«ལི་»འཐུན། (པོད་འདིའི་ནང་དུ་རྗོད་ཅིང་མཐུན་པ་དང་རྗེས་སུ་མཐུན་པ་སོགས་ཀྱི་མཐུན་ཞེས་པ་རྣམས་«གཡུང་»«པེ་»«ལི་»ལ་འཐུན་དང་«སྣར་»«ཅོ་»«ཞོལ་»ལ་སྐབས་འགར་འཐུན་དང་ཐུན་སོགས་འཁོད་ཀྱང་གཤམ་དུ་བསྡུར་མཆན་དུ་བཀོད་མེད།) ⑧«གཡུང་»«པེ་»སྤྱང་། ⑨«གཡུང་»«པེ་»«སྣར་»བསྐྱལ། (པོད་འདིའི་ནང་དུ་ཡང་དག་པར་སྐྱལ་ཞེས་པ་རྣམས་«གཡུང་»«པེ་»«སྣར་»ལ་སྐབས་འགར་ཡང་དག་པར་བསྐྱལ་ཞེས་འཁོད་ཀྱང་གཤམ་དུ་བསྡུར་མཆན་དུ་བཀོད་མེད།) ⑩«ཅོ་»པ།

༢༤ ①«གཡུང་»«པེ་»པར། ②«ཅོ་»རྫུན། ③④«སྣར་»«ཞོལ་»བཀྲལ། ⑤«སྣར་»«ཞོལ་»བཀྲལ། ⑥«སྣར་»«ཞོལ་»བཀྲལ།

༢༥ ①«ཅོ་»ཡང་། ②«གཡུང་»«པེ་»གི། ③«གཡུང་»«པེ་»ཀྱིས། ④«གཡུང་»«པེ་»ཙད་ལྟ། «སྣར་»«ཅོ་»«ཞོལ་»ཚད་ལྟ་ལ། ⑤«ཁུ་»–ལྡན། ⑥«གཡུང་»«པེ་»«ཅོ་»སྐྱེ་སྟེ། ⑦«ཁུ་»འཛིགས། ⑧«གཡུང་»«སྣར་»«ཅོ་»«ཞོལ་»བཅད། ⑨«ལི་»«སྣར་»«ཞོལ་»ལྷགས་ནས་སྐྱོ་སྟེ། «ཅོ་»ལྷག་ནས་སྐྱོ་

ཏེ། ⑩«ཅོ་»དབྱིག ⑪«གཡུང་»བཏུབས།

༢༦ ①«ཅོ་»ཀྱལ། ②«ཅོ་»གཅད། ③«གཡུང་»«པེ་»བཏུབ། «ཅོ་»གཏུབས། ④«གཡུང་»–ཐུག ⑤«གཡུང་»དགོད། ⑥«གཡུང་»«པེ་»–ལ།

༢༧ ①«གཡུང་»«པེ་»འགོད། ②«གཡུང་»«ལི་»«སྣར་»«ཅོ་»«ཞོལ་»དེ། ③«ལི་»–དཔའ། ④«ལི་»–རང་སངས་རྒྱས་ཀྱི་ཏིང་ངེ་འཛིན་ཏམ། ⑤«ཅོ་»–དེ། ⑥«གཡུང་»«པེ་»པར། ⑦«གཡུང་»«པེ་»བོར།

༢༨ ①«གཡུང་»«པེ་»«ཅོ་»–རྣམས། ②«ཅོ་»པ། ③«ཅོ་»བསྒྲུབ། ④«ཅོ་»དེ། ⑤«ལི་»+པ། ⑥«ཅོ་»རྟོགས།

༢༩ ①«ཅོ་»པ། ②«གཡུང་»དྲམ། ③«གཡུང་»བྱོང་། ④«ཅོ་»–དེ། ⑤«གཡུང་»«པེ་»«ཅོ་»–བ། ⑥«གཡུང་»«པེ་»ལས།

༣༠ ①«པེ་»ག་སྒྲུབས། ②«གཡུང་»«ཅོ་»–དེ། ③«གཡུང་»«ལི་»«པེ་»«སྣར་»«ཞོལ་»–འདི།

༣༡ ①«ཁྲུ་»«ཞོལ་»ཞིག ②«ཁྲུ་»–མྱ་ངན། ③④«ཞོལ་»ཞིག

༣༢ ①«གཡུང་»«ལི་»«པེ་»«སྣར་»«ཅོ་»–ཏིང་ངེ་འཛིན་...... ཡོངས་སུ་འཛིན་ཏོ།། (ཞེས་པའི་གཡུང་དྲུང་རྟགས་བར་[དེབ་འདིའི་ལྡེབ་༣༠༨༩—༣༢༨༣]གྱི་ཡི་གེ་རྣམས་«གཡུང་»«ལི་»«པེ་»«སྣར་»«ཅོ་»ལ་ཆད།) ②«ལི་»«པེ་»+པ། ③«ཅོ་»–དབྱོད་པ་དང་བཅས་པ། ④«གཡུང་»«པེ་»ལ། ⑤«གཡུང་»ལྡི་ལ། «པེ་»པ་ལ།

༣༣ ①«ཅོ་»ན། ②«གཡུང་»«པེ་»ཏེ། ③«གཡུང་»«ལི་»«པེ་»«སྣར་»«ཅོ་»«ཞོལ་»+དེ། ④«ལི་»«སྣར་»«ཅོ་»«ཞོལ་»+དེ། ⑤«གཡུང་»སྦྱོད། ⑥«གཡུང་»«པེ་»ལ།

༣༤ ①«གཡུང་»«པེ་»གཞི།

༣༥ ①«ཅོ་»–འཇུག་པ་ལ་སྙོམས་པར། ②«ཅོ་»+ལངས་ནས། ③«ཅོ་»+ལངས་ནས། ④«ལི་»–སྙོམས་པར་འཇུག་པ་ལ། ⑤«ལི་»«སྣར་»«ཞོལ་»+ཀྱི་སྙོམས་པར་འཇུག་པ། ⑥«པེ་»ཀྱི།

༣༦ ①«གཡུང་»«པེ་»རྣམ་ཤེས། ②«ཅོ་»ལས། ③«གཡུང་»«པེ་»«ཅོ་»འདི། ④«གཡུང་»ཐུབ། «པེ་»འཐུན། ⑤«ཞོལ་»ང་། ⑥«སྣར་»«ཞོལ་»གཉིས་པའོ། «ཅོ་»གསུམ་པའོ། ⑦«གཡུང་»«པེ་»ཉིས་བརྒྱ་ལྔ་བཅུ་བཞི། «ལི་»བཅུ། «སྣར་»«ཅོ་»ཉིས་བརྒྱ་ང་བཞི། «ཞོལ་»ཉིས་བརྒྱ་ང་ལྔ། ⑧«གཡུང་»«པེ་»«སྣར་»«ཅོ་»«ཞོལ་»+དེ་ནས།

༣༧ ①«གཡུང་»–པ། ②«གཡུང་»«པེ་»བསྟུལ། ③«ལི་»གའི། ④«ཅོ་»–བཅོམ་ལྡན་འདས། ⑤«ཅོ་»ཟི་སྙིད་ཅིག

༣༨ ①«ཅོ་»པ། ②«ཅོ་»+ལྡན། ③«ཅོ་»འགྲོ། ④«ཅོ་»ལྡའི། ⑤«ཅོ་»ཐོབ། ⑥«གཡུང་»«ཅོ་»–སྣ། «པེ་»སྣ་བདུན་དང་ཐལ་ན་འཁོར་ལོས་སྒྱུར་བའི་རྒྱལ་པོའི། ⑦«ཅོ་»ཐབས། ⑧«ལི་»«པེ་»«སྣར་»«ཞོལ་»+པ།

༣༩ ①«གཡུང་»«པེ་»རིགས། ②«ཅོ་»ཐབས། ③«ལི་»«པེ་»«སྣར་»«ཞོལ་»+པ། ④«གཡུང་»«པེ་»

–མ། ⑤«ཚོ་»–བདུད་དམ། ⑥«ལི་»ཟླ་བའམ། «སྣར་»«ཞོལ་»ཟླ་བོའམ། ⑦«གཡུང་»«པེ་»བའམ། ⑧«ཚོ་»–དུ། ⑨«གཡུང་»«པེ་»རིགས། ⑩«གཡུང་»«སྣར་»ཀྱི། ⑪«ལི་»«སྣར་»«ཞོལ་»གྲོར། ⑫«གཡུང་»«པེ་»ལྷ། ⑬«གཡུང་»«ལི་»«པེ་»«སྣར་»«ཚོ་»«ཞོལ་»–དག ⑭«གཡུང་»«པེ་»གང་འགའ། «ལི་»«ཚོ་»གང་ག «བྲུ་»གླང་ག ⑮«གཡུང་»«པེ་»འགའ། «ལི་»«ཚོ་»ག «བྲུ་»གླུ།

༤༠ ①«ལི་»«ཚོ་»ཙའི། ②«ཚོ་»–རོ། ③«གཡུང་»«པེ་»«སྣར་»«ཚོ་»«ཞོལ་»–དག ④«གཡུང་»«པེ་»པ། ⑤«ལི་»«པེ་»ཞིང་། ⑥«ཚོ་»+པ།

༤༡ ①②③④«གཡུང་»«ལི་»«པེ་»«སྣར་»«ཚོ་»«ཞོལ་»–དུ། ⑤«གཡུང་»«པེ་»+ཟེ། ⑥«གཡུང་»«པེ་»+སེམས། ⑦«གཡུང་»«ལི་»«པེ་»«སྣར་»«ཚོ་»«ཞོལ་»–དུ།

༤༢ ①«གཡུང་»«པེ་»«སྣར་»«ཚོ་»«ཞོལ་»གསོག་སྟེ། «ལི་»གསོབ་ཏེ། ②«གཡུང་»«པེ་»«སྣར་»«ཞོལ་»+ན། ③«ཚོ་»–སེམས་དཔའ། ④«ལི་»སྐྱིད། ⑤«གཡུང་»«པེ་»+དང་། ⑥«གཡུང་»«པེ་»བསྐུལ། ⑦«གཡུང་»«པེ་»+ཅན། ⑧«ཚོ་»ཏེ། ⑨«ལི་»«སྣར་»«ཞོལ་»–ལ་མི། ⑩«ཞོལ་»ཀྱི། ⑪«གཡུང་»«ལི་»«སྣར་»«ཞོལ་»–མ། «པེ་»གཏོང་། «ཚོ་»གང་ཡོངས་སུ་བཏང་།

༤༣ ①«གཡུང་»«པེ་»«ཞོལ་»དོ།། ②«ཚོ་»པར། ③«གཡུང་»«པེ་»པ། ④«ཞོལ་»རྫུན། ⑤⑥«པེ་»སླུས་པ། ⑦«སྣར་»«ཞོལ་»བཀྲལ། ⑧«གཡུང་»«ལི་»«པེ་»«སྣར་»«ཚོ་»«ཞོལ་»+ལ། ⑨«ཚོ་»–ལ། ⑩«གཡུང་»«པེ་»འབྲུགས། ⑪«གཡུང་»«པེ་»གཞིགས། «སྣར་»«ཚོ་»«བྲུ་»«ཞོལ་»བཞགས། ⑫«ལི་»«སྣར་»«ཞོལ་»རབ་ཏུ་རྟོག་གོ། «པེ་»ཡོངས་སུ་རབ་ཏུ་རྟོག་གོ། «ཚོ་»–གོ། ⑬«གཡུང་»«པེ་»ལྷུ། ⑭«པེ་»+རབ་ཏུ།

༤༤ ①«གཡུང་»བཅོལ། «པེ་»བཅོལ། ②«ཞོལ་»ཀྱི། ③«ཚོ་»–ནམ། ④«གཡུང་»«པེ་»བཙེམ་པ། «ཚོ་»བརྩོན་པར། ⑤«གཡུང་»«པེ་»དོར། ⑥«ཚོ་»ཀྱིས། ⑦«གཡུང་»«པེ་»འབྲུག ⑧«གཡུང་»«པེ་»བར་ཡང་། ⑨«ལི་»«སྣར་»«ཞོལ་»འབྲུག ⑩«ཞོལ་»ཀྱི། ⑪«ཚོ་»ཀྱིས། ⑫«ཚོ་»+ཅན། ⑬«ཚོ་»+ན། ⑭«ཚོ་»འབྲལ།

༤༥ ①«ཞོལ་»ཀྱི། ②«ལི་»–ཞེས་རབ་འཆལ་པ་དང་...... རྣམས་ཀྱི་དོན་དུ། ③«བྲུ་»བགྱིད། ④«གཡུང་»«པེ་»བསྐུལ། ⑤«ཚོ་»ཐོབ། ⑥«གཡུང་»«པེ་»«ཚོ་»ཐོབ། ⑦«ཚོ་»ནས། ⑧«ལི་»«སྣར་»«ཞོལ་»–ཡང་། «ཚོ་»ནས་ཡང་། ⑨«ཞོལ་»+ཀྱང་། ⑩«གཡུང་»«པེ་»«ཚོ་»ཐོབ། ⑪«ལི་»«སྣར་»«ཞོལ་»–ཏུ་ཁ་དོག ⑫«གཡུང་»རོ།།

༤༦ ①«ཚོ་»གིས། ②«གཡུང་»«པེ་»བདེར། ③④⑤«གཡུང་»«ལི་»«པེ་»«སྣར་»«ཚོ་»«ཞོལ་»+དོ།། ⑥«གཡུང་»«ལི་»«པེ་»«སྣར་»«ཚོ་»«ཞོལ་»དོ།།

༤༧ ①«སྣར་»«ཞོལ་»ཇཱ་སྦྱིའི། ②«ཚོ་»+ནི། ③«ཚོ་»ཀྱི། ④«ལི་»«སྣར་»«བྲུ་»གཏང་། «ཞོལ་»གཏོང་།

༤༩ ①«ཚོ་»–ཞེས་རབ་ཀྱི་ཕ་རོལ་ཏུ་ཕྱིན་པ་ནི། ②③④⑤«སྣར་»«ཞོལ་»+རབ་འབྱོར།

༥༠ ①②③④⑤⑥⑦«སྣར་»«ཞོལ་»+རབ་འབྱོར། ⑧⑨⑩⑪«སྣར་»«བྲུ་»«ཞོལ་»+རབ་འབྱོར། ⑫«ཚོ་»

–ཤེས་རབ་ཀྱི་ཕ་རོལ་ཏུ་ཕྱིན་པ་ནི་རྣམ་པར་ཤེས་པ་ཡོངས་སུ་མྱི་འཛིན་མི་གཏོང་ངོ་།། ⑬⑭«སྣར་»«ཞོལ་»+རབ་འབྱོར། ⑮⑯⑰⑱⑲⑳«སྣར་»«ཞོལ་»+རབ་འབྱོར།

༥༡ ①②«སྣར་»«ཞོལ་»+རབ་འབྱོར། ③«སྣར་»«ཅོ་»+ནི། ④⑤⑥⑦⑧⑨⑩«སྣར་»«ཞོལ་»+རབ་འབྱོར། ⑪«སྣར་»«ཞོལ་»+རབ་འབྱོར། ⑫«ཅོ་»སྟོང་། ⑬«སྣར་»«ཞོལ་»+རབ་འབྱོར། ⑭⑮⑯«སྣར་»«ཞོལ་»+རབ་འབྱོར། ⑰«ཅོ་»–ནི། ⑱«སྣར་»«ཞོལ་»+རབ་འབྱོར། ⑲«གཡུང་»«པེ་»འདུ། ⑳㉑㉒㉓«སྣར་»«ཞོལ་»+རབ་འབྱོར།

༥༢ ①②③④⑤⑥⑦⑧⑨⑩⑪⑫⑬⑭⑮⑯⑰«སྣར་»«ཞོལ་»+རབ་འབྱོར།

༥༣ ①②③④⑤«སྣར་»«ཞོལ་»+རབ་འབྱོར། ⑥⑦⑧«སྣར་»«ཞོལ་»+རབ་འབྱོར། ⑨«སྣར་»«ཞོལ་»+རབ་འབྱོར། ཤེས་རབ་ཀྱི་ཕ་རོལ་ཏུ་ཕྱིན་པ་ནི་བྱམས་པ་ཆེན་པོ་ཡོངས་སུ་མི་འཛིན་མི་གཏོང་ངོ་རབ་འབྱོར།། ⑩⑪⑫⑬«སྣར་»«ཞོལ་»+རབ་འབྱོར། ⑭⑮⑯«གཡུང་»«པེ་»«སྣར་»«ཅོ་»«ཞོལ་»+རབ་འབྱོར།

༥༤ ①«གཡུང་»«པེ་»«སྣར་»«ཅོ་»«ཞོལ་»+རབ་འབྱོར།

༥༥ ①«གཡུང་»«པེ་»ཀྱི།

༥༦ ①«ཅོ་»བཟུངས། ②«ཅོ་»+ཇི་ལྟར། ③«གཡུང་»འདུ། ④«ཅོ་»–བ།

༥༧ ①«གཡུང་»«སྣར་»–བ། ②«གཡུང་»–པ།

༥༨ ①«སྣར་»«ཞོལ་»+ཇི་ལྟར་ན་བྱམས་པ་ཆེན་པོ་ཡོངས་སུ་མ་བཟུང་མ་བཏང་བ་ལགས། ②«གཡུང་»«པེ་»«ཅོ་»པར། ③«ཅོ་»–བཟུང་མ།

༥༩ ①«ཅོ་»–བ། ②«གཡུང་»«ལི་»«པེ་»«སྣར་»«ཅོ་»«ཁུ་»«ཞོལ་»ཡིད།

༦༠ ①«ཅོ་»མི། ②«ཅོ་»བཟུངས།

༦༡ ①«གཡུང་»–ལ།

༦༣ ①«ཞོལ་»–ཡིད།

༦༤ ①«གཡུང་»བའ། ②«གཡུང་»«པེ་»–ཡན་ལག་བརྒྱད་པ། «ཅོ་»ཡན་ལག་རྣམས། ③«ཅོ་»+དགུ། ④«གཡུང་»«ཅོ་»–སྟོང་པ་ཉིད་...... སྨོན་པ་མེད་པ། ⑤«གཡུང་»«ལི་»«པེ་»«ཅོ་»+རྣམས།

༦༥ ①«ཅོ་»+བ། ②«ལི་»རྣམས། ③«ཞོལ་»–པ། ④«སྣར་»«ཞོལ་»+བྱམས་པ་ཆེན་པོ་ཡིད་ལ་མི་བྱེད་པས་བྱམས་པ་ཆེན་པོ་ཡོངས་སུ་མ་བཟུང་མ་བཏང་བ་ཡིན་ནོ།། ⑤«ཅོ་»–ཡོངས་སུ། ⑥⑦«གཡུང་»«པེ་»པར།

༦༧ ①«ཞོལ་»–བཏང་། ②«གཡུང་»«ལི་»«པེ་»«སྣར་»«ཅོ་»«ཁུ་»«ཞོལ་»བཟུང་།

༦༩ ①«སྣར་»«ཞོལ་»+བྱམས་པ་ཆེན་པོ་ཡོངས་སུ་མ་བཟུང་མ་བཏང་བ་ཡིན་ནོ།།

༧༠ ①«སྣར་»+ཞུས་དག ②«གཡུང་»ཉིས་བརྒྱ་ལྔ་བཅུ་ལྔ། «ལི་»བཅུ་གཅིག «པེ་»ཉིས་བརྒྱ་ལྔ་བཅུ་ལྔ། «སྣར་»«ཅོ་»ཉིས་བརྒྱ་ང་ལྔ། «ཞོལ་»ཉིས་བརྒྱ་ང་དྲུག

༧༡ ①«གཡུང་»«པེ་»པའི། ②«གཡུང་»«པེ་»«ཞོལ་»པའི། ③«ལི་»–མི།

༧༢ ①«སྣར་»«ཞོལ་»+བྱམས་པ་ཆེན་པོ་ཡིད་ལ་མི་བགྱི། ②«ཅོ་»པར། ③«གཡུང་»མི།

༧༣ ①«ཅོ་»མི། ②«སྣར་»མི། ③«ཁུ་»ན། ④«སྣར་»མི།

༧༤ ①«ཞོལ་»+པ།

༧༥ ①«སྣར་»«ཞོལ་»+བྱམས་པ་ཆེན་པོ་ཡིད་ལ་མ་བགྱིས། ②«ཅོ་»རྣམ། ③«ཅོ་»–ཇི་ལྟར་རྣམ། ④«ལི་»«སྣར་»«ཞོལ་»–མ། ⑤«ཅོ་»+ན། ⑥«ཅོ་»+ར༑ ⑦«ཅོ་»ཐོབ།

༧༦ ①«ཅོ་»+ཁམས།

༧༧ ①«གཡུང་»–ཡིད། ②«ཅོ་»–ཀྱི། ③«སྣར་»«ཞོལ་»+བྱམས་པ་ཆེན་པོ་ཡིད་ལ་མི་བྱེད།

༧༨ ①«ཅོ་»–པ།

༧༩ ①«ཞོལ་»–མ།

༨༠ ①«སྣར་»«ཞོལ་»+བྱམས་པ་ཆེན་པོ་ཡིད་ལ་མ་བྱས། ②«གཡུང་»«པེ་»«སྣར་»«ཞོལ་»+པས། «ཅོ་»+པར༏ ③«གཡུང་»«པེ་»–རྫོགས་པར། ④«ལི་»+བཅོམ་འདས། «སྣར་»«ཞོལ་»+བཅོམ་ལྡན་འདས། ⑤«ཅོ་»–དེ། ⑥«ལི་»«སྣར་»«ཞོལ་»+ཞེ་ན།

༨༡ ①«གཡུང་»«པེ་»+རྣམ། ②«ཅོ་»+ན། ③«གཡུང་»«པེ་»ཀྱིས།

༨༢ ①«པེ་»ལན། ②«སྣར་»«ཞོལ་»+དེ་ལྟར་བྱམས་པ་ཆེན་པོ་ཡིད་ལ་མ་བགྱིས།

༨༣ ①«པེ་»རབ། ②«ཅོ་»+རམ། ③«གཡུང་»«པེ་»པ། ④«གཡུང་»ང་། ⑤«ཅོ་»པོས། ⑥«ཅོ་»–ལ།

༨༤ ①«གཡུང་»«པེ་»གདུས།

༨༥ ①«ལི་»ནོ། ②«སྣར་»«ཞོལ་»+བྱམས་པ་ཆེན་པོ་ལ་གནས་པར་མི་འགྱུར་རོ༑ ③«ལི་»ཇིའི། ④«གཡུང་»«པེ་»+དེ།

༨༦ ①«གཡུང་»«པེ་»–ཡང་། ②«ཅོ་»–ན། ③«སྣར་»བསྒོམ། ④«གཡུང་»ཤེས་རབ་ཀྱི་ཕ་རོལ་ཏུ་ཕྱིན་པ་ལ་སྤྱོད་དེ་ནི། «ལི་»«སྣར་»–ཤེས་རབ་ཀྱི་ཕ་རོལ་ཏུ་ཕྱིན་པ་ལ་སྤྱོད་པ་དེ་ནི། «ཅོ་»ཤེས་རབ་ཀྱི་ཕ་རོལ་ཏུ་ཕྱིན་པ་ལ་སྤྱོད། དེ་ནི་ཤེས་རབ་ཀྱི་ཕ་རོལ་ཏུ་ཕྱིན་པ་ལ་སྒོམ་སྟེ། བདག་ནི་ཤེས་རབ་ཀྱི་ཕ་རོལ་ཏུ་ཕྱིན་པ་ལ་སྤྱོད་དོ༏ །དེ་ནི། «ཞོལ་»ཤེས་རབ་ཀྱི་ཕ་རོལ་ཏུ་ཕྱིན་པ་ལ་སྤྱོད་པ། ⑤«གཡུང་»«ལི་»«པེ་»«ཅོ་»སྒོམ། «སྣར་»བསྒོམ། ⑥«གཡུང་»«པེ་»«སྣར་»བསྒོམ། ⑦«གཡུང་»«པེ་»གྱུར། ⑧«ལི་»–གང་། ⑨«ཅོ་»ལ།

༨༧ ①«པེ་»ཡིད། ②«གཡུང་»«པེ་»+ནོ༑ ③«གཡུང་»«པེ་»འགྱུར། ④«གཡུང་»ལས།

༩༠ ①«སྣར་»«ཞོལ་»+བྱམས་པ་ཆེན་པོ་ལས་རིང་དུ་གྱུར་པ་ཡིན། ②«ཅོ་»པར། ③«གཡུང་»«པེ་»གལ་ཏེ། ④«ཞོལ་»དོ༑ ⑤⑥«གཡུང་»«པེ་»–དེ།

༩༡ ①«གཡུང་»«པེ་»འདུ། ②«གཡུང་»–ཏུ། ③«གཡུང་»«པེ་»དེ་འདི། ④«ལི་»–སྙམ་ན་ཡང་། ⑤«གཡུང་»«པེ་»–ལས།

༩༢ ①«གཡུང་»«ལི་»«པེ་»«སྣར་»«ཅོ་»«ཁུ་»«ཞོལ་»–སེམས་དཔའ། ②«ཁུ་»སྙམས། ③«གཡུང་»«པེ་»+ནི། ④«ཁུ་»བྱིན།

༩༤ ①«ཅོ་»+མི། ②«སྣར་»«ཞོལ་»+བྱམས་པ་ཆེན་པོ་ཡོངས་སུ་འཛིན་ཏོ་སྙམ་ནའང་། བྱང་ཆུབ་སེམས་དཔའ་སེམས་དཔའ་ཆེན་པོ་དེ་ཤེས་རབ་ཀྱི་ཕ་རོལ་ཏུ་ཕྱིན་པ་ལས་ཉམས་པ་ཡིན་ནོ། །གལ་ཏེ་ཡང་དེ་འདི་སྙམ་དུ་ཤེས་རབ་ཀྱི་ཕ་རོལ་ཏུ་ཕྱིན་པ་ནི།

༩༥ ①«ཅོ་»པར། ②«གཡུང་»«པེ་»«སྣར་»«ཞོལ་»ཏེ། ③«གཡུང་»«པེ་»—དེ། ④«ཅོ་»པར། ⑤«ཞོལ་»+ཡང་དག་པ། ⑥«ལི་»«སྣར་»«ཞོལ་»སྟོན་ཏོ། «ཁུ་»བསྟན་ནོ། ⑦«ལི་»«སྣར་»«ཅོ་»«ཞོལ་»བསྒྲུབ། (པོད་འདིའི་ནང་དུ་བྱང་ཆུབ་སེམས་དཔའ་སེམས་དཔའ་ཆེན་པོ་སྦྱིན་པའི་ཕ་རོལ་ཏུ་ཕྱིན་པ······མངོན་པར་སྒྲུབ་པོ་ཞེས་པ་ནས་སངས་རྒྱས་ཀྱི་ཆོས་མ་འདྲེས་པ་བཅོ་བརྒྱད་མངོན་པར་སྒྲུབ་པོ་ཞེས་པའི་འགྲེས་ཐང་འདིའི་ནང་གི་སྒྲུབ་ཅེས་པ་རྣམས་«ལི་»«སྣར་»«ཅོ་»«ཞོལ་»ལ་བསྒྲུབ་དང་«གཡུང་»«པེ་»«ཁུ་»ལ་སྐབས······འགར་བསྒྲུབ་ཅེས་འཁོད་ཀྱང་གཞམ་དུ་བསྡུར་མཆན་དུ་བཀོད་མེད།)

༩༦ ①«གཡུང་»«པེ་»འདུ། ②«ཅོ་»—པར། ③«ཁུ་»གསམ། ④«ཁུ་»གྱི།

༩༧ ①«སྣར་»«ཞོལ་»+བྱམས་པ་ཆེན་པོ་མངོན་པར་བསྒྲུབ་པོ།།

༩༨ ①«གཡུང་»«པེ་»སྒྲུབ། ②«གཡུང་»«པེ་»གཞི། ③«ཞོལ་»པའི།

༩༩ ①«སྣར་»«ཞོལ་»+བྱམས་པ་ཆེན་པོ་མངོན་པར་བསྒྲུབ་པར་མི་ནུས་སོ།། ②«གཡུང་»«པེ་»ཏེ། ③«གཡུང་»ཏོད། ④«གཡུང་»«པེ་»—སེམས་དཔའ། ⑤«གཡུང་»«ལི་»«པེ་»«སྣར་»«ཅོ་»«ཞོལ་»པས། ⑥«ཅོ་»དོ།། ⑦«གཡུང་»«ལི་»«པེ་»«སྣར་»«ཅོ་»«ཞོལ་»—དེ་ཅིའི་ཕྱིར་ཞེ་ན། ⑧«གཡུང་»«ལི་»«པེ་»«སྣར་»«ཅོ་»«ཞོལ་»—མཐོང་བའི། ⑨«གཡུང་»«པེ་»«ཁུ་»+དེ། ⑩⑪«གཡུང་»«ལི་»«པེ་»«སྣར་»«ཅོ་»—ཆགས་པ།

༡༠༠ ①«ལི་»«སྣར་»«ཞོལ་»—དེ། ②«གཡུང་»«པེ་»ཉིས་བརྒྱ་ལྔ་བཅུ་དྲུག «ལི་»བཅུ་གཉིས། «སྣར་»«ཅོ་»ཉིས་བརྒྱ་ང་དྲུག «ཞོལ་»ཉིས་བརྒྱ་ང་བདུན། ③«གཡུང་»«པེ་»+མ།

༡༠༡ ①«ལི་»ལམ་རྣམས། «པེ་»པ་ལས་རྣམས། «སྣར་»«ཞོལ་»པ་འཕགས་པའི་ལམ་རྣམས། «ཅོ་»འཕགས་པའི་ལམ་ཡན་ལག་བརྒྱད་པ་རྣམས། ②«གཡུང་»—སམ།

༡༠༢ ①«ལི་»—འདུག་པ། ②«གཡུང་»«པེ་»+དང་། ③«ལི་»+སྟོང་པ་ཉིད་དང་། མཚན་མ་མྱེད་པ་དང་། སྨོན་པ་མྱེད་པ། «པེ་»«སྣར་»«ཞོལ་»+སྟོང་པ་ཉིད་དང་། མཚན་མ་མེད་པ་དང་། སྨོན་པ་མེད་པ། ④«གཡུང་»«ཅོ་»—རྣམས།

༡༠༣ ①«གཡུང་»«པེ་»—སྟོང་པ་ཉིད། ②«ཅོ་»—ཡང་། ③«ལི་»«པེ་»«སྣར་»«ཅོ་»«ཞོལ་»+འཕགས་པའི། ④«ལི་»«པེ་»+ཡན་ལག་བརྒྱད་པ་རྣམས། «སྣར་»«ཞོལ་»+རྣམས། «ཅོ་»+ཡན་ལག་བརྒྱད། ⑤«ཅོ་»དང་། ⑥«གཡུང་»«ཅོ་»—རྣམས།

༡༠༤ ①«སྣར་»«ཞོལ་»+བྱམས་པ་ཆེན་པོའང་བྱམས་པ་ཆེན་པོ་དང་མ་བྲལ། ②«ཅོ་»+འདྲེས། ③«ཞོལ་»སྒྲུབ། ④«གཡུང་»«པེ་»+སྟོང་།

༡༠༥ ①«ལི་»+སྟོང་པ། ②«གཡུང་»«པེ་»འདུགས།

༡༠༧ ①«ལི་»«པེ་»+བྱམས་པ་ཆེན་པོ་ཡང་ཇི་ལྟར་མངོན་པར་བསྒྲུབ་པར་བགྱི། «སྣར་»«ཞོལ་»+བྱམས་པ་ཆེན་པོའང་ཇི་ལྟར་མངོན་པར་བསྒྲུབ་པར་བགྱི།

༡༠༨ ①«གཡུང་»+པོ། «པེ་»«སྣར་»«ཅོ་»«ཞོལ་»+དོ།། ②«གཡུང་»«པེ་»ཤེའམ། «ཅོ་»ཞེས་འམ། ③«ཅོ་»འདི། ④«ཅོ་»བ། ⑤«ཅོ་»འདི་ནི། ⑥«གཡུང་»«པེ་»«སྣར་»ཞེའམ། ⑦«གཡུང་»«པེ་»ལྟེའམ། ⑧«ཅོ་»+འདི་ནི།

༡༡༠ ①«ལི་»བ་ཞེའམ། «པེ་»བ་བཞེའམ། ②«གཡུང་»«པེ་»ཞེའམ། ③«ཅོ་»–པ། ④«ལི་»«སྣར་»«ཞོལ་»ཤེའམ། ⑤⑥⑦«གཡུང་»«པེ་»«སྣར་»«ཅོ་»ཞེའམ།

༡༡༡ ①«གཡུང་»«པེ་»«ཅོ་»ཞེའམ། ②«གཡུང་»«པེ་»ཞེའམ། ③«ལི་»ཞེའམ།

༡༡༢ ①«ཅོ་»པའོ། ②«གཡུང་»«པེ་»ལྟེའམ།

༡༡༣ ①②«གཡུང་»«པེ་»ལྟེའམ། ③«ཅོ་»བྱར། ④«གཡུང་»«པེ་»ལྟེའམ། ⑤«ཅོ་»–འདིའི་དོར་བ་མྱེད་པ་སྟོང་པ་ཉིད་དོ། ⑥⑦«གཡུང་»ལྟེའམ།

༡༡༤ ①«གཡུང་»«པེ་»–དོ། ②«ལི་»«སྣར་»«ཅོ་»«ཞོལ་»+དག

༡༡༦ ①«ཞོལ་»–རྣམས། ②«སྣར་»«ཞོལ་»+བྱམས་པ་ཆེན་པོ་ཞེའམ། འདི་ནི་བྱམས་པ་ཆེན་པོའོ། །འདིའི་བྱམས་པ་ཆེན་པོའོ། །ཞེས་བྱ་བར་མངོན་པར་ཆགས་པ་མེད་དོ།། ③«ཅོ་»+དག ④«ལི་»«སྣར་»«ཞོལ་»–དག ⑤«ལི་»«སྣར་»«ཞོལ་»བུའོ། ⑥«ཞོལ་»–ཤེས་པ།

༡༡༧ ①«ཅོ་»པ། ②«གཡུང་»དགྲ།

༡༡༩ ①«སྣར་»བཏག ②«ཅོ་»པ།

༡༢༠ ①«ཅོ་»སྟོང་། «ཁུ་»རྟོག ②«གཡུང་»–པ།

༡༢༡ ①«ཅོ་»+མེད་པ། ②«སྣར་»«ཞོལ་»+བྱམས་པ་ཆེན་པོ་རྟག་པའམ་མི་རྟག་པར་མངོན་པར་ཆགས་པ་མེད་དོ།། ③«ལི་»ཀྱིས།

༡༢༢ ①«ཞོལ་»པར།

༡༢༤ ①«ཅོ་»སྐྱེད། ②«ཅོ་»ཤིག ③«ཅོ་»འམ།

༡༢༥ ①«ཁུ་»–པ། ②«ཅོ་»–སྟོང་པ་ཉིད།

༡༢༦ ①«ཅོ་»པ། ②«སྣར་»«ཞོལ་»+བྱམས་པ་ཆེན་པོ་བདེ་བའམ་སྡུག་བསྔལ་བར་མངོན་པར་ཆགས་པ་མེད་དོ།།

༡༢༧ ①«ཅོ་»པར།

༡༢༨ ①«ཅོ་»+ག ②«ལི་»–གི།

༡༢༩ ①«ཞོལ་»–པ། ②«གཡུང་»«ལི་»«པེ་»«སྣར་»«ཅོ་»«ཞོལ་»སྲིད།

༡༣༡ ①«ཅོ་»ལན།

༡༣༢ ①«ཅོ་»འཛིག ②«སྣར་»«ཞོལ་»+བྱམས་པ་ཆེན་པོ་བདག་གམ་བདག་མེད་པར་མངོན་པར་ཆགས་པ་མེད་དོ།། ③«ཅོ་»པར། ④«གཡུང་»«པེ་»ཉིས་བརྒྱ་ལྔ་བཅུ་བདུན། «ལི་»བཅུ་གསུམ། «སྣར་»«ཅོ་»

ཉིས་བརྒྱ་ང་བདུན། «ཞོལ་»ཉིས་བརྒྱ་ང་བརྒྱད། ⑤«གཡུང་»«པེ་»–བ།

༡༣༣ ①«ཅོ་»འམ།

༡༣༤ ①«ཅོ་»བ། ②«ཞོལ་»པའམ།

༡༣༦ ①«ཁུ་»ཞག ②«ཅོ་»པའི། ③«ཅོ་»ལན། ④«སྣར་»«ཞོལ་»+བྱམས་པ་ཆེན་པོ་ཞི་བའམ་མ་ཞི་བར་མངོན་པར་ཆགས་པ་མེད་དོ།།

༡༣༨ ①②③④⑤⑥«ལི་»«སྣར་»«ཞོལ་»པ་ལས་བྱུང་བའི།

༡༣༩ ①«ཅོ་»པ། ②«ཞོལ་»སྲིད།

༡༤༠ ①«གཡུང་»«པེ་»མཐའ།

༡༤༡ ①«སྣར་»«ཞོལ་»+བྱམས་པ་ཆེན་པོ་སྟོང་པའམ་མི་སྟོང་པར་མངོན་པར་ཆགས་པ་མེད་དོ།།

༡༤༢ ①«ཅོ་»+འོང་། ②«ཅོ་»+ཀྱི་འབྲས་བུ། ③«ཅོ་»–མངོན་པར།

༡༤༤ ①«ཁུ་»འབྱུང་། ②«ཅོ་»–ཚོར་བ། ③«གཡུང་»–པ། ④«གཡུང་»+བ། ⑤«ཅོ་»ཕར།

༡༤༥ ①«ཅོ་»པར་འམ།

༡༤༦ ①«སྣར་»པ་བམ།

༡༤༧ ①«སྣར་»«ཞོལ་»+བྱམས་པ་ཆེན་པོ་མཚན་མ་ཡོད་པའམ་མཚན་མ་མེད་པར་མངོན་པར་ཆགས་པ་མེད་དོ།།

༡༤༨ ①«ཅོ་»–པར།

༡༥༡ ①«ཅོ་»པར། ②«གཡུང་»«པེ་»–ནང་། ③«ཅོ་»–མངོན་པར།

༡༥༢ ①«ཁུ་»དངོས་པོ། ②«ལི་»ཕའམ།

༡༥༣ ①«ཅོ་»པར། ②«ཅོ་»–དང་། ③«སྣར་»«ཞོལ་»+བྱམས་པ་ཆེན་པོ་སྨོན་པ་ཡོད་པའམ་སྨོན་པ་མེད་པར་མངོན་པར་ཆགས་པ་མེད་དོ།། ④«གཡུང་»ཡོད།

༡༥༤ ①«ཅོ་»པར། ②«ཅོ་»པ། ③«ལི་»དེ།

༡༥༥ ①«ཅོ་»པ་ཆག

༡༥༦ ①«གཡུང་»–ཁམས།

༡༥༧ ①«ཅོ་»–བྱས། ②«ཅོ་»+པར།

༡༥༨ ①«ཅོ་»–བཞི། ②«ཅོ་»པ། ③«ཞོལ་»–པ།

༡༥༩ ①«སྣར་»«ཞོལ་»+བྱམས་པ་ཆེན་པོ་དབེན་པའམ་མི་དབེན་པར་མངོན་པར་ཆགས་པ་མེད་དོ།། ②«ཁུ་»འམ། ③«ཞོལ་»དེས། ④«གཡུང་»–བྱ་བའམ། ཟྱི་དབེན་ཞེས། ⑤«གཡུང་»«པེ་»བརྒྱ། ⑥«གཡུང་»«པེ་»སྦྲུབ།

༡༦༠ ①«ཅོ་»–དེ་ནི། ②«གཡུང་»སྟ། «པེ་»སྟེ། ③«ཅོ་»«ཞོལ་»བསྒྱུར། ④«ཞོལ་»བསྒྱུར། ⑤«སྣར་»བསྒྱུར། ⑥«གཡུང་»«པེ་»སླམ། ⑦«སྣར་»བསྒྱུར། ⑧«གཡུང་»«པེ་»ཉིས་བརྒྱ་ལྔ་བཅུ་བརྒྱད། «ལི་»བཅུ་བཞི། «སྣར་»«ཅོ་»ཉིས་བརྒྱ་ང་བརྒྱད། «ཞོལ་»ཉིས་བརྒྱ་ང་དགུ། ⑨«གཡུང་»

–མ། ⑩«ལི་»–མོ། འདི་ནི། «པེ་»དང་། ལམ་ཡིན་པའི་འདི་ནི། «སྣར་»དང་། «ཞོལ་»དང་། འདི་ནི།

༡༦༡ ①«གཡུང་»«པེ་»«ཅོ་»པ། ②«ཞོལ་»ཏོ།། ③«ཅོ་»–སོ། ④«སྣར་»«ཞོལ་»བཟློད། ⑤«ཁུ་»ལྡེའི།

༡༦༢ ①«གཡུང་»–ལྡེའི་འདུས་ཏེ་རེག་པ་ཡོངས་སུ་མི་འཛིན་ཏོ།།

༡༦༣ ①«ཅོ་»–གྱི།

༡༦༤ ①«སྣར་»«ཞོལ་»+བྱམས་པ་ཆེན་པོ་ཡོངས་སུ་མི་འཛིན་ཏོ།། ②«གཡུང་»«ལི་»«པེ་»«སྣར་»«ཅོ་»«ཞོལ་»–ལམ་གྱི་རྣམ་པ་ཤེས་...... གྱི་འཛིན་ཏོ།། ③«ཅོ་»«ཞོལ་»གཟུང་། ④«ཅོ་»འཛོབ། ⑤«ཅོ་»སྤོང་། «ཞོལ་»སྤོད། ⑥«གཡུང་»«པེ་»+ནོ། ⑦«གཡུང་»«པེ་»«སྣར་»བསྐྱེད།

༡༦༥ ①«གཡུང་»«པེ་»བཏང་། ②«ཅོ་»+གྱི། ③«གཡུང་»«པེ་»བགྱིའོ།

༡༦༦ ①«ལི་»–གྱིག་ལྡན་པ་ཡང་མ་ཡིན། གྱི་ལྡན་པ་ཡང་མ་ཡིན། ②«ཅོ་»པར།

༡༦༧ ①«ཅོ་»+ནོ།། ②«ཅོ་»པར།

༡༦༨ ①«ཁུ་»རིག ②«ཅོ་»+མི་ལྡན་པ་ཡང་མ་ཡིན།

༡༦༩ ①«ཅོ་»–རང་གི་མཚན་ཉིད་སྟོང་པ་ཉིད་ལྡན་པ་ཡང་མ་ཡིན། གྱི་ལྡན་པ་ཡང་མ་ཡིན། ②«ཞོལ་»–པ་ཡང་།

༡༧༠ ①«སྣར་»«ཞོལ་»+བྱམས་པ་ཆེན་པོ་ལྡན་པའང་མ་ཡིན། མི་ལྡན་པའམ་མ་ཡིན། ②«གཡུང་»«པེ་»རྟོག

༡༧༢ ①②③④⑤«ལི་»–ལས་བྱུང་བའི་ཚོར་བ། ⑥«ལི་»–ལས་བྱུང་བའི་ཚོར་བ། ⑦«ལི་»+གྱིག་གི་འདུས་ཏེ་རེག་པ་ལས་བྱུང་བའི་ཚོར་བ་ལ་གནས་པར་བྱའོ་ཞེས་བསྟན་པར་གྱི་བྱའོ། །རྣ་བའི་འདུས་ཏེ་རེག་པ་ལས་བྱུང་བའི་ཚོར་བ་ལ་གནས་པར་བྱའོ་ཞེས་བསྟན་པར་གྱི་བྱའོ། །སྣའི་འདུས་ཏེ་རེག་པ་ལས་བྱུང་བའི་ཚོར་བ་ལ་གནས་པར་བྱའོ་ཞེས་བསྟན་པར་གྱི་བྱའོ། །ལྡེའི་འདུས་ཏེ་རེག་པ་ལས་བྱུང་བའི་ཚོར་བ་ལ་གནས་པར་བྱའོ་ཞེས་བསྟན་པར་གྱི་བྱའོ། །ལུས་ཀྱི་འདུས་ཏེ་རེག་པ་ལས་བྱུང་བའི་ཚོར་བ་ལ་གནས་པར་བྱའོ་ཞེས་བསྟན་པར་གྱི་བྱའོ། །ཡིད་ཀྱི་འདུས་ཏེ་རེག་པ་ལས་བྱུང་བའི་ཚོར་བ་ལ་གནས་པར་བྱའོ་ཞེས་བསྟན་པར་གྱི་བྱའོ།།

༡༧༣ ①«གཡུང་»+ལས།

༡༧༤ ①«ཅོ་»–པར།

༡༧༥ ①«སྣར་»«ཞོལ་»+བྱམས་པ་ཆེན་པོ་ལ་གནས་པར་བྱའོ། །ཞེས་བསྟན་པར་མི་བྱའོ།། ②«ཅོ་»པར། ③«ཁུ་»–གྱི། ④«ཅོ་»གིས།

༡༧༦ ①«ཅོ་»–ནི་གང་།

༡༧༧ ①«ལི་»–བསྟན་འགྱུར་ཀྱི་ཕ་རོལ་ཏུ་ཕྱིན་པ་ནི་གང་ལ་ཡང་གྱི་གནས་སོ།། ②«གཡུང་»«པེ་»«ཁུ་»«ཞོལ་»–ནི།

༡༧༨ ①«ལི་»+བྱམས་པ་ཆེན་པོ་ནི་གང་ལ་ཡང་གྱི་གནས་སོ།། «སྣར་»«ཞོལ་»+བྱམས་པ་ཆེན་པོ་ནི་གང་ལའང་མི་གནས་སོ།། ②«ཞོལ་»+ཉིད། ③«ཅོ་»པར། ④«གཡུང་»«པེ་»སྟེ། «ཞོལ་»སོ།། ⑤«གཡུང་»«རྟོག་ཨམ་བྲའམ། «སྣར་»«ཅོ་»རྟོག་ཨམ་བྲའམ། ⑥«གཡུང་»དེ། «པེ་»–ན།

༡༧༩ ①«གཡུང་»རྟོག་ཨམ་བྲའམ། ཤིང་རྟོག «ལི་»ཐོག་ཨམ་བྲའམ་ཤིང་ཏོག «པེ་»«སྣར་»«ཅོ་»ཏོག་ཨམ་བྲའམ། ཤིང་ཏོག «ཞོལ་»ཏོག་ཨ་འབྲའམ། ཤིང་ཏོག ②«ཅོ་»སྐྱིད། ③«གཡུང་»«ཅོ་»པ་བསལ་ལོ། «ལི་»གསལ་ཏེ། «པེ་»པས་བསལ་ལོ། «ཞོལ་»གསལ་ཏོ། ④«གཡུང་»རྟོག་ཨམ་བྲའམ། ཤིང་རྟོག «ལི་»ཐོག་ཨམ་བྲའམ། ཤིང་ཐོག «པེ་»ཏོག་ཨམ་བྲའམ། ཤིང་ཏོག «སྣར་»«ཅོ་»ཏོག་ཨམ་བྲའམ། ཤིང་ཏོག «ཞོལ་»ཏོག་ཨ་འབྲའམ། ཤིང་ཏོག ⑤«གཡུང་»རྟོག་ཨམ་བྲའམ། ཤིང་རྟོག «ལི་»ཐོག་ཨམ་བྲའམ། ཤིང་ཐོག «པེ་»«སྣར་»«ཅོ་»ཏོག་ཨམ་བྲའམ། ཤིང་ཏོག «ཞོལ་»ཏོག་ཨ་འབྲའམ། ཤིང་ཏོག ⑥«ཞོལ་»བསླབ་སྟེ། ⑦«གཡུང་»«པེ་»ཀྱི། ⑧«གཡུང་»«པེ་»«ཁུ་»བཟུང་། ⑨«གཡུང་»«པེ་»གྱི། ⑩«གཡུང་»«པེ་»བཟུང་། ⑪«གཡུང་»«པེ་»བཟུང། ⑫«ལི་»–སྙིང་པོ་བྱང་ཆུབ་ཏུ་འཇུག་པར་འདོད་པ་དང་། ⑬«ལི་»«སྣར་»འགྱུར་བར། «ཞོལ་»གྱུར་པ།

༡༨༠ ①«ཞོལ་»གྱུར། ②«གཡུང་»«པེ་»འཐོབ་པར་འགྱུར་བ། «ལི་»ཐོབ་པར་འགྱུར་བ། «ཞོལ་»ཐོབ་པར་གྱུར་པ། ③«གཡུང་»–པ། ④«གཡུང་»པའམ། «ཅོ་»འམ། ⑤«གཡུང་»–པ། ⑥«ལི་»«སྣར་»«ཅོ་»«ཞོལ་»–ལྟ། ⑦«ཅོ་»གྱི།

༡༨༡ ①«ལི་»«སྣར་»«ཞོལ་»རྣམས། ②«ཅོ་»བསློབ། ③«གཡུང་»«པེ་»སློབ།

༡༨༢ ①«ཅོ་»–དང་། ②«ལི་»«སྣར་»«ཞོལ་»+བཅོམ་ལྡན་འདས།

༡༨༣ ①«གཡུང་»དོན། ②«གཡུང་»«པེ་»པ་ལ།

༡༨༤ ①«ཞོལ་»འཛིག ②«གཡུང་»«ཅོ་»«ཞོལ་»+ལ། ③«ཅོ་»«ཞོལ་»+ལ།

༡༨༥ ①«ཞོལ་»–པ། ②«ཅོ་»+ལ། ③«ཅོ་»+ལ། ④«ཅོ་»–དེ། ⑤«ཅོ་»+ལ། ⑥«ཅོ་»+ལ། ⑦⑧«ལི་»སྟོང་། ⑨«སྣར་»དོ།།

༡༨༦ ①«ཅོ་»–འདས་པ། ②«ཅོ་»དོ།། ③«ཅོ་»–པ།

༡༨༧ ①«ཅོ་»–པ་སྤྱོད། ②«ལི་»–དེ་ལྟར།

༡༨༨ ①«ཅོ་»+ལ། ②«ཅོ་»ཏེ། ③«སྣར་»དོ།། ④⑤«གཡུང་»«ལི་»«པེ་»«སྣར་»«ཅོ་»«ཞོལ་»རྣམས།

༡༨༩ ①«ཅོ་»དོ།། ②«ཁུ་»+པ་བྱ་བ་མེད། ③«ཞོལ་»དོ།། ④«ལི་»+ཤེས་པ། ⑤«གཡུང་»+ཡེ་རྣམ་དེ་ཏུ་ཕྲ་ཛ་དེ་ཏུན་ཏེ་ཏྲིན་ཏ་སྨ་ག་ཏོ་ཏྲ་བ་དཏ། ཏེ་ཏྲཱ་ཨྰ་ཡོ་ནི་རོ་ཛ་ཨེ་པཱཾ་བྷ་དྡི་མ་དྷ་ཤྲ་མ་ཊཿ། བཀྲ་ཤིས། སརྦ་སྭ་པསྭ་ཀ་རཏཾ། ཀུ་ཤ་ལ་སྒྱོ་སམྲུཏཾ། སུ་ཙིཏྲ་པ་རི་ད་མ་ཏུ། མེ་ཏ་བུ ཏུ་ཤྲཱ་ས་ཏཾ། «པེ་»+ཡེ་རྣམ་དེ་ཏུ་ཕྲ་ཛ་བ་དེ་ཏུན་ཏེ་ཏྲིན་ཏ་སྨ་ག་ཏོ་ཏྲ་བ་དཏ། ཏེ་ཏྲཱ་ཨྰ་ཡོ་ནི་རོ་ཛ་ཨེ་པཱཾ་བྷ་དྡི་མ་དྷ་ཤྲ་མ་ཊཿ། བཀྲ་ཤིས། སརྦ་སྭ་པསྭ་ཀ་ར་ཊ། ཀུ་ཤ་ལ་སྒྱོ་སམྲུཏཾ། སུ་ཙིཏྲ་པ་རི་ད་མ་ཏུ། མེ་ཏ་ཏྲུ ཏུ་ཤྲཱ་ས་ཏཾ། ⑥«གཡུང་»«པེ་»དུམ་བུ་བཅུ་གསུམ་པ། བམ་པོ་ཉིས་བརྒྱ་ལྔ་བཅུ་དགུ་པ། «ལི་»བམ་པོ་བཅྭ་ལྔ་པ། «སྣར་»བམ་པོ་ཉིས་བརྒྱ་ང་དགུ་པ། «ཅོ་»བམ་པོ་ཉིས་བརྒྱ་ང་དགུ། «ཞོལ་»བམ་པོ་ཉིས་བརྒྱ་དྲུག་ཅུ་པ།

༡༩༠ ①«གཡུང་»«པེ་»པར། ②«ཅོ་»པར།

༡༩༡ ①«ཞོལ་»ས། ②«གཡུང་»པར། ③«པེ་»པར། «ཅོ་»པ་ལ། ④«ཅོ་»པ་ལ། ⑤⑥⑦⑧«ཅོ་»པ་ལ།

(༩)«ཅོ་»+དགོངས་པ།

༡༩༢ (༡)«པེ་»«ཅོ་»པ། (༢)«ཁུ་»གྱི། (༣)«ལི་»སྒོང་།

༡༩༣ (༡)«གཡུང་»«པེ་»བྲས། (༢)«གཡུང་»«ལི་»—དེ། (༣)«གཡུང་»—དེ། (༤)«ཅོ་»+གང་ལ།
(༥)«གཡུང་»«པེ་»«ཅོ་»+རྫོགས་པར། (༦)«ཅོ་»བ། (༧)«གཡུང་»«པེ་»«ཅོ་»དེ་ཡང་། «སྣར་»
«ཁུ་»«ཞོལ་»དེའང་།

༡༩༤ (༡)«ལི་»སྒྲོང་། (༢)«ཞོལ་»དཔའི། (༣)«གཡུང་»«ལི་»«པེ་»«སྣར་»«ཞོལ་»པར། (༤)«གཡུང་»+སོ།།
(༥)«ཅོ་»ཤེ། (༦)«ཅོ་»པར། (༧)«ཅོ་»+ཉི། (༨)(༩)«ཅོ་»པར།

༡༩༥ (༡)«གཡུང་»མོས། (༢)«གཡུང་»ཐས། (༣)«གཡུང་»—ཏེ། (༤)«ཅོ་»པར།

༡༩༦ (༡)«གཡུང་»—ཅད། (༢)«གཡུང་»«པེ་»—ཅད། (༣)«ཅོ་»པར།

༡༩༧ (༡)«ཅོ་»པ། (༢)«ཅོ་»པར། (༣)«ཅོ་»པར།

༡༩༨ (༡)«ཞོལ་»—ཉིད་ཀྱི་དེ་བཞིན་ཉིད། (༢)«གཡུང་»མ།

༡༩༩ (༡)«གཡུང་»མོས། (༢)«ཅོ་»ནས། (༣)«ཅོ་»པ། (༤)«གཡུང་»«པེ་»སྐོམ།

༢༠༠ (༡)«ཅོ་»པོ། (༢)«ལི་»—ཅིག

༢༠༡ (༡)«གཡུང་»«ཅོ་»པར། (༢)«ལི་»པས།

༢༠༣ (༡)«ཞོལ་»མ།

༢༠༤ (༡)«གཡུང་»སླབ།

༢༠༥ (༡)«སྣར་»«ཁུ་»འཇིགས།

༢༠༦ (༡)«ཅོ་»+ལྡན། (༢)«ལི་»ལ།

༢༠༧ (༡)«གཡུང་»བཞན། (༢)«གཡུང་»—ཉིད། (༣)«གཡུང་»«པེ་»སླབ།

༢༠༨ (༡)«ལི་»ཀྱིས། (༢)«ལི་»དུས།

༢༠༩ (༡)«ལི་»«ཁུ་»འཇིགས།

༢༡༠ (༡)«ལི་»—བ། (༢)«ཞོལ་»—ཉིད།

༢༡༡ (༡)«གཡུང་»+ཉི། (༢)«གཡུང་»«ལི་»«པེ་»«སྣར་»«ཅོ་»«ཞོལ་»སྲིད། (༣)«ཅོ་»བསློབ།

༢༡༢ (༡)«གཡུང་»—ལས། (༢)«ཅོ་»—དུ།

༢༡༣ (༡)«གཡུང་»«པེ་»བརྗོ། «ལི་»བཙོན། (༢)«ཁུ་»གྱུར།

༢༡༤ (༡)«ལི་»—ཀྱི་དེ་བཞིན་ཉིད། (༢)«ལི་»+ནང་། (༣)«ཅོ་»+འདི་ནི།

༢༡༧ (༡)«གཡུང་»བསྐུལ། (༢)«གཡུང་»ནོ།

༢༡༨ (༡)«ཅོ་»དེ། (༢)«ཅོ་»ལ། (༣)«གཡུང་»འ།

༢༡༩ (༡)«གཡུང་»«པེ་»ཀྱིས།

༢༢༠ (༡)«ཅོ་»པའི།

༢༢༣ (༡)«ལི་»+ཀྱི། (༢)«གཡུང་»–བ།

༢༢༥ (༡)«གཡུང་»«སྣར་»«ཅོ་»«ཞོལ་»–དག (༢)«གཡུང་»«པེ་»ཉིས་བརྒྱ་དྲུག་བཅུ། «ལི་»བཅུ་དྲུག «སྣར་»«ཅོ་»ཉིས་བརྒྱ་དྲུག་ཅུ། «ཞོལ་»ཉིས་བརྒྱ་རེ་གཅིག (༣)«ལི་»«པེ་»«སྣར་»«ཅོ་»«ཁུ་»«ཞོལ་»–པ།

༢༢༦ (༡)«ཞོལ་»མི།

༢༢༨ (༡)«གཡུང་»«པེ་»ཀྱིས།

༢༣༠ (༡)«ཅོ་»ཡང་། (༢)«གཡུང་»–པ། (༣)«ཅོ་»+ལ། (༤)«གཡུང་»«ལི་»«པེ་»«སྣར་»«ཅོ་»«ཞོལ་»ནོ།། (༥)«སྣར་»«ཞོལ་»པས། (༦)«པེ་»+ན། (༧)«གཡུང་»«ལི་»«པེ་»«སྣར་»«ཅོ་»«ཞོལ་»–ཀྱང་། (༨)«གཡུང་»«ལི་»«པེ་»«སྣར་»«ཅོ་»«ཞོལ་»–པོ་དག

༢༣༡ (༡)«གཡུང་»«པེ་»«སྣར་»«ཅོ་»«ཞོལ་»བའོ། (༢)«ཅོ་»པ། (༣)«གཡུང་»«པེ་»«ཞོལ་»བསླབ།

༢༣༢ (༡)«གཡུང་»«ལི་»«པེ་»«སྣར་»«ཞོལ་»པས། (༢)«ལི་»«སྣར་»«ཞོལ་»པོས། (༣)«སྣར་»བསྒོམ། (༤)«གཡུང་»«པེ་»མཆོ། (༥)«ཅོ་»–ལ། (༦)«གཡུང་»«པེ་»རྟག (༧)«གཡུང་»«པེ་»«སྣར་»«ཅོ་»«ཞོལ་»པོ།

༢༣༣ (༡)«གཡུང་»«པེ་»བསྒོམ་ཡང་། «ལི་»སྒོམ་པ་ཡང་། «སྣར་»བསྒོམ་པའང་། «ཞོལ་»སྒོམ་པའི། (༢)«གཡུང་»«པེ་»«སྣར་»བསྒོམ། «ཅོ་»སྒོམས། (༣)«ཞོལ་»–བ། (༤)«ཞོལ་»ནི།

༢༣༤ (༡)«ཞོལ་»དགའ། (༢)«གཡུང་»«ལི་»«པེ་»«སྣར་»«ཞོལ་»བསྒོམ། (༣)«ལི་»«ཅོ་»གང་གའི། (༤)«གཡུང་»«པེ་»+གཅིག «ལི་»«སྣར་»«ཞོལ་»+ཅིག (༥)«ཅོ་»བགོད། (༦)«གཡུང་»དགོད། (༧)«ཞོལ་»བསྒོམས།

༢༣༥ (༡)«ལི་»«སྣར་»«ཞོལ་»+དག (༢)«ལི་»«པེ་»«སྣར་»«ཞོལ་»པོས། (༣)«ཅོ་»སྤྱོད། (༤)«ཅོ་»–དྲན་པ་ཉེ་བར……ཆེན་པོ་དེ་ནི།

༢༣༦ (༡)«གཡུང་»«པེ་»སྒོམས།

༢༣༧ (༡)«ལི་»གཞོ། (༢)«ཞོལ་»བསམ། (༣)«པེ་»«སྣར་»«ཞོལ་»+ཡི་གེ་དང་། (༤)«ལི་»+དང་ཡི་གེ། (༥)«གཡུང་»«ཅོ་»པར། (༦)«ཅོ་»–བྱང་ཆུབ་སེམས་དཔའི།

༢༣༨ (༡)«ཅོ་»གྲུར་ཏོ། (༢)«ཅོ་»–ལྷག་པའི། (༣)«ལི་»«སྣར་»«ཞོལ་»ཛྱོན།

༢༤༠ (༡)«ཁུ་»–དེ་ནི། (༢)«ཞོལ་»བྱུང་། (༣)«ཅོ་»–བྱང་ཆུབ་སེམས……རིག་པར་བྱའོ།།

༢༤༣ (༡)«ཅོ་»པར།

༢༤༤ (༡)«གཡུང་»«པེ་»+བཙོ་བརྒྱད། «སྣར་»«ཞོལ་»+བཅོ་བརྒྱད། (༢)«ཁུ་»བཞུགས།

༢༤༥ (༡)«གཡུང་»«ལི་»«པེ་»«སྣར་»«ཅོ་»«ཞོལ་»བྱ་བ་ནས། (༢)«ལི་»ལ།

༢༤༦ (༡)«ཅོ་»–པར། (༢)«ལི་»པའི། (༣)«ལི་»«པེ་»«སྣར་»«ཞོལ་»+རྒྱུ་དང་།

༢༤༨ (༡)«གཡུང་»+ལ། (༢)«གཡུང་»–ལ། (༣)«གཡུང་»པ། (༤)«ཁུ་»–པོ། (༥)«ཁུ་»–པའི་རྐྱེན་གྱིས་ཚོར།

༢༥༠ ①«བྲུ་»+པ།

༢༥༡ ①«གཡུང་»–ལ། ②«གཡུང་»འདུ་མ། ③«ཅོ་»–རིག་པར།

༢༥༤ ①«བྲུ་»རེག ②«ཅོ་»པར།

༢༥༥ ①«ལི་»ཀྱི། ②«ཞོལ་»+སེམས་དཔའ།

༢༥༧ ①«ཅོ་»ཀྱི།

༢༥༩ ①«ཞོལ་»+པ། ②«གཡུང་»–ཪ་།

༢༦༠ ①«ཅོ་»–རིག་པར།

༢༦༡ ①«གཡུང་»རྣམ། ②«ལི་»+པར། ③«གཡུང་»ཀྱིས།

༢༦༢ ①«གཡུང་»+སམ།

༢༦༣ ①«ལི་»སྒོམས། ②③«ཅོ་»འཛིག ④«ལི་»–བཞི། ⑤«གཡུང་»འདྲས།

༢༦༤ ①②«ཅོ་»པར། ③«ལི་»«པེ་»«ཅོ་»+བླ་ན་མེད་པ་ཡང་དག་པར་རྫོགས་པའི།

༢༦༥ ①«ལི་»གསྲོ།

༢༦༦ ①«ཅོ་»–སེམས་དཔའ། ②«གཡུང་»«ལི་»«པེ་»«སྣར་»«ཅོ་»«ཞོལ་»–བ། ③«གཡུང་»དཔར།
④«གཡུང་»ན།

༢༦༨ ①②«ཅོ་»པར། ③«གཡུང་»«པེ་»–དེ་ནི། ④«ལི་»རྗེ་བ། ⑤«ཞོལ་»འགྲོགས། ⑥«ལི་»«སྣར་»
«ཞོལ་»འབྱུང་བའི།

༢༦༩ ①«ལི་»«པེ་»«སྣར་»«ཞོལ་»+དམ་པ། ②«ཅོ་»–དེ་ནི། ③«གཡུང་»«ལི་»«པེ་»«སྣར་»«ཅོ་»
བསྐུབ། ④«གཡུང་»«ལི་»«པེ་»«སྣར་»བསྒོམ། ⑤«གཡུང་»«པེ་»ཉིས་བརྒྱ་དྲུག་བཅུ་གཅིག «ལི་»
བཅུ་བདུན། «སྣར་»«ཅོ་»ཉིས་བརྒྱ་རེ་གཅིག «ཞོལ་»ཉིས་བརྒྱ་རེ་གཉིས། ⑥«གཡུང་»«པེ་»
«ཅོ་»–ལ།

༢༧༠ ①«གཡུང་»ལུས། ②«གཡུང་»«ལི་»«པེ་»«སྣར་»«ཅོ་»–མིག་ཞི་བ་དང······ ཕྱིན་པ་ལ་སྤྱོད་པར་བྱའོ།།
(ཞེས་པའི་གཡུང་དྲུང་རྟགས་བར་[དེབ་འདིའི་ཤོག་ངོ་༢༧༠ང༡༠—༢༧༥ང༡༧]གྱི་ཡི་གེ་རྣམས་«གཡུང་»
«ལི་»«པེ་»«སྣར་»«ཅོ་»ལ་ཆད།) ③«གཡུང་»«པེ་»«ཅོ་»མཁའི། ④«གཡུང་»«ལི་»«པེ་»
«སྣར་»«ཅོ་»–ནམ་མཁའ་སྟོང་པ་ཉིད་དུ།

༢༧༦ ①«ཞོལ་»སྒོམ། ②«གཡུང་»«ལི་»«པེ་»«སྣར་»«ཅོ་»«ཞོལ་»བསྒོམ། ③«ཞོལ་»–བཅོམ་ལྡན་འདས་
ཀྱིས་བཀའ་སྩལ་པ། ④«གཡུང་»«པེ་»སྐྱིད། ⑤«ཅོ་»–ཇི་ལྟར། ⑥«གཡུང་»«སྣར་»«ཅོ་»དབྱེ།
⑦«ལི་»«སྣར་»«ཅོ་»«ཞོལ་»འདོར། ⑧«ལི་»ཛི། (པོད་འདིའི་ནང་དུ་བཅོམ་ལྡན་འདས་ཅི་ལགས·····
ཞེས་པ་རྣམས་«ལི་»ལ་ཕལ་ཆེ་བར་བཅོམ་ལྡན་འདས་ཇི་ལགས་ཞེས་འཁོད་ཀྱང་གཤམ་དུ་བསྒྱུར་མཆན་དུ་བཀོད་
མེད།) ⑨«གཡུང་»«ལི་»«པེ་»«སྣར་»«ཅོ་»བསྐྱབས། ⑩«གཡུང་»«པེ་»+ལ།

༢༧༧ ①«ཅོ་»–ཉིད། ②«ཅོ་»སླམས། ③«ལི་»«སྣར་»བརྟགས།

༢༧༩ ①②«ཅོ་»ལགས། ③«གཡུང་»མི། ④«གཡུང་»–སམ།

༢༨༠ ①«ལི་»གདག ②«སྣར་»«ཞོལ་»+ཅི་ལགས།

༢༨༡ ①«གཡུང་»«པེ་»–པ། ②«ལི་»མྱིང་།

༢༨༢ ①«སྣར་»«ཞོལ་»+ནི། ②«གཡུང་»«པེ་»«སྣར་»«ཅོ་»«ཞོལ་»གྱུར། ③«ལི་»«སྣར་»«ཅོ་»
«ཞོལ་»གྱུར། ④⑤⑥⑦⑧⑨⑩«གཡུང་»«ལི་»«པེ་»«སྣར་»«ཅོ་»«ཞོལ་»གྱུར། ⑪⑫⑬«ལི་»
«སྣར་»«ཅོ་»«ཞོལ་»གྱུར།

༢༨༣ ①«གཡུང་»+པ། ②«ཅོ་»པ། ③«ཅོ་»དཔའ། ④«གཡུང་»དཔར། ⑤⑥«ལི་»པོས།
⑦«ལི་»སྤྱད།

༢༨༤ ①«ཞོལ་»–ལ་བསླབ་པ།

༢༨༥ ①«གཡུང་»–ལ། ②«ལི་»–པ། ③«ཅོ་»–ཐར་པ། ④«གཡུང་»–པ།

༢༨༦ ①«གཡུང་»«ཅོ་»–རྣམས་ལ་བསླབ་པ། ②«ལི་»པ།

༢༨༨ ①«ཅོ་»པར། ②«གཡུང་»«ལི་»«པེ་»«སྣར་»«ཅོ་»«ཞོལ་»སྲིད།

༢༨༩ ①«ལི་»སྨྲིད།

༢༩༠ ①«གཡུང་»རྒྱུད། ②«ལི་»–མྱིད།

༢༩༡ ①«ཅོ་»པར། ②«ལི་»+ན།

༢༩༢ ①«ཁུ་»+དང་། ②«ཁུ་»ཀྱིས། ③«ལི་»–བསྟན། ④«ཁུ་»ཀྱིས།

༢༩༣ ①«ཞོལ་»–མ། ②«གཡུང་»དགྲི།

༢༩༧ ①«ཁུ་»དུང་། ②«གཡུང་»«པེ་»«ཅོ་»པར། ③«གཡུང་»«པེ་»ལྟའོ། ④«གཡུང་»བསྟོང་།
⑤«གཡུང་»པར།

༢༩༨ ①«ལི་»སྐྱིའི། ②«གཡུང་»བསྟོང་། ③«ཅོ་»ཀྱི།

༢༩༩ ①«གཡུང་»–པ།

༣༠༠ ①«གཡུང་»«པེ་»ལྟའོ། ②«གཡུང་»«པེ་»«སྣར་»«ཅོ་»«ཞོལ་»པས། ③«གཡུང་»«པེ་»«སྣར་»
«ཅོ་»«ཞོལ་»–རྣམས་ཀྱིས། ④«གཡུང་»«པེ་»ལྟའོ། ⑤«གཡུང་»–རྣམས།

༣༠༡ ①«སྣར་»«ཞོལ་»རྣམས། ②«ལི་»–སྒོ། ③«ཅོ་»མ། ④⑤«ལི་»+ནི། ⑥«ཁུ་»ཀྱིས། ⑦«ཅོ་»
+བླ་ན་མེད་པ་ཡང་དག་པར་རྫོགས་པའི།

༣༠༢ ①②③④«ལི་»–ནི།

༣༠༣ ①②«ཅོ་»ཀྱི། ③«གཡུང་»ཀྱི། ④«ཞོལ་»+ངོ་།།

༣༠༤ ①«ཅོ་»ཀྱི། ②«གཡུང་»ལམ་གྱིས། «པེ་»«ཅོ་»འཕགས་པའི་ལམ་ཡན་ལག་བརྒྱད་པ་རྣམས་ཀྱིས།
③«ཅོ་»ཀྱི།

༣༠༥ ①«ཞོལ་»པ། ②«ལི་»རྣམས། ③«ལི་»རྣམས། ④«ཅོ་»ཀྱི། ⑤«ལི་»+བླ་ན་མེད་པ་ཡང་དག་པར་

རྫོགས་པའི། ⑥«ཅོ་»ཀྱི།

༣༠༦ ①«སྣར་»«ཞོལ་»པོ། ②«གཡུང་»«ལི་»«པེ་»«སྣར་»«ཅོ་»«ཁུ་»པའི། «ཞོལ་»ལ། ③«གཡུང་»«པེ་»ཉིས་བརྒྱ་དྲུག་བཅུ་གཉིས། «ལི་»བཅོ་བརྒྱད། «སྣར་»«ཅོ་»ཉིས་བརྒྱ་རེ་གཉིས། «ཞོལ་»ཉིས་བརྒྱ་རེ་གསུམ། ④«སྣར་»སྤྱོད། ⑤«ཅོ་»ཀྱིས། ⑥«ལི་»«སྣར་»«ཞོལ་»–ཉིད། ⑦«གཡུང་»སྟོང་། ⑧«ལི་»«པེ་»«སྣར་»«ཞོལ་»གཏོང་། ⑨«ལི་»བསྲུང་། ⑩«ལི་»སྲུང་། ⑪«གཡུང་»པས་བསྒྲུབ། ⑫«གཡུང་»པས་བསྒྲུབ། «ལི་»«པེ་»པ་སྒྲུབ། ⑬«གཡུང་»«པེ་»«ཅོ་»བརྩམ།

༣༠༧ ①«གཡུང་»«པེ་»«ཅོ་»བརྩམས། «ཁུ་»རྩམ། ②«ཅོ་»སྒོམས། ③«གཡུང་»«ལི་»«པེ་»བསྒོམ། ④«གཡུང་»སྒོམ། ⑤«གཡུང་»«པེ་»བསྒོམ། «ཞོལ་»སྟོང་། ⑥«ཅོ་»སྒོམ། ⑦⑧«གཡུང་»«ལི་»«པེ་»བསྒོམ། ⑨«གཡུང་»«པེ་»བསྒོམ། ⑩«གཡུང་»«ལི་»«པེ་»བསྒོམ། ⑪⑫⑬«གཡུང་»«པེ་»བསྒོམ། ⑭«ལི་»སྒོམ། ⑮«གཡུང་»«པེ་»བསྒོམ། ⑯«ཅོ་»སྒོང་། ⑰«ལི་»སྒོམ། ⑱⑲⑳«གཡུང་»«པེ་»བསྒོམ།

༣༠༨ ①«གཡུང་»«པེ་»བསྒོམ། ②«གཡུང་»–སྟོང་པ་ཉིད། ③«ལི་»སྒོམ། ④⑤⑥«གཡུང་»«པེ་»བསྒོམ། ⑦«གཡུང་»བཞི་བསྒོམ། «ལི་»རྣམས་སྒོམ། ⑧⑨«གཡུང་»«པེ་»བསྒོམ། ⑩«གཡུང་»«པེ་»«ཅོ་»བསྒོམ། ⑪«གཡུང་»«ལི་»«པེ་»བསྒོམ།

༣༠༩ ①«ཅོ་»སྒོམ། ②«གཡུང་»«ཅོ་»–རྣམས། ③«གཡུང་»«པེ་»སྒོམ། ④«གཡུང་»«པེ་»བསྒོམ། ⑤«ཅོ་»བསྒོམ། ⑥«གཡུང་»«ཅོ་»བསྒོམ།

༣༡༠ ①«གཡུང་»«ཅོ་»བསྒོམ། ②«གཡུང་»བསྒོམ། ③«ལི་»ཀྱིས། ④⑤«ཅོ་»པར། ⑥«གཡུང་»«ལི་»+ཡི། «པེ་»«སྣར་»«ཅོ་»«ཞོལ་»+ཡི། ⑦«གཡུང་»«པེ་»«སྣར་»«ཅོ་»«ཞོལ་»–ཡི། «ལི་»ནི། ⑧«གཡུང་»«པེ་»ཅི། ⑨«ཞོལ་»ཞེས། ⑩«གཡུང་»«པེ་»«ཅོ་»བཀྱི་བ། «སྣར་»«ཞོལ་»བཀྱི་བ་ནི། ⑪«སྣར་»«ལི་»«ཞོལ་»+ཅན།

༣༡༡ ①«ཅོ་»ཡི།

༣༡༢ ①«ལི་»བར་བྱེད་པ། «པེ་»བ་བྱེད་པ། ②«ལི་»«པེ་»པ་ཅན་དུ། ③«གཡུང་»ཤིབ། ④«གཡུང་»ཏོང་།

༣༡༣ ①«གཡུང་»–སྟོང་པ་ཉིད། ②«གཡུང་»ཉིད། ③«ལི་»བསྒོམ།

༣༡༤ ①«ལི་»བསྒོམ། ②«གཡུང་»«པེ་»«སྣར་»«ཅོ་»«ཞོལ་»+རྣམས། ③«གཡུང་»«ལི་»«པེ་»«སྣར་»–བརྒྱད། ④«ཁུ་»པས། ⑤«གཡུང་»«ལི་»«པེ་»«སྣར་»«ཅོ་»«ཞོལ་»–དགུ། ⑥«གཡུང་»ཅི། ⑦«སྣར་»«ཞོལ་»–བཅུ། ⑧⑨«གཡུང་»«ལི་»«པེ་»«སྣར་»«ཅོ་»«ཞོལ་»–བཞི།

༣༡༥ ①«གཡུང་»«ལི་»«པེ་»«སྣར་»«ཅོ་»«ཞོལ་»–བཅོ་བརྒྱད། ②③«ལི་»«པེ་»+སྒོམ་པ། ④«ལི་»«པེ་»+བྱང་ཆུབ་སྒོམ་པ་དང་།

༣༡༦ . ①«ཁུ་»ཡི།

༣༡༩ ①«ཞོལ་»བྱེད།

༣༢༠ ①«གཡུང་»«ལི་»«པེ་»«སྣར་»«ཅོ་»–གསོལ་པ་བཅོམ་ལྡན་འདས་...... གཉིས་སུ་མྱེད་པའོ།། (ཞེས་པའི་གཡུང་དྲུང་རྟགས་བར་[དེབ་འདིའི་ལྡེབ་༣༡༥༨༡༡—༣༢༠༨༥]གྱི་ཡི་གེ་རྣམས་«གཡུང་»«ལི་»«པེ་»«སྣར་»«ཅོ་»ལ་ཆད།) ②«ལི་»«པེ་»«སྣར་»«ཕུ་»«ཞོལ་»+མ། ③«གཡུང་»«ལི་»«པེ་»«སྣར་»«ཅོ་»«ཞོལ་»གྱི། ④«གཡུང་»–ཉིད། «ཅོ་»+ནི། ⑤«པེ་»ན།

༣༢༡ ①«ལི་»«སྣར་»དོ།། ②«གཡུང་»«པེ་»«ཅོ་»པ་ཡང་། ③«གཡུང་»«པེ་»«སྣར་»«ཅོ་»«ཞོལ་»སྤྱད། ④«ཅོ་»–པ་ལ་སྤྱོད།

༣༢༢ ①«གཡུང་»–འདི་ནི་སའི་ཁམས་སོ།། ②«ལི་»དང་།

༣༢༣ ①«གཡུང་»རྒྱུད། ②③«ལི་»«ཅོ་»+དག ④«ལི་»«ཅོ་»+དག ⑤«ལི་»«སྣར་»«ཞོལ་»རྟོག

༣༢༤ ①«ཅོ་»སྤྱོད།

༣༢༦ ①«ལི་»ལགས། ②«ཕུ་»+པ། ③«ཞོལ་»པར།

༣༢༧ ①«ཞོལ་»པར། ②«ཅོ་»པ།

༣༢༨ ①«གཡུང་»«པེ་»+སོ།། ②«ཅོ་»–ཡང་། ③«གཡུང་»པང་།

༣༢༩ ①«པེ་»–ཡང་།

༣༣༠ ①«ལི་»རྣམས་ཀུང་། ②«ཞོལ་»–ན། ③«ལི་»«ཅོ་»སྤྱོད་པར། ④«གཡུང་»«པེ་»སྐོར། ⑤«ཞོལ་»འཕྲིན། ⑥«སྣར་»བསྒྲུབ། ⑦«ཞོལ་»འཕྲིན། ⑧«གཡུང་»«ལི་»«པེ་»«སྣར་»«ཞོལ་»ལས།

༣༣༡ ①«ལི་»«པེ་»+དེ།

༣༣༤ ①«ཅོ་»–ཀྱི། ②«ཅོ་»–རབ། ③«ཕུ་»དང་།

༣༣༥ ①«ཞོལ་»–རབ། ②«ཅོ་»–རབ།

༣༣༦ ①«ཞོལ་»བསམ། ②«གཡུང་»«ལི་»«པེ་»«ཞོལ་»+མི། ③«གཡུང་»«ཅོ་»པ།

༣༣༨ ①«ལི་»ལར། ②«གཡུང་»«ལི་»«པེ་»«སྣར་»«ཅོ་»«ཞོལ་»+ལ།

༣༣༩ ①«པེ་»མངོན་པར་ཤེས་པ་ལ་མངོན་པ་ཞེན། «ཅོ་»–མངོན་པར་ཤེས་པ་རྣམས་ལ་མངོན་པར་ཞེན། ②«ལི་»རྣམས། ③«ཅོ་»པར། ④«ཅོ་»–ནས། ⑤«ཅོ་»བས།

༣༤༠ ①«ཞོལ་»–སེམས། ②«གཡུང་»«པེ་»རློམས། ③«ཞོལ་»+མི།

༣༤༡ ①«ལི་»ཀྱི།

༣༤༢ ①«ཅོ་»པར།

༣༤༥ ①«ཞོལ་»བུའི།

༣༤༦ ①«ཞོལ་»–ཡིད་ཀྱི་རྣམ་པར་ཤེས་པ་དང་།

༣༤༨ ①«ཅོ་»པར། ②«ལི་»«ཞོལ་»སྤུས། ③«པེ་»«སྣར་»མི། ④«ལི་»«སྣར་»བྱའོ། ⑤«གཡུང་»«པེ་»ཉིས་བརྒྱ་དྲུག་བཅུ་གསུམ། «ལི་»བཅུ་དགུ། «སྣར་»«ཅོ་»ཉིས་བརྒྱ་རེ་གསུམ། «ཞོལ་»ཉིས་བརྒྱ་

རེ་བཞི། ⑥«གཡུང་»«ལི་»«པེ་»«སྣར་»«ཅོ་»—ཀྱང་། ⑦«གཡུང་»«ཅོ་»པ། ⑧«པེ་»མི། ⑨«ཞོལ་»+ཡང་དག ⑩«སྣར་»«ཅོ་»«ཞོལ་»དུ་ཡིན་གྱི། ⑪«གཡུང་»«པེ་»པ།

༣༤༩ ①«གཡུང་»«ལི་»«པེ་»«སྣར་»«ཅོ»—འོ་ན། ②«གཡུང་»«ལི་»«པེ་»«སྣར་»«ཅོ་»—རབ་འབྱོར་དེ་བཞིན་…… མ་ཡིན་ཏེ། ③«ལི་»«སྣར་»«ཅོ་»«ཞོལ་»པའི། ④«གཡུང་»«པེ་»པས། «ལི་»«སྣར་»«ཅོ་»«ཁུ་»«ཞོལ་»པའི། ⑤«ཅོ་»དེ། ⑥«ཁུ་»བྱིན། ⑦«ལི་»+བའི།

༣༥༠ ①«ཞོལ་»+ལ། ②«ཅོ་»—ཉེ་བར། ③«ཅོ་»བསྒོམས། ④«གཡུང་»མངོན་པར་བསྒྲུབས་ཏེ་གནས། «ཅོ་»མངོན་པར་བསྒྲུབས།

༣༥༡ ①«གཡུང་»«པེ་»«ཅོ་»མངོན་པར་བསྒྲུབས། «ལི་»ལ་མངོན་པར་བསྒྲུབས། «སྣར་»«ཞོལ་»ལ་ཉེ་བར་བསྒྲུབས་ཏེ་གནས། ②«གཡུང་»«པེ་»བརྟུལ། ③«གཡུང་»«ལི་»«པེ་»«སྣར་»«ཅོ་»—ན། ④«གཡུང་»«ལི་»«པེ་»པས། «སྣར་»«ཅོ་»«ཞོལ་»པའི། ⑤«ལི་»«སྣར་»ལ། ⑥«ལི་»«སྣར་»«ཞོལ་»རམ། «ཅོ་»—དང་།

༣༥༢ ①«ལི་»«པེ་»«སྣར་»«ཞོལ་»པས། ②«ཅོ་»བསོལ། ③«ལི་»«སྣར་»པར། ④«ཅོ་»བར། ⑤«གཡུང་»ཚེས། ⑥«པེ་»འདས། ⑦«པེ་»—དུ། ⑧«གཡུང་»«ལི་»«པེ་»«སྣར་»«ཅོ་»«ཞོལ་»+དེ།

༣༥༣ ①«གཡུང་»«ལི་»«པེ་»«སྣར་»«ཅོ་»«ཞོལ་»—སེམས་ཅན་གང་དག་གིས། ②«ཅོ་»«ཞོལ་»པའི། ③«ཅོ་»—མ། ④«གཡུང་»«པེ་»«ཅོ་»—ལ། ⑤«ཅོ་»དེ། ⑥«སྣར་»«ཞོལ་»ལྟའང་། ⑦«ཅོ་»གྱིས། ⑧«ཅོ་»པའི། ⑨«གཡུང་»«ཅོ་»ཡང་ལྟ། «ལི་»«པེ་»ལྟ་ཡང་། «སྣར་»«ཞོལ་»ལྟའང་། ⑩«ལི་»«སྣར་»«ཅོ་»«ཞོལ་»བརྗོད།

༣༥༤ ①«གཡུང་»«ལི་»«པེ་»«སྣར་»«ཞོལ་»བརྗོན། ②«གཡུང་»«པེ་»བྱས་སྟེ། «ཅོ་»བྱ་སྟེ། ③«ཅོ་»ཀྱིས། ④«སྣར་»«ཞོལ་»དཀྲུག

༣༥༦ ①«ཅོ་»—དག ②«ལི་»+དག ③«ལི་»—དག

༣༥༧ ①«ཅོ་»—དག

༣༥༨ ①«གཡུང་»འབྲུས། ②«ཅོ་»བྱ། ③«ཁུ་»འདི།

༣༦༠ ①«གཡུང་»—དག ②«ལི་»«པེ་»«ཅོ་»+དག ③«ལི་»«པེ་»«ཅོ་»+དག ④«གཡུང་»«པེ་»«ཅོ་»པར།

༣༦༡ ①«ལི་»«པེ་»«ཞོལ་»དེ། «སྣར་»དོ།། ②«ཅོ་»དཀྲུག ③«ལི་»—མས་ཆོས་རྣམས་ཀྱི་ཆོས། «སྣར་»«ཞོལ་»མས་ཆོས་རྣམས་ཀྱི་མཚན། ④«ལི་»«པེ་»«ཅོ་»—མ།

༣༦༢ ①«ཞོལ་»ཡང་། ②«ལི་»«སྣར་»བྱས་ཏེ། ③«སྣར་»བསྲུང་། ④«གཡུང་»པས་སྒྲུབ། «སྣར་»པ་བསྒྲུབ། ⑤«གཡུང་»«པེ་»བརྩམས། ⑥«ལི་»«སྣར་»བསྒོམས། ⑦«ཅོ་»སྟོབ།

༣༦༣ ①«ཞོལ་»—པའི། ②«ཅོ་»སྤྱོད།

༣༦༤ ① «ཅོ་»–བྱང་ཆུབ། ② «སྣར་»«ཞོལ་»བསྐོར། ③ «ཅོ་»སྐོར། ④ «ཅོ་»འཛིགས། ⑤ «ཅོ་»མཁྱེན། ⑥ «ཞོལ་»–ཤེས་པ། ⑦ «ལི་»«པེ་»«སྣར་»«ཞོལ་»+ཉིད། ⑧ «ལི་»«པེ་»«སྣར་»«ཞོལ་»+པར།

༣༦༥ ① «གཡུང་»«ཅོ་»–ཅིའི་སླད་དུ······ཉིད་ཅེས་བགྱི། «ལི་»«པེ་»«སྣར་»«ཞོལ་»ཅིའི་སླད་དུ་ཡང་དག་པར་རྫོགས་པའི་སངས་རྒྱས་རྣམས་ལ་ནི། རྣམ་པ་ཐམས་ཅད་མཁྱེན་པ་ཉིད་ཅེས་བགྱི། ② «ལི་»«པེ་»+ཅི་ཙམ། «སྣར་»«ཞོལ་»+ཇི་ཙམ། ③ «སྣར་»ཀྱི། ④ «གཡུང་»«པེ་»སྒྲུབ། ⑤ «ཅོ་»ཞིང་རྣམས། ⑥ «སྣར་»«ཞོལ་»+བར། ⑦ «གཡུང་»+རྣམས། ⑧ «ལི་»+སྦྱི། «སྣར་»+མི། ⑨ «ལི་»«པེ་»«སྣར་»«ཅོ་»«ཞོལ་»+ལ།

༣༦༦ ① «སྣར་»འགགས། ② «ལི་»«པེ་»«སྣར་»+མ། ③ «ལི་»–མ། ④ «ལི་»«སྣར་»+མི། ⑤ «ཅོ་»ཏེ། ⑥ «ཅོ་»པར།

༣༦༧ ① «ཅོ་»གི། ② «གཡུང་»–དང་། ③ «ལི་»«པེ་»–བ། ④ «གཡུང་»–མ། ⑤ «གཡུང་»«པེ་»དོ།། ⑥ «ལི་»«པེ་»«སྣར་»«ཞོལ་»+ཐམས་ཅད། ⑦ «ཅོ་»ཀྱི། ⑧ «ལི་»«པེ་»«སྣར་»«ཞོལ་»+པ། ⑨ «གཡུང་»«པེ་»«ཅོ་»«ཞོལ་»སྤངས་པ། ⑩ «ལི་»«སྣར་»«ཞོལ་»བྱས། ⑪ «ཅོ་»+དེ།

༣༦༨ ① «པེ་»«སྣར་»«ཅོ་»+པ། ② «ཅོ་»མེད་། ③ «ཅོ་»པས། ④ «ལི་»–འདི་སྐད་དུ། ⑤ «ཅོ་»ཀྱི།

༣༦༩ ① «ཁུ་»–པའི། ② «གཡུང་»«ཅོ་»བར། ③ «གཡུང་»«པེ་»བྱ། ④ «ཁུ་»བདགས། ⑤ «སྣར་»«ཞོལ་»–མ། ⑥ «ཅོ་»+མི། ⑦ «གཡུང་»«པེ་»«ཅོ་»«ཞོལ་»བྱའོ། ⑧ «ཅོ་»«ཞོལ་»བྱའོ། ⑨ «ཅོ་»+ཤེས་རབ་ཀྱི་ཕ་རོལ་ཏུ་ཕྱིན་པ་ལ་སྤྱོད་པར་བྱ་སྟེ། ⑩ «གཡུང་»«པེ་»«ཅོ་»བྱ་སྟེ། ⑪ «ལི་»འམ།

༣༧༠ ① «ལི་»«སྣར་»«ཅོ་»འགྱུར། ② «གཡུང་»«པེ་»བྱེད། ③ «ཅོ་»ལས། «ཁུ་»འང་། ④ «པེ་»མི། ⑤ «ལི་»«པེ་»«ཅོ་»+དེ། ⑥ «ཅོ་»–སྦྱི་ལྡན་པའམ། ⑦ «ལི་»«སྣར་»«ཞོལ་»–འདི། ⑧ «ལི་»«པེ་»«སྣར་»«ཞོལ་»+ཐོགས་པ་མེད་པ།

༣༧༡ ① «སྣར་»སྐྱེས། ② «ཞོལ་»འཕྲོག ③ «སྣར་»«ཞོལ་»སྤྱད། «ཅོ་»བཅད། ④ «ཅོ་»–ཐམས་ཅད། ⑤ «གཡུང་»«ལི་»«པེ་»«སྣར་»རྟོགས།

༣༧༢ ① «ཁུ་»ཅིའམ། ②③④⑤⑥ «ཁུ་»ཅིའམ། ⑦ «ཁུ་»སྦྱི་བྱའོ།། ⑧ «ལི་»གསོལ། ⑨⑩⑪⑫⑬ «ཁུ་»ཅིའམ། ⑭ «ལི་»ཅེསའམ། «ཁུ་»ཅིའམ། ⑮⑯ «ཁུ་»ཅིའམ།

༣༧༣ ①② «ཁུ་»ཅིའམ། ③ «གཡུང་»པར། ④⑤⑥ «ཁུ་»ཅིའམ། ⑦ «ལི་»«སྣར་»«ཞོལ་»–ཐམས་ཅད། ⑧ «ཁུ་»ཅིའམ། ⑨ «ཅོ་»–གི། ⑩ «ཅོ་»སྐྱེད། ⑪ «ཅོ་»པ། ⑫ «ལི་»སྤྱོད།

༣༧༤ ① «ཅོ་»+བྱ་བར།

༣༧༦ ① «ལི་»དཀྱིས། ② «ཅོ་»–སྦྱི།

༣༧༩ ① «ཅོ་»བདེ་ནས།

༣༨༠ ① «གཡུང་»སྒྲུད།

༣༨༡ ① «ཅོ་»–ཚོས། ② «ཅོ་»པར།

༣༨༢ ①«ཅོ་»–རྫོགས་པའི་བྱང་ཆུབ་ཏུ་མངོན་པར། «ཞོལ་»པར་རྫོགས་པར་བྱང་ཆུབ་ཏུ། ②«ལི་»«པེ་»«སྣར་»«ཕུ་»མི། ③«གཡུང་»«པེ་»«ཅོ་»«ཞོལ་»པ། ④«གཡུང་»«པེ་»«སྣར་»«ཅོ་»«ཞོལ་»ཅིའི། ⑤«གཡུང་»–ནི། ⑥«ཅོ་»+པ། ⑦«ལི་»«པེ་»«སྣར་»«ཞོལ་»པ།

༣༨༣ ①«ལི་»«པེ་»«སྣར་»«ཞོལ་»པ། ②«ཅོ་»+བྱས། ③«ཞོལ་»བསླབ་ཅིང་། ④«ཞོལ་»བསླབ་ཅིང་། ⑤«ཞོལ་»–པ། ⑥«ཅོ་»–འོ་ན། ⑦«ཅོ་»འཕོབ། ⑧«ཞོལ་»ནི། ⑨«སྣར་»«ཞོལ་»གསུམ་པའོ། «ཅོ་»བཞི་པའོ། ⑩«གཡུང་»«པེ་»ཉིས་བརྒྱ་དྲུག་བཅུ་བཞི། «ལི་»གཅིག «སྣར་»«ཅོ་»ཉིས་བརྒྱ་རེ་བཞི། «ཞོལ་»ཉིས་བརྒྱ་རེ་ལྔ།

༣༨༤ ①«གཡུང་»«པེ་»བཀའ། «ཕུ་»དཀའ། ②«གཡུང་»བཞི། ③«གཡུང་»«ཅོ་»སླད། ④«ལི་»རྣམས། ⑤«གཡུང་»«པེ་»«སྣར་»«ཞོལ་»+ཏུ། ⑥«པེ་»«སྣར་»«ཅོ་»«ཞོལ་»འགྲོལ། ⑦«ལི་»སྐྱིད། ⑧«ཅོ་»སྐྱིད། ⑨«གཡུང་»བྲན་ཅིང་དེའི། «སྣར་»«ཞོལ་»ཆུས་བྲན་ཞིང་། དེའི་སྟོང་བུ་དེ། «ཅོ་»ཆུས་བྲན་ཅིང་། དེའི་སྟོང་བུ་དེ། ⑩«ཅོ་»མདབ།

༣༨༥ ①«ཅོ་»ཀྱིས། ②«ལི་»ཅིན། ③«ཅོ་»བརྟན། ④«ལི་»མཐའ། ⑤⑥«ལི་»མཐོའ། ⑦«གཡུང་»«ལི་»«པེ་»བཙུ།

༣༨༦ ①«ལི་»རྟེན། ②«ལི་»ཚོ། ③«གཡུང་»འདབ། ④«ཅོ་»པའི། ⑤«ལི་»«སྣར་»«ཞོལ་»སངས་རྒྱས་པར། ⑥«ལི་»«སྣར་»–དེ་དག་ཀྱང་སེམས་ཅན། «ཞོལ་»–དེ། ⑦«ཅོ་»«ཞོལ་»འགྲོལ། ⑧«གཡུང་»ནས། ⑨«ལི་»«སྣར་»«ཞོལ་»ནས། ⑩«ལི་»«སྣར་»«ཞོལ་»–གང་།

༣༨༧ ①«ཅོ་»པ། ②«ཅོ་»རྟེན། ③«ལི་»«སྣར་»«ཞོལ་»ནས། ④«ལི་»«སྣར་»«ཞོལ་»–ར། ⑤«ལི་»«པེ་»རྒྱུན། ⑥«ལི་»འཆེད། ⑦«གཡུང་»བར། ⑧«ཕུ་»རྣམ། ⑨«ཅོ་»ཆད།

༣༨༨ ①«ཅོ་»ཆད། ②«གཡུང་»–འདོད་པའི་ཁམས་ཐམས་ཅད་ཀྱང་རྒྱུན་འཆད་པར་མི་འགྱུར། «ཅོ་»འདོད་པའི་ཁམས་ཐམས་ཅད་ཀྱང་རྒྱུན་ཆད་པར་མི་འགྱུར། ③«ཅོ་»ཆད། ④«ཅོ་»ཆད། ⑤«གཡུང་»«ལི་»«པེ་»«སྣར་»«ཅོ་»–དེ། ⑥«ཅོ་»དག

༣༨༩ ①«ཅོ་»དག ②«གཡུང་»«པེ་»གིས། ③«ལི་»གིས།

༣༩༠ ①«གཡུང་»བདགས། ②«གཡུང་»«པེ་»«སྣར་»«ཅོ་»«ཞོལ་»+དྲུག ③«ཕུ་»རིག ④«སྣར་»གླིས།

༣༩༡ ①«ཞོལ་»བདགས།

༣༩༢ ①«ཕུ་»ཀྱི། ②«གཡུང་»«པེ་»–དང་། ③«ཅོ་»གདག ④«ཅོ་»+སུ། ⑤«ཅོ་»–ཀྱི་བར་དུ།

༣༩༣ ①«གཡུང་»–དག ②«ཅོ་»གང་། «ཕུ་»ཅིང་། ③«ཅོ་»+དེ། ④«ཞོལ་»བསླབ་ཅིང་། ⑤«ཅོ་»པ། ⑥«ཅོ་»+བ། ⑦«གཡུང་»«པེ་»བྱ་སྟེ། «སྣར་»«ལི་»བྱ། ⑧«ཅོ་»+དེ། ⑨«ཞོལ་»བསླབ་ཅིང་། ⑩«ལི་»བསློབ། ⑪«ཞོལ་»བསླབ་ཅིང་། ⑫«ཅོ་»དུ་འགྱུར་བ། ⑬«ཅོ་»པར།

༣༩༤ ①«ཞོལ་»བྱས་ཤིང་། ②«ལི་»«སྣར་»«ཅོ་»«ཞོལ་»བསྐོར། ③«གཡུང་»«ཅོ་»བསྐོར་ཅིང་། «པེ་»སྐོར་ཞིང་། ④«ལི་»བཀོད། ⑤«གཡུང་»«ལི་»«པེ་»«སྣར་»«ཅོ་»«ཞོལ་»པོ། ⑥«གཡུང་»«པེ་»

འདའ་འོ། ⑦《གཡུང་》《པེ་》《ཅོ་》སྐྱེད། ⑧《གཡུང་》བྱ་བའི། ⑨《གཡུང་》《པེ་》《ཅོ་》བགྱིར། ⑩《ཅོ་》སྐྱེད།

༣༩༥ ①《གཡུང་》《པེ་》《སྣར་》《ཅོ་》《ཞོལ་》ཐེ། ②《ཅོ་》−བརྒྱ་ཕྲག ③《ལི་》−ཡང་།

༣༩༦ ①《གཡུང་》《པེ་》+ཀྱང་། ②《སྣར་》《ཅོ་》《ཞོལ་》+དང་། རང་སངས་རྒྱས། ③《ཅོ་》+དཔའ་ཆེན་པོ་སེམས། ④《ཅོ་》−ཀྱི། ⑤《གཡུང་》−ཕྲག ⑥《ལི་》−ཡང་།

༣༩༧ ①《ཅོ་》−ཉེ་བར།

༣༩༨ ①《ཁུ་》འགྱུར། ②《ལི་》《སྣར་》−ཕྲག

༣༩༩ ①《ཁུ་》−ཁྲག་ཁྲིག ②《ཁུ་》འགྱུར།

༤༠༠ ①《གཡུང་》《སྣར་》《ཅོ་》−བསྣུབས་པའི་ས་ལ་…… དེ་དག་ཐམས་ཅད། ②《སྣར་》《ཅོ་》+བྱེ་བའི་ཆར་ཡང་ཉེ་བར་མི་འགྲོའོ། །བྱེ་བ་བརྒྱའི་ཆར་ཡང་ཉེ་བར་མི་འགྲོའོ། །བྱེ་བ་སྟོང་གི་ཆར་ཡང་ཉེ་བར་མི་འགྲོའོ། །བྱེ་བ་བརྒྱ་ཕྲག་སྟོང་གི་ཆར་ཡང་ཉེ་བར་མི་འགྲོའོ།། ③《གཡུང་》ག ④《ཅོ་》རྟོག

༤༠༡ ①《ཞོལ་》−དོ། ②《ཁུ་》ནམས། ③《ཁུ་》−གྱི།

༤༠༢ ①《ཅོ་》+དེ་ཅིའི་ཕྱིར་ཞེ་ན། བྱང་ཆུབ་སེམས་དཔའ་ལས་བྱུང་བ་ནི་བྱང་ཆུབ་སེམས་དཔའ་རྣམས་ཏེ། བྱང་ཆུབ་སེམས་དཔའ་ལས་བྱུང་བ་ནི་བྱང་ཆུབ་སེམས་དཔའ་སེམས་དཔའ་ཆེན་པོ་རྣམས་མ་ཡིན་ནོ།། ②《གཡུང་》《པེ་》《ཅོ་》+ཞུགས་པར། ③《ལི་》《སྣར་》《ཞོལ་》−ཆར་ཡང་མི་བཟོད། 《ཁུ་》ཆར་ཡང་མི་བཟད།

༤༠༣ ①《གཡུང་》《ལི་》《པེ་》《སྣར་》《ཅོ་》《ཞོལ་》−དབང་སྒྱུར་བ་ཅི་ལྟ་བུ་ཞིག་མཆིས། ②《ཞོལ་》−ཅེས། ③《ཅོ་》བྱ། ④《ཞོལ་》བསྒྱུར། ⑤《གཡུང་》《ལི་》《པེ་》《སྣར་》《ཅོ་》《ཞོལ་》−མཚན་ཉིད་ནི། ⑥《ཞོལ་》བསྒྱུར། ⑦《ལི་》《སྣར་》《ཞོལ་》ཞིག ⑧《ལི་》−ཀྱི།

༤༠༤ ①《ཅོ་》གས། ②《ཅོ་》−མ།

༤༠༥ ①《ཅོ་》−རྣམས། ②《ཅོ་》པའི་སྐོ། ③《གཡུང་》སང་།

༤༠༦ ①《གཡུང་》གཏང་།

༤༠༧ ①②③④⑤⑥《ལི་》《པེ་》《སྣར་》《ཞོལ་》པའི་རྐྱེན་གྱིས། ⑦《ཞོལ་》−ཕ།

༤༠༨ ①《ལི་》−དང་ཐ་མ། ②《གཡུང་》《ཅོ་》−འཕགས་པའི་ལམ་ཡན་ལག་བརྒྱད་པ། ③《གཡུང་》《ཅོ་》+ལམ།

༤༡༠ ①《ཅོ་》འདུག ②《ཁུ་》གྱི། ③《གཡུང་》གཉིང་། ④《ལི་》བཟུངས། ⑤《ཅོ་》−པ། ⑥《ཅོ་》−ལ་ངོ་བོ་ཉིད་མྱེད་དེ། རབ་འབྱོར་གང་། ⑦《ལི་》《སྣར་》+པ། ⑧《ཞོལ་》དེ།

༤༡༡ ①《ཅོ་》−ཡོངས།

༤༡༢ ①《གཡུང་》གཏང་།

༤༡༣ ①《གཡུང་》《ལི་》《པེ་》《སྣར་》《ཅོ་》《ཞོལ་》པར།

༤༡༤ ①《ལི་》ལག ②《ལི་》རྣམས། ③《གཡུང་》དགྱེད། ④《ལི་》《སྣར་》《ཞོལ་》པ། ⑤《ལི་》《སྣར་》

«ཞོལ་»–ཧིང་རེ་འཛིན།

༤༡༦ ①«གཡུང་»རྒྱ། ②«གཡུང་»«པེ་»–ཀྱི། ③«གཡུང་»«པེ་»«སྣར་»«ཅོ་»«ཞོལ་»པ། ④«གཡུང་»«ལི་»པེ་»«སྣར་»+ཀྱང་། ⑤«ཞོལ་»བཀྱིད་པ་ལགས།

༤༡༧ ①«གཡུང་»བྱང་ཆུབ་སེམས་དཔའ་སེམས་དཔའ་ཆེན་པོའི་ཐམས་མཁས་པ་སྟེ། «ལི་»–བྱང་ཆུབ་...... པ་སྟེ། «ཅོ་»བྱང་ཆུབ་སེམས་དཔའ་སེམས་དཔའ་ཆེན་པོའི་ཐབས་ལ་མཁས་པ་སྟེ། ②«སྣར་»+ཐེ།

༤༡༩ ①«ཁུ་»–འདྲིས་པར།

༤༢༠ ①«པེ་»དོ།། ②«གཡུང་»«པེ་»སྤྱངས་པས། ③«གཡུང་»«ལི་»«པེ་»«ཅོ་»«ཞོལ་»དེ། ④«ལི་»«ཅོ་»–ཡང་། ⑤«གཡུང་»«པེ་»«ཅོ་»པར། ⑥«གཡུང་»«པེ་»«ཅོ་»ཅི། ⑦«གཡུང་»«ལི་»«པེ་»«སྣར་»«ཅོ་»«ཞོལ་»–སོ། ⑧«ཅོ་»+ཡེ་དྷརྨཱ་ཧེ་ཏུ་པྲ་བྷ་ཝཱ་ཧེ་ཏུནྟེ་ཥཱན་ཏ་ཐཱ་ག་ཏོ་ཧྱ་ཝ་དཏ། ཏེ་ཥཱཉྩ་ཡོ་ནི་རོ་དྷ་ཨེ་ཝཾ་ཝཱ་དཱི་མ་ཧཱ་ཤྲ་མ་ཎ།། །།བཀྲ་ཤིས་སོ།། །།ལན་ཅིག་ཞུས།། །། ⑨«གཡུང་»«པེ་»ཉིས་བརྒྱ་དྲུག་བཅུ་ལྔ། «ལི་»གཉིས། «སྣར་»«ཅོ་»ཉིས་བརྒྱ་རེ་ལྔ། «ཞོལ་»ཉིས་བརྒྱ་རེ་དྲུག ⑩«ལི་»«སྣར་»«ཞོལ་»པར།

༤༢༡ ①«ལི་»+དེ། ②«གཡུང་»«པེ་»«སྣར་»བསྒོམ།

༤༢༢ ①«གཡུང་»«ལི་»«པེ་»«སྣར་»«ཅོ་»«ཞོལ་»+ཀྱི་ཕ་རོལ་ཏུ་ཕྱིན་པ། ②«གཡུང་»«ལི་»«པེ་»«སྣར་»«ཅོ་»«ཞོལ་»+ཀྱི་ཕ་རོལ་ཏུ་ཕྱིན་པ་ལ། ③«སྣར་»«ལི་»«ཞོལ་»–དེ་ལ། ④«གཡུང་»«པེ་»«ཅོ་»–ལ། ⑤«ཅོ་»–ལ། ⑥«གཡུང་»–མི་རྟོག ⑦«ལི་»«པེ་»དོ།། ⑧«ཞོལ་»དོ།། ⑨«པེ་»དོ།།

༤༢༣ ①«ཞོལ་»དེ། ②«ལི་»–སྟོང་པ་ཉིད་སྟོང་པ་ཉིད་ལ་སྤྱོད་པའི་ཚེ། ③«གཡུང་»«པེ་»«སྣར་»«ཅོ་»«ཁུ་»«ཞོལ་»–གི་དོན་ཏུ། ④«གཡུང་»«པེ་»«སྣར་»«ཅོ་»«ཁུ་»«ཞོལ་»–གི་དོན་ཏུ།

༤༢༤ ①«ལི་»དོ།། ②«ལི་»–གང་། ③«ལི་»–མ། ④«གཡུང་»«པེ་»+ཡང་། ⑤«གཡུང་»–ཡང་། ⑥«གཡུང་»–སྒོམ་པ་དེ་ལ།

༤༢༥ ①«ཅོ་»དེ་ལ་ཡང་། ②«གཡུང་»«པེ་»–མི་རྟོག ③«ལི་»པ།

༤༢༦ ①«གཡུང་»–སྟོང་པ་ཉིད།

༤༢༧ ①«ལི་»+དེ།

༤༢༨ ①«ཅོ་»–ཡང་། ②«གཡུང་»«པེ་»+སེམས་ཅན་གང་གི་དོན་དུ་དྲན་པ་ཉེ་བར་གཞག་པ་དེ་དག་ལ་སྒོམ་པ་དེ་ལ་ཡང་མི་རྟོག་མཚན་མར་མི་བྱེད་དེ། དངོས་པོ་ཡོད་པའམ་དངོས་པོ་མེད་པར་ཡང་ཡིད་ལ་མི་བྱེད་དོ།། ③«གཡུང་»དོ།། ④«གཡུང་»+མཚན།

༤༢༩ ①«ཅོ་»–ཡང་། ②«གཡུང་»«པེ་»ལ་ཡང་། «ཅོ་»–དག ③«ལི་»«སྣར་»«ཞོལ་»–གང་།

༤༣༠ ①«སྣར་»དོ།། ②«ཞོལ་»དེ། ③«ལི་»བྲ། ④«ཞོལ་»དེའང་། ⑤«ཞོལ་»–ཡང་།

༤༣༡ ①«གཡུང་»«པེ་»པ། ②«ལི་»–མྱི། ③«ལི་»+མྱེད། ④«གཡུང་»«པེ་»+མར། ⑤«ཞོལ་»–པོ།

༤༣༢ ①«གཡུང་»«པེ་»«སྣར་»«ཅོ་»«ཞོལ་»–དག ②«གཡུང་»«པེ་»«ཅོ་»–དག «ལི་»«སྣར་»

«ཞོལ་»—དག་ལ་སྒོམ་པ་དེ། ③«གཡུང་»«ལི་»«པེ་»«སྣར་»«ཅོ་»«ཞོལ་»—དག ④«གཡུང་»—ལ་སྒོམ་པ་དེ། ⑤«ལི་»—ཏིང་ངེ་འཛིན་...... དངོས་པོ་ཡོད་པའམ། (ཞེས་པའི་གཡུང་དྲུང་རྟགས་བར་གྱི་ཡི་གེ་རྣམས་«ལི་»ལ་ཆད།)

༤༣༣ ①«གཡུང་»—པོ། ②«ཅོ་»—རྣམས། ③«གཡུང་»པ།

༤༣༤ ①«གཡུང་»དོ།། ②«གཡུང་»+ཡང་ཡིད་ལ།

༤༣༥ ①«གཡུང་»དོ།། ②«གཡུང་»«པེ་»—ཤེས་པ།

༤༣༦ ①«ལི་»«པེ་»«སྣར་»«ཞོལ་»ལྟར། ②«ཅོ་»ཀྱི། ③«ཅོ་»—མ། ④«པེ་»+མ། ⑤«ལི་»«པེ་»«སྣར་»«ཅོ་»«ཞོལ་»+མ། ⑥«གཡུང་»—པའི་ཆོས། ⑦«པེ་»«ཅོ་»+མ། ⑧«གཡུང་»«ཅོ་»—ཡོངས་སུ། ⑨«ཅོ་»—མ། ⑩«གཡུང་»«པེ་»བར། ⑪«པེ་»+མ། ⑫«ལི་»ཀྱི།

༤༣༧ ①«གཡུང་»«པེ་»«ཅོ་»«ཁུ་»«ཞོལ་»པ། ②«ཅོ་»བར། ③«སྣར་»གས་ལང་། ④«ལི་»«སྣར་»གྱུར། ⑤«ཞོལ་»དེ། ⑥«ལི་»«སྣར་»«ཞོལ་»བཞི་པའོ། «ཅོ་»ལྔའོ།

༤༣༨ ①«ཅོ་»བགྱིད། ②«ཅོ་»+ཞེས་བགྱིད་པ། ③«ཞོལ་»དྭགས། (པོད་འདིའི་ནང་དུ་ཡི་དགས་དང་ལྷ་དགས་སོགས་ཀྱི་དགས་ཞེས་པ་རྣམས་«ཞོལ་»ལ་དྭགས་ཞེས་འཁོད་ཀྱང་གཤམ་དུ་བསྒྱུར་མཆན་དུ་བཀོད་མེད།) ④«ལི་»«སྣར་»«ཞོལ་»—བྱང་ཆུབ་སེམས་དཔའི་སྤྱོད་པ། ⑤«ལི་»«པེ་»«སྣར་»«ཞོལ་»+དེ། ⑥«ཅོ་»སྤྱོད། ⑦⑧«གཡུང་»«ལི་»«པེ་»«སྣར་»«ཅོ་»«ཁུ་»«ཞོལ་»བར། ⑨«སྣར་»«ཞོལ་»དོ།། ⑩«ཞོལ་»—བློ།

༤༤༠ ①«གཡུང་»དོ།། ②«ལི་»ཅིང་། ③«ཞོལ་»— མྱི།

༤༤༡ ①«སྣར་»པོ། ②«ལི་»—སྟོང་པ།

༤༤༣ ①«ལི་»རྣམས། ②③«གཡུང་»«པེ་»+ཆེན་པོ།

༤༤༥ ①«ཅོ་»—རྣམས།

༤༤༦ ①«ཅོ་»+རྣམས། ②«ཞོལ་»སྒྲུབ། ③«ཁུ་»དོ།།

༤༤༧ ①«ཅོ་»—ལ། ②«ལི་»«པེ་»—སངས་རྒྱས་ཞེས་བགྱི་ན། ③«ལི་»«པེ་»+དག ④«ཅོ་»—ཡང་། ⑤«ཅོ་»+ཡང་། ⑥«གཡུང་»—ལགས། «པེ་»སོ།། ⑦«ལི་»«པེ་»«སྣར་»«ཅོ་»«ཞོལ་»+ཉིད།

༤༤༨ ①«ཅོ་»—ཉིད། ②«གཡུང་»«པེ་»ཏེ། ③«གཡུང་»འདིང་། ④«ཁུ་»དུ་མྱིང་བྱེད། ⑤«ཅོ་»པ་ནས།

༤༤༩ ①«སྣར་»སྤྱོད།

༤༥༠ ①«སྣར་»«ཞོལ་»པ་དེ་ལ་ཆོས་གང་ཡང་།

༤༥༡ ①«པེ་»འགོད་པའམ། ②«ལི་»དང་། ③«པེ་»འགོད་པར། ④«གཡུང་»«པེ་»«ཅོ་»འམ།

༤༥༢ ①«ཅོ་»བ་དང་། ②«པེ་»འགོད་པར། ③«ཅོ་»བ་དང་། ④«ཅོ་»བ་དང་། ⑤«ལི་»«སྣར་»«ཞོལ་»—ན། ⑥«གཡུང་»«པེ་»འོ་ན་དེ། «སྣར་»འོན་དེ། «ཞོལ་»འོན་ཏེ། ⑦«གཡུང་»—ཇི་ལྟར། ⑧«གཡུང་»—དམ།

༨༥༣ ① «ལི་»–པར། ② «གཡུང་»«ཅོ་»ལམ།

༨༥༤ ① «གཡུང་»«པེ་»«ཅོ་»པར། ② «ཞོལ་»ཀྱིས།

༨༥༥ ① «གཡུང་»དེ།

༨༥༦ ① «གཡུང་»+ལ། «ཅོ་»+དོ།། ②③④⑤⑥«ཅོ་»+དོ།།

༨༥༧ ① «ཅོ་»+ནི། ② «ཅོ་»སྐྱིད། ③ «ཅོ་»སྐྱིད། ④ «ལི་»«པེ་»ཡང་། ⑤ «ལི་»བ། ⑥ «སྣར་»«ཅོ་»
«ཞོལ་»བརྟེན།

༨༥༨ ① «ཅོ་»གཟུང་། ② «ཅོ་»–པའི། ③ «སྣར་»«ཞོལ་»གྱི། ④ «ལི་»ཀྱིས། ⑤ «ལི་»«སྣར་»«ཞོལ་»
ལྡང་། ⑥ «ཅོ་»གྱི། ⑦ «ཅོ་»«ཞོལ་»འཕྲོག ⑧ «ཅོ་»ཅིག ⑨ «ཅོ་»གི། ⑩ «ཞོལ་»འཕྲོག
⑪ «ཅོ་»པར། ⑫ «ཞོལ་»–རྣམ་པར།

༨༦༡ ① «ཅོ་»པོ། ② «གཡུང་»«ལི་»«པེ་»«སྣར་»«ཅོ་»«ཞོལ་»སྤྱད། ③ «གཡུང་»ཏོ།། «པེ་»ནོ།།
④ «གཡུང་»«ཅོ་»དེ། ⑤ «གཡུང་»«ཅོ་»+པ། ⑥ «གཡུང་»«པེ་»གཞིས། ⑦ «གཡུང་»–ཀྱིས།
⑧ «གཡུང་»བཟུང་བ་དང་། དགེ་བའི་གཞིས་གཉེན་གྱིས་ཡོངས་སུ། «པེ་»བཟུང་བ་དང་། བགེ་བའི་
གཞིས་གཉེན་གྱིས་ཡོངས་སུ། «ཅོ་»–བཟུང་བ་དང་། དགེ་བའི་བཞེས་གཉེན་གྱིས་ཡོངས་སུ། ⑨ «གཡུང་»
«ལི་»«པེ་»«སྣར་»«ཅོ་»«ཞོལ་»པོ། ⑩ «ལི་»«སྣར་»«ཞོལ་»ལྷར།

༨༦༢ ① «གཡུང་»«པེ་»«ཅོ་»བཞི། ② «སྣར་»«ཅོ་»«ཞོལ་»ཕབ། ③ «གཡུང་»«པེ་»པ་སྐྱིད། «ལི་»
«སྣར་»«ཅོ་»«ཞོལ་»པ་བསྐྱེད། ④ «ལི་»«སྣར་»«ཞོལ་»བསྐྱེད། ⑤ «གཡུང་»«ལི་»«པེ་»«སྣར་»
«ཅོ་»«ཞོལ་»དེའི། ⑥ «གཡུང་»«ལི་»«པེ་»«ཅོ་»པར་གྱུར། «སྣར་»«ཞོལ་»–པ་ཉིད་ཐོབ།
⑦ «གཡུང་»«པེ་»«སྣར་»«ཅོ་»«ཞོལ་»བསྐྱེད། ⑧ «གཡུང་»«སྣར་»«ཅོ་»«ཞོལ་»ཏེ།

༨༦༣ ① «གཡུང་»གཞིས། ② «གཡུང་»«པེ་»ཟླ་ལྔའོ། «ལི་»«སྣར་»«ཞོལ་»ཟླ་ལྔ་པའོ། «ཅོ་»དྲུག་གོ།
③ «གཡུང་»«པེ་»ཉིས་བརྒྱ་དྲུག་བཅུ་དྲུག «ལི་»གསུམ། «སྣར་»«ཅོ་»ཉིས་བརྒྱ་རེ་དྲུག «ཞོལ་»ཉིས་
བརྒྱ་རེ་བདུན། ④ «གཡུང་»«ལི་»«པེ་»«སྣར་»«ཅོ་»«ཞོལ་»–རྣམས། ⑤ «ལི་»«སྣར་»«ཞོལ་»
–ཡང་། ⑥ «གཡུང་»«པེ་»«ཅོ་»ཡང་། «ལི་»«སྣར་»«ཞོལ་»འང་།

༨༦༤ ① «ཅོ་»སྟེན། ② «གཡུང་»«ལི་»«པེ་»«སྣར་»«ཅོ་»«ཞོལ་»–བར། ③ «གཡུང་»«པེ་»–ལ།
④ «ཅོ་»པ། ⑤ «ཅོ་»+ཏེ། ⑥ «ཅོ་»གཟུང་།

༨༦༥ ① «ལི་»«པེ་»པའི་ཡིད་ལ་བྱ་བ་དེ་དག་དང་ལྡན། «ཅོ་»–པའི་ཡིད་ལ་བྱ་བ་དེ་དང་ལྡན། ② «ཅོ་»+བ།
③ «གཡུང་»«པེ་»«ཅོ་»+ཞིང་། ④ «གཡུང་»«པེ་»«ཅོ་»–ཆོས་ཀྱི། ⑤ «གཡུང་»ཡོང་། ⑥ «ཅོ་»
+དེ། ⑦ «གཡུང་»–ན། ⑧ «གཡུང་»«པེ་»«ཅོ་»«ཁུ་»«ཞོལ་»སྤྱད། ⑨ «ལི་»ཟླ་དྲུག་གོ། «སྣར་»
«ཞོལ་»ཟླ་དྲུག་པའོ། «ཅོ་»བདུན་ནོ།

༨༦༦ ① «སྣར་»བསྲུང་། «ཅོ་»སྲུངས། ② «ཅོ་»«ཁུ་»–བ། ③ «ཅོ་»+ཅན། ④ «ཞོལ་»གེགས།
⑤⑥«ཅོ་»འམ། ⑦ «ཅོ་»པས། ⑧ «ཅོ་»པ་ནས། ⑨ «ཅོ་»སྐྱབ།

༤༦༧ ①«ལི་»«སྣར་»«ཞོལ་»རྩ་བདུན་པའོ། «ཅོ་»བརྒྱད་དོ། ②«ཅོ་»«ཕུ་»—བ། ③«ཞོལ་»གིགས། ④«ཅོ་»—ངའི་ང་རྒྱལ་ལམ། ⑤«ལི་»«པེ་»+དེ། ⑥«ལི་»«སྣར་»སྒྲུབ། ⑦«ཅོ་»ཐམས་ཅད། ⑧«གཡུང་»«པེ་»བ། ⑨«ཞོལ་»དོ།། ⑩«གཡུང་»པའི་སྙིད། «ཅོ་»+དེ།

༤༦༨ ①«ཅོ་»—ན། ②«ཅོ་»—པ་ལ་སྤྱོད། ③«ཅོ་»བའི། ④«ཅོ་»—བ། ⑤«ཅོ་»«ཕུ་»—ཏེ། ⑥«ཞོལ་»གིགས། ⑦«སྣར་»«ཅོ་»དང་། ⑧«ཅོ་»—ངའི་ང་རྒྱལ་ལམ། ⑨«ཅོ་»སྟེ། ⑩«ཅོ་»—ཆོས་ཀྱི། ⑪«གཡུང་»«པེ་»ཏེ།

༤༦༩ ①«གཡུང་»«པེ་»བ། ②«ཅོ་»+མི། ③«ཕུ་»སྤྱོད། ④«ཅོ་»—བ། ⑤«ཞོལ་»གིགས།

༤༧༠ ①«ལི་»«སྣར་»བསྒོམས་ཏེ། ②«ཅོ་»—བ། ③«སྣར་»བསྒྲིབ། ④«ཞོལ་»གིགས། ⑤«ཅོ་»པ་དང་། ⑥«ཅོ་»—ངའི་ང་རྒྱལ་ལམ།

༤༧༡ ①«ཅོ་»—ལ། ②«ཅོ་»པས། ③«ལི་»«སྣར་»«ཞོལ»—ནམས། ④«ལི་»«སྣར་»«ཞོལ་»—འཁོར་བར། ⑤«ལི་»«སྣར་»«ཞོལ་»རྩ་བརྒྱད་པའོ། «པེ་»རྩ་བརྒྱད་དོ། «ཅོ་»དགུའོ།

༤༧༢ ①«ཅོ་»—བསམ་གཏན་གཉིས་པ་...... གྲུབ་པར་ཤེས་སོ།། ②«ལི་»འཛུག

༤༧༣ ①«ཅོ་»—མྱེད་པ་དང་མ་བྱུང་བར་ཤེས་སོ།། ②«ཅོ་»—པ་ལ་སློམས་པར་འཇུག

༤༧༤ ①«ལི་»«སྣར་»བསྒོམས། «ཅོ་»«ཞོལ་»སློམ། ②«ལི་»འདི། ③«གཡུང་»«ཅོ་»+སོ།། ④«ལི་»«པེ་»སོ།།

༤༧༥ ①«ཅོ་»+པ་ལ་སློམས་པར་འཇུག ②«ལི་»སྤྱོད། ③«སྣར་»«ཞོལ་»+དེ། «ལི་»+དོ།། ④«ཅོ་»+ཆོས་ཐམས་ཅད་ཡོངས་སུ་མ་རྫོགས་པར་ཤེས་སོ།། ⑤«གཡུང་»«པེ་»«ཅོ་»+ཀྱང་།

༤༧༦ ①«གཡུང་»«པེ་»«སྣར་»«ཅོ་»«ཞོལ་»སྤྱད། ②«གཡུང་»—སེམས་དཔའ། ③«ཅོ་»ལ། ④«ཞོལ་»ངོ་།

༤༧༩ ①«ལི་»ཀྱི།

༤༨༠ ①«གཡུང་»«པེ་»«སྣར་»«ཅོ་»«ཞོལ་»ཅི། ②«པེ་»«ཅོ་»+མ། ③«གཡུང་»པ། ④«ལི་»«པེ་»+མ། ⑤«ཅོ་»པར། ⑥«པེ་»«ཅོ་»+མ། ⑦«པེ་»«ཅོ་»+མ། ⑧«ཅོ་»—བགྱི་བར། ⑨«ཅོ་»—གསོལ་པ། ⑩«ཅོ་»—བགྱི་བར། ⑪«ཅོ་»+མ། ⑫«ལི་»—མ། ⑬«གཡུང་»«ཅོ་»«ཞོལ་»—མ། ⑭«པེ་»«སྣར་»+མ། ⑮«པེ་»«སྣར་»«ཞོལ་»+མ། ⑯«ཅོ་»པར། ⑰«ལི་»«པེ་»«སྣར་»«ཞོལ་»ཡོངས་སུ། «ཅོ་»ཡང་། ⑱«ཅོ་»སྒྲུབ། ⑲«ཞོལ་»བུའི།

༤༨༡ ①«ཞོལ་»—བ། ②«ཕུ་»+ན།

༤༨༣ ①«ཅོ་»+ནི། ②③④⑤⑥«ཞོལ་»འམ།

༤༨༤ ①«གཡུང་»«པེ་»+བ། ②③④⑤⑥«ཞོལ་»འམ།

༤༨༥ ①«ཞོལ་»འམ། ②«གཡུང་»སེན། ③«པེ་»—ནི།

༤༨༦ ①②③④«ཞོལ་»འམ།

༤༨༧ ①②«ཅོ་»«ཞོལ་»འམ། ③«སྣར་»པ།

༤༨༩ ①②③«ཞོལ་»འམ། ④⑤⑥«ཞོལ་»འམ།

༤༩༠ ①«ཅོ་»སྤྲུས།

༤༩༡ ①②③④⑤«ཞོལ་»འམ།

༤༩༢ ①«ཁུ་»རྣའི།

༤༩༣ ①«ལི་»རྣ་བའི། ②«ཅོ་»–ལུས་ཀྱི་འདུས་...... སྤྲུས་པའོ།།

༤༩༤ ①②«ཞོལ་»འམ། ③④«ཞོལ་»འམ། ⑤«ཅོ་»ཀྱིས། ⑥⑦«ཞོལ་»འམ།

༤༩༦ ①②③④⑤«ཞོལ་»འམ།

༤༩༧ ①«ཞོལ་»འམ།

༥༠༠ ①②③④⑤⑥⑦«ཞོལ་»འམ།

༥༠༡ ①«ཞོལ་»འམ། ②③④«ཞོལ་»འམ། ⑤«གཡུང་»«པེ་»«སྣར་»«ཅོ་»«ཞོལ་»སྲུང་།

༥༠༤ ①«ཅོ་»–ཕྱིར་སྒྱི་འོང་བའི་...... སྤྲུས་པའོ།།

༥༠༥ ①«པེ་»སྤྱོས།

༥༠༦ ①«གཡུང་»«པེ་»ཉིས་བརྒྱ་དྲུག་བཅུ་བདུན། «ལི་»བཞི། «སྣར་»«ཅོ་»ཉིས་བརྒྱ་རེ་བདུན། «ཁུ་» བཅོ་ལྔ། «ཞོལ་»ཉིས་བརྒྱ་རེ་བརྒྱད། ②«ཅོ་»བར། ③④⑤«གཡུང་»«ཅོ་»«ཁུ་»+བ།

༥༠༧ ①«གཡུང་»«ཅོ་»«ཁུ་»+བ། ②«གཡུང་»«ཅོ་»+བ། ③«གཡུང་»«པེ་»བ། ④«གཡུང་»«པེ་»པ།

༥༠༨ ①«གཡུང་»–བ། ②«གཡུང་»«པེ་»བ། ③«ཅོ་»བར། ④«གཡུང་»ཡིམ། ⑤«གཡུང་»བལི། «པེ་»བ་མི། ⑥«གཡུང་»བ།

༥༠༩ ①«གཡུང་»+ཞེས་བྱ། ②«གཡུང་»–བདག

༥༡༡ ①«ཞོལ་»–པར།

༥༡༢ ①«ཞོལ་»མ། ②«ཞོལ་»ཀྱི།

༥༡༣ ①«ཞོལ་»–བ།

༥༡༤ ①«ལི་»ཀྱིས། ②«ཅོ་»བའམ། ③④«ལི་»ཀྱིས།

༥༡༥ ①«ལི་»ཀྱིས།

༥༡༧ ①«ཅོ་»བར། ②«ཞོལ་»བར།

༥༢༡ ①«གཡུང་»བྱོར།

༥༢༢ ①«གཡུང་»ཐུ།

༥༢༣ ①«གཡུང་»«ལི་»«པེ་»«སྣར་»«ཅོ་»«ཞོལ་»བསྒོམ། ②«གཡུང་»«པེ་»བར། ③«པེ་»«ཞོལ་» བསྒོམ། ④«ཞོལ་»བསྒོམ། ⑤«གཡུང་»«པེ་»«ཞོལ་»+དོ།། ⑥«ཅོ་»པར།

༥༢༤ ①«གཡུང་»«པེ་»«སྣར་»–དེ། «ཅོ་»«ཞོལ་»དོ།། ②«ཅོ་»–ཇོ་བོ་ཉིད་དང་། ③«གཡུང་»«པེ་»

«ཅོ་»པ། ④«གཡུང་»«པེ་»བྱི། ⑤«ཅོ་»«ཞོལ་»ངོ།།

༥༢༦ ①«ཅོ་»+བྱང་ཆུབ་ནི་སྤྲོར་མེད་པའོ།། ②«ཅོ་»–རྣམས།

༥༢༧ ①«ཞོལ་»སྤྲངས་པ།

༥༢༩ ①«ཞོལ་»རྣམས། ②«ཅོ་»–རྣམས།

༥༣༠ ①«ཅོ་»+རྣམས། ②«ཅོ་»པའོ། ③«གཡུང་»«པེ་»«སྣར་»«ཅོ་»«ཞོལ་»+ན། ④«གཡུང་»ཚིག ⑤«ཞོལ་»པའོ།

༥༣༣ ①«སྣར་»«ཞོལ་»+བག་ཆགས་ཀྱི་མཚམས་སྦྱོར་བའི་ཉོན་མོངས་པ་ཐམས་ཅད་སྤང་བ་ནི། སྤྲོར་མེད་པའོ།། ②«ཅོ་»པོའི། ③«སྣར་»སྤྱད། ④«གཡུང་»«པེ་»ཉིས་བརྒྱ་དྲུག་བཅུ་བརྒྱད། «ལི་»ལྔ། «སྣར་» «ཅོ་»ཉིས་བརྒྱ་རེ་བརྒྱད། «ཞོལ་»ཉིས་བརྒྱ་རེ་དགུ། ⑤«ལི་»«ཅོ་»པོའི། ⑥⑦⑧«ཅོ་»ལམ། ⑨«ལི་»ཤུལ། ⑩«ཅོ་»གོ།། ⑪«ཞོལ་»བསླབ་ཅིང་། ⑫«ཞོལ་»བསླབ་ཅིང་། ⑬«ལི་»«སྣར་» «ཞོལ་»པར།

༥༣༤ ①«གཡུང་»«པེ་»«ཅོ་»«ཞོལ་»ངོ།། ②«ཅོ་»པའི། ③«གཡུང་»«པེ་»གྱི། «ཅོ་»བགྱི། ④«ལི་» «སྣར་»«ཞོལ་»–འདི་ལྟར། ⑤«གཡུང་»«ལི་»«པེ་»«སྣར་»«ཅོ་»«ཞོལ་»–ལན་ཅིག ⑥«ཅོ་» –རང་སངས་རྒྱས་ཀྱི་ཤུལ་ཡང་གཞན། ⑦«གཡུང་»«པེ་»རྐྱེན། ⑧«ཅོ་»པོའི།

༥༣༥ ①«སྣར་»«ཞོལ་»འགྱུར་རམ། ②«ལི་»འགྱུར་ཏམ། «སྣར་»«ཞོལ་»འགྱུར་རམ། ③«སྣར་»«ཞོལ་» འགྱུར་རམ། ④«སྣར་»«ཞོལ་»འགྱུར་རམ། ⑤«ལི་»འགྱུར་ཏམ། «སྣར་»«ཞོལ་»འགྱུར་རམ། ⑥«གཡུང་»«ཅོ་»«པེ་»གྱུར་ཏམ། «སྣར་»«ཞོལ་»འགྱུར་རམ། ⑦«ལི་»མྱེད། «སྣར་»«ཞོལ་»མེད། ⑧«ཅོ་»+སོ།།

༥༣༦ ①«ལི་»«སྣར་»«ཞོལ་»ཛེ། ②«ལི་»+ལན་ཅིག ③«ལི་»དང་། ④«གཡུང་»«ལི་»«པེ་»«སྣར་» «ཅོ་»«ཞོལ་»ངོ།། ⑤«ཅོ་»གཟུང་། ⑥«ཅོ་»+པ། ⑦«གཡུང་»«པེ་»སྟེ།

༥༣༧ ①«པེ་»ཏོགས། ②«པེ་»+ཉན་ཐོས་དང་། ③«སྣར་»ཀྱི། ④«ཅོ་»–ངོ་། ⑤«ཅོ་»+དང་། ⑥«ལི་»«པེ་»«སྣར་»«ཅོ་»«ཞོལ་»བའི་ཡེ་ཤེས། ⑦«ཅོ་»–ཡང་། ⑧«གཡུང་»«ལི་»«པེ་»«སྣར་» «ཅོ་»«ཞོལ་»ལྟར།

༥༣༨ ①«ཅོ་»བྱེས། ②«ཁུ་»ཞིང་། ③④«ཅོ་»པར། ⑤«ལི་»«སྣར་»བྱས་ཏེ། ⑥«གཡུང་»«པེ་»«ཅོ་» ལ། ⑦«གཡུང་»ན། ⑧«ལི་»«སྣར་»«ཞོལ་»–དང་། ⑨«ལི་»«སྣར་»«ཞོལ་»–དང་། «ཅོ་» –གང་དང་། ⑩«གཡུང་»«པེ་»«སྣར་»«ཅོ་»«ཞོལ་»ཅི། ⑪«གཡུང་»«པེ་»«ཅོ་»གདུལ། ⑫«ཁུ་» པོའི། ⑬«གཡུང་»བར། ⑭«ལི་»གྱུར། ⑮«གཡུང་»«ལི་»«པེ་»«ཅོ་»བརྟའ། ⑯«ལི་»གཟུང་བར་ བྱས་ཏེ། «སྣར་»བཟུང་བར་བྱས་ཏེ། ⑰«ལི་»«སྣར་»«ཞོལ་»–ཤེས་པ་ཉིད།

༥༣༩ ①«གཡུང་»«པེ་»«ཅོ་»བྱ་སྟེ། «ལི་»«སྣར་»«ཞོལ་»བྱས་ཏེ། ②«གཡུང་»«པེ་»«ཅོ་»–བ། ③«གཡུང་»–དེས་ཀྱང་། ④«ལི་»«སྣར་»«ཞོལ་»+ལས། ⑤«ལི་»«སྣར་»བྱས་ཏེ། ⑥«ལི་»«སྣར་»

«ཞོལ་»+ལས། (༧)«སྣར་»«ལི་»བྱས་ཏེ། «ཅོ་»བྱའོ། (༨)«ཅོ་»བྱ་སྟེ། (༩)«ཅོ་»འཛིགས། (༡༠)«ཅོ་»
+ཡོངས་སུ། (༡༡)«ཅོ་»དེ་ལས། (༡༢)«ལི་»«སྣར་»«ཞོལ་»+ལས། (༡༣)«ལི་»«སྣར་»བྱས་ཏེ།
(༡༤)«གཡུང་»བའོ།

༥༤༠ (༡)«ཅོ་»+གྱི།

༥༤༡ (༡)«གཡུང་»«ལི་»«པེ་»«སྣར་»«ཅོ་»«ཞོལ་»–ཉིད་དེ་འཛིན་...... ཞེས་པར་བྱའོ།། (༢)«ཅོ་»དགོད།
(༣)«ཅོ་»–དེ་དག (༤)«ཅོ་»དགོད། (༥)(༦)«ཅོ་»དགོད། (༧)«ཅོ་»«ཁུ་»འགོད། (༨)«ཞོལ་»བསླབ་ཅིང་།
(༩)«ཅོ་»ཏེ། (༡༠)«ལི་»«པེ་»«སྣར་»«ཞོལ་»+བ།

༥༤༢ (༡)«ལི་»«སྣར་»བྱས་ཏེ། (༢)«ཅོ་»ཕྱོགས། (༣)«ཅོ་»–ཀྱིས། (༤)«ཅོ་»–ཕྱོགས་ཀྱི། (༥)«ལི་»–པ་དང་།
བྱང་ཆུབ་གང་ལགས། «ཅོ་»–པ་དང་། (༦)«གཡུང་»«པེ་»«སྣར་»«ཞོལ་»+ལ། (༧)«ལི་»«པེ་»
«སྣར་»«ཞོལ་»+པ། «པེ་»+ག (༨)«གཡུང་»«ཅོ་»–པར། (༩)«གཡུང་»«པེ་»«སྣར་»«པེ་»སྒྲུབ།
(༡༠)«གཡུང་»«ལི་»«པེ་»«སྣར་»«ཅོ་»«ཞོལ་»–པ། (༡༡)«ལི་»«སྣར་»«ཞོལ་»སྒྲུབ། (༡༢)(༡༣)(༡༤)«གཡུང་»
«ལི་»«པེ་»«སྣར་»«ཅོ་»«ཞོལ་»སྒྲུབ།

༥༤༣ (༡)«ཅོ་»–ཏུ།

༥༤༥ (༡)«ལི་»«པེ་»+ཆེན་པོ། (༢)«ཅོ་»+མངོན་པར་ཤེས་པ་རྣམས་གང་ཡིན་པ་དང་།

༥༤༦ (༡)«ཅོ་»–སྟེ། (༢)«གཡུང་»«པེ་»«ཅོ་»ཅིག (༣)«ཅོ་»སྲིད། (༤)«ཅོ་»ཏོ།། (༥)«ཅོ་»–ལ། (༦)«ཅོ་»
དཔའི; (༧)«ཞོལ་»བསླབ། (༨)«ལི་»«སྣར་»«ཞོལ་»–ནི། (༩)(༡༠)(༡༡)«ཞོལ་»བསླབ་སྟེ། (༡༢)«གཡུང་»
«ལི་»«པེ་»«སྣར་»«ཅོ་»«ཞོལ་»པའི། (༡༣)«ལི་»«སྣར་»«ཞོལ་»ཀྱི། (༡༤)«ལི་»«སྣར་»«ཞོལ་»+ནི།
(༡༥)«ལི་»«སྣར་»«ཞོལ་»–ཏུ། (༡༦)«ལི་»«སྣར་»བྱས་ཏེ། (༡༧)«ལི་»«པེ་»«སྣར་»«ཞོལ་»+ཞེས་པས།
(༡༨)«གཡུང་»«སྣར་»«ཅོ་»འཕགས་པའི་ཆོས་འདུལ་བ། «ལི་»«པེ་»–འཕགས་པའི་ཆོས་དང་འདུལ་བ།
(༡༩)«ཅོ་»–དང་། (༢༠)«ཁུ་»–གྱིས།

༥༤༧ (༡)«ལི་»«སྣར་»«ཞོལ་»འཛིགས། (༢)«སྣར་»«ཅོ་»«ཞོལ་»ཚོམ། (༣)«ཞོལ་»སློམས། (༤)«ལི་»
«སྣར་»«ཅོ་»«ཁུ་»«ཞོལ་»+ལྡན་པའང་མ་ཡིན། བྲལ་བའང་མ་ཡིན།

༥༤༨ (༡)«གཡུང་»ཡིམ།

༥༤༩ (༡)«ཅོ་»–དང་། (༢)«གཡུང་»«པེ་»འདི། (༣)«གཡུང་»«པེ་»«སྣར་»«ཅོ་»«ཁུ་»«ཞོལ་»+དང་།
(༤)«གཡུང་»«ལི་»«པེ་»«སྣར་»«ཞོལ་»+གང་ལ། «ཅོ་»+གང་། (༥)«ཞོལ་»བསླབ།

༥༥༠ (༡)«ཅོ་»འགྱུར་རམ། (༢)«སྣར་»–སྒྲའི། (༣)«ཅོ་»བྱའི།

༥༥༡ (༡)«པེ་»མཁའ། (༢)«ཅོ་»ཡ། (༣)«གཡུང་»«སྣར་»+ཁམས་ཀྱི།

༥༥༣ (༡)«གཡུང་»«པེ་»ཀྱི། (༢)(༣)(༤)«ཅོ་»–ཉིད་དེ་འཛིན་ཀྱི།

༥༥༤ (༡)«གཡུང་»«ལི་»«པེ་»«སྣར་»«ཅོ་»+གྱི་མཚན་ཉིད་ལ་བསླབ་པར་མི་བགྱིའམ། (༢)«གཡུང་»«ལི་»
«པེ་»«སྣར་»–བདེན་པའི། (༣)«གཡུང་»«པེ་»བྱུང་། (༤)«གཡུང་»«ལི་»འབྱུན། (༥)«གཡུང་»«ལི་»

«པེ་»«སྣར་»«ཅོ་»«ཞོལ་»བགྱི་ན། ⑥«ཞོལ་»བསླབ་སྟེ། ⑦«ལི་»+ཏེ། ⑧«ལི་»པར།

༥༥༥ ①«ཞོལ་»པོའི། ②«གཡུང་»«ལི་»«པེ་»«སྣར་»«ཅོ་»–ཡོངས་སུ། ③«ཅོ་»དེ། ④«གཡུང་»«ལི་»«པེ་»«སྣར་»«ཅོ་»«ཞོལ་»པས་ན། ⑤«གཡུང་»སྡན་ཅན། «ལི་»«ཞོལ་»སྡན་ཆད། ⑥«གཡུང་»«པེ་»«སྣར་»«ཅོ་»མེད། «ལི་»མྱེད། ⑦«གཡུང་»«ལི་»«པེ་»«སྣར་»«ཅོ་»ཡོད། ⑧«གཡུང་»སྡན་ཅན། «ལི་»«ཅོ་»«ཞོལ་»སྡན་ཆད། ⑨«ཅོ་»དེ། ⑩«ཅོ་»པ། ⑪«ཅོ་»བསྒོམས།

༥༥༦ ①«ཅོ་»པོ། ②«པེ་»སྐྱེད། ③«གཡུང་»པས་སྐྱབ། «ཞོལ་»པ་སྐྱབ། ④«ཅོ་»མི་བགྱིད། ⑤«ཅོ་»འགྱུར་རོ། ⑥«གཡུང་»–མ། ⑦«ཅོ་»–བུ། ⑧«ཞོལ་»བསྒོམས།

༥༥༧ ①«ཅོ་»–ནོ། ②«ཞོལ་»སྒོམ། (པོད་འདིའི་ནང་དུ་བསྒོམ་ཞེས་པ་རྣམས«ཞོལ་»ལ་སྐབས་འགར་སྒོམ་ཞེས་འཁོད་ཀྱང་གཞམ་དུ་བསྟུར་མཆན་དུ་བཀོད་མེད།) ③«གཡུང་»«པེ་»«ཅོ་»+ནི། «ལི་»«སྣར་»པས།

༥༦༡ ①②«ཅོ་»+ཆེན་པོ། ③«གཡུང་»«པེ་»བཏང་།

༥༦༢ ①«ལི་»–རྣམ་པ།

༥༦༣ ①«ཅོ་»«བྲུ་»ཤེས། ②«གཡུང་»རིམ།

༥༦༤ ①«ཅོ་»གྱིས། ②«གཡུང་»–བ། «ཅོ་»བའི།

༥༦༥ ①«ཅོ་»–ཤེས་པ།

༥༦༧ ①«གཡུང་»+ནི། ②«གཡུང་»«པེ་»སྒོམ། ③«པེ་»+སྒོམ་པ་ནི།

༥༦༨ ①«ལི་»«ཅོ་»པར། ②«གཡུང་»«པེ་»འཚམས། ③«གཡུང་»«ལི་»«པེ་»+ནི།

༥༦༩ ①«ཅོ་»+པ། ②«སྣར་»–རོལ། ③«གཡུང་»«པེ་»པ།

༥༧༢ ①«བྲུ་»–བསྒོམ་པ། ②«ཅོ་»+ཆེན་པོ།

༥༧༣ ①«ཅོ་»སྟོང་། ②«པེ་»«སྣར་»«ཅོ་»«ཞོལ་»སྐྱེ།

༥༧༤ ①«ཅོ་»བདེན།

༥༧༥ ①«ལི་»«པེ་»«སྣར་»«ཅོ་»«ཞོལ་»+པ། ②«ཅོ་»གྱིས།

༥༧༦ ①«ཅོ་»པར།

༥༨༠ ①«གཡུང་»«པེ་»ཉིས་བརྒྱ་དྲུག་བཅུ་དགུ། «ལི་»དྲུག «སྣར་»«ཅོ་»ཉིས་བརྒྱ་རེ་དགུ། «ཞོལ་»ཉིས་བརྒྱ་བདུན་ཅུ། ②«ཅོ་»བསྒོམ། (པོད་འདིའི་ནང་དུ་སྒོམ་མོ་དང་མི་སྒོམ་སོགས་ཀྱི་སྒོམ་ཞེས་པ་རྣམས་«ཅོ་»ལ་སྐབས་འགར་བསྒོམ་ཞེས་འཁོད་ཀྱང་གཞམ་དུ་བསྟུར་མཆན་དུ་བཀོད་མེད།) ③«གཡུང་»«ལི་»«པེ་»«སྣར་»«ཅོ་»«བྲུ་»«ཞོལ་»བར།

༥༨༣ ①«ཞོལ་»བདེ་བ། ②«ལི་»གསོའ། ③«ཅོ་»–མོ།

༥༨༧ ①«ཅོ་»པོ། ②«གཡུང་»«ཅོ་»–བཅུ། ③«གཡུང་»«ལི་»«པེ་»«སྣར་»«ཅོ་»«ཞོལ་»–བཞི།

༥༨༨ ①«གཡུང་»«ལི་»«པེ་»«སྣར་»«ཅོ་»«ཞོལ་»–བཞི། ②«ཅོ་»པར། ③«གཡུང་»«པེ་»–བསྒོམ་པ།

༥༨༩ ①«ཞོལ་»+པ། ②«གཡུང་»«པེ་»སྤངས་པ། ③«གཡུང་»དོ།། ④«ཅོ་»–ཡང་།

༥༩༠ ①«ཞོལ་»གྱི།

༥༩༡ ①«ཆོ་»སྐྱེད་པ། ②«ལི་»–དོར་བ་ཡང་ཡོངས་སུ་ཤེས་པ་མྱེད། ③«གཡུང་»«ཆོ་»སྐྱི།

༥༩༢ ①«ལི་»གསོལ། ②«གཡུང་»«པེ་»+ས།

༥༩༣ ①«གཡུང་»«པེ་»«ཆོ་»–འཕགས་པའི་བདེན་པ།

༥༩༤ ①«གཡུང་»ཀྱིང་། ②«གཡུང་»–པ།

༥༩༥ ①«ཆོ་»+མ། ②«ཆོ་»–ནི། ③«གཡུང་»«པེ་»«སྣར་»«ཆོ་»«ཞོལ་»ཅི། ④«ལི་»–དངོས་པོ་མ་མཆིས་ཞེས་བགྱི་བ་ནི་ཅི་ལགས། ⑤«ཆོ་»+ནི། ⑥«ཆོ་»–ཀྱིས།

༥༩༦ ①«ཆོ་»ཀྱིས།

༥༩༨ ①②③④⑤⑥⑦«གཡུང་»«ལི་»«པེ་»«སྣར་»«ཆོ་»«ཞོལ་»+འདུ་ཤེས་ཀྱི། ⑧«ལི་»+འདུ་ཤེས་ཀྱི།

༥༩༩ ①«ཆོ་»ལེན་པ། ②«ཆོ་»རྟོག

༦༠༠ ①«ལི་»–སངས་རྒྱས་ཀྱི་འདུ་ཤེས་ནི་གཉིས་སོ།།

༦༠༡ ①«ཆོ་»གྲོལ། ②«སྣར་»པ། ③«ཆོ་»རྟོག

༦༠༤ ①«བྲུ་»སྐྱི། ②«ལི་»གསོལ།

༦༠༦ ①«སྣར་»–སྒྲ།

༦༠༨ ①«གཡུང་»«ལི་»«པེ་»«སྣར་»«ཆོ་»«བྲུ་»«ཞོལ་»པ། ②«ལི་»«སྣར་»«ཞོལ་»ལྔ་བཅུ་དགུ་པའོ། «ཆོ་»དྲུག་ཅུའོ། ③«ཆོ་»–པས། འཐོབ་པ་ལྷ་ག་ལ་མཆིས། ④«ལི་»«སྣར་»ཇི།

༦༠༩ ①«ལི་»སའས། ②«ལི་»བརྟན། ③«ཆོ་»«ཞོལ་»སྤོང་། ④«ཆོ་»བསྒྲིབ། ⑤«ལི་»«སྣར་»–མ། ⑥«གཡུང་»«པེ་»«ཆོ་»བསྐྱེད། «ལི་»«སྣར་»«ཞོལ་»སྐྱེད།

༦༡༠ ①«གཡུང་»«པེ་»«ཆོ་»སྤོངས། ②«ཆོ་»པོའི། ③«ཆོ་»–པ།

༦༡༡ ①«ཞོལ་»པར།

༦༡༢ ①«གཡུང་»«ལི་»«པེ་»«སྣར་»«ཆོ་»–བ་དང་། ཡིད་མྱི་བདེ་...... སྡུག་བསྔལ། ②«ཆོ་»འམ། ③«ཆོ་»ཀྱི། ④«ཆོ་»–པ། ⑤«ལི་»«སྣར་»–མྱེད་པ། «ཆོ་»–དེ།

༦༡༣ ①«བྲུ་»ཀྱི། ②«ལི་»«སྣར་»«ཞོལ་»སྨོམ། ③«གཡུང་»པ། ④«གཡུང་»«ཆོ་»མངའ། ⑤«ཆོ་»ཡང་། ⑥«ལི་»«པེ་»+བ། ⑦«ཆོ་»ཅིག ⑧«གཡུང་»«པེ་»«ཆོ་»པ།

༦༡༤ ①«གཡུང་»«པེ་»«ཆོ་»«ཞོལ་»སྤྱོད། ②«གཡུང་»«ཆོ་»–བ། ③«ཆོ་»ཏེ། ④«བྲུ་»ཏོ།། ⑤«གཡུང་»«ལི་»«པེ་»«སྣར་»«ཆོ་»«ཞོལ་»དེ། ⑥«ལི་»«ཆོ་»གཟུང་། ⑦«པེ་»བསྒོམས། «ཆོ་»སྒོམས། «ཞོལ་»སྒོམས། ⑧«གཡུང་»«པེ་»«ཆོ་»གཞག ⑨«གཡུང་»«པེ་»«ཆོ་»–ན། ⑩⑪«གཡུང་»«ལི་»«པེ་»«སྣར་»«ཆོ་»བྱ། ⑫«གཡུང་»«པེ་»«སྣར་»«ཞོལ་»གྱི། «ཆོ་»ཀྱི། ⑬⑭⑮«གཡུང་»«ལི་»«པེ་»«སྣར་»«ཆོ་»བྱ། ⑯«ཞོལ་»བྱས། ⑰«ཆོ་»–ལ། ⑱«ལི་»«སྣར་»«ཞོལ་»+པ།

༤༧༥ ①«གཡུང་»«པེ་»ན། «སྣར་»«ཅོ་»«ཞོལ་»–ང་། ②«ཅོ་»–བཞི། ③«ཅོ་»–ཀྱི། ④«གཡུང་»མངོན་པར་ཞེས་པ། ⑤«གཡུང་»«ལི་»«པེ་»«སྣར་»«ཅོ་»«ཞོལ་»+མངོན་པར་མཁྱེན་པ། ⑥«ཅོ་»འགྱུར། ⑦«གཡུང་»«པེ་»འགྱུར།

༤༧༦ ①«གཡུང་»«ལི་»«པེ་»«སྣར་»«ཅོ་»«ཞོལ་»པའི། ②«གཡུང་»«ལི་»«པེ་»«སྣར་»«ཅོ་»«ཞོལ་»–རང་གི་དངོས་པོ་མྱེད་པ། ③«ལི་»–ངེ་། ④«ཅོ་»–ལ། ⑤«ལི་»«པེ་»«སྣར་»«ཅོ་»«ཞོལ་»+ཀྱང་།

༤༧༧ ①«གཡུང་»«ལི་»«པེ་»«སྣར་»«ཅོ་»«ཞོལ་»–རང་གི་དངོས་པོ་ཡོད་པའམ། ②«གཡུང་»ན། ③«ལི་»«སྣར་»«ཞོལ་»བསླབ། ④«གཡུང་»«པེ་»+དང་། ⑤«ལི་»«སྣར་»«ཞོལ་»བསླབ།

༤༧༨ ①«གཡུང་»མ། ②«སྣར་»«ཅོ་»«ཞོལ་»ཅི།

༤༧༩ ①«གཡུང་»«པེ་»པ། ②«གཡུང་»«པེ་»–ཛ་བོ། ③«ཞོལ་» གྱི། ④«གཡུང་»«པེ་»པའི། ⑤«གཡུང་»«པེ་»–ཛོགས་པའི། ⑥«གཡུང་»«པེ་»བྱ་སྟེ། ⑦«ཅོ་»པོ། ⑧«གཡུང་»«ལི་»«པེ་»«སྣར་»«ཅོ་»«ཞོལ་»–ཅན། ⑨«སྣར་»འདའ། ⑩«གཡུང་»«ལི་»«པེ་»«སྣར་»«ཞོལ་»སྤྱད། ⑪«གཡུང་»«པེ་»བསླབ་ཤིང་། «ཞོལ་»བསླབ་ཅིང་། ⑫«ཅོ་»–སྤྱོད་པ་དང་། མཐར་ཀྱིས། ⑬«གཡུང་»དེ། «སྣར་»«ཞོལ་»དུ་བྱ་བ། «ཁུ་»+བ།

༤༨༠ ①«ཅོ་»–སྦྱིན་པ། ②«ཞོལ་»ནོ།། ③«སྣར་»གཞོན། ④«སྣར་»«ཅོ་»«ཞོལ་»ཆ། ⑤«ལི་»«སྣར་»«ཅོ་»«ཞོལ་»ཆ། ⑥«གཡུང་»བཻ་དཱུརྱ། «ལི་»«པེ་»བེ་དཱུརྱ། ⑦«སྣར་»«ཞོལ་»བྱུ། ⑧«ཅོ་»–གསེར་དང་། ⑨«གཡུང་»བཻ་དཱུརྱ། «ལི་»«པེ་»བེ་དཱུརྱ། ⑩«སྣར་»«ཞོལ་»བྱུ། ⑪«གཡུང་»–དོ། ⑫«གཡུང་»«ཅོ་»དེས། ⑬«གཡུང་»«ཅོ་»–ཉིད་ཀྱིས།

༤༨༡ ①«སྣར་»«ཅོ་»«ཞོལ་»བསྐོར། ②«གཡུང་»«པེ་»«སྣར་»«ཞོལ་»བསྐུལ། ③«ལི་»«སྣར་»«ཞོལ་»+གང་།

༤༨༢ ①«ལི་»«པེ་»+པར་བྱས། ②«སྣར་»«ཞོལ་»བསྐོར། ③«ཅོ་»–ཡོད་པ། ④«ཅོ་»–ཀྱང་། ⑤«སྣར་»«ཞོལ་»བསྐུལ། ⑥«ལི་»«པེ་»«སྣར་»«ཞོལ་»+གང་།

༤༨༣ ①«སྣར་»«ཞོལ་»བསྐོར། ②«སྣར་»«ཞོལ་»བསྐུལ། ③«ལི་»«པེ་»«སྣར་»«ཞོལ་»+གང་། ④«ཅོ་»+དེ།

༤༨༤ ①«ཅོ་»–རྣམ་པར་གྲོལ་བའི་ཕུང་པོ་དང་། ②«ཅོ་»–ནས། ③«སྣར་»«ཞོལ་»བསྐོར། ④«གཡུང་»ཀྱི། ⑤«ཅོ་»–ཡོད་པ། ⑥«ཞོལ་»ཡང་དག་པར་བསྐུལ།

༤༨༥ ①«གཡུང་»གསམ། ②«ལི་»«ཞོལ་»གཞག «སྣར་»བཞག ③«ཅོ་»ཞིང་། ④«ཅོ་»–རྣམ་པར་གྲོལ་བའི་ཕུང་པོ་དང་། ⑤«སྣར་»«ཞོལ་»བསྐོར། ⑥«ཅོ་»གྱི།

༤༨༦ ①«གཡུང་»–གོ། ②«ཅོ་»–ཤེས་རབ་ལ་རབ་ཏུ་གཞོག་གོ།། ③«ཅོ་»གཞན་གང་།

༤༨༧ ①«གཡུང་»ཐགས། ②«སྣར་»«ཅོ་»«ཞོལ་»བསྐོར། ③«གཡུང་»«པེ་»«ཅོ་»–དེ། ④«གཡུང་»

«པེ་»ཉིས་བརྒྱ་བདུན་བཅུ། «ལི་»བདུན། «སྣར་»«ཅོ་»ཉིས་བརྒྱ་བདུན་ཅུ། «ཞོལ་»ཉིས་བརྒྱ་དོན་གཅིག ⑤«ཅོ་»བསླབས། ⑥«ཅོ་»+དུ།

༦༢༨ ①«ཅོ་»པ། ②«གཡུང་»«པེ་»པར། ③«གཡུང་»«པེ་»སྡེ། ④«གཡུང་»«པེ་»བཅུ། ⑤«གཡུང་»བདོམ། ⑥«གཡུང་»«པེ་»བཅུས། ⑦«གཡུང་»«པེ་»«ཅོ་»–དོ། ⑧«གཡུང་»«པེ་»བཅུ། ⑨«ཅོ་»–དེ།

༦༢༩ ①«ཅོ་»པའི་ཕུང་པོར། ②«ཞོལ་»–དེ། ③«གཡུང་»«ལི་»«པེ་»«སྣར་»«ཅོ་»«ཁུ་»དེ། ④«གཡུང་»«ལི་»«པེ་»«སྣར་»«ཅོ་»«ཞོལ་»པ་སྒོམ། «ཁུ་»པས་བསྒོམ།

༦༣༠ ①«ཅོ་»སོར། ②«གཡུང་»–དག ③«གཡུང་»«པེ་»–དག ④«ལི་»དོ།། ⑤«གཡུང་»–དག

༦༣༡ ①«ཞོལ་»པར། ②«ཅོ་»–མཐར་གྱིས་བསླབ་པ་དང་།

༦༣༢ ①«གཡུང་»+བྱེད། ②«ལི་»སྤོངས་པ།

༦༣༣ ①«གཡུང་»«པེ་»«ཅོ་»བཞི།

༦༣༤ ①«གཡུང་»«པེ་»«སྣར་»«ཅོ་»«ཁུ་»«ཞོལ་»ཏེ། ②«གཡུང་»–ཞིག ③«ལི་»«སྣར་»གདོགས།

༦༣༥ ①«ལི་»པའི། ②«ལི་»«སྣར་»«ཅོ་»«ཞོལ་»+ན། ③«གཡུང་»«ལི་»«པེ་»«སྣར་»«ཅོ་»«ཞོལ་»+དེ། ④«གཡུང་»«ལི་»«པེ་»«སྣར་»«ཅོ་»«ཞོལ་»–དེ།

༦༣༧ ①«གཡུང་»མེ་བ། ②«གཡུང་»–སུ།

༦༣༨ ①«སྣར་»–དོ།

༦༣༩ ①«གཡུང་»«ལི་»«པེ་»«སྣར་»«ཅོ་»«ཞོལ་»པ། ②«ལི་»«སྣར་»པ། ③«གཡུང་»«ལི་»«པེ་»«སྣར་»+ལ། ④«ཅོ་»+ན།

༦༤༠ ①«གཡུང་»«ལི་»«པེ་»«སྣར་»«ཞོལ་»བསྒོམ། ②«ལི་»«སྣར་»སྤྱོད། ③«གཡུང་»བསློབ།

༦༤༢ ①«གཡུང་»དེ། ②«གཡུང་»–པའི།

༦༤༣ ①«ཞོལ་»དམིགས། ②«གཡུང་»«པེ་»«སྣར་»«ཅོ་»«ཞོལ་»པའི།

༦༤༤ ①«གཡུང་»མཐུའ། ②«གཡུང་»«པེ་»+ལ། ③«ལི་»«སྣར་»«ཞོལ་»+ན། ④«ཅོ་»པོ། ⑤«གཡུང་»«པེ་»སྤྱོད་པ་ཡོད་པ་ཡིན། མཐར་གྱི། «ཅོ་»–སྤྱོད་པ་ཡོད་པ་ཡིན། མཐར་གྱིས། ⑥«སྣར་»«ཅོ་»«ཞོལ་»འཇུག «ལི་»བསློབ། ⑦«ལི་»«ཅོ་»–དེ། ⑧«གཡུང་»–དོ། ⑨«ལི་»དེ།

༦༤༥ ①«ལི་»–དང་།

༦༤༦ ①«གཡུང་»སོ། ②«ལི་»–རྫུ་འཕྲུལ་གྱི་སྐད་བ…… ངོ་བོ་ཉིད་ཀྱི་ཚུལ་གྱིས། (ཞེས་པའི་གཡུང་དྲུང་རྟགས་བར་གྱི་ཡི་གེ་རྣམས་«ལི་»ལ་ཆད།)

༦༤༧ ①«ལི་»«སྣར་»«ཞོལ་»རྣམས། ②«གཡུང་»«ལི་»«པེ་»«སྣར་»«ཅོ་»«ཞོལ་»པ།

༦༤༨ ①«གཡུང་»«ཅོ་»པར་འགྱུར་བ། «ལི་»བསྒོམ་པ། ②«གཡུང་»«ཅོ་»ལ། ③«སྣར་»«ཞོལ་»རྟོག ④«སྣར་»«ཅོ་»གཏོང་། ⑤«ཅོ་»སྒོམ། ⑥«ལི་»«སྣར་»«ཅོ་»«ཞོལ་»པོ།

༦༤༩ ①«གཡུང་»སྤྱོད།

༦༥༡ ①«ཞོལ་»—རོ།

༦༥༢ ①«ལི་»ཏེ།

༦༥༣ ①«སྣར་»པར། ②«གཡུང་»«ལི་»«པེ་»«སྣར་»«ཅོ་»«ཞོལ་»བསྒོམ། ③«གཡུང་»«ལི་»«པེ་»—ཏེ།
④«ཅོ་»—དེ། ⑤«ལི་»ཀྱིབ།

༦༥༥ ①«ཞོལ་»གི། ②«གཡུང་»དག

༦༥༦ ①«ཅོ་»+མ།

༦༥༧ ①«ཞོལ་»པའི།

༦༥༨ ①«ཞོལ་»པའི་ངོ་བོ། ②«ཅོ་»གྱིས།

༦༦༠ ①«ཅོ་»བསླབས། ②«ཅོ་»«ཞོལ་»བསླབ།

༦༦༡ ①«སྣར་»«ཞོལ་»དེ། ②«ཅོ་»པའི། ③«གཡུང་»པོའི།

༦༦༢ ①«ཁུ་»སུར།

༦༦༣ ①«གཡུང་»«ཅོ་»—མྱེད་པ། ②«ཅོ་»—ཚོར་བའམ། འདུ་ཤེས་སམ། འདུ་བྱེད་དམ།

༦༦༤ ①«ཞོལ་»—ལམ། ②«གཡུང་»«པེ་»«ཅོ་»དང་། ③«གཡུང་»«པེ་»«ཅོ་»པ་དང་།

༦༦༦ ①«སྣར་»«ཞོལ་»འཕགས་པའི་ལམ་ཡན་ལག་བརྒྱད་པའང་། ②«ཞོལ་»ཀྱང་།

༦༦༧ ①«ཅོ་»—པ། ②«གཡུང་»«ལི་»འམ།

༦༦༨ ①«ཁུ་»ཀྱིས།

༦༦༩ ①«ཞོལ་»+མི། ②«ལི་»དཔར། ③«གཡུང་»«པེ་»འགྱུར་རོ།། ④«གཡུང་»«པེ་»«སྣར་»«ཁུ་»
«ཞོལ་»ཆོམ།

༦༧༠ ①«ཅོ་»+དེ་དག ②«གཡུང་»«པེ་»འམ། «ལི་»«སྣར་»«ཞོལ་»དང་། ③«གཡུང་»«པེ་»
«སྣར་»«ཁུ་»«ཞོལ་»ཆོམ། ④«གཡུང་»«ལི་»«པེ་»བཅུའོ། «སྣར་»«ཞོལ་»ཅུ་པའོ། «ཅོ་»ཅུ་
གཅིག་གོ། ⑤«གཡུང་»«པེ་»ཉིས་བརྒྱ་བདུན་བཅུ་གཅིག «ལི་»བརྒྱད། «སྣར་»«ཅོ་»ཉིས་བརྒྱ་དོན་
གཅིག «ཞོལ་»ཉིས་བརྒྱ་དོན་གཉིས། ⑥«གཡུང་»«ལི་»«པེ་»«སྣར་»«ཅོ་»«ཞོལ་»—དེ་ནས།
⑦«གཡུང་»—ཡང་།

༦༧༡ ①«ཅོ་»ཏེ། ②«གཡུང་»«པེ་»འཐོབ། ③«ཞོལ་»ཐོབ། ④«པེ་»+མ། ⑤⑥«ཞོལ་»ཐོབ།
⑦«ཅོ་»—མྱི་དམྱིགས་པ་ཉིད་ཐོབ་པ། ⑧«གཡུང་»སན། «པེ་»ས་ན། ⑨«གཡུང་»«པེ་»+མ།

༦༧༢ ①«ལི་»«པེ་»ནམ། ②«ལི་»གདུག ③«ལི་»«སྣར་»འཕྲེང་། ④«གཡུང་»«ལི་»«པེ་»«སྣར་»
«ཞོལ་»གྲོར། ⑤«གཡུང་»«པེ་»ཆད། ⑥«ཅོ་»ཏེ།

༦༧༣ ①«སྣར་»—ན། ②«ལི་»«ཅོ་»གདུག ③«གཡུང་»«པེ་»གྲོར། ④«གཡུང་»«པེ་»«ཅོ་»ཆད།

༦༧༤ ①«ལི་»«ཞོལ་»བཀྱི། ②«ཞོལ་»གཞོད། ③«གཡུང་»བཏང་བ་མི་དམིགས། «ལི་»«པེ་»«སྣར་»

«ཞོལ་»–གཏང་བ་སྨི་དམིགས།

༨༧༥ ①«གཡུང་»«པེ་»བརྫོམ། ②«གཡུང་»«ལི་»«པེ་»«ཅོ་»–ཉིད་དེ་འཛིན་ལ། ③«གཡུང་»«པེ་»
འཇུགས།

༨༧༦ ①«གཡུང་»«ལི་»«པེ་»«ཞོལ་»དེ། ②«གཡུང་»«པེ་»ལྟར། ③«ཅོ་»རིགས། ④«གཡུང་»«ཅོ་»
–བསྐྱེད་པ།

༨༧༧ ①«གཡུང་»རྣམས། «པེ་»ལྔམས། ②«གཡུང་»+སྟོང་པ་ཉིད།

༨༧༨ ①②«གཡུང་»«པེ་»བཙུ། ③«སྣར་»«ཞོལ་»+ལ། ④«ལི་»ཁྲིམ་ལ། «ཅོ་»–ལ། ⑤«ལི་»བསྒོམ།
⑥«གཡུང་»«པེ་»བརྫོམ། ⑦⑧⑨«ཅོ་»–གང་། ⑩«ཅོ་»–རྣམས་ལ་གང་སྙོམས་པར་འཇུག་པ།

༨༧༩ ①«ཅོ་»–ཀྱི།

༨༨༠ ①«ལི་»བསྒོམ། ②«ཅོ་»–མ། ③«ལི་»དོ།

༨༨༡ ①«ལི་»དེ། ②«སྣར་»«ཞོལ་»+ལ། ③«ལི་»«སྣར་»«ཞོལ་»+ལ།

༨༨༢ ①«ཅོ་»སྐྱིད། ②«གཡུང་»«པེ་»+པ།

༨༨༣ ①«གཡུང་»«པེ་»དཔེའ། (བོད་འདིའི་ནང་དུ་དཔེ་བྱད་ཅེས་པ་རྣམས་«གཡུང་»ལ་དཔེའ་བྱད་དང་«ལི་»
«པེ་»ལ་སྐབས་འགར་དཔེའ་བྱད་ཅེས་འཁོད་ཀྱང་གཞམ་དུ་བསྒྱུར་མཆན་དུ་བཀོད་མེད།) ②«སྣར་»འདུག

༨༨༤ ①«གཡུང་»+སུ།

༨༨༥ ①«གཡུང་»«པེ་»«ཅོ་»ལ་གང་། ②«སྣར་»ཕར། ③«ཅོ་»པ།

༨༨༦ ①«ཅོ་»སྟེ།

༨༨༧ ①«ཅོ་»སྟེ། ②«ཅོ་»+པ།

༨༨༨ ①«པེ་»པ། ②«གཡུང་»«སྣར་»«ཅོ་»«ཞོལ་»+མི། ③«གཡུང་»«སྣར་»«ཅོ་»«ཞོལ་»རོ།
④«གཡུང་»«སྣར་»«ཅོ་»«ཞོལ་»+མི། ⑤«གཡུང་»«སྣར་»«ཅོ་»«ཞོལ་»རོ།

༨༩༡ ①«ཅོ་»གྱུར་པ།

༨༩༢ ①«གཡུང་»«པེ་»བསྒྲུབ།

༨༩༣ ①«གཡུང་»«ལི་»«པེ་»«སྣར་»«ཅོ་»«ཞོལ་»འདུས། ②«ཅོ་»དོ།། ③«ཞོལ་»ཡོངས་སུ། ④«ཅོ་»
ནོལ༔ ⑤«གཡུང་»དོ།། ⑥«ལི་»«སྣར་»«ཅོ་»དོ།། ⑦«ཅོ་»དོ།།

༨༩༤ ①«ཅོ་»དོ།། ②«གཡུང་»དོ།། ③«ཞོལ་»དོ།། ④«པེ་»དོ།། ⑤«ལི་»«པེ་»«སྣར་»«ཞོལ་»+རྣམས།
⑥«པེ་»+དེ་ཤེས་རབ་ཀྱི་ཕ་རོལ་ཏུ་ཕྱིན་པ་ལ་སྤྱོད་པའི་ཚེ། འཕགས་པའི་བདེན་པ་རྣམས་ཡོངས་སུ་རྫོགས་པར་
བྱེད་དེ། དེ་འཕགས་པའི་བདེན་པ་དེར་ཕ་རོལ་ཏུ་ཕྱིན་པ་དྲུག་པོ་ཐམས་ཅད་འདུས་པར་བྱས་ཤིང་འཕགས་པའི་
བདེན་པ་རྣམས་ཡོངས་སུ་རྫོགས་པར་བྱེད་དོ། །དེ་ཤེས་རབ་ཀྱི་ཕ་རོལ་ཏུ་ཕྱིན་པ་ལ་སྤྱོད་པའི་ཚེ། བསམ་
གཏན་རྣམས་ཡོངས་སུ་རྫོགས་པར་བྱེད་དེ། དེ་བསམ་གཏན་དེར་ཕ་རོལ་ཏུ་ཕྱིན་པ་དྲུག་པོ་ཐམས་ཅད་འདུས་
པར་བྱས་ཤིང་། བསམ་གཏན་རྣམས་ཡོངས་སུ་རྫོགས་པར་བྱེད་དོ། །དེ་ཤེས་རབ་ཀྱི་ཕ་རོལ་ཏུ་ཕྱིན་པ་ལ་སྤྱོད་

པའི་ཚེ། ཚད་མེད་པ་རྣམས་ཡོངས་སུ་རྫོགས་པར་བྱེད་དེ། དེ་ཚད་མེད་པ་དེར་ཕ་རོལ་ཏུ་ཕྱིན་པ་དྲུག་པོ་ཐམས་ཅད་འདུས་པར་བྱས་ཤིང་། ཚད་མེད་པ་རྣམས་ཡོངས་སུ་རྫོགས་པར་བྱེད་དོ། །དེ་ཤེས་རབ་ཀྱི་ཕ་རོལ་ཏུ་ཕྱིན་པ་ལ་སྤྱོད་པའི་ཚེ། གཟུགས་མེད་པའི་སྙོམས་པར་འཇུག་པ་རྣམས་ཡོངས་སུ་རྫོགས་པར་བྱེད་དེ། དེ་གཟུགས་མེད་པའི་སྙོམས་པར་འཇུག་པ་དེར་ཕ་རོལ་ཏུ་ཕྱིན་པ་དྲུག་པོ་ཐམས་ཅད་འདུས་པར་བྱས་ཤིང་། གཟུགས་མེད་པའི་སྙོམས་པར་འཇུག་པ་རྣམས་ཡོངས་སུ་རྫོགས་པར་བྱེད་དོ། །དེ་ཤེས་རབ་ཀྱི་ཕ་རོལ་ཏུ་ཕྱིན་པ་ལ་སྤྱོད་པའི་ཚེ། རྣམ་པར་ཐར་པ་རྣམས་ཡོངས་སུ་རྫོགས་པར་བྱེད་དེ། དེ་རྣམ་པར་ཐར་པ་དེར་ཕ་རོལ་ཏུ་ཕྱིན་པ་དྲུག་པོ་ཐམས་ཅད་འདུས་པར་བྱས་ཤིང་། རྣམ་པར་ཐར་པ་རྣམས་ཡོངས་སུ་རྫོགས་པར་བྱེད་དོ། །དེ་ཤེས་རབ་ཀྱི་ཕ་རོལ་ཏུ་ཕྱིན་པ་ལ་སྤྱོད་པའི་ཚེ། མཐར་གྱིས་གནས་པའི་སྙོམས་པར་འཇུག་པ་རྣམས་ཡོངས་སུ་རྫོགས་པར་བྱེད་དེ། དེ་མཐར་གྱིས་གནས་པའི་སྙོམས་པར་འཇུག་པ་དེར་ཕ་རོལ་ཏུ་ཕྱིན་པ་དྲུག་པོ་ཐམས་ཅད་འདུས་པར་བྱས་ཤིང་། མཐར་གྱིས་གནས་པའི་སྙོམས་པར་འཇུག་པ་ཡོངས་སུ་རྫོགས་པར་བྱེད་དོ། །དེ་ཤེས་རབ་ཀྱི་ཕ་རོལ་ཏུ་ཕྱིན་པ་ལ་སྤྱོད་པའི་ཚེ། རྣམ་པར་ཐར་པའི་སྒོ་སྟོང་པ་ཉིད་དང་། མཚན་མ་མེད་པ་དང་། སྨོན་པ་མེད་པ་ཡོངས་སུ་རྫོགས་པར་བྱེད་དེ། དེ་རྣམ་པར་ཐར་པའི་སྒོ་སྟོང་པ་ཉིད་དང་། མཚན་མ་མེད་པ་དང་། སྨོན་པ་མེད་པ་དེར་ཕ་རོལ་ཏུ་ཕྱིན་པ་དྲུག་པོ་ཐམས་ཅད་འདུས་པར་བྱས་ཤིང་། རྣམ་པར་ཐར་པའི་སྒོ་སྟོང་པ་ཉིད་དང་། མཚན་མ་མེད་པ་དང་། སྨོན་པ་མེད་པ་ཡོངས་སུ་རྫོགས་པར་བྱེད་དོ།།

༦༩༥ ①«ཅོ་»–གང་གིས་སྦྱིན་པ་དང་། ②«ལི་»«སྣར་»«ཞོལ་»བའི། ③«ཅོ་»–ཡང་། ④«ཅོ་»+ན། ⑤«ཅོ་»–ཡང་། ⑥«ལི་»«སྣར་»«ཞོལ་»+ངོ་།། ⑦«ཅོ་»པོ། ⑧«ལི་»མཆོན། ⑨«ཞོལ་»དཔའི། ⑩«ཅོ་»+ཡང་། ⑪«པེ་»–རབ་འབྱོར་བྱང་ཆུབ་སེམས་དཔའ་...... བྱང་ཆུབ་སེམས་དཔའ་སེམས་དཔའ་ཆེན་པོ། (ཞེས་པའི་གཡུང་དྲུང་རྟགས་བར་[དེབ་འདིའི་ལྡེབ་༦༩༤ང༡༨—༦༩༥ང༡༩]གྱི་ཡི་གེ་རྣམས་«པེ་»ལ་ཆད།) ⑫«གཡུང་»«པེ་»བསྒོམ། ⑬«ལི་»+ཡང་། ⑭«ལི་»–ཡང་།

༦༩༦ ①«གཡུང་»«ལི་»«པེ་»+ཡང་། ②«གཡུང་»«པེ་»«སྣར་»«ཅོ་»«ཁུ་»«ཞོལ་»སྟེ། ③«ཅོ་»+ཇི་ལྟར་སེམས་ཡང་དག་པར་རྗེས་སུ་མི་མཐོང་ངོ་།། ④«ཅོ་»–ཀྱང་། ⑤«ལི་»«པེ་»+ཡང་། ⑥«གཡུང་»–བ། ⑦«གཡུང་»«པེ་»+ཡང་།

༦༩༨ ①«གཡུང་»མ། ②«ཅོ་»–ཀྱང་།

༧༠༡ ①«ཅོ་»གྱིས།

༧༠༢ ①«ལི་»ངོ་།། ②«ལི་»«སྣར་»–སེམས་དེ་ཡང་ཡང་དག་པར་རྗེས་སུ་མྱི་མཐོང་ངོ་།། ③«གཡུང་»«པེ་»–དག

༧༠༣ ①«ཅོ་»པ། ②«ཅོ་»–རྣམས།

༧༠༤ ①«གཡུང་»ངོ་།། ②«ཅོ་»+པ། ③«གཡུང་»«པེ་»–དག ④«གཡུང་»+དེ།

༧༠༦ ①«གཡུང་»+དེ། ②«སྣར་»«ཞོལ་»+བྱམས་པ་ཆེན་པོ་སྒོམ་པའི་ཚེ། བྱམས་པ་ཆེན་པོ་དེ་ཡང་དག་པར་རྗེས་སུ་མི་མཐོང་སྟེ། སེམས་དེའང་ཡང་དག་པར་རྗེས་སུ་མི་མཐོང་ངོ་། །ཇི་ལྟར་སེམས་ཡང་དག་པར་རྗེས་སུ་

མི་མཐོང་བ་དེ་ལྟར་ཆོས་ཐམས་ཅད་ཀྱང་ཡང་དག་པར་རྗེས་སུ་མི་མཐོང་ངོ་། །རབ་འབྱོར་གཞན་ཡང་བྱང་ཆུབ་སེམས་དཔའ་སེམས་དཔའ་ཆེན་པོ་ཤེས་རབ་ཀྱི་ཕ་རོལ་ཏུ་ཕྱིན་པ་ལ་སྤྱོད་ཅིང་། མཚན་མ་དང་བྲལ་བའི་སེམས་ཀྱིས་སྙིང་རྗེ་ཆེན་པོ་སྒོམ་པའི་ཚེ། སྙིང་རྗེ་ཆེན་པོ་དེ་ཡང་དག་པར་པར་རྗེས་སུ་མི་མཐོང་སྟེ། སེམས་དེའང་ཡང་དག་པར་རྗེས་སུ་མི་མཐོང་ངོ་། །ཇི་ལྟར་སེམས་ཡང་དག་པར་རྗེས་སུ་མི་མཐོང་བ་དེ་ལྟར་ཆོས་ཐམས་ཅད་ཀྱང་ཡང་དག་པར་རྗེས་སུ་མི་མཐོང་ངོ་། །རབ་འབྱོར་གཞན་ཡང་བྱང་ཆུབ་སེམས་དཔའ་སེམས་དཔའ་ཆེན་པོ་ཤེས་རབ་ཀྱི་ཕ་རོལ་ཏུ་ཕྱིན་པ་ལ་སྤྱོད་ཅིང་། མཚན་མ་དང་བྲལ་བའི་སེམས་ཀྱིས། ③《གཡུང་》《པེ་》《ཅོ་》+དག

༧༠༧ ①《སྣར་》《ཞོལ་》—བྱམས་པ་ཆེན་པོ་སྒོམ་པའི་ཚེ། བྱམས་…… མཚན་མ་དང་བྲལ་བའི་སེམས་ཀྱིས། （ཞེས་པའི་གསུང་རྟུང་རྟགས་བར་[དེབ་འདིའི་༧༠༦༩༡༨—༧༠༧༩༧] གྱི་ཡི་གེ་རྣམས་《སྣར་》《ཞོལ་》ལ་ཆད།） ②《གཡུང་》《ལི་》《པེ་》《སྣར་》《ཅོ་》《ཞོལ་》+རྣམས། ③《གཡུང་》《པེ་》—སྤྱི་ཆེན་པོའི་མཚན། ④《ཞོལ་》སྙེ། ⑤《གཡུང་》《པེ་》+ཡང་། ⑥《གཡུང་》《པེ་》བཅུ། ⑦《གཡུང་》《ལི་》《པེ་》《སྣར་》《ཅོ་》《ཁུ་》《ཞོལ་》+ངོ་།། ⑧《གཡུང་》《པེ་》ཉིས་བརྒྱ་བདུན་བཅུ་གཉིས། 《ལི་》དགུ། 《སྣར་》《ཅོ་》ཉིས་བརྒྱ་དོན་གཉིས། 《ཞོལ་》ཉིས་བརྒྱ་དོན་གསུམ།

༧༠༨ ①②《ཅོ་》བསྒྲིད་པ། ③《ཅོ་》ལགས།

༧༡༡ ①《ཅོ་》བསྒྲིད་པ། ②《གཡུང་》《པེ་》—བསྒྲིད་པ་མ་མཆིས་པ་དང་།

༧༡༢ ①《ལི་》—རྣམས། ②《ལི་》བྱ།

༧༡༣ ①《གཡུང་》《པེ་》+བསྒྲིད། ②《ཞོལ་》+དག

༧༡༤ ①《ཅོ་》+མ།

༧༡༥ ①《ཅོ་》དང་། ②《གཡུང་》མི།

༧༡༦ ①《གཡུང་》《པེ་》《སྣར་》《ཅོ་》《ཞོལ་》པོ། ②《གཡུང་》ཅ། ③《གཡུང་》《པེ་》ཏྭ་ཙ། 《ལི་》ཏུ་ཙ། ④《སྣར་》བྱུ། ⑤《གཡུང་》《པེ་》མིའི་ཆ་བྱད། 《ཅོ་》མལ་ཆ། ⑥《གཡུང་》བཏང་། ⑦《གཡུང་》《པེ་》—དེ་ལྟ་བུར། 《ཅོ་》དེ་ལྟར་བུར། ⑧《ཁུ་》བརྟེན། ⑨《གཡུང་》《པེ་》ཀྱིས། ⑩《གཡུང་》—ཞེས། ⑪《གཡུང་》《པེ་》བཏང་། 《ཞོལ་》གཏོང་། ⑫《གཡུང་》《པེ་》གི།

༧༡༧ ①《གཡུང་》《པེ་》བཏོང་། ②《སྣར་》བཏོང་། ③《གཡུང་》+སྟོང་པ་ཉིད། ④《ཅོ་》+མི། ⑤《གཡུང་》《པེ་》《སྣར་》《ཅོ་》《ཞོལ་》ཅི།

༧༡༨ ①《ཅོ་》+ནོ།། ②《ཅོ་》ཕྱི།

༧༢༠ ①《ལི་》《ཞོལ་》བསམ། ②《གཡུང་》《པེ་》གྲུབ། ③《ཞོལ་》བསམ། ④《གཡུང་》《ལི་》《པེ་》《སྣར་》《ཅོ་》《ཞོལ་》+དེ། ⑤《ཞོལ་》གསུམ། ⑥《ཞོལ་》བསམ། ⑦《ལི་》《སྣར་》《ཞོལ་》དེའི། ⑧《གཡུང་》《ཅོ་》འཛོག ⑨《གཡུང་》《པེ་》《སྣར་》《ཅོ་》《ཁུ་》《ཞོལ་》ཇི།

༧༢༡ ①《གཡུང་》《པེ་》ཀྱི། ②《གཡུང་》《ལི་》《པེ་》《སྣར་》《ཅོ་》—པ། ③《གཡུང་》བསྟོན། ④《གཡུང་》

«པེ་»ཀྱིས།

༧༢༣ ①«ལི་»ཀྱིས། ②«གཡུང་»«པེ་»བཙུའམ། ③«གཡུང་»«པེ་»ཟེ། ④«གཡུང་»«པེ་»+རིས་ཀྱི། «ཅོ་»རས་ཀྱི། ⑤«ཅོ་»རིགས། ⑥«གཡུང་»–ཚངས་ཆེན་གྱི་ལྷ་རྣམས་སམ། སྣང་བའི་ལྷ་རྣམས་སམ། «ཅོ་»–སྣང་བའི་ལྷ་རྣམས་སམ། ⑦«གཡུང་»–དགེ་བའི་ལྷ་རྣམས་སམ། ⑧«གཡུང་»«སྣར་»«ཅོ་»«ཞོལ་»དགེའི། ⑨«གཡུང་»«ལི་»«པེ་»«སྣར་»«ཅོ་»«ཞོལ་»–ཆེ་བའི་ལྷ་རྣམས་སམ། ཆུང་ཆེའི་ལྷ་རྣམས་སམ། ཚད་མེད་ཆེ་བའི་ལྷ་རྣམས་སམ།

༧༢༤ ①«ཞོལ་»བསྒྱུར། ②«ཅོ་»འདས། ③«གཡུང་»«སྣར་»སྙོམས། «པེ་»སྙིམས། «ཅོ་»བསྙེམས། ④«གཡུང་»«པེ་»ནོ།། ⑤«པེ་»དེས། ⑥«ལི་»«སྣར་»«ཞོལ་»+བ། ⑦«སྣར་»«ཞོལ་»དུ་ཡིན་གྱི། ⑧«གཡུང་»«པེ་»«སྣར་»«ཅོ་»«ཞོལ་»པ། ⑨«གཡུང་»«ཅོ་»«ཞོལ་»པས་རོ་མྱང་། «ལི་»«སྣར་»པ་དེས་རོ་མྱང་། «པེ་»དེས་རོ་མྱང་། ⑩«གཡུང་»«པེ་»སྟེ་ལྟའི། «ཅོ་»ཏེ། དེ་ལྟའི། ⑪«ལི་»མཆོ། ⑫«གཡུང་»སྟོའ། «པེ་»སྟོའི།

༧༢༥ ①②«ལི་»མཆོ། ③«ཅོ་»+མི།

༧༢༦ ①«གཡུང་»«ལི་»«པེ་»«སྣར་»«ཅོ་»«བྲུ་»«ཞོལ་»རྣམ། ②«ཅོ་»–དེ། ③«ཅོ་»གྱིས། ④«གཡུང་»–ཁམས། ⑤«ཞོལ་»པར།

༧༢༧ ①«གཡུང་»«པེ་»–གྱི། ②«ཅོ་»པ་དེས། ③«ཅོ་»པར། ④«ལི་»གཟེང་བསྟོད། «སྣར་»«ཞོལ་»གཟེངས་བསྟོད། ⑤«ཅོ་»ལྦུ། ⑥«ལི་»«སྣར་»སྐྱལ། ⑦«སྣར་»«ཞོལ་»གཟེངས་བསྟོད། «ཅོ་»གཟེང་སྟོད། ⑧«སྣར་»«ཅོ་»«ཞོལ་»མཐུ།

༧༢༨ ①«ཅོ་»དེ། ②«བྲུ་»དེ། ③«བྲུ་»+ཏུ། ④«ཅོ་»བྱིན། ⑤«ཅོ་»–འབྱུང་བ་མྱེད་པ་དང་། ⑥«གཡུང་»«པེ་»མཛོད། ⑦«ལི་»«སྣར་»«ཞོལ་»བསྒོམས་ཏེ། ⑧«གཡུང་»«པེ་»གནོད་པ་ལ་མྱི་མཛོད་པའི། «ཅོ་»–གནོད་པ་ལ་མི་མཛད་པའི། ⑨«ཅོ་»འདས། ⑩«ལི་»«སྣར་»«ཞོལ་»+གོ། ⑪«ལི་»«སྣར་»བྱས་ཏེ། ⑫«གཡུང་»«ལི་»«པེ་»«སྣར་»«ཞོལ་»ལ་སྤྱོ་བ། «ཅོ་»ལ་སྤྱོད་པ། ⑬«གཡུང་»«ལི་»«པེ་»«ཅོ་»+ཡང་། «སྣར་»«ཞོལ་»བའང་།

༧༢༩ ①«གཡུང་»«ལི་»«པེ་»རྫོད། ②«གཡུང་»«ལི་»«པེ་»«སྣར་»«ཅོ་»«ཞོལ་»བཟེག ③«ཅོ་»བཟེགས། ④«ལི་»–དེ། ⑤«ལི་»«སྣར་»«ཞོལ་»–མ། «ཅོ་»མི། ⑥«ལི་»–དེ་ལྟའི་རྣ་བའི་…… རྗེས་སུ་མཐོང་བས། (ཞེས་པའི་གཡུང་དྲུང་རྟགས་བར་གྱི་ཡི་གེ་རྣམས་དེབ་འདིའི་ལྡེབ་༧༣༥པའི་བསྒྱུར་མཆན་⑬པ་དང་དཔེ་བསྡུར་བྱས་ཡོད།) ⑭«སྣར་»«ཞོལ་»ཐོབ། ⑮«ལི་»«སྣར་»«ཞོལ་»+དེ། ⑯«པེ་»+འཕགས་པའི་བདེན་པ་བཞི་ཡོངས་སུ་རྫོགས་པར་བྱེད་དོ། །བསམ་གཏན་རྣམས་ཡོངས་སུ་རྫོགས་པར་བྱེད་དོ། ། ཚད་མེད་པ་བཞི་ཡོངས་སུ་རྫོགས་པར་བྱེད་དོ། །གཟུགས་མེད་པའི་སྙོམས་པར་འཇུག་པ་བཞི་ཡོངས་སུ་རྫོགས་པར་བྱེད་དོ། །རྣམས་པར་ཐར་པ་བརྒྱད་ཡོངས་སུ་རྫོགས་པར་བྱེད་དོ། །མཐར་གྱིས་གནས་པའི་སྙོམས་པར་འཇུག་པ་དགུ་ཡོངས་སུ་རྫོགས་པར་བྱེད་དོ།། ⑰«ལི་»དེ།

༧༣༠ ①《ལི་》པས། 《སྣར་》པས། ②《གཡུང་》《པེ་》《སྣར་》《ཅོ་》《ཞོལ་》ཛི། ③《ལི་》ཐོབ། ④《ཅོ་》
–ཡང་ནམ། ⑤《ཞོལ་》–པ། ⑥《ལི་》པས།

༧༣༡ ①《གཡུང་》《ལི་》《པེ་》《ཅོ་》+དེ།

༧༣༢ ①《ལི་》《སྣར་》《ཞོལ་》པའི། ②《གཡུང་》《ལི་》《པེ་》《ཅོ་》+དེ། ③《ཞོལ་》+ཐམས་ཅད།

༧༣༣ ①《ཅོ་》《ཁུ་》–པ། ②《ཅོ་》སྡེ། ③《གཡུང་》《ལི་》《པེ་》《ཅོ་》+དེ། ④《ཅོ་》པ།

༧༣༤ ①《གཡུང་》《པེ་》+པ། ②《གཡུང་》《པེ་》+པ།

༧༣༥ ①《གཡུང་》《པེ་》པ་ཐོས་སྡེ། 《ཅོ་》པའི་སྣ་ཐོས་ཏེ། ②《གཡུང་》《ལི་》《པེ་》《སྣར་》《ཅོ་》《ཞོལ་》
+ཀྱང་། ③《ཅོ་》–དུ། ④《གཡུང་》《པེ་》《ཅོ་》–དུ། ⑤《ལི་》–ཐམས་ཅད། ⑥《ཅོ་》–ཉན་
ཐོས་དང་རང་སངས་རྒྱས་...... ཇེས་སུ་དྲན། (ཞེས་པའི་གཡུང་དྲུང་རྟགས་བར་གྱི་ཡི་གེ་རྣམས་《ཅོ་》ལ་ཆད།)
⑦《གཡུང་》《ལི་》《པེ་》《སྣར་》《ཞོལ་》པའི་ཤེས་པས། 《ཅོ་》དེ། ⑧《ལི་》གཟིང་བསྟོད། 《སྣར་》
《ཅོ་》《ཞོལ་》གཟིངས་བསྟོད། ⑨《སྣར་》–ཅན། ⑩《ལི་》《སྣར་》《ཞོལ་》+པོ། ⑪《ཅོ་》ཏོ།
⑫《ཅོ་》–དེ། ⑬《ལི་》+དེ་ལྟའི་རྣ་བའི་...... ཇེས་སུ་མ་མཐོང་བས། (ཞེས་པའི་ཡི་གེ་རྣམས་དེབ་འདིའི་
ལྡེབ་༧༢༧ང༡—༧༢༨ང༦བར་དུ་དཔེ་བསྒྱུར་བྱས་ཡོད།) ⑭《སྣར་》–མཚན། ⑮《གཡུང་》《པེ་》
《སྣར་》《ཅོ་》《ཁུ་》《ཞོལ་》སུ། ⑯《ཅོ་》དག ⑰《ཅོ་》–དེ།

༧༣༦ ①《སྣར་》–པ། ②《ཅོ་》སྤྱོད། ③《སྣར་》《ཞོལ་》བསྐོར། ④《གཡུང་》《པེ་》སྐོར། ⑤《གཡུང་》
《པེ་》《སྣར་》《ཅོ་》《ཞོལ་》+ན། ⑥《ལི་》པ། ⑦《སྣར་》《ཞོལ་》+ན། ⑧《ལི་》–ལ།
⑨《གཡུང་》《པེ་》–པ་ཡིན། 《ཅོ་》–ཏེ།

༧༣༧ ①《སྣར་》《ཞོལ་》+ལ། ②③④《ལི་》《སྣར་》《ཞོལ་》+ལ། ⑤《ལི་》དཀྱིལ། ⑥《གཡུང་》《ཅོ་》
མདབ། ⑦《ལི་》ཏུ་ཡང་། 《སྣར་》《ཞོལ་》ཏུའང་། ⑧《ལི་》མྱེད་དེ། 《སྣར་》མེད་དོ།། ⑨《ལི་》
–དཔེར་ན་ས་ལ་བྱ་བ་བཞིན་ནོ།། ⑩《ལི་》+གིས། ⑪《གཡུང་》《ལི་》《པེ་》《སྣར་》སྒྱུར། 《ཅོ་》སྒྱུར།
⑫《ཅོ་》–ཀྱི། ⑬《ཁུ་》+ཀྱི། ⑭《གཡུང་》ཅ།

༧༣༨ ①《གཡུང་》ཅ། ②《ཅོ་》རོ། ③《ལི་》《སྣར་》–ཀྱང་། ④《གཡུང་》ཅ། ⑤《གཡུང་》《པེ་》བ།
⑥《ཅོ་》ཞི། ⑦《ལི་》+དོ།། ⑧《ལི་》《སྣར་》–ཡང་། ⑨《ལི་》ཏོ།། ⑩《གཡུང་》《པེ་》ཉིས་བརྒྱ་
བདུན་བཅུ་གསུམ། 《ལི་》བཅུ། 《སྣར་》《ཅོ་》ཉིས་བརྒྱ་དོན་གསུམ། 《ཞོལ་》ཉིས་བརྒྱ་དོན་བཞི།

༧༣༩ ①《ལི་》《པེ་》《སྣར་》《ཞོལ་》+མཚན་མ་དང་བྲལ་བའི། ②《ཅོ་》པ། ③《ལི་》མྱི། ④《གཡུང་》
《པེ་》ཀྱི། ⑤《ཅོ་》ཀྱིས་རྟོན། ⑥《ཅོ་》ལུས། ⑦《ཞོལ་》–དེ། ⑧《སྣར་》《ཅོ་》《ཞོལ་》+པ།
⑨《སྣར་》《ཅོ་》《ཞོལ་》+པ། ⑩《ཅོ་》+པ། ⑪《ཅོ་》–པ། ⑫《ལི་》《ཅོ་》སྒོམས། 《སྣར་》
《ཞོལ་》སྒོམས། ⑬《ཅོ་》–ཟག་པ་དང་བཅས་པའི་ཁམས་སམ།

༧༤༠ ①《གཡུང་》《པེ་》ཇེ་ཆེན་པོའམ། ②《ལི་》མྱེན། ③《ལི་》གྱིས།

༧༤༡ ①《ཅོ་》+རྣམ་པར་ཐར་པའི་སྒོ། ②《ཅོ་》+མ། ③《ཅོ་》–མ། ④《གཡུང་》《ལི་》《པེ་》《སྣར་》

«ཅོ་»«ཞོལ་»+པ། (༥)«གཡུང་»«ལི་»«པེ་»«སྣར་»«ཞོལ་»+པ། (༦)«སྣར་»«ཞོལ་»+པ། (༧)«སྣར་»«ཅོ་»«ཞོལ་»+པ། (༨)«སྣར་»«ཞོལ་»+པ། (༩)«ལི་»བྱང་བ་མྱེད་པ། «པེ་»བྱ་བ་མེད་པ། «སྣར་»«ཞོལ་»བྱང་བ་མེད་པ། (༡༠)«ཅོ་»འབྲུས། (༡༡)«གཡུང་»བ། (༡༢)«ཅོ་»–བ།

༧༤༣ (༡)«ཅོ་»ས། (༢)«ཅོ་»ཀྱི། (༣)«གཡུང་»གི། (༤)«ཅོ་»དོ།། (༥)«ལི་»དེ། (༦)«ལི་»«སྣར་»«ཞོལ་»འགྲོ།

༧༤༤ (༡)«ལི་»འཆར་འབབ། (༢)«ལི་»འགྱེད། «སྣར་»«ཞོལ་»འགྱེ། (༣)«ལི་»སྒྲས་བསྒྲགས། «ཅོ་»སྒྲ་བསྒྲགས། (༤)«གཡུང་»+རོལ། (༥)«ལི་»«པེ་»«སྣར་»«ཅོ་»«ཞོལ་»+རོལ་མོ་དང་། (༦)«ལི་»སྒྲས་བསྒྲགས། «ཅོ་»སྒྲ་བསྒྲགས། (༧)«ཅོ་»དོ།། (༨)«གཡུང་»བགའ། (༩)«ཞོལ་»དགའ། (༡༠)«ཞོལ་»བརྟན། (༡༡)(༡༢)«སྣར་»«ཞོལ་»བཟློག (༡༣)«ལི་»«སྣར་»«ཞོལ་»བཟློག (༡༤)(༡༥)(༡༦)«སྣར་»«ཞོལ་»བཟློག (༡༧)«སྣར་»«ཞོལ་»བཀྲལ། (༡༨)(༡༩)(༢༠)«སྣར་»«ཞོལ་»བཟློག (༢༡)«ཅོ་»འགྲོལ་ཏོ། «ཞོལ་»འགྲོལ་ཏེ། (༢༢)(༢༣)«ཅོ་»–ལ། (༢༤)«གཡུང་»–སོ། (༢༥)«ཅོ་»–ཞི། (༢༦)«ཕུ་»ཛོ་།།

༧༤༥ (༡)«གཡུང་»«ལི་»«ཅོ་»«ཕུ་»དེ། (༢)«པེ་»«ཅོ་»+པ། (༣)«ལི་»–སྡིག་ཏོ་མྱི་དགེ་བའི་ཆོས་ཀྱིས་དབེན། (༤)«ཅོ་»རྟོགས། (༥)«གཡུང་»«པེ་»«ཅོ་»«ཕུ་»པའི། (༦)«ལི་»«སྣར་»«ཞོལ་»+བ།

༧༤༦ (༡)«གཡུང་»«པེ་»«ཅོ་»+ཡང་། «སྣར་»«ཞོལ་»བའང་། (༢)«ལི་»མཐའས། «ཕུ་»མཐའ། (༣)«ཅོ་»–རྣམ་པ་ཐམས་ཅད། (༤)«གཡུང་»«པེ་»–ཏུ། (༥)«ཅོ་»མཁའི། (༦)«ལི་»«སྣར་»«ཞོལ་»–དེ། (༧)«ཕུ་»པ། (༨)«ཞོལ་»བསྒྲུབ།

༧༤༧ (༡)(༢)(༣)(༤)«ཅོ་»འདའ་འོ། (༥)(༦)(༧)«ཅོ་»འདའ་འོ། (༨)(༩)«ཕུ་»དཔའ། (༡༠)«གཡུང་»ན། (༡༡)«ལི་»«པེ་»«སྣར་»«ཞོལ་»དོ།། (༡༢)«ལི་»–སངས་རྒྱས་བཅོམ་ལྡན་འདས་དེ་དག་ལ་བསྙེན་བཀུར་བྱེད་དོ།། (༡༣)«ལི་»–འདས།

༧༤༨ (༡)«གཡུང་»«པེ་»སྐྱེད་པ། «ཅོ་»«ཞོལ་»སྐྱེད་པར། (༢)«གཡུང་»«ལི་»«པེ་»«སྣར་»«ཅོ་»«ཕུ་»དོ།། (༣)«ལི་»«སྣར་»+དེ་ལ། (༤)«ལི་»–ལ་ལ་ནི་ཚུལ་ཁྲིམས་ཀྱིས་ཡོངས་སུ་སྐྱུད་དོ།། (༥)«སྣར་»འང་། «ཅོ་»མི་འོངས། (༦)«ལི་»–དེ། (༧)«ལི་»«པེ་»«སྣར་»«ཞོལ་»མཐོང་། (༨)«ཅོ་»–དེ། (༩)«ཞོལ་»བསྟེན། (༡༠)«གཡུང་»«ལི་»«པེ་»«ཅོ་»«སྣར་»དོ།།

༧༤༩ (༡)«ལི་»«སྣར་»«ཞོལ་»སྐྱེས་ཏེ། (༢)«ལི་»«སྣར་»«ཞོལ་»འགྱུར་བ། (༣)«ཕུ་»ནོ།། (༤)«གཡུང་»«ལི་»«པེ་»«སྣར་»«ཞོལ་»སྐྱེས་ཏེ། (༥)«ཅོ་»དོ།། (༦)«ཅོ་»དེ། (༧)«པེ་»«ཅོ་»«ཕུ་»མི། (༨)«ལི་»དེ། (༩)«ལི་»«པེ་»«ཅོ་»དོ།། (༡༠)«ཅོ་»སྟོམ། (༡༡)«ཅོ་»–ལ། (༡༢)«ལི་»«སྣར་»«ཞོལ་»–ཏུ། (༡༣)«ཅོ་»བསྒྲུབ་སྟེ།

༧༤༩ (༡)«ཅོ་»–དང་། (༢)«ལི་»བགྲུབ།

༧༥༠ (༡)«ཅོ་»+མ། (༢)«ཅོ་»+མི། (༣)«ཞོལ་»དེ།

༧༥༡ (༡)«ཅོ་»+དེས། (༢)«ཅོ་»སྟེ། (༣)«ཅོ་»གིས།

༧༥༣ ①«ཅོ་»—རྗེས་སུ། ②«སྣར་»«ཞོལ་»མི།

༧༥༤ ①«གཡུང་»«པེ་»«ཅོ་»+དེས། ②«གཡུང་»མ། ③«ཕུ་»—པར། ④«སྣར་»པ།

༧༥༥ ①«གཡུང་»«པེ་»དེ།

༧༥༨ ①«ཅོ་»ན། ②«ལི་»+ར། ③«གཡུང་»ས།

༧༥༩ ①«ལི་»ཕྱི།

༧༦༠ ①«ལི་»ཀྱི། ②«གཡུང་»ཡིག ③«ལི་»+པ། ④«ཞོལ་»བ།

༧༦༡ ①«ལི་»གསོག ②«ཞོལ་»—པ། ③«ཅོ་»མི།

༧༦༢ ①«ལི་»ཀྱིས། ②«ཅོ་»—མ་མཐོང་བས། སའི་ཁམས་ཀྱི་ཚོགས་ཡང་དག་པར་རྗེས་སུ།

༧༦༣ ①«ལི་»ཕྱིའི། ②«ཞོལ་»ས།

༧༦༤ ①«ལི་»བའི། ②«གཡུང་»པར། ③«གཡུང་»«པེ་»—དེས།

༧༦༦ ①«གཡུང་»—ཛོ་།། ②«ཞོལ་»མི།

༧༦༧ ①«གཡུང་»«པེ་»«ཅོ་»«ཕུ་»—དེས། ②«ལི་»སྲིད། ③«གཡུང་»དེ།

༧༦༨ ①«ཞོལ་»དེ།

༧༧༡ ①«གཡུང་»«པེ་»ཞེས་བརྒྱ་བདུན་བཅུ་བཞི། «ལི་»བཅུ་གཅིག «སྣར་»«ཅོ་»ཞེས་བརྒྱ་དོན་བཞི། «ཞོལ་»ཞེས་བརྒྱ་དོན་ལྔ།

༧༧༢ ①«ཅོ་»དེ། ②③«ཅོ་»པ།

༧༧༥ ①«སྣར་»—པ། ②«གཡུང་»«པེ་»+མ། ③«གཡུང་»པར།

༧༧༧ ①«སྣར་»དམིག ②«གཡུང་»«པེ་»«ཅོ་»སྤེ། ③«སྣར་»—པ། ④«ཞོལ་»ཡོང་།

༧༧༨ ①«ལི་»ཛོ་།། ②«ལི་»ཕྱི། «སྣར་»མི།

༧༧༩ ①«གཡུང་»དག ②«ཅོ་»གྱིས།

༧༨༠ ①«ཅོ་»ཛོ་།། ②«གཡུང་»«པེ་»རྣམ། ③«པེ་»པར།

༧༨༡ ①«ཞོལ་»ལག་ཡན། ②«གཡུང་»«པེ་»—སྐྱེ་བའི།

༧༨༢ ①«ལི་»བའི་ཨོ།

༧༨༣ ①«གཡུང་»ནམས། ②«གཡུང་»རྣམ། ③«གཡུང་»སྣོམ། ④«ཅོ་»གྱི།

༧༨༤ ①«ཅོ་»ཀྱིས། ②«ལི་»སྤེ།

༧༨༥ ①«གཡུང་»དེ། ②«ལི་»ཛེས།

༧༨༦ ①«གཡུང་»ས།

༧༨༧ ①②«ཅོ་»མ། ③«ཞོལ་»—པར།

༧༨༨ ①«ཅོ་»+མི། ②«ཅོ་»མི།

༧༨༩ ①«གཡུང་»«པེ་»+དེས།

༧༩༡ ①«ཅོ་»མ། ②«ཅོ་»དེས། ③«ཅོ་»རྟོགས།

༧༩༢ ①«ཅོ་»མ།

༧༩༤ ①«ཞོལ་»ཀྱིས།

༧༩༥ ①«གཡུང་»«པེ་»«ཅོ་»དེས། ②«གཡུང་»«པེ་»«ཅོ་»+ཉིད། «ལི་»«སྣར་»+དེ་ཉིད། ③«ཅོ་»
རྟོག

༧༩༦ ①«ལི་»«ཞོལ་»སྣ། ②«ཅོ་»གིས།

༧༩༧ ①«སྣར་»«ཅོ་»«ཞོལ་»པའམ།

༧༩༨ ①«གཡུང་»«ལི་»འམ། ②«གཡུང་»«པེ་»«ཅོ་»དེས། ③«ཅོ་»ཀྱིས།

༧༩༩ ①«གཡུང་»«པེ་»རིགས། ②«ཞོལ་»སམ། ③«གཡུང་»བཅུ་བཙ། «པེ་»བཅུ་ཙ། ④«གཡུང་»
«པེ་»བཅུ།

༨༠༠ ①«ཅོ་»ཉེར། ②«ཅོ་»བཞི། ③«སྣར་»«ཞོལ་»རྣམ་པར་ཐར་པའི་སྒོ་གསུམ་ཡོངས་སུ་རྫོགས་པ་དང་།
«ཅོ་»–རྣམ་པར་ཐར་པ་རྣམས་ཡོངས་སུ་རྫོགས་པ་དང་། ④«ཅོ་»བདགས། ⑤«གཡུང་»«པེ་»ཀྱི།
⑥«གཡུང་»«པེ་»«ཅོ་»«ཞོལ་»ཀྱི། ⑦«གཡུང་»ད་དོགས། ⑧⑨«ལི་»«སྣར་»«ཞོལ་»བསམ་གཏན།

༨༠༡ ①«ཞོལ་»བས། ②«ཅོ་»འགོད། ③④«ལི་»«ཅོ་»གང་གའི། ⑤«ཅོ་»བསྐུབས་ཏེ། ⑥«ཅོ་»གང་།

༨༠༢ ①«གཡུང་»«ཅོ་»«ཁུ་»པར། ②«ལི་»«སྣར་»«ཞོལ་»ཐོབ། ③«གཡུང་»«པེ་»«སྣར་»«ཅོ་»
«ཞོལ་»ཐེ། ④«ཅོ་»–པ།

༨༠༤ ①«གཡུང་»«ལི་»«པེ་»«ཅོ་»«ཞོལ་»ནས། ②«ལི་»+པ། ③«སྣར་»–བ་མྱེད་པ་དང་།...... ཡོངས་
སྤྱོད་དང་། (ཞེས་པའི་གཡུང་དྲུང་རྟགས་བར་[དེབ་འདིའི་ལྡེབ་༨༠༢༨༢༠—༨༠༤༨༡༠] གྱི་ཡི་གེ་རྣམས་
«སྣར་»ལ་ཆད) ④«སྣར་»སྐྱེད། ⑤«ཅོ་»ཆ། ⑥«གཡུང་»«པེ་»«ཅོ་»བསྟན། ⑦«གཡུང་»«ལི་»
«པེ་»«སྣར་»«ཅོ་»«ཞོལ་»–ན།

༨༠༥ ①«ཅོ་»–པ། ②«ལི་»–རྫོགས་པར་འགྱུར་རོ།།

༨༠༦ ①«གཡུང་»«པེ་»སྟོམ། ②«གཡུང་»«པེ་»བཅུ་གཅིག་པའོ། «ལི་»བཅུ་ཙ་གཅིག་གོ། «སྣར་»«ཞོལ་»
ཅུ་ཙ་གཅིག་པའོ། «ཅོ་»ཅུ་གཉིས་པའོ། ③«གཡུང་»«པེ་»ཉིས་བརྒྱ་བདུན་བཅུ་ལྔ། «ལི་»བཅུ་གཉིས།
«སྣར་»«ཅོ་»ཉིས་བརྒྱ་དོན་ལྔ། «ཞོལ་»ཉིས་བརྒྱ་དོན་དྲུག ④«ཅོ་»+སྟོང་པ་ཉིད།

༨༠༧ ①«ཅོ་»+རོ།། ②«ཅོ་»ཀྱིས།

༨༠༩ ①«གཡུང་»«པེ་»སྟོམ། ②«ལི་»པོར། ③«སྣར་»«ཞོལ་»ལྟར། ④«ཅོ་»–ཏུ།

༨༡༠ ①«ཅོ་»བའི། ②«གཡུང་»+གྲོང་ཁྱེར་ལྷ་བུའི།

༨༡༡ ①«ཅོ་»སྒྲུ། ②«ཅོ་»ཕུ། ③«ལི་»–ལྔ། ④«ལི་»སྒྲིག ⑤«གཡུང་»«ལི་»«པེ་»«སྣར་»«ཅོ་»
«ཞོལ་»དེ།

༨༡༢ ①«ལི་»«སྣར་»ན། ②«ལི་»–དག

༨༡༣ ①«ཅོ་»དམིག ②«ལི་»ཐུང་། «ཅོ་»འཐུན།

༨༡༤ ①«ཅོ་»བསྡུས། ②«གཡུང་»«པེ་»བསྡུད། ③«ཅོ་»བསྡུད། ④«ཅོ་»སྡུ། ⑤«གཡུང་»«པེ་»བསྡུད།

༨༡༥ ①«ཞོལ་»དང་། ②«གཡུང་»ཀྱི།

༨༡༦ ①«ཅོ་»བསྡུད།

༨༡༨ ①«ལི་»«ཞོལ་»བསྒྱུར། ②«ལི་»«པེ་»ཏོ།། ③«ཅོ་»བྱས་ཏེ། ④«ཞོལ་»མོངས། ⑤«པེ་»«སྣར་»པ། ⑥«ལི་»ཤེས།

༨༡༩ ①«ཅོ་»མ། ②«ཅོ་»པར། ③«པེ་»+རྣམས།

༨༢༠ ①«ལི་»–མི་འཇིགས་པ་རྣམས་མཚན་ཉིད་མེད་པར་ཤེས་སོ།། ②«ཅོ་»པར། ③«ལི་»རྨི། ④«གཡུང་»«པེ་»སྨི། «ལི་»སྨིག

༨༢༡ ①«ལི་»རྨི། ②«ལི་»སྨིག ③«གཡུང་»«པེ་»འགྱུར་བ། ④«ལི་»དོ།། ⑤«ལི་»བརྟའ། «ཅོ་»བརྡའ། ⑥«ལི་»«པེ་»པ་ཡང་། «སྣར་»པའང་། ⑦«ཞོལ་»བསྒྱུར། ⑧«གཡུང་»«ལི་»འམ།

༨༢༢ ①«གཡུང་»«པེ་»དེ། ②«ཅོ་»–ཀྱི་མཚན་ཉིད། ③«ལི་»–པས། ④«སྣར་»«ཞོལ་»ཐོབ་སྟེ། «ཅོ་»འཐོབ་ཏེ། ⑤«ཅོ་»པར། ⑥«ལི་»ལྟ་སྟེ།

༨༢༣ ①«ཅོ་»«ཞོལ་»+འོང་བའམ། ②«སྣར་»འདས། ③«ལི་»–བྱང་ཆུབ་ཏུ་ལུང་བསྟན་པར་བྱ་བའི། «ཅོ་»–ཏུ། ④«སྣར་»«ཞོལ་»པར། ⑤«གཡུང་»«ལི་»«པེ་»«སྣར་»«ཅོ་»«ཞོལ་»ཀྱང་།

༨༢༤ ①«ཅོ་»«ཁུ་»པར། ②«གཡུང་»«ལི་»«པེ་»«སྣར་»«ཅོ་»ཡོངས་སུ། ③«ཅོ་»+ན། ④«ལི་»རྨི། ⑤«གཡུང་»«ལི་»«པེ་»«སྣར་»«ཅོ་»«ཞོལ་»–ཆུ་ཟླ་ལྟ་བུ་དང་། ⑥«གཡུང་»«པེ་»བུར། ⑦«ལི་»སྨིག ⑧«གཡུང་»«ལི་»«པེ་»«སྣར་»«ཅོ་»«ཞོལ་»–དྲི་ཟའི་གྲོང་ཁྱེར་ལྟ་བུ་དང་། ⑨«ཅོ་»–ལྟ། ⑩«ཅོ་»ཡོངས། ⑪«གཡུང་»«པེ་»«ཅོ་»རྗོད། ⑫«སྣར་»«ཞོལ་»པོ། ⑬«ལི་»«པེ་»ཅས། ⑭«གཡུང་»རྩམ། ⑮«གཡུང་»«ལི་»«པེ་»«སྣར་»«ཞོལ་»འབྲུགས།

༨༢༥ ①«ལི་»སྟིག ②«གཡུང་»«པེ་»«ཅོ་»བསྐྱེད། ③«ལི་»«སྣར་»པོའི། ④«གཡུང་»«པེ་»པའི་ལེན། «ཞོལ་»པས་ལན། ⑤«གཡུང་»«པེ་»–ལ། ⑥«གཡུང་»«པེ་»+ཆེན་པོ། ⑦«ཅོ་»བ་དང་། ⑧«གཡུང་»«པེ་»རྗོད། ⑨«ཅོ་»པ་དང་། ⑩«ཅོ་»བ། ⑪«གཡུང་»«པེ་»རྟེག ⑫«ཅོ་»གསོག་གསོབ། ⑬«གཡུང་»«ལི་»«པེ་»«སྣར་»«ཅོ་»«ཞོལ་»ལས། ⑭«ལི་»གསོའ། ⑮«གཡུང་»དག་བ། ⑯«གཡུང་»«པེ་»རྗོད། ⑰«གཡུང་»མ་གླག་པའི། «ལི་»–མ་གླས་པའི། ⑱«སྣར་»པོར། «ཅོ་»བ། «ཞོལ་»པོ། ⑲«སྣར་»«ཅོ་»«ཞོལ་»བརྟེག ⑳«གཡུང་»«ལི་»«པེ་»«སྣར་»«ཅོ་»«ཞོལ་»དེ།

༨༢༦ ①«ཅོ་»སྤྲངས་པ། ②③④«ཞོལ་»སྤྲངས་པ། ⑤«ཞོལ་»སྤྲངས་པ། ⑥«ཅོ་»དཔའ་སེམས་དཔའ་ཆེན་པོའི།

༨༢༧ ①«ཞོལ་»–ཕྱོགས་ཀྱི། ②«གཡུང་»«པེ་»བཅུ། ③«ཅོ་»ཅིག ④«ལི་»«སྣར་»པ། ⑤«ལི་»རྨི། ⑥«གཡུང་»«ལི་»«པེ་»«སྣར་»«ཅོ་»«ཞོལ་»–ཆུ་ཟླ་ལྟ་བུ་དང་། ⑦«གཡུང་»«ལི་»«པེ་»«སྣར་»

«ཅོ་»«ཞོལ་»–དྲི་ཟའི་གྲོང་ཁྱེར་ལྟ་བུ་དང་། ⑧«སྣར་»བ། ⑨«ཅོ་»ཀྱི། ⑩«ཅོ་»ཀྱིས།

༨༢༨ ①«གཡུང་»«ལི་»«པེ་»«སྣར་»«ཅོ་»«ཞོལ་»དེ། ②«ཅོ་»དེས། ③«གཡུང་»ལས། ④«ལི་»ཕྱི་ཏུ། ⑤«ཅོ་»གསམ། ⑥«གཡུང་»འཛིག ⑦«ཅོ་»–བཞི། ⑧«ལི་»–འདུས་པ་ཡོངས་སུ། ⑨«གཡུང་»«ལི་»«པེ་»«སྣར་»«ཅོ་»«ཞོལ་»དེ། ⑩«གཡུང་»«ལི་»«པེ་»«སྣར་»«ཞོལ་»+བ།

༨༢༩ ①«ལི་»གཡོའ། ②«གཡུང་»«པེ་»–རོ། ③«ལི་»བར། ④«སྣར་»«ཞོལ་»གྲུགས། ⑤«ལི་»«སྣར་»«ཞོལ་»འགྱུར་བའི། ⑥«ཅོ་»ཀྱི། ⑦«གཡུང་»–དང་། ⑧«གཡུང་»«ལི་»«པེ་»«སྣར་»«ཅོ་»«ཞོལ་»–ཆུ་ཟླ་ལྟ་བུ་དང་། ⑨«ལི་»སྐྱི། ⑩«གཡུང་»དགྲ།

༨༣༠ ①«གཡུང་»«ལི་»«པེ་»«སྣར་»«ཅོ་»«ཞོལ་»–ཆུ་ཟླ་ལྟ་བུ་དང་། ②«ལི་»–གྱི། ③«ཅོ་»བསྒྲུབ། ④«ཅོ་»ཉེར། ⑤«གཡུང་»«སྣར་»«ཅོ་»«ཞོལ་»–ཆེན་པོ། ⑥«གཡུང་»«ཁུ་»གཏང་། ⑦«གཡུང་»–ཤིང་། ⑧«གཡུང་»རབ། ⑨«ལི་»«པེ་»+རྣམས། ⑩«ཅོ་»–དང་། ⑪«གཡུང་»«པེ་»+ཡང་།

༨༣༡ ①«ཅོ་»–གི། ②«ཅོ་»ཀྱིས། ③«གཡུང་»«ཅོ་»«ཞོལ་»པར། «ལི་»«པེ་»«སྣར་»པར་ཡང་། ④«གཡུང་»–ཏེ། དེ། «པེ་»–དེ། ⑤«གཡུང་»«པེ་»«ཅོ་»«ཞོལ་»གི། ⑥«ཅོ་»པོའི། ⑦«ཞོལ་»བསླབ། ⑧⑨⑩⑪⑫⑬⑭«ཞོལ་»བསླབ།

༨༣༢ ①②③④⑤⑥«ཞོལ་»བསླབ། ⑦«གཡུང་»+འདི། ⑧⑨⑩«ཞོལ་»བསླབ། ⑪«ལི་»«སྣར་»བསླབས་པ་དང་། «ཞོལ་»བསླབ་པའི་ཕྱིར་ཏེ། ⑫«གཡུང་»«པེ་»དེའི། ⑬«གཡུང་»«པེ་»«སྣར་»«ཅོ་»«ཞོལ་»+ཡོངས་སུ། ⑭«གཡུང་»འགས།

༨༣༣ ①«ཅོ་»+རབ་འབྱོར།

༨༣༤ ①②«ལི་»སོ།

༨༣༥ ①«ལི་»རྣམས། ②«པེ་»མི། ③«པེ་»དེ།

༨༣༦ ①«ལི་»«སྣར་»«ཅོ་»«ཞོལ་»+ཉིད།

༨༣༧ ①②«གཡུང་»«ལི་»«པེ་»«སྣར་»«ཅོ་»«ཞོལ་»བཞི།

བསྟུར་འབྲས་རེའུ་མིག

ཤེར་ཕྱིན།

དཔེ་གཞི།	སྡེ་ཚན།	པོད་རྟགས།	ཚན་གྲངས།	ལེའུ།	བམ་པོ།	ཤོག་ངོས།	ཤོག་གྲངས།	ཚིག་ཁྲིམས།
སྡེ་དགེ།	འབུམ།	ད	༡	– ༥༢ – ༦༡ –	༡ – ༢༣	༡ན[༡] – ༤༡༡ན[༧]	༥༧༣༧	༢༦༨༩༢༠
གཡུང་ལོ།	འབུམ།	ན པ	༡	– ༥༢ – ༥༣ ༥༣ – ༦༡	– ༢༥༣ – ༢༥༨ ༢༥༩ – ༢༧༥	༢༢༡ན[༡] – ༣༡༠ན[༧] ༡ན[༡] – ༣༠༠ན[༧]	༡༤༣༡ ༤༧༨༣	༢༦༨༧༢༩
ལི་ཐང་།	འབུམ།	ཕ བ	༡	– ༥༢ – ༥༣ ༥༤ – ༦༡	༩ – ༡༨ ༡ – ༡༢	༡༢༡ན[༧] – ༣༠༦ན[༦] ༡ན[༡] – ༢༡༨ན[༤]	༢༩༥༩ ༣༤༦༧	༢༦༩༠༤༥
པེ་ཅིན།	འབུམ།	ཅ ཆ	༡	༥༢ – ༥༣ ༥༣ – ༦༡ –	༢༥༣ – ༢༥༨ ༢༥༩ – ༢༧༥	༢༢༡ན[༡] – ༣༡༠ན[༧] ༡ན[༡] – ༣༠༠ན[༧]	༡༤༣༡ ༤༧༨༣	༢༦༨༩༡༩
སྣར་ཐང་།	འབུམ།	ཐ ད	༡	– ༥༢ – ༦༡ ༦༡ – ༦༡	༢༥༣ – ༢༥༤ – ༢༥༥ – ༢༧༥	༤༩༥ན[༥] – ༥༤༡ན[༤] ༡ན[༡] – ༤༩༣བ[༧]	༦༣༩ ༦༨༩༥	༢༦༨༧༣༣
ཅོ་ནེ།	འབུམ།	ཕ བ	༡	– ༥༢ – ༥༤ ༥༥ – ༦༢ –	༢༥༣ – ༢༦༤ ༢༦༥ – ༢༧༥	༡༠༡བ[༡] – ༣༠༩ན[༤] ༡ན[༡] – ༢༡༢ན[༢]	༣༣༢༥ ༣༣༧༦	༢༦༧༣༣༦
ཁྲ་རེ།	འབུམ།	ད	༡	– ༥༢ – ༦༡ –	༡ – ༢༣	༡ན[༡] – ༤༡༡ན[༧]	༥༦༣༧	༢༦༨༩༡༩
ཞོལ།	འབུམ།	ཐ ད	༡	– ༥༢ – ༥༣ ༥༣ – ༦༡ –	༢༥༤ – ༢༥༥ ༢༥༦ – ༢༧༦	༤༨༣ན[༧] – ༥༢༨ན[༣] ༡ན[༡] – ༥༠༡ན[༣]	༦༤༡༠ ༦༩༨༦	༢༦༩༣༡༩

༄། །སངས་རྒྱས་ཀུན་གྱི་ཡེ་ཤེས་ཐུགས། །མདོན་མཚན་བྱང་ཆུབ་མཆོད་པའི་རྟེན། །

༄། །བཀའ་འགྱུར་ལས་འབུམ། ཉི་ཁྲི།

བརྒྱད་སྟོང་བཞུགས་སོ། །

འབུམ། དེ

ཀྲུང་གོའི་བོད་རིག་པ་ཞིབ་འཇུག་ལྟེ་གནས་ཀྱི་བཀའ་བསྟན་
དཔེ་སྡུར་ཁང་གིས་དཔེ་སྡུར་ཞུས།

*

ཀྲུང་གོའི་བོད་རིག་པ་དཔེ་སྐྲུན་ཁང་གིས་བསྐྲུན་ཏེ་བཀྲམ།
ཀྲུང་གོའི་གློག་བརྙན་དཔེ་སྐྲུན་ཁང་པར་ཁང་གིས་དཔར་བཏབ།
སྤྱི་ལོ་༢༠༡༢ལོའི་ཟླ་༧པར་པར་གཞི་དང་པོ་བསྒྲིགས།
སྤྱི་ལོ་༢༠༡༢ལོའི་ཟླ་༧པར་པར་ཐེངས་དང་པོ་བཏབ།
དེབ་ཚད། ༧༨༧mm × ༡༠༩༢mm ༡/༡༦
དཔར་གྲངས། ༠༠༠༡—༡༠༠༠
ISBN 978－7—80253—528－2/B・146
རིན་གོང(དེབ་༡–༡༦༤)། ༣༩༠༠.༠༠

图书在版编目(CIP)数据

甘珠尔－般若部:全16册:藏文/
中国藏学研究中心《大藏经》对勘局对勘,

－北京:中国藏学出版社,2012.6
ISBN 978－7－80253－528－2
Ⅰ.①甘… Ⅱ.①中…Ⅲ.①大藏经－藏语 Ⅳ.①B941.

中国版本图书馆CIP数据核字(2012)第127635号

甘珠尔·般若部

第十一卷

中国藏学研究中心《大藏经》对勘局对勘
*
中国藏学出版社出版发行
(北京北四环东路131号)

中国电影出版社印刷厂印刷

*
开本:787mm×1092mm 1/16 总印张:880.25
2012年8月第1版 2012年8月第1次印刷
印数:0001—1000册
ISBN 978－7－80253－528－2/B·146
定价(全套1－16册):3900.00元